D1747025

Gelzer · Bracher · Reidt
Bauplanungsrecht

Bauplanungsrecht

Begründet von Vors. Richter am OVG a.D.
Prof. Dr. Konrad Gelzer †

fortgeführt von

Dr. Christian-Dietrich Bracher
Rechtsanwalt
Fachanwalt für Verwaltungsrecht
Berlin

Dr. Olaf Reidt
Rechtsanwalt
Fachanwalt für Verwaltungsrecht
Berlin

7. neu bearbeitete und erweiterte Auflage

2004

Verlag
Dr. Otto Schmidt
Köln

Es haben bearbeitet:

Dr. O. Reidt: Rdnr. 1–229, 384–1010, 1139–1951, 1973–1998, 2260–2270, 2285–2438
Dr. Chr.-D. Bracher: Rdnr. 230–383, 1011–1138, 1952–1972, 1999–2259, 2271–2284, 2439–2611

Zitierempfehlung:
Bearbeiter in Gelzer/Bracher/Reidt, Bauplanungsrecht, Rdnr. ...

Bibliografische Information Der Deutschen Bibliothek
Die Deutsche Bibliothek verzeichnet diese Publikation in der Deutschen Nationalbibliografie; detaillierte bibliografische Daten sind im Internet über <http://dnb.ddb.de> abrufbar.

Verlag Dr. Otto Schmidt KG
Unter den Ulmen 96–98, 50968 Köln
Tel.: 02 21/9 37 38-01, Fax: 02 21/9 37 38-9 21
e-mail: info@otto-schmidt.de
www.otto-schmidt.de

ISBN 3-504-15736-4

© 2004 by Verlag Dr. Otto Schmidt KG

Das Werk einschließlich aller seiner Teile ist urheberrechtlich geschützt. Jede Verwertung, die nicht ausdrücklich vom Urheberrechtsgesetz zugelassen ist, bedarf der vorherigen Zustimmung des Verlages. Das gilt insbesondere für Vervielfältigungen, Bearbeitungen, Übersetzungen, Mikroverfilmungen und die Einspeicherung und Verarbeitung in elektronischen Systemen.

Das verwendete Papier ist aus chlorfrei gebleichten Rohstoffen hergestellt, holz- und säurefrei, alterungsbeständig und umweltfreundlich.

Umschlaggestaltung: Jan P. Lichtenford, Mettmann
Gesamtherstellung: Bercker, Kevelaer
Printed in Germany

Vorwort zur 7. Auflage

Die 7. Auflage des von Prof. Dr. Konrad Gelzer im Jahr 1964 begründeten Werkes zum Bauplanungsrecht wurde wegen der Rechtsänderungen seit dem Erscheinen der Vorauflage im Jahr 2001 erforderlich. Sie berücksichtigt vor allem das am 20.7.2004 in Kraft getretene Europarechtsanpassungsgesetz Bau (EAG Bau), das u.a. der Umsetzung der EU-Richtlinie 2001/42/EG vom 27.6.2001 über die Prüfung der Umweltauswirkungen bestimmter Pläne und Programme (Plan-UP-Richtlinie) sowie der Richtlinie 2003/35/EG vom 26.5.2003 über die Beteiligung der Öffentlichkeit bei der Ausarbeitung bestimmter umweltbezogener Pläne und Programme (Öffentlichkeitsbeteiligungsrichtlinie) in nationales Recht dient. Die Rechtsänderungen haben eine umfassende Überarbeitung insbesondere des die Bauleitplanung behandelnden ersten Teils des Werkes notwendig gemacht. Darüber hinaus wurde die Darstellung zu verschiedenen für die Praxis relevanten Bereichen des Bauplanungsrechts, etwa zum Recht der städtebaulichen Verträge, ergänzt und vertieft. Insgesamt hat dies zu einem größeren Umfang des Werkes geführt. Gleichwohl ist seine Zielsetzung nach wie vor, zu den in der Bau- und Planungspraxis im Vordergrund stehenden Teilen des Baugesetzbuchs einen gut lesbaren und umfassenden Gesamtüberblick zu vermitteln und Auskunft zu geben, wie die einzelnen Fragen heute beurteilt werden (vgl. Konrad Gelzer im Vorwort zur 5. Auflage, IV). Zielgruppe sind dabei in erster Linie die Rechtsanwender, vor allem also Gerichte, Verwaltungsbehörden, Anwaltschaft und Planungsbüros. Die Darstellung der verwaltungsgerichtlichen Rechtsprechung steht daher im Vordergrund. Hinweise zu weiterführender rechtswissenschaftlicher Literatur sind in den Fußnoten zu finden.

Das Werk berücksichtigt die Rechtslage sowie die veröffentlichte Rechtsprechung und Literatur bis einschließlich Juni 2004. Frau Saskia Misera danken wir für die Erstellung des Stichwortverzeichnisses. Wir hoffen, daß das Buch die wohlwollende Aufnahme bei seinen Benutzern finden wird, die den Vorauflagen zu Teil wurde. Für Hinweise auf etwaige Fehler oder Unvollständigkeiten, Verbesserungsvorschläge oder sonstige kritische Anregungen sind wir dankbar.

Berlin, im August 2004　　　　　　　　　　　　Christian-Dietrich Bracher
　　　　　　　　　　　　　　　　　　　　　　　Olaf Reidt

Inhaltsübersicht

	Seite
Vorwort	V
Inhaltsverzeichnis	IX
Verzeichnis der verkürzt zitierten Literatur	XXIX
Abkürzungsverzeichnis	XXXI

Einleitung
Die Abgrenzung des Bauplanungsrechts zum Raumordnungsrecht und zum Bauordnungsrecht

		Rdnr.	Seite
A.	Das Rechtsgutachten des Bundesverfassungsgerichts vom 16.6.1954	1	1
B.	Die tatsächliche Aufteilung der Rechtsmaterie	6	4
C.	Überschneidungen	11	5

Erster Teil
Die gemeindlichen Bauleitpläne

		Rdnr.	Seite
A.	Aufgaben und Ziele der Bauleitplanung	13	7
B.	Zuständigkeit für die Bauleitplanung	21	10
C.	Erforderlichkeit von Bauleitplänen	29	14
D.	Schranken der Bauleitplanung	59	27
E.	Der Flächennutzungsplan als Voraussetzung für die verbindliche Bauleitplanung	101	46
F.	Der Inhalt des Bebauungsplans	212	86
G.	Die Begründung des Bebauungsplans	384	148
H.	Das Aufstellungsverfahren für Bauleitpläne	399	153
I.	Änderung, Ergänzung und Aufhebung von Bauleitplänen (§ 1 Abs. 8 BauGB), vereinfachtes Verfahren (§ 13 BauGB)	835	308
J.	Vorhabenbezogener Bebauungsplan/Vorhaben- und Erschließungsplan	871	321
K.	Städtebauliche Verträge im Zusammenhang mit der Bauleitplanung	927	340
L.	Die Rechtskontrolle der Bauleitpläne	1011	370

	Rdnr.	Seite

Zweiter Teil
Die planungsrechtliche Einschränkung der Baufreiheit

A.	Der Umfang der planungsrechtlichen Baubeschränkung	1103	409
B.	Die zulässigen Vorhaben in beplanten Gebieten	1139	423
C.	Die zulässigen Vorhaben im unbeplanten Innenbereich	1952	668
D.	Die zulässigen Vorhaben im Außenbereich	2102	717

Dritter Teil
Die Sicherung der Bauleitplanung

A.	Die Veränderungssperre und die Zurückstellung von Baugesuchen	2287	807
B.	Die Teilung von Grundstücken	2439	851
C.	Die gesetzlichen Vorkaufsrechte der Gemeinde	2479	863
D.	Städtebauliche Gebote zur Verwirklichung der Bauleitplanung	2579	893

Anhang

Baugesetzbuch (BauGB) i.d.F. vom 4. Juni 2004 – Auszug –	909
Verordnung über die bauliche Nutzung der Grundstücke (Baunutzungsverordnung – BauNVO) (ergänzt um die Vorschriften der BauNVO 1962, BauNVO 1968 und BauNVO 1977)	975
Stichwortverzeichnis	1013

Inhaltsverzeichnis

	Seite
Vorwort	V
Inhaltsübersicht	VII
Verzeichnis der verkürzt zitierten Literatur	XXIX
Abkürzungsverzeichnis	XXXI

Einleitung
Die Abgrenzung des Bauplanungsrechts zum Raumordnungsrecht und zum Bauordnungsrecht

	Rdnr.	Seite
A. Das Rechtsgutachten des Bundesverfassungsgerichts vom 16.6.1954	1	1
B. Die tatsächliche Aufteilung der Rechtsmaterie	6	4
C. Überschneidungen	11	5

Erster Teil
Die gemeindlichen Bauleitpläne

	Rdnr.	Seite
A. Aufgaben und Ziele der Bauleitplanung	13	7
B. Zuständigkeit für die Bauleitplanung	21	10
C. Erforderlichkeit von Bauleitplänen	29	14
I. Planerischer Gestaltungsspielraum	29	14
II. Überwachung des Vollzugs von Bauleitplänen (Monitoring)	46	22
III. Durchsetzung von gemeindlichen Planungspflichten	51	24
D. Schranken der Bauleitplanung	59	27
I. Anpassung an die Ziele der Raumordnung (§ 1 Abs. 4 BauGB)	60	27
II. Natur- und Artenschutzrecht, Forstrecht, Wasserrecht	78	35
III. Nichtbeplanbare Bereiche, Fachplanungsprivileg	84	38
1. Vorrang der Fachplanung	85	38
2. Sperrwirkung für die kommunale Bauleitplanung	92	41

	Rdnr.	Seite

E. Der Flächennutzungsplan als Voraussetzung für die verbindliche Bauleitplanung 101 46

   I. Der Flächennutzungsplan als vorbereitender Bauleitplan   101   46
      1. Allgemeine Funktion und Bedeutung 101   46
          a) Einheitlichkeit des Flächennutzungsplans, Ausnahmen 102   46
          b) Rechtsnatur 112   50
      2. Bindungswirkung des Flächennutzungsplans 114   51
          a) Planaufstellende Gemeinde 114   51
          b) Sonstige öffentliche Planungsträger 116   52
          c) Bürger 123   54
      3. Planerische Gestaltungsmöglichkeiten 124   55
          a) Mögliche Darstellungen 124   55
          b) Konfliktbewältigung, planerische Zurückhaltung . 132   58
      4. Die wesentlichen Darstellungsinhalte gemäß § 5 Abs. 2 Nr. 1 bis 10 BauGB 136   59
          a) Bauflächen, Baugebiete, Nutzungsmaß (§ 5 Abs. 2 Nr. 1 BauGB) 136   59
          b) Flächen für Anlagen des Gemeinbedarfs (§ 5 Abs. 2 Nr. 2 BauGB) 140   61
          c) Verkehrsflächen (§ 5 Abs. 2 Nr. 3 BauGB) 144   62
          d) Flächen für Ver- und Entsorgungsanlagen (§ 5 Abs. 2 Nr. 4 BauGB) 146   63
          e) Grünflächen (§ 5 Abs. 2 Nr. 5 BauGB) 147   63
          f) Flächen für Nutzungsbeschränkungen und für Vorkehrungen zum Schutz gegen schädliche Umwelteinwirkungen (§ 5 Abs. 2 Nr. 6 BauGB) 149   64
          g) Wasserflächen (§ 5 Abs. 2 Nr. 7 BauGB) 152   65
          h) Flächen für Aufschüttungen u.ä. (§ 5 Abs. 2 Nr. 8 BauGB) 153   65
          i) Flächen für die Landwirtschaft und Wald (§ 5 Abs. 2 Nr. 9 BauGB) 157   66
          j) Naturschutzflächen (§ 5 Abs. 2 Nr. 10 BauGB) . . 158   67
          k) Sonstige Darstellungsmöglichkeiten 160   68
      5. Eingriffszuordnung gemäß § 5 Abs. 2a BauGB 171   72
      6. Kennzeichnungen und nachrichtliche Übernahmen . 174   73
      7. Begründung des Flächennutzungsplans 178   74
   II. Entwicklungsgebot 181   75
   III. Ausnahmen vom Entwicklungsgebot 191   79
      1. Selbständiger Bebauungsplan 192   79
      2. Vorzeitiger Bebauungsplan 196   81
      3. Parallelverfahren 208   85

	Rdnr.	Seite
F. Der Inhalt des Bebauungsplans	212	86
I. Allgemeine Anforderungen an die Festsetzungen des Bebauungsplans	212	86
1. Der räumliche Geltungsbereich des Bebauungsplans	212	86
2. Ausreichende Bestimmtheit von Bebauungsplanfestsetzungen	216	88
a) Planzeichnung	219	89
b) Textliche Festsetzungen	225	91
3. Erforderlichkeit	230	93
4. Festsetzungskatalog	234	95
II. Die zulässigen Festsetzungen des Bebauungsplans im einzelnen	237	96
1. Art und Maß der baulichen Nutzung	237	96
2. Bauweise, überbaubare und nichtüberbaubare Grundstücksflächen, Stellung der baulichen Anlagen	239	96
a) Bauweise	239	96
b) Die überbaubaren Grundstücksflächen	245	97
c) Stellung der baulichen Anlagen	249	98
3. Mindest- und Höchstmaße für Baugrundstücke	252	99
4. Flächen für Nebenanlagen	257	101
5. Flächen für den Gemeinbedarf, Sport- und Spielanlagen	260	102
6. Die höchstzulässige Zahl der Wohnungen in Wohngebäuden	265	106
7. Flächen für die soziale Wohnraumförderung	266	106
8. Flächen für Personengruppen mit besonderem Wohnbedarf	268	107
9. Flächen mit besonderem Nutzungszweck	271	108
10. Die von Bebauung freizuhaltenden Flächen und ihre Nutzung	273	108
11. Die Verkehrsflächen	276	109
12. Versorgungsflächen	283	113
13. Führung von Versorgungsanlagen und -leitungen	286	113
14. Die Flächen für die Abfall- und Abwasserbeseitigung sowie für Ablagerungen	288	114
15. Die Grünflächen	292	115
16. Die Wasserflächen	299	118
17. Die Aufschüttungs- und Abgrabungsflächen	305	119
18. Die Flächen für die Landwirtschaft und für Wald	308	120
19. Die Flächen für Anlagen der Kleintierhaltung	315	123
20. Die Flächen oder Maßnahmen zum Schutz, zur Pflege und zur Entwicklung von Boden, Natur und Landschaft	319	124

	Rdnr.	Seite
21. Die Flächen mit Geh-, Fahr- und Leitungsrechten	324	127
22. Die Flächen für Gemeinschaftsanlagen	329	128
23. Luftreinhaltegebiete, Einsatz erneuerbarer Energien	332	129
24. Schutzflächen und -vorkehrungen	339	132
25. Festsetzungen über Anpflanzungen, Bindungen für Bepflanzungen und zur Erhaltung von Gewässern	346	135
26. Die Flächen für Aufschüttungen, Abgrabungen und Stützmauern für den Straßenkörper	351	137
27. Die Zuordnung von Flächen oder Maßnahmen zum Ausgleich von Eingriffen	353	138
28. Befristung, Bedingung und zeitliche Staffelung der Nutzungen	359	140
29. Die Festsetzung der Höhenlage	362	142
30. Vertikale Differenzierungen	365	143
31. Die Aufnahme landesrechtlicher Regelungen in den Bebauungsplan	367	143
32. Festsetzungen nach Vorschriften außerhalb von § 9 BauGB	374	145
III. Kennzeichnungen und nachrichtliche Übernahmen	377	146
1. Kennzeichnungen	378	146
2. Nachrichtliche Übernahmen	380	147
G. Die Begründung des Bebauungsplans	384	148
H. Das Aufstellungsverfahren für Bauleitpläne	399	153
I. Der Planaufstellungsbeschluß	402	154
II. Beteiligung der Öffentlichkeit an der Bauleitplanung	410	156
1. Frühzeitige Öffentlichkeitsbeteiligung (§ 3 Abs. 1 BauGB)	412	157
a) Wesentlicher Inhalt	412	157
b) Durchführung	418	159
c) Absehen von der frühzeitigen Öffentlichkeitsbeteiligung	424	161
2. Förmliche Öffentlichkeitsbeteiligung, öffentliche Auslegung des Planentwurfs (§ 3 Abs. 2 BauGB)	429	163
a) Bekanntmachung der förmlichen Öffentlichkeitsbeteiligung	429	163
b) Unterrichtung der Behörden und sonstigen Träger öffentlicher Belange	459	172
c) Durchführung der förmlichen Öffentlichkeitsbeteiligung	461	173
d) Prüfung der abgegebenen Stellungnahmen, Mitteilung des Prüfungsergebnisses	471	177

	Rdnr.	Seite
e) Vorlage der nicht berücksichtigten Stellungnahmen bei der Genehmigung des Bauleitplans	478	180
3. Änderung des Bauleitplans nach der Auslegung, erneute Öffentlichkeitsbeteiligung (§ 4a Abs. 3 BauGB)	480	181
III. Beteiligung der Behörden und sonstiger Träger öffentlicher Belange (§ 4 BauGB)	492	184
1. Zu beteiligende Behörden	496	185
2. Frühzeitige Behördenbeteiligung (§ 4 Abs. 1 BauGB)	501	187
3. Behördenbeteiligung gemäß § 4 Abs. 2 BauGB	506	188
4. Wiederholung der Behördenbeteiligung (§ 4a Abs. 3 BauGB)	514	192
5. Nachträgliche Unterrichtung über Auswirkungen des Bauleitplans (§ 4 Abs. 3 BauGB)	519	193
IV. Grenzüberschreitende Beteiligung (§ 4a Abs. 5 BauGB)	521	194
1. Bauleitpläne mit erheblichen Auswirkungen auf Nachbarstaaten (§ 4a Abs. 5 Satz 1 BauGB)	522	195
2. Bauleitpläne mit erheblichen Umweltauswirkungen auf einen anderen Staat (§ 4a Abs. 5 Satz 2 BauGB)	531	197
a) Grenzüberschreitende Behördenbeteiligung	532	197
b) Grenzüberschreitende Öffentlichkeitsbeteiligung	537	199
3. Beachtlichkeit von Verstößen	540	200
V. Einschaltung Dritter in das Bauleitplanverfahren (§ 4b BauGB)	541	201
VI. Planerische Abwägung (§ 1 Abs. 5–7, 1a Abs. 2–4 BauGB)	546	204
1. Aufgaben der Abwägung	546	204
2. Zusammenstellung des Abwägungsmaterials (Ermittlung und Bewertung)	570	211
a) Allgemeine Anforderungen	570	211
b) Private Belange	584	215
c) Öffentliche Belange	593	220
d) Untersuchungspflichten der Gemeinde	599	222
3. Die abschließende Planungsentscheidung der Gemeinde	605	224
a) Gewichtung der abwägungserheblichen Belange	606	225
b) Ausgleich der abwägungserheblichen Belange	610	227
4. Interkommunale Abstimmung	631	232
a) Abwägungserheblichkeit nachbargemeindlicher Belange, qualifizierter Abstimmungsbedarf	631	232
b) Nachbargemeindliche Rechtsschutzmöglichkeiten	651	241
5. Die Umweltprüfung in der Bauleitplanung	655	242
a) Bedeutung und Funktion der Umweltprüfung	655	242

	Rdnr.	Seite
b) Umweltbericht	675	248
c) Berücksichtigung der Darstellungen von Landschaftsplänen und sonstigen Plänen bei der Umweltprüfung und der planerischen Abwägung (§ 1 Abs. 6 Nr. 7 Buchst. g) BauGB)	678	250
d) Die Eingriffsregelung nach dem Bundesnaturschutzgesetz (§ 1a Abs. 3 BauGB)	681	251
e) Betroffenheit von Gebieten von gemeinschaftlicher Bedeutung und europäischen Vogelschutzgebieten (§ 1 Abs. 6 Nr. 7 Buchst. b), § 1a Abs. 4 BauGB)	708	265
6. Abwägungsgebot und auf Landesrecht beruhende Festsetzungen im Bebauungsplan	720	270
7. Hilfsmittel der Abwägung, technische Normen und Regelwerke	721	270
a) Umfassende Regelwerke für die Bewältigung von Nutzungskonflikten in der Bauleitplanung	724	271
b) Lärmtechnische Regelwerke	725	272
c) Geruchsimmissionen	732	276
d) Bodenschutz, gesunde Wohnverhältnisse	733	277
8. Gebot der Konfliktbewältigung, planerische Zurückhaltung	734	277
VII. Satzungsbeschluß, Beschluß über den Flächennutzungsplan	745	281
1. Allgemeine Anforderungen	745	281
2. Insbesondere: Befangenheit von Mitgliedern der Gemeindevertretung	752	283
VIII. Die Beteiligung der höheren Verwaltungsbehörde (Genehmigung, Anzeige von Bauleitplänen)	771	288
1. Flächennutzungsplan	771	288
a) Materielle Anforderungen der Genehmigungserteilung	771	288
b) Verfahren	776	289
c) Genehmigung mit Maßgaben, Beitrittsbeschluß	784	291
d) Rechtsschutzmöglichkeiten	792	294
2. Bebauungsplan	794	295
a) Genehmigungspflicht	794	295
b) Anzeigepflicht nach Landesrecht	795	295
IX. Ausfertigung von Bauleitplänen	801	297
X. Das Inkrafttreten der Bauleitpläne, ortsübliche Bekanntmachung	806	299
1. Allgemeine Anforderungen	806	299
2. Inhalt der Bekanntmachung	820	304

	Rdnr.	Seite
3. Bereithalten des Bauleitplans zur Einsicht, Auskunftspflicht	829	306
I. Änderung, Ergänzung und Aufhebung von Bauleitplänen (§ 1 Abs. 8 BauGB), vereinfachtes Verfahren (§ 13 BauGB)	835	308
I. Allgemeine Anforderungen	835	308
II. Vereinfachtes Verfahren zur Änderung oder Ergänzung von Bauleitplänen sowie zur Aufstellung von Bebauungsplänen in einem Gebiet nach § 34 BauGB	841	311
1. Anwendungsvoraussetzungen für das vereinfachte Verfahren gemäß § 13 BauGB	841	311
2. Abweichungen gegenüber dem Regelverfahren der Bauleitplanung	857	317
III. Funktionslosigkeit von Bauleitplänen	865	319
J. Vorhabenbezogener Bebauungsplan/Vorhaben- und Erschließungsplan	871	321
I. Einzelne Bestandteile	872	322
II. Voraussetzungen	875	323
III. Vorhabenträger	885	326
IV. Vorhaben- und Erschließungsplan	892	328
V. Einbeziehung von Flächen außerhalb des VEP	905	333
VI. Durchführungsvertrag	908	334
VII. Bauleitplanverfahren	917	337
VIII. Wechsel des Vorhabenträgers, Aufhebung der Satzung	921	338
K. Städtebauliche Verträge im Zusammenhang mit der Bauleitplanung	927	340
I. Allgemeine Anforderungen an städtebauliche Verträge	927	340
1. Regelungsgegenstände und Rechtsnatur	927	340
2. Ausschreibungspflicht gemäß den §§ 97 ff. GWB	934	343
3. Formvorschriften	940	346
4. Angemessenheitserfordernis, Kuppelungsverbot	944	347
5. Anwendbarkeit des Rechts der Allgemeinen Geschäftsbedingungen	950	349
6. Nichtigkeit städtebaulicher Verträge, Rechtsfolgen	956	353
7. Leistungsstörungen	960	354
8. Änderung und Aufhebung städtebaulicher Verträge	972	358
II. Einzelne Vertragstypen	980	360

	Rdnr.	Seite
1. Privatrechtliche Neuordnung der Grundstücksverhältnisse (freiwillige Umlegung)	980	360
2. Ausarbeitung städtebaulicher Planungen	981	360
3. Förderung und Sicherung von Planungszielen	984	361
4. Folgelasten	999	366
5. Erschließungsverträge, Ablösevereinbarungen, Vorfinanzierungsvereinbarungen	1007	368
L. Die Rechtskontrolle der Bauleitpläne	1011	370
I. Verfahren zur Überprüfung der Bauleitpläne	1011	370
1. Die abstrakte Normenkontrolle	1011	370
a) Zulässigkeit des Normenkontrollantrags	1011	370
b) Besonderheiten des Verfahrensablaufs	1020	375
c) Die Entscheidung des Oberverwaltungsgerichts	1022	376
d) Einstweilige Anordnung	1030	379
e) Rechtsmittel	1033	381
2. Die Inzidentkontrolle von Bebauungsplänen	1034	381
a) Gerichtliche Inzidentkontrolle	1084	381
b) Inzidentkontrolle durch Verwaltungsbehörden	1038	382
II. Gesamtunwirksamkeit und Teilunwirksamkeit von Bebauungsplänen	1042	384
III. Unbeachtlichkeit von Mängeln der Bauleitpläne	1048	387
1. Grundsätzliches	1048	387
2. Verletzung von Verfahrens- und Formvorschriften des BauGB	1054	388
a) Ermittlung und Bewertung des Abwägungsmaterials	1055	388
b) Beteiligung der Bürger und der Träger öffentlicher Belange	1059	390
c) Begründung des Flächennutzungsplans bzw. der Satzungen	1065	392
d) Beschlüsse, Genehmigungen, Bekanntmachungen	1067	393
3. Verletzung von Vorschriften über das Verhältnis zwischen Bebauungsplan und Flächennutzungsplan	1070	394
a) Unrichtige Beurteilung der Anforderungen an die Aufstellung eines selbständigen oder vorzeitigen Bebauungsplans	1071	395
b) Entwickeln des Bebauungsplans aus dem Flächennutzungsplan	1072	395
c) Der aus dem unwirksamen Flächennutzungsplan entwickelte Bebauungsplan	1077	397
d) Verstoß gegen § 8 Abs. 3 BauGB im Parallelverfahren	1080	398
4. Abwägungsmängel	1082	399

	Rdnr.	Seite
5. Fristen für die Geltendmachung beachtlicher Mängel	1091	401
a) Nachträglicher Eintritt der Unbeachtlichkeit	1091	401
b) Die unbeachtlich werdenden Mängel im einzelnen	1092	402
c) Hinweis auf Rügepflicht	1093	402
d) Geltendmachung von Fehlern	1095	403
IV. Heilung von Mängeln der Bauleitpläne durch ergänzendes Verfahren	1098	404
1. Behebbare Mängel	1098	404
2. Behebung der Mängel	1100	406

Zweiter Teil
Die planungsrechtliche Einschränkung der Baufreiheit

	Rdnr.	Seite
A. Der Umfang der planungsrechtlichen Baubeschränkung	1103	409
I. Die der bauplanungsrechtlichen Beurteilung unterworfenen Vorhaben und Nutzungen	1103	409
1. Errichtung, Änderung, Nutzungsänderung baulicher Anlagen	1106	410
a) Bauliche Anlagen	1106	410
b) Errichtung, Änderung, Nutzungsänderung	1111	411
2. Aufschüttungen und Abgrabungen größeren Umfangs	1126	418
3. Ausschachtungen und Ablagerungen einschließlich Lagerstätten	1128	419
4. Sonstige Nutzungen	1131	420
II. Das Verfahren der Zulassung von Bauvorhaben	1133	421
B. Die zulässigen Vorhaben in beplanten Gebieten	1139	423
I. Die bauplanungsrechtliche Einordnung	1139	423
II. Der qualifizierte und der einfache Bebauungsplan	1140	424
1. Unterschiede	1140	424
2. Neue und übergeleitete Bebauungspläne	1157	428
3. Die Voraussetzungen des qualifizierten Bebauungsplans	1168	431
III. Die bauplanungsrechtliche Zulässigkeit von Vorhaben im Geltungsbereich von (qualifizierten) Bebauungsplänen	1175	433
1. Zulässigkeitsvoraussetzungen, UVP-Pflicht	1175	433
2. Der Bebauungsplan und ergänzende Vorschriften als Prüfungsmaßstab	1181	435
a) Anknüpfungsfunktion des § 29 Abs. 1 BauGB, Ausschlußwirkung von Bebauungsplanfestsetzungen	1181	435
b) Bebauungsplanergänzende Rechtsnormen	1185	436

	Rdnr.	Seite
IV. Gemeinsame Regelungen für Vorhaben in Baugebieten gemäß § 1 Abs. 3 BauNVO	1195	438
1. Die gesicherte Erschließung	1196	439
2. Allgemeine Einschränkungen für zulässige Bauvorhaben durch § 15 Abs. 1 BauNVO	1217	445
3. Die Anlagen nach den §§ 12–14 BauNVO	1239	451
a) Stellplätze und Garagen	1241	452
b) Gebäude und Räume für freie Berufe	1243	453
c) Untergeordnete Nebenanlagen und Einrichtungen	1248	454
V. Das einzuhaltende Maß der baulichen Nutzung	1263	459
1. Grundflächenzahl, zulässige Grundfläche	1276	462
2. Zahl der Vollgeschosse	1293	467
3. Geschoßflächenzahl, zulässige Geschoßfläche	1299	468
4. Baumassenzahl, Baumasse	1304	469
5. Höhe der baulichen Anlagen	1305	470
VI. Die einzuhaltende Bauweise und die überbaubaren Grundstücksflächen	1310	471
VII. Die zulässigen Vorhaben in den einzelnen Baugebieten	1311	471
1. Reine Wohngebiete (WR, § 3 BauNVO)	1311	471
a) Gebietscharakter und Nutzungsmöglichkeiten	1311	471
b) Wohngebäude	1315	472
c) Nebenanlagen	1331	477
d) Ausnahmsweise zulässige Vorhaben im reinen Wohngebiet	1337	480
2. Allgemeine Wohngebiete (WA, § 4 BauNVO)	1353	486
a) Gebietscharakter und Nutzungsmöglichkeiten	1353	486
b) Zulässige Vorhaben im allgemeinen Wohngebiet	1357	487
c) Nebenanlagen	1376	495
d) Ausnahmsweise zulässige Vorhaben im allgemeinen Wohngebiet	1377	495
3. Kleinsiedlungsgebiete (WS, § 2 BauNVO)	1394	501
a) Gebietscharakter und Nutzungsmöglichkeiten	1394	501
b) Zulässige Vorhaben im Kleinsiedlungsgebiet	1398	501
c) Nebenanlagen	1407	504
d) Ausnahmsweise zulässige Vorhaben im Kleinsiedlungsgebiet	1408	504
4. Gebiete zur Erhaltung und Entwicklung der Wohnnutzung, besondere Wohngebiete (WB, § 4a BauNVO)	1412	505
a) Gebietscharakter und Nutzungsmöglichkeiten	1412	505
b) Zulässige Vorhaben im besonderen Wohngebiet	1422	508
c) Nebenanlagen	1428	510

	Rdnr.	Seite
d) Ausnahmsweise zulässige Vorhaben im besonderen Wohngebiet	1430	510
e) Sonderregelungen für Wohnungen	1443	516
5. Dorfgebiete (MD, § 5 BauNVO)	1445	516
a) Gebietscharakter und Nutzungsmöglichkeiten	1445	516
b) Zulässige Vorhaben im Dorfgebiet	1454	519
c) Nebenanlagen	1469	523
d) Ausnahmsweise zulässige Vorhaben im Dorfgebiet	1472	523
6. Mischgebiete (MI, § 6 BauNVO)	1473	524
a) Gebietscharakter und Nutzungsmöglichkeiten	1473	524
b) Zulässige Vorhaben im Mischgebiet	1480	526
c) Nebenanlagen	1500	531
d) Ausnahmsweise zulässige Vorhaben im Mischgebiet	1501	531
7. Kerngebiete (MK, § 7 BauNVO)	1502	531
a) Gebietscharakter und Nutzungsmöglichkeiten	1502	531
b) Zulässige Vorhaben im Kerngebiet	1509	533
c) Nebenanlagen	1519	535
d) Ausnahmsweise zulässige Vorhaben im Kerngebiet	1520	536
8. Gewerbegebiete (GE, § 8 BauNVO)	1522	536
a) Gebietscharakter und Nutzungsmöglichkeiten	1522	536
b) Zulässige Vorhaben im Gewerbegebiet	1529	538
c) Nebenanlagen	1544	543
d) Ausnahmsweise zulässige Vorhaben im Gewerbegebiet	1545	543
9. Industriegebiete (GI, § 9 BauNVO)	1551	545
a) Gebietscharakter und Nutzungsmöglichkeiten	1551	545
b) Zulässige Vorhaben im Industriegebiet	1557	546
c) Nebenanlagen	1561	547
d) Ausnahmsweise zulässige Vorhaben im Industriegebiet	1562	548
10. Sondergebiete, die der Erholung dienen (SO, § 10 BauNVO)	1564	548
a) Gebietscharakter und Nutzungsmöglichkeiten	1564	548
b) Zulässige Vorhaben im Wochenendhausgebiet	1574	550
c) Zulässige Vorhaben im Ferienhausgebiet	1583	553
d) Zulässige Vorhaben im Campingplatzgebiet	1591	555
11. Sonstige Sondergebiete (SO, § 11 BauNVO)	1599	556
a) Gebietscharakter und Nutzungsmöglichkeiten	1599	556
b) Zulässige Vorhaben in den sonstigen Sondergebieten	1611	560

	Rdnr.	Seite
c) Besonderheiten bei großflächigem Einzelhandel (§ 11 Abs. 3 BauNVO)	1614	561
VIII. Die Gliederung der Baugebiete hinsichtlich der Art der baulichen Nutzung	1648	577
1. Horizontale Gliederung	1651	577
a) § 1 Abs. 4 BauNVO	1652	578
b) § 1 Abs. 5 BauNVO	1670	583
c) § 1 Abs. 6 BauNVO	1676	585
d) § 1 Abs. 9 BauNVO	1679	586
2. Vertikale Gliederung (§ 1 Abs. 7 BauNVO)	1686	588
3. Bestandserhaltende Festsetzungen (§ 1 Abs. 10 BauNVO)	1690	589
IX. Die Gewährung einer Ausnahme von den Festsetzungen des Bebauungsplans (§ 31 Abs. 1 BauGB)	1698	592
X. Die Befreiung von Festsetzungen des Bebauungsplans (§ 31 Abs. 2 BauGB)	1717	596
1. Allgemeine Grundsätze	1717	596
a) Die generelle Befreiungsregelung	1717	596
b) Die Änderung oder Nutzungsänderung einer unter Befreiung errichteten baulichen Anlage	1725	598
2. Die materiellen Voraussetzungen für die Erteilung einer Befreiung	1727	599
a) Grundzüge der Planung	1728	599
b) Vereinbarkeit mit öffentlichen Belangen auch unter Würdigung nachbarlicher Interessen	1732	601
c) Gründe des Wohls der Allgemeinheit, die die Befreiung erfordern	1735	602
d) Städtebauliche Vertretbarkeit der Abweichung	1741	604
e) Offenbar nicht beabsichtigte Härte	1745	605
3. Das Einvernehmen der Gemeinde (§ 36 Abs. 1 BauGB) als formelles Erfordernis der Befreiung	1758	607
a) Begriff des Einvernehmens	1759	608
b) Ersetzung des gemeindlichen Einvernehmens	1762	609
c) Versagungsgründe	1766	610
d) Frist, Fiktion des gemeindlichen Einvernehmens	1772	612
4. Die abschließende Ermessensentscheidung der Baugenehmigungsbehörde über die Erteilung einer Befreiung	1777	614
XI. Die Genehmigung baulicher Anlagen auf künftigen Gemeinbedarfs-, Verkehrs-, Versorgungs- und Grünflächen (§ 32 BauGB)	1783	615

	Rdnr.	Seite
XII. Die Nachbarklage gegen Baugenehmigungen im Planbereich	1793	619
1. Die Nachbarklage allgemein	1793	619
2. Der Begriff des Nachbarn	1805	622
a) Personelle Eingrenzung	1805	622
b) Räumliche Eingrenzung	1812	625
3. Nachbarschützende Festsetzungen und Vorschriften im beplanten Bereich	1815	626
a) Art der baulichen Nutzung	1821	628
b) Maß der baulichen Nutzung	1838	632
c) Überbaubare Grundstücksflächen	1843	633
d) Bauweise	1847	634
e) Nachbarschutz im beplanten Bereich ohne besondere nachbarschützende Festsetzungen	1848	635
f) Grundrechte	1862	640
4. Nachbarschutz bei der Erteilung von Ausnahmen und Befreiungen	1866	641
a) Ausnahmen	1866	641
b) Befreiungen	1874	642
c) Versteckter (heimlicher) Dispens	1876	643
5. Nachbarschutz während der Planaufstellung	1877	644
6. Der Baunachbarstreit	1879	644
a) Widerspruch und Anfechtungsklage	1880	644
b) Die Änderung der Sach- und Rechtslage während des Nachbarstreits	1886	647
c) Der Verlust von nachbarlichen Abwehrrechten	1892	648
7. Die Rechtslage nach einem erfolgreichen Rechtsmittelverfahren	1903	651
XIII. Die vorzeitige Baugenehmigung während der Planaufstellung (§ 33 BauGB)	1905	652
1. Zweck und Anwendungsbereich des § 33 BauGB	1905	652
2. Die Voraussetzungen für eine vorzeitige Baugenehmigung nach § 33 Abs. 1 BauGB	1911	654
a) Planaufstellungsbeschluß	1911	654
b) Durchführung der Öffentlichkeits- und Behördenbeteiligung (formelle Planreife)	1912	654
c) Übereinstimmung mit den künftigen Festsetzungen des Bebauungsplans (materielle Planreife)	1913	655
d) Anerkennung der künftigen Festsetzungen	1921	658
e) Gesicherte Erschließung	1929	660
3. Erfordernis des gemeindlichen Einvernehmens (§ 36 Abs. 1 BauGB)	1931	661

	Rdnr.	Seite
4. Die abschließende Entscheidung über die Erteilung eine vorzeitigen Baugenehmigung	1932	661
5. Die Voraussetzungen für eine vorzeitige Baugenehmigung nach § 33 Abs. 2 BauGB	1935	662
6. Die Voraussetzungen für eine vorzeitige Baugenehmigung nach § 33 Abs. 3 BauGB	1939	663
7. Die Nachbarklage gegen eine vorzeitige Baugenehmigung	1948	666

C. Die zulässigen Vorhaben im unbeplanten Innenbereich ... 1952 668

  I. Die räumliche Abgrenzung des unbeplanten Innenbereichs ... 1952 668
    1. Die Abgrenzung des Innenbereichs nach den tatsächlichen Verhältnissen ... 1953 668
      a) Die zusammenhängende Bebauung ... 1953 668
      b) Der Ortsteil ... 1967 674
    2. Die Bestimmung der Grenzen des Ortsteils durch Satzung ... 1973 676
      a) Klarstellungssatzung (§ 34 Abs. 4 Satz 1 Nr. 1 BauGB) ... 1975 677
      b) Entwicklungssatzung (§ 34 Abs. 4 Satz 1 Nr. 2 BauGB) ... 1978 678
      c) Ergänzungssatzung (§ 34 Abs. 4 Satz 1 Nr. 3 BauGB) ... 1990 682
      d) Verbindung der Satzungstypen (§ 34 Abs. 4 Satz 2 BauGB) ... 1998 684
  II. Die Zulässigkeit von Vorhaben im Innenbereich ... 1999 684
    1. Die Berücksichtigung der Festsetzungen eines einfachen Bebauungsplans oder einer Satzung nach § 34 Abs. 4 BauGB ... 1999 684
    2. Die nähere Umgebung ... 2003 685
    3. Allgemeine Grundsätze zur Beurteilung des „Einfügens" ... 2013 687
    4. Art der baulichen Nutzung ... 2020 689
      a) Die Prüfung der Zulässigkeit bei einer einem Baugebiet entsprechenden vorhandenen Bebauung ... 2020 689
      b) Das „Einfügen" nach der Art der baulichen Nutzung ... 2028 691
    5. Maß der baulichen Nutzung ... 2035 693
    6. Bauweise ... 2047 696
    7. Grundstücksfläche, die überbaut werden soll ... 2052 697
    8. Sicherung der Erschließung ... 2058 699

	Rdnr.	Seite
9. Wahrung der Anforderungen an gesunde Wohn- und Arbeitsverhältnisse	2059	700
10. Beeinträchtigung des Ortsbildes	2063	701
11. Auswirkungen auf zentrale Versorgungsbereiche in der Gemeinde oder anderen Gemeinden	2066	702
12. Sonstige öffentliche Belange	2071	704
III. Ausnahmen und Befreiungen	2072	705
1. Übersicht	2072	705
2. Zulassung von Abweichungen nach § 34 Abs. 3a BauGB	2073	705
a) Erweiterung, Änderung, Nutzungsänderung oder Erneuerung eines zulässigerweise errichteten Gewerbe- oder Handwerksbetriebs	2074	706
b) Städtebauliche Vertretbarkeit	2077	707
c) Vereinbarkeit mit öffentlichen Belangen unter Würdigung nachbarlicher Interessen	2078	707
d) Ausschluß bestimmter Einzelhandelsbetriebe	2079	707
e) Ermessensspielraum	2080	708
IV. Bauaufsichtliches Verfahren	2081	708
V. Nachbarschutz	2084	709
1. Verletzung von Festsetzungen eines einfachen Bebauungsplans	2084	709
2. Verstoß gegen § 34 Abs. 2 BauGB	2086	710
3. Verstoß gegen § 34 Abs. 1 und Abs. 3a BauGB	2089	711
4. Verstoß gegen § 34 Abs. 3 BauGB	2100	717
5. Verfahren	2101	717
D. Die zulässigen Vorhaben im Außenbereich	2102	717
I. Die räumliche Bestimmung des Außenbereichs	2102	717
II. Die privilegierten Vorhaben im Außenbereich	2104	718
1. Die Vorhaben für einen land- oder forstwirtschaftlichen Betrieb	2105	718
a) Land- und forstwirtschaftliche Betriebe	2106	719
b) Der Begriff „dienen"	2118	722
c) Untergeordneter Teil der Betriebsfläche	2127	726
2. Betriebe der gartenbaulichen Erzeugung	2128	727
3. Die Vorhaben für Ver- und Entsorgungsanlagen sowie ortsgebundene gewerbliche Betriebe	2130	727
4. Die nur im Außenbereich auszuführenden Vorhaben	2134	730
5. Anlagen der Wind- und Wasserenergie	2139	731
6. Anlagen zur energetischen Nutzung von Biomasse	2140	732
7. Die kerntechnischen Anlagen	2146	733

	Rdnr.	Seite
8. Alphabetische Zusammenstellung der Beurteilung einzelner Vorhaben	2147	734
III. Beeinträchtigung und Entgegenstehen öffentlicher Belange	2148	755
1. Allgemeine Grundsätze	2148	755
2. Widerspruch zu den Darstellungen eines Flächennutzungsplans	2158	759
3. Widerspruch zu sonstigen Plänen	2167	763
4. Schädliche Umwelteinwirkungen, Gebot der Rücksichtnahme	2169	764
5. Unwirtschaftliche Aufwendungen	2174	766
6. Belange der Natur, der Landschaft und des Denkmalschutzes	2176	767
a) Belange des Naturschutzes und der Landschaftspflege	2177	767
b) Belange des Bodenschutzes	2183	769
c) Belange des Denkmalschutzes	2184	769
d) Beeinträchtigung der natürlichen Eigenart der Landschaft und ihres Erholungswerts	2185	770
e) Verunstaltung des Orts- und Landschaftsbildes	2189	772
7. Agrarstruktur, Wasserwirtschaft	2193	773
8. Splittersiedlung	2196	773
9. Ziele der Raumordnung	2208	776
10. Funktionsfähigkeit von Funkstellen und Radaranlagen	2215	779
11. Sonstige öffentliche Belange	2216	780
IV. Die begünstigten Vorhaben	2220	782
1. Die erleichterte Nutzungsänderung eines landwirtschaftlichen Gebäudes	2224	784
2. Ersatzbauten für mangelhafte Wohngebäude	2233	787
3. Ersatzbauten für zerstörte Gebäude	2240	790
4. Änderung und Nutzungsänderung von erhaltenswerten Gebäuden	2246	792
5. Erweiterung von Wohngebäuden	2248	793
6. Erweiterung von gewerblichen Betrieben	2255	795
V. Die Ausräumung beeinträchtigter öffentlicher Belange durch Satzung (§ 35 Abs. 6 BauGB)	2260	797
VI. Sicherung der Erschließung	2271	800
VII. Rückbauverpflichtung für privilegierte Vorhaben	2275	802
VIII. Verwaltungsverfahren	2279	803
IX. Nachbarschutz	2283	804

Dritter Teil
Die Sicherung der Bauleitplanung

	Rdnr.	Seite
A. Die Veränderungssperre und die Zurückstellung von Baugesuchen	2287	807
I. Die Veränderungssperre	2291	809
1. Die Voraussetzungen der Veränderungssperre	2291	809
2. Der Inhalt der Veränderungssperre	2309	814
3. Das Verfahren zum Erlaß einer Veränderungssperre	2311	815
a) Der Beschluß der Gemeinde, Bekanntmachung	2311	815
4. Die Verbote der Veränderungssperre	2319	818
5. Die von den Verboten nicht berührten Maßnahmen	2325	819
6. Die Ausnahme von der Veränderungssperre (§ 14 Abs. 2 BauGB)	2337	824
a) Die Rechtswirkung der Ausnahme	2337	824
b) Die Voraussetzungen für die Gewährung der Ausnahme	2339	824
7. Die Geltungsdauer der Veränderungssperre	2346	826
a) Grundsätzliches zur Geltungsdauer	2346	826
b) Die Geltungsdauer im Regelfall	2348	827
c) Die erste Verlängerung (§ 17 Abs. 1 Satz 3 BauGB)	2366	831
d) Die zweite Verlängerung (§ 17 Abs. 2 BauGB)	2373	832
e) Die erneute Veränderungssperre	2380	834
f) Die neue Veränderungssperre	2385	835
g) Das Außerkrafttreten und die Aufhebung der Veränderungssperre	2386	836
8. Die Entschädigung bei Veränderungssperren	2389	837
II. Die Zurückstellung von Baugesuchen, vorläufige Untersagung (§ 15 Abs. 1 BauGB)	2404	840
1. Zurückstellung	2404	840
2. Vorläufige Untersagung (§ 15 Abs. 1 Satz 2 und 3 BauGB)	2424	846
3. Zurückstellung von Vorhaben nach § 35 Abs. 1 Nr. 2 bis 6 BauGB bei der Flächennutzungsplanung (§ 15 Abs. 3 BauGB)	2429	847
B. Die Teilung von Grundstücken	2439	851
I. Tatbestand der Grundstücksteilung	2439	851
II. Vorraussetzungen, Verfahren und Rechtsfolgen der Grundstücksteilung im Geltungsbereich von Bebauungsplänen	2441	852
1. Materielle Voraussetzungen der Grundstücksteilung	2441	852
2. Verfahren	2444	853

	Rdnr.	Seite
3. Rechtsfolgen einer rechtswidrigen Grundstücksteilung	2446	854
III. Die Sicherung von Gebieten mit Fremdenverkehrsfunktion	2448	855
1. Begründung der Genehmigungspflicht durch Satzung oder Bebauungsplan	2448	855
2. Genehmigungsverfahren	2458	857
3. Gründe für die Versagung der Genehmigung	2465	860
4. Rechtswirkungen der Genehmigung und des Zeugnisses nach § 22 Abs. 5 Satz 5 BauGB	2469	861
IV. Der Bodenverkehr in den Sanierungsgebieten und Entwicklungsbereichen	2471	862
C. Die gesetzlichen Vorkaufsrechte der Gemeinde	2479	863
I. Die Vorkaufsrechtsgebiete	2479	863
1. Das Allgemeine Vorkaufsrecht	2480	863
a) Vorkaufsrecht an Bebauungsplanflächen und im Bebauungsplan-Aufstellungsgebiet für öffentliche Zwecke oder Ausgleichsmaßnahmen	2480	863
b) Vorkaufsrecht in Umlegungsgebieten	2488	866
c) Vorkaufsrecht in Sanierungsgebieten und Entwicklungsbereichen	2491	866
d) Vorkaufsrecht im Geltungsbereich einer Erhaltungssatzung	2492	867
e) Vorkaufsrecht im Außenbereich für Wohnzwecke auf der Grundlage eines Flächennutzungsplans oder Flächennutzungsplanentwurfs	2493	867
f) Vorkaufsrecht für Wohnzwecke in Gebieten nach §§ 30, 33, 34 Abs. 2 BauGB	2497	868
2. Das besondere Vorkaufsrecht	2500	869
a) Vorkaufsrechtssatzung in Bebauungsplangebieten	2500	869
b) Vorkaufsrechtssatzung in städtebaulichen Maßnahmegebieten	2503	870
c) Verfahren	2507	871
3. Zusammentreffen mehrerer Vorkaufsrechte	2509	872
II. Gegenstand und Ausschluß des Vorkaufsrechts	2511	872
1. Kauf von Grundstücken	2511	872
2. Gesetzliche Ausschlüsse des Vorkaufsrechts	2516	874
III. Rechtfertigung der Ausübung des Vorkaufsrechts durch das Wohl der Allgemeinheit	2524	876
IV. Abwendung der Ausübung des Vorkaufsrechts	2531	879
V. Verfahren, Entscheidung der Gemeinde	2544	883

	Rdnr.	Seite
1. Mitteilung des Kaufvertrags	2544	883
2. Vormerkung der Gemeinde	2545	883
3. Entscheidungsfrist für die Gemeinde	2546	884
4. Anhörung	2549	884
5. Interne Entscheidungsabläufe innerhalb der Gemeinde	2550	885
6. Ermessensentscheidung der Gemeinde	2551	885
VI. Rechtsfolgen der Ausübung/Nichtausübung des Vorkaufsrechts	2554	886
VII. Besonderheiten der Ausübung des Vorkaufsrechts zugunsten Dritter	2560	888
VIII. Ausübung des Vorkaufsrechts zum Verkehrswert	2564	889
1. Ausübung des Vorkaufsrechts nach § 24 Abs. 1 Satz 1 Nr. 1 BauGB	2564	889
2. Ausübung des Vorkaufsrechts zum Verkehrswert in anderen Fällen	2570	890
D. Städtebauliche Gebote zur Verwirklichung der Bauleitplanung	2579	893
I. Baugebot	2579	893
1. Voraussetzungen	2579	893
a) Im Geltungsbereich eines Bebauungsplans	2579	893
b) Im unbeplanten Innenbereich	2582	895
c) Wirtschaftliche Zumutbarkeit	2584	896
2. Verfahren, Enteignung, Übernahmeverlangen	2589	898
II. Herrichtungs- und Nutzungsgebot	2593	900
III. Pflanzgebot	2595	901
IV. Rückbau- und Entsiegelungsgebot	2597	902
1. Regelungsgegenstand und Voraussetzungen	2597	902
2. Verfahren, Entschädigung	2603	904
V. Modernisierungs- und Instandsetzungsgebot	2610	906

Anhang

	Seite
Baugesetzbuch (BauGB) i.d.F. vom 4. Juni 2004 – Auszug –	909
Verordnung über die bauliche Nutzung der Grundstücke (Baunutzungsverordnung – BauNVO) (ergänzt um die Vorschriften der BauNVO 1962, BauNVO 1968 und BauNVO 1977)	975
Stichwortverzeichnis	1013

Verzeichnis der verkürzt zitierten Literatur

Battis/Krautzberger/Löhr, Baugesetzbuch, 8. Auflage 2002

Bericht der Unabhängigen Expertenkommission zur Novellierung des Baugesetzbuchs, 2002 (abzurufen über www.bmvbw.de bzw. anzufordern über das Bundesministerium für Verkehr, Bau- und Wohnungswesen, Invalidenstraße 44, 10115 Berlin)

Berliner Kommentar zum Baugesetzbuch, Loseblattausgabe, Stand August 2003

Brügelmann, Baugesetzbuch, Kommentar, Loseblattausgabe, Stand Oktober 2003

Busse/Grziwotz, VEP – Der Vorhaben- und Erschließungsplan, 1999

Ernst/Zinkahn/Bielenberg/Krautzberger, Baugesetzbuch, Loseblattausgabe, Stand Februar 2004

Fickert/Fieseler, Baunutzungsverordnung, Kommentar, 10. Auflage 2002

Finkelnburg/Ortloff, Öffentliches Baurecht, 4. Auflage 1998, Band 1 und 2

Gronemeyer, BauGB-Praxiskommentar, 1999

Hoppe/Bönker/Grotefels, Öffentliches Baurecht, 2. Auflage 2002

Jäde/Dirnberger/Weiß, Baugesetzbuch, 3. Auflage 2002

König/Roeser/Stock, Baunutzungsverordnung, 2. Auflage 2003

Kuschnerus, Der sachgerechte Bebauungsplan, 2. Auflage 2001

Kuschnerus, Das zulässige Bauvorhaben, 2001

Mampel, Nachbarschutz im öffentlichen Baurecht, 1994

Schmidt-Eichstaedt, Städtebaurecht, 2. Auflage 1998

Schrödter, Baugesetzbuch, 6. Auflage 1998

Stüer, Handbuch des Bau- und Fachplanungsrechts, 2. Auflage 1998

Walker, Handbuch Städtebauliche Verträge, 1999, Band 1 und 2

Abkürzungsverzeichnis

a.A.	andere Ansicht
a.a.O.	am angegebenen Ort
a.F.	alte Fassung
ABl.	Amtsblatt
Abs.	Absatz
AbwAG	Abwasserabgabengesetz
AEG	Allgemeines Eisenbahngesetz
AgrarR	Agrarrecht (Zeitschrift)
Alt.	Alternative
amtl.	amtlich
Anh.	Anhang
Anm.	Anmerkung
Art.	Artikel
Aufl.	Auflage
BauGB	Baugesetzbuch
BauGBDV	Durchführungsverordnung zum Baugesetzbuch
BauGB-MaßnG	Maßnahmengesetz zum Baugesetzbuch
BauNVO	Baunutzungsverordnung
BauO	Bauordnung
BauR	Baurecht (Zeitschrift)
BauROG	Bau- und Raumordnungsgesetz
BauZVO	Bauplanungs- und Zulassungsverordnung
Bay.	Bayern
BayVBl.	Bayerische Verwaltungsblätter (Zeitschrift)
BBauG	Bundesbaugesetz
BBergG	Bundesberggesetz
Bbg.	Brandenburg
BBodSchG	Bundesbodenschutzgesetz
BBodSchV	Bundesbodenschutzverordnung
BekanntmVO	Bekanntmachungsverordnung
Beschl.	Beschluß
BGB	Bürgerliches Gesetzbuch
BGBl.	Bundesgesetzblatt
BGH	Bundesgerichtshof
BGHZ	Entscheidungen des Bundesgerichtshofs in Zivilsachen
BImSchG	Bundes-Immissionsschutzgesetz
BImSchV	Verordnung zur Durchführung des Bundesimmissionsschutzgesetzes
BJagdG	Bundesjagdgesetz
BKleingG	Bundeskleingartengesetz
Bln.	Berlin

BM	Baumasse
BMZ	Baumassenzahl
BNatSchG	Bundesnaturschutzgesetz
BRS	Baurechtssammlung
BT-Drs.	Bundestagsdrucksache
Buchholz	Sammel- und Nachschlagewerk zur Rechtsprechung des Bundesverwaltungsgerichts
BVerfG	Bundesverfassungsgericht
BVerfGE	Entscheidungen des Bundesverfassungsgerichts
BVerfGG	Bundesverfassungsgerichtsgesetz
BVerwG	Bundesverwaltungsgericht
BVerwGE	Entscheidungen des Bundesverwaltungsgerichts
BW	Baden-Württemberg
BWaldG	Bundeswaldgesetz
BWGZ	Die Gemeinde, Zeitschrift für die Städte und Gemeinden, Organ des Gemeindetags Baden-Württemberg
bzw.	beziehungsweise
d.h.	das heißt
ders.	derselbe
DG	Dachgeschoß
dies.	dieselbe, dieselben
DIN	Deutsche Industrienorm
DNotZ	Deutsche Notarzeitschrift
DÖV	Die öffentliche Verwaltung (Zeitschrift)
DSchG	Denkmalschutzgesetz
DVBl.	Deutsches Verwaltungsblatt (Zeitschrift)
EMRK	Europäische Kommission zum Schutz der Menschenrechte und Grundfreiheiten
EnWG	Energiewirtschaftsgesetz
ESVGH	Entscheidungssammlung des Hessischen und Baden-Württembergischen Verwaltungsgerichtshofes
EU	Europäische Union
EuGH	Europäischer Gerichtshof
EuZW	Europäische Zeitschrift für Wirtschaft (Zeitschrift)
EWG	Europäische Wirtschaftsgemeinschaft
f.	folgende
ff.	fortfolgende
FFH	Fauna-Flora-Habitat-Richtlinie
FH	Firsthöhe
FS	Festschrift
FSP	Flächenbezogener Schalleistungspegel
FStrG	Bundesfernstraßengesetz

GarVO	Garagenverordnung
GBl.	Gesetzblatt
GBO	Grundbuchordnung
GE	Gewerbegebiet
gem.	gemäß
GemSenOGB	Gemeinsamer Senat der obersten Gerichtshöfe des Bundes
GewArch	Gewerbearchiv (Zeitschrift)
GewO	Gewerbeordnung
GF	Geschoßfläche
GFZ	Geschoßflächenzahl
GG	Grundgesetz
ggf.	gegebenenfalls
GI	Industriegebiet
GmbH	Gesellschaft mit beschränkter Haftung
GMBl.	Gemeinsames Ministerialblatt
GO	Gemeindeordnung
GR	Grundfläche
GRZ	Grundflächenzahl
GStV	Garagen- und Stellplatzverordnung
GVBl.	Gesetz- und Verordnungsblatt
h.M.	herrschende Meinung
Hess	Hessen
Hmb	Hamburg
Hrsg.	Herausgeber
i.E.	im Ergebnis
i.S.	im Sinne
i.S.v.	im Sinne von
i.V.m.	in Verbindung mit
IFSP	Immissionswirksamer flächenbezogener Schalleistungspegel
II. WoBauG	II. Wohnungsbaugesetz
insbes.	insbesondere
JZ	Juristenzeitung (Zeitschrift)
KAG	Kommunalabgabengesetz
KrW-/AbfG	Kreislaufwirtschafts- und Abfallgesetz
LabfG	Landesabfallgesetz
LAI	Länderausschuß für Immissionsschutz
lit.	littera (Buchstabe)
LKV	Landes- und Kommunalverwaltung (Zeitschrift)

LSA	Sachsen-Anhalt
LuftVG	Luftverkehrsgesetz
LWaldG	Landeswaldgesetz
LWG	Landeswassergesetz
m.	mit
m.w.N.	mit weiteren Nachweisen
MBl.	Ministerialblatt
MD	Dorfgebiet
MDR	Monatsschrift für deutsches Recht (Zeitschrift)
MI	Mischgebiet
MK	Kerngebiet
MV	Mecklenburg-Vorpommern
n.v.	nicht veröffentlicht
NatSchG	Naturschutzgesetz
NDB	Niedersachsen
NJW	Neue Juristische Wochenschrift (Zeitschrift)
NN	Normal Null
NordÖR	Zeitschrift für öffentliches Recht in Norddeutschland (Zeitschrift)
Nr.	Nummer
Nrn.	Nummern
NuR	Natur und Recht (Zeitschrift)
NVwZ	Neue Zeitschrift für Verwaltungsrecht (Zeitschrift)
NVwZ-RR	NVwZ-Rechtsprechungs-Report (Zeitschrift)
NW	Nordrhein-Westfalen
NWVBl.	Nordrhein-Westfälische Verwaltungsblätter (Zeitschrift)
NZV	Neue Zeitschrift für Verkehrsrecht
o.ä.	oder ähnliches
OblG	Oberstes Landesgericht
OK	Oberkante
OLG	Oberlandesgericht
OVG	Oberverwaltungsgericht
OVGE	Entscheidungen der Oberverwaltungsgerichte Münster und Lüneburg
PartGG	Partnerschaftsgesellschaftsgesetz
PBefG	Personenbeförderungsgesetz
PlanzV	Verordnung über die Ausarbeitung der Bauleitpläne und die Darstellung des Planinhalts (Planzeichenverordnung)

Rdnr.	Randnummer
RGaO	Verordnung über Garagen und Einstellplätze (Reichsgaragenordnung)
ROG	Raumordnungsgesetz
RP	Rheinland-Pfalz
Rspr.	Rechtsprechung
s.	siehe
S.	Seite
Saarl.	Saarland
Sachs.	Sachsen
SächsVBl.	Sächsische Verwaltungsblätter (Zeitschrift)
SH	Schleswig-Holstein
Slg.	Sammlung
SO	Sondergebiet
sog.	sogenannt
SpielV	Spielhallenverordnung
StrG	Straßengesetz
StuGR	Städte- und Gemeinderat (Zeitschrift)
StVG	Straßenverkehrsgesetz
StVO	Straßenverkehrsordnung
TA Lärm	Technische Anteilung zum Schutz gegen Lärm
TA Luft	Technische Anleitung zur Reinhaltung der Luft
TH	Traufhöhe
Thür.	Thüringen
u.a.	und andere, unter anderem
u.s.w.	und so weiter
u.U.	unter Umständen
UIG	Umweltinformationsgesetz
UPR	Umwelt- und Planungsrecht (Zeitschrift)
Urt.	Urteil
UVP	Umweltverträglichkeitsprüfung
UVPG	Gesetz über die Umweltverträglichkeitsprüfung
UVS	Umweltverträglichkeitsstudie
UVU	Umweltverträglichkeitsuntersuchung
v.	von, vom
VBlBW	Verwaltungsblätter für Baden-Württemberg (Zeitschrift)
VDI-Richtlinie	Richtlinie des Vereins Deutscher Ingenieure
VEP	Vorhaben- und Erschließungsplan
VerwArch.	Verwaltungsarchiv (Zeitschrift)
VG	Verwaltungsgericht

VGH	Verwaltungsgerichtshof
vgl.	vergleiche
Vorb.	Vorbemerkung
VwGO	Verwaltungsgerichtsordnung
VwVfG	Verwaltungsverfahrensgesetz
WA	Allgemeines Wohngebiet
WaStRG	Bundeswasserstraßengesetz
WB	Besonderes Wohngebiet
WEG	Wohnungseigentumsgesetz
WHG	Gesetz zur Ordnung des Wasserhaushaltes (Wasserhaushaltsgesetz)
WR	Reines Wohngebiet
WS	Kleinsiedlungsgebiet
WuW	Wirtschaft und Wettbewerb (Zeitschrift)
z.B.	zum Beispiel
z.T.	zum Teil
z.Z.	zur Zeit
ZfBR	Zeitschrift für deutsches und internationales Baurecht (Zeitschrift)
Ziff.	Ziffer
ZPO	Zivilprozeßordnung
zzgl.	zuzüglich

Einleitung
Die Abgrenzung des Bauplanungsrechts vom Raumordnungsrecht und vom Bauordnungsrecht

A. Das Rechtsgutachten des Bundesverfassungsgerichts vom 16.6.1954

Das **öffentliche Baurecht** umfaßt die Gesamtheit der Rechtsvorschriften, die die Zulässigkeit und Grenzen, die Ordnung und die Förderung der Nutzung des Bodens, insbesondere durch Errichtung, bestimmungsgemäße Nutzung, wesentliche Veränderung und Beseitigung baulicher Anlagen betreffen[1]. Innerhalb des öffentlichen Baurechts ist zwischen dem **Bauplanungsrecht** oder auch **Städtebaurecht** einerseits und dem **Bauordnungsrecht** andererseits zu unterscheiden. Diese Differenzierung beruht insbesondere auf den unterschiedlichen Gesetzgebungskompetenzen des Grundgesetzes. Nach Art. 70 GG steht den Ländern das Recht der Gesetzgebung zu, soweit es nicht durch das Grundgesetz dem Bund eingeräumt ist. In dem Katalog der Gesetzgebungszuständigkeiten des Bundes nach Art. 73 bis 75 GG ist eine Materie „Baurecht" nicht ausdrücklich aufgeführt. Ebensowenig sind die Begriffe Bauplanungsrecht oder Bauordnungsrecht zu finden. Anknüpfungspunkt für eine bundesgesetzliche Zuständigkeit sind daher in erster Linie Art. 74 Nr. 14 (Recht der Enteignung) und Nr. 18 (Grundstücksverkehr, Bodenrecht, landwirtschaftliches Pachtwesen, Wohnungswesen, Siedlungs- und Heimstättenwesen) GG sowie Art. 75 Nr. 3 (Naturschutz und Landschaftspflege) und Nr. 4 (Bodenverteilung, Raumordnung) GG. Diese zwar weitreichenden, jedoch gleichwohl nicht unbeschränkten Zuständigkeiten führten dazu, daß die Bundesregierung im Jahr 1951, als sie vom Bundestag den Auftrag erhielt, den Entwurf eines bundeseinheitlichen Baugesetzes vorzulegen, das Bundesverfassungsgericht nach (dem zwischenzeitlich aufgehobenen) § 97 BVerfGG mit der Erstellung eines Rechtsgutachtens beauftragte, das **die Grenzen der Gesetzgebungszuständigkeit** des Bundes klären sollte. Das daraufhin erstellte Rechtsgutachten des Bundesverfassungsgerichts vom 16.6.1954[2] über die Zuständigkeit des Bundes zum Erlaß eines Baugesetzes war sodann nicht nur maßgebend für den Inhalt des Bundesbaugesetzes aus dem Jahr 1960[3] und des Baugesetzbuches in der heute maßgeblichen Fassung des am 1.1.1998 in Kraft getretenen **Bau- und Raumordnungsgesetzes 1998** (BauROG)[4], zuletzt geän-

1

---

1 Battis, Öffentliches Baurecht und Raumordnungsrecht, 4. Auflage 1998, 1; ebenso Krautzberger in Battis/Krautzberger/Löhr, Einleitung Rdnr. 3.
2 PBvV 2/52, BVerfGE 3, 407.
3 BGBl. I, 341.
4 BGBl. I, 2081; zur Entwicklung des Bundesbaugesetzes und des Baugesetzbuches s. etwa Krautzberger in Battis/Krautzberger/Löhr, Einleitung Rdnr. 11 ff.; zur histori-

dert durch das am 20.7.2004 in Kraft getretene Gesetz zur Anpassung des Baugesetzbuchs an EU-Richtlinien (**Europarechtsanpassungsgesetz Bau – EAG Bau**) vom 24.6.2004[1], das insbesondere der Umsetzung der EU-Richtlinie 2001/42/EG vom 27.6.2001 über die Prüfung der Umweltauswirkungen bestimmter Pläne und Programme (**Plan-UP-Richtlinie**)[2] und der Richtlinie 2003/35/EG vom 26.5.2003 über die Beteiligung der Öffentlichkeit bei der Ausarbeitung bestimmter umweltbezogener Pläne und Programme (**Öffentlichkeitsbeteiligungsrichtlinie**)[3] in nationales Recht sowie der Integration der Umweltverträglichkeitsprüfung nach Maßgabe der Richtlinie 85/337/EWG vom 27.6.1985 über die Umweltprüfung bei bestimmten öffentlichen und privaten Projekten[4], geändert durch die Richtlinie 97/11/EG vom 3.3.1997[5] (Projekt-UVP-Richtlinie) in die Bauleitplanung dient. Das Gutachten ist vielmehr nach wie vor Grundlage und Ausgangspunkt für die Prüfung, ob eine bestimmte Teilmaterie dem Bauplanungsrecht oder dem Raumordnungs- bzw. Bauordnungsrecht zuzuordnen ist und daher in die Gesetzgebungskompetenz des Bundes oder der Länder fällt. Es ist desweiteren von Bedeutung für die Auslegung bauplanungsrechtlicher Vorschriften, etwa wenn es um die Frage geht, ob bestimmte Vorhaben an den Anforderungen des Bauplanungsrechts zu messen sind oder nicht (z.B. Vorhaben in Gewässern; zum Begriff der baulichen Anlage im bauplanungsrechtlichen Sinne s. Rdnr. 1106 ff.)[6].

2 Das Rechtsgutachten des Bundesverfassungsgerichts beantwortet die Frage, ob sich das Gesetzgebungsrecht des Bundes nach dem Grundgesetz, insbesondere nach Art. 74 Nr. 18 GG, auf folgende Gebiete erstreckt:

(1) das Recht der städtebaulichen Planung,

---

schen Entwicklung des öffentlichen Baurechts s. den Überblick bei Zinkahn in Ernst/Zinkahn/Bielenberg/Krautzberger, Einleitung Rdnr. 1 ff.; Schmidt-Eichstaedt, Städtebaurecht, 79 ff. jeweils mit Nachweisen zur weiterführenden Literatur.
1 BGBl. I., 1359; dem Gesetz ging die Tätigkeit einer durch das BMVBW beauftragten unabhängigen Expertenkommission voraus, deren Bericht über die Website des BMVBW (www.bmvbw.de) abgerufen werden kann; s. zu dem Gesetz insbesondere auch BT-Drucksache 15/2250 (Regierungsentwurf) sowie BT-Drucksache 15/2996 (Beschlüsse des Ausschusses für Verkehr, Bau- und Wohnungswesen); Krautzberger/Schliepkorte, Vorarbeiten für ein Gesetz zur Anpassung des Baugesetzbuchs an EU-Richtlinien, UPR 2003, 92 ff.; Krautzberger, Zur Novellierung des Baugesetzbuchs 2004, UPR 2004, 41 ff.; Dolde, Umweltprüfung in der Bauleitplanung – Novellierung des Baugesetzbuchs, NVwZ 2003, 297 ff.; Reidt, Novellierung des Baugesetzbuchs, NordÖR 2003, 177 ff.
2 ABl. EG Nr. L 197 S. 130.
3 ABl. EG Nr. L 156 S. 17.
4 ABl. EG Nr. L 175 S. 40.
5 ABl. EG Nr. L 73 S. 5.
6 S. z.B. BVerwG v. 31.8.1973 – IV C 33.71, BVerwGE 44, 59 (Hausboot auf einem Weiher); v. 5.7.1974 – IV C 76.71, BRS 28 Nr. 37 (Wohn- und Verkaufsschiff auf einer Bundeswasserstraße).

(2) das Recht der Baulandumlegung,

(3) das Recht der Zusammenlegung von Grundstücken,

(4) das Recht der Bodenbewertung,

(5) das Bodenverkehrsrecht,

(6) das Erschließungsrecht,

(7) das „Baupolizeirecht im bisher gebräuchlichen Sinne".

Dem Bodenrecht im Sinne von Art. 74 Nr. 18 GG sind in dem Gutachten uneingeschränkt folgende Bereiche zugeordnet worden: Das Recht der Baulandumlegung, das Recht der Zusammenlegung von Grundstücken, das Erschließungsrecht[1] und das Recht der Bodenbewertung; letzteres insoweit, als sich die Bewertung auf ein Gebiet bezieht, das der Gesetzgebungskompetenz des Bundes unterfällt. 3

Das **Recht der städtebaulichen**[2] **Planung** fällt unter das Bodenrecht, soweit es sich um **örtliche** Planung handelt. Bei der **überörtlichen Planung** ist die bauliche Nutzung des Bodens nur ein Element der zusammenfassenden, übergeordneten Planung und Ordnung des Raumes. Sie ist daher kein Bestandteil der vom Bodenrecht umfaßten städtebaulichen Planung. Die überörtliche Planung fällt vielmehr unter den Begriff der Raumordnung gemäß Art. 75 Nr. 4 GG, der dem Bund nur eine Rahmenkompetenz einräumt. Von dieser Rahmenkompetenz hat der Bund durch das **Raumordnungsgesetz aus dem Jahr 1965** Gebrauch gemacht. Es gilt nunmehr in der am 1.1.1998 in Kraft getretenen Fassung des BauROG, zuletzt geändert durch das EAG Bau (Rdnr. 1), und wird durch die **Landesplanungsgesetze** der Länder konkretisiert und ergänzt (zur Bedeutung der Raumordnung für die Bauleitplanung s. insbesondere § 1 Abs. 4 BauGB; im einzelnen Rdnr. 60 ff.). 4

Beim „**Baupolizeirecht im bisher gebräuchlichen Sinne**", das im Zusammenhang mit dem Gutachenauftrag bereits als **Bauordnungsrecht** bezeichnet wurde, verneint das Bundesverfassungsgericht eine Gesetzgebungszuständigkeit des Bundes. Es geht dabei um 5

1. die aus der Planung sich ergebenden Auswirkungen auf Bauvorhaben und auf bestehende Gebäude,

---

[1] Durch das Gesetz zur Änderung des Grundgesetzes vom 27.10.1994, BGBl. I, 3146, wurde in Art. 74 Nr. 18 GG das Erschließungsbeitragsrecht aus der Gesetzgebungskompetenz des Bundes herausgenommen und damit der Gesetzgebungskompetenz der Länder unterstellt.

[2] Der Begriff „städtebaulich" ist insofern ungenau als er nicht auf Städte beschränkt ist. Entsprechendes gilt für den Begriff „Städtebaurecht" (Rdnr. 1). Gemeint ist die örtliche Planung in Gemeinden, unabhängig davon, ob sie aufgrund ihrer Größe kommunalrechtlich als Stadt zu qualifizieren sind; vgl. etwa § 4 GO NW, § 2 GO Bbg.

2. grundsätzliche Anforderungen baukonstruktiver, baugestalterischer und bauwirtschaftlicher Art an Bauwerke und Baustoffe,

3. die Grundlagen des Genehmigungsverfahrens und der Ordnung des Bauvorgangs,

4. die Pflicht zur ordnungsgemäßen Unterhaltung und Instandhaltung oder Beseitigung bei gefährlichen oder ordnungswidrigen Zuständen.

Dieser gesamte Bereich des Bauordnungsrechts unterfällt vielmehr als Teil des Polizei- und Gefahrenabwehrrechts der **Gesetzgebungskompetenz der Länder**.

B. Die tatsächliche Aufteilung der Rechtsmaterie

6   Auf der Grundlage des Gutachtens des Bundesverfassungsgerichts hat der Bund seine – im wesentlichen konkurrierende (Art. 72, 74 Nr. 18 GG) – Gesetzgebungskompetenz aufgegriffen und das **Bundesbaugesetz 1960** erlassen (Rdnr. 1). Für die verbleibenden Bereiche, die für die bauliche Entwicklung von Bedeutung sind, haben die einzelnen Länder ihre jeweilige Landesbauordnung erlassen. Da die Unterscheidung zwischen Bauplanungs- und Bauordnungsrecht nicht immer ganz leicht ist, kann man sich an folgender **Faustregel** orientieren:

7   Das **Bauplanungsrecht** ist **flächenbezogenes (Bundes-)Recht**. Es beschäftigt sich mit dem Einfügen eines Bauvorhabens in seine Umgebung. Einen Anhaltspunkt dafür, was als Bauplanungsrecht anzusehen ist, bietet der Katalog des § 9 BauGB i.V.m. den Bestimmungen der Baunutzungsverordnung (s. insbesondere Rdnr. 234 ff.). Dort sind (im wesentlichen abschließend) die möglichen Festsetzungsinhalte eines Bebauungsplans geregelt, der unmittelbar dazu dient, die städtebauliche Entwicklung durch die Gemeinden zu steuern und damit gewissermaßen das Herzstück des Bauplanungsrechts darstellt.

8   Das Baugesetzbuch in der heute maßgeblichen Fassung regelt in seinem ersten Kapitel das **allgemeine Städtebaurecht**, bestehend aus der Bauleitplanung (Erster Teil, §§ 1 bis 13 BauGB), der Sicherung der Bauleitplanung (Zweiter Teil, §§ 14 bis 28 BauGB), der baulichen und sonstigen Nutzung sowie dem Planungsschadensrecht (Dritter Teil, §§ 29 bis 44 BauGB), der Bodenordnung (Vierter Teil, §§ 45 bis 84 BauGB), der Enteignung (Fünfter Teil, §§ 85 bis 122 BauGB), der Erschließung (Sechster Teil, §§ 123 bis 135 BauGB) und den Maßnahmen für den Naturschutz (Siebter Teil, §§ 135a bis 135c BauGB). Im zweiten Kapitel (§§ 136 bis 191 BauGB) ist das **besondere Städtebaurecht**, insbesondere die städtebauliche Sanierungsmaßnahme und die städtebauliche Entwicklungsmaßnahme geregelt. Das dritte Kapitel (§§ 192 bis 232 BauGB) enthält Vorschriften zur Wertermittlung sowie all-

gemeine Vorschriften zu Zuständigkeiten und zur Planerhaltung. Das vierte Kapitel des Baugesetzbuchs (§§ 233 bis 247 BauGB) enthält aufgrund von Gesetzesänderungen notwendige Überleitungsvorschriften und Sonderregelungen für einzelne Länder. Die heutige Fassung des Baugesetzbuchs gilt **für die gesamte Bundesrepublik Deutschland** als einheitliches Städtebaurecht. Die früheren **Sonderregelungen für die neuen Länder**[1] sind durchgängig aufgehoben. Sie werden daher vorliegend auch nicht weiter behandelt (zu – praktisch nicht vorhandenen – übergeleiteten Bebauungsplänen der ehemaligen DDR Rdnr. 1166)[2].

Aus dem gesamten Regelungsbereich des Baugesetzbuchs werden in dem vorliegenden Buch im wesentlichen die ersten drei Teile des allgemeinen Städtebaurechts (Bauleitplanung, Sicherung der Bauleitplanung, Regelung der baulichen und sonstigen Nutzung) dargestellt. Soweit dabei weitere Bestimmungen des Baugesetzbuchs von Bedeutung sind, werden sie ergänzend behandelt (z.B. Maßnahmen für den Naturschutz, §§ 135a ff. BauGB; Vorschriften zur Planerhaltung, §§ 214 f. BauGB).   9

Das **Bauordnungsrecht ist objektbezogenes (Landes-)Recht**. Es befaßt sich mit der Ausführung des Bauvorhabens auf dem Grundstück und dient **materiell** insbesondere der Gefahrenabwehr (Verhinderung der Gefährdung von Benutzern oder sonstigen Dritten), der Verhütung von Verunstaltungen, der Sicherung nutzungsspezifischer Anforderungen (Pkw-Stellplätze, Kinderspielplätze u.s.w.) sowie als **formelles** Bauordnungsrecht der Regelung des bauaufsichtlichen Verfahrens[3].   10

C. Überschneidungen

Auch wenn das Baugesetzbuch sowie die auf der Grundlage des § 9a BauGB erlassene Baunutzungsverordnung einerseits und die Bauordnungen der Länder andererseits auf einer kompetenzrechtlich bedingten (Rdnr. 1 ff.) Trennung beruhen, gibt es vielfältige Überschneidungen. Dies ist nicht überraschend, geht es letztlich doch in der Regel um die Bedeutung und die Auswirkungen derselben Vorhaben. Ganz deutlich wird dies beim **formellen Bauordnungsrecht**, insbesondere beim **Baugenehmigungsrecht**. Dort ist durchgängig nach allen Bauordnungen der Länder für die Genehmigungserteilung nicht nur zu prüfen, ob ein geplantes Bauvorhaben den materiellen bauordnungsrechtlichen Anforderungen entspricht sondern auch, ob es bau-   11

---

1 S. insbesondere § 246a BauGB a.F.
2 Zur städtebaulichen Planung in der DDR und zur Überleitung der entsprechenden Pläne Schmidt-Eichstaedt, Städtebaurecht, 109 ff.
3 S. in diesem Zusammenhang insbesondere die Musterbauordnung 2002, abzurufen bspw. über die Website www.bauordnungen.de, über die auch alle Landesbauordnungen zugänglich sind.

planungsrechtlich zulässig ist[1]. Die in den letzten Jahren verstärkt anzutreffenden Erleichterungen des bauaufsichtlichen Verfahrensrechts, insbesondere die Genehmigungsfreistellung und das Kenntnisgabeverfahren[2], ändern daran grundsätzlich nichts. In der Regel sind zumindest bei größeren Bauvorhaben die **Genehmigungsfreistellung** oder das Kenntnisgabeverfahren daran geknüpft, daß das Vorhaben im Geltungsbereich eines qualifizierten Bebauungsplans (Rdnr. 1140 ff.) errichtet werden soll. Bei Bauvorhaben untergeordneter Bedeutung, die in den Landesbauordnungen – in unterschiedlichem Umfang – generell genehmigungsfrei gestellt sind, können nachträgliche bauordnungsrechtliche Eingriffsbefugnisse (Nutzungsuntersagung, Beseitigungsanordnung) bestehen, wenn ein Vorhaben dem Bauplanungsrecht widerspricht[3].

12 Auch das **materielle Bauordnungsrecht** weist vielfältige Verzahnungen mit dem Bauplanungsrecht auf. Zum Beispiel die Regelungen über die bauordnungsrechtlich zu wahrenden **Abstandsflächen**[4] knüpfen unmittelbar an das Bauplanungsrecht an. Ist es nach einem Bebauungsplan oder nach der die nähere Umgebung prägenden baulichen Nutzung im Sinne von § 34 BauGB erforderlich, an die Grundstücksgrenze zu bauen, geht dies der grundsätzlichen bauordnungsrechtlichen Pflicht, einen Grenzabstand einzuhalten, vor (s. Rdnr. 246). Allerdings bezieht sich nicht nur das Bauordnungsrecht auf das Bauplanungsrecht. Es gibt auch Fälle, in denen das Bauplanungsrecht an bauordnungsrechtliche Bestimmungen anknüpft, z.B. in § 20 Abs. 1 BauNVO, nach dem der für das Maß der baulichen Nutzung bedeutsame Begriff des Vollgeschosses auf der jeweiligen landesrechtlichen Definition beruht (s. Rdnr. 1294 f.).

---

1 S. etwa § 75 Abs. 1 BauO NW; § 56 BbgBO.
2 S. in diesem Zusammenhang insbesondere § 61 und § 62 der Musterbauordnung 2002.
3 S. etwa § 55 Abs. 1 Satz 1 BbgBO: Die Genehmigungsfreiheit (. . .) entbindet nicht von der Verpflichtung, die durch öffentlichrechtliche Vorschriften an bauliche Anlagen (. . .) gestellten Anforderungen einzuhalten, insbesondere auch die in örtlichen Bauvorschriften, einem Bebauungsplan nach § 30 Abs. 1 bis 3 oder einer Satzung nach § 34 Abs. 4 des Baugesetzbuchs getroffenen Festsetzungen zu beachten.
4 Z.B. § 6 BauO NW; § 6 BbgBO.

Erster Teil
Die gemeindlichen Bauleitpläne

A. Aufgaben und Ziele der Bauleitplanung

Die Aufstellung von Bauleitplänen (Flächennutzungsplan, Bebauungsplan) ist den Gemeinden als **Selbstverwaltungsaufgabe** (§ 2 Abs. 1 Satz 1 BauGB) übertragen und konkretisiert damit das durch Art. 28 Abs. 2 Satz 1 GG geschützte Recht zur **örtlichen Planung** als einer Angelegenheit der örtlichen Gemeinschaft[1]. Allerdings ist es nicht in das Belieben der Gemeinden gestellt, ob sie Bauleitpläne aufstellen oder nicht. Vielmehr haben sie nach § 1 Abs. 3 Satz 1 BauGB Bauleitpläne aufzustellen, sobald und soweit es für die städtebauliche Entwicklung und Ordnung erforderlich ist (Rdnr. 29 ff.). Dies zeigt, daß die **kommunale Planungshoheit** nur innerhalb der Vorgaben des Bauplanungsrechts ausgeübt werden kann, wie auch ansonsten Angelegenheiten der örtlichen Gemeinschaft im Sinne von § 28 Abs. 2 Satz 1 GG durch den Rahmen der Gesetze ihre Grenze finden. Dies gilt nicht nur für das „ob" der Planung, sondern auch für die verfahrensmäßige Durchführung (Rdnr. 399 ff.) und die inhaltliche Ausgestaltung, die insbesondere durch das Abwägungsgebot des § 1 Abs. 7 BauGB in rechtlicher Hinsicht strukturiert wird (Rdnr. 546 ff.). Daneben existieren Schranken für die kommunale Bauleitplanung auch außerhalb des Baugesetzbuchs. Sie sind im Baugesetzbuch selbst nur teilweise und auch dann oftmals nur bruchstückhaft angesprochen, wie etwa die sich aus dem Fachplanungsprivileg gemäß § 38 BauGB ergebenden Begrenzungen (Rdnr. 84 ff.; s. daneben insbesondere auch § 1 Abs. 4 BauGB, dazu Rdnr. 60 ff. sowie die Anforderungen des Naturschutzes, soweit sie nicht der Abwägung unterliegen, dazu Rdnr. 78 ff.).

13

Ausdruck der kommunalen Planungshoheit ist es weiterhin, daß Bauleitplanung grundsätzlich nur **innerhalb des Gemeindegebiets** möglich ist, nicht hingegen in gemeindefreien Gebieten[2]. Besonderheiten können sich dann ergeben, wenn mehrere Gemeinden gemeinsam ihre Planungshoheit ausüben, was insbesondere bei der gemeinsamen Flächennutzungsplanung gemäß § 204 BauGB oder aufgrund der Bildung von Planungsverbänden gemäß § 205 BauGB möglich ist (dazu Rdnr. 21 ff.). Gemäß § 1 Abs. 1 BauGB ist es Aufgabe der Bauleitplanung, die bauliche und sonstige Nutzung der Grundstücke in der Gemeinde nach Maßgabe des Baugesetzbuchs vorzube-

14

---
1 S. etwa BVerfG v. 7.10.1980 – 2 BvR 584/76 u.a., BVerfGE 56, 298; BVerwG v. 16.10.1988 – 4 C 40.86, BVerwGE 81, 95; Pieroth in Jarass/Pieroth, Grundgesetz, 7. Auflage 2004, Art. 28 Rdnr. 13.
2 BVerwG v. 21.8.1995 – 4 N 1.95, BauR 1995, 804 = BRS 57 Nr. 115 = DÖV 1995, 1044 = DVBl. 1996, 47 = NVwZ 1996, 265 = UPR 1995, 446.

reiten und zu leiten. Die Vorbereitung erfolgt dabei durch den Flächennutzungsplan, die Leitung durch den Bebauungsplan (§ 1 Abs. 2 BauGB).

15 Ebenso wie die Gemeinde ihre kommunale Planungshoheit nur im Rahmen der Gesetze ausüben kann, gilt dies auch für die Möglichkeiten des Bürgers zur **Nutzung seines Grundeigentums**. Zwar beruht die Möglichkeit zur baulichen Nutzung eines im Privateigentum stehenden Grundstücks nicht auf einer öffentlichrechtlichen Verleihung oder einer ähnlichen Funktion der Bauleitplanung. Sie ist vielmehr immanenter Bestandteil des durch Art. 14 Abs. 1 Satz 1 GG verfassungsrechtlich geschützten Eigentums[1]. Allerdings werden gemäß § 14 Abs. 1 Satz 2 GG Inhalt und Schranken des Eigentums durch die Gesetze bestimmt. Um derartige **Inhalts- und Schrankenbestimmungen** des Eigentums im Sinne von Art. 14 Abs. 1 Satz 2 GG handelt es sich beim Bauplanungsrecht[2]. Aus diesem Grund besteht die Baufreiheit nicht uneingeschränkt sondern nur nach Maßgabe der planungsrechtlichen Bestimmungen, so daß häufig von einer lediglich **potentiellen Baufreiheit** gesprochen wird, die sich erst dann aktualisiert, wenn die Gemeinde Bebauungspläne aufstellt oder aber unmittelbar die planersetzenden Zulässigkeitsregelungen der §§ 34 und 35 BauGB zugunsten des Bauwilligen zum Tragen kommen[3]. Soweit es um das Städtebaurecht, vor allem um die städtebauliche Planung geht, regelt das Baugesetzbuch umfassend und abschließend die Grenzen für die zulässigen Einschränkungen der Baufreiheit. Allerdings kommen Beschränkungen aus anderen Rechtsbereichen hinzu, wie etwa aus dem Natur- und Artenschutzrecht (Rdnr. 78 ff.) oder dem Denkmalschutzrecht, die sich ebenfalls auf das Baugeschehen auswirken. Auch die Vorgaben für die Gemeinde bei der Aufstellung von Bauleitplänen, insbesondere die Pflicht zur Anpassung von Bauleitplänen an die Ziele der Raumordnung gemäß § 1 Abs. 4 BauGB (Rdnr. 60 ff.), wirken sich mittelbar auf die baulichen und sonstigen Nutzungsmöglichkeiten des Grundeigentums aus.

16 Aus dem Charakter des Bauplanungsrechts als Inhalts- und Schrankenbestimmung des Eigentums folgt zugleich, daß jede Darstellung in einem Flächennutzungsplan und jede Festsetzung in einem Bebauungsplan von der Zweckbestimmung des Baugesetzbuchs (s. insbesondere § 1 Abs. 1, 5–7 BauGB) getragen sein muß und einer gesetzlichen Ermächtigung bedarf.

---

1 S. etwa BVerfG v. 22.5.2001 – 1 BvR 1512, 1677/97, BVerfGE 104, 1; BVerwG v. 12.3.1998 – 4 C 10.97, BVerwGE 106, 228; Krautzberger in Battis/Krautzberger/Löhr, § 1 Rdnr. 7; Jarass in Jarass/Pieroth, Grundgesetz, 7. Auflage 2004, Art. 14 Rdnr. 24 jeweils auch mit Nachweisen zur Gegenauffassung, die davon ausgeht, daß die bauliche Nutzbarkeit eines Grundstücks auf einer öffentlichrechtlichen Verleihung durch die Bauleitplanung oder durch die Planersatzvorschriften der §§ 34 und 35 BauGB beruht.
2 BVerfG v. 22.2.1999 – 1 BvR 565/91, DÖV 1999, 777.
3 So etwa Krautzberger in Battis/Krautzberger/Löhr, § 1 Rdnr. 7 f.; Stüer, Handbuch des Bau- und Fachplanungsrechts, Rdnr. 25.

Diese **rechtliche Seite der Planung** ist von denjenigen, die mit der Planaufstellung befaßt sind, zwingend zu berücksichtigen. Es genügt nicht, wenn die Planung von guten oder jedenfalls fachlich gut vertretbaren Vorstellungen hinsichtlich der städtebaulichen Entwicklung und Ordnung getragen ist. Erforderlich ist vielmehr, daß auch die dafür **gesetzlich vorgegebenen „Spielregeln"** eingehalten werden. Selbst wenn ein Bebauungsplan von seinen inhaltlichen Zielsetzungen her nicht zu beanstanden ist, ist er gleichwohl (ganz oder teilweise, s. Rdnr. 1042 ff.) unwirksam, wenn für einzelne seiner Festsetzungen keine ausreichende Ermächtigung existiert. Dies ist indes auch aus der Sicht von Planern im Interesse der Rechtssicherheit ohne weiteres hinnehmbar. Denn durch das Baugesetzbuch und die gemäß § 9a BauGB erlassenen Verordnungen[1] werden so weite planerische Gestaltungsmöglichkeiten eingeräumt, daß nahezu jedes sinnvolle und abwägungsrechtlich vertretbare Ziel für die städtebauliche Entwicklung und Ordnung auch tatsächlich erreicht werden kann.

Zwar enthält das Baugesetzbuch in den §§ 214 und 215 BauGB **Regelungen zur Planerhaltung**, die das ansonsten für Flächennutzungspläne, Bebauungspläne und sonstige Satzungen nach dem Baugesetzbuch geltende Unwirksamkeitsdogma bei formellen oder materiellen Mängeln erheblich einschränken (dazu Rdnr. 1048 ff.), jedoch ist darin kein „Freibrief" für die Mißachtung geltenden Rechts zu sehen. Ziel der Gemeinden bei der Bauleitplanung muß es immer sein, ein formell und materiell ordnungsgemäßes Bauleitplanverfahren durchzuführen. Die Geschichte der Planerhaltungsvorschriften zeigt, daß diese vor allem wegen der hohen Fehleranfälligkeit von Bauleitplänen, der intensiven Plankontrolle durch die Gerichte[2] sowie der daraus resultierenden negativen Konsequenzen für die städtebauliche Entwicklung und Ordnung in das Baugesetzbuch Eingang gefunden haben und bisher ständig ausgebaut wurden. Die stark kasuistisch geprägten und durch die verschiedenen Baurechtsnovellen immer differenzierter geworden Regelungen sind durch das EAG Bau (Rdnr. 1) klarer strukturiert und damit im Interesse der Rechtssicherheit vereinfacht worden[3]. Die Vorschriften zur Bestandssicherung von städtebaulichen Plänen und Satzungen ändern allerdings nichts daran, daß ein nachlässiger Umgang mit den rechtlichen Anforderungen durch die Gemeinden ebenfalls negative Konsequenzen für das Selbstverständnis der Bauleitplanung und für die städtebauliche Entwicklung und Ordnung haben kann. Aus diesem Grund erscheint eine

17

---

1 Baunutzungsverordnung in den Fassungen v. 26.6.1962, 26.11.1968, 15.9.1977, 19.12.1986, 23.1.1990, s. dazu Rdnr. 1185 ff.; Planzeichenverordnung v. 18.12.1990; vor Inkrafttreten des EAG Bau (Rdnr. 1) war die Ermächtigung wortgleich in § 2 Abs. 5 BauGB geregelt.
2 Zur „Selbstkorrektur der Rechtsprechung" im Vorfeld des Erlasses des BauGB s. etwa BVerwG v. 7.9.1979 – 4 C 7.77, DVBl. 1980, 230; Schlichter, Baugesetzbuch oder „Selbstkorrektur" der Rechtsprechung, ZfBR 1985, 107 ff.
3 S. im einzelnen auch den Bericht der Unabhängigen Expertenkommission, Rdnr. 122 ff.

zukünftige **Gegensteuerung** nicht ausgeschlossen, wenn derartige Fehlentwicklungen offensichtlich werden. Dies gilt um so mehr deshalb, weil die Regelungen zur Planerhaltung jedenfalls in der Reichweite, die sie zwischenzeitlich erhalten haben, rechtlich und rechtspolitisch nicht gänzlich unumstritten sind[1].

18 Die Aufgaben der Bauleitplanung im Sinne von § 1 Abs. 1 BauGB werden insbesondere durch § 1 Abs. 5 und 6 sowie durch § 1a BauGB weiter konkretisiert, wenn auch gleichwohl noch auf einer begrifflich sehr abstrakten Ebene. Diese Konkretisierungen haben Bedeutung für die **Erforderlichkeit** der Bauleitplanung im Sinne von § 1 Abs. 3 Satz 1 BauGB (Rdnr. 29 ff.).

19 **Beispiel:**

Gemäß § 1 Abs. 6 Nr. 2 BauGB sind bei der Aufstellung der Bauleitpläne die Wohnbedürfnisse der Bevölkerung zu berücksichtigen. Besteht in einem Gemeindegebiet eine erhebliche Unterversorgung mit Wohnraum, ergibt sich daraus ein Planungserfordernis im Sinne von § 1 Abs. 3 Satz 1 BauGB.

20 Daneben sind die Regelungsinhalte der §§ 1 Abs. 5, 6 und 1a BauGB für die **inhaltliche Ausgestaltung** der Planung und die dafür notwendige Abwägung, bei der die unterschiedlichen öffentlichen und privaten Belange zu einem sachgerechten Ausgleich gebracht werden müssen (s. dazu § 1 Abs. 7 BauGB), von zentraler Bedeutung. Sie werden daher in diesem Zusammenhang vertieft behandelt (Rdnr. 546 ff.).

B. Zuständigkeit für die Bauleitplanung

21 Die Zuständigkeit für die Bauleitplanung liegt grundsätzlich bei der **Gemeinde**. Dies kommt im Baugesetzbuch an vielen Stellen zum Ausdruck (s. etwa § 1 Abs. 3 Satz 1, § 10 Abs. 1 BauGB). Damit korrespondiert, daß sich die Bauleitplanung auf das eigene Gemeindegebiet der planenden Gemeinde beschränken muß (s. dazu etwa § 5 Abs. 1 BauGB, Rdnr. 14). Ausnahmen dazu sind in den Zuständigkeitsregelungen der §§ 203 ff. BauGB enthalten[2].

22 **§ 203 Abs. 1 BauGB** sieht die Möglichkeit vor, daß im Einvernehmen mit der Gemeinde durch Rechtsverordnung des Landes nach dem Baugesetzbuch der Gemeinde obliegende Aufgaben auf andere Gebietskörperschaften oder auf Verbände übertragen werden können, an deren Willensbildung die Gemeinde mitwirkt. Unter diese Aufgaben fällt auch die kommunale Bauleitplanung. Welche **Gebietskörperschaften**, also welche Körperschaften, die von ihren durch Wohnsitz (natürliche Personen) oder Sitz (juristische Perso-

---

1 Zum Meinungsstand s. etwa die Nachweise bei Battis in Battis/Krautzberger/Löhr, Vorb. §§ 214 bis 216 Rdnr. 8.
2 Dazu im einzelnen Schmidt-Eichstaedt, Gemeinsame Flächennutzungsplanung nach Bundes- und Landesrecht, NVwZ 1997, 846 ff.

nen) bestimmten Mitgliedern getragen werden, dabei in Betracht kommen, richtet sich nach Landesrecht. Dies kann beispielsweise auch eine andere Gemeinde sein. Die für die Übertragung in Betracht kommenden **Verbände** können öffentlichrechtlich oder privatrechtlich organisiert sein, wobei es im letzteren Fall aufgrund der Wahrnehmung hoheitlicher Aufgaben einer Beleihung bedarf. Erforderlich ist in jedem Fall, daß die Gemeinde an der Willensbildung mitwirkt, was nicht bedeutet, daß sie in der Lage sein muß, mehrheitlich gefaßte Verbandsentscheidungen zu verhindern, etwa durch ein Veto-Recht. Notwendig für die Aufgabenübertragung nach § 203 Abs. 1 BauGB ist das **uneingeschränkte Einvernehmen** der Gemeinde in Bezug auf Art, Umfang und Dauer der Übertragung sowie hinsichtlich der Gebietskörperschaft oder des Verbandes, auf die bzw. auf den die Übertragung erfolgen soll. Wenn nicht von vornherein das Einvernehmen an bestimmte zeitliche Maßgaben gekoppelt ist, ist es jederzeit widerrufbar. Die Aufgabenzuständigkeit fällt dann wieder an die Gemeinde zurück.

Gegen den Willen der Gemeinde können gemäß **§ 203 Abs. 2 BauGB** durch Landesgesetz Aufgaben der Gemeinde nach dem Baugesetzbuch auf Verbandsgemeinden, Verwaltungsgemeinschaften oder auf vergleichbare gesetzliche Zusammenschlüsse von Gemeinden, denen nach Landesrecht örtliche Selbstverwaltungsaufgaben der Gemeinde obliegen, übertragen werden. Auch diese Regelung schließt die kommunale Bauleitplanung mit ein, wenngleich der damit einhergehende Eingriff in die gemeindliche Planungshoheit beträchtlich ist[1]. Die Aufgabenübertragung muß den allgemeinen rechtsstaatlichen Verhältnismäßigkeitsanforderungen genügen, d.h. die Einschränkung der kommunalen Selbstverwaltung muß durch überwiegende Gemeinwohlinteressen gerechtfertigt sein. Dies ist im Hinblick auf die verfassungsrechtlich verankerte kommunale Planungshoheit (Rdnr. 15) zumeist nur dann der Fall, wenn anders die ordnungsgemäße Aufgabenerfüllung nicht sichergestellt wäre[2]. Sie darf darüber hinaus nicht weiter gehen als nötig. In jedem Fall ist der Gemeinde bei der Aufgabenerfüllung eine **Mitwirkungsbefugnis** einzuräumen, zumindest in Form von Anhörungs- oder Vorschlagsrechten im Zusammenhang mit der Aufgabenwahrnehmung. Die Regelung spielt im Zusammenhang mit der Bauleitplanung in erster Linie bei der Aufstellung von Flächennutzungsplänen eine Rolle (z.B. in Baden-Württemberg, Niedersachsen, Rheinland-Pfalz und Sachsen)[3]. 23

§ 204 Abs. 1 BauGB bietet die Möglichkeit, daß benachbarte Gemeinden einen **gemeinsamen Flächennutzungsplan** aufstellen, wenn ihre städtebauliche Entwicklung wesentlich durch gemeinsame Voraussetzungen und Be- 24

---

1 Zur Verfassungsmäßigkeit BVerfG v. 9.12.1987 – 2 BvL 16.84, BVerfGE 77, 288 = DVBl. 1988, 482 = DÖV 1988, 465 = NVwZ 1988, 619 = ZfBR 1988, 136.
2 BbgVerfG v. 21.3.2002 – VfGBbg 19/01, LKV 2002, 516 zur Flächennutzungsplanung durch die Ämter für die amtsangehörigen Gemeinden in Brandenburg.
3 Schmidt-Eichstaedt, Gemeinsame Flächennutzungsplanung nach Bundes- und Landesrecht, NVwZ 1997, 846 ff.

dürfnisse bestimmt wird oder ein gemeinsamer Flächennutzungsplan einen gerechten Ausgleich der verschiedenen Belange ermöglicht. Eine analoge Anwendung der Vorschrift auf die Aufstellung von Bebauungsplänen ist nicht möglich[1]. Ergänzend zu dieser Regelung ist **§ 9 Abs. 6 ROG** i.V.m. den einzelnen Landesplanungsgesetzen zu beachten, der die Aufstellung eines **regionalen Flächennutzungsplans** ermöglicht, durch den die Raumordnung auf der Stufe der Regionalplanung in verdichteten Räumen oder bei sonstigen raumstrukturellen Verflechtungen mit der Bauleitplanung verzahnt werden kann[2]. Da es sich bei diesem Plan gleichwohl um einen Flächennutzungsplan im Sinne des Baugesetzbuchs handelt, müssen dafür neben den raumordnungsrechtlichen Anforderungen die Bestimmungen des Bauplanungsrechts eingehalten werden. Dies gilt insbesondere für die Vorschriften zum Planaufstellungsverfahren (Rdnr. 399 ff.). Die gemeinsame Flächennutzungsplanung ist **freiwillig**, obwohl § 204 Abs. 1 Satz 1 BauGB von „soll" spricht. Dies ist nur im Sinne einer Empfehlung zu verstehen. Die Aufstellung erfolgt dergestalt, daß in allen beteiligten Gemeinden das vollständige Bauleitplanverfahren durchzuführen ist. Einzelne Verfahrensschritte, wie etwa die frühzeitige Öffentlichkeitsbeteiligung nach § 3 Abs. 1 BauGB, können miteinander verbunden werden. Der Beschluß des Flächennutzungsplans in den einzelnen Gemeinden muß sich jeweils auf den Gesamtplan beziehen. Ansonsten kann schon vom Wortlaut her nicht von einem gemeinsamen Flächennutzungsplan gesprochen werden, zumal die Plandarstellungen vielfach auch jeweils gemeindegebietsübergreifende Bedeutung haben (z.B. bei der Darstellung bestimmter Gemeinbedarfseinrichtungen, die für alle beteiligten Gemeinden von Bedeutung sind)[3]. Daraus ergibt sich zugleich, daß das Planverfahren in allen beteiligten Gemeinden ordnungsgemäß durchgeführt und durch die ortsübliche Bekanntmachung der Genehmigung des Flächennutzungsplans abgeschlossen werden muß. Sind diese Voraussetzungen auch nur bei einer der beteiligten Gemeinden nicht erfüllt, ist der gemeinsame Flächennutzungsplan insgesamt, also für alle beteiligten Gemeinden unwirksam, sofern nicht ausnahmsweise die Voraussetzungen für eine bloße Teilunwirksamkeit erfüllt sind (s. dazu Rdnr. 1042)[4]. Die Aufhebung, Änderung oder Ergänzung eines gemeinsamen Flächennutzungsplans kann ebenfalls nur gemeinsam erfolgen (§ 204 Abs. 1 Satz 3 BauGB), es sei denn, die Voraussetzungen für eine gemeinsame Planung sind entfallen. Dies ist durch die höhere Verwaltungsbehörde zu prüfen (§ 204 Abs. 1 Satz 5 BauGB).

---

1 OVG Koblenz v. 28.10.2003 – 8 C 10303/03, DVBl. 2004, 261 = UPR 2004, 78.
2 Dazu ausführlich Schmidt-Eichstaedt/Reitzig, Sachsen-Anhalt auf dem Weg zu Regionalen Flächennutzungsplänen?, LKV 2000, 273 ff.
3 Ebenso Schrödter in Schrödter, § 204 Rdnr. 7; a.A. Jäde in Jäde/Dirnberger/Weiß, § 204 Rdnr. 9.
4 So im Ergebnis wohl auch Runkel in Ernst/Zinkahn/Bielenberg/Krautzberger, § 204 Rdnr. 52.

Als abgeschwächte Form der gemeinsamen Flächennutzungsplanung ermöglicht § 204 Abs. 1 Satz 3 2. Halbsatz BauGB eine Vereinbarung der beteiligten Gemeinden darüber, daß sich die wechselseitige Bindung an die gemeinsame Planung nicht auf den gesamten Flächennutzungsplan sondern nur auf bestimmte räumliche oder sachliche Teilbereiche erstreckt. Noch weiter abgeschwächt ist die Möglichkeit gemäß § 204 Abs. 1 Satz 4 BauGB, nach der anstelle eines gemeinsamen Flächennutzungsplans eine Vereinbarung der beteiligten Gemeinden über bestimmte Darstellungen in ihren jeweils eigenen Flächennutzungsplänen erfolgen kann. Eine solche Vereinbarung muß allerdings den allgemeinen abwägungsrechtlichen Anforderungen entsprechen, d.h. es darf keine unzulässige Vorwegbindung der Bauleitplanung erfolgen (Rdnr. 618 ff.). 25

§ 205 BauGB enthält Regelungen zur Bildung von **Planungsverbänden**, zu denen sich Gemeinden und sonstige öffentliche Planungsträger zusammenschließen können (freiwilliger Planungsverband) oder hoheitlich zusammengeschlossen werden (Zwangsverband), um durch gemeinsame zusammengefaßte Bauleitplanung den Ausgleich der verschiedenen Belange zu erreichen. Die Planungskompetenz des Verbands kann sich auf sämtliche Gemeindegebiete der beteiligten Kommunen oder auch nur auf Teile davon beschränken. Sofern ein entsprechender Koordinierungsbedarf besteht, kann die Planungshoheit sogar für lediglich ein Teilgebiet einer Gemeinde auf einen aus mehreren Kommunen gebildeten Verband übertragen werden. Ist ein Planungsverband gebildet, tritt er nach Maßgabe seiner Satzung für die Bauleitplanung und ihre Durchführung an die Stelle der Gemeinden. Die Satzung bestimmt also, welche Planungsaufgaben in räumlicher oder sachlicher Hinsicht dem Planungsverband obliegen (übertragene Aufgabe). Insofern kann insbesondere zwischen Flächennutzungs- und Bebauungsplanung unterschieden werden. Darüber hinausgehend muß die Satzung mindestens Regelungen über die Willensbildung des Verbandes (Zusammensetzung der Verbandsorgane und Stimmverteilung bei Beschlußfassungen) sowie über die Finanzierung enthalten. Die **Stimmverteilung bei Beschlußfassungen** muß gewährleisten, daß die Entscheidung auf einer ordnungsgemäßen demokratischen Legitimation beruht, wie sie auch bei der Beschlußfassung einer Gemeindevertretung gewährleistet wäre. Dies kann insbesondere dadurch sichergestellt werden, daß die Vertreter der einzelnen Verbandsmitglieder (Gemeinden) ihre Stimmen insgesamt nur einheitlich abgeben dürfen und dabei an die Mehrheitsentscheidung ihres Ortsgemeinderates gebunden sind oder dadurch, daß die Zusammensetzung der Verbandsversammlung der Stärke der jeweiligen politischen Gruppierung in den Räten der beteiligten Gemeinden entspricht[1]. Die Möglichkeiten des § 205 BauGB sind sowohl gegenüber § 203 BauGB als auch gegenüber § 204 BauGB eine eigenständige Form der freiwilligen oder pflichtigen interkommunalen Zusammenarbeit. Wegen dieser Verschieden- 26

---

1 OVG Koblenz v. 9.8.2001 – 8 C 11352/00, BauR 2002, 273 = NVwZ-RR 2002, 102 = ZfBR 2002, 72.

artigkeit, die nicht zuletzt mit unterschiedlichen Möglichkeiten zur Wahrnehmung der jeweils eigenen kommunalen Belange verbunden ist, stellt sich die Frage, ob § 204 BauGB gegenüber § 205 Abs. 1 BauGB speziell ist, an sich nicht[1]. Bei den Möglichkeiten gemäß § 205 BauGB handelt es sich gegenüber § 204 BauGB vielmehr um ein aliud.

27 Über die dem Planungsverband übertragenen Teile der Bauleitplanung hinausgehend ermöglicht es § 205 Abs. 4 BauGB, dem Verband weitere Aufgaben der Gemeinde nach dem Baugesetzbuch zu übertragen (z.B. Erteilung des gemeindlichen Einvernehmens gemäß § 36 BauGB).

28 Neben dem freiwilligen oder pflichtigen Planungsverband läßt § **205 Abs. 6 BauGB** Zusammenschlüsse nach den Zweckverbandsgesetzen der Länder oder nach besonderen Landesgesetzen zu. Die Regelung ist so zu verstehen, daß derartige Zusammenschlüsse dieselben Kompetenzen haben können wie ein Planungsverband. Sie unterliegen bei der Wahrnehmung von Aufgaben im Bereich der Bauleitplanung allerdings auch denselben Pflichten[2].

C. Erforderlichkeit von Bauleitplänen

I. Planerischer Gestaltungsspielraum

29 Bauleitplanung rechtfertigt sich nicht bereits aus sich heraus. Die Gemeinde darf von ihrer Planungsbefugnis vielmehr nur dann Gebrauch machen, wenn dies für die städtebauliche Entwicklung und Ordnung erforderlich ist (§ 1 Abs. 3 Satz 1 BauGB)[3]. Dies gilt sowohl für Flächennutzungspläne als auch für Bebauungspläne und zwar sowohl für deren Aufstellung als auch für deren Änderung, Ergänzung oder Aufhebung (§ 1 Abs. 8 BauGB)[4]. Die in § 1 Abs. 3 Satz 1 BauGB enthaltene Planungspflicht aktualisiert sich, **sobald** (Zeitpunkt) und **soweit** (sachlicher und räumlicher Umfang) die Aufstellung von Bauleitplänen für die städtebauliche Entwicklung und Ordnung erforderlich ist. Umgekehrt folgt aus § 1 Abs. 3 Satz 1 BauGB ein Verbot zur Aufstellung von Bauleitplänen, wenn ein Erfordernis nicht gegeben ist. Es fehlt dann an einer **Planungsbefugnis**[5]. Besteht also ein **Planungserfordernis**,

---

1 S. dazu Battis in Battis/Krautzberger/Löhr, § 205 Rdnr. 1 einerseits sowie Schmidt-Eichstaedt, Gemeinsame Flächennutzungsplanung nach Bundes- und Landesrecht, NVwZ 1997, 846 (850) andererseits.
2 Vgl. BVerwG v. 13.7.1998 – 4 CN 5.97, DVBl. 1998, 1294 = DÖV 1999, 156 = NVwZ 1999, 407 = UPR 1999, 158 = ZfBR 1999, 100.
3 BVerwG v. 12.12.1969 – IV C 105.66, BVerwGE 34, 301 = BauR 1970, 31 = BRS 22 Nr. 4 = DVBl. 1970, 414.
4 BVerwG v. 7.5.1971 – IV C 76.68, BauR 1971, 182 = BRS 24 Nr. 15 = DÖV 1971, 633 = DVBl. 1971, 759.
5 VGH München v. 23.12.1998 – 26 N 98.1675, BauR 2000, 79 = BRS 60 Nr. 31 = NVwZ-RR 2000, 79.

dann muß die Gemeinde Bauleitplanung betreiben, ansonsten darf sie dies nicht. Dies unterscheidet das Planungserfordernis von der bloßen Planrechtfertigung, die nicht zwingend mit einer gleichzeitigen Planungspflicht einhergeht[1]. Für die Rechtfertigung eines Bebauungsplans besteht dabei nach der Rechtsprechung ein weitaus gröberer Prüfungsmaßstab als für die Planrechtfertigung des Fachplanungsrechts, selbst wenn für den Maßstab der Erforderlichkeit eines Bauleitplans begrifflich oftmals auf die Anforderung des Fachplanungsrechts abgestellt wird, daß die Planung im Einzelfall vernünftigerweise geboten sein müsse[2]. Nicht erforderlich ist ein Bauleitplan in der Regel nur bei groben und einigermaßen offensichtlichen Mißgriffen[3].

Der Erforderlichkeitsgrundsatz bezieht sich sowohl auf die Bauleitplanung dem Grunde nach als auch auf den grundsätzlichen Inhalt der Planung einschließlich des räumlichen Geltungsbereichs, soweit letzterer nicht gesetzlich geregelt ist. Dies ist für einen Flächennutzungsplan durch § 5 Abs. 1 BauGB erfolgt, nicht hingegen für den Bebauungsplan. § 1 Abs. 3 Satz 1 BauGB regelt allerdings nur die (vorgelagerte) **generelle** Erforderlichkeit der Planung, nicht hingegen umfaßt die Regelung Einzelheiten einer konkreten planerischen Lösung, wie sie erst nachfolgend in Erfüllung der Planungspflicht gefunden wird. Dafür ist dann das Abwägungsgebot gemäß § 1 Abs. 7 BauGB (Rdnr. 546) maßgeblich[4].

30

Bauleitplanung als Ausübung der gemeindlichen Planungshoheit ist der Sache nach ein **politischer Planungsakt**, der nicht rechtlich determiniert, sondern von dem auf die städtebaulichen Erfordernisse ausgerichteten gestalterischen Willen der Gemeinde geprägt ist[5]. Daraus resultiert für die planerische Willensbetätigung der Gemeinde, daß sie einen **weiten Gestaltungsspielraum** hat, in dem sie **Städtebaupolitik**[6] einschließlich örtlicher Verkehrspolitik[7]

31

---

1 Unklar insofern etwa OVG Münster v. 22.3.1993 – 11a NE 64/89, NVwZ-RR 1994, 311 = UPR 1994, 40 = ZfBR 1994, 49.
2 Z.B. BVerwG v. 22.1.1993 – 8 C 46.91, BVerwGE 92, 8 = BauR 1993, 585 = BRS 55 Nr. 106 = DÖV 1993, 713 = DVBl. 1993, 669 = NVwZ 1993, 1102 = UPR 1993, 258 = ZfBR 1993, 234; VGH Mannheim v. 19.9.2002 – 8 S 2228/01, BauR 2003, 1343.
3 BVerwG v. 3.6.1971 – IV C 64.70, BVerwGE 38, 152 = BauR 1971, 179 = BRS 24 Nr. 1 = DÖV 1971, 636 = DVBl. 1972, 119 = NJW 1971, 1627; VGH Mannheim v. 19.9.2002 – 8 S 2228/01, BauR 2003, 1343; aus dogmatischer Sicht kritisch zur Gleichsetzung des fachplanungsrechtlichen Begriffs der Planrechtfertigung und der Erforderlichkeit von Bauleitplänen zu Recht Kuschnerus, Der sachgerechte Bebauungsplan, Rdnr. 177 ff.
4 BVerwG v. 28.2.2002 – 4 CN 5.01, BauR 2002, 1348 = DVBl. 2003, 1121 = NVwZ 2002, 1114 = UPR 2002, 314 = ZfBR 2002, 574.
5 Kuschnerus, Der sachgerechte Bebauungsplan, Rdnr. 172.
6 S. etwa BVerwG v. 19.9.2002 – 4 CN 1.02, BauR 2003, 209 = DVBl. 2003, 204 = ZfBR 2003, 150; BVerwG v. 11.5.1999 – 4 BN 15.99, UPR 1999, 352 = ZfBR 1999, 279; BVerwG v. 5.4.1993 – 4 NB 3.91, BVerwGE 92, 231 = BRS 55 Nr. 37 = DVBl. 1993, 662 = NVwZ 1994, 288 = UPR 1993, 271.
7 BVerwG v. 22.4.1997 – 4 BN 1.97, BRS 59 Nr. 1.

betreiben darf und auch betreiben soll. Allerdings muß die Gemeinde dabei die durch das Städtebaurecht gezogenen Grenzen beachten. Sie darf nicht etwa das Städtebaurecht mißbrauchen, um anderweitige Ziele zu erreichen, etwa im Gewande des Städtebaurechts Denkmalschutz betreiben, auch wenn die jeweiligen Rechtsmaterien mitunter eng miteinander verknüpft sind.

32 **Beispiel:**
Eine Gemeinde stellt einen Bebauungsplan auf, der Festsetzungen enthält, die auf die Erhaltung eines historisch gewachsenen denkmalgeschützten Ortsteils gerichtet sind. Wenn die Zielsetzung der Gemeinde allein auf diese Konservierung beschränkt ist, fehlt es an der notwendigen Erforderlichkeit im Sinne von § 1 Abs. 3 Satz 1 BauGB. Soll hingegen die überkommene Nutzungsstruktur wegen ihrer städtebaulichen Qualität für die Zukunft festgeschrieben werden, kann die Erforderlichkeit im Sinne von § 1 Abs. 3 Satz 1 BauGB gegeben sein[1].

33 Als geeignete städtebauliche Gründe für das „ob" der Planung kommen allein öffentliche, nicht hingegen private Belange in Betracht. Letztere sind erst für die planerische Abwägung gemäß § 1 Abs. 7 BauGB (Rdnr. 546 ff.) von Bedeutung. Demgegenüber ist § 1 Abs. 3 Satz 1 BauGB strikt bindendes Recht[2]. Die Erforderlichkeit in diesem Sinne kann die Gemeinde weitgehend selbst durch ihre eigene **planerische Konzeption** für die städtebauliche Entwicklung vorgeben. Dabei dürfen nicht nur beim Flächennutzungsplan, der gemäß § 5 Abs. 1 Satz 1 BauGB an den voraussehbaren Bedürfnissen der Gemeinde ausgerichtet ist, sondern auch bei Bebauungsplänen **zukünftige Entwicklungen**, wie etwa ein erst zukünftig eintretender Erweiterungsbedarf für ein Verwaltungsgebäude oder vorbeugende Lärmschutzmaßnahmen, zum Anlaß der Planung genommen werden[3]. Notwendig ist allerdings eine sachgerechte Prognose der zukünftigen Entwicklung (zu Prognosenanforderungen Rdnr. 599 ff.). Die Erforderlichkeit für die gemeindliche Flächennutzungsplanung ist gemessen an diesen Anforderungen praktisch immer gegeben. Dies gilt auch für Aktualisierungen durch Planänderungen oder -ergänzungen, da nur ein hinreichend aktueller Flächennutzungsplan seine Lenk- und Steuerungsfunktion für die verbindliche Bauleitplanung sachgerecht wahrnehmen kann (zum Entwicklungsgebot Rdnr. 181 ff.)[4].

34 Eine besondere Regelung für die Erforderlichkeit der **Flächennutzungsplanung**, die durch das EAG Bau (Rdnr. 1) in das Baugesetzbuch eingefügt wurde, enthält **§ 5 Abs. 1 Satz 3 BauGB**. Danach soll die Gemeinde ihren Flächennutzungsplan spätestens 15 Jahre nach seiner erstmaligen oder erneuten Aufstellung überprüfen und, soweit nach § 1 Abs. 3 Satz 1 BauGB erforderlich, ändern, ergänzen oder neu aufstellen (**Revisionsklausel**). Für

---

1 BVerwG v. 18.5.2001 – 4 CN 4.00, BauR 2001, 1692 = NVwZ 2001, 1044.
2 BVerwG v. 11.5.1999 – 4 BN 15.99, UPR 1999, 352 = ZfBR 1999, 279.
3 OVG Münster v. 28.11.1989 – 10a NE 16.86, NVwZ-RR 1990, 402 = UPR 1990, 345; OVG Lüneburg v. 23.9.1981 – 1 C 10/79, BRS 38 Nr. 12.
4 Runkel, Das Gebot der Entwicklung der Bebauungspläne aus dem Flächennutzungsplan, ZfBR 1999, 298 ff.

den Zeitraum von 15 Jahren kommt es allein auf die erstmalige oder erneute Aufstellung eines Flächennutzungsplans an. Zwischenzeitliche Änderungen oder Ergänzungen führen also nicht dazu, daß die Frist neu zu laufen beginnt. Die Vorschrift beinhaltet eine **Pflicht zur Selbstkontrolle**. In deren Rahmen soll die Gemeinde überprüfen, ob sich die städtebaulichen Rahmenbedingungen für die Flächennutzungsplanung geändert haben und ob darauf auf der Ebene der Flächennutzungsplanung reagiert werden muß, um den städtebaulichen Anforderungen an die Entwicklung des gesamten Gemeindegebiets hinreichend Rechnung tragen und die verbindliche Bauleitplanung fachgerecht steuern zu können (s. in diesem Zusammenhang im Hinblick auf die Abschichtung der Umweltbelange noch Rdnr. 668)[1]. Die Regelung ergänzt damit den ebenfalls durch das EAG Bau neu eingefügten § 4c BauGB (Rdnr. 46 ff.). Der in § 1 Abs. 3 Satz 1 BauGB enthaltene materielle Prüfungsmaßstab der Erforderlichkeit wird durch die Vorschrift ebensowenig wie durch § 4c BauGB verändert. Insbesondere führt die Regelung nicht zu einem automatischen Außerkrafttreten des Flächennutzungsplans. Dieser bleibt vielmehr bis zu einer tatsächlich erfolgten Änderung, Ergänzung oder Neuaufstellung verbindlich, sofern nicht die besonderen Voraussetzungen der Funktionslosigkeit vorliegen (s. insofern zu Bebauungsplänen Rdnr. 865 ff.). Bei § 5 Abs. 1 Satz 3 BauGB handelt es sich um eine Sollregelung. Die Gemeinde muß also grundsätzlich spätestens nach 15 Jahren die vorgesehene Überprüfung ihres Flächennutzungsplans vornehmen. Ausnahmsweise darf sie davon absehen, wenn auch ohne eine derartige Überprüfung eindeutig erkennbar ist, daß ein Planungserfordernis für eine Änderung, Ergänzung oder Neuaufstellung des Flächennutzungsplans nicht besteht. Eine Durchsetzung der in § 5 Abs. 1 Satz 3 BauGB enthaltenen Sollregelung mit aufsichtlichen Mitteln kommt nur bei qualifizierten städtebaulichen Gründen von besonderem Gewicht in Betracht (vgl. Rdnr. 51).

Bei **Bebauungsplänen** sind die Anforderungen an die Erforderlichkeit höher, wenngleich auch dort das Kriterium der Erforderlichkeit nur bei groben Mißgriffen ein echtes Hindernis darstellt (Rdnr. 29)[2]. So kann die Erforderlichkeit für einen Bebauungsplan fehlen, wenn er auf keiner nach außen hin erkennbaren planerischen Konzeption beruht, die auf eine städtebauliche Entwicklung und Ordnung des Gemeindegebiets abzielt. Dies ist z.B. dann anzunehmen, wenn ein Bebauungsplan verschiedene Nutzungsmaße für die Grundstücke in seinem Geltungsbereich festsetzt, ohne damit einer erkennbaren Regel zu folgen[3], wenn eine Planänderung nur erfolgen soll, um ein

35

---

1 S. im einzelnen den Regierungsentwurf zum EAG Bau, BT-Drucksache 15/2250, Begründung zu Nr. 7 (§ 5), der damit dem Bericht der Unabhängigen Expertenkommission, Rdnr. 203 ff., gefolgt ist.
2 S. etwa auch BVerwG v. 16.1.1996 – 4 NB 1.96, BRS 58, 1 sowie VGH Mannheim v. 5.6.1996 – 8 S 487/96, BRS 58 Nr. 19 = DÖV 1997, 259 = NVwZ-RR 1997, 684 = UPR 1997, 196 = ZfBR 1997, 54.
3 VGH Mannheim v. 30.5.1994 – 5 S 2839/93, BRS 56 Nr. 1 = UPR 1995, 149.

bestimmtes Grundstück aus der Baulandumlegung herauszunehmen[1] oder wenn eine landwirtschaftliche Nutzfläche inmitten eines Wohngebiets ausgewiesen werden soll, ohne daß sich aus den Planunterlagen Anhaltspunkte dafür ergeben, daß durch die Planung Belange der Landwirtschaft gefördert werden sollen und überdies die Fläche wegen ihrer Beschaffenheit für eine landwirtschaftliche Nutzung teilweise überhaupt nicht und insgesamt allenfalls mit Einschränkungen in Betracht kommt[2].

36 Auch wenn für die Aufstellung eines Bebauungsplans keine konkrete Bedarfsanalyse erforderlich ist[3], fehlt es an einer in jedem Fall notwendigen planerischen Konzeption, wenn der Gemeinde die Planverwirklichung erkennbar mehr oder weniger gleichgültig ist oder wenn es um eine „**Vorratsplanung**" geht, mit deren Realisierung auf absehbare Zeit nicht zu rechnen ist[4]. Denn bei einem Bebauungsplan handelt es sich zwar um eine Angebotsplanung, die durch die Grundstückseigentümer nicht ausgenutzt werden muß, die aber gleichwohl prinzipiell auf eine Umsetzung und Realisierung angelegt ist[5]. Ebenfalls fehlt es daher an der Erforderlichkeit der Planung, wenn diese aus rechtlichen oder tatsächlichen Gründen **keine Aussicht auf Verwirklichung** bietet, also nicht vollzugsfähig ist[6]. Dies ist insbesondere dann anzunehmen, wenn eine Verwirklichung der Planung an genehmigungsrechtlichen Anforderungen oder tatsächlichen Umständen offensichtlich scheitern wird.

37 **Beispiele:**

(a) Eine Gemeinde stellt einen Bebauungsplan auf, der als planungsrechtliche Grundlage für eine Sportanlage dienen soll. Die Sportanlage ist jedoch auf der dafür ausgewiesenen Fläche nicht einmal mit besonderen baulichen und technischen Maßnahmen, Nutzungseinschränkungen u.ä. genehmigungsfähig, weil das Vorhaben in jedem Fall an den immissionsschutzrechtlichen Anforderungen der Sportanlagenlärmschutzverordnung (18. BImSchV) scheitern müßte. Der Bebauungsplan ist in diesem Fall nicht erst abwägungsfehlerhaft. Er scheitert bereits an dem Planungserfordernis des § 1 Abs. 3 Satz 1 BauGB[7].

---

1 VGH Mannheim v. 8.9.1975 – III 765/75, BRS 29 Nr. 12.
2 OVG Saarlouis v. 28.9.1993 – 2 R 50/92, BauR 1994, 34 = BRS 55 Nr. 7 = NVwZ-RR 1994, 564 = UPR 1994, 154.
3 BVerwG v. 19.9.2002 – 4 CN 1.02, BauR 2003, 209 = DVBl. 2003, 204 = ZfBR 2003, 150; OVG Münster v. 11.1.2002 – 7a D 6/00, BauR 2002, 1049.
4 BVerwG v. 11.5.1999 – 4 BN 15.99, UPR 1999, 352 = ZfBR 1999, 279; VGH München v. 23.12.1998 – 26 N 98.1675, BauR 2000, 79 = BRS 60 Nr. 31 = NVwZ-RR 2000, 79.
5 BVerwG v. 22.1.1993 – 8 C 46.91, BauR 1993, 585 = DVBl. 1993, 669 = DÖV 1993, 713 = NVwZ 1993, 1102 = UPR 1993, 258.
6 S. etwa BVerwG v. 28.2.2002 – 4 CN 5.01, BauR 2002, 1348 = DVBl. 2002, 1121 = NVwZ 2002, 1114 = UPR 2002, 314 = ZfBR 2002, 574.
7 BVerwG v. 12.8.1999 – 4 CN 4.98, BauR 2000, 229 = DVBl. 2000, 187 = NVwZ 2000, 550 = UPR 2000, 68 = ZfBR 2000, 125.

(b) Eine Gemeinde nimmt in einen Bebauungsplan bei einer Fläche für die Landwirtschaft Festsetzungen zur Geruchsminderung bei immissionsträchtiger Tierhaltung auf (vgl. § 9 Abs. 1 Nr. 24 BauGB, dazu Rdnr. 339 ff.). Sie läßt dabei allerdings außer Betracht, daß Luftverunreinigungen nicht an den Grenzen des Plangebiets Halt machen und daher eine „Insellösung" vielfach unzureichend ist, so daß es für das gesamte Gemeindegebiet oder jedenfalls für größere Teile davon eines Konzeptes zur Luftreinhaltung bedarf[1]. 38

(c) Eine Gemeinde will eine überörtliche Straße durch einen Bebauungsplan festsetzen. Der Straßenbaulastträger möchte allerdings die Straße gar nicht oder jedenfalls nicht gemäß den gemeindlichen Planungsvorstellungen errichten (vgl. auch Rdnr. 77)[2]. 39

Die planerische Konzeption selbst unterliegt ungeachtet der gemeindlichen Planungshoheit zumindest prinzipiellen Bindungen. Es müssen aus Sicht der Gemeinde hinreichend gewichtige **städtebauliche Allgemeinbelange** für eine bestimmte Planung sprechen[3]. Dabei sind die in § 1 Abs. 5 und 6 BauGB genannten Grundsätze und öffentlichen Belange der Bauleitplanung nicht als abschließende Aufzählung der zulässigen Planungsziele zu verstehen[4]. Es kommen auch darüber hinausgehende legitime städtebauliche Zielsetzungen in Betracht. Dazu gehört etwa die gezielte Steuerung des klein- und insbesondere auch des großflächigen Einzelhandels durch Ausschlußregelungen gemäß § 1 Abs. 4 ff. BauNVO, um eine verbrauchernahe Versorgung der Bevölkerung zu sichern oder um einer sich zumindest abzeichnenden Bedarfslage für die Ansiedlung von produzierendem Gewerbe Rechnung zu tragen[5]. Dies gilt allerdings wegen der **Wettbewerbsneutralität** des Bauplanungsrechts dann nicht, wenn eine solche Planung dem Wettbewerbsschutz des ortsansässigen Handels dienen soll[6]. An einer hinreichenden 40

---

1 OVG Lüneburg v. 3.7.2000 – 1 K 1014/00, BauR 2001, 58 = DVBl. 2000, 1871 = NVwZ-RR 2001, 218; s. auch OVG Lüneburg v. 15.5.2003 – 1 KN 3008/01, BauR 2003, 1524 zur Aufstellung eines Bebauungsplans in einem Überschwemmungsgebiet.
2 BVerwG v. 28.1.1999 – 4 CN 5.98, BVerwGE 108, 248 = BauR 1999, 867 = DVBl. 1999, 1288 = DÖV 1999, 730 = NVwZ 1999, 1222 = ZfBR 1999, 219 = UPR 1999, 268; zu den Anforderungen an die Abschnittsbildung bei einer Straßenplanung durch Bebauungsplan zur Vermeidung eines Planungstorsos aufgrund fehlender Netzverbindung s. auch BVerwG v. 19.9.2002 – 4 CN 1.02, BauR 2003, 209 = DVBl. 2003, 204 = ZfBR 2003, 150.
3 BVerwG v. 12.12.1969 – IV C 105.68, BVerwGE 34, 301 = DVBl. 1970, 414 = DÖV 1970, 277.
4 BVerwG v. 5.4.1993 – 4 NB 3.91, BVerwGE 92, 231 = BRS 55 Nr. 37 = DVBl. 1993, 662 = DÖV 1993, 876 = NVwZ 1994, 288 = UPR 1993, 271 = ZfBR 1993, 197.
5 BVerwG v. 8.9.1999 – 4 BN 14.99, Buchholz, 406.11, § 1 BauGB Nr. 106; BVerwG v. 11.5.1999 – 4 BN 15.99, UPR 1999, 352 = ZfBR 1999, 279.
6 BVerwG v. 9.5.1994 – 4 NB 18.94, BauR 1994, 492 = BRS 56 Nr. 36 = DVBl. 1994, 1155 = NVwZ 1995, 266 = UPR 1994, 308 = ZfBR 1994, 244; BVerwG v. 3.2.1984 – 4 C 54.80, BVerwGE 68, 342 =BauR 1984, 380 = BRS 42 Nr. 50 = DVBl. 1984, 629 = UPR 1984, 225 = ZfBR 1984, 135; OVG Weimar v. 23.4.1997 – 1 EO 241.97, DÖV 1997, 791 = LKV 1997, 372 = UPR 1997, 376.

planerischen Konzeption fehlt es auch, wenn die Bauleitplanung bei der Ausweisung von Wohn- oder Gewerbeflächen weit über den voraussehbaren Bedarf der Gemeinde hinausgeht[1] oder wenn die Planung ausschließlich wirtschaftslenkende Ziele ohne bodenrechtliche Relevanz verfolgt (vgl. auch Rdnr. 31 f.)[2].

41 **Sachfremde Motive** ohne den für die Bauleitplanung notwendigen städtebaulichen Bezug liegen auch dann vor, wenn die Planung nur deshalb erfolgt, um dem Eigentümer der Flächen aus wirtschaftlichen Gründen den **Verkauf oder die Nutzung von Baugrundstücken** zu ermöglichen[3] oder wenn es darum geht, eine vom ursprünglichen Bebauungsplan abweichende Fehlentwicklung im Interesse des betroffenen Bauherrn zu legalisieren, ohne daß gleichzeitig städtebauliche Gründe für eine solche Änderung sprechen[4]. Ebenfalls handelt es sich um ein sachfremdes Motiv, das ein Planungserfordernis im Sinne von § 1 Abs. 3 Satz 1 BauGB nicht begründet, wenn die Planaufstellung allein mit dem Ziel erfolgt, Entschädigungsforderungen abzuwehren[5], einen Anlieger zu höheren **Erschließungsbeiträgen** heranzuziehen[6] oder um für einige Anlieger die Erschließungskosten zu reduzieren[7].

42 Hingegen ist die Erforderlichkeit der Bauleitplanung nicht bereits dann zu verneinen, wenn es um einen auf ein Grundstück beschränkten Bebauungsplan geht („Einzelfallbebauungsplan")[8] oder wenn die Gemeinde Ansiedlungswünschen privater Investoren Rechnung trägt[9]. Abgesehen davon, daß die Zahl der Grundstücke nichts über die Größe der Fläche und das Planungsbedürfnis aussagt, läßt auch die Begünstigung nur eines einzelnen Grundstückseigentümers die Erforderlichkeit des Bebauungsplans nicht entfallen[10]. Diese richtet sich allein nach städtebaulichen Motiven, wie nicht zuletzt das Instrument des vorhabenbezogenen Bebauungsplans gemäß § 12

---

1 OVG Münster v. 21.12.1971 – VII A 102/69, BauR 1972, 220.
2 VGH München v. 12.6.1986 – 2 B 83 A.2467, BRS 46 Nr. 20.
3 BVerwG v. 12.12.1969 – IV C 105.66, BVerwGE 34, 301 = BauR 1970, 31 = BRS 22 Nr. 4 = DVBl. 1970, 414 = DÖV 1970, 277; OVG Lüneburg v. 6.12.1989 – 6 K 16 21.89, BRS 49 Nr. 2 = NVwZ 1990, 576.
4 OVG Koblenz v. 5.3.1986 – 10 C 45/85, BauR 1986, 412.
5 VGH Mannheim v. 27.7.2001 – 5 S 2534/99, BauR 2002, 897 = NVwZ-RR 2002, 630.
6 OVG Münster v. 12.5.1989 – 11a NE 51/87, NVwZ 1990, 894 (896) = UPR 1990, 103 (104).
7 OVG Saarlouis v. 10.11.1989 – 2 R 415/86, BauR 1990, 184 = BRS 49 Nr. 6.
8 BVerwG v. 16.8.1993 – 4 NB 29.93, BRS 55 Nr. 3 = ZfBR 1994, 101; VGH Mannheim v. 14.2.1992 – 8 S 2695/91, BauR 1992, 591 = BRS 54 Nr. 19 = NVwZ-RR 1993, 67 = UPR 1992, 459 = ZfBR 1992, 294.
9 OVG Münster v. 7.12.2000 – 7a D 60/99, BauR 2001, 1054 = DVBl. 2001, 657; OVG Münster v. 22.6.1998 – 7a D 108/96, BauR 1998, 1198 = DVBl. 1998, 1302 = NVwZ 1999, 79 = UPR 1998, 471.
10 VGH Mannheim v. 14.2.1992 – 8 S 2695/91, BauR 1992, 591 = BRS 54 Nr. 19 = NVwZ-RR 1993, 67 = UPR 1992, 459 = ZfBR 1992, 294.

BauGB zeigt (dazu Rdnr. 871 ff.). Allerdings ist bei derartigen **einzelfallbezogenen Planungen** in besonderem Maße darauf zu achten, daß die Anforderungen an die Abwägung gemäß § 1 Abs. 7 BauGB eingehalten werden (dazu Rdnr. 546 ff.)[1].

An der Erforderlichkeit fehlt es auch nicht, wenn ein Bebauungsplan dazu dient, den **bereits entstandenen städtebaulichen Zustand** planungsrechtlich festzuschreiben, obgleich sich die Bebauungsmöglichkeiten weitestgehend nach § 34 Abs. 2 BauGB richten[2]. In derartigen Fällen kann der Bebauungsplan beispielsweise den Zweck haben, eine von der Gemeinde gewollte weitere Präzisierung der baulichen Nutzungsmöglichkeiten vorzunehmen oder den Umgriff der überbaubaren Grundstücksflächen einzugrenzen. 43

Ein Planungserfordernis kann nicht nur für die positive Festschreibung einzelner Nutzungen bestehen. In Betracht kommt vielmehr auch eine „**Negativplanung**", durch die bestimmte Nutzungen ganz oder teilweise ausgeschlossen und damit im Ergebnis verhindert werden, da auch damit positive Planungsziele erreicht werden können[3]. So zeigt beispielsweise die Bodenschutzklausel des § 1a Abs. 2 BauGB, daß ein Ausschluß der Bebauung auf ansonsten z.B. nach § 34 BauGB bebaubaren Flächen für die Sicherung landwirtschaftlicher Nutzungen[4] oder aus ökologischen Gründen[5] von einem Planungserfordernis getragen sein kann. Dementsprechend kann auch ein geäußerter Bauwunsch, insbesondere eine gestellte Bauvoranfrage oder ein Bauantrag, in zulässiger Weise Anlaß dafür sein, ein Bebauungsplanverfahren einzuleiten[6]. Die Planung darf jedoch nicht lediglich „vorgeschoben" werden, um eine unerwünschte bauliche Nutzung an der betreffenden Stelle zu verhindern[7] oder um Planungsmöglichkeiten für die Zukunft offen- 44

---

1 Vgl. VGH Mannheim v. 27.7.2001 – 5 S 2534/99, BauR 2002, 897 = NVwZ-RR 2002, 630, der von einer „besonderen Begründungslast" der Gemeinde spricht.
2 BVerwG v. 16.1.1996 – 4 NB 1.96, BRS 58, 1; VGH Mannheim v. 5.6.1996 – 8 S 487/96, NVwZ-RR 1997, 684.
3 BVerwG v. 18.12.1990 – 4 NB 8.90, BauR 1991, 165 = BRS 50 Nr. 9 = DVBl. 1991, 445 = NVwZ 1991, 875 = UPR 1991, 154 = ZfBR 1991, 123.
4 BVerwG v. 18.12.1990 – 4 NB 8.90, BauR 1991, 165 = BRS 50 Nr. 9 = DVBl. 1991, 445 = NVwZ 1991, 875 = UPR 1991, 154 = ZfBR 1991, 123; s. auch BVerwG v. 7.7.1997 – 4 BN 11.97, BauR 1997, 972 = DVBl. 1998, 60 = UPR 1998, 62 = ZfBR 1997, 314 zur Ausweisung eines Sondergebietes „landwirtschaftliches Aussiedlungsgebiet".
5 BVerwG v. 27.1.1999 – 4 B 129/98, NVwZ 1999, 878; BVerwG v. 27.7.1990 – 4 B 156.89, BauR 1990, 694 = BRS 50 Nr. 101 = DVBl. 1990, 1122 = DÖV 1991, 123 = NVwZ 1991, 62 = UPR 1991, 29 = ZfBR 1990, 302.
6 S. etwa VGH München v. 18.3.2003 – 15 N 98.2262, BauR 2003, 1701; VGH Mannheim v. 27.7.2001 – 5 S 2534/99, BauR 2002, 897 = NVwZ-RR 2002, 630.
7 BVerwG v. 16.3.2001 – 4 BN 15.01, BauR 2001, 1232 = NVwZ-RR 2002, 8 = ZfBR 2001, 347; VGH Kassel v. 19.11.1992 – 3 N 2463.87, BRS 54 Nr. 10 = NVwZ 1993, 906 = UPR 1993, 200 = ZfBR 1993, 308.

zuhalten (s. allerdings noch zu den Festsetzungsmöglichkeiten nach dem durch das EAG Bau, Rdnr. 1, neu gefaßten § 9 Abs. 2 BauGB Rdnr. 359 ff.).

45 **Beispiel:**

Eine Gemeinde weist in einem Bebauungsplan „Flächen für die Landwirtschaft" aus, ohne dort tatsächlich landwirtschaftliche Nutzungen fördern zu wollen. Die Festsetzung soll vielmehr nur dazu dienen, im Zuge einer geplanten größeren Wohnbebauung die Flächen zunächst noch für Wohnbauvorhaben zu sperren, um sie einem späteren zweiten Bauabschnitt vorzubehalten[1].

II. Überwachung des Vollzugs von Bauleitplänen (Monitoring)

46 Nachdem Flächennutzungspläne oder Bebauungspläne aufgestellt worden sind, kann zu einem späteren Zeitpunkt für deren Änderung, Ergänzung oder ggf. auch Aufhebung ein Planungserfordernis im Sinne von § 1 Abs. 3 Satz 1 BauGB bestehen. Hierfür gelten in materieller Hinsicht dieselben Anforderungen wie für die erstmalige oder erneute Aufstellung eines Bauleitplans. Anders als bei der erstmaligen oder erneuten Aufstellung eines Bauleitplans geht es bei einer bereits vorhandenen Bauleitplanung jedoch nicht nur darum, einen bestehenden Bedarf an baulichen Ausweisungen zu befriedigen sondern auch darum, negativen Auswirkungen eines Bauleitplans, die bei dessen Aufstellung noch nicht absehbar waren, entgegenzuwirken. Dem trägt die durch das EAG Bau (Rdnr. 1) neu aufgenommene Vorschrift des **§ 4c BauGB** Rechnung, die einen wesentlichen Bestandteil der Umsetzung von Art. 10 der Plan-UP-Richtlinie bildet. Nach dieser Regelung überwachen die Gemeinden die erheblichen Umweltauswirkungen, die aufgrund der Durchführung der Bauleitpläne eintreten, um insbesondere unvorhergesehene nachteilige Auswirkungen frühzeitig zu ermitteln und in der Lage zu sein, geeignete Maßnahmen zur Abhilfe zu ergreifen. Die Vorschrift trägt damit insbesondere dem Umstand Rechnung, daß Bauleitpläne weitgehend auf Prognosen und Einschätzungen beruhen, für die der Zeitpunkt der Beschlußfassung über den Flächennutzungsplan oder über den Bebauungsplan maßgebend ist (vgl. § 214 Abs. 3 Satz 1 BauGB). Die tatsächliche Entwicklung im Rahmen des Planvollzugs kann allerdings gegenüber dieser momentanen Betrachtung anders ausfallen. So können sich bestimmte Annahmen etwa zur Boden- oder Grundwasserbeschaffenheit als unzutreffend herausstellen. Bestimmte Prämissen, die bei Aufstellung des Bauleitplans noch aktuell waren, können sich verändern, etwa im Hinblick auf die Umgebungsbebauung eines Plangebiets, dort oder im Plangebiet selbst vorhandene umweltrelevante Schutzgüter u.ä. Insgesamt kann dies dazu führen, daß die Gemeinde dann, wenn sie bei Aufstellung des Bauleitplans Umstände, die sich erst im Rahmen des Planvollzugs herausstellen, gekannt hätte, den Plan nicht oder jedenfalls nicht so aufgestellt hätte, wie dies erfolgt ist. Eine derartige Entwicklung legt eine **nachträgliche Selbst-**

---

1 VGH München v. 3.4.2000 – 14 N 98.3624, BauR 2000, 1836.

korrektur der Gemeinde und damit ein Planungserfordernis im Sinne von § 1 Abs. 3 Satz 1 BauGB nahe. Allerdings sind nachträgliche Reaktionen auf erhebliche, insbesondere unvorhergesehene nachteilige Auswirkungen der Planung nicht zwingend mit einer Änderung, Ergänzung oder Aufhebung des betreffenden Bauleitplans verbunden. Ein entsprechendes Planungserfordernis besteht vielmehr nur dann, wenn den festgestellten Auswirkungen nicht in hinreichender Weise auf der Ebene des Planvollzugs Rechnung getragen werden kann, etwa durch Einschränkungen im Rahmen zukünftiger Baugenehmigungen nach Maßgabe des genehmigungsrechtlichen Instrumentariums einschließlich der Möglichkeiten, die § 15 Abs. 1 BauNVO bietet, oder auch durch nachträgliche Anordnungen bei bereits vorhandenen Nutzungen (z.B. gemäß §§ 17, 24 BImSchG).

Der materiellrechtliche Maßstab des Planungserfordernisses im Sinne von § 1 Abs. 3 Satz 1 BauGB wird durch § 4c BauGB nicht verändert. Es handelt sich vielmehr um eine **Verfahrensvorschrift**. Sie soll sicherstellen, daß die Gemeinde überhaupt erkennt, ob ein aufgestellter Bauleitplan nachträglichen Handlungsbedarf auslöst, damit sie darauf entsprechend frühzeitig reagieren kann, um eine nachhaltige städtebauliche Entwicklung sicherzustellen und Fehlentwicklungen frühzeitig vorzubeugen. Die Regelung hat dabei vorrangig Bedeutung für die verbindliche Bauleitplanung, bei der sich Fehlentwicklungen unmittelbar zeigen. Hingegen handelt es sich bei dem Monitoring nach § 4c BauGB nicht um ein allgemeines Kontroll- und Überwachungsinstrument dahingehend, ob ein Bauleitplan ordnungsgemäß vollzogen wird, etwaige Nebenbestimmungen aus Baugenehmigungen eingehalten werden u.ä. Dafür sind allein die allgemeinen Vorschriften zum Planvollzug, insbesondere die Bestimmungen der Landesbauordnungen zur Genehmigung und Überwachung von Vorhaben einschlägig, zumal allein die Mißachtung genehmigungsrechtlicher Anforderungen im Rahmen des Planvollzugs in aller Regel nicht das Erfordernis begründet, einen nicht ordnungsgemäß umgesetzten Bauleitplan zu ändern. Dies ist zumeist nur dann der Fall, wenn sich trotz Einhaltung der Planfestsetzungen oder auch ergänzend eingegangener Verpflichtungen in städtebaulichen Verträgen (s. insbesondere Rdnr. 984 ff.) unvorhergesehene nachteilige Auswirkungen der Planung ergeben[1]. 47

Bei der Flächennutzungsplanung ist dies in der Regel nur dann anzunehmen, wenn sie das Baugeschehen unmittelbar beeinflußt, etwa durch Darstellungen, die im Rahmen des § 35 BauGB für die Außenbereichsnutzung von Bedeutung sind (s. Rdnr. 160 ff.). Da allerdings ein aufgrund erst nachträglich erkannter negativer Auswirkungen nicht angepaßter Flächennutzungsplan im Rahmen der zweistufig angelegten kommunalen Bauleitplanung seine Steuerungsfunktion nicht mehr ordnungsgemäß wahrnehmen 48

---

1 S. dazu den Regierungsentwurf zum EAG Bau, BT-Drucksache 15/2250, Begründung zu Nr. 6 (§ 4c); Bericht der Unabhängigen Expertenkommission, Rdnr. 93.

kann, wird § 4c BauGB durch die ebenfalls dem Monitoring dienende Vorschrift des **§ 5 Abs. 1 Satz 3 BauGB** ergänzt, nach der Gemeinden ihren Flächennutzungsplan spätestens 15 Jahre nach seiner erstmaligen oder erneuten Aufstellung überprüfen sollen und dann ggf. einem festgestellten Planungserfordernis Rechnung tragen müssen (Rdnr. 29 ff.).

49 § 4c BauGB gibt nicht vor, wie die Überwachung der erheblichen Umweltauswirkungen eines Bauleitplans zu erfolgen hat. Die Gemeinde kann sich daher räumlich nach dem Einzelfall der jeweiligen konkreten Planung richten, aber auch z.b. mehrere räumlich zusammenhängende Bebauungspläne zusammenfassen, um so Erkenntnisse auch über das Zusammenspiel der einzelnen Pläne zu erhalten. Inhaltlich können sie für erhebliche Umweltauswirkungen Indikatorensysteme vorsehen, die Bauleitplanung in ein das gesamte Gemeindegebiet umfassendes Umweltinformationssystem integrieren oder auch schlicht festlegen, daß in den einzelnen Plangebieten in bestimmten zeitlichen Abständen eine Begehung stattfindet. Für diese können dann wiederum neben Informationen, die der Gemeinde aus der Öffentlichkeit im Rahmen des Planvollzugs zugehen, insbesondere Mitteilungen von Fachbehörden gemäß § 4 Abs. 3 BauGB (Rdnr. 519 f.) von Bedeutung sein.

50 Auch wenn der Gemeinde durch § 4c BauGB keine bestimmte Form der Überwachung von Bauleitplänen vorgegeben ist, hat sie jedoch zumindest die Verpflichtung, sich bereits im Zusammenhang mit der Aufstellung des Bauleitplans auch darüber Gedanken zu machen. Dementsprechend sieht die Anlage zu § 2 Abs. 4 und § 2a BauGB unter Nummer 3 Buchstabe b) vor, daß in dem zur Planbegründung gehörenden **Umweltbericht** die geplanten Maßnahmen zur Überwachung der erheblichen Auswirkungen der Durchführung des Bauleitplans auf die Umwelt zu beschreiben sind. Die dort angegebenen Maßnahmen hat die Gemeinde dann dementsprechend auch durchzuführen. Während der Umweltbericht und damit auch die Beschreibung der geplanten Maßnahmen zur Überwachung gemeinsam mit dem Entwurf des Bauleitplans öffentlich auszulegen sind (§ 3 Abs. 2 BauGB, Rdnr. 429 ff.) und auch in der endgültigen Fassung des Plans gemäß § 6 Abs. 5 Satz 3 BauGB (Flächennutzungsplan) bzw. § 10 Abs. 3 Satz 2 BauGB (Bebauungsplan) von jedermann eingesehen werden können, müssen die Ergebnisse des durchgeführten Monitorings nicht veröffentlicht werden. Allerdings ist die Gemeinde dazu ohne weiteres berechtigt.

III. Durchsetzung von gemeindlichen Planungspflichten

51 Bereits dem Wortlaut des § 1 Abs. 3 Satz 1 BauGB ist zu entnehmen, daß sich bei Vorliegen eines Planungserfordernisses das planerische Ermessen der Gemeinde aus städtebaulichen Gründen objektivrechtlich zu einer strikten **Planungspflicht** verdichten kann. Dies gilt grundsätzlich für die erstmalige Planung im Innen- oder Außenbereich ebenso wie für die inhalt-

liche Änderung, Ergänzung oder Aufhebung eines bestehenden Bauleitplans[1]. In den meisten Fällen hat es die Gemeinde letztlich jedoch selbst in der Hand, das Planungserfordernis zu beseitigen oder zu verändern, indem sie ihre zu Grunde liegende planerische Konzeption für die städtebauliche Entwicklung und Ordnung modifiziert.

Beispiel: 52

Für einen bestimmten Teil des Gemeindegebiets ist im Flächennutzungsplan eine gewerbliche Baufläche dargestellt. Dort siedelt sich auf der Grundlage von § 34 BauGB in größerem Umfang Wohnbebauung an. Um dem Einhalt zu gebieten, wäre die Gemeinde an sich gehalten, einen Bebauungsplan aufzustellen, der korrespondierend mit den im Flächennutzungsplan zum Ausdruck gebrachten städtebaulichen Zielvorstellungen weitere Wohnbebauung ausschließt. Die Gemeinde kann allerdings ihre planerische Konzeption auch dadurch ändern, daß sie die Darstellungen des Flächennutzungsplans an die tatsächliche Entwicklung anpaßt.

Überdies gilt auch im Hinblick auf eine Planungspflicht der Gemeinde, daß 53
dieser grundsätzlich ein weiter Planungsspielraum zusteht, der nur hinsichtlich etwaiger Mißgriffe überprüfbar ist (Rdnr. 29, 35). So muß die Gemeinde gemäß § 1 Abs. 3 Satz 1 BauGB nur dann Bauleitplanung betreiben, wenn sie selbst dies nach ihrer eigenen Einschätzung für erforderlich hält. Sie darf weitgehend planerische Selbstbeschränkung oder Zurückhaltung üben. Dies gilt also nicht nur anläßlich der Konfliktbewältigung bei einer tatsächlich stattfindenden Bauleitplanung (dazu Rdnr. 734 ff.; zur Bedeutung des Planungserfordernisses bei der Genehmigung von Einzelvorhaben Rdnr. 2216 ff.)[2]. Geht die Gemeinde davon aus, daß die planersetzenden Vorschriften der §§ 34 und 35 BauGB zur Bewältigung der städtebaulichen Entwicklung in einem bestimmten Bereich ausreichen, kommen **landesplanungsrechtliche oder kommunalaufsichtliche Eingriffsmöglichkeiten** der nach Landesrecht zuständigen Aufsichtsbehörde zur Durchsetzung der Planungspflicht erst dann in Betracht, wenn diese Einschätzung eindeutig nicht mehr vertretbar ist und qualifizierte städtebauliche Gründe von besonderem Gewicht planerische Maßnahmen gebieten. Ein derartiger qualifizierter Planungsbedarf besteht, wenn die im konkreten Fall geltenden bauplanungsrechtlichen Bestimmungen (§ 34 oder § 35 BauGB oder ein existierender Bebauungsplan) städtebauliche Konflikte auslösen oder jedenfalls auszulösen drohen, die eine Gesamtkoordination der widerstreitenden öffentlichen und privaten Belange in einem förmlichen Planungsverfahren (Erstplanung, Änderung der vorhandenen Planung) dringend erfordern[3]. Es genügt also nicht, daß man über die planerische Entscheidung der Gemeinde oder deren Unterlassen unterschiedlicher Auffassung sein kann.

---

1 BVerwG v. 17.9.2003 – 4 C 14.01, BauR 2004, 443 = DVBl. 2004, 239 = NVwZ 2004, 220 = UPR 2004, 137 = ZfBR 2004, 171.
2 Krautzberger in Battis/Krautzberger/Löhr, § 1 Rdnr. 30 f.
3 BVerwG v. 17.9.2003 – 4 C 14.01, BauR 2004, 443 = DVBl. 2004, 239 = NVwZ 2004, 220 = UPR 2004, 137 = ZfBR 2004, 171.

54 Derartige **qualifizierte städtebauliche Gründe von besonderem Gewicht** können zum einen, wenn auch eher theoretisch, dann in Betracht kommen, wenn aufgrund einer unzweifelhaften Bedarfslage dringlich die Ausweisung zusätzlicher Bauflächen für bestimmte Nutzungen erfolgen muß. Zum anderen, und dies ist die eher in Betracht kommende Fallkonstellation, ist es möglich, daß das geltende Planungsrecht nicht ausreicht, um die städtebauliche Entwicklung so zu steuern, daß es nicht zu Fehlentwicklungen kommt. Im Hinblick auf den weiten planerischen Gestaltungsspielraum der Gemeinden sind derartige Fehlentwicklungen in erster Linie dann anzunehmen, wenn die bauliche Entwicklung ohne erstmalige Aufstellung eines Bebauungsplans oder die Änderung eines vorhandenen Bebauungsplans dazu führt, daß für die Gemeinde zwingende rechtliche Vorgaben verletzt oder unterlaufen würden. Dies gilt insbesondere für die Ziele der Raumordnung (§ 1 Abs. 4 BauGB, Rdnr. 60 ff.), die ein Planungserfordernis nicht nur im Hinblick auf bereits vorhandene Bauleitpläne, sondern auch für unbeplante Bereiche begründen können. Ebenfalls kann das Gebot der interkommunalen Abstimmung gemäß § 2 Abs. 2 BauGB (Rdnr. 631 ff.) eine mit den landesplanungs- oder kommunalaufsichtlichen Eingriffsmöglichkeiten durchsetzbare Planungspflicht begründen, wenn ohne entsprechende Bebauungsplanung unzumutbare negative Auswirkungen für eine Nachbargemeinde drohen. In einem derartigen Fall kann also die Nichtausübung der eigenen Planungshoheit gegenüber einer Nachbargemeinde ebenso rücksichtslos sein wie eine aktive Planung.

55 Auch wenn im Ausnahmefall die Möglichkeit besteht, die in § 1 Abs. 3 Satz 1 BauGB verankerte Planungspflicht zwangsweise durchzusetzen, ist die gemeindliche Planungshoheit zu respektieren. Das Planungsermessen der Gemeinde darf inhaltlich nur in dem Umfang beschränkt werden, in dem dies zur Erfüllung des Planungserfordernisses unbedingt geboten ist. Darüber hinausgehende Anordnungen inhaltlicher oder zeitlicher Art verletzen den Grundsatz der **Verhältnismäßigkeit**. Dies schließt es allerdings nicht aus, der Gemeinde bei Vorliegen der Voraussetzungen für eine landesplanungs- oder kommunalaufsichtliche Anordnung zur Durchführung einer Bauleitplanung zugleich auch die Verpflichtung aufzugeben, diese mit den in Betracht kommenden Planungssicherungsinstrumenten (Veränderungssperre, Zurückstellung, Rdnr. 2287 ff.) abzusichern, wenn ansonsten die Gefahr droht, daß die erlassene Anordnung praktisch unterlaufen würde.

56 **Beispiel:**
In einer Gemeinde hat sich in einem nicht beplanten Bereich in erheblichem Umfang großflächiger Einzelhandel angesiedelt. Da in diesem Bereich noch weitere Flächen zur Verfügung stehen, kommen immer mehr Betriebe hinzu. Das einschlägige Landesentwicklungsprogramm enthält ein Ziel der Raumordnung, aus dem sich ergibt, daß an diesem Standort die Ansiedlung von großflächigem Einzelhandel nicht vorgesehen ist. Die Gemeinde weigert sich jedoch, einen Bebauungsplan aufzustellen, der weitere derartige Vorhaben ausschließt. In einem solchen Fall kann eine Anordnung der nach dem einschlägigen Landesrecht zuständigen Aufsichtsbehörde gerechtfertigt

sein, die die Gemeinde verpflichtet, einen Bebauungsplan aufzustellen, der den Zielen der Raumordnung entspricht sowie ihr weiterhin aufzugeben, bis zum Abschluß des Planverfahrens durch eine Veränderungssperre sowie durch Zurückstellungen die Ansiedlung weiterer großflächiger Einzelhandelsbetriebe zu verhindern[1].

Auch wenn im Ausnahmefall eine kommunale Planungspflicht hoheitlich durchgesetzt werden kann, besteht nach der ausdrücklichen Regelung in § 1 Abs. 3 Satz 2 BauGB **kein subjektiver Anspruch** des Bürgers auf Einleitung oder Fortführung eines Planungsverfahrens oder auf die Durchsetzung eigener Planungsvorstellungen. Dies gilt also selbst dann, wenn die Gemeinde zu Unrecht ein Planaufstellungsverfahren nicht einleitet oder fortführt[2]. 57

Für die Frage, ob ein Planungserfordernis besteht, ist ebenso wie für die planerische Abwägung (§ 214 Abs. 3 Satz 1 BauGB) die Sach- und Rechtslage zum Zeitpunkt der Beschlußfassung über den Bauleitplan maßgeblich. Ob sich die auf diesen Zeitpunkt bezogene Einschätzung späterhin bestätigt oder als fehlerhaft erweist, ist – auch für ein Normenkontrollverfahren (Rdnr. 1011 ff.) – ohne Bedeutung[3]. 58

D. Schranken der Bauleitplanung

Zwingende gesetzliche Schranken für die Bauleitplanung ergeben sich im Baugesetzbuch selbst insbesondere aus § 1 Abs. 4 BauGB, nach dem Bauleitpläne den Zielen der Raumordnung anzupassen sind. Daneben haben aber auch externe Normen wie natur- und artenschutzrechtliche Vorschriften als sonstige Bestimmungen außerhalb des Baugesetzbuchs (vgl. § 6 Abs. 2 BauGB) begrenzende Wirkung auf die zulässigen Inhalte der gemeindlichen Bauleitpläne. 59

I. Anpassung an die Ziele der Raumordnung (§ 1 Abs. 4 BauGB)

Bauleitpläne sind gemäß § 1 Abs. 4 BauGB den Zielen der Raumordnung anzupassen. Eine Parallelvorschrift dazu findet sich in **§ 4 Abs. 1 Satz 1 ROG**, nach dem die Ziele der Raumordnung von öffentlichen Stellen bei ihren raumbedeutsamen Planungen und Maßnahmen zu beachten sind. Das 60

---

1 BVerwG v. 17.9.2003 – 4 C 14.01, BauR 2004, 443 = DVBl. 2004, 239 = NVwZ 2004, 220 = UPR 2004, 137 = ZfBR 2004, 171.
2 BVerwG v. 26.6.1997 – 4 B 97.97, NVwZ-RR 1998, 357; BVerwG v. 9.10.1996 – 4 B 180.96, BauR 1997, 263 = BRS 58 Nr. 3 = DÖV 1997, 251 = NVwZ-RR 1997, 213 = UPR 1997, 102.
3 Vgl. BVerwG v. 11.5.1999 – 4 BN 15.99, UPR 1999, 352 = ZfBR 1999, 279; VGH München v. 23.12.1998 – 26 N 98.1675, BauR 2000, 79 = BRS 60 Nr. 31 = NVwZ-RR 2000, 79.

Bundesverwaltungsgericht hat offengelassen, ob beide Verpflichtungen identisch sind[1]. In jedem Fall ist im Bereich der Bauleitplanung durch die Gemeinde der tendenziell möglicherweise weitergehende § 1 Abs. 4 BauGB zwingend zu beachten. Ein Bauleitplan, der das Anpassungsgebot mißachtet, ist unwirksam. Soweit er genehmigungsbedürftig ist (Rdnr. 771 ff., 794 ff.), darf die Genehmigung nicht erteilt werden. Dies gilt in der Regel selbst dann, wenn ein Raumordnungsplan mit der Bauleitplanung entgegenstehenden Zielen erst zwischen der Beschlußfassung über den Bauleitplan und (sofern erforderlich) dem Abschluß des Genehmigungsverfahrens in Kraft getreten ist, da die strikten Bindungswirkungen des § 4 Abs. 1 Satz 2 Nr. 1 ROG auch für die höhere Bauaufsicht als Genehmigungsbehörde gelten[2].

61 Bei einem Bebauungsplan ist es im Hinblick auf die Anpassungspflicht gemäß § 1 Abs. 4 BauGB unerheblich, ob der Bebauungsplan gemäß § 8 Abs. 2 Satz 1 BauGB aus einem Flächennutzungsplan entwickelt wurde oder nicht (Rdnr. 181 ff.). Beide Verpflichtungen stehen selbständig nebeneinander, so daß allein durch die Wahrung des Entwicklungsgebotes nicht die umfassende materielle Konkordanz zwischen der übergeordneten Landesplanung und der gemeindlichen Bauleitplanung gewährleistet ist[3].

62 Die Formulierung des § 1 Abs. 4 BauGB legt es nahe, daß eine Anpassungspflicht nur dann besteht, wenn die Gemeinde ohnehin beabsichtigt, einen Bauleitplan aufzustellen bzw. aufzuheben, zu ergänzen oder zu ändern. Allerdings erschöpft sich der Regelungsgehalt der Vorschrift darin nicht. Sie kann vielmehr gemeinsam mit § 1 Abs. 3 Satz 1 BauGB auch die Verpflichtung begründen, erstmalig Bauleitplanung zu betreiben (sog. **Erstplanungspflicht der Gemeinde**) oder auch ohne besondere eigene Planungsabsicht einen vorhandenen Plan zu verändern, wenn ansonsten die Gefahr besteht, daß Ziele der Raumordnung durch das Baugeschehen unterlaufen werden. In Ausnahmefällen kann diese Verpflichtung auch durch die zuständige Aufsichtsbehörde mit den zur Verfügung stehenden landesplanungsrechtlichen oder kommunalaufsichtlichen Eingriffsmöglichkeiten durchgesetzt werden (Rdnr. 51 ff.)[4].

63 **Ziele der Raumordnung** sind nach der für die Landesplanungsgesetze der Länder maßgeblichen bundesrechtlichen Rahmenregelung (§ 6 ROG) ein

---

1 BVerwG v. 20.8.1992 – 4 NB 20.91, BVerwGE 90, 329 = BRS 54 Nr. 12 = DÖV 1993, 118 = DVBl. 1992, 1438 = NVwZ 1993, 167 = UPR 1992, 447 = ZfBR 1992, 280.
2 Runkel, Die Bindungswirkungen der Erfordernisse der Raumordnung unter besonderer Berücksichtigung des Städtebaurechts, ZfBR 1999, 3 (8).
3 BVerwG v. 30.1.2003 – 4 CN 14.01, BauR 2003, 1175 = UPR 2003, 304; VGH München v. 25.11.2002 – 14 B 00.2137, BauR 2003, 655.
4 BVerwG v. 17.9.2003 – 4 C 14.01, BauR 2004, 443 = DVBl. 2004, 239 = NVwZ 2004, 220 = UPR 2004, 137 = ZfBR 2004, 171.

Unterfall der Erfordernisse der Raumordnung. Unter diesen Oberbegriff fallen die Ziele der Raumordnung, die Grundsätze der Raumordnung und die sonstigen Erfordernisse der Raumordnung (§ 3 Nr. 1 ROG). Ziele der Raumordnung sind gemäß § 3 Nr. 2 ROG **verbindliche Vorgaben** in Form von räumlich und sachlich bestimmten und bestimmbaren, vom Träger der Landes- oder Regionalplanung abschließend abgewogenen textlichen oder zeichnerischen Festlegungen in Raumordnungsplänen zur Entwicklung, Ordnung und Sicherung des Raums[1]. Es handelt sich also um landesplanerische Letztentscheidungen, die auf einer Abwägung landesplanerischen Interessen und Gesichtspunkte beruhen, die auf landesplanerischer Ebene keiner Ergänzung mehr bedürfen und im mehrstufigen System räumlicher Gesamtplanung (Landes- und Regionalplanung, Bauleitplanung) tendenziell auf weitere Konkretisierung in der nachfolgenden Planungsebene angelegt sind. Trotz dieser auf Rahmensetzung angelegten Rechtswirkung können Raumordnungsziele auch konkrete und relativ funktionsscharfe Raumfunktionsbestimmungen treffen, wenn dies im überörtlichen Interesse erforderlich ist (z.B. bei großen raumbedeutsamen Infrastrukturvorhaben wie Flughäfen, Messegeländen u.ä.)[2]. Die inhaltlichen Anforderungen an die Zielbindung von Gemeinden im Rahmen der räumlichen Gesamtplanung sind nicht so streng wie in den Fällen, in denen landesplanerische Ziele ohne den konkretisierenden Zwischenschritt der kommunalen Bauleitplanung in den Tatbestand bauplanungsrechtlicher Zulässigkeitsbestimmungen inkorporiert sind, wie dies insbesondere durch § 35 Abs. 3 Satz 3 BauGB (Rdnr. 2208 ff.) erfolgt ist[3]. Es kann im Hinblick auf die Wahrung der kommunalen Planungshoheit der Gemeinde sogar geboten sein, bei der Formulierung eines Raumordnungsziels planerische Zurückhaltung zu üben, um auf diese Weise den planerischen Spielraum der nachfolgenden Planungsebene, also der kommunalen Bauleitplanung, zu schonen[4].

Dies umfaßt zugleich die Möglichkeit, eine Zielfestlegung auf der Ebene der Landesplanung als **Regel-Ausnahme-Tatbestand** zu formulieren, d.h. der Plangeber kann durchaus von der Möglichkeit Gebrauch machen, den Verbindlichkeitsanspruch seiner Planungsaussage dadurch zu relativieren, daß er Ausnahmen von der strikten Verbindlichkeit der Zielfestlegung vorsieht. 64

---

1 Zu den tatbestandlichen Voraussetzungen im einzelnen Runkel, Die Bindungswirkungen der Erfordernisse der Raumordnung unter besonderer Berücksichtigung des Städtebaurechts, ZfBR 1999, 3 (8); zur Überprüfbarkeit im Rahmen der Normenkontrolle gemäß § 47 VwGO BVerwG v. 20.11.2003 – 4 CN 6.03, BauR 2004, 807 = DVBl. 2004, 629 = NVwZ 2004, 614.
2 BVerwG v. 15.5.2003 – 4 CN 9.01, BauR 2003, 1679 = UPR 2003, 358 = ZfBR 2003, 776; BVerwG v. 19.7.2001 – 4 C 4.00, BVerwGE 115, 17.
3 BVerwG v. 19.7.2001 – 4 C 4.00, BVerwGE 115, 17 = BauR 2002, 41 = NVwZ 2002, 476 = ZfBR 2002, 65.
4 BVerwG v. 18.9.2003 – 4 CN 20.02, BauR 2004, 280 = DVBl. 2004, 251 = NVwZ 2004, 226 = UPR 2004, 115 = ZfBR 2004, 177.

Erforderlich ist es allerdings, daß die Ausnahme in tatbestandlicher Hinsicht hinreichend bestimmt oder wenigstens bestimmbar ist[1].

65 **Beispiel:**

Eine raumordnungsrechtliche Zielfestlegung sieht vor, daß großflächige Einzelhandelsbetriebe in dem betreffenden Land grundsätzlich nur in zentralen Orten vorzusehen sind (Konzentrationsgebot). Betriebe mit mehr als 2000 qm Geschoßfläche kommen in der Regel nur für Mittel- und Oberzentren in Betracht. Durch die Ansiedlung von großflächigen Einzelhandelsbetrieben darf die Funktion benachbarter zentraler Orte und ihre Versorgungsbereiche nicht wesentlich beeinträchtigt werden (Beeinträchtigungsverbot). Hierbei handelt es sich um hinreichend bestimmte Ziele der Raumordnung, bei denen es, ggf. unter Zuhilfenahme der Zielbegründung, eines ministeriellen Einzelhandelserlasses u.ä., möglich ist, den landesplanerischen Vorbehalt atypischer Fallgestaltungen auszufüllen und der planenden Gemeinde die Identifizierung eines raumordnerischen Ausnahmefalles zu ermöglichen[2].

66 Ob in der konkreten Planungssituation für die Gemeinde ein Ausnahmefall vorliegt oder nicht, ist gerichtlich in vollem Umfang nachprüfbar. Liegt ein Ausnahmefall nicht vor, ist die Gemeinde an die Zielfestlegung uneingeschränkt gebunden. Sie ist für die Gemeinde „gleichsam vor die Klammer des Abwägungsprozesses gezogen"[3] und daher im Rahmen der planerischen Abwägung nicht überwindbar. **Planerische Gestaltungsspielräume** stehen der Gemeinde nur und insoweit zu, wie sie sich im Rahmen der Zielfestlegung bewegen, also lediglich eine Konkretisierung auf der nachgeordneten Planungsebene darstellen, nicht aber die Zielfestlegung inhaltlich mißachten. Liegt hingegen ein Ausnahmetatbestand vor, besteht keine Anpassungspflicht gemäß § 1 Abs. 4 BauGB, d.h. die betreffende Zielfestlegung muß bei der gemeindlichen Planungsentscheidung nicht beachtet werden. Allerdings läßt dies die allgemeinen abwägungsrechtlichen Anforderungen, denen die gemeindliche Planungsentscheidung generell unterliegt, unberührt. Insbesondere muß die Gemeinde also die (öffentlichen) Belange, die zu der raumordnungsrechtlichen Zielfestlegung geführt haben, im Rahmen ihrer planerischen Abwägung (Rdnr. 546 ff.) angemessen berücksichtigen. Liegt ein Ausnahmetatbestand nicht vor oder ist die Zielfestlegung so formuliert, daß sie eine Ausnahme nicht vorsieht, kommt letztlich noch ein **Zielabweichungsverfahren** gemäß § 11 ROG in Betracht, der gemäß § 23 Abs. 2 ROG auch ohne landesgesetzliche Umsetzung dieser Rahmenregelung unmittelbare Geltung hat. Erst wenn die Zielabweichung genehmigt ist, kann ein Bauleitplanverfahren, das einer raumordnungsrechtlichen Zielfestlegung widerspricht, wirksam zum Abschluß gebracht werden.

---

1 BVerwG v. 18.9.2003 – 4 CN 20.02, BauR 2004, 280 = DVBl. 2004, 251 = NVwZ 2004, 226 = UPR 2004, 115 = ZfBR 2004, 177; BVerwG v. 17.9.2003 – 4 C 14.01, BauR 2004, 443 = DVBl. 2004, 239 = NVwZ 2004, 220 = UPR 2004, 137 = ZfBR 2004, 171; VGH München v. 25.11.2002 – 14 B 00.2137, BauR 2003, 655.
2 BVerwG v. 17.9.2003 – 4 C 14.01, BauR 2004, 443 = DVBl 2004, 239 = NVwZ 2004, 220 = UPR 2004, 137 = ZfBR 2004, 171.
3 BVerwG v. 20.8.1992 – 4 NB 20.91, BVerwGE 90, 329 = BRS 54 Nr. 12 = DÖV 1993, 118 = DVBl. 1992, 1438 = NVwZ 1993, 167 = UPR 1992, 447 = ZfBR 1992, 280.

Da es im Einzelfall zweifelhaft sein kann, ob ein Ziel der Raumordnung 67
vorliegt oder nicht[1], besteht nach der rahmenrechtlichen Regelung in § 7
Abs. 1 Satz 3 ROG eine entsprechende **Kennzeichnungspflicht**. Diese hat
allerdings nur indizielle Wirkung. Entscheidend ist letztlich der jeweilige
materielle Inhalt. Ist beispielsweise eine Festlegung nicht hinreichend bestimmt oder beschränkt sie sich auf einen allgemeinen raumordnungsrechtlichen Programmsatz, liegt unabhängig davon, ob eine Kennzeichnung als
Ziel der Raumordnung erfolgt ist oder nicht, eine Zielfestlegung im Rechtssinne nicht vor[2].

Bei Festlegungen in Raumordnungsplänen zur **Raumstruktur** (§ 7 Abs. 2 68
ROG) handelt es sich in aller Regel um Ziele der Raumordnung. Dies gilt
auch für Ergänzungen der raumstrukturellen Festlegungen in einem Raumordnungsplan, etwa für die zusätzliche Bestimmung, daß bei einer polyzentrischen Siedlungsstruktur großflächige Einzelhandelsbetriebe im Sinne von
§ 11 Abs. 3 BauNVO (grundsätzlich) nur in Oberzentren, Mittelzentren und
Unterzentren mit Teilfunktion eines Mittelzentrums zuzulassen sind (Konzentrationsgebot) sowie für die Festlegung, daß durch die Ansiedlung von
großflächigen Einzelhandelsbetrieben die Funktion benachbarter zentraler
Orte nicht wesentlich beeinträchtigt werden darf (Beeinträchtigungsverbot,
s. bereits das Beispiel unter Rdnr. 65)[3].

Auch die aus **Fachplanungen** übernommenen raumbedeutsamen Erfordernisse und Maßnahmen (§ 7 Abs. 3 ROG) gehören in der Regel zu den Zielen 69
der Raumordnung, ebenso die festgelegten **Vorrang- und Eignungsgebiete**
(§ 7 Abs. 4 Satz 1 Nr. 1 und Nr. 3 ROG, s. in diesem Zusammenhang auch
zu den Darstellungsmöglichkeiten auf der Ebene des Flächennutzungsplans
Rdnr. 160 ff.)[4]. Nicht hingegen gilt dies für **Vorbehaltsgebiete** gemäß § 7
Abs. 4 Satz 1 Nr. 2 ROG, weil es dort an verbindlichen Zielvorgaben fehlt[5].

---

1 S. etwa Schroeder, Die Wirkung von Raumordnungszielen, UPR 2000, 52 ff. mit verschiedenen Beispielen; zu Recht kritisch hinsichtlich verschiedener in der Planungspraxis anzutreffender Zielfestlegungen Hoppe, Kritik an der textlichen Fassung und inhaltlichen Gestaltung von Zielen der Raumordnung in der Planungspraxis, DVBl. 2001, 81 ff.
2 BVerwG v. 18.9.2003 – 4 CN 20.02, BauR 2004, 280 = DVBl. 2004, 251 = NVwZ 2004, 226 = UPR 2004, 115 = ZfBR 2004, 177; BVerwG v. 15.4.2003 – 4 CN 25.03, BauR 2004, 285.
3 BVerwG v. 17.9.2003 – 4 C 14.01, BauR 2004, 443 = DVBl. 2004, 239 = NVwZ 2004, 220 = UPR 2004, 137 = ZfBR 2004, 171; OVG Münster v. 7.12.2000 – 7a D 60/99, BauR 2001, 1054 = DVBl. 2001, 657; Schmitz, Raumordnerisch und städtebaulich relevante Rechtsfragen der Steuerung von Factory-Outlet-Centern, ZfBR 2001, 85; a.A. Hoppe, Raumordnungsrechtliche Beschränkungen großflächiger Einzelhandelsbetriebe, DVBl. 2000, 293.
4 S. etwa BVerwG v. 18.9.2003 – 4 CN 20.03, BauR 2004, 280 = DVBl. 2004, 251 = NVwZ 2004, 226 = UPR 2004, 115 = ZfBR 2004, 177; BVerwG v. 19.7.2001 – 4 C 4.00, BVerwGE 115, 17 = BauR 2002, 41 = NVwZ 2002, 476 = ZfBR 2002, 65.
5 OVG Lüneburg v. 29.8.1995 – 1 L 894.94, BauR 1996, 348 = NVwZ 1996, 271; Stich, Die Bedeutung der Landes- und Regionalplanung für die gemeindliche Bau-

70　Wenn sich, ggf. trotz einer entsprechenden Kennzeichnung (Rdnr. 67), ergibt, daß eine Festlegung in einem Raumordnungsplan keinen Zielcharakter hat, bedeutet dies nicht, daß sie rechtlich irrelevant ist. Ihr kann vielfach zumindest eine allgemeine Aussage zur Entwicklung, Ordnung und Sicherung des Raums zu entnehmen sein, also ein abwägungsrelevanter Grundsatz der Raumordnung im Sinne von § 3 Nr. 3 ROG (s. Rdnr. 75)[1]. Andererseits ist jedoch einer ausdrücklich nur als Grundsatz der Raumordnung gekennzeichneten Planaussage, der durch die für die Landesplanung zuständige Behörde also gerade keine strikte Zielverbindlichkeit zugedacht wurde, keine höhere Beachtenspflicht beizumessen, auch wenn die Formulierung als solche eine Zielfestlegung nahelegen mag. Sie muß daher gleichwohl nicht im Sinne von § 1 Abs. 4 BauGB beachtet werden[2]. Allerdings kann das Gewicht dieser Planaussage im Rahmen der Abwägung auf der Ebene der kommunalen Bauleitplanung höher sein als bei einer eher allgemein gehaltenen Aussage eines Raumordnungsplans.

71　Enthalten sind Ziele der Raumordnung in **Landes- und Regionalplänen** (§§ 8, 9 ROG). Bundesweite Ziele der Raumordnung existieren nicht[3]. Bindungswirkung entfalten Ziele der Raumordnung für eine planende Gemeinde nur, wenn sie formell und materiell ordnungsgemäß zustande gekommen sind. Wegen der Betroffenheit der **kommunalen Planungshoheit** ist dies formell nur der Fall, wenn die Gemeinde bei der Aufstellung der betreffenden Ziele **beteiligt** worden ist. Sie muß also in der Lage gewesen sein, ihre kommunalen Interessen im Vorfeld der Aufstellung von Zielen der Raumordnung so einzubringen, daß der für die Raumordnung zuständige Planungsträger sie bei der landesplanerischen Abwägung berücksichtigen konnte. Wird der Entwurf eines Raumordnungsplans nach der Beteiligung der Gemeinde geändert und wirkt sich dies auf den Umfang ihrer Zielbindung aus, ist die Beteiligung der Gemeinde zu wiederholen[4]. Ohne eine hinreichende Beteiligung ist die Gemeinde durch die betreffenden Ziele nicht gebunden[5]. Soweit der zuständige Landesgesetzgeber nichts anderes bestimmt hat, bedeutet dies indes nicht nur eine partielle Unwirksamkeit der betreffenden Zielfestlegung gegenüber der nicht bzw. nicht ordnungsgemäß beteiligten Gemeinde, sondern deren **Unwirksamkeit** gegenüber jedermann[6]. Etwas anderes kommt in einem solchen Fall dann in Betracht, wenn

---

　　leitplanung nach dem ROG 1998, BauR 1999, 957; a.A. VGH München v. 14.10.1996 – 14 N 94.4159, BayVBl. 1997, 178.
1　Vgl. BVerwG v. 15.4.2003 – 4 BN 25.03, BauR 2004, 285.
2　OVG Frankfurt/Oder v. 5.11.2003 – 3 D 23/00, DVBl. 2004, 259.
3　Runkel, Die Bindungswirkungen der Erfordernisse der Raumordnung unter besonderer Berücksichtigung des Städtebaurechts, ZfBR 1999, 3.
4　BVerwG v. 7.3.2002 – 4 BN 60.01, BauR 2002, 1061 = UPR 2002, 231.
5　BVerwG v. 18.2.1994 – 4 C 4.92, BVerwGE 95, 123 = BauR 1994, 486 = BRS 56 Nr. 2 = DVBl. 1994, 1136 = NVwZ 1995, 267 = UPR 1994, 301 = ZfBR 1994, 234; OVG Lüneburg v. 22.10.1999 – 1 K 4422/98, NVwZ 2000, 579.
6　BVerwG v. 7.3.2002 – 4 BN 60.01, BauR 2002, 1061 = UPR 2002, 231.

die Voraussetzungen erfüllt sind, die auch bei einem Bauleitplan nur zu dessen Teilunwirksamkeit führen würden (vgl. Rdnr. 1042 ff.).

Materiell muß die Einschränkung der gemeindlichen Planungshoheit durch überörtliche Interessen von höherem Gewicht gerechtfertigt sein[1]. Es hat also eine **Abwägung** der raumordnungsrechtlichen überörtlichen Belange mit den Belangen der Gemeinde zu erfolgen. Je stärker die Einschränkungen der kommunalen Planungshoheit in räumlicher und/oder inhaltlicher Hinsicht sind, desto höher sind die Anforderungen an die für eine derartige Einschränkung erforderliche Rechtfertigung[2]. Korrespondierend mit der Pflicht, die Gemeinde bei der Aufstellung von Raumordnungsplänen zu beteiligen, bedeutet dies allerdings auch, daß eine Gemeinde auf die ihr Gebiet betreffenden abwägungserheblichen Sachverhalte aufmerksam machen muß. Erfolgte dies nicht und handelt es sich um Umstände, die für den Träger der Landesplanung nicht ohne weiteres erkennbar waren, kann sich die Gemeinde späterhin nicht auf einen Mangel in der landesplanerischen Abwägung berufen (vgl. insofern zur vergleichbaren Situation auf der Ebene der Bauleitplanung Rdnr. 570 ff.)[3]. 72

Die **Rechtsform**, in der Ziele der Raumordnung nach Maßgabe des jeweiligen Landesrechts (§ 6 ROG) festgelegt sind (förmliches Gesetz oder in anderer Weise), ist für die Anpassungspflicht gemäß § 1 Abs. 4 BauGB ohne Bedeutung. 73

Da Ziele der Raumordnung ihre Verbindlichkeit gemäß § 1 Abs. 4 BauGB nur und erst dann entfalten können, wenn sie in Kraft getreten sind, besteht ähnlich wie bei der Aufstellung eines Bebauungsplans die Gefahr, daß erst im Entwurf vorliegende Zielfestlegungen durch die kommunale Bauleitplanung oder auch durch das tatsächliche Baugeschehen unterlaufen werden (zu den Möglichkeiten der Veränderungssperre und der Zurückstellung auf der Ebene der Bauleitplanung Rdnr. 2287). Um dem zu begegnen, sieht § 12 ROG die rahmenrechtliche Möglichkeit vor, bei in Aufstellung, Änderung, Ergänzung oder Aufhebung befindlichen Zielen der Raumordnung eine **zeitlich befristete Untersagung** raumbedeutsamer Planungen und Maßnahmen anzuordnen, wenn ansonsten zu befürchten ist, daß die Verwirklichung der betreffenden Ziele unmöglich gemacht oder wesentlich erschwert werden würde[4]. 74

---

1 BVerwG v. 20.8.1992 – 4 NB 20.91, BVerwGE 90, 329 = BRS 54 Nr. 12 = DÖV 1993, 118 = DVBl. 1992, 1438 = NVwZ 1993, 167 = UPR 1992, 447 = ZfBR 1992, 280.
2 S. BVerwG v. 15.5.2003 – 4 CN 9.01, BauR 2003, 1679 = UPR 2003, 358 = ZfBR 2003, 676.
3 OVG Frankfurt/Oder v. 27.8.2003 – 3 D 5/99, DVBl. 2004, 256; OVG Greifswald v. 19.1.2001 – 4 K 9/99, BauR 2001, 1379.
4 Zum Begriff der Raumbedeutsamkeit s. etwa Reidt, Die Bedeutung von (in Aufstellung befindlichen) Zielen der Raumordnung bei der Genehmigung von Bauvorhaben Privater, ZfBR 2004, 430 (433).

75 Von Zielen der Raumordnung strikt zu trennen sind die **Grundsätze der Raumordnung** gemäß § 3 Nr. 3 ROG, bei denen es sich nur um allgemeine Aussagen zur Entwicklung, Ordnung und Sicherung des Raumes in oder auf Grund von § 2 ROG als Vorgaben für nachfolgende Abwägungs- oder Ermessensentscheidungen handelt. Grundsätze der Raumordnung sind daher lediglich bei kommunalen Planungsentscheidungen **abwägungsrelevant** (zum Abwägungsgebot s. Rdnr. 546 ff.).

76 Ebenfalls keine Ziele der Raumordnung resultieren aus der Durchführung von **Raumordnungsverfahren**, aus landesplanerischen Stellungnahmen oder sonstigen raumordnungsbezogenen Verwaltungsvorgängen (§ 15 ROG). Auch Verwaltungsvorschriften, wie z.b. die verschiedenen **Einzelhandelserlasse** der Länder, die sich im wesentlichen mit der planerischen Steuerung von Ansiedlungsvorhaben aus dem Bereich des großflächigen Einzelhandels befassen[1] (vgl. Rdnr. 1614 ff.), stellen keine Ziele der Raumordnung dar. Erst recht gilt dies für die Stellungnahmen der Behörden und sonstigen Träger öffentlicher Belange gemäß § 4 BauGB im Rahmen von Planaufstellungsverfahren (Rdnr. 492 ff.). Selbst wenn sich die zuständige Landesplanungsbehörde in ihrer Stellungnahme negativ zu einer beabsichtigten gemeindlichen Planung äußert, ist dies allein abwägungsrelevant und daher bei überwiegenden anderweitigen Belangen überwindbar. Keinesfalls ist die Gemeinde an eine solche negative Stellungnahme gebunden, mit der Folge, daß sie ihre Planung aufgeben oder zumindest verändern müßte. Eine solche Annahme der Gemeinde würde zu einem Abwägungsmangel führen (Rdnr. 562 ff.).

77 Im Sinne von § 1 Abs. 4 BauGB an die Ziele der Raumordnung anzupassen sind Bauleitpläne zumindest immer dann, wenn sie ohnehin **aufgestellt, geändert oder ergänzt** werden (zur sog. Erstplanungspflicht s. Rdnr. 51 ff.). Hingegen haben neue oder geänderte Ziele der Raumordnung auf einen bereits existierenden Bauleitplan keinen unmittelbaren Einfluß. Dieser bleibt vielmehr bis zu einer erfolgten Anpassung in seiner geltenden Fassung verbindlich[2]. Dementsprechend kann also auch dem Bauantrag eines Bürgers nicht entgegengehalten werden, daß das von ihm beabsichtigte Vorhaben zwar den Festsetzungen eines Bebauungsplans entspreche, dieser jedoch aufgrund nunmehr anderslautender Ziele der Raumordnung nicht angewandt werde. Die Gemeinde kann in einer solchen Situation vielmehr nur einen Planaufstellungsbeschluß fassen und das Vorhaben kurzfristig mit den bestehenden Planungssicherungsinstrumenten (Veränderungssperre,

---

1 S. etwa den Einzelhandelserlaß für das Land Baden-Württemberg v. 21.2.2001, GABl. 2001, 290 oder den Einzelhandelserlaß für das Land Brandenburg v. 15.8.1999, ABl. 1999, 974.
2 VGH München v. 16.11.1993 – 8 B 92.3559, BRS 55 Nr. 45 = DÖV 1994, 880 = DVBl. 1994, 299 = NVwZ 1994, 705 = UPR 1994, 117.

Zurückstellung, Rdnr. 2287 ff.) sowie langfristig durch eine Änderung des Bebauungsplans verhindern.

II. Natur- und Artenschutzrecht, Forstrecht, Wasserrecht

Naturschutzrechtliche und wasserrechtliche Belange sind im wesentlichen abwägungserheblicher Natur und stehen daher nicht ohne weiteres der kommunalen Bauleitplanung entgegen, wie sich insbesondere aus § 1 Abs. 6 Nr. 7 BauGB ergibt (dazu im Zusammenhang mit der planerischen Abwägung noch im einzelnen Rdnr. 655 ff.). Teilweise können sich jedoch aus diesen Rechtsmaterien zwingende Grenzen für die planerischen Gestaltungsmöglichkeiten der Gemeinde ergeben. So können Bauleitpläne, die einer vorhandenen **Landschaftsschutzverordnung** oder einem durch Gesetz oder Rechtsverordnung festgesetzten Überschwemmungsgebiet oder Wasserschutzgebiet als in der Normenhierarchie höherrangigem Recht widersprechen, rechtswidrig sein[1]. Entsprechendes gilt, wenn – abhängig von dem jeweiligen Landesrecht – **Landschaftspläne** als Rechtsverordnungen erlassen werden[2]. Eine **unüberwindbare Schranke** für die kommunale Bauleitplanung ergibt sich dabei allerdings nur insoweit, wie die betreffende Norm als sonstige Rechtsvorschrift im Sinne von §§ 10 Abs. 2, 6 Abs. 2 BauGB dem Bauleitplan tatsächlich entgegensteht. Dies ist nicht der Fall, wenn beispielsweise eine Schutzgebietsverordnung eine Öffnungsklausel zugunsten der Bauleitplanung enthält.

78

Beispiel:

79

Eine Landschaftsschutzverordnung enthält die Regelung, daß Flächen innerhalb ihres Geltungsbereichs nicht mehr Bestandteile des Schutzgebiets sind, sobald sie durch einen Bebauungsplan überplant werden[3].

Auch ansonsten ist der konkrete Regelungsgehalt der möglicherweise entgegenstehenden Bestimmungen von Bedeutung[4]. Verbieten diese etwa nur das Bauen im Außenbereich, stehen sie der Aufstellung von Bauleitplänen nicht als unüberwindbares Hindernis entgegen. Überdies kommt es auch auf die konkreten Festsetzungen eines Bebauungsplans bzw. die Darstellun-

80

---

1 BVerwG v. 21.10.1999 – 4 C 1.99, BauR 2000, 695 = DVBl. 2000, 794 = UPR 2000, 187 zum Flächennutzungsplan; OVG Greifswald v. 21.10.2002 – 1 M 126/01, LKV 2003, 525 zum Verhältnis eines Flächennutzungsplans zu einer übergeleiteten Biosphärenreservatsverordnung der ehemaligen DDR; BVerwG v. 28.11.1988 – 4 B 212.88, BRS 48 Nr. 17 = NuR 1989, 225; VGH Mannheim v. 9.5.1997 – 8 S 2357/96, BRS 59 Nr. 240, jeweils zu einem Bebauungsplan; OVG Lüneburg v. 15.5.2003 – 1 KN 3008/01, BauR 2003, 1524 zu einer Planung im Überschwemmungsgebiet.
2 Z.B. § 16 LG NW für Landschaftspläne im Außenbereich.
3 BVerwG v. 20.5.2003 – 4 BN 57.02, BauR 2003, 1688 = NVwZ 2003, 1259 = UPR 2003, 443.
4 OVG Lüneburg v. 30.3.2000 – 1 K 2491/98, UPR 2000, 396 = ZfBR 2000, 564 (zu einer Überschwemmungsverordnung).

gen eines Flächennutzungsplans an. Diese müssen im Grenzbereich zu einem Schutzgebiet nicht zwingend Bauflächen vorsehen. Etwa die Festsetzung bzw. Darstellung von Grünflächen kann durchaus mit höherrangigen naturschutzrechtlichen Bestimmungen vereinbar sein[1]. Auch die Darstellung oder Ausweisung zumindest kleinerer Bauflächen ist im Einzelfall denkbar, wenn der Konflikt zwischen einer Schutzgebietsverordnung und der betreffenden Bauleitplanung durch die Erteilung einer Ausnahme oder Befreiung von der Verordnung landesrechtlich möglich und eine Ausnahme- oder Befreiungslage gegeben bzw. eine entsprechende Entscheidung bereits erfolgt ist und der Überwindung der naturschutzrechtlichen Verbotsregelung auch sonst nichts entgegensteht[2].

81 Anderenfalls liegt ein nicht überwindbares dauerhaftes Hindernis rechtlicher Art für die Umsetzung des Plans vor, das in der Regel nicht durch nur für Einzelfälle geeignete Ausnahmen oder Befreiungen von den Schutzgebietsfestsetzungen überwindbar ist. Ein Bauleitplanverfahren kann dann durch den Satzungsbeschluß zum Bebauungsplan bzw. durch den Beschluß zum Flächennutzungsplan erst dann zum Abschluß gebracht werden, wenn dieses Hindernis **definitiv beseitigt** ist (z.B. durch vollständige Aufhebung einer Schutzgebietsverordnung oder durch räumliche Einschränkung des Schutzgebiets, Ausgliederung). Es genügt hingegen nicht, wenn die für die Beseitigung des rechtlichen Hindernisses zuständige Behörde eine solche Änderung lediglich in Aussicht gestellt oder in sonstiger Weise angekündigt hat. Dies gilt unabhängig von dem „Verbindlichkeitsgrad" einer solchen Ankündigung und auch unabhängig davon, ob es um einen außenwirksamen Bebauungsplan der Gemeinde oder nur um einen Flächennutzungsplan als vorbereitenden Bauleitplan geht. Das Bundesverwaltungsgericht hat im Zusammenhang mit der Aufstellung eines Flächennutzungsplans dazu folgendes ausgeführt:

„Eine kommunale Planung, die sich in ihrer Umsetzung vor rechtliche Hindernisse gestellt sieht und daher nur unter Vorbehalt der von der Gemeinde nicht selbst zu bewirkenden Änderung der objektiven Rechtslage möglich ist, stellt einen Widerspruch in sich dar. Sie verfehlt ihren gestaltenden Auftrag."[3]

82 **Beispiel:**
Eine Gemeinde will ihren Flächennutzungsplan dahingehend ändern, daß in einem bestimmten Bereich Bauflächen dargestellt werden. Die Schutzgebietsverordnung sieht dort u.a. vor, daß die Errichtung von baulichen Anlagen verboten ist. Die für den Erlaß und die Änderung der Schutzgebietsverordnung zuständige Landschaftsbehörde hat allerdings erklärt, daß sie die Schutzgebietsausweisung in absehbarer Zeit zurücknehmen werde. Die Gemeinde kann in diesem Fall das Bauleitplanverfahren zwar einleiten, jedoch vor der angekündigten Änderung nicht zum Abschluß bringen.

---
1 S. etwa VGH München v. 7.11.2001 – 1 N 98.3032, UPR 2002, 49.
2 BVerwG v. 9.2.2004 – 4 BN 28.03, BauR 2004, 786 = ZfBR 2004, 380; BVerwG v. 17.12.2002 – 4 C 15.01, DVBl. 2002, 797 = UPR 2003, 188.
3 BVerwG v. 21.10.1999 – 4 C 1.99, BauR 2000, 695 = DVBl. 2000, 794 = UPR 2000, 187; s. auch OVG Lüneburg v. 15.5.2003 – 1 KN 3008/01, BauR 2003, 1524.

Bei der Beschlußfassung über die Änderung des Bauleitplans muß die erforderliche Anpassung der Schutzgebietsausweisung bereits erfolgt sein. Ansonsten ist der Beschluß rechtswidrig und die Änderung des Bauleitplans unwirksam (zur vergleichbaren Situation bei vorhandenen Nutzungen, die dem Fachplanungsprivileg des § 38 BauGB unterfallen Rdnr. 84 ff.).

Ähnliche Konflikte können sich zwischen der Bauleitplanung und **artenschutzrechtlichen Verboten** (s. insbesondere § 42 Abs. 1 Nr. 1 BNatSchG) und dem **Biotopschutz** gemäß § 30 BNatSchG bzw. den entsprechenden Landesbestimmungen sowie bei vorhandenen Waldflächen ergeben[1]. Hierbei ist allerdings zu berücksichtigen, daß die betreffenden Schutzbereiche vielfach nur kleine Teile des Plangebiets betreffen und daher den Vollzug der Planung als solche nicht unbedingt in Frage stellen. Häufig geht es vielmehr nur darum, daß bei der Realisierung von Bauvorhaben die Planfestsetzungen nicht uneingeschränkt ausgenutzt werden können, da im Rahmen der Genehmigungserteilung auch anderweitige rechtliche Bestimmungen einschließlich der Regelungen zum Biotop- und Artenschutz zu beachten sind. In einem solchen Fall muß sich die planende Gemeinde davon überzeugen, daß der spätere Vollzug der Planung nicht in Frage gestellt ist und sie daher alles weitere einer Nachsteuerung im Rahmen der Vorhabenzulassung überlassen kann (z.B. durch Verschiebung eines Baukörpers innerhalb der überbaubaren Grundstücksfläche). Wenn es im Rahmen des Planvollzugs ohne weiteres möglich ist, die in Betracht kommenden Vorhaben bebauungsplankonform den naturschutz- oder forstrechtlichen Anforderungen anzupassen, muß die Gemeinde im Rahmen des Planverfahrens nichts weiteres veranlassen. Ansonsten ist es in der Regel notwendig, daß die Erteilung einer naturschutzrechtlichen Ausnahme oder Befreiung durch die zuständige Behörde im Rahmen des Bauleitplanverfahrens in Aussicht gestellt wird und objektiv eine **Befreiungslage** besteht. Andernfalls ist der Plan in wesentlichen Bestandteilen nicht vollziehbar und verfehlt damit seinen gestalterischen Auftrag (vgl. Rdnr. 81). In der Praxis wird durch die zuständigen Behörden vielfach verlangt, daß bereits für den Bauleitplan eine entsprechende Befreiung von Arten- oder Biotopschutz oder bei vorhandenen Waldflächen eine Waldumwandlungsgenehmigung (vgl. § 9 BWaldG) erteilt wird. Dies ist indes rechtlich nur erforderlich, soweit dafür ausdrücklich eine entsprechende gesetzliche Bestimmung existiert. Zumeist ist es allerdings so, daß eine derartige Genehmigung nicht für Bauleitpläne als solche, sondern nur für konkrete (Bau-)maßnahmen vorgesehen ist. Adressat ist dann folglich auch nicht der Plangeber, sondern derjenige, der den Bebauungsplan umsetzen will, so daß etwa eine Befreiung der Planung von Vorschriften zum Arten- oder Biotopschutz ins Leere geht und daher im Rahmen des Planvollzugs eine erneute Befreiung in der Regel auch nicht ersetzen kann. Allerdings läßt die Tatsache, daß eine derartige Befreiung bereits für den

---

1 Zum Begriff des Waldes einschließlich seiner Abgrenzung zu einem Park OVG Münster v. 6.7.2000 – 7a D 101/97, BauR 2001, 55; s. ebf. BVerwG v. 12.2.2003 – 4 BN 9.03, NVwZ-RR 2003, 406.

Bauleitplan erteilt wurde, häufig den Schluß zu, daß sie auch im Rahmen des Planvollzugs erteilt wird, was wiederum dafür spricht, daß der Bauleitplan vollziehbar ist[1].

III. Nichtbeplanbare Bereiche, Fachplanungsprivileg

84 Die kommunale Planungshoheit der Gemeinde und die damit einhergehende Befugnis zur Aufstellung von Bauleitplänen erstreckt sich grundsätzlich auf das gesamte Gemeindegebiet. Einschränkungen bestehen allerdings hinsichtlich der Flächen, die dem **Vorrang der Fachplanung** gemäß § 38 BauGB unterfallen[2]. Diese Vorschrift regelt einen Vorrang der Fachplanung gegenüber dem Bauplanungsrecht. Sie führt zum einen dazu, daß die darunter fallenden Vorhaben nicht an die §§ 29 ff. BauGB und damit insbesondere nicht an vorhandene Bebauungspläne gebunden sind. Zum anderen muß die zukünftige Bauleitplanung die durch eine privilegierte Fachplanung zugelassenen Vorhaben beachten.

1. Vorrang der Fachplanung

85 Der Vorrang der Fachplanung nach § 38 BauGB bedeutet nicht, daß die betreffenden Flächen – nach Art eines exterritorialen Gebiets – der gemeindlichen Bauplanungshoheit völlig entzogen sind. Jedoch kommen planerische Aussagen – seien es Darstellungen eines Flächennutzungsplans oder Festsetzungen in einem Bebauungsplan – nur in Betracht, soweit sie die besondere Zweckbestimmung der Fachplanung respektieren (dazu noch Rdnr. 92 ff.)[3]. Dies ist ggf. auch durch Auslegung der Planfestsetzungen (dazu Rdnr. 225 ff.) zu ermitteln. So kann die Gemeinde zum Beispiel im Bereich einer Bahnanlage kein allgemeines Bauverbot durch Bebauungsplan festsetzen. Dies schließt es allerdings nicht aus, daß ein festgesetztes Bauverbot im Einzelfall dahingehend ausgelegt werden kann, daß es Zweckbauten der Eisenbahn nicht umfaßt[4].

---

1 Vgl. BVerwG v. 9.2.2004 – 4 BN 28.03, BauR 2004, 786 = ZfBR 2004, 380; VGH München v. 28.3.2002 – 1 NE 01.2074, NVwZ-RR 2002, 712.
2 Dazu ausführlich Kraft, Bauleitplanung und Fachplanung, BauR 1999, 829; Kraft, Bauleitplanung auf Bahnflächen, DVBl. 2000, 1386 ff.; Kuschnerus, Kommunale Planungshoheit und die Bahn, ZfBR 2000, 300 ff.; Gruber, Bauaufsichtliche Behandlung bahnfremder Nutzung von Eisenbahnbetriebsgelände, BauR 2000, 499 ff.
3 BVerwG v. 27.4.1998 – 4 B 33.98, BauR 1998, 993 = DVBl. 1998, 909 = DÖV 1999, 168 = NVwZ-RR 1998, 542 = UPR 1998, 356 = ZfBR 1998, 258; BVerwG v. 16.12.1988 – 4 C 48.86, BVerwGE 81, 111 = BRS 49 Nr. 3 = DVBl. 1989, 458 = NVwZ 1989, 655 = UPR 1989, 264 = ZfBR 1989, 123; OVG Saarlouis v. 24.9.2002 – 2 R 12/01, BauR 2003, 349; VGH München v. 24.5.2000 – 26 N 99.969, BauR 2000, 1718 = UPR 2001, 35.
4 BVerwG v. 17.11.1989 – 4 B 207.89, DÖV 1991, 122 = NVwZ-RR 1990, 292 = UPR 1990, 185 = ZfBR 1990, 208.

Die Verlagerung der Planungsverantwortlichkeit führt nicht dazu, daß städtebauliche Belange keine Rolle spielen. Sie sind vielmehr in der **fachplanerischen Abwägung** durch den (in der Regel öffentlichen) Vorhabenträger zu beachten und können im Rahmen des fachplanungsrechtlichen Zulassungsverfahrens für das betreffende Vorhaben (z.B. Bahnanlage, Flugplatz) als abwägungserhebliche Belange der Gemeinde geltend gemacht werden. Bei Mißachtung der kommunalen Planungshoheit können sie mittels einer Anfechtungsklage gegen die Zulassungsentscheidung durchgesetzt werden, sofern die fachplanungsrechtliche Abwägung tatsächlich fehlerhaft ist (§ 38 Satz 1, 2. Halbsatz BauGB)[1]. § 38 BauGB dient insofern als „Weichmacher", der zwingendes Bauplanungsrecht auf Abwägungsbeachtlichkeit abschwächt[2]. Dies gilt auch für die in § 38 BauGB genannten Abfallbeseitigungsanlagen, die nach dem Bundes-Immissionsschutzgesetz zu genehmigen sind. Dort ist die an sich gebundene Zulassungsentscheidung gemäß § 6 BImSchG insofern durch ein Abwägungselement angereichert[3]. Die öffentlichen Planungsträger sind allerdings bei ihren Vorhaben gemäß § 7 BauGB (grundsätzlich) an die gemeindliche Flächennutzungsplanung gebunden, wenn sie daran beteiligt worden sind und dem Flächennutzungsplan nicht widersprochen haben (dazu Rdnr. 116 ff.)[4].

86

Der in § 38 BauGB geregelte Vorrang der Fachplanung gegenüber der gemeindlichen Bauleitplanung bezieht sich auf Planfeststellungsverfahren und sonstige Verfahren mit den Rechtswirkungen der Planfeststellung für Vorhaben von überörtlicher Bedeutung sowie auf die auf Grund des Bundes-Immissionsschutzgesetzes für die Errichtung und den Betrieb öffentlich zugänglicher Abfallbeseitigungsanlagen geltenden Verfahren. **Planfeststellungsverfahren** sind in den einzelnen Fachgesetzen, ergänzt durch die Verwaltungsverfahrensgesetze des Bundes und der Länder geregelt[5]. Die Rechtswirkungen einer Planfeststellung kommen nach den einschlägigen fachgesetzlichen Bestimmungen auch der **Plangenehmigung** zu[6].

87

Teilweise ist für die dem Fachplanungsprivileg unterfallenden Vorhaben bestimmt, daß Planfeststellung und Plangenehmigung durch einen Bebauungsplan ersetzt werden können (**planfeststellungsersetzender Bebauungs-**

88

---

1 S. etwa BVerwG v. 5.11.2002 – 9 VR 14.02, BauR 2003, 205; BVerwG v. 31.10.2000 – 11 VR 12/00, BauR 2001, 928 = NVwZ 2001, 90; BVerwG v. 21.3.1996 – 4 C 26/94, BVerwGE 100, 388 = NVwZ 1997, 169.
2 So sehr anschaulich Kraft, Bauleitplanung und Fachplanung, BauR 1999, 829 (835).
3 Wagner, Das neue Bauplanungsrecht, UPR 1997, 387 (392); Kraft, Bauleitplanung und Fachplanung, BauR 1999, 829 (835).
4 BVerwG v. 18.12.1995 – 4 NB 8.95, BRS 57 Nr. 275 = NVwZ 1997, 173 = ZfBR 1996, 161; VGH Mannheim v. 31.1.1997 – 8 S 991/96, NVwZ-RR 1998, 221; Stüer, Bauleitplanung und Fachplanung, UPR 1998, 408 (411).
5 S. etwa § 17 FStrG, § 18 AEG, § 8 LuftVG, § 14 WaStRG, § 31 WHG sowie § 74 VwVfG.
6 S. etwa § 17 Abs. 1a FStrG, § 18 Abs. 2 AEG, § 8 Abs. 2 LuftVG, § 14 Abs. 1a WaStRG sowie § 74 Abs. 6 VwVfG.

plan)¹, der in diesem Fall allerdings wie jeder andere Bebauungsplan an den Festsetzungskatalog des § 9 BauGB gebunden ist (s. insbesondere die Festsetzungsmöglichkeiten nach § 9 Abs. 1 Nr. 11 BauGB, dazu Rdnr. 276 ff.). Reichen diese Festsetzungsmöglichkeiten nicht aus, bedarf es eines **ergänzenden** Planfeststellungsverfahrens², etwa wenn Entschädigungsregelungen dem Grunde nach festgesetzt werden müssen, was in dem Bebauungsplan selbst nicht möglich ist³. Bei planfeststellungsersetzenden Bebauungsplänen der Gemeinde gilt naturgemäß der Vorrang der Fachplanung nicht. Allerdings bedarf es gleichwohl einer inhaltlichen Koordination zwischen der Gemeinde und dem Träger der Fachplanung. So ist es nicht möglich, daß eine Gemeinde ohne oder gar gegen den Willen des Trägers der Straßenbaulast in ihrem Gemeindegebiet einen Abschnitt einer (überörtlichen) Bundesfernstraße plant, da es sich auch bei einem planfeststellungsersetzenden Bebauungsplan im Kern nicht um eine gemeindliche, sondern um eine dem Fachplanungsrecht unterfallende Straßenplanung handelt⁴. Beabsichtigt der Straßenbaulastträger nicht, ein solches Vorhaben zu realisieren, fehlt es mangels Umsetzungskompetenz der Gemeinde bereits an einem Planungserfordernis im Sinne von § 1 Abs. 3 Satz 1 BauGB (dazu Rdnr. 29 ff.)⁵. Will der Träger der Fachplanung das Vorhaben anders realisieren, steht ein bereits vorliegender Bebauungsplan dem wegen § 38 BauGB nicht entgegen. Dies gilt unabhängig davon, ob dieser Bebauungsplan eine völlig andere Nutzung oder aber eine Straßenplanung vorsieht, die der Konzeption des Vorhabenträgers zwar teilweise, jedoch nicht vollständig entspricht (z.B. hinsichtlich der konkreten Trassenführung). Unberührt davon bleibt die Abwägungserheblichkeit der in dem vorhandenen Bebauungsplan zum Ausdruck kommenden städtebaulichen Belange bei der zu treffenden Fachplanungsentscheidung⁶. Aus dem Vorrang der Fachplanung folgt im weiteren, daß ein Planfeststellungsbeschluß für ein nach § 38 BauGB privilegiertes Fachplanungsvorhaben vor dessen abschließender Fertigstellung nicht durch einen Bebauungsplan inhaltlich geändert werden kann. Änderungen sind vielmehr, sofern fachgesetzlich nichts anderes bestimmt ist, nur nach Maßgabe des Planfeststellungsrechts möglich. Wird gleichwohl ein Bebauungsplan mit einer derartigen Zielsetzung erlassen, ändert er den Regelungsinhalt des Planfeststellungsbeschlusses nicht. Er ist in diesem Falle schon mangels Vollziehbarkeit nicht im Sinne von § 1 Abs. 3 Satz 1 BauGB erforderlich und daher unwirksam⁷.

---

1 So z.B. § 17 Abs. 3 FStrG und auch die Straßengesetze der Länder, z.B. § 38 Abs. 4 StrG NW; dazu etwa OVG Münster v. 10.8.2000 – 7a D 162/98, BauR 2001, 201.
2 So ausdrücklich § 17 Abs. 3 Satz 2 FStrG.
3 BVerwG v. 11.3.1998 – 4 BN 6.98, BauR 1998, 515 = NVwZ 1998, 845.
4 OVG Münster v. 10.8.2000 – 7a D 162/98, BauR 2001, 201.
5 BVerwG v. 28.1.1999 – 4 CN 5.98, DVBl. 1999, 1288.
6 Vgl. BVerwG v. 18.10.1985 – 4 C 21.80, BauR 1986, 64 = BRS 44 Nr. 96 = NVwZ 1986, 639 = UPR 1986, 137 = ZfBR 1986, 41.
7 OVG Münster v. 5.2.2003 – 7a D 77.99, NVwZ-RR 2003, 633 = ZfBR 2003, 581.

Für **Abfallbeseitigungsanlagen**, die nicht nach § 31 Abs. 2 KrW-/AbfG planfeststellungsbedürftig sind (Anlagen zur Lagerung oder Behandlung von Abfällen) und daher genehmigungsrechtlich dem Bundes-Immissionsschutzgesetz unterfallen (§ 31 Abs. 1 KrW-/AbfG)[1], gilt das Fachplanungsprivileg nur dann, wenn sie **öffentlich zugänglich** sind. Dies ist der Fall, wenn es sich nicht lediglich um eine (betriebseigene) Anlage handelt, die ganz oder jedenfalls überwiegend der Eigenentsorgung dient[2]. Die Rechtsform des Betreibers und der Betreibung einschließlich der Frage, ob die dort stattfindende Entsorgung öffentlichrechtlich oder privatrechtlich ausgestaltet ist, haben demgegenüber schon nach dem Gesetzeswortlaut keine Relevanz.

89

Die fachplanungsrechtliche Privilegierung des § 38 BauGB greift immer nur dann ein, wenn es sich um Vorhaben von **überörtlicher Bedeutung** handelt. Dies ist immer dann zu bejahen, wenn ein Vorhaben überörtliche Bezüge aufweist. Ob dies der Fall ist, muß anhand einer typisierenden Betrachtung geklärt werden. Die durch ein Fachplanungsgesetz begründete nichtgemeindliche, überörtliche Planungszuständigkeit indiziert dabei die überörtliche Bedeutung[3]. Den dem Fachplanungsrecht unterfallenden Verkehrsanlagen (Straßen, Anlagen der Eisenbahninfrastruktur, Flugplätze usw.) kommt praktisch immer überörtliche Bedeutung zu. Aber auch in anderen Fällen, in denen es um Vorhaben geht, die Gegenstand einer nach **überörtlichen Gesichtspunkten** aufzustellenden Fachplanung sind, ist die überörtliche Bedeutung zumeist gegeben. (z.B. eine private oder öffentliche Abfallbeseitigungsanlage, die auf der Grundlage der Abfallwirtschaftsplanung des Landes[4] der übergemeindlichen Entsorgung dient).

90

Für die Frage der überörtlichen Bedeutung prinzipiell unbeachtlich ist, ob es um ein gemeinnütziges oder um ein privatnütziges Vorhaben geht. Dies hat lediglich Bedeutung für die fachplanerische Abwägung und die dabei notwendige Gewichtung der städtebaulichen Belange einerseits und der für das Vorhaben sprechenden (privaten und ggf. auch öffentlichen) Belange andererseits[5].

91

2. Sperrwirkung für die kommunale Bauleitplanung

Der **Beginn der Sperrwirkung** für die gemeindliche Bauleitplanung aufgrund eines fachplanungsrechtlich privilegierten Vorhabens ist nicht normiert. In

92

---

1 Zu den diesbezüglichen Abgrenzungsproblemen an der Schnittstelle von Bauplanungs-, Abfall- und Immissionsschutzrecht Dippel, Alte und neue Anwendungsprobleme der §§ 36, 38 BauGB, NVwZ 1999, 921 (927).
2 OVG Koblenz v. 13.9.1994 – 7 B 11901.94, DVBl. 1995, 251; Dippel in Gronemeyer, § 38 Rdnr. 12; Löhr in Battis/Krautzberger/Löhr, § 38 Rdnr. 24.
3 BVerwG v. 31.10.2000 – 11 VR 12/00, BauR 2001, 928 = NVwZ 2001, 90; BVerwG v. 31.7.2000 – 11 VR 5.00, UPR 2001, 33.
4 S. dazu § 29 Krw-/AbfG.
5 Jäde in Jäde/Dirnberger/Weiß, § 38 Rdnr. 8.

diesem Zusammenhang sind daher vor allem folgende Aspekte von Bedeutung:

93 Vielfach sehen die Fachplanungsgesetze **Veränderungssperren** vor, die im Unterschied zu § 14 BauGB (dazu Rdnr. 2287 ff.) nicht gesondert erlassen werden müssen. Vielmehr greifen diese Veränderungssperren bereits kraft Gesetzes mit Beginn der Auslegung der Pläne im Planfeststellungsverfahren ein[1]. Sie setzen sich – ebenfalls im Unterschied zu § 14 BauGB – auch gegenüber (baurechtlich) genehmigten Vorhaben durch, wenn mit ihnen nicht in rechtlich zulässiger Weise vor Beginn der Veränderungssperre begonnen worden ist. Wenn allerdings Baumaßnahmen nicht durchgeführt werden dürfen, dann fehlt es auch an der erforderlichen Rechtfertigung für die entsprechende (nicht umsetzbare) Bauleitplanung. Man wird daraus den Schluß ziehen müssen, daß spätestens mit Beginn einer solchen Veränderungssperre auch die Sperrwirkung für die gemeindliche Bauleitplanung eingreift. Ist eine derartige Veränderungssperre im einschlägigen Fachgesetz nicht vorgesehen, wird man in der Regel die **Auslegung der Planunterlagen** als eine hinreichende Verfestigung der Fachplanung ansehen müssen, die zu einer Sperrwirkung für die kommunale Bauleitplanung führt. Aus kommunaler Sicht ist es auch bereits vor diesem „offiziellen" Zeitpunkt oftmals nicht mehr sinnvoll, noch mit einem Bauleitplanverfahren zu beginnen, wenn bereits absehbar ist, daß es nicht zu Ende geführt werden oder jedenfalls ein in Kraft getretener Plan nicht ausgenutzt werden kann[2]. Für die fachplanungsrechtliche Abwägungsentscheidung sind als städtebauliche Belange im Sinne von § 38 Satz 1 2. Halbsatz BauGB nicht nur vorhandene Bauleitpläne und etwaige Bebauungszusammenhänge im Sinne von § 34 BauGB von Bedeutung sondern auch **kommunale Planungsabsichten**, ohne daß diese bereits in einem rechtsverbindlichen Bauleitplan Ausdruck finden müssen[3]. Die Gewichtigkeit der gemeindlichen Belange in der fachplanungsrechtlichen Abwägung wird in der Regel jedoch verstärkt, wenn statt einer bereits präzisierten, jedoch noch nicht rechtswirksamen Planung (z.B. ein informeller Ortsentwicklungsplan, Bebauungsplanentwurf u.ä.) ein rechtsverbindlicher Bebauungsplan vorliegt. Freilich ist diese Verstärkung nicht besonders weitgehend, wenn die betreffende Planung noch nicht umgesetzt und ausgenutzt ist. Erst recht gilt dies dann, wenn der Gemeinde aufgrund entsprechender Hinweise des Trägers der Fachplanung oder aufgrund einer entsprechenden Bedarfsfeststellung (z.B. im Fernstraßenausbaugesetz) bekannt war oder jedenfalls hätte bekannt sein müssen, daß es aller Voraussicht nach zu einer Fachplanung kommen wird, die möglicherweise den Inhalten eines in Aussicht genommenen Flä-

---

1 So etwa § 9a FStrG, § 28a PBefG, § 19a AEG.
2 S. allerdings auch VGH München v. 24.5.2000 – 26 N 99.969, BauR 2000, 1720 = UPR 2001, 35, zu dem Fall, wenn noch nicht feststeht, ob ein bereits eingeleitetes Planfeststellungsverfahren tatsächlich zu Ende geführt wird.
3 BVerwG v. 21.3.1996 – 4 C 26.94, BVerwGE 100, 388 = NVwZ 1997, 169; Dürr in Kodal/Krämer, Straßenrecht, 6. Auflage 1999, Kapitel 35 Rdnr. 30.4.

chennutzungsplans oder Bebauungsplans widersprechen wird. In einem derartigen Fall kann sich die Gemeinde schwerlich auf die Priorität ihrer Planung und eine entsprechende Gewichtung im Rahmen der zu treffenden Fachplanungsentscheidung berufen[1].

Die Sperrwirkung für die gemeindliche Bauleitplanung besteht **so lange, wie das fachplanungsrechtlich privilegierte Vorhaben existiert.** Dabei spielt es keine Rolle, ob derartige Vorhaben ihren rechtlichen Sonderstatus durch eine Planfeststellung erlangt haben oder als Altanlagen Bestandsschutz genießen[2]. Ergibt sich allerdings nicht aus einem Planfeststellungsbeschluß, welche Anlagenteile zu einem Vorhaben gehören, kann zweifelhaft sein, wie weit im konkreten Fall das Fachplanungsprivileg reicht. Denn nur so weit, wie dies der Fall ist, sind bauplanungsrechtliche Festsetzungen, die mit dem bestehenden Vorhaben inhaltlich nicht vereinbar sind, unzulässig[3]. Entscheidend ist daher, ob bestimmte Anlagen oder Anlagenteile als Bestandteil eines Vorhabens im Sinne von § 38 BauGB planfestgestellt oder plangenehmigt sind oder ob sie bei nicht erfolgter oder nur teilweiser Planfeststellung oder Plangenehmigung (Altanlagen) grundsätzlich planfeststellungs- oder plangenehmigungsfähig sind. Dies ist zu bejahen, wenn eine **Betriebsbezogenheit** vorliegt, also ein funktioneller und räumlicher Zusammenhang mit dem eigentlichen Vorhaben (z.B. mit einer Straße oder einem Schienenweg) besteht.

94

Das Bundesverwaltungsgericht hat im Zusammenhang mit Bahnanlagen ausdrücklich den Begriff der **Eisenbahnbetriebsbezogenheit** geprägt, der der Abgrenzung zu sog. bahnfremden Zwecken dient[4]. Man kann diesen Ansatz ohne weiteres auf andere Fachplanungsvorhaben, etwa auf Flugplätze, übertragen. Diese Eisenbahnbetriebsbezogenheit ist bei allen Grundstücken, Bauwerken und sonstigen Einrichtungen gegeben, die unter Berücksichtigung der örtlichen Verhältnisse zur Abwicklung oder Sicherung des Reise- und Güterverkehrs auf der Schiene objektiv erforderlich sind[5]. Dazu gehören neben dem eigentlichen Schienenweg auch Betriebseinrichtungen sowie sonstige Anlagen der Eisenbahn, die das Be- und Entladen sowie den Zu- und Abgang ermöglichen und fördern. Dazu zählen auch einem privaten Unternehmen zur Verfügung gestellte Flächen mit Gleisanschluß im Bereich eines **Güterbahnhofs,** wenn sie zur Abwicklung des Güterumschlags

95

---

1 BVerwG v. 5.11.2002 – 9 VR 14.02, BauR 2003, 205.
2 BVerwG v. 16.12.1988 – 4 C 48.86, BVerwGE 81, 111 = BRS 49 Nr. 3 = DVBl. 1989, 458 = DÖV 1989, 637 = NVwZ 1989, 655 = UPR 1989, 264 = ZfBR 1989, 123.
3 BVerwG v. 16.12.1988 – 4 C 48.86, BVerwGE 81, 111 = BRS 49 Nr. 3 = DVBl. 1989, 458 = DÖV 1989, 637 = NVwZ 1989, 655 = UPR 1989, 264 = ZfBR 1989, 123.
4 BVerwG v. 27.11.1996 – 11 A 2.96, DVBl. 1997, 729 = NVwZ 1997, 920 = UPR 1997, 150; OVG Saarlouis v. 24.9.2002 – 2 R 12/01, BauR 2003, 349.
5 Gruber, Bauaufsichtliche Behandlung bahnfremder Nutzung von Eisenbahnbetriebsgelände, BauR 2000, 499 (501) mit zahlreichen Beispielen und Rechtsprechungsnachweisen.

von der Schiene auf die Straße genutzt werden[1]. Auch ein **Park-and-Ride-Parkplatz** kann Bahnanlage in diesem Sinne sein[2], nicht hingegen ein lediglich auf Eisenbahngelände betriebener Schrottplatz[3] oder eine auf dem Bahnbetriebsgelände aufgestellte Werbetafel für Fremdwerbung[4].

96 Gleichfalls wird man es als bahnbetriebsbezogene Nutzung ansehen müssen, wenn auf dem Bahnhofsgelände **Gastronomie oder Einzelhandel** eingerichtet werden, die die Reisenden versorgen[5]. Allerdings liegt kein Verstoß gegen die Sperrwirkung der Fachplanung vor, wenn ein Bebauungsplan Nutzungen ausschließt, die eindeutig keinen Betriebsbezug mehr aufweisen (z.B. großflächiger Einzelhandel, Fachhandel mit nicht reise- oder sonstigen bahnspezifischen Sortimenten). § 38 BauGB dient nicht dazu, dem Betreiber eines fachplanungsrechtlich privilegierten Vorhabens möglichst lukrative Nutzungen zu ermöglichen. Es kommt vielmehr auf die fachplanungsrechtliche Relevanz an. Das Bundesverwaltungsgericht hat daher zum Beispiel die Zulässigkeit eines Ausschlusses von Spielhallen und anderen Vergnügungsstätten auf einem Bahnhofsgelände durch Bebauungsplan bejaht[6]. Etwa bei einer dem Fachplanungsrecht unterfallenden aufgeständerten Fernstraße oder auch einer Brücke kann es möglich sein, den darunter liegenden Bereich städtebaulich zu beplanen, wenn es nicht zu einem Konflikt mit der fachplanungsrechtlichen Zweckbestimmung kommt[7].

97 Das Fachplanungsprivileg entfällt grundsätzlich erst dann, wenn durch einen eindeutigen Hoheitsakt eine **Entwidmung** erfolgt ist. Das Bundesverwaltungsgericht hat – ebenfalls in Bezug auf Bahnanlagen – ausgeführt, daß ein Wechsel der Planungshoheit von der Bahn (Deutsche Bundesbahn bzw. nunmehr DB AG) als privilegierter anlagenbezogener Planungsträgerin zur Gemeinde als Trägerin der umfassenden gebietsbezogenen Bauplanungshoheit schon wegen der rechtsstaatlich gebotenen Eindeutigkeit öffentlichsachenrechtlicher Rechtsverhältnisse durch einen **hoheitlichen Akt** erfolgen müsse, der für jedermann klare Verhältnisse darüber schafft, ob und welche bisher als Bahnanlagen dienenden Flächen künftig wieder für andere Nutzungen offenstehen. Einfache **Freigabeerklärungen** des bisherigen Planungsträgers gegenüber einem Bauwilligen, nach denen die Anlage oder ein bestimmter Teil davon für Bahnbetriebszwecke nicht mehr benötigt werde, genügen regelmäßig nicht, um einer bestehenden Bahnanlage ihren beson-

---

1 OVG Münster v. 25.4.1997 – 7a D 127/94; Kuschnerus, Kommunale Planungshoheit und die Bahn, ZfBR 2000, 300 (301 f.).
2 VGH Mannheim v. 24.2.1989 – 5 S 958/88, NVwZ 1990, 585.
3 OVG Münster v. 27.4.1998 – 7 A 3818/96, BauR 1999, 383 = BRS 60 Nr. 165.
4 OVG Saarlouis v. 24.9.2002 – 2 R 12/01, BauR 2003, 349.
5 VGH München v. 20.10.1998 – 20 A 98.40022, BauR 1999, 162.
6 BVerwG v. 16.12.1988 – 4 C 48.98, BVerwGE 81, 111 = BRS 49 Nr. 3 = DVBl. 1989, 458 = DÖV 1989, 637 = NVwZ 1989, 655 = UPR 1989, 264 = ZfBR 1989, 123; s. auch OVG Münster v. 6.10.1988 – 4 A 2966/86, NVwZ 1989, 576.
7 OVG Münster v. 5.2.2003 – 7a D 77/99, NVwZ-RR 2003, 633 = ZfBR 2003, 581.

deren Rechtscharakter zu nehmen. Das gebotene Mindestmaß an Publizität setzt vielmehr voraus, daß der Wechsel der Planungshoheit in einer geeigneten Weise bekanntgemacht wird[1]. Die Rechtsprechung legt also insofern nicht die Meßlatte an, die für den **Bestandsschutz** und die Aufgabe von Nutzungen bei privaten Bauvorhaben gilt. Es genügt daher nicht, wenn die betreffende Anlage lediglich über einen – durchaus auch längeren – Zeitraum hinweg nicht mehr betrieben wurde (vgl. dazu Rdnr. 1116 ff.). Die Standortgemeinde kann allerdings einen Anspruch auf Entwidmung der betreffenden Fläche haben, wenn diese nicht mehr dem fachplanungsrechtlich privilegierten Zweck dient und auch zukünftig nicht mehr dienen soll[2].

Zuständig für die Entwidmung als Hoheitsakt kann zumindest kein in privater Rechtsform tätiges Unternehmen sein, das durch die Planfeststellung begünstigt wird. Dies hat das Bundesverwaltungsgericht für die Deutsche Bahn AG ausdrücklich bestätigt[3]. Auch in anderen Fällen ist allein die zuständige Genehmigungsbehörde, die den fachplanungsrechtlichen Sonderstatus herbeigeführt hat bzw. nach heutigem Recht für die Herbeiführung dieses Status zuständig wäre, zur Entwidmung berechtigt. 98

Die Entwidmung unterscheidet sich desweiteren dadurch von einer einfachen Freigabeerklärung, daß sie hinreichend bestimmt bezeichnen muß, welche Flächen zukünftig wieder der uneingeschränkten Planungshoheit der Gemeinde unterfallen und daß diese Entscheidung in geeigneter Weise bekanntgemacht werden muß. Letzteres setzt voraus, daß diejenigen, die ein Interesse an der Entwidmung haben, davon in Kenntnis gesetzt werden. Dies gilt namentlich für die dann wieder planungszuständige Gemeinde[4]. 99

Unter engen Voraussetzungen kommt anstelle einer Entwidmung, verstanden als eine unzweideutige Erklärung dahingehend, daß ein bestimmter Bereich nicht mehr dem Fachplanungsprivileg unterfallen soll, auch eine **Funktionslosigkeit** von fachplanungsrechtlich privilegierten Anlagen in Betracht. Hierfür können die zur Bauleitplanung entwickelten Grundsätze sinngemäß herangezogen werden (Rdnr. 865 ff.). Es genügt für die Funktionslosigkeit nicht, wenn betriebsbezogene Anlagen lediglich demontiert werden, der Vorhabenträger jedoch die Sachherrschaft an dem stillgelegten Vorhabengelände uneingeschränkt beibehalten hat und dies auch für Außenstehende erkennbar ist[5].

---

1 BVerwG v. 16.12.1988 – 4 C 48.98, BVerwGE 81, 111 = BRS 49 Nr. 3 = DVBl. 1989, 458 = DÖV 1989, 637 = NVwZ 1989, 655 = UPR 1989, 264 = ZfBR 1989, 123.
2 Kraft, Bauleitplanung auf Bahnflächen, DVBl. 2000, 1326 (1332).
3 BVerwG v. 27.11.1996 – 11 A 2.96, DVBl. 1997, 729 = NVwZ 1997, 920 = UPR 1997, 150; OVG Münster v. 9.9.1994 – 11 B 1447/94, BauR 1995, 371 = BRS 56 Nr. 135 = DVBl. 1995, 113 = ZfBR 1995, 224.
4 OVG Münster v. 27.4.1998 – 7 A 3814/96, BRS 60 Nr. 453.
5 BVerwG v. 3.3.1999 – 11 A 9.97, UPR 1999, 388; BVerwG v. 26.2.1996 – 11 VR 33.95, DVBl. 1996, 929 = NVwZ 1996, 793 = UPR 1996, 246; BVerwG v. 31.8.1995 – 7 A 19.94, BVerwGE 99, 166 = DVBl. 1996, 50 = NVwZ 1996, 394 = UPR 1996, 119.

100 Nach erfolgter Entwidmung und dem damit einhergehenden Verlust des Fachplanungsprivilegs entfällt die Sperrwirkung für die gemeindliche Bauleitplanung. Allerdings darf die Gemeinde ein Bauleitplanverfahren bereits zu einem früheren Zeitpunkt **einleiten**. Die **abschließende Beschlußfassung** über den Bebauungsplan und dessen Inkrafttreten hängen jedoch davon ab, daß die beplante Fläche zuvor tatsächlich ihren fachplanungsrechtlichen Sonderstatus verloren hat[1]. Auch die Erteilung einer Baugenehmigung oder eines Bauvorbescheides für eine der fachplanungsrechtlichen Zweckbestimmung widersprechende Nutzung kommen erst in Betracht, wenn die Entwidmung tatsächlich erfolgt ist[2].

E. Der Flächennutzungsplan als Voraussetzung für die verbindliche Bauleitplanung

I. Der Flächennutzungsplan als vorbereitender Bauleitplan

1. Allgemeine Funktion und Bedeutung

101 Der Flächennutzungsplan ist im Rahmen der **zweistufigen Planung** nach dem Baugesetzbuch der vorbereitende, der Bebauungsplan der daraus zu entwickelnde verbindliche Bauleitplan (§ 1 Abs. 2 BauGB). Im Flächennutzungsplan wird (in der Regel, Rdnr. 102 ff.) für das ganze Gemeindegebiet die sich aus der beabsichtigten städtebaulichen Entwicklung ergebende Art der Bodennutzung nach den voraussehbaren Bedürfnissen der Gemeinde in den Grundzügen dargestellt (§ 5 Abs. 1 Satz 1 BauGB). Im Unterschied zu dem kleinteiliger angelegten Bebauungsplan (zur Größe von Bebauungsplangebieten Rdnr. 212 ff.) dient der Flächennutzungsplan als **gesamträumliches Entwicklungskonzept** der Lenkung der städtebaulichen Entwicklung und Ordnung im gesamten Gemeindegebiet[3]. Dies bedeutet zugleich, daß er sehr viel grobmaschiger strukturiert und auf eine Konkretisierung durch die Aufstellung von Bebauungsplänen angelegt ist (zum Entwicklungsgebot gemäß § 8 Abs. 2 Satz 1 BauGB Rdnr. 181 ff.).

a) Einheitlichkeit des Flächennutzungsplans, Ausnahmen

102 Die Bezugnahme auf das „ganze Gemeindegebiet" bedeutet, daß es grundsätzlich für jede Gemeinde nur einen Flächennutzungsplan geben kann,

---

1 BVerwG v. 16.12.1988 – 4 C 48.88, BVerwGE 81, 111 = BRS 49 Nr. 3 = DVBl. 1989, 458 = DÖV 1989, 637 = NVwZ 1989, 655 = UPR 1989, 264 = ZfBR 1989, 123.
2 BVerwG v. 27.4.1998 – 4 B 33.98, NVwZ-RR 1998, 542; VGH Kassel v. 29.4.1997 – 4 UE 1349.92, ZfBR 1998, 163; a.A. OVG Lüneburg v. 31.5.1996 – 6 L 3564.93, NVwZ 1997, 603 (Vorbescheid unter Vorbehalt der Entwidmung).
3 BVerwG v. 21.10.1999 – 4 C 1.99, BauR 2000, 695 = DVBl. 2000, 794 = UPR 2000, 187.

dessen Grenzen mit der Gemeindegrenze übereinstimmen. Jedoch können Flächen und sonstige Darstellungen aus dem Flächennutzungsplan **ausgenommen** werden, wenn die nach § 5 Abs. 1 Satz 1 BauGB darzustellenden Grundzüge der beabsichtigten städtebaulichen Entwicklung nicht berührt werden und die Gemeinde beabsichtigt, die Darstellungen zu einem späteren Zeitpunkt vorzunehmen (§ 5 Abs. 1 Satz 2 BauGB).

Die im Flächennutzungsplan darzustellenden Grundzüge werden nicht berührt, wenn der Flächennutzungsplan im übrigen seine Steuerungs- und Koordinierungsfunktion für die städtebauliche Entwicklung und Ordnung der Gemeinde bei der Aufstellung von Bebauungsplänen sowie für die Nutzung der nicht beplanten Außen- und Innenbereiche wahrnehmen kann. Zugleich ist es notwendig, daß der Flächennutzungsplan im Bereich der ausgenommenen **Flächen** oder **sonstigen Darstellungen** (inhaltliche Darstellungen für in den Flächennutzungsplan bereits einbezogene Flächen) ohne weiteres vervollständigt werden kann. Nach sachgerechter Prognose anläßlich der Planungsentscheidung muß zu erwarten sein, daß durch die Vervollständigung nicht der bereits aufgestellte Flächennutzungsplan in den Grundzügen der Planung berührt wird und daher überarbeitet werden muß. Dies schließt es gleichwohl nicht aus, daß in dem „Rumpf-Flächennutzungsplan"[1] anläßlich der Vervollständigung **einzelne Änderungen** in den zeichnerischen oder textlichen Darstellungen notwendig werden. Denn § 5 Abs. 1 Satz 2 BauGB spricht nicht davon, daß der Flächennutzungsplan selbst nicht berührt werden darf. Lediglich die in ihm darzustellenden Grundzüge, die ohnehin auf weitere Konkretisierung angelegt sind, dürfen nicht betroffen sein. Darunter sind nur die **wesentlichen Planinhalte** zu verstehen, nicht hingegen darüber hinausgehende Darstellungen, die von eventuell notwendig werdenden Randkorrekturen bei der späteren Komplettierung des Flächennutzungsplans im Rahmen von § 5 Abs. 1 Satz 2 BauGB betroffen sind.

103

Aus dem Umstand, daß der Flächennutzungsplan auch dann, wenn einzelne Darstellungen ausgenommen sind, seine städtebauliche Steuerungsfunktion im übrigen erfüllen muß, ist zu schließen, daß es sich bei den Flächen und sonstigen Darstellungen, die ausgenommen werden dürfen, nur um **einzelne Darstellungen** handeln kann. Nicht hingegen eignet sich § 5 Abs. 1 Satz 2 BauGB dazu, eine abschnittsweise Flächennutzungsplanung zu betreiben. Ein solches Verständnis würde dem Sinn und Zweck der Flächennutzungsplanung, die Gesamtbedürfnisse der Gemeinde planerisch zu koordinieren, zuwiderlaufen. Die Regelung kann also nicht als Ersatz dafür dienen, daß das Baugesetzbuch einen **Teilflächennutzungsplan** grundsätzlich nicht (mehr)[2] vorsieht (s. noch zu § 5 Abs. 2b BauGB Rdnr. 108).

104

---

1 Jäde in Jäde/Dirnberger/Weiß, § 5 Rdnr. 4.
2 S. den früheren § 246a Abs. 1 Nr. 1 BauGB, der in den neuen Ländern die Aufstellung von Teilflächennutzungsplänen ermöglichte.

105 Die Gemeinde muß die **Nachholung** der fehlenden Darstellungen im Flächennutzungsplan **tatsächlich beabsichtigen**. Dabei handelt es sich um eine Rechtspflicht. Gleichwohl knüpfen sich an eine Mißachtung keine unmittelbaren Sanktionen für den Flächennutzungsplan im übrigen. Probleme können daher im wesentlichen nur dann auftreten, wenn eine von den Darstellungen des Flächennutzungsplans ausgenommene Fläche der verbindlichen Bauleitplanung durch einen Bebauungsplan zugeführt werden soll, da dieser Planung dann das Entwicklungsgebot gemäß § 8 Abs. 2 Satz 1 BauGB entgegenstehen kann.

106 Der in § 5 Abs. 1 Satz 2 BauGB genannte „spätere Zeitpunkt" muß zwar **nicht termingenau** feststehen, er muß jedoch zumindest absehbar sein, da in der Begründung des Flächennutzungsplans (Rdnr. 174 ff.) die **Gründe** dafür darzulegen sind, warum Flächen und sonstige Darstellungen ausgenommen wurden (§ 5 Abs. 1 Satz 2, 2. Halbsatz BauGB). Dies bedeutet zugleich, daß mit Wegfall dieser Gründe zugleich auch die Rechtfertigung für die Unvollständigkeit des Flächennutzungsplans entfällt.

107 **Beispiel:**
Eine Gemeinde nimmt bestimmte Flächen von den Darstellungen des Flächennutzungsplans mit der Begründung aus, daß dort eine nach § 38 BauGB beachtliche Fernstraßenplanung stattfinde, für die durch den Träger des Vorhabens noch verschiedene Trassenvarianten untersucht werden. Das Ergebnis dieser Trassenfindung will die Gemeinde zunächst noch abwarten, um es dann in ihrem Flächennutzungsplan entsprechend berücksichtigen zu können. Ein Absehen von Darstellungen im Flächennutzungsplan für den betroffenen Bereich ist in einem solchen Fall gemäß § 5 Abs. 1 Satz 2 BauGB zulässig. Dies bedeutet allerdings zugleich, daß die Gemeinde nach Wegfall des Hinderungsgrundes, also nach Abschluß der Straßenplanung, ihren Flächennutzungsplan tatsächlich auch vervollständigen muß.

108 Eine durch das EAG Bau (Rdnr. 1) neu eingeführte Möglichkeit, von der Einheitlichkeit der Flächennutzungsplanung abzuweichen, enthält § 5 Abs. 2b BauGB. Danach können für Darstellungen des Flächennutzungsplans mit den Rechswirkungen des § 35 Abs. 3 Satz 3 BauGB **sachliche Teilflächennutzungspläne** aufgestellt werden. Die Regelung ermöglicht es nicht, Teile des Gemeindegebiets aus dem Flächennutzungsplan auszuklammern, also einen räumlichen Teilflächennutzungsplan aufzustellen. Die Darstellungen des Flächennutzungsplans müssen sich also auch auf der Grundlage von § 5 Abs. 2b BauGB auf das gesamte Gemeindegebiet erstrecken. Eine sachliche Beschränkung des Flächennutzungsplans ist nur in Bezug auf Darstellungen mit den Rechtswirkungen des § 35 Abs. 3 Satz 3 BauGB möglich, also für die Darstellungen, die einem Vorhaben nach § 35 Abs. 1 Nr. 2 bis 6 BauGB in der Regel auch dann entgegenstehen, soweit hierfür im Flächennutzungsplan eine Ausweisung an anderer Stelle erfolgt ist. Es geht also im wesentlichen um die Darstellung von **Vorrang- oder Eignungsflächen** (s. dazu noch Rdnr. 160 ff.). § 5 Abs. 2b BauGB ist nicht so zu verstehen, daß im Rahmen eines sachlichen Teilflächennutzungsplans

eine Darstellung erfolgen kann, in welchen Teilen des Gemeindegebiets eine ansonsten gemäß § 35 Abs. 1 Nr. 2 bis 6 BauGB privilegierte Nutzung in der Regel ausgeschlossen ist, während die gleichzeitige Darstellung einer Vorrang- oder Eignungsfläche (vorläufig oder dauerhaft) unterbleibt. Die Vorschrift ermöglicht es lediglich, bei Darstellungen mit den Rechtswirkungen des § 35 Abs. 3 Satz 3 BauGB von einer auf das gesamte Gemeindegebiet bezogenen städtebaulichen Konzeption abzusehen und stattdessen für **begrenzte Teile des Gemeindegebiets** eine (jeweils) eigenständige Kontingentierung des Außenbereichs vorzunehmen. Darin liegt zwar für die kommunale Planungspraxis eine Vereinfachung und Erleichterung[1], die jedoch nichts daran ändert, daß für die betroffenen Teilbereiche grundsätzlich vergleichbare Anforderungen gelten wie bei einer auf das gesamte Gemeindegebiet bezogenen Planung. Insbesondere rechtfertigt auch § 5 Abs. 2b BauGB keine (verkappte) Verhinderungsplanung (Rdnr. 162). § 5 Abs. 2b BauGB gilt nicht nur für die erstmalige Aufstellung eines Flächennutzungsplans. Eine sachliche Teilflächennutzungsplanung in Bezug auf Darstellungen mit den Rechtswirkungen des § 35 Abs. 3 Satz 3 BauGB kommen vielmehr auch bei Änderungen oder Ergänzungen eines bereits vorhandenen Flächennutzungsplans in Betracht (§ 1 Abs. 8 BauGB).

Weitere Ausnahmen von dem Grundsatz, daß ein einziger Flächennutzungsplan ohne räumliche oder sachliche Einschränkungen für das ganze Gemeindegebiet existieren muß, gelten bei **Bestandsänderungen von Gemeinden** im Rahmen von Gebietsreformen (§ 204 Abs. 2 BauGB) oder bei **gemeinsamen Flächennutzungsplänen** gemäß § 204 Abs. 1 BauGB bzw. bei einem **regionalen Flächennutzungsplan** gemäß § 9 Abs. 6 ROG, der zugleich die Funktion eines Regionalplans und eines gemeinsamen Flächennutzungsplans im Sinne von § 204 Abs. 1 BauGB übernimmt (Rdnr. 24), sowie bei dem Übergang der Aufstellungskompetenz auf **Planungsverbände** im Sinne von § 205 BauGB (Rdnr. 26). In diesen Fällen gelten bestehende Flächennutzungspläne – jedenfalls zunächst – fort, wie sich für Gebietsreformen ausdrücklich aus § 204 Abs. 2 BauGB ergibt. Damit ist zwar nicht der Grundsatz gewahrt, daß für das ganze Gemeindegebiet nur ein Flächennutzungsplan existieren soll, wohl aber die Anforderung, daß für die gesamte Gemeindegebietsfläche überhaupt eine Flächennutzungsplanung vorhanden ist. Allerdings kann dies im Einzelfall zu planungsrechtlich unerwünschten Ergebnissen führen und die möglichst schnelle Aufstellung eines neuen Flächennutzungsplans gebieten, der das gesamte (neue) Gemeindegebiet umfaßt. 109

Beispiel: 110
Die Stadt A versucht mit ihrem Flächennutzungsplan die künftige Bebauung möglichst nah zum Ortskern darzustellen und die Randgebiete von einer Bebauung freizuhalten. Die Nachbargemeinde B beabsichtigt demgegenüber, mit ihrem Flächennutzungsplan ein neues Wohngebiet unmittelbar an der Gemeindegrenze zur Stadt A zu

---

1 So ausdrücklich BT-Drucksache 15/2996, Begründung zu Art. 1 § 5 BauGB.

entwickeln. Mit der Eingliederung der Gemeinde B muß die Stadt A nunmehr gemäß § 204 Abs. 2 BauGB einen Flächennutzungsplan mit Darstellungen übernehmen, die ihrer – zumindest bisherigen – Planungsabsicht widersprechen.

111 Gewissermaßen als Zwischenschritt ist es allerdings auch möglich, daß der fortgeltende Flächennutzungsplan zunächst eigenständig geändert oder ergänzt wird, um bis zur Aufstellung eines das gesamte neue Gemeindegebiet umfassenden Flächennutzungsplans die städtebauliche Entwicklung sachgerecht und im Interesse der erfolgten Neugliederung steuern zu können. Die Fortgeltung läßt es also zu, daß nur der betreffende Plan unbeschadet des Erfordernisses, für das gesamte neue Gemeindegebiet einen einheitlichen Flächennutzungsplan aufzustellen, geändert, ergänzt oder ggf. auch aufgehoben wird (§ 1 Abs. 8 BauGB)[1].

b) Rechtsnatur

112 Nicht abschließend geklärt ist die Rechtsnatur des Flächennutzungsplans. Übereinstimmung besteht nur darin, daß er kein Gesetz, keine Satzung, kein öffentlichrechtlicher Vertrag, kein Verwaltungsakt, aber auch kein bloßes Verwaltungsinternum ist. Ein Normenkontrollverfahren oder auch eine Anfechtungsklage sind dagegen nicht zulässig[2]. Ebensowenig kann jemand Ansprüche unmittelbar aus dem Flächennutzungsplan herleiten. Er hat nur dann rechtliche Relevanz, wenn und soweit dies **gesetzlich ausdrücklich angeordnet** ist. Dies ist insbesondere im Zusammenhang mit dem Anpassungsgebot gemäß § 7 BauGB (Rdnr. 116), der Freistellung von Bebauungsplänen vom Genehmigungserfordernis (§ 10 Abs. 2 BauGB, Rdnr. 794), dem Vorkaufsrecht gemäß § 24 Abs. 1 BauGB (Rdnr. 2493 ff.), der Satzung gemäß § 34 Abs. 4 Satz 1 Nr. 2 BauGB (Rdnr. 1978 ff.), sowie der Nutzung des Außenbereichs gemäß § 35 Abs. 3 Satz 1 Nr. 1 und § 35 Abs. 3 Satz 3 BauGB (Rdnr. 2158 ff.) der Fall. Ebenfalls finden die Planerhaltungsvorschriften der §§ 214 f. BauGB auch bei einem Flächennutzungsplan Anwendung (Rdnr. 1048 ff.). Allein die Darstellung einer bebaubaren Fläche in einem Flächennutzungsplan führt daher noch nicht dazu, daß diese im Rechtssinne Baulandqualität erhält. Dies gilt unabhängig davon, ob Bauflächen oder Baugebiete (§ 1 Abs. 1 und Abs. 2 BauNVO) dargestellt werden. Die Bebaubarkeit richtet sich auch bei Vorliegen eines Flächennutzungsplans uneingeschränkt nach den §§ 34 und 35 BauGB oder nach einem vorhandenen Bebauungsplan. Ebenso können Darstellungen eines Flächennutzungsplans einem Bauvorhaben nur dann entgegenstehen, wenn dies gesetzlich geregelt ist. Dies ist für Außenbereichsflächen durch § 35 Abs. 3 Satz 1 Nr. 1 und

---

1 Runkel in Ernst/Zinkahn/Bielenberg/Krautzberger, § 204, Rdnr. 73.
2 BVerwG v. 20.7.1990 – 4 N 3.88, BauR 1990, 685 = BRS 50 Nr. 36 = DVBl. 1990, 1352 = NVwZ 1991, 262 = UPR 1991, 65 = ZfBR 1990, 296; OVG Lüneburg v. 17.11.1970 – I A 97/69, BRS 23 Nr. 27 = DVBl. 1971, 322; s. allerdings BVerwG v. 20.11.2003 – 4 CN 6.03, BauR 2004, 807 = DVBl. 2004, 629 = NVwZ 2004, 614 zu Darstellungen gemäß § 35 Abs. 3 Satz 3 BauGB.

§ 35 Abs. 3 Satz 3 BauGB der Fall (Rdnr. 2158 ff.), nicht hingegen für den unbeplanten Innenbereich gemäß § 34 BauGB. Selbst wenn dort also der Flächennutzungsplan eine der beabsichtigten Bebauung entgegenstehende Darstellung trifft, ist sie unbeachtlich, wenn sich das Vorhaben im Sinne von § 34 BauGB in die nähere Umgebung einfügt (Rdnr. 2013 ff.).

Aufgrund des Umstandes, daß der Flächennutzungsplan nur mittelbar über anderweitige gesetzliche Bestimmungen außenverbindliche Bedeutung erlangt, ist die Frage nach seiner Rechtsnatur letztlich aus praktischer Sicht kaum bedeutsam. Ganz überwiegend wird er daher als städtebauliches **Planungsinstrument eigener Art** angesehen, das eine besonders ausgestaltete Planungsstufe im Rahmen der kommunalen Bauleitplanung zum Gegenstand hat[1]. 113

2. Bindungswirkung des Flächennutzungsplans

a) Planaufstellende Gemeinde

Der fehlenden Rechtsnormqualität des Flächennutzungsplans steht seine erhebliche rechtliche und tatsächliche Bedeutung gegenüber. Diese wurde gegenüber der früheren Rechtslage durch das BauROG 1998 (Rdnr. 1) noch gesteigert, etwa durch den Wegfall des Genehmigungserfordernisses für aus dem Flächennutzungsplan entwickelte Bebauungspläne oder durch die Möglichkeit zur Eingriffszuordnung gemäß § 5 Abs. 2a BauGB (dazu Rdnr. 171 ff.)[2]. 114

Es wäre auch kaum sachgerecht, wenn ein Flächennutzungsplan, der einen außerordentlichen Arbeitsaufwand, umfassende Ermittlungen und Prognosen im Zusammenhang mit dem Erkennen der „voraussehbaren Bedürfnisse der Gemeinde" sowie ein dem Bebauungsplan entsprechendes Aufstellungsverfahren (Rdnr. 399 ff.) erfordert, keine wesentliche Bedeutung hätte[3]. Dementsprechend kann der Flächennutzungsplan auch nicht durch **anderweitige (formelle oder informelle) Planungen** ersetzt werden, wie etwa durch Konzepte oder Pläne nach § 1 Abs. 6 Nr. 11 BauGB (Rdnr. 598), die bei der Aufstellung von Bauleitplänen lediglich im Rahmen der Abwägung berücksichtigt werden müssen. Sie entfalten also für nachfolgende Bebauungspläne keine dem Flächennutzungsplan vergleichbare Bindungswir- 115

---

1 S. etwa Löhr in Battis/Krautzberger/Löhr, § 5 Rdnr. 45; Gronemeyer in Gronemeyer, § 5 Rdnr. 11.
2 Zu den Änderungen und Neuregelungen des BauROG 1998 für die Flächennutzungsplanung etwa Schmidt-Eichstaedt, Städtebaurecht, 179 f.
3 BVerwG v. 21.10.1999 – 4 C 1.99, BauR 2000, 695 = DVBl. 2000, 794 = UPR 2000, 187; zu den Anforderungen an die Ausarbeitung des Flächennutzungsplans ausführlich Mitschang, Der Flächennutzungsplan, 2003, Rdnr. 357 ff.; zur durchschnittlichen Aufstellungsdauer von Flächennutzungsplänen und Bebauungsplänen Schmidt-Eichstaedt, Städtebaurecht, 172.

kung¹. Besonderheiten gelten lediglich für den regionalen Flächennutzungsplan gemäß § 9 Abs. 6 ROG, der zugleich die Funktion eines Regionalplans im Sinne des Raumordnungsrechts und eines gemeinsamen Flächennutzungsplans gemäß § 204 BauGB im Sinne des Bauplanungsrechts übernimmt (Rdnr. 24). Ohnehin besteht eine wesentliche Bedeutung des Flächennutzungsplans in seiner **Schnittstellenfunktion** zwischen überörtlicher Planung und Fachplanung einerseits und verbindlicher gemeindlicher Bauleitplanung andererseits. Seine Steuerungsfunktion für die Aufstellung von Bebauungsplänen liegt dabei vor allem darin, daß er unter Berücksichtigung dieser höherstufigen Anforderungen den Rahmen dafür vorgibt, was die Gemeinde überhaupt verbindlich regeln darf, da Bebauungspläne grundsätzlich gemäß § 8 Abs. 2 Satz 1 BauGB aus dem Flächennutzungsplan entwickelt werden müssen. Damit trifft die Gemeinde mit dem Flächennutzungsplan die wesentlichen **Vorentscheidungen für ihre zukünftige städtebauliche Entwicklung**, an die sie sich dann auch halten muß. Wenn sie mit einem Bebauungsplan nicht nur unwesentlich von den Darstellungen des Flächennutzungsplans abzuweichen beabsichtigt, muß sie im Regelfall zunächst den Flächennutzungsplan entsprechend ändern (dazu im einzelnen Rdnr. 181 ff.).

b) Sonstige öffentliche Planungsträger

116 Neben der Gemeinde selbst sind an die Darstellungen des Flächennutzungsplans gemäß § 7 BauGB auch andere öffentliche Planungsträger gebunden, wenn sie dem Flächennutzungsplan nicht widersprochen haben. Diese Anpassungspflicht entspricht dabei inhaltlich den Anforderungen des Entwicklungsgebotes. Auch hier ist also zu beachten, daß die Flächennutzungsplanung im wesentlichen keine ganz präzisen Aussagen trifft sondern auf Konkretisierung und Präzisierung angelegt ist (zum Entwicklungsgebot Rdnr. 181 ff.).

117 Öffentliche Planungsträger im Sinne von § 7 BauGB sind in erster Linie die Träger der von § 38 BauGB umfaßten Fachplanungen (Rdnr. 84 ff.), aber auch andere Planungsträger, die öffentliche Belange repräsentieren, z.B. im Bereich des Natur- und Landschaftsschutzes bei der Ausweisung von Schutzgebieten. Ohne Bedeutung ist dabei die Rechtsform der Planung. In Betracht kommen daher Planfeststellungen, aber auch Planungen in Form von Rechtsnormen, wie etwa Landschaftsschutzverordnungen². Soweit es um die Erteilung von Genehmigungen geht, ist öffentlicher Planungsträger in erster Linie der **Vorhabenträger** (Antragsteller) selbst. Nur dann, wenn

---

1 BVerwG v. 21.10.1999 – 4 C 1.99, BauR 2000, 695 = DVBl. 2000, 794 = UPR 2000, 187; VGH Mannheim v. 27.7.1995 – 3 S 1288/93, NVwZ 1996, 920.
2 BVerwG v. 18.12.1995 – 5 NB 8.95, BRS 57 Nr. 274 = NVwZ 1997, 173 = ZfBR 1996, 161; VGH Mannheim v. 18.11.1996 – 5 S 432/96, NVwZ-RR 1998, 99 = UPR 1997, 260.

ein bestimmtes Vorhaben bereits bei der **Genehmigungsbehörde** anhängig ist, wird diese überwiegend (auch) als öffentlicher Planungsträger im Sinne von § 7 BauGB mit den damit verbundenen Verpflichtungen angesehen[1]. Dies ist allerdings aufgrund des auch im Abwägungsbereich lediglich nachvollziehenden Charakters der Zulassungsentscheidung zumindest fraglich. Die originäre Verantwortlichkeit für das Vorhaben und damit einhergehend auch die Pflichten gemäß § 7 BauGB dürften vielmehr allein bei dem Vorhabenträger selbst liegen[2].

Die Anpassungspflicht für einen öffentlichen Planungsträger besteht grundsätzlich nur dann, wenn er bei der Aufstellung, Änderung oder Ergänzung des Flächennutzungsplans nach § 4 BauGB als Behörde oder sonstiger Träger öffentlicher Belange **beteiligt** worden ist. Ist dies nicht oder nicht in ordnungsgemäßer Weise erfolgt, hat sich der betreffende Planungsträger jedoch gleichwohl geäußert, ist ein solcher Fehler gemäß § 214 Abs. 1 Satz 1 Nr. 2 2. Halbsatz BauGB für die Wirksamkeit des Flächennutzungsplans unbeachtlich und führt überdies zu den Wirkungen des § 7 Satz 1 BauGB, wenn der betreffende öffentliche Planungsträger sich zu dem Planentwurf **bis zur Beschlußfassung** der Gemeinde geäußert hat. Dies ergibt sich schon daraus, daß das Widerspruchsrecht gemäß § 7 Satz 2 BauGB nicht auf den Zeitrahmen des § 4 Abs. 2 BauGB (Rdnr. 508) begrenzt ist. Ein Widerspruch kann vielmehr bis zum Beschluß der Gemeinde auch außerhalb des Beteiligungsverfahrens erfolgen. Alles was der Gemeinde bis dahin bekannt ist, muß sie gemäß § 214 Abs. 3 Satz 1 BauGB bei ihrer Beschlußfassung abwägend berücksichtigen[3]. 118

Die Anpassungspflicht bei fehlendem Widerspruch im Bauleitplanverfahren führt dazu, daß die anderweitige (Fach-)Planung so erfolgen oder so modifiziert werden muß, daß sie einer **Umsetzung des Flächennutzungsplans** anläßlich der verbindlichen Bauleitplanung nicht oder nicht mehr entgegensteht. Etwa ein Planfeststellungsbeschluß für ein Straßenbauvorhaben könnte dann, wenn er im Widerspruch zum Flächennutzungsplan steht, nicht erlassen werden, wenn der Vorhabenträger im Rahmen des Aufstellungsverfahrens beteiligt wurde und nicht widersprochen hat. 119

Allerdings wird diese Konsequenz sehr stark dadurch relativiert, daß gemäß § 7 Satz 5 BauGB auch ein **nachträglicher Widerspruch** möglich ist, wenn die für die abweichende Planung geltend gemachten Belange die sich aus dem Flächennutzungsplan ergebenden städtebaulichen Belange nicht nur unwesentlich (qualifiziert) überwiegen und eine einvernehmliche planeri- 120

---

1 VGH Mannheim v. 31.1.1997 – 8 S 991/96, NVwZ-RR 1998, 221; Gaentzsch in Berliner Kommentar zum Baugesetzbuch, § 7 Rdnr. 6; Bielenberg/Runkel in Ernst/Zinkahn/Bielenberg/Krautzberger, § 7 Rdnr. 4.
2 So auch Schrödter in Schrödter, § 7 Rdnr. 7.
3 Zu Rechtsnatur, Form und Inhalt des Widerspruchs Jäde in Jäde/Dirnberger/Weiß, § 7 Rdnr. 9 ff.

sche Lösung zwischen Vorhabenträger und Gemeinde nicht erreicht werden kann (§ 7 Satz 3 bis 5 BauGB)[1]. In der Praxis führt dies zumeist dazu, daß die Bindungswirkung für öffentliche Planungsträger letztlich zumeist doch überwunden werden kann[2].

121 Die Entscheidung, ob § 7 BauGB dem Vorhaben eines öffentlichen Planungsträgers entgegensteht oder im Falle eines berechtigten nachträglichen Widerspruchs nicht mehr entgegensteht, trifft die für das betreffende Vorhaben zuständige Genehmigungsbehörde. Die Entscheidung ist für die Gemeinde ggf. anfechtbar, da ihre Planungshoheit betroffen ist. Überwiegen die fachplanungsrechtlichen Belange, sind die Darstellungen des Flächennutzungsplans entsprechend anzupassen. Die damit verbundenen Kosten sind gemäß § 7 Abs. 6 i.V.m. § 37 Abs. 3 BauGB durch den öffentlichen Planungsträger der Gemeinde zu erstatten.

122 Sofern der Widerspruch eines öffentlichen Planungsträgers im Rahmen des Aufstellungs-, Änderungs- oder Ergänzungsverfahrens zu einem Flächennutzungsplan erfolgt ist, muß sich die Gemeinde damit im Rahmen ihrer planerischen Abwägung auseinandersetzen. Kommt sie dabei zu dem abwägungsrechtlich vertretbaren Ergebnis, daß es bei ihrer Planung verbleiben soll, ist dies nicht zu beanstanden. Es greift dann allerdings ggf. das **Fachplanungsprivileg** des § 38 BauGB ein, in dessen Rahmen die entgegenstehende kommunale Bauleitplanung auf bloße Abwägungserheblichkeit reduziert wird (Rdnr. 86)[3]. Der Genehmigungsfähigkeit des Flächennutzungsplans durch die höhere Verwaltungsbehörde gemäß § 6 Abs. 1 BauGB steht dies – eine vertretbare planerische Abwägung vorausgesetzt – nicht entgegen[4].

c) Bürger

123 Gegenüber dem Bürger hat der Flächennutzungsplan gesetzlich angeordnete Außenwirkung bei Genehmigungsverfahren für **Vorhaben im Außenbereich** gemäß § 35 BauGB. Seine Darstellungen sind insbesondere gemäß Abs. 3 Satz 1 Nr. 1 der Vorschrift ein entscheidungserheblicher Belang (s. im einzelnen Rdnr. 2158 ff.). Demgegenüber ist der Flächennutzungsplan für die Genehmigungsfähigkeit von **Innenbereichsvorhaben** bedeutungslos.

---

1 Zu den diesbezüglichen Anforderungen etwa Gaentzsch in Berliner Kommentar zum BauGB, § 7 Rdnr. 24 ff.; Löhr in Battis/Krautzberger/Löhr, § 7 Rdnr. 18.
2 Vgl. Metz, Funktionsstärkung und Rechtskontrolle beim Flächennutzungsplan, BauR 1999, 841 (842).
3 So auch Gaentzsch in Berliner Kommentar zum Baugesetzbuch, § 7 Rdnr. 15; Bielenberg in Ernst/Zinkahn/Bielenberg/Krautzberger, § 7 Rdnr. 9; Jäde in Jäde/Dirnberger/Weiß, § 7 Rdnr. 14.
4 Gaentzsch in Berliner Kommentar zum Baugesetzbuch, § 7 Rdnr. 18.

3. Planerische Gestaltungsmöglichkeiten

a) Mögliche Darstellungen

Aufgrund seines Charakters als vorbereitender Bauleitplan enthält der Flächennutzungsplan keine Festsetzungen (zu den Festsetzungen gemäß § 9 BauGB in einem Bebauungsplan Rdnr. 234 ff.), sondern **Darstellungen**. Als Inhalt des Flächennutzungsplans nennt § 5 Abs. 2 Nr. 1 bis 10 BauGB folgende hauptsächliche Arten der Bodennutzung: 124

(1) Bauflächen und Baugebiete,

(2) Flächen für Anlagen des Gemeinbedarfs,

(3) Verkehrsflächen,

(4) Flächen für Ver- und Entsorgungsanlagen,

(5) Grünflächen,

(6) Flächen für Nutzungsbeschränkungen oder für Vorkehrungen zum Schutz gegen schädliche Umwelteinwirkungen,

(7) Wasserflächen,

(8) Flächen für Aufschüttungen, Abgrabungen und für die Gewinnung von Bodenschätzen,

(9) Flächen für Landwirtschaft und Wald,

(10) Flächen zum Schutz und zur Entwicklung von Boden, Natur und Landschaft.

Der einleitenden Formulierung in § 5 Abs. 2 BauGB ("Im Flächennutzungsplan können insbesondere dargestellt werden: ...") ist zu entnehmen, daß die Aufzählung nicht abschließend ist. Es können also sowohl **weitergehende** als auch **präzisere** Darstellungen erfolgen (s. noch Rdnr. 160 ff.). 125

Die Entscheidung, welche Darstellungen in einem Flächennutzungsplan erfolgen, richtet sich nach den Anforderungen des § 1 BauGB und der gemeindlichen Planungskonzeption. Entscheidend sind also die bei der Bauleitplanung zwingend zu beachtenden Planungsschranken (Rdnr. 59 ff.), die tatsächlichen Verhältnisse sowie die gemeindlichen Vorstellungen zur städtebaulichen Entwicklung und Ordnung des gesamten Gemeindegebiets. Einzelne Darstellungen sind dabei in nahezu jedem Flächennutzungsplan zu finden, etwa Darstellungen zu Bau- und Verkehrsflächen. Bei anderen der in § 5 Abs. 2 BauGB beispielhaft genannten Darstellungsmöglichkeiten ist es nicht ungewöhnlich, daß davon kein Gebrauch gemacht wird (z.B. Wasserflächen oder Aufschüttungen; zum ausnahmsweise in Betracht kommenden vollständigen Verzicht auf einen Flächennutzungsplan gemäß § 8 Abs. 2 Satz 2 BauGB s. Rdnr. 192 ff.). 126

127 Auch die Frage, ob die Darstellungsmöglichkeiten gemäß § 5 Abs. 2 Nr. 1 bis 10 BauGB weiter präzisiert werden oder ob noch zusätzliche Darstellungen erfolgen, unterliegt der planerischen Entscheidung der Gemeinde. So kommt es z.b. in Betracht, zur Bauweise späterer baulicher Anlagen bereits nähere Festlegungen zu treffen, genaue Nutzungsbestimmungen für eine Gemeinbedarfsfläche vorzunehmen (z.b. als Sportanlage) oder auch dargestellte Wohnbauflächen auf eine Nutzung für den sozialen Wohnungsbau gemäß § 9 Abs. 1 Nr. 7 BauGB zu beschränken. Möglich ist es auch, in einen Flächennutzungsplan **zeitliche Regelungen** dahingehend aufzunehmen, wann bestimmte Darstellungen umgesetzt werden sollen (zu entsprechenden Möglichkeiten auf der Ebene der verbindlichen Bauleitplanung gemäß § 9 Abs. 2 BauGB Rdnr. 359 ff.).

128 Eine **zwingende Begrenzung** für zusätzliche Darstellungen sowohl ergänzender als auch präzisierender Art ist der Festsetzungskatalog des § 9 Abs. 1 BauGB, an den die Gemeinde bei der Aufstellung von Bebauungsplänen gebunden ist (Rdnr. 234 f.). Der Gemeinde muß es möglich sein, ihre vorbereitende Bauleitplanung tatsächlich in einen außenverbindlichen Bebauungsplan umzusetzen. Ansonsten kann dem Entwicklungsgebot des § 8 Abs. 2 Satz 1 BauGB (Rdnr. 181 ff.) nicht Rechnung getragen werden. Der Flächennutzungsplan würde in diesem Fall seinen gestalterischen Auftrag verfehlen und wäre aus diesem Grunde abwägungsfehlerhaft.

129 Für möglichst präzise Darstellungen in einem Flächennutzungsplan spricht, daß damit für die Aufstellung von Bebauungsplänen eine genaue Richtschnur existiert, die das nachfolgende Verfahren erleichtern kann. Andererseits ist zu sehen, daß im Flächennutzungsplan nur die **Grundzüge** der beabsichtigten Art der Bodennutzung darzustellen sind. Es entspricht dem Wesen einer gestuften Planung, für die nachfolgende Planungsstufe in der Regel noch hinreichend große Entscheidungsspielräume zu belassen, damit dort dann sehr viel stärker auf die konkreten Konfliktlagen eines kleinteiligeren Planungsgebiets eingegangen werden kann (vgl. in diesem Zusammenhang Rdnr. 63 ff. zum Verhältnis der Bauleitplanung zur Raumordnung). Für diese planerische Konfliktbewältigung auf der Ebene der verbindlichen Bauleitplanung muß der Flächennutzungsplan eine prinzipielle Steuerung der baulichen Entwicklung enthalten, nicht allerdings bereits eine abschließende Lösung. Er ist für die Behandlung konkreter Konflikte auf engem Raum zumeist nicht geeignet. Sie würde das auf das gesamte Gemeindegebiet bezogene Planungsverfahren übermäßig – bis zur Grenze, an der die Aufstellung des Plans scheitern muß – belasten[1]. Ebenfalls darf

---

1 Vgl. insofern zum Verhältnis von Bebauungsplan und nachfolgender Vorhabengenehmigung etwa BVerwG v. 11.3.1988 – 4 C 56.84, BauR 1988, 448 = BRS 48 Nr. 8 = DVBl. 1988, 845 = DÖV 1988, 686 = NVwZ 1989, 659 = ZfBR 1988, 189; BVerwG v. 17.2.1984 – 4 B 191.83, BVerwGE 69, 30 = BRS 42 Nr. 30 = DVBl. 1984, 343 = DÖV 1984, 858 = NVwZ 1984, 235 = UPR 1984, 165 = ZfBR 1984, 90.

nicht außer Betracht gelassen werden, daß der Flächennutzungsplan auf eine **langfristige Umsetzung** durch Bebauungspläne angelegt ist, also einen deutlich längeren Realisierungshorizont hat als die verbindliche Bauleitplanung. Da sich die konkrete Bedarfsentwicklung während dieser Zeit zumindest in ihren Einzelheiten verändern kann, haben zu enge Darstellungen in einem Flächennutzungsplan zur Folge, daß dieser jeweils auch geändert werden muß. Im Ergebnis führt dies eher dazu, daß ein Flächennutzungsplan seine steuernde Funktion verliert als daß sie gestärkt wird.

Beispiel: 130
In ihrem Flächennutzungsplan hatte eine Gemeinde nicht nur die verschiedenen Bauflächen dargestellt, sondern auch bereits die einzelnen Baugebiete. Damit sollte die spätere Festsetzung der Baugebiete im Bebauungsplan gebunden werden. Es war dadurch nicht möglich, statt eines im Flächennutzungsplan dargestellten allgemeinen Wohngebiets im Bebauungsplan ein Mischgebiet mit einer Verkehrsfläche und privaten Parkflächen festzusetzen, obgleich dies den zwischenzeitlichen gemeindlichen Planungsvorstellungen entsprach. Hierfür wäre eine förmliche Änderung des Flächennutzungsplans erforderlich gewesen (zum Entwicklungsgebot s. noch Rdnr. 181 ff.)[1].

Vor diesem Hintergrund ist auch bei Anwendung des **§ 5 Abs. 2a BauGB**, 131 nach dem **Flächen zum Ausgleich** im Sinne des § 1a Abs. 3 BauGB im Geltungsbereich des Flächennutzungsplans bereits den Flächen, auf denen Eingriffe in Natur und Landschaft zu erwarten sind, ganz oder teilweise zugeordnet werden können, Zurückhaltung geboten. Die Ausweisung von Ausgleichsflächen im Bebauungsplan ist auch ohne eine solche Eingriffszuordnung auf der Ebene der Flächennutzungsplanung ohne weiteres möglich. In der Regel genügt daher im Flächennutzungsplan die Darstellung von Grünflächen oder von Flächen für Maßnahmen zum Schutz, zur Pflege und zur Entwicklung von Boden, Natur und Landschaft gemäß § 5 Abs. 2 Nr. 5 und Nr. 10 BauGB, auf denen dann im Rahmen der verbindlichen Bauleitplanung die erforderlichen Kompensationsfestsetzungen erfolgen können (dazu Rdnr. 353 ff.). Nur dann, wenn für die verbindliche Bauleitplanung und die damit zu erwartenden Eingriffe in Natur und Landschaft keine hinreichenden Kompensationsmöglichkeiten bestehen, weil quantitativ und qualitativ ausreichende Ausgleichsflächen im Rahmen der verbindlichen Bauleitplanung nicht aus dem Flächennutzungsplan entwickelt werden können, ist die vorbereitende Bauleitplanung abwägungsfehlerhaft. Es genügt also zumeist eine plausible **Flächenbilanz**, die zwischen bebauten, unbebauten, zur Bebauung vorgesehen und nicht bebaubaren (potentiellen) Ausgleichsflächen unterscheidet (zur Abwägungsrelevanz der naturschutzrechtlichen Eingriffsregelung Rdnr. 681 ff.). Dem zugunsten einer stärkeren Präzisierung mitunter angeführten Entlastungseffekt für die Bebauungsplanung steht neben dem erhöhten Aufwand bei der Flächennutzungsplanung gegenüber, daß die Gemeinde bei einer Eingriffszuordnung auf der Ebene der Flächennutzungsplanung daran im Rahmen des Entwicklungsgebotes ge-

---
1 VGH Kassel v. 3.6.1970 – IV N 9.68, BRS 23 Nr. 21.

maß § 8 Abs. 2 BauGB gebunden ist. Abweichungen machen also in der Regel auch ein Flächennutzungsplanänderungsverfahren nebst Genehmigung der höheren Verwaltungsbehörde (§ 6 Abs. 1 BauGB, Rdnr. 771 ff.) erforderlich[1].

b) Konfliktbewältigung, planerische Zurückhaltung

132 Die Steuerungsfunktion eines Flächennutzungsplans muß so weit reichen, daß in Bezug auf die dargestellten Nutzungsarten anläßlich der Aufstellung von Bebauungsplänen die dort erforderliche Konfliktbewältigung gewährleistet ist. Die Darstellung von miteinander unverträglichen Nutzungen in einem Flächennutzungsplan, die auch über die Gestaltungsmöglichkeiten der verbindlichen Bauleitplanung wegen des entgegenstehenden Entwicklungsgebotes nicht abwägungsfehlerfrei umgesetzt werden könnte, wäre ihrerseits mit dem Abwägungsgebot nicht vereinbar. Dabei genügt es allerdings, wenn die notwendige **Konfliktbewältigung** auf der kleinteiligeren Ebene der verbindlichen Bauleitplanung durch geeignete Festsetzungen **möglich** ist. Auch der Bebauungsplan muß dann nicht alle Probleme, die sich aus der grundsätzlichen Zulassung bestimmter Nutzungen ergeben können, schon selbst abschließend bewältigen. Es genügt vielmehr, wenn derartige Probleme durch eine „**Nachsteuerung**" im späteren Bau- oder Fachgenehmigungsverfahren bewältigt werden können[2]. Der Bebauungsplan muß also im Rahmen des Entwicklungsgebotes gemäß § 8 Abs. 2 BauGB in der Lage sein, die im Flächennutzungsplan grob angelegte Konfliktbewältigung so weit voranzutreiben, daß sie auf der Genehmigungsebene abgeschlossen werden kann. Wenn der Flächennutzungsplan diese Vorarbeit leistet, ist den rechtlichen Anforderungen Genüge getan.

133 Bei Beantwortung der Frage, ob ein Flächennutzungsplan diesen Maßgaben gerecht wird, muß berücksichtigt werden, daß er in der Regel nicht parzellenscharf ist und im Rahmen seiner zeichnerischen Darstellungen ein **überschießendes Maß an Genauigkeit** vorspiegelt, die zumeist gar nicht gewollt ist. Dies gilt insbesondere für Flächennutzungspläne, bei denen der zeichnerische Plan einen eher kleinen Maßstab hat. Dem ist Rechnung zu tragen, wenn es darum geht, ob das Entwicklungsgebot gemäß § 8 Abs. 2 BauGB im Einzelfall noch gewahrt ist oder nicht (z.B. in den Randbereichen dargestellter Bauflächen, dazu Rdnr. 181 ff.).

---

1 Kritisch insofern auch Metz, Funktionsstärkung und Rechtskontrolle beim Flächennutzungsplan, BauR 1999, 841 (844 f.); in der Tendenz auch Löhr in Battis/Krautzberger/Löhr, § 5 Rdnr. 35c.
2 BVerwG v. 6.3.1989 – 4 NB 8.89, BauR 1989, 306 = BRS 49 Nr. 44 = DVBl. 1989, 661 = DÖV 1989, 724 = NVwZ 1989, 960 = UPR 1989, 307 = ZfBR 1989, 129; BVerwG v. 11.3.1988 – 4 C 56.84, BauR 1988, 448 = BRS 48 Nr. 8 = DVBl. 1988, 845 = DÖV 1988, 686 = UPR 1988, 268 = ZfBR 1988, 189.

Der vorbereitende Charakter des Flächennutzungsplans und das Konkretisierungserfordernis im Rahmen der verbindlichen Bauleitplanung ändern nichts daran, daß die Darstellungen des Flächennutzungsplans **hinreichend bestimmt** sein müssen. Es muß insbesondere eindeutig erkennbar sein, welche Nutzungsart in einem bestimmten Bereich dargestellt ist. Ansonsten fehlt es nicht nur an der notwendigen Steuerungsfunktion für die verbindliche Bauleitplanung. Vielmehr ist etwa auch nicht feststellbar, ob ein Außenbereichsvorhaben den Darstellungen des Flächennutzungsplans widerspricht oder nicht (§ 35 Abs. 3 Satz 1 Nr. 1 BauGB, Rdnr. 2158 ff.). Die Gemeinde darf aus diesem Grunde in einem Flächennutzungsplan die **Art der Bodennutzung** auch nicht vollständig offenlassen oder alternative Nutzungsdarstellungen vornehmen[1]. Wird eine **Sonderbaufläche** oder ein **Sondergebiet** dargestellt, muß deren allgemeine Zweckbestimmung (z.B. großflächiger Einzelhandel, Hafenfläche, Justizvollzugsanstalt, Campingplatz u.ä.) angegeben werden[2]. 134

Hinsichtlich der Darstellungsmöglichkeiten des Flächennutzungsplans durch zeichnerische und textliche Festlegungen und zu den bestehenden Interpretations- und Auslegungsmöglichkeiten gelten die diesbezüglichen Anforderungen an Bebauungspläne sinngemäß (dazu Rdnr. 216 ff.). 135

4. Die wesentlichen Darstellungsinhalte gemäß § 5 Abs. 2 Nr. 1 bis 10 BauGB

a) Bauflächen, Baugebiete, Nutzungsmaß (§ 5 Abs. 2 Nr. 1 BauGB)

Nach § 5 Abs. 2 Nr. 1 BauGB können die für die Bebauung vorgesehenen Flächen nach der allgemeinen Art ihrer baulichen Nutzung (Bauflächen) oder nach der besonderen Art ihrer baulichen Nutzung (Baugebiete) sowie nach dem allgemeinen Maß der baulichen Nutzung dargestellt werden. Bauflächen, für die eine zentrale Abwasserbeseitigung nicht vorgesehen ist, sind zu kennzeichnen, um sicherzustellen, daß dieser Umstand in der verbindlichen Bauleitplanung und auch im Rahmen von § 35 Abs. 3 BauGB berücksichtigt wird. Die Kennzeichnungspflicht entbindet dabei nicht von einer Klärung der Frage, ob eine bauliche Nutzung in dem betreffenden Bereich überhaupt in Betracht kommt, was in jedem Fall eine ordnungsgemäße Abwasserbeseitigung voraussetzt, sei es durch einen Anschluß an das öffentliche Kanalnetz oder auch durch geeignete private Anlagen[3]. 136

---

1 Vgl. Bielenberg/Söfker in Ernst/Zinkahn/Bielenberg/Krautzberger, § 5 Rdnr. 19.
2 BVerwG v. 18.2.1994 – 4 C 4.92, BVerwGE 95, 123 = BauR 1994, 486 = BRS 56 Nr. 2 = DVBl. 1994, 1136 = DÖV 1994, 867 = NVwZ 1995, 267 = UPR 1994, 301 = ZfBR 1994, 234.
3 Bielenberg/Söfker in Ernst/Zinkahn/Bielenberg/Krautzberger, § 5 Rdnr. 23.

137 Für die in Betracht kommenden **Bauflächen** und **Baugebiete** ist **§ 1 Abs. 1 und 2 BauNVO** maßgeblich. Ebenso wie bei § 9 Abs. 1 Nr. 1 BauGB für Bebauungspläne sind auch die Darstellungsmöglichkeiten für Flächennutzungspläne insofern **abschließend**. Die Baunutzungsverordnung grenzt den ansonsten im Unterschied zu § 9 BauGB offenen Katalog des § 5 Abs. 2 BauGB in diesem Punkt ein[1]. Es können danach folgende Darstellungen erfolgen:

(1) Die für die Bebauung vorgesehenen Flächen nach der allgemeinen Art ihrer baulichen Nutzung (Bauflächen), die zu unterscheiden sind in

- Wohnbauflächen (W-Flächen),
- gemischte Bauflächen (M-Flächen),
- gewerbliche Bauflächen (G-Flächen),
- Sonderbauflächen (S-Flächen);

(2) die für die Bebauung vorgesehenen Flächen nach der besonderen Art ihrer baulichen Nutzung (Baugebiete), die zu unterscheiden sind in

- Kleinsiedlungsgebiete (WS-Gebiete),
- reine Wohngebiete (WR-Gebiete),
- allgemeine Wohngebiete (WA-Gebiete),
- besondere Wohngebiete (WB-Gebiete),
- Dorfgebiete (MD-Gebiete),
- Mischgebiete (MI-Gebiete),
- Kerngebiete (MK-Gebiete),
- Gewerbegebiete (GE-Gebiete),
- Industriegebiete (GI-Gebiete),
- Sondergebiete (SO-Gebiete).

138 Der Unterschied zwischen den Bauflächen und den Baugebieten liegt darin, daß in den Baugebieten die Art der Nutzung sehr viel präziser festliegt (s. dazu die §§ 2 bis 11 BauNVO, Rdnr. 1311 ff.). Bei den Bauflächen umschließen die **W-Flächen** die WS-, WR- und WA-Gebiete, die **M-Flächen** die MD-, MI- und MK-Gebiete, die **G-Flächen**, die GE- und GI-Gebiete und die **S-Flächen** die SO-Gebiete. Dies führt dazu, daß bei der Darstellung von Bauflächen im Flächennutzungsplan der Entwicklungsspielraum im Rahmen des § 8 Abs. 2 BauGB sehr viel größer ist als bei der Darstellung von Baugebieten (Rdnr. 183).

---

1 Roeser in König/Roeser/Stock, § 1 Rdnr. 13.

Das **allgemeine Maß der baulichen Nutzung** kann durch die Angabe der Geschoßflächenzahl, der Baumassenzahl oder der Höhe baulicher Anlagen dargestellt werden (§ 16 Abs. 1 BauNVO). Weitere Bestimmungen zum Maß der baulichen Nutzung sind grundsätzlich zwar möglich, dürften jedoch mit dem Sinn und Zweck des Flächennutzungsplans, der lediglich die Grundzüge der beabsichtigten städtebaulichen Entwicklung darzustellen hat, zumeist nicht vereinbar sein. Darstellungen zum allgemeinen Maß der baulichen Nutzung können, müssen jedoch nicht zusätzlich zur Darstellung der Nutzungsart erfolgen. 139

b) Flächen für Anlagen des Gemeinbedarfs (§ 5 Abs. 2 Nr. 2 BauGB)

Gemäß § 5 Abs. 2 Nr. 2 BauGB können im Flächennutzungsplan die Ausstattung des Gemeindegebiets mit Einrichtungen und Anlagen zur Versorgung mit Gütern und Dienstleistungen des öffentlichen und privaten Bereichs, insbesondere mit den der Allgemeinheit dienenden baulichen Anlagen und Einrichtungen des Gemeinbedarfs, wie mit Schulen und Kirchen sowie mit sonstigen kirchlichen und mit sozialen, gesundheitlichen und kulturellen Zwecken dienenden Gebäuden und Einrichtungen, sowie die Flächen für Sport und Spielanlagen dargestellt werden. 140

Kern der Darstellungsmöglichkeit sind dabei die Anlagen und Einrichtungen des Gemeinbedarfs. Sie sind durch die allgemeine Zugänglichkeit, die Erfüllung einer öffentlichen Aufgabe sowie durch ein dahinter zurücktretendes privatwirtschaftliches Gewinnstreben gekennzeichnet, wobei die Rechtsform und Trägerschaft unerheblich sind. Darunter fallen neben den in § 5 Abs. 2 Nr. 2 BauGB ausdrücklich genannten Nutzungen etwa auch private Kulturzentren und vergleichbare Einrichtungen[1]. Desweiteren fallen auch Einrichtungen und Anlagen zur Versorgung mit Gütern und Dienstleistungen des öffentlichen und privaten Bereichs unter § 5 Abs. 2 Nr. 2 BauGB, also letztlich eher allgemeine Einrichtungen der gemeindlichen Infrastruktur wie z.B. ärztliche Versorgungseinrichtungen, Einkaufszentren u.ä. Insofern geht die Darstellungsmöglichkeit also deutlich weiter als § 9 Abs. 1 Nr. 5 BauGB (Rdnr. 260 ff.). 141

§ 5 Abs. 2 Nr. 2 BauGB regelt im wesentlichen nur die Darstellung hinsichtlich der **Ausstattung des Gemeindegebiets** mit den in der Vorschrift benannten Einrichtungen. Es kann also der (ungefähre) Standort einer Einrichtung oder Anlage im Sinne von § 5 Abs. 2 Nr. 2 BauGB innerhalb des Gemeindegebiets gekennzeichnet werden, ohne daß eine entsprechende Baufläche dargestellt wird. Die gesonderte Darstellung einer speziellen Baufläche ist zwar möglich, bietet sich jedoch zumeist nur bei solchen Anlagen und Einrichtungen an, die einen größeren Bereich für sich beanspruchen 142

---
1 BVerwG v. 18.5.1994 – 4 NB 15.94, BauR 1994, 485 = BRS 56 Nr. 22 = DVBl. 1994, 1139 = DÖV 1994, 872 = NVwZ 1994, 1004 = UPR 1994, 339 = ZfBR 1994, 237.

und nicht ohnehin in anderen Bauflächen und Baugebieten zulässig und auch üblich sind. Dementsprechend ist etwa die flächenmäßige Darstellung von Schulkomplexen, Krankenhäusern, Universitätsgebäuden und ähnlichen Anlagen in Betracht zu ziehen, seltener hingegen die flächenmäßige Darstellung eines Postamtes, Ärztehauses, SB-Marktes o.ä.

143 Lediglich für Sport- und Spielanlagen spricht § 5 Abs. 2 Nr. 2 BauGB von der Darstellung entsprechender **Flächen**. Gemeint sind mit diesen Anlagen selbständige öffentliche und private Einrichtungen, die nicht Bestandteil anderer Gemeinbedarfseinrichtungen sind (z.B. Schulsportplatz). Abzugrenzen sind die Sport- und Spielanlagen in diesem Sinne von den Darstellungsmöglichkeiten gemäß § 5 Abs. 2 Nr. 5 BauGB. Bei letzteren geht es um Sport- und Spielanlagen mit einem erheblichen Grünanteil (Rdnr. 147). Auch für größere Sportstadien ist eine Darstellung gemäß § 5 Abs. 2 Nr. 2 BauGB in der Regel nicht geeignet. Hier empfiehlt sich eher die Darstellung einer Sonderbaufläche oder eines Sondergebiets. Es geht also in erster Linie um selbständige wohngebietsnahe Sport- und Spielanlagen, unabhängig davon, ob diese privat- oder öffentlichrechtlich betrieben werden sollen.

c) Verkehrsflächen (§ 5 Abs. 2 Nr. 3 BauGB)

144 Die Darstellung der Flächen für den überörtlichen Verkehr und für die örtlichen Hauptverkehrszüge bezieht sich nur auf Verkehrsflächen von **wesentlicher Bedeutung**, also nicht auf normale Durchgangs- und Erschließungsstraßen, kleinere Parkplätze u.s.w.

145 Unter die Verkehrsflächen fallen nicht nur solche des Straßenverkehrs sondern alle Arten öffentlicher Verkehrsflächen, also auch Flächen für Bahnanlagen oder Flughäfen, nicht jedoch für Wasserstraßen, die unter § 5 Abs. 2 Nr. 7 BauGB zu fassen sind (Rdnr. 152)[1]. Die Darstellungsmöglichkeit ändert nichts daran, daß derartige Vorhaben häufig privilegierte Fachplanungen im Sinne von § 38 BauGB (Rdnr. 84 ff.) und damit weitgehend der kommunalen Bauleitplanung entzogen sind (zu den Möglichkeiten eines planfeststellungsersetzenden Bebauungsplans Rdnr. 88). Gleichwohl muß sich die Gemeinde nicht auf nachrichtliche Übernahmen oder Vermerke im Sinne von § 5 Abs. 4 BauGB beschränken (Rdnr. 174 ff.). Eine solche Darstellung kann für die Entscheidung, wo etwa eine Fernstraßentrasse das Gemeindegebiet durchschneiden soll, von Bedeutung sein, da die in dem Flächennutzungsplan zum Ausdruck kommende Standortzuweisung in der fachplanerischen Entscheidung entsprechend zu berücksichtigen ist (Rdnr. 88, 116 ff.).

---
1 Ebenso Bielenberg/Söfker in Ernst/Zinkahn/Bielenberg/Krautzberger, § 5 Rdnr. 30; Löhr in Battis/Krautzberger/Löhr, § 5 Rdnr. 18; a.A. Jäde in Jäde/Dirnberger/Weiß, § 5 Rdnr. 13.

d) Flächen für Ver- und Entsorgungsanlagen (§ 5 Abs. 2 Nr. 4 BauGB)

Die Flächen für Versorgungsanlagen, für die Abfallentsorgung und Abwasserbeseitigung, für Ablagerungen und für Hauptversorgungs- und Hauptabwasserleitungen können gemäß § 5 Abs. 2 Nr. 4 BauGB dargestellt werden. Dabei handelt es sich jeweils nur um Anlagen von besonderer städtebaulicher Bedeutung, was in der Regel Versorgungsanlagen für die bloße Eigenversorgung ausschließt. Unter die Regelung fallen daher in erster Linie Anlagen der **öffentlichen** Ver- und Entsorgung unabhängig von der Rechtsform, in der die Ver- und Entsorgung betrieben wird. Private Anlagen können darunter fallen, wenn sie einen größeren Personenkreis, etwa eine gesamte Wohnsiedlung (Wohnpark u.ä.), ver- oder entsorgen.

146

e) Grünflächen (§ 5 Abs. 2 Nr. 5 BauGB)

Die Inhaltsbestimmung des Begriffs „Grünflächen" (Parkanlagen, Dauerkleingärten, Sport-, Spiel-, Zelt- und Badeplätze sowie Friedhöfe) stimmt für beide Bauleitpläne wörtlich überein, wenn man davon absieht, daß § 9 Abs. 1 Nr. 15 BauGB im Unterschied zu § 5 Abs. 2 Nr. 5 BauGB von öffentlichen und privaten Grünflächen spricht. Ein inhaltlicher Unterschied besteht dabei allerdings nicht, weil § 5 Abs. 2 Nr. 5 BauGB beide Arten von Grünflächen einschließt. Ohnehin ist die Aufzählung nur beispielhaft. Sie zeigt allerdings auf, welche **Art von Grünflächen** hier gemeint ist. Es geht um solche, die in bebaute Gebiete eingegliedert oder ihnen zugeordnet sind und daher **unmittelbare städtebauliche Bedeutung** haben. Insofern sind sie insbesondere von Flächen für die Landwirtschaft und für Wald nach § 5 Abs. 2 Nr. 9 BauGB zu unterscheiden (Rdnr. 157). Die in der Bestimmung genannten Sport- und Freizeitanlagen unterscheiden sich von denen nach § 5 Abs. 2 Nr. 2 BauGB im wesentlichen dadurch, daß sie einen erheblichen Grünanteil aufweisen (Rdnr. 140).

147

Der entscheidende Unterschied zwischen der Darstellungsmöglichkeit nach § 5 Abs. 2 Nr. 5 BauGB und der Festsetzungsmöglichkeit nach § 9 Abs. 1 Nr. 15 BauGB liegt darin, daß es für den Flächennutzungsplan genügt, wenn lediglich Grünflächen dargestellt werden[1], während für den Bebauungsplan eine weitergehende **Konkretisierung** unverzichtbar ist (Rdnr. 294 ff.). Eine weitergehende Präzisierung muß allerdings bereits auf der Ebene der Flächennutzungsplanung dann erfolgen, wenn sie aus Gründen der planerischen Rechtfertigung bereits dort geboten ist, etwa bei besonders großen

148

---
1 Vgl. BVerwG v. 2.2.1995 – 4 B 257.94, BRS 57 Nr. 110 = ZfBR 1995, 222; Gaentzsch in Berliner Kommentar zum Baugesetzbuch, § 5 Rdnr. 33; a.A. Bielenberg/Söfker in Ernst/Zinkahn/Bielenberg/Krautzberger, § 5 Rdnr. 43, die zwingend ein Mindestmaß an weitergehender Konkretisierung bereits auf der Ebene der Flächennutzungsplanung fordern; ebenso Gronemeyer in Gronemeyer, § 5 Rdnr. 23, der insofern allerdings zu Unrecht auf den Beschluß des Bundesverwaltungsgerichts v. 2.2.1995 – 4 B 257.94, verweist.

Grünflächen oder bei einer besonders exponierten Lage im Rahmen des gesamten kommunalen Planungsgefüges. Auch ansonsten ist es vielfach zur Verdeutlichung der planerischen Konzeption und der damit einhergehenden Information der Bürger zweckmäßig, die vorgesehene Nutzung der Grünfläche zumindest in der Grundrichtung zu konkretisieren, etwa durch die ergänzende Angabe, ob es sich um eine öffentliche oder private Grünfläche, einen Friedhof, eine Sport- und Spielanlage o.ä. handeln soll.

f) Flächen für Nutzungsbeschränkungen und für Vorkehrungen zum Schutz gegen schädliche Umwelteinwirkungen (§ 5 Abs. 2 Nr. 6 BauGB)

149 Durch die Möglichkeit zur Darstellung von Flächen für Nutzungsbeschränkungen oder für Vorkehrungen zum Schutz gegen schädliche Umwelteinwirkungen im Sinne von § 3 BImSchG soll bereits auf der Ebene der Flächennutzungsplanung ein Lösungsansatz für Konflikte zwischen sich gegenseitig beeinträchtigenden Nutzungen, zumeist von Wohnnutzung und gewerblicher Nutzung, vorbereitet werden können. **Nutzungsbeschränkungen** auf der emittierenden oder auf der immissionsbetroffenen Fläche überlagern dabei andere Darstellungen, etwa als gewerbliche Baufläche oder als Gewerbegebiet, wenn dort z.B. bestimmte emittierende Nutzungen ausgeschlossen werden.

150 **Vorkehrungen** im Sinne dieser Regelung sind selbständige oder vorgesehene Nutzungsarten überlagernde Darstellungen dahingehend, daß es bestimmter Maßnahmen aus Gründen des Immissionsschutzes bedarf. Dies können Maßnahmen im Zusammenhang mit der emittierenden Nutzung ebenso sein wie etwa Lärmschutzwände oder sonstige Maßnahmen im Bereich der immissionsbetroffenen Nutzung (z.B. Notwendigkeit des Einbaus von Schallschutzfenstern).

151 Der Flächennutzungsplan muß die konkret vorzunehmenden Beschränkungen oder Maßnahmen noch nicht benennen. Dies kann vielmehr den weiteren Verfahren (Bebauungsplanverfahren, Baugenehmigungsverfahren) überlassen bleiben (zu den Anforderungen des Schallschutzes im Städtebau s. insbes. Rdnr. 725, 1237 f., 1849 ff.), zumal auf der Ebene der Flächennutzungsplanung der tatsächliche Umfang schädlicher Umwelteinwirkungen (z.B. Höhe von Geräuschpegeln) zumeist noch gar nicht hinreichend sicher prognostiziert werden kann. Ohnehin sind derartige Darstellungen auf der Ebene des Flächennutzungsplans nicht bei jedem zu erwartenden oder auch nur potentiellen Immissionskonflikt zwingend erforderlich. Es versteht sich von selbst und bedarf zumeist keiner zusätzlichen Steuerung durch spezielle Darstellungen im Flächennutzungsplan, daß z.B. bei aneinander grenzenden Wohn- und Gewerbeflächen das damit einhergehende Konfliktpotential durch geeignete Bebauungsplanfestsetzungen bewältigt bzw. für spätere Baugenehmigungsverfahren eine Bewältigung hinreichend sicher vorbereitet sein muß (Rdnr. 734 ff.). Solange dafür geeignete Bebauungsplan-

festsetzungen (z.B. Festsetzungen nach § 9 Abs. 1 Nr. 24 BauGB, Rdnr. 339 ff., oder Nutzungsbeschränkungen auf der Grundlage von § 1 Abs. 4 bis 10 BauNVO, Rdnr. 1648 ff.) aus dem Flächennutzungsplan **entwickelt werden können**, ist den Anforderungen an die Flächennutzungsplanung in rechtlicher Hinsicht entsprochen.

g) Wasserflächen (§ 5 Abs. 2 Nr. 7 BauGB)

Unter § 5 Abs. 2 Nr. 7 BauGB fallen öffentliche und private, natürliche und künstliche Wasserflächen sowie die weiteren mit Gewässern im Zusammenhang stehenden Arten der Bodennutzung, die in der Regelung genannt sind. Dazu gehören auch **Wasserverkehrsflächen**, die nicht unter § 5 Abs. 2 Nr. 3 BauGB fallen (Rdnr. 145). Flächen für Wasserversorgungsanlagen und Anlagen zur Abwasserbeseitigung fallen unter § 5 Abs. 2 Nr. 4 BauGB (Rdnr. 146) und daher ebenfalls nicht unter Nr. 7. Obgleich es im Bereich der unter diese Regelung zu fassenden Arten der Bodennutzung vielfach um Fachplanungsvorhaben im Sinne von § 38 BauGB geht (Rdnr. 84 ff.), ist die Gemeinde nicht auf eine bloße nachrichtliche Übernahme bzw. auf einen Vermerk im Sinne von § 5 Abs. 4 BauGB beschränkt. Sie kann also auch in diesen Fällen eigene Darstellungen in ihren Flächennutzungsplan aufnehmen (s. in diesem Zusammenhang zu § 5 Abs. 2 Nr. 3 BauGB Rdnr. 145).

152

h) Flächen für Aufschüttungen u.ä. (§ 5 Abs. 2 Nr. 8 BauGB)

Bei der Darstellung der Flächen für Aufschüttungen, Abgrabungen oder für die Gewinnung von Steinen, Erden und anderen Bodenschätzen, geht es nur um solche Flächen, die **städtebauliche Bedeutung** haben, also größeren Umfangs sind. Dafür kann auf den **Vorhabenbegriff in § 29 Abs. 1 BauGB** verwiesen werden, der ausdrücklich Aufschüttungen und Abgrabungen größeren Umfangs den planungsrechtlichen Zulässigkeitstatbeständen der §§ 30 bis 37 BauGB unterstellt (Rdnr. 1126 f.).[1]

153

Nicht unter § 5 Abs. 2 Nr. 8 BauGB fallen diejenigen Maßnahmen, die typischer Bestandteil einer anderen Darstellung sind, wie etwa ein Straßendamm (§ 5 Abs. 2 Nr. 3 BauGB), oder die im Zusammenhang mit einer ohnehin dargestellten Nutzung stehen (z.B. mit Industrie- und Gewerbebetrieben verbundene Aufschüttungen, Abgrabungen oder Ablagerungen). Anderes kann dann gelten, wenn für derartige Maßnahmen bereits auf der Ebene der Flächennutzungsplanung eine qualifizierte Standortzuweisung dergestalt erfolgen soll, daß sie an einer bestimmten Stelle einer Baufläche oder eines Baugebiets zulässig, an einer anderen hingegen definitiv ausgeschlossen sein sollen. Dies ist dann bei der Entwicklung des Bebauungsplans aus dem Flächennutzungsplan gemäß § 8 Abs. 2 BauGB (Rdnr. 181 ff.)

154

---

1 Bielenberg/Söfker in Ernst/Zinkahn/Bielenberg/Krautzberger, § 5 Rdnr. 49; Löhr in Battis/Krautzberger/Löhr, § 5 Rdnr. 28.

zu beachten, aber auch bei der Zulassung von Außenbereichsvorhaben als öffentlicher Belang gemäß § 35 Abs. 3 Satz 1 Nr. 1 BauGB von Bedeutung (Rdnr. 2158 ff.).

155 Eine Darstellung von Flächen für die Gewinnung von Steinen, Erden und anderen Bodenschätzen ist nur dann notwendig, wenn auch die **Erdoberfläche** in Anspruch genommen wird. Bei allein unterirdischen Maßnahmen genügt eine Kennzeichnung gemäß § 5 Abs. 3 Nr. 2 BauGB (Rdnr. 174). Konkrete Angaben zu der Art der Bodenschätze sind im Rahmen von § 5 Abs. 2 Nr. 8 BauGB nicht erforderlich, jedoch ebenso wie bei § 5 Abs. 2 Nr. 5 BauGB (Rdnr. 147) zumindest ratsam, zumal sich die Gemeinde bei der Darstellung derartiger Flächen ohnehin darüber im klaren sein muß, ob dort überhaupt zu gewinnende Bodenschätze vorhanden sind. Ansonsten beruht die entsprechende Darstellung nicht auf einer ordnungsgemäßen Abwägung.

156 Wenn Flächen zur Gewinnung von Bodenschätzen durch Darstellungen im Flächennutzungsplan in bestimmten Bereichen des Gemeindegebiets konzentriert und im übrigen Außenbereich ausgeschlossen werden sollen, kann die entsprechende Darstellung mit der gleichzeitigen Darstellung einer **Vorrang- oder Eignungsfläche** (Rdnr. 160 ff.) kombiniert werden[1]. Unmittelbare Bedeutung hat eine Standortzuweisung im Flächennutzungsplan für Abbauvorhaben allerdings immer nur dann, wenn es nicht um Vorhaben geht, die dem **Fachplanungsprivileg** gemäß § 38 BauGB (Rdnr. 84 ff.) unterfallen, wie etwa bergrechtliche Planfeststellungen. Ist dies der Fall, gelten dieselben Einschränkungen wie bei § 5 Abs. 2 Nr. 3 BauGB (Rdnr. 144).

i) Flächen für die Landwirtschaft und Wald (§ 5 Abs. 2 Nr. 9 BauGB)

157 Die Darstellung von Flächen für die Landwirtschaft im Sinne der Legaldefinition in § 201 BauGB (Rdnr. 2106 ff.) und von Wald im Sinne von § 2 BWaldG[2] gibt Auskunft darüber, welche Teile des Gemeindegebiets einer allgemeinen Bebauung nicht zugänglich sein sollen. Die Bedeutung dieser Flächen für die städtebauliche Entwicklung und Ordnung wird durch die **Umwidmungssperre** des § 1a Abs. 2 Satz 2 BauGB hervorgehoben. Die Darstellung von Flächen für die Landwirtschaft und für Wald muß differenziert erfolgen. Eine alternative Darstellung ist nicht möglich (vgl. zur Festsetzung nach § 9 Abs. 1 Nr. 18 BauGB im Bebauungsplan Rdnr. 308 ff.)[3]. Eine derartige Konkretisierung ist im übrigen auch deshalb geboten, weil anson-

---
1 BVerwG v. 22.5.1987 – 4 C 57.84, BVerwGE 77, 300 = BauR 1987, 651 = BRS 47 Nr. 5 = DVBl. 1987, 1008 = DÖV 1987, 1015 = NVwZ 1988, 54 = UPR 1987, 427 = ZfBR 1987, 293.
2 Zum Begriff des Waldes BVerwG v. 12.2.2003 – 4 BN 9.03, NVwZ-RR 2003, 406; OVG Münster v. 6.7.2000 – 7a D 101/97, BauR 2001, 55.
3 A.A. Bielenberg/Söfker in Ernst/Zinkahn/Bielenberg/Krautzberger, § 5 Rdnr. 54; Löhr in Battis/Krautzberger/Löhr, § 5 Rdnr. 32.

sten keine hinreichend standortbezogene Aussage vorliegt, die im Rahmen von § 35 Abs. 3 Satz 1 Nr. 1 BauGB der Zulässigkeit von Vorhaben im Außenbereich entgegengehalten werden kann. Dies ist nur dann der Fall, wenn der Flächennutzungsplan bestimmte landwirtschaftliche oder waldspezifische Nutzungen in bestimmten Bereichen konzentriert, also eine **qualifizierte Standortzuweisung** vorliegt (s. dazu Rdnr. 2158 ff.). Keine qualifizierte Standortzuweisung in diesem Sinne ist in dem allgemeinen Interesse der Gemeinde zu sehen, den als landwirtschaftliche oder forstwirtschaftliche Fläche dargestellten Außenbereich von einer Bebauung freizuhalten. Ein beachtliches Freihalteinteresse liegt jedoch vor, wenn eine bestimmte Nutzung des Außenbereichs zwar noch nicht definitiv feststeht, jedoch absehbar ist, daß die Fläche für bestimmte bauliche Nutzungen in Anspruch genommen werden soll. Dies kommt etwa dann in Betracht, wenn die räumlichen Ausdehnungsmöglichkeiten einer Gemeinde – z.B. aus topographischen Gründen – begrenzt sind und absehbare Erweiterungen des Stadtkerns nicht an der zwischenzeitlichen Ansiedlung von Vorhaben im Außenbereich scheitern sollen. Allerdings bedarf es für ein solches qualifiziertes Freihalteinteresse in jedem Fall eines planerischen Entwicklungskonzeptes, das allein durch die Darstellungen des Flächennutzungsplans in einem solchen Fall vielfach nicht hinreichend erkennbar ist. Es sind dann entsprechende Ausführungen in der Begründung des Flächennutzungsplans (Rdnr. 178) erforderlich[1].

j) Naturschutzflächen (§ 5 Abs. 2 Nr. 10 BauGB)

§ 5 Abs. 2 Nr. 10 BauGB ermöglicht die Darstellung von Flächen für Maßnahmen zum Schutz, zur Pflege und zur Entwicklung von Boden, Natur und Landschaft. Die Darstellungsmöglichkeit ist insbesondere für **naturschutzrechtliche Ausgleichsmaßnahmen** von Bedeutung. Der mit dem BauROG 1998 (Rdnr. 1) neu aufgenommene Bodenschutz ist für Darstellungen im Flächennutzungsplan allerdings wenig geeignet und effektiv[2]. Immerhin gibt die Regelung der Gemeinde zusätzlich Veranlassung für eine Prüfung, ob es der Darstellung neuer Bauflächen für die Siedlungsentwicklung überhaupt bedarf oder ob nicht von der Darstellung weiterer Bauflächen zugunsten von Nachverdichtungsmaßnahmen in bereits besiedelten Bereichen abgesehen werden sollte.

158

§ 5 Abs. 2 Nr. 10 BauGB bietet im weiteren die Möglichkeit zur Verzahnung von naturschutzrechtlicher **Landschaftsplanung** und ihrer Darstellung

159

---

1 BVerwG v. 6.10.1989 – 4 C 28.86, BRS 50 Nr. 98 = NVwZ 1991, 161 = UPR 1990, 30 = ZfBR 1990, 41; Bielenberg in Ernst/Zinkahn/Bielenberg/Krautzberger, § 5 Rdnr. 53.
2 So zutreffend Metz, Funktionsstärkung und Rechtskontrolle im Flächennutzungsplan, BauR 1999, 841 (842).

des natur- und landschaftspflegerischen Ist- sowie des angestrebten Sollzustandes mit der kommunalen Bauleitplanung (Rdnr. 678 ff.).

k) Sonstige Darstellungsmöglichkeiten

160 Da der Darstellungskatalog in § 5 Abs. 2 BauGB nicht abschließend ist (s. bereits Rdnr. 124 ff.), kommen auch über § 5 Abs. 2 Nr. 1 bis 10 BauGB hinausgehende oder auch davon abweichende Darstellungen im Flächennutzungsplan in Betracht. Unabhängig davon sah der Regierungsentwurf zum EAG Bau (Rdnr. 1) ursprünglich vor, den Katalog des § 5 Abs. 2 BauGB dahingehend zu ergänzen, daß auch Vorrang- und Eignungsflächen sowie Belastungsflächen im Flächennutzungsplan dargestellt werden können[1]. Der Gesetzgeber ist dem Vorschlag gerade unter Hinweis darauf, daß derartige Möglichkeiten bereits nach geltendem Recht bestehen[2], nicht gefolgt[3].

161 Praktische Bedeutung hat insbesondere die Darstellung von **Vorrang- und Eignungsflächen** im Flächennutzungsplan. Sie sind insbesondere im Zusammenhang mit Gewinnungsflächen für Bodenschätze (§ 5 Abs. 2 Nr. 8 BauGB) sowie mit im Außenbereich privilegierten Windenergieanlagen (§ 35 Abs. 1 Nr. 5 BauGB) anzutreffen. Erfolgen derartige Darstellungen, sind sie sowohl für die verbindliche Bauleitplanung als auch für Vorhaben im Außenbereich beachtlich (§ 35 Abs. 3 Satz 1 Nr. 1 und Satz 3 BauGB, dazu Rdnr. 2158 ff.). Beiden Darstellungsmöglichkeiten ist zumindest dann, wenn sie im Rahmen von § 35 Abs. 3 Satz 3 beachtlich sein sollen, gemeinsam, daß sie für den Regelfall einen **außergebietlichen Ausschluß** vorsehen (vgl. für den Bereich des Raumordnungsrechts § 7 Abs. 4 Satz 1 Nr. 1 i.V.m. Satz 2 sowie Nr. 3 ROG). Sie enthalten in diesem Fall die negative Planaussage, daß außerhalb der im Flächennutzungsplan vorgesehenen Vorrang- oder Eignungsflächen die betreffenden Vorhaben selbst bei einer Außenbereichsprivilegierung gemäß § 35 Abs. 1 BauGB in der Regel nicht zulässig sind (§ 35 Abs. 3 Satz 3 BauGB) bzw. der Flächennutzungsplan als beachtlicher Belange entgegensteht oder beeinträchtigt wird. Der **Unterschied** zwischen Vorrang- und Eignungsflächen liegt in diesem Fall allein im innergebietlichen Bereich. Auf Vorrangflächen sind sämtliche Nutzungen ausgeschlossen, die die vorrangige Nutzung (z.B. standortgebundener Abbau von Rohstoffen, Gewinnung von Windenergie) beeinträchtigen können. Es besteht also regelmäßig eine Exklusivität zugunsten der vorrangigen Nutzung, die nur in den Fällen durchbrochen wird, in denen andere Nutzungen mit

---

1 Regierungsentwurf zum EAG Bau, BT-Drucksache 15/2250, Nr. 7 sowie Begründung zu Nr. 7 (§ 5); die vorgeschlagene Regelung beruhte auf der entsprechenden Empfehlung im Bericht der Unabhängigen Expertenkommission, Rdnr. 223 ff.
2 S. etwa BVerwG v. 22.10.2003 – 4 B 84.03, BauR 2004, 462 = UPR 2004, 145; BVerwG v. 22.5.1987, 4 C 57.87, BVerwGE 77, 300 = BauR 1987, 651 = BRS 47 Nr. 5 = DVBl. 1987, 1008 = DÖV 1987, 1115 = NVwZ 1988, 54 = UPR 1987, 427 = ZfBR 1987, 293.
3 S. dazu auch BT-Drucksache 15/2996, Begründung zu Art. 1 § 5 BauGB.

der Vorrangnutzung vereinbar sind. Demgegenüber besteht bei Eignungsflächen eine derartige innergebietliche Exklusivität nicht. Vielmehr sind innerhalb einer Eignungsfläche auch andere Außenbereichsvorhaben zulässig. Die Eignung hat allerdings Bedeutung im Sinne einer Gewichtungsvorgabe für die Beantwortung der Frage, ob bei einem nicht unter die Darstellung fallenden Vorhaben öffentliche Belange beeinträchtigt sind oder entgegenstehen[1].

Der Sache nach handelt es sich in beiden Fällen um eine **planungsrechtliche Kontingentierung des Außenbereichs**. Die Gemeinde muß damit tatsächlich eine städtebauliche Ordnung bezwecken. Sie kann auf diese Weise keine bloße „Verhinderungspolitik" betreiben, wenn tatsächlich die betreffende Nutzung auf den dargestellten Flächen gar nicht stattfinden soll. Eine lediglich **scheinbare Konzentration** an bestimmten Standorten ist rechtswidrig („Feigenblatt"-Planung)[2]. 162

Beispiel: 163
Eine Gemeinde möchte in ihrem Gebiet keine Windenergieanlagen haben. Um dies zu erreichen, stellt sie in ihrem Flächennutzungsplan eine Eignungsfläche für Windenergieanlagen dar und schließt im gesamten übrigen Gemeindegebiet derartige Anlagen aus. Die Eignungsfläche wiederum steht im Eigentum der Gemeinde, die im Falle des Verkaufs zivilrechtlich sicherstellen will, daß dort definitiv keine Windenergieanlagen errichtet werden.

Folge einer Außenbereichskontingentierung durch entsprechende Plandarstellungen ist, daß die betreffenden Vorhaben gemäß § 35 Abs. 1 Nr. 2 bis 6 BauGB außerhalb der dargestellten Flächen in der Regel unzulässig sind (§ 35 Abs. 3 Satz 3 BauGB) oder jedenfalls die betreffende Darstellung des Flächennutzungsplans als öffentlicher Belange im Sinne von § 35 Abs. 3 Satz 1 Nr. 1 BauGB entgegensteht bzw. beeinträchtigt wird (Rdnr. 2158 ff.). Zumindest bei privilegierten Außenbereichsnutzungen im Sinne von § 35 Abs. 1 Nr. 2 bis 6 BauGB, die in bestimmten Teilen des Gemeindegebiets ausgeschlossen sein sollen, bedingen die Bevorzugung der betreffenden Nutzungen auf den dafür dargestellten Flächen und der regelmäßige Ausschluß außerhalb davon einander. Das Zurücktreten der Privilegierung in Teilen des Gemeindegebiets läßt sich bei im Außenbereich privilegierten Nutzungen nach der Wertung des Gesetzgebers nur dann rechtfertigen, wenn die Gemeinde sicherstellt, daß sich die betroffenen Vorhaben an anderen Stellen gegenüber konkurrierenden Nutzungen durchsetzen. Dies setzt zwangsläufig voraus, daß die betreffenden Flächen für die vorgesehene Nutzung geeignet sein müssen und einer Realisierung der Nutzung **keine unüberwindbaren Hindernisse** rechtlicher oder tatsächlicher Art entgegenstehen dürfen. Dies gilt sowohl im Hinblick auf die Lage der von der Gemeinde 164

---
1 Hoppe in Hoppe/Bönker/Grotefels, § 4 Rdnr. 1 ff.
2 So ausdrücklich BVerwG v. 17.12.2002 – 4 C 15.01, DVBl. 2002, 797 = UPR 2003, 188; OVG Lüneburg v. 17.1.2002 – 1 L 2504/00, BauR 2002, 362 = ZfBR 2002, 362.

ausgewählten Standorte und deren Größe als auch für deren sonstige Eignungskriterien (z.B. hinsichtlich der Windhöffigkeit bei der Darstellung von Eignungsgebieten für Windenergieanlagen). Die erforderliche Eignung der dargestellten Vorrang- oder Eignungsflächen bedeutet nicht, daß es sich um die für die betreffende Nutzung bestmöglichen Flächen innerhalb des Gemeindegebiets handeln muß. Es reicht vielmehr aus, wenn an dem vorgesehenen Konzentrationsstandort die Voraussetzungen für eine dem Zweck angemessene Nutzung gegeben sind. Ob dies allerdings der Fall ist, muß die Gemeinde im Rahmen des Aufstellungsverfahrens für den Flächennutzungsplan so umfassend ermitteln, daß eine ordnungsgemäße Abwägungsentscheidung möglich ist[1].

165 Wie groß von der Gemeinde in ihrem Flächennutzungsplan dargestellte Vorrang- oder Eignungsflächen sein müssen, um sie insbesondere von einer unzulässigen Verhinderungsplanung abzugrenzen (Rdnr. 162), läßt sich abstrakt nicht sagen. Kriterien in diesem Zusammenhang sind neben der Größe der planenden Gemeinde ggf. auch die Größe von Gemeindegebietsteilen, die vorhandene Siedlungsdichte sowie die Standorteignung einer geplanten Vorrang- oder Eignungsfläche für die dort vorgesehene Nutzung[2]. Im Hinblick darauf, daß Eignungsflächen anders als Vorrangflächen auch für andere Nutzungen offen stehen (s. Rdnr. 161), müssen diese flächenmäßig tendenziell größer sein, um für die betreffende Nutzung hinreichende Entfaltungsmöglichkeiten zu belassen. In jedem Fall bedarf es einer umfassenden und in der Regel **auf das gesamte Gemeindegebiet** bezogenen städtebaulichen Konzeption, wenn durch den Gesetzgeber gemäß § 35 Abs. 1 Nr. 2 bis 6 BauGB privilegierte Nutzungen in wesentlichen Teilen des gemeindlichen Außenbereichs ausgeschlossen werden sollen. Dabei darf die Gemeinde sich zwar nicht von der Zielsetzung leiten lassen, die Entfaltungsmöglichkeiten dieser gesetzlich privilegierten Nutzungen auf das rechtlich unabdingbare Minimum zu beschränken. Andererseits ist sie aber auch nicht verpflichtet, diese Nutzungen in besonderer Weise zu fördern. Ihnen kommt also im Rahmen der planerischen Abwägung kein abstrakter Vorrang gegenüber anderen abwägungserheblichen Belangen zu[3].

166 Eine Abweichung davon, daß sich die städtebauliche Konzeption bei der Darstellung von Vorrang- oder Eignungsflächen zur Konzentration von privilegierten Außenbereichsnutzungen gemäß § 35 Abs. 1 Nr. 2 bis 6 BauGB auf das gesamte Gemeindegebiet beziehen muß, enthält § 5 Abs. 2b BauGB. Danach können für Darstellungen des Flächennutzungsplans mit den Rechtswirkungen des § 35 Abs. 3 Satz 3 BauGB **sachliche Teilflächennutzungspläne** aufgestellt werden (s. Rdnr. 108). Diese Möglichkeit ändert al-

---

1 BVerwG v. 17.12.2002 – 4 C 15.01, DVBl. 2003, 797 = UPR 2003, 188.
2 BVerwG v. 17.12.2002 – 4 C 15.01, DVBl. 2003, 797 = UPR 2003, 188.
3 BVerwG v. 17.12.2002 – 4 C 15.01, DVBl. 2003, 797 = UPR 2003, 188; OVG Münster v. 30.11.2001 – 7a 4857/00, BauR 2002, 886.

lerdings nichts daran, daß zumindest für den Teil des Gemeindegebiets, für den eine sachliche Teilplanung erfolgen soll, eine städtebauliche Konzeption vorliegen muß, wie sie ansonsten für das gesamte Gemeindegebiet erforderlich wäre. Insbesondere kann die Teilflächennutzungsplanung nicht dafür mißbraucht werden, privilegierte Außenbereichsnutzungen generell auszuschließen oder aufgrund der dafür vorgesehenen Flächen, deren Größe u.s.w. zumindest faktisch zu verhindern.

Stellt sich bei der Aufstellung, Änderung oder Ergänzung eines Flächennutzungsplans oder eines Teilflächennutzungsplans gemäß § 5 Abs. 2b BauGB heraus, daß keine hinreichend großen und geeigneten Flächen zur Verfügung stehen, um Vorrang- oder Eignungsflächen für in § 35 Abs. 1 Nr. 2 bis 6 BauGB geregelte Nutzungen darzustellen, ist ein Ausschluß dieser Nutzungen im restlichen Gemeindegebiet nicht zulässig. Die Gemeinde muß in einem solchen Fall von einer entsprechenden Darstellung insgesamt Abstand nehmen, da jede gleichwohl vorgenommene Darstellung dieser Art eine rechtlich unzulässige (verkappte) Verhinderungsplanung wäre[1]. 167

Eine weitere Darstellungsmöglichkeit im Flächennutzungsplan, die ebenfalls entgegen dem Vorschlag des Regierungsentwurfs nicht ausdrücklich in den Beispielskatalog des § 5 Abs. 2 BauGB übernommen wurde (Rdnr. 160), sind die sog. **Belastungsflächen**. Danach kann eine Gemeinde in ihrem Flächennutzungsplan Flächen darstellen, die insbesondere wegen einer Häufung bestimmter Vorhaben von weiteren Vorhaben dieser Art freigehalten werden sollen. Die Darstellung bedarf wie jede andere Planung auch einer städtebaulichen Rechtfertigung. Diese kann insbesondere darin liegen, daß ansonsten die städtebauliche Entwicklung in der Gemeinde oder die Funktion des Außenbereichs erheblich beeinträchtigt ist. 168

Beispiel: 169
Die gemeindliche Planungskonzeption sieht vor, daß sich aufgrund der zunehmenden Bevölkerungsdichte die Siedlungsentwicklung in eine bestimmte Himmelsrichtung bewegen soll. Dafür sind zwar noch hinreichende Freiflächen vorhanden, jedoch droht die Gefahr, daß diese möglicherweise wegen der Immissionsbelastung durch die dort vorhandenen und sich weiter ausbreitenden Intensivtierhaltungsbetriebe nicht genutzt werden können.

In Betracht kommt eine derartige Darstellung etwa im Zusammenhang mit der Massen- und Intensivtierhaltung, die in einigen Regionen Deutschlands in erheblichem Umfang zugenommen hat[2]. Die Darstellung eines Belastungsgebiets ist gewissermaßen das Gegenstück zur Konzentration bestimmter Nutzungen gemäß § 35 Abs. 3 Satz 3 BauGB durch die Darstel- 170

---

1 BVerwG v. 17.12.2002 – 4 C 15.01, DVBl. 2003, 797 = UPR 2003, 188.
2 S. in diesem Zusammenhang den Regierungsentwurf zum EAG Bau, BT-Drucksache 15/2250, II. 5., a) sowie die Begründung zu Nr. 7 (§ 5) und den Bericht der Unabhängigen Expertenkommission, Rdnr. 223 ff.

lung von Vorrang- oder Eignungsflächen. Während bei der Darstellung von Vorrang- oder Eignungsflächen die betreffende Nutzung dort konzentriert und im übrigen Gemeindegebiet ausgeschlossen werden soll, führt die Darstellung einer Belastungsfläche dazu, daß die betreffende Nutzung dort regelmäßig nicht genehmigungsfähig ist, weil die Darstellung des Flächennutzungsplans als öffentlicher Belang entgegensteht bzw. beeinträchtigt wird (§ 35 Abs. 3 Satz 1 Nr. 1 BauGB). Hingegen ist bei der Darstellung von Belastungsflächen § 35 Abs. 3 Satz 3 BauGB nicht einschlägig, da sie nicht gleichzeitig bedeutet, daß eine Ausweisung an anderer Stelle erfolgt ist.

5. Eingriffszuordnung gemäß § 5 Abs. 2a BauGB

171 § 5 Abs. 2a BauGB ermöglicht es, Ausgleichsflächen im Sinne von § 1a Abs. 3 BauGB schon auf der Ebene der Flächennutzungsplanung den erwartenden Eingriffen in Natur und Landschaft ganz oder teilweise zuzuordnen. Auf diese Weise kann ein das Gemeindegebiet umfassendes Gesamtkonzept für Eingriffs- und Ausgleichsflächen entwickelt werden. Ebenfalls können, insbesondere im Sinne einer ökologischen Optimierung, größere zusammenhängende Ausgleichsflächen dargestellt und entsprechenden Flächen mit Eingriffsfolgen zugeordnet werden (**Sammel-Ausgleichsflächen**).

172 Die Darstellungsmöglichkeit nach § 5 Abs. 2a BauGB überlagert die Darstellungen gemäß § 5 Abs. 2 Nr. 1 bis 10 BauGB bei zu erwartenden Eingriffen und bei dargestellten Bodennutzungen, die Ausgleichsfunktion haben können (z.B. Grünflächen). Durch die entsprechende Zuordnung werden diese unterschiedlichen Arten der Bodennutzung miteinander verknüpft. Allerdings ist eine solche Zuordnung bereits auf der Ebene der Flächennutzungsplanung **nicht erforderlich**. Es genügt, wenn anläßlich der Aufstellung von Bebauungsplänen, die Eingriffe in Natur und Landschaft zulassen, in dem notwendigen Umfang und in geeigneter Lage Flächen zur Verfügung stehen, auf denen verbindliche Ausgleichsfestsetzungen erfolgen können. Dies sind im wesentlichen die Flächen gemäß § 5 Abs. 2 Nr. 5, 6 und 10 BauGB. Auch Bauflächen selbst können als Ausgleichsflächen in Betracht kommen, wenn die Kompensationsmaßnahmen zumindest teilweise auf einem Baugrundstück selbst stattfinden sollen. Hingegen wird es mitunter als problematisch angesehen, **Landwirtschaftsflächen** gemäß § 5 Abs. 2 Nr. 9 BauGB zum Ausgleich von Eingriffen heranzuziehen. Verwiesen wird dazu in erster Linie auf die Umwidmungssperre gemäß § 1a Abs. 2 Satz 2 BauGB[1]. Allerdings handelt es sich bei Darstellungen im Sinne von § 5 Abs. 2 Nr. 9 BauGB zumeist nicht um qualifizierte Standortzuweisungen, wenn keine zusätzlichen standortbezogenen Aussagen getroffen werden (Rdnr. 157). Da in diesen Fällen eine solche Darstellung im Flächennutzungsplan einem Außenbereichsvorhaben nicht entgegengehalten werden

---
1 So etwa Löhr in Battis/Krautzberger/Löhr, § 5 Rdnr. 31, 35d.

kann (Rdnr. 2158 ff.)[1], ist auch die Entwicklung von Ausgleichsflächen aus diesen Darstellungen im Rahmen der verbindlichen Bauleitplanung nicht von vornherein ausgeschlossen[2]. Denn mit der Festsetzung von Ausgleichsflächen geht in aller Regel eine Freihaltung von baulichen Nutzungen einher, die auch die typische Funktion von im Flächennutzungsplan unspezifiziert dargestellten Landwirtschaftsflächen ist.

Wenn bereits auf der Ebene der Flächennutzungsplanung eine Zuordnung gemäß § 5 Abs. 2a BauGB erfolgen soll, ist zu beachten, daß diese für die Einhaltung des Entwicklungsgebots verbindlich ist und die weitere gemeindliche Planung entsprechend einengt (Rdnr. 181 ff.). Desweiteren muß in diesem Fall bereits auf der Ebene der Flächennutzungsplanung eine **Ausgleichskonzeption** (Ermittlung von voraussichtlichen Eingriffen in Natur und Landschaft und des voraussichtlichem Ausgleichsbedarf) zumindest in den Grundzügen vorhanden sein und den Plandarstellungen zu Grunde liegen. Sie ist in der Begründung des Flächennutzungsplans zu behandeln, da ansonsten die planerische Abwägung nicht nachvollziehbar ist. Die Ausgleichskonzeption muß dabei so präzise sein, daß auf der durch den Flächennutzungsplan zugeordneten Ausgleichsfläche die erforderlichen Kompensationsmaßnahmen durch den späteren Bebauungsplan tatsächlich festgesetzt werden können. Nicht hingegen ist es über eine Flächendarstellung hinaus geboten, bereits auf der Flächennutzungsplanebene festsetzungsgenau Kompensationsmaßnahmen nach einer exakten Eingriffs- und Ausgleichsbilanzierung darzustellen (zum Verhältnis der planerischen Konfliktbewältigung auf der Ebene des Flächennutzungsplans, des Bebauungsplans und der Vorhabengenehmigung Rdnr. 734 ff., 1222).

173

6. Kennzeichnungen und nachrichtliche Übernahmen

§ 5 Abs. 3 und 4 BauGB enthalten Regelungen zur Kennzeichnung besonderer nutzungsrelevanter Umstände sowie zur nachrichtlichen Übernahme anderweitiger Planungen. Die Regelungen entsprechen von ihrer Bedeutung und ihren Rechtsfolgen her im wesentlichen § 9 Abs. 5 und Abs. 6 BauGB (Rdnr. 377 ff.).

174

Neben § 5 Abs. 3 BauGB regelt § 5 Abs. 2 Nr. 1 2. Halbsatz BauGB eine zusätzliche Kennzeichnungspflicht (Fehlen einer zentralen Abwasserbeseitigung). Sie unterscheidet sich dadurch, daß die dort genannten Bauflächen zu kennzeichnen sind, während es sich bei § 5 Abs. 3 BauGB um eine Soll-Vorschrift handelt. Eine Mißachtung dieser Pflicht läßt jedoch die Rechtswirksamkeit des Flächennutzungsplans grundsätzlich unberührt, wie sich

175

---

1 BVerwG v. 6.10.1989 – 4 C 28.86, BRS 50 Nr. 98 = NVwZ 1991, 161 = UPR 1990, 30 = ZfBR 1990, 41.
2 OVG Münster v. 28.7.1999 – 7a D 42/98, NVwZ-RR 2000, 573.

aus der rein **informatorischen Funktion** von Kennzeichnungen ergibt[1]. An der Abwägungserheblichkeit des betreffenden Umstandes ändert dies indes nichts.

176 Bei der nachrichtlichen Übernahme gemäß § 5 Abs. 4 BauGB ist im Unterschied zu § 9 Abs. 6 BauGB nicht von Denkmälern sondern von **denkmalgeschützten Mehrheiten** von baulichen Anlagen die Rede. Dies ist dem Umstand geschuldet, daß die Flächennutzungsplanung auf die Darstellung der Grundzüge der Planung beschränkt ist, also nicht die Detailgenauigkeit aufweist, die ein Bebauungsplan hat.

177 § 5 Abs. 4 Satz 2 BauGB sieht zusätzlich vor, daß noch nicht erfolgte, sondern erst in Aussicht genommene Festsetzungen nach anderen gesetzlichen Vorschriften zumindest **vermerkt** werden sollen. Damit wird vor allem dem Umstand Rechnung getragen, daß der Flächennutzungsplan auf eine langfristige Umsetzung ausgelegt ist und die sich anschließende Bebauungsplanung hinsichtlich derartiger Entwicklungen sensibilisiert werden soll.

7. Begründung des Flächennutzungsplans

178 Während dem Flächennutzungsplan nach bisherigem Recht ein Erläuterungsbericht beizufügen war, bedarf es auf der Grundlage des EAG Bau (Rdnr. 1) nunmehr gemäß § 5 Abs. 5 BauGB ebenso wie bei einem Bebauungsplan der Beifügung einer Begründung mit den Angaben nach § 2a BauGB. Der Hinweis auf § 2a BauGB stellt klar, daß es einer Begründung, die den Anforderungen des § 2a BauGB entspricht, bereits anläßlich der Öffentlichkeitsbeteiligung gemäß § 3 Abs. 2 BauGB und der Behördenbeteiligung gemäß § 4 Abs. 2 BauGB bedarf. Diese dem Entwurf beizufügende Begründung ist bis zum Zeitpunkt der Beschlußfassung über den Flächennutzungsplan gemäß den im weiteren Aufstellungsverfahren gewonnenen Erkenntnissen fortzuschreiben[2].

179 Die Ersetzung des Erläuterungsberichts durch die Notwendigkeit, dem Flächennutzungsplan ebenso wie einem Bebauungsplan eine Begründung beizufügen, ist nicht nur eine sprachliche Gleichstellung. Die geänderte Begrifflichkeit führt vielmehr dazu, daß auch die ebenfalls durch das EAG Bau neu eingeführten Anforderungen an die Bauleitplanung, also im wesentlichen die Notwendigkeit einer **Umweltprüfung**, für die Flächennutzungsplanung in gleicher Weise gelten wie für die Bebauungsplanung. Dementsprechend ist gemäß § 2a BauGB im Rahmen der Begründung des Flächennutzungsplans nicht nur eine Darstellung der Ziele, Zwecke und wesentlichen Auswirkungen des Plans, sondern auch ein Umweltbericht erforderlich. Ebenso wie beim

---

1 Jäde in Jäde/Dirnberger/Weiß, § 5 Rdnr. 24.
2 Regierungsentwurf zum EAG Bau, BT-Drucksache 15/2250, Begründung zu Nr. 7 (§ 5).

Bebauungsplan (§ 10 Abs. 4 BauGB) bedarf es auch beim Flächennutzungsplan zwar noch nicht für den Planentwurf, der Gegenstand der Öffentlichkeits- und Behördenbeteiligung ist, wohl aber für den endgültigen Plan einer **zusammenfassenden Erklärung** über die Art und Weise, wie die Umweltbelange und die Ergebnisse der Öffentlichkeits- und Behördenbeteiligung in dem Flächennutzungsplan berücksichtigt wurden und aus welchen Gründen der Plan nach Abwägung mit den geprüften, in Betracht kommenden anderweitigen Planungsmöglichkeiten gewählt wurde (§ 6 Abs. 5 Satz 3 BauGB; s. Rdnr. 384 ff. zur Begründung des Bebauungsplans, zum Umweltbericht Rdnr. 675 und zu der zusammenfassenden Erklärung Rdnr. 397). Ebenso wie der Bebauungsplan (§ 10 Abs. 3 Satz 2 BauGB, Rdnr. 829 ff.) ist gemäß § 6 Abs. 5 Satz 4 BauGB auch der Flächennutzungsplan mit seiner Begründung und der zusammenfassenden Erklärung zu jedermanns Einsicht bereitzuhalten und über deren Inhalt auf Verlangen Auskunft zu geben.

Zusätzliche Anforderungen gegenüber einem Bebauungsplan bestehen dann, wenn Flächen und sonstige Darstellungen aus dem Flächennutzungsplan gemäß § 5 Abs. 1 Satz 2 BauGB vorläufig ausgenommen werden (Rdnr. 106), da die Gründe hierfür in der Planbegründung dargelegt werden müssen. 180

II. Entwicklungsgebot

Der Flächennutzungsplan bildet nicht nur die Grundlage für die Gesamtplanung der Gemeinde (§ 5 Abs. 1 BauGB). Er bindet vielmehr die Gemeinde auch bei der verbindlichen Bauleitplanung durch die Aufstellung von Bebauungsplänen (§ 8 Abs. 2 Satz 1 BauGB), die grundsätzlich aus dem Flächennutzungsplan zu entwickeln sind (Entwicklungsgebot). Eine Ausnahme davon besteht hinsichtlich der Bebauungsplanung für Bundesfern- oder Landesstraßen, die an die jeweilige Linienbestimmung nach Straßenrecht, nicht jedoch an das Entwicklungsgebot gebunden sind (s. allerdings auch Rdnr. 116 ff.; zum planfeststellungsersetzenden Bebauungsplan Rdnr. 88)[1]. 181

Das zweistufige Verhältnis von Flächennutzungsplan und Bebauungsplan entspricht dem Idealbild der Raumplanung, das auf einer Stufenfolge der Planung basiert, die sich vom jeweils größeren Raum stufenweise bis zur Nutzungsregelung für das einzelne Grundstück konkretisiert. Bei dieser **Stufenfolge der Planung** genießt der Flächennutzungsplan gegenüber dem Bebauungsplan Priorität. Aus dessen „grobmaschigen" Vorgaben ist die parzellenscharfe Planung des Bebauungsplans zu entwickeln[2]. 182

Der Flächennutzungsplan ist als Zweckprogramm an den **voraussehbaren** Bedürfnissen der Gemeinde ausgerichtet (§ 5 Abs. 1 Satz 1 BauGB, dazu 183

---
1 OVG Münster v. 10.8.2000 – 7a D 162/98, BauR 2001, 201.
2 BVerwG v. 12.2.2003 – 4 BN 9.03, NVwZ-RR 2003, 406 = UPR 2003, 230.

Rdnr. 126 ff.) und damit in weitaus stärkerem Maße auf **Prognosen** aufgebaut als dies bei der verbindlichen Bauleitplanung der Fall ist, auch wenn diese als Angebotsplanung gleichfalls hinsichtlich der Ausnutzung von Bebauungsmöglichkeiten in der Regel nicht auf abschließender Gewißheit beruht (zu den Besonderheiten beim vorhabenbezogenen Bebauungsplan Rdnr. 908). Aus dem prognostischen Charakter des Flächennutzungsplans, der Grobmaschigkeit der Planung und ihrer räumlichen Ausdehnung folgt, daß das Entwickeln im Sinne von § 8 Abs. 2 Satz 1 BauGB nicht lediglich eine präzisierende und konkretisierende Ausfüllung umfaßt. Vielmehr ist die Entwicklung des Bebauungsplans aus dem Flächennutzungsplan ein **Akt der konkreten Ausgestaltung** und damit die Wahrnehmung planerischer Gestaltungsfreiheit. Diese planerisch-konzeptionelle Ableitung läßt es zu, daß die in einem Bebauungsplan zu treffenden Festsetzungen von den vorgegebenen Darstellungen des Flächennutzungsplans abweichen[1]. Derartige Abweichungen sind jedoch nur zulässig, wenn sie durch den Übergang in die konkretere Planungsstufe gerechtfertigt sind, etwa weil die Detailplanung zwar eine Korrektur der dem Flächennutzungsplan zu Grunde liegenden Prognosen erfordert, die Grundkonzeption des Flächennutzungsplans jedoch gleichwohl unberührt bleibt („Feinsteuerung")[2]. **Abweichungen vom Flächennutzungsplan** kommen sowohl in Bezug auf Einzelfestsetzungen des Bebauungsplans als auch für den gesamten Bebauungsplan in Betracht. Dieser kann also durchaus in seinem gesamten Geltungsbereich eine andere Nutzung festsetzen als im Flächennutzungsplan vorgesehen ist[3]. Zwingend ist allerdings, daß die Grundkonzeption des Flächennutzungsplans, also die Grundzüge der (Flächennutzungs-)Planung, erhalten bleiben. Dabei kommt es im Unterschied zu § 214 Abs. 2 Nr. 2 BauGB auf den Bereich des Bebauungsplans an, nicht hingegen auf die planerische Konzeption des Flächennutzungsplans in seinem gesamten Geltungsbereich[4]. Eine Überschreitung der für das **Maß der baulichen Nutzung** einschlägigen Obergrenzen des § 17 Abs. 1 BauNVO kann dabei einen Verstoß gegen das Entwicklungsgebot „indizieren", wenn diese Obergrenzen im Flächennutzungsplan dargestellt sind[5]. Ebenfalls hat die allgemeine und erst recht die besondere **Art der baulichen Nutzung** (§ 1 Abs. 1 und Abs. 2 BauNVO) wichtige Bedeutung. Ein Abweichen spricht tendenziell, allerdings keinesfalls zwingend, gegen die Einhaltung des Entwicklungsgebotes. Insbesondere gilt dies, wenn die

---

1 BVerwG v. 12.2.2003 – 4 BN 9.03, NVwZ-RR 2003, 406 = UPR 2003, 230; BVerwG v. 26.2.1999 – 4 CN 6.98, BauR 1999, 1128 = DÖV 1999, 733 = NVwZ 2000, 197 = UPR 1999, 271 = ZfBR 1999, 223; BVerwG v. 28.2.1975 – 4 C 74.72, BVerwGE 48, 70 = BauR 1975, 256 = BRS 29 Nr. 8 = DVBl. 1975, 661 = NJW 1975, 1985.
2 OVG Münster v. 12.2.2004 – 7 a D134/02, BauR 2004, 972.
3 BVerwG v. 26.1.1979 – IV C 65.76, BauR 1979, 206 = BRS 35 Nr. 20 = ZfBR 1979, 121; OVG Münster v. 28.7.1999 – 7a D 42/98, NVwZ-RR 2000, 573.
4 BVerwG v. 26.2.1999 – 4 CN 6.98, BauR 1999, 1128 = DÖV 1999, 733 = NVwZ 2000, 197 = UPR 1999, 271 = ZfBR 1999, 223.
5 OVG Berlin v. 14.1.1994 – 2 A 9/91, BRS 56 Nr. 42 = NVwZ-RR 1995, 69 = UPR 1994, 319.

Nutzungen nicht einmal artverwandt sind, also im Flächennutzungsplan ein Baugebiet dargestellt ist (z.B. MD) und daraus im Bebauungsplan eine Nutzung entwickelt werden soll, die einer anderen Baufläche zugeordnet ist (z.B. ein GE-Gebiet, vgl. Rdnr. 136 ff.). Demgegenüber ist es in der Regel vom Entwicklungsgebot gedeckt, wenn eine spezielle Nutzungsform aus einer Darstellung des Flächennutzungsplans entwickelt wird.

Beispiele:

(a) Aus einer gewerblichen Baufläche wird ein Sondergebiet „Technologiezentrum" entwickelt. 184

(b) Aus einer gewerblichen Baufläche wird ein Sondergebiet großflächiger Einzelhandel, also eine besondere Form der gewerblichen Nutzung (s. § 11 Abs. 2 BauNVO, Rdnr. 1614 f.) entwickelt. 185

(c) In einem Bereich, der im Flächennutzungsplan als Fläche für die Landwirtschaft dargestellt ist, wird im Bebauungsplan als naturschutzrechtliche Ausgleichsmaßnahme eine extensive Bewirtschaftung von Grünland oder Obstwiesen als spezifische landwirtschaftliche Betätigung festgesetzt[1]. 186

Die **planerische Grundkonzeption** des Flächennutzungsplans wurde in von der Rechtsprechung entschiedenen Fällen noch **gewahrt**, wenn in einem Bebauungsplan eine im Flächennutzungsplan dargestellte Waldfläche (§ 5 Abs. 2 Nr. 9 BauGB) als Fläche zum Schutz, zur Pflege und zur Entwicklung von Boden, Natur und Landschaft (§ 9 Abs. 1 Nr. 20 BauGB)[2], ein im Flächennutzungsplan dargestelltes Kleinsiedlungsgebiet als reines Wohngebiet[3], eine Wohnbaufläche als Kerngebiet[4], eine Grünfläche als Mischgebiet bzw. ein Mischgebiet zum Teil als Grünfläche (Kinderspielplatz)[5], eine Schulbaufläche als Wohngebiet oder aber umgekehrt eine dargestellte Wohnbaufläche als Gemeinbedarfsfläche für eine angrenzende Schule und eine Anlage für sportliche Zwecke[6] festgesetzt wurde. Allerdings kommt es insofern letztlich immer auf die **konkreten Umstände des Einzelfalls** an. Bei für die Gesamtplanung unbedeutenden Flächen insbesondere in Randlagen des Gemeindegebiets ist vielfach bei einer abweichenden Festsetzung noch keine Beeinträchtigung der planerischen Grundkonzeption anzunehmen. Derartige Abweichungen sind daher eher hinzunehmen als dies etwa bei der Ausweisung privater Gartenflächen oder auch einer baulichen Nutzung an 187

---
1 OVG Münster v. 28.7.1999 – 7a D 42/98, NVwZ-RR 2000, 573.
2 BVerwG v. 12.2.2003 – 4 BN 9.03, NVwZ-RR 2003, 406 = UPR 2003, 230.
3 OVG Münster v. 8.10.1974 – X A 1155/72, BRS 28 Nr. 10.
4 VGH Mannheim v. 23.6.1977 – V 2123/76, BRS 32 Nr. 9.
5 VGH München v. 8.5.1981 – 1 II 78, BauR 1982, 37 = BRS 38 Nr. 19; OVG Koblenz v. 12.5.1977 – 7 C 3/77, BRS 32 Nr. 10.
6 OVG Berlin v. 24.3.1995 – 2 A 4/94, BRS 57 Nr. 12 = DÖV 1996, 42 = NVwZ 1996, 202 = UPR 1996, 278; BVerwG v. 26.1.1979 – 4 C 65.76, BauR 1979, 206 = BRS 35 Nr. 20 = ZfBR 1979, 121; VGH Mannheim v. 17.2.1977 – III 1389/76, BRS 32 Nr. 11; s. andererseits allerdings auch VGH Kassel v. 24.1.1989 – IV N 8/82, BRS 49 Nr. 8 = NVwZ-RR 1989, 609 = UPR 1989, 394.

exponierter Stelle des Gemeindegebiets der Fall ist, wenn der Flächennutzungsplan dort eine öffentliche Parkfläche vorsieht[1].

188 Eine **Änderung der Plankonzeption** wurde in der Rechtsprechung in Fällen angenommen, in denen auf einer im Flächennutzungsplan dargestellten Konzentrationsfläche für Windenergieanlagen überwiegend Flächen für die Landwirtschaft festgesetzt wurden[2] oder in denen auf Flächen für die Landwirtschaft ein Gewerbegebiet[3], ein Wohngebiet[4], ein alleinstehendes Hochhaus[5] oder eine Fläche zur Aufforstung als naturschutzrechtliche Ausgleichsmaßnahme[6] festgesetzt wurde. Auch hier kommt es letztlich jedoch auf den konkreten Planungsfall an.

189 Für die Beurteilung, ob ein Bebauungsplan aus dem Flächennutzungsplan entwickelt ist, muß auf den Zeitpunkt des Inkrafttretens des Bebauungsplans (§ 10 Abs. 3 Satz 4 BauGB) abgestellt werden. Zu diesem **Zeitpunkt** muß dem Entwicklungsgebot Genüge getan sein[7]. Abweichendes gilt für das Parallelverfahren gemäß § 8 Abs. 3 BauGB (dazu Rdnr. 208 ff.) sowie für den vorzeitigen Bebauungsplan gemäß § 8 Abs. 4 BauGB (dazu Rdnr. 196 ff.).

190 Genügt ein Bebauungsplan nicht dem Entwicklungsgebot, führt dies im Grundsatz zu seiner **Unwirksamkeit**. Dies gilt indes dann nicht, wenn die sich aus dem Flächennutzungsplan ergebende geordnete städtebauliche Entwicklung für den über das Bebauungsplangebiet hinausgehenden größeren Raum, in der Regel also für das gesamte Gemeindegebiet oder jedenfalls für den Ortsteil, nicht beeinträchtigt ist[8]. In diesem Fall ist die Rechtsverletzung für die Wirksamkeit des Bebauungsplans gemäß § 214 Abs. 2 Nr. 2 BauGB unbeachtlich (dazu Rdnr. 1072). Ein solcher (nicht bewußt gewollter) Verstoß macht den Plan auch nicht gemäß § 10 Abs. 2 BauGB genehmigungspflichtig mit der Folge eines aus der fehlenden Genehmigung resultierenden Verfahrensfehlers[9]. Ebenso ist es auf die Wirksamkeit des Bebauungsplans ohne Einfluß, wenn sich **nach** seiner Bekanntmachung herausstellt, daß der zu Grunde liegende Flächennutzungsplan wegen einer Verletzung von Verfahrens- oder Formvorschriften unwirksam ist (§ 214 Abs. 2 Nr. 3 BauGB, dazu Rdnr. 1077). Fehlt allerdings der Stelle, die den Flächennutzungsplan aufgestellt hat (z.B. ein unwirksam gegründeter Planungsver-

---

1 VGH Kassel v. 25.7.1990 – 3 UE 100.86, NuR 1991, 283 = UPR 1991, 116.
2 OVG Münster v. 12.2.2004 – 7a D134/02, BauR 2004, 972.
3 VGH Kassel v. 4.6.1987 – 3 OE 36/83, BRS 47 Nr. 20.
4 OVG Saarlouis v. 26.3.1976 – II R 67/75, DÖV 1977, 336.
5 OVG Koblenz v. 15.12.1977 – 1 A 86/75, BRS 32 Nr. 12.
6 OVG Münster v. 28.7.1999 – 7a D 42/98, NVwZ-RR 2000, 573.
7 BVerwG v. 29.9.1978 – 4 C 30.76, BVerwGE 56, 283 = BauR 1978, 449 = DÖV 1979, 214 = DVBl. 1979, 151 = NJW 1979, 1516.
8 BVerwG v. 26.2.1999 – 4 CN 6.98, BauR 1999, 1128 = DÖV 1999, 733 = NVwZ 2000, 197 = UPR 1999, 271 = ZfBR 1999, 223.
9 So auch Runkel, Das Gebot der Entwicklung der Bebauungspläne aus dem Flächennutzungsplan, ZfBR 1999, 298 (302).

band gemäß § 205 BauGB), die dafür notwendige Kompetenz, greifen die Heilungsvorschriften nicht ein, so daß der Flächennutzungsplan unwirksam ist und daher auch nicht Grundlage einer Entwicklung gemäß § 8 Abs. 2 BauGB sein kann[1]. Denkbar ist es dann allerdings, daß der Bebauungsplan als selbständiger oder vorzeitiger Bebauungsplan (dazu Rdnr. 192 sowie 196) rechtswirksam ist.

III. Ausnahmen vom Entwicklungsgebot

§ 8 BauGB sieht Ausnahmetatbestände (selbständiger Bebauungsplan, vorzeitiger Bebauungsplan) bzw. Modifikationen zum Entwicklungsgebot (Parallelverfahren) vor. Diese betreffen Fälle, in denen eine zweistufige Planung nicht erforderlich ist oder aber von diesem Erfordernis insbesondere aus Gründen der Zeitersparnis abgewichen werden darf. Wegen der damit verbundenen höheren Gefährdung für eine geordnete städtebauliche Entwicklung bedürfen Bebauungspläne bei einer Abweichung vom Entwicklungsgebot der **Genehmigung der höheren Verwaltungsbehörde**, beim Parallelverfahren allerdings nur dann, wenn der Bebauungsplan gemäß § 8 Abs. 3 Satz 2 BauGB vor dem Flächennutzungsplan bekanntgemacht werden soll (§ 10 Abs. 2 BauGB).

191

1. Selbständiger Bebauungsplan

Ausnahmsweise ist es zulässig, einen Bebauungsplan ohne Flächennutzungsplan aufzustellen (einstufige Bauleitplanung). Dies setzt gemäß § 8 Abs. 2 Satz 2 BauGB voraus, daß der Bebauungsplan ausreicht, um die städtebauliche Entwicklung zu ordnen. Ein solches Abweichen von der grundsätzlich zweistufigen Bauleitplanung kommt in der Regel nur **in kleineren Gemeinden** in Betracht. Auch in kleinen Gemeinden gilt allerdings die prinzipielle Anforderung des Baugesetzbuchs, daß selbständige Bebauungspläne nur dann ausreichen, wenn sie geeignet sind, die städtebauliche Entwicklung zu ordnen, also eine an den Planungsgrundsätzen und Planungsleitlinien des § 1 Abs. 5 und Abs. 6 BauGB ausgerichtete städtebauliche Entwicklung gewährleisten. Maßstab ist dabei die geordnete städtebauliche Entwicklung **im gesamten Gemeindegebiet**.

192

§ 8 Abs. 2 Satz 2 BauGB ist nicht nur dann anwendbar, wenn in einer Gemeinde ein einziger selbständiger Bebauungsplan aufgestellt werden soll. In Betracht kommt vielmehr auch die Aufstellung mehrerer selbständiger Bebauungspläne durch die Gemeinde[2]. Allerdings müssen **mehrere selbständige Bebauungspläne** gemeinsam geeignet sein, die städtebauliche Entwick-

193

---

1 BVerwG v. 18.12.1991 – 4 N 2.89, BRS 52 Nr. 6 = DÖV 1992, 631 = DVBl. 1992, 574 = NVwZ 1992, 882 = UPR 1992, 185.
2 Gaentzsch in Berliner Kommentar zum Baugesetzbuch, § 8 Rdnr. 16.

lung im Sinne einer Gesamtkonzeption so zu ordnen, daß den städtebaulichen Bedürfnissen der Gemeinde hinsichtlich der weiteren baulichen Entwicklung, der notwendigen infrastrukturellen Ausstattung u.s.w. hinreichend Rechnung getragen ist. Dies ist zumeist nur möglich, wenn auf absehbare Zeit mit keiner stärkeren Besiedlung und damit verbundenen zusätzlichen Ansprüchen an die Raumnutzung zu rechnen ist. Ansonsten bedarf es der Flächennutzungsplanung[1]. Andererseits wäre es zu eng, den selbständigen Bebauungsplan im wesentlichen auf die Festschreibung und Ordnung des Bestandes zu beschränken[2]. Denn § 8 Abs. 2 Satz 2 BauGB räumt durchaus die Möglichkeit ein, durch den selbständigen Bebauungsplan auch **städtebauliche Entwicklung** zu betreiben. Allerdings muß in der Regel die vorhandene Bebauung die Grundzüge der Planung bereits vorzeichnen[3].

194 Wenn mehrere selbständige Bebauungspläne in einer Gemeinde aufgestellt werden sollen, bedarf es in der Regel für die notwendige Koordination zumindest einer **informellen Planung** im Sinne eines städtebaulichen Rahmenplans oder Rahmenkonzeptes (vgl. § 1 Abs. 6 Nr. 11 BauGB, Rdnr. 598)[4]. Damit können dann in beschränktem Umfang auch über das jeweilige Plangebiet hinausgehende Konflikte (z.B. verkehrstechnische Lösungen) bewältigt werden.

195 Unabhängig von der an sich eher engen Auslegung des § 8 Abs. 2 Satz 2 BauGB sollte die Erforderlichkeit der Flächennutzungsplanung gerade bei kleinen Gemeinden hinsichtlich ihrer Bedeutung und Aussagekraft auch nicht überbewertet werden, zumal dies vor dem Hintergrund des § 1 Abs. 3 Satz 1 BauGB durchaus auch ein Hemmschuh für die städtebauliche Entwicklung etwa in den ländlichen Gebieten der neuen Länder sein kann, in denen die Gemeinden oftmals noch nicht über einen Flächennutzungsplan verfügen (zur Bedeutung des Planungserfordernisses im Zusammenhang mit einem vorzeitigen Bebauungsplan Rdnr. 201).

Werden die Voraussetzungen für einen selbständigen Bebauungsplan nicht richtig beurteilt, ist dies gemäß § 214 Abs. 2 Nr. 1 BauGB **unbeachtlich** (dazu Rdnr. 1071). Unabhängig davon kann sich die Rechtmäßigkeit des Bebauungsplans im Einzelfall auch daraus ergeben, daß die Voraussetzungen für einen vorzeitigen Bebauungsplan nach § 8 Abs. 4 BauGB gegeben sind.

---

1 OVG Koblenz v. 14.11.1984 – 10 C 28/83, BRS 42 Nr. 18 = DÖV 1985, 369 = NVwZ 1985, 501; OVG Koblenz v. 16.12.1980 – 10 C 2/80, BRS 36 Nr. 15.
2 In diesem Sinne etwa Jäde in Jäde/Dirnberger/Weiß, § 8 Rdnr. 11.
3 VGH Mannheim v. 27.7.1979 – III 3871/78, BRS 35 Nr. 19.
4 Löhr in Battis/Krautzberger/Löhr, § 8 Rdnr. 7; vgl. auch VGH Mannheim v. 27.7.1995 – 3 S 1288.93, NVwZ 1996, 920.

2. Vorzeitiger Bebauungsplan

Die Aufstellung des Flächennutzungsplans braucht gemäß § 8 Abs. 4 Satz 1 BauGB für die verbindliche Bauleitplanung nicht abgewartet zu werden, wenn **dringende Gründe** die Aufstellung, Änderung, Ergänzung oder Aufhebung eines Bebauungsplans erfordern und wenn der Bebauungsplan der beabsichtigten städtebaulichen Entwicklung des Gemeindegebiets nicht entgegenstehen wird (vorzeitiger Bebauungsplan). 196

Die Aufstellung eines vorzeitigen Bebauungsplans ist nur zulässig, wenn in der Gemeinde noch **kein wirksamer Flächennutzungsplan** besteht. Ist ein Flächennutzungsplan vorhanden, muß dieser – zumindest im Parallelverfahren (Rdnr. 208 ff.) – geändert werden. Für den vorzeitigen Bebauungsplan ist in diesem Fall kein Raum. Selbst wenn die Gemeinde den Flächennutzungsplan als änderungsbedürftig oder überholt ansieht, ändert dies daher nichts an dem prinzipiellen Gebot einer zweistufigen Planung[1]. 197

Besonderheiten bestehen jedoch gemäß § 8 Abs. 4 Satz 2 BauGB bei **Gebiets- und Bestandsänderungen** von Gemeinden oder anderen Veränderungen in der Zuständigkeit für die Aufstellung von Flächennutzungsplänen. Gilt in derartigen Fällen ein Flächennutzungsplan fort, greift das Entwicklungsgebot nicht ein. Dies beruht darauf, daß die für die verbindliche Bauleitplanung zuständige Gemeinde auch selbst für die vorbereitende Bauleitplanung verantwortlich ist. Sie ist durch das Entwicklungsgebot lediglich gehalten, Bebauungspläne aus ihrem **eigenen** Flächennutzungsplan zu entwickeln. § 8 Abs. 4 Satz 2 BauGB entbindet allerdings nur von der Anforderung des § 8 Abs. 4 Satz 1 BauGB, daß ein Flächennutzungsplan noch nicht vorhanden sein darf. Die weiteren Voraussetzungen der Bestimmung (dringende Gründe, kein Konflikt mit der beabsichtigten städtebaulichen Entwicklung des Gemeindegebiets) gelten auch in diesem Fall uneingeschränkt (zur Möglichkeit, den fortgeltenden Flächennutzungsplan eigenständig zu ändern, s. Rdnr. 111)[2]. 198

Die Gemeinde ist zwar prinzipiell verpflichtet, Flächennutzungsplanung zu betreiben (zum selbständigen Bebauungsplan Rdnr. 192 ff.) und auch entsprechend zu fördern. Ungeachtet dessen ist es für die Zulässigkeit eines selbständigen Bebauungsplans ohne Bedeutung, **warum** ein wirksamer Flächennutzungsplan nicht vorliegt. Dementsprechend ist es für die Möglichkeit zur Aufstellung eines vorzeitigen Bebauungsplans prinzipiell sanktionslos, wenn die Gemeinde zuvor ihre Flächennutzungsplanung nicht hinrei- 199

---

1 BVerwG v. 28.2.1975 – IV C 74.72, BVerwGE 48, 70 = BauR 1975, 256 = BRS 29 Nr. 8.
2 Vgl. VGH Kassel v. 28.1.1993 – 4 N 1587/85, ZfBR 1994, 103; Gaentzsch in Berliner Kommentar zum Baugesetzbuch, § 8 Rdnr. 22.

chend gefördert hat[1]. Ihr ist also auch in einem solchen Fall die Aufstellung eines vorzeitigen Bebauungsplans nicht verwehrt.

200 Das Fehlen eines Flächennutzungsplans kann nach der Rechtsprechung des Bundesverwaltungsgerichts sowohl darauf beruhen, daß die Gemeinde einen Flächennutzungsplan **noch nicht aufgestellt** hat als auch darauf, daß dieser aufgrund von Rechtsmängeln **unwirksam** ist[2]. Der letztere Fall führt konsequenterweise dazu, daß es auch bedeutungslos ist, ob die Gemeinde sich (zutreffende oder auch unzutreffende) Gedanken über die Voraussetzungen des § 8 Abs. 4 BauGB gemacht hat[3]. Diese Auffassung ist allerdings abzulehnen. Denn der vorzeitige Bebauungsplan unterscheidet sich von dem selbständigen Bebauungsplan gemäß § 8 Abs. 2 Satz 2 BauGB (Rdnr. 192 ff.) gerade dadurch, daß die Gemeinde Flächennutzungsplanung betreibt. Die Vorzeitigkeit bedeutet insofern lediglich, daß der Bebauungsplan bei Erfüllung der entsprechenden Voraussetzungen **vor** dem Flächennutzungsplan aufgestellt werden darf. Hingegen bedeutet dies nicht, daß die Aufstellung ohne jedwede vorbereitende Bauleitplanung, die auf den Erlaß eines wirksamen Flächennutzungsplans gerichtet ist, erfolgen darf (zur Abgrenzung zum Parallelverfahren gemäß § 8 Abs. 3 BauGB Rdnr. 210).

201 Die Aufstellung eines vorzeitigen Bebauungsplans setzt voraus, daß dringende Gründe sie erfordern. Maßgeblich sind dafür **objektive Gründe**, nicht hingegen die subjektiven Vorstellungen der planenden Gemeinde. Die Dringlichkeit ist vor dem Hintergrund des Erfordernisses einer geordneten städtebaulichen Entwicklung zu sehen. Danach hat die Gemeinde einerseits dem **Planungserfordernis** gemäß § 1 Abs. 3 Satz 1 BauGB und der damit einhergehenden Planungspflicht Rechnung zu tragen, die sich auch auf die verbindliche Bauleitplanung bezieht (Rdnr. 29 ff.). Andererseits muß sie jedoch auch das prinzipiell mit der zweistufigen Bauleitplanung verbundene **Entwicklungsgebot** beachten. Dies führt gerade vor dem Hintergrund, daß die Aufstellung eines Flächennutzungsplans in der Regel sehr viel mehr Zeit in Anspruch nimmt als die Bebauungsplanung, zu einem **Zielkonflikt**, der durch § 8 Abs. 4 Satz 1 BauGB aufgelöst werden soll. Aus diesem Grunde ist für die Dringlichkeit maßgeblich, ob eine geordnete städtebauliche Entwicklung eher durch das Warten auf den Flächennutzungsplan für das ganze Gemeindegebiet oder durch eine vorzeitige verbindliche Bauleitplanung gewährleistet ist. Entscheidend für das Vorliegen dringender Gründe ist daher das öffentliche Interesse an der Durchführung einer städtebaulich relevanten Maßnahme, das gegenüber einem Abwarten des Flächennutzungsplans aus objektiven Gründen überwiegen muß. Dafür wiederum ist

---
1 BVerwG v. 14.12.1984 – 4 C 54.81, BauR 1985, 282 = BRS 42 Nr. 17 = DÖV 1986, 299 = DVBl. 1985, 795 = NVwZ 1985, 745 = UPR 1985, 333 = ZfBR 1995, 87.
2 BVerwG v. 18.12.1991 – 4 N 2.89, BRS 52 Nr. 6 = DÖV 1992, 631 = DVBl. 1992, 574 = NVwZ 1992, 882 = UPR 1992, 185 = ZfBR 1992, 136.
3 BVerwG v. 18.12.1991 – 4 N 2.89, BRS 52 Nr. 6 = DÖV 1992, 631 = DVBl. 1992, 574 = NVwZ 1992, 882 = UPR 1992, 185 = ZfBR 1992, 136.

zum einen die Bedeutsamkeit der betreffenden Maßnahme zu bewerten, zum anderen allerdings auch die Frage zu beantworten, inwieweit eine solche verbindliche Bauleitplanung zukünftig ganzheitliche Entwicklungskonzepte für die Gemeinde erschwert.

Ist letzteres der Fall, liegen dringende Gründe im Rechtssinne nicht vor[1]. Wenn die Zeit also nicht drängt und daher die Aufstellung des Flächennutzungsplans abgewartet werden kann, ist die vorzeitige Aufstellung eines Bebauungsplans nicht aus dringenden Gründen erforderlich. In keinem Fall genügt es, daß lediglich die Voraussetzungen des § 1 Abs. 3 Satz 1 BauGB erfüllt sind, da dies bei jedem Bebauungsplan der Fall sein muß, auch wenn er aus dem Flächennutzungsplan entwickelt wird. 202

Für die Frage, ob eine geordnete städtebauliche Entwicklung einen vorzeitigen Bebauungsplan erforderlich macht und daher dringliche Gründe vorliegen, kommt es auf die **tatsächlichen Gegebenheiten** und auf die **Planungskonzeption** der Gemeinden an, so wie sie der laufenden Flächennutzungsplanung zu Grunde liegt. 203

Existiert bereits ein sehr weitreichendes Planungskonzept, dann sprechen in der Regel keine dringenden Gründe für die Aufstellung eines davon abweichenden Bebauungsplans, da dieser dann gerade nicht einer geordneten städtebaulichen Entwicklung genügt[2]. Demgegenüber sind die Anforderungen an die Dringlichkeit als besonderer Rechtfertigung für die Vorzeitigkeit des Bebauungsplans geringer, wenn bereits eine detaillierte planerische Konzeption der Gemeinde für die städtebauliche Entwicklung besteht (insbesondere ein bereits sehr weit entwickelter Flächennutzungsplan) und der vorzeitige Bebauungsplan dieser Konzeption entspricht. 204

In Fällen, in denen sich ansonsten eine städtebauliche Fehlentwicklung abzeichnet, wie etwa die **Entwicklung einer unerwünschten Gemengelage**[3], sind dringende Gründe für einen vorzeitigen Bebauungsplan zumeist zu bejahen. In einer solchen Konstellation ist die Bedeutung des Planungserfordernisses gemäß § 1 Abs. 3 Satz 1 BauGB in der Regel selbst dann höher einzustufen als das Entwicklungsgebot gemäß § 8 Abs. 2 Satz 1 BauGB, wenn eine umfassende Planungskonzeption auf der Ebene der vorbereitenden Bauleitplanung noch nicht vorliegt. In Fällen, in denen sich eine negative städtebauliche Entwicklung nicht abzeichnet, können **gewichtige Investitionen**, die für die Entwicklung der Gemeinde bedeutsam sind (z.B. Maßnahmen des Wohnungsbaus zur Beseitigung von Wohnungsnot[4], die Bereit- 205

---

1 BVerwG v. 14.12.1984 – 4 C 54.81, BauR 1985, 282 = BRS 42 Nr. 17 = DÖV 1986, 299 = DVBl. 1985, 795 = NVwZ 1985, 745 = UPR 1985, 333 = ZfBR 1985, 87.
2 Jäde in Jäde/Dirnberger/Weiß, § 8 Rdnr. 14.
3 VGH Mannheim v. 8.11.1972 – II 906/70, BauR 1973, 173 = BRS 25 Nr. 7; VGH Mannheim v. 4.5.1972 – II 199/72, BRS 25 Nr. 17 = DÖV 1972, 821.
4 BVerwG v. 14.12.1984 – 4 C 54.81, BauR 1985, 282 = BRS 42 Nr. 17 = DÖV 1986, 299 = DVBl. 1985, 795 = NVwZ 1985, 745 = UPR 1985, 333 = ZfBR 1985, 87.

stellung von Gemeinbedarfsflächen für Vorhaben im öffentlichen Interesse, wie etwa ein kirchliches Zentrum[1] oder die Ausweisung von Gewerbeflächen für ein sich konkret abzeichnendes Ansiedlungsvorhaben), dringende Gründe darstellen. Dabei kommt es jedoch ausschließlich auf die **planerische Situation** an, nicht auf das bloße Interesse eines Bauherrn daran, so schnell wie möglich zu bauen. Aus diesem Grund muß ein solcher investitionsbezogener Bebauungsplan vorzeitig notwendig sein, um den Planungsgrundsätzen und Planungsleitlinien des § 1 Abs. 5 und Abs. 6 BauGB in angemessener Weise Rechnung zu tragen. Dies wird man bei für die städtebauliche Entwicklung bedeutsamen wirtschaftlichen Investitionsmaßnahmen häufig annehmen können (s. insbesondere § 1 Abs. 6 Nr. 8 BauGB). **Verneint** wurden dringliche Gründe in der Rechtsprechung hingegen dann, wenn durch einen vorzeitigen Bebauungsplan in einem bereits weitgehend bebauten Gebiet lediglich rechtswidrige oder rechtlich fragwürdige Baugenehmigungen planungsrechtlich untersetzt werden sollen, ohne daß dafür städtebauliche Gründe sprächen[2].

206 § 8 Abs. 4 Satz 1 BauGB spricht im weiteren davon, daß ein vorzeitiger Bebauungsplan nur aufgestellt werden darf, wenn er der **beabsichtigten städtebaulichen Entwicklung** des Gemeindegebiets nicht entgegenstehen wird. Diese Anforderung ist mit den notwendigen dringenden Gründen für den vorzeitigen Bebauungsplan unmittelbar verzahnt und hat bereits dafür wesentliche Bedeutung (Rdnr. 201). Ohnehin kann diese Voraussetzung nur eine besondere Rolle spielen, wenn hinreichend präzise Absichten der Gemeinde für die städtebauliche Entwicklung vorliegen. Diese Absichten ergeben sich in erster Linie aus dem **Entwurf eines Flächennutzungsplans**, ergänzend allerdings auch aus sonstigen gemeindlichen Entwicklungskonzepten oder sonstigen **informellen Planungen** (Wohnungsbaukonzepte, Einzelhandelskonzepte u.ä.). Ebenfalls spielen die Planungsziele und Planungsleitlinien nach § 1 Abs. 5 und Abs. 6 BauGB (Rdnr. 593 ff.) eine Rolle[3]. Die Gemeinde hat es dabei freilich **weitgehend selbst in der Hand**, ihre Planungsabsichten dergestalt zu entwickeln oder auch zu modifizieren, daß sie einem vorzeitigem Bebauungsplan nicht (mehr) entgegenstehen. Es kommt hinzu, daß der Bebauungsplan lediglich der beabsichtigten Entwicklung des **Gemeindegebiets** nicht entgegenstehen darf. Die bloße Modifizierung oder Verschiebung von einzelnen Nutzungen gegenüber der beabsichtigten städtebaulichen Gesamtentwicklung steht daher einem vorzeitigen Bebauungsplan nicht entgegen, sofern es nicht um ganz zentrale Entwicklungskomponenten der Gemeinde geht.

207 Nach § 214 Abs. 2 Nr. 1 BauGB ist es für die Rechtswirksamkeit des Bebauungsplans unbeachtlich, wenn das Vorliegen dringender Gründe nicht richtig beurteilt wurde (dazu Rdnr. 1071).

---

1 VGH Mannheim v. 27.1.1972 – II 217/70, BRS 25 Nr. 18.
2 VGH Kassel v. 27.8.1992 – 3 N 109/87, BRS 54 Nr. 11.
3 Löhr in Battis/Krautzberger/Löhr, § 8 Rdnr. 12.

3. Parallelverfahren

Das Entwicklungsgebot fordert prinzipiell, daß vor der Aufstellung, Änderung, Ergänzung oder Aufhebung eines Bebauungsplans ein Flächennutzungsplan vorliegen muß, aus dem der Bebauungsplan dann entwickelt werden kann. Ist dies nicht möglich, weil ein Flächennutzungsplan noch nicht existiert oder weil aufgrund von geänderten Planungsvorstellungen bei einer aktuell anstehenden Bebauungsplanung der Gemeinde eine Entwicklung aus dem Flächennutzungsplan nicht (mehr) in Betracht kommt (zu den diesbezüglichen Grenzen Rdnr. 183 ff.) und scheidet auch ein vorzeitiger Bebauungsplan aus (zu den diesbezüglichen Anforderungen Rdnr. 196 ff.), verbleibt noch die Möglichkeit zur Durchführung eines Parallelverfahrens gemäß § 8 Abs. 3 BauGB. Danach kann mit der Aufstellung, Änderung, Ergänzung oder Aufhebung eines Bebauungsplans **gleichzeitig** auch der Flächennutzungsplan aufgestellt, geändert oder ergänzt werden.

208

Für das Parallelverfahren ist es nicht entscheidend, **welches der beiden Verfahren zuerst** begonnen worden ist. So kann ein bereits eingeleitetes Verfahren zur Aufstellung oder Änderung eines Flächennutzungsplans durch ein Bebauungsplanverfahren „eingeholt" werden, auch wenn ursprünglich eine parallele Durchführung der Verfahren gar nicht beabsichtigt war[1].

209

Dem Wesen des Parallelverfahrens entspricht es allerdings, daß Flächennutzungs- und Bebauungsplanverfahren derart aufeinander bezogen sind, daß für das Gebiet des Bebauungsplans und die dort zu lösenden Konflikte eine grundsätzliche **Gleichzeitigkeit** der Planerarbeitungen und eine inhaltliche Abstimmung beider Planungen gegeben ist[2]. Diese **Verzahnung** der beiden Planungsstufen, die den wesentlichen Unterschied zum vorzeitigen Bebauungsplan ausmacht (Rdnr. 200), ändert nichts an der prinzipiellen Anwendbarkeit des **Entwicklungsgebotes** und der damit einhergehenden gestuften Bauleitplanung. Im Unterschied zu § 8 Abs. 2 Satz 1 BauGB genügt es beim Parallelverfahren allerdings, wenn den **materiellen** Anforderungen des Entwicklungsgebotes Rechnung getragen ist. Dies folgt aus § 8 Abs. 3 Satz 2 BauGB. Danach kann der Bebauungsplan vor dem Flächennutzungsplan bekanntgemacht werden, wenn nach dem Stand der Planungsarbeiten anzunehmen ist, daß der Bebauungsplan aus den künftigen Darstellungen des Flächennutzungsplans entwickelt sein wird. Diese tatbestandliche Voraussetzung ist mit § 33 Abs. 1 Nr. 2 BauGB für die Genehmigung von Bauvorhaben während der Aufstellung eines Bebauungsplans vergleichbar (Rdnr. 1913 ff.)[3]. Es genügt dabei im Sinne einer „**Teilplanreife**", wenn für den **Bereich des Bebauungsplans** dem materiellen Entwicklungsgebot in Be-

210

---

1 Jäde in Jäde/Dirnberger/Weiß, § 8 Rdnr. 9.
2 BVerwG v. 3.10.1984 – 8 N 4.84, BVerwGE 70, 171 = BauR 1985, 64 = BRS 42 Nr. 22 = NVwZ 1985, 485 = DVBl. 1985, 385 = UPR 1985, 133 = ZfBR 1985, 50.
3 Gaentzsch in Berliner Kommentar zum Baugesetzbuch, § 8 Rdnr. 17.

zug auf den Entwurf des Flächennutzungsplans Rechnung getragen ist und aufgrund des Verfahrensstandes nicht mehr damit gerechnet werden muß, daß die Darstellungen des Flächennutzungsplanentwurfs in diesem Teilbereich noch geändert werden[1].

211 Für den Fall, daß die Anforderungen des § 8 Abs. 3 BauGB nicht hinreichend beachtet worden sind, enthält § 214 Abs. 2 Nr. 4 BauGB eine Unbeachtlichkeitsregelung. Danach ist ein Fehler dann unbeachtlich, wenn durch ihn die geordnete städtebauliche Entwicklung nicht beeinträchtigt worden ist (dazu im einzelnen Rdnr. 1080 f.).

F. Der Inhalt des Bebauungsplans

I. Allgemeine Anforderungen an die Festsetzungen des Bebauungsplans

1. Der räumliche Geltungsbereich des Bebauungsplans

212 § 9 Abs. 7 BauGB sieht ausdrücklich vor, daß der Bebauungsplan die Grenzen seines räumlichen Geltungsbereichs festsetzt (zum Flächennutzungsplan Rdnr. 102 ff.). Zur Größe von Bebauungsplangebieten existieren dann jedoch keine weiteren gesetzlichen Vorgaben. Allenfalls Bebauungspläne ganz kleiner Gemeinde umfassen das gesamte Gemeindegebiet. In aller Regel werden hingegen für einzelne Teile des Gemeindegebiets verschiedene Bebauungspläne aufgestellt.

213 Nach der praktischen Erfahrung ist der räumliche Zuschnitt von Bebauungsplänen in der Regel recht klein. Knapp 40% aller Bebauungspläne bewegen sich in einer Größenordnung von bis zu 3 ha. Weitere 33% aller Bebauungspläne liegen in einem Größenbereich zwischen 3 und 10 ha. Nur knapp 10% aller Pläne umfassen eine Fläche von mehr als 25 ha[2]. Da sich solche Bebauungspläne bei der Betrachtung des gesamten Gemeindegebiets jeweils nur auf kleine Flecken beschränken, spricht man teilweise von „Briefmarken-Bebauungsplänen"[3]. Gerade in derartigen Fällen zeigt sich mit Blick auf die Gesamtentwicklung der Gemeinde die Bedeutung des § 8 Abs. 2 BauGB, nach dem Bebauungspläne aus dem gemeindlichen Flächennutzungsplan zu entwickeln sind (Rdnr. 181 ff.).

214 Entscheidend für die Größe von Planungsgebieten ist deren **Erforderlichkeit** zur Erreichung der gemeindlichen Planungszwecke. Wenn es z.B. aus Grün-

---

1 Jäde in Jäde/Dirnberger/Weiß, § 8 Rdnr. 10; Schmidt-Eichstaedt, Städtebaurecht, 202.
2 Schmidt-Eichstaedt, Städtebaurecht, 201.
3 Schmidt-Eichstaedt, Städtebaurecht, 201.

den des Verkehrs erforderlich ist, allein eine Verkehrsfläche festzusetzen oder eine gefährliche Straßenkreuzung übersichtlich zu verbreitern, genügt es, daß der Bebauungsplan nur die an der Kreuzung liegenden und von der Umgestaltung betroffenen Grundstücke umfaßt. In Betracht kommt insofern auch eine isolierte **Straßen- oder eine Trassenplanung** etwa für eine Straßenbahn[1]. Möglich ist es ebenfalls, einen Bebauungsplan lediglich **für ein Grundstück** oder ein Vorhaben aufzustellen. Dies gilt unabhängig davon, ob es sich um einen vorhabenbezogenen Bebauungsplan (dazu Rdnr. 871 ff.) handelt oder nicht. Voraussetzung ist jedoch, daß sich diese planerische Maßnahme mit dem Zweck der Bauleitplanung begründen läßt und auf einer **ordnungsgemäßen Abwägung** beruht. Keinesfalls kann man pauschal sagen, daß einzelfallbezogene Bebauungspläne in der Regel auf einen Mißbrauch der Planungshoheit zugunsten von Einzelinteressen hindeuten. Eher ist allerdings zu besorgen, daß sehr kleinteilige Bebauungspläne nicht in der Lage sind, das Baugeschehen hinreichend zu steuern und in die Richtung zu lenken, die die Gemeinde selbst wünscht und in der Regel auch in ihrer Flächennutzungsplanung zum Ausdruck gebracht hat. Da die Darstellungen eines Flächennutzungsplans einem Innenbereichsvorhaben nicht entgegengehalten werden können[2] und zu der für das Gebot des Einfügens nach § 34 BauGB maßgeblichen näheren Umgebung nicht nur unbeplante sondern auch beplante Bereiche gehören (Rdnr. 1964), können projektbezogene Einzelfallpläne leicht dazu führen, daß eine von der Gemeinde nicht gewünschte städtebauliche Entwicklung eingeleitet wird. Daher ist das Risiko von baulichen Fehlentwicklungen bei einer einzelfallbezogenen Bauleitplanung höher als bei umfassenderen Planungskonzepten. Letztlich ist es allerdings gleichwohl eine Frage der konkreten Situation, ob eine Einzelfallplanung durchgeführt und welche Bedeutung den betroffenen öffentlichen und privaten Belangen dabei beigemessen wird (dazu im einzelnen Rdnr. 610 ff.).

In jedem Fall muß gewährleistet sein, daß die mit der Planung **aufgeworfenen Konflikte** bewältigt werden können. Dies bedeutet nicht, daß alle Flächen, auf denen einem Bebauungsplan zuzurechnende Konflikte entstehen, auch in den Geltungsbereich des Plans einbezogen werden müssen. Es genügt, daß die betroffenen Belange außerhalb des Plangebiets in die planerischen Überlegungen einbezogen werden. Nur wenn ein sachgerechter Interessenausgleich ansonsten nicht möglich ist, führt dies zu Konsequenzen auch für den Planumgriff. Dies ist etwa dann denkbar, wenn von der Planung auf die benachbarten Grundstücke Immissionen ausgehen, die dort ebenfalls bestimmte Festsetzungen erfordern (z.B. Schutzmaßnahmen nach § 9 Abs. 1 Nr. 24 BauGB, Rdnr. 339 ff.; s. allerdings zur planerischen Selbstbeschränkung und Zurückhaltung Rdnr. 734 ff.).

215

---

[1] BVerwG v. 5.6.1992 – 4 NB 21.92, BRS 54 Nr. 14 = NVwZ 1992, 1093 = UPR 1992, 348 = ZfBR 1992, 235.
[2] BVerwG v. 3.4.1981 – 4 C 61.78, BauR 1981, 351 = BRS 38 Nr. 69 = DÖV 1981, 874 = NJW 1981, 2770 = UPR 1982, 16 = ZfBR 1981, 187.

2. Ausreichende Bestimmtheit von Bebauungsplanfestsetzungen

216 Bebauungspläne unterliegen als Rechtsnormen dem verfassungsrechtlich im **Rechtsstaatsprinzip** verankerten Bestimmtheitsgebot (zu den tendenziell niedrigeren Anforderungen an Flächennutzungspläne aufgrund ihres geringen Konkretisierungsgrades Rdnr. 126 ff.)[1]. Dies gilt sowohl für die Planzeichnung als auch für die textlichen Festsetzungen eines Bebauungsplans. Das Bundesverwaltungsgericht leitet das Gebot klarer und unmißverständlicher Planfestsetzungen insbesondere aus dem Umstand ab, daß durch den Bebauungsplan **Inhalt und Schranken des Grundeigentums** bestimmt werden. Dies gelte unmittelbar für die beplanten, mittelbar aber auch für die dem jeweiligen Planbereich benachbarten Grundflächen[2]. Existieren zwei ausgefertigte Bebauungsplanexemplare mit divergierenden Festsetzungen für den gleichen Planbereich, ist der Bebauungsplan wegen Unbestimmtheit nichtig[3]. Andererseits führt allein der Umstand, daß der Originalbebauungsplan verloren gegangen ist, nicht zu dessen Nichtigkeit[4]. Dies hat allerdings Bedeutung für die Beweislast, ob ein Vorhaben dem Bebauungsplan entspricht oder nicht. Die Verletzung der gemeindlichen Pflicht, das Plandokument aufzubewahren und zur Einsicht bereitzuhalten (§ 10 Abs. 3 Satz 2 BauGB), kann dabei zu einer Beweislastumkehr führen.

217 Dem Bestimmtheitsgebot ist Genüge getan, wenn der Planinhalt zwar nicht eindeutig bestimmt, jedoch **bestimmbar** ist, ggf. auch mittels der zur Verfügung stehenden Auslegungsmöglichkeiten (s. noch Rdnr. 225 ff.).

218 **Beispiel:**

In einem Bebauungsplan wird im Zusammenhang mit einer dort vorgesehenen Straße eine Schallschutzwand festgesetzt. Die Gemeinde sieht allerdings davon ab, die genaue Höhe der Wand anzugeben. Sie setzt lediglich fest, daß die Immissionen im Bereich der angrenzenden Wohnbebauung auf bestimmte Werte herabgedämmt werden müssen. Eine solche Zielvorgabe ist im Hinblick auf die notwendige Bestimmtheit ausreichend. Allerdings muß das festgesetzte Ziel durch die Gestaltung der Schallschutzmaßnahme tatsächlich erreichbar sein. Ist dies nicht der Fall, ist die Planfestsetzung zwar hinreichend bestimmt, jedoch abwägungsfehlerhaft[5].

---

1 BVerwG v. 14.12.1995 – 4 N 2.95, BauR 1996, 358 = BRS 57 Nr. 57 = DVBl. 1996, 690 = NVwZ-RR 1996, 429 = UPR 1996, 159 = ZfBR 1996, 165; BVerwG v. 4.1.1994 – 4 NB 30.93, BRS 56 Nr. 38 = DÖV 1994, 570 = DVBl. 1994, 699 = NVwZ 1994, 684 = UPR 1994, 159 = ZfBR 1994, 138.
2 BVerwG v. 4.1.1994 – 4 NB 30.93, BRS 56 Nr. 38 = DÖV 1994, 570 = DVBl. 1994, 699 = NVwZ 1994, 684 = UPR 1994, 159 = ZfBR 1994, 138.
3 VGH Mannheim v. 11.4.1997 – 5 S 512.95, BRS 59 Nr. 6 = UPR 1998, 75.
4 BVerwG v. 1.4.1997 – 4 B 206.96, BauR 1997, 597 = DVBl. 1997, 856 = NVwZ 1997, 890 = UPR 1997, 334 = ZfBR 1997, 203.
5 Vgl. OVG Münster v. 16.11.2001 – 7 A 3784/00, BauR 2002, 589.

a) Planzeichnung

Die Planzeichnung muß eindeutig lesbar, die Grenzen eines Bebauungsplanes müssen eindeutig festgesetzt sein (§ 9 Abs. 7 BauGB). Dies erfordert, den Geltungsbereich des Bebauungsplans vollständig zu umgrenzen. Ansonsten führt dies zur Nichtigkeit des Bebauungsplans, zumindest aber zur Teilnichtigkeit der Festsetzungen in dem betroffenen Randbereich[1]. Aus der Umgrenzung des Plangebiets muß eindeutig zu entnehmen sein, welche Flächen zum Plangebiet gehören sollen und welche nicht. Dies kann insbesondere bei einem sehr groben Maßstab der Planzeichnung problematisch sein.

219

Beispiel:

220

Bei einer Planzeichnung mit einem Maßstab von 1 : 2000 wurde zur Abgrenzung des Plangebiets eine ca. 0,18 cm breite Linie gewählt, was in der Örtlichkeit zu einer Verschiebung um mehr als einen Meter führte. In einem solchen Fall kann es an der notwendigen Bestimmtheit des festgesetzten Planumgriffs fehlen[2].

Auch darf es bei den Planfestsetzungen keinen Widerspruch zwischen textlichen und zeichnerischen Festsetzungen geben[3]. Ebensowenig ist es zulässig, den Geltungsbereich eines Bebauungsplans in der Weise veränderlich festzusetzen, daß sich seine Geltung nachträglich auf zusätzliche Gebiete erweitern läßt[4]. Wird als Planunterlage eine nicht maßstabsgetreue Karte verwendet, ist der Plan ebenfalls nicht hinreichend bestimmt[5].

221

Für Bauleitpläne müssen nicht zwingend die Darstellungsmöglichkeiten gewählt werden, die die **Planzeichenverordnung** bietet[6]. Die Gemeinde kann ihre Darstellungsmittel („Plansprache") vielmehr selbst wählen. Dabei stehen ihr Zeichnung, Farbe, Schrift und Text alternativ oder kumulativ zur Verfügung. Die gewählten Mittel müssen geeignet sein, hinreichend präzise Festsetzungen vorzunehmen. Aus diesem Grunde ist die Verwendung der Planzeichenverordnung in aller Regel zu empfehlen. Ansonsten bedarf es schon zur Vermeidung von Fehlinterpretationen in der Planurkunde einer Legende, in der die gewählten Planzeichen und sonstigen Darstellungsmittel erläutert werden, wie dies in § 2 Abs. 4 PlanzV selbst bei Zugrundelegung der Planzeichenverordnung gefordert wird.

222

---

1 BVerwG v. 4.1.1994 – 4 NB 30.93, BRS 56 Nr. 33 = DÖV 1994, 570 = DVBl. 1994, 699 = NVwZ 1994, 684 = UPR 1994, 159 = ZfBR 1994, 138.
2 Vgl. OVG Bautzen v. 4.10.2002 – 1 D 683/99, NVwZ 2002, 1070 (zu einer Satzung gemäß § 34 Abs. 4 Nr. 1 BauGB).
3 OVG Münster v. 19.10.1973 – X A 1207/70, BRS 27 Nr. 6; VGH München v. 8.4.1975, Nr. 129 II 74, BRS 29 Nr. 10.
4 BVerwG v. 16.1.1981 – 4 B 251.80, BauR 1981, 350 = BRS 38 Nr. 4; BVerwG v. 30.1.1976 – IV C 26.74, BVerwGE 50, 114 = BauR 1976, 175 = BRS 30 Nr. 17 = NJW 1976, 1329 = DÖV 1976, 382.
5 OVG Bautzen v. 27.9.1999 – 1 S 694/98, SächsVBl. 2000, 115; zum Maßstab der Planzeichnung OVG Bautzen v. 23.10.2000 – 1D 33/00, NVwZ-RR 2001, 426.
6 BVerwG v. 10.1.2001 – 4 BN 42/00, BauR 2001, 1061 = NVwZ-RR 2001, 422; BVerwG v. 25.10.1996 – 4 NB 28.96, BRS 58 Nr. 24 = NVwZ-RR 1997, 515.

2.2.3 Es ist sicherzustellen, daß in der Planurkunde eindeutig zwischen bloßen **Bestandsdarstellungen** (Flurstücksgrenzen, vorhandene Baulichkeiten, Höhenlinien u.ä.) sowie Planfestsetzungen (Nutzungsgrenzen, Baulinien, Baugrenzen, Straßenbegrenzungslinien u.ä., vgl. § 1 Abs. 2 Satz 1 PlanzV) unterschieden werden kann[1]. Dafür empfiehlt es sich, die farbige Fassung der Planzeichen zu wählen, da Schwarz-Weiß-Pläne gerade bei komplexen Bebauungsplänen kaum hinreichend lesbar sind und häufig Anlaß zu Fehlinterpretationen geben. Die Abgrenzung unterschiedlicher Nutzungen kann sowohl durch das dafür in der Planzeichenverordnung vorgesehene Planzeichen 15.14 („Perlenschnur")[2] erfolgen, aber auch durch Festsetzungen zu den überbaubaren Grundstücksflächen durch Baulinien, Baugrenzen oder Bebauungstiefen (§ 23 BauNVO). Ob Festsetzungen zu den überbaubaren Grundstücksflächen gleichzeitig unterschiedliche Nutzungsbereiche voneinander abgrenzen, ist im Einzelfall durch Auslegung (Rdnr. 225 ff.) zu ermitteln[3].

2.2.4 Das Erfordernis der hinreichenden Bestimmtheit gebietet desweiteren, daß Planfestsetzungen einen möglichst eindeutigen **Bezugspunkt** haben. Dies ist etwa für Höhenfestsetzungen offensichtlich (s. insofern § 18 Abs. 1 BauNVO)[4], gilt aber auch in anderen Zusammenhängen. So kann beispielsweise in einem Bebauungsplan gemäß § 9 Abs. 1 Nr. 6 BauGB die höchstzulässige Zahl der Wohnungen nicht nur absolut sondern auch im Verhältnis zur Grundstücksgröße (z.B. je angefangene 100 qm Grundstücksfläche maximal eine Wohnung) festgesetzt werden[5]. Nicht hingegen wäre es in der Regel zulässig, z.B. für ein Mischgebiet festzusetzen, daß ein bestimmter prozentualer Anteil der gesamten Geschoßfläche des Baugebiets für Wohnzwecke genutzt werden muß. Dies würde zumindest bei mehreren Eigentümern dazu führen, daß bei den ersten Bauvorhaben sämtliche Nutzungsmöglichkeiten offenstünden. Die dortigen Bauherren könnten also vollständig auf die Errichtung von Wohnungen verzichten, ohne daß dies dem Bebauungsplan widerspräche. Für die letzten Bauvorhaben bestünde dann nur noch die Möglichkeit, Wohnungsbau zu betreiben. Ein solches **„Windhundprinzip"** entspricht nicht den bauplanungsrechtlichen Bestimmtheitserfordernissen. Möglich ist daher lediglich die Bezugnahme auf eine bestimmte Grundstücksfläche oder auf einzelne bauliche Anlagen, so daß die Nutzungsmöglichkeiten für jedes einzelne Grundstück im Plangebiet von vornherein hinreichend sicher bestimmbar sind. Ähnliches gilt für die

---

1 OVG Münster v. 16.11.2001 – 7a 173/97, BauR 2001, 1875.
2 Zur Eindeutigkeit zeichnerischer Festsetzungen durch die Perlenschnur Boeddinghaus, Zur Eindeutigkeit zeichnerischer Festsetzungen im Bebauungsplan, ZfBR 1993, 161 ff.
3 OVG Münster v. 22.5.2000 – 10a D 197/98, BauR 2001, 369.
4 VGH München v. 18.3.2003 – 15 N 98.2262, BauR 2003, 1701 (NN als Bezugspunkt); VGH Kassel v. 16.3.2003 – 3 N 1891/01, UPR 2003, 394 (Festsetzung der natürlichen Geländeoberfläche als Bezugspunkt).
5 BVerwG v. 8.10.1998 – 4 C 1.97, BauR 1999, 148 = NVwZ 1999, 415.

immer häufiger anzutreffende Begrenzung der in einem Baugebiet zulässigen Verkaufsflächen für den Einzelhandel[1] oder für ähnliche quantitative Begrenzungen.

b) Textliche Festsetzungen

Bei textlichen Planfestsetzungen ist die Verwendung **unbestimmter Rechtsbegriffe** zulässig. Es fehlt also nicht an der rechtsstaatlich gebotenen Bestimmtheit und Klarheit, wenn textliche (oder auch zeichnerische) Planfestsetzungen der Auslegung bedürfen. Es ist vielmehr ausreichend, wenn der Norminhalt durch die **anerkannten Auslegungsmethoden** zweifelsfrei ermittelt werden kann. Der Kanon der klassischen Auslegungsgrundsätze umfaßt die Auslegung aus dem Wortlaut der Norm (grammatische Auslegung), aus ihrem Zusammenhang (systematische Auslegung), aus ihrem Zweck (teleologische Auslegung) sowie aus den Gesetzesmaterialien und der Entstehungsgeschichte (historische Auslegung). Zwischen den unterschiedlichen Auslegungsmethoden besteht kein Rangverhältnis. Die verschiedenen Methoden können vielmehr gleichzeitig und nebeneinander angewandt werden und sich gegenseitig ergänzen. Die Interpretation ist nicht durch den formalen Wortlaut der Norm begrenzt. Ausschlaggebend ist vielmehr der objektive Wille des Normgebers, soweit er wenigstens andeutungsweise im Gesetzestext seinen Niederschlag gefunden hat[2]. Zur Ermittlung dessen, was Inhalt des Plans sein soll, dürfen die **Planbegründung** sowie die **Aufstellungsvorgänge** herangezogen werden. Diese Unterlagen können den Planinhalt jedoch nur verdeutlichen.

225

Beispiel:
Ein Bebauungsplan setzt textlich einen Pflanzstreifen entlang der rückwärtigen Grenze der Baugrundstücke fest. Bei Eckgrundstücken kann in einem solchen Fall der Planbegründung und den Aufstellungsvorgängen üblicherweise entnommen werden, welche in diesem Fall die rückwärtige Grundstücksgrenze sein soll. Ist dies allerdings nicht möglich, folgt daraus die Unwirksamkeit der betreffenden Festsetzung[3].

226

Planbegründung und Aufstellungsvorgänge sind allerdings nicht geeignet, den Planinhalt zu ergänzen oder einzuschränken. Dieser muß vielmehr in dem Bebauungsplan selbst – zumindest andeutungsweise – seinen Niederschlag gefunden haben[4]. Dies ist nach Auffassung des OVG Münster z.B. bei

227

---

1 Vgl. BVerwG v. 27.4.1990 – 4 C 36.87, BauR 1990, 569 = DVBl. 1990, 1108 = DÖV 1991, 112 = NVwZ 1990, 1071 = UPR 1990, 340 = ZfBR 1990, 242.
2 BVerwG v. 14.12.1995 – 4 N 2.95, BauR 1996, 358 = BRS 57 Nr. 57 = DVBl. 1996, 690 = NVwZ-RR 1996, 429 = UPR 1996, 159 = ZfBR 1996, 165; ebenso etwa BVerwG v. 24.1.1995 – 4 NB 3.95, BauR 1995, 662 = BRS 57 Nr. 26 = NVwZ-RR 1995, 311 = UPR 1995, 232 = ZfBR 1995, 149 = DÖV 1995, 822; OVG Münster v. 16.11.2001 – 7 A 3784/00, BauR 2002, 589.
3 OVG Lüneburg v. 30.3.2000 – 1 K 5637/98, BauR 2000, 1299.
4 S. etwa BVerwG v. 27.1.1998 – 4 NB 3.97, BauR 1998, 744 = DVBl. 1998, 891 = DÖV 1998, 598 = NVwZ 1998, 1067 = UPR 1998, 306 = ZfBR 1998, 207.

der Festsetzung eines Sondergebiets „Einrichtungswarenhaus" mit 70% Verkaufs- und Servicefläche für das Kernsortiment und 30% Verkaufsfläche für Randsortimente nicht mehr der Fall, weil damit das Planungsziel, innenstadtschädliche Auswirkungen auszuschließen (vgl. Rdnr. 1614 ff.), wegen der Offenheit der Begriffe nicht erreichbar sei[1].

228 Allgemein kann man insofern sagen, daß das rechtliche Risiko der nicht hinreichenden Bestimmtheit ungleich größer ist, wenn Begriffe verwendet werden, die sich ansonsten in der bauplanungsrechtlichen Praxis nicht finden. So ist etwa anstelle des Begriffs „Einrichtungswarenhaus" der Rückgriff auf Nutzungsformen, die sich in den Einzelhandelserlassen der Länder finden, in der Regel unproblematisch (z.B. Fachmarkt, SB-Markt)[2]. Zweifelhaft erscheint dies hingegen bei dem schillernden Begriff des Factory-Outlet-Centers, das sich nicht ohne weiteres als eine typisierte Nutzungsform fassen läßt[3]. Im Hinblick auf die notwendige Bestimmtheit ist eine nach Branchen oder Warengruppen differenzierte Festsetzung unbedenklich, wenn es sich um unterschiedliche Nutzungsarten handelt, die es in der sozialen und ökonomischen Realität tatsächlich gibt[4]. Hingegen reicht es nicht aus, wenn lediglich pauschal und ohne weitere Bestimmung (z.B. in einer Anlage des Bebauungsplans) zentrentypische Einzelhandelsbetriebe oder zentrentypische Sortimente ausgeschlossen werden[5] oder wenn eine Beschränkung auf „Markenartikel" erfolgt.

229 Die Möglichkeit, auf allgemein anerkannte Auslegungsmethoden zurückzugreifen, führt ebenfalls dazu, daß Bebauungspläne einer **berichtigenden Auslegung** zugänglich sind, wenn eine Festsetzung lediglich dem formalen Wortlaut nach mißverständlich formuliert ist[6]. Vor dem Hintergrund einer allgemeinen Tendenz zur Plansicherung und Planerhaltung erscheint die Rechtsprechung nach ihrer früheren Engherzigkeit dabei allerdings mittlerweile teilweise allzu großzügig, wie etwa der der Entscheidung des Bundesverwaltungsgerichts vom 27.1.1998[7] zu Grunde liegende Fall zeigt. Dort sah

---

1 OVG Münster v. 22.6.1998 – 7a D 108.96, BauR 1998, 1198 = NVwZ 1999, 79.
2 Ziffer 2.2.2 des Einzelhandelserlasses NW, MBl. 1996, 922 oder Ziffer 2.2.4 des Einzelhandelserlasses Brandenburg, ABl. 1999, 974.
3 I.E. ebenso Schmitz, Raumordnerisch und städtebaulich relevante Rechtsfragen der Steuerung von Factory-Outlet-Centern, ZfBR 2001, 85 (91).
4 BVerwG v. 27.7.1998 – 4 BN 31.98, BauR 1998, 1197 = BRS 60 Nr. 29 = DVBl. 1998, 1301 = NVwZ 1999, 9 = UPR 1998, 459; OVG Münster v. 26.1.2000 – 7 B 2023/99, BauR 2000, 1021.
5 OVG Münster v. 9.10.2003 – 10 a D 76/01, BauR 2004, 636 = UPR 2004, 150; VGH Mannheim v. 21.5.2001 – 5 S 901/99, NVwZ 2002, 556; zweifelhaft hingegen OVG Koblenz v. 24.8.2000 – 1 C 11457/99, BauR 2001, 907 = NVwZ-RR 2001, 221 = UPR 2001, 110.
6 BVerwG v. 27.1.1998 – 4 NB 3.97, BauR 1998, 744 = BRS 60 Nr. 26 = DVBl. 1998, 891 = DÖV 1998, 598 = NVwZ 1998, 1067 = UPR 1998, 306 = ZfBR 1998, 207.
7 BVerwG v. 27.1.1998 – 4 NB 3.97, BauR 1998, 744 = BRS 60 Nr. 26 = DVBl. 1998, 891 = DÖV 1998, 598 = NVwZ 1998, 1067 = UPR 1998, 306 = ZfBR 1998, 207;

der Bebauungsplan vor, daß Anlagen für sportliche Zwecke in einem Gewerbegebiet allgemein und ausnahmsweise zulässig sein sollen. Aus den Planaufstellungsvorgängen ergab sich, daß der Bebauungsplan dazu dienen sollte, innerhalb der Gemeinde freie Gewerbeflächen anzubieten, da solche kaum noch in nennenswertem Umfang vorhanden waren. Ob es vor diesem Hintergrund noch vertretbar ist, aufgrund eines Redaktionsversehens eine berichtigende Auslegung dahingehend vorzunehmen, daß Anlagen für sportliche Zwecke allgemein zulässig sein sollen, erscheint wegen des insofern zumindest nicht eindeutig erkennbaren Willens des Plangebers sehr zweifelhaft (zu Auslegungsfragen im Zusammenhang mit der Teil- oder Gesamtunwirksamkeit eines Bebauungsplans bei Rechtswidrigkeit nur einzelner Planfestsetzungen Rdnr. 1042 ff.).

3. Erforderlichkeit

§ 1 Abs. 3 BauGB begrenzt die Festsetzungen des Bebauungsplans auf das für die städtebauliche Entwicklung und Ordnung erforderliche Maß[1]. Zugleich ist die Gemeinde verpflichtet, die erforderlichen Festsetzungen in den Bebauungsplan aufzunehmen.

230

Die Problematik der Erforderlichkeit von Festsetzungen eines Bebauungsplans berührt sich mit der Problematik der **Bestimmtheit**. Lassen einzelne Festsetzungen eine Vielzahl unterschiedlicher Nutzungen zu, so kann das Bestimmtheitsgebot verletzt sein, weil die mit ihnen verbundenen Auswirkungen im ungewissen bleiben[2].

231

Maßstab der notwendigen Konkretisierung von Festsetzungen eines Bebauungsplans sind die von der Gemeinde vorgegebenen Planungsziele und die örtlichen Verhältnisse[3]. Bei der Anwendung dieses Maßstabs steht der Gemeinde planerische Gestaltungsfreiheit zu[4]. So kann die Gemeinde etwa auf ergänzende Festsetzungen über die Nutzung einer Grünfläche verzichten,

232

Vorinstanz: OVG Münster v. 17.10.1996 – 7a D 122/94, BRS 58 Nr. 30 = DVBl. 1997, 440 = UPR 1997, 258 (insoweit allerdings in den Abdrucken nicht ausgeführt).
1 Vgl. zur notwendigen städtebaulichen Motivation im einzelnen Rdnr. 29 ff.
2 BVerwG v. 16.2.1973 – IV C 66.69, BVerwGE 42, 5, 6 f.; BVerwG v. 18.2.1994 – 4 C 4.92, Buchholz 406.11 § 5 Nr. 8 = BRS 56 Nr. 2; BVerwG v. 20.1.1995 – 4 NB 43.93, Buchholz 406.11 § 9 Nr. 74 = BRS 57 Nr. 22.
3 BVerwG v. 11.3.1988 – 4 C 56.84, Buchholz 406.11 § 9 Nr. 30 = DVBl. 1988, 845 = NVwZ 1989, 659; BVerwG v. 20.1.1995 – 4 NB 43.93, Buchholz 406.11 § 9 Nr. 74 = BRS 57 Nr. 22; BVerwG v. 24.1.1995 – 4 NB 3.95, Buchholz 406.11 § 9 Nr. 75 = BRS 57 Nr. 26; zum Vorhaben- und Erschließungsplan BVerwG v. 6.6.2002 – 4 CN 4.01, BVerwGE 116, 296 = BRS 65 Nr. 78 = BauR 2002, 1655 = DVBl. 2002, 1494 = NVwZ 2003, 98.
4 BVerwG v. 23.4.1998 – 4 B 40.98, Buchholz 406.11 § 9 Nr. 87 = BRS 60 Nr. 178 = BauR 1998, 995.

wenn alle in Betracht kommenden Nutzungen mit der Umgebungsbebauung vereinbar sind[1]. Ebenso wie die unzureichende Konkretisierung der Festsetzungen des Bebauungsplans kann auch eine übermäßige Beschränkung der Gestaltungsmöglichkeiten den Maßstab der Erforderlichkeit verfehlen. Eine gewisse **planerische Zurückhaltung** kann der Funktion des Bebauungsplans entsprechen[2]. Der Verzicht auf in Betracht kommende Konkretisierungen kann z.B. im Blick auf die aus § 15 Abs. 1 BauNVO sich ergebenden Möglichkeiten einer „Feinsteuerung" der Nutzung[3] oder im Blick auf sich ändernde technische Möglichkeiten im Bereich des Immissionsschutzes[4] angebracht sein. Gegenstand der „Feinsteuerung" können allerdings nicht Betroffenheiten sein, die sich als typische – planbedingte – Folge darstellen; sie sind in der Abwägung zu bewältigen[5]. Soweit bestimmte Beschränkungen der Nutzung aus städtebaulichen Gründen für erforderlich erachtet werden und unter Berücksichtigung der Regelungen in § 9 BauGB und der Baunutzungsverordnung festgesetzt werden könnten, kann es dennoch angemessen sein, auf entsprechende Festsetzungen zu verzichten, wenn die Verwirklichung der Planungsziele in anderer Weise – etwa durch **städtebaulichen Vertrag** gemäß § 11 BauGB – sichergestellt werden kann. Dies bedarf allerdings sorgfältiger Prüfung unter Berücksichtigung des Umstands, daß städtebauliche Verträge ohne Beteiligung der Bürger gemäß § 3 BauGB geändert werden können; regelmäßig hat die planerische Festsetzung Vorrang[6]. Im **vorhabenbezogenen Bebauungsplan** gemäß § 12 BauGB kann das Anliegen, dem Grundstückseigentümer eine gewisse Gestaltungsfreiheit zu erhalten, planerische Zurückhaltung grundsätzlich nicht rechtfertigen. Das Vorhaben ist grundsätzlich konkret zu beschreiben[7].

233 Soll der Bebauungsplan nach der planerischen Konzeption der Gemeinde die Zulässigkeit von Bauvorhaben ohne Rückgriff auf § 34 oder § 35 BauGB regeln, sind die in § 30 Abs. 1 BauGB genannten **Mindestfestsetzungen** (Art und Maß der baulichen Nutzung, überbaubare Grundstücksflächen, örtliche

---

1 BVerwG v. 23.4.1998 ebenda.
2 BVerwG v. 11.3.1988 – 4 C 56.84, DVBl. 1988, 845 = NVwZ 1989, 659; vgl. auch Rdnr. 738 ff.
3 Vgl. BVerwG v. 18.12.1983 – 4 C 18.81, BVerwGE 67, 23, 29 = DVBl. 1983, 886 = NJW 1983, 2713; BVerwG v. 23.4.1998 – 4 B 40.98, Buchholz 406.11 § 9 Nr. 87 = BRS 60 Nr. 178 = BauR 1998, 995.
4 BVerwG v. 17.2.1984, BVerwGE 69, 30, 35 = DVBl. 1984, 343.
5 Vgl. OVG Münster v. 2.3.1999 – 10 A 6491/96, BRS 62 Nr. 181 = BauR 2000, 81 = NWVBl. 1999, 426; zutreffend ist deshalb i.E. auch die Entscheidung VGH Mannheim v. 8.11.2001 – 5 S 1218/99, BRS 64 Nr. 8 = BauR 2002, 1209, in deren Begründung (wohl zu weitgehend) ein genereller Vorrang des städtebaulichen Vertrages gegenüber einem privatrechtlichen Vertrag zur Konfliktbewältigung postuliert wird.
6 Davon geht offenbar auch BVerwG v. 11.2.1993 – 4 C 18.91, Buchholz 406.11 § 1 Nr. 61 = NJW 1993, 2695 aus.
7 Quaas in Schrödter, § 12 Rdnr. 15; Reidt, Chancen und Risiken des Vorhaben- und Erschließungsplans, NVwZ 1996, 1, 4.

Verkehrsflächen) erforderlich[1]. Die Regelungsintensität, die der Bebauungsplan hinsichtlich dieser Mindestfestsetzungen aufweisen muß, wird durch die Baunutzungsverordnung weiter konkretisiert (vgl. z.B. hinsichtlich des Maßes der baulichen Nutzung § 16 Abs. 3 BauNVO).

4. Festsetzungskatalog

§ 9 Abs. 1 bis 4 BauGB enthalten grundsätzlich eine **abschließende Regelung** der zulässigen Festsetzungen des Bebauungsplans. Sie werden durch die Regelungen der Baunutzungsverordnung ergänzt. Der Gemeinde steht kein bauplanerisches „Festsetzungserfindungsrecht" zu[2]. Dies schließt allerdings nicht aus, daß die Gemeinde Begriffe aus dem Katalog des § 9 Abs. 1 BauGB näher konkretisiert; dies kann (etwa bei Anlagen des Gemeinbedarfs) sogar aus Gründen der Bestimmtheit geboten sein[3]. Die Nummer in dem Katalog des § 9 Abs. 1 BauGB, auf die die jeweilige Festsetzung gestützt wird, braucht im Bebauungsplan nicht angegeben zu werden[4].

Demgegenüber besteht für den **Vorhaben- und Erschließungsplan** gemäß § 12 Abs. 3 Satz 2 BauGB keine Bindung an die Festsetzungsmöglichkeiten nach § 9 BauGB und nach der Baunutzungsverordnung. Der Rückgriff auf die „Plansprache" des BauGB, der BauNVO und der PlanzV ist gleichwohl sinnvoll[5]. Infolge der Freistellung von den Bindungen der BauNVO können z.B. bei der Festsetzung eines Baugebiets die Obergrenzen nach § 17 Abs. 1 BauNVO überschritten werden, sofern die allgemeinen Anforderungen an gesunde Wohn- und Arbeitsverhältnisse, die die Gemeinde gemäß § 1 Abs. 3 BauGB binden, gewahrt sind[6]. Infolge der Begrenzung der Bundeskompetenz auf das Bauplanungsrecht ist auch der Vorhaben- und Erschließungsplan auf städtebauliche Regelungen beschränkt. Gestalterische Festsetzungen sind nur nach Maßgabe von § 9 Abs. 4 zulässig[7]. Soweit der Geltungsbereich des vorhabenbezogenen Bebauungsplans über den Geltungsbereich des Bebau-

---

1 Vgl. zu den Unterschieden zwischen qualifizierten und einfachen Bebauungsplänen zusammenfassend Rdnr. 1140 ff.
2 BVerwG v. 11.2.1993 – 4 C 18.91, Buchholz 406.11 § 1 Nr. 61 = NJW 1993, 2695; BVerwG v. 31.1.1995 – 4 NB 48.93, Buchholz 406.11 § 9 Nr. 76 = BRS 57 Nr. 23 = DVBl. 1995, 520 = NVwZ 1995, 696 = ZfBR 1995, 143.
3 Dazu Rdnr. 261 und BVerwG v. 17.12.1998 – 4 NB 4.97, Buchholz 406.11 § 9 Nr. 93 = BRS 60 Nr. 20 = BauR 1999, 608 = DVBl. 1999, 780 = ZfBR 1999, 157.
4 BVerwG v. 17.12.1998 – 4 NB 4.97, Buchholz 406.11 § 9 Nr. 93 = BRS 60 Nr. 20 = BauR 1999, 608 = DVBl. 1999, 780 = NVwZ 1999, 984 = ZfBR 1999, 157; das gilt auch für landesrechtliche Festsetzungen, die gemäß § 9 Abs. 4 BauGB in den Bebauungsplan aufgenommen werden, vgl. OVG Münster v. 30.6.1999 – 7a D 144/97.NE, BRS 62 Nr. 225 = ZfBR 2000, 208.
5 Vgl. dazu auch BVerwG v. 6.6.2002 – 4 CN 4.01, BVerwGE 116, 296 = BRS 65 Nr. 78 = BauR 2002, 1655 = DVBl. 2002, 1494 = NVwZ 2003, 98.
6 BVerwG v. 6.6.2002 ebenda.
7 Ebenso Quaas in Schrödter, § 12 Rdnr. 16.

ungsplans hinausreicht (§ 12 Abs. 4 BauGB), ist die Gemeinde auf die Festsetzungsmöglichkeiten gemäß § 9 BauGB und nach der BauNVO beschränkt.

236 Bei der Überprüfung **älterer Bebauungspläne** ist zu beachten, daß der Festsetzungskatalog häufig geändert wurde. Es bedarf deshalb jeweils der Untersuchung, in welcher Fassung er bei Inkrafttreten des Bebauungsplans anzuwenden war. Die folgende Darstellung berücksichtigt allein die gegenwärtig geltende gesetzliche Regelung.

II. Die zulässigen Festsetzungen des Bebauungsplans im einzelnen

1. Art und Maß der baulichen Nutzung

237 Für die Festsetzung der Art der baulichen Nutzung stehen die in § 1 Abs. 2 BauNVO aufgelisteten Baugebiete zur Verfügung. Sie kann auch durch anderweitige Festsetzungen nach § 9 Abs. 1 BauGB (etwa als Fläche für den Gemeinbedarf, § 9 Abs. 1 Nr. 5 BauGB) erfolgen; Baugebietsfestsetzungen haben keinen Vorrang[1]. Die in den einzelnen Baugebieten nach § 1 Abs. 2 BauNVO zulässigen Nutzungen ergeben sich aus §§ 2 bis 11 BauNVO; Modifikationen können unter Berücksichtigung von § 1 Abs. 3 bis 10 festgesetzt werden. Die zulässigen Nutzungen in den Baugebieten und die ergänzenden Festsetzungsmöglichkeiten zur Art der baulichen Nutzung sind unter Rdnr. 1311–1697 dargestellt.

238 Die Möglichkeiten zur Festsetzung des Maßes der baulichen Nutzung sind in § 16 Abs. 2 BauNVO aufgelistet. Die Festsetzungen haben unter Berücksichtigung der Regelungen in §§ 16 Abs. 3 bis 6, 17 bis 21a BauNVO zu erfolgen. Die Festsetzungsmöglichkeiten sind im einzelnen in Rdnr. 1263–1309 dargestellt.

2. Bauweise, überbaubare und nichtüberbaubare Grundstücksflächen, Stellung der baulichen Anlagen

a) Bauweise

239 Die Bauweise kann gemäß § 22 Abs. 1, Abs. 4 BauNVO als offene, geschlossene oder abweichende Bauweise festgesetzt werden.

240 Die Festsetzung der Bauweise betrifft allein die **Anordnung** der Gebäude auf einem Baugrundstück **im Verhältnis zu den Nachbargrundstücken** und dabei insbesondere zu den seitlichen Grundstücksgrenzen[2].

---

1 BVerwG v. 23.12.1997 – 4 NB 23.97, Buchholz 406.11 § 9 Nr. 86 = BRS 59 Nr. 71 = BauR 1998, 515.
2 BVerwG v. 31.1.1995 – 4 NB 48.93, Buchholz 406.11 § 9 Nr. 76 = BRS 57 Nr. 23 = DVBl. 1995, 520 = NVwZ 1995, 696 = ZfBR 1995, 143.

In der offenen Bauweise werden die Gebäude mit, in der geschlossenen Bauweise ohne seitlichen Grenzabstand errichtet (§ 22 Abs. 2, 3 BauNVO). Dabei können in der **offenen Bauweise** auf einem Grundstück mehrere Gebäude errichtet werden, die die seitlichen Grenzabstände einhalten[1]; die Gebäude können auch – als Doppelhäuser oder Hausgruppen mit einer Länge von bis zu 50 m – auf mehreren Grundstücken stehen[2]. Die zulässigen Gebäudeformen (Einzelhaus, Doppelhaus, Hausgruppe) können im Bebauungsplan gemäß § 22 Abs. 2 Satz 3 BauNVO beschränkt werden. 241

Die Festsetzung der **geschlossenen Bauweise** wird gemäß § 22 Abs. 3 nicht dadurch ausgeschlossen, daß unter Berücksichtigung des vorhandenen Baubestands an einzelnen Grundstücksgrenzen die Einhaltung eines Abstands erforderlich ist, etwa weil sonst notwendige Fenster verloren gehen würden[3]. 242

Bei der Festsetzung der **abweichenden Bauweise** gemäß § 22 Abs. 4 BauNVO steht der Gemeinde ein weiter Spielraum zu[4]. Sie kann z.B. auch die offene und die geschlossene Bauweise kombinieren und die Abweichung durch die Festsetzung von Baugrenzen und Baulinien bestimmen[5]. 243

Soweit sich aus den Festsetzungen des Bebauungsplans über die Bauweise ergibt, ob ein Grenzabstand einzuhalten ist, ist für eine abweichende **landesrechtliche Regelung** kein Raum. Allein nach Landesrecht bestimmt sich allerdings die Tiefe der einzuhaltenden Abstandsfläche[6]. Auf der Grundlage einer landesrechtlichen Ermächtigung kann auch der Bebauungsplan Festsetzungen über die Tiefe der Abstandsfläche enthalten[7]. 244

b) Die überbaubaren Grundstücksflächen

Die überbaubaren Grundstücksflächen können gemäß § 23 Abs. 1 Satz 1 BauNVO durch Baulinien, Baugrenzen oder Bebauungstiefen festgesetzt 245

---

1 BVerwG v. 31.1.1995 ebenda.
2 Vgl. zum Begriff des Einzelhauses VGH Kassel v. 25.11.1999 – 4 UE 2222/92, BauR 2000, 873; zum Begriff des Doppelhauses BVerwG v. 24.2.2000 – 4 C 12.98, BauR 2000, 1168 = DVBl. 2000, 1338 = NVwZ 2000, 1055 = ZfBR 2000, 415; BayVGH v. 10.11.2000 – 26 CS 99.2102, BRS 63 Nr. 97 = BauR 2001, 372 = BayVBl. 2001, 598; kritisch dazu (unzutreffend) Boeddinghaus, Ist das Doppelhaus auf einem ungeteilten Grundstück ein Einzelhaus i.S. des § 22 Abs. 2 Baunutzungsverordnung? BauR 2001, 1358 ff.
3 Vgl. dazu BVerwG v. 12.1.1995 – 4 B 197.94, Buchholz 406.12 § 22 Nr. 4 = BRS 57 Nr. 131.
4 Vgl. zusammenfassend Fickert/Fieseler, § 22 Rdnr. 10.
5 BVerwG v. 29.12.1995 – 4 NB 40.95, Buchholz 406.11 § 9 Nr. 80 = BRS 58 Nr. 36 = NVwZ-RR 1996, 629.
6 Vgl. BVerwG v. 22.10.1992 – 4 B 210.92, Buchholz 406.12 § 22 Nr. 3 = BRS 54 Nr. 62 = NVwZ 1993, 176; BVerwG v. 12.1.1995 – 4 B 197.94, Buchholz 406.12 § 22 Nr. 4 = BRS 57 Nr. 131.
7 BVerwG v. 12.5.1995 – 4 NB 5.95, BRS 57 Nr. 7.

werden. Gemäß § 23 Abs. 1 Satz 2 i.V.m. § 16 Abs. 5 BauNVO können die Festsetzungen auch geschoßweise gesondert und unterschiedlich getroffen werden.

246 Auf **Baulinien** muß grundsätzlich gebaut werden (§ 23 Abs. 2 BauNVO). Die Festsetzung von Baulinien kommt insbesondere in Betracht, um einen gleichmäßigen Abstand der Gebäude zu den Verkehrsflächen zu gewährleisten. Für die Festsetzung seitlicher oder rückwärtiger Baugrenzen dürften nur ausnahmsweise städtebauliche Gründe bestehen, die die damit verbundene Beschränkung der Gestaltungsmöglichkeiten des Grundstückseigentümers rechtfertigen. So kann es z.B. vertretbar sein, durch die Festsetzung seitlicher Baulinien die nach allgemeinen landesrechtlichen Vorschriften einzuhaltenden Abstandsflächen zu vermindern, um damit (etwa bei Errichtung eines Hochhauses) einen besonderen städtebaulichen Akzent zu setzen, soweit die Landesbauordnungen den Festsetzungen über Baulinien den Vorrang gegenüber den allgemeinen Abstandsflächenvorschriften einräumen[1].

247 Festgesetzte **Baugrenzen** dürfen gemäß § 23 Abs. 3 BauNVO nicht durch Gebäude und Gebäudeteile überschritten werden. Die Festsetzung seitlicher Baugrenzen ermöglicht es, die nach den landesrechtlichen Vorschriften einzuhaltenden Gebäudeabstände zu vergrößern. Die Festsetzung einer **Bebauungstiefe** gemäß § 23 Abs. 4 BauNVO steht der Festsetzung der rückwärtigen Baugrenze gleich.

248 Gemäß § 23 Abs. 5 BauNVO dürfen **Nebenanlagen** im Sinne von § 14 BauNVO und Anlagen, die nach Landesrecht in den Abstandsflächen zulässig sind, außerhalb der durch Baulinien, Baugrenzen und Bebauungstiefen bestimmten überbaubaren Grundstücksflächen errichtet werden. Der Bebauungsplan kann abweichend bestimmen, daß alle oder einzelne dieser Anlagen nicht zulässig sind oder nur ausnahmsweise zugelassen werden können.

c) Stellung der baulichen Anlagen

249 Für die Festsetzung der Stellung der baulichen Anlagen enthält die BauNVO keine Regelungen. Sie kann deshalb unmittelbar auf der Grundlage von § 9 Abs. 1 Nr. 2 BauGB erfolgen, hat allerdings nur geringe praktische Bedeutung. Als Regelungsmöglichkeiten werden in der Literatur beispielhaft genannt Festsetzungen über die Firstrichtung oder über die Ausrichtung der Längsseite der Gebäude zu einer Himmelsrichtung oder zu bestimmten Straßen[2]. Auch die Festsetzung, daß „Garagen entweder in das Wohngebäu-

---

[1] Vgl. zum Verhältnis zu den landesrechtlichen Regelungen im einzelnen Fickert/ Fieseler, § 23 Rdnr. 8 ff.
[2] Vgl. Gaentzsch in Berliner Kommentar zum BauGB, § 9 Rdnr. 21; Gierke in Brügelmann, § 9 Rdnr. 135 (allein die Firstrichtung); Jäde in Jäde/Dirnberger/Weiss, § 9 Rdnr. 18.

de einzubeziehen sind oder im Gelände zu verschwinden haben"[1], dürfte die Stellung der baulichen Anlagen betreffen.

Als Gründe für derartige Festsetzungen kommen Gesichtspunkte der Belichtung, Belüftung, Erhaltung der Aussicht oder Gestaltung des Ortsbildes in Betracht. In der Literatur wird auch auf den Gesichtspunkt der Sicherstellung eines ungestörten Rundfunk- und Fernsehempfangs hingewiesen[2]. Um diesen Gesichtspunkten Rechnung zu tragen, dürften indes regelmäßig Festsetzungen über die überbaubare Grundstücksfläche und über das Maß der baulichen Nutzung wesentlich wirkungsvoller sein. 250

Bestimmungen über die **Firstrichtung** finden sich in Bebauungsplänen regelmäßig auf der Grundlage von § 9 Abs. 4 BauGB i.V.m. **landesrechtlichen Vorschriften**. Festsetzungen über die Firstrichtung auf der Grundlage von § 9 Abs. 1 Nr. 2 BauGB einerseits und § 9 Abs. 4 BauGB andererseits lassen sich nicht hinsichtlich ihres Inhalts oder ihrer Motivation scharf gegeneinander abgrenzen[3]. Festsetzungen zur Gestaltung des Ortsbildes sind nicht allein dem Bauordnungsrecht vorbehalten[4]. Soweit das landesrechtliche Bauordnungsrecht dafür eine Grundlage bietet, sind entsprechende Festsetzungen auf bauordnungsrechtlicher Grundlage jedenfalls weniger problematisch als Festsetzungen nach § 9 Abs. 1 Nr. 2 BauGB. 251

3. Mindest- und Höchstmaße für Baugrundstücke

Die Festsetzung der **Mindestgröße** von Baugrundstücken kommt insbesondere in Betracht, um einer städtebaulich unerwünschten Verdichtung der Bebauung entgegenzuwirken[5]. Es ist bei der Planung allerdings zu berücksichtigen, daß eine derartige Festsetzung der Errichtung mehrerer Gebäude auf einem Grundstück nicht entgegensteht[6]. Es ist auch zu erwägen, ob zur Verwirklichung dieses Ziels nicht eine Festsetzung zweckmäßiger ist, die (insbesondere durch Grundflächenzahl und Geschoßflächenzahl oder durch 252

---

1 Dazu BVerwG v. 17.2.1971, BRS 24 Nr. 168 = BauR 1971, 106 = DVBl. 1971, 754.
2 Bielenberg/Söfker in Ernst/Zinkahn/Bielenberg/Krautzberger, § 9 Rdnr. 42; Löhr in Battis/Krautzberger/Löhr, § 9 Rdnr. 17.
3 Abweichend – mit unterschiedlichen Abgrenzungsvorschlägen im einzelnen – Bielenberg/Söfker in Ernst/Zinkahn/Bielenberg/Krautzberger, § 9 Rdnr. 42; Gaentzsch in Berliner Kommentar zum BauGB, § 9 Rdnr. 21; Gierke in Brügelmann, § 9 Rdnr. 138; Löhr in Battis/Krautzberger/Löhr, § 9 Rdnr. 17; Schrödter in Schrödter, § 9 Rdnr. 37.
4 BVerwG v. 10.7.1997 – 4 NB 15.97, Buchholz 406.11 § 9 Nr. 85 = BRS 59 Nr. 19 = BauR 1997, 999.
5 BVerwG v. 5.4.1993 – 4 NB 3.91, BVerwGE 92, 231, 234 = BRS 55 Nr. 37 = DVBl. 1993, 663 = NVwZ 1994, 288; OVG Lüneburg v. 21.4.1998 – 1 K 1087/96, BRS 60 Nr. 40 (2500 m² Mindestgröße im Landschaftsschutzgebiet).
6 BVerwG v. 31.1.1995 – 4 NB 48.93, Buchholz 406.11 § 9 Nr. 76 = BRS 57 Nr. 23 = DVBl. 1995, 520 = NVwZ 1995, 696 = ZfBR 1995, 143.

die Festsetzung der Zahl der Wohneinheiten nach § 9 Abs. 1 Nr. 6 BauGB) die Größe der baulichen Anlagen oder die Zahl der Wohneinheiten im Verhältnis zur Grundstücksgröße begrenzt; denn die Festsetzung der Mindestgröße bewirkt, daß Eigentümer kleinerer Grundstücke darauf angewiesen sind, die bauliche Nutzbarkeit ihres Grundstücks im Zusammenwirken mit anderen Grundstückseigentümern erst herzustellen[1]. Eine Festsetzung der Mindestgröße im Verhältnis zur Zahl der Wohneinheiten oder der Wohngebäude dürfte durch § 9 Abs. 1 Nr. 3 BauGB nicht gedeckt sein[2]; denn die Zahl der Wohngebäude ist in § 9 Abs. 1 BauGB nirgends, die Zahl der Wohneinheiten nur in Nr. 6 thematisiert. Auch das politische Interesse der Gemeinde an einer gewerblichen Ansiedlung kann grundsätzlich eine Festsetzung über die Mindestgröße von Baugrundstücken tragen[3]. Besondere städtebauliche Gründe erfordert die Festsetzung nicht[4].

253 Festsetzungen über **Mindestbreite und -tiefe** der Baugrundstücke kommen in Betracht, um unregelmäßigen Gebäudeformen infolge unregelmäßig geschnittener Grundstücke entgegenzuwirken[5].

254 Die Festsetzung der Mindestgröße, -breite oder -tiefe führte früher unmittelbar zur Begrenzung der **Teilbarkeit** des Grundstücks, sofern eine Bebauung beabsichtigt war[6]. Nach der Abschaffung der Teilungsgenehmigung durch das EAGBau ist eine Grundstücksteilung, durch die derartige Festsetzungen unterlaufen werden, durch bundesrechtliche Instrumente nicht mehr zu unterbinden. Gemäß § 19 Abs. 2 BauGB dürfen durch eine Grundstücksteilung zwar keine Verhältnisse entstehen, die den Festsetzungen des Bebauungsplans zuwiderlaufen; die Teilung kann aber allenfalls auf der Grundlage von landesrechtlichen (bauordnungsrechtlichen) Vorschriften unterbunden werden (vgl. dazu auch Rdnr. 2444 ff.).

255 Zusätzlich läßt § 9 Abs. 1 Nr. 3 BauGB (anders als die entsprechende Regelung des BBauG) die Festsetzung von **Höchstmaßen für Wohnbaugrundstücke** zu. Nach den Ausführungen im Regierungsentwurf soll mit Hilfe einer solchen Festsetzung das flächensparende Bauen einfacher geregelt werden können als mit Festsetzungen über das Maß der baulichen Nutzung, die

---

1 BVerwG v. 6.10.1992 – 4 NB 36.92, Buchholz 406.11 § 9 Nr. 56 = BRS 54 Nr. 57 = DVBl. 1993, 113 = NVwZ 1993, 359 = ZfBR 1993, 888; BVerwG v. 5.4.1993 – 4 NB 3.91, BVerwGE 92, 231, 236 = BRS 55 Nr. 37 = DVBl. 1993, 663 = NVwZ 1994, 288.
2 A.A. Jäde, Entscheidungsanmerkung, BayVBl. 1986, 246 f.; offen gelassen bei BVerwG v. 8.10.1998 – 4 C 1.97, Buchholz 406.11 § 9 Nr. 90 = BRS 60 Nr. 16 = BauR 1999, 148 = DVBl. 1999, 238.
3 BVerwG v. 6.10.1992 – 4 NB 36.92, Buchholz 406.11 § 9 Nr. 56 = BRS 54 Nr. 57 = DVBl. 1993, 113 = NVwZ 1993, 359 = ZfBR 1993, 888.
4 BVerwG v. 5.4.1993 – 4 NB 3.91, BVerwGE 92, 231, 238 ff. = BRS 55 Nr. 37 = DVBl. 1993, 663 = NVwZ 1994, 288.
5 Gaentzsch in Berliner Kommentar zum BauGB, § 9 Rdnr. 22.
6 BVerwG v. 5.4.1993 – 4 NB 3.91, BVerwGE 92, 231, 236 = BRS 55 Nr. 37 = DVBl. 1993, 663 = NVwZ 1994, 288.

Bauweise und die überbaubaren Grundstücksflächen¹. Die Festsetzungsmöglichkeit ist ausdrücklich auf das Ziel des sparsamen und schonenden Umgangs mit Grund und Boden beschränkt. Ob dieses Ziel nicht durch andere Festsetzungen (insbesondere über das Maß der baulichen Nutzung und die überbaubare Grundstücksfläche) wirkungsvoller erreichbar ist, bedarf ungeachtet des zitierten Hinweises in der Begründung des Gesetzesentwurfs im Einzelfall sorgfältiger Prüfung. Die Festsetzung bewirkt, daß übermäßig große Grundstücke erst nach einer Teilung mit Wohngebäuden bebaut werden können, bietet aber nach der Grundstücksteilung keine Grundlage für die Durchsetzung der Bebauung, so daß der Eigentümer eines großen Grundstücks z.B. nach Abtrennung einer für die Bebauung vorgesehenen Teilfläche den Rest weiterhin gärtnerisch nutzen kann; i.V.m. einer Festsetzung über das Maß der baulichen Nutzung wird er dann auf dem zur Bebauung vorgesehenen neu gebildeten Grundstück möglicherweise aber nur ein verhältnismäßig kleines Gebäude errichten können. Will der Eigentümer das ungeteilte übergroße Grundstück unter Ausnutzung des höchstzulässigen Maßes der baulichen Nutzung oder in einem Maße bebauen, das voraussichtlich auch nach Parzellierung nicht überschritten würde, so wird regelmäßig eine Befreiung gemäß § 31 Abs. 2 BauGB zu erteilen sein².

Die Festsetzung bezieht sich nur auf Wohnbaugrundstücke. Das sind Grundstücke, auf denen Wohngebäude zulässig sind und errichtet werden sollen. Zu fordern ist in Anlehnung an § 13 BauNVO allerdings, daß die Wohnnutzung überwiegt.

256

4. Flächen für Nebenanlagen

Festsetzungen nach § 9 Abs. 1 Nr. 4 BauGB sind zu unterscheiden von Festsetzungen nach § 9 Abs. 1 Nr. 5, Nr. 11, Nr. 15 und Nr. 22 BauGB. Die Festsetzung nach § 9 Abs. 1 Nr. 4 BauGB setzt die **Zuordnung** der Nebenanlagen **zu einer Hauptnutzung** voraus³. In der Regel ist Gegenstand der Festsetzung die Bestimmung des genauen **Standorts** der Nebenanlage auf dem Grundstück der Hauptanlage. Dabei können auch andere Standorte ausgeschlossen werden⁴. Die Nebenanlage kann aber auch auf einem anderen Grundstück festgesetzt und der Hauptnutzung zugeordnet werden⁵. Das gilt auch dann, wenn für das andere Grundstück keine anderweitige Bebau-

257

---

1 BT-Drucksache 10/4630 S. 71.
2 Vgl. auch Gaentzsch in Berliner Kommentar zum BauGB, § 9 Rdnr. 23, der allerdings offenbar eine Befreiung nicht einmal für erforderlich hält.
3 BVerwG v. 24.4.1970 – 4 C 53.67, Buchholz 406.11 § 9 Nr. 6 = BRS 23 Nr. 6.
4 BVerwG v. 4.10.1985 – 4 C 26.81, Buchholz 406.11 § 9 Nr. 27 = NVwZ 1986, 120; BVerwG v. 28.1.1992 – 4 B 21.92, Buchholz 406.11 § 9 Nr. 54.
5 Ebenso Gaentzsch in Berliner Kommentar zum BauGB, § 9 Rdnr. 24; Löhr in Battis/Krautzberger/Löhr, § 9 Rdnr. 25; Schrödter in Schrödter, § 9 Rdnr. 41; a.A. Gierke in Brügelmann, § 9 Rdnr. 149.

ung oder Nutzung festgesetzt ist[1]. Auf der Grundlage der ergänzenden Regelungen in §§ 12 Abs. 4 und 5, 21a BauNVO können i.V.m. § 9 Abs. 3 BauGB auch Festsetzungen über Garagengeschosse getroffen werden. § 9 Abs. 1 Nr. 4 BauGB gestattet es auch, entweder nur Garagen oder nur Stellplätze als zulässig festzusetzen[2]. Dagegen ist es nicht möglich, auf der Grundlage von § 9 Abs. 1 Nr. 4 BauGB die bauliche Gestaltung von Stellplätzen oder Garagen näher zu bestimmen, etwa durch die Beschränkung auf „Carports" (überdachte Stellplätze ohne Seitenwände)[3]; eine solche Festsetzung kann nur auf landesrechtlicher Grundlage i.V.m. § 9 Abs. 4 BauGB in den Bebauungsplan aufgenommen werden.

258 Die Festsetzungen über Spiel- und Sportanlagen nach § 9 Abs. 1 Nr. 5 oder Nr. 15 BauGB und über Flächen für das Parken von Fahrzeugen nach § 9 Abs. 1 Nr. 11 BauGB haben demgegenüber keinen Bezug zu einer Hauptnutzung. Die Flächen über Gemeinschaftsanlagen nach § 9 Abs. 1 Nr. 22 BauGB beziehen sich auf Nebenanlagen, die mehreren baulichen Anlagen auf verschiedenen Baugrundstücken zugeordnet sind[4].

259 § 9 Abs. 1 Nr. 4 BauGB verlangt, daß die Nebenanlagen **nach anderen Vorschriften erforderlich** sind. Soweit es um Stellplätze geht, kann sich die Erforderlichkeit aus § 12 BauNVO oder aus landesrechtlichen Vorschriften ergeben[5]. Zusätzlich bedarf im Einzelfall der sorgfältigen Prüfung, ob die Festlegung des Standorts der Nebenanlagen im Bebauungsplan gemäß § 1 Abs. 3 BauGB erforderlich ist[6]. Dafür kommen z.B. Gesichtspunkte der Wohnruhe oder der Gestaltung des Ortsbildes in Betracht. So kann bei der Planung von Häusern die durchgehende straßenseitige Anordnung der Garagen sinnvoll sein, um zu erreichen, daß die rückwärtigen Flächen uneingeschränkt als Garten genutzt werden können.

5. Flächen für den Gemeinbedarf, Sport- und Spielanlagen

260 Der Begriff „**Gemeinbedarf**" ist in § 5 Abs. 2 Nr. 2 BauGB durch Beispiele erläutert. § 5 Abs. 2 Nr. 2 BauGB ist auch für die Auslegung von § 9 Abs. 1 Nr. 5 BauGB maßgeblich[7]. Dem Gemeinbedarf dienen in besonderem Maße Anlagen und Einrichtungen, die der Allgemeinheit zu Gute kommen[8]. Der

---

1 A.A. OVG Lüneburg v. 18.12.1997 – 1 L 1187/96, BRS 59 Nr. 22.
2 BVerwG v. 31.8.1989 – 4 B 181.88, Buchholz 406.11 § 10 Nr. 18 = UPR 1990, 27 = ZfBR 1990, 40.
3 A.A. OVG Münster v. 25.6.2003 – 7 A 1157/02, BauR 2003, 1848 = NWVBl. 2004, 100.
4 Insoweit zutreffend OVG Lüneburg v. 18.12.1997 – 1 L 1187/96, BRS 59 Nr. 22.
5 BVerwG v. 28.1.1992 Buchholz 406.11 § 9 Nr. 54.
6 BVerwG v. 28.1.1992 ebenda.
7 BVerwG v. 18.5.1994 – 4 NB 15.94, Buchholz 406.11 § 1 Nr. 73 = BRS 56 Nr. 22 = DVBl. 1994, 1139 = NVwZ 1994, 1004.
8 Vgl. auch BVerwG v. 18.5.1994 ebenda; BVerwG v. 23.12.1997 – 4 NB 23.97, Buchholz 406.11 § 9 Nr. 86 = BRS 59 Nr. 71 = BauR 1998, 515.

Allgemeinheit dient eine Anlage, wenn sie, ohne daß die Merkmale des Gemeingebrauchs erfüllt zu sein brauchen, einem nicht fest bestimmten wechselnden Teil der Bevölkerung dient[1]. Als Anlagen des Gemeinbedarfs kommen deshalb über die in § 5 Abs. 2 Nr. 2 BauGB genannten Beispiele hinaus ein Kultur- und Begegnungszentrum[2] oder das Verwaltungsgebäude einer Berufsgenossenschaft (Körperschaft des öffentlichen Rechts mit Pflichtmitgliedschaft)[3] in Betracht. Die Rechtsform des Trägers ist ohne Bedeutung; eine **Gewinnerzielungsabsicht** muß aber hinter der Wahrnehmung der öffentlichen Aufgabe deutlich zurücktreten[4]. Als Anlagen und Einrichtungen des Gemeinbedarfs kommen auch Vereinshäuser in Betracht, auch soweit sie nicht in dem dargestellten Sinne der Allgemeinheit dienen sollten; denn es handelt sich jedenfalls um Einrichtungen, die sozialen oder kulturellen Zwecken und damit nach der Legaldefinition in § 5 Abs. 2 Nr. 2 BauGB dem Gemeingebrauch dienen. Bei einer privaten Versicherung dürfte demgegenüber der Erwerbszweck so stark im Vordergrund stehen, daß eine Fläche für sie nicht nach § 9 Abs. 1 Nr. 5 BauGB festgesetzt werden kann[5].

Wegen der Vielfalt der möglichen Nutzungszwecke einer Fläche für den Gemeinbedarf bedarf die Festsetzung der **Konkretisierung**. Ohne nähere Zweckbestimmung wird regelmäßig weder das Planungsziel hinreichend deutlich erkennbar noch kann geprüft werden, ob die Festsetzung mit den Festsetzungen für die Nachbargrundstücke vereinbar ist. Das notwendige Maß der Konkretisierung hängt von den örtlichen Verhältnissen ab. Das Bundesverwaltungsgericht hat den Zusatz „Dorfplatz" als ausreichend angesehen, „wenn wenigstens im groben deutlich ist, was mit dieser Festsetzung gemeint ist"; dazu genüge es, daß der Begründung des Bebauungsplans entnommen werden könne, daß der Dorfplatz als „Kommunikationsplatz" und „Identifikationsbereich" vorgesehen sei[6]. Bei privaten Krankenhäusern oder Altenheimen wird ebenfalls häufig der Erwerbszweck im Vordergrund stehen, so daß sie auf einer Fläche nach § 9 Abs. 1 Nr. 5 BauGB nicht zugelassen werden können; etwas anderes gilt, wenn sie von karitativen oder kirchlichen Organisationen oder gemeinnützigen Stiftungen betrieben werden. Das erforderliche Maß der Konkretisierung des Nutzungszwecks hängt

261

---

1 BVerwG v. 18.5.1994 und 23.12.1997 ebenda.
2 Dazu BVerwG v. 18.5.1994 ebenda.
3 Dazu BVerwG v. 23.12.1997 – 4 NB 23.97, Buchholz 406.11 § 9 Nr. 86 = BRS 59 Nr. 71 = BauR 1998, 515.
4 BVerwG v. 18.5.1994 – 4 NB 15.94, Buchholz 406.11 § 1 Nr. 73 = BRS 56 Nr. 22 = DVBl. 1994, 1139 = NVwZ 1994, 1004.
5 So wohl auch BVerwG v. 23.12.1997 – 4 NB 23.97, Buchholz 406.11 § 9 Nr. 86 = BRS 59 Nr. 71 = BauR 1998, 515.
6 BVerwG v. 20.1.1995 – 4 NB 43.93, Buchholz 406.11 § 9 Nr. 74 = BRS 57 Nr. 22 = DVBl. 1995, 518 = NVwZ 1995, 692; ausreichen können auch die Festsetzungen „Gemeinbedarfsfläche Schule", vgl. OVG Berlin v. 5.9.1986 – 2 A 1.85, BRS 46 Nr. 27 = DÖV 1986, 1069 und „Gemeinbedarfsfläche – Schule und Anlagen für soziale und sportliche Zwecke", vgl. BVerwG v. 11.3.1988 – 4 C 56.84, Buchholz 406.11 § 9 Nr. 30 = BRS 48 Nr. 8 = BauR 1988, 448 = NVwZ 1988, 845 = DVBl. 1988, 845.

auch davon ab, ob eine schon bestehende Nutzung festgeschrieben oder eine neue Nutzung eröffnet werden soll; im ersten Fall wird es häufig genügen, die Zweckbestimmung durch eine grobe Umschreibung zu kennzeichnen.

262 Die Festsetzung einer Fläche für den Gemeinbedarf nach § 9 Abs. 1 Nr. 5 BauGB ist eine Festsetzung der Art der baulichen Nutzung im Sinne von § 30 Abs. 1 BauGB[1]. Es bedarf jeweils der **planerischen Abwägung**, ob eine Gemeinbedarfsfläche nach § 9 Abs. 1 Nr. 5 BauGB festgesetzt werden soll oder ob es unter Berücksichtigung der Planungsziele sachgerechter ist, darauf zu verzichten und statt dessen ein **Baugebiet** auszuweisen, in dem die vorgesehenen Einrichtungen des Gemeinbedarfs ebenfalls errichtet werden können. Nach der Baunutzungsverordnung sind in allgemeinen Wohngebieten (§ 4 Abs. 2 Nr. 3), besonderen Wohngebieten (§ 4a Abs. 2 Nr. 5), Dorfgebieten (§ 5 Abs. 2 Nr. 7), Mischgebieten (§ 6 Abs. 2 Nr. 5) und Kerngebieten (§ 7 Abs. 2 Nr. 4) Gemeinbedarfsvorhaben als Anlagen für kirchliche, kulturelle, soziale, gesundheitliche und sportliche Zwecke allgemein zulässig. In Kleinsiedlungsgebieten (§ 2 Abs. 3 Nr. 2), Gewerbegebieten (§ 8 Abs. 3 Nr. 2) und Industriegebieten (§ 9 Abs. 3 Nr. 2) können sie ausnahmsweise zugelassen werden. Auch in reinen Wohngebieten sind Gemeinbedarfsvorhaben nach Maßgabe von § 3 Abs. 3 Nr. 2 BauNVO zulässig. In Sondergebieten hängt die Zulässigkeit von der spezifischen Zweckbestimmung des Gebiets ab, es kann auch insgesamt dem Gemeinbedarf dienen (z.B. Universitäts- oder Klinikgelände). Der Festsetzung eines Baugebiets kommt zur Ermöglichung bestimmter Gemeinbedarfsvorhaben kein Vorrang gegenüber der Festsetzung nach § 9 Abs. 1 Nr. 5 BauGB zu[2], ebensowenig hat umgekehrt die Festsetzung nach § 9 Abs. 1 Nr. 5 BauGB Vorrang[3]. Bei der Abwägung ist vor allem zu berücksichtigen, daß § 9 Abs. 1 Nr. 5 BauGB es ermöglicht, bestimmte Standorte (z.B. wegen einer verkehrsgünstigen Lage) für die ausschließliche Nutzung für Zwecke des Gemeinbedarfs vorzusehen. Die Ausweisung eines Baugebiets stellt nicht sicher, daß dort auch tatsächlich eine Fläche für das Gemeinbedarfsvorhaben zur Verfügung gestellt wird[4]. Das konkret beabsichtigte Gemeinbedarfsvorhaben würde möglicherweise auch bei Einbeziehung in ein Baugebiet der Eigenart dieses Gebiets im Sinne von § 15 Abs. 1 Satz 1 BauNVO widersprechen, etwa wenn eine Schule oder eine Fortbildungsstätte mit überörtlichem Einzugsbereich am Rande eines Wohngebiets errichtet werden soll[5]. Soll der Bebau-

---

1 BVerwG v. 13.7.1989 – 4 B 140.88, Buchholz 406.11 § 236 Nr. 1 = BRS 49 Nr. 79 = BauR 1989, 703.
2 BVerwG v. 23.12.1997 – 4 NB 23.97, Buchholz 406.11 § 9 Nr. 86 = BRS 59 Nr. 71 = BauR 1998, 515.
3 Vgl. VGH Mannheim v. 24.7.1998 – 8 S 2952/97, BRS 60 Nr. 77 = DVBl. 1999, 801.
4 Zur Abwägung bei der Ausweisung von Baugrundstücken als Gemeinbedarfsflächen vgl. BVerfG v. 22.2.1999 – 1 BvR 565/91, BRS 62 Nr. 69 = DVBl. 1999, 704 = DÖV 1999, 777.
5 Allerdings ist zu berücksichtigen, daß § 15 Abs. 1 Satz 2 BauNVO auch bei einer Festsetzung nach § 9 Abs. 1 Nr. 5 BauGB anwendbar bleibt; vgl. unten Rdnr. 263.

ungsplan die Inanspruchnahme eines privaten Grundstücks für eine öffentliche Nutzung durch Ausweisung einer Gemeinbedarfsfläche ermöglichen, so muß allerdings auch umgekehrt erwogen werden, ob diese Nutzung nicht auch auf eine im Eigentum der öffentlichen Hand stehenden Grundstück verwirklicht werden kann; stehen gleich geeignete Grundstücke der öffentlichen Hand zur Verfügung, so ist die Inanspruchnahme von Privateigentum gegen den Willen des Eigentümers unverhältnismäßig[1]. Im übrigen müssen auch die aus § 32 BauGB sich ergebenden Nutzungsbeschränkungen in die Abwägung einbezogen werden.

Flächen für **Spiel- und Sportanlagen** können nach § 9 Abs. 1 Nr. 5 BauGB festgesetzt werden, auch soweit sie allein privatwirtschaftlichen Zwecken dienen; denn sie werden nach dieser Vorschrift neben die Gemeinbedarfsflächen gestellt. Das schließt nicht aus, daß für eine Sportanlage auch eine Gemeinbedarfsfläche ausgewiesen wird[2]. Auch Spiel- und Sportanlagen sind nach den oben (Rdnr. 262) genannten Bestimmungen der Baunutzungsverordnung in den Baugebieten weitgehend zulässig. Sie können außerdem nach § 9 Abs. 1 Nr. 15 BauGB auf Grünflächen festgesetzt werden (dazu unten Rdnr. 296). Für die notwendige Konkretisierung der Zweckbestimmung und die Prüfung der Erforderlichkeit einer Festsetzung nach § 9 Abs. 1 Nr. 5 BauGB gelten dieselben Grundsätze wie für Gemeinbedarfsflächen. Wegen der vielfach von Sportanlagen ausgehenden Störungen ist zu beachten, daß die Ausweisung nach § 9 Abs. 1 Nr. 5 BauGB zwar die Anwendung von § 15 Abs. 1 Satz 1 BauNVO ausschließt, nicht aber die Anwendung von § 15 Abs. 1 Satz 2 BauNVO[3]. Die Festsetzung nach § 9 Abs. 1 Nr. 5 BauGB kann deshalb zwar den Schutzanspruch einer benachbarten Wohnbebauung mindern. Es ist aber dennoch im Planaufstellungsverfahren zu prüfen, ob das Vorhaben unter Berücksichtigung von § 15 Abs. 1 Satz 2 BauNVO überhaupt realisierbar erscheint; die „Feinsteuerung" kann dann dem Baugenehmigungsverfahren überlassen bleiben[4]. Bei der Planung von Sportanlagen ist die 18. BImSchV zu beachten[5]; diese entbindet auch dann

263

---

1 BVerwG v. 6.6.2002 – 4 CN 6.01, Buchholz 406.11 § 1 Nr. 111 = BRS 65 Nr. 8 = BauR 2002, 1660 = NVwZ 2002, 1506.
2 Vgl. etwa BVerwG v. 13.7.1989 – 4 B 140.88, Buchholz 406.11 § 236 Nr. 1 = BRS 49 Nr. 79 = BauR 1989, 703: Gemeinbedarfsfläche „Sporthalle".
3 Vgl. BVerwG v. 11.3.1988 – 4 C 56.84, Buchholz 406.11 § 9 Nr. 30 = BRS 48, Nr. 8 = BauR 1988, 448 = DVBl. 1988, 845 = NVwZ 1989, 659; noch deutlicher für die Festsetzung eines Sportplatzes nach § 9 Abs. 1 Nr. 15 BauGB BVerwG v. 23.4.1998 – 4 B 40.98, Buchholz 406.11 § 9 Nr. 87 = BRS 60 Nr. 178 = BauR 1998, 995.
4 Vgl. dazu auch Rdnr. 232 sowie BVerwG v. 24.4.1991 – 7 C 12.90, BVerwGE 88, 143 = Buchholz 406.25 § 22 Nr. 8 = BRS 52 Nr. 191 = BauR 1991, 593 = DVBl. 1991, 1151 = NVwZ 1991, 884; BVerwG v. 12.8.1999 – 4 CN 4.98, BVerwGE 109, 246 = BRS 62 Nr. 1 = BauR 2000, 229 = DVBl. 2000, 187 = NVwZ 2000, 550 = ZfBR 2000, 125.
5 Vgl. näher Rdnr. 292 f.

nicht von der Berücksichtigung von Lärmminderungsmöglichkeiten, wenn die Richtwerte eingehalten werden[1].

264 Die Festsetzungen nach § 9 Abs. 1 Nr. 5 BauGB können gemäß § 40 Abs. 1 Satz 1 Nr. 1, Abs. 2, 3 BauGB einen Entschädigungs- und Übernahmeanspruch auslösen.

6. Die höchstzulässige Zahl der Wohnungen in Wohngebäuden

265 § 9 Abs. 1 Nr. 6 BauGB hat in der Praxis bisher Bedeutung hauptsächlich für die vielfach übliche Beschränkung auf **Einzel- und Doppelhäuser** oder Einzelhäuser in Wohngebieten. Eine solche Festsetzung kann z.b. auf dem Anliegen beruhen, den Gebietscharakter „vorwiegend mit Familienheimen zu bestimmen"[2]. Neben der Festsetzung einer absoluten Zahl der höchstzulässigen Nutzungen je Wohngebäude ist auch die Festsetzung einer Verhältniszahl möglich, also z.B. die Festsetzung: Je angefangene 100 m²-Grundstücksfläche höchstens eine Wohnung[3]. Eine solche Festsetzung bietet sich z.B. dann an, wenn das Erschließungssystem nur für eine begrenzte Zahl von Wohnungen ausgelegt und die Zahl der erforderlichen Stellplätze gering gehalten werden soll[4]. Unzulässig ist dagegen die Festsetzung der höchstzulässigen Zahl der Wohnungen je Grundstück[5].

7. Flächen für die soziale Wohnraumförderung

266 § 9 Abs. 1 Nr. 7 BauGB ermöglicht eine von den Baugebieten der Baunutzungsverordnung abweichende Festsetzung der **Art der baulichen Nutzung**. Der Bebauungsplan kann festsetzen, daß in dem Baugebiet ganz oder teilweise ausschließlich Wohngebäude errichtet werden dürfen, die mit Mitteln der sozialen Wohnraumförderung gefördert werden könnten. Die Förderungsvoraussetzungen ergeben sich aus dem Wohnraumförderungsgesetz vom 13.9.2001. Sollen die Flächen nur teilweise von der Bindung erfaßt werden, so bedarf es allerdings zusätzlich einer Festsetzung der Art der baulichen Nutzung auf der Grundlage von § 9 Abs. 1 Nr. 1 BauGB. Es sollte dann grundstücksbezogen der Anteil der Gebäude, die der Bindung nach § 9

---

1 BVerwG v. 12.8.1999 ebenda; vgl. auch zu der entsprechenden Fragestellung bei der Planung von Verkehrsanlagen Rdnr. 282.
2 BVerwG v. 9.3.1993 – 4 B 38.93, Buchholz 406.19 Nr. 116 = BRS 55 Nr. 170 = BauR 1993, 581; das frühere Erfordernis besonderer städtebaulicher Gründe ist seit dem 1.1.1997 entfallen.
3 BVerwG v. 8.10.1998 – 4 C 1.97, Buchholz 406.11 § 9 Nr. 90 = BRS 60 Nr. 16 = BauR 1999, 148 = DVBl. 1999, 238.
4 Vgl. zu diesem Anliegen auch BVerwG v. 9.11.1994 – 4 NB 34.94, Buchholz 406.11 § 9 Nr. 73 = BRS 56 Nr. 3 = BauR 1995, 65 = DVBl. 1995, 112.
5 BayVGH v. 12.9.2000 – 1 N 98.3549, BauR 2001, 210 = ZfBR 2001, 205; vgl. auch Rdnr. 252.

Abs. 1 Nr. 7 BauGB unterliegen sollen, festgesetzt werden; für die anteilige Festsetzung der förderungsfähigen Wohnungen bietet die Regelung keine hinreichende Grundlage[1].

Wohngebäude, die mit Mitteln des sozialen Wohnungsbaus gefördert werden könnten, sind alle Gebäude, die die Förderungsvoraussetzungen nach den Vorschriften des Wohnraumförderungsgesetzes erfüllen. Der Bebauungsplan begründet weder die Verpflichtung, Fördermittel in Anspruch zu nehmen, noch einen Anspruch auf solche Mittel. Die Festsetzung nach § 9 Abs. 1 Nr. 7 BauGB kann vor allem eingesetzt werden, um sicherzustellen, daß Wohnungen für **Bevölkerungskreise mit begrenztem Einkommen** errichtet werden[2]. 267

8. Flächen für Personengruppen mit besonderem Wohnbedarf

Auch § 9 Abs. 1 Nr. 8 BauGB ermöglicht eine von den Baugebieten der BauNVO abweichende Festsetzung der Art der baulichen Nutzung. Anders als die Festsetzung nach § 9 Abs. 1 Nr. 7 BauGB darf sich die Festsetzung nach § 9 Abs. 1 Nr. 8 BauGB aber nur auf „**einzelne Flächen**" beziehen. Das sind, wie das BVerwG formuliert, Flächen, die „in eine durch Bebauungsplan geplante oder bereits vorhandene Bebauung mit einem anderen Nutzungszweck eingestreut sind und wegen ihrer geringen Größe ungeeignet sind, das Entstehen einseitiger Bevölkerungsstrukturen zu begünstigen"; typischerweise handelt es sich um einzelne Grundstücke[3]. 268

Der besondere Wohnbedarf von Personengruppen muß in **baulichen Besonderheiten** der Wohngebäude zum Ausdruck kommen. Solche baulichen Besonderheiten bestehen, wie das Bundesverwaltungsgericht ausführt, u.a. „bei Alten und Behinderten (z.B. rollstuhlgerechte Türen, Fahrstühle usw.) oder bei Studenten (z.B. Einzelräume und Gemeinschaftseinrichtungen)". Deshalb sind einkommensschwache Wohnungssuchende keine Personengruppen im Sinne von § 9 Abs. 1 Nr. 8 BauGB. Die baulichen Besonderheiten selbst brauchen allerdings in dem Bebauungsplan nicht festgesetzt zu werden; es genügt die Bezeichnung der begünstigten Personengruppe[4]. 269

Die Festsetzung kann gemäß § 40 Abs. 1 Satz 1 Nr. 2, Abs. 2 BauGB einen Übernahmeanspruch begründen. 270

---

1 A.A. Bielenberg/Söfker in Ernst/Zinkahn/Bielenberg/Krautzberger, § 9 Rdnr. 77.
2 Vgl. BVerwG v. 17.12.1992 – 4 N 2.91, BVerwGE 91, 318, 325 = BRS 54 Nr. 38 = DVBl. 1993, 444 = NVwZ 1993, 562.
3 BVerwG v. 17.12.1992 – 4 N 2.91, BVerwGE 91, 318 = BRS 54 Nr. 38 = DVBl. 1993, 444 = NVwZ 1993, 562.
4 Vgl. BVerwG v. 17.12.1992 ebenda.

9. Flächen mit besonderem Nutzungszweck

271 § 9 Abs. 1 Nr. 9 BauGB ermöglicht es, die zulässigen privaten baulichen **Nutzungen noch enger zu begrenzen**, als dies durch Ausweisung eines in der Baunutzungsverordnung vorgesehenen Baugebiets möglich wäre. So kann z.B. auf der Grundlage dieser Vorschrift die zulässige bauliche Nutzung **an einem bestimmten Standort** auf ein Hotel beschränkt werden[1]. In Betracht kommt auch die Ausweisung von Flächen für Kurhäuser, Erholungsheime, Ausflugslokale, bestimmte stark emittierende Betriebe, Aussichtstürme, Raststätten an Verkehrsstätten oder Parkhäuser[2], für Tankstellen, ein Warenhaus oder Ärztehaus[3] oder Windkraftanlagen. Die Abgrenzung von einem Sondergebiet nach § 11 BauNVO kann im Einzelfall Schwierigkeiten bereiten. Bei der Abgrenzung ist der Übernahmeanspruch nach § 40 Abs. 1 Nr. 3, Abs. 2 BauGB zu berücksichtigen: Soweit die festgesetzte Nutzung nicht den Interessen des Grundstückseigentümers, sondern Dritter dient, hat die Festsetzung nach § 9 Abs. 1 Nr. 9 BauGB Vorrang. Vorrang haben auch Festsetzungsmöglichkeiten nach anderen Nummern in dem Katalog des § 9 Abs. 1 BauGB; deshalb kann § 9 Abs. 1 Nr. 9 BauGB bei öffentlichen Nutzungen praktisch nicht zur Anwendung kommen, weil dann § 9 Abs. 1 Nr. 5 BauGB oder noch speziellere Regelungen eingreifen.

272 Der Nutzungszweck muß im Bebauungsplan konkret angegeben werden. Bei Anwendung von § 9 Abs. 1 Nr. 9 BauGB besteht dazu in noch stärkerem Maße Anlaß als bei Festsetzungen nach § 9 Abs. 1 Nr. 5 BauGB[4]. Obwohl das frühere Erfordernis besonderer städtebaulicher Gründe entfallen ist, bedarf es im übrigen der sorgfältigen Abwägung, ob es aus städtebaulichen Gründen überhaupt notwendig ist, den Nutzungszweck über die in Anwendung der BauNVO sich ergebenden Möglichkeiten noch stärker einzugrenzen.

10. Die von Bebauung freizuhaltenden Flächen und ihre Nutzung

273 Festsetzungen nach § 9 Abs. 1 Nr. 15, Nr. 18, Nr. 20, Nr. 24 oder Nr. 25 BauGB können den weitgehenden Ausschluß baulicher Nutzungen bewirken. Um eine Bebauung zuverlässig und vollständig auszuschließen, können sie durch die Festsetzung nach § 9 Abs. 1 Nr. 10 BauGB ergänzt werden. Wird die Festsetzung einer Fläche für die Landwirtschaft gemäß § 9 Abs. 1 Nr. 18a) BauGB durch eine Festsetzung nach § 9 Abs. 1 Nr. 10 BauGB ergänzt, so bewirkt dies die Unzulässigkeit auch solcher baulicher Anlagen, die im Sinne von § 35 Abs. 1 Nr. 1 BauGB einem landwirtschaft-

---

1 Vgl. Hess.VGH v. 13.3.1987 – 3 N 25.82, ZfBR 1987, 214, 215.
2 Gaentzsch in Berliner Kommentar zum BauGB, § 9 Rdnr. 31.
3 Gierke in Brügelmann, § 9 Rdnr. 206.
4 Vgl. zu diesen oben Rdnr. 261.

lichen Betrieb dienen[1]. Die Festsetzung nach § 9 Abs. 1 Nr. 10 BauGB kann aber auch isoliert stehen; sie muß dann den Nutzungszweck eigenständig angeben (z.B. Rasenfläche).

Die Festsetzung nach § 9 Abs. 1 Nr. 10 BauGB beinhaltet eine **besonders einschneidende** Bestimmung von Inhalt und Schranken des Grundeigentums im Sinne von Art. 14 Abs. 1 Satz 2 GG[2]. Anlaß zu einer solchen Festsetzung kann z.B. das Anliegen geben, bestimmte Flächen freizuhalten, um den Durchblick zu einem Baudenkmal freizuhalten oder das historische Bild hervorzuheben und zu bewahren; in einer solchen Situation[3] kann die Festsetzung sogar geboten sein. In Betracht kommt die Festsetzung auch für die Freihaltung von Sichtdreiecken aus verkehrlichen Gründen. Es ist im Einzelfall zu prüfen, ob das städtebauliche Ziel nicht bereits durch die Festsetzung der überbaubaren Grundstücksflächen verwirklicht werden kann. Das Anliegen, eine Fläche freizuhalten, um dort irgendwann später möglicherweise ein im öffentlichen Interesse liegendes Vorhaben (z.B. Bahntrasse) verwirklichen zu können, rechtfertigt eine Festsetzung nach § 9 Abs. 1 Nr. 10 BauGB nicht[4]; die Instrumente zur Sicherung der Planung sind abschließend in §§ 14 f. BauGB und in den entsprechenden Vorschriften des Fachplanungsrechts bestimmt.

274

Die Festsetzung kann einen Übernahmeanspruch begründen (§ 40 Abs. 1 Satz 1 Nr. 12, Abs. 2 BauGB).

275

11. Die Verkehrsflächen

Die Planung von Baugebieten ist untrennbar mit der Festsetzung von Verkehrsflächen verbunden. Festsetzungen über die örtlichen Verkehrsflächen gehören gemäß § 30 Abs. 1 BauGB zu den **unverzichtbaren** Teilen eines qualifizierten Bebauungsplans. Ein Bebauungsplan ohne Festsetzung von Verkehrsflächen zu einer ausreichenden wegemäßigen Erschließung der Baugrundstücke ist abwägungsfehlerhaft. Daraus folgt allerdings nicht, daß jedes Baugrundstück mit Kraftfahrzeugen erreichbar sein müßte[5].

276

Zu den Verkehrsflächen gehören neben Straßen, Wegen und Plätzen auch Flächen für den Schienenverkehr oder für den Luftverkehr. Der Bebauungsplan muß die **Zweckbestimmung konkretisieren**; dabei ist es in der Regel allerdings nicht erforderlich, die Verkehrsfläche im einzelnen – etwa in

277

---

1 Vgl. BVerwG v. 17.12.1998 – 4 NB 4.97, Buchholz 406.11 § 9 Nr. 93 = BRS 60 Nr. 20 = BauR 1999, 608 = DVBl. 1999, 780 = NVwZ 1999, 984 = ZfBR 1999, 157.
2 BVerwG v. 17.12.1998 ebenda.
3 Vgl. dazu auch OVG Lüneburg v. 11.9.1970 – 1 A 96/69, BRS 23 Nr. 5.
4 A.A. OVG Lüneburg v. 15.3.2001 – 1 K 2405/00, BRS 64 Nr. 23 = BauR 2002, 51 = NVwZ-RR 2002, 171.
5 Vgl. BVerwG v. 23.1.1992 – 4 NB 2.90, BRS 54 Nr. 20 = DVBl. 1992, 577 = NVwZ 1992, 974.

Fahrbahn, Gehweg, Radweg – zu unterteilen. Die Abgrenzung zwischen Verkehrsflächen und Verkehrsflächen besonderer Zweckbestimmung hat keine rechtliche Bedeutung. Als Verkehrsflächen besonderer Zweckbestimmung werden neben den im Gesetz genannten Parkplätzen, Flächen zum Abstellen von Fahrrädern und Fußgängerbereichen häufig verkehrsberuhigte Zonen festgesetzt[1]. **Verkehrslenkende Maßnahmen** (z.B. nichtüberfahrbarer Mittelstreifen einer Straße) können im Bebauungsplan nicht festgesetzt werden[2]. **Grünanlagen im Verkehrsraum** können gemäß § 9 Abs. 1 Nr. 15 BauGB festgesetzt werden[3]. Auf der Grundlage von § 9 Abs. 1 Nr. 11 BauGB kann „Straßenbegleitgrün" nicht festgesetzt werden[4]; das schließt allerdings nicht aus, eine festgesetzte Verkehrsfläche teilweise zu begrünen.

278 In der Regel dienen Verkehrsanlagen dem öffentlichen Verkehr. Es können aber, wie § 9 Abs. 1 Nr. 11, 2. Halbsatz klargestellt, auch **private Verkehrsflächen** festgesetzt werden. Die Erforderlichkeit der Festsetzung privater Verkehrsflächen bedarf allerdings besonders sorgfältiger Prüfung. Auf größeren Grundstücken, die nach der Planungskonzeption nur von einem Eigentümer genutzt werden, ist die Festsetzung der inneren Erschließung regelmäßig entbehrlich. Soll die Straße der Erschließung mehrerer selbständig zu nutzender Flächen dienen, so ist in der Regel die Festsetzung einer öffentlichen Verkehrsfläche geboten, damit die Inanspruchnahme des Straßengrundstücks notfalls im Enteignungsverfahren durchgesetzt werden kann[5]. Die Festsetzung einer privaten Verkehrsfläche wird daher regelmäßig nur in Betracht kommen, wenn der Eigentümer des Straßengrundstücks ein eigenes Interesse an der Herstellung der Erschließungsanlage hat, diesem keine anderweitigen Nutzungsmöglichkeiten der Fläche (wie bei einer Festsetzung nach § 9 Abs. 1 Nr. 21 BauGB) verbleiben, ein öffentliches Interesse an einer öffentlichen Nutzung aber nicht besteht.

279 Die Festsetzungen des Bebauungsplans über die Zweckbestimmung der Verkehrsflächen binden die Träger der Straßenbaulast (bei der Entscheidung über den Umfang der Widmung) und die Straßenverkehrsbehörden (bei der Entscheidung über verkehrsrechtliche Nutzungsbeschränkungen). Auf einer Fläche, die im Bebauungsplan als Fußgängerbereich festgesetzt ist, darf deshalb z.B. nicht der Fahrradverkehr zugelassen werden[6].

---

1 Vgl. zu diesen Dürr, Rechtliche Aspekte der Verkehrsberuhigung von Innenstädten, VBlBW 1993, 361 ff.; Jahn, Rechtsfragen innerstädtischer Verkehrsbeschränkungen, NZV 1994, 5 ff.
2 Vgl. OVG Koblenz v. 14.11.1990 – 10 C 10236/90, NVwZ-RR 1992, 342.
3 Vgl. BVerwG v. 24.4.1991 – 4 NB 24.90, Buchholz 406.11 § 9 Nr. 49 = BRS 52 Nr. 19 = DVBl. 1991, 826 = NVwZ 1991, 877.
4 A.A. Gaentzsch in Berliner Kommentar zum Baugesetzbuch, § 9 Rdnr. 33; vgl. aber unten Rdnr. 293.
5 Vgl. dazu unten Rdnr. 282.
6 Vgl. VGH Mannheim v. 18.8.1992 – 5 S 1/92, DÖV 1993, 532 = UPR 1993, 160.

Die Errichtung und Änderung von Verkehrsanlagen bedarf häufig der **Plan-** 280
feststellung oder Plangenehmigung (vgl. § 18 AEG, § 17 FStrG, § 8 LuftVG,
§ 28 PBefG sowie die Landesstraßengesetze). Die Festsetzungen des Bebauungsplans entfalten gemäß **§ 38 Satz 1 BauGB** allein keine Bindungswirkung im Planfeststellungs- oder Plangenehmigungsverfahren für derartige Verkehrsanlagen. Allerdings kann eine Bindungswirkung gemäß § 38 Satz 1 i.V.m. § 7 BauGB aus dem Flächennutzungsplan bestehen. Auch ist die Gemeinde durch § 38 Satz 1 BauGB nicht gehindert, Flächen für Verkehrsanlagen im Bebauungsplan festzusetzen, um die spätere Errichtung zu sichern. Das gilt sogar dann, wenn ein Planfeststellungsverfahren bereits eingeleitet und dort die Festsetzung einer anderen Trasse beabsichtigt ist[1]; der Bebauungsplan konkretisiert in einer derartigen Situation die städtebaulichen Belange, die gemäß § 38 Satz 1, 2. Halbsatz BauGB in der fachplanerischen Abwägung zu berücksichtigen sind. Soweit Verkehrsanlagen auf der Grundlage des Fachplanungsrechts bereits festgesetzt sind, sollen sie gemäß § 9 Abs. 6 BauGB im Bebauungsplan nachrichtlich dargestellt werden. Der Bebauungsplan darf ergänzende Regelungen treffen, die dem Planfeststellungsbeschluß bzw. der Plangenehmigung nicht widersprechen[2]. Gemäß § 17 Abs. 3 FStrG, § 28 Abs. 3 PBefG und nach den Landesstraßengesetzen kann die Planfeststellung durch einen Bebauungsplan ersetzt werden. In einem solchen Fall ergeben sich aus dem Straßenrecht Bindungen, die die Beurteilung der Erforderlichkeit der Straßenplanung[3] und die Anforderungen an den Inhalt des Bebauungsplans[4] betreffen. Die Regelungen über die Ersetzung des Planfeststellungsbeschlusses durch Bebauungsplan ermöglichen grundsätzlich auch die Änderung eines Planfeststellungsbeschlusses durch Bebauungsplan[5]. Die Gemeinde hat die Möglichkeit, durch Bebauungsplan eine eigene Verkehrspolitik zu betreiben[6]. Häufig erfolgt die Straßenplanung durch einen Bebauungsplan, der allein die Verkehrsflächen ausweist („isolierte Straßenplanung")[7]. Bei der Entscheidung über die Aufstellung eines solchen **Verkehrsbebauungsplans** anstelle der Durchführung eines Planfeststellungsverfahrens ist vor allem zu berücksichtigen, daß der Planfeststel-

---

1 Vgl. BVerwG v. 18.10.1985 – 4 C 21.80, BRS 44 Nr. 96 = DVBl. 1986, 696 = NJW 1986, 1826.
2 Vgl. BVerwG v. 16.12.1988 – 4 C 48.86, BVerwGE 81, 111, 116 = BRS 49 Nr. 3 = DVBl. 1989, 458 = NVwZ 1989, 655.
3 BVerwG v. 18.3.2004 – 4 CN 4.03.
4 Dazu BayVGH v. 30.4.2003 – 8 N 01.3009.
5 Dies berücksichtigen die Formulierungen in BVerwG v. 30.5.1997 – 8 C 6.96, Buchholz 406.11 § 125 Nr. 36 = DVBl. 1998, 47 = NVwZ 1998, 290 nicht hinreichend; vgl. dazu auch Menke, Die Änderung von Planfeststellungsbeschlüssen oder Plangenehmigungen durch Bebauungsplan, NVwZ 1999, 950 ff.; a.A. OVG Münster v. 5.2.2003 – 7a D 77/99.NE, NVwZ-RR 2003, 633 = ZfBR 2003, 581.
6 BVerwG v. 22.4.1997 – 4 NB 1.97, Buchholz 406.1 § 1 Nr. 91 = BRS 59 Nr. 1; BVerwG v. 28.1.1999 – 4 CN 5.98, Buchholz 406.25 § 41 Nr. 25 = BRS 62 Nr. 4 = BauR 1999, 867 = DVBl. 1999, 1288 = ZfBR 1999, 219; vgl. dazu auch Rdnr. 78.
7 Vgl. dazu BVerwG v. 26.8.1993 – 4 C 24.91, BVerwGE 94, 100, 105 f. = DVBl. 1993, 1357 = NVwZ 1994, 275 m.w.N.

lungsbeschluß wesentlich detailliertere Festsetzungen zuläßt als § 9 BauGB[1]. Allerdings kann die geringere Regelungsdichte des Bebauungsplans durch einen öffentlich-rechtlichen Vertrag ausgeglichen werden[2].

281 Durch Festsetzungen über den **Anschluß anderer Flächen an die Verkehrsflächen** werden hauptsächlich zulässige Grundstückszufahrten örtlich beschränkt. Dazu kann z.B. Anlaß bestehen, wenn von der Zufahrt (etwa bei einem Parkhaus oder einer Tiefgarage) erhebliche Störungen ausgehen.

282 Festsetzungen nach § 9 Abs. 1 Nr. 11 BauGB bedürfen sorgfältiger **Abwägung**, vor allem soweit sie eine Inanspruchnahme von Privatgrundstücken vorsehen oder erhebliche Lärmimmissionen erwarten lassen. Dazu hat sich eine umfangreiche Rechtsprechung entwickelt[3]. Grundsätzlich gelten für die Abwägung dieselben Grundsätze wie in einem Planfeststellungsverfahren[4]. Hinsichtlich der Verkehrslärmimmissionen sind §§ 41 ff. BImSchG zu beachten[5]; die 16. BImSchV schließt die Abwägungserheblichkeit von Lärmbeeinträchtigungen, die nicht auf einer wesentlichen Änderung im Sinne von § 1 Abs. 2 beruhen oder die die Grenzwerte gemäß § 2 Abs. 1 nicht überschreiten, nicht aus[6]. Bei Ausweisung bebauter Flächen nach § 9 Abs. 1 Nr. 11 BauGB ist § 32 BauGB zu beachten. Die Ausweisung kann im übrigen gemäß § 40 Abs. 1 Satz 1 Nr. 5, Abs. 2, 3 BauGB einen Entschädigungs- oder Übernahmeanspruch auslösen. Über die Zulässigkeit der Enteignung

---

1 Vgl. dazu auch BVerwG v. 28.8.1987 – 4 N 1.86, Buchholz 406.11 § 1 Nr. 29 = DVBl. 1987, 1273 = NVwZ 1988, 351.
2 Vgl. BVerwG v. 5.1.1999 – 4 BN 28.97, BRS 62 Nr. 233 = BauR 1999, 729 = NVwZ-RR 1999, 426 = UPR 1999, 190.
3 Vgl. etwa BVerwG v. 5.6.1992 – 4 NB 21.92, BRS 45 Nr. 14; BVerwG v. 26.8.1993 – 4 C 24.91, BVerwGE 94, 100, 106 f. = DVBl. 1993, 1357 = NVwZ 1994, 275; BVerwG v. 3.6.1998 – 4 NB 25.98, Buchholz 405.11 § 1 Nr. 97; OVG Hamburg v. 20.9.1990 – Bf II 56, 57/86 N, NVwZ-RR 1992, 343; OVG Münster v. 18.12.1991 – 7a NE 77/90, UPR 1992, 390 = NWVBl. 1992, 357; OVG Münster v. 22.3.1993 – 11a NE 84/89, NWVBl. 1993, 468; OVG Münster v. 28.8.1996 – 11a D 125/92.NE, BRS 58 Nr. 17; OVG Münster v. 30.12.1997 – 10a D 41/95.NE, BRS 59 Nr. 2 und die Nachweise in den ff. Fußnoten.
4 Vgl. etwa zur fehlenden UVP BVerwG v. 22.3.1999 – 4 BN 27.98, BRS 62 Nr. 5 = BauR 2000, 239 = NVwZ 1999, 989 = ZfBR 1999, 348; OVG Münster v. 10.8.2000 – 7a D 162/98.NE, BauR 2001, 201, bestätigt durch BVerwG v. 14.11.2000 – 4 BN 44.00, BauR 2001, 603 = NVwZ 2001, 433; die Unterlassung der vorgeschriebenen UVP kann allerdings ein beachtlicher Verfahrensfehler sein, vgl. dazu Rdnr. 1130, 1151. Zur Abschnittsbildung BVerwG v. 19.9.2002 – 4 CN 1.02, BVerwGE 117, 58 = BRS 65 Nr. 20, 209 = DVBl. 2003, 203 = NVwZ 2003, 150.
5 Vgl. dazu und zu den aus § 41 BImSchG sich ergebenden Bindungen für die Planung BVerwG v. 28.1.1999 – 4 CN 5.98, Buchholz 406.25 § 41 Nr. 25 = BRS 62 Nr. 4 = BauR 1999, 867 = DVBl. 1999, 1288 = ZfBR 1999, 219.
6 Vgl. etwa BVerwG v. 18.3.1994 – 4 NB 24.93, Buchholz 310 § 47 Nr. 88 = BRS 56 Nr. 30 = DVBl. 1994, 701 = NVwZ 1994, 683; BVerwG v. 17.9.1998 – 4 CN 1.97, Buchholz 310 § 47 Nr. 126 = BRS 60 Nr. 45 = BauR 1999, 137 = ZfBR 1999, 41; VGH Mannheim v. 6.7.2001 – 8 S 1513/99, BRS 63 Nr. 20 = NuR 2002, 288; vgl. zur 16. BImSchV auch Rdnr. 791.

wird mit der Ausweisung noch nicht verbindlich entschieden; deshalb brauchen auch die Enteignungsvoraussetzungen im Planaufstellungsverfahren nicht geprüft zu werden[1].

12. Versorgungsflächen

Versorgungsflächen im Sinne von § 9 Abs. 1 Nr. 12 BauGB sind Flächen für **Versorgungsanlagen** (vgl. auch § 5 Abs. 2 Nr. 4 BauGB). Dazu gehören insbesondere Kraftwerke, Elektrizitätswerke, Windenergieanlagen, Heizkraftwerke, Anlagen zur Erzeugung von Solarstrom einschließlich der für die Verteilung notwendigen technischen Einrichtungen (z.B. Transformatorenstationen). Wegen der Vielzahl der in Betracht kommenden Anlagen und der unterschiedlichen Wirkungen, die von ihnen ausgehen, ist eine Konkretisierung im Bebauungsplan notwendig. Es kann sich um private oder öffentliche Anlagen handeln. Der Versorgungszweck fehlt allerdings bei privaten Anlagen, die allein einzelnen Industriebetrieben dienen und als Nebenanlagen den Betrieben zugeordnet sind.

283

Auch ohne Festsetzung nach § 9 Abs. 1 Nr. 12 BauGB können Versorgungsanlagen gemäß § 14 Abs. 2 BauNVO als **Nebenanlagen in den Baugebieten** zugelassen werden. Dazu gehören Heizkraftwerke regelmäßig nicht[2]. Zu den Versorgungsflächen im Sinne von § 9 Abs. 1 Nr. 12 BauGB gehören nicht die Leitungen. Sie sind nach § 9 Abs. 1 Nr. 13 und/oder Nr. 21 BauGB festzusetzen.

284

Die Festsetzung nach § 9 Abs. 1 Nr. 12 BauGB löst Bindungen gemäß § 32 BauGB aus. Sie begründet ein Vorkaufsrecht nach § 24 Abs. 1 Satz 1 Nr. 1 BauGB und kann gemäß § 40 Abs. 1 Satz 1 Nr. 6, Abs. 2, 3 BauGB einen Entschädigungs- oder Übernahmeanspruch begründen. Diese Regelungen sind (ähnlich wie bei der Festsetzung von Flächen für den Gemeinbedarf) bei der Entscheidung zu berücksichtigen, ob die Festsetzung nach § 9 Abs. 1 Nr. 12 BauGB überhaupt erforderlich ist, oder ob die **Festsetzung eines Baugebiets** (z.B. Industriegebiet oder Sondergebiet) sinnvoller ist.

285

13. Führung von Versorgungsanlagen und -leitungen

§ 9 Abs. 1 Nr. 13 BauGB ermöglicht die Festsetzung der Trassenführung von ober- und unterirdischen Versorgungsleitungen. Soweit die Vorschrift auch Versorgungsanlagen erwähnt, sind offenbar Masten, Schächte und ähnliche Anlagen gemeint, die den Leitungen dienen.

286

---

1 Vgl. BVerwG v. 11.3.1998 – 4 NB 6.98, Buchholz 406.11 § 1 Nr. 95 = BRS 60 Nr. 17.
2 Vgl. OVG Münster v. 3.3.1961 – VII A 71/61, OVGE 16, 238 = DVBl. 1961, 825; zur Planung von Heizkraftwerken vgl. auch OVG Berlin v. 29.8.1983 – 2 A 3.81, DVBl. 1984, 147.

287 Die Festsetzung ermöglicht nicht, **Privatgrundstücke** gegen den Willen des Eigentümers (durch Enteignung) für die Leitungen in Anspruch zu nehmen. Dazu ist vielmehr eine Festsetzung nach § 9 Abs. 1 Nr. 21 BauGB erforderlich[1]. Die Festsetzung setzt allerdings nicht voraus, daß ein Benutzungsrecht bereits begründet worden ist[2]. § 9 Abs. 1 Nr. 13 BauGB hat deshalb nur geringe praktische Bedeutung. Zur Verlegung von Versorgungsleitungen im Bereich öffentlicher Verkehrsflächen ist die Festsetzung in der Regel nicht erforderlich, selbst wenn sich aus ihr nach straßenrechtlichen Vorschriften ein Anspruch auf Erteilung einer Sondernutzungserlaubnis ergeben mag. Um die Führung von Versorgungsleitungen über Privatgrundstücke zu ermöglichen, genügt in der Regel die Festsetzung nach § 9 Abs. 1 Nr. 21 BauGB; allerdings kann eine Konkretisierung der Art der Leitung nach § 9 Abs. 1 Nr. 13 BauGB sachgerecht sein.

14. Die Flächen für die Abfall- und Abwasserbeseitigung sowie für Ablagerungen

288 Anlagen zur **Abfallbeseitigung** bedürfen gemäß § 31 Abs. 1 KrW-/AbfG der Genehmigung nach den Vorschriften des Bundesimmissionsschutzgesetzes; **Abfalldeponien** bedürfen gemäß § 31 Abs. 2 KrW-/AbfG der Planfeststellung. Der Bebauungsplan entfaltet deshalb für diese Anlagen gemäß **§ 38 BauGB** keine Bindungen. Sie sind, soweit sie vorhanden sind, gemäß § 9 Abs. 6 BauGB nachrichtlich darzustellen. Dennoch kann (ebenso wie für die Verkehrsflächen[3]) eine Flächensicherung im Bebauungsplan erfolgen. Dazu bietet § 9 Abs. 1 Nr. 14 BauGB die Grundlage.

289 Die **Abwasserbeseitigung** umfaßt gemäß § 18a Abs. 1 Satz 3 WHG das Sammeln, Fortleiten, Behandeln, Einleiten, Versickern, Verregnen und Verrieseln von Abwasser sowie das Entwässern von Klärschlamm im Zusammenhang mit der Abwasserbeseitigung; der Begriff hat in § 9 Abs. 1 Nr. 14 BauGB keinen anderen Inhalt. Daß auch das Niederschlagswasser zum Abwasser gehört, stellt § 9 Abs. 1 Nr. 14 BauGB in der seit 1.1.1998 geltenden Fassung klar (vgl. auch § 2 Abs. 1 Satz 1 AbwAG). Auf der Grundlage von § 9 Abs. 1 Nr. 14 BauGB können Flächen zur Sammlung des Niederschlagswassers nur festgesetzt werden, sofern kein Gewässer im Sinne von § 1 WHG entsteht[4]. Soweit das Landesrecht für die Errichtung und Änderung von Abwasserbeseitigungsanlagen einen Planfeststellungsbeschluß verlangt, entfaltet die Festsetzung nach § 9 Abs. 1 Nr. 14 BauGB keine Bindungswir-

---

1 OVG Koblenz v. 1.8.1984 – 10 C 30/83, BRS 42 Nr. 6; Bielenberg/Söfker in Ernst/Zinkahn/Bielenberg/Krautzberger, § 9 Rdnr. 88; Gaentzsch in Berliner Kommentar zum Baugesetzbuch, § 9 Rdnr. 39.
2 Ebenso Jäde in Jäde/Dirnberger/Weiss, § 9 Rdnr. 39; a.A. OVG Koblenz v. 1.8.1984 – 10 C 30/83, BRS 42 Nr. 6.
3 Vgl. dazu oben Rdnr. 280.
4 OVG Münster v. 2.11.1995 – 10a B 1616/95.NE.

kung im Planfeststellungsverfahren, wenn die Anlage überörtliche Bedeutung hat (§ 38 Satz 2 BauGB); es gelten dieselben Grundsätze wie für die Festsetzung von Abfallentsorgungsanlagen. Da § 9 Abs. 1 Nr. 14 BauGB nur die Festsetzung von Flächen, nicht die Festsetzung von Maßnahmen zuläßt[1], haben hinsichtlich der Bewirtschaftung des Niederschlagswassers Festsetzungen nach § 9 Abs. 1 Nr. 20 BauGB größere praktische Bedeutung als Festsetzungen nach § 9 Abs. 1 Nr. 14 BauGB.

Die Möglichkeit der Festsetzung von Flächen für **Ablagerungen** bezieht sich auf alle Stoffe, die von dem Abfallbegriff des KrW-/AbfG nicht erfaßt werden. Angesichts der Vielzahl der in Betracht kommenden Materialien ist regelmäßig eine Konkretisierung im Bebauungsplan erforderlich. 290

Die Festsetzungen nach § 9 Abs. 1 Nr. 14 BauGB können einen Entschädigungs- oder Übernahmeanspruch auslösen (vgl. § 40 Abs. 1 Satz 1 Nr. 7, Abs. 2 BauGB). 291

15. Die Grünflächen

§ 9 Abs. 1 Nr. 15 BauGB nennt als Beispiele für Grünflächen Parkanlagen, Dauerkleingärten, Sport-, Spiel-, Zelt- und Badeplätze sowie Friedhöfe. Die Beispiele zeigen (insbesondere die Beispiele Sport- und Spielplätze), daß Grünflächen nicht unbedingt bepflanzt zu werden brauchen. Allerdings sind sie, soweit sich aus der im Bebauungsplan angegebenen Zweckbestimmung nichts anderes ergibt, **grundsätzlich von Bebauung freizuhalten**; die Festsetzung „Grünfläche – Fläche für Freikörperkultur" ermöglicht deshalb z.B. nicht die Errichtung eines Clubhauses mit einem Aufenthaltsraum von ca. 100 m² Grundfläche[2]. Die Zulässigkeit der Bebauung richtet sich nach der im Bebauungsplan angegebenen Zweckbestimmung der Grünfläche. In Betracht kommen z.B. Unterkunftsgebäude für Kleingärtner, Umkleide-, Wasch- oder Toilettengebäude auf den Sport-, Spiel-, Zelt- oder Badeplätzen, Trauerhallen auf den Friedhöfen (hier jedoch nicht die Friedhofsgärtnereien). 292

Neben den im Gesetz beispielhaft genannten Anlagen kommen als Grünflächen z.B. auch in Betracht Hausgärten[3], eine Straßenrandbegrünung[4] oder 293

---

1 Vgl. BVerwG v. 30.8.2001 – 4 CN 9.00, BVerwGE 115, 77 = BRS 64 Nr. 36 = BauR 2002, 424 = DVBl. 2002, 269 = NVwZ 2002, 202; Spannowsky, Entwässerung der Baugebiete – Aufgabe und Verantwortung –, ZfBR 2000, 449, 454, 456.
2 Vgl. zu einer entsprechenden Darstellung des Flächennutzungsplans BVerwG v. 2.2.1995 – 4 B 257.94, BRS 57 Nr. 110.
3 Dazu BVerwG v. 17.6.1994 – 8 C 22.92, Buchholz 406.11 § 131 Nr. 92 = NVwZ 1995, 1213; BVerwG v. 18.5.2001 BVerwGE 114, 247 = BRS 64 Nr. 1 = BauR 2001, 1692 = DVBl. 2001, 1455 = NVwZ 2001, 1043.
4 BVerwG v. 24.4.1991 – 4 NB 24.90, Buchholz 406.11 § 9 Nr. 49 = BRS 52 Nr. 19 = DVBl. 1991, 826 = NVwZ 1991, 877.

ein Festplatz¹. Die in § 9 Abs. 1 Nr. 15 BauGB beispielhaft genannten Nutzungen können auch weiter konkretisiert werden, etwa ein Sportplatz als Bolzplatz; es kann auch eine Mehrfachnutzung (etwa Bolzplatz und Festplatz) festgesetzt werden².

294 Der Bebauungsplan muß bestimmen, ob es sich um eine **private oder öffentliche Grünfläche** handeln soll. Denn davon hängt u.a. ab, ob der Gemeinde das Vorkaufsrecht gemäß § 24 Abs. 1 Satz 1 Nr. 1 BauGB zusteht, ob § 32 BauGB anwendbar ist und ob dem Eigentümer ein Entschädigungs- oder Übernahmeanspruch zustehen kann (§ 40 Abs. 1 Satz 1 Nr. 8, Abs. 2, 3 BauGB). Der Bebauungsplan braucht dies allerdings nicht ausdrücklich festzusetzen; es genügt (wie auch sonst), daß die öffentliche oder private Zweckbestimmung durch Auslegung ermittelt werden kann³. Die Festsetzung „Parkanlage" deutet in der Regel auf eine öffentliche Nutzung hin⁴. Mit der Festsetzung einer öffentlichen Grünfläche wird nicht bereits verbindlich über die Zulässigkeit einer Enteignung entschieden; die Enteignungsvoraussetzungen brauchen daher auch im Planaufstellungsverfahren nicht geprüft zu werden⁵.

295 Das erforderliche **Maß der Konkretisierung der Festsetzung** nach § 9 Abs. 1 Nr. 15 BauGB hängt im übrigen von den örtlichen Verhältnissen und davon ab, welche Nutzungen auf der Fläche ermöglicht werden sollen. Die Gemeinde kann (anders als bei Gemeinbedarfsflächen⁶) auf eine Konkretisierung der Nutzung verzichten; dann dürfen auf der Fläche keine Anlagen eingerichtet werden, die einer besonderen Kennzeichnung bedürfen⁷. Dazu gehören alle baulichen Nutzungen, also insbesondere auch die im Gesetz beispielhaft genannten Dauerkleingärten, Sport-, Spiel-, Zelt- und Badeplätze sowie Friedhöfe⁸. Auf einer Fläche, die allein als öffentliche Grünfläche ausgewiesen ist, darf deshalb z.B. ein Spielplatz nicht errichtet werden⁹. Ebenso sind ohne entsprechende Zweckbestimmung Tennishallen¹⁰, Stell-

---

1 BVerwG v. 25.10.1996 – 4 NB 28.96, Buchholz 406.11 § 9 Nr. 81 = BRS 58 Nr. 24 = NVwZ-RR 1997, 515.
2 Vgl. BVerwG v. 25.10.1996 ebenda.
3 Vgl. BVerwG v. 25.10.1996 ebenda.
4 Vgl. OVG Saarlouis v. 23.3.1984 – 2 N 4/83, BRS 42 Nr. 32; OVG Lüneburg v. 29.11.1988 – 1 C 32/97, BRS 49 Nr. 10; OVG Münster v. 8.10.2003 – 7 A 1397/02, BauR 2004, 649.
5 Vgl. BVerwG v. 25.8.1997 – 4 NB 4.97, Buchholz 406.11 § 1 Nr. 94 = BauR 1997, 981; OVG Münster v. 13.3.1998 – 11a D 128/93.NE, BRS 60 Nr. 32; zu der vergleichbaren Fragestellung bei der Festsetzung öffentlicher Verkehrsflächen vgl. oben Rdnr. 282.
6 Vgl. dazu oben Rdnr. 261.
7 BVerwG v. 23.4.1998 – 4 B 40.98, Buchholz 406.11 § 9 Nr. 87 = BRS 60 Nr. 178 = BauR 1998, 995.
8 Vgl. BVerwG v. 16.2.1973 BVerwGE 42, 5 = NJW 1984, 1250; BVerwG v. 21.6.1974 – 4 C 14.74, Buchholz 11 Art. 14 Nr. 148 = DVBl. 1974, 777.
9 BVerwG v. 21.6.1974 ebenda.
10 Hess.VGH v. 9.3.1990 – 4 TG 1478/89, BRS 50 Nr. 195 = BauR 1990, 709.

plätze und Garagen¹ oder ein Gebäude für einen Bootsverleih² unzulässig. Verzichtet die Gemeinde – etwa bei der Festsetzung von Sport- oder Spielplätzen – auf nähere Bestimmungen zur Nutzung (z.B. Bolzplatz, Abenteuerspielplatz), so ist der Bebauungsplan dahin auszulegen, daß nur die mit der Umgebungsbebauung verträglichen Nutzungsformen zulässig sind³. Der Bebauungsplan kann sich auch darauf beschränken, bei Festsetzung einer größeren Grünanlage verschiedene Zweckbestimmungen anzugeben (z.B. Sport- und Spielplätze) ohne den Standort für diese Anlagen festzulegen; es ist dann über den Standort unter Beachtung von § 15 Abs. 1 BauNVO im Baugenehmigungsverfahren zu entscheiden⁴.

Ob Flächen für öffentliche **Sport- und Spielanlagen** nach § 9 Abs. 1 Nr. 5 oder Nr. 15 BauGB festgesetzt werden, ist grundsätzlich ohne Bedeutung. Es gelten auf der Grundlage beider Vorschriften hinsichtlich des Vorkaufsrechts (§ 24 BauGB), der Nutzungsbeschränkungen (§ 32 BauGB), der Entschädigung (§ 40 BauGB) und der Enteignungsvoraussetzungen dieselben Regelungen. Es ist allerdings bei der Festsetzung nach § 9 Abs. 1 Nr. 15 BauGB – ebenso wie bei der Festsetzung nach § 9 Abs. 1 Nr. 5 BauGB – zu prüfen, ob die Festsetzung überhaupt erforderlich ist oder ob nicht die Regelungen über die Zulässigkeit solcher Anlagen in den Baugebieten eine hinreichende Grundlage für ihre Errichtung bieten⁵. Die 18. BImSchV ist auch bei der Festsetzung nach § 9 Abs. 1 Nr. 15 BauGB zu beachten.

296

Dauerkleingärten sind Anlagen, die aus gepachteten Kleingartenparzellen bestehen, die gärtnerisch zu nichtgewerbsmäßigen Zwecken genutzt werden⁶. Die Festsetzung im Bebauungsplan ist gemäß § 1 Abs. 3 BKleinGG Voraussetzung für die Entstehung eines Dauerkleingartens. Mit der Festsetzung werden auch die in § 3 Abs. 2 BKleinGG beschriebenen Lauben ermöglicht; diese dürfen nicht zum dauerhaften Wohnen geeignet sein⁷. Bei der Ausweisung von Dauerkleingärten sind die aus §§ 4 ff. BKleinGG sich ergebenden Bindungen im Rahmen der Abwägung zu berücksichtigen⁸.

297

---

1 VGH Mannheim v. 26.6.1972 – I 787/71, ESVGH 23, 38 = BRS 25 Nr. 1; OVG Saarlouis v. 10.9.1986 – 2 R 313/85, BRS 46 Nr. 58.
2 OVG Münster v. 10.7.2003 – 10 B 629/03, BauR 2004, 646.
3 BVerwG v. 23.4.1998 – 4 B 40.98, Buchholz 406.11 § 9 Nr. 87 = BRS 60 Nr. 178 = BauR 1998, 995; OVG Berlin v. 18.5.1990 – 2 A 5.88, DÖV 1991, 336.
4 Vgl. auch dazu BVerwG v. 23.4.1998 – 4 B 40.98, Buchholz 406.11 § 9 Nr. 87 = BRS 60 Nr. 178 = BauR 1998, 995.
5 Vgl. dazu oben Rdnr. 262.
6 Vgl. BVerwG v. 2.9.1983 – 4 C 73.80, BVerwGE 68, 6 = BRS 40 Nr. 50 = NVwZ 1984, 581; OVG Münster v. 20.11.1992 – 11a NE 50/88, BRS 54 Nr. 17; OVG Hamburg v. 4.11.1999 – 2 E 29/96.N, BRS 62 Nr. 37.
7 Vgl. BVerwG v. 17.2.1984 – 4 C 55.81, Buchholz 406.11 § 34 Nr. 97 = BRS 42 Nr. 94 = NJW 1984, 1576; BayVerfGH v. 24.4.2001 – Vf.2-VII-99, BayVBl. 2001, 525 = NVwZ 2001, 1027.
8 Vgl. OVG Lüneburg v. 25.2.1985 – 6 C 22/83, BRS 44 Nr. 17; OVG Münster v. 20.11.1992 – 11a NE 50/88, BRS 54 Nr. 17.

298 Bei der Festsetzung einer **öffentlichen Grünfläche** ist im Rahmen der **Abwägung** der öffentlichen und privaten Belange zu prüfen, ob das Planungsziel nicht mit einer geringeren Belastung des Eigentümers auch durch Festsetzung einer privaten Grünfläche erreicht werden kann[1]; das wird allerdings dann nicht in Betracht kommen, wenn dem Eigentümer keine sinnvolle Nutzungsmöglichkeit mehr verbleibt. Unabhängig davon sind vorrangig Flächen, die im Eigentum der Gemeinde stehen, zur Anlage öffentlicher Grünflächen in Betracht zu ziehen[2]. Bei der Festsetzung **privater Grünflächen** kommt verhältnismäßig häufig der Verdacht auf, daß ohne hinreichende eigenständige städtebauliche Zielsetzung nur eine Bebauung unterbunden werden soll; eine solche „**Negativplanung**" wäre abwägungsfehlerhaft[3].

16. Die Wasserflächen

299 § 9 Abs. 1 Nr. 16 BauGB ermöglicht die Festsetzung von Wasserflächen sowie von Flächen für die Wasserwirtschaft, für Hochwasserschutzanlagen und für die Regelung des Wasserabflusses.

300 **Wasserflächen** sind oberirdische, natürliche und künstliche, stehende und fließende Gewässer[4]. Die Frage, ob nach § 9 Abs. 1 Nr. 16 BauGB auch eine Anlage zur Abwasserbeseitigung, etwa zum Sammeln von Niederschlagswasser, festgesetzt werden kann[5] oder ob die Festsetzungsmöglichkeit nach § 9 Abs. 1 Nr. 14 BauGB Vorrang hat, hat keine praktische Bedeutung mehr, seitdem die Subsidiaritätsregelung in § 9 Abs. 1 Nr. 16 BauGB („soweit diese Festsetzungen nicht nach anderen Vorschriften getroffen werden können") durch die Novelle 1998 gestrichen wurde. Zu den Wasserflächen gehören auch die Wasserstraßen; sie werden nicht von § 9 Abs. 1 Nr. 11 BauGB erfaßt. Soweit die Herstellung oder Änderung eines Gewässers gemäß § 31 WHG einer **Planfeststellung** oder Plangenehmigung bedarf, entfalten die Festsetzungen des Bebauungsplans gemäß § 38 BauGB keine Bindungswirkung. Dennoch kann auch in solchen Fällen die Festsetzung nach § 9 Abs. 1 Nr. 16 BauGB sinnvoll sein, um die spätere Herstellung des Gewässers auf der Grundlage einer Planfeststellung oder Plangenehmigung zu sichern[6]. Festsetzungen, die auf der Grundlage von § 31 WHG bereits getroffen wurden, sollen gemäß § 9 Abs. 6 BauGB im Bebauungsplan nachrichtlich dargestellt werden.

---

1 Vgl. dazu VGH Mannheim v. 22.4.1996 – 5 S 833/95, BRS 58 Nr. 12; OVG Münster v. 17.12.1998 – 10a D 186/96.NE, BRS 60 Nr. 21.
2 Vgl. BVerwG v. 6.6.2002 – 4 CN 6.01, Buchholz 406.11 § 1 Nr. 111 = BRS 65 Nr. 8 = BauR 2002, 1660 = NVwZ 2002, 1506; OVG Berlin v. 23.8.1996 – 2 B 18.93, BRS 58 Nr. 13.
3 Vgl. auch VGH Mannheim v. 14.3.1963 – I 59/63, ESVGH 13, 71 = DÖV 1963, 760; OVG Berlin v. 23.8.1996 – 2 B 18.93, BRS 58 Nr. 13.
4 Vgl. Gaentzsch in Berliner Kommentar zum Baugesetzbuch, § 5 Rdnr. 35.
5 So wohl OVG Münster v. 2.11.1995 – 10a B 1616/95.NE.
6 Vgl. zu derselben Fragestellung bei § 9 Abs. 1 Nr. 11 BauGB oben Rdnr. 280.

Die Festsetzung einer Wasserfläche kann mit der Festsetzung zulässiger **baulicher Anlagen** im Bereich der Wasserfläche (z.B. von Bootsanlegeplätzen) verbunden werden. Ohne derartige Festsetzungen sind bauliche Anlagen auf der Wasserfläche unzulässig[1]. Soweit eine intensive bauliche Nutzung beabsichtigt ist, ist anstelle der Festsetzung nach § 9 Abs. 1 Nr. 16 BauGB die Festsetzung eines Sondergebiets in Betracht zu ziehen[2]. Da § 9 Abs. 1 Nr. 16 BauGB nur Flächenfestsetzungen ermöglicht, sind **Nutzungsregelungen** (ebensowenig wie Verkehrsregelungen für die Verkehrsflächen[3]) nicht zulässig; bauliche Anlagen, die sich auf eine Nutzung der Wasserflächen beziehen (z.B. Bootsanlegeplätze) können im Einzelfall nach § 9 Abs. 1 Nr. 5 BauGB oder anderen Bestimmungen festgesetzt werden[4]. Das gilt auch, soweit die in Betracht kommenden Nutzungsregelungen nicht (wie im Bundeswasserstraßengesetz[5]) spezialgesetzlich abschließend normiert sind. Die Festsetzung der Wasserfläche kann Bedeutung für die Anlieger der Ufer haben, weil dadurch Aufschüttungen entlang des Ufers, die den unmittelbaren Zugang zu dem Gewässer unterbrechen[6], unterbunden werden.

301

Zu den **Flächen für die Wasserwirtschaft** gehören insbesondere Talsperren, die der Trinkwassergewinnung, der Elektrizitätserzeugung, der Regulierung des Wasserabflusses oder der Wasserreinhaltung dienen. **Hochwasserschutzanlagen** sind vor allem Dämme, Deiche, Gräben, Kanäle, künstliche Vorfluter. Als **Flächen für die Regelung des Wasserabflusses** kommen neben den Flächen für diese Anlagen z.B. auch Retentionsflächen in Betracht.

302

Bei allen Festsetzungen nach § 9 Abs. 1 BauGB ist besonders zu beachten, daß sie **städtebaulich motiviert** sein müssen (§ 1 Abs. 5 BauGB). Eine allein ökologisch motivierte Festsetzung von Wasserflächen ist im Bebauungsplan nicht möglich.

303

Festsetzungen nach § 9 Abs. 1 Nr. 16 BauGB können gemäß § 40 Abs. 1 Satz 1 Nr. 13, Abs. 2 BauGB Übernahmeansprüche begründen.

304

17. Die Aufschüttungs- und Abgrabungsflächen

Die Nutzung der Flächen für Aufschüttungen (z.B. Halden), Abgrabungen (alle künstlichen Bodenvertiefungen, z.B. Kiesgruben, Sandgruben) oder für

305

---

1 Vgl. BVerwG v. 31.8.1973 – IV C 33.71, BVerwGE 44, 59 = DVBl. 1974, 236 zu einem mit dem Ufer fest verbundenen Wohnboot.
2 Vgl. zum Sondergebiet „Wassersport" BVerwG v. 28.4.1978 – 4 C 59.75, BRS 33 Nr. 31 = BauR 1978, 283 = DÖV 1978, 736 = DVBl. 1979, 149.
3 Vgl. dazu Rdnr. 277.
4 Teilweise abweichend Bielenberg/Söfker in Ernst/Zinkahn/Bielenberg/Krautzberger, § 9 Rdnr. 136; Gaentzsch in Berliner Kommentar zum Baugesetzbuch, § 9 Rdnr. 45.
5 Vgl. dazu BVerwG v. 5.7.1974 – IV C 76.71, BRS 28 Nr. 37 = DÖV 1974, 814.
6 Vgl. etwa BVerwG v. 16.3.1976 – IV B 186.75, BRS 30 Nr. 46 = BauR 1976, 181 = DÖV 1976, 389.

die Gewinnung von Steinen und anderen Bodenschätzen (z.B. Steinbrüche, Bergwerke zum untertägigen Abbau) unterliegt nach **§ 29 Abs. 1 BauGB** bauplanungsrechtlichen Einschränkungen nur, soweit es sich um Veränderungen größeren Umfangs handelt. Diese Bestimmung deckt sich nicht mit bauordnungsrechtlichen Regelungen, nach denen Aufschüttungen und Abgrabungen grundsätzlich als bauliche Anlagen gelten und einer bauaufsichtlichen Genehmigungspflicht unterworfen werden. Festsetzungen nach § 9 Abs. 1 Nr. 17 BauGB sind im Sinne von § 1 Abs. 3 BauGB nur erforderlich, soweit sie nicht (als kleinere Anlagen) in § 29 Abs. 1 BauGB vom Anwendungsbereich der §§ 30 bis 37 BauGB ausgenommen sind[1].

306 Flächen für Abgrabungen und die Gewinnung von Bodenschätzen kommen praktisch nur im Außenbereich in Betracht. Die Vorhaben sind dort in der Regel gemäß **§ 35 Abs. 1 Nr. 3 BauGB** privilegiert, weil sie einem ortsgebundenen gewerblichen Betrieb dienen[2]. Anlaß zur Aufstellung eines Bebauungsplans kann dennoch insbesondere bestehen, um Ausgleichsmaßnahmen nach § 1a Abs. 3 BauGB zu regeln. Zumeist wird dazu eher die Aufstellung eines vorhabenbezogenen Bebauungsplans (§ 12 BauGB) oder eines einfachen Bebauungsplans (§ 30 Abs. 3 BauGB) als die Aufstellung eines qualifizierten Bebauungsplans in Betracht kommen. Besteht ein Regelungsbedürfnis nicht, so ist eine Kennzeichnung nach § 9 Abs. 5 Nr. 2 BauGB in Erwägung zu ziehen. Die Festsetzung kann gemäß § 40 Abs. 1 Satz 1 Nr. 9, Abs. 2 BauGB einen Übernahmeanspruch auslösen.

307 Bei der Festsetzung von Aufschüttungs- oder Abgrabungsflächen bietet es sich an, von der durch § 9 Abs. 2 BauGB eröffneten Möglichkeit Gebrauch zu machen, die Zulässigkeit dieser Nutzung zu befristen oder an eine auflösende Bedingung zu knüpfen und eine Folgenutzung festzusetzen[3].

18. Die Flächen für die Landwirtschaft und für Wald

308 § 9 Abs. 1 Nr. 18 BauGB ermöglicht die Festsetzung von Flächen für die Landwirtschaft oder die Festsetzung von Flächen für Wald. Wie sich aus der durch die Buchstaben a) und b) getrennten Auflistung dieser Festsetzungsmöglichkeiten im Gesetz ergibt, können die Nutzungen **nicht alternativ** (Flächen für die Landwirtschaft oder für Wald) festgesetzt werden[4]. Das gilt

---

1 Zutreffend Gaentzsch in Berliner Kommentar zum Baugesetzbuch, § 5 Rdnr. 37, § 9 Rdnr. 46; a.A. Jäde in Jäde/Dirnberger/Weiss, Baugesetzbuch, § 9 Rdnr. 47.
2 Vgl. BVerwG v. 18.3.1983 – 4 C 17.81, Buchholz 406.11 § 35 Nr. 199 = BRS 40 Nr. 92 = DVBl. 1983, 893 = NVwZ 1984, 303.
3 Vgl. zu einem solchen Fall vor der Geltung von § 9 Abs. 2 BauGB auch OVG Lüneburg v. 8.2.2000 – 1 K 5513/98, BRS 63 Nr. 37 = BauR 2000, 1302 = DVBl. 2000, 1365 = NVwZ-RR 2000, 577, 315; zu § 9 Abs. 2 BauGB unten Rdnr. 359 ff.
4 A.A. Bielenberg/Söfker in Ernst/Zinkahn/Bielenberg/Krautzberger, § 9 Rdnr. 147; Gaentzsch in Berliner Kommentar zum Baugesetzbuch, § 9 Rdnr. 47; Jäde in Jäde/Dirnberger/Weiss, Baugesetzbuch, § 9 Rdnr. 48.

auch dann, wenn es städtebaulich nicht darauf ankommt, ob die Fläche landwirtschaftlich oder als Wald genutzt werden soll[1]; in einem solchen Fall ist vielmehr von beiden Festsetzungen abzusehen.

Der Begriff der **Landwirtschaft** ist in § 201 BauGB definiert. Flächen für die Landwirtschaft dienen deshalb den dort bezeichneten Zwecken. Eine nähere Konkretisierung der Nutzung unter Berücksichtigung der in § 201 BauGB genannten Nutzungsmöglichkeiten ist aus Gründen der Bestimmtheit des Bebauungsplans nicht erforderlich[2]. Ob sie zulässig ist, hat das Bundesverwaltungsgericht bisher offen gelassen[3]. Die Frage ist zu bejahen. Gründe, bei der Festsetzung von Flächen für die Landwirtschaft anders als etwa bei Gemeinbedarfsflächen, bei Verkehrsflächen, Versorgungsflächen, Flächen für die Abfall- und Abwasserbeseitigung oder Grünflächen eine Konkretisierung der Nutzung auszuschließen, gibt es nicht. Die Konkretisierung kann auch von den in § 201 BauGB beispielhaft genannten Nutzungsmöglichkeiten abweichen, indem z.B. eine Fläche für Gewächshäuser festgesetzt wird; nicht durch § 9 Abs. 1 Nr. 18a) BauGB gedeckt wären allerdings ins einzelne gehende Bindungen für die landwirtschaftliche Produktion[4]. Auf einer Fläche für die Landwirtschaft können die **nach § 35 Abs. 1 Nr. 1 BauGB privilegierten baulichen Anlagen** zulässig sein[5]. Auf die Frage, ob dem Bauvorhaben öffentliche Belange im Sinne von § 35 Abs. 1 BauGB entgegenstehen, kommt es im Geltungsbereich des Bebauungsplans freilich nicht an[6]. Denn die Anwendung von § 35 BauGB wird durch § 30 BauGB verdrängt. Sollen bauliche Anlagen innerhalb einer Fläche für die Landwirtschaft auf bestimmte Standorte beschränkt werden, so kann dies durch ergänzende Festsetzungen nach § 9 Abs. 1 Nr. 2 oder Nr. 10 BauGB geschehen[7]. Für eine Berücksichtigung entgegenstehender öffentlicher Belange ist nur Raum, wenn (wie im unbeplanten Außenbereich) derartige Festsetzungsmöglichkeiten fehlen. Bauliche Anlagen nach § 35 Abs. 1 Nr. 3 bis 6 und Abs. 2 BauGB sind innerhalb einer Fläche für die Landwirtschaft ausgeschlossen; sie können allenfalls auf der Grundlage einer Befreiung zugelassen werden. 309

Mit den **Flächen für Wald** (früher „Flächen für die Forstwirtschaft") nimmt das Gesetz Bezug auf die Begriffsbestimmung in § 2 Bundeswaldgesetz[8]. 310

---

1 Abweichend Gierke in Brügelmann, § 9 Rdnr. 297.
2 BVerwG v. 17.12.1998 – 4 NB 4.97, Buchholz 406.11 § 9 Nr. 93 = BRS 60 Nr. 20 = BauR 1999, 608 = DVBl. 1999, 780 = NVwZ 1999, 984 = ZfBR 1999, 157.
3 BVerwG v. 17.12.1998 ebenda.
4 Ebenso Bielenberg/Söfker in Ernst/Zinkahn/Bielenberg/Krautzberger, § 9 Rdnr. 147; Gaentzsch in Berliner Kommentar zum Baugesetzbuch, § 9 Rdnr. 47.
5 BVerwG v. 17.12.1998 – 4 NB 4.97, Buchholz 406.11 § 9 Nr. 93 = BRS 60 Nr. 20 = BauR 1999, 608 = DVBl. 1999, 780 = NVwZ 1999, 984 = ZfBR 1999, 157.
6 Diese Frage wird offen gelassen von BVerwG v. 17.12.1998 ebenda.
7 Zur Kombination mit einer Festsetzung nach § 9 Abs. 1 Nr. 10 BauGB vgl. bereits oben Rdnr. 273.
8 Vgl. BT-Drucksache 575/85 S. 68.

Auch diese Festsetzung kann konkretisiert werden, soweit dies aus städtebaulichen Gründen erforderlich ist (z.B. Holzlagerplätze, Waldwege). Sie kann ebenfalls zur Regelung einer Bebauung mit Festsetzungen nach § 9 Abs. 1 Nr. 2 oder Nr. 10 BauGB verknüpft werden. Allerdings kommt eine Bebauung des Waldes kaum in Betracht. Auch Forsthäuser müssen nicht im Wald errichtet werden. Sägewerke, Waldgaststätten dienen nicht der forstwirtschaftlichen Nutzung des Waldes; um solche Nutzungen im Wald zu ermöglichen, muß ggf. die Festsetzung nach § 9 Abs. 1 Nr. 18b) BauGB durch Festsetzungen nach § 9 Abs. 1 Nr. 9 BauGB ergänzt werden.

311 Bei der **Abwägung** ist zu beachten, daß Festsetzungen nach § 9 Abs. 1 Nr. 18 BauGB der Förderung oder Erhaltung der Landwirtschaft oder des Waldes dienen müssen. Dieses Ziel darf nicht nur vorgeschoben sein, um eine Bebauung zu verhindern; dann ist die Festsetzung nicht im Sinne von § 1 Abs. 3 BauGB erforderlich, sondern eine unzulässige „Negativplanung".

312 **Beispiel:**
Eine Gemeinde hat große Teile ihres Außenbereichs ohne weitere Differenzierung als land- und forstwirtschaftliche Fläche festgesetzt; betroffen wurden hiervon allerdings auch Grundstücke innerhalb der Ortslage, die ohne die Festsetzung gemäß § 34 BauGB bebaubar wären. Die Festsetzung ist nichtig, wenn sie nicht der Förderung der Landwirtschaft oder des Waldes dient, sondern den Zweck hat, durch das als Nebenwirkung erwünschte weitgehende Bauverbot größere Flächen von einer weiteren Bebauung freizuhalten[1].

313 Es ist allerdings ausreichend, daß das Ziel der Erhaltung oder **Förderung der Landwirtschaft oder des Waldes ein Nebenzweck** ist; die Verhinderung bestimmter städtebaulich relevanter Nutzungen darf Hauptzweck der Festsetzung sein[2]. Bei der Entscheidung über eine Festsetzung nach § 9 Abs. 1

---

1 Fall des BVerwG v. 14.7.1972 – IV C 8.70, BVerwGE 40, 258 = BRS 25 Nr. 12 = BauR 1972, 282 = DVBl. 1973, 321 = DÖV 1972, 822 = BayVBl. 1973, 216; vgl. auch BVerwG v. 16.2.1973 – IV C 66.69, BVerwGE 42, 5 = BRS 27 Nr. 5 = BauR 1973, 168 = NJW 1973, 1710 = DVBl. 1973, 635 = DÖV 1973, 712 = BayVBl. 1973, 588; BVerwG v. 22.5.1987 – 4 C 57.84, BVerwGE 77, 300 = BRS 47 Nr. 5 = BauR 1987, 651 = NVwZ 1988, 54 = DVBl. 1987, 1008 = DÖV 1987, 1015 (zum Flächennutzungsplan); OVG Koblenz v. 29.11.1989 – 10 C 2/89, NuR 1990, 325 (zur Festsetzung einer Fläche für die Forstwirtschaft); BayVGH v. 5.10.1992 – 14 N 90.3778, NuR 1994, 41 = BayVBl. 1993, 496 (zur Festsetzung einer Waldfläche als Immissionsschutzfläche); OVG Berlin v. 20.2.1998 – 2 A 8/84, BRS 60 Nr. 22 = NVwZ-RR 1999, 108; BayVGH v. 3.4.2000 – 14 N 98.3624, BauR 2000, 1836.
2 Vgl. BVerwG v. 18.12.1990 – 4 NB 4.90, Buchholz 406.11 § 9 Nr. 47 = BRS 50 Nr. 9 = BauR 1991, 165 = DVBl. 1991, 445 = NVwZ 1991, 875; BVerwG v. 27.1.1999 – 4 B 129.98, Buchholz 406.11 § 9 Nr. 94 = BRS 62 Nr. 29 = BauR 1999, 611 = NVwZ 1999, 1999, 159; abweichend BGH v. 2.4.1992 – III ZR 25/91, BGHZ 118, 11, 20 f. = DVBl. 1992, 1095 = NJW 1992, 2633 zur Ausweisung einer Fläche, die vorrangig als „Frischluftschneise" dienen soll, als „Fläche für die Landwirtschaft (Streuobstwiese)".

Nr. 18 BauGB können insbesondere folgende Gesichtspunkte eine Rolle spielen:

– Die Festsetzung schließt Vorhaben nach § 35 Abs. 1 Nr. 3 bis 5 BauGB, je nach konkreter Zweckbestimmung auch nach § 35 Abs. 1 Nr. 2 BauGB aus.

– Die Festsetzung schließt Vorhaben nach § 35 Abs. 2 BauGB aus; dieser Gesichtspunkt kann insbesondere dafür sprechen, Splittersiedlungen im Außenbereich zu überplanen, um eine weitere Verdichtung der Bebauung auszuschließen.

– An die Stelle der Steuerung der Bebauung durch das wenig präzise Kriterium, ob öffentliche Belange entgegenstehen (§ 35 Abs. 1 BauGB), tritt die Möglichkeit, die (dem Nutzungszweck entsprechenden) Bebauungen auf bestimmte, städtebaulich sinnvoll erscheinende Standorte zu begrenzen.

Ein Nebeneffekt, der allerdings die Abwägung nicht tragen kann, ist der Ausschluß der Zustimmung der höheren Verwaltungsbehörde gemäß § 36 Abs. 1 Satz 4 BauGB.

314

19. Die Flächen für Anlagen der Kleintierhaltung

Als Anlagen der Kleintierhaltung nennt das Gesetz beispielhaft Ausstellungs- und Zuchtanlagen, Zwinger und Koppeln. Darüber hinaus kommen insbesondere Stallungen, offene Unterstände, Dressuranlagen, Fütterungsanlagen in Betracht[1]. Die Vorschrift erfaßt die gewerbliche ebenso wie die hobbymäßige Kleintierhaltung[2]. **Aufenthaltsräume** für Menschen sind nur zulässig, soweit ein Aufenthalt nach dem spezifischen Nutzungszweck in unmittelbarer Nähe der Kleintiere erforderlich ist; wenn die ständige Anwesenheit notwendig ist, sind auch Wohnungen genehmigungsfähig[3].

315

Kleintiere sind z.B. Hunde, Katzen, Hühner, Gänse, Tauben, Kaninchen, Ziegen, Schweine, Schafe. Zweifelhaft ist, ob Ponys zu den Kleintieren gehören[4]. Da die Anlagen nach § 9 Abs. 1 Nr. 19 BauGB in der Regel nicht in Wohngebiete integriert sind, hat der Begriff des Kleintieres nach dieser Vorschrift einen anderen Inhalt als in § 14 Abs. 1 Satz 2 BauNVO[5]. So kön-

316

---

1 Ebenso Bielenberg/Söfker in Ernst/Zinkahn/Bielenberg/Krautzberger, § 9 Rdnr. 152; Gaentzsch in Berliner Kommentar zum Baugesetzbuch, § 9 Rdnr. 49.
2 A.A. Schrödter in Schrödter, § 9 Rdnr. 85, der annimmt, Nr. 19 gelte nur für die hobbymäßige Kleintierhaltung.
3 Ebenso Bielenberg/Söfker in Ernst/Zinkahn/Bielenberg/Krautzberger, § 9 Rdnr. 153; a.A. Löhr in Battis/Krautzberger/Löhr, § 9 Rdnr. 69.
4 So Gaentzsch in Berliner Kommentar zum Baugesetzbuch, § 9 Rdnr. 49; a.A. OVG Lüneburg – I OVG A 183/78, BRS 35 Nr. 163 = NJW 1980, 1408 zu § 14 Abs. 1 Satz 2 BauNVO.
5 A.A. Löhr in Battis/Krautzberger/Löhr, § 9 Rdnr. 68.

nen z.B. Anlagen zur Haltung kleiner Raubtiere, die durch § 14 Abs. 1 Satz 2 BauNVO nicht gedeckt sind[1], nach § 9 Abs. 1 Nr. 19 BauGB festgesetzt werden[2].

317 Festsetzungen nach § 9 Abs. 1 Nr. 19 BauGB sind regelmäßig mit einer **Konkretisierung des Nutzungszwecks** zu verbinden. Denn von ihnen können in ganz unterschiedlichem Maße Störungen durch Lärm und Geruch ausgehen.

318 § 9 Abs. 1 Nr. 19 BauGB hat nur **geringe praktische Bedeutung**. Die Festsetzung eignet sich (anders als die Festsetzungen nach Nr. 18) von vornherein nicht zur Freihaltung von Flächen oder zur Landschaftspflege. Vielfach sind Anlagen zur Kleintierhaltung gemäß § 35 Abs. 1 Nr. 1 oder Nr. 5 BauGB im Außenbereich privilegiert[3]. Anlagen zur Kleintierhaltung sind auch in den Baugebieten in erheblichem Umfang zulässig. Es kann sich um Gewerbebetriebe im Sinne von § 8 Abs. 2 Nr. 1, § 9 Abs. 2 Nr. 1 BauNVO handeln. Soweit sie wohnverträglich sind, sind sie auch in Kleinsiedlungs- und Dorfgebieten, im übrigen als Nebenanlagen zulässig (§ 2 Abs. 2 Nr. 1, § 5 Abs. 2 Nr. 1 und Nr. 2, § 14 Abs. 1 Satz 2 BauNVO). Bei der Abwägung mit diesen Festsetzungsmöglichkeiten ist vor allem zu berücksichtigen, ob eine konkrete Festlegung des Standorts der Anlagen aus städtebaulichen Gründen erforderlich erscheint. Für große gewerbliche Betriebe (z.B. Legehennenbatterien) kommt im übrigen auch die Ausweisung eines Sondergebiets gemäß § 11 Abs. 2 BauNVO in Betracht[4].

20. Die Flächen oder Maßnahmen zum Schutz, zur Pflege und zur Entwicklung von Boden, Natur und Landschaft

319 Gemäß § 1a Abs. 3 BauGB erfolgt der Ausgleich der durch die Verwirklichung eines Bebauungsplans zu erwartenden Eingriff in Natur und Landschaft u.a. durch Festsetzungen nach § 9 BauGB als Flächen oder Maßnahmen zum Ausgleich. Als Instrument solcher **Ausgleichsfestsetzungen** kommt (neben Festsetzungen nach § 9 Abs. 1 Nr. 14 bis 16, 18 und 25 BauGB) vor allem § 9 Abs. 1 Nr. 20 BauGB in Betracht. Die Vorschrift hat große praktische Bedeutung wegen der aus § 1a Abs. 3 BauGB sich ergeben-

---

1 Vgl. BVerwG v. 15.10.1993 – 4 B 165.93, DVBl. 1994, 292 = DÖV 1994, 266 = ZfBR 1994, 137 zur Ozelothaltung in einem faktischen Dorfgebiet.
2 A.A. Gaentzsch in Berliner Kommentar zum Baugesetzbuch, § 9 Rdnr. 49; Schrödter in Schrödter, § 9 Rdnr. 85.
3 Vgl. BVerwG v. 10.9.1976 – IV C 89.75, BRS 30 Nr. 63 (Schäferhundezucht); OVG Münster v. 27.9.1978 – VII A 1849/75, BRS 33 Nr. 68 = BauR 1978, 462 (Hundeausbildungsplatz); OVG Münster v. 16.9.1986 – 11 A 1717/84, BRS 46 Nr. 87 (Hundepension).
4 Vgl. auch zum Sondergebiet für die Intensivtierhaltung Ziegler in Brügelmann, § 11 BauNVO Rdnr. 79.

den Verpflichtung zur Regelung des Ausgleichs von Eingriffen[1]. Ihr Anwendungsbereich ist darauf freilich nicht beschränkt. So kann die Festsetzung von Flächen zum Schutz, zur Pflege und zur Entwicklung von Natur und Landschaft auch alleiniger Inhalt des Bebauungsplans sein[2]. Regelmäßig wird die Festsetzung von Flächen und von Maßnahmen nach § 9 Abs. 1 Nr. 20 BauGB miteinander verbunden: Es werden Flächen und zugleich die dort durchzuführenden Maßnahmen festgesetzt. Es kann aber auch die Festsetzung von Flächen ohne gleichzeitige Festsetzung von Maßnahmen oder umgekehrt die Festsetzung von Maßnahmen ohne gleichzeitige Festsetzung von Flächen erfolgen. Beschränkt sich der Bebauungsplan auf die Festsetzung von Flächen, so sind Nutzungen, die dem durch die Festsetzung bezeichneten Schutzzweck widersprechen, nicht genehmigungsfähig. Es kann sich daraus z.B. ergeben, daß (wie bei einer Festsetzung nach § 9 Abs. 1 Nr. 10 BauGB) im Außenbereich privilegierte Vorhaben nicht zulässig sind[3].

Die Möglichkeiten zur Festsetzung von **Maßnahmen** zum Schutz, zur Pflege und zur Entwicklung von Boden, Natur und Landschaft sind vielfältig. Das Bundesverwaltungsgericht hat im Beschluß vom 3.12.1998[4] Festsetzungen zum „Schutz der Weide-/Hutungsflächen, Schutz der bestehenden und Anpflanzung neuer Gehölze auf bestimmten Flächen, Ausweisung von Flächen für gelenkte Sukzession (Sukzessionsziel Wald, Magerrasen, Feuchtgebiet) sowie Grünstreifen entlang von Straßen und Wegen mit Gehölzpflanzungen" als unproblematisch angesehen. Festsetzungen über die Pflege werden häufig mit Festsetzungen über Bepflanzungen nach § 9 Abs. 1 Nr. 25 BauGB verbunden. Der Regelungsbereich berührt sich mit dem Regelungsbereich des § 9 Abs. 1 Nr. 14 BauGB, soweit es um Maßnahmen zur Versickerung von Niederschlagswasser aus Gründen des Bodenschutzes geht[5]; die Abgrenzung ist insoweit ohne rechtliche Relevanz; die Eignung der Festsetzungen zum Ausgleich von Eingriffen ist nicht davon abhängig, daß sie auf § 9 Abs. 1 Nr. 20 BauGB gestützt sind[6]. Unzulässig ist die Festsetzung, daß das Niederschlagswasser zur Gartenbewässerung oder im Haushalt zu verwenden sei, weil dafür städtebauliche Gründe fehlen[7].

320

---

1 Vgl. auch BVerwG v. 12.2.2003 – 4 BN 9.03, Buchholz 406.11 § 8 Nr. 13 = BauR 2003, 14 = NVwZ-RR 2003, 406.
2 BVerwG v. 27.7.1990 – 4 B 156.89, Buchholz 406.11 § 17 Nr. 4 = BauR 1990, 694 = NVwZ 1991, 62.
3 Ebenso Schrödter in Schrödter, § 9 Rdnr. 87.
4 BVerwG v. 3.12.1998 – 4 BN 24.98, BRS 60 Nr. 24 = NVwZ-RR 1999, 423.
5 Vgl. oben Rdnr. 289.
6 Vgl. BVerwG v. 31.1.1997 – 4 NB 27.96, Buchholz 406.401 § 8a Nr. 3 = BRS 59 Nr. 8 = BauR 1997, 794 = DVBl. 1997, 1112 = NVwZ 1997, 1213; a.A. Busse, Bauleitplanung und Naturschutz, BayVBl. 1996, 481, 483.
7 BVerwG 30.8.2001 – 4 CN 9.00, BVerwGE 115, 77 = BRS 64 Nr. 36 = BauR 2002, 424 = DVBl. 2002, 269 = NVwZ 2002, 202.

321 Festsetzungen nach § 9 Abs. 1 Nr. 20 BauGB eignen sich dazu, **Landschaftspläne** in den Bebauungsplan zu integrieren und ihnen dadurch – ggf. über das nach den Landschaftsgesetzen der Länder bestehende Instrumentarium hinaus – zusätzlich Geltung zu verschaffen[1]. Die Darstellungen der Landschaftspläne sind bei der Abwägung zu berücksichtigen (§ 1 Abs. 6 Nr. 7 Buchstabe g) BauGB), ihre Bindungswirkung im Verhältnis zum Bebauungsplan richtet sich im übrigen nach Landesrecht (§ 6 Abs. 4 Satz 2 BauGB). Dabei besteht allerdings auch in besonderem Maße die Gefahr, Festsetzungen in den Bebauungsplan aufzunehmen, die nicht mehr im Sinne von § 9 Abs. 1, 1. Halbsatz BauGB auf **städtebaulichen Gründen** beruhen. § 9 Abs. 1 Nr. 20 BauGB zeigt zwar, daß grundsätzlich auch landespflegerische Zwecke mit den Mitteln der Bauleitplanung verfolgt werden können[2]. § 9 Abs. 1 Nr. 20 BauGB ist aber kein Instrument, mit dessen Hilfe bestimmte aus allgemeiner ökologischer Sicht als vorteilhaft angesehene Modalitäten der Nutzung von Grundflächen oder der Pflege von Anpflanzungen festgesetzt werden könnten, ohne daß dies hinsichtlich jeder einzelnen Festsetzung städtebaulich begründet wäre. Deshalb hat z.B. das OVG Münster Festsetzungen für nichtig erklärt[3], nach denen

– Bäume und Sträucher am Waldrand, deren Anpflanzung festgesetzt war, „nach den Methoden des ökologischen Waldbaus zu bewirtschaften" seien,

– bestimmte anzupflanzende Bäume und Sträucher einmal jährlich einen „Erziehungs- und Verjüngungsschnitt" und alle 5 Jahre „Unterhaltungspflege" erhalten sollten,

– die 5-jährige „Entkusselung" von bestimmten Kraut- und Grasbeständen erfolgen sollte,

– Wiesen- und Landschaftsrasen in den ersten 5 Jahren zweimal jährlich und in den folgenden 23 Jahren einmal jährlich zu mähen oder mit einer Großvieheinheit je ha zu beweiden waren.

Diese Festsetzungen gehen nach Auffassung des OVG Münster hinsichtlich ihrer Regelungsdichte über das hinaus, was zur Gewährleistung der städtebaulichen Zielsetzung (z.B. bei den Wiesen- und Rasenflächen: Gewährleistung einer extensiven Grünlandnutzung) erforderlich sein könnte.

322 Da Festsetzungen nach § 9 Abs. 1 Nr. 25 BauGB sich nicht auf Flächen beziehen dürfen, die als Wald festgesetzt sind, kann die Schaffung einer

---

[1] BVerwG v. 12.2.2003 – 4 BN 9.03, Buchholz 406.11 § 8 Nr. 13 = BauR 2003, 838 = NVwZ-RR 2003, 406.
[2] Vgl. BVerwG v. 18.12.1990 – 4 NB 8.90, Buchholz 406.11 § 9 Nr. 47 = BRS 50 Nr. 9 = BauR 1991, 165 = DVBl. 1991, 445 = NVwZ 1991, 875; BVerwG v. 3.12.1998 – 4 NB 24.98, Buchholz 406.11 § 9 Nr. 92 = BRS 60 Nr. 24 = NVwZ-RR 1999, 423.
[3] OVG Münster v. 30.6.1999 – 7a D 144/97.NE, BRS 62 Nr. 225 = ZfBR 2000, 208.

neuen Waldfläche durch eine Festsetzung nach § 9 Abs. 1 Nr. 20 BauGB vorgeschrieben werden[1].

Die Festsetzung von Maßnahmen zum Schutz, zur Pflege und zur Entwicklung von Boden, Natur und Landschaft kann, soweit die Maßnahmen nicht auf dem Eingriffsgrundstück selbst durchzuführen sind, mit einer Festsetzung über die **Zuordnung** dieser Maßnahmen zu den Eingriffsflächen gemäß § 9 Abs. 1a Satz 2 BauGB verbunden werden[2]. Die Festsetzung von Flächen (nicht von Maßnahmen) zum Schutz, zur Pflege und zur Entwicklung von Boden, Natur und Landschaft kann einen Übernahmeanspruch auslösen (§ 40 Abs. 1 Satz 1 Nr. 14, Abs. 2 BauGB). 323

21. Die Flächen mit Geh-, Fahr- und Leitungsrechten

§ 9 Abs. 1 Nr. 21 BauGB ermöglicht die Ausweisung von Flächen, die mit Gehrechten, Fahrrechten oder Leitungsrechten zu Gunsten der Allgemeinheit, eines Erschließungsträgers oder eines bestimmten Personenkreises belastet werden sollen. 324

Der Festsetzung muß (durch Auslegung) zu entnehmen sein, mit welchen der im Gesetz bezeichneten Rechte die Fläche belastet werden soll. Das Recht kann hinsichtlich der Nutzung **weiter konkretisiert** werden. So kann z.B. ein Geh- und Fahrrecht zu Gunsten der Allgemeinheit für Fußgänger und Fahrradfahrer oder ein Leitungsrecht für Wasserleitungen zu Gunsten des Erschließungsträgers festgesetzt werden. Es kann (z.B. bei Leitungen) i.V.m. § 9 Abs. 2 BauGB auch die Höhen- oder Tiefenlage festgesetzt werden; notwendig ist dies allerdings regelmäßig nicht[3]. Ebenso kann (z.B. bei einem Durchgang oder bei Arkaden) die Höhe des über der Fläche freizuhaltenden Luftraums festgesetzt werden. 325

Die Festsetzung muß den oder die **Begünstigten bezeichnen**. Eine namentliche Bezeichnung ist allerdings nicht erforderlich[4]. 326

Bei der Entscheidung über die Festsetzung von Gehrechten und Fahrrechten ist zu prüfen, ob nicht statt dessen die Ausweisung von **Verkehrsflächen** nach § 9 Abs. 1 Nr. 11 BauGB erforderlich ist. Das ist der Fall, wenn dem Eigentümer eine eigene sinnvolle Nutzungsmöglichkeit nicht mehr verbleibt. Die Ausweisung eines Geh- und Fahrrechts zu Gunsten der Allgemeinheit kann deshalb grundsätzlich nicht Grundlage für den Bau einer öffentlichen Straße sein[5]. Soll die Straße jedoch auf Stelzen errichtet werden 327

---

1 Vgl. auch OVG Münster v. 30.6.1999 ebenda.
2 Vgl. dazu unten Rdnr. 353 ff.
3 Vgl. BVerwG v. 18.12.1987 – 4 NB 2.87, Buchholz 406.11 § 2a Nr. 9 = BRS 47 Nr. 4 = NVwZ 1988, 822.
4 BVerwG v. 18.12.1987 ebenda.
5 VGH Mannheim v. 26.7.1983 – 5 S 2322/82, BRS 40 Nr. 10 = BauR 1983, 549.

und bleiben dem Eigentümer für die darunterliegende Fläche Nutzungsmöglichkeiten, so kann eine Festsetzung nach § 9 Abs. 1 Nr. 21 BauGB in Betracht kommen[1]. Die Festsetzung wird dann allerdings zu verbinden sein mit der Festsetzung der aufgeständerten Straße als Verkehrsfläche gemäß § 9 Abs. 1 Nr. 11 i.V.m. Abs. 2 BauGB.

328 Die Festsetzung nach § 9 Abs. 1 Nr. 21 BauGB **begründet das festgesetzte Recht noch nicht**, sondern bildet die Grundlage für ein Enteignungsverfahren[2]. Deshalb ist die Festsetzung nach § 9 Abs. 1 Nr. 21 BauGB in der Regel ungeeignet, die Erschließung einzelner Baugrundstücke zu sichern, deren Eigentümer als Begünstigte bezeichnet werden; denn die Begründung des Rechts bereitet unter Berücksichtigung von § 87 Abs. 3 BauGB erhebliche Schwierigkeiten. Bei der Festsetzung von Leitungen ergänzt § 9 Abs. 1 Nr. 21 BauGB die Festsetzungsmöglichkeit nach § 9 Abs. 1 Nr. 13 BauGB. Der durch die Festsetzung belastete Grundstückseigentümer kann gemäß § 41 Abs. 1 BauGB die Begründung des festgesetzten Rechts gegen Entschädigung verlangen.

22. Die Flächen für Gemeinschaftsanlagen

329 § 9 Abs. 1 Nr. 22 BauGB nennt als Gemeinschaftsanlagen beispielhaft Kinderspielplätze, Freizeiteinrichtungen, Stellplätze und Garagen. Daneben kommen z.B. Plätze für Abfallbehälter[3], Lärmschutzanlagen[4], Wohnwege oder Zufahrten von öffentlichen Verkehrsflächen auf Gemeinschaftsstellplätze[5] in Betracht. Wie die gesetzlichen Beispiele zeigen, können nach § 9 Abs. 1 Nr. 22 BauGB allerdings nur Flächen für bauliche Anlagen festgesetzt werden; Flächen für Maßnahmen zum Schutz, zur Pflege und zur Entwicklung von Boden, Natur und Landschaft im Sinne von § 9 Abs. 1 Nr. 20 BauGB können nicht generell zugleich nach § 9 Abs. 1 Nr. 22 BauGB ausgewiesen werden[6]. In der Festsetzung müssen die Flächen für Gemeinschaftsanlagen bestimmten räumlichen Bereichen **zugeordnet** werden[7]. Die Festsetzung vermittelt den Eigentümern der Grundstücke, denen die Anlage zugeordnet ist, ein **Benutzungsrecht**, ohne daß es noch eines weiteren Voll-

---

1 Vgl. OLG Düsseldorf v. 23.2.1976 – U (Baul) 3/75, BauR 1976, 266.
2 Vgl. BVerwG v. 2.11.1998 – 4 NB 49.98, Buchholz 406.11 § 9 Nr. 91 = BRS 60 Nr. 23 = BauR 1999, 151.
3 Vgl. § 11 Abs. 1 Satz 1 BauO NW.
4 Gaentzsch in Berliner Kommentar zum Baugesetzbuch, § 9 Rdnr. 54.
5 BVerwG v. 13.2.1989 – 4 B 15.89, Buchholz 406.11 § 9 Rdnr. 35 = BRS 49 Nr. 12 = BauR 1989, 439 = NVwZ 1989, 663.
6 A.A. Gaentzsch in Berliner Kommentar zum Baugesetzbuch, § 9 Rdnr. 54.
7 BVerwG v. 24.4.1970 – IV C 53.67, Buchholz 406.11 § 9 Nr. 6 = BauR 1970, 87; BVerwG v. 13.2.1989 – 4 B 15.89, Buchholz 406.11 § 9 Nr. 35 = BRS 49 Nr. 12 = BauR 1989, 439 = NVwZ 1989, 663; OVG Münster v. 10.8.1988 – 7 A 2525/86, BRS 48 Nr. 9; VGH Mannheim v. 22.10.1990 – 8 S 2209/90, BRS 50 Nr. 24 = NVwZ-RR 1991, 288.

zugs bedürfte¹. Umgekehrt begründet die Festsetzung allerdings noch **keine Herstellungspflicht**. Diese kann sich nur aus dem Bauordnungsrecht ergeben². Soweit, wie z.B. in Bayern, entsprechende bauordnungsrechtliche Regelungen fehlen, ist die Herstellung der Anlagen nicht bauaufsichtlich durchsetzbar.

Bei der **Abwägung** ist zu berücksichtigen, daß Festsetzungen nach § 9 Abs. 1 Nr. 22 BauGB voraussetzen, daß die Gemeinschaftsanlagen allein den zugeordneten Grundstücken dienen und daher zu einer im Plan vorgesehenen Nutzung dieser Grundstücke erforderlich sein müssen. Es ist weiter zu berücksichtigen, daß die Unterhaltung und Verwaltung der Anlagen durch die Eigentümer der zugeordneten Grundstücke Schwierigkeiten bereiten kann. Die bauaufsichtliche Durchsetzung von Unterhaltungsmaßnahmen kann, insbesondere wenn eine Vielzahl von Eigentümern betroffen sind, mit einem erheblichen Verwaltungsaufwand verbunden sein³. Dies kann dafür sprechen, daß die Gemeinde eigene Anlagen ausweist und dafür Erschließungsbeiträge erhebt. 330

Die Festsetzung kann gemäß § 40 Abs. 1 Satz 1 Nr. 10 oder Nr. 11, Abs. 2 BauGB einen Übernahmeanspruch begründen. 331

23. Luftreinhaltegebiete, Einsatz erneuerbarer Energien

Gemäß **§ 9 Abs. 1 Nr. 23 Buchstabe a)** BauGB können Gebiete festgesetzt werden, in denen zum Schutz vor schädlichen Umwelteinwirkungen im Sinne des BImSchG bestimmte luftverunreinigende Stoffe nicht oder nur beschränkt verwendet werden dürfen. Eine Festsetzung nach dieser Vorschrift erfordert zum einen die Bezeichnung von Gebieten, zum anderen die Bezeichnung von bestimmten luftverunreinigenden Stoffen. 332

Indem das Gesetz die Festsetzungsmöglichkeit auf „**Gebiete**" beschränkt, schließt es grundsätzlich Festsetzungen für einzelne Flächen und Grundstücke aus. Die Festsetzung muß sich auf größere, zusammenhängende Bereiche beziehen. Innerhalb solcher Bereiche können allerdings einzelne Flächen und Grundstücke von dem Verwendungsverbot ausgenommen werden, wenn sich dies etwa unter Berücksichtigung der topographischen Verhältnisse oder unter Berücksichtigung des Bestandsschutzes einer vorhandenen Bebauung als sachgerecht erweist⁴. 333

---

1 BVerwG v. 13.2.1989 – 4 B 15.89, Buchholz 406.11 § 9 Nr. 35 = BRS 49 Nr. 12 = BauR 1989, 439 = NVwZ 1989, 663.
2 Vgl. Boeddinghaus/Hahn/Schulte, Bauordnung für das Land Nordrhein-Westfalen, § 11 Rdnr. 12.
3 OVG Lüneburg v. 22.7.1999 – 1 L 4957/98, BRS 62 Nr. 28 läßt offen, ob der Bebauungsplan die Verpflichtung der Eigentümer der zugeordneten Grundstücke festsetzen kann, die Gemeinschaftsanlage in Gebrauch zu nehmen.
4 Vgl. BVerwG v. 16.12.1988 – 4 NB 1.88, Buchholz 406.11 § 9 Nr. 33 = BRS 48 Nr. 43 = DVBl. 1989, 369 = NVwZ 1989, 664.

334 Die Festsetzung muß **bestimmte luftverunreinigende Stoffe** genau bestimmen. Da eine Verwendungsbeschränkung für diese Stoffe nur zum Schutz vor schädlichen Umwelteinwirkungen im Sinne des BImSchG festgesetzt werden darf, kommen nur Stoffe in Betracht, die Luftverunreinigungen im Sinne von § 3 Abs. 4 BImSchG verursachen. In Betracht kommt vor allem das Verbot der Verwendung bestimmter Heizstoffe wie Heizöl oder Kohle[1]. Die Festsetzung kann sich aber ebenso auf Stoffe beziehen, deren Einsatz im Rahmen gewerblicher oder industrieller Produktionsbetriebe in Betracht kommt, etwa zum Zwecke der Energieerzeugung. Die Stoffe können nach ihrer chemischen Zusammensetzung, nach dem Warentyp oder auch nach dem Aggregatzustand bestimmt werden. So ist z.B. auch das Verbot der Verwendung fester und flüssiger Brennstoffe zulässig[2]. Die Bestimmung muß allerdings einen Bezug zur Schädlichkeit der von dem Verbot erfaßten Stoffe haben; daran fehlt es bei dem Verbot der Verwendung von „Abfall" und „Reststoffen"[3]. Kein Verbot der Verwendung bestimmter Stoffe und daher nicht durch § 9 Abs. 1 Nr. 23 BauGB gedeckt ist eine Regelung, die umgekehrt nur die Verwendung eines bestimmten Stoffes (z.B. Erdgas) zuläßt[4]. Ebensowenig ist es möglich, die zulässigen Stoffe dahin zu bestimmen, daß sie keine stärkere Luftverschmutzung verursachen dürfen als bestimmte beispielhaft genannte Stoffe[5].

335 Eine **Verwendungsbeschränkung** im Sinne von § 9 Abs. 1 Nr. 23 BauGB ermöglicht vor allem Beschränkungen in zeitlicher, mengenmäßiger oder qualitativer Hinsicht. Die Vorschrift ermächtigt nicht generell dazu, **technische Anforderungen** an Anlagen aufzustellen, in denen bestimmte Stoffe verwendet, insbesondere verbrannt werden; derartige Regelungen sind nur im Zusammenhang mit Festsetzungen zum Einsatz erneuerbarer Energien auf der Grundlage von § 9 Nr. 23 Buchstabe b) BauGB möglich[6]. Deshalb können im Grundsatz auch keine Emissions- oder Immissionsgrenzwerte in Bezug auf den Schadstoffgehalt bestimmter Stoffe festgesetzt werden[7].

336 Bei Festsetzungen nach § 9 Abs. 1 Nr. 23 BauGB ist die Beschränkung auf **städtebauliche Gründe** (§ 9 Abs. 1, 1. Halbsatz BauGB) besonders zu beachten. Durch die städtebauliche Zielsetzung unterscheiden sich die Festsetzungen nach § 9 Abs. 1 Nr. 23 BauGB von den Luftreinhalteplänen nach § 47

---

1 Vgl. BVerwG v. 16.12.1988 ebenda.
2 VGH Mannheim v. 2.12.1997 – 8 S 1477/97, BRS 59 Nr. 24 = NVwZ-RR 1998, 554.
3 OVG Münster v. 6.11.1996 – 11 A 29/94, BRS 58 Nr. 27.
4 VGH Mannheim v. 25.2.1994 – 5 S 317/93, BRS 56 Nr. 26; a.A. wohl OVG Münster v. 27.3.1998 – 10a D 188/97.NE, BRS 60 Nr. 25 = NVwZ-RR 1999, 110.
5 Schrödter in Schrödter, § 9 Rdnr. 117.
6 Vgl. VGH Mannheim v. 25.2.1994 – 5 S 317/93, BRS 56 Nr. 26; OVG Münster v. 17.10.1996 – 7a D 164/94.NE, BRS 58 Nr. 26; OVG Münster v. 27.3.1998 – 10a D 188/97.NE, BRS 60 Nr. 25 = NVwZ-RR 1999, 110.
7 OVG Münster v. 17.10.1996 – 7a D 164/94.NE, BRS 58 Nr. 26; a.A. Schrödter in Schrödter, § 9 Rdnr. 133.

BImSchG. Unzulässig sind Verwendungsbeschränkungen, die allein auf „gesamtökologischen" Erwägungen beruhen[1]. Die Regelung muß sich vielmehr mit den Besonderheiten der örtlichen Situation im Plangebiet oder seiner Umgebung rechtfertigen lassen[2]. Besonders hohe Anforderungen sind an die städtebauliche Rechtfertigung freilich nicht zu stellen. So kann die Festsetzung z.B. auf der Absicht beruhen, nach und nach in einem lufthygienisch vorbelasteten Stadtgebiet die Gebäudeheizungen auf Fernwärme, Strom oder Gas umzustellen[3]. Die Verwendungsbeschränkung darf auch dem (durch die örtlichen Verhältnisse veranlaßten) vorbeugenden Umweltschutz dienen[4].

Erstreckt sich die Festsetzung auf bebaute Gebiete, so ist bei der **Abwägung** der Bestandsschutz vorhandener baulicher Anlagen zu berücksichtigen. Gemäß § 176 Abs. 1 Nr. 2 BauGB kann die Gemeinde die Anpassung vorhandener Anlagen an die Festsetzungen des Bebauungsplans durchsetzen. Entgegen der Auffassung des Bundesverwaltungsgerichts[5] darf diese Möglichkeit bei der Abwägung nicht grundsätzlich außer Betracht bleiben[6]. Der Prüfung der Erforderlichkeit der Festsetzung nach § 9 Abs. 1 Nr. 23 BauGB im Hinblick auf eine Modernisierung vorhandener Anlagen bedarf es nicht „nur bei Vorliegen besonderer Umstände"[7]. Es ist allerdings nicht notwendig, die Durchsetzbarkeit einer Anpassung nach § 176 Abs. 1 Nr. 2 BauGB bereits abschließend im Planaufstellungsverfahren zu prüfen[8]. In die Abwägung ist auch die Möglichkeit einzubeziehen, das städtebauliche Ziel der Reduzierung von schädlichen Umwelteinwirkungen durch Festsetzung baulicher oder technischer Vorkehrungen gemäß § 9 Abs. 1 Nr. 24 BauGB zu verwirklichen.

Gemäß **§ 9 Nr. 23 Buchstabe b)** BauGB kann festgesetzt werden, daß bei der Errichtung von Gebäuden bestimmte bauliche Maßnahmen für den Einsatz erneuerbarer Energien wie insbesondere Solarenergie getroffen werden müs- 337

---

1 Vgl. OVG Münster v. 27.3.1998 – 10a D 188/97.NE, BRS 60 Nr. 25 = NVwZ-RR 1999, 110; OVG Lüneburg v. 14.1.2002 – 1 KN 468/01, BRS 65 Nr. 28 = NVwZ 2003, 174; a.A. Koch/Mengel, Gemeindliche Kompetenzen für Maßnahmen des Klimaschutzes, DVBl. 2000, 953, 957 f.
2 VGH Mannheim v. 2.12.1997 – 8 S 1477/97, BRS 59 Nr. 24; OVG Münster v. 24.7.2000, BauR 2001, 62.
3 BVerwG v. 16.12.1988 – 4 NB 1.88, Buchholz 406.11 § 9 Nr. 33 = BRS 48 Nr. 43 = DVBl. 1989, 369 = NVwZ 1989, 664; vgl. auch Paetow, Vorsorgender Immissionsschutz in der Bauleitplanung, Festschrift für Kutscheidt, 2003, S. 321, 323.
4 OVG Münster v. 27.3.1998 – 10a D 188/97.NE, BRS 60 Nr. 25 = NVwZ-RR 1999, 110.
5 BVerwG v. 16.12.1988 – 4 NB 1.88, Buchholz 406.11 § 9 Nr. 33 = BRS 48 Nr. 43 = DVBl. 1989, 369 = NVwZ 1989, 664.
6 Vgl. auch zu der vergleichbaren Problematik bei Festsetzungen nach § 1 Nr. 25 BauGB im Blick auf § 178 BauGB OVG Münster v. 5.12.1990 – 10a 73/90.NE, BRS 52 Nr. 23.
7 So aber BVerwG v. 16.12.1988 – 4 NB 1.88, Buchholz 406.11 § 9 Nr. 3 = BRS 48 Nr. 3 = DVBl. 1989, 369 = NVwZ 1989, 664.
8 Vgl. zu der vergleichbaren Problematik der Prüfung von Enteignungsvoraussetzungen Rdnr. 281, 311, 323.

sen. Wie sich aus dem Wortlaut klar ergibt, kann der nachträgliche Einbau von Anlagen zum Einsatz erneuerbarer Energien nicht gefordert werden. Gedacht ist mit dieser durch das EAG Bau eingeführten Regelung offenbar primär an Regelungen, durch die den Eigentümern der Einbau von Sonnenkollektoren aufgegeben wird. Erneuerbare Energien sind darüber hinaus Wind, Erdwärme, Wellen- und Gezeitenenergie, Wasserkraft, Biomasse, Deponiegas, Klärgas, Biogas[1]. Da die Festsetzungen städtebaulich begründet sein müssen[2] und daher nicht dem globalen Klimaschutz dienen dürfen (dazu oben Rdnr. 336), dürfte der Anwendungsbereich der Vorschrift äußerst begrenzt sein.

338 Die Anwendung von § 9 Abs. 1 Nr. 23 BauGB wird entgegen in der Literatur teilweise vertretener Auffassungen nicht durch **EG-Richtlinien** beschränkt[3].

24. Schutzflächen und -vorkehrungen

339 § 9 Abs. 1 Nr. 24 BauGB ermöglicht in der **1. Alternative** die Festsetzung von der Bebauung freizuhaltender Schutzflächen und ihrer Nutzung. Die Festsetzungsmöglichkeit berührt sich mit derjenigen nach § 9 Abs. 1 Nr. 10 BauGB. Aus dem systematischen Zusammenhang mit den weiteren in § 9 Abs. 1 Nr. 24 BauGB aufgeführten Festsetzungsalternativen ergibt sich, daß der Schutzbedarf sich bei Festsetzungen nach dieser Vorschrift aus schädlichen Umwelteinwirkungen im Sinne von § 3 Abs. 1 BImSchG ergeben muß. In Betracht kommt die Festsetzung praktisch nur, um einen Abstand zwischen besonders störenden oder gefährlichen (z.B. Munitionsfabriken) und störungsempfindlichen (z.B. Wohnbebauung, Präzisionsfertigungsanlagen) Anlagen zu gewährleisten. Die praktische Bedeutung ist gering, weil die Baunutzungsverordnung es ermöglicht, Baugebiete so zuzuordnen und zu gliedern, daß bereits dadurch gegenseitige Störungen vermieden und der Abwägungsdirektive des § 50 BImSchG Rechnung getragen wird. Auch sind Schutzflächen um bestimmte störende Anlagen zum Teil bereits spezialgesetzlich vorgesehen (vgl. § 5 des Gesetzes zum Schutz gegen Fluglärm), so daß sich zusätzliche Festsetzungen im Bebauungsplan erübrigen.

340 Die Festsetzung nach § 9 Abs. 1 Nr. 24, 1. Alternative BauGB muß ebenso wie die Festsetzung nach Nr. 10 eine **Bestimmung der Nutzung** enthalten. Diese Bestimmung kann ebenso wie bei Nr. 10 dadurch erfolgen, daß die Festsetzung um eine Festsetzung nach Nrn. 15, 18, 20 oder 25 ergänzt

---

1 Vgl. § 3 Abs. 1 des Gesetzes zur Neuregelung des Rechts der Erneuerbaren Energien im Strombereich (EEG) sowie Art. 2 Buchstabe a) der Richtlinie 2001/77/EG.
2 Das hebt die Begründung des Gesetzentwurfs BT-Drucksache 15/2250 S. 48 zutreffend hervor.
3 Zutreffend Schrödter in Schrödter, § 9 Rdnr. 118; vgl. auch VGH Mannheim v. 2.12.1997 – 8 S 1477/97, BRS 59 Nr. 24 = NVwZ-RR 1998, 554.

wird[1]. Die Festsetzung kann gemäß § 40 Abs. 1 Satz 1 Nr. 4, Abs. 2 BauGB einen Übernahmeanspruch auslösen.

In seiner **2. Alternative** ermöglicht § 9 Abs. 1 Nr. 24 BauGB die Festsetzung von Flächen für besondere Anlagen und Vorkehrungen zum Schutz vor schädlichen Umwelteinwirkungen und sonstigen Gefahren im Sinne des BImSchG. Diese Festsetzung wird regelmäßig mit einer Festsetzung nach der 3. Alternative über die zum Schutz vor solchen Einwirkungen oder zur Vermeidung solcher Einwirkungen zu treffenden baulichen und sonstigen technischen Vorkehrungen zu verbinden sein. Die Flächenfestsetzung nach der 2. Alternative muß zu den Festsetzungen über Vorkehrungen nach der 3. Alternative hinzutreten, wenn diese, wie z.B. ein Lärmschutzwall, eigene Flächen in Anspruch nehmen. Die Flächen zum Schutz vor Gefahren, zu denen insbesondere Störfälle gehören, können darüber hinaus auch mit Festsetzungen über Schutzflächen nach der 1. Alternative verbunden werden[2]. Sie kann (ebenso wie die Flächenfestsetzung nach der 1. Alternative) gemäß § 40 Abs. 1 Satz 1 Nr. 4, Abs. 2 BauGB einen Übernahmeanspruch auslösen. 341

Als Schutzfestsetzungen nach der **3. Alternative** kommen allein **bauliche und sonstige technische Maßnahmen** in Betracht. Die Regelung ermöglicht deshalb nicht eine Festsetzung, nach der Betriebe nur zulässig sind, „wenn sie bestehende Betriebe nicht unzumutbar beeinträchtigen und die Immissionsverhältnisse benachbarter Wohngebiete nicht in unzumutbarem Maße verschlechtern"[3]. Ebensowenig ermöglicht § 9 Abs. 1 Nr. 24 BauGB die Festsetzung eines flächenbezogenen Schalleistungspegels; insoweit kommt allerdings § 1 Abs. 4 Satz 1 Nr. 2 und Satz 2 BauNVO als Rechtsgrundlage in Betracht[4]. Auch die isolierte Festsetzung von Emissions- oder Immissionsgrenzwerten kann auf § 9 Abs. 1 Nr. 24 BauGB nicht gestützt werden. 342

---

1 Vgl. dazu näher oben Rdnr. 273.
2 Vgl. auch die Begründung des Regierungsentwurfs zum EAGBau BT-Drucksache 15/2250 S. 48.
3 BVerwG v. 14.4.1989 – 4 C 52.87, Buchholz 406.11 § 9 Nr. 36 = BRS 49 Nr. 15 = DVBl. 1989, 1050 = NVwZ 1990, 257.
4 BVerwG v. 18.12.1990 – 4 N 6.88, Buchholz 406.11 § 1 Nr. 50 = BRS 50 Nr. 25 = DVBl. 1991, 442 = NVwZ 1991, 881; zur Festsetzung flächenbezogener Schalleistungspegel nach § 1 Abs. 4 BauNVO vgl. auch BVerwG v. 7.3.1997 – 4 NB 38.96, Buchholz 406.12 § 1 Nr. 23 = BRS 59 Nr. 29 = BauR 1997, 602; BVerwG v. 27.1.1998 – 4 NB 3.97, Buchholz 406.12 § 1 Nr. 24 = BRS 60 Nr. 26 = BauR 1998, 744 = DVBl. 1998, 891 = NVwZ 1998, 1067 („immissionswirksamer flächenbezogener Schalleistungspegel"); auch § 1 Abs. 4 BauNVO ermöglicht allerdings nicht die Festsetzung von „Zaunwerten" als Immissionsgrenzwerte für unterschiedliche Nutzungen (Summenpegel), vgl. BVerwG v. 10.8.1993 – 4 NB 2.93, Buchholz 406.12 § 1 Nr. 18 = BRS 55 Nr. 11 und BVerwG v. 16.12.1999 – 4 CN 7.98, BVerwGE 110, 193 = Buchholz 406.11 § 215a Nr. 5 = BRS 62 Nr. 44 = BauR 2000, 684 = DVBl. 2000, 804 = NVwZ 2000, 815; vgl. zu den Festsetzungsmöglichkeiten nach § 1 Abs. 4 BauNVO näher Rdnr. 1652 ff.

Eine Festsetzung von Emissions- und Immissionsgrenzwerten ist nur in der Weise möglich, daß bestimmte technische Vorkehrungen (z.B. Schallschutzfenster, schallisolierende Wände) vorgeschrieben und gleichzeitig bestimmt wird, welche Immissions- oder Emissionswerte durch diese technischen Maßnahmen erreicht werden müssen[1]. Bei den baulichen Vorkehrungen kann es sich entgegen der Auffassung des OVG Münster[2] auch um Betriebsgebäude handeln, die die Lärmquelle abschirmen; zur Konfliktbewältigung ist eine solche Bebauung aber nur geeignet, wenn ihre Realisierung gesichert ist. Die technischen Maßnahmen müssen sich auf die bauliche Nutzung beziehen; unzulässig sind daher z.B. Regelungen, die den Fahrzeugverkehr in einem bestimmten Gebiet betreffen[3].

343 Neben den Festsetzungen über aktive (an der Lärmquelle) und passive (am schutzbedürftigen Immissionsort) Vorkehrungen zum Lärmschutz, die in der Praxis die größte Bedeutung haben, kommen nach § 9 Abs. 1 Nr. 24 BauGB vor allem auch Festsetzungen über technische Maßnahmen zur Luftreinhaltung (z.B. Verwendung von Filtern, Höhe von Schornsteinen) in Betracht. Regelungen, die die Nutzungsweise baulicher Anlagen betreffen (z.B. zeitliche Begrenzungen des Produktionsbetriebs) sind keine baulichen oder technischen Vorkehrungen und deshalb unzulässig. Der Festsetzung von Wärmekoeffizienten fehlt der gemäß § 9 Abs. 1, 1. Halbsatz erforderliche spezifische städtebauliche Bezug auf den Umweltschutz im Baugebiet und ist deshalb ebenfalls unzulässig[4].

344 Festsetzungen nach § 9 Abs. 1 Nr. 24, 3. Alternative BauGB können insbesondere im Blick auf die Abwägungsdirektive des § 50 BImSchG oder zur Erfüllung der aus § 41 BImSchG sich ergebenden Verpflichtung **erforderlich** sein. Soweit Schutzmaßnahmen gemäß § 41 BImSchG gegen den von Straßen und Schienenwegen ausgehenden Lärm in Betracht kommen, gilt dies allerdings regelmäßig nur für die aktiven Maßnahmen (am Emissionsort). Denn die Gemeinde darf davon ausgehen, daß Lärmbetroffene den notwendigen Schutz auch ohne Festsetzung passiver Lärmschutzmaßnahmen im Bebauungsplan durch § 42 BImSchG erlangen[5]. Die konkrete Schutzbedürf-

---

1 Vgl. BVerwG v. 8.8.1989 – 4 NB 2.89, Buchholz 406.11 § 10 Nr. 17 = BRS 49 Nr. 35 = DVBl. 1989, 1103 = NVwZ 1990, 159; BVerwG v. 2.3.1994 – 4 NB 3.94, Buchholz 406.11 § 9 Nr. 70 = NVwZ 1994, 1009 = ZfBR 1994, 147; OVG Münster v. 16.11.2001 – 7 A 3784/00, BRS 64 Nr. 25 = BauR 2002, 589 = NWVBl. 2002, 232.
2 OVG Münster v. 16.10.2003 – 10a B 2515/02.NE, BauR 2004, 452.
3 Insoweit zutreffend OVG Münster v. 16.10.2003 ebenda.
4 Zutreffend Schrödter in Schrödter, § 9 Rdnr. 147; a.A. z.B. Denny/Spangenberger, Rechtliche Umsetzung energiebezogener Planungsinhalte, UPR 1999, 331, 333 f.; Löhr in Battis/Krautzberger/Löhr, § 9 Rdnr. 89 jeweils m.w.N.; zum Erfordernis des städtebaulichen Bezugs auf das Baugebiet vgl. auch oben Rdnr. 336.
5 Vgl. BVerwG v. 17.5.1995 – 4 NB 30.94, Buchholz 406.11 § 1 Nr. 82 = BRS 57 Nr. 2 = BauR 1995, 654 = DVBl. 1995, 1010 = NJW 1995, 2572; BVerwG v. 28.1.1999 – 4 CN 5.98, Buchholz 406.25 § 41 Nr. 25 = BRS 62 Nr. 4 = BauR 1999, 867 = DVBl. 1999, 1288 = ZfBR 1999, 219.

tigkeit der Umgebung ist jeweils in die Abwägung einzubeziehen[1]. Im übrigen können ebenso wie Flächenfestsetzungen nach § 9 Abs. 1 Nr. 24, 1. Alternative BauGB auch Festsetzungen über Vorkehrungen nach der 3. Alternative sich erübrigen, weil die störenden Anlagen, deren Errichtung durch den Bebauungsplan ermöglicht wird, anders als z.b. Straßen einer besonderen Zulassung bedürfen und die notwendigen umweltschutzrechtlichen Anforderungen (insbesondere nach den Vorschriften des BImSchG) umfassend im Zulassungsverfahren zu prüfen sind.

Festsetzungen nach § 9 Abs. 1 Nr. 24, 3. Alternative BauGB lösen zwar keinen Entschädigungs- oder Übernahmeanspruch nach § 40 BauGB aus. Der Bebauungsplan kann auch keine Regelung über die Erstattung der Kosten für solche Maßnahmen treffen. Ein **Kostenerstattungsanspruch** kann sich aber bei passiven Maßnahmen (am Immissionsort) aus einem allgemeinen nachbarlichen Ausgleichsanspruch (auch außerhalb des Anwendungsbereichs von § 74 Abs. 2 Satz 3 VwVfG, § 42 BImSchG) ergeben[2]. 345

25. Festsetzungen über Anpflanzungen, Bindungen für Bepflanzungen und zur Erhaltung von Gewässern

§ 9 Abs. 1 Nr. 25 BauGB ermöglicht für einzelne Flächen oder für ein Bebauungsplangebiet oder für Teile davon sowie für Teile baulicher Anlagen Festsetzungen über das Anpflanzen von Bäumen, Sträuchern und sonstigen Bepflanzungen sowie über Bindungen für Bepflanzungen und für die Erhaltung von Bäumen, Sträuchern und sonstigen Bepflanzungen sowie von Gewässern. Die Festsetzungen können beliebig miteinander verbunden werden. So kann z.B. für eine Fläche die Neuanpflanzung von Sträuchern und zugleich die Erhaltung von Bäumen festgesetzt werden. Die Festsetzung kann (und wird in der Regel auch) mit einer Nutzungsfestsetzung nach einer anderen Nummer des Katalogs verbunden werden. Häufig sind Festsetzungen nach § 9 Abs. 1 Nr. 25 BauGB i.V.m. der Festsetzung einer öffentlichen oder privaten Grünfläche nach Nr. 15. Die Festsetzung kann sich auch auf die nichtüberbaubaren Flächen eines Baugebiets beziehen[3] oder auf die dort vorhandenen oder geplanten baulichen Anlagen (z.B. als Dachbegrünung[4]). Unzulässig sind Festsetzungen nach § 9 Abs. 1 Nr. 25 BauGB nur in Gebieten, die gemäß Nr. 18 als Flächen für die Landwirtschaft oder Wald festgesetzt sind; auch in landwirtschaftlich genutzten Gebieten oder im Wald können aber Festsetzungen nach Nr. 25 getroffen werden, wenn eine Festsetzung nach Nr. 18 unterbleibt[5]. 346

---
1 OVG Lüneburg v. 3.7.2000 – 1 K 1014/00, NVwZ-RR 2001, 218.
2 BVerwG v. 7.9.1988 – 4 N 1.87, Buchholz 406.11 § 9 Nr. 31 = BRS 48 Nr. 15 = DVBl. 1988, 1167 = NJW 1989, 467.
3 BVerwG v. 29.12.1995 – 4 NB 40.95, Buchholz 406.11 § 9 Nr. 80 = BRS 58 Nr. 36 = ZfBR 1996, 224; OVG Berlin v. 31.5.1991 – 2 B 11.89, BRS 52 Nr. 24.
4 Vgl. dazu OVG Münster v. 5.12.1990 – 10a 73/90.NE, BRS 52 Nr. 23.
5 Zutreffend Gaentzsch in Berliner Kommentar zum Baugesetzbuch, § 9 Rdnr. 67.

347 Bei Festsetzungen über das **Anpflanzen** nach § 9 Abs. 1 Nr. 25 Buchstabe a) BauGB können bestimmte Arten von Bäumen, Sträuchern oder sonstigen Pflanzen, das Mischungsverhältnis dieser Arten und eine bestimmte Dichte der Anpflanzung vorgeschrieben werden[1] (z.B. je 100 m^2-Grundstücksfläche ein Obstbaum). Festsetzungen zur **Erhaltung** von Bepflanzungen können sich auf bestimmte Bäume oder Sträucher oder auch pauschal auf die auf bestimmten Flächen vorhandenen Bäume beziehen[2]. Die Möglichkeit, Bindungen für Bepflanzungen festzusetzen, hat neben der Festsetzung der Erhaltung von Bepflanzungen keinen eigenständigen Regelungsinhalt. Pflegemaßnahmen können auf der Grundlage von § 9 Abs. 1 Nr. 25 BauGB nicht (wohl aber auf der Grundlage von § 9 Abs. 1 Nr. 20 BauGB) festgesetzt werden. Festsetzungen zur Erhaltung von Gewässern haben neben der Festsetzungsmöglichkeit nach § 9 Abs. 1 Nr. 16 BauGB kaum praktische Bedeutung.

348 Die große Bedeutung der Festsetzungen über Bepflanzungen nach § 9 Abs. 1 Nr. 25 BauGB ergibt sich (ebenso wie bei den Festsetzungen nach Nr. 20) aus ihrer Eignung zum **Ausgleich von Eingriffen** gemäß § 1a Abs. 3 BauGB. So können z.B. durch Bepflanzungen von unbebauten Flächen, Fassaden oder Dächern die mit der Schaffung neuer Baugebiete verbundenen Eingriffe in Natur und Landschaft teilweise ausgeglichen werden. Bei den Festsetzungen nach § 9 Abs. 1 Nr. 25 BauGB ist (ebenso wie bei den Festsetzungen nach Nr. 20) die Begrenzung auf **städtebauliche Zwecke** besonders zu beachten[3]. Die Gemeinden neigen gelegentlich (insbesondere bei Ausgleichsfestsetzungen) zu sehr detaillierten Bepflanzungsregelungen. Es ist zu beachten, daß auch die Entscheidung über Ausgleichsmaßnahmen dem planungsrechtlichen Abwägungsgebot (und damit u.a. dem Grundsatz der Verhältnismäßigkeit) entsprechen muß[4]. Dienen die Festsetzungen dem Ausgleich von Eingriffen, so sind sie deshalb – auch hinsichtlich ihrer Detaillierung etwa nach der Pflanzenart – auf das dazu erforderliche Maß zu beschränken, soweit nicht andere städtebauliche Gesichtspunkte (z.B. Anpassung an vorhandene Bepflanzungen) stärkere Bindungen erfordern. Beziehen sich die Festsetzungen auf vorhandene bauliche Anlagen, so muß sich die Abwägung auch auf die bautechnische Realisierbarkeit (unter Berücksichtigung bauordnungsrechtlicher Gesichtspunkte) erstrecken[5].

---

1 BVerwG v. 24.4.1991 – 4 NB 24.90, Buchholz 406.11 § 9 Nr. 49 = BRS 52 Nr. 19 = DVBl. 1991, 826 = NVwZ 1991, 877; vgl. auch OVG Münster v. 28.7.1999 – 7a D 42/98.NE, BRS 62 Nr. 36 = NVwZ 2000, 573.
2 Vgl. BVerwG v. 29.12.1995 – 4 NB 40.95, Buchholz 406.11 § 9 Nr. 80 = BRS 58 Nr. 36 = ZfBR 1996, 224.
3 Vgl. dazu im Zusammenhang mit den Festsetzungen nach § 9 Abs. 1 Nr. 20 BauGB oben Rdnr. 321.
4 Vgl. BVerwG v. 31.1.1997 – 4 NB 27.96, Buchholz 406.401 § 8a Nr. 3 = BRS 59 Nr. 8 = DVBl. 1997, 1112 = NVwZ 1997, 1213.
5 OVG Münster v. 5.12.1990 – 10a 73/90.NE, BRS 52 Nr. 23.

Festsetzungen nach § 9 Abs. 1 Nr. 25 BauGB berühren sich mit Festsetzungen zur Begrünung der Vorgärten, wie sie die **Landesbauordnungen** aus gestalterischen Gründen zulassen. Obgleich Festsetzungen zur Gestaltung des Ortsbilds nicht ausschließlich dem Bauordnungsrecht i.V.m. § 9 Abs. 4 BauGB vorbehalten sind[1], können Bepflanzungen, die allein gestalterischen Zwecken dienen, nicht auf § 9 Abs. 1 Nr. 25 BauGB gestützt werden. Festsetzungen über die Erhaltung von Bepflanzungen berühren sich überdies mit Festsetzungen nach §§ 15 bis 18 BNatSchG und mit den Regelungen kommunaler Baumschutzsatzungen. Soweit aufgrund solcher Regelungen ein (auch aus städtebaulicher Sicht) ausreichender Schutz bereits besteht, erübrigen sich ergänzende Festsetzungen im Bebauungsplan; die Festsetzung nach § 9 Abs. 1 Nr. 25 BauGB kann allerdings (ebenso wie diejenige nach Nr. 20[2]) die Festsetzungen eines Landschaftsplans sinnvoll ergänzen und vollziehbar machen. 349

Die Festsetzungen nach § 9 Abs. 1 Nr. 25 Buchstabe a) BauGB können durch ein **Pflanzgebot** nach § 178 BauGB durchgesetzt werden. Sie können außerdem gemäß § 41 Abs. 2 BauGB einen Entschädigungsanspruch begründen. Soweit die Festsetzung von Bepflanzungen gemäß § 9 Abs. 1 Nr. 25 Buchstabe a) BauGB dem Ausgleich von Eingriffen dient und die Bepflanzungen nicht auf dem Eingriffsgrundstück durchzuführen sind, kann der Bebauungsplan diese Maßnahmen den Eingriffsflächen gemäß § 9 Abs. 1a Satz 2 BauGB **zuordnen**[3]. 350

26. Die Flächen für Aufschüttungen, Abgrabungen und Stützmauern für den Straßenkörper

§ 9 Abs. 1 Nr. 26 BauGB ermöglicht es, Flächen für Aufschüttungen, Abgrabungen und Stützmauern, die zur Herstellung des Straßenkörpers erforderlich sind, im Eigentum des Anliegers zu belassen, anstatt sie gemäß § 9 Abs. 1 Nr. 11 BauGB als Verkehrsflächen auszuweisen[4]. Soweit die Flächen für die Anlieger noch nutzbar sein können, hat regelmäßig die Festsetzung nach Nr. 26 Vorrang vor der Einbeziehung in eine öffentliche Verkehrsfläche nach Nr. 11. Die Festsetzung kann im Vergleich zu der Festsetzung nach Nr. 11 für den Eigentümer auch den Vorteil haben, daß die Fläche dem Bauland im Sinne von § 19 Abs. 3 BauNVO zugeordnet werden kann. 351

Die Festsetzung setzt aber andererseits nicht voraus, daß dem Eigentümer nach der Verwirklichung der Planung noch eine **sinnvolle Nutzungsmög-** 352

---
1 BVerwG v. 10.7.1997 – 4 NB 15.97, Buchholz 406.11 § 9 Nr. 85 = BRS 59 Nr. 19 = BauR 1997, 999.
2 Vgl. dazu oben Rdnr. 321.
3 Dazu unten Rdnr. 353 ff.
4 Vgl. zu den Anforderungen an die Bestimmtheit einer solchen Festsetzung VGH Mannheim v. 2.3.1977 – III 1810/76, BRS 32 Nr. 6.

lichkeit verbleibt und es ihm wirtschaftlich zuzumuten ist, die Fläche zu behalten. Die von Gaentzsch vertretene abweichende Auffassung[1] beruht auf der Erwägung, der Festsetzung dürfe wegen des Fehlens einer Entschädigungsregelung enteignende Wirkung nicht zukommen. Sie berücksichtigt nicht hinreichend, daß die Festsetzung nach Nr. 26 unmittelbar ein Recht zur Benutzung des Grundstücks für die Herstellung der Aufschüttung, Abgrabung oder Stützmauer nicht begründet, sondern das Nutzungsrecht (ebenso wie z.B. bei den Festsetzungen nach § 9 Abs. 1 Nr. 11 oder Nr. 21[2]) durch Enteignung (gegen Entschädigung) erst begründet werden muß. Auch das Landesstraßenrecht bietet keine Rechtsgrundlage für die Inanspruchnahme des Grundstücks ohne Enteignungsverfahren[3]. Außerdem ist (wegen der Möglichkeit der Inanspruchnahme des Grundstücks gemäß § 85 Abs. 1 Nr. 1, § 86 Abs. 1 Nr. 1, § 87 BauGB), § 40 Abs. 1 Satz 1 Nr. 9 BauGB mindestens entsprechend anwendbar, so daß dem Eigentümer – anders als bei der Festsetzung privater Grünflächen[4] – ein Übernahmeanspruch gemäß § 40 Abs. 2 BauGB zustehen kann[5].

27. Die Zuordnung von Flächen oder Maßnahmen zum Ausgleich von Eingriffen

353 Gemäß **§ 9 Abs. 1a Satz 1 BauGB** können Flächen oder Maßnahmen zum Ausgleich von Eingriffen gemäß § 1a Abs. 3 BauGB auf den Eingriffsgrundstücken oder an anderer Stelle im Geltungsbereich desselben Bebauungsplans oder im Geltungsbereich eines anderen Bebauungsplans festgesetzt werden. § 9 Abs. 1a **Satz 2** BauGB ermöglicht es, die Flächen oder Maßnahmen zum Ausgleich an anderer Stelle den Grundstücken, auf denen Eingriffe zu erwarten sind, ganz oder teilweise zuzuordnen; das gilt auch für Maßnahmen auf von der Gemeinde bereitgestellten Flächen.

354 Die nach § 1a Abs. 3 BauGB erforderlichen Festsetzungen zum Ausgleich von Eingriffen in Natur und Landschaft kommen hauptsächlich auf der Grundlage von § 9 Abs. 1 Nr. 14 bis 16, 18, 20 und 25 BauGB in Betracht. Am einfachsten ist es regelmäßig, die **Maßnahmen zum Ausgleich** von Eingriffen auf den Eingriffsgrundstücken selbst festzusetzen. Das ist aber nicht

---

1 In Berliner Kommentar zum Baugesetzbuch, § 9 Rdnr. 69; ebenso Gierke in Brügelmann, § 9 Rdnr. 424.
2 Vgl. dazu BVerwG v. 11.3.1998 – 4 NB 6.98, Buchholz 406.11 § 1 Nr. 95 = BRS 60 Nr. 17; BVerwG v. 2.11.1998 – 4 NB 49.98, Buchholz 406.11 § 9 Nr. 91 = BRS 60 Nr. 23 = BauR 1999, 151.
3 A.A. OVG Koblenz v. 1.9.1989 – 1 B 43/89.
4 Vgl. dazu Rdnr. 294, 298.
5 So i.E. auch Bielenberg/Söfker in Ernst/Zinkahn/Bielenberg/Krautzberger, § 9 Rdnr. 230; Löhr in Battis/Krautzberger/Löhr, § 9 Rdnr. 98; Schrödter in Schrödter, § 9 Rdnr. 170; a.A. Gaentzsch in Berliner Kommentar zum Baugesetzbuch, § 9 Rdnr. 69; Gierke in Brügelmann, § 9 Rdnr. 424.

immer städtebaulich sinnvoll. So kann z.B. eine starke bauliche Verdichtung erwünscht sein, die durch Maßnahmen am Ort des Eingriffs nicht ausgeglichen werden kann. Auch können städtebauliche Gründe dafür sprechen, die Entwicklung von Grünflächen an bestimmten Standorten besonders zu fördern und daher die Ausgleichsmaßnahmen dort zu konzentrieren. In solchen Fällen ist es erforderlich, die Ausgleichsmaßnahmen an anderer Stelle festzusetzen. Daneben kommt eine Sicherung der Ausgleichsmaßnahme durch städtebaulichen Vertrag gemäß § 11 Abs. 1 Satz 2 Nr. 2 BauGB[1] oder ihre Durchführung auf gemeindeeigenen Flächen in Betracht. Die Möglichkeit, Ausgleichsmaßnahmen in einem anderen Bebauungsplan als in dem Plan festzusetzen, der den Eingriff ermöglicht, schließt es nicht aus, einen Bebauungsplan für mehrere räumlich auseinanderliegende Flächen aufzustellen[2].

Die Zuordnung von Ausgleichsmaßnahmen bewirkt, daß gemäß § 135a Abs. 2 BauGB diese Maßnahmen regelmäßig **von der Gemeinde durchzuführen** sind und diese auch die erforderlichen Flächen bereitzustellen hat. Die Zuordnung bewirkt weiter, daß die Gemeinde gemäß § 135a Abs. 3 BauGB die **Kosten** für die von ihr durchzuführenden Maßnahmen zu erheben hat. Die Verteilungsmaßstäbe ergeben sich aus § 135b BauGB. Die Gemeinde ist gemäß § 135c BauGB zu ergänzenden Regelungen durch Satzung ermächtigt; diese dürfen allerdings mangels einer entsprechenden ausdrücklichen Regelung, wie sie sich z.B. in § 172 Abs. 1 Satz 2 BauGB findet, nicht in den Bebauungsplan aufgenommen werden[3].   355

Inhaltlich wird es sich bei der Zuordnungsregelung in der Regel um eine textliche Festsetzung handeln, durch die eine oder mehrere Ausgleichsmaßnahmen einer Vielzahl von Eingriffsgrundstücken insgesamt zugeordnet werden (**Sammelzuordnung**). Denn es ist in der Regel nicht möglich, die Ausgleichsmaßnahmen auf einzelne Eingriffsgrundstücke aufzuteilen. Eine **Einzelzuordnung** von Ausgleichsmaßnahmen zu Eingriffen auf bestimmten Grundstücken ist aber rechtlich nicht ausgeschlossen; § 135b BauGB ist bei einer solchen Form der Zuordnung nicht anwendbar. Die in § 9 Abs. 1a Satz 2 BauGB ausdrücklich zugelassene **teilweise Zuordnung** bezieht sich auf Maßnahmen, die nur teilweise dem Ausgleich von Eingriffen und im übrigen anderen städtebaulichen Zielen dienen. § 9 Abs. 1a Satz 2, 2. Halbsatz BauGB bezieht sich auf Maßnahmen auf gemeindeeigenen Grundstücken außerhalb des Geltungsbereichs von Bebauungsplänen; erfolgt eine Zuordnung solcher Maßnahmen, so müssen diese allerdings in dem Bebau-   356

---

[1] Vgl. dazu BVerwG v. 9.5.1997 – 4 N 1.96, BVerwGE 104, 353 = BRS 59 Nr. 11 = BauR 1997, 799 = NVwZ 1997, 1216; BVerwG v. 5.1.1999 – 4 BN 28.97, Buchholz 406.25 § 41 Nr. 25 = BRS 62 Nr. 4 = BauR 1999, 729 = NVwZ-RR 1999, 426 = UPR 1999, 190.
[2] Vgl. auch zu dieser Möglichkeit BVerwG v. 9.5.1997 – 4 N 1.96, BVerwGE 104, 353 = BRS 59 Nr. 11 = BauR 1997, 799 = NVwZ 1997, 1216.
[3] So auch Schrödter in Schrödter, § 135c Rdnr. 1.

ungsplan, der den Eingriff ermöglicht, so konkret beschrieben werden, daß sich die mit ihrer Durchführung verbundenen Kosten absehen lassen.

357 Die **Verpflichtung zur Durchführung** von Ausgleichsmaßnahmen auf anderen als Eingriffsgrundstücken ist nicht von einer Zuordnung nach § 9 Abs. 1a Satz 2 BauGB abhängig. Insbesondere ist die Gemeinde zur Durchführung von Ausgleichsmaßnahmen auf den dafür im Bebauungsplan vorgesehenen öffentlichen Flächen auch dann verpflichtet, wenn es an einer Festsetzung über die Zuordnung der Ausgleichsmaßnahmen fehlt[1]. Die Verpflichtung ergibt sich aus § 1a Abs. 3 BauGB i.V.m. den Festsetzungen über die durchzuführenden Ausgleichsmaßnahmen nach § 9 Abs. 1 BauGB.

358 Die Zuordnung von Ausgleichsflächen hat praktische Relevanz nur bei gleichzeitiger Zuordnung von Maßnahmen, die auf diesen Flächen durchzuführen sind. Eine **isolierte Flächenzuordnung** löst gemäß §§ 135a ff. BauGB keine Rechtsfolgen aus.

28. Befristung, Bedingung und zeitliche Staffelung der Nutzungen

359 Das EAGBau hat in **§ 9 Abs. 2 Satz 1 BauGB** die Möglichkeit geschaffen, die Zulässigkeit bestimmter Nutzungen und Anlagen zeitlich zu befristen oder unter eine Bedingung zu stellen. Die Vorschrift regelt drei Fälle:

– Die Anlagen oder Nutzungen sind nur für einen bestimmten Zeitraum zulässig (Befristung),

– die Anlagen sind bis zum Eintritt bestimmter Umstände zulässig (auflösende Bedingung der Zulässigkeit),

– die festgesetzten Nutzungen oder Anlagen sind bis zum Eintritt bestimmter Umstände unzulässig (auflösende Bedingung der Unzulässigkeit bzw. aufschiebende Bedingung der Zulässigkeit).

Die Befristung oder Bedingung kann mit allen nach § 9 Abs. 1 BauGB zulässigen Festsetzungen über die Zulässigkeit baulicher Nutzungen und Anlagen verbunden werden. Sie kann sich auf einzelne Elemente dieser Festsetzungen, z.B. auch auf Festsetzungen über das Maß der baulichen Nutzung oder die überbaubare Grundstücksfläche beziehen.

360 Gemäß **§ 9 Abs. 2 Satz 2 BauGB** soll bei einer Festsetzung nach § 9 Abs. 2 Satz 1 BauGB die **Folgenutzung** festgesetzt werden. Diese Bestimmung kann sich nur auf die beiden ersten der oben genannten drei Fälle beziehen. Ist eine bestimmte im Bebauungsplan festgesetzte Nutzung oder Anlage bis zum Eintritt bestimmter Umstände unzulässig, so ist für die Festsetzung einer Folgenutzung kein Raum. Festgesetzt werden könnte nur die Nutzung, die bis zum Eintritt der im Bebauungsplan bestimmten Umstände

---

1 A.A. Schrödter in Schrödter, § 9 Rdnr. 170j.

zulässig ist. Es wird häufig sinnvoll sein, die Festsetzung, daß eine bestimmte Nutzung bis zum Eintritt bestimmter Umstände unzulässig ist, mit einer derartigen Festsetzung über die bis dahin zulässige Nutzung (auf der Grundlage der 2. Alternative) zu verbinden; § 9 Abs. 2 BauGB verlangt dies allerdings nicht. Für die Festsetzung der Folgenutzung in den beiden ersten Alternativen stehen alle nach § 9 Abs. 1 BauGB zulässigen Festsetzungsmöglichkeiten zur Verfügung.

Die Festsetzungen nach § 9 Abs. 2 BauGB sind nur „**in besonderen Fällen**" 361 zulässig. Damit sind städtebauliche Situationen gemeint, die durch Besonderheiten gekennzeichnet sind[1]. Als Beispiele nennt die Begründung des Gesetzentwurfs die Zulassung von Zweckbauten mit befristet konzipierten Nutzungszeiten, sofern die Notwendigkeit erkennbar ist, auch mit Rücksicht auf die städtebauliche Bedeutung des Standorts eine Anschlußnutzung vorzusehen, eine nur zeitlich beschränkte Nutzungsabsicht eines Investors und den Fall, daß eine Wohnnutzung erst nach Errichtung einer im Bebauungsplan festgesetzten schallschützenden Maßnahme zugelassen werden soll. Ob allein die zeitlich begrenzten Nutzungsabsichten eines Investors eine besondere städtebauliche Situation begründen können, erscheint zweifelhaft. In Betracht zu ziehen ist die Anwendung der beiden ersten Alternativen von § 9 Abs. 2 Satz 1 BauGB vor allem in Fällen, in denen die vorgesehenen Nutzungen – unabhängig von den Absichten der Investoren – aufgrund ihrer Eigenart typischerweise zeitlich begrenzt sind, so z.B. bei Abgrabungen oder Aufschüttungen (vgl. auch Rdnr. 307) oder bei der Festsetzung von Flächen für bauliche Anlagen, die absehbar nur für einen begrenzten Zeitraum benötigt werden (z.B. Behelfsunterkünfte). In derartigen Fällen ist es sinnvoll, mit der planerischen Entscheidung über die Zulassung der Nutzung zugleich die möglichen Folgenutzungen in den Blick zu nehmen und dafür Regelungen zu treffen. Ein städtebauliches Erfordernis, die zulässigen Nutzungen zu befristen oder unter eine auflösende Bedingung zu stellen, ohne zugleich die Folgenutzung festzusetzen, ist kaum denkbar; das bringt § 9 Abs. 2 Satz 2 BauGB durch das Wort „soll" zutreffend zum Ausdruck. Eine Festsetzung nach der 3. Alternative kann neben dem in der Gesetzesbegründung gebildeten Beispielsfall z.B. auch dann sachgerecht sein, wenn großräumige Erschließungsprobleme bestehen, z.B. zunächst eine Bundesstraße als Ortsumgehung ausgebaut werden soll, bevor zusätzlicher Ziel- und Quellverkehr durch ein neues Baugebiet eröffnet wird. Denkbar ist auch, daß eine städtebaulich grundsätzlich erwünschte Bebauung davon abhängig gemacht wird, daß zunächst vorhandene (bestandsgeschützte) Gebäude auf benachbarten Flächen beseitigt werden, um eine zu hohe Verdichtung zu vermeiden.

---

[1] Vgl. auch die Begründung des Gesetzentwurfs BT-Drucksache 15/2250 S. 49.

29. Die Festsetzung der Höhenlage

362 **§ 9 Abs. 3 Satz 1 BauGB** ermöglicht es, alle Festsetzungen nach § 9 Abs. 1 BauGB um die Festsetzung der Höhenlage zu ergänzen. Durch eine solche Festsetzung wird das Niveau der baulichen Anlage in Bezug zu einem bestimmten anderen Punkt gesetzt. Das kann z.B. geschehen durch die Festsetzung einer Höhendifferenz zwischen der Oberkante der Straßenkrone und der Oberkante des Erdgeschoßfußbodens[1]. In Betracht kommt als Bezugspunkt vor allem auch der Meeresspiegel. Höhenlage im Sinne von § 9 Abs. 3 Satz 1 BauGB ist allerdings **nicht die Höhe baulicher Anlagen**. Die Festsetzung kann sich deshalb nicht auf die maximale Firsthöhe oder die maximale Traufhöhe beziehen[2]. Ein solcher oberer Bezugspunkt für die Höhe baulicher Anlagen kann im Bebauungsplan nur auf der Grundlage von § 16 Abs. 2 Nr. 4 i.V.m. § 18 BauNVO und damit als Element der Bestimmung des Maßes der baulichen Nutzung gemäß § 9 Abs. 1 Nr. 1 BauGB festgesetzt werden.

363 Die Landesbauordnungen heben (besonders in den Vorschriften über die einzuhaltenden Abstandsflächen) auf die **Geländeoberfläche** ab. Die Geländeoberfläche im Sinne dieser Vorschriften ist nicht identisch mit der nach § 9 Abs. 3 Satz 1 BauGB festgesetzten Höhenlage[3]. Die Geländeoberfläche im Sinne des Bauordnungsrechts kann auch nicht im Bebauungsplan festgesetzt werden. Ihre Bestimmung richtet sich allein nach Bauordnungsrecht. Dieses ermöglicht der Bauaufsichtsbehörde die Festlegung der Geländeoberfläche im Baugenehmigungsverfahren. Durch eine solche Festlegung könnte die Baugenehmigungsbehörde theoretisch versuchen, die Festsetzungen des Bebauungsplans zu unterlaufen, indem sie z.B. eine Anschüttung zuläßt, die dazu führt, daß ein über dem gewachsenen Gelände gelegenes Geschoß überwiegend unter der festgesetzten Geländeoberfläche liegt und deshalb nicht mehr als Vollgeschoß gilt; die Festlegung ist allerdings rechtswidrig, wenn sie den Zielen des Bebauungsplans widerspricht[4].

364 **Praktische Bedeutung** haben die Festsetzungen nach § 9 Abs. 3 Satz 1 BauGB vor allem in Baugebieten: Werden sie mit der Festsetzung der Zahl der Vollgeschosse verbunden, so ergibt sich eine ungefähre Höhe der baulichen Anlagen. In Baugebieten kann die Festsetzung außerdem den Anschluß der Gebäude an die Kanalisation und die Energieversorgung erleichtern. Für Verkehrsflächen kommt die Festsetzung der Höhenlage z.B. auch

---

1 Dazu OVG Saarlouis v. 27.2.1974 – 2 R 88/73, II R 88/73, BRS 28 Nr. 65; vgl. auch OVG Saarlouis v. 10.9.1979 – II W 1.2047/79, BRS 35 Nr. 99 = BauR 1980, 158.
2 A.A. Bielenberg in Ernst/Zinkahn/Bielenberg/Krautzberger, § 9 Rdnr. 164.
3 OVG Saarlouis v. 17.9.1979 – II W 1.2047/79, BRS 35 Nr. 99 = BauR 1980, 158; VGH Mannheim v. 8.3.1988 – 8 S 1021/88, BRS 48 Nr. 169.
4 Vgl. dazu OVG Saarlouis v. 17.9.1979 – II W 1.2047/79, BRS 35 Nr. 99 = BauR 1980, 158.

deshalb in Betracht, weil die von diesen ausgehenden Immissionen von der Höhenlage abhängen können.

30. Vertikale Differenzierungen

§ 9 Abs. 3 Satz 2 BauGB ermöglicht es, unterschiedliche Festsetzungen nach § 9 Abs. 1 BauGB für übereinanderliegende Geschosse und Ebenen und sonstige Teile baulicher Anlagen (auch unterhalb der Geländeoberfläche) zu treffen. Die Regelung hat praktische Bedeutung vor allem bei der Ausweisung von Verkehrsflächen. Sie ermöglicht es, diese auf anderen Ebenen mit anderen Nutzungen (z.B. einem Baugebiet nach der BauNVO) zu überplanen. In Betracht kommt die Anwendung daneben z.B. auch bei der Ausweisung von Gemeinbedarfsflächen, Versorgungsflächen, Flächen, die mit Geh-, Fahr- oder Leitungsrechten zu belasten sind, oder Ausgleichsflächen nach § 9 Abs. 1 Nr. 20 oder Nr. 25 BauGB (z.B. unterirdische Straße, bis zum 2. Obergeschoß Gemeinbedarfsfläche für städtische Verwaltung, darüber Wohngebiet). 365

Zusätzlich ermöglichen § 1 Abs. 7 und 9, § 4a Abs. 4, § 7 Abs. 4, § 12 Abs. 4 und 5, § 16 Abs. 5 und § 23 Abs. 1 Satz 2 BauNVO vertikale Gliederungen in einzelnen Baugebieten[1]. Diese Regelungen sind hinsichtlich der Baugebiete abschließend. § 9 Abs. 3 Satz 2 BauGB ermöglicht **nicht** die Ausweisung **verschiedener Baugebiete** nach der BauNVO auf unterschiedlichen Ebenen (z.B. bis zum zweiten Obergeschoß Kerngebiet, darüber Wohngebiet)[2]. Die Ermächtigung des § 9a Nr. 3 BauGB wurde durch die BauNVO hinsichtlich der Möglichkeit, die Festsetzung unterschiedlicher Baugebiete übereinander zuzulassen, nicht ausgeschöpft. Mit einer Baugebietsfestsetzung können deshalb durch vertikale Gliederung nur andere Festsetzungen über die Art der baulichen Nutzung nach § 9 Abs. 1 Nr. 4 ff. BauGB verbunden werden. 366

31. Die Aufnahme landesrechtlicher Regelungen in den Bebauungsplan

Gemäß § 9 Abs. 4 BauGB können auf Landesrecht beruhende Regelungen in den Bebauungsplan als Festsetzungen aufgenommen werden, wenn die Länder dies durch Rechtsvorschriften bestimmen. Die Länder können auch festlegen, inwieweit auf diese Festsetzungen die Vorschriften des BauGB Anwendung finden. 367

---
1 Vgl. auch Rdnr. 1686 ff.
2 So auch OVG Koblenz v. 15.5.2003 – 1 C 11224/02, BauR 2003, 1340; Fickert/Fieseler, § 1 Rdnr. 76, 111; Gaentzsch in Berliner Kommentar zum Baugesetzbuch, § 9 Rdnr. 75; auch BVerwG v. 4.6.1991 – 4 NB 35.89, BVerwGE 88, 268, 274 f. = BRS 52 Nr. 9 = BauR 1991, 718 = DVBl. 1991, 1153 = NVwZ 1992, 373 geht davon offenbar aus; a.A. Löhr in Battis/Krautzberger/Löhr, § 9 Rdnr. 104.

368 Entsprechende Regelungen haben die meisten Länder (wenn auch mit unterschiedlichem Inhalt) getroffen. Soweit dies (wie in Baden-Württemberg) nicht geschehen ist, bauordnungsrechtliche Vorschriften daher nur durch landesrechtliche Satzung ergehen können, kann der Bebauungsplan nicht mit dieser Satzung verbunden werden[1]. Eine solche Verbindung ist materiell Aufnahme der auf Landesrecht beruhenden Regelungen in den Bebauungsplan i.S. von § 9 Abs. 4 BauGB. Denn es entsteht eine Rechtsnorm, mag diese auch auf unterschiedlichen Rechtsgrundlagen beruhen.

369 Hauptanwendungsfall von § 9 Abs. 4 BauGB ist die Aufnahme von bauordnungsrechtlichen Regelungen in den Bebauungsplan (z.B. über die äußere Gestaltung baulicher Anlagen, über Werbeanlagen und Warenautomaten, über die Anlage und Gestaltung von Kinderspielplätzen, Stellplätzen und Garagen und über Abstandsflächen). Daneben kommen aber auch Festsetzungen nach anderen Gesetzen in Betracht; so sieht § 6 Abs. 4 DSchG NW z.B. die Festsetzung von Denkmalbereichen im Bebauungsplan vor, § 51a Abs. 3 LWG NW Festsetzungen über die Beseitigung von Niederschlagswasser.

370 Die landesrechtlichen Regelungen dürfen **nicht** in die Zuständigkeit des Bundes für das **Städtebaurecht** eingreifen. Insbesondere Gestaltungsvorschriften dürfen deshalb nach ihrer Zielsetzung nicht in Wahrheit bodenrechtliche Regelungen sein[2]. Im übrigen richten sich der **zulässige Inhalt** der Festsetzungen und die **materiellen Voraussetzungen** für ihren Erlaß und die Aufnahme in den Bebauungsplan **allein nach Landesrecht**. Sind für eine auf Landesrecht gestützte Regelung die landesrechtlichen Voraussetzungen nicht erfüllt, so kann die Regelung dennoch als bundesrechtliche Regelung nach § 9 Abs. 1 BauGB wirksam sein, soweit Landesrecht nicht entgegensteht. Umgekehrt kann eine auf Bundesrecht gestützte Festsetzung nach Landesrecht i.V.m. § 9 Abs. 4 BauGB wirksam sein, wenn das Landesrecht dies zuläßt. Die Angabe einer unrichtigen Rechtsgrundlage ist unschädlich[3].

371 Auch das **Verfahren**, das bei der Aufnahme landesrechtlicher Regelungen in den Bebauungsplan zu beachten ist, richtet sich **nach Landesrecht**. Das Landesrecht bestimmt, inwieweit die Verfahrensvorschriften des BauGB Anwendung finden[4]. Auch über die Anwendung des **Abwägungsgebots** nach § 1 Abs. 7 BauGB[5] und die Notwendigkeit einer Begründung der Festsetzun-

---

1 A.A. VGH Mannheim v. 22.4.2002 – 8 S 177/02, BRS 65 Nr. 145 = BauR 2003, 81 = VBlBW 2003, 123; VGH Mannheim v. 9.8.2002 – 5 S 818/00, NVwZ-RR 2003, 331 = VBlBW 2003, 208 = ZfBR 2003, 56.
2 Vgl. BVerwG v. 10.7.1997 – 4 NB 15.97, Buchholz 406.11 § 9 Nr. 85 = BRS 59 Nr. 19 = BauR 1997, 999.
3 OVG Münster v. 30.6.1999 – 7a D 144/97.NE, BRS 62 Nr. 225 = ZfBR 2000, 208.
4 BVerwG v. 12.3.1991 – 4 NB 6.91, Buchholz 406.11 § 9 Nr. 48 = BRS 52 Nr. 4 = BauR 1992, 43 = NVwZ 1991, 874.
5 BVerwG v. 16.3.1995 – 4 C 3.94, Buchholz 406.12 § 15 Nr. 24 = BRS 57 Nr. 175 = BauR 1995, 508 = DVBl. 1995, 754 = NVwZ 1995, 899; BVerwG v. 10.7.1997 – 4 NB

gen nach § 9 Abs. 8 BauGB[1] entscheidet das Landesrecht. Das Landesrecht kann die Anwendung der Verfahrensvorschriften des BauGB auch auf spätere Änderungen des Bebauungsplans beschränken[2]. Ohne entsprechende landesrechtliche Regelung sind auch §§ 214, 215 BauGB nicht anwendbar[3]. Die landesrechtliche Bezugnahme auf Verfahrensvorschriften des BauGB braucht freilich nicht ausdrücklich zu erfolgen. Auch ist zu beachten, daß das Abwägungsgebot in seinem Kern durch das Rechtsstaatsprinzip gewährleistet ist.

Die Festsetzungen nach § 9 Abs. 4 BauGB stehen hinsichtlich ihrer **Verbindlichkeit** anderen Festsetzungen des Bebauungsplans gleich. Das gilt auch bei Anwendung von § 33 BauGB[4]. 372

Eine Parallelvorschrift zu § 9 Abs. 4 BauGB findet sich in **§ 16 Abs. 2 Satz 2 BNatSchG**. Danach können die Länder bestimmen, daß Darstellungen des Landschaftsplans als Darstellungen oder Festsetzungen in die Bauleitpläne aufgenommen werden. 373

32. Festsetzungen nach Vorschriften außerhalb von § 9 BauGB

Gemäß **§ 22 Abs. 1 Satz 1 BauGB** kann die Gemeinde durch Bebauungsplan (oder durch selbständige Satzung) eine Genehmigungspflicht für die Begründung oder Teilung von Wohneigentum oder Teileigentum in **Fremdenverkehrsgebieten** begründen (dazu Rdnr. 2448 ff.). 374

§ 31 Abs. 1 BauGB ermöglicht es, im Bebauungsplan vorzusehen, daß von seinen Festsetzungen **Ausnahmen** zugelassen werden können (dazu Rdnr. 1698 ff.). 375

15.97, Buchholz 406.11 § 9 Nr. 85 = BRS 59 Nr. 19 = BauR 1997, 999; vgl. dazu auch Rdnr. 720.
1 BVerwG v. 3.11.1992 – 4 NB 28.92, Buchholz 406.11 § 9 Nr. 57 = BRS 54 Nr. 111 = DVBl. 1993, 116 = NVwZ-RR 1993, 286.
2 Vgl. BVerwG v. 12.3.1991 – 4 NB 6.91, Buchholz 406.11 § 9 Nr. 48 = BRS 52 Nr. 4 = BauR 1992, 43 = NVwZ 1991, 874.
3 Vgl. BVerwG v. 6.10.1992 – 4 NB 36.92, Buchholz 406.11 § 9 Nr. 56 zu § 214 Abs. 1 BauGB; ohne landesrechtliche Verweisung anzuwenden ist dagegen § 215a BauGB, vgl. dazu BVerwG v. 25.11.1999 – 4 CN 12.99, BVerwGE 110, 118 = Buchholz 406.11 § 215a Nr. 4 = BauR 2000, 845 = DVBl. 2000, 798 = NVwZ 2000, 676 = ZfBR 2000, 197.
4 So im Grundsatz auch BVerwG v. 18.4.1996 – 4 C 22.94, Buchholz 406.11 § 33 Nr. 10 = BRS 58 Nr. 44 = BauR 1996, 671 = DVBl. 1996, 920 = NVwZ 1996, 892, wenn auch einschränkend hinsichtlich der Entstehung einer öffentlichen Last; nach Auffassung von OVG Münster v. 25.8.1999 – 7 A 4459/96, BRS 62 Nr. 155 = NVwZ-RR 2000, 412 = ZfBR 2000, 56 soll allerdings § 31 BauGB nicht anwendbar sein, vgl. dazu auch Rdnr. 1720.

376 Schließlich ermöglicht § 172 Abs. 1 BauGB die Begründung von Genehmigungspflichten für den Rückbau, die Änderung oder Nutzungsänderung baulicher Anlagen durch Bebauungsplan oder selbständige Satzung zur **Erhaltung** der städtebaulichen Eigenart des Gebiets aufgrund seiner städtebaulichen Gestalt, zur Erhaltung der Zusammensetzung der Wohnbevölkerung oder bei städtebaulichen Umstrukturierungen. Erfolgt die Festsetzung zur Erhaltung der städtebaulichen Gestalt, so bedarf auch die Errichtung baulicher Anlagen der Genehmigung. Die Landesregierungen können durch Rechtsverordnung bestimmen, daß in den zur Erhaltung der Zusammensetzung der Wohnbevölkerung festgesetzten Gebieten die Begründung von Sondereigentum an Gebäuden, die ganz oder teilweise Wohnzwecken zu dienen bestimmt sind, der Genehmigung bedarf. Die Versagung von Genehmigungen in einem festgesetzten Erhaltungsgebiet kann gemäß § 173 Abs. 2 Satz 1 BauGB einen Übernahmeanspruch begründen.

III. Kennzeichnungen und nachrichtliche Übernahmen

377 § 9 Abs. 5 und Abs. 6 BauGB sehen – jeweils als Sollvorschriften – die Kennzeichnung bestimmter Flächen und die nachrichtliche Aufnahme von Denkmälern und von Festsetzungen vor, die nach anderen gesetzlichen Vorschriften getroffen wurden. Diesen Darstellungen des Bebauungsplans ist gemeinsam, daß sie **keine Rechtswirkungen** entfalten, sondern nur der Information dienen. Dennoch können sie für die Wirksamkeit des Bebauungsplans Bedeutung haben. Fehlen sie oder sind sie inhaltlich unrichtig, so kann dies auf einen Abwägungsfehler hindeuten.

1. Kennzeichnungen

378 § 9 Abs. 5 Nr. 1 und Nr. 2 wiederholen für den Bebauungsplan die nach § 5 Abs. 3 Nr. 1 und Nr. 2 für den Flächennutzungsplan geltenden Regelungen. § 9 Abs. 5 Nr. 3 BauGB geht demgegenüber inhaltlich über § 5 Abs. 3 Nr. 3 BauGB hinaus: Während im Flächennutzungsplan nur die für bauliche Nutzungen vorgesehenen Flächen, deren Böden erheblich mit umweltgefährdenden Stoffen belastet sind, gekennzeichnet werden sollen, gilt dies im Geltungsbereich des Bebauungsplans für alle Flächen, deren Böden erheblich mit umweltgefährdenden Stoffen belastet sind. Ein bloßer Belastungsverdacht genügt nicht[1].

379 Soweit sich aus den in § 9 Abs. 5 BauGB vorgesehenen Kennzeichnungen Informationen ergeben, die für die im Bebauungsplan vorgesehene Nutzung der Grundstücke für die Grundstückseigentümer von Bedeutung sind, ist die Gemeinde zur Kennzeichnung regelmäßig **verpflichtet**[2]; Gründe, unter

---

1 OLG Oldenburg v. 26.9.2003 – 6 U 67/03, DÖV 2004, 171.
2 Davon geht offenbar auch BGH v. 21.2.1991 – III ZR 245/89, BGHZ 113, 367 = DVBl. 1991, 808 = NJW 1991, 2701 aus.

dieser Voraussetzung von einer Kennzeichnung abzusehen, sind kaum denkbar. Die Kennzeichnungspflicht tritt auch dann ein, wenn die Gemeinde die Informationen, die diese Pflicht auslösen, erst nach Inkrafttreten des Bebauungsplans erhält[1]; denn die Änderung des Plans durch Hinzufügung der Kennzeichnung ist dann gemäß § 1 Abs. 3 BauGB erforderlich. Die Kennzeichnungspflicht ist allerdings nach Auffassung des BGH grundsätzlich nicht drittschützend. Ein Amtshaftungsanspruch soll sich aus der unterlassenen Kennzeichnung nur ergeben, wenn eine plankonforme Bebauung wegen Gesundheitsgefahren überhaupt nicht möglich ist[2]; unter dieser Voraussetzung besteht freilich ein Amtshaftungsanspruch schon unabhängig von der Verletzung der Kennzeichnungspflicht[3].

2. Nachrichtliche Übernahmen

In den Bebauungsplan sollen nachrichtlich die nach anderen gesetzlichen Vorschriften getroffenen Festsetzungen sowie Denkmäler nach Landesrecht übernommen werden, soweit sie zu seinem Verständnis oder für die städtebauliche Beurteilung von Baugesuchen notwendig oder zweckmäßig sind. 380

Zu den nach anderen gesetzlichen Vorschriften getroffenen Festsetzungen gehören vor allem die Festsetzungen aufgrund **privilegierter Fachplanungen** nach § 38 BauGB, die durch den Bebauungsplan nicht abgeändert werden können. Sie betreffen vor allem Verkehrswege mit Nebenanlagen (z.B. Bahnhöfen), Flugplätze, Abfallbeseitigungsanlagen und den Gewässerausbau[4]. Außerhalb des Anwendungsbereichs von § 38 BauGB kommt z.B. die nachrichtliche Übernahme von Festsetzungen über Wasserschutzgebiete und Überschwemmungsgebiete (§§ 19, 32 WHG) und von Festsetzungen über Natur- und Landschaftsschutzgebiete in Betracht (§§ 22 ff. BNatSchG[5]). 381

Denkmäler nach Landesrecht sind zum einen Denkmäler, die nach den landesrechtlichen Vorschriften in die Denkmallisten eingetragen und damit förmlich unter Schutz gestellt sind. Soweit das Landesrecht einer förmlichen Unterschutzstellung nicht konstitutive, sondern nur deklaratorische Bedeutung zumißt, erfaßt die Regelung auch Denkmäler, bei denen es an 382

---

1 Ebenso Bielenberg/Söfker in Ernst/Zinkahn/Bielenberg, § 9 Rdnr. 269; offengelassen bei OLG Oldenburg v. 26.9.2003 – 6 U 67/03, DÖV 2004, 171.
2 BGH v. 21.2.1991 ebenda; kritisch dazu Ossenbühl, Entscheidungsanmerkung, JZ 1991, 922.
3 Dazu z.B. BGH v. 21.12.1989 – III ZR 118/88, BGHZ 109, 380 = DVBl. 1990, 358 = NJW 1990, 1038; BGH v. 14.10.1993 – III ZR 156/92, BGHZ 123, 363 = DVBl. 1994, 283 = NJW 1994, 253.
4 Zum Verhältnis solcher Festsetzungen zum Bebauungsplan vgl. auch oben Rdnr. 84 ff., 280.
5 Vgl. zu den Landschaftsplänen auch oben Rdnr. 78 ff., 321.

einer solchen förmlichen Unterschutzstellung fehlt[1]. Denn § 9 Abs. 6 BauGB verlangt für Denkmäler keine Festsetzung.

383 Die Gemeinde ist zu den Festsetzungen nach § 9 Abs. 6 BauGB unter der dort genannten Voraussetzung regelmäßig **verpflichtet**. Das Risiko, daß durch die Unterlassung ein Amtshaftungsanspruch entstehen könnte, ist aber noch geringer als bei den Kennzeichnungen nach Abs. 5, weil es nicht um – häufig schwer erkennbare – tatsächliche Verhältnisse, sondern um Regelungen geht, die bereits aufgrund anderer Rechtsvorschriften wirken. Das Fehlen einer nachrichtlichen Übernahme begründet in der Regel kein Vertrauen dahin, daß es an einer entsprechenden Regelung fehlt.

G. Die Begründung des Bebauungsplans

384 Die Notwendigkeit der Begründung eines Bebauungsplans (und auch des Flächennutzungsplans, s. Rdnr. 178) ist in **§ 2a BauGB**, der durch das EAG Bau (Rdnr. 1) in das Baugesetzbuch eingefügt wurde, neu geregelt worden. Die Gemeinde hat nach dieser Vorschrift i.V.m. § 9 Abs. 8 BauGB im Aufstellungsverfahren dem Entwurf des Bauleitplans eine Begründung beizufügen. In der Begründung sind entsprechend dem Stand des Verfahrens die Ziele, Zwecke und wesentlichen Auswirkungen des Bauleitplans darzulegen. Ihr ist ein Umweltbericht als gesonderter Teil beizufügen (s. noch Rdnr. 388, 675 ff.). Soweit landesrechtlich vorgesehen, erstreckt sich die Bebauungsplanbegründung auch auf Festsetzungen gemäß § 9 Abs. 4 BauGB (Rdnr. 367 ff.)[2]. Nach Abschluß des Planungsverfahrens ist dem Bebauungsplan gemäß § 10 Abs. 4 BauGB eine zusammenfassende Erklärung beizufügen über die Art und Weise, wie die Umweltbelange und die Ergebnisse der Öffentlichkeits- und Behördenbeteiligung in dem Bebauungsplan berücksichtigt wurden, und aus welchen Gründen der Plan nach Abwägung mit den geprüften, in Betracht kommenden anderweitigen Planungsmöglichkeiten gewählt wurde (s. noch Rdnr. 397). Nach Inkrafttreten des Bebauungsplans ist dieser gemäß § 10 Abs. 3 Satz 2 BauGB mit seiner Begründung und der zusammenfassenden Erklärung (§ 10 Abs. 4 BauGB) zu jedermanns Einsicht bereit zu halten (Rdnr. 829 ff.). § 6 Abs. 5 BauGB enthält für den Flächennutzungsplan im wesentlichen entsprechende Regelungen.

385 Aus § 2a Satz 1 BauGB ergibt sich, daß die Gemeinde dem Entwurf des Bauleitplans eine Begründung bereits im **Aufstellungsverfahren** beizufügen hat. Sie hat gemäß Satz 2 der Vorschrift dem **Stand des Verfahrens** zu entsprechen. Dies trägt dem Umstand Rechnung, daß sich aufgrund der Öffent-

---
1 Ebenso Bielenberg in Ernst/Zinkahn/Bielenberg/Krautzberger, § 9 Rdnr. 282; a.A. Gaentzsch in Berliner Kommentar zum BauGB, § 9 Rdnr. 82; Gierke in Brügelmann, § 9 Rdnr. 660.
2 OVG Münster v. 9.2.2000 – 7 A 2386/98, BauR 2000, 1472.

lichkeitsbeteiligung gemäß § 3 Abs. 2 BauGB (Rdnr. 429 ff.) und der Behördenbeteiligung gemäß § 4 Abs. 2 BauGB (Rdnr. 506 ff.) zusätzliche Erkenntnisse ergeben und auch die Planinhalte geändert werden können, so daß es einer entsprechenden Fortschreibung der Begründung bis zur Beschlußfassung über den Bauleitplan bedarf, damit diesem letztlich eine aktuelle und dem Planungsfortschritt angepaßte Begründung beigefügt ist.

In der Begründung des Bauleitplans sind gemäß § 2a Satz 2 Nr. 1 BauGB die **Ziele, Zwecke und wesentlichen Auswirkungen** des Bauleitplans darzulegen. Der Umfang und Detaillierungsgrad der Darlegungen haben sich am Sinn und Zweck der Planbegründung zu orientieren. Diese soll sicherstellen, daß die städtebauliche Rechtfertigung und Erforderlichkeit sowie die Grundlagen der Abwägung jedenfalls in ihren **zentralen Punkten** erkennbar sind, um eine effektive Rechtskontrolle des Plans zu ermöglichen. Daneben soll die Begründung die Festsetzungen des Plans verdeutlichen und eine Hilfestellung für seine **Auslegung** sein (vgl. Rdnr. 225 ff.)[1]. 386

Die Planbegründung muß sich nicht mit sämtlichen Planfestsetzungen für jedes einzelne Grundstück befassen. Sie kann sich auf die den Bebauungsplan prägenden Festsetzungen, seine Grundgedanken und Leitlinien beschränken[2]. Dazu gehören insbesondere Aussagen zur **Wahl der Gebietsart** sowie zur Abgrenzung und Zuordnung verschiedener Nutzungen[3]. Ebenfalls gehören dazu in der Regel die Fälle, in denen bestimmte Festsetzungen einer **besonderen städtebaulichen Rechtfertigung** bedürfen, wie etwa Gliederungen gemäß § 1 Abs. 4 bis 10 BauNVO (dazu Rdnr. 1648 ff.) oder auch **Überschreitungen** im Maß der baulichen Nutzung gemäß § 17 Abs. 2 BauNVO[4]. Da Planfestsetzungen vielfach nicht aus sich heraus **nachbarschützende Wirkung** entfalten, dies vielmehr vom Willen des Plangebers abhängt, sollte sich die Planbegründung dazu – zumindest im Sinne einer Auslegungshilfe – äußern (dazu Rdnr. 1815 ff.). Die Planbegründung kann desweiteren für die Rechtfertigung etwaiger Nutzungsbeschränkungen oder auch Enteignungsmaßnahmen (s. insbesondere § 85 Abs. 1 Nr. 1, § 87 Abs. 1 BauGB) Bedeutung haben. 387

Gemäß § 2a Satz 2 Nr. 2 und Satz 3 BauGB ist dem Bebauungsplan als gesonderter Teil der Begründung ein **Umweltbericht** beizufügen. Es muß sich also um einen eigenständigen Abschnitt der Planbegründung oder ggf. auch um eine Anlage zu der Begründung handeln. Es reicht hingegen nicht aus, wenn in der Planbegründung allgemein auf umweltbezogene Belange einge- 388

---
1 BVerwG v. 30.6.1989 – 4 C 15.86, BauR 1989, 687 = BRS 49 Nr. 29 = DVBl. 1989, 1061 = NVwZ 1990, 364 = UPR 1989, 433 = ZfBR 1990, 30; OVG Münster v. 9.2.2000 – 7 A 2386/98, BauR 2000, 1472 = NVwZ-RR 2001, 15.
2 BVerwG v. 3.11.1992 – 4 NB 28.92, BRS 54 Nr. 111 = DVBl. 1993, 116 = DÖV 1993, 876 = NVwZ-RR 1993, 286 = UPR 1993, 67 = ZfBR 1993, 89.
3 BVerwG v. 7.5.1971 – IV C 76.68, BauR 1971, 182 = BRS 24 Nr. 15 = NJW 1971, 1626 = DVBl. 1971, 759 = DÖV 1971, 633.
4 Vgl. BayVGH v. 1.7.1975 – 111 I 73, BRS 29 Nr. 13.

gangen wird, die durch die Planung berührt werden. Beim Umweltbericht handelt es sich um die textliche Darstellung der aufgrund der Umweltprüfung nach § 2 Abs. 4 BauGB sowie der Anlage des Baugesetzbuchs ermittelten und bewerteten Belange des Umweltschutzes. Hinsichtlich der Einzelheiten wird auf die Ausführungen im Zusammenhang mit der Umweltprüfung (Rdnr. 675 ff.) verwiesen. Wird ein Bauleitplan im vereinfachten Verfahren gemäß § 13 BauGB aufgestellt, geändert oder ergänzt, bedarf es keiner Umweltprüfung nach § 2 Abs. 4 BauGB und dementsprechend auch keines Umweltberichts als Bestandteil der Planbegründung (§ 13 Abs. 3 BauGB). Allerdings ändert dies nichts daran, daß in der Planbegründung auch bei Durchführung des vereinfachten Verfahrens zumindest die wesentlichen Gründe der gemeindlichen Abwägungsentscheidung darzustellen sind.

389 Für die Erstellung der Planbegründung ist es ratsam, anhand eines standardisierten Gliederungsmusters[1] vorzugehen und anhand eines solchen Schemas zu prüfen, zu welchen Einzelpunkten in der Planbegründung Aussagen getroffen werden müssen oder sollen. Es empfiehlt sich dabei, keine zu kurzen Ausführungen zu machen. Andererseits sollte die Planbegründung auch nicht den Eindruck erwecken, alle Planungsdetails zu behandeln, da dies bei letztlich doch unberücksichtigt bleibenden Punkten auf einen Abwägungsfehler (dazu im einzelnen Rdnr. 554 ff.) hindeuten kann. In keinem Fall allerdings genügt zur Planbegründung die bloße Wiederholung gesetzlicher Vorschriften[2], die bloße Wiedergabe von Behauptungen[3] oder eine bloße Beschreibung der Planungsinhalte[4]. Derartige Fälle sind so zu bewerten, als wenn eine Planbegründung überhaupt nicht vorliegen würde[5].

390 Der Bauleitplan und die Planbegründung müssen sich in den zentralen Punkten decken. Dies gilt sowohl für den Planentwurf, der Gegenstand der Öffentlichkeits- und Behördenbeteiligung ist als auch für den Bauleitplan, der letztlich von der Gemeinde beschlossen wird. Dem ist bei der Fortschreibung aufgrund von Veränderungen der Planung oder bei zusätzlichen Erkenntnissen, die in die Planbegründung aufgenommen werden, Rechnung zu tragen, damit Bauleitplan und Planbegründung nicht inhaltlich auseinanderklaffen.

---

1 Beispiele (allerdings zur Rechtslage vor Inkrafttreten des EAG Bau) etwa bei Kuschnerus, Der sachgerechte Bebauungsplan, Rdnr. 767 oder bei Friege in Gronemeyer, § 9 Rdnr. 346.
2 BVerwG v. 30.6.1989 – 4 C 15.86, BauR 1989, 687 = BRS 49 Nr. 29 = DVBl. 1989, 1061 = NVwZ 1990, 364 = UPR 1989, 433 = ZfBR 1990, 30.
3 OVG Lüneburg v. 15.7.1980 – 1 C 4/78, DÖV 1981, 30 = BauR 1980, 533 = BRS 36 Nr. 23 = NJW 1981, 1057 = DVBl. 1981, 411.
4 VGH Mannheim v. 25.11.1983 – 5 S 962/83, BRS 42 Nr. 9 = NVwZ 1984, 529 = UPR 1984, 240 = ZfBR 1984, 100.
5 BVerwG v. 30.6.1989 – 4 C 15/86, BauR 1989, 687 = BRS 49 Nr. 29 = DVBl. 1989, 1061 = NVwZ 1990, 364 = UPR 1989, 433 = ZfBR 1990, 30.

Beispiel: 391

In der Begründung eines Bebauungsplans wird dargelegt, daß zum Schutz der Innenstadt in einem Bebauungsplan für großflächigen Einzelhandel an einem dezentral gelegenen Standort bestimmte Warensortimente ausgeschlossen sein sollen. Der Ausschluß findet sich allerdings in den Planfestsetzungen nicht wieder. Danach dürfen vielmehr auch Warensortimente angeboten werden, die nach der Planbegründung gerade ausgeschlossen sein sollen. Dies führt im Ergebnis zur Unwirksamkeit des Bebauungsplans[1].

Wenn die Bebauungsplanbegründung **unvollständig** ist, ist dies für die Rechtswirksamkeit des Plans unbeachtlich (§ 214 Abs. 1 Satz 1 Nr. 3, 2. Halbsatz BauGB), in Bezug auf den Umweltbericht jedoch nur, wenn sich die Unvollständigkeit lediglich auf unwesentliche Punkte bezieht (s. im einzelnen Rdnr. 1066). Ggf. hat die Gemeinde gemäß § 214 Abs. 1 Satz 2 BauGB gegenüber denjenigen, die daran ein berechtigtes Interesse haben, eine Auskunftspflicht zu den betreffenden Planinhalten. 392

Sowohl bei einer im Rechtssinne vollständigen, erst recht aber bei einer unvollständigen Planbegründung können **Materialien aus dem Bauleitplanverfahren** (Begründung des Planentwurfs, Ratsprotokolle u.s.w.) ebenfalls zur Auslegung des Plans herangezogen werden. Diese Unterlagen können jedoch eine vollständig fehlende Planbegründung nicht ersetzen[2]. 393

Das **vollständige Fehlen** der Begründung zu einem Bauleitplan führt zu dessen Unwirksamkeit. Die Notwendigkeit einer Planbegründung gemäß § 9 Abs. 8 BauGB schließt es dabei allerdings nicht aus, daß die Begründung, die Gegenstand der Öffentlichkeits- und Behördenbeteiligung (§ 3 Abs. 2 und § 4 Abs. 2 BauGB) war, unverändert übernommen wird, wenn sich an dem Planentwurf bis zum Satzungsbeschluß nichts mehr geändert hat, es also im Rahmen des Planungsprozesses keiner Fortschreibung der Planbegründung bedurfte. 394

Die Bebauungsplanbegründung ist **nicht Bestandteil des Bebauungsplans**. Dies ergibt sich daraus, daß die Begründung dem Bebauungsplan, der gemäß § 10 Abs. 1 BauGB als Satzung zu beschließen ist, lediglich beigefügt wird (§ 2a Satz 1, 9 Abs. 8 BauGB). Sie nimmt daher auch nicht Anteil an dem Normcharakter des Bebauungsplans. Dies führt zugleich dazu, daß die Gemeindevertretung die Begründung des Bebauungsplans im Rahmen des § 10 Abs. 1 BauGB nicht mitbeschließen muß, wie dies auch ansonsten bei Rechtsnormen nicht erfolgt. Es genügt vielmehr, daß die Gemeindevertretung vor ihrem Satzungsbeschluß **Gelegenheit zur Kenntnisnahme** der Planbegründung hatte (vgl. auch Rdnr. 747 f.)[3]. Mehr wird man in diesem Zusammenhang nicht verlan- 395

---
1 Vgl. OVG Münster v. 22.6.1998 – 7a D 108/96, BauR 1998, 1198 = NVwZ 1999, 79.
2 BVerwG v. 30.6.1989 – 4 C 15.86, BauR 1989, 687 = BRS 49 Nr. 29 = DVBl. 1989, 1061 = NVwZ 1990, 364 = UPR 1989, 433 = ZfBR 1990, 30.
3 Vgl. BVerwG v. 6.7.1984 – 4 C 28.83, BauR 1984, 606 = BRS 42 Nr. 26 = DVBl. 1985, 112 = NVwZ 1985, 564 = UPR 1985, 27 = ZfBR 1984, 293.

gen können, zumal die subjektiven Motive der einzelnen Mitglieder der Gemeindevertretung, warum sie für oder gegen einen bestimmten Bebauungsplan gestimmt haben, nicht überprüfbar und für die Wirksamkeit des Satzungsbeschlusses nicht maßgeblich sind. Für den Flächennutzungsplan und dessen Begründung gilt, abgesehen von dem fehlenden Rechtsnormcharakter (Rdnr. 112 f.), im Hinblick auf § 5 Abs. 5 BauGB entsprechendes.

396 Der Umstand, daß die Planbegründung der endgültigen Beschlußfassung des Rates über den Bebauungsplan bzw. den Flächennutzungsplan zu Grunde lag, führt dazu, daß die Planbegründung **nach der Beschlußfassung** über redaktionelle Korrekturen hinausgehend nicht mehr verändert werden darf, um auf diese Weise ggf. etwaige spätere Auskünfte gemäß § 214 Abs. 1 Satz 2 BauGB (vgl. Rdnr. 834) entbehrlich zu machen[1]. Dies ergibt sich bereits daraus, daß andernfalls eine sachgerechte Auslegung des Planinhalts, so wie er von der Gemeinde gewollt war, nicht mehr ohne weiteres möglich wäre. Auch könnte nicht mehr ohne weiteres anhand der Planbegründung nachvollzogen werden, ob die Beschlußfassung auf einer ordnungsgemäßen planerischen Abwägung beruhte oder ob diese nicht lediglich nachgeschoben wurde, was allerdings im Hinblick auf § 214 Abs. 3 Satz 1 BauGB eine fehlerhafte Beschlußfassung allein nicht heilen würde.

397 Gemäß § 10 Abs. 4 BauGB ist dem Bebauungsplan eine **zusammenfassende Erklärung** beizufügen. Diese ist sodann gemäß § 10 Abs. 3 Satz 2 BauGB mit dem Bebauungsplan und der Begründung zu jedermanns Einsicht bereitzuhalten. Daraus, daß die zusammenfassende Erklärung erst dann vorliegen muß, wenn auch der Bebauungsplan und die Begründung zu jedermanns Einsicht bereitzuhalten sind, ergibt sich, daß sie erst **nach Abschluß des Planungsverfahrens** mit der ortsüblichen Bekanntmachung des Bauleitplans beigefügt werden muß[2]. Aus den inhaltlichen Anforderungen des § 10 Abs. 4 BauGB sowie dem zusammenfassenden Charakter der Erklärung ergibt sich, daß darin die wesentlichen Inhalte der Planbegründung, insbesondere die Rechtfertigung der Abwägungsentscheidung, in gedrängter Form darzustellen sind. Die zusammenfassende Erklärung wird nicht nachträglich zum Bestandteil der Planbegründung. Sie tritt vielmehr als dritte Unterlage neben den Bebauungsplan und die Bebauungsplanbegründung. Für den Flächennutzungsplan gelten gemäß § 6 Abs. 5 Satz 3 und 4 BauGB entsprechende Anforderungen (Rdnr. 178).

398 Obgleich die zusammenfassende Erklärung in § 214 BauGB nicht behandelt ist, hat eine fehlerhafte, insbesondere also eine unzureichende, Erklärung keinen Einfluß auf die Wirksamkeit des Bauleitplans. Grund dafür ist, daß die zusammenfassende Erklärung erst nach Abschluß des Planungsverfah-

---
1 OVG Lüneburg v. 30.5.2001 – 1 K 389/00, NVwZ-RR 2002, 98; Bielenberg/Söfker in Ernst/Zinkahn/Bielenberg/Krautzberger, § 9 Rdnr. 289.
2 BT-Drucksache 15/2996, Begründung zu Art. 1 (§ 2 a BauGB) sowie zu Art. 1 (§§ 214 und 215 BauGB).

rens beizufügen ist, so daß ein dabei auftretender Fehler kein solcher des Bauleitplanverfahrens selbst sein kann[1].

H. Das Aufstellungsverfahren für Bauleitpläne

Das Verfahren zur Aufstellung von Bauleitplänen ist im wesentlichen in den §§ 2–4a, 6 und 10 BauGB geregelt. § 13 BauGB enthält ergänzende Bestimmungen für das sog. vereinfachte Verfahren (Rdnr. 841 ff.). § 4b BauGB regelt die Möglichkeiten zur Einschaltung eines Dritten in einzelne Schritte des Planverfahrens (Rdnr. 541 ff.). Besondere Bedeutung haben für das Planaufstellungsverfahren weiterhin die Regelungen der **Gemeindeordnungen und Kommunalverfassungen** der Länder sowie das Ortsrecht der betreffenden Gemeinde. Dort sind vor allem die Zuständigkeiten der jeweiligen Gemeindeorgane für einzelne Schritte des Planverfahrens sowie Mitwirkungsverbote für Mitglieder der Gemeindevertretung in bestimmten Fällen geregelt (Rdnr. 752 ff.)[2].

399

Mit dem Bebauungsplanverfahren wird – wie bei anderen Rechtsetzungs- oder Verwaltungsverfahren auch – **kein Selbstzweck** verfolgt. Das Verfahren ist gemäß § 4a Abs. 1 BauGB vielmehr darauf ausgelegt, die planerische Abwägung gemäß § 1 Abs. 7 BauGB sachgerecht und umfassend vorzubereiten. Es ist auf eine **aktive Mitwirkung** der von der Planung betroffenen Öffentlichkeit und Behörden ausgelegt. Dies beinhaltet zugleich, daß sich die Gemeinde als Trägerin der Bauleitplanung mit den Erkenntnissen, die sich aus dem Aufstellungsverfahren ergeben, ernsthaft und **ergebnisoffen** auseinandersetzen muß (zur sog. planerischen Vorwegbindung Rdnr. 562 ff., 618 ff.). Das bedeutet indes nicht, daß sich die Gemeinde auf den (zusätzlichen) Informationsgewinn aus der Öffentlichkeits- und Behördenbeteiligung beschränken darf. Auch mit Belangen, die nicht in dem Aufstellungsverfahren geltend gemacht werden, gleichwohl jedoch für die Gemeinde erkennbar sind, muß sie sich in der gebotenen Weise auseinandersetzen (vgl. § 4a Abs. 6 BauGB, Rdnr. 599). Ebensowenig darf das Planaufstellungsverfahren zu einer bloßen Förmlichkeit degradiert werden, indem die ursprüngliche Planungsabsicht um nahezu jeden Preis durchgesetzt werden soll und aus diesem Grunde Stellungnahmen der Öffentlichkeit sowie von Behörden und sonstigen von Trägern öffentlicher Belange nicht sachgerecht mit anderen Belangen abgewogen, sondern schlicht „weggewogen" werden, also jeder gerade noch vertretbare Grund gesucht wird, um der „unerwünschten" Stellungnahme nicht Rechnung zu tragen, selbst wenn dies aus Sicht der Gemeinde an sich sinnvoll wäre.

400

---
1 BT-Drucksache 15/2996, Begründung zu Art. 1 (§§ 214 und 215 BauGB).
2 BVerwG v. 10.8.2000 – 4 CN 2.99, BauR 2001, 71 = DVBl. 2000, 1861 = DÖV 2001, 130 = NVwZ 2001, 203 = UPR 2001, 67.

401 Das Bauleitplanverfahren ist grundsätzlich nach den jeweils aktuellen Vorschriften des Baugesetzbuchs durchzuführen. Allerdings existieren **Übergangsregelungen** für die Fälle, in denen ein Planverfahren bereits vor einer Änderung der Vorschriften des Baugesetzbuchs zum Planaufstellungsverfahren begonnen, jedoch noch nicht zu Ende geführt wurde. So sind gemäß § 244 Abs. 2 Satz 1 BauGB auf Bebauungsplanverfahren, die in der Zeit vom 14.3.1999 bis zum 20.7.2004 förmlich eingeleitet worden sind und die vor dem 20.7.2006 abgeschlossen werden, die Vorschriften des Baugesetzbuchs in der vor Inkrafttreten des EAG Bau (Rdnr. 1) maßgeblichen Fassung weiterhin anzuwenden. Allerdings hat die Gemeinde die Möglichkeit, einzelne Verfahrensschritte, mit denen noch nicht begonnen wurde, gemäß den seit dem 20.7.2004 geltenden Neuregelungen durchzuführen (§ 244 Abs. 2 Satz 2 BauGB).

I. Der Planaufstellungsbeschluß

402 Das Baugesetzbuch enthält in § 2 Abs. 1 Satz 2 den lapidaren Satz: „Der Beschluß, einen Bauleitplan aufzustellen, ist ortsüblich bekanntzumachen". Entsprechendes gilt gemäß § 1 Abs. 8 BauGB für die Änderung, Ergänzung und Aufhebung von Bauleitplänen. Diese Regelung zum Umgang mit einem gefaßten Aufstellungsbeschluß läßt keinen unmittelbaren Rückschluß hinsichtlich der Frage zu, **ob** es eines Planaufstellungsbeschlusses für ein ordnungsgemäßes Bauleitplanverfahren tatsächlich bedarf. Dies ist nicht der Fall. Der Planfeststellungsbeschluß ist nicht Bestandteil des förmlichen Planaufstellungsverfahrens. Er ist zwar aus praktischer Sicht sinnvoll, jedoch **keine zwingende Voraussetzung** für die Wirksamkeit eines Bauleitplans. Der Beschluß kann daher gänzlich entfallen oder es kann von seiner ortsüblichen Bekanntmachung (zur ortsüblichen Bekanntmachung Rdnr. 429 ff.) abgesehen werden. Dementsprechend ist er auch nur in § 2 Abs. 1 Satz 2 BauGB, ansonsten aber nicht in den Vorschriften zur Planaufstellung und den Planerhaltungsvorschriften der §§ 214 f. BauGB (Rdnr. 1048 ff.) erwähnt[1].

403 Aus der prinzipiellen Entbehrlichkeit des Planaufstellungsbeschlusses folgt, daß er **keine konkreten Aussagen** über den Inhalt der beabsichtigten Planung machen muß. Wird daher der ursprüngliche Aufstellungsbeschluß hinsichtlich des in Aussicht genommenen Plangebiets oder der angestrebten baulichen Nutzung geändert, bedarf es keiner Änderung des Aufstellungsbeschlusses[2].

---

1 BVerwG v. 23.10.2002 – 4 BN 53.02, BauR 2003, 216 = NVwZ-RR 2003, 172 = ZfBR 2003, 157; BVerwG v. 15.4.1988 – 4 N 4.87, BVerwGE 79, 200 = BauR 1988, 562 = BRS 48 Nr. 21 = DVBl. 1988, 958 = DÖV 1989, 225 = NVwZ 1988, 916 = UPR 1988, 388 = ZfBR 1988, 274.
2 VGH Mannheim v. 15.6.1992 – 8 S 249/92, BRS 54 Nr. 28 = NVwZ-RR 1993, 348 = UPR 1993, 160 = ZfBR 1993, 45.

In der Praxis wird ungeachtet der fehlenden Notwendigkeit in aller Regel gleichwohl ein Aufstellungsbeschluß für einen Bauleitplan durch die Gemeindevertretung gefaßt. Grund dafür ist vor allem die **grundsätzliche Klärung**, ob die Beplanung eines bestimmten Bereiches durch die Gemeindevertretung überhaupt gewünscht wird. Ist dies nicht der Fall, müssen für weitere Planungsschritte keine Zeit, Kosten und Mühen aufgewendet werden. Darüber hinausgehend wird mit der ortsüblichen Bekanntmachung des Aufstellungsbeschlusses eine Publizitätswirkung und eine damit verbundene Sensibilisierung der Öffentlichkeit für die bestehenden Planungsabsichten erreicht. 404

Letztlich kommt entscheidend hinzu, daß der Aufstellungsbeschluß zwar keine notwendige Anforderung für eine wirksame Bauleitplanung, jedoch zwingende Voraussetzung für die **Plansicherungsinstrumente** der Bebauungsplanung ist: 405

– Der Beschluß über die Aufstellung eines Bebauungsplans ist erforderlich für den Erlaß einer **Veränderungssperre** gemäß § 14 Abs. 1 BauGB (zur Veränderungssperre Rdnr. 2291 ff.)[1];

– die **Zurückstellung** von Baugesuchen gemäß § 15 Abs. 1 BauGB ist nur möglich, wenn die Voraussetzungen einer Veränderungssperre vorliegen, also u.a. ein Planaufstellungsbeschluß gefaßt wurde (zur Zurückstellung Rdnr. 2404 ff.).

Der Planaufstellungsbeschluß und seine Bekanntmachung sind als förmliche Einleitung des Planverfahrens im weiteren maßgeblich dafür, ob ein Bauleitplanverfahren nach den Vorschriften des EAG Bau (Rdnr. 1) durchzuführen ist oder ob es in den Fällen, in denen die Bekanntmachung des Aufstellungsbeschlusses vor dem 20.7.2004 erfolgte, **nach alter Rechtslage** zu Ende geführt werden kann (Rdnr. 401). Überdies ist der Aufstellungsbeschluß gemäß § 33 Abs. 1 BauGB Voraussetzung für die **Zulassung von Bauvorhaben während der Planaufstellung** (dazu Rdnr. 1911). 406

Selbst wenn der Erlaß einer Veränderungssperre mangels konkret absehbarer Bauanträge oder Bauvoranfragen im Vorfeld der weiteren Planungsschritte für einen Bebauungsplan nicht unbedingt notwendig erscheint, ist die Schaffung der entsprechenden materiellen Voraussetzungen in der Regel empfehlenswert. Dies gilt insbesondere für Bereiche, in denen Bebauungsmöglichkeiten nach § 34 BauGB bestehen, die sich nicht mit den baulichen Entwicklungsvorstellungen der Gemeinde decken. Häufig fehlt – z.B. in der Sommerpause, in der die Gemeindevertretung nicht zusammentritt – die Zeit, eine erforderlich werdende Beschlußfassung herbeizuführen. Die Baugenehmigungsbehörde darf allerdings einen Bauantrag oder eine Bauvoran- 407

---

[1] OVG Weimar v. 16.5.2001 – 1 N 932/00, BauR 2003, 917 = NVwZ-RR 2002, 415 = ZfBR 2002, 272.

frage nicht zurückstellen oder aufgrund einer Veränderungssperre negativ bescheiden, wenn die entsprechenden Voraussetzungen nicht vorliegen oder durch die Gemeinde erst noch geschaffen werden müssen. Erfolgt dies gleichwohl, können daraus Amtshaftungsansprüche resultieren[1]. Es ist daher sinnvoll, wenn die Gemeindeverwaltung in derartigen Fällen unmittelbar reagieren kann, ohne zuvor noch etwaige Beschlüsse der Gemeindevertretung abwarten zu müssen.

408 Von Bedeutung ist dabei allerdings, daß der Aufstellungsbeschluß nicht nur eine formelle Voraussetzung für die Plansicherungsinstrumente ist. Zusätzlich ist in materieller Hinsicht neben einem eindeutig **bestimmbaren Planbereich** insbesondere eine zumindest in den Grundzügen bereits vorhandene **Konkretisierung der Planungsabsichten** notwendig, an denen ein bestimmtes Bauvorhaben dann gemessen werden kann (s. dazu im Zusammenhang mit der Veränderungssperre Rdnr. 2295 ff.).

409 Form und Inhalt der **ortsüblichen Bekanntmachung** für den Aufstellungsbeschluß richten sich nach dem Kommunalrecht der Länder (Gemeindeordnung bzw. Kommunalverfassung, Bekanntmachungsverordnung) sowie der Hauptsatzung der Gemeinde (im einzelnen Rdnr. 429 ff.). Da der Aufstellungsbeschluß sich grundsätzlich noch nicht auf konkrete Planaussagen beziehen muß, braucht das **Plangebiet** noch nicht abschließend bestimmt zu werden. Allerdings ergibt sich schon aus dem Umstand, daß der Beschlußfassung der Gemeindevertretung ein bestimmter Beschlußgegenstand zu Grunde liegen muß, die Notwendigkeit eines zumindest ungefähren Planumgriffs. Strengere Anforderungen bestehen, wenn der Aufstellungsbeschluß Grundlage für die Plansicherungsinstrumente gemäß den §§ 14 ff. BauGB sein soll.

II. Beteiligung der Öffentlichkeit an der Bauleitplanung

410 Durch das EAG Bau (Rdnr. 1) ist der frühere Begriff der **Bürgerbeteiligung** durch den Begriff der Öffentlichkeitsbeteiligung ersetzt worden. Diese Änderung dient allein der Angleichung der Begriffe des Baugesetzbuchs an die allgemeine völkerrechtliche und europarechtliche Terminologie, ohne daß damit eine materielle Änderung gegenüber der früheren Rechtslage verbunden wäre[2]. Der Begriff der Öffentlichkeitsbeteiligung stellt deutlicher als bisher heraus, daß sich an der Bauleitplanung die **gesamte interessierte Öffentlichkeit**, also jedermann, beteiligen kann. Der Begriff „Bürger" war insofern mißverständlich, da er zumindest nahe legte, daß es nicht um die auch über das Gebiet der planenden Gemeinde hinausgehende Öffentlich-

---

1 S. etwa OLG Frankfurt/Main v. 28.5.1998 – 15 U 249/96, NVwZ-RR 1999, 620.
2 Regierungsentwurf zum EAG Bau, BT-Drucksache 15/2250, Begründung zu Nr. 5 (§ 3).

keit geht, sondern um den sehr viel engeren Begriff des Bürgers im kommunalrechtlichen Sinne.

Die Beteiligung der Öffentlichkeit an der Bauleitplanung ist **grundsätzlich zweistufig** ausgestaltet. Es ist dabei zu unterscheiden zwischen der frühzeitigen Öffentlichkeitsbeteiligung gemäß § 3 Abs. 1 BauGB und der Planauslegung gemäß § 3 Abs. 2 BauGB. Bei letzterem Verfahrensschritt wird häufig auch von der förmlichen Öffentlichkeits- bzw. Bürgerbeteiligung gesprochen[1]. In Einzelfällen kann die frühzeitige Öffentlichkeitsbeteiligung gemäß § 3 Abs. 1 Satz 2 (Rdnr. 424 ff.) oder gemäß § 13 Abs. 2 Nr. 2 BauGB (Rdnr. 857) entfallen. Bei erheblichen Änderungen des Planentwurfs muß die förmliche Öffentlichkeitsbeteiligung gemäß § 3 Abs. 2 BauGB zumindest in modifizierter Form wiederholt werden (§ 4a Abs. 3 Satz 2–4 BauGB, Rdnr. 480 ff.).

411

1. Frühzeitige Öffentlichkeitsbeteiligung (§ 3 Abs. 1 BauGB)

a) Wesentlicher Inhalt

Die frühzeitige Öffentlichkeitsbeteiligung nach § 3 Abs. 1 BauGB besteht aus der Unterrichtung über die allgemeinen Ziele und Zwecke der Planung und über die in Betracht kommenden Lösungen für die Entwicklung oder Neugestaltung des Plangebiets sowie aus der einzuräumenden Gelegenheit zur Äußerung und Erörterung.

412

Mit der frühzeitigen Öffentlichkeitsbeteiligung soll der Allgemeinheit die Möglichkeit gegeben werden, sich an der **Konkretisierung der Planung** zu beteiligen, um damit noch zu einem Zeitpunkt Einfluß nehmen zu können, zu dem die Planung im Unterschied zur förmlichen Öffentlichkeitsbeteiligung gemäß § 3 Abs. 2 BauGB (Rdnr. 429 ff.) noch nicht sehr stark verfestigt ist.

413

Die notwendige Unterrichtung bezieht sich auf die **allgemeinen Ziele und Zwecke** der Planung. Das Wort „allgemein" weist darauf hin, daß noch nicht die zukünftigen Planfestsetzungen des Bebauungsplans bzw. Darstellungen des Flächennutzungsplans im einzelnen zur Diskussion stehen, sondern nur die Grundzüge der Bauleitplanung. In unmittelbarem Zusammenhang damit ist die gesetzlich vorgesehene **Frühzeitigkeit** zu sehen. Einerseits muß die Planung schon so präzise sein, daß über die in Betracht kommenden Lösungs- und Gestaltungsmöglichkeiten (Planungsvarianten) auf seiten der interessierten Öffentlichkeit Überlegungen angestellt werden können und eine substantielle Äußerung und Erörterung möglich ist. Andererseits darf die Planung allerdings noch nicht einen solchen Konkretisie-

414

---

[1] So etwa Fickert, Die Bauleitplanung, 1997, Rdnr. 123; Battis in Battis/Krautzberger/Löhr, § 3 Rdnr. 1.

rungsgrad erreicht haben, daß eine Diskussion über die allgemeinen Ziele der anstehenden Planung mit entsprechenden Einfluß- und Änderungsmöglichkeiten ernsthaft nicht mehr in Betracht kommt.

415 Bei der Frage, wann der vor diesem Hintergrund geeignete Zeitpunkt gegeben ist und wie konkret die Ziele und Zwecke der Planung sein müssen, hat die planende Gemeinde einen **Beurteilungsspielraum**[1]. Die Gemeinde muß sich neben den vorstehend genannten Maßgaben auch das **Stufenverhältnis** der frühzeitigen Öffentlichkeitsbeteiligung gemäß § 3 Abs. 1 BauGB zur förmlichen Öffentlichkeitsbeteiligung gemäß § 3 Abs. 2 BauGB vor Augen halten. Auch letztere muß für Änderungen des Planentwurfs aufgrund von eingehenden Stellungnahmen noch offen sein. Jedoch geht es dabei in erster Linie um Änderungen hinsichtlich der konkreten Planungsdetails. Demgegenüber ist Gegenstand der frühzeitigen Öffentlichkeitsbeteiligung in erster Linie die grobe Richtung der Planung. Die gesetzlich vorgesehenen Stufen der Bauleitplanung bezweckt also, daß zunächst auf der ersten Stufe die Hinweise der interessierten Öffentlichkeit zu der Plankonzeption als solcher abgearbeitet werden und es dann auf der zweiten Stufe im wesentlichen um die Einzelheiten der Planung geht. Daraus folgt, daß sich die frühzeitige Öffentlichkeitsbeteiligung in erster Linie auf den Planungsbedarf (Planungserfordernis, Rdnr. 29 ff.), die standortmäßigen und inhaltlichen Möglichkeiten zur Befriedigung des Planungsbedarfs (Planungsvarianten), die (grob) in Aussicht genommene Art und das Maß der baulichen Nutzung (z.B. Geschoßwohnungsbau oder Einfamilienhausbebauung bei der Ausweisung eines allgemeinen Wohngebiets), die grundlegenden Erfordernisse der infrastrukturellen Ausstattung (Straßen, Schulen, Kindergärten, sonstige Sozialeinrichtungen u.s.w.), die potentiellen Auswirkungen auf die bereits vorhandenen Baugebiete sowie auf die potentiellen umweltrelevanten Auswirkungen beziehen sollte. Dabei handelt es sich jedoch nicht um eine zwingende oder abschließende Aufzählung. Abweichungen in die eine oder andere Richtung sind in Abhängigkeit von dem konkreten Planungsfall durchaus möglich oder sogar notwendig (zu den Folgen einer fehlerhaften frühzeitigen Öffentlichkeitsbeteiligung Rdnr. 1059).

416 Die frühzeitige Öffentlichkeitsbeteiligung ist nicht an den **Planaufstellungsbeschluß** gemäß § 2 Abs. 1 Satz 2 BauGB (Rdnr. 402) gekoppelt. Sie kann also nach, aber auch vor einem Aufstellungsbeschluß erfolgen, da der Gesetzgeber nichts gegenteiliges geregelt hat. Dies ergibt sich im übrigen auch daraus, daß gemäß § 3 Abs. 1 Satz 2 Nr. 2 BauGB die frühzeitige Öffentlichkeitsbeteiligung entbehrlich ist, wenn Unterrichtung und Erörterung bereits zuvor auf anderer Grundlage erfolgt sind (Rdnr. 427), was dann typischerweise vor einem Aufstellungsbeschluß der Fall war[2].

---

1 Jäde in Jäde/Dirnberger/Weiß, § 3 Rdnr. 4.
2 Vgl. Battis in Battis/Krautzberger/Löhr, § 3 Rdnr. 8.

An der frühzeitigen Öffentlichkeitsbeteiligung kann sich **jedermann** beteiligen (s. bereits Rdnr. 410). Es ist also nicht erforderlich, daß derjenige, der an der öffentlichen Unterrichtung über die allgemeinen Ziele und Zwecke der Planung teilnehmen oder sich dazu äußern möchte, einen Nachteil oder eine sonstige Rechtsbetroffenheit nachweist, wie dies für die Zulässigkeit eines Normenkontrollantrags der Fall wäre (Rdnr. 1013). Die Beteiligungsmöglichkeiten innerhalb des Planungsverfahrens gehen also weiter als die Rechtsschutzmöglichkeiten gegenüber dem Ergebnis der Planung. Insofern gilt nichts anderes als bei der förmlichen Öffentlichkeitsbeteiligung gemäß § 3 Abs. 2 BauGB, d.h. der Personenkreis ist in beiden Fällen unbeschränkt.

417

b) Durchführung

Die **Form** der frühzeitigen Öffentlichkeitsbeteiligung ist gesetzlich nicht im einzelnen normiert. Der Gemeinde steht es daher weitgehend frei, generell oder für den Einzelfall zu bestimmen, in welcher Art und Weise und innerhalb welcher Frist die Öffentlichkeit beteiligt werden soll. Eine Beschlußfassung des Rates ist dafür durch das Baugesetzbuch nicht gefordert. Soweit dem nicht kommunalrechtliche Gründe einschließlich etwaiger Festlegungen der Gemeindevertretung etwa in ihrer Hauptsatzung entgegenstehen, kann sowohl die Gemeindevertretung als auch ein Ausschuß (z.B. Bau- oder Planungsausschuß) oder die Gemeindeverwaltung allgemein oder im Einzelfall den Ablauf des Verfahrens regeln. Nach dem Baugesetzbuch sind dabei allerdings folgende Anforderungen einzuhalten:

418

Die **Unterrichtung** zu der Grobplanung im Sinne von § 3 Abs. 1 Satz 1 BauGB muß **öffentlich** erfolgen. Wie diese Öffentlichkeit hergestellt wird, damit die interessierte Öffentlichkeit die entsprechenden Informationen erhält, ist nicht weiter vorgegeben. Insbesondere sind die Anforderungen des § 3 Abs. 2 BauGB nicht maßgeblich. Dies gilt sowohl in inhaltlicher als auch in zeitlicher Hinsicht. Erforderlich ist, daß die Öffentlichkeit unter gewöhnlichen Umständen von der Unterrichtung Kenntnis erlangen kann. Bei sinngemäßer Anwendung der Anforderungen des § 3 Abs. 2 BauGB (Rdnr. 429 ff.) ist dies in jedem Fall gewährleistet. Es genügt allerdings auch ein **amtlicher Aushang** in der Gemeindeverwaltung, daß eine öffentliche Unterrichtung stattfinden soll und Gelegenheit zur Äußerung und Erörterung besteht. Zur Erreichung der gebotenen Anstoßfunktion sollte dies dann jedoch zumindest denjenigen, die von der Planung unmittelbar berührt sind, zusätzlich auch unmittelbar mitgeteilt werden, selbst wenn eine rechtliche Verpflichtung dazu nicht besteht[1]. Dies kann z.B. auf dem Postweg, durch Wurfsendungen, Plakate, Presseveröffentlichungen oder auch durch förmliche oder nichtförmliche Bekanntmachung in den örtlichen Tageszeitungen erfolgen.

419

---

1 OVG Hamburg v. 4.11.1999 – 2 E 29/96, ZfBR 2000, 498.

420 Die Unterrichtung über die allgemeinen Ziele und Zwecke der Planung selbst darf ebenfalls in dieser Weise stattfinden (amtliche Aushang, Tageszeitung u.s.w.). Allerdings kann die Unterrichtung auch durch mündliche Erläuterungen etwa anläßlich einer von der Gemeinde organisierten Versammlung aller an der Planung Interessierten („Bürgerversammlung") erfolgen, die zuvor in der dargestellten Weise angekündigt wurde.

421 **Gelegenheit zur Äußerung und Erörterung** kann insbesondere anläßlich einer durch die Gemeinde organisierten Versammlung gegeben werden, an der jeder, der an der Planung interessiert ist, teilnehmen kann. Diese darf mit der Unterrichtung über die Planung (Rdnr. 419 f.) in einem einzigen Termin verbunden werden[1]. Da gesetzlich allerdings keine öffentliche Äußerung und Erörterung gefordert ist, kann sich die Gelegenheit zur Äußerung auf schriftliche Stellungnahmen oder auf Stellungnahmen zur Niederschrift bei der Gemeindeverwaltung beschränken. Gelegenheit zur Erörterung kann auch in Form von Vorsprachen und Einzelgesprächen mit Mitarbeitern der Verwaltung gewährt werden. In jedem Fall muß die Öffentlichkeit allerdings in geeigneter Weise darüber unterrichtet werden, wo und in welcher Weise sie sich äußern kann und wo und in welcher Weise ihr Gelegenheit zur Erörterung eingeräumt wird. Auch wenn dafür **keine verbindlichen zeitlichen Vorgaben** bestehen, muß dies so rechtzeitig stattfinden, daß sich diejenigen, die sich an dem Planungsprozeß aktiv beteiligen wollen, darauf einstellen können. Andererseits dürfen die Anforderungen dabei keinesfalls überspannt werden, da es der Öffentlichkeit jederzeit auch außerhalb der frühzeitigen (und auch der förmlichen) Öffentlichkeitsbeteiligung freisteht, sich gegenüber der Gemeinde zu bestimmten Planungen zu äußern. Da gerade bei der frühzeitigen Öffentlichkeitsbeteiligung die Planung noch nicht besonders verfestigt ist, ist eine Berücksichtigung derartiger Äußerungen in der Regel ohne weiteres möglich und soweit es sich um abwägungserhebliche Belange handelt, in der Regel auch erforderlich.

422 Inhaltlich kann sich die Äußerung und die darauf aufbauende Erörterung mit der Gemeinde auf alle Einzelheiten der vorgestellten Planung, bestehende Alternativen u.s.w. erstrecken. Dabei können sich die Äußerungen auf Kritik an der vorgestellten Planungskonzeption beschränken, aber auch Vorschläge enthalten, die sich insbesondere auf die eigenen Nutzungsvorstellungen innerhalb des Plangebiets oder auch in dessen Nachbarschaft beziehen, damit diese Vorstellungen, die die Gemeinde ansonsten vielfach gar nicht erkennen kann, bei der weiteren Planung berücksichtigt werden. Auch wenn dies in § 3 Abs. 1 BauGB entgegen dem ursprünglichen Regierungsentwurf[2] nicht mehr ausdrücklich erwähnt ist, können sich die Äuße-

---

1 Vgl. OVG Hamburg v. 4.11.1999 – 2 E 29/96, ZfBR 2000, 498; Krautzberger in Ernst/Zinkahn/Bielenberg/Krautzberger, § 3 Rdnr. 12; a.A. Friege in Gronemeyer, § 3 Rdnr. 6.
2 BT-Drucksache 15/2250, Art. 1 Nr. 5.

rungen auch auf den erforderlichen **Umfang und Detaillierungsgrad der Umweltprüfung** nach § 2 Abs. 4 BauGB (Rdnr. 655 ff.) beziehen (**Scoping**), damit nach Möglichkeit alle aus Sicht der Öffentlichkeit maßgeblichen umweltrelevanten Aspekte frühzeitig und so umfassend ermittelt und bewertet werden können, daß eine sachgerechte planerische Abwägungsentscheidung möglich wird. Allerdings ist die Gemeinde nicht verpflichtet, sämtliche von der Öffentlichkeit angeregten Untersuchungen und Prüfungen durchzuführen. Ob und in welchem Umfang dies notwendig ist, richtet sich allein nach den materiellrechtlichen Anforderungen an die Bauleitplanung (Rdnr. 660).

Wenn die Gemeinde aufgrund der frühzeitigen Öffentlichkeitsbeteiligung ihr Planungskonzept inhaltlich ändert, bedarf es **keiner erneuten frühzeitigen Öffentlichkeitsbeteiligung**. Vielmehr schließt sich dann in jedem Fall die förmliche Öffentlichkeitsbeteiligung gemäß § 3 Abs. 2 BauGB an (§ 3 Abs. 1 Satz 3 BauGB). Anderes gilt nur dann, wenn das Planungsvorhaben vollständig aufgegeben wird und – dann in der Regel erst einige Zeit später – ein neues Bebauungsplanverfahren beginnt. Allerdings kann selbst dann im Einzelfall gemäß § 3 Abs. 1 Satz 2 Nr. 2 BauGB die frühzeitige Öffentlichkeitsbeteiligung entbehrlich sein.

423

c) Absehen von der frühzeitigen Öffentlichkeitsbeteiligung

Eine Gemeinde **kann**, muß aber nicht, von der frühzeitigen Öffentlichkeitsbeteiligung gemäß § 3 Abs. 1 Satz 2 BauGB absehen, wenn

424

1. ein Bebauungsplan aufgestellt oder aufgehoben wird und sich dies auf das Plangebiet und die Nachbargebiete nicht oder nur unwesentlich auswirkt oder

2. die Unterrichtung und Erörterung bereits zuvor auf anderer Grundlage erfolgt sind.

Ziffer 2 der Bestimmung bezieht sich dabei im Unterschied zur Ziffer 1 auf Bebauungs- und Flächennutzungspläne. Ergänzt wird § 3 Abs. 1 Satz 2 BauGB durch die Bestimmungen über das **vereinfachte Verfahren** gemäß § 13 BauGB. Danach ist die frühzeitige Öffentlichkeitsbeteiligung auch entbehrlich, wenn die dort genannten Voraussetzungen erfüllt sind (Rdnr. 841 ff.).

§ 3 Abs. 1 Satz 2 Nr. 1 BauGB spricht nur von der Aufstellung und Aufhebung von Bebauungsplänen, nicht hingegen von deren Änderung und Ergänzung. Jedoch wird man die Vorschrift gemäß § 1 Abs. 8 BauGB auch auf diese Fälle anwenden können[1], wenngleich man wegen der ausdrücklichen Benennung von Aufstellung und Aufhebung auch durchaus daran denken

425

---

1 Jäde in Jäde/Dirnberger/Weiß, § 3 Rdnr. 7.

kann, in der Vorschrift eine auf diese beiden Fälle beschränkte Spezialregelung zu sehen[1]. Besondere praktische Bedeutung kommt der Frage allerdings letztlich nicht zu, weil für die beiden in § 3 Abs. 1 Satz 2 Nr. 1 BauGB nicht genannten Fälle (Änderung und Ergänzung) die Bestimmungen über das vereinfachte Verfahren in § 13 BauGB (Rdnr. 841 ff.) zum Tragen kommen.

426 Keine oder keine wesentlichen Auswirkungen auf das Plangebiet und die Nachbargebiete wird man dann annehmen können, wenn es sich um Planungsmaßnahmen geringen Umfangs und ohne nachhaltige städtebauliche Auswirkungen handelt. Dies ist bei der Aufstellung eines Bebauungsplans etwa dann denkbar, wenn ein bereits vorhandener Bebauungszusammenhang zur Bestandssicherung beplant werden soll (vgl. zu den ähnlichen Fallkonstellationen im Rahmen des § 13 BauGB Rdnr. 847 ff.) oder wenn für eine bisher ungenutzte Außenbereichsfläche allein ökologische Festsetzungen getroffen werden sollen, z.B. für Ausgleichsmaßnahmen (dazu Rdnr. 353 ff.). Bei der Aufhebung von Bebauungsplänen ist in erster Linie an die – ohnehin nur deklaratorische – Aufhebung von unwirksamen Bebauungsplänen zu denken, um so den mit dem Plan verbundenen Rechtsschein zu beseitigen. Entsprechendes gilt für einen funktionslos gewordenen Plan (dazu Rdnr. 865 ff.).

427 Die Unterrichtung und Erörterung auf anderer Grundlage im Sinne von **§ 3 Abs. 1 Satz 2 Nr. 2 BauGB** müssen von der Qualität her den Anforderungen an die frühzeitige Öffentlichkeitsbeteiligung nach § 3 Abs. 1 Satz 1 BauGB genügen. Zwar ist die Gelegenheit zur Äußerung nicht ausdrücklich angesprochen, jedoch ist sie inhaltlich von dem Begriff der Erörterung umfaßt. Andere Grundlage im Sinne der Bestimmung sind vor allem städtebauliche Planungen im Sinne von § 1 Abs. 6 Nr. 11 BauGB. Dazu zählen förmliche Verfahren, wie etwa die Erörterung bei der Vorbereitung städtebaulicher Sanierungsmaßnahmen gemäß § 140 Nr. 5 BauGB, sofern sich diese auch auf die relevanten Fragen des späteren Planverfahrens beziehen und nicht nur ein – vielfach weitaus größeres – Sanierungsgebiet betreffen. Ebenfalls kann die bereits durchgeführte frühzeitige Öffentlichkeitsbeteiligung eines zunächst begonnenen, dann jedoch eingestellten Bebauungsplanverfahrens für das gleiche Plangebiet eine erneute frühzeitige Beteiligung entbehrlich machen. Dies gilt jedenfalls dann, wenn zwischen den beiden Verfahren kein so erheblicher zeitlicher Abstand besteht, daß sich zwischenzeitlich die allgemeinen Rahmenbedingungen der Planung (Bedarfssituation, örtliche Gegebenheiten außerhalb des Plangebiets u.s.w.) grundlegend verändert haben[2].

---

1 So etwa Bönker in Hoppe/Bönker/Grotefels, § 5 Rdnr. 304.
2 OVG Münster v. 19.10.1993 – 10a NE 41/89, BRS 55 Nr. 5; s. auch zu § 215a Abs. 2 BauGB bzw. § 215 Abs. 3 Satz 1 BauGB 1986 BVerwG v. 25.2.1997 – 4 NB 40.96, DVBl. 1997, 828 = NVwZ 1997, 383 = UPR 1997, 323 = ZfBR 1997, 206.

Der weitgehend formlos ausgestalteten frühzeitigen Öffentlichkeitsbeteiligung entspricht es, daß Fehler in der Durchführung und selbst ein unzulässiges Absehen von der frühzeitigen Öffentlichkeitsbeteiligung gemäß § 214 BauGB unbeachtlich sind und daher auf die Rechtswirksamkeit des Bauleitplans keinen Einfluß haben[1]. Gleichwohl sollte dies nicht dazu verleiten, mit diesem Verfahrensschritt nachlässig umzugehen. Denn der frühzeitige Informationsgewinn für die Gemeinde kann die weitere Planung erheblich erleichtern und damit spätere Änderungen auf der Grundlage der förmlichen Öffentlichkeitsbeteiligung gemäß § 3 Abs. 2 BauGB entbehrlich machen. Da Änderungen des Planentwurfs nach der förmlichen Öffentlichkeitsbeteiligung im Unterschied zu § 3 Abs. 1 BauGB in der Regel eine erneute öffentliche Auslegung erfordern (§ 4a Abs. 3 Satz 1 BauGB, Rdnr. 480 ff.), kann ein Unterlassen der frühzeitigen Öffentlichkeitsbeteiligung leicht statt zu einer **Verkürzung des Planungszeitraums** zu dessen Verlängerung führen. Überdies kann ein unberechtigtes Unterlassen der frühzeitigen Öffentlichkeitsbeteiligung bei genehmigungsbedürftigen Bauleitplänen (§ 6 Abs. 1 BauGB, Rdnr. 771 ff.; § 10 Abs. 2 BauGB, Rdnr. 794) zu einer Genehmigungsversagung durch die höhere Bauaufsichtsbehörde führen, die gemäß § 216 BauGB die Planerhaltungsregelungen in § 214 und § 215 BauGB außer Betracht lassen muß.

428

2. Förmliche Öffentlichkeitsbeteiligung, öffentliche Auslegung des Planentwurfs (§ 3 Abs. 2 BauGB)

a) Bekanntmachung der förmlichen Öffentlichkeitsbeteiligung

Die Entwürfe der Bauleitpläne sind mit ihrer Begründung und den nach Einschätzung der Gemeinde wesentlichen, bereits vorliegenden umweltbezogenen Stellungnahmen für die Dauer eines Monats öffentlich auszulegen. Mindestens eine Woche vorher ist die Auslegung mit dem Hinweis, daß während der Auslegungsfrist Stellungnahmen abgegeben werden können, ortsüblich bekannt zu machen (§ 3 Abs. 2 Satz 1 und 2 BauGB). Eine zusätzliche individuelle Beteiligung der von der Planung Betroffenen ist nicht erforderlich[2].

429

Nicht im Baugesetzbuch geregelt ist, in welcher Weise der Übergang von der ersten Stufe der Öffentlichkeitsbeteiligung gemäß § 3 Abs. 1 BauGB (Rdnr. 412 ff.) zur förmlichen Öffentlichkeitsbeteiligung erfolgt. § 3 Abs. 1 Satz 3 BauGB sieht lediglich vor, daß sich die förmliche Öffentlichkeitsbeteiligung an das Verfahren gemäß § 3 Abs. 1 BauGB anschließt. In der praktischen Durchführung erfolgt vielfach ein förmlicher **Planauslegungs- oder Offenlegungsbeschluß** oder zumindest eine formlose Kenntnisnahme des

430

---
[1] BVerwG v. 23.10.2002 – 4 BN 53.02, BauR 2003, 216 = NVwZ-RR 2003, 172 = ZfBR 2003, 157.
[2] OVG Hamburg v. 4.11.1999 – 2 E 29/96, ZfBR 2000, 498.

dafür durch die Gemeindeordnung oder Kommunalverfassung und das Ortsrecht bestimmten Organs, bei kleineren Gemeinden also in aller Regel durch die Gemeindevertretung. Da es nach den Vorgaben des Baugesetzbuches allerdings bis zum Satzungsbeschluß keiner vorhergehenden besonderen Beschlüsse der Gemeinde bedarf, ist die mit einem förmlichen Beschluß oder auch nur mit einer Kenntnisnahme verbundene Billigung des Planentwurfs aus rechtlicher Sicht entbehrlich[1]. Gleichwohl ist die in der Bauleitplanung ganz überwiegend geübte Praxis, daß die Gemeindevertretung oder jedenfalls ein gemeindlicher Ausschuß sich vor der Planauslegung mit dem Entwurf befaßt, sinnvoll. Ein Planentwurf, der bereits in diesem Stadium nicht von der Mehrheit der Gemeindevertretung oder eines Ausschusses getragen wird, hat in aller Regel keine Chance, nach der Öffentlichkeitsbeteiligung beschlossen zu werden. Dementsprechend ist daher in einem solchen Fall auch die Fortsetzung des Verfahrens zumeist nicht zielführend.

431 Durch die notwendige **Bekanntmachung** wird die Öffentlichkeit mindestens eine Woche vorher davon unterrichtet, daß ein Bauleitplan zur Einsichtnahme ausliegt und zu diesem Plan Stellungnahmen abgegeben werden können.

432 Die Art und Weise der Bekanntmachung richtet sich nach der Hauptsatzung der Gemeinde, sofern sie nicht allgemein in der Gemeindeordnung oder Kommunalverfassung des betreffenden Landes oder in gesonderten Bekanntmachungsvorschriften (z.B. Bekanntmachungsverordnung des Landes) geregelt ist.

433 **Beispiel:**

In der Hauptsatzung einer Gemeinde ist geregelt, daß Bekanntmachungen im Amtsblatt des Landkreises vorzunehmen sind. Ergänzend können die Bekanntmachungen der Bevölkerung in den Aushangkästen der Gemeinde nachrichtlich zu Kenntnis gebracht werden. Erfolgt die Bekanntmachung in einem solchen Fall nur mittels Aushang, reicht dies nicht aus, da der Aushang gerade nicht der Bekanntmachung sondern lediglich der (zusätzlichen) Unterrichtung dient[2].

434 Für die **Berechnung der Mindestfrist** von einer Woche gemäß § 3 Abs. 2 Satz 2 BauGB gilt § 187 Abs. 1 BGB[3]. Der Tag der Bekanntmachung selbst ist danach nicht mitzuzählen. Das Ende der Frist richtet sich nach den §§ 188 Abs. 1, 193 BGB. Ist die Bekanntmachung also z.B. an einem Montag erfolgt, endet die Wochenfrist daher am folgenden Montag um 24.00 Uhr, sofern es sich dabei nicht um einen Feiertag handelt. In diesem Fall läuft die Frist erst an dem folgenden Werktag ab.

---

1 BVerwG v. 15.4.1988 – 4 N 4.87, BVerwGE 79, 200 = BauR 1988, 562 = BRS 48 Nr. 21 = DVBl. 1988, 958 = DÖV 1989, 225 = NVwZ 1988, 916 = UPR 1988, 388 = ZfBR 1988, 274; OVG Bautzen v. 6.6.2001 – 1 D 442/99, NVwZ-RR 2002, 632.
2 OVG Lüneburg v. 12.12.2002 – 1 KN 11077/01, NVwZ-RR 2003, 670.
3 GemSen OGB v. 6.7.1972 – GmSOGB 2/71, BVerwGE 40, 363 = BGHZ 59, 396 = BauR 1972, 350 = BRS 25 Nr. 16 = DVBl. 1973, 30 = DÖV 1972, 820 = NJW 1972, 2035; ausführlich zur Fristenberechnung Ley, Die Berechnung der Fristen bei der öffentlichen Auslegung nach § 3 Abs. 2 Satz 1 und 2 BauGB, BauR 2000, 654 ff.

Sofern eine Bekanntmachung durch Aushang zu erfolgen hat, ist zu beachten, daß die Wochenfrist nicht erst dann zu laufen beginnt, wenn die ortsübliche Bekanntmachungsfrist abgelaufen ist. Vielmehr laufen die Bekanntmachungsfrist und die Wochenfrist des § 3 Abs. 2 Satz 2 BauGB **nebeneinander**. Grund dafür ist, daß durch das Baugesetzbuch lediglich eine in jedem Fall zu wahrende Mindestfrist geregelt werden soll, damit sich die Bürger auf die anschließende Offenlage einrichten können. Dieser Sinn und Zweck macht es nicht erforderlich, in der Bekanntmachungsfrist eine noch zusätzliche „Zwischenfrist" zu sehen.

435

Beträgt die Bekanntmachungsfrist ebenso wie die Frist gemäß § 3 Abs. 2 Satz 2 BauGB eine Woche, ergeben sich daher keine besonderen Schwierigkeiten. Ist die erforderliche Bekanntmachungsfrist hingegen kürzer als eine Woche, muß die bundesrechtliche Mindestfrist des § 3 Abs. 2 Satz 2 BauGB vor Beginn der Auslegung gleichwohl eingehalten werden. Ist die landesrechtliche Bekanntmachungsfrist länger, darf die Auslegung nicht vor ihrem Ablauf beginnen. Ansonsten wird die sich anschließende Auslegungsfrist des § 3 Abs. 2 Satz 1 BauGB von einem Monat nicht gewahrt, es sei denn, die Auslegung selbst erfolgt entsprechend länger („Kompensation")[1].

436

Beispiele:

(a) Durch Aushang an den Anschlagtafeln der Gemeinde – der dort ortsüblichen Bekanntmachungsform – wurde am 10.5.2004 darauf hingewiesen, daß der Planentwurf in der Zeit vom 18.5. bis einschließlich 17.5.2004 öffentlich ausgelegt wird. Die in der Hauptsatzung der Gemeinde geregelte Bekanntmachungsfrist beträgt eine Woche. Diese Frist, die sich mit der Mindestfrist des § 3 Abs. 2 Satz 2 BauGB deckt, ist eingehalten. Es darf nicht zusätzlich eine zweite Wochenfrist gefordert werden[2].

437

(b) Durch Aushang an den Bekanntmachungstafeln vom 10.5.2004 wurde darauf hingewiesen, daß der Entwurf eines Bebauungsplans in der Zeit vom 18.5. bis zum 17.6.2004 ausliegt. Die nach der Hauptsatzung der Gemeinde vorgesehene Bekanntmachungsfrist beträgt zwei Wochen. Damit verlängert sich die Mindestfrist des Baugesetzbuchs um eine zusätzliche Woche, so daß die Dauer der Auslegung nicht ausreicht.

438

(c) Durch Aushang vom 10.5. bis zum 25.5.2004 wurde die Auslegung des Bebauungsplans vom 18.5. bis zum 2.7.2004 bekanntgemacht. Nach der Hauptsatzung beträgt die notwendige Dauer des Aushangs zwei Wochen, so daß die Bekanntmachung erst mit Ablauf des 24.5.2004, also erst nach Beginn der Offenlage, bewirkt war. Dennoch lag der Entwurf hier noch (mehr als) einen Monat aus. Dies genügt, da in einem solchen Fall die Beteiligungsmöglichkeiten der Öffentlichkeit an dem Planverfahren nicht verkürzt oder in sonstiger Weise beschränkt werden[3].

439

---

1 BVerwG v. 23.7.2003 – 4 BN 36.03, BauR 2004, 42 = NVwZ 2003, 1391 = UPR 2003, 450 = ZfBR 2004, 64.
2 BVerwG v. 7.5.1971 – IV C 76.68, BauR 1971, 182 = BRS 24 Nr. 15 = DVBl. 1971, 759 = DÖV 1971, 636 = NJW 1971, 1626.
3 OVG Lüneburg v. 30.8.1982 – 6 C 12/80, BRS 39 Nr. 12; Jäde in Jäde/Dirnberger/Weiß, § 3 Rdnr. 17.

440 Die Bekanntmachung der Auslegung hat **„Anstoßfunktion"**. Sie muß geeignet sein, der an der Bauleitplanung interessierten Öffentlichkeit ihre Beteiligungsmöglichkeit bewußt zu machen und dadurch eine gemeindliche Öffentlichkeit herstellen[1]. Um diesen Anforderungen Rechnung zu tragen, muß die Bekanntmachung zwingend folgende Informationen enthalten:

441 **(1) Art des Plans**: Es muß erkennbar sein, ob es sich um die Aufstellung, Änderung, Ergänzung oder Aufhebung eines Flächennutzungsplans oder eines Bebauungsplans handelt. Ebenfalls ist anzugeben, daß der Planentwurf gemeinsam mit der Planbegründung ausgelegt wird.

442 **(2) Räumlicher Geltungsbereich des Plans**: Hinsichtlich der Angabe des räumlichen Geltungsbereichs sind **strenge Anforderungen** zu stellen, weil sie in besonderem Maße die notwendige „Anstoßfunktion" der Bekanntmachung für die Planbetroffenen bewirkt. Es genügt daher selbst in kleinen Gemeinden nicht die Bezeichnung des Plans lediglich mit einer Nummer (z.B. Bebauungsplan Nr. 12)[2].

443 Auch die bloße Benennung von Gemarkungsbezeichnungen oder Flurnummern reicht in der Regel nicht aus, weil diese vielfach den Betroffenen nicht geläufig sind[3]. Hinreichend ist allerdings die Angabe geläufiger geographischer Bezeichnungen für das Plangebiet oder dessen Eingrenzung durch markante Einrichtungen wie Straßen, Wasserläufe, Schienenwege oder auch gebietsbeherrschende Bauwerke u.ä.[4]. Entscheidend ist, daß die an der Planung interessierte Öffentlichkeit, an die sich die Bekanntmachung richtet, aus **ortsüblichen Namensbezeichnungen** ersehen kann, auf welchen Bereich sich die Planung bezieht. Eine „metergenaue" Eingrenzung ist dabei nicht erforderlich, weil sich der genaue Umfang und Inhalt der Bauleitplanung ohnehin nur durch Einsichtnahme in die ausgelegten Planungsunterlagen feststellen läßt. Es genügt, wenn der Einzelne auf eine interessierende oder möglicherweise sogar unmittelbar betreffende Planung aufmerksam gemacht und zu einer aktiven Teilnahme an dem Planungsprozeß „angestoßen" wird.

---

1 BVerwG v. 6.7.1984 – 4 C 22.80, BVerwGE 69, 344 = BauR 1984, 602 = BRS 42 Nr. 23 = DVBl. 1985, 110 = DÖV 1985, 237 = NVwZ 1985, 564 = UPR 1985, 25 = ZfBR 1984, 291; BVerwG v. 26.5.1978 – 4 C 9.77, BVerwGE 55, 369 = BauR 1978, 276 = BRS 33 Nr. 36 = DVBl. 1978, 815 = NJW 1978, 2564.
2 BVerwG v. 26.5.1978 – 4 C 9.77, BVerwGE 55, 369 = BauR 1978, 276 = BRS 33 Nr. 36 = DVBl. 1978, 815 = NJW 1978, 2564.
3 Vgl. BGH v. 7.1.1982 – III ZR 130/80, BauR 1982, 236 = BRS 39 Nr. 23 = NVwZ 1982, 331; BGH v. 5.3.1981 – III ZR 48/80, BauR 1981, 348 = BRS 38 Nr. 27 = DVBl. 1982, 84 = NJW 1981, 2060.
4 BVerwG v. 6.7.1984 – 4 C 22.80, BVerwGE 69, 344 = BauR 1984, 602 = BRS 42 Nr. 23 = DVBl. 1985, 110 = DÖV 1985, 237 = NVwZ 1985, 564 = UPR 1985, 25 = ZfBR 1984, 291.

Der in der Bekanntmachung anzugebende räumliche Geltungsbereich muß sich immer auf einen einzelnen Bauleitplan beziehen. Es können also nicht mehrere Bebauungspläne oder ein Bebauungsplan und eine vorgesehene Flächennutzungsplanänderung unter einem geografischen Oberbegriff zusammengefaßt werden, sofern sich nicht aus der Bekanntmachung im übrigen eindeutig ergibt, daß es um mehrere Planentwürfe geht. 444

Beispiel: 445
Eine Gemeinde stellt einen Bebauungsplan für ein Gewerbegebiet auf. Nach der frühzeitigen Öffentlichkeitsbeteiligung gemäß § 3 Abs. 1 BauGB beschließt sie, das Gesamtareal in zwei Bebauungspläne (Gewerbegebiet Teil Nord und Gewerbegebiet Teil Süd) aufzuteilen. Gleichwohl wird in der Bekanntmachung gemäß § 3 Abs. 2 Satz 2 BauGB lediglich angegeben, daß für das in der Bekanntmachung näher umschriebene Gesamtareal ein Bebauungsplan zur Ausweisung eines Gewerbegebiets aufgestellt werden soll. Da dies keine Rückschlüsse darauf zuläßt, daß es tatsächlich um zwei Bebauungspläne geht und die Öffentlichkeit zu beiden Planentwürfen Stellungnahmen abgeben kann, ist die erforderliche Anstoßfunktion nicht hinreichend gewährleistet[1].

(3) Verfügbare umweltbezogene Informationen: Im weiteren muß die Bekanntmachung Angaben dazu enthalten, welche Arten umweltbezogener Informationen verfügbar sind. Die Verpflichtung zu dieser Angabe in der öffentlichen Bekanntmachung ist durch das EAG Bau (Rdnr. 1) neu in § 3 Abs. 2 Satz 2 BauGB aufgenommen worden. Sie beruht auf den Anforderungen aus Art. 3 Nr. 4 der Öffentlichkeitsbeteiligungsrichtlinie der EU (Rdnr. 1)[2]. Es ist zwar zulässig, nicht jedoch notwendig, sämtliche der Gemeinde bereits vorliegenden Unterlagen, die sich auf Umweltbelange beziehen, aufzuführen. Es geht vielmehr nur um die Arten der bereits vorliegenden und damit verfügbaren umweltbezogenen Informationen. Gemeint sind damit die bereits vorliegenden umweltbezogenen **Stellungnahmen im Sinne von § 3 Abs. 2 Satz 1 BauGB** (s. noch Rdnr. 462) sowie etwaige von der Gemeinde selbst oder in ihrem Auftrag bereits erstellte Unterlagen, insbesondere **umweltspezifische Fachgutachten**. Die Stellungnahmen Dritter können etwa aus der frühzeitigen Behördenbeteiligung (§ 4 Abs. 1 BauGB, Rdnr. 501 ff.) oder auch der frühzeitigen Öffentlichkeitsbeteiligung (§ 3 Abs. 1 BauGB, Rdnr. 412 ff.) stammen. Sie können **nach Themenblöcken**, z.B. nach den betroffenen umweltspezifischen Schutzgütern oder ihren Auswirkungen (z.B. Auswirkungen auf Boden, Wasser, Luft, Auswirkungen auf den Menschen sowie auf die Tier- und Pflanzenwelt) zusammengefaßt werden, die dann wiederum in der öffentlichen Bekanntmachung anzugeben sind. Es genügt dabei die Angabe der Themenblöcke, zu denen Unterlagen bereits vorliegen. Nicht erforderlich ist es, Angaben zu machen, zu welchen umweltbezogenen Bereichen noch keine Informationen vorliegen. 446

---
1 VGH Mannheim v. 9.8.2002 – 5 S 818/00, NVwZ-RR 2003, 331 = ZfBR 2003, 56.
2 Regierungsentwurf zum EAG Bau, BT-Drucksache 15/2250, Begründung zu Nr. 5 (§ 3); Bericht der Unabhängigen Expertenkommission, Rdnr. 50.

447 Einer Angabe zu den verfügbaren umweltbezogenen Informationen bedarf es nicht, wenn die Planaufstellung, Änderung oder Ergänzung im **vereinfachten Verfahren** gemäß § 13 BauGB durchgeführt wird (§ 13 Abs. 3 Satz 1 BauGB). Allerdings ist gemäß § 13 Abs. 3 Satz 2 BauGB in diesem Fall in der öffentlichen Bekanntmachung ausdrücklich darauf hinzuweisen, daß von einer Umweltprüfung (§ 2 Abs. 4 BauGB) abgesehen wird.

448 **(4) Ort der Auslegung**: Die Auslegung erfolgt zumeist bei der Dienststelle, die mit der Planaufstellung befaßt ist. Erforderlich ist die Angabe der Orts- und Straßenbezeichnung sowie zumindest bei größeren Verwaltungsgebäuden auch die Angabe der zuständigen Dienststelle (in der Regel also das Planungsamt). Die Angabe eines bestimmten Zimmers ist in der Regel aufgrund der innerhalb des Verwaltungsgebäudes bestehenden Informationsmöglichkeiten nicht erforderlich, gleichwohl jedoch zumindest zweckmäßig[1]. Die Gemeinde kann bei der Wahl des Auslegungsortes den Besonderheiten einzelner Planungen Rechnung tragen. Es muß also bei unterschiedlichen Planungen nicht immer derselbe Auslegungsort festgelegt werden. Dies kann sich vielmehr nach der Ortsnähe richten, etwa bei Planungen in unterschiedlichen Stadtteilen. Denn § 3 Abs. 2 Satz 2 BauGB verlangt lediglich die ortsübliche Bekanntmachung, nicht hingegen eine ortsübliche Auslegung[2]. Es ist auch möglich, **mehrere Auslegungsorte** anzugeben. Wenn dies erfolgt, muß die Auslegung dort auch jeweils entsprechend der Bekanntmachung ordnungsgemäß durchgeführt werden. Anders ist dies, wenn neben der öffentlichen Bekanntmachung des Auslegungsortes eine weitere Stelle angegeben wird, bei der zur Erleichterung der Information der Öffentlichkeit der Planentwurf ebenfalls **eingesehen** werden kann. In diesem Fall handelt es sich lediglich um einen zusätzlichen Service für die Öffentlichkeit, nicht hingegen um einen weiteren Auslegungsort. Dementsprechend sind an die dort bestehenden Möglichkeiten zur Einsichtnahme nicht die rechtlichen Anforderungen zu stellen, die an die Offenlage des Planentwurfs am eigentlichen Auslegungsort zu stellen sind. Es genügt dort anders als am Auslegungsort, wenn etwa die Planbegründung oder die wesentlichen bereits vorliegenden umweltbezogenen Stellungnahmen erst auf gesonderte Nachfrage zur Verfügung gestellt werden[3]. Allerdings darf dies gleichwohl nicht zu einer Irreführung der an der Planung interessierten Öffentlichkeit führen. Insbesondere darf nicht der Eindruck entstehen, daß die betreffenden Unterlagen auch am bekanntgemachten Auslegungsort nicht, nur eingeschränkt oder nur unter erschwerten Voraussetzungen zur Verfügung stehen (zu den Anforderungen bei der Durchführung der Auslegung Rdnr. 461 ff.).

---

1 Strenger OVG Bautzen v. 27.9.1999 – 1 S 694/98, SächsVBl. 2000, 115.
2 So auch Battis in Battis/Krautzberger/Löhr, § 3 Rdnr. 14; a.A. VGH Kassel v. 23.5.1969 – IV N 10/68, BRS 22 Nr. 22.
3 VGH Mannheim v. 9.8.2002 – 5 S 818/00, NVwZ-RR 2003, 331 = ZfBR 2003, 56.

(5) Dauer der Auslegung: Die Öffentlichkeit muß aus der Bekanntmachung entnehmen können, bis zu welchem Tag sie aufgefordert ist, Stellungnahmen zu dem Planentwurf abzugeben. Dafür genügt es, wenn der **Fristbeginn** datumsmäßig bezeichnet und mit der Angabe verbunden ist, daß von diesem Zeitpunkt an die Monatsfrist läuft. Eine datumsmäßige Bezeichnung des Fristendes ist nicht notwendig, wenn auch empfehlenswert[1]. Nicht erforderlich ist die Angabe der Tage oder Tagesstunden, an denen die Öffentlichkeit Zutritt zu dem Auslegungsort und damit eine Einsichtmöglichkeit in die Planunterlagen hat. Dies folgt schon aus dem Wortlaut des § 3 Abs. 2 Satz 2 BauGB, der lediglich von der Dauer der Auslegung spricht, nicht hingegen von den täglichen Auslagezeiten während dieser Dauer[2]. Allerdings sind Hinweise darauf, zu welchen Zeiten der ausgelegte Planentwurf innerhalb der Monatsfrist zugänglich ist, zweckmäßig, um eine möglichst effektive Öffentlichkeitsbeteiligung zu gewährleisten (zu den erforderlichen Mindestzeiten, zu denen ein Planentwurf zugänglich sein muss, Rdnr. 464).

449

Für die anzugebende Auslegungsfrist ist zu beachten, daß diese **einen Monat** und nicht vier Wochen beträgt. Auch handelt es sich dabei um eine Mindestfrist, d.h. es kann durchaus eine längere Auslegung erfolgen und dementsprechend auch gemäß § 3 Abs. 2 Satz 2 BauGB bekanntgemacht werden. Dies ist etwa dann sinnvoll, wenn in die Zeit der Auslegung mehrere Feiertage, die für die Fristberechnung prinzipiell unbeachtlich sind, fallen oder die Auslegung während der Ferienzeit stattfindet, was allerdings ohnehin nach Möglichkeit vermieden werden sollte.

450

Für die **Fristberechnung** ist § 187 Abs. 2 BGB maßgeblich[3]. Der erste Tag der Auslegung ist danach mitzuzählen. Auch im übrigen gelten die Vorschriften des Bürgerlichen Gesetzbuchs für die Berechnung von Fristen, z.B. zur Berechnung des Fristendes unter Berücksichtigung von Samstagen, Sonn- und Feiertagen (§§ 188 Abs. 2, 193 BGB). Ist der letzte Tag der Auslegung ein Samstag, Sonntag oder Feiertag, läuft die Auslegung bis zum nächsten folgenden Werktag (einschließlich). Hingegen ist es für die Fristberechnung ohne Bedeutung, wenn die Auslegung an einem Samstag, Sonntag oder einem gesetzlichen Feiertag beginnt[4]. In die Monatsfrist fallende Feiertage oder allgemein arbeitsfreie Tage wirken sich auf die Dauer der Auslegung nicht aus[5]. Anderes gilt allerdings dann, wenn es sich bei dem letz-

451

---

1 BVerwG v. 8.9.1992 – 4 NB 17.92, BauR 1993, 305 = BRS 54 Nr. 27 = DÖV 1993, 249 = NVwZ 1993, 475 = UPR 1993, 26 = ZfBR 1993, 31; a.A. etwa Friege in Gronemeyer, § 3 Rdnr. 19.
2 BVerwG v. 4.7.1980 – 4 C 25.78, BauR 1980, 437 = BRS 36 Nr. 22 = DÖV 1980, 764 = DVBl. 1981, 99 = NJW 1981, 594.
3 GemSen OGB v. 6.7.1972 – GemS OGB 2/71, BVerwGE 40, 363 = BGHZ 59, 396 = BauR 1972, 350 = BRS 25 Nr. 16 = DÖV 1972, 820 = DVBl. 1973, 30 = NJW 1972, 2035.
4 OVG Lüneburg v. 30.8.1982 – 6 C 12/80, BRS 39 Nr. 12.
5 BVerwG v. 13.9.1985 – 4 C 64.80, BVerwGE 71, 150 = BRS 44 Nr. 20.

ten Tag der Auslegung um einen allgemein arbeitsfreien Tag handelt, ohne daß dies ein Samstag, Sonn- oder Feiertag ist (z.B. Silvester). In derartigen Fällen ist eine Behandlung wie bei Samstagen, Sonn- und Feiertagen geboten[1].

452 **(6) Hinweis auf die Möglichkeit zur Stellungnahme:** Die Bekanntmachung muß darauf hinweisen, daß zu dem Planentwurf Stellungnahmen abgegeben werden können. Gesetzlich bestehen keine Vorgaben, in welcher Form dies erfolgen darf oder erfolgen muß. Möglich sind sowohl schriftliche als auch mündliche Stellungnahmen. Unzulässig sind daher einschränkende Zusätze in der Bekanntmachung, durch die sich jemand gehindert sehen könnte, eine Stellungnahme zu der Planung abzugeben.

Beispiele:

453 (a) In einer Bekanntmachung wird darauf hingewiesen, daß Stellungnahmen nur schriftlich (oder: nur mündlich) abgegeben werden können[2].

454 (b) In der Bekanntmachung der Auslegung eines Bebauungsplanentwurfs wird darauf hingewiesen, daß Stellungnahmen, die lediglich Entschädigungsansprüche betreffen, zwecklos sind[3].

455 Kein unzulässiger einschränkender Zusatz liegt in dem Hinweis darauf, daß Stellungnahmen **schriftlich** oder bei mündlichen Anregungen **zur Niederschrift** vorzubringen sind (vgl. auch § 73 Abs. 4 Satz 1 VwVfG). Denn die Öffentlichkeitsbeteiligung soll gerade dazu dienen, daß die Gemeinde die abgegebenen Stellungnahmen in die weiteren Planungsüberlegungen einbezieht. Lediglich mündlich vorgetragenen Argumenten, die nirgendwo fixiert werden, kommt nicht das ihnen gebührende Gewicht zu, da sie in Vergessenheit geraten oder – bewußt oder unbewußt – verfälscht werden können. Die Niederschrift mündlicher Stellungnahmen trägt daher gerade dem Gesetzeszweck Rechnung. Dies gilt auch für den Hinweis in der Bekanntmachung, daß in schriftlichen Stellungnahmen die volle Anschrift des Verfassers und ggf. die genaue Bezeichnung des betroffenen Grundstücks bzw. Gebäudes angegeben werden **sollen**[4]. Diese Formulierung kann bei einem „mündigen" Bürger mit durchschnittlicher Auffassungsgabe nicht die Vorstellung erwecken, nur derart vollständige Stellungnahmen seien beachtlich oder es seien nur Personen mit Grundbesitz im Plangebiet berechtigt, eine Stellungnahme abzugeben. Sinn und Zweck dieses Zusatzes ist es vielmehr, die Betroffenheit desjenigen, der die Stellungnahmen abgegeben hat, hinreichend genau feststellen und in der Abwägung gewichten zu können. Auch

---

1 Gaentzsch in Berliner Kommentar zum Baugesetzbuch, § 3 Rdnr. 18; Schrödter in Schrödter, § 3 Rdnr. 37; a.A. Jäde in Jäde/Dirnberger/Weiß, § 3 Rdnr. 13.
2 VGH Mannheim v. 18.8.1997, BRS 59 Nr. 16 = NVwZ-RR 1999, 14 = UPR 1998, 120 = ZfBR 1998, 111.
3 OVG Münster v. 9.11.1977 – III B 874/77, BRS 32 Nr. 14 = BauR 1978, 210.
4 BVerwG v. 28.1.1997 – 4 NB 39.96, BauR 1997, 596 = BRS 59 Nr. 15 = NVwZ-RR 1997, 514 = UPR 1997, 319 = ZfBR 1997, 213.

wird auf diese Weise sichergestellt, daß der Mitteilungspflicht gemäß § 3 Abs. 2 Satz 4 2. Halbsatz BauGB Rechnung getragen werden kann.

(7) Hinweis auf die Behandlung nicht fristgerecht abgegebener Stellungnahmen: Gemäß § 3 Abs. 2 Satz 2 2. Halbsatz BauGB ist im weiteren darauf hinzuweisen, daß nicht fristgerecht abgegebene Stellungnahmen bei der Beschlußfassung über den Bauleitplan unberücksichtigt bleiben können. Die Hinweispflicht ist durch das EAG Bau (Rdnr. 1) neu in die Vorschriften über die öffentliche Bekanntmachung aufgenommen worden. Sie korrespondiert mit **§ 4a Abs. 6 BauGB**, nach dem Stellungnahmen, die im Verfahren der Öffentlichkeitsbeteiligung nicht rechtzeitig abgegeben worden sind, bei der Beschlußfassung über den Bauleitplan unberücksichtigt bleiben können, sofern die Gemeinde deren Inhalt nicht kannte und nicht hätte kennen müssen, deren Inhalt für die Rechtmäßigkeit des Bauleitplans nicht von Bedeutung ist und wenn darauf in der Bekanntmachung hingewiesen worden ist. Die Formulierung, daß öffentliche Belange unberücksichtigt bleiben können, nicht jedoch zwingend außer Betracht bleiben müssen, zeigt, daß es sich nicht um eine „harte" materielle Präklusionsregelung handelt, sondern lediglich um die verfahrensrechtliche Möglichkeit der Nichtberücksichtigung verspäteter Stellungnahmen. Denn die Ausschlußfrist ändert nichts daran, daß die planerische Abwägung der Gemeinde ordnungsgemäß sein muß. Dafür wiederum ist maßgeblicher Zeitpunkt gemäß § 214 Abs. 3 Satz 1 BauGB der Satzungsbeschluß bzw. der Beschluß über den Flächennutzungsplan. In der Regel führt dies dazu, daß auch verspätete vorgebrachte Belange zu berücksichtigen sind, wenn sie Abwägungsrelevanz haben. Ist dies nicht der Fall, sind sie ohnehin für die Planungsentscheidung ohne Bedeutung. Nicht hingegen ist § 3 Abs. 2 Satz 2, 2. Halbsatz BauGB i.V.m. § 4a Abs. 6 BauGB so zu verstehen, daß verspätete Stellungnahmen nur dann von Bedeutung sind, wenn sie das Abwägungsergebnis in seiner Rechtmäßigkeit berühren. Denn der Abwägungsvorgang (§ 2 Abs. 3 BauGB, Rdnr. 552) wird durch § 3 Abs. 2 Satz 2, 2. Halbsatz BauGB i.V.m. § 4a Abs. 6 BauGB nicht vorverlagert und in diesem Sinne abgeschichtet, so daß beim Beschluß über den Bauleitplan nur die Belange zu berücksichtigen wären, die fristgemäß vorgetragen wurden oder die die Gemeinde auch ohne Stellungnahmen aus der Öffentlichkeitsbeteiligung kannte oder hätte kennen müssen. Vielmehr liegt der (verfahrensrechtlich motivierte) Zweck der Regelung allein darin, die Öffentlichkeit aufzufordern, rechtzeitig und wirksam von ihren Beteiligungsrechten Gebrauch zu machen. Den von der Planung Betroffenen soll vor Augen geführt werden, daß das Planverfahren nach Ablauf der Beteiligungsfrist seinen umgehenden Fortgang nehmen kann und sie daher damit rechnen müssen, daß nicht rechtzeitig vorgetragene Umstände bei der Entscheidung unberücksichtigt bleiben, ohne daß dies die Rechtmäßigkeit der Planung in Frage stellt[1].

456

---
1 Regierungsentwurf zum EAG Bau, BT-Drucksache 15/2250, Begründung zu Nr. 5 (§ 4a BauGB).

457 **Fehlt in der Bekanntmachung der Hinweis** darauf, daß nicht fristgerecht abgegebene Stellungnahmen bei der Beschlußfassung über den Bauleitplan unberücksichtigt bleiben können, findet § 4a Abs. 6 BauGB keine Anwendung. Weitergehende Rechtsfolgen sind daran hingegen nicht geknüpft. Insbesondere handelt es sich nicht um einen gemäß § 214 Abs. 1 Nr. 2 BauGB beachtlichen Verfahrensfehler, da andernfalls die Regelung des § 4a Abs. 6 BauGB funktionslos wäre. Daraus folgt zugleich, daß der fehlende Hinweis letztlich keine nennenswerten Auswirkungen hat. In diesem Fall müssen die verspäteten Stellungnahmen zwar bei der Beschlußfassung über den Bauleitplan immer berücksichtigt werden, dies jedoch nur, wenn sie abwägungsrelevant sind und tatsächlich noch vor der Beschlußfassung bei der Gemeinde eingehen. In einem solchen Fall müssen allerdings die Stellungnahmen auch im Rahmen des § 4 a Abs. 6 BauGB berücksichtigt werden, da die Gemeinde deren Inhalt bei der Beschlußfassung über den Bauleitplan kennt oder jedenfalls hätte kennen müssen.

458 **(8) Ergänzende Verwendung elektronischer Informationstechnologien**: Gemäß § 4a Abs. 4 Satz 1 BauGB können bei der Öffentlichkeitsbeteiligung ergänzend elektronische Informationstechnologien genutzt werden. Eine Verpflichtung dazu besteht indes nicht. Überdies kann die Nutzung elektronischer Informationstechnologien, also beispielsweise die Einstellung von Planentwürfen in das Internet oder auch die Möglichkeit, Stellungnahmen per e-mail abzugeben, **nur ergänzend** genutzt werden, also die konventionelle Durchführung der Öffentlichkeitsbeteiligung nicht ersetzen. Aus dieser bloßen Ergänzungsfunktion ergibt sich zugleich, daß die Gemeinde bei der Art und der Ausgestaltung derartiger Möglichkeiten weitestgehend frei ist. Wenn derartige Möglichkeiten genutzt werden sollen, empfiehlt es sich, darauf (freiwillig) in der öffentlichen Bekanntmachung hinzuweisen, um eine Anstoßwirkung dahingehend zu erreichen, daß von den betreffenden Möglichkeiten auch tatsächlich Gebrauch gemacht wird.

b) Unterrichtung der Behörden und sonstigen Träger öffentlicher Belange

459 Unabhängig von der notwendigen ortsüblichen Bekanntmachung der Planauslegung sollen gemäß § 3 Abs. 2 Satz 3 BauGB die nach § 4 Abs. 2 BauGB Beteiligten von der Auslegung benachrichtigt werden. Die Regelung ist auf den Fall zugeschnitten, daß die Beteiligung der Behörden und sonstigen Träger öffentlicher Belange gemäß § 4 Abs. 2 BauGB **vor** der Öffentlichkeitsbeteiligung gemäß § 3 Abs. 2 BauGB erfolgt (zu den diesbezüglichen Möglichkeiten Rdnr. 495). Die Benachrichtigung gemäß § 3 Abs. 2 Satz 3 BauGB führt dann gewissermaßen zu einer **dritten** Stufe der Behördenbeteiligung. Diese können dann anläßlich der Planauslegung überprüfen, ob die von ihnen geltend gemachten Belange in dem Entwurf berücksichtigt sind und ggf. im Rahmen der öffentlichen Auslegung noch einmal Stellung nehmen.

Die Benachrichtigungspflicht besteht gegenüber allen Behörden und sonstigen Trägern öffentlicher Belange, die gemäß § 4 Abs. 2 BauGB beteiligt wurden, und zwar unabhängig davon, ob sie eine Stellungnahme abgegeben haben oder nicht. Hingegen ist es nicht erforderlich, Behörden oder sonstige Träger öffentlicher Belange zu benachrichtigen, die nicht bereits beteiligt waren. Denn § 3 Abs. 2 Satz 3 BauGB spricht von den „Beteiligten", nicht hingegen von den „zu Beteiligenden". Die Benachrichtigung ist **entbehrlich**, wenn die Behördenbeteiligung gemäß § 4 Abs. 2 BauGB nicht vor der förmlichen Öffentlichkeitsbeteiligung erfolgt ist, sondern gemäß § 4a Abs. 2 BauGB gleichzeitig mit dieser durchgeführt wird[1].

Wenn die Gemeinde ihrer Benachrichtigungspflicht nicht nachkommt, liegt darin keine fehlerhafte Öffentlichkeitsbeteiligung sondern allenfalls ein Fehler in der Behördenbeteiligung. Unabhängig von der Frage der Beachtlichkeit eines solchen Verfahrensfehlers (§ 214 Abs. 1 Satz 1 Nr. 2 2. Halbsatz BauGB) ist zu beachten, daß es sich lediglich um eine **„Soll-Regelung"** handelt, also keine zwingende Mitteilungspflicht besteht. Wenn die Gemeinde berechtigterweise davon ausgehen kann, daß sich einzelne Behörden oder sonstige Träger öffentlicher Belange im Rahmen der Öffentlichkeitsbeteiligung gemäß § 3 Abs. 2 BauGB nicht oder nicht mehr äußern werden, etwa weil sie dies bereits angekündigt haben oder weil ihren Stellungnahmen uneingeschränkt Rechnung getragen wurde, darf von einer Mitteilung abgesehen werden[2]. Auch ist zu berücksichtigen, daß bei einer gleichzeitigen Durchführung der Behördenbeteiligung gemäß § 4 Abs. 2 BauGB und der Öffentlichkeitsbeteiligung gemäß § 3 Abs. 2 BauGB ebenfalls keine Unterrichtung stattfinden würde (s. Rdnr. 459). Die Gemeinde hat es also verfahrensmäßig selbst in der Hand, die Behördenbeteiligung auf die in § 4 Abs. 1 und Abs. 2 BauGB vorgesehenen Stufen zu beschränken (§ 4a Abs. 2 BauGB), wenn sie dies im konkreten Planungsfall für zweckmäßig und ausreichend hält. 460

c) Durchführung der förmlichen Öffentlichkeitsbeteiligung

Die förmliche Öffentlichkeitsbeteiligung ist gemäß der erfolgten öffentlichen Bekanntmachung durchzuführen. Es muß neben dem Entwurf des Bauleitplans auch die Begründung **zur Einsicht bereitliegen** (zu den inhaltlichen Anforderungen an die Planbegründung Rdnr. 384 ff.). 461

Ebenfalls auszulegen sind aufgrund der Neuregelung durch das EAG Bau (Rdnr. 1) die nach Einschätzung der Gemeinde **wesentlichen, bereits vorliegenden umweltbezogenen Stellungnahmen** (s. zu den diesbezüglichen Erfordernissen bei der Bekanntmachung der öffentlichen Auslegung gemäß § 3 Abs. 2 Satz 2 BauGB Rdnr. 446). Die Regelung beruht auf den Anforderun- 462

---
1 Vgl. Jäde in Jäde/Dirnberger/Weiß, § 3 Rdnr. 22.
2 VGH Mannheim v. 23.2.1990 – 8 S 2705/88, BRS 50 Nr. 31 = NVwZ-RR 1990, 529.

gen der Öffentlichkeitsbeteiligungsrichtlinie (Rdnr. 1) und soll die Informationsmöglichkeiten der Bürger sowie die Transparenz der Planung verbessern. Es ist nicht erforderlich, daß die Gemeinde die Öffentlichkeitsbeteiligung gemäß § 3 Abs. 2 BauGB dergestalt vorbereitet, daß sie zuvor bereits bestimmte Stellungnahmen einholt. Es geht vielmehr nur um die Stellungnahmen, die der Gemeinde vor Beginn der förmlichen Öffentlichkeitsbeteiligung bereits vorliegenden und die der Öffentlichkeit dann auch zugänglich gemacht werden sollen, soweit sie sich auf Umweltbelange (vgl. § 1 Abs. 6 Nr. 7 BauGB) beziehen. Derartige Stellungnahmen können von Behörden stammen, die sie insbesondere im Rahmen der Beteiligung gemäß § 4 Abs. 1 BauGB bereits abgegeben haben, aber auch von sonstigen Personen einschließlich der anerkannten Naturschutzverbände, die sich zu der Planung bereits im Rahmen der frühzeitigen Öffentlichkeitsbeteiligung gemäß § 3 Abs. 1 BauGB oder auch außerhalb der gesetzlich vorgesehenen Verfahrensschritte geäußert haben. Die mit dem Entwurf des Bauleitplans auszulegenden umweltbezogenen Stellungnahmen sind desweiteren dahingehend eingegrenzt, daß sie nach Einschätzung der Gemeinde wesentlich sein müssen. Der Begriff der Wesentlichkeit ist dabei so zu verstehen, daß es sich um Stellungnahmen handeln muß, die sich inhaltlich ausführlich und substantiell zu umweltrelevanten Belangen äußern, die für die Planung von Bedeutung sind. Stellungnahmen, in denen eine bestimmte Planung lediglich unter Hinweis auf Umwelterwägungen pauschal und undifferenziert abgelehnt wird, entsprechen dem nicht. Andererseits ist es für die Wesentlichkeit einer Stellungnahme nicht von Bedeutung, ob die Gemeinde sie inhaltlich teilt oder fachlich eine andere Auffassung vertritt. Bei der Frage, ob eine Stellungnahme wesentlich ist, hat die Gemeinde einen **Beurteilungsspielraum**. Dieser soll die Rechtssicherheit von Bauleitplänen absichern. Aus dem Vorwurf, die Gemeinde hätte eine bestimmte wesentliche Stellungnahme nicht ausgelegt, soll sich ein gemäß § 214 Abs. 1 Satz 1 BauGB beachtlicher Verfahrensfehler nur begründen lassen, wenn die Gemeinde offensichtlich rechtsmißbräuchlich handelte[1]. Dies wird man immer dann annehmen können, wenn die Entscheidung, die Wesentlichkeit einer umweltbezogenen Stellungnahme zu verneinen, unter keinem Gesichtspunkt mehr nachvollziehbar und vertretbar ist. Die Einschätzung der Gemeinde, eine ihr bereits vor der Öffentlichkeitsbeteiligung gemäß § 3 Abs. 2 BauGB vorliegende Stellungnahme sei nicht wesentlich und müsse daher nicht mit dem Planentwurf ausgelegt werden, läßt ihre Verpflichtung unberührt, die darin enthaltenen Aussagen gleichwohl im Rahmen ihrer Planungsentscheidung zu berücksichtigen, wenn sie abwägungserheblich sind (dazu im einzelnen Rdnr. 570 ff.). Ebenfalls ist es der Gemeinde selbstverständlich freigestellt, zur Vermeidung einer ansonsten für jede Stellungnahme notwendigen Wesentlichkeitsprüfung sämtliche ihr bereits vorliegenden Stellungnahmen auszulegen oder auch solche Stellungnahmen mit-

---

1 So ausdrücklich die Begründung des Regierungsentwurfs zum EAG Bau, BT-Drucksache 15/2250, Begründung zu Nr. 5 (§ 3 BauGB).

einzubeziehen, die sich nicht mit umweltbezogenen Belangen befassen oder bei denen dies zumindest zweifelhaft ist.

Die durch die Gemeinde auszulegenden Unterlagen (Planentwurf, Begründung, wesentliche bereits vorliegende umweltbezogene Stellungnahmen) müssen für jedermann leicht und **ohne besondere Schwierigkeiten** vollständig zugänglich sein, ohne daß es noch einer gesonderten Nachfrage bedarf. Insbesondere muß eindeutig und ohne besondere Nachfrage erkennbar sein, daß zu dem Planentwurf auch eine Begründung gehört[1]. Ansonsten liegt ebenso wie bei einer ungenügenden Bekanntmachung oder einer Unterschreitung der Auslegungsfrist ein zur Unwirksamkeit führender Verfahrensfehler vor (§ 214 Abs. 1 Satz 1 Nr. 2 BauGB, dazu Rdnr. 1059 ff.)[2]. 463

Die für die Auslegung maßgebliche Monatsfrist besagt nichts zu der Frage, **zu welchen Zeiten** die ausgelegten Unterlagen zugänglich sein müssen. Der Öffentlichkeit ist zwar während der Auslegung hinreichend Gelegenheit zu geben, den Planentwurf und die weiteren Unterlagen einzusehen, jedoch ist es nicht unzumutbar, sie dabei genauso zu stellen, wie dies auch ansonsten im Verkehr mit Behörden der Fall ist. Daher muß der Entwurf nicht während der gesamten Dienstzeit der Gemeindeverwaltung ausgelegt werden. Es genügt vielmehr, daß der Planentwurf während der **allgemeinen Zeiten des Publikumsverkehrs** innerhalb der Auslegungsfrist eingesehen werden kann. Eine Einschränkung ist allerdings dann zu machen, wenn dadurch die Einsichtmöglichkeit unzumutbar beschnitten würde. Dies ist bei einer Einsichtsmöglichkeit während 33 Stunden pro Woche nicht der Fall[3]. Bei ehrenamtlich verwalteten Gemeinden reicht die Möglichkeit zur Einsichtnahme an wenigen Tagen und besonderen Stunden während der Auslegungsfrist aus, so etwa eine Begrenzung auf die Amtsstunden Montag und Donnerstag von 18.00 Uhr bis 20.00 Uhr und am Samstag von 8.00 Uhr bis 16.00 Uhr[4] oder eine Möglichkeit zur Einsichtnahme an nur 9 Stunden pro Woche verteilt auf zwei Vor- und Nachmittage[5]. 464

Die an der Planung Interessierten haben aus § 3 Abs. 2 BauGB keinen Anspruch auf **Aushändigung von Ablichtungen** des Planentwurfs und/oder der Begründung bzw. der ausgelegten umweltbezogenen Stellungnahmen[6]. Dies gilt selbst dann, wenn jemand es ablehnt oder nicht in der Lage ist, die Gemeindeverwaltung aufzusuchen[7]. Allerdings darf die Gemeinde selbstverständlich derartige Unterlagen den daran Interessierten zur Verfügung stel- 465

---

1 VGH Mannheim v. 25.7.1973 – II 458/70, BauR 1974, 40 = BRS 27 Nr. 15.
2 OVG Münster v. 28.2.1994 – 7a D 6/92, BauR 1994, 602.
3 BVerwG v. 4.7.1980 – 4 C 25.78, BauR 1980, 437 = BRS 36 Nr. 22 = DVBl. 1981, 99 = DÖV 1980, 764 = NJW 1980, 594.
4 VGH München v. 23.7.1981 – 16 XV 76, BRS 38 Nr. 21.
5 OVG Lüneburg v. 7.11.1997 – 1 K 2470.96, BRS 59 Nr. 17 = NVwZ-RR 1998, 720.
6 VGH München v. 12.12.1975 – I 75 u.a., BRS 30 Nr. 16.
7 Vgl. VGH Kassel v. 6.2.1978 – IV TG 46/77, BauR 1978, 122 = BRS 33 Nr. 13.

len. Da § 3 Abs. 2 BauGB eine aktive Mitwirkung bezweckt, sollte davon auch weitgehend Gebrauch gemacht werden, schon um unnötige Konflikte mit den von der Planung Betroffenen zu vermeiden.

466 Auch zur mündlichen oder schriftlichen **Erläuterung von Planentwürfen** durch die Gemeinde besteht gemäß § 3 Abs. 2 BauGB keine Verpflichtung. Da allerdings in der Öffentlichkeit vielfach über die Bedeutung von planerischen Festsetzungen keine genauen Vorstellungen bestehen, sind entsprechende Erklärungen durch die Gemeindeverwaltung gleichwohl zweckmäßig und hilfreich. Dies gilt auch für die Erläuterung der im Zusammenhang mit dem Planverfahren bestehenden Möglichkeiten, Rechte und Pflichten, selbst wenn § 25 VwVfG zumindest keine direkte Anwendung findet, da es sich bei der Bauleitplanung nicht um ein Verwaltungsverfahren im Sinne von § 9 VwVfG handelt. Zusätzliche Informationsansprüche im Zusammenhang mit der Bauleitplanung können sich in Bezug auf die umweltrelevanten Grundlagen der Planung aus **§ 4 Abs. 1 UIG** ergeben. Der Ausschlußtatbestand des § 7 Abs. 1 Nr. 2 UIG steht dem nicht entgegen, da es sich bei einem Bauleitplanverfahren nicht um ein verwaltungsbehördliches Verfahren im Sinne des gemeinschaftsrechtskonform auszulegenden Informationsanspruchs handelt[1].

467 Während der Auslegungsfrist können **Stellungnahmen** zu dem Planentwurf vorgebracht werden. Dieses Recht steht ebenso wie bei der frühzeitigen Öffentlichkeitsbeteiligung einem unbeschränkten Personenkreis zu (Rdnr. 410). Dies gilt unabhängig davon, ob die Betreffenden von der Möglichkeit zur Einsichtnahme in den Planentwurf Gebrauch gemacht haben oder nicht. Stellungnahmen im Sinne von § 3 Abs. 2 BauGB können sowohl **positiven als auch negativen Inhalt** haben. Sie können die Planung ganz oder jedenfalls teilweise vollständig ablehnen, Vorschläge zur Änderung oder Ergänzung des Planentwurfs machen oder die Durchführung ergänzender Untersuchungen und Begutachtungen (z.B. zum Schallschutz oder den verkehrlichen Auswirkungen) anregen.

468 Die Stellungnahmen können **schriftlich, mündlich oder zur Niederschrift** sowie als **Sammeleingabe** von mehreren Personen gemeinsam vorgebracht werden. Eine Erörterung im Sinne eines „Planungsdialogs" findet im Unterschied zur frühzeitigen Öffentlichkeitsbeteiligung (Rdnr. 421 f.) nicht statt. Auch hat niemand einen Anspruch darauf, seine Stellungnahme einem bestimmten Gemeindeorgan vortragen zu dürfen, etwa dem Planungsausschuß oder gar der Gemeindevertretung. Es liegt insofern bei der Gemeinde selbst, wie sie die Entgegennahme insbesondere mündlicher Stellungnahmen organisiert (zum Hinweis auf die Niederschrift in der öffentlichen Bekanntmachung Rdnr. 452 ff.).

---

1 S. dazu EuGH v. 17.6.1998 – Rs. C-321.96, EuZW 1998, 470.

Stellungnahmen im Rahmen der Öffentlichkeitsbeteiligung sind **keine Rechtsmittel** gegen die beabsichtigte Planung, wie auch die Mitteilung gemäß § 3 Abs. 2 Satz 4 2. Halbsatz BauGB kein Verwaltungsakt sondern lediglich eine Verfahrenshandlung ist. Es besteht daher keine Möglichkeit, während der Planaufstellung etwa mit Hilfe eines Verwaltungsstreitverfahrens eine Änderung des Planentwurfs zu erzwingen. Ebensowenig kann sich jemand gegen einen bloßen Planentwurf mit den Möglichkeiten der Normenkontrolle gemäß § 47 Abs. 1 Nr. 1 VwGO wenden, da dies nur bei einem in Kraft gesetzten Bebauungsplan möglich ist (Rdnr. 1012). Andererseits ist für die spätere Behauptung in einer gerichtlichen Auseinandersetzung, eine Planfestsetzung sei rechtsfehlerhaft, nicht der Nachweis erforderlich, daß bereits während des Aufstellungsverfahrens eine Stellungnahme abgegeben wurde. Die Abgabe einer Stellungnahme während des Bauleitplanverfahrens ist also in jedem Fall freiwillig und – anders als im Planfeststellungsrecht (s. etwa § 73 Abs. 4 Satz 3 VwVfG, § 17 Abs. 4 FStrG) – **nicht Voraussetzung für spätere Rechtsmittelverfahren**. Dies bedeutet zugleich, daß auch **nach Ende der Auslegungsfrist** noch Stellungnahmen zu der Planung abgegeben werden können und – soweit vom Verfahrensgang her noch möglich (s. Rdnr. 457) – bei der Beschlussfassung über den Bauleitplan auch berücksichtigt werden müssen (§ 214 Abs. 3 Satz 1 BauGB).

469

Auch wenn dies für eine nachträgliche gerichtliche Überprüfung eines Bauleitplans nicht zwingend erforderlich ist, ist es für die Betroffenen gleichwohl ratsam, sich während der Öffentlichkeitsbeteiligung zu dem Planentwurf zu äußern, wenn sie mit diesem nicht einverstanden sind, weil etwa ihre individuellen Belange keine hinreichende Berücksichtigung gefunden haben. Denn die Gemeinde muß bei der Zusammenstellung ihres Abwägungsmaterials nur die ihr erkennbaren Belange berücksichtigen. Tatsächlich bestehende, jedoch für die Gemeinde nicht erkennbare Betroffenheiten sind hingegen nicht abwägungsbeachtlich, so daß sich in einem solchen Fall ein Betroffener späterhin nicht auf Abwägungsfehler der Gemeinde berufen und aus diesem Grunde die Unwirksamkeit des Plans geltend machen kann (dazu im einzelnen Rdnr. 573 ff.).

470

d) Prüfung der abgegebenen Stellungnahmen, Mitteilung des Prüfungsergebnisses

Gemäß § 3 Abs. 2 Satz 4 1. Halbsatz BauGB sind die fristgemäß abgegebenen Stellungnahmen **zu prüfen** (zu den „verfristeten" Stellungnahmen und ihrer Abwägungsrelevanz Rdnr. 457). Prüfen bedeutet dabei nicht eine Kontrolle hinsichtlich der tatsächlichen oder rechtlichen Richtigkeit der Stellungnahme sondern eine Bewertung dahingehend, ob die Stellungnahme **abwägungsrelevant** und geeignet ist, auf den letztendlichen Inhalt der Planung Einfluß zu nehmen. Es geht also um eine Ergänzung und Vervollständigung des Abwägungsmaterials.

471

472 Nicht im Baugesetzbuch geregelt ist, wer für die Prüfung in diesem Sinne zuständig ist. Dies richtet sich daher allein nach Kommunalverfassungsrecht. Üblicherweise fällt die Entscheidung über die Stellungnahmen mit der verbindlichen Entscheidung über den Bauleitplan, bei einem Bebauungsplan also mit dem Satzungsbeschluß gemäß § 10 Abs. 1 BauGB (Rdnr. 747), zusammen. Die Stellungnahmen werden zuvor in der Regel durch die Gemeindeverwaltung (zumeist durch das Planungsamt) aufbereitet, mit einer Stellungnahme versehen und zum Gegenstand einer **Beschlußvorlage** für die Gemeindevertretung und eventuell beteiligte Ausschüsse (z.B. Umwelt- und Planungsausschuß) gemacht. Die Gemeindevertretung trifft dann die abschließende Entscheidung über den Bauleitplan und damit zugleich auch über die dazu abgegebenen Stellungnahmen. Ein vorhergehender eigenständiger Beschluß der Gemeindevertretung oder eines gemeindlichen Ausschusses über die Stellungnahmen („Abwägungsbeschluß") ist zwar bauplanungsrechtlich zulässig, er hat jedoch keinen unmittelbaren Rechtswirkungen für das weitere Bauleitplanverfahren. Insbesondere ändert es nichts daran, daß für die Rechtmäßigkeit des Plans gemäß § 214 Abs. 3 Satz 1 BauGB allein auf die Sach- und Rechtslage zum Zeitpunkt des Satzungsbeschlusses abzustellen ist[1].

473 Ebenfalls ändert ein solcher vorhergehender Beschluß über die im Rahmen der Öffentlichkeitsbeteiligung eingegangenen Stellungnahmen nichts daran, daß die abschließende Abwägungsentscheidung allein der Gemeindevertretung obliegt. Fühlt sie sich an vorhergehende Beschlußfassungen gebunden, führt dies zu einem Abwägungsfehler.

Beispiel:

In einer Gemeinde prüft auf der Grundlage einer Beschlußvorlage der Verwaltung zunächst der gemeindliche Planungsausschuß die abgegebenen Stellungnahmen. Er beschließt auf dieser Grundlage eine Empfehlung für die Gemeindevertretung, die sich ihrerseits nicht mehr mit den abgegebenen Stellungnahmen befaßt und nur noch über die Empfehlung des Planungsausschusses entscheidet. Sodann wird denjenigen, die im Rahmen der Öffentlichkeitsbeteiligung Stellungnahmen abgegeben haben, mitgeteilt, daß der Planungsausschuß darüber beraten und einen sodann näher erläuterten Beschluß gefaßt habe. In einem solchen Fall ist deutlich erkennbar, daß eine ordnungsgemäße Abwägung durch die dafür zuständige Gemeindevertretung nicht erfolgt ist[2].

474 Während die Prüfung der abgegebenen Stellungnahmen durch die Gemeindevertretung vor der abschließenden Entscheidung über den Bauleitplan erfolgen muß, besteht für die **Mitteilung des Prüfergebnisses** gegenüber denjenigen, die fristgerecht Stellungnahmen abgegeben haben (§ 3 Abs. 2 Satz 4 2. Halbsatz BauGB) keine zeitliche Vorgabe. Das ist dadurch gerechtfertigt,

---
1 BVerwG v. 11.11.2002 – 4 BN 52.02, UPR 2003, 224 = ZfBR 2003, 264; s. auch Meister, Die dogmatische Einordnung der Prüfungs- und Mitteilungspflicht in § 3 Abs. 2 Satz 4 BauGB, BauR 2003, 1835 ff.
2 OVG Münster v. 16.10.2003 – 10 a B 2515/02, BauR 2004, 452.

daß die Mitteilung kein Verwaltungsakt oder eine sonstige eigenständig anfechtbare Entscheidung ist. Ebensowenig dient die Vorschrift dazu, den planerischen Entscheidungsprozeß offen zu halten und über § 3 Abs. 2 BauGB hinaus weitere Mitwirkungsmöglichkeiten zu eröffnen. Daher genügt es, wenn die Mitteilung nach Inkrafttreten des Bauleitplans erfolgt[1]. Sie ist nicht formgebunden und kann daher mündlich oder schriftlich erfolgen, wobei sich letzteres in aller Regel anbietet. Mitzuteilen ist lediglich das **Ergebnis** der Prüfung, ob also die abgegebene Stellungnahme berücksichtigt wurde oder nicht. Eine Begründung dafür ist nicht erforderlich[2]. Gleichwohl empfiehlt es sich in der Regel, zumindest den Teil der Beschlußvorlage, der sich mit der Stellungnahme auseinandersetzt, der Mitteilung beizufügen.

Wenn **mehr als 50 Personen** Stellungnahmen mit im Wesentlichen gleichem Inhalt abgegeben haben, kann die Mitteilung des Ergebnisses der Prüfung dadurch ersetzt werden, daß diesen Personen die Einsicht in das Ergebnis ermöglicht wird (sog. Massenverfahren, § 3 Abs. 2 Satz 5 BauGB). Die Stelle, bei der das Ergebnis der Prüfung während der Dienststunden eingesehen werden kann, ist ortsüblich bekannt zu machen. Stellungnahmen mit **im wesentlichen gleichem Inhalt** liegen vor, wenn diese auf vergleichbaren sachlichen Erwägungen beruhen. Unerheblich ist dafür, ob die Begründung für die (positive oder negative) Kritik an der Planung unterschiedlich ausführlich ist. Da es auf die Zahl der Personen und nicht auf die Zahl der Stellungnahmen ankommt, greift § 3 Abs. 2 Satz 5 BauGB auch dann ein, wenn eine einzelne **Sammelstellungnahme** durch eine entsprechend große Zahl von Personen unterzeichnet wurde. Dies ist sachlich gerechtfertigt, weil auch bei Sammelstellungnahmen jeder einzelne daran Beteiligte individuell unterrichtet werden müßte, sofern nicht ein Vertreter oder Bevollmächtigter bestellt ist (vgl. §§ 14, 17 VwVfG). Für die **ortsübliche Bekanntmachung** gelten die Anforderungen gemäß § 3 Abs. 2 Satz 1 BauGB entsprechend (Rdnr. 429 ff.). Die Bekanntmachung muß sich inhaltlich an den Anforderungen des § 3 Abs. 2 Satz 4 und 5 BauGB ausrichten. Die zu ermöglichende Einsicht in das Ergebnis kann sich auf das Protokoll über die Beschlußfassung (Rdnr. 745 ff.) beschränken. Auch in diesem Fall bedarf es also aus rechtlicher Sicht keiner Begründung des Ergebnisses. 475

Aus der Bekanntmachung bei Massenverfahren muß sich ergeben, daß das Ergebnis der Prüfung **während der Dienststunden** eingesehen werden kann (§ 3 Abs. 2 Satz 5 2. Halbsatz BauGB). Der Begriff der Dienststunden ist dabei im Sinne von Publikumsstunden zu verstehen. Es geht also um die Dienststunden, in denen bei der Gemeindeverwaltung auch sonst Publi- 476

---

[1] BVerwG v. 11.11.2002 – 4 BN 52.02, UPR 2003, 224 = ZfBR 2003, 264; VGH München v. 5.6.1996 – 8 S 487/96, BRS 58 Nr. 19 = DÖV 1997, 259 = NVwZ-RR 1997, 684 = UPR 1997, 196 = ZfBR 1997, 54.
[2] VGH Mannheim v. 12.3.1969 – III 213/67, BRS 22 Nr. 28.

kumsverkehr stattfindet (s. zur Einsichtnahme in die ausgelegten Planunterlagen Rdnr. 461 ff.). Nicht geregelt ist im Unterschied zu § 3 Abs. 2 Satz 1 BauGB (1 Monat) eine zeitliche Befristung für die Gewährung der Einsichtnahme in das Prüfungsergebnis. Man wird daraus den Schluß ziehen müssen, daß diese so lange ermöglicht werden muß, wie der Bauleitplan rechtliche Bedeutung hat. Dies ist der Gemeinde auch ohne weiteres zumutbar, weil sich das Prüfungsergebnis ohnehin bei der Planaufstellungsakte befindet.

477 **Verstößt** die Gemeinde gegen ihre Mitteilungspflicht gemäß § 3 Abs. 2 Satz 4 2. Halbsatz bzw. Satz 5 BauGB oder treten Verfahrensfehler etwa bei der ortsüblichen Bekanntmachung auf, ist dies für die Rechtmäßigkeit des Bauleitplans ohne Bedeutung, da sich ein solcher Verstoß auf die Wirksamkeit des Plans tatsächlich und rechtlich nicht auswirken kann[1].

e) Vorlage der nicht berücksichtigten Stellungnahmen bei der Genehmigung des Bauleitplans

478 Gemäß § 3 Abs. 2 Satz 6 BauGB müssen in Fällen, in denen der Bauleitplan einer Genehmigung bedarf (Flächennutzungsplan, Rdnr. 771 ff.; Bebauungspläne gemäß § 10 Abs. 2 BauGB, Rdnr. 794), die nicht berücksichtigten Stellungnahmen mit einer Stellungnahme der Gemeinde den Genehmigungsunterlagen beigefügt werden. Als nicht berücksichtigt sind dabei alle Stellungnahmen anzusehen, denen nicht dadurch Rechnung getragen wurde, daß sie in den Bauleitplan vollständig und uneingeschränkt Eingang gefunden haben. Besondere Anforderungen an die erforderliche gemeindliche Stellungnahme sind nicht geregelt. Diese kann also kurz sein oder auch auf die Beschlußvorlage für die Gemeindevertretung verweisen. Allerdings muß sich für die Genehmigungsbehörde zumindest aus der gesamten Planungsakte ergeben, daß die gemeindliche Planung trotz Nichtberücksichtigung der betreffenden Stellungnahmen abwägungsrechtlich vertretbar und auch im übrigen nicht mit einem Rechtsfehler behaftet ist.

479 Kommt die Gemeinde ihrer Verpflichtung aus § 3 Abs. 2 Satz 6 BauGB nicht nach, ist das für die Rechtswirksamkeit des Bauleitplans **unbeachtlich**, weil sich dies auf die bereits erfolgte planerische Abwägung nicht mehr auszuwirken vermag. Ebensowenig hat die Prüfung durch die höhere Bauaufsichtsbehörde für sich genommen Einfluß darauf, ob der Bauleitplan den gesetzlichen Anforderungen genügt oder nicht, wie sich schon daran zeigt, daß auch die Genehmigung eines rechtsfehlerhaften Bauleitplans keine „heilende" Wirkung hat und derartige Fehler beseitigt[2]. Nach anderer Ansicht[3] handelt es sich bei einem Verstoß gegen § 3 Abs. 2 Satz 6 BauGB

---

1 VGH Mannheim v. 17.3.1967 – I 728/95, BRS 18 Nr. 5; Jäde in Jäde/Dirnberger/ Weiß, § 3 Rdnr. 28.
2 Jäde in Jäde/Dirnberger/Weiß, § 3 Rdnr. 30; Schrödter in Schrödter, § 3 Rdnr. 42.
3 Battis in Battis/Krautzberger/Löhr, § 3 Rdnr. 19.

um einen beachtlichen Fehler, der zur Unwirksamkeit des Bauleitplans führt, sofern er fristgemäß nach § 215 Abs. 1 BauGB gerügt (Rdnr. 1091 ff.) und nicht nachträglich (Rdnr. 1098 ff.) behoben worden ist.

3. Änderung des Bauleitplans nach der Auslegung, erneute Öffentlichkeitsbeteiligung (§ 4 a Abs. 3 BauGB)

Eine nochmalige Auslegung des Planentwurfs ist erforderlich, wenn dieser nach der Öffentlichkeitsbeteiligung gemäß § 3 Abs. 2 BauGB geändert oder ergänzt wird. Dies gilt für **jeden Fall** der Änderung oder Ergänzung des Planentwurfs, unabhängig davon, ob zwischenzeitlich bereits weitere Verfahrensschritte im Vorfeld des rechtswirksamen Inkrafttretens des Bauleitplans durchgeführt worden sind, wie etwa der Satzungsbeschluß. Insbesondere greift § 4a Abs. 3 BauGB auch dann ein, wenn die Änderung oder Ergänzung des Planentwurfs durch die Aufsichtsbehörde veranlaßt worden ist (zum Beitrittsbeschluß Rdnr. 784 ff.)[1]. Ebenfalls ist es ohne Bedeutung, ob die Änderung oder Ergänzung auf Stellungnahmen aus der förmlichen Öffentlichkeitsbeteiligung beruht oder nicht.

480

§ 4a Abs. 3 BauGB bezieht sich nur auf Änderungen oder Ergänzungen des Planentwurfs. Dazu gehören – durchaus auch umfassende – Überarbeitungen des Planentwurfs, nicht jedoch eine vollständige Änderung der Planungskonzeption. Diese macht ein neues Planverfahren, in der Regel beginnend mit der frühzeitigen Öffentlichkeitsbeteiligung (Rdnr. 412 ff.), erforderlich.

481

Nicht mehr geregelt ist seit dem Inkrafttreten des EAG Bau (Rdnr. 1), daß es einer erneuten Auslegung dann bedarf, wenn der Umweltbericht wegen der Besorgnis zusätzlicher oder anderer erheblicher nachteiliger Auswirkungen geändert werden muß. Daraus ist zu schließen, daß derartige Umstände nur dann eine erneute Auslegung des Planentwurfs erfordern, wenn sie gleichzeitig auch ihren Niederschlag in Änderungen oder Ergänzungen des Planentwurfs finden. Ist dies nicht der Fall, bedarf es keiner erneuten Öffentlichkeitsbeteiligung.

482

Für die erneute Öffentlichkeitsbeteiligung gelten grundsätzlich die **Anforderungen des § 3 Abs. 2 BauGB**. Das Verfahren der förmlichen Öffentlichkeitsbeteiligung ist also „erneut" durchzuführen. Dies gilt sowohl für die Bekanntmachungspflichten und die Durchführung der Öffentlichkeitsbeteiligung als auch für die Mitteilungspflichten gegenüber denjenigen, die Stellungnahmen abgegeben haben und für die Informationspflicht gegenüber der höheren Bauaufsichtsbehörde bei genehmigungsbedürftigen Bauleitplänen. Abweichend davon darf die erneute Auslegung gemäß § 4a Abs. 3 Satz 2

483

---

1 OVG Lüneburg v. 16.6.1982 – 1 C 9.81, NVwZ 1983, 479.

BauGB auf Stellungnahmen zu den geänderten oder ergänzten Teilen **beschränkt** werden. Darauf ist in der erneuten Bekanntmachung der Auslegung gemäß § 3 Abs. 2 Satz 2 BauGB hinzuweisen. Die Mitteilungspflichten gegenüber denjenigen, die Stellungnahmen abgegeben haben (§ 3 Abs. 2 Satz 4, 2. Halbsatz BauGB), und die Vorlagepflicht gemäß § 3 Abs. 2 Satz 6 BauGB bestehen dann nur für die entsprechenden Eingaben. Darunter fallen allerdings nicht nur die Stellungnahmen, die unmittelbar die geänderten oder ergänzten Planinhalte betreffen. Vielmehr zählen dazu auch Stellungnahmen zu Planbestandteilen, die in einem räumlichen und funktionalen oder in sonstiger Weise **abwägungsrelevanten Zusammenhang** mit den Änderungen oder Ergänzungen stehen. Der allgemein gehaltene Hinweis in der öffentlichen Bekanntmachung, daß nur zu den geänderten oder ergänzten Teilen des Planentwurfs Stellungnahmen abgegeben werden dürfen, ist dabei rechtlich unbedenklich. Rechtswidrig ist hingegen eine Konkretisierung dahingehend, daß lediglich zu bestimmten ausdrücklich genannten Änderungen oder Ergänzungen Stellungnahmen abgegeben werden dürfen, wenn diese Änderungen oder Ergänzungen sich abwägungsrelevant auch auf weitere Planinhalte auswirken können. Es handelt sich dann um einen gemäß § 214 Abs. 1 Satz 1 Nr. 2 BauGB beachtlichen Verfahrensfehler.

484 Stellungnahmen, die sich nicht auf die Änderungen und Ergänzungen und deren abwägungsrelevante Auswirkungen beschränken, unterfallen zwar nicht den formellen Pflichten des § 3 Abs. 2 Satz 4 2. Halbsatz und Satz 6 BauGB[1]. Sie sind jedoch gleichwohl nicht ohne weiteres unbeachtlich, wie sich aus § 214 Abs. 3 Satz 1 BauGB ergibt (zu nicht fristgerecht abgegebenen Stellungnahmen s. Rdnr. 456 f.).

485 Ebenfalls abweichend von § 3 Abs. 2 BauGB kann die Dauer der erneuten Auslegung **angemessen verkürzt** werden (§ 4a Abs. 3 Satz 3 BauGB). Dies ist unabhängig von § 4a Abs. 3 Satz 2 1. Halbsatz BauGB möglich, kann also auch dann erfolgen, wenn Stellungnahmen nicht nur zu den geänderten oder ergänzten Teilen sondern unbeschränkt abgegeben werden dürfen. Wie lang die mögliche Verkürzung sein kann, hängt von der Komplexität der Planänderungen und -ergänzungen ab. Es muß in jedem Fall gewährleistet sein, daß sich die Öffentlichkeit von den Veränderungen der Planung ein Bild machen und sich sodann dazu äußern kann. In der Regel wird daher allenfalls eine Verkürzung auf eine verbleibende Auslegungsdauer von etwa **zwei Wochen** in Betracht kommen. Die von der Gemeinde vorgesehene Frist ist in der öffentlichen Bekanntmachung anzugeben (zur Fristberechnung Rdnr. 451 ff.). Sie ist mit dem Hinweis zu verbinden, daß nicht fristgerecht abgegebene Stellungnahmen bei der Beschlußfassung über den Bauleitplan unberücksichtigt bleiben können (§ 3 Abs. 2 Satz 2 2. Halbsatz BauGB, Rdnr. 456).

---

1 BVerwG v. 31.10.1989 – 4 NB 7.89, BRS 49 Nr. 31 = DVBl. 1990, 366 = DÖV 1991, 122 = NVwZ-RR 1990, 286 = UPR 1990, 183 = ZfBR 1990, 32.

§ 4a Abs. 3 Satz 4 BauGB sieht für den Fall, daß durch die Änderung oder Ergänzung des Planentwurfs die Grundzüge der Planung nicht berührt werden, vor, daß die Einholung der Stellungnahmen auf die von der Änderung oder Ergänzung betroffene Öffentlichkeit beschränkt werden kann. Diese Möglichkeit besteht alternativ zu der erneuten Bekanntmachung und Durchführung einer, ggf. gemäß § 4a Abs. 3 Satz 2 und 3 BauGB sachlich und zeitlich eingeschränkten, erneuten Öffentlichkeitsbeteiligung. Die Voraussetzung, daß durch die Änderung oder Ergänzung des Planentwurfs die Grundzüge der Planung nicht berührt sein dürfen, deckt sich mit den entsprechenden Voraussetzungen für das vereinfachte Verfahren gemäß § 13 Abs. 1 BauGB (Rdnr. 845 f.) Die Einholung der Stellungnahmen durch die von der Änderung oder Ergänzung betroffene Öffentlichkeit entspricht der eingeschränkten Beteiligung im vereinfachten Verfahren gemäß § 13 Abs. 2 Nr. 2 BauGB (Rdnr. 858 ff.) 486

Nicht gemäß § 4a Abs. 3 Satz 4 BauGB erneut zu beteiligen ist eine Person, wenn die Änderung oder Ergänzung des Planentwurfs allein darin besteht, daß ihre Stellungnahme aus der förmlichen Öffentlichkeitsbeteiligung in den Planentwurf eingearbeitet wurde. **Gänzlich abgesehen** werden darf trotz einer Änderung oder Ergänzung des Planentwurfs von einer erneuten Öffentlichkeitsbeteiligung, wenn **gar keine abwägungserheblichen Belange** der Öffentlichkeit und auch keine Umweltbelange tangiert sind[1]. 487

Beispiel: 488
Der Entwurf eines Bebauungsplans sah für ein Grundstück eine dreigeschossige Bebauung vor, während auf den benachbarten Grundstücken lediglich eine zweigeschossige Bebauung vorgesehen war. Aufgrund der Stellungnahme des begünstigten Eigentümers wurde der Planentwurf dahingehend geändert, daß auch für sein Grundstück nur noch eine maximal zweigeschossige Bebauung festgesetzt ist. In diesem Fall konnte von der erneuten Öffentlichkeitsbeteiligung abgesehen werden.

Eine Änderung oder Ergänzung des Planentwurfs liegt auch dann nicht vor, wenn sich diese auf einen **Teilbereich** bezieht, jedoch ein räumlich und sachlich abtrennbarer Teil, der unverändert geblieben ist, in Kraft gesetzt wird. Dies macht – bezogen auf diesen unveränderten Teil – also keine erneute Öffentlichkeitsbeteiligung erforderlich[2]. 489

Wenn aufgrund der erneuten Öffentlichkeitsbeteiligung der Bauleitplan ein weiteres Mal geändert oder ergänzt wird, ist die erneute Öffentlichkeitsbeteiligung gemäß § 4a Abs. 3 BauGB wiederum durchzuführen, so daß es zu einer dritten förmlichen Öffentlichkeitsbeteiligung kommt. 490

---

1 Vgl. BVerwG v. 18.12.1987 – 4 NB 2.87, BRS 47 Nr. 4 = NVwZ 1988, 822.
2 VGH Mannheim v. 22.4.1996 – 5 S 1140.95, BRS 58 Nr. 20 = NVwZ-RR 1997, 11 = UPR 1996, 454 = ZfBR 1997, 166.

491 Werden die Voraussetzungen des § 4a Abs. 3 Satz 4 BauGB zu Unrecht angenommen, ist dies gemäß **§ 214 Abs. 1 Satz 1 Nr. 2 2. Halbsatz BauGB** unbeachtlich. Beachtlich ist es allerdings nach dieser Vorschrift grundsätzlich, wenn das gewählte Verfahren fehlerhaft durchgeführt wird (s. Rdnr. 1059 ff.). Selbst dann hat ein Verstoß gegen die Pflicht zur erneuten Öffentlichkeitsbeteiligung nicht zwingend die Unwirksamkeit des gesamten Bauleitplans zur Folge. Beschränken sich die Änderungen oder Ergänzungen auf einen räumlich oder sachlich abtrennbaren Teil des Bauleitplans, kann dies dazu führen, daß lediglich eine **Teilunwirksamkeit** gegeben ist[1].

III. Beteiligung der Behörden und sonstiger Träger öffentlicher Belange (§ 4 BauGB)

492 Die Beteiligung von Behörden und sonstigen Trägern öffentlicher Belange am Planaufstellungsverfahren ist gemäß § 4 BauGB genauso zwingend wie die Beteiligung der Öffentlichkeit. Durch eine solche umfassende Beteiligung wird die weitestmögliche Vollständigkeit des für die gemeindliche Planung notwendigen Abwägungsmaterials verfahrensrechtlich abgesichert (§ 4 a Abs. 1 BauGB). Zugleich zeigt sich darin die prinzipielle Gleichrangigkeit der gemäß § 1 Abs. 7 BauGB gegen- und untereinander gerecht abzuwägenden öffentlichen und privaten Belange (Rdnr. 546 ff.).

493 § 4 BauGB ist durch das EAG Bau (Rdnr. 1) neu gefaßt worden. Die Änderung der Überschrift, die nunmehr von einer Beteiligung der Behörden spricht, hat materiellrechtlich für das Planaufstellungsverfahren keine Bedeutung, da in der Regelung selbst weiterhin umfassend von Behörden und sonstigen Trägern öffentlicher Belange die Rede ist. Lediglich § 4 Abs. 3 BauGB bezieht sich allein auf den engeren Begriff der Behörden. Die Vorschrift hat allerdings für das Planverfahren selbst und die Rechtmäßigkeit eines Bauleitplans keine Bedeutung (s. noch Rdnr. 519 f.).

494 § 4 BauGB sieht nunmehr, ebenso wie dies bereits vor Inkrafttreten des EAG Bau für die Öffentlichkeitsbeteiligung der Fall war, zwingend eine **zweistufige Beteiligung** der Behörden und sonstiger Träger öffentlicher Belange vor. Eine Ausnahme dazu besteht lediglich beim vereinfachten Verfahren gemäß § 13 BauGB, bei dem die frühzeitige Behördenbeteiligung gemäß § 4 Abs. 1 BauGB entfallen kann (s. Rdnr. 857).

495 Gemäß § 4a Abs. 2 BauGB können die frühzeitige Öffentlichkeitsbeteiligung (§ 3 Abs. 1 BauGB) und die frühzeitige Behördenbeteiligung (§ 4 Abs. 1 BauGB) sowie die förmliche Öffentlichkeitsbeteiligung (§ 3 Abs. 2 BauGB)

---

1 BVerwG v. 18.7.1989 – 4 N 3.87, BauR 1989, 579 = BRS 49 Nr. 34 = DVBl. 1989, 1100 = DÖV 1990, 432 = NVwZ 1990, 157 = UPR 1989, 441 = ZfBR 1989, 270; BVerwG v. 18.12.1987 – 4 NB 2.87, BRS 47 Nr. 4 = NVwZ 1988, 822.

und die zweite Stufe der Behördenbeteiligung (§ 4 Abs. 2 BauGB) jeweils gleichzeitig durchgeführt werden. Zwingend erforderlich ist dies allerdings nicht. Entscheidend ist allein, daß jeweils beide Stufen der Beteiligung ordnungsgemäß durchgeführt werden und sich die jeweils zu Beteiligenden zu der Planung ordnungsgemäß äußern können. Wird die förmliche Öffentlichkeitsbeteiligung gemäß § 3 Abs. 2 BauGB nach der Behördenbeteiligung gemäß § 4 Abs. 2 BauGB durchgeführt, sollen die beteiligten Behörden darüber gemäß § 3 Abs. 2 Satz 3 BauGB benachrichtigt werden. Diese haben dann die Möglichkeit, sich ggf. noch einmal zu dem Planentwurf zu äußern. Dies kann insbesondere dann von Bedeutung sein, wenn ihre Stellungnahmen bei dem im Rahmen der Öffentlichkeitsbeteiligung ausgelegten Planentwurf nicht berücksichtigt wurden. Der Sache nach führt dies also in Fällen, in denen die Öffentlichkeitsbeteiligung nicht (spätestens) gleichzeitig mit der Behördenbeteiligung gemäß § 4 Abs. 2 BauGB endet, dazu, daß eine dritte Stufe der Behördenbeteiligung besteht.

1. Zu beteiligende Behörden

Beteiligt werden müssen die Behörden und sonstigen Träger öffentlicher Belange, deren Aufgabenbereich durch die Planung berührt werden kann. Der Begriff der Behörde richtet sich nach § 1 Abs. 4 VwVfG des Bundes und der Länder. Behörde ist danach jede Stelle, die Aufgaben der öffentlichen Verwaltung wahrnimmt. Zu den sonstigen Trägern öffentlicher Belange gehören neben juristischen Personen des öffentlichen Rechts auch natürliche Personen und juristische **Personen des Privatrechts** sowie sonstige privatrechtlich organisierte Vereinigungen. Entscheidend ist, daß der betreffenden öffentlichrechtlichen oder privatrechtlichen Einrichtung durch Gesetz oder aufgrund eines Gesetzes eine **öffentliche Aufgabe** zugewiesen ist[1]. Dies ist z.B. bei Nachbargemeinden, Fachbehörden außerhalb der Gemeinde (z.B. untere Naturschutzbehörde), Industrie- und Handwerkskammern, Einzelhandelsverbänden, Elektrizitätsunternehmen sowie den Nachfolgeunternehmen von Bahn und Post bei der Erfüllung gesetzlich übertragener Versorgungsaufgaben der Fall. Nicht ausreichend ist es hingegen, wenn ein privates Unternehmen allein aufgrund eines Vertrages mit der öffentlichen Hand bestimmte Leistungen erbringt.

496

Beispiel:

Der Betreiber eines Mobilfunknetzes wird nicht dadurch zum Träger öffentlicher Belange, weil er auf der Grundlage eines mit der Bundesrepublik Deutschland abgeschlossenen Lizenzvertrages bestimmte Mobilfunkdienste erbringt, solange es sich dabei nur um ein entsprechendes Recht des Unternehmens handelt, nicht hingegen um eine ihm zugewiesene Verpflichtung, der sich das Unternehmen nicht einseitig entziehen kann[2].

497

---
1 VGH München v. 18.3.2003 – 15 N 98.2262, BauR 2003, 1701 = ZfBR 2003, 574.
2 VGH München v. 18.3.2003 – 15 N 98.2262, BauR 2003, 1701 = ZfBR 2003, 574.

498 Es reicht hingegen nicht aus, wenn private Vereinigungen oder Verbände Interessen wahrnehmen, die zwar von allgemeiner Bedeutung sind und ggf. auch in den Planungsleitlinien des § 1 Abs. 6 BauGB aufgeführt sind, jedoch eine Aufgabenzuweisung durch oder aufgrund eines Gesetzes fehlt. Dazu zählen etwa die nach § 58 oder § 60 BNatSchG anerkannten **Naturschutzverbände**, die nicht nach § 4 BauGB als Träger öffentlicher Belange zu beteiligen sind[1]. In den Ländern existieren teilweise Erlasse über die in Betracht kommenden Behörden und sonstigen Träger öffentlicher Belange[2]. Selbst wenn es unschädlich ist, daß bei der Beteiligung einzelne Träger öffentlicher Belange übersehen werden (Rdnr. 1060), empfiehlt es sich gleichwohl bei der Auswahl eher großzügig zu sein.

499 Einzuholen sind die Äußerungen nur der Behörden und sonstigen Träger öffentlicher Belange, deren **Aufgabenbereich** durch die Planung in abwägungsrelevanter Weise berührt werden kann. Die Notwendigkeit der **Abwägungsrelevanz** ergibt sich ausdrücklich aus § 4a Abs. 1 BauGB, aber auch aus dem Begriff der „Belange". Allein die Möglichkeit, daß die betreffende Behörde die Gemeinde auf für die Planung bestehende gesetzliche Anforderungen hinweisen könnte, reicht dafür nicht aus. Denn die gesetzlichen Bestimmungen, die der Abwägung entzogen sind (z.B. die Ziele der Raumordnung gemäß § 1 Abs. 4 BauGB, Rdnr. 60 ff.), muß die Gemeinde ohnehin beachten. Dafür bedarf es nicht der Durchführung des Beteiligungsverfahrens nach § 4 BauGB. Etwa die höhere Bauaufsicht in ihrer Funktion als Genehmigungsbehörde für genehmigungsbedürftige Bauleitpläne ist daher insofern kein zu beteiligender Träger öffentlicher Belange.

500 Eine Beteiligung muß nur hinsichtlich der Behörden und sonstigen Träger öffentlicher Belange erfolgen, deren Aufgabenbereich durch die Planung berührt werden kann. Dies muß also nicht definitiv feststehen. Es genügt, wenn zumindest einiges dafür spricht, daß Belange, die die betreffende Behörde oder der sonstige Träger öffentlicher Belange zu vertreten hat, **konkret** berührt sein können. Die zu beteiligenden Behörden und sonstigen Träger öffentlicher Belange sind jeweils als **organisatorische Einheit** zu verstehen. Es müssen also nicht die einer Behörde jeweils zugeordneten Fachämter einzeln beteiligt werden (z.B. einzelne Fachämter oder Fachabteilungen der Kreisverwaltung), wenngleich dies selbstverständlich zulässig ist. Vielmehr liegt die interne Koordination auf seiten der Behörden oder der sonstigen Träger öffentlicher Belange, wenn dort verschiedene durch die Planung berührte Aufgabenbereiche gebündelt sind, bei ihnen selbst. Für die Äußerung besteht dementsprechend sowohl die Möglichkeit, daß diese ein-

---

1 BVerwG v. 14.5.1997 – 11 A 43.96, DVBl. 1997, 1124 = UPR 1997, 413.
2 S. etwa den Runderlaß des Ministers für Stadtentwicklung, Wohnen und Verkehr des Landes Brandenburg über die Beteiligung der Träger öffentlicher Belange nach dem Baugesetzbuch mit Verzeichnis der Träger öffentlicher Belange v. 8.9.1999, ABl. Bbg. 1999, 1040.

heitlich in gebündelter Form durch die betreffende Behörde erfolgt oder aber daß durch deren einzelne Fachabteilungen jeweils einzelne Äußerungen abgegeben werden.

2. Frühzeitige Behördenbeteiligung (§ 4 Abs. 1 BauGB)

Die frühzeitige Behördenbeteiligung (zu den zu beteiligenden Behörden und sonstigen Träger öffentlicher Belange Rdnr. 496 ff.) entspricht im wesentlichen der frühzeitigen Öffentlichkeitsbeteiligung gemäß § 3 Abs. 1 BauGB (Rdnr. 412 ff.). Ebenso wie die Öffentlichkeit sind also auch die Behörden möglichst frühzeitig über die allgemeinen Ziele und Zwecke der Planung, sich wesentlich unterscheidende Lösungen, die für die Neugestaltung oder Entwicklung eines Gebiets in Betracht kommen, und die voraussichtlichen Auswirkungen der Planung zu unterrichten. Während gemäß § 3 Abs. 1 BauGB der Öffentlichkeit lediglich Gelegenheit zur Äußerung zu geben ist, sind die Behörden und sonstigen Träger öffentlicher Belange zu einer Äußerung **aufzufordern**. Ein besonderer materiellrechtlicher Unterschied liegt darin nicht. Die unterschiedliche Formulierung soll lediglich zum Ausdruck bringen, daß die Behörden und sonstigen Träger öffentlicher Belange neben der Gemeinde selbst in besonderer Weise dafür verantwortlich sind, daß eine sachgerechte und den Gemeinwohlbelangen Rechnung tragende Planung erfolgt.

501

Die Aufforderung zur Äußerung hat sich anders als bei der Öffentlichkeitsbeteiligung gemäß § 3 Abs. 1 BauGB auch auf den erforderlichen Umfang und Detaillierungsgrad der Umweltprüfung nach § 2 Abs. 4 BauGB zu beziehen (**Scoping**).

502

Anders als gemäß § 3 Abs. 1 Satz 1, 2. Halbsatz BauGB muß die Gemeinde den zu beteiligenden Behörden und sonstigen Trägern öffentlicher Belange keine Gelegenheit zur Erörterung einräumen. Es reicht aus, wenn diese sich zu der beabsichtigten Planung und zu dem erforderlichen Umfang und Detaillierungsgrad der Umweltprüfung nach § 2 Abs. 4 BauGB äußern können. Allerdings ist es der Gemeinde selbstverständlich freigestellt, mit allen oder zumindest mit den für die Planung wichtigsten Behörden eine Erörterung durchzuführen. Insbesondere hinsichtlich des Untersuchungsrahmens für die Umweltprüfung ist dies in Form eines Scoping-Termins, an dem die mit Umweltfragen befaßten Behörden und sonstigen Träger öffentlicher Belange teilnehmen, regelmäßig der Fall (s. im Zusammenhang mit der Umweltverträglichkeitsprüfung im Rahmen von Genehmigungsverfahren für UVP-pflichtige Vorhaben § 5 UVPG).

503

Ebenso wie bei der frühzeitigen Öffentlichkeitsbeteiligung gemäß § 3 Abs. 1 BauGB können sich die beteiligten Behörden und sonstigen Träger öffentlicher Belange zwar zu den Zielen der Planung und zu dem aus ihrer Sicht notwendigen Untersuchungsrahmen für die Umweltprüfung äußern. Die

504

Gemeinde entscheidet allerdings gleichwohl letztlich selbst, ob sie ihre Planung weiterverfolgt, ob und ggf. in welchen Punkten sie die Planung modifiziert und auch welche Untersuchungen, Begutachtungen u.s.w. sie für die Durchführung der Umweltprüfung für erforderlich hält. Notwendig ist lediglich, daß die Gemeinde bei ihrer letztendlichen Beschlußfassung über den Bauleitplan über das für eine sachgerechte Entscheidung notwendige Abwägungsmaterial verfügt. Sieht die Gemeinde allerdings entgegen den Äußerungen der Behörden und sonstigen Träger öffentlicher Belange von bestimmten Ermittlungen und Untersuchungen ab und erweisen sich diese späterhin für eine ordnungsgemäße Abwägung als erforderlich, besteht die Gefahr, daß die sich anschließende zweite Stufe der Behördenbeteiligung gemäß § 4 Abs. 2 BauGB und dann regelmäßig auch die förmliche Öffentlichkeitsbeteiligung gemäß § 3 Abs. 2 BauGB wiederholt werden müssen, was vielfach zu einem sehr viel größeren Zeitverlust führt als wenn die entsprechenden Ermittlungen bereits nach der Beteiligung gemäß § 4 Abs. 1 und § 3 Abs. 1 BauGB durchgeführt worden wären (zur Wiederholung der Behördenbeteiligung gemäß § 4 Abs. 2 bzw. der Öffentlichkeitsbeteiligung gemäß § 3 Abs. 2 BauGB s. Rdnr. 480 ff. sowie Rdnr. 514 ff.).

505 Gemäß § 4 Abs. 1 Satz 2 BauGB schließt sich die Behördenbeteiligung gemäß Abs. 2 der Vorschrift auch dann an, wenn es aufgrund der ersten Stufe der Behördenbeteiligung zu einer Änderung der Planung gekommen ist. Diese muß also in einem solchen Fall nicht wiederholt werden (s. in diesem Zusammenhang zur Öffentlichkeitsbeteiligung Rdnr. 430).

3. Behördenbeteiligung gemäß § 4 Abs. 2 BauGB

506 Gemäß § 4 Abs. 2 Satz 1 BauGB hat die Gemeinde die Stellungnahmen der Behörden und sonstigen Träger öffentlicher Belange, deren Aufgabenbereich durch die Planung berührt werden kann (s. dazu Rdnr. 496 ff.), zum Planentwurf und der Begründung einzuholen. Die Gemeinde ist nicht verpflichtet, den beteiligten Behörden oder dem Träger öffentlicher Belange mitzuteilen, wodurch konkret ihr Aufgabenbereich berührt ist. In welcher Weise die Einholung der Stellungnahmen zu erfolgen hat, ist gesetzlich nicht geregelt. Üblicherweise erfolgt eine Aufforderung zur (schriftlichen) **Stellungnahme** unter Vorlage der Planunterlagen (Planentwurf und Begründung). **§ 4a Abs. 4 Satz 3 BauGB** wird man dabei entnehmen können, daß die Behörden und sonstigen Träger öffentlicher Belange einen Anspruch darauf haben, daß ihnen der Bauleitplan und die Begründung auf Verlangen zur Stellungnahme übermittelt werden. Man wird den dort geregelten Anspruch schwerlich auf den Fall beschränken können, daß der Entwurf des Bauleitplans und die Begründung in das Internet eingestellt werden (s. noch Rdnr. 507). Anders als bei der Öffentlichkeitsbeteiligung gemäß § 3 Abs. 2 Satz 1 BauGB (s. Rdnr. 462) müssen den Behörden und sonstigen Trägern öffentlicher Belange nicht die nach Einschätzung der Gemeinde wesentli-

chen, bereits vorliegenden umweltbezogenen Stellungnahmen zur Verfügung gestellt werden. Anstelle der Aufforderung zur schriftlichen Stellungnahme ist es mangels weitergehender normativer Präzisierungen auch denkbar, die Behördenbeteiligung etwa in Form eines **Erörterungstermins** durchzuführen[1]. In der Regel ist dies allerdings kaum praxisgerecht.

Gemäß § 4a Abs. 4 Satz 1 BauGB können bei der Behördenbeteiligung ergänzend **elektronische Informationstechnologien** genutzt werden. Neben dieser lediglich zusätzlichen Möglichkeit sieht § 4a Abs. 4 Satz 2 vor, daß die Gemeinde den Entwurf des Bauleitplans und die Begründung in das Internet einstellen kann. Wenn dies erfolgt, können die Stellungnahmen im Rahmen der Behördenbeteiligung dadurch eingeholt werden, daß den zu beteiligenden Behörden und sonstigen Trägern öffentlicher Belange Ort und Dauer der öffentlichen Auslegung nach § 3 Abs. 2 BauGB und die Internetadresse der Gemeinde mitgeteilt werden. Diese Mitteilung kann formlos erfolgen, wobei sich aus Nachweisgründen die Schriftform empfiehlt. Sofern die zu beteiligende Behörde einen entsprechenden Zugang eröffnet hat, also über eine eigene Internetadresse verfügt, kann die Mitteilung zu Ort und Dauer der öffentlichen Auslegung auch im Wege der elektronischen Kommunikation, also per e-mail, erfolgen. Anders als § 4a Abs. 4 Satz 1 BauGB ersetzt das Einstellen des Planentwurfs und der Begründung in das Internet sowie die Mitteilung von Art und Dauer der öffentlichen Auslegung jede andere Form der Behördenbeteiligung. Sie hat also nicht nur ergänzende sondern **ersetzende** Funktion[2]. Daran ändert auch die Möglichkeit der Behörden und sonstigen Träger öffentlicher Belange, die Übermittlung des Planentwurfs und der Begründung in Papierform zu verlangen (§ 4 a Abs. 4 Satz 3 1. Halbsatz BauGB), nichts. Denn gemäß dem 2. Halbsatz der Vorschrift bleibt § 4 Abs. 2 Satz 2 BauGB, also die Frist zur Stellungnahme innerhalb eines Monats, die nur bei Vorliegen eines wichtigen Grundes angemessen verlängert werden muß (Rdnr. 509), davon unberührt. Selbst wenn eine Behörde oder ein Träger öffentlicher Belange also die Übersendung des Planentwurfs und der Begründung verlangt, verlängert dies nicht die zur Verfügung stehende Frist zur Stellungnahme.

507

Gemäß § 4 Abs. 2 Satz 2 BauGB sind die Stellungnahmen der Behörden und sonstigen Träger öffentlicher Belange **binnen eines Monats** abzugeben. Die Frist beginnt mit der Zurverfügungstellung der Planunterlagen oder der Mitteilung der Planung in sonstiger Weise (Rdnr. 506). Bei einer Einstellung des Planentwurfs und der Begründung in das Internet entspricht die Stellungnahmefrist für die Behörden und sonstigen Träger öffentlicher Belange der Dauer der öffentlichen Auslegung nach § 3 Abs. 2 BauGB, vorausgesetzt, daß die entsprechende Mitteilung durch die Gemeinde vor Beginn der öf-

508

---
1 Jäde in Jäde/Dirnberger/Weiß, § 4 Rdnr. 10.
2 Regierungsentwurf zum EAG Bau, BT-Drucksache 15/2250, Begründung zu Nr. 5 (§ 4a BauGB)

fentlichen Auslegung erfolgte. Ansonsten beträgt sie einen Monat ab der entsprechenden Mitteilung und kann dann ggf. über die Dauer der öffentlichen Auslegung nach § 3 Abs. 2 BauGB hinausgehen. Für den Lauf der Monatsfrist muß den beteiligten Behörden und sonstigen Trägern öffentlicher Belange aufgrund der Mitteilung durch die Gemeinde hinreichend klar sein, daß von ihnen eine Stellungnahme gemäß § 4 Abs. 2 BauGB im Rahmen eines Bauleitplanverfahrens erwartet wird. Kann ein Träger öffentlicher Belange dies der Aufforderung nicht entnehmen und daher berechtigterweise davon ausgehen, daß es sich möglicherweise nur um eine informelle Anfrage handelt, beginnt die Frist nicht zu laufen.

509 Auf die Dauer der Frist muß die Gemeinde bei der Aufforderung zur Stellungnahme nicht ausdrücklich hinweisen, da sie gesetzlich normiert ist. Die Gemeinde soll gemäß § 4 Abs. 2 Satz 2 2. Halbsatz BauGB die Frist bei Vorliegen eines **wichtigen** Grundes angemessen verlängern. Da es der gesetzgeberischen Zielsetzung entspricht, die Behördenbeteiligung und damit letztlich das gesamte Bauleitplanverfahren zu straffen, sind an das Vorliegen eines wichtigen Grundes prinzipiell eher hohe Anforderungen zu stellen. Zu beachten ist dieses gesetzgeberische Anliegen auch für die Angemessenheit der Fristverlängerung. Mehr als eine Verlängerung um die Ausgangsfrist von einem Monat wird in aller Regel nur angemessen sein, wenn es um besonders komplexe Planungen geht. Erleichtert wird die Erfüllung dieser zeitlichen Vorgabe allerdings dadurch, daß sich die Behörden und sonstigen Träger öffentlicher Belange bei ihren Stellungnahmen auf den **eigenen Aufgabenbereich** beschränken sollen (§ 4 Abs. 2 Satz 3 BauGB). Sie müssen sich also mit der Planung nicht in allen Einzelheiten auseinandersetzen. Allerdings ist dies nicht unzulässig, so daß die Gemeinde auch solche Stellungnahmen berücksichtigen muß, die inhaltlich über den Aufgabenbereich der betreffenden Behörde oder des Trägers öffentlicher Belange hinausgehen. Dies gilt insbesondere auch deshalb, weil § 4 Abs. 2 Satz 4 BauGB ausdrücklich regelt, daß die beteiligten Behörden und sonstigen Träger öffentlicher Belange ihnen unabhängig von ihrem Aufgabenbereich vorliegende Informationen, die für die Ermittlung und Bewertung des Abwägungsmaterials zweckdienlich sind, der Gemeinde zur Verfügung zu stellen haben. Erfolgt dies nicht, muß die Gemeinde die betreffenden Gesichtspunkte bei ihrer Abwägungsentscheidung nur dann berücksichtigen, wenn sie sie kannte oder hätte kennen müssen. Ansonsten dürfen die betreffenden Gesichtspunkte bei der Abwägungsentscheidung außer Betracht bleiben, ohne daß dies die Rechtmäßigkeit des Bauleitplans in Frage stellt (Rdnr. 573 ff.).

510 Ebenso wie bei der Öffentlichkeitsbeteiligung können Stellungnahmen von Behörden und sonstigen Trägern öffentlicher Belange, die nicht rechtzeitig abgegeben worden sind, bei der Beschlußfassung über den Bauleitplan unberücksichtigt bleiben, sofern die Gemeinde deren Inhalt nicht kannte und nicht hätte kennen müssen und deren Inhalt für die Rechtmäßigkeit des

Bauleitplans nicht von Bedeutung ist (§ 4a Abs. 6 BauGB). Im Rahmen der Behördenbeteiligung muß auf diese Möglichkeit allerdings nicht ausdrücklich hingewiesen werden. Da es für die Ordnungsgemäßheit der gemeindlichen Abwägung auf die Sach- und Rechtslage zum Zeitpunkt der Beschlussfassung über den Bauleitplan ankommt (§ 214 Abs. 3 Satz 1 BauGB), sind die Konsequenzen, die sich für verspätete Behördenstellungnahmen ergeben, ebenso gering wie dies bei verspäteten Stellungnahmen aus der Öffentlichkeit der Fall ist (s. im einzelnen Rdnr. 456 f.).

Die Stellungnahmen der Behörden und sonstigen Träger öffentliche Belange sind in der planerischen Abwägung gemäß § 1 Abs. 7 BauGB zu berücksichtigen. Sie müssen also mit dem ihnen zukommenden Gewicht in die Abwägung eingestellt werden. Dies bedeutet insbesondere, daß die Stellungnahmen nicht ungeprüft übernommen werden dürfen. Die Gemeinde wird also von ihrer eigenen Prüfung und Bewertung nicht entbunden[1]. Insbesondere darf die Gemeinde Stellungnahmen im Rahmen der Behördenbeteiligung **nicht als verbindliche Anweisungen** für den Inhalt des Bauleitplans ansehen, selbst wenn die Stellungnahme von einer Fachbehörde oder von der eigenen Aufsichtsbehörde kommt. Erfolgt dies, liegt darin ein Abwägungsfehler (Rdnr. 562 ff.). Anderes gilt selbstverständlich dann, wenn ein Träger öffentlicher Belange in seiner Stellungnahme nicht nur auf abwägungserhebliche Gesichtspunkte hinweist, sondern auch auf zwingende gesetzliche Vorgaben (z.B. Bindung an bestimmte Ziele der Raumordnung gemäß § 1 Abs. 4 BauGB). In diesem Fall versteht es sich auch ohne eine diesbezügliche Stellungnahme im Rahmen der Behördenbeteiligung von selbst, daß die betreffende gesetzliche Anforderung eingehalten werden muß, da sie der planerischen Abwägung entzogen ist (Rdnr. 59 ff.).

511

Neben der Abwägungsrelevanz für die gemeindliche Planung können die von Behörden und sonstigen Trägern öffentlicher Belange im Rahmen des § 4 Abs. 2 BauGB abzugebenden Stellungnahmen Bedeutung für deren eigene Planung haben. Wird im Rahmen der Behördenbeteiligung der Entwurf eines **Flächennutzungsplans** unwidersprochen hingenommen, führt dies gemäß § 7 BauGB zur **Anpassungspflicht** hinsichtlich der eigenen Planungen der betreffenden Behörde bzw. des sonstigen Trägers öffentlicher Belange (Rdnr. 116 ff.). Dementsprechend weist § 4 Abs. 2 Satz 3 2. Halbsatz BauGB ausdrücklich darauf hin, daß in den abzugebenden Stellungnahmen der Behörden und sonstigen Träger öffentlicher Belange auch Aufschluß über beabsichtigte oder bereits eingeleitete eigene Planungen und sonstige Maßnahmen sowie deren zeitliche Abwicklung zu geben ist, soweit sie für die städtebauliche Entwicklung und Ordnung des Gebiets bedeutsam sein können.

512

---

1 BVerwG v. 14.8.1989 – 4 NB 24.88, BRS 49 Nr. 22 = DVBl. 1989, 1105 = NVwZ-RR 1990, 122 = UPR 1989, 452 = ZfBR 1989, 264.

513 Werden bei der Durchführung der Behördenbeteiligung einzelne Behörden oder sonstige Träger öffentlicher Belange nicht beteiligt, ist dies gemäß **§ 214 Abs. 1 Satz 1 Nr. 2 2. Halbsatz BauGB** unbeachtlich, sofern die entsprechenden Belange unerheblich waren oder in der Entscheidung berücksichtigt worden sind. Anderes gilt allerdings dann, wenn die Behördenbeteiligung vollständig unterlassen wurde oder nicht nur einzelne sondern eine erhebliche Zahl von berührten Behörden oder sonstigen Trägern öffentlicher Belange nicht beteiligt wurde (Rdnr. 1059 f.).

4. Wiederholung der Behördenbeteiligung (§ 4a Abs. 3 BauGB)

514 Wenn der Entwurf des Bauleitplans nach der Behördenbeteiligung gemäß § 4 Abs. 2 BauGB geändert oder ergänzt wird, ist gemäß § 4a Abs. 3 Satz 1 BauGB das Verfahren der Behördenbeteiligung zu wiederholen. § 4a Abs. 3 Satz 1 BauGB geht dabei zunächst von dem Grundsatz aus, daß das Verfahren in gleicher Weise durchzuführen ist wie die erstmalige Beteiligung der Behörden und sonstigen Träger öffentlicher Belange gemäß § 4 Abs. 2 BauGB. Die Vorschriften des § 4a Abs. 3 Satz 2 bis 4 BauGB erhalten dazu allerdings verschiedene Erleichterungen, die die Gemeinde bei der erneuten Behördenbeteiligung in Anspruch nehmen kann, nicht allerdings in Anspruch nehmen muß.

515 Ebenso wie bei der erneuten Öffentlichkeitsbeteiligung ist es gemäß § 4a Abs. 3 Satz 3 BauGB möglich, daß die Möglichkeit zur Stellungnahme auf die **geänderten oder ergänzten Teile des Planentwurfs** beschränkt wird. § 4a Abs. 3 Satz 2 2. Halbsatz BauGB sieht zwar nicht vor, daß die erneut zu beteiligenden Behörden darauf hingewiesen werden müssen, jedoch ist dies zwangsläufig erforderlich, da sie ansonsten diese vom Grundfall der erneuten Behördenbeteiligung durch die Gemeinde vorgenommene Einschränkung gar nicht kennen können. Unabhängig davon hat eine derartige Beschränkung in erster Linie Appellfunktion, da abwägungsrelevante Zusammenhänge häufig über die konkrete Änderung oder Ergänzung des Planentwurfs hinausgehen. Überdies kommt es für die Rechtmäßigkeit der Abwägungsentscheidung gemäß § 214 Abs. 3 Satz 1 BauGB auf die Sach- und Rechtslage zum Zeitpunkt der Beschlußfassung über den Bauleitplan an, so daß die Gemeinde Stellungnahmen, die sich auf den unveränderten Teil des Planentwurfs beziehen, nicht einfach ignorieren darf (s. im Zusammenhang mit der Öffentlichkeitsbeteiligung Rdnr. 484).

516 Abweichend von der Monatsfrist gemäß § 4 Abs. 2 Satz 2 BauGB kann bei der erneuten Behördenbeteiligung die Frist zur Stellungnahme **angemessen verkürzt** werden (§ 4a Abs. 3 Satz 3 BauGB). Ob dies im Einzelfall sachgerecht ist, muß die Gemeinde im Rahmen ihres Verfahrensermessens entscheiden. Maßgeblich dafür sind insbesondere Art und Umfang der Änderungen und Ergänzungen gegenüber dem ursprünglichen Planentwurf. Eine Verkürzung der Stellungnahmefrist auf weniger als zwei Wochen wird in

der Regel kaum noch ausreichend und angemessen sein (vgl. zur Öffentlichkeitsbeteiligung Rdnr. 485). Wenn die (verkürzte) Frist aus Sicht einer beteiligten Behörde oder eines sonstigen Trägers öffentlicher Belange nicht ausreicht, wird man § 4 Abs. 2 Satz 2 2. Halbsatz BauGB ergänzend heranziehen müssen, nach dem die Frist bei Vorliegen eines wichtigen Grundes angemessen zu verlängern ist (s. Rdnr. 509). Im Hinblick darauf, daß die erneut zu beteiligende Behörde oder der sonstige Träger öffentlicher Belange den Planentwurf aus der bereits durchgeführten Behördenbeteiligung bereits kennt, wird im Regelfall eine Verlängerung auf insgesamt maximal einen Monat ausreichen, der dem Grundfall der Behördenbeteiligung gemäß § 4 Abs. 2 BauGB entspricht.

Bei der erneuten Behördenbeteiligung müssen gemäß § 4a Abs. 3 Satz 4 BauGB nicht sämtliche Behörden und Träger öffentlicher Belange erneut beteiligt werden, die zu dem ursprünglichen Planentwurf zur Abgabe einer Stellungnahme aufgefordert wurden. Sofern durch die Änderung oder Ergänzung des Planentwurfs die **Grundzüge der Planung** nicht berührt werden, reicht es vielmehr aus, wenn die von der Änderung oder Ergänzung berührten Behörden und Träger öffentlicher Belange erneut zur Abgabe einer Stellungnahme aufgefordert werden (zu diesen Voraussetzungen s. im Zusammenhang mit der Öffentlichkeitsbeteiligung Rdnr. 486 sowie im Zusammenhang mit dem vereinfachten Verfahren gemäß § 13 BauGB Rdnr. 845 f.). 517

Werden durch die Änderungen oder Ergänzungen des Bauleitplans **erstmals** Belange von Behörden und sonstigen Trägern öffentlicher Belange berührt, kann der Kreis der zu Beteiligenden bei der erneuten Behördenbeteiligung gemäß § 4a Abs. 3 Satz 1 BauGB auch größer sein als dies bei der erstmaligen Beteiligung gemäß § 4 Abs. 2 BauGB der Fall war. In einer solchen Situation liegen dann regelmäßig weder die Voraussetzungen des § 4a Abs. 3 Satz 4 BauGB vor, noch wird zumindest für die erstmalig zu beteiligende Behörde oder den sonstigen Träger öffentlicher Belange eine inhaltliche Beschränkung oder zeitliche Verkürzung der Möglichkeit zur Stellungnahme gemäß § 4a Abs. 3 Satz 2 und 3 BauGB in Betracht kommen. 518

5. Nachträgliche Unterrichtung über Auswirkungen des Bauleitplans (§ 4 Abs. 3 BauGB)

Bei § 4 Abs. 3 BauGB handelt es sich ebenso wie bei § 4c BauGB (Rdnr. 46 ff.) um eine durch das EAG Bau (Rdnr. 1) neu eingefügte Regelung zur Umsetzung der Verpflichtung zum **Monitoring** gemäß Art. 10 der Plan-UP-Richtlinie. Aufgrund der Vorschrift unterrichten nach Abschluß des Verfahrens zur Aufstellung des Bauleitplans die Behörden die Gemeinde, sofern nach den ihnen vorliegenden Erkenntnissen die Durchführung des Bauleitplans erhebliche, insbesondere unvorhergesehene nachteilige Aus- 519 wirkungen auf die Umwelt hat. Anders als die anderen Bestimmungen des § 4 und des § 4a BauGB bezieht sich § 4 Abs. 3 BauGB ausschließlich auf die an dem Planverfahren beteiligten Behörden, nicht hingegen auf die sonstigen Träger öffentlicher Belange (zur Unterscheidung Rdnr. 496). Bereits aus dem Umstand, daß die in § 4 Abs. 3 BauGB geregelte Verpflichtung erst nach Abschluß des Planverfahrens einsetzt, ergibt sich, daß sie **für die Rechtmäßigkeit der Planungsentscheidung keine Bedeutung** hat. Ziel der Regelung ist vielmehr, den mit dem Planvollzug befaßten Fachbehörden gegenüber den Gemeinden eine „Bringschuld" hinsichtlich der von ihnen festgestellten Auswirkungen der Planung auf die Umwelt aufzuerlegen. Dabei geht es insbesondere um unvorhergesehene nachteilige Auswirkungen. Mitteilungen in Bezug auf Auswirkungen der Planung, die der Gemeinde bekannt waren und die sie bei ihrer Beschlußfassung über den Bauleitplan bereits berücksichtigen konnte, sind hingegen in aller Regel entbehrlich[1]. Die als bindende Verpflichtung für die mit dem Planvollzug befaßten Behörden ausgestaltete Regelung dient dazu, Doppelarbeit zu vermeiden. Da die betreffenden Behörden vielfach bessere Informationsmöglichkeiten haben als die planaufstellenden Gemeinden, ist es weder zweckmäßig noch gemeinschaftsrechtlich erforderlich, daß die Gemeinden selbst noch zusätzlich den Planvollzug im Hinblick auf etwaige unvorhergesehene Umweltauswirkungen überwachen.

520 Werden unvorhergesehene Umweltauswirkungen festgestellt, führt dies nicht dazu, daß der betreffende Bauleitplan unwirksam oder funktionslos wird. Aus derartigen Feststellungen kann sich lediglich ein **Planungserfordernis** gemäß § 1 Abs. 3 Satz 1 BauGB in Bezug auf etwaige Änderungen oder Ergänzungen des Bauleitplans ergeben (zum Planungserfordernis Rdnr. 29 ff.). Ein Verstoß der mit dem Planvollzug befaßten Behörden gegen ihre Unterrichtungspflicht hat für diese keine materiellrechtlichen Auswirkungen.

IV. Grenzüberschreitende Beteiligung (§ 4a Abs. 5 BauGB)

521 Während die §§ 3 und 4a Abs. 1 bis 4 und 6 BauGB auf innerstaatlicher Ebene die Öffentlichkeits- und Behördenbeteiligung regeln, enthält § 4a Abs. 5 BauGB dazu eine grenzüberschreitende Ergänzung. Sie gilt nicht nur für EU-Mitgliedstaaten sondern für alle Nachbarstaaten der Bundesrepublik Deutschland.

---

1 Regierungsentwurf zum EAG Bau, BT-Drucksache 15/2250, Begründung zu Nr. 5 (§ 4).

1. Bauleitpläne mit erheblichen Auswirkungen auf Nachbarstaaten (§ 4a Abs. 5 Satz 1 BauGB)

Bei Bauleitplänen, die erhebliche Auswirkungen auf Nachbarstaaten haben können, sind die **Gemeinden und Behörden des Nachbarstaates** nach den Grundsätzen der Gegenseitigkeit und Gleichwertigkeit zu unterrichten. Eine grenzüberschreitende Öffentlichkeitsbeteiligung ist verfahrensrechtlich nicht vorgesehen. Jedoch ist es im Rahmen von § 3 BauGB ohne weiteres möglich, daß sich auch Bürger aus Nachbarstaaten an dem Bauleitplanverfahren beteiligen und Stellungnahmen abgeben (Rdnr. 410). Es fehlt daher lediglich eine gesonderte Bekanntmachung der Öffentlichkeitsbeteiligung in dem jeweiligen Nachbarstaat. Allerdings ist es dem Nachbarstaat selbst freigestellt, auf der Basis der Informationen gemäß § 4a Abs. 5 Satz 1 BauGB seine Bürger entsprechend zu unterrichten.

522

Voraussetzung für die Unterrichtungspflicht gemäß § 4a Abs. 5 Satz 1 BauGB ist, daß Bauleitpläne erhebliche Auswirkungen auf einen Nachbarstaat haben können. Da es um Bauleitplanung geht, ist der Begriff erheblich im Sinne von **abwägungserheblich** zu verstehen[1]. Kann ein Bauleitplan, also ein Flächennutzungsplan oder ein Bebauungsplan[2], abwägungserhebliche Auswirkungen grenzüberschreitender Art von beachtlichem Gewicht haben, bedarf es einer entsprechenden Unterrichtung, wenn die weiteren Voraussetzungen der Vorschrift erfüllt sind. Insofern entsprechen die Anforderungen also im wesentlichen denen des § 4 BauGB für die innerstaatliche Behördenbeteiligung, die auch nur zu erfolgen hat, wenn der Aufgabenbereich einer Behörde oder eines sonstigen Trägers öffentlicher Belange durch die Planung in abwägungserheblicher Weise berührt ist (Rdnr. 499). Auf die über § 4 BauGB hinausgehenden (materiellen) Anforderungen des interkommunalen Abstimmungsgebotes gemäß § 2 Abs. 2 BauGB (Rdnr. 631 ff.) kommt es hingegen für die Notwendigkeit einer grenzüberschreitenden Beteiligung nicht an, zumal sich die Unterrichtungspflicht gemäß § 4a Abs. 1 BauGB nicht nur auf Gemeinden sondern ganz allgemein auf Behörden des Nachbarstaates bezieht[3].

523

Auswirkungen für Nachbarstaaten sind nicht nur solche für den benachbarten Gesamtstaat, sondern auch Auswirkungen auf dessen Untergliederungen, Teilflächen und die dort lebenden Einwohner. Dies ergibt sich bereits daraus, daß grenzüberschreitend Gemeinden und Behörden des Nachbarstaates zu beteiligen sind. Der Begriff der Behörden ist dabei nicht in dem engen Sinne des deutschen Verwaltungsverfahrensrechts zu verstehen

524

---

1 Ebenso Jäde in Jäde/Dirnberger/Weiß, § 4a Rdnr. 2.
2 Einschränkend Friege in Gronemeyer, § 4a Rdnr. 3, der bei Flächennutzungsplänen im Regelfall eine grenzüberschreitende Beteiligung für nicht erforderlich hält.
3 Einschränkend Jäde in Jäde/Dirnberger/Weiß, § 4a Rdnr. 2; anders etwa Gaentzsch in Berliner Kommentar zum Baugesetzbuch, § 4a Rdnr. 3; Battis in Battis/Krautzberger/Löhr, § 4a Rdnr. 3 und wohl auch Friege in Gronemeyer, § 4a Rdnr. 7.

(Rdnr. 496). Vielmehr fallen darunter auch die Einrichtungen, die im Baugesetzbuch als sonstige Träger öffentlicher Belange bezeichnet werden. Gemeinden im Sinne des § 4a Abs. 5 Satz 1 BauGB sind staatliche Untergliederungen, die dem Begriff der Gemeinde im Sinne von Art. 28 Abs. 2 Satz 1 GG[1] unter Berücksichtigung der nachbarstaatlichen Besonderheiten vergleichbar sind.

525 Die Unterrichtung der Gemeinden und Behörden des Nachbarstaates hat nur auf der Basis von **Gegenseitigkeit** und **Gleichwertigkeit** zu erfolgen. Es muß also bei der Bauleitplanung vergleichbaren Verfahren in den Nachbarstaaten eine Unterrichtung der Gemeinden auf deutscher Seite erfolgen. Dabei kommt es auf die **konkrete** Gegenseitigkeit in dem betreffenden Grenzbereich an, nicht hingegen darauf, ob generell im Verhältnis zu dem betreffenden Nachbarstaat wechselseitige Unterrichtungen im Bereich der Bauleitplanung erfolgen. Die erforderliche Gleichwertigkeit der Unterrichtung umfaßt im wesentlichen die Kriterien der Quantität und Qualität sowie den Zeitpunkt der Unterrichtung. Form und Inhalt der gesetzlich notwendigen Unterrichtung durch die deutsche Gemeinde dürfen sich also daran orientieren, wie sie selbst bei grenzüberschreitenden Planungen unterrichtet wird. Der Gemeinde ist es jedoch selbstverständlich freigestellt, eine darüber hinausgehende grenzüberschreitende Beteiligung freiwillig vorzunehmen.

526 Es bietet sich in der Regel an, das Verfahren ähnlich durchzuführen, wie die innerstaatliche Behördenbeteiligung gemäß § 4 BauGB, also durch die Zurverfügungstellung des Planentwurfs nebst Begründung (vgl. Rdnr. 506).

527 Die Beteiligung bezieht sich – auch dabei allerdings abhängig von der Gegenseitigkeit und Gleichwertigkeit – auf alle benachbarten Gemeinden und Behörden. Zweckmäßig kann es sein, das Verfahren über eine **grenzüberschreitende Einrichtung** oder Kommission durchzuführen, an der sämtliche im Grenzgebiet liegenden Gemeinden einer Region beteiligt sind. In jedem Fall ist es empfehlenswert, die grenzüberschreitende Beteiligung auf eine zentrale Anlaufstelle zu beschränken, die dann im Nachbarstaat die erforderliche Verteilung der Informationen an die einzelnen Gemeinden und Behörden vornimmt.

528 Hinsichtlich des **Zeitpunktes** der grenzüberschreitenden Unterrichtung ist unter Berücksichtigung des Ziels, das Abwägungsmaterial zu vervollständigen, eine parallele Durchführung zur Öffentlichkeits- und Behördenbeteiligung gemäß § 3 und § 4 BauGB sachgerecht. Dies gilt auch für spätere Änderungen des Planentwurfs (vgl. § 4a Abs. 3 BauGB).

---

1 Dazu etwa BVerfG v. 31.10.1990 – 2 Bv 3.89, BVerfGE 83, 60; Pieroth in Jarass/Pieroth, Grundgesetz, 7. Auflage 2004, Art. 28 Rdnr. 10.

Der Grundsatz der Gegenseitigkeit und Gleichwertigkeit bedeutet nicht, 529
daß erst dann, wenn eine Gemeinde selbst einmal über eine grenzüberschreitende Planung in einem Nachbarstaat unterrichtet wurde, sie dazu ebenfalls verpflichtet ist. Vielmehr ergibt sich aus § 4a Abs. 5 Satz 1 BauGB auch die Pflicht, in „Vorleistung" zu treten, wenn davon ausgegangen werden kann, daß bei entsprechenden Planungen in dem Nachbarstaat ebenfalls eine Beteiligung erfolgen wird. Dies wird man dann annehmen können, wenn in dem Nachbarstaat entsprechende Regelungen oder bestimmte Formen grenzüberschreitender kommunaler Zusammenarbeit existieren[1]. Nicht zwingend erforderlich ist es für die Gegenseitigkeit im Sinne von § 4a Abs. 5 Satz 1 BauGB, daß in dem Nachbarstaat eine gesetzliche Regelung der grenzüberschreitenden Beteiligung besteht[2]. Es genügt vielmehr, wenn die Beteiligung auf rein tatsächlicher Basis erfolgt.

Die in § 4a Abs. 5 Satz 1 BauGB geregelte Pflicht zur Unterrichtung beschränkt sich auf eine bloße **einseitige Information**. Eine Beantwortung von Fragen oder eine Erörterung sind nicht zwingend erforderlich. Allerdings sind aus dem Nachbarstaat auf der Grundlage dieser Unterrichtung eingehende Stellungnahmen zu beachten, wenn sie abwägungsrelevant sind. Selbst ohne die Durchführung eines Verfahrens nach § 4a Abs. 5 Satz 1 BauGB sind die grenzüberschreitenden Belange bei der Planungsentscheidung zu berücksichtigen, sofern sie beachtlich sind und die planende Gemeinde sie kennt oder kennen muß. 530

2. Bauleitpläne mit erheblichen Umweltauswirkungen auf einen anderen Staat (§ 4a Abs. 5 Satz 2 BauGB)

Für den Fall, daß Bauleitpläne erhebliche Umweltauswirkungen auf einen 531
anderen Staat haben können, enthält § 4a Abs. 5 Satz 2 BauGB von § 4 a Abs. 5 Satz 1 BauGB (Rdnr. 522 ff.) abweichende Anforderungen an die grenzüberschreitende Beteiligung. In diesem Fall richtet sich die Beteiligungspflicht nach den Vorschriften des Gesetzes über die Umweltverträglichkeitsprüfung (UVP-Gesetz). Jedoch verbleibt es hinsichtlich des „wie" der grenzüberschreitenden Beteiligung gemäß § 4a Abs. 5 Satz 2 2. Halbsatz BauGB bei den Anforderungen des Baugesetzbuchs.

a) Grenzüberschreitende Behördenbeteiligung

Gemäß **§ 4a Abs. 5 Satz 2 BauGB i.V.m. § 8 Abs. 1 UVPG** unterrichtet die 532
Gemeinde frühzeitig die von einem anderen Staat benannte zuständige Behörde anhand von geeigneten Unterlagen über den Planentwurf und bittet

---
1 S. dazu die Literaturzusammenstellung bei Battis in Battis/Krautzberger/Löhr, § 4a Rdnr. 2.
2 A.A. Friege in Gronemeyer, § 4a Rdnr. 7.

innerhalb einer angemessenen Frist um Mitteilung, ob eine Beteiligung erwünscht wird, wenn der Planentwurf erhebliche Auswirkungen auf die in § 2 Abs. 1 Satz 2 UVPG genannten Schutzgüter in dem anderen Staat haben kann. Der in § 8 Abs. 1 UVPG ergänzend geregelte Fall, daß auch unabhängig von erheblichen Auswirkungen auf die in § 2 Abs. 1 Satz 2 UVPG genannten Schutzgüter eine Beteiligung zu erfolgen hat, wenn ein anderer Staat darum ersucht, ist nicht einschlägig, da § 4a Abs. 5 Satz 2 BauGB dies nicht vorsieht. Allerdings ist es der Gemeinde selbstverständlich möglich, auch in einem solchen Fall eine grenzüberschreitende Beteiligung vorzunehmen. Der Begriff der erheblichen Umweltauswirkungen auf die in § 2 Abs. 1 Satz 2 UVPG genannten Schutzgüter deckt sich mit den erheblichen Umweltauswirkungen im Sinne von § 2 Abs. 4 BauGB (Rdnr. 655 ff.). Ergänzend erforderlich ist lediglich, daß die zu erwartenden erheblichen Umweltauswirkungen auch in einem anderen Staat eintreten.

533 Die frühzeitige Unterrichtung im Sinne von § 8 Abs. 1 Satz 1 UVPG anhand von geeigneten Unterlagen über den Planentwurf kann am besten gleichzeitig mit der **frühzeitigen Behördenbeteiligung** gemäß § 4 Abs. 1 BauGB (Rdnr. 501 ff.) stattfinden. Wenn der zu beteiligende Staat keine Behörde benannt hat, die in einem bestimmten Planungsfall zu unterrichten ist, hat die Unterrichtung gegenüber der obersten für Umweltangelegenheiten zuständigen Behörde des anderen Staates zu erfolgen (§ 8 Abs. 1 Satz 2 UVPG). Wenn der Nachbarstaat eine Beteiligung für erforderlich hält, ist er in die **Behördenbeteiligung gemäß § 4 Abs. 2 BauGB** einzubeziehen (§ 8 Abs. 1 Satz 3 UVPG). Zu beteiligen sind die von dem anderen Staat benannte zuständige Behörde sowie von dieser angegebene weitere Behörden. Für diese Behörden gelten die Vorschriften des § 4 Abs. 2 BauGB insbesondere zur Stellungnahmefrist sowie zur Möglichkeit der Gemeinde, verspätete Stellungnahmen nicht mehr zu berücksichtigen (s. Rdnr. 506 ff.).

534 Eine Übersetzung des Planentwurfs und der Planbegründung ist für die grenzüberschreitende Behördenbeteiligung nicht zwingend vorgesehen (s. allerdings noch zur grenzüberschreitenden Öffentlichkeitsbeteiligung Rdnr. 539). Freiwillig kann die Gemeinde jedoch selbstverständlich eine Übersetzung vornehmen lassen. Dies gilt insbesondere dann, wenn sie in vergleichbaren Planungsfällen aus dem Nachbarstaat ebenfalls eine Übersetzung erhält (s. zur endgültigen Planungsentscheidung noch Rdnr. 536).

535 Gemäß § 4a Abs. 5 Satz 2 BauGB i.V.m. § 8 Abs. 2 BauGB führen die zuständigen obersten Bundes- und Landesbehörden innerhalb eines vereinbarten, angemessenen Zeitrahmens mit dem anderen Staat **Konsultationen** insbesondere über die grenzüberschreitenden Umweltauswirkungen der Planung und über die Maßnahmen zu deren Vermeidung oder Verminderung durch, sofern dies erforderlich ist oder soweit der andere Staat darum ersucht. Zuständig für die Konsultationen ist nach dem Gesetzeswortlaut nicht die planende Gemeinde selbst. Allerdings ist sie daran zumindest zu

beteiligen. Unter Konsultationen ist die Erörterung der Planung mit dem Ziel einer einvernehmlichen grenzüberschreitenden Problemlösung zu verstehen. Gelingt diese allerdings nicht, verbleibt es bei der bloßen Beachtlichkeit der grenzüberschreitenden Stellungnahmen, sofern sie abwägungsrelevant sind. Durchzuführen sind Konsultationen mit Nachbarstaaten zum einen immer dann, wenn der andere Staat darum **ersucht**. Die planende Gemeinde sowie die zuständigen obersten Bundes- und Landesbehörden dürfen sich dem grundsätzlich nicht verweigern. Zum anderen sind sie auch ohne ein derartiges Ersuchen durchzuführen, wenn dies **erforderlich** ist. Die Gemeinde muß dann selbst die Initiative ergreifen. Ein Erfordernis in diesem Sinne ist anzunehmen, wenn besonders gewichtige Auswirkungen auf den Nachbarstaat zu erwarten sind, deren Umfang durch die planende Gemeinde nicht hinreichend sicher absehbar ist und sie daher auf die bestehenden Probleme nicht oder nur eingeschränkt planerisch reagieren kann. Die Konsultationen müssen in einem zu vereinbarenden **angemessenen Zeitrahmen** stattfinden. Die Angemessenheit hängt dabei von Art und Umfang der Planungskonflikte ab. Einerseits soll zwar versucht werden, eine gemeinsame Problemlösung zu finden, andererseits darf dies jedoch nicht dazu führen, daß die gemeindliche Planung unangemessen verzögert wird.

Gemäß § 4a Abs. 5 Satz 2 BauGB i.V.m. § 8 Abs. 3 UVPG übermittelt die Gemeinde den beteiligten Behörden des anderen Staates den Bauleitplan einschließlich seiner Begründung. Dies hat unverzüglich nach Wirksamwerden des Bauleitplans zu erfolgen. Sofern die Voraussetzungen der Grundsätze von Gegenseitigkeit und Gleichwertigkeit erfüllt sind, kann sie den beteiligten Behörden des Nachbarstaates eine Übersetzung des Bauleitplans und seiner Begründung zur Verfügung stellen (§ 8 Abs. 3 Satz 2 UVPG; zu den Grundsätzen von Gegenseitigkeit und Gleichwertigkeit s. Rdnr. 529). 536

b) Grenzüberschreitende Öffentlichkeitsbeteiligung

Die grenzüberschreitende Öffentlichkeitsbeteiligung richtet sich nach § 4a Abs. 5 Satz 2 BauGB i.V.m. § 9a UVPG. Die Regelung ändert nichts an der ohnehin bestehenden Möglichkeit, daß sich Bürger aus Nachbarstaaten im Rahmen der Öffentlichkeitsbeteiligung gemäß § 3 BauGB an der Planung beteiligen (vgl. Rdnr. 410). Geregelt werden daher nur besondere Möglichkeiten und Erleichterungen für die Beteiligung der Öffentlichkeit in einem anderen Staat. Voraussetzung dafür ist, daß die Planung dort erhebliche Umweltauswirkungen haben kann (zu diesen Voraussetzungen s. bereits im Zusammenhang mit der grenzüberschreitenden Behördenbeteiligung Rdnr. 532). 537

Die Gemeinde hat darauf hinzuwirken, daß der Entwurf des Bauleitplans mit seiner Begründung in dem anderen Staat **auf geeignete Weise bekannt gemacht** wird. In dieser Bekanntmachung ist zugleich anzugeben, bei wel- 538 cher Behörde Stellungnahmen zu dem Planentwurf abgegeben werden können (§ 9a Abs. 1 Satz 2 UVPG). Die grenzüberschreitende Öffentlichkeitsbeteiligung hat dabei insbesondere hinsichtlich der Stellungnahmefrist sowie der Möglichkeit, verspätete Stellungnahmen unberücksichtigt zu lassen, der innerstaatlichen Öffentlichkeitsbeteiligung gemäß § 4 Abs. 2 BauGB (Rdnr. 510) zu entsprechen. Die geeignete Weise, in der die Öffentlichkeitsbeteiligung in dem anderen Staat erfolgt, ist mit diesem bzw. den von ihm dafür benannten Behörden abzustimmen. Es gelten dafür grundsätzlich die Bekanntmachungsanforderungen des anderen Staates. Die in § 9a Abs. 1 Satz 2 UVPG geregelte Pflicht der Gemeinde, auf die Bekanntmachung **hinzuwirken**, bedeutet nicht, daß die Gemeinde diese in irgendeiner Form erzwingen müßte. Die Gemeinde hat vielmehr nur die Verpflichtung, den Nachbarstaat dazu aufzufordern und ihm die dafür notwendigen Unterlagen und Informationen an die Hand zu geben. Erfolgt eine Bekanntmachung gleichwohl nicht, ist die Gemeinde nicht gehindert, ihr Planverfahren fortzusetzen. Für die Rechtmäßigkeit der Planungsentscheidung kommt es dann nur darauf an, daß die grenzüberschreitenden Belange berücksichtigt sind, die die Gemeinde tatsächlich kennt oder hätte kennen müssen (§ 4a Abs. 6 BauGB, Rdnr. 456).

539 Sofern die **Grundsätze von Gegenseitigkeit und Gleichwertigkeit** erfüllt sind, kann die zuständige Behörde des anderen Staates verlangen, daß die Gemeinde eine Übersetzung der Zusammenfassung des Umweltberichts gemäß § 2a BauGB (Rdnr. 675 ff.) und, soweit erforderlich, weitere für die grenzüberschreitende Öffentlichkeitsbeteiligung bedeutsame Angaben zu dem Planentwurf, insbesondere zu den grenzüberschreitenden Umweltauswirkungen, zur Verfügung stellt (zu den Grundsätzen von Gegenseitigkeit und Gleichwertigkeit Rdnr. 529). Die Möglichkeit der Gemeinde, diese Informationen sowie den gesamten Planentwurf einschließlich seiner Begründung in übersetzter Form freiwillig dem anderen Staat zur Verfügung zu stellen, bleibt davon selbstverständlich unberührt.

3. Beachtlichkeit von Verstößen

540 Gemäß **§ 214 Abs. 1 Satz 1 Nr. 2 BauGB** ist ein Verstoß gegen § 4a Abs. 5 BauGB beachtlich. Allerdings ist es unbeachtlich, wenn grenzüberschreitend lediglich einzelne Personen oder Behörden nicht beteiligt worden sind, die entsprechenden Belange jedoch unerheblich waren oder in der Entscheidung berücksichtigt worden sind (Rdnr. 1059 f.). Ebenfalls ist in diesem Zusammenhang bedeutsam, daß nur dann ein beachtlicher Verfahrensfehler vorliegt, wenn tatsächlich die gesetzlichen Anforderungen eingreifen, die § 4a Abs. 5 BauGB i.V.m. §§ 8 und 9a UVPG regeln, insbesondere also in den jeweils vorgesehenen Fällen tatsächlich die Grundsätze von Gegenseitigkeit und Gleichwertigkeit erfüllt sind. Ist dies nicht der Fall und geht die Gemeinde daher bei der grenzüberschreitenden Beteiligung freiwillig über

die bestehenden gesetzlichen Verpflichtungen hinaus, kann sich daraus auch kein beachtlicher Verfahrensfehler ergeben.

V. Einschaltung Dritter in das Bauleitplanverfahren (§ 4b BauGB)

Die Vorschriften des Baugesetzbuchs gehen an sich davon aus, daß die planende Gemeinde die einzelnen Verfahrensschritte des Bauleitplanverfahrens selbst durchführt. Gleichwohl war es bereits auch vor der Einführung des § 4b BauGB durch das BauROG 1998 (Rdnr. 1) gängige Praxis, daß Private in die Bauleitplanung eingeschaltet werden. Dies gilt insbesondere für die Ausarbeitung von Planentwürfen oder die Vorbereitung der planerischen Abwägung durch Aufbereitung der Stellungnahmen aus der Öffentlichkeits- und Behördenbeteiligung. Da es sich dabei lediglich um Maßnahmen der Verwaltungshilfe handelt, die keiner besonderen gesetzlichen Ermächtigung bedürfen, war und ist dies auch ohne § 4b BauGB rechtlich unproblematisch. Insofern hat sich also durch die Vorschrift nichts geändert. Sie wird daher verschiedentlich als überflüssige gesetzliche Fixierung der in beschränktem Umfang zulässigen **Verfahrensprivatisierung** bewertet[1]. Immerhin sei in ihr ein Beitrag zur weiteren Stärkung der Kooperation von Privaten und Gemeinden zu sehen, so wie sie insbesondere bereits in den §§ 11 und 12 BauGB (Rdnr. 871 ff. sowie Rdnr. 927 ff.) vorgesehen ist. Darüber hinausgehend soll die Vorschrift deutlich machen, daß auch im Rahmen der Bauleitplanung Möglichkeiten zur **Mediation** bestehen, also zur Suche nach einer interessengerechten kooperativen Konfliktlösung zwischen den Beteiligten durch Einschaltung eines neutralen Dritten, der weder Entscheidungsbefugnis hat noch Zwangsmittel ergreifen kann[2]. Auch dafür wäre allerdings eine gesetzliche Normierung im Baugesetzbuch nicht notwendig gewesen. Im übrigen ist zu sehen, daß die Einschaltung Privater in die Bauleitplanung in aller Regel nicht aus Gründen der Mediation erfolgt, sondern in erster Linie um – wie in § 4b BauGB auch ausdrücklich zum Ausdruck gebracht („insbesondere zur Beschleunigung des Bauleitplanverfahrens") – trotz bestehender Überlastungen der gemeindlichen Planungsämter zügig planen zu können. Zumeist spielt auch eine Rolle, daß über den Abschluß städtebaulicher Verträge (s. insbesondere § 11 Abs. 1 Satz 2 Nr. 1 und 3 BauGB, Rdnr. 982 f.) die für die Planung anfallenden externen Kosten der Gemeinde auf private Investoren abgewälzt werden können.

541

---

[1] S. etwa Fickert, Zum novellierten Baugesetzbuch, insbesondere zur Erforderlichkeit der Änderung der Grundsatzvorschriften des § 1 BauGB aus Sicht der Bauleitplanung, BauR 1997, 947 (949); Jäde in Jäde/Dirnberger/Weiß, § 4b Rdnr. 1; Battis in Battis/Krautzberger/Löhr, § 4b Rdnr. 1.
[2] Dazu Wagner, Bauleitplanverfahren – Änderungen durch die BauGB-Novelle 1998, BauR 1997, 709 (721); Battis in Battis/Krautzberger/Löhr, § 4b Rdnr. 2 ff.

542 Aus dem Umstand, daß es für die **Vorbereitung** von Verfahrensschritten der Gemeinde im Rahmen der Bauleitplanung einer gesetzlichen Ermächtigung an sich überhaupt nicht bedurft hatte, folgt zugleich, daß eine solche Einschaltung als privater Verwaltungshelfer nicht nur bei den in der Vorschrift ausdrücklich genannten Verfahrensschritten nach den §§ 2a bis 4a BauGB möglich ist, sondern auch bei den **sonstigen Vorbereitungsmaßnahmen**, wie etwa der Auswertung von eingehenden Stellungnahmen aus der Öffentlichkeits- und Behördenbeteiligung.

543 Auch wenn man § 4b BauGB für die Vorbereitung von Verfahrensschritten (zu Recht) für überflüssig hält, stellt sich die Situation bei deren **Durchführung**, die § 4b BauGB ebenfalls zuläßt, etwas anders dar. Zwar handelt es sich auch insofern bei den Schritten nach den §§ 2a bis 4a BauGB um solche verfahrensinterner Art, so daß die letztendliche und außenwirksame Entscheidung über den Erlaß eines Bauleitplans bei der Gemeinde selbst verbleibt und auch verbleiben muß (s. insofern auch § 11 Abs. 1 Satz 2 Nr. 1 3. Halbsatz BauGB). Dies ändert jedoch nichts daran, daß die Durchführung dieser Verfahrensschritte im Unterschied zu ihrer bloßen Vorbereitung auf das Planungsergebnis unmittelbar durchschlagen kann. Dies wird etwa deutlich, wenn ein Privater die häufig in Form einer Versammlung stattfindende frühzeitige Öffentlichkeitsbeteiligung gemäß § 3 Abs. 1 BauGB (Rdnr. 420 f.) durchführt und leitet. Die Art und Weise, wie Planungsvorschläge der an der Planung interessierten Öffentlichkeit durch die Verhandlungsleitung des privaten Dritten gefördert bzw. unterbunden und damit in die weitere Planung eingeführt werden, kann von nachhaltiger Bedeutung für das Planungsergebnis sein. Nichts anderes gilt etwa für die Behördenbeteiligung, bei der die Übertragung der Durchführung gemäß § 4b BauGB auch die Entscheidung über die Verlängerung oder Nichtverlängerung der Stellungnahmefrist von einem Monat (Rdnr. 509) umfassen kann. Dies zeigt, daß jedenfalls hinsichtlich der Durchführung von Verfahrensschritten § 4b BauGB die Einräumung **planungsrelevanter Befugnisse** und damit einhergehend die Einräumung materieller Kompetenzen ermöglicht. Dies geht über die bloße Verwaltungshilfe hinaus, bei der ein Privater lediglich nach Auftrag und Weisung einer Behörde im öffentlichrechtlichen Aufgabenvollzug unselbständig tätig wird und stellt daher einen – durch § 4b BauGB zugelassenen – Akt der Beleihung dar[1].

544 Dritter im Sinne von § 4b BauGB kann ein auf Bauleitplanung spezialisiertes Architekturbüro, eine Projektentwicklungsgesellschaft oder auch ein privates Unternehmen sein, dessen Anteile von der Gemeinde gehalten

---

1 Reidt, § 4b BauGB – Die Einschaltung Dritter in die Bauleitplanung, NVwZ 1998, 592 (593); ebenso Friege in Gronemeyer, § 4b Rdnr. 5 f.; a.A. etwa Battis in Battis/Krautzberger/Löhr, § 4b Rdnr. 6; Wagner, Bauleitplanverfahren – Änderungen durch die BauGB-Novelle 1998, BauR 1997, 709 (715, 717), der jedoch gleichwohl von der Notwendigkeit einer gesetzlichen Ermächtigung ausgeht.

werden. Fraglich ist allerdings, ob bei **Planungen, die einem privaten Unternehmen unmittelbar zugute kommen,** wie etwa ein vorhabenbezogener Bebauungsplan gemäß § 12 BauGB dem betreffenden Vorhabenträger, dieses Unternehmen als Dritter im Sinne von § 4b BauGB zur Durchführung bestimmter Verfahrensschritte eingeschaltet werden darf. Daß der Vorhabenträger für Mediationsaufgaben (Rdnr. 541) ungeeignet ist, ist offensichtlich. Aber auch für die Durchführung der in § 4b BauGB genannten Verfahrensschritte liegt die Problematik auf der Hand. Daß der Planbegünstigte typischerweise einseitige Interessen verfolgt, wird man schwerlich übersehen können. Es fehlt ihm die für eine rechtsstaatliche Planung erforderliche **Neutralität und Interessenferne.** Dem kann allein durch eine regelmäßige Berichtspflicht oder durch eine Teilnahme von Gemeindevertretern an mündlichen Erörterungen und Anhörungsterminen kaum hinreichend Rechnung getragen werden[1]. Dagegen sprechen nicht nur abstrakte rechtsstaatliche Erwägungen, auf die in diesem Zusammenhang hingewiesen wird[2], sondern auch einfachgesetzliche Konkretisierungen. So darf gemäß **§ 20 VwVfG** für eine Behörde u.a. nicht tätig werden, wer selbst Beteiligter ist oder wer durch die Tätigkeit oder durch die Entscheidung einen unmittelbaren Vorteil oder Nachteil erlangen kann. Zwar ist die Bauleitplanung, an der der Private mitwirkt, kein Verwaltungsverfahren im Sinne von § 9 VwVfG, weil sie weder auf den Erlaß eines Verwaltungsaktes noch auf den Abschluß eines öffentlich-rechtlichen Vertrages gerichtet ist. Jedoch entspricht es ganz überwiegender Auffassung, daß § 20 VwVfG einen allgemeinen Rechtsgrundsatz für die öffentliche Hand darstellt, der die Verwaltung durchgängig bindendes Verfassungsrecht konkretisiert und als Ausfluß allgemeiner oder zumindest analogiefähiger Rechtsgedanken anzusehen ist. Dementsprechend wird die Vorschrift auch auf verwaltungsprivatrechtliches und sogar fiskalisches Handeln des Staates angewendet[3]. Dieser Rechtsgedanke muß daher erst recht für die Bauleitplanung gelten, wenn die Planung – wie bei einem vorhabenbezogenen Bebauungsplan – (im wesentlichen) nur einen einzelnen Bauherrn unmittelbar begünstigt. Insofern

---

1 So allerdings Wagner, Bauleitplanverfahren – Änderungen durch die BauGB-Novelle 1998, BauR 1997, 709 (717); im Ergebnis wohl ebenso Lüers, Die Bauleitplanung nach dem BauROG, DVBl. 1998, 433 (444); Battis in Battis/Krautzberger/Löhr, § 4b Rdnr. 6; demgegenüber Schmidt-Eichstaedt, Der Dritte im Baugesetzbuch, BauR 1998, 899 (903); Reidt, § 4b BauGB – Die Einschaltung Dritter in die Bauleitplanung, NVwZ 1998, 592 (593); Reidt, Der „neue" Vorhaben- und Erschließungsplan/vorhabenbezogener Bebauungsplan nach dem BauROG, BauR 1998, 909 (915); Stüer, Handbuch des Bau- und Fachplanungsrechts, Rdnr. 558.
2 Stüer, Handbuch des Bau- und Fachplanungsrechts, Rdnr. 558.
3 S. etwa OLG Brandenburg v. 3.8.1999 – 6 Verg 1/99, NVwZ 1999, 1142; Bundeskartellamt v. 29.4.1999 – VK 1-7/99, WuW 1999, 660; Ehlers in Erichsen, Allgemeines Verwaltungsrecht, 12. Auflage 2002, § 2 Rdnr. 82; Bonk in Stelkens/Bonk/Sachs, Verwaltungsverfahrensgesetz, 6. Auflage 2001, § 20 Rdnr. 19; einschränkend für den Bereich der fiskalischen Tätigkeit etwa BGH v. 14.2.1976 – VI ZR 251.73, NJW 1977, 628.

ist ein solches Verfahren ohnehin tendenziell einem Verwaltungsverfahren im Sinne von § 9 VwVfG angenähert. Zieht man daher hier § 20 VwVfG entsprechend heran, ergibt sich ein Ausschluß des Vorhabenträgers von der **Durchführung** von Verfahrensschritten nach § 4b BauGB aus § 20 Abs. 1 Satz 1 Nr. 1 VwVfG und für dessen Mitarbeiter, Geschäftsführer, Vorstandsmitglieder u.ä. aus § 20 Abs. 1 Satz 1 Nr. 5 VwVfG.

545 Allerdings eröffnet § 11 Abs. 1 Satz 2 Nr. 3 BauGB die Möglichkeit, daß ein Planbegünstigter gegenüber der Gemeinde die **Kosten** für die Einschaltung eines Dritten im Sinne von § 4b BauGB durch die Gemeinde **im Innenverhältnis** übernimmt. Da dieser Dritte dann allein gegenüber der Gemeinde vertraglich verpflichtet und mithin auch nur ihr gegenüber rechenschaftspflichtig ist, werden in diesem Fall die Anforderungen des § 20 VwVfG und auch die allgemeinen rechtsstaatlichen Anforderungen gewahrt.

VI. Planerische Abwägung (§§ 1 Abs. 5–7, 1a, 2 Abs. 2–4 BauGB)

1. Aufgaben der Abwägung

546 Nach § 1 Abs. 7 BauGB sind bei der Aufstellung der Bauleitpläne die öffentlichen und privaten Belange gegeneinander und untereinander gerecht abzuwägen. § 1 Abs. 6 BauGB enthält eine – nicht abschließende – Aufzählung von Belangen, die dabei für den einzelnen Planungsfall von Bedeutung sein können.

547 Die planerische Abwägung ist das **Kernstück der gesamten Bauleitplanung**, deren Ziel es ist, die unterschiedlichen öffentlichen und privaten Ansprüche an die Bodennutzung dergestalt in Einklang zu bringen, daß allen Bedürfnissen in angemessener Weise Rechnung getragen wird. Da jede planerische Lösung Vor- und Nachteile hat und sich unterschiedlich auf die vielfältigen privaten und öffentlichen Belange auswirkt, gibt es eine optimale Planung, die allen Interessen uneingeschränkt gerecht wird, nicht. Sie wird von der Rechtsprechung auch nicht gefordert. Es genügt vielmehr, wenn sich die planende Gemeinde mit den betroffenen Belangen hinreichend auseinandergesetzt hat und zu einem **vertretbaren Planungsergebnis** gekommen ist. Ob die Planung auch anders hätte ausfallen können und ob ein anderes Ergebnis ebenso gut oder vielleicht sogar noch besser vertretbar wäre, ist für die Rechtmäßigkeit nicht von Bedeutung (s. im einzelnen Rdnr. 610 ff.).

548 Zur planerischen Abwägung in der Bauleitplanung (und auch in der Fachplanung) ist vieles geschrieben worden. Die Zahl der gerichtlichen Entscheidungen ist kaum noch überschaubar. Erst recht gilt dies für die juristische Fachliteratur, in der nicht selten bereits kleine sprachliche Nuancen in gerichtlichen Formulierungen oder einzelfallspezifische Umstände zur Ver-

anlassung genommen werden, um daraus neue Kriterien der planerischen Abwägung zu entwickeln. Dies ändert indes nichts daran, daß die wesentlichen Anforderungen des Abwägungsgebotes seit den grundlegenden Entscheidungen des Bundesverwaltungsgerichts vom 12.2.1969[1] und vom 5.7.1974[2] im Kern unverändert sind. Das Bundesverwaltungsgericht hat dort folgendes ausgeführt:

„Das Gebot der gerechten Abwägung ist verletzt, wenn eine (sachgerechte) Abwägung überhaupt nicht stattfindet. Es ist verletzt, wenn in die Abwägung an Belangen nicht eingestellt wird, was nach der Lage der Dinge in sie eingestellt werden muß. Es ist ferner verletzt, wenn die Bedeutung der betroffenen privaten Belange verkannt oder wenn der Ausgleich zwischen den von der Planung berührten öffentlichen Belangen in einer Weise vorgenommen wird, der zur objektiven Gewichtigkeit einzelner Belange außer Verhältnis steht. Innerhalb des so gezogenen Rahmens wird das Abwägungsgebot jedoch nicht verletzt, wenn sich die zur Planung berufene Gemeinde in der Kollision zwischen verschiedenen Belangen für die Bevorzugung des einen und damit notwendig für die Zurückstellung eines anderen entscheidet. Innerhalb jenes Rahmens ist nämlich das Vorziehen oder Zurücksetzen bestimmter Belange überhaupt kein nachvollziehbarer Vorgang der Abwägung, sondern eine geradezu elementare planerische Entschließung, die zum Ausdruck bringt, wie und in welcher Richtung sich eine Gemeinde städtebaulich fortentwickeln will."[3]

Man muß bei der Bewertung gerichtlicher Entscheidungen im Zusammenhang mit Bauleitplänen immer berücksichtigen, daß sie sich auf den **jeweils konkreten Planungsfall** beziehen, also eben auf das, was dort „nach Lage der Dinge" bei der Planung berücksichtigt wurde oder hätte berücksichtigt werden müssen. Schlußfolgerungen auf andere Planungsfälle können daraus immer nur begrenzt gezogen werden. Dies ändert selbstverständlich nichts daran, daß es allgemeine Grundlagen und Prinzipien gibt, die für das Verständnis und für die Anwendung des Abwägungsgebotes unverzichtbar sind. 549

Die Vorschriften zur planerischen Abwägung sind durch das EAG Bau (Rdnr. 1) erheblich umgestaltet worden. In erster Linie dient dies der Umsetzung der **Plan-UP-Richtlinie** in nationales Recht. So wird als Teil der planerischen Abwägung für alle Bauleitpläne, sofern sie nicht im vereinfachten Verfahren gemäß § 13 BauGB aufgestellt, geändert oder ergänzt werden (Rdnr. 841 ff.) die Durchführung einer Umweltprüfung (§ 2 Abs. 4 BauGB, Rdnr. 655 ff.) vorgeschrieben. Da gleichzeitig die Vorgaben der **Projekt-UVP-Richtlinie** in das Verfahren der Umweltprüfung integriert wurden, bedarf es anders als nach der bisher geltenden Rechtslage (§ 1 a Abs. 2 Nr. 3 BauGB a.F.) keiner eigenständigen Regelung zur Umweltverträglichkeitsprüfung für bestimmte Bebauungspläne mehr. Dadurch wird das Verfahren der 550

---
1 BVerwG v. 12.12.1969 – IV C 105.66, BVerwGE 34, 301 = BauR 1970, 31 = BRS 22 Nr. 4 = DVBl. 1970, 414 = DÖV 1970, 277.
2 BVerwG v. 5.7.1974 – IV C 50.72, BVerwGE 45, 309 = BauR 1974, 311 = BRS 28 Nr. 4 = DÖV 1975, 92 = DVBl. 1974, 767 = NJW 1975, 70.
3 BVerwG v. 12.12.1969 – IV C 105.66, BVerwGE 34, 301 = BauR 1970, 31 = BRS 22 Nr. 4 = DVBl. 1970, 414 = DÖV 1970, 277.

gemeindlichen Bauleitplanung vereinheitlicht und übersichtlicher gestaltet. Die für die planerische Abwägung maßgeblichen Verfahrensvorschriften sind im wesentlichen so strukturiert worden, daß sie die wesentlichen Arbeitsschritte, die bei der Zusammenstellung des Abwägungsmaterials ohnehin erforderlich sind, wiedergeben[1]. Hingegen wurden durch die vorgenommenen Änderungen keine substantiellen neuen materiellen Anforderungen an die planerische Abwägung, insbesondere an die Zusammenstellung des umweltrelevanten Abwägungsmaterials und dessen Gewichtung bei der planerischen Abwägung, geschaffen. Die Abwägungsbelange in § 1 Abs. 6 BauGB wurden im wesentlichen nur neu systematisiert und geordnet, um die Übersichtlichkeit zu verbessern.

551 Das Abwägungsgebot ist eine Ausformung des im **Rechtsstaatsprinzip** wurzelnden **Verhältnismäßigkeitsgrundsatzes**, an den der Staat immer gebunden ist[2]. Bei der Bauleitplanung muß er in einem vielschichtigen Geflecht unterschiedlicher und vielfach gegenläufiger öffentlicher und privater Interessen den einzelnen Belangen die ihnen gebührende Geltung verschaffen. Kein Belang darf unnötig und damit unverhältnismäßig gegenüber anderen Belangen zurückgesetzt werden. Im Unterschied etwa zu Genehmigungs- oder sonstigen Zulassungsentscheidungen handelt es sich dabei nicht um ein Konditionalprogramm („Wenn-dann-Schema"), bei dem es darum geht, einen bestimmten Sachverhalt unter eine Rechtsnorm zu subsumieren[3]. Vielmehr geht es um ein **Finalprogramm**, bei dem kein exaktes Planungsergebnis, sondern lediglich das Gebot der gerechten Abwägung als **Zweckrichtung** in einem letztlich ergebnisoffenen Planungsprozeß vorgegeben wird[4]. Ziel der planerischen Abwägung ist es also nicht, ein sachlich richtiges sondern ein (sach-)gerechtes Ergebnis zu finden. Dieses Ziel ist erreicht, wenn das Planungsergebnis auch bei Beachtung anderweitiger Ansprüche an die Bodennutzung **vertretbar** ist, wenn sich also die Gemeinde bei objektiver Betrachtung mit plausiblen Erwägungen in der Kollision zwischen verschiedenen Belangen für die Bevorzugung des einen und für die Zurückstellung eines anderen entscheidet[5]. Von der **relativen Bedeutung**, die die Gemeinde den einzelnen Belangen innerhalb des gesamten Interessenge-

---

1 S. im einzelnen den Regierungsentwurf zum EAG Bau, BT-Drucksache 15/2250, Begründung A., II. sowie Begründung zu Nr. 2 (§ 1).
2 Gaentzsch in Berliner Kommentar zum BauGB, § 1 Rdnr. 78.
3 Wenn die Genehmigungsvoraussetzungen erfüllt sind, dann wird die Genehmigung erteilt; ggf. bestehende Beurteilungs- oder Ermessensspielräume ändern daran prinzipiell nichts, s. nur Dirnberger in Jäde/Dirnberger/Weiß, § 1 Rdnr. 57 f.
4 S. dazu im einzelnen Schmidt-Aßmann, Grundsätze der Bauleitplanung, BauR 1978, 99 ff.; Weyreuther, Rechtliche Bindung und gerichtliche Kontrolle planender Verwaltung im Bereich des Bodenrechts, BauR 1977, 293 ff.
5 BVerwG v. 12.12.1969 – IV C 105.66, BVerwGE 34, 301 = BauR 1970, 31 = BRS 22 Nr. 4 = DVBl. 1970, 414 = DÖV 1970, 277; BVerwG v. 5.7.1974 – IV C 50.72, BVerwGE 45, 309 = BauR 1974, 311 = BRS 28 Nr. 4 = DÖV 1975, 92 = DVBl. 1975, 767 = NJW 1975, 70.

flechts beimißt, hängt es ab, ob und ggf. welche Abstriche die Vertreter der verschiedenen Belange zur Erreichung des von der Gemeinde angestrebten Planungsziels hinnehmen müssen. In dieser Entscheidungsmöglichkeit liegt die der Gemeinde eingeräumte **planerische Gestaltungsfreiheit**. Die von der Bauleitplanung Betroffenen haben einen Anspruch darauf, daß ihre abwägungserheblichen privaten Belange berücksichtigt werden, ohne daß diese selbst rechtlich geschützt sein müssen (zu den privaten Belangen noch Rdnr. 584 ff.)[1]. Das Abwägungsgebot hat insofern für die von der Planung Betroffenen drittschützenden Charakter, was zu einem (tendenziell) großen Kreis derjenigen führt, die einen Bauleitplan auf seine Wirksamkeit hin gerichtlich kontrollieren lassen können (zur Normenkontrolle Rdnr. 1011 ff.). An dem erheblichen Gestaltungsspielraum der Gemeinde im Rahmen ihrer Planung ändert dies jedoch letztlich nichts. Der weit gefaßte Anspruch auf gerichtliche Überprüfung der Abwägung im konkreten Planungsfall wird also durch ein eher grobmaschiges Kontrollprogramm relativiert (s. auch § 214 Abs. 1 Satz 1 Nr. 1 sowie § 214 Abs. 3 Satz 2 BauGB, dazu Rdnr. 1055 ff.).

Zu unterscheiden ist bei der planerischen Abwägung zwischen dem Abwägungsvorgang und dem Inhalt des Bauleitplans, dem Abwägungsergebnis (Abwägungsprodukt). Der **Abwägungsvorgang**, der aus der in der Ermittlung und Bewertung des Abwägungsmaterials besteht (§ 2 Abs. 3 BauGB, für den Bereich der umweltbezogenen Belange § 2 Abs. 4 BauGB), ist in erster Linie der **verfahrensrechtliche Teil des Planungsprozesses**[2]. Demgegenüber ist das **Abwägungsergebnis** Ausdruck der planerischen Gestaltungsmöglichkeiten und der damit einhergehenden Freiheit der Gemeinde, die ermittelten und bewerteten Belange in bestimmter Weise zu gewichten und in eine Relation zueinander zu setzen, die letztlich in der Beschlußfassung über den Bauleitplan ihren Niederschlag findet. Diese Unterscheidung ist für die rechtliche Kontrolle des Abwägungsgebotes wesentlich. Da es für die Bauleitplanung an präzisen Zielvorgaben fehlt und damit kein absoluter Maßstab für eine „richtige" Planung existiert, kommt es für die Rechtsfehlerfreiheit weniger auf die **Ergebniskontrolle** und mehr auf die **Verfahrenskontrolle** bei der Abwägung an[3].

552

Der verfahrensrechtliche **Abwägungsvorgang** unterteilt sich in die **Ermittlung** des Abwägungsmaterials, d.h. das Zusammentragen der in dem gegebenen Zusammenhang beachtlichen Belange (dazu Rdnr. 570 ff.) und in die darauffolgende **Bewertung** dieses Abwägungsmaterials. Bei der – objektiv

553

---

1 BVerwG v. 27.9.1998 – 4 CN 2.98, BVerwGE 107, 215 = BauR 1999, 134 = BRS 60 Nr. 46 = DVBl. 1999, 100 = DÖV 1999, 208 = NJW 1999, 592 = UPR 1999, 27 = ZfBR 1999, 39.
2 Regierungsentwurf zum EAG Bau, BT-Drucksache 15/2250, Begründung zu Nr. 4 (§ 2) sowie Begründung zu Nr. 66 (§§ 214 und 215).
3 S. bereits Weyreuther, Rechtliche Bindung und gerichtliche Kontrolle planender Verwaltung im Bereich des Bodenrechts, BauR 1977, 293 (298).

nachprüfbaren – Bewertung ist jedem Belang das ihm nach den rechtlichen Vorgaben und tatsächlichen Gegebenheiten zukommende Gewicht beizumessen. Die (vollständig ermittelten) Belange müssen also **zutreffend** bewertet werden (s. auch § 214 Abs. 1 Satz 1 Nr. 1 BauGB)[1]. Da die abwägungserheblichen Belange prinzipiell gleichrangig sind, kommt es dafür auf die richtige Feststellung des quantitativen Maßes der Betroffenheit des jeweiligen Belangs an. An die Ermittlung und Bewertung des Abwägungsmaterials gemäß § 2 Abs. 3 BauGB sowie für die Belange des Umweltschutzes gemäß § 2 Abs. 4 BauGB schließt sich die „Abwägung im engeren Sinne", also der planerische Akt der **Gesamtabwägung** an, bei der die gegenläufigen Belange gegeneinander und untereinander zu einem Ausgleich gebracht und dabei bestimmte Belange vorgezogen und andere zurückgestellt werden[2]. Das **Abwägungsergebnis** (Abwägungsprodukt) ist das Resultat dieser Planungsentscheidung, also letztlich der Bauleitplan selbst[3].

554 Das in § 1 Abs. 7 BauGB enthaltene Gebot, bei der Aufstellung von Bauleitplänen die öffentlichen und privaten Belange gegeneinander und untereinander gerecht abzuwägen, kann sowohl auf der Ebene der Ermittlung und Bewertung als auch bei der eigentlichen Planungsentscheidung verletzt sein. Die Ermittlung des Abwägungsmaterials ist in vollem Umfang gerichtlich nachprüfbar. Etwaige Mängel führen zwangsläufig dazu, daß eine ordnungsgemäße Abwägung nicht mehr vorliegen kann[4]. Dies gilt auch für die objektiv zutreffende Bewertung des Abwägungsmaterials. Demgegenüber ist die Gewichtung der Belange in Relation zu anderen ebenfalls abwägungserheblichen Belangen, also das Vorziehen und Zurückstellen von kollidierenden Belangen nach Maßgabe des Verhältnismäßigkeitsgrundsatzes und damit die Planungsentscheidung als solche Ausdruck planerischer Gestaltungsfreiheit. Sie unterliegt nur einer eingeschränkten gerichtlichen Nachprüfung. Allerdings sind die verfahrensrechtlichen Stufen der Ermittlung und Bewertung des Abwägungsmaterials sowie dessen Gewichtung und Ausgleich im Rahmen der eigentlichen Planungsentscheidung nicht immer strikt auseinanderzuhalten. Aufgrund der Vielzahl der unterschiedlichen Belange und der regelmäßigen Vielschichtigkeit von Planungsentscheidungen sowie des engen Zusammenhangs von Ermittlung, Bewertung und Ge-

---

1 Regierungsentwurf zum EAG Bau, BT-Drucksache 15/2250, Begründung zu Nr. 4 (§ 2) sowie Begründung zu Nr. 66 (§§ 214 und 215); s. etwa auch Hoppe in Hoppe/Bönker/Grotefels, § 7 Rdnr. 75 ff.
2 BVerwG v. 5.7.1974 – IV C 50.72, BVerwGE 45, 309 = BauR 1974, 311 = BRS 28 Nr. 4 = DVBl. 1974, 767 = DÖV 1975, 92 = NJW 1975, 70; Weyreuther, Rechtliche Bindung und rechtliche Kontrolle planender Verwaltung im Bereich des Bodenrechts, BauR 1977, 293 (300); Hoppe, Die „Zusammenstellung des Abwägungsmaterials" und die „Einstellung der Belange" in die Abwägung „nach Lage der Dinge" bei der Planung, DVBl. 1977, 136 ff.
3 Söfker in Ernst/Zinkahn/Bielenberg/Krautzberger, § 1 Rdnr. 187.
4 S. etwa VGH München v. 3.5.1999 – 1 N 98.1021, BauR 1999, 1140 = NVwZ 2000, 822.

wichtung können einzelne Mängel der Abwägung auf unterschiedlichen Stufen auftreten oder sich auch wechselseitig bedingen.

Bei der Ermittlung des Abwägungsmaterials kommen in erster Linie ein vollständiger **Ermittlungsausfall** oder eine unvollständige Ermittlung der abwägungserheblichen Belange (**Ermittlungsdefizit**), bei der Bewertung des Abwägungsmaterials ein (vollständiger) **Bewertungsausfall**, eine unvollständige Bewertung der abwägungserheblichen Belange (**Bewertungsdefizit**) oder die **Fehlbewertung** einzelner Belange in Betracht. 555

Beispiele:

(a) Ein Bebauungsplan sieht vor, einen Fuß- und Radweg durch einen eingezäunten Hofraum zwischen Wohnhaus und Wirtschaftsgebäuden eines landwirtschaftlichen Betriebes durchzuführen. Der Eigentümer wehrt sich mit einem Normenkontrollantrag dagegen mit der Begründung, daß der Radweg auch außerhalb des Hofgeländes angelegt werden könne, zumal die festgesetzte Wegeführung nur eine unwesentliche Verkürzung zur Folge hätte. Hinzu komme, daß nur wenige Meter südlich des Hofgrundstücks eine verkehrsberuhigt ausgebaute und damit für Fußgänger und Radfahrer besonders geeignete Straße existiere. Konkrete öffentliche Interessen, den Weg gleichwohl über die Hoffläche zu führen, waren nicht erkennbar[1]. 556

(b) Eine Gemeinde stellt einen Bebauungsplan auf, nach dem in einem Sondergebiet großflächige Einzelhandel mit einer Gesamtverkaufsfläche von bis zu 10 000 qm Gesamtverkaufsfläche zulässig ist. Beschränkungen hinsichtlich der Warensortimente existieren nicht. Eine Nachbargemeinde macht geltend, daß sich dies auf ihre Innenstadtentwicklung erheblich negativ auswirke und zu erwarten sei, daß eine Mehrzahl von Betrieben in ihrem Gemeindegebiet dadurch vernichtet würde. Dies wiederum habe strukturelle Einschnitte in die Versorgungsfunktion ihrer Innenstadt zur Folge. Die planende Gemeinde hatte sich mit dieser Frage nicht im einzelnen auseinandergesetzt[2]. 557

(c) Eine Gemeinde will eine Fläche, auf der sich nach der Stellungnahme des dafür zuständigen Trägers öffentlicher Belange Müllablagerungen befinden, als Baugebiet ausweisen. Da die Gemeinde auf ihr vorliegenden Luftbildaufnahmen keine Müllablagerungen erkennt, verläßt sie sich darauf, daß dort auch tatsächlich keine Ablagerungen vorhanden sind und beschließt ohne weitere Ermittlungen den Bebauungsplan als Satzung[3]. 558

(d) Eine Gemeinde plant ein neues Wohnbaugebiet in der Nähe eines im Bereich der Nachbargemeinde durch Bebauungsplan kurz zuvor festgesetzten Industriegebiets. Da in dem Industriegebiet noch keine Vorhaben errichtet wurden und daher noch keine besonderen Immissionen festzustellen sind, unterläßt die Gemeinde weitere Ermittlungen dahingehend, wie sich das Industriegebiet in seiner weiteren Entwicklung auf die geplante Wohnbebauung auswirken wird. 559

---

1 VGH München v. 18.7.2002 – 1 N 98.3711, UPR 2003, 115.
2 VGH München v. 3.5.1999 – 1 N 98.1021, BauR 1999, 1140 = NVwZ 2000, 822.
3 OVG Koblenz v. 5.12.1990 – 10 C 52/89, BauR 1991, 295 = DVBl. 1993, 452 = NVwZ 1992, 190.

560 (e) Ein Grundstückseigentümer möchte mehrere Wohnhäuser errichten. Da sich die Grundstücke im Außenbereich befinden, beantragt der Eigentümer die Einleitung eines Verfahrens zur Aufstellung eines vorhabenbezogenen Bebauungsplans gemäß § 12 BauGB. Die Gemeinde hat wegen eines angrenzenden städtischen Sportplatzes und der dort auftretenden Geräusche Bedenken. Der Eigentümer erklärt der Gemeinde, daß er auf jegliche Unterlassungsansprüche gegen den Sportplatzlärm in dem abzuschließenden Durchführungsverfahren verzichten wird, so daß es keiner Ermittlungen der tatsächlich Geräuschimmissionen im Rahmen des Planverfahrens mehr bedürfe.

561 (f) Eine Gemeinde möchte einen Bebauungsplan für einen Freizeitpark aufstellen. Im Rahmen des Planverfahrens läßt sie durch ein Fachbüro die innerhalb des Plangebiets vorhandenen naturräumlichen Gegebenheiten, insbesondere dort vorhandene Tier- und Pflanzenarten feststellen. Bei der Ermittlung der Pflanzenarten übersieht das Fachbüro und daran anknüpfend die Gemeinde, die sich die Untersuchung zu eigen macht, daß unter den vorhandenen Pflanzen auch solche der naturschutzrechtlich besonders geschützten Arten sind.

562 Bei der Planungsentscheidung der Gemeinde, in der die (zutreffend ermittelten und bewerteten) Belange in einen angemessenen Ausgleich zueinander gebracht werden müssen, kommen in erster Linie ein (vollständiger) **Abwägungsausfall**, eine unvollständige Abwägung (**Abwägungsdefizit**) sowie der Fall in Betracht, daß ein Ausgleich zwischen den von der Planung berührten Belangen vorgenommen wird, der zu deren objektiver Gewichtigkeit außer Verhältnis steht, also unverhältnismäßig ist (**Abwägungsdisproportionalität**). Dabei erfolgt eine gerichtliche Kontrolle des von der Gemeinde vorgenommenen Ausgleichs der verschiedenen abwägungserheblichen Belange jedoch nur dahingehend, ob dieser vertretbar ist und damit den der Gemeinde eingeräumten Rahmen planerischer Gestaltungsfreiheit nicht überschreitet.

563 **Beispiele:**

(a) Eine Gemeinde schließt mit einem Grundstückseigentümer eine Vereinbarung ab, in der sich die Gemeinde verpflichtet einen Bebauungsplan aufzustellen und der Grundstückseigentümer die Verpflichtung übernimmt, im Gegenzug einen Teil des nunmehr bebaubaren Grundstücks an die Gemeinde kostenlos zu übertragen. In diesem Fall findet bei der Planungsentscheidung keine Abwägung mehr statt, selbst wenn die maßgeblichen Belange zuvor ordnungsgemäß ermittelt und bewertet wurden. Die Gemeinde erfüllt nur noch ihre vertragliche Verpflichtung (zu den Möglichkeiten planvorbereitender oder planbegleitender Absprachen und Vereinbarungen Rdnr. 622 ff.).

564 (b) Ein Industrieunternehmen benötigte zur Modernisierung seines Betriebes eine größere Baufläche. Unvorhergesehen erwies sich das von der Stadt zugesagte Gelände als ungeeignet. Da sich die Stadt gebunden fühlte, wies sie einen nach ihrer Auffassung allein noch in Betracht kommenden Bereich als Industriegebiet aus, der jedoch wegen der umgebenden Wohnbebauung ebenfalls ungeeignet war[1].

---

1 BVerwG v. 5.7.1974 – IV C 50.72, BVerwGE 45, 309 = BauR 1974, 311 = BRS 28 Nr. 4 = DVBl. 1974, 461 = DÖV 1975, 92 = NJW 1975, 70; die Vorentscheidung des OVG Münster v. 12.4.1972 – VII A 844/71, in diesem berühmten „Flachglas-Fall" ist abgedruckt in BauR 1972, 210 = BRS 25 Nr. 8 = DVBl. 1972, 687.

(c) Ein Ausschuß der Gemeinde entscheidet abschließend über die Stellungnahmen der Öffentlichkeit aus deren Beteiligung nach § 3 Abs. 2 BauGB. Die Gemeindevertretung hält sich daran beim Satzungsbeschluß für gebunden (zum Satzungsbeschluß Rdnr. 745 ff.)[1]. 565

(d) Eine Gemeinde stellt einen Bebauungsplan für ein Wohngebiet in unmittelbarer Nachbarschaft zu einer Obstplantage auf. Aufgrund der dort notwendigerweise einzusetzenden Pflanzenschutzmittel bedarf es eines Abstandes zu der nächstgelegenen Wohnbebauung von mindestens 20 Metern. Die Gemeinde berücksichtigt dies dergestalt, daß Wohnhäuser erst in entsprechendem Abstand zulässig sind. Demgegenüber hält sie Außenwohnbereiche (Gärten) nicht für in gleicher Weise schutzwürdig und sieht aus diesem Grunde von einer Festsetzung ab, die dem Schutz vor Gesundheitsgefahren bei der Nutzung der Außenwohnbereiche dient[2]. 566

(e) Eine Stadt wollte den Verkehr in der Innenstadt beruhigen und setzte hierfür im Bebauungsplan eine Pflasterung der innerstädtischen Durchgangsstraße fest. Die Normenkontrollklage der Anlieger hatte Erfolg, weil sich nach gutachterlicher Feststellung bei Ausführung der Pflasterung die Lärmbelastungen so sehr erhöhen, daß sie während der Nachtzeit unzumutbar würden[3]. 567

(f) Eine Gemeinde plant ein neues Wohngebiet auf der „grünen Wiese". Wegen der Lärmvorbelastung durch eine vorhandene Straße legt sie zur „Lösung" des Immissionskonfliktes die Immissionsrichtwerte (Rdnr. 725 ff.) für ein Mischgebiet mit der Erwägung zu Grunde, es gehe um eine sog. Gemengelage[4]. 568

Teilweise werden die Abwägungsfehler noch um weitere Tatbestände ergänzt, etwa um die **subjektive Abwägungssperre** bei unzulässigen Bindungen und einseitigen Festlegungen (s. dazu soeben das Beispiel unter Rdnr. 564) oder durch die **Abwägungsdivergenz** bzw. **Abwägungsinkongruenz**, wenn die Planfestsetzungen und die Abwägungsentscheidung rechtserheblich voneinander abweichen (dazu Rdnr. 612 ff.)[5]. Allerdings handelt es sich dabei nicht um „neue" Abwägungsfehler sondern nur um neue, wenn auch zum Teil durchaus plastische Begriffe, die allerdings gleichzeitig zu einer wenig förderlichen terminologischen Zersplitterung führen. 569

2. Zusammenstellung des Abwägungsmaterials (Ermittlung und Bewertung)

a) Allgemeine Anforderungen

Ziel der Ermittlung und Bewertung des Abwägungsmaterials ist es, ein umfassendes und zutreffendes Bild aller im konkreten Planungsfall betroffen 570

---

1 BVerwG v. 22.11.1999 – 4 C 12.98, DVBl. 2000, 798 = NVwZ 2000, 676 = UPR 2000, 191.
2 OVG Lüneburg v. 15.11.2001 – 1 MN 3467/01, BauR 2002, 586 = UPR 2002, 151.
3 OVG Koblenz v. 19.4.1989 – 10 C 20/88, BauR 1989, 785 = BRS 49 Nr. 17 = NVwZ 1990, 281.
4 OVG Lüneburg v. 9.11.2000 – 1 K 3742/99, BauR 2001, 363.
5 So etwa Stüer, Handbuch des Bau- und Fachplanungsrechts, Rdnr. 794.

öffentlichen und privaten Belange zu erhalten. Dies gilt sowohl für die dem Planer zumeist aufgrund des verfolgten Planungsziels ohnehin bekannten positiven als auch für die häufig nicht bekannten negativen Auswirkungen der Planung. Welche Belange für die jeweilige Planung im Hinblick auf das konkret verfolgte Planungsziel und unter Berücksichtigung der vorgegebenen Situation einschlägig sind, läßt sich nur im Einzelfall beantworten. Generell gilt allerdings, daß das notwendige Abwägungsmaterial **tendenziell eher weit** als eng abgegrenzt werden muß[1]. Dazu gehören auf privater Seite nicht nur subjektive Rechte und Rechtspositionen wie etwa das Eigentum, sondern auch **Interessen unterschiedlichster Art**, soweit sie bodenrechtliche Bedeutung haben (dazu noch Rdnr. 584 ff.). Zu der Frage, welche – insbesondere privaten – Belange abwägungsrelevant sind, existiert umfangreiche Rechtsprechung, die allerdings aufgrund des Einzelfallcharakters der jeweiligen Planung immer nur eingeschränkt verallgemeinerungsfähig ist.

571 Ein Teil des notwendigen Abwägungsmaterials muß nicht besonders ermittelt werden. Dies gilt insbesondere für die mit der Planung verfolgten öffentlichen Belange. Allerdings können auch dabei immer wieder für eine sachgerechte Abwägung Ermittlungs- und Konkretisierungserfordernisse bestehen.

572 **Beispiel:**

Wenn eine Gemeinde eine Schule plant, kann man für deren Größe und Zuschnitt nicht ohne weiteres auf einen unter Umständen veralteten kommunalen Schulentwicklungsplan zurückgreifen. Die Gemeinde muß vielmehr anläßlich der Aufstellung eines Bebauungsplans prüfen, ob die zu Grunde gelegten Zahlen noch aktuell sind. Keinesfalls darf sie sich an solche informellen Planungsvorgaben gebunden fühlen (zur Abwägungserheblichkeit informeller Planungen gemäß § 1 Abs. 6 Nr. 11 BauGB Rdnr. 598).

573 Für die Ermittlung der (nicht offensichtlichen) abwägungserheblichen öffentlichen und privaten Belange dienen im Rahmen des Planaufstellungsverfahrens die Öffentlichkeitsbeteiligung gemäß § 3 BauGB und die Behördenbeteiligung gemäß § 4 BauGB als ein Prozeß der aktiven Mitgestaltung der Bauleitplanung (§ 4a Abs. 1 BauGB). Deren Notwendigkeit ergibt sich daraus, daß die Gemeinde überhaupt nur das in ihre Abwägung einstellen kann, was ihr bekannt ist oder was sie hätte kennen müssen. Umstände, die die Gemeinde gar nicht erkennen kann, muß sie auch nicht berücksichtigen. Das Bundesverwaltungsgericht hat dies bereits für die Rechtslage vor Inkrafttreten des EAG Bau (Rdnr. 1) wiederholt bestätigt und dazu beispielhaft folgendes ausgeführt:

„Was die planende Stelle nicht ‚sieht' und was sie nach den gegebenen Umständen auch nicht zu ‚sehen' braucht, kann von ihr bei der Abwägung nicht berücksichtigt werden und braucht auch nicht berücksichtigt zu werden. Die Bürgerbeteiligung nach

---

1 BVerwG v. 9.11.1979 – 4 N 1.78, BVerwGE 59, 87 = BauR 1980, 36 = BRS 35 Nr. 24 = DÖV 1980, 217 = DVBl. 1980, 233 = NJW 1980, 1061 = ZfBR 1980, 39.

§ 2a Abs. 6 BBauG¹ hat nicht zuletzt die Aufgabe, der planenden Stelle Interessen (Betroffenheiten) sichtbar zu machen. Hat es ein Betroffener unterlassen, seine Betroffenheit im Zuge der Bürgerbeteiligung vorzutragen, dann ist die Betroffenheit abwägungsbeachtlich nur dann, wenn sich der planenden Stelle die Tatsache dieser Betroffenheit aufdrängen mußte."²

Nunmehr ergibt sich auch aus § 214 Abs. 1 Satz 1 Nr. 1 BauGB, daß nur dann eine Verletzung von Vorschriften über die Aufstellung von Bauleitplänen vorliegt, wenn Belange in wesentlichen Punkten nicht zutreffend ermittelt oder bewertet worden sind, die der Gemeinde bekannt waren oder hätten bekannt sein müssen (dazu im einzelnen 1055 ff.; s. auch § 4a Abs. 6 BauGB). 574

Daraus ergibt sich als Konsequenz, daß der Gemeinde bekannte Umstände in sehr weitem Umfang für die Abwägung von Bedeutung sein können. Darunter fallen auch Belange von eher geringer Bedeutung, die sich dementsprechend in der planerischen Abwägung auch nicht besonders stark niederschlagen. Hingegen ist die Schwelle bei Belangen, die die Gemeinde nicht kennt und auch nicht kennen muß, erheblich höher. Wenn kein begründeter Anlaß besteht, muß sie zur Ermittlung und Bewertung (möglicherweise) abwägungserheblicher Belange keine besondere Nachforschungen anstellen. Insbesondere der ausdrücklich durch das EAG Bau (Rdnr. 1) in § 2 Abs. 3 BauGB aufgenommene Begriff der „Ermittlung" abwägungserheblicher Belange bedeutet nicht, daß die Gemeinde ein über das bisherige Recht hinausgehendes „Suchverfahren" durchführen muß³. 575

Beispiel: 576
Eine Gemeinde plant die Ausweisung von Bauland auf einer Ackerfläche. Der betroffene Landwirt äußert sich dazu nicht. Späterhin macht er im Normenkontrollverfahren die Existenzvernichtung für seinen Betrieb geltend, weil er auf die Ackerflächen dringend angewiesen sei. Hier mußte sich schon wegen der wirtschaftlichen Aufwertung der Fläche durch die Baulandausweisung ohne einen besonderen Hinweis des Landwirts eine Existenzgefährdung für die Gemeinde nicht als abwägungserheblich aufdrängen.

Sowohl aus den Umständen, die die Gemeinde von vornherein erkennt, als auch aufgrund von Informationen aus der Öffentlichkeits- und Behördenbeteiligung kann sich die Notwendigkeit ergeben, **weitere Ermittlungen** und Prognosen in Bezug auf die berührten Belange anzustellen bzw. vorhandene Ermittlungen und Prognosen zu aktualisieren (z.B. weitere Untersuchungen zu Bodenkontaminationen oder Überprüfung von Bedarfszahlen für eine geplante öffentliche Einrichtung, s. die Beispiele unter Rdnr. 558 sowie 577

---
1 Nunmehr § 3 BauGB.
2 BVerwG v. 9.11.1979 – 4 N 1.78, BVerwGE 59, 87 = BauR 1980, 36 = BRS 35 Nr. 24 = DÖV 1980, 217 = DVBl. 1980, 233 = NJW 1980, 1061 = ZfBR 1980, 347.
3 So ausdrücklich der Regierungsentwurf zum EAG Bau, BT-Drucksache 15/2250, Begründung zu Nr. 4 (§ 2).

Rdnr. 572). Dafür ist indes die Frage von Bedeutung, was überhaupt für die Abwägung erheblich sein kann. Die Gemeinde muß nicht jeder Stellungnahme weiter nachgehen, sondern nur denen, die abwägungserhebliche Belange ansprechen (s. insbesondere noch Rdnr. 599 ff.).

578 Der Umstand, daß gemäß § 214 Abs. 3 Satz 1 BauGB der Zeitpunkt der Beschlußfassung über den Bauleitplan für die Abwägung maßgebend ist, führt dazu, daß bezogen auf diesen **Zeitpunkt** die tatsächliche und rechtliche Situation einschließlich aller abwägungserheblichen Belange zutreffend erfaßt sein muß (s. in diesem Zusammenhang zu verspäteten Stellungnahmen aus der Öffentlichkeits- oder Behördenbeteiligung Rdnr. 456 f., 510). Das Gesetz will zwar einerseits verhindern, daß erst nach Inkrafttreten eines Bauleitplans auftretende tatsächliche Veränderungen der städtebaulichen Verhältnisse oder eine geänderte Rechtslage bei der späteren Beurteilung der Rechtsgültigkeit des beschlossenen Bauleitplans geltend gemacht werden können[1], andererseits sollen jedoch die bis dahin für den Bauleitplan maßgeblichen Umstände vollständig erfaßt werden. Dies gilt sowohl für die Rechtslage als auch für die tatsächlichen Umstände, die in die planerische Abwägung eingestellt werden müssen.

579 **Beispiele:**
(a) Eine Gemeinde hat in einem Bebauungsplan das Maß der baulichen Nutzung festgesetzt, ohne dabei allerdings eine Festlegung zur Grundflächenzahl oder zur Größe der Grundfläche vorzunehmen. Dies war nach der BauNVO 1977 noch möglich. Die BauNVO 1990 sieht hingegen in § 16 Abs. 3 Nr. 1 vor, daß im Bebauungsplan bei Festsetzung des Maßes der baulichen Nutzung stets die Grundflächenzahl oder die Größe der Grundfläche der baulichen Anlagen zu bestimmen ist, unabhängig davon, ob dies erforderlich ist oder nicht und auch unabhängig davon, ob gemäß § 23 BauNVO die überbaubare Grundstücksfläche festgesetzt wird oder nicht[2]. Ein Bebauungsplan, der vor dem 27.1.1990 (Inkrafttreten der BauNVO 1990; zu den einzelnen Fassungen der Baunutzungsverordnung Rdnr. 1185 ff.) noch nicht nach § 3 Abs. 2 BauGB öffentlich ausgelegt wurde und der gleichwohl diese Rechtsänderung nicht beachtet, ist zumindest in Bezug auf die entsprechende Festsetzung unwirksam.

580 (b) Eine Gemeinde plant die Erweiterung ihres Friedhofs wegen eines vermeintlich dringenden Bedarfs auf der Grundlage eines mehrere Jahre alten Bedarfsplans. Da bereits bei Satzungsbeschluß der Bedarf deutlich geringer war, hätte es einer neuen Prognose bedurft[3].

581 Die Erfassung der **tatsächlichen Grundlagen** des Bauleitplans sollte weitestmöglich in dem Plan selbst zum Ausdruck kommen, um so dem Vorwurf etwaiger Ermittlungsdefizite vorzubeugen. **§ 1 PlanzV** trägt dem Rechnung. Danach sollen für Bauleitpläne Karten (Katasterpläne) verwendet werden,

---

1 BVerwG v. 3.7.1995 – 4 NB 11.95, BauR 1996, 351 = BRS 57 Nr. 29 = DVBl. 1995, 1025 = DÖV 1996, 522 = ZfBR 1995, 319.
2 BVerwG v. 18.12.1995 – 4 NB 36.95, BauR 1996, 353 = BRS 57 Nr. 25 = DVBl. 1996, 675 = NVwZ 1996, 894 = UPR 1996, 153 = ZfBR 1996, 172.
3 OVG Lüneburg v. 7.6.2000 – 1 K 5240/98, NVwZ-RR 2001, 424.

die in Genauigkeit und Vollständigkeit den Zustand des Plangebiets in einem für den Planinhalt ausreichenden Grad erkennen lassen (Planunterlagen). Es empfiehlt sich daher, in den Planunterlagen die wesentlichen vorhandenen Nutzungen und die natürlichen Gegebenheiten einschließlich der Topographie (Höhenlinien)[1] darzustellen, auch wenn dies rechtlich nicht zwingend geboten ist. Soweit dies erfolgt, wird man der Gemeinde in aller Regel nicht vorwerfen können, daß sie sich mit den diesbezüglichen Belangen nicht auseinandergesetzt habe.

Beispiel: 582
Aufrechterhaltung einer hinreichenden Erschließung der vorhandenen Bebauung bei Ausweisung einer neuen Straße in topographisch bewegtem Gelände[2].

Die Berücksichtigung derartiger Umstände in der Planunterlage macht es 583
zugleich erforderlich, einen nicht zu groben **Maßstab** zu wählen. Anderenfalls sind die vorhandenen Gegebenheiten und die Planfestsetzungen häufig nicht hinreichend genau zu erkennen (vgl. § 1 Abs. 1 Satz 2 PlanzV). In der Regel empfiehlt sich daher bei Bebauungsplänen ein Maßstab von 1 : 500 und maximal bei sehr großen Plangebieten von 1 : 1000, bei Flächennutzungsplänen von 1 : 10 000. Ggf. ist eine **Aufteilung der Planurkunde** in mehrere als zueinandergehörig zu kennzeichnende Blätter vorzunehmen[3] (zu den diesbezüglichen Anforderungen bei der Ausfertigung Rdnr. 802; zu den weiteren Einzelheiten des Bestimmtheitsgebotes Rdnr. 216 ff.).

b) Private Belange

(1) Anwägungserheblich sind grundsätzlich alle im konkreten Planungsfall 584
bedeutsamen privaten Belange. Dafür ist es nicht erforderlich, daß diese rechtlich geschützt sind[4]. Eine auch nur ansatzweise abschließende Aufzählung derjenigen privaten Belange, die im Einzelfall **abwägungserheblich** sein können, ist daher kaum möglich. Zu den abwägungserheblichen privaten Belangen gehört selbstverständlich in hervorgehobener Weise das **private Grundeigentum**[5], da die Bauleitplanung eine Inhalts- und Schrankenbestimmung des Grundeigentums ist (Rdnr. 15). Dies gilt auch für eine gerechte

---

1 Dies ist nicht zu verwechseln mit der Festsetzung (zukünftiger) Höhenlagen gemäß § 9 Abs. 3 Satz 1 BauGB, dazu Rdnr. 362.
2 Dazu OVG Münster v. 13.2.1997 – 7a D 115/94, NWVBl. 1997, 346.
3 S. etwa OVG Bautzen v. 23.10.2000 – 1 D 33/00, NVwZ-RR 2001, 426; OVG Münster v. 29.1.1990 – 11a NE 94/88, BauR 1990, 449 = BRS 50 Nr. 5 = DVBl. 1990, 1123 = DÖV 1991, 123 = NVwZ 1990, 886 = UPR 1990, 392.
4 BVerwG v. 24.9.1998 – 4 CN 2.98, BVerwGE 107, 215 = BauR 1999, 134 = BRS 60 Nr. 46 = DVBl. 1999, 100 = DÖV 1999, 208 = NJW 1999, 592 = UPR 1999, 27 = ZfBR 1999, 39.
5 S. etwa BVerfG v. 19.12.2002 – 1 BvR 1402/01, BauR 2003, 1338; BVerwG v. 21.3.2002 – 4 CN 14.00, BauR 2002, 1650 = NVwZ 2002, 1509 = UPR 2002, 443 = ZfBR 2002, 795.

Lastenverteilung zwischen unterschiedlichen Grundstückseigentümern, etwa bei der flächenmäßigen Inanspruchnahme für eine Erschließungsstraße[1]. Abwägungserheblich sind allerdings auch die Nutzungsinteressen von **Mietern und Pächtern**[2], ferner die Belange im Zusammenhang mit einem eingerichteten und ausgeübten **Gewerbebetrieb**, und zwar nicht nur hinsichtlich seiner Substanz sondern auch in Bezug auf Erhaltung und (konkret absehbare) Erweiterung[3] oder kostenmäßige Belastungen durch bestimmte Planfestsetzungen (z.B. zum Immissionsschutz)[4]. Abwägungserheblich sind desweiteren Veränderungen im **Anliegergebrauch** an öffentlichen Straßen, durch die die Zugangs- und Zufahrtsmöglichkeit für ein Grundstück berührt sein kann[5]. Abwägungsrelevant ist auch ganz allgemein das Interesse am **Fortbestand der planungsrechtlichen Situation**, etwa das Interesse an der Beibehaltung einer Baugebietsausweisung (selbst wenn es an der notwendigen Erschließung fehlt)[6] oder einer vorhandenen Ruhezone[7], die Verschonung eines emittierenden Gewerbebetriebs vor heranrückender Wohnbebauung[8] oder auch die Verschonung einer vorhandenen Wohnbebauung vor mehr als unerheblichem zusätzlichen Verkehrslärm[9]. Ebenso ist indes auch das Interesse an einer **Veränderung der planungsrechtlichen Situation** grundsätzlich abwägungserheblich. Wird etwa ein Bebauungsplan geändert und läßt diese Änderung einzelne Grundstücke aus, kann der Eigenütmer geltend machen, daß Änderungen sich auch auf sein Grundstück beziehen sollten. Die Gemeinde hat sich mit diesem Anliegen dann im Rahmen der planerischen Abwägung schon im Hinblick auf die Privatnützigkeit des Eigentums und die grundsätzliche Verfügungsbefugnis über den Eigentums-

---

1 VGH Mannheim v. 21.1.2002 – 8 S 1388/01, ZfBR 2003, 51.
2 BVerwG v. 21.10.1999 – 4 CN 1.98, UPR 2000, 189; OVG Berlin v. 30.10.1998 – 2 A 7.95, BauR 1999, 140 = BRS 60 Nr. 48; OVG Münster v. 13.3.1997 – 11a D 148.94, NVwZ 1997, 1002.
3 BVerwG v. 8.9.1988 – 4 NB 15.88, BRS 48 Nr. 33 = DVBl. 1989, 63 = DÖV 1989, 39 = NVwZ 1989, 245 = UPR 1989, 75 = ZfBR 1988, 276; OVG Münster v. 22.5.2000 – 10a D 139/98, BauR 2001, 84; OVG Lüneburg v. 9.11.2000 – 1 K 3742/99, BauR 2000, 363; VGH Mannheim v. 27.5.1995 – 5 S 2193/93, UPR 1995, 110.
4 OVG Lüneburg v. 3.7.2000 – 1 K 1014/00, BauR 2001, 58 = DVBl. 2000, 1871 = NVwZ-RR 2001, 218.
5 BVerwG v. 6.12.2000 – 4 BN 59.00, BauR 2001, 747; BVerwG v. 9.11.1979 – 4 N 1.78, BVerwGE 59, 87 = BauR 1980, 36 = BRS 35 Nr. 24 = DVBl. 1980, 233 = DÖV 1980, 217 = ZfBR 1980, 347; OVG Berlin v. 14.12.1992 – 2 A 4/89, BRS 54 Nr. 1 = DÖV 1994, 310 = NVwZ-RR 1994, 10 = UPR 1993, 200.
6 VGH München v. 14.8.2003 – 14 N 99.1156, NVwZ-RR 2004, 89.
7 BVerwG v. 23.1.2002 – 4 BN 3/02, BauR 2002, 730 = NVwZ-RR 2002, 329 = UPR 2002, 230 = ZfBR 2002, 371; BVerwG v. 20.8.1992 – 4 NB 3.92, BRS 54 Nr. 21 = DÖV 1993, 120 = DVBl. 1992, 1441 = NVwZ 1993, 468 = UPR 1992, 446 = ZfBR 1992, 289.
8 BVerwG v. 14.2.1991 – 4 NB 25.89, BauR 1991, 435 = BRS 52 Nr. 39 = DVBl. 1991, 826 = NVwZ 1991, 980 = UPR 1991, 274 = ZfBR 1991, 230.
9 BVerwG v. 18.3.1994 – 4 NB 24/93, BauR 1994, 490 = DVBl. 1994, 701 = DÖV 1994, 873 = NVwZ 1994, 683 = UPR 1994, 263 = ZfBR 1994, 196; s. allerdings auch zum Verkehrslärm Rdnr. 588.

gegenstand auseinanderzusetzen[1]. Abwägungserheblich können auch **kulturelle** oder **religiöse Interessen** sein, wie z.B. die Belange einer privatrechtlich organisierten Religionsgemeinschaft[2].

Planungsrechtlich relevante und von der Gemeinde auch erkannte Belange scheiden nicht dadurch aus dem zu beachtenden Abwägungsmaterial aus, daß der Betroffene darauf **verzichtet**[3] (s. in diesem Zusammenhang zu städtebaulichen Verträgen Rdnr. 984 ff.). Der Verzicht ist jedoch unschädlich, wenn die Gemeinde den betreffenden Belang gleichwohl im Rahmen der Abwägung berücksichtigt hat, z.B. weil anderweitige inhaltsgleiche Stellungnahmen aus der Öffentlichkeitsbeteiligung einbezogen wurden[4]. 585

Da es für die Ordnungsgemäßheit der Abwägung auf den **Zeitpunkt der Beschlußfassung** über den Bauleitplan ankommt (§ 214 Abs. 3 Satz 1 BauGB) muß das erforderliche Abwägungsmaterial zu diesem Zeitpunkt aktuell und vollständig ermittelt sein. Eine nachträgliche Vervollständigung, etwa anläßlich eines Normenkontrollverfahrens, genügt nicht, weil dadurch allenfalls belegt werden kann, daß in der vorgenommenen Weise rechtmäßig hätte geplant werden können. Es geht allerdings bei der gerichtlichen Überprüfung allein um die Frage, ob rechtmäßig geplant worden ist (zur Bauleitplanung als einem Finalprogramm Rdnr. 551)[5]. 586

(2) **Nicht abwägungserheblich** sind private Belange dann, wenn 587

– sie nur **unwesentlich**, also nicht mehr als nur geringfügig betroffen sind, was letztlich allerdings vom Einzelfall abhängt,

– wenn eine Betroffenheit mehr als **unwahrscheinlich** ist oder

– wenn es sich um **objektiv geringwertige** oder **nicht schutzwürdige** Belange handelt.

Unwesentlich sind vor allem Auswirkungen, die **nicht unmittelbarer Art** sind und denen daher in der konkreten Planungssituation ein städtebaulicher Bezug fehlt. Dazu zählt ganz allgemein der **Wertverlust** eines Grund- 588

---

1 BVerfG v. 19.12.2002 – 1 BvR 1402/01, BauR 2001, 1338; BVerwG v. 6.1.1993 – 4 NB 38.92, BauR 1993, 433 = BRS 55 Nr. 13 = DVBl. 1993, 448 = DÖV 1993, 876 = NVwZ 1993, 561 = UPR 1993, 149 = ZfBR 1993, 308.
2 VGH München v. 29.8.1996 – 26 N 95.2983, BRS 58 Nr. 9 = NVwZ 1997, 1016 (muslimische Gemeinde im Zusammenhang mit dem Bau eines Minaretts).
3 Vgl. BVerwG v. 28.4.1978 – IV C 53.76, BauR 1978, 385 = BRS 33 Nr. 66 = DÖV 1978, 774; anders allerdings BGH v. 6.5.1982 – III ZR 24/81, BauR 1982, 552 = BRS 39 Nr. 16 = NVwZ 1983, 309 = UPR 1982, 378 = ZfBR 1982, 264 sowie Söfker in Ernst/Zinkahn/Bielenberg/Krautzberger, § 1 Rdnr. 198 zumindest für den Fall, daß nicht gleichzeitig öffentliche Interessen berührt sind.
4 BVerwG v. 16.5.1989 – 4 NB 3.89, BauR 1989, 439 = BRS 49 Nr. 18 = DÖV 1989, 1047 = NVwZ-RR 1990, 3 = UPR 1989, 431.
5 BVerwG v. 14.8.1989 – 4 NB 24.88, BRS 40 Nr. 22 = DVBl. 1989, 1105 = NVwZ-RR 1990, 122 = UPR 1989, 452 = ZfBR 1989, 264.

stücks, da er nur die mittelbare Konsequenz der Betroffenheit eines anderen Belangs ist. Eine planbedingte Verschlechterung der Aussicht wird zumeist nicht als abwägungsrelevant angesehen[1]. Besonderheiten können allerdings bei einer außergewöhnlichen Fernsicht oder dann gelten, wenn die freie Aussicht durch ein unmittelbar angrenzendes Vorhaben beeinträchtigt wird[2]. Ebenfalls unwesentlich sind in der Regel etwaige **Folgeplanungen** oder bebauungsplanbedingte Veränderungen im allgemeinen Verkehrsnetz, die zu einer (geringfügig) verstärkten Verkehrsbelastung eines Anliegers führen können[3]. Im übrigen kommt es bei **Immissionserhöhungen** auf die konkreten Umstände des Einzelfalls an. Selbst wenn Lärmerhöhungen erst ab 3 dB(A) wahrnehmbar und Lärmdifferenzen erst ab etwa 2 dB(A) im A/B-Vergleich festzustellen sind, kann auch eine planbedingte nicht wahrnehmbare Erhöhung des Dauerschallpegels um nur 1,5 dB(A) abwägungsrelevant sein[4]. Dies hängt u.a. von der Lärmverteilung über den Tages- und Nachtverlauf sowie von den bereits bestehenden Vorbelastungen ab. Erforderlich ist es jedoch in aller Regel auf der Stufe der Zusammenstellung des Abwägungsmaterials, daß die Gemeinde die Ermittlung einer etwaigen Immissionssteigerung und deren Bewertung auf eine sachgerechte Prognose der zu erwartenden Verkehrsentwicklung stützt[5].

589 Eine abwägungserhebliche Betroffenheit privater Belange scheidet aus, wenn nach der Lebenswirklichkeit zu erwarten ist, daß sich bestimmte Risiken nicht realisieren oder auf der Ebene des Bebauungsplanvollzugs ohne weiteres kontrolliert werden können[6].

590 **Beispiel:**
Eine Gemeinde stellt einen Bebauungsplan für ein Mischgebiet auf. Ein Anlieger macht geltend, daß er dies nicht akzeptieren wolle, da sein Nachbar auf seinem Grundstück einen Gewerbebetrieb errichten werde. Es sei davon auszugehen, daß

---

1 BVerwG v. 22.8.2000 – 4 BN 23.00, BauR 2000, 1834 = UPR 2000, 465; BVerwG v. 9.2.1995 – 4 NB 17.94, BauR 1995, 499 = BRS 57 Nr. 42 = DÖV 1995, 823 = NVwZ 1995, 895 = UPR 1995, 390 = ZfBR 1995, 216; VGH Mannheim v. 14.3.1990 – 8 S 2599/89, BauR 1991, 172 = BRS 50 Nr. 51 = NVwZ-RR 1990, 394 = UPR 1990, 280 = ZfBR 1990, 307.
2 So VGH München v. 29.7.1992 – 20 N 91.2692, BRS 54 Nr. 42.
3 S. etwa BVerwG v. 21.10.1999 – 4 CN 1.98, UPR 2000, 189; BVerwG v. 28.11.1995 – 4 NB 38.94, BRS 57 Nr. 41 = NVwZ 1996, 711 = UPR 1996, 108 = ZfBR 1996, 109; BVerwG v. 19.2.1992 – 4 NB 11.91, BRS 54 Nr. 41 = DVBl. 1992, 1099 = NVwZ 1992, 1198 = UPR 1992, 264; VGH Mannheim v. 24.9.1999 – 5 S 1985/98, NVwZ 2000, 1187; OVG Bremen v. 28.2.1978 – I T 4/77, BauR 1978, 455 = DÖV 1978, 417.
4 BVerwG v. 19.2.1992 – 4 NB 11.91, BRS 54 Nr. 41 = DVBl. 1992, 1099 = NVwZ 1992, 1198 = UPR 1992, 264; VGH Mannheim v. 24.9.1999 – 5 S 1985/98, NVwZ 2000, 1187.
5 OVG Frankfurt/Oder v. 26.8.1999 – 3 D 10/97, NVwZ-RR 2000, 563.
6 Vgl. etwa VGH Mannheim v. 15.3.1990 – 8 S 3707/88, BauR 1990, 577 = BRS 50 Nr. 49 = NVwZ 1990, 982 = UPR 1990, 455 (zur Verletzungsgefahr durch abirrende Golfbälle).

sich der Nachbar nicht an Betriebsbeschränkungen in der für den Gewerbebetrieb notwendigen Baugenehmigung halten werde. Aus diesem Grunde sei der Bebauungsplan für ihn unzumutbar.

Objektiv geringwertige[1] oder **nicht schutzwürdige** Belange sind im wesentlichen solche, die generell oder jedenfalls im konkreten Planungsfall keine bodenrechtliche Relevanz haben. Da das Bauplanungsrecht **wettbewerbsneutral** ist, zählt dazu etwa das nicht beachtliche Interesse an einem Wettbewerbs- oder Konkurrenzschutz[2]. Keine bodenrechtliche Relevanz hat auch das „psychohygienische" Interesse an einem Mindestabstand zwischen einem Friedhof und einer Wohnbebauung[3]. Abgesprochen wurde die bodenrechtliche Relevanz ferner dem gegen die Verlegung eines (Wander-)Weges vorgebrachten Einwand, daß damit die Gefahr von (terroristischen) Anschlägen auf einem benachbarten Betrieb erhöht werde, da der erforderliche Schutz Angelegenheit der Sicherheitsbehörden und der Polizei ist[4]. Zu den objektiv nicht schutzwürdigen Belangen zählen des weiteren **von der Rechtsordnung mißbilligte Interessen**. Dazu gehören geltend gemachte Belange im Zusammenhang mit Gebäuden und Grundstücksnutzungen, die nicht genehmigt sind und auch nicht genehmigt werden können, weil sie dem materiellen Baurecht widersprechen[5]. Entscheidend ist dabei aber, daß die Mißbilligung durch die Rechtsordnung erfolgt. Es geht nicht um eine Mißbilligung allein durch die planende Gemeinde oder durch sonstige Dritte.

591

Nicht gegen die Abwägungserheblichkeit spricht es, wenn Auswirkungen geltend gemacht werden, die nicht innerhalb des Plangebiets oder auch nur innerhalb des Gebiets der planenden Gemeinde bemerkbar sind. Vielmehr sind auch Belange von Personen **außerhalb des Planbereichs** abwägungsrelevant, wenn sie im konkreten Planungsfall einen städtebaulichen Bezug haben[6]. Eine Einbeziehung der auswirkungsbetroffenen Flächen in das Plangebiet ist demgegenüber nur dann erforderlich, wenn ansonsten die aufgeworfenen planerischen Konflikte nicht sachgerecht bewältigt werden können, weil dies auch eine Überplanung der angrenzenden Bereiche erfordert (z.B. zur Sicherung der für ein Baugebiet notwendigen Zufahrtsstraßen).

592

---

1 Die objektiv geringwertigen Belange sind dabei zu unterscheiden von den nicht geringwertigen Belangen, die jedoch nur geringfügig betroffen sind.
2 BVerwG v. 26.2.1997 – 4 NB 5.97, BRS 59 Nr. 50 = NVwZ 1997, 683; BVerwG v. 16.1.1990 – 4 NB 1.90, BauR 1990, 183 = BRS 50 Nr. 50 = NVwZ 1990, 555 = UPR 1990, 222 = ZfBR 1990, 207.
3 OVG Koblenz v. 1.3.1983 – 10 C 13/82, BauR 1983, 340 = BRS 40 Nr. 13; Dirnberger in Jäde/Dirnberger/Weiß, § 1 Rdnr. 85.
4 OVG Münster v. 23.3.1984 – 11a NE 38/81, BauR 1984, 489 = BRS 51 Nr. 153.
5 VGH München v. 11.2.1980 – 81 XIV 78, BauR 1981, 172 = BRS 36 Nr. 6; s. auch BVerwG v. 9.11.1979 – 4 N 1.78, BVerwGE 59, 87 = BauR 1980, 36 = BRS 35 Nr. 24 = DVBl. 1980, 233 = DÖV 1980, 217 = ZfBR 1980, 347.
6 S. etwa BVerwG v. 21.7.1989 – 4 NB 18.88, BauR 1989, 580 = BRS 49 Nr. 13 = NVwZ 1990, 256 = UPR 1989, 444 = ZfBR 1989, 276.

c) Öffentliche Belange

593 Für die abwägungserheblichen öffentlichen Belange sind insbesondere § 1 Abs. 5 und Abs. 6 BauGB sowie § 1a Abs. 2 bis 4 BauGB maßgeblich. In der vielfach sehr unterschiedlichen Terminologie werden die Regelungen in § 1 Abs. 5 BauGB sowie § 1a Abs. 2 BauGB als **Planungsziele** angesehen. Teilweise wird bei § 1a Abs. 2 Satz 2 BauGB auch von einem Schutzgebot oder einer Umwidmungssperre gesprochen. Im Zusammenhang mit § 1a Abs. 2 Satz 1 BauGB ist häufig von einer Bodenschutzklausel die Rede. Konkretisiert werden die Planungsziele, die mitunter auch Hauptleitsätze genannt werden, insbesondere durch die in § 1 Abs. 6 BauGB enthaltenen **Planungsleitlinien** (Planungsleitsätze)[1], die jedoch letztlich nichts anderes darstellen als einen beispielhaften Katalog der im Rahmen der Abwägung zu berücksichtigenden Belange[2].

594 Nach den Planungszielen des § 1 Abs. 5 BauGB sollen Bauleitpläne

(1) eine nachhaltige städtebauliche Entwicklung, die die sozialen, wirtschaftlichen und umweltschützenden Anforderungen auch in Verantwortung gegenüber künftigen Generationen miteinander in Einklang bringt, und

(2) eine dem Wohl der Allgemeinheit dienende sozialgerechte Bodennutzung gewährleisten sowie

(3) dazu beitragen, eine menschenwürdige Umwelt zu sichern und

(4) die natürlichen Lebensgrundlagen zu schützen und zu entwickeln, auch in Verantwortung für den allgemeinen Klimaschutz, sowie

(5) die städtebauliche Gestalt und das Orts- und Landschaftsbild baukulturell zu erhalten und zu entwickeln.

595 Gemäß § 1a Abs. 2 Satz 1 BauGB soll mit Grund und Boden sparsam und schonend umgegangen werden, wobei zur Verringerung der zusätzlichen Inanspruchnahme von Flächen für bauliche Nutzungen die Möglichkeiten der Entwicklung der Gemeinde insbesondere durch Wiedernutzbarmachung von Flächen, Nachverdichtung und andere Maßnahmen zur Innenentwicklung zu nutzen sowie Bodenversiegelungen auf das notwendige Maß zu begrenzen sind. Gemäß § 1a Abs. 2 Satz 2 BauGB sollen landwirtschaftlich, als Wald oder für Wohnzwecke genutzte Flächen nur im notwendigen Umfang umgenutzt, also für andere Nutzungsarten vorgesehen und in Anspruch genommen werden.

---

1 Zur unterschiedlichen Terminologie etwa Hoppe in Hoppe/Bönker/Grotefels, § 7 Rdnr. 25 ff.
2 Regierungsentwurf zum EAG Bau, BT-Drucksache 15/2250, Begründung zu Nr. 2 (§ 1).

Diese abstrakten Vorgaben werden durch § 1 Abs. 6 BauGB konkretisiert, 596
ohne daß allerdings diese Planungsleitlinien die rahmenartigen Vorgaben
der Planungsziele mit sehr viel größerer Präzision ausstatten. So sind bei
der Aufstellung von Bauleitplänen gemäß § 1 Abs. 6 BauGB insbesondere zu
berücksichtigen,

(1) die allgemeinen Anforderungen an gesunde Wohn- und Arbeitsverhältnisse und die Sicherheit der Wohn- und Arbeitsbevölkerung,

(2) die Wohnbedürfnisse der Bevölkerung,

(3) die sozialen und kulturellen Bedürfnisse der Bevölkerung,

(4) die Erhaltung, Erneuerung, Fortentwicklung und der Umbau vorhandener Ortsteile,

(5) die Belange der Baukultur, des Denkmalschutzes und der Denkmalpflege sowie die Gestaltung des Orts- und Landschaftsbildes,

(6) die Belange von Kirchen und Religionsgesellschaften,

(7) die Belange des Umweltschutzes gemäß § 1a BauGB (s. dazu noch Rdnr. 655 ff.),

(8) die Belange der Wirtschaft,

(9) die Belange des Personen- und Güterverkehrs und der Mobilität der Bevölkerung,

(10) die Belange der Verteidigung und des Zivilschutzes sowie der zivilen Anschlußnutzung von Militärliegenschaften,

(11) die Ergebnisse eines von der Gemeinde beschlossenen städtebaulichen Entwicklungskonzeptes oder einer von ihr beschlossenen sonstigen städtebaulichen Planung.

Nach der Rechtsprechung des Bundesverwaltungsgerichts handelt es sich 597
bei sämtlichen Tatbestandsmerkmalen des § 1 Abs. 5 und 6 BauGB um
unbestimmte Rechtsbegriffe, die einer gerichtlichen Überprüfung in vollem
Umfang unterliegen[1]. Die Bedeutung dieser Überprüfbarkeit ist allerdings
von geringer Tragweite, da die rahmenartigen Vorgaben der Planungsziele
sehr offen sind und die konkretisierenden Planungsleitlinien lediglich beispielhaften Charakter haben. Letztlich umfassen sie alle an sich denkbaren
Gesichtspunkte, die für die Bodennutzung sowie für ein organisiertes
menschliches Zusammenleben von Bedeutung sein können[2]. Dies führt zu-

---

1 BVerwG v. 12.12.1969 – IV C 105.66, BVerwGE 34, 301 = BauR 1970, 31 = BRS 22 Nr. 4 = DVBl. 1970, 414 = DÖV 1970, 277.
2 Dirnberger in Jäde/Dirnberger/Weiß, § 1 Rdnr. 55, weist in diesem Zusammenhang völlig zu Recht darauf hin, daß die abwägungsrechtlichen Anforderungen an die Planung nicht anders wären, wenn § 1 Abs. 5 und Abs. 6 BauGB gar nicht existierten.

gleich dazu, daß es wenig Sinn ergibt, auf die einzelnen Planungsziele und Planungsleitlinien abstrakt einzugehen. Praktische Relevanz haben sie allerdings als eine Art „Checkliste", mit der die planende Gemeinde kontrollieren kann, welche öffentlichen Belange in dem jeweiligen Planungsfall möglicherweise einschlägig sind[1] (zu den naturschutzrechtlichen Besonderheiten Rdnr. 655 ff.).

598 Ebenso wie bei den privaten Belangen genügt es auch für die Abwägungserheblichkeit öffentlicher Belange in der Regel, wenn die Gemeinde sie **kennt oder hätte kennen müssen**, selbst wenn sie nicht oder erst verspätet im Rahmen der Öffentlichkeits- oder Behördenbeteiligung vorgetragen wurden (§ 4a Abs. 6 BauGB, Rdnr. 510). Ebenfalls geht es nicht nur um öffentliche Belange innerhalb des Plangebiets sondern auch darüber hinaus. Dies gilt insbesondere auch für Belange von Nachbargemeinden (zur interkommunalen Abstimmung Rdnr. 631 ff.). Zu den abwägungserheblichen eigenen Belangen der Gemeinde gehören auch **informelle Rahmenplanungen** (Schulentwicklungskonzept, Einzelhandelskonzept, Verkehrsentwicklungsplan u.ä., § 1 Abs. 6 Nr. 11 BauGB)[2].

d) Untersuchungspflichten der Gemeinde

599 Sofern die Abwägungserheblichkeit von öffentlichen oder privaten Belangen gegeben ist, müssen sie zutreffend bewertet werden, um eine sachgerechte Abwägung zu ermöglichen. Dabei geht es insbesondere um die Feststellung, in welcher Weise und in welchem Umfang die einzelnen Belange durch die Planung betroffen sein werden (vgl. Rdnr. 553). Da dies vielfach allein aufgrund von Stellungnahmen aus der Öffentlichkeits- und Behördenbeteiligung nicht feststellbar ist, muß die Gemeinde von sich aus die notwendigen **Untersuchungen und Prognosen** anstellen. Diese Verpflichtung besteht bereits dann, wenn durch Stellungnahmen aus der Öffentlichkeits- oder Behördenbeteiligung die Betroffenheit abwägungserheblicher Belange **erkennbar** gemacht wurde. Die Ermittlungs- und Bewertungslast liegt dann bei der Gemeinde selbst. Sie darf sich auch dann, wenn Problemfelder in Stellungnahmen lediglich angeschnitten und nicht abschließend behandelt worden sind, nicht auf den Hinweis beschränken, präzisere Informationen lägen ihr nicht vor[3]. Beruft sich etwa ein Bürger auf ein von ihm selbst eingeholtes Gutachten, aus dem sich nach seiner Stellungnahme an die Gemeinde die Nutzungsunverträglichkeit seines Betriebes mit einer geplanten Neubebauung ergeben soll, kann die Gemeinde dies nicht als unbeachtlich mit der

---

1 So BVerwG v. 5.4.1993 – 4 NB 3.91, BVerwGE 92, 231 = BRS 55 Nr. 37 = DVBl. 1993, 662 = DÖV 1993, 876 = NVwZ 1994, 288 = UPR 1993, 271 = ZfBR 1993, 197.
2 S. etwa OVG Schleswig v. 7.5.1998 – 1 L 66/96, NVwZ-RR 2000, 10; VGH Mannheim v. 27.7.1995 – 3 S 1288.93, BRS 57 Nr. 6 = NVwZ 1996, 920.
3 S. z.B. OVG Münster v. 8.3.1993 – 11a NE 53/89, BRS 55 Nr. 12 = DVBl. 1993, 1101 = DÖV 1993, 921 = UPR 1993, 349.

Begründung übergehen, daß ihr das in Bezug genommene Gutachten nicht übergeben worden sei. Die Notwendigkeit, das Abwägungsmaterial umfassend zu ermitteln und zu bewerten, gebietet es dann vielmehr, entweder eigene diesbezügliche Untersuchungen anzustellen oder aber das Gutachten anzufordern[1].

Die Untersuchungspflichten der Gemeinde zur vollständigen Ermittlung und Bewertung des Abwägungsmaterials sind **durch die für die abschließende Planungsentscheidung erforderliche Untersuchungstiefe** begrenzt. Denn die Ermittlung und Bewertung des Abwägungsmaterials gemäß § 2 Abs. 3 BauGB hat keinen Selbstzweck. Sie ist vielmehr nur Mittel zum Zweck, nämlich zur Ermöglichung einer Planungsentscheidung, die alle erheblichen Belange in angemessener Weise berücksichtigt. Sind daher bestimmte Untersuchungen nicht erforderlich, um die Abwägungsentscheidung der Gemeinde in der notwendigen Weise vorzubereiten, können sie selbstverständlich auch unterbleiben. 600

Vertiefte und über die Öffentlichkeits- und Behördenbeteiligung hinausgehende Ermittlungspflichten hat die Gemeinde vielfach dann, wenn es um besonders gefahrenträchtige Nutzungen[2] oder um die Festsetzung von geruchs- oder geräuschemittierenden Nutzungen in der Nähe von störungsempfindlicher Wohnbebauung geht oder umgekehrt und die Gemeinde dabei nicht auf allgemeine Erfahrungswerte zurückgreift, die sich etwa aus **Abstandslisten** ergeben (z.B. Abstandserlaß des Landes Nordrhein-Westfalen, der über Nordrhein-Westfalen hinausgehend auch in anderen Ländern bei der Bauleitplanung vielfach Anwendung findet; dazu noch Rdnr. 721 ff.). Je enger der Raum ist, auf dem einander potentiell störende Nutzungen festgesetzt werden sollen, desto eher spricht dies für die Notwendigkeit von **Sachverständigengutachten** oder von Stellungnahmen kompetenter Fachbehörden, sofern die Gemeinde nicht selbst in der Lage ist, eine fachlich hinreichende Einschätzung vorzunehmen. Die notwendige fachliche Bewertung kann auch auf der Basis eines **Privatgutachtens** erfolgen, das z.B. bei einem vorhabenbezogenen Bebauungsplan gemäß § 12 BauGB der Vorhabenträger in Auftrag gegeben hat. Entscheidend für die Ordnungsgemäßheit der Abwägung ist insofern allein, daß die Ermittlung des Abwägungsmaterials vollständig und dessen Bewertung zutreffend ist, nicht hingegen, woher die dafür notwendigen Informationen stammen oder wer sie bezahlt hat. Freilich trägt die Gemeinde das Risiko dafür, daß die Begutachtung zutreffend ist oder jedenfalls bei methodisch einwandfreier Arbeitsweise den Prognosespielraum einhält, der jeder Planung eigen ist. Entsprechendes gilt, wenn es 601

---

1 OVG Lüneburg v. 25.3.1994 – 1 K 6147/92, BauR 1994, 599 = BRS 56 Nr. 15 = NVwZ 1995, 714 = UPR 1995, 109.
2 OVG Münster v. 20.2.2003 – 10a B 1780/02, BauR 2003, 1182 (zur Festsetzung eines Messeparkplatzes mit 5200 Stellplätzen über einer Erdgasröhrenspeicheranlage).

darum geht, ob tatsächlich alle Aspekte umfassend untersucht wurden, auf die es in dem konkreten Planungsfall ankommt.

602 **Beispiel:**

In einem Gutachten über die städtebaulichen Auswirkungen von großflächigem Einzelhandel werden lediglich die Folgewirkungen untersucht, die sich für die Ortsteile der planenden Stadt selbst ergeben. Dies ist mit Blick auf die Notwendigkeit der interkommunalen Abstimmung gemäß § 2 Abs. 2 BauGB (Rdnr. 631 ff.) vielfach nicht ausreichend[1].

603 Bedarf zu gutachterlichen Untersuchungen kann sich bei der Ausweisung von Baugebieten häufig auch in Bezug auf **Baugrund- oder Altlastenprobleme** ergeben, jedoch immer nur mit dem Ziel einer Klärung dahingehend, ob eine Bebauung überhaupt, wenn auch eventuell mit zusätzlichen technischen Maßnahmen, möglich ist. Nicht hingegen geht es darum, die regelmäßig den Grundstückseigentümer oder Bauherrn treffenden Kosten der Sanierung im einzelnen zu ermitteln (zur Kennzeichnungspflicht von Altlasten im Bebauungsplan Rdnr. 377 ff., zur Bundesbodenschutzverordnung Rdnr. 733). Abwägungserheblich kann es allerdings in diesem Zusammenhang sein, wenn die Gemeinde gezielt Bauflächen für besonders kostengünstige Wohnhäuser zum Zwecke der Eigentumsbildung weiter Kreise der Bevölkerung (§ 1 Abs. 6 Nr. 2 BauGB) ausweisen will. In diesem Fall ist es für die Planungsentscheidung bedeutsam, wenn Baumaßnahmen so teuer werden, daß von kostengünstigem Wohnraum nicht mehr die Rede sein kann.

604 Auf entsprechende Stellungnahmen hin kann die Gemeinde verpflichtet sein, **Planungsalternativen** zu prüfen. Jedoch muß die Prüfung nicht bis ins Detail gehen, etwa bis hin zur Ausarbeitung einer umfassenden Alternativplanung. Die Untersuchung einer für die Gemeinde erkennbaren Planungsalternative kann vielmehr dann abgebrochen werden, wenn die Gemeinde feststellt, daß es sich für sie nicht um eine vorzugswürdige Alternative handelt, wobei wiederum die weitreichende planerische Gestaltungsfreiheit erhebliche Bedeutung hat (s. auch Nr. 2 Buchstabe d) der Anlage zu § 2 Abs. 4 und § 2a BauGB, Rdnr. 675 ff.)[2].

3. Die abschließende Planungsentscheidung der Gemeinde

605 An die dem verfahrensrechtlichen Teil der planerischen Abwägung zuzuordnende Ermittlung und Bewertung des Abwägungsmaterials (Rdnr. 552, 570 ff.) schließt sich die gemeindliche Planungsentscheidung an. Bei dieser kann man unterscheiden zwischen der **Gewichtung** der ermittelten und

---

1 OVG Münster v. 22.6.1998 – 7a D 108/96, BauR 1998, 1198 = BRS 60 Nr. 1 = DVBl. 1998, 1302 = NVwZ 1999,79 = UPR 1998, 471 = ZfBR 1999, 111.
2 S. etwa BVerwG v. 26.3.1998 – 4 A 7/97, LKV 1999, 26 = NuR 1998, 605 zum Fachplanungsrecht.

hinsichtlich der tatsächlichen Betroffenheit bewerteten abwägungserheblichen Belange im konkreten Planungsfall und dem **Ausgleich** der planungsfallspezifisch gewichteten Belange untereinander, also dem sachgerechten Ausgleich der betroffenen Belange nach Maßgabe des Verhältnismäßigkeitsgrundsatzes (Rdnr. 551). Dabei darf allerdings nicht übersehen werden, daß die Gewichtung der ermittelteten und bewerteten Belange im konkreten Planungsfall und deren Ausgleich mit anderen ebenfalls durch die Planung berührten Belangen eng miteinander verknüpft sind und daher letztlich nicht trennscharf auseinandergehalten werden können.

a) Gewichtung der abwägungserheblichen Belange

Die abwägungserheblichen Belange sind mit dem ihnen im konkreten Planungsfall zukommenden Gewicht in die planerische Abwägung einzustellen. In Bezug auf die damit verbundene Notwendigkeit einer Gewichtung ist vielfach diskutiert worden, ob einzelne Belange wegen der ihnen ganz allgemein zukommenden Bedeutung einen abstrakten Vorrang gegenüber anderen Belangen haben. Die Rede ist in diesem Zusammenhang oftmals von sog. **Optimierungsgeboten**. Die Differenzierung zwischen ganz allgemeinen Belangen, Planungsleitlinien, Planungszielen, Planungsgrundsätzen u.ä. spielt dabei ebenfalls immer wieder eine Rolle (s. bereits Rdnr. 593 ff.)[1]. Auch in der verwaltungsgerichtlichen Rechtsprechung tauchen diese Begriffe mitunter auf, wenn auch nicht mit immer einheitlicher Bedeutung. Als Optimierungsgebote angesehen werden insofern insbesondere in der Literatur[2] der immissionsschutzrechtliche Trennungsgrundsatz in § 50 BImSchG, § 41 Abs. 1 BImSchG[3] und § 1a Abs. 2 Satz 1 BauGB[4]. 606

Letztlich führen diese unterschiedlichen Begrifflichkeiten und ihr jeweiliges Verständnis nicht entscheidend weiter. Das Bundesverwaltungsgericht hat zu Recht darauf hingewiesen, daß keine Belange, Grundsätze oder Leitlinien gemäß § 1 Abs. 5 und Abs. 6 BauGB einen abstrakten Vorrang genießen, sondern **prinzipiell gleichrangig** sind[5]. Dies gilt auch für den Trennungsgrundsatz des § 50 BImSchG, der insofern lediglich die Planungsleitsätze in § 1 Abs. 6 BauGB ergänzt und präzisiert, zumal der dortige Katalog ohnehin nur beispielhaften Charakter hat[6]. Um zu betonen, daß auch die umweltbezogenen Belange grundsätzlich mit der gleichen Gewichtung in die Abwägung einzustellen sind wie alle anderen Belange und daher keinen abstrak- 607

---

1 Dazu z.B. Stüer, Handbuch des Bau- und Fachplanungsrechts, Rdnr. 707 ff.
2 Z.B. Hoppe in Hoppe/Bönker/Grotefelds, § 7 Rdnr. 32 ff.; Friege in Gronemeyer, § 1 Rdnr. 67; Stüer, Handbuch des Bau- und Fachplanungsrechts, Rdnr. 710.
3 S. dazu allerdings BVerwG v. 28.1.1999 – 4 CN 5.98, DVBl. 1999, 1288.
4 S. dazu allerdings BVerwG v. 31.1.1997 – 4 NB 27.96, BauR 1997, 794 = BRS 59 Nr. 8 = DVBl. 1997, 1112 = DÖV 1998, 128 = NVwZ 1997, 1213 = ZfBR 1997, 316.
5 BVerwG v. 5.4.1993 – 4 NB 3.91, BVerwGE 92, 231 = BRS 55 Nr. 37 = DVBl. 1993, 662 = DÖV 1993, 878 = NVwZ 1994, 288 = UPR 1993, 271 = ZfBR 1993, 197.
6 Vgl. OVG Lüneburg v. 23.9.1999 – 1 K 4666/97, BauR 2000, 528.

ten Vorrang genießen, wurden diese durch das EAG Bau (Rdnr. 1) unter § 1 Abs. 6 Nr. 7 BauGB in den beispielhaften Katalog der abwägungserheblichen Belange eingegliedert. Der nach der alten Rechtslage mögliche, allerdings unzutreffende Eindruck, daß mit der formalen Sonderregelung in § 1a Abs. 2 BauBG a.F. auch ein abstrakter, also von der konkreten Planungssituation unabhängiger, Abwägungsvorrang verbunden sei, wurde damit gezielt beseitigt[1].

608 Für die Gewichtung der berührten Belange entscheidend ist allein die **jeweilige städtebauliche Situation**, auf die sich die Abwägung bezieht. Nach dieser richtet es sich, welchen planerischen Belangen „nach Lage der Dinge" der Vorrang einzuräumen ist. Daß ein von dem konkreten Planungsfall losgelöstes Optimierungsgebot für bestimmte Belange dahingehend, sie in besonderer Weise zur Geltung zu bringen, nicht weiterführt, zeigt im übrigen auch folgender einfache Umstand: Sowohl der Trennungsgrundsatz des § 50 BImSchG, nach dem sich gegenseitig störende Nutzungen grundsätzlich nicht benachbart sein sollen, als auch die Bodenschutzklausel des § 1a Abs. 2 Satz 1 BauGB, nach der mit Grund und Boden sparsam und schonend umgegangen werden soll, werden als Optimierungsgebot bezeichnet (Rdnr. 606). Daß darin ein Zielkonflikt liegt, weil sich beide Gebote in aller Regel nicht in einem Planungsfall gleichzeitig optimieren lassen, liegt auf der Hand[2].

609 Dies schließt es allerdings nicht aus, daß einzelne Belange, die der Gesetzgeber besonders betont hat und die daher auch entsprechend hohes Gewicht haben, **besondere Beachtung** in der Planung finden müssen. Das ist insbesondere bei den in § 1 Abs. 5 BauGB und § 1a Abs. 2 BauGB genannten Belangen der Fall. Ähnliches gilt für das durch Art. 14 Abs. 1 GG geschützte Privateigentum, das nach der Rechtsprechung „selbstverständlich und in hervorgehobener Weise"[3] zu den abwägungserheblichen Belangen gehört. Ihre Überwindung setzt daher **im konkreten Fall** vergleichbar gewichtige Belange voraus. Gewisse Besonderheiten bestehen insofern für den Bereich der naturschutzrechtlichen Eingriffsregelung (§ 1 Abs. 6 Nr. 7 Buch-

---

1 Regierungsentwurf zum EAG Bau, BT-Drucksache 15/2250, Begründung zu Nr. 2 (§ 1); ausdrücklich ablehnend zu einem abstrakten Abwägungvorrang der Belange von Natur und Landschaft im Sinne eines Optimierungsgebotes BVerwG v. 31.1.1997 – 4 NB 27.96, BauR 1997, 794 = BRS 59 Nr. 8 = DVBl. 1997, 1112 = DÖV 1998, 128 = NVwZ 1997, 1213 = UPR 1997, 403 = ZfBR 1997, 316; s. etwa auch BVerwG v. 9.5.1997 – 4 N 1.96, BauR 1997, 799 = BRS 59 Nr. 11 = DVBl. 1997, 1121 = DÖV 1997, 829 = NVwZ 1997, 1216 = UPR 1997, 411 = ZfBR 1997, 258.
2 So auch Dirnberger in Jäde/Dirnberger/Weiß, § 1 Rdnr. 104; Kuschnerus, Der sachgerechte Bebauungsplan, Rdnr. 283 ff.; s. auch Bartlsperger, Planungsrechtliche Optimierungsgebote, DVBl. 1996, 1 (12).
3 BVerwG v. 6.10.1992 – 4 NB 36.92, BauR 1993, 56 = BRS 54 Nr. 57 = DVBl. 1993, 113 = NVwZ 1993, 359 = UPR 1993, 59 = ZfBR 1993, 88.

stabe a) i.V.m. § 1a Abs. 3 BauGB), da diese gleichzeitig mit einem Folgenbewältigungsprogramm verknüpft ist (Rdnr. 681 ff.).

b) Ausgleich der abwägungserheblichen Belange

Der abschließende Ausgleich der verschiedenen abwägungserheblichen Belange läßt sich von deren Gewichtung nicht exakt trennen (s. Rdnr. 605). Da es nicht um eine abstrakte sondern um eine relative Gewichtung im jeweiligen Planungsfall geht, ist der Übergang fließend. Beides ist im Unterschied zur im wesentlichen dem Verfahrensrecht zuzuordnenden Zusammenstellung des Abwägungsmaterials (Ermittlung und Bewertung Rdnr. 570 ff.), die hinsichtlich ihrer Vollständigkeit uneingeschränkt überprüfbar ist, Ausdruck planerischer Gestaltungsfreiheit, deren Ausübung nur hinsichtlich ihrer **Vertretbarkeit** einer gerichtlichen Kontrolle unterliegt (Rdnr. 547).

610

Die besondere Komplexität der bauplanerischen Abwägung liegt darin, daß nicht in einem bipolaren Verhältnis nur ein bestimmter Belang gegenüber einem anderen auszugleichen ist. Es geht vielmehr um eine unbestimmte Zahl unterschiedlicher privater und öffentlicher Belange. Hinzu kommt, daß anders als bei der Fachplanung kein Planungsziel vorgegeben ist (z.B. eine Straße von A nach B), sondern ein bloßes Finalprogramm (Rdnr. 551), dem im Rahmen des Planungserfordernisses gemäß § 1 Abs. 3 Satz 1 BauGB durch vielfältige Planungsvarianten Rechnung getragen werden kann. Bei dem Ausgleich der widerstreitenden Belange, den die Gemeinde in eigener Verantwortung vorzunehmen hat, genügt es, wenn einzelne Belange nicht unverhältnismäßig, d.h. im Widerspruch zu ihrer objektiven Gewichtigkeit, in die Entscheidung eingestellt werden. Bei denjenigen Belangen, denen normativ besonderes Gewicht verliehen ist (Rdnr. 609), bedarf es dafür einer besonders sorgfältigen Prüfung. Dies gilt nicht nur im Verhältnis zwischen privaten Belangen einerseits und öffentlichen Belangen andererseits. Vielmehr folgt aus dem Gebot, die jeweiligen Belange **gegeneinander und untereinander** gerecht abzuwägen, daß dies auch jeweils unter den konkret betroffenen öffentlichen bzw. privaten Belange zu erfolgen hat. So muß etwa die Bevorzugung oder Benachteiligung einzelner Grundstückseigentümer gegenüber anderen Eigentümern im Plangebiet durch hinreichend gewichtige städtebauliche Gründe gerechtfertigt sein[1]. Wenn dies der Fall ist, kann die planerische Abwägungsentscheidung nicht erfolgversprechend beanstandet werden, und zwar selbst dann nicht, wenn die Abwägung auch anders hätte ausfallen können.

611

Fehlerhaft ist die Abwägung dann, wenn der beschlossene Bauleitplan nicht den **planerischen Zielvorstellungen** der Gemeinde entspricht. Teilweise wird dieser Fall als eigenständiger Abwägungsfehler unter dem Begriff der

612

---
1 VGH Mannheim v. 11.7.1997 – 8 S 3343/96, NVwZ-RR 1998, 618 = UPR 1998, 120.

Abwägungsinkongruenz behandelt¹. Bei genauer Betrachtung handelt es sich allerdings um einen Fehler, der sich ohne weiteres in die vom Bundesverwaltungsgericht entwickelten Kategorien einordnen läßt. Es geht letztlich darum, daß bestimmte Belange, die – in der Regel ausweislich der Planbegründung oder der sonstigen Aufstellungsvorgänge – wegen ihrer konkreten Gewichtung im Rahmen der Planungsentscheidung im Abwägungsergebnis Niederschlag finden sollten, in dieses keinen Eingang gefunden haben. Der Bauleitplan, also das Abwägungsprodukt, ist daher unter Berücksichtigung der betreffenden Belange und ihrer konkreten Gewichtung in dem maßgeblichen Planungsfall nicht hinreichend abgewogen (Abwägungsausfall, Abwägungsdefizit, Rdnr. 562 ff.)².

613 **Beispiele:**

(a) Eine Gemeinde stellt einen Bebauungsplan auf, der die Ansiedlung eines „Einrichtungswarenhauses" zuläßt. Ausweislich der Planbegründung ist ein wesentlicher Aspekt der Planung, die verbrauchernahe Versorgung der Bevölkerung in den übrigen Stadtteilen nicht zu gefährden (vgl. § 1 Abs. 6 Nr. 8 Buchstabe a) BauGB), so daß das Warensortiment des „Einrichtungswarenhauses" im wesentlichen nur dem aperiodischen Bedarf dienen soll. Die erfolgten Planfestsetzungen waren allerdings für diese Zielsetzung untauglich, da sie praktisch uneingeschränkt auch andere Warensortimente zuließen. Der entsprechend hoch gewichtete Belang hat in den Bebauungsplan (Abwägungsprodukt) folglich keinen Eingang gefunden³.

614 (b) Nach dem planerischen Willen der Gemeinde soll in einem Bebauungsplan ein Kinderspielplatz mehreren Grundstücken zugeordnet werden, jedoch fehlt es in dem Plan an der notwendigen Kennzeichnung als Gemeinschaftsanlage. Auch hier klaffen planerischer Wille und Abwägungsprodukt auseinander⁴.

615 (c) Eine Gemeinde legt einer Straßenplanung bestimmte bautechnische Merkmale zu Grunde, die für ihre Lärmprognose maßgeblich sind. Sie setzt diese bautechnischen Merkmale (z.B. Höhenlage) jedoch nicht in ihrem Bebauungsplan fest⁵.

616 Ein vergleichbarer Abwägungsfehler in Bezug an das Abwägungsergebnis liegt dann vor, wenn eine Gemeinde von ihrem eigentlichen planerischen Willen abweichende Festsetzung bewußt trifft, um so anderweitige Schwierigkeiten oder Folgeprobleme zu vermeiden („**Etikettenschwindel**")⁶.

---

1 Stüer, Handbuch des Bau- und Fachplanungsrechts, Rdnr. 794.
2 Vgl. OVG Koblenz v. 14.1.2000 – 1 C 12946/98, BauR 2000, 1011; VGH München v. 8.11.1999 – 14 N 98/3623, BauR 2000, 699.
3 OVG Münster v. 22.6.1998 – 7a D 108.96, BauR 1998, 1198 = DVBl. 1998, 1302 = NVwZ 1999, 79 = UPR 1998, 471 = ZfBR 1999, 111.
4 OVG Lüneburg v. 18.12.1997 – 1 L 1187/96, BRS 59 Nr. 22 = NVwZ-RR 1998, 489 = UPR 1998, 470.
5 OVG Münster v. 10.8.2000 – 7a D 162/98, BauR 2001, 201.
6 Zu diesem Begriff etwa BVerwG v. 16.3.2000 – 4 BN 6.00, BauR 2000, 1018; OVG Münster v. 16.9.2002 – 7a D 4/01, BauR 2003, 346; VGH München v. 3.8.2000 – 1 B 98.3122, BauR 2001, 208 = NVwZ-RR 2001, 224.

Beispiel: 617

Eine Gemeinde beabsichtigt die Aufstellung eines Bebauungsplans, um die in einem Ortsteil bestehende Nachfrage für Flächen zum Wohnungsbau zu befriedigen. Da sich in dem in Aussicht genommenen Gebiet eine vielbefahrene Durchgangsstraße befindet und die Gemeinde etwaige Lärmschutzansprüche der zukünftigen Anwohner befürchtet, weist sie in ihrem Bebauungsplan „vorsorglich" ein Mischgebiet aus, in dem höhere Lärmwerte zumutbar sind[1].

Ein Fehler der Abwägung liegt desweiteren vor, wenn eine Gemeinde sich bei ihrer Bauleitplanung unzulässig vorab in Richtung auf ein bestimmtes Planungsergebnis **bindet** oder **sachfremde Erwägungen** in ihre Abwägung einstellt. Auch in diesen Fällen liegt ein Abwägungsdefizit[2] vor, wenn nicht gar ein vollständiger Abwägungsausfall. 618

Völlig eindeutig ist dies bei vertraglichen Verpflichtungen der Gemeinde zur Aufstellung, Änderung, Ergänzung oder Aufhebung eines Bauleitplans, die gemäß § 1 Abs. 3 Satz 2, 2. Halbsatz BauGB unzulässig sind (sog. Planungsbindungsverträge). Das führt nicht nur zur Nichtigkeit der entsprechenden Vereinbarung (Rdnr. 933), sondern auch zur Abwägungsfehlerhaftigkeit des auf dieser vermeintlichen vertraglichen Bindung beruhenden Bebauungsplans. Diese Konsequenz leuchtet unmittelbar ein, wenn man sich vor Augen hält, daß in einem solchen Fall das gesamte Planungsverfahren einschließlich der Öffentlichkeits- und Behördenbeteiligung praktisch keine planrelevante Wirkung entfaltet. Es ergibt für einen Bürger wenig Sinn, im Rahmen des Planungsverfahrens eine Stellungnahme abzugeben, wenn er von vornherein davon ausgehen muß, daß diese nicht ernsthaft geprüft und in die Abwägung eingestellt wird. In der Literatur wird diese Situation recht plastisch als **subjektive Abwägungssperre** bezeichnet[3]. Der Sache nach handelt es sich um ein Abwägungsdefizit oder einen vollständigen Abwägungsausfall, weil in die Abwägung planungsrelevante Umstände, die nach Lage der Dinge hätten eingestellt werden müssen, tatsächlich nicht eingestellt worden sind (s. Rdnr. 562 ff.)[4]. 619

Eine vergleichbare Situation ist dann gegeben, wenn die Gemeinde zwar keine vertragliche Verpflichtung eingegangen ist, einen Bebauungsplan mit bestimmtem Inhalt aufzustellen, jedoch für den Fall des Scheiterns der Planung vertragliche **Schadens- oder Aufwendungsersatzansprüche** zu Lasten der Gemeinde in einer Höhe vereinbart wurden, die ernsthaft geeignet ist, 620

---

1 VGH München v. 10.7.1995 – 14 N 94.1158, BRS 57 Nr. 35 = NVwZ-RR 1996, 430; OVG Münster v. 19.10.1993 – 10a NE 41/89, BRS 55 Nr. 5; VGH Mannheim v. 19.12.1991 – 8 S 649/91, BRS 52 Nr. 17 = UPR 1992, 459 = ZfBR 1992, 194.
2 So etwa OVG Münster v. 16.10.1997 – 11a D 116/96, BRS 59 Nr. 255 = NVwZ-RR 1998, 632; Krautzberger in Battis/Krautzberger/Löhr, § 1 Rdnr. 113.
3 Stüer, Handbuch des Bau- und Fachplanungsrechts, Rdnr. 812.
4 Zur – ebenfalls unzulässigen – Vereinbarung einer Nichtplanung VGH Kassel v. 6.3.1985 – 3 N 207/85, BauR 1986, 179 = BRS 44 Nr. 1 = DÖV 1986, 300 = NVwZ 1985, 839 = UPR 1985, 430.

die Gemeinde einseitig zu binden. Dies wird man in der Regel allerdings nicht bereits dann annehmen können, wenn ein Vorhabenträger sich in einem städtebaulichen Vertrag verpflichtet hat, die Kosten des Bauleitplanverfahrens zu übernehmen und ihm diese Kosten bei Scheitern der Planung durch die Gemeinde erstattet werden sollen. Dabei handelt es sich um „Ohnehin-Kosten", die der Gemeinde auch dann entstanden wären, wenn sie das Verfahren – gemäß dem Regelfall, der dem Baugesetzbuch zu Grunde liegt – selbst betrieben hätte[1].

621 Entscheidend ist bei vertraglichen oder sonstigen Bindungen der Gemeinde in Bezug auf bestimmte Planungen oder Planinhalte, ob sich die Gemeinde in einem solchen Fall bei ihrer Planungsentscheidung tatsächlich gebunden oder jedenfalls **erheblich beeinflußt fühlt**. Dies ergibt sich bereits daraus, daß Planungsbindungsverträge ohnehin unwirksam sind (Rdnr. 983) und daher im Rechtssinne keine Bindungswirkung entfalten. Auf eine wirksame rechtliche Bindung der Gemeinde kommt es daher nicht an. Entscheidend sind vielmehr die diesbezüglichen Vorstellungen auf Seiten der Gemeinde. Dies bedeutet zugleich allerdings auch, daß die Gemeinde den mit der Selbstbindung verbundenen Abwägungsfehler nachträglich korrigieren kann, indem sie eine **erneute Abwägung** (fehlerfrei) vornimmt[2].

622 Das für die Abwägung zu beachtende Verbot unzulässiger Vorwegbindung schließt es nicht aus, daß zwischen der Gemeinde und einem Vorhabenträger eine **Kooperation** stattfindet. In § 12 BauGB ist dies für den vorhabenbezogenen Bebauungsplan sogar ausdrücklich vorgesehen (Rdnr. 871 ff.). Schon in seinem Urteil vom 5.7.1974[3] hat das Bundesverwaltungsgericht folgendes ausgeführt:

„Je umfangreicher und je komplizierter ein planerisches Vorhaben ist oder wird, um so mehr kommt es nach aller Erfahrung zu einer notwendigen Wechselwirkung zwischen der planerischen Festsetzung und ihrer konkreten Verwirklichung. Das führt – in diesem oder jenem Stadium, innerhalb oder außerhalb des eigentlichen Planverfahrens – zu mehr oder weniger endgültigen Festlegungen, die eine entsprechende Schmälerung des abschließenden Abwägungsvorganges bewirken und auch bewirken sollen. Dem Planverfahren vorgeschaltete Besprechungen, Abstimmungen, Zusagen, Verträge u.a. können geradezu unerläßlich sein, um überhaupt sachgerecht planen und eine angemessene, effektive Realisierung dieser Planung gewährleisten zu können. Das alles pauschal als gesetzwidrig abtun zu wollen, ging an der Realität der Planungsvorgänge vorbei."

623 Daraus folgt im wesentlichen, daß eine solche Kooperation zulässig ist, wenn die im Baugesetzbuch zu Grunde gelegte Zuständigkeitsordnung gewahrt ist, die Gemeinde die Planung in ihren Willen aufnimmt, in ihre

---
1 Vgl. etwa BGH v. 11.5.1989 – III ZR 88.87; Grziwotz, Baulanderschließung, 1993, 197.
2 OVG Münster v. 25.11.1976 – VIII A 1625/76, BauR 1977, 100 = BRS 30 Nr. 3.
3 BVerwG v. 5.7.1974 – IV C 50.72, BVerwGE 45, 309 = BauR 1974, 311 = BRS 28 Nr. 4 = DVBl 1974, 767 = DÖV 1975, 92 = NJW 1975, 70.

Abwägung einbezieht und sie die verantwortliche Letztentscheidung behält. Demgegenüber sind die Grenzen zulässiger Kooperation überschritten, wenn die Gemeinde sich den Vorstellungen des Vorhabenträgers vollständig unterordnet und ihm gegenüber nur noch als Vollzugsinstanz erscheint[1]. Vor diesem Hintergrund ist es insbesondere – wie beim vorhabenbezogenen Bebauungsplan ohnehin vorgesehen (Rdnr. 892) – unproblematisch, wenn die Aufstellung eines Bebauungsplans für ein Großvorhaben auf der Grundlage eines von dem künftigen Bauherrn vorgelegten **Projektentwurfs** erfolgt[2].

Ebenfalls unbedenklich sind anläßlich eines Bebauungsplanverfahrens abgeschlossene **Erschließungsverträge** oder **Folgelastenverträge** (Rdnr. 999 ff.). Dies gilt in der Regel jedoch dann nicht, wenn die Gemeinde sich in derartigen Verträgen Leistungen versprechen läßt, die über das zulässige Maß hinausgehen, z.B. von Folgelasten unabhängige Landabgaben oder Geldzahlungen oder wenn eine Gemeinde die Aufstellung eines Bebauungsplans davon abhängig macht, daß ein Investor außerhalb des Plangebiets ebenfalls bestimmte Baumaßnahmen realisiert, die keinen sachlichen Bezug zu dem Planverfahren haben[3]. In einem solchen Fall besteht zwar in der Regel keine Selbstbindung der Gemeinde im Hinblick auf eine bestimmte Planung, gleichwohl allerdings liegt es auf der Hand, daß die Planung jedenfalls auch auf sachfremden Erwägungen beruhen kann, die mit den städtebaulichen Belangen des konkreten Planungsfalls nichts zu tun haben und daher auch nicht die Abwägungsentscheidung beeinflussen dürfen. 624

Private Belange von Grundstückseigentümern dürfen im Rahmen der planerischen Abwägung nicht deshalb in ihrem Gewicht und in ihrer Bedeutung zurückgestellt werden, weil die betreffenden Eigentümer nicht bereit sind, bestimmte Verträge mit einer Gemeinde abzuschließen. 625

Beispiel: 626

Ein Grundstückseigentümer möchte, daß sein Grundstück als allgemeines Wohngebiet ausgewiesen wird. Auch die Gemeinde hält dies für sinnvoll, möchte jedoch im Rahmen eines Grundstücksbeschaffungsmodells zur Bildung von Wohneigentum durch einkommensschwächere Bevölkerungskreise einen Großteil der Fläche erwerben. Nur für den Fall, daß der Eigentümer ihr eine bestimmte Fläche verkauft, ist sie bereit, eine entsprechende Ausweisung zu treffen. Da der Eigentümer dies ablehnt, weist sie in dem betreffenden Bereich ein Gewerbegebiet aus[4].

---

1 So etwa aus jüngerer Zeit OVG Münster v. 16.10.1997 – 11a D 116/96, BRS 59 Nr. 255 = NVwZ-RR 1998, 632.
2 BVerwG v. 28.8.1987 – 4 N 1.86, BRS 47 Nr. 3 = DVBl. 1987, 1273 = NVwZ 1988, 351 = UPR 1988, 65.
3 Anders insofern OVG Münster v. 16.10.1997 – 11a D 116/96, BRS 59 Nr. 255 = NVwZ-RR 1998, 632, das ein solches Versprechen jedoch nur unter dem Gesichtspunkt der planerischen Selbstbindung problematisiert, nicht hingegen hinsichtlich der Ordnungsgemäßheit der Abwägung im übrigen.
4 OVG Lüneburg v. 21.7.1999 – 1 K 4974/97, NVwZ-RR 2000, 201.

627 Auch im übrigen ist bei dem Ausgleich der abwägungserheblichen Belange der Eigentumsschutz des Art. 14 Abs. 1 GG zu berücksichtigen, der der Gemeinde im Hinblick auf in ihrem Eigentum stehenden Grundstücke nicht zukommt.

628 **Beispiel:**

Eine Gemeinde möchte eine Gemeinbedarfsfläche festsetzen. Sie sieht dafür das Grundstück eines Privaten vor, obgleich sie die Festsetzung im Rahmen ihrer planerischen Konzeption auch auf einem gleich geeigneten gemeindlichen Grundstück vornehmen könnte. Sie möchte allerdings ihre Flächen für zukünftige, jedoch konkret nicht absehbare anderweitige Nutzungsmöglichkeiten offenhalten. Da die Gemeinde sich anders als der private Grundstückseigentümer nicht auf den Eigentumsschutz des Art. 14 Abs. 1 GG berufen kann, ist diese Entscheidung abwägungsfehlerhaft[1].

629 Andererseits ist die Gemeinde jedoch nicht verpflichtet, Nutzungsmöglichkeiten in erster Linie für Grundstücke privater Eigentümer festzusetzen und ihre eigenen Grundstücke zurückzustellen, sofern die Planungsentscheidung städtebaulich gerechtfertigt ist.

630 **Beispiel:**

Eine Gemeinde möchte im Bebauungsplan ein Sondergebiet für großflächigen Einzelhandel festsetzen. Aufgrund raumordnerischer Zielvorgaben ist im gesamten Gemeindegebiet nur noch ein derartiges Sondergebiet möglich. Der Grundstückseigentümer teilt der Gemeinde mit, daß ein in seinem Eigentum stehendes Grundstück dafür geeignet sei und fordert die Gemeinde auf, dort einen entsprechenden Bebauungsplan aufzustellen. Die Gemeinde kommt allerdings zu dem Ergebnis, daß aufgrund der Gesamtversorgung der Gemeinde in ihren unterschiedlichen Ortsteilen ein anderer Standort besser geeignet sei. Diese Fläche steht im Eigentum der Gemeinde. Sie kann in einem solchen Fall dort die betreffende Nutzung vorsehen. Die Gemeinde ist nicht generell darauf beschränkt, Grundstücke allein zu dem Zweck vorzuhalten, dort weniger gewinnträchtige Nutzungen, wie etwa Kinderspielplätze oder Straßen, zu realisieren[2].

4. Interkommunale Abstimmung

a) Abwägungserheblichkeit nachbargemeindlicher Belange, qualifizierter Abstimmungsbedarf

631 Einen Unterfall des Abwägungsgebotes[3] enthält § 2 Abs. 2 BauGB, nach dem Bauleitpläne benachbarter Gemeinden aufeinander abzustimmen sind (Gebot der sog. interkommunalen Abstimmung). Dies gilt für alle Bauleitpläne, also sowohl für Flächennutzungspläne als auch für Bebauungspläne

---

1 BVerwG v. 6.6.2002 – 4 CN 6.01, UPR 2002, 456 = ZfBR 2002, 807.
2 OVG Lüneburg v. 21.3.2001 – 1 MN 418/01, BauR 2001, 1385 = UPR 2001, 275.
3 BVerwG v. 1.8.2002 – 4 C 5.01, BVerwGE 117, 25 = BauR 2003, 55 = DVBl. 2003, 62 = ZfBR 2003, 38; OVG Lüneburg v. 14.9.2000 – 1 K 5414/98, NVwZ 2001, 452 = ZfBR 2001, 134.

und vorhabenbezogene Bebauungspläne gemäß § 12 BauGB[1]. § 2 Abs. 2 BauGB bezieht sich nicht auf die **formelle** (verfahrensmäßige) Seite der Abstimmung. Für diese gilt § 4 BauGB, d.h. Nachbargemeinden (dazu noch Rdnr. 638) sind verfahrensmäßig wie andere Behörden und sonstige Träger - öffentlicher Belange am Bauleitplanverfahren zu beteiligen (Rdnr. 496 ff.). § 2 Abs. 2 BauGB regelt „vielmehr die materielle Abstimmung, das Abgestimmtsein als Zustand"[2].

Schutzziel des interkommunalen Abstimmungsgebotes ist – wie an sich immer bei der Abwägung (Rdnr. 551) – der Schutz der von der Planung Betroffenen, hier also der Nachbargemeinden, vor unzumutbaren städtebaulichen Beeinträchtigungen. Gefordert ist eine **sachgerechte Abwägung** der unterschiedlichen Belange, bei der die Belange von Nachbargemeinden nicht unverhältnismäßig und damit unzumutbar zurückgedrängt werden. Das Bundesverwaltungsgericht hat dazu folgendes ausgeführt: 632

> „Kern der Abstimmungspflicht ist also gerade die gerechte Abwägung der gegenläufigen Interessen der Nachbargemeinde; mißachtet die planende Gemeinde durch einen Verstoß gegen das Abwägungsgebot ihre materielle Abstimmungspflicht zu Lasten der Nachbargemeinde, so wird diese in ihren Rechten verletzt. Daraus folgt, daß das durch § 2 Abs. 2 BauGB geschützte Interesse der Nachbargemeinde, von unzumutbaren Auswirkungen einer freien Bauleitplanung verschont zu bleiben, von der planenden Gemeinde grundsätzlich in ihre Abwägung einbezogen werden muß."[3]

Im Zusammenhang mit dem interkommunalen Abstimmungsgebot ist ausgehend von der sogenannten **„Krabbenkamp"-Formel** des Bundesverwaltungsgerichts vielfach davon die Rede, daß es nur dann eingreife, wenn unmittelbare Auswirkungen gewichtiger Art für die Nachbargemeinde in Betracht kommen[4]. Diese Formulierung ist nach den zwischenzeitlichen Klarstellungen des Bundesverwaltungsgerichts insbesondere in seiner Entscheidung zum Neubau des Designer-Outlet Zweibrücken (DOZ)[5] nicht so zu verstehen, daß damit das Abwägungsgebot gemäß § 1 Abs. 7 BauGB im Hinblick auf nachbargemeindliche Belange verändert oder gar eingeschränkt werde. Nachbargemeindliche Belange sind nicht erst dann in die planerische Abwägung einzustellen, wenn unmittelbare Auswirkungen gewichtiger Art in Betracht kommen. Vielmehr ist dies ebenso wie bei allen anderen abwägungserheblichen öffentlichen und privaten Belangen bereits 633

---

1 BVerwG v. 15.12.1989 – 4 C 36.86, BVerwGE 84, 209 = BRS 50 Nr. 193 = DÖV 1990, 479 = DVBl. 1990, 427 = NVwZ 1990, 464 = UPR 1990, 216 = ZfBR 1990, 154; OVG Bautzen v. 8.12.1993 – 1 S 81/83, LKV 1995, 84 = NVwZ 1995, 181.
2 BVerwG v. 15.12.1989 – 4 C 36.86, BVerwGE 84, 209 = BRS 50 Nr. 193 = DÖV 1990, 479 = DVBl. 1990, 427 = NVwZ 1990, 464 = UPR 1990, 216 = ZfBR 1990, 154.
3 BVerwG v. 9.5.1994 – 4 NB 18.94, BauR 1994, 492 = BRS 56 Nr. 36 = DVBl. 1994, 1155 = NVwZ 1995, 266 = UPR 1994, 307 = ZfBR 1994, 243.
4 BVerwG v. 8.9.1972 – 4 C 17.71, BVerwGE 40, 323 = BRS 25 Nr. 14 = DVBl. 1973, 34 = DÖV 1973, 200.
5 BVerwG v. 1.8.2002 – 4 C 5.01, BVerwGE 117, 25 = BauR 2003, 55 = DVBl. 2003, 62 = ZfBR 2003, 58.

dann erforderlich, wenn sie **mehr als nur geringfügig betroffen** sind (vgl. Rdnr. 587 ff.). § 2 Abs. 2 BauGB hat vielmehr zugunsten der Nachbargemeinden eine über das „einfache" Abwägungsgebot hinausgehende Bedeutung. Sie liegt darin, daß eine Gemeinde, die ihre eigenen Planungsvorstellungen selbst um den Preis von gewichtigen Auswirkungen auf eine Nachbargemeinde durchsetzen möchte, einem **erhöhten Rechtfertigungszwang** in Gestalt der Pflicht zur (formellen und materiellen) Abstimmung im Rahmen einer förmlichen Planung unterliegt. Die Mißachtung eines solchermaßen begründeten Planungserfordernisses berührt zugleich den durch § 2 Abs. 2 BauGB erfaßten Rechtskreis und verletzt dadurch die Nachbargemeinde in eigenen Rechten (zum Gemeindenachbarschutz s. noch Rdnr. 651 ff.)[1].

634 Der Umstand, daß das Zurückdrängen gewichtiger Belange im Rahmen der planerischen Abwägungsentscheidung einen erhöhten Rechtfertigungszwang auslöst, also entsprechend höhergewichtige Belange voraussetzt, denen die planende Gemeinde den Vorzug gibt, ist für die Rechtmäßigkeit planerischer Abwägungsentscheidungen selbstverständlich und insofern auch kein Besonderheit der interkommunalen Abstimmung (s. Rdnr. 610 ff.). Eine Besonderheit liegt allerdings darin, daß dem Rechtfertigungszwang in Fällen, in denen unmittelbare Auswirkungen gewichtiger Art für eine Nachbargemeinde in Betracht kommen, nur mittels einer **förmlichen Planung** Rechnung getragen werden kann. Diese kann die betroffene Nachbargemeinde unter Berufung auf § 2 Abs. 2 BauGB einfordern. Sie kann sich gegen Bauvorhaben zur Wehr zu setzen, die diesem Planungserfordernis nicht genügen. Darin liegt ein wesentlicher Unterschied zum sonstigen Nachbarschutz, bei dem sich Dritte nicht zur Abwehr eines Bauvorhabens auf ein Planungserfordernis berufen können, das nur durch eine verbindliche Bebauungsplanung zu befriedigen ist. Sonstige Dritte, insbesondere also private Grundstücksnachbarn, sind vielmehr in den Fällen, in denen ein Bebauungsplan nicht existiert, unwirksam ist oder in denen ein Vorhaben den Planfestsetzungen nicht entspricht, darauf beschränkt die Rechtsschutzmöglichkeiten auszuschöpfen, die ihnen die §§ 31 sowie 33 bis 35 BauGB bieten. Sie können hingegen nicht verlangen, daß für ein Vorhaben zunächst ein Bebauungsplan aufgestellt wird und für den Fall, daß dies nicht erfolgt, das Vorhaben erfolgreich abwehren (s. noch im weiteren zum Gemeindenachbarschutz Rdnr. 651 ff.).

635 Dem unterschiedlichen Rechtsschutzumfang entspricht es, daß § 2 Abs. 2 BauGB nicht allgemeine Interessen oder Interessen der Bürger sondern nur

---

1 BVerwG v. 1.8.2002 – 4 C 5.01, BVerwGE 117, 25 = BauR 2003, 55 = DVBl. 2003, 62 = ZfBR 2003, 58; ebenso BVerwG v. 17.9.2003 – 4 C 14.01, BauR 2004, 443 = DVBl. 2004, 239 = NVwZ 2004, 220 (zur kommunalen Erstplanungspflicht); sehr instruktiv Halama, Die Metamorphose der „Krabbenkamp"-Formel in der Rechtsprechung des Bundesverwaltungsgerichts, DVBl. 2004, 79 ff.

die **kommunale Planungshoheit** der Nachbargemeinden schützt. Auf die mit der Planungshoheit einhergehenden schutzwürdigen Interessen der benachbarten Gemeinden ist Rücksicht zu nehmen[1]. Darunter fallen im wesentlichen die Belange, die für die Nachbargemeinden bei der Ausübung ihrer Planungshoheit von Bedeutung sind, die diese selbst also bei ihrer eigenen Planung zu berücksichtigen haben (s. dazu insbesondere die „Checkliste" des § 1 Abs. 6 BauGB, Rdnr. 596 ff.). Keine Gemeinde braucht hinzunehmen, daß ihre so umschriebene Planungshoheit durch fremde Planungen rechtswidrig verletzt wird[2].

Durch das EAG Bau (Rdnr. 1) ist § 2 Abs. 2 BauGB noch um einen zweiten Satz ergänzt worden. Danach können sich (Nachbar-)Gemeinden zur Begründung einer interkommunalen Abstimmungspflicht auch auf die ihnen durch **Ziele der Raumordnung** zugewiesenen Funktionen sowie auf die **Auswirkungen auf ihre zentralen Versorgungsbereiche** berufen. Der zweite Halbsatz („Auswirkungen auf ihre zentralen Versorgungsbereiche") weist dabei auf einen der Fälle hin, in denen regelmäßig ein qualifizierter Abstimmungsbedarf besteht, der die Notwendigkeit für eine verbindliche Bauleitplanung auslöst (s. noch Rdnr. 652 f.). Der erste Halbsatz („durch Ziele der Raumordnung zugewiesenen Funktionen") soll dazu führen, daß raumordnungsrechtliche Funktionszuweisungen der gemeindlichen Planungshoheit zugerechnet werden und damit **verteidigungsfähig** sind. Die Regelung hat insbesondere Bedeutung in den Fällen, in denen das Vorliegen unmittelbarer Auswirkungen gewichtiger Art auf eine Nachbargemeinde möglicherweise zweifelhaft ist, dieser jedoch durch Raumordnungspläne bestimmte Funktionen zugewiesen sind. Dies ist insbesondere bei **zentralörtlichen Gliederungen** der Fall, bei denen in der Regel den Ober-, Mittel- und Unterzentren bestimmte Versorgungsaufgaben vorbehalten sind (z.B. Ansiedlung von großflächigem Einzelhandel), während entsprechende Ansiedlungen in Gemeinden ohne zentralörtliche Funktion den Zielen der Raumordnung widersprechen (vgl. Rdnr. 68). In derartigen Fällen hat die Rechtsprechung den mit zentralörtlicher Funktion ausgestatteten Gemeinden Nachbarrechtsschutz mit der Begründung versagt, daß Ziele der Raumordnung keine gemeindenachbarschützende Funktion hätten[3]. Dieser Rechtsauffassung ist durch die Neuregelung in § 2 Abs. 2 Satz 2 BauGB, durch die Ziele der

636

---

1 BVerwG v. 15.12.1989 – 4 C 36.86, BVerwGE 84, 209 = BRS 50 Nr. 193 = DÖV 1990, 479 = DVBl. 1990, 427 = NVwZ 1990, 464 = UPR 1990, 216 = ZfBR 1990, 154; OVG Greifswald v. 15.6.2000 – 3 K 36/97, NVwZ 2000, 826.
2 BVerwG v. 8.9.1972 – IV C 17.71, BVerwGE 40, 323 = BRS 25 Nr. 14 = DVBl. 1973, 34 = DÖV 1973, 200.
3 So etwa OVG Koblenz v. 25.4.2001 – 8 A 11441/00, BauR 2002, 577 = NVwZ-RR 2001 als Vorinstanz zu dem Urteil des Bundesverwaltungsgerichts vom 1.8.2002 – 4 C 5.01, BVerwGE 117, 25 = BauR 2003, 55 = DVBl. 2003, 62 = ZfBR 2003, 58; dazu auch Reidt, Das Gebot der interkommunalen Abstimmung bei der Genehmigung von Factory-Outlet-Centern, BauR 2002, 562 (565 f.).

Raumordnung, die Gemeinden bestimmte Funktionen zuweisen, kraft Bundesrecht nachbarschützend „aufgeladen" werden, der Boden entzogen[1].

637 Anders als im Bereich der Fachplanung gemäß § 38 BauGB (Rdnr. 84 ff.), durch die lediglich hinreichend bestimmten Planungen der Nachbargemeinde nicht nachhaltig gestört oder wesentliche Teile des Gemeindegebiets einer durchsetzbaren Planung entzogen werden dürfen, sind die allgemeine Abwägungserheblichkeit im Rahmen des § 1 Abs. 7 BauGB und die besondere materielle Abstimmungspflicht gemäß § 2 Abs. 2 BauGB nicht auf die Fälle beschränkt, in denen bei der Nachbargemeinde Bebauungspläne oder zumindest konkrete Planungen bereits vorhanden sind. Denn anders als den gemäß § 38 BauGB privilegierten Trägern der Fachplanung steht die planende Gemeinde einer Nachbargemeinde im **Verhältnis der Gleichordnung** gegenüber. Das interkommunale Abstimmungsgebot verleiht der betroffenen Gemeinde daher gegenüber den sich auf ihr Gebiet auswirkenden Planungen einer Nachbargemeinde eine stärkere Position als sie ihr gegenüber Fachplanungen bei Berufung auf ihre Planungshoheit zusteht[2]. Freilich steigert sich die Schutzwürdigkeit der gemeindlichen Planungshoheit, wenn sie durch den Erlaß von Bebauungsplänen ausgeübt wurde, also ein konkret greifbares Schutzziel vorhanden ist. Die Schutzwürdigkeit der Planungshoheit einer Nachbargemeinde als solche und ihre grundsätzliche Bedeutung für die planerische Abwägung hängt davon indes nicht ab[3].

638 **Nachbargemeinde im Sinne von § 2 Abs. 2 BauGB** ist nicht nur eine unmittelbar angrenzende Gemeinde[4]. Entscheidend sind vielmehr die Auswirkungen der Planung, auch wenn sie sich bei einer Gemeinde ergeben, die nicht an die planende Gemeinde angrenzt. So hat das Bundesverwaltungsgericht beispielsweise bei der Festsetzung eines Sondergebiets für großflächigen Einzelhandel durch einen Bebauungsplan die Zulässigkeit und Begründetheit von Normenkontrollanträgen von Gemeinden bejaht, die zwischen 10 und 15 Kilometern von der Standortgemeinde entfernt waren[5].

639 Bereits die Möglichkeit, daß Belange von Nachbargemeinden mehr als nur geringfügig betroffen sind, macht nach Maßgabe des „einfachen" Abwä-

---

1 S. dazu den Regierungsentwurf zum EAG Bau, BT-Drucksache 15/2250, Begründung zu Nr. 4 (§ 2) sowie den Bericht der Unabhängigen Expertenkommission, Rdnr. 220 f.
2 BVerwG v. 15.12.1989 – 4 C 36.86, BVerwGE 84, 209 = BRS 50 Nr. 193 = DÖV 1990, 479 = DVBl. 1990, 427 = NVwZ 1990, 464 = UPR 1990, 216 = ZfBR 1990, 154.
3 BVerwG v. 8.9.1972 – IV C 17.71, BVerwGE 40, 323 = BRS 25 Nr. 14 = DÖV 1973, 200 = DVBl. 1973, 34.
4 Es geht immer um die Gemeinde selbst, da nur dieser die durch § 2 Abs. 2 BauGB geschützte Planungshoheit zusteht, nicht etwa um die (unzureichende) Beteiligung einer Samtgemeinde oder eines Amtes, OVG Lüneburg v. 14.9.2000 – 1 K 5414/98, NVwZ 2001, 452 = ZfBR 2001, 134.
5 BVerwG v. 9.1.1995 – 4 NB 42.94, BauR 1995, 354 = BRS 57 Nr. 5 = DÖV 1995, 820 = NVwZ 1995, 694 = UPR 1995, 196 = ZfBR 1995, 148.

gungsgebotes nach § 1 Abs. 7 BauGB eine entsprechende Ermittlung und Bewertung durch die planende Gemeinde erforderlich (s. bereits Rdnr. 633). Erst recht gilt dies, wenn unmittelbare Auswirkungen gewichtiger Art in Betracht kommen, die im Rahmen des § 2 Abs. 2 BauGB einen qualifizierten Abstimmungsbedarf auslösen. Insbesondere sind potentiell betroffene Nachbargemeinden gemäß § 4 BauGB formell zu beteiligen, um auf diese Weise das Abwägungsmaterial zu vervollständigen (Rdnr. 496). Wie auch ansonsten bei der Ermittlung und Bewertung des Abwägungsmaterials gemäß § 2 Abs. 3 BauGB kann sich die planende Gemeinde darauf allerdings nicht beschränken. Selbst bei unterbliebenen Stellungnahmen von Nachbargemeinden muß die planende Gemeinde sich ihr aufdrängende Auswirkungen in die Abwägung einstellen (Rdnr. 577)[1]. Die Stellungnahmen von Nachbargemeinden können zu der Verpflichtung führen, eine vertiefte Ermittlung und Bewertung vorzunehmen, um so das Abwägungsmaterial in dem notwendigen Umfang zu ergänzen. Die planende Gemeinde kann sich also nicht darauf berufen, daß eine Nachbargemeinde die zu besorgenden Auswirkungen nicht abschließend ermittelt und ggf. durch Gutachten unterlegt habe. Die Aufgabe, zu erwartende Auswirkungen zu ermitteln und zu bewerten liegt als verfahrensrechtlicher Teil ihrer Abwägungspflicht vielmehr bei der planenden Gemeinde selbst (Rdnr. 599 ff.).

Die Frage, wann einfache Belange einer Nachbargemeinde durch eine Planung berührt sind und ab wann von einer Planung unmittelbare Auswirkungen gewichtiger Art ausgehen, läßt sich nicht allgemein beantworten. Dies ist vom konkreten Einzelfall abhängig[2]. Die zu wahrende Verhältnismäßigkeit der Planung und die damit einhergehende Notwendigkeit, unzumutbare Auswirkungen für Nachbargemeinden zu vermeiden, ist **abwägend** zu ermitteln. Unverzichtbare Voraussetzung ist allerdings, daß überhaupt Belange einer Nachbargemeinde berührt sind. Ist dies der Fall, hat die planende Gemeinde Art und Umfang dieser Auswirkungen festzustellen oder – sofern nicht exakt möglich – sach- und fachgerecht zu prognostizieren, wenn sie nicht offensichtlich vollständig vernachlässigt werden können und damit eindeutig nicht abwägungsrelevant sind (vgl. Rdnr. 587 ff.). 640

Die ermittelten und bewerteten Belange von Nachbargemeinden sind sodann – wie andere Belange auch – zu gewichten und in einen sachgerechten Ausgleich mit den anderen planungserheblichen Interessen zu bringen. Die Gewichtigkeit der nachbargemeindlichen Belange und die Frage, inwieweit sie das Planungsergebnis beeinflussen können, ist abhängig von der konkreten Situation. Ist die Planung das Ergebnis einer gerechten Abwägung im Sinne von § 1 Abs. 7 BauGB, dann ist sie für die Nachbargemeinde zumutbar und hinzunehmen. Werden hingegen Belange der Nachbargemeinde unverhältnismäßig zurückgedrängt, ist dies abwägungsfehlerhaft und für die 641

---
1 OVG Weimar v. 17.6.1998 – 1 KO 1040/97, BRS 60 Nr. 200.
2 VGH München v. 3.5.1999 – 1 N 98.1021, BauR 1999, 1140 = NVwZ 2000, 822.

Nachbargemeinde unzumutbar[1]. Dies gilt sowohl für die Belange, die lediglich mehr als nur geringfügig betroffen sind und damit nach Maßgabe des „einfachen" Abwägungsgebotes gemäß § 1 Abs. 7 BauGB berücksichtigt werden müssen, als auch – erst recht – für unmittelbare Auswirkungen gewichtiger Art, die im Rahmen des § 2 Abs. 2 BauGB einen erhöhten Rechtfertigungszwang auslösen. Der Unterschied liegt insofern allein darin, daß gewichtige Belange einer Nachbargemeinde noch gewichtigere Belange der planenden Gemeinde erfordern, wenn sie im Wege der Abwägung überwunden werden sollen (s. bereits Rdnr. 610 ff.)[2].

642 Entscheidend sind in diesem Zusammenhang innerhalb des Interessengeflechts, in dem sich Planung immer bewegt, insbesondere die **Erfordernisse** der planenden Gemeinde selbst. Benötigt diese bestimmte bauliche Nutzungen zur Erfüllung ihrer Aufgaben, ist dies von Nachbargemeinden zu akzeptieren, selbst wenn sich daraus für sie faktische Nachteile ergeben.

643 **Beispiel:**

In einer Gemeinde existieren zu wenige Baugebiete. Folge ist ein Einwohnerschwund, da jüngere Familien in Nachbargemeinden abwandern. Aus diesem Grund weist die Gemeinde neue Wohnbauflächen aus. Eine Nachbargemeinde macht geltend, dies führe dazu, daß ihre auf Zuzug angelegten Baugebiete nicht ausgelastet würden.

644 Erheblich größer ist die Bedeutung von nachbargemeindlichen Belangen demgegenüber dann, wenn die planende Gemeinde Ausweisungen über ihren eigenen Bedarf hinaus vornimmt, um auf diese Weise vorhandene Potentiale von Nachbargemeinden „anzuzapfen".

645 **Beispiel:**

Eine Gemeinde stellt einen Bebauungsplan auf, um die Ansiedlung eines Großkinos (Multiplex-Kino) zu ermöglichen. Ein Bedarf für ein solches Kino besteht in der Gemeinde selbst nicht. Es soll vielmehr in erster Linie dazu dienen, den entsprechenden Bedarf in einer größeren Nachbarstadt zu befriedigen. Diese macht dagegen geltend, daß sie selbst im wesentlichen zeitgleich die Ausweisung eines vergleichbaren Kinostandortes beabsichtige, um so ihre örtliche Nachfrage zu erfüllen[3].

646 Je stärker eine kommunale Bauleitplanung darauf ausgerichtet ist, über das Gemeindegebiet hinausgehende Auswirkungen zu erzielen und je weniger die Planung gleichzeitig dazu dient, dem eigenen örtlichen Bedarf gerecht zu werden, desto eher sind Zweifel an der Zumutbarkeit für Nachbargemeinden angebracht. Ergänzend sind gemäß § 2 Abs. 2 Satz 2 BauGB Funktionszuweisungen durch Ziele der Raumordnung zugunsten der Standort-

---

1 OVG Lüneburg v. 14.9.2000 – 1 K 5414/98, NVwZ 2001, 452 = ZfBR 2001, 134.
2 BVerwG v. 1.8.2002 – 4 C 5.01, BVerwGE 117, 25 = BauR 2003, 55 = DVBl. 2003, 62 = ZfBR 2003, 58; Halama, Die Metamorphose der „Krabbenkamp"-Formel in der Rechtsprechung des Bundesverwaltungsgerichts, DVBl. 2004, 79 (81).
3 OVG Frankfurt/Oder v. 8.5.1998 – 3 B 84/97, LKV 1998, 359.

oder aber der Nachbargemeinde zu berücksichtigen, die für Nachbargemeinden in den Fällen, in denen eine Gemeinde einen zielwidrigen Bauleitplan aufstellt oder ohne die notwendige Bauleitplanung ein zielwidriges Vorhaben zuläßt, Abwehransprüche begründen (s. bereits Rdnr. 636 sowie nachfolgend noch Rdnr. 651 ff.).

Besondere Bedeutung hat das Gebot der interkommunalen Abstimmung sehr häufig im Zusammenhang mit der **Ansiedlung von großflächigem Einzelhandel** im Sinne von § 11 Abs. 3 BauNVO (Rdnr. 1614 ff.). § 11 Abs. 3 BauNVO ist durch eine betont übergemeindliche Sichtweise geprägt. Sie führt dazu, daß großflächige Einzelhandelsvorhaben, die von ihrem Zuschnitt her nicht darauf ausgerichtet sind, den örtlichen Bedarf zu decken und sich daher auch auf das Gebiet von Nachbargemeinden auswirken, regelmäßig einen qualifizierten Abstimmungsbedarf im Sinne von § 2 Abs. 2 BauGB auslösen[1]. Bei der notwendigen Abwägung spielt insbesondere eine Rolle, ob zentrale Versorgungsbereiche einer Nachbargemeinde betroffen sind, so daß diese ihre Versorgungsfunktion nicht mehr in gebotener Weise wahrnehmen kann (§ 2 Abs. 2 Satz 2 BauGB). Dabei ist der **Kaufkraftabzug** aus der Nachbargemeinde ein **Indiz** für die Intensität der städtebaulichen Betroffenheit. Allerdings kann man die Frage, ob die Belange der planenden Gemeinde oder aber diejenigen der Nachbargemeinde vorgehen, nicht verbindlich von einem bestimmten prozentualen Wert des Kaufkraftabzugs abhängig machen, zumal sich auch dann noch die ergänzende Frage stellt, ob dieser Kaufkraftabzug auf die Nachbargemeinde insgesamt, auf einzelne Versorgungsbereiche, auf bestimmte Sortimente, insbesondere auf die für einzelne Versorgungsbereiche wesentlichen Leitsortimente, zu beziehen ist u.ä. Das Bundesverwaltungsgericht hat sich daher bisher zu diesbezüglichen Werten, die in der Literatur und in der Instanzrechtsprechung genannt werden[2], nicht geäußert[3]. Die dort häufig genannten Werte von 10 bis 30% an Kaufkraftabzug, die für eine Nachbargemeinde noch hinnehmbar sein sollen, sind als pauschale Werte in jedem Fall zweifelhaft. Wie bei jeder anderen Planung auch kommt es für die von der Gemeinde zu treffende Abwägungsentscheidung auf die konkrete Situation sowohl im Hinblick auf die eigenen Interessen als auch im Hinblick auf die schutzwürdigen Belange von Nachbargemeinden an. So sind bei einer eigenen Unterversorgung der planende Gemeinde Auswirkungen auf eine Nachbargemeinde, die bisher den Versorgungsbedarf der planenden Gemeinde teilweise mit befrie-

647

---

1 BVerwG v. 1.8.2002 – 4 C 5.01, BVerwGE 117, 25 = BauR 2003, 55 = DVBl. 2003, 62 = ZfBR 2003, 58; Halama, Die Metamorphose der „Krabbenkamp"-Formel in der Rechtsprechung des Bundesverwaltungsgerichts, DVBl. 2004, 79 (81).
2 S. etwa OVG Koblenz v. 8.1.1999 – 8 B 12650/98, UPR 1999, 154; OVG Frankfurt/Oder v. 16.12.1998 – 3 B 116/98, BauR 1999, 613; Uechtritz, Die Gemeinde als Nachbar – Abwehransprüche und Rechtsschutz von Nachbargemeinden gegen Einkaufszentren, Factory-Outlets und Großkinos, BauR 1999, 572 ff.
3 So ausdrücklich BVerwG v. 17.9.2003 – 4 C 14.01, BauR 2004, 443 = DVBl. 2004, 239 = NVwZ 2004, 220.

digt hat, eher hinzunehmen als wenn in der planenden Gemeinde kein oder nur ein geringer Bedarf an zusätzlichen Einkaufsmöglichkeiten besteht. Ebenfalls macht es im Hinblick auf die wechselseitige Zumutbarkeit einen Unterschied, ob durch die beabsichtigte Planung eine Nachbargemeinde mit wirtschaftlich vergleichsweise starkem Einzelhandel getroffen wird, der einen Kaufkraftabfluß noch verschmerzen kann, oder ob es um eine Nachbargemeinde mit eher schwachem Einzelhandel geht, bei dem aufgrund des zu erwartenden Kaufkraftabzugs in größerer Zahl Insolvenzen zu befürchten sind, die dann zugleich den betroffenen Versorgungsbereich der Nachbargemeinde in seiner städtebaulichen Funktion schwächen. Wie auch ansonsten bei der planerischen Abwägung kein Belang von vornherein einen abstrakten Vor- oder Nachrang hat (Rdnr. 606 ff.), gilt dies auch für die Belange von Nachbargemeinden, d.h. diese sind nicht unabhängig von der konkreten Planungssituation abstrakt-generell vor- oder nachrangig, weil ein bestimmter prozentual ermittelter Kaufkraftabzug erreicht ist oder nicht[1].

648 Dabei ist auch zu berücksichtigen, daß die jeweilige Planung in ein **umfassendes Interessengeflecht** eingebunden ist, in dem nicht nur das bipolare Verhältnis zwischen der planenden Gemeinde und einer bestimmten Nachbargemeinde eine Rolle spielt sondern auch die Planungen weiterer Nachbargemeinden einbezogen werden müssen, die insgesamt in einer Wechselbeziehung zueinander stehen.

649 **Beispiel:**
Eine kleine Gemeinde plant in der Nähe einer Stadt, der im Rahmen der zentralörtlichen Gliederung die Funktion eines Oberzentrums zugewiesen ist, die Ausweisung eines Einkaufszentrums gemäß § 11 Abs. 3 Satz 1 Nr. 1 BauNVO. Auch weitere Nachbargemeinden der Stadt planen die Ausweisung von großflächigem Einzelhandel. Sie machen jeweils geltend, daß ihre Planung zwar über den jeweiligen örtlichen Bedarf deutlich hinausgehe, jedoch ein Kaufkraftabzug von 10% und mehr in dem Oberzentrum – ausweislich eingeholter Gutachten – allein durch ihre Planung nicht zu erwarten sei. Dementsprechend sei die jeweilige Planung für die benachbarte Stadt noch zumutbar. Man wird dies letztlich verneinen müssen, wenn nicht bei der einen oder anderen Nachbargemeinde besondere städtebauliche Belange gleichwohl die Planung rechtfertigen[2].

650 Andererseits kann sich jedoch eine Gemeinde nicht mit besonders abwägungserheblichem Gewicht darauf berufen, daß durch benachbarte Planungen der Aufbau oder die Erhaltung ihrer Innenstadt beeinträchtigt werde, wenn sie selbst in erheblichem Umfang periphere Einzelhandelsstandorte ausweist, die gleichfalls ihrer Innenstadtentwicklung abträglich sind. Dies

---

1 S. im einzelnen auch Reidt, Das Gebot der interkommunalen Abstimmung bei der Genehmigung von Factory-Outlet-Centern, BauR 2002, 562 (567 f.).
2 Vgl. OVG Greifswald v. 30.6.1999 – 3 M 144/98, DÖV 2001, 134 = NordÖR 1999, 522 = NVwZ-RR 2000, 559; a.A. OVG Frankfurt/Oder v. 16.12.1998 – 3 B 116/98, BauR 1999, 613.

kann die planende Gemeinde dann entsprechend in ihre Abwägung einstellen[1].

b) Nachgemeindliche Rechtsschutzmöglichkeiten[2]

Sofern bei der Aufstellung eines Bebauungsplans Belange von Nachbargemeinden mehr als unerheblich berührt sind, steht ihr die Möglichkeit einer **Normenkontrolle** gemäß § 47 VwGO offen, da das Abwägungsgebot nach § 1 Abs. 7 BauGB Rechte begründet, deren Verletzung mit einem Normenkontrollantrag gerügt werden kann (s. im einzelnen Rdnr. 1011 ff.).

651

Daneben kann § 2 Abs. 2 BauGB jedoch auch ein **einzelfallbezogenes Abwehrrecht** gegen ein konkretes Bauvorhaben begründen. Dies ist dann der Fall, wenn die betreffende Nutzung die Nachbargemeinde in so gewichtiger Weise beeinträchtigt, daß sie ohne eine förmliche Planung, die dem Abstimmungsgebot des § 2 Abs. 2 BauGB gerecht wird, nicht zugelassen werden darf, ein entsprechend abgestimmter (wirksamer) Bebauungsplan, der das Vorhaben ermöglicht, jedoch nicht existiert[3]. In einem solchen Fall darf die Standortgemeinde das Planungs- und interkommunale Abstimmungserfordernis nicht dadurch umgehen, daß sie gleichwohl eine (bauplanungsrechtswidrige) Baugenehmigung erteilt oder, wenn sie nicht selbst Baugenehmigungsbehörde ist, durch die Erteilung des gemeindlichen Einvernehmens gemäß § 36 BauGB „die Weichen in Richtung Zulassungsentscheidung" stellt[4]. Fehlt ein Bebauungsplan, der das qualifiziert abstimmungsbedürftige Vorhaben zuläßt oder ist dieser Bebauungsplan unwirksam und befindet sich das Vorhaben im Außenbereich gemäß **§ 35 BauGB**, erzeugt der qualifizierte Abstimmungsbedarf unmittelbare Wirkungen im Vorhabenzulassungsrecht[5]. Das Planungserfordernis und die in diesem Zusammenhang notwendige interkommunale Abstimmung gemäß § 2 Abs. 2 BauGB sind in diesem Fall ein genehmigungsrechtlich zu berücksichtigender Belang im Sinne von § 35 Abs. 3 Satz 1 BauGB. Dessen Mißachtung verletzt die Nachbargemeinde in eigenen Rechten, so daß sie sich mittels eines Widerspruchs oder einer Anfechtungsklage gegen eine gleichwohl erteilte Baugenehmigung zur Wehr setzen kann.

652

---

1 Zu weiteren diesbezüglichen Kriterien Schmitz, Factory-Outlet-Center in der Rechtsprechung – Der Kaufkraftabzug als Maßstab für eine interkommunale rücksichtsvolle Einzelhandelsansiedlung?, BauR 1999, 1000 (1112).
2 Allgemein zum Baunachbarrecht Rdnr. 1793 ff.
3 BVerwG v. 1.8.2002 – 4 C 5.01, BVerwGE 117, 25 = BauR 2003, 55 = DVBl. 2003, 62 = ZfBR 2003, 58; Halama, Die Metamorphose der „Krabbenkamp"-Formel in der Rechtsprechung des Bundesverwaltungsgerichts, DVBl. 2004, 79 (81).
4 Vgl. BVerwG v. 11.2.1993 – 4 C 15.92, BRS 55 Nr. 175 = DVBl. 1993, 658 = DÖV 1993, 914 = NVwZ 1994, 285 = UPR 1993, 263 = ZfBR 1993, 191.
5 Halama, Die Metamorphose der „Krabbenkamp"-Formel in der Rechtsprechung des Bundesverwaltungsgerichts, DVBl. 2004, 79 (81).

653 Nichts anderes gilt für den Fall, daß zwar ein gemeindlicher Bebauungsplan existiert, das Vorhaben jedoch in einem Umfang von den Planfestsetzungen **abweicht**, der einen qualifizierten Abstimmungsbedarf im Sinne von § 2 Abs. 2 BauGB auslöst und daher eine neue Planung oder Planänderung erforderlich macht. Auch in diesem Fall kann das Abstimmungsgebot gemäß § 2 Abs. 2 BauGB nicht dadurch umgangen werden, daß eine förmliche Planung unter Beteiligung der Nachbargemeinde unterbleibt.

654 Anders stellt sich die Situation im unbeplanten Innenbereich gemäß **§ 34 BauGB** dar, da der Grundstückseigentümer dort grundsätzlich einen gebundenen Anspuch auf Erteilung einer Baugenehmigung für ein Vorhaben hat, das sich insbesondere nach der Art der baulichen Nutzung in die Eigenart der näheren Umgebung einfügt. Ist dies der Fall, kann sich eine Nachbargemeinde nicht darauf berufen, daß das Vorhaben rechtswidrig ist, so daß sie auch nicht in eigenen Rechten verletzt sein kann. Allerdings enthält § 34 Abs. 3 BauGB dazu eine Ausnahme, nach der ein Vorhaben auch dann, wenn es sich in die Eigenart der näheren Umgebung einfügt, unzulässig ist, wenn es schädliche Auswirkungen auf zentrale Versorgungsbereiche in der Gemeinde oder in anderen Gemeinden erwarten läßt. Mit dieser Vorschrift soll ebenfalls sichergestellt werden, daß unter den dort genannten Voraussetzungen ohne eine förmliche Planung unter Beteiligung der Nachbargemeinde ein Vorhaben nicht genehmigt wird, d.h. für Vorhaben, die unter § 34 Abs. 3 BauGB fallen, besteht ein zwingendes Planungserfordernis. Wird dem nicht Rechnung getragen, kann sich eine Nachbargemeinde gegen die betreffende Baugenehmigung ebenso wie bei einem entsprechenden Vorhaben im Außenbereich (Rdnr. 652) zur Wehr setzen, weil § 34 Abs. 3 BauGB für sie Schutzwirkung entfaltet (s. noch Rdnr. 2066 ff.).

5. Die Umweltprüfung in der Bauleitplanung

a) Bedeutung und Funktion der Umweltprüfung

655 Die wesentlichen umweltbezogenen Belange, die in der Bauleitplanung eine Rolle spielen, sind in § 1 Abs. 6 Nr. 7 sowie in § 1 a Abs. 2 BauGB zusammengefaßt. Diese Belange stehen gleichrangig neben den anderen im Rahmen der Bauleitplanung beachtlichen Belangen. Ihnen kommt kein abstrakter Gewichtungsvorrang zu (s. bereits Rdnr. 606 ff.). Daran ändert auch die umweltbezogene Staatszielbestimmung in Art. 20a GG nichts[1].

656 § 1a BauGB knüpft an § 1 Abs. 6 Nr. 7 BauGB an (s. § 1a Abs. 1 BauGB). Absatz 2 der Vorschrift regelt ergänzendes Abwägungsmaterial (s. bereits Rdnr. 595). § 1a Abs. 3 BauGB enthält die für die Bauleitplanung maßgebliche naturschutzrechtliche Eingriffsregelung. Sie knüpft an die Ermittlung und Bewertung der in § 1 Abs. 6 Nr. 7 Buchstabe a) BauGB genannten Belan-

---
1 BVerwG v. 15.10.2002 – 4 BN 51.02, BauR 2004, 641 = NVwZ-RR 2003, 171.

ge an und soll als Folgenbewältigungsprogramm sicherstellen, daß nach Maßgabe der planerischen Abwägung die mit der Planung verbundenen Eingriffe in Natur und Landschaft vermieden oder jedenfalls ausgeglichen werden (s. dazu im einzelnen noch Rdnr. 681 ff.). § 1a Abs. 4 BauGB knüpft in gleicher Weise an § 1 Abs. 6 Nr. 7 Buchstabe b) BauGB an und macht für den Fall, daß die Ermittlung und Bewertung der berührten Belange eine erhebliche Beeinträchtigung der Erhaltungsziele und des Schutzzwecks der Gebiete von gemeindschaftlicher Bedeutung und Europäischen Vogelschutzgebiete im Sinne des Bundesnaturschutzgesetzes erkennen läßt, eine Verträglichkeitsprüfung gemäß § 34 BNatSchG erforderlich (dazu noch Rdnr. 708 ff.).

Die Regelungen in § 1 Abs. 6 Nr. 7 BauGB und § 1a BauGB sind durch das EAG Bau (Rdnr. 1) im wesentlichen nur neu strukturiert, nicht jedoch inhaltlich substantiell verändert worden (s. bereits Rdnr. 550). Lediglich der beispielhafte Katalog der abwägungserheblichen Belange in § 1 Abs. 6 Nr. 7 BauGB wurde in verschiedenen Punkten ergänzt. Neu ist allerdings die in § 2 Abs. 4 BauGB geregelte Umweltprüfung. Sie ist bei allen Bauleitplänen durchzuführen, sofern eine Aufstellung, Änderung oder Ergänzung nicht im vereinfachten Verfahren gemäß § 13 BauGB erfolgt (Rdnr. 863). Ebenfalls ist sie nicht bei den Satzungen gemäß § 34 Abs. 4 und § 35 Abs. 6 BauGB (Rdnr. 1973 ff., 2260 ff.) einschlägig. § 2 Abs. 4 BauGB ist eine spezielle Regelung zu § 2 Abs. 3 BauGB, in der für den Bereich der Umweltbelange die notwendige Ermittlung und Bewertung nach Maßgabe der Anforderungen aus der Plan-UP-Richtlinie und der Projekt-UVP-Richtlinie konkretisiert und präzisiert wird. Schon der Umstand, daß grundsätzlich für jeden Bauleitplan eine Umweltprüfung durchzuführen ist, zeigt, daß es sich dabei nicht um ein selbständiges Zusatzverfahren sondern um einen **integralen Bestandteil des Bauleitplanverfahrens** handelt. Dies unterscheidet die Umweltprüfung von der nach der früheren Rechtslage notwendigen Umweltverträglichkeitsprüfung bei der Aufstellung von Bebauungsplänen, wenn sie die planungsrechtliche Zulässigkeit von bestimmten Vorhaben begründen sollten, für die nach dem Gesetz über die Umweltverträglichkeitsprüfung eine Verpflichtung zur Durchführung einer Umweltverträglichkeitsprüfung besteht (§ 1a Abs. 2 Nr. 3 BauGB a.F.). Dieser gesonderte Verfahrensschritt einschließlich der Vorprüfung im Einzelfall (§ 3c UVPG) ist nicht mehr notwendig, weil die nunmehr im Baugesetzbuch enthaltenen Anforderungen an die Umweltprüfung sowohl die Vorgaben der Plan-UP-Richtlinie als auch der Projekt-UVP-Richtlinie berücksichtigen (§ 17 Abs. 1 UVPG). 657

Die Umweltprüfung ist der Rahmen, in dem im Hinblick auf die Umweltbelange das für die Bauleitplanung notwendige Abwägungsmaterial zusammengestellt wird. Sie ist zugleich das „**Trägerverfahren**", in dem die naturschutzrechtliche Eingriffsregelung gemäß § 1a Abs. 3 BauGB und die Verträglichkeitsprüfung gemäß § 1a Abs. 4 BauGB in einen einheitlichen Prüfablauf überführt werden. Die Umweltprüfung gemäß § 2 Abs. 4 BauGB gibt 658 damit auch das wesentliche Prüfschema für die Ermittlung und Bewertung der umweltbezogenen Belange sowie für die Durchführung der Verfahrensschritte gemäß § 1a Abs. 3 und 1a Abs. 4 BauGB vor.

659 § 2 Abs. 4 Satz 1 BauGB regelt entsprechend zu der in § 2 Abs. 3 BauGB enthaltenen allgemeinen Regelung zur Zusammenstellung des Abwägungsmaterials, daß für die Belange des Umweltschutzes die voraussichtlichen erheblichen Umweltauswirkungen im Rahmen der Umweltprüfung zu ermitteln und zu bewerten sind. Die allgemeinen Anforderungen an die **Ermittlung und Bewertung** gelten dabei in gleicher Weise (dazu Rdnr. 570 ff.). Die Beschreibung der ermittelten Umweltauswirkungen und deren Bewertung hat in einem **Umweltbericht** zu erfolgen. Die inhaltlichen Anforderungen an den Umweltbericht sind in der Anlage zu § 2 Abs. 4 und § 2a BauGB im einzelnen geregelt (dazu noch Rdnr. 675 ff.). Auch dies deckt sich weitestgehend mit den allgemeinen Anforderungen an die Begründung von Bauleitplänen. Der wesentliche Unterschied liegt dabei neben den präziseren Vorgaben an die inhaltliche Ausgestaltung darin, daß der Umweltbericht nicht in der allgemeinen Begründung des Bauleitplans aufgehen darf sondern gemäß § 2a Abs. 3 Satz 3 BauGB einen gesonderten Teil der Begründung darstellen muß (Rdnr. 388).

660 Gemäß § 2 Abs. 4 Satz 2 BauGB muß die Gemeinde für jeden Bauleitplan festlegen, in welchem Umfang und Detaillierungsgrad die Ermittlung der Belange für die Abwägung erforderlich ist (**Scoping**). Diese Festlegung ist nicht als selbständiger Verfahrensschritt der Gemeinde mit gesonderter Beschlußfassung zu verstehen sondern unselbständiger Teil des Bauleitplanverfahrens. Um der Gemeinde eine für die Abwägung ausreichende Festlegung von Umfang und Detaillierungsgrad der Ermittlung zu ermöglichen, sind im Rahmen der **Behördenbeteiligung** gemäß § 4 Abs. 1 BauGB die Behörden und sonstigen Träger öffentlicher Belange aufzufordern, sich dazu zu äußern (Rdnr. 502). Allerdings ist die Gemeinde an diese Äußerungen nicht gebunden. Sie kann hinsichtlich Umfang und Detaillierungsgrad der Ermittlungen hinter den Vorstellungen der Behörden und sonstigen Träger öffentlicher Belange zurückbleiben oder aber auch darüber hinaus gehen. Entscheidend ist allein der **Maßstab des materiellen Rechts**, also des Abwägungsgebotes, nach dem alle Belange, die für die Abwägung von Bedeutung sind, zu ermitteln und zu bewerten sind. Dementsprechend ist die Festlegung der Gemeinde gemäß § 2 Abs. 4 Satz 2 BauGB auch nicht unverrückbar. Stellt sich im Verlauf des Planungsverfahrens heraus, daß einzelne Belange noch zusätzlich oder detaillierter untersucht werden müssen, hat dies zu erfolgen, auch wenn die ursprüngliche Festlegung dies nicht vorsah. Ebenso kann sich im Zuge des Planverfahrens herausstellen, daß bestimmte Untersuchungen entgegen der ursprünglichen Festlegung doch nicht erforderlich sind. Dies alles gilt für die umweltbezogenen Belange in gleicher Weise wie für alle anderen Belange, die bei der konkreten Planung abwägungserheblich sind.

§ 2 Abs. 4 Satz 3 BauGB stellt klar, daß sich die Umweltprüfung nur auf das beziehen muß, was nach **gegenwärtigem Wissensstand und allgemein anerkannten Prüfmethoden** angemessenerweise verlangt werden kann. Die Regelung enthält eine Beschränkung der notwendigen Untersuchungen unter Zumutbarkeits- und Verhältnismäßigkeitsgesichtspunkten. Welche Ermittlungen bei einem Bauleitplanverfahren angemessenerweise verlangt werden können, entzieht sich einer generalisierenden Betrachtung. Dies hängt entscheidend u.a. davon ab, wie gewichtig die berührten Umweltbelange sind, welcher Erkenntnisgewinn aus bestimmten Untersuchungen gezogen werden kann und welcher zeitliche und wirtschaftliche Aufwand damit verbunden ist. Die Beschränkung auf den gegenwärtigen Wissenstand und allgemein anerkannte Prüfmethoden verdeutlicht, daß die Gemeinde Auswirkungen eines Bauleitplans auf bestimmte Umweltbelange (aber auch auf alle anderen abwägungserheblichen Belange) nicht zum Anlaß nehmen muß, die diesbezüglichen Einzelheiten wissenschaftlich zu erforschen. Sie darf mit den aus dem gegenwärtigen Wissensstand und den allgemein anerkannten Prüfmethoden ableitbaren Erkenntnissen ihre Planungsentscheidung treffen. Verbleiben dabei Unwägbarkeiten hinsichtlich der Auswirkungen der Planung auf bestimmte Belange, muß sie das betreffende Risiko als solches in ihre Abwägung einstellen, also letztlich die Frage beantworten, ob der Plan auch in Anbetracht dieses nach gegenwärtigem Wissensstand und allgemein anerkannten Prüfmethoden nicht aufklärbaren Risikos aufgestellt werden soll[1].

661

Beispiel:
Eine Gemeinde möchte einen Bebauungsplan aufstellen, um den Bau einer geräuschintensiven Motorsportanlage (Automobilrennstrecke) zu ermöglichen. In der Nähe des Plangebiets befinden sich verschiedene zum Teil seltene Vogelarten. Wie diese auf den Motorenlärm auch im Hinblick auf die Gewöhnung u.s.w. reagieren, ist wissenschaftlich weitgehend ungeklärt. Es kann allerdings nicht ausgeschlossen werden, daß die Vogelarten von ihren derzeitigen Standorten verdrängt werden. Dieses Risiko muß die Gemeinde in ihre Abwägungsentscheidung einstellen.

662

Ist nach gegenwärtigem Wissensstand und allgemein anerkannten Prüfmethoden nicht verlässlich feststellbar oder prognostizierbar, wie sich eine Planung auf bestimmte Umweltbelange auswirkt, kann der Gemeinde insofern ein Ermittlungsdefizit (Rdnr. 555 ff.) nicht vorgeworfen werden. Sie kann allenfalls der Vorwurf treffen, daß sie das nicht abschließend aufgeklärte Risiko bei ihrer Planungsentscheidung falsch gewichtet und über den Rahmen des Vertretbaren hinaus gegenüber anderen abwägungserheblichen Belangen zurückgestellt hat (Rdnr. 610 ff.).

663

Ebenfalls ist die Umweltprüfung gemäß § 2 Abs. 4 Satz 3 BauGB im Hinblick auf die zwingend zu wahrende Angemessenheit durch den **Inhalt und Detaillierungsgrad des Bauleitplans** begrenzt. Diese Begrenzung ist insbe-

664

---
1 Vgl. OVG Münster v. 20.2.2003 – 10 a B 1780/02, BauR 2003, 1182.

sondere bei der Unterscheidung zwischen **vorbereitender Bauleitplanung** (Flächennutzungsplan) und **verbindlicher Bauleitplanung** (Bebauungsplan) von Bedeutung. Sie stellt sicher, daß nicht bereits bei der Aufstellung, Änderung oder Ergänzung eines Flächennutzungsplans sämtliche erdenklichen Umweltauswirkungen geprüft werden müssen, die bei jedweder späteren konkretisierenden Bebauungsplanung in Betracht kommen. Dies würde zum einen die Flächennutzungsplanung überfordern und zum anderen dazu führen, daß im Hinblick auf die unterschiedlichen in Betracht kommende Bebauungsplanungsinhalte auch überflüssige Ermittlungen und Bewertungen durchgeführt würden. Auf der Ebene der Flächennutzungsplanung muß die Umweltprüfung daher keine besondere Tiefe erreichen. Sie muß allerdings gewährleisten, daß aus ihren Darstellungen späterhin tatsächlich Bebauungspläne gemäß § 8 Abs. 2 Satz 1 BauGB entwickelt werden können (zum Entwicklungsgebot Rdnr. 181 ff.), wenn sich nicht gänzlich unerwartete Umstände und Erkenntnisse ergeben. Spricht bereits auf der Ebene der Flächennutzungsplanung für einen bestimmten Teil des Gemeindegebiets überwiegendes dafür, daß dort eine bauliche Nutzung durch einen Bebauungsplan wegen überwiegender Umweltbelange nicht festgesetzt werden kann, muß die Gemeinde dem bereits auf der Ebene der Flächennutzungsplanung nachgehen. Sie darf dann die betreffenden Umstände nicht ohne eine ergänzende Prüfung zurückstellen und sich darauf zurückziehen, daß dies noch im Rahmen der späteren Bebauungsplanung erfolgen könne. Die Umweltprüfung auf der Ebene der Flächennutzungsplanung muß also in der Regel zu der Erkenntnis führen, daß zwar noch nicht alles dafür spricht, daß aus den Flächennutzungsplandarstellungen späterhin Bebauungsplanfestsetzungen entwickelt werden können, allerdings darf auch nichts mehr mit großer Wahrscheinlichkeit dagegen sprechen.

665 Ähnliches gilt für den Inhalt und Detaillierungsgrad der Umweltprüfung auf der Ebene der Bebauungsplanung im Verhältnis zu späteren Vorhabengenehmigungen. In diesem Zusammenhang ist zu berücksichtigen, daß bei der Ausweisung von Baugebieten in der Regel noch nicht im einzelnen feststeht, welche Vorhaben dort konkret angesiedelt werden. Dementsprechend kann die Umweltprüfung nicht sämtliche Eventualitäten einbeziehen. Dies ist auch nicht erforderlich. Sie muß vielmehr nur so weit reichen, wie erhebliche Umweltauswirkungen auf der Ebene des Planvollzugs nicht mehr beschränkt oder gesteuert werden können (zur planerischen Zurückhaltung s. noch Rdnr. 734 ff.; zur Abschichtung bei UVP-pflichtigen Vorhaben Rdnr. 1175 ff.).

666 **Beispiel:**
Eine Gemeinde möchte einen Bebauungsplan für ein Industriegebiet aufstellen. Ihr ist allerdings noch nicht im einzelnen bekannt, welche Arten von Betrieben sich dort ansiedeln werden. Im Hinblick auf die Geräuschimmissionen legt sie daher typische Erfahrungswerte für vergleichbar große Industriegebiete zu Grunde und ermittelt und bewertet auf dieser Grundlage die voraussichtlichen Umweltauswirkungen. Dies ist ausreichend. Etwaige darüber hinausgehende Auswirkungen können im Rahmen des

Planvollzugs gesteuert werden, etwa über die immissionsschutzrechtlichen Anforderungen oder über die Anforderungen des § 15 BauNVO (vgl. Rdnr. 1225).

§ 2 Abs. 4 Satz 4 BauGB stellt klar, daß das Ergebnis der Umweltprüfung bei der planerischen Abwägung gemäß § 1 Abs. 7 BauGB zu berücksichtigen ist. Dies macht deutlich, daß die Umweltprüfung lediglich eine umweltspezifische Ermittlung und Bewertung des Abwägungsmaterials zum Gegenstand hat, die dann mit der Ermittlung und Bewertung der sonstigen Belange zusammengeführt wird, um eine einheitliche und abschließende Entscheidung über den Bauleitplan treffen zu können. 667

§ 2 Abs. 4 Satz 5 und 6 BauGB enthalten eine **Abschichtungsregelung auf Planungsebene**. Sie soll Doppel- und Mehrfachprüfungen im Zusammenspiel insbesondere von Raumordnungs-, Flächennutzungs-, Bebauungs- und Landschaftsplänen vermeiden. Wurde im Rahmen eines anderen Planungsverfahrens bereits eine Umweltprüfung durchgeführt, können die dort gewonnenen Erkenntnisse verwertet werden, so daß sich die anschließende Prüfung auf zusätzliche oder andere Umweltauswirkungen beschränken kann. 668

Beispiel: 669
Eine Gemeinde hat im Zusammenhang mit der Änderung ihres Flächennutzungsplans für ein kleines Teilgebiet in ihrer Gemeinde eine Umweltprüfung durchgeführt. Da dort auch für die verbindliche Bauleitplanung schon recht konkrete Planungsvorstellungen bestanden, hat sie im Rahmen der Umweltprüfung bereits die wesentlichen Umweltauswirkungen insbesondere auf Boden, Wasser, Tiere und Pflanzen untersucht. Noch nicht vertieft geprüft wurden allerdings die voraussichtlichen Geruchs- und Lärmauswirkungen, da dies im Hinblick auf die noch nicht endgültig feststehenden Arten der gewerblichen Nutzung noch nicht möglich und im Hinblick auf die gewählten Plandarstellungen auch noch nicht zwingend erforderlich war. In diesem Fall kann sich die Umweltprüfung anläßlich der Bebauungsplanung weitestgehend auf die mit den konkreten Planfestsetzungen verbundenen voraussichtlichen Geruchs- und Lärmimmissionen beschränken.

Die Abschichtungsklausel in § 2 Abs. 4 Satz 5 BauGB bezieht sich ausdrücklich nur auf eine im Rahmen eines anderen Planungsverfahrens durchgeführte Umweltprüfung. Der Begriff der Umweltprüfung ist in diesem Zusammenhang allerdings nicht wörtlich zu nehmen. Auch außerhalb einer verfahrensmäßig strukturierten Umweltprüfung gewonnene Erkenntnisse können selbstverständlich in die Bauleitplanung übernommen werden und eine erneute Ermittlung und Bewertung entbehrlich machen, solange die bereits vorliegenden Erkenntnisse inhaltlich zutreffend sind. Dies wird durch § 2 Abs. 4 Satz 6 BauGB bestätigt, der sich ganz allgemein und unabhängig davon, ob für die dort genannten Pläne eine Umweltprüfung durchgeführt wurde, auf deren Bestandsaufnahmen und Bewertungen bezieht. 670

Eine Abschichtungswirkung vorausgegangener Umweltprüfungen kommt dann nicht zum Tragen, wenn **zusätzliche oder andere erhebliche Umwelt-** 671

auswirkungen in Rede stehen. Sie kommt des weiteren auch dann nicht in Betracht, wenn sich, insbesondere aufgrund eines erheblichen zeitlichen Abstandes, die maßgeblichen rechtlichen oder tatsächlichen Verhältnisse geändert haben.

672 **Beispiel:**

Im Rahmen einer Flächennutzungsplanänderung hat sich die Gemeinde mit den Tier- und Pflanzenarten innerhalb eines bestimmten Bereichs beschäftigt. Sie ist dabei zu der Erkenntnis gekommen, daß dort keine besonders hochwertigen Tier- und Pflanzenarten vorhanden sind. Mehrere Jahre später soll in diesem Bereich ein Bebauungsplan aufgestellt werden. Zwischenzeitlich haben sich dort besonders seltene Pflanzenarten angesiedelt. Diese tatsächlichen Veränderungen muß die Gemeinde berücksichtigen und dementsprechend auch im Rahmen der Umweltprüfung anläßlich des Bebauungsplanverfahrens ermitteln und bewerten.

673 Daraus folgt zugleich, daß sich die Gemeinde dann, wenn sie sich die Möglichkeiten einer Abschichtung zu Nutze machen möchte, zumindest einen Eindruck davon verschaffen muß, ob die tatsächlichen und rechtlichen Gegebenheiten, die der vorangegangenen Umweltprüfung zu Grunde lagen, noch aktuell sind.

674 Während § 2 Abs. 4 Satz 5 und 6 BauGB gewissermaßen eine Abschichtung nach oben regeln, also die Verwendung der Erkenntnisse aus bereits durchgeführten Umweltprüfungen im Rahmen der Bauleitplanung, enthält § 17 Abs. 3 UVPG eine entsprechende Abschichtung nach unten, wenn es um die **Genehmigung von UVP-pflichtigen Vorhaben** geht. Danach soll die Umweltverträglichkeitsprüfung in nachfolgenden Zulassungsverfahren auf zusätzliche oder andere Umweltauswirkungen der zur Genehmigung anstehenden Vorhaben beschränkt werden, wenn in einem Aufstellungsverfahren für einen Bebauungsplan eine Umweltprüfung durchgeführt wurde.

b) Umweltbericht[1]

675 In dem gemäß § 2 Abs. 4 Satz 1 BauGB zu erstellenden Umweltbericht werden die ermittelten Umweltauswirkungen beschrieben und bewertet. Der Umweltbericht bildet gemäß § 2a Satz 3 BauGB einen **gesonderten Teil der Bebauungsplanbegründung**. Dabei ist es unerheblich, ob es sich um ein gesondertes Kapital oder eine Anlage der Planbegründung handelt (vgl. Rdnr. 388). Entscheidend ist allein, daß die Behandlung der umweltbezogenen Belange nicht in der allgemeinen Planbegründung unabgegrenzt und ununterscheidbar aufgeht. Die Beschreibung der ermittelten und bewerteten Belange des Umweltschutzes im Umweltbericht führt zugleich dazu, daß es

---

1 S. zum Umweltbericht bei UVP-pflichtigen Bebauungsplänen nach der vor Inkrafttreten des EAG Bau (Rdnr. 1) maßgeblichen Rechtslage ausführlich Kuschnerus, Die Umweltverträglichkeitsprüfung in der Bauleitplanung, BauR 2001, 1211, 1216 ff.

einer zusätzlichen Wiedergabe im allgemeinen Teil der Planbegründung nicht bedarf. Sie ist allerdings – selbstverständlich – unschädlich.

Der Umweltbericht ist gemäß der Anlage zu § 2 Abs. 4 und § 2a BauGB aufzubauen. Er besteht danach im wesentlichen aus 676

1. einer Einleitung mit
   – Kurzdarstellung des Inhalts und der wichtigsten Ziele des Bauleitplans und
   – einer Darstellung der in einschlägigen Fachgesetzen und Fachplänen festgelegten Ziele des Umweltschutzes und der Art, wie diese Ziele und die Umweltbelange bei der Aufstellung berücksichtigt wurden,

2. einer Beschreibung und Bewertung der Umweltauswirkungen, die in der Umweltprüfung ermittelt wurden, mit
   – einer Bestandsaufnahme der einschlägigen Aspekte des derzeitigen Umweltzustands
   – einer Prognose über die Entwicklung des Umweltzustands bei Durchführung der Planung und bei Nichtdurchführung
   – der Angabe der geplanten Maßnahmen zur Vermeidung, Verringerung und zum Ausgleich der nachteiligen Auswirkungen (zur naturschutzrechtlichen Eingriffsregelungen Rdnr. 681 ff.) und
   – der Angabe der in Betracht kommenden anderweitigen Planungsmöglichkeiten,

3. folgenden zusätzlichen Angaben:
   – Beschreibung der wichtigsten Merkmale der verwendeten technischen Verfahren bei der Umweltprüfung sowie Hinweise auf Schwierigkeiten bei der Zusammenstellung der Angaben
   – Beschreibung der geplanten Maßnahmen zur Überwachung (zum sogenannten Monitoring Rdnr. 46 ff.) und
   – allgemein verständliche Zusammenfassung der erforderlichen Angaben.

Wie umfangreich und ausführlich der Umweltbericht sein muß, hängt von der jeweiligen Planung ab. Insofern gelten letztlich keine substantiell anderen Anforderungen als an die Begründung eines Bauleitplans im übrigen. Allerdings müssen zu allen in der Anlage zu § 2 Abs. 4 und § 2a BauGB genannten Punkten Aussagen im Umweltbericht enthalten sein. Dabei ist es zwar nicht zwingend erforderlich, die Gliederung aus der Anlage zu § 2 Abs. 4 und § 2a BauGB zu übernehmen, allerdings ist dies gleichwohl schon im Hinblick auf die Übersichtlichkeit empfehlenswert. 677

c) Berücksichtigung der Darstellungen von Landschaftsplänen und sonstigen Plänen bei der Umweltprüfung und der planerischen Abwägung (§ 1 Abs. 6 Nr. 7 Buchstabe g) BauGB)

678 § 1 Abs. 6 Nr. 7 Buchstabe g) BauGB regelt die abwägungsrechtliche Relevanz von umweltbezogenen Fachplänen. Gemäß Nr. 1 Buchstabe b) der Anlage zu § 2 Abs. 4 und § 2a BauGB sind sie mit ihren Darstellungen im Umweltbericht anzugeben. Die Aufzählung in § 1 Abs. 6 Nr. 7 Buchstabe g) BauGB ist nicht abschließend. Sowohl die in der Regelung genannten als auch weitere Fachpläne können auf Bundes- oder Landesrecht beruhen. Oftmals existieren bundesrechtlich nur Rahmenregelungen wie in § 16 BNatSchG für die Landschaftspläne oder in den §§ 36 bis 36b WHG für wasserwirtschaftliche Fachpläne. Bundesrechtlich geregelt sind hingegen etwa die Abfallwirtschaftspläne gemäß § 29 Krw-/AbfG und die Luftreinhalte- und Lärmminderungspläne nach den §§ 47, 47a BImSchG.

679 Das Vorhandensein von Fachplänen ist bundesrechtlich nicht Voraussetzung für die Aufstellung eines Bauleitplans. Existiert ein entsprechender Plan nicht, muß sich die Gemeinde mit den darin typischerweise behandelten Belangen jedoch auf der Ebene der Bauleitplanung selbst auseinandersetzen, soweit die betreffenden Umstände abwägungsrelevant sind. Die Notwendigkeit einer Beachtung von Fachplänen im Rahmen der **Abwägung** ist eine **Mindestanforderung**. Aus sonstigen Bestimmungen außerhalb des Baugesetzbuchs können sich höhere Anforderungen ergeben, insbesondere also eine **strikte Verbindlichkeit** für die Bauleitplanung. Dies setzt allerdings die Vereinbarkeit einer derartigen Anforderung mit dem Baugesetzbuch und sonstigem Bundesrecht voraus. Wird zulässigerweise die strikte Verbindlichkeit eines Fachplans für die Bauleitplanung geregelt und wird dieser nicht beachtet, kann dies zur Unwirksamkeit des Bauleitplans führen. So dürfen etwa die Länder gemäß § 16 Abs. 2 Satz 1 BNatSchG die Verbindlichkeit von Landschaftsplänen für die Bauleitplanung landesgesetzlich regeln. Gemäß § 16 Abs. 2 Satz 2 BNatSchG können sie bestimmen, daß Darstellungen der Landschaftspläne als Darstellungen oder Festsetzungen in die Bauleitpläne aufgenommen werden. In einem solchen Fall reicht es nicht aus, wenn sich die Gemeinde abwägend mit einem Fachplan auseinandersetzt, sich mit vertretbaren Gründen über dessen verbindliche Aussagen hinwegsetzt und zu einem abweichenden Planinhalt gelangt. Fehlt es allerdings an einer Regelung zur (strikten) Verbindlichkeit des Fachplans, weil sie entweder nach höherrangigem Recht nicht zulässig ist oder aber der entsprechende Regelungsspielraum nicht ausgenutzt wurde, dann verbleibt es bei der bloßen Abwägungsrelevanz für die Bauleitplanung. Auch bei fehlender ausdrücklicher Verbindlichkeit eines Fachplans für die Bauleitplanung ist es möglich, daß ein Bauleitplan abwägungsfehlerfrei und damit rechtmäßig nicht zustande kommen kann. Dies gilt etwa dann, wenn ein Fachplan (z.B. ein Landschaftsplan) als Rechtsverordnung erlassen wird und von seinen inhaltlichen Aussagen her einer baulichen Nutzung entge-

gensteht. Ein in diesem Fall nicht umsetzbarer Bauleitplan verfehlt seinen gestalterischen Auftrag (s. Rdnr. 36 ff.).

Beispiel: 680

Ein durch Rechtsverordnung für verbindlich erklärter Abfallwirtschaftsplan im Sinne von § 29 Krw-/AbfG (s. zur Verbindlicherklärung durch Rechtsverordnung etwa § 18 Abs. 1 LAbfG NW) weist eine bestimmte Fläche als Standort für eine künftige Deponie aus. Die Gemeinde möchte zur Verhinderung der Ansiedlung einer Deponie dort durch einen Bebauungsplan ein Baugebiet ausweisen. Ein solcher als Satzung zu erlassender Bebauungsplan widerspräche der höherrangigen Rechtsverordnung. Er wäre nicht durchsetzbar. Es müßte zunächst die Verordnung entsprechend geändert werden.

d) Die Eingriffsregelung nach dem Bundesnaturschutzgesetz (§ 1a Abs. 3 BauGB)

Gemäß § 21 BNatSchG ist in Fällen, in denen aufgrund der Aufstellung, 681 Änderung, Ergänzung oder Aufhebung von Bauleitplänen Eingriffe in Natur und Landschaft zu erwarten sind, über Vermeidung, Ausgleich und Ersatz nach den Vorschriften des Baugesetzbuchs zu entscheiden. Auf Vorhaben in Gebieten mit Bebauungsplänen, während der Planaufstellung nach § 33 BauGB und im Innenbereich nach § 34 BauGB sind die Vorschriften über die naturschutzrechtliche Eingriffsregelung gemäß §§ 19–20 BNatSchG nicht anzuwenden (§ 21 Abs. 2 Satz 1 BNatSchG). Eine Ausnahme gilt lediglich gemäß § 21 Abs. 2 Satz 2 BNatSchG für planfeststellungsersetzende Bebauungspläne (z.B. § 17 Abs. 2 FStrG). Es ist also im Regelfall **allein bauplanungsrechtlich** zu klären, ob und in welchem Umfang **Ausgleichs- und Ersatzmaßnahmen**, zusammengefaßt auch unter dem Begriff **Kompensationsmaßnahmen** (vgl. § 19 Abs. 2 BNatSchG, s. noch Rdnr. 691), geboten sind. Diese Prüfung, die erforderliche Abwägung und daran anknüpfende Darstellungen und Festsetzungen erfolgen allein auf der Ebene der Bauleitplanung, nicht hingegen anläßlich des jeweiligen konkreten Bauvorhabens innerhalb des Plangebiets. Dies gilt unabhängig davon, daß streng genommen Eingriffe in Natur und Landschaft noch nicht mit der Bauleitplanung sondern erst mit der Realisierung einzelner Bauvorhaben verbunden sind.

Auch wenn auf Vorhaben in Gebieten mit Bebauungsplänen die natur- 682 schutzrechtliche Eingriffsregelung keine Anwendung findet, ist für § 1a Abs. 3 BauGB gleichwohl die (rahmenrechtliche) **Definition des Eingriffs** in § 18 Abs. 1 BNatSchG maßgeblich, da sie nicht zur Disposition des Landesgesetzgebers steht und daher nur in engen Grenzen gemäß § 18 Abs. 4 BNatSchG modifiziert werden kann (in der Regel durch Positiv- oder Negativlisten)[1]. Danach sind Eingriffe in Natur und Landschaft Veränderungen

---
1 BVerwG v. 31.8.2000 – 4 CN 6.99, BauR 2001, 359 = DVBl. 2001, 377 = DÖV 2001, 250 = NVwZ 2001, 560 = UPR 2001, 73 = ZfBR 2001, 126; auch der Regierungsentwurf zum EAG Bau, BT-Drucksache 15/2250, Begründung zu Nr. 3 (§ 1a), geht aus-

der Gestalt oder Nutzung von Grundflächen oder Veränderungen des mit der belebten Bodenschicht in Verbindung stehenden Grundwasserspiegels, die die Leistungs- und Funktionsfähigkeit des Naturhaushalts oder das Landschaftsbild erheblich beeinträchtigen können. Die **Leistungsfähigkeit des Naturhaushalts** ist bestimmt durch das ökologische Funktionieren aller biotischen und abiotischen Faktoren des komplexen Wirkungsgefüges des Naturhaushalts, also Boden, Wasser, Luft, Klima sowie Pflanzen- und Tierwelt. Dieses Wirkungsgefüge wird beeinträchtigt, wenn Störungen seiner Funktionsfähigkeit auftreten. Für das **Landschaftsbild** geht es demgegenüber nicht um das objektive Funktionieren der natürlichen Gegebenheiten, sondern um ihre Wirkung auf den Menschen, d.h. Schutzobjekt ist das vom Menschen wahrgenommene und als Gesamtbild empfundene Beziehungsgefüge der einzelnen Elemente der Landschaft[1]. Danach ist praktisch mit jedem Bauleitplan, der eine bauliche Nutzung zuläßt (Bebauungsplan) oder vorbereitet (Flächennutzungsplan) ein Eingriff im Rechtssinne verbunden. Anderes gilt, wenn es – ohne Erweiterung oder Intensivierung der baulichen Nutzungsmöglichkeiten mit stärkeren oder anderen Eingriffen in Natur und Landschaft – um die Überplanung eines bereits baulich genutzten Gebiets geht. Dies ist häufig bei der Überplanung eines im Zusammenhang bebauten Ortsteils im Sinne von § 34 BauGB der Fall (Planung im Bestand; zur Notwendigkeit von Ausgleichsmaßnahmen in einem solchen Fall s. noch Rdnr. 688 ff.).

683 Die planaufstellende Gemeinde hat im Rahmen der Umweltprüfung zu ermitteln, ob aufgrund der Aufstellung, Änderung, Ergänzung oder Aufhebung von Bauleitplänen Eingriffe in Natur und Landschaft zu erwarten sind[2]. Sie hat im weiteren Art und Umfang der Eingriffe zu bewerten. Die der **Eingriffsermittlung und -bewertung** zu Grunde liegende Bestandsaufnahme muß zwar der besonderen Bedeutung von Natur und Landschaft im Rahmen der Bauleitplanung Rechnung tragen, jedoch ist gleichwohl keine vollständige Erfassung aller betroffenen Tier- und Pflanzenarten notwendig. Es genügt vielmehr eine Ermittlung und Bewertung (s. Rdnr. 553), die für eine sachgerechte Bewältigung der konkreten planerischen Aufgabe ausreichend ist. Der Umfang des erforderlichen Abwägungsmaterials hängt daher von der Art der geplanten baulichen Nutzung und den jeweiligen naturräumli-

---

drücklich davon aus, daß für die Frage, ob ein Eingriff vorliegt, das Bundesnaturschutzgesetz maßgeblich ist.
1 OVG Münster v. 30.6.1999 – 7a D 144/97, BRS 62 Nr. 225 = UPR 2000, 157 = ZfBR 2000, 208; OVG Münster v. 28.6.1995 – 7a D 44/94, BRS 57 Nr. 276 = DVBl. 1996, 58 = NVwZ 1996, 274 = UPR 1996, 120; s. im einzelnen auch Stich, Aufhellung wichtiger Vollzugsprobleme der naturschutzbezogenen Eingriffsregelung durch die Rechtsprechung, DVBl. 2002, 1588 (1590 f.); Kuschnerus, Die Belange von Natur und Landschaft in der Abwägung nach § 1 Abs. 6 BauGB, BauR 1998, 1 (3).
2 BVerwG v. 31.1.1997 – 4 NB 27.96, BVerwGE 104, 68 = BauR 1997, 794 = BRS 59 Nr. 8 = DVBl. 1997, 1112 = DÖV 1998, 128 = NVwZ 1997, 1213 = UPR 1997, 403 = ZfBR 1997, 316.

chen Gegebenheiten ab. Je typischer die Gebietsstruktur des Eingriffsbereichs ist, desto eher kann auf typisierende Merkmale und allgemeine Erfahrungen abgestellt werden[1]. Ein vorhandener Landschaftsplan (Rdnr. 678 ff.) kann bei entsprechend geeigneten Inhalten eine gesonderte Bestandsaufnahme entbehrlich machen (s. allgemein zur Abschichtung in der Umweltprüfung Rdnr. 664 ff.)[2]. Auch besteht keine Verpflichtung, Eingriffe und notwendige Ausgleichsmaßnahmen unter Verwendung **standardisierter Bewertungsverfahren** zu ermitteln und zu bewerten, zumal keine gesetzlich vorgeschriebenen oder allgemein anerkannten Bewertungsmaßstäbe existieren[3]. Ohnehin können Eingriffe in Natur und Landschaft nicht mathematisch genau festgestellt werden. Dies gilt insbesondere für Eingriffe in das Landschaftsbild, die nur wertend betrachtet werden können. Es genügt daher eine **plausible und vertretbare Einschätzung** des Eingriffsumfangs und der vorgesehenen Kompensation. Dabei sind sowohl zahlen- und wertmäßige Ermittlungen und Bewertungen als auch verbal-argumentative Darstellungen oder auch Kombinationen von beidem möglich. Die in den verschiedenen Ländern existierenden oder auch von Fachverbänden erstellten Bewertungsverfahren können sehr gut geeignet sein, die Intensität des Eingriffs und die notwendige Kompensation transparent zu machen, um so die Ordnungsgemäßheit der Abwägung abzusichern[4]. Allerdings darf eine Gemeinde ein solches Bewertungsverfahren nicht als bindendes und damit strikt zu befolgendes Recht ansehen – und zwar auch dann nicht, wenn es von dem zuständigen Fachministerium erstellt wurde. Insbesondere wäre es unzutreffend, wenn eine Gemeinde der Auffassung ist, sie müsse eine Eingriffs-Ausgleichs-Bilanzierung z.B. nach einem bestimmten Biotopwertverfahren erstellen und durch ihren Bauleitplan eine Vollkompensation (gleiche Biotopwertigkeit von Eingriff und Ausgleich) sicherstellen. Eine solche strikte Selbstbindung an ein Bewertungsverfahren wäre abwägungsfehlerhaft[5].

Auf der Grundlage der Ermittlung und Bewertung von Eingriff und Eingriffsfolgen hat die Gemeinde eine auf den konkreten Planungsfall bezogene Abwägungsentscheidung dahingehend zu treffen, ob und in welchem Umfang der Eingriff zugelassen werden soll. Dabei steht zunächst das **Integritätsinteresse** im Vordergrund, dem durch eine vollständige oder jedenfalls teilweise **Vermeidung des Eingriffs** Rechnung getragen werden kann (Ein-

684

---

1 BVerwG v. 21.2.1997 – 4 B 177/96, BauR 1997, 459 = BRS 59 Nr. 9 = NVwZ-RR 1997, 607 = DVBl. 1997, 729 = UPR 1997, 295 = ZfBR 1997, 261.
2 VGH Kassel v. 25.5.2000 – 4 N 2660/91, ZfBR 2001, 129.
3 BVerwG v. 23.4.1997 – 4 NB 13.97, BauR 1997, 798 = BRS 59 Nr. 10 = NVwZ 1997, 1215 = UPR 1997, 409 = ZfBR 1997, 261.
4 S. etwa zur „Arbeitshilfe für die Bauleitplanung" der Landesregierung Nordrhein-Westfalen OVG Münster v. 30.6.1999 – 7a D 184/97, BauR 2000, 358 = BRS 62 Nr. 35 = ZfBR 2000, 57.
5 OVG Münster v. 28.6.1995 – 7a D 44/94, NVwZ 1996, 274 = BRS 57 Nr. 276 = DVBl. 1996, 58 = UPR 1996, 120.

griffsminimierung). Soll aufgrund des konkreten Vorrangs anderweitiger Belange (zum Fehlen eines abstrakten Vorrangs der naturschutzrechtlichen Eingriffsregelung in der Bauleitplanung Rdnr. 607) und aufgrund der entsprechenden Abwägung der Gemeinde der Eingriff durch den Bauleitplan zugelassen werden, kommt das Gebot zur Festsetzung von **Ausgleichsmaßnahmen** (Folgenbewältigungsmaßnahmen) zum Tragen. Durch den Bauleitplan zugelassene bzw. vorbereitete Eingriffe in Natur und Landschaft sollen kompensiert werden, um deren Folgen so gering wie möglich zu halten. Oftmals wird der Eingriff als solcher dadurch überhaupt erst möglich. Es liegt auf der Hand, daß ein Eingriff sehr viel leichter zugelassen werden kann, wenn die mit ihm einhergehenden Folgen durch Kompensationsmaßnahmen vollständig oder jedenfalls weitgehend abgefangen werden, als wenn dies nicht der Fall ist. Gleichwohl enthält § 1a Abs. 3 BauGB keinen strikten Anwendungsbefehl dahingehend, daß in der Bauleitplanung zwingend Kompensationsmaßnahmen in einem bestimmten Mindestumfang vorzusehen sind. Anders als im Fachplanungsrecht[1] und auch bei planfeststellungsersetzenden Bebauungsplänen (Rdnr. 88) ist die Eingriffsregelung keine Ergänzung eines fachrechtlichen Zulässigkeitstatbestandes, die zusätzliche Anforderungen enthält und dem fachrechtlichen Zulassungstatbestand als sekundärrechtliches Instrument „aufgesattelt" ist. Bei der Bauleitplanung ist die naturschutzrechtliche Eingriffsregelung vielmehr unmittelbar in die Planungsentscheidung eingebettet. Dies gilt sowohl für das „ob" des Eingriffs als auch für Art und Umfang von Kompensationsmaßnahmen. So kann auf Kompensationsmaßnahmen ganz oder jedenfalls teilweise verzichtet werden, wenn dies durch entsprechend gewichtige andere Belange gerechtfertigt ist[2]. Berücksichtigen kann die Gemeinde in der Abwägung etwa Aspekte wie Kosten von Kompensationsmaßnahmen oder Aspekte der Wirtschaftsförderung.

685 **Beispiel:**
Eine Gemeinde möchte zur Verringerung der Arbeitslosenzahl in ihrem Gemeindegebiet neue Betriebe ansiedeln und abwanderungswillige Unternehmen, die größere Betriebsgrundstücke benötigen, halten. Um dafür attraktive und möglichst kostengünstige Flächen zur Verfügung stellen zu können, weist sie durch Bebauungsplan ein Gewerbegebiet aus und setzt dabei Ausgleichsmaßnahmen gezielt nur in einem Umfang fest, der die planbedingten Eingriffe nicht vollständig kompensiert. Die Gemeinde geht davon aus, daß ansonsten eine bauliche Nutzung des Gewerbegebiets wegen der Kosten für Kompensationsmaßnahmen kaum erfolgen wird. Sofern sich die planerischen Überlegungen der Gemeinde in einem vertretbaren Rahmen halten, ist die Entscheidung rechtlich nicht zu beanstanden.

---

1 Dazu etwa BVerwG v. 7.3.1997 – 4 C 10.96, BauR 1997, 631 = BRS 59 Nr. 235 = DVBl. 1997, 838 = NVwZ 1997, 914 = UPR 1997, 329 = ZfBR 1997, 262.
2 BVerwG v. 31.1.1997 – 4 NB 27.96, BVerwGE 104, 68 = BauR 1997, 794 = BRS 59 Nr. 8 = DVBl. 1997, 1112 = DÖV 1998, 128 = NVwZ 1997, 1213 = UPR 1997, 403 = ZfBR 1997, 316; VGH Mannheim v. 17.5.2001 – 8 S 2603/00, NVwZ-RR 2002, 8 = ZfBR 2002, 168.

Die fehlende Verpflichtung, eine vollständige Kompensation planbedingter Eingriffe zu regeln, bedeutet jedoch **keine planerische Beliebigkeit**[1]. Vielmehr ist in jedem Fall die durch den Gesetzgeber betonte hohe Bedeutung des Naturschutzes zu beachten. 686

Andererseits ist jedoch auch zu sehen, daß eine **Überkompensation** nicht in Betracht kommt. Dies ergibt sich bereits aus dem Begriff des Ausgleichs, der bei planbedingten Eingriffen in Natur und Landschaft zwar nicht vollständig erfolgen muß, jedoch andererseits seine Grenze in einer vollständigen Kompensation findet. Mehr als ein – bei wertender Betrachtung (zu Problemen standardisierter Verfahren Rdnr. 683) – vollständiger Ausgleich der Eingriffsfolgen kann den durch den Bebauungsplan zugelassenen Baumaßnahmen als Kompensationserfordernis nicht zugeordnet werden. Will die Gemeinde durch ihre Planung Natur und Landschaft noch weiter stärken, kann sie zwar z.B. Grünflächen ausweisen, jedoch hat dies dann unabhängig von der Eingriffsbewältigung im Sinne von § 1a Abs. 3 BauGB zu erfolgen. 687

Ebenfalls ist zu respektieren, daß sowohl bereits erfolgte Eingriffe als auch bereits zulässige Eingriffe kraft Gesetzes nicht ausgleichsbedürftig sind (§ 1a Abs. 3 Satz 5 BauGB). Dementsprechend können den entsprechenden baulichen Maßnahmen durch einen Bebauungsplan auch keine Kompensationspflichten zugeordnet werden. Dies gilt sowohl für zulässige Eingriffe im unbeplanten als auch im beplanten Bereich. Dabei spielt es für durch Bebauungsplan zugelassene Eingriffe in Natur und Landschaft auch keine Rolle, ob der betreffende Bebauungsplan unter Berücksichtigung der naturschutzrechtlichen Eingriffsregelung aufgestellt wurde oder ob es sich um einen alten Plan handelt, der noch ohne derartige Anforderungen aufgestellt werden konnte, da § 1a Abs. 3 Satz 5 BauGB insofern von seinem Wortlaut her nicht unterscheidet. Dementsprechend kommt auch keine einschränkende Auslegung der Regelung in Betracht[2]. 688

Etwas anderes gilt allerdings dann, wenn ein Bebauungsplan zusätzliche oder andere Eingriffe ermöglicht, die sich anders auf Natur und Landschaft auswirken als die bereits erfolgten oder zugelassenen Eingriffe[3]. 689

Beispiel: 690
Ein Bebauungsplan sah bisher eine GRZ von 0,2 vor. Aufgrund einer Planänderung ist nunmehr eine GRZ von 0,3 zulässig. Für diesen zusätzlichen Eingriff ist § 1a Abs. 3 Satz 5 BauGB nicht einschlägig.

---

1 BVerwG v. 31.1.1997 – 4 NB 27.96, BVerwGE 104, 68 = BauR 1997, 794 = BRS 59 Nr. 8 = DVBl. 1997, 1112 = DÖV 1998, 128 = NVwZ 1997, 1213 = UPR 1997, 403 = ZfBR 1997, 316; OVG Koblenz v. 14.1.2000 – 1 C 12946/98, BauR 2000, 1011.
2 BVerwG v. 20.5.2003 – 4 BN 57.02, BauR 2003, 1688 = NVwZ 2003, 1259 = UPR 2003, 443.
3 S. etwa OVG Münster v. 8.2.2001 – 7a D 169/98, BauR 2001, 1052.

691 Das Baugesetzbuch kennt zur Bewältigung der Eingriffsfolgen nur Ausgleichsmaßnahmen. Es differenziert hingegen nicht wie § 19 Abs. 2 BNatSchG und die Landesnaturschutzgesetze zwischen **Ausgleichsmaßnahmen**, die in einem räumlichen und funktionalen Zusammenhang mit dem jeweiligen Eingriff stehen, einerseits und **Ersatzmaßnahmen**, die ohne unmittelbaren räumlichen Zusammenhang zum Eingriff erfolgen können, andererseits. § 200a BauGB besagt vielmehr, daß der Begriff des Ausgleichs im Sinne von § 1a Abs. 3 BauGB auch Ersatzmaßnahmen einschließt. Ein unmittelbarer räumlicher Zusammenhang zwischen Eingriff und Ausgleich ist nicht erforderlich, soweit dies mit einer geordneten städtebaulichen Entwicklung und den Zielen der Raumordnung sowie des Naturschutzes und der Landschaftspflege vereinbar ist. In dieser Einschränkung kommt zum Ausdruck, daß unabhängig von der begrifflichen Zusammenfassung von Ausgleich und Ersatz eine Kompensation in unmittelbarer Nähe des Eingriffs tendenziell vorrangig ist, da er einer derartigen Einschränkung nicht unterliegt. Dementsprechend kann die Gemeinde einen **räumlich getrennten Ausgleich** planbedingter Eingriffe nicht an beliebig anderer Stelle vorzunehmen[1]. Sie hat vielmehr abwägend zu ermitteln und zu bewerten, ob in unmittelbarem räumlichen Zusammenhang quantitativ und qualitativ hinreichende Kompensationsmaßnahmen möglich sind. Ebenfalls ist zu berücksichtigen, welche baulichen oder nutzungsmäßigen Einschränkungen mit Kompensationsmaßnahmen unmittelbar auf der Eingriffsfläche verbunden sein können. Dies gilt etwa für den Verlust von Freiflächen, die für eine sinnvolle bauliche Nutzung notwendig sind oder für Kostenfolgen bei für Ausgleichszwecke festgesetzten Fassaden- oder Dachbegrünungen. Ebenfalls kann für eine räumliche Entkoppelung sprechen, wenn anstelle von kleinteiligen Ausgleichsmaßnahmen auf jedem einzelnen Eingriffsgrundstück ökologisch hochwertige Gesamtzusammenhänge geschaffen werden sollen (zur Zuordnung zu den jeweiligen Eingriffsgrundstücken Rdnr. 353 ff.). Die (teilweise) Durchführung von Kompensationsmaßnahmen in größerer Entfernung vom (baulichen) Eingriff kann abwägungsrechtlich sogar geboten sein, wenn Beeinträchtigungen etwa des Landschaftsbildes auch weiter entfernt noch wahrnehmbar sind. Dies kann auch Maßnahmen auf dem Gebiet von Nachbargemeinden einschließen (z.B. bei Windkraftanlagen an der Gemeindegrenze)[2]. Soll eine **räumliche Abkoppelung** der Ausgleichsmaßnahmen erfolgen, indem diese an anderer Stelle als am Ort des Eingriffs dargestellt oder festgesetzt werden, gilt das Gebot der Vereinbarkeit mit einer geordneten städtebaulichen Entwicklung und den Zielen der Raumordnung sowie des Naturschutzes und der Landschaftspflege nicht nur für das Eingriffsgrundstück sondern auch für die in Aussicht genommene Kompensationsfläche. Deren Belegung mit Ausgleichsmaßnahmen ist also ebenfalls an den genannten Anforderungen zu messen.

---

1 BVerwG v. 18.7.2003 – 4 BN 37.03, BauR 2004, 40 = UPR 2003, 449 = ZfBR 2004, 60.
2 OVG Lüneburg v. 14.9.2000 – 1 K 5414/98, NVwZ 2001, 452 = ZfBR 2001, 134.

Unabhängig davon, ob Ausgleichsmaßnahmen am Ort des Eingriffs oder 692
davon räumlich abgekoppelt dargestellt oder festgesetzt werden, müssen die
betreffenden Flächen dafür geeignet, insbesondere also **aufwertungsbedürftig
und aufwertungsfähig** sein. Diese Voraussetzung erfüllen sie, wenn sie in
einen Zustand versetzt werden können, der sich im Vergleich mit dem
früheren als ökologisch höherwertig einstufen läßt. Nicht in Betracht kommen also Flächen, die ohnehin schon die Qualität aufweisen, die nach dem
Sinn der Eingriffsregelung herbeigeführt werden soll, um die Folgen eines
Eingriffs wieder gut zu machen[1]. Allerdings ist es für die Eignung als Ausgleichsfläche unschädlich, wenn die Gemeinde bereits vor Aufstellung eines Bebauungsplans beschlossen hat, eine bestimmte Fläche ökologisch aufzuwerten (z.B. durch Anlegung einer Grünanlage) und nunmehr die Möglichkeit wahrnimmt, diese ohnehin geplante Aufwertung im Rahmen ihrer
Bebauungsplanung zu berücksichtigen[2]. Nicht ausreichend ist es als Ausgleichsmaßnahme, wenn bestimmte natürliche Gegebenheiten in der Nachbarschaft des Eingriffsbereichs lediglich in ihrem Bestand erhalten oder
wenn – ohne weitere Realkompensation – lediglich bestimmte Plandarstellungen oder -festsetzungen geändert werden[3]. Es handelt sich dabei allenfalls um eine eingriffsvermeidende Festsetzung im Sinne von § 1a Abs. 3
Satz 1 BauGB, nicht jedoch um einen Ausgleich für die trotz der Vermeidung verbleibenden Eingriffe in Natur und Landschaft (§ 1a Abs. 3 Satz 2
BauGB).

Der Zugriff auf **privates Grundeigentum** außerhalb des Eingriffsgrundstücks 693
zur Erfüllung der naturschutzrechtlichen Ausgleichsverpflichtung – unter
Umständen also auch durch enteignungsrechtliche Maßnahmen nach den
§§ 85 ff. BauGB – ist regelmäßig nur dann gerechtfertigt, wenn der Plangeber nicht über mindestens gleich geeignete, eigene Grundstücke verfügt[4].
Anders kann dies etwa dann sein, wenn ein Grundstückseigentümer durch
den Eingriffsbebauungsplan erhebliche Vorteile hat, die es in einer Gesamtbetrachtung als zumutbar erscheinen lassen, dafür anderweitig gelegene Flächen, die in seinem Eigentum stehen, für Ausgleichsmaßnahmen in Anspruch zu nehmen[5].

---

1 BVerwG v. 10.9.1998 – 4 A 35.97, BRS 60 Nr. 216; VGH Mannheim v. 17.5.2001 –
   8 S 2603/00, BauR 2002, 8 = ZfBR 2002, 168; OVG Münster v. 17.12.1998 – 10a D
   186/96, BRS 60 Nr. 21 = NVwZ-RR 1999, 561.
2 BVerwG v. 18.7.2003 – 4 BN 37.03, BauR 2004, 40 = UPR 2003, 449 = ZfBR 2004,
   60.
3 VGH Mannheim v. 21.1.2002 – 8 S 1388/01, ZfBR 2003, 51; OVG Koblenz v.
   14.1.2000 – 1 C 12946/98, BauR 2000, 1011; VGH Kassel v. 25.5.2000 – 4 N 2660/
   91, ZfBR 2001, 129.
4 BVerwG v. 1.9.1997 – 4 A 36.96, BVerwGE 105, 178 = BauR 1998, 99 = BRS 59
   Nr. 238 = DVBl. 1998, 44 = DÖV 1998, 157 = NVwZ 1998, 504 = UPR 1998, 70 =
   ZfBR 1998, 46 (zum Planfeststellungsrecht).
5 OVG Münster v. 17.12.1998 – 10a D 186/96, BRS 60 Nr. 21 = NVwZ-RR 1999, 561.

694 Für die Regelung des von der Gemeinde als geboten angesehenen Ausgleichs bestehen verschiedene **Gestaltungsmöglichkeiten**, die der Gemeinde erhebliche Flexibilität bieten[1]. Als Grundfall sieht das Baugesetzbuch dabei vor, daß der Ausgleich der zu erwartenden Eingriffe in Natur und Landschaft durch geeignete Darstellungen im Flächennutzungsplan als Flächen zum Ausgleich und durch Festsetzungen im Bebauungsplan als Flächen oder Maßnahmen zum Ausgleich erfolgt. Wie auch sonst haben Darstellungen im Flächennutzungsplan dabei vorbereitende Bedeutung. Sie sind im Rahmen des Entwicklungsgebotes anläßlich der verbindlichen Bauleitplanung zu beachten (zur Darstellung von Ausgleichsflächen Rdnr. 171 ff.; zum Entwicklungsgebot Rdnr. 181 ff.). Für Festsetzungen im Bebauungsplan ist neben den Festsetzungsmöglichkeiten gemäß § 9 Abs. 1 BauGB (s. zu den für Ausgleichsmaßnahmen insbesondere relevanten Festsetzungen gemäß § 9 Abs. 1 Nr. 20 und Nr. 25 Rdnr. 319 ff., 346 ff.) **§ 9 Abs. 1a BauGB** von Bedeutung, der sicherstellt, daß das Abwägungsergebnis in naturschutzrechtlicher Hinsicht in einem Bebauungsplan auch tatsächlich festsetzbar ist (zum fehlenden Festsetzungserfindungsrecht der Gemeinde Rdnr. 234). Nach der Regelung können Ausgleichsmaßnahmen sowohl auf dem Eingriffsgrundstück selbst als auch an anderer Stelle im sonstigen Geltungsbereich des Eingriffsbebauungsplans festgesetzt werden. Des weiteren besteht die Möglichkeit, die Ausgleichsmaßnahmen auch in einem anderen Bebauungsplan festzusetzen. Dies kann ein reiner Ausgleichsbebauungsplan sein, der ausschließlich Kompensationsmaßnahmen zum Gegenstand hat. In Betracht kommt es allerdings auch, daß ein Bebauungsplan eine bauliche Nutzung, die damit verbundenen Ausgleichsmaßnahmen und zusätzlich noch weitere Ausgleichsmaßnahmen für anderweitige Eingriffsbebauungspläne regelt. Die für Bebauungspläne vor Inkrafttreten des BauROG 1998 (Rdnr. 1) diskutierte und vom Bundesverwaltungsgericht bejahte Frage nach der Zulässigkeit eines Bebauungsplans mit zwei Geltungsbereichen (Eingriffsbereich und Ausgleichsbereich)[2] ist damit für seither aufgestellte Bebauungspläne praktisch gegenstandslos geworden.

695 Die Möglichkeit zur räumlichen Entkoppelung von Eingriff und Ausgleich wird ergänzt durch die Möglichkeit auch einer **zeitlichen Abkoppelung**. § 135a Abs. 2 Satz 2 BauGB sieht vor, daß Maßnahmen zum Ausgleich bereits **vor** den Baumaßnahmen und der Zuordnung einer Ausgleichsmaßnahme zu einem bestimmten Eingriff durchgeführt werden können. Dies gibt der Gemeinde die Möglichkeit, schon vorweg im Sinne eines „**Ökokontos**" einen Ausgleichsbebauungsplan zu erlassen und bereits umzusetzen (zur Durchführung der Ausgleichsmaßnahmen Rdnr. 353 ff., 705 ff.) oder

---

[1] Ausführlich Stich, Möglichkeiten und Grenzen der Beschaffung von Flächen für naturschutzbezogene Ausgleichsmaßnahmen in der gemeindlichen Bauleitplanung, ZfBR 2001, 80 ff.
[2] BVerwG v. 9.5.1997 – 4 N 1.96, BauR 1997, 799 = BRS 59 Nr. 11 = DVBl. 1997, 1121 = DÖV 1997, 829 = NVwZ 1997, 1216 = UPR 1997, 411 = ZfBR 1997, 258.

auch ohne einen entsprechenden Ausgleichsbebauungsplan bereits derartige Maßnahmen auf Vorrat zu realisieren (dazu noch Rdnr. 704), die dann bei Erlaß und Umsetzung eines Eingriffsbebauungsplans gewissermaßen „abgerechnet" werden. Die Wertigkeit der vorgezogenen Ausgleichsmaßnahmen wird dafür im Rahmen einer Bilanzierung dem späteren Eingriff gegenübergestellt. Abgesehen von der zeitlichen Verschiebung gelten dabei dieselben Grundsätze wie dies auch ansonsten bei der naturschutzrechtlichen Eingriffsregelung der Fall ist[1]. Da die Festlegung der von der Gemeinde als geboten angesehenen Ausgleichsmaßnahmen **bei Erlaß des Eingriffsbebauungsplans** vorliegen muß, darf ein gesonderter Ausgleichsbebauungsplan nicht erst nach dem Eingriffsbebauungsplan erlassen werden. Ansonsten besteht die Gefahr, daß es aus Rechtsgründen oder aufgrund geänderter tatsächlicher Umstände nicht mehr zu dem Ausgleichsbebauungsplan kommt[2].

Beispiel: 696

Ein Ausgleichsbebauungsplan, der nicht aus dem Flächennutzungsplan entwickelt ist (§ 8 Abs. 2 BauGB, Rdnr. 181 ff.), wird von der höheren Verwaltungsbehörde nicht genehmigt (§ 10 Abs. 2 BauGB, Rdnr. 794), weil er Zielen der Raumordnung (§ 1 Abs. 4 BauGB, Rdnr. 60 ff.) widerspricht. Wenn der nicht genehmigungsbedürftige Eingriffsbebauungsplan bereits in Kraft gesetzt worden ist, fehlt es an der Festsetzung des notwendigen Ausgleichs.

Beide Pläne müssen daher zumindest **zeitgleich in Kraft gesetzt** werden. 697
Allerdings dürfte es ausreichen, wenn bei Satzungsbeschluß über den Eingriffsbebauungsplan der Inhalt des Ausgleichsbebauungsplans feststeht, d.h. es müssen nicht beide Bebauungspläne gleichzeitig als Satzung beschlossen werden. Ferner kann im Einzelfall eine Festsetzung in Betracht kommen, nach der bestimmte – bereits rechtsverbindlich festgelegte – Ausgleichsmaßnahmen erst nach dem zugeordneten Eingriff tatsächlich durchgeführt werden müssen. Denn wenn aufgrund einer sachgerechten Abwägung ganz oder teilweise auf Ausgleichsmaßnahmen verzichtet werden kann, muß erst recht eine zeitliche Verschiebung in Betracht kommen[3].

Beispiel: 698

Als Ausgleichsmaßnahme soll eine bestimmte Fläche entsiegelt werden, auf der sich bei Erlaß des Eingriffsbebauungsplans noch ein produzierender Betrieb befindet. Die Gemeinde hat die Fläche bereits erworben, allerdings mit der Maßgabe, daß der Betrieb noch drei Jahre arbeiten darf. Aufgrund der Nachfrage nach Baugrundstücken möchte die Gemeinde den Eingriffsbebauungsplan jedoch schon jetzt erlassen. Gleichzeitig hält sie die Entsiegelung des Betriebsgrundstücks u.a. wegen seiner Lage

---

1 Ausführlich Stich, Die Rechtsgrundlagen von sog. Ökokonten bzw. von Ausgleichsmaßnahmen auf Vorrat für die Bauleitplanung der Gemeinden, BauR 2003, 1308 ff.
2 Vgl. BVerwG v. 16.3.1999 – 4 BN 17.98, BauR 2000, 242.
3 Vgl. BVerwG v. 16.3.1999 – 4 BN 17.98, BauR 2000, 242 = BRS 62 Nr. 224 = ZfBR 1999, 349; Kuschnerus, Der sachgerechte Bebauungsplan, Rdnr. 332.

zum Eingriffsgebiet für die aus ihrer Sicht am besten in Betracht kommende Ausgleichsmaßnahme.

699 Anstelle von Darstellungen und Festsetzungen in einem Bauleitplan können gemäß § 1a Abs. 3 Satz 4 BauGB auch **vertragliche Vereinbarungen** gemäß § 11 BauGB über den naturschutzrechtlichen Ausgleich getroffen werden[1]. In erster Linie ist dies für die Bebauungsplanung, weniger hingegen für den Flächennutzungsplan von Bedeutung. Die Möglichkeit besteht auch für Bebauungspläne, die eine Planfeststellung ersetzen (Rdnr. 88)[2]. Derartige vertragliche Regelungen dienen nicht nur der Umsetzung von durch Bebauungsplan festgesetztenAusgleichsmaßnahmen. Vielmehr können durch eine vertragliche Vereinbarung Bebauungsplanfestsetzungen zum Naturschutz insgesamt ersetzt werden.

700 Auch bei festsetzungsersetzenden vertraglichen Vereinbarungen reicht es allerdings nicht aus, daß die Gemeinde diesbezüglich Überlegungen lediglich in ihre Abwägung einstellt. Vielmehr muß zum Zeitpunkt des Satzungsbeschlusses die Durchführung der Ausgleichsmaßnahmen **hinreichend sicher feststehen**. Dies setzt zum einen voraus, daß die vorgesehenen Maßnahmen mit der notwendigen Bestimmtheit beschrieben werden. In der Regel macht dies die Benennung der dafür vorgesehenen Flächen und der dort konkret geplanten Maßnahmen erforderlich. Zumindest bei großen Plangebieten ist es allerdings durchaus auch denkbar, alternative Ausgleichsmöglichkeiten (verbindlich) vorzusehen, die jeweils in gleicher Weise das von der Gemeinde angestrebte Ausgleichsziel erreichen.

701 Zum anderen erfordert eine Sicherung der Ausgleichsmaßnahmen, daß der Vertragspartner der Gemeinde eine **unbedingte Verpflichtung** zu ihrer Durchführung eingeht. Dies ist in jedem Fall dann gewährleistet, wenn der städtebauliche Vertrag dazu exakte terminliche Vorgaben regelt. Allerdings wird man es auch als zulässig ansehen müssen, wenn die Durchführung der Ausgleichsmaßnahmen in Abhängigkeit von der baulichen Entwicklung des Gebiets zeitlich gestaffelt erfolgt.

702 **Beispiel:**

Eine Gemeinde stellt einen Bebauungsplan für ein große Gewerbegebiet auf, das im Eigentum eines einzelnen Grundstückseigentümers steht. Die Durchführung der naturschutzrechtlichen Ausgleichsmaßnahmen, die im wesentlichen außerhalb des Bebauungsplansgebiets vorgesehen sind, sollen vertraglich geregelt werden. Da das Gewerbegebiet abschnittsweise entwickelt wird und dafür noch kein exakter Terminplan besteht, vereinbart die Gemeinde mit dem Grundstückseigentümer, daß die

---

1 Dazu im einzelnen Mitschang, Die Kompensation von Eingriffen in Natur und Landschaft durch städtebauliche Verträge, BauR 2003, 183 ff. und 337 ff.
2 BVerwG v. 5.1.1999 – 4 BN 28.97, BauR 1999, 729; zur Möglichkeit vertraglicher Regelungen bereits vor Inkrafttreten des BauROG 1998 BVerwG v. 9.5.1997 – 4 N 1.96, BauR 1997, 799 = BRS 59 Nr. 11 = DVBl. 1997, 1121 = DÖV 1997, 829 = NVwZ 1997, 1216 = UPR 1997, 411 = ZfBR 1997, 258.

verschiedenen Ausgleichsmaßnahmen einzelnen Teilflächen des Bebauungsplans zugeordnet werden und jeweils dann durchzuführen sind, wenn eine Baugenehmigung für den betreffenden Teil des Plangebiets erteilt wird (zur vertraglichen Vereinbarung der abschnittsweisen Entwicklung eines Bebauungsplangebiets s. auch das Beispiel zu Rdnr. 993).

Im weiteren setzt die vertragliche Regelung von Ausgleichsmaßnahmen die **Verfügungsbefugnis über die Ausgleichsflächen** voraus. Unproblematisch ist dabei der Fall, daß die Flächen der Gemeinde gehören und es daher nur um die Durchführung oder Finanzierung der vorgesehenen Maßnahmen geht. Ist dies nicht der Fall, wird in der Rechtsprechung und Literatur vielfach pauschal die Forderung aufgestellt, daß der Vertragspartner der Gemeinde über die Fläche dauerhaft verfügungsbefugt sein und der Gemeinde oder der zuständigen Naturschutzbehörde ein dauerhaftes Zugriffsrecht auf die Fläche einräumen müsse. Letzteres könne entweder durch eine eigentumsmäßige Übertragung der Flächen oder aber durch die Bestellung einer Grunddienstbarkeit oder einer beschränkten persönlichen Dienstbarkeit erfolgen. Demgegenüber sollen zeitlich befristete schuldrechtliche Nutzungsansprüche des Vertragspartners der Gemeinde an der Ausgleichsfläche nicht ausreichen, um die notwendige Sicherung der durchzuführenden Maßnahmen zu gewährleisten. Begründet wird dies mit der prinzipiell unbefristeten Geltung des eingriffsgestattenden Bebauungsplans, der spiegelbildlich auch eine zeitlich unbefristete Verfügbarkeit der Ausgleichsfläche erfordere[1]. Eine so pauschale Betrachtung wird allerdings den unterschiedlichen Fallkonstellationen nicht gerecht. Welche Sicherungen notwendig sind, wie die eigentumsrechtliche Situation zu sein hat u.s.w., hängt vielmehr von der konkreten planungsrechtlichen Situation ab. Wenn man generell eine Übertragung von Ausgleichsflächen an die Gemeinde im Hinblick auf die prinzipielle Unbefristetheit des Eingriffsbebauungsplans für notwendig hält, bedeutet dies zugleich zwangsläufig, daß die Gemeinde die betreffende Fläche auch niemals wieder veräußern darf. Dies allerdings wäre im Regelfall weder eine gewünschte noch eine gesetzlich gebotene Rechtsfolge. Grundsätzlich zu unterscheiden ist, ob es bei den betreffenden Ausgleichsmaßnahmen nur um die **Durchführung von bestimmten Bepflanzungen**, z.B. eine Aufforstung einschließlich Anwachs- und Entwicklungspflege, geht oder aber ob auch **dauerhafte Unterhaltungsmaßnahmen** Bestandteil des Ausgleichskonzepts sind, die daher auch langfristig ein regelmäßiges Betreten der Ausgleichsflächen erfordern. Geht es nicht um Unterhaltungsmaßnahmen, muß die Flächenverfügbarkeit für den Vertragspartner der Gemeinde und daran anknüpfend für die Gemeinde selbst nur gewährleistet sein,

703

---
[1] S. zu den in diesem Zusammenhang vertretenen Auffassungen etwa OVG Koblenz v. 20.1.2003 – 8 C 11016/02, NVwZ-RR 2003, 629; VGH Mannheim v. 14.9.2001 – 5 S 2869/99, BauR 2002, 738 = NVwZ-RR 2002, 638; OVG Lüneburg v. 14.9.2000 – 1 K 5414/98, NVwZ 2001, 452 = ZfBR 2001, 134; Stich, Vorhalten von Flächen für naturschutzbezogene Ausgleichsmaßnahmen durch private Immobilienentwickler, UPR 2001, 177 ff.; Krautzberger in Battis/Krautzberger/Löhr, § 11 Rdnr. 12.

bis die Maßnahmen tatsächlich durchgeführt worden sind. Dafür kann vielfach eine schuldrechtliche Nutzungsmöglichkeit (zum Beispiel ein Pachtvertrag über die betreffende Fläche) ausreichen. Die prinzipielle Unbefristetheit des Eingriffsbebauungsplans ändert daran nichts. Denn auch nach Beendigung des Pachtverhältnisses ist der Verpächter oder ein sonstiger Dritter nicht in der Lage, die auf der Ausgleichsfläche geschaffenen naturräumlichen Gegebenheiten ohne weiteres wieder zu beseitigen, da dies seinerseits ein Eingriff in Natur und Landschaft wäre, der naturschutzrechtlich bewältigt werden müßte und nach Maßgabe des Bauplanungsrechts oder des allgemeinen Naturschutzrechts kompensationspflichtig wäre. Anders kann die Situation bei Unterhaltungsmaßnahmen aussehen, die zumeist ein dauerhaftes Betretungsrecht erfordern. Sofern sich ein derartiges Recht nicht aus gesetzlichen Bestimmungen einschließlich der Bestimmungen in Schutzgebietsverordnungen ergibt oder gar aufgrund von gesetzlichen Regelungen der Grundstückseigentümer (Verpächter) selbst verpflichtet ist, die notwendigen Unterhaltungsmaßnahmen durchzuführen, kann in der Tat eine langfristige Absicherung für die Durchführung von Unterhaltungsmaßnahmen notwendig sein. Dafür allerdings genügt dann in der Regel ein grundbuchlich gesichertes Betretungsrecht in Form einer Grunddienstbarkeit oder einer beschränkten persönlichen Dienstbarkeit.

704 Gemäß § 1a Abs. 3 Satz 4 BauGB können anstelle von Darstellungen und Festsetzungen neben vertraglichen Vereinbarungen nach § 11 BauGB auch **sonstige geeignete Maßnahmen** zum Ausgleich auf von der Gemeinde bereitgestellten Flächen getroffen werden. Ebenso wie bei vertraglichen Vereinbarungen bedarf es in diesem Fall keiner besonderen Planfestsetzungen. Auch wenn allerdings kein städtebaulicher Vertrag abgeschlossen wird und auch keine Bebauungsplanfestsetzungen hinsichtlich des Ausgleichs erfolgen, bedarf es gleichwohl eines **Mindestmaßes an rechtlicher Bindung** der Gemeinde. Was dafür im einzelnen erforderlich ist, läßt sich abstrakt nicht bestimmen. Es muß sichergestellt sein, daß die Gemeinde sich von einseitigen Erklärungen, die eine bestimmte Kompensation in Aussicht stellen, nicht im Nachhinein wieder lossagen oder von ihr zunächst zum Ausgleich bereitgestellte Flächen später zurückziehen kann. Die Gemeinde ist allerdings nicht auf ein bestimmtes Vorgehen festgelegt, wie sie dieser Gefahr Rechnung zu tragen hat[1]. Als erforderlich wird man es dabei im Regelfall ansehen müssen, daß die Gemeinde die konkret vorgesehenen Ausgleichsmaßnahmen und die dafür bestimmten Flächen vor Satzungsbeschluß eindeutig festlegt (vgl. zu vertraglichen Vereinbarungen Rdnr. 700). Dazu sind entsprechende Ausführungen in der Planbegründung (Umweltbericht, vgl. Rdnr. 675 ff.) zu machen. Ob im konkreten Planungsfall noch mehr notwendig ist (z.B. das Einstellen der notwendigen Finanzmittel in den kommunalen Haushalt, eine ausdrückliche Erklärung an die untere Natur-

---

1 BVerwG v. 18.7.2003 – 4 BN 37.03, BauR 2004, 40 = UPR 2003, 449 = ZfBR 2004, 60.

schutzbehörde u.ä.) hängt von der jeweiligen Situation ab. In der Regel wird man allerdings davon ausgehen können, daß es ausreicht, wenn eine (rechtsstaatlich gebundene) Gemeinde, die in ihrem Umweltbericht ausdrücklich einen bestimmten Ausgleichsbedarf für erforderlich hält, zugleich erklärt, daß sie die betreffenden Maßnahmen auf bestimmten Flächen durchführen wird. Ebenso wie bei der Durchführung von Ausgleichsmaßnahmen auf der Grundlage von städtebaulichen Verträgen bedarf es auch in diesem Fall der notwendigen Verfügungsbefugnis der Gemeinde, da anders als bei Bebauungsplanfestsetzungen die Inanspruchnahme von Ausgleichsflächen nicht gegen den Willen des Grundstückseigentümers durchgesetzt werden kann (vgl. Rdnr. 693). § 1a Abs. 3 Satz 4 BauGB spricht dementsprechend von den **von der Gemeinde bereitgestellten Flächen**. Die Bereitstellung muß für eine ordnungsgemäße Planungsentscheidung regelmäßig bereits zum Zeitpunkt des Satzungsbeschlusses gewährleistet sein[1]. Allerdings dürfte es auch genügen, wenn die notwendige Verfügungsbefugnis vor der Bekanntmachung eines Bebauungsplans gegeben ist und die Gemeindevertretung zugleich mit dem Satzungsbeschluß festgelegt hat, daß die Bekanntmachung erst nach erfolgter Sicherung der Ausgleichsflächen erfolgen darf (Rdnr. 811 ff.). Zu der Frage, ob die Bereitstellung der Ausgleichsflächen durch die Gemeinde und die damit einhergehende Verfügungsbefugnis es zwingend erforderlich machen, daß die Gemeinde Eigentümerin der betreffenden Flächen ist[2], gelten die vorstehenden Ausführungen zu vertraglichen Vereinbarungen über den naturschutzrechtlichen Ausgleich (Rdnr. 703) sinngemäß.

Während § 1a Abs. 3 BauGB die Behandlung der naturschutzrechtlichen Eingriffsregelung in der planerischen Abwägung und § 9 BauGB insbesondere in seinem Absatz 1a die Festsetzungsmöglichkeiten zur planerischen Umsetzung des Abwägungsergebnisses enthält, regelt **§ 135a BauGB** die tatsächliche **Durchführung der Maßnahmen**. Die Vorschrift bestimmt in ihrem ersten Absatz, daß festgesetzte Maßnahmen zum Ausgleich im Sinne des § 1a Abs. 3 BauGB vom Vorhabenträger durchzuführen sind. In der Regel ist dies durch entsprechende Nebenbestimmungen in der Baugenehmigung anzuordnen, sofern nicht der Bauantrag selbst bereits die erforderlichen Maßnahmen vorsieht. Erforderlich ist dafür allerdings, daß die betreffenden Ausgleichsmaßnahmen dem Eingriff **konkret zugeordnet** sind. Dies gilt für Maßnahmen im Zusammenhang mit dem Bauvorhaben selbst (z.B. Fassaden- oder Dachbegrünungen), für Maßnahmen auf dem Eingriffsgrundstück (z.B. Pflanzmaßnahmen) und auch für Maßnahmen außerhalb des Eingriffsgrundstücks innerhalb des Plangebiets oder im Geltungsbereich eines Ausgleichsbebauungsplans (Rdnr. 691). Eine entsprechende Zuordnung durch Bebauungsplan ist entbehrlich, wenn eine entsprechende Regelung in einem städtebaulichen Vertrag gemäß § 1a Abs. 3 Satz 4 BauGB getroffen

705

---
1 VGH Mannheim v. 14.9.2001 – 5 S 2869/99, BauR 2002, 738 = NVwZ 2002, 638.
2 So etwa OVG Lüneburg v. 5.4.2001 – 1 K 2758/00, BauR 2001, 1246.

wurde (Rdnr. 699) und sichergestellt ist, daß der Bauherr tatsächlich in der Lage ist, insbesondere auch außerhalb des Eingriffsgrundstücks vorgesehene Maßnahmen durchzuführen.

706 **Beispiel:**
Die Gemeinde vereinbart mit einem Investor in einen städtebaulichen Vertrag, daß im Zusammenhang mit der Aufstellung eines Bebauungsplans auf einem außerhalb des Plangebiets gelegenen Grundstück bestimmte Kompensationsmaßnahmen vom Bauherrn durchgeführt werden. Die Fläche steht allerdings nicht im Eigentum des Bauherrn. Der Eigentümer ist zu einer Veräußerung nicht bereit. Im Ergebnis führt dies dazu, daß die Durchführung der Kompensationsmaßnahmen allein auf vertraglicher Basis nicht geregelt werden kann. Es bedarf daher entsprechender Planfestsetzungen, also aufgrund der Lage der Kompensationsflächen außerhalb des Eingriffsbebauungsplans eines gesonderten Ausgleichsbebauungsplans.

707 Abgesehen von besonderen Situationen insbesondere bei vorhabenbezogenen Bebauungsplänen (Rdnr. 908) ist bei Ausgleichsmaßnahmen außerhalb des Eingriffsgrundstücks in der Regel der jeweilige Bauherr zu deren Durchführung nicht in der Lage oder aber eine jeweils eigene Durchführung durch einzelne Bauherrn kaum sinnvoll, da es sich in diesen Fällen zumeist um **ökologische Gesamtmaßnahmen** handelt, die einheitlich durchgeführt werden müssen. Aus diesem Grunde sieht § 135a Abs. 2 BauGB für den Regelfall vor, daß die Gemeinde Ausgleichsmaßnahmen außerhalb des Eingriffsgrundstücks selbst durchführen und auch die hierfür erforderlichen Flächen bereitstellen soll. Von dieser Sollregelung kann die Gemeinde nur abweichen, wenn dafür im Einzelfall besondere Gründe sprechen. In jedem Fall muß die Durchführung der Maßnahmen auch dann gesichert sein, wenn die Gemeinde nicht selbst tätig wird. Da die Ausgleichsmaßnahmen außerhalb der Eingriffsgrundstücke im Regelfall für verschiedene Bauvorhaben gemeinsam durchgeführt werden, werden sie zumeist als **Sammel-Ausgleichsmaßnahmen** bezeichnet[1]. Die Beibehaltung des in § 135a Abs. 1 BauGB geregelten Verursacherprinzips ist dadurch gewährleistet, daß die Durchführung der Maßnahmen durch die Gemeinde auf Kosten der Vorhabenträger oder der Eigentümer der begünstigten Grundstücke erfolgen soll[2]. Die Kosten können gemäß § 135a Abs. 3 Satz 1 BauGB geltend gemacht werden, sobald die Grundstücke, auf denen Eingriffe zu erwarten sind, baulich oder gewerblich genutzt werden dürfen[3].

---

1 So etwa Krautzberger in Battis/Krautzberger/Löhr, § 135a Rdnr. 3.
2 VGH Kassel v. 19.2.2002 – 5 UZ 2858/01, UPR 2002, 318.
3 Zu den Einzelheiten der Beitragserhebung gemäß den §§ 135a bis 135c BauGB etwa Bunzel, Kostengerechtigkeit bei der Zuordnung von Flächen und Maßnahmen zum Ausgleich im Bebauungsplan, BauR 1999, 3 ff.

e) Betroffenheit von Gebieten von gemeinschaftlicher Bedeutung und europäischen Vogelschutzgebieten (§ 1 Abs. 6 Nr. 7 Buchstabe b), § 1a Abs. 4 BauGB)

Gemäß § 1 Abs. 6 Nr. 7 Buchstabe b) BauGB sind die Erhaltungsziele und der Schutzzweck der Gebiete von gemeinschaftlicher Bedeutung und der Europäischen Vogelschutzgebiete im Sinne des Bundesnaturschutzgesetzes im Rahmen der planerischen Abwägung zu berücksichtigen. § 1a Abs. 4 BauGB sieht ergänzend vor, daß in Fällen, in denen ein Gebiet im Sinne von § 1 Abs. 6 Nr. 7 Buchstabe b) BauGB in seinen für die Erhaltungsziele oder den Schutzzweck maßgeblichen Bestandteilen erheblich beeinträchtigt werden kann, die Vorschriften des Bundesnaturschutzgesetzes über die Zulässigkeit und Durchführung von derartigen Eingriffen einschließlich der Einholung der Stellungnahme der Kommission anzuwenden sind. Maßgeblich für derartige Schutzgebiete sind die europäische **Fauna-Flora-Habitat-Richtlinie** (FFH-Richtline)[1] sowie die **Vogelschutzrichtlinie**[2]. Die Bedeutung dieser Richtlinien für das Planungsgeschehen ist erheblich und wird sich in den nächsten Jahren noch deutlich steigern. Man muß sich vor Augen halten, daß etwa in Nordrhein-Westfalen beabsichtigt ist, ca. 8,5% der Landesfläche und in Mecklenburg-Vorpommern sogar ca. 18% der Landesfläche als Gebiete von gemeinschaftlicher Bedeutung (FFH-Gebiete) auszuweisen[3]. Nicht nur für die außenbereichstypischen Nutzungen, insbesondere für die Landwirtschaft, sondern auch für die kommunale Bauleitplanung können sich daraus erhebliche Beschränkungen ergeben.

708

Sinn und Zweck der FFH-Richtlinie ist die Schaffung eines EU-weiten Biotop-Verbundsystems, zu dessen Errichtung die Mitgliedstaaten besondere Schutzgebiete auszuweisen, um dadurch ein ökologisches Netz mit der Bezeichnung „**Natura 2000**" zu schaffen (§ 32 BNatSchG, Art. 3 FFH-Richtlinie). **Gebiete von gemeinschaftlicher Bedeutung** im Sinne von § 1a Abs. 6 Nr. 7 Buchstabe b) BauGB sind die Gebiete, die die EU-Kommission in die Liste der Gebiete von gemeinschaftlicher Bedeutung eingetragen hat (§ 10 Abs. 1 Nr. 5 BNatSchG i.V.m. Art. 4 Abs. 2 Satz 3 FFH-Richtlinie). Das Verfahren zur Ausweisung derartiger Gebiete ist in § 33 BNatSchG, ergänzt um die maßgeblichen landesrechtlichen Bestimmungen (s. insbes. § 11 BNatSchG), geregelt[4]. Das Bundesministerium für Umwelt, Naturschutz

709

---

1 Richtlinie 92/73/EWG v. 21.5.1992 zur Erhaltung der natürlichen Lebensräume sowie der wildlebenden Tiere und Pflanzen.
2 Richtlinie 79/402/EWG v. 2.4.1979 über die Erhaltung der wildlebenden Vogelarten.
3 Schink, Auswirkungen des EG-Rechts auf die Umweltverträglichkeitsprüfung nach deutschem Recht, NVwZ 1999, 11 (17).
4 Zum ausschließlich naturschutzfachlichen Auswahlspielraum bei der Aufnahme von Gebieten in die nationale Vorschlagsliste s. etwa BVerwG v. 27.2.2003 – 4 A 59.01, DVBl. 2003, 1061; BVerwG v. 24.8.2000 – 6 B 23.00, DVBl. 2001, 375 = NVwZ 2001, 92.

und Reaktorsicherheit macht die Gebiete von gemeinschaftlicher Bedeutung im Bundesanzeiger bekannt (§ 10 Abs. 6 BNatSchG). Die Länder erklären die eingetragenen Gebiete zu geschützten Teilen von Natur und Landschaft im Sinne von § 22 Abs. 1 BNatSchG, weisen also auf der Grundlage des jeweiligen Landesrechts (§ 11 BNatSchG) insbesondere Naturschutz- oder Landschaftsschutzgebiete aus. Die Schutzgebietsausweisung bestimmt dabei den Schutzzweck entsprechend den jeweiligen Erhaltungszielen und die erforderlichen Gebietsabgrenzungen (§ 33 Abs. 2 und 3 BNatSchG).

710 Die Ausweisung von **europäischen Vogelschutzgebieten** erfolgt ebenfalls gemäß den §§ 22 ff. BNatSchG i.V.m. den einschlägigen landesrechtlichen Bestimmungen (§ 11 BNatSchG). Die fachlichen Anforderungen ergeben sich dabei neben dem nationalen Recht unmittelbar aus der Vogelschutzrichtlinie.

711 Probleme können entstehen, wenn die fachlichen Anforderungen an ein Gebiet mit gemeinschaftlicher Bedeutung oder an ein Europäisches Vogelschutzgebiet erfüllt sind, jedoch – wie in Deutschland derzeit noch weitgehend der Fall – die erforderlichen Schritte zur Schutzgebietsausweisung unterlassen wurden. Aufgrund der eindeutigen fachlichen Kriterien in der Vogelschutzrichtlinie findet die Richtlinie in Fällen, in denen eine Ausweisung nach nationalem Recht nicht erfolgt ist, jedoch nach den Vorgaben der Richtlinie hätte erfolgen müssen, unmittelbar Anwendung (**faktische Vogelschutzgebiete**)[1]. Ob eine Ausweisung als Vogelschutzgebiet in den Bundesländern hätte erfolgen müssen, unterliegt allerdings nur einer **eingeschränkten verwaltungsgerichtlichen Kontrolle**. In der Frage, welche Gebiete für die Erhaltung der in Anhang I oder Art. 4 Abs. 2 der Vogelschutzrichtlinie aufgeführten Arten zahlen- und flächenmäßig am geeignetsten sind, haben die Mitgliedstaaten einen fachlichen Beurteilungsspielraum. Zu den Bewertungskriterien gehören neben Seltenheit, Empfindlichkeit und Gefährdung einer Vogelart u.a. die Populationsdichte und Artenvielfalt eines Gebiets, sein Entwicklungspotential und seine Netzverknüpfung (Kohärenz) sowie die Erhaltungsperspektiven der bedrohten Art. Ist die nicht erfolgte Ausweisung als Schutzgebiet fachwissenschaftlich vertretbar, ist dies hinzunehmen[2]. Liegt hingegen gemessen an diesen Anforderungen ein faktisches Vogelschutzgebiet vor, gilt für dieses das gegenüber der FFH-Richtlinie strengere Schutzregime des Art. 4 Abs. 4 der Vogelschutzrichtlinie. Art. 7

---

1 S. insbesondere EuGH v. 19.5.1998 – C 3.96, DVBl. 1998, 888 = NuR 1994, 521 ff.; daran anschließend auch die nationale Rechtsprechung, etwa BVerwG v. 15.1.2004 – 4 A 11.02, BauR 2004, 966 = DVBl. 2004, 642 = NVwZ 2004, 732 = UPR 2004, 185; BVerwG v. 22.1.2004 – 4 A 32.02, BauR 2004, 964 = DVBl. 2004, 649 = NVwZ 2004, 722 = UPR 2004, 187.

2 BVerwG v. 15.1.2004 – 4 A 11.02, BauR 2004, 966 = DVBl. 2004, 642 = NVwZ 2004, 732 = UPR 2004, 185, auch zu der Bedeutung der IBA-Liste (Important Birds Area) als Erkenntnismittel für die Gebietsauswahl; ebenso etwa BVerwG v. 12.6.2003 – 4 B 37.03, NVwZ 2004, 98.

der FFH-Richtlinie bestimmt ausdrücklich, daß die geringeren Anforderungen in Art. 6 Abs. 2 bis 4 der FFH-Richtlinie nur bei (nach nationalem Recht) ausgewiesenen Vogelschutzgebieten anwendbar sind, also nicht bei faktischen Vogelschutzgebieten[1]. Aufgrund des strengen Vermeidungsverbotes in Art. 4 Abs. 4 der Vogelschutzrichtlinie kann dies zu erheblichen Problemen für die Bauleitplanung in und in der Nähe von faktischen Vogelschutzgebieten führen (vgl. Rdnr. 714).

Rechtlich anders gelagert ist die Situation bei FFH-Gebieten, da es dort nicht allein um naturschutzfachliche Kriterien geht, sondern aufgrund der Einbindung in das kohärente ökologische Netz „Natura 2000" (Rdnr. 709) eine besondere (naturschutzfachliche) Auswahlentscheidung erforderlich ist. Das Bundesverwaltungsgericht geht jedoch zu Recht gleichwohl von der Möglichkeit **potentieller FFH-Gebiete** aus, wenn ein Gebiet die fachlichen Auswahlkriterien gemäß § 33 BNatSchG i.V.m. Art. 4 Abs. 1 FFH-Richtlinie erfüllt und sich die Aufnahme in ein kohärentes Netz mit anderen Gebieten aufdrängt[2]. Ein solches Aufdrängen wird man am ehesten, wenn auch nicht zwingend, bei Gebieten mit prioritären Biotopen und prioritären Arten im Sinne von § 10 Abs. 1 Nr. 4 und Abs. 2 Nr. 8 BNatSchG annehmen können sowie bei den Gebieten, die bereits in die nationale Meldeliste aufgenommen worden sind[3]. Ein solches potentielles Schutzgebiet unterfällt noch nicht zwingend dem Schutzregime des § 34 BNatSchG bzw. des entsprechenden Landesrechts. Grundsätzlich greift vielmehr nur eine **vorgezogene Verhaltenspflicht („Vorwirkung")** dahin gehend, daß keine vollendeten Tatsachen geschaffen werden dürfen, die eine Erfüllung der gemeinschaftsrechtlichen Verpflichtungen unmöglich machen. Die Einbindung in das kohärente Netz Natura 2000 darf also nicht dadurch vereitelt werden, daß das betreffende Gebiet zerstört oder anderweitig so nachhaltig beeinträchtigt wird, daß es für eine Meldung bzw. für eine Eintragung in die Liste der Gebiete von gemeinschaftlicher Bedeutung nicht mehr in Betracht kommt[4]. In jedem Fall wird man es jedoch als ausreichend ansehen müssen, wenn für ein solches potentielles Schutzgebiet eine Prüfung gemäß § 34 Abs. 2 bis 5 BNatSchG (Art. 6 Abs. 4 FFH-Richtlinie) erfolgt und anhand der dortigen Kriterien entschieden wird, ob eine bestimmte Planung zulässig ist oder nicht (s. allerdings zu den strengeren Anforderungen bei faktischen Vogelschutzgebieten Rdnr. 711)[5].

712

---
1 EuGH v. 7.12.2000 – C 374/98, DVBl. 2001, 359 = NVwZ 2001, 549; für das nationale Recht s. etwa BVerwG v. 26.3.2003 – 4 VN 6/02, NVwZ 2003, 1395.
2 BVerwG v. 27.1.2000 – 4 C 2.99, BVerwGE 110, 302 = BauR 2000, 1148 = DVBl. 2000, 814 = NVwZ 2000, 1171 = UPR 2000, 230.
3 Vgl. BVerwG v. 27.3.2003 – 4 A 59.01, DVBl. 2003, 1061; BVerwG v. 24.8.2000 – 6 B 23.00, DVBl. 2001, 375 = NVwZ 2001, 92.
4 BVerwG v. 27.10.2000 – 4 A 18.99, BauR 2001, 591 = DVBl. 2001, 386 = NVwZ 2001, 673; Halama, Die FFH-Richtlinie – unmittelbare Auswirkungen auf das Planungs- und Zulassungsrecht, NVwZ 2001, 506 (507).
5 BVerwG v. 15.1.2004 – 4 A 11.02, BauR 2004, 966 = DVBl. 2004, 642 = NVwZ 2004, 732 = UPR 2004, 185; BVerwG v. 27.2.2003 – 4 A 59.01, DVBl. 2003, 1061; Halama,

713 Wenn ein Gebiet von gemeinschaftlicher Bedeutung oder ein Vogelschutzgebiet als geschützter Teil von Natur und Landschaft im Sinne von § 22 Abs. 1 BNatSchG ausgewiesen ist (oben Rdnr. 709), stellt sich vorrangig die Frage, ob überhaupt eine Planung zum Zwecke der Bebauung möglich ist oder ob dafür nicht ein unüberwindbares Hindernis besteht (vgl. § 34 Abs. 1 Satz 2 BNatSchG; s. auch Rdnr. 78 ff.). Sofern die Schutzgebietsausweisung Ausnahme- oder Befreiungsmöglichkeiten enthält, dürfen sie nicht über die Möglichkeiten hinausgehen, die § 34 Abs. 2 bis 5 BNatSchG bzw. Art. 6 Abs. 4 der FFH-Richtlinie einräumt[1].

714 Bei einem (potentiellen) Gebiet von gemeinschaftlicher Bedeutung oder einem festgesetzten Vogelschutzgebiet (zu faktischen Vogelschutzgebieten s. Rdnr. 711) ist gemäß § 1a Abs. 4 Satz 1 BauGB (§ 34 Abs. 1 BNatSchG) zunächst die Frage zu stellen, ob die beabsichtigte Aufstellung, Änderung oder Ergänzung eines Bauleitplans zu einer erheblichen Beeinträchtigung führen kann. Dabei geht es nicht nur um Pläne, die eine bauliche Nutzung **innerhalb** des geschützten Gebiets vorsehen. Entscheidend ist vielmehr, ob für das geschützte Gebieb Beeinträchtigungen zu erwarten sind, was auch bei einer **baulichen Nutzung außerhalb des betreffenden Bereichs** in Betracht kommt. Als erheblich ist jede Beeinträchtigung anzusehen, die sich auf die Erhaltungsziele und den Schutzzweck des betreffenden Gebiets quantitativ, qualitativ und auch von ihrer Dauer her mit einigem Gewicht auswirken kann. Aufgrund der beabsichtigten Planung muß das Gebiet seine Funktion in Bezug auf seine Erhaltungsziele nur noch in deutlich eingeschränktem Umfang erfüllen können[2]. Dies ist zumindest bei der Planung einer umfangreichen baulichen Nutzung innerhalb eines Schutzgebiets häufig anzunehmen. Anders ist dies bei einer baulichen Nutzung außerhalb des Schutzgebiets, die sich zwar auf das Gebiet selbst auswirken kann, nicht jedoch immer (erheblich) auswirken muß[3].

715 Können erhebliche Beeinträchtigungen im Sinne von § 34 Abs. 2 BNatSchG verneint werden, sind gleichwohl die Erhaltungsziele und der Schutzzweck des Schutzgebiets gemäß § 1 Abs. 6 Nr. 7 BauGB in der Abwägung zu berücksichtigen. Dies kann etwa dadurch erfolgen, daß ohnehin notwendige Ausgleichsmaßnahmen (Rdnr. 681 ff.) das ökologische Netz „Natura 2000" (Rdnr. 709) verstärken oder eine Pufferzone zu der sich anschließenden Bebauung bilden.

Die FFH-Richtlinie – unmittelbare Auswirkungen auf das Planungs- und Zulassungsrecht, NVwZ 2001, 505 (509); Kuschnerus, Der sachgerechte Bebauungsplan, Rdnr. 384.
1 Stich in Berliner Kommentar zum Baugesetzbuch, § 1a Rdnr. 156.
2 Schliepkorte in Ernst/Zinkahn/Bielenberg/Krautzberger, § 1a Rdnr. 167.
3 Vgl. OVG Münster v. 11.5.1999 – 20 B 1464/98, NVwZ-RR 2000, 490 = UPR 2000, 78; Kuschnerus, Der sachgerechte Bebauungsplan, Rdnr. 371 ff.

Sind durch den Bauleitplan erhebliche Beeinträchtigungen eines FFH- oder Vogelschutzgebiets anzunehmen, hat gemäß § 1a Abs. 4 BauGB eine Prüfung gemäß § 34 Abs. 2 bis 5 BNatSchG zu erfolgen (§ 35 Satz 2 BNatSchG). Bei dieser Prüfung handelt es sich um eine gegenüber der planerischen Abwägung **vorrangige** naturschutzrechtliche Bindung. Nur wenn sich bei dieser Prüfung ergibt, daß die Planung überhaupt zulässig ist, kommt es in einem zweiten Schritt zur planerischen Abwägung. 716

Dabei ist im Grundsatz gemäß **§ 34 Abs. 2 BNatSchG** davon auszugehen, daß eine Planung, die zu erheblichen Beeinträchtigungen eines Schutzgebiets führt, unzulässig ist. Abweichend davon kommt gemäß **§ 34 Abs. 3 BNatSchG** eine Zulässigkeit der Planung dann in Betracht, wenn zwingende Gründe des überwiegenden öffentlichen Interesses einschließlich solcher sozialer oder wirtschaftlicher Art zu einer Notwendigkeit der Planung führen und zumutbare Alternativen, mit denen der Planungszweck an anderer Stelle ohne oder mit geringeren Beeinträchtigungen zu erreichen wäre, nicht gegeben sind[1]. 717

Diese in § 34 Abs. 3 BNatSchG geregelten Anforderungen werden durch Abs. 4 der Vorschrift für Gebiete mir prioritären Biotopen oder prioritären Arten (§ 10 Abs. 1 Nr. 4 und Abs. 2 Nr. 8 BNatSchG) noch weiter eingeschränkt. In diesen Gebieten können als zwingende Gründe des überwiegenden öffentlichen Interesses nur solche im Zusammenhang mit der Gesundheit des Menschen, der öffentlichen Sicherheit einschließlich der Landesverteidigung und des Schutzes der Zivilbevölkerung oder den maßgeblich günstigen Auswirkungen der Planung auf die Umwelt geltend gemacht werden. Die meisten in Betracht kommenden baulichen Nutzungen scheiden damit in aller Regel aus. Sonstige zwingende Gründe im Sinne von § 34 Abs. 3 Nr. 1 BNatSchG können in diesen Gebieten darüber hinaus nur berücksichtigt werden, wenn die planende Gemeinde zuvor über das Bundesministerium für Umwelt, Naturschutz und Reaktorsicherheit eine **Stellungnahme der EU-Kommission** eingeholt hat (§ 1a Abs. 4 BauGB i.V.m. § 34 Abs. 4 Satz 2 BNatSchG). 718

Bei Planungen gemäß § 34 Abs. 3 und 4 BNatSchG sind die notwendigen Maßnahmen zur Sicherung des Zusammenhangs des europäischen ökologischen Netzes „Natura 2000" (Rdnr. 709) vorzusehen (§ 34 Abs. 5 BNatSchG). Die dafür in Betracht kommenden Maßnahmen unterfallen anders als die naturschutzrechtliche Eingriffsregelung (Rdnr. 681 ff.) nicht der 719

---

1 Zu den – sehr strengen – Anforderungen im einzelnen etwa BVerwG v. 15.1.2004 – 4 A 11.02, BauR 2004, 966 = DVBl. 2004, 642 = NVwZ 2004, 732 = UPR 2004, 185; BVerwG v. 27.1.2000 – 4 C 2.99, BVerwGE 110, 302 = BauR 2000, 1148 = DVBl. 2000, 814 = NVwZ 2000, 1171 = UPR 2000, 230; Halama, Die FFH-Richtlinie – unmittelbare Auswirkungen auf das Planungs- und Zulassungsrecht, NVwZ 2001, 506 (511); Schliepkorte in Ernst/Zinkahn/Bielenberg/Krautzberger, § 1a Rdnr. 169 ff.

planerischen Abwägung. Ob die notwendigen Maßnahmen vorgesehen sind oder nicht, ist also in vollem Umfang auch gerichtlich nachprüfbar. Die Regelung steht zwar materiell neben der naturschutzrechtlichen Eingriffsregelung, jedoch können bei letzter selbstverständlich in vollem Umfang die Maßnahmen berücksichtigt werden, die aufgrund von § 34 Abs. 5 BNatSchG zur Sicherung des Zusammenhangs des ökologischen Netzes „Natura 2000" vorgesehen sind.

6. Abwägungsgebot und auf Landesrecht beruhende Festsetzungen im Bebauungsplan

720 Gemäß § 9 Abs. 4 BauGB können die Länder bestimmen, ob auf Landesrecht beruhende Regelungen in einen Bebauungsplan als Festsetzungen aufgenommen werden dürfen und inwieweit auf diese Festsetzungen die Vorschriften des Baugesetzbuchs Anwendung finden (dazu Rdnr. 367 ff.). Zu den dabei in Betracht kommenden Regelungen des Baugesetzbuchs gehört auch § 1 Abs. 7 BauGB und das dort geregelte Abwägungsgebot. Dessen Geltung kann also für auf Landesrecht beruhende Festsetzungen auch nur landesrechtlich angeordnet werden. Fehlt es an einer solchen Regelung, gilt das bundesgesetzliche Abwägungsgebot nicht[1]. Soweit die Anwendbarkeit des Abwägungsgebots nicht landesrechtlich angeordnet ist, bedeutet dies allerdings nicht, daß auf Landesrecht gestützte Festsetzungen in beliebiger Weise erfolgen dürften. Sie müssen vielmehr die jeweiligen ausdrücklich normierten Anforderungen einhalten und im weiteren dem rechtsstaatlich verankerten Verhältnismäßigkeitsgrundsatz genügen. Trotz der wohl größeren gerichtlichen Kontrolldichte (vgl. insofern zu planerischen Abwägungsentscheidungen Rdnr. 610) entspricht dies im Kern den Anforderungen, die auch für das bundesrechtliche Abwägungsgebot gemäß § 1 Abs. 7 BauGB gelten[2].

7. Hilfsmittel der Abwägung, technische Normen und Regelwerke

721 Ein besonderes Problem der planerischen Abwägung ist gemeinhin, daß sie kaum auf „harten" materiellen Maßstäben aufbaut. Dies bietet zwar einerseits im Rahmen der „weichen" abwägungsrechtlichen Vorgaben beträchtliche Gestaltungsspielräume für die Gemeinde, andererseits liegt darin ein erhebliches Erschwernis der Planung hinsichtlich notwendiger Ermittlungen und Bewertung, sachverständiger Einschätzungen u.s.w. Hinzu tritt die

---

1 BVerwG v. 16.3.1995 – 4 C 3.94, BauR 1995, 508 = BRS 57 Nr. 175 = DVBl. 1995, 754 = DÖV 1995, 825 = NVwZ 1995, 899 = UPR 1995, 350 = ZfBR 1995, 212; OVG Münster v. 9.2.2000 – 7 A 2386/98, BauR 2000, 1472 = NVwZ-RR 2001, 15; OVG Münster v. 24.7.2000 – 7a D 179/98, BauR 2001, 62.
2 In diesem Sinne etwa auch Jäde in Jäde/Dirnberger/Weiß, § 9 Rdnr. 80.

Gefahr sehr unterschiedlicher Anforderungen an vergleichbare Nutzungen in den beplanten Bereichen verschiedener Gemeinden.

Insbesondere der Vereinfachung und Vereinheitlichung von planerischen Abwägungsentscheidungen dienen daher unterschiedliche Regelwerke, die der Planung zu Grunde gelegt werden können. Dabei ist zu unterscheiden zwischen Regelwerken, die sich unmittelbar auf die Bauleitplanung beziehen und solchen, die unmittelbar erst für die späteren Baugenehmigungs- oder sonstigen Anlagenzulassungsverfahren gelten und daher für die Bauleitplanung nur mittelbare Bedeutung haben. Entsprechendes gilt für Regelwerke, die sich etwa auf den Straßenbau beziehen und damit für diesen Bereich eine Planungsrichtschnur bieten[1]. Sorgfältig zu unterscheiden ist dabei zwischen zwingend zu beachtenden Maßstäben, an deren Nichteinhaltung sich bestimmte Rechtsfolgen knüpfen (z.B. Entschädigungspflichten) und solchen, die in der planerischen Abwägung bei sachgerechter Begründung ohne besondere Rechtsfolgen überwunden werden können. Insgesamt tragen derartige Regelwerke also vor allem dazu bei, eine sachgerechte Bewertung dazu anzustellen, wie sich die beabsichtigte Bauleitplanung auswirkt und inwieweit sie unter Berücksichtigung der unterschiedlichen öffentlichen und privaten Belange den jeweils von der Planung Betroffenen zumutbar ist. 722

Zu beachten ist, daß Regelwerke ohne Rechtsnormqualität nicht als rechtsverbindliche Anforderungen angesehen werden dürfen. Sie stellen vielmehr nur eine **Hilfestellung** dar und auch dies nur dann und insoweit, wie sie auf einer plausiblen sachverständigen Einschätzung der behandelten planungsrelevanten Aspekte beruhen (z.B. Lärm, Gerüche; vgl. zur fehlenden Verbindlichkeit standardisierter Bewertungsverfahren bei der Ermittlung von naturschutzrechtlichen Ausgleichsmaßnahmen Rdnr. 683)[2]. Zwingende Verbindlichkeit kommt Regelwerken hingegen zu, wenn es sich um echte Rechtsnormen handelt, wobei selbst in diesen Fällen die in der Norm angelegten Entscheidungsspielräume zu beachten sind (s. etwa zur 18. BImSchV Rdnr. 728). 723

a) Umfassende Regelwerke für die Bewältigung von Nutzungskonflikten in der Bauleitplanung

Teilweise existieren umfassende Regelwerke, die sicherstellen, daß Nutzungskonflikte zwischen störenden und störungsempfindlichen Nutzungs- 724

---

[1] OVG Münster v. 6.7.2001 – 7a D 20/99, BauR 2001, 1876; VGH Mannheim v. 13.4.2000 – 5 S 2778/98, NVwZ-RR 2001, 13 jeweils zu den Empfehlungen für die Anlage von Erschließungsanlagen (EAE 1985/95) als sachverständiger Konkretisierung moderner Grundsätze des Straßenbaus.
[2] S. etwa BVerwG v. 1.9.1999 – 4 BN 25.99, ZfBR 2000, 419; OVG Lüneburg v. 27.9.2001 – 1 KN 777/01, BauR 2002, 772; OVG Koblenz v. 2.5.2002 – 1 C 11563/00, BauR 2002, 1504.

arten in der Regel nicht entstehen. Sie bestimmen in Form von Abstandslisten für verschiedene Nutzungsarten zu wahrende Mindestabstände, die aufgrund der räumlichen Trennung eine Unverträglichkeit der Nutzungen (z.B. wegen Geräusch- oder Geruchsimmissionen) ausschließen. Das bekannteste dieser Regelwerke ist wohl der **Abstandserlaß** des Ministeriums für Umwelt, Raumordnung und Landwirtschaft des Landes Nordrhein-Westfalen vom 2.4.1998[1], der auch in anderen Ländern häufig in der Bauleitplanung zu Grunde gelegt wird. Bei der Anwendung des Erlasses ist allerdings zu berücksichtigen, daß pauschale Abstände zur Bewältigung planerischer Konflikte sehr flächenintensiv sind und daher immer auch im Zusammenhang mit der Bodenschutzklausel des § 1a Abs. 2 BauGB (Rdnr. 595) betrachtet werden müssen. Überdies sind größere Abstände in räumlich **eng begrenzten Planungsgebieten** oder bei der Überplanung von vorhandenen **Gemengelagen** zumeist nicht realisierbar. Dies macht es vielfach erforderlich, von solchen auf einer standardisierten Betrachtung beruhenden Abständen abzuweichen. Auch ansonsten kann die Zugrundelegung pauschaler Abstände zu einem Abwägungsfehler führen, wenn die Abstände besonders großzügig sind und damit über das erforderliche Maß hinausgehen, so daß ansonsten in Betracht kommende Standorte für die geplante bauliche Nutzung (Planungsalternativen) zu Unrecht aus den planerischen Überlegungen ausgeschlossen werden[2].

b) Lärmtechnische Regelwerke

725 Besondere Bedeutung im Rahmen der Bauleitplanung haben die verschiedenen lärmtechnischen Regelwerke. Die besondere Problematik des Lärms in der Bauleitplanung liegt darin, daß die Belastung des Menschen durch Lärm von einem Bündel unterschiedlicher Faktoren abhängt, die vielfach nur unvollkommen in einem einheitlichen Meßwert aggregierend erfaßt werden können. Zu nennen sind etwa die Stärke, die Dauer, die Häufigkeit, die Tageszeit des Auftretens, die Frequenzzusammensetzung, die Auffälligkeit (Lärmart und Impulshaltigkeit), die Informationshaltigkeit, die Tonhaltigkeit, die (allgemeine) Ortsüblichkeit, die (individuelle) Gewöhnung, die subjektive Befindlichkeit des Betroffenen nach physischen und psychischen Merkmalen, seine Tätigkeit, die Art und Betriebsweise der Geräuschquelle, die subjektiv angenommene Vermeidbarkeit des Geräusches und der soziale Sympathiewert der Geräuschquelle[3]. Die verschiedenen lärmtechnischen

---

1 MBl. NW S. 744; abgedruckt etwa auch als Beilage Nr. III/1999 der NVwZ; zu Abständen bei Sendefunkanlagen und ähnlichen Einrichtungen s. auch die 26. BImSchV; dazu BGH v. 13.2.2004 – VZR 217/03, UPR 2004, 229; BVerwG v. 10.12.2003 – 9 A 73/02, NVwZ 2004, 613.
2 OVG Lüneburg v. 21.7.1999 – 1 L 5203/96, NVwZ 1999, 1358 zu Konzentrationsflächen für Windenergieanlagen.
3 BVerwG v. 20.10.1989 – 4 C 12.87, BVerwGE 84, 31 = NJW 1990, 925 = DVBl. 1990, 419 = UPR 1990, 99; zur Erfassung von Geräuschen nach meßbaren akustischen

Regelwerke versuchen diesen komplexen Anforderungen gleichwohl Rechnung zu tragen.

Die **DIN 18005 (Schallschutz im Städtebau)** dient in erster Linie der Planung neuer Baugebiete. Sie enthält **schalltechnische Orientierungswerte**, die einen angemessenen Schutz vor Lärmbelastungen für eine Wohnbebauung gewährleisten. Schon der Begriff Orientierungswerte zeigt, daß die DIN 18005 nicht den Anspruch erhebt, Grenzwerte festzulegen, zumal dies in verbindlicher Form in einem privaten Regelwerk ohnehin nicht möglich wäre[1]. Nur eingeschränkt geeignet ist die DIN 18005 bei der Überplanung von bereits bebauten oder in sonstiger Weise durch Lärm vorbelasteten Gebieten, da sich dort die Orientierungswerte der DIN 18005 oftmals nicht einhalten lassen, wenn die vorgesehene Nutzung realisiert werden soll. Bei sachgerechten Erwägungen ist eine Überschreitung der Orientierungswerte jedoch möglich, solange dadurch keine planerisch unvertretbaren Umstände herbeigeführt werden, insbesondere also keine unzumutbaren Wohnverhältnisse zu erwarten sind[2].

726

Die **16. Verordnung zum Bundesimmissionsschutzgesetz** (16. BImSchV) enthält **Grenzwerte** für den Bau oder die wesentliche Änderung von Straßen und Schienenwegen (§ 1 16. BImSchV). Aufgrund der Normqualität der Rechtsverordnung sind die geregelten Grenzwerte bindend. Ihre Einhaltung soll grundsätzlich sichergestellt werden. Ist dies nicht, auch nicht durch Schutzmaßnahmen (z.B. Schallschutzwände, Tief- oder Troglage einer Straße[3]) möglich, folgt daraus gleichwohl nicht ohne weiteres die Unwirksamkeit eines entsprechenden Bebauungsplans. Vielmehr besteht in diesem Fall nur ein Anspruch auf Entschädigung für passive Schallschutzmaßnahmen (s. dazu § 41 ff. BImSchG sowie die Verkehrswege-Schallschutzmaßnahmenverordnung, 24. BImSchV). Die Gemeinde hat allerdings zu prüfen, ob passiver Schallschutz überhaupt im erforderlichen Maße möglich ist. Sofern dies nicht der Fall ist, muß sie diesen Umstand in ihrer Abwägung entsprechend berücksichtigen. Dies gilt insbesondere im Hinblick auf etwaige Gesundheitsgefahren sowie die Grenze einer entschädigungslos zulässigen Eigentumsbindung aufgrund von Verkehrsbelastungen[4]. Unberührt läßt dies

727

Kenngrößen Mampel, Nachbarschutz im öffentlichen Baurecht, Rdnr. 1123 ff; s. auch Hofmann/von Lübke/Maue, 0 Dezibel und 0 Dezibel = 3 Dezibel, Einführung in die Grundbegriffe und die quantitative Erfassung des Lärms, 8. Aufl. 2003.
1 Vgl. BVerwG v. 1.9.1999 – 4 BN 25.99, ZfBR 2000, 419; BVerwG v. 18.12.1990 – 4 N 6.88, BRS 50 Nr. 25 = DVBl. 1991, 442 = NVwZ 1991, 881 = UPR 1991, 151 = ZfBR 1991, 120; OVG Münster v. 16.10.1997 – 11a D 116/96, BRS 59 Nr. 255 = NVwZ-RR 1998, 632.
2 S. etwa BVerwG v. 18.12.1990 – 4 N 6.88, BRS 20 Nr. 25 = DVBl. 1991, 442 = NVwZ 1991, 881 = UPR 1991, 151 = ZfBR 1991, 120; OVG Lüneburg v. 25.6.2001 – 1 K 1850/00, BauR 2001, 1862 = NVwZ-RR 2002, 172; Kuschnerus, Der sachgerechte Bebauungsplan, Rdnr. 442 ff.
3 BVerwG v. 28.1.1999 – 4 CN 5.98, DVBl. 1999, 1288.
4 OVG Münster v. 4.3.2002 – 7a D 92/01, BauR 2002, 1500.

die Pflicht, unnötige und damit unzumutbare Beeinträchtigungen gleichwohl zu vermeiden. Eine Bauleitplanung, die dies unberücksichtigt läßt, ist abwägungsfehlerhaft[1]. Die 16. BImSchV gilt im Zusammenhang mit der Aufstellung von Bauleitplänen, wenn diese den Neubau und die wesentliche Änderung von Verkehrswegen zum Gegenstand haben. Dies gilt sowohl für Gemeindestraßen oder sonstige Straßen im Sinne der Landesstraßengesetze der Länder als auch für Bundesfernstraßen (zum planfeststellungsersetzenden Bebauungsplan s. § 17 Abs. 3 FStrG, dazu Rdnr. 88)[2]. Nicht hingegen gilt die 16. BImSchV, wenn ein Baugebiet neben einem vorhandenen Verkehrsweg geplant oder ein Baugebiet mit einem bereits vorhandenen Verkehrsweg überplant werden soll[3]. Für diese Fälle existieren keine normativ festgelegten Grenzwerte. Es können neben den allgemeinen abwägungsrechtlichen Grundsätzen in diesem Fall daher nur die Orientierungswerte etwa der DIN 18005 (Rdnr. 726) herangezogen werden[4]. Auch nicht – weder unmittelbar noch als Orientierungshilfe – geeignet ist die 16. BImSchV für anderweitigen Verkehrslärm, wie etwa für die Beurteilung der Zumutbarkeit von Parkplatzlärm[5].

728 Die **Sportanlagenlärmschutzverordnung (18. BImSchV)**[6] regelt die Errichtung, die Beschaffenheit und den Betrieb von Sportanlagen. Für ähnliche Anlagen, insbesondere für sog. Bolzplätze, also kleinräumige Anlagen, die vorwiegend der körperlichen Freizeitbetätigung von Kindern dienen, ist die 18. BImSchV nicht unmittelbar anwendbar. Sie kann lediglich als Anhaltspunkt und Richtschnur für die Bestimmung der Zumutbarkeit von Geräuschimmissionen herangezogen werden[7]. Für die unter die Verordnung fallenden Sportanlagen enthält sie grundsätzlich bindende **Immissionsrichtwerte**, von denen nur insoweit abgewichen werden darf, wie die Verordnung selbst dies zuläßt (z.B. im Zusammenhang mit dem sog. Altanlagenbonus gemäß § 5 Abs. 4 18. BImSchV; zur Bildung von Mittel- oder Zwischenwerten bei aneinandergrenzenden Baugebieten mit unterschiedlicher Schutzwürdigkeit und -bedürftigkeit s. im Zusammenhang mit dem Baunachbar-

---

1 OVG Koblenz v. 16.10.2002 – 8 C 11774/01, BauR 2003, 351.
2 BVerwG v. 14.11.2000 – 4 BN 44.00, BauR 2001, 603 = NVwZ 2001, 433 = UPR 2001, 188 = ZfBR 2001, 277.
3 BVerwG v. 1.9.1999 – 4 BN 25.99, NVwZ-RR 2000, 146 = ZfBR 2000, 419.
4 Im einzelnen zum Verkehrslärm in der Bauleitplanung Schink, Straßenverkehrslärm in der Bauleitplanung, NVwZ 2003, 1041 ff.; Uechtritz, Der rechtliche Regelungsrahmen für die Bewältigung von Verkehrslärm in der Bauleitplanung, DVBl. 1999, 198 ff.
5 BVerwG v. 14.11.2000 – 4 BN 44.00, BauR 2001, 603 = NVwZ 2001, 433 = UPR 2001, 188 = ZfBR 2001, 277.
6 Allgemein zur 18. BImSchV und zum Sportlärm in der Bauleitplanung und im Genehmigungsrecht Stüer/Middelbeck, Sportlärm bei Planung und Vorhabenzulassung, BauR 2003, 38 ff.; Ketteler, Die Sportanlagenlärmschutzverordnung (18. BImSchV) in Rechtsprechung und behördlicher Praxis, NVwZ 2002, 1070 ff.
7 BVerwG v. 11.2.2003 – 7 B 88.02, BauR 2004, 471; VGH München v. 25.11.2002 – 1 B 97.1352, NVwZ-RR 2004, 20.

schutz Rdnr. 1849 ff.)[1]. Die 18. BImSchV hat für die Bauleitplanung (nur) **mittelbar** rechtliche Bedeutung, da sie sich nicht auf die Planung als solche bezieht. Allerdings muß die Gemeinde in die planerische Abwägung die Schutzbedürftigkeit des Einwirkungsbereiches der Sportanlage entsprechend den Anforderungen der Verordnung einstellen. Die Einhaltung der Richtwerte muß auf der Grundlage des Bebauungsplans im Rahmen der späteren Anlagenzulassung sichergestellt werden können, ohne daß der Vollzug des Bebauungsplans daran scheitert[2].

Beispiel: 729

Eine Gemeinde will einen Bebauungsplan zur Errichtung eines großen Sportstadions aufstellen, das zu regelmäßigen und vielzähligen Sportveranstaltungen genutzt werden soll. Ein Nachbar wehrt sich gegen den Bebauungsplan mit der Begründung, daß die zu erwartenden Lärmimmissionen von der 18. BImSchV nicht gedeckt und ihm daher unzumutbar seien. Die Gemeinde wendet ein, daß durch umfassende Betriebseinschränkungen für die Sportanlage die Anforderungen der 18. BImSchV sehr wohl eingehalten werden können. Dies genügt mit Blick auf die Zielsetzung der Bauleitplanung, die Grundlage für ein großes Sportstadion zu schaffen, allerdings nicht, d.h. der Bauleitplan verfehlt bei einer solchen eingeschränkten Umsetzungsmöglichkeit seinen angestrebten gestalterischen Auftrag.

Die **Technische Anleitung Lärm (TA Lärm)**[3] gilt für die Beurteilung von 730 Lärmimmissionen gewerblicher Anlagen (genehmigungs- und nicht genehmigungsbedürftige Anlagen nach dem Bundes-Immissionsschutzgesetz). Sie enthält **Immissionsrichtwerte** für bestimmte Anlagen und ist daher – insofern ähnlich wie die 18. BImSchV – für die Bauleitplanung grundsätzlich nur mittelbar von Bedeutung[4]. Die im Zusammenhang mit Gewerbelärm ebenfalls noch häufig genannte **VDI-Richtlinie 2058** ist zwischenzeitlich nicht mehr heranzuziehen. Sie ist als privates Regelwerk gegenüber der TA Lärm als sog. qualifizierter Verwaltungsvorschrift[5] nachrangig. Die VDI-Richtlinie 2058 hatte in erster Linie vor Erlaß der neuen TA Lärm im Jahre 1998 Bedeutung, da die alte TA Lärm aus dem Jahr 1968 in verschiedenen Punkten als veraltet angesehen wurde.

---

1 BVerwG v. 8.11.1994 – 7 B 73.94, BauR 1995, 377 = BRS 56 Nr. 194 = DVBl. 1995, 514 = NVwZ 1995, 993 = UPR 1995, 108.
2 BVerwG v. 12.8.1999 – 4 CN 4.98, BauR 2000, 229 = DVBl. 2000, 187 = NVwZ 2000, 550 = UPR 2000, 68 = ZfBR 2000, 125; OVG Münster v. 5.10.2000 – 7a D 56/97, NVwZ-RR 2001, 432.
3 6. Allgemeine Verwaltungsvorschrift zum Bundes-Immissionsschutzgesetz (TA Lärm) v. 26.8.1998, GMBl. S. 503.
4 Zur Bedeutung der TA Lärm für die Bauleitplanung und im Hinblick auf die Möglichkeiten zur „Feinsteuerung" im Planvollzug OVG Berlin v. 18.7.2001 – 2 S 1/01, NVwZ-RR 2001, 722; zu den Möglichkeiten planerischer Zurückhaltung s. auch Rdnr. 734 ff.
5 Jarass, Bundes-Immissionsschutzgesetz, 5. Auflage 2002, § 48 Rdnr. 17.

731 Die **Freizeitlärmrichtlinie**[1] enthält **Immissionsrichtwerte** für Freizeitanlagen (z.B. Grundstücke, auf denen in Zelten oder im freien Konzertveranstaltungen stattfinden, Freilichtbühnen, Autokinos, Freizeitparks u.s.w.). Die Freizeitlärmrichtlinie ergänzt als Orientierungshilfe für die Bauleitplanung die TA Lärm, die für nicht immissionsschutzrechtlich genehmigungsbedürftige Freizeitanlagen nicht einschlägig ist (Nr. 1 Buchstabe b) TA Lärm). Die als Bestandteil einer Musterverwaltungsvorschrift empfohlene Freizeitlärmrichtlinie ist in zahlreichen Bundesländern als Landesverwaltungsvorschrift übernommen worden. Sowohl dort, aber auch in den Ländern, in denen dies nicht erfolgt ist, bildet sie eine Hilfestellung für die Bauleitplanung[2], da sie den spezifischen Besonderheiten von Freizeitlärm, z.B. im Hinblick auf freizeitspezifische seltene Ereignisse (besonders geräuschintensive einzelne Großveranstaltungen) stärker Rechnung trägt als die auf andere Geräuschquellen zugeschnittenen oder ganz allgemein gehaltenen Regelwerke[3].

c) Geruchsimmissionen

732 Noch größere Schwierigkeiten als bei Geräuschen bestehen bei Geruchsimmissionen, deren Ermittlung und Bewertung wegen der Subjektivität des Geruchsempfindens und der schwierigen physikalischen Erfaßbarkeit in hohem Maße problematisch ist. Anhaltspunkte für die Bauleitplanung bieten dabei die **Technische Anleitung Luft (TA Luft)**[4], die vom Länderausschuß für Immissionsschutz (LAI) erarbeitete **Geruchsimmissions-Richtlinie**[5] bzw. die von den Ländern eingeführten entsprechenden Verwaltungsvorschriften sowie die verschiedenen **VDI-Richtlinien** aus dem Bereich der Immissionsminderung, vor allem die VDI-Richtlinie Immissionsminderung Tierhaltung – Schweine (VDI 3471) und Hühner (VDI 3472)[6]. Alle diese Regelwerke beziehen sich auf konkrete Vorhaben. Sie sind jedoch aufgrund ihrer Bedeutung für den Planvollzug auch mittelbar für die Bauleitplanung von erheblichem Interesse[7].

---

1 Anhang B der vom Länderausschuß für Immissionsschutz (LAI) empfohlenen Musterverwaltungsvorschrift zur Ermittlung, Beurteilung und Verminderung von Geräuschimmissionen, abgedruckt etwa in NVwZ 1997, 469 ff.
2 BVerwG v. 16.5.2001 – 7 C 16.00, UPR 2001, 353; S. OVG Koblenz v. 16.4.2003 – 8 A 11903/02, BauR 2003, 1187; VGH Mannheim v. 26.6.2002 – 10 S 1559/01, UPR 2003, 76.
3 S. in diesem Zusammenhang auch Numberger, Probleme des Freizeitlärms, NVwZ 2002, 1064 ff.
4 Dazu etwa Ohms, Die neue TA Luft 2002, DVBl. 2002, 1365 ff.
5 Abgedruckt bei Landmann/Rohmer, Umweltrecht, Band II, Nr. 4.2.
6 Abgedruckt bei König/Roeser/Stock, Anhang 9 und 10.
7 BVerwG v. 28.2.2002 – 4 CN 5.01, BauR 2002, 1348 = DVBl. 2002, 1121 = NVwZ 2002, 1114 = UPR 2002, 314 = ZfBR 2002, 574; OVG Münster v. 23.10.2001 – 10a D 123/99, BauR 2002, 901 = DVBl. 2002, 717; OVG Lüneburg v. 30.5.2001 – 1 K 389/00, NVwZ-RR 2002, 98; OVG Lüneburg v. 3.7.2000 – 1 K 1014/00, BauR 2001, 58 = DVBl. 2000, 1871; für den Bereich des Planvollzugs s. etwa OVG Münster v. 25.6.2003 – 7 A 4042/00, BauR 2003, 1850; VGH Mannheim v. 23.10.2001 – 10 S 141/01,

d) Bodenschutz, gesunde Wohnverhältnisse

Maßstäbe für die planerische Abwägung enthalten im Zusammenhang mit dem Bodenschutz und der Gewährleistung gesunder Wohnverhältnisse der **Mustererlaß** zur Berücksichtigung von Flächen mit Bodenbelastungen, insbesondere Altlasten, bei der Bauleitplanung und im Genehmigungsverfahren der Fachkommission „Städtebau" der Arbeitsgemeinschaft der für das Bau- und Wohnungswesen zuständigen Minister (Senatoren) der Länder (ARGEBAU) vom 26.9.2001[1] sowie das **Bundesbodenschutzgesetz i.V.m. der Bodenschutz- und Altlastenverordnung**. Zwar findet gemäß § 3 Abs. 1 Nr. 9 BBodSchG das Bundesbodenschutzgesetz im Bereich der Bauleitplanung grundsätzlich keine Anwendung, jedoch enthält § 4 BBodSchV i.V.m. Anhang 2 der Verordnung nutzungsbezogene Beurteilungskriterien, die der planerischen Abwägung zugrunde gelegt werden können[2].

733

8. Gebot der Konfliktbewältigung, planerische Zurückhaltung

Das Abwägungsgebot des § 1 Abs. 7 BauGB verlangt, daß die von der Planung berührten Belange in einen gerechten Ausgleich gebracht werden. Die Planung darf nicht dazu führen, daß Konflikte, die durch sie hervorgerufen werden, letztlich ungelöst bleiben (Grundsatz der Konfliktbewältigung)[3].

734

Hingegen gibt es keinen allgemeinen Rechtsgrundsatz, daß die Gemeinde bei ihrer Bauleitplanung Konflikte, die sie bereits vorfindet, stets restlos entschärfen muß. Derartige vorgefundene Konfliktlagen können sich insbesondere aus den natürlichen Gegebenheiten (z.B. Grundstücksüberflutungen des Unterliegers bei Starkregenereignissen in hängigem Gelände) oder aus einer planungsrechtlich nicht hinreichend gesteuerten städtebaulichen Entwicklung (Gemengelage) ergeben. Allerdings muß selbst in diesen Fällen die planerische Konfliktbewältigung so weit gehen, daß keine städtebaulichen Mißstände verbleiben. Dies gilt insbesondere im Hinblick auf solche Mißstände, die den Grad einer Eigentumsverletzung erreichen. Dies setzen der bauleitplanerischen Gestaltungsfreiheit eine äußerste Grenze, die mit einer „gerechten Abwägung" im Sinne von § 1 Abs. 7 BauGB nicht überwunden wurden kann. In einem solchen Fall hat die Gemeinde Vorkehrungen zu

735

DVBl. 2002, 709; zur Bewertung von Geruchsimmissionen Moench/Hamann, Geruchsbelästigungen und Immissionsschutzrecht, DVBl. 2004, 201 ff.; Hansmann, Rechtsprobleme bei der Bewertung von Geruchsimmissionen, NVwZ 1999, 1158 ff.
1 Abgedruckt etwa bei Ernst/Zinkahn/Bielenberg/Krautzberger, Teil J., II.
2 S. dazu Stich, Überplanung problematischer Flächen für Zwecke der Bebauung, DVBl. 2001, 409 (412); Brandt/Sanden, Verstärkter Bodenschutz durch die Verzahnung zwischen Bau- und Raumordnungsrecht und Bodenschutzrecht, UPR 1999, 367 (370).
3 S. bspw. BVerwG v. 14.7.1994 – 4 NB 25.94, BRS 56 Nr. 6 = DVBl. 1994, 1152 = DÖV 1995, 33 = NVwZ 1995, 130; BVerwG v. 5.8.1983 – 4 C 96.79, BVerwGE 67, 334 = BauR 1983, 543 = BRS 40 Nr. 48 = DÖV 1984, 295 = NVwZ 1984, 102 = UPR 1984, 24 = ZfBR 1983, 243.

treffen, durch die sichergestellt wird, daß die Beeinträchtigungen jedenfalls auf ein Maß zurückgeführt werden, das die Schutzgewährleistung des Art. 14 Abs. 1 Satz 1 GG noch zuläßt. Dementsprechend reicht es dafür auch nicht aus, daß vor der Planung vorhandene Mißstände überhaupt reduziert werden. Diese Reduzierung muß vielmehr so weit reichen, daß den eigentumsrechtlichen Anforderungen Genüge getan ist.

736 **Beispiel:**
Eine Gemeinde erläßt einen Bebauungsplan für ein hängiges Gelände. Aufgrund der Planfestsetzungen ist damit zu rechnen, daß es auf den unterliegenden Grundstücken etwa ein- bis zweimal jährlich zu Kellerüberflutungen kommt. Die Gemeinde ist der Auffassung, dies sei den Eigentümern zumutbar, da es vor Aufstellung des Bebauungsplans und der damit verbundenen Entwässerungsplanung fünfmal jährlich zu einer Kellerüberflutung kam. Gleichwohl müssen die Eigentümer Überschwemmungen und Wasserschäden als Folge der Planverwirklichung nicht hinnehmen. Es bedarf vielmehr im Rahmen des Möglichen und Zumutbaren eines Entwässerungskonzepts, das die Gefahr regelmäßiger, jährlich eintretender Überflutungen und Wasserschäden ausschließt[1].

737 Der Grundsatz der Konfliktbewältigung bedeutet allerdings nicht, daß die Problemlösung in einem Bauleitplan immer bereits abschließend enthalten sein muß. Für den Flächennutzungsplan, aus dem verbindliche Bauleitpläne erst noch entwickelt werden müssen (Rdnr. 181 ff.), liegt dies auf der Hand. Aber auch Bebauungspläne genügen dem Gebot der planerischen Konfliktbewältigung, wenn die abschließende Problemlösung außerhalb des Planungsverfahrens auf der Stufe der Verwirklichung der Planung sichergestellt ist. Die Grenzen zulässiger **Konfliktverlagerung** auf die nachfolgende Ebene der Planverwirklichung sind erst dann überschritten, wenn bereits im Planungsstadium absehbar ist, daß sich der offengelassene Interessenkonflikt auch in einem nachfolgenden Verfahren nicht sachgerecht lösen lassen wird. Insbesondere § 15 Abs. 1 BauNVO mit dem in ihm enthaltenen Rücksichtnahmegebot stellt ein Mittel dar, um Nutzungskonflikte auszuschließen, die bei isolierter Betrachtung des Bebauungsplans auftreten können. Ein für das Abwägungsergebnis relevanter Fehler im Abwägungsvorgang ist deshalb auszuschließen, wenn er wegen dieser rechtlichen Möglichkeiten die Konzeption der Planung objektiv nicht berühren kann[2].

738 Vielfach sind gerade wirtschaftliche oder soziale Folgeprobleme der Planung in einem Bebauungsplan ohnehin nur begrenzt regelbar, da ansonsten die Gemeinde auch Festsetzungen über konkrete Maßnahmen treffen müßte, zu denen sie gar nicht berechtigt ist[3]. Aber auch ansonsten ist vielfach eine

---

1 BVerwG v. 21.3.2002 – 4 CN 14.00, BauR 2002, 1650 = NVwZ 2002, 1509 = UPR 2002, 443 = ZfBR 2002, 795.
2 So ausdrücklich BVerwG v. 18.9.2003 – 4 CN 3.02, DVBl. 2004, 247 = UPR 2004, 118 = ZfBR 2004, 167.
3 Vgl. BVerwG v. 25.8.1997 – 4 BN 4.97, BauR 1997, 981 = BRS 59 Nr. 7 = DÖV 1998, 128 = UPR 1998, 33 = ZfBR 1997, 328; VGH München v. 25.11.2002 – 1 B 97.1352, NVwZ-RR 2004, 20.

Entlastung des Planungsprozesses durch planerische Zurückhaltung gerechtfertigt, bei der die in der Planung selbst angelegte Problemlösung durch eine **Fein- oder Nachsteuerung** im vorhabenbezogenen Genehmigungs- und Überwachungsrecht abgeschlossen wird. Es müssen daher nicht sämtliche Entscheidungsmöglichkeiten in einem späteren Genehmigungsverfahren (z.B. Betriebsbeschränkungen, Nebenbestimmungen zu Betriebszeiten, technische Ausgestaltungen) bereits auf der Ebene der Bauleitplanung geprüft und bewertet werden[1]. Für eine derartige Zurückhaltung spricht, daß eine zu starke Verfeinerung der planerischen Aussagen das Planungsverfahren übermäßig – bis zur Grenze, an die Aufstellung eines Bebauungsplans scheitern muß – belastet und daß die Ratsmitglieder, die für die Abwägung des Plans verantwortlich sind, überfordert werden, wenn sie bereits im Bebauungsplan Festsetzungen treffen müssen, die den Regelungen entsprechen, die die Genehmigungs- und Überwachungsbehörden zu treffen haben. Dies gilt insbesondere etwa für technische Großanlagen, bei denen es im Rahmen des Genehmigungsverfahrens oftmals umfangreicher Begutachtungen bedarf[2].

Letztlich ist auch zu beachten, daß Bauleitplanung bei ihren Darstellungen und Festsetzungen immer dem **Verhältnismäßigkeitsgrundsatz** verpflichtet und damit auf das städtebaulich Erforderliche beschränkt ist. Es ist daher nicht nur gerechtfertigt, sondern sogar zwingend geboten, dem Eigentümer noch hinreichende Spielräume für eine eigenverantwortliche Grundstücksnutzung zu belassen und die konkrete Verwaltungsentscheidung über ein zukünftiges Vorhaben nicht unnötig einzuengen[3]. Umgekehrt muß allerdings auch die konkrete Intensität von Belastungen für die Nachbarschaft noch nicht abschließend festgelegt sein.

739

Beispiele:

740

(a) Eine Gemeinde weist in einem Bebauungsplan eine Gemeinbedarfsfläche „Schule" aus, ohne weitere Einzelheiten festzusetzen. Ein Nachbar wehrt sich gegen den Bebauungsplan mit der Erwägung, daß dieser bereits die Stellung der Gebäude, des Schulhofs u.s.w. festlegen müsse. Dies ist allerdings nicht erforderlich, wenn sich die Gemeinde bei der Aufstellung des Bebauungsplans von der grundsätzlichen Verträglichkeit der unterschiedlichen Nutzungen überzeugt hat und bei der Projektrealisierung eine Ausgestaltung gewählt werden kann, die den nachbarlichen Interessen hinreichend Rechnung trägt[4].

---

1 Vgl. etwa BVerwG v. 8.10.1998 – 4 CN 7.97, BRS 60 Nr. 52 = DVBl. 1999, 243; BVerwG v. 6.3.1989 – 4 NB 8.89, BauR 1989, 306 = BRS 49 Nr. 44 = DVBl. 1989, 661 = DÖV 1989, 661 = ZfBR 1989, 129; OVG Münster v. 23.1.1997 – 7a D 70.93, BauR 1997, 430 = BRS 59 Nr. 37 = DVBl. 1997, 675.
2 Vgl. BVerwG v. 17.2.1984 – 4 B 191.83, BVerwGE 69, 30 = BRS 42 Nr. 30 = DVBl. 1984, 343 = DÖV 1984, 858 = NVwZ 1984, 235 = UPR 1984, 165 = ZfBR 1984, 90.
3 Vgl. OVG Berlin v. 18.7.2001 – 2 S 1/01, NVwZ-RR 2001, 722
4 BVerwG v. 11.3.1988 – 4 C 56.84, BauR 1988, 448 = BRS 48 Nr. 8 = DVBl. 1988, 845 = DÖV 1988, 686 = NVwZ 1989, 659 = UPR 1988, 268 = ZfBR 1988, 189.

741 (b) Eine Gemeinde stellt einen Bebauungsplan für ein allgemeines Wohngebiet auf. Ein Nachbar wendet gegen die Planfestsetzungen ein, daß der Gemeinde im Hinblick auf die bereits vorhandene Wohnbebauung Schank- und Speisegaststätten zwingend hätte ausschließen müssen, um die gebotene Wohnruhe zu gewährleisten. Dies ist allerdings im Hinblick auf die Möglichkeiten zur Nachsteuerung gemäß § 15 Abs. 1 BauNVO nicht erforderlich[1].

742 Die Nachsteuerung im Rahmen des Planvollzugs muß so erfolgen können, daß zum einen nach Maßgabe des für den Planvollzug einschlägigen materiellen Rechts (s. insbesondere zu § 15 BauNVO Rdnr. 1225) eine sachgerechte Lösung von Interessenkonflikten möglich ist, zum anderen aber diese Lösung auch noch mit dem gestalterischen Willen der Gemeinde übereinstimmt[2].

743 **Beispiele:**

(a) Eine Gemeinde plant die Ausweisung eines Gewerbegebiets, um dort entsprechend der vorhandene Nachfrage störungsintensives produzierendes Gewerbe ansiedeln zu können, das in störungsempfindlicheren Gebietskategorien nicht mehr zulässig wäre. Aufgrund der benachbarten Wohnbebauung ist in dem Gebiet zwar eine gewerbliche Nutzung genehmigungsfähig, jedoch beschränkt auf nicht wesentlich störendes Gewerbe. Es ist daher eine Konfliktbewältigung im Rahmen der „Nachsteuerung" im Baugenehmigungsverfahren zwar möglich, jedoch führt diese dazu, daß das gemeindliche Planungsziel damit praktisch unterlaufen wird.

744 (b) Ein Investor möchte innerhalb des Gemeindegebiets zwei großflächige Einzelhandelsbetriebe – Baumarkt und Möbelmarkt mit den jeweils typischen Sortimenten – ansiedeln. Da dies auch dem planerischen Interesse der Gemeinde entspricht, stellt sie einen Bebauungsplan auf und weist darin gemäß § 11 Abs. 3 BauNVO ein Sondergebiet „Großflächiger Einzelhandel" aus. Eine Nachbargemeinde macht geltend, daß der Bebauungsplan zwar die von dem Investor beabsichtigte Ansiedlung zulasse, jedoch auch die Ansiedlung anderer großflächiger Einzelhandelsbetriebe mit anderen (innenstadtschädlichen) Sortimenten sowie andere Betriebsformen einschließlich eines Einkaufszentrums ermögliche. Diese planungsrechtlich zulässige Bandbreite möglicher Nutzungen, die genehmigungsrechtlich nicht eingeschränkt werden kann, muß die planende Gemeinde im Rahmen der notwendigen Konfliktbewältigung berücksichtigen und ggf. die notwendigen Einschränkungen treffen. Ansonsten ist der Bebauungsplan abwägungsfehlerhaft[3].

---

1 BVerwG v. 18.9.2003 – 4 CN 3.02, DVBl. 2004, 247 = UPR 2004, 118 = ZfBR 2004, 167.
2 S. etwa BVerwG v. 1.9.1999 – 4 BN 25.99, NVwZ-RR 2000, 146.
3 VGH München v. 3.5.1999 – 1 N 98.1021, BauR 1999, 1140 = NVwZ 2000, 822.

VII. Satzungsbeschluß, Beschluß über den Flächennutzungsplan

1. Allgemeine Anforderungen

Die Gemeinde beschließt gemäß § 10 Abs. 1 BauGB den Bebauungsplan als Satzung. Diese **Rechtsnormqualität** ist bundesrechtlich verbindlich vorgegeben. Abweichungsmöglichkeiten bestehen gemäß § 246 Abs. 2 BauGB lediglich für die Stadtstaaten Berlin, Hamburg und Bremen, die eine andere Rechtsform anstelle einer Satzung vorsehen dürfen (Rechtsverordnung; zur Möglichkeit der Normenkontrolle gemäß § 47 Abs. 1 VwGO in diesen Fällen Rdnr. 1011). An den materiellen Anforderungen für Bauleitpläne ändert sich durch diese Besonderheiten allerdings nichts.

745

Für den Flächennutzungsplan ist anders als beim Bebauungsplan ein abschließender Beschluß nicht geregelt. Gleichwohl bedarf es auch zum Flächennutzungsplan einer abschließenden Willensbildung des dafür zuständigen Gemeindeorgans, nach den Gemeindeordnungen und Kommunalverfassungen der Länder also der Gemeindevertretung (Organzuständigkeit)[1].

746

Mit dem Satzungsbeschluß und dem Beschluß über den Flächennutzungsplan wird zugleich abschließend über die zu dem Entwurf des Bauleitplans eingegangenen Stellungnahmen aus der Öffentlichkeitsbeteiligung gemäß § 3 Abs. 2 BauGB (Rdnr. 429 ff.) und die Stellungnahmen aus der Behördenbeteiligung (§ 4 Abs. 2 BauGB, Rdnr. 506 ff.) entschieden. Die Gemeindevertretung macht sich mit dem Satzungsbeschluß die Abwägungsentscheidung, so wie sie in der Beschlußvorlage, in dem Bebauungsplan und in der Planbegründung zum Ausdruck kommt, als Kollegialorgan zu eigen. Der Satzungsbeschluß bzw. der Beschluß über den Flächennutzungsplan ist insofern **Bestandteil der Abwägung** gemäß § 1 Abs. 7 BauGB. Er kann daher zwar von der Verwaltung oder von einem kommunalen Ausschuß (zum Beispiel Bau- und Planungsausschuß oder auch von einem privaten Dritten im Sinne von § 4b BauGB, Rdnr. 542) vorbereitet werden, jedoch ändert dies nichts an der abschließenden Entscheidungskompetenz[2].

747

Der Gemeindevertretung müssen bei der Beschlußfassung nicht sämtliche Stellungnahmen vollständig vorliegen, jedoch sind sie den zur Entscheidung berufenen Ratsmitgliedern zumindest in einer Weise zu Kenntnis zu bringen, die sie in die Lage versetzt, sich mit ihnen eingehend auseinanderzusetzen. Hierfür genügt es, daß die einzelnen Stellungnahmen **tabellarisch zusammengefaßt** und jeweils mit einem Entscheidungsvorschlag den Mit-

748

---
[1] S. etwa § 41 Abs. 1 Satz 2 Buchstabe g) GO NW; OVG Münster v. 13.11.1981 – 10 A 1765/79, BRS 38 Nr. 9.
[2] BVerwG v. 11.11.2002 – 4 BN 52.02, UPR 2003, 224 = ZfBR 2003, 264; BVerwG v. 25.11.1999 – 4 CN 12.98, DVBl. 2000, 798 = NVwZ 2000, 676 = UPR 2000, 676.

gliedern der Gemeindevertretung zur Verfügung gestellt werden. Es reicht dann im Rahmen der Beschlußfassung aus, wenn die Gemeindevertretung sich die in der Beschlußvorlage unterbreiteten Vorschläge zu eigen macht und auf dieser Grundlage den Bebauungsplan als Satzung beschließt bzw. die abschließende Entscheidung über den Flächennutzungsplan trifft[1]. Dies kann durch einen einheitlichen Beschluß erfolgen.

749 Wird der Bebauungsplan oder der Flächennutzungsplan nicht in der vorliegenden Fassung beschlossen, kommt neben einer erneuten Entscheidung über den Planentwurf die Möglichkeit in Betracht, das Verfahren entweder nicht weiterzuführen oder aber den Planentwurf zu ändern. In letzterem Fall muß gemäß § 4a Abs. 3 BauGB eine erneute, wenn auch ggf. eingeschränkte Öffentlichkeits- und Behördenbeteiligung erfolgen (Rdnr. 480 ff. sowie Rdnr. 514).

750 Das **Verfahren für die Beschlußfassung** der Gemeinde richtet sich nach dem Kommunalverfassungsrecht der Länder, sofern das Baugesetzbuch keine speziellen Regelungen trifft[2]. Von besonderer Tragweite sind dabei die Bestimmungen der Gemeindeordnungen und Kommunalverfassungen der Länder sowie des kommunalen Ortsrechts (insbesondere der gemeindlichen Hauptsatzungen) zu den Ladungen und Ladungsfristen, zum Sitzungsverlauf, zur Öffentlichkeit der Sitzungen der Gemeindevertretung sowie zur Befangenheit von Mitgliedern der Gemeindevertretung.

751 Der **Grundsatz der Öffentlichkeit** einer Sitzung der Gemeindevertretung gilt auch bei der Aufstellung von Bauleitplänen[3]. Nur ausnahmsweise kommt eine Abweichung davon in Betracht, wenn überwiegende schutzwürdige Individual- oder Gemeinwohlinteressen es gebieten. Bei Bauleitplänen ist dies in aller Regel jedoch nicht der Fall, wie sich bereits aus der Notwendigkeit der Öffentlichkeitsbeteiligung im Rahmen der Planaufstellung ergibt. Wird gegen den Grundsatz der Öffentlichkeit verstoßen, ist der Bauleitplan in aller Regel unwirksam.

---

1 BVerwG v. 25.11.1999 – 4 CN 12.96, DVBl. 2000, 798 = DÖV 2000, 469 = NVwZ 2000, 676 = UPR 2000, 191 = ZfBR 2000, 197; OVG Schleswig v. 7.5.1998 – 1 L 66/96, NVwZ-RR 2000, 10; OVG Saarlouis v. 28.10.1997 – 2 N 2/97, BRS 59 Nr. 21.

2 BVerwG v. 10.8.2000 – 4 CN 2.99, BauR 2001, 71 = DVBl. 2000, 1861 = DÖV 2001, 130 = NVwZ 2001, 203 = UPR 2001, 67; BVerwG v. 15.4.1988 – 4 N A.87, BVerwGE 79, 200 = BauR 1988, 562 = BRS 48 Nr. 21 = DVBl. 1988, 958 = DÖV 1989, 225 = NVwZ 1989, 916 = UPR 1988, 388 = ZfBR 1988, 274; BVerwG v. 7.5.1971 – IV C 18.70, BauR 1971, 187 = BRS 24 Nr. 20 = DVBl. 1971, 757 = NJW 1972, 699.

3 Vgl. etwa OVG Münster v. 21.7.1989 – 15 A 713/87, DVBl. 1990, 160 = DÖV 1990, 161 = NVwZ 1990, 186.

2. Insbesondere: Befangenheit von Mitgliedern der Gemeindevertretung

Für die ordnungsgemäße Beschlußfassung ist oftmals die Frage bedeutsam, wann ein Mitglied der Gemeindevertretung aufgrund einer tatsächlichen oder möglichen Interessenkollision befangen sein kann. Nach den einschlägigen Regelungen der Länder[1] ist ein Mitglied der Gemeindevertretung dann von der Beratung und Entscheidung ausgeschlossen, wenn der Gegenstand der Beratung oder Entscheidung insbesondere ihm selbst, einem seiner Angehörigen oder einer von ihm kraft Gesetzes oder kraft Vollmacht vertretenen natürlichen oder juristischen Personen einen unmittelbaren Vorteil oder Nachteil bringen kann[2]. Das aus den Befangenheitsvorschriften folgende Mitwirkungsverbot bezieht sich auf **sämtliche Verfahrensschritte** des Bauleitplanverfahrens. Es gilt also sowohl für Beratungen und Entscheidungen im Vorfeld der Beschlußfassung als auch für die abschließende Entscheidung über den Bebauungs- oder den Flächennutzungsplan[3].

752

Die nach Landesrecht festzustellende Befangenheit[4] eines Mitglieds der Gemeindevertretung wirkt sich **bundesrechtlich** auf die Gültigkeit eines Bauleitplans jedoch nur aus, wenn sich die Mitwirkung auf den die Planung **abschließenden Beschluß** bezieht, bei einem Bebauungsplan also auf den Satzungsbeschluß gemäß § 10 Abs. 1 BauGB. Vorhergehende Mitwirkungsakte, etwa bei verfahrensleitenden Beschlüssen (Aufstellungsbeschluß, Beschluß über die Durchführung der Öffentlichkeitsbeteiligung u.ä.) oder die Teilnahme an Beratungen, sind hingegen bundesrechtlich grundsätzlich unbeachtlich. Sie können als unzulässige Einwirkung auf die Planung bundesrechtlich allenfalls dann Bedeutung erlangen, wenn sie zu einer relevanten Verletzung des Abwägungsgebotes führen (dazu Rdnr. 546 ff.)[5].

753

Die Länder können jedoch regeln, daß Mitwirkungsakte im Vorfeld der abschließenden Beschlußfassung zur Unwirksamkeit eines Bebauungsplans oder eines Flächennutzungsplans führen. Allerdings sind derartigen Regelungen bundesrechtliche Grenzen gezogen. So hat das Bundesverwaltungsgericht ausdrücklich darauf hingewiesen, daß durch Landesrecht das Verfahren zur Aufstellung der Bauleitpläne **nicht entscheidend gehemmt** oder gar verhindert werden darf und eine das Aufstellungsverfahren geradezu blockierende Handhabung der Befangenheitsvorschriften gegen Bundesrecht verstoßen würde[6]. Gerade vor diesem Hintergrund sind daher die in einigen

754

---

1 Z.B. § 31 GO NW.
2 S. auch die vergleichbare Vorschrift in § 20 VwVfG; dazu auch Rdnr. 544.
3 Vgl. OVG Koblenz v. 1.8.1984 – 10 C 41/83, BRS 42 Nr. 15 = NVwZ 1984, 817; OVG Münster v. 20.9.1983 – 7a NE 4/80, BRS 40 Nr. 30 = NVwZ 1984, 667.
4 OVG Münster v. 12.3.2003 – 7a D 20/02, NVwZ-RR 2003, 667.
5 BVerwG v. 15.4.1988 – 4 N 4.87, BVerwGE 79, 200 = BRS 48 Nr. 21 = DVBl. 1988, 958 = DÖV 1989, 225 = NVwZ 1988, 916 = UPR 1988, 388.
6 BVerwG v. 15.4.1988 – 4 N 4.87, BVerwGE 79, 200 = BRS 48 Nr. 21 = DVBl. 1988, 958 = DÖV 1989, 225 = NVwZ 1988, 916 = UPR 1988, 388.

Ländern existierenden (Heilungs-)Regelungen unbedenklich, nach denen die (unzulässige) Mitwirkung eines wegen Befangenheit an sich auszuschließenden Mitglieds der Gemeindevertretung nur dann beachtlich ist, wenn sie **für das Abstimmungsergebnis** entscheidend, also bei einer knappen Mehrheitsentscheidung das „Zünglein an der Waage" war[1]. Ebenfalls unbedenklich sind die § 215 Abs. 1 BauGB vergleichbaren Vorschriften über die **Heilung** von nicht gerügten Verfahrensmängeln durch Zeitablauf[2].

755 Die auf Bundesrecht beruhende Erwägung, daß landesgesetzliche Bestimmungen das Aufstellungsverfahren für Bauleitpläne nicht blockieren dürfen, hat auch Bedeutung für die **Auslegung** der landesgesetzlichen Befangenheitsvorschriften. So wäre es bundesrechtlich unzulässig, wenn selbst völlig untergeordnete oder ganz entfernte Interessenkollisionen berücksichtigt werden müßten[3]. Daher erfordert der **unmittelbare Vorteil oder Nachteil**, der den Ausschluß eines Mitglieds der Gemeindevertretung vom Planaufstellungsverfahren rechtfertigt, ein **individuelles Sonderinteresse**. Die Entscheidung muß einen unmittelbar auf den Gemeindevertreter bezogenen, besonderen und über den allgemeinen Nutzen oder die allgemeinen Belastungen hinausgehenden Vorteil oder Nachteil bringen können. Sie muß so eng mit den persönlichen Belangen des Gemeindevertreters oder einer gesetzlich benannten Bezugsperson (Angehöriger u.s.w.) zusammenhängen, daß sie sich sozusagen auf ihn zuspitzt und er – weil im Mittelpunkt oder jedenfalls im Vordergrund der Entscheidung stehend – als der „Adressat" anzusehen ist. Dies ist in der Regel dann zu verneinen, wenn das betreffende Mitglied der Gemeindevertretung bei einer Entscheidung ebenso betroffen ist, wie eine Vielzahl anderer Bürger[4]. Die Unmittelbarkeit ist also neben der reinen **Kausalität** auch durch die **Intensität** der Betroffenheit gekennzeichnet[5].

756 Bei der Aufstellung eines **Flächennutzungsplans** ist gemessen an diesen Anforderungen eine Befangenheit von Mitgliedern der Gemeindevertretung eher selten. Auch wenn der Flächennutzungsplan insbesondere für die Steuerung der baulichen Nutzung des Außenbereichs zunehmende Bedeutung gewinnt (vgl. Rdnr. 160 ff.), schafft er jedoch letztlich unmittelbar noch kein Baurecht und liefert damit zumeist keinen unmittelbaren Vorteil im Sinne einer direkten Kausalbeziehung zu der von der Gemeindevertretung zu treffenden Entscheidung. Auch ist der Geltungsbereich so groß (in der Regel das gesamte Gemeindegebiet, s. Rdnr. 102), daß oftmals eine Vielzahl der Gemeindevertreter als Eigentümer von Grundstücken im Gemein-

---

1 So etwa die Regelungen in § 31 Abs. 6 GO NW und Art. 49 Abs. 3 Bay GO.
2 Etwa § 7 Abs. 6 GO NW.
3 BVerwG v. 7.5.1971 – IV C 18.70, BauR 1971, 187 = BRS 24 Nr. 20 = DVBl. 1971, 757 = NJW 1972, 699.
4 OVG Münster v. 12.3.2003 – 7a D 20/02, NVwZ-RR 2003, 667; VGH Mannheim v. 22.7.1997 – 5 S 3391.94, DVBl. 1998, 601 = NVwZ-RR 1998, 325 = UPR 1988, 239.
5 Friege in Gronemeyer, § 10 Rdnr. 17.

degebiet oder aufgrund verwandtschaftlicher Beziehungen ausgeschlossen wäre[1]. Soll demgegenüber nur ein Teil eines vorhandenen Flächennutzungsplans geändert werden oder geht es um die Darstellung von Vorrang- oder Eignungsflächen (Rdnr. 160 ff.), ist das Mitwirkungsverbot strenger zu beurteilen. Hier kommt die Befangenheit von Mitgliedern der Gemeindevertretung etwa dann in Betracht, wenn es sich um einen klar abgrenzbaren kleineren Teil des Gemeindegebiets handelt und die Änderung des Flächennutzungsplans gerade dazu dient, ein Bebauungsplanverfahren vorzubereiten, das sich unmittelbar anschließt oder sogar bereits parallel läuft (zum Parallelverfahren Rdnr. 208 ff.)[2]. Entsprechendes gilt, wenn z.B. eine Eignungsfläche für eine bestimmte Nutzung (z.B. Windenergieanlagen oder Kiesabbau) dargestellt werden soll, die ganz oder jedenfalls ganz überwiegend im Eigentum eines Mitglieds der Gemeindevertretung steht.

Bei **Bebauungsplanverfahren** sind Mitglieder der Gemeindevertretung in der Regel dann befangen, wenn sie selbst, ihre Angehörigen oder sonstige mit ihnen im Rechtssinne verbundene natürliche oder juristische Personen Eigentümer eines Grundstücks **im Plangebiet** sind oder das Grundstück **im unmittelbaren Einwirkungsbereich** des Plangebiets liegt[3]. 757

Eine Befangenheit beim Satzungsbeschluß kann auch dann noch gegeben sein, wenn das betreffende Mitglied der Gemeindevertretung erst kurz zuvor ein Grundstück innerhalb des Plangebiets veräußert hat. 758

Beispiel: 759
Die Gemeindevertretung hat den Aufstellungsbeschluß für einen Bebauungsplan gefaßt. Das Plangebiet ist bisher Außenbereich. Kurz nach dem Aufstellungsbeschluß veräußert ein Mitglied der Gemeindevertretung eine in seinem Eigentum stehende Fläche innerhalb des Plangebiets zum Baulandpreis. Die zukünftige Bebaubarkeit der Fläche ist Geschäftsgrundlage des Vertrages. Der Gemeindevertreter ist in diesem Fall vom Planaufstellungsverfahren auszuschließen[4].

Bei einem außerhalb des Bebauungsplangebiets liegenden Grundstück kommt eine Betroffenheit vor allem dann in Betracht, wenn für dieses Grundstück ein konkret faßbarer Nachteil möglich ist. 760

---

1 Vgl. BVerwG v. 7.5.1971 – IV C 18.70, BauR 1971, 187 = BRS 24 Nr. 20 = DVBl. 1971, 757 = NJW 1971, 699 sowie in der Vorinstanz OVG Lüneburg v. 10.12.1969 – I A 23/69, BauR 1970, 89 = BRS 22 Nr. 21.
2 OVG Münster v. 20.2.1979 – XV A 809/78, BauR 1979, 477 = BRS 35 Nr. 21 = DVBl. 1980, 68 = NJW 1990, 2632.
3 S. etwa OVG Koblenz v. 26.9.2003 – 8 B 11491/03, NVwZ-RR 2004, 134; Stüer, Handbuch des Bau- und Fachplanungsrechts, Rdnr. 580 mit ausführlichen weiteren Nachweisen zur Rechtsprechung.
4 OVG Koblenz v. 23.4.1998 – 1 C 10789.97, BRS 60 Nr. 35 = DÖV 1998, 1025.

761 **Beispiel:**

Eine Gemeinde möchte mit einem Bebauungsplan die vorhandene Bebauung in einem Bereich wesentlich verdichten. Unmittelbar an das Plangebiet grenzt ein Hang, dessen Grundstücke mit Gebäuden in Villencharakter bebaut sind. Auf diesem Hang wohnt ein Mitglied der Gemeindevertretung. Der Gemeindevertreter und auch seine Nachbarn sind strikt gegen die Verdichtung, weil sie eine Wertminderung für ihre Grundstücke befürchten. Der Bebauungsplan wurde auf einen Normenkontrollantrag der Bewohner des Hangs hin aufgrund einer Mitwirkung des Gemeindevertreters für nichtig erklärt – und zwar unabhängig davon, daß das Mitglied der Gemeindevertretung gegen die Satzung gestimmt hat (s. allerdings zu der möglichen landesrechtlichen Regelung einer notwendigen Ergebnisrelevanz des Mitwirkungsaktes Rdnr. 754)[1].

762 Nicht ausreichend ist es für die Annahme der Befangenheit, wenn sich nur **möglicherweise** aufgrund der Bauleitplanung für einen Gemeindevertreter positive oder negative Auswirkungen ergeben könnten, also lediglich ein „böser Schein" ohne konkret faßbaren Vor- oder Nachteil besteht[2].

763 **Beispiel:**

Ein Mitglied der Gemeindevertretung betreibt eine Anwaltspraxis auf einem innerstädtisch gelegenen Grundstück. Die Gemeindevertretung möchte den gesamten innerstädtischen Bereich verkehrlich beruhigen und stellt dafür einen Bebauungsplan auf, der u.a. Straßenbaumaßnahmen vorsieht. Offen bleiben allerdings noch (straßenverkehrsrechtliche) Verkehrsbeschränkungen, die erst später im einzelnen entwickelt werden sollen (zu den Möglichkeiten einer Konfliktverlagerung in den Planvollzug Rdnr. 734 ff.). Der Anwalt, der mit Blick auf die Erreichbarkeit seiner Praxis Bedenken gegen die Verkehrsberuhigung hat, ist im Bebauungsplanverfahren noch nicht wegen Befangenheit auszuschließen[3].

764 Ebenfalls genügen für die Besorgnis der Befangenheit nicht **mittelbare** wirtschaftliche Vor- oder Nachteile, die sich aus der Planaufstellung oder aus dem Planvollzug ergeben können.

765 **Beispiele:**

(a) Ein Mitglied der Gemeindevertretung, das innerhalb eines Plangebiets liegende Immobilien makelt, ist bei der Beschlußfassung über den Bebauungsplan nicht befangen[4].

766 (b) Die bloße Möglichkeit, daß ein Gemeindevertreter, der eine Ingenieurfirma betreibt, bei Aufstellung des Bebauungsplans einen Auftrag im Zusammenhang mit Straßenbaumaßnahmen erhält, führt regelmäßig nicht zu seiner Befangenheit[5].

---

1 VGH Mannheim v. 15.3.1973 – II 994/70, BauR 1973, 968 = BRS 27 Nr. 23; s. auch OVG Koblenz v. 26.9.2003 – 8 B 11491/03, NVwZ-RR 2004, 134; großzügiger wohl OVG Münster v. 12.3.2003 – 7a D 20/02, NVwZ-RR 2003, 667 jeweils im Zusammenhang mit der Verlegung einer Straße und damit verbundenen Verkehrsbelastungen.
2 Tendenziell strenger und ausdrücklich auf die Verhinderung eines „bösen Scheins" abstellend OVG Koblenz v. 26.9.2003 – 8 B 11491/03, NVwZ-RR 2004, 134.
3 VGH Mannheim v. 28.6.1996 – 8 S 113.96, NVwZ-RR 1997, 183.
4 VGH Mannheim v. 4.7.1996 – 5 S 1697.95, NVwZ-RR 1997, 692.
5 VGH Mannheim v. 28.6.1996 – 8 S 113.96, NVwZ-RR 1997, 183.

Über die Frage, ob im konkreten Fall die Befangenheitsvorschriften der Gemeindeordnung oder Kommunalverfassung die Mitwirkung eines Mitglieds der Gemeindevertretung ausschließen oder nicht, entscheidet in Fällen, in denen dies streitig ist und der betreffende Gemeindevertreter sich nicht selbst als befangen ansieht, in den meisten Ländern die **Gemeindevertretung als Kollegialorgan**[1]. Hält die Mehrheit der Gemeindevertreter eines ihrer Mitglieder nicht für befangen, ändert dies jedoch nichts an der materiellen Rechtslage und der sich daraus bei tatsächlich vorliegender Befangenheit ergebenden Rechtswidrigkeit des Beschlusses. Die Vorschriften in den Kommunalverfassungen und Gemeindeordnungen über die Vorgehensweise in möglichen Fällen der Befangenheit haben insofern in erster Linie also **verfahrensrechtlichen** Charakter[2].

767

Ist ein Gemeindevertreter der Auffassung, daß er zu Unrecht ausgeschlossen wurde, kann er sich dagegen im Rahmen eines **Kommunalverfassungsstreitverfahrens** zur Wehr setzen[3]. Hingegen kann ein Gemeindevertreter oder auch eine Ratsfraktion nicht erfolgversprechend rügen, daß ein anderer Gemeindevertreter wegen Befangenheit hätte ausgeschlossen werden müssen. Dies kann zwar für die Wirksamkeit des Beschlusses von Bedeutung sein, jedoch besteht kein mitgliedschaftlicher Anspruch des einzelnen Gemeindevertreters dahingehend, daß ein für befangen gehaltenes anderes Mitglied der Gemeindevertretung nicht mitwirkt[4].

768

Befangene Ratsmitglieder müssen bei **nicht öffentlichen Sitzungen** während der Behandlung des betreffenden Tagesordnungspunkts den Sitzungssaal verlassen. Bei **öffentlichen Sitzungen**, wie sie bei Bauleitplanverfahren den Regelfall darstellen (Rdnr. 751), dürfen sie im Zuhörerraum Platz nehmen[5]. Die ausgeschlossenen Gemeindevertreter dürfen also nicht schlechter gestellt werden als sonstige Bürger, die bei öffentlichen Sitzungen der Gemeindevertretung zuhören dürfen. Nicht ausreichend ist es allerdings, wenn der befangene Gemeindevertreter lediglich „um Stuhlsbreite" vom Sitzungstisch abrückt und sich nicht in den Zuhörerbereich des Sitzungssaales begibt[6].

769

---

1 S. etwa § 31 Abs. 4 GO NW.
2 S. OVG Lüneburg v. 10.12.1969 – I A 23.69, BauR 1970, 89 = BRS 22 Nr. 21, bestätigt durch das Urteil des BVerwG v. 7.5.1971 – IV C 18.70, BauR 1971, 187 = BRS 24 Nr. 20 = DVBl. 1971, 757 = NJW 1971, 699.
3 S. z.B. Gern, Deutsches Kommunalrecht, 3. Auflage 2003, Rdnr. 784 ff.; Kuhla/Hüttenbrink, Der Verwaltungsprozeß, 2. Auflage 1998, D 262 ff.
4 OVG Münster v. 7.8.1997 – 15 B 1811/97, NVwZ-RR 1998, 325; OVG Koblenz v. 29.8.1984 – 7 A 19/84, NVwZ 1985, 283.
5 So ausdrücklich etwa § 31 Abs. 4 Satz 1 2. Halbsatz GO NW; dazu OVG Münster v. 16.1.1980 – 10a NE 46/78, BauR 1980, 238 = BRS 36 Nr. 37.
6 VGH Mannheim v. 11.10.1994 – 5 S 3142.93, BRS 56 Nr. 28 = NVwZ-RR 1995, 154 = ZfBR 1995, 224.

770 Insgesamt sind die Befangenheitsregelungen für eine rechtsstaatliche Planung zwar unverzichtbar. Andererseits sollte ihre Bedeutung auch nicht überbewertet werden. In der Praxis werden die meisten Entscheidungen der Gemeindevertretung in den einzelnen Fraktionen oder auch in sonstigen kleineren Gremien vorbereitet und vorberaten. Bestimmungen, die dies verbieten, existieren nicht. Sie wären auch weder möglich, noch wäre ihre Einhaltung kontrollierbar.

VIII. Die Beteiligung der höheren Verwaltungsbehörde (Genehmigung, Anzeige von Bauleitplänen)

1. Flächennutzungsplan

a) Materielle Anforderungen der Genehmigungserteilung

771 Flächennutzungspläne bedürfen gemäß § 6 Abs. 1 BauGB der **Genehmigung** der höheren Verwaltungsbehörde. Dies gilt auch für deren Änderung oder Ergänzung (§ 1 Abs. 8 BauGB)[1]. Bei der Genehmigung handelt es sich um eine **reine Rechtskontrolle,** nicht hingegen um eine fachaufsichtliche Entscheidung[2]. Sie darf nur versagt werden, wenn der Plan nicht ordnungsgemäß zustande gekommen ist oder er Rechtsvorschriften widerspricht (§ 6 Abs. 2 BauGB).

772 Maßgeblich ist dabei vorbehaltlich besonderer Regelungen die Sach- und Rechtslage bei Entscheidung über die Genehmigungserteilung. Dies führt zu der Konsequenz, daß eine Gemeinde zwar einen rechtmäßigen Beschluß gefaßt haben kann und der Bauleitplan dennoch nicht genehmigungsfähig ist, weil sich bis zur Genehmigung des Plans die dabei zu beachtenden Anforderungen geändert haben (z.B. geänderte Ziele oder in der planerischen Abwägung nicht überwindbare Gewichtungsvorgaben der Raumordnung, die von der höheren Verwaltungsbehörde bei der Genehmigungsprüfung zu beachten sind)[3].

773 Die Genehmigungsprüfung erstreckt sich nicht auf die Zweckmäßigkeit des Flächennutzungsplans oder auf Überlegungen der höheren Verwaltungsbehörde dahingehend, wie etwa anders – und aus ihrer Sicht möglicherweise besser – hätte geplant werden können. Prüfungsmaßstab ist insofern allein das Abwägungsgebot (Abwägungsvorgang, d.h. Ermittlung und Bewertung

---

1 Gemäß § 246 Abs. 1 BauGB entfällt das Genehmigungserfordernis in den Ländern Berlin und Hamburg. Das Land Bremen kann bestimmen, daß die Genehmigung nicht erforderlich ist; dies ist durch § 1 des Gesetzes v. 21.3.1977, GBl. 1977, erfolgt.
2 BVerwG v. 21.11.1986 – 4 C 22.83, BVerwGE 75, 142 = BauR 1987, 171 = BRS 46 Nr. 3 = DVBl. 1987, 482 = DÖV 1987, 692 = NVwZ 1987, 492 = UPR 1987, 186 = ZfBR 1987, 96.
3 VGH München v. 10.4.2003 – 15 ZB 99.1658, ZfBR 2003, 784.

des Abwägungsmaterials im Sinne von § 2 Abs. 3 BauGB und Abwägungsergebnis, Rdnr. 570 ff.). Solange die Planung auf einer ordnungsgemäßen Ermittlung und Bewertung des notwendigen Abwägungsmaterials beruht und das Abwägungsergebnis städtebaulich vertretbar ist, muß die Genehmigung erteilt werden, selbst wenn gleich gute oder möglicherweise aus Sicht der höheren Verwaltungsbehörde sogar bessere planerische Lösungen in Betracht kommen.

Unberücksichtigt bleiben bei der Prüfung die Vorschriften zur **Planerhaltung** in den §§ 214 und 215 BauGB. Der Flächennutzungsplan ist daher auch dann nicht genehmigungsfähig, wenn er an einem Fehler leidet, der nach diesen Vorschriften unbeachtlich wäre (§ 216 BauGB). 774

Die Genehmigung kann nach der Rechtsprechung des Bundesverwaltungsgerichts nicht allein deshalb versagt werden, weil für die Verwirklichung des Plans noch außerhalb des Bauleitplanverfahrens stehende Entscheidungen im Zusammenhang mit der Planrealisierung erforderlich sind, wie etwa **arten- oder naturschutzrechtliche Ausnahmen oder Befreiungen** für einzelne Baumaßnahmen innerhalb des Plangebiets[1]. Anderes gilt allerdings dann, wenn es nicht um Ausnahme- oder Befreiungsentscheidungen für Einzelvorhaben geht, sondern die Planung (zumindest in Teilbereichen) insgesamt in einem Konflikt zu höherrangigen Vorschriften insbesondere des Naturschutzrechts steht, dem nur durch eine (teilweise) Aufhebung der entgegenstehenden Bestimmungen (z.B. einer Natur- oder Landschaftsschutzverordnung) Rechnung getragen werden kann. Dies muß vor Abschluß des Bauleitplanverfahrens erfolgen (Rdnr. 81). Ansonsten ist der Plan nicht genehmigungsfähig. 775

b) Verfahren

Wer die zuständige höhere Verwaltungsbehörde ist, die die Genehmigung zu erteilen hat, ergibt sich aus dem jeweiligen Landesrecht. Das Landesrecht kann auch bestimmen, daß die durch das Baugesetzbuch der höheren Verwaltungsbehörde zugewiesenen Aufgaben von anderen staatlichen Behörden, Landkreisen oder kreisfreien Gemeinden wahrgenommen werden (§ 203 Abs. 3 BauGB). 776

Die Genehmigung des Flächennutzungsplans muß durch die Gemeinde bei der höheren Verwaltungsbehörde **beantragt** werden. Dem Antrag muß zu entnehmen sein, daß die Gemeinde die Genehmigung des Plans begehrt. Er ist auf dem Dienstweg zu übersenden. Üblich ist es, daß der gesamte Aufstellungsvorgang der Genehmigungsbehörde zugeleitet wird. Rechtlich erforderlich ist es allerdings nur, den Flächennutzungsplan und die dazuge- 777

---
1 BVerwG v. 25.8.1997 – 4 NB 12.97, BRS 59 Nr. 29 = NVwZ-RR 1998, 162 (zu einem Bebauungsplan).

hörige Begründung sowie die im Aufstellungsverfahren nicht berücksichtigten Stellungnahmen aus der Öffentlichkeitsbeteiligung, verbunden mit einer Stellungnahme der Gemeinde (§ 3 Abs. 2 Satz 6 BauGB, Rdnr. 478 f.), der höheren Verwaltungsbehörde zuzuleiten.

778 Über die Erteilung der Genehmigung ist **binnen drei Monaten** zu entscheiden (§ 6 Abs. 4 Satz 1 BauGB). Die Frist beginnt mit Eingang des Antrags und der erforderlichen Unterlagen (Rdnr. 777) bei der Genehmigungsbehörde. Wird die Genehmigung des Flächennutzungsplans nicht fristgerecht unter Angabe von Gründen abgelehnt, gilt sie als erteilt. Diese unwiderrufliche **Genehmigungsfiktion** greift also sowohl dann ein, wenn eine Reaktion der höheren Verwaltungsbehörde gar nicht erfolgt als auch dann, wenn die Versagung ohne eine Begründung erfolgt, aus der sich die Erwägungen für die ablehnende Entscheidung ergeben. Die Genehmigungsfiktion gilt auch dann, wenn die höhere Verwaltungsbehörde räumliche oder sachliche Teile des Flächennutzungsplans vorweg genehmigt (§ 6 Abs. 4 Satz 1, 2. Halbsatz BauGB, Rdnr. 780), dann jedoch keine weitere Reaktion mehr erfolgt.

779 Die Frist von drei Monaten kann aus wichtigen Gründen auf Antrag der Genehmigungsbehörde **verlängert** werden (§ 6 Abs. 4 Satz 2 BauGB). Die für die Verlängerung zuständige übergeordnete Behörde bestimmt sich nach Landesrecht. Der Regelung in § 6 Abs. 4 Satz 3 BauGB, nach der die Gemeinde von der Fristverlängerung lediglich in Kenntnis zu setzen ist, ist zu entnehmen, daß es sich dabei nicht um einen für die Gemeinde anfechtbaren Verwaltungsakt handelt. Vielmehr geht es lediglich um eine nicht selbständig anfechtbare Verfahrenshandlung im Sinne von § 44a VwGO. Liegen allerdings für die Verlängerung keine wichtigen Gründe vor oder übt die für die Verlängerung zuständige Behörde das ihr eingeräumte Ermessen fehlerhaft aus, was ggf. gerichtlich nachprüfbar ist, kann dies dazu führen, daß die Fristverlängerung unwirksam ist und daher die Genehmigungsfiktion eingreift. Dies gilt auch dann, wenn die Fristverlängerung unangemessen lang ist. In der Regel darf sie maximal drei weitere Monate umfassen (§ 6 Abs. 4 Satz 2 BauGB). Wichtige Gründe für die Verlängerung können dabei nur solche sein, die sich aus dem zu prüfenden Plan selbst oder aber aufgrund einer Ausnahmesituation bei der höheren Verwaltungsbehörde ergeben. Ständige Arbeitsüberlastungen, längerfristige Personalknappheit u.ä. gehören nicht dazu.

780 Gemäß § 6 Abs. 4 Satz 1, 2. Halbsatz BauGB kann die höhere Verwaltungsbehörde **räumliche oder sachliche Teile** des Flächennutzungsplans vorweg genehmigen. Dies kann zweckmäßig sein, wenn hinsichtlich eines abgrenzbaren Teils des Plans noch Zweifelsfragen in Bezug auf die Genehmigungsfähigkeit bestehen, der Gemeinde jedoch die Möglichkeit verschafft werden soll, wenigstens den Plan im übrigen in Kraft zu setzen. Insbesondere wegen der Möglichkeit des Parallelverfahrens gemäß § 8 Abs. 3 BauGB (Rdnr. 208 ff.) kommt der Vorweggenehmigung von Teilen des Flächennutzungsplans jedoch nur begrenzte Bedeutung zu. Bei der ortsüblichen Be-

kanntmachung der Genehmigungserteilung gemäß § 6 Abs. 5 Satz 1 BauGB (Rdnr. 806 ff.) muß die Gemeinde darauf hinweisen, daß diese nur einen vorweggenommenen Teil des Plans betrifft.

Zu unterscheiden ist die Vorweggenehmigung räumlicher und sachlicher Teilen des Flächennutzungsplans von der Möglichkeit, räumliche oder sachliche Teile des Plans von der Genehmigung **auszunehmen**, wenn Versagungsgründe nicht ausgeräumt werden können (§ 6 Abs. 3 BauGB). Diese Herausnahme ist mit der Möglichkeit der Gemeinde gemäß § 5 Abs. 1 Satz 2 BauGB vergleichbar, von sich aus Flächen und Darstellungen aus dem Flächennutzungsplan auszunehmen (Rdnr. 102 ff.). Dies gilt auch hinsichtlich der materiellen Anforderungen. Der genehmigte Teil muß also auch ohne die ausgenommenen Darstellungen seine städtebauliche Steuerungsfunktion erfüllen können. Das Ausnehmen von Teilen des Flächennutzungsplans von der Genehmigung und die damit verbundene Versagung der Genehmigung für diese Teile des Plans läßt die Pflicht der Gemeinde zur (ergänzenden) Planaufstellung unberührt, wenn ein Planungserfordernis gemäß § 1 Abs. 3 Satz 1 BauGB besteht (Rdnr. 29 ff.).

781

Wird die Genehmigung des Bauleitplans uneingeschränkt erteilt (zur Genehmigung mit Nebenbestimmungen Rdnr. 784 ff.), darf er ohne weiteres in Kraft gesetzt werden (dazu noch Rdnr. 806 ff.). Die höhere Verwaltungsbehörde kann danach die Genehmigung nicht mehr zurücknehmen, wenn sie den Plan für rechtswidrig hält[1]. Hingegen ist die Rücknahme der Genehmigung vor der Bekanntmachung zulässig, wenn die Voraussetzungen des § 48 VwVfG vorliegen[2].

782

Die Genehmigung des Bauleitplans **heilt keine Rechtsfehler**. Ungeachtet der erteilten Genehmigung können daher Fehler des Plans in einem Normenkontrollverfahren oder anläßlich einer Inzidentkontrolle geltend gemacht werden, sofern dem nicht die Planerhaltungsvorschriften der §§ 214 und 215 BauGB entgegenstehen (Rdnr. 1048 ff.).

783

c) Genehmigung mit Maßgaben, Beitrittsbeschluß

Wird die Genehmigung des Bauleitplans nicht erteilt, weil die höhere Verwaltungsbehörde Rechtsmängel festgestellt hat, kann sie entweder die Genehmigung verweigern oder aber die Genehmigung mit Maßgaben erteilen. Aus Gründen der Verhältnismäßigkeit ist letzteres sogar vorrangig. Die höhere Verwaltungsbehörde muß also eine Genehmigung mit bestimmten

784

---

[1] BVerwG v. 21.11.1986 – 4 C 22.83, BVerwGE 75, 142 = BauR 1987, 171 = BRS 46 Nr. 3 = DVBl. 1987, 482 = DÖV 1987, 692 = NVwZ 1987, 492 = UPR 1987, 186 = ZfBR 1987, 96; VGH München v. 1.4.1982 – 15 N 81 A 1679, BRS 39 Nr. 32 = NVwZ 1983, 481.
[2] VGH Mannheim v. 20.7.1983 – 3 S 2177/81, BRS 40 Nr. 21.

Maßgaben erteilen, wenn dies möglich ist und darf daher in einem solchen Fall die Erteilung nicht vollständig ablehnen[1].

785 Bei den Maßgaben, unter denen die Genehmigung des Bauleitplans erteilt werden kann, handelt es sich um **Auflagen** oder **aufschiebende Bedingungen** der Genehmigung, also um Nebenbestimmungen im Sinne von § 36 Abs. 1 i.V.m. Abs. 2 Nr. 2 und Nr. 4 VwVfG (der Länder). Die Unterscheidung hat in der Regel keine besondere Relevanz, weil es der Gemeinde in jedem Fall verwehrt ist, den Bauleitplan in Kraft zu setzen, solange der Fehler nicht beseitigt ist[2]. Die Frage, ob und unter welchen Voraussetzungen einzelne Nebenbestimmungen der Genehmigung eigenständig anfechtbar sind, stellt sich zumindest für das Inkrafttreten des Bauleitplans daher aus praktischer Sicht in der Regel nicht. Sie hat zumeist nur prozessuale Bedeutung, wenn die Gemeinde eine von Nebenbestimmungen freie Genehmigung gerichtlich erstreiten will (dazu Rdnr. 792 f.).

786 Wenn die Genehmigung des Bauleitplans mit der Maßgabe erfolgt, lediglich bestimmte **redaktionelle Mängel** (insbesondere Schreibfehler u.ä.) zu beseitigen, darf die Gemeinde dies tun und den Bauleitplan sodann in Kraft setzen. Solange an dem Plan inhaltlich nichts geändert wird, ist dafür ein neuer Beschluß des zuständigen Entscheidungsorgans (Gemeindevertretung) nicht notwendig[3].

787 Wird die Genehmigung des Bauleitplans unter der Maßgabe erteilt, bestimmte **(behebbare) inhaltliche Mängel** zu beseitigen, dann bedarf es vor dem Inkraftsetzen des Bauleitplans einer erneuten Beschlußfassung durch die Gemeindevertretung. In Betracht kommen konkrete inhaltliche Maßgaben der Genehmigungsbehörde etwa bei Plandarstellungen eines Flächennutzungsplans oder auch bei Festsetzungen eines Bebauungsplans, für die keine ausreichende Ermächtigungsgrundlage besteht (zum fehlenden Festsetzungserfindungsrecht der Gemeinde Rdnr. 234), die jedoch inhaltlich nicht in die Gesamtkonzeption der Planung und damit in die gemeindliche Planungshoheit eingreifen (s. auch noch Rdnr. 791). Der erneute Beschluß über den Bauleitplan wird zumeist **Beitrittsbeschluß** genannt, weil die Gemeinde den Maßgaben der höheren Verwaltungsbehörde beitritt, sie also inhaltlich akzeptiert und übernimmt. Der Sache nach handelt es sich um einen erneuten Beschluß über den Bauleitplan, d.h. um einen Beschluß über den nach den Maßgaben der höheren Verwaltungsbehörde geänderten Plan (Beschluß über den Flächennutzungsplan, Satzungsbeschluß zum Bebauungsplan). Das Erfordernis der erneuten Beschlußfassung ergibt sich daraus, daß der von dem

---

1 BVerwG v. 18.2.1994 – 4 C 4.92, BVerwGE 95, 123 = BauR 1994, 486 = BRS 56 Nr. 2 = DVBl. 1994, 1136 = NVwZ 1995, 267 = UPR 1994, 301 = ZfBR 1994, 234.
2 BVerwG v. 25.2.1997 – 4 NB 30.96, BauR 1997, 603 = NVwZ 1997, 896 = UPR 1997, 369 = ZfBR 1997, 210.
3 BVerwG v. 14.8.1989 – 4 NB 24.88, BRS 49 Nr. 22 = DVBl. 1989, 1105 = NVwZ-RR 1990, 122 = UPR 1989, 452 = ZfBR 1989, 264.

zuständigen Organ (Gemeindevertretung) beschlossene und der genehmigte Bauleitplan inhaltlich übereinstimmen müssen. Die Gemeindevertretung muß sich daher den geänderten Planinhalt durch einen erneuten Beschluß zu eigen machen, bevor der Bauleitplan in Kraft gesetzt werden kann[1].

Allein mit dem Beitrittsbeschluß ist es allerdings in der Regel nicht getan. Da eine Änderung des Bauleitplans auch in diesem Stadium noch eine Änderung des Plans nach erfolgter Öffentlichkeits- und Behördenbeteiligung darstellt, muß ebenso wie bei Änderungen oder Ergänzungen vor dem ursprünglichen Beschluß über den Bauleitplan gemäß § 4a Abs. 3 BauGB eine erneute Öffentlichkeits- und Behördenbeteiligung durchgeführt werden (Rdnr. 480 ff. sowie Rdnr. 514 ff.). Ein ohne diese verfahrensrechtlich notwendigen Schritte gefaßter Beitrittsbeschluß ist – wie jeder andere ohne die notwendige Öffentlichkeits- und Behördenbeteiligung gefaßte Satzungsbeschluß bzw. Beschluß über den Flächennutzungsplan – rechtsfehlerhaft. 788

Ein Bauleitplan, bei dem die Maßgaben aus der erteilten Genehmigung erfüllt werden, muß der höheren Verwaltungsbehörde **nicht erneut zur Genehmigung** vorgelegt werden. Er kann vielmehr direkt in Kraft gesetzt werden. Darin gerade liegt für die Gemeinde der – insbesondere zeitliche – Vorteil einer Genehmigung mit Nebenbestimmungen gegenüber einer Versagung der Genehmigung. Dies gilt jedoch nicht, wenn bei der erneuten Öffentlichkeitsbeteiligung **Stellungnahmen zu der geänderten Planfassung** eingegangen und abschlägig beschieden worden sind. Die nicht berücksichtigten Anregungen sind in diesem Fall der höheren Verwaltungsbehörde nach § 3 Abs. 2 Satz 6 BauGB vorzulegen. Diese muß den Plan dann erneut überprüfen und genehmigen. Sofern die Gemeinde den Stellungnahmen aus der Öffentlichkeitsbeteiligung oder auch den Stellungnahmen aus der erneuten Behördenbeteiligung Rechnung trägt und aus diesem Grund den Planentwurf ändert, führt dies erst recht dazu, daß nicht lediglich den Maßgaben der höheren Verwaltungsbehörde Rechnung getragen wird. Es bedarf daher auch in diesem Fall neben einer eventuellen nochmaligen Öffentlichkeits- und Behördenbeteiligung gemäß § 4a Abs. 3 BauGB zwingend einer erneuten Genehmigung des Bauleitplans. 789

Die Gemeinde ist nicht verpflichtet, den in der Genehmigung der höheren Verwaltungsbehörde festgelegten Maßgaben nachzukommen. Es steht ihr frei, eine andere Lösung zu wählen, um den Rechtmäßigkeitsanforderungen Rechnung zu tragen oder auf den Plan insgesamt zu verzichten, wenn er in der vorgelegten Fassung nicht genehmigt wird. Letzteres gilt freilich nur dann, wenn dem nicht das Planungserfordernis gemäß § 1 Abs. 3 Satz 1 790

---

1 BVerwG v. 25.2.1997 – 4 NB 30.96, 4 NB 30.96, BauR 1997, 603 = BRS 59 Nr. 51 = NVwZ 1997, 896 = UPR 1997, 969 = ZfBR 1997, 210; BVerwG v. 5.2.1986 – 4 C 31.85, BVerwGE 75, 262 = BRS 46 Nr. 13 = DVBl. 1987, 486 = NJW 1987, 1346 = UPR 1987, 191.

BauGB entgegensteht, was jedenfalls bei Flächennutzungsplänen in der Regel anzunehmen ist.

791 Die Genehmigung eines Bauleitplans mit inhaltlichen Maßgaben ist **nicht unbegrenzt** möglich. Sie soll zwar einerseits im Interesse der Gemeinde das Verfahren vereinfachen und beschleunigen, andererseits darf jedoch nicht in die **planerische Gestaltungsfreiheit** eingegriffen werden, zu deren Ausübung allein die Gemeinde selbst berechtigt und verpflichtet ist (zur kommunalen Planungshoheit Rdnr. 13 ff.). Dementsprechend darf eine Genehmigung nicht etwa mit der Maßgabe erfolgen, daß das von der Gemeinde gefundene Abwägungsergebnis zwar rechtsfehlerhaft sei, jedoch der Bauleitplan gleichwohl genehmigt werde, wenn die Gemeinde zu einem von der höheren Verwaltungsbehörde vorgegebenen anderen Abwägungsergebnis kommt. Eine Genehmigung mit einer derartigen Einschränkung kann die Gemeinde nicht beanspruchen. Die höhere Verwaltungsbehörde darf sie nicht erteilen[1]. Ein darauf beruhender Bebauungsplan wäre in der Regel wegen einer unzulässigen Vorwegbindung der Gemeinde hinsichtlich des Abwägungsergebnisses (vgl. Rdnr. 619) unwirksam.

d) Rechtsschutzmöglichkeiten

792 Die Versagung oder Erteilung der Genehmigung ist gegenüber der Gemeinde ein **Verwaltungsakt**[2]. Im Falle ihrer (vollständigen oder teilweisen) Versagung, kommt daher für die Gemeinde eine Verpflichtungsklage auf Erteilung der (von Nebenbestimmungen freien) Genehmigung in Betracht, wenn nicht ausnahmsweise eine bestimmte räumlich oder sachlich begrenzte Nebenbestimmung eigenständig angefochten werden kann. Der Klage ist stattzugeben, wenn der Bauleitplan ordnungsgemäß zustande gekommen ist und Rechtsvorschriften nicht widerspricht, so daß die höhere Verwaltungsbehörde mangels eines Entscheidungsermessens gemäß § 6 Abs. 2 BauGB zur (uneingeschränkten) Genehmigungserteilung verpflichtet gewesen wäre.

793 Das Genehmigungsverfahren beschränkt sich auf das innerstaatliche Verhältnis. Es hat **keine Außenwirkung gegenüber dem Bürger**[3]. Dieser kann sich also weder gegen die Genehmigung des Bauleitplans wehren, noch hat er einen klagefähigen Anspruch auf dessen Genehmigung.

---

[1] BVerwG v. 26.7.1972 – IV B 49.72, BRS 25 Nr. 23.
[2] BVerwG v. 12.12.1969 – IV C 105.66, BVerwGE 34, 301 = BauR 1970, 31 = BRS 22 Nr. 4 = DVBl. 1970, 414 = DÖV 1970, 277.
[3] OVG Lüneburg v. 17.11.1970 – I A 97/69, BRS 23 Nr. 27 = DVBl. 1971, 322.

2. Bebauungsplan

a) Genehmigungspflicht

Im Unterschied zu Flächennutzungsplänen sind Bebauungspläne nicht generell genehmigungsbedürftig. Ein Genehmigungserfordernis besteht vielmehr gemäß § 10 Abs. 2 BauGB nur für diejenigen Bebauungspläne, die nicht aus dem Flächennutzungsplan entwickelt sind, also für die Pläne nach § 8 Abs. 2 Satz 2, Abs. 3 Satz 2 und Abs. 4 BauGB (zu diesen Fällen Rdnr. 191 ff.). Die Genehmigungsvorschriften für Flächennutzungspläne in den §§ 6 Abs. 2 und 4 BauGB gelten dann entsprechend. Auf die diesbezüglichen Ausführungen kann daher verwiesen werden (dazu Rdnr. 771 ff.). 794

b) Anzeigepflicht nach Landesrecht

Für die nach § 10 Abs. 2 BauGB genehmigungsfreien Bebauungspläne kann gemäß § 246 Abs. 1a BauGB durch Landesrecht bestimmt werden, daß sie vor ihrem Inkrafttreten der höheren Verwaltungsbehörde anzuzeigen sind, sofern es sich nicht um Bebauungspläne nach § 13 BauGB (Rdnr. 841 ff.) handelt. Von dieser Möglichkeit haben gegenwärtig nur wenige Länder Gebrauch gemacht[1]. Die höhere Verwaltungsbehörde hat die Verletzung von Rechtsvorschriften, die eine Versagung der Genehmigung nach § 6 Abs. 2 BauGB rechtfertigen würde, innerhalb eines Monats nach Eingang der Anzeige geltend zu machen (§ 246 Abs. 1a Satz 2 BauGB). Der **Prüfungsmaßstab** ist also mit demjenigen des Genehmigungsverfahrens identisch (dazu Rdnr. 771 ff.). Entscheidender Unterschied zum Genehmigungsverfahren ist in erster Linie die von drei Monaten auf einen Monat verkürzte Prüfungsfrist für die höhere Verwaltungsbehörde. Macht die höhere Verwaltungsbehörde innerhalb dieser Frist Rechtsverletzungen nicht geltend oder erklärt sie dieses schon vor Ablauf der Frist, darf der Bebauungsplan in Kraft gesetzt werden. 795

Macht die höhere Verwaltungsbehörde hingegen die Verletzung von Rechtsvorschriften geltend, darf die Gemeinde den Bebauungsplan nicht in Kraft setzen. Sie muß vielmehr der Beanstandung Rechnung tragen, also die gerügten Rechtsfehler des Plans unter Beachtung der dafür notwendigen Verfahrensschritte heilen. Daran anschließend bedarf es grundsätzlich einer **erneuten Anzeige** des Bebauungsplans. Allerdings kommt ebenso wie bei der Genehmigung eines Bauleitplans mit Maßgaben (Rdnr. 784 ff.) eine Beanstandung mit der Maßgabe in Betracht, daß der geltend gemachte Rechtsfehler gegenstandslos wird, wenn der Beanstandung durch die Gemeinde Rechnung getragen wird. In diesem Fall bedarf es keines erneuten Anzeigeverfahrens[2]. Die Anforderungen an die Genehmigung eines Bauleitplans mit Maßgaben 796

---
1 Z.B. Brandenburg, allerdings derzeit befristet bis zum 31.12.2004.
2 BVerwG v. 25.2.1997 – 4 NB 30.96, BauR 1997, 603 = BRS 59 Nr. 51 = NVwZ 1997, 896 = UPR 1997, 369 = ZfBR 1997, 210; OVG Lüneburg v. 7.11.1997 – 1 K 3601.96, BauR 1998, 291 = BRS 59 Nr. 23 = NVwZ-RR 1998, 716.

und für deren Erfüllung gelten hierbei entsprechend. Akzeptiert die Gemeinde die geltend gemachten Rechtsfehler nicht, besteht gegenüber genehmigungsbedürftigen Bebauungsplänen der Unterschied, daß nicht die (von Nebenbestimmungen freie) Genehmigung eingeklagt werden muß, sondern es einer **Anfechtungsklage** gegen die Beanstandungsverfügung bedarf[1]. Allerdings ändert dies nichts daran, daß vor einer Berücksichtigung der Beanstandung durch die Gemeinde oder vor deren verwaltungsgerichtlicher Aufhebung der Bebauungsplan nicht in Kraft gesetzt werden darf (§ 246 Abs. 1a Satz 3 BauGB).

797 Die **Monatsfrist**, in der die höhere Verwaltungsbehörde den Bebauungsplan gemäß § 246 Abs. 1a Satz 2 BauGB beanstanden muß, beginnt mit der Anzeige des Plans. Es liegt auf der Hand, daß allein die bloße Mitteilung der Gemeinde, daß sie einen Bebauungsplan als Satzung beschlossen hat, dafür nicht ausreicht. Es bedarf vielmehr ebenso wie bei genehmigungspflichtigen Bauleitplänen einer Übersendung der entsprechenden Planunterlagen (Rdnr. 777). Der Begriff der Anzeige ist daher so zu verstehen, daß diese mit einer Überlassung der Unterlagen an die höhere Verwaltungsbehörde verbunden sein muß.

798 Im Einzelfall kann es zu **Schwierigkeiten** kommen, wenn die Voraussetzungen verkannt werden, unter denen ein **Anzeigeverfahren anstelle eines Genehmigungsverfahrens** durchgeführt werden darf.

799 **Beispiele:**

(a) Die Gemeinde beschließt einen Bebauungsplan, ohne dabei, wie es notwendig wäre, den Flächennutzungsplan zu ändern. Die Gemeinde zeigt diesen (rechtswidrig vorzeitigen, Rdnr. 196 ff.) Bebauungsplan der höheren Verwaltungsbehörde an. Nachdem die höhere Verwaltungsbehörde binnen eines Monats nicht reagiert hat, setzt sie den Bebauungsplan in Kraft. Es handelt sich hier um einen gemäß § 214 Abs. 1 Satz 1 Nr. 4 BauGB nicht durch Zeitablauf (§ 215 BauGB) heilbaren Verfahrensfehler, da der Plan entgegen der Annahme der Gemeinde genehmigungsbedürftig ist. Ein anderes Ergebnis kommt lediglich dann in Betracht, wenn die höhere Verwaltungsbehörde vor Inkrafttreten des Plans ausdrücklich erklärt hat, daß sie gegen den Plan keine Bedenken hat, da diese Erklärung als Genehmigung ausgelegt werden kann.

800 (b) Eine Gemeinde legt einen Bebauungsplan der höheren Verwaltungsbehörde mit einem Antrag auf Genehmigung vor. Nach Ablauf eines Monats erkennt die Gemeinde, daß der Bebauungsplan nicht genehmigungs- sondern nur nach dem für sie maßgeblichen Landesrecht anzeigebedürftig ist. Da sie bis dahin von der höheren Verwaltungsbehörde nichts gehört hat, setzt sie den Bebauungsplan mit der Erwägung in Kraft, die landesrechtliche Beanstandungsfrist sei abgelaufen. Es handelt sich in diesem Fall zwar nicht um einen bundesrechtlich relevanten Verfahrensfehler, da das Baugesetzbuch ein zwingendes Anzeigeerfordernis nicht vorsieht. Jedoch liegt ein beachtlicher Verstoß gegen die nach Landesrecht zu beachtende Verfahrensregelung vor. Die Konsequenzen ergeben sich daher ebenfalls aus Landesrecht, in der Regel also aus den Landesausführungsgesetzen zum Baugesetzbuch sowie den Gemeinde-

---

1 VGH Mannheim v. 9.5.1997 – 8 S 2357.96, BRS 59 Nr. 240 = NVwZ-RR 1998, 422; OVG Münster v. 6.11.1996 – 11 A 29.94, BRS 58 Nr. 27 = ZfBR 1997, 160.

ordnungen und Kommunalverfassungen der Länder. In der Regel wird man sagen müssen, daß die Gemeinde an die Fristen gebunden ist, die für das von ihr selbst eingeleitete Verfahren maßgeblich sind, so daß sie sich vorliegend nicht auf die Monatsfrist berufen kann.

IX. Ausfertigung von Bauleitplänen

Bauleitpläne müssen **vor ihrem Inkrafttreten** ausgefertigt werden. Dieses Erfordernis ist zwar im Baugesetzbuch nicht ausdrücklich geregelt, es ergibt sich allerdings nach der Rechtsprechung des Bundesverwaltungsgerichts unmittelbar aus dem **Rechtsstaatsprinzip**[1]. Durch die Ausfertigung soll sichergestellt werden, daß der Inhalt des Plans mit dem Willen des zuständigen gemeindlichen Beschlußorgans (Gemeindevertretung) übereinstimmt. 801

Die Ausfertigung dient dem Nachweis der **Authentizität des Plans**. Sie muß sich auf den gesamten Bauleitplan, also auf seinen zeichnerischen und textlichen Teil, beziehen. Bei mehren Planbestandteilen müssen diese entweder jeweils eigenständig ausgefertigt werden oder aber es muß eine urkundliche Verbindung, zumindest aber eine „gedankliche Schnur" existieren, nach der die einzelnen Bestandteile des Bauleitplans einander eindeutig und zweifelsfrei zugeordnet werden können[2]. Durch die Ausfertigung wird die auf der Beschlußfassung der Gemeindevertretung beruhende Originalurkunde geschaffen, die Grundlage und Gegenstand der Schlußbekanntmachung (Rdnr. 806 ff.) ist. Nur die ausgefertigte Fassung des Bauleitplans und die damit geschaffene Orginalurkunde kann rechtswirksam in Kraft gesetzt werden. **Weitergehende Verfahrensvermerke** auf einem Bauleitplan (Vermerk über die Durchführung der Öffentlichkeitsbeteiligung u.s.w.) sind hingegen bundesrechtlich nicht erforderlich. Daraus folgt zugleich, daß es rechtlich unbedenklich ist, wenn derartige Verfahrensvermerke inhaltlich unrichtig sind. Entscheidend ist allein, daß der Verfahrensablauf für die Aufstellung des Bauleitplans tatsächlich ordnungsgemäß erfolgt ist[3]. 802

Die verfahrensmäßigen Einzelheiten der Ausfertigungen sind bundesrechtlich nicht geregelt. Das **Bundesrecht** fordert lediglich, daß überhaupt eine Ausfertigung erfolgt, die rechtsstaatlichen Mindestanforderungen genügt[4]. 803

Landesrechtlich kann insbesondere geregelt werden, wer für die Ausfertigung zuständig ist, wann diese zu erfolgen hat und ob die Ausfertigung über die Authentizitätssicherung hinausgehende Funktionen haben soll, wie et- 804

---

1 S. nur BVerwG v. 9.5.1996 – 4 B 60.96, BauR 1996, 670 = BRS 58 Nr. 41 = NVwZ-RR 1996, 630 = UPR 1996, 311 = ZfBR 1996, 340.
2 VGH München v. 4.4.2003 – 1 N 01.2240, NVwZ-RR 2003, 669 = ZfBR 2004, 65; OVG Bautzen v. 6.6.2001 – 1 D 442/99, NVwZ-RR 2002, 632.
3 OVG Münster v. 6.7.2001 – 7 a D 20/99, BauR 2001, 1887.
4 BVerwG v. 9.5.1996 – 4 B 60.96, BauR 1996, 670 = BRS 58 Nr. 41 = NVwZ-RR 1996, 630 = UPR 1996, 311 = ZfBR 1996, 340.

wa den Nachweis der Legalität des Planaufstellungsverfahrens[1]. Zu den rechtsstaatlichen **Mindestanforderungen** gehört dabei, daß durch **handschriftliche Unterzeichnung der Planurkunde** die Übereinstimmung des Plans mit dem Beschluß der Gemeindevertretung bestätigt wird[2]. Ebenfalls ist in der Regel die Angabe des Datums erforderlich, da sich meist nur so feststellen läßt, ob die Ausfertigung zeitlich nach dem Satzungsbeschluß und vor der Veröffentlichung vorgenommen wurde[3]. Teilweise wird es allerdings als ausreichend angesehen, wenn nicht durch die Ausfertigung des Bauleitplans die entsprechende Originalurkunde hergestellt wird, sondern der maßgebliche Auszug aus der Niederschrift zu der Sitzung, in der der Bauleitplan beschlossen wurde, unterzeichnet wird oder wenn der Bekanntmachungsvermerk der Gemeinde unterzeichnet ist, sofern sich daraus entnehmen läßt, welcher Bauleitplan genau gemeint ist. Diese Auffassung ist allerdings abzulehnen, weil es selbst bei einer genauen Bezeichnung des Bauleitplans an der Bestätigung der Authentizität fehlt, also dem Nachweis, daß gerade der unterzeichnete Bauleitplan ohne jedwede Änderung beschlossen wurde und in Kraft gesetzt werden soll[4].

805 Die Ausfertigung muß so erfolgen, daß ihr der Wille, die Authentizität des Plans zu bezeugen, entnommen werden kann. Dafür kann, muß jedoch nicht der Begriff Ausfertigung verwendet werden. Es kann auch ein sonstiger kurzer Hinweis erfolgen, daß die Übereinstimmung des Plans mit dem Willen der Gemeindevertretung bestätigt wird. Sofern landesrechtlich nichts anderes geregelt ist, wird man in aller Regel davon ausgehen können, daß dafür der Vorsitzende der Gemeindevertretung oder einer seiner Vertreter zuständig ist[5]. Da es um die Authentizität des in Kraft zu setzenden Plans geht, muß die Ausfertigung **vor der Schlußbekanntmachung** (Rdnr. 806 ff.) erfolgen, wenn auch noch am selben Tag[6]. Hingegen ist es rechtlich unbedenklich, wenn ein Bauleitplan vor seinem Inkrafttreten ordnungsgemäß ausgefertigt wurde und nach der Bekanntmachung einen weiteren Authentizitätsvermerk erhält[7]. Es ist nicht erforderlich, daß die Ausfertigung erst nach dem Anzeige- oder Genehmigungsverfahren (Rdnr.

---

1 BVerwG v. 16.12.1993 – 4 C 22.92, NVwZ 1994, 1010 = UPR 1994, 228 = ZfBR 1994, 148; OVG Bautze v. 6.6.2001 – 1 D 442/99, NVwZ-RR 2002, 632.
2 VGH München v. 4.4.2003 – 1 N 01.2240, NVwZ-RR 2003, 669 = ZfBR 2004, 65; OVG Münster v. 12.3.2003 – 7a D 20/02, NVwZ-RR 2003, 667.
3 OVG Bautzen v. 23.10.2000 – 1 D 33/00, NVwZ-RR 2001, 426.
4 So zu Recht VGH München v. 4.4.2003 – 1 N 01.2240, NVwZ-RR 2003, 666 = ZfBR 2004, 65 mit Nachweisen auch zu der gegenteiligen Rechtsauffassung anderer Senate des Verwaltungsgerichtshofs.
5 OVG Münster v. 12.3.2003 – 7a D 20/02, NVwZ-RR 2003, 667; sehr großzügig für die (frühere) Rechtslage in Nordrhein-Westfalen OVG Münster v. 17.10.1996 – 7a D 122/94, BRS 58 Nr. 30 = DVBl. 1997, 440 = UPR 1997, 258.
6 BVerwG v. 27.1.1999 – 4 B 129.98, BauR 1999, 611 = NVwZ 1999, 878 = UPR 1999, 191; OVG Lüneburg v. 30.5.2001 – 1 K 389/00, NVwZ-RR 2002, 98.
7 BVerwG v. 27.10.1998 – 4 BN 46.98, BRS 60 Nr. 41 = DÖV 1999, 701 = NVwZ-RR 1999, 161 = UPR 1999, 117 = ZfBR 1999, 45.

771 ff.) erfolgt[1]. Wird der Bauleitplan allerdings bereits vor Durchführung des Genehmigungs- oder Anzeigeverfahrens ausgefertigt und wird der Bauleitplan aufgrund etwaiger Beanstandungen über redaktionelle Korrekturen hinaus inhaltlich geändert, bedarf es einer **erneuten Ausfertigung** des geänderten Plans (zum sog. Beitrittsbeschluß Rdnr. 784 ff.).

X. Das Inkrafttreten der Bauleitpläne, ortsübliche Bekanntmachung

1. Allgemeine Anforderungen

Es ist rechtsstaatlich unverzichtbar, daß Rechtsnormen **verkündet** werden, wenn sie Verbindlichkeit erhalten und für den Bürger Rechte und Pflichten begründen sollen. Der Bürger muß sich über den Inhalt von Normen hinreichende Gewißheit verschaffen können. Dementsprechend sieht § 10 Abs. 3 Satz 1 und 3 BauGB vor, daß die Erteilung der Genehmigung oder bei genehmigungsfreien Bebauungsplänen (Regelfall, Rdnr. 794) der Beschluß des Bebauungsplans ortsüblich und unter Hinweis darauf, wo der Plan eingesehen werden kann, bekanntzumachen ist. Er ist mit seiner Begründung (Rdnr. 384 ff.) sowie der zusammenfassenden Erklärung nach § 10 Abs. 4 BauGB (Rdnr. 397 f.) zu jedermanns Einsicht bereit zu halten (§ 10 Abs. 3 Satz 2 BauGB). Mit einer Bekanntmachung dieses Inhalts tritt der Bebauungsplan dann in Kraft (§ 10 Abs. 3 Satz 4 BauGB).

806

Obgleich es sich beim **Flächennutzungsplan** nicht um eine Rechtsnorm handelt (Rdnr. 112 f.), bestehen für ihn aufgrund seiner Steuerungswirkung für die verbindliche Bauleitplanung und seiner Bedeutung für die Nutzung des Außenbereichs (s. insbes. Rdnr. 2158 ff.) im wesentlichen identische Anforderungen. Nach § 6 Abs. 5 Satz 1 BauGB ist die Erteilung der Genehmigung des Flächennutzungsplans ortsüblich bekannt zu machen. Jedermann kann den Flächennutzungsplan und seine Begründung (Rdnr. 178 ff.) sowie die zusammenfassende Erklärung gemäß § 6 Abs. 5 Satz 2 BauGB einsehen und über deren Inhalt Auskunft verlangen. Der wesentliche Unterschied zum Bebauungsplan liegt in der fehlenden Pflicht zu einem Hinweis darauf, wo der Plan eingesehen werden kann. Im übrigen gelten daher die folgenden Ausführungen im wesentlichen sinngemäß.

807

Der an sich typische Weg für die Verkündung von Rechtsnormen ist, daß diese vollständig in dem dafür zuständigen Veröffentlichungsorgan abgedruckt werden (z.B. Abdruck von Gesetzen im Bundesgesetzblatt oder in den Gesetzes- oder Verordnungsblätter der Länder). Dies ist allerdings bei Bauleitplänen in der Regel schon wegen ihres Umfangs und der – in der

808

---

1 BVerwG v. 9.5.1996 – 4 B 60,96, BauR 1996, 670 = BRS 58 Nr. 41 = NVwZ-RR 1996, 630 = UPR 1996, 311 = ZfBR 1996, 340.

Regel farbigen – zeichnerischen Darstellungen unpraktisch. Das Baugesetzbuch hat daher für Bauleitpläne die **Ersatzverkündung** als Bekanntmachungsform verbindlich vorgegeben. Sie tritt – als alleinige Möglichkeit – an die Stelle der ansonsten für Satzungen vorgeschriebenen Veröffentlichung (§ 10 Abs. 3 Satz 5 BauGB). Die Ersatzverkündung ist im Unterschied zu der (einstufigen) Verkündung von Normen **zweistufig** ausgestaltet. Bekannt gemacht wird bei genehmigungsfreien Bebauungsplänen lediglich der **Satzungsbeschluß** und bei genehmigungspflichtigen Bebauungs- oder Flächennutzungsplänen die Erteilung der **Genehmigung**. Dieser Bekanntmachung kann der Bürger entnehmen, daß der Plan existiert. Um ihm die notwendige Möglichkeit zur Kenntnisnahme zu gewähren, muß der Plan dann von der Gemeinde zur Einsichtnahme – gewissermaßen auf einer zweiten Stufe der Verkündung – bereitgehalten werden. Die Einsichtnahmemöglichkeit unmittelbar in dem zuständigen Veröffentlichungsorgan wird also bei der Ersatzverkündung durch die Möglichkeit zur Einsichtnahme bei der Gemeinde ersetzt.

809 Die förmlichen Anforderungen an das Inkraftsetzen von Bauleitplänen haben zur Konsequenz, daß es außerhalb des gesetzlich vorgesehenen Verfahrens keine Möglichkeit gibt, rechtsverbindliche Bauleitplanung zu betreiben. So kann ein Bauleitplan insbesondere **nicht durch Gewohnheitsrecht** wirksam werden. Dies gilt selbst dann, wenn die Bauverwaltung über Jahre hinweg einen unwirksamen Bauleitplan angewendet hat, weil man von dessen Wirksamkeit ausging[1].

810 Die Gemeinde ist während der gesamten Aufstellung des Bauleitplans **Herrin des Verfahrens**. Dies gilt auch für den Zeitraum zwischen Satzungsbeschluß bzw. dem Beschluß über den Flächennutzungsplan, der ggf. notwendigen Genehmigung oder Anzeige und der öffentlichen Bekanntmachung. Sie kann daher jederzeit das Verfahren abbrechen oder vorsehen, daß der – auch bereits genehmigte – Bauleitplan wegen geänderter Planungsabsichten nicht oder nur mit einem noch zu verändernden Inhalt in Kraft gesetzt werden soll. Ebensowenig wie ein Anspruch des Bürgers auf Durchführung eines Bauleitplanverfahrens besteht (§ 1 Abs. 3 Satz 2 BauGB), gibt es einen Anspruch auf Abschluß eines zwar eingeleiteten, jedoch noch nicht zu Ende gebrachten Planverfahrens[2]. Aus Gründen der **Rechtsklarheit** ist es in einem solchen Fall allerdings geboten, daß die Gemeinde den Beschluß über die Aufstellung des Bauleitplans aufhebt und veröffentlicht[3]. Ansonsten können etwa anläßlich von Bebauungsansprüchen gemäß § 33 BauGB (Rdnr. 1905 ff.) unnötige Streitigkeiten entstehen. Da der Bauleitplan in einem

---

1 BVerwG v. 25.8.1997 – 4 B 139.97, BRS 59 Nr. 91 = NVwZ-RR 1998, 358.
2 BVerwG v. 9.10.1996 – 4 B 180.96, BauR 1997, 263 = BRS 58 Nr. 3 = DÖV 1997, 251 = NVwZ-RR 1997, 213 = UPR 1997, 102 = ZfBR 1997, 97.
3 Vgl. BVerwG v. 29.7.1977 – IV C 51.75, BVerwGE 54, 211 = BauR 1977, 394 = BRS 32 Nr. 17 = DVBl. 1977, 897 = DÖV 1977, 826 = NJW 1978, 554; strenger Jäde in Jäde/Dirnberger/Weiß, § 10 Rdnr. 38, der einen solchen Schritt für erforderlich hält.

solchen Fall noch nicht rechtsverbindlich geworden ist, bedarf es jedoch keines förmlichen Aufhebungsverfahrens. § 1 Abs. 8 BauGB, nach dem die Vorschriften über die Aufstellung von Bauleitplänen auch für deren Änderung, Ergänzung und Aufhebung gelten, betrifft nur Bauleitpläne nach abgeschlossenem Planaufstellungsverfahren.

Die Gemeindevertretung, die für den Satzungsbeschluß über den Bebauungsplan zuständig ist, kann das für die Bekanntmachung zuständige Gemeindeorgan anweisen, die Bekanntmachung erst dann zu veranlassen, wenn bestimmte Voraussetzungen, die im Rahmen des Satzungsbeschlusses bereits festgelegt sind oder jedenfalls Entscheidungsgrundlage für den Satzungsbeschluß waren, eingetreten sind. Die Gemeinde ist lediglich nicht befugt, die ihr obliegende Abwägungsentscheidung aus der Hand zu geben[1].

Beispiele:

(a) Eine Gemeinde hat im Rahmen des Bebauungsplanverfahrens mit dem Grundstückseigentümer, dem die meisten Flächen innerhalb des Plangebiets gehören, einen Vertrag über naturschutzrechtliche Ausgleichsmaßnahmen verhandelt. Es sind nur noch verschiedene kleinere Teilfragen offen (Art und Weise der Sicherheitsleistungen u.ä.). Überdies steht die wegen der vorgesehenen Grundstücksübertragung erforderliche notarielle Beurkundung (Rdnr. 941) noch aus. Die Gemeindevertretung beschließt den Bebauungsplan als Satzung und weist den für die Bekanntmachung kommunalrechtlich zuständigen Bürgermeister an, diese erst dann vorzunehmen, wenn der Vertrag über die naturschutzrechtlichen Ausgleichsmaßnahmen beurkundet ist. Eine solche Herangehensweise ist ohne weiteres zulässig. Da im Vorfeld der Beurkundung noch keine hinreichend sichere Prognose besteht, daß die Satzung tatsächlich in Kraft treten wird, kann der Grundstückseigentümer vor Abschluß des notariellen Vertrages auch nicht auf der Grundlage von § 33 BauGB die Erteilung einer Baugenehmigung verlangen (vgl. Rdnr. 1914 ff.).

(b) Eine Gemeinde beschließt einen Bebauungsplan über eine Straßenplanung als Satzung. Sie weist kommunalrechtlich hinsichtlich der Bekanntmachung das zuständige Gemeindeorgan an, diesen nur und erst dann öffentlich bekannt zu machen, wenn sich aus einem noch ausstehenden Gutachten ergibt, daß bestimmte Immissionsgrenzwerte nicht überschritten werden[2].

(c) Eine Gemeinde beschließt einen Bebauungsplan für ein großflächiges Einzelhandelsvorhaben als Satzung, der allerdings nur dann bekannt gemacht werden soll, wenn sich aus einem noch nicht vorliegenden Einzelhandelsstandortgutachten ergibt, daß das Vorhaben für den Innenstadtbereich der Gemeinde verträglich ist. Ein solcher Vorbehalt ist nicht möglich, da die Frage der Verträglichkeit eine Wertung mit abwägungserheblichem Charakter darstellt, die die Gemeindevertretung nicht aus der Hand geben darf.

---

1 BVerwG v. 19.9.2002 – 4 CN 1.02, BauR 2003, 209 = DVBl. 2003, 204 = ZfBR 2003, 150.
2 BVerwG v. 19.9.2002 – 4 CN 1.02, BauR 2003, 203 = DVBl. 2003, 204 = ZfBR 2003, 150.

815 Unzulässig ist es, wenn die Gemeinde die Bekanntmachung des Bebauungsplans **bewußt verzögert** und gleichzeitig vorzeitige Baugenehmigungen nach § 33 BauGB bzw. das gemeindliche Einvernehmen (§ 36 BauGB, Rdnr. 1758 ff.) zu entsprechenden Bauanträgen erteilt, um so einen Bebauungsplan einem etwaigen Normenkontrollverfahren von Betroffenen zu entziehen (zur Zulässigkeit von Normenkontrollanträgen erst nach Inkrafttreten des Bebauungsplans Rdnr. 1012). Bei einer solchen Verzögerung fehlt bzw. entfällt die notwendige Planreife (s. Rdnr. 1918). Unabhängig davon ist eine solche Vorgehensweise nur begrenzt dazu geeignet, einen möglicherweise rechtswidrigen Bebauungsplan an einer Rechtskontrolle vorbei „durchzudrücken"[1]. Denn im Falle einer Nachbarklage gelten bei der gerichtlichen Prüfung von nach § 33 BauGB erteilten Baugenehmigungen dieselben Grundsätze wie im Planbereich. Es wird lediglich der „künftige" Bebauungsplan vorweggenommen. Erweist sich dieser allerdings bereits im Entwurf als fehlerhaft, stellt er für die Zulässigkeit des Vorhabens keine hinreichende Rechtsgrundlage dar. Das Vorhaben ist dann bei der gerichtlichen Überprüfung genauso zu bewerten wie ohne diesen vorweggenommenen Bebauungsplan, also nach § 34 oder § 35 BauGB oder ggf. bei einer Planänderung nach dem bis dahin geltenden Bebauungsplan. Die danach bestehenden Anforderungen sind der Maßstab für den bauplanungsrechtlichen Nachbarschutz (in diesem Zusammenhang zu beplanten Bereichen Rdnr. 1793 ff., zum Innenbereich Rdnr. 2084 ff. und zum Außenbereich Rdnr. 2283 f.).

816 Im Falle einer **verzögerten Bekanntmachung** kann es notwendig sein, eine **erneute Prüfung des Abwägungsergebnisses** vorzunehmen. Dies steht zwar auf den ersten Blick im Widerspruch zu § 214 Abs. 3 Satz 1 BauGB, nach dem für die Abwägung der Zeitpunkt der Beschlußfassung über den Bauleitplan maßgeblich ist. Da sich jedoch in Fällen, in denen zwischen Beschlußfassung und Bekanntmachung ein erheblicher zeitlicher Zwischenraum liegt, die Sach- und Rechtslage wesentlich verändert haben kann, bedarf es in **Ausnahmefällen** einer davon abweichenden Handhabung. Das Planaufstellungsverfahren ist wie jedes andere Rechtsetzungsverfahren auf eine im Regelfall zügige und vor allem kontinuierliche Durchführung angelegt. Darauf basiert auch § 214 Abs. 3 Satz 1 BauGB. Die plangebende Gemeinde kann nicht sehenden Auges einen Bauleitplan in Kraft setzen und für die Bürger verbindlich machen, der eindeutig nicht mehr der zu diesem Zeitpunkt bestehenden Sach- oder Rechtslage entspricht und für den praktisch mit seinem Inkrafttreten bereits wieder ein Änderungserfordernis (§ 1 Abs. 3 Satz 1 BauGB) besteht. Je länger der zeitliche Abstand zwischen Beschlußfassung und Bekanntmachung wird und je deutlicher es ist, daß zwischenzeitliche Ereignisse und Entwicklungen die der Beschlußfassung zu Grunde liegende Sach- und Interessenlage erschüttert haben können, um so mehr besteht für die Gemeinde vor Bekanntmachung des Bauleitplans Ver-

---

1 Zu einem solchen „Mißbrauch" s. auch Uechtritz/Buchner, Einschränkungen des Anwendungsbereichs des § 33 BauGB durch das BVerwG, BauR 2003, 813 (814).

anlassung zu einer Prüfung dahingehend, ob der Planinhalt noch vertretbar ist oder ob die Planung nicht diesen veränderten Umständen angepaßt werden muß[1]. Hierbei gelten ähnliche Anforderungen wie bei der rückwirkenden Inkraftsetzung von Bauleitplänen gemäß § 214 Abs. 4 BauGB, die ebenfalls davon abhängt, daß es zwischenzeitlich nicht zu einer maßgeblichen Veränderung der Sach- oder Rechtslage gekommen ist (Rdnr. 1100).

Wer für die ortsübliche Bekanntmachung der Genehmigung oder des Satzungsbeschlusses gemeindeintern **verantwortlich** ist, also im Regelfall die entsprechende Anordnung vornimmt bzw. unterzeichnet (**Bekanntmachungsanordnung**), ergibt sich aus dem jeweiligen Landesrecht[2]. Bundesrechtlich ist lediglich gefordert, daß die im Vorfeld der Bekanntmachung einzuhaltenden bauplanungsrechtlichen und allgemeinen rechtsstaatlichen Anforderungen (s. insbesondere zur Notwendigkeit einer Ausfertigung Rdnr. 801) erfüllt sind und daß überhaupt eine ortsübliche Bekanntmachung gemäß § 10 Abs. 3 Satz 1 bzw. § 6 Abs. 5 Satz 1 BauGB erfolgt[3]. 817

Die **Anforderungen** an die ortsübliche Bekanntmachung entsprechen denjenigen bei § 3 Abs. 2 Satz 2 BauGB (Rdnr. 429 ff.). Die Einzelheiten ergeben sich also aus dem jeweiligen Landes- und Ortsrecht. Es ist jedoch ohne weiteres möglich, daß auf Landesebene unterschiedliche Bekanntmachungsanforderungen für die Öffentlichkeitsbeteiligung einerseits und die Bekanntmachung von Bauleitplänen andererseits bestehen. § 3 Abs. 2 Satz 2, § 6 Abs. 5 Satz 1 und § 10 Abs. 3 Satz 1 BauGB sprechen zwar jeweils wortgleich von der ortsüblichen Bekanntmachung, jedoch beruht dies allein darauf, daß der Bundesgesetzgeber nicht zu konkreten Regelungen ermächtigt ist, wie die jeweilige Bekanntmachung in den einzelnen Ländern zu erfolgen hat. 818

Im Unterschied zu § 3 Abs. 2 Satz 2 BauGB ist für Bauleitpläne keine besondere Frist zwischen Bekanntmachung und Inkrafttreten des Plans geregelt. Bauleitpläne treten vielmehr gemäß § 10 Abs. 3 Satz 4 BauGB und § 6 Abs. 5 Satz 2 BauGB mit der Vollendung der Bekanntmachung, also an dem Tag, an dem die Bekanntmachung bewirkt ist, in Kraft[4]. Wegen des ausdrücklichen Gesetzeswortlauts kann landesrechtlich nichts anderes geregelt werden. Davon unberührt bleiben allerdings die landesrechtlichen Bekannt- 819

---

1 BVerwG v. 10.8.2000 – 4 CN 2.99, BauR 2001, 71 = DVBl. 2000, 1861 = DÖV 2001, 130 = NVwZ 2001, 203 = UPR 2001, 67; BVerwG v. 29.9.1978 – 4 C 30.76, BVerwGE 56, 283 = BauR 1978, 449 = BRS 33 Nr. 11 = DVBl. 1979, 151 = NJW 1979, 1516 = ZfBR 1978, 84; s. auch OVG Lüneburg v. 31.1.1980 – 1 A 168/78, BauR 280, 245 = BRS 26 Nr. 29 = NJW 1980, 1765; OVG Lüneburg v. 12.5.1981 – 1 C 4/80, BRS 38 Nr. 34.
2 S. z.B. § 3 BekanntmachungsVO NW, dazu OVG Münster v. 12.3.2003 – 7a D 20/02, NVwZ-RR 2003, 667.
3 Vgl. BVerwG v. 10.8.2000 – 4 CN 2.99, BauR 2001, 71 = DVBl. 2000, 1861 = DÖV 2001, 130 = NVwZ 2001, 203 = UPR 2001, 67.
4 BGH v. 30.6.1994 – III ZR 109/93, NVwZ 1995, 101 = UPR 1994, 390.

machungsfristen, nach denen häufig eine ortsübliche Bekanntmachung mittels öffentlichem Aushang erst eine Woche nach Beginn des Aushangs bewirkt ist (s. Rdnr. 435 f.). Erst nach Ablauf dieser Frist ist in einem solchen Fall die Bekanntmachung abgeschlossen, d.h. erst mit diesem Tag tritt der Bauleitplan in Kraft (zu Besonderheiten im Zusammenhang mit der Notwendigkeit, den Bauleitplan zur Einsicht bereitzuhalten, s. Rdnr. 829 ff.).

2. Inhalt der Bekanntmachung

820 Bekanntzumachen ist die Erteilung der Genehmigung oder bei genehmigungsfreien Bauleitplänen der Satzungsbeschluß (Schlußbekanntmachung).

821 Damit der Bürger überhaupt erkennen kann, um welche Planung es sich handelt, müssen im Regelfall zumindest die ungefähren **Grenzen des Plangebiets** angegeben werden. Dies gilt insbesondere für Bebauungspläne. Bei Flächennutzungsplänen bedarf es besonderer Angaben zumeist nicht, da sich die Flächennutzungsplanung grundsätzlich auf das gesamte Gemeindegebiet bezieht (§ 5 Abs. 1 Satz 1 BauGB, Rdnr. 102). Selbst bei der Herausnahme von Flächen oder Darstellungen ist eine genaue Benennung wegen der bloßen Hinweisfunktion in der Regel nicht erforderlich.

822 Die Angabe der Plangrenzen in der Schlußbekanntmachung dient dazu, den Bürgern das Inkrafttreten des neuen Plans und die ungefähre Lage des Plangebiets bewußt zu machen und diejenigen, die sich über die genaue Lage oder die Regelungsinhalte unterrichten wollen, auf die Möglichkeit zur Einsichtnahme in den bei der Gemeinde ausliegenden Plan hinzuweisen. Die Anforderungen an diese **Hinweisfunktion** sind geringer als bei der „Anstoßfunktion", die mit der Bekanntmachung der Öffentlichkeitsbeteiligung gemäß § 3 Abs. 2 Satz 2 BauGB (Rdnr. 440) verbunden ist[1]. Zwar reicht auch bei der Bekanntmachung der Genehmigung oder des Satzungsbeschlusses nicht die Kennzeichnung eines Bebauungsplans mit einer bloßen Nummer[2], jedoch genügt in der Regel die Angabe der betroffenen Gemarkung, einer das Plangebiet begrenzenden oder dort befindlichen markanten Straße oder eine sonstige schlagwortartige Kennzeichnung des Plangebiets[3]. Unnötige Rechtsunsicherheiten in diesem Zusammenhang können ohne weiteres da-

---

1 Bloße „Wegweiserfunktion" der Bekanntmachung, BVerwG v. 10.8.2000 – 4 CN 2.99, BauR 2001, 71 = DVBl. 2000, 1861 = DÖV 2001, 130 = NVwZ 2001, 203 = UPR 2001, 67; Gaentzsch in Berliner Kommentar zum Baugesetzbuch, § 10 Rdnr. 18.
2 BVerwG v. 10.8.2000 – 4 CN 2.99, BauR 2001, 71 = DVBl. 2000, 1861 = DÖV 2001, 130 = NVwZ 2001, 203 = UPR 2001, 67; BVerwG v. 13.1.1989 – 4 NB 33.88, BauR 1989, 303 = BRS 49 Nr. 23 = DÖV 1989, 452 = NVwZ 1989, 661 = UPR 1989, 188 = ZfBR 1989, 79.
3 BVerwG v. 22.3.1985 – 4 C 59.81, BRS 44 Nr. 23; BVerwG v. 6.7.1984 – 4 C 28.83, BauR 1984, 606 = BRS 42 Nr. 26 = DVBl. 1985, 112 = NJW 1985, 1569 = UPR 1985, 27 = ZfBR 1984, 293.

durch vermieden werden, daß die Gemeinde die strengeren Anforderungen aus der Öffentlichkeitsbeteiligung übernimmt und in der Schlußbekanntmachung das Plangebiet ebenso beschreibt wie anläßlich des Verfahrens nach § 3 Abs. 2 BauGB.

Der Bekanntmachungsgegenstand (Satzungsbeschluß, Genehmigung) muß für Außenstehende verständlich wiedergegeben werden. Dies erfordert weder eine Bekanntmachung des gesamten Beschlusses über den Bauleitplan noch der vollständigen Genehmigung. Ausreichend ist vielmehr, wenn der **wesentliche Beschluß- oder Genehmigungsinhalt** wiedergegeben wird[1]. Es muß lediglich erkennbar sein, inwieweit der Plan durch die Genehmigung gedeckt ist und daher durch Abschluß des Aufstellungsverfahrens Gültigkeit erlangen soll. Entsprechendes gilt für die Bekanntmachung des Satzungsbeschlusses mit oder ohne Anzeigepflicht nach Landesrecht (Rdnr. 795 ff.). 823

Ebenfalls ist es nicht erforderlich, daß in der Bekanntmachung auf etwaige **Nebenbestimmungen** der Genehmigung hingewiesen wird (zur Genehmigung von Bauleitplänen mit Maßgaben Rdnr. 784 ff.)[2]. Bei bloßen redaktionellen Maßgaben anläßlich der Genehmigung des Plans versteht sich dies schon wegen ihrer fehlenden materiellen Bedeutung von selbst. Bei inhaltlichen Maßgaben muß sich die Gemeinde die Maßgaben durch einen Beitrittsbeschluß zu eigen gemacht und daher die Nebenbestimmungen im Vorfeld der Bekanntmachung „abgearbeitet" haben. Für den mit der Bekanntmachung in Kraft zu setzenden Plan sind daher Hinweise auf etwaige Maßgaben der Genehmigung eher irreführend als für den Bürger hilfreich. 824

Während beim Flächennutzungsplan die Gemeinde nur verpflichtet ist, dafür zu sorgen, daß jedermann den Plan, die Begründung und die zusammenfassende Erklärung einsehen und über deren Inhalt Auskunft verlangen kann (§ 6 Abs. 5 Satz 4 BauGB), muß in der Schlußbekanntmachung von Bebauungsplänen darauf hingewiesen werden, **wo der Plan eingesehen** werden kann (§ 10 Abs. 3 Satz 3 BauGB). Es genügt dabei die Angabe der zuständigen Behörde und deren Anschrift. Wechselt späterhin dieser Ort, etwa weil das Rathaus der Gemeinde verlegt wird, ist dies unschädlich. Der einmal in Kraft getretene Bauleitplan bleibt wirksam, ohne daß es dafür einer erneuten Bekanntmachung bedarf. Ebenso wie die Bekanntmachung der Genehmigung oder des Satzungsbeschlusses selbst ist auch der Hinweis gemäß § 10 Abs. 3 Satz 3 BauGB, wo der Bebauungsplan eingesehen werden kann, **Wirksamkeitsvoraussetzung** der Bekanntmachung. Ein Fehlen dieses Hinweises führt zur Unwirksamkeit des Bebauungsplans[3]. 825

---

1 BVerwG v. 6.7.1984 – 4 C 28/83, DVBl. 1985, 112 = NJW 1985, 1569; BVerwG v. 7.5.1971 – IV C 76/68, BauR 1971, 182 = BRS 24 Nr. 15 = DVBl. 1971, 759.
2 BVerwG v. 5.12.1986 – 4 C 29.86, BVerwGE 25, 271 = BRS 46 Nr. 14 = DVBl. 1987, 489 = NVwZ 1987, 317 = UPR 1987, 195 = ZfBR 1987, 104.
3 VGH Mannheim v. 13.2.1989 – 5 S 2490/88, BauR 1989, 435 = BRS 49 Nr. 24 = NVwZ 1989, 681 = UPR 1989, 396.

826 Keines Hinweises bedarf es nach dem Gesetzeswortlaut, **wann** der Plan eingesehen werden kann. Ein Hinweis auf die üblichen Dienststunden oder Besuchszeiten ist daher nicht erforderlich, gleichwohl jedoch zulässig (vgl. Rdnr. 449)[1]. Die Information muß dann allerdings zutreffend sein und darf keinen irreführenden Charakter haben.

827 Ergänzt werden die Regelungen zur Bekanntmachung und zu den erforderlichen Hinweisen in § 6 Abs. 5 und § 10 Abs. 3 BauGB durch **§ 215 Abs. 2 BauGB**. Danach ist auf die in § 215 Abs. 1 BauGB geregelten **Rügefristen** und die **Rechtsfolgen**, wenn sie nicht eingehalten werden, hinzuweisen. Hinzu kommen entsprechende Rügehinweise für Verstöße gegen Verfahrensvorschriften nach Landesrecht[2]. Diese Hinweise sind allerdings **keine Wirksamkeitsvoraussetzung** für den Bauleitplan. Fehlen sie, greifen lediglich die bundes- oder landesrechtlich geregelten Rügefristen nicht ein. Die betreffenden Fehler können dann zeitlich unbegrenzt geltend gemacht werden. Allerdings ist es möglich, die entsprechenden Hinweise, die letztlich eine Art „Rechtsmittelbelehrung" darstellen, nachzuholen. Dies muß in einer Weise geschehen, die den Anforderungen an eine ordnungsgemäße Bekanntmachung genügt[3].

828 Einen Hinweis auf die 2-Jahresfrist nach § 47 Abs. 2 Satz 1 VwGO für einen Normenkontrollantrag muß die Bekanntmachung nicht enthalten, da diese Frist kraft Gesetzes mit der Bekanntmachung des Bauleitplans zu laufen beginnt. Dies ist auch unter rechtsstaatlichen Gesichtspunkten unbedenklich, da ein Bauleitplan auch nach Ablauf der 2-Jahresfrist immer noch der Inzidentkontrolle (Rdnr. 1034 ff.) unterliegt[4].

3. Bereithalten des Bauleitplans zur Einsicht, Auskunftspflicht

829 Bauleitpläne sind gemeinsam mit ihrer Begründung und der zusammenfassenden Erklärung zu jedermanns Einsicht bereitzuhalten (§ 6 Abs. 5 Satz 4, § 10 Abs. 3 Satz 2 BauGB). Da der Bauleitplan als solcher bei der Ersatzverkündung (Rdnr. 808) nicht öffentlich bekannt gemacht wird, ist dies **unverzichtbarer Bestandteil** der Verkündung. Ansonsten ist für den Bürger trotz der Bekanntmachung des Satzungsbeschlusses oder der Genehmigung nicht mit der gebotenen Eindeutigkeit erkennbar, wie sich die durch den Bauleitplan geschaffene rechtliche Situation darstellt.

---

1 Gaentzsch in Berliner Kommentar zum Baugesetzbuch, § 10 Rdnr. 20.
2 BVerwG v. 31.10.1989 – 4 NB 7.89, BRS 49 Nr. 31 = DVBl. 1990, 366 = DÖV 1991, 122 = NVwZ-RR 1990, 286 = UPR 1990, 183 = ZfBR 1990, 32.
3 So etwa auch Jäde in Jäde/Dirnberger/Weiß, § 215 Rdnr. 11; Lemmel in Berliner Kommentar zum Baugesetzbuch, § 215 Rdnr. 2.
4 BVerwG v. 28.12.2000 – 4 BN 32/00, BauR 2001, 1066 = ZfBR 2001, 350.

Das Baugesetzbuch geht ersichtlich davon aus, daß die ortsübliche Bekanntmachung und der Beginn des Bereithaltens zeitlich zusammenfallen[1]. Gleichwohl ist es unschädlich, wenn der Bauleitplan erst ab einem späteren Zeitpunkt zur Einsichtnahme zur Verfügung steht. Dies gilt jedenfalls dann, wenn es um einen begrenzten zeitlichen Abstand geht[2]. Allerdings führt die verzögerte Bereithaltung des Plans zur Einsichtnahme dazu, daß er erst ab diesem Zeitpunkt in Kraft tritt. Dies entspricht zwar nicht dem Gesetzeswortlaut, der für das Inkrafttreten allein auf die Bekanntmachung abstellt, ist jedoch rechtsstaatlich zwingend. Andernfalls würde während der Zwischenzeit eine Rechtslage maßgeblich, die die betroffene Öffentlichkeit gar nicht kennen kann[3]. Etwas anderes gilt für die Begründung des Bauleitplans und insbesondere die ohnehin erst nachträglich beizufügende zusammenfassende Erklärung gemäß § 10 Abs. 4 BauGB bzw. § 6 Abs. 5 Satz 3 BauGB. Werden diese erst später als der Bauleitplan selbst zur Einsichtnahme bereitgehalten, hat dies auf den Zeitpunkt des Inkrafttretens keinen Einfluß. Insofern gilt mangels einer anderslautenden Regelung im Baugesetzbuch nichts anders als bei sonstigen Rechtsnormen. Auch dort ist es zwar für das Inkrafttreten einer Norm erforderlich, daß diese ordnungsgemäß verkündet wird oder jedenfalls eine Ersatzverkündung erfolgt, nicht aber zusätzlich, daß Unterlagen mit erläuterndem Charakter gemeinsam mit dem Normtext zur Einsichtnahme bereitgehalten werden.

830

Zur Einsichtnahme bereitzuhalten ist der Bauleitplan entweder im **Original** oder in einer ihm genau entsprechenden **beglaubigten Kopie** nebst der Begründung und der zusammenfassenden Erklärung. Die Einsichtnahme muß in zeitlicher Hinsicht für den Bürger zumutbar sein. Sie darf jedoch auf die **Publikums- oder allgemeinen Dienststunden** der Behörde begrenzt sein (vgl. Rdnr. 464 zur förmlichen Bürgerbeteiligung).

831

Anders als der Planentwurf im Rahmen der Öffentlichkeitsbeteiligung gemäß § 3 Abs. 2 BauGB muß der Bebauungsplan nach seiner Bekanntmachung nicht öffentlich ausgelegt werden. Er ist vielmehr nur **bereitzuhalten**. Es genügt daher, wenn der Plan einem daran Interessierten erst auf entsprechende Nachfrage hin für eine Einsichtnahme zur Verfügung gestellt wird. Er ist dann allerdings ohne jedweden Nachweis eines besonderen Interesses kostenlos für die Einsichtnahme zur Verfügung zu stellen[4].

832

---

1 BVerfG v. 22.11.1983 – 2 BvL 25.81, BVerfGE 65, 283 = BauR 1984, 45 = BRS 40 Nr. 23 = DVBl. 1984, 183 = NVwZ 1984, 430 = UPR 1984, 91 = ZfBR 1984, 88 („nächstfolgende Stunden").
2 BGH v. 30.10.1986 – III ZR 56/85, NVwZ 1987, 448 = UPR 1987, 182 = ZfBR 1987, 106, dort entschieden für einen zeitlichen Zwischenraum von 11 Tagen, den der BGH für unbedenklich hält; s. auch Jäde in Jäde/Dirnberger/Weiß, § 10 Rdnr. 50.
3 Vgl. BVerwG v. 22.3.1985 – 4 C 63.80, BVerwGE 71, 150 = DVBl. 1985, 896; im Ergebnis wohl auch Löhr in Battis/Krautzberger/Löhr, § 10 Rdnr. 38; anders Gaentzsch in Berliner Kommentar zum Baugesetzbuch, § 10 Rdnr. 30.
4 Vgl. BVerwG v. 14.12.1973 – IV C 71.71, BVerwGE 44, 244 = BRS 27 Nr. 157.

833 Das Baugesetzbuch enthält keine Regelung, wie lange ein Bauleitplan zur Einsichtnahme bereitgehalten werden muß. Daraus ist abzuleiten, daß dies **zeitlich unbefristet** erfolgen muß. Das ist auch der Sache nach gerechtfertigt, da die Ersatzverkündung, bestehend aus Bekanntmachung und Bereithalten des Plans zur Einsichtnahme (Rdnr. 808), den Abdruck in einem amtlichen Verkündungs- oder Gesetzesblatt ersetzt, das allgemein zugänglich ist und auch käuflich erworben werden kann. Die Ersatzverkündung muß dafür ein dauerhaftes Äquivalent bieten[1]. Unschädlich ist es allerdings, wenn ein zunächst bereitgehaltener und damit wirksam in Kraft getretener Bauleitplan späterhin für eine gewisse Zeitdauer nicht zur Verfügung steht, weil er etwa bei einem Rechtsstreit dem Gericht vorgelegt werden muß. Allerdings ist es sinnvoll, in einem solchen Fall zumindest eine Kopie zurückzubehalten, die dann auch für eine Einsichtnahme zur Verfügung steht. Selbst die **Zerstörung** oder das **Abhandenkommen** eines einmal in Kraft getretenen Bauleitplans führen nicht dazu, daß der Plan unwirksam wird oder außer Kraft tritt[2].

834 Die Verpflichtung, über den Inhalt des Bauleitplans Auskunft zu geben (§ 10 Abs. 3 Satz 2 2. Halbsatz, § 6 Abs. 5 Satz 4 BauGB) ist für das Inkrafttreten des Plans bedeutungslos. Es handelt sich um eine darüber hinausgehende Pflicht. Der Anspruch ist gerichtet auf eine eindeutige und vollständige **Erläuterung des Planinhalts**, nicht jedoch auf Rechtsberatung (s. in diesem Zusammenhang auch § 214 Abs. 1 Satz 2 BauGB, Rdnr. 1065).

I. Änderung, Ergänzung und Aufhebung von Bauleitplänen (§ 1 Abs. 8 BauGB), vereinfachtes Verfahren (§ 13 BauGB)

I. Allgemeine Anforderungen

835 Soll ein Bauleitplan geändert, ergänzt oder aufgehoben werden, gelten dafür gemäß § 1 Abs. 8 BauGB die gleichen Anforderungen wie für seine Aufstellung. Insbesondere bei einem Bebauungsplan als verbindlichem Bauleitplan sind stärker noch als bei der (erstmaligen) Planaufstellung die **privaten Interessen** bei der Abwägung (Rdnr. 584 ff.) in den Blick zu nehmen, weil vielfach die Grundstückseigentümer im Plangebiet auf die vorhandenen Ausweisungen vertraut haben. Je stärker dieses Vertrauen und je berechtigter das Anliegen der Eigentümer ist, daß es bei den bisherigen Festsetzungen verbleibt, desto höher ist das Gewicht dieser Belange in der planeri-

---
1 BVerwG v. 14.12.1973 – IV C 71.71, BVerwGE 44, 244 = BRS 27 Nr. 157; Löhr in Battis/Krautzberger/Löhr, § 10 Rdnr. 39.
2 BVerwG v. 1.4.1997 – 4 B 206.96, BauR 1997, 597 = BRS 59 Nr. 34 = DVBl. 1997, 856 = NVwZ 1997, 890 = UPR 1997, 334 = ZfBR 1997, 203.

schen Abwägung und um so höher müssen die für eine Änderung sprechenden anderweitigen Gründe sein.

Beispiel: 836

Ein Bebauungsplan weist für ein geplantes neues Wohngebiet mit Einfamilienhausbebauung Flachdächer aus. Bereits kurz nach Inkrafttreten des Plans möchte die Gemeinde den Plan dahingehend ändern, daß statt Flachdächern Spitz- und Satteldächer festgesetzt werden. Die Eigentümer, die die einzelnen Parzellen zum Zwecke der Bebauung erworben haben, machen im Rahmen der Öffentlichkeitsbeteiligung geltend, daß sie sich alle auf eine Flachdachbebauung eingerichtet haben und bereits vorbereitete Bauanträge kurzfristig eingereicht werden sollen. Einige Häuser mit Flachdächern seien im übrigen auch bereits realisiert. In einem solchen Fall muß es schon sehr gewichtige Gründe geben, wenn für die Zukunft Flachdächer ausgeschlossen werden sollen.

Allerdings wird die Möglichkeit zur Änderung vorhandenen Planungsrechts durch Gesichtspunkte des Vertrauensschutzes nicht von vornherein auf bestimmte besonders schwerwiegende Gründe beschränkt. Denn ein Bebauungsplan ist nicht mit einem begünstigenden Verwaltungsakt vergleichbar, der nur unter den Voraussetzungen der §§ 48, 49 VwVfG aufgehoben oder geändert werden kann. Ebensowenig wie ein Anspruch auf Änderung eines Bebauungsplans besteht, existiert ein Anspruch auf Fortbestand des ursprünglichen Plans (§ 1 Abs. 3 Satz 2 BauGB, Rdnr. 57)[1].

Die **Änderung** eines Bauleitplans liegt vor, wenn gegenüber dem vorhandenen Plan zumindest teilweise **abweichende** Darstellungen oder Festsetzungen erfolgen. Um eine **Ergänzung** handelt es sich, wenn es um **zusätzliche** Darstellungen oder Festsetzungen einschließlich einer Erweiterung des Plangebiets geht. Änderungen und Ergänzungen eines Bauleitplans können dabei auch in einem einheitlichen Verfahren erfolgen (zur Abgrenzung der Planänderung und Planergänzung von einem Änderungs- oder Ergänzungsplan Rdnr. 839 f.; zur maßgeblichen Fassung der Baunutzungsverordnung bei Planänderungen und -ergänzungen Rdnr. 1185 ff.). 837

Um die **Aufhebung** eines Bauleitplans geht es, wenn die Wirkungen des Plans vollständig beseitigt werden sollen. Bei einem vorhandenen wirksamen Bauleitplan hat die Aufhebung **konstitutiven Charakter**. Daneben kommt auch eine **deklaratorische Aufhebung** in Betracht, wenn der Bauleitplan unwirksam ist und die Fehler nicht behoben werden können oder sollen. Obgleich eine deklaratorische Aufhebung nur die ohnehin bestehende Rechtslage wiedergibt, ist sie in der Regel geboten, um den mit dem unwirksamen Bauleitplan verbundenen Rechtsschein zu beseitigen und die notwendige Rechtssicherheit zu gewährleisten[2]. Auch für eine Aufhebung 838

---

1 S. hierzu etwa BVerwG v. 20.8.1992 – 4 NB 3.92, BRS 54 Nr. 21 = DVBl. 1992, 1441 = DÖV 1993, 120 = NVwZ 1993, 468 = UPR 1992, 446 = ZfBR 1992, 289.
2 BVerwG v. 21.11.1986 – 4 C 22.83, BVerwGE 75, 142 = BauR 1987, 171 = BRS 46 Nr. 3 = DVBl. 1987, 482 = DÖV 1987, 692 = NVwZ 1987, 492 = UPR 1987, 186 = ZfBR 1987, 96.

in diesem Fall bedarf es allerdings der ordnungsgemäßen Durchführung des Bauleitplanverfahrens. Die Gemeinde kann also nicht etwa nur beschließen, einen für unwirksam gehaltenen Bauleitplan nicht (mehr) anzuwenden (zur gemeindlichen Normverwerfungskompetenz Rdnr. 1038 ff.). Geht die Gemeinde allerdings fälschlich von der Unwirksamkeit des Plans aus und stellt sie im Rahmen der – vermeintlich – deklaratorischen Aufhebung keine weiteren inhaltlichen Erwägungen an, leidet die Aufhebung an einem Abwägungsfehler[1].

839 **Auslegungsschwierigkeiten** bestehen häufig bei Bauleitplänen, bei denen nicht hinreichend sorgfältig darauf geachtet wird, wie eine Überplanung oder eine Änderung des Bauleitplans konkret vollzogen werden soll. Besonders deutlich wird dies bei der **vollständigen Überplanung** eines bereits vorhandenen Bebauungsplangebiets. Für diese Überplanung genügt es grundsätzlich, einen neuen Bauleitplan aufzustellen, diesen also gewissermaßen über den alten Plan zu legen. Der ältere Bauleitplan wird in diesem Fall durch den jüngeren Plan (ganz oder teilweise) **überlagert**, ohne daß es eines darauf gerichteten besonderen Willens der Gemeinde bedarf[2]. Wird der jüngere Plan aufgehoben oder erweist er sich als unwirksam, ist wieder der alte Plan maßgeblich. Dies gilt selbstverständlich mit der Einschränkung, daß dieser Plan seinerseits wirksam sein muß und nicht funktionslos geworden sein darf (zur Funktionslosigkeit Rdnr. 865 ff.). Anders ist die Rechtslage jedoch dann, wenn anläßlich der Aufstellung des neuen Bauleitplans der alte Plan gezielt aufgehoben, also anläßlich der Neuaufstellung ein **selbständiger Aufhebungsbeschluß** für den alten Plan gefaßt wurde. In diesem Fall lebt der alte Plan auch bei Aufhebung oder Unwirksamkeit des jüngeren Plans nicht wieder auf. Es kommt dann bei Aufhebung oder Unwirksamkeit des jüngeren Bauleitplans vielmehr auf die Rechtslage an, die ohne diesen älteren Plan gilt. Ob bei einer Neuplanung der ursprüngliche Plan (ganz oder teilweise) aufgehoben werden soll, muß sich aus einem entsprechenden Beschluß der Gemeinde ergeben. Dieser Beschluß muß zumindest im textlichen Teil des neuen Bebauungsplans enthalten sein und erkennen lassen, daß er auch unabhängig von dem neuen Plan und dessen Rechtsschicksal Bestand haben soll[3].

840 Vergleichbare Probleme ergeben sich dann, wenn ein Bauleitplan nur hinsichtlich einzelner Darstellungen oder Festsetzungen **geändert oder ergänzt** werden soll. Auch in diesem Fall können entgegenstehende Darstellungen oder Festsetzungen anläßlich der Änderung oder Ergänzung des Bauleitplans gleichzeitig aufgehoben werden. Die neuen Darstellungen oder Festsetzun-

---

1 OVG Lüneburg v. 9.12.1994 – 1 K 4722/93, DÖV 1995, 432 = NVwZ 1995, 911 = UPR 1995, 279 = ZfBR 1995, 155.
2 BVerwG v. 10.8.1990 – 4 C 3.90, BVerwGE 85, 289 = BauR 1991, 51 = BRS 50 Nr. 2 = DVBl. 1990, 1182 = NVwZ 1991, 673 = UPR 1991, 68.
3 BVerwG v. 10.8.1990 – 4 C 3.90, BVerwGE 85, 289 = BauR 1991, 51 = BRS 50 Nr. 2 = DVBl. 1990, 1182 = NVwZ 1991, 673 = UPR 1991, 68.

gen werden in diesem Fall in den alten Plan gewissermaßen integriert. Man kann dies als **Planänderung** bezeichnen. Auch hier kommt es allerdings in Betracht, daß lediglich neue oder ergänzende Festsetzungen den alten Plan teilweise überlagern. Man kann in diesem Fall von einem **Änderungsplan** sprechen. Diese Unterscheidung kann aus rechtlicher Sicht erhebliche Bedeutung haben. Denn eine Planänderung setzt zwingend die Wirksamkeit des Ursprungsplans voraus. Ist dieser unwirksam, führt das automatisch auch zur Unwirksamkeit sämtlicher späterer Planänderungen[1]. Demgegenüber ist diese Rechtsfolge bei einem Änderungsplan nicht zwingend. Wenn dieser derart verselbständigt und von dem Ursprungsplan unabhängig ist, daß er auch allein die städtebauliche Entwicklung und Ordnung steuern kann, kommt es auf die Wirksamkeit des Ursprungsplans nicht an. Nur dann, wenn der jüngere mit dem älteren Plan inhaltlich so verzahnt ist, daß nur beide gemeinsam die städtebauliche Entwicklung und Ordnung steuern, bewirkt die Unwirksamkeit des Ursprungsplans auch die Unwirksamkeit des – an sich selbständigen – Änderungsplans[2].

II. Vereinfachtes Verfahren zur Änderung oder Ergänzung von Bauleitplänen sowie zur Aufstellung von Bebauungsplänen in einem Gebiet nach § 34 BauGB

1. Anwendungsvoraussetzungen für das vereinfachte Verfahren gemäß § 13 BauGB

Das vereinfachte Verfahren gemäß § 13 BauGB ist durch das EAG Bau (Rdnr. 1) erheblich umgestaltet worden. Es stellt nunmehr ein Sonderverfahren für die Bauleitplanung dar, bei dem es anders als im Regelfall **keiner Umweltprüfung** (Rdnr. 655 ff.) und nur einer **einstufigen Öffentlichkeits- und Behördenbeteiligung** bedarf. Der Anwendungsbereich des § 13 BauGB ist folglich nur eröffnet, wenn es sich um Planungen handelt, die offensichtlich keine Umweltauswirkungen haben. Der Sache nach handelt es sich um eine normative Ausnahmeregelung im Sinne von Art. 3 Abs. 5 Satz 1 der Plan-UP-Richtlinie (Rdnr. 1). Die Anwendungsvoraussetzungen entsprechen Art. 3 Abs. 5 Satz 2 der Plan-UP-Richtlinie i.V.m. deren Anhang II.

841

Der Anwendungsbereich der Regelung ist im Vergleich zu der früheren Rechtslage einerseits enger geworden, wenngleich auch die bisher alleinige Verfahrensvoraussetzung, daß die Grundzüge der Planung nicht berührt sein dürfen, eng ausgelegt wurde. Andererseits gibt es eine Erweiterung des An-

---

1 BVerwG v. 16.12.1999 – 4 CN 7.98, BauR 2000, 684 = DVBl. 2000, 804 = UPR 2000, 227; VGH München v. 23.12.1998 – 26 N 98.1675, BauR 2000, 79 = BRS 60 Nr. 31 = NVwZ-RR 2000, 79; einschränkend für bloße Bekanntmachungsfehler im Vorfeld der Planänderung, die zeitgleich mit der Bekanntmachung der Planänderung korrigiert werden OVG Lüneburg v. 13.3.2002 – 1 K 4221/00, ZfBR 2002, 586.
2 Kuschnerus, Der sachgerechte Bebauungsplan, Rdnr. 148.

wendungsbereichs für das vereinfachte Verfahren, weil es nunmehr auch für die erstmalige Aufstellung eines Bebauungsplans in einem Gebiet nach § 34 BauGB in Betracht kommt. Dies entspricht der gesetzgeberischen Absicht, das vereinfachte Verfahren nach § 13 BauGB ganz allgemein zu einer erleichterten Planungsmöglichkeit für die Fälle fortzuentwickeln, die sowohl städtebaulich als auch in Bezug auf ihre Umweltrelevanz eindeutig unkritisch sind[1].

842 Nicht anwendbar ist das vereinfachte Verfahren auf die Aufhebung von Bauleitplänen. Eine Sonderregelung dazu findet sich in § 12 Abs. 6 Satz 3 BauGB, nach dem ein vorhabenbezogener Bebauungsplan unabhängig von den Anwendungsvoraussetzungen des § 13 Abs. 1 BauGB im vereinfachten Verfahren aufgehoben werden kann, wenn der Vorhabenträger den Vorhaben- und Erschließungsplan nicht fristgerecht durchgeführt hat (Rdnr. 923 ff.).

843 Für die Anwendbarkeit des vereinfachten Verfahrens ist es unerheblich, ob es sich um eine Planänderung oder -ergänzung handelt, bei der der ursprüngliche Bauleitplan teilweise aufgehoben und durch neue Darstellungen oder Festsetzungen ersetzt oder ob lediglich der ältere Plan teilweise durch die neuen Darstellungen oder Festsetzungen überlagert wird (Änderungsplan; zu dieser Unterscheidung Rdnr. 840). Dies ergibt sich aus dem Sinn und Zweck der Vorschrift, für einfache Veränderungen eines Bauleitplans ein erleichtertes Verfahren unabhängig davon zur Verfügung zu stellen, wie sich dies auf die in jedem Fall nicht mehr anwendbaren Darstellungen und Festsetzungen des ursprünglichen Plans auswirkt. Die Begriffe Änderung und Ergänzung sind daher hier weniger verfahrensrechtlich als vielmehr materiell-rechtlich zu verstehen. Änderungen oder Ergänzungen liegen im weiteren nur vor, wenn sie die Identität des zu ändernden oder zu ergänzenden Bauleitplans im wesentlichen unberührt lassen, es also nicht um eine vollständige Neubeplanung des betreffenden Gebiets geht.

844 § 13 Abs. 1 BauGB regelt die tatbestandlichen Voraussetzungen, bei deren Erfüllung die Durchführung des vereinfachten Verfahrens möglich ist. Abs. 2 und Abs. 3 der Vorschrift enthalten die Erleichterungen gegenüber dem Regelverfahren der Bauleitplanung.

845 In bereits mit einem Flächennutzungsplan oder einem Bebauungsplan **beplanten Bereichen** ist eine Änderung oder Ergänzung des betreffenden Bauleitplans möglich, wenn die Grundzüge der Planung nicht berührt sind. Die Frage, wann Änderungen oder Ergänzungen eines Bauleitplans die **Grundzüge der Planung** berühren, kann letztlich nur im Einzelfall beantwortet werden. Aus dem Sinn und Zweck des vereinfachten Verfahrens, eine um-

---

[1] Regierungsentwurf zum EAG Bau, BT-Drucksache 15/2250, Begründung zu Nr. 14 (§ 13).

fassende Öffentlichkeits- und Behördenbeteiligung entbehrlich zu machen, ergibt sich, daß es sich um punktuelle und auf Einzelheiten beschränkte Änderungen oder Ergänzungen handeln muß. Es dürfen hingegen in der Regel keine Änderungen sein, die sich auf das gesamte Plangebiet erstrecken oder außerhalb der zu ändernden oder zu ergänzenden Bereiche Belange berühren, die einer umfassenden Abwägung zugänglich gemacht werden müssen. In diesen Fällen ist der Kreis der (möglicherweise) berührten Belange so groß, daß die mit § 13 BauGB bezweckten Vereinfachungen keine Anwendung finden können. Gewahrt werden muß der planerische Grundgedanke, also die planerische Konzeption, die dem Bauleitplan zu Grunde liegt. Dieser Konzeption muß der Bauleitplan auch nach der Änderung oder Ergänzung noch entsprechen. Die Änderungen oder Ergänzungen müssen im Bereich dessen liegen, was die planende Gemeinde gewollt hat oder gewollt hätte, wenn sie die weitere Entwicklung einschließlich des Grundes der Abweichung bei der ursprünglichen Beschlußfassung gekannt hätte[1]. Insofern besteht eine gewisse **Parallele zur Befreiungsmöglichkeit** gemäß § 31 Abs. 2 BauGB, wenngleich der Anwendungsbereich des vereinfachten Verfahrens zur Änderung oder Ergänzung von Bauleitplänen trotz der wortgleichen Bezugnahme auf die Grundzüge der Planung weitergeht. Dies folgt schon aus dem trotz der Vereinfachungen gemäß § 13 Abs. 2 und Abs. 3 BauGB komplexeren Verfahren der Planänderung oder -ergänzung, das – abgesehen von den in § 13 Abs. 2 und 3 BauGB ausdrücklich genannten Abweichungen – ebenso durchzuführen ist wie jedes andere Bauleitplanverfahren. Es ist daher anders als § 31 Abs. 2 BauGB nicht auf sich bei der Planverwirklichung herausstellende (atypische) Einzelfälle beschränkt (zu § 31 Abs. 2 BauGB Rdnr. 1717 ff.)[2].

In Betracht kommen etwa Fälle, in denen das **Maß der baulichen Nutzung** (§ 16 BauNVO) oder die überbaubaren Grundstücksflächen (§ 23 BauNVO) für mehrere Grundstücke geändert werden sollen. Bei Änderungen zur **Art der baulichen Nutzung** sind hingegen in der Regel die Grundzüge der Planung berührt, da zumeist das nachbarliche Austauschverhältnis über die unmittelbar angrenzenden Grundstücke hinaus verändert wird. Anders kann dies allerdings etwa dann sein, wenn es nur darum geht, bestimmte Gliederungen eines Baugebiets im Sinne von § 1 Abs. 4 bis 10 BauNVO (dazu Rdnr. 1648 ff.) geringfügig zu modifizieren[3]. 846

Der zweite Fall, der für die Bauleitplanung im vereinfachten Verfahren in Betracht kommt, ist die (erstmalige) Aufstellung eines Bebauungsplans in einem **Gebiet nach § 34 BauGB**. Voraussetzung ist, daß der sich aus der 847

---
1 BVerwG v. 15.3.2000 – 4 B 18.00, BauR 2001, 207 = NVwZ-RR 2000, 759 = ZfBR 2001, 131; BVerwG v. 9.3.1990 – 8 C 76.88, BVerwGE 85, 66 = DVBl. 1990, 786 = DÖV 1990, 784 = NVwZ 1990, 873 = ZfBR 1990, 250.
2 In diesem Sinne etwa auch Jäde in Jäde/Dirnberger/Weiß, § 13 Rdnr. 5.
3 BVerwG v. 15.3.2000 – 4 B 18.00, BauR 2001, 207 = NVwZ-RR 2000, 759 = ZfBR 2001, 131.

vorhandenen Eigenart der näheren Umgebung ergebende Zulässigkeitsmaßstab nicht wesentlich verändert wird. Diese Ausnahme ist der Sache nach mit der Planänderung oder -ergänzung vergleichbar, bei der die Grundzüge der Planung nicht berührt sein dürfen (Rdnr. 845), da auch dort die vorgefundene bauliche Situation nicht wesentlich verändert oder gar in eine gänzlich andere Richtung gelenkt werden darf[1]. In Betracht kommen Fälle, in denen der vorhandene bauliche Bestand gesichert werden soll, um zu verhindern, daß ein vorhandenes faktisches Baugebiet in eine andere Nutzungsqualität „umkippt" oder Fälle, in denen die bauliche Entwicklung etwa in Bezug auf das Maß der baulichen Nutzung oder die überbaubaren Grundstücksflächen geordnet werden soll, sowie Fälle, in denen bestimmte im vorhandenen baulichen Zusammenhang möglicherweise störende Nutzungen ausgeschlossen werden sollen[2]. Nicht anwendbar ist das vereinfachte Verfahren hingegen, wenn in mehr als unerheblichem Umfang neue Baumöglichkeiten geschaffen werden sollen, sei es durch die Einbeziehung von Außenbereichsflächen (zu dieser Möglichkeit s. allerdings zu den Satzungen nach § 34 Abs. 4 Satz 1 Nr. 2 und 3 BauGB Rdnr. 1979, 1992), sei es dadurch, daß das Maß der baulichen Nutzung gegenüber dem vorhandenen Bestand deutlich erhöht wird und daher auch Vorhaben genehmigt werden könnten, die ohne den aufzustellenden Bebauungsplan nach Maßgabe von § 34 BauGB offensichtlich nicht genehmigungsfähig wären (zu den diesbezüglichen Anforderungen Rdnr. 1999 ff.)[3]. Gänzlich ausgeschlossen ist in der Regel eine Planung, mit der in Bezug auf die Art der baulichen Nutzung deutliche Erweiterungen oder Veränderungen gegenüber den nach § 34 BauGB zulässigen Nutzungsarten geschaffen werden sollen. In Betracht kommt in Bezug auf die Art der baulichen Nutzung jedoch in begrenztem Umfang eine Beschränkung der nach § 34 BauGB zulässigen Nutzungsarten.

848 Der **Planumgriff** für einen Bebauungsplan in einem Gebiet nach § 34 BauGB, der im vereinfachten Verfahren aufgestellt werden soll, ist durch die Eigenart der näheren Umgebung begrenzt. Er kann also nur so groß sein, wie die „nähere" Umgebung reicht, deren Eigenart als bauplanungsrechtlicher Zulässigkeitsmaßstab nicht wesentlich verändert werden darf (zum Begriff der näheren Umgebung s. Rdnr. 2003 ff.)[4]. Wie weit dieser Rahmen zu ziehen ist, hängt von der vorhandenen baulichen Situation, aber auch davon ab, welche Festsetzungen in dem Bebauungsplan getroffen werden sollen, da die nähere Umgebung hinsichtlich der in Betracht kommenden planerischen Festsetzungsmöglichkeiten unterschiedlich weit reichen kann.

---

1 BT-Drucksache 15/2996, Begründung zu Art. 1 (§ 13 BauGB).
2 Vgl. Regierungsentwurf zum EAG Bau, BT-Drucksache 15/2250, Begründung zu Nr. 14 (§ 13); Bericht der Unabhängigen Expertenkommission, Rdnr. 58.
3 Bericht der Unabhängigen Expertenkommission, Rdnr. 58.
4 Regierungsentwurf zum EAG Bau, Begründung zu Nr. 14 (§ 13).

§ 13 Abs. 1 BauGB enthält im weiteren zwei kumulativ zu erfüllende Voraussetzungen, die sowohl für die Änderung oder Ergänzung eines Bauleitplans als auch für die erstmalige Aufstellung eines Bebauungsplans in einem Gebiet nach § 34 BauGB erfüllt sein müssen, wenn das vereinfachte Verfahren durchgeführt werden soll. Zum einen darf durch die Planung nicht die Zulässigkeit von Vorhaben, die einer Pflicht zur Durchführung einer Umweltverträglichkeitsprüfung nach Anlage 1 des UVP-Gesetzes oder nach Landesrecht unterliegen, vorbereitet oder begründet werden. Zum anderen dürfen keine Anhaltspunkte für eine Beeinträchtigung der in § 1 Abs. 6 Nr. 7 Buchstabe b) BauGB genannten Schutzgüter bestehen.

849

Die Unterscheidung in § 13 Abs. 1 Nr. 1 BauGB nach Vorbereitung und Begründung der Zulässigkeit von UVP-pflichtigen Vorhaben beruht darauf, daß das vereinfachte Verfahren sowohl für die Änderung oder Ergänzung von Flächennutzungsplänen als auch von Bebauungsplänen in Betracht kommt (vgl. § 1 Abs. 2 BauGB). Die Vorbereitung oder Begründung der Zulässigkeit eines UVP-pflichtigen Vorhabens liegt nicht vor, wenn dieses bereits nach dem bis dahin geltenden Planungsrecht, also auf der Grundlage eines vorhandenen Bebauungsplans oder gemäß § 34 BauGB, zulässig war oder wenn eine derartige Nutzung auf der betreffenden Fläche bereits Gegenstand des zu ändernden oder zu ergänzenden Flächennutzungsplans war. Dies schließt nach dem Gesetzeswortlaut auch die Fälle ein, in denen die Nutzung durch ein UVP-pflichtiges Vorhaben bereits aufgrund eines Bebauungsplans oder gemäß § 34 BauGB zulässig bzw. durch einen Flächennutzungsplan vorbereitet war, die betreffenden Nutzungsmöglichkeiten nunmehr jedoch erweitert werden sollen. Die Frage, ob dies eine einschränkende Auslegung der Voraussetzungen des § 13 Abs. 1 Nr. 1 BauGB erforderlich macht, ist letztlich jedoch eher theoretischer Natur, da durch derartige Änderungen oder Ergänzungen des Bauleitplans in aller Regel die Grundzüge der Planung berührt werden oder bei der erstmaligen Aufstellung eines entsprechenden Bebauungsplans in einem Gebiet nach § 34 BauGB der sich aus der vorhandenen Eigenart der näheren Umgebung ergebende Zulässigkeitsmaßstab wesentlich verändert wird. Mehr als völlig unerhebliche **Erweiterungsmöglichkeiten für UVP-pflichtige Vorhaben** können also in keinem Fall in einem vereinfachten Verfahren nach § 13 BauGB geschaffen werden.

850

Die Zulässigkeit von UVP-pflichtigen Vorhaben wird durch einen Bauleitplan vorbereitet oder begründet, wenn das betreffende Vorhaben, das in dem Plangebiet zugelassen werden könnte, in Anlage 1 des UVP-Gesetzes genannt ist und die dort jeweils angeführten Größen- oder Leistungswerte erreicht oder überschritten werden (§ 3b Abs. 1 Satz 3 UVPG). Das vereinfachte Verfahren scheidet allerdings auch schon dann aus, wenn es sich um Vorhaben handelt, bei denen lediglich gemäß § 3c UVPG eine **UVP-Pflicht im Einzelfall** besteht, da auch deren Zulässigkeit durch die entsprechende Planung vorbereitet oder begründet wird. Dies gilt auch in den Fällen, in denen für ein Vorhaben nicht nach Bundesrecht sondern nach Maßgabe des

851

jeweiligen Landesrechts (§ 3d UVPG) die Durchführung einer Umweltverträglichkeitsprüfung allgemein oder im Einzelfall erforderlich ist. Ebenfalls nicht anwendbar ist das vereinfachte Verfahren nach § 13 BauGB, wenn die planungsrechtlichen Voraussetzungen dafür geschaffen oder vorbereitet werden sollen, die **Änderung oder Erweiterung eines bestehenden bisher nicht UVP-pflichtigen Vorhabens** zu ermöglichen, wenn dadurch die zur UVP-Pflicht führenden Größen- oder Leistungswerte erreicht oder überschritten werden (§ 3b Abs. 3 Satz 1 UVPG). Gleiches gilt, wenn die UVP-Pflicht nicht für ein einzelnes Vorhaben besteht, wohl aber für **kumulierende Vorhaben** im Sinne von § 3b Abs. 2 UVPG.

852   Bestehen Zweifel, ob die Änderung oder Ergänzung eines Bauleitplans bzw. die Aufstellung eines Bebauungsplans in einem Gebiet nach § 34 BauGB die Zulässigkeit von UVP-pflichtigen Vorhaben vorbereitet oder begründet, ist es für die Gemeinde ratsam, geeignete planerische Festsetzungen zu treffen, die dies hinreichend sicher ausschließen. In Betracht kommen dafür insbesondere die Gliederungsmöglichkeiten gemäß § 1 Abs. 4 bis 10 BauNVO (Rdnr. 1648 ff.).

853   Weitere zwingende Voraussetzung für die Durchführung des vereinfachten Verfahrens ist gemäß § 13 Abs. 1 Nr. 2 BauGB, daß keine Anhaltspunkte für eine **Beeinträchtigung der in § 1 Abs. 6 Nr. 7 Buchstabe b) BauGB genannten Schutzgüter** bestehen (s. Rdnr. 708 ff.). Wenn dies der Fall ist, ist zwingend das Regelverfahren der Bauleitplanung durchzuführen. Anhaltspunkte für eine Beeinträchtigung bestehen nur dann nicht, wenn diese mit an Sicherheit grenzender Wahrscheinlichkeit ausgeschlossen werden können. Sobald nur die nicht ganz fernliegende Möglichkeit besteht, daß die Erhaltungsziele und der Schutzzweck von FFH-Gebieten und Vogelschutzgebieten beeinträchtigt sein könnten, ist dies nicht der Fall. Es geht also nicht um die Frage, ob tatsächlich eine Beeinträchtigung vorliegt oder nicht. Diese Prüfung ist dem Regelverfahren der Bauleitplanung vorbehalten.

854   Für die Frage, ob die Voraussetzungen des § 13 Abs. 1 BauGB vorliegen und die Gemeinde daher das vereinfachte Verfahren der Bauleitplanung durchführen darf, kommt es nicht nur auf den Zeitpunkt der Einleitung des Planverfahrens an. Entscheidend ist vielmehr auch die **Sach- und Rechtslage im Zeitpunkt der Beschlußfassung** über den Flächennutzungsplan oder den Bebauungsplan (vgl. § 214 Abs. 3 Satz 1 BauGB).

855   **Beispiele:**
(a) Eine Gemeinde möchte ein nach § 34 BauGB zu beurteilendes Gebiet im vereinfachten Verfahren beplanen. Planungsziel ist es zunächst, lediglich für einige nicht bebaute Grundstücke die überbaubaren Grundstücksflächen und Gebäudehöhen festzusetzen, um ein möglichst harmonisches Orts- und Landschaftsbild zu erreichen. Im Rahmen des Planverfahrens kommt die Gemeinde zu der Erkenntnis, daß Bedarf für zusätzliche Bau- und Nutzungsmöglichkeiten besteht. Sie ändert daher den Planentwurf ab und nimmt zusätzliche bauliche Nutzungsmöglichkeiten auf. Da dafür das

vereinfachte Verfahren allerdings nicht vorgesehen ist, muß sie die noch notwendigen Schritte des Regelverfahrens der Bauleitplanung nachholen.

(b) Eine Gemeinde möchte ihren Flächennutzungsplan ändern. In unmittelbarer Nähe des Gemeindegebiets befindet sich ein europäisches Vogelschutzgebiet. Die Gemeinde hat zunächst keine Anhaltspunkte dafür, daß die Planänderung Auswirkungen auf dieses Schutzgebiet haben könnte. Im Rahmen des vereinfachten Verfahrens erhält sie die Stellungnahme einer Fachbehörde, aus der hervorgeht, daß negative Auswirkungen für das Vogelschutzgebiet nicht ausgeschlossen werden können. Die Gemeinde muß daher die Flächennutzungsplanänderung im Regelverfahren durchführen, insbesondere also unter Einschluß der Umweltprüfung gemäß § 2 Abs. 4 BauGB. 856

2. Abweichungen gegenüber dem Regelverfahren der Bauleitplanung

§ 13 Abs. 2 und 3 BauGB regeln die Abweichungen des vereinfachten Verfahrens gegenüber dem Regelverfahren für die Änderung oder Ergänzung von Bauleitplänen sowie die erstmalige Aufstellung von Bebauungsplänen in einem Gebiet nach § 34 BauGB. Die Vereinfachung liegt dabei zunächst darin, daß gemäß § 13 Abs. 2 Nr. 1 BauGB von der frühzeitigen Unterrichtung und Erörterung nach § 3 Abs. 1 und § 4 Abs. 1 BauGB abgesehen werden kann. Das Planverfahren wird also **einstufig** durchgeführt und umfaßt lediglich die Öffentlichkeitsbeteiligung gemäß § 3 Abs. 2 BauGB sowie die Behördenbeteiligung gemäß § 4 Abs. 2 BauGB. 857

Für die Öffentlichkeits- und Behördenbeteiligung besteht zum einen die Möglichkeit, diese gemäß dem Regelverfahren der Bauleitplanung (Rdnr. 429 ff. sowie Rdnr. 506 ff.) durchzuführen. Alternativ dazu räumt § 13 Abs. 2 Nr. 2 und Nr. 3 BauGB jedoch die Möglichkeit ein, lediglich der betroffenen Öffentlichkeit sowie den berührten Behörden und sonstigen Trägern öffentlicher Belange Gelegenheit zur Stellungnahme innerhalb angemessener Frist zu geben. In Bezug auf die **Öffentlichkeitsbeteiligung** ist die praktische Bedeutung jedoch schon deshalb gering, weil sie für die Gemeinde zumeist einen erheblichen Aufwand bedeutet und zudem hohe Risiken birgt, wenn etwaige Betroffenheiten übersehen oder versehentlich einzelne Betroffene nicht beteiligt werden. Betroffen im Sinne von § 13 Abs. 2 Nr. 2 BauGB sind diejenigen, die von der Änderung oder Ergänzung des Bauleitplans bzw. durch die Aufstellung eines Bebauungsplans in einem Gebiet nach § 34 BauGB in abwägungsrelevanter Weise berührt sind, auf die sich die Planung also in irgendeiner Weise auswirken kann. Dies können nicht nur Eigentümer von Grundstücken in dem betroffenen Plangebiet sein, sondern auch etwaige Mieter, Pächter oder sonstige dinglich oder schuldrechtlich Berechtigte. Ebenfalls können abwägungsrelevante Belange auch außerhalb des Plangebiets berührt sein (vgl. in diesem Zusammenhang zur Antragsbefugnis im Normenkontrollverfahren Rdnr. 1013). 858

In welcher Weise der betroffenen Öffentlichkeit Gelegenheit zur Stellungnahme eingeräumt werden muß, ist gesetzlich nicht ausdrücklich geregelt. 859

Die Betroffenen können sich daher sowohl schriftlich als auch mündlich äußern. Relevante Planunterlagen (Planentwurf und Begründung) müssen ihnen dafür nicht zur Verfügung gestellt werden. Es genügt, wenn sie die Unterlagen bei der Gemeindeverwaltung **einsehen** können. Allerdings bedarf es einer hinreichenden Information, wo dies möglich ist. Wann die zur Stellungnahme **einzuräumende Frist** angemessen ist, hängt vom Einzelfall ab. Sie kann in jedem Fall unter der Monatsfrist gemäß § 3 Abs. 2 BauGB liegen. In der Regel wird eine Frist von weniger als zwei Wochen kaum angemessen sein (vgl. Rdnr. 485). Wenn sich die individuell beteiligten Betroffenen allerdings bereits vor Fristablauf abschließend geäußert haben, kann das Planverfahren schon vorzeitig fortgesetzt werden. Ein Abwarten des Fristablaufs ist dann nicht mehr erforderlich.

860 **Beispiel:**

Eine Gemeinde will in einem Bebauungsplan zugunsten eines Grundstückseigentümers die festgesetzten Baugrenzen geringfügig verändern. Im vereinfachten Verfahren beteiligt sie die (allein betroffenen) Eigentümer der Nachbargrundstücke und setzt ihnen eine Frist zur Stellungnahme von zwei Wochen. Da der begünstigte Grundstückseigentümer es eilig hat und möglichst rasch mit der Bebauung seines Grundstücks beginnen möchte, holt er von den beteiligten Nachbarn schriftliche Erklärungen ein, aus denen sich ergibt, daß sie gegen die Planänderung keine Bedenken haben. Diese Stellungnahmen legt er der Gemeinde vor. Diese kann das Planverfahren jetzt sogleich fortsetzen.

861 Sofern sich über die von der Gemeinde individuell beteiligten Personen hinausgehend Dritte **unaufgefordert** zu dem Planentwurf äußern, muß die Gemeinde auch diese Stellungnahmen berücksichtigen, sofern sie abwägungsrelevant sind. Sie darf die Stellungnahmen also nicht mit dem Hinweis ignorieren, derjenige, der die Stellungnahme abgegeben hat, sei nicht von der Planung berührt und falle daher nicht unter die betroffene Öffentlichkeit im Sinne von § 13 Abs. 2 Nr. 2 BauGB.

862 Bei der Beteiligung der **berührten Behörden und sonstigen Träger öffentlicher Belange** ist zu berücksichtigen, daß diese ohnehin nur dann beteiligt werden müssen, wenn ihr Aufgabenbereich durch die Planung berührt werden kann (Rdnr. 506). Es ergibt sich daher aus § 13 Abs. 2 Nr. 3 BauGB keine besondere Einschränkung hinsichtlich des Kreises der zu beteiligenden Behörden. Die Vorschrift hat daher in erster Linie Bedeutung dahingehend, daß die einzuräumende Frist zur Stellungnahme gegenüber den Regelverfahren der Bauleitplanung verkürzt werden darf. In diesem Zusammenhang gelten die vorstehenden Ausführungen zu § 13 Abs. 2 Nr. 2 BauGB (Rdnr. 859) entsprechend. Dies gilt auch für die Form der Behördenbeteiligung (Rdnr. 506 ff.). In der Praxis ist es allerdings auch im vereinfachten Verfahren üblich, den zu beteiligenden Behörden und sonstigen Träger öffentlicher Belange ebenso wie im Rahmen von § 4 Abs. 2 BauGB den Planentwurf und die Planbegründung zur Verfügung zu stellen, zumal ansonsten

kaum damit gerechnet werden kann, daß innerhalb einer verkürzten Frist Stellungnahmen eingehen.

Korrespondierend mit den Voraussetzungen für das vereinfachte Verfahren gemäß § 13 Abs. 1 BauGB (Rdnr. 841 ff.) sieht **§ 13 Abs. 3 Satz 1 BauGB** vor, daß die Umweltprüfung nach § 2 Abs. 4 BauGB (Rdnr. 655 ff.), der Umweltbericht nach § 2a BauGB (Rdnr. 675 ff.) sowie die umweltbezogenen Informationen im Rahmen der Bekanntmachung gemäß § 3 Abs. 2 Satz 2 BauGB (Rdnr. 446) entbehrlich sind. Ebenfalls bedarf es nicht des Monitorings gemäß § 4c BauGB (Rdnr. 46 ff.). Notwendig ist gemäß § 13 Abs. 3 Satz 2 BauGB im Rahmen der Öffentlichkeitsbeteiligung lediglich der Hinweis darauf, daß von der Umweltprüfung gemäß § 2 Abs. 4 BauGB abgesehen wird. Dieser Hinweis kann entweder im Rahmen der öffentlichen Bekanntmachung gemäß § 3 Abs. 2 Satz 2 BauGB erfolgen oder aber im Rahmen der individuellen Beteiligung der von der Planung Betroffenen.

863

Soweit § 13 BauGB keine abweichenden Regelungen enthält, gelten die allgemeinen Anforderungen an die Bauleitplanung. Insbesondere muß also auch bei Durchführung des vereinfachten Verfahrens das materielle Bauplanungsrecht, insbesondere das Abwägungsgebot (Rdnr. 546 ff.), ohne Abstriche beachtet werden. Für die Änderung oder Ergänzung eines Bauleitplans oder die Aufstellung eines Bebauungsplans in einem Gebiet nach § 34 BauGB kommen die Planungssicherungsinstrumente der §§ 14 ff. BauGB (Rdnr. 2285 ff.) ebenso zur Anwendung wie dies beim Regelverfahren der Fall ist, sofern ein entsprechendes Sicherungsbedürfnis besteht. Zur Beachtlichkeit der fehlerhaften Wahl des vereinfachten Verfahrens anstelle des Regelverfahrens der Bauleitplanung sowie zur Beachtlichkeit von Fehlern bei der Verfahrensdurchführung wird auf die Ausführungen unter Rdnr. 1063 verwiesen.

864

III. Funktionslosigkeit von Bauleitplänen

Neben der Aufstellung von neuen und der Änderung, Ergänzung und Aufhebung von vorhandenen Bauleitplänen kommt in begrenzten Ausnahmefällen ein Außerkrafttreten von Bauleitplänen auch **ohne entsprechenden Planungsakt** in Betracht. So kann ein Bauleitplan zwar nicht durch Gewohnheitsrecht entstehen (Rdnr. 809), jedoch wegen Funktionslosigkeit ganz oder teilweise außer Kraft treten.

865

Funktionslos kann eine bauplanerische Darstellung oder Festsetzung sein, wenn und soweit die tatsächlichen Verhältnisse, auf die sie sich bezieht, ihre Verwirklichung auf unabsehbare Zeit ausschließen und dies so offensichtlich ist, daß ein in ihre (Fort-)Geltung gesetztes Vertrauen keinen Schutz verdient. Eine Darstellung oder Festsetzung ist allerdings nicht schon dann funktionslos, wenn sie nicht überall im Plangebiet umgesetzt werden kann oder wenn die Gemeinde ihre Planungskonzeption ändert. Da

866

die Funktionslosigkeit auf der **Änderung tatsächlicher Umstände** beruht, die der Verwirklichung der ursprünglichen Zielsetzung entgegensteht, bedarf es keiner Interessenabwägung. Der Plan ist also funktionslos und damit unanwendbar oder nicht, wobei sich die Funktionslosigkeit sowohl auf räumliche Teilbereiche als auch auf einzelne Festsetzungen beschränken kann[1]. Dies gilt auch für auf Landesrecht beruhende baugestalterische Festsetzungen (Rdnr. 367 ff.)[2].

Anders als bei nach Inkrafttreten des Bauleitplans eingetretenen Umständen, die zur nachträglichen Funktionslosigkeit von Planfestsetzungen oder -darstellungen führen, ist eine **anfängliche** Funktionslosigkeit an sich kaum denkbar. Die Gemeinde kann vorhandene Ortsteile überplanen, ohne den vorgefundenen Bestand festzuschreiben. Dies führt zwangsläufig dazu, daß der Planinhalt mit den tatsächlichen Verhältnissen nicht übereinstimmt. Ob diese Planung sachgerecht ist, muß im Rahmen der planerischen Abwägung entschieden werden. Entspricht sie den damit verbundenen Anforderungen nicht, liegt ein ggf. zur Nichtigkeit führender Abwägungsfehler vor, nicht hingegen eine anfängliche Funktionslosigkeit des Plans oder seiner einzelnen Inhalte. Das Bundesverwaltungsgericht schließt zwar gleichwohl die Möglichkeit einer anfänglichen Funktionslosigkeit nicht völlig aus, betont jedoch, daß bei deren Annahme besondere Zurückhaltung geboten sei[3].

867 Aber auch in Fällen nachträglicher Veränderungen ist hinsichtlich der Annahme einer Funktionslosigkeit von Festsetzungen eines Bebauungsplans oder von Darstellungen eines Flächennutzungsplans **große Zurückhaltung** geboten. Es reicht dafür in aller Regel nicht aus, daß sich die tatsächlichen Verhältnisse anders entwickelt haben als durch den Plan vorgesehen oder daß sich in dem Plangebiet ein „Ausreißer" befindet[4]. Dies muß vielmehr in einem solchen Maße der Fall sein, daß der Plan seine städtebauliche Ordnungsfunktion offensichtlich und dauerhaft nicht mehr erfüllen kann.

868 **Beispiel:**
Auf den in einem allgemeinen Wohngebiet gelegenen Grundstücken wurden nur Nutzungen verwirklicht, die auch in einem reinen Wohngebiet zulässig sind. Gleichwohl ist der Bebauungsplan nicht funktionslos geworden, weil man nicht davon ausgehen kann, daß die Verwirklichung der planerischen Gesamtkonzeption auf unabsehbare Zeit ausgeschlossen ist[5].

---

1 BVerwG v. 29.5.2001 – 4 B 33/01, NVwZ 2001, 1055; BVerwG v. 24.4.1998 – 4 B 46.98, NVwZ-RR 1998, 711 = ZfBR 1998, 234; BVerwG v. 6.6.1997 – 4 NB 6.97, BauR 1997, 803 = BRS 59 Nr. 54 = DÖV 1998, 128 = UPR 1997, 469 = ZfBR 1998, 51; BVerwG v. 17.2.1997 – 4 B 16.97, BRS 59 Nr. 55 = NVwZ-RR 1997, 512.
2 OVG Münster v. 25.8.1999 – 7 A 4459/96, NVwZ-RR 2000, 412.
3 BVerwG v. 17.2.1997 – 4 B 16.97, BRS 59 Nr. 55 = NVwZ-RR 1997, 512.
4 BVerwG v. 21.12.1999 – 4 BN 48.99, BauR 2000, 854 = NVwZ-RR 2000, 411 = UPR 2000, 411.
5 BVerwG v. 12.8.1999 – 4 BN 4.98, DVBl. 2000, 187.

Anders sieht dies allerdings dann aus, wenn bestimmte Nutzungen in einem Plangebiet nicht vorhanden sind und eine Wiederaufnahme der Nutzungen dauerhaft nicht zu erwarten ist. Dabei kommt es für die Funktionslosigkeit der festgesetzten Baugebietsart nicht darauf an, ob und in welchem Umfang überhaupt Nutzungen aus dem jeweiligen Zulässigkeitskatalog der Baunutzungsverordnung für die einzelnen Baugebietsarten vorhanden sind. Abzustellen ist vielmehr für die Frage nach der Wirksamkeit bzw. der Funktionslosigkeit auf die **Zweckbestimmung des jeweiligen Baugebiets**. Diese wird durch die Zulässigkeitskataloge jeweils nur konkretisiert. Ist die festgesetzte Zweckbestimmung nicht mehr feststellbar und eine Wiederaufnahme der betreffenden Nutzungen ausgeschlossen, wandelt sich der Gebietscharakter, so daß die Festsetzung der Baugebietsart funktionslos wird.

Beispiel:

In einem durch Bebauungsplan festgesetzten Dorfgebiet existieren keine Gebäude landwirtschaftlicher Betriebsstellen mehr. Die Wiederaufnahme derartiger Nutzungen ist aufgrund der vorhandenen baulichen Situation ausgeschlossen. Unabhängig davon, daß in dem Gebiet ansonsten durchgängig nach § 5 Abs. 2 und Abs. 3 BauNVO zulässige Nutzungen vorhanden sind, ist die Zweckbestimmung eines Dorfgebiets nicht mehr gewahrt. Die Festsetzung zur Baugebietsart ist damit funktionslos[1].

J. Vorhabenbezogener Bebauungsplan/Vorhaben- und Erschließungsplan

Der Vorhaben- und Erschließungsplan (VEP) hat in dem ersten Jahrzehnt der deutschen Wiedervereinigung für die Bauleitplanung in den neuen Ländern eine bedeutende Rolle gespielt, weil er stärker als die „klassische" Bauleitplanung private Investoren schon bei der Ausarbeitung der Planung einbindet und daher auf kommunaler Seite fehlende Planungsressourcen kompensieren kann. Ebenfalls hatte der Vorhaben- und Erschließungsplan auf der Grundlage der Vorgängerregelungen zu dem mit dem BauROG 1998 (Rdnr. 1) eingeführten § 12 BauGB[2] Beschleunigungs- und Vollzugsvorteile (u.a. keine zweistufige Öffentlichkeitsbeteiligung, Verkürzung von Beteiligungsfristen), die sich jedoch zumeist nur dann ausgewirkt haben, wenn sich auch die nachfolgenden Verfahrensschritte (Bearbeitung durch die Gemeindeverwaltung, Beschlüsse der Gemeindevertretung u.s.w.) unmittelbar anschlossen. Mit der starken Einbindung privater Investoren in die Bauleit-

---

1 BVerwG v. 29.5.2001 – 4 B 33/01, NVwZ 2001, 1055.
2 § 246a Abs. 1 Satz 1 Nr. 6 BauGB 1990 i.V.m. § 55 der Bauplanungs- und Zulassungsverordnung (BauZVO) der ehemaligen DDR beschränkt auf die neuen Länder; § 7 BauGB-MaßnG 1993 für die gesamte Bundesrepublik; zur historischen Entwicklung etwa Glombik, LKV 1999, 168 ff.; Busse/Grziwotz, Rdnr. 1 ff.; Reidt, Anwendungsprobleme des Vorhaben- und Erschließungsplans, BauR 1995, 788 ff.; ders., Der „neue" Vorhaben- und Erschließungsplan/vorhabenbezogener Bebauungsplan nach dem BauROG, BauR 1998, 909 ff.

planung und den vielfach noch fehlenden planungsrechtlichen Erfahrungen in den neuen Ländern gingen teilweise jedoch auch städtebauliche Fehlentwicklungen einher, wie sie bei einzelfallbezogenen (vorhabenbezogenen) Planungen ohnehin eher zu besorgen sind als bei Planungen für größere städtebauliche Zusammenhänge. Verstärkt wurde dies durch die im wesentlichen noch fehlenden landesplanungsrechtlichen Vorgaben (s. insbesondere zu § 1 Abs. 4 BauGB Rdnr. 60 ff.)[1]. Es verwundert daher nicht, daß die Zahl der Vorhaben- und Erschließungspläne im Vergleich zu klassischen Bebauungsplänen zumindest in einigen Teilen der Bundesrepublik zwischenzeitlich rückläufig ist[2]. Gleichwohl hat der Bundesgesetzgeber den Vorhaben- und Erschließungsplan als vorhabenbezogenen Bebauungsplan mit dem BauROG 1998 in bundesweit geltendes Dauerrecht übernommen. Da es zweifelsfrei Planungsfälle gibt, in denen sich ein vorhabenbezogener Bebauungsplan anbietet, war dies eine sachgerechte Entscheidung. Ungeachtet dessen ist projektbezogene Bebauungsplanung auch ohne das besondere Instrument des Vorhaben- und Erschließungsplans/vorhabenbezogenen Bebauungsplans möglich, da sich auch ein klassischer Bebauungsplan auf einzelne Vorhaben beschränken darf (sog. Bauträgerbebauungsplan; zu abwägungsrelevanten Aspekten bei Einzelfallplanungen Rdnr. 618 ff.). Ebenfalls ist es möglich, in einem städtebaulichen Vertrag und einem Erschließungsvertrag Bauverpflichtungen, die Durchführung von Erschließungsmaßnahmen und die Übernahme von Planungskosten zu regeln (zu städtebaulichen Verträgen Rdnr. 927 ff.). Diese im Baugesetzbuch ohnehin vorgesehenen Möglichkeiten werden durch § 12 BauGB zu einem einheitlichen Planungsinstrument gebündelt[3].

I. Einzelne Bestandteile

872 Gemäß § 12 Abs. 1 Satz 1 BauGB kann die Gemeinde durch einen vorhabenbezogenen Bebauungsplan die Zulässigkeit von Vorhaben bestimmen, wenn der Vorhabenträger auf der Grundlage eines mit ihr abgestimmten Plans zur Durchführung der Vorhaben und der Erschließungsmaßnahmen (Vorhaben- und Erschließungsplan, VEP) bereit und in der Lage ist und sich zur Durchführung innerhalb einer bestimmten Frist und zur Tragung der Planungs- und Erschließungskosten ganz oder teilweise vor dem Satzungsbeschluß verpflichtet (Durchführungsvertrag).

---

1 Beispielhaft genannt sei etwa die unkoordinierte Entwicklung und Erschließung von Gewerbegebieten, die dazu führte, daß viele dieser Gebiete wegen mangelnder Nachfrage auf absehbare Zeit noch nicht besiedelt werden.
2 S. die diesbezügliche Übersicht für das Land Brandenburg bei Thurow, Der vorhabenbezogene Bebauungsplan – ein zukunftsweisendes Planungsinstrument?, UPR 2000, 16 ff.
3 Vgl. Jäde in Jäde/Dirnberger/Weiß, § 12 Rdnr. 1; zu Kriterien bei der Auswahlentscheidung zwischen klassischen und vorhabenbezogenen Bebauungsplan Busse/Grziwotz, Rdnr. 21.

Der **Vorhaben- und Erschließungsplan** umfaßt die einzelnen vom Vorhabenträger geplanten (Bau-)Vorhaben und Erschließungsmaßnahmen (Gesamtvorhaben; zum Begriff des Vorhabens noch Rdnr. 895 ff.). Der VEP ist nicht identisch mit dem **vorhabenbezogenen Bebauungsplan**. Er stellt dafür lediglich die Grundlage dar und wird dessen Bestandteil (§ 12 Abs. 3 Satz 1 BauGB). Der vorhabenbezogene Bebauungsplan selbst kann außerhalb des Vorhaben- und Erschließungsplans weitere (einzelne) Flächen umfassen (dazu noch Rdnr. 905 ff.). 873

Ergänzt werden der VEP und der vorhabenbezogene Bebauungsplan durch den **Durchführungsvertrag**, in dem der Vorhabenträger eine Durchführungspflicht und die Verpflichtung zur Übernahme der vollständigen oder jedenfalls teilweisen Planungs- und Erschließungskosten übernehmen muß (Rdnr. 908 ff.). 874

II. Voraussetzungen

Ebenso wie bei sonstigen Bebauungsplänen kommt ein vorhabenbezogener Bebauungsplan immer nur dann in Betracht, wenn ein **Planungserfordernis** im Sinne von § 1 Abs. 3 Satz 1 BauGB (Rdnr. 29 ff.) besteht. Dies kann sowohl bei einer vorgesehenen Bebauung des Außenbereichs (§ 35 BauGB), einer Beplanung von Innenbereichsflächen (§ 34 BauGB) oder auch bei der Überplanung eines vorhandenen Bebauungsplangebiets der Fall sein. Ein vorhabenbezogener Bebauungsplan kann also einen vorhandenen klassischen Bebauungsplan ohne weiteres ändern oder überlagern (zu Planänderungen und Änderungsplänen Rdnr. 839 f.; zum vereinfachten Verfahren gemäß § 13 BauGB Rdnr. 841). 875

Beispiel: 876

Ein Bebauungsplan weist ein Gewerbegebiet gemäß § 8 BauNVO aus. Der Eigentümer möchte dort ein großes Möbelhaus errichten, das als großflächiger Einzelhandelsbetrieb im Sinne von § 11 Abs. 3 Satz 1 Nr. 2 BauNVO einzuordnen und in dem Gewerbegebiet nicht zulässig ist. Die Gemeinde kann im Zusammenwirken mit dem Eigentümer hier eine entsprechende Überplanung durch einen vorhabenbezogenen Bebauungsplan vornehmen.

Ein Planungserfordernis und damit eine Rechtfertigung für ein vorhabenbezogenes Bebauungsplanverfahren fehlt, wenn das Vorhaben **bereits nach geltendem Planungsrecht**, also nach einem vorhandenen Bebauungsplan, nach § 34 BauGB oder als (privilegiertes) Außenbereichsvorhaben gemäß § 35 BauGB genehmigungsfähig ist. In diesem Fall wird es regelmäßig auch an der Bereitschaft eines Investors fehlen, die Zeit und den finanziellen Aufwand für ein Planungsverfahren in Kauf zu nehmen. Allenfalls kommt dies in Betracht, wenn dadurch Zweifel an der Genehmigungsfähigkeit des Vorhabens ausgeräumt werden sollen. 877

878 **Beispiel:**

Wie Rdnr. 876; der Eigentümer vertritt allerdings die Auffassung, daß der geplante Möbelmarkt aufgrund der vorgesehenen Warensortimente nicht unter § 11 Abs. 3 Satz 1 Nr. 2 BauNVO fällt und daher auch in einem Gewerbegebiet zulässig ist (s. in diesem Zusammenhang Rdnr. 1531). Die Gemeinde teilt diese Auffassung nicht. Hier kann eine planungsrechtliche Absicherung – ggf. auch mit Sortiments- und Verkaufsflächenbegrenzungen – durch einen (vorhabenbezogenen) Bebauungsplan erfolgen.

879 Ein Planungserfordernis besteht in der Regel auch dann nicht, wenn das Vorhaben zwar planungsrechtlich zulässig ist, jedoch die **erforderliche Erschließung nicht gesichert** ist und aus diesem Grund die Genehmigungsfähigkeit verneint werden muß. Die Gemeinde kann in diesem Fall den Bauherrn nicht dazu zwingen, einen Vorhaben- und Erschließungsplan zu erstellen, um über den vorhabenbezogenen Bebauungsplan Modifikationen des Vorhabens durchzusetzen. In diesem Fall ist der Abschluß eines Erschließungsvertrages nach § 124 BauGB (Rdnr. 1008) vorrangig[1].

880 **Beispiel:**

Wie Rdnr. 876; die Gemeinde teilt die Auffassung, daß das Vorhaben wegen der vorgesehenen Warensortimente nicht unter § 11 Abs. 3 Satz 1 Nr. 2 BauNVO fällt und daher in dem ausgewiesenen Gewerbegebiet an sich zulässig ist. Sie möchte allerdings die fehlende Erschließung als „Hebel" benutzen, um eine Begrenzung der vom Bauherrn geplanten Verkaufsfläche durchzusetzen. Sie fordert den Bauherrn daher auf, einen Vorhaben- und Erschließungsplan mit von ihr vorgegebenen Verkaufsflächen zu erstellen. Dieser Weg ist allerdings unzulässig. Der Bauherr hat gemäß § 124 Abs. 3 Satz 2 BauGB einen Anspruch auf Abschluß eines bloßen Erschließungsvertrages.

881 Die Gemeinde kann zur Verhinderung eines plankonformen Vorhabens lediglich ein normales Bebauungsplanverfahren einleiten (zu den Möglichkeiten der Zurückstellung und Veränderungssperre Rdnr. 2285 ff.), muß dann jedoch eventuelle Planungsschadensansprüche gemäß den §§ 39 ff. BauGB in Kauf nehmen.

882 Umgekehrt fehlt es allerdings nicht an einem Planungserfordernis für einen vorhabenbezogenen Bebauungsplan, wenn zwar die erforderliche Erschließung vorhanden ist, das geplante Vorhaben jedoch nicht mit dem geltenden Planungsrecht im Einklang steht. Denn obgleich das Gesetz von einem Vorhaben- **und** Erschließungsplan spricht, bedeutet dies lediglich, daß es der Ausweisung, Durchführung und privaten Finanzierung von **Erschließungsmaßnahmen** dann bedarf, wenn diese **tatsächlich erforderlich** sind. Ist dies nicht der Fall, weil das Baugrundstück bereits voll erschlossen ist, kann sich ein Vorhaben- und Erschließungsplan auf das geplante Vorhaben beschränken[2].

---

1 Reidt, Der „neue" Vorhaben- und Erschließungsplan/vorhabenbezogener Bebauungsplan nach dem BauROG, BauR 1998, 909 (910); Jäde in Jäde/Dirnberger/Weiß, § 12 Rdnr. 9.
2 VGH Mannheim v. 25.11.1996 – 8 S 1151/96, BRS 58 Nr. 248 = DVBl. 1997, 841 = NVwZ 1997, 699 = UPR 1997, 157 = ZfBR 1997, 162.

Das Planungserfordernis im Sinne von § 1 Abs. 3 Satz 1 BauGB ist bei vorhabenbezogenen Bebauungsplänen ebensowenig durch den Bürger durchsetzbar wie bei sonstigen Bauleitplänen. Auch im Rahmen von § 12 BauGB gilt uneingeschränkt die Regelung des § 1 Abs. 3 Satz 2 BauGB, nach der ein Anspruch auf die Aufstellung von Bauleitplänen nicht besteht. Daran ändert auch § 12 Abs. 2 Satz 1 BauGB nichts, nach dem die Gemeinde auf **Antrag des Vorhabenträgers** über die Einleitung des Bebauungsplanverfahrens nach **pflichtgemäßem Ermessen** zu entscheiden hat. Auf diese Entscheidung hat der Bürger zwar einen Anspruch, der mit einer Verpflichtungsklage durchsetzbar ist[1], jedoch führt dies nicht entscheidend weiter. Wegen § 1 Abs. 3 Satz 2 BauGB scheidet eine Ermessensreduzierung auf Null zugunsten des Antragstellers zwingend aus. Eine ermessensfehlerhafte Entscheidung kann problemlos durch bauplanungsrechtlich vertretbare und damit nicht mehr zu beanstandende Erwägungen – gemäß § 114 Satz 2 VwGO sogar noch innerhalb des verwaltungsgerichtlichen Verfahrens – nachgebessert werden[2]. Die Regelung hat daher im wesentlichen nur den Sinn, die Gemeinde zu veranlassen, überhaupt bauplanungsrechtliche Erwägungen anzustellen, wenn ein Investor daran interessiert ist, ein ohne besonderen Planungsakt nicht genehmigungsfähiges Bauvorhaben zu realisieren[3]. 883

Aus dieser Zweckrichtung folgt zugleich, daß der Antrag das geplante Vorhaben **in seinen wesentlichen Grundzügen** darstellen muß, damit die Gemeinde sich davon ein Bild machen kann. Hingegen ist es nicht erforderlich, daß dem Antrag bereits ein ausgearbeiteter und mit der Gemeinde abgestimmter Vorhaben- und Erschließungsplan sowie der Entwurf eines Durchführungsvertrages beigefügt sind. Vielmehr ist der Beschluß, das Verfahren einzuleiten, die Grundlage dafür, daß die Gemeindeverwaltung mit dem Vorhabenträger überhaupt die notwendigen Abstimmungen im Detail vornimmt. Ein endgültig abgestimmter Plan kann dem Antrag im übrigen auch deshalb nicht zu Grunde liegen, weil die Abstimmung ein permanenter Prozeß ist, der das gesamte Planaufstellungsverfahren bis hin zum Satzungsbeschluß begleitet (dazu noch Rdnr. 915 f.)[4]. Ungeachtet dessen sind selbstverständlich im Vorfeld der Antragstellung und der Einleitung des eigentlichen Bebauungsplanverfahrens Abstimmungen mit der Gemeinde zu der Frage sinnvoll, ob es städtebaulich erfolgversprechend ist, das geplante Vorhaben weiter zu verfolgen. 884

---

1 Krautzberger in Battis/Krautzberger/Löhr, § 12 Rdnr. 44; a.A. Jäde in Jäde/Dirnberger/Weiß, § 12 Rdnr. 58: allgemeine Leistungsklage; ebenso VGH Mannheim v. 22.3.2000 – 5 S 444/00, BauR 2000, 1704 = UPR 2000, 395 = ZfBR 2000, 417.
2 Reidt, Der „neue" Vorhaben- und Erschließungsplan/vorhabenbezogener Bebauungsplan nach dem BauROG, BauR 1998, 909.
3 So i.E. auch VGH Mannheim v. 22.3.2000 – 5 S 444/00, BauR 2000, 1704 = UPR 2000, 395 = ZfBR 2000, 417.
4 Anders Jäde in Jäde/Dirnberger/Weiß, § 12 Rdnr. 49; Busse/Grziwotz, Rdnr. 106.

III. Vorhabenträger

885 Im Unterschied zu einem normalen Bebauungsplan ist der vorhabenbezogene Bebauungsplan auf die **Realisierung durch einen bestimmten Vorhabenträger** zugeschnitten. Vorhabenträger können natürliche und juristische Personen sowie Personenmehrheiten (z.B. BGB-Gesellschaften) sein. Unbedenklich ist es, wenn die planaufstellende Gemeinde selbst an der juristischen Person beteiligt ist oder sogar sämtliche Anteile des Unternehmens hält[1]. Es genügt, wenn eine selbständige juristische Person als Vorhabenträger auftritt, die gegenüber der planaufstellenden Gemeinde Rechte und Pflichten haben kann.

886 **Nicht** hingegen kann die **Gemeinde selbst** Vorhabenträger im Sinne von § 12 BauGB sein und in diesem Zusammenhang – gegenüber sich selbst – Rechte und Pflichten übernehmen. Dafür fehlt es bereits an der planungsrechtlichen Rechtfertigung im Sinne von § 1 Abs. 3 Satz 1 BauGB[2].

887 Der Vorhabenträger muß gemäß § 12 Abs. 1 Satz 1 BauGB zur Durchführung des Vorhaben- und Erschließungsplans bereit und in der Lage sein. Die **subjektive Durchführungsbereitschaft** ist in der Regel unproblematisch. Sie ergibt sich zumeist schon daraus, daß der Vorhabenträger die Vorbereitung und Ausarbeitung des Vorhaben- und Erschließungsplans übernimmt. Zweifelhaft kann die Durchführungsbereitschaft bei **Projektentwicklungsgesellschaften** sein, die nach der endgültigen Planung, jedoch vor Durchführung der Einzelbaumaßnahmen die Baugrundstücke verkaufen wollen, damit die Bebauung dann durch die Enderwerber erfolgt (sog. „Aufschließer"). Man wird auch in diesem Falle allerdings die Durchführungsbereitschaft in aller Regel bejahen müssen. Sie bezieht sich nicht auf bestimmte Einzelbaumaßnahmen, sondern auf das Gesamtvorhaben (zum Begriff des Vorhabens Rdnr. 895 ff.) und muß zum Zeitpunkt des Satzungsbeschlusses vorliegen. Ein späterer Verkauf von einzelnen Parzellen nimmt darauf keinen Einfluß. Selbst eine zuvor bereits bestehende Verkaufsabsicht ändert nichts daran, daß der Vorhabenträger die Durchführungspflicht vertraglich uneingeschränkt übernehmen muß (Rdnr. 909). Insofern sind die Enderwerber von Einzelparzellen Erfüllungsgehilfen des Vorhabenträgers oder aber dessen Rechtsnachfolger, wenn anläßlich der Veräußerung von Einzelparzellen jeweils unter Zustimmung der Gemeinde ein (teilweiser) Wechsel des Vorhabenträgers gemäß § 12 Abs. 5 BauGB (Rdnr. 921 f.) erfolgt. Man wird daher

---

1 Gronemeyer in Gronemeyer, § 12 Rdnr. 14; Reidt, Praxisrelevante Rechtsfragen zum vorhabenbezogenen Bebauungsplan, LKV 2000, 417; a.A. Jäde in Jäde/Dirnberger/Weiß, § 12 Rdnr. 14.
2 Gronemeyer in Gronemeyer, § 12 Rdnr. 14; Krautzberger in Ernst/Zinkahn/Bielenberg/Krautzberger, § 12 Rdnr. 59; Reidt, Praxisrelevante Rechtsfragen zum vorhabenbezogenen Bebauungsplan, LKV 2000, 417.

nicht fordern können, daß der Vorhabenträger geplante Einzelbauvorhaben auch selbst errichtet und erst danach veräußert[1].

Beispiel: 888

Eine Projektentwicklungsgesellschaft möchte auf der Grundlage eines vorhabenbezogenen Bebauungsplans ein Wohngebiet mit Einfamilienhäusern entwickeln. Sie beabsichtigt, die Erschließungsmaßnahmen selbst durchzuführen, die Bauparzellen jedoch zum Zwecke der Bebauung an Enderwerber zu veräußern. Dies ist zulässig, jedoch muß die Projektentwicklungsgesellschaft gleichwohl die vertragliche Durchführungspflicht übernehmen. Wird diese Pflicht nicht erfüllt, kann die Gemeinde den Bebauungsplan ganz oder teilweise entschädigungslos aufheben (§ 12 Abs. 6 BauGB, Rdnr. 924 f.). Das Projektentwicklungsunternehmen muß daher schon zur Vermeidung von zivilrechtlichen Haftungsrisiken geeignete Regelungen in den einzelnen Grundstückskaufverträgen mit den Enderwerbern vorsehen.

Neben der subjektiven Durchführungsbereitschaft muß gemäß § 12 Abs. 1 889 Satz 1 BauGB auch eine hinreichende **objektive Leistungsfähigkeit** des Vorhabenträgers gegeben sein. Dies gilt sowohl hinsichtlich des Verfügungsrechts über die Baufläche als auch für die wirtschaftliche Leistungsfähigkeit, die geplanten Baumaßnahmen tatsächlich durchführen zu können. Die Gemeinde ist insofern nicht auf Bekundungen durch den Vorhabenträger beschränkt. Sie kann vielmehr konkrete Prüfungen anstellen und verlangen, daß ihr geeignete Unterlagen (Grundbuchauszüge, Bankauskünfte, Finanzierungsnachweise u.ä.) zur Verfügung gestellt werden.

Eine weitere Frage ist dann allerdings, wie weit die **Prüfungspflicht** der 890 Gemeinde hinsichtlich der Leistungsfähigkeit des Vorhabenträgers geht. Teilweise werden die diesbezüglichen Anforderungen sehr hoch angesiedelt. Dies gilt insbesondere für die Verfügungsbefugnis über das Baugrundstück[2]. Die Anforderungen sollten insofern allerdings nicht überspannt werden. Der Sinn und Zweck der Regelung, daß der Vorhabenträger zur Realisierung des Vorhabens in der Lage sein muß, liegt in erster Linie in einem **besonderen Sachbescheidungsinteresse**. Es soll die Durchführung unnötiger Satzungsverfahren ohne anschließende Umsetzung der Planung vermieden werden. Nicht hingegen liegt darin eine gesetzliche „Zwangsbeglückung" des Vorhabenträgers und der Allgemeinheit, die gewährleisten soll, daß bei einer vorhabenbezogenen Planung alles funktioniert. Investitions- und Realisierungsrisiken bestehen bei jeder Planung und Plandurchführung. Dies ist auch bei einem vorhabenbezogenen Bebauungsplan nicht anders. Wenn daher keine besonderen Anhaltspunkte für etwaige Unregelmäßigkeiten auf Seiten des Vorhabenträgers oder ggf. auf Seiten des Eigentümers bestehen, der das Grundstück an den Vorhabenträger veräußern will, reicht in der

---

[1] OVG Saarlouis v. 27.8.2002 – 2 N 1/01, BauR 2003, 1845; Reidt, Praxisrelevante Rechtsfragen zum vorhabenbezogenen Bebauungsplan, LKV 2000, 417; a.A. Gronemeyer in Gronemeyer, § 12 Rdnr. 17; Busse/Grziwotz, Rdnr. 72.
[2] Zum Meinungsstand etwa Busse/Grziwotz, Rdnr. 77.

Regel die schuldrechtliche Vereinbarung, durch die der Vorhabenträger in die Lage versetzt wird, die geplante Maßnahme **tatsächlich** zu realisieren[1].

891 Aus dem Umstand, daß der Vorhabenträger bereit ist, das VEP-Verfahren auf eigene Kosten durchzuführen, kann die Gemeinde im Regelfall darauf schließen, daß auch eine hinreichende **wirtschaftliche** Leistungsfähigkeit zur Planrealisierung vorhanden ist. Ansonsten ergeben die entsprechenden Investitionen aus Sicht des Vorhabenträgers zumeist keinen Sinn. Die Gemeinde ist nicht verpflichtet, etwaige Marktprognosen dahingehend anzustellen, ob und in welcher Weise sich die Gesamtmaßnahme aus Sicht des Vorhabenträgers rentiert und daher wirtschaftlich sinnvoll ist[2]. Unberührt davon bleibt die Möglichkeit, daß die Gemeinde insbesondere in Bezug auf die notwendigen Erschließungsmaßnahmen in dem Durchführungsvertrag eine hinreichende Absicherung z.B. durch eine Vertragserfüllungsbürgschaft vorsieht, damit sie sich im Falle einer etwaigen Insolvenz des Vorhabenträgers nicht mit unvollendeten Erschließungsmaßnahmen konfrontiert sieht.

IV. Vorhaben- und Erschließungsplan

892 Der Vorhaben- und Erschließungsplan ist die **zeichnerische und textliche Darstellung** des geplanten Vorhabens einschließlich der Erschließungsmaßnahmen. Dieses **Gesamtvorhaben** muß mit der Gemeinde abgestimmt sein. Abstimmung bedeutet beiderseitige Zustimmung, also uneingeschränkten Konsens. Dieser muß bei Beginn des Satzungsverfahrens vorliegen, weil die Gemeinde ansonsten das Planaufstellungsverfahren gar nicht erst einleitet. Dies genügt indes nicht. Abgestimmt muß nach dem Gesetzeswortlaut auch die Endfassung des VEP sein, die nach Durchführung der Öffentlichkeitsbeteiligung gemäß § 3 BauGB und der Behördenbeteiligung gemäß § 4 BauGB (dazu Rdnr. 410 ff. sowie Rdnr. 492 ff.) dem Satzungsbeschluß zu Grunde liegt (§ 12 Abs. 3 Satz 1 i.V.m. § 10 Abs. 1 BauGB).

893 **Einseitige Veränderungen** des VEP durch die Gemeinde aufgrund des Satzungsverfahrens sind nicht zulässig. Es läge dann kein zwischen dem Vorhabenträger und der Gemeinde abgestimmter, also beiderseits konsentierter Plan mehr vor. Insofern ist der Begriff Vorhaben- und Erschließungsplan also die Legaldefinition für den auch **in seiner Endfassung abgestimmten Plan**[3].

---

1 Ähnlich OVG Saarlouis v. 27.8.2002 – 2 N 1/01, BauR 2003, 1845; Busse/Grziwotz, Rdnr. 80; eine qualifizierte Anwartschaftsposition, etwa in der Form einer Auflassungsvormerkung, fordert VGH München v. 24.7.2001, BauR 2001, 1870 = NVwZ-RR 2002, 260; strenger auch Jäde in Jäde/Dirnberger/Weiß, § 12 Rdnr. 19.
2 Ebenso Busse/Grziwotz, Rdnr. 77; strenger wohl Jäde in Jäde/Dirnberger/Weiß, § 12 Rdnr. 18.
3 Reidt, Praxisrelevante Rechtsfragen zum vorhabenbezogenen Bebauungsplan, LKV 2000, 417; anders Jäde in Jäde/Dirnberger/Weiß, § 12 Rdnr. 36, der der Gemeinde insofern eine Dispositionsbefugnis zugesteht.

Der Vorhaben- und Erschließungsplan und auch der darauf basierende vorhabenbezogene Bebauungsplan sind gemäß § 12 Abs. 3 Satz 2 BauGB nicht an den Festsetzungskatalog des § 9 BauGB und an die Baunutzungsverordnung gebunden (zu den Besonderheiten bei Flächen außerhalb des VEP gemäß § 12 Abs. 4 BauGB Rdnr. 905 ff.)[1]. Es besteht also für den Bereich des VEP ein **Festsetzungserfindungsrecht** der Gemeinde in Abstimmung mit dem Vorhabenträger (zu der insofern fehlenden Möglichkeit bei klassischen Bebauungsplänen Rdnr. 234). Dies ändert allerdings nichts daran, daß die Planfestsetzungen **hinreichend bestimmt** sein müssen (allgemein zu den Bestimmtheitsanforderungen bei Bauleitplänen Rdnr. 216 ff.). Es ist daher aus Gründen der Rechtssicherheit ratsam, weitestmöglich auf die aus der klassischen Bauleitplanung bekannte „Plansprache" zurückzugreifen, und die Begriffe, zeichnerischen Festsetzungen und Planzeichen zu verwenden, die sich aus § 9 BauGB, der Baunutzungsverordnung und der Planzeichenverordnung ergeben. Ebenfalls ist eine Orientierung etwa zum **Maß der baulichen Nutzung** an den materiellen Vorgaben in § 17 BauNVO sachgerecht. Aufgrund der fehlenden Verbindlichkeit für die vorhabenbezogene Bebauungsplanung kann jedoch insbesondere von den dort geregelten Obergrenzen abgewichen werden, eine ordnungsgemäße planerische Abwägung vorausgesetzt[2].

894

Von zentraler Bedeutung für die vorhabenbezogene Bauleitplanung ist der **Begriff des Vorhabens**. Er ist maßgeblich für die Nutzungs- und langfristigen Entwicklungsmöglichkeiten des Vorhabenträgers. Je enger der Begriff gefaßt ist, desto weniger Spielräume hat der Vorhabenträger bei der Realisierung seines Vorhabens und bei späteren Nutzungsänderungen.

895

Zu differenzieren ist zwischen einem oder mehreren Einzelvorhaben, die auf der Grundlage des vorhabenbezogenen Bebauungsplans realisiert werden sollen und dem Gesamtvorhaben. Für die Genehmigungsfähigkeit von **Einzelvorhaben** ist der Vorhabenbegriff des § 29 Abs. 1 i.V.m. § 30 Abs. 2 BauGB maßgeblich (zum Vorhabenbegriff gemäß § 29 Abs. 1 BauGB Rdnr. 1103 ff.). Ein konkretes Bauvorhaben ist aus bauplanungsrechtlicher Sicht genehmigungsfähig, wenn es den Festsetzungen des vorhabenbezogenen Bebauungsplans nicht widerspricht und die Erschließung gesichert ist (s. dazu Rdnr. 1175).

896

Davon zu unterscheiden ist das **Gesamtvorhaben**, auf das sich der VEP und der vorhabenbezogene Bebauungsplan als Bauleitplan beziehen. Das von dem VEP umfaßte Vorhaben (Gesamtvorhaben) ist ein **eigenständiger pla-**

897

---

1 BVerwG v. 6.6.2002 – 4 CN 4.01, BauR 2002, 1665 = UPR 2002, 452 = ZfBR 2002, 792.
2 BVerwG v. 6.6.2002 – 4 CN 4.01, BauR 2002, 1665 = UPR 2002, 452 = ZfBR 2002, 792; OVG Bautzen v. 8.12.1993 – 1 S 81.93, NVwZ 1995, 181 = LKV 1995, 84; Reidt, Praxisrelevante Rechtsfragen zum vorhabenbezogenen Bebauungsplan, LKV 2000, 417.

nungsrechtlicher **Begriff**, der nicht mit dem Begriff des Vorhabens im Sinne von § 29 Abs. 1 BauGB identisch ist[1]. In quantitativer Hinsicht ergibt sich dies bereits daraus, daß ein VEP sich auf eine Mehrzahl von Vorhaben im Sinne von § 29 Abs. 1 BauGB, also auf verschiedene und nicht unbedingt funktionell miteinander verbundene bauliche Anlagen im Sinne von § 29 BauGB (z.B. mehrere Wohnhäuser) beziehen kann, die jeweils eigenständig realisiert werden können. In qualitativer Hinsicht gilt nichts anders. § 29 Abs. 1 BauGB hat eine „Koordinationsfunktion" zwischen Bauplanungsrecht einerseits und den bodenrechtlichen Zulässigkeitstatbeständen der §§ 30 ff. BauGB andererseits (Anknüpfungsfunktion, Rdnr. 1181 ff.)[2]. Um der Kontrollaufgabe des § 30 Abs. 2 BauGB zu genügen, muß das für die Genehmigungsprüfung anstehende Vorhaben exakt bestimmt und beschrieben sein. Nutzungsspielräume dürfen sich nur in einer engen Bandbreite bewegen (vgl. Rdnr. 1120 ff.). Sobald diese Grenze überschritten ist und eine rechtlich andere Qualität der Nutzung vorliegt, durch die in bodenrechtlicher Hinsicht die Genehmigungsfrage neu aufgeworfen werden kann, liegt ein anderes und in diesem Sinne auch bauplanungsrechtlich neues Vorhaben vor. Dieser durch die Funktion des § 29 Abs. 1 BauGB begründete enge Zuschnitt kann indes auf die planungsrechtliche Ebene des vorhabenbezogenen Bebauungsplans, der durch die Genehmigungsplanung erst noch umgesetzt werden soll, nicht übertragen werden.

898 Die gegenüber § 29 Abs. 1 BauGB größere Offenheit des Vorhabenbegriffs in § 12 BauGB (Gesamtvorhaben) ändert nichts daran, daß das Vorhaben **präziser** festgelegt sein muß als dies ansonsten bei Bebauungsplänen der Fall ist. Dies ergibt sich nicht nur aus dem Begriff **Vorhaben- und Erschließungsplan**, sondern auch aus der vertraglich zu vereinbarenden Durchführungspflicht, die inhaltlich hinreichend bestimmt sein muß. Aus diesem Grunde reichen in der Regel die Festsetzungen eines qualifizierten Bebauungsplans (Rdnr. 1140 ff.) nicht aus. Insbesondere die Art der baulichen Nutzung muß in der Regel weiter präzisiert sein als dies bei der bloßen Festsetzung einer Baugebietsart der Fall ist[3]. Möglich sind allerdings für eine bestimmte Art

---

1 OVG Saarlouis v. 27.8.2002 – 2 N 1/01, BauR 2003, 1845; OVG Münster v. 16.10.1997 – 11a D 116.96, BRS 59 Nr. 255 = DVBl. 1998, 603 = NVwZ-RR 1998, 632 = UPR 1998, 359 zum früheren § 7 BauGB Maßnahmengesetz, der insofern allerdings mit § 12 BauGB übereinstimmt; Kuschnerus, Der vorhabenbezogene Bebauungsplan im Lichte der jüngeren Rechtsprechung, BauR 2004, 946 (947 f.); Reidt, BauR 1998, Der „neue" Vorhaben- und Erschließungsplan/vorhabenbezogener Bebauungsplan nach dem BauROG, BauR 1998, 909; ders., Praxisrelevante Rechtsfragen zum vorhabenbezogenen Bebauungsplan, LKV 2000, 417; a.A. ohne daß sich dies allerdings im Ergebnis entscheidend auswirkt z.B. Krautzberger in Ernst/Zinkahn/Bielenberg/Krautzberger, § 12 Rdnr. 48, 78; Birk, Der Vorhaben- und Erschließungsplan: Praxisbedeutsame Schwerpunkte, NVwZ 1995, 625.
2 Löhr in Battis/Krautzberger/Löhr, § 29 Rdnr. 2.
3 BVerwG v. 18.9.2003 – 4 CN 3.02, BauR 2004, 286 = DVBl. 2004, 247 = UPR 2004, 118; Kuschnerus, Der vorhabenbezogene Bebauungsplan im Lichte der jüngeren Rechtsprechung, BauR 2004, 946 (949).

der baulichen Nutzung (z.B. für ein Wohn- und Verwaltungsgebäude) Spielräume hinsichtlich des jeweiligen quantitativen Nutzungsanteils an der Gesamtfläche des Gebäudes. Entsprechendes gilt für das Maß der baulichen Nutzung und die überbaubaren Grundstücksflächen, die nicht absolut sondern durchaus mit (begrenzten) Spielräumen festgesetzt werden dürfen[1].

Neben bauplanungsrechtlichen kann der VEP auch **gestalterische Festsetzungen** enthalten, soweit dies landesrechtlich vorgesehen ist[2]. § 9 Abs. 4 BauGB ist also auch bei vorhabenbezogenen Bebauungsplänen anwendbar. § 12 Abs. 3 Satz 2 1. Halbsatz BauGB sieht lediglich vor, daß die Gemeinde nicht an die Festsetzungen nach § 9 BauGB gebunden ist. Sie kann davon jedoch – einschließlich der Möglichkeiten nach § 9 Abs. 4 BauGB i.V.m. der einschlägigen Landesbauordnung – durchaus Gebrauch machen. 899

Der VEP muß Regelungen zur **Erschließung** enthalten, soweit diese erforderlich sind. Ebenso wie bei jedem normalen Bebauungsplan müssen die Festsetzungen so weit gehen, wie dies notwendig ist, um die erforderliche Erschließung zu gewährleisten, damit anschließend ein dem vorhabenbezogenen Bebauungsplan entsprechendes Vorhaben gemäß § 30 Abs. 2 BauGB genehmigt werden kann. Insbesondere gehört dazu die Festsetzung der verkehrlichen Erschließung. Da der vorhabenbezogene Bebauungsplan auf eine zeitnahe Umsetzung angelegt ist (zur vertraglich zu regelnden Durchführungsfrist Rdnr. 909), muß bei Satzungsbeschluß davon ausgegangen werden können, daß die für die Genehmigungsfähigkeit von Bauvorhaben notwendige Erschließung fristgerecht vorhanden sein wird. Ansonsten leidet der Bebauungsplan wegen fehlender Realisierbarkeit an einem Abwägungsfehler. Von Bedeutung sind in diesem Zusammenhang bei Erschließungsmaßnahmen, die nicht im Verantwortungsbereich der Gemeinde selbst liegen (z.B. Ver- und Entsorgung im Bereich Trink- und Abwasser, sofern dafür ein privates Unternehmen oder ein Zweckverband zuständig ist), Zusagen der verantwortlichen Erschließungsträger, ihre mit dem Vorhabenträger eventuell bereits abgeschlossenen Vereinbarungen oder auch deren Stellungnahmen im Rahmen der Behördenbeteiligung gemäß § 4 BauGB. 900

Gemäß § 12 Abs. 1 Satz 2 BauGB muß die Begründung des Planentwurfs **die nach § 2a BauGB erforderlichen Angaben** enthalten. Es bestehen also sowohl in Bezug auf den Umweltbericht als auch auf die ihm zu Grunde liegende Umweltprüfung nach § 2 Abs. 4 BauGB keine geringeren Anforderungen als bei einem klassischen Bebauungsplan (zu den Anforderungen im einzelnen Rdnr. 655 ff.; s. allerdings noch zu der Möglichkeit des verein- 901

---

1 OVG Saarlouis v. 27.8.2002 – 2 N 1/01, BauR 2003, 1845; in diesem Sinne auch Busse/Grziwotz, Rdnr. 363 ff.; Krautzberger in Ernst/Zinkahn/Bielenberg/Krautzberger, § 12 Rdnr. 78; Gronemeyer in Gronemeyer, § 12 Rdnr. 30; Reidt, Praxisrelevante Rechtsfragen zum vorhabenbezogenen Bebauungsplan, LKV 2000, 417.
2 S. etwa § 86 Abs. 4 BauO NW, § 74 Abs. 6 BauO BW.

fachten Verfahrens Rdnr. 918). Soweit dies nach den Vorschriften des Gesetzes über die Umweltverträglichkeitsprüfung notwendig ist, bedarf es **für eine grenzüberschreitende Beteiligung** der Erstellung einer Übersetzung der nach § 2a BauGB erforderlichen Angaben (§ 12 Abs. 1 Satz 3 BauGB). Auch insofern entsprechen die Voraussetzungen der nicht vorhabenbezogenen Bebauungsplanung (Rdnr. 521 ff.).

902 Damit der Vorhabenträger in der Lage ist, die Angaben im Sinne von § 2a BauGB zusammenzustellen, ist er auf einen entsprechenden Antrag hin durch die Gemeinde über den voraussichtlich erforderlichen Untersuchungsrahmen der Umweltprüfung nach § 2 Abs. 4 BauGB zu informieren. Die Gemeinde hat vor dieser Information die Behörden und sonstigen Träger öffentlicher Belange zu beteiligen, deren Aufgabenbereich durch die Planung berührt werden kann. Dies kann im Rahmen der **Behördenbeteiligung gemäß § 4 Abs. 1 Satz 1 BauGB** (Rdnr. 501 ff.) erfolgen. Bei der (frühzeitigen) Behördenbeteiligung und der sich daran anknüpfenden Information durch die Gemeinde gemäß § 12 Abs. 2 Satz 2 BauGB geht es darum, daß zunächst der vom Vorhabenträger abzuarbeitende **Untersuchungsrahmen** abgesteckt wird (sog. **Scoping**, s. auch § 5 UVPG). Dieser Rahmen ist allerdings nicht endgültig. Stellt sich im weiteren Verlauf des Planverfahrens heraus, daß noch weitere Umstände untersucht werden müssen, sind diese ebenfalls einzubeziehen und im Umweltbericht zu berücksichtigen. Dementsprechend regelt § 12 Abs. 2 Satz 2 BauGB auch, daß die Gemeinde den Vorhabenträger nicht nur auf dessen Antrag hin sondern auch von sich aus über den voraussichtlichen Untersuchungsrahmen der Umweltprüfung unterrichtet, wenn sie dies nach Einleitung des Bebauungsplanverfahrens für erforderlich hält.

903 Derartige Veränderungen, in der Regel also Erweiterungen, des Untersuchungsrahmens, führen ebenso wie eine inhaltliche Veränderung der Planung nicht dazu, daß die gemäß § 12 Abs. 2 Satz 2 i.V.m. § 4 Abs. 1 BauGB erforderliche (frühzeitige) Behördenbeteiligung wiederholt werden muß. Vielmehr schließt sich in jedem Fall gemäß § 4 Abs. 1 Satz 2 BauGB die Behördenbeteiligung gemäß § 4 Abs. 2 BauGB an. Allerdings steht es der Gemeinde wie bei jedem anderen Planverfahren frei, bei einer sich eventuell abzeichnenden Erweiterung des Untersuchungsrahmens die zuständigen Fachbehörden erneut im Vorfeld der Behördenbeteiligung nach § 4 Abs. 2 BauGB zu beteiligen, um den zweiten Schritt der Beteiligung sachgerecht vorzubereiten und damit eine spätere Änderung des Planentwurfs nach Möglichkeit zu vermeiden, die ggf. eine erneute Einholung von Behördenstellungnahmen gemäß § 4a Abs. 3 BauGB erforderlich machen würde.

904 § 12 Abs. 2 Satz 2 BauGB spricht zwar wie Satz 1 der Vorschrift davon, daß die Gemeinde die entsprechenden Mitteilungen auf **Antrag** zu machen hat. Jedoch geht dieser Anspruch der Sache nach nicht weiter als der Anspruch auf Einleitung des Bebauungsplanverfahrens (Rdnr. 883). Ist die Gemeinde

mit der Planung nicht einverstanden, läßt sich auch ein Anspruch auf Durchführung des Scopings nicht durchsetzen.

V. Einbeziehung von Flächen außerhalb des VEP

Gemäß § 12 Abs. 4 BauGB können einzelne Flächen außerhalb des Bereichs des VEP in den vorhabenbezogenen Bebauungsplan einbezogen werden. Die Formulierung „einzelne Flächen" macht deutlich, daß die planende Gemeinde ein VEP-Verfahren nicht zur Grundlage nehmen kann, um innerhalb dieses Verfahrens eine umfassende und erheblich über den VEP hinausgehende Bauleitplanung zu betreiben. Es kann sich vielmehr nur um eine für die geordnete städtebauliche Entwicklung sinnvolle **Ergänzung oder Abrundung** handeln. Dabei ist es dann allerdings unerheblich, ob auf den zusätzlich einbezogenen Flächen Erschließungs- oder Freiflächen oder auch weitere bebaubare Flächen ausgewiesen werden[1]. Hinsichtlich des zulässigen Umfangs wird man auf die Maßstäbe zurückgreifen können, die auch für Satzungen gemäß § 34 Abs. 4 Satz 1 Nr. 3 BauGB (Rdnr. 1990 ff.) gelten[2].

905

Beispiel:

906

In dem Gebiet einer Gemeinde liegt eine unbebaute Fläche, die mit insgesamt sehr unterschiedlicher Bebauung umgeben ist. Die Fläche selbst ist so groß, daß sie nicht mehr als Innenbereich angesehen werden kann (sog. Außenbereich im Innenbereich). Ein Teil dieser Fläche steht im Eigentum eines Investors, der in Abstimmung mit der Gemeinde für diesen Bereich einen VEP erarbeitet hat. Da der Rest der Außenbereichsinsel nicht im Eigentum des Investors steht, muß er bei dem VEP außer Betracht bleiben. Die Gemeinde bezieht diese Fläche allerdings ergänzend in den vorhabenbezogenen Bebauungsplan ein, um auf diese Weise einen städtebaulich sinnvollen Übergang zu der bereits vorhandenen Bebauung sicherzustellen.

Die **Sonderregelung des § 12 Abs. 3 BauGB** gilt für die über den VEP hinausgehend in den vorhabenbezogenen Bebauungsplan einbezogenen Flächen nicht. Dies bedeutet, daß für diesen Bereich dieselben Anforderungen gelten, wie für jeden normalen Bebauungsplan. Insbesondere können also Planfestsetzungen nur nach § 9 BauGB und der Baunutzungsverordnung erfolgen.

907

---

[1] BVerwG v. 18.9.2003 – 4 CN 3.02, BauR 2004, 286 = DVBl. 2004, 247 = UPR 2004, 118 = ZfBR 2004, 167; VGH Mannheim v. 14.11.2002 – 5 S 1635/00, NVwZ-RR 2003, 407 = ZfBR 2003, 268.
[2] Reidt, Der „neue" Vorhaben- und Erschließungsplan/vorhabenbezogener Bebauungsplan nach dem BauROG, BauR 1998, 909.

VI. Durchführungsvertrag

908 Der Durchführungsvertrag ist zwar nicht Bestandteil der (vorhabenbezogenen Bauleitplanung), er ist jedoch gleichwohl unverzichtbare Voraussetzung dafür, daß ein wirksamer Bebauungsplan gemäß § 12 BauGB aufgestellt werden kann[1]. Der Vorhabenträger muß sich vertraglich zur Durchführung der Vorhaben und der Erschließungsmaßnahmen innerhalb einer bestimmten Frist und zur Tragung der Planungs- und Erschließungskosten ganz oder teilweise verpflichten. Zu diesem in § 12 Abs. 1 BauGB genannten Mindestinhalt des Durchführungsvertrages hinzu kommen zwingend vertragliche Regelungen **zu naturschutzrechtlichen Ausgleichsmaßnahmen**, sofern die Gemeinde derartige Maßnahmen für erforderlich hält und sie diese nicht selbst sachlich und kostenmäßig übernehmen will (zur naturschutzrechtlichen Eingriffsregelung in der planerischen Abwägung Rdnr. 681 ff.). Denn für den Bereich eines VEP greifen die §§ 135a ff. BauGB nicht ein. Dies gilt folglich auch für § 135a Abs. 1 BauGB, nach dem festgesetzte Maßnahmen zum Ausgleich vom Vorhabenträger durchzuführen sind. Daher kann eine solche Verpflichtung allein durch eine Regelung im Durchführungsvertrag herbeigeführt werden (s. auch § 1a Abs. 3 Satz 3 BauGB, Rdnr. 699 ff.). Neben diesem gesetzlich geforderten Mindestinhalt kann der Durchführungsvertrag um **weitere Regelungsgegenstände** ergänzt werden. Hierfür gelten die allgemeinen Anforderungen an städtebauliche Verträge. In Betracht kommen vor allem Vereinbarungen hinsichtlich zusätzlicher Nutzungsbindungen und Detailfestlegungen[2] (z.B. Sortimentsbeschränkungen im Einzelhandelsbereich) oder Vereinbarungen zur Übernahme von Folgelasten (zu städtebaulichen Verträgen Rdnr. 927 ff.).

909 Die vertraglich zu regelnde **Durchführungspflicht** bezieht sich zum einen auf das Bauvorhaben oder die mehreren Bauvorhaben, die der VEP vorsieht. Die dafür zu vereinbarende Frist muß **kalendermäßig bestimmt oder bestimmbar** sein. Dabei ist die Vereinbarung von **Verlängerungsmöglichkeiten**, die von der Zustimmung der Gemeinde abhängen, also nicht allein vom Vorhabenträger selbst bewirkt werden können, zulässig[3]. Die Frist kann so **gestaffelt** werden, daß zunächst innerhalb eines bestimmten Zeitraums die erforderlichen Bauanträge gestellt werden, binnen einer weiteren Frist nach Bestandskraft der Genehmigungen der Baubeginn zu erfolgen hat und innerhalb einer dritten Frist dann die Baumaßnahmen fertigzustellen sind. Ebenfalls ist es möglich, für **verschiedene Bauabschnitte** eines größeren Gesamtvorhabens unterschiedliche Fristen festzulegen. Nicht zulässig ist es dabei allerdings in einem Durchführungsvertrag, die Pflicht zur Rea-

---
1 BVerwG v. 18.9.2003 – 4 CN 3.02, BauR 2004, 286 = DVBl. 2004, 247 = UPR 2004, 118 = ZfBR 2004, 167.
2 BVerwG v. 23.6.2003 – 4 BN 7.03, BauR 2004, 975.
3 VGH Mannheim v. 25.11.1996 – 8 S 1151.96, BRS 58 Nr. 248 = DVBl. 1997, 841 = NVwZ 1997, 699 = UPR 1997, 157 = ZfBR 1997, 162.

lisierung weiterer Bauabschnitte unter die Maßgabe zu stellen, daß die früheren Bauabschnitte zunächst vermarktet sein müssen[1].

Zum anderen besteht die vertraglich zu regelnde Durchführungspflicht für **Erschließungsmaßnahmen**. Dafür gelten die vorstehenden Ausführungen zu den Bauvorhaben entsprechend. Es versteht sich von selbst, daß sich die Durchführungspflicht nur auf die Erschließung beziehen kann, die nicht vorhanden und für die vorgesehene bauliche Nutzung im VEP-Gebiet erforderlich ist[2]. Desweiteren kann sich die vertragliche Durchführungspflicht nur auf diejenigen Maßnahmen beziehen, die der zuständige Erschließungsträger nicht selbst durchführen will. Ist dies der Fall, kann allenfalls die Kostentragung vertraglich geregelt werden. Letztlich ist bei der Vereinbarung einer Durchführungspflicht für Erschließungsmaßnahmen auch zu beachten, daß diese im Verhältnis zwischen der Gemeinde und dem Vorhabenträger nur insoweit abschließend geregelt werden kann, wie die Gemeinde für die betreffenden Erschließungsmaßnahmen selbst zuständig ist. Dies ist zwar bei der Erschließung im Sinne der §§ 127 ff. BauGB (Erschließung im engeren Sinne) der Fall, nicht jedoch immer bei der Erschließung im weiteren Sinne (vgl. § 123 BauGB), also bei der Wasserver- und Abwasserentsorgung, der Versorgung mit Strom, Gas u.s.w. (Rdnr. 1196 ff.). Sofern die Gemeinde für die betreffenden Erschließungsmaßnahmen nicht selbst zuständig ist, kann sich der Durchführungsvertrag darauf nicht ohne weiteres erstrecken. Schon vertragsrechtlich ist dies zumeist nur dann möglich, wenn der betreffende Erschließungsträger in Bezug auf die in seinen Verantwortungsbereich fallenden Maßnahmen ebenfalls Vertragspartner des Durchführungsvertrages wird. In Betracht kommt es allerdings auch, daß die entsprechenden Maßnahmen im Verhältnis zwischen dem Erschließungsträger und dem Vorhabenträger gesondert geregelt werden. Ist die Durchführung der erforderlichen Maßnahmen auf diese Weise gesichert, bedarf es schon aus diesem Grunde keiner gesonderten Behandlung im Durchführungsvertrag mehr. Fehlt es hingegen an einer diesbezüglichen vertraglichen Regelung, muß das Problem zumindest in der planerischen Abwägung bewältigt werden, weil ansonsten die Erschließung der späteren Baumaßnahmen nicht gesichert ist und diese dann nicht gemäß § 30 Abs. 2 BauGB genehmigungsfähig sind. Die **Durchführbarkeit** der Vorhaben innerhalb einer bestimmten und auch überschaubaren Frist ist indes unverzichtbare Voraussetzung des vorhabenbezogenen Bebauungsplans, da ansonsten eine darauf gerichtete Verpflichtung des Vorhabenträgers offensichtlich ins Leere geht.

910

---

1 OVG Bautzen v. 14.7.1994 – 1 S 142.93, BRS 56 Nr. 244 = DVBl. 1995, 113 = NVwZ 1995, 181.
2 Großzügig in diesem Zusammenhang OVG Koblenz v. 30.8.2001 – 1 C 11768/00, BauR 2001, 1874, das für die Erschließungsmaßnahmen eine Fristbestimmung für verzichtbar hält, wenn „diese im Zeitpunkt des Satzungsbeschlusses jedenfalls im wesentlichen bereits vorhanden gewesen" sind.

911 Die in Betracht kommende **Dauer** der im Durchführungsvertrag zu regelnden Frist oder ggf. auch der mehreren Fristen (Rdnr. 909) ist vom Einzelfall abhängig. Wegen des auf Umsetzung angelegten Charakters der vorhabenbezogenen Bauleitplanung kann es sich dabei allerdings nicht um einen Zeitraum handeln, bei dem praktisch kein Realisierungsdruck für den Vorhabenträger besteht. Die Fristen müssen vielmehr so gefaßt sein, daß sie eine **kontinuierliche Durchführung des Gesamtvorhabens** ohne besondere Verzögerungen sicherstellen.

912 Regeln muß der Durchführungsvertrag desweiteren die Pflicht des Vorhabenträgers, die **Planungs- und Erschließungskosten** ganz oder teilweise zu tragen. Dies bedeutet, daß der Vorhabenträger für die Leistungen, die er selbst erbringt, keinen oder allenfalls einen teilweisen Kostenerstattungsanspruch gegenüber der Gemeinde haben darf. Sofern die Gemeinde selbst Leistungen erbringt, muß geregelt werden, daß der Vorhabenträger die dafür entstehenden Kosten ganz oder jedenfalls teilweise erstattet. Als Maßstab für eine sachgerechte Verteilung des Aufwandes ist § 11 Abs. 2 BauGB zu beachten, nach dem die vereinbarten Leistungen den gesamten Umständen nach **angemessen** sein müssen (vgl. Rdnr. 944 ff.). Wenn der Vorhabenträger von den Leistungen, die er selbst oder die Gemeinde erbringt, allein profitiert, ist im Regelfall eine vollständige Kostenübernahme angemessen. Anders kann dies dann sein, wenn auch dritte Grundstückseigentümer durch die Erschließungsleistungen des Vorhabenträgers begünstigt werden, etwa bei der Einbeziehung von Flächen gemäß § 12 Abs. 4 BauGB (Rdnr. 905 ff.). In diesem Fall kann es die Angemessenheit erfordern, daß die Gemeinde einen Teil der Kosten selbst trägt und diesen Aufwand durch die Erhebung von Abgaben (z.B. Erschließungsbeiträge) refinanziert[1].

913 Gemäß § 12 Abs. 1 BauGB muß der Durchführungsvertrag **vor dem Satzungsbeschluß** (§ 10 Abs. 1 BauGB, dazu Rdnr. 745 ff.) abgeschlossen sein. Gemeint ist damit ein endgültiger und formwirksamer Abschluß (zu den Formvorschriften für den Durchführungsvertrag und sonstige städtebauliche Verträge Rdnr. 940 ff.)[2]. Dies gilt allerdings nur für die gesetzlichen **Mindestregelungen** (Rdnr. 908). Alles, was darüber hinausgeht und daher auch in einem gesonderten städtebaulichen Vertrag vereinbart werden könnte, ist von dieser Regelung nicht berührt. Jedoch müssen zumindest die Umstände, die abwägungserheblich sind, zum Zeitpunkt des Satzungsbeschlusses inhaltlich feststehen (§ 214 Abs. 3 Satz 1 BauGB.

914 Selbst die vor Satzungsbeschluß endgültig zu vereinbarenden Mindestregelungen dürften jedenfalls in geringem Umfang noch **veränderbar** sein. Denn Sinn und Zweck des Vertragsabschlusses vor dem Satzungsbeschluß liegen

---

1 Vgl. Oerder, Städtebaulicher Vertrag nach dem Bau- und Raumordnungsgesetz 1998: Gesetzesänderungen und aktuelle Probleme, NVwZ 1997, 1190.
2 VGH München v. 24.7.2001 – 1 N 00.1574, BauR 2001, 1870 = NVwZ-RR 2002, 260.

im wesentlichen darin, den Vorhabenträger definitiv und endgültig in die Pflicht zu nehmen[1]. Dies ist mit dem Vertragsabschluß der Fall, da Vertragsänderungen gegen den Willen der Gemeinde dann nicht möglich sind. Solange abwägungserhebliche Belange nicht berührt sind, ist es daher unbedenklich, wenn die Gemeinde dem Vorhabenträger im Rahmen einer Vertragsänderung nach Satzungsbeschluß noch entgegenkommt. Insofern ist die Situation nicht anders als bei einer im Durchführungsvertrag selbst enthaltenen Regelung, nach der etwa eine (überschaubare) Verlängerung der Durchführungsfrist mit Zustimmung der Gemeinde möglich ist (dazu oben Rdnr. 909).

Geachtet werden muß bei einem VEP-Verfahren darauf, daß nicht nur dem vorhabenbezogenen Bebauungsplan ein in seiner Endfassung zwischen der Gemeinde und dem Vorhabenträger abgestimmter VEP zu Grunde liegt (Rdnr. 893) sondern auch der Durchführungsvertrag sich auf diese Endfassung bezieht. Zwischen beiden darf also **kein inhaltlicher Widerspruch** bestehen[2]. 915

Beispiel: 916
Ein Vorhabenträger stimmt mit der Gemeinde einen VEP ab und schließt gleichzeitig den Durchführungsvertrag, in dem für einzelne Bauabschnitte gestaffelte Durchführungsfristen geregelt werden. Aufgrund der Öffentlichkeitsbeteiligung und der Behördenbeteiligung ergeben sich verschiedene Änderungen, die der Vorhabenträger in Abstimmung mit der Gemeinde in den VEP einarbeitet. Der vorhabenbezogene Bebauungsplan wird dementsprechend erlassen, der Durchführungsvertrag bleibt hingegen unverändert, mit der Konsequenz, daß u.a. die Durchführungsfristen nicht mehr zu den geänderten Bauabschnitten passen. Da aus diesem Grund eine hinreichend bestimmte Durchführungsverpflichtung fehlt, ist zugleich eine unverzichtbare Tatbestandsvoraussetzung für einen vorhabenbezogenen Bebauungsplan nicht erfüllt, so daß dieser unwirksam ist.

VII. Bauleitplanverfahren

Das Verfahren zur Aufstellung, Änderung oder Ergänzung eines vorhabenbezogenen Bebauungsplans ist mit dem Aufstellungsverfahren für sonstige Bebauungspläne identisch (zum Anspruch auf Einleitung des Bebauungsplanverfahrens gemäß § 12 Abs. 2 BauGB Rdnr. 883; zur frühzeitigen Behördenbeteiligung gemäß § 4 Abs. 1 Satz 1 BauGB Rdnr. 501 ff.). 917

In Betracht kommt dabei auch die Durchführung des **vereinfachten Verfahrens gemäß § 13 BauGB** (Rdnr. 841 ff.). Ob bei Vorliegen der entsprechen- 918

---

1 Vgl. Kuschnerus, Der vorhabenbezogene Bebauungsplan im Lichte der jüngeren Rechtsprechung, BauR 2004, 946 (952).
2 BVerwG v. 18.9.2003 – 4 CN 3.02, BauR 2004, 286 = DVBl. 2004, 247 = UPR 2004, 118 = ZfBR 2004, 167; VGH Mannheim v. 14.11.2002 – 5 S 1635/00, NVwZ-RR 2003, 407 = ZfBR 2003, 268.

den Voraussetzungen das vereinfachte Verfahren oder das Regelverfahren der Bauleitplanung durchgeführt werden soll, entscheidet allein die Gemeinde. Schon aus § 1 Abs. 3 Satz 2 BauGB ergibt sich, daß der Vorhabenträger keinen Rechtsanspruch darauf hat, daß ein bestimmtes und für ihn möglicherweise einfacheres oder schnelleres Verfahren durchgeführt wird. Sofern die Gemeinde von den Erleichterungen des § 13 BauGB Gebrauch macht, entfällt die Beteiligung der Behörden nach § 4 Abs. 1 BauGB und damit auch die Notwendigkeit, den Vorhabenträger gemäß § 12 Abs. 2 Satz 2 BauGB über den voraussichtlich erforderlichen Untersuchungsumfang der Umweltprüfung nach § 2 Abs. 4 BauGB zu informieren (Rdnr. 655 ff.).

919 Der **Durchführungsvertrag** (Rdnr. 908 ff.) muß im Rahmen der Öffentlichkeitsbeteiligung gemäß § 3 Abs. 2 BauGB in der Regel **nicht ausgelegt** werden[1]. Dafür spricht bereits der Zeitpunkt, zu dem der Vertrag abgeschlossen sein muß (Satzungsbeschluß, Rdnr. 913). Anders ist dies jedoch dann, wenn der Durchführungsvertrag Regelungen enthält, die für die Beurteilung des Planungsvorhabens durch die Bürger von wesentlicher Bedeutung sind („Anstoßfunktion", vgl. Rdnr. 440). In diesem Fall muß entweder der Durchführungsvertrag bzw. der Vertragsentwurf mit offengelegt oder aber in der Planbegründung müssen die insofern wesentlichen Punkte behandelt werden[2].

920 Anders als bei sonstigen Bebauungsplanverfahren ist bei einem vorhabenbezogenen Bebauungsplan der Vorhabenträger aufgrund des Abstimmungserfordernisses (Rdnr. 893, 915 f.) zwingend in das Aufstellungsverfahren eingebunden. Insofern handelt es sich um eine **Spezialregelung zu § 4b BauGB**, die die Einschaltung eines Dritten in das Bauleitplanverfahren regelt (dazu Rdnr. 541 ff.). Soweit es allerdings um Tätigkeiten geht, die über die in § 12 BauGB geregelten Vorbereitungsmaßnahmen hinausgehen, gelten dieselben Einschränkungen wie bei § 4b BauGB.

VIII. Wechsel des Vorhabenträgers, Aufhebung der Satzung

921 Gemäß § 12 Abs. 5 BauGB bedarf ein **Wechsel des Vorhabenträgers** der Zustimmung der Gemeinde. Sachlich vollzieht sich der Wechsel so, daß im Verhältnis zwischen der Gemeinde sowie dem alten und dem neuen Vorhabenträger vereinbart wird, daß letzterer die Verpflichtung des alten Vorhabenträgers aus dem Durchführungsvertrag übernimmt. Die Gemeinde ist zur Erteilung der notwendigen Zustimmung verpflichtet, es sei denn, Tatsachen rechtfertigen die Annahme, die Durchführung des VEP innerhalb der vereinbarten Frist würde dadurch gefährdet. Dies ist in der Regel nicht der

---

1 BVerwG v. 18.9.2003 – 4 CN 3.02, BauR 2004, 286 = DVBl. 2004, 247 = UPR 2004, 118 = ZfBR 2004, 167.
2 OVG Münster v. 16.10.1997 – 11a D 116/96, BRS 59 Nr. 255 = DVBl. 1998, 602 = NVwZ-RR 1998, 632 = UPR 1998, 359.

Fall, wenn der neue Vorhabenträger ebenso wie sein Vorgänger bereit und in der Lage ist, das Vorhaben und die Erschließungsmaßnahmen durchzuführen.

Beim Wechsel des Vorhabenträgers können über den Mindestinhalt des Durchführungsvertrages hinausgehende Vereinbarungen zwischen der Gemeinde und dem früheren Vorhabenträger eine Rolle spielen (z.B. Übernahme von Folgelasten, dazu Rdnr. 999 ff.). Derartige Verpflichtungen, die auch in einem gesonderten städtebaulichen Vertrag geregelt sein könnten, rechtfertigen nach dem ausdrücklichen Gesetzeswortlaut nicht die Verweigerung der gemeindlichen Zustimmung zum Wechsel des Vorhabenträgers. Allerdings bleibt der frühere Vorhabenträger für die Erfüllung dieser Pflichten weiterhin verantwortlich, es sei denn, die Gemeinde stimmt insofern ebenfalls einer Rechtsnachfolge zu. 922

Ein vorhabenbezogener Bebauungsplan **kann** wie jeder andere Bebauungsplan jederzeit **aufgehoben, geändert oder ergänzt** werden, wenn dafür ein städtebauliches Erfordernis besteht. § 12 Abs. 6 BauGB enthält dazu noch eine ergänzende Sonderregelung. Danach **soll** der vorhabenbezogene Bebauungsplan aufgehoben werden, wenn der VEP nicht innerhalb der vereinbarten Frist durchgeführt wurde. Die Gemeinde kann davon allerdings ohne weiteres absehen, wenn die Verzögerung auf besonderen Umständen beruht. Sie wird in aller Regel mangels städtebaulicher Rechtfertigung davon absehen müssen, wenn die Durchführung des VEP – trotz Verzögerung – kurz vor dem Abschluß steht. Ohnehin ist zu berücksichtigen, daß eine Aufhebung des vorhabenbezogenen Bebauungsplans auf bereits erteilte Baugenehmigungen keinen Einfluß nimmt. Ein vorhabenbezogener Bebauungsplan kann auch **funktionslos** werden. Hierfür gelten dieselben Anforderungen wie bei jedem anderen Bauleitplan (Rdnr. 865 ff.)[1]. 923

Zur Aufhebung eines vorhabenbezogenen Bebauungsplans kann im Fall des § 12 Abs. 6 BauGB das vereinfachte Verfahren nach § 13 angewendet werden. § 12 Abs. 6 Satz 3 BauGB, der durch das EAG Bau (Rdnr. 1) nicht verändert wurde und damit jetzt auf das in § 13 BauGB umfassend umgestaltete vereinfachte Verfahren (Rdnr. 841 ff.) Bezug nimmt, wird man so verstehen müssen, daß es sich dabei um eine **Rechtsfolgenverweisung auf § 13 Abs. 2 und 3 BauGB** handelt, also unabhängig von den in Abs. 1 der Vorschrift geregelten tatbestandlichen Voraussetzungen in jedem Fall die Durchführung des vereinfachten Verfahrens möglich ist. 924

Wird der vorhabenbezogene Bebauungsplan **wegen nicht fristgerechter Durchführung** des VEP aufgehoben, kann der Vorhabenträger daraus gegen die Gemeinde keine Ansprüche geltend machen. Dies gilt sowohl für An- 925

---
1 VGH Mannheim v. 14.11.2002 – 5 S 1635/00, NVwZ-RR 2003, 407 = ZfBR 2003, 268.

sprüche nach den Bestimmungen zum Planungsschadensrecht (§§ 39 ff. BauGB) als auch für etwaige vertragliche Ansprüche. Wird hingegen der vorhabenbezogene Bebauungsplan aus anderen Gründen aufgehoben, insbesondere deshalb, weil sich die städtebaulichen Zielvorstellungen der Gemeinde geändert haben, kommen Ansprüche nach den §§ 39 ff. BauGB in Betracht. Das Planungsschadensrecht ist also trotz der zumindest mißverständlichen Regelung in § 12 Abs. 3 Satz 2 BauGB nicht vollständig ausgeschlossen, sondern nur für den in § 12 Abs. 6 BauGB geregelten Fall[1].

926 Der Ausschluß von Ansprüchen bei Aufhebung des Bebauungsplans ist beschränkt auf etwaige Forderungen des Vorhabenträgers. Er bezieht sich also nicht auf sonstige Dritte und auf Flächen, die gemäß § 12 Abs. 4 BauGB in den vorhabenbezogenen Bebauungsplan einbezogen wurden. Eigentümer dieser Flächen können also bei einer sie betreffenden Aufhebung, Änderung oder Ergänzung des Bebauungsplans gegenüber der Gemeinde Planungsschadensansprüche geltend machen.

K. Städtebauliche Verträge im Zusammenhang mit der Bauleitplanung

I. Allgemeine Anforderungen an städtebauliche Verträge

1. Regelungsgegenstände und Rechtsnatur

927 Gemäß § 11 Abs. 1 Satz 1 BauGB kann die Gemeinde städtebauliche Verträge abschließen. § 11 Abs. 1 Satz 2 BauGB enthält eine Aufzählung möglicher Regelungsgegenstände für derartige Verträge. Die Vorschrift hat lediglich beispielhaften Charakter, ist also nicht abschließend, wie sich sowohl aus dem Wort „insbesondere" als auch aus der Regelung in § 11 Abs. 4 BauGB ergibt. Im Zusammenhang mit der Bauleitplanung typische städtebauliche Verträge beziehen sich zumeist auf die Ausarbeitung von städtebaulichen Planungen, die Bodenordnung, die Förderung und Sicherung von Zielen der Bauleitplanung sowie auf die Kostentragung für naturschutzrechtliche Ausgleichsmaßnahmen und kommunale Folgelasten. Die vielzähligen möglichen Regelungsgegenstände, die Gestaltungsformen, die vertraglichen Formulierungsmöglichkeiten, Einzelfragen der Vertragsumsetzung und -abwicklung u.s.w. können hier im einzelnen nicht behandelt werden[2]. Dargestellt werden daher lediglich die wesentlichen allgemeinen

---

1 Busse/Grziwotz, Rdnr. 418.
2 Umfassend zu städtebaulichen Verträgen Burmeister, Praxishandbuch Städtebauliche Verträge, 2000; Grziwotz, Vertragsgestaltung im öffentlichen Recht, 2002; Walker, Handbuch Städtebauliche Verträge; Birk, Städtebauliche Verträge, 4. Auflage 2002; Spannowsky, Die Bedeutung zivilrechtlicher Verträge zur Steuerung der städtebaulichen Entwicklung und deren Grenzen, UPR 2003, 81 ff.; Bick, Städtebau-

Anforderungen an städtebauliche Verträge sowie die im Zusammenhang mit der Bauleitplanung typischen Erscheinungsformen.

Obgleich die Bauleitplanung zum öffentlichen Recht gehört, sind städtebauliche Verträge **nicht zwingend öffentlichrechtliche Verträge** im Sinne der §§ 54 ff. VwVfG. Vielmehr charakterisiert der Begriff des städtebaulichen Vertrages lediglich die **Zweckbestimmung** der vertraglichen Vereinbarung. Nicht hingegen wird damit festgelegt, ob der jeweilige Vertrag öffentlichrechtlicher oder zivilrechtlicher Natur ist. Dafür gelten vielmehr die allgemeinen Abgrenzungskriterien, die für die Unterscheidung von öffentlichem und privatem Recht entwickelt worden sind (vgl. § 40 VwGO)[1]. Ganz allgemein kann man sagen, daß in den Fällen, in denen planungsrechtliche Überlegungen lediglich das **Motiv** für typischerweise zivilrechtliche Vereinbarungen sind, der zivilrechtliche Charakter der betreffenden Verträge unberührt bleibt (z.B. Verträge im Zusammenhang mit sog. Einheimischenmodellen, dazu Rdnr. 994). Demgegenüber unterfallen Verträge, bei denen planungsrechtliche Belange oder Maßnahmen nicht nur Motivationsgrundlage des Vertrages sind, sondern zum unmittelbaren **Regelungsgegenstand** gehören, dem öffentlichen Recht (z.B. Folgelastenverträge oder Erschließungsverträge, dazu Rdnr. 999 ff. sowie Rdnr. 1007 ff.). Dies gilt selbst dann, wenn in derartigen Verträgen auch zusätzliche zivilrechtliche Regelungsgegenstände enthalten sind (z.B. Grundstücksübertragungen). Entscheidend ist dann, welcher Regelungsgegenstand dem Vertrag sein **überwiegendes Gepräge** gibt. Werden z.B. Grundstücksflächen im Rahmen eines Folgelastenvertrages für den Bau einer Kindertagesstätte zur Verfügung gestellt, wird man den Vertrag insgesamt dem öffentlichen Recht zuordnen müssen. Sofern der Vertrag verschiedene und voneinander **abtrennbare Regelungsgegenstände** enthält, können diese jeweils eigenständig als öffentlichrechtlich oder privatrechtlich zu qualifizieren sein[2].

928

Städtebauliche Verträge sind zumeist dann anzutreffen, wenn es um die Aufstellung von Bebauungsplänen für einen oder nur wenige Bauherrn geht oder wenn die Gemeinde selbst Eigentümerin der zu beplanenden Fläche ist und einzelne Bauparzellen mit zusätzlichen vertraglichen Bindungen an

929

---

liche Verträge, DVBl. 2001, 154 ff.; Oehmen/Busch, Städtebauliche Verträge und die Grenzen des Zulässigen, BauR 1999, 1402 ff.; Schmidt-Eichstaedt, Verträge im Zusammenhang mit der Aufstellung von Bebauungsplänen, BauR 1996, 1 ff.; Oerder, Praktische Probleme des städtebaulichen Verträge nach § 11 BauGB, BauR 1998, 22 ff.; Stüer/König, Städtebauliche Verträge, ZfBR 2000, 528 ff.

1 S. dazu etwa Stelkens/Schmitz in Stelkens/Bonk/Sachs, Verwaltungsverfahrensgesetz, 6. Auflage 2001, § 1 Rdnr. 63.
2 S. etwa BVerwG v. 24.2.1994 – 4 B 40.94, BRS 56 Nr. 242 = NVwZ 1994, 1012; BVerwG v. 1.12.1989 – 8 C 44.88, BVerwGE 84, 183 = NJW 1990, 1679 = ZfBR 1990, 103; Bonk in Stelkens/Bonk/Sachs, Verwaltungsverfahrensgesetz, 6. Auflage 2001, § 54 Rdnr. 77; Reidt, Rechtsfolgen bei nichtigen städtebaulichen Verträgen, NVwZ 1999, 149 (150).

Bauinteressenten veräußert. Während es grundsätzlich in der **Dispositionsfreiheit** der Parteien liegt, ob sie einen städtebaulichen Vertrag abschließen wollen oder nicht, ist der Durchführungsvertrag zu einem Vorhaben- und Erschließungsplan gemäß § 12 BauGB hierzu ein **Sonderfall**. Es handelt sich dabei um einen städtebaulichen Vertrag, der zwingend abgeschlossen werden muß, wenn ein vorhabenbezogener Bebauungsplan aufgestellt werden soll (Rdnr. 908). Weitere Spezialregelungen zu § 11 BauGB finden sich insbesondere in § 1a Abs. 3 Satz 4 BauGB (Vertrag über naturschutzrechtliche Ausgleichsmaßnahmen, Rdnr. 699 ff.), in § 124 BauGB (Erschließungsvertrag), in § 133 Abs. 3 Satz 5 BauGB (Ablösevereinbarung hinsichtlich zukünftiger Erschließungsbeiträge, Rdnr. 1008 f.) sowie in § 171c BauGB (Stadtumbauvertrag im Bereich des Besonderen Städtebaurechts).

930 Die unterschiedlichen Regelungsgegenstände für städtebauliche Verträge können **miteinander kombiniert** werden. Ebenfalls können städtebauliche Regelungsgegenstände in zivilrechtliche Verträge eingebunden werden (s. bereits Rdnr. 928).

931 **Beispiel:**

Eine Gemeinde verkauft in einem Neubaugebiet Grundstücke. In die Kaufverträge werden jeweils Ablösevereinbarungen hinsichtlich zukünftiger Erschließungsbeiträge integriert, damit die Gemeinde nicht anschließend noch Erschließungsbeiträge erheben muß[1].

932 Das **Interesse von Investoren** am Abschluß städtebaulicher Verträge im Zusammenhang mit der Bauleitplanung liegt zumeist darin, den eigenen Belangen in einem Bebauungsplan möglichst nachhaltig Geltung zu verschaffen, das Verfahren zu beschleunigen und weitestmögliche Sicherheit dahingehend zu erhalten, daß das Verfahren tatsächlich zum Abschluß gebracht wird (zu allerdings unzulässigen Planungsbindungsverträgen Rdnr. 983). Das **kommunale Interesse** beruht im wesentlichen auf der Entlastung der eigenen Verwaltung, der Einsparung ansonsten nicht umlagefähiger Aufwendungen und vielfach auch auf dem Anliegen, vertraglich bestimmte Planungsziele durchzusetzen, die in einem Bebauungsplan nicht festsetzbar sind (zu Nutzungsbindungen durch städtebauliche Verträge Rdnr. 984 ff.).

933 Derartige Kooperationen zwischen Gemeinden und Investoren sind **prinzipiell unbedenklich**. Die Rechtsprechung hat dies schon sehr früh, und zwar bereits vor ausdrücklichen gesetzlichen Regelungen über städtebauliche Verträge, bestätigt (dazu Rdnr. 622 ff.). Allerdings darf sich die Gemeinde nicht in unzulässiger Weise binden und sich auch keine rechtlich unzuläs-

---

1 Zur Notwendigkeit, in dem Vertrag den Ablösebetrag gesondert auszuweisen, BVerwG v. 1.12.1989 – 8 C 44.88, BVerwGE 84, 183 = DÖV 1990, 285 = DVBl. 1990, 438 = NJW 1990, 1679 = ZfBR 1990, 103; Grziwotz, Vertragsgestaltung im öffentlichen Recht, 2002, Rdnr. 305.

sigen Leistungen versprechen lassen[1]. Dies führt zur Nichtigkeit des städtebaulichen Vertrages. Im Zusammenhang damit aufgestellte Bebauungspläne sind in der Regel mit einem Abwägungsfehler behaftet (Rdnr. 618 ff.).

2. Ausschreibungspflicht gemäß den §§ 97 ff. GWB

Ob städtebauliche Verträge gemäß den §§ 97 ff. GWB öffentlich ausgeschrieben werden müssen, hängt von der konkreten Situation, der Vertragsgestaltung und vom Vertragsinhalt ab[2]. **Unerheblich** ist es dabei, ob der städtebauliche Vertrag im konkreten Fall als **öffentlichrechtlicher oder als zivilrechtlicher Vertrag** zu qualifizieren ist[3]. Erforderlich für eine Verpflichtung zur EU-weiten Ausschreibung und zur Anwendung des jeweils zweiten Abschnitts der VOB/A und VOL/A sowie der VOF ist, daß die maßgeblichen **Schwellenwerte** gemäß § 100 Abs. 1 GWB i.V.m. § 2 VgV überschritten sind. Diese betragen für Liefer- und Dienstleistungsaufträge im Bereich der Trinkwasser- oder Energieversorgung oder im Verkehrsbereich 400 000 Euro, für alle anderen Liefer- und Dienstleistungsaufträge 200 000 Euro und für Bauaufträge 5 000 000 Euro. Unterhalb dieser Werte ist jedenfalls kein förmliches Vergabeverfahren unter Berücksichtigung der Anforderungen der §§ 97 ff. GWB durchzuführen. Unberührt bleiben die allgemeinen haushaltsrechtlichen Bindungen der öffentlichen Hand bei der Beschaffung von Bau-, Liefer- oder Dienstleistungen[4]. Anders als bei der Notwendigkeit einer EU-weiten Ausschreibung bestehen dabei allerdings grundsätzlich keine vergaberechtlichen Nachprüfungsmöglichkeiten gemäß den §§ 102 ff. GWB mit den damit einhergehenden Rechtsfolgen[5].

934

Erforderlich ist gemäß § 99 Abs. 1 GWB, daß es sich um einen **entgeltlichen Vertrag** im Zusammenhang mit einem Beschaffungsvorgang der planenden Gemeinde handelt. Unter Entgelt in diesem Sinne wird jeder geldwerte Vorteil verstanden, den die Gemeinde bzw. ein sonstiger öffentlicher Auf-

935

---

1 OVG Münster v. 7.12.2001 – 7a D 60/99, BauR 2001, 1054 = DVBl. 2001, 657 = NVwZ-RR 2001, 635.
2 Ausführlich etwa Wilke, Vergaberechtliche Aspekte städtebaulicher Verträge, ZfBR 2004, 141 ff.
3 EuGH v. 12.7.2001 – C 399/98, VergabeR 2001, 380 = ZfBR 2002, 286; Reidt in Reidt/Stickler/Glahs, Vergaberecht, 2. Aufl. 2003, Vorbemerkung zu §§ 97 bis 101 Rdnr. 14 ff.; Wilke, Vergaberechtliche Aspekte städtebaulicher Verträge, ZfBR 2004, 141 (141 f.); Busch, Die Ausschreibungspflicht von Erschließungsverträgen – die „teatro alla Bicocca"-Entscheidung des EuGH, VergabeR 2003, 622 ff.
4 S. etwa § 55 LHO NRW sowie die weitestgehend gleichlautenden Bestimmungen in den Landeshaushaltsordnungen der anderen Länder sowie der Bundeshaushaltsordnung.
5 S. insbesondere § 115 Abs. 1 GWB und § 13 VgV, die jeweils zur Nichtigkeit eines gleichwohl abgeschlossenen Vertrages führen können; zu Auftragsvergaben unterhalb der Schwellenwerte Stickler in Reidt/Stickler/Glahs, Vergaberecht, 2. Aufl. 2003, § 100 Rdnr. 8 ff.

traggeber gewährt. Das Entgelt muß also nicht in einer Übergabe von Geldmitteln bestehen[1]. Der Europäische Gerichtshof hat in seinem Urteil vom 12.7.2001[2] den **Verzicht auf einen Beitragsanspruch** durch die öffentliche Hand als Entgelt in diesem Sinne gewertet. Im dortigen Fall ging es darum, daß nach italienischem Recht mit der Erteilung einer Baugenehmigung ein Erschließungsbeitrag für bestimmte Erschließungsanlagen unabhängig davon fällig wird, ob diese bereits errichtet worden sind oder nicht. Diese mit Erteilung der Baugenehmigung fällige Beitragsschuld kann nach italienischem Recht auch dadurch beglichen werden, daß der Bauherr die Erschließungsanlage selbst errichtet. In diesem Fall reduziert sich der Erschließungsbeitrag um den Wert der betreffenden baulichen Anlage. Diese Konstellation ist auf das deutsche Erschließungs- und Erschließungsbeitragsrecht allerdings nicht ohne weiteres übertragbar. Dies ergibt sich bereits daraus, daß in Deutschland das Baugenehmigungsrecht und das Erschließungsbeitragsrecht sowie das Beitragsrecht nach den Kommunalabgabengesetzen der Länder strikt getrennt sind. Eine Verknüpfung besteht nur dahingehend, daß die Erschließung eines Bauvorhabens im bauplanungs- und bauordnungsrechtlichen Sinne (Rdnr. 1196 ff.) tatsächlich gesichert sein muß. Auf die Finanzierung und Bezahlung der Erschließungsanlage kommt es für die Genehmigungserteilung hingegen nicht an. Die Unterschiedlichkeit zeigt sich im weiteren auch darin, daß Beiträge nach deutschem Recht allein von der Möglichkeit zur baulichen Nutzung abhängig sind, d.h. auch in den Fällen, in denen eine Bebauung durch den Grundstückseigentümer nicht geplant und auch nicht beantragt ist, kann aufgrund der bloßen Möglichkeit zur baulichen Nutzung eine Beitragspflicht entstehen. Sie wird durch Erlaß eines entsprechenden Beitragsbescheides, nicht hingegen aufgrund der Erteilung einer Baugenehmigung fällig.

936 Als entgeltliche Verträge im vergaberechtlichen Sinne können insbesondere **Vorfinanzierungsverträge** (Rdnr. 1010) ausschreibungspflichtig sein, bei denen der Vorhabenträger den Erschließungsaufwand lediglich vorfinanziert, dieser jedoch im Ergebnis gegenüber dem Vorhabenträger durch die Gemeinde vergütet wird, wenn auch in der Regel mit eine Verrechnung gegen dessen Beitragsschuld[3]. Demgegenüber sind **Erschließungsverträge** zumindest bei **Erschließungsanlagen im Sinne von § 127 Abs. 2 BauGB** (Rdnr. 1008) nicht ausschreibungspflichtig. Der Vertragspartner der Gemeinde erhält in diesen Fällen von der Gemeinde in der Regel weder eine Zahlung noch verzichtet die Gemeinde auf eine Beitragsforderung, da eine sol-

---

[1] Würfel/Butt, Ausschreibungspflicht für städtebauliche Verträge, NVwZ 2003, 153 (156).
[2] C 399/98, VergR 2001, 380 = ZfBR 2002, 286.
[3] Würfel/Butt, Ausschreibungspflicht für städtebauliche Verträge, NVwZ 2003, 153 (157); Busch, Die Ausschreibungspflichtigkeit von Erschließungsverträgen, VergabeR 2003, 622 (625).

che mangels eigenen Aufwandes der Gemeinde gar nicht erst entsteht[1]. Die Erteilung einer Baugenehmigung wird man nicht als Gegenleistung im Sinne eines Entgelts für die Erbringung von Erschließungsleistungen ansehen können, da es sich dabei um einen Hoheitsakt handelt, für dessen Erteilung lediglich zu prüfen ist, ob neben der Erfüllung der anderen Genehmigungsvoraussetzungen die Erschließung gesichert ist.

Anders kann dies für die **Erschließung nach den Kommunalabgabengesetzen der Länder** insbesondere im Bereich Trinkwasser und Abwasser aussehen, da sich dort regelmäßig der zu entrichtende Beitrag nicht isoliert auf die durch den Vorhabenträger selbst verlegten Anlagen und Leitungen bezieht sondern auf das gesamte Ver- und Entsorgungsnetz des Ver- oder Entsorgungsträgers. Dementsprechend kann in diesem Bereich zumeist nur der eigene Aufwand des privaten Vorhabenträgers für die Verlegung von Leitungen und die Errichtung von sonstigen dem Gesamtnetz dienenden Anlagen auf dessen Beitragsschuld angerechnet werden. Diesen anzurechnenden Betrag wird man in der Regel als Entgelt im vergaberechtlichen Sinne bewerten müssen[2]. 937

Auch bei **Folgelastenvereinbarungen** (Rdnr. 999 ff.) besteht in der Regel keine Ausschreibungspflicht[3]. Die Gemeinde kann für Folgelasten von dem Bauherrn keinen Beitrag oder eine sonstige Zahlung verlangen. Dementsprechend kann sie auch nicht auf ein Entgelt verzichten, wenn der Bauherr die Maßnahmen selbst durchführt. Die Aufstellung eines Bebauungsplans als Rechtssetzungsakt ist dabei nicht als entgeltliche Leistung der Gemeinde gegenüber dem Bauherrn anzusehen. Der Abschluß einer Folgelastenvereinbarung ist zwar oftmals für die Gemeinde entscheidend, wenn es darum geht, ob ein Bebauungsplan aufgestellt werden soll oder nicht, jedoch beruht die Planungsentscheidung letztlich unabhängig von dem Abschluß der Folgelastenvereinbarung auf dem Planungserfordernis nach § 1 Abs. 3 Satz 1 BauGB und der Durchführung einer ordnungsgemäßen planerischen Abwägung. Dementsprechend kann sich eine Gemeinde gemäß § 1 Abs. 3 Satz 2 BauGB auch nicht vertraglich dazu verpflichten, als Gegenleistung für die Erbringung von Folgelasten einen Bebauungsplan aufzustellen. 938

---

1 Ebenso Wilke, Vergaberechtliche Aspekte städtebaulicher Verträge, ZfBR 2004, 141 (144 f.); teilweise a.A. Busch, Die Ausschreibungspflichtigkeit von Erschließungsverträgen, VergabeR 2003, 622 (626 ff.), der – zumindest für den Regelfall wohl zu Unrecht – bei einer Abwälzung der Kosten durch den privaten Vertragspartner der Gemeinde auf Dritte (Dritterwerber der Flächen) eine ausschreibungspflichtige Baukonzession im Sinne der §§ 32, 32a VOB/A annimmt.
2 So auch Wilke, Vergaberechtliche Aspekte städtebaulicher Verträge, ZfBR 2004, 141 (145).
3 Würfel/Butt, Ausschreibungspflicht für städtebauliche Verträge, NVwZ 2003, 153 (158).

939 Wenn im konkreten Fall der Anwendungsbereich der §§ 97 ff. GWB eröffnet ist und damit grundsätzlich eine Ausschreibungspflicht besteht, können sich Ausnahmen davon noch aus § 100 Abs. 2 GWB, insbesondere § 100 Abs. 2 Buchstabe h) GWB ergeben. Ist auch dies nicht der Fall, bedarf es einer Klärung, welche **Art der Vergabe** (offenes Verfahren, nichtoffenes Verfahren, Verhandlungsverfahren) zu wählen ist. Dies richtet sich nach § 100 Abs. 1 GWB i.V.m. den §§ 4 bis 6 VgV. Etwa in Fällen, in denen der private Vorhabenträger Erschließungsleistungen erbringen und die Erschließungsflächen auf die Gemeinde übertragen soll, kommt in der Regel außer ihm kein anderer Vertragspartner für die Gemeinde in Betracht, so daß über den Abschluß des (städtebaulichen) Vertrages auch nur mit ihm verhandelt werden kann (s. insbesondere § 3 a Nr. 5 Buchstabe c) VOB/A)[1].

3. Formvorschriften

940 Städtebauliche Verträge bedürfen gemäß § 11 Abs. 3 BauGB der **Schriftform**, soweit nicht durch Rechtsvorschriften eine andere Form vorgeschrieben ist. Für städtebauliche Verträge, die als öffentlichrechtliche Verträge einzuordnen sind (Rdnr. 928), ergibt sich dies bereits aus § 57 VwVfG. Dem in § 11 Abs. 3 BauGB geregelten Schriftformerfordernis kommt allerdings eigenständige Bedeutung für die ansonsten zumeist formfreien zivilrechtlichen städtebaulichen Verträge zu. Auch diese bedürfen mindestens der Schriftform, also der Unterzeichnung durch die Parteien, im Regelfall auf einer einheitlichen Urkunde (§ 126 Abs. 2 BGB)[2].

941 Die Schriftform kann gemäß § 126 Abs. 3 BGB durch die notarielle Beurkundung ersetzt werden. Zwingend ist die **notarielle Beurkundung** (§ 311b BGB) als anderes Formerfordernis im Sinne von § 11 Abs. 3 BauGB, wenn der Vertrag die Verpflichtung zum **Erwerb oder zur Veräußerung von Grundstücken** oder grundstücksgleichen Rechten enthält. § 311b BGB gilt gemäß § 11 Abs. 2 ErbbauVO auch für die Bestellung von **Erbbaurechten**. Unerheblich ist es dabei, ob der Vertrag insgesamt als öffentlichrechtlich oder als privatrechtlich eingeordnet wird[3]. Zu berücksichtigen ist bei **mehreren selbständigen Vereinbarungen**, daß sich die Beurkundungspflicht nicht zwangsläufig nur auf ein Grundstücksgeschäft im Sinne von § 311b BGB bezieht. Umfasst sein können vielmehr auch die weiteren, für sich genommen nicht beurkundungspflichtigen Rechtsgeschäfte. Dafür kommt es auf den Verknüpfungswillen der Parteien an. Wenn auch nur ein Beteiligter für den anderen erkennbar die verschiedenen Vereinbarungen als Einheit ansieht, für ihn also das gesamte Rechtsgeschäft auch mit dem an sich nicht beur-

---

1 Jasper in Beck'scher Kommentar zur VOB, Teil A, 2001, § 3a Rdnr. 49, § 3 Rdnr. 64.
2 BVerwG v. 3.3.1995 – 8 C 32/93, NJW 1996, 608.
3 BVerwG v. 17.7.2001 – 4 B 24.01, BauR 2002, 57 = NVwZ 2002, 473 = ZfBR 2002, 74.

kundungsbedürftigen Teil steht und fällt, besteht eine umfassende Beurkundungspflicht[1].

Beispiel: 942

Ein Erschließungsvertrag enthält die Regelung, daß der Vorhabenträger sich verpflichtet, die (zukünftigen) Straßenflächen an die Gemeinde zu Eigentum zu übertragen. Dies soll – so der Wortlaut des Erschließungsvertrages – in einer gesonderten notariellen Urkunde erfolgen. Da die Verpflichtung zur Grundstücksübertragung bereits in dem nicht beurkundeten Erschließungsvertrag enthalten ist, besteht für ihn gemäß § 311b BGB eine Pflicht zur Beurkundung. Insbesondere Kostengesichtspunkte sollten daher nicht davon abhalten, eine notwendige Beurkundung auch tatsächlich für die gesamten in einem sachlichen Zusammenhang stehenden Vereinbarungen vorzunehmen. Nach § 144 KostO sind bei Verträgen, an denen die öffentliche Hand beteiligt sind, die Notargebühren zumeist deutlich gegenüber den üblichen Wertansätzen reduziert.

Verstößt ein Vertrag gegen das Beurkundungserfordernis des § 311b BGB, führt dies grundsätzlich zur **Nichtigkeit des Gesamtvertrages** (zu den Rechtsfolgen Rdnr. 956 ff.). Etwas anderes kommt dann in Betracht, wenn ein nicht beurkundungsbedürftiger Bestandteil des Gesamtvertrages abgegrenzt werden kann und der nicht beurkundungsbedürftige auch ohne den beurkundungspflichtigen Vertragsteil von den Parteien abgeschlossen worden wäre[2]. Ein ohne Beachtung der Formvorschrift des § 311b Satz 1 BGB abgeschlossener Vertrag wird gemäß Satz 2 der Vorschrift seinem ganzen Inhalt nach gültig, wenn die Auflassung und die Eintragung in das Grundbuch erfolgt sind. Erforderlich ist allerdings, daß dies für sämtliche nach dem Vertrag zu übertragenden Grundstücke erfolgt. Eine teilweise Heilung für einzelne Grundstücke ist hingegen nicht möglich. 943

4. Angemessenheitserfordernis, Koppelungsverbot

Weitere zentrale Anforderung für die Wirksamkeit städtebaulicher Verträge ist, daß die vereinbarten Leistungen den Gesamtumständen nach angemessen sein müssen und eine Vereinbarung unzulässig ist, wenn auf die vereinbarte Leistung ohnehin, also auch ohne die vorgesehene Gegenleistung, ein Anspruch besteht (§ 11 Abs. 2 BauGB). § 124 Abs. 3 Satz 1 BauGB enthält für Erschließungsverträge im wesentlichen identische Anforderungen. 944

Die Regelung, daß die Vereinbarung von Leistungen unzulässig ist, wenn auf sie ohnehin ein Anspruch besteht (§ 11 Abs. 2 Satz 2 BauGB), ist Ausdruck des allgemeinen **Koppelungsverbotes** gemäß § 56 Abs. 1 Satz 2 VwVfG, nach dem Leistung und Gegenleistung in einem sachlichen Zusammenhang stehen müssen. Sie führt dazu, daß die meisten städtebaulichen

---

[1] Grziwotz, Vertragsgestaltung im öffentlichen Recht, 2002, Rdnr. 111.
[2] Vgl. BVerwG v. 17.7.2001 – 4 B 24.01, BauR 2002, 57 = NVwZ 2002, 473 = ZfBR 2002, 74; BVerwG v. 22.3.1996 – 8 C 17.94, BVerwGE 101, 12 = DVBl. 1996, 1057 = NVwZ 1996, 794 = ZfBR 1997, 54; Gronemeyer in Gronemeyer, § 11 Rdnr. 70.

Verträge **vor Abschluß eines Bebauungsplanverfahrens** oder auch von der Erteilung von Befreiungen von Bebauungsplanfestsetzungen (sog. Baudispensvertrag) rechtsverbindlich abgeschlossen sein müssen.

945 **Beispiel:**
Eine Gemeinde möchte die aus der Aufstellung eines Bebauungsplans für ein Wohngebiet resultierenden Aufwendungen für einen erforderlich werdenden Kindergarten auf den Investor abwälzen, der die Bebauung vornehmen will. Sie stellt den Bebauungsplan auf und teilt dem Investor anschließend mit, daß er nur eine Baugenehmigung erhalten werde, wenn zuvor noch eine Folgelastenvereinbarung abgeschlossen wird. Dies ist unzulässig, weil der Investor zu diesem Zeitpunkt bereits einen Anspruch auf Erteilung der Baugenehmigung hat, bei fehlender Erschließung ggf. i.V.m. dem Angebot auf Abschluß eines bloßen Erschließungsvertrages ohne Folgelastenregelungen (§ 124 Abs. 3 Satz 2 BauGB).

946 Anders stellt sich die Situation dar, wenn die Gemeinde Eigentümerin der beplanten Fläche ist. In diesem Fall ist die maßgebliche Leistung nicht die Erteilung der Baugenehmigung sondern die **Eigentumsübertragung** an dem Baugrundstück. Auf diese hat der Bauinteressent keinen Anspruch, so daß in dem Grundstückskaufvertrag durchaus Regelungen zu Folgelasten, Nutzungsbindungen u.s.w. getroffen werden können.

947 Für die nach § 11 Abs. 2 Satz 1 BauGB zu wahrende **Angemessenheit** kommt es auf die konkreten Umstände des Einzelfalls und den jeweiligen Regelungsgegenstand an. Allgemein ist allerdings festzuhalten, daß das Städtebaurecht **keine Abschöpfung planungsbedingter Bodenwertsteigerungen** durch die Kommunen zuläßt[1]. Die Gemeinde darf daher nicht bestimmte Forderungen aufstellen (Geldzahlungen, Landabgaben, Bauleistungen, Nutzungsbindungen u.ä.), ohne daß dem eine städtebauliche Rechtfertigung zu Grunde liegt und die sonstigen gesetzlichen Anforderungen eingehalten werden. Dies gilt insbesondere für das Erfordernis der Kausalität bei Folgelasten (dazu noch Rdnr. 999 ff.). Man kann keinesfalls sagen, daß dem Angemessenheitserfordernis bereits immer dann genügt sei, wenn die Vereinbarung durch den Bauwilligen freiwillig abgeschlossen wird[2] oder die Parteien ausdrücklich in dem Vertragstext darauf hinweisen, daß sie die vereinbarten Leistungen für angemessen halten[3].

948 Ein wichtiger Anhaltspunkt zur Ermittlung der Angemessenheit von Leistungen auf der Grundlage von städtebaulichen Verträgen, die im Zusammenhang mit der Aufstellung von Bebauungsplänen abgeschlossen werden, ist der **planungsbedingte Wertzuwachs**. Ob allerdings mit Blick auf die

---
1 S. nur Burmeister, Praxishandbuch Städtebauliche Verträge, 2000, Rdnr. 42; Birk, Städtebauliche Verträge, 4. Auflage 2002, Rdnr. 476 ff.; Oehmen/Busch, Städtebauliche Verträge und die Grenzen des Zulässigen, BauR 1999, 1402 (1409).
2 In diesem Sinne allerdings Scharmer, Städtebauliche Verträge nach § 6 BauGB-Maßnahmegesetz, NVwZ 1995, 219 (222); dagegen zu Recht Oehmen/Busch, Städtebauliche Verträge und die Grenzen des Zulässigen, BauR 1999, 1402 (1409).
3 Burmeister, Praxishandbuch Städtebauliche Verträge, 2000, Rdnr. 44.

Rechtsprechung des Bundesverfassungsgerichts zum **Halbteilungsgrundsatz** im Steuerrecht[1] davon auszugehen ist, daß bei städtebaulichen Verträgen in der Regel maximal die Hälfte der planungsbedingten Bodenwertsteigerung von der Gemeinde für städtebauliche Leistungen in Anspruch genommen werden darf, die über den Aufwand der Grundstückserschließung hinausgehen (Folgelasten, Planungsleistungen u.s.w.)[2], ist zumindest zweifelhaft. Die – auch verfassungsrechtlich – für unbedenklich gehaltene Regelung des § 154 BauGB[3] zum besonderen Städtebaurecht spricht eher dagegen, in diesem Wert eine strikte Obergrenze und nicht nur einen Anhaltspunkt zu sehen[4]. Auch ist zu berücksichtigen, daß etwa vorhabenbezogene naturschutzrechtliche Ausgleichsmaßnahmen durch Vertrag in vollem Umfang auf den Vorhabenträger abgewälzt werden dürfen, ohne daß die Bodenwertsteigerung dafür eine zwingende Angemessenheitsgrenze bildet[5]. Unabhängig davon ist allerdings ausdrücklich zu betonen, daß es sich bei dem Angemessenheitserfordernis immer nur um ein **ergänzendes Korrektiv** handelt. Es ändert nichts daran, daß der Gemeinde eine reine Bodenwertabschöpfung verwehrt ist. Die sonstigen Anforderungen an städtebauliche Vereinbarungen müssen in jedem Fall erfüllt sein.

Beispiel: 949
Eine Gemeinde will einen Bebauungsplan für einen Gewerbepark aufstellen. Sie ermittelt die planungsbedingte Bodenwertsteigerung für das bisher im Außenbereich liegende Grundstück und teilt dem Investor mit, daß sie das Planungsverfahren nur dann zu Ende bringe, wenn er an die Gemeinde 50% dieser Wertsteigerung zahle. Sie werde dieses Geld dann für Infrastrukturmaßnahmen in der Gemeinde verwenden. Diese Vereinbarung ist unzulässig, weil vorrangig zur Wahrung der Angemessenheit zunächst die Kausalität der geplanten Gewerbeparks für bestimmte Folgelasten feststehen muß. Nur für die durch das Vorhaben verursachten Folgelasten kann der Investor – in angemessenem Umfang – herangezogen werden (zu Folgelasten noch Rdnr. 999).

5. Anwendbarkeit des Rechts der Allgemeinen Geschäftsbedingungen

Allgemeine Geschäftsbedingungen sind für eine Vielzahl von Verträgen **vor-** 950 **formulierte Vertragsbedingungen**, die eine Vertragspartei (Verwender) der anderen Vertragspartei bei Abschluß eines Vertrages stellt (§ 305 Abs. 1

---

1 BVerfG v. 22.6.1995 – 2 BvL 37.91, BVerfGE 93, 121 = NJW 1995, 2615.
2 In diesem Sinne etwa Quaas in Schrödter, § 11 Rdnr. 45; Oehmen/Busch, Städtebauliche Verträge und die Grenzen des Zulässigen, BauR 1999, 1402 (1409).
3 BVerwG v. 17.12.1992 – 4 C 30.90, DVBl. 1993, 441 = NVwZ 1993, 1112 = UPR 1993, 218; BVerwG v. 21. 10. 1983 – 8 C 40.83, BVerwGE 68, 130 = DVBl. 1984, 190 = NVwZ 1984, 513.
4 Stüer/König, Städtebauliche Verträge, ZfBR 2000, 528 (533); Burmeister, Praxishandbuch Städtebauliche Verträge, 2000, Rdnr. 46.
5 Stüer/König, Städtebauliche Verträge, ZfBR 2000, 528 (533).

Satz 1 BGB). Allgemeine Geschäftsbedingungen liegen damit nicht vor, soweit die Vertragsbedingungen zwischen den Parteien im einzelnen ausgehandelt sind (§ 305 Abs. 1 Satz 3 BGB). Unerheblich ist es allerdings, ob die Vertragsbedingungen durch den Verwender selbst entwickelt worden sind oder ob sie von dritter Seite stammen (z.B. Vertragsmuster kommunaler Spitzenverbände). Auf Seiten der Gemeinde entspricht die Verwendung weitgehend standardisierter Vertragstexte nicht nur der Praktikabilität und Verwaltungsvereinfachung. Sie ist in gewissem Umfang auch aufgrund des in Art. 3 Abs. 1 GG verankerten Gleichheitsgrundsatzes geboten, dem nicht nur die hoheitlich handelnde, sondern auch die vertragsschließende Verwaltung verpflichtet ist.

951 Zumindest für öffentlichrechtliche städtebauliche Verträge (zur Unterscheidung Rdnr. 928) wurde vor Inkrafttreten des Schuldrechtsmodernisierungsgesetzes zum 1. Januar 2002[1] vielfach die Auffassung vertreten, daß das Recht der Allgemeinen Geschäftsbedingungen des früheren AGB-Gesetzes deshalb keine Anwendung finde, weil § 62 Satz 2 VwVfG des Bundes und der Länder nur die Vorschriften des Bürgerlichen Gesetzbuchs für entsprechend anwendbar erkläre, nicht hingegen die Bestimmungen aus zivilrechtlichen Nebengesetzen. Dieser Argumentation ist allerdings mit der Übernahme des Rechtes der Allgemeinen Geschäftsbedingungen in die §§ 305 ff. BGB der Boden entzogen. Losgelöst von dieser formalrechtlichen Argumentation hat der Bundesgerichtshof mit Urteil vom 29.11.2002[2] entschieden, daß das in **§ 11 Abs. 2 BauGB** für städtebauliche Verträge geregelte Gebot angemessener Vertragsgestaltung eine **erschöpfende Regelung** darstellt, neben der das Recht der Allgemeinen Geschäftsbedingungen keine Anwendung findet. Die Entscheidung erging zu einem zivilrechtlichen städtebaulichen Vertrag im Zusammenhang mit einem Einheimischenmodell (Rdnr. 994). Daraus wird man die Schlußfolgerung ziehen können, daß das Recht der Allgemeinen Geschäftsbedingungen erst recht nicht auf öffentlichrechtliche städtebauliche Verträge Anwendung finden kann, für die nach der Verweisungsnorm in § 62 Satz 2 VwVfG die zivilrechtlichen Bestimmungen nur entsprechend gelten. Das Urteil des Bundesgerichtshofs bezog sich zwar noch auf die Rechtslage vor Inkrafttreten des Schuldrechtsmodernisierungsgesetzes. Dennoch wird man sie auf die seit dem 1. Januar 2002 geltende Rechtslage ohne weiteres übertragen können, da die Vorschriften des alten AGB-Gesetzes weitestgehend unverändert in die §§ 305 ff. BGB übernommen wurden. Dementsprechend hat der Bundesgerichtshof in seinem Urteil die seit dem 1. Januar 2002 geltenden Regelungen auch jeweils ergänzend zitiert.

952 Der Bundesgerichtshof machte allerdings den ausdrücklichen Vorbehalt, daß sich seine Entscheidung auf einen städtebaulichen Vertrag beziehe, der

---
[1] BGBl. I, S. 3138.
[2] V ZR 105/02, NJW 2003, 888 = NVwZ 2003, 371.

vor Ablauf der Umsetzungsfrist für die **Richtlinie vom 5. April 1993 über rechtsmißbräuchliche Klauseln in Verbraucherverträgen** (Richtlinie 93/13/EWG)[1] und deren Umsetzung in nationales Recht abgeschlossen wurde. Er ließ ausdrücklich offen, ob das Recht der Allgemeinen Geschäftsbedingungen doch anwendbar sein könnte, wenn ein Vertrag in den Anwendungsbereich der Richtlinie fällt. In diesem Fall könnte also die Spezialität des § 11 Abs. 2 BauGB aufgrund einer notwendigen gemeinschaftsrechtskonformen Auslegung der hier in Rede stehenden Vorschriften zugunsten einer ergänzenden Anwendbarkeit der §§ 305 ff. BGB zurückgedrängt sein. Ob ein Vertrag unter die Richtlinie 93/13/EWG fällt und aus diesem Grunde die §§ 305 ff. BGB ergänzend anwendbar sein könnten, ist im wesentlichen von zwei Voraussetzungen abhängig:

Bei dem Vertragspartner der Gemeinde muß es sich um einen **Verbraucher** handeln. Verbraucher im Sinne von Art. 2 Buchstabe b) der Richtlinie 93/13/EWG sind natürliche Personen, die bei Verträgen, die unter die Richtlinie fallen, zu einem Zweck handeln, der nicht ihrer gewerblichen oder beruflichen Tätigkeit zugerechnet werden kann (vgl. § 310 Abs. 3 BGB). Bei städtebaulichen Verträgen der Gemeinde mit juristischen Personen (GmbH, AG u.s.w.) verbleibt es daher in jedem Fall bei der Verdrängung der §§ 305 ff. BGB durch das Angemessenheitsgebot in § 11 Abs. 2 BauGB. Auch der Kreis der natürlichen Personen ist auf diejenigen beschränkt, die in der konkreten Situation ausschließlich zu privaten Zwecken handeln, typischerweise also auf Fälle, in denen es um **private Grundstücksnutzungen** oder **private Bauvorhaben** geht (z.B. Erschließungsvertrag für ein privates Wohnhaus, Beteiligung eines privaten Grundstückseigentümers an einer freiwilligen Umlegung, Grundstückserwerb eines Privaten im Rahmen eines Einheimischenmodells u.ä.). 953

Auf Seiten der Gemeinde als Verwenderin vorformulierter Vertragsbedingungen ist es notwendig, daß sie im **gewerblichen Bereich** tätig ist. Gemäß Art. 2 Buchstabe c) der Richtlinie 93/13/EWG sind Gewerbetreibende natürliche oder juristische Personen, die bei Abschluß des betreffenden Vertrages im Rahmen ihrer gewerblichen oder beruflichen Tätigkeit handeln, auch wenn diese dem öffentlichen Bereich zuzurechnen ist. Nichtgewerbliche oder nicht berufliche Tätigkeiten der Gemeinde fallen also nicht in den Anwendungsbereich der Richtlinie. Für die Frage, ob ein gewerbliches Handeln vorliegt, kommt es auf eine **funktionale Sichtweise** an. Entscheidend ist in erster Linie, ob das Handeln vorrangig von wirtschaftlichen Überlegungen geleitet wird[2]. Starkes Indiz, wenn auch nicht allein ausschlaggebendes Kriterium dafür ist, ob auf Seiten des Verwenders vorformulierter Vertragsbedingungen die **Gewinnerzielungsabsicht im Vordergrund** steht. 954

---

1 ABl. EG Nr. L 95 S. 29.
2 EuGH v. 10.5.2001 – Rs. C 223/99, NZBau 2001, 403, VergabeR 2001, 281; EuGH v. 10.11.1998 – Rs. C 306/96, WuW/E Verg 161.

Entsprechendes gilt für den Begriff der beruflichen Tätigkeit, die in Abgrenzung zu einer reiner Freizeit- oder Hobbytätigkeit ebenfalls auf Gewinnerzielung angelegt ist. Eine derartige Zielsetzung ist bei Gemeinden, die städtebauliche Verträge abschließen, in der Regel nicht anzutreffen. Verfolgt werden vielmehr typischerweise städtebauliche, im Allgemeininteresse liegende Ziele. Etwaige Einnahmen der Gemeinde dienen regelmäßig allein dem Ersatz entstehender Aufwendungen, etwa bei Folgelastenverträgen oder Erschließungsverträgen (Rdnr. 999 und Rdnr. 1008). Auch bei Grundstücksveräußerungen im Zusammenhang mit Einheimischenmodellen werden, wenn überhaupt, zumeist nur die der Gemeinde selbst entstehenden Kosten gedeckt, ohne daß ein zusätzlicher Gewinn im Vordergrund steht, so daß regelmäßig eine gewerbliche Tätigkeit in dem vorstehend umschriebenen Sinne ausscheidet. Im Ergebnis kann daher zwar nicht generell ausgeschlossen werden, daß städtebauliche Verträge in den Anwendungsbereich der Richtlinie 93/13/EWG fallen, jedoch ist dies **eher auf Sonderfälle beschränkt**. Bei der großen Mehrzahl der typischerweise anzutreffenden Vertragsinhalte ist dies hingegen nicht der Fall. Folge ist dann, daß die Spezialität des § 11 Abs. 2 Satz 1 BauGB gegenüber den §§ 305 ff. BGB nicht wegen der Notwendigkeit einer gemeinschaftsrechtskonformen Auslegung des nationalen Rechts verdrängt ist und es daher dabei verbleibt, daß das Recht der Allgemeinen Geschäftsbedingungen regelmäßig auf städtebauliche Verträge keine Anwendung findet.

955 Sofern im Einzelfall das Recht der Allgemeinen Geschäftsbedingungen ergänzend zu § 11 Abs. 2 Satz 1 BauGB anzuwenden ist, hat dies Konsequenzen sowohl für den konkreten **Prüfungsgegenstand und Prüfungsmaßstab** als auch für die sich daraus ergebenden **Rechtsfolgen**. Prüfungsmaßstab des § 11 Abs. 2 Satz 1 BauGB ist der Vertrag in seiner Gesamtheit. Einzelne für den Vertragspartner der Gemeinde ungünstige Bestimmungen, die bei isolierter Betrachtung möglicherweise unangemessen sind, können durch andere für den Vertragspartner der Gemeinde günstige Regelungen kompensiert werden. Es findet also eine saldierende Gesamtbetrachtung des ganzen Vertrages statt. Demgegenüber nimmt das Recht der Allgemeinen Geschäftsbedingungen grundsätzlich als Prüfungsgegenstand die jeweilige Vertragsklausel in den Blick. Einzelne und bei isolierter Betrachtung möglicherweise nach dem Prüfungsmaßstab der §§ 307 bis 309 BGB unzulässige Vertragsklauseln können nur dann durch andere Vertragsklauseln kompensiert werden, wenn die betreffenden Bestimmungen in einem sachlichen Zusammenhang (Konnexität) stehen[1]. Hinsichtlich der Rechtsfolgen bestimmt § 306 Abs. 1 BGB, daß eine unwirksame Vertragsklausel die Wirksamkeit des Vertrages im übrigen grundsätzlich unberührt läßt. Demgegenüber regelt § 59 Abs. 3 VwVfG für öffentlichrechtliche und § 139 BGB für zivilrechtliche städtebauliche Verträge, die nicht unter das Recht der All-

---

[1] S. etwa BGH v. 29.11.2002 – V ZR 105/02, NJW 2003, 888 = NVwZ 2003, 371; Heinrichs in Palandt, Bürgerliches Gesetzbuch, 63. Aufl. 2004, § 307 Rdnr. 10.

gemeinen Geschäftsbedingungen fallen, daß bei Unwirksamkeit einzelner vertraglicher Vereinbarungen im Zweifel von der Gesamtnichtigkeit des Vertrages auszugehen ist. Die regelmäßig eintretende Rechtsfolge ist also genau umgedreht. Maßgeblich für den konkreten Fall ist die weitergehende Rechtsfolge. Ist also gemäß § 59 Abs. 3 VwVfG bzw. gemäß § 139 BGB von der Gesamtnichtigkeit des Vertrags auszugehen, wird dieses Ergebnis nicht durch § 306 Abs. 1 BGB relativiert und eingeschränkt.

6. Nichtigkeit städtebaulicher Verträge, Rechtsfolgen

Häufiges Problem bei städtebaulichen Verträgen ist, daß sie an formellen oder inhaltlichen Mängeln leiden, die zu ihrer Nichtigkeit führen. Sehr oft festzustellen sind dabei Verstöße gegen das Kausalitätserfordernis bei Folgelastenverträgen (Rdnr. 999), Verstöße gegen den Angemessenheitsgrundsatz gemäß § 11 Abs. 2 Satz 1 BauGB, Verstöße gegen das Beurkundungserfordernis gemäß § 311b BGB sowie Verstöße gegen die kommunalrechtlichen Vertretungsregelungen[1]. Verstöße gegen für städtebauliche Verträge zwingende Vorgaben führen im Regelfall zu deren Gesamtnichtigkeit (§ 59 Abs. 3 VwVfG, § 139 BGB). Für die Frage, ob ein Vertrag ohne den zur Unwirksamkeit führenden Teil abgeschlossen worden wäre und daher nur eine Teilnichtigkeit vorliegt, ist auf den mutmaßlichen Parteiwillen abzustellen[2]. Es ist also die Frage zu stellen, ob die Parteien den Vertrag auch ohne die unwirksame Regelung abgeschlossen hätten oder nicht. Ist dies nicht anzunehmen, verbleibt es beim Grundsatz der Gesamtnichtigkeit.

956

Erweist sich ein städtebaulicher Vertrag als **nichtig**, muß er von keiner der Vertragsparteien erfüllt werden. Ist dies durch eine oder auch durch beide Parteien bereits erfolgt, ändert dies an der Möglichkeit einer Rückabwicklung nichts. Insbesondere sind zumindest bei öffentlichrechtlichen städtebaulichen Verträgen die §§ 817 Satz 2, 818 Abs. 3 und Abs. 4 sowie § 819 Abs. 1 BGB nicht, auch nicht über § 62 Satz 2 VwVfG entsprechend anwendbar. Diese Bestimmungen widersprechen dem das öffentliche Recht prägenden Grundsatz der **Gesetzmäßigkeit der Verwaltung**, da sie den durch eine gesetzwidrige Vermögensverschiebung erreichten Zustand festschreiben würden[3]. Das Bundesverwaltungsgericht hat ausdrücklich betont, daß der Grundsatz von **Treu und Glauben** etwaigen Rückforderungsansprüchen des privaten Vertragspartners selbst dann nicht entgegensteht, wenn er den gewünschten Bebauungsplan und darauf basierend ggf. auch die begehrte Baugenehmigung bereits erhalten hat und eine Aufhebung der Genehmi-

957

---

1 Z.B. § 67 Abs. 2 GO Bbg.
2 BVerwG v. 17.7.2001 – 4 B 24.01, BauR 2002, 57 = NVwZ 2002, 473 = ZfBR 2002, 74.
3 BVerwG v. 26.3.2003 – 9 C 4.01, DVBl. 2003, 1215; BVerwG v. 16.5.2000 – 4 C 4.99, BVerwGE 111, 162 = BauR 2000, 1699 = DVBl. 2000, 1853 = NVwZ 2000, 1285 = ZfBR 2000, 491.

gung durch Rücknahme oder Widerruf aus rechtlichen oder tatsächlichen Gründen nicht möglich ist. Es müssen vielmehr besondere, in der Person oder im Verhalten des die Erstattung begehrenden oder die Leistung verweigernden Bürgers liegende Umstände hinzutreten, die das betreffende Verhalten als treuwidrig erscheinen lassen[1].

958 **Beispiele:**
(a) Ein Investor zahlt an eine Gemeinde im Zusammenhang mit der Errichtung eines großflächigen Einzelhandelsbetriebs auf der Grundlage eines städtebaulichen Vertrages, der als Folgelastenvereinbarung bezeichnet wird, eine pauschale Geldsumme für die Errichtung einer Schule. Nach Erhalt der Genehmigung für sein Vorhaben fordert er die Summe unter Berufung auf die Nichtigkeit des Vertrages zurück. Diese Rückforderung ist berechtigt, weil die Schule keine Folgelast für das Vorhaben ist (vgl. Rdnr. 999 ff.). Besondere Umstände, die die Rückforderung als treuwidrig erscheinen lassen, sind nicht ersichtlich.

959 (b) Ein Bauherr erbringt auf der Grundlage eines Erschließungsvertrages im Zusammenhang mit der Errichtung eines von ihm geplanten und realisierten Wohnparks Erschließungsleistungen gegenüber der Gemeinde. Den ihm entstehenden Aufwand legt er sodann auf die Erwerber der Einzelhäuser innerhalb des Wohnparks um. Gleichwohl beruft er sich sodann berechtigterweise auf die Nichtigkeit des Erschließungsvertrages und begehrt dessen Rückabwicklung. In diesem Fall liegen besondere Umstände vor, die das Rückforderungsbegehren als treuwidrig erscheinen lassen[2].

7. Leistungsstörungen

960 Vertragliche Leistungsstörungen im engeren (rechtlichen) Sinne sind die Unmöglichkeit der Leistung, der Leistungsverzug, die Nichterfüllung sowie die Schlechterfüllung. Sie sind zumeist nur für die Verpflichtungen des Vorhabenträgers von Bedeutung, da die Gemeinde in aller Regel keine Leistungen erbringt, für die Leistungsstörungen in diesem Sinne in Betracht kommen (z.B. bei Aufstellung eines Bebauungsplans).

961 Für die Behandlung von Leistungsstörungen besteht folgende **Prüfungsreihenfolge**:

– wirksame Vereinbarungen in dem städtebaulichen Vertrag selbst,

---

[1] BVerwG v. 16.5.2000 – 4 C 4.99, BVerwGE 111, 162 = BauR 2000, 1699 = DVBl. 2000, 1853 = NVwZ 2000, 1285 = ZfBR 2000, 491; dazu im einzelnen Reidt, Städtebauliche Verträge – Rechtsfolgen nichtiger Vereinbarungen, BauR 2001, 46 ff.; zur Strafbarkeit von Amtsträgern beim Abschluß städtebaulicher Verträge, die gerade bei deren Nichtigkeit wegen unangemessener Leistungen zugunsten der Gemeinde Bedeutung erlangen kann, Burmeister, Strafrechtliche Risiken städtebaulicher Verträge, BauR 2003, 1129 ff.; Grziwotz, Zur Strafbarkeit von Amtsträgern beim Abschluß städtebaulicher Verträge, BauR 2000, 1437 ff.
[2] BVerwG v. 17.7.2001 – 4 B 24.01, BauR 2002, 57 = NVwZ 2002, 473 = ZfBR 2002, 74.

– spezialgesetzliche Regelungen zu städtebaulichen Verträgen im Baugesetzbuch,
– bei öffentlichrechtlichen städtebaulichen Verträgen Vorschriften zum öffentlichrechtlichen Vertrag in den §§ 54 ff. VwVfG einschließlich der gemäß § 62 Satz 2 VwVfG entsprechend anwendbaren Vorschriften des BGB zu Leistungsstörungen,
– bei zivilrechtlichen städtebaulichen Verträgen die Bestimmungen des BGB zu Leistungsstörungen[1].

Das **Baugesetzbuch** selbst enthält so gut wie keine Regelungen, die sich unmittelbar auf Leistungsstörungen und die damit verbundenen Rechtsfolgen beziehen. Einen Ausnahmefall bildet etwa § 12 Abs. 6 Satz 1 BauGB für die Nichterfüllung der Durchführungspflicht bei einem vorhabenbezogenen Bebauungsplan durch den Vorhabenträger. Für diesen Fall ist als gesetzliche Rechtsfolge die Möglichkeit vorgesehen, den vorhabenbezogenen Bebauungsplan entschädigungslos aufzuheben (s. Rdnr. 925). 962

Das **Verwaltungsverfahrensgesetz** enthält für öffentlichrechtliche städtebauliche Verträge eigenständige Regelungen zu Leistungsstörungen nur in § 60 Abs. 1 VwVfG. Gemäß **§ 60 Abs. 1 Satz 1 VwVfG** können die Parteien eines öffentlichrechtlichen Vertrages eine Anpassung des Vertragsinhalts an die geänderten Verhältnisse verlangen oder, sofern eine Anpassung nicht möglich oder einer Vertragspartei nicht zumutbar ist, den Vertrag kündigen, wenn sich seit dem Vertragsabschluß die Verhältnisse, die für den Vertragsinhalt maßgebend waren, so wesentlich geändert haben, daß einer Vertragspartei das Festhalten an der ursprünglichen vertraglichen Regelung nicht zumutbar ist. Der Anpassungsanspruch bzw. das Kündigungsrecht besteht in einem solchen Fall sowohl für die Gemeinde als auch für den privaten Vertragspartner. 963

Beispiel: 964
Entgegen den ursprünglichen Vorstellungen der Vertragsparteien ist ein Bebauungsplan mit einer deutlich geringeren GRZ erlassen worden. Dies führt dazu, daß sehr viel weniger Wohneinheiten als ursprünglich vorgesehen errichtet werden können, mit der gleichzeitigen Folge, daß es auch nur einer gegenüber den vertraglichen Vereinbarungen reduzierten Erschließung bedarf (z.B. ein geringerer Straßen- oder Leitungsquerschnitt). Darauf kann sich der private Vertragspartner der Gemeinde auch berufen.

Grundsätzlich ist im Hinblick auf die Anpassung oder Kündigung von Verträgen allerdings immer zu beachten, daß diese prinzipiell einzuhalten und uneingeschränkt zu erfüllen sind. Für eine Anpassung oder Kündigung kommen also immer nur **besondere Ausnahmefälle** in Betracht. Gewisse Spann- 965

---
[1] Im einzelnen Burmeister, Praxishandbuch Städtebauliche Verträge, 2000, Rdnr. 385 ff.; Birk, Städtebauliche Verträge, 4. Auflage 2002, Rdnr. 53 ff.

breiten beim Inhalt eines Bebauungsplans sind gerade angesichts des Umstandes, daß ein bestimmter Planinhalt gemäß § 1 Abs. 3 Satz 2 BauGB nicht wirksam vereinbart werden kann (Rdnr. 57), durch den Vorhabenträger regelmäßig hinzunehmen. Erst recht gilt dies für das allgemeine Wirtschaftlichkeits- und Vermarktungsrisiko, so daß allein Veränderungen der wirtschaftlichen Verhältnisse in aller Regel keine Vertragsanpassung rechtfertigen. Allerdings dürfen – auch im Interesse eines ordnungsgemäßen Vollzugs der Planung und zur Vermeidung einer ansonsten nicht auszuschließenden Insolvenz des Vorhabenträgers – die Anforderungen auch nicht überzogen werden. Ist beispielsweise in einem städtebaulichen Vertrag als Folgelast die Errichtung einer Kindertagesstätte mit einer bestimmten Anzahl an Plätzen vereinbart und steht fest, daß dieser Bedarf durch das dem Vertrag zu Grunde liegende Vorhaben aufgrund der Vermarktungssituation langfristig nicht ausgeschöpft wird, kann ein Anpassungsanspruch des Vorhabenträgers in Bezug auf die Größe der Kindertagesstätte durchaus gerechtfertigt sein. Insofern hat auch für die Vertragsdurchführung der Angemessenheitsmaßstab des § 11 Abs. 2 Satz 1 BauGB (Rdnr. 974 ff.) Bedeutung. Wäre etwa die vereinbarte Zahl an Plätzen einer Kindertagesstätte unter Berücksichtigung der sich nach Vertragsabschluß tatsächlich ergebenden Zahl an Wohneinheiten eindeutig unverhältnismäßig, spricht dies tendenziell für einen Anpassungsanspruch, der dann ggf. auch mit einer Anpassung des Bebauungsplans an die tatsächliche Bausituation (z.B. Reduzierung der Bauflächen) einhergehen kann.

966 Gemäß **§ 60 Abs. 1 Satz 2 VwVfG** kann die Gemeinde einen städtebaulichen Vertrag kündigen, um schwere Nachteile für das Gemeinwohl zu verhüten oder zu beseitigen. Derartige Fälle sind eher selten, zumal die Gemeinde auch ohne Kündigung eines städtebaulichen Vertrages jederzeit in der Lage ist, einen vorhandenen Bebauungsplan aufzuheben oder zu ändern, wenn dafür gemäß § 1 Abs. 3 Satz 1 BauGB ein städtebauliches Erfordernis besteht. Gleichwohl sind derartige Fälle nicht gänzlich ausgeschlossen.

967 **Beispiel:**
Eine Gemeinde schließt mit einem privaten Vorhabenträger einen Erschließungsvertrag ab, nach dem der Vorhabenträger auf Grundstücken der Gemeinde die für ein Baugebiet erforderlichen Erschließungsanlagen errichten soll. Nach Abschluß des Vertrages stellt sich heraus, daß der Vorhabenträger wirtschaftlich schwer angeschlagen ist und mit großer Wahrscheinlichkeit davon ausgegangen werden muß, daß er die Erschließungsmaßnahmen nicht zu Ende führen wird. In diesem Fall kommt zur Vermeidung wirtschaftlicher Lasten der Gemeinde u.a. aufgrund ihrer Verkehrssicherungspflicht für eine möglicherweise „steckenbleibende" Erschließung eine Vertragskündigung in Betracht.

968 Von wesentlicher Bedeutung für öffentlichrechtliche städtebauliche Verträge ist die Regelung, daß ergänzend die **Vorschriften des Bürgerlichen Gesetzbuches** entsprechend gelten. Bei zivilrechtlichen städtebaulichen Verträgen gelten diese Regelungen bereits unmittelbar. Konsequenz ist, daß für

die nicht vertraglich oder speziell geregelten Punkte die Bestimmungen des bürgerlichen Rechts über Leistungsstörungen auch bei öffentlichrechtlichen Verträgen heranzuziehen sind, sofern durch die Vertragsparteien nichts Abweichendes geregelt wurde und die Vorschriften des Bürgerlichen Gesetzbuches vom Sinn und Zweck her auf den jeweiligen Vertrag passen. Welche Vorschriften dabei konkret in Betracht kommen, hängt von der Art des städtebaulichen Vertrages ab. Soweit es um Planungs- und Bauleistungen geht, sind dies in erster Linie die Vorschriften über das **Dienst- und Werkvertragsrecht** der §§ 611 ff. und der §§ 631 ff. BGB. Bei Verträgen mit tausch- oder kaufvertragsähnlichem Charakter kommen die **kaufrechtlichen Vorschriften**, insbesondere die Regelungen zur Mängelgewährleistung in Betracht. Zusätzlich gelten sowohl für diese Verträge als auch für städtebauliche Verträge, die nicht den standardisierten Vertragstypen des Bürgerlichen Gesetzbuchs zuzuordnen sind, die allgemeinen Regelungen des Schuldrechts insbesondere zum Verzug und zur Unmöglichkeit sowie zu den in diesen Fällen in Betracht kommenden Rechtsfolgen (z.B. Rücktritt, Schadensersatz; s. allerdings für den Fall der Nichtigkeit eines Vertrages zu den Einschränkungen bei der bereicherungsrechtlichen Rückabwicklung Rdnr. 956).

Typische Fälle von Leistungsstörungen (im weiteren Sinne), die aus der **Sphäre der Gemeinde** stammen, sind die Nichtaufstellung eines angestrebten Bebauungsplans oder in sonstiger Weise die Verhinderung einer durch den Vorhabenträger angestrebten Baugenehmigung (z.B. Versagung des gemeindlichen Einvernehmens nach § 36 BauGB, Rdnr. 1758 ff.). Da ein Anspruch auf Bauleitplanung gemäß § 1 Abs. 3 Satz 2 BauGB nicht vertraglich vereinbart werden kann (Rdnr. 57), kann es insofern nicht zu einer Leistungsstörung im eigentlichen Sinne (vgl. Rdnr. 960) kommen. Die Aufstellung eines Bebauungsplans kann also weder eingeklagt werden, noch kann eine Gemeinde damit etwa in Verzug geraten. Sofern der städtebauliche Vertrag nicht ohnehin unter der ausdrücklichen (auflösenden oder aufschiebenden) Bedingung steht, daß die Gemeinde ihre Gegenleistung „erbringt", führt dies in der Regel gleichwohl dazu, daß der Vorhabenträger seine vertraglichen Verpflichtungen (z.B. Durchführung von Erschließungsmaßnahmen) nicht erfüllen muß. Die „Gegenleistung" der Gemeinde ist in derartigen Fällen zumindest Geschäftsgrundlage für die vertraglich vereinbarten Leistungen des privaten Vorhabenträgers (sog. hinkendes Austauschverhältnis[1]). Die Leistung ist also auch für die Gemeinde in aller Regel nicht einklagbar, da der Vorhabenträger in aller Regel den Vertrag gemäß § 60 Abs. 1 Satz 1 VwVfG (öffentlichrechtlicher Vertrag, vgl. Rdnr. 928) bzw. gemäß § 313 BGB (zivilrechtlicher Vertrag) kündigen kann. 969

---

1 Zu diesem Begriff etwa BVerwG v. 16.5.2000 – 4 C 4.99, BVerwGE 111, 162 = BauR 2000, 1699 = DVBl. 2000, 1853 = NVwZ 2000, 1285 = ZfBR 2000, 491.

970 Sofern nicht ausdrücklich etwas anderes vereinbart wurde, gehört es nicht zu den Rechtsfolgen einer fehlgeschlagenen Planung der Gemeinde, daß sie dem Vorhabenträger dessen vergeblich getätigte **Aufwendungen für das Planverfahren** (eigene Markterkundungen und Architektenplanungen, Beauftragung von Planungsbüros u.s.w.) erstatten muß. Er kann derartige Aufwendungen also ohne gesonderte Vereinbarung grundsätzlich nicht gegenüber der Gemeinde geltend machen. Eine derartige Vereinbarung unterfällt dem Schriftformerfordernis des § 11 Abs. 3 BauGB (Rdnr. 940), so daß eine **stillschweigende vertragliche Risikoübernahme** für das Fehlschlagen der Planung nicht in Betracht kommt[1].

971 Außerhalb eines ausdrücklich und formell ordnungsgemäß vereinbarten vertraglichen Anspruchs auf Kostenerstattung ist ein **haftungsrechtlicher Anspruch** wegen einer Verletzung von vertraglichen Nebenpflichten oder auch von vorvertraglichen Verpflichtungen (vgl. § 311 Abs. 2 BGB, culpa in contrahendo, c.i.c.) denkbar. Dies ist etwa dann in Betracht zu ziehen, wenn die Gemeinde das Planungsverfahren aus ersichtlich sachfremden Erwägungen abbricht oder den Vorhabenträger nicht ausreichend zeitnah und umfassend über die Entwicklung des Planverfahrens unterrichtet, so daß diesem über seinen finanziellen „Vertrauensvorschuß" in die zukünftige Planung hinausgehende unnötige und vermeidbare Aufwendungen entstehen[2].

8. Änderung und Aufhebung städtebaulicher Verträge

972 Nahezu ungeklärt ist die Frage, ob, unter welchen Voraussetzungen und in welchem Verfahren eine Gemeinde im Zusammenhang mit ihrer Bauleitplanung abgeschlossene städtebauliche Verträge nach Inkrafttreten eines Bebauungsplans ändern oder gar vollständig aufheben darf.

973 **Beispiel:**
Eine Gemeinde schließt mit einem Investor einen städtebaulichen Vertrag ab, in dem dieser sich gemäß § 1a Abs. 3 Satz 3 BauGB verpflichtet, in einem bestimmten Umfang naturschutzrechtliche Ausgleichsmaßnahmen durchzuführen. Nach Inkrafttreten des Bebauungsplans wendet er sich an die Gemeinde mit der Bitte, den Umfang der vertraglich vereinbarten Ausgleichsmaßnahmen um die Hälfte zu reduzieren, weil

---

1 Anders noch die ältere Rechtsprechung, z.B. BGH v. 22.11.1979 – III ZR 186/77, BGHZ 76, 16; BGH v. 3.10.1985 – III ZR 60/84, UPR 1986, 76.
2 BHG v. 7.5.1980 – III ZR 23/78, BGHZ 76, 343 = NJW 1980, 1683; BGH v. 3.10.1985 – III ZR 60/84, UPR 1986, 176; s. im einzelnen auch Burmeister, Praxishandbuch Städtebauliche Verträge, 2000, Rdnr. 399 ff., 417 ff.; zum Rechtsweg bei Ansprüchen aus culpa in contrahendo bei einem öffentlichrechtlichen Vertrag, die typischerweise auch Gegenstand eines Amtshaftungsanspruchs sein können, BVerwG v. 30.4.2002 – 4 B 72.01, BauR 2002, 1518 = UPR 2003, 111 (Rechtsweg zu den ordentlichen Gerichten).

sein Vorhaben aufgrund veränderter Marktbedingungen bei vollständiger Umsetzung nicht mehr wirtschaftlich sei und ihm ansonsten die Insolvenz drohe.

Unproblematisch sind in der Regel städtebauliche Verträge, die unabhängig von der Bauleitplanung und der planerischen Abwägung sind, also für die Planungsentscheidung keine entscheidende Rolle gespielt haben. 974

Beispiel: 975

Die Gemeinde schließt anläßlich des Bebauungsplanverfahrens mit einem Grundstückseigentümer einen Erschließungsvertrag (Rdnr. 1008) ab, weil der Grundstückseigentümer daran interessiert ist, die Erschließung so schnell wie möglich herbeizuführen, um sodann sein Grundstück bebauen zu können. Nach dem Satzungsbeschluß bittet er die Gemeinde, den Erschließungvertrag aufzuheben, weil er vorläufig doch noch von einer Bebauung absehen möchte. In diesem Fall ist eine Aufhebung des Vertrages in der Regel unproblematisch, weil die Gemeinde jederzeit selbst die Erschließung durchführen und erschließungsbeitragsrechtlich abrechnen kann.

Schwieriger ist allerdings die Situation, wenn der abgeschlossene städtebauliche Vertrag der **planerischen Zielerreichung und Konfliktbewältigung** dient und damit eine tragende Säule für die Abwägungsentscheidung und den Satzungsbeschluß darstellt. Dies wird man immer dann annehmen müssen, wenn der Bebauungsplan ohne den Vertrag nicht bzw. nicht mit seinem letztendlichen Satzungsinhalt beschlossen worden wäre. 976

Beispiele: 977

(a) Die Durchführung von nicht im Bebauungsplan festgesetzten naturschutzrechtlichen Ausgleichsmaßnahmen wird gemäß § 1a Abs. 3 Satz 3 BauGB vertraglich vereinbart (s. bereits Rdnr. 973).

(b) In einem städtebaulichen Vertrag verpflichtet sich ein Investor, in einem großflächigen Einzelhandelsvorhaben, für das ein Bebauungsplan aufgestellt werden soll, bestimmte Warensortimente nicht bzw. nur auf einer begrenzten Verkaufsfläche zu führen. Diese vertragliche Verpflichtung ist wesentlicher Bestandteil der interkommunalen Abstimmung gemäß § 2 Abs. 2 BauGB (Rdnr. 631 ff.) und entscheidend dafür, daß die Nachbargemeinden das Vorhaben im Hinblick auf negative Auswirkungen für ihre Versorgungsbereiche akzeptieren. 978

Würde in derartigen Fällen der abgeschlossene Vertrag inhaltlich wesentlich, also in einer für die Abwägungsentscheidung relevanten Weise geändert oder gar vollständig aufgehoben, würde dem Satzungsbeschluß eine tragende Säule entzogen. Dies spricht dafür, daß für derartige Vertragsänderungen, die sich vielfach auf festsetzungsersetzende vertragliche Vereinbarungen (zu deren Zulässigkeit Rdnr. 984 ff.) beziehen, dasselbe Verfahren durchgeführt werden muß, wie für eine Bebauungsplanänderung. Erfolgt dies nicht, dürfte die Vertragsänderung oder -aufhebung unwirksam sein, weil sie gegen den Bebauungsplan verstößt, der als Satzung gerade auf diesem Vertragsinhalt basiert und damit auch die Verpflichtung enthält, den Vertrag tatsächlich durchzuführen. Ansonsten liegt eine (mittelbare) Ände- 979 rung der Satzung vor, die ohne entsprechendes Bauleitverfahren nicht möglich ist.

II. Einzelne Vertragstypen

1. Privatrechtliche Neuordnung der Grundstücksverhältnisse (freiwillige Umlegung)

980 Da sich die Bauleitplanung grundsätzlich nicht an Grundstücksgrenzen orientiert, bedarf es oftmals zur Umsetzung eines Bebauungsplans einer Grundstücksneuordnung. Dies gilt insbesondere dann, wenn in dem Plangebiet viele Grundstücke mit unterschiedlichen Eigentümern existieren. Die öffentlichrechtlichen Regelungen zur Bodenneuordnung (§§ 45 ff. BauGB) führen oftmals zu einem langwierigen und zum Teil nicht sehr flexiblen Verfahren, so daß sich in der Praxis die freiwillige Umlegung herausgebildet hat (§ 11 Abs. 1 Satz 2 Nr. 1 BauGB)[1]. Sie ersetzt das amtliche Verfahren. Es findet dabei auf vertraglicher Ebene zwischen den einbezogenen Eigentümern ein Grundstückstausch mit wechselseitigem Wertausgleich und in der Regel einen Flächenabzug zugunsten der Gemeinde statt. Gegenüber dem amtlichen Verfahren sind inhaltliche Abweichungen möglich. Insbesondere kann der Gemeinde mehr an Flächen übertragen werden als dies bei einem amtlichen Umlegungsverfahren der Fall wäre. Bei der Bemessung eines von den Eigentümern zu zahlenden Geldbetrags, der an die Stelle eines Flächenbeitrags treten soll, besteht keine strikte Bindung an die für das gesetzliche Umlegungsverfahren in § 58 Abs. 1 Satz 2 BauGB genannten Bemessungsgrenzen[2]. Allerdings sind die allgemeinen Grenzen für städtebauliche Verträge zu wahren. Keinesfalls darf die Wahl eines freiwilligen Umlegungsverfahrens dazu dienen, eine **versteckte Bodenwertabschöpfung** zu betreiben. Der Flächenabzug oder der durch den Eigentümer zu zahlende Geldbetrag muß also dazu dienen, städtebauliche Zielvorstellungen im Zusammenhang mit dem konkreten Planverfahren umzusetzen und muß überdies die Angemessenheitsgrenze des § 11 Abs. 2 BauGB wahren (Rdnr. 944 ff.).

2. Ausarbeitung städtebaulicher Planungen

981 Privaten kann vertraglich übertragen werden, erforderliche städtebauliche Planungen auf eigene Kosten auszuarbeiten. Der (klarstellende) Hinweis in § 11 Abs. 1 Satz 2 Nr. 1, 3. Halbsatz BauGB, nach dem die Verantwortung

---

1 BVerwG v. 17.7.2001 – 4 B 24.01, BauR 2002, 57 = NVwZ 2002, 473 = ZfBR 2002, 74; dazu im einzelnen Dieterich, Baulandumlegung, 4. Auflage 2000, Rdnr. 465 ff.; Walker, Band 1, Rdnr. 363, Band 2, 20.
2 BVerwG v. 17.7.2001 – 4 B 24.01, BauR 2002, 57 = NVwZ 2002, 473 = ZfBR 2002, 74.

der Gemeinde für das Planaufstellungsverfahren unberührt bleibt, zeigt, daß es im wesentlichen nur um die **technische Durchführung** geht. Erstrecken kann sich die Vereinbarung jedoch nicht nur auf die Ausarbeitung des Planentwurfs einschließlich der Begründung und des Umweltberichts gemäß § 2a Satz 2 Nr. 2 BauGB (Rdnr. 655 ff.) sondern auch auf die Prüfung von während des Verfahrens eingehenden Stellungnahmen der Öffentlichkeit sowie von Behörden und sonstigen Trägern öffentlicher Belange. Ergänzt wird die Regelung durch § 4b BauGB, nach dem die Gemeinde die Vorbereitung und die Durchführung von Verfahrensschritten nach den §§ 3 bis 4a BauGB einem Dritten übertragen kann (dazu Rdnr. 541 ff.).

Der Gemeinde entstehende oder bereits entstandene **Kosten** im Zusammenhang mit der Aufstellung eines Bebauungsplans können gemäß § 11 Abs. 1 Satz 2 Nr. 3 BauGB **übernommen** werden. Es geht dabei um die Fälle, bei denen der Private Planungen nicht selbst und auf eigene Kosten erstellt, sondern die Gemeinde tätig wird oder bereits tätig geworden ist. Da es sich dabei um eine Folgelastenvereinbarung (dazu noch Rdnr. 999 ff.) handelt, kann sich die Kostenregelung nur auf Maßnahmen beziehen, die Voraussetzung oder Folge des Vorhabens sind, das der Vertragspartner der Gemeinde realisieren möchte (zum Kausalitätserfordernis Rdnr. 999 ff.). Nicht darunter fallen **interne Aufwendungen der Gemeinde** durch eigene Planungsleistungen (Personal- und Sachmittel), die ohnehin anfallen, also von der Verwirklichung des Vorhabens unabhängig sind[1]. 982

Die Vereinbarung zur Erbringung von Planungsleistungen durch einen privaten Investor kann nicht zur Veranlassung dafür genommen werden, daß die Gemeinde selbst Bindungen in Bezug auf den Abschluß eines Bebauungsplanverfahrens eingeht (§ 1 Abs. 3 Satz 2, 2. Halbsatz BauGB, dazu Rdnr. 619 ff.). Dies gilt auch für **mittelbare Planungsbindungen**, etwa dadurch, daß der Vertrag erhebliche Schadens- oder Aufwendungsersatzansprüche zu Lasten der Gemeinde regelt, die dazu führen können, daß die Gemeinde sich aufgrund des Kostendrucks gezwungen sieht, das Planverfahren im Sinne des Vorhabenträgers abzuschließen. 983

3. Förderung und Sicherung von Planungszielen

Die Gemeinde kann in städtebaulichen Vereinbarungen Regelungen treffen, die über die möglichen Festsetzungen eines Bebauungsplan hinausgehend dazu dienen, die städtebaulichen Zielvorstellungen der Gemeinde zu realisieren. Voraussetzung dafür ist immer, daß die Gemeinde mit einer derartigen Vereinbarung ein **legitimes städtebauliches Ziel** verfolgt. Anderenfalls ist die betreffende Regelung unwirksam. 984

---
1 Bick, Städtebauliche Verträge, DVBl. 2001, 154 (158); Burmeister, Praxishandbuch Städtebauliche Verträge, 2000, Rdnr. 157; Quaas in Schrödter, § 11 Rdnr. 44; Gronemeyer in Gronemeyer, § 11 Rdnr. 51.

985 **Beispiel:**

Eine Gemeinde vereinbart mit einem Vorhabenträger in einem städtebaulichen Vertrag im Zusammenhang mit der Errichtung eines großflächigen Einzelhandelsvorhabens, daß bestimmte Warensortimente nicht geführt werden dürfen, um einen in der Innenstadt gelegenen Fachmarkt (der einem Mitglied des Gemeinderates gehört) zu schützen. Im Hinblick auf die Wettbewerbsneutralität des Bauplanungsrechts (Rdnr. 591) ist eine derartige Konkurrenzschutzklausel unzulässig. Möglich wäre es jedoch, bestimmte Warensortimente zum Schutz der Innenstadt und einer damit verbundenen verbrauchernahen Versorgungsstruktur auszuschließen, da es sich dabei um ein legitimes städtebauliches Ziel handelt (§ 1 Abs. 6 Nr. 8 Buchstabe a) BauGB).

986 Im weiteren dürfen derartige Vereinbarungen nicht gegen öffentlichrechtliche Normen und Rechtsgrundsätze verstoßen, da auch in diesem Fall kein legitimes städtebauliches Ziel verfolgt würde[1]. Zu beachten sind daher vor allem die **unmittelbar oder mittelbar** im Baugesetzbuch enthaltenen **städtebaulichen Verbote**. Insbesondere dürften die Anforderungen an eine ordnungsgemäße Abwägung und die in § 9 BauGB zum Ausdruck kommenden Begrenzungen für die planerischen Festsetzungs- und Steuerungsmöglichkeiten nicht unterlaufen werden.

987 **Beispiele:**

(a) Eine Gemeinde setzt in einem Bebauungsplan ein allgemeines Wohngebiet (§ 4 BauNVO) fest. In einem städtebaulichen Vertrag verpflichtet sie den Vorhabenträger, der das Gesamtgebiet bebauen möchte, keine der nach § 4 Abs. 2 Nr. 2 und Nr. 3 sowie Abs. 3 BauNVO zulässigen Nutzungen zu realisieren. Eine solche Regelung ist unzulässig, weil sie das allgemeine Wohngebiet zu einem reinen Wohngebiet (§ 3 BauNVO) „umfunktionieren" würde. Dies ist auch mit den Gliederungsmöglichkeiten gemäß § 1 Abs. 5 BauNVO nicht erreichbar, da mit einem derartigen Ausschluß der Gebietscharakter eines allgemeinen Wohngebiets nicht mehr respektiert würde (Rdnr. 1356). Ein derartiges – der Gemeinde im Rahmen der bebauungsplanungsrechtlichen Festsetzungsmöglichkeiten untersagtes – Ziel kann sie nicht ersatzweise mit vertraglichen Regelungen wirksam erreichen.

988 (b) Eine Gemeinde stellt einen Bebauungsplan auf und sieht einen Immissionskonflikt zwischen der geplanten Wohnbebauung und der Möglichkeit, auf einer angrenzenden Fläche nach dem dort maßgeblichen Planungsrecht stark emittierende und für die Wohnbebauung möglicherweise unverträgliche Nutzungen anzusiedeln. Sie schließt im Vorfeld des Satzungsbeschlusses mit dem Eigentümer der Wohnbauflächen einen Vertrag ab, in dem sich dieser für sich und seine Rechtsnachfolger verpflichtet, auf sämtliche Unterlassungs- oder Abwehransprüche gegen Immissionen, die von den Nachbargrundstücken ausgehen, zu verzichten. Sie ist der Meinung, daß sie den Nutzungskonflikt damit im Sinne einer sachgerechten Abwägung (§ 1 Abs. 7 BauGB) ordnungsgemäß gelöst habe. Dies allerdings ist unzutreffend, weil der Konflikt nicht bewältigt ist. Die Vereinbarung bewirkt vielmehr nur, daß der Grundstückseigentümer den Konflikt nicht austragen kann und verstößt damit gegen das in § 1 Abs. 7 BauGB verankerte Gebot einer ordnungsgemäßen Konfliktbewältigung[2] (s. auch Rdnr. 734 ff.).

---

1 BVerwG v. 15.12.1989 – 7 C 6.88, BVerwGE 84, 236.
2 BVerwG v. 23.1.2002 – 4 BN 3/02, BauR 2002, 230 = NVwZ-RR 2002, 329 = UPR 2002, 230 = ZfBR 2002, 371.

Dies bedeutet allerdings nicht, daß städtebauliche Verträge nicht geeignet sind, zur **planerischen Konfliktbewältigung** beizutragen. Ebenso wie planerische Konflikte einer Nachsteuerung im Baugenehmigungsverfahren überantwortet werden dürfen (dazu Rdnr. 734 ff.), ist auch eine Verlagerung auf die vertragliche Ebene möglich. Dies gilt beispielsweise für die Realisierung notwendiger aktiver Schallschutzmaßnahmen (Schallschutzwände u.ä.) sowie für die Übernahme von Kosten für Maßnahmen des passiven Schallschutzes (Schallschutzfenster u.ä.)[1]. Wenn derartige Maßnahmen ohne besondere Planfestsetzungen zur planerischen Konfliktbewältigung durchgeführt werden sollen, muß sichergestellt sein, daß dies auch tatsächlich und rechtlich möglich ist. Ansonsten bleibt der lösungsbedürftige Planungskonflikt ungelöst.

989

Beispiel:

990

In einem städtebaulichen Vertrag wird zur Reduzierung der planbedingten Immissionsbelastungen für die Nachbarschaft vereinbart, daß der Investor an der Grenze seines Grundstücks eine Schallschutzwand mit bestimmten Ausmaßen errichtet. Eine gesonderte Planfestsetzung dazu erfolgt nicht. Die Schallschutzwand ist allerdings nicht genehmigungsfähig, wenn sie die bauordnungsrechtlich notwendigen Abstandsflächen nicht einhält.

Der Konfliktbewältigung und -lösung in diesem Sinne dienen ebenfalls Verträge zur Durchführung von naturschutzrechtlichen Ausgleichsmaßnahmen im Sinne von § 1a Abs. 3 Satz 3 BauGB (dazu Rdnr. 699 ff.).

991

In jedem Fall unproblematisch zulässig sind städtebauliche Verträge dann, wenn die Gemeinde mit ihrem Abschluß ein legitimes städtebauliches Ziel verfolgt, nicht gegen öffentlichrechtliche Normen oder Rechtsgrundsätze verstößt (Rdnr. 986) und das angestrebte Ziel **nicht mit Bebauungsplanfestsetzungen erreicht werden kann**. Hierzu gehören insbesondere vertragliche Vereinbarungen hinsichtlich einer **Bauverpflichtung** zur Durchsetzung städtebaulicher Zielvorstellungen[2], wie sie bei einem Durchführungsvertrag zu einem Vorhaben- und Erschließungsplan gesetzlich sogar ausdrücklich festgeschrieben ist (dazu Rdnr. 908). Vereinbart werden können ebenfalls bestimmte **Nutzungszwecke** und **Nutzungsbindungen**. Dazu gehört beispielsweise die vertragliche Festschreibung eines bestimmten Anteils von Wohneinheiten eines neuen Baugebiets für den sozialen Wohnungsbau (Belegungs-, Benennungs-, Besetzungsrechte u.ä.)[3]. Denkbar sind im weiteren auch Vereinbarungen zu einer zonen- oder abschnittsweisen Entwicklung des Bebauungsplangebiets.

992

---

1 BVerwG v. 23.1.2002 – 4 BN 3/02, BauR 2002, 230 = NVwZ-RR 2002, 329 = UPR 2002, 230 = ZfBR 2002, 371; OVG Münster v. 16.10.1997 – 11a D 116.96, BRS 59 Nr. 255 = DVBl. 1998, 602 = NVwZ-RR 1998, 632 = UPR 1998, 359 zu einem Durchführungsvertrag bei einem Vorhaben- und Erschließungsplan.
2 OVG Münster v. 7.12.2000 – 7a D 60/99, BauR 2001, 1054 = DVBl. 2001, 657 (zur Verbindung eines Einkaufszentrums mit der Sanierung eines Sportstadions).
3 Dazu etwa Gronemeyer in Gronemeyer, § 11 Rdnr. 32.

993 **Beispiel:**
Eine Gemeinde möchte ein Baugebiet, das im wesentlichen im Eigentum eines Grundstückseigentümers steht, für eine industrielle Großansiedlung ausweisen. Es steht allerdings noch nicht fest, ob es tatsächlich zu dieser Großansiedlung kommt. Alternativ besteht indes auch Nachfrage hinsichtlich kleinteiliger Gewerbeflächen. Wenn diese angesiedelt werden sollen, möchte die Gemeinde sicherstellen, daß das großräumige Plangebiet nicht beliebig in Anspruch genommen wird sondern die bauliche Nutzung sich zur Vermeidung frühzeitiger und eventuell sogar unnötiger Abholzungen einer Waldfläche von der östlichen Grenze des Plangebiets aus abschnittsweise in Richtung Westen entwickelt. Aus diesem Grund vereinbart sie mit dem Vorhabenträger, daß die bauliche Nutzung nur abschnittsweise erfolgen darf, d.h. der zweite Gebietsabschnitt darf erst baulich genutzt werden, wenn der erste Abschnitt vollständig bebaut ist u.s.w.

994 Häufig anzutreffen sind auch städtebauliche Verträge über sog. **Einheimischenmodelle**, durch die der Wohnungsbedarf der ortsansässigen Bevölkerung gedeckt werden soll (z.B. Weilheimer Modell, Traunsteiner Modell, Echinger Modell)[1].

995 Auch in den Fällen, in denen die von der Gemeinde verfolgten Planungsziele **ebenfalls durch Bebauungsplanfestsetzungen** erreicht werden könnten, ist der Abschluß eines städtebaulichen Vertrages mit einem entsprechenden Inhalt nicht ausgeschlossen. Die Gemeinde ist bei ihrer Aufgabe, die bauliche und sonstige Nutzung der Grundstücke in der Gemeinde nach Maßgabe des Baugesetzbuchs vorzubereiten und zu leiten (§ 1 Abs. 1 BauGB) nicht auf den Erlaß eines Bebauungsplans mit Festsetzungen im Sinne von § 9 Abs. 1 BauGB (Rdnr. 234 ff.) beschränkt. Vielmehr stehen ihr auch vertragliche Lösungswege offen[2]. Sie kann städtebauliche Zwecke und Ziele der Bauleitplanung dabei auch mit Mitteln des Privatrechts, also auch mit privatrechtlichen städtebaulichen Verträgen (Rdnr. 928) verfolgen, wenn ihr diese Mittel zur Befriedigung eines rechtmäßigen öffentlichen Interesses am besten geeignet erscheinen. Es besteht also für die Fälle, in denen Planungsziele mit Planfestsetzungen und vertraglichen Regelungen in gleicher Weise erreicht werden können, **kein Subsidiaritätsverhältnis** zugunsten der Planfestsetzungen und zu Lasten vertraglicher Vereinbarungen[3].

996 Teilweise ist die **Gleichrangigkeit von planungsrechtlichen Festsetzungs- und vertraglichen Vereinbarungsmöglichkeiten** sogar ausdrücklich im Baugesetzbuch festgeschrieben. So kann der notwendige naturschutzrechtliche

---

1 Zur Zulässigkeit des Weilheimer Modells und zur (zumeist) zivilrechtlichen Einordnung derartiger Verträge BVerwG v. 11.2.1993 – 4 C 18.91, BVerwGE 92, 56 = DVBl. 1993, 654 = DÖV 1993, 622 = NJW 1993, 2695 = UPR 1993, 260 = ZfBR 1993, 299; s. auch VGH München v. 22.12.1998 – 1 B 94.3288, BRS 60 Nr. 232; VGH Mannheim v. 20.7.2000 – 8 S 177/00, BauR 2001, 612 = NVwZ 2001, 694; s. zu den Einzelheiten der entsprechenden Vertragsgestaltungen Walker, Band 2, 111 ff.
2 BVerwG v. 9.5.1997 – 4 N 1.96, BVerwGE 104, 353 = UPR 1997, 411.
3 Unklar in diesem Zusammenhang VGH Mannheim v. 8.11.2001 – 5 S 1218/99, BauR 2002, 1209 = UPR 2002, 317.

Ausgleich gemäß § 1a Abs. 3 Satz 1 und 2 BauGB entweder im Bebauungsplan festgesetzt oder gemäß § 1a Abs. 3 Satz 3 BauGB im Rahmen eines städtebaulichen Vertrages vereinbart werden. Ähnliches gilt für die mit dem EAG Bau (Rdnr. 1) in § 11 Abs. 1 Satz 2 Nr. 2 BauGB aufgenommene Möglichkeit, in einem städtebaulichen Vertrag **Befristungen oder Bedingungen** der baulichen Nutzung zu regeln. Die Vorschrift hat allerdings nur klarstellende Bedeutung. Auch in Verträgen vor Inkrafttreten des EAG Bau waren derartige Vereinbarungen bereits zulässig[1]. Sinnvoll sind sie beispielsweise zur Vermeidung von aus Leerständen oder Verfall resultierenden städtebaulichen Mißständen. So kann etwa in einem städtebaulichen Vertrag vereinbart werden, daß bei Einstellung der Nutzung das durch den Bebauungsplan begründete Baurecht durch Planänderung ohne Entschädigungsansprüche nach den §§ 39 ff. BauGB entzogen werden darf und der Vertragspartner der Gemeinde zum Rückbau vorhandener baulicher Anlagen verpflichtet ist. Ein derartiges Planungsziel kann allerdings auch durch Festsetzungen nach dem ebenfalls durch das EAG Bau neu formulierten § 9 Abs. 2 BauGB (Rdnr. 359 ff.) erreicht werden. Der Vorteil der vertraglichen Regelung liegt darin, daß zusätzlich geeignete Sicherheiten für die Gemeinde vorgesehen werden können (z.B. Bürgschaften oder Garantien).

Unabhängig davon, daß eine Förderung und Sicherungs von Planungszielen durch städtebauliche Verträge möglich ist, darf sich eine Gemeinde einer städtebaulichen Planung, die an sich geboten und gewollt ist, nicht allein deshalb verschließen, weil ein Grundstückseigentümer sich bestimmten vertraglichen Verpflichtungen nicht unterwirft. Ein Bebauungsplan, der allein deshalb eine andere Festsetzung zum Nachteil des Eigentümers trifft, ist in der Regel abwägungsfehlerhaft[2] (dazu Rdnr. 625 f.). 997

Zu beachten ist, daß Vereinbarungen in städtebaulichen Verträgen auch dann, wenn sie der planerischen Konfliktbewältigung dienen, **für die Baugenehmigungsbehörde nicht bindend** sind. Nach dem eindeutigen und abschließenden Prüfungsprogramm der planungsrechtlichen Zulassungstatbestände in den §§ 30 ff. BauGB gehört die Einhaltung von vertraglichen Pflichten nicht zu den Genehmigungsvoraussetzungen. Die Gemeinde muß diese Pflichten also außerhalb des Genehmigungsrechts durchsetzen[3]. Allenfalls kann für die Bearbeitung eines Bauantrags durch die Genehmigungsbehörde das notwendige Sachbescheidungsinteresse fehlen, wenn der Bauantrag zwar den Planfestsetzungen entspricht, jedoch ergänzend dazu abgeschlossene Vereinbarungen eines städtebaulichen Vertrages mißachtet. 998

---

1 Vgl. Regierungsentwurf zum EAG Bau, BT-Drucksache 15/2250, Begründung zu Nr. 12 (§ 11 Abs. 1 Satz 2 BauGB); Bericht der Unabhängigen Expertenkommission, Rdnr. 190.
2 Sehr instruktiv OVG Lüneburg v. 21.7.1999 – 1 K 4974/97, NVwZ-RR 2000, 201.
3 Vgl. VGH Mannheim v. 8.11.2001 – 5 S 1218/99, BauR 2002, 1209 = UPR 2002, 317; zu geeigneten vertraglichen Regelungsmöglichkeiten (Dienstbarkeiten, Baulasten, Bürgschaften, Vollstreckungsunterwerfungen u.s.w.) Walker, Band 2, 257.

Dies ist allerdings nur dann anzunehmen, wenn hinsichtlich der Wirksamkeit des Vertrages keine Bedenken bestehen, das von dem Bauantrag umfaßte Vorhaben den Vereinbarungen ganz eindeutig widerspricht und daher mit Sicherheit davon ausgegangen werden kann, daß die Gemeinde eine Durchführung des beantragten Vorhabens vertragsrechtlich unterbinden wird, etwa durch eine entsprechende Unterlassungsklage. Wenn allerdings auch nur geringe Zweifel daran bestehen, daß die Gemeinde einen derartigen Anspruch hat und erfolgreich durchsetzen wird, muß der Bauantrag bearbeitet und bei Erfüllung der Genehmigungsvoraussetzungen auch positiv beschieden werden. Die Prüfung des für jeden Genehmigungsantrag erforderlichen Sachbescheidungsinteresses durch die Baugenehmigungsbehörde ist nicht der Ort dafür, die Wirksamkeit eines städtebaulichen Vertrages und seiner Inhalte zu klären, Vertragsinhalte auszulegen u.ä. Dies ist vielmehr dem Vertragsrecht und der Vertragsdurchführung einschließlich einer etwaigen gerichtlichen Bewertung der sich aus dem Vertrag ergebenden wechselseitigen Rechte und Pflichten vorbehalten.

4. Folgelasten

999 Gemäß § 11 Abs. 1 Satz 2 Nr. 3 BauGB können Kosten oder sonstige Aufwendungen, die der Gemeinde durch die Aufstellung von Bebauungsplänen entstehen oder entstanden sind, auf private Investoren vertraglich abgewälzt werden. Dazu gehört auch der Aufwand für die Bereitstellung von gemeindlichen Grundstücken. Möglich ist die Kostenabwälzung allerdings nur insoweit, wie es um Maßnahmen geht, die Voraussetzung oder Folge des geplanten Vorhabens sind. Es besteht also neben der zu wahrenden Angemessenheit (Rdnr. 944 ff.) ein zwingendes **Kausalitätserfordernis**[1].

1000 Zu den Folgelasten zählen die Aufwendungen für von der Gemeinde selbst erstellte städtebauliche Planungen sowie für städtebauliche Maßnahmen, Anlagen und Einrichtungen der Gemeinde, die der Allgemeinheit dienen (z.B. Kindergärten) und für die abgabenrechtlich keine bestimmte Kostenverteilung und Kostentragung zwingend vorgeschrieben ist. In der Regel handelt es sich um Anlagen, die nicht über Beiträge (Erschließungsbeiträge, Beiträge nach den Kommunalabgabengesetzen der Länder) finanziert werden können (zu den beitragsfähigen Anlagen Rdnr. 1007 ff.).

1001 Das Ursächlichkeitserfordernis ist nicht im Sinne einer naturwissenschaftlichen Bedingung zu verstehen, sondern dem Begriff des sachlichen Zusammenhangs in § 124 Abs. 3 BauGB und § 56 VwVfG gleichzusetzen. Es handelt sich nicht um eine Gegenleistung, sondern um eine Art **Aufwendungsersatz** der Gemeinde für das, was die Gemeinde aus Anlaß des konkret anstehenden Bauvorhabens für eine Folgeeinrichtung ausgeben muß. Dabei

---

1 BVerwG v. 16.5.2000 – 4 C 4.99, BauR 2000, 1699 = NVwZ 2000, 1285 = ZfBR 2000, 491.

ist ein Abstellen auf die kommunale Gesamtplanung nicht zulässig. Auch wenn das konkrete Bauvorhaben in die Gesamtentwicklung der Gemeinde eingebunden ist und gemeinsam mit anderen Bestandteilen dieser Gesamtentwicklung zu notwendigen Folgeeinrichtungen führt, dürfen Folgekosten nur dann verlangt werden, wenn aufgrund des einen konkret anstehenden Bauvorhabens die betreffende Folgeeinrichtung erforderlich ist[1]. Nicht ausreichend ist dabei eine bloße rechnerische Ursächlichkeit, die gemeinsam mit weiteren Vorhaben im Rahmen der gesamten Gemeindeentwicklung bestimmte Folgeeinrichtungen, wie etwa die Erweiterung einer ohnehin kurzfristig auszubauenden Kläranlage, einen Ausbau der örtlichen Feuerwehr o.ä. erfordert. Wäre dies der Fall, dann könnten praktisch immer Folgelasten vereinbart werden, da jedes Vorhaben (anteilige) Ansprüche an die örtliche Infrastruktur stellt. Die Möglichkeit zum Abschluß von Folgelastverträgen soll jedoch nicht dazu dienen, einen ohnehin bestehenden Nachholbedarf im Bereich gemeindlicher Infrastruktur zu befriedigen, vorhandene Anlagen ohne Ursächlichkeitszusammenhang zu erweitern, instandzuhalten oder gar zu verschönern. Diese Möglichkeit besteht in der Regel daher nur bei **Bauprojekten größeren Umfangs**, nicht aber bei kleineren Vorhaben, die keine eindeutig zuordnungsfähigen Aufwendungen verursachen[2]. In Betracht kommen etwa Schulen, Spielplätze, Kindertagesstätten sowie Freizeit- und Erholungseinrichtungen oder auch (öffentliche) Grünflächen, wenn sie für das betreffende Vorhaben städtebaulich typisch sind (z.B. eine kleine Parkanlage im Rahmen eines größeren Wohnbaugebiets).

Neben der Notwendigkeit eines funktionalen Sachzusammenhangs enthält das Ursächlichkeitserfordernis für Folgelasten auch eine **Zeitkomponente**. Erforderlich ist, daß bestimmte Folgemaßnahmen in einem unmittelbaren zeitlichen Zusammenhang mit der Ausführung des Vorhabens stehen und nicht erst irgendwann ein aufgelaufener Bedarf Konsequenzen nach sich zieht[3]. Welcher Zeitrahmen für die Maßnahmen dabei noch dem Ursächlichkeitserfordernis entspricht, ist vom Einzelfall abhängig. In der Regel wird man allerdings kaum sagen können, daß ein bestimmter Bedarf einem Vorhaben unmittelbar zugeordnet werden kann, wenn er erst fünf Jahre und später nach Realisierung des Vorhabens zu erwarten ist[4]. 1002

Ebenfalls bedeutsam ist die Frage, für welche Zeitdauer einem Investor im Rahmen eines städtebaulichen Vertrages Verpflichtungen auferlegt werden können. Dies gilt namentlich für die **dauerhafte Unterhaltung und Pflege** 1003

---

1 BVerwG v. 14.8.1992 – 8 C 19/90, BVerwGE 90, 310 = BRS 54 Nr. 29 = DVBl. 1993, 263 = DÖV 1993, 163 = NVwZ 1993, 773 = ZfBR 1993, 84.
2 Bick, Städtebauliche Verträge, DVBl. 2001, 154 (159).
3 BVerwG v. 14.8.1992 – 8 C 19/90, BVerwGE 90, 310 = BRS 54 Nr. 29 = DVBl. 1993, 263 = DÖV 1993, 163 = NVwZ 1993, 773 = ZfBR 1993, 84.
4 In diesem Sinne auch Scharmer, Städtebauliche Verträge nach § 6 BauGB-Maßnahmegesetz, NVwZ 1995, 219 (222); noch enger Quaas in Schrödter, § 11 Rdnr. 30; großzügiger etwa Gronemeyer in Gronemeyer, § 11 Rdnr. 59.

von Folgemaßnahmen und -einrichtungen. Unkritisch ist dabei, wenn ein Vorhabenträger etwa im Zusammenhang mit Begrünungsmaßnahmen nicht nur die Verpflichtung zur Durchführung übernimmt, sondern auch für die Anwachs- und Entwicklungspflege einzustehen hat. Hingegen dürfte die dauerhafte Unterhaltung und Pflege, die sich daran anschließt, nicht mehr als vertragliche Folgelast auf den privaten Vertragspartner der Gemeinde abwälzbar sein[1]. Ebenfalls unzulässig ist es, wenn durch eine Folgelastenvereinbarung dauerhaft die öffentlichrechtliche Verantwortlichkeit einschließlich der damit einhergehenden Kostentragungspflicht umgangen werden soll.

1004 **Beispiel:**
Eine Gemeinde stellt einen Bebauungsplan auf und weist darin eine öffentliche Erschließungsstraße aus. Im Rahmen eines städtebaulichen Vertrages soll der Vorhabenträger verpflichtet werden, diese Straße zu bauen, sie sodann dauerhaft als Privatstraße zu unterhalten und für eine Nutzung durch die Allgemeinheit zur Verfügung zu stellen. Dieser Nutzungszweck soll nach dem Willen der Gemeinde zusätzlich grundbuchlich gesichert werden. Eine derartige Regelung ist unwirksam, da sie allein bezweckt, die straßenrechtliche Zuständigkeit und Verantwortlichkeit einer der Allgemeinheit dienenden und damit öffentlichen Straße auf einen Privaten zu verlagern.

1005 Für die konkrete Zuordnung von Folgemaßnahmen zu einem bestimmten Bauprojekt ist der **räumliche Zusammenhang** nur ein eingeschränkt tauglicher Maßstab. Zwar darf es sich nicht um Maßnahmen handeln, die lediglich in der gemeindlichen Gesamtplanung aufgehen (Rdnr. 1001), jedoch muß es sich andererseits auch nicht um Folgeeinrichtungen handeln, die in dem Bebauungsplangebiet selbst realisiert werden. Es ist ohne weiteres möglich, daß es um Maßnahmen außerhalb des Plangebiets geht, die jedoch dem Vorhaben gleichwohl unmittelbar zugeordnet werden können.

1006 **Beispiel:**
Ein Investor möchte ein Einkaufszentrum errichten. Die Gemeinde ist bereit, einen entsprechenden Bebauungsplan aufzustellen. Da jedoch aufgrund des in erheblichem Umfang zu erwartenden zusätzlichen Verkehrs außerhalb des Plangebiets eine Kreuzungsanlage ausgebaut werden muß, möchte sie mit dem Vorhabenträger einen Folgelastenvertrag hinsichtlich des damit verbundenen Aufwandes abschließen.

5. Erschließungsverträge, Ablösevereinbarungen, Vorfinanzierungsvereinbarungen

1007 Im Zusammenhang mit der Aufstellung von Bauleitplänen werden oftmals bereits Erschließungsverträge gemäß § 124 BauGB und Vereinbarungen zur Ablösung von Erschließungsbeiträgen für nach dem Baugesetzbuch beitragsfähige Erschließungsanlagen abgeschlossen (§ 133 Abs. 3 Satz 5 BauGB)[2].

---

1 Burmeister, Praxishandbuch Städtebauliche Verträge, 2000, Rdnr. 173.
2 Dazu etwa Walker, Band 1, Rdnr. 660.

Letzteres erfolgt in der Regel dann, wenn die Gemeinde selbst die entsprechenden Anlagen errichtet hat und dient vor allem der Kalkulationssicherheit auf Seiten des Investors und der Rechtssicherheit auf Seiten der Gemeinde (zur Vorfinanzierung Rdnr. 1010).

Erschließungsverträge in Bezug auf nach dem **Baugesetzbuch** beitragsfähige Anlagen können insbesondere regeln, daß der Vorhabenträger die notwendigen Erschließungsmaßnahmen selbst durchführt. Dies hat zur Konsequenz, daß die Gemeinde keinen eigenen Aufwand hat und daher Erschließungsbeiträge nicht mehr erhoben werden können. Neben der reinen Entlastungsfunktion hat dies für die Gemeinde den Vorteil, daß sie anders als bei der Beitragserhebung keinen Eigenanteil von mindestens 10% des beitragsfähigen Erschließungsaufwandes tragen muß (§ 124 Abs. 2 Satz 3 i.V.m. § 129 Abs. 1 Satz 3 BauGB). Bei den **Kommunalabgabengesetzen der Länder** (KAG) unterfallenden Anlagen der Wasserversorgung und Abwasserbeseitigung ist demgegenüber zu beachten, daß für die Beitragskalkulation nicht der Investitionsaufwand für die im Bereich des Grundstücks verlegten Leitungen und Kanäle sondern der Aufwand für die Gesamtanlage, bestehend aus den Leitungen und den zentralen Einrichtungen (z.B. Kläranlage), zugrunde gelegt wird. Selbst wenn ein Bauherr auf der Grundlage eines Erschließungsvertrages die im Bereich seines Grundstücks und der angrenzenden Straßen notwendigen Maßnahmen selbst durchführt, bedeutet dies daher nicht, daß er von der Erhebung entsprechender Beiträge freigestellt ist, weil die Gemeinde keinen umlagefähigen Aufwand hat. Um in solchen Fällen eine Doppelbelastung zu vermeiden und auch die für die Rechtswirksamkeit des Vertrages notwendige Angemessenheit sicherzustellen, bedarf es in der Regel einer Vereinbarung dahingehend, daß der Aufwand des Bauherrn für die betreffenden Leitungen auf den späteren Beitrag angerechnet wird bzw. mit diesem Aufwand eine Ablösung der Beitragspflicht erfolgen soll.

1008

Zu dem Erfordernis der Kausalität und der Angemessenheit gelten im wesentlichen dieselben Anforderungen wie bei Folgelasten (Rdnr. 999 ff.)[1]. Besonderer Beachtung bedürfen die Fälle, in denen Dritte von den Erschließungsmaßnahmen profitieren, z.B. Eigentümer von Grundstücken, die durch eine bestimmte Straßenbaumaßnahme des Vorhabenträgers miterschlossen werden („Trittbrettfahrer"). In einer derartigen Situation kann es das Gebot der Angemessenheit erfordern, den Vertragspartner der Gemeinde teilweise von den Kosten freizustellen oder zumindest eine Vorfinanzierungsregelung zu vereinbaren, die sicherstellt, daß der Vorhabenträger nicht die – ggf. unverhältnismäßigen – Gesamtkosten trägt.

1009

Eine **Vorfinanzierungsvereinbarung** unterscheidet sich dadurch von einem Erschließungsvertrag, daß der Vertragspartner der Gemeinde die vereinbarten Erschließungsmaßnahmen zwar selbst durchführt, dann jedoch den ge-

1010

---
1 S. im einzelnen Walker, Band 1, Rdnr. 746 ff.

samten Aufwand der Gemeinde in Rechnung stellt (zu vergaberechtlichen Problemen Rdnr. 934 ff.). Die Bezahlung der Gemeinde wird dann in der Regel mit dem Erschließungsbeitrag bzw. dem Ablösebetrag verrechnet. Der verbleibende Betrag wird im weiteren häufig so lange gestundet, bis die Eigentümer der miterschlossenen Grundstücke ihre Beitragspflicht beglichen haben und die Gemeinde dann die entsprechenden Zahlungen an ihren Vertragspartner weiterleiten kann, ohne selbst in Vorleistung treten zu müssen.

L. Die Rechtskontrolle der Bauleitpläne

I. Verfahren zur Überprüfung der Bauleitpläne

1. Die abstrakte Normenkontrolle

a) Zulässigkeit des Normenkontrollantrags

1011 **Gegenstand eines Normenkontrollantrags** können gemäß § 47 Abs. 1 Nr. 1 VwGO im gesamten Bundesgebiet alle Satzungen sein, die nach den Vorschriften des BauGB erlassen worden sind, sowie Rechtsverordnungen aufgrund von § 246 Abs. 2 BauGB. Zu den Satzungen gehören neben den Bebauungsplänen (§ 10 Abs. 1 BauGB) die Satzungen nach §§ 16 Abs. 1, 22 Abs. 1, 25, 34 Abs. 4, 35 Abs. 6, 132, 135c, 142, 165 Abs. 6, 172 Abs. 1, 205 BauGB. Zu den nach den Vorschriften des BauGB erlassenen Satzungen im Sinne von § 47 Abs. 1 Nr. 1 VwGO gehören auch die gemäß § 173 Abs. 3 BBauG übergeleiteten Bebauungspläne, die gemäß § 233 Abs. 3 BauGB fortgelten[1]. Landesrechtliche Regelungen, die auf der Grundlage von § 9 Abs. 4 BauGB oder auf der Grundlage von § 6 Abs. 4 Satz 3 BNatSchG in den Bebauungsplan aufgenommen wurden, werden dadurch Bestandteil des Bebauungsplans und unterliegen deshalb der Normenkontrolle[2]. Da Flächennutzungspläne keine Satzungen sind, können sie demgegenüber nicht mit einem Normenkontrollantrag angegriffen werden[3]. Satzungen, die auf einer landesrechtlichen Ermächtigungsgrundlage beruhen, können dagegen gemäß § 47 Abs. 1 Nr. 2 VwGO nur dann Gegenstand eines Normenkontrollantrags sein, wenn das Landesrecht dies bestimmt; das gilt auch dann, wenn das Landesrecht hinsichtlich des Aufstellungsverfahrens auf die Vorschriften des BauGB verweist[4]. Der Antrag kann sich auf einen einzelnenÄnde-

---

1 Vgl. BVerwG v. 15.8.1991 – 4 N 1.91, Buchholz 310 § 47 Nr. 58 = BRS 52 Nr. 36 = BauR 1992, 48 = NVwZ 1992, 567.
2 Vgl. BayVGH v. 12.9.1988 – 1 N 84 A.94, A.555 und A.1657, BRS 48 Nr. 110; a.A. OVG Saarlouis v. 4.12.1981 – 2 N 12/80, NVwZ 1983, 42.
3 BVerwG v. 20.7.1990 – 4 N 3.88, BRS 50 Nr. 36 = BauR 1990, 885 = DVBl. 1990, 1353 = NVwZ 1991, 262.
4 OVG Münster v. 25.8.1994 – 10a D 179/92.NE, NVwZ-RR 1995, 176.

rungsplan oder auf eine vor einer Änderung des Plans geltende Fassung des Bebauungsplans beschränken[1], ebenso auf einen räumlich begrenzten Teil des Bebauungsplans oder auf einzelne Festsetzungen[2].

Der Normenkontrollantrag kann sich nur gegen **bereits erlassene Normen** richten. Dabei kommt es darauf an, ob der Normgeber sie für wirksam erlassen erachtet[3]. Das Bundesverwaltungsgericht hat allerdings offen gelassen, ob ausnahmsweise ein Normenkontrollantrag gegen Bebauungspläne, die von der Gemeinde noch nicht durch öffentliche Bekanntmachung in Kraft gesetzt wurden, dann zulässig sein könnte, wenn anderenfalls der Antragsteller hinreichenden Rechtsschutz gegen den Vollzug eines solchen Planentwurfs nicht erlangen könne[4]; ein solcher Fall ist jedoch nicht denkbar. 1012

Antragsbefugt ist gemäß § 47 Abs. 2 Satz 1 VwGO u.a. jede natürliche oder juristische Person, die geltend macht, durch die angegriffene Rechtsvorschrift oder deren Anwendung in ihren Rechten verletzt zu sein oder in absehbarer Zeit verletzt zu werden. Die Rechte im Sinne dieser Vorschrift sind identisch mit den Rechten im Sinne von § 42 Abs. 2 VwGO, die die Klagebefugnis begründen. Es sind auch an die Geltendmachung der Rechtsverletzung nach § 47 Abs. 2 Satz 1 VwGO keine höheren Anforderungen zu stellen als an die Geltendmachung einer Rechtsverletzung nach § 42 Abs. 2 VwGO[5]. Rechte, deren Verletzung mit dem Normenkontrollantrag gerügt werden kann, begründet auch das **Abwägungsgebot** nach § 1 Abs. 6 BauGB[6]. Praktisch können deshalb alle abwägungserheblichen Belange natürlicher oder juristischer Personen die Antragsbefugnis begründen; es genügt, daß geltend gemacht wird, daß diese Belange in der Abwägung nicht ausreichend berücksichtigt worden seien. Dazu gehören neben den Belangen von Eigentümern, die sich gegen die ihr eigenes Grundstück betreffenden Fest- 1013

---

1 Vgl. BVerwG v. 25.2.1997 – 4 NB 30.96, Buchholz 310 § 47 Nr. 116 = BauR 1997, 603 = NVwZ 1997, 896.
2 Allerdings nicht auf Teile, durch die der Antragsteller keinen Nachteil erleidet, vgl. BVerwG v. 18.12.1990 – 4 NB 19.90, Buchholz 406.11 § 10 Nr. 25 = BRS 50 Nr. 39 = DVBl. 1991, 826 = NVwZ 1991, 778.
3 BVerwG v. 2.6.1992 – 4 N 1.90, Buchholz 310 § 47 Nr. 66 = BRS 54 Nr. 33 = DVBl. 1992, 1241 = NVwZ 1992, 1088.
4 BVerwG v. 15.10.2001 – 4 BN 48.01, Buchholz 310 § 47 Nr. 152 = BRS 64 Nr. 50 = BauR 2002, 445 = NVwZ-RR 2002, 256.
5 Vgl. BVerwG v. 10.3.1998 – 4 CN 6.97, Buchholz 310 § 47 Nr. 123 = BRS 60 Nr. 44 = BauR 1998, 740 = NVwZ 1998, 732 = ZfBR 1998, 205; BVerwG v. 24.9.1998 – 4 CN 2.98, Buchholz 310 § 47 Nr. 127 = BRS 60 Nr. 46 = BauR 1999, 134 = NJW 1999, 592 = ZfBR 1999, 39.
6 BVerwG v. 24.9.1998 – 4 CN 2.98, Buchholz 310 § 47 Nr. 127 = BRS 60 Nr. 46 = BauR 1999, 134 = NJW 1999, 592 = ZfBR 1999, 39; zum Vorhaben- und Erschließungsplan vgl. BVerwG v. 5.3.1999 – 4 CN 18.99, Buchholz 310 § 47 Nr. 132 = NVwZ 1999, 987 = ZfBR 1999, 344.

setzungen wenden[1], insbesondere die entsprechenden Belange von Erbbauberechtigten und Nießbrauchern[2] sowie von Grundstückskäufern, die einen Eintragungsantrag gestellt oder eine Auflassungsvormerkung haben[3], nicht dagegen der Nacherben vor Eintritt des Nacherbfalls[4]. Mieter und Pächter sind antragsbefugt, soweit auf der Grundlage der Festsetzungen des Bebauungsplans eine Beeinträchtigung ihrer Nutzungsrechte zu erwarten ist[5]. Antragsbefugt sind auch Bauantragsteller, die bisher kein Nutzungsrecht an dem Grundstück haben, wenn ein von ihnen im Einvernehmen mit dem Nutzungsberechtigten gestellter Bauantrag an dem Bebauungsplan scheitert oder wegen der angegriffenen Veränderungssperre nicht positiv beschieden wird[6]. Abwägungserheblich sind grundsätzlich auch Änderungen der baulichen Nutzung von Nachbargrundstücken[7]; die Eröffnung der Bebauungsmöglichkeit des Nachbargrundstücks allein (und die daraus folgende Beeinträchtigung einer Ortsrand- oder Aussichtslage) genügt aber nicht[8], sofern diese nicht im Einzelfall besonders schutzwürdig ist[9]; eine „Sichtbelastung" durch besonders störende Anlagen kann die Antragsbefugnis begründen[10]. Die Abwägungserheblichkeit von Störungen, die auf das Grundstück einwirken, entscheidet auch darüber, ob sich aus solchen Störungen die Antragsbefugnis ergeben kann[11]. Interessen im wirtschaftlichen Wettbewerb

---

1 BVerwG v. 6.1.1993 – 4 NB 38.92, Buchholz 310 § 47 Nr. 73 = BRS 55 Nr. 26 = BauR 1993, 433 = DVBl. 1993, 448 = NVwZ 1993, 561; BVerwG v. 10.3.1998 – 4 CN 6.97, Buchholz 310 § 47 Nr. 123.
2 BVerwG v. 11.5.1989 – 4 C 1.88, BVerwGE 82, 61 = Buchholz 451.171 Nr. 29; BVerwG v. 11.1.1988 – 4 CB 49.87, Buchholz 406.19 Nr. 75.
3 Vgl. BVerwG v. 7.4.1995 – 4 NB 10.95, NVwZ-RR 1996, 8; BVerwG v. 25.3.1996 – 4 NB 2.96, Buchholz 310 § 47 Nr. 113.
4 BVerwG v. 27.10.1997 – 4 BN 20.97, Buchholz 310 § 47 Nr. 122 = BRS 59 Nr. 45 = BauR 1997, 289.
5 BVerwG v. 21.10.1999 – 4 CN 1.98, Buchholz 310 § 47 Nr. 136 = BRS 62 Nr. 51 = BauR 2000, 848 = DVBl. 2000, 793 = NVwZ 2000, 807 = ZfBR 2000, 199; BVerwG v. 5.11.1999 – 4 CN 3.99, BVerwGE 110, 36 = BRS 62 Nr. 50 = BauR 2000, 689 = NVwZ 2000, 806 = ZfBR 2000, 193.
6 OVG Weimar v. 16.5.2001 – 1 N 932/00, BRS 64 Nr. 53 = BauR 2002, 917 = NVwZ-RR 2002, 415.
7 Vgl. BVerwG v. 20.8.1992 – 4 NB 3.92, Buchholz 310 § 47 Nr. 69 = BRS 54 Nr. 21 = DVBl. 1992, 1441 = NVwZ 1993, 468; zur Beeinträchtigung der Aussicht vgl. BVerwG v. 9.2.1995 – 4 NB 17.94, Buchholz 310 § 47 Nr. 102 = BRS 57 Nr. 42.
8 BVerwG v. 22.8.2000 – 4 BN 38.00, BRS 63 Nr. 45 = BauR 2000, 1834 = ZfBR 2000, 564.
9 Vgl. OVG Schleswig v. 27.7.2001 – 1 M 13/01, NordÖR 2002, 255 = NuR 2002, 761 (Seeblick).
10 OVG Koblenz v. 6.3.2002 – 8 C 11470/01, BRS 65 Nr. 55 = BauR 2002, 1205 = NuR 2002, 422 (Windkraftanlagen).
11 Vgl. BVerwG v. 18.3.1994 – 4 NB 24.93, Buchholz 310 § 47 Nr. 88; BVerwG v. 17.9.1998 – 4 CN 1.97, Buchholz 310 § 47 Nr. 126 = BRS 60 Nr. 45 = BauR 1999, 137 = ZfBR 1999, 41 und BVerwG v. 26.2.1999 – 4 CN 6.98, Buchholz 406.11 § 214 Nr. 14 = BRS 62 Nr. 48 = BauR 1999, 1128 = DÖV 1999, 733 = ZfBR 1999, 223 zu Verkehrslärmimmissionen.

sind regelmäßig nicht abwägungserheblich, so daß z.B. ein Bebauungsplan, der großflächige Einzelhandelsbetriebe zuläßt, grundsätzlich nicht wegen seiner negativen Auswirkungen auf bestehende Betriebe von deren Inhabern angegriffen werden kann[1]. Ebensowenig ist das Interesse eines Eigentümers an der Einbeziehung seines unbebauten Grundstücks in den Geltungsbereich eines Bebauungsplans abwägungserheblich[2]. Als Grundlage der Antragsbefugnis kommen nur eigene, nicht fremde Interessen in Betracht; deshalb kann eine Kirchengemeinde nicht zum Schutz der Gesundheit ihrer Mitglieder ein Normenkontrollverfahren einleiten[3].

Nachbargemeinden steht die Antragsbefugnis zu, wenn sie eine Verletzung der Abstimmungspflicht nach § 2 Abs. 2 BauGB geltend machen können[4]. Das kann auch bei einer größeren Entfernung noch in Betracht kommen[5]. Durch die Verletzung der Abstimmungspflicht wird die Gemeinde in ihren Rechten verletzt[6]. Auch politische Gemeinden können einen Normenkontrollantrag nur auf die Beeinträchtigung eigener Interessen, nicht der Interessen ihrer Bürger stützen[7]; von Bedeutung sind überdies nur städtebauliche Belange, nicht etwa wirtschaftliche Interessen[8]. 1014

Die Antragsbefugnis von **Behörden** wird durch den Wortlaut von § 47 Abs. 2 Satz 1 VwGO nicht eingegrenzt, setzt aber nach dem Zweck der Vorschrift voraus, daß die Behörde in Wahrnehmung ihrer Aufgaben mindestens die angegriffene Rechtsvorschrift zu beachten hat[9]. Als antragsbefugte Behörden kommen vor allem die Bauaufsichtsbehörden in Betracht, auch die höhere Verwaltungsbehörde, die den Bebauungsplan selbst genehmigt hat[10]. Die Antragsbefugnis steht allerdings nicht der Bauaufsichtsbehörde der Gemeinde zu, die den Bebauungsplan selbst erlassen hat[11]. Eine Behörde 1015

---

1 Vgl. BVerwG v. 16.1.1990 – 4 NB 1.90, Buchholz 310 § 47 Nr. 45 = BRS 50 Nr. 50 = BauR 1990, 183 = NVwZ 1990, 555; BVerwG v. 26.2.1997 – 4 NB 5.97, Buchholz 310 § 47 Nr. 117 = BRS 59 Nr. 56 = BauR 1997, 435 = NVwZ 1997, 683.
2 BVerwG v. 30.4.2004 – 4 CN 1.03.
3 BVerwG v. 18.12.1990 – 4 NB 19.90, Buchholz 406.11 § 10 Nr. 25 = BRS 50 Nr. 19.
4 BVerwG v. 9.1.1995 – 4 NB 42.94, Buchholz 406.11 § 2 Nr. 37 = BRS 57 Nr. 5 = BauR 1995, 354 = NVwZ 1995, 694.
5 Vgl. BayVGH v. 3.5.1999 – 1 N 98.1024, BRS 62 Nr. 60 = NVwZ 2000, 822.
6 BVerwG v. 15.12.1989 – 4 C 36.86, BVerwGE 84, 210 = Buchholz 406.11 § 2 Nr. 28 = BRS 50 Nr. 193 = NVwZ 1990, 464; BVerwG v. 1.8.2002 – 4 C 5.01, BVerwGE 117, 25 = BRS 65 Nr. 10 = BauR 2003, 55 = DVBl. 2003, 62 = NVwZ 2003, 86.
7 BVerwG v. 15.12.1989 ebenda.
8 OVG Greifswald v. 15.4.1999 – 3 K 36/97, BRS 62 Nr. 61 = NVwZ 2000, 826.
9 BVerwG v. 15.3.1989 – 4 NB 10.88, BVerwGE 81, 307 = BRS 49 Nr. 39 = BauR 1989, 573 = DVBl. 1989, 662 = NVwZ 1989, 654; OVG Bautzen v. 16.8.2000 – 1 D 162/99, NuR 2001, 283 = NVwZ 2002, 110.
10 Vgl. BVerwG v. 11.8.1989 – 4 NB 23.89, Buchholz 310 § 47 Nr. 41 = BRS 49 Nr. 40 = NVwZ 1990, 60.
11 Vgl. BVerwG v. 15.3.1989 – 4 NB 10.88, BVerwGE 81, 307 = BRS 49 Nr. 39 = BauR 1989, 573 = DVBl. 1989, 662 = NVwZ 1989, 654.

einer Nachbargemeinde, die den Bebauungsplan nicht selbst anzuwenden hat, ist nicht antragsbefugt; es kommt insoweit nur (bei einer Verletzung von Rechten der Nachbargemeinde) der Antrag durch die Gemeinde selbst in Betracht[1]. Sind nach Landesrecht Behörden nicht gemäß § 61 Nr. 3 VwGO beteiligungsfähig, so steht die Antragsbefugnis der Körperschaft zu, der die Behörde angehört[2].

1016 Für den Normenkontrollantrag einer natürlichen oder juristischen Person fehlt das **Rechtsschutzinteresse**, wenn diese ihre Rechtsstellung mit der begehrten Entscheidung nicht verbessern kann[3]. Das ist z.B. der Fall, wenn

– das den Nachteil begründende Bauvorhaben unanfechtbar genehmigt und errichtet worden ist[4] oder auch bei einem Erfolg des Antrags nicht abgewendet werden könnte, weil Abwehrrechte aus §§ 34, 35 BauGB oder einem wiederauflebenden alten Bebauungsplan, mit dessen Vollziehung zu rechnen ist, nicht bestehen, und eine neue Planung mit günstigeren Festsetzungen praktisch auszuschließen ist[5],

– entsprechend dem angefochtenen Bebauungsplan die Umlegung abgeschlossen ist[6],

– ein Enteignungsbeschluß unanfechtbar geworden ist[7],

– die den Nachteil begründende Erschließungspflicht auch bei Nichtigkeit des Bebauungsplans bestehen bleiben würde[8],

– der Eigentümer der beabsichtigten baulichen Nutzung seines Grundstücks voraussichtlich auch bei Unwirksamkeit des Bebauungsplans auf unabsehbare Zeit nicht näher kommen kann[9].

---

1 Hess.VGH v. 3.5.1990 – 4 NG 1329/89, BRS 50 Nr. 54.
2 Hess.VGH v. 22.7.1999 – 4 N 1598/93, BRS 62 Nr. 53 = ZfBR 2000, 194.
3 Vgl. BVerwG v. 18.7.1989 – 4 N 3.87, BVerwGE 82, 225 = Buchholz 310 § 47 Nr. 40 = BRS 49 Nr. 34 = BauR 1989, 575 = DVBl. 1989, 1100 = NVwZ 1990, 157.
4 Vgl. BVerwG v. 28.8.1987 – 4 N 3.86, BVerwGE 78, 85 = BRS 47 Nr. 185 = BauR 1987, 661 = DVBl. 1987, 1276 = DÖV 1988, 32 = NJW 1988, 839; BVerwG v. 9.2.1989 – 4 NB 1.89, Buchholz 310 § 47 Nr. 37 = BRS 49 Nr. 37 = DVBl. 1989, 660 = NVwZ 1989, 653; BVerwG v. 28.4.1999 – 4 CN 5.99, Buchholz 310 § 47 Nr. 134 = BauR 1999, 1131 = ZfBR 2000, 53; OVG Berlin v. 10.7.1980 – 2 A 3.79, BRS 36 Nr. 31 = BauR 1980, 536; OVG Lüneburg v. 24.1.1979 – VI C 9/77, BRS 35 Nr. 27.
5 Vgl. BVerwG v. 8.2.1999 – 4 BN 55.98, Buchholz 310 § 47 Nr. 130 = NVwZ 2000, 194; BVerwG v. 23.4.2002 – 4 CN 3.01, Buchholz 310 § 47 Nr. 156 = BRS 65 Nr. 50 = BauR 2003, 1524 = NVwZ 2002, 1126; OVG Münster v. 23.10.2003 – 10a D 86/00, NWVBl. 2004, 99.
6 VGH Mannheim v. 9.2.1982 – 5 S 1421/81, BRS 39 Nr. 42 = BauR 1982, 348; OVG Lüneburg v. 15.1.1982 – 6 C 16/89, BRS 39 Nr. 37 = BauR 1982, 351.
7 OVG Saarlouis v. 19.7.1982 – 2 N 1/81, BRS 39 Nr. 43.
8 OVG Berlin v. 10.7.1981 – 2 A 2.80, BRS 38 Nr. 51.
9 BVerwG v. 25.5.1993 – 4 NB 50.92, Buchholz 310 § 47 Nr. 79 = BRS 55 Nr. 25 = BauR 1994, 212 = NVwZ 1994, 269; BVerwG v. 10.3.1998 – 4 CN 6.97, Buchholz 310 § 47 Nr. 123 = BRS 60 Nr. 44 = BauR 1998, 740 = NVwZ 1998, 732 = ZfBR

Das Rechtsschutzinteresse fehlt darüber hinaus auch dann, wenn es für den 1017
Antragsteller einen einfacheren Weg zu dem von ihm erstrebten Ziel gibt[1].
Daran dürfte allerdings die Zulässigkeit des Antrags nur sehr selten scheitern; die Möglichkeit, eine Inzidentkontrolle des Bebauungsplans in einem anderen gerichtlichen Verfahren herbeizuführen, genügt nicht. Schließlich kann das Rechtsschutzinteresse fehlen, weil der Antragsteller sich mit dem Normenkontrollantrag in Widerspruch zu seinem eigenen Verhalten setzt, indem er den Plan erst nach Ausnutzung der für ihn günstigen Festsetzungen angreift[2]. Ist ein Bebauungsplan zweifelsfrei teilbar, so fehlt für den Normenkontrollantrag das Rechtsschutzinteresse, soweit er sich auch gegen solche Teile des Bebauungsplans richtet, von denen der Antragsteller nicht betroffen wird[3].

Der Normenkontrollantrag ist gemäß § 47 Abs. 2 Satz 1 VwGO fristgebunden. 1018
Die **zweijährige Frist** beginnt mit der Bekanntmachung der angegriffenen Rechtsvorschrift, bei Bebauungsplänen mit der Bekanntmachung nach § 10 Abs. 3 BauGB. Eine Belehrung über diese Frist (z.B. in der Bekanntmachung der Rechtsvorschrift) ist nicht geboten[4].

Antragsgegner ist gemäß § 47 Abs. 2 Satz 2 VwGO die Körperschaft, Anstalt 1019
oder Stiftung, die die Rechtsvorschrift erlassen hat, bei Bebauungsplänen also die Gemeinde.

b) Besonderheiten des Verfahrensablaufs

Die Oberverwaltungsgerichte sind für Normenkontrollverfahren gemäß § 47 1020
Abs. 1 VwGO erstinstanzlich zuständig.

Abweichend von der früheren Rechtsprechung des Bundesverwaltungsgerichts 1021
ist gemäß § 65 Abs. 1 i.V.m. § 47 Abs. 2 Satz 4 VwGO die **Beiladung** zum Normenkontrollverfahren zulässig. Obwohl § 47 Abs. 2 Satz 4 VwGO nicht auf § 65 Abs. 2 VwGO verweist, ist die Beiladung stets geboten, wenn ein normverwerfendes Urteil in Betracht kommt, durch das Dritte in ihrem durch Art. 14 Abs. 1 Satz 1 GG geschützten Eigentum berührt werden und diese ihre Beiladung beantragen[5]; in der Literatur wird im Anschluß an

---

1998, 205; OVG Münster v. 29.9.1998 – 10a D 139/94.NE, BRS 60 Nr. 50 = NWVBl. 1999, 463.
1 BVerwG v. 23.1.1992 – 4 NB 2.90, Buchholz 310 § 47 Nr. 61 = BRS 54 Nr. 20 = BauR 1992, 197 = DVBl. 1992, 577 = NVwZ 1992, 974.
2 BVerwG v. 23.1.1992 ebenda.
3 BVerwG v. 4.6.1991 – 4 NB 35.89, BVerwGE 88, 268 = Buchholz 310 § 47 Nr. 57 = BRS 52 Nr. 9 = BauR 1991, 718 = NVwZ 1992, 373; vgl. zur Teilbarkeit von Bebauungsplänen im übrigen unten Rdnr. 1042 ff.
4 BVerwG v. 28.12.2000 – 4 BN 32.00, Buchholz 310 § 47 Nr. 145 = BRS 63 Nr. 56 = BauR 2001, 1066 = ZfBR 2001, 350.
5 Dazu näher Bracher, Die Beiladung im Normenkontrollverfahren gegen Bebauungspläne, DVBl. 2002, 309 ff.; vgl. auch BVerwG v. 16.4.2002 – 4 BN 13.02, BRS 65

einen in diese Richtung gehenden Hinweis des Bundesverfassungsgerichts[1] allerdings teilweise vertreten, eine Beiladungsverpflichtung könne nicht bei einer hohen Zahl von Drittbetroffenen bestehen[2]. Wenn sie nicht von Amts wegen beigeladen werden, müssen die Drittbetroffenen über das Verfahren unterrichtet werden, damit sie einen Beiladungsantrag stellen können; das kann auch durch öffentliche Bekanntmachung geschehen[3]. Die Anhörung Drittbetroffener auf der Grundlage von § 47 Abs. 2 Satz 3 VwGO[4] ist seit der gesetzlichen Regelung der Beiladung nicht mehr möglich[5].

c) Die Entscheidung des Oberverwaltungsgerichts

1022 Das Oberverwaltungsgericht entscheidet gemäß § 47 Abs. 5 Satz 1 VwGO entweder aufgrund einer mündlichen Verhandlung durch Urteil oder ohne mündliche Verhandlung durch Beschluß. Die Entscheidung durch Beschluß ist nach der Rechtsprechung des BVerwG durch Art. 6 Abs. 1 Satz 1 EMRK dann ausgeschlossen, wenn sich der Eigentümer eines im Plangebiet gelegenen Grundstücks mit dem Antrag gegen eine Festsetzung wendet, die unmittelbar sein Grundstück betrifft[6]. Liegt das Grundstück des Antragstellers außerhalb des Plangebiets, so fehlt es in der Regel an einer unmittelbaren Beeinträchtigung durch den Plan i.S. von § 6 Abs. 1 Satz 1 EMRK, weil diese erst durch eine Zulassungsentscheidung auf der Grundlage des Bebauungsplans eintritt[7]. Auf der Grundlage der Erwägungen des BVerwG ist die Entscheidung durch Beschluß allerdings auch dann ausgeschlossen, wenn auf Antrag eines Dritten eine normverwerfende Entscheidung in Betracht kommt, die unmittelbar die Möglichkeiten der baulichen Nutzung eines Grundstücks negativ verändern würde.

Nr. 57 = BauR 2002, 1830 („Ermessensreduzierung auf Null" bei einem vorhabenbezogenen Bebauungsplan).
1 BVerfG v. 19.7.2000 – 1 BvR 1053/93, BRS 63 Nr. 57 = BauR 2000, 1720 = DVBl. 2000, 1842 = NVwZ 2000, 1283.
2 So v. Komorowski, Beiladung im Normenkontrollverfahren, NVwZ 2003, 1458, 1463; Lotz, Das Gesetz zur Bereinigung des Rechtsmittelrechts im Verwaltungsprozeß, BayVBl. 2002, 353, 355; wohl auch Kopp/Schenke, Verwaltungsgerichtsordnung, 13. Aufl. 2002, § 47 Rdnr. 42a.
3 Vgl. Bracher, Die Beiladung im Normenkontrollverfahren gegen Bebauungspläne, DVBl. 2002, 309, 312 f.
4 Dazu BVerwG v. 12.3.1982 – 4 N 1.80, BVerwGE 65, 131 = BRS 39 Nr. 33 = BauR 1982, 450 = DVBl. 1982, 951 = NJW 1983, 1012; Bracher, Die Anhörung Dritter im Normenkontrollverfahren gegen Bebauungspläne, DVBl. 2000, 165 ff.
5 Bracher, Die Beiladung im Normenkontrollverfahren gegen Bebauungspläne, DVBl. 2002, 309, 311 f.; Kopp/Schenke, Verwaltungsgerichtsordnung, § 47 Rdnr. 41.
6 BVerwG v. 16.12.1999 – 4 CN 9.98, BVerwGE 110, 203 = BRS 62 Nr. 43 = BauR 2000, 679 = DVBl. 2000, 807 = NVwZ 2000, 810 = ZfBR 2000, 188.
7 Vgl. dazu BVerwG v. 30.7.2001 – 4 BN 41.01, Buchholz 140 Art. 6 Nr. 8 = BRS 64 Nr. 46 = BauR 2002, 278 = NVwZ 2002, 87 = ZfBR 2002, 173.

Bei der Entscheidung zu berücksichtigen sind alle Gesichtspunkte, aus denen sich die Unwirksamkeit der Rechtsvorschrift ergeben kann. **Prüfungsmaßstab** ist deshalb zum einen das gesamte höherrangige Recht. Die Prüfung hat sich aber auch darauf zu erstrecken, ob der Bebauungsplan wegen einer Veränderung tatsächlicher Verhältnisse **funktionslos** geworden ist[1]. Bei der Prüfung hat das Oberverwaltungsgericht die Regelungen der §§ 214 bis 216 BauGB über die Unbeachtlichkeit von Mängeln der Bauleitpläne zu beachten. Das Gericht braucht nicht von sich aus „gleichsam ungefragt"[2] allen theoretisch denkbaren Mängeln der Planung nachzugehen, also z.B. ohne entsprechenden Vortrag die Befangenheit von Ratsmitgliedern zu überprüfen oder zu untersuchen, ob die Planungskonzeption durch Änderung tatsächlicher Verhältnisse sinnlos geworden ist[3].

1023

Das Oberverwaltungsgericht ist bei seiner Prüfung grundsätzlich nicht auf diejenigen Festsetzungen beschränkt, durch die dem Antragsteller ein Nachteil entsteht. Deshalb können auch Mängel des Plans zum Erfolg des Antrags führen, die den Antragsteller überhaupt nicht berühren. Es kommt auch nicht darauf an, ob die subjektiven Rechte, deren Verletzung der Antragsteller zur Begründung der Antragsbefugnis behauptet, tatsächlich verletzt sind[4].

1024

Beispiel:

1025

Die Antragsbefugnis ergibt sich aus der durch die Verwirklichung des Bebauungsplans zu erwartenden Erhöhung des Verkehrslärms einer Erschließungsstraße durch Ausweisung eines neuen Wohngebiets. Der Normenkontrollantrag kann z.B. Erfolg haben, weil bei Ausweisung dieses Gebiets Belange von Natur und Landschaft oder eines emittierenden landwirtschaftlichen Betriebs nicht zutreffend in die Abwägung einbezogen wurden oder die Festsetzung über die Zahl der zulässigen Vollgeschosse unzulässig ist, etwa weil das 3. Obergeschoß nur „als Dachgeschoß" errichtet werden darf[5].

Richtet sich der Normenkontrollantrag nur gegen einen Änderungsplan, so darf das Gericht allerdings nicht ohne Antrag zusätzlich die Unwirksamkeit des Ursprungsplans feststellen[6].

1026

---

1 Vgl. BVerwG v. 3.12.1998 – 4 CN 3.97, BVerwGE 108, 71 = BRS 60 Nr. 43 = BauR 1999, 601 = NVwZ 1999, 986 = ZfBR 1999, 155.
2 BVerwG v. 7.9.1979 – 4 C 7.77, Buchholz 406.11 § 10 Nr. 10 = DVBl. 1980, 230.
3 Vgl. zu diesen Fragen z.B. BVerwG v. 12.12.1969 – IV C 105.66, BVerwGE 34, 301 = BRS 22 Nr. 4 = BauR 1970, 31 = DVBl. 1970, 414; BVerwG v. 17.2.1971 – 4 C 2.68, BRS 24 Nr. 168; BVerwG v. 3.12.1998 – 4 CN 3.97, BVerwGE 108, 71 = BRS 60 Nr. 43 = BauR 1999, 601 = NVwZ 1999, 986 = ZfBR 1999, 155.
4 Vgl. BVerwG v. 4.6.1991 – 4 NB 35.89, BVerwGE 88, 268 = Buchholz 310 § 47 Nr. 57 = BRS 52 Nr. 9 = BauR 1991, 718 = NVwZ 1992, 373.
5 Vgl. zu einer solchen Festsetzung BVerwG v. 25.2.1997 – 4 NB 30.96, Buchholz 310 § 47 Nr. 116 = BRS 59 Nr. 51 = BauR 1997, 603 = NVwZ 1997, 896.
6 BVerwG v. 16.12.1999 – 4 CN 7.98, Buchholz 406.11 § 215a Nr. 5 = BRS 62 Nr. 44 = BauR 2000, 684 = DVBl. 2000, 804 = NVwZ 2000, 815.

1027 Ist der mit dem Normenkontrollantrag insgesamt angegriffene Bebauungsplan **teilunwirksam**[1], so ist der Normenkontrollantrag zwar im übrigen abzulehnen; auf die Kostenentscheidung muß sich dies aber nicht unbedingt negativ auswirken[2]. Beschränkt der Antragsteller den Normenkontrollantrag auf einzelne Teile oder Festsetzungen des Bebauungsplans, stehen diese Teile aber mit anderen Teilen des Bebauungsplans in einem untrennbaren Zusammenhang, etwa weil die Gemeinde ohne diese Teile andere (nicht angegriffene) Teile des Bebauungsplans nicht erlassen hätte, so hat sich das Oberverwaltungsgericht, wenn es den Antrag für begründet hält, nicht darauf zu beschränken, die angegriffenen Teile des Bebauungsplans für unwirksam zu erklären. Es muß vielmehr über den Antrag hinausgehen. Diese Durchbrechung von § 88 VwGO rechtfertigt sich aus dem Charakter des Normenkontrollverfahrens als eines objektiven Rechtsbeanstandungsverfahrens, das dazu bestimmt ist, im Allgemeininteresse die Rechtslage durch einen verbindlichen Entscheidungsausspruch zu klären[3].

1028 Ist der Normenkontrollantrag ganz oder teilweise begründet, so erklärt das Oberverwaltungsgericht den Bebauungsplan bzw. die fehlerhaften Teile gemäß § 47 Abs. 5 Satz 2 VwGO für unwirksam. Die frühere Differenzierung zwischen nichtigen und unwirksamen Bebauungsplänen ist durch das EAG-Bau entfallen. Die Entscheidung nach § 47 hat normative Wirkung[4]. Diese ist allerdings auflösend bedingt durch eine Behebung von Fehlern im ergänzenden Verfahren nach § 215 Abs. 4 BauGB. Entstehen Meinungsverschiedenheiten darüber, ob das ergänzende Verfahren zur Behebung der Mängel geführt hat, so kann ein neues Normenkontrollverfahren eingeleitet werden.

1029 Die Entscheidung über die Unwirksamkeit des Bebauungsplans oder einzelner Teile ist **öffentlich bekannt zu machen** (§ 47 Abs. 5 Satz 2, 2. Halbsatz VwGO). Die Bekanntmachung erfolgt entsprechend § 10 Abs. 3 BauGB.

---

1 Vgl. dazu näher unten Rdnr. 1042 ff.
2 Vgl. dazu BVerwG v. 4.6.1991 – 4 NB 35.89, Buchholz 310 § 47 Nr. 57 = BRS 52 Nr. 78 = BauR 1991, 579 = NVwZ-RR 1992, 401; BVerwG v. 25.2.1997 – 4 NB 30.96, Buchholz 310 § 47 Nr. 116 = BRS 59 Nr. 51 = BauR 1997, 603.
3 Vgl. BVerwG v. 20.8.1991 – 4 NB 3.91, Buchholz 310 § 47 Nr. 59 = BRS 52 Nr. 36 = BauR 1992, 48 = DVBl. 1992, 37 = NVwZ 1992, 567; vgl. auch zur Entwicklungssatzung BVerwG v. 3.7.1998 – 4 CN 2.97, Buchholz 406.11 § 165 Nr. 3 = BRS 60 Nr. 225 = BauR 1998, 1218 = DVBl. 1998, 1293 = NVwZ 1998, 1297 und dazu kritisch Sendler, Grundsatz der Planerhaltung im Abwind?, NJW 1999, 1834.
4 Zur normativen Wirkung der früher vorgesehenen Entscheidung über die Nichtigkeit des Plans vgl. BVerwG v. 2.9.1983 – 4 N 1.83, BVerwGE 68, 12, 15 = BRS 40 Nr. 99. Die normative Wirkung beinhaltet nicht das Verbot der Normwiederholung, vgl. dazu BVerwG v. 6.3.2000 – 4 BN 31.99, BauR 2000, 1008 = NVwZ 2000, 809 = ZfBR 2000, 341.

d) Einstweilige Anordnung

Gemäß § 47 Abs. 6 VwGO kann das Gericht auf Antrag eine einstweilige Anordnung erlassen, wenn dies zur Abwehr schwerer Nachteile oder aus anderen wichtigen Gründen dringend geboten ist. Bei der Anwendung dieser Vorschrift orientieren sich die Oberverwaltungsgerichte zumeist an der Rechtsprechung des Bundesverfassungsgerichts zu § 32 Abs. 1 BVerfGG[1]. Die Gerichte prüfen dementsprechend zunächst, ob der Normenkontrollantrag offensichtlich unzulässig oder unbegründet ist oder (wenn er noch nicht eingereicht sein sollte[2]) offensichtlich unbegründet oder unzulässig wäre. Allerdings nehmen die Oberverwaltungsgerichte (anders als das Bundesverfassungsgericht bei Anwendung von § 32 BVerfGG) nicht bereits dann eine ergebnisoffene Interessenabwägung vor, wenn beide Fragen verneint werden. Vielmehr prüfen sie zusätzlich, ob der Normenkontrollantrag offensichtlich begründet ist und ziehen unter dieser Voraussetzung den Erlaß der einstweiligen Anordnung „aus anderen wichtigen Gründen" in Betracht, wenn durch den Vollzug nichtiger Festsetzungen vollendete Tatsachen geschaffen würden[3]. Die Voraussetzungen bleiben aber enger als bei einer einstweiligen Anordnung nach § 123 VwGO[4].

1030

Inhaltlich geht die einstweilige Anordnung regelmäßig dahin, den Bebauungsplan **außer Vollzug** zu setzen. Dies ist dann nicht zur Abwendung schwerer Nachteile oder aus anderen wichtigen Gründen geboten, wenn die dem Antragsteller drohenden Nachteile noch eines Vollzugs durch die Enteignungsbehörde bedürfen[5]. Die Außervollzugsetzung des Bebauungsplans scheidet auch dann aus, wenn für das Bauvorhaben, das der Antragsteller mit dem Antrag abwenden will, bereits eine Baugenehmigung oder ein Bauvorbescheid erteilt worden ist; auf die Bestandskraft dieser Bescheide kommt es nicht an[6]. Andererseits hat der vorläufige Rechtsschutz gegen das einzelne Bauvorhaben nach §§ 80 ff., 123 VwGO aber keinen grundsätzli-

1031

---

1 Vgl. z.B. OVG Berlin v. 14.9.1995 – 2 A 3/95, NVwZ-RR 1996, 313; Hess.VGH v. 12.6.1995 – 4 NG 1454/95, BRS 57 Nr. 59 = NVwZ-RR 1996, 479; OVG Münster v. 18.8.1994 – 10a B 3057/93.NE, BRS 56 Nr. 39 jeweils m.w.N.; abweichend BayVGH v. 28.7.1999 – 1 NE 99.813, BRS 62 Nr. 58 = BauR 1999, 1275: Orientierung an den für Entscheidungen nach § 80 Abs. 5, § 80a VwGO entwickelten Grundsätzen.
2 Vgl. zu dieser Möglichkeit z.B. OVG Münster v. 14.2.1990 – 10a ND 14/89, BRS 50 Nr. 55 = BauR 1991, 47.
3 Vgl. dazu etwa OVG Lüneburg v. 28.12.1988 – 1 D 9/88, BRS 48 Nr. 24; OVG Lüneburg v. 30.8.2001 – 1 MN 2456/01, BRS 64 Nr. 62 = BauR 2002, 447 = NVwZ 2002, 729; OVG Münster v. 30.7.1992 – 11a B 885/92.NE, NVwZ-RR 1993, 126; OVG Münster v. 13.2.1997 – 10a B 3010/96.NE, BRS 59 Nr. 52; Hess.VGH v. 26.11.1999 – 4 NG 1902/99, NVwZ-RR 2000, 655; Kalb in Ernst/Zinkahn/Bielenberg/Krautzberger, § 10 Rdnr. 280 ff.
4 Vgl. BVerwG v. 18.5.1998 – 4 VR 2.98, Buchholz 310 § 47 Nr. 125.
5 Vgl. OVG Münster v. 30.10.1996 – 11a B 2211/96.NE, BRS 58 Nr. 54.
6 OVG Münster v. 9.12.1996 – 11a B 1710/96.NE, BRS 58 Nr. 52 m.w.N.; OVG Weimar v. 31.5.1995 – 1 N 1/95, BRS 57 Nr. 61.

chen Vorrang vor der einstweiligen Anordnung nach § 47 Abs. 6 VwGO. Beide Formen des vorläufigen Rechtsschutzes stehen gleichrangig nebeneinander. Deshalb kann dem Antrag nach § 47 Abs. 6 VwGO nicht entgegengehalten werden, daß der Antragsteller die Erteilung der Baugenehmigung für das von ihm beanstandete Bauvorhaben abwarten und dann dagegen im Wege des einstweiligen Rechtsschutzes vorgehen könne[1]. Um ein eigenes Bauvorhaben durchzusetzen, dem der angegriffene Bebauungsplan entgegensteht, kann die einstweilige Anordnung nicht ergehen[2]. Gesichtspunkte der Effektivität des Rechtsschutzes sind in die Interessenabwägung einzubeziehen; verfassungsrechtlich ist die Außervollzugsetzung des Bebauungsplans aber (ebenso wie die Normenkontrolle selbst) durch Art. 19 Abs. 4 GG nicht gefordert, weil durchweg Rechtsschutzmöglichkeiten gegen die Vollzugsakte zur Verfügung stehen[3]. In die Abwägung kann auch die Möglichkeit einer Heilung der in Betracht kommenden Mängel des Bebauungsplans gemäß § 215 Abs. 4 BauGB einbezogen werden. Gelangt das Gericht zu der Überzeugung, daß der Bebauungsplan wegen bestimmter Mängel jedenfalls bis zu deren Heilung nicht wirksam ist, so hat es ihn allerdings regelmäßig außer Vollzug zu setzen. Die Heilungsmöglichkeit rechtfertigt es in der Regel nicht, dem Antragsteller den Vollzug des unwirksamen Bebauungsplans bis zu einer – durchaus ungewissen – Heilung zuzumuten[4].

1032 Das Oberverwaltungsgericht entscheidet über den Antrag auf Erlaß einer einstweiligen Anordnung ohne mündliche Verhandlung durch **Beschluß**. Es kann allerdings einen Erörterungstermin durchführen.

---

1 Vgl. insbesondere Hess.VGH v. 19.12.1990 – 4 NG 1374/90, NVwZ-RR 1991, 588; BayVGH v. 28.7.1999 – 1 NE 99.813, BRS 62 Nr. 58 = BauR 1999, 1275; OVG Lüneburg v. 30.8.2001 – 1 MN 2456/01, BRS 64 Nr. 62 = BauR 2002, 447 = NVwZ 2002, 109; Schoch in Schoch/Schmidt-Aßmann/Pietzner, VwGO, § 47 Rdnr. 141; die Rechtsprechung zu dieser Frage ist uneinheitlich, zum Teil wird dem vorläufigen Rechtsschutz gegen die Baugenehmigung grundsätzlich Vorrang eingeräumt und die einstweilige Anordnung im Normenkontrollverfahren nur erlassen, wenn dafür besondere Gründe bestehen, etwa der Antragsteller die für den Antrag nach § 123 VwGO erforderliche Rechtsverletzung nicht geltend machen könne, so OVG Münster v. 25.1.1979 – VIIa ND 5/78, BRS 35 Nr. 31, oder eine Vielzahl von Bauvorhaben auf der Grundlage des Bebauungsplans verwirklicht werden könnte, so OVG Lüneburg v. 14.6.1990 – 1 M 33/90, BRS 50 Nr. 53; OVG Münster v. 30.7.1992 – 11a B 885/92.NE, NVwZ-RR 1993, 127; OVG Münster v. 30.5.1996 – 10a B 1073/96.NE, BRS 58 Nr. 51; OVG Berlin v. 19.3.1999 – 2 A 4.99, BRS 62 Nr. 59.
2 Hess.VGH v. 12.6.1995 – 4 NG 1454/95, BRS 57 Nr. 59 = NVwZ-RR 1996, 479.
3 Vgl. OVG Münster v. 22.2.1994 – 10a B 3422/93.NE, BRS 56 Nr. 38 = NWVBl. 1994, 299; a.A. OVG Lüneburg v. 14.6.1990 – 1 M 33/90, BRS 50 Nr. 53.
4 Vgl. OVG Münster v. 17.11.1999 – 11a B 1158/99.NE, BRS 62 Nr. 56 = BauR 2000, 851; ebenso in Bezug auf das ergänzende Verfahren nach § 17 Abs. 6c Satz 2 FStrG BVerwG v. 21.11.2001 – 4 VR 13.00, Buchholz 451.91 Nr. 5 = BRS 64 Nr. 217 = NuR 2002, 153; a.A. OVG Münster v. 3.12.1997 – 7a B 1110/97.NE, BRS 60 Nr. 55 = BauR 1999, 362.

e) Rechtsmittel

Hinsichtlich der Rechtsmittel bestehen seit der Aufhebung der Regelungen über die Vorlage an das Bundesverwaltungsgericht und die Nichtvorlagebeschwerde keine Besonderheiten mehr. Das Oberverwaltungsgericht entscheidet gemäß § 132 VwGO über die Zulassung der Revision. Wird die Revision nicht zugelassen, so ist die Beschwerde nach § 133 VwGO eröffnet. 1033

2. Die Inzidentkontrolle von Bebauungsplänen

a) Gerichtliche Inzidentkontrolle

Bebauungspläne und Satzungen nach dem BauGB können unmittelbar nur durch den Antrag im Normenkontrollverfahren einer gerichtlichen Überprüfung zugeführt werden. Mittelbar kann eine Überprüfung aber auch in anderen Verfahren herbeigeführt werden, in denen es auf die Wirksamkeit des Bebauungsplans oder der Satzung ankommt. Diese Möglichkeit hat durch die Befristung des Normenkontrollantrags in § 47 Abs. 2 Satz 1 VwGO an Bedeutung gewonnen[1]. 1034

Zur Inzidentkontrolle von Bebauungsplänen kommt es vor allem dann, wenn einem Bauvorhaben gemäß § 30 BauGB die Festsetzungen eines Bebauungsplans entgegengehalten werden, das Vorhaben aber bei Unwirksamkeit dieser Festsetzungen gemäß § 34 oder § 35 BauGB oder auf der Grundlage der Festsetzungen eines vorher geltenden Planes genehmigungsfähig wäre. Der Nachbar kann eine auf der Grundlage der Festsetzungen des Bebauungsplans erteilte Baugenehmigung mit der Begründung angreifen, der Bebauungsplan sei unwirksam und das genehmigte Vorhaben füge sich nicht in die Eigenart der näheren Umgebung ein und verletze dadurch im Verhältnis zu ihm das Gebot der Rücksichtnahme. Das Gericht hat in solchen Verfahren die Festsetzungen des Bebauungsplans zu überprüfen, soweit sie für die Entscheidung über die Klage von Bedeutung sind. Es kann sich auf die Prüfung derjenigen Festsetzungen beschränken, auf die es konkret ankommt. Hält es den Bebauungsplan ganz oder teilweise für unwirksam, so ist seine Entscheidung nicht (wie die Entscheidung im Normenkontrollverfahren) allgemeinverbindlich. Das Gericht braucht sich deshalb auch nicht mit der Frage zu befassen, ob die Unwirksamkeit dieser Festsetzungen zur Gesamtunwirksamkeit des Bebauungsplans führt. Sind die für die Entscheidung relevanten Festsetzungen bei isolierter Betrachtung wirksam, so muß das Gericht freilich die weitere Frage prüfen, ob der Bebauungsplan nicht wegen anderer Fehler insgesamt unwirksam ist oder ob sich die Un- 1035

---

1 Die Antragsfrist des § 47 Abs. 2 Satz 1 VwGO berührt die Inzidentkontrolle nicht, vgl. BVerwG v. 8.4.2003 – 4 B 23.03.

wirksamkeit der für die Entscheidung relevanten Festsetzungen aus ihrem Zusammenhang mit anderen fehlerhaften Festsetzungen ergibt.

1036 **Beispiele:**

(a) Der Bebauungsplan begrenzt gemäß § 9 Abs. 4 BauGB die Dachneigung auf 30°. Der Kläger möchte ein Haus mit einer Dachneigung von 45° errichten. Die gestalterische Festsetzung über die Dachneigung erweist sich bei der Überprüfung durch das Verwaltungsgericht als fehlerfrei. Der Bebauungsplan enthält jedoch keine Festsetzung der Grundflächenzahl oder der Größe der Grundflächen der baulichen Anlagen nach § 16 Abs. 3 Nr. 1 BauNVO. Das Verwaltungsgericht hat der Klage stattzugeben, wenn dieser Fehler nach der von ihm vorzunehmenden hypothetischen Betrachtung[1] zur Gesamtunwirksamkeit der Festsetzungen für das Grundstück des Klägers führt und sich das Vorhaben mit der angestrebten Dachneigung in die Eigenart der näheren Umgebung einfügt.

1037 (b) Der Bebauungsplan weist durch Baulinien und eine zwingende Festsetzung über die Höhe des Baukörpers an einem bestimmten Standort ein Hochhaus aus, das die nach Landesrecht vorgeschriebenen Abstandsflächen nicht einhält. Hinsichtlich der Art der baulichen Nutzung enthält der Bebauungsplan für das Erdgeschoß und das 1. Obergeschoß des Hochhauses die Festsetzung Kerngebiet, für die darüber liegenden Stockwerke die Festsetzung Allgemeines Wohngebiet. Gegen die Baugenehmigung für das Hochhaus wendet sich ein Nachbar, den die Festsetzungen des Bebauungsplans über die Art der baulichen Nutzung nicht nachteilig berühren, der aber geltend macht, seine Rechte würden durch die Nichteinhaltung der bauordnungsrechtlich vorgeschriebenen Abstandsflächen verletzt. Soweit die Abstandsflächenbestimmungen nach Landesrecht drittschützend sind, hat die Klage auch dann Erfolg, wenn die „Baukörperfestsetzungen" des Bebauungsplans fehlerfrei sind: Denn die Festsetzungen des Bebauungsplans über das Hochhaus sind wegen der durch § 9 Abs. 3 BauGB nicht gedeckten vertikalen Gliederung der Baugebiete fehlerhaft; ohne diese die Art der baulichen Nutzung betreffenden Festsetzungen können auch die Festsetzungen über die überbaubare Grundstücksfläche und das Maß der baulichen Nutzung keinen Bestand haben.

b) Inzidentkontrolle durch Verwaltungsbehörden

1038 Die höhere Verwaltungsbehörde ist nicht berechtigt, die Genehmigung eines durch öffentliche Bekanntmachung in Kraft gesetzten Bebauungsplans zurückzunehmen, wenn sie den Bebauungsplan nach erneuter Prüfung für rechtswidrig hält. Ebensowenig steht ihr die Befugnis zu, die Unwirksamkeit eines von ihr als ungültig erkannten Bebauungsplans verbindlich festzustellen[2]. Auch der Gemeinde steht diese Möglichkeit nicht zu. Die Gemeinde hat vielmehr entweder den unwirksamen Bebauungsplan zur Beseitigung seines Rechtsscheins in einem förmlichen Verfahren aufzuheben oder ihn, soweit § 215 Abs. 4 BauGB dies zuläßt, durch ein ergänzendes Verfahren zu heilen. Der durch die Normgebung gesetzte Rechtsschein

---

1 Dazu unten Rdnr. 1042 ff.
2 BVerwG v. 21.11.1986 – 4 C 22.83, BVerwGE 75, 142 = BRS 46 Nr. 3 = BauR 1987, 171 = DVBl. 1987, 481 = NJW 1987, 1344; BVerwG v. 21.11.1986 – 4 C 60.84, Buchholz 406.11 § 11 Nr. 2 = BRS 46 Nr. 4 = ZfBR 1987, 98.

kann, wenn der Bebauungsplan nicht durch gerichtliche Entscheidung für unwirksam erklärt wird, aus Gründen der Rechtssicherheit nur durch ein erneutes Rechtssetzungsverfahren (mit dem Ziel der Aufhebung) beseitigt werden[1]. Soweit eine Heilung durch ergänzendes Verfahren ausgeschlossen ist[2], können öffentliche oder private Belange der beabsichtigten Aufhebung des Bebauungsplans zur Beseitigung seines Rechtsscheins nicht entgegengehalten werden[3].

Sind Gemeinden und Verwaltungsbehörden gehindert, die Unwirksamkeit von Bebauungsplänen verbindlich festzustellen oder allein durch Rücknahme einer Genehmigung herbeizuführen, so steht damit nicht fest, daß sie ungültige Bebauungspläne auch anzuwenden hätten. Dies wird in der Literatur teilweise mit der Begründung vertreten, es ergebe sich aus der durch § 47 Abs. 2 Satz 1 VwGO eröffneten Möglichkeit, einen Normenkontrollantrag zu stellen, daß den Gemeinden und Bauaufsichtsbehörden eine „Verwerfungskompetenz" durch Nichtanwendung von Bebauungsplänen nicht zustehe; es werden auch die Rechtssicherheit und die Planungshoheit der Gemeinde angeführt[4]. Dieser Auffassung ist nicht zu folgen. § 47 VwGO eröffnet den Behörden, die den Bebauungsplan anzuwenden haben, die Möglichkeit, seine Unwirksamkeit allgemeinverbindlich feststellen zu lassen. Daraus folgt nicht, daß sie unwirksame Bebauungspläne anzuwenden hätten, solange es an einer derartigen Feststellung fehlt. Die Regelung begründet ein gerichtliches Monopol nur für die allgemeinverbindliche Feststellung der Unwirksamkeit eines Bebauungsplans. Mangels einer besonderen gesetzlichen Regelung, die die Inzidentprüfung von Bebauungsplänen und die Nichtanwendung als Folge einer solchen Inzidentprüfung ausschließt, sind die Behörden deshalb durch den Grundsatz der Gesetzmäßigkeit der Verwaltung (Art. 20 Abs. 3 GG) gehindert, unwirksame Bebauungspläne anzuwenden[5].

1039

---

1 Vgl. auch dazu BVerwG v. 21.12.1986 – 4 C 22.83, BVerwGE 75, 142 = BRS 46 Nr. 3 = BauR 1987, 171 = DVBl. 1987, 481 = NJW 1987, 1344.
2 Vgl. dazu näher unten Rdnr. 1098 f.
3 Vgl. dazu BVerwG v. 12.12.1990 – 4 B 143.90, Buchholz 406.11 § 10 Nr. 24 = BRS 50 Nr. 30 = NVwZ-RR 1991, 524.
4 So z.B. Löhr in Battis/Krautzberger/Löhr, § 10 Rdnr. 10; Jung, Gemeindliche Verwerfungsbefugnis bei rechtsverbindlichen Bebauungsplänen außerhalb des Verfahrens nach § 2 VI BBauG, NVwZ 1985, 791, 793; Schrödter in Schrödter, § 2 Rdnr. 63 f.; ähnlich Engel, Zur Normverwerfungskompetenz einer Behörde, NVwZ 2000, 1258; differenzierend Kalb in Ernst/Zinkahn/Bielenberg/Krautzberger, § 10 Rdnr. 331 ff.
5 So auch OVG Lüneburg v. 15.10.1999 – 1 M 3614/99, BRS 62 Nr. 122 = NVwZ-RR 2000, 1061; Gierke in Brügelmann, § 10 Rdnr. 499 ff.; Gaentzsch in Berliner Kommentar zum Baugesetzbuch, § 10 Rdnr. 39 ff.; Rabe, Die Verwerfungskompetenz der Widerspruchsbehörde, ZfBR 2003, 329, 331 f.; für einen Einzelfall nach vorangegangener gerichtlicher Inzidentprüfung auch BVerwG v. 31.1.2001 – 6 CN 2.00, BVerwGE 112, 373 = BRS 64 Nr. 210 = BauR 2001, 1066 = DVBl. 2001, 931 = NVwZ 2001, 1035; vgl. auch die umfassende Erörterung der Thematik bei Herr, Behördliche Verwerfung von Bebauungsplänen, 2003.

1040 Unzutreffend ist deshalb auch die Auffassung des Bundesgerichtshofs, eine Pflichtverletzung von Bediensteten der Bauaufsichtsbehörde bei Anwendung eines unwirksamen Bebauungsplans setze voraus, daß diese die Unwirksamkeit des Bebauungsplans erkannt haben[1]. Die Kenntnis von der Unwirksamkeit des Bebauungsplans hat Bedeutung nur für die Beurteilung des Verschuldens als Anspruchsvoraussetzung des Amtshaftungsanspruchs. Ist das Verschulden zu verneinen, so kann anstelle des Amtshaftungsanspruchs ein Anspruch aus enteignungsgleichem Eingriff in Betracht kommen[2]. Amtshaftungsansprüche können im übrigen auch dann bestehen, wenn die Gemeinde es unterläßt, Bürger, für deren Dispositionen die Wirksamkeit des Bebauungsplans erkennbar Bedeutung hat, auf Zweifel an der Wirksamkeit des Plans hinzuweisen[3].

1041 Aus dem Umstand, daß die Behörden nicht berechtigt sind, unwirksame Bebauungspläne anzuwenden, folgt nicht, daß jeder Amtsträger zu einer solchen Entscheidung berechtigt wäre. Ist die Gemeinde Bauaufsichtsbehörde, so sind die Kompetenzen des Rates nach Maßgabe der landesrechtlichen Vorschriften zu beachten[4]. Im übrigen gelten die allgemeinen Grundsätze hinsichtlich der Weisungsgebundenheit der Amtsträger[5].

II. Gesamtunwirksamkeit und Teilunwirksamkeit von Bebauungsplänen

1042 Bei der Beurteilung der Rechtsfolgen eines Fehlers des Bebauungsplans, der nicht nach §§ 214, 215 BauGB unbeachtlich ist, ist eine zweistufige Prüfung erforderlich:

– Zunächst sind die unmittelbaren Auswirkungen des Fehlers auf diejenigen Festsetzungen zu prüfen, auf die er sich bezieht;
– sodann ist zu untersuchen, welche Folgen die Unwirksamkeit dieser Festsetzungen für den weiteren Inhalt des Bebauungsplans hat.

Die Prüfung auf der ersten Stufe ist bei inhaltlichen Mängeln und Abwägungsfehlern in der Regel unproblematisch. Eine Festsetzung, die nicht durch den Festsetzungskatalog des § 9 Abs. 1 bis 3 BauGB gedeckt ist, ist unwirksam. Dasselbe gilt nach Maßgabe von § 214 Abs. 3 Satz 2, § 215

---

1 BGH v. 10.4.1986 – III ZR 209/84, BRS 46 Nr. 41 = BauR 1987, 62 = DVBl. 1986, 1264 = NVwZ 1987, 168 = ZfBR 1986, 297.
2 Vgl. dazu BGH v. 14.12.1978 – III ZR 77/76, BGHZ 73, 161 = BRS 34 Nr. 105 = BauR 1979, 127 = DVBl. 1980, 164 = NJW 1979, 653; BGH v. 25.9.1980 – III ZR 18/79, BGHZ 78, 153 = BauR 1981, 254 = DVBl. 1981, 391 = NJW 1981, 458.
3 Vgl. BGH v. 20.12.1990 – III ZR 179/89, BRS 53 Nr. 52 = ZfBR 1991, 77.
4 Vgl. dazu auch Gaentzsch in Berliner Kommentar zum Baugesetzbuch, § 10 Rdnr. 41.
5 Dazu Pietzcker, Inzidentverwerfung rechtswidriger untergesetzlicher Normen durch die Verwaltung, DVBl. 1986, 806, 807 f.

Abs. 1 Nr. 3 BauGB für eine Festsetzung, die auf einer fehlerhaften Abwägung beruht, etwa weil die von einem Grundstückseigentümer geltend gemachten privaten Belange in die Abwägung nicht einbezogen wurden. Schwieriger zu beurteilen sind die unmittelbaren Auswirkungen von Fehlern, die darin bestehen, daß der Bebauungsplan nicht alle für einen qualifizierten Bebauungsplan notwendigen Festsetzungen enthält oder verfahrensfehlerhaft zustande gekommen ist. In solchen Fällen ist eine hypothetische Betrachtung erforderlich.

Beispiele: 1043

(a) Der Bebauungsplan enthält nicht die gemäß § 16 Abs. 3 Nr. 1 BauNVO erforderliche Festsetzung der Grundflächenzahl oder der Größe der Grundflächen der baulichen Anlagen. Es ist deshalb die hypothetische Prüfung erforderlich, ob die Gemeinde den Bebauungsplan mit seinen Festsetzungen auch als einfachen Bebauungsplan gemäß § 30 Abs. 3 BauGB beschlossen hätte[1].

(b) Der Planentwurf wurde nach der öffentlichen Auslegung gemäß § 3 Abs. 2 BauGB 1044 ohne erneute Bürgerbeteiligung teilweise geändert. Es muß geprüft werden, welche Teile der Planung bei rechtmäßig durchgeführtem Verfahren unverändert geblieben wären. Eine Begrenzung des Fehlers auf die von der Änderung berührten Teile des Plangebiets liegt nahe[2].

Häufig wird sich bereits aus dieser Betrachtung der unmittelbaren Fehler- 1045 folgen die Gesamtunwirksamkeit des Bebauungsplans ergeben, etwa wenn der Verfahrensfehler (z.B. bei Mitwirkung eines befangenen Ratsmitglieds, sofern sie nach Landesrecht zur Unwirksamkeit des Bebauungsplans führt[3]) das gesamte Plangebiet erfaßt. Ist dies nicht der Fall, so sind die Fehlerfolgen auf der zweiten Stufe nach den beiden folgenden Kriterien zu beurteilen:

– Bewirkt der von dem Fehler nicht unmittelbar erfaßte Teil des Plans für sich betrachtet eine den Anforderungen des § 1 BauGB gerecht werdende, sinnvolle städtebauliche Ordnung, ist der Plan also objektiv teilbar?

– Hätte die Gemeinde nach ihrem im Planungsverfahren zum Ausdruck kommenden Willen im Zweifel auch einen Plan dieses eingeschränkten Inhalts beschlossen?

Können nicht beide Fragen bejaht werden, so ist der Bebauungsplan insgesamt unwirksam. Diese Grundsätze gelten auch für den Änderungsbebauungsplan[4]. Sie gelten auch für den Zeitpunkt des Inkrafttretens des Bebau-

---

1 Vgl. BVerwG v. 18.12.1995 – 4 NB 36.95, Buchholz 406.12 § 16 Nr. 4 = BauR 1996, 353 = DVBl. 1996, 675 = NVwZ 1996, 894.
2 Vgl. BVerwG v. 18.7.1989 – 4 C 3.87, BVerwGE 82, 225 = Buchholz 310 § 47 Nr. 40 = BRS 49 Nr. 34 = DVBl. 1989, 1100 = NVwZ 1990, 157.
3 Vgl. dazu BVerwG v. 15.4.1988 – 4 N 4.87, BVerwGE 79, 200 = Buchholz 406.11 § 10 Nr. 16 = BRS 48 Nr. 21 = NVwZ 1988, 916.
4 Vgl. BVerwG v. 16.3.1994 – 4 NB 6.94, Buchholz 310 § 47 Nr. 87 = BRS 56 Nr. 24 = DÖV 1994, 868 = NVwZ 1994, 1009.

unsplans, insbesondere bei einer rückwirkenden Inkraftsetzung des Bebauungsplans, obwohl die Voraussetzungen nach § 214 Abs. 4 BauGB nicht vorliegen[1].

1046 An der **objektiven Teilbarkeit** des Bebauungsplans (erstes Kriterium) fehlt es z.B. bei Unwirksamkeit der Festsetzung über die Art der baulichen Nutzung in einem Baugebiet. Ohne diese Festsetzung können auch die anderen für das Baugebiet getroffenen Festsetzungen (insbesondere über das Maß der baulichen Nutzung) nicht sinnvoll bestehen, weil sie auf der Festsetzung über die Art der baulichen Nutzung aufbauen[2]. Ob die Gesamtunwirksamkeit der Festsetzungen für dieses Baugebiet zur Gesamtunwirksamkeit auch der anderen Teile des Bebauungsplans führt, ist dann erneut nach den beiden genannten Kriterien zu beurteilen.

1047 Bei der Prüfung des **mutmaßlichen Willens** der Gemeinde kommt es nicht auf die positive Feststellung an, daß die Gemeinde die übrigen Festsetzungen des Bebauungsplans ohne die unwirksamen Festsetzungen nicht getroffen hätte[3]. Vielmehr bleiben die von dem Fehler nicht unmittelbar berührten Festsetzungen nur dann wirksam, wenn mit Sicherheit anzunehmen ist, daß sie auch ohne die unwirksamen Festsetzungen erlassen worden wären[4]. Das ist z.B. dann zu verneinen, wenn sich die Unwirksamkeit des Bebauungsplans auf die Ausweisung von Stellplätzen bezieht, die nach der Planungskonzeption für ein bestimmtes Baugebiet erforderlich sind[5]. Dabei kommt es auch nicht auf die Größe der Stellplatzfläche im Verhältnis zu dem Baugebiet an; allerdings ist auch bei einem solchen Mangel zu prüfen, ob sich der Mangel möglicherweise nur auf einen räumlich abgegrenzten Teil des Bebauungsplans bezieht[6]. Schwierig ist die Ermittlung des hypothetischen Willens vor allem bei Festsetzungen, die das Maß der baulichen Nutzung betreffen[7]. Die Planbegründung und die Aufstellungsvorgänge geben häufig wenig Aufschluß über die Motive derartiger Festsetzungen. Im Zweifel wird ihre Unwirksamkeit dann zur Unwirksamkeit der gesamten Festsetzungen in dem Gebiet führen, auf das sie sich beziehen.

---

1 Vgl. BVerwG v. 1.8.2001 – 4 B 23.01, Buchholz 406.11 § 215a Nr. 9 = BRS 64 Nr. 110 = BauR 2002, 53 = NVwZ 2002, 205 = ZfBR 2002, 77.
2 BVerwG v. 8.8.1989 – 4 NB 2.89, Buchholz 406.11 § 10 Nr. 17 = BRS 49 Nr. 35 = NVwZ 1990, 159.
3 BVerwG v. 20.8.1991 – 4 NB 3.91, Buchholz 310 § 47 Nr. 59 = BRS 52 Nr. 36 = BauR 1992, 48 = DVBl. 1992, 37 = NVwZ 1992, 567.
4 BVerwG v. 29.3.1993 – 4 NB 10.91, Buchholz 310 § 47 Nr. 75 = BRS 55 Nr. 30 = DVBl. 1992, 37.
5 Vgl. BVerwG v. 18.12.1990 – 4 NB 19.90, Buchholz 406.11 § 10 Nr. 25 = BRS 50 Nr. 19 = BauR 1991, 301 = DVBl. 1991, 826 = NVwZ 1991, 778.
6 Vgl. BVerwG v. 6.4.1993 – 4 NB 43.92, Buchholz 310 § 47 Nr. 77 = BRS 55 Nr. 31 = ZfBR 1993, 238.
7 Vgl. dazu z.B. BVerwG v. 25.2.1997 – 4 NB 30.96, Buchholz 310 § 47 Nr. 116 = BRS 59 Nr. 51 = BauR 1997, 603 = NVwZ 1997, 896.

III. Unbeachtlichkeit von Mängeln der Bauleitpläne

1. Grundsätzliches

Nachdem ursprünglich angenommen wurde, Mängel der Bauleitpläne führten ohne weiteres zu ihrer Nichtigkeit[1], hat der Gesetzgeber zunächst durch §§ 155a und 155b BBauGB Regelungen in das Gesetz aufgenommen, die die Erhaltung der Wirksamkeit von Flächennutzungsplänen und Satzungen ermöglichen sollten. Eine umfassende Regelung der „Beachtlichkeit" von Verstößen gegen Vorschriften des BauGB bei der Aufstellung des Flächennutzungsplans und der Satzungen enthalten jetzt **§§ 214 und 215 BauGB**. Soweit nach § 214 Abs. 1 bis 3 BauGB bzw. § 215 Abs. 1 BauGB Mängel unbeachtlich sind, bewirken sie nicht die Nichtigkeit bzw. – in der heutigen Terminologie – die Unwirksamkeit des Flächennutzungsplans oder der Satzung. Wie **§ 216 BauGB** zeigt, ist ein an unbeachtlichen Mängeln leidender Flächennutzungsplan oder eine Satzung gleichwohl **nicht rechtmäßig**. Das gilt auch, soweit die Satzung unter Berücksichtigung von § 10 Abs. 2, § 146 Abs. 1, Abs. 1a BauGB keiner Genehmigung oder Anzeige bedarf; § 216 BauGB läßt nicht den Gegenschluß zu, die Aufsichtsbehörde dürfe außerhalb eines Genehmigungsverfahrens die Rechtmäßigkeit der Satzung nicht überprüfen.

Beispiele:

(a) Die Gemeinde hat unter unrichtiger Beurteilung der Voraussetzungen von § 8 Abs. 2 Satz 2 BauGB einen selbständigen Bebauungsplan aufgestellt. Der Fehler ist gemäß § 214 Abs. 2 Nr. 1 BauGB unbeachtlich. Gleichwohl hat die Genehmigungsbehörde die gemäß § 10 Abs. 2 BauGB erforderliche Genehmigung zu versagen. Eine verwaltungsgerichtliche Klage der Gemeinde auf Genehmigung des Bebauungsplans bleibt ohne Erfolg.

(b) Die Gemeinde führt unter Verkennung der Voraussetzungen des § 13 BauGB ein Verfahren zur vereinfachten Änderung des Bebauungsplans durch, um ein bestimmtes Bauvorhaben zu ermöglichen. Der Änderungsplan bedarf keiner Genehmigung oder Anzeige. Soweit die landesrechtlichen Vorschriften dies zulassen, kann gleichwohl die Kommunalaufsichtsbehörde die Inkraftsetzung des Bebauungsplans unterbinden[2].

(c) Der unter Verkennung der Voraussetzungen des § 13 BauGB aufgestellte Änderungsplan bedarf gemäß § 246 Abs. 1a BauGB i.V.m. mit landesrechtlichen Vorschriften einer Anzeige. Die zuständige Behörde hat im Anzeigeverfahren den Verfahrensfehler geltend zu machen[3].

---

[1] Zum „Nichtigkeitsdogma" vgl. grundsätzlich Ossenbühl, Eine Fehlerlehre für untergesetzliche Normen, NJW 1986, 2805 ff.
[2] Dazu näher Decker, §§ 214 ff. BauGB und die Kommunalaufsicht, BauR 2000, 1825, 1830 ff.
[3] Abweichend Jäde in Jäde/Dirnberger/Weiß, § 216 Rdnr. 2; wie hier Battis in Battis/Krautzberger/Löhr, § 216 Rdnr. 2; für einen Ermessensspielraum der Behörde Schmaltz in Schrödter, § 216 Rdnr. 4.

1052 Ist die Satzung einmal durch **öffentliche Bekanntmachung** in Kraft gesetzt worden, so ist freilich (auch im gerichtlichen Verfahren) für eine Berücksichtigung der nach § 214 BauGB unbeachtlichen Mängel kein Raum mehr.

1053 §§ 214 Abs. 1 bis 3, 215 BauGB beziehen sich allein auf die fehlerhafte Anwendung von Vorschriften des BauGB und des UVPG über die Aufstellung des Flächennutzungsplans und der Satzungen, **nicht** auf die fehlerhafte Anwendung von **landesrechtlichen Vorschriften**. Allein nach Landesrecht ist deshalb z.B. zu beurteilen, welche Rechtsfolgen die Mitwirkung eines Nichtratsmitglieds oder eines befangenen Ratsmitglieds auf die Wirksamkeit eines Bebauungsplans hat[1].

2. Verletzung von Verfahrens- und Formvorschriften des BauGB

1054 **§ 214 Abs. 1 Satz 1 BauGB** regelt die Beachtlichkeit der Verletzung von Verfahrens- und Formvorschriften des BauGB. Die Regelung ist i.V.m. der in § 215 Abs. 1 BauGB enthaltenen Bestimmung über das Unbeachtlich-Werden von Verfahrens- und Formfehlern abschließend. Beachtlich sind jeweils die unter Nr. 2 und Nr. 3 im 1. Halbsatz genannten Verletzungen bestimmter Vorschriften, sowie die unter Nr. 1 und Nr. 4 genannten Verfahrensfehler. Ausnahmen von der Beachtlichkeit sind unter Nr. 2 und Nr. 3 jeweils im 2. Halbsatz und bei Nr. 3 zusätzlich im 3. Halbsatz geregelt. Die Verletzung von Verfahrens- oder Formvorschriften, die in § 214 Abs. 1 Satz 1 BauGB nicht erwähnt werden, ist unbeachtlich.

a) Ermittlung und Bewertung des Abwägungsmaterials

1055 Gemäß § 2 Abs. 3 BauGB sind bei der Aufstellung der Bauleitpläne die Belange, die für die Abwägung von Bedeutung sind (Abwägungsmaterial), zu ermitteln und zu bewerten. **§ 214 Abs. 1 Satz 1 Nr. 1 BauGB** ordnet diese Aufgabe dem Verfahren der Bauleitplanung zu. Gemäß § 214 Abs. 3 Satz 2 BauGB können Mängel der Ermittlung und Bewertung des Abwägungsmaterials nicht als Abwägungsmängel geltend gemacht werden. Daraus folgt, daß Fehler bei der Ermittlung der Belange, die für die Abwägung von Bedeutung sind, immer dann unbeachtlich sind, wenn diese Belange der Gemeinde nicht bekannt waren oder nicht hätten bekannt sein müssen: § 214 Abs. 1 Satz 1 Nr. 1 BauGB greift dann nicht ein, und der Fehler kann auch gemäß § 214 Abs. 3 Satz 2 BauGB nicht als Abwägungsmangel geltend gemacht werden.

1056 Die von der Planung berührten Belange sind **der Gemeinde** immer dann **bekannt**, wenn sie ihr im Verfahren der Aufstellung des Bebauungsplanes unter Bezugnahme auf dieses Verfahren von Bürgern oder Behörden schrift-

---
1 Vgl. BVerwG v. 8.12.1987 – 4 NB 3.87, Buchholz 310 § 47 Nr. 19 = DVBl. 1998, 497; BVerwG v. 5.11.1998 – 4 BN 48.98, Buchholz 406.11 § 214 Nr. 13.

lich mitgeteilt worden sind. In einem solchen Fall kommt es nicht zusätzlich noch darauf an, ob die Schriftstücke auch von Mitarbeitern der Verwaltung oder nach § 4b BauGB beauftragten Dritten, die mit der Vorbereitung des Planentwurfs befaßt waren oder von den Personen, die an den Beratungen über den Planentwurf oder den abschließenden Beschluß beteiligt waren, auch tatsächlich zur Kenntnis genommen worden sind. Fehlt es an einer solchen Eingabe, so stellen sich vor allem zwei Fragen:
– Das Wissen welcher Personen ist der Gemeinde zuzurechnen?
– Wie weit reichen die Ermittlungspflichten der Gemeinde?

Die Ermittlungspflichten ergeben sich aus § 2 Abs. 3 BauGB[1]. Unter Berücksichtigung des Zwecks von § 214 Abs. 1 Satz 1 Nr. 1 BauGB sind der Gemeinde die Kenntnisse derjenigen Personen zuzurechnen, die Aufgaben im Verfahren der Aufstellung der Satzung bzw. des Flächennutzungsplans haben, die sich u.a. auf die Ermittlung und Bewertung des Abwägungsmaterials beziehen. Dazu gehören die Beschäftigten der Gemeinde, die an der Vorbereitung des Planentwurfs beteiligt sind. Es können auch Dritte dazu gehören, die gemäß § 4b BauGB mit der Durchführung von Verfahrensschritten beauftragt wurden. Es gehören schließlich die Mitglieder derjenigen Organe der Gemeinde dazu, die an den Entscheidungen über die Satzung bzw. den Flächennutzungsplan beteiligt sind, also ggfs. auch einzelne Ratsmitglieder.

Der Mangel der Ermittlung oder Bewertung der von der Planung berührten Belange muß **offensichtlich** sein. Offensichtlich ist der Mangel nach der Rechtsprechung des Bundesverwaltungsgerichts, wenn sich aus der Planbegründung, den im Aufstellungsverfahren entstandenen Akten oder anderen Umständen ein klarer Hinweis auf den Mangel ergibt[2]. Es genügt danach nicht, daß die Planbegründung und die Aufstellungsvorgänge keinen ausdrücklichen Hinweis auf die Befassung mit bestimmten von der Planung berührten Belangen enthalten[3]. Andererseits genügt es, daß aus den Aufstellungsvorgängen ersichtlich ist, daß eine bestimmte für die Abwägung erhebliche Äußerung dem Rat der Gemeinde vorenthalten wurde[4]. Die Notwendigkeit einer Sachaufklärung durch Beweiserhebung schließt die Offensichtlichkeit des Abwägungsmangels nicht grundsätzlich aus[5]. Eine Beweis-

1057

---

1 Dazu näher Rdnr. 570 ff.
2 Kritisch dazu im Blick auf Art. 14 GG Gerhardt in Schoch/Schmidt-Aßmann/Pietzner, Verwaltungsgerichtsordnung, Kommentar, § 47 Rdnr. 101.
3 Vgl. zu der entsprechenden Regelung in § 214 Abs. 3 Satz 2 BauGB a.F. BVerwG v. 29.1.1992 – 4 NB 22.90, Buchholz 406.11 § 214 Nr. 6 = BRS 54 Nr. 15 = BauR 1992, 342 = NVwZ 1992, 662.
4 Dazu BVerwG v. 20.1.1992 – 4 B 71.90, Buchholz 406.11 § 217 Nr. 5 = BRS 54 Nr. 18 = BauR 1992, 344 = NVwZ 1992, 663.
5 Vgl BVerwG v. 21.8.1981 – 4 C 57.80, BVerwGE 64, 33 = BRS 38 Nr. 37 = BauR 1981, 535 = DVBl. 1982, 354 = NJW 1982, 591.

aufnahme dürfte allerdings nur zur Aufklärung von Mängeln in Betracht kommen, für die sich aus den Akten bereits deutliche Anhaltspunkte ergeben[1]. Auch kann eine Beweisaufnahme zur Aufklärung von Vorstellungen und Motiven der Ratsmitglieder nicht in Betracht kommen; das Merkmal der Offensichtlichkeit soll gerade die Erheblichkeit solcher Umstände ausschließen und enthält insoweit ein Beweisermittlungsverbot[2].

1058 Die Beachtlichkeit des Mangels setzt schließlich voraus, daß er **auf das Ergebnis des Verfahrens von Einfluß** gewesen ist. Die im Gesetz genannte weitere Voraussetzung, daß die berührten Belange „**in wesentlichen Punkten**" nicht zutreffend ermittelt oder bewertet sein müssen, hat daneben keine eigenständige Bedeutung. Denn ein Ermittlungs- oder Bewertungsfehler, der Einfluß auf das Ergebnis des Verfahrens hat, muß immer auch wesentliche Punkte betreffen. Dies bringt auch die Begründung des Gesetzentwurfs zum Ausdruck, indem sie formuliert, durch die Voraussetzung, daß die Ermittlung oder Bewertung in wesentlichen Punkten unzutreffend ist, solle „verhindert werden, daß allein ein Verfahrensfehler, der lediglich einen für die Planungsentscheidung unwesentlichen Punkt betrifft, zur Unwirksamkeit des Flächennutzungsplanes oder der Satzung führt"[3]. Die „Planungsentscheidung" ist identisch mit dem Ergebnis des Verfahrens.

Für die Beurteilung der Frage, ob der Mangel auf das Ergebnis des Verfahrens von Einfluß gewesen ist, gelten dieselben Grundsätze wie für die Beurteilung der Erheblichkeit eines Fehlers im Abwägungsvorgang für das Abwägungsergebnis nach § 214 Abs. 3 Satz 2 BauGB. Da es in § 214 Abs. 1 Satz 1 Nr. 1 BauGB um Verfahrensmängel geht, die sich auf die Abwägung beziehen, kann Ergebnis des Verfahrens im Sinne von § 214 Abs. 1 Satz 1 Nr. 1 BauGB nur das Abwägungsergebnis im Sinne von § 214 Abs. 3 Satz 2 BauGB sein. Zur Beurteilung der Erheblichkeit der Mängel wird deshalb auf die Darlegungen in Rdnr. 1086 ff. Bezug genommen.

b) Beteiligung der Bürger und der Träger öffentlicher Belange

1059 **Gem. § 214 Abs. 1 Satz 1 Nr. 2 BauGB** ist beachtlich die Verletzung der Vorschriften über die Beteiligung der Bürger und der Träger öffentlicher Belange nach § 3 Abs. 2, § 4 Abs. 2, § 4a, § 13 Abs. 2 Nr. 2 und 3, § 22 Abs. 9 Satz 2, § 34 Abs. 6 Satz 1 und § 35 Abs. 6 Satz 5 BauGB. Daraus folgt im Gegenschluß, daß z.B. die Verletzung der Vorschriften über die früh-

---

[1] Vgl. zu dieser Problematik auch BVerwG v. 30.3.1993 – 4 NB 10.91, Buchholz 310 § 47 Nr. 76 = BRS 55 Nr. 22.
[2] Vgl. BVerwG v. 21.8.1981 – 4 C 57.80, BVerwGE 64, 33 = BRS 38 Nr. 37 = BauR 1981, 535 = DVBl. 1982, 354 = NJW 1982, 591; BVerwG v. 7.11.1997 – 4 NB 48.96, Buchholz 406.11 § 215 Nr. 12 = BRS 59 Nr. 32 = BauR 1998, 284; BVerwG v. 15.10.2002 – 4 BN 51.02, Buchholz 406.11 § 1 Nr. 113 = NVwZ-RR 2003, 171.
[3] BT-Drucksache 15/2250 S. 63.

zeitige Bürgerbeteiligung gemäß § 3 Abs. 1 BauGB unbeachtlich ist[1]. Zusätzlich erklärt § 214 Abs. 1 Satz 1 Nr. 2, 2. Halbsatz BauGB die Verletzung der Vorschriften über die Beteiligung der Bürger und der Träger öffentlicher Belange in den folgenden Fällen für unbeachtlich:

– Es sind **einzelne Personen, Behörden oder sonstige Träger öffentlicher Belange nicht beteiligt** worden; die Belange, die diese Personen oder Träger öffentlicher Belange hätten geltend machen können, waren jedoch unerheblich oder sind bei der Entscheidung trotz der unterbliebenen Beteiligung berücksichtigt worden. Diese Ausnahme greift nicht ein, wenn die Gemeinde die Beteiligung der Bürger oder der Träger öffentlicher Belange insgesamt unterlassen hat. Ist nur ein einziger Bürger oder Träger öffentlicher Belange zu beteiligen, so ist die Vorschrift gleichwohl anwendbar[2]. Bei der Beurteilung der Erheblichkeit der Belange ist nicht (wie bei der Anwendung von § 214 Abs. 1 Satz 1 Nr. 1 und Abs. 3 Satz 2 BauGB) zu prüfen, ob bei Berücksichtigung der Belange die Abwägung anders ausgefallen wäre. Unerheblich im Sinne von § 214 Abs. 1 Satz 1 Nr. 2, 2. Halbsatz BauGB sind die Belange vielmehr nur dann, wenn sie nicht zum Abwägungsmaterial im Sinne von § 2 Abs. 3 BauGB gehören; § 214 Abs. 1 Satz 1 Nr. 2 BauGB hätte sonst neben Nr. 1 keinen eigenständigen Anwendungsbereich. 1060

– Es fehlen einzelne Angaben dazu, welche **Arten umweltbezogener Informationen verfügbar** sind. Diese Regelung bezieht sich auf § 3 Abs. 2 Satz 2 BauGB. Danach ist zusammen mit der Bekanntmachung von Ort und Dauer der Auslegung des Planentwurfs auch bekannt zu machen, welche Arten umweltbezogener Informationen verfügbar sind. Fehlen Angaben darüber, welche Arten umweltbezogener Informationen verfügbar sind in der öffentlichen Bekanntmachung vollständig, so ist dieser Mangel beachtlich. Unbeachtlich ist lediglich das Fehlen einzelner Angaben. 1061

– Bei der Anwendung von § 13 Abs. 3 Satz 2 BauGB wurde die **Angabe unterlassen, daß von einer Umweltprüfung abgesehen** wird. Diese Regelung ist überflüssig, weil das Unterlassen des in § 13 Abs. 3 Satz 2 BauGB vorgeschriebenen Hinweises nach § 214 Abs. 1 Satz 1 Nr. 2, 1. Halbsatz BauGB ohnehin nicht zu den beachtlichen Verfahrensfehlern gehört[3]. 1062

– Bei der Anwendung von § 4a Abs. 3 Satz 4 BauGB oder § 13 BauGB hat die Gemeinde die Voraussetzungen für die Durchführung der Beteiligung nach diesen Vorschriften verkannt. Das ist der Fall, wenn anstelle der 1063

---

1 Vgl. BVerwG v. 23.10.2002 – 4 BN 53.01, Buchholz 406.11 § 3 Nr. 8 = BRS 65 Nr. 47 = BauR 2003, 216 = NVwZ-RR 2003, 172.
2 Vgl. zu der früheren Regelung, die sich nur auf die Träger öffentlicher Belange bezog, BVerwG v. 18.12.1987 – 4 NB 4.87, Buchholz 406.11 § 155b) Nr. 10 = DVBl. 1988, 500 = NVwZ 1988, 727.
3 So auch die Begründung des Gesetzentwurfs BT-Drucksache 15/2250 S. 63.

vereinfachten Änderungsverfahren förmliche Änderungsverfahren hätten durchgeführt werden müssen und die Gemeinde dies nicht erkannt hat. Verkannt hat die Gemeinde die Voraussetzungen für die Durchführung der vereinfachten Beteiligungsverfahren auch dann, wenn sie sich nicht im einzelnen mit den Voraussetzungen dieser Vorschriften befaßt hat[1]. Beachtlich ist der Verfahrensfehler allerdings, wenn die Gemeinde bewußt das vereinfachte Verfahren durchführt, obwohl sie erkennt, daß die Voraussetzungen nicht vorliegen. Ebenso ist, wie sich aus dem 1. Halbsatz ergibt, die fehlerhafte Durchführung des vereinfachten Beteiligungsverfahrens grundsätzlich beachtlich.

1064 Die Unbeachtlichkeit einer fehlerhaften Durchführung des Verfahrens der Bürgerbeteiligung und der Beteiligung der Träger öffentlicher Belange schließt nicht aus, daß sich daraus ein **Mangel des Abwägungsvorgangs** ergibt, der gemäß § 214 Abs. 3 BauGB beachtlich ist[2].

c) Begründung des Flächennutzungsplans bzw. der Satzungen

1065 Gemäß § 214 Abs. 1 Satz 1 Nr. 3, 1. Halbsatz BauGB ist grundsätzlich beachtlich die Verletzung der Vorschriften über die Begründung des Flächennutzungsplans und der Satzungen sowie ihrer Entwürfe nach § 2a, § 3 Abs. 2, § 5 Abs. 1 Satz 2, 2. Halbsatz und Abs. 5, § 9 Abs. 8 und § 22 Abs. 10 BauGB. Unbeachtlich ist jedoch gemäß § 214 Abs. 1 Satz 1 Nr. 3, 2. Halbsatz BauGB die Unvollständigkeit der Begründung. Diese Regelung wird in § 214 Abs. 1 Satz 1 Nr. 3, 3. Halbsatz für die Verletzung von Vorschriften über den Umweltbericht, der gemäß § 2a Satz 2, § 5 Abs. 5, § 9 Abs. 8 Satz 1 BauGB einen Teil der Begründung des Flächennutzungsplanes und des Bebauungsplanes bildet, wiederum eingeschränkt: Sie ist nur dann unerheblich, wenn die Begründung nur in unwesentlichen Punkten unvollständig ist. In Fällen der Unvollständigkeit hat die Gemeinde gemäß § 214 Satz 2 BauGB auf Verlangen Auskunft zu erteilen, wenn ein berechtigtes Interesse dargelegt wird.

1066 Beachtlich ist nach diesen Regelungen neben dem vollständigen Fehlen der Begründung insbesondere ein Begründungsmangel, der darin besteht, daß die Begründung sich in **nichtssagenden Floskeln** (z.B. „der Bebauungsplan ist erforderlich, um die städtebauliche Entwicklung des Plangebiets zu ordnen") oder in einer **Beschreibung des Planinhalts** erschöpft[3]. Unwesentlich

---

[1] Vgl. BVerwG v. 15.3.2000 – 4 B 18.00, NVwZ-RR 2000, 759 und zu der vergleichbaren Problematik bei § 155b BBauG BVerwG v. 14.12.1984 – 4 C 54.81, Buchholz 406.11 § 155b Nr. 7 = BRS 42 Nr. 17 = BauR 1985, 282 = DVBl. 1985, 795 = NVwZ 1985, 745; a.A. Schmaltz in Schrödter, § 214 Rdnr. 20.
[2] Vgl. OVG Münster v. 30.3.1990 – 7 B 3551/89, BRS 50 Nr. 37 = BauR 1990, 565.
[3] Vgl. BVerwG v. 21.2.1986 – 4 N 1.85, BVerwGE 74, 47 = BauR 1986, 298 = DVBl. 1986, 686 = NJW 1986, 2720; BVerwG v. 30.6.1989 – 4 C 15.86, Buchholz 406.11 § 155b Nr. 11 = BRS 49 Nr. 29 = BauR 1989, 687 = DVBl. 1989, 1061 = NVwZ 1990, 364.

sind solche Teile des Umweltberichts, deren Inhalt sich zusätzlich an anderer Stelle der Begründung findet; das dürfte regelmäßig z.B. für die Angaben nach Nr. 1 und Nr. 3 Buchstaben a) und c) der Anlage zu § 2 Abs. 4 und § 2 a BauGB gelten[1]. Unwesentlich sind darüber hinaus Angaben, die sich auf Umstände beziehen, die unter Berücksichtigung der konkreten örtlichen Situation keine Bedeutung für die Abwägung haben können; dazu können z.B. einzelne Elemente der Bestandsaufnahme nach Nr. 2 Buchstabe a) der Anlage zu § 2 Abs. 4 und § 2 a BauGB gehören. Da die zusammenfassende Erklärung zum Umweltbericht nach § 6 Abs. 5 Satz 2 bzw. § 10 Abs. 4 BauGB, die gemäß § 6 Abs. 5 Satz 3 bzw. 10 Abs. 3 Satz 2 BauGB nach der Bekanntmachung des Flächennutzungsplans und des Bebauungsplans zur Einsicht bereitzuhalten ist, nicht zum Umweltbericht gehört, wirkt sich ein Mangel dieser Erklärung auf die Wirksamkeit des Flächennutzungsplans und des Bebauungsplans nicht aus[2]. Außerhalb des Umweltberichts ist auch ein Begründungsmangel in Bezug auf wesentliche Elemente der Planung unbeachtlich[3]. Allerdings kann ein Begründungsdefizit, das sich auf eine zentrale Frage der Planung bezieht, auf einen beachtlichen Abwägungsmangel hindeuten. Beachtlich ist auch die Unterlassung der Einbeziehung der Begründung in die Beschlüsse des zuständigen Gremiums (in der Regel des Gemeinderats)[4].

d) Beschlüsse, Genehmigungen, Bekanntmachungen

Beachtlich ist gemäß § 214 Abs. 1 Satz 1 Nr. 4 BauGB das Fehlen eines nach dem BauGB erforderlichen Beschlusses der Gemeinde über den Flächennutzungsplan oder die Satzung. Die Vorschrift bezieht sich auf den das Verfahren abschließenden Beschluß, bei Bebauungsplänen also auf den Satzungsbeschluß nach § 10 Abs. 1 BauGB; dazu gehört auch der **Beitrittsbeschluß** bei einer vom ursprünglichen Satzungsbeschluß abweichenden Genehmigung des Plans[5].

1067

Beachtlich ist weiter gemäß § 214 Abs. 1 Satz 1 Nr. 4 BauGB das Fehlen einer nach dem BauGB erforderlichen **Genehmigung** des Flächennutzungsplans oder der Satzung. Die Rechtmäßigkeit der erteilten Genehmigung ist

1068

---

1 Vgl. auch BT-Drucksache 15/2250 S. 64 und BT-Drucksache 15/2996 S. 104.
2 So auch BT-Drucksache 15/2996 S. 104.
3 Vgl. BVerwG v. 21.2.1986 – 4 N 1.85, BVerwGE 74, 47, 51 = BauR 1986, 298 = DVBl. 1986, 686 = NJW 1986, 2720; abweichend noch OVG Koblenz v. 22.2.1984 – 10 C 26/82, BRS 40 Nr. 37 = NJW 1984, 444.
4 Vgl. BVerwG v. 7.5.1974 – IV C 50.72, BVerwGE 45, 309, 330 f.; das Fehlen einer entsprechenden Beschlußfassung folgt allerdings nicht bereits daraus, daß sie im Sitzungsprotokoll nicht ausdrücklich erwähnt wird, vgl. BVerwG v. 6.7.1984 – 4 C 28.83, BauR 1984, 606 = DVBl. 1985, 112 = NJW 1985, 1569.
5 Vgl. dazu BVerwG v. 5.12.1986 – 4 C 31.85, BVerwGE 75, 262 = BRS 46 Nr. 13 = DVBl. 1987, 486; BVerwG v. 25.2.1997 – 4 NB 30.96, Buchholz 310 § 47 Nr. 116 = BRS 59 Nr. 51 = BauR 1997, 603 = NVwZ 1997, 896.

ohne Belang, soweit der ihr anhaftende Mangel nicht (nach den für Verwaltungsakte geltenden landesrechtlichen Vorschriften) zu ihrer Nichtigkeit führt. Die Unterlassung der Durchführung eines auf der Grundlage von § 246 Abs. 1a BauGB vorgeschriebenen Anzeigeverfahrens wird durch § 214 Abs. 1 Satz 1 Nr. 4 BauGB nicht erfaßt und ist deshalb unbeachtlich, sofern sich nicht aus dem Landesrecht etwas anderes ergibt.

1069 Beachtlich ist schließlich nach § 214 Abs. 1 Nr. 4 BauGB ein Fehler der **Bekanntmachung** des Flächennutzungsplans oder der Satzung, der dazu führt, daß der mit der Bekanntmachung erfolgte **Hinweiszweck** nicht erreicht worden ist. Der Hinweiszweck besteht darin, „demjenigen, der sich über den genauen räumlichen und gegenständlichen Regelungsinhalt des Bebauungsplans unterrichten will, ohne Schwierigkeiten zu dem richtigen – bei der Gemeinde ... ausliegenden – Plan zu führen"[1]. Diesen „Hinweiszweck" erfüllt die Bekanntmachung, wenn sie schlagwortartig den Geltungsbereich und die Art der Regelung (z.B. Bebauungsplan oder Satzung über besonderes Vorkaufsrecht) umschreibt. Statt dessen kann selbstverständlich die Satzung auch vollständig bekannt gemacht werden[2]. Der Hinweiszweck wird auch dann nicht erreicht, wenn in der Bekanntmachung entgegen § 10 Abs. 3 Satz 3 BauGB nicht darauf hingewiesen wird, wo der Bebauungsplan eingesehen werden kann[3]. Dagegen wird der Hinweiszweck nicht verfehlt, wenn der Bürger an dem in der Bekanntmachung angegebenen Auslegungsort einen Bediensteten nach den Unterlagen fragen muß, um sie dort einsehen zu können[4].

3. Verletzung von Vorschriften über das Verhältnis zwischen Bebauungsplan und Flächennutzungsplan

1070 Gemäß **§ 214 Abs. 2 BauGB** ist eine Verletzung der Regelungen über das Verhältnis des Bebauungsplans zum Flächennutzungsplan in § 8 Abs. 2 bis Abs. 4 BauGB grundsätzlich beachtlich. Faktisch wird dieser Grundsatz allerdings umgekehrt durch die in Nr. 1 bis Nr. 4 enthaltenen Regelungen über die Unbeachtlichkeit solcher Fehler.

---

1 Vgl. BVerwG v. 6.7.1984 – 4 C 22.80, BVerwGE 69, 344 = BRS 42 Nr. 23 = BauR 1984, 602 = DVBl. 1985, 110 = NJW 1985, 1570; BVerwG v. 5.12.1986 – 4 C 31.85, BVerwGE 75, 262 = BRS 46 Nr. 13 = DVBl. 1987, 486.
2 Vgl. dazu BVerwG v. 25.2.1993 – 4 NB 18.92, Buchholz 406.15 § 5 Nr. 2 = BRS 55 Nr. 218 = NVwZ-RR 1993, 457 = ZfBR 1993, 195.
3 Vgl. VGH Mannheim v. 13.2.1989 – 5 S 2490/88, BRS 49 Nr. 24.
4 A.A. VGH Mannheim v. 11.12.1998 – 8 S 1174/98, VBlBW 1999, 178.

a) Unrichtige Beurteilung der Anforderungen an die Aufstellung eines selbständigen oder vorzeitigen Bebauungsplans

Gemäß § 214 Abs. 2 Nr. 1 BauGB ist unbeachtlich die fehlerhafte Aufstellung eines selbständigen Bebauungsplans nach § 8 Abs. 2 Satz 2 BauGB oder eines vorzeitigen Bebauungsplans nach § 8 Abs. 4 BauGB, wenn die Gemeinde die Voraussetzungen für die Aufstellung des selbständigen Bebauungsplans oder die dringenden Gründe für die Aufstellung des vorzeitigen Bebauungsplans nicht richtig beurteilt hat. Die Regelung greift auch dann ein, wenn sich die Gemeinde mit den Anforderungen an den selbständigen oder vorzeitigen Bebauungsplan im einzelnen überhaupt nicht befaßt hat[1]. Der Anwendungsbereich von § 214 Abs. 2 Nr. 1 BauGB ist daher sehr weit. Die Vorschrift greift allerdings nicht ein, wenn ein Flächennutzungsplan besteht, der der Änderung bedarf. Zu weit geht auch die Auffassung des Bundesverwaltungsgerichts, die Vorschrift sei auch dann anzuwenden, wenn ein **Flächennutzungsplan unerkannt unwirksam** sei[2]. Denn wenn die Gemeinde bei der Aufstellung des Bebauungsplans von der Existenz eines gültigen Flächennutzungsplans ausging, hat sie nicht die Voraussetzungen für die Aufstellung eines selbständigen oder vorzeitigen Bebauungsplans verkannt, sondern einen vorzeitigen oder selbständigen Bebauungsplan überhaupt nicht aufstellen, sondern den Bebauungsplan aus dem (nichtigen) Flächennutzungsplan entwickeln wollen; bei Unwirksamkeit des Flächennutzungsplans kann allerdings § 214 Abs. 2 Nr. 3 BauGB eingreifen.

1071

b) Entwickeln des Bebauungsplans aus dem Flächennutzungsplan

Unbeachtlich ist gemäß § 214 Abs. 2 Nr. 2 BauGB eine Verletzung von § 8 Abs. 2 Satz 1 BauGB hinsichtlich des Entwickelns des Bebauungsplans aus dem Flächennutzungsplan, wenn nicht dabei die sich aus dem Flächennutzungsplan ergebende geordnete städtebauliche Entwicklung beeinträchtigt worden ist. Bei der Beurteilung der Frage, ob die sich aus dem Flächennutzungsplan ergebende **geordnete städtebauliche Entwicklung beeinträchtigt** ist, kommt es nicht allein auf die Darstellungen des Flächennutzungsplans für den Geltungsbereich des Bebauungsplans an. Der Vergleich dieser Darstellungen mit den Festsetzungen des Bebauungsplans ist vielmehr Grundlage für die Beurteilung der Frage, ob der Bebauungsplan aus dem Flächennutzungsplan im Sinne von § 8 Abs. 2 Satz 1 BauGB entwickelt ist. Maßstab für die Beurteilung der geordneten städtebaulichen Entwicklung nach § 214 Abs. 2 Nr. 2 BauGB ist demgegenüber, wie das Bundesverwaltungsge-

1072

---

1 Vgl. BVerwG v. 14.12.1984 – 4 C 54.81, Buchholz 406.11 § 155b Nr. 7 = BRS 42 Nr. 17 = BauR 1985, 282 = DVBl. 1985, 795 = NVwZ 1985, 745; a.A. Dürr in Brügelmann, § 214 Rdnr. 33 im Anschluß an die ältere Rechtsprechung der Oberverwaltungsgerichte.
2 So BVerwG v. 18.12.1991 – 4 N 2.89, Buchholz 406.11 § 8 Nr. 11 = BRS 52 Nr. 6 = DVBl. 1992, 574 = NVwZ 1992, 882; kritisch dazu auch Schmaltz in Schrödter, BauGB, § 214 Rdnr. 36.

richt formuliert, „die planerische **Konzeption des Flächennutzungsplans für den größeren Raum**, d.h. für das gesamte Gemeindegebiet oder einen über das Bebauungsplangebiet hinausreichenden Ortsteil". Zu fragen ist, „ob die über den Bereich des Bebauungsplans hinausgehenden, übergeordneten Darstellungen des Flächennutzungsplans beeinträchtigt werden". Dabei ist zu berücksichtigen, „welches Gewicht der planerischen Abweichung vom Flächennutzungsplan im Rahmen der Gesamtkonzeption des Flächennutzungsplans zukommt" und ob der Flächennutzungsplan seine Bedeutung als Instrument der Steuerung der städtebaulichen Entwicklung „im großen und ganzen" behalten hat[1].

1073 **Beispiele:**

(a) Der Bebauungsplan weist eine Fläche von 2,21 ha, die im Flächennutzungsplan als Fläche für die Landwirtschaft dargestellt ist und im Verhältnis zur Größe des Ortsteils erhebliches städtebauliches Gewicht besitzt, als reines Wohngebiet aus. Die Ausweisung verletzt das Entwicklungsgebot des § 8 Abs. 2 Satz 1 BauGB durch die erhebliche Verschiebung der im Flächennutzungsplan bewußt getroffenen Abgrenzung zwischen Innen- und Außenbereich. Gleichwohl kann eine Gesamtwürdigung der Darstellungen des Flächennutzungsplans zu dem Ergebnis führen, daß er seine Funktion als Steuerungselement der städtebaulichen Entwicklung „im großen und ganzen" noch behalten hat[2].

1074 (b) Der Bebauungsplan weist auf einer im Flächennutzungsplan als Wohnbaufläche dargestellten Fläche eine Fläche für den Gemeinbedarf (Schule) aus, obwohl im Flächennutzungsplan an einem anderen Standort eine Fläche von 6 ha für ein Schulzentrum vorgesehen ist und sich aus dem Erläuterungsbericht zum Flächennutzungsplan ergibt, daß kein Bedarf zur Errichtung von Schulen an anderen Standorten besteht. Der Bebauungsplan verletzt die geordnete städtebauliche Entwicklung, weil er die Grundkonzeption des Flächennutzungsplans hinsichtlich eines für die städtebauliche Entwicklung wesentlichen Elements verläßt[3].

1075 § 214 Abs. 2 Nr. 2 BauGB setzt einen **wirksamen Flächennutzungsplan** voraus[4]. Fehlt ein wirksamer Flächennutzungsplan, so kann die Beeinträchtigung der geordneten städtebaulichen Entwicklung auf der Grundlage des Flächennutzungsplans nicht beurteilt werden. Die Unwirksamkeit eines kleinen Teilbereichs des Flächennutzungsplans steht einer solchen Beurteilung und daher auch der Anwendung von § 214 Abs. 2 Nr. 2 BauGB allerdings nicht entgegen[5].

---

1 BVerwG v. 26.2.1999 – 4 CN 6.98, Buchholz 406.11 § 214 Nr. 14 = BRS 62 Nr. 48 = BauR 1999, 1128 = DÖV 1999, 733 = NVwZ 2000, 197 = ZfBR 1999, 223.
2 Fall des BVerwG v. 26.2.1999 ebenda.
3 Fall des VGH Kassel v. 24.1.1989 – IV N 8.82, BRS 49 Nr. 8 = NVwZ-RR 1989, 609.
4 Ebenso Dürr in Brügelmann, § 214 Rdnr. 35; Lemmel in Berliner Kommentar zum Baugesetzbuch, § 214 Rdnr. 49.
5 BVerwG v. 30.7.2001 – 4 BN 41.01, Buchholz 140 Art. 6 Nr. 8 = BRS 64 Nr. 56 = BauR 2002, 278 = NVwZ 2002, 87.

§ 214 Abs. 2 Nr. 2 BauGB greift weiterhin dann nicht ein, wenn die Gemeinde sich **absichtlich** über § 8 Abs. 2 Satz 1 BauGB hinwegsetzt[1]. Unter dieser Voraussetzung fehlt es an einer Verletzung von § 8 Abs. 2 Satz 1 BauGB „hinsichtlich des Entwickelns", weil die Gemeinde gar nichts entwickeln wollte.

1076

c) Der aus dem unwirksamen Flächennutzungsplan entwickelte Bebauungsplan

Ein Bebauungsplan ist nicht aus einem Flächennutzungsplan entwickelt, wenn der Flächennutzungsplan selbst nichtig ist. Dieser Mangel des Bebauungsplans ist gemäß § 214 Abs. 2 Nr. 3 BauGB unbeachtlich, wenn die Nichtigkeit des Flächennutzungsplans auf einer Verletzung von Verfahrens- oder Formvorschriften einschließlich des § 6 BauGB beruht und sich erst nach Bekanntmachung des Bebauungsplans herausstellt.

1077

Zu den **Verfahrens- und Formvorschriften**, deren Verletzung im Verfahren der Aufstellung oder Änderung[2] ohne Auswirkung auf die Wirksamkeit des Bebauungsplans bleibt, gehören auch die aus dem Landesrecht sich ergebenden Verfahrens- und Formvorschriften[3], etwa über die Mitwirkung befangener Ratsmitglieder. Nicht zu den Verfahrens- und Formvorschriften gehört dagegen § 5 Abs. 1 Satz 2 BauGB. Die Verletzung dieser Vorschrift betrifft vielmehr den Inhalt des Flächennutzungsplans; die Erwähnung von § 6 BauGB in § 214 Abs. 2 Nr. 3 BauGB läßt nicht den Schluß zu, daß (neben § 6 Abs. 3 BauGB) auch andere den Inhalt des Flächennutzungsplans betreffende Regelungen zu den Verfahrensvorschriften im Sinne von § 214 Abs. 2 Nr. 3 BauGB gehören[4]. Auch die fehlende Kompetenz der Körperschaft für den Erlaß des Flächennutzungsplans wird durch § 214 Abs. 2 Nr. 3 BauGB nicht erfaßt[5].

1078

Herausgestellt hat sich die Unwirksamkeit des Flächennutzungsplans, wenn ernstliche Zweifel für die Gemeinde nicht mehr bestehen können. Ob die Gemeinde durch eine selbständig eingeleitete Überprüfung oder durch Dritte Kenntnis von dem Mangel des Flächennutzungsplans erhält,

1079

---

1 Ebenso Battis in Battis/Krautzberger/Löhr, § 214 Rdnr. 12; Lemmel in Berliner Kommentar zum Baugesetzbuch, § 214 Rdnr. 49; Stock in Ernst/Zinkahn/Bielenberg/Krautzberger § 214 Rdnr. 112.
2 Vgl. dazu VGH Mannheim v. 17.10.1989 – 5 S 2774/88, BRS 50 Nr. 33 = BauR 1990, 448 = NVwZ-RR 1990, 290.
3 BVerwG v. 3.2.1984 – 4 C 17.82, BVerwGE 68, 369 = BRS 42 Nr. 51 = BauR 1984, 369 = DVBl. 1984, 632 = NJW 1984, 1775.
4 Ebenso Stock in Ernst/Zinkahn/Bielenberg/Krautzberger, § 214 Rdnr. 116; a.A. Lemmel in Berliner Kommentar zum Baugesetzbuch, § 214 Rdnr. 50.
5 Ebenso Dürr in Brügelmann, § 214 Rdnr. 37; Lemmel in Berliner Kommentar zum BauGB, § 214 Rdnr. 50; davon geht wohl auch BVerwG v. 18.12.1991 – 4 N 2.89, Buchholz 406.11 § 8 Nr. 11 = BRS 52 Nr. 6 = DVBl. 1992, 574 = NVwZ 1992, 882 aus.

ist ohne Belang. Durch eine gerichtliche Entscheidung, die die Unwirksamkeit des Flächennutzungsplans inzident feststellt, wird häufig eine solche Kenntnis vermittelt werden; allerdings hängt es von der Beurteilung im Einzelfall ab, ob auch nach einer solchen Entscheidung noch Zweifel an der Unwirksamkeit des Flächennutzungsplans verbleiben[1].

d) Verstoß gegen § 8 Abs. 3 BauGB im Parallelverfahren

1080 Gemäß § 8 Abs. 3 Satz 1 BauGB kann mit der Aufstellung, Änderung, Ergänzung oder Aufhebung eines Bebauungsplans gleichzeitig auch der Flächennutzungsplan aufgestellt, geändert oder ergänzt werden. In einem solchen „Parallelverfahren" darf gemäß § 8 Abs. 3 Satz 2 BauGB der Bebauungsplan vor dem Flächennutzungsplan bekannt gemacht werden, wenn nach dem Stand der Planungsarbeiten anzunehmen ist, daß der Bebauungsplan aus den künftigen Darstellungen des Flächennutzungsplans entwickelt sein wird. § 214 Abs. 2 Nr. 4 BauGB erklärt Verstöße gegen § 8 Abs. 3 BauGB „im Parallelverfahren" für unbeachtlich, sofern die geordnete städtebauliche Entwicklung nicht beeinträchtigt worden ist.

1081 Die Unbeachtlichkeit nach § 214 Abs. 2 Nr. 4 BauGB setzt voraus, daß **überhaupt ein Parallelverfahren durchgeführt** wird, daß also eine inhaltliche Abstimmung zwischen den Entwürfen des Flächennutzungsplans (oder seiner Änderung) und des Bebauungsplans gewollt ist und daß die einzelnen Abschnitte beider Planverfahren zeitlich und in ihrem jeweiligen Fortgang derart aufeinander bezogen werden, daß eine inhaltliche Abstimmung möglich ist[2]. Kein Parallelverfahren liegt selbstverständlich vor, wenn das Verfahren zur Änderung des Flächennutzungsplans erst nach Erlaß des Satzungsbeschlusses über den Bebauungsplan eingeleitet wird[3]. Wegen dieser Grundvoraussetzung beschränkt sich der Anwendungsbereich von § 214 Abs. 2 Nr. 4 BauGB praktisch auf den Fall, daß der Bebauungsplan vor dem Flächennutzungsplan bekannt gemacht wird, obwohl die Voraussetzung nach § 8 Abs. 3 Satz 2 BauGB („Planreife") noch nicht erreicht ist[4]. Für die Beurteilung der Frage, ob durch diesen Fehler die geordnete städtebauliche Entwicklung beeinträchtigt worden ist, gelten dieselben Grundsätze wie bei Anwendung von § 214 Abs. 2 Nr. 2 BauGB[5]; dabei kommt es auf die Darstellungen des Flächennutzungsplans im Zeitpunkt der Bekanntmachung des Bebauungsplans an[6].

---

1 Zutreffend Dürr in Brügelmann, § 214 Rdnr. 38.
2 Vgl. BVerwG v. 3.10.1984 – 4 N 4.84, BVerwGE 70, 171 = BRS 42 Nr. 22 = BauR 1985, 64 = NVwZ 1985, 485 = DVBl. 1985, 385; BVerwG v. 22.3.1985 – 4 C 59.81, BRS 44 Nr. 23 = ZfBR 1985, 140.
3 Vgl. VGH Mannheim v. 24.10.1991 – 5 S 2394/90, BRS 52 Nr. 29.
4 So auch Schmaltz in Schrödter, § 214 Rdnr. 41.
5 Vgl. dazu oben Rdnr. 1072 ff.
6 Ebenso Dürr in Brügelmann, § 214 Rdnr. 41; Schmaltz in Schrödter, § 214 Rdnr. 42; Stock in Ernst/Zinkahn/Bielenberg/Krautzberger, § 214 Rdnr. 127; a.A.

4. Abwägungsmängel

Gemäß § 214 Abs. 3 Satz 1 BauGB ist für die Abwägung die Sach- und Rechtslage im **Zeitpunkt** der Beschlußfassung über den Flächennutzungsplan oder die Satzung maßgebend. Gemeint ist damit die das Verfahren abschließende Beschlußfassung, bei Bebauungsplänen also der Satzungsbeschluß gemäß § 10 Abs. 1 BauGB. Ist das Abwägungsergebnis im Zeitpunkt des Satzungsbeschlusses fehlerhaft, so leidet deshalb der Bebauungsplan an einem Abwägungsmangel, der beachtlich ist und zu seiner Nichtigkeit führt[1]. Berührt der Mangel nur den Abwägungsvorgang, so ist die Beachtlichkeit nach § 214 Abs. 3 Satz 2 BauGB zu beurteilen. Die Orientierung an dem Zeitpunkt der abschließenden Beschlußfassung bedarf allerdings der Durchbrechung, wenn sich für die Abwägung **wesentliche tatsächliche oder rechtliche Änderungen** in dem Zeitraum zwischen der abschließenden Beschlußfassung und der Bekanntmachung nach § 6 Abs. 5 BauGB bzw. § 10 Abs. 3 BauGB ergeben. Ist das Abwägungsergebnis in Folge solcher Veränderungen im Zeitpunkt der Bekanntmachung nicht mehr haltbar, so leidet der Bebauungsplan an einem beachtlichen Abwägungsmangel[2]. Dasselbe gilt, wenn das Abwägungsergebnis zwar noch haltbar erscheint, die Änderungen aber das der Beschlußfassung zugrunde liegende Interessengeflecht so wesentlich berühren, daß sie die planerische Grundkonzeption in Frage stellen[3].

1082

Mängel des **Abwägungsergebnisses** sind gemäß § 214 Abs. 3 BauGB stets beachtlich. An einem solchen Mangel leidet ein Bebauungsplan, dessen Inhalt gemessen an den Anforderungen des Abwägungsgebots unvertretbar ist[4], etwa weil er mit seinen Festsetzungen einen Ausgleich trifft, der außer Verhältnis zur objektiven Gewichtigkeit einzelner Belange steht[5].

1083

Die Beachtlichkeit von Mängeln des **Abwägungsvorgangs** hängt gemäß § 214 Abs. 3 Satz 2 2. Halbsatz BauGB demgegenüber davon ab, daß sie offensichtlich und auf das Abwägungsergebnis von Einfluß gewesen sind. Diese Regelung ist gegenüber § 214 Abs. 1 Satz 1 Nr. 1 BauGB nachrangig. Ihr Anwendungsbereich beschränkt sich auf den Fall, daß der Gemeinde bei

1084

Battis in Battis/Krautzberger/Löhr, § 214 Rdnr. 14; Bönker in Hoppe/Bönker/Grotefels, § 17 Rdnr. 95.
1 Vgl. BVerwG v. 3.7.1995 – 4 NB 11.95, Buchholz 406.11 § 215 Nr. 4 = BRS 57 Nr. 29 = DVBl. 1995, 1025 = NVwZ 1996, 374.
2 Vgl. BVerwG v. 25.2.1997 – 4 NB 40.96, Buchholz 406.11 § 215 Nr. 9 = BauR 1997, 590 = DVBl. 1997, 828 = NVwZ 1997, 893.
3 Vgl. dazu BVerwG v. 3.7.1995 – 4 NB 11.95, Buchholz 406.11 § 214 Nr. 4 = BRS 57 Nr. 29 = DVBl. 1995, 1025 = NVwZ 1996, 374.
4 Vgl. BVerwG v. 18.12.1995 – 4 NB 30.95, Buchholz 406.11 § 215 Nr. 6 = BRS 57 Nr. 30 = BauR 1996, 351 = DVBl. 1996, 690 = NVwZ 1996, 890.
5 So BVerwG v. 25.2.1997 – 4 NB 40.96, Buchholz 406.11 § 215 Nr. 9 = BauR 1997, 590 = DVBl. 1997, 828 = NVwZ 1997, 893.

dem von der Bewertung häufig nicht klar zu trennenden Ausgleich der abwägungserheblichen Belange[1] Fehler unterlaufen sind.

1085 Für die Beurteilung der **Offensichtlichkeit** des Mangels im Abwägungsvorgang gelten dieselben Grundsätze wie für die Beurteilung der Offensichtlichkeit eines Fehlers bei der Ermittlung und Bewertung des Abwägungsmaterials (dazu Rdnr. 1057). Offensichtlich ist der Fehler z.B., wenn in den Aufstellungsvorgängen dokumentierte Erwägungen erkennen lassen, daß die Gemeinde eine bestimmte Festsetzungsmöglichkeit übersehen hat[2]. Rechtlich fehlerhafte Überlegungen, die sich aus den Aufstellungsakten ergeben und die Abwägung betreffen, begründen auch dann einen offensichtlichen Abwägungsmangel, wenn die Beurteilung der Rechtslage schwierig ist[3].

1086 Die Feststellung, daß der Mangel im Abwägungsvorgang **auf das Abwägungsergebnis von Einfluß** gewesen ist, setzt nicht, wie der Wortlaut dies nahe legt, die Erkenntnis voraus, daß bei Vermeidung des Abwägungsmangels andere Festsetzungen getroffen worden wären. Eine solche Feststellung wäre praktisch fast ausgeschlossen, weil Eventualerwägungen fast nie angestellt werden; die Forderung würde deshalb, wie das Bundesverwaltungsgericht zutreffend hervorgehoben hat, dazu führen, daß Abwägungsmängel fast nie beachtlich sind. Das Bundesverwaltungsgericht hebt deshalb darauf ab, ob nicht nur eine abstrakte, sondern eine „**konkrete Möglichkeit** besteht, daß ohne den Mangel ... die Planung anders ausgefallen wäre". Dies sei immer dann der Fall, „wenn sich anhand der Planunterlagen oder sonst erkennbarer oder naheliegender Umstände die Möglichkeit abzeichnet, daß der Mangel im Abwägungsvorgang von Einfluß auf das Abwägungsergebnis gewesen sein kann"[4].

1087 **Beispiele:**

(a) Ein Grundstückseigentümer wurde durch eine hintere Baugrenze an der gewünschten Bauausführung gehindert, er strebte deshalb eine Verschiebung dieser Grenze um 5 m an. Im Berufungsverfahren wurde festgestellt, daß die Baugrenze deshalb in dem Bebauungsplan festgesetzt worden war, weil hier irrtümlich die Grenze eines Landschaftsschutzgebiets angenommen wurde. Daraus ergab sich die konkrete Möglichkeit des Einflusses des Abwägungsmangels auf das Abwägungsergebnis[5].

---

1 Vgl. dazu näher Rdnr. 610 ff.
2 Vgl. dazu BVerwG v. 6.5.1993 – 4 C 15.91, Buchholz 406.11 § 1 Nr. 66 = BRS 55 Nr. 36 = BauR 1993, 688; BVerwG v. 18.9.2003 – 4 CN 3.02, BauR 2004, 286 = DVBl. 2004, 247 = NVwZ 2004, 229 = ZfBR 2004, 167.
3 BVerwG v. 7.11.1997 – 4 NB 48.96, Buchholz 406.11 § 215 Nr. 12 = BRS 59 Nr. 32 = BauR 1998, 284.
4 BVerwG v. 21.8.1981 – 4 C 57.80, BVerwGE 64, 33 = BRS 38 Nr. 37 = BauR 1981, 535 = DVBl. 1982, 354 = NJW 1982, 591; kritisch dazu Gerhardt in Schoch/Schmidt-Aßmann/Pietzner, Verwaltungsgerichtsordnung, Kommentar § 47 Rdnr. 101.
5 Fall des BVerwG v. 21.8.1981 ebenda.

(b) Dem Rat wurde im Verfahren der Aufstellung des Bebauungsplans eine Stellungnahme des Gewerbeaufsichtsamts vorenthalten, das einen für die Planung relevanten Vorschlag zur Lösung des Konflikts zwischen Gewerbe und Wohnen enthielt. Der Rat war sich dieser Konfliktsituation bei der Beschlußfassung über den Bebauungsplan freilich durchaus bewußt. Der Umstand, daß einzelne Ratsmitglieder dem Vorschlag des Gewerbeaufsichtsamts möglicherweise „aufgeschlossen gegenübergestanden" hätten, begründete keinen hinreichend konkreten Anhaltspunkt dafür, daß der Rat bei Kenntnis dieses Vorschlags andere Festsetzungen getroffen hätte[1].

1088

(c) Eine Grundstückseigentümerin wandte sich gegen die Festsetzung ihres Grundstücks als Gemeinbedarfsfläche. Die im Verfahren der Aufstellung des Bebauungsplans entstandenen Unterlagen ließen nicht erkennen, daß ihre Belange in die Abwägung einbezogen wurden. Das Berufungsgericht hat ausgeführt, der Einfluß dieses Fehlers auf das Abwägungsergebnis sei in sehr hohem Maße wahrscheinlich, weil die Gemeinde dem öffentlichen Interesse von vornherein den Vorrang eingeräumt und sich dadurch selbst den Blick auf das private Eigentum verstellt habe. Das Bundesverwaltungsgericht hob demgegenüber hervor, daß die Möglichkeit des Einflusses des Abwägungsmangels auf das Abwägungsergebnis nicht „mit dem Fehlen einer ausdrücklichen Erörterung der (Eigentümer-)Belange der Antragstellerin" begründet werden könne, weil es sich nicht um einen hinreichend konkreten Umstand handele; es verneinte auch die Offensichtlichkeit des Mangels im Abwägungsvorgang[2].

1089

(d) Die Gemeinde hat nicht bedacht, daß auf der Grundlage der Festsetzungen des Bebauungsplans einzelne Nutzungen (z.B. Gaststätte) möglich sind, die zu Nutzungskonflikten führen können. Soweit solche Nutzungskonflikte auf der Grundlage von § 15 Abs. 1 BauNVO im Planvollzug bewältigt werden können, ist zu prüfen, ob angesichts dieser Möglichkeit der Fehler die Konzeption der Planung konkret berühren kann. Dies ist nicht der Fall, wenn eine abweichende Planung nicht naheliegt[3].

1090

5. Fristen für die Geltendmachung beachtlicher Mängel

a) Nachträglicher Eintritt der Unbeachtlichkeit

Gemäß § 215 Abs. 1 BauGB werden bestimmte Mängel des Flächennutzungsplans oder der Satzung nachträglich unbeachtlich, wenn sie nicht innerhalb von zwei Jahren seit Bekanntmachung des Flächennutzungsplans bzw. der Satzung geltend gemacht worden sind. Während das BauGB in der bis zum 31.12.1997 geltenden Fassung formulierte, daß die Mängel „unbeachtlich sind", stellt die Neufassung klar, daß sie bis zum Ablauf der im Gesetz genannten Fristen auch ohne Rüge beachtlich sind. Vor Ablauf der Fristen sind deshalb die Mängel, auf die § 215 Abs. 1 BauGB sich bezieht,

1091

---

[1] Fall des BVerwG v. 20.1.1992 – 4 B 71.90, Buchholz 406.11 § 217 Nr. 5 = BRS 54 Nr. 18 = BauR 1992, 344 = NVwZ 1992, 662.
[2] BVerwG v. 20.1.1995 – 4 NB 43.93, Buchholz 406.11 § 9 Nr. 74 = BRS 57 Nr. 22 = BauR 1996, 63 = DVBl. 1995, 518 = NVwZ 1995, 692.
[3] Fall des BVerwG v. 18.9.2003 – 4 CN 3.02, BauR 2004, 286 = DVBl. 2004, 247 = NVwZ 2004, 229 = ZfBR 2004, 167; der Leitsatz dieser Entscheidung, ein relevanter Fehler im Abwägungsvorgang liege nicht vor, wenn ein durch die Planung geschaffenes Problem noch während des Vollzugs des Bebauungsplans bewältigt werden könne, ohne die Konzeption der Planung zu berühren, geht allerdings zu weit.

von Amts wegen von den Verwaltungsgerichten zu beachten. Der Bebauungsplan wird nach Ablauf der Fristen rechtswirksam, wenn eine ordnungsgemäße Rüge der Mängel nicht erfolgt ist. Diese nachträgliche Wirksamkeit tritt rückwirkend ein; gleichwohl beginnt die 7-Jahresfrist des § 42 Abs. 2 BauGB erst an dem Tag, an dem die Mängel unbeachtlich werden[1].

b) Die unbeachtlich werdenden Mängel im einzelnen

1092 Gemäß § 215 Abs. 1 Nr. und Nr. 2 BauGB werden, wenn sie nicht innerhalb von zwei Jahren gerügt werden, unbeachtlich die nach § 214 Abs. 1 Satz 1 Nr. 1 bis 3 BauGB beachtliche Verletzung der dort bezeichneten Verfahrens- und Formvorschriften sowie die nach § 214 Abs. 2 BauGB beachtliche Verletzung der Vorschriften über das Verhältnis des Bebauungsplans und des Flächennutzungsplans. Außerdem werden nach Ablauf von zwei Jahren, wenn sie nicht gerügt werden, gemäß § 215 Abs. 1 Nr. 3 BauGB die nach § 214 Abs. 3 Satz 2 BauGB beachtlichen Mängel des Abwägungsvorgangs unbeachtlich. Beachtlich bleiben demgegenüber (auch ohne Rüge) die nach § 214 Abs. 1 Satz 1 Nr. 4 BauGB beachtlichen Fehler sowie alle Mängel, die in § 214 BauGB nicht genannt sind. Dazu gehören inhaltliche Mängel sowie Mängel des Abwägungsergebnisses[2].

c) Hinweis auf Rügepflicht

1093 Gemäß **§ 215 Abs. 2 BauGB** ist bei Inkraftsetzung des Flächennutzungsplans und der Satzung auf die Voraussetzungen für die Geltendmachung der Verletzung von Verfahrens- und Formvorschriften und von Mängeln der Abwägung sowie auf die Rechtsfolge des Unbeachtlichwerdens der Mängel hinzuweisen. Unterbleibt der Hinweis, so berührt dies die Wirksamkeit des Bebauungsplans nicht; die Mängel werden dann aber auch ohne Rüge nicht unbeachtlich[3]. Aus der Formulierung, daß der Hinweis „bei" der Inkraftsetzung zu erfolgen hat, ergibt sich, daß er bei Flächennutzungsplänen mit der Bekanntmachung nach § 6 Abs. 5 BauGB, bei Bebauungsplänen mit der Bekanntmachung nach § 10 Abs. 3 BauGB zu verbinden ist. Eine isolierte Bekanntmachung des Hinweises ist nicht möglich[4]. Die Gemeinde ist aber nicht gehindert, eine neue Bekanntmachung des Inkrafttretens mit dem Hinweis gemäß § 215 Abs. 2 BauGB zu verbinden.

---

1 Vgl. dazu BGH v. 2.4.1992 – III ZR 25/91, BRS 53 Nr. 24 = DVBl. 1992, 1095 = NJW 1992, 2633 = ZfBR 1992, 285.
2 Vgl. zum Abwägungsergebnis auch BT-Drucksache 15/2996 S. 105.
3 Ebenso Battis in Battis/Krautzberger/Löhr, § 214 Rdnr. 2; Lemmel in Berliner Kommentar zum Baugesetzbuch, § 214 Rdnr. 4; Stock in Ernst/Zinkahn/Bielenberg/Krautzberger, § 214 Rdnr. 55.
4 Ebenso zu § 155a BBauG 1976 VGH Kassel v. 13.4.1984 – IV N 13/77, BRS 42 Nr. 28 = NVwZ 1984, 803; a.A. Lemmel in Berliner Kommentar zum Baugesetzbuch, § 215 Rdnr. 5; Schmaltz in Schrödter, § 215 Rdnr. 10; Stock in Ernst/Zinkahn/Bielenberg/Krautzberger, § 215 Rdnr. 57.

Für Bebauungspläne, die vor der ersten Novelle zum BBauG aufgestellt und in Kraft getreten sind, konnte der Hinweis auf die Jahresfrist für die Geltendmachung von Verfahrens- und Formvorschriften bis zum 30.6.1977 erfolgen[1]. Das ist regelmäßig geschehen. Durch das BauGB wurde mit Wirkung vom 1.7.1987 eine 7-Jahresfrist für die Geltendmachung von Abwägungsmängeln eingeführt[2]. Auf sie war gemäß § 244 Abs. 2 Satz 2 BauGB innerhalb von 6 Monaten durch öffentliche Bekanntmachung hinzuweisen. Diese Bekanntmachung hatte allein deklaratorische Bedeutung; ihre Unterlassung berührt den Ablauf der 7-Jahresfrist nicht[3]. Durch das EAGBau wurde die frühere einjährige Frist für die Rüge von Verfahrens- und Formfehlern auf zwei Jahre verlängert und die 7-jährige Frist für die Rüge von Abwägungsmängeln auf zwei Jahre verkürzt; diese Änderung berührt gemäß § 233 Abs. 2 Satz 3 BauGB die Dauer der Fristen, die vor Inkrafttreten des EAGBau begonnen haben, nicht.

1094

d) Geltendmachung von Fehlern

Zur Geltendmachung des Fehlers **berechtigt** ist jede handlungsfähige Person und jede Behörde. Auf die rechtliche Betroffenheit von den Festsetzungen des Bebauungsplans kommt es nicht an[4]. Auch Bedienstete der Gemeinde und Ratsmitglieder sind zur Rüge berechtigt, ebenso andere Behörden. Hält allerdings der Bürgermeister oder ein für die Bauleitplanung zuständiger Beschäftigter der Gemeinde den Fehler lediglich in einem internen Vermerk fest, so wird dieser damit nicht „gegenüber" der Gemeinde geltend gemacht[5].

1095

Die Rüge muß **schriftlich** erhoben werden; es genügt nicht, daß die Gemeinde nachweislich in anderer Weise Kenntnis von einer Rüge erlangt hat[6]. Die Rüge kann auch durch einen Schriftsatz in einem gerichtlichen Verfahren erfolgen, an dem die Gemeinde beteiligt ist[7]. Mit der schriftlichen Rüge ist der **Sachverhalt darzulegen**, aus dem sich der Mangel ergeben soll. Dadurch soll der Gemeinde die Möglichkeit eröffnet werden, den Feh-

1096

---

1 Art. 3 § 12 des Gesetzes zur Änderung des Bundesbaugesetzes v. 18.8.1976, BGBl. I, 221.
2 Baugesetzbuch vom 8.12.1986, BGBl. I, 2253.
3 Vgl. BVerwG v. 25.2.1997 – 4 NB 40.96, Buchholz 406.11 § 215 Nr. 9 = BRS 59 Nr. 31 = BauR 1997, 590 = DVBl. 1997, 828 = NVwZ 1997, 893.
4 Vgl. BVerwG v. 18.6.1982 – 4 N 6.79, BRS 39 Nr. 28 = BauR 1982, 453 = DVBl. 1982, 1095 = NVwZ 1983, 347.
5 Lemmel in Berliner Kommentar zum Baugesetzbuch, § 215 Rdnr. 19; Stock in Ernst/Zinkahn/Bielenberg/Krautzberger, § 215 Rdnr. 28.
6 BVerwG v. 8.5.1995 – 4 NB 16.95, Buchholz 406.11 § 244 Nr. 1 = BRS 57 Nr. 51 = NVwZ 1996, 372.
7 Ebenso Battis in Battis/Krautzberger/Löhr, § 215 Rdnr. 4; Lemmel in Berliner Kommentar zum Baugesetzbuch, § 215 Rdnr. 20; tendenziell auch BVerwG v. 18.6.1982 – 4 N 6.79, BRS 39 Nr. 28 = BauR 1982, 453 = DVBl. 1982, 1095 = NVwZ 1983, 347; a.A. BGH v. 29.11.1979 – III ZR 67/78, BRS 35 Nr. 16 = BauR 1980, 337 = DVBl. 1980, 682 = NJW 1980, 1751.

ler zu beheben[1]. Die Darstellung des Sachverhalts braucht allerdings nicht in allen Einzelheiten zutreffend zu sein. Es genügt, daß die Gemeinde daraus den geltend gemachten Fehler erkennen und ihn (ggf. durch weitere Ermittlungen) feststellen kann. Um entsprechende Darlegungen zu ermöglichen, muß jedenfalls allen denjenigen Personen, deren Rechte durch die Anwendung des Bebauungsplans im Sinne von § 47 Abs. 2 VwGO verletzt werden könnten, gemäß Art. 19 Abs. 4 GG Einsicht in die im Verfahren der Aufstellung des Bebauungsplans entstandenen Akten gewährt werden[2]. Die Wirkung der Rüge beschränkt sich auf den jeweils dargelegten Mangel.

1097 Die Rüge wirkt ohne zeitliche Beschränkung und **inter omnes**[3]. Da sie die Willenserklärung beinhaltet, den Fehler geltend zu machen, kann sie allerdings zurückgenommen werden[4]. Es ist deshalb regelmäßig nicht zweckmäßig, sich auf eine von anderen Personen erhobene Rüge zu verlassen.

IV. Heilung von Mängeln der Bauleitpläne durch ergänzendes Verfahren

1. Behebbare Mängel

1098 Gemäß **§ 214 Abs. 4 BauGB** können der Flächennutzungsplan oder die Satzung durch ein ergänzendes Verfahren zur Behebung von Fehlern auch rückwirkend in Kraft gesetzt werden. Entgegen dem Eindruck, den der Wortlaut dieser Vorschrift vermittelt, besteht die Möglichkeit der Durchführung des ergänzenden Verfahrens allerdings nicht generell ohne Rücksicht auf das Gewicht des Fehlers. Ausgeschlossen ist das ergänzende Verfahren, wenn „der zu behebende Mangel . . . von solcher Art und Schwere ist, daß er die Planung als Ganzes von vornherein in Frage stellt oder die **Grundzüge der Planung berührt** (vgl. § 13 BauGB)"[5]; Abwägungsmängel dürfen nicht „den Kern der Planung" betreffen[6]. Die Unanwendbarkeit von § 214 Abs. 4

---

1 Vgl. BVerwG v. 18.6.1982 – 4 N 6.79, BRS 39 Nr. 28 = BauR 1982, 453 = DVBl. 1982, 1095 = NVwZ 1983, 347.
2 Ebenso Dolde, Die „Heilungsvorschriften" des BauGB für Bauleitpläne, BauR 1990, 1, 12 f.; Lemmel in Berliner Kommentar zum Baugesetzbuch, § 215 Rdnr. 22; Schmaltz in Schrödter, § 215 Rdnr. 15; Stock in Ernst/Zinkahn/Bielenberg/Krautzberger, § 215 Rdnr. 36.
3 BVerwG v. 18.6.1982 – 4 N 6.79, BRS 39 Nr. 28 = BauR 1982, 453 = DVBl. 1982, 1095 = NVwZ 1983, 347; BVerwG v. 2.1.2001 – 4 BN 13.00, Buchholz 406.11 § 215 Nr. 17 = BRS 64 Nr. 57 = BauR 2001, 1888 = ZfBR 2001, 418.
4 A.A. Stock in Ernst/Zinkahn/Bielenberg/Krautzberger, § 215 Rdnr. 31.
5 So zu § 215 a BauGB a.F. BVerwG v. 8.10.1998 – 4 CN 7.97, Buchholz 406.11 § 215a Nr. 1 = BRS 60 Nr. 52 = BauR 1999, 359 = DVBl. 1999, 243 = ZfBR 1999, 107; a.A. Dolde, Das ergänzende Verfahren nach § 215a I BauGB als Instrument der Planerhaltung, NVwZ 2001, 976, 979.
6 BVerwG v. 10.11.1998 – 4 BN 45.98, Buchholz 406.11 § 215a Nr. 2 = BRS 60 Nr. 53 = BauR 1999, 361 = ZfBR 1999, 106; BVerwG v. 25.5.2000 – 4 BN 17.00, BauR 2000, 1302 = NVwZ 2000, 1053.

BauGB bei Mängeln, die die Planung als Ganzes in Frage stellen oder die Grundzüge der Planung berühren, rechtfertigt sich aus dem Zweck der Regelung, der Gemeinde im Interesse der „Planerhaltung" (vgl. die Überschrift vor § 214) die Durchführung eines neuen Planaufstellungsverfahrens zu ersparen; dazu kann nur Anlaß bestehen, wenn der Bebauungsplan in seinen Grundzügen erhalten bleiben kann und nicht zur Behebung des Fehlers gewissermaßen durch einen neuen Bebauungsplan mit anderer Planungskonzeption ersetzt werden muß[1]. Es kommt hinzu, daß die Neuregelung des ergänzenden Verfahrens durch das EAG Bau, die die früher in § 215a BauGB enthaltene Regelung ersetzt hat, in Kenntnis der Rechtsprechung des Bundesverwaltungsgerichts zu den Grenzen des ergänzenden Verfahrens lediglich dieses Verfahren auf Flächennutzungsläne ausweiten und die Möglichkeiten der rückwirkenden Inkraftsetzung erweitern wollte[2].

Aus diesen Erwägungen ergibt sich zugleich, daß weitergehende Einschränkungen des Anwendungsbereichs von § 214 Abs. 4 BauGB nicht geboten sind[3]. Insbesondere schließt nicht, wie z.T. angenommen wurde, jeder Mangel im Abwägungsergebnis die Durchführung eines ergänzenden Verfahrens aus[4]. Durch ergänzende Verfahren behebbar sind deshalb z.B. die folgenden Fehler: 1099

– alle nach § 214 Abs. 1 und 2 BauGB beachtlichen Verfahrens- und Formfehler sowie alle nach Landesrecht beachtlichen Verfahrens- und Formfehler[5];
– inhaltliche Mängel des Bebauungsplans, die ohne Eingriff in die Grundzüge der Planung korrigiert werden können, wie Verstoße gegen das Bestimmtheitsgebot[6] oder gegen den Festsetzungskatalog des § 9 BauGB[7]; besteht der inhaltliche Mangel in einem Verstoß gegen den Festsetzungskatalog des § 9 BauGB oder gegen die Bestimmungen der BauNVO, so ist

---

1 So der Fall des OVG Frankfurt/Oder v. 26.8.1999 – 3 D 10/97.NE, NVwZ-RR 2000, 563.
2 Vgl. die Begründung des Gesetzentwurfs BT-Drucksache 15/2250 S. 65.
3 Diese Frage hatte das BVerwG im Beschl. v. 10.11.1998 – 4 BN 45.98, Buchholz 406.11 § 215a Nr. 1 = BRS 60 Nr. 53 = BauR 1999, 361 = ZfBR 1000, 106 noch offengelassen.
4 BVerwG v. 8.10.1998 – 4 CN 7.97, Buchholz 406.11 § 215a Nr. 1 = BauR 1999, 359 = DVBl. 1999, 243 = ZfBR 1999, 107; BVerwG v. 18.9.2003 – 4 CN 20.02; BauR 2004; 280 = DVBl. 2004, 251 = NVwZ 2004, 226 = ZfBR 2004, 177, a.A. Jäde in Jäde/Dirnberger/Weiß, § 215a Rdnr. 1.
5 Vgl. BVerwG v. 25.11.1999 – 4 CN 12.99, BVerwGE 110, 118 = Buchholz 406.11 § 215a Nr. 4 = BRS 62 Nr. 45 = BauR 2000, 845 = DVBl. 2000, 798 = NVwZ 2000, 676.
6 BVerwG v. 6.3.2002 – 4 BN 7.02, Buchholz 406.11 § 215a Nr. 10 = BRS 65 Nr. 59 = BauR 2002, 1066 = NVwZ 2002, 1385.
7 Vgl. BVerwG v. 16.12.1999 – 4 CN 7.98, BVerwGE 110, 193 = Buchholz 406.11 § 215a Nr. 5 = BRS 62 Nr. 44 = BauR 2000, 684 = DVBl. 2000, 804 = NVwZ 2000, 815.

die Heilung durch ergänzendes Verfahren ausnahmsweise auch dann möglich, wenn er die Grundzüge der Planung berührt, sofern im Zeitpunkt der nachträglichen Inkraftsetzung der inhaltliche Mangel infolge einer Änderung der Rechtslage nicht mehr besteht, die bisher fehlende Rechtsgrundlage für die Festsetzung also z.B. inzwischen geschaffen wurde; denn es genügt, daß für den Plan im Zeitpunkt seines Inkrafttretens die erforderliche Rechtsgrundlage besteht;eine rückwirkende Inkraftsetzung ist dann allerdings nur bis zum Zeitpunkt der Rechtsänderung möglich;

- Verstöße gegen das Zielanpassungsgebot des § 1 Abs. 4 BauGB und gegen naturschutzrechtliche Verbote, sofern der Widerspruch durch eine naturschutzrechtliche Ausnahme oder Befreiung[1] bzw. durch ein Zielabweichungsverfahren[2] ausgeräumt werden kann;

- Festsetzung unzureichender Ausgleichsmaßnahmen wegen Verkennung des mit der Planung verbundenen Eingriffs in Natur und Landschaft[3].

2. Behebung der Mängel

1100 In welcher Weise das ergänzende Verfahren durchzuführen ist, hängt von dem zu behebenden Mangel ab. Bedarf es einer **Änderung** des Bebauungsplans, etwa weil dieser eine nach § 9 BauGB unzulässige Festsetzung oder einen Fehler im Abwägungsergebnis enthält, so ist ein Änderungsverfahren durchzuführen. Leidet der Bebauungsplan an einem beachtlichen Mangel im **Abwägungsvorgang**, so ist die Abwägung und das sich daran anschließende Verfahren erneut durchzuführen[4]; die neue Abwägung kann natürlich auch zu einer Änderung des Bebauungsplans führen, so daß ein Änderungsverfahren durchzuführen ist. **Verfahrensfehler** sind durch eine Wiederholung der fehlerhaften Verfahrenshandlung und des nachfolgenden Verfahrens zu heilen. Das gilt auch für Verfahrensfehler nach dem Satzungsbeschluß (z.B. Ausfertigungsmängel); eine erneute Abwägung ist dann nicht geboten[5]. Es ist allerdings zu beachten, daß der Bebauungsplan nicht ohne erneute Abwägung in Kraft gesetzt werden darf, wenn sich die tatsächlichen

---

1 BVerwG v. 17.12.2002 – 4 C 15.01, BVerwGE 117, 287 = Buchholz 406.11 § 35 Nr. 355 = BRS 65 Nr. 95 = BauR 2003, 828 = DVBl. 2003, 797 = 2003, 733.
2 BVerwG v. 18.9.2003 – 4 CN 20.02, BauR 2004, 280 = DVBl. 2004, 251 = NVwZ 2004, 226 = ZfBR 2004, 177.
3 BVerwG v. 25.5.2000 – 4 BN 17.00, BauR 2000, 1302 = NVwZ 2000, 1053; OVG Münster v. 3.12.1997 – 7a B 1110/97. NE, BRS 60 Nr. 55 = BauR 1999, 362; a.A. Schmaltz in Schröder, § 215a Rdnr. 8.
4 Vgl. BVerwG v. 7.11.1997 – 4 NB 48.96, Buchholz 406.11 § 215 Nr. 12 = BRS 59 Nr. 32 = BauR 1998, 284.
5 Vgl. BVerwG v. 18.12.1995 – 4 NB 30.95, Buchholz 406.11 § 215 Nr. 6 = BRS 57 Nr. 30 = BauR 1996, 351 = DVBl. 1996, 690 = NVwZ 1996, 890; BVerwG v. 7.4.1997 – 4 B 64.97, Buchholz 406.11 § 215 Nr. 10 = BauR 1997, 595 = NVwZ-RR 1997, 515.

Verhältnisse so grundlegend verändert haben, daß er inzwischen funktionslos ist oder das Abwägungsergebnis nicht mehr haltbar ist[1]. Das gilt nicht nur für die rückwirkende Inkraftsetzung[2].

Die **rückwirkende Inkraftsetzung** des Bebauungsplanes wurde durch das EAGBau für alle Fehler ermöglicht, die im ergänzenden Verfahren behoben werden können. Sie steht im Ermessen der Gemeinde. Auch zu einer rückwirkenden Inkraftsetzung ist eine erneute Abwägung grundsätzlich nicht erforderlich[3]. Soweit der Satzungsbeschluß nach Landesrecht dem Gemeinderat vorbehalten ist, steht allerdings allein ihm die Entscheidung über die rückwirkende Inkraftsetzung zu[4]. Die abweichende Auffassung des Bundesverwaltungsgerichts, die Anordnung der Rückwirkung sei kein Teil des Satzungsbeschlusses, sondern ein Bestandteil des Bekanntmachungsverfahrens[5], berücksichtigt nicht hinreichend, daß die Entscheidung über den zeitlichen Geltungsanspruch des Bebauungsplans nicht nur materiell der Rechtssetzung zuzuordnen, sondern anders als die Bekanntmachung nach § 10 Abs. 3 BauGB auch nicht gesetzlich vorgegeben ist. Außerhalb des Anwendungsbereichs von § 214 Abs. 4 BauGB ist eine rückwirkende Inkraftsetzung nicht möglich[6]. 1101

Bei der **Ermessensentscheidung** über die rückwirkende Inkraftsetzung des Bebauungsplans hat die Gemeinde u.a. zu berücksichtigen, ob Betroffene ausnahmsweise darauf vertrauen durften, ein Bebauungsplan oder Flächennutzungsplan dieses Inhalts könne nicht wirksam sein[7]. Denkbar ist z.B., daß Grundstückseigentümer im Vertrauen auf die Unwirksamkeit eines Bebauunsplans Baumaßnahmen ausgeführt haben, die den Festsetzungen des Plans widersprechen und als Folge der rückwirkenden Inkraftsetzung als von Anfang an rechtswidrig gelten[8]; derartige Konsequenzen muß die Gemeinde bei ihrer Entscheidung bedenken. 1102

---

1 Vgl. dazu insbesondere BVerwG v. 25.2.1997 – 4 NB 40.96, Buchholz 406.11 § 215 Nr. 9 = BRS 59 Nr. 31 = BauR 1997, 590 = DVBl. 1997, 828 = NVwZ 1997, 893.
2 So aber wohl Jäde in Jäde/Dirnberger/Weiß, § 215a Rdnr. 13.
3 Vgl. dazu BVerwG v. 7.4.1997 – 4 B 64.97, Buchholz 406.11 § 215 Nr. 10 = BauR 1997, 595 = NVwZ-RR 1997, 515.
4 So auch OVG Lüneburg v. 17.12.1998 – 1 K 6556/96, BRS 60 Nr. 42.
5 BVerwG v. 10.8.2000 – 4 CN 2.99, BauR 2001, 71 = DVBl. 2000, 1861 = NVwZ-RR 2001, 203 = ZfBR 2001, 61.
6 BVerwG v. 18.4.1996 – 4 C 22.94, BVerwGE 101, 58 = BRS 58 Nr. 44 = BauR 1996, 671 = DVBl. 1996, 920 = NVwZ 1996, 892.
7 Vgl. Rdnr. 154 des Berichts der Unabhängigen Expertenkommission zur Novellierung des Baugesetzbuchs, auf den die Begründung des Gesetzentwurfs zum EAG Bau, BT-Drucksache 15/2250 S. 65, in diesem Zusammenhang Bezug nimmt.
8 Vgl. zu dieser Konsequenz der rückwirkenden Inkraftsetzung BayVGH v. 6.12.2001 – 1 B 00.2488, BayVBl. 2002, 737 = UPR 2002, 152.

Zweiter Teil
Die planungsrechtliche Einschränkung der Baufreiheit

A. Der Umfang der planungsrechtlichen Baubeschränkung

I. Die der bauplanungsrechtlichen Beurteilung unterworfenen Vorhaben und Nutzungen

Das Baugesetzbuch regelt in §§ 30 bis 37 BauGB die Zulässigkeit von Vorhaben im Geltungsbereich von Bebauungsplänen und in unbeplanten Gebieten. Diese Vorschriften regeln nur die bauplanungsrechtliche, nicht die bauordnungsrechtliche Zulässigkeit des Vorhabens[1]. § 29 Abs. 2 BauGB stellt deshalb klar, daß die Vorschriften des Bauordnungsrechts und andere öffentlich-rechtliche Vorschriften von den Regelungen des Baugesetzbuchs über die Zulässigkeit von Bauvorhaben unberührt bleiben. Andere öffentlich-rechtliche Vorschriften sind z.B. Regelungen des Immissionsschutz-, Naturschutz-, Denkmalschutz-, Wasserrechts[2] oder des Straßenrechts (Anbauverbote). Allerdings kann die bauplanungsrechtliche Beurteilung der Zulässigkeit eines Vorhabens sich auf die Beurteilung nach derartigen anderen Vorschriften auswirken, insbesondere soweit diesen die Wertung entnommen werden kann, daß sie eine bauplanungsrechtlich zulässige Bebauung nicht grundsätzlich ausschließen sollen[3].

1103

Gemäß § 29 Abs. 1 BauGB gelten die Vorschriften über die planungsrechtliche Zulässigkeit von Bauvorhaben in den §§ 30 bis 37 BauGB

1104

– für Vorhaben, die die Errichtung, Änderung oder Nutzungsänderung von baulichen Anlagen zum Inhalt haben (dazu Rdnr. 1106 ff.),

– für Aufschüttungen und Abgrabungen größeren Umfangs (dazu Rdnr. 1126 f.) und

– für Ausschachtungen, Ablagerungen einschließlich Lagerstätten (Rdnr. 1128 ff.).

Eingeschränkt wird der Anwendungsbereich der in §§ 30 bis 37 BauGB enthaltenen Regelungen über die planungsrechtliche Zulässigkeit von Vor-

1105

---
1 Zur Abgrenzung vgl. oben Rdnr. 1 ff.
2 Zur Wasserschutzverordnung BVerwG v. 12.4.2001 – 4 C 5.00, Buchholz 406.11 § 35 Nr. 346 = BRS 64 Nr. 94 = BauR 2001, 1701 = DVBl. 2001, 1446 = NVwZ 2001, 1048.
3 Vgl. zum Artenschutzrecht BVerwG v. 11.1.2001 – 4 C 6.00, BVerwGE 112, 321 = BRS 64 Nr. 85 = BauR 2001, 918 = DVBl. 2001, 646 = NVwZ 2001, 1040.

haben durch die Herausnahme bestimmter Vorhaben von überörtlicher Bedeutung gemäß § 38 BauGB[1].

1. Errichtung, Änderung, Nutzungsänderung baulicher Anlagen

a) Bauliche Anlagen

1106 § 29 Abs. 1 BauGB erfaßt in seiner 1. Alternative Vorhaben, die bauliche Anlagen betreffen. Der Begriff der baulichen Anlage ist im Baugesetzbuch nicht definiert, wohl aber in den Bauordnungen der Länder mit einander ähnlichen, jedoch textlich nicht übereinstimmenden Fassungen. Diese bauordnungsrechtlichen Begriffsbestimmungen sind für das Bauplanungsrecht nicht maßgebend. Der Begriff hat vielmehr einen **eigenständigen bundesrechtlichen Inhalt**, der dem – vom Bauordnungsrecht abweichenden – Regelungszweck der §§ 30 bis 37 BauGB Rechnung trägt, die städtebauliche Ordnung und Entwicklung zu steuern[2].

1107 Der bundesrechtliche Begriff der baulichen Anlage setzt sich nach der Rechtsprechung des Bundesverwaltungsgerichts aus zwei Elementen zusammen, „nämlich einem verhältnismäßig weiten Begriff des Bauens und einem einschränkenden Merkmal (möglicher) bodenrechtlicher Relevanz"[3].

1108 Als „Bauen" in diesem Sinn definiert das Bundesverwaltungsgericht „das Schaffen von Anlagen . . ., die in einer auf Dauer gedachten Weise künstlich mit dem Erdboden verbunden sind"[4]. An die **künstliche Verbindung mit dem Boden** werden keine hohen Anforderungen gestellt. Auf eine feste Verbindung mit dem Boden kommt es nicht an, so daß auch eine Balkenunterlage mit darauf liegenden Brettern, die durch Ausgleich von Bodenunebenheiten die Aufstellung von Zelten erleichtern soll, eine bauliche Anlage sein kann[5]. Dasselbe gilt für ein mittels einer Slipanlage mit dem Boden verbundenes Hausboot[6], ein durch verschraubte Eisenrohre mit dem Ufer verbundenes Wohnboot[7] oder die Einhausung eines Holzstapels[8]. Stell-

---

1 Vgl. dazu oben Rdnr. 84 ff.
2 Vgl. etwa BVerwG v. 10.12.1971 – IV C 33, 34, 35.69, BVerwGE 39, 154 = BRS 24 Nr. 149 = BauR 1972, 100 = DVBl. 1972, 211; BVerwG v. 31.8.1973 – IV C 33.71, BVerwGE 44, 59 = BRS 27 Nr. 122 = BauR 1973, 966 = DVBl. 1974, 236; BVerwG v. 4.3.1997 – 4 B 233.96, Buchholz 406.11 § 29 Nr. 59 = BRS 59 Nr. 127 = BauR 1997, 611 = NJW 1997, 2063; zu der unterschiedlichen Zielsetzung des Bauordnungsrechts und des Bauplanungsrechts auch oben Rdnr. 1 ff.
3 So BVerwG v. 31.8.1973 ebenda.
4 BVerwG v. 31.8.1973 ebenda.
5 BVerwG v. 1.11.1974 – IV C 13.73, BRS 28 Nr. 89 = BauR 1975, 108 = DVBl. 1975, 479.
6 BVerwG v. 22.7.1970 – IV B 209.69, BRS 23 Nr. 134 = DÖV 1971, 249.
7 BVerwG v. 31.8.1973 – IV C 33.71, BVerwGE 44, 59 = BRS 27, 122 = BauR 1973, 366 = DVBl. 1974, 236.
8 BVerwG v. 10.8.1999 – 4 B 57.99, BRS 62 Nr. 161 = BauR 2000, 1161.

plätze, Zelt- oder Campingplätze, Lagerplätze[1] oder Wege sind „gebaut", wenn sie künstlich befestigt sind. Ausreichend ist die mittelbare Verbindung mit dem Erdboden; deshalb kann auch die an einer Wand befestigte Werbetafel[2] oder eine auf dem Dach angebrachte Mobilfunksendeanlage[3] eine bauliche Anlage sein.

Die **auf Dauer** gedachte Verbindung besteht auch bei grundsätzlich beweglichen Anlagen, die nach den Vorstellungen des Bauherrn eine für ein ortsfestes Bauwerk typische Funktion erhalten sollen, so z.B. ein Wohn- oder Campingwagen anstelle eines Wochenendhauses[4]. Es kann auch genügen, daß die Anlage ihre Funktion dadurch erfüllt, daß sie immer wieder vorübergehend am selben Standort aufgestellt wird[5]. 1109

Bodenrechtliche Relevanz hat die **Anlage**, wenn sie entweder allein oder bei einer zu unterstellenden Häufung Belange berührt, die geeignet sind, ein Planungsbedürfnis im Sinne von § 1 Abs. 3 BauGB hervorzurufen[6]. Dabei kommt es nicht darauf an, ob die sich gedanklich abzeichnende Entwicklung als unerwünscht zu beurteilen ist[7]. Die bodenrechtliche Relevanz kann sich auch auf das Ortsbild beziehen, so daß an Gebäuden angebrachte Werbeanlagen bauliche Anlagen im Sinne von § 29 Abs. 1 BauGB sein können[8]. 1110

b) Errichtung, Änderung, Nutzungsänderung

Die die baulichen Anlagen betreffenden „Vorhaben" werden von § 29 Abs. 1 BauGB nur erfaßt, soweit sie die Errichtung, Änderung oder Nutzungsänderung betreffen. Voraussetzung ist in allen Fällen die **bodenrechtliche Relevanz des Vorhabens**. Diese setzt voraus, daß die beabsichtigte Maßnahme in ihrer konkreten Ausgestaltung Gegenstand bauplanerischer 1111

---

1 Vgl. BVerwG v. 7.9.1979 – 4 C 45.77, BRS 35 Nr. 157 = BauR 1980, 53 = DVBl. 1980, 232; vgl. zu den Lagerplätzen auch unten Rdnr. 1129.
2 BVerwG v. 15.12.1994 – 4 C 19.93, Buchholz 406.11 § 34 Nr. 173 = BRS 56 Nr. 130 = BauR 1995, 506 = DVBl. 1995, 749 = NVwZ 1995, 897.
3 OVG Münster v. 25.2.2003 – 10 B 2417/02, BauR 2003, 1011 = NVwZ-RR 2003, 637 = ZfBR 2003, 377.
4 BVerwG v. 26.6.1970 – IV C 116.68, BRS 23 Nr. 129 = DÖV 1971, 638.
5 BVerwG v. 17.12.1976 – IV C 6.75, BRS 30 Nr. 117 = BauR 1977, 109 = DÖV 1977, 326 (aufblasbare Schwimmhalle).
6 Vgl. insbesondere BVerwG v. 3.12.1992 – 4 C 27.91, BVerwGE 91, 234 = BRS 54 Nr. 126 = BauR 1993, 315 = DVBl. 1993, 439 = NVwZ 1993, 983; BVerwG v. 7.5.2001 – 6 C 18.00, BVerwGE 114, 206 = BRS 64 Nr. 89 = BauR 2001, 1558 = NVwZ 2001, 1046 = ZfBR 2001, 481; OVG Hamburg v. 15.6.2000 – 2 Bf 15/97, BauR 2000, 1842 verneint die bodenrechtliche Relevanz der Befestigung einer Garagenzufahrt.
7 BVerwG v. 3.12.1992 ebenda.
8 BVerwG v. 3.12.1992 ebenda; BVerwG v. 15.12.1994 – 4 C 19.93, Buchholz 406.11 § 34 Nr. 173 = BRS 56 Nr. 130 = BauR 1995, 506 = DVBl. 1995, 947 = NVwZ 1995, 897.

Festsetzungen sein kann. Denn nur unter dieser Voraussetzung kann ein Bebauungsplan zur Regelung der Zulässigkeit i.S. von § 1 Abs. 3 BauGB erforderlich sein.

Beispiele:

1112 (a) Der Antragsteller beabsichtigt die Errichtung einer Dachgaube ohne Änderung der Nutzung des Dachgeschosses. Bewirkt die Baumaßnahme nicht, daß das Dachgeschoß zum Vollgeschoß wird, so besteht keine Möglichkeit, durch Festsetzungen des Bebauungsplans das Vorhaben zu unterbinden. Es unterliegt deshalb keiner bauplanungsrechtlichen Regelung[1].

1113 (b) Der Antragsteller beabsichtigt die Aufstellung von 8 Gewinnspielgeräten in einem „Snooker-Billardsalon". Das Vorhaben hat bodenrechtliche Relevanz, weil durch seine Verwirklichung der Billardsalon zu einer Spielhalle umgestaltet würde, deren Zulässigkeit durch planungsrechtliche Festsetzungen beschränkt werden kann[2].

1114 **Errichtung** ist die Herstellung der baulichen Anlage an einem bestimmten Standort. Erfaßt wird daher auch das Umsetzen z.B. eines Containers mit dem Ziel, diesen an dem neuen Standort auf Dauer zu belassen. Errichtung ist auch die Wiederherstellung einer zerstörten baulichen Anlage oder der Anbau eines selbständig benutzbaren Gebäudes an ein vorhandenes Gebäude[3].

1115 **Änderungen und Nutzungsänderungen** setzen eine **rechtmäßige bauliche Anlage** voraus. In der Rechtsprechung wurde diese Voraussetzung in Zusammenhang mit der (inzwischen überholten[4]) Begründung des „Bestandsschutzes" baulicher Anlagen aus Art. 14 GG gebracht[5]. Auch unabhängig davon gilt jedoch, daß die gesetzliche Differenzierung zwischen Errichtung einerseits und Änderung und Nutzungsänderung andererseits für die letzteren nicht nur einen faktischen sondern einen rechtmäßigen Bestand voraussetzt. Dies hat Bedeutung u.a. wegen der Begrenzung des Prüfungsumfangs bei Änderungen (Rdnr. 1119, Beispiel b).

1116 Die **Aufgabe der rechtmäßigen Nutzung** einer baulichen Anlage kann dazu führen, daß die bauliche Anlage insgesamt oder jedenfalls die frühere Nutzung rechtswidrig wird und dadurch ihren „Bestandsschutz" verliert. Ist die

---

1 Fall des BVerwG v. 16.12.1993 – 4 C 22.92, Buchholz 406.11 § 29 Nr. 52 = NVwZ 1994, 1010 = ZfBR 1994, 148; vgl. auch zur Errichtung eines Satteldachs auf einem Flachdachgebäude VGH Mannheim v. 7.7.1995 – 5 S 3339/94, BRS 57 Nr. 87 = NVwZ-RR 1996, 486 = ZfBR 1996, 287.
2 Fall des BVerwG v. 19.12.1994 – 4 B 260.94, Buchholz 406.11 § 29 Nr. 54.
3 Dazu näher Halama in Berliner Kommentar zum Baugesetzbuch, § 29 Rdnr. 10.
4 Vgl. zusammenfassend BVerwG v. 12.3.1998 – 4 C 10.97, BVerwGE 106, 228 = Buchholz 406.11 § 35 Nr. 334 = BRS 60 Nr. 98 = BauR 1998, 760 = NVwZ 1998, 842; Halama in Berliner Kommentar zum Baugesetzbuch, § 29 Rdnr. 3.
5 OVG Hamburg v. 25.4.1995 – 6 M 1826/94, BRS 56 Nr. 112 = BauR 1994, 499 = NVwZ-RR 1995, 6.

bauliche Anlage rechtswidrig geworden, so ist die Genehmigung einer Nutzungsänderung nicht mehr möglich. Ist die frühere Nutzung rechtswidrig geworden, so ist ihre Wiederaufnahme eine Nutzungsänderung, bedarf also einer erneuten bauplanungsrechtlichen Beurteilung am Maßstab des gegenwärtig geltenden Rechts. Im einzelnen sind die Rechtsfolgen der Nutzungsaufgabe in der Rechtsprechung bisher nicht hinreichend geklärt. Es kann aber festgehalten werden:

– Wird eine nach § 35 Abs. 1 oder § 37 BauGB privilegierte Nutzung einer baulichen Anlage im Außenbereich endgültig aufgegeben, so entfällt damit der „Bestandsschutz" sowohl der Nutzung als auch der Gebäudesubstanz[1]; denn die Gebäudesubstanz durfte nur zur Ausübung der privilegierten Nutzung geschaffen werden. Dies schließt allerdings nicht aus, daß eine andere rechtmäßige Nutzung zugelassen werden kann[2]. Die Aufnahme dieser Nutzung ist als Errichtung i.S. von § 29 Abs. 1 BauGB zu qualifizieren.

– Eine rechtswidrige Ausweitung der Nutzung kann die Rechtmäßigkeit der ausgeübten Nutzung beseitigen, sofern sie deren Qualität verändert. Das hat das Bundesverwaltungsgericht angenommen für die Ausweitung des Betriebs einer genehmigten Autolackiererei zu einem Umfang, der eine immissionsschutzrechtliche Genehmigung erfordert[3].

– Wird eine zulässige Nutzung unterbrochen, so ist ihre Wiederaufnahme keine Nutzungsänderung (sondern durch den „Bestandsschutz" gedeckt), solange die Verkehrsauffassung mit der Wiederaufnahme rechnet[4]. Anderenfalls verliert sie die bodenrechtliche Relevanz, die Grundlage für die Zulassung ihrer Fortsetzung ohne erneute bauplanungsrechtliche Prüfung ist. Das Bundesverwaltungsgericht hat zur Ermittlung der Verkehrsauffassung ein „Zeitmodell" entworfen, nach dem im 1. Jahr nach der Aufgabe stets mit der Wiederaufnahme zu rechnen sei, im 2. Jahr eine Regelvermutung für diese Erwartung spreche und ab dem 3. Jahr diese Vermutung sich umkehre[5]. Nach 10 Jahren dürfte der „Bestandsschutz" jedenfalls erloschen sein[6].

– Die Aufgabe der bisherigen unter Aufnahme einer neuen Nutzung beseitigt den „Bestandsschutz" der früheren Nutzung, weil die Verkehrsauf-

---

1 BVerwG v. 21.11.2000 – 4 B 36.00, Buchholz 406.17 Nr. 72 = BRS 63 Nr. 121 = BauR 2001, 610 = NVwZ 2001, 557; BVerwG v. 9.9.2002 – 4 B 52.02, Buchholz 406.16 Nr. 84 = BRS 64 Nr. 92 = BauR 2003, 1021.
2 BVerwG v. 21.11.2000 und v. 9.9.2002 ebenda.
3 BVerwG v. 18.5.1995 – 4 C 20.94, BVerwGE 98, 235 = BRS 57 Nr. 67 = Bau R 1995, 807 = DVBl. 1996, 40 = NVwZ 1996, 379.
4 BVerwG v. 18.5.1995 ebenda; BGH v. 8.5.2003 – III ZR 68/02, BGHZ 115, 27 = BauR 2003, 1541 = DVBl. 2003, 1053 = NVwZ 2003, 1546 = ZfBR 2003, 688.
5 BVerwG v. 18.5.1995 ebenda.
6 VGH Kassel v. 15.2.2001 – 4 UE 1481/86, ESVGH 51, 141 = AgrarR 2002, 366.

fassung nicht mit ihrer Wiederaufnahme rechnet[1]. Die Wiederaufnahme ist daher Nutzungsänderung.

1117 **Änderungen** sind bauliche Veränderungen der Anlage z.B. durch Erweiterungen, Verkleinerungen, Änderungen der inneren Raumaufteilung, Erhöhungen des Nutzungsmaßes[2]. Keine Änderung ist die Beseitigung baulicher Anlagen; ihre Zulässigkeit wird daher durch die §§ 30 bis 37 BauGB nicht geregelt. Deshalb ist auch die Verkleinerung dann keine Änderung, wenn sie nicht mit Änderungen am Restbestand der baulichen Anlage verbunden ist. Im übrigen wird es bei Verkleinerungen ebenso wie bei Änderungen der inneren Raumaufteilung (auch soweit tragende Bauteile betroffen sind) häufig an der bodenrechtlichen Relevanz fehlen. Reparatur- und Instandsetzungsarbeiten sind keine Änderungen im Sinne von § 29 Abs. 1 BauGB, wenn sie vom Bestandsschutz gedeckt sind. Das ist nach der Rechtsprechung des Bundesverwaltungsgerichts jedenfalls dann nicht mehr der Fall, wenn die Eingriffe in die Bausubstanz so intensiv sind, daß sie eine neue statische Berechnung der Anlage erfordern[3] oder mit einer Erneuerung der wesentlichen Teile des Gebäudes verbunden sind[4].

1118 Erfolgt eine Änderung im Sinne von § 29 Abs. 1 BauGB, so ist Gegenstand der bauplanungsrechtlichen Beurteilung nicht nur das Änderungsvorhaben, sondern die **bauliche Anlage in ihrer geänderten Gestalt**. Durch die Änderung wird auch der bereits vorhandene Teil der baulichen Anlage zur Disposition gestellt, wenn er in der neuen Gesamtanlage aufgeht[5]. Das gilt sowohl für bauliche Änderungen als auch für Nutzungsänderungen. Allerdings hat sich die Prüfung der Gesamtanlage auf diejenigen bauplanungsrechtlichen Gesichtspunkte zu beschränken, die von der Änderung berührt werden. Soweit § 29 Abs. 1 BauGB sich auf Änderungen und Nutzungsänderungen bezieht, hat die Vorschrift nicht den Zweck, aus Anlaß jeder Änderung eine umfassende bauplanungsrechtliche Beurteilung der Gesamtanlage zu eröffnen. Der „Genehmigungsgegenstand"[6] wird durch die berührten Belange begrenzt.

---

1 BVerwG v 18.5.1990 – 4 C 49.89, Buchholz 406.16 Nr. 52 = BRS 50 Nr. 166 = BauR 1990, 282 = NVwZ 1991, 264 = ZfBR 1990, 245.
2 Zu letzterem BVerwG v. 14.4.2000 – 4 C 5.99, BauR 2001, 227 = NVwZ 2000, 1048 = ZfBR 2000, 486.
3 Vgl. BVerwG v. 18.10.1974 – IV C 75.71, BVerwGE 47, 126 = BRS 28 Nr. 114; die in dieser Entscheidung zusätzlich enthaltenen Ausführungen zur „eigentumskräftig verfestigten Anspruchsposition" sind durch die neuere Rspr. des BVerwG überholt, vgl. dazu Rdnr. 2222.
4 BVerwG v. 14.4.2000 – 4 C 5.99, BauR 2001, 227 = NVwZ 2000, 1048 = ZfBR 2000, 486.
5 Eine abweichende Beurteilung kann nach Bauordnungsrecht geboten sein, vgl. etwa OVG Hamburg v. 24.9.1998 – Bf II 47/96, BRS 60 Nr. 141; ausführlich dazu Mampel, Der baurechtliche Begriff des Vorhabens oder das Prüfungs- und Entscheidungsprogramm bei baulichen und bei Nutzungs-Änderungen, ZfBR 2000, 10 ff.
6 BVerwG v. 4.2.2000 – 4 B 106.99, Buchholz 406.11 § 29 Nr. 64 = BauR 2000, 1041 = NVwZ 2000, 1047 = ZfBR 2000, 488.

Beispiele: 1119

(a) Der Antragsteller beabsichtigt die Erweiterung eines Verbrauchermarkts. Gegenstand der bauplanungsrechtlichen Beurteilung am Maßstab von § 34 BauGB hat nicht nur der Erweiterungsbau, sondern der Verbrauchermarkt in seiner neuen Gestalt zu sein. Allerdings ist der bereits vorhandene Verbrauchermarkt bei der Beurteilung der Eigenart der näheren Umgebung zu berücksichtigen[1].

(b) Der Antragsteller beabsichtigt die Nutzungsänderung von Räumen im Dachgeschoß zu Wohnzwecken. Sind bauliche Änderungen nicht beabsichtigt, so kann dem Vorhaben nicht entgegengehalten werden, daß sich das vorhandene (und genehmigte) Dachgeschoß in die Eigenart der näheren Umgebung nach dem Maß der baulichen Nutzung nicht einfüge[2].

(c) Der Antragsteller begehrt die Erteilung einer Nachtragsbaugenehmigung für die Legalisierung einer von der Genehmigung abweichenden Ausführung von Dach und Fassade eines Gebäudes. Ist diese Änderung bauplanungsrechtlich nur unter dem Gesichtspunkt der Beeinträchtigung des Ortsbildes relevant, so ist die Gesamtanlage auch im Nachtragsgenehmigungsverfahren bauplanungsrechtlich nur unter diesem Gesichtspunkt zu beurteilen[3].

Eine **Nutzungsänderung** im Sinne von § 29 Abs. 1 BauGB erfolgt nach der Rechtsprechung des Bundesverwaltungsgerichts, „wenn durch die Verwirklichung eines Vorhabens die jeder Art von Nutzung eigene Variationsbreite verlassen wird und wenn ferner durch die Aufnahme dieser veränderten Nutzung bodenrechtliche Belange neu berührt werden können, so daß sich die Genehmigungsfrage unter bodenrechtlichem Aspekt neu stellt"[4]. Bauordnungsrechtliche Fragen sind für die Bestimmung der Nutzungsänderung ohne Relevanz[5]. Eine genehmigungspflichtige Nutzungsänderung im bauordnungsrechtlichen Sinne kann deshalb z.B. auch dann vorliegen, wenn die beabsichtigte Änderung der Nutzungsweise keine Nutzungsänderung im bauplanungsrechtlichen Sinne ist[6]. 1120

Bei der Beurteilung der Frage, ob diese Voraussetzungen erfüllt sind, ist die bisherige mit der geplanten neuen Nutzung zu vergleichen. Zur Bestimmung der **bisherigen Nutzung** ist die Baugenehmigung heranzuziehen[7]. Ist 1121

---

1 Fall des BVerwG v. 17.6.1993 – 4 C 17.91, Buchholz 406.11 § 34 Nr. 158 = BRS 55 Nr. 72 = BauR 1994, 81 = NVwZ 1994, 294 = ZfBR 1994, 37.
2 Fall des BVerwG v. 30.1.1997 – 4 B 172.96, Buchholz 406.11 § 34 Nr. 182 = BRS 59 Nr. 81 = NVwZ-RR 1997, 519, das allerdings anders entschieden hat.
3 Fall des BVerwG v. 4.2.2000 – 4 B 106.99, Buchholz 406.11 § 29 Nr. 64 = BauR 2000, 1041 = NVwZ 2000, 1047 = ZfBR 2000, 488.
4 So BVerwG v. 11.11.1988 – 4 C 50.87, Buchholz 406.11 § 35 Nr. 252 = BRS 48 Nr. 58 = NVwZ-RR 1989, 340 = ZfBR 1989, 72 (ständige Rechtsprechung).
5 Unrichtig deshalb Hess.VGH v. 8.11.1979 – IV OE 51/75, BRS 35 Nr. 51 = BauR 1980, 251.
6 Davon geht zutreffend auch BVerwG v. 25.3.1988 – 4 C 21.85, Buchholz 406.16 Nr. 47 = BRS 48 Nr. 138 = BauR 1988, 569 = NVwZ 1989, 667 aus.
7 Vgl. BVerwG v. 18.4.1996 – 4 C 17.94, Buchholz 406.11 § 29 Nr. 58 = BRS 58 Nr. 55 = BauR 1996, 674 = NVwZ-RR 1997, 397; a.A. wohl Halama in Berliner Kommentar zum Baugesetzbuch, § 29 Rdnr. 11.

die zulässige Nutzung in der Baugenehmigung nur verhältnismäßig allgemein bestimmt, z.B. als „Einzelhandelsbetrieb" oder „Vergnügungsstätte", so gehören damit allerdings nicht automatisch alle Nutzungsformen zur bisherigen Nutzung, die sich einer solchen Beschreibung zuordnen lassen. Die ursprüngliche Genehmigung mag dem Eigentümer in einem derartigen Fall die Auswahl unter verschiedenen Nutzungsformen ermöglicht haben. Beschränkt er sich aber dann in Ausnutzung der Baugenehmigung auf eine bestimmte Nutzungsform, so ist allein diese als „bisherige Nutzung" der Beurteilung zugrunde zu legen, ob die beabsichtigte Änderung der Nutzungsweise eine Nutzungsänderung im bauplanungsrechtlichen Sinne ist. Denn der Begriff der Nutzungsänderung soll bodenrechtlich relevante Änderungen der Nutzungsweise erfassen; zu diesen kann auch die Aufnahme einer Nutzung gehören, die früher einmal zulässig gewesen sein mag, gleichwohl aber nicht aufgenommen oder wieder aufgegeben wurde[1].

1122 Ebenso wie die „bisherige Nutzung" ist die ihr eigene **Variationsbreite** unter Berücksichtigung des Zwecks der Regelung zu bestimmen, bodenrechtlich relevante Änderungen zu erfassen. Die der bisherigen Nutzung eigene Variationsbreite wird deshalb verlassen, wenn die beabsichtigte Änderung der Nutzungsweise die bodenrechtlichen Belange des § 1 Abs. 5 BauNVO berühren kann[2]. Das ist immer bereits dann der Fall, „wenn die beabsichtigte neue Nutzung gegenüber der bisherigen – etwa unter den Voraussetzungen des § 1 Abs. 9 BauNVO – einer gesonderten Festsetzung durch einen Bebauungsplan unterworfen werden könnte"[3]. Die Variationsbreite der Nutzung kann deshalb nicht mittels einer „typisierenden Betrachtungsweise" bestimmt werden, die sich allein an den durch die BauNVO geprägten Nutzungstypen orientiert[4].

1123 Nach diesen Grundsätzen sind **Beispiele** für genehmigungsbedürftige Nutzungsänderungen die Umwandlung von Wohnungen für Aufsichts- und Bereitschaftspersonen nach § 7 Abs. 2 Nr. 6 BauNVO oder § 8 Abs. 3 Nr. 1 BauNVO in sonstige Wohnungen[5], die Nutzung einer Hotel-Pension oder eines Kinderheims als Altenheim[6], die Nutzung einer Pension als therapeu-

---

1 Vgl. zur Nutzungsaufgabe Rdnr. 1116.
2 BVerwG v. 25.3.1988 – 4 C 21.85, BRS 48 Nr. 138 = BauR 1988, 569 = NVwZ 1989, 667; BVerwG v. 1.3.1989 – 4 B 24.89, Buchholz 406.11 § 29 Nr. 41 = BRS 49 Nr. 171 = BauR 1989, 308 = NVwZ 1989, 66.
3 So wörtlich BVerwG v. 18.5.1990 – 4 C 49.89, Buchholz 406.16 Nr. 52 = BRS 50 Nr. 166 = BauR 1990, 582 = NVwZ 1991, 264; ebenso BVerwG v. 19.12.1994 – 4 B 260.94, Buchholz 406.11 § 29 Nr. 54.
4 BVerwG v. 18.5.1990 ebenda; unrichtig demgegenüber OVG Greifswald v. 10.7.1995 – 3 M 210/94, BRS 57 Nr. 185 und ihm folgend Jäde in Jäde/Dirnberger/ Weiß, § 29 Rdnr. 23.
5 BVerwG v. 27.5.1983 – 4 C 67.78, BRS 40 Nr. 56 = BauR 1983, 443 = DÖV 1984, 308 = ZfBR 1984, 45.
6 BVerwG v. 25.3.1988 – 4 C 21.85, Buchholz 406.16 Nr. 47 = BRS 48 Nr. 138 = BauR 1988, 569 = NVwZ 1989, 667 (Hotel-Pension); BVerwG v. 3.8.1995 – 4 B 155.95, Buchholz 406.11 § 29 Nr. 55 (Kinderheim).

tische Einrichtung[1], die Nutzung eines Kinos oder einer Diskothek als Spielhalle[2], die Umstellung des bisher auf die Winterzeit beschränkten Betriebs einer Alm-Gaststätte auf einen ganzjährigen Betrieb[3], die Aufstellung von 8 Gewinnspielautomaten in einem „Snooker-Billardsalon"[4], die Einbeziehung der Fläche eines Imbißrestaurants in eine vorhandene Spielhalle, selbst wenn zugleich eine andere Spielhalle in ein Restaurant umgewandelt wird[5] oder die Erweiterung des Nutzungsspektrums eines Kur- und Gemeindehauses durch Einbau von zwei Kegelbahnen[6]. Nutzungsänderung ist auch die Aufnahme einer Einzelhandelsnutzung in einer bisher für den Großhandel genutzten Anlage[7], ebenso – mit Rücksicht auf die sortimentsbezogenen Festsetzungsmöglichkeiten im Bebauungsplan[8] – die Änderung des Sortiments eines großflächigen Einzelhandelsbetriebs[9]. Ohne bodenrechtliche Relevanz und daher keine Nutzungsänderungen sind Änderungen der inneren Raumaufteilung einer Spielhalle, durch die – mit Rücksicht auf § 33 i GewO – die Zahl der Spielhallen im gewerberechtlichen Sinne verändert wird, die in der Spielhalle im bauplanungsrechtlichen Sinne enthalten sind[10]. Bauplanungsrechtlich relevant ist demgegenüber eine Änderung der Nutzungsweise, die bewirkt, daß eine Autolackiererei nach § 4 Abs. 1 BImSchG genehmigungsbedürftig wird[11], ebenso die Fortführung einer Kfz-Werkstatt der früheren Deutschen Bundespost durch einen privaten Unternehmer[12].

Voraussetzung einer jeden Nutzungsänderung im Sinne von § 29 Abs. 1 BauGB ist, daß die Änderung **von dem Inhaber oder Betreiber** der Anlage **veranlaßt** worden ist. Keine Nutzungsänderung ist deshalb eine Intensivierung der Nutzung, die allein auf Änderungen im Verhalten von Besuchern

1124

---

1 BVerwG v. 11.11.1988 – 4 C 50.87, Buchholz 406.11 § 35 Nr. 252 = BRS 48 Nr. 58 = NVwZ-RR 1989, 340.
2 Vgl. BVerwG v. 1.3.1989 – 4 B 24.89, Buchholz 406.11 § 29 Nr. 41 = BRS 49 Nr. 171 = BauR 1989, 308 = NVwZ 1989, 66; BVerwG v. 18.5.1990 – 4 C 49.89, Buchholz 406.16 Nr. 52 = BRS 50 Nr. 166 = BauR 1990, 582 = NVwZ 1991, 264.
3 BVerwG v. 6.9.1999 – 4 B 74.99, Buchholz 406.11 § 29 Nr. 63 = BauR 2001, 220 = NVwZ 2000, 678 = ZfBR 2000, 133.
4 BVerwG v. 19.12.1994 – 4 B 260.94, Buchholz 406.11 § 29 Nr. 54.
5 OVG Münster v. 29.1.1997 – 11 A 2980/94, BRS 59 Nr. 27.
6 BVerwG v. 27.8.1998 – 4 C 5.98, Buchholz 406.11 § 34 Nr. 190 = BRS 60 Nr. 83 = BauR 1999, 152 = DVBl. 1999, 254.
7 BVerwG v. 3.2.1984 – 4 C 25.82, BVerwGE 68, 360 = BRS 42 Nr. 52 = BauR 1984, 373 = NJW 1984, 1771 = DVBl. 1984, 637.
8 Vgl. zu diesen etwa BVerwG v. 25.7.1986 – 4 B 144.86, Buchholz 406.12 § 11 Nr. 8 = BRS 46 Nr. 21 = NVwZ 1987, 50 = ZfBR 1986, 243.
9 A.A. OVG Greifswald v. 10.7.1995 – 3 M 210/94, BRS 57 Nr. 185.
10 BVerwG v. 18.4.1996 – 4 C 17.94, Buchholz 406.11 § 29 Nr. 58 = BRS 58 Nr. 55 = BauR 1996, 674 = NVwZ-RR 1997, 397.
11 BVerwG v. 18.5.1995 – 4 C 20.94, BVerwGE 98, 235 = Buchholz 406.12 § 15 Nr. 25 = BRS 57 Nr. 67 = BauR 1995, 807 = DVBl. 1996, 250 = NVwZ 1996, 379.
12 OVG Lüneburg v. 11.7.1996 – 1 M 3191/96, BRS 58 Nr. 130 = BauR 1996, 690 = DÖV 1997, 40.

beruht, selbst wenn diese Verhaltensänderung bauplanungsrechtliche Relevanz hat.

1125 **Beispiel:**

In den 60er Jahren wurde in einer Gaststätte, die im Sinne von § 4 Abs. 2 Nr. 2 BauNVO der Versorgung des Gebiets diente, eine Kegelbahn errichtet. Auch diese Kegelbahn diente der Versorgung des Gebiets. Die Kegelbahn wird inzwischen überwiegend von auswärtigen Besuchern genutzt, die mit Fahrzeugen und Bussen anreisen. Eine Kegelbahn in einer Gaststätte dient heute bei typisierender Betrachtung nicht mehr der Versorgung des Gebiets und ist deshalb in einem Wohngebiet nicht mehr gemäß § 4 Abs. 2 Nr. 2 BauNVO genehmigungsfähig. Die Änderung des Besucherkreises und damit zugleich der bauplanungsrechtlich relevanten Funktion der Spielhalle ist dennoch keine Nutzungsänderung, weil sie nicht auf einer darauf gerichteten Aktivität des Inhabers beruht, dieser insbesondere die bisherige Nutzung nicht aufgegeben hat[1].

2. Aufschüttungen und Abgrabungen größeren Umfangs

1126 Aufschüttungen sind künstliche Erhöhungen, Abgrabungen künstliche Vertiefungen der natürlichen Geländeoberfläche. Bauplanungsrechtlich relevant sind sie – ebenso wie bauliche Anlagen – nur, wenn sie für einen längeren Zeitraum bestimmt sind. Die Absicht einer späteren Verfüllung – etwa nach Ausbeutung von Bodenschätzen – schließt allerdings eine Abgrabung nicht aus.

1127 Die Frage, wann Aufschüttungen und Abgrabungen einen **größeren Umfang** haben, kann angesichts des abweichenden Regelungszwecks[2] nicht unter Rückgriff auf die unterschiedlichen Regelungen der Landesbauordnungen über die Genehmigungsbedürftigkeit solcher Vorhaben bestimmt werden. In der Literatur wird die Auffassung vertreten, einen größeren Umfang hätten Aufschüttungen und Abgrabungen, wenn sie bodenrechtliche Relevanz besitzen[3]. Auf der Grundlage dieser Auffassung ist das Tatbestandsmerkmal entbehrlich, weil Vorhaben ohne bodenrechtliche Relevanz von § 29 Abs. 1 BauGB ohnehin nicht erfaßt werden[4]. Der Umstand, daß das Gesetz den größeren Umfang nur für Aufschüttungen und Abgrabungen, nicht dagegen für Ausschachtungen sowie Ablagerungen einschließlich Lagerstätten verlangt, spricht allerdings gegen die Annahme, das Tatbestandsmerkmal habe

---

1 Fall des BVerwG v. 29.10.1998 – 4 C 9.97, Buchholz 406.12 § 4 Nr. 14 = BRS 60 Nr. 68 = BauR 1999, 228 = DVBl. 1999, 244 = NVwZ 1999, 417; kritisch dazu Schmaltz, Entscheidungsanmerkung, DVBl. 1999, 247.
2 Vgl. zur Eigenständigkeit des bundesrechtlichen Anlagenbegriffs auch oben Rdnr. 1106.
3 Dürr in Brügelmann, § 29 Rdnr. 34; Jäde in Jäde/Dirnberger/Weiß, § 29 Rdnr. 26; Krautzberger in Ernst/Zinkahn/Bielenberg/Krautzberger, § 29 Rdnr. 48; Löhr in Battis/Krautzberger/Löhr, § 29 Rdnr. 22.
4 Das spricht Jäde in Jäde/Dirnberger/Weiß, § 26 Rdnr. 26 auch aus.

keine rechtliche Bedeutung[1]. Die Gesetzessystematik legt es deshalb nahe, das Merkmal des größeren Umfangs als Eingrenzung der bodenrechtlichen Relevanz von Aufschüttungen und Abgrabungen zu interpretieren: Kleinere Aufschüttungen und Abgrabungen werden durch die §§ 30 bis 37 BauGB nicht erfaßt, mögen sie auch grundsätzlich geeignet sein, die in § 1 Abs. 5 BauGB genannten Belange zu berühren; erfaßt werden nach dieser Interpretation nur Aufschüttungen und Abgrabungen, von denen – unter Berücksichtigung der jeweiligen örtlichen Verhältnisse – Auswirkungen mit erheblichem Gewicht auf die nähere Umgebung ausgehen.

3. Ausschachtungen und Ablagerungen einschließlich Lagerstätten

Ausschachtungen sind Abgrabungen mit senkrechten oder annähernd senkrechten Wänden. 1128

Ablagerungen einschließlich Lagerstätten sind Grundstücksflächen, auf denen dauerhaft Gegenstände gelagert werden. Es kommt dabei nicht darauf an, ob die Lagerung mit der Absicht erfolgt, sich der Gegenstände zu entledigen. Lagerstätte kann deshalb ebenso ein Schrottplatz[2] wie ein Ausstellungsplatz für Landmaschinen[3] sein. Soweit Lagerstätten als Abfallbeseitigungsanlagen der Planfeststellung oder der immissionsschutzrechtlichen Genehmigung unterliegen (§ 31 KrW-/AbfG), ist die Anwendung der §§ 30 bis 37 BauGB allerdings durch § 38 Satz 1 BauGB ausgeschlossen. 1129

Das Bundesverwaltungsgericht hat verschiedentlich erwähnt, daß zu den Lagerstätten auch „**Fundorte von Rohstoffen**" gehörten[4]. Diese Auffassung verdient keine Zustimmung. Fundorte von Rohstoffen sind keine Vorhaben. Als Vorhaben kann nur die Gewinnung der Rohstoffe aus der Fundstätte in Frage kommen. Diese kann als Abgrabung oder Ausschachtung von § 29 Abs. 1 BauGB erfaßt werden und unterliegt im übrigen den Vorschriften des Bundesberggesetzes oder landesrechtlichen Bestimmungen über Abgrabungen[5]. 1130

---

1 Krautzberger in Ernst/Zinkahn/Bielenberg/Krautzberger, § 29 Rdnr. 48 will freilich das Merkmal des „größeren Umfangs" auch auf Ausschachtungen und Ablagerungen anwenden, der Gesetzestext sei „nicht eindeutig".
2 Dazu BVerwG v. 7.9.1979 – 4 C 45.77, Buchholz 406.16 Nr. 14 = BRS 35 Nr. 157 = BauR 1980, 53 = DVBl. 1980, 232.
3 Dazu BVerwG v. 29.6.1999 – 4 B 44.99, Buchholz 406.11 § 29 Nr. 62 = BRS 62 Nr. 116 = BauR 1999, 1133 = ZfBR 1999, 284.
4 BVerwG v. 7.9.1979 – 4 C 45.77, Buchholz 406.16 Nr. 14 = BRS 35 Nr. 157 = BauR 1980, 53 = DVBl. 1980, 232; BVerwG v. 29.6.1999 – 4 B 44.99, Buchholz 406.11 § 29 Nr. 62 = BRS 62 Nr. 116 = BauR 1999, 1133 = ZfBR 1999, 284.
5 Vgl. auch BVerwG v. 4.7.1986 – 4 C 31.84, BVerwGE 74, 315 = DVBl. 1986, 1273 = NJW 1987, 1713 = ZfBR 1986, 240; BVerwG v. 16.3.2001 – 4 BN 15.01, Buchholz 406.11 § 1 Nr. 107 = BRS 64 Nr. 2 = BauR 2001, 1232 = NVwZ-RR 2002, 8.

4. Sonstige Nutzungen

1131 Nach der Rechtsprechung des Bundesverwaltungsgerichts, die allerdings durchweg zu der bis zum 31.12.1997 geltenden Fassung von § 29 BauGB ergangen ist, regelt diese Vorschrift **nicht abschließend** die bauplanungsrechtliche Zulässigkeit von Nutzungen im Geltungsbereich eines Bebauungsplans außerhalb des Anwendungsbereichs von § 38 BauGB. Der Bebauungsplan bedürfe keiner „Geltungsvermittlung". Seine gemäß § 9 Abs. 1 Satz 1 BauGB rechtsverbindlichen Festsetzungen wirkten unmittelbar und schlössen deshalb auch Grundstücksnutzungen mit städtebaulicher Relevanz aus, die die Verwirklichung des Plans verhindern oder wesentlich erschweren oder dem Gebietscharakter widersprechen, auch soweit sie nicht zu den Vorhaben im Sinne von § 29 Abs. 1 BauGB gehören[1]. Einen Widerspruch zu dem Gebietscharakter, der zur Unzulässigkeit der – durch § 29 BauGB nicht erfaßten – Grundstücksnutzung führt, erblickt das Bundesverwaltungsgericht z.B. in einer gewerblichen Nutzung innerhalb eines Wohngebiets[2] oder eines Sondergebiets „Wassersport"[3], ebenso in der Anlage eines Spielplatzes auf einer öffentlichen Grünfläche[4].

1132 Diese Rechtsprechung verdient keine Zustimmung[5]. Der Umstand, daß der Bebauungsplan keiner „Geltungsvermittlung" bedarf, schließt nicht aus, daß das Gesetz seine Rechtswirkungen für die Beurteilung der Zulässigkeit von Grundstücksnutzungen begrenzt. § 29 Abs. 1 BauGB enthält eine solche Begrenzung, indem die Vorschrift die Anwendung der §§ 30 bis 37 BauGB nur für die dort bezeichneten Vorhaben anordnet. Die Auffassung des Bundesverwaltungsgerichts, § 29 BauGB bringe „im Hinblick auf Bebauungspläne lediglich zum Ausdruck, daß die Lage eines Grundstücks im Geltungsbereich eines Bebauungsplans zur Anwendung des § 30 BauGB –

---

1 BVerwG v. 4.11.1966 – IV C 36.65, BVerwGE 25, 243 = BRS 17 Nr. 1 = DVBl. 1967, 283 = NJW 1967, 995; BVerwG v. 2.3.1973 – IV C 40.71, BVerwGE 42, 30 = BRS 27 Nr. 4 = BauR 1973, 166 = DVBl. 1973, 636; BVerwG v. 21.6.1974 – IV C 44.74, BRS 28 Nr. 138 = BauR 1974, 330 = DVBl. 1974, 777; BVerwG v. 28.4.1978 – 4 C 59.75, BauR 1978, 283; BVerwG v. 4.3.1997 – 4 B 233.96, Buchholz 406.11 § 29 Nr. 59 = BauR 1997, 611 = DÖV 1997, 643 = NJW 1997, 2063 = ZfBR 1997, 218; ebenso auch für das neue Recht VGH Mannheim v. 8.2.2002 – 8 S 2748/01, BRS 65 Nr. 157 = NuR 2003, 28 = ZfBR 2003, 44, der zu Unrecht allerdings sogar die städtebauliche Relevanz des Vorhabens für entbehrlich hält; Uechtritz, Zur „Stoppfunktion" des Bebauungsplans, BauR 2003, 49 ff.
2 BVerwG v. 2.3.1973 – IV C 40.71, BVerwGE 42, 30 = BRS 27 Nr. 4 = BauR 1973, 166 = DVBl. 1973, 636.
3 BVerwG v. 28.4.1978 – 4 C 59.75, BauR 1978, 283.
4 BVerwG v. 21.6.1974 – IV C 14.74, BRS 28 Nr. 138 = BauR 1974, 330 = DVBl. 1974, 777; die Frage dürfte hier allerdings nicht entscheidungserheblich sein, weil zu dem Spielplatz bauliche Anlagen gehören.
5 Vgl. auch die ausführliche Kritik von Evers, Die Regelung der „sonstigen Nutzung" durch Bebauungsplan, DVBl. 1968, 1 ff.

im Gegensatz namentlich zu § 34 oder § 35 BauGB – führt"[1], hat im Wortlaut dieser Vorschrift keine Grundlage. Das zusätzliche Argument aus der Grundsatzentscheidung vom 4.11.1966, die Bestimmungen einfacher Bebauungspläne seien zu beachten, obwohl die einfachen Bebauungspläne in den §§ 29 f. BBauG nicht erwähnt waren[2], ist durch § 30 Abs. 3 BauGB überholt. Die Rechtsprechung des Bundesverwaltungsgerichts bedarf deshalb der **Einschränkung**: Grundstücksnutzungen, die von § 29 Abs. 1 BauGB nicht erfaßt werden, sind nur dann wegen eines Widerspruchs zu den Festsetzungen des Bebauungsplans materiell rechtswidrig, wenn der Widerspruch sich auf **Verbote des Bebauungsplans** bezieht[3]. Rechtswidrig ist deshalb z.B. eine Nutzung, die mit der Beseitigung von Pflanzen verbunden ist, die auf der Grundlage einer Festsetzung nach § 9 Abs. 1 Nr. 25 BauGB zu erhalten sind[4], oder die Anlage eines Stellplatzes, der ausnahmsweise keine bauliche Anlage ist, wenn sie durch den Bebauungsplan auf der Grundlage von § 12 Abs. 6 BauNVO ausgeschlossen ist[5]. Dagegen genügt es nicht, daß die Grundstücksnutzung in Widerspruch zu dem durch die Festsetzungen über die Art der baulichen Nutzung bestimmten Gebietscharakter tritt. Denn die Rechtswirkungen dieser Festsetzungen werden durch § 29 Abs. 1 BauGB auf die Beurteilung der Zulässigkeit der dort genannten Vorhaben begrenzt; sie enthalten keine weitergehenden Verbote.

II. Das Verfahren der Zulassung von Bauvorhaben

Die **Landesbauordnungen** bestimmen, unter welchen Voraussetzungen Bauvorhaben vor ihrer Ausführung einer Genehmigung bedürfen oder der Bauaufsichtsbehörde anzuzeigen sind. Sie regeln auch das **Genehmigungsverfahren**. Dabei sehen sie regelmäßig die Möglichkeit vor, durch eine Bauvoranfrage eine verbindliche Entscheidung über einzelne Fragen des Bauvorhabens (Bauvorbescheid) herbeizuführen, ohne einen vollständigen Bauantrag einzureichen. Dieses Instrument hat sich insbesondere zur Klärung der bauplanungsrechtlichen Zulässigkeit des Bauvorhabens bewährt. Ein Bauvorbescheid über die planungsrechtliche Zulässigkeit des Vorhabens ist als „Be-

1133

---

1 So zuletzt noch BVerwG v. 4.3.1997 – 4 B 233.96, Buchholz 406.11 § 29 Nr. 59 = BauR 1997, 611 = DÖV 1997, 643 = NJW 1997, 2063.
2 BVerwG v. 4.11.1966 – IV C 36.65, BVerwGE 25, 243 = BRS 17 Nr. 1 = DVBl. 1967, 283 = NJW 1967, 995.
3 So auch Evers, Die Regelung der „sonstigen Nutzung" durch Bebauungsplan, DVBl. 1968, 1, 3.
4 Evers ebenda.
5 Insofern kann der Entscheidung des BVerwG v. 4.3.1997 – 4 B 233.96, Buchholz 406.11 § 29 Nr. 59 = BauR 1997, 611 = DÖV 1997, 643 = NJW 1997, 2063 im Ergebnis zugestimmt werden. Es ging in dieser Entscheidung im übrigen um die Anwendbarkeit der Regelung über die Unzulässigkeit von Stellplätzen, obwohl diese nach Landesrecht genehmigungsfrei waren; diese Problematik hat sich dadurch erledigt, daß § 29 BauGB in der seit dem 1.1.1998 geltenden Fassung nicht mehr auf die Genehmigungsbedürftigkeit nach Landesrecht abhebt.

bauungsgenehmigung" ein vorweggenommener Teil der Baugenehmigung[1]. Als vorweggenommener Teil der Baugenehmigung setzt sich die Bebauungsgenehmigung auch gegenüber nachfolgenden Rechtsänderungen durch das Inkrafttreten einer Veränderungssperre oder eines Bebauungsplans durch[2].

1134 Das **Bundesrecht** enthält nur wenige ergänzende Verfahrensbestimmungen:

1135 Bei der Entscheidung über Ausnahmen und Befreiungen nach § 31 BauGB, bei der Zulassung von Vorhaben im Bereich des Entwurfs eines Bebauungsplans nach § 33 BauGB und bei der Zulassung von Vorhaben im Außenbereich entscheidet die Baugenehmigungsbehörde im **Einvernehmen mit der Gemeinde**. Die Zuständigkeit der Gemeinde kann gemäß § 203 Abs. 1 BauGB mit ihrer Zustimmung durch Rechtsverordnung auf eine andere Gebietskörperschaft oder gemäß § 203 Abs. 2 BauGB durch Landesgesetz auf Zusammenschlüsse von Gemeinden übertragen werden. Die aus § 36 BauGB sich ergebenden Bindungen für die Entscheidung der Gemeinde und das Verfahren sind bei Rdnr. 1758 ff. dargestellt.

1136 Gemäß § 36 Abs. 1 Satz 4 BauGB kann die Landesregierung durch Rechtsverordnung bestimmen, daß für die Zulassung von Vorhaben nach § 35 Abs. 2 und Abs. 4 BauGB die **Zustimmung der höheren Verwaltungsbehörde** erforderlich ist (vgl. dazu Rdnr. 2281).

1137 **Punktuelle Verfahrensvorschriften**, die im Baugenehmigungsverfahren Bedeutung gewinnen können, finden sich in §§ 206 (Zuständigkeit), 207 (Bestellung von Vertretern), 210 (Wiedereinsetzung in den vorigen Stand), 211 (Rechtsbehelfsbelehrung) und 212a BauGB (Fortfall der aufschiebenden Wirkung des Drittwiderspruchs und der Anfechtungsklage, vgl. dazu näher Rdnr. 1881). Außerdem sind naturschutzrechtliche Vorschriften über die Beteiligung anderer Behörden zu beachten (§§ 21 Abs. 3, 34 Abs. 4 Satz 2 und Abs. 5 Satz 2 BNatSchG); im Einzelfall kann überdies gemäß §§ 2, 3 UVPG eine Umweltverträglichkeitsprüfung erforderlich sein.

1138 **§ 37 BauGB** modifiziert das Verfahren für Vorhaben des Bundes oder eines Landes in mehrfacher Hinsicht: Gemäß Abs. 1 entscheidet die höhere Verwaltungsbehörde über **Vorhaben des Bundes oder eines Landes**, deren besondere Zweckbestimmung eine Abweichung von den Vorschriften des Baugesetzbuchs erfordert. Diese Entscheidung ist der bauaufsichtlichen Entscheidung über die Zulassung des Bauvorhabens vorgeschaltet[3]. Die Erfor-

---

1 Vgl. BVerwG v. 23.5.1975 – IV C 28.72, BVerwGE 48, 242 = BRS 29 Nr. 116; BVerwG v. 9.12.1983 – 4 C 44.80, BVerwGE 68, 241 = BRS 40 Nr. 176 = BauR 1984, 164 = NJW 1984, 1474.
2 Vgl. BVerwG v. 3.2.1984 – 4 C 39.82, BVerwGE 69, 1 = BRS 42 Nr. 170 = BauR 1984, 384 = NJW 1984, 1773.
3 Vgl. OVG Münster v. 24.11.1967 – X B 627/67, OVGE 23, 272 = BRS 18 Nr. 116 = DVBl. 1968, 525; Krautzberger in Ernst/Zinkahn/Bielenberg/Krautzberger, § 37 Rdnr. 21.

derlichkeit der Abweichung ist durch Gewichtung der widerstreitenden öffentlichen Belange zu ermitteln und unterliegt uneingeschränkter gerichtlicher Kontrolle[1]. § 37 BauGB enthält zugleich die Ermächtigung für die Zulassung derartiger Abweichungen. Zusätzlich steht der höheren Verwaltungsbehörde unter diesen Voraussetzungen gemäß Abs. 1 auch die Ersetzung des Einvernehmens der Gemeinde (ohne Rücksicht auf die geltend gemachten Versagungsgründe) zu[2]. Bei Vorhaben, die der Landesverteidigung, dienstlichen Zwecken des Bundesgrenzschutzes oder dem zivilen Bevölkerungsschutz dienen, ist gemäß § 37 Abs. 2 Satz 1 BauGB anstelle der nach Landesrecht sonst vorgesehenen Zulassungsentscheidung nur die Zustimmung der höheren Verwaltungsbehörde erforderlich; Abs. 2 Satz 2 und Satz 3 enthalten Regelungen für das Zustimmungsverfahren. Der Durchführung eines solchen Zustimmungsverfahrens bedarf es gemäß § 37 Abs. 4 Satz 2 BauGB allerdings nicht bei Vorhaben, die auf Grundstücken errichtet werden, die nach dem Landbeschaffungsgesetz beschafft werden; dann sind vielmehr gemäß § 37 Abs. 4 Satz 1 BauGB in dem Verfahren nach § 1 Abs. 2 des Landbeschaffungsgesetzes die von der Gemeinde oder der höheren Verwaltungsbehörde vorgebrachten Einwendungen zu erörtern. Durch Aufgabe der militärischen Nutzung geht der Bestandsschutz der Anlage verloren, ohne daß es einer förmlichen Entwidmung bedarf[3].

B. Die zulässigen Vorhaben in beplanten Gebieten

I. Die bauplanungsrechtliche Einordnung

Die planungsrechtliche Prüfung eines Bauantrags beginnt mit der Feststellung, wie das Baugrundstück bauplanungsrechtlich einzuordnen ist. Dabei gibt es fünf Möglichkeiten: 1139

(1) Das Grundstück liegt im Geltungsbereich eines **qualifizierten Bebauungsplans**. In diesem Fall richtet sich die Zulässigkeit des Vorhabens nach dessen Festsetzungen (§ 30 Abs. 1 BauGB).

(2) Das Grundstück liegt im Geltungsbereich eines **vorhabenbezogenen Bebauungsplans** gemäß § 12 BauGB; auch in diesem Fall richtet sich die Zulässigkeit des Vorhabens nach den Planfestsetzungen (§ 30 Abs. 2 BauGB).

---

1 BVerwG v. 14.2.1991 – 4 C 20.88, BVerwGE 88, 35 = BRS 52 Nr. 151 = DVBl. 1991, 815 = NVwZ 1992, 477 = ZfBR 1991, 176; ausführlich zur Beurteilung der Erforderlichkeit Mampel, § 37 Abs. 1 BauGB: Besondere öffentliche Zweckbestimmung und Erforderlichkeit einer Abweichung, UPR 2002, 92 ff.
2 Zum Rechtsschutz der Gemeinde vgl. Hess.VGH v. 7.12.2000 – 4 TG 3044/99, BRS 63 Nr. 122 = BauR 2001, 924 = DVBl. 2001, 655 = NVwZ 2001, 823.
3 Vgl. BVerwG v. 21.11.2000 – 4 B 36.00, Buchholz 406.17 Nr. 72 = BRS 63 Nr. 121 = BauR 2001, 610 = NVwZ-RR 2001, 557.

Der vorhabenbezogene Bebauungsplan entspricht damit hinsichtlich der genehmigungsrechtlichen Anforderungen einem qualifizierten Bebauungsplan (s. Rdnr. 1140 ff.).

(3) Das Grundstück liegt im Geltungsbereich eines **einfachen Bebauungsplans**; in diesem Fall sind ebenfalls in erster Linie die im Bebauungsplan enthaltenen Festsetzungen maßgeblich; subsidiär richtet sich die Zulässigkeit hinsichtlich der ungeregelten genehmigungsrelevanten Fragen nach § 34 oder § 35 BauGB (s. noch Rdnr. 1146).

(4) Das Grundstück liegt im **unbeplanten Innenbereich**, also nicht im Bereich eines qualifizierten Bebauungsplans, aber innerhalb eines im Zusammenhang bebauten, (noch) nicht beplanten Ortsteils; dann richtet sich die Zulässigkeit des Vorhabens grundsätzlich nach der Eigenart der näheren Umgebung (§ 34 BauGB, Rdnr. 1952 ff.).

(5) Das Grundstück liegt im **Außenbereich**, also nicht im Bereich eines qualifizierten Bebauungsplans und auch nicht innerhalb eines im Zusammenhang bebauten Ortsteils; in diesem Fall finden die gesetzlichen Regelungen für privilegierte und nicht privilegierte Außenbereichsvorhaben Anwendung (§ 35 BauGB, Rdnr. 2102 ff.)

II. Der qualifizierte und der einfache Bebauungsplan

1. Unterschiede

1140 Für die Verbindlichkeit von Festsetzungen eines Bebauungsplans ist es unerheblich, ob ein qualifizierter oder ein einfacher Bebauungsplan vorliegt, da die Festsetzungen beider Pläne einzuhalten sind. Die Prüfung, ob ein qualifizierter Bebauungsplan vorliegt, ist jedoch erforderlich, wenn eine Grundstücksausnutzung vorgesehen ist, für die der Plan eine der in § 30 Abs. 1 BauGB genannten Festsetzungen (z.B. zum Maß der baulichen Nutzung) nicht enthält (s. Rdnr. 1263 ff.). In diesem Fall sind ergänzend die §§ 34 und 35 BauGB als Prüfungsmaßstab heranzuziehen (Rdnr. 1146).

1141 Neuere Bebauungspläne erfüllen in aller Regel die Mindestvoraussetzungen für einen **qualifizierten Bebauungsplan**, der Festsetzungen über die Art und das Maß der baulichen Nutzung, die überbaubaren Grundstücksflächen und die örtlichen Verkehrsflächen enthalten muß. Auch die noch darüber hinausgehenden Regelungsinhalte von Bebauungsplänen nehmen mehr und mehr zu. Im wesentlichen dürfte dies daran liegen, daß die Gemeinden – häufig ohne Not – verstärkt versuchen, sämtliche in Betracht kommenden Nutzungskonflikte bereits auf der Planungsebene und nicht erst anläßlich der Nachsteuerung im Baugenehmigungsrecht zu lösen (dazu Rdnr. 734 ff.). Hinzu kommt, daß Gemeinden vielfach sogar kleinste Details der baulichen Nutzung selbst regeln wollen und nicht dazu bereit sind, dem Bauherrn diesbezüglich einen nennenswerten eigenen Spielraum einzuräumen[1]. Diese Tendenz wird in vielen Bebauungsplänen auch durch immer engere und häufig übertriebene Gestaltungsfestsetzungen (z.B. zur Dachgestaltung, zur farblichen Gestaltung von Wänden, Dächern, Fensterrahmen u.s.w.) verstärkt (dazu Rdnr. 367 ff.).

In den meisten qualifizierten Bebauungsplänen erfolgt in Bezug auf die Art der baulichen Nutzung eine zusätzliche **Gliederung** gemäß § 1 Abs. 4 bis 10 BauNVO (dazu Rdnr. 1648 ff.). Beim Maß der baulichen Nutzung werden zumeist die Zahl der Vollgeschosse (Z, § 20 Abs. 1 BauNVO), die Grundflächenzahl (GRZ, § 19 BauNVO) und die Geschoßflächenzahl (GFZ, § 20 Abs. 2 BauNVO) festgesetzt. Ebenfalls erfolgen in der Regel Ausweisungen zur Bauweise gemäß § 22 BauNVO sowie zur überbaubaren Grundstücksfläche gemäß § 23 BauNVO[2]. 1142

Demgegenüber ist die Aufstellung von **einfachen Bebauungsplänen** gemäß § 30 Abs. 3 BauGB eher selten. Oftmals handelt es sich dabei um gemäß § 233 Abs. 3 BauGB übergeleitete Bebauungspläne (Baulinienpläne, Fluchtlinienpläne u.ä., Rdnr. 1157 ff.). 1143

Einfache Bebauungspläne gemäß § 30 Abs. 3 BauGB sind alle diejenigen Bebauungspläne, die nicht die Qualifizierungsanforderungen des § 30 Abs. 1 BauGB erfüllen. Dabei ist es ohne Belang, ob einfache Bebauungspläne im übrigen sehr umfassende Festsetzungen enthalten oder nicht. Solange die Anforderungen des § 30 Abs. 1 BauGB nicht erfüllt sind, liegt kein qualifizierter Bebauungsplan im Rechtssinne vor, selbst wenn die in dem Plan enthaltenen Festsetzungen eine vergleichbare städtebauliche Steuerung erreichen. Die Unterscheidung ist dabei nicht nur theoretischer Natur. Enthält der Bebauungsplan die Mindestfestsetzungen gemäß § 30 Abs. 1 BauGB, herrscht hinsichtlich aller im Plan nicht geregelten Sachverhalte Baufreiheit. Planungsrechtliche Einschränkungen bestehen dann nur noch unter den engen Voraussetzungen des § 15 BauNVO (dazu Rdnr. 1217 ff.). Hingegen kann nicht ergänzend § 34 BauGB, also die Vorschrift über die Zulässigkeit von Vorhaben im unbeplanten Innenbereich, herangezogen werden, um unter Berücksichtigung der Umgebungsbebauung über die im Plan nicht geregelten Sachverhalte zu entscheiden. 1144

Beispiel: 1145

Ein qualifizierter Bebauungsplan enthält zur Regelung der überbaubaren Grundstücksfläche lediglich die Festsetzung einer vorderen Baulinie (§ 23 Abs. 2 BauNVO). Dem Bauherrn kann die Errichtung eines weit in die Tiefe seines Grundstücks rei-

---

1 Zur Regelungsdichte in Bebauungsplänen im einzelnen Steinebach/Herz, Rechtstatsachenuntersuchungen und Gutachten zur Vorbereitung der Städtebaurechtsnovelle 1997, Endbericht, Forschungsvorhaben im Auftrag des Bundesministeriums für Raumordnung, Bauwesen und Städtebau, 1995.
2 S. auch dazu im einzelnen Steinebach/Herz, a.a.O.

chenden Baukörpers nicht unter Hinweis auf § 34 BauGB mit der Begründung verwehrt werden, daß in der Umgebungsbebauung keine vergleichbaren Baukörper vorhanden seien.

1146 Demgegenüber enthalten einfache Bebauungspläne, die nicht die Voraussetzungen eines qualifizierten Bebauungsplans erfüllen, keine oder nur einzelne der in § 30 Abs. 1 BauGB genannten Festsetzungen und werden im übrigen durch § 34 BauGB[1] oder durch § 35 BauGB[2], die subsidiär anzuwenden sind, ergänzt. Diese Planersatzvorschriften werden also immer nur insoweit durch einen einfachen Bebauungsplan ersetzt, wie dieser eigene Regelungen trifft.

Die unterschiedlichen Rechtsfolgen eines einfachen und eines qualifizierten Bebauungsplans werden durch eine entsprechende Änderung des Beispiels unter Rdnr. 1145 deutlich.

1147 **Beispiel:**

In dem vorgenannten Beispiel erthält der Bebauungsplan die Festsetzung der vorderen Baulinie nicht. Im übrigen ist er unverändert. Gleichwohl ist der Plan nicht qualifiziert im Sinne von § 30 Abs. 1 BauGB. Dem Bauherrn kann daher entgegengehalten werden, daß sich sein Vorhaben aufgrund der geplanten Tiefe nicht im Sinne von § 34 Abs. 1 BauGB in die nähere Umgebung einfügt.

1148 Es kommt eine Reihe von Fällen in Betracht, in denen sich einfache Bebauungspläne als sinnvoll erweisen, und zwar nicht nur dann, wenn sie genügen, um das Baugeschehen hinreichend zu steuern. Möglich ist vielmehr auch eine **Vorbereitungs- und Koordinierungsfunktion**, die zwischen dem Flächennutzungsplan und dem endgültigen Bebauungsplan steht.

1149 **Beispiele:**

(a) Eine Gemeinde besitzt einen alten Ortskern, der uneinheitlich bebaut ist. Sie hält es z.Z. nicht für möglich, die Bebauung dieses Ortskerns neu zu ordnen und beabsichtigt, später eine städtebauliche Sanierungsmaßnahme (§§ 136 ff. BauGB) durchzuführen. Für die Zwischenzeit setzt sie (wenigstens) Baulinien fest, damit die Bebauung der noch vorhandenen oder entstehenden Baulücken an den planerisch gewünschten Stellen ausgeführt wird.

1150 (b) Eine Großstadt will einen großräumigen Bereich beplanen. Da die Gesamtmaßnahme auf einem einheitlichen Erschließungskonzept beruhen soll, gleichwohl jedoch einzelne Bebauungspläne vorgesehen sind, stellt sie zur Vermeidung von Fehlentwicklungen zunächst einen einfachen Bebauungsplan auf, der Koordinierungsaufgaben erfüllen und den Rahmen für die nachfolgenden qualifizierten Bebauungspläne schaffen soll. Dementsprechend beschränkt sich der Bebauungsplan auf die Festsetzung der örtlichen Verkehrs- und der überbaubaren Grundstücksflächen[3].

---

1 S. etwa BVerwG v. 18.8.1964 – I C 63.62, BVerwGE 19, 164 = BRS 15 Nr. 19 = NJW 1964, 2442 = DVBl. 1964, 918.
2 S. etwa BVerwG v. 21.6.1983 – 4 B 68.83, Buchholz 406.11 § 35 Nr. 203; VGH Mannheim v. 30.9.1995 – III 1151/73, BRS 29 Nr. 40.
3 Vgl. BVerwG v. 12.3.1999 – 4 BN 6/99, LKV 1999, 364.

Im Einzelfall können **Abgrenzungsprobleme** zwischen qualifizierten und einfachen Bebauungsplänen bestehen. In diesem Zusammenhang ist vom Grundsatz her zu beachten, daß es für die Qualifizierung genügt, wenn zu den in § 30 Abs. 1 BauGB genannten Kriterien überhaupt Festsetzungen vorhanden sind. Anforderungen an den Detaillierungsgrad bestehen nicht. 1151

Beispiele: 1152
(a) Ein Bebauungsplan setzt lediglich eine Bebauungstiefe gemäß § 23 Abs. 4 BauNVO fest, enthält jedoch keine weiteren Regelungen zur überbaubaren Grundstücksfläche. Dies steht eine Qualifizierung im Sinne von § 30 Abs. 1 BauGB nicht entgegen.

(b) Ein Bebauungsplan enthält eine Regelung zur einzuhaltenden Grundflächenzahl, ohne weitere Anforderungen an das Maß der baulichen Nutzung zu bestimmen. Auch dies ist mit Blick auf § 30 Abs. 1 BauGB ausreichend, jedoch kann der Bebauungsplan unwirksam sein, wenn eine Festsetzung zur Zahl der Vollgeschosse oder zur Höhe baulicher Anlagen wegen § 16 Abs. 3 Nr. 2 BauNVO geboten ist. 1153

In Betracht kommt es, daß ein Bebauungsplan **nur teilweise als qualifizierter** und im übrigen als einfacher Bebauungsplan einzuordnen ist. Enthält der Plan in räumlichen Teilbereichen keine Festsetzungen im Sinne von § 30 Abs. 1 BauGB und sind die für diese Teilbereiche getroffenen Regelungen – planerisch gewollt – nicht als abschließend zu verstehen, dann ist der Bebauungsplan insoweit als einfacher Bebauungsplan anzusehen[1]. Ob dies der Fall ist, muß ggf. durch Auslegung des Bebauungsplans (vgl. Rdnr. 225 ff.) ermittelt werden. 1154

Besonderheiten bestehen für den **vorhabenbezogenen Bebauungsplan** gemäß § 12 BauGB. Dieser ist nicht an den Festsetzungskatalog des § 9 BauGB gebunden (Rdnr. 235). Gleichwohl ist der vorhabenbezogene Bebauungsplan hinsichtlich seiner Bedeutung für die bauliche Nutzung von Grundstücken einem **qualifizierten** Bebauungsplan gleichgestellt. Auch beim vorhabenbezogenen Bebauungsplan genügt es gemäß § 30 Abs. 2 BauGB, wenn das Vorhaben den Planfestsetzungen nicht widerspricht und die Erschließung gesichert ist. Die Planersatzvorschriften des § 34 BauGB und des § 35 BauGB kommen also selbst dann nicht zum Tragen, wenn der vorhabenbezogene Bebauungsplan keine Festsetzungen zu den in § 30 Abs. 1 BauGB genannten Kriterien trifft[2]. 1155

Nach § 30 Abs. 1 BauGB richtet sich die Genehmigungsfähigkeit danach, ob ein Vorhaben den Festsetzungen eines Bebauungsplans entspricht, der **allein oder gemeinsam** mit sonstigen baurechtlichen Vorschriften mindestens Festsetzungen über die Art und das Maß der baulichen Nutzung, die überbaubaren Grundstücksflächen und die örtlichen Verkehrsflächen ent- 1156

---
1 VGH Mannheim v. 26.3.1998 – 8 S 315/98, BRS 60 Nr. 140.
2 Gaentzsch in Berliner Kommentar zum Baugesetzbuch, § 30 Rdnr. 16; Löhr in Battis/Krautzberger/Löhr, § 30 Rdnr. 7.

hält. Daraus ergibt sich, daß diese **Mindestfestsetzungen** nicht in einem einzigen Bebauungsplan vorhanden sein müssen. Möglich ist es vielmehr auch, daß die Mindestfestsetzungen in **mehreren** Bebauungsplänen enthalten sind, die sich ergänzen und so gemeinsam die Wirkung des § 30 Abs. 1 BauGB herbeiführen[1].

2. Neue und übergeleitete Bebauungspläne

1157 Zu den sonstigen baurechtlichen Vorschriften, die in § 30 Abs. 1 BauGB angesprochen sind, gehören neben den im Bebauungsplan in Bezug genommenen Vorschriften (zur Einbeziehung der Baunutzungsverordnung Rdnr. 1185 ff.) auch Überleitungsbestimmungen. Gemäß **§ 233 Abs. 3 BauGB** gelten auf der Grundlage bisheriger Fassungen des Baugesetzbuchs wirksame oder übergeleitete Pläne, Satzungen und Entscheidungen fort. Die Vorschrift bezieht sich auf alle Pläne, die zu irgendeinem Zeitpunkt aufgrund einer früheren Fassung des Baugesetzbuchs oder des Bundesbaugesetzes wirksam geworden und übergeleitet worden sind. Die Überleitung selbst muß sich aus dem Baugesetzbuch in seiner derzeit geltenden Fassung selbst nicht mehr ergeben. Es genügt vielmehr die erfolgte Überleitung auf der Grundlage einer früheren Gesetzesfassung.

1158 Nach **§ 173 Abs. 3 Bundesbaugesetz (BBauG) 1960** (Rdnr. 1) gelten daher auch zeitlich noch vor Inkrafttreten des Bundesbaugesetzes erlassene baurechtliche Vorschriften und festgestellte städtebauliche Pläne als Bebauungspläne fort, soweit sie verbindliche Regelungen der in § 9 BBauG bezeichneten Art enthalten (z.B. nach den Aufbaugesetzen der Länder aufgestellte Durchführungspläne, Fluchtlinienpläne, Baulinienpläne, s. noch Rdnr. 1160). Diese Überleitung ist unabhängig von der damaligen Rechtsform der Planung. Bei den übergeleiteten baurechtlichen Vorschriften kann es sich also um Rechtsnormen, aber etwa auch um Verwaltungsakte handeln. Die übergeleiteten Vorschriften und Pläne sind gleichwohl keine Bebauungspläne im Sinne des Bundesbaugesetzes bzw. des Baugesetzbuchs. Sie **gelten** lediglich als solche, d.h. mit Inkrafttreten des BBauG 1960 wird kraft Gesetzes fingiert, daß sie als Satzungen im Sinne von § 10 Abs. 1 BauGB anzusehen sind.[2]

1159 Die Überleitungsvorschrift in § 173 Abs. 3 BBauG 1960 ist **abschließend und umfassend**. Es ist unerheblich, ob die Gemeinde als heutige Trägerin der Planungshoheit an der Aufstellung der früheren Vorschrift mitgewirkt hat oder nicht. Erforderlich für die Überleitung ist allerdings, daß die baurechtliche Vorschrift oder der städtebauliche Plan dem zum Zeitpunkt seines Inkrafttretens maßgeblichen Recht entsprach. Nur **rechtswirksame** Vor-

---
1 BVerwG v. 15.8.1991 – 4 N 1.89, BRS 52 Nr. 1 = DVBl. 1992, 32 = DÖV 1992, 71 = NVwZ 1992, 879 = ZfBR 1992, 87.
2 BVerwG v. 16.12.2003 – 4 B 105.03, ZfBR 2004, 383.

schriften und Pläne sind also überleitungsfähig¹. Auch wenn zur damaligen Zeit ein dem heutigen § 1 Abs. 7 BauGB vergleichbares Abwägungsgebot noch nicht normiert war, mußte bei der Planaufstellung eine Abwägung der zum damaligen Zeitpunkt maßgeblichen Interessen stattgefunden haben und ein rechtsstaatlich vertretbares Abwägungsergebnis gefunden worden sein (zum Abwägungsgebot als Ausdruck des Verhältnismäßigkeitsgrundsatzes Rdnr. 551). Hingegen war eine förmliche Auslegung des Plans im Sinne von § 3 Abs. 2 BauGB (Rdnr. 429 ff.) nicht erforderlich, sofern sie nach damaligem Recht nicht vorgesehen war.

Die Überleitung von Vorschriften und Plänen aus der Zeit vor 1960 setzt gemäß § 173 Abs. 3 Satz 1 BBauG 1960 voraus, daß sie **verbindliche Regelungen** der in § 9 BBauG bezeichneten Art enthalten. Die Vorschrift entspricht weitgehend dem heutigen § 9 BauGB. Der überzuleitende Plan muß also einen Inhalt haben, der nach dem 1960 in Kraft getretenen Bauplanungsrecht Inhalt eines Bebauungsplans sein konnte². Dabei kommt es nicht auf den Plan allein an, sondern auch auf die ihm zugrundeliegenden Vorschriften³. Der Überleitungsfähigkeit steht dabei nicht entgegen, daß in den betreffenden baurechtlichen Vorschriften und städtebaulichen Plänen zur Zweckbestimmung der Baugebiete **unbestimmte Rechtsbegriffe** verwendet wurden, die auslegungsfähig sind und sich daher auch einem Wandel der Lebensverhältnisse anpassen können. Notwendig ist nur, daß die festgesetzten Baugebiete nach allgemeinen Merkmalen voneinander abgrenzbar sind, so wie dies nach heutigem Recht aufgrund der Baunutzungsverordnung möglich ist (Rdnr. 1311 ff.). Dabei können die Baugebiete andere Nutzungen zusammenfassen als die derzeit maßgebliche BauNVO 1990, so wie auch die unterschiedlichen Fassungen der Baunutzungsverordnung hinsichtlich der in den einzelnen Baugebieten jeweils zulässigen Nutzungsarten nicht identisch sind (dazu noch Rdnr. 1185 ff.). 1160

Bei der **Auslegung übergeleiteter Bebauungspläne** kann neben den historischen Entstehungsmaterialien des betreffenden Plans⁴ auch die zum **Zeitpunkt der Rechtsanwendung** maßgebliche Fassung der Baunutzungsverordnung Anhaltspunkte zur Konkretisierung unbestimmter Rechtsbegriffe bieten. Dies gilt insbesondere für die in den unterschiedlichen Gebietsarten zulässigen Nutzungen. 1161

---

1 BVerwG v. 20.10.1972 – IV C 14.71, BVerwGE 41, 67 = BRS 25 Nr. 25 = DVBl. 1973, 42 = DÖV 1973, 345; BVerwG v. 14.3.1975 – IV C 44.72, BauR 1975, 253 = BRS 29 Nr. 7; OVG Münster v. 17.1.1994 – 11 A 2386/90, BRS 56 Nr. 24 = DÖV 1994, 880 = UPR 1994, 359.
2 BVerwG v. 20.10.1972 – IV C 14.71, BVerwGE 41, 67 = BRS 25 Nr. 25 = DVBl. 1973, 42 = DÖV 1973, 345.
3 VGH Mannheim v. 25.2.1993 – 8 S 2487/92, NVwZ 1994, 700.
4 Sehr instruktiv in diesem Zusammenhang etwa OVG Berlin v. 20.5.2003 – 2 B 21/98, LKV 2004, 132.

1162 **Beispiel:**

Ein Baustufenplan aus dem Jahr 1955 setzt ein Wohngebiet fest. Der Plan ist nach damaligem Recht wirksam erlassen worden und beruht auf einer hinreichenden Abwägung der unterschiedlichen Belange. Er ist bis heute nicht verändert worden. In dem Gebiet soll ein Gebäude zur vorübergehenden Unterbringung von Asylbewerbern errichtet werden. Sofern die Auslegung des Plans ergibt, daß Wohngebiete im Sinne des damaligen Rechts auch Vorhaben für vorübergehende Nutzungen bzw. Unterbringungen zulassen, steht der Genehmigungsfähigkeit nicht entgegen, daß zum damaligen Zeitpunkt Wohnheime für Asylbewerber noch nicht existierten und der Plangeber daher an eine solche Nutzung auch nicht denken konnte[1].

1163 Allerdings geht dies nicht so weit, daß in der Baunutzungsverordnung vorgesehene Ausnahmetatbestände (s. jeweils Abs. 3 der §§ 2 bis 9 BauNVO) in einen übergeleiteten Bebauungsplan „hineininterpretiert" werden können. Die Nutzungen einschließlich etwaiger Ausnahmemöglichkeiten müssen vielmehr in dem übergeleiteten Bebauungsplan selbst geregelt sein[2]. Für die Erteilung einer Befreiung gemäß § 31 Abs. 2 BauGB (Rdnr. 1717 ff.) gelten dieselben Voraussetzungen wie bei Bebauungsplänen, die auf der Grundlage des Baugesetzbuchs aufgestellt wurden. Insbesondere müssen also auch bei übergeleiteten Bebauungsplänen die Grundzüge der damaligen Planung unangetastet bleiben[3].

1164 Soweit sich übergeleitete Vorschriften und Pläne mit der baulichen **Nutzung des Außenbereichs** befassen, haben sie in der Regel keine Gültigkeit mehr, weil die bauliche Nutzung des Außenbereichs gesetzlich geregelt ist (§ 35 BauGB bzw. früher § 35 BBauG) und entgegenstehende Vorschriften mit Inkrafttreten des Bundesbaugesetzes außer Kraft getreten sind (§ 186 Abs. 1 BBauG). Überleitungsfähig sind für diesen Bereich lediglich Pläne und Vorschriften mit Festsetzungen, die dem Regelungsgehalt des § 35 BauGB entsprechen[4]. In gleicher Weise ist durch § 34 BauGB geregelt, wie bei Fehlen eines Bebauungsplans innerhalb der **im Zusammenhang bebauten Ortsteile** zu verfahren ist. Frühere allgemeine Bestimmungen, die z.B. besagt, daß in derartigen Fällen die Vorschriften über Wohngebiete Anwendung finden, widersprechen der Regelung des § 34 BauGB. Sie sind daher nicht überleitungsfähig und damit außer Kraft getreten.

1165 **Zeitliche Befristungen**, die baurechtliche Vorschriften und Pläne vor 1960 mitunter enthielten, wurden durch die Überleitung als solche nicht berührt. Derartige übergeleitete Bebauungspläne traten daher nach Ablauf ihrer Geltungsfrist ohne ein förmliches Aufhebungsverfahren (§ 1 Abs. 8 BauGB bzw. § 2 Abs. 7 BBauG 1960) außer Kraft[5].

---

1 BVerwG v. 17.12.1998 – 4 C 16.97, BRS 60 Nr. 71 = NVwZ 1999, 981.
2 BVerwG v. 17.12.1998 – 4 C 16.97, BRS 60 Nr. 71 = NVwZ 1999, 981; BVerwG v. 17.12.1998 – 4 C 9.98, BauR 1999, 730 = BRS 60 Nr. 70.
3 OVG Berlin v. 20.5.2003 – 2 B 21/98, LKV 2004, 132.
4 BVerwG v. 14.3.1975 – IV C 44.72, BauR 1975, 253 = BRS 29 Nr. 7.
5 BVerwG v. 12.1.1968 – IV C 175.65, BRS 20 Nr. 16 = DVBl. 1968, 515.

Ähnliche Anforderungen wie für die durch das BBauG 1960 (Rdnr. 1) übergeleiteten baurechtlichen Vorschriften und Pläne gelten für die **Überleitung planungsrechtlicher Bestimmungen in den neuen Ländern**. Gemäß § 246a Abs. 4 BauGB 1990 i.V.m. § 64 Abs. 3 der Bauzulassungsverordnung der DDR (BauZVO) gelten bestehende Vorschriften und städtebauliche Pläne der ehemaligen DDR als Bebauungspläne fort, soweit sie verbindliche Regelungen der in § 9 BauZVO bezeichneten Art enthalten und bis zum 30.6.1991 durch Beschluß bestätigt worden sind. § 9 BauZVO entsprach im wesentlichen § 9 BauGB. Der erforderliche **Beschluß der Gemeinde** bedurfte der Genehmigung durch die höhere Verwaltungsbehörde und war ortsüblich bekannt zu machen. Diese Abweichungen gegenüber § 173 BBauG (ausdrücklicher Beschluß, Genehmigung, Bekanntmachung) tragen dem Umstand Rechnung, daß bis heute im Zusammenhang mit der Überleitungsregelung des § 173 BBauG für baurechtliche Vorschriften und städtebauliche Pläne aus der Zeit vor 1960 in den alten Ländern erhebliche Rechtsunsicherheiten bestehen, ob im konkreten Fall ein übergeleiteter Plan vorliegt. Übergeleitete Bebauungspläne aus der ehemaligen DDR existieren praktisch nicht[1].

1166

Soll ein übergeleiteter Bebauungsplan **aufgehoben, geändert oder ergänzt** werden, richtet sich dies nach dem heute geltenden Planungsrecht (vgl. § 173 Abs. 6 BBauG 1960; zu zeitlichen Befristungen in übergeleiteten Bebauungsplänen s. allerdings Rdnr. 1165). Änderungen oder Ergänzungen eines übergeleiteten Bebauungsplans ändern nichts daran, daß der unverändert bleibende Teil nach dem für ihn maßgeblichen Recht zu bewerten ist (s. allgemein zu Planänderungen und Änderungsplänen Rdnr. 839 f.).

1167

3. Die Voraussetzungen des qualifizierten Bebauungsplans

§ 30 Abs. 1 BauGB verlangt als Mindestvoraussetzungen für die Einordnung als qualifizierter Bebauungsplan: Festsetzungen über die Art und das Maß der baulichen Nutzung, über die überbaubaren Grundstücksflächen und über die örtlichen Verkehrsflächen.

1168

(1) Festsetzungen über die Art der baulichen Nutzung (Rdnr. 1311 ff.): Die Festsetzungen über die Art der baulichen Nutzung bilden die Grundlage jeder örtlichen Planung. Sie sind der Ausgangspunkt aller Erwägungen für die zukünftige Gestaltung des Plangebiets. Die Art der baulichen Nutzung wird in aller Regel durch die Ausweisung von Baugebieten festgesetzt. Allerdings kommt eine Bestimmung der Nutzungsart auch durch die Ausweisung einer Gemeinbedarfsfläche gemäß § 9 Abs. 1 Nr. 5 BauGB in Betracht (z.B. Gemeinbedarfsfläche mit der besonderen Zweckbestimmung „Dorfgemeinschaftshaus", s. Rdnr. 260 ff.).

1169

---

1 Schmidt-Eichstaedt, Städtebaurecht, 117.

1170 **(2) Festsetzungen über das Maß der baulichen Nutzung** (Rdnr. 1263 ff.): Gemäß § 16 Abs. 3 BauNVO muß zum Maß der baulichen Nutzung **mindestens** die Grundflächenzahl (GRZ) oder die absolute Größe der Grundflächen (GR) der baulichen Anlagen festgesetzt werden.

1171 Nicht zu den Festsetzungen über das Maß der baulichen Nutzung zählt die Bauweise. Eine diesbezügliche Festsetzung (offene, geschlossene, abweichende Bauweise, § 22 BauNVO) gehört zwar in der Regel auch in einen Bebauungsplan, sie ist jedoch für dessen Qualifizierung nicht erforderlich.

1172 **(3) Festsetzungen über die überbaubaren Grundstücksflächen** (Rdnr. 1310, 245 ff.): Die Festsetzung der überbaubaren Grundstücksflächen kann durch Baulinien, Baugrenzen und Bebauungstiefen erfolgen (§ 23 Abs. 1 BauNVO). Es genügt, wenn eine dieser Festsetzungen erfolgt, z.B. nur eine Baulinie oder Baugrenze, wenn davon auszugehen ist, daß dies aus Sicht des Planungsträgers eine hinreichende und erschöpfende Festsetzung sein soll[1]. Die überbaubare Grundstücksfläche muß also nicht zu allen vier Seiten abgegrenzt werden, sofern dies nicht aus städtebaulichen Gründen erforderlich ist, um das angestrebte Planungsziel zu erreichen.

1173 Baugrenzen (§ 23 Abs. 3 BauNVO) müssen nicht so festgesetzt werden, daß sie die volle oder auch nur eine weitgehende Ausschöpfung der im Bebauungsplan festgesetzten höchstzulässigen Grundflächenzahl (§ 19 BauNVO, Rdnr. 1276 ff.) ermöglichen, da die Vorschriften eine jeweils unterschiedliche Zielsetzung haben[2]. Anderes gilt für Baulinien (§ 23 Abs. 2 BauNVO), auf denen zwingend gebaut werden muß. Ein Bebauungsplan, der Baulinien ausweist, gleichzeitig jedoch eine Grundflächenzahl oder eine absolute Grundfläche festsetzt, die bei Beachtung der Baulinien nicht eingehalten werden kann, ist (zumindest teilweise) unwirksam. Der Plan ist in diesem Fall nicht umsetzbar.

1174 **(4) Festsetzungen zu den örtlichen Verkehrsflächen** (vgl. Rdnr. 276 ff.): Viele übergeleitete Bebauungspläne sind deshalb nicht im Sinne von § 30 Abs. 1 BauGB qualifiziert, weil es an einer Festsetzung der örtlichen Verkehrsflächen fehlt. Hierfür reichen in der Regel textliche Planfestsetzungen nicht aus. Es bedarf zumeist auch einer **zeichnerischen Darstellung** in städtebaulichen Plänen. In den Durchführungsplänen nach den früheren Aufbaugesetzen der Länder sind allerdings Verkehrsflächen oftmals festgesetzt. Auch alte Fluchtlinienpläne können zur Qualifizierung eines Bebauungsplans herangezogen werden (zur Qualifizierung aufgrund einer wechselseitigen Ergänzung durch mehrere anwendbare Bebauungspläne s. Rdnr. 1156).

---

1 BVerwG v. 12.1.1968 – IV C 167.65, BVerwGE 29, 49 = BRS 20 Nr. 8 = DVBl. 1968, 515 = DÖV 1968, 581.
2 BVerwG v. 29.7.1999 – 4 BN 24.99, BauR 1999, 1435 = UPR 2000, 143 = ZfBR 1999, 353.

wenn sich aus den Straßenfluchtlinien oder aus Baufluchtlinien auf die Verkehrsflächen schließen läßt[1].

III. Die bauplanungsrechtliche Zulässigkeit von Vorhaben im Geltungsbereich von (qualifizierten) Bebauungsplänen

1. Zulässigkeitsvoraussetzungen, UVP-Pflicht

Da ein Bebauungsplan als gemeindliche Satzung nach § 10 Abs. 1 BauGB **Rechtsnormcharakter** hat (Rdnr. 745), ist seine Einhaltung für die Zulässigkeit eines Vorhabens grundsätzlich zwingend (zu Ausnahmen und Befreiungen s. noch Rdnr. 1698 ff. sowie Rdnr. 1717 ff.). Wird diese Anforderung erfüllt, ist ein Vorhaben, bei dem auch die Erschließung gesichert ist, aus bauplanungsrechtlicher Sicht zulässig. Die Erteilung einer Baugenehmigung oder eines Bauvorbescheides kann in diesem Fall aus **bauplanungsrechtlichen** Gründen grundsätzlich nicht verweigert werden. Dies gilt selbst dann, wenn der vorhandene Bebauungsplan nicht mehr den aktuellen städtebaulichen Zielvorstellungen der Gemeinde entspricht. Es müssen dann ggf. Schritte in Richtung auf eine Planaufhebung oder -änderung ergriffen werden. Ebenfalls ist es für die Zulässigkeit eines bebauungsplankonformen Vorhabens unbeachtlich, wenn der Bebauungsplan nicht mehr den aktuellen Zielen der Raumordnung entspricht (s. Rdnr. 60 ff.). Entgegenstehen können der Realisierbarkeit eines Vorhabens in diesem Fall nur noch die zusätzlichen bauplanungsrechtlichen Anforderungen (s. insbesondere zur Notwendigkeit einer gesicherten Erschließung Rdnr. 1196 ff. sowie zu § 15 Abs. 1 BauNVO Rdnr. 1217 ff.), die Anforderungen des Bauordnungsrechts nach Maßgabe der jeweiligen Landesbauordnung sowie zusätzliche spezialgesetzliche Anforderungen des öffentlichen Rechts (z.B. bei der baulichen Veränderung eines vorhandenen Gebäudes die Anforderungen der Denkmalschutzgesetze der Länder).

1175

Bei Vorhaben, die nach dem Gesetz über die Umweltverträglichkeitsprüfung (UVP-Gesetz) allgemein oder aufgrund der Durchführung einer Vorprüfung im Einzelfall (§ 3c UVPG) einer **Umweltverträglichkeitsprüfung** bedürfen, ändert sich der bauplanungsrechtliche Prüfungs- und Genehmigungsmaßstab nicht. Dies ergibt sich bereits daraus, daß es sich beim Recht der Umweltverträglichkeitsprüfung um **verfahrensrechtliche** Anforderungen handelt, die den materiellrechtlichen Prüfungsmaßstab nach Maßgabe der geltenden Gesetze nicht verändern (§ 12 UVPG). Berücksichtigungsfähig sind Erkenntnisse einer im Genehmigungsverfahren durchzuführenden Umweltverträglichkeitsprüfung daher nur dann und insoweit, wie das materielle Recht dies ermöglicht. Dies ist insbesondere bei den im materiellen Genehmigungsrecht anzutreffenden unbestimmten Rechtsbegriffen der Fall,

1176

---

1 Vgl. OVG Münster v. 11.6.1964 – VII A 935/63, BRS 15 Nr. 18.

etwa bei § 15 BauNVO (Rdnr. 1217 ff.) oder im unbeplanten Bereich beim Gebot des Einfügens im Sinne von § 34 BauGB (Rdnr. 1999 ff.) sowie bei den im Außenbereich bestehenden Anforderungen, nach denen öffentliche Belange nicht entgegenstehen bzw. beeinträchtigt werden dürfen (Rdnr. 2148 ff.). Hinzu kommen die in umweltrechtlichen Fachgesetzen geregelten materiellrechtlichen Anforderungen (z.B. §§ 5, 6 BImSchG für immissionsschutzrechtlich genehmigungsbedürftige und § 22 BImSchG für immissionsschutzrechtlich nicht genehmigungsbedürftige Vorhaben)[1].

1177 Unabhängig von dem materiellrechtlichen Prüfungsmaßstab muß allerdings für das Genehmigungsrecht sichergestellt sein, daß für die zur Umweltverträglichkeitsprüfung notwendigen Verfahrensschritte ein **„Trägerverfahren"** zur Verfügung steht, in das die UVP-Verfahrensschritte integriert sind. Soweit kein spezialgesetzliches Genehmigungsrecht existiert, wie etwa das immissionsschutzrechtliche Anlagenzulassungsrecht, muß das Baugenehmigungsrecht der Länder die notwendigen Verfahrensschritte vorsehen, sei es durch eigenständige Verfahrensbestimmungen für UVP-pflichtige Vorhaben, sei es durch eine Inbezugnahme des UVP-Gesetzes, durch das die dortigen Vorschriften in das Baugenehmigungsverfahren inkorporiert werden[2].

1178 Wenn ein Bebauungsplan die Zulassung eines UVP-pflichtigen Vorhabens ermöglicht, ist auf der Ebene der **Bauleitplanung** eine gesonderte Umweltverträglichkeitsprüfung nicht notwendig. Diese ist vielmehr in die Umweltprüfung gemäß § 2 Abs. 4 BauGB integriert (§ 17 Abs. 1 und 2 UVPG, Rdnr. 655 ff.). Damit wird in materiellrechtlicher Hinsicht zugleich eine **Abschichtung** zugunsten des nachfolgenden Zulassungsverfahrens ermöglicht. Die dort nach Maßgabe des UVP-Gesetzes notwendige Umweltverträglichkeitsprüfung soll gemäß § 17 Abs. 3 UVPG auf zusätzliche oder andere erhebliche Umweltauswirkungen des Vorhabens beschränkt werden. Dies sind solche Auswirkungen, die auf der Ebene der Bebauungsplanung noch keine Berücksichtigung finden konnten, weil sich diese in der Regel noch nicht auf ein ganz bestimmtes Vorhaben bezieht (z.B. Festsetzung eines Gewerbegebiets, in dem grundsätzlich alle in § 8 Abs. 2 BauNVO vorgesehenen Vorhaben zulässig sind) oder aber selbst bei einer vorhabenbezogenen Bebauungsplanung noch nicht der Detaillierungsgrad gegeben ist, der für das sich erst an die Planungsentscheidung anschließende Genehmigungsverfahren erforderlich ist. Hinzu kommen Fälle, in denen sich zwischen dem Zeitpunkt des Inkrafttretens des Bebauungsplans und dem Genehmigungsverfahren die maßgeblichen tatsächlichen oder rechtlichen Umstände verändert haben.

---
1 Dolde, Umweltprüfung in der Bauleitplanung – Novellierung des Baugesetzbuchs, NVwZ 2003, 297 (300).
2 Schliepkorte, Regierungsentwurf für das Gesetz zur Anpassung des Baugesetzbuchs an EU-Richtlinien, ZfBR 2004, 124 (127) mit Nachweisen zur Landesgesetzgebung; s. im einzelnen auch den Bericht der Unabhängigen Expertenkommission, Rdnr. 104 ff.

Beispiel:

Die Gemeinde stellt einen Bebauungsplan für ein Industriegebiet auf. Zum Zeitpunkt des Satzungsbeschlusses ist das Plangebiet aus umweltspezifischer Sicht nicht besonders bedeutsam. Mangels hinreichender Nachfrage werden innerhalb von großen Teilen des Plangebiets sehr lange Zeit keine Vorhaben realisiert. Bei Einreichung des ersten Genehmigungsantrags für ein Industrievorhaben wird dann festgestellt, daß sich dort gemäß § 42 Abs. 1 Nr. 2 BNatSchG besonders geschützte Pflanzenarten angesiedelt haben.

1179

Die sich aus § 17 Abs. 3 UVPG ergebende Abschichtung hat Auswirkungen auf die Ausfüllung der unbestimmten Rechtsbegriffe des Bau- oder Fachgenehmigungsrecht bei der Realisierung von Vorhaben innerhalb des Plangebiets. Soweit es um Umweltauswirkungen geht, die bereits auf der Ebene der Bauleitplanung abgewogen und berücksichtigt wurden, können sie aufgrund von unbestimmten Rechtsbegriffen des materiellen Genehmigungsrechts (z.B. § 15 BauNVO, §§ 5, 6 BImSchG) einem Vorhaben in aller Regel nicht mehr entgegengehalten werden, weil die betreffenden Belange bereits planerisch abschließend bewältigt sind. Sofern dies nicht oder nicht ordnungsgemäß erfolgt ist, ergibt sich daraus zumindest eine Berücksichtigungsfähigkeit auf der Ebene des Genehmigungsrechts, eventuell jedoch auch mangels einer ordnungsgemäßen Planungsentscheidung die Unwirksamkeit des betreffenden Bauleitplans.

1180

2. Der Bebauungsplan und ergänzende Vorschriften als Prüfungsmaßstab

a) Anknüpfungsfunktions des § 29 Abs. 1 BauGB, Ausschlußwirkung von Bebauungsplanfestsetzungen

Ein erlassener Bebauungsplan ist Prüfungsmaßstab für Vorhaben im Sinne von § 29 Abs. 1 BauGB, also für Vorhaben mit städtebaulicher Relevanz (s. Rdnr. 1103 ff.). Diese dürfen den Planfestsetzungen **nicht widersprechen**. Hingegen ist es nicht notwendig, daß das betreffende Vorhaben den Festsetzungen positiv entspricht. Diese Unterscheidung ist zwar zumeist nicht von besonderer praktischer Relevanz, sie kann jedoch etwa dann Bedeutung erlangen, wenn die Planfestsetzungen lückenhaft und damit auslegungsbedürftig sind[1].

1181

Beispiele:

(a) Ein Bebauungsplan setzt ohne nähere Zweckbestimmung eine öffentliche Grünfläche fest. Aufgrund der fehlenden Zweckbestimmung ist die Festsetzung so auszulegen, daß die Fläche keiner Nutzung zugeführt werden darf, die über die bloße Begrünung hinausgeht (s. auch Rdnr. 295). Ein dort beabsichtigtes Vorhaben für einen Bootsverleih und einen Kiosk ist damit unzulässig, da es der Planfestsetzung widerspricht[2].

1182

---

1 Kuschnerus, Das zulässige Bauvorhaben, Rdnr. 54.
2 OVG Münster v. 10.7.2003 – 10 B 629/03, BauR 2004, 646.

1183 (b) Ein Bauunternehmer möchte in einem durch Bebauungsplan festgesetzten Dorfgebiet (§ 5 BauNVO) einen befestigten Lagerplatz zum Abstellen von Arbeitsgeräten und Baumaterialien errichten. Anders als in den §§ 8 und 9 BauNVO sind Lagerplätze jedoch in § 5 BauNVO nicht ausdrücklich genannt. Auch wenn damit ein derartiges Vorhaben den Planfestsetzungen nicht positiv entspricht, besteht jedoch kein Widerspruch, wenn das Vorhaben mit der Zweckbestimmung des Dorfgebiets vereinbar ist, da es auch ohne Erwähnung der speziellen Nutzungsart „Lagerplatz" zumindest als Bestandteil eines sonstigen Gewerbebetriebes im Sinne von § 5 Abs. 2 Nr. 6 BauNVO zulässig sein kann[1].

1184 Teilweise werden nur solche Vorhaben im Sinne von § 29 Abs. 1 BauGB für bauplanungsrechtlich unzulässig gehalten, die „wahrhaft bauland- bzw. baugebietswidrig" sind und die Verwirklichung des Plans verhindern oder wesentlich erschweren[2]. Es ist jedoch im Rahmen des § 30 BauGB **kein gesteigerter Widerspruch** des betreffenden Vorhabens zu den Planfestsetzungen dahingehend erforderlich, daß die Verwirklichung des Plans auf dem betreffenden Grundstück verhindert oder wesentlich erschwert wird. Wenn letzteres trotz eines Widerspruchs des Vorhabens zu den Planfestsetzungen nicht der Fall ist (z.B. bei nur temporären Nutzungen), kann dies lediglich für eine Befreiungslage im Sinne von § 31 Abs. 2 BauGB (Rdnr. 1717 ff.) sprechen[3] (zu Vorhaben und sonstigen Nutzungen, die nicht unter § 29 Abs. 1 Baugesetzbuch fallen, Rdnr. 1131 f.).

b) Bebauungsplanergänzende Rechtsnormen

1185 Die für die bauplanungsrechtliche Zulässigkeit eines Vorhabens maßgeblichen Anforderungen sind den zeichnerischen und textlichen Festsetzungen des Bebauungsplans zu entnehmen. Daneben sind bauplanungsrechtlich insbesondere folgende weitere Vorschriften von Bedeutung:

1186 (1) bei übergeleiteten Bebauungsplänen (Rdnr. 1157 ff.) die früheren baurechtlichen Vorschriften;

1187 (2) bei nach den Vorschriften des Bundesbaugesetzes 1960 aufgestellten Bebauungsplänen, die vor dem Inkrafttreten der Baunutzungsverordnung von 1962 ausgelegt oder rechtswirksam geworden sind, die bis dahin geltenden Vorschriften, die der BauNVO 1962 entsprechen (§ 25 BauNVO);

1188 (3) bei ab dem 1.8.1962 (Inkrafttreten der BauNVO 1962) und vor dem 1.1.1969 (Inkrafttreten der BauNVO 1968) ausgelegten oder rechtswirksam

---

1 BVerwG v. 8.11.2001 – 8 C 18.00, BauR 2002, 747 = NVwZ 2002, 730 = UPR 2002, 226 = ZfBR 2002, 364.
2 So etwa BVerwG v. 2.3.1973 – 4 C 40.71, BVerwGE 42, 30 = BauR 1973, 166; BVerwG v. 4.3.1997 – 4 B 233.96, BauR 1997, 611 = BRS 59 Nr. 127 = ZfBR 1997, 218; wie hier Gaentzsch in Berliner Kommentar zum Baugesetzbuch, § 30 Rdnr. 9; Uechtritz, Zur „Stopfunktion" des Bebauungsplans, BauR 2003, 49 ff.
3 Gaentzsch in Berliner Kommentar zum Baugesetzbuch, § 30 Rdnr. 9.

gewordenen Bebauungsplänen die Vorschriften der BauNVO 1962 (Art. 2 der Verordnung zur Änderung der BauNVO 1962); diese enthält die in § 2 Abs. 10 Nr. 1 bis 3 BBauG vorgesehenen ausfüllenden Vorschriften hinsichtlich der Art und des Maßes der baulichen Nutzung, der Bauweise und der überbaubaren Grundstücksflächen; es handelt sich dabei nicht um Festsetzungen, sondern um Vorschriften, die mit den Festsetzungen der Baugebiete Bestandteil des Bebauungsplans werden (§ 1 Abs. 3 BauNVO 1962 bzw. nunmehr § 1 Abs. 3 BauNVO 1990);

(4) bei ab dem 1.1.1969 (Inkrafttreten der BauNVO 1968) und vor dem 1.10.1977 (Inkrafttreten der BauNVO 1977) ausgelegten oder rechtswirksam gewordenen Bebauungsplänen die Vorschriften der BauNVO 1968, die einzelne Veränderungen zur BauNVO 1962 enthält (§ 25a BauNVO); 1189

(5) bei ab dem 1.10.1977 (Inkrafttreten der BauNVO 1977) und vor dem 27.1.1990 (Inkrafttreten der BauNVO 1990) ausgelegten oder rechtswirksam gewordenen Bebauungsplänen die Vorschriften der BauNVO 1977, die wiederum gegenüber der vorhergehenden Fassung verschiedene textliche Änderungen enthält (§ 25c BauNVO); hinzu kommt für den großflächigen Einzelhandel gemäß § 11 Abs. 3 Satz 3 BauNVO für die ab dem 1.1.1987 ausgelegten Planentwürfe die Herabsetzung der Geschoßfläche von 1500 qm auf 1200 qm (§ 25b BauNVO); 1190

(6) bei ab dem 27.1.1990 ausgelegten oder rechtswirksam gewordenen Bebauungsplänen die Vorschriften der BauNVO 1990, die wiederum verschiedene Änderungen und Ergänzungen zu der Vorgängerfassung enthält (§ 27 BauNVO). 1191

Durch die jeweiligen Änderungen der Baunutzungsverordnung wird die durch einen vorher bereits erlassenen Bebauungsplan geschaffene Rechtslage nicht verändert. Dies führt dazu, daß **alle Fassungen der Baunutzungsverordnung** für zu unterschiedlichen Zeitpunkten erlassene Bebauungspläne maßgeblich sind. Dies gilt sowohl für die Festsetzungsmöglichkeiten als auch für die durch Inbezugnahme der Baunutzungsverordnung gemäß § 1 Abs. 3 BauNVO zum Planbestandteil gewordenen Regelungen. 1192

Beispiel: 1193
Ein Bebauungsplan aus dem Jahr 1965, für den die BauNVO 1962 maßgeblich ist, weist ein Gewerbegebiet aus. Ein Bauherr möchte dort einen großflächigen Einzelhandelsbetrieb errichten. Das Vorhaben ist bauplanungsrechtlich zulässig, da es sich beim großflächigen Einzelhandel um eine gewerbliche Nutzung handelt (Rdnr. 1531). § 11 Abs. 3 BauNVO, der großflächige Einzelhandelsbetriebe auf Kern- oder Sondergebiete beschränkt, wurde erst durch die BauNVO 1968 (Einkaufszentren und Verbrauchermärkte für die übergemeindliche Versorgung) bzw. durch die BauNVO 1977 eingeführt.

Die jeweilige Fassung der Baunutzungsverordnung bleibt solange Bestandteil eines Bebauungsplans, wie die Gemeinde dies nicht durch einen ent- 1194 sprechenden Satzungsbeschluß geändert hat. Allerdings kann eine Neufassung der Baunutzungsverordnung als **Auslegungshilfe** für eine ältere Fassung der Verordnung Bedeutung erlangen (vgl. zur Bedeutung der Baunutzungsverordnung bei der Auslegung von übergeleiteten Bebauungsplänen Rdnr. 1161)[1]. Die Änderung kann durch ein eigenständiges Planänderungsverfahren erfolgen, durch das ein vorhandener Bebauungsplan lediglich auf eine neue Fassung der Baunutzungsverordnung umgestellt wird. Eine solche Umstellung ist auch möglich anläßlich einer ohnehin beabsichtigten Änderung oder Ergänzung eines Bebauungsplans. Sie muß dann allerdings in dem neuen Plan hinreichend deutlich zum Ausdruck kommen[2]. Erfolgt die Umstellung auf eine Neufassung der Baunutzungsverordnung nicht, ändert dies nichts daran, daß für die Planänderung oder -ergänzung die aktuelle Fassung der Baunutzungsverordnung maßgeblich ist. Die Änderung oder Ergänzung erfolgt also nicht auf Grundlage der ursprünglichen Fassung der Baunutzungsverordnung. Da der unveränderte Teil des Bebauungsplans unberührt bleibt, kann dies dazu führen, daß im Geltungsbereich eines Bebauungsplans – bei mehreren Planänderungen oder -ergänzungen – unterschiedliche Fassungen der Baunutzungsverordnung maßgeblich sind (sog. **Schichtbebauungspläne**). In diesem Fall muß von Festsetzung zu Festsetzung unterschieden werden, welche Fassung der Baunutzungsverordnung den Inhalt der Regelung jeweils bestimmt. Theoretisch können sich bei einem gemäß § 173 Abs. 3 BBauG 1960 übergeleiteten Bebauungsplan, der nach Inkrafttreten des BBauG und vor Inkrafttreten der BauNVO zum ersten Mal und dann während der Geltung der unterschiedlichen Fassungen der BauNVO jeweils wieder geändert worden ist, sieben Schichten ergeben[3]. Daß dies für die Rechtsanwendung zu – teilweise unerträglichen – Schwierigkeiten führt, liegt auf der Hand.

IV. Gemeinsame Regelungen für Vorhaben in Baugebieten gemäß § 1 Abs. 3 BauNVO

1195 Unabhängig von den konkreten Festsetzungen eines Bebauungsplans gibt es Anforderungen und Bestimmungen, die für ein Vorhaben in jedem in Betracht kommenden Baugebiet gelten. Dazu zählt die Notwendigkeit einer gesicherten Erschließung, die auch bei Vorhaben außerhalb eines Bebauungsplangebiets unverzichtbar ist. Desweiteren ist in jedem Baugebiet § 15 BauNVO (Rdnr. 1217 ff.) zwingend zu beachten. Ebenfalls in allen Baugebieten gelten die Regelungen der §§ 12 bis 14 BauNVO hinsichtlich der zulässigen Nebenanlagen (Rdnr. 1239 ff.).

---

1 Vgl. BVerwG v. 15.3.1996 – 4 B 302.95, BauR 1996, 676 = BRS 58 Nr. 56 = NVwZ 1996, 893 = ZfBR 1996, 228.
2 S. etwa VGH München v. 23.12.1998 – 26 N 98.1675, BauR 1999, 873 = NVwZ-RR 2000 79.
3 König in König/Roeser/Stock, Einleitung Rdnr. 21.

1. Die gesicherte Erschließung

Ein Bauvorhaben, dessen Erschließung nicht gesichert ist, darf nicht genehmigt werden. Dies gilt für jeden bauplanungsrechtlichen Zulässigkeitstatbestand, also sowohl im (qualifiziert oder einfach) beplanten als auch im unbeplanten Bereich (§ 34 und § 35 BauGB). § 35 BauGB betont, daß es einer **ausreichenden Erschließung** bedarf. Dies gilt auch für die anderen bauplanungsrechtlichen Zulässigkeitstatbestände, wenngleich die diesbezüglichen Anforderungen im Einzelfall unterschiedlich sein können (z.B. für ein Wochenendhaus oder für ein Großvorhaben mit erheblichem Publikumsverkehr)[1].

1196

Der Begriff der Erschließung im **bauplanungsrechtlichen Sinne** darf nicht mit der Erschließung im Sinne des Bauordnungsrechts verwechselt werden, wenngleich sich die Anforderungen weitgehend decken. Gleichwohl ist der bauplanungsrechtliche Begriff der Erschließung nicht durch Landesrecht konkretisierungsfähig. Vielmehr bestehen die jeweiligen Anforderungen nebeneinander[2]. Dies ergibt sich aus den unterschiedlichen Anforderungen des Bauplanungsrechts einerseits und des Bauordnungsrechts andererseits (s. Rdnr. 6 ff.). Die Erschließung im bauplanungsrechtlichen Sinne dient in erster Linie dazu, eine **funktionsgerechte Nutzung des Baugrundstücks** sicherzustellen, während die bauordnungsrechtlichen Erschließungsanforderungen vor allem der Sicherheit und Gefahrenabwehr dienen. Die Erschließung im bauplanungsrechtlichen Sinne ist gesichert, wenn sie bis an die Grundstücksgrenze heranreicht. Der Anschluß einer baulichen Anlage auf dem Grundstück an diese Erschließung ist keine Frage des Bauplanungs- sondern des Bauordnungsrechts. In der Konsequenz führt dies dazu, daß der bauplanungsrechtliche Erschließungsbegriff gegenüber dem bauordnungsrechtlichen tendenziell großzügiger ist[3]. So kann es für die bauplanungsrechtliche Erschließung genügen, wenn das Baugrundstück nur über einen nicht gewidmeten Weg mit dem öffentlichen Straßennetz verbunden ist, die Gemeinde jedoch aus Rechtsgründen nicht die Möglichkeit hat, den Anliegerverkehr zum Baugrundstück zu untersagen[4]. Demgegenüber ist es bauordnungsrechtlich in der Regel erforderlich, daß das Baugrundstück in angemessener Breite an einer befahrbaren öffentlichen, d.h. dem öffentlichen Verkehr gewidmeten, Verkehrsfläche liegt[5]. Für die Erschließung im Sinne des Bauplanungsrechts genügt es, daß ein Baugrundstück mit Personenwa-

1197

---

1 BVerwG v. 2.9.1999 – 4 B 47.99, BauR 2000, 1173.
2 BVerwG v. 3.5.1988 – 4 C 54.85, BauR 1988, 576 = BRS 48 Nr. 92 = NVwZ 1989, 353.
3 Jäde in Jäde/Dirnberger/Weiß, § 30 Rdnr. 24.
4 BVerwG v. 31.10.1990 – 4 C 45.88, BauR 1991, 55 = BRS 50 Nr. 86 = DVBl. 1991, 217 = NVwZ 1991, 1076 = UPR 1991, 269.
5 So etwa § 4 Abs. 1 Nr. 1 BauO NW; dazu OVG Münster v. 13.5.1976 – X A 509/75, BRS 30 Nr. 100; Heintz in Gädtke/Temme/Heintz, Landesbauordnung NW, 10. Aufl. 2003, § 4 Rdnr. 20 ff.

gen und kleineren Versorgungsfahrzeugen angefahren werden kann, während bauordnungsrechtlich im Einzelfall strengere Anforderungen bestehen können, etwa hinsichtlich der Erreichbarkeit durch Feuerwehr- oder Krankenwagen.

1198 Der Begriff der (ausreichenden) Erschließung, die für die Genehmigungsfähigkeit eines Bauvorhabens gesichert sein muß, ist **gesetzlich nicht definiert**. Er hängt von den Erfordernissen der jeweiligen Bebauung ab[1]. Regelmäßig notwendig ist eine Anbindung des Baugrundstücks an das **öffentliche Straßennetz** (Rdnr. 1197). Nicht ausreichend ist es dabei in der Regel, wenn das Baugrundstück nur über ein anderes Grundstück von der öffentlichen Straße her erreichbar ist. Dies gilt selbst dann, wenn beide Grundstücke dem Bauherrn gehören, da die Grundstücke unterschiedliche Rechtsschicksale nehmen können. Allerdings genügt es für eine ausreichende Erschließung im bauplanungsrechtlichen Sinne, wenn die Nutzbarkeit des zwischen dem öffentlichen Straßennetz und dem Baugrundstück liegenden Grundstücks für dessen wegemäßige Anbindung auf Dauer gesichert ist. Diese Dauerhaftigkeit ist bei einer rein schuldrechtlichen Vereinbarung des Bauherrn mit seinem privaten Nachbarn noch nicht gegeben. Ausreichend ist außer einer öffentlichrechtlichen Sicherung mittels einer Baulast oder einer beschränkt persönlichen Dienstbarkeit zugunsten der Baugenehmigungsbehörde jedoch auch eine dingliche Sicherung in Form einer Grunddienstbarkeit[2].

1199 Ebenfalls gehört zur erforderlichen Erschließung in der Regel die Versorgung mit **Elektrizität und Wasser sowie die Abwasserbeseitigung**. Diese Anforderungen müssen in rechtskonformer Weise erfüllt sein. Dies gilt insbesondere für die Abwasserentsorgung, die den wasserrechtlichen Bestimmungen genügen muß. Die Errichtung einer abflußlosen Grube oder einer Kleinkläranlage zur Entsorgung des Grundstücks reicht daher nicht aus, wenn die wasserrechtlichen Bestimmungen strengere Anforderungen stellen[3].

1200 **Beispiel:**
Ein zur Bebauung vorgesehenes Grundstück befindet sich in einem Gelände, das tiefer als die in der Nähe vorbeiführende Kanalisation liegt und deshalb nicht an den Kanal angeschlossen werden kann. Da eine Verrieselung, eine Kleinkläranlage oder eine abflußlose Grube wegen der Gefahr der Verschmutzung eines nahe vorbeiführenden Baches ausscheiden, ist die Erschließung nicht gesichert.

1201 Die Anlegung von Versorgungsleitungen für Elektrizität ist in der Regel ohne weiteres durchführbar und daher zumeist unproblematisch. Für die Versorgung mit Wasser kommt beim Fehlen einer Wasserleitung ein Brunnen in Betracht, sofern dessen Anlegung wasserrechtlich zulässig ist. Bau-

---
1 BVerwG v. 31.5.2000 – 11 B 10.00, DVBl. 2000, 1709.
2 BVerwG v. 3.5.1988 – 4 C 54/85, NVwZ 1989, 353.
3 VGH Mannheim v. 29.6.1993 – 8 S 256/93, NVwZ-RR 1994, 562.

ordnungsrechtlich ist zumeist allerdings eine hinreichende Quantität des Wassers für die Brandbekämpfung und eine bestimmte Qualität für die Verwendung als Trinkwasser notwendig, um Gesundheitsgefahren für die Benutzer zu verhindern.

Die Erschließung muß in der Regel dem Bebauungsplan entsprechen. Es genügt daher nicht, wenn das Grundstück zwar an das öffentliche Straßennetz angebunden werden kann, jedoch dadurch ein dauerhaft planwidriger Zustand herbeigeführt wird[1]. 1202

Beispiel: 1203

Ein Bebauungsplan sieht für die verkehrliche Anbindung einer großen Veranstaltungshalle zur Vermeidung von Lärmimmissionen zu Lasten der Nachbarschaft eine Erschließung aus westlicher Richtung vor. Diese ist noch nicht vorhanden. Da das Grundstück auf der östlichen Seite an eine vorhandene Straße angrenzt, will der Bauherr diese Straße zur Erschließung nutzen. Dies ist allerdings unzulässig, da die dort angesiedelte Wohnbebauung durch die im Bebauungsplan vorgesehene Erschließung gerade geschützt werden soll.

Nicht zur Erschließung im bauplanungsrechtlichen Sinne gehören **Infrastruktur- und Folgemaßnahmen**, die zwar in einem Zusammenhang mit dem Bauvorhaben stehen, jedoch für die bauliche Nutzung des Grundstücks nicht unmittelbar von Bedeutung sind (z.B. Schulen oder Kindergärten). 1204

Beispiel: 1205

Die Gemeinde weist ein Wohngebiet aus. Ein Grundstückseigentümer stellt einen Bauantrag für ein Wohnhaus mit 60 Wohneinheiten. Die Baugenehmigungsbehörde möchte die Baugenehmigung verweigern, weil die in der Nähe befindlichen Kindertagesstätten keine freien Plätze mehr haben. Derartige Folgemaßnahmen sind allerdings nicht geeignet, eine Ablehnung des Bauantrags zu rechtfertigen.

Die **Qualität der erforderlichen Erschließung** richtet sich nach den durch das konkrete Bauvorhaben ausgelösten Anforderungen. Dies gilt vor allem für die straßenmäßige Anbindung, die nicht nur im unmittelbaren Zufahrtbereich sondern bei Vorhaben mit starkem Zu- und Abfahrtsverkehr auch in größerer Entfernung ausreichend sein muß. 1206

Beispiel: 1207

Ein Bauherr beabsichtigt die Errichtung eines SB-Warenhauses. Der durch das Vorhaben zu erwartende Verkehr würde dazu führen, daß im Bereich einer etwa 500 m entfernten Einmündung der Verkehr nicht mehr ordnungsgemäß abgewickelt werden kann. Die Erschließung ist in diesem Fall ohne einen Ausbau der Einmündung nicht gesichert[2].

Die bauplanungsrechtlich erforderliche Erschließung muß **gesichert** sein. Dies ist unproblematisch, wenn die notwendigen Erschließungsanlagen 1208

---

1 OVG Münster v. 2.3.2001 – 7 A 2983/98, BauR 2001, 1388.
2 OVG Münster v. 15.1.1992 – 7 A 81/89, NVwZ 1993, 493.

zum Zeitpunkt der Entscheidung über einen Bauantrag bereits vorhanden sind. § 30 Abs. 1 BauGB und auch die anderen bauplanungsrechtlichen Zulässigkeitstatbestände fordern jedoch keine vorhandene, sondern lediglich eine gesicherte Erschließung. Es genügt daher, wenn zum Zeitpunkt der Entscheidung über den Genehmigungsantrag davon ausgegangen werden kann, daß die Erschließung zum Zeitpunkt der Benutzbarkeit der baulichen Anlagen tatsächlich **vorhanden und benutzbar sein wird**. Davon kann ohne weiteres ausgegangen werden, wenn die Gemeinde und die sonstigen zuständigen Erschließungsträger erklärt haben, daß sie die notwendigen Maßnahmen rechtzeitig durchführen werden oder sogar bereits damit begonnen haben. Nicht ausreichend ist es hingegen, wenn lediglich die erforderlichen Geldmittel im Haushalt der Gemeinde ausgewiesen sind. Zusätzlich muß vielmehr gewährleistet sein, daß mit den Erschließungsarbeiten in naher Zukunft tatsächlich begonnen wird, so daß die Anlagen mit Fertigstellung des Bauwerks benutzt werden können[1]. Sofern für die Sicherung der Erschließung des Baugrundstücks die Nutzung eines anderen Grundstücks erforderlich ist (vgl. Rdnr. 1198), ist es nicht genügend, wenn der Bauherr die Eintragung einer entsprechenden Baulast oder einer Grunddienstbarkeit lediglich ankündigt. Der Nachweis der Sicherung der Erschließung ist vielmehr nur erbracht, wenn die erforderliche Eintragung zum Zeitpunkt der Entscheidung über den Genehmigungsantrag bereits erfolgt ist oder jedenfalls aufgrund der Abgabe der dafür erforderlichen Erklärungen die Voraussetzungen für die Eintragung gegeben sind[2].

1209 Ebenfalls ist die Erschließung in der Regel als gesichert anzusehen, wenn sie durch einen Erschließungsvertrag gemäß § 124 BauGB (Rdnr. 1007) auf den Bauherrn übertragen worden ist. Schwieriger hingegen ist die Situation, wenn eine solche Übertragung nicht vorliegt und die Gemeinde auch nicht dazu bereit ist, einen Erschließungsvertrag abzuschließen. Es stellt sich dann die Frage, ob der Bauherr gegenüber der Gemeinde einen **Anspruch auf Erschließung** haben kann und ob allein das Bestehen dieses Anspruchs für die Sicherung der Erschließung und damit für die Genehmigungsfähigkeit eines Bauvorhabens ausreicht. Nach § 123 Abs. 1 BauGB trägt die Gemeinde zwar die allgemeine Erschließungslast, jedoch korrespondiert damit grundsätzlich kein Anspruch auf Erschließung. § 123 Abs. 3 BauGB besagt vielmehr ausdrücklich, daß ein Rechtsanspruch auf Erschließung nicht besteht.

1210 Allerdings gibt es verschiedene Fälle, in denen sich die allgemeine **Erschließungslast** der Gemeinde zu einer **Erschließungspflicht** verdichten kann, auf deren Erfüllung der Bauherr einen einklagbaren Anspruch hat. Dies setzt voraus, daß die Gemeinde durch ein bestimmtes und ihr zurechenbares Verhalten Veranlassung gibt, eine Erschließungspflicht anzunehmen. Entsprechendes gilt für die eigenständigen Träger der Ver- und Entsorgung

---
1 Vgl. VGH Mannheim v. 26.11.1964 – III 740/63, BRS 15 Nr. 70.
2 OVG Münster v. 2.3.2001 – 7 A 2983/98, BauR 2001, 1388.

(insbesondere Trinkwasser, Abwasser) in Bezug auf deren jeweiligen Aufgabenbereich[1]. Eine Verdichtung der allgemeinen Erschließungslast zu einer Erschließungspflicht kommt insbesondere in den folgenden Fällen in Betracht[2]:

(1) Hat die Gemeinde einen **qualifizierten Bebauungsplan** (Rdnr. 1140 ff.) erlassen, ist sie verpflichtet, das Angebot eines Bauherrn anzunehmen, einen Erschließungsvertrag abzuschließen, nach dem dieser die Erschließung selbst durchführt, sofern ihr das Angebot zumutbar ist. Lehnt die Gemeinde das Angebot ab, ist sie verpflichtet, die Erschließung selbst durchzuführen (§ 124 Abs. 3 Satz 2 BauGB). Die Zumutbarkeit des Angebots hängt von dessen hinreichender Konkretheit und Verläßlichkeit ab und muß sich auf eine plangemäße Erschließung beziehen[3]. Dazu gehört bei einer Erschließung durch öffentliche Straßen, das auch der rechtzeitige Straßenlanderwerb durch die Gemeinde sichergestellt ist[4]. Nicht genügend ist das Angebot von bloßen Vertragsverhandlungen, da in diesem Fall ein konkretes Erschließungsangebot nicht hinsichtlich seiner Zumutbarkeit bewertet werden kann[5]. Es versteht sich von selbst, daß ein nichtiger Bebauungsplan eine Erschließungspflicht in diesem Sinne nicht auszulösen vermag[6].

1211

(2) Die Pflicht, ein zumutbares Erschließungsangebot anzunehmen, ist – trotz fehlender gesetzlicher Regelung – auf (privilegierte) Außenbereichsvorhaben[7] und auch auf Innenbereichsvorhaben[8] übertragbar. Allerdings können an die Zumutbarkeit höhere Anforderungen geknüpft sein. Dies gilt insbesondere für nicht privilegierte Außenbereichsvorhaben gemäß § 35 Abs. 2 BauGB (dazu Rdnr. 2104 ff.), da durch die als gemeindliche Aufgabe ausgestaltete Erschließung auch die städtebauliche Entwicklung gelenkt werden soll[9].

1212

---

1 VGH Kassel v. 29.8.2000 – 5 TG 2641/00, UPR 2001, 393.
2 S. im einzelnen etwa Ernst in Ernst/Zinkahn/Bielenberg/Krautzberger, § 123 Rdnr. 26; Dirnberger in Jäde/Dirnberger/Weiß, § 123 Rdnr. 10; Eusterbrock in Gronemeyer, § 123 Rdnr. 8.
3 BVerwG v. 13.2.2002 – 4 B 88.01, BauR 2002, 1060 = NVwZ-RR 2002, 413 = UPR 2002, 274; BVerwG v. 17.6.1993 – 4 C 7.91, BauR 1993, 698 = NVwZ 1994, 281 = UPR 1993, 445.
4 OVG Münster v. 29.4.1998 – 3 A 4191/93, DÖV 1999, 169.
5 BVerwG v. 13.2.2002 – 4 B 88.01, BauR 2002, 1060 = NVwZ-RR 2002, 413 = UPR 2002, 274; BVerwG v. 18.5.1993 – 4 B 65.93, BRS 55 Nr. 105 = DÖV 1993, 918 = NVwZ 1993, 1101 = UPR 1993, 305.
6 BVerwG v. 22.1.1993 – 8 C 46.91, BVerwGE 92, 8 = BauR 1993, 585 = BRS 55 Nr. 47 = DVBl. 1993, 669 = DÖV 1973, 713 = NVwZ 1993, 1202 = UPR 1993, 258.
7 BVerwG v. 30.8.1985 – 4 C 48.81, BRS 44 Nr. 76 = NVwZ 1986, 38 = ZfBR 1986, 82; BVerwG v. 7.2.1986 – 4 C 30.84, BauR 1986, 421 = BRS 46 Nr. 145.
8 Dazu Bosch, Die verkehrsmäßige Erschließung von Großvorhaben im Innenbereich, BauR 1998, 276 (278).
9 BVerwG v. 7.2.1986 – 4 C 30.84, BauR 1986, 421 = BRS 46 Nr. 145.

1213 (3) Die allgemeine Erschließungslast einer Gemeinde kann sich auch dann hinsichtlich bestimmter Erschließungsmaßnahmen zu einer aktuellen Erschließungspflicht verdichten und zu einem Anspruch des Bauherrn auf Durchführung der notwendigen Maßnahmen führen, wenn die Gemeinde eine Baugenehmigung erteilt oder in sonstiger Weise einvernehmlich an der Erteilung einer Baugenehmigung mitgewirkt hat (insbes. Erteilung des gemeindlichen Einvernehmens gemäß § 36 Abs. 1 BauGB, Rdnr. 1758 ff.). Wird im Vertrauen auf diese Baugenehmigung das Vorhaben verwirklicht, ist es nicht allein Sache des Betroffenen, mit diesem Zustand fertig zu werden. Vielmehr kann der Bauherr in einem solchen Fall die (nachträgliche) Herstellung der erforderlichen Erschließung verlangen[1]. Entsprechendes gilt für die Aufrechterhaltung oder Instandsetzung vorhandener, jedoch sanierungsbedürftiger Erschließungsanlagen[2].

1214 Nicht genügend zur Annahme einer Erschließungspflicht der Gemeinde ist es allerdings, wenn die Gemeinde Maßnahmen der Bodenordnung, insbesondere eine Umlegung, durchgeführt[3] oder Vorausleistungen auf Erschließungsbeiträge erhoben hat[4].

1215 Für die zur Genehmigungserteilung erforderliche Sicherung der Erschließung reicht ein – im Einzelfall durchaus streitiger – Anspruchs auf Abschluß eines Erschließungsvertrages oder auf Durchführung der Erschließung durch die Gemeinde nicht aus. Denn entscheidend ist nicht allein die rechtliche Sicherung im Sinne eines Anspruchs sondern die **tatsächliche Sicherung der Erschließung**, da nur sie gewährleistet, daß das Grundstück baulich genutzt werden kann. Ein bloßer Anspruch auf Erschließung, dessen Erfüllung nicht eindeutig feststeht, hilft dafür nicht weiter[5].

1216 Die ausreichende Erschließung ist eine **unverzichtbare** Voraussetzung für die bauplanungsrechtliche Zulässigkeit von Vorhaben. Ohne sie ist eine bauliche Nutzung schlechthin nicht möglich. Auf diese Voraussetzung kann daher nicht verzichtet werden, auch nicht im Wege einer Befreiung gemäß § 31 Abs. 2 BauGB[6].

---

1 BVerwG v. 3.5.1991 – 8 C 77.89, NVwZ 1991, 1086; BVerwG v. 11.11.1987 – 8 C 4.86, BVerwGE 78, 266 = BRS 47, 277 = DVBl. 1988, 245 = DÖV 1988, 379 = NVwZ 1988, 355; grundlegend dazu BVerwG v. 4.10.1974 – IV C 59.72, BauR 1974, 389 = BRS 28 Nr. 19 = DVBl. 1975, 730.
2 VGH Kassel v. 29.8.2000 – 5 TG 2641/00, UPR 2001, 393.
3 BVerwG v. 22.1.1993 – 8 C 46.91, BVerwGE 92, 8 = BauR 1993, 585, BRS 55 Nr. 106 = DVBl. 1993, 669 = DÖV 1993, 713 = NVwZ 1993, 1102 = UPR 1993, 258.
4 Dirnberger in Jäde/Dirnberger/Weiß, § 123 Rdnr. 21; a.A. BVerwG v. 28.10.1981 – 8 C 4.81, BVerwGE 64, 186 = BauR 1982, 33 = BRS 38 Nr. 58 = DVBl. 1982, 540 = DÖV 1982, 156 = DÖV 1982, 453, allerdings zur früheren Rechtslage, die nicht die nunmehr in § 133 Abs. 3 Satz 3 BauGB geregelte Rückzahlungspflicht vorsah.
5 BVerwG v. 3.4.1996 – 4 B 253.95, BauR 1997, 389; OVG Münster v. 15.1.1992 – 7 A 81.89, NVwZ 1993, 493.
6 BVerwG v. 21.2.1986 – 4 C 10.83, BauR 1986, 305 = BRS 46 Nr. 106 = DVBl. 1986, 685 = NVwZ 1986, 646; Kuschnerus, Das zulässige Bauvorhaben, Rdnr. 74.

2. Allgemeine Einschränkungen für zulässige Bauvorhaben durch § 15 Abs. 1 BauNVO

Die Regelung, daß ein Bauvorhaben im Bereich eines (qualifizierten) Bebauungsplans zulässig ist, wenn es den Planfestsetzungen entspricht, wird durch § 15 Abs. 1 BauNVO eingeschränkt. Danach sind die in den §§ 2 bis 14 BauNVO aufgeführten baulichen und sonstigen Anlagen im Einzelfall unzulässig, wenn sie nach Anzahl, Lage, Umfang oder Zweckbestimmung der Eigenart des Baugebiets widersprechen oder wenn von ihnen Belästigungen oder Störungen ausgehen können, die nach der Eigenart des Baugebiets im Baugebiet selbst oder in dessen Umgebung unzumutbar sind, oder wenn sie solchen Belästigungen oder Störungen ausgesetzt werden. Es handelt sich bei dieser Regelung gewissermaßen um das **Gegenstück zur Befreiungsmöglichkeit** des § 31 Abs. 2 BauGB (Rdnr. 1717 ff.). Während dort ein Vorhaben zulässig sein kann, obgleich es den Planfestsetzungen widerspricht, geht es hier darum, daß ein Vorhaben unzulässig ist, obwohl es den Planfestsetzungen entspricht.

1217

§ 15 Abs. 1 BauNVO bezieht sich nicht nur auf die in den jeweiligen Zulässigkeitsregelungen für Baugebiete (§§ 2–11 BauNVO) aufgenommenen Vorhaben. Er hat vielmehr auch Bedeutung für die Zulässigkeitstatbestände in den **§§ 12 bis 14 BauNVO**, die für alle Baugebiete im wesentlichen einheitlich gelten (Stellplätze und Garagen, Gebäude und Räume für freie Berufe, Nebenanlagen; s. Rdnr. 1239 ff.)[1]. Für Nebenanlagen enthält § 14 Abs. 1 BauNVO allerdings selbst eine Einschränkung, die dazu führt, daß insofern auf die Regelungen des § 15 BauNVO nicht zurückgegriffen werden muß (Rdnr. 1256).

1218

Raum für die unmittelbare Anwendung des § 15 Abs. 1 BauNVO besteht nur dann, wenn ein Vorhaben **bebauungsplankonform**, also allgemein oder jedenfalls ausnahmsweise (§ 31 Abs. 1 BauGB, Rdnr. 1698 ff.) zulässig ist, sich also überhaupt (generell) mit der Eigenart eines Baugebiets verträgt[2]. Ist das Vorhaben planwidrig, ist es schon aus diesem Grund nicht genehmigungsfähig, wenn nicht eine Befreiungslage gegeben ist. Im Rahmen der Befreiungsprüfung nach § 31 Abs. 2 BauGB (Rdnr. 1717 ff.) ist dann auch die Zumutbarkeit im Einzelfall festzustellen[3]. Umgekehrt folgt daraus, daß für ein Vorhaben, daß nach § 15 Abs. 1 BauNVO unzulässig wäre, eine Befreiung nicht erteilt werden kann[4].

1219

---

1 BVerwG v. 20.3.2003 – 4 B 59/02, NVwZ 2003, 1516; OVG Koblenz v. 27.6.2002 – 1 A 11669/99, BauR 2003, 368.
2 BVerwG v. 13.5.2002 – 4 B 86.01, BauR 2002, 1499 = UPR 2002, 448; Kuschnerus, Das zulässige Bauvorhaben, Rdnr. 57.
3 BVerwG v. 6.10.1989 – 4 C 14.87, BVerwGE 82, 343 = BauR 1989, 710 = BRS 49 Nr. 188 = NJW 1990, 1192.
4 VGH Mannheim v. 29.2.1980 – VIII 1499/79, BRS 36 Nr. 45.

1220 § 15 Abs. 1 BauNVO bezieht sich ausschließlich auf die **Art der baulichen Nutzung**. Die Vorschrift ist auf sonstige Kriterien, die für die Prüfung eines Vorhabens anhand des Bebauungsplans maßgeblich sind (Rdnr. 1175 ff.), nicht heranzuziehen. Das gilt insbesondere auch für das Maß der baulichen Nutzung[1]. Dies ergibt sich aus der systematischen Stellung der Vorschrift am Ende des ersten Abschnitts der Baunutzungsverordnung, der allein Regelungen zur Nutzungsart enthält.

1221 Anwendbar ist die Vorschrift auf alle Vorhaben im Bereich von Bebauungsplänen, die Festsetzungen zur Art der baulichen Nutzung enthalten, daneben auch im Rahmen von § 33 BauGB sowie im unverplanten Innenbereich, wenn die vorhandene Bebauung einem der in der Baunutzungsverordnung genannten Baugebiete entspricht und die Zulässigkeit von Einzelvorhaben sich daher nach § 34 Abs. 2 BauGB richtet[2]. § 15 Abs. 1 BauNVO ist **unmittelbar anwendbares zwingendes Recht**, daß keinen behördlichen Ermessens- oder Beurteilungsspielraum einräumt. Auch bauordnungsrechtliche Vorschriften können die Anwendung des § 15 Abs. 1 BauNVO nicht ausschließen[3]. Es ist daher gerichtlich voll überprüfbar, ob § 15 Abs. 1 BauNVO durch ein Vorhaben eingehalten wird oder nicht. Da die Vorschrift nicht Grundlage für die kommunale Rechtsetzung durch Erlaß eines Bebauungsplans ist, sondern unmittelbar gilt, kommt es nicht auf die Fassung von § 15 BauNVO an, die zum Zeitpunkt des Satzungsbeschlusses maßgeblich war. Einschlägig ist vielmehr immer § 15 BauNVO in seiner aktuellen Fassung (zu den unterschiedlichen Fassungen der Baunutzungsverordnung Rdnr. 1185 ff.).

1222 Auch wenn § 15 Abs. 1 BauNVO für alle in den §§ 2 bis 14 BauNVO aufgeführten Vorhaben gilt, findet die Vorschrift **nur in Einzelfällen** Anwendung. Die Vorschrift ermöglicht es nicht, die Verwirklichung der einem Bebauungsplan zugrundeliegenden Planungsabsichten für den Regelfall zu verhindern[4]. Festsetzungen eines Bebauungsplans können durch § 15 BauNVO daher **nur ergänzt**, nicht hingegen korrigiert werden. Die Vorschrift ist also kein Instrument zur Heilung von Planungsmängeln, sondern lediglich zur **Nachsteuerung und Feinabstimmung** bei einem in der Planung offengelassenen Konflikt im Einzelfall (zur notwendigen Konfliktbewältigung und zur

---

1 BVerwG v. 16.3.1995 – 4 C 3.94, BauR 1995, 508 = BRS 57 Nr. 175 = DVBl. 1995, 754 = DÖV 1995, 825 = NVwZ 1995, 899 = UPR 1995, 350; Roeser in Koenig/Roeser/Stock, § 15 Rdnr. 8.
2 BVerwG v. 12.2.1990 – 4 B 240.89, BauR 1990, 326 = BRS 50 Nr. 79 = NVwZ 1990, 557.
3 BVerwG v. 7.12.2000 – 4 C 3.00, BauR 2001, 914 = DVBl. 2001, 645 = NVwZ 2001, 813.
4 BVerwG v. 18.8.1995 – 4 B 183.95, BauR 1995, 813 = BRS 57 Nr. 66 = NVwZ-RR 1996, 187 = ZfBR 1996, 52; VGH Mannheim v. 15.9.1981 – 8 S 1153/81, BauR 1982, 238 = BRS 38 Nr. 59.

planerischen Zurückhaltung Rdnr. 734 ff.)[1]. Je konkreter planerische Festsetzungen sind, um so geringer ist der Spielraum für die Anwendung des § 15 BauNVO. Wurden Konflikte bereits im Rahmen der planerischen Abwägung abschließend behandelt, können sie nicht mehr in die Prüfung des Rücksichtnahmegebotes nach § 15 Abs. 1 BauNVO einbezogen werden[2]. Ist die gefundene Lösung trotz abschließender Behandlung auf der Ebene der Bauleitplanung unzureichend, kann dies nicht über § 15 Abs. 1 BauNVO korrigiert werden. Es handelt sich dann vielmehr um einen Abwägungsfehler, der gegen den Bebauungsplan geltend gemacht muß.

Beispiel: 1223

In einem Bebauungsplan ist ein Parkhaus mit einem konkreten Standort, einer bestimmten Größe und Zweckbindung, sowie mit der präzisen Lage der Ein- und Ausfahrt innerhalb der vorhandenen und geplanten Bebauung festgesetzt. Von der Möglichkeit zur planerischen Zurückhaltung ist hier kein Gebrauch gemacht worden. Für die Anwendung von § 15 Abs. 1 BauNVO ist somit kein Raum. Allerdings kann bei Unzumutbarkeit der Immissionen für die Nachbarschaft ein Abwägungsfehler vorliegen, der zur Unwirksamkeit des Bebauungsplans führt[3].

§ 15 Abs. 1 BauNVO hat in zweifacher Hinsicht Bedeutung: 1224

(1) Der Baugenehmigungsbehörde wird ein Regulativ gegeben, um Vorhaben, die nach den §§ 2 bis 14 BauNVO an sich mit der Eigenart eines Baugebiets verträglich und daher zulässig sind, dennoch im Einzelfall zur Vermeidung gebietsunverträglicher Auswirkungen als unzulässig abzulehnen (s. im Zusammenhang mit UVP-pflichtigen Vorhaben Rdnr. 1176 ff.)[4]. 1225

(2) Ein Nachbar ist in der Lage, ein ihn beeinträchtigendes Vorhaben zu verhindern, auch wenn es nach den Festsetzungen des Bebauungsplans eigentlich zulässig ist. § 15 Abs. 1 BauNVO ist zwar ein objektivrechtliches Gebot und hat keinen unmittelbar nachbarschützenden Charakter. Allerdings kommt dem in § 15 Abs. 1 BauNVO verankerten **Gebot der Rücksichtnahme** mittelbar drittschützende Wirkung zu, soweit in qualifizierter und zugleich individualisierter Weise auf schutzwürdige Interessen eines erkennbar abgegrenzten Kreises Dritter Rücksicht zu nehmen ist (dazu auch Rdnr. 1848 ff.)[5]. 1226

---

1 BVerwG v. 18.9.2003 – 4 CN 3.02, DVBl. 2004, 247 = ZfBR 2004, 167; BVerwG v. 23.9.1999 – 4 C 6.98, BauR 2000, 234 = DVBl. 2000, 193 = UPR 2000, 183.
2 OVG Münster v. 9.7.1993 – 10 B 531/93, BauR 1994, 89 = BRS 55 Nr. 180.
3 Vgl. BVerwG v. 6.3.1989 – 4 NB 8.89, BauR 1989, 306 = BRS 49 Nr. 44 = DVBl. 1989, 661 = NVwZ 1989, 960.
4 BVerwG v. 13.5.2002 – 4 B 86.01, BauR 2002, 1499 = UPR 2002, 448.
5 BVerwG v. 23.9.1999 – 4 C 6.98, BauR 2000, 234 = DVBl. 2000, 193 = UPR 2000, 183; BVerwG v. 26.9.1991 – 4 C 5.87, BVerwGE 89, 69 = BRS 52 Nr. 5 = DVBl. 1992, 564 = NVwZ 1992, 977; BVerwG v. 5.8.1983 – 4 C 16.79, BVerwGE 67, 334 = BauR 1983, 543 = BRS 40 Nr. 4 = DVBl. 1984, 143 = DÖV 1984, 295 = NJW 1984, 138; Fickert/Fieseler, § 15 Rdnr. 7.

1227 § 15 Abs. 1 BauNVO ist ein Korrektiv, daß sich auf den Einzelfall, also auf die konkrete Situation bezieht, so wie sie sich **zum Zeitpunkt der Genehmigungsentscheidung** darstellt. Daher kommt es – sowohl für § 15 Abs. 1 Satz 1 BauNVO als auch für Satz 2 der Vorschrift – auf die tatsächlich vorhandenen Nutzungen an, nicht hingegen auf die allgemeine (generelle) Gebietsverträglichkeit (Rdnr. 1219). Künftige Entwicklungen können nur Berücksichtigung finden, soweit sie im vorhandenen baulichen Bestand bereits ihren Niederschlag gefunden haben[1].

1228 **§ 15 Abs. 2 BauNVO**, der Absatz 1 der Vorschrift ergänzt, ist nicht so zu verstehen, daß die Baugenehmigungsbehörde im Rahmen ihrer Prüfung der Zulässigkeit eines Vorhabens eine planerische Entscheidung treffen kann. Die Vorschrift stellt vielmehr nur klar, daß bei Anwendung des § 15 Abs. 1 BauNVO die städtebaulichen Ziele und Grundsätze des § 1 Abs. 5 und 6 BauGB (Rdnr. 593 ff.) maßgeblich sind. Hingegen kommt es auf etwaige bauordnungsrechtliche Belange, auf Gesichtspunkte des „Milieuschutzes" oder die nationale Identität eines Baugebiets[2] ebensowenig an wie auf Aspekte der Wirtschaftsförderung oder gar der Wirtschaftslenkung. Insbesondere bietet § 15 BauNVO keinen Ansatzpunkt für eine etwaige Bedürfnisprüfung hinsichtlich bestimmter Nutzungen in einem Baugebiet. Dies widerspräche eindeutig der Wettbewerbsneutralität des Bauplanungsrechts[3].

1229 § 15 Abs. 1 Satz 1 BauNVO regelt die Unzulässigkeit von Vorhaben im Einzelfall, wenn diese nach **Anzahl, Lage, Umfang oder Zweckbestimmung** der Eigenart des Baugebiets widersprechen.

1230 (1) Die Regelung zur **Anzahl** ist kein Einfallstor für eine dem Städtebaurecht fremde Bedürfnisprüfung. Ein Unzulässigkeit kommt vielmehr nur dann in Betracht, wenn in einem Baugebiet von mehreren dort allgemein zulässigen Anlagen eine Anlagenart dergestalt zu dominieren droht, daß die übrigen Anlagen zahlenmäßig nicht mehr in der Weise vertreten sind, wie es der Eigenart des Baugebiets eigentlich entsprechen würde. Dies gilt auch bei einer in einem Baugebiet lediglich ausnahmsweise zugelassenen Nutzung, wenn sie eine Häufung erreicht, die einer allgemein zulässigen Nutzung entspricht[4]. Insbesondere kann also die bereits vorhandene Anzahl be-

---

1 BVerwG v. 14.1.1993 – 4 C 19.90, BRS 55 Nr. 175 = DVBl. 1993, 652 = NVwZ 1993, 1184 = UPR 1993, 221 zu § 15 Abs. 1 Satz 1 BauNVO.
2 OVG Koblenz v. 20.11.2000 – 8 A 11739/00, NVwZ 2001, 933 zur Errichtung eines Minaretts.
3 Vgl. BVerwG v. 29.7.1991 – 4 B 40.91, BauR 1991, 714 = BRS 52 Nr. 56 = NVwZ 1991, 1078 = UPR 1991, 390; BVerwG v. 3.2.1984 – 4 C 17.82, BVerwGE 68, 369 = BauR 1984, 369 = BRS 42 Nr. 51 = DVBl. 1984, 632 = DÖV 1985, 37 = NVwZ 1984, 583 = UPR 1984, 229; Bielenberg in Ernst/Zinkahn/Bielenberg/Krautzberger, § 15 BauNVO Rdnr. 18.
4 BVerwG v. 25.11.1983 – 4 C 21.83, BVerwGE 68, 213 = BauR 1984, 145 = BRS 40 Nr. 52 = NJW 1985, 1574; BVerwG v. 21.2.1986 – 4 C 31.83, BauR 1986, 417 = BRS 46 Nr. 51 = NVwZ 1986, 643.

stimmter baulicher Nutzungen dann einem weiteren Vorhaben dieser Art entgegenstehen, wenn ansonsten der Gebietscharakter „kippt".

Beispiel: 1231

Ein in einem Mischgebiet allgemein zulässiger Einzelhandelsbetrieb kann im Einzelfall unzulässig sein, wenn in dem Gebiet bereits so viele Einzelhandelsbetriebe zugelassen worden sind, daß das gebotene quantitative Mischungsverhältnis von Wohnen und nicht wesentlich störendem Gewerbe durch die Zulassung des Vorhabens beeinträchtigt würde. Daß darin eine Privilegierung früher realisierter Vorhaben liegt, ist nicht ungewöhnlich und rechtlich auch nicht zu beanstanden. Das Bauplanungsrecht kennt auch ansonsten eine Privilegierung bestimmter Nutzungen aus Gründen der zeitlichen Priorität[1].

(2) Die Rechtswidrigkeit eines Vorhabens im Einzelfall kann sich in Bezug 1232 auf seine **Lage** dann ergeben, wenn es gerade an dem gewählten Standort für die Nachbarschaft innerhalb des Baugebiets oder in dessen Umgebung (§ 15 Abs. 1 Satz 2 BauNVO) unzumutbar ist. Dies kann insbesondere bei lärm- oder geruchsemittierenden Nutzungen der Fall sein (z.B. bei Sportanlagen gemäß § 4 Abs. 2 Nr. 3 BauNVO oder bei Schank- und Speisewirtschaften gemäß § 4 Abs. 2 Nr. 2 BauNVO in einem allgemeinen Wohngebiet). Da sich die Unzumutbarkeit allein aus der Lage herleitet, bedeutet dies zugleich, daß das Vorhaben an einer anderen Stelle innerhalb des Baugebiets grundsätzlich zulassungsfähig sein muß, unter Umständen also auch schon bei einer Verschiebung auf dem Baugrundstück selbst.

Beispiel: 1233

Die erforderlichen Stellplätze eines Wohnhauses sind so angeordnet, daß deren Benutzung für die Nachbarschaft zu unzumutbaren Lärmimmissionen führt. Die an sich gemäß § 12 BauNVO zulässigen Stellplätze müssen in diesem Fall auf dem Baugrundstück anders angeordnet werden.

Widerspricht ein Vorhaben allerdings von seiner Lage her nicht der Eigenart 1234 des Baugebiets und ist sie auch im übrigen der Nachbarschaft zumutbar, kann auf der Grundlage von § 15 Abs. 1 BauNVO **keine Optimierung** verlangt werden, weil die Anlage an einer anderen Stelle die Nachbarschaft noch weniger belasten würde.

Beispiel:

Ein Bauherr möchte auf seinem Grundstück Stellplätze errichten, die grundsätzlich zulässig sind. Der mit der Nutzung der Stellplätze verbundene Lärm ist nach den dazu angestellten Prüfungen der Nachbarschaft noch zumutbar. Ein Nachbar macht geltend, daß an einem anderen Standort, der dem Bauherrn ebenfalls möglich wäre, die Belastung der Nachbarschaft geringer wäre.

---

1 BVerwG v. 4.5.1988 – 4 C 34.86, BVerwGE 79, 309 = BRS 48 Nr. 37 = NJW 1988, 3168 = ZfBR 1998, 234; VGH Mannheim v. 18.6.1986 – 8 S 1068/86, BRS 46 Nr. 49.

12.35 Diese Überlegung verhilft einem etwaigen Rechtsmittel allerdings nicht zum Erfolg. Das Baugenehmigungsrecht macht **keine Alternativenprüfung** dahingehend erforderlich, ob es einen günstigeren Standort für eine emittierende Nutzung gibt. Vielmehr ist die bebauungsrechtliche Prüfung an den Bauwunsch des Antragstellers gebunden. Ist das Vorhaben an dem gewählten Standort zulässig, muß es genehmigt werden[1].

12.36 (3) **Umfang und Zweckbestimmung** einer baulichen Nutzung, die im Einzelfall ebenfalls der Eigenart des Baugebiets widersprechen können, stehen ebenso wie das Kriterium der Lage eines Vorhabens zumeist in einem engen Zusammenhang mit § 15 Abs. 1 Satz 2 BauNVO (Rdnr. 1237). Die Unzulässigkeit kann sich daher vor allem daraus ergeben, daß ein Vorhaben trotz Einhaltung der planungsrechtlichen Festsetzungen wegen seiner Dimensionierung aus dem Rahmen fällt, die Quantität der Nutzung also in eine für das Baugebiet in seiner konkreten Ausgestaltung atypische Qualität (Art der Nutzung) umschlagen kann. Dies ist insbesondere bei einer atypischen und der Nachbarschaft nicht mehr zumutbaren Betriebsgröße (Umfang) oder wegen des mit der Nutzung verbundenen Zu- und Abgangsverkehrs (Zweckbestimmung) denkbar[2].

12.37 Auch wenn **§ 15 Abs. 1 Satz 2 BauNVO** neben Abs. 1 Satz 1 der Vorschrift einen selbständigen Unzulässigkeitstatbestand enthält, stehen die Regelungen in einem unmittelbaren sachlichen Zusammenhang. Für die Frage, ob Belästigungen oder Störungen vorliegen, die im Baugebiet selbst oder in dessen Umgebung unzumutbar sind oder ob ein geplantes Vorhaben derartigen unzumutbaren Auswirkungen ausgesetzt ist, kommt es insbesondere auf die Konkretisierung der Zumutbarkeit durch die Vorschriften und Regelwerke des Immissionsschutzrechts (insbesondere 18. BImSchV, TA Lärm, Freizeitlärmrichtlinie) an (s. dazu im Zusammenhang mit abwägungsrechtlichen Fragen Rdnr. 721 ff.; im Zusammenhang mit Fragen des Baunachbarschutzes Rdnr. 1849 ff.)[3]. Es geht dabei nicht (nur) um Auswirkungen, die die Schwelle der Gesundheitsbeeinträchtigung erreichen oder gleichsam enteignenden Charakter haben. Vielmehr sollen nachteilige Auswirkungen vermieden werden, die den Betroffenen nicht mehr zugemutet werden können, weil sie eine funktionsgerechte Nutzung der bereits vor-

---

1 BVerwG v. 13.10.1998 – 4 B 93.98, BRS 60 Nr. 69 = UPR 1999, 74.
2 BVerwG v. 16.3.1995 – 4 C 3.94, NVwZ 1995, 899 = DVBl. 1995, 754; BVerwG v. 4.5.1988 – 4 C 34.86, BVerwGE 79, 309 = NJW 1988, 3168 = ZfBR 1988, 234; BVerwG v. 3.2.1984 – 4 C 17.82, BVerwGE 68, 369 = BauR 1984, 369 = BRS 42 Nr. 51.
3 BVerwG v. 23.9.1999 – 4 C 6.98, BauR 2000, 234 = DVBl. 2000, 193 = UPR 2000, 183; aus der Literatur s. etwa Stüer/Middelbeck, Sportlärm bei Planung und Vorhabenzulassung, BauR 2003, 38 ff.; Numberger, Probleme des Freizeitlärms, NVwZ 2002, 1064 ff.; Ketteler, Die Sportanlagenlärmschutzverordnung (18. BImSchV) in Rechtsprechung und behördlicher Praxis, NVwZ 2002, 1070 ff.; Moench/Hamann, Geruchsbelästigungen und Immissionsschutzrecht, DVBl. 2004, 201 ff.

handenen baulichen Anlagen unangemessen beeinträchtigen[1]. Dabei sind nicht allein schädliche Umwelteinwirkungen i.S.v. § 3 Abs. 1 BImSchG von Bedeutung, sondern auch sonstige städtebaulich erhebliche Einwirkungen, die die Umgebung beeinträchtigen (z.B. massive optische Störungen)[2].

Festgestellte Beeinträchtigungen für eine vorhandene störende oder eine störungsbetroffene Nutzung führen nicht zwingend zur Genehmigungsunfähigkeit eines neu hinzukommenden Vorhabens. Dies ist vielmehr erst die **letzte Konsequenz**. Vorrangig sind neben den Verursachern ohne weiteres zumutbaren Maßnahmen (z.B. Schließen der Fenster beim Betrieb besonders lauter Maschinen) zunächst Möglichkeiten der „architektonischen Selbsthilfe", etwa durch die Stellung des Gebäudes auf dem Grundstück, den Einbau von Schallschutzfenstern und ähnliche Maßnahmen[3]. Überschreitet eine vorhandene emittierende Nutzung die maßgeblichen Werte aus dem einschlägigen immissionsschutzrechtlichen Regelwerk (zur Ermittlung auch unter Beachtung der notwendigen wechselseitigen Rücksichtnahme durch eine „Art von Mittelwert" Rdnr. 1853 ff.) und hat der Bauherr des hinzukommenden schutzbedürftigen Neubauvorhabens seine Pflicht zur Selbsthilfe in zumutbarem Umfang erfüllt, kann ihm das Baurecht in der Regel nicht vorenthalten werden. Vielmehr verhält sich in einem solchen Fall der Emittent rücksichtslos und ist seinerseits nicht im Sinne von § 15 Abs. 1 Satz 2 BauNVO schutzwürdig. Er muß daher mit nachträglichen Anordnungen und Auflagen etwa nach § 24 BImSchG rechnen[4]. Kann durch derartige Maßnahmen erreicht werden, daß das von den Immissionen betroffene Vorhaben keinen unzumutbaren Störungen ausgesetzt sein wird, scheitert seine Genehmigungsfähigkeit auch nicht an § 15 Abs. 1 BauNVO.

1238

3. Die Anlagen nach den §§ 12–14 BauNVO

Die §§ 12 bis 14 BauNVO beschäftigen sich mit Anlagen, die ohne ausdrückliche Erwähnung im Bebauungsplan oder in den Bestimmungen über die einzelnen Baugebiete in den §§ 2–11 BauNVO mit gewissen Einschränkungen grundsätzlich zulässig sind. Es handelt sich um Stellplätze und Garagen, um Gebäude und Räume für freie Berufe sowie um untergeordnete Nebenanlagen.

1239

---

1 S. im einzelnen Fickert/Fieseler, § 15 Rdnr. 11 ff.; Roeser in König/Roeser/Stock, § 15 Rdnr. 22 ff.
2 VGH München v. 22.1.2004 – 1 ZB 03.294, UPR 2004, 237 („Megaposter" nahe einem Wohngebiet).
3 BVerwG v. 23.9.1999 – 4 C 6.98, BauR 2000, 234 = DVBl. 2000, 193 = UPR 2000, 183; OVG Schleswig v. 22.3.2002 – 1 M 5/02, NVwZ-RR 2004, 19; OVG Lüneburg v. 26.2.2003 – 1 LC 75/02, BauR 2004, 68; OVG Münster v. 25.6.2003 – 7 A 4042/00, BauR 2003, 1850.
4 BVerwG v. 23.9.1999 – 4 C 6.98, BauR 2000, 234 = DVBl. 2000, 193 = UPR 2000, 183; VGH München v. 3.8.2001 – 1 B 99.2106, BauR 2002, 435.

1240 Die Vorschriften werden in der für den Bebauungsplan maßgeblichen Fassung der Baunutzungsverordnung (Rdnr. 1185 ff.)[1] **durch die Festsetzung eines Baugebiets** nach den §§ 2 ff. BauGB Bestandteil des Bebauungsplans. Diese Rechtsfolge tritt unmittelbar kraft Gesetzes ein (§ 1 Abs. 3 Satz 2 BauNVO). Besonderer Festsetzungen bedarf es lediglich, wenn die plangebende Gemeinde davon abweichende Regelungen treffen möchte, z.B. nach § 12 Abs. 6 BauNVO.

a) Stellplätze und Garagen

1241 § 12 Abs. 1 BauNVO geht von dem Grundsatz aus, daß Stellplätze und Garagen in allen Baugebieten zulässig sind. § 12 Abs. 2 BauNVO schränkt dies dahingehend ein, daß sie in Kleinsiedlungsgebieten, reinen Wohngebieten, allgemeinen Wohngebieten sowie in Sondergebieten, die der Erholung dienen, für den durch die zugelassene Nutzung verursachten Bedarf bestimmt sein müssen. Im Hinblick auf die örtlichen Gegebenheiten, beispielsweise bei eíner ungünstig gelegenen Zufahrt, können selbst Stellplätze für den verursachten Bedarf gemäß § 15 Abs. 1 Satz 2 BauNVO (Rdnr. 1217 ff.) unzulässig sein[2]. Einen Anhaltspunkt dafür bieten die für die jeweilige Hauptnutzung maßgeblichen technischen Regelwerke und die darin enthaltenen Grenz-, Richt- und Orientierungswerte (Rdnr. 721 ff.)[3]. Generell unzulässig sind Stellplätze und Garagen für Lastkraftwagen und Kraftomnibusse sowie für Anhänger dieser Kraftfahrzeuge in reinen Wohngebieten sowie Stellplätze und Garagen für Kraftfahrzeuge mit einem Eigengewicht über 3,5 Tonnen sowie für Anhänger dieser Kraftfahrzeuge in Kleinsiedlungsgebieten und allgemeinen Wohngebieten (§ 12 Abs. 2 BauNVO).

1242 **Gewerbliche betriebene Garagenanlagen und Parkhäuser** fallen ebenso wie nicht gewerbliche Anlagen unter § 12 BauNVO, selbst wenn sie zugleich als (störende) Gewerbebetriebe einzuordnen sind, die als solche in dem betreffenden Baugebiet nicht genehmigungsfähig wären (z.B. ein gewerblich betriebenes Parkhaus in einem reinen oder allgemeinen Wohngebiet, das den gebietsbezogenen Bedarf abdeckt[4]. § 12 Abs. 4 bis 6 BauNVO befaßt sich mit der Zulässigkeit der Festsetzung von Garagengeschossen und mit Festsetzungen, nach denen Stellplätze und Garagen nicht oder nur beschränkt zulässig sind. Ergänzend ist **§ 21a BauNVO** zu beachten, der die Anrechnung von Garagengeschossen auf die Zahl der zulässigen Vollgeschosse sowie auf die zulässige

---

1 BVerwG v. 1.11.1999 – 4 B 3.99, BauR 2000, 703 = DÖV 2000, 474 = NVwZ 2000, 680 = UPR 2000, 225.
2 BVerwG v. 20.3.2003 – 4 B 59/02, NVwZ 2003, 1516.
3 OVG Koblenz v. 27.6.2002 – 1 A 1669/99, BauR 2003, 368.
4 OVG Münster v. 18.5.2000 – 7 A 1155/99, BauR 2000, 1447 = NVwZ-RR 2001, 646; Fickert/Fieseler, § 12 Rdnr. 3.1; Stock in König/Roeser/Stock, § 12 Rdnr. 14.

Grundfläche regelt. Wegen der Einzelheiten wird auf die ausführliche Kommentarliteratur zu § 12 BauNVO hingewiesen[1].

b) Gebäude und Räume für freie Berufe

Gebäude und Räume für freie Berufe und ihnen vergleichbare gewerbliche Tätigkeiten nehmen gemäß § 13 BauNVO eine Sonderstellung ein. Für den Begriff des freien Berufs kann auf die – allerdings nicht abschließende – Zusammenstellung in **§ 18 Abs. 1 Nr. 1 Satz 2 EStG** und in **§ 1 Abs. 2 PartGG** zurückgegriffen werden. Darunter fallen insbesondere Ärzte, Zahnärzte, Krankengymnasten, Heilpraktiker, Rechtsanwälte, Architekten, Steuerberater u.ä., die persönliche Dienstleistungen erbringen, die vorwiegend auf individuellen geistigen Leistungen oder sonstigen persönlichen Fähigkeiten beruhen. Gewerbebetreibende, die ihren Beruf in ähnlicher Art ausüben, sind etwa Handelsvertreter, Versicherungsvertreter, Masseure u.ä. Auf die **Rechtsform**, in der der Beruf ausgeübt wird, kommt es nicht an. Auch eine durch eine juristische Person betriebene Tätigkeit kann daher unter § 13 BauNVO fallen (z.B. eine Anwalts-GmbH)[2].

1243

Aus dem Umstand, daß § 13 BauNVO in Bezug auf die Baugebiete nach den **§§ 2 bis 4 BauNVO** von Räumen spricht, ergibt sich, daß die Berufsausübung dort „**wohnartig**" erfolgen muß[3]. Dies setzt indes nicht voraus, daß in der jeweiligen Nutzungseinheit zugleich gearbeitet und gewohnt wird[4]. Allerdings hat das Kriterium der Wohnartigkeit Bedeutung zum einen für die gewerblichen Tätigkeiten, die der freiberuflichen Berufsausübung gleichgestellt werden können. So fallen insbesondere Gewerbebetriebe mit intensivem Kunden- oder sonstigem Besucherverkehr in der Regel nicht unter § 13 BauNVO. Zum anderen hat die Beschränkung auf Räume Bedeutung für die Art der zulässigen Nutzungseinheiten. Räume brauchen zwar nicht Teil einer Wohnung zu sein, sie sind jedoch gleichwohl **nur Teile von Gebäuden**. Dabei kann es sich auch um einen Anbau handeln, sofern dieser nicht selbständig benutzbar, also nur durch das Hauptgebäude zugänglich ist[5]. Hingegen ist eine an ein Wohnhaus angebaute selbständige Doppelgarage kein Raum im Sinne des § 13 BauNVO mehr[6]. Die einzelne Nutzungseinheit für einen freiberuflich oder in gleichgestellter Weise Tätigen muß

1244

---
1 S. insbesondere Fickert/Fieseler, § 12; Stock in König/Roeser/Stock, § 12; Boeddinghaus, § 12.
2 Vgl. OVG Hamburg v. 19.12.1996 – Bf II 46/94, BauR 1997, 613 = BRS 58 Nr. 75 = NVwZ-RR 1998, 10 = UPR 1997, 380; VGH Kassel v. 4.7.1991 – 4 UE 1422/87, BRS 52 Nr. 60 = DÖV 1992, 500.
3 BVerwG v. 30.1.1970 – IV C 143.65, BauR 1970, 91 = BRS 23 Nr. 36 = DVBl. 1970, 832 = DÖV 1970, 787.
4 BVerwG v. 20.1.1984 – 4 C 56.80, BVerwGE 68, 324 = BauR 1984, 267 = BRS 42 Nr. 56 = NVwZ 1984, 236.
5 BVerwG v. 13.12.1995 – 4 B 245/95, BauR 1996, 219 = BRS 57 Nr. 79 = DVBl. 1996, 270 = DÖV 1996, 293 = NVwZ 1996, 787 = UPR 1996, 113.
6 OVG Lüneburg v. 20.5.1987 – 1 A 125/86, BRS 47 Nr. 61.

von ihrer Größe her in der Regel auf eine – wenn auch durchaus große – Wohnung beschränkt sein[1]. „Großbüros" sind hingegen geeignet, den Wohnhauscharakter des Gebäudes zu beseitigen[2].

1245 **Beispiel:**
In einem Mehrfamilienhaus befinden sich 2-, 3- und 4-Zimmerwohnungen. Für die Nutzung als Steuerberatungsbüro sollen zwei 2-Zimmerwohnungen zusammengelegt werden. Die Nutzung ist bauplanungsrechtlich im Hinblick auf die für das Steuerberatungsbüro geschaffene Wohneinheit zulässig, da sie sich im Rahmen der vorhandenen Wohnungsgrößen hält. Dies wäre anders, wenn beispielsweise zwei der 3-Zimmerwohnungen zusammengelegt würden und die damit geschaffene Nutzungseinheit erheblich über die Größe der im übrigen in dem Wohnhaus vorhandenen Einheiten hinausginge.

1246 Die Beschränkung auf Räume führt desweiteren dazu, daß ein Gebäude nicht vollständig für freiberufliche oder gleichgestellte Tätigkeiten genutzt werden darf. Vielmehr darf in der Regel nicht mehr als etwa die Hälfte der Wohnungen und der Wohnfläche des Hauses für Nutzungen nach § 13 BauNVO in Anspruch genommen werden[3]. Das **Gesamterscheinungsbild** des jeweiligen Gebäudes darf also nicht überwiegend durch Nutzungen im Sinne von § 13 BauNVO geprägt sein.

1247 **Gebäude für freie Berufe** und gleichgestellte Tätigkeiten sind in Kleinsiedlungsgebieten, reinen Wohngebieten und allgemeinen Wohngebieten unzulässig. In den übrigen Baugebieten – mit Ausnahme der Sondergebiete – sind sie gemäß § 13 BauNVO hingegen allgemein zulässig. In den Sondergebieten (§§ 10 und 11 BauNVO) ist es der planenden Gemeinde selbst überlassen, die maßgeblichen Festsetzungen zu treffen (z.B. für ein Ärztehaus in einem Kurgebiet).

c) Untergeordnete Nebenanlagen und Einrichtungen

1248 Untergeordnete Nebenanlagen und Einrichtungen sind nach § 14 Abs. 1 BauNVO zulässig, wenn sie dem Nutzungszweck der in dem Baugebiet gelegenen Grundstücke oder des Baugebiets selbst dienen und seiner Eigenart nicht widersprechen. Die Vorschrift ergänzt die §§ 2–13 BauNVO hinsichtlich der danach bereits zulässigen Anlagen. Die dortigen Vorschriften ein-

---

1 OVG Saarland v. 27.2.1996 – 2 R 9/95, BRS 58 Nr. 65 = UPR 1997, 160; Stock in König/Roeser/Stock, § 13 Rdnr. 21; Jäde in Jäde/Dirnberger/Weiß, § 14 BauNVO, Rdnr. 13.
2 BVerwG v. 18.5.2001 – 4 C 8/00, BauR 2001, 1556 = BRS 64 Nr. 66 = NVwZ 2001, 1284; OVG Münster v. 23.9.2002 – 7 B 1283/02, BauR 2002, 217.
3 BVerwG v. 18.5.2001 – 4 C 8/00, BauR 2001, 1556 = BRS 64 Nr. 66 = NVwZ 2001, 1284; BVerwG v. 25.1.1985 – 4 C 34.81, BRS 44 Nr. 47 = NJW 1986, 1004 = NVwZ 1986, 373 = ZfBR 1985, 143; OVG Münster v. 23.9.2002 – 7 B 1283/02, BauR 2003, 217; VGH München v. 14.5.2001 – 1 B 99.652, BauR 2001, 1867.

schließlich des § 12 BauNVO für Stellplätze und Garagen (Rdnr. 1241) sind also gegenüber § 14 Abs. 1 BauNVO speziell[1].

Eine **Nebenanlage** setzt notwendigerweise voraus, daß es sich um eine (eigenständige) Anlage handelt, die **nicht Bestandteil der Hauptanlage** ist. Etwa die Erweiterung eines Wohngebäudes (z.B. durch einen vom Hauptgebäude zugehbaren Anbau für einen Wintergarten oder ein Schwimmbad) fällt daher nicht darunter[2]. Für die ergänzend in § 14 BauNVO genannten **Einrichtungen** gilt nichts anderes. Sofern man dem Begriff überhaupt eigenständige Bedeutung für nichtbauliche Anlagen beimißt[3], dürfen auch diese nicht Bestandteil der Hauptanlage sein. 1249

Die Nebenanlage oder Einrichtung muß **dienende Funktion** für die in dem Baugebiet gelegenen Grundstücke oder für das Baugebiet selbst haben. Dieses „Dienen" setzt einen Funktionszusammenhang oder eine zubehörähnliche Hilfsfunktion dergestalt voraus, daß die Nutzung der Hauptanlage gefördert wird[4]. 1250

Nebenanlagen müssen der Hauptanlage räumlich, gegenständlich und optisch **untergeordnet** sein. Die Abmessungen müssen also hinter denen der Hauptanlage zurückbleiben, wobei der Gesamteindruck, der auch durch die räumliche Lage der Nebenanlage oder Einrichtung geprägt ist, entscheidet[5]. 1251

Beispiel: 1252
Neben einem Wohnhaus mit einer Grundfläche von ca. 185 qm soll eine Schwimmhalle mit einer Grundfläche von fast 54 qm Grundfläche als Nebenanlage errichtet werden. Ein bloßer Vergleich dieser Grundflächen spräche dafür, daß es an der notwendigen Unterordnung fehlt. Da allerdings das Wohnhaus eine Höhe von 9 m hat, fällt die Schwimmhalle mit einer Höhe von 3 m nicht stark ins Gewicht und steht gleichsam „im Schatten" des großen Hauptbaukörpers, so daß sie aufgrund der gebotenen Gesamtbetrachtung gleichwohl zulässig sein kann[6].

Danach können zu den Nebenanlagen, die im Zusammenhang mit der Nutzung einzelner Grundstücke zulässig sind, etwa gehören: Rundfunk- und Fernsehantennen, soweit sie nicht ohnehin Bestandteil der Hauptnutzung 1253

---

1 VGH Mannheim v. 23.7.1991 – 8 S 1606/91, BauR 1992, 65 = BRS 52 Nr. 177 = NJW 1992, 1060 = ZfBR 1992, 39.
2 OVG Lüneburg v. 21.11.2002 – 1 ME 255/02, BauR 2003, 218; VGH Mannheim v. 23.8.1993 – 5 S 1338/93, BRS 55 Nr. 53; Fickert/Fieseler, § 14 Rdnr. 10.3.
3 So etwa Fickert/Fieseler, § 14 Rdnr. 4.1; a.A. Stock in König/Roeser/Stock, § 14 Rdnr. 9.
4 BVerwG v. 1.11.1999 – 4 B 3.99, NVwZ 2000, 680 = UPR 2000, 225; BVerwG v. 17.12.1976 – IV C 6.75, BauR 1977, 109 = BRS 30 Nr. 117 = DÖV 1977, 326 = NJW 1977, 2090; BVerwG v. 7.5.1976 – IV C 43.74, BRS 30 Nr. 56.
5 BVerwG v. 18.2.1983 – 4 C 18.81, BVerwGE 67, 23 = BRS 40 Nr. 64 = DVBl. 1983, 886 = NJW 1983, 2713 = UPR 1983, 301 = ZfBR 1983, 193.
6 OVG Lüneburg v. 21.11.2002 – 1 ME 255/03, BauR 2003, 218.

sind[1]; Wertstoffcontainer (Altglascontainer)[2]; ein kleiner Tennisplatz, wenn er nicht wesentliche Teile des Gartens eines Wohnhauses beansprucht[3]; Fahrrad-, Holz- oder Geräteschuppen; Gartenlauben; Zäune und Stützmauern[4]; Windenergieanlagen für den Eigenbedarf des Baugrundstücks[5]. Nicht dazu gehören etwa Werbeanlagen für die Außenwerbung, also für Werbung außerhalb der Stätte der Leistung[6].

1254 Die in § 14 Abs. 1 Satz 2 BauNVO ausdrücklich genannten **Anlagen zur Kleintierhaltung** (Kleintierställe) sind nur insoweit zulässig, wie sie gebietstypisch sind. In einem Wohngebiet müssen die Tiere üblich und ungefährlich sein und dürfen den Rahmen einer wohngebietstypischen Freizeitnutzung nicht sprengen[7]. Von der regelmäßig gebotenen typisierenden Betrachtungsweise in Bezug auf das betreffende Baugebiet kann im Einzelfall abgewichen werden, wenn auch in der Nachbarschaft vergleichbare Nutzungen vorhanden sind und sich die Bewohner des betroffenen Baugebiets damit abgefunden haben. Für die notwendige Unterordnung unter die Hauptnutzung ist neben der Art der Tiere insbesondere die Anzahl der Anlagen für die Kleintierhaltung von Bedeutung[8].

1255 Umfassende Aufzählungen zu den einzelnen in Betracht kommenden Anlagen finden sich in der einschlägigen Kommentarliteratur zur Baunutzungsverordnung[9].

1256 Zwingende Voraussetzung für die Zulässigkeit von Nebenanlagen ist in jedem Fall, daß sie der **Eigenart des Gebiets** nicht widersprechen. Es handelt sich dabei um eine Spezialregelung zu § 15 Abs. 1 Satz 1 BauNVO für Fälle, in denen trotz Erfüllung der sonstigen tatbestandlichen Voraussetzungen des § 14 Abs. 1 BauNVO ein Korrektiv zur Verfügung stehen soll (zu § 15 BauNVO Rdnr. 1217 ff.). Ebenso wie bei § 15 Abs. 1 BauNVO kommt es für die Frage, ob ein Widerspruch zur Eigenart des Baugebiets vorliegt, auf die tatsächlich vorhandene Bebauung des Gebiets sowie auf die für das kon-

---

1 VGH Mannheim v. 2.10.1992 – 8 S 1618/92, BRS 55 Nr. 50.
2 BVerwG v. 13.10.1998 – 4 B 93.98, BauR 1999, 145 = BRS 60 Nr. 69 = NVwZ 1999, 298 = UPR 1999, 74.
3 BVerwG v. 30.8.1985 – 4 C 50.82, BauR 1985, 652 = BRS 44 Nr. 185 = DÖV 1986, 393 = UPR 1986, 26 = ZfBR 1985, 285.
4 OVG Lüneburg v. 10.7.1976 – I A 12/76, BauR 1976, 413 = BRS 30 Nr. 13; VGH Mannheim v. 30.9.1976 – III 780/75, BRS 30 Nr. 99.
5 BVerwG v. 18.2.1983 – 4 C 18.81, BVerwGE 67, 23 = BRS 40 Nr. 64; VGH Kassel v. 28.4.1988 – 4 OE 1089/85, BauR 1988, 700 = BRS 48 Nr. 53 = NVwZ-RR 1989, 120.
6 VGH Mannheim v. 28.9.1998 – 8 S 2068/98, BRS 60 Nr. 132 = UPR 1999, 238.
7 BVerwG v. 15.10.1993 – 4 B 165.93, BRS 55 Nr. 51 = DVBl. 1994, 292 = DÖV 1994, 266 = NVwZ-RR 1994, 309 = UPR 1994, 103 = ZfBR 1994, 137.
8 VGH Mannheim v. 13.3.2003 – 5 S 2771/02, BauR 2003, 1854; OVG Münster v. 10.7.2002 – 10 A 2220/02, BauR 2003, 66.
9 S. insbesondere Fickert/Fieseler, § 14 Rdnr. 12; Stock in König/Roeser/Stock, § 14 Rdnr. 16 und 26.

krete Plangebiet bestehenden städtebaulichen Zielvorstellungen der Gemeinde an.

Beispiel: 1257
Eine Gemeinde schließt in ihrem Bebauungsplan für ein festgesetzes Mischgebiet Vergnügungsstätten mit dem Ziel aus, dem Ruhebedürfnis der Wohnnutzung Rechnung zu tragen. In einem solchen Fall sind Nebenanlagen, die mit erhöhten geräuschintensiven Nutzungen verbunden sind (z.B. Hundezwinger) eher unzulässig als in einem Baugebiet ohne derartige Einschränkungen[1].

Nebenanlagen, die nicht einem bestimmten Baugrundstück sondern dem **Baugebiet** selbst dienen (§ 14 Abs. 1 Satz 1 BauNVO), können etwa kleinere Kinderspielplätze, Bolzplätze[2], Wertstoffcontainer[3] oder auch Windkraftanlagen sein, sofern die erzeugte Energie überwiegend zur Versorgung des Gebiets genutzt wird. Nicht dazu gehört hingegen ein Mobilfunksender für die übergemeindliche Versorgung (s. dazu noch Rdnr. 1261)[4]. Sofern derartige Einrichtungen nach § 9 Abs. 1 BauGB ausdrücklich festgesetzt sind (z.B. gemäß § 9 Abs. 1 Nr. 12 BauGB), richtet sich die planungsrechtliche Zulässigkeit nicht nach § 14 BauGB sondern nach der betreffenden Planfestsetzung, ggf. i.V.m. § 15 Abs. 1 BauNVO. Der notwendige Funktionszusammenhang (Rdnr. 1250) bei einer Baugebietszuordnung muß nicht zu bestimmten Baugrundstücken bestehen sondern zu dem Baugebiet selbst oder jedenfalls zu einem Teil davon. Die erforderliche Unterordnung (Rdnr. 1251) hat sich an der Größe der baulichen Hauptanlagen innerhalb des Baugebiets zu orientieren. Im Vergleich zu deren typischer Größe muß die Anlage den Eindruck der Unterordnung vermitteln. 1258

Gemäß § 14 Abs. 1 Satz 3 BauNVO können Nebenanlagen durch besondere Festsetzungen im Bebauungsplan **eingeschränkt oder ausgeschlossen** werden, wenn dafür städtebauliche Gründe bestehen. Hierfür sind die Kriterien zu § 1 Abs. 5 und 9 BauNVO von Bedeutung (Rdnr. 1670 ff.). 1259

§ 14 Abs. 2 BauNVO enthält einen durch die Festsetzung von Baugebieten in den Bebauungsplan einbezogenen **Ausnahmetatbestand** gemäß § 31 Abs. 1 BauGB für infrastrukturelle Nebenanlagen (Elektrizität, Gas, Wärme, Wasserver- und Abwasserentsorgung, fernmeldetechnische Nebenanlagen, Nebenanlagen für erneuerbare Energien). Die Ergänzung des § 14 Abs. 2 BauNVO um dessen zweiten Satz (fernmeldetechnische Anlagen, Anlagen für erneuerbare Energien) erfolgte erst durch die BauNVO 1990. Die früheren Fassungen der Baunutzungsverordnung sind daher auf diese Anlagen nicht anwendbar (s. Rdnr. 1194). Nach § 14 Abs. 2 BauNVO müssen diese 1260

---
1 VGH Mannheim v. 13.3.2003 – 5 S 2771/02, BauR 2003, 1854 = NVwZ 2003, 1854.
2 VGH München v. 16.2.1987 – 14 B 85 A 3090, BauR 1987, 543 = NVwZ 1987, 986.
3 VGH Kassel v. 24.8.1999 – 2 UE 2287/96, NVwZ-RR 2000, 668.
4 BVerwG v. 1.11.1999 – 4 B 3.99, BauR 2000, 703 = DÖV 2000, 474 = NVwZ 2000, 680 = UPR 2000, 225.

Nebenanlagen nicht untergeordnet sein. Es genügt vielmehr die **funktionale Zuordnung**. Die Anlagen müssen auch nicht allein dem Baugebiet dienen, in dem sie untergebracht sind. Die Ver- oder Entsorgungsaufgabe kann vielmehr auch darüber hinausgehen. Grenzen ergeben sich allerdings aus den allgemeinen bauplanungsrechtlichen Anforderungen für das betreffende Baugebiet, etwa aus den Festsetzungen zum Maß der baulichen Nutzung sowie aus § 15 Abs. 1 BauNVO (Rdnr. 1217 ff.). Unter die Regelung fallen z.B. Abwassersammel- und Pumpanlagen, Transformatorenhäuschen u.ä., sofern dafür keine besonderen Festsetzungen nach § 9 BauGB getroffen worden sind (s. insbesondere § 9 Abs. 1 Nr. 12 bis 14 BauGB, Rdnr. 283 ff.).

1261   Ob **Mobilfunksendeanlagen** unter § 14 Abs. 2 Satz 2 BauNVO fallen, ist umstritten[1]. Selbst dann, wenn es sich nur um kleine und optisch kaum wahrnehmbare Anlagen handelt, wird man ihnen ihre bodenrechtliche Relevanz zumeist nicht absprechen können, so daß es sich um an den Vorgaben des Bauplanungsrechts zu messende Vorhaben im Sinne von § 29 Abs. 1 BauGB handelt. Das Kriterium der **Neben**anlage dürften im Hinblick darauf, daß es sich bei Mobilfunksendeanlagen um (untergeordnete) Teile eines umfassenden fernmeldetechnischen Versorgungsnetzes handelt, in der Regel erfüllt sein. Bezieht man den Charakter als Nebenanlage auf das infrastrukturelle Versorgungssystem und nicht auf ein bestimmtes Gebäude oder Baugebiet (vgl. Rdnr. 1260), kommt es für die Einordnung als Nebenanlage nicht auf deren Größe im Verhältnis zu einem Hauptgebäude oder zum Charakter des gesamten Baugebiets an. Entscheidend ist vielmehr, ob die Mobilfunksendeanlage im Rahmen des gesamten infrastrukturellen Versorgungsnetzes eine dem Gesamtnetz untergeordnete Funktion hat oder von ihrer Funktion und Bedeutung her so gewichtig ist, daß sie als eigenständige Hauptnutzung zu qualifizieren ist. Dies hängt u.a. von der Größe und der Lage der betreffenden Anlage ab. Bei einer Qualifizierung als Haupt- und nicht als Nebenanlage hat ebenso wie bei sonstigen Hauptnutzungen eine Prüfung anhand der Bebauungsplanfestsetzungen zu erfolgen, insbesondere also, ob die Mobilfunksendeanlage in dem betreffenden Baugebiet nach der Art der Nutzung allgemein oder ausnahmsweise zulässig ist. Bei einer untergeordneten Bedeutung innerhalb des gesamten infrastrukturellen Versor-

---

1 Zum Meinungsstand s. etwa OVG Münster v. 9.1.2004 – 7 B 2482/03, BauR 2004, 792; OVG Münster v. 25.2.2003 – 10 B 2417/02, BauR 2003, 1011 = NVwZ-RR 2003, 637; VGH München v. 8.7.1997 – 14 B 9331.02, BRS 59 Nr. 181; VGH Kassel v. 29.7.1999 – 4 TG 2189/99, BauR 2000, 1162; Kukk, Über den Antennen ist Ruh – Hilflosigkeit kommunaler Planungen gegenüber Mobilfunk-Antennenwäldern, BauR 2003, 1505 ff.; Krist, Planungsrechtliche Steuerungsmöglichkeiten der Gemeinden bei der Ansiedlung von Mobilfunkbasisstationen, BauR 2000, 1130 ff.; zu grundrechts- und gesundheitsbezogenen Gesichtspunkten im Zusammenhang mit elektromagnetischen Feldern und den Anforderungen der 26. BImSchV BVerfG v. 28.2.2002 – 1 BvR 1676/01, BauR 2002, 1222 = DVBl. 2002, 614 = NJW 2002, 1638 = UPR 2002, 225.

gungsnetzes ist das Vorhaben gemäß § 14 Abs. 2 BauNVO i.V.m. § 31 Abs. 1 BauGB ausnahmsweise zulässig.

Die Erteilung einer Ausnahme gemäß § 14 Abs. 2 BauNVO für die dort genannten Vorhaben ist in das Ermessen der Genehmigungsbehörde gestellt (im einzelnen zur Erteilung von Ausnahmen gemäß § 31 Abs. 1 BauGB Rdnr. 1698 ff.). In die Ermessenserwägungen können u.a. folgende Überlegungen eingestellt werden: Bewahrung des Ausnahmecharakters in Bezug auf die Gebietsart, Belange der Nachbarn, optische Auswirkungen auf das Orts- und Landschaftsbild, Erforderlichkeit der Anlagen zur infrastrukturellen Versorgung an dem konkreten Standort[1]. Handelt es sich um ein eigenständiges Vorhaben im Sinne von § 29 Abs. 1 BauGB, kommt auch eine Qualifizierung als eigenständiger Gewerbebetrieb in Betracht und damit anstelle einer ausnahmsweisen Zulassung gemäß § 14 Abs. 2 BauBG eine allgemeine Zulässigkeit in den Baugebieten, in denen Gewerbegebiete aller Art zulässig sind (vgl. Rdnr. 1530). 1262

V. Das einzuhaltende Maß der baulichen Nutzung

Zu den zentralen Anforderungen, die für die Genehmigungsfähigkeit eines Bauvorhabens zu beachten sind, gehört das Maß der baulichen Nutzung. Die **§§ 16 bis 21a BauNVO** enthalten die Möglichkeiten, durch Bebauungsplanfestsetzungen dazu Regelungen zu treffen. In der Tabelle des § 17 Abs. 1 BauNVO sind die zugelassenen Obergrenzen für diese Festsetzungen enthalten. Aus ihnen kann jedoch nicht unmittelbar abgelesen werden, welches Nutzungsmaß im Geltungsbereich eines bestimmten Bebauungsplans zulässig ist. Die Vorschriften der Baunutzungsverordnung enthalten zum Maß der baulichen Nutzung vielmehr nur – zunächst für die Planer bestimmte – **Anwendungsregeln**. Verbindlich sind für die Grundstücksnutzung erst die sich hieraus ergebenden und beschlossenen Bebauungsplanfestsetzungen. 1263

Als Festsetzungen über das Maß der baulichen Nutzung kommen gemäß § 16 Abs. 2 BauNVO in Betracht: 1264

(1) die Grundflächenzahl (GRZ) oder die Größe der Grundflächen (GR) der baulichen Anlagen (Rdnr. 1276 ff.);

(2) die Geschoßflächenzahl (GFZ) oder die Größe der Geschoßfläche (GF) (Rdnr. 1299 ff.);

(3) die Baumassenzahl (BMZ) oder die Baumasse (BM) (Rdnr. 1304 f.);

(4) die Zahl der Vollgeschosse (Z) (Rdnr. 1293 ff.);

---
1 OVG Münster v. 25.2.2003 – 10 B 2417/02, BauR 2003, 1011 = NVwZ-RR 2003, 637.

(5) die Höhe der baulichen Anlagen (H) (Rdnr. 1305 ff.).

1265 Die planende Gemeinde hat ein auf diese Möglichkeiten **beschränktes Auswahlrecht**. Sie kann Festsetzungen nach allen genannten Bestimmungsfaktoren treffen. Im **Flächennutzungsplan** genügt eine Angabe der Geschoßflächenzahl, der Baumassenzahl oder der Höhe baulicher Anlagen (§ 16 Abs. 1 BauNVO), wenn das Maß der baulichen Nutzung überhaupt bereits auf der Ebene des Flächennutzungsplans behandelt werden soll. Erforderlich ist dies in der Regel nicht (vgl. dazu Rdnr. 124 ff.).

1266 Im **Bebauungsplan** ist **stets** die **Grundflächenzahl** oder die **Größe der Grundflächen** der baulichen Anlagen zu regeln (§ 16 Abs. 3 Nr. 1 BauNVO), wenn Festsetzungen zum Maß der baulichen Nutzung getroffen werden. Eine Festsetzung der überbaubaren Grundstücksfläche (§ 9 Abs. 1 Nr. 2 BauGB i.V.m. § 23 BauNVO) genügt dafür nicht. Es kann zwar über beide Festsetzungsmöglichkeiten faktisch dasselbe Ergebnis für die bauliche Nutzung bewirkt werden, jedoch ist die gesetzliche Zielsetzung der Festsetzungen unterschiedlich[1]. Ebensowenig genügt die Festsetzung des Maßes der baulichen Nutzung durch eine Regelung der überbaubaren Grundstücksfläche in Kombination mit einer Festlegung zur Firsthöhe[2].

1267 Während die Festsetzung der Grundflächenzahl oder der absoluten Grundfläche immer erforderlich ist, bedarf es gemäß § 16 Abs. 3 Nr. 2 BauNVO ergänzender Festsetzungen zur **Zahl der Vollgeschosse** oder zur **Höhe baulicher Anlagen** nur, wenn ansonsten öffentliche Belange, insbesondere das Orts- und Landschaftsbild, beeinträchtigt werden können. Der Begriff der Beeinträchtigung ist dabei in die Gesamtumstände der Planung eingebunden. Es ist daher eine Frage des **Abwägungsgebotes** (§ 1 Abs. 7 BauGB, Rdnr. 546 ff.), ob Festsetzungen zur Höhenentwicklung durch Regelungen hinsichtlich der Vollgeschosse oder der absoluten Höhe baulicher Anlagen geboten sind. Die ausdrückliche Benennung dieser Aspekte in § 16 Abs. 3 Nr. 2 BauNVO betont das besondere Gewicht, das ihnen in der planerischen Abwägung zukommt.

1268 Die weiteren (abschließenden) Festsetzungsmöglichkeiten (Geschoßflächenzahl/absolute Geschoßfläche, Baumassenzahl/absolute Baumasse) sind ebenfalls an die planerische Abwägung gebunden. Derartiger Festsetzungen bedarf es, wenn damit bestimmte planerische Zielvorstellungen werden sollen, also eine städtebauliche Rechtfertigung dafür besteht.

1269 Es kann ohne weiteres Fälle geben, in denen sich die Gemeinde bei der Regelung des Maßes der baulichen Nutzung mit der Festsetzung der Grund-

---

1 BVerwG v. 18.12.1995 – 4 NB 36.95, BauR 1996, 353 = BRS 57 Nr. 25 = NVwZ 1996, 894.
2 VGH München v. 29.8.1996 – 26 M 95.2983, BRS 58 Nr. 9 = NVwZ 1997, 1016.

flächenzahl oder der absoluten Grundfläche begnügt. Allerdings ist die künftige Entwicklung eines Baugebiets bei einer dreidimensionalen Regelung besser zu steuern, so daß sich eine Hinzunahme weiterer Festsetzungen empfiehlt und in der Regel auch erfolgt. Dabei bietet sich die Festsetzung der Zahl der Vollgeschosse oder der absoluten Höhe der baulichen Anlagen besonders an, während auf die Festsetzung der Geschoßflächenzahl oder der absoluten Geschoßfläche leichter verzichtet werden kann. Ohnehin sollten die Festsetzungen zum Maß der baulichen Nutzung – wie alle anderen Planfestsetzungen auch – nicht unnötig eng sein und nur so weit gehen, wie dies aus städtebaulichen Gründen tatsächlich erforderlich ist. Nicht selten ist eine aus städtebaulicher Sicht völlig unnötige Überregulierung in Bebauungsplänen festzustellen, durch die Grundstückseigentümer bei der baulichen Nutzung ihrer Grundstücke unangemessen eingeschränkt werden.

Werden für die Geschoßfläche, die Zahl der Vollgeschosse oder die Höhe baulicher Anlagen **Höchstmaße** festgesetzt, kann zugleich auch ein **Mindestmaß** festgesetzt werden (z.B. eine Festsetzung, das Gebäude in einem bestimmten Baugebiet mindestens zwei und maximal dreigeschossig sein dürfen, § 16 Abs. 4 Satz 1 BauNVO). Die Zahl der Vollgeschosse und die Höhe baulicher Anlagen können gemäß § 16 Abs. 4 Satz 2 BauNVO auch als zwingend festgesetzt werden. Bei der absoluten Höhe ist dies allerdings wegen der in der Regel noch nicht feststehenden Bauausführung, der unterschiedlich möglichen Geschoßhöhen u.s.w. trotz der Regelung in § 18 Abs. 2 BauNVO (Rdnr. 1305 f.) zumeist nicht empfehlenswert. 1270

Ebenfalls ist es zulässig, im Bebauungsplan das Maß der baulichen Nutzung für unterschiedliche Teile des Baugebiets, für einzelne Grundstücke oder Grundstücksteile sowie für Teile baulicher Anlagen unterschiedlich festzusetzen. Auch können die Festsetzungen oberhalb und unterhalb der Geländeoberfläche unterschiedlich sein (§ 16 Abs. 5 BauNVO). 1271

Die in der Tabelle des **§ 17 Abs. 1 BauNVO** geregelten **Obergrenzen** können gemäß § 17 Abs. 2 BauNVO überschritten werden, wenn 1272

1. besondere städtebauliche Gründe dies erfordern,

2. die Überschreitungen so ausgeglichen werden können, daß die Anforderungen an gesunde Wohn- und Arbeitsverhältnisse nicht beeinträchtigt, nachteilige Auswirkungen auf die Umwelt vermieden und die Bedürfnisse des Verkehrs befriedigt werden und

3. sonstige öffentliche Belange nicht entgegenstehen.

Diese Voraussetzungen müssen **kumulativ** erfüllt sein.

Gemäß § 17 Abs. 2 Satz 2 BauNVO gelten diese Überschreitungsmöglichkeiten nicht bei Wochenendhaus- und Ferienhausgebieten. Dort sind die Obergrenzen also zwingend. 1273

1274 Wichtigstes Kriterium für die Überschreitung der Obergrenzen zum Maß der baulichen Nutzung sind in der Regel die **besonderen städtebaulichen Gründe** (§ 17 Abs. 2 Nr. 1 BauNVO). Sie erfordern eine Abweichung von den in der Tabelle des § 17 Abs. 1 BauNVO genannten Obergrenzen nicht erst dann, wenn sie unabweisbar sind. Es genügt vielmehr, wenn die Überschreitung nach der städtebaulichen Entwicklungskonzeption der Gemeinde **vernünftigerweise geboten** ist[1]. Dafür können etwa Belange der Stadtgestaltung oder des Immissionsschutzes (z.B. abschirmende Wirkung eines Baukörpers) ausreichend sein[2]. Hingegen ist das allgemeine Ziel einer Verdichtung der Bebauung oder das Ziel, den wirtschaftlichen Wert der zu überplanenden Grundstücke durch ein höheres Nutzungsmaß zu steigern, in der Regel nicht genügend[3]. Es darf sich also **nicht um allgemeine Gründe** handeln, die auch in anderen Planungssituationen gelten („städtebauliche Standardsituation"). Notwendig ist vielmehr aufgrund des Ausnahmecharakters der Vorschrift eine objektiv begründbare städtebauliche Ausnahmesituation, bei der Gründe von gewissem Gewicht für die Überschreitung der Maßvorgaben sprechen[4]. Wird dies verkannt, liegt ein Abwägungsfehler (zur planerischen Abwägung Rdnr. 546 ff.) vor.

1275 Auch die weiteren Voraussetzungen des § 17 Abs. 2 Nr. 2 und 3 BauNVO sind Gegenstand der planerischen Abwägung[5]. Die besondere Betonung durch § 17 Abs. 2 BauGB verleiht diesen Belangen dabei in der planerischen Abwägung ein besonderes Gewicht (vgl. Rdnr. 609)[6].

1. Grundflächenzahl, zulässige Grundfläche

1276 Die Grundflächenzahl (GRZ) gibt an, wieviel Quadratmeter Grundfläche je Quadratmeter Grundstücksfläche zulässig sind (§ 19 Abs. 1 BauNVO). Die zulässige Grundfläche ist der Anteil des Baugrundstücks, der (absolut) von baulichen Anlagen überdeckt werden darf (§ 19 Abs. 2 BauNVO). Die Grundflächenzahl wird in einer Dezimalzahl ausgedrückt, während die Festsetzung der absoluten Grundfläche (GR), die gemäß § 16 Abs. 2 Nr. 1

---

1 BVerwG v. 23.1.1997 – 4 NB 7.96, BauR 1997, 442 = BRS 59 Nr. 72 = DÖV 1998, 128 = NVwZ 1997, 903 = UPR 1997, 368 = ZfBR 1997, 215; OVG Berlin v. 14.1.1994 – 2 A 9/91, BRS 56 Nr. 42 = NVwZ-RR 1995, 69 = UPR 1994, 319.
2 VGH Mannheim v. 10.12.1997 – 3 S 2023/97, BauR 1998, 977.
3 Vgl. VGH Mannheim v. 8.9.1995 – 8 S 850/95, BRS 57 Nr. 82 = UPR 1996, 160 = ZfBR 1996, 177.
4 BVerwG v. 31.8.2000 – 4 CN 6.99, BauR 2001, 359 = DVBl. 2001, 377 = UPR 2001, 73 = ZfBR 2001, 126; BVerwG v. 25.11.1999 – 4 CN 17.98, BauR 2000, 690 = DVBl. 2000, 800 = UPR 2000, 193; OVG Münster v. 5.10.2000 – 7a D 47/99, BauR 2001, 902.
5 VGH Mannheim v. 10.12.1997 – 3 S 2023/97, BauR 1998, 977; a.A. König in König/Roeser/Stock, § 17 Rdnr. 22.
6 Fickert/Fieseler, § 17 Rdnr. 29.

BauNVO ebenfalls zulässig ist, die maximale Größe der Grundflächen der baulichen Anlagen auf dem Baugrundstück vorgibt.

Beispiel: 1277

Für ein Kleinsiedlungsgebiet ist eine Grundflächenzahl von 0,2 festgesetzt. Dies bedeutet z.B. für ein 600 qm großes Grundstück, daß 0,2 (20%) von dieser Fläche, also 120 qm, die Grundfläche darstellt, die bebaut werden darf.

Obgleich in § 16 Abs. 2 Nr. 1 BauNVO davon die Rede ist, daß die GRZ 1278 oder die GR der baulichen Anlagen festgesetzt werden kann, ist es auch möglich, in einem Bebauungsplan beide Festsetzungen **kumulativ** zu treffen, die dann dementsprechend auch jeweils eingehalten werden müssen[1]. Erforderlich ist allerdings, daß für eine Kombination der beiden Festsetzungen eine hinreichende städtebauliche Rechtfertigung besteht. Für die Festsetzung der Grundflächenzahl bzw. der zulässigen Grundfläche sind in erster Linie Gesichtspunkte des Bodenschutzes maßgeblich, jedoch kann insbesondere die Festsetzung des absoluten Maßes der Grundfläche auch dazu dienen, zu große Baukörper zu verhindern, die nicht in das Ortsbild passen[2].

Die Grundflächenzahl ist nicht zu verwechseln mit der überbaubaren Grund- 1279 stücksfläche, die sich allein auf die Festsetzung von Baulinien, Baugrenzen und Bebauungstiefen bezieht (§ 23 BauNVO, Rdnr. 1172, 245 ff.). Insbesondere müssen beide Festsetzungen nicht miteinander korrespondieren. Die Grundflächenzahl muß also nicht so festgesetzt sein, daß ausgewiesene Baugrenzen (§ 23 Abs. 3 BauNVO) vollständig oder zumindest weitgehend ausgeschöpft werden können und umgekehrt (vgl. Rdnr. 1173)[3].

Der **Begriff des Baugrundstücks**, auf den sich die absolute Grundfläche nach 1280 § 19 Abs. 2 BauNVO und die relative Grundflächenzahl gemäß § 19 Abs. 1 BauNVO beziehen, ist weder im Baugesetzbuch noch in der Baunutzungsverordnung definiert. Es gilt daher grundsätzlich der grundbuchrechtliche (bürgerlichrechtliche) Grundstücksbegriff (**Buchgrundstück**). Das Grundstück ist danach ein abgetrennter Teil der Erdoberfläche, der im Grundbuch unter einer besonderen Nummer eingetragen ist und aus mehreren Flurstücken bestehen kann[4]. Eine Abweichung davon ist im Einzelfall möglich, wenn die Zugrundelegung des grundbuchrechtlichen Grundstücksbegriffs zu sonst nicht beabsichtigten oder nicht vertretbaren Ergebnissen führen würde. Dies kann etwa bei mehreren kleineren Grundstücken der Fall sein,

---

1 OVG Münster v. 7.9.2001 – 7a D 111/99, BauR 2002, 913 = NVwZ-RR 2002, 715 = ZfBR 2002, 584; a.A. Bielenberg in Ernst/Zinkahn/Bielenberg/Krautzberger, § 16 BauNVO Rdnr. 28.
2 OVG Münster v. 7.9.2001 – 7a D 111/99, BauR 2002, 913 = NVwZ-RR 2002, 715 = ZfBR 2002, 584.
3 BVerwG v. 29.7.1999 – 4 BN 24.99, BauR 1999, 1434 = UPR 2000, 143 = ZfBR 1999, 353.
4 BVerwG v. 26.7.1970 – IV C 73.68, BauR 1970, 224 = BRS 23 Nr. 45 = DVBl. 1970, 829 = DÖV 1970, 750.

die räumlich und wirtschaftlich zusammenhängen, eigenständig jedoch jeweils nicht bebaubar sind (sog. materieller Grundstücksbegriff)[1]. Wird ein Baugrundstück nach Inkrafttreten des Bebauungsplans geteilt, können daraus jeweils selbständige neue Baugrundstücke entstehen. Für diese gilt dann die Planfestsetzung unverändert fort, d.h. auch auf den neuen Baugrundstücken ist die relative Grundflächenzahl einzuhalten; die Grundfläche der baulichen Anlagen darf auch auf dem neuen Baugrundstück den festgesetzten absoluten Wert für die Größe der Grundflächen der baulichen Anlagen nicht überschreiten. Aus Sicht der planenden Gemeinde ist daher zu berücksichtigen, daß sich aufgrund von (ggf. auf rechtswidrigen) Grundstücksteilungen die gesamte Baumasse u.U. deutlich erhöhen kann, wenn nur der absolute Wert für die Grundfläche der baulichen Anlagen auf dem einzelnen Baugrundstück festgesetzt wird (zu Grundstücksteilungen s. auch Rdnr. 2439 ff.)[2].

1281 Der bauplanungsrechtliche Grundstücksbegriff deckt sich zwar in der Regel mit dem **bauordnungsrechtlichen Grundstücksbegriff**, jedoch kann es davon durchaus auch Abweichungen geben. So können etwa zwei eigenständige Grundstücke durch eine bauordnungsrechtliche Baulast[3] so miteinander verbunden werden, daß sie nur noch ein Grundstück im bauordnungsrechtlichen Sinne darstellen (sog. Vereinigungsbaulast)[4], jedoch werden die Grundstücke dadurch im bauplanungsrechtlichen Sinne nicht verändert[5].

1282 Bei der Ermittlung der im Hinblick auf die festgesetzte GRZ zulässigen Grundfläche wird nur die Fläche des Grundstücks berücksichtigt, die sich im **Bauland** befindet und hinter der im Bebauungsplan festgesetzten **Straßenbegrenzungslinie** oder hinter der tatsächlichen Straßengrenze liegt, sofern nicht im Bebauungsplan eine andere Linie als maßgebend für die Ermittlung der zulässigen Grundfläche festgesetzt ist (§ 19 Abs. 3 BauNVO). Bauland im Sinne dieser Vorschrift kann desweiteren nur eine Fläche sein, die **innerhalb des Bebauungsplangebiets** liegt. Dies gilt selbst dann, wenn das Grundstück über die Grenze des Plangebiets hinausreicht, da der Bebauungsplan für diese „überschießende" Fläche keine Festsetzungen mehr trifft und sie daher auch für den Umfang der Bebauung innerhalb des Plangebiets keine unmittelbare Bedeutung mehr haben kann.

---

1 BVerwG v. 14.12.1973 – IV C 48.72, BVerwGE 44, 250 = BauR 1974, 104 = BRS 27 Nr. 82.
2 Zu den in diesem Zusammenhang bestehenden Festsetzungsmöglichkeiten, insbesondere zu einer Bindung von GR-Festsetzungen an die festgesetzte überbaubare Grundstücksfläche, Fickert/Fieseler, § 16 Rdnr. 27 f.
3 S. etwa § 83 BauO NW.
4 Dazu im einzelnen etwa Schwarz, Baulasten im öffentlichen Recht und im Privatrecht, 1995, insbesondere Rdnr. 93 und Rdnr. 125.
5 BVerwG v. 14.2.1991 – 4 C 51.87, BVerwGE 88, 24 = BauR 1991, 582 = BRS 52 Nr. 161 = NJW 1991, 3783; Boeddinghaus, § 19 Rdnr. 7.

Beispiel: 1283

Ein Grundstück hat eine Größe von 1200 qm. Davon liegen 200 qm außerhalb der überbaubaren Grundstücksfläche. Bei einer Grundflächenzahl von 0,2 bedeutet dies, daß 200 qm des Grundstücks überbaut werden dürfen.

Zum Bauland gehören auch die **nicht überbaubaren Grundstücksflächen** gemäß § 9 Abs. 1 Nr. 2 BauGB i.V.m. § 23 BauNVO, d.h. auch diese Flächen sind für den Umfang der zulässigen Grundstücksversiegelung von Bedeutung. Dies gilt selbst dann, wenn für diese Flächen **ergänzende** Festsetzungen getroffen worden sind, beispielsweise nach § 9 Abs. 1 Nr. 21, 24 oder 25 BauGB[1]. Nicht als Bauland zu qualifizieren sind hingegen Flächen, denen eine gänzlich **eigenständige** Nutzung zugeordnet ist, wie etwa Verkehrs- oder privaten sowie öffentlichen Grünflächen[2]. Diese sind nach ihrer Zweckbestimmung nicht für eine Bebauung vorgesehen und daher auch für die Ermittlung der zulässigen Grundfläche nicht zu berücksichtigen. Entsprechendes gilt für Flächen, die aus tatsächlichen Gründen für eine Bebauung nicht in Betracht kommen (z.B. Wasserflächen) und zwar unabhängig davon, ob für sie noch eine gesonderte Festsetzung (z.B. gemäß § 9 Abs. 1 Nr. 16 BauGB) getroffen wurde oder nicht. 1284

Bauliche Anlagen, die im Rahmen der zulässigen Grundfläche auf einem Grundstück errichtet werden dürfen, sind alle mit dem Erdboden verbundenen künstlichen (Haupt-)Anlagen von bodenrechtlicher Relevanz (s. Rdnr. 1106 ff.). Genehmigungs-, Zustimmungs- oder Anzeigepflichten nach den Bestimmungen der jeweiligen Landesbauordnung sind dafür ohne Bedeutung. 1285

Neben diesen Hauptanlagen sind gemäß § 19 Abs. 4 Satz 1 BauNVO die Grundflächen von **Garagen und Stellplätzen** mit ihren Zufahrten, **Nebenanlagen** im Sinne von § 14 BauNVO sowie **bauliche Anlagen unterhalb der Geländeoberfläche**, durch die das Baugrundstück also nur unterbaut wird, mitzurechnen. Sinn und Zweck insbesondere der Einbeziehung unterirdischer baulicher Anlagen ist es, die Versiegelung des Bodens möglichst gering zu halten (zur Bodenschutzklausel im Rahmen der planerischen Abwägung Rdnr. 595). 1286

Die Anrechnung der in § 19 Abs. 4 Satz 1 BauNVO genannten Anlagen auf die insgesamt zulässige Grundfläche wird durch **§ 19 Abs. 4 Satz 2 bis 4 BauNVO** eingeschränkt. So darf die zulässige Grundfläche durch die Grundfläche der in § 19 Abs. 4 Satz 1 BauNVO genannten Anlagen bis zu 50% überschritten werden, höchstens jedoch bis zu einer GRZ von 0,8 (Kappungsgrenze). Diese Grenze kann stets in geringfügigem Maße überschrit- 1287

---
1 Vgl. BVerwG v. 24.4.1991 – 4 NB 24.90, BauR 1991, 426 = BRS 52 Nr. 19 = NVwZ 1993, 877; OVG Lüneburg v. 17.1.1986 – 9 OVG B 37/85, ZfBR 1986, 184.
2 Bielenberg in Ernst/Zinkahn/Bielenberg/Krautzberger, § 19 BauNVO Rdnr. 13; Fikkert/Fieseler, § 19 Rdnr. 6.

ten oder durch Festsetzungen im Bebauungsplan abweichend geregelt werden (§ 19 Abs. 4 Satz 2 2. Halbsatz, Satz 3 BauNVO). Nach § 19 Abs. 4 Satz 4 BauNVO kann im Einzelfall von der Einhaltung der 50%-Grenze und der 0,8 GRZ-Kappungsgrenze abgesehen werden, wenn bei Überschreitungen nur mit geringfügigen Auswirkungen auf die natürlichen Funktionen des Bodens zu rechnen ist (Nr. 1) oder wenn die Einhaltung der Grenzen zu einer wesentlichen Erschwerung der zweckentsprechenden Grundstücksnutzung führen würde (Nr. 2), soweit der Bebauungsplan nichts Abweichendes bestimmt (zur Zulassung der Überschreitung Rdnr. 1702).

1288 Abweichungen im Einzelfall oder auch abweichende Festsetzungen im Bebauungsplan kommen insbesondere dann in Betracht, wenn entweder die örtlichen Gegebenheiten dies aus städtebaulicher Sicht und unter Berücksichtigung der Bodenschutzklausel des § 1a Abs. 2 Satz 1 BauGB vertretbar erscheinen lassen oder wenn die Versiegelung in atypischer Weise erfolgen soll bzw. im Bebauungsplan entsprechend festgesetzt worden ist (z.B. wasserdurchlässige Zufahrtflächen, Pflasterflächen, Rasengittersteine u.ä.).

1289 **Beispiele:**

(a) Im Bebauungsplan ist für ein im allgemeinen Wohngebiet liegendes Grundstück die GRZ mit 0,4 festgesetzt. Damit ist für den Eigentümer eines 500 qm großen Grundstücks die Bebauung einer Grundfläche von 200 qm möglich. Für zusätzliche Anlagen im Sinne von § 19 Abs. 4 Satz 1 BauNVO können weitere 100 qm in Anspruch genommen werden.

1290 (b) Liegt in dem Beispielsfall (a) die GRZ bei 0,6, dürften wegen der Kappungsgrenze (0,8) nicht 0,3 = 150 qm sondern nur 0,2 = 100 qm zusätzlich mit Anlagen im Sinne von § 19 Abs. 4 Satz 1 BauNVO bebaut werden.

1291 (c) Liegt das Grundstück in einem Kerngebiet mit einer GRZ von 0,8, ist für eine Nichtanrechnung der genannten Anlagen auf die zulässige Grundfläche kein Raum. Sie könnte nur dann, wenn die Überschreitung geringfügig ist oder der Bebauungsplan etwas anderes festsetzt (§ 19 Abs. 4 Satz 2 2. Halbsatz, Satz 3 BauNVO), hingenommen werden. Ist die Überschreitung nicht geringfügig, ist die Baugenehmigungsbehörde berechtigt, das Vorhaben gleichwohl zuzulassen, wenn die Voraussetzungen des § 19 Abs. 4 Satz 4 Nr. 1 oder Nr. 2 BauNVO vorliegen und der gemeindliche Bebauungsplan nicht Abweichendes bestimmt. Ist dies der Fall, kommt allenfalls noch eine Befreiung gemäß § 31 Abs. 2 BauGB in Betracht.

1292 (d) Soll auf einem 500 qm großen Grundstück mit einer GRZ von 0,4 ein Wohnhaus mit einer Grundfläche von 300 qm errichtet werden, läßt sich die Überschreitung um 100 qm nicht dadurch rechtfertigen, daß auf die Inanspruchnahme der Überschreitungsregelung in § 19 Abs. 4 BauNVO für die dort genannten Nebenanlagen durch den Bauherrn verzichtet wird. Zwar ist es für die Flächenversiegelung letztlich unerheblich, ob diese durch ein vergrößertes Wohnhaus oder durch zusätzliche Nebenanlagen erfolgt, jedoch bezieht sich § 19 Abs. 4 BauNVO allein auf die dort genannten Anlagen.

2. Zahl der Vollgeschosse

Die Zahl der Vollgeschosse (Z, § 20 Abs. 1 BauNVO) wird in fast jedem qualifiziertem Bebauungsplan geregelt, wenn nicht die Höhe baulicher Anlagen (§ 18 BauNVO) festgesetzt wird. Der Bebauungsplan kann regeln, ob die Geschoßzahl zwingend ist oder als Höchstgrenze – ggf. zugleich mit einer Mindestgrenze (§ 16 Abs. 4 BauNVO, Rdnr. 1270) – gilt. Wird nichts Ausdrückliches geregelt, gilt lediglich die Höchstgrenze.

1293

§ 20 Abs. 1 BauNVO verweist für die Definition des Vollgeschosses auf die jeweiligen **landesrechtlichen Vorschriften**. Garagengeschosse sind gemäß § 21a Abs. 1 BauNVO jedoch nicht anzurechnen, wenn der Bebauungsplan dies festsetzt oder als Ausnahme vorsieht. Der Verweis auf das jeweilige Landesrecht führt dazu, daß auch bundesrechtlich in den verschiedenen Ländern voneinander abweichende Anforderungen gelten, da sich die Vollgeschoßdefinitionen in den einzelnen Landesbauordnungen nicht decken. Durchgängig gehen die landesrechtlichen Begriffsbestimmungen allerdings davon aus, daß ein Geschoß, also ein (in der Regel) vollständig umbauter und (immer) überdeckter Raum vorliegen muß, der in einem bestimmten Umfang über der Geländeoberfläche liegt und über einen bestimmten Anteil seiner Grundfläche eine bestimmte Höhe hat. Von diesen Kriterien hängt es dann ab, ob etwa Kellergeschosse, Dachgeschosse oder Staffelgeschosse als Vollgeschosse im Sinne von § 20 Abs. 1 BauNVO anzusehen sind oder nicht. Die Bezugnahme der Baunutzungsverordnung auf den landesrechtlichen Vollgeschoßbegriff ist abschließend. Die Gemeinde kann daher in ihrem Bebauungsplan keinen (teilweise) davon abweichenden Vollgeschoßbegriff definieren[1].

1294

Problematisch kann es sein, wenn die landesrechtliche Vollgeschoßdefinition nach Erlaß des Bebauungsplans geändert wird. Es stellt sich dann die Frage, ob für den Bebauungsplan die zum Zeitpunkt seines Inkrafttretens geltende Fassung der Landesbauordnung maßgeblich ist (statische Verweisung) oder aber die jeweils aktuell geltende Fassung (dynamische Verweisung). Insofern können ähnliche Schwierigkeiten auftreten wie bei der anzuwendenden Fassung der Baunutzungsverordnung (Rdnr. 1185 ff.). Während die in der Baunutzungsverordnung geregelten Baugebiete gemäß § 1 Abs. 3 BauNVO Bestandteil des Bebauungsplans werden, ist dies bei den Landesbauordnungen nicht der Fall. Daraus wird teilweise gefolgert, daß die Verweisung auf das Landesrecht dynamischen Charakter habe[2]. Dagegen spricht allerdings, daß die Gemeinde bei der entsprechenden Festsetzung bestimmte städtebauliche Zielvorstellungen zur Höhenentwicklung inner-

1295

---
1 OVG Lüneburg v. 8.7.1999 – 1 K 2869, BauR 2000, 71 = NVwZ-RR 2000, 71.
2 So etwa VGH Kassel v. 26.7.1984 – 4 TG 1669/84, BauR 1985, 293 = BRS 42 Nr. 113 = UPR 1985, 144; König in König/Roeser/Stock, § 20 Rdnr. 4; Weiß in Jäde/Dirnberger/Weiß, § 20 BauNVO Rdnr. 5.

halb des Baugebiets hatte. Etwaige Änderungen des Vollgeschoßbegriffs können anläßlich der Planaufstellung in aller Regel nicht „erahnt" und daher in die planerische Abwägung eingestellt werden. Es spricht daher mehr dafür, in § 20 Abs. 1 BauNVO eine **statische Verweisung** auf die bei Satzungsbeschluß maßgebliche Fassung der Landesbauordnung zu sehen (vgl. auch § 214 Abs. 3 Satz 1 BauGB)[1].

1296   Die Ermächtigung in § 16 Abs. 2 Nr. 3 i.V.m. § 20 Abs. 1 BauNVO bezieht sich allein auf die Festsetzung der **Zahl** der Vollgeschosse, nicht hingegen darauf, **wo** die Geschosse liegen dürfen, **wie** sie gestaltet sein müssen oder wie sie genutzt werden dürfen. Etwa die Festsetzung, daß bei maximal zwei zulässigen Vollgeschossen das zweite Vollgeschoß im Dachraum liegen muß, ist daher von § 16 Abs. 2 Nr. 3 i.V.m. § 20 Abs. 1 BauNVO nicht gedeckt[2].

1297   **Beispiel:**

Ein Bebauungsplan enthält die Festsetzung: II + DG, d.h. maximal zwei Vollgeschosse zzgl. Dachgeschoß (vgl. Ziffer 2.7 der Anlage zur Planzeichenverordnung). Die Festsetzung ist bauplanungsrechtlich mangels Ermächtigungsgrundlage unzulässig.

1298   Allerdings können Festsetzungen zur Gestaltung einzelner Geschosse auf die **bauordnungsrechtlichen Gestaltungsvorschriften** gestützt sein (zu bauordnungsrechtlichen Festsetzungen im Bebauungsplan Rdnr. 367 ff.). Es müssen sich dann zumindest aus den Planaufstellungsunterlagen Anhaltspunkte dafür ergeben, daß die Festsetzungen nicht städtebaulich sondern baugestalterisch motiviert ist[3].

3. Geschoßflächenzahl, zulässige Geschoßfläche

1299   Die Geschoßflächenzahl (GFZ), die angibt, wieviel Quadratmeter Geschoßfläche je Quadratmeter Grundstücksfläche zulässig sind (§ 20 Abs. 2 BauNVO), kann sich bereits aus der Zahl der Vollgeschosse, multipliziert mit der Grundflächenzahl ergeben. Veranlassung dafür, die Geschoßflächenzahl gleichwohl gesondert festzusetzen, kann beispielsweise sein, die Dichte der Bebauung zu beeinflussen.

1300   **Beispiele:**

(a) In einem allgemeinen Wohngebiet ist eine zweigeschossige Bauweise und die Grundflächenzahl 0,4 festgesetzt. Die gleichzeitige Festsetzung einer Geschoßflä-

---

1 So i.E. auch VGH Mannheim v. 27.1.1999 – 8 S 19/99, BauR 2000, 1166 = DVBl. 2000, 201 = NVwZ-RR 1999, 538; OVG Saarlouis v. 28.7.1986, 2 R 191/86, BRS 46 Nr. 100; OVG Berlin v. 10.3.1989 – 2 B 4.87, DVBl. 1989, 1065.
2 BVerwG v. 25.2.1997 – 4 NB 30.96, BauR 1997, 603 = BRS 59 Nr. 51 = DÖV 1997, 966 = NVwZ 1997, 896 = UPR 1997, 369 = ZfBR 1997, 210.
3 Vgl. OVG Münster v. 7.9.2001 – 7a D 111/99, BauR 2002, 913 = NVwZ-RR 2002, 715 = ZfBR 2002, 584.

chenzahl von 0,8 würde vom Ergebnis her nur die bauliche Beschränkung wiederholen, die bereits durch die Festsetzung der Zahl der Vollgeschosse und der Grundflächenzahl gegeben ist.

(b) In einem allgemeinen Wohngebiet mit zwei zulässigen Vollgeschossen und einer Grundflächenzahl von 0,4 ist die Geschoßflächenzahl mit 0,7 festgesetzt. Dies zwingt den Bauherrn, entweder die zulässige Grundfläche nicht voll auszunutzen und die zwei Geschosse nur mit 0,35 Grundfläche herzustellen oder aber die zulässige Grundfläche von 0,4 allein im Erdgeschoß zu überbauen und sich sodann im Obergeschoß mit 0,3 zu begnügen, indem er z.B. das zweite Geschoß als zurückgesetztes Staffelgeschoß realisiert. 1301

Für die Einhaltung der GFZ ist grundsätzlich nur die Geschoßfläche **in den Vollgeschossen** (Rdnr. 1294) maßgeblich (§ 20 Abs. 3 Satz 1 BauNVO). Nichtvollgeschosse, Nebenanlagen im Sinne des § 14 BauNVO (Rdnr. 1248 ff.) und bauliche Anlagen, die nach Landesrecht in den Abstandsflächen zulässig sind, bleiben unberücksichtigt (§ 20 Abs. 4 BauNVO). Auch hierfür gilt die Landesbauordnung in der zum Zeitpunkt des Satzungsbeschlusses maßgeblichen Fassung (Rdnr. 1295). 1302

Durch Bebauungsplan kann allerdings festgesetzt werden, daß die Fläche von Aufenthaltsräumen in Nichtvollgeschossen einschließlich der zu ihnen gehörenden Treppenräume und einschließlich ihrer Umfassungswände ganz oder teilweise auf die Geschoßfläche anzurechnen sind oder zwar anzurechnen sind, jedoch im Falle einer Ausnahmeregelung nicht mitzurechnen sind (§ 20 Abs. 3 Satz 2 BauNVO). Der Begriff der Aufenthaltsräume richtet sich dabei wiederum nach dem Bauordnungsrecht der Länder. Es kann Einzelfälle geben, in denen die plangebende Gemeinde aus abwägungsrechtlichen Gründen verpflichtet sein kann, derartige Regelungen zu treffen[1]. 1303

4. Baumassenzahl, Baumasse

Die Festsetzung der Baumassenzahl (BMZ) oder der Baumasse (BM) nach § 16 Abs. 2 Nr. 2 i.V.m. § 21 BauNVO ist nur für **Gewerbe- und Industriegebiete** sowie für **sonstige Sondergebiete zulässig**. Dies ergibt sich aus § 17 Abs. 1 BauNVO, der Obergrenzen zur BMZ/BM lediglich für Gewerbe- und Industriegebiete sowie für sonstige Sondergebiete vorsieht[2]. Die BMZ gibt an, wieviel Kubikmeter Baumasse je qm Grundstücksfläche im Sinne von § 19 Abs. 3 BauNVO (Rdnr. 1282 ff.) zulässig sind. Die Festsetzung kann i.V.m. der immer erforderlichen Festsetzung zur Grundflächenzahl bzw. zur absoluten Grundfläche erfolgen. Die Bestimmung des Maßes der baulichen Nutzung durch die BMZ/BM erfolgt unabhängig von der Gebäudehöhe und von der Zahl der Vollgeschosse sowie auch für bauliche Anlagen, die gar keine Vollgeschosse oder nur ein sehr hohes Vollgeschoß haben. Die Fest- 1304

---

1 VGH Kassel v. 23.11.1994 – 4 TH 2291/94, NVwZ-RR 1995, 381 = ZfBR 1996, 61.
2 A.A. König in König/Roeser/Stock, § 21 Rdnr. 5 a: auch in anderen Baugebieten.

setzung eignet sich in besonderer Weise für Gewerbe- und Industriebauten, die häufig andere Anforderungen stellen als dies bei anderen baulichen Anlagen der Fall ist. Die Tabelle in § 17 Abs. 1 BauNVO gibt auch hier im Regelfall zu beachtende Obergrenzen an (Rdnr. 1272)[1].

5. Höhe der baulichen Anlagen

1305 Die Höhe baulicher Anlagen (H) kann gemäß § 16 Abs. 2 Nr. 4 i.V.m. § 18 BauNVO festgesetzt werden. Zulässig ist es, sowohl eine Höchstgrenze als auch eine Mindestgrenze anzuordnen (§ 16 Abs. 4 Satz 1 BauNVO). Bei einer zwingenden Festsetzung gemäß § 16 Abs. 4 Satz 2 BauNVO können **geringfügige Abweichungen** zugelassen werden (§ 18 Abs. 2 BauNVO). Diese Möglichkeit besteht bereits kraft Gesetzes, bedarf also keiner zusätzlichen Festsetzung im Bebauungsplan und ist dort auch nicht ausschließbar. Es handelt sich nicht um einen Ausnahmetatbestand im Sinne von § 31 Abs. 1 BauGB, so daß die Baugenehmigungsbehörde über die Abweichung nach pflichtgemäßem Ermessen entscheidet, ohne daß es der Erteilung des gemeindlichen Einvernehmens gemäß § 36 Abs. 1 BauGB (Rdnr. 1702) bedarf[2]. Die Regelung ist vor dem Hintergrund, daß die exakte Höhe baulicher Anlagen von verschiedenen Faktoren einschließlich der beabsichtigten Nutzung abhängt, zu sehen.

1306 Geringfügig ist eine Abweichung dann, wenn sie zwar die zwingende Festsetzung nicht punktgenau trifft, jedoch davon auch nicht auffällig abweicht. Wann dies der Fall ist, hängt vom Einzelfall und vom Sinn und Zweck der jeweiligen Höhenfestsetzung ab. Soll beispielsweise eine übereinstimmende Firsthöhe in der geschlossenen Bauweise eines Straßenzuges sichergestellt werden, sind die Anforderungen strenger als bei einem freistehenden Gebäude, bei dem eine derartige Abweichung nicht in vergleichbarer Weise sichtbar ist und sich auch nicht nennenswert städtebaulich auswirkt.

1307 Die Notwendigkeit, bei einer Höhenfestsetzung gemäß § 18 Abs. 1 BauNVO die **oberen und unteren Bezugspunkte** anzugeben, ist an sich eine Selbstverständlichkeit. Sie resultiert bereits aus dem allgemeinen bauplanungsrechtlichen Bestimmtheitsgebot (dazu Rdnr. 216 ff.).

1308 Als unterer Bezugspunkt kann etwa die Festlegung eines Maßes über Normal Null (NN) erfolgen oder aber eine Bezugnahme auf bestimmte Punkte im Geltungsbereich des Bebauungsplans (vorhandene oder geplante Straßenflächen, das vorhandene oder geplante Gelände, markante Punkte innerhalb des Plangebiets u.ä.). Es genügt, wenn die Höhenlage des Bezugspunkte **ein-**

---

1 Zu den Einzelheiten s. etwa Fickert/Fieseler, § 21 Rdnr. 1 ff.
2 BVerwG v. 27.2.1992 – 4 C 43.87, BVerwGE 90, 57 = BauR 1992, 472 = BRS 54 Nr. 60 = DVBl. 1992, 727 = DÖV 1993, 260 = NVwZ 1993, 170 = UPR 1992, 265 = ZfBR 1992, 177.

deutig bestimmbar ist. Dies ist bei einer geplanten Verkehrsfläche zumindest dann der Fall, wenn deren Höhenlage gemäß § 9 Abs. 3 Satz 1 BauGB festgesetzt ist (vgl. Rdnr. 362 ff.). Die **natürliche Geländeoberfläche** ist ein zwar aus rechtlicher Sicht in der Regel ausreichender Bezugspunkt, er führt jedoch oftmals zu Streitigkeiten, wenn im Bereich des Bebauungsplans „Geländemodellierungen" stattfanden[1].

Als oberer Bezugspunkt kommt insbesondere die Traufhöhe (TH), die Firsthöhe (FH) oder allgemein die Oberkante (OK) baulicher Anlagen in Betracht (s. Nr. 2.8 der Anlage zur Planzeichenverordnung). 1309

VI. Die einzuhaltende Bauweise und die überbaubaren Grundstücksflächen

Neben dem Maß der baulichen Nutzung enthalten § 22 und § 23 BauNVO weitere Vorgaben zu den in einem Bebauungsplan möglichen Planfestsetzungen. Diese Vorschriften ergänzen § 9 Abs. 1 Nr. 2 BauGB und setzen den Rahmen für die danach möglichen Planinhalte. Zu den Einzelheiten hinsichtlich der festsetzbaren Bauweise (offene, geschlossene, abweichende Bauweise) wird auf die Ausführung unter Rdnr. 239 ff., für die möglichen Festsetzungen zu den überbaubaren Grundstücksflächen (Baulinien, Baugrenzen, Bebauungstiefen) auf die Ausführungen unter Rdnr. 245 ff. verwiesen. 1310

VII. Die zulässigen Vorhaben in den einzelnen Baugebieten

1. Reine Wohngebiete (WR, § 3 BauNVO)

a) Gebietscharakter und Nutzungsmöglichkeiten

Reine Wohngebiete dienen dem Wohnen (§ 3 Abs. 1 BauNVO). Obergrenzen des Maßes der baulichen Nutzung (§ 17 Abs. 1 BauNVO): Grundflächenzahl (GRZ) 0,4; Geschoßflächenzahl (GFZ) 1,2. 1311

Auch wenn das Wort „ausschließlich" aus der BauNVO 1977 (Rdnr. 1190) gestrichen ist, bleibt es auch nach der BauNVO 1990 dabei, daß reine Wohngebiete grundsätzlich nur mit Wohngebäuden bebaut werden dürfen (zu den Nutzungen nach den §§ 12, 13 und 14 BauNVO Rdnr. 1239 ff.). Es ist damit das störungsempfindlichste und damit zugleich auch das **schutzbedürftigste typisierte Baugebiet** der Baunutzungsverordnung. Auf diesen Schutz der Wohnruhe haben auch die ausnahmsweise zulässigen Nutzungen nach § 3 Abs. 3 BauNVO (Rdnr. 1337 ff.) Rücksicht zu nehmen. Die einseitige Nutzungstypisierung des reinen Wohngebiets hat zur Konse- 1312

---

[1] Vgl. König in König/Roeser/Stock, § 18 Rdnr. 4.

quenz, daß sich andere Arten der baulichen Nutzung der beherrschenden Stellung der Wohnnutzung quantitativ und qualitativ unterordnen müssen. Die Dominanz der Wohnbebauung muß ganz eindeutig hervortreten.

1313 Der Schutzanspruch reiner Wohngebiete spiegelt sich auch in den Grenz-, Richt- und Orientierungswerten der lärmtechnischen Regelwerke wieder, die für die Bauleitplanung und für die Genehmigungsfähigkeit von Einzelvorhaben maßgeblich sind (s. insbesondere 18. BImSchV, TA Lärm, DIN 18005, Freizeitlärmrichtlinie, Rdnr. 725 ff.). Diese hohen Anforderungen innerhalb reiner Wohngebiete haben im weiteren Bedeutung für die Einbindung in städtebauliche Gesamtkonzepte einer Gemeinde. Über den gebietsinternen Schutz hinaus darf ein reines Wohngebiet nicht in eine Umgebung hineingeplant werden, die bereits in erheblichem Umfang durch (störendes) Gewerbe geprägt ist[1].

1314 Andererseits bedeuten diese Anforderungen nicht, daß reine Wohngebiete nur besonders ruhigen Wohnlagen vorbehalten sind, wie etwa Einfamilienhausbebauungen auf eher großzügig geschnittenen Grundstücken. Die in reinen Wohngebieten gemäß § 17 Abs. 1 maximal zulässige GFZ von 1,2 zeigt vielmehr, daß durchaus auch Geschoßwohnungsbau in einem reinen Wohngebiet geplant werden kann. Ebenfalls ist zu beachten, daß zwar gewerbliche Nutzungen weitgehend ausgeschlossen sind, jedoch **wohntypische Immissionen** gleichwohl hinzunehmen sind. Dazu gehört insbesondere Freizeitlärm (z.B. Geräusche aus der Nutzung von Außenwohnbereichen) und Lärm spielender Kinder (zu Kinderspielplätzen Rdnr. 1335). Es wäre verfehlt anzunehmen, daß selbst derartige Lebensäußerungen in einem reinen Wohngebiet unzulässig wären. Sie sind vielmehr gebietsadäquat. Ein reines Wohngebiet ist trotz seines hohen Schutzanspruchs gegenüber nicht wohntypischen Nutzungen kein Sanatorium.

b) Wohngebäude

1315 Zentraler Begriff für die in einem reinen Wohngebiet allgemein zulässige Art der baulichen Nutzung ist der des Wohngebäudes. Vom Begriff des Wohngebäudes zu unterscheiden ist die einzelne Wohnung, also die in einem Gebäude vorhandene Wohneinheit, die dem selbständigen Wohnen dient. Wohnungen können, müssen jedoch nicht zwingend in Wohngebäuden, also in Gebäuden, die im wesentlichen nur dem Wohnen dienen, vorhanden sein (z.B. Wohn- und Geschäftshaus oder Betriebsleiterwohnung in einem Gewerbeobjekt). Andererseits muß ein Wohngebäude nicht zwingend aus Wohnungen bestehen (z.B. ein Wohnheim, dazu noch Rdnr. 1322). Die nach § 3 Abs. 2 BauNVO zulässigen Gebäude müssen ausschließlich dem

---

1 BVerwG v. 5.7.1974 – IV C 50.72, BVerwGE 45, 309 = BauR 1974, 311 = BRS 28 Nr. 4 = DVBl. 1974, 461 = DÖV 1975, 92 = NJW 1975, 70; s. auch OVG Münster v. 18.8.1994 – 10a B 3057/93, BRS 56 Nr. 39 = NVwZ-RR 1995, 549 = UPR 1995, 114.

Wohnen sowie den ergänzend zulässigen Nutzungen nach den §§ 12 bis 14 BauNVO dienen (zu den Ausnahmemöglichkeiten nach § 3 Abs. 3 BauNVO Rdnr. 1349 f.).

Das **Wohnen ist gekennzeichnet durch** eine 1316
- auf Dauer angelegte Häuslichkeit,
- die Eigengestaltung der Haushaltsführung und des häuslichen Wirkungskreises sowie
- die Freiwilligkeit des Aufenthalts[1].

Gemeint ist mit der **auf Dauer angelegten Häuslichkeit** die Nutzungsform 1317 des selbstbestimmt geführten privaten Lebens in den eigenen vier Wänden, die auf eine gewisse Kontinuität angelegt ist. Das Gebäude muß zu einer derartigen Nutzung objektiv geeignet und subjektiv bestimmt sein. Die betreffenden Räumlichkeiten dürfen also nicht ständig wechselnden Gästen zum nur vorübergehenden – gleichsam provisorischen – Aufenthalt zur Verfügung stehen[2]. Daher fallen insbesondere **Beherbergungsbetriebe** oder auch **Wochenendhäuser** nicht unter den Begriff des Wohnens im Sinne von § 3 Abs. 2 BauNVO[3]. Auch **Behelfsunterkünfte** wie Wohnbaracken, Wohncontainer u.ä. sind keine Wohngebäude im Sinne von § 3 Abs. 2 BauNVO. Sie erfüllen in Bezug auf die Dauerhaftigkeit der baulichen Anlagen und ihrer Nutzung nicht die Anforderungen, die an ein Wohngebäude zu stellen sind[4]. Nicht von Bedeutung ist hingegen in der Regel die **Belegungsdichte** eines Wohngebäudes oder einer einzelnen Wohneinheit, da dies zwar auf eine bestimmte Qualität des Wohnens hindeuten kann, nicht jedoch ohne weiteres das Wohnen als solches in Frage stellt[5]. Dies ist vielmehr erst dann der Fall, wenn davon ausgegangen werden muß, daß die für eine Wohnnutzung maßgeblichen Kriterien nicht mehr gewahrt sind.

Die **Eigengestaltung der Haushaltsführung** und des häuslichen Wirkungs- 1318 kreises erfordert eine Raumaufteilung, die ein **Mindestmaß an Privatsphäre** möglich macht, was in der Regel zumindest ein baulich abgeschlossenes Zimmer voraussetzt, das als Rückzugsraum dienen kann, aus dem Dritte

---

1 BVerwG v. 4.11.2003 – 22 B 1345/03, NVwZ-RR 2004, 247 = UPR 2004, 153; BVerwG v. 25.3.1996 – 4 B 302.95, BauR 1996, 676 = BRS 58 Nr. 56 = DÖV 1996, 747 = NVwZ 1996, 893 = UPR 1996, 271; zum weitergehenden Begriff der Wohnbedürfnisse in einem übergeleiteten Baustufenplan OVG Hamburg v. 13.2.2002 – 2 Bf 22/97, BauR 2002, 1662.
2 OVG Münster v. 15.8.1995 – 11 A 850/92, BauR 1996, 237 = BRS 57 Nr. 258.
3 BVerwG v. 8.5.1989 – 4 B 78.89, BauR 1989, 440 = BRS 49 Nr. 66 = DVBl. 1989, 1064 = DÖV 1989, 861 = NVwZ 1989, 1060 = UPR 1989, 430.
4 Bielenberg in Ernst/Zinkahn/Bielenberg/Krautzberger, § 3 BauNVO Rdnr. 14.
5 Vgl. VGH München v. 28.7.1992 – 2 Cs 92.1044, BauR 1992, 589 = BRS 54 Nr. 139; OVG Schleswig v. 14.10.1991 – 1 M 49/91, BauR 1992, 192 = BRS 52 Nr. 43 = NVwZ 1992, 587.

ausgeschlossen werden dürfen[1]. Eine eigengestaltete Haushaltsführung setzt als **Mindestausstattung** des Wohnbereichs im weiteren voraus, daß eine Küche oder eine Kochgelegenheit und eine Toilette vorhanden sind. Dabei kann es sich auch um Gemeinschaftseinrichtungen handeln (Gemeinschaftsküche, Aufenthaltsraum u.s.w.), wie man sie in Wohnheimen (dazu Rdnr. 1322) häufig findet.

1319 Die Eigengestaltung der Haushaltsführung macht es weiterhin notwendig, daß innerhalb des Gebäudes keine umfassende Fremdbestimmung stattfindet. Dementsprechend liegt kein Wohnen im bauplanungsrechtlichen Sinne vor, wenn für einen Dritten jederzeit die Möglichkeit besteht, einzelne Bewohner innerhalb des Gebäudes umzuquartieren oder vollständig der Unterkunft zu verweisen. Bei einem solchen „fremdbestimmten" Wirkungskreis fehlt es zumeist auch an der notwendigen Dauerhaftigkeit (Rdnr. 1317).

1320 Die durch das Bundesverwaltungsgericht im weiteren noch geforderte **Freiwilligkeit des Aufenthalts** hat gegenüber den vorstehenden Kriterien in der Regel keine zusätzlich eigenständige Bedeutung. Die Fälle, in denen es an der Freiwilligkeit mangelt, erfüllen zumeist bereits die anderen Kriterien, die das Wohnen im bauplanungsrechtlichen Sinne charakterisieren, nicht. Lediglich in Grenzfällen, in denen die Erfüllung der ersten beiden Anforderungen zweifelhaft ist, kann die Freiwilligkeit des Aufenthalts in dem Gebäude den Ausschlag geben[2].

1321 An den genannten drei Kriterien sind die kritischen Fälle zu messen, in denen Zweifel daran bestehen, ob eine Wohnnutzung vorliegt oder nicht. Dennoch lassen sich allgemeine Festlegungen dazu immer nur begrenzt treffen. Entscheidend sind vielmehr in einer Gesamtbetrachtung die konkreten Umstände des Einzelfalls und die jeweilige Ausgestaltung der Nutzung und ihrer Rahmenbedingungen.

1322 **Wohnheime** (z.B. Studentenwohnheime, Lehrlings-, Gastarbeiter-, Personal- oder Schwesternheime) sind in der Regel Wohngebäude im Sinne von § 3 Abs. 2 BauNVO, wenngleich sie typischerweise keine Wohnungen enthalten. Nichts anderes gilt für (große) **Wohngemeinschaften**, die ein ganzes Gebäude belegen. Beide Nutzungen sind zumeist dadurch gekennzeichnet, daß sie aus Räumen bestehen, die einzelnen Bewohnern zur Eigenverwendung zur Verfügung stehen sowie aus zusätzlichen gemeinschaftlich nutzbaren Räumen (Aufenthaltsraum, Küche, Toiletten u.ä.). Für derartige Wohnheime oder Wohngemeinschaften ist es zwar häufig typisch, daß die

---

1 OVG Bremen v. 12.2.1991 – 1 B 78/90, BauR 1991, 324 = BRS 52 Nr. 42 = NVwZ 1991, 1006 = UPR 1991, 452.
2 Stock in König/Roeser/Stock, § 3 Rdnr. 20; weitergehend Fugmann-Heesing, Der bauplanungsrechtliche Begriff des Wohngebäudes, DÖV 1996, 322 ff.

Bewohner sich dort nicht ständig aufhalten, jedoch geht dies gleichwohl über ein bloßes Provisorium hinaus[1].

Beispiel: 1323

Studenten in einem Wohnheim, das sie nur für die Dauer des Studiums und auch dann häufig nur während der Vorlesungszeit bewohnen.

Anderes gilt für Ferien- und Freizeitheime, Jugendherbergen oder auch für Einrichtungen, in denen beispielsweise Auszubildende für kurze Lehrgänge oder sonstige eng begrenzte Ausbildungsabschnitte wohnheimähnlich untergebracht werden[2]. Bei diesen handelt es sich also regelmäßig nicht um Wohngebäude. 1324

Unter den Begriff des Wohngebäudes fallen desweiteren **Altenheime und Altenwohnheime**, da bei ihnen ein (häusliches) Wohnen gegeben ist oder zumindest gegenüber sonstigen Heimangeboten (Teilnahme an der Gemeinschaftsverpflegung, bei Bedarf verstärkte Betreuung, ggf. auch durch eine angegliederte Pflegestation) überwiegt[3]. Auf § 3 Abs. 4 BauNVO kommt es in diesen Fällen nicht gesondert an. Dies bedarf deshalb der besonderen Betonung, weil § 3 Abs. 4 erst mit der BauNVO 1990 (Rdnr. 1191) eingeführt wurde und daher für ältere Bebauungspläne nicht unmittelbar sondern nur als Auslegungshilfe herangezogen werden kann (Rdnr. 1194)[4]. Die Einführung dieser Regelung war die Reaktion auf die Rechtsprechung, daß **Altenpflegeheime** – anders als Altenheime und Altenwohnheime – keinen Wohncharakter hätten und daher nicht unter § 3 Abs. 2 BauNVO gefaßt wurden[5]. Nach **§ 3 Abs. 4 BauNVO 1990** sind jetzt unzweideutig in reinen Wohngebieten auch solche Wohngebäude allgemein zulässig, die ganz oder teilweise der Betreuung und Pflege ihrer Bewohner dienen. Damit werden zugleich auch etwaige Mischformen erfaßt, bei denen es im Einzelfall streitig sein kann, ob noch eine Wohnnutzung gegeben ist oder ob nicht bereits der Betreuungs- und Pflegecharakter so stark im Vordergrund steht, daß mehr für eine Einordnung als Anlage für soziale und/oder gesundheitliche Zwecke spricht. Allerdings muß es sich auch im Rahmen von § 3 Abs. 4 BauNVO noch um Wohngebäude handeln, also um Gebäude, die zumindest ein Mindestmaß an selbstbestimmtem Wohnen ermöglichen (Rdnr. 1317), 1325

---

1 OVG Münster v. 14.3.1997 – 7 A 5179/95, BauR 1997, 811 = BRS 59 Nr. 11; Stock in König/Roeser/Stock, § 3 Rdnr. 22.
2 OVG Lüneburg v. 14.3.1997 – 1 M 6589/96, BauR 1997, 983 = BRS 59 Nr. 64 = UPR 1998, 34.
3 VGH Kassel v. 2.5.1980 – IV TG 24.80, BRS 36 Nr. 183; VGH Mannheim v. 17.5.1989 – 3 S 3650/88, BauR 1989, 587 = BRS 49 Nr. 47 = DÖV 1989, 998 = NJW 1989, 2278.
4 BVerwG v. 25.3.1996 – 4 B 302.95, BauR 1996, 676 = BRS 58 Nr. 56 = DÖV 1996, 746 = NVwZ 1996, 893 = UPR 1996, 271; OVG Münster v. 23.7.1998 – 10 B 1319/98, BauR 1999, 141 = BRS 60 Nr. 64.
5 VGH Mannheim v. 17.5.1989 – 3 S 3650/88, BauR 1989, 587 = BRS 49 Nr. 47 = DÖV 1989, 998 = NJW 1989, 2278.

auch wenn eine umfassende Pflege und Betreuung der Bewohner stattfindet[1]. Daher fallen etwa Krankenhäuser oder auch Tagesstätten für Kinder nicht unter diese Regelung.

1326 Ebenfalls unter den Begriff des Wohnens kann – abhängig von der konkreten Ausgestaltung der Einrichtung – auch ein **Hospiz** fallen, das schwerkranken Menschen ein Zuhause bieten soll, in dem sie in ihrer Krankheit und in ihrem Sterben Hilfe und Schutz erfahren und diesen Teil ihres Lebens bis zuletzt weitgehend selbst gestalten können[2].

1327 Auf den Einzelfall kommt es auch bei **Asylbewerberunterkünften** an. Um eine Wohnnutzung im Sinne von § 3 Abs. 2 BauNVO handelt es sich dabei ohne weiteres, wenn mehrere Asylbewerber mit oder ohne ihre Familien in Wohnungen leben[3]. Auch ein Wohnheim für Asylanten kann dem Begriff des Wohngebäudes entsprechen, wenn die Räumlichkeiten eine selbstbestimmte Häuslichkeit (Rdnr. 1317) ermöglichen[4]. Ansonsten wird dies in der Rechtsprechung abgelehnt[5].

1328 Da bei Asylbewerberunterkünften – ebenso wie bei Wohn- und Pflegeheimen (Rdnr. 1322, 1325) – die jeweilige Ausgestaltung häufig unterschiedlich ist und daher auch die rechtliche Einordnung strittig sein kann, ist die Baunutzungsverordnung 1990 auch in diesem Punkt geändert worden, wenn auch nicht durch einen zusätzlichen allgemeinen Zulässigkeitstatbestand wie er sich in § 3 Abs. 4 BauNVO findet (Rdnr. 1325). Vielmehr ist § 3 Abs. 3 Nr. 2 BauNVO um Anlagen für soziale Zwecke (Rdnr. 1349) ergänzt worden. Unter diesen Tatbestand fallen auch derartige Unterkünfte, wenn man sie im konkreten Fall nicht bereits als Wohnnutzung ansieht[6].

1329 Auch bei **Obdachlosenunterkünften und -heimen** ist zu unterscheiden. Handelt es sich um Schlafstätten für Nichtseßhafte, die entsprechende Einrichtungen unregelmäßig besuchen, geht es nicht um eine Wohnnutzung. Entsprechendes gilt für die Vergabe von Zimmern zu pensionsartigen Tagessätzen an Sozialhilfeempfänger zur Vermeidung von Wohnungslosigkeit[7].

---

1 Vgl. BVerwG v. 25.3.1996 – 4 B 302.95, BauR 1996, 676 = BRS 58 Nr. 56 = DÖV 1996, 746 = NVwZ 1996, 893 = UPR 1996, 271; OVG Lüneburg v. 27.7.1994 – 1 M 2021/94, BRS 56 Nr. 186 = UPR 1995, 113 = ZfBR 1995, 107.
2 OVG Münster v. 23.7.1998 – 10 B 1319/98, BauR 1999, 141 = BRS 60 Nr. 64.
3 VGH Mannheim v. 11.5.1990 – 8 S 220/90, NVwZ 1990, 1202 = UPR 1991, 76.
4 Vgl. OVG Schleswig v. 14.10.1991 – 1 M 49/91, BauR 1992, 192 = BRS 52 Nr. 212 = NVwZ 1992, 587.
5 S. etwa VGH Mannheim v. 19.5.1989 – 8 S 555/89, BauR 1989, 584 = BRS 49 Nr. 48 = DÖV 1989, 998 = NJW 1989, 2282; OVG Lüneburg v. 24.11.1989 – 1 M 88/89, BRS 49 Nr. 49; OVG Berlin v. 25.5.1989 – 2 S 8/89, BRS 49 Nr. 50.
6 BVerwG v. 4.6.1997 – 4 C 2.96, BRS 59 Nr. 60 = NVwZ 1998, 173; Stock in König/Roeser/Stock, § 3 Rdnr. 43; Jäde in Jäde/Dirnberger/Weiß, § 3 BauNVO, Rdnr. 6; a.A. Fickert/Fieseler, § 3 Rdnr. 16.45.
7 OVG Berlin v. 23.8.1996 – 2 S 13/96, BRS 58 Nr. 205 = DÖV 1997, 551 = UPR 1997, 119.

Andererseits können Einrichtungen, die der nicht nur provisorischen Unterbringung obdachlos gewordener Familien oder Einzelpersonen dienen, durchaus Wohngebäude sein[1]. **Frauenhäuser** sind demgegenüber in der Regel keine Wohngebäude im Sinne von § 3 Abs. 2 BauNVO, da bei ihnen der Schutzgedanke und die Vorläufigkeit der Unterbringung im Vordergrund stehen[2].

Soweit – vor allem in streitigen Fällen – eine Nutzung zu Wohnzwecken bejaht wird, kommt es auf die konkrete Situation an, ob ein grundsätzlich zulässiges Wohngebäude ausnahmsweise nach § 15 Abs. 1 BauNVO (Rdnr. 1217 ff.) als unzulässig zu bewerten ist. Allerdings sind **persönliche Eigenschaften der Bewohner** keine städtebaulichen Gesichtspunkte, die über § 15 Abs. 1 BauNVO berücksichtigt werden können[3]. Demgegenüber kann der Gesamtzuschnitt des Baugebiets von Bedeutung sein. Zwar ist die (hohe) Zahl von Wohneinheiten in einem Gebäude für sich genommen unschädlich, wenn die Gemeinde in dem betreffenden Bebauungsplan keine höchstzulässige Wohnungszahl festgelegt hat[4], jedoch kann umfangreicher Zu- und Abgangsverkehr etwa bei einem großen Wohnheim inmitten eines reinen und im wesentlichen durch kleinere Wohnhäuser geprägten Gebiets eher zu einer Nutzungsunverträglichkeit führen als in einem Gebiet mit größeren Wohnhäusern, in dem auch das Verkehrsaufkommen sehr viel stärker ist.

1330

c) Nebenanlagen

Stellplätze und Garagen sind in einem reinen Wohngebiet nur insoweit zulässig, wie sie dazu dienen, den durch die zugelassene Nutzung verursachten Bedarf zu befriedigen (§ 12 Abs. 2 BauNVO). Gänzlich unzulässig sind nach § 12 Abs. 3 Nr. 1 BauNVO Stellplätze und Garagen für Lastkraftwagen und Kraftomnibusse sowie für deren Anhänger. Für Bebauungspläne, die vor Inkrafttreten der Baunutzungsverordnung 1962 schon ausgelegt oder in Kraft getreten sind (vgl. Rdnr. 1186 f.), enthält der dann anzuwendende § 11 Abs. 2 der Reichsgaragenordnung (RGaO) ähnliche Regelungen. Hinzu

1331

---

1 In diesem Sinne auch Bielenberg in Ernst/Zinkahn/Bielenberg/Krautzberger, § 3 BauNVO Rdnr. 13; Stock in König/Roeser/Stock, § 3 Rdnr. 27; a.A. Fickert/Fieseler, § 3 Rdnr. 16.3.
2 VGH Kassel v. 29.4.1992 – 3 TH 691/92, BRS 54 Nr. 182 = NVwZ 1992, 694 = UPR 1992, 358.
3 So ausdrücklich hinsichtlich einer mangelnden „Einstellung zur Häuslichkeit" Stock in König/Roeser/Stock, § 3 Rdnr. 27; s. auch BVerwG v. 23.8.1996 – 4 C 13.94, BVerwGE 101, 364 = BauR 1997, 72 = BRS 58 Nr. 159 = DVBl. 1997, 61 = DÖV 1997, 32 = NJW 1997, 384 = UPR 1997, 39 = ZfBR 1996, 328; OVG Berlin v. 2.6.1987 – 2 S 38.87, BRS 47 Nr. 41 = NVwZ 1988, 264; OVG Lüneburg v. 29.6.1989 – 1 A 61/87, BRS 49 Nr. 59; VGH Kassel v. 29.11.1989 – 4 TG 3185/89, BRS 49 Nr. 53 = NJW 1990, 1131 = UPR 1990, 238.
4 VGH Mannheim v. 28.9.1995 – 8 S 2436/95, BRS 57 Nr. 63.

kommen die bauordnungsrechtlichen Anforderungen, nach denen die – bauplanungsrechtlich zulässigen – Stellplätze und Garagen so angeordnet und ausgeführt werden müssen, daß ihre Benutzung die Gesundheit nicht schädigt und Lärm oder Gerüche das Arbeiten und Wohnen, die Ruhe und die Erholung in der Umgebung nicht über das zumutbare Maß hinaus stören[1]. Der verursachte Bedarf im Sinne von § 12 Abs. 2 BauNVO muß sich auf die in dem reinen Wohngebiet selbst zugelassene Nutzung beziehen. Für die Gebietsabgrenzung kommt es dabei jedoch nicht allein auf das festgesetzte Baugebiet an, in dem die Stellplätze und Garagen errichtet werden sollen. Dies gilt insbesondere für Gemeinschaftsanlagen (zur Zulässigkeit von gewerblich betriebenen Großgaragen und Parkhäusern im Rahmen des § 12 BauNVO Rdnr. 1242). Grenzt das festgesetzte Gebiet an andere Gebiete **derselben Nutzungsart** an, so gehören auch sie grundsätzlich zu dem Gebiet, dessen zugelassene Nutzung den betreffenden Bedarf auslöst[2]. Auch in diesem Fall bedarf es allerdings in der Regel einer räumlichen Begrenzung des Einzugsbereichs der Stellplatzanlage. Diese ist dann erreicht, wenn den unmittelbaren Anliegern die Stellplätze in ihrer Nähe nicht mehr zugemutet werden können. Dafür spielt neben der reinen Entfernung auch der räumliche Gesamtzusammenhang eine Rolle. Für die betroffenen Anlieger darf bei objektiver Betrachtung nicht der Eindruck entstehen, sie haben die nachteiligen Auswirkungen des Kraftfahrzeugverkehrs aus einem fremden Baugebiet zu tragen[3].

1332 **Beispiel:**
Der Eigentümer eines Grundstückes in einem reinen Wohngebiet ist Inhaber eines in einem benachbarten Mischgebiet liegenden Großhandelsbetriebs. Er beantragt eine Baugenehmigung für drei Garagen mit der Begründung, zwei Garagen benötige seine Familie, die dritte sei für das Lieferfahrzeug seiner Firma bestimmt. Da der Großhandel kein im reinen Wohngebiet zugelassener Betrieb ist, entfällt auch die Möglichkeit, eine dafür bestimmte Garage zu genehmigen.

1333 Demgegenüber sind Garagen für eine zulässige freiberufliche Tätigkeit (§ 13 BauNVO, Rdnr. 1243 ff.) oder für ausnahmsweise nach § 3 Abs. 3 BauNVO zugelassene Nutzungen auch dann genehmigungsfähig, wenn die Fahrzeuge ausschließlich für diese Tätigkeiten bestimmt sind.

1334 Für die **Berufsausübung freiberuflich Tätiger** und vergleichbarer Gewerbetreibender sind gemäß **§ 13 BauNVO** Räume zulässig (Rdnr. 1243 ff.). In der Regel darf eine solche Nutzung nicht mehr als die Hälfte der Fläche eines einzelnen Gebäudes und für den einzelnen Freiberufler nicht mehr als eine

---

[1] So etwa § 51 Abs. 7 BauO NW oder § 43 Abs. 6 BauO Bbg; die anderen Landesbauordnungen enthalten im wesentlichen übereinstimmende Regelungen.
[2] BVerwG v. 16.9.1993 – 4 C 28.91, BVerwGE 94, 151 = BauR 1994, 223 = BRS 55 Nr. 110 = DVBl. 1994, 284 = DÖV 1994, 263 = NJW 1994, 1546 = UPR 1994, 69 = ZfBR 1994, 97; OVG Münster v. 18.5.2000 – 7 A 1155/99, BauR 2000, 1447.
[3] OVG Münster v. 18.5.2000 – 7 A 1155/99, BauR 2000, 1447 = NVwZ-RR 2001, 646 zu einem allgemeinen Wohngebiet.

Wohn- bzw. Nutzungseinheit beanspruchen. Obgleich reine Wohngebiete oftmals für Arztpraxen, Büros von Rechtsanwälten, Architekten, Steuerberatern u.s.w. sehr attraktiv sind, steht einer allzu starken Häufung § 15 Abs. 1 BauNVO (Rdnr. 1230) entgegen, da zum einen die damit verbundenen Belastungen der Wohnruhe durch den Publikumsverkehr zu berücksichtigen sind und zum anderen auch die Dominanz des Wohncharakters gewahrt bleiben muß (Rdnr. 1312).

Ebenfalls zulässig sind **Nebenanlagen im Sinne von § 14 Abs. 1 BauNVO**, die dem Nutzungszweck der in dem Baugebiet gelegenen Grundstücke oder des Baugebiets selbst dienen und die seiner Eigenart nicht widersprechen. Dazu zählen etwa Terrassen, Hausgärten oder kleinere Schuppen, soweit sie in einem funktionalen Zusammenhang mit der Wohnnutzung stehen und ihrem Umfang nach der Wohnnutzung untergeordnet sind. Damit einhergehende Belästigungen und Beeinträchtigungen müssen durch die Nachbarn grundsätzlich hingenommen werden. Nicht dazu gehören Tankstellen oder private Tankanlagen[1] und in der Regel auch keine größeren Antennenanlagen (s. auch Rdnr. 1248 ff.)[2]. **Werbeanlagen** sind als Anlagen der Eigenwerbung nur zulässig, soweit sie einer gemäß § 3 Abs. 3 BauNVO ausnahmsweise zulässigen Nutzung zugeordnet sind und von ihrer Größe und Gestaltung her dem Gebietstyp entsprechen[3]. Ähnliches gilt für private Windenergieanlagen zur Eigenbedarfsdeckung, wobei allerdings schon aufgrund des Immissionsverhaltens derartiger Anlagen eine sehr aufgelockerte Bebauung erforderlich ist[4]. Zulässig sind desweiteren untergeordnete Nebenanlagen und Einrichtungen für die **(Klein-)Tierhaltung**, jedoch nur wenn die Tiere gebietstypisch und ungefährlich sind und den Rahmen der für eine Wohnnutzung typischen Freizeitbetätigung nicht sprengen (s. auch Rdnr. 1254)[5]. Diese Grenze ist in der Regel bei einem Hundezwinger für mehrere große Hunde[6], Einstellplätzen für Reitpferde im Anbau eines Wohnhauses[7], bei der Haltung von Bienenvölkern[8] oder bei gefährlichen Tieren (Pumazwinger[9], Ozelotkäfig[10]) überschritten. Demgegenüber kann die Haltung von

1335

---

1 VGH Mannheim v. 9.8.1982 – 3 S 1024/82, BRS 39 Nr. 46.
2 OVG Lüneburg v. 4.6.1987 – 1 A 20/83, BRS 47 Nr. 75.
3 BVerwG v. 3.12.1992 – 4 C 27.91, BVerwGE 91, 234 = BauR 1993, 315 = BRS 54 Nr. 126 = DVBl. 1993, 439 = DÖV 1993, 620 = NVwZ 1993, 983 = UPR 1993, 216.
4 BVerwG v. 18.2.1983 – 4 C 18.81, BVerwGE 67, 23 = BRS 40 Nr. 64; VGH Kassel v. 28.4.1988 – 4 OE 1089/85, BauR 1988, 700 = BRS 48 Nr. 53 = NVwZ-RR 1989, 120.
5 BVerwG v. 15.10.1993 – 4 B 165.93, BRS 55 Nr. 51 = DVBl. 1994, 292 = DÖV 1994, 266 = NVwZ-RR 1994, 309 = UPR 1994, 103 = ZfBR 1994, 137.
6 OVG Münster v. 13.5.1976 – X A 603/75, BRS 30 Nr. 29.
7 OVG Münster v. 6.11.1970 – X A 794/69, BRS 23 Nr. 39.
8 OVG Saarlouis v. 10.12.1971 – III R 78/71, BRS 24 Nr. 68; OVG Münster v. 5.12.1974 – XI A 191/73, BRS 28 Nr. 30.
9 BVerwG v. 5.3.1984 – IV 20.84, BRS 42 Nr. 75 = DÖV 1984, 860 = NVwZ 1984, 647 = UPR 1984, 239 = ZfBR 1984, 24.
10 BVerwG v. 15.10.1993 – 4 B 165.93, BRS 55 Nr. 51 = DVBl. 1994, 292 = DÖV 1994, 266 = NVwZ-RR 1994, 309 = UPR 1994, 103 = ZfBR 1994, 137.

Tauben zumindest am Rande eines Wohngebiets zulässig sein, wenn sich typischerweise auch andere Vögel in größerer Zahl in dem Baugebiet aufhalten. Abhängig ist dies letztlich vom Umfang der Nebenanlage sowie von der Intensität der Nutzung[1]. Unter die zulässigen Nebenanlagen fallen auch **Kinderspielplätze**, für die keine gesonderten Planausweisungen getroffen wurden[2]. Entsprechendes gilt für **Bolzplätze** u.ä.[3]. Ob derartige Anlagen hinsichtlich ihrer konkreten Ausgestaltung der Eigenart des Baugebiets entsprechen, hängt vom Einzelfall ab. Etwa bei Abenteuerspielplätzen und ähnlichen Anlagen, die mit besonderen (lärmintensiven) Spielgeräten ausgestattet sind, ist dies häufig nicht der Fall[4]. Im Einzelfall kann etwaigen Nutzungskonflikten durch Beschränkungen hinsichtlich des zugelassenen Benutzerkreises, durch Benutzungszeiten u.ä. Rechnung getragen werden[5]. Letztlich sollte man hier den Maßstab nicht zu eng anlegen, da gerade die natürlichen Lebensäußerungen von Kindern für eine Wohnnutzung typisch sind und dort eher zu verorten sind als in Bereichen, die stärker gewerblich genutzt werden.

1336 Auch **Nebenanlagen für sportliche Zwecke** können unter § 14 Abs. 1 BauNVO fallen und daher zulässig sein. So kann beispielsweise eine kleinere Schwimmhalle als untergeordnete Nebenanlage genehmigungsfähig sein, während die Einrichtung einer Schwimmschule in der privaten Schwimmhalle eines Wohnhauses unzulässig ist[6]. Ein privater Tennisplatz kann – abhängig von der Größe und Ausgestaltung der Anlage und der Größe des Grundstücks – ebenfalls genehmigungsfähig sein[7].

d) Ausnahmsweise zulässige Vorhaben im reinen Wohngebiet

1337 Insbesondere die hinsichtlich ihrer allgemeinen Zulässigkeit streitigen Fälle (Rdnr. 1321 ff.) gaben dem Verordnungsgeber Anlaß, mit der BauNVO 1990 mehr Vorhaben in reinen Wohngebieten für ausnahmsweise zulässig zu

---

1 Vgl. VGH Kassel v. 13.12.1977 – IV N 3/77, BRS 32 Nr. 21; VGH Kassel v. 20.3.1981 – IV TH 20/81, BRS 38 Nr. 66; OVG Lüneburg v. 26.9.1980 – 6 A 188/78, BRS 36 Nr. 49; VGH Mannheim v. 3.2.1982 – 3 S 2078/81, BRS 39 Nr. 64.
2 BVerwG v. 12.12.1991 – 4 C 5.88, BauR 1992, 338 = BRS 52 Nr. 47 = DVBl. 1992, 577 = DÖV 1992, 638 = NJW 1992, 1779 = UPR 1992, 184 = ZfBR 1992, 144.
3 VGH München v. 16.2.1987 – 14 B 85 A/3090, BauR 1987, 543 = BRS 47 Nr. 176 = NVwZ 1987, 986; OVG Münster v. 8.7.1986 – 11 A 1288/85, BauR 1987, 46 = BRS 46 Nr. 46.
4 Vgl. VGH Mannheim v. 22.7.1997 – 5 S 917/96, BauR 1998, 756 = BRS 59 Nr. 61; VGH Mannheim v. 26.3.1985 – 3 S 405/85, BauR 1985, 535 = BRS 44 Nr. 33.
5 OVG Lüneburg v. 25.3.1996 – 6 L 5539/94, BRS 58 Nr. 165.
6 OVG Lüneburg v. 21.11.2002 – 1 ME 255/02, BauR 2003, 218; OVG Münster v. 12.11.1974 – X A 303/73, BauR 1975, 110 = BRS 28 Nr. 20; OVG Münster v. 23.2.1979 – XI A 383/78, BRS 35 Nr. 39; VGH Kassel v. 27.1.1978 – IV TG 3/78, BRS 33 Nr. 25.
7 BVerwG v. 30.8.1985 – 4 C 50.82, BauR 1985, 652 = BRS 44 Nr. 185 = DÖV 1986, 77 = NJW 1986, 393 = UPR 1986, 26 = ZfBR 1985, 285.

erklären als dies zuvor in der BauNVO 1977 der Fall war. Aus diesem Grunde wurde § 3 Abs. 3 BauNVO durch die jetzt unter Nr. 2 genannten Nutzungen ergänzt. Dies ist aus städtebaulicher Sicht gerade für die infrastrukturelle Ausstattung und die Erfüllung wichtiger Versorgungsaufgaben zugunsten der gebietsansässigen Bevölkerung sinnvoll. Jedoch darf gleichwohl der besondere Gebietscharakter des reinen Wohngebiets nicht aus dem Blick verloren werden. Dementsprechend sind selbst als Ausnahmen die meisten gewerblichen Nutzungen in reinen Wohngebieten nur selten genehmigungsfähig.

(1) Läden, die zur Deckung des täglichen Bedarfs für die Bewohner des Gebiets dienen: Diese Definition ist enger gefaßt als die für allgemeine Wohn- und Kleinsiedlungsgebiete, in denen Läden, die der Versorgung des Gebiets dienen (§ 2 Abs. 2 Nr. 2 und § 4 Abs. 2 Nr. 2 BauNVO, Rdnr. 1358 ff.), allgemein zulässig sind. Der Begriff des täglichen Bedarfs ist hinreichend bestimmt und verstößt nicht gegen das Bestimmtheitsgebot (Rdnr. 216 ff.)[1]. Es ist nicht erforderlich, daß ein Laden zur Deckung des täglichen Bedarfs notwendig ist. Es genügt vielmehr sein **Dienen** für den täglichen Bedarf der Bevölkerung. Gewisse Störungen der Nachbarschaft durch derartige Läden sind unvermeidlich und müssen daher hingenommen werden[2]. Auch ist der Begriff „täglich" nicht wörtlich zu nehmen. Gemeint ist der **Grundbedarf** der Bevölkerung an Gütern und Dienstleistungen, die in regelmäßigen kurzen Abständen immer wieder benötigt werden und deren Erreichbarkeit in zumutbarer Entfernung von der Wohnung durch § 3 Abs. 3 Nr. 1 BauNVO gewährleistet werden soll. Zu diesem Grundbedarf gehören im wesentlichen Lebensmittel und Genußmittel (Lebensmittelläden, Fleischerei- und Bäckereiverkaufsstellen, Tabak-, Zeitungs-, Milch- und Blumenläden, Annahmestelle von Reinigungen u.ä.) sowie Drogerien und Apotheken. Auch kommen Läden in Betracht, in denen keine Waren verkauft sondern Gegenstände für den Gebietsbedarf vermietet werden (z.B. Videotheken).

1338

Die Verkaufsform und die Größe der Verkaufsfläche sind gesetzlich nicht vorgegeben. Es fallen daher grundsätzlich auch **Selbstbedienungsläden, Verbrauchermärkte und Discountmärkte** unter den Ausnahmetatbestand[3]. Der Begriff des täglichen Bedarfs rechtfertigt **keine Bedürfnisprüfung** und einen damit verbundenen Konkurrenzschutz. Es kommt daher nicht darauf an, ob in dem Baugebiet bereits Läden mit dem betreffenden Warensortiment vorhanden sind oder nicht[4]. Allenfalls kann eine Häufung von Läden der Eigenart des Gebiets widersprechen (vgl. Rdnr. 1230) und daher die Ablehnung der Ausnahme rechtfertigen (zur Ausnahmeerteilung Rdnr. 1698 ff.). Hinsicht-

1339

---

1 BVerwG v. 16.5.1968 – IV CB 65.67, BRS 20 Nr. 21.
2 BVerwG v. 31.5.1968 – IV B 16.67, BRS 20 Nr. 22.
3 VGH Mannheim v. 7.2.1979 – III ZR 933/78, BauR 1980, 253 = BRS 35 Nr. 33; VGH Kassel v. 27.11.1970 – IV OE 24/69, BauR 1971, 28 = BRS 23 Nr. 38.
4 VGH Mannheim v. 7.2.1979 – III 933/78, BauR 1980, 252 = BRS 35 Nr. 33.

lich der **maximal zulässigen Verkaufsfläche** ist zu beachten, daß es sich nicht um großflächigen Einzelhandel im Sinne von § 11 Abs. 3 BauNVO handeln darf, der im beplanten Bereich nur in Kern- oder dafür ausgewiesenen Sondergebieten zulässig ist (dazu noch Rdnr. 1614 ff.). Auch unterhalb dieser Schwelle, die für alle Gebietsarten gilt, ist zu beachten, daß die Störungsempfindlichkeit von reinen Wohngebieten höher ist als die der anderen Gebietsarten (Rdnr. 1312). Dies führt dazu, daß in der Regel größere Läden selbst dann, wenn sie (gerade noch) unterhalb der Schwelle zur Großflächigkeit im Sinne von § 11 Abs. 3 BauNVO liegen, in einem reinen Wohngebiet aufgrund des erheblichen Liefer- und Kundenverkehrs nicht genehmigt werden dürfen. Auch ist zu berücksichtigen, daß die Zielsetzung des jeweiligen Ladens davon geprägt sein muß, die Bewohner des Gebiets zu versorgen („Nachbarschaftsladen"). Ist ein Laden von seinem Zuschnitt her (Größe, Angebotsbreite) gezielt darauf ausgelegt, auch gebietsübergreifende Versorgungsaufgaben zu erfüllen, ist er in einem reinen Wohngebiet nicht genehmigungsfähig (vgl. insofern auch zum allgemein Wohngebiet Rdnr. 1358 ff.). Dies gilt auch für Läden, die zwar gebietsbezogen, jedoch mit besonderen Immissionen verbunden sind, z.B. für größere Getränkemärkte[1].

1340 **Verkaufsstände und Kioske** sind auch Läden im Sinne von § 3 Abs. 3 BauNVO, nicht jedoch Imbißstände, Imbißstuben u.ä., bei denen der sofortige Verzehr der angebotenen Waren im Vordergrund steht. **Warenautomaten** sind im reinen Wohngebiet als eigenständige Nutzungsart nicht zulässig, da ein Laden begriffsnotwendig die Existenz einer Verkaufsstelle voraussetzt, die von Personen innerhalb der Öffnungszeiten dauernd unterhalten wird[2]. Die bauplanungsrechtliche Zulässigkeit ist allerdings als Nebenanlage gegeben, wenn derartige Automaten (z.B. Zigarettenautomaten) in einem räumlichen und funktionalen Zusammenhang mit einem in dem Gebiet zulässigen Laden stehen.

1341 Unzulässig sind Anlagen der Fremdwerbung, die eine eigenständige und damit in einem reinen Wohngebiet unzulässige gewerbliche Nutzung darstellen. **Anlagen der Eigenwerbung** sind als untergeordnete Nebenanlage möglich (Rdnr. 1253). Ebenfalls unzulässig sind **Schank- und Speisewirtschaften**, da sie nicht unter den Begriff des Ladens fallen, sondern eine eigenständige Nutzungskategorie darstellen (vgl. zu § 4 Abs. 2 Nr. 2 BauNVO Rdnr. 1362). Nichts anderes gilt für **Spielhallen**, die als Vergnügungsstätten (dazu Rdnr. 1431 ff.) ebenfalls keine Läden oder diesen gleichzustellende Dienstleistungseinrichtungen (Reinigungs- und Lotterieannahmestellen u.s.w.) sind.

---

[1] VGH Mannheim v. 9.1.1990 – 8 S 2813/89, BRS 50 Nr. 56 = UPR 1991, 236 = ZfBR 1991, 182.
[2] OVG Münster v. 3.6.1986 – 11 A 1091/84, BauR 1986, 544 = BRS 46 Nr. 45 = DÖV 1987, 301 = NVwZ 1997, 38; OVG Bremen v. 23.5.1978 – I BA 40/76, BRS 33 Nr. 26.

(2) Nicht störende Handwerksbetriebe, die zur Deckung des täglichen Bedarfs für die Bewohner des Gebiets dienen: Es kommt nur ein begrenzter Kreis von handwerklichen Betrieben in Betracht, etwa Bäckereien, Fleischereien, Friseure, Schuster oder Schneider. Verkaufsstellen, z.B. für Back- oder Fleischwaren, unterfallen bereits dem Begriff des Ladens (Rdnr. 1338), so daß es eines Rückgriffs auf diesen Ausnahmetatbestand nicht bedarf. Allerdings ist auch eine Verbindung von handwerklicher Tätigkeit mit einer ladentypischen Verkaufsstelle möglich.

1342

Was unter Handwerk zu verstehen ist, ergibt sich aus der **Handwerksordnung**. Die handwerksähnlichen Betriebe nach der Handwerksordnung sind dem gleichzustellen (z.B. Änderungsschneiderei, Heißmangel u.ä.).

1343

Die handwerkliche Tätigkeit muß kleineren Umfangs sein, weil sie ansonsten von ihrer Zielsetzung her nicht der Versorgung der Bewohner des Gebiets dient (vgl. Rdnr. 1359 f.)[1]. Allerdings ist das Wort „täglich" ebenso wie bei Läden nicht wörtlich zu nehmen. Etwa eine kleine Schuhmacherei oder ein Friseur fallen darunter, auch wenn deren Inanspruchnahme nicht täglich erfolgt.

1344

Die Handwerksbetriebe dürfen **nicht störend** sein, wobei grundsätzlich ein **typisierender Maßstab** (vgl. Rdnr. 1487) anzulegen ist. Betriebe, die in der Regel besondere Immissionen verursachen (z.B. Tischlereien, Schreinereien u.s.w.), sind unzulässig. Abgesehen davon, daß sie zumeist nicht der Versorgung des Gebiets dienen, ist neben dem Immissionsverhalten der Betriebe selbst auch der Zu- und Abfahrtverkehr zu berücksichtigen. Soweit dieser regelmäßig mit Lastkraftwagen erfolgt, spricht bereits die Wertung des § 12 Abs. 3 Nr. 2 BauNVO (Rdnr. 1241) gegen die Zulässigkeit, selbst wenn es sich um Fremdfahrzeuge handelt (s. auch zu nicht störenden Handwerksbetrieben in allgemeinen Wohngebieten, wo derartige Betriebe allgemein zulässig sind, Rdnr. 1368).

1345

(3) Kleine Betriebe des Beherbergungsgewerbes: Es kommen nur (kleine) Betriebe ohne (öffentliches) Restaurant in Betracht, z.B. ein Hotel garni. Es liegt auf der Hand, daß ein solcher Betrieb nicht auf die Bedarfsdeckung im reinen Wohngebiet selbst abgestellt sein kann.

1346

Der Begriff „klein" bringt zum Ausdruck, daß es sich um einen eher wohnartigen Betrieb handeln muß[2], der sich in eine reine Wohnbebauung einfügt. Dies kann ein Hotel- oder Pensionsbetrieb oder aber auch eine Anlage mit Ferienwohnungen sein. Für die zulässige Größe ist die **Bettenzahl** ein wich-

1347

---

1 Dazu etwa OVG Berlin v. 21.4.1967 – II B 12/66, BRS 18 Nr. 12 = DÖV 1968, 339 (Zulässigkeit nur von Familienbetrieben, nicht aber von Handwerksbetrieben mit drei Gesellen und zwei Lehrlingen).
2 BVerwG v. 27.11.1987 – 4 B 230 u 231.87, BauR 1988, 184 = BRS 47 Nr. 36 = UPR 1988, 149; OVG Hamburg v. 7.1.2000 – 2 Bs 344/99, BauR 2000, 1840.

tiges Kriterium. Bei 20 Betten dürfte die zulässige Größe in der Regel bereits überschritten sein[1]. Letztlich sind allerdings auch hier die Bebauungsdichte des Gebiets und der Gesamteindruck des konkreten Betriebs maßgeblich.

1348 Nicht unter die zulässigen Beherbergungsbetriebe fallen Schank- und Speisewirtschaften, die von der Baunutzungsverordnung gesondert behandelt werden (vgl. § 4 Abs. 2 Nr. 2 und § 4 Abs. 3 Nr. 1 BauNVO, dazu insbesondere Rdnr. 1362). Sie sind selbst dann in einem reinen Wohngebiet unzulässig, wenn zugleich auch Fremdenzimmer angeboten werden[2]. Demgegenüber ändert sich an der ausnahmsweisen Zulässigkeit von Beherbergungsbetrieben nichts, wenn (allein) Pensionsgäste verpflegt werden.

1349 **(4) Anlagen für soziale Zwecke**: Die Anlagen für soziale Zwecke müssen nach dem Gesetzeswortlaut nicht der Gebietsversorgung dienen (zum Begriff der sozialen Zwecke s. Rdnr. 1371 zu § 4 BauNVO)[3]. Daher fallen auch **Unterkünfte für Asylbewerber**, Bürgerkriegsflüchtlinge, Aus- und Umsiedler unter diesen Begriff, sofern es sich nicht im Einzelfall um eine bereits allgemein zulässige Wohnnutzung handelt (Rdnr. 1315 ff.)[4]. Unerheblich ist es dabei, ob die Unterbringung in ehemaligen Wohngebäuden, dafür eigens errichteten Neubauten oder in Behelfscontainern, Schlichtbauten u.ä. erfolgt. Auch die engen räumlichen Verhältnisse derartiger Einrichtungen und die damit verbundene Belegungsdichte sind nicht ohne weiteres geeignet, die ausnahmsweise Zulässigkeit einzuschränken, da sich allein daraus keine generelle Unverträglichkeit in einem reinen Wohngebiet ergibt. Das Bauplanungsrecht gewährt also auch in einem reinen Wohngebiet keinen „Milieuschutz". Wenn vor allem die mit einer solchen Nutzung verbundenen Immissionen denjenigen einer sonstigen Wohnnutzung vergleichbar sind, sind sie daher hinzunehmen[5]. Es müssen daher andere Gründe bestehen, die im speziellen Fall eine Ermessensausübung zu Ungunsten eines solchen Vorhabens rechtfertigen.

1350 Zu den weiteren Anlagen für soziale Zwecke, die in einem reinen Wohngebiet in Betracht kommen, zählen insbesondere **Kindergärten und Kindertagesstätten**, die allerdings im Einzelfall bei entsprechender Größe und Lage auch unzulässig sein können[6]. Zumindest bei Einrichtungen, die der Auf-

---

1 OVG Hamburg v. 7.1.2000 – 2 Bs 344/99, BauR 2000, 1840; VGH Mannheim v. 31.1.1997 – 8 S 3167/96, BRS 59 Nr. 58 = UPR 1998, 38; OVG Lüneburg v. 17.7.1979 – VI A 124/78, BRS 35 Nr. 49.
2 OVG Münster v. 10.10.1966 – X A 1549/65, BRS 17 Nr. 23.
3 OVG Münster v. 1.7.1994 – 11 B 620/94, BauR 1995, 69 = BRS 56 Nr. 50 = UPR 1995, 119.
4 BVerwG v. 4.6.1997 – 4 C 2.96, BRS 59 Nr. 60 = NVwZ 1998, 173.
5 BVerwG v. 23.8.1996 – 4 C 13.94, BVerwGE 101, 364 = BauR 1997, 72 = BRS 58 Nr. 159 = DVBl. 1997, 61 = DÖV 1997, 32 = NJW 1997, 384 = UPR 1997, 39 = ZfBR 1996, 328.
6 OVG Münster v. 7.6.1994 – 10 B 2923/93, BauR 1995, 66 = BRS 56 Nr. 51, für eine Kindertagesstätte mit 20 Kindern in einem Einfamilienhaus in Gartenhofbauweise

nahme von Kindern aus dem jeweiligen Baugebiet dienen, dürfen die Anforderungen an das Gebot der Rücksichtnahme nicht überspannt werden (vgl. Rdnr. 1314). Desweiteren zählen dazu etwa **Altentagesstätten** (Seniorentreffs), **Behindertenheime,** sofern nicht die gesundheitliche Betreuung und Pflege im Vordergrund steht (dann: Anlage für gesundheitliche Zwecke), oder auch **Frauenhäuser**, also Gebäude, in denen aus unterschiedlichen Gründen in Not geratene Frauen Zuflucht suchen können[1].

(5) Anlagen für kirchliche, kulturelle, gesundheitliche und sportliche Zwecke, die den Bedürfnissen der Bewohner des Gebiets dienen: Es geht anders als bei den Anlagen für soziale Zwecke (Rdnr. 1349 f.) nur um solche Einrichtungen, die gebietsbezogene Bedeutung haben (zu den Begriffen im einzelnen Rdnr. 1369 ff. für die allgemeinen Wohngebiete, in denen derartige Anlagen allgemein zulässig sind). Anlagen für **kirchliche Zwecke** können etwa Gemeinderäume oder kirchliche Begegnungsstätten u.ä. sein. Zu den kulturellen Einrichtungen können beispielsweise Räumlichkeiten für Vorträge, (unregelmäßige) Filmvorführungen, Musikdarbietungen u.ä. gehören. Als Anlagen für **gesundheitliche Zwecke** sind außer den ohnehin möglichen freiberuflichen und freiberufsähnlichen Tätigkeiten (insbesondere Arzt- und Zahnarztpraxen, Masseure, Krankengymnasten u.ä., die gemäß § 13 BauNVO zulässig sind, Rdnr. 1243), weitere Einrichtungen kaum denkbar, wenn man sich den notwendigen Gebietsbezug vor Augen hält. Allenfalls kommen weitergehende Anlagen in größeren Baugebieten in Betracht (z.B. kleinere Krankenhäuser und Kliniken). 1351

Bei **Sportanlagen** stellt sich in ganz besonderem Maße das Problem, die Wohnruhe in der Weise zu schützen, wie dies in einem reinen Wohngebiet geboten ist. Dabei darf nicht übersehen werden, daß vielfach ein erheblicher Bedarf besteht, den Bewohnern des Gebiets, insbesondere Kindern und Jugendlichen, ein sportliches Betätigungsfeld zu geben. In jedem Fall muß die eigene sportliche Betätigung im Vordergrund stehen, nicht hingegen die bloße Möglichkeit, als Zuschauer Sportveranstaltungen beizuwohnen. Es geht daher um Anlagen für den Freizeitsport „um die Ecke"[2]. Geschlossene Anlagen (Sporthallen, Tennishallen, Mehrzweckhallen u.ä.) sind dabei aufgrund der Immissionsabschirmung in der Regel weniger problematisch als offene Anlagen. Allerdings ist zu beachten, daß wegen der hohen Herstellungskosten für geschlossene Anlagen der Einzugsbereich oftmals baugebietsübergreifend ist. Als offene Anlagen sind etwa Tischtennis-, im Einzelfall auch Tennisplätze, Basketballplätze und auch Bolzplätze in Betracht zu ziehen, wenngleich gerade bei letzteren die örtlichen Gesamtumstände so- 1352

---
auf einem relativ kleinen Grundstück; s. andererseits OVG Münster v. 1.7.1994 – 11 B 620/94, BauR 1995, 960 = BRS 56 Nr. 50 = UPR 1995, 119.
1 VGH Kassel v. 29.4.1992 – 3 TH 691/92, BRS 54 Nr. 182 = NVwZ 1992, 994 = UPR 1992, 358.
2 Jäde in Jäde/Dirnberger/Weiß, § 3 BauNVO, Rdnr. 42.

wie die Größe und Ausgestaltung der Anlage besondere Bedeutung haben[1]. Unerheblich ist es, ob eine Anlage für sportliche Zwecke vereinsmäßig oder öffentlich betrieben werden soll, da § 3 Abs. 3 Nr. 2 BauNVO insofern nicht differenziert[2]. Allerdings kann die Betriebsform darauf hindeuten, daß der Einzugsbereich der Anlage nicht baugebietsbezogen ist, etwa dann, wenn mit regelmäßigen gebietsüberschreitenden Wettkampfveranstaltungen gerechnet werden muß. Eine derartige Nutzung wäre von dem Ausnahmetatbestand des § 3 Abs. 2 Nr. 2 BauNVO nicht mehr gedeckt.

2. Allgemeine Wohngebiete (WA, § 4 BauNVO)

a) Gebietscharakter und Nutzungsmöglichkeiten

1353 Allgemeine Wohngebiete dienen vorwiegend dem Wohnen (§ 4 Abs. 1 BauNVO). Obergrenzen des Maßes der baulichen Nutzung (§ 17 Abs. 1 BauNVO): Grundflächenzahl (GRZ) 0,4; Geschoßflächenzahl (GFZ) 1,2.

1354 Der Unterschied zur Definition der reinen Wohngebiete besteht lediglich in dem hinzugefügten Wort „vorwiegend". Daraus ergibt sich, daß die Wohnruhe etwas weniger geschützt ist und neben Wohngebäuden andere bauliche Nutzungen in stärkerem Maße in Betracht kommen. Dementsprechend werden die in einem reinen Wohngebiet nur ausnahmsweise zulässigen Vorhaben durch § 4 Abs. 2 BauGB entweder für allgemein zulässig erklärt oder aber in § 4 Abs. 3 BauGB zumindest von dort vorgesehenen Beschränkungen befreit. Überdies ist der Katalog der ausnahmsweise zulässigen Nutzungen umfangreicher. Die **Bandbreite der Nutzungen** ist dabei so aufgebaut, daß ein allgemeines Wohngebiet über eine im wesentlichen vollständige eigene Infrastruktur verfügt, sich also – bei entsprechender Inanspruchnahme der baulichen Nutzungsmöglichkeiten – weitgehend hinsichtlich der Grundbedürfnisse der Bewohner selbst versorgen kann.

1355 Im Unterschied zu Mischgebieten (§ 6 BauNVO, Rdnr. 1473 ff.) verbleibt es allerdings dabei, daß die Wohnnutzung eindeutig im Vordergrund steht und daher einen hohen Schutzanspruch genießt. Dem Umstand, daß die Schutzwürdigkeit und Störungsempfindlichkeit durch das Wohnen als Hauptnutzung geprägt wird, tragen die einschlägigen lärmtechnischen Regelwerke Rechnung (vgl. Rdnr. 725 ff.). Teilweise werden die allgemeinen Wohngebiete genauso behandelt wie reine Wohngebiete (16. BImSchV, Verkehrs-

---

1 Vgl. BVerwG v. 3.3.1992 – 4 B 70,91, BVerwGE 88, 143 = BauR 1992, 340 = BRS 54 Nr. 43 = NVwZ 1992, 884 = UPR 1992, 270; dazu zutreffend auch Berkemann, Sportstättenbau in Wohngebieten – Alte und neue bau- und immissionsschutzrechtliche Probleme, NVwZ 1992, 817 (821); enger Fickert/Fieseler, § 3 Rdnr. 19.84 ff.
2 Berkemann, Sportstättenbau in Wohngebieten – Alte und neue bau- und immissionsschutzrechtliche Probleme, NVwZ 1992, 817 (822); a.A. etwa Stock, in: König/Roeser/Stock, § 3 Rdnr. 48.

lärmschutzverordnung), teilweise liegen die Werte um 5 dB(A) höher als für reine Wohngebiete (DIN 18005, TA Lärm, Freizeitrichtlinie). Immer liegen die Werte jedoch unter denjenigen für Mischgebiete (Rdnr. 1479).

Wegen der gegenüber reinen Wohngebieten größeren Bandbreite an Nutzungen besteht sehr viel eher auch die Möglichkeit für eine **planerische Feinsteuerung** nach § 1 Abs. 4 bis 10 BauNVO (Rdnr. 1648 ff.). Dabei ist allerdings die Zweckbestimmung des Baugebiets zu beachten. So sind weder Regelungen möglich, die sämtliche gewerbliche Nutzungen ausschließen und auf diese Weise aus einem allgemeinen ein reines Wohngebiet machen (s. dazu Rdnr. 1654), noch dürfen die gewerblichen Nutzungen in einer Weise gestärkt werden, daß die Dominanz der Wohnnutzung verloren geht. 1356

b) Zulässige Vorhaben im allgemeinen Wohngebiet

(1) Wohngebäude: Für den Begriff des Wohngebäudes bestehen dieselben Anforderungen wie im reinen Wohngebiet (Rdnr. 1315 ff.). 1357

(2) Läden, die der Versorgung des Gebiets dienen: Anders als in reinen sind in allgemeinen Wohngebieten Läden als Unterfall des (kleinflächigen) Einzelhandels (Rdnr. 1338) allgemein zulässig. Es kommt im weiteren hinzu, daß es sich nicht zwingend um Läden handeln muß, die dem täglichen Bedarf dienen. Vielmehr reicht es aus, wenn Läden der Versorgung des Gebiets dienen, so daß die Angebotspalette breiter sein kann, selbst wenn der Begriff des täglichen Bedarfs in reinen Wohngebieten nicht wörtlich zu nehmen ist. Notwendig ist es in jedem Fall auch hier, daß es sich nicht um großflächigen Einzelhandel handelt. Die **Verkaufsfläche** darf in der Regel also nicht sehr viel mehr als 700 qm oder 800 qm betragen (zu den diesbezüglichen Rechtsauffassungen s. Rdnr. 1629 f.). Auch unterhalb dieser Schwelle sind allerdings die Gebietsverträglichkeit und die Gebietsversorgungsaufgabe zu beachten[1]. So muß die Versorgungsfunktion auf das Baugebiet beschränkt sein. Dies bedeutet allerdings nicht, daß eine Bedürfnisprüfung erfolgen darf. Ebensowenig soll verhindert werden, daß Personen, die nicht in dem Gebiet wohnen, in den betreffenden Läden einkaufen. Zielsetzung ist es vielmehr, nicht durch einen gebietsübergreifenden Zu- und Abgangsverkehr eine gebietsuntypische Unruhe hervorzurufen. Ergänzend kann § 15 Abs. 1 BauNVO von Bedeutung sein, wenn es zu einer dem Gebietscharakter nicht mehr entsprechenden Häufung von Läden kommt (vgl. Rdnr. 1230)[2]. 1358

Das zu versorgende Gebiet ist **grundsätzlich das Baugebiet**. Allerdings kommt es ergänzend auf die jeweiligen städtebaulichen Verhältnisse an. Bei einheitlich strukturierten zusammenhängenden Bereichen, bei denen eigen- 1359

---
1 OVG Münster v. 19.8.2003 – 7 B 1040/03, BauR 2004, 788 = NVwZ-RR 2004, 245.
2 BVerwG v. 31.5.1968 – IV B 16.67, BRS 20 Nr. 22.

ständige Baugebiete gewissermaßen ineinander übergehen, kann das zu versorgende Gebiet auch größer sein[1]. Andererseits jedoch kann bei großen oder räumlich getrennten Teilen eines Baugebiets (z.B. bei Zäsuren durch Grünanlagen oder Wald) das Versorgungsgebiet auch nur aus einem Teilbereich bestehen[2].

1360 Ob ein Laden der Versorgung des Gebiets dient, ist **anhand von objektiven Kriterien** typisierend zu ermitteln[3]. Maßgeblich ist dabei der Zeitpunkt der Genehmigungsentscheidung und die dann absehbare künftige Entwicklung. Nicht konkret voraussehbare Nutzungsintensivierungen sind demgegenüber irrelevant. Sie stellen insbesondere auch keine bauplanungsrechtlich beachtliche Nutzungsänderung im Sinne von § 29 Abs. 1 BauGB dar. Zu den maßgeblichen Kriterien gehört das Warenangebot, die Lage und Größe des Ladens sowie die zu versorgende Einwohnerzahl. Eine gebietsbezogene Versorgung muß grundsätzlich **wirtschaftlich tragfähig** sein. Eine hinreichende Auslastung darf bei objektiver Betrachtung nicht von vornherein ausgeschlossen erscheinen. Dabei sind spezifische Ausgestaltungen des Betriebs (Verkaufsformen, Ausstattung u.s.w.) nur nachrangig von Bedeutung[4]. Reichen die Bewohner des Gebiets offensichtlich nicht aus, um den Laden wirtschaftlich zu tragen, so daß dieser auf eine überwiegende Nachfrage durch gebietsfremde Kunden angewiesen ist, dann ist die Zulässigkeit nach § 4 Abs. 2 BauNVO zu verneinen. Dies ist in der Regel bei Warensortimenten anzunehmen, die zwar auch in dem betreffenden Baugebiet nachgefragt werden, dies jedoch so selten oder unregelmäßig erfolgt, daß der Einzugsbereich für Kunden zwangsläufig größer sein muß (z.B. Kraftfahrzeuge, Möbel u.ä.). Ein besonderes Indiz können dabei die erforderlichen oder durch den Betreiber geplanten **Kfz-Stellplätze** sein. Insbesondere dann, wenn diese über den bauordnungsrechtlich notwendigen Stellplatzbedarf deutlich hinausgehen, spricht dies für ein gebietsübergreifendes Angebot[5]. Allerdings ist bei diesem Argument durchaus Vorsicht geboten. Insbesondere in größeren oder locker und weiträumig bebauten Wohngebieten erfolgt gerade der Einkauf von Lebensmitteln und sonstigen Konsumgütern des täglichen Bedarfs oftmals mit Kraftfahrzeugen, obgleich die Wegestrecke auch zu Fuß bewältigt werden könnte. Keinesfalls ist es so, daß nur ein fußläufiger Einkauf ermöglicht werden soll. Dies gilt namentlich auch im Hinblick auf Bewohner eines Baugebiets, die aufgrund der Größe ihrer Familie regelmäßig grö-

---

1 BVerwG v. 3.9.1998 – 4 B 85.98, BauR 1999, 29 = BRS 60 Nr. 67 = DÖV 1999, 33 = NJW 1998, 3792 = UPR 1999, 72.
2 OVG Berlin v. 29.4.1994 – 2 B 18/92, BauR 1995, 516 = BRS 56 Nr. 55 = NVwZ-RR 1995, 15 = UPR 1995, 40.
3 OVG Münster v. 19.8.2003 – 7 B 1040/03, BauR 2004, 788 = NVwZ-RR 2004, 245.
4 BVerwG v. 29.10.1998 – 4 C 9.97, BauR 1999, 228 = BRS 60 Nr. 68 = DVBl. 1999, 244 = NVwZ 1999, 417 = ZfBR 1999 166; BVerwG v. 1.9.1989 – 4 B 99.89, BRS 49 Nr. 67 = DÖV 1989, 1094 = NVwZ-RR 1990, 229 = UPR 1990, 62 = ZfBR 1989, 267.
5 OVG Münster v. 28.11.2000 – 10 B 1428/00, BauR 2001, 906; OVG Münster v. 30.7.1999 – 10 B 961/99, BauR 2000, 80 = DVBl. 2000, 216.

ßere Einkäufe tätigen oder auch im Hinblick auf Bewohner, denen etwa aufgrund von Behinderungen selbst kürzere Fußwege oftmals schwerfallen und die aus diesem Grund auf die Benutzung ihres Kraftfahrzeugs angewiesen sind.

Selbst bei gebietsversorgenden Läden kann im Einzelfall deren Zulässigkeit nach § 15 Abs. 1 BauNVO zu verneinen sein, wenn sie für die Nachbarschaft zu unzumutbaren Störungen führen. Dies ist etwa dann denkbar, wenn ein (größerer) Laden unmittelbar an Außenwohnbereiche oder Balkone der Wohnnachbarschaft angrenzt[1]. 1361

(3) Schank- und Speisewirtschaften, die der Versorgung des Gebiets dienen: Die Baunutzungsverordnung unterscheidet zwischen Schank- und Speisewirtschaften (z.B. Restaurant, Cafe) und Betrieben des Beherbergungsgewerbes (z.B. Gasthaus, Hotel). Während in einem reinen Wohngebiet Schank- und Speisewirtschaften unzulässig und kleine Betriebe des Beherbergungsgewerbes ausnahmsweise zulässig sind, sind im allgemeinen Wohngebiet die gebietsversorgenden Schank- und Speisewirtschaften als zulässige und die Beherbergungsbetriebe als ausnahmsweise zulässige Vorhaben aufgeführt. Wird eine Schank- und Speisewirtschaft gemeinsam mit einem Hotel oder einer Pension betrieben, muß trotz des baulichen Zusammenhangs die Zulässigkeit für beide Nutzungen jeweils gegeben sein[2]. Derartige zusammengehörige Betriebe sind daher in einem allgemeinen Wohngebiet im Ergebnis nur ausnahmsweise genehmigungsfähig. 1362

Abzugrenzen sind Schank- und Speisewirtschaften desweiteren von **Vergnügungsstätten** wie Bars[3], Video-Filmbars[4], Spielhallen und Spielsalons[5] sowie von Diskotheken oder sonstigen Tanzgaststätten und Tanzcafes[6], in denen zwar oftmals auch Speisen und Getränke angeboten werden, dies jedoch nicht im Vordergrund steht. Entscheidend ist dabei nicht der Name des Betriebs, sondern die tatsächliche Nutzung, die dem Betrieb sein Gepräge gibt. Unerheblich ist es daher, wenn in einer Schank- oder Speisewirtschaft – in den Grenzen von § 3 Abs. 1 Satz 1 SpielV (höchstens zwei Geräte) – Geldspielgeräte aufgestellt sind. Ebenfalls kann das Vorhandensein einer (einläufigen) Kegelbahn in einer Schank- und Speisewirtschaft unbedenklich sein[7], in keinem Fall jedoch ein Kegel- oder Bowlingcenter. Zulässig sein 1363

---

1 Vgl. OVG Münster v. 30.7.1999 – 10 B 961/99, BauR 2000, 80 = DVBl. 2000, 216.
2 Vgl. VGH Mannheim v. 17.4.1986 – 8 S 3239/85, BauR 1987, 50 = BRS 46 Nr. 43; OVG Münster v. 10.10.1996 – X A 1549/65, BRS 17 Nr. 23.
3 VGH Mannheim v. 11.12.1984 – 3 S 2507/84, BRS 44 Nr. 106.
4 OVG Koblenz v. 3.2.1982 – 2 A 76/81, NVwZ 1982, 450.
5 BVerwG v. 22.5.1987 – 4 N 4.86, BVerwGE 77, 308 = BauR 1987, 520 = BRS 47 Nr. 54 = DVBl. 1987, 1001 = DÖV 1987, 1010 = NVwZ 1987, 1072 = UPR 1987, 432 = ZfBR 1987, 249.
6 VGH Mannheim v. 18.10.1990 – 5 S 3063/89, NVwZ-RR 1991, 405; OVG Münster v. 21.2.1983 – 7 A 1118/81, BRS 40 Nr. 57.
7 BVerwG v. 29.10.1998 – 4 C 9.97, BauR 1999, 228 = BRS 60 Nr. 68 = DVBl. 1999, 244 = NVwZ 1999, 417 = ZfBR 1999 166; OVG Münster v. 11.10.1982 – 7 A 1446/

können auch ein oder zwei Billardtische[1], nicht jedoch ein Billardsalon oder ein Billardcafe, bei dem das Spielen gegenüber dem Verzehr von Speisen und Getränken im Vordergrund steht. Auch gelegentliche Tanzveranstaltungen in einer Gaststätte machen diese noch nicht zu einer in einem allgemeinen Wohngebiet unzulässigen Vergnügungsstätte[2].

1364 Unerheblich für die rechtliche Einordnung ist die Qualität des Warenangebotes und die jeweilige Form der Darreichung. Zulässig sind aus diesem Grunde nicht nur Restaurants, Pizzerien, Cafes, Bierlokale, Weinstuben u.ä. sondern auch **Schnellgaststätten** (Imbisse, Fastfoodrestaurants), auch wenn sie einen gesonderten Autoverkaufsschalter für einen zusätzlichen Verkauf an durchfahrende Kraftfahrer haben („Drive In"), sofern dieser untergeordneter Natur ist[3]. Entsprechend gilt in Fällen, in denen eine Speisegaststätte in beschränktem Umfang auch einen Lieferservice anbietet (z.B. ein „Pizza-Taxi")[4]. Unzulässig sind allerdings Betriebe, die Speisen und Getränke ausschließlich oder jedenfalls ganz überwiegend nur herstellen und ausfahren (z.B. Betriebe, die im wesentlichen nur von einem Telefonservice leben, also Speise und Getränke auf telefonische Anforderung hin ausliefern, wie etwa ein Pizza-Service ohne Gaststättenbetrieb) oder zur Abholung bereithalten, ohne daß in der Regel ein Verzehr an Ort und Stelle vorgesehen ist[5]. Unerheblich für die Einordnung als Schank- und Speisewirtschaft ist es, ob es sich um eine **Innen- oder Außengastronomie** handelt (Biergarten u.ä.), da dies für die planungsrechtliche Einordnung keinen Unterschied macht. Allerdings ergeben sich zusätzliche Anforderungen hinsichtlich der Nachbarschaftsverträglichkeit aus § 15 Abs. 1 BauNVO (Rdnr. 1217 ff.).

1365 Für das Erfordernis der **Gebietsversorgung** gelten dieselben Anforderungen wie bei Läden. Eine Gaststätte, bei der nach objektiver Betrachtung die angesprochene Zielgruppe zum großen Teil auf die Benutzung eines Kraftfahrzeugs angewiesen ist, dient nicht der Versorgung des Gebiets im Sinne von § 4 Abs. 2 Nr. 2 BauNVO (s. Rdnr. 1359 ff.)[6]. Es muß sich vielmehr um einen gebietsbezogenen „Versorgungsstützpunkt" handeln, der sich bei ty-

---

81, BRS 39 Nr. 65 = DÖV 1983, 561 = UPR 1983, 172; VGH Mannheim v. 3.2.1977 – III 1330/75, BRS 32 Nr. 31.
1 OVG Saarlouis v. 5.12.1995 – 2 R 2/95, BRS 57 Nr. 64 = UPR 1996, 319.
2 OVG Bautzen v. 13.7.1993 – 1 S 556/92, LKV 1994, 296 = NVwZ 1994, 919 = SächsVBl. 1994, 12; VGH Mannheim v. 17.8.1990 – 8 S 1458/90, BRS 50 Nr. 64 = NVwZ 1991, 277 = UPR 1991, 80 = ZfBR 1991, 187.
3 OVG Saarlouis v. 2.7.1992 – 2 R 27/90, BauR 1992, 739 = BRS 54 Nr. 44 = NVwZ-RR 1993, 460; OVG Saarlouis v. 25.1.1989 – 2 W 635/88, BRS 49 Nr. 56; OVG Münster v. 11.12.1979 – VII A 1940/77, BauR 1980, 155 = BRS 35 Nr. 34; vgl. auch VGH München v. 25.8.1997 – 2 ZB 97/00681, BRS 59 Nr. 66 = NVwZ-RR 1999, 226 = UPR 1998, 359 = ZfBR 1998, 267.
4 OVG Münster v. 2.3.2001 – 7 A 2432/99, BauR 2001, 1392.
5 VGH Mannheim v. 21.6.1994 – 5 S 1198/93, BauR 1995, 216 = BRS 56 Nr. 57.
6 BVerwG v. 3.9.1998 – 4 B 85.98, BauR 1999, 29 = BRS 60 Nr. 67 = DÖV 1999, 33 = NJW 1998, 3792 = UPR 1999, 72.

pisierender Betrachtung durch die in Aussicht genommene Zielgruppe ggf. auch ohne Kraftfahrzeuge erreichen läßt[1].

Beispiel: 1366

In einem allgemeinen Wohngebiet soll eine Pizzeria mit 20 bis 30 Sitzplätzen, einem kleinem zur Straße hin ausgerichteten „Biergarten" sowie einem Außerhaus-Lieferservice errichtet werden. Ein derartiges Vorhaben ist in einem typischen allgemeinen Wohngebiet zumeist zulässig. Auch ein Lieferservice ändert daran nichts, da es heute zum typischen Erscheinungsbild von Pizzerien gehört, daß diese zusätzlich zum Verzehr von Speisen vor Ort in gewissem Umfang das Speiseangebot auch ins Haus liefern.

Der mit Schank- und Speisewirtschaften vor allem bei gleichzeitiger Außengastronomie verbundene Lärm ist für die Nachbarn zwar oftmals lästig, jedoch gleichwohl grundsätzlich zu dulden. Dies bedeutet allerdings nicht, daß sämtliche **betriebsbedingten Immissionen** immer hingenommen werden müssen. Der Schutzanspruch eines allgemeinen Wohngebiets und auch § 15 Abs. 1 BauNVO sind in jedem Fall zu berücksichtigen. Dafür haben die in der TA Lärm geregelten Immissionsrichtwerte, vor allem der ab 22.00 Uhr zu wahrende Nachtwert, erhebliche Bedeutung. Allerdings ist bei der Anerkennung eines besonderen Ruhebedürfnisses in der Zeit zwischen 20.00 Uhr und 22.00 Uhr (Ziffer 6.5 der TA Lärm) Zurückhaltung geboten, da die Nutzung von Schank- und Speisewirtschaften gerade in dieser Zeit herkömmlich und sozialadäquat ist (vgl. zu diesem Gesichtspunkt Ziffer 3.2.2 der TA Lärm). Dies gilt auch für Anlagen der Außengastronomie. Bei Störungen, die möglicherweise das zumutbare Maß übersteigen könnten, sind anstelle einer Genehmigungsversagung oder die von Baugenehmigung einschränkenden Nebenbestimmungen auch ordnungsbehördliche Maßnahmen in Betracht zu ziehen, wie etwa die Anordnung von Halteverboten im Eingangsbereich. Dies ändert allerdings nichts daran, daß der Zu- und Abfahrtverkehr grundsätzlich dem Betrieb zuzurechnen ist, solange er noch nicht im allgemeinen Straßenverkehr untergegangen ist (vgl. Ziffer 7.4 der TA Lärm). 1367

(4) Nicht störende Handwerksbetriebe: Für die nicht störenden Handwerksbetriebe kann auf die Ausführungen zu den reinen Wohngebieten verwiesen werden, in denen diese Betriebe zumindest ausnahmsweise zulässig sind (Rdnr. 1342 ff.). Im Unterschied dazu müssen die Betriebe in einem allgemeinen Wohngebiet nicht der Deckung des täglichen Bedarfs sondern nur der Gebietsversorgung dienen (dazu Rdnr. 1359). Überdies ist die Störanfälligkeit des Baugebiets etwas niedriger (zu dem Begriff „störend" im Zusammenhang mit den ausnahmsweise zulässigen störenden Gewerbebetrieben, zu denen die Handwerksbetriebe nur einen Unterfall darstellen, Rdnr. 1378 ff.). Dementsprechend kann auch in angemessenem Umfang ein Auslieferverkehr an Kunden außerhalb des Baugebiets zulässig sein[2]. Zusätzlich 1368

---
1 OVG Münster v. 2.3.2001, 7 A 2432/99, BauR 2001, 1392.
2 VGH Mannheim v. 19.10.1999 – 5 S 1824/99, BauR 2000, 698 = NVwZ-RR 2000, 698 zu einer Bäckerei mit einem Auslieferungsanteil von 30%.

kommen neben den für die reinen Wohngebiete genannten Handwerksbetrieben insbesondere bei größeren Baugebieten etwa Dachdecker, Elektroinstallateure, Klempner oder Maler in Betracht, nicht hingegen in der Regel etwa Tischlereien, Schlossereien, steinbearbeitende Betriebe, KfZ-Reparaturwerkstätten u.ä., denen es zumeist an dem erforderlichen Gebietsbezug fehlt oder die jedenfalls als störend anzusehen sind[1].

1369 **(5) Anlagen für kirchliche, kulturelle, soziale, gesundheitliche und sportliche Zwecke**: Diese Anlagen sind in allgemeinen Wohngebieten unbeschränkt zulässig, ohne daß sie den Bedürfnissen der Bewohner des Gebiets dienen müssen, wie dies bei den entsprechenden Anlagen in reinen Wohngebieten der Fall ist, in denen sie nur ausnahmsweise zulässig sind. Lediglich bei den Anlagen für soziale Zwecke bedarf es dort keines Gebietsbezugs (s. Rdnr. 1349). Es muß sich bei den in § 4 Abs. 2 Nr. 3 BauNVO genannten Nutzungen durchgängig um **Gemeinbedarfseinrichtungen** im Sinne von § 5 Abs. 2 Nr. 2 BauGB und § 9 Abs. 1 Nr. 5 BauGB handeln (Rdnr. 141 und Rdnr. 260 ff.). Auf die Rechtsform des Trägers kommt es dabei nicht entscheidend an. Jedoch ist auch bei einem privaten Rechtsträger erforderlich, daß eine öffentliche Aufgabe erfüllt wird, bei der ein privates Gewinnstreben deutlich zurücktritt[2]. Dies ist etwa bei einer Arztpraxis nicht der Fall, obgleich man sie umgangssprachlich durchaus als Anlage für gesundheitliche Zwecke verstehen kann.

1370 Die allgemeine Zulässigkeit der Nutzungen nach § 4 Abs. 2 Nr. 3 BauGB ändert jedoch nichts daran, daß sie gebietsverträglich sein müssen[3]. Dies kann insbesondere bei Anlagen für sportliche Zwecke problematisch sein (Rdnr. 1375).

1371 Die zulässigen **Anlagen für soziale Zwecke** decken sich mit den entsprechenden Einrichtungen in einem reinen Wohngebiet (Rdnr. 1349). Der Begriff „soziale Zwecke" ist dabei prinzipiell weit zu fassen. Er umfaßt im wesentlichen solche Nutzungen, die unmittelbar auf Hilfe, Unterstützung, Betreuung, Beaufsichtigung u.ä. fürsorgerische Maßnahmen ausgerichtet sind[4]. Die Wohngebietstypik und Gebietsverträglichkeit derartiger Anlagen ist in der Regel dann gegeben, wenn in dem Baugebiet ein Bedürfnis für eine solche Anlage besteht. Ist das nicht der Fall, führt dies zwar wegen der

---

1 S. im einzelnen etwa die Beispiele bei Fickert/Fieseler, § 4 Rdnr. 4.4 und § 2 Rdnr. 15; Jäde in Jäde/Dirnberger/Weiß, § 4 BauNVO Rdnr. 15.
2 BVerwG v. 12.12.1996 – 4 C 17.95, BVerwGE 102, 351 = BauR 1997, 440 = BRS 58 Nr. 59 = DVBl. 1997, 568 = DÖV 1997, 476 = NVwZ 1997, 902 = UPR 1997, 152 = ZfBR 1997, 157; OVG Weimar v. 20.11.2002 – 1 KO 817/01, UPR 2003, 451; OVG Münster v. 3.6.1997 – 10 B 941/97, BauR 1998, 307 = BRS 59 Nr. 65 = NVwZ-RR 1998, 621; großzügiger etwa Stock in König/Roeser/Stock, § 4 Rdnr. 45.
3 BVerwG v. 2.7.1991 – 4 B 1.91, BauR 1991, 569 = BRS 52 Nr. 64 = DVBl. 1991, 1160 = DÖV 1992, 76 = NVwZ 1991, 982 = UPR 1991, 389.
4 Stock in König/Roeser/Stock, § 4 Rdnr. 51; Fickert/Fieseler, § 3 Rdnr. 19.63.

grundsätzlich unbeschränkten Zulässigkeit nicht dazu, daß ein solches Vorhaben nicht genehmigungsfähig ist, jedoch unterliegt die Gebietsverträglichkeit vor allem wegen des Zu- und Abfahrtverkehrs erhöhten Bedenken. Dies gilt namentlich dann, wenn es sich ohnehin um eine Nutzung handelt, die erfahrungsgemäß eher immissionsträchtig ist (z.B. ein größerer und von seinem Einzugsbereich her baugebietsüberschreitender Jugendclub)[1]. Zulässig sind danach etwa Gemeinschaftsunterkünfte und Wohnheime (Aussiedler- oder Asylbewerberheime, Altenpflegeheime und Heime für geistig Behinderte, sofern nicht ohnehin der Wohncharakter im Vordergrund steht, vgl. Rdnr. 1316 ff.), Kindergärten und Kindertagesstätten, Jugendheime, Altenbegegnungs- und Altenbetreuungsstätten u.ä., nicht jedoch ein Tierheim oder Tierasyl[2].

Zu den **Anlagen für kirchliche Zwecke** zählen die dem Gottesdienst und der Seelsorge gewidmeten baulichen Anlagen der Kirchen und Religionsgemeinschaften unabhängig von deren Rechtsform[3]. Darunter fallen nicht nur Kirchen, Kapellen, Gebetsäle, Moscheen u.ä., sondern auch spezielle Schulen für religiösen Unterricht (z.B. eine Koranschule)[4], Hochschulen für die Ausbildung von Geistlichen, Gemeindezentren, Klöster, in kirchlicher Trägerschaft geführte Kindergärten, Schulen, Begegnungsstätten u.ä[5]. Der Zweckbestimmung eines allgemeinen Wohngebiets widerspricht es dabei zwar, wenn es um Anlagen geht, die einen erheblichen und für das Baugebiet untypischen Zu- und Abgangsverkehr auslösen. Unschädlich sind jedoch die grundsätzlich als sozialadäquat hinzunehmenden Begleiterscheinungen, wie etwa das **liturgische Glockenläuten** im herkömmlichen Rahmen, wobei allerdings grundsätzlich die Anforderungen der maßgeblichen technischen Regelwerke (insbesondere TA Lärm, Rdnr. 725 ff.) zu wahren sind[6]. Nicht zu den Anlagen für kirchliche Zwecke gehört ein privates Bestattungsinstitut mit Feierhalle, da dabei die Erfüllung einer öffentlichen Aufgabe hinter das private Gewinnstreben zurücktritt (vgl. Rdnr. 1369)[7].

1372

---

1 Vgl. Stock in König/Roeser/Stock, § 4 Rdnr. 55.
2 VGH Mannheim v. 16.12.1994 – 8 S 3216/94, BauR 1995, 215 = BRS 56 Nr. 56 = UPR 1995, 118 = ZfBR 1995, 224.
3 BVerwG v. 26.4.1993 – 4 B 31.93, BRS 55 Nr. 101 = DÖV 1993, 917 = NVwZ 1994, 282 = UPR 1993, 304 = ZfBR 1994, 48.
4 BVerwG v. 27.2.1992 – 4 C 50.89, BauR 1992, 491 = BRS 54 Nr. 193 = DÖV 1992, 708 = NJW 1992, 2170.
5 Vgl. VG Berlin v. 5.6.1999 – 19 A 165/99, LKV 2000, 266 (zum Neubau der Apostolischen Nuntiatur Berlin).
6 S. dazu insbesondere BVerwG v. 2.9.1996 – 4 B 152.96, BauR 1996, 819 = BRS 58 Nr. 57 = NVwZ 1997, 390 = UPR 1997, 39 = ZfBR 1997, 166; BVerwG v. 30.4.1992 – 7 C 25.91, BauR 1993, 328 = BRS 54 Nr. 188; BVerwG v. 27.2.1992 – 4 C 50/89, BauR 1992, 491 = BRS 54 Nr. 193 = DÖV 1992, 708 = NJW 1992, 2170.
7 OVG Münster v. 3.6.1997 – 10 B 941/97, BauR 1998, 307 = BRS 59 Nr. 65 = NVwZ-RR 1998, 621.

1373 Zu den **Anlagen für kulturelle Zwecke** sind Einrichtungen aus den Bereichen Bildung, Wissenschaft, Kunst und Kultur zu rechnen, wie etwa Bibliotheken, Forschungseinrichtungen, Volkshochschulen, Vortragsräume und Konzertsäle, Theater- und Opernhäuser, Kleinkunstbühnen u.s.w. Dazu können im Einzelfall auch (kleine) Kinos (in der Regel sog. Programmkinos) zählen, wenn bei ihnen von der Ausgestaltung und vor allem von der Filmauswahl her der kulturelle Aspekt und nicht das private Gewinnstreben und der Charakter als Vergnügungsstätte im Vordergrund stehen (vgl. Rdnr. 1431, zur Trägerschaft kultureller Einrichtungen oben Rdnr. 1369).

1374 **Anlagen für gesundheitliche Zwecke** liegen vor, wenn sie dem Schutz, der Pflege, Erhaltung und Wiederherstellung der Gesundheit dienen. Dazu zählen etwa Krankenhäuser, Kliniken, Sanatorien, Bäder, Kurheime sowie Heil- und Pflegeanstalten. Nicht darunter fallen Sport- oder Fitneßcenter, Gymnastikcenter u.ä., die zwar aufgrund der damit angestrebten Leibesertüchtigung (mittelbar) auch gesundheitliche Zwecke verfolgen, bei denen jedoch die aktive Betätigung und der sportliche Charakter im Vordergrund stehen und bei denen es sich in aller Regel auch nicht um Gemeinbedarfseinrichtungen handelt (vgl. Rdnr. 1369). Die freiberufliche Tätigkeit von Ärzten oder Zahnärzten fällt ausschließlich unter § 13 BauNVO (s. Rdnr. 1243)[1].

1375 Zu den **Anlagen für sportliche Zwecke** gehören offene und geschlossene Anlagen wie Fußballplätze, Tennisplätze, Schwimmbäder, Sport-, Fitneß- und Gymnastikhallen (s. im einzelnen bereits Rdnr. 1352). Die Anlagen dürfen nicht der allgemeinen Zweckbestimmung des Wohngebiets widersprechen und müssen daher nach Art und Umfang gebietstypisch sein, was vor allem dann problematisch sein kann, wenn der Einzugsbereich der betreffenden Anlage die Grenzen des Baugebiets überschreitet[2]. Für die Frage der Erheblichkeit von Sportlärm ist insbesondere die 18. BImSchV (Rdnr. 728) von Bedeutung. Allerdings fallen etwa die in der Praxis vielfach problematischen Bolzplätze nach der Rechtsprechung nicht unter diese Verordnung. Sie kann daher allenfalls wertungsmäßig herangezogen werden[3]. Ebenfalls kann die Freizeitlärmrichtlinie (Rdnr. 731) zumindest als Richtschnur für die Zumutbarkeit der Geräuschimmissionen zu Grunde gelegt werden.

---

1 BVerwG v. 12.12.1996 – 4 C 17.95, BVerwGE 102, 351 = BauR 1997, 440 = BRS 58 Nr. 59 = DVBl. 1997, 568 = DÖV 1997, 376 = NVwZ 1997, 902 = UPR 1997, 152 = ZfBR 1997, 157.
2 BVerwG v. 2.7.1991 – 4 B 1.91, BauR 1991, 569 = BRS 52 Nr. 64 = DVBl. 1991, 1160 = DÖV 1992, 76 = NVwZ 1991, 982 = UPR 1991, 389.
3 OVG Lüneburg v. 25.3.1996 – 6 L 5539/94, BRS 58 Nr. 165; OVG Berlin v. 22.4.1993 – 2 B 6/91, BauR 1994, 346 = BRS 55 Nr. 179 = NVwZ-RR 1994, 141.

c) Nebenanlagen

Stellplätze und Garagen sind gemäß § 12 BauNVO nur für den durch die zugelassene Nutzung verursachten Bedarf zulässig. Unzulässig sind sie für Kraftfahrzeuge mit einem Eigengewicht über 3,5 t und deren Anhänger (s. Rdnr. 1331 zu den reinen Wohngebieten). Hinsichtlich der zulässigen **Räume für freie Berufe** gemäß § 13 BauNVO gelten sinngemäß die Ausführungen zu den reinen Wohngebieten (Rdnr. 1334), wobei allerdings die gebietsspezifische Störungsempfindlichkeit etwas niedriger liegt. Entsprechendes gilt für die Nebenanlagen nach § 14 BauNVO (dazu Rdnr. 1335). Zulässig können danach insbesondere Kinderspielplätze, Anlagen für die Tierhaltung (in wohngebietstypischem Umfang), Schuppen, Schwimmbäder, kleinere Antennenanlagen[1] (zu in der Regel größeren Mobilfunksendeanlagen s. Rdnr. 1261) u.ä. sein.

1376

d) Ausnahmsweise zulässige Vorhaben im allgemeinen Wohngebiet

(1) Betriebe des Beherbergungsgewerbes: Im Gegensatz zu reinen Wohngebieten sind auch größere Betriebe zulässig, sofern von ihnen keine unzumutbaren Belästigungen oder Störungen für die Umgebung ausgehen. Dies kann bei Betrieben der Fall sein, die zwar größer als kleine Betriebe des Beherbergungsgewerbes im Sinne von § 3 Abs. 3 Nr. 1 BauNVO, aber noch keine Großhotels sind. Dabei ist zum einen die Bettenzahl entscheidend, zum anderen aber auch die Ausgestaltung der sonstigen Einrichtungen, die geeignet sind, Unruhe in ein Wohngebiet hineinzutragen (Konferenz- und Banketträume u.ä.). Ohnehin ist zu beachten, daß für gastronomische Einrichtungen, die in den Beherbergungsbetrieb integriert sind, die Versorgungsklausel des § 4 Abs. 2 Nr. 2 BauNVO gilt (Rdnr. 1362 ff.)[2].

1377

(2) Sonstige nicht störende Gewerbebetriebe: Diese Betriebe stehen nicht in einem inhaltlichen Gegensatz zu den Läden, Schank- und Speisewirtschaften und Handwerksbetrieben nach § 4 Abs. 2 Nr. 2 BauNVO. Vielmehr können auch diese unter den Ausnahmetatbestand des § 4 Abs. 3 BauNVO fallen, wenn sie im konkreten Fall nicht allgemein zulässig sind, etwa weil sie nicht der Gebietsversorgung dienen. Nicht unter § 4 Abs. 3 Nr. 2 BauNVO fallen jedoch diejenigen Gewerbebetriebe (zum Begriff Rdnr. 1530), deren ausnahmsweise Zulässigkeit bereits unter den anderen Nummern des Absatzes 3 gesondert geregelt ist (Betriebe des Beherbergungsgewerbes, Anlagen für Verwaltungen, Gartenbaubetriebe, Tankstellen). Ebenfalls scheiden solche Betriebe aus, die in der Baunutzungsverordnung anderweitig speziell und abschließend geregelt sind. Dies gilt insbesondere für Vergnügungsstätten (s. Rdnr. 1431 ff.).

1378

---

1 OVG Münster v. 27.7.2000 – 7 A 3558/96, BauR 2001, 232.
2 OVG Berlin v. 26.2.1993 – 2 S 1/93, BRS 55 Nr. 161 = NVwZ-RR 1993, 458.

1379 Die sonstigen nichtstörenden Gewerbebetriebe müssen **nicht der Gebietsversorgung** dienen oder dem Gebiet funktionell zugeordnet sein[1]. Allerdings kann der baugebietsüberschreitende Einzugsbereich eines Gewerbebetriebs ein Indiz für dessen störenden Charakter sein.

1380 Die Baunutzungsverordnung unterscheidet hinsichtlich der Störungsintensität graduell zwischen den nichtstörenden Gewerbebetrieben in den Wohngebieten nach den §§ 2 bis 4 BauNVO, den nicht wesentlich störenden Gewerbebetrieben in den Gebieten nach den §§ 5 bis 7 BauNVO und den nicht erheblich belästigenden Gewerbebetrieben in Gewerbegebieten (§ 8 BauNVO). Diese Differenzierung trägt der jeweils unterschiedlichen Störungsempfindlichkeit der einzelnen Baugebiete Rechnung. Nichtstörende Gewerbebetriebe, die in einem allgemeinen Wohngebiet ausnahmsweise zugelassen werden können, sind diejenigen Betriebe, die die für ein Wohngebiet typische Wohnruhe einhalten. Sie müssen mit der Wohnnutzung vereinbar, also **gebietsverträglich** sein. Auch wenn § 15 Abs. 3 BauNVO besagt, daß für die Zulässigkeit von Anlagen in den einzelnen Baugebieten nicht allein die verfahrensrechtliche Einordnung nach dem Bundesimmissionsschutzgesetz und der 4. BImSchV maßgeblich ist, kommt dieser gleichwohl eine erhebliche Indizwirkung zu. Gewissermaßen als „Faustformel" kann man sagen, daß Gewerbebetriebe, die einer **Genehmigung nach dem Bundes-Immissionsschutzgesetz** bedürfen, nicht in ein allgemeines Wohngebiet gehören. Diese Überlegung beruht im wesentlichen darauf, daß für die Frage nach der Zulassungsfähigkeit grundsätzlich von einer **typisierenden Betrachtungsweise** auszugehen ist. Entscheidend ist, ob der konkrete Betrieb seiner Art nach erfahrungsgemäß geeignet ist, das Wohnen nicht wesentlich zu stören (zu weiteren Einzelheiten der Typisierung Rdnr. 1487 im Zusammenhang mit Mischgebieten nach § 6 BauNVO). Für die Beantwortung dieser Frage bieten vor allem die TA Lärm oder auch der Abstandserlaß des Landes Nordrhein-Westfalen (Rdnr. 724) weitere Anhaltspunkte. Allerdings reicht es nicht aus, wenn die in der TA Lärm für ein allgemeines Wohngebiet festgelegten Immissionsrichtwerte eingehalten werden, da für eine wohngebietsuntypische Unruhe nicht nur der auf dieser Grundlage ermittelte Lärm maßgeblich ist. Entscheidend sind vielmehr auch die allgemeinen Begleitumstände der betrieblichen Betätigung, wie etwa die Zeitpunkte, zu denen der Lärm entsteht, Art und Umfang des Zu- und Abfahrtverkehrs u.ä.[2]. Bewertungsmaßstab sind dabei das festgesetzte allgemeine Wohngebiet mit seiner allgemeinen Zweckbestimmung nach § 4 Abs. 1 BauGB und die dort zugelassene Bandbreite an Nutzungen

---

1 OVG Münster v. 25.2.2003 – 10 B 2417/02, BauR 2003, 1011 = NVwZ-RR 2003, 637; OVG Berlin v. 12.3.1997 – 2 S 20/96, BRS 59 Nr. 63 = DÖV 1997, 552 = UPR 1998, 33; a.A. Ficker/Fieseler, § 4 Rdnr. 9.4.
2 S. etwa BVerwG v. 9.10.1990 – 4 B 121.90, BauR 1991, 49 = BRS 50 Nr. 58 = DÖV 1991, 111 = NVwZ 1991, 267 = UPR 1991, 73 = ZfBR 1991, 38; BVerwG v. 4.7.1980 – IV C 101.77, BauR 1980, 446 = BRS 36 Nr. 59 = DÖV 1980, 919 = NJW 1981, 139.

(§ 4 Abs. 2 BauGB) sowie die sich daraus ergebende Baugebietscharakteristik[1]. Ein Betrieb, der diesen Maßstab einhält, ist gebietsverträglich. Die besonderen Umstände, die sich aus den konkreten Verhältnissen in der näheren Umgebung ergeben (insbesondere die tatsächlich vorhandene Bebauung), können jedoch im Rahmen der Prüfung nach § 15 Abs. 1 BauNVO (Rdnr. 1217 ff.) bzw. bei der Ermessensausübung nach § 31 Abs. 1 BauGB anläßlich der Ausnahmeerteilung (Rdnr. 1698 ff.) Bedeutung erlangen.

Im weiteren wäre es auch verkürzt, den Begriff „störend" auf **Geräusch- oder auch Geruchsimmissionen** zu beschränken. Es kommt vielmehr über die Immissionen im Sinne des Bundes-Immissionsschutzgesetzes hinaus beispielsweise auch auf die **optischen Auswirkungen** eines Vorhabens an. Auch diese können den Gebietscharakter eines Wohngebiets stören. Ein Vorhaben kann also allein durch seine optische Erscheinung gebietswidrig „laut" wie die Erzeugung von Geräuschen sein[2]. 1381

Beispiel: 1382

In einem allgemeinen Wohngebiet soll eine Mobilfunksendeanlage errichtet werden. Diese kann zwar immissionsschutzrechtlich unbedenklich sein, gleichwohl jedoch aufgrund ihrer Lage oder Höhe in optischer Hinsicht störend und atypisch wirken und aus diesem Grunde gebietsunverträglich sein.

Andererseits bietet das Kriterium „störend" keinen Ansatzpunkt für einen „Milieuschutz" der Anwohner vor subjektiv unerwünschten Anblicken. 1383

Beispiel: 1384

Ein Bestattungsinstitut mit Trauerhalle kann in einem allgemeinen Wohngebiet zulässig sein[3].

Zu den in der Regel als **störend** anzusehenden Gewerbebetrieben gehören vor allem Kraftfahrzeugreparaturwerkstätten[4], (größere) Autohandelsbetriebe[5], größere Garagenbetriebe und Garagenhöfe[6], Schreinereien, Tischlereien, 1385

---

1 BVerwG v. 21.3.2002 – 4 C 1.02, BVerwGE 116, 155 = BauR 2002, 1497 = DVBl. 2002, 1421 = NVwZ 2002, 118 = UPR 2002, 446.
2 BVerwG v. 21.3.2002 – 4 C 1.02, BVerwGE 116, 155 = BauR 2002, 1497 = DVBl. 2002, 1421 = NVwZ 2002, 118 = UPR 2002, 446; OVG Berlin v. 15.8.2003 – 2 B 18/01, BauR 2004, 796; OVG Münster v. 25.2.2003 – 10 B 2417/02, BauR 2003, 1011 = NVwZ-RR 2003, 637; einschränkend allerdings OVG Münster v. 9.1.2004 – 7 B 2482/03, BauR 2004, 792.
3 OVG Weimar v. 20.11.2002 1 KO 817/01, UPR 2003, 451.
4 BVerwG v. 11.4.1975 – IV B 37.75, BauR 1975, 396 = BRS 29 Nr. 27; s. allerdings auch zu einem atypischen Kleinbetrieb OVG Berlin v. 20.9.1985 – 2 B 128/83, NVwZ 1986, 678.
5 OVG Berlin v. 15.8.2003 – 2 B 18/01, BauR 2004, 796.
6 OVG Münster v. 31.7.1990 – 11 A 1350/88, UPR 1991, 80 = ZfBR 1991, 42; OVG Berlin v. 28.4.1967 – II B 50.66, BRS 18 Nr. 17.

Schlossereien[1], Steinmetzwerkstätten u.ä.[2], Fuhrunternehmen[3], Speditionen und deren Abstell- und Waschplätze für Lastkraftwagen[4], allgemeine Autowaschanlagen[5], (größere) Lager- und Ausstellungsgebäude, Lagerplätze (z.B. für Baustoffe)[6], Tierzuchtbetriebe (z.B. eine Dackelzucht)[7], Bordelle und Wohnungsprostitution[8].

1386 Dagegen können etwa Anlagen der Außenwerbung, Bestattungsinstitute[9], Betriebe der Softwareproduktion oder sonstiger Informationstechnologien[10] u.ä. zulässig sein, wenngleich gerade im Dienstleistungssektor aufgrund der vielfältigen Ausgestaltungsformen der jeweilige Betriebszuschnitt von ganz entscheidender Bedeutung ist.

1387 Die auf Erfahrungswerten beruhende typisierende Betrachtung von Gewerbebetrieben findet ihre Grenze bei Betrieben, die aus dem Rahmen fallen. In **atypischen Fällen** können Betriebe, die in der Regel die Wohnruhe stören und daher auch nicht ausnahmsweise zulässig sind, gleichwohl zulässig sein. Dafür sind von Bedeutung die Struktur und Arbeitsweise des Betriebs, die Zahl der Mitarbeiter, der zu erwartende Zu- und Abgangsverkehr sowie die sonstige – nicht ohne weiteres faßbare – Unruhe, die ein Betrieb in die Umgebung bringen kann[11]. Eine solche Atypik kann etwa bei einem **Einmannbetrieb** oder bei einem Nebenerwerbsbetrieb vorliegen und zu dessen Zulässigkeit im konkreten Einzelfall führen. Die bei typisierender Betrachtung zu erwartenden Störungen müssen allerdings **zuverlässig und auf Dauer** ausgeschlossen sein. Ansonsten liegt kein atypischer Fall vor. Dies ist

---

1 S. etwa BVerwG v. 7.5.1971 – IV C 76.68, BauR 1971, 182 = BRS 24 Nr. 15 = DÖV 1971, 633 = NJW 1971, 1626; OVG Münster v. 6.10.1966 – VII A 603/66, BRS 17 Nr. 22.
2 VGH München v. 29.3.1976 – Nr. 23 XIV 73, BRS 30 Nr. 28.
3 OVG Saarlouis v. 25.5.1973 – II R 16/73, BRS 27 Nr. 108.
4 VGH Mannheim v. 29.9.1982 – 3 S 71/82, BRS 39 Nr. 61; OVG Münster v. 6.2.1964 – VII A 644/63, BRS 15 Nr. 23.
5 OVG Berlin v. 21.8.1984 – 2 B 138/82, BRS 42 Nr. 43.
6 OVG Münster v. 21.3.1995 – 11 A 1089/91, BauR 1995, 814 = BRS 57 Nr. 68 = NVwZ 1996, 921 = UPR 1996, 79.
7 OVG Lüneburg v. 29.4.1992 – 6 L 129/90, BauR 1993, 54 = BRS 54 Nr. 45 = NVwZ-RR 1993, 398 = UPR 1993, 40.
8 BVerwG v. 28.6.1995 – 4 B 137.95, BauR 1996, 78 = BRS 57 Nr. 69 = NVwZ-RR 1996, 84 = UPR 1995, 397 = ZfBR 1995, 331; OVG Koblenz v. 15.1.2004 – 8 B 11983/03, BauR 2004, 644; OVG Berlin v. 9.4.2003 – 2 S 5.03, UPR 2003, 394; ausführlich zur Wohnungsprostitution Fickert/Fieseler, § 4 Rdnr. 9.5 ff.
9 OVG Münster v. 3.6.1997 – 10 B 941/97, BauR 1998, 307 = BRS 59 Nr. 65 = NVwZ-RR 1998, 621.
10 OVG Lüneburg v. 14.9.1993 – 1 L 35/91, BRS 55 Nr. 145 = NVwZ-RR, 1994, 487; OVG Berlin v. 12.3.1997 – 2 S 20/96, BRS 59 Nr. 63 = DÖV 1997, 552 = UPR 1998, 33.
11 S. etwa BVerwG v. 9.10.1990 – 4 B 121.90, BauR 1991, 49 = BRS 50 Nr. 58 = DÖV 1991, 111 = NVwZ 1991, 267 = UPR 1991, 73 = ZfBR 1991, 38; BVerwG v. 4.7.1980 – IV C 101.77, BauR 1980, 446 = BRS 36 Nr. 59 = DÖV 1980, 919 = NJW 1981, 139.

insbesondere dann zu verneinen, wenn es sich um einen „normalen" Betrieb handelt, der jedoch in ein betriebsfremdes Korsett gezwängt wird, das an sich durch den Betreiber gar nicht gewollt ist und dessen Einhaltung in der Praxis auch kaum kontrollierbar ist. Man spricht insofern von einer **„maßgeschneiderten Baugenehmigung"**, durch die jedoch planungsrechtliche Versagungsgründe nicht ausgeräumt werden können[1].

Beispiel: 1388

Der Eigentümer eines in einem allgemeinen Wohngebiet gelegenen Grundstücks möchte dort eine Schreinerei mit mehreren Mitarbeitern einrichten. Um die Richtwerte der TA Lärm einhalten zu können, wird durch ein von ihm eingeschaltetes schalltechnisches Büro ein Betriebskonzept entwickelt, das vorsieht, daß Anlieferungsverkehr nur in der Zeit von 9.00 Uhr bis 11.00 Uhr und von 15.00 Uhr bis 16.30 Uhr stattfinden darf, die lärmintensiven Geräte (Kreissäge u.s.w.) maximal vier Stunden am Tag (außerhalb der Nacht- und Ruhezeiten) betrieben werden dürfen und daß sämtliche Türen und Fenster des Betriebs ständig geschlossen gehalten werden müssen. Mit diesen Maßgaben seien dann die einschlägigen Lärmrichtwerte (gerade noch) einhaltbar.

Ein auf dieser Grundlage gestellter Bauantrag ist gleichwohl nicht genehmigungsfähig, weil derartige Einschränkungen an sich weder gewollt noch betriebstypisch sind. Sie sind daher in der Regel nicht geeignet, auf lange Sicht die Konflikte zwischen Gewerbe und Wohnen zu bewältigen. 1389

(3) Anlagen für Verwaltungen: Es handelt sich hierbei um einen städtebaulichen **Sammelbegriff**, unter den alle Anlagen im Zusammenhang mit verwaltender Tätigkeit fallen, die **selbständig** genutzt werden. Unselbständige Anlagen für Verwaltungen richten sich hinsichtlich ihrer Zulässigkeit nach der jeweiligen Hauptanlage. Unerheblich ist es, ob es sich um **öffentliche oder private** Verwaltungen handelt. 1390

Unter den Ausnahmetatbestand fallen beispielsweise kleinere Anlagen der öffentlichen Verwaltung wie etwa Polizeidienststellen, Feuerwachen oder Gemeindeämter (z.B. Sozialamt, Einwohnermeldeamt oder deren Außenstellen). Aus dem privaten Bereich kommen Verwaltungen oder auch Zweigstellen von Banken, Sparkassen, Versicherungen, Krankenkassen u.ä. in Betracht, wobei die Abgrenzung zu (nichtstörenden) Gewerbebetrieben fließend sein kann. 1391

In Betracht kommen **nur kleinere Anlagen**. Für größere Gebäude der Verwaltung sind Mischgebiete, Kerngebiete, Gewerbegebiete oder auch besonders ausgewiesene Flächen für den Gemeinbedarf (§ 9 Abs. 1 Nr. 5 BauGB, Rdnr. 260 ff.) vorgesehen. Von der Ausnahmemöglichkeit ist daher – dem Charakter des Gebiets entsprechend – eher zurückhaltend Gebrauch zu machen. Insbesondere kann allein der Umstand, daß etwa der Kommunalver-

---

1 S. etwa OVG Münster v. 21.3.1995 – 11 A 1089/91, BauR 1995, 814 = BRS 57 Nr. 68 = NVwZ 1996, 921.

waltung ein günstiges Baugrundstück zur Verfügung steht, die Erteilung einer Ausnahme nicht rechtfertigen. Ebenso wie bei den nicht störenden Gewerbebetrieben muß sichergestellt sein, daß es sich um eine gebietsverträgliche Nutzung handelt, die nicht zu gebietsunüblichen Störungen führt. Auch hier kommt es nicht entscheidend allein darauf an, ob immissionsschutzrechtlich unzumutbare Auswirkungen auftreten. Entscheidend ist vorrangig vielmehr, ob das betreffende Vorhaben aufgrund seines Umfangs, Einzugsbereichs und Zu- und Abgangs Störungen auslöst, die zu einer für ein allgemeines Wohngebiet unzulässigen „Unruhe" führen[1].

1392 **(4) Gartenbaubetriebe** (zum Begriff Rdnr. 1403 ff. im Zusammenhang mit Kleinsiedlungsgebieten, in denen Gartenbaubetriebe allgemein zulässig sind) können in allgemeinen Wohngebieten ausnahmsweise zugelassen werden. Die Ermessensentscheidung muß sich dabei nach der Größe des Betriebs und der baulichen Nutzung der umgebenden Grundstücke richten. Zulassungsfähig sind in der Regel nur Betriebe mit kleiner Betriebsfläche (z.B. kleine Gärtnereien mit Gewächshäusern u.ä.[2].

1393 **(5) Tankstellen**: Tankstellen sind in allgemeinen Wohngebieten ebenfalls nur ausnahmsweise zulässig. Die Genehmigungsfähigkeit hängt entscheidend von Standort, Größe, Ausstattung und Anordnung der Anlage ab. Bei einem lärmvorbelasteten Gebiet ist eine Tankstelle an einer stark befahrenen Straße eher nachbarschaftsverträglich und damit genehmigungsfähig als inmitten eines kaum lärmmäßig vorbelasteten Gebiets. Im Einzelfall kommen zur Sicherstellung der Nachbarschaftsverträglichkeit Beschränkungen des Betriebsumfangs und der Betriebszeiten in Betracht[3]. Großtankstellen mit vielen Zapfsäulen und einem umfangreichen Nebenangebot (Reparaturleistungen u.ä.) scheiden in aller Regel aus, zumal sich dann ohnehin oftmals die Frage stellt, ob nicht ein störender Gewerbebetrieb (Rdnr. 1385) vorliegt. Allerdings sind tankstellentypische Nebenangebote in kleinerem Umfang möglich, wie etwa Wagenwäsche, Wagenpflege und kleine Einkaufsmöglichkeiten für den Reisebedarf („kleiner Kundendienst")[4].

---

1 BVerwG v. 21.3.2002 – 4 C 1.02, BVerwGE 116, 155 = BauR 2002, 1497 = DVBl. 2002, 1421 = NVwZ 2002, 1418 = UPR 2002, 446.
2 BVerwG v. 15.7.1996 – 4 NB 23.96, BauR 1996, 816 = BRS 58 Nr. 61 = DÖV 1997, 31 = NVwZ-RR 1997, 9 = UPR 1996, 392 = ZfBR 1996, 341.
3 OVG Berlin v. 21.11.1989 – 2 S 17/89, LKV 1991, 42 = NVwZ-RR 1991, 6 = UPR 1990, 449.
4 Dazu z.B. OVG Münster v. 14.3.1996 – 7 A 3703/92, BauR 1996, 682 = BRS 58 Nr. 64 = NVwZ-RR 1997, 16; OVG Bremen v. 24.3.1981 – 1 BA 52/80, BRS 38 Nr. 65; VGH Mannheim v. 19.3.1975 – III ZR 326/74, BRS 29 Nr. 25.

3. Kleinsiedlungsgebiete (WS, § 2 BauNVO)

a) Gebietscharakter und Nutzungsmöglichkeiten

Kleinsiedlungsgebiete dienen vorwiegend der Unterbringung von Kleinsiedlungen einschließlich Wohngebäuden mit entsprechenden Nutzgärten und landwirtschaftlichen Nebenerwerbsstellen (§ 2 Abs. 1 BauNVO). 1394

Obergrenze des Maßes der baulichen Nutzung (§ 17 Abs. 1 BauNVO): Grundflächenzahl (GRZ) 0,2; Geschoßflächenzahl (GFZ) 0,4. 1395

Die Ausweisung von Kleinsiedlungsgebieten setzt Siedler voraus, die auf ihren Grundstücken nicht nur wohnen, sondern durch eine eigene gartenbaumäßige Nutzung zusätzlich auch Einkünfte erzielen wollen. Die Entwicklung in den letzten Jahren hat allerdings gezeigt, daß die Bereitschaft zur Übernahme einer Siedlungsstelle sehr deutlich nachgelassen hat, so daß heute in neuen Bebauungsplänen nur noch selten Kleinsiedlungsgebiete festgesetzt und bestehende Kleinsiedlungsgebiete oftmals wie (allgemeine) Wohngebiete genutzt werden. 1396

Kleinsiedlungsgebiete sind ein **Wohngebiet eigener Art** mit einer aufgelockerten Wohnbebauung und einer damit verbundenen gartenbaulich geprägten Selbstversorgung und Nebenerwerbslandwirtschaft. Geschoßwohnungsbau ist grundsätzlich ausgeschlossen, wie sich auch aus den Obergrenzen zum Maß der baulichen Nutzung sowie aus dem Ausnahmetatbestand des § 2 Abs. 3 Nr. 1 BauNVO für sonstige Wohngebäude ergibt, die nicht mehr als zwei Wohnungen haben dürfen. Aus dem Umstand, daß – anders als in einem Dorfgebiet (§ 5 BauNVO, Rdnr. 1445 ff.) – Läden, Schank- und Speisewirtschaften sowie nichtstörende Handwerksbetriebe nur allgemein zulässig sind, wenn sie der Gebietsversorgung dienen und auch die Ausnahmetatbestände in § 2 Abs. 3 BauNVO eng gefaßt sind, ergibt sich, daß der Wohncharakter des Gebiets eindeutig im Vordergrund steht. Dem entspricht auch die Schutzwürdigkeit und Schutzbedürftigkeit dieses Gebietstypus. Kleinsiedlungsgebiete sind allgemeinen Wohngebieten vergleichbar und werden hinsichtlich der Lärmimmissionen in der DIN 18005, der TA Lärm und der Freizeitlärmrichtlinie (Rdnr. 725 ff.) daher auch gleich eingestuft. In Bezug auf Gerüche (z.B. im Zusammenhang mit Tierhaltungen) ist die Schutzwürdigkeit demgegenüber geringer[1]. 1397

b) Zulässige Vorhaben im Kleinsiedlungsgebiet

(1) **Kleinsiedlungen einschließlich Wohngebäuden mit entsprechenden Nutzgärten**: Der Begriff der Kleinsiedlung ist in der Baunutzungsverordnung und auch im Baugesetzbuch nicht definiert. Maßgeblich ist daher die Definition in **§ 10 Abs. 1 II. Wohnungsbaugesetz** (WoBauG; s. auch § 100 1398

---
[1] OVG Lüneburg v. 30.5.2001 – 1 K 389/00, NVwZ-RR 2002, 98.

II. WoBauG). Danach ist eine Kleinsiedlung eine Siedlungsstelle, die aus einem Wohngebäude mit angemessener Landzulage besteht und die nach Größe, Bodenbeschaffenheit und Einrichtung dazu bestimmt und geeignet ist, dem Kleinsiedler durch Selbstversorgung aus vorwiegend gartenbaulicher Nutzung des Landes eines fühlbare Ergänzung seines sonstigen Einkommens zu bieten. Die Kleinsiedlung soll einen Wirtschaftsteil aufweisen, der die Haltung von Kleintieren ermöglicht. Das Wohngebäude kann neben der für den Kleinsiedler bestimmten Wohnung eine Einliegerwohnung enthalten.

1399 Die Ergänzung der Kleinsiedlungen um Wohngebäude mit entsprechenden Nutzgärten hat im wesentlichen nur klarstellenden Inhalt. Sie betont, daß die **Haltung von Kleintieren** (z.B. Hühner, Gänse, Schafe, Schweine) in einer Kleinsiedlung nicht zwingend notwendig ist. Ohnehin fallen unter den Zulässigkeitstatbestand des § 2 Abs. 2 Nr. 1 BauNVO nur **Nutztiere**. Anlagen für die Hobbyhaltung von Tieren und Anlagen für Großtiere kommen allenfalls nach § 14 BauNVO (Rdnr. 1248 ff.) in Betracht. Die Beschränkung auf **Nutzgärten** verdeutlicht, daß es bei Kleinsiedlungsgebieten um eine besondere Form des Wohnens geht. Weder unter den Begriff der Kleinsiedlung noch unter die Wohngebäude mit entsprechenden Nutzgärten fallen daher normale Wohngebäude mit Hobbygärten. Diese sind ggf. nach § 2 Abs. 3 Nr. 1 BauNVO ausnahmsweise zulässig (Rdnr. 1408).

1400 Es ist unwesentlich, ob der Kleinsiedler Eigentümer des Grundstücks ist oder ob dieses einer Siedlungsgenossenschaft oder einem sonstigen Dritten gehört. Ungeachtet der Begriffsdefinition der Kleinsiedlung in § 10 Abs. 1 II. WoBauG ist es bauplanungsrechtlich auch belanglos, ob die betreffende Kleinsiedlung in die Wohnungsbauförderung einbezogen ist oder nicht.

1401 Für die nach § 2 Abs. 2 Nr. 1 BauNVO zulässigen **Wohngebäude** gelten die allgemeinen begrifflichen Anforderungen (dazu Rdnr. 1315 ff.). Dies schließt Wohngebäude im Sinne von § 3 Abs. 4 BauNVO ein, allerdings unter Beachtung der besonderen Anforderungen an Kleinsiedlungsgebiete, d.h. es müssen gleichwohl die Voraussetzungen des § 10 Abs. 1 II. WoBauG oder der Wohngebäude mit entsprechenden Nutzgärten erfüllt sein. Ein betreutes Wohnen im Sinne von § 3 Abs. 4 BauNVO kommt allerdings ohne weiteres in der zulässigen Einliegerwohnung in Betracht und ist daher dort allgemein zulässig.

1402 **(2) Landwirtschaftliche Nebenerwerbsstellen**: Die land-, nicht die (unzulässigen) forstwirtschaftlichen Nebenerwerbsstellen ähneln in vielem einer Kleinsiedlung. Sie bestehen auch aus einem Wohngebäude mit Wirtschaftsteil und angemessener Landzulage und dienen dem Inhaber neben seinem eigentlichen Beruf als zusätzliche Einkommensquelle. Während der Kleinsiedler vorwiegend Garten- und Kleintierhaltung ausübt, wird jedoch auf einer zumeist etwas größeren Landzulage umfassendere Landwirtschaft betrieben. In Betracht kommt dabei grundsätzlich die gesamte Bandbreite der Landwirtschaft gemäß § 201 BauGB, wobei sich allerdings aus § 15 Abs. 1 BauNVO wegen der Wohnnutzung im Kleinsiedlungsgebiet Beschränkungen ergeben können. Dies gilt insbesondere für die Großviehhaltung. Jedoch können in begrenztem Umfang die Betriebsflächen auch außerhalb des Baugebiets liegen. Aus dem Wohngebietscharakter und aus der Beschränkung auf landwirtschaftliche **Nebenerwerbs**betriebe ergibt sich die wesentliche Unterscheidung zu den Dorfgebieten gemäß § 5 BauNVO (Rdnr. 1454).

(3) Gartenbaubetriebe: Gartenbau im Sinne der Baunutzungsverordnung ist der **Anbau** von Obst und Gemüse sowie die Züchtung von Kulturpflanzen (z.B. Blumen, Sträucher, Bäume), nicht jedoch die Landschafts- oder Gartengestaltung oder der bloße Handel mit Gartenbauerzeugnissen (z.B. Handelsgärtnereien oder Gartencenter). Möglich ist allerdings nicht nur die Veräußerung der produzierten Erzeugnisse, sondern auch von zugekauften Produkten als Randsortimenten[1].   1403

Der Gartenbau ist **Teil der Landwirtschaft**. Er darf jedoch anders als die sonstige Landwirtschaft in Kleinsiedlungsgebieten nicht nur im Nebenerwerb betrieben werden. Vielmehr ist sowohl ein Vollerwerbsbetrieb als auch eine Betätigung ohne Erwerbszweck (z.B. zu universitären Zwecken) denkbar. Der Begriff des Gartenbaus ist nicht gleichzusetzen mit der gartenbaulichen Erzeugung im Sinne von § 201 BauGB. Es handelt sich vielmehr um eine besondere Art des landwirtschaftlichen Betriebs. Insofern geht es bei einem Gartenbaubetrieb um einen **eigenständigen städtebaulichen Begriff**. Die wesentliche Besonderheit liegt dabei in der typischerweise geringen Betriebsfläche, die schon aus der Anknüpfung an den Begriff des Gartens folgt, der regelmäßig kleiner ist als landwirtschaftlich genutzte Felder. Aus diesem Grunde ist der Gartenbaubetrieb dadurch gekennzeichnet, daß er innerhalb eines Baugebiets errichtet werden kann, während ein normaler landwirtschaftlicher Betrieb in der Regel aufgrund der Größe seiner Betriebsfläche dort nicht möglich ist. Die Zweckbestimmung des Kleinsiedlungsgebiets prägt den Begriff daher dahingehend, daß es sich um eine **kleine Anlage** handeln muß, die eine mit der Wohnnutzung konfliktfreie Nutzung sicherstellt. Ein Gartenbaubetrieb, der hinsichtlich seiner Größe oder seiner Arbeitsweise mit der durch eine Wohnnutzung geprägten allgemeinen Zweckbestimmung des Kleinsiedlungsgebiets unvereinbar ist, fällt nicht unter den Zulässigkeitstatbestand des § 2 Abs. 1 Nr. 1 BauNVO[2].   1404

---

1 BVerwG v. 14.2.2002 – 4 BN 5.02, ZfBR 2003, 49; Stock in König/Roeser/Stock, § 2 Rdnr. 26; zum Begriff der Randsortimente s. auch OVG Münster v. 22.6.1998 – 7a D 108/96, BauR 1998, 1198 = BRS 60 Nr. 1 = DVBl. 1998, 1302 = NVwZ 1999, 79 = UPR 1998, 471 = ZfBR 1999, 111.
2 BVerwG v. 15.7.1996, 4 NB 23.96, BauR 1996, 816 = BRS 58 Nr. 61 = DÖV 1997, 31 = NVwZ-RR 1997, 9 = UPR 1996, 392 = ZfBR 1996, 341 zur ausnahmsweisen Zulässigkeit in einem allgemeinen Wohngebiet.

1405 In Zusammenhang mit einem Gartenbaubetrieb sind alle baulichen Anlagen zulässig, die dem Betriebszweck dienen. Dazu gehören nicht nur Gewächshäuser u.ä., sondern auch eine dem Betriebszweck dienende Wohnung. Zusätzlich wird man unter Berücksichtigung des Begriffs der Kleinsiedlung auch eine Einliegerwohnung als zulässig ansehen müssen (s. Rdnr. 1398).

1406 **(4) Der Versorgung des Gebiets dienende Läden, Schank- und Speisewirtschaften sowie nicht störende Handwerksbetriebe**: Hinsichtlich der Läden, der Schank- und Speisewirtschaften sowie der nicht störenden Handwerksbetriebe, die der Versorgung des Gebiets dienen, kann auf die Ausführungen zu diesen Vorhaben im allgemeinen Wohngebiet verwiesen werden (Rdnr. 1358 ff.). Ergänzend zu berücksichtigen sind in einem Kleinsiedlungsgebiet allerdings die Besonderheiten der dortigen Wohnnutzung, insbesondere also die in der Regel eher dünne Besiedlung.

c) Nebenanlagen

1407 **Stellplätze und Garagen** sind in Kleinsiedlungsgebieten nur für den durch die zugelassene Nutzung verursachten Bedarf zulässig (§ 12 Abs. 2 BauNVO, s. Rdnr. 1331 zu den reinen Wohngebieten). **Freiberufliche Nutzungen** sind nur in Räumen, nicht jedoch in Gebäuden zulässig (§ 13 BauNVO; s. dazu im Zusammenhang mit reinen Wohngebieten Rdnr. 1334). Die Zulässigkeit von **Nebenanlagen** ergibt sich aus § 14 BauNVO. Wegen der Vergleichbarkeit mit der Störungsempfindlichkeit von allgemeinen Wohngebieten kann auf die dortigen Ausführungen verwiesen werden (Rdnr. 1376). Ergänzend ist allerdings die besondere landwirtschaftliche und gartenbauliche Prägung des Kleinsiedlungsgebiets zu berücksichtigen, die tendenziell in größerem Umfang die Errichtung von Nebenanlagen ermöglicht als dies in einem reinen oder allgemeinen Wohngebiet der Fall ist.

d) Ausnahmsweise zulässige Vorhaben im Kleinsiedlungsgebiet

1408 **(1) Wohngebäude mit nicht mehr als zwei Wohnungen**: Als Ausnahme zulässig sind Wohngebäude, die die besonderen Anforderungen des § 2 Abs. 2 Nr. 1 BauNVO nicht erfüllen. Derartige (sonstige) Wohngebäude dürfen nicht mehr als zwei Wohnungen haben. In Betracht kommen also Ein- oder Zweifamilienhäuser, wobei hier ebenfalls der allgemeine Begriff des Wohngebäudes zu Grunde zu legen ist, der auch betreutes Wohnen im Sinne von § 3 Abs. 4 BauNVO einschließt (Rdnr. 1315 ff.). Da es sich um Wohngebäude mit Wohnungen handeln muß, sind Wohnheime (dazu Rdnr. 1322) nicht zulässig[1].

---

[1] So im Ergebnis auch Stock in König/Roeser/Stock, § 2 Rdnr. 42.

**(2) Anlagen für kirchliche, kulturelle, soziale, gesundheitliche und sport- 1409
liche Zwecke**: Von der Größe der jeweiligen Anlage und dem bestehenden
Bedarf hängt es ab, ob sie in einem Kleinsiedlungsgebiet ausnahmsweise
zugelassen werden kann (dazu im einzelnen Rdnr. 1369 ff.).

(3) Tankstellen: In Kleinsiedlungsgebieten sind Tankstellen ebenso aus- 1410
nahmsweise zulässig wie in den allgemeinen Wohngebieten, so daß auf die
dortigen Ausführungen verwiesen werden kann (Rdnr. 1393).

(4) Nicht störende Gewerbebetriebe: Auch hinsichtlich der nicht störenden 1411
Gewerbebetriebe kann auf die Ausführungen zu den allgemeinen Wohngebieten Bezug genommen werden (Rdnr. 1378 ff.).

4. Gebiete zur Erhaltung und Entwicklung der Wohnnutzung, be- sondere Wohngebiete (WB, § 4a BauNVO)

a) Gebietscharakter und Nutzungsmöglichkeiten

Besondere Wohngebiete sind überwiegend bebaute Gebiete, die aufgrund 1412
ausgeübter Wohnnutzung und vorhandener sonstiger in § 4a Abs. 2 Bau-
NVO genannter Anlagen eine besondere Eigenart aufweisen und in denen
unter Berücksichtigung dieser Eigenart die Wohnnutzung erhalten oder fortentwickelt werden soll. Besondere Wohngebiete dienen vorwiegend dem
Wohnen; sie dienen auch der Unterbringung von Gewerbebetrieben und
sonstigen Anlagen im Sinne von § 4a Abs. 2 und 3 BauNVO, soweit diese
Betriebe und Anlagen nach der besonderen Eigenart des Gebiets mit der
Wohnnutzung vereinbar sind (§ 4a Abs. 1 BauNVO).

Obergrenze des Maßes der baulichen Nutzung (§ 17 Abs. 1 BauNVO): 1413
Grundflächenzahl (GRZ) 0,6; Geschoßflächenzahl (GFZ) 1,6.

Wie bereits aus dem Begriff „besonders" folgt, handelt es sich um ein **aty-** 1414
pisches Wohngebiet, daß sich städtebaulich nicht leicht fassen läßt. Anders
als andere Baugebiete setzt § 4a BauNVO für die Ausweisung eines besonderen Wohngebiets eine bereits vorhandene Bebauung voraus, die durch
ausgeübte, also tatsächlich vorhandene und praktizierte Wohnnutzung, geprägt ist. Das Vorhandensein von Nutzungen im Sinne von § 4a Abs. 3
BauNVO sowie weiterer sonstiger Nutzungen ist unschädlich, sofern sie
einen untergeordneten Umfang haben und den Gebietscharakter nicht prägen. Ebenfalls keine Voraussetzung für die Ausweisung eines besonderen
Wohngebiets ist es, daß bereits zu diesem Zeitpunkt die Wohnnutzung
überwiegt. Sie muß allerdings in einem gebietsprägenden Umfang vorhanden sein, also in einem Umfang, der den gewerblichen und sonstigen Nutzungen zumindest in etwa entspricht. Andererseits darf sie nicht in einer

Weise überwiegen, die eine wesentliche Unterscheidung von einem allgemeinen Wohngebiet unmöglich macht[1].

1415 Das Plangebiet muß zum Zeitpunkt der Bauleitplanung bereits überwiegend bebaut sein. Dies erfordert einen **weitgehend geschlossenen Bebauungszusammenhang**, in dem sich lediglich Baulücken befinden. Eine Ausdehnung des Baugebiets über ein weitgehend bebautes Gebiet hinaus, die Beplanung einer bloßen Splittersiedlung und erst Recht die Planung eines Neubaugebiets ist gemäß § 4a BauNVO nicht möglich[2]. § 4a BauGB dient also weniger der Entwicklung neuer Bausubstanz als vielmehr der **Erhaltung und Fortentwicklung** der baulichen Nutzung in bereits weitestgehend vorhandenen Gebäuden. Dem entspricht es auch, daß die Ausweisung besonderer Wohngebiete oftmals mit der Aufstellung von Erhaltungssatzungen nach § 172 BauGB verbunden wird.

1416 Ein überwiegend bebautes Gebiet kommt nur dann für die Ausweisung eines besonderen Wohngebiets in Betracht, wenn es eine **besondere Eigenart** aufweist. Die besondere Eigenart ist dabei nicht identisch mit der allgemeinen Zweckbestimmung des festzusetzenden Gebiets gemäß § 4a Abs. 1 Satz 2 BauNVO, nach der besondere Wohngebiete vorwiegend dem Wohnen dienen. Es handelt sich vielmehr um eine Tatbestandsvoraussetzung, die sich auf den tatsächlichen Bau- und Nutzungsbestand im Vorfeld der Bauleitplanung bezieht. Es muß **tatsächlich** eine **Mischung von Wohnnutzung und weiteren Nutzungen** im Sinne von § 4a Abs. 2 BauNVO vorliegen[3]. Auf eine etwaige bisherige Planausweisung kommt es nicht an. Die vorhandene Nutzung ist in der Regel durch eine sorgfältige und ins Detail gehende Bestandsermittlung festzustellen[4]. Die besondere Eigenart ist sodann im Zusammenhang mit dem Planungsziel, die Wohnnutzung zu erhalten und fortzuentwickeln, zu sehen. Dem liegt die planerische Vorstellung von **gewachsenen innerstädtischen Wohngebieten** und vor allem von City-Randbereichen zu Grunde, in denen gewerbliche Nutzungen, wie man sie vorwiegend im Misch- oder Kerngebieten findet, die vorhandene Wohnnutzung zu verdrängen drohen. Dies ist in vielen Städten ein häufig anzutreffender Prozeß, der vornehmlich auf das Mietpreisgefälle zwischen Gewerbe- und Wohnraummieten zurückzuführen ist. Gerade diese **Verdrängungsgefahr** in einem durch Wohn- und Gewerbenutzungen geprägten Bereich kennzeichnet die besonderen Eigenart der tatsächlich vorhandenen Nutzung, die durch § 4a BauNVO planerisch abgesichert werden soll. Dies ist durch die Festsetzung anderer Baugebiete nicht oder nur sehr eingeschränkt möglich, weil es an der notwendigen Effektivität und planerischen Durchsetzbarkeit

---

1 OVG Lüneburg v. 5.4.2000 – 1 K 2245/99, NVwZ-RR 2001, 226.
2 Vgl. OVG Lüneburg v. 30.6.1986 – 1 C 5/86, BauR 1987, 174 = BRS 46 Nr. 17.
3 OVG Münster v. 10.10.1997 – 7a D 104/95, BRS 59 Nr. 28.
4 OVG Münster v. 18.6.1996 – 10a D 61/92, BRS 58 Nr. 25 = DÖV 1997, 39 = UPR 1996, 460.

fehlt oder aber weil der Gemeinde bei sonstigen Überplanungen Planungsschadensansprüche nach den §§ 39 ff. BauGB drohen.

Beispiel: 1417
Angrenzend an das Kerngebiet einer Stadt befindet sich eine Mischbebauung aus einer überwiegenden Zahl an Wohngebäuden und im übrigen aus kerngebietstypischen Laden und Geschäftsnutzungen. Das städtische Kerngebiet dehnt sich aufgrund der Nachfrage nach Laden- und Geschäftsflächen immer weiter aus und verdrängt mehr und mehr die Wohnnutzung. Die Ausweisung eines Mischgebiets würde in diesem Fall kaum weiterhelfen, um die überwiegende Wohnnutzung zu erhalten. Die Ausweisung eines allgemeinen Wohngebiets kann Planungsschadensansprüche nach sich ziehen und ändert an den bestandsgeschützten gewerblichen Nutzungen nichts.

Der Gebietscharakter des besonderen Wohngebiets ist dadurch geprägt, daß die Wohnnutzung überwiegen soll (§ 4a Abs. 1 Satz 2 BauNVO). **Gewerbebetriebe und sonstige Nutzungen** im Sinne von § 4a Abs. 2 und 3 BauNVO können nur dann in ein besonderes Wohngebiet aufgenommen werden, wenn sie mit der Wohnnutzung **vereinbar** sind. Dies ist einschränkender formuliert als die Regelung zur Zulässigkeit von Gewerbebetrieben in Mischgebieten, die bereits dann gegeben ist, wenn sie das Wohnen nicht wesentlich stören. Das Baugebiet gemäß § 4a BauNVO ist also – entsprechend seinem Namen – eindeutig ein Wohngebiet, wenn auch mit einer geringeren Störungsempfindlichkeit als dies bei allgemeinen oder gar bei reinen Wohngebieten der Fall ist. Es geht um **typisches innerstädtisches Wohnen** und die damit verbundene Vorteile der Zentralität, der großen Zahl von Einkaufsmöglichkeiten u.s.w., aber auch der damit einhergehenden größeren Unruhe. 1418

Eine weitere Besonderheit des § 4a BauNVO liegt darin, daß die Wohnnutzung erhalten und fortentwickelt werden soll. Ein solches **finales Moment** fehlt den Bestimmungen zu den sonstigen Baugebieten. Dies führt zugleich dazu, daß § 4a BauNVO aufgrund seiner auf Veränderung abzielenden Komponente im Rahmen von § 34 Abs. 2 BauGB nicht herangezogen werden kann, da diese Vorschrift auf einem tatsächlichen baulichen Bestand aufbaut, nicht hingegen auf Erhaltungs- und Entwicklungsabsichten des Plangebers, die ohne einen Bebauungsplan nicht gebietsbezogen konkretisiert sind. 1419

Dem Erhaltungs- und Fortentwicklungsgebot des § 4a Abs. 1 Satz 1 BauNVO mit dem Ziel, eine vorwiegende Wohnnutzung sicherzustellen, können sowohl die **Gliederungsmöglichkeiten** nach 4a Abs. 4 BauNVO als auch die ergänzende Möglichkeiten gemäß § 1 Abs. 4 bis 10 BauNVO dienen. Der Gebietscharakter, der die Wohnnutzung in den Vordergrund stellt, unterscheidet das besondere Wohngebiet von Mischgebieten im Sinne von § 6 BauNVO. Da der Gebietscharakter gemäß § 4a Abs. 1 Satz 2 BauNVO andererseits auch durch die Unterbringung von Gewerbebetrieben und sonstigen Anlagen im Sinne der Absätze 2 und 3 der Vorschrift sowie von Räumen und Gebäuden für freie Berufe (§ 13 BauNVO) gekennzeichnet ist, 1420 dürfen diese Nutzungen – in der Regel auch nicht in (größeren) Teilgebieten – nicht umfassend verdrängt werden, da ansonsten die notwendige Abgrenzung zu einem allgemeinen Wohngebiet im Sinne von § 3 BauNVO nicht mehr gewährleistet wäre[1].

1421 Dem gegenüber den sonstigen Baugebietstypen besonderen Charakter des Baugebiets nach § 4a BauNVO entspricht dessen Einordnung hinsichtlich der **Störungsempfindlichkeit**. Auch hier stellt § 4a Abs. 1 Satz 2 BauNVO auf den konkreten Planungsfall ab, wenn davon die Rede ist, daß Betriebe und Anlagen zugelassen werden können, sofern sie mit der Wohnnutzung nach der besonderen Eigenart des Gebiets vereinbar sind[2]. Aufgrund der größeren Störungsunempfindlichkeit des besonderen Wohngebiets sind zumindest die Immissionen hinzunehmen, die auch in einem reinen oder allgemeinen Wohngebiet zulässig wären. Hingegen sind die nicht wesentlich störenden mischgebietstypischen Gewerbenutzungen im Einzelfall bereits problematisch, da insofern der Charakter als Wohngebiet zu berücksichtigen ist. Allerdings kann die Wohnverträglichkeit in einem besonderen Wohngebiet anders als in einem reinen oder allgemeinen Wohngebiet auch dadurch gewährleistet sein, daß die Immissionsbelastungen hinsichtlich Art und Dauer der Wohnnutzung angepaßt sind, also vor allem auf die Nacht- und Ruhezeiten Rücksicht genommen wird. Die schalltechnischen Orientierungswerte der DIN 18005 (Rdnr. 726) tragen dem dadurch Rechnung, daß dort für die besonderen Wohngebiete der Tageswert für Mischgebiete, jedoch der Nachwert für allgemeine Wohngebiete genannt wird. Die TA Lärm, die Verkehrslärmschutzverordnung, die Sportanlagenlärmschutzverordnung sowie die Freizeitlärmrichtlinie (Rdnr. 727 ff.) legen für die besonderen Wohngebiete überhaupt keine Grenz- oder Richtwerte fest, überlassen also die Ermittlung der Zumutbarkeit dem konkreten Einzelfall.

b) Zulässige Vorhaben im besonderen Wohngebiet

1422 (1) **Wohngebäude**: Insoweit besteht kein Unterschied zu den in den reinen und allgemeinen Wohngebieten unbeschränkt zulässigen Vorhaben (s. Rdnr. 1315 ff.).

1423 (2) **Läden, Betriebe des Beherbergungsgewerbes, Schank- und Speisewirtschaften**: Auch bei diesen Betrieben bestehen keine Besonderheiten. Anders als in den in allgemeinen Wohngebieten besteht keine Beschränkung auf die Versorgung des Gebiets. Zu beachten sind allerdings die Anforderungen des § 15 Abs. 1 BauNVO und die Verträglichkeit mit der im Vordergrund stehenden Wohnnutzung.

---

1 OVG Lüneburg v. 5.4.2000 – 1 K 2245/99, NVwZ-RR 2001, 226.
2 VGH Mannheim v. 26.6.2002 – 10 S 1559/01, UPR 2003, 76.

(3) **Sonstige Gewerbebetriebe**: Unter § 4a Abs. 2 Nr. 3 BauNVO fallen alle Gewerbebetriebe (zum Begriff Rdnr. 1530), die nicht in § 4a Abs. 2 oder 3 BauNVO speziell geregelt sind. Eine Begrenzung ergibt sich darüber hinaus aus § 15 Abs. 1 BauNVO, der sicherstellt, daß der Gebietscharakter gewahrt und auf die gebietsprägende Wohnnutzung hinreichende Rücksicht genommen wird. Hierbei ist allerdings zu sehen, daß dem innerstädtischen Charakter von besonderen Wohngebieten ein gewisses Maß an Störungen eigen ist (vgl. Rdnr. 1416). 1424

(4) **Geschäfts- und Bürogebäude**: Geschäftsgebäude sind Gebäude, in denen anders als in Bürogebäuden Geschäfte getätigt werden. Dies sind insbesondere Geschäfte im **Dienstleistungsbereich** (Banken, Versicherungen u.s.w.), aber auch der Groß- und Zwischenhandel. Zweifelhaft kann die Abgrenzung zu den bereits in § 4a Abs. 2 Nr. 2 BauNVO geregelten Läden und damit zum **Einzelhandel** sein. Eindeutig ist dabei, daß großflächiger Einzelhandel im Sinne von § 11 Abs. 3 Satz 1 BauNVO weder unter den einen noch unter den anderen Tatbestand fällt, da er nur in Kern- oder Sondergebieten zulässig ist (Rdnr. 1614 ff.). Daran ändert auch der Begriff des Geschäftshauses nichts. Er verdeutlicht allerdings als Ergänzung zu § 4 Abs. 2 Nr. 2 BauNVO, daß in einem Gebäude eines besonderen Wohngebiets nicht nur einzelne Läden zulässig sind, sondern mehrere oder sogar ausschließlich (Einzelhandels-)Geschäfte, auch kombiniert mit Dienstleistungsangeboten, sein dürfen. Auch dies gilt allerdings mit der Einschränkung, daß die Grenze zu einem Einkaufszentrum (Rdnr. 1620) nicht überschritten sein darf. 1425

Der Begriff des Bürogebäudes überlagert sich teilweise mit dem des Geschäftsgebäudes. Einer trennscharfen Abgrenzung bedarf es nicht, weil die Nutzungen in der Baunutzungsverordnung jeweils zusammengefaßt sind (s. auch § 6 Abs. 2 Nr. 2 und § 7 Abs. 2 Nr. 1 BauNVO). Nicht unter den Begriff des Bürogebäudes fällt es, wenn dort lediglich im Rahmen eines anderweitigen Gewerbebetriebs die dort anfallende Büroarbeit erledigt wird. Es muß sich immer um ein **selbständiges Gebäude** handeln, das ausschließlich Geschäfts- und Bürozwecken im Sinne von § 4a Abs. 2 Nr. 4 BauNVO dient. Erfaßt werden alle Büronutzungen, egal ob sie öffentlicher oder privater Natur sind und ob sie sich mit einer Geschäftstätigkeit überschneiden oder nicht. In Betracht kommen daher ergänzend zu den bereits genannten Geschäftstätigkeiten (Rdnr. 1425) etwa private und öffentliche Krankenkassen, Verbände, Einrichtungen der Kommunalverwaltung, Anwalts- und Notarpraxen, Arztpraxen und Architekturbüros sowie sonstige Büros von Freiberuflern. Eine Beschränkung auf die Gebietsversorgung existiert nicht. Allerdings ist zu beachten, daß § 4a Abs. 3 Nr. 1 BauNVO für zentrale Einrichtungen der (öffentlichen und privaten) Verwaltung eine bloß ausnahmsweise Zulässigkeit vorsieht (Rdnr. 1430), was im Ergebnis zu einer Beschränkung hinsichtlich der Größe und des Umfangs der allgemein zulässigen Verwaltungstätigkeit führt. Diese trägt dem im Vordergrund stehenden Wohncharakter von Baugebieten nach § 4a BauNVO Rechnung. 1426

1427 **(5) Anlagen für kirchliche, kulturelle, soziale, sportliche und gesundheitliche Zwecke**: Diese Festsetzung unterscheidet sich nicht von der entsprechenden Regelung für allgemeine Wohngebiete (Rdnr. 1369 ff.). Zu beachten ist allerdings auch hier die gegenüber einem allgemeinen Wohngebiet größere Störungsunempfindlichkeit des besonderen Wohngebiets, was eine großzügigere Handhabung des Ausnahmetatbestandes rechtfertigt.

c) Nebenanlagen

1428 In § 12 BauNVO sind für **Stellplätze und Garagen** keine Einschränkungen in besonderen Wohngebieten vorgesehen, so daß Stellplätze und Garagen auch für Lastkraftwagen, Kraftomnibusse und die Anhänger dieser Kraftfahrzeuge allgemein zulässig sind. Aufgrund des Wohngebietscharakters ist es jedoch nicht zulässig, größere Flächen zum Abstellen von Lastkraftwagen oder Omnibussen bereitzuhalten, wenn sich bei deren Betrieb lärmintensiver Zu- und Abgangsverkehr in den frühen Morgen- und den späten Abendstunden sowie in der Nachtzeit nicht vermeiden läßt. Ggf. kann aus immissionsschutzrechtlichen Gründen ein An- und Abfahren während der Nachtzeit untersagt werden.

1429 Anders als in den anderen Wohngebieten sind in dem Gebiet nach § 4a BauNVO nicht nur Räume, sondern auch **Gebäude für freie Berufe** zulässig (§ 13 BauNVO, Rdnr. 1243). Für **untergeordnete Nebenanlagen** gemäß § 14 BauNVO (Rdnr. 1248 ff.) bestehen in besonderen Wohngebieten keine zusätzlichen Beschränkungen.

d) Ausnahmsweise zulässige Vorhaben im besonderen Wohngebiet

1430 **(1) Anlagen für zentrale Einrichtungen der Verwaltung**: Der Ausnahmetatbestand erfaßt Einrichtungen der **öffentlichen und privaten** Verwaltung, die aufgrund ihrer Zentralität in die Innenstadt gehören und daher in Kerngebieten allgemein zulässig sind. Die regelmäßige Innenstadtnähe von besonderen Wohngebieten rechtfertigt deren zumindest ausnahmsweise Zulässigkeit nach § 4a Abs. 3 Nr. 1 BauNVO. Die Zentralität der betreffenden Einrichtung ist dabei nicht auf das Baugebiet bezogen. Gemeint ist vielmehr eine in der Regel zumindest das gesamte Gemeindegebiet, bei größeren Städten auch eine einen Stadtteil oder Stadtbezirk betreffende Zentralität, wie sie etwa für ein städtisches Rathaus oder eine Stadtbezirksverwaltung gegeben ist. Darunter fallen jedoch auch übergemeindliche Anlagen wie Ministerien, berufsständische Kammern, Zentralverwaltungen von Großunternehmen u.s.w. Eine Frage des Einzelfalls ist es, ob derartige Einrichtungen aufgrund ihrer Folgewirkungen sowie des Zu- und Abgangsverkehrs noch für die Wohnnutzung verträglich sind oder nicht.

1431 **(2) Vergnügungsstätten, soweit sie nicht wegen ihrer Zweckbestimmung oder ihres Umfangs nur in Kerngebieten allgemein zulässig sind**: Die Aufzählung von Vergnügungsstätten in § 4a BauNVO sowie in den Bestimmungen zu verschiedenen weiteren Baugebieten (§ 6 Abs. 2 Nr. 8, § 7 Abs. 2 Nr. 2, § 8 Abs. 3 Nr. 3 BauNVO) zeigt, daß es sich hierbei um einen **eigenständigen Nutzungstyp** handelt, der von anderen Gewerbebetrieben zu unterscheiden ist. Insbesondere fallen Vergnügungsstätten, seitdem sie in der Baunutzungsverordnung eigenständig geregelt sind[1] (zu den unterschiedlichen Fassungen der Nutzungsverordnung s. Rdnr. 1185 ff.), nicht mehr unter die sonstigen Gewerbebetriebe im Sinne von § 4a Abs. 2 Nr. 3 BauNVO. Wird bei einer bestimmten baulichen Nutzung eine Einordnung als Vergnügungsstätte bejaht, ist eine Zulässigkeit daher nur dort gegeben, wo Vergnügungsstätten regelmäßig oder ausnahmsweise zulässig sind (zur weiteren Unterscheidung zwischen kerngebietstypischen und nicht kerngebietstypischen Vergnügungsstätten Rdnr. 1436 ff.)[2].

Der Begriff der Vergnügungsstätte ist sehr unscharf. Nicht jede bauliche Nutzung, die ihren Benutzern, Kunden oder Gästen Vergnügen bereitet, ist eine Vergnügungsstätte im Sinne des Städtebaurechts. Auszuklammern sind dabei zunächst die speziellen Nutzungen, die in der Baunutzungsverordnung gesondert geregelt sind, wie etwa die in § 4a Abs. 2 Nr. 5 BauNVO genannten Anlagen oder auch die Schank- und Speisewirtschaften gemäß § 4a Abs. 2 Nr. 2 BauNVO. Abgrenzungsschwierigkeiten können sich allerdings dann ergeben, wenn derartige Nutzungen um weitere Angebote ergänzt werden, die für eine Vergnügungsstätte typisch sind (z.B. Darbietung von Sexfilmen u.ä. in einer Schank- oder Speisewirtschaft). 1432

Vergnügungsstätten sind – bei aller Unschärfe des Begriffs – Gewerbebetriebe, bei denen die kommerzielle Unterhaltung der Besucher oder Kunden im Vordergrund steht, nicht aber die Geselligkeit oder kulturelle Aspekte. Sie sind also durch **gewinnbringende Freizeitgestaltung und Amüsierbetrieb** gekennzeichnet, wobei das Vergnügen allein im Zuschauen oder Zuhören, aber auch in vermittelter eigener Tätigkeit, z.B. auf der Tanzfläche oder an Spielapparaten, bestehen kann[3]. Unerheblich für die Einordnung als Vergnügungsstätte ist der Name des jeweiligen Betriebs (z.B. Benennung einer Spielhalle als Billardcafe oder „Weinstube")[4]. Entscheidend ist vielmehr die tatsächlich stattfindende oder beantragte Art der baulichen Nutzung. Bei **kombinierten Nutzungen**, etwa bei einem vergnügungsstättentypischen Betrieb verbunden mit einer Schank- oder Speisewirtschaft, kommt es auf den Schwerpunkt der Tätigkeit an. So führt nicht jedes Angebot von Tanzgele- 1433

---

1 BVerwG v. 25.11.1983 – 4 C 64.79, BVerwGE 68, 207 = NJW 1984, 1572 = NVwZ 1984, 511; VGH München v. 21.12.2001 – 15 ZS 01.2570, NVwZ-RR 2003, 9.
2 BVerwG v. 9.10.1990 – 4 B 120.90, BRS 50 Nr. 60 = DVBl. 1991, 223 = DÖV 1991, 111 = NVwZ 1991, 266 = UPR 1991, 73 = ZfBR 1991, 35.
3 Vgl. VGH Mannheim v. 19.10.1998 – 8 S 2192/98, BauR 1999, 1278 = BRS 60 Nr. 74; Fickert/Fieseler, § 4a Rdnr. 22.
4 BVerwG v. 20.8.1992 – 4 C 54.89, BauR 1993, 51 = BRS 54 Nr. 137 = DÖV 1993, 875 = NVwZ-RR 1993, 65 = UPR 1993, 24 = ZfBR 1993, 33.

genheiten in einer Gaststätte dazu, daß eine Einordnung als Vergnügungsstätte erfolgen muß. In einem Jugendzentrum, das als Einrichtung für soziale Zwecke anzusehen ist, führen regelmäßig alle zwei Wochen durchgeführte Disko-Abende nicht dazu, daß eine als Vergnügungsstätte einzuordnende Diskothek vorliegt (zur Einordnung von Diskotheken als Vergnügungsstätten Rdnr. 1434, 1440)[1]. Auch das Aufstellen eines Billardtisches oder von einem oder zwei Geldspielgeräten macht eine Gaststätte nicht zu einer als Vergnügungsstätte anzusehenden Spielhalle (s. auch § 3 Abs. 1 SpielV). Denn in einem solchen Fall liegt der betriebliche Schwerpunkt nach wie vor in der Verabreichung von Speisen und Getränken[2].

1434 Als Vergnügungsstätten einzuordnen sind insbesondere:

– Nachtlokale, Varietés, Tanzbars u.ä.[3],

– Stripteaselokale, Sexkinos, Peep-Shows u.ä.[4],

– Diskotheken (dazu noch Rdnr. 1440),

– Spielhallen (dazu noch Rdnr. 1438),

– in der Regel Kinos und Lichtspielhäuser, und zwar unabhängig davon, ob es sich um kleine Vorort- oder Programmkinos handelt oder um Großkinos (sog. Multiplexkinos); zwar spricht angesichts des Stellenwertes, den Filmdarbietungen im geistigen und künstlerischen Leben haben, mehr für eine Einordnung als Anlagen für kulturelle Zwecke, da sie Theatern und Opernhäuser insofern näher stehen als etwa Nachtlokale und Spielhallen[5], jedoch geht das Bundesverwaltungsgericht davon aus, daß es sich u.a. bei Anlagen für kulturelle Zwecke um Gemeinbedarfseinrichtungen handeln muß, bei denen das Gewinnstreben deutlich zurücktritt (s. Rdnr. 1369), was zumeist verneint werden muß; Ausnahmen kommen allenfalls bei kleineren Programmkinos in Betracht[6]; Sexkinos u.ä. sind hingegen ohne jeden Zweifel als Vergnügungsstätten einzuordnen.

---

1 VGH Mannheim v. 19.10.1998 – 8 S 2192/98, BauR 1999, 1278 = BRS 60 Nr. 74.
2 Vgl. VGH Mannheim v. 22.9.1989 – 5 S 248/89, UPR 1990, 275 = ZfBR 1990, 106.
3 S. etwa BVerwG v. 25.11.1983 – 4 C 64.79, BVerwGE 68, 207 = BauR 1984, 142 = BRS 40 Nr. 45 = DVBl. 1984, 340 = NJW 1984, 1572.
4 Hierzu OVG Münster v. 9.1.1989 – 10a E 75/86, BRS 49 Nr. 77 = DÖV 1989, 729 = DVBl. 1989, 684 = NVwZ 1990, 85 = UPR 1989, 355.
5 Fickert/Fieseler, § 4a Rdnr. 22.5; Stock in König/Roeser/Stock, § 4 Rdnr. 49a.
6 Enger wohl BVerwG v. 15.1.1982 – 4 C 58.79, BauR 1982, 242 = BRS 39 Nr. 67 = DVBl. 1982, 906 = DÖV 1982, 506 = NVwZ 1982, 312 = UPR 1982, 200, das offensichtlich Kinos jeglicher Art als Vergnügungsstätten einordnet; s. auch VGH München v. 21.12.2001 – 15 ZS 01.2570, NVwZ-RR 2003, 9 sowie OVG Weimar v. 19.3.2003 – 1 KO 853/01, NVwZ 2004, 249 und die dortigen Übersichten zum Stand der unterschiedlichen Auffassungen.

Keine Vergnügungsstätten sind: 1435

- Verkaufsstellen für Sexartikel, die als Läden zu bewerten sind („Sex-Shops")[1],
- Bordelle, Dirnenunterkünfte, bordellartig betriebene Massageclubs, Eros-Center u.ä., die als Gewerbebetriebe einzuordnen sind[2],
- Sport- und Fitness-Center, die in der Regel als Gewerbebetriebe einzuordnen sind,
- Kegelbahnen und Bowling-Center, die je nach Ausgestaltung als Anlagen für sportliche Zwecke oder aber – in der Regel – als sonstige Gewerbebetriebe eingestuft werden müssen,
- Theater, Schauspiel-, Opern- und Konzerthäuser sowie Museen, die zumeist unter die Anlagen für kulturelle Zwecke fallen.

Die Baunutzungsverordnung unterscheidet zwischen **kerngebietstypischen** 1436 Vergnügungsstätten, also solchen, die nur in Kerngebieten gemäß § 7 BauNVO zulässig sind und nicht kerngebietstypischen Vergnügungsstätten, die gemäß § 4a Abs. 3 Nr. 2 BauNVO ausnahmsweise zulässig sind (ebenso gemäß § 5 Abs. 3 BauNVO in Dorf- und gemäß § 6 Abs. 3 BauNVO in Mischgebieten). Die Unterscheidung, die durch die BauNVO 1990 (Rdnr. 1185 ff.) neu aufgenommen wurde, beruht auf dem planungsrechtlich bedeutsamen Unterschied, daß es Vergnügungsstätten gibt, die nur von einem beschränkten Kreis von Gästen aus der näheren Umgebung aufgesucht werden und solchen, die durch ihren großen Einzugsbereich ein entsprechend zahlreiches Publikum anziehen und daher wegen ihrer Immissionsrelevanz, aber auch wegen ihrer Nutzungstypik als zentrale „Dienstleistungsbetriebe" einen größeren Einzugsbereich haben, für ein größeres und allgemeines Publikum erreichbar sein sollen und daher in das Stadtzentrum gehören. Nicht kerngebietstypisch sind daher solche Vergnügungsstätten, die nach ihrer Zweckbestimmung oder ihrem Umfang nicht in Kerngebieten untergebracht werden müssen. Dies hängt von dem jeweiligen Betrieb unter Berücksichtigung der tatsächlichen örtlichen Situation ab[3].

---

1 Vgl. hierzu OVG Lüneburg v. 11.9.1986 – 1 C 26/85, BauR 1987, 181 = BRS 46 Nr. 55 = DÖV 1987, 211 = NVwZ 1987, 1091 = UPR 1987, 149 = ZfBR 1987, 50.
2 So auch Fickert/Fieseler, § 4a Rdnr. 23.7; Roeser in König/Roeser/Stock, § 7 Rdnr. 16; offengelassen bei BVerwG v. 29.10.1997 – 4 B 8.97, BRS 59 Nr. 62 sowie BVerwG v. 25.11.1983 – 4 C 21.83, BVerwGE 68, 213 = BauR 1984, 145 = BRS 40 Nr. 52 = DÖV 1984, 860 = NJW 1984, 1574 = UPR 1984, 200 = ZfBR 1984, 141 (allenfalls „eine atypische Art der von der BauNVO gemeinten Vergnügungsstätten").
3 BVerwG v. 20.8.1992 – 4 C 54.89, BauR 1993, 51 = BRS 54 Nr. 137 = DÖV 1993, 875 = NVwZ-RR 1993, 65 = UPR 1993, 24 = ZfBR 1993, 33; VGH München v. 21.12.2001 – 15 ZS 01.2570, NVwZ-RR 2003, 9.

1437 **Beispiel:**
In einer Gemeinde mit ca. 14 000 Einwohnern soll ein Kinocenter mit knapp 400 Sitzplätzen und einer gemischten Programmstruktur errichtet werden. Die jährlich erwartete Besucherzahl liegt bei etwa 120 000. In einer Gemeinde mit der genannten Einwohnerzahl dürfte es sich bei der vorgesehenen Größe und dem Umfang des Vorhabens um eine kerngebietstypische Nutzung handeln. In einer Großstadt kann dies anders aussehen. Allerdings ist auch bei außerhalb von Kerngebieten zulässigen Vergnügungsstätten insbesondere im Hinblick auf ihr Immissionsverhalten die Nachbarschaftsverträglichkeit zu beachten[1].

1438 Während bei einigen Nutzungen bereits die Art des Betriebes als hinreichend angesehen wird, um sie als kerngebietstypisch einzuordnen (z.B. Nachtlokale, Stripteasebars u.ä.), sind insbesondere für **Spielhallen** in der Rechtsprechung Anhaltspunkte dafür entwickelt worden, wann diese als kerngebietstypisch einzuordnen sind. Dabei hat sich ein „Schwellenwert" **von 100 qm Grundfläche** eingependelt. Dabei ist der Aufsichtsbereich der Spielhalle nicht mitzurechnen, wenn er baulich abgetrennt und nicht zur Aufnahme von Spielgeräten geeignet ist. Der Wert beruht auf der Überlegung, daß nach § 3 Abs. 2 SpielV je 15 qm Grundfläche höchstens ein Geldspielgerät aufgestellt werden und die Gesamtzahl der Geldspielgeräte maximal bei 10 liegen darf. Bei wirtschaftlich sinnvoller Flächenausnutzung führt dies dazu, daß eine größtmögliche Spielhalle maximal 150 qm Grundfläche zuzüglich der Nebenräume (Abstellräume, Flure, Toiletten u.s.w.) hat. Diese „größtmögliche" Spielhalle muß als kerngebietstypisch angesehen werden, da ansonsten eine Unterscheidbarkeit zu nicht kerngebietstypischen Betrieben kaum sinnvoll möglich wäre. Dies hat zu dem praxisgerechten Anhaltspunkt geführt, daß eine Spielhalle, die lediglich $^2/_3$ dieser Fläche ausnutzt (100 qm Grundfläche im Sinne von § 3 Abs. 2 SpielV), noch nicht kerngebietstypisch ist[2]. Es ist allerdings zu betonen, daß es sich dabei nur um einen **Anhaltspunkt** handelt. Im Einzelfall können davon durchaus auch Abweichungen geboten sein, etwa dann, wenn auf kleiner Fläche eine größere Anzahl von Spielgeräten vorhanden ist, die nicht unter die Spielverordnung fallen (Geräte ohne Gewinnmöglichkeit, wie Billardtische, Flippergeräte u.ä.) oder wenn die betriebliche Verbindung einer Spielhalle mit einer Gaststätte zu einer gesteigerten Kundenattraktivität führt[3].

1439 Auf **Spielkasinos** und ähnliche Einrichtungen können die Überlegungen zu Spielhallen nicht ohne weiteres übertragen werden. Hier ist wiederum stärker auf den konkreten Einzelfall abzustellen. Das Bundesverwaltungsgericht

---

1 VGH München v. 21.12.2001 – 15 ZS 01.2570, NVwZ-RR 2003, 9.
2 S. etwa OVG Münster v. 21.6.1994 – 11 A 1113/91, BauR 1995, 367 = BRS 56 Nr. 58 = UPR 1995, 119 = ZfBR 1995, 56; OVG Lüneburg v. 11.9.1987 – 6 A 139/86, BRS 47 Nr. 51 = NVwZ 1988, 1141; dazu ausführlich Fickert/Fieseler, § 4a Rdnr. 23.4.
3 S. etwa BVerwG v. 29.10.1992 – 4 B 103.92, BRS 54 Nr. 49 = DVBl. 1993, 125 = DÖV 1993, 260 = NVwZ-RR 1993, 287 = UPR 1993, 60 = ZfBR 1993, 95; VGH Mannheim v. 12.9.2002 – 8 S 1571/02, ZfBR 2003, 47.

hat ein Spielkasino mit 54 qm Nutzfläche, das höchstens 20 Personen Platz bietet, nicht als kerngebietstypisch eingeordnet[1]. Der VGH Mannheim hat ein Spielcasino mit 2 Roulettischen mit je 15 Plätzen in einem Raum von 47 qm ebenfalls noch nicht als kerngebietstypisch angesehen[2].

Bei der Frage nach der Kerngebietstypik von **Diskotheken** und vergleichbaren Einrichtungen kommt es vor allem auf den Einzugsbereich und die zu erwartende Besucherzahl sowie auf das Veranstaltungsprogramm an. Im Gegensatz zu den Spielhallen fehlen allerdings feste Anhaltspunkte dafür, ab wann ein solches Vorhaben kerngebietstypisch ist. Ob eine Diskothek einen größeren und damit kerngebietstypischen Einzugsbereich haben soll (vgl. Rdnr. 1436), hängt insbesondere von der Raumgröße und der Größe der Tanzfläche ab, da daraus geschlossen werden kann, auf wie viele Gäste die Anlage ausgerichtet ist. Bei einer Fläche von 225 qm wird man einen kerngebietstypischen Einzugsbereich noch nicht annehmen können[3]. Werden in einer Diskothek regelmäßig „Table-Dance-Veranstaltungen" durchgeführt, spricht dies für einen kerngebietstypischen Charakter[4]. Allerdings können bei einer Diskothek selbst dann, wenn sie als nicht kerngebietstypisch eingeordnet wird, die damit unvermeidlich verbundenen Immissionen so erheblich sein, daß die Baugenehmigungsbehörde die Erteilung einer Ausnahme ablehnen muß.

1440

Da die städtebaulichen Auswirkungen von Vergnügungsstätten, insbesondere von Spielhallen, Sexkinos u.ä., erheblich sein und das innerstädtische Nutzungsgefüge qualitativ deutlich abwerten können, sind die **Gliederungsmöglichkeiten** nach § 1 Abs. 5 und 9 BauNVO hier in besonderem Maße von Bedeutung. Danach können Vergnügungsstätten insgesamt oder einzelne Arten von Vergnügungsstätten (z.B. solche, in denen Filme oder sonstige Darstellungen sexuellen Inhalts angeboten werden) ausgeschlossen oder in Baugebieten, in denen sie allgemein zulässig sind, für nur ausnahmsweise zulässig erklärt werden (s. dazu Rdnr. 1679 ff.)[5].

1441

(3) Tankstellen: Es ist kein zwingender Grund erkennbar, Tankstellen in besonderen Wohngebieten zu beschränken, da sie an sich der Gebietstypik entsprechen. In der Regel ist daher die Ausnahmefähigkeit auch zu bejahen, es sei denn, der konkrete Standort ist aufgrund der unmittelbaren Nachbarschaft von Wohngebäuden besonders störungsempfindlich oder aber es handelt sich um eine besonders große Anlage. Dabei ist allerdings zu berück-

1442

---

1 BVerwG v. 21.2.1986 – 4 C 31.83, BauR 1986, 417 = BRS 46 Nr. 51 = DÖV 1986, 802 = NVwZ 1986, 643 = ZfBR 1986, 147.
2 VGH Mannheim v. 27.6.1989 – 8 S 477/89, BauR 1989, 699 = BRS 49 Nr. 64 = NVwZ 1990, 86.
3 So VGH Mannheim v. 22.9.1989 – 5 S 3086/88, BRS 49 Nr. 228 = NJW 1990, 3199.
4 VGH München v. 7.8.2003 – 22 ZB 03.1041, NVwZ-RR 2003, 816 = UPR 2004, 36.
5 S. etwa OVG Münster v. 9.1.1989 – 10a NE 75/86, BRS 49 Nr. 77 = DVBl. 1989, 684 = DÖV 1989, 729 = NVwZ 1990, 85 = UPR 1989, 355.

sichtigen, daß Reparaturwerkstätten u.ä. von dem Begriff der Tankstelle nicht umfaßt sind (s. Rdnr. 1393).

e) Sonderregelungen für Wohnungen

1443 Nach § 4a Abs. 4 BauNVO kann für besondere Wohngebiete oder für Teile eines solchen Gebiets durch Bebauungsplan festgesetzt werden, daß

(1) oberhalb eines bestimmten Geschosses nur Wohnungen zulässig sind oder

(2) in Gebäuden ein bestimmter Anteil der zulässigen Geschoßfläche oder eine bestimmte Größe der Geschoßfläche für Wohnungen zu verwenden ist.

1444 Mit diesen beiden Festsetzungsmöglichkeiten kann die Wohnnutzung in einem besonderen Wohngebiet gesichert und einem überwiegend gewerblichen Charakter vorgebeugt werden (Umwidmungssperre). Dies unterstreicht die besondere Bedeutung, die der Verordnungsgeber der Wohnnutzung in Baugebieten nach § 4a BauNVO beimißt[1]. Die Festsetzungsmöglichkeiten nach § 4a Abs. 4 Nr. 1 und 2 BauNVO ergänzen die Möglichkeiten der Feinsteuerung nach § 1 Abs. 4 bis 10 BauNVO zur vertikalen (Nr. 1) und zur horizontalen (Nr. 2) Gliederung. Zu dem Erfordernis der **besonderen städtebaulichen Gründe** kann auf die entsprechenden Ausführungen im Zusammenhang mit § 1 Abs. 9 BauNVO verwiesen werden (Rdnr. 1679 ff.).

5. Dorfgebiete (MD, § 5 BauNVO)

a) Gebietscharakter und Nutzungsmöglichkeiten

1445 Dorfgebiete dienen der Unterbringung der Wirtschaftsstellen land- und forstwirtschaftlicher Betriebe, dem Wohnen und der Unterbringung von nicht wesentlich störenden Gewerbebetrieben sowie der Versorgung der Bewohner des Gebiets dienenden Handwerksbetrieben. Auf die Belange der land- und fortwirtschaftlichen Betriebe einschließlich ihrer Entwicklungsmöglichkeiten ist vorrangig Rücksicht zu nehmen (§ 5 Abs. 1 BauNVO).

1446 Obergrenzen des Maßes der baulichen Nutzung (§ 17 Abs. 1 BauNVO): Grundflächenzahl (GRZ) 0,6; Geschoßflächenzahl (GFZ) 1,2.

1447 In der Zweckbestimmung des Dorfgebiets sind alle Nutzungsarten genannt, die den Charakter eines Dorfgebiets ausmachen. Es handelt sich dabei um ein gemischtes Baugebiet mit land- und forstwirtschaftlicher Prägung, gewissermaßen also um ein **ländliches Mischgebiet**[2].

---

1 Vgl. BVerwG v. 4.6.1991 – 4 NB 35.89, BVerwGE 88, 268 = BauR 1991, 713 = BRS 52 Nr. 9 = DVBl. 1991, 1153 = DÖV 1992, 68 = NVwZ 1992, 373 = UPR 1991, 385 = ZfBR 1991, 269.
2 BVerwG v. 4.12.1995 – 4 B 258.95, BauR 1996, 218 = BRS 57 Nr. 70 = DVBl. 1996, 270 = DÖV 1996, 292 = NVwZ-RR 1996, 428 = UPR 1996, 112 = ZfBR 1996, 121; OVG Lüneburg v. 23.9.1999 – 1 K 5147/97, BauR 2000, 523.

§ 5 Abs. 1 Satz 2 BauNVO unterstreicht dabei die **Vorrangstellung der Land- und Forstwirtschaft** gegenüber den ansonsten gleichrangigen Nutzungsarten. Diese Vorrangstellung hat Bedeutung in mehrerer Hinsicht:

1448

Im Hinblick auf die Quantität baulicher Anlagen ist sie nicht so zu verstehen, daß die Zahl der land- und forstwirtschaftlichen Betriebe überwiegen muß, da lediglich auf deren Belange Rücksicht zu nehmen ist. Eine Aussage hinsichtlich des quantitativen Mischungsverhältnisses ist damit nicht verbunden[1]. Es handelt sich insofern also in erster Linie um eine **qualitative** Bestimmung, zumal auch schon wenige landwirtschaftliche Betriebe aufgrund ihrer Größe und ihres Emissionsverhaltens das Baugebiet deutlich stärker prägen können als die sonstigen in einem Dorfgebiet zulässigen Nutzungen. Allerdings ist es für eine Qualifizierung als Dorfgebiet erforderlich, daß überhaupt landwirtschaftliche Nutzungen vorhanden sind. Denn ohne Gebäude landwirtschaftlicher Betriebsstellen ist ein Baugebiet kein Dorfgebiet[2].

1449

Werden **vorhandene Bebauungszusammenhänge** durch die Ausweisung eines Dorfgebiets überplant, müssen in hinreichender Zahl Wirtschaftsstellen oder landwirtschaftliche Betriebe vorhanden sein, die das Baugebiet prägen oder es muß zumindest die Wieder- oder Neuansiedlung derartiger Betriebe zu erwarten und auch planerisch gewollt sein. Letzteres ist nur dann der Fall, wenn eine landwirtschaftliche Nutzung nach den tatsächlichen Gegebenheiten, insbesondere also unter Berücksichtigung der vorhandenen Bebauung und deren Nutzung, realisierbar ist. Dies ist gerade unter Berücksichtigung des Rückgangs kleiner dorftypischer landwirtschaftlicher Betriebe vielfach nicht der Fall[3]. Nicht ausreichend ist es, wenn lediglich landwirtschaftlich geprägte („dörfliche") Bausubstanz vorhanden ist, aus der die **frühere landwirtschaftliche Nutzung** abgelesen werden kann. Es ist nicht Aufgabe des Bauplanungsrechts, lediglich ein solches Ortsbild zu konservieren. Vielmehr kommt es entscheidend neben der dörflichen Bausubstanz auch auf die entsprechende tatsächliche Nutzung an. Ist diese nicht vorhanden oder planerisch nicht zu entwickeln, scheidet die Ausweisung eines Dorfgebiets aus[4]. Die erfolgte Festsetzung als Dorfgebiet kann in einem solchen Fall funktionslos werden, mit der Folge, daß es sich nach Maßgabe der tatsächlich vorhandenen Nutzung um ein faktisches Wohn- oder Mischgebiet handelt (zur Funktionslosigkeit von Bebauungsplanfestsetzungen s. Rdnr. 865 ff.)[5].

1450

---

1 OVG Schleswig v. 22.9.1994 – 1 M 16/94, NVwZ-RR 1995, 252.
2 BVerwG v. 29.5.2001 – 4 B 33/01, NVwZ 2001, 1055.
3 Dazu etwa OVG Lüneburg v. 27.10.1993 – 1 K 3/91, NVwZ 1995, 284; VGH Kassel v. 17.9.2002 – 4 N 2842/98, NVwZ-RR 2003, 417 (zum Planungsziel einer nichtbäuerlichen Grundstücksnutzung).
4 OVG Lüneburg v. 27.10.1993 – 1 K 3/91, NVwZ 1995, 284.
5 BVerwG v. 29.5.2001 – 4 B 33/01, NVwZ 2001, 1055.

1451 Sowohl die allgemeine Zweckbestimmung des Dorfgebiets als auch die Vorrangklausel des § 5 Abs. 1 Satz 2 BauNVO führen dazu, daß im Rahmen der **planerischen Feinsteuerung** nach § 1 Abs. 4 bis 9 BauNVO land- und fortwirtschaftliche Betriebe nicht völlig ausgeschlossen oder auf eine Ausnahmezulassung beschränkt werden dürfen[1]. Andererseits dürfen jedoch auch sonstige, also nicht land- oder forstwirtschaftsspezifische, Wohngebäude gemäß § 5 Abs. 2 Nr. 3 BauNVO nicht ausgeschlossen werden, da auch diese Art der Nutzung das Dorfgebiet im Sinne von § 5 Abs. 1 Satz 1 BauNVO prägt[2]. Möglich und vielfach auch sinnvoll ist allerdings eine Gliederung von Dorfgebieten nach § 1 Abs. 4 BauNVO, um so den Belangen der Landwirtschaft einerseits und der Störungsempfindlichkeit insbesondere der Wohnnutzung andererseits Rechnung zu tragen[3].

1452 Weiterhin ist im Zusammenhang mit der Vorrangregelung in § 5 Abs. 1 Satz 2 BauNVO zu beachten, daß sich diese nicht nur auf den vorhandenen Umfang land- und forstwirtschaftlicher Betriebe bezieht sondern auch auf deren **Entwicklungsmöglichkeiten**. Dies ist zum einen bei den Planfestsetzungen zu beachten, um keine planerisch bewältigungsbedürftigen Nutzungskonflikte zu provozieren[4]. Zum anderen kann die Vorschrift Bedeutung im Zusammenhang mit dem Rücksichtnahmegebot des § 15 Abs. 1 BauNVO (Rdnr. 1217 ff.) haben. Allerdings beschränkt sich der Zumutbarkeitsmaßstab des § 15 Abs. 1 BauNVO auch in Dorfgebieten neben der vorhandenen baulichen Nutzung auf **konkret geplante und absehbare** Entwicklungen. Nicht mitumfaßt sind hingegen darüber hinausgehende bloße Betriebserweiterungsmöglichkeiten, die mit erhöhten und der Nachbarschaft nicht mehr zumutbaren Immissionsbelastungen verbunden sein könnte. Die Zukunftsperspektive, die der Landwirtschaft in einem Dorfgebiet durch die Vorrangklausel eröffnet wird, besteht also nicht darin, daß betriebliche Veränderungen zu beliebiger Zeit eine unzumutbare Verschlechterung der Immissionsverhältnisse zum Nachteil der Nachbarschaft herbeiführen dürfen[5].

1453 Die wesentliche Bedeutung des § 5 Abs. 1 Satz 2 BauNVO liegt darin, den **Grad der Schutzbedürftigkeit** von in einem Dorfgebiet vorhandenen bauli-

---

1 BVerwG v. 16.3.2000 – 4 BN 6.00, BauR 2000, 1018; BVerwG v. 22.12.1989 – 4 NB 32.89, BauR 1990, 186 = BRS 49 Nr. 74 = DVBl. 1990, 387 = NVwZ-RR 1990, 171 = UPR 1990, 102 = ZfBR 1990, 98; VGH Kassel v. 17.9.2002 – 4 N 2842/98, NVwZ-RR 2003, 417.
2 OVG Lüneburg v. 27.10.1993 – 1 K 3/91, NVwZ 1995, 284.
3 OVG Lüneburg v. 4.5.2000 – 1 K 4196/98, BauR 2000, 1710; OVG Koblenz v. 23.1.1991 – 10 C 10.228/90, BauR 1991, 311 = BRS 52 Nr. 16.
4 OVG Münster v. 16.9.2002 – 7a D 4/01, BauR 2003, 346; OVG Lüneburg v. 23.9.1999 – 1 K 5147/99, BauR 2000, 523.
5 BVerwG v. 14.1.1993 – 4 C 19.90, BauR 1993, 445 = BRS 55 Nr. 175 = DVBl. 1993, 652 = DÖV 1993, 921 = NVwZ 1993, 1184 = UPR 1993, 221 = ZfBR 1993, 243; dazu auch Jäde in Jäde/Dirnberger/Weiß, § 5 BauNVO, Rdnr. 10.

chen Nutzungen zu bestimmen. Die Vorschrift macht deutlich, daß **landwirtschaftstypische Emissionen** (Tiergeräusche, Gerüche, Lärm landwirtschaftlicher Maschinen u.s.w.) prinzipiell hinzunehmen sind[1]. Ergänzend dazu ist die Störungsempfindlichkeit von Dorfgebieten gekennzeichnet durch die Zulässigkeit von nicht wesentlich störenden Gewerbebetrieben, also durch das mischgebietstypische Immissionsniveau. Dem folgen für den Bereich der Lärmimmissionen auch die einschlägigen lärmtechnischen Regelwerke, die Dorf- und Mischgebiete gleichbehandeln (DIN 18005, TA Lärm, 16. BImSchV, 18. BImSchV, Freizeitlärmrichtlinie, Rdnr. 725 ff.). Schwieriger ist demgegenüber die gerade in Dorfgebieten häufig problematische Einordnung von **Geruchsbelästigungen**, die sehr viel schwerer zu erfassen und zu bewerten sind als Lärmimmissionen (s. Rdnr. 732). Es bedarf dabei einer auf den Einzelfall ausgerichteten Beurteilung, bei der die verschiedenen technischen Regelwerke für Geruchsimmissionen, die durchgängig keinen Gesetzescharakter haben, allenfalls eine **Orientierungshilfe** bieten, die keinesfalls schematisch angewandt werden darf[2]. In Betracht kommt als ein solcher „grober Anhalt" auch der bloße Entwurf eines technischen Regelwerks, da er die Genehmigungsbehörde ohnehin nicht von der notwendigen Einzelfallbewertung entbindet[3].

b) Zulässige Vorhaben im Dorfgebiet

(1) Wirtschaftsstellen land- und forstwirtschaftlicher Betriebe und die dazugehörigen Wohnungen und Wohngebäude: Unter diesen Zulässigkeitstatbestand fallen alle Bauwerke, die ein landwirtschaftlicher Betrieb erfordert. Die Vorhaben sind auch im Außenbereich zulässig, wenn keine öffentlichen Belange entgegenstehen (§ 35 Abs. 1 Nr. 1 BauNVO, Rdnr. 2105 ff.). Nicht unter § 5 Abs. 2 Nr. 1 BauNVO fällt der land- oder forstwirtschaftlich genutzte Boden, da es sich bei diesem nicht um eine Wirtschaftsstelle handelt.

1454

Ab einer gewissen Größe können landwirtschaftliche Betriebe mit Massentierhaltung immissionsschutzrechtlich genehmigungsbedürftig sein (§ 4 BImSchG i.V.m. Ziffer 7 des Anhangs zur 4. BImSchV). Dies allein führt noch nicht zwingend dazu, daß ein Betrieb dieser Größe in einem Dorfgebiet nicht allgemein zulässig ist (§ 15 Abs. 3 BauNVO). Allerdings kann

1455

---
1 OVG Münster v. 25.6.2003 – 7 A 4042/00, BauR 2003, 1850 zu Geruchsbeeinträchtigungen für eine Bäckerei.
2 BVerwG v. 27.1.1994 – 4 B 16/94, NVwZ-RR 1995, 6; BVerwG v. 14.1.1993 – 4 C 19.90, BauR 1993, 445 = BRS 55 Nr. 175 = DVBl. 1993, 652 = DÖV 1993, 921 = NVwZ 1993, 1184 = UPR 1993, 221 = ZfBR 1993, 243; OVG Münster v. 25.6.2003 – 7 A 4042/00, BauR 2003, 1850 zur nur eingeschränkten Anwendbarkeit der Geruchsimmissionsrichtlinie (GIRL) im Nahbereich.
3 So etwa VGH Kassel v. 16.3.1995 – 3 TG 50.95, BRS 57 Nr. 216 = NVwZ-RR 1995, 633 zum Entwurf der VDI-Richtlinie 3473 „Emissionsminderung Tierhaltung – Rinder".

dies ein Anhaltspunkt für die Beurteilung der Gebietsverträglichkeit sein. Er ändert allerdings nichts daran, daß die Zumutbarkeit im konkreten Fall festgestellt werden muß (zur typisierenden Betrachtungsweise s. im Zusammenhang mit Mischgebieten Rdnr. 1487 ff.).

1456 **(2) Kleinsiedlungen einschließlich Wohngebäude mit entsprechenden Nutzgärten und landwirtschaftliche Nebenerwerbsstellen**: Hierzu kann auf die Ausführungen zu § 2 Abs. 2 Nr. 1 BauNVO verwiesen werden (Rdnr. 1398 ff.).

1457 **(3) Sonstige Wohngebäude**: Wohngebäude sind in einem Dorfgebiet unbeschränkt genehmigungsfähig. Das Wort „sonstige" bedeutet in diesem Zusammenhang, daß es um diejenigen Wohngebäude geht, die nicht bereits unter die Zulässigkeitstatbestände des § 5 Abs. 2 Nr. 1 oder Nr. 2 BauNVO fallen.

1458 **(4) Betriebe zur Be- und Verarbeitung und Sammlung land- und forstwirtschaftlicher Erzeugnisse**: Es geht hierbei um **selbständige** Betriebe, da Bestandteile land- und forstwirtschaftlicher Betriebe bereits nach § 5 Abs. 2 Nr. 1 BauNVO, ggf. i.V.m. § 14 BauNVO, zulässig sind. Die zu be- oder verarbeitenden oder zu sammelnden land- und forstwirtschaftlichen Erzeugnisse, also die Erzeugnisse, die der Landwirtschaft im Sinne von § 201 BauGB (Rdnr. 2106) entstammen, müssen nicht in dem Dorfgebiet selbst oder in dessen unmittelbarer näherer Umgebung angebaut worden sein. § 5 Abs. 2 Nr. 4 BauNVO enthält also **keine Klausel zur Gebietsversorgung** wie etwa § 3 Abs. 3 Nr. 1 BauNVO[1]. Allerdings können größere „ortsungebundene" Betriebe nach § 15 Abs.1 BauNVO unzulässig sein. Dafür kann die immissionsschutzrechtliche Genehmigungsbedürftigkeit nach den §§ 4 ff. BImSchG i.V.m. der 4. BImSchV einen Anhaltspunkt geben, der jedoch nicht von der konkreten Fallbetrachtung sowohl hinsichtlich Art, Umfang und Größe der Anlage als auch hinsichtlich der örtlichen Gegebenheiten entbindet (s. bereits Rdnr. 1455). Eine industrielle Be- und Verarbeitung wird danach gleichwohl in der Regel unzulässig sein, während Sammelstellen landwirtschaftlicher Genossenschaften, Getreidemühlen, Zuckerfabriken, Schlachthäuser, Kühlhäuser, Sägemühlen, Molkereien, (kleinere) Brauereien und Mostereien zumeist zulässig sind.

1459 Die Be- und Verarbeitung der land- und forstwirtschaftlichen Erzeugnisse muß bei der betrieblichen Tätigkeit **im Vordergrund** stehen. Sie darf nicht nur einen eher untergeordneten Bestandteil der Betriebstätigkeit ausmachen. So ist es zwar unschädlich, wenn in einem Betrieb auch andere als land- und forstwirtschaftliche Erzeugnisse in einem einheitlichen Produktionsprozeß verwendet werden, jedoch darf umgekehrt der land- oder forstwirtschaftliche Produktbestandteil nicht im Hintergrund stehen, da anson-

---

1 BVerwG v. 2.8.1996 – 4 B 136.96, BRS 58 Nr. 68.

sten eine Abgrenzung zu sonstigen Gewerbebetrieben, die in § 5 Abs. 2 Nr. 6 BauNVO geregelt sind, kaum möglich wäre. Etwa Möbelfabriken fallen daher in der Regel nicht mehr unter § 5 Abs. 2 Nr. 4 BauNVO, selbst wenn sie bei der Produktion neben anderen Werkstoffen (Kunststoff, Metall, Glas u.s.w.) auch Holz als ein forstwirtschaftliches Erzeugnis verwenden. Derartige Betriebe können allerdings unter § 5 Abs. 2 Nr. 6 BauNVO fallen, sei es als industrielle oder auch als handwerkliche Tätigkeit (z.B. Schreinereien, Tischlereien).

(5) Einzelhandelsbetriebe, Schank- und Speisewirtschaften sowie Betriebe des Beherbergungswesens: Der Zulässigkeitstatbestand deckt sich mit dem weitgehend gleichlautenden § 4a Abs. 2 Nr. 2 BauNVO (Rdnr. 1423 f.). 1460

Der **Begriff des Einzelhandelsbetriebes** geht zwar weiter als der des Ladens, da auch der Bestell- und Versandhandel darunter fallen[1]. Abgesehen davon gilt jedoch in beiden Fällen, daß nur kleinflächiger Einzelhandel zulässig ist, der nicht unter § 11 Abs. 3 BauNVO (Rdnr. 1614 ff.) fällt. Unterhalb dieser Schwelle sind die Warensortimente und die Betriebsform (Nachbarschaftsladen, Selbstbedienungsgeschäft, Discountmarkt u.ä.) unerheblich. Erforderlich ist es ebenfalls bei beiden Begriffen, daß ein Verkauf an Letztverbraucher erfolgt. Groß- und Zwischenhandel fallen daher weder unter den einen noch unter den anderen Begriff. 1461

Sowohl für Einzelhandelsbetriebe als auch für Schank- und Speisewirtschaften und Beherbergungsbetriebe gilt, daß diese im Dorfgebiet nicht der Gebietsversorgung dienen müssen[2]. In dörflichen Schank- und Speisewirtschaften sind **gelegentliche Tanzveranstaltungen** in der Regel auch mit Blick auf § 15 Abs. 1 BauNVO zumutbar und führen nicht dazu, daß es sich um eine nur ausnahmsweise zulässige Vergnügungsstätte im Sinne von § 5 Abs. 3 BauNVO handelt (Rdnr. 1472)[3]. 1462

(6) Sonstige Gewerbebetriebe: Andere als die in § 5 Abs. 2 BauNVO speziell behandelten Betriebe sind nach § 5 Abs. 2 Nr. 6 BauNVO allgemein zulässig (zum Begriff des Gewerbebetriebs s. Rdnr. 1530). Eine Einschränkung ergibt sich allerdings aus § 5 Abs. 1 BauNVO i.V.m. § 15 Abs. 1 BauNVO dahingehend, daß es sich nur um Betriebe handeln darf, die **nicht wesentlich stören**. Ob die Betriebe dorfgebietstypisch sind oder einen funktionellen Zusammenhang mit dem Dorfgebiet aufweisen, ist dabei unerheblich[4], so- 1463

---

1 Dazu etwa Fickert/Fieseler, § 5 Rdnr. 15.1.
2 BVerwG v. 4.12.1995 – 4 B 258.95, BauR 1996, 218 = BRS 57 Nr. 70 = DVBl. 1996, 270 = DÖV 1996, 292 = NVwZ-RR 1996, 428 = UPR 1996, 112 = ZfBR 1996, 121.
3 OVG Lüneburg v. 7.11.1996 – 1 M 5501/96, BauR 1997, 274 = BRS 58 Nr. 70 = NVwZ-RR 1997, 403 = UPR 1997, 157; VGH Mannheim v. 17.8.1990 – 8 S 1458/90, BRS 50 Nr. 64 = NVwZ 1991, 277 = UPR 1991, 80 = ZfBR 1991, 182.
4 BVerwG v. 7.9.1995 – 4 B 200.95, BauR 1996, 78 = BRS 57 Nr. 71 = DÖV 1996, 168 = NVwZ-RR 1996, 251 = UPR 1996, 72 = ZfBR 1996, 57.

lange die Zweckbestimmung des Baugebiets als solche gewahrt bleibt. Zu den in einem Dorfgebiet zulässigen sonstigen Gewerbebetrieben zählen auch Lagerhäuser und Lagerplätze, obgleich sie in § 8 Abs. 2 Nr. 1 und § 9 Abs. 2 Nr. 1 BauNVO speziell geregelt sind. Anders als insbesondere bei Vergnügungsstätten (s. insbesondere Rdnr. 1431 ff.) bedeutet diese Benennung nicht, daß Lagerhäuser und Lagerplätze nur in Gewerbe- und Industriegebieten als eigenständige Hauptnutzung zulässig sind. Sie können zumindest als Teil eines Gewerbebetriebs auch in einem Dorfgebiet (oder auch in einem anderen Baugebiet) zulässig sein, sofern der Gewerbebetrieb selbst in dem betreffenden Gebiet zugelassen ist und das Lagerhaus oder der Lagerplatz mit der Zweckbestimmung des Baugebiets vereinbar ist. Erst recht gilt dies selbstverständlich, wenn es sich nicht um eine eigenständige Hauptnutzung handelt sondern um den bloßen Bestandteil oder um die Nebenanlage eines im Dorfgebiet zulässigen Betriebs[1].

1464 Einen gewissen **Sonderfall** der sonstigen Gewerbebetriebe im Sinne von § 5 Abs. 2 Nr. 6 BauNVO stellen die Handwerksbetriebe dar. Diese sind zwar grundsätzlich ebenso zu behandeln wie die sonstigen Gewerbebetriebe. Eine Abweichung besteht allerdings wegen § 5 Abs. 1 Satz 1 BauNVO hinsichtlich derjenigen **Handwerksbetriebe, die der Versorgung der Bewohner des Gebiets** dienen (zum Begriff des Handwerks s. Rdnr. 1343). Diese Regelung bedeutet nicht einschränkend, daß nur derartige Handwerksbetriebe in einem Dorfgebiet allgemein zulässig sind. Die Besonderheit liegt vielmehr zugunsten der gebietsversorgenden Handwerksbetriebe darin, daß auch solche Betriebe allgemein zulässig sind, die den im Dorfgebiet zulässigen Störungsgrad überschreiten, jedoch als typisch dörflich traditionell in ein Dorfgebiet gehören[2]. Dazu zählen etwa Schreinereien, Schmieden und Reparaturwerkstätten für Kraftfahrzeuge und landwirtschaftliche Geräte zur Versorgung des Gebiets. Der gebietsbezogene Einzugsbereich ist dabei nach objektiven Kriterien zu ermitteln (vgl. Rdnr. 1360). Die Privilegierung für gebietsversorgende Handwerksbetriebe gegenüber sonstigen Gewerbebetrieben bedeutet allerdings nicht, daß diese ein unbegrenztes Störpotential aufweisen dürfen. Vielmehr ergibt sich auch dafür durch § 15 Satz 1 BauNVO (Rdnr. 1217 ff.) eine Grenze im Einzelfall.

1465 **(7) Anlagen für örtliche Verwaltungen sowie für kirchliche, kulturelle, soziale, gesundheitliche und sportliche Zwecke**: Hinsichtlich der örtlichen Verwaltungen kann auf Rdnr. 1390 im Zusammenhang mit allgemeinen Wohngebieten verwiesen werden. Der Zusatz „örtlich" weist darauf hin, daß hier nur die Verwaltung für den dörflichen Bereich und seine Umge-

---

[1] BVerwG v. 8.11.2001 – 4 C 18.00, BauR 2002, 747 = NVwZ 2002, 730 = UPR 2002, 26 = ZfBR 2002, 364.
[2] BVerwG v. 4.12.1995 – 4 B 258.95, 4 B 258.95, BauR 1996, 218 = BRS 57 Nr. 70 = DVBl. 1996, 270 = DÖV 1996, 292 = NVwZ-RR 1996, 428 = UPR 1996, 112 = ZfBR 1996, 121.

bung gemeint ist. Der Begriff ist dennoch nicht ganz wörtlich zu verstehen. Er ist weder zwingend auf das Baugebiet, noch auf die Gemeinde insgesamt beschränkt. Er kann etwa auch die Verwaltungsstelle eines für mehrere dörflich geprägte Gemeinden zuständigen Zweckverbandes oder einer Genossenschaft umfassen. Abgrenzungskriterium aus bauplanungsrechtlicher Sicht ist in erster Linie, daß in einem Dorfgebiet keine großen Verwaltungen mit entsprechendem Zu- und Abgangsverkehr vorhanden sein sollen, die in der Regel einen weit über den örtlichen Bereich hinausgehenden (regionalen, überregionalen oder sogar bundesweiten) Einzugsbereich haben.

Baulichen Anlagen für kulturelle, soziale, gesundheitliche und sportliche Zwecke (zu dem Begriffen Rdnr. 1369 ff.) sind zwar anders als die Verwaltungen nicht ortsgebunden. Sie dürfen dennoch mit Blick auf den Gebietscharakter eines Dorfgebiets eine dafür typische Größe nicht überschreiten. 1466

(8) Gartenbaubetriebe: Zu den Gartenbaubetrieben kann auf die Ausführungen zu § 2 Abs. 2 Nr. 1 BauNVO (Rdnr. 1403 ff.) verwiesen werden. 1467

(9) Tankstellen: Auch Tankstellen sind nicht auf den örtlichen Bedarf beschränkt. Grenzen ergeben sich allerdings aus dem Begriff der Tankstelle selbst, der zwar gewisse Nebentätigkeiten (kleinere Reparaturen u.s.w.) einschließt, jedoch keine größeren Reparaturbetriebe umfaßt (Rdnr. 1393). Deren Zulässigkeit richtet sich vielmehr nach den für die sonstigen Gewerbebetriebe (Rdnr. 1463 f.) geltenden Bestimmungen. 1468

c) Nebenanlagen

Stellplätze und Garagen (§ 12 BauNVO) sind in jeder Art, also auch für Lastkraftwagen und Omnibusse zulässig. Die Nutzung ist nicht auf den Bedarf des Gebiets beschränkt. 1469

Gebäude und Räume für freie Berufe (§ 13 BauNVO) sind unbeschränkt zulässig. Dem Charakter eines Dorfgebiets widerspricht es grundsätzlich nicht, wenn die Anlagen einem größeren Publikumskreis offenstehen. 1470

Untergeordnete Nebenanlagen (§ 14 BauNVO) sind in einem Dorfgebiet insbesondere solche für die Tier- und Kleintierhaltung. 1471

d) Ausnahmsweise zulässige Vorhaben im Dorfgebiet

Ausnahmsweise können gemäß § 5 Abs. 3 BauNVO in einem Dorfgebiet **Vergnügungsstätten** im Sinne von § 4a Abs. 3 Nr. 2 BauNVO, also nicht kerngebietstypische Vergnügungsstätten, zugelassen werden (s. im einzelnen Rdnr. 1431 ff.). 1472

6. Mischgebiete (MI, § 6 BauNVO)

a) Gebietscharakter und Nutzungsmöglichkeiten

1473 Mischgebiete dienen dem Wohnen und der Unterbringung von Gewerbebetrieben, die das Wohnen nicht wesentlich stören (§ 6 Abs. 1 BauNVO).

1474 Obergrenze des Maßes der baulichen Nutzung (§ 17 Abs. 1 BauNVO): Grundflächenzahl (GRZ) 0,6; Geschoßflächenzahl (GFZ) 1,2.

1475 Das Mischgebiet ist gekennzeichnet durch die **quantitative und qualitative Gleichrangigkeit und Gleichwertigkeit** von Wohnnutzung und Gewerbebetrieben, die das Wohnen nicht wesentlich stören. Keine dieser Nutzungen hat – anders als im Dorfgebiet (Rdnr. 1445 ff.) – einen Vorrang. Es handelt sich um eine **geplante „Gemengelage"**, was in gewisser Weise in Widerspruch zu dem sog. Trennungsgrundsatz (vgl. Rdnr. 608) steht. Kompensiert wird dies durch das erhöhte Maß an wechselseitiger Rücksichtnahme, d.h. die Wohnnutzung muß mehr an Immissionen hinnehmen als in einem Wohngebiet, die Gewerbenutzung darf andererseits das Wohnen nicht wesentlich stören und daher nicht so starke Immissionen verursachen wie in einem Gewerbegebiet. Aus städtebaulicher Sicht führt dies zu sehr urbanen Nutzungsmöglichkeiten, durch die auf engem Raum Wohnen, Arbeiten, Versorgung und Freitzeitgestaltung ermöglicht werden („Stadt der kurzen Wege"). In kleineren Gemeinden oder Stadtteilen größerer Städte übernehmen Mischgebiete häufig ähnliche Funktionen wie Kerngebiete im Sinne von § 7 BauNVO (Rdnr. 1502 ff.).

1476 Die mischgebietstypische quantitative Durchmischung von Wohnen und nicht störendem Gewerbe verlangt, daß keine der Nutzungen übergewichtig in Erscheinung tritt, also nach Zahl oder Umfang eine beherrschende Stellung einnimmt[1]. Insbesondere darf ein Mischgebiet nicht in einen anderen Gebietstypus „umkippen", sich also nicht durch Verdrängung gewerblicher Nutzungen zu einem allgemeinen Wohngebiet bzw. durch die Verdrängung der Wohnnutzung zu einem Gewerbegebiet entwickeln. Ist dies der Fall, kann die Festsetzung zur Art der baulichen Nutzung ggf. funktionslos werden und sich das Baugebiet zu einem faktischen Wohn- oder Gewerbegebiet wandeln (s. zur Funktionslosigkeit von Bebauungsplanfestsetzungen Rdnr. 865 ff.; zu der vergleichbaren Situation in Dorfgebieten Rdnr. 1450). Für die Frage, ob die **notwendige Durchmischung** gewahrt ist, kommt es nicht auf rechnerisch exakte Zahlenwerte etwa anhand der Anzahl von Betrieben und Wohnungen, der anteiligen Grund- oder Geschoßfläche u.ä. an, sondern auf

---

[1] BVerwG v. 11.4.1996 – 4 B 51.96, BRS 58 Nr. 82 = NVwZ-RR 1997, 463 = ZfBR 1997, 51; BVerwG v. 4.5.1988 – 4 C 34.86, BVerwGE 79, 909 = BauR 1988, 440 = BRS 48 Nr. 37 = DVBl. 1988, 848 = DÖV 1988, 839 = NJW 1988, 3168 = UPR 1988, 442 = ZfBR 1988, 234.

eine wertende Beurteilung der tatsächlichen Umstände im jeweiligen Einzelfall[1].

Die mischgebietstypische Durchmischung muß durch den Plangeber **tatsächlich gewollt** und im Rahmen der Planfestsetzungen auch möglich sein. Dies bedarf bei Mischgebieten stärkerer Betonung als bei anderen Baugebieten, die eine Prägung in Richtung auf eine bestimmte vorherrschende Nutzung aufweisen. Aus diesem Grunde ist das Mischgebiet mehr als andere Baugebiete der Gefahr ausgesetzt, für einen Etikettenschwindel mißbraucht zu werden (Rdnr. 616), also ausgewiesen zu werden, obwohl das eigentliche Planungsziel ein allgemeines Wohn- oder ein Gewerbegebiet ist[2].

1477

Das Erfordernis der Durchmischung bedeutet nicht, daß in einem Mischgebiet die Möglichkeiten der **planerischen Feinsteuerung** nach § 1 Abs. 4 bis 10 BauNVO nicht oder nur eingeschränkt zur Verfügung stehen. Im Gegenteil ist gerade ein Mischgebiet wegen der unterschiedlichen Störungsempfindlichkeit und Störungsintensität der zulässigen Nutzungen dafür besonders geeignet. Dementsprechend zeigt auch § 6 Abs. 2 Nr. 8 BauNVO (Rdnr. 1498), daß die Verteilung der in Betracht kommenden Nutzungen über das gesamte Baugebiet nicht durchgängig gleich sein muß. Insbesondere ist es nicht erforderlich, daß bei einer Gliederung des Baugebiets auf allen Grundstücken jede Nutzung nach § 6 Abs. 2 und 3 BauNVO zulässig ist[3]. Nicht möglich ist allerdings der vollständige Ausschluß oder die nur ausnahmsweise Zulassung einer der beiden Hauptnutzungsarten nach § 1 Abs. 5 BauNVO, da dies mit dem Baugebietscharakter nicht mehr im Einklang stünde[4]. Eine horizontale Gliederung dergestalt, daß in einem Teil des Baugebiets die Wohn- und in einem anderen Teil die gewerbliche Nutzung überwiegt, ist hingegen zulässig, solange bezogen auf das gesamte Baugebiet die erforderliche Durchmischung gewahrt bleibt. Dies hängt vor allem von der Größe des Gliederungsgebiets und der dort bereits vorhandenen Nutzung ab. Hat etwa ein Teilgebiet aufgrund entsprechender Gliederungsfestsetzungen den Charakter eines eigenständigen allgemeinen Wohngebiets und ein anderes Teilgebiet den eines eigenständigen Gewerbegebiets, handelt es sich in der Gesamtheit gleichwohl nicht um ein Mischgebiet. Trotz der Gliederung muß es sich noch um ein einheitliches und zusammengehöriges Baugebiet mit einem Mindestmaß an innerer Geschlossenheit handeln[5].

1478

---

1 BVerwG v. 4.5.1988 – 4 C 34.86, BVerwGE 79, 909 = BauR 1988, 440 = BRS 48 Nr. 37 = DVBl. 1988, 848 = DÖV 1988, 839 = NJW 1988, 3168 = UPR 1988, 442 = ZfBR 1988, 234.
2 Dazu auch Jäde in Jäde/Dirnberger/Weiß, § 6 BauNVO Rdnr. 13.
3 BVerwG v. 1.3.1991 – 8 C 59.89, BVerwG 88, 70 = BauR 1991, 454 = BRS 52 Nr. 93 = DVBl. 1991, 593 = DÖV 1991, 1068 = NVwZ 1991, 1090 = ZfBR 1991, 169.
4 VGH Mannheim v. 20.6.1995 – 8 S 237/95, BRS 57 Nr. 27 = NVwZ-RR 1996, 139 = UPR 1996, 317 = ZfBR 1996, 61.
5 VGH München v. 12.9.2000 – 1 N 98.3549, BauR 2001, 210; VGH München v. 3.8.2000 – 1 B 98.3122, BauR 2001, 208 = NVwZ-RR 2001, 224.

1479 Dem Nebeneinander von Wohnnutzung und nicht wesentlich störendem Gewerbe entspricht die Einordnung in den immissionsschutzrelevanten Regelwerken. Ebenso wie bei den Dorf- und Kerngebieten erfolgt dort die Einstufung zwischen den allgemeinen Wohn- und den Gewerbegebieten (s. etwa DIN 18005, TA Lärm, 16. BImSchV, 18. BImSchV, Freizeitlärmrichtlinie, Rdnr. 725 ff.).

b) Zulässige Vorhaben im Mischgebiet

1480 **(1) Wohngebäude** (dazu Rdnr. 1315 ff.) sind unbegrenzt zulässig.

1481 **(2) Geschäfts- und Bürogebäude** (Rdnr. 1425) sind in Mischgebieten ebenfalls uneingeschränkt zulässig. Sie stehen neben den in § 6 Abs. 2 Nr. 5 BauNVO gesondert aufgeführten Anlagen für Verwaltungen (Rdnr. 1494). Einer trennscharfen Abgrenzung bedarf es daher nicht.

1482 **(3) Einzelhandelsbetriebe** sind in Mischgebieten unabhängig von der Vertriebsform (Fachhandel, SB-Markt, Discountmarkt u.s.w.) unbeschränkt zulässig, soweit sie nicht nach § 11 Abs. 3 Satz 1 BauNVO ausdrücklich ausgeschlossen sind (vgl. Rdnr. 1460 zu Dorfgebieten). Zu beachten ist, daß § 11 Abs. 3 Nr. 2 und 3 BauNVO erst durch die BauNVO 1977 in ihrer im wesentlichen bis heute unveränderten Fassung eingeführt worden sind. Bei Mischgebieten, die auf Grundlage der BauNVO 1962 oder 1968 festgesetzt worden sind (Rdnr. 1185 ff.), ist Einzelhandel daher auch dann möglich, wenn er nach der heute maßgeblichen Fassung der Baunutzungsverordnung unzulässig wäre. Ein gewisses Korrektiv stellt allerdings § 15 Abs. 1 BauNVO (Rdnr. 1217 ff.) dar[1].

1483 **(4) Schank- und Speisewirtschaften sowie Betriebe des Beherbergungsgewerbes** sind unbeschränkt zulässig (zu den Begriffen Rdnr. 1362, 1377).

1484 **(5) Sonstige Gewerbebetriebe**: Wie sich aus der Zweckbestimmung in § 6 Abs. 1 BauNVO ergibt, muß es sich um Gewerbebetriebe (zum Begriff des Gewerbebetriebs s. Rdnr. 1530) handeln, die das Wohnen nicht wesentlich stören. Aus dem Wort „wesentlich" folgt, daß gewisse Störungen der Bewohner hingenommen werden müssen. Unter § 6 Abs. 2 Nr. 4 BauNVO fallen dabei nicht die Gewerbebetriebe, die in § 6 Abs. 2 BauNVO speziell geregelt sind. Dies ergibt sich aus dem Begriff „sonstige" (vgl. auch Rdnr. 1463 zu den Dorfgebieten).

1485 Die Baugenehmigungsbehörde muß im Einzelfall bei der Genehmigungserteilung klären, ob der konkret beantragte Betrieb sich störend auswirkt. Diese Bewertung ist naturgemäß mit Unsicherheiten verbunden. Absiche-

---

1 BVerwG v. 4.5.1988 – 4 C 34.86, BVerwGE 79, 909 = BauR 1988, 440 = BRS 48 Nr. 37 = DVBl. 1988, 848 = DÖV 1988, 839 = NJW 1988, 3168 = UPR 1988, 442 = ZfBR 1988, 234.

rungen etwa durch Nebenbestimmungen einer Baugenehmigung sind nur beschränkt geeignet, die Gebietsverträglichkeit zu gewährleisten. Gerade bei sehr detaillierten **Betriebsbeschränkungen**, die sich oftmals schon aus der Betriebsbeschreibung des Bauantrags, dazugehörigen Schallschutzgutachten u.s.w. ergeben, ist eine Kontrollierbarkeit kaum möglich. Auch ist aufgrund typischer und funktionsgerechter Betriebsabläufe vielfach nicht zu erwarten, daß derartige Beschränkungen tatsächlich eingehalten werden.

Beispiel: 1486

Die Betriebsbeschreibung eines Bauantrags enthält ganz exakt vorgegebene Betriebszeiten für bestimmte lärmintensive Geräte, um auf diese Weise den gebietstypischen Beurteilungspegel nach der TA Lärm einhalten zu können, der über den ganzen Tag gemittelt wird, d.h. je geringer die Einwirkzeit ist, desto geringer ist auch der über den Tag gemittelte Beurteilungspegel.

Eine solche sog. **maßgeschneiderte Baugenehmigung** führt jedenfalls bei 1487 Nebenbestimmungen, die die Nutzung in ein im Grunde betriebsfremdes Korsett zwängen[1] und daher mit einer funktionsgerechten betrieblichen Nutzung nicht im Einklang stehen, nicht dazu, daß die Gebietsverträglichkeit gewahrt wird. Ausgangspunkt ist daher eine **typisierende Betrachtungsweise**. Der konkret zu beurteilende Gewerbebetrieb ist danach als unzulässig einzustufen, wenn Anlagen seines Typs bei funktionsgerechter Nutzung üblicherweise zu gebietsunverträglichen Störungen führen können[2].

Beispiel: 1488

KfZ-Werkstätten, in denen, etwa auch in Verbindung mit einer Tankstelle (vgl. § 6 Abs. 2 Nr. 7 BauNVO), kleinere Reparatur- und Wartungsarbeiten durchgeführt werden, gehören bei typisierender Betrachtung zu den nicht wesentlich störenden gewerblichen Nutzungen, während KfZ-Verwertungs- oder Instandsetzungsbetriebe mit den dort üblicherweise anfallenden Karosserie- und Karosseriereparaturarbeiten typischerweise als wesentlich störende gewerbliche Nutzungen einzuordnen sind[3].

Für die Frage, welche Betriebstypen üblicherweise gebietsunverträglich sind, 1489 sind **zwei bedeutsame Annäherungen** möglich: Zum einen sind grundsätzlich sämtliche Gewerbebetriebe in einem Mischgebiet verträglich, die bereits in den störungsempfindlicheren Gebietskategorien nach den §§ 2 bis 5 BauNVO zulässig sind. Soweit in den störungsempfindlicheren Gebieten die zulässigen gewerblichen Nutzungen an eine Versorgungsklausel gekoppelt sind (z.B. die der Gebietsversorgung dienenden Handwerksbetriebe in einem allgemeinen Wohngebiet gemäß § 4 Abs. 2 Nr. 2 BauNVO) gilt diese Ein-

---

1 Jäde in Jäde/Dirnberger/Weiß, § 4 BauNVO Rdnr. 13.
2 BVerwG v. 24.9.1992 – 7 C 7.92, BRS 54 Nr. 56 = DVBl. 1993, 111 = DÖV 1993, 253 = NVwZ 1993, 987 = UPR 1993, 215 = ZfBR 1993, 132; ausführlich zur typisierenden Betrachtungsweise Fickert/Fieseler, § 6 Rdnr. 8.
3 VGH Mannheim v. 28.3.2001 – 8 S 2120/00, BauR 2002, 65.

schränkung für das Mischgebiet nicht. Die Unzulässigkeit kann sich allenfalls aus § 15 Abs. 1 Satz 1 BauNVO ergeben.

1490 Die andere Annäherung ist, daß Gewerbebetriebe, die einer **immissionsschutzrechtlichen Genehmigung** nach den §§ 4 ff. BImSchG i.V.m. der 4. BImSchV bedürfen, in der Regel als wesentlich störend anzusehen sind, da die immissionsschutzrechtliche Genehmigungsbedürftigkeit ein anlagentypisches Gefährdungspotential kennzeichnet, das mit dem auch durch Wohnnutzung geprägten Gebietscharakter eines Mischgebiets zumeist unvereinbar ist[1]. Allerdings kann dies nur eine erste, wenn auch sehr wichtige, Annäherung an die Frage der Gebietsverträglichkeit sein (vgl. § 15 Abs. 3 BauNVO). Dies wird etwa an dem Beispiel von Autowaschanlagen deutlich, die früher unter Ziffer 10.13 des Anhangs zur 4. BImSchV als immissionsschutzrechtlich genehmigungsbedürftig aufgeführt waren, zwischenzeitlich jedoch aus dem immissionsschutzrechtlichen Genehmigungsregime ausgeschieden sind, ohne daß sich an dem Störungsgrad derartiger Anlagen etwas geändert hat. Dementsprechend kommt es für ihre Genehmigungsfähigkeit auf die konkrete Betriebsgestaltung und Gebietssituation an[2]. Bei zahlreichen Betrieben kommt hinzu, daß sie keinen einheitlichen Typus haben, sondern von einer erheblichen vorhabenspezifischen Bandbreite gekennzeichnet sind und sich daher einer generalisierenden Betrachtung dahingehend entziehen, daß bereits aufgrund der Betriebsart typisierend stets von einer für das Wohnen wesentlichen oder nicht wesentlichen Störung ausgegangen werden kann.

1491 **Beispiele:**

Bauunternehmen, die je nach Größe und Umfang des Betriebes, der technischen und der personellen Ausstattung sowie der Betriebsweise und der Gestaltung der Arbeitsabläufe sehr unterschiedlich sein können[3]; SB-Waschanlagen, die aufgrund ihrer Ausgestaltung und Größe ebenfalls sehr unterschiedlich sein können[4]; metallverarbeitende Betriebe, bei denen es sich um kleinere handwerks- der handwerksähnliche Betriebe handeln kann oder aber um größere und mischgebietsuntypische Produktionsstätten[5].

1492 Abzustellen ist in einem solchen Fall auf den jeweiligen Störungsgrad, der von der konkreten Anlage und deren Betriebsgestaltung abhängt[6].

---

1 BVerwG v. 8.10.1974 – IV C 77.73, BauR 1975, 29 = BRS 28 Nr. 27 = DÖV 1975, 103 = NJW 1975, 460.
2 BVerwG v. 18.8.1998 – 4 B 82.98, BauR 1999, 31 = BRS 60 Nr. 73 = NVwZ-RR 1999, 107 = UPR 1999, 67; VGH Mannheim v. 19.8.1992 – 5 S 403/91, BRS 54 Nr. 51 = NVwZ-RR 1993, 533.
3 BVerwG v. 22.11.2002 – 4 B 72.02, BauR 2004, 645.
4 BVerwG v. 18.8.1998, 4 B 82.98, BauR 1999, 31 = BRS 60 Nr. 73.
5 VGH Mannheim v. 28.3.2001 – 8 S 2120/00, BauR 2002, 65.
6 Weitergehend VGH Mannheim v. 28.3.2001 – 8 S 2120/00, BauR 2002, 65, der in diesem Zusammenhang auch auf die örtliche Situation abstellt, s. dazu noch Rdnr. 1493.

Selbst wenn Anlagen immissionsschutzrechtlich genehmigungsbedürftig und daher bei einer ersten Wertung als wesentlich störend anzusehen sind (Rdnr. 1490), ist eine Mischgebietsverträglichkeit gegeben, wenn der konkrete Betrieb nach seiner **Art oder Betriebsweise** von dem Erscheinungsbild seines Betriebstyps abweicht und aus diesem Grunde die sonst üblichen Störungen von vornherein nicht befürchten läßt. Dies ist durch den Bauherrn bzw. Betreiber nachzuweisen, da jedenfalls der erste Anschein gegen die Gebietsverträglichkeit spricht[1]. Diese Abweichung von einem grundsätzlich gebietsunverträglichen Betriebstyp liegt nicht bereits dann vor, wenn sich der Betreiber selbst ein atypisches und an sich auch gar nicht gewolltes Betriebsreglement auferlegt, das die betriebliche Nutzung in unnatürlicher Weise beschränkt (Rdnr. 1485 f.). Es muß sich vielmehr schon dem Grunde nach um einen atypischen Betrieb handeln. Diese Atypik kann sich insbesondere aus der Größe und dem Umfang des Betriebs ergeben (z.B. besonders kleiner Betriebszuschnitt, handwerkliche Betriebsweise, Ein-Mann-Betrieb, Nebenerwerbsbetrieb, Besonderheiten der technischen Ausstattung, die sich auf die üblichen Betriebsabläufe und Arbeitsvorgänge auch hinsichtlich der Störungsintensität auswirken). Prüfungsmaßstab ist dabei immer die **allgemeine Verträglichkeit** des Betriebs in einem Mischgebiet und dessen Vereinbarkeit mit der Zweckbestimmung dieses Baugebietstyps. Auf die konkrete örtliche Situation, die sich im Rahmen der Bandbreite des § 6 BauNVO jederzeit ändern kann, kommt es hingegen für die Zulässigkeit eines Vorhabens nicht an. Wird die prinzipielle Zulässigkeit als nicht wesentlich störender Gewerbebetrieb bejaht, kann – gewissermaßen auf einer zweiten Stufe – dem Vorhaben unter Umständen wegen der konkreten örtlichen Situation § 15 Abs. 1 BauNVO entgegenstehen[2]. 1493

(6) Anlagen für Verwaltungen sowie für kirchliche, kulturelle, soziale, gesundheitliche und sportliche Zwecke: Die Zulässigkeit deckt sich im wesentlichen mit der in einem Dorfgebiet (Rdnr. 1465). Abweichend davon müssen Anlagen für Verwaltungen nicht örtlichen Zwecken dienen. Einer trennscharfen Abgrenzung zu Bürogebäuden bedarf es nicht, da diese gemäß § 6 Abs. 2 Nr. 2 BauNVO ebenfalls allgemein zulässig sind (Rdnr. 1481). 1494

Auch die weiteren unter § 6 Abs. 2 Nr. 5 BauNVO genannten Anlagen müssen **keinen Ortsbezug** haben[3]. Aus § 15 Abs. 1 BauNVO ergibt sich im wesentlichen die Beschränkung, daß zentrale Anlagen (große Kirchen, Opernhäuser, Theater u.s.w.) zumeist auf Kerngebiete beschränkt sind, da 1495

---

1 BVerwG v. 24.9.1992 – 7 C 7.92, BRS 54 Nr. 56 = DVBl. 1993, 111 = DÖV 1993, 253 = NVwZ 1993, 987 = UPR 1993, 215 = ZfBR 1993, 132.
2 Zu weiteren Beispielen zulässiger und unzulässiger Gewerbebetriebe in einem Mischgebiet Fickert/Fieseler, § 6 Rdnr. 20.1 ff.; Bielenberg in Ernst/Zinkahn/Bielenberg/Krautzberger, § 6 BauNVO Rdnr. 30; Jäde in Jäde/Dirnberger/Weiß, § 6 BauNVO Rdnr. 26 ff.
3 S. etwa BVerwG v. 27.2.1992 – 4 C 50.89, BRS 54 Nr. 193 = NJW 1992, 2170 zu einer Koranschule.

sie vor allem wegen des Zu- und Abgangsverkehrs zu Immissionen – insbesondere auch in den Abendstunden – führen, die der Wohnnutzung nicht unbegrenzt zumutbar sind.

1496 **(7) Gartenbaubetriebe**: Hierzu kann auf die Ausführungen unter Rdnr. 1403 ff. zu Kleinsiedlungsgebieten verwiesen werden.

1497 **(8) Tankstellen** sind ebenfalls ohne Beschränkungen zulässig. Ein dazugehörender Werkstattbetrieb ist gesondert dahingehend zu prüfen, ob es sich um einen nicht wesentlich störenden Gewerbebetrieb im Sinne von § 6 Abs. 2 Nr. 3 BauNVO handelt (s. Rdnr. 1484)[1].

1498 **(9) Nicht kerngebietstypische Vergnügungsstätten** sind im Mischgebiet in den Gebietsteilen zulässig, die überwiegend durch gewerbliche Nutzungen geprägt sind. Der Begriff der kerngebietstypischen Vergnügungsstätte deckt sich mit dem in § 4a Abs. 3 Nr. 2 BauNVO (Rdnr. 1436 ff.). Für die Frage, welche Teile eines Mischgebiets überwiegend durch gewerbliche Nutzungen geprägt sind, kommt es auf eine **wertende Gesamtbetrachtung** unter Berücksichtigung aller Umstände des Einzelfalls an[2]. Es genügt nicht, wenn etwa bei einem rein zahlenmäßigen Vergleich die Wohngeschoßfläche größer ist als die gewerblich genutzte Fläche. So kann es insbesondere von Bedeutung sein, wie sich die Nutzungsverteilung in den verschiedenen Geschossen darstellt, da insbesondere die Erdgeschoßnutzung für die Gebietsprägung gewichtige Bedeutung hat. Für die Abgrenzung eines Gebietsteils, in dem die gewerbliche Nutzung vom Gesamteindruck her im Vordergrund steht, können Gebietsgliederungen nach § 1 Abs. 4 bis 10 BauNVO von Bedeutung sein. Zwar genügt es nicht, wenn bestimmte Vorhaben lediglich zulässig sind, da sie für eine Prägung des Gebiets bereits real vorhanden sein müssen[3], jedoch ist bei einer Baugebietsgliederung für die Zukunft die Gebietsentwicklung genauer einschätzbar als dies bei einem ungegliederten Mischgebiet der Fall ist.

1499 Sofern eine Baugebietsgliederung nicht vorliegt, kann für die Abgrenzung der maßgeblichen näheren Umgebung, die überwiegend durch gewerbliche Nutzungen geprägt sein muß, auf die Kriterien des § 34 Abs. 1 BauGB zurückgegriffen werden (Rdnr. 2028 ff.)[4].

---

1 Zu weiteren Nutzungen im Zusammenhang mit einer Tankstelle Roeser in König/Roeser/Stock, § 6 Rdnr. 20.
2 BVerwG v. 7.2.1994 – 4 B 179.93, DVBl. 1994, 711 = DÖV 1994, 570 = NVwZ-RR 1994, 486 = UPR 1994, 262; OVG Münster v. 21.6.1994 – 11 A 1113/91, BauR 1995, 367 = BRS 56 Nr. 58 = UPR 1995, 1119 = ZfBR 1995, 56.
3 Fickert/Fieseler, § 6 Rdnr. 16.21; Roeser in König/Roeser/Stock, § 6 Rdnr. 23; großzügiger Bielenberg in Ernst/Zinkahn/Bielenberg/Krautzberger, § 6 Rdnr. 35.
4 Bielenberg in Ernst/Zinkahn/Bielenberg/Krautzberger, § 6 BauNVO Rdnr. 35.

c) Nebenanlagen

Stellplätze und Garagen (§ 12 BauNVO, Rdnr. 1241), Gebäude und Räume für freie Berufe (§ 13 BauNVO, Rdnr. 1243) sowie untergeordnete Nebenanlagen (§ 14 BauNVO, Rdnr. 1248) sind ohne besondere Einschränkungen in einem Mischgebiet zulässig. 1500

d) Ausnahmsweise zulässige Vorhaben im Mischgebiet

Die **nicht kerngebietstypischen Vergnügungsstätten** (Rdnr. 1436 ff.) sind außerhalb der unter § 6 Ziffer 2 Nr. 8 BauNVO fallenden Teile eines Mischgebiets ausnahmsweise zulässig. Wegen der dort in der Regel vorherrschenden Wohnnutzung kommt es für die ausnahmweise Zulässigkeit insbesondere darauf an, wie störungsintensiv die betreffenden Vergnügungsstätten sind. 1501

7. Kerngebiete (MK, § 7 BauNVO)

a) Gebietscharakter und Nutzungsmöglichkeiten

Kerngebiete dienen vorwiegend der Unterbringung von Handelsbetrieben sowie der zentralen Einrichtungen der Wirtschaft, der Verwaltung und der Kultur (§ 7 Abs. 1 BauNVO). 1502

Obergrenze des Maßes der baulichen Nutzung (§ 17 Abs. 1 BauNVO): Grundflächenzahl (GRZ) 1,0; Geschoßflächenzahl (GFZ) 3,0. 1503

Die Zweckbestimmung von Kerngebieten hat das Bundesverwaltungsgericht dahingehend umschrieben, daß ihnen innerhalb des städtebaulichen Ordnungsgefüges eine zentrale Rolle mit vielfältigen Nutzungen und einem – urbanen – Angebot an Gütern und Dienstleistungen für Besucher der Stadt und für die Wohnbevölkerung eines größeren Einzugsbereichs zukommt[1]. Es bietet sich daher zumeist an, daß **Zentrum von Städten** als Kerngebiet auszuweisen. Dabei ist der Begriff des Zentrums nicht im Sinne der geographischen Mitte zu verstehen sondern in einem funktionalen Sinne. Andererseits bedarf nicht jeder funktionale Mittelpunkt einer Gemeinde oder gar nur eines Ortsteils der Ausweisung als Kerngebiet. Dies ist vielmehr nur dann geboten, wenn die notwendige Zentralität für einen größeren Einzugsbereich gewährleistet ist oder für die Zukunft planerisch angestrebt wird. Keine hinreichende Rechtfertigung zur Ausweisung eines Kerngebiets liegt darin, lediglich die hohe Geschoßflächenzahl von 3,0 auszunutzen zu wollen. 1504

Nicht selten hat die Ausweisung von Kerngebieten gerade bei kleineren Gemeinden oder Stadtteilen auch Nachteile. So bedarf die Ausweisung ei- 1505

---

1 S. etwa BVerwG v. 6.12.2000 – 4 B 4.00, BauR 2001, 605 = NVwZ-RR 2001, 217; BVerwG v. 28.7.1988 – 4 B 119.88, BauR 1988, 693 = BRS 48 Nr. 40 = DVBl. 1989, 377 = DÖV 1989, 227 = NVwZ 1989, 50 = UPR 1989, 75 = ZfBR 1988, 277.

ner allgemeinen Wohnnutzung besonderer Planfestsetzungen (§ 7 Abs. 2 Nr. 7 und Abs. 3 Nr. 2 und Abs. 4 BauNVO) und darf auch dann nicht der in § 7 Abs. 1 BauNVO zum Ausdruck kommenden Gebietsprägung (dazu Rdnr. 1517) widersprechen. Als Folge ist häufig festzustellen, daß wegen fehlender Nachfrage nach Handels- und Dienstleistungseinrichtungen innerhalb des Gebiets und einer fehlenden gebietsübergreifenden Attraktivität das betreffende Kerngebiet bzw. Stadtzentrum verödet oder sich gar nicht erst in der gewünschten Weise entwickelt. In solchen Fällen bietet sich daher oftmals die Festsetzung eines Misch- oder Dorfgebiets an, da die dort jeweils zulässige Wohnnutzung ein für das Gebiet belebendes Element sein kann, ohne daß nachhaltige Abstriche bei der zulässigen gewerblichen Nutzung gemacht werden müssen (vgl. auch Rdnr. 1617 im Zusammenhang mit der Kern- oder Sondergebietspflichtigkeit von großflächigem Einzelhandel).

1506 Während die Zurückdrängung der Wohnnutzung in Kerngebieten den wesentlichen **Unterschied zu Misch- und Dorfgebieten** ausmacht, liegt der **Unterschied zu Gewerbegebieten** vor allem darin, daß das Kerngebiet in erster Linie urbane Nutzungen aus den Bereichen Handel, Dienstleistung, Verwaltung und Kultur in den Mittelpunkt stellt. Demgegenüber steht in Gewerbegebieten die Gewerbenutzung eindeutig im Vordergrund. Anders als Kerngebiete sind sie nicht Zentren des wirtschaftlichen, kulturellen und gesellschaftlichen Lebens und der – wenn auch begrenzten – Möglichkeiten zu innerstädtischem Wohnen.

1507 Hinsichtlich der **Störungsempfindlichkeit** werden Kerngebiete in der DIN 18005 mit Gewerbegebieten, in der TA Lärm, der 16. BImSchV, der 18. BImSchV und der Freizeitlärmrichtlinie (Rdnr. 725 ff.) mit Misch- und Dorfgebieten gleichgesetzt. Tendenziell ist allerdings wegen der nur eingeschränkten Möglichkeiten zum Wohnen die Störungsempfindlichkeit im Bereich der Lärmimmissionen oder auch der kerngebietstypischen Lichteinwirkungen (Leuchtreklamen u.ä.)[1] niedriger anzusetzen als in Dorf- und Mischgebieten. In Bezug auf Geruchsimmissionen wird man Misch- und Kerngebieten gleichsetzen können, während sich beide insofern von Dorfgebieten unterscheiden (zu Geruchsimmissionen in Dorfgebieten Rdnr. 1453). Gegenüber Gewerbegebieten ist zu berücksichtigen, daß vor allem in den Abend- und Nachtstunden auf die Wohnnutzung hinreichend Rücksicht genommen werden muß, wenn diese für allgemein oder ausnahmsweise zulässig erklärt worden ist.

1508 Die **Möglichkeiten der planerischen Feinsteuerung** nach § 1 Abs. 4 bis 10 BauNVO bieten sich in Kerngebieten in besonderer Weise an, um etwaigen Nutzungskonflikten etwa zwischen Vergnügungsstätten und Büro- und Verwaltungsnutzungen Rechnung zu tragen (z.B. Schaffung von Vergnügungs-, Geschäftsvierteln u.s.w.). Ergänzt werden die Gliederungsmöglichkeiten aus

---

[1] OVG Lüneburg v. 26.2.2003 – 1 L C 75/02, NVwZ-RR 2003, 820.

§ 1 Abs. 4 bis 10 BauNVO durch die zusätzlichen Möglichkeiten, die § 7 Abs. 4 BauNVO bietet (Rdnr. 1518).

b) Zulässige Vorhaben im Kerngebiet

(1) Geschäfts-, Büro- und Verwaltungsgebäude sind ebenso wie in Mischgebieten (Rdnr. 1481) allgemein zulässig. Der Ausdruck „Verwaltungsgebäude" statt „Anlagen für Verwaltungen" deutet auf die in Kerngebieten insbesondere vorgesehenen zentralen Einrichtungen der Wirtschaft und Verwaltung hin, hat allerdings ansonsten keine abweichende bauplanungsrechtliche Relevanz.

1509

(2) Einzelhandelsbetriebe, Schank- und Speisewirtschaften, Betriebe des Beherbergungsgewerbes und Vergnügungsstätten: Einzelhandelsbetriebe sind im Kerngebiet unbeschränkt zulässig. Dies schließt auch Einkaufszentren und sonstigen großflächigen Einzelhandel im Sinne von § 11 Abs. 3 Satz 1 BauNVO (Rdnr. 1614 ff.) ein. Zu den Schank- und Speisewirtschaften sowie zu den Betrieben des Beherbergungsgewerbes bestehen keine Besonderheiten.

1510

Ebenfalls uneingeschränkt zulässig sind in einem Kerngebiet **Vergnügungsstätten** jeglicher Art. Häufig werden allerdings Vergnügungsstätten aufgrund der Möglichkeiten zur planerischen Feinsteuerung ganz oder teilweise ausgeschlossen oder zumindest auf Teile des Kerngebiets beschränkt (Rdnr. 1648 ff.), um dessen Attraktivität für den Handel und die Erbringung von Dienstleistungen nicht zu beeinträchtigen. Zusätzliche Grenzen können sich im Einzelfall auch aus § 15 Abs. 1 BauNVO ergeben[1].

1511

(3) Sonstige nicht wesentlich störende Gewerbebetriebe: Es handelt sich hier um eine Auffangvorschrift für die gewerblichen Nutzungen, die in § 7 BauNVO nicht speziell geregelt sind. Die Anforderung, daß derartige Betriebe nicht wesentlich stören dürfen, orientiert sich an dem in § 7 Abs. 1 BauNVO beschriebenen Gebietscharakter. Es geht also in erster Linie darum, daß die dort genannten Hauptnutzungen nicht wesentlich gestört werden dürfen. Dies führt dazu, daß der Kreis der unter die Bestimmung fallenden Betriebe tendenziell größer ist als in einem Mischgebiet, in dem die Wohnnutzung gegenüber der Gewerbenutzung gleichwertig und gleichrangig ist (Rdnr. 1475)[2]. Ebenso wie bei einem Mischgebiet ist prinzipiell eine **typisierende Betrachtung** vorzunehmen (vgl. Rdnr. 1485 ff.). Die gewerblichen Nutzungen, die bereits in den im Vergleich zum Kerngebiet schutzbedürftigeren Baugebieten zulässig sind, können dort in der Regel erst recht geneh-

1512

---

1 BVerwG v. 29.7.1991 – 4 B 40.91, BauR 1991, 714 = BRS 52 Nr. 56 = DÖV 1992, 77 = NVwZ 1991, 1078 = UPR 1991, 390 = ZfBR 1991, 274.
2 Roeser in König/Roeser/Stock, § 7 Rdnr. 18; Jäde in Jäde/Dirnberger/Weiß, § 7 BauNVO Rdnr. 7.

migt werden. Demgegenüber sind immissionsschutzrechtlich genehmigungsbedürftige Anlagen in einem Kerngebiet zumeist nicht zulässig[1]. Allerdings bedarf es auch hier gleichwohl einer Betrachtung des konkreten Einzelfalls. Darüber hinausgehend kann § 15 Abs. 1 BauNVO eine Korrekturfunktion einnehmen. Dies gilt insbesondere dann, wenn in dem Kerngebiet auch in größerem Umfang Wohnungen zulässig sind.

1513 **(4) Anlagen für kirchliche, kulturelle, soziale, gesundheitliche und sportliche Zwecke** sind ohne besondere Einschränkungen genehmigungsfähig. Aufgrund der zentralen Stellung von Kerngebieten sind dort anders als in Misch- oder Dorfgebieten vor allem große Kirchen, Theater, Museen u.s.w. zu finden, aber etwa auch größere Drogenhilfeeinrichtungen u.ä.[2]. Demgegenüber ist etwa ein großes Sportstadion im Kerngebiet zwar grundsätzlich nach der Art der baulichen Nutzung zulässig, jedoch eher untypisch und kann daher gegen § 15 Abs. 1 BauNVO verstoßen[3]. In Betracht kommen allerdings ohne weiteres kleinere Sportanlagen wie etwa Schwimmbäder.

1514 **(5) Tankstellen im Zusammenhang mit Parkhäusern und Großgaragen**: Der Begriff der Tankstelle deckt sich mit demjenigen der anderen Baugebiete, in denen eigenständige Tankstellen allgemein oder zumindest ausnahmsweise zulässig sind (s. insbesondere Rdnr. 1393). Die Besonderheit im Kerngebiet ist, daß Tankstellen nur im Zusammenhang mit Parkhäusern und Großgaragen allgemein zulässig sind. **Parkhäuser** sind oberirdische Garagen zur Unterstellung von Kraftfahrzeugen, in denen die Stellplätze zumeist stundenweise vermietet werden. Zwingend ist dies allerdings nicht, so daß auch Parkhäuser mit vollständiger oder teilweise Dauervermietung unter diesen Begriff fallen.

1515 Die gesondert aufgeführten **Großgaragen** sind weder im Baugesetzbuch noch in der Baunutzungsverordnung definiert. Als Auslegungshilfe kann auf die entsprechende Definition in den Garagenverordnungen der Länder zurückgegriffen werden, die darunter zumeist – ober- oder unterirdische – Garagen fassen, die mehr als 1000 qm Nutzfläche haben[4].

1516 **(6) Wohnungen für Aufsichts- und Bereitschaftspersonen sowie für Betriebsinhaber und Betriebsleiter**: Diese zweckgebundenen Wohnungen sind in Kerngebieten allgemein zulässig. Eine Abweichung von der Zweckbindung in Richtung auf ein allgemeines Wohnen ist eine genehmigungspflichtige Nutzungsänderung, bei der sich die Genehmigungsfähigkeit danach richtet, ob aufgrund besonderer Festsetzungen (Rdnr. 1680) allgemeines Wohnen auf dem betreffenden Grundstück zulässig ist oder nicht. Nicht erforderlich ist es, daß sich die zweckgebundene Wohnung in dem zugeordneten Betriebs- oder Geschäftshaus befindet. Allerdings muß die Woh-

---

1 Vgl. Fickert/Fieseler, § 7 Rdnr. 8.
2 BVerwG v. 6.12.2000 – 4 B 4.00, BauR 2001, 605 = NVwZ-RR 2001, 217.
3 Fickert/Fieseler, § 7 Rdnr. 9; Roeser in König/Roeser/Stock, § 7 Rdnr. 20.
4 S. etwa § 1 Abs. 5 GarVO NW, § 1 Abs. 6 GarVO BW, § 1 Abs. 9 BbgGStV.

nung zumindest in der Nähe des Betriebsgrundstücks gelegen sein, damit eine **funktionale Zuordnung** gewährleistet ist[1].

(7) Sonstige Wohnungen nach Maßgabe von Festsetzungen des Bebauungsplans sind solche, die anders als die nach § 7 Abs. 2 Nr. 6 BauNVO dem allgemeinen und nicht dem zweckgebundenen Wohnen dienen. Es bedarf dafür allerdings einer gesonderten (textlichen) Festsetzung im Bebauungsplan, da dieser Zulässigkeitstatbestand nicht unmittelbar über § 1 Abs. 3 BauNVO Planinhalt wird. Die Entscheidung erfordert eine planerische Abwägung nach Maßgabe von § 1 Abs. 7 BauGB (Rdnr. 546 ff.). Festgesetzt werden kann, daß Wohnungen in Gebäuden **generell** oder nur **in bestimmten Geschossen** zulässig sind. Die Festsetzungsmöglichkeit steht neben den Gliederungsvorschriften nach § 1 Abs. 4 bis 10 BauNVO, insbesondere also auch neben § 1 Abs. 7 BauNVO. Eine Begrenzung ergibt sich aus dem **Gebietscharakter** des Kerngebiets. Eine Festsetzung nach § 7 Abs. 2 Nr. 7 BauNVO, die das gesamte Baugebiet umfaßt, ist daher in der Regel unzulässig, weil Gebiete, in denen allgemein und überall Wohnungen zulässig sind, keine Kerngebiete im Sinne des § 7 BauNVO darstellen[2].

1517

Ergänzt wird § 7 Abs. 2 Nr. 7 BauNVO durch die besondere Gliederungsmöglichkeit des **§ 7 Abs. 4 BauNVO**, die im wesentlichen derjenigen in § 4a Abs. 4 BauNVO entspricht (Rdnr. 1443 f.). Anders als bei der Gliederungsmöglichkeit nach § 1 Abs. 7 BauNVO muß in den gegliederten Teilgebieten die Zweckbestimmung eines Kerngebiets nach § 7 Abs. 1 BauNVO nicht gewahrt bleiben. Dies ändert allerdings nichts daran, daß das Baugebiet **insgesamt seinen Charakter** beibehalten muß. Dies ist eine Grenze für die Größe von Teilgebieten und die anteilige Geschoßfläche für Wohnungen, die gemäß § 7 Abs. 4 BauNVO dort für allein zulässig erklärt werden können. Erforderlich für eine solche Festsetzung ist ein **besonderer städtebaulicher Grund** (vgl. Rdnr. 1685), der insbesondere darin liegen kann, daß auf diese Weise der Verödung des Kerngebiets entgegengewirkt oder vorgebeugt werden soll.

1518

c) Nebenanlagen

Stellplätze und Garagen (§ 12 BauNVO), Gebäude und Räume für freie Berufe (§ 13 BauNVO) sowie untergeordnete Nebenanlagen gemäß § 14 BauNVO (Rdnr. 1239 ff.) sind in einem Kerngebiet ohne besondere Einschränkungen zulässig.

1519

---

1 BVerwG v. 16.3.1984 – 4 C 50.80, BauR 1984, 612 = BRS 42 Nr. 73 = DÖV 1984, 857 = NVwZ 1984, 511 = ZfBR 1984, 148.
2 OVG Münster v. 19.2.2001 – 10a D 65/98, NVwZ-RR 2001, 571; Bielenberg in Ernst/Zinkahn/Bielenberg/Krautzberger, § 7 Rdnr. 38.

d) Ausnahmsweise zulässige Vorhaben im Kerngebiet

1520 **(1)** Sofern **Tankstellen** nicht im Zusammenhang mit einem Parkhaus oder einer Großgarage stehen (Rdnr. 1514), sind sie ausnahmsweise genehmigungsfähig (zum Begriff der Tankstelle Rdnr. 1393).

1521 **(2)** Ferner sind ausnahmsweise **Wohnungen** zulässig, wenn sie nicht unter § 7 Abs. 2 Nr. 6 BauNVO fallen und auch keine besonderen Planfestsetzungen nach § 7 Abs. 2 Nr. 7 BauNVO getroffen wurden.

8. Gewerbegebiete (GE, § 8 BauNVO)

a) Gebietscharakter und Nutzungsmöglichkeiten

1522 Gewerbegebiete dienen vorwiegend der Unterbringung von nicht erheblich belästigenden Gewerbebetrieben (§ 8 Abs. 1 BauNVO).

1523 Obergrenzen des Maßes der baulichen Nutzung (§ 17 Abs. 1 BauNVO): Grundflächenzahl (GRZ) 0,8; Geschoßflächenzahl (GFZ) 2,4; Baumassenzahl (BMZ) 10,0.

1524 Gewerbegebiete und Industriegebiete (GI, § 9 BauNVO) sind gewissermaßen das Gegenstück zu den allgemeinen und reinen Wohngebieten (§§ 3, 4 BauNVO, Rdnr. 1311 ff.). Im Unterschied zu den gemischten Gebieten nach den §§ 5 bis 7 BauNVO sind sie durch die einseitige Dominanz einer bestimmten Nutzung geprägt, hier also im Gegensatz zu den Wohngebieten durch eine gewerbliche Nutzung. Das Gewerbegebiet ist dabei von den Nutzungsmöglichkeiten her breiter angelegt, aber auch störungsempfindlicher als das Industriegebiet. Es entspricht daher von seiner Flexibilität her eher dem allgemeinen als dem reinen Wohngebiet am anderen Ende der Gebietskategorisierung nach der Baunutzungsverordnung.

1525 Der Charakter des Gewerbegebiets ist durch die vorwiegende Unterbringung von nicht erheblich belästigenden Gewerbebetrieben gekennzeichnet. Der Begriff „vorwiegend" zeigt dabei, daß durchaus auch andere Nutzungen in Betracht kommen, die allerdings keinen gebietsprägenden Charakter erhalten dürfen. Die nicht erheblichen Belästigungen zeigen die Obergrenze der zulässigen Nutzungen auf. Dem steht allerdings – anders als beim Industriegebiet (Rdnr. 1551 ff.) – keine Untergrenze gegenüber. Dies bedeutet, daß bis hin zu erheblichen Belästigungen die **gesamte Bandbreite von Gewerbebetrieben** grundsätzlich gebietstypisch ist und daher durch § 8 Abs. 2 Nr. 1 BauNVO auch für allgemein zulässig erklärt wird. Die Obergrenze der erheblichen Belästigungen muß sich an dieser Bandbreite von durchaus auch störungsempfindlichen Nutzungen einschließlich den in § 8 Abs. 2 Nr. 2 BauNVO für allgemein zulässig erklärten Geschäfts-, Büro- und Verwaltungsgebäuden ausrichten. Andererseits ist jedoch auch zu sehen, daß die Zweckbestimmung des Gewerbegebiets gerade darin liegt, solchen Betrieben einen Standort zu bieten, die im Hinblick auf ihre spezifischen Standortanforderungen und ihre Auswirkungen zu Unzuträglichkeiten in Gebieten führen würden, in denen auch oder gar vorwiegend gewohnt werden soll[1]. Daraus folgt, daß die Grenze der erheblichen Belästigungen höher liegt als das zulässige Störungspotential in einem Mischgebiet, das auch eine Wohnnutzung uneingeschränkt zuläßt. Dies müssen prinzipiell auch störungsempfindliche Betriebe innerhalb eines Gewerbegebiets akzeptieren, sofern die plangebende Gemeinde nicht von den ihr zur Verfügung stehenden Ausschluß- und Gliederungsmöglichkeiten Gebrauch gemacht hat (zur typisierenden Betrachtungsweise von Betrieben in Gewerbegebieten Rdnr. 1533)[2].

Die Immissionsricht- und Grenzwerte für Gewerbegebiete liegen entsprechend dem Gebietscharakter über denjenigen für Mischgebiete (TA Lärm, 16. BImSchV, 18. BImSchV, Freizeitlärmrichtlinie, s. Rdnr. 725 ff.). Die DIN 18005 setzt die schalltechnischen Orientierungswerte ebenfalls oberhalb von Mischgebieten an. Sie stellt jedoch Gewerbe- mit Kerngebieten gleich, was wertungsmäßig allerdings nichts daran ändert, daß das allgemeine Immissionsniveau grundsätzlich im Gewerbegebiet höher anzusiedeln ist als in den gemischten Gebieten, zu denen auch das Kerngebiet zählt. 1526

Besondere Bedeutung bei Gewerbegebieten haben die **Gliederungsmöglichkeiten nach § 1 Abs. 4 bis 10 BauNVO**. Dies gilt zum einen für die Strukturierung des Gebiets selbst, da die Bandbreite der gewerblichen Nutzungsmöglichkeiten zu erheblichen gebietsinternen Konflikten führen kann. Möglich ist daher der Ausschluß unterschiedlicher Arten von Gewerbebetrieben nach § 1 Abs. 5 und 9 BauNVO (Rdnr. 1670 ff. und 1679 ff.), etwa um ein auf produzierendes oder verarbeitendes Gewerbe zugeschnittenes Gebiet bereitzustellen oder aber ein Gebiet, in dem vorwiegend ruhiges und immissionsempfindliches Gewerbe angesiedelt werden kann (z.B. ein Hightech- oder Technologiepark). Es ist also keinesfalls so, daß die vorwiegende Prägung des Gewerbegebiets zwingend durch Betriebe mit einem hohen Immissionsgrad erfolgen muß. Vielmehr ist es auch zulässig, ein störungsarmes Gewerbegebiet dergestalt festzusetzen, daß nur solche Betriebe in Betracht kommen, die den in Mischgebieten zulässigen Störungsgrad einhalten[3]. 1527

---

1 BVerwG v. 13.5.2002 – 4 B 86.01, BauR 2002, 1499 = UPR 2002, 448; BVerwG v. 25.11.1983 – 4 C 21.83, BVerwGE 68, 213 = BauR 1984, 145 = BRS 40 Nr. 52 = DÖV 1984, 860 = NJW 1984, 1574 = UPR 1984, 200 = ZfBR 1984, 95.
2 S. VGH München v. 21.10.1996 – 20 CS 96/1561 u. 96/3334, BauR 1997, 84 = BRS 58 Nr. 72 = NVwZ-RR 1997, 464 zu einem Betrieb zur Herstellung optischer und feinmechanischer Geräte in einem Gewerbegebiet.
3 BVerwG v. 15.4.1987 – 4 B 71.87, BRS 47 Nr. 55 = DVBl. 1987, 904 = NVwZ 1987, 970; OVG Lüneburg v. 24.11.1989 – 1 M 82/89, BRS 49 Nr. 63.

1528 Zum anderen können die Möglichkeiten der planerischen Feinsteuerung notwendig sein, um der örtlichen Lage eines Gewerbegebiets Rechnung zu tragen. Insbesondere bei angrenzender Wohnbebauung sind oftmals entsprechende Festsetzungen erforderlich, um überhaupt ein Gewerbegebiet ausweisen zu können. In Betracht kommt hierfür etwa eine Gliederung dergestalt, daß am Rande eines Gewerbegebiets – gewissermaßen als Pufferzone – nur Geschäfts-, Büro- und Verwaltungsgebäude (§ 8 Abs. 2 Nr. 2 BauNVO) oder betriebsgebundene Wohnungen (§ 8 Abs. 3 Nr. 1 BauNVO) zulässig sind[1]. Möglich ist auch eine Gliederung nach Maßgabe von Abstandslisten (Rdnr. 724)[2] oder nach (immissionswirksamen) flächenbezogenen Schalleistungspegeln als betrieblichen Eigenschaften im Sinne von § 1 Abs. 4 Satz 1 Nr. 2 BauNVO (Rdnr. 1652 ff.).

b) Zulässige Vorhaben im Gewerbegebiet

1529 **(1) Gewerbebetriebe aller Art**: Unter den Begriff fallen alle Gewerbebetriebe, die in § 8 BauNVO nicht speziell geregelt sind, wie z.B. die allgemein zulässigen Tankstellen oder die nur ausnahmsweise zulässigen Vergnügungsstätten.

1530 Der **Begriff des Gewerbes** umfaßt in Anlehnung an die Definition im Gewerberecht jede nicht generell verbotene selbständige, auf Dauer angelegte und auf Gewinnerzielung gerichtete Tätigkeit, ausgenommen Urproduktion, freie Berufe (s. dazu Rdnr. 1243) und bloße Verwaltung und Nutzung eigenen Vermögens[3]. Unter einem (Gewerbe-)**Betrieb** ist die organisatorische Zusammenfassung von Betriebsanlagen und Betriebsmitteln zu einem bestimmten Betriebszweck zu verstehen, ohne daß es auf die Eigentumsverhältnisse ankommt[4]. Der Begriff ist dabei weit auszulegen, so daß beispielsweise auch Anlagen der Fremdwerbung, die sich nicht an der Stätte der Leistung befinden (z.B. Litfaßsäulen oder Plakatwände), oder auch Mobilfunksendeanlagen als eigenständige Gewerbebetriebe anzusehen sind, obgleich es an einer Betriebsstätte im eigentlichen Sinne fehlt[5].

1531 Auch wenn nach § 8 Abs. 2 Nr. 1 BauNVO Gewerbebetriebe aller Art zulässig sind, bestehen verschiedene **Einschränkungen**. Dies gilt vor allem für

---

1 VGH Mannheim v. 6.12.1989 – 3 S 1278/88, BRS 49 Nr. 73.
2 OVG Münster v. 17.10.1996 – 7a D 122/94, BRS 58 Nr. 30 = DVBl. 1997, 440 = UPR 1997, 258.
3 S. etwa BVerwG v. 26.1.1993 – 1 C 25.91, NVwZ 1993, 775.
4 BVerwG v. 27.11.1987 – 4 B 230 u 231.87, BauR 1988, 184 = BRS 47 Nr. 36 = DÖV 1988, 382 = UPR 1988, 149.
5 BVerwG v. 3.12.1992 – 4 C 27.91, BVerwGE 91, 234 = BauR 1993, 350 = BRS 54 Nr. 126 = DVBl. 1993, 439 = DÖV 1993, 620 = NVwZ 1993, 983 = UPR 1993, 216 = ZfBR 1993, 142; VGH München v. 22.1.2004 – 1 ZB 03.294, UPR 2004, 237; OVG Münster v. 25.2.2003 – 10 B 2417/02, BauR 2003, 1011 = NVwZ-RR 2003, 637; König in König/Roeser/Stock, § 8 Rdnr. 16 ff.

solche Gewerbebetriebe, die in § 8 Abs. 3 BauNVO nur für ausnahmsweise zulässig erklärt werden, insbesondere also für Vergnügungsstätten. Ein weiterer Ausschluß findet sich in § 11 Abs. 3 Satz 1 BauNVO für Einkaufszentren, großflächige Einzelhandels- und sonstige großflächige Handelsbetriebe für den Verkauf an Letztverbraucher. Diese sind zwar Gewerbebetriebe[1], gleichwohl jedoch nur in Kerngebieten oder in für sie festgesetzten Sondergebieten zulässig (Rdnr. 1614 ff.). Dabei ist bedeutsam, daß diese Einschränkung erst mit der BauNVO 1968 für Einkaufszentren und Verbrauchermärkte zur übergemeindlichen Versorgung und in der bis heute weitgehend unveränderten Fassung erst durch die BauNVO 1977 eingeführt wurde (zu den unterschiedlichen Fassungen der Baunutzungsverordnung Rdnr. 1185 ff.). Daher sind derartige Betriebe in Gewerbegebieten, die in älteren Bebauungsplänen festgesetzt worden sind, grundsätzlich zulässig, ohne daß es auf deren Größe, Einzugsbereich, Warensortimente oder bestimmte städtebauliche Auswirkungen ankommt[2].

Sonstige Gewerbebetriebe sind, auch wenn sie in den anderen Baugebieten selbständig geregelt sind (Beherbergungsbetriebe, Läden, Schank- und Speisewirtschaften u.s.w.), im Gewerbegebiet zulässig, soweit nicht der Gebietscharakter selbst eine Einschränkung gebietet. Dies ist der Fall bei **Gewerbebetrieben, die dem Wohnen oder der Erholung** dienen, da beides nicht dem Gebietstypus eines Gewerbegebiets entspricht. Das gilt etwa für Beherbergungsbetriebe, in denen gewohnt wird oder die wohnartig genutzt werden (z.B. Boarding-Häuser), für Pensionen, Kurhotels u.ä.[3]. Demgegenüber sind Hotels für die vorübergehende Unterbringung von Gästen zulässig und z.B. für Geschäftsreisende, Firmenkunden u.ä. durchaus auch gebietstypisch. **Bordellbetriebe** sind in einem Gewerbegebiet zwar allgemein zulässig (zur Abgrenzung gegenüber einer Vergnügungsstätte Rdnr. 1435 ff.), dies gilt jedoch dann nicht, wenn die Prostituierten dort auch wohnen[4].

1532

Aus der Gebietstypik, die nur nicht erheblich belästigende Betriebe zuläßt, ergeben sich weitere Einschränkungen. **Erhebliche Belästigungen** verursachen Betriebe, von denen besondere starke Geräusche oder Gerüche ausgehen oder die als gefährlich anzusehen sind, so daß sie den zulässigen schutzbedürftigeren Gewerbebetrieben einschließlich der Geschäfts-, Büro- und Verwaltungsgebäude nach § 8 Abs. 2 BauNVO nicht zumutbar sind.

1533

---

1 OVG Münster v. 4.5.2000 – 7 A 1744/97, BauR 2000, 1453 = ZfBR 2000, 564.
2 BVerwG v. 3.2.1984 – 4 C 8.80, BVerwGE 68, 952 = BauR 1984, 377 = BRS 42 Nr. 49 = DVBl. 1984, 637 = NJW 1984, 1773 = UPR 1984, 234 = ZfBR 1984, 137.
3 BVerwG v. 13.5.2002 – 4 B 86.01, BauR 2002, 1499 = UPR 2002, 448; BVerwG v. 29.4.1992 – 4 B 43.89, BVerwGE 90, 140 = BauR 1993, 194 = BRS 54 Nr. 53 = DVBl. 1992, 1433 = DÖV 1993, 115 = NVwZ 1993, 773 = UPR 1993, 17 = ZfBR 1992, 283.
4 BVerwG v. 25.11.1983 – 4 C 21.83, BVerwGE 68, 213 = BauR 1984, 145 = BRS 40 Nr. 52 = DÖV 1984, 860 = NJW 1984, 1574 = UPR 1984, 200 = ZfBR 1984, 95.

1534 Um die **gewerbegebietstypische Zumutbarkeit** zu ermitteln, kann zunächst davon ausgegangen werden, daß die in den störungsempfindlicheren Baugebieten zulässigen gewerblichen Nutzungen in einem Gewerbegebiet erst recht genehmigungsfähig sind. Dies gilt freilich mit der Einschränkung, daß keine Gliederung des Baugebiets erfolgt ist, die eine andere Betrachtung erfordert. Als weitere Annäherung an die Gebietsverträglichkeit kann ebenso wie bei Mischgebieten das **Immissionsschutzrecht** zum Ausgangspunkt genommen werden (Rdnr. 1490). Während allerdings bei Mischgebieten die Annäherung so zu wählen ist, daß immissionsschutzrechtlich genehmigungsbedürftige Anlagen zumeist nicht mischgebietstypisch sind, ist bei Gewerbegebieten der Ausgangspunkt, daß Betriebe, die dem vereinfachten Genehmigungsverfahren nach § 19 BImSchG i.V.m. Spalte 2 des Anhangs zu § 1 der 4. BImSchV unterfallen, in der Regel gebietsverträglich sind, während Vorhaben, die im förmlichen Genehmigungsverfahren nach § 10 BImSchG i.V.m. Spalte 1 des Anhangs zu § 1 der 4. BImSchV genehmigt werden müssen, zumeist der Gebietstypik nicht mehr entsprechen. Auch hierbei ist allerdings letztlich der konkrete Betriebstyp in den Blick zu nehmen, da sich allein aus dieser Einordnung eine abschließende bauplanungsrechtliche Bewertung nicht herleiten läßt (§ 15 Abs. 3 BauNVO)[1]. Ebenso wie in einem Mischgebiet ist dabei auf den **Anlagentyp** als solchen und dessen funktionsgerechte Nutzung abzustellen. Eine Abweichung von dieser (abstrakten) Bewertung ist geboten, wenn der konkrete Betrieb nach Art und/oder Betriebsweise von dem Erscheinungsbild seines Betriebstypus abweicht und aus diesem Grund die Gebietsverträglichkeit dauerhaft und zuverlässig sichergestellt ist (Rdnr. 1493)[2]. Der Erteilung einer Befreiung von den Planfestsetzungen nach § 31 Abs. 2 BauGB (Rdnr. 1717 ff.) bedarf es in diesem Fall nicht[3]. Denn das Kriterium der nicht erheblichen Belästigung bezieht sich ganz allgemein auf den Charakter des Baugebiets. Nur zusätzlich können sich dann noch Einschränkungen aufgrund der konkreten örtlichen Situation aus § 15 Abs. 1 BauNVO ergeben[4].

1535 **(2) Lagerhäuser und Lagerplätze**: Diese Anlagen dienen der Lagerung von Gütern jeglicher Art (z.B. Rohstoffe, Baustoffe, Zwischen- und Fertigprodukte, Altwaren, Schrott, Speditionsgut, land- und forstwirtschaftliche Erzeugnisse). Der Begriff der Lagerung ist gekennzeichnet durch eine **zeitliche Begrenzung**. Nicht darunter fällt daher die dauerhafte Ablagerung z.B. von Abfällen. In diesem Fall würde es sich nicht um einen Lagerplatz sondern

---

1 BVerwG v. 24.9.1992 – 7 C 7.92, BRS 54 Nr. 56 = DVBl. 1993, 111 = DÖV 1993, 253 = NVwZ 1993, 987 = UPR 1993, 215 = ZfBR 1993, 132.
2 BVerwG v. 2.2.2000 – 4 B 87.99, BauR 2000, 1019 = NVwZ 2000, 679 = UPR 2000, 234.
3 So noch die durch das Urt. v. 24.9.1992 überholte Rechtsprechung des BVerwG in dem Urt. v. 18.10.1974 – IV C 77.73, BauR 1975, 29 = BRS 28 Nr. 27 = DÖV 1975, 103 = NJW 1975, 460.
4 Zu Einzelfällen der in Betracht kommenden Gewerbebetriebe Fickert/Fieseler, § 8 Rdnr. 19; Stock in König/Roeser/Stock, § 8 Rdnr. 22.

um eine Deponie handeln. Ebenfalls umfaßt der Begriff des Lagerns nicht das lediglich vorübergehende Abstellen von eigenen Maschinen und Geräten durch einen Gewerbebetrieb, die dieser zeitweilig nicht benötigt[1].

Gemeint sind in § 8 Abs. 2 Nr. 2 BauNVO **selbständige** Lagerhäuser und Lagerplätze im Sinne einer eigenständigen Hauptnutzung. Stehen diese in einen unmittelbaren räumlichen und funktionalen Zusammenhang mit einem Gewerbebetrieb, sind sie als dessen Betriebsteil anzusehen und danach zu beurteilen. Unselbständige Anlagen dieser Art teilen also als Bestandteil oder Zubehör die bauplanungsrechtliche Zulässigkeit mit derjenigen der Hauptnutzung[2]. Andererseits ist es jedoch für die Einordnung als Lagerhaus oder Lagerplatz unschädlich, wenn eine weitere Nutzung hinzutritt, die Lagertätigkeit jedoch im Vordergrund steht (z.B. ein Schrottlagerplatz, bei dem der Handel einen untergeordneten Teil der Tätigkeit ausmacht oder bei der Ergänzung eines Lagerbetriebs durch einen kleinen Fuhrpark[3]). 1536

Während es sich bei Lagerplätzen zwar um bauliche Anlagen, nicht jedoch um Gebäude handelt, ist dies bei Lagerhäusern der Fall. Sie müssen daher von Menschen betreten werden können (z.B. Lagerhallen, Speicher, Kühlhäuser u.ä.). Nicht darunter fallen hingegen Silos und ähnliche Lagerbehälter, die nicht betreten werden können. 1537

Die Bedeutung der besonderen Regelung des § 8 Abs. 2 Nr. 2 BauNVO liegt darin, daß unter die in einem Gewerbegebiet zulässigen Lagerhäuser und Lagerplätze auch solche fallen, die keine selbständigen Gewerbebetriebe bzw. anderweitig angesiedelten Gewerbebetrieben nicht als eine eigenständige Hauptnutzung zuzurechnen sind, wie z.B. gemeindliche Bauhöfe oder Lagerplätze und Lagerhäuser von landwirtschaftlichen Betrieben. Hingegen wird man der Bestimmung nicht entnehmen können, daß selbständige Lagerhäuser und Lagerplätze in § 8 Abs. 2 Nr. 2 BauNVO abschließend geregelt und daher außer im Gewerbe- und Industriegebieten nicht zulässig sind[4]. Vielmehr kann ein – dann in der Regel kleineres – Lagerhaus durchaus als sonstiger nicht störender Gewerbebetrieb in einem Dorf- oder Mischgebiet zulässig sein, wenn er gebiets- und nachbarschaftsverträglich ist. 1538

---

1 BVerwG v. 8.11.2001 – 4 C 18.00, BauR 2002, 747 = NVwZ 2002, 730 = UPR 2002, 226 = ZfBR 2002, 364.
2 BVerwG v. 8.11.2001 – 4 C 18.00, BauR 2002, 747 = NVwZ 2002, 730 = UPR 2002, 226 = ZfBR 2002, 364: BVerwG v. 15.11.1991 – 4 C 17.88, BRS 52 Nr. 52 = DÖV 1992, 638 = NVwZ-RR 1992, 402 = UPR 1992, 182.
3 BVerwG v. 7.9.1979 – IV C 45.77, BauR 1980, 53 = BRS 35 Nr. 157 = DVBl. 1980, 232 = DÖV 1980, 175 = ZfBR 1980, 43.
4 BVerwG v. 8.11.2001 – 4 C 18.00, BauR 2002, 747 = NVwZ 2002, 730 = UPR 2002, 226 = ZfBR 2002, 364; Stock in König/Roeser/Stock, § 8 Rdnr. 26; a.A. Fickert/Fieseler, § 8 Rdnr. 9.4.

1539 **(3) Öffentliche Betriebe**: Die Aufzählung der öffentlichen Betriebe neben den Gewerbebetrieben aller Art gewährleistet, daß auch Betriebe, die keinen gewerblichen Zweck verfolgen, also nicht mit Gewinnerzielungsabsicht betrieben werden, in einem Gewerbegebiet allgemein zulässig sind. Dazu gehören etwa Eigenbetriebe der Gemeinde aus dem Bereich der Ver- und Entsorgung, des öffentlichen Personennahverkehrs, öffentliche Fuhrparks, Bauhöfe oder Müllsammelstellen[1]. Auf die konkrete Rechtsform kommt es dabei nicht an. Der zulässige Grad der Störungsintensität entspricht dem der Gewerbebetriebe aller Art (Rdnr. 1531 ff.).

1540 **(4) Geschäfts-, Büro- und Verwaltungsgebäude**: Hierzu wird auf die Ausführungen zu den besonderen Wohn-, Misch- und Kerngebieten (s. insbes. Rdnr. 1425 f.) verwiesen. Ein prinzipieller Unterschied hinsichtlich der Zulässigkeit besteht nicht, wenn auch der unterschiedliche Gebietscharakter respektiert werden muß. Die Nutzungen müssen daher die gebietstypisch höheren Immissionen eines Gewerbegebiets hinnehmen, so daß zumeist keine so ruhige Nutzung in Betracht kommt, wie dies in den störungsempfindlicheren Gebieten der Fall ist. Wegen der jeweils allgemeinen Zulässigkeit bedarf es einer Binnendifferenzierung zwischen den drei Gebäudearten nicht.

1541 **(5) Tankstellen** dürfen ohne besondere Beschränkungen errichtet werden. Dies schließt im Gewerbegebiet die Zulässigkeit von Reparaturwerkstätten ein, solange diese nicht erheblich belästigend sind, was in aller Regel nicht der Fall ist, und wenn dem nicht besondere Gliederungsfestsetzungen (Rdnr. 1648 ff.) des Bebauungsplans entgegenstehen.

1542 **(6) Anlagen für sportliche Zwecke**: Gewerblich betriebene Sportanlagen (z.B. Squash- oder Tennishallen) waren bereits vor der Aufnahme von § 8 Abs. 2 Nr. 4 in den allgemeinen Zulässigkeitskatalog für Gewerbegebiete durch die BauNVO 1990 zulässig. Nunmehr sind auch nicht gewerblich betriebene Anlagen etwa von Sportvereinen (zum Gemeinbedarfserfordernis vgl. Rdnr. 1369) allgemein zulässig. Größere Vorhaben mit starkem Zu- und Abgangsverkehr sind gerade dann, wenn es um geschlossene Anlagen geht (Tennis- oder Squash-Center, Bowling-Center, Eissporthallen u.s.w.) in einem Gewerbegebiet gut plaziert. Sie haben häufig Bedeutung bei der Umnutzung stillgelegter Gewerbehallen und sonstiger Gewerbebauten, für die keine andere geeignete Nachnutzung gefunden werden kann.

1543 Gemeint sind in § 8 Abs. 2 Nr. 4 BauNVO **selbständige** Sportanlagen. Unselbständige Anlagen (z.B. Betriebssportplätze) richten sich als Nebenanlage im Sinne von § 14 BauNVO (Rdnr. 1248 ff.) in der Regel nach der Zulässigkeit der Hauptnutzung.

---

1 VGH München v. 15.12.1992 – 2 B 92/98, BauR 1993, 197 = BRS 54 Nr. 54.

c) Nebenanlagen

Für die Zulässigkeit von Stellplätzen oder Garagen (§ 12 BauNVO), für Gebäude und Räume für freie Berufe (§ 13 BauNVO sowie für untergeordnete Nebenanlagen im Sinne von § 14 BauNVO (Rdnr. 1239 ff.) bestehen im Gewerbegebiet keine besonderen Beschränkungen.

d) Ausnahmsweise zulässige Vorhaben im Gewerbegebiet

(1) Wohnungen für Aufsichts- und Bereitschaftspersonen sowie für Betriebsinhaber und Betriebsleiter, die dem Gewerbebetrieb zugeordnet und ihm gegenüber in Grundfläche und Baumasse untergeordnet sind: In Gewerbegebieten sind Wohnungen nur für den Ausnahmefall vorgesehen und überdies für andere als die angeführten Personen grundsätzlich unzulässig. Dies spiegelt die Zielsetzung wieder, Gewerbegebiete von einer Wohnnutzung möglichst frei zu halten. Die ausnahmsweise zulässigen Wohnungen genießen lediglich eine **geminderte Schutzwürdigkeit**. Es können grundsätzlich keine Abwehransprüche gegen emittierende Gewerbebetriebe geltend gemacht werden, die den in einem Gewerbegebiet zulässigen Störungsgrad einhalten[1]. Gewahrt werden müssen in der Regel im wesentlichen nur **gesundheitsverträgliche Wohnverhältnisse**, die allerdings vorrangig durch die bauliche Gestaltung der Betriebswohnungen selbst sicherzustellen sind (insbesondere Wahrung der notwendigen Schallinnenraumpegel durch Einhaltung bestimmter Schalldämmaße der Außenwände und Fenster, Lage der Ruheräume im rückwärtigen Bereich der Betriebswohnung u.ä.).

Erforderlich ist eine **funktionale Zuordnung** zu dem jeweiligen Betrieb. Dementsprechend ist die Wohnnutzung an solche Personen gebunden, deren Anwesenheit auch außerhalb der allgemeinen Betriebszeiten des Unternehmens aus betrieblichen Gründen **objektiv sinnvoll** ist. Hierfür reicht es aus, daß vernünftige, auf den konkreten Betrieb bezogene Gründe vorliegen, die eine Betriebswohnung als notwendig erscheinen lassen. Wann dies der Fall ist, hängt vom Einzelfall ab. Allerdings dürfen die Anforderungen dabei nicht überspannt werden. Es genügt, wenn ein Betriebsmitarbeiter oder der Betriebsinhaber selbst ständig anwesend sein soll, weil auch außerhalb der allgemeinen Betriebszeiten ein Warenein- und Ausgang erfolgt. Dem kann nicht entgegengehalten werden, daß eine Erreichbarkeit der betreffenden Person auch über **Mobiltelefon, Anrufumleitung** oder sonstige telekommunikationstechnische Möglichkeiten sichergestellt werden[2]. Keine betriebsbezogenen Gründe sind es demgegenüber, wenn der Wohnstandort nur aus Kostengründen oder aus allgemeinen Praktikabilitätserwägungen gewählt wird[3].

---

[1] BVerwG v. 16.3.1984 – 4 C 50.80, BauR 1984, 612 = BRS 42 Nr. 73 = DÖV 1984, 857 = NVwZ 1984, 511 = ZfBR 1984, 148.
[2] BVerwG v. 20.6.1999 – 4 B 46.99, BauR 1999, 1135.
[3] OVG Lüneburg v. 14.7.1993 – 1 L 6230/92, BRS 55 Nr. 59 = NVwZ-RR 1994, 248.

1547 Die funktionale Zuordnung nach § 8 Abs. 3 Nr. 1 BauNVO macht desweiteren erforderlich, daß die Wohnung dem Gewerbebetrieb **zugeordnet** ist. Dafür ist es nicht notwendig, daß sich die Wohnung auf dem Betriebsgrundstück selbst befindet. Es genügt eine ausreichende Nähe zum Betrieb (fußläufige Entfernung)[1]. § 8 Abs. 3 Nr. 1 BauNVO enthält keine Begrenzung hinsichtlich der **Zahl von Betriebswohnungen**. Möglich sind daher auch mehrere Wohnungen und Wohngebäude, solange die Erforderlichkeit gewahrt ist. In Betracht kommen auch Wohngebäude mit mehreren Betriebswohnungen für unterschiedliche Betriebe.

1548 Das Erfordernis, daß sich Betriebswohnungen in **Grundfläche und Baumasse** dem Betrieb unterordnen müssen, soll vor allem Mißbrauchsfällen vorbeugen. Verhindert werden soll, daß der Gewerbebetrieb lediglich zum Aufhänger genommen wird, um eine großzügige Wohnbebauung zu ermöglichen, hinter die die gewerbliche Nutzung quantitativ und qualitativ zurücktritt. Insofern ist eher eine wertende Betrachtung als eine exakte quantitative Ermittlung geboten[2].

1549 **(2) Anlagen für kirchliche, kulturelle, soziale und gesundheitliche Zwecke**: Hinsichtlich der einzelnen Anlagen kann auf die Erläuterungen insbesondere unter Rdnr. 1369 ff. verwiesen werden. Allerdings sind Gewerbegebiete für derartige Anlagen zumeist kaum geeignet. Dies gilt insbesondere für wohnartige Anlagen[3]. Dies schließt in der Regel auch Asylbewerberunterkünfte, Auffanglager u.ä. Vorhaben ein, auch wenn sie nicht unter die allgemeine Wohnnutzung fallen (Rdnr. 1316 ff.)[4]. Allerdings ist in diesem Zusammenhang gleichfalls zu beachten, daß auch Betriebswohnungen nach § 8 Abs. 3 Nr. 1 BauNVO und Beherbergungsbetriebe für die vorübergehende Unterbringung in einem Gewerbegebiet zulässig sind, wenngleich ein wesentlicher Unterschied darin liegt, daß Betriebswohnungen einen funktionalen Zusammenhang zu einer in dem Baugebiet gelegenen gewerblichen Nutzung haben. Dennoch bestehen zumindest im Hinblick auf die Zumutbarkeit von gewerbegebietstypischen Immissionen keine Gründe, die einer ausnahmsweisen Genehmigungserteilung für eine solche Nutzung generell und zwingend entgegenstehen[5]. Dies schließt es selbstverständlich nicht aus, daß im konkreten Fall etwa die Lage des Grundstücks, auf dem ein solches Vorhaben realisiert werden soll (z.B. neben einem

---

1 BVerwG v. 16.3.1984 – 4 C 50.80, BauR 1984, 612 = BRS 42 Nr. 73 = DÖV 1984, 857 = NVwZ 1984, 511 = ZfBR 1984, 148.
2 OVG Lüneburg v. 14.7.1993 – 1 L 6230/92, BRS 55 Nr. 59 = NVwZ-RR 1994, 248.
3 BVerwG v. 13.5.2002 – 4 B 86.01, BauR 2002, 1499 = UPR 2002, 448.
4 OVG Münster v. 4.11.2003 – 22 B 1345/03, BauR 2004, 976 = NVwZ-RR 2004, 247 = UPR 2004, 153.
5 So etwa OVG Lüneburg v. 25.3.1993 – 6 M 1207/93, BRS 55 Nr. 181 = DÖV 1983, 873 = NVwZ-RR 1993, 532 = UPR 1993, 236 = ZfBR 1993, 203; Jäde in Jäde/Dirnberger/Weiß, § 8 BauNVO Rdnr. 15.

stark emittierenden Gewerbebetrieb), die Erteilung einer Ausnahme verhindert[1].

(3) Vergnügungsstätten: Im Wege der Ausnahme können sowohl nicht kerngebietstypische als auch kerngebietstypische Vergnügungsstätten zugelassen werden (zur Unterscheidung Rdnr. 1436 ff.). 1550

9. Industriegebiete (GI, § 9 BauNVO)

a) Gebietscharakter und Nutzungsmöglichkeiten

Industriegebiete dienen ausschließlich der Unterbringung von Gewerbebetrieben, und zwar vorwiegend solcher Betriebe, die in anderen Baugebieten unzulässig sind (§ 9 Abs. 1 BauNVO). 1551

Obergrenze des Maßes der baulichen Nutzung (§ 17 Abs. 1 BauNVO): Grundflächenzahl (GRZ) 0,8; Geschoßflächenzahl (GFZ) 2,4; Baumassenzahl (BMZ) 10,0. 1552

Das Industriegebiet ist das **immissionsstärkste und störungsunempfindlichste** der in der Baunutzungsverordnung typisierten Baugebiete. Es dient mehr noch als das Gewerbegebiet der Unterbringung von gewerblichen Nutzungen. Dies ergibt sich deutlich daraus, daß in § 9 Abs. 1 BauNVO von der ausschließlichen Unterbringung von Gewerbebetrieben die Rede ist. Andere Nutzungen sind aus den allgemeinen Zulassungstatbeständen in § 9 Abs. 2 BauNVO vollständig ausgeschlossen. Man kann die Gebiete nach § 9 BauNVO daher auch als „reine" Gewerbegebiete bezeichnen, zumal der Begriff der Industrie ansonsten in der Baunutzungsverordnung nicht vorkommt und auch im Rahmen von § 9 Abs. 2 BauNVO keine eigenständige Bedeutung hat. 1553

Die besondere Prägung erhält das Industriegebiet im weiteren dadurch, daß dort vorwiegend solche Betriebe angesiedelt werden sollen, die in anderen Baugebieten unzulässig sind. Die anderen Baugebiete schließen das Gewerbegebiet nach § 8 BauNVO ein. Industriegebiete sind daher vorwiegend solchen Betrieben vorbehalten, die als erheblich belästigend einzustufen sind. Diese müssen im Verhältnis zu anderen Betrieben nach Umfang und Gewicht überwiegen[2]. 1554

Anders als bei den anderen Baugebieten enthält § 9 Abs. 1 BauNVO keine Obergrenze für das Maß der zulässigen Immissionen. Dies bedeutet aller- 1555

---

1 OVG Koblenz v. 16.10.1991 – 8 B 11727/91, NVwZ 1992, 592; VGH Mannheim v. 29.8.1991 – 5 S 1990/91, BRS 52 Nr. 58 = NVwZ 1992, 591 = UPR 1992, 272 = ZfBR 1992, 145.
2 BVerwG v. 6.5.1993 – 4 NB 32.92, BauR 1993, 693 = BRS 55 Nr. 10 = DVBl. 1993, 1097 = DÖV 1994, 37 = NVwZ 1994, 292 = UPR 1994, 63 = ZfBR 1993, 297.

dings nicht, daß Umweltauswirkungen jedweder Art und jeglichen Umfangs zulässig sind. Zum einen gelten ohnehin die genehmigungsrechtlichen Anforderungen insbesondere das Bundes-Immissionsschutzgesetzes, nach denen schädliche Umwelteinwirkungen und sonstige Gefahren, erhebliche Nachteile und erhebliche Belästigungen für die Allgemeinheit und die Nachbarschaft nicht hervorgerufen werden dürfen und Vorsorge gegen schädliche Umwelteinwirkungen insbesondere durch die dem Stand der Technik entsprechenden Maßnahmen getroffen werden muß (§ 5 Abs. 1 Nr. 1 und 2 BImSchG). Zum anderen erfordert jede bauliche und betriebliche Nutzung in einem vorhandenen Bebauungszusammenhang ein Mindestmaß an Rücksichtnahme. Dementsprechend sehen die TA Lärm und die Freizeitlärmrichtlinie **Immissionsricht- bzw. Immissionsgrenzwerte** auch für Industriegebiete vor, während die DIN 18005, die 16. BImSchV und die 18. BImSchV (Rdnr. 725 ff.) für Industriegebiete keine Werte ansetzen. Betriebe, die selbst in einem Industriegebiet für die Nachbarschaft unzumutbar sind, müssen in dafür speziell ausgewiesene Sondergebiete nach § 11 BauNVO (Rdnr. 1599 ff.) oder in den Außenbereich verwiesen werden, wo sie dann gemäß § 35 Abs. 1 Nr. 4 BauGB privilegiert zulässig sind (Rdnr. 2134 ff.).

1556   Die **Gliederungsmöglichkeiten** nach § 1 Abs. 4 bis 10 BauNVO (Rdnr. 1648 ff.) finden in Industriegebieten uneingeschränkt Anwendung. Wegen der Prägung des Industriegebiets durch erheblich belästigende Betriebe kommt allerdings anders als bei Gewerbegebieten keine Einschränkung dahingehend in Betracht, daß vorwiegend oder gar ausschließlich nur nicht erheblich belästigende Betriebe zulässig sind. Ein Industriegebiet kann also nicht durch Maßnahmen der planerischen Feinsteuerung hinsichtlich seiner Immissionen zu einem Gewerbegebiet herabgestuft werden[1].

b) Zulässige Vorhaben im Industriegebiet

1557   **(1) Gewerbebetriebe aller Art**: Dieser allgemeine Zulässigkeitstatbestand deckt sich mit der identischen Formulierung in § 8 Abs. 2 Nr. 1 BauNVO für Gewerbegebiete (Rdnr. 1529 ff.). Die gewerblichen Nutzungen, die dort wegen ihrer Wohnartigkeit ausgeschlossen sind, sind in einem Industriegebiet erst recht unzulässig. Entsprechendes gilt für Einkaufszentren und großflächigen Einzelhandel, soweit die Festsetzung des Industriegebiets auf der Grundlage der BauNVO 1990 (vgl. Rdnr. 1531) erfolgt ist. Ebenfalls unzulässig sind kerngebietstypische Vergnügungsstätten, da sie mit der Zweckbestimmung eines Industriegebiets unvereinbar sind[2].

---

1 BVerwG v. 6.5.1993 – 4 NB 32.92, BauR 1993, 693 = BRS 55 Nr. 10 = DVBl. 1993, 1097 = DÖV 1994, 37 = NVwZ 1994, 292 = UPR 1994, 63 = ZfBR 1993, 297; VGH Mannheim v. 10.12.1993 – 8 S 994/92, NVwZ 1995, 136 = UPR 1994, 455.
2 BVerwG v. 24.2.2000 – 4 C 23.98, DVBl. 2000, 1340 = DÖV 2000, 1057 = UPR 2000, 455 = ZfBR 2000, 423.

Im übrigen können Gewerbebetriebe im Einzelfall nach § 15 Abs. 1 BauNVO unzulässig sein, wenn ansonsten der durch erheblich belästigende Gewerbebetriebe gekennzeichnete Charakter des Industriegebiets nicht mehr gewahrt wäre. Anknüpfend an die grundsätzlich gebotene **typisierende Bewertung** wird man insbesondere die im förmlichen Genehmigungsverfahren nach § 10 BImSchG zu beurteilenden Anlagen (Spalte 1 des Anhangs zu § 1 der 4. BImSchV) als industriegebietstypisch ansehen können, wenn auch nur im Sinne einer Annäherung (§ 15 Abs. 3 BauNVO, s. auch Rdnr. 1490 sowie Rdnr. 1534). Auch andere Betriebe können durchaus erheblich belästigend sein[1]. Auf der anderen Seite kann § 15 Abs. 1 BauNVO allerdings auch Gewerbebetrieben entgegenstehen, die aufgrund ihres Immissionsverhaltens selbst in einem Industriegebiet nicht mehr verträglich sind (Rdnr. 1217 ff.)[2].

1558

(2) **Lagerhäuser, Lagerplätze und öffentliche Betriebe** sind ebenso wie in Gewerbegebieten allgemein zulässig (dazu im einzelnen Rdnr. 1535 ff.). Die größere Störungsunempfindlichkeit bei Industriegebieten führt allerdings dazu, daß derartige Nutzungen auch dann noch in Betracht kommen, wenn sie in einem Gewerbegebiet wegen ihres Immissionsverhaltens nicht mehr verträglich wären (z.B. ein Wertstoffsammelzentrum für Altpapier und Altglas mit entsprechender Lärmentwicklung oder eine Kohlehalde mit erheblichen Staubimmissionen)[3]. Andererseits ist auch hier zu sehen, daß der durch erheblich belästigende Betriebe gekennzeichnete Gebietscharakter gewahrt bleiben muß, so daß kleinere störungsempfindliche Betriebe dieser Art im Einzelfall nach § 15 Abs. 1 BauNVO ausscheiden.

1559

(3) **Tankstellen** sind unbeschränkt genehmigungsfähig.

1560

c) Nebenanlagen

Stellplätze und Garagen (§ 12 BauNVO), Gebäude und Räume für freie Berufe (§ 13 BauNVO) und untergeordnete Nebenanlagen nach § 14 BauNVO (Rdnr. 1239 ff.) sind ohne besondere Beschränkungen im Industriegebiet zulässig. Die Zulassung der Nutzungen nach § 13 BauNVO im Industriegebiet erscheint wenig sachgerecht. Sie ist angesichts des Wortlauts in § 13 BauNVO gleichwohl grundsätzlich zu respektieren. Abgesehen davon, daß ein Industriegebiet zumeist kein besonders attraktiver Standort für freiberufliche Tätigkeiten ist, wird vielfach § 15 Abs. 1 BauNVO einer Genehmigungsfähigkeit entgegenstehen.

1561

---

[1] VGH Mannheim v. 30.8.1993 – 8 S 2980/92, UPR 1994, 191; Bielenberg in Ernst/Zinkahn/Bielenberg/Krautzberger, § 9 BauNVO Rdnr. 6; Stock in König/Roeser/Stock, § 9 Rdnr. 9.
[2] Zu Einzelfällen der in einem Industriegebiet zulässigen Nutzungen Fickert/Fieseler, § 9 Rdnr. 7 ff.; Stock in König/Roeser/Stock, § 9 Rdnr. 17 f.
[3] VGH Kassel v. 14.3.1990 – 3 TH 2517/89, DÖV 1991, 118.

d) Ausnahmsweise zulässige Vorhaben im Industriegebiet

1562 **(1) Wohnungen für Aufsichts- und Bereitschaftspersonen sowie für Betriebsinhaber und Betriebsleiter, die dem Gewerbebetrieb zugeordnet und ihm gegenüber in Grundfläche und Baumasse untergeordnet sind**: Auf die entsprechenden Ausführungen zu Gewerbegebieten (Rdnr. 1545 ff.) kann hier verwiesen werden. Die stärkere Immissionsbelastung im Industriegebieten führt allerdings dazu, daß die Anforderungen, die an die Erforderlichkeit von betriebsgebundenen Wohnungen zu stellen sind, tendenziell höher angesiedelt werden müssen.

1563 **(2) Anlagen für kirchliche, kulturelle, soziale, gesundheitliche und sportliche Zwecke**: Auch hier kann auf die entsprechende Ausnahmebestimmung für Gewerbegebiete verwiesen werden (Rdnr. 1549). Der Unterschied besteht im wesentlichen darin, daß Anlagen für sportliche Zwecke anders als nach § 8 Abs. 2 Nr. 4 BauNVO hier nur ausnahmsweise zulässig sind. Für alle diese Nutzungen gilt, daß ein Standort im Industriegebiet zumeist noch weniger geeignet ist als in einem Gewerbegebiet und der Ausnahmetatbestand in der Planungspraxis daher auch nur wenig Bedeutung hat.

10. Sondergebiete, die der Erholung dienen (SO, § 10 BauNVO)

a) Gebietscharakter und Nutzungsmöglichkeiten

1564 Als Sondergebiete, die der Erholung dienen, kommen insbesondere Wochenendhausgebiete, Ferienhausgebiete und Campingplatzgebiete in Betracht (§ 10 Abs. 1 BauNVO).

1565 Obergrenze des Maßes der baulichen Nutzung bei Wochenendhausgebieten (§ 17 Abs. 1 BauNVO): Grundflächenzahl (GRZ) 0,2, Geschoßflächenzahl (GFZ) 0,2 (s. noch ergänzend Rdnr. 1578); bei Ferienhausgebieten: Grundflächenzahl (GRZ) 0,4, Geschoßflächenzahl (GFZ) 1,2.

1566 Das Sondergebiet nach § 10 BauNVO ist ebenso wie das Sondergebiet nach § 11 BauNVO ein **atypisches Baugebiet**, das sich struktruell von den typisierten Baugebieten nach den §§ 2 bis 9 BauNVO unterscheidet. Allerdings tritt dieser Unterschied bei Sondergebieten, die der Erholung dienen, nicht so sehr hervor wie bei den Gebieten nach § 11 BauNVO, da die Baunutzungsverordnung die Festsetzungsmöglichkeiten in § 10 BauNVO erheblich stärker einschränkt.

1567 Die – allerdings nicht abschließende – Aufzählung der in Betracht kommenden Sondergebiete nach § 10 BauNVO (Wochenendhausgebiete, Ferienhausgebiete, Campingplatzgebiete) zeigt, daß mit der Erholung im Sinne von § 10 BauNVO eine **wohnartige Freizeitgestaltung**, also ein zeitweiliges Freizeitwohnen, gemeint ist. Abzugrenzen ist daher die Ausweisungsmöglichkeit nach § 10 BauNVO zunächst vom **Dauerwohnen**. Allgemein nutzbare

Wohnhäuser können daher nicht festgesetzt werden. Aber auch **bloße Freizeiteinrichtungen** oder Sportanlagen u.s.w. ohne eine im Vordergrund stehende wohnartige Erholungsnutzung fallen nicht unter den Katalog der nach § 10 BauNVO festsetzungsfähigen Nutzungsarten. Es muß dafür insbesondere auf die Festsetzungsmöglichkeiten nach § 9 Abs. 1 Nr. 5 und Nr. 15 BauGB (Rdnr. 260 ff. und 292 ff.) oder aber auf § 11 BauNVO zurückgegriffen werden. So fallen etwa ein Gartenhausgebiet[1], ein Wassersportgebiet, ein Freizeitpark u.ä. nicht unter § 10 BauNVO.

Abzugrenzen sind die Sondergebiete nach § 10 BauNVO im weiteren auch von den Gebieten, die als sonstige Sondergebiete in § 11 Abs. 2 BauNVO ausdrücklich genannt sind. Dazu zählen vor allem die **Gebiete für den Fremdenverkehr** (Kurgebiete, Gebiete für die Fremdenbeherbergung; dazu noch Rdnr. 1600 ff.). 1568

In dem so umrissenen engen Rahmen bleibt für die Festsetzung von Sondergebieten nach § 10 BauNVO, die über die beispielhafte Aufzählung der Wochenendhaus-, Ferienhaus- und Campingplatzgebiete hinausgehen, nur wenig Spielraum. Am ehesten kommt noch eine Festsetzung in Betracht, die eine der beispielhaft genannten wohnartigen Freizeitnutzungen in eine bestimmte Richtung prägt, wie etwa ein Sondergebiet Freizeitwohnen und Segelsport[2] oder wenn es um Zwischenformen der in § 10 BauNVO benannten Nutzungen geht, wie etwa ein Wochenendplatzgebiet, das von seiner Zweckbestimmung her zwischen Wochenendhaus- und Campingplatzgebieten einzuordnen ist[3]. 1569

§ 10 Abs. 2 Satz 1 BauNVO verlangt, daß bei der Ausweisung eines Sondergebiets die **Zweckbestimmung** und die **Art der Nutzung** im Bebauungsplan festgesetzt werden[4]. Bei den in § 10 Abs. 1 BauNVO genannten und in den Absätzen 3 bis 5 der Vorschrift behandelten Gebietsarten reicht deren Festsetzung aus, um die Zweckbestimmung und die Art der baulichen Nutzung hinreichend bestimmt festzulegen. Allerdings können diese Festsetzungen noch nach § 10 Abs. 2 Satz 2 BauNVO ergänzt werden (dazu noch Rdnr. 1581 f.). Weitere Präzisierungen der Nutzung sind hingegen bei den drei in § 10 Abs. 1 BauNVO genannten Gebietsarten nicht möglich[5]. In Betracht kommen allerdings Gliederungsmöglichkeiten innerhalb des einzelnen Baugebiets (dazu noch Rdnr. 1572). 1570

---

1 BVerwG v. 18.8.1989 – 4 C 12.86, BauR 1989, 701 = BRS 49 Nr. 65 = NVwZ 1990, 362 = UPR 1990, 25 = ZfBR 1990, 38.
2 BVerwG v. 1.12.1994 – 4 NB 29.31, Buchholz 406.12, § 10 BauNVO Nr. 3.
3 Dazu ausführlich Fickert/Fieseler, § 10 Rdnr. 30 ff.
4 Zu der in § 10 Abs. 2 Satz 1 BauNVO gleichfalls angesprochenen Darstellung im Flächennutzungsplan s. etwa Stock in König/Roeser/Stock, § 10 Rdnr. 11.
5 Fickert/Fieseler, § 10 Rdnr. 9; Stock in König/Roeser/Stock, § 10 Rdnr. 14; a.A. Jäde in Jäde/Dirnberger/Weiß, § 10 BauNVO, Rdnr. 5.

1571 Für die nicht in § 10 Abs. 1 BauNVO beispielhaft genannten Erholungsgebiete müssen demgegenüber die Zweckbestimmung und die Art der allgemein sowie ggf. der ausnahmsweise zulässigen Nutzungen eigenständig festgelegt werden, damit erkennbar ist, wodurch sich das betreffende Sondergebiet auszeichnet und von anderen Gebietstypen unterscheidet. Dabei ist zumeist eine Verfahrensweise sinnvoll, wie sie aus den Absätzen 1 bis 3 zu den einzelnen typisierten Baugebieten bekannt ist, also die Festsetzung der allgemeinen Zweckbestimmung, der allgemein zulässigen sowie der ausnahmsweise zulässigen Nutzungen. Wenn die Zweckbestimmung des Gebiets nicht ausdrücklich benannt ist, genügt es, wenn sie sich aus der festgesetzten Art der baulichen Nutzung ergibt[1]. Dies ist regelmäßig dann der Fall, wenn der Bebauungsplan lediglich einen eng begrenzten Nutzungskatalog für das Baugebiet festsetzt. In jedem Fall müssen die Festsetzungen dabei **hinreichend bestimmt** sein (Rdnr. 216 ff.). Dies gilt sowohl für Art und Maß des zeitweiligen Freizeitwohnens als auch für ergänzende Festsetzungen hinsichtlich der in dem Gebiet allgemein oder ausnahmsweise zulässigen Ergänzungsnutzungen. Gleichwohl besteht in diesem Zusammenhang keine Bindung an die in den §§ 2 bis 9 BauNVO geregelten Nutzungsarten und die dort gewählten Begriffsbestimmungen.

1572 Bei einem Sondergebiet nach § 10 BauNVO besteht keine Bindung an die **Gliederungsmöglichkeiten** nach § 1 Abs. 4 bis 10 BauNVO (Rdnr. 1608, 1648 ff.). Die Gemeinde ist insofern weitgehend frei. Sie kann daher sowohl die dortigen Gliederungsmöglichkeiten anwenden als auch weitere Gliederungsmöglichkeiten „erfinden". Allerdings muß die Gliederung zu dem vorgesehenen Erholungsgebiet passen und städtebaulich gerechtfertigt sein.

1573 Die **Schutzwürdigkeit und Schutzbedürftigkeit** von Erholungsgebieten hängt von deren konkreter Ausgestaltung ab. Dies gilt vor allem für solche Gebiete, die nicht unter die in § 10 Abs. 1 BauNVO genannten Beispiele fallen. Dementsprechend sehen auch die meisten lärmtechnischen Regelwerke (Rdnr. 725 ff.) dafür keine Grenz-, Richt- oder Orientierungswerte vor. Die DIN 18005 stellt hinsichtlich der schalltechnischen Orientierungswerte die Wochenend- und Ferienhausgebiete den reinen Wohngebieten und die Campingplatzgebiete den allgemeinen Wohngebieten gleich.

b) Zulässige Vorhaben im Wochenendhausgebiet

1574 **(1) Wochenendhäuser**: Nach § 10 Abs. 3 Satz 1 BauNVO sind in Wochenendhausgebieten Wochenendhäuser als Einzelhäuser zulässig. Abweichend davon kann der Bebauungsplan allerdings regeln, daß nur Hausgruppen zulässig sind oder ausnahmsweise zulässig sein können (§ 10 Abs. 3 Satz 2 BauNVO). Die Zulässigkeit von Hausgruppen schließt Doppelhäuser grund-

---

1 Vgl. BVerwG v. 18.2.1983 – 4 C 18.81, BVerwGE 67, 23 = BRS 40 Nr. 64 = DVBl. 1983, 886 = NJW 1983, 2713 = UPR 1983, 301 = ZfBR 1983, 193.

sätzlich mit ein (vgl. § 22 Abs. 2 BauNVO). Die Gemeinde kann bestimmen, wie groß Hausgruppen in den Grenzen des § 22 Abs. 2 Satz 2 BauNVO sein und wie sie gestaltet sein dürfen.

Der Name „Wochenend"-Haus besagt, daß es nicht als Dauerunterkunft vorgesehen ist. Es geht vielmehr um eine **Freizeitwohnen** am Wochenende oder in der sonstigen Freizeit. Kennzeichnend ist dabei ein gewollter **häufiger Leerstand** des Hauses, was eine Benutzung durch regelmäßig wechselnde Benutzer ausschließt und Wochenend- von Ferienhäusern (Rdnr. 1583) unterscheidet. Der Unterschied zu Kleingartengebieten und dort regelmäßig anzutreffenden Lauben und ähnlichen baulichen Anlagen liegt im wesentlichen darin, daß bei Dauerkleingärten die Gartennutzung einschließlich der Gewinnung von Gartenbauerzeugnissen für den Eigenbedarf im Vordergrund steht und das für Wochenendhäuser typische der Erholung dienende Wohnen nachgeordnete Bedeutung hat[1]. 1575

Dem Charakteristikum der immer nur kurzweiligen Nutzung entsprechen die Anforderungen an die Erschließung (Rdnr. 1196 ff.) und sonstige Infrastruktur eines Wochenendhausgebiets. Sie sind deutlich geringer als bei Gebieten, deren bauliche Anlagen auf eine Dauernutzung ausgelegt sind. Infrastrukturelle Einrichtungen wie Schulen, Kindergärten u.s.w. sind nicht erforderlich. 1576

Im Hinblick auf die planerische Zielsetzung für Wochenendhausgebiete und um der häufig zu verzeichnenden Tendenz, Wochenendhäuser ungenehmigt in Dauerwohnsitze umzuwandeln, keinen Vorschub zu leisten, ist es in der Regel nicht möglich, ein Wochendhausgebiet in einem Bereich auszuweisen, in dem überwiegend bereits Häuser zu Dauerwohnzwecken vorhanden sind[2]. Andererseits hat die Gemeinde insbesondere in Fällen, in denen Untersagungsverfügungen nicht erfolgversprechend oder aus sonstigen Gründen nicht gewollt sind, durchaus die Möglichkeit, ein festgesetztes Wochenendhausgebiet durch ein Wohngebiet für die Dauernutzung zu überplanen, um so der tatsächlichen Entwicklung Rechnung zu tragen[3]. Jedoch setzt dies voraus, daß auch die sonstigen Erfordernisse einer Wohnbebauung in Bezug auf die Erschließung und sonstige Infrastruktur erfüllt sind oder jedenfalls im Zuge der Umplanung erfüllt werden sollen. 1577

Bei der Ausweisung eines Wochenendhausgebiets ist es der Gemeinde praktisch kaum möglich, Dauernutzungen durch Beschränkungen des Wohnkomforts mittels entsprechender planerischer Festsetzungen zu verhindern. Etwa das Verbot von Unterkellerungen, Heizungen, Fernsehantennen, Kochstellen u.s.w. wird sich planerisch zumeist nicht rechtfertigen lassen. 1578

---

1 OVG Hamburg v. 4.11.1999 – 2 E 29/96, ZfBR 2000, 498.
2 OVG Koblenz v. 22.8.1985 – 1 A 62/84, BauR 1986, 177 = BRS 44 Nr. 46 = NVwZ 1986, 677.
3 VGH Kassel v. 7.6.1994 – 3 N 2480/91, NVwZ 1995, 605.

Auch führt allein der Umstand, daß derartige Einrichtungen eine Dauernutzung provozieren könnten, nicht dazu, daß die Erteilung der Baugenehmigung für ein Wochenendhaus verweigert werden darf. Die einzige effektive und in § 10 Abs. 3 Satz 2 BauNVO auch angelegte Möglichkeit, längere Aufenthalte zu verhindern und damit die Eigenart des Gebiets zu wahren, liegt darin, die Wohnfläche so klein wie möglich zu halten, um so die Attraktivität für eine Dauernutzung auf ein Minimum zu reduzieren. Dementsprechend ist die Gemeinde nicht nur berechtigt sondern nach § 10 Abs. 3 Satz 3 BauNVO sogar verpflichtet, die zulässige **Grundfläche der Wochenendhäuser** im Bebauungsplan, begrenzt nach der besonderen Eigenart des Gebiets, unter Berücksichtigung der landschaftlichen Gegebenheiten festzusetzen. Auf diese Weise kann eine räumliche Beengung herbeigeführt werden, die in der Regel zwar vorübergehend, nicht jedoch auf Dauer durch die Benutzer in Kauf genommen wird und damit bauaufsichtlich nur schwer kontrollierbare Umnutzungen in ein Dauerwohnen unattraktiv macht. Ein praxisgerechter **Erfahrungswert** liegt bei einer Grundfläche von bis zu 60 qm zzgl. Terrassenflächen und Flächen für sonstige (kleinere) Nebenanlagen, Garage oder Stellplatz nebst Zufahrt[1]. Eine Grundfläche bis zu 150 qm zuzüglich Nebengebäude mit bis zu weiteren 75 qm dürfte mit dem Charakter eines Wochenendhausgebiets nicht mehr vereinbar sein[2]. Demgegenüber wurde in einem Einzelfall eine Grundfläche von 117 qm für gerade noch zulässig gehalten[3].

1579 **(2) Stellplätze und Garagen** sind nur für den durch die zugelassene Nutzung verursachten Bedarf zulässig (§ 12 Abs. 2 BauNVO, Rdnr. 1241).

1580 **(3) Untergeordnete Nebenanlagen** gemäß § 14 BauNVO (Rdnr. 1248) sind im Wochenendhausgebiet zulässig. In Betracht kommen etwa Schuppen für Fahrräder oder Holz, Schwimmbecken, Spielplätze u.s.w.

1581 **(4)** Nach § 10 Abs. 2 Satz 2 BauNVO können im Bebauungsplan bestimmte, der Eigenart des Gebiets entsprechende **Anlagen und Einrichtungen zur Versorgung des Gebiets und für sportliche Zwecke** für allgemein oder ausnahmsweise zulässig erklärt werden. Wenn eine derartige Festsetzung nicht getroffen wurde, sind derartige Vorhaben unzulässig. Es muß sich dabei um bestimmte Festsetzungen handeln. Eine nicht weiter präzisierte Regelung, daß Anlagen und Einrichtungen zur Gebietsversorgung zulässig sind, reicht nicht aus. Aufgrund der Eigenart des Gebiets sind als Einrichtungen zur Gebietsversorgung etwa Läden oder Kioske, Schank- und Speisewirtschaften, kleine Einrichtungen für kirchliche Zwecke (z.B. Kapellen) in Betracht zu ziehen. Handwerksbetriebe, Einrichtungen für kulturelle oder soziale Zwecke u.s.w. dürften demgegenüber in aller Regel mangels eines entspre-

---

1 Vgl. Fickert/Fieseler, § 10 Rdnr. 26; Stock in König/Roeser/Stock, § 10 Rdnr. 24.
2 So VGH Kassel v. 1.9.1981 – IV N 16/80, BRS 38 Nr. 11.
3 VGH Kassel v. 7.11.1975 – IV OE 133/74, BRS 29 Nr. 64.

chenden Bedarfs in einem Wochenendhausgebiet ausscheiden (zum Begriff der Gebietsversorgung vgl. Rdnr. 1359 f.).

Anlagen und Einrichtungen für sportliche Zwecke, die über Nebenanlagen im Sinne von § 14 BauNVO (Rdnr. 1580) hinausgehen, sind zumeist nur in größeren Wochenendhausgebieten in Betracht zu ziehen. Zu beachten ist auch hier, daß die Anlagen der Eigenart des Gebiets entsprechen, also bedarfsorientiert sein müssen. 1582

c) Zulässige Vorhaben im Ferienhausgebiet

(1) Ferienhäuser: Die in § 10 Abs. 4 BauNVO geregelten Ferienhäuser sind dazu bestimmt, überwiegend und auf Dauer einem wechselnden Personenkreis zur Erholung zu dienen. Dementsprechend muß ihre Lage, Größe, Ausstattung, Erschließung und Versorgung für den Erholungsaufenthalt geeignet sein. Dies ist zumeist nur in Fremdenverkehrsregionen oder jedenfalls landschaftlich bevorzugten Regionen der Fall. In Betracht kommen sowohl Einzelhäuser als auch mehrgeschossige Häuser und größere Wohnanlagen (Feriendörfer, Ferienclubs u.ä.). Unerheblich ist, ob es sich um eine einheitlich geplante und realisierte Anlage handelt oder ob eine kleinteilige Einzelbebauung vorgesehen ist. In Betracht kommen auch Schullandheime oder Erholungseinrichtungen von Unternehmen für ihre Mitarbeiter. 1583

Ferienhäuser unterscheiden sich von Wochenendhäusern vor allem dadurch, daß sie eine **Dauernutzung** ermöglichen, wenn auch im wesentlichen durch einen ständig wechselnden Kreis der Benutzer[1]. Dementsprechend sind die Anforderungen an die Erschließung und Infrastruktur bei Ferienhäusern höher, allerdings auf die spezifischen Besonderheiten eines häufig wechselnden Benutzerkreises ausgelegt. Die typischen Infrastruktureinrichtungen, die zu einem Wohngebiet gehören, sind daher in aller Regel nicht erforderlich (z.B. Kindergärten, Schulen u.s.w.). 1584

§ 10 Abs. 4 Satz 1 BauNVO spricht davon, daß eine Dauernutzung (nur) durch einen **überwiegend wechselnden Personenkreis** zulässig ist. Der Begriff überwiegend stellt klar, daß auch ein teilweise nicht ständig wechselnder Personenkreis in Betracht kommt. Dies gilt insbesondere für eine **Eigennutzung** des Eigentümers für Ferienzwecke. Darüber hinausgehend ist der Regelung auch zu entnehmen, daß ein nicht überwiegender, also ein untergeordneter Teil des Ferienhauses einem nicht wechselnden Personenkreis zur Verfügung stehen kann. Dies ermöglicht die Einrichtung einer Betriebswohnung oder auch – etwa bei einem größeren Ferienpark – eines Büros für die Verwaltung[2]. Jedoch muß aufgrund des Gebietscharakters ein funktiona- 1585

---
1 BGH v. 10.4.1986 – III ZR 209/84, BauR 1987, 62 = BRS 46 Nr. 41 = DVBl. 1986, 1264 = NVwZ 1987, 168 = ZfBR 1986, 297.
2 In diesem Sinne auch Fickert/Fieseler, § 10 Rdnr. 34.1; a.A. etwa Stock in König/ Roeser/Stock, § 10 Rdnr. 30.

ler Bezug zu der Ferienhausnutzung bestehen. Eine davon unabhängige Dauerwohnnutzung oder Bürotätigkeit ist bauplanungsrechtlich unzulässig.

1586 Ebenso wie in den Wochenendhausgebieten ist auch in Ferienhausgebieten häufig die Tendenz zu einer – genehmigungspflichtigen – Umnutzung in eine Dauerwohnstätte zu verzeichnen (vgl. Rdnr. 1578). Anders als dort ist es jedoch in einem Ferienhausgebiet sehr viel schwerer, dem Einhalt zu gebieten. Insbesondere ist die in § 10 Abs. 4 Satz 2 BauNVO gebotene Möglichkeit, im Bebauungsplan die Grundfläche nach der besonderen Eigenart des Gebiets unter Berücksichtigung der landschaftlichen Gegebenheiten zu begrenzen, kaum ausreichend, um Nutzungsänderungen auszuschließen. Lediglich bei einheitlich geplanten Feriendörfern u.ä. stellt sich dieses Problem sehr viel seltener.

1587 **(2) Stellplätze und Garagen** (§ 12 BauNVO, Rdnr. 1241) sind – wie in den Wochenendhausgebieten – nur für den durch die zugelassene Nutzung verursachten Bedarf zulässig.

1588 **(3) Untergeordnete Nebenanlagen** können entsprechend dem Nutzungszweck der Ferienhäuser und des Ferienhausgebiets errichtet werden (§ 14 BauNVO, Rdnr. 1248).

1589 **(4) Anlagen und Einrichtungen zur Versorgung des Gebiets und für sportliche Zwecke:** Sie sind nur – allgemein oder ausnahmsweise – zulässig, wenn der Bebauungsplan sie ausdrücklich vorsieht (§ 10 Abs. 2 Satz 2 BauNVO, s. bereits Rdnr. 1581 f.). Art und Umfang derartiger Einrichtungen sind abhängig von der Größe des Gebiets, der Qualität der touristischen Nutzung und dem touristischen Gesamtkonzept. In Betracht kommen als Anlagen und Einrichtungen zur Versorgung des Gebiets (zum Begriff der Gebietsversorgung vgl. Rdnr. 1359 f.) insbesondere

– Läden zur Deckung des Bedarfs des Ferienhausgebiets,

– Schank- und Speisewirtschaften (Bars, Restaurants, Cafes u.s.w.),

– Anlagen für kirchliche, kulturelle und soziale Zwecke,

– Räume für die ärztliche Versorgung.

1590 Als Anlagen und Einrichtungen für sportliche Zwecke sind vor allem Schwimmbäder, Tennisanlagen oder Golf-Übungseinrichtungen (Kurzplatz, Driving-Range, Putting Green, Pitch & Putt-Anlage; nicht jedoch Golfplätze, die in der Regel deutlich mehr Fläche in Anspruch nehmen als der mit Ferienhäusern bebaute Bereich) denkbar.

d) Zulässige Vorhaben im Campingplatzgebiet

Das Campingplatzgebiet ist der Oberbegriff für Campingplätze und Zeltplätze. Beide dienen – wie alle Baugebiete nach § 10 BauNVO – der freizeitartigen Wohnnutzung, also nicht dem Dauerwohnen. 1591

(1) Campingplätze: Eine bauplanungsrechtliche Definition des Begriffs Campingplatz existiert nicht. Die Legaldefinitionen in den **Camping- und Wochenendplatzverordnungen** der Länder können allerdings zumindest eine Hilfestellung bieten. Danach sind Campingplätze Plätze, die ständig oder wiederkehrend während bestimmter Zeiten des Jahres betrieben werden und die zum vorübergehenden Aufstellen und Bewohnen von mehr als drei Wohnwagen oder Zelten bestimmt sind[1]. 1592

Campingplätze können nicht nur nach § 10 BauNVO als besonderes Baugebiet sondern auch als Grünfläche mit der konkretisierenden Bezeichnung Campingplatzgebiet (§ 9 Abs. 1 Nr. 15 BauGB) festgesetzt werden. Beide Möglichkeiten stehen nicht in einem Exklusivitätsverhältnis zueinander, wie auch ansonsten städtebauliche Nutzungen durch unterschiedliche Festsetzungen ermöglicht werden können (z.B. Anlagen für öffentliche Verwaltungen als allgemein zulässige Vorhaben in einem Mischgebiet oder auf einer nach § 9 Abs. 1 Nr. 15 BauGB festgesetzten Gemeinbedarfsfläche). Die gegenteilige Auffassung, die unter die nach § 9 Abs. 1 Nr. 15 BauGB festsetzungsfähigen Grünflächen nur solche Anlagen faßt, die nicht zugleich Erholungszwecken dienen[2], überzeugt nicht. Denn die Ausweisung einer Grünfläche schließt weder Erholungszwecke aus, noch spricht sie gegen eine dauerhafte Nutzungsmöglichkeit durch Einrichtungen dieser Art. 1593

Auf Campingplätzen dürfen Wohnwagen oder Zelte zwar **dauerhaft abgestellt**, nicht jedoch dauerhaft bewohnt werden. Ebenfalls ändert die dauerhafte Abstellmöglichkeit nichts daran, daß es sich um **mobile Anlagen** handeln muß, die jederzeit ohne größeren Aufwand fortbewegt werden können[3]. Unerheblich ist, ob der Platz gewerblich oder vereinsmäßig betrieben wird und ob die Teilflächen, auf denen die Wohnwagen oder Zelte abgestellt bzw. aufgebaut werden, immer nur für kurze oder aber auch für längere Zeiträume vermietet werden. 1594

(2) Zeltplätze: Die Nutzung eines Zeltplatzes entspricht weitgehend der eines Campingplatzes. Der Unterschied liegt darin, daß ein Zeltplatz die Errichtung von Zelten, nicht hingegen das Abstellen von Wohnwagen ermöglicht. Praktisch führt dies dazu, daß ein dauerhaftes Aufstellen anders 1595

---

1 So etwa § 1 Abs. 1 Satz 1 der Camping- und Wochenendplatzverordnung NW.
2 Jäde in Jäde/Dirnberger/Weiß, § 10 BauNVO Rdnr. 11; Stock in König/Roeser/Stock, § 10 Rdnr. 8; Fickert/Fieseler, § 10 Rdnr. 41.1; für einen Flächennutzungsplan auch VGH Kassel v. 16.1.1991 – 4 UE 681/87, BRS 52 Nr. 7 = DÖV 1992, 638 = NVwZ-RR 1992, 230; wie hier Knaup/Stange, § 10 Rdnr. 51; Boeddinghaus, § 10 Rdnr. 23.
3 Vgl. OVG Lüneburg v. 11.12.1987 – 1 C 39/86, BauR 1988, 452 = BRS 48 Nr. 42.

als bei Wohnwagen auf einem Campingplatz zumeist ausscheidet. Zeltplätze sind daher deutlich stärker auf eine unregelmäßige Benutzung oder auf eine Nutzung lediglich bei der Durchreise ausgelegt als Campingplätze.

1596 **(3) Stellplätze und Garagen** sind im Campingplatzgebiet gemäß § 12 Abs. 2 BauNVO zwar für den durch die zugelassene Nutzung verursachten Bedarf zulässig (Rdnr. 1241). Der Bau von Garagen wird jedoch in unmittelbarer Nähe von Campingwagen kaum in Betracht kommen. Denkbar sind allerdings neben oder anstelle von Stellplätzen etwa Gemeinschaftsgaragen als Teil der Gesamtanlage.

1597 **(4) Untergeordnete Nebenanlagen** im Sinne von § 14 BauNVO (Rdnr. 1248 ff.) sind zulässig. Dies gilt insbesondere für Anlagen, die ein funktionsgerechter Betrieb erfordert, wie beispielsweise Wasch- und Toilettenanlagen. Deren Notwendigkeit ist im übrigen auch in den bauordnungsrechtlichen Campingplatzverordnungen der Länder geregelt[1].

1598 **(5)** Im Bebauungsplan kann ebenso wie für Wochenendhaus- und Ferienhausgebiete gemäß § 10 Abs. 2 Satz 2 BauNVO festgesetzt werden, daß bestimmte, **der Eigenart des Gebiets entsprechende Anlagen und Einrichtungen zur Versorgung des Gebiets und für sportliche Zwecke** allgemein oder ausnahmsweise zulässig sind. In Betracht kommen hier vor allem Läden (insbesondere Kioske) zur Deckung des Bedarfs der Campingplatzbesucher, Schank- und Speisewirtschaften, eine Wohnmöglichkeit für den Platzverwalter u.ä. Bei größeren Campingplätzen kommt auch über § 14 BauNVO (Rdnr. 1597) hinausgehend die Ausweisung von Anlagen für sportliche Zwecke in Betracht, soweit diese dem Zuschnitt des Campingplatzes entsprechen (z.B. Minigolfanlage, Tennisplätze u.ä.).

11. Sonstige Sondergebiete (SO, § 11 BauNVO)

a) Gebietscharakter und Nutzungsmöglichkeiten

1599 Sonstige Sondergebiete sind solche Gebiete, die sich von den Baugebieten nach den §§ 2 bis 10 BauNVO wesentlich unterscheiden (§ 11 Abs. 1 BauNVO).

Obergrenze des Maßes der baulichen Nutzung (§ 17 Abs. 1 BauNVO): Grundflächenzahl (GRZ) 0,8; Geschoßflächenzahl (GFZ) 2,4; Baumassenzahl (BMZ) 10,0.

1600 Wenn sonstige Sondergebiete im Flächennutzungsplan dargestellt oder im Bebauungsplan ausgewiesen werden sollen, muß zugleich deren Zweckbestimmung und die Art der Nutzung im Flächennutzungsplan dargestellt und im Bebauungsplan festgesetzt werden (§ 11 Abs. 2 BauNVO). Die Baunutzungsverordnung zählt unter § 11 Abs. 2 Satz 2 BauNVO beispielhaft

---

1 S. z.B. §§ 5 ff. der Camping- und Wochenendplatzverordnung NW.

Nutzungen auf, die für die Darstellung oder Ausweisung eines sonstigen Sondergebiets in Betracht kommen:
- Gebiete für den Fremdenverkehr, wie Kurgebiete und Gebiete für die Fremdenbeherbergung,
- Ladengebiete,
- Gebiete für Einkaufszentren und großflächige Handelsbetriebe (dazu noch Rdnr. 1614 ff.),
- Gebiete für Messen, Ausstellungen und Kongresse,
- Hochschulgebiete,
- Klinikgebiete,
- Hafengebiete,
- Gebiete für Anlagen, die der Erforschung, Entwicklung oder Nutzung erneuerbarer Energien, wie Wind- und Sonnenenergie, dienen.

Anders als § 10 BauNVO (Rdnr. 1564 ff.) enthält § 11 BauNVO für die sonstigen Sondergebiete keine einschränkenden Vorgaben zu den in Betracht kommen Nutzungsmöglichkeiten. Die gemeindliche Gestaltungsfreiheit und Flexibilität ist daher sehr groß, so daß es keiner exakten Definition der in § 11 Abs. 2 Satz 2 BauNVO beispielhaft genannten Sondergebietsnutzungen bedarf. Die Gemeinde kann bei ihrer Bauleitplanung davon in jeder Beziehung abweichen, soweit die allgemeinen Anforderungen an sonstige Sondergebiete gewahrt sind. 1601

Dafür ist entscheidend, daß sich ein Sondergebiet **wesentlich von den übrigen Baugebieten nach den §§ 2 bis 10 BauNVO unterscheidet**, also in keinen der in diesen Vorschriften geregelten Gebietstypen eingeordnet werden kann. Da der Nutzungsrahmen der typisierten Baugebiete sehr weit ist und überdies nach § 1 Abs. 4 bis 10 BauNVO zusätzliche weitreichende Differenzierungsmöglichkeiten bestehen (Rdnr. 1648 ff.), erscheint es auf den ersten Blick naheliegend, daß nur wenige Fälle in Betracht kommen, in denen sonstige Sondergebiete ausgewiesen werden können. Denn man wird die meisten Nutzungsarten auch in einem der typisierten Baugebiete unterbringen können. Allerdings ist nur entscheidend, ob sich die geplante Baugebietsart von ihrer Charakteristik her einem der in den §§ 2 ff. BauNVO geregelten **Gebietstypen** zuordnen läßt[1]. Dabei ist nicht auf die einzelnen in bestimmten Baugebieten allgemein oder ausnahmsweise zulässigen Nutzungen abzustellen sondern auf die jeweils in Absatz 1 der Baugebietsvorschriften geregelte **allgemeine Zweckbestimmung**, also auf das „Wesen" des jeweiligen Gebiets. Das Sondergebiet muß also gegenüber den typisierten Baugebietsarten ein „eigenes Gesicht" haben. Ebenfalls ist es daher uner- 1602

---
1 BVerwG v. 29.9.1978 – 4 C 30.76, BVerwGE 56, 283 = BauR 1978, 449 = BRS 33 Nr. 11.

heblich, ob sich möglicherweise durch Ausschöpfung der Gliederungsmöglichkeiten nach § 1 Abs. 4 ff. BauNVO eine der Zweckbestimmung des geplanten Sondergebiets vergleichbare städtebauliche Situation erreichen läßt[1]. Auch kommt es nicht darauf an, ob die Zweckbestimmung des Sondergebiets etwa durch die Ausweisung als Gemeinbedarfsfläche nach § 9 Abs. 1 Nr. 5 BauGB (Rdnr. 260 ff.) erreicht werden kann. Die jeweiligen Festsetzungsmöglichkeiten stehen vielmehr gleichrangig nebeneinander[2].

1603 **Beispiele:**

(a) Eine Gemeinde setzt ein Sondergebiet „Technologiepark" fest, das vorwiegend zur Unterbringung von Forschungs- und Entwicklungseinrichtungen und diesen zuarbeitenden Betrieben (technologieorientiertes Gewerbe) dient. Dazu gehören u.a. Forschungs- und Entwicklungslabors, technologieorientiertes Gewerbe sowie ausnahmsweise Büro- und Verwaltungseinrichtungen und Wohnungen für Bereitschaftspersonal. Diese Nutzungen könnten zwar praktisch durchgängig auch in einem Gewerbegebiet untergebracht werden, dennoch gibt die einseitig spezifische Art von wissenschaftlicher bzw. gewerbeähnlicher Nutzung dem Gebiet ein eigenes Gepräge, das die Sondergebietsausweisung rechtfertigt[3].

1604 (b) Eine Gemeinde weist ein Sondergebiet „Altenwohnen" aus, ohne die Zweckbestimmung weiter einzugrenzen. Hier fehlt es an einer städtebaulich relevanten Unterscheidbarkeit zu einem reinen oder allgemeinen Wohngebiet, da allein das in dem Bebauungsplan nicht weiter definierte Alter der Bewohner dem Baugebiet kein „eigenes Gesicht" verleiht. Anders wäre dies, wenn es nicht um eine normale Wohnnutzung ginge sondern beispielsweise um die Festsetzung eines Sondergebiets für betreutes Wohnen, ggf. verbunden mit weiteren Altenpflegeeinrichtungen[4].

1605 Der Umstand, daß bestimmte Nutzungen im unbeplanten Bereich als privilegierte Außenbereichsvorhaben nach § 35 Abs. 1 BauGB zulässig sind (z.B. landwirtschaftliche Betriebe), ändert gleichfalls nichts daran, daß für eine derartige Nutzung ein Sondergebiet festgesetzt werden kann. In Betracht kommt daher neben den in § 11 Abs. 2 Satz 2 BauNVO genannten Beispielen etwa die Festsetzung von Sondergebieten für landwirtschaftliche Betriebe[5], für Büro- und Verwaltungsgebäude[6], für Gartenhausgebiete (unter Aus-

---

1 BVerwG v. 7.7.1997 – 4 BN 11.97, BauR 1997, 972 = BRS 59 Nr. 36 = DVBl. 1998, 60 = DÖV 1998, 76 = UPR 1998, 62 = ZfBR 1997, 314; VGH Mannheim v. 30.11.2000 – 5 S 3227/98, BauR 2001, 1224 = NVwZ-RR 2001, 716.
2 BVerwG v. 23.12.1997 – 4 BN 23.97, BauR 1998, 515 = BRS 59 Nr. 71 = DVBl. 1998, 601 = DÖV 1998, 515 = NVwZ-RR 1998, 538 = UPR 1998, 346 = ZfBR 1998, 154; VGH Mannheim v. 24.7.1998 – 8 S 2952/97, BRS 60 Nr. 77 UPR 1999, 237.
3 VGH Mannheim v. 30.11.2000 – 5 S 3227/98, BauR 2001, 1224 = NVwZ-RR 2001, 716.
4 OVG Lüneburg v. 30.8.2001 – 1 MN 2456/01, BauR 2002, 447.
5 BVerwG v. 28.2.2002 – 4 CN 5.01, BauR 2002, 1348 = DVBl. 2002, 1121 = NVwZ 2002, 1114 = UPR 2002, 313 = ZfBR 2002, 574; BVerwG v. 7.7.1997 – 4 BN 11.97, BauR 1997, 972 = BRS 59 Nr. 36 = DVBl. 1998, 60 = DÖV 1998, 76 = UPR 1998, 62 = ZfBR 1997, 314; VGH Mannheim v. 7.1.1998 – 8 S 1337/97, BauR 1998, 984 = BRS 60 Nr. 47 = UPR 1998, 274.
6 OVG Saarlouis v. 13.4.1993 – 2 W 5/93, BRS 55 Nr. 189.

schluß des Freizeitwohnens im Sinne von § 10 BauNVO)[1], für bestimmte gewerbliche oder industrielle Anlagen wie etwa einen Schlachthof[2] oder für einen Mineralbrunnenbetrieb[3] oder auch für Stellplätze zur Deckung des privaten Stellplatzbedarfs eines größeren Gewerbebetriebs[4].

Der Vielgestaltigkeit von sonstigen Sondergebieten entspricht es, daß auch eine einheitliche Erfassung der **Störungsempfindlichkeit und Schutzwürdigkeit** nicht möglich ist. Diese hängen vielmehr von dem konkreten Sondergebiet und der dort vorgesehenen Art der baulichen Nutzung ab. Lediglich für die in § 11 Abs. 2 Satz 2 BauNVO beispielhaft genannten Sondergebiete finden sich daher in den lärmtechnischen Regelwerken teilweise Grenz-, Richt- oder Orientierungswerte (Rdnr. 725 ff.), wie etwa in der 18. BImSchV, der TA Lärm und der Freizeitlärmrichtlinie für Kurgebiete, Krankenhäuser und Pflegeanstalten. 1606

Im Flächennutzungsplan darzustellen und im Bebauungsplan festzusetzen sind die **Zweckbestimmung des Baugebiets** und die **Art der zulässigen baulichen Nutzung**. Bei beiden hat die Gemeinde ein Festsetzungserfindungsrecht. Die Zweckbestimmung muß so bestimmt sein, daß die Entwicklungsrichtung des Sondergebiets und das ihm eigene besondere Gepräge, das es von den typisierten Baugebieten der §§ 2–9 BauNVO unterscheidet, eindeutig festgelegt ist. Dabei reicht für die Zweckbestimmung eine Angabe der in § 11 Abs. 2 Satz 2 BauNVO beispielhaft genannten Nutzungszwecke aus. Auch bei einer anderweitigen Zweckbestimmung ist die Verwendung unbestimmter Rechtsbegriffe unschädlich, solange hinreichend sicher auf das angestrebte Planungsziel geschlossen werden kann (vgl. Rdnr. 216 ff.). Der notwendigen Bestimmtheit der Zweckbestimmung eines Sondergebiets ist in der Regel hinreichend Rechnung getragen, wenn die Angabe der jeweiligen Hauptnutzung erfolgt. Es muß sich daher nicht um einen Oberbegriff für alle in dem Gebiet zulässigen Nutzungen handeln, wie im übrigen auch die stichwortartige Bezeichnung der in § 10 Abs. 1 BauNVO und § 11 Abs. 2 BauNVO aufgeführten Sondergebietstypen zeigt[5]. Obgleich zwischen der Zweckbestimmung und der Art der Nutzung differenziert wird, reichen Festsetzungen zur Art der Nutzung aus, wenn sich daraus die 1607

---

1 BVerwG v. 18.8.1989 – 4 C 12.86, BauR 1989, 701 = BRS 49 Nr. 65 = NVwZ 1990, 362 = UPR 1990, 25 = ZfBR 1990, 38.
2 BVerwG v. 15.12.1989 – 4 C 36.86, BVerwGE 84, 209 = BRS 50 Nr. 193 = DÖV 1990, 479 = NVwZ 1990, 464 = UPR 1990, 216 = ZfBR 1900, 154 (zu einer Sonderbaufläche in einem Flächennutzungsplan).
3 VGH Mannheim v. 18.7.1997 – 8 S 2891.96, ZfBR 1998, 48.
4 BVerwG v. 18.12.1990 – 4 NB 19.90, BauR 1991, 301 = BRS 50 Nr. 39 = DVBl. 1991, 826 = NVwZ 1991, 778 = UPR 1991, 232 = ZfBR 1991, 230; zu weiteren Beispielen Fickert/Fieseler, § 11 Rdnr. 4.; Söfker in Ernst/Zinkahn/Bielenberg/Krautzberger, § 11 BauNVO Rdnr. 37; Stock in König/Roeser/Stock, § 11 Rdnr. 28 ff.
5 VGH Mannheim v. 30.11.2000 – 5 S 3227/98, BauR 2001, 1224 = NVwZ-RR 2001, 716.

Zweckbestimmung hinreichend deutlich ergibt (vgl. bereits Rdnr. 1571 zu den Sondergebieten nach § 10 BauNVO).

1608 Bei der Art der baulichen Nutzung ist die Gemeinde nicht an die Nutzungsarten und Begrifflichkeiten aus den §§ 2–10 BauNVO gebunden. Sie kann also auch dort nicht vorgesehene Nutzungsarten festsetzen. Gemäß § 1 Abs. 3 Satz 3 BauNVO finden die Vorschriften über die **Gliederungsmöglichkeiten** nach § 1 Abs. 4 bis 10 BauNVO keine Anwendung. Dies bedeutet jedoch nicht, daß insofern keine Festsetzungen möglich wären. Die Gemeinde ist aufgrund einer fehlenden Bindung an den abschließenden und begrenzten Gliederungskatalog in § 1 Abs. 4 bis 10 BauNVO (Rdnr. 1648 ff.) sogar sehr viel flexibler, wenn es um die Bestimmung der Merkmale geht, die ihr am besten geeignet erscheinen, um das von ihr verfolgte Planungsziel zu erreichen. So ist etwa die Bestimmung der Art der baulichen Nutzung durch immissionswirksame flächenbezogene Schalleistungspegel ebenso möglich wie in den typisierten Baugebieten gemäß § 1 Abs. 4 Satz 1 Nr. 2 BauNVO (Rdnr. 1662 ff.)[1]. Ebenfalls können Festsetzungen zur Nutzungsart unter Rückgriff auf Richtlinien ohne normativen Charakter erfolgen, um so die Ausnutzbarkeit des Baugebiets zu steuern und hinsichtlich der zu erwartenden Immissionen zu begrenzen.

1609 **Beispiel:**
Eine Gemeinde setzt ein Sondergebiet für landwirtschaftliche Betriebe einschließlich Tierzucht und Tierhaltung fest und regelt dabei unter Rückgriff auf die VDI-Richtlinie 3471 die höchstzulässige Tierzahl anhand der in dieser Richtlinie vorgesehenen Punkteregelung und eines festen Abstandsmaßes[2].

1610 Die Festsetzungen zur Art der baulichen Nutzung müssen der Zweckbestimmung des Baugebiets entsprechen[3]. Ansonsten klaffen der planerische Wille und das ausgewiesene Baurecht auseinander und führen zur Abwägungsfehlerhaftigkeit des Bebauungsplans (Rdnr. 612 ff.). Die Festsetzungen können dabei in ähnlicher Weise erfolgen wie bei den typisierten Baugebieten, also nach allgemein zulässigen (jeweils Abs. 2 der Baugebietsvorschriften) und – soweit planerisch gewünscht – nach ausnahmsweise zulässigen Nutzungen (jeweils Abs. 3 der Baugebietsvorschriften).

b) Zulässige Vorhaben in den sonstigen Sondergebieten

1611 **(1) Gebäude und sonstige Vorhaben, die für die Ausgestaltung des jeweiligen Sondergebiets notwendig oder zweckmäßig sind:** Die Zulässigkeit einzelner Bauvorhaben hängt davon ab, ob sie in dem festgesetzten Sonderge-

---
1 BVerwG v. 20.3.2003 – 4 BN 57.02, NVwZ 2003, 1259.
2 BVerwG v. 28.2.2002 – 4 CN 5.01 – BauR 2002, 1348 = DVBl. 2002, 1121, NVwZ 2002, 1114 = UPR 2002, 314 = ZfBR 2002, 574.
3 VGH Mannheim v. 30.11.2000 – 5 S 3227/98, BauR 2001, 1224 = NVwZ-RR 2001, 716.

biet allgemein oder ausnahmweise zulässig sind. Ergänzend kann § 15 Abs. 1 BauNVO i.V.m. der Zweckbestimmung des Gebiets einer Genehmigung im Einzelfall entgegenstehen.

(2) Stellplätze und Garagen: Ebenso wie bei sonstigen Baugebieten werden auch bei der Ausweisung von sonstigen Sondergebieten die Bestimmungen des § 12 BauNVO (Rdnr. 1241 f.) Bestandteil des Bebauungsplans (§ 1 Abs. 3 Satz 2 BauNVO). Stellplätze und Garagen sind danach gemäß § 12 Abs. 1 BauNVO grundsätzlich unbeschränkt zulässig, sofern der Bebauungsplan diesbezüglich keine abweichenden Regelungen enthält. Dies empfiehlt sich jedenfalls bei denjenigen Sondergebieten, die eine besondere Schutzbedürftigkeit aufweisen (z.B. Kur- oder Klinikgebiete). Möglich ist es auch, Stellplätze und Garagen eigenständig als ein Sondergebiet festzusetzen (Rdnr. 1605). 1612

(3) Untergeordnete Nebenanlagen im Sinne von § 14 BauNVO (Rdnr. 1248 ff.) sind grundsätzlich zulässig, sofern der Bebauungsplan für das sonstige Sondergebiet keine abweichenden Festsetzungen trifft. 1613

c) Besonderheiten bei großflächigem Einzelhandel (§ 11 Abs. 3 BauNVO)[1]

Handel ist in jeder Form eine **gewerbliche Nutzung**, so daß Handelsunternehmen unter den Begriff der Gewerbebetriebe fallen. Dies gilt unabhängig davon, ob es sich um Groß- oder Einzelhandel (zur Unterscheidung Rdnr. 1644) handelt oder welche Vertriebsform (Fachhandel, Fachmarkt, SB-Warenhaus, Verbrauchermarkt, Discountmarkt u.s.w.) in Rede steht. Auch die Größe der Nutz- und Verkaufsfläche ist irrelevant. Ohne eine besondere Regelung, wie sie in § 11 Abs. 3 BauNVO für den großflächigen Einzelhandel existiert, ist Handel daher in allen Baugebieten zulässig, in denen die Ansiedlung von Gewerbebetrieben in Betracht kommt, sofern die entsprechenden Baugebietsvorschriften keine dazu speziellen Regelungen enthalten. Derartige Regelungen können allerdings auch Privilegierungen des (kleinflächigen) Einzelhandels gegenüber sonstigen gewerblichen Nutzungen vorsehen, wie etwa die ausnahmsweise Zulassung von Läden in reinen Wohngebieten gemäß § 3 Abs. 3 Nr. 1 BauNVO (Rdnr. 1338) oder die Bevorzugung von Läden durch § 4 Abs. 2 Nr. 2 BauNVO gegenüber den sonstigen nichtstörenden Gewerbebetrieben gemäß § 4 Abs. 3 Nr. 2 BauNVO. 1614

Insbesondere große Einzelhandelsbetriebe sind danach eine Nutzung, die vor allem in Gewerbegebieten (§ 8 BauNVO, Rdnr. 1522 ff.) ohne weiteres in Betracht kommt, sofern dem keine besonderen Vorschriften entgegenstehen. Wegen des dort bestehenden Angebotes an zumeist preisgünstigen großen Flächen waren daher in den 60er und 70er Jahren – vielfach zum Nachteil der Innenstädte und Stadtzentren – Gewerbegebiete der bevorzugte 1615

---

[1] S. hierzu auch die Rechtsprechungsübersicht von Büchner, ZfBR 2003, 538 ff.

Standort für die Ansiedlung der sich entwickelnden Großanbieter in Form von Verbrauchermärkten, SB-Warenhäusern u.s.w. Die Baunutzungsverordnung in der Fassung von 1962 stand dem nicht entgegen. Auch § 15 Abs. 1 BauNVO (Rdnr. 1217 ff.) war kein geeignetes Instrument zur Gegensteuerung, da diese Vorschrift **Fernwirkungen auf Stadtzentren** und sonstige Innenstadtbereiche nicht erfaßt[1]. Aus diesem Grund wurde die Baunutzungsverordnung zunächst in der Fassung von 1968 um eine Regelung zu Einkaufszentren und Verbrauchermärkten, die der übergemeindlichen Versorgung dienen sollen[2], ergänzt. Wegen der darauf reagierenden Vertriebsformen des Einzelhandels wurde die Regelung durch die BauNVO 1977 verschärft und liegt im wesentlichen unverändert der nunmehr maßgeblichen Bestimmung in der BauNVO 1990 zu Grunde[3]. Dies führt dazu, daß im Geltungsbereich alter Bebauungspläne, für die nach wie vor die BauNVO 1962 oder die BauNVO 1968 maßgeblich ist (zu der jeweils anzuwendenden Fassung der Baunutzungsverordnung Rdnr. 1185 ff.), großflächiger Einzelhandel in sehr viel weiterem Umfang zulässig ist als dies bei jüngeren Bebauungsplänen auf der Grundlage späterer Fassungen der Baunutzungsverordnung der Fall ist.

1616 § 11 Abs. 3 BauNVO regelt **kein zusätzliches Sondergebiet**. Vielmehr handelt es sich auch bei Sondergebieten für großflächigen Einzelhandel in den unter § 11 Abs. 3 Satz 1 Nr. 1 bis 3 BauNVO genannten Betriebsformen um Sondergebiete nach § 11 Abs. 1 BauNVO. Sie sind daher in der beispielhaften Aufzählung des § 11 Abs. 2 Satz 2 BauNVO auch ausdrücklich genannt. § 11 Abs. 3 BauNVO ist vielmehr eine **Einschränkung zu den Zulässigkeitstatbeständen** in den §§ 2 bis 9 BauNVO[4]. Die Vorschrift regelt, daß die in § 11 Abs. 3 Satz 1 Nr. 1 bis 3 BauNVO genannten Nutzungen nur unter den dort genannten zusätzlichen Voraussetzungen zulässig sind, selbst wenn die entsprechenden Betriebe an sich unter die abstrakt formulierten Nutzungsarten in den typisierten Baugebieten fallen. Danach ist eine Ansiedlung der betreffenden Betriebe nur in Kerngebieten (MK, § 7 BauNVO) oder in für sie eigens ausgewiesenen Sondergebieten möglich. Die Vorschrift ist abschließend und steht einer Ansiedlung in anderen durch einen Bebauungsplan festgesetzten Baugebieten definitiv entgegen. Allerdings setzt dies voraus, daß es um Betriebe geht, die im konkreten Fall tatsächlich die tatbestandlichen Voraussetzungen des § 11 Abs. 3 BauNVO erfüllen, was vielfach durchaus zweifelhaft sein kann und daher häufig zu Streitigkeiten Anlaß gibt.

---

1 BVerwG v. 3.2.1984 – 4 C 8.80, BVerwGE 68, 352 = BauR 1984, 377 = BRS 42 Nr. 49 = DVBl. 1984, 637 = NJW 1984, 1773 = UPR 1984, 234 = ZfBR 1984, 137.
2 Dazu BVerwG v. 1.9.1989 – 4 B 99.89, BRS 49 Nr. 67 = DÖV 1989, 1094 = NVwZ-RR 1990, 229 = UPR 1990, 62 = ZfBR 1989, 207.
3 Zu der historischen Entwicklung im einzelnen Fickert/Fieseler, § 11 Rdnr. 12 ff.
4 OVG Münster v. 4.5.2000 – 7 A 1744/97, BauR 2000, 1453 = ZfBR 2000, 564.

In der Bauplanungs- und Genehmigungspraxis werden die Ansiedlungsmöglichkeiten für großflächigen Einzelhandel in aller Regel sehr restriktiv gehandhabt, wie nicht zuletzt die **Einzelhandelserlasse der Länder** zeigen[1]. Ob diese Beschränkungen letztlich sehr effektiv sind und ob sie überhaupt in allen Fällen den Anforderungen an eine moderne Versorgungsstruktur Rechnung tragen, muß zumindest bezweifelt werden[2]. Der vielfach befürchteten Verödung der Innenstädte wird man allein durch derartige Verbote nur wenig entgegensetzen können, wenn nicht gleichzeitig auch an der **Attraktivität der Innenstädte** gearbeitet wird. Für deren Belebung erscheint zum einen eine Erhöhung des Wohnanteils sinnvoll, da dies die größte Gewähr dafür bietet, daß die Innenstädte tatsächlich belebt sind und nicht nur – wie ein Einkaufszentrum auf der „grünen Wiese" – zu Einkaufszwecken besucht werden. Überdies sind erhebliche Defizite in der Einkaufsattraktivität nicht zu unterschätzen. Der Reiz, die in aller Regel teureren Einkaufsmöglichkeiten in der Innenstadt wahrzunehmen, wenn gleichzeitig durch Maßnahmen der Verkehrslenkung die Zu- und Abfahrt erschwert wird und überdies keine ausreichenden oder nur sehr teure Parkmöglichkeiten zur Verfügung stehen, ist vergleichsweise gering. Ob es vor diesem Hintergrund immer sachgerecht ist, zentralen Einkaufsstandorten in den Innenstädten gegenüber dezentralen Standorten den Vorzug zu geben, sollte zumindest kritisch hinterfragt werden. Jedenfalls die früher im Vordergrund stehende – sozialstaatlich motivierte – Überlegung, daß bei einer Verödung der Innenstädte ein Großteil der Bevölkerung keine hinreichenden Einkaufsmöglichkeiten mehr habe, dürfte angesichts der Entwicklung des motorisierten Individualverkehrs und des öffentlichen Personennahverkehrs nicht mehr ohne weiteres tragfähig sein. Dies gilt ganz besonders vor dem Hintergrund der – gleichfalls sozialstaatlich geprägten – Überlegung, daß auf diese Weise einem Großteil der Bevölkerung oftmals bequemere und zumeist kostengünstigere Einkaufsmöglichkeiten vorenthalten werden.

1617

(1) Festsetzungsmöglichkeiten im Bebauungsplan: Wenn eine Gemeinde ein Sondergebiet für großflächigen Einzelhandel ausweist, gelten dieselben Anforderungen wie für die sonstigen Sondergebiete nach § 11 BauNVO. Die Gemeinde ist also nicht an die Festsetzungsmöglichkeiten und Nutzungsbegriffe gebunden, die bei den typisierten Baugebieten zu finden sind. Für die **hinreichende Bestimmtheit** ist es dabei ausreichend, wenn die in § 11 Abs. 3 BauNVO genannten Nutzungsarten (Einkaufszentren, großflächige Einzelhandelsbetriebe, sonstige großflächige Handelsbetriebe) gemeinsam

1618

---

1 S. z.B. Einzelhandelserlaß des Landes Nordrhein-Westfalen vom 7.5.1996, MBl. 1996, 922; Einzelhandelserlaß des Landes Brandenburg vom 15.8.1999, ABl. 1999, 974.
2 S. in diesem Zusammenhang insbesondere den Bericht „Strukturwandel im Lebensmitteleinzelhandel und § 11 Abs. 3 BauNVO" vom 30.4.2002, der von einer durch das BMVBW eingesetzten Arbeitsgruppe erstellt wurde; der Bericht ist abgedruckt etwa in ZfBR 2002, 598 ff.

oder einzeln festgesetzt werden. Möglich sind allerdings auch detailliertere Regelungen zu den zulässigen oder ausgeschlossenen **Warensortimenten** sowie zu der **Größe der Gesamtverkaufsfläche** bzw. **anteiliger Verkaufsflächen** für verschiedene Warensortimente[1]. Ebenfalls kommen Festsetzungen zur **Betriebsform** in Betracht (z.B. Warenhaus, Fachmarkt, Verbrauchermarkt), soweit diese Differenzierung marktüblichen Gegebenheiten entspricht, hinreichend bestimmt ist (vgl. Rdnr. 228)[2] und auf einer städtebaulichen Rechtfertigung beruht.

1619 **(2) Einkaufszentren:** Einkaufszentren sind gemäß § 11 Abs. 3 Satz 1 Nr. 1 BauNVO immer nur in Kerngebieten oder in für sie festgesetzten Sondergebieten zulässig. Auf besondere Auswirkungen kommt es anders als bei sonstigen großflächigen (Einzel-)handelsbetrieben (Rdnr. 1635 ff.) nicht an. Sie werden bei Einkaufszentren unwiderlegbar unterstellt.

1620 Der Begriff des Einkaufszentrums ist weder in der Baunutzungsverordnung noch im Baugesetzbuch definiert. Das Bundesverwaltungsgericht versteht unter einem Einkaufszentrum einen im Regelfall von vornherein einheitlich geplanten, finanzierten, gebauten und verwalteten Gebäudekomplex mit mehreren Einzelhandelsbetrieben verschiedener Art und Größe, zumeist verbunden mit verschiedenen Dienstleistungsbetrieben[3]. Im Vordergrund stehen also Einkaufsmöglichkeiten, d.h. Einzelhandelsbetriebe. Möglich sind allerdings auch Dienstleistungsnutzungen, soweit sie der Zweckbestimmung des Einkaufszentrums entsprechen und ihnen nicht besondere Planfestsetzungen entgegenstehen. Dabei ist grundsätzlich die „**Zentrenfunktion**" zu berücksichtigen, die der Sache nach bedeutet, daß Einkaufszentren zumindest in begrenztem Umfang auch kerngebietsersetzende Funktion haben. Daher sind in ihnen – vorbehaltlich entgegenstehender Festsetzungen des Bebauungsplans und im Einzelfall auch des § 15 Abs. 1 BauNVO – die kerngebietstypischen Nutzungen zumindest als Ergänzung zulässig (Rdnr. 1502 ff.)[4]. Weitere Einschränkungen dieses Nutzungskata-

---

1 BVerwG v. 27.4.1990 – 4 C 36.87, BauR 1990, 569 = BRS 50 Nr. 68 = DVBl. 1990, 1108 = DÖV 1991, 112 = NVwZ 1990, 1071 = UPR 1990, 340 = ZfBR 1990, 871; BVerwG v. 25.7.1986 – 4 B 144.86, BRS 46 Nr. 21 = DÖV 1987, 600 = NVwZ 1987, 50 = ZfBR 1986, 243; VGH Mannheim v. 21.5.2001 – 5 S 901/99, NVwZ-RR 2002, 556.
2 BVerwG v. 27.7.1998 – 4 BN 31.98, BauR 1998, 1197 = BRS 60 Nr. 29 = DVBl. 1998, 1301 = DÖV 1999, 169 = NVwZ-RR 1999, 9 = UPR 1998, 459 = ZfBR 1998, 317; zum Begriff des Verbrauchermarkts s. BVerwG v. 18.6.2003 – 4 C 5/02, BauR 2004, 43 = NVwZ 2003, 1387 = ZfBR 2004, 62.
3 BVerwG v. 27.4.1990 – 4 C 16.87, BauR 1990, 573 = BRS 50 Nr. 67 = DVBl. 1990, 1110 = DÖV 1990, 748 = NVwZ 1990, 1074 = UPR 1990, 339 = ZfBR 1990, 239.
4 So etwa auch Söfker in Ernst/Zinkahn/Bielenberg/Krautzberger, § 11 Rdnr. 49; einschränkend Stock in König/Roeser/Stock, § 11 Rdnr. 50; zur Unzulässigkeit eines Multiplexkinos in einem nach § 34 Abs. 2 BauGB als faktischem Sondergebiet „Einkaufszentrum" einzuordnenden Bereich OVG Weimar v. 19.3.2003 – 1 KO 853/01, NVwZ 2004, 249.

logs sind für die Gemeinde bei der Planaufstellung ohne weiteres möglich und unter Berücksichtigung der städtebaulichen Aufgabenstellung des jeweiligen Einkaufszentrums oftmals auch empfehlenswert. Dies gilt insbesondere für Einschränkungen zu den in Betracht kommenden Nutzungsarten (z.B. Ausschluß von bestimmten Vergnügungsstätten) oder auch für Beschränkungen der Gesamtverkaufsfläche sowie anteiliger Verkaufsflächen für bestimmte Warensortimente.

Unerheblich für die Qualifizierung als Einkaufszentrum sind die in Betracht kommenden Vertriebsformen des Einzelhandels. Es kann sich also um traditionellen Einzelhandel handeln, aber auch um neuere Betriebsformen wie z.B. **Factory-Outlet-Center** (Fabrikverkaufszentren), Rest- und Sondersposten-Center u.ä., sofern die vom Bundesverwaltungsgericht entwickelten Anforderungen (Rdnr. 1620) erfüllt sind[1]. 1621

Abzugrenzen von Einkaufszentren sind nicht planvoll zusammengefaßte, sondern **planlos nebeneinanderstehende Nutzungen**. Ganz offensichtlich ist dies etwa bei einem Trödelmarkt[2]. Schwieriger zu bewerten sind hingegen Fälle, in denen es um nicht einheitlich geplante sondern um historisch gewachsene Nutzungsstrukturen geht (sog. **Agglomeration**). Handelt es sich um eine bloße zufällige Anhäufung verschiedener Einzelhandels- und Dienstleistungsbetriebe, liegt ein Einkaufszentrum im Rechtssinne nicht vor, selbst wenn die städtebaulichen Auswirkungen vergleichbar sind[3]. 1622

Beispiel: 1623

Ein Grundstückseigentümer stellt einen Bauantrag für ein Bekleidungsgeschäft mit einer Verkaufsfläche von ca. 200 qm. Der Bebauungsplan weist ein Gewerbegebiet aus. In den letzten Jahren haben sich in dem Plangebiet ganz überwiegend Dienstleistungs- und Einzelhandelsbetriebe angesiedelt. Die Baugenehmigungsbehörde möchte den Bauantrag mit der Begründung verweigern, daß durch das Hinzukommen weiterer Läden ein Einkaufszentrum entsteht, das von den Planfestsetzungen nicht gedeckt sei.

Derartige Erwägungen sind allerdings nicht durchgreifend, da es an der notwendigen **Verklammerung der einzelnen Betriebe** fehlt. Zwar kann auch aus einer eher zufälligen Ansammlung von Betrieben ein – nicht ursprüng- 1624

---

1 OVG Greifswald v. 30.6.1999, DÖV 2001, 134 = NordÖR 1999, 522 = NVwZ-RR 2000, 559; OVG Koblenz v. 8.1.1999 – 8 B 12650/98, BauR 1999, 367 = NVwZ 1999, 433; OVG Frankfurt/Oder v. 16.12.1998 – 3 B 116/98, BauR 1999, 613; Reidt, Factory-Outlet- und Sonderpostenmärkte als besondere Formen des großflächigen Einzelhandels, NVwZ 1999, 45 ff.; s. etwa auch Ziffer 2.2.4 des Einzelhandelserlasses Brandenburg vom 15.8.1999, ABl. 1999, 974.
2 VGH München v. 17.9.2001 – 26 B 99.2654, BauR 2002, 54; OVG Münster v. 21.7.1995 – 10 B 1978/95, BauR 1995, 821 = BRS 57 Nr. 77 = NVwZ-RR 1996, 135.
3 BVerwG v. 27.4.1990 – 4 C 16.87, BauR 1990, 573 = BRS 50 Nr. 67 = DVBl. 1990, 1110 = DÖV 1990, 748 = NVwZ 1990, 1074 = UPR 1990, 339 = ZfBR 1990, 239; BVerwG v. 15.2.1995 – 4 B 84.94, ZfBR 1995, 338; VGH Mannheim v. 22.1.1996 – 8 S 2964/95, BRS 58 Nr. 201 = DÖV 1996, 750 = UPR 1996, 314 = ZfBR 1997, 53.

lich als einheitliches Ganzes geplantes – Einkaufszentrum entstehen, jedoch bedarf es dafür der entsprechenden Verbindung, die zu einer qualitativen Veränderung gegenüber dem vorhergehenden Zustand führt, also eine Nutzungsänderung im Sinne von § 29 Abs. 1 BauGB (Rdnr. 1120 ff.) darstellt. Die einzelnen Betriebe müssen aus Sicht des Kunden dafür im Sinne eines „Zentrums" als zusammengehörig nach außen in Erscheinung treten. Dies erfordert zwar – ebenso wie auch sonst bei einem Einkaufszentrum – nicht, daß ein einheitlicher Betreiber existieren muß. Notwendig sind allerdings eindeutige **organisatorische und betriebliche Gemeinsamkeiten**. Dazu gehören beispielsweise Maßnahmen der gemeinsamen Werbung, eine verbindende Sammelbezeichnung, gemeinsame Einkaufswagen oder sonstige gemeinsame Einrichtungen wie etwa Gemeinschaftsparkplätze u.ä. Entscheidend ist dabei nicht, welche dieser nur beispielhaft genannten Kriterien erfüllt sind. Maßgeblich ist vielmehr der **Gesamteindruck**, der auf eine durch ein gemeinsames Nutzungskonzept zum Ausdruck kommende Zusammengehörigkeit schließen lassen muß. Fehlt es daran, handelt es sich nicht um ein Einkaufszentrum. Es geht dann lediglich um eine bloße Ansammlung von Betrieben.

1625 Keine festen Vorgaben bestehen für die **Mindestgröße** eines Einkaufszentrums im Sinne von § 11 Abs. 3 Satz 1 Nr. 1 BauNVO. Sowohl der Begriff „Zentrum" als auch der Umstand, daß anders als bei sonstigem großflächigen Einzelhandel (dazu noch Rdnr. 1639 ff.) städtebauliche Auswirkungen unwiderleglich vermutet werden, führen dazu, daß eine quantitative und qualitative Mindestgröße unverzichtbar ist. Man wird etwa drei oder vier kleinere Einzelhandels- und Dienstleistungsbetriebe nicht als ein Einkaufszentrum einordnen können (z.B. ein kleines Lebensmittelgeschäft, eine Bäckerei, einen Getränkemarkt und eine Reinigung). Hier fehlt es an der **zentrentypischen Magnetwirkung**, die die besondere Behandlung von Einkaufszentren in § 11 Abs. 3 Satz 1 Nr. 1 BauNVO rechtfertigt. Es muß zwar keine kerngebietstypische Vollversorgung gewährleistet sein, immerhin jedoch eine „warenhausähnliche" Bandbreite des Gesamtsortiments[1].

1626 In flächenmäßiger Hinsicht ist es erforderlich, daß die Verkaufsfläche und die Geschoßfläche deutlich über den Größenordnungen liegen, die für großflächigen Einzelhandel im Sinne von § 11 Abs. 3 Satz 1 Nr. 2 und 3 BauNVO relevant sind, also über einer Verkaufsfläche von 700–800 qm und einer Geschoßfläche von 1200 qm (dazu noch Rdnr. 1629 ff.; zur Funktionseinheit mehrerer Einzelhandelsbetriebe im Rahmen des § 11 Abs. 3 Satz 1 Nr. 2 BauNVO Rdnr. 1633). Ansonsten wäre es nicht verständlich, warum Einkaufszentren generell kern- oder sondergebietspflichtig sind, dies jedoch bei sonstigem großflächigen Einzelhandel von negativen Auswirkungen auf die Ziele der Raumordnung und Landesplanung oder auf die städtebauliche Entwicklung und Ordnung abhängig ist, also letztlich eine Einzelfallent-

---
1 Fickert/Fieseler, § 11 Rdnr. 18.8; Stock in König/Roeser/Stock, § 11 Rdnr. 43.

scheidung zur Frage der Kern- oder Sondergebietspflichtigkeit zu treffen ist. Gleichwohl gehen die Meinungen zu der erforderlichen Mindestgröße von Einkaufszentren weit auseinander. Teilweise wird in Anlehnung an die Anforderungen für sonstigen großflächigen Einzelhandel eine Verkaufsfläche von mindestens 700 qm und eine Geschoßfläche von 1200 qm als ausreichend angesehen[1]. Teilweise wird demgegenüber erst ab einer Größe von mehreren tausend qm Geschoßfläche von einem Einkaufszentrum ausgegangen[2]. Wohl überwiegend wird die Auffassung vertreten, daß ein Einkaufszentrum **deutlich mehr als 1500 qm Geschoßfläche** aufweisen muß[3]. Letztlich sollte man hier mit pauschalen Werten zurückhaltend sein, da zentrentypische Auswirkungen immer auf einer Kombination quantitativer und qualitativer Umstände beruhen. Hinzu kommen weitere städtebauliche und landesplanerische Rahmenbedingungen, die dazu führen, daß ein Vorhaben, das in einer kleinen Gemeinde oder in einem kleineren Ortsteil als Einkaufszentrum zu qualifizieren ist, in einer größeren Stadt noch nicht unter diesen Begriff fallen muß. Diese begriffliche Offenheit ändert allerdings nichts daran, daß zum einen die unverzichtbaren Anforderungen an ein Einkaufszentrum (Rdnr. 1620) erfüllt sein und zum anderen die Grenzen für großflächigen Einzelhandel im Sinne von § 11 Abs. 3 Satz 1 Nr. 2 und 3 BauNVO deutlich überschritten sein müssen[4].

(3) Großflächige Einzelhandelsbetriebe, die sich nach Art, Lage oder Umfang auf die Verwirklichung der Ziele der Raumordnung und Landesplanung oder auf die städtebauliche Entwicklung und Ordnung nicht nur unwesentlich auswirken können: Für die Kern- oder Sondergebietspflichtigkeit nach § 11 Abs. 3 Satz 1 Nr. 2 BauNVO ist **kumulativ** erforderlich, daß es sich 1627

– um großflächigen Einzelhandel handelt

und

– Auswirkungen der genannten Art zu erwarten sind.

---

1 OVG Münster v. 23.11.1987 – 11 B 1448/87, DVBl. 1988, 548 = NVwZ-RR 1988, 9; Knaup/Stange, § 11 Rdnr. 47.
2 So etwa Hauth, Unzulässigkeit von Einzelhandelsbetrieben, BauR 2001, 1037 (1040); Hauth, Die Zulässigkeit von nicht großflächigen Einzelhandelsbetrieben, insbesondere in allgemeinen Wohn- und Mischgebieten, BauR 1988, 513 (517); s. etwa auch Leder, Rechtsfragen bei der Ansiedlung von Einkaufszentren, 1987, 21: 6000 bis 7000 qm.
3 So etwa Uechtritz, Die Gemeinde als Nachbar – Abwehransprüche und Rechtsschutz von Nachbargemeinden gegen Einkaufszentren, Factory-Outlets und Großkinos, BauR 1999, 572 ff.; Fickert/Fieseler, § 11 Rdnr. 18.8; s. im einzelnen auch die Nachweise bei Stock in König/Roeser/Stock, § 11 Rdnr. 46.
4 In diesem Sinne wohl auch Stock in König/Roeser/Stock, § 11 Rdnr. 46; im wesentlichen ebf. Fickert/Fieseler, § 11 Rdnr. 18.8.

1628 Bei dem Begriff der **Großflächigkeit** handelt es sich um ein **eigenständiges städtebauliches Merkmal**, das sich nach objektiven Kriterien richtet. Die Größe der Stadt oder des Ortsteils ist dafür ebenso unerheblich wie die Größe des Einzugsbereichs. Ein Einzelhandelsbetrieb ist also großflächig oder er ist es – standortunabhängig – nicht[1].

1629 Für die Ausfüllung des unbestimmten Rechtsbegriffs der Großflächigkeit ist die Abgrenzung zu den der wohnungsnahen Versorgung dienenden „Nachbarschaftsläden" maßgeblich. Das Bundesverwaltungsgericht geht davon aus, daß die **Verkaufsflächenobergrenze** für Einzelhandelsbetriebe, die der wohnungsnahen Versorgung dienen und daher kleinflächig sind, nicht wesentlich unter **700 qm**, aber auch nicht wesentlich darüber liege. Zugleich wird betont, daß der Rechtsbegriff der Großflächigkeit im Hinblick auf das Einkaufsverhalten der Bevölkerung und die damit korrespondierende Entwicklung im Handel und Städtebau nicht allzu starr sein dürfe, also einer Entwicklung unterliege[2]. In der Praxis wird der Wert von 700 qm Verkaufsfläche gleichwohl zumeist sehr exakt und pauschal als Grenze für die Unterscheidung von groß- und kleinflächigem Einzelhandel zu Grunde gelegt[3]. Auch die Einzelhandelserlasse der Länder gehen im wesentlichen strikt von diesem Wert aus[4].

1630 Aufgrund der zwischenzeitlichen Situation im Einzelhandel, der verbreiteten Waren- und Angebotssortimente u.s.w. spricht jedoch vieles dafür, daß heutzutage die Großflächigkeit erst bei etwa **800 qm** Verkaufsfläche beginnt[5] (s. auch Rdnr. 1641). Auch die Regelvermutung des § 11 Abs. 3 Satz 3 BauNVO (Rdnr. 1636) beruht auf der Annahme, daß insbesondere große – gleichwohl der Nahversorgung dienende – Läden mit einem breiten Warensortiment eine Verkaufsfläche von etwa $^2/_3$ der maßgeblichen Geschoßfläche (1200 qm) benötigen, also eine Verkaufsfläche von etwa 800 qm. Bis zu dieser Grenze werden aus diesem Grunde die in § 11 Abs. 3 Satz 1 Nr. 2 i.V.m. Satz 2 BauNVO genannten Auswirkungen noch nicht

---

1 BVerwG v. 22.5.1987 – 4 C 19.85, BauR 1987, 528 = BRS 47 Nr. 56 = DVBl. 1987, 1006 = DÖV 1987, 1013 = NVwZ 1987, 1076 = UPR 1987, 438 = ZfBR 1987, 254.
2 BVerwG v. 22.5.1987 – 4 C 19.85, BauR 1987, 528 = BRS 47 Nr. 56 = DVBl. 1987, 1006 = DÖV 1987, 1013 = NVwZ 1987, 1076 = UPR 1987, 438 = ZfBR 1987, 254.
3 S. etwa OVG Lüneburg v. 26.4.2001 – 1 MB 1190/01, BauR 2001, 1239 = ZfBR 2002, 280; OVG Münster v. 5.9.1997 – 7 A 2902/93, BauR 1998, 309 = BRS 59 Nr. 70 = NVwZ-RR 1998, 717 = UPR 1998, 359; Jäde in Jäde/Dirnberger/Weiß, § 11 BauNVO Rdnr. 12.
4 S. z.B. Ziffer 2.2.2 des Einzelhandelserlasses NW, MBl. 1996, 922; Ziffer 2.2.2 des Einzelhandelserlasses Brandenburg, ABl. 1999, 974.
5 So auch OVG Koblenz v. 2.3.2001 – 1 A 12338/99, BauR 2001, 1062 = NVwZ-RR 2001, 573; der VGH München spricht in einem Urteil vom 17.9.2001 – 26 B 99.2654, BauR 2002, 54 davon, daß die für die Großflächigkeit „kritische Größe" bei 700–800 qm liege; Stock in König/Roeser/Stock, § 11 Rdnr. 56a; a.A. etwa OVG Lüneburg v. 26.4.2001 – 1 MB 1190/01, BauR 2001, 1239 = ZfBR 2002, 280, das ausdrücklich eine Grenze zur Großflächigkeit erst bei 800 qm ablehnt.

(widerlegbar) vermutet (s. zu der Vermutungsregelung des § 11 Abs. 3 Satz 3 BauNVO noch Rdnr. 1636 ff.)[1].

Die **Verkaufsfläche** umfaßt die Fläche, auf der die Verkäufe abgewickelt werden und die von den Kunden zu diesem Zweck betreten werden darf. Dies schließt Gänge, Treppen in Verkaufsräumen, Standflächen für Einrichtungsgegenstände, Kassenzonen, Schaufenster und Freiflächen ein, sofern eine Zugänglichkeit für den Kunden gegeben ist[2]. Abzugrenzen ist die Verkaufsfläche von (nicht für den Kauf zu betretenden) Ausstellungsflächen, Büro- und Sozialräumen, Pkw-Stellplatzflächen sowie von Lagerflächen. Erfolgt der Verkauf aus dem Lager (Lagerverkauf) oder wird der Verkaufsraum auch zu Lagerzwecken genutzt (integrierte Lagerhaltung) ist die Lagerfläche auf die Verkaufsfläche anzurechnen[3].

1631

Die Bezugnahme auf die Verkaufsfläche führt zugleich dazu, daß der **Versandhandel** nicht unter den großflächigen Einzelhandel fällt, da es bei ihm an der Verkaufsfläche fehlt. Dies gilt unabhängig davon, ob es sich um traditionellen Versandhandel oder Versandhandel im **Internet** handelt, da in keinem Fall Verkaufsflächen in dem dargestellten Sinne vorhanden sind. Auch die Möglichkeit etwaiger Ausstellungsflächen dürfte daran in der Regel nichts ändern. Anders kann dies allenfalls bei Umgehungstatbeständen sein, etwa dann, wenn sich unmittelbar im Bereich der Ausstellungsfläche Internetterminals zur Warenbestellung befinden. In diesem Fall liegt der Unterschied zu traditionellem Einzelhandel im wesentlichen nur darin, daß die bestellten Waren durch den Kunden nicht direkt mitgenommen sondern an die Lieferadresse gebracht werden.

1632

Anerkannt ist in der Rechtsprechung, daß mehrere – jeweils für sich betrachtet – kleinflächige Einzelhandelsbetriebe aufgrund einer „Funktionseinheit" gemeinsam ein großflächiger Einzelhandelsbetrieb im Sinne von § 11 Abs. 3 Satz 1 Nr. 2 BauNVO sein können. Dies ermöglicht allerdings keine „summierende" Betrachtungsweise von lediglich nebeneinander liegenden Betrieben. Erforderlich ist vielmehr ähnlich wie bei den Anforderungen für ein Einkaufszentrum (Rdnr. 1620) eine planmäßige, auf Dauer angelegte und gemeinschaftlich abgestimmte Teilnahme mehrerer Betriebe am Wettbewerb, die nach außen in Erscheinung tritt, so daß die bautechnische Selbständigkeit der Betriebe letztlich als Umgehung der Konsequenzen des §§ 11 Abs. 3 BauNVO anzusehen ist[4]. Diese Betrachtungsweise führt zwar

1633

---

1 In diesem Sinne auch Fickert/Fieseler, § 11 Rdnr. 19.9, 26.3, dort auch zu den Einzelheiten aus den Gesetzgebungsmaterialien; ebenso Knaup/Stange, § 11 Rdnr. 53.
2 Fickert/Fieseler, § 11 Rdnr. 19.3; s. auch Ziffer 2.2.4 des Einzelhandelserlasses NW, ABl. 1996, 922 oder Ziffer 2.2.6 des Einzelhandelserlasses Brandenburg, ABl. 1999, 974.
3 BVerwG v. 27.4.1990 – 4 C 36.87, BauR 1990, 569 = BRS 50 Nr. 68 = DVBl. 1990, 1108 = DÖV 1991, 112 = NVwZ 1990, 1071 = UPR 1990, 340 = ZfBR 1990, 242.
4 BVerwG v. 27.4.1990 – 4 C 16/87, BauR 1990, 573 = BRS 50 Nr. 67 = DVBl. 1990, 1110 = DÖV 1990, 748 = NVwZ 1990, 1074 = UPR 1990, 339 = ZfBR 1990, 239; s.

zu einer gewissen Annäherung funktionsverbundener Einzelhandelsbetriebe an ein Einkaufszentrum. Es verbleiben jedoch aufgrund der jeweiligen Einordnung erhebliche Unterschiede, die dazu führen, daß eine Unterscheidung zwischen § 11 Abs. 3 Satz 1 Nr. 1 und Nr. 2 BauNVO auch in diesen Fällen erforderlich ist[1].

1634 Denn wenn bei dem konkreten (funktionsverbundenen) Vorhaben die Großflächigkeit bejaht wird, kommt es – anders als bei § 11 Abs. 3 Satz 1 Nr. 1 BauNVO – in jedem Fall noch auf die weiteren Erfordernisse des § 11 Abs. 3 Satz 1 Nr. 2 BauNVO an (dazu noch Rdnr. 1635 ff.). Wird die Großflächigkeit verneint, besteht für das Vorhaben keine Kern- oder Sondergebietspflicht. Damit ist allerdings noch nicht zwingend gesagt, daß das Vorhaben als kleinflächiger Einzelhandel in anderen Baugebieten ohne weiteres zulässig ist. Dem können sowohl die unmittelbaren tatbestandlichen Anforderungen der einzelnen Baugebiete als auch § 15 Abs. 1 BauNVO noch entgegenstehen. So kann beispielsweise ein Vorhaben auch dann, wenn es weniger als 700 qm Verkaufsfläche aufweist, zumindest im Einzelfall über die Gebietsversorgung im Sinne von § 4 Abs. 2 Nr. 2 BauNVO (Rdnr. 1359) hinausgehen. Dies hängt im konkreten Fall vor allem von der Größe des Baugebiets, aber auch von der Ausgestaltung des Vorhabens ab.

1635 Ist die Großflächigkeit im konkreten Fall zu bejahen, muß sich das Vorhaben zusätzlich nach Art, Lage oder Umfang auf die Verwirklichung der Ziele der Raumordnung und Landesplanung oder auf die städtebauliche Entwicklung und Ordnung **nicht nur unwesentlich nachteilig auswirken können**. Liegen derartige Auswirkungen nicht vor, ist das Vorhaben ebenso wie kleinflächiger Einzelhandel nicht auf Kern- oder Sondergebiete beschränkt. Er ist vielmehr prinzipiell in allen Baugebieten zulässig, in denen Einzelhandel nach Maßgabe des jeweiligen Gebietscharakters und der Planfestsetzungen in Betracht kommt.

1636 Die genannten Auswirkungen werden gemäß § 11 Abs. 3 Satz 3 BauNVO vermutet, wenn die **Geschoßfläche des Vorhabens 1200 qm überschreitet**. In der BauNVO 1977 (zu den einzelnen Fassungen der Baunutzungsverordnung Rdnr. 1185 ff.) setzte die Vermutungsgrenze noch bei 1500 qm Geschoßfläche an[2]. Die Vermutungsregelung des § 11 Abs. 3 Satz 3 BauNVO ist allerdings – in beide Richtungen – widerlegbar. § 11 Abs. 3 Satz 4 Bau-

---

auch VGH München v. 17.9.2001 – 26 B 99.2654, BauR 2002, 54; zumindest tendenziell deutlich eher eine Funktionseinheit bejahend OVG Münster v. 4.5.2000 – 7 A 1744/97, BauR 2000, 1453 = ZfBR 2000, 564.

1 Zu Recht kritisch hinsichtlich einer nur ergebnisorientierten Bewertung von Agglomerationsfällen, die den Gesetzeswortlaut nicht hinreichend beachtet, Hauth, Unzulässigkeit von Einzelhandelsbetrieben, BauR 2001, 1037 ff.; daran anknüpfend VGH München v. 17.9.2001 – 26 B 99.2654, BauR 2002, 54.

2 Zu der damit verbundenen Rückkoppelung auf den Begriff der Großflächigkeit Fikkert/Fieseler, § 11 Rdnr. 19.8; s. auch bereits Rdnr. 1817 f.

NVO sieht ausdrücklich vor, daß die Vermutungsregelung nicht gilt, wenn **Anhaltspunkte** dafür bestehen, daß Auswirkungen bereits bei weniger als 1200 qm Geschoßfläche vorliegen oder aber bei mehr als 1200 qm Geschoßfläche nicht vorliegen. Dabei sind insbesondere die Gliederung und Größe der Gemeinde und ihrer Ortsteile, die Sicherung der verbrauchernahen Versorgung der Bevölkerung und das Warenangebot des betreffenden Betriebs zu berücksichtigen.

Bei Abweichungen von der gesetzlichen Regelvermutung muß es sich um **atypische Fälle** handeln, also um Vorhaben, die von dem Grundfall abweichen, den der Verordnungsgeber bei der Regelung der Vermutungsgrenze vor Augen hatte. Dieser betriebliche und städtebauliche Regelfall ist ein Einzelhandelsbetrieb mit einem breiten warenhausähnlichen Warensortiment für den privaten Bedarf der Allgemeinheit an einem nicht wohnungsnahen, verkehrlich schlecht oder nur mit dem Auto gut erreichbaren Standort und der damit einhergehenden Gefährdung städtebaulich integrierter Einzelhandelsstandorte. Nicht hingegen ist der normative Regelfall gekennzeichnet durch ein schmales fachmarkttypisches Warensortiment[1]. 1637

Für die Frage, ob ein atypischer Fall vorliegt, kommt es darauf an, was tatsächlich beantragt und baurechtlich genehmigt ist bzw. genehmigt werden soll. Die bloße Benennung eines Vorhabens, Absichtserklärungen des Betreibers, jederzeit veränderbare Betriebskonzepte u.ä. sind dabei unbeachtlich. Es reicht also beispielsweise nicht aus, wenn ein Vorhaben lediglich als Fachmarkt bezeichnet wird, da es auf die **tatsächliche Ausgestaltung** des genehmigten bzw. zu genehmigenden Warensortiments ankommt[2]. Sieht ein nicht in der Baugenehmigung verbindlich festgelegtes Betriebskonzept vor, daß nur Rest- und Sonderposten verkauft werden und wird aus diesem Grund geltend gemacht, daß wegen dieser Besonderheit des ständig wechselnden und gleichsam zufälligen Warenangebotes ein Sonderfall vorliege, ist dies wegen der jederzeitigen Veränderungsmöglichkeit des Betriebskonzeptes bauplanungsrechtlich ohne Bedeutung[3]. Anders kann dies sein, wenn ein derartiges Betriebskonzept durch die Baugenehmigung oder durch einen ergänzenden städtebaulichen Vertrag eindeutig und verbindlich festgeschrieben wird. 1638

Die wesentlichen Auswirkungen, die ab einer Geschoßfläche von 1200 qm bei großflächigen Einzelhandelsbetrieben vermutet werden, sind in § 11 Abs. 3 Satz 2 BauNVO beispielhaft aufgeführt. Genannt sind dort schädliche 1639

---

1 BVerwG v. 3.2.1984 – 4 C 54.80, BVerwGE 68, 342 = BauR 1984, 380 = BRS 42 Nr. 50 = DVBl. 1984, 629 = DÖV 1984, 849 = NJW 1984, 1768 = UPR 1984, 225 = ZfBR 1984, 135; Fickert/Fieseler, § 11 Rdnr. 27.1; Stock in König/Roeser/Stock, § 11 Rdnr. 76.
2 OVG Frankfurt/Oder v. 12.7.1996 – 3 B 144/95, LKV 1997, 129 = NVwZ 1997, 600.
3 OVG Greifswald v. 30.6.1999 – 3 M 144/98, DÖV 2001, 134 = NordÖR 1999, 522 = NVwZ-RR 2000, 559.

Umwelteinwirkungen im Sinne von § 3 des Bundesimmissionsschutzgesetzes sowie Auswirkungen auf die infrastrukturelle Ausstattung, auf den Verkehr, auf die Versorgung der Bevölkerung im Einzugsbereich des betreffenden Betriebs, auf die Entwicklung zentraler Versorgungsbereiche in der Gemeinde oder in anderen Gemeinden (zum Gemeindenachbarschutz s. Rdnr. 651 ff.), auf das Orts- und Landschaftsbild und auf den Naturhaushalt. Die in der Praxis bei großflächigen Einzelhandelsbetrieben wichtigsten Auswirkungen sind diejenigen auf die **Versorgung der Bevölkerung** im Einzugsbereich des Betriebs und auf die **Entwicklung zentraler Versorgungsbereiche** in der Standortgemeinde und in den Nachbargemeinden. Die meisten anderen Belange werden bereits durch die tatbestandlichen Voraussetzungen für die Zulässigkeit in den einzelnen Baugebieten sowie durch § 15 Abs. 1 BauNVO weitestgehend berücksichtigt. So scheitert ein über die Gebietsversorgung hinausgehender Einzelhandelsbetrieb in einem allgemeinen Wohngebiet bereits an der Versorgungsklausel des § 4 Abs. 2 Nr. 2 BauNVO (Rdnr. 1359). In Misch- oder in Gewerbegebieten ist in aller Regel ohnehin ein größeres Verkehrsaufkommen baugebietstypisch, so daß schädliche Umwelteinwirkungen im Sinne von § 3 BImSchG zumeist nicht zu besorgen sind[1].

1640 Im Hinblick auf den betrieblichen und städtebaulichen Regelfall, der § 11 Abs. 3 Satz 1 Nr. 2 BauNVO zu Grunde liegt (Rdnr. 1637), wird die Regelvermutung des § 11 Abs. 3 Satz 3 BauNVO zu Lasten von Betrieben mit einer Geschoßfläche von weniger als 1200 qm eher selten zu widerlegen sein. Das Warensortiment vermag dies zumeist nicht zu rechtfertigen, da die Grundüberlegung des Verordnungsgebers bereits auf einem breit angelegten Warensortiment beruht, das in der Regel die stärksten innenstadtrelevanten Auswirkungen hat. In Betracht kommen in erster Linie Fälle, in denen die vorgesehene Verkaufsfläche abweichend von der Grundüberlegung des Verordnungsgebers (²/₃ Verkaufsfläche, ¹/₃ Lagerfläche, Sozialräume u.s.w., Rdnr. 1630) besonders groß ist, weil etwa nur in ganz geringem Umfang in dem Vorhaben selbst Lagerhaltung stattfindet. Zu beachten ist jedoch immer, daß es allein um **raumordnerische und städtebauliche Auswirkungen** geht, nicht hingegen um Konkurrenzschutz für andere Betriebe in der Standortgemeinde oder in Nachbargemeinden. Insofern gilt uneingeschränkt der Grundsatz, daß das Planungsrecht strikt wettbewerbsneutral ist. Es reicht daher nicht aus, wenn aufgrund der verschärften Wettbewerbssituation durch das Hinzukommen eines weiteren Einzelhandelsbetriebs die Umsätze der bereits vorhandenen Betriebe sinken oder auch der eine oder andere Betrieb schließen muß. Es muß vielmehr zu mehr als nur unerheblichen Auswirkungen auf die Versorgung der Bevölkerung im Einzugsbereich des Vorhabens oder auf die Entwicklung zentraler Versorgungsbereiche in der Standortgemeinde oder in Nachbargemeinden kommen, d.h. rein wett-

---

1 Zu den relevanten Auswirkungen im einzelnen Fickert/Fieseler, § 11 Rdnr. 21 ff.; Söfker in Ernst/Zinkahn/Bielenberg/Krautzberger, § 11 BauNVO Rdnr. 56 ff.; Stock in König/Roeser/Stock, § 11 Rdnr. 57 ff.

bewerbliche müssen in städtebauliche oder landesplanerische Auswirkungen umschlagen können. Dies muß die Baugenehmigungsbehörde im Rahmen der Amtsermittlung (§ 24 VwVfG) ggf. untersuchen und sodann ihrer Entscheidung über einen Bauantrag zu Grunde legen.

Auch bei einer **Überschreitung der Vermutungsgrenze** von 1200 qm Geschoßfläche hat die Genehmigungsbehörde die Pflicht zur Prüfung, ob nicht ausnahmsweise die Vermutung des § 11 Abs. 3 Satz 3 BauNVO widerlegt ist. Sie kann es also auch in diesem Fall nicht bei der bloßen Behauptung belassen, daß das Vorhaben nur in Kern- oder ausgewiesenen Sondergebieten zulässig sei. Allerdings obliegt es zumindest bei fehlender Offensichtlichkeit zunächst dem Antragsteller im Rahmen seiner **Darlegungs- und Mitwirkungslast** (s. auch Rdnr. 1643), betriebliche Besonderheiten aufzuzeigen, um Anhaltspunkte dafür zu geben, daß ein atypischer Fall vorliegt und damit die Regelvermutung des § 11 Abs. 3 Satz 3 BauNVO entkräftet wird. Ohne derartige Anhaltspunkte verbleibt es bei der gesetzlichen Regelvermutung, so daß sich etwaige behördliche Ermittlungen von Amts wegen oder auch im Rahmen eines Klageverfahrens auf Erteilung einer Baugenehmigung eine gerichtliche Beweisaufnahme erübrigen. Liegen hingegen nach den Darlegungen des Antragstellers Anhaltspunkte für eine atypische Fallgestaltung vor oder sind diese offensichtlich und greift daher die Vermutungsregelung nicht ein, ist im Hinblick auf die tatsächlichen Umstände des Einzelfalls durch die Baugenehmigungsbehörde oder ggf. im Wege richterlicher Beweisaufnahme bei einer streitigen Auseinandersetzung aufzuklären, ob der zur Genehmigung gestellte großflächige Einzelhandelsbetrieb mit Auswirkungen der in § 11 Abs. 3 Satz 2 BauNVO genannten Art verbunden sein wird oder kann[1]. Insofern begrenzt also die Darlegungs- und Mitwirkungslast des Antragstellers die behördliche oder gerichtliche **Pflicht zur Amtsermittlung**[2]. Auch für die Widerlegung der Vermutungsregelung des § 11 Abs. 3 Satz 3 BauNVO ist zu beachten, daß das Bauplanungsrecht nicht, auch nicht in Bezug auf großflächigen Einzelhandel, wettbewerbsfeindlich ist. Es geht daher ebenfalls allein um die Möglichkeit landesplanerischer oder städtebaulicher Auswirkungen. Ob diese vorliegen können oder im Einzelfall nicht vorliegen, richtet sich in erster Linie nach den in § 11 Abs. 3 Satz 4 2. Halbsatz BauNVO genannten Kriterien. Von Bedeutung sind dabei sowohl städtebauliche Aspekte (insbesondere Größe und Gliederung der Gemeinde) als auch konkrete betriebliche Umstände. Dabei ist eine **Gesamtbetrachtung aller relevanten Aspekte** erforderlich. Ein Einzelhandelsbetrieb an einem innenstadtnahen Standort wirkt sich auf die Entwicklung zentraler Versorgungsbereiche der Standortgemeinde und der Nachbargemeinden zumeist weniger aus als ein Vorhaben an einem dezentralen Standort. Auch wirkt sich ein Einzelhandelsbetrieb in einer kleinen Gemeinde anders aus als in einer Großstadt. Bei örtlicher Unterversorgung

1641

---
1 BVerwG v. 9.7.2002 – 4 B 14.02, BauR 2002, 1825 = ZfBR 2002, 805.
2 Vgl. Stock in König/Roeser/Stock, § 11 Rdnr. 86; Fickert/Fieseler, § 11 Rdnr. 27.

hinsichtlich bestimmter Warensortimente wird man negative Auswirkungen eines Einzelhandelsvorhabens auf die Versorgung der Bevölkerung in aller Regel nicht annehmen können. Dies gilt insbesondere für **Waren des täglichen Bedarfs**, namentlich für den Lebensmitteleinzelhandel, der auf eine Vollversorgung der Bevölkerung im Nahbereich insbesondere auch mit **Frischwaren** ausgelegt ist und wegen einer dort üblichen Sortimentsbreite von 7500 bis 11 500 Artikeln zumeist eine größere Verkaufsfläche als 700 bis 800 qm benötigt. Vor diesem Hintergrund hat eine durch das Bundesministerium für Verkehr, Bau- und Wohnungswesen eingesetzte Arbeitsgruppe in ihrem Bericht vom 30.4.2002 „Strukturwandel im Lebensmitteleinzelhandel und § 11 Abs. 3 BauNVO"[1] ausdrücklich darauf hingewiesen, daß es für derartige Vorhaben zwar keiner Änderung des § 11 Abs. 3 BauNVO bedürfe, jedoch die in der Vorschrift angelegte Flexibilität zur sachangemessenen Berücksichtigung des Einzelfalls auch tatsächlich durch die Baugenehmigungsbehörden ausgenutzt werden müsse[2].

1642 Betriebliche Besonderheiten, die eine Entkräftung der Regelvermutung ermöglichen, können sich im übrigen aus der Betriebsform und dem Warensortiment ergeben. Ein Fachmarkt mit einem schmalen spezialisierten Warenangebot kann auch bei einer Geschoßfläche von mehr als 1200 qm außerhalb von Kern- und Sondergebieten zulässig sein, wenn es sich nicht gerade um ein Warenangebot handelt, das innenstadttypisch ist und daher nach dem Grundgedanken des § 11 Abs. 3 BauNVO an zentralen Versorgungsstandorten nicht verdrängt werden soll. Dies ist etwa bei Nahrungs- und Genußmitteln (s. allerdings auch Rdnr. 1641 zur verbrauchernahen Versorgung mit Waren des täglichen Bedarfs, insbesondere Frischwaren), Bekleidungsartikeln oder Schuhen anzunehmen[3]. Andererseits gibt es Warensortimente, die typischerweise nicht in der Innenstadt angeboten werden und daher an einem dezentralen Standort häufig gut plaziert sind. Dies sind zumeist solche Waren, die aufgrund ihrer Größe und Sperrigkeit besonders große Ausstellungs- und Verkaufsflächen erfordern oder die in der Regel durch die Kunden in größeren Mengen abgeholt werden (z.B. Bau- und Heimwerkermärkte, Gartencenter, Fachhandel für Bodenbelag und Tapeten, Möbel, Büromöbel und Büroausstattung u.ä.). Die **Einzelhandelserlasse der Länder** enthalten teilweise Aufstellungen, die Anhaltspunkte zur Zentrenrelevanz von Einzelhandelssortimenten geben und insofern eine Hilfestellung bieten[4]. Zu berücksichtigen ist allerdings, daß neben zentrenunschäd-

---

1 Abgedruckt etwa in ZfBR 2002, 598 ff.
2 S. in diesem Zusammenhang auch Berghäuser/Berg, Wohnungsnahe Verbraucherversorgung oder großflächiger Einzelhandel – ein Plädoyer für eine dynamische Betrachtungsweise, BauR 2002, 31 ff.
3 OVG Münster v. 5.9.1997 – 7 A 2902/93, BauR 1998, 309 = BRS 59 Nr. 70 = NVwZ-RR 1998, 717 = UPR 1998, 359.
4 S. etwa Anlage 1 zum Einzelhandelserlaß NW, MBl. 1996, 922 oder die Anlage zum Einzelhandelserlaß Brandenburg, ABl. 1999, 974; s. etwa auch die sog. „Kölner Liste" (Großflächiger Einzelhandel – Eine Arbeitshilfe für die Bauleitplanung),

lichen **Kernsortimenten** häufig auch innenstadtrelevante **Randsortimente**[1] geführt werden. So ist etwa ein klassischer Möbelhandel auch bei einer größeren Geschoßfläche als 1200 qm mit Blick auf die Anforderungen des § 11 Abs. 3 BauNVO unproblematisch, sofern er nicht gleichzeitig als „Einrichtungshaus" umfassende Randsortimente (Einrichtungszubehör wie Glas, Porzellan, Heimtextilien u.s.w.) anbietet. In gewissem Umfang ist dies zwar unschädlich, jedoch bedarf es ggf. einer sortiments- und flächenmäßigen Begrenzung, um die Regelvermutung des § 11 Abs. 3 Satz 3 BauNVO zu widerlegen. Als **Faustformel** wird man bei einem zentrenunschädlichen Hauptsortiment sagen können, daß Randsortimente, die negative Auswirkungen im Sinne von § 11 Abs. 3 Satz 1 Nr. 2 BauNVO haben können, in kleinflächigem Umfang, also bis zu maximal 700 oder 800 qm Verkaufsfläche (vgl. Rdnr. 1629 f.) und bis zu 1200 qm Geschossfläche zulässig sein können. Auch dieser Anhaltspunkt kann allerdings aufgrund der konkreten Gegebenheiten in die eine oder andere Richtung relativiert werden.

Aus der Sicht eines Bauantragstellers wird es in den Fällen, in denen die Widerlegbarkeit der Regelvermutung nicht offensichtlich ist (z.B. Kraftfahrzeughandel, Baustoffhandel u.ä.), zumeist eines **Einzelhandels- und Standortgutachtens** bedürfen, um die Atypik des beantragten Vorhabens darzulegen (zur Darlegungslast s. bereits Rdnr. 1641). Auch dabei gilt dann, daß es nicht auf wirtschaftliche Gesichtspunkte und die Verschärfung des Wettbewerbs ankommt, sondern auf städtebauliche Konsequenzen. Dafür können Untersuchungen zur Kaufkraft der Bevölkerung im Einzugsbereich des Vorhabens, zur Flächenproduktivität (Umsatz pro qm Verkaufsfläche) der vorhandenen Betriebe und des geplanten neuen Vorhabens sowie zu den voraussichtlichen Kaufkraftverlagerungen wichtige Anhaltspunkte liefern[2]. In Genehmigungsverfahren und Rechtsstreitigkeiten im Zusammenhang mit der Ansiedlung von großflächigen Einzelhandelsbetrieben ist daher die Vorlage derartiger Gutachten durch den Antragsteller allgemein gängige Praxis.

1643

(3) Sonstige großflächige Handelsbetriebe, die im Hinblick auf den Verkauf an letzte Verbraucher und auf die Auswirkungen den in § 11 Abs. 3 Satz 1 Nr. 2 BauNVO bezeichneten Einzelhandelsbetrieben vergleichbar sind: Es handelt sich hier um eine **Auffangvorschrift**, die Betriebe erfaßt, die nicht als Einzelhandelsbetriebe anzusehen sind, jedoch vergleichbare Auswirkungen haben. Nicht gemeint ist damit der Großhandel, also der Verkauf an Wiederverkäufer, Weiterverarbeiter, gewerbliche Verwender oder Großverbraucher zu betrieblichen Zwecken (Großhandel im funktionellen Sinne)[3].

1644

RaumPlanung 1992, 53 ff.; Hatzfeld/Abel, Zur Zentrenrelevanz von Fachmärkten, StuGR 1992, 84; Fickert/Fieseler, § 11 Rdnr. 27.2 ff.
1 Zum Begriff des Randsortiments OVG Münster v. 26.1.2000 – 7 B 2023/99, BauR 2000, 1021 = NVwZ-RR 2001, 17.
2 Vgl. Fickert/Fieseler, § 11 Rdnr. 21.2.
3 Vgl. Ziffer 2.2.3 des Einzelhandelserlasses NW, MBl. 1996, 922; Ziffer 2.2.3 des Einzelhandelserlasses Brandenburg, ABl. 1999, 976.

Da der Großhandel im institutionellen Sinne allerdings auch solche Betriebe einschließt, die lediglich überwiegend Großhandelsfunktion wahrnehmen, zusätzlich jedoch auch Einzelhandel betreiben, ist die Regelung erforderlich.

1645 Unter den Begriff des Einzelhandels fällt auch der Verkauf an Gewerbetreibende zu deren privater Nutzung. Eine Größenordnung von bis zu 10% vom Gesamtumsatz wird dabei zumeist toleriert, d.h. bis dahin verbleibt es in der Regel bei der Einordnung als Großhandel und nicht als sonstiger großflächiger Handelsbetrieb im Sinne von § 11 Abs. 3 Satz 1 Nr. 3 BauNVO[1].

1646 Ob eine Vergleichbarkeit mit großflächigen Einzelhandelsbetrieben gegeben ist, also in einem über dieser Toleranzgrenze liegenden Umfang Einzelhandel betrieben wird, richtet sich nach der konkreten Ausgestaltung des Vorhabens (großhandels- oder einzelhandelstypische Sortimente, Größe der Warengebinde, Ausgestaltung der Kassenzonen, Fehlen/Vorhandensein von Verladerampen für den gewerbetypischen Großeinkauf u.s.w.). Der Name des Vorhabens (z.B. Cash & Carry-Markt, SB-Großhandel u.ä.) kann ein Indiz für eine mehr oder weniger umfangreiche Einzelhandelsnutzung sein. In jedem Fall hat der Betreiber durch geeignete **organisatorische Maßnahmen** (Eingangskontrollen, Berechtigungsscheine u.s.w.) sicherzustellen, daß tatsächlich Großhandelsbetrieb stattfindet[2]. Ansonsten liegt eine genehmigungspflichtige Nutzungsänderung vor (§ 29 Abs. 1 BauGB), da Groß- und Einzelhandel verschiedene Nutzungsarten im bauplanungsrechtlichen Sinne sind.

1647 Für die Frage, ob der in einem großflächigen Handelsbetrieb (auch) betriebene Einzelhandel einem großflächigen Einzelhandelsbetrieb gleichzustellen ist und damit der Beschränkung auf Kern- und Sondergebiete unterfällt, kommt es auf die Kriterien des § 11 Abs. 3 Satz 1 Nr. 2 BauNVO an, also sowohl auf das Erfordernis der Großflächigkeit (Rdnr. 1627) als auch darauf, ob sich das Vorhaben nach Art, Lage oder Umfang auf die Verwirklichung der Ziele der Raumordnung und Landesplanung oder auf die städtebauliche Entwicklung und Ordnung nicht nur unwesentlich auswirken kann. Auch hierbei gilt die Regelvermutung des § 11 Abs. 3 Satz 3 BauNVO, die jedoch gemäß Satz 4 der Vorschrift sowohl in die eine als auch in die andere Richtung widerlegbar ist (Rdnr. 1636 ff.).

---

1 So etwa Ziffer 2.2.3 des Einzelhandelserlasses NW, MBl. 1996, 922 oder Ziffer 2.2.3 des Einzelhandelserlasses Brandenburg, ABl. 1999, 974.
2 BGH v. 30.11.1989 – I ZR 55.87, NJW 1990, 1294.

VIII. Die Gliederung der Baugebiete hinsichtlich der Art der baulichen Nutzung

Durch die Festsetzung der in § 1 Abs. 2 BauNVO bezeichneten Baugebiete werden die Vorschriften der §§ 2 bis 14 BauNVO Bestandteil des Bebauungsplans (§ 1 Abs. 3 Satz 2 BauNVO; zur Gliederungsmöglichkeit bei Sondergebieten s. Rdnr. 1608). Sie sind daher für die Genehmigungsfähigkeit eines Vorhabens innerhalb des Plangebiets zwingend zu beachten. Dies gilt allerdings nur mit der Einschränkung, daß nicht gemäß **§ 1 Abs. 4 bis 10 BauNVO** davon abweichende Festsetzungen getroffen wurden. 1648

Die in der Baunutzungsverordnung typisierten Baugebiete sind nach einer im wesentlichen einheitlichen Systematik aufgebaut. Der jeweils erste Absatz der einzelnen Baugebietsvorschriften enthält eine allgemeine Beschreibung des Gebietscharakters. Der zweite Absatz zählt die allgemein zulässigen Anlagen und Nutzungen auf. Der dritte Absatz der jeweiligen Vorschrift enthält ausnahmsweise zulässige Nutzungen, die Inhalt des Bebauungsplans und damit Ausnahmetatbestände nach § 31 Abs. 1 BauGB werden (dazu Rdnr. 1698 ff.). 1649

Diese Typisierung beruht auf der städtebaulichen Grundvorstellung des Gesetzgebers und des Verordnungsgebers im Sinne einer **normativ vorweggenommenen Abwägung** (zur planerischen Abwägung Rdnr. 546 ff.), welche Nutzungen sinnvollerweise zusammengehören und auch vor dem Hintergrund der Störungsintensität, Störungsempfindlichkeit u.s.w. zueinander passen. Zwangsläufig führt diese Typisierung zu einer gewissen Starrheit. § 1 Abs. 4 bis 10 BauNVO soll diese Starrheit auflockern und die planerischen Ausweisungsmöglichkeiten flexibler gestalten, ohne damit allerdings die im Baugesetzbuch und in der Baunutzungsverordnung getroffenen Regelungen prinzipiell in Frage zu stellen. Es geht also bei den Gliederungsmöglichkeiten um Maßnahmen der **planungsrechtlichen Feinsteuerung und Ergänzung**, nicht hingegen um eine völlige Abkehr von den typisierenden Regelungen der Baunutzungsverordnung. Dies führt dazu, daß bei allen Gliederungsmaßnahmen der Charakter des jeweils festgesetzten Gebietstyps – bezogen auf das Baugebiet als ganzes nicht auf seine gegliederten Teilbereiche – gewahrt bleiben muß[1]. 1650

1. Horizontale Gliederung

§ 1 Abs. 4 bis 6 BauNVO ermöglicht eine horizontale Gliederung innerhalb von Baugebieten, also eine Gliederung **in der Fläche**. Die Regelungen wer- 1651

---

1 BVerwG v. 8.2.1999 – 4 BN 1.99, BauR 1999, 1435 = NVwZ 1999, 1340; BVerwG v. 22.12.1989 – 4 NB 32.89, BauR 1990, 186 = BRS 49 Nr. 74 = DVBl. 1990, 383 = NVwZ-RR 1990, 171 = UPR 1990, 102 = ZfBR 1990, 98.

den ergänzt durch § 1 Abs. 8 BauNVO, der bestimmt, daß Gliederungsfestsetzungen sich auch auf Teile des Baugebiets beschränken können, sowie durch § 1 Abs. 9 BauNVO, der eine gegenüber § 1 Abs. 4 bis 6 BauNVO noch feinere Gliederung ermöglicht.

a) § 1 Abs. 4 BauNVO

1652 Die Regelung sieht vor, daß die in den §§ 4 bis 9 BauNVO bezeichneten Baugebiete nach der **Art der zulässigen Nutzung** oder nach der **Art der Betriebe und Anlagen** und deren besonderen Bedürfnissen und Eigenschaften gegliedert werden können. Neben dieser Gliederung innerhalb eines Baugebiets ermöglicht § 1 Abs. 4 Satz 2 BauNVO für Gewerbe- und Industriegebiete (§§ 8 f. BauNVO, Rdnr. 1522 ff.) eine derartige Gliederung auch für mehrere nicht notwendigerweise aneinander angrenzende Baugebiete im Verhältnis zueinander. Generell nicht gliederungsfähig nach § 1 Abs. 4 BauNVO sind Kleinsiedlungsgebiete und reine Wohngebiete (§§ 2 f. BauNVO), was aufgrund des dort ohnehin sehr engen Nutzungsspektrums auch naheliegt.

1653 Die Gliederung führt dazu, daß in bestimmten Teilen eines Baugebiets nur die dort jeweils vorgesehenen Nutzungen zulässig sind. Abweichend von einem ungegliederten Baugebiet darf also nicht jede gebietskonforme Nutzung – eingeschränkt nur durch § 15 Abs. 1 BauNVO (Rdnr. 1217 ff.) – auf jedem Baugrundstück innerhalb des Plangebiets realisiert werden sondern nur in dem dafür vorgesehenen Teilgebiet.

1654 Die **allgemeine Zweckbestimmung** des Baugebiets muß bei der Gliederung gewahrt bleiben. Ansonsten liegt keines der nach § 1 Abs. 3 Satz 1 BauNVO festsetzungsfähigen Baugebiete mehr vor. § 1 Abs. 4 BauNVO ändert also nichts daran, daß die Gemeinde insofern einem Typenzwang unterliegt. Jedoch muß die allgemeine Zweckbestimmung nicht in den einzelnen gegliederten Teilgebieten eingehalten sein, da ansonsten eine Gliederung nach § 1 Abs. 4 BauNVO praktisch unmöglich wäre. Es können vielmehr einzelne Nutzungsarten auf Teilgebiete beschränkt sein. Bei einer **Gesamtbetrachtung** des Baugebiets muß allerdings dessen Typik eingehalten werden[1]. Dabei ist zu beachten, daß gerade die Durchmischung verschiedener Nutzungen gebietsprägend sein kann und daher einer Gliederung zwangsläufig Grenzen setzt. Dies gilt insbesondere für das Mischgebiet gemäß § 6 BauNVO (dazu Rdnr. 1475).

1655 **Beispiel:**

Eine Gemeinde möchte ein Mischgebiet ausweisen. Einzelne Mitglieder der Gemeindevertretung sind allerdings der Auffassung, daß sich die dort zulässige gewerbliche

---
1 VGH München v. 12.9.2000 – 1 N 98/3549, BauR 2001, 210; OVG Lüneburg v. 23.9.1999 – 1 K 4147/97, BauR 2000, 523.

Nutzung mit der Wohnnutzung nicht besonders gut vertrage, da es sich auch von der Struktur der Gebäude her eher um eine ruhige Wohnlage handeln soll. Man findet daher den „Kompromiß", das Mischgebiet so zu gliedern, daß in dem einem Teil im wesentlichen nur Wohnnutzung zulässig ist, in dem anderen Teil nur nicht wesentlich störendes Gewerbe. Diese Gliederung ist allerdings mit § 1 Abs. 3 Satz 1 und § 1 Abs. 4 Satz 1 BauNVO regelmäßig nicht vereinbar[1]. Sie kommt allenfalls bei kleinen Mischgebieten in Betracht, wenn die kleinräumige Gliederung die Durchmischung der unterschiedlichen Nutzungen nicht vereitelt[2].

Die allgemeine Zweckbestimmung muß nicht zwingend in dem durch den Bebauungsplan festgesetzten Baugebiet vorhanden sein. Es reicht aus, wenn das beplante Gebiet mit der vorhandenen und nach § 34 BauGB zu beurteilenden **Umgebungsbebauung** eine Einheit bildet und in dieser Einheit die allgemeine Zweckbestimmung des Baugebiets gewahrt ist. 1656

Beispiel: 1657
Eine Gemeinde überplant einen Teil eines faktischen Dorfgebiets im Sinne von § 34 Abs. 2 BauGB i.V.m. § 5 BauNVO. Das festgesetzte (kleine) Baugebiet enthält durchgängig auf der Grundlage von § 1 Abs. 4 BauNVO den Ausschluß bestimmter dorfgebietstypischer Nutzungen. Dies ist allerdings unschädlich, wenn unter Einbeziehung des faktisch vorhandenen Dorfgebiets nach wie vor die dorfgebietstypische Zweckbestimmung gewahrt ist[3].

Die Baunutzungsverordnung geht davon aus, daß eine Festsetzung der vorgesehenen ungegliederten Plangebiete für die städtebauliche Entwicklung und Ordnung grundsätzlich ausreichend ist. Die Gliederungsmöglichkeiten stellen daran anknüpfend ein **zusätzliches Instrumentarium** dar, um auf Einzelfälle reagieren zu können, etwa auf tatsächliche Vorbedingungen der Planung (insbesondere vorhandene Bebauung in der Nachbarschaft des Plangebiets) oder um bestimmte städtebauliche Zielvorstellungen besser umsetzen zu können. Derartiger Gründe bedarf es allerdings auch. Die Gemeinde kann nicht eine von dem städtebaulichen Grundmodell der Baunutzungsverordnung abweichende Gliederungen vornehmen, ohne daß es dafür eine besondere **städtebauliche Begründung und Rechtfertigung** gibt. Sie muß vielmehr immer im Auge behalten, daß es sich in der Regel um zusätzliche Einschränkungen der Grundstücksnutzung handelt, die dem Eigentümer nur dann zugemutet werden dürfen, wenn sie eine hinreichende Rechtfertigung haben. 1658

Die Gliederungsmöglichkeit nach **§ 1 Abs. 4 Satz 1 Nr. 1 BauNVO** (Art der zulässigen Nutzung) bezieht sich auf die **einzelnen Nutzungsarten**, die jeweils in Abs. 2 und Abs. 3 der Baugebietsvorschriften (§§ 4 bis 9 BauNVO) aufgezählt sind. Die Art der Nutzung sind dabei nicht die in den jeweiligen Absätzen 2 und 3 unter den Ziffern genannten Nutzungen insge- 1659

---
1 VGH Mannheim v. 4.2.1998 – 3 S 1699/97, BauR 1998, 976 = BRS 60 Nr. 27.
2 OVG Lüneburg v. 13.3.2002 – 1 K 4221/00, ZfBR 2002, 586.
3 OVG Münster v. 16.9.2002 – 7a D 4/01, BauR 2003, 346.

samt, sondern auch jeweils einzeln. Es gilt also insofern kein „Nummerndogma" (s. insofern zu § 1 Abs. 5 BauNVO Rdnr. 1671)[1].

1660 Möglich ist gemäß **§ 1 Abs. 4 Satz 1 Nr. 2 BauNVO** auch eine Gliederung von Baugebieten, die nach der **Art der Betriebe und Anlagen** und deren besonderen Bedürfnissen und Eigenschaften differenziert. Die Untergliederungsmöglichkeit ist also feiner strukturiert als § 1 Abs. 4 Satz 1 Nr. 1 BauNVO. Sie ist nicht auf die in den Absätzen 2 und 3 der §§ 4 bis 9 BauNVO als allgemein oder ausnahmsweise zulässig aufgeführten baulichen oder sonstigen Anlagen beschränkt. Die Vorschrift bezieht sich vielmehr auf **konkrete Nutzungstypen und Betriebsformen**. So können etwa bestimmte Arten von Betrieben (z.B. feinmechanische und optische Betriebe, Fotogroßlabors) oder Arten von Anlagen (z.B. Heilbad, Turnhalle, Tennisanlage, Sportstadion u.s.w.) zusammengefaßt werden[2].

1661 Bei der Gliederungsmöglichkeit nach den **besonderen Bedürfnissen** der jeweiligen Art von Betrieben und Anlagen geht es insbesondere um spezifische Anforderungen an deren Standort, ihre infrastrukturelle Anbindung u.ä. (z.B. Notwendigkeit eines Gleisanschlusses oder Lage an einem Gewässer).

1662 Zu den **besonderen Eigenschaften** von Betrieben und Anlagen, die eine Gliederung nach § 1 Abs. 4 Satz 1 Nr. 2 BauNVO rechtfertigen können, gehört auch deren **Emissionsverhalten**, also deren Auswirkung auf die Umwelt[3]. Besondere Bedeutung haben dabei die Lärmauswirkungen, da diese in besonderer Weise geeignet sind, Nutzungskonflikte innerhalb des Baugebiets oder auch baugebietsüberschreitend herbeizuführen. Aus diesem Grund haben die diesbezüglichen Festsetzungsmöglichkeiten die Planungspraxis und auch die Rechtsprechung bereits wiederholt beschäftigt. Ziel ist es dabei einerseits, störungsempfindliche Nutzungen, insbesondere also Wohngebäude, vor unzumutbaren Lärmbeeinträchtigungen zu schützen. Andererseits sollen geeignete Gewerbe- und Industriestandorte ausgewiesen werden. Nimmt man hinzu, daß es aufgrund der Bodenschutzklausel des § 1a Abs. 2 Satz 1 BauGB auch Anliegen der Bauleitplanung ist, mit Grund und Boden möglichst sparsam umzugehen, liegt der zu lösende Zielkonflikt auf der Hand. Es kommt hinzu, daß vielfach nicht durch die Lärmimmissionen eines einzelnen Betriebs für die Wohnnachbarschaft unzumutbare Störungen herbeigeführt werden sondern erst durch die Kumulation der Lärmimmissionen mehrerer Betriebe, die häufig gar nichts miteinander zu tun haben. Dies spricht dafür, den kumulierten Lärm als Maßstab für die Nachbarschaftsverträglichkeit und damit auch für die Zulässigkeit immissionsrelevanter Nutzungen anzulegen. So nachvollziehbar dieser Ansatz ist, muß er jedoch

---

1 Jäde in Jäde/Dirnberger/Weiß, § 1 BauNVO Rdnr. 28; Roeser in König/Roeser/Stock, § 1 Rdnr. 51.
2 S. im einzelnen Fickert/Fieseler, § 1 Rdnr. 88 ff.
3 BVerwG v. 18.12.1990 – 4 N 6.88, BRS 50 Nr. 25 = DVBl. 1991, 442 = NVwZ 1991, 881 = UPR 1991, 151 = ZfBR 1991, 120.

auch mit den gesetzlichen Ermächtigungen des Baugesetzbuchs und der Baunutzungsverordnung in Einklang gebracht werden. § 9 Abs. 1 Nr. 24 BauGB genügt dafür nicht (vgl. Rdnr. 342). Bei § 1 Abs. 4 Satz 1 Nr. 2 Satz 1 BauNVO ist zu beachten, daß die kumulierten Immissionen mehrerer Betriebe (sog. „**Summenpegel**") nicht als Eigenschaft des einzelnen Betriebs anzusehen sind. Der Summenpegel kennzeichnet vielmehr das Immissionsgeschehen insgesamt, daß von einer Vielzahl unterschiedlicher Betriebe und Anlagen gemeinsam bestimmt wird. Er ist daher für das Emissionsverhalten der jeweils einzelnen Nutzung ohne Aussagekraft. Aus diesem Grund ist die Festsetzung sogenannter **Zaunwerte**, also von **Immissions**grenzwerten, die an einem bestimmten Punkt durch alle lärmemittierenden Betriebe gemeinsam eingehalten werden müssen, nicht von § 1 Abs. 4 Satz 1 Nr. 2 BauNVO gedeckt und mangels sonstiger Ermächtigungsgrundlage unzulässig[1].

Festgesetzt werden kann allerdings eine Gliederung durch **Emissions**grenzwerte für verschiedene Teilflächen eines Baugebiets. Dies kann auch durch sog. **flächenbezogene Schalleistungspegel (FSP)** erfolgen. Dafür werden zunächst die nach Auffassung des Plangebers der schutzbedürftigen Nachbarschaft maximal zumutbaren Gesamtimmissionen eines Baugebiets ermittelt. Durch Rückrechnung unter Anwendung aller (absehbaren) Einflußgrößen der Schallausbreitung (Abstandsmaß, Bodendämpfung, sonstige Hindernisse der Schallausbreitung) wird einzelnen Flächenelementen (z.B. einem qm Grundstücksfläche) ein bestimmtes Kontingent an den zulässigen Gesamtimmissionen zugewiesen. Die erforderliche besondere Eigenschaft im Sinne von § 1 Abs. 4 Satz 1 Nr. 2 BauNVO besteht in diesem Fall darin, daß durch die bauliche Nutzung der flächenbezogene Schalleistungspegel nicht überschritten wird. Die Gliederung kann dabei so erfolgen, daß innerhalb des Gesamtbereichs sämtlichen Flächen durch eine entsprechende textliche Festsetzung derselbe Schalleistungspegel zugewiesen wird.

1663

Beispiel:

1664

Für ein Gewerbegebiet wird festgesetzt, daß dort nur solche Vorhaben zulässig sind, die einen flächenbezogenen Schalleistungspegel gemäß DIN 18 005, Abschnitt 3 von tags (6.00 Uhr bis 22.00 Uhr) 65 dBA/qm und nachts (22.00 Uhr bis 6.00 Uhr) von 45 dBA/qm nicht überschreiten.

Zulässig ist allerdings auch eine Gliederung dahingehend, daß unterschiedliche Schallkontingente für Teilgebiete oder bestimmte Betriebsarten geregelt werden. Auf diese Weise werden Immissionspotentiale nicht unnötig vergeudet[2].

1665

---

1 BVerwG v. 16.12.1999 – 4 CN 7.98, BauR 2000, 684 = DVBl. 2000, 804 = DÖV 2000, 471 = NVwZ 2000, 815 = UPR 2000, 227; BVerwG v. 7.3.1997 – 4 NB 38.96, BauR 1997, 602 = BRS 59 Nr. 25 = DÖV 1997, 645 = NVwZ-RR 1997, 522 = UPR 1997, 331 = ZfBR 1997, 265.
2 BVerwG v. 7.3.1997 – 4 NB 38.96, BauR 1997, 602 = BRS 59 Nr. 25 = DÖV 1997, 645 = NVwZ-RR 1997, 522 = UPR 1997, 331 = ZfBR 1997, 265; OVG Münster v. 17.10.1996 – 7a D 122.94, BRS 58 Nr. 30 = DVBl. 1997, 440 = UPR 1997, 258.

1666 **Beispiel:**
In einem vorgesehenen Gewerbegebiet sollen für einen städtebaulich sinnvollen Übergang zur sich anschließenden Misch- und Wohnbebauung in einem Teilbereich nur Geschäfts-, Büro und Verwaltungsgebäude (§ 8 Abs. 1 Satz 2 Nr. 2 BauNVO) angesiedelt werden. Es ergibt in diesem Fall wenig Sinn, diesen Nutzungen denselben Anteil an den Gesamtimmissionen zuzuweisen wie der weiteren Nutzung des Gebiets durch Gewerbebetriebe aller Art (§ 8 Abs. 2 Nr. 1 BauNVO).

1667 Anstelle von flächenbezogenen Schalleistungspegeln können Emissionsgrenzwerte auch durch sog. **immissionswirksame flächenbezogene Schalleistungspegel (IFSP)** festgesetzt werden. Der Unterschied liegt darin, daß bei flächenbezogenen Schalleistungspegeln eine Rückrechnung der Gesamtimmissionen unter Zugrundelegung aller voraussichtlichen Einflußgrößen auf die Schallausbreitung erfolgt (Rdnr. 1663), während bei den immissionswirksamen flächenbezogenen Schalleistungspegeln im wesentlichen nur das Abstandsmaß berücksichtigt wird. Außer Betracht bleiben weitere Zusatzdämpfungen durch bauliche oder sonstige Hindernisse der Schallausbreitung. Diese Zusatzdämpfungen werden erst bei der konkreten Betriebsbeurteilung im Genehmigungsverfahren eingerechnet. Wird der Schalleistungspegel überschritten, ist das Vorhaben gleichwohl zulässig, wenn es wegen seiner Grundrißgestaltung, der Abschirmung durch andere bauliche Anlagen u.ä. unter Berücksichtigung der realen Schallausbreitung sein Immissionskontingent dennoch einhält. Der Vorteil gegenüber bloßen flächenbezogenen Schalleistungspegeln liegt darin, daß auf der Ebene der Bauleitplanung nicht mit Annahmen insbesondere hinsichtlich zukünftiger Hindernisse der Schallausbreitung sowie der Lage und Höhe von Schallquellen gearbeitet werden muß, was naturgemäß zu Unsicherheiten führt. Darin liegt zugleich allerdings auch der Nachteil dieser Festsetzung, da sich die äußeren Faktoren der Schallausbreitung später wieder verändern können, z.B. durch den Abriß eines die Schallausbreitung verhindernden Gebäudes außerhalb des Betriebsgrundstücks. In derartigen Fällen kann allerdings nach Auffassung des Bundesverwaltungsgerichts durch Nebenbestimmungen zur Baugenehmigung auf Dauer gesichert werden, daß bei Beseitigung eines solchen Ausbreitungshindernisses das Emissionsverhalten der bis dahin faktisch begünstigten Anlage den geänderten Verhältnissen angepaßt werden muß.

1668 **Beispiel:**
Ergänzung der textlichen Festsetzung aus Rdnr. 1664 dahingehend, daß die Anforderungen auch als erfüllt gelten, wenn die Immissionsanteile, die den festgelegten Emissionskontigenten entsprechen, an den maßgeblichen Immissionsorten von den Immissionen eines Vorhabens eingehalten werden.

1669 Da die baulichen Nutzungsmöglichkeiten innerhalb des durch einen immissionswirksamen flächenbezogenen Schalleistungspegel gegliederten Gebiets wegen der veränderbaren und für den Bauherrn oftmals nicht zu steuernden Ausbreitungshindernisse für Schallemissionen nicht unbeträchtlichen Unwägbarkeiten unterliegen, können durchaus Bedenken gegen die **hinreichen-**

de Bestimmtheit einer derartigen Festsetzung angemeldet werden. Das Bundesverwaltungsgericht hat ihre Zulässigkeit gleichwohl bestätigt[1]. Dies ändert allerdings nichts daran, daß Festsetzungen zu immissionswirksamen und „einfachen" flächenbezogenen Schalleistungspegeln äußerst komplex und schwierig sind. Sie erfordern bereits im Planungsstadium eine nicht unerhebliche und kostenintensive gutachterliche Aufbereitung der Festsetzungsgrundlage. Bei nahezu jedem Genehmigungsverfahren muß darüber hinausgehend eine gutachterliche Prüfung hinsichtlich der Einhaltung des zugelassenen Lärmkontingents erfolgen. Da bereits die sonstigen Gliederungsmöglichkeiten, soweit sie überhaupt erforderlich sind, in der Regel sachgerechte Lösungen ermöglichen, sollte die Festsetzung von Schalleistungspegeln auf **tatsächlich problematische Fälle** beschränkt werden, insbesondere also auf Fälle, in denen aus bestimmten städtebaulichen Gründen Gewerbe- oder Industriefestsetzungen in der Nähe einer Wohnnachbarschaft erfolgen müssen oder in denen vorhandene Gemengelagen überplant werden[2]. Keinesfalls darf die Fehlvorstellung bestehen, daß in Fällen, in denen Schalleistungspegel nicht festgesetzt werden, in Gewerbe- und Industriegebieten unbegrenzt Lärmimmissionen zulässig seien. Vielmehr gelten dort die allgemeinen vorhabenbezogenen Regelwerke (insbesondere die TA Lärm, Rdnr. 730). Hinzu kommt die Möglichkeit zur Feinsteuerung im Genehmigungsverfahren nach § 15 Abs. 1 BauNVO (Rdnr. 1217 ff.).

b) § 1 Abs. 5 BauNVO

Die Vorschrift ermöglicht, daß die Gemeinde in einem Bebauungsplan bestimmte Arten von Nutzungen, die nach den §§ 2, 4 bis 9 und 13 BauNVO allgemein zulässig sind, **für nicht oder für nur ausnahmsweise zulässig** erklärt. Dies gilt auch für Gebäude und Räume für freie Berufe (§ 13 BauNVO, Rdnr. 1243 ff.), nicht hingegen für Stellplätze und Garagen (§ 12 BauNVO, Rdnr. 1241 f.) sowie die sonstigen Nebenanlagen im Sinne von § 14 BauNVO (Rdnr. 1248 ff.). Von den Gebietsarten her gilt die Bestimmung nicht für reine Wohngebiete (§ 3 BauNVO) und die in den §§ 10 und 11 BauNVO geregelten Sondergebiete.

1670

Der Begriff **Arten von Nutzungen** in § 1 Abs. 5 BauNVO deckt sich mit der entsprechenden Formulierung in § 1 Abs. 4 BauNVO (Rdnr. 1659). Auch hier gilt also, daß nicht nur die unter einer Nummer in den jeweiligen Absätzen 2 der Gebietsregelungen zusammengefaßten Nutzungen ausge-

1671

---

1 BVerwG v. 27.1.1998 – 4 NB 3.97, BauR 1998, 744 = DVBl. 1998, 891 = DÖV 1998, 598 = NVwZ 1998, 1067 = UPR 1998, 306 = ZfBR 1998, 207; ausführlich zu flächenbezogenen Schalleistungspegeln und immissionswirksamen flächenbezogenen Schalleistungspegeln Tegeder/Häppekausen, Geräusch-Immissionsschutz in der Bauleitplanung, BauR 1999, 1095 ff.
2 Darauf weist Kuschnerus, Der sachgerechte Bebauungsplan, Rdnr. 690 zutreffend hin.

schlossen oder für nur ausnahmsweise zulässig erklärt werden können, sondern auch die jeweils einzelnen dort aufgeführten Nutzungsarten[1].

1672 Die **städtebauliche Rechtfertigung** für Regelungen nach § 1 Abs. 5 BauNVO macht es nicht erforderlich, daß ausgeschlossene oder nur für ausnahmsweise zulässig erklärte Nutzungsarten ohne eine solche Beschränkung an anderen Standorten außerhalb des betreffenden Baugebiets in ihrer Existenz gefährdet wären. Es genügen auch allgemeine und auf Erfahrungswerten beruhende städtebauliche Erwägungen.

1673 **Beispiel:**

Eine Gemeinde schließt in einem Gewerbegebiet nach § 1 Abs. 5 BauNVO Einzelhandelsbetriebe, Schank- und Speisewirtschaften (= Gewerbebetriebe aller Art) sowie Vergnügungsstätten aus, um in dem betreffenden Ortsteil Ansiedlungsmöglichkeiten für produzierendes Gewerbe zu schaffen. Diese Erwägung reicht als Rechtfertigung aus[2].

1674 § 1 Abs. 5 BauNVO betont ausdrücklich, daß die allgemeine **Zweckbestimmung des Baugebiets**, so wie sie jeweils in Abs. 1 der Baugebietsvorschriften genannt ist, gewahrt bleiben muß. Insofern gilt allerdings nichts anders als bei § 1 Abs. 4 BauNVO (Rdnr. 1654). Die ausdrückliche Erwähnung dieses Erfordernisses in § 1 Abs. 5 BauNVO trägt dem Umstand Rechnung, daß bei einem Ausschluß bestimmter Nutzungen in einem Baugebiet sehr viel eher die Gefahr besteht, daß der Gebietscharakter verfälscht wird als bei einer bloßen Gliederung der – bezogen auf das Gesamtgebiet – nach wie vor zulässigen Nutzungsarten.

1675 Die Zweckbestimmung ist noch gewahrt, wenn beispielsweise ein Gewerbegebiet dahingehend eingeschränkt wird, daß in ihm nur Betriebe zulässig sind, die auch in einem Mischgebiet zulässig wären (Gewerbebetriebe, die das Wohnen nicht wesentlich stören, § 6 Abs. 1 BauNVO), da dies an dem Charakter des Gewerbegebiets als solchem nichts ändert. Reglementiert wird in einem solchen Fall lediglich die Art des Gewerbes, wie dies vielfach für Technologiezentren u.ä. erforderlich ist[3]. Ebenfalls ist etwa der Ausschluß von Vergnügungsstätten in Kerngebieten[4] oder der Ausschluß von Einzelhandelsbetrieben in Gewerbegebieten[5] möglich. Unzulässig ist es hin-

---

1 BVerwG v. 22.5.1987 – 4 N 4.86, BVerwGE 77, 308 = BauR 1987, 520 = BRS 47 Nr. 54 = DVBl. 1987, 1001 = DÖV 1987, 1010 = NVwZ 1987, 1072 = UPR 1987, 432 = ZfBR 1987, 249.
2 BVerwG v. 11.5.1999 – 4 BN 15.99, BauR 1999, 873 = NVwZ 1999, 1338 = UPR 1999, 952 = ZfBR 1999, 279.
3 BVerwG v. 15.4.1987 – 4 B 71.87, BRS 47 Nr. 55 = DVBl. 1987, 904 = NVwZ 1987, 970 = UPR 1986, 386 = ZfBR 1987, 267.
4 BVerwG v. 22.5.1987 – 4 N 4.86, BVerwGE 77, 308 = BauR 1987, 520 = BRS 47 Nr. 54 = DVBl. 1987, 1001 = DÖV 1987, 1010 = NVwZ 1987, 1072 = UPR 1987, 432 = ZfBR 1987, 249.
5 OVG Schleswig v. 7.5.1998 – 1 L 66/96, NVwZ-RR 2000, 10.

gegen, in einem allgemeinen Wohngebiet (§ 4 BauNVO) alle Nutzungen nach § 4 Abs. 2 Nr. 2 und 3 und Abs. 3 BauNVO auszuschließen, weil dadurch das allgemeine Wohngebiet zu einem reinen Wohngebiet (§ 3 BauNVO) „umfunktioniert" würde[1]. Nichts anderes gilt, wenn in einem Dorfgebiet (§ 5 BauNVO) die sonstigen, also die nicht zu einem land- oder forstwirtschaftlichen Betrieb gehörenden, Wohngebäude ausgeschlossen werden, da das Dorfgebiet gemäß § 5 Abs. 1 BauNVO gerade auch dem nicht nutzungsgebundenen Wohnen dient[2].

c) § 1 Abs. 6 BauNVO

Während sich § 1 Abs. 5 BauNVO auf besondere Regelungen hinsichtlich der allgemein zulässigen Nutzungen bezieht, regelt § 1 Abs. 6 BauNVO entsprechendes **für ausnahmsweise zulässige Nutzungen** nach dem jeweiligen Absatz 3 der §§ 2 bis 9 BauNVO. Auf Sondergebiete (§§ 10 und 11 BauNVO) findet auch diese Vorschrift keine Anwendung. Die §§ 12 und 13 BauNVO sind schon deshalb irrelevant, weil sie keine Ausnahmetatbestände im Sinne von § 1 Abs. 6 BauNVO enthalten. Auf § 14 Abs. 2 BauNVO (Rdnr. 1260) ist § 1 Abs. 6 BauNVO nach überwiegender Auffassung entsprechend anwendbar[3].

1676

Die Ausführungen zu § 1 Abs. 5 BauNVO (Rdnr. 1670 ff.) gelten bei § 1 Abs. 6 BauNVO weitgehend entsprechend. Auch hier besteht insbesondere kein „Nummerndogma". Die Gemeinde kann daher vorsehen, daß nur einzelne Nutzungen der in den jeweiligen Absätzen 3 zu den Baugebietsvorschriften unter einer Ziffer genannten Ausnahmen nicht Bestandteil des Bebauungsplans und damit generell unzulässig oder aber zu allgemein zulässigen Nutzungen hochgestuft werden.

1677

Der Ausschluß einzelner und sogar aller Ausnahmen in einem Bebauungsplan ist städtebaulich in aller Regel leichter begründbar als eine Hochstufung zur allgemein zulässigen Nutzung, da die ausnahmsweise zulässigen Nutzungen den Gebietscharakter nicht entscheidend prägen. Aus diesem Grunde wird in § 1 Abs. 6 Nr. 1 BauNVO die allgemeine Zweckbestimmung des Baugebiets anders als unter Nr. 2 der Vorschrift nicht ausdrücklich genannt. Gleichwohl bedarf es für beide Tatbestände einer städtebaulichen Rechtfertigung[4]. Mit Blick auf den zu wahrenden Gebietscharakter ist es danach beispielsweise unzulässig, sonstige nicht störende Gewerbebetriebe im Sinne von § 4 Abs. 3 Nr. 2 BauNVO in einem allgemeinen Wohngebiet[5] oder Wohnungen gemäß § 7 Abs. 3 Nr. 2 BauNVO in

1678

---

1 BVerwG v. 8.2.1999 – 4 BN 1.99, BauR 1999, 1435 = NVwZ 1999, 1340.
2 VGH Mannheim v. 18.9.1996 – 8 S 1888/95, BRS 59 Nr. 68 = ZfBR 1997, 332.
3 S. etwa Roeser in König/Roeser/Stock, § 1 Rdnr. 73.
4 So auch Jäde in Jäde/Dirnberger/Weiß, § 1 BauNVO, Rdnr. 41; Roeser in König/Roeser/Stock, § 1 Rdnr. 75; a.A. Fickert/Fieseler, § 1 Rdnr. 107.
5 A.A. VGH Mannheim v. 29.9.1982 – 3 S 71.82, BRS 39 Nr. 61.

einem Kerngebiet für allgemein zulässig zu erklären[1], weil sich der Gebietscharakter in beiden Fällen in Richtung auf ein Mischgebiet verändert.

d) § 1 Abs. 9 BauNVO

1679 Im Rahmen der horizontalen Gliederung enthält § 1 Abs. 9 BauNVO eine Möglichkeit zur **noch weitergehenden Feinsteuerung**. Danach kann im Bebauungsplan bei Anwendung der Absätze 5 bis 8 festgesetzt werden, daß nur bestimmte Arten der in den Baugebieten allgemein oder ausnahmsweise zulässigen Anlagen zulässig oder nicht zulässig sind oder nur ausnahmsweise zugelassen werden können. Für die horizontale Gliederung hat dies Bedeutung bei § 1 Abs. 5 und 6 BauNVO, ggf. beschränkt auf die entsprechend gegliederten Teile des Baugebiets (§ 1 Abs. 8 BauNVO; zur vertikalen Gliederung noch Rdnr. 1686 ff.). Für § 1 Abs. 4 BauNVO hat die Regelung hingegen keine Relevanz.

1680 Die prinzipiellen Gestaltungsmöglichkeiten decken sich mit denjenigen, die § 1 Abs. 5 und 6 BauNVO ohnehin bieten. Die Besonderheit des § 1 Abs. 9 BauNVO liegt darin, daß die Vorschrift sich nicht auf die in den jeweiligen Absätzen 2 und 3 unter den einzelnen dortigen Ziffern geregelten Anlagen bezieht, sondern auf bestimmte Arten dieser jeweiligen Nutzungen, also auf **Unterarten**.

1681 **Beispiel:**

Eine Gemeinde möchte in ihrem Kerngebiet zwar nicht sämtliche Vergnügungsstätten im Sinne von § 7 Abs. 2 Nr. 2 BauNVO ausschließen, sondern nur Spielhallen. Dies ist allein nach § 1 Abs. 5 BauNVO nicht möglich, jedoch nach § 1 Abs. 5 i.V.m. Abs. 9 BauNVO zulässig[2].

1682 Allerdings muß sich eine Gliederung auch in diesem Fall an **Anlagentypen** orientieren, die nach städtebaulichen Gesichtspunkten abgrenzbar sind. Nicht hingegen können bestimmte einzelne Vorhaben nach § 1 Abs. 9 BauNVO für zulässig, nicht zulässig oder nur ausnahmsweise zulässig erklärt werden[3]. Beispielsweise für Festsetzungen zur Zulässigkeit von Einzelhandel genügt es dabei allerdings, wenn sich Differenzierungen an **marktüblichen Gegebenheiten** orientieren.

1683 **Beispiel:**

Eine Gemeinde möchte ein Gewerbegebiet ausweisen. Zur Vermeidung negativer Effekte für die Innenstadt (Kaufkraftabfluß und damit verbundene Folgewirkungen) will sie in dem Gewerbegebiet zwar nicht jeglichen Einzelhandel ausschließen, je-

---

1 OVG Münster v. 13.12.1993 – 11a D 24/92, UPR 1994, 276.
2 Vgl. BVerwG v. 21.12.1992 – 4 B 182.92, BRS 55 Nr. 42.
3 BVerwG v. 22.5.1987 – 4 C 77.84, BVerwGE 77, 317 = BauR 1987, 524 = BRS 47 Nr. 58 = DVBl. 1987, 1004 = DÖV 1987, 1011 = NVwZ 1987, 1074 = UPR 1987, 435 = ZfBR 1987, 251.

doch mittels einer Negativliste den Einzelhandel mit bestimmten innenstadtrelevanten Sortimenten (z.B. Haushaltswaren, Lebensmittel, Parfümerie- und Drogeriewaren, Schuh- und Lederwaren). Dagegen bestehen keine Bedenken. Entsprechend gilt für Positivlisten mit den innerhalb des Baugebiets allein zulässigen Warensortimenten. Zwar sind die einzelnen Sortimentsbezeichnungen teilweise auslegungsbedürftig, jedoch gleichwohl hinreichend sicher gegenüber anderen Warensortimenten abgrenzbar[1].

Nicht ausreichend wäre es allerdings, lediglich eine Festsetzung dahin gehend zu treffen, daß „zentrumstypische" oder „innenstadtrelevante" Einzelhandelsbetriebe ausgeschlossen sind. In diesem Fall fehlt es an der notwendigen Bestimmtheit, da praktisch jeder Einzelhandel auch Innenstadtrelevanz hat, wenn auch mit graduell unterschiedlicher Bedeutung[2]. Ebensowenig genügt es, im Bereich von Einzelhandel allein auf Verkaufsflächengrößen als Differenzierungskriterium abzustellen, weil allein die Größe der Verkaufsfläche grundsätzlich keine bestimmte Art von baulichen Anlagen repräsentiert[3]. Anders kann dies allerdings beispielsweise dann sein, wenn es um Festsetzungen geht, die sich an der städtebaulich relevanten Unterscheidung zwischen groß- und kleinflächigem Einzelhandel (Rdnr. 1614 ff.) orientieren oder sich auf Einzelhandel beziehen, der in einem unmittelbaren Zusammenhang mit produzierendem Gewerbe steht und nur einen bestimmten Anteil der Betriebsfläche einnehmen darf. Ebenfalls können beispielsweise bestimmte Unterarten von Vergnügungsstätten (Spielhallen oder auf sexuelle Bedürfnisse ausgerichtete Einrichtungen wie Sexshops, Peepshows, Stripteaseshows u.ä.) ausgeschlossen werden, weil es sich dabei jeweils um hinreichend konkret abgrenzbare Nutzungsformen handelt (s. bereits Rdnr. 1431 ff.)[4]. 1684

Die Gliederung nach § 1 Abs. 9 BauNVO setzt **besondere städtebauliche Gründe** voraus. Gemeint sind damit nicht im Vergleich zu § 1 Abs. 5 und 6 BauNVO besonders gewichtige Gründe. Dies ergibt sich schon daraus, daß Feingliederungen nach § 1 Abs. 9 BauNVO den Grundstückseigentümer zumeist in geringerem Maße treffen als vollständige Nutzungsausschlüsse nach § 1 Abs. 5 oder 6 BauNVO. Erforderlich sind vielmehr **spezielle** Gründe, die aus Sicht der planenden Gemeinde aufgrund städtebaulicher Erwä- 1685

---

1 BVerwG v. 27.7.1998 – 4 BN 31.98, BauR 1998, 1197 = BRS 60 Nr. 29 = DVBl. 1998, 1301 = DÖV 1999, 169 = NVwZ-RR 1999, 9 = UPR 1998, 459 = ZfBR 1998, 317; VGH Mannheim v. 21.5.2001 – 5 S 901/99, NVwZ-RR 2002, 556; i.E. wohl auch VGH Kassel v. 18.12.2003 – 4 N 1372/01, UPR 2004, 156; problematisch insofern OVG Koblenz v. 24.8.2000 – 1 C 11457/99, NVwZ-RR 2001, 221 = UPR 2001, 110.
2 OVG Münster v. 9.10.2003 – 10a D 76/01, BauR 2004, 636 = UPR 2004, 150; OVG Münster v. 1.10.1996 – 10a D 102/96, BauR 1997, 436 = BRS 58 Nr. 33 = UPR 1997, 374; a.A. OVG Koblenz v. 24.8.2000 – 1 C 11457/99, BauR 2001, 907 = BRS 63 Nr. 83 = NVwZ-RR 2001, 221 = UPR 2001, 110; Stock in König/Roeser/Stock, § 8 Rdnr. 23a.
3 OVG Bautzen v. 6.6.2001 – 1 D 442/99, NVwZ-RR 2002, 632; OVG Lüneburg v. 26.2.1999 – 1 K 1539/97, BauR 1999, 1436 = NVwZ-RR 2000, 562.
4 S. etwa OVG Münster v. 9.1.1989 – 10 a NE 75/86, BRS 49 Nr. 77 = DVBl. 1989, 684 = DÖV 1989, 729 = NVwZ 1990, 85 = UPR 1989, 355.

gungen eine derartige planerische Feinsteuerung rechtfertigen[1]. Dies kann – in den wohl am häufigsten anzutreffenden Fällen – etwa der Ausschluß bestimmter Einzelhandelsbranchen[2] zum Schutz der Innenstadt und der verbrauchernahen Versorgung der Bevölkerung oder das Vorhalten von Flächen für produzierendes Gewerbe sein oder auch der Ausschluß bestimmter Arten von Vergnügungsstätten zur Vermeidung einer qualitativen Abwertung des Stadtzentrums („trading-down-Effekt").

2. Vertikale Gliederung (§ 1 Abs. 7 BauNVO)

1686 § 1 Abs. 7 BauNVO regelt ergänzend zu der horizontalen Gliederung nach § 1 Abs. 4 bis 6, 8 und 9 BauNVO (Rdnr. 1652 ff.) für die Baugebiete nach den §§ 4 bis 9 BauNVO eine **schichtweise** Gliederung in Bezug auf Geschosse, Ebenen und sonstige Teile baulicher Anlagen (vertikale Gliederung). Die Möglichkeit besteht nicht in Kleinsiedlungsgebieten und reinen Wohngebieten (§§ 2 f. BauNVO, Rdnr. 1394 ff. sowie Rdnr. 1311 ff.)[3], was aufgrund des dort ohnehin eingegrenzten Nutzungsspektrums gerechtfertigt ist. Da die in § 13 BauNVO geregelten Räume und Gebäude für freie Berufe in den Baugebieten nach den §§ 4 bis 9 BauNVO allgemein zulässig sind, erstreckt sich die Gliederungsmöglichkeit nach § 1 Abs. 7 BauNVO auch auf diese Art der Nutzung. Nebenanlagen nach § 14 BauNVO sind demgegenüber nicht in dieser Weise gliederungsfähig. Dies gilt auch für Garagen und Stellplätze, zumal die Absätze 4 und 5 des § 12 BauNVO ohnehin spezielle Regelungen für die vertikale Feinsteuerung enthalten.

1687 § 1 Abs. 7 BauNVO bezieht sich nicht nur auf Vollgeschosse (Rdnr. 1294) sondern **allgemein auf Geschosse** sowie auf **Ebenen** baulicher Anlagen, die mangels einer Überdeckung nicht dem Geschoßbegriff unterfallen (z.B. Dachnutzungen). Die in § 1 Abs. 7 BauNVO ebenfalls noch genannten sonstigen Teile baulicher Anlagen sind ein Auffangtatbestand, dem allerdings keine besondere praktische Bedeutung zukommt. Er ermöglicht es insbesondere nicht, Nutzungsgliederungen anhand von prozentualen Anteilen an einem Gebäude vorzunehmen. Etwa eine Regelung, daß auf einem bestimmten prozentualen Anteil der Geschoßfläche nur eine bestimmte Nutzung zulässig ist, könnte darauf nicht gestützt werden[4].

---

1 BVerwG v. 22.5.1987 – 4 C 77.84, BVerwGE 77, 317 = BauR 1987, 524 = BRS 47 Nr. 58 = DVBl. 1987, 1004 = DÖV 1987, 1011 = NVwZ 1987, 1074 = UPR 1987, 435 = ZfBR 1987, 251; OVG Schleswig v. 7.5.1998 – 1 L 66/96, NVwZ-RR 2000, 10.
2 OVG Münster v. 9.10.2003 – 10a D 76/01, BauR 2004, 636 = UPR 2004, 150 (zur Unzulässigkeit des Ausschlusses bzw. der flächenmäßigen Beschränkung jeglichen Einzelhandels ohne Berücksichtigung des konkreten Warenangebotes zum Schutz der Innenstadt); weitergehend demgegenüber VGH Kassel v. 18.12.2003 – 4 N 1372/01, UPR 2004, 156.
3 OVG Lüneburg v. 8.7.1999 – 1 K 2869/97, BauR 2000, 71 = NVwZ-RR 2000, 271.
4 BVerwG v. 12.12.1991 – 4 NB 13.90, BauR 1991, 169 = BRS 50 Nr. 16 = NVwZ-RR 1991, 455.

Wie bei allen Gliederungsmöglichkeiten gilt auch hier, daß die **allgemeine** **Zweckbestimmung des Baugebiets** gewahrt bleiben muß (Rdnr. 1650), auch wenn dies ausdrücklich nur in § 1 Abs. 7 Nr. 3 BauNVO betont ist[1]. Die vertikale Gliederungsmöglichkeit ändert ferner nichts daran, daß es sich nach wie vor nur um **ein** (gegliedertes) Baugebiet oder den gegliederten Teil eines Baugebiets handelt (§ 1 Abs. 8 BauNVO). Es kann also nicht für die verschiedenen Geschosse oder Ebenen eine jeweils unterschiedliche Gebietsart festgesetzt werden, z.B. für das Erdgeschoß ein Kern- und für die Obergeschosse ein allgemeines Wohngebiet[2].

1688

Die horizontale Gliederung muß durch **besondere städtebauliche Gründe** gerechtfertigt sein. Der Hinweis in § 1 Abs. 7 BauNVO auf § 9 Abs. 3 BauGB bezieht sich allerdings nicht auf die heutige Fassung des § 9 Abs. 3 BauGB sondern auf die frühere Fassung der Vorschrift, die für vertikale Planfestsetzungen ebenfalls besondere städtebauliche Gründe erforderte[3]. Entscheidende Bedeutung kommt dem allerdings nicht zu, da es sich bei den besonderen städtebaulichen Gründen nicht um besonders gewichtige Gründe handeln muß sondern um Gründe, die sich auf die spezielle planungsrechtliche Situation beziehen und vor diesem Hintergrund eine vertikale Gliederung dergestalt rechtfertigen, daß auf jedem der betroffenen Grundstücke eine bestimmte Verteilung und/oder Mischung von Nutzungsarten vorhanden sein soll (Rdnr. 1685). So kann eine vertikale Gliederung zur Erhaltung einer bestimmten gewachsenen Nutzungsstruktur gerechtfertigt sein (z.B. Erhaltung eines vorhandenen Wohnungsanteils in den Obergeschossen eines Kerngebiets). Nicht ausreichend wäre hingegen das allgemeine städtebauliche Ziel, stadtnahen Wohnraum bereitzustellen[4] oder auch das nicht auf eine vertikale Gliederung angewiesene Planungsziel, einen bestimmten Anteil von Wohnnutzungen in einem Baugebiet zu sichern, etwa um die Entwicklung eines Mischgebiets zu einem faktischen Wohngebiet zu verhindern[5].

1689

3. Bestandserhaltende Festsetzungen (§ 1 Abs. 10 BauNVO)[6]

§ 1 Abs. 10 BauNVO ist eine Regelung, mit der Nutzungskonflikte bei der Überplanung von vorhandenen Bebauungszusammenhänge bewältigt wer-

1690

---

1 BVerwG v. 22.12.1989 – 4 NB 32.89, BauR 1990, 186 = BRS 49 Nr. 74 = DVBl. 1990, 383 = NVwZ-RR 1990, 171 = UPR 1990, 102 = ZfBR 1990, 98.
2 OVG Koblenz v. 15.5.2003 – 1 C 11.1224/02, BauR 2003, 1340.
3 Jäde in Jäde/Dirnberger/Weiß, § 1 BauNVO, Rdnr. 45; Roeser in König/Roeser/Stock, § 1 Rdnr. 83.
4 BVerwG v. 4.6.1991 – 4 NB 35.89, BVerwGE 88, 268 = BauR 1991, 718 = BRS 52 Nr. 9 = DVBl. 1991, 1153 = DÖV 1992, 68 = NVwZ 1992, 373 = UPR 1991, 358 = ZfBR 1991, 269.
5 OVG Münster v. 7.9.2001 – 7a D 111/99, BauR 2002, 913 = NVwZ-RR 2002, 715 = ZfBR 2002, 584.
6 S. hierzu im einzelnen Fischer, Zur Bauleitplanung für überwiegend bebaute Gebiete, DVBl. 2002, 950 ff.

den können (Gemengelagen). Es geht um die Fälle, in denen schon bestehende bauliche oder sonstige Anlagen es aufgrund ihres Bestandsschutzes nicht zulassen, der an sich wünschenswerten Trennung von sich gegenseitig beeinträchtigenden Nutzungen nachzukommen. In der Vorschrift ist geregelt, daß im Bebauungsplan Erweiterungen, Änderungen, Nutzungsänderungen und Erneuerungen von baulichen oder sonstigen Anlagen für allgemein oder ausnahmsweise zulässig erklärt werden können, obgleich diese Anlagen nach der festgesetzten Gebietsart oder einem Ausschluß nach § 1 Abs. 5 oder Abs. 9 BauNVO[1] an sich in dem Baugebiet unzulässig wären. Es handelt sich insofern also um einen **erweiterten Bestandsschutz** für „Fremdkörper" in dem von der Gemeinde an sich vorgesehenen Baugebiet. Eine auf § 1 Abs. 10 BauNVO gestützte Festsetzung bietet damit in erster Linie vorhandenen Betrieben ein erhöhtes Maß an Planungs- und Investitionssicherheit[2]. Die Unzulässigkeit des Vorhabens muß sich nicht zwingend aus dem Plan ergeben, in dem auch die Festsetzung nach § 1 Abs. 10 BauGB enthalten ist. Sie kann vielmehr auch schon in einem früheren Plan enthalten sein.

1691 **Beispiel:**
Die 1. Änderung eines Bebauungsplans schließt bestimmte Nutzungen aus, die zuvor zulässig waren. Erst durch die 2. Änderung werden dann später für diese Nutzungen bestandserhaltende Festsetzungen getroffen[3].

1692 Anders als die Gliederungsmöglichkeiten in § 1 Abs. 4 bis 9 BauNVO bezieht sich § 1 Abs. 10 BauNVO nicht auf Anlagen- und Nutzungsarten sondern auf bestimmte vorhandene bauliche und sonstige Anlagen, also **auf konkrete Einzelfälle**. Es muß sich dabei um tatsächlich und legal vorhandene Anlagen handeln, deren Beseitigung nicht ohne weiteres bauaufsichtlich angeordnet werden kann. Diese Anlagen müssen durch die Festsetzung eines Baugebiets unzulässig werden. Diese Unzulässigkeit muß auch unter Berücksichtigung der Ausnahmetatbestände in den jeweiligen Absätzen 3 der Gebietsvorschriften hinreichend sicher feststehen. Dabei genügt es allerdings, wenn bei sachgerechter Prognose der planenden Gemeinde davon ausgegangen werden kann, daß die vorhandene Anlage auch nicht im Sinne von § 31 Abs. 1 BauGB i.V.m. dem jeweiligen Absatz 3 der §§ 2 bis 9 BauNVO ausnahmefähig wäre (zur Erteilung von Ausnahmen Rdnr. 1698 ff.).

1693 Die Festsetzungsmöglichkeit nach § 1 Abs. 10 BauNVO besteht nur **in überwiegend bebauten Gebieten**, also in Gebieten, in denen nach dem opti-

---
[1] BVerwG v. 11.5.1999 – 4 BN 15.99, BauR 1999, 873 = NVwZ 1999, 1338 = UPR 1999, 952 = ZfBR 1999, 279.
[2] BVerwG v. 6.3.2002 – 4 BN 11.02, BauR 2002, 1665; OVG Lüneburg v. 18.9.2001 – 1 L 3779/00, BauR 2002, 906 = DVBl. 2002, 713.
[3] VGH München v. 23.12.1998 – 26 N 98/1675, BauR 2000, 79 = BRS 60 Nr. 31 = NVwZ-RR 2000, 79.

schen Gesamteindruck mehr Flächen bebaut als unbebaut sind¹. Dabei kann es sich auch um eindeutig abgrenzbare Teile eines festgesetzten Baugebiets handeln.

Beispiel: 1694

Eine Gemeinde überplant ein faktisches Baugebiet, in dem sich bereits seit alter Zeit ein einzelner bestandsgeschützter Produktionsbetrieb befindet. Diese Überplanung bezieht angrenzende Außenbereichsflächen mit ein, sieht also davon ab, für diese angrenzende Außenbereichsfläche ein eigenständiges Baugebiet mit weitestgehend identischem Inhalt festzusetzen².

Von der vorhandenen Bebauung dürfen die bestandsgeschützten Anlagen im Sinne von § 1 Abs. 10 BauNVO nur einen untergeordneten und in der Regel auch räumlich abgegrenzten Teil ausmachen. Ansonsten kann die **allgemeine Zweckbestimmung** des Baugebiets **in den übrigen Teilen** nicht gewahrt werden (§ 1 Abs. 10 Satz 3 BauNVO). Überdies wäre eine der vorgesehenen Gebietsart entsprechende bauliche Entwicklung nicht zu erwarten, so daß der Plan seinen gestalterischen Auftrag verfehlen würde (vgl. Rdnr. 36). Diese Grenze ist in der Regel spätestens dann erreicht, wenn sich die bestandssichernde Festsetzung nach § 1 Abs. 10 BauNVO auf Vorhaben erstreckt, die nach Umfang und Ausdehnung bereits die Größe und Bedeutung eines eigenständigen Baugebiets erreichen würden³. 1695

Die Bedeutung des § 1 Abs. 10 BauNVO liegt vor allem darin, daß er sich auf Erweiterungen, Änderungen, Nutzungsänderungen und Erneuerungen der von der Festsetzung umfaßten Anlagen bezieht und sie für allgemein oder ausnahmsweise zulässig erklären kann. Der ohnehin bestehende Bestandsschutz wird also erweitert⁴. Dabei läßt es § 1 Abs. 10 Satz 2 BauNVO zu, daß nähere Bestimmungen über die Zulässigkeit dieser Veränderungen getroffen werden. Zumindest für **Nutzungsänderungen** ist dies zwingend, da ansonsten trotz der vorhandenen Bauleitplanung außer durch die Auffangregelung des § 15 Abs. 1 BauNVO kein städtebaulicher Maßstab für Art, Umfang und Qualität der Nutzungsänderung vorhanden wäre. 1696

Für Festsetzungen nach § 1 Abs. 10 BauNVO bedarf es einer hinreichenden **städtebaulichen Rechtfertigung**. Keinesfalls ist es so, daß bei der Überplanung von überwiegend bebauten Gebieten der vorhandene Bestand immer durch derartige Festsetzungen abgesichert werden muß. Oftmals spricht mehr dafür, von einer solchen Festsetzung abzusehen und die Grundstückseigentümer auf den Bestandsschutz ihrer baulichen Anlagen zu verweisen, um langfristig eine homogene Baugebietsstruktur zu erreichen. Allerdings 1697

---

1 Vgl. BVerwG v. 6.2.2002 – 4 BN 11.02, BauR 2002, 1665.
2 So in der Tendenz auch OVG Lüneburg v. 18.9.2001 – 1 L 3779/00, BauR 2002, 906 = DVBl. 2002, 713.
3 OVG Lüneburg v. 18.9.2001 – 1 L 3779/00, BauR 2002, 906 = DVBl. 2002, 713.
4 OVG Münster v. 8.2.2001 – 7a D 169/98, BauR 2001, 1052.

kann es neben planungsschadensrechtlichen Erwägungen (s. insbes. § 42 BauGB) durchaus Fälle geben, in denen sowohl private Belange als auch öffentliche Belange (s. insbes. § 1 Abs. 6 Nr. 4 und Nr. 8 BauGB) eine derartige Festsetzung zur Umsetzung der planerischen Zielvorstellung erfordern[1], bei der freilich nicht verkannt werden darf, daß sie schwierig zu handhaben und für Nachbarschaftskonflikte anfällig ist.

IX. Die Gewährung einer Ausnahme von den Festsetzungen des Bebauungsplans (§ 31 Abs. 1 BauGB)

1698 Von den Festsetzungen eines Bebauungsplans kann die Baugenehmigungsbehörde – wegen der Betroffenheit der kommunalen Planungshoheit jedoch nur im Einvernehmen mit der Gemeinde (§ 36 Abs. 1 BauGB, dazu noch Rdnr. 1758 ff.) – solche Ausnahmen zulassen, die in dem Bebauungsplan nach Art und Umfang ausdrücklich vorgesehen sind (§ 31 Abs. 1 BauGB). Bei der Ausnahmemöglichkeit handelt es sich um ein **planimmanentes Instrument** zur Flexibilisierung der Planung, das eine unangemessene Starrheit des Bebauungsplans vermeiden und damit der Einzelfallgerechtigkeit dienen soll (zum planexternen Instrument der Befreiung Rdnr. 1717 ff.). Es steht der Gemeinde grundsätzlich frei, ob und in welchem Umfang sie Ausnahmen von Planfestsetzungen in einem Bebauungsplan vorsieht. Bei der Erteilung von Ausnahmen für konkrete Vorhaben muß allerdings darauf geachtet werden, daß der Gebietscharakter des betreffenden Baugebiets gewahrt bleibt.

1699 Die Ausnahme muß **ausdrücklich** im Bebauungsplan vorgesehen sein. In der Regel erfolgt dies in den textlichen Planfestsetzungen. Die Behandlung von Ausnahmemöglichkeiten lediglich in der zum Bebauungsplan gehörenden Begründung (§§ 2a, 9 Abs. 8 BauGB, Rdnr. 384 ff.) reicht nicht aus.

1700 Die wichtigsten Ausnahmen von Bebauungsplanfestsetzungen sind in der Baunutzungsverordnung bereits inhaltlich geregelt oder jedenfalls angelegt. So enthält jeweils der dritte Absatz der **Baugebietsvorschriften** (§§ 2 bis 9 BauNVO) Ausnahmetatbestände zur Art der baulichen Nutzung. Diese werden gemäß § 1 Abs. 3 Satz 2 BauNVO Bestandteil des Bebauungsplans, wenn die Gemeinde nicht im Rahmen der Möglichkeiten nach § 1 Abs. 4 bis 10 BauNVO Abweichendes regelt, insbesondere also die vorgesehenen Ausnahmen vollständig ausschließt oder für allgemein zulässig erklärt (im einzelnen Rdnr. 1670 ff.).

1701 Daneben sieht **§ 16 Abs. 6 BauNVO** ausdrücklich vor, daß auch zum Maß der baulichen Nutzung Ausnahmen im Bebauungsplan geregelt werden können. Anders als zur Art der baulichen Nutzung wird dazu allerdings ein

---
1 S. etwa VGH München v. 8.11.1999 – 14 N 98.3623, BauR 2000, 699.

Ausnahmetatbestand mit einem bestimmten Inhalt nicht bereits in der Verordnung selbst festgelegt. Die Ausnahme muß nach Art (Maßbestimmungsfaktor gemäß § 16 Abs. 2 BauNVO) und Umfang (Grenze der ausnahmsweise zulässigen Abweichungen) festgelegt sein (s. dazu noch Rdnr. 1703). Dabei sind die Obergrenzen gemäß § 17 BauNVO zu beachten. Allerdings ist eine Überschreitung der Maßobergrenzen gemäß § 17 Abs. 2 BauNVO im Rahmen eines Ausnahmetatbestandes tendenziell eher möglich als bei der allgemeinen Festschreibung eines bestimmten Nutzungsmaßes, weil die Prüfung der dort genannten Kriterien zumindest teilweise der ermessensgebundenen Entscheidung über die Erteilung einer Ausnahme überlassen bleiben kann (allgemein zu den Möglichkeiten einer Nachsteuerung im Genehmigungsverfahren Rdnr. 734 ff.).

Nicht zu den Ausnahmen im Sinne von § 31 Abs. 1 BauGB gehören die Regelungen der §§ 18 Abs. 2, 19 Abs. 4 Satz 2, 2. Halbsatz und Satz 4, 21a Abs. 3, 2. Halbsatz, 23 Abs. 2 Satz 2, Abs. 3 Satz 2 und Abs. 4 Satz 1 BauNVO[1]. Die mit diesen Vorschriften gegebene Möglichkeit, im Einzelfall von der Festsetzung abzuweichen, ist bereits aufgrund der Baunutzungsverordnung zwingend Bestandteil der betreffenden Festsetzung. Indem die Gemeinde die entsprechende Festsetzung trifft, regelt sie auch, daß eine derartige Abweichung zugelassen werden kann. Die Gemeinde hat insofern keinen planerischen Entscheidungsspielraum bei der Vorhabenzulassung, wie dies ansonsten bei der Festsetzung von Ausnahmen der Fall ist. Dementsprechend bedarf es in den aufgeführten Fällen auch nicht der Erteilung des gemeindlichen Einvernehmens nach § 36 Abs. 1 BauGB (dazu noch Rdnr. 1758 ff.)[2]. 1702

Ausnahmetatbestände im Sinne von § 31 Abs. 1 BauGB müssen **nach Art und Umfang bestimmt** sein. Bei den in der Baunutzungsverordnung selbst geregelten Ausnahmetatbeständen zur Art der baulichen Nutzung ist dies unproblematisch. Es bedarf keiner ergänzenden Regelung. Bei sonstigen Ausnahmen muß der Bebauungsplan festsetzen, von welchen Festsetzungen Ausnahmen zugelassen werden sollen. Ebenfalls muß hinreichend bestimmt sein, wie weit die Ausnahme gehen darf, ob also etwa auf bestimmte Anforderungen vollständig verzichtet wird (z.B. auf bestimmte Bepflanzungen) oder ob lediglich eine Modifikation zulässig ist. 1703

Beispiel: 1704
Ein Bebauungsplan setzt eine viergeschossige Bebauung fest. Soll dazu eine Ausnahme vorgesehen werden, muß diese vorsehen, wie viele Geschosse maximal ausnahmsweise zulässig sein sollen.

---

1 S. etwa König in König/Roeser/Stock, § 23 Rdnr. 19; Söfker in Ernst/Zinkahn/Bielenberg/Krautzberger, § 31 Rdnr. 23; anders wohl Jäde in Jäde/Dirnberger/Weiß, § 31 Rdnr. 9; Gaentzsch in Berliner Kommentar zum Baugesetzbuch, § 31 Rdnr. 5.
2 König in König/Roeser/Stock, § 23 Rdnr. 20.

1705 Für die Bestimmung des Umfangs der Ausnahmen kann auf die Auslegungsmöglichkeiten zurückgegriffen werden, die auch sonst für Bebauungspläne gelten (Rdnr. 225 ff.).

1706 Die Erteilung einer Ausnahme kann von bestimmten **tatbestandlichen Voraussetzungen** abhängig gemacht werden. In einem solchen Fall kommt die Erteilung einer Ausnahme nur dann in Betracht, wenn diese tatbestandlichen Voraussetzungen erfüllt sind.

1707 **Beispiel:**
Ein Bebauungsplan setzt eine Baulinie (§ 23 Abs. 2 BauNVO) fest. Ein ergänzender Ausnahmetatbestand regelt, daß von der Baulinie abgewichen werden darf, wenn und soweit dies zum Schutz von vorhandenen Bäumen und deren Wurzeln erforderlich ist. Wünscht der Bauherr aus einem anderen Grund die Erteilung einer Ausnahme, ist diese zwingend zu versagen. Geht es hingegen um den Schutz von Baumwurzeln, sind die Tatbestandsvoraussetzungen für die Ausnahmeerteilung erfüllt. Die Ausnahme darf in diesem Fall erteilt werden.

1708 Anders als bei einem bebauungsplankonformen Vorhaben besteht kein gebundener Anspruch auf die Erteilung einer Ausnahme. Sie muß zwar nicht ergänzend zu dem Bauantrag eigenständig beantragt werden, jedoch steht die Bewilligung im **Ermessen der Baugenehmigungsbehörde**. Dies gilt selbst dann, wenn die Erteilung der Ausnahme an bestimmte Voraussetzungen geknüpft ist und diese Voraussetzungen im konkreten Fall erfüllt sind.

1709 Das behördliche Ermessen bei der Entscheidung über die Erteilung einer Ausnahme unterliegt den dafür allgemein geltenden Schranken. Es ist entsprechend dem Zweck der Ermächtigung auszuüben und hat die gesetzlichen Grenzen des Ermessens einzuhalten (§ 40 VwVfG). Für die Ermessensausübung dürfen **nur städtebauliche Gründe** herangezogen werden. Der Gleichbehandlungsgrundsatz kann zu einer Ermessensreduzierung führen. Es kann dennoch trotz vorangegangener Ausnahmeerteilungen gerechtfertigt sein, eine Ermessensentscheidung zu Ungunsten eines Antragstellers zu treffen, beispielsweise um zu verhindern, daß sich die planerische Grundkonzeption nachhaltig verändert. Insofern ist immer zu berücksichtigen, daß die Ausnahmeerteilung nicht den Regelfall darstellt.

1710 **Beispiel:**
In einem reinen Wohngebiet gemäß § 3 BauNVO sind bereits ausnahmsweise zwei Lebensmittelgeschäfte zur Deckung des täglichen Bedarfs genehmigt worden. Nunmehr wird die Genehmigung eines weiteren Betriebs unter Berufung auf den Gleichbehandlungsgrundsatz beantragt. Gleichwohl kann die Ausnahme in einem solchen Fall versagt werden, wenn die Gefahr droht, daß sich ansonsten der Gebietscharakter verändert. Da dies beim ersten und zweiten Betrieb noch nicht der Fall war, liegt für eine solche Differenzierung ein sachlich gerechtfertigter Grund vor, der auch mit dem Gleichheitsgrundsatz im Einklang steht.

1711 Ergänzt werden die allgemeinen Anforderungen an die Ermessensausübung durch den jeweiligen **Sinn und Zweck des Ausnahmetatbestands**. Insbesondere aus der Planbegründung kann sich ergeben, warum eine Ausnahme geregelt wurde. Wenn in einem solchen Fall die begehrte Ausnahme dieser Zielsetzung Rechnung trägt, ist die Ermessensausübung grundsätzlich zugunsten des Antragstellers vorgeprägt (sog. intendiertes Ermessen).

Aus dem Charakter einer Ermessensregelung folgt zugleich, daß eine positive Entscheidung zugunsten des Bauherrn gemäß § 36 Abs. 2 VwVfG mit **Nebenbestimmungen** verbunden werden darf, die dem Sinn und Zweck der Ausnahmeentscheidung Rechnung tragen (z.B. die Durchführung bestimmter Lärmschutzmaßnahmen oder die Festsetzung von Betriebszeiten bei einer ausnahmsweise zugelassenen Tankstelle in einem allgemeinen Wohngebiet, § 4 Abs. 3 Nr. 5 BauNVO). 1712

Die **Ablehnung einer Ausnahme** kann zwar wie jede sonstige ablehnende Entscheidung mit Rechtsmitteln (Widerspruch, Klage) angefochten werden. Das Verwaltungsgericht darf jedoch bei einer Ermessensentscheidung neben den tatbestandlichen Voraussetzungen (Rdnr. 1706) nur prüfen, ob die Ablehnung der Ausnahme deshalb rechtswidrig ist, weil die gesetzlichen Grenzen des Ermessens überschritten sind oder von dem Ermessen in einer dem Zweck der Ermächtigung nicht entsprechenden Weise Gebrauch gemacht wurde (§ 114 Satz 1 VwGO). Die Aussichten für das Rechtsmittel sind daher zumeist gering, zumal gemäß § 114 Satz 2 VwGO die Ermessenserwägungen auch im verwaltungsgerichtlichen Verfahren noch ergänzt werden dürfen. Ohnehin kommt eine positive Entscheidung nur dann in Betracht, wenn der Ermessensspielraum auf Null reduziert ist, also keine andere Entscheidung als die Ausnahmeerteilung rechtmäßig wäre. Ist dies nicht der Fall, kann das Verwaltungsgericht der Baugenehmigungsbehörde lediglich aufgeben, über die Erteilung einer Ausnahme unter Berücksichtigung der Rechtsauffassung des Gerichts neu zu entscheiden. 1713

Beispiele:

(a) Ein Bauantrag zur Errichtung einer Tankstelle in einem allgemeinen Wohngebiet, die nach § 4 Abs. 3 Nr. 5 BauNVO ausnahmsweise zulässig wäre, wird mit der Begründung abgelehnt, daß das vorgesehene Baugrundstück wegen der unmittelbar angrenzenden Ruhezonen von Wohngebäuden (Gärten, Balkone) nicht für eine Ausnahmeerteilung geeignet sei. Wenn die Verwaltung von zutreffenden Sachverhaltsfeststellungen ausgegangen ist und für ihre ablehnende Entscheidung sachgerechte Erwägungen sprechen, wird das Verwaltungsgericht einer Verpflichtungsklage nicht mit der Begründung stattgeben können, daß nach Auffassung des Gerichts die verkehrlichen Bedürfnisse Vorrang hätten und daher die Errichtung einer Tankstelle ungeachtet ihrer Immissionen gerechtfertigt sei. 1714

(b) Eine Firma mit Sitz in einem Gewerbegebiet beantragt wegen zahlreicher Diebstähle in der jüngeren Vergangenheit, einen bisherigen Büroraum in eine Wohnung für eine Aufsichtsperson umzugestalten (§ 8 Abs. 3 Nr. 1 BauNVO). Wenn derartige Betriebswohnungen in dem Gewerbegebiet bisher bereits genehmigt wurden, kann die Baugenehmigungsbehörde den Antrag nicht mit der (außerhalb des Städtebaurechts liegenden) Begründung ablehnen, die Firma solle stärkere Sicherungsvorkehrungen treffen und sich im übrigen ausreichend versichern. In einem solchen Fall ist 1715 vielmehr in der Regel das Ermessen zugunsten des Bauherrn auf Null geschrumpft (zu Betriebswohnungen in Gewerbegebieten Rdnr. 1545 ff.).

1716 **Einwendungen von Nachbarn** gegen die Erteilung einer Ausnahme sind zumeist nicht erfolgversprechend. Erfolgt eine Festsetzung mit Ausnahmevorbehalt, spricht zumeist vieles dafür, daß die Regelung **keinen nachbarschützenden Charakter** hat[1]. In diesem Fall gewährt § 31 Abs. 1 BauGB ebenfalls keinen Nachbarschutz. Es greift lediglich das Rücksichtnahmegebot des § 15 Abs. 1 BauNVO ein (Rdnr. 1217 ff.)[2]. Nur dann, wenn die Festsetzung unter Ausnahmevorbehalt im Einzelfall nachbarschützenden Charakter hat, kommt durch die Ausnahmeerteilung eine Nachbarrechtsverletzung in Betracht (zu den nachbarschützenden Festsetzungen eines Bebauungsplans Rdnr. 1815 ff.). Es müssen dann die nachbarlichen Belange sowohl im Rahmen der tatbestandlichen Voraussetzungen der Ausnahme (Rdnr. 1706) als auch bei der Ermessensausübung hinreichend berücksichtigt werden.

X. Die Befreiung von Festsetzungen des Bebauungsplans (§ 31 Abs. 2 BauGB)

1. Allgemeine Grundsätze

a) Die generelle Befreiungsregelung

1717 Von den zwingenden Festsetzungen eines Bebauungsplans darf aufgrund der generellen Dispensklausel des § 31 Abs. 2 BauGB abgewichen werden. Danach kann die Baugenehmigungsbehörde im Einvernehmen mit der Gemeinde (§ 36 Abs. 1 BauGB, Rdnr. 1758 ff.) in den in § 31 Abs. 2 BauGB ausdrücklich geregelten drei Fällen eine Befreiung (Dispens) erteilen.

1718 Die Befreiung ist ein **planexternes Institut**, das unabhängig von den Planfestsetzungen immer in der zum Entscheidungszeitpunkt maßgeblichen Gesetzesfassung heranzuziehen ist. Die Möglichkeit der Befreiung kann also nicht durch den Bebauungsplan ausgeschlossen werden. Es können lediglich die Zielsetzungen der Planung so eng gefaßt werden, daß bei Anwendung der Befreiungsvorschrift im konkreten Einzelfall die tatbestandlichen Voraussetzungen nicht oder allenfalls äußerst selten erfüllt sind (s. insbesondere zu den Grundzügen der Planung, die nicht berührt sein dürfen, Rdnr. 1728 ff.).

---

1 Löhr in Battis/Krautzberger/Löhr, § 31 Rdnr. 22.
2 BVerwG v. 5.8.1983 – 4 C 96.79, BVerwGE 67, 334 = BauR 1983, 543 = BRS 40 Nr. 48 = DVBl. 1984, 143 = DÖV 1984, 295 = NVwZ 1984, 102 = UPR 1984, 24 = ZfBR 1983, 243.

Die Befreiung von Festsetzungen des Bebauungsplans

Von der Dispensregelung des § 31 Abs. 2 BauGB werden **sämtliche Bebauungspläne** erfaßt, also sowohl qualifizierte und einfache Bebauungspläne (Rdnr. 1140 ff.) als auch vorhabenbezogene Bebauungspläne nach § 12 BauGB (Rdnr. 871 ff.) und übergeleitete Bebauungspläne (Rdnr. 1157 ff.)[1]. 1719

Bei Festsetzungen eines Bebauungsplans, die auf **Landesrecht** beruhen (§ 9 Abs. 4 BauGB, Rdnr. 367 ff.), ist § 31 Abs. 2 BauGB anwendbar, soweit die entsprechenden Landesregelungen nicht nur für das Aufstellungsverfahren sondern auch für den Vollzug der Planfestsetzungen auf die Bestimmungen des Baugesetzbuchs verweisen. Ist dies nicht der Fall, dann gelten stattdessen die Abweichungsregelungen der jeweiligen Landesbauordnung[2]. 1720

Im **unbeplanten Innenbereich (§ 34 BauGB)** und im **Außenbereich (§ 35 BauGB)** ist für § 31 Abs. 2 BauGB kein Raum. Eine vergleichbare Flexibilität wird dort über die unbestimmten Rechtsbegriffe in den jeweiligen Zulässigkeitstatbeständen geschaffen. Eine davon abweichende Regelung findet sich allerdings in § 34 Abs. 2 2. Halbsatz BauGB, nach dem für die Art der baulichen Nutzung die Befreiungsregelung Anwendung findet, wenn die Eigenart der näheren Umgebung einem der Baugebiete nach der Baunutzungsverordnung entspricht (Rdnr. 2028 ff.). Insofern sind also baugebietsähnliche unbeplante Bereiche hinsichtlich der Art der baulichen Nutzung beplanten Gebieten gleichgestellt. 1721

In den Fällen des **§ 33 Abs. 1 und 2 BauGB**, also im Stadium der Planreife (Rdnr. 1905 ff.), kommt die Erteilung einer Befreiung ebenfalls in Betracht, da § 33 BauGB zu einer vorgezogenen Anwendung des Bebauungsplans führt[3]. Allerdings ist bei der Erteilung einer Befreiung von einem noch nicht rechtsverbindlichen Bebauungsplan besondere Zurückhaltung geboten, da Befreiungen der Sache nach eine nachträgliche Randkorrektur der Planung darstellen. Eine Reparatur vor Fertigstellung ist demgegenüber zumindest ungewöhnlich und nur dann zu rechtfertigen, wenn nicht aufgrund der Erkenntnisse aus dem Befreiungsantrag eine Überarbeitung der Planung insgesamt geboten erscheint. Denn Ziel der Aufstellung eines Bebauungsplans muß es an sich immer sein, die Notwendigkeit von Befreiungen durch weitestmögliche Vorausschau hinsichtlich der städtebaulichen Erfordernisse zu vermeiden. 1722

Befreit werden kann grundsätzlich **von allen Festsetzungen** eines Bebauungsplans. Ob die Befreiung im konkreten Fall möglich ist, hängt vor allem davon ab, wie zentral die jeweilige Festsetzung in dem gesamten Planungs- 1723

---

1 BVerwG v. 18.8.1964 – I C 63.62, BVerwGE 19, 164 = BRS 15 Nr. 19 = DVBl. 1964, 918 = DÖV 1964, 740 = NJW 1964, 2442.
2 So etwa § 81 Abs. 9 BbgBO; anders dagegen z.B. § 86 Abs. 4 BauO NW; dazu OVG Münster v. 25.8.1999 – 7 A 4459/96, NVwZ-RR 2000, 412.
3 Jäde in Jäde/Dirnberger/Weiß, § 31 Rdnr. 6; Löhr in Battis/Krautzberger/Löhr, § 31 Rdnr. 10; a.A. Dürr in Brügelmann § 33 Rdnr. 3a.

gefüge ist. Je geringer die Bedeutung der betreffenden Festsetzung für die planerische Gesamtkonzeption ist, desto mehr spricht dies für eine Befreiungsfähigkeit (zur Wahrung der Grundzüge der Planung Rdnr. 1728 ff.). Von dem Erfordernis der gesicherten Erschließung (Rdnr. 1196), die nicht nur in beplanten Gebieten sondern auch im unbeplanten Innenbereich nach § 34 BauGB und im Außenbereich (§ 35 BauGB) gewährleistet sein muß, kann eine Befreiung nicht gewährt werden[1]. Ebenfalls nicht befreit werden kann von den Anforderungen des § 15 BauNVO, der selbst bereits auf eine Einzelfallbetrachtung und damit auf Normflexibilität und Einzelfallgerechtigkeit angelegt ist[2].

1724 Für die Erteilung einer Befreiung von Bebauungsplanfestsetzungen ist ein **strenger Maßstab** anzulegen. Daran hat sich durch die Änderung des § 31 Abs. 2 BauGB im Rahmen des BauROG 1998 (Rdnr. 1) nichts geändert, obgleich dadurch die ausdrückliche Beschränkung auf eine Befreiungsmöglichkeit nur im Einzelfall weggefallen ist. Dieser Wegfall kann nur – deklaratorisch – so verstanden werden, daß es sich nicht notwendigerweise nur um einen einzigen Fall handeln darf, in dem befreit wird. Nichts geändert hat sich hingegen an dem Erfordernis, daß eine Befreiung nur in **atypischen Fällen** möglich ist. Die Festsetzungen im Bebauungsplan sind für das Baugenehmigungsverfahren grundsätzlich strikt verbindlich. Die Notwendigkeit eines etwaigen Bebauungsplanänderungsverfahrens darf auch auf der Grundlage des durch das BauROG 1998 geänderten § 31 Abs. 2 BauGB nicht durch eine großzügige Befreiungspraxis aus den Angeln gehoben werden (s. noch Rdnr. 1728 f.)[3].

b) Die Änderung oder Nutzungsänderung einer unter Befreiung errichteten baulichen Anlage

1725 Eine Befreiung kann nicht nur bei der Neuerrichtung eines Vorhabens erforderlich werden sondern auch bei jeder Änderung und Nutzungsänderung (zu den Begriffen Rdnr. 1111 ff.), soweit hierdurch der dispensbedürftige Teil des Vorhabens (wieder) berührt wird. Bei der Änderung eines Vorhabens, bei der auch ein für die erteilte Befreiung (möglicherweise) beachtlicher Umstand erneut berührt sein kann, muß daher eine erneute Entscheidung zur Befreiung getroffen werden, die sich auf das neue Vorhaben insgesamt ein-

---

1 BVerwG v. 21.2.1986 – 4 C 10.83, BauR 1986, 305 = BRS 46 Nr. 106 = DVBl. 1986, 685 = DÖV 1986, 802 = NVwZ 1986, 646.
2 VGH Mannheim v. 29.7.1966 – V 583/65, BRS 17 Nr. 20.
3 So ausdrücklich BVerwG v. 5.3.1999 – 4 B 5.99, BauR 1999, 1280 = BRS 62 Nr. 99 = NVwZ 1999, 1110 = ZfBR 1999, 283; ebenso Jäde in Jäde/Dirnberger/Weiß, § 31 Rdnr. 11; Löhr in Battis/Krautzberger/Löhr, § 31 Rdnr. 26; Schmaltz in Schrödter, § 31 Rdnr. 19; Kuschnerus, Das zulässige Bauvorhaben, Rdnr. 94 ff.; deutlich großzügiger VGH Mannheim v. 15.6.2003 – 3 S 2324/02, BauR 2003, 1527; Gronemeyer in Gronemeyer, § 31 Rdnr. 11 und insbesondere Schmidt-Eichstaedt, Die Befreiung nach § 31 Abs. 2 BauGB und andere „Abweichungen", NVwZ 1998, 571 (574).

schließlich des dispensierten Teils bezieht. Mit der ursprünglichen Befreiung ist also nicht die Gestattung verbunden, das Grundstück zukünftig in jeder beliebigen Art abweichend von der maßgeblichen Planfestsetzung zu nutzen[1].

Beispiel: 1726

Einem Eigentümer wurde, weil sein Grundstück ungewöhnlich schmal ist, im Wege der Befreiung gestattet, eine festgesetzte Baugrenze (§ 23 Abs. 3 BauGB) um drei Meter zu überschreiten. Bei Erteilung der Befreiung wurde dies auch unter Berücksichtigung der nachbarlichen Belange (dazu noch Rdnr. 1734) als hinnehmbar angesehen, weil in dem dispensierten Bauteil keine Fensteröffnungen in Richtung auf das Nachbargrundstück vorgesehen waren. Bei einem späteren Bauantrag zum Einbau eines Fensters in dem dispensierten Bauteil kann nicht ohne weiteres vom baulichen Bestand ausgegangen werden. Vielmehr wird das gesamte Vorhaben wieder befreiungsbedürftig. Es ist also zu entscheiden, ob eine Überschreitung der Baugrenze durch einen Baukörper mit Fenster unter Würdigung nachbarlicher Interessen befreiungsfähig ist oder nicht.

2. Die materiellen Voraussetzungen für die Erteilung einer Befreiung

§ 31 Abs. 2 BauGB enthält einen **dreigliedrigen Tatbestand**. Danach kann 1727 eine Befreiung nur dann erteilt werden, wenn die Grundzüge der Planung nicht berührt werden, alternativ einer der unter den Nummern 1 bis 3 genannten Gründe vorliegt und die Abweichung auch unter Würdigung nachbarlicher Interessen mit den öffentlichen Belangen vereinbar ist. Fehlt es an einem dieser Elemente, ist die Befreiung zwingend zu versagen. Für eine Ermessensausübung zugunsten des Antragstellers bleibt dann kein Raum[2].

a) Grundzüge der Planung

Das für jeden Befreiungsfall zwingend zu beachtende Gebot, daß die Grund- 1728 züge der Planung nicht berührt werden dürfen, ist nichts anders als eine Beschränkung der Befreiung auf atypische Fälle, da sie eine Planänderung nicht ersetzen kann. Der Begriff „Grundzüge der Planung" findet sich auch in § 13 BauGB zum vereinfachten Verfahren der Bauleitplanung (Rdnr. 841 ff.). Man wird zwar davon ausgehen müssen, daß der Begriffsinhalt im Grunde identisch ist, jedoch haben beide Vorschriften unterschiedliche Funktionen, so daß ein Vergleich kaum weiterführt. Entscheidend ist im Zusammenhang mit der Befreiungsregelung des § 31 Abs. 2 BauGB, daß die Notwendigkeit einer Bebauungsplanänderung nicht unterlaufen werden

---

1 Vgl. OVG Weimar v. 25.6.1999 – 1 EO 197/99, LKV 2000, 119; VGH Mannheim v. 15.3.1979 – III 711/77, BauR 1980, 156 = BRS 35 Nr. 162.
2 BVerwG v. 5.3.1999 – 4 B 5.99, BauR 1999, 1280 = BRS 62 Nr. 99 = NVwZ 1999, 1110 = ZfBR 1999, 283.

darf. Hierzu hat das Bundesverwaltungsgericht – im wesentlichen unter uneingeschränkter Bezugnahme auf seine Rechtsprechung zu der Vorgängerfassung des heutigen § 31 Abs. 2 BauGB – folgendes ausgeführt:

„Der Bebauungsplan, der nach § 10 Abs. 1 BauGB als Satzung zu beschließen ist, hat Rechtsnormcharakter. Die Festsetzungen sind für das Baugenehmigungsverfahren grundsätzlich strikt verbindlich. Der Gesetzgeber stellt mit § 31 Abs. 2 BauGB ein Instrument zur Verfügung, daß trotz dieser Rechtsbindung im Interesse der Einzelfallgerechtigkeit und der Wahrung der Verhältnismäßigkeit für Vorhaben, die den Festsetzungen zwar widersprechen, sich mit den planerischen Vorstellungen aber gleichwohl in Einklang bringen lassen, ein Mindestmaß an Flexibilität schafft. Er knüpft die Befreiung indes an genau umschriebene Voraussetzungen. Durch das Erfordernis der Wahrung der Grundzüge der Planung stellt er sicher, daß die Festsetzungen des Bebauungsplans nicht beliebig durch Verwaltungsakt außer Kraft gesetzt werden. Die Änderung eines Bebauungsplans obliegt nach § 2 Abs. 4 BauGB[1] unverändert der Gemeinde und nicht der Bauaufsichtsbehörde. Hierfür ist in den §§ 3 und 4 BauGB ein bestimmtes Verfahren unter Beteiligung der Bürger und der Träger öffentlicher Belange vorgeschrieben, von dem nur unter den in § 13 BauGB genannten Voraussetzungen abgesehen werden kann. Diese Regelung darf weiterhin nicht durch eine großzügige Befreiungspraxis aus den Angeln gehoben werden. Ob die Grundzüge der Planung berührt werden, hängt von der jeweiligen Planungssituation ab. Entscheidend ist, ob die Abweichung dem planerischen Grundkonzept zuwiderläuft. Je tiefer die Befreiung in das Interessengeflecht der Planung eingreift, desto eher liegt der Schluß auf eine Änderung der Planungskonzeption nahe, die nur im Wege der (Um-)Planung möglich ist. Die Befreiung kann nicht als Vehikel dafür herhalten, die von der Gemeinde getroffene planerische Regelung beiseite zu schieben. Sie darf – jedenfalls von Festsetzungen, die für die Planung tragend sind – nicht aus Gründen erteilt werden, die sich in einer Vielzahl gleichgelagerter Fälle oder gar für alle von einer bestimmten Festsetzung betroffenen Grundstücke anführen ließen"[2].

1729 Welche Festsetzungen eines Bebauungsplans tragend und daher nicht befreiungsfähig sind, ergibt sich vielfach schon aus der allgemeinen Bedeutung bestimmter Planfestsetzungen. So sind etwa Festsetzungen zur Lage von öffentlichen Verkehrsflächen in der Regel derart in die planerische Konzeption integriert, daß eine Befreiung zur Errichtung eines Wohnhauses auf der vorgesehenen Verkehrsfläche nicht in Betracht kommt. Daneben können die **planerischen Überlegungen** für eine bestimmte Festsetzung, die sich aus den Aufstellungsvorgängen ergeben, von Bedeutung sein.

1730 **Beispiele:**

(a) Aus der Planbegründung ergibt sich, daß der Bebauungsplan eine zwingende Gebäudehöhe (H) festsetzt, um das einheitliche Ortsbild eines historisch gewachsenen Ortskerns zu wahren. Die Befreiung von einer solchen Festsetzung scheidet im Regelfall aus, weil es nicht um eine bloße „Plankorrektur" ginge, sondern um einen Um-

---

1 Nunmehr § 1 Abs. 8 BauGB.
2 BVerwG v. 5.3.1999 – 4 B 5.99, BauR 1999, 1280 = BRS 62 Nr. 99 = NVwZ 1999, 1110 = ZfBR 1999, 283; s. bereits BVerwG v. 8.5.1989 – 4 B 78.89, BauR 1989, 440 = BRS 49 Nr. 66 = DVBl. 1989, 1064 = DÖV 1989, 861 = NVwZ 1989, 1060 = UPR 1989, 430 = ZfBR 1989, 225; BVerwG v. 14.7.1972 – IV C 69.70, BVerwGE 40, 268 = BauR 1972, 358 = BRS 25 Nr. 163.

stand, über den sich die Gemeinde im Planungsverfahren gezielt Gedanken gemacht und dementsprechend auch eine ganz bewußte Festsetzung vorgenommen hat.

(b) Eine Gemeinde richtet die Festsetzung über die überbaubare Grundstücksfläche gezielt an einer vorhandenen steilen Böschung aus und will Bebauungsmöglichkeiten nur für den unterhalb der Böschung gelegenen Bereich eröffnen. In diesem Fall scheidet eine Überschreitung der überbaubaren Grundstücksflächen aufgrund einer Befreiung in aller Regel aus[1].

1731

b) Vereinbarkeit mit öffentlichen Belangen auch unter Würdigung nachbarlicher Interessen

Für jede Befreiung ist es weiterhin erforderlich, daß die Planabweichung auch unter Würdigung nachbarlicher Interessen **mit den öffentlichen Belangen vereinbar** ist. Eine beispielhafte Aufzählung öffentlicher Belange enthält § 35 Abs. 3 BauGB (Rdnr. 2148 ff.). Sie ist allerdings für den beplanten Bereich nur sehr eingeschränkt aussagekräftig. Ohnehin sind viele Aspekte, die unter den Begriff der öffentlichen Belange gefaßt werden können, bereits durch die tatbestandlichen Voraussetzungen des § 31 Abs. 2 Nr. 1 bis 3 BauGB (Rdnr. 1735 ff.) abgedeckt, so daß an der Vereinbarkeit mit den öffentlichen Belangen Befreiungsanträge eher selten scheitern. Das Bundesverwaltungsgericht hat in diesem Zusammenhang die **Faustformel** entwickelt, daß ein zur Befreiung gestelltes Vorhaben sich bei hinweggedachtem Bebauungsplan nach § 34 Abs. 1 BauGB in die nähere Umgebung einfügen muß (Rdnr. 2013 ff.). Dürfte das Vorhaben hingegen bei Anwendung des **§ 34 Abs. 1 BauGB** nicht genehmigt werden, weil es sich in seine Umgebung nicht einfügt, kann es in keinem Fall mittels einer Befreiung von den Festsetzungen eines Bebauungsplans zugelassen werden[2]. Da der Begriff der öffentlichen Belange auch öffentliche Interessen umfasst, können anders als bei § 34 Abs. 1 BauGB jedoch auch **Planungen oder Plankonzepte** darunter fallen, z.B. ein künftiger Bebauungsplan, der zwar noch nicht in Kraft getreten ist, jedoch Planreife im Sinne von § 33 BauGB erlangt hat (Rdnr. 1912 ff.) oder städtebauliche Entwicklungskonzepte der Gemeinde (z.B. Einzelhandelskonzept, Konzeption zur städtebaulichen Entwicklung im Bereich des Wohnungsbaus u.ä.). Allerdings müssen derartige Planungen und Konzepte hinreichend konkret oder nachvollziehbar konkretisierbar sein, um unter die öffentlichen Belange im Sinne von § 31 Abs. 2 BauGB zu fallen (s. allerdings noch Rdnr. 1781 zu den bestehenden Ermessensspielräumen)[3].

1732

---

1 VGH Mannheim v. 9.12.2002 – 5 S 1985/02, BauR 2003, 348 = NVwZ-RR 2003, 419.
2 BVerwG v. 9.6.1978 – 4 C 54.75, BVerwGE 56, 71 = BauR 1978, 387 = BRS 33 Nr. 150 = DÖV 1978, 921 = NJW 1979, 939.
3 BVerwG v. 19.9.2002 – 4 C 13.01, NVwZ 2003, 478 = ZfBR 2003, 260; VGH Mannheim v. 16.6.2003 – 3 S 2324/02, BauR 2003, 1527 = UPR 2004, 190 = ZfBR 2004, 71.

1733 Zu den öffentlichen Belangen, die einer Befreiung entgegenstehen können, gehören im weiteren auch fiskalische Interessen der Gemeinde oder sonstiger Dritter, die Gemeinwohlbelange wahrnehmen. Diese sollen nicht auf der Grundlage einer Befreiung zusätzliche oder eventuell gar nicht finanzierbare Verpflichtungen etwa für nicht beitragsfähige Erschließungs- oder sonstige Folgemaßnahmen übernehmen müssen (s. in diesem Zusammenhang zu § 32 BauGB Rdnr. 1790)[1]. Allerdings können derartige Hindernisse durch einen **städtebaulichen Vertrag** (Baudispensvertrag) ausgeräumt werden, wenn sich der Bauherr in zulässigem Umfang zur Übernahme der entsprechenden Verpflichtungen bereiterklärt (Rdnr. 927 ff.).

1734 Bei der Frage, ob ein von den Planfestsetzungen zu befreiendes Vorhaben mit den öffentlichen Belangen vereinbar ist, hat auch eine **Würdigung nachbarlicher Interessen** zu erfolgen. Dies gilt unabhängig davon, ob von nachbarschützenden Vorschriften (dazu Rdnr. 1866 ff.) befreit werden soll oder nicht. Handelt es sich allerdings um eine nachbarschützende Festsetzung, führt bereits das Fehlen der objektiven Befreiungsvoraussetzungen zu einer Verletzung von Nachbarrechten. Geht es hingegen um eine nicht nachbarschützende Festsetzung, hat der Nachbar über den Anspruch auf Würdigung seiner Interessen hinaus keinen Anspruch auf eine ermessensfehlerfreie Entscheidung der Baugenehmigungsbehörde. Eine unzureichende und damit in Bezug auf Nachbarrechte ermessensfehlerhafte Entscheidung liegt in einem solchen Fall vor, wenn das unter Befreiung von den Planfestsetzungen genehmigte Bauvorhaben gegen das Gebot der Rücksichtnahme verstößt und daher für den betroffenen Nachbarn unzumutbar ist[2].

c) Gründe des Wohls der Allgemeinheit, die die Befreiung erfordern

1735 Neben den vorstehend behandelten zwingenden Erfordernissen für die Erteilung einer Befreiung nennt § 31 Abs. 2 BauGB drei weitere tatbestandliche Voraussetzungen, von denen zumindest eine erfüllt sein muß:

1736 Nach der ersten dieser Varianten kann eine Befreiung gewährt werden, wenn Gründe des Wohls der Allgemeinheit sie erfordern. Es kann sich dabei sowohl um Vorhaben von öffentlichen Bauherrn einschließlich der Gemeinde selbst als auch von privaten Bauherrn handeln. Entscheidend ist allein, ob für die Befreiung des Vorhabens von Planfestsetzungen öffentliche Interessen sprechen oder nicht. Unter die Gründe des Wohls der Allgemeinheit fallen alle öffentlichen Interessen, wie sie beispielhaft in § 1 Abs. 6 BauGB

---

1 A.A. Löhr in Battis/Krautzberger/Löhr, § 31 Rdnr. 38, der fiskalische Belange nur im Rahmen der Ermessensausübung bei der Befreiungserteilung berücksichtigt wissen will.
2 BVerwG v. 8.7.1998 – 4 B 64.98, BauR 1998, 1206 = BRS 60 Nr. 183 = DVBl. 1998, 1301 = NVwZ-RR 1999, 8 = UPR 1998, 455 = ZfBR 1999, 54; BVerwG v. 6.10.1989 – 4 C 14.87, BVerwGE 82, 343 = BauR 1989, 710 = BRS 49 Nr. 188 = DVBl. 1990, 364 = DÖV 1990, 205 = NJW 1990, 1192 = UPR 1990, 28 = ZfBR 1990, 34.

aufgeführt sind. Zu den in Betracht kommenden Vorhaben gehören etwa soziale, kulturelle oder sportliche Einrichtungen (Krankenhäuser, Einrichtungen zur Kinderbetreuung, Schulen, Sportplätze, Schwimmbäder, Spielplätze, Botschaftsgebäude, Konsulate[1] u.s.w.), Einrichtungen, die der Sicherheit der Bevölkerung dienen (Polizei, Feuerwehr) oder auch Verkehrs- sowie Ver- und Entsorgungseinrichtungen[2] sowie telekommunikationstechnische Anlagen (Mobilfunksendeanlagen u.ä.)[3]. Auch die Befriedigung eines dringenden Wohnbedarfs kann eine Befreiung aus Gründen des Wohls der Allgemeinheit rechtfertigen. Allerdings muß ein dringender Wohnbedarf tatsächlich vorliegen und in dem maßgeblichen örtlichen Bereich durch die Erteilung einer Befreiung zumindest teilweise befriedigt werden können.

Rein wirtschaftliche Erwägungen zur Optimierung der Grundstücksausnutzung reichen demgegenüber nicht aus. Dies gilt unabhängig davon, ob es um das Vorhaben eines privaten Bauherrn oder der öffentlichen Hand geht. Gründe des Gemeinwohls liegen daher auch nicht darin, daß ein Bauherr sich bereiterklärt, bestimmte finanzielle Leistungen zugunsten der Gemeinde zu erbringen, wenn sein Vorhaben trotz entgegenstehender Festsetzungen des Bebauungsplans genehmigt wird. Durch derartige Zahlungen auf der Grundlage von Dispensverträgen können zwar entgegenstehende öffentliche Belange im Einzelfalll **ausgeräumt** werden (Rdnr. 1733). Nicht hingegen können dadurch für das Vorhaben sprechende positive Gemeinwohlgründe **herbeigeführt** werden. 1737

Wenn wichtige Gründe für und gegen eine Befreiung sprechen, ist diese nur dann vernünftigerweise geboten (s. noch Rdnr. 1739), wenn die für die Befreiung sprechenden Erwägungen eindeutig überwiegen. Allerdings ist in einem solchen Fall ohnehin sehr sorgfältig zu prüfen, ob nicht bereits die Grenze zum Planänderungsverfahren überschritten ist, da eine umfassende saldierende Abwägung typischerweise Gegenstand der Bauleitplanung, nicht hingegen der Einzelfallentscheidung im Baugenehmigungsverfahren ist. 1738

Der notwendigen Atypik von Befreiungsfällen (Rdnr. 1728) kommt bei der Befreiung aus Gründen der Wohls der Allgemeinheit besonderes Gewicht zu, da sich die Gründe nicht notwendigerweise auf die Grundstückssituation und auf spezifisch bodenrechtliche Belange beziehen müssen sondern sehr viel weiter gefaßt sind. Diese begriffliche Weite erfordert daher ein tatbestandliches Korrektiv, das in dem Gebot der Erforderlichkeit enthalten ist[4]. Der Begriff „erfordern" in § 31 Abs. 2 Nr. 1 BauGB verlangt indes 1739

---

1 VGH München v. 26.6.1997 – 2 ZS 97/905 = BRS 59 Nr. 59 = NVwZ-RR 1998, 619; VG Berlin v. 5.8.1999 – 19 A 165/99, LKV 2000, 266.
2 BVerwG v. 9.6.1978 – 4 C 54.75, BVerwGE 56, 71 = BauR 1978, 387 = BRS 33 Nr. 150 = DÖV 1979, 921 = NJW 1979, 339.
3 OVG Münster v. 8.10.2003 – 7 A 1397/02, BauR 2004, 649 = NVwZ-RR, 404.
4 BVerwG v. 20.11.1989 – 4 B 163.89, BRS 49 Nr. 175 = DVBl. 1990, 383 = DÖV 1990, 746 = NVwZ 1990, 556 = UPR 1990, 152 = ZfBR 1990, 148.

nicht, daß die Befreiung die einzige Möglichkeit sein muß, um den betreffenden Gemeinwohlinteressen Rechnung zu tragen. Es genügt vielmehr, wenn es **vernünftigerweise geboten** ist, das beabsichtigte Vorhaben an der vorgesehenen Stelle trotz entgegenstehender Festsetzungen eines Bebauungsplans durchzuführen. Nicht ausreichend ist es hingegen, wenn die Befreiung lediglich nützlich ist[1]. Die Erforderlichkeit hat dabei neben einer quantitativen und qualitativen auch eine zeitliche Komponente. Daher müssen die Gründe des Wohls der Allgemeinheit auf die Zukunft ausgerichtet sein. Lediglich augenblickliche oder nur kurzzeitige Notstände rechtfertigen in der Regel keine Befreiung von den Planfestsetzungen. Denkbar ist in einem solchen Fall allerdings eine Nebenbestimmung zu der Befreiung, durch die zeitlich begrenzten, gleichwohl jedoch bauplanungsrechtlich relevanten Vorhaben Rechnung getragen werden kann (z.B. eine Befristung; zur Möglichkeit von Nebenbestimmungen Rdnr. 1782).

1740 Befreiungen sind **immer nur zugunsten** des Bauherrn möglich, d.h. sie können über die Planfestsetzungen hinausgehend die Genehmigung eines Vorhabens rechtfertigen. Nicht hingegen ist es möglich, einem Bauherrn die Erteilung einer Befreiung aus Gründen des Gemeinwohls aufzuzwingen, weil die Gemeinde den Bebauungsplan nicht mehr so umsetzen möchte, wie er erlassen wurde. In diesem Fall muß die Gemeinde den Weg der Planänderung oder -aufhebung beschreiten.

d) Städtebauliche Vertretbarkeit der Abweichung

1741 § 31 Abs. 2 Nr. 2 BauGB ermöglicht die Erteilung einer Befreiung, wenn neben den in jedem Fall zwingenden Voraussetzungen für die Erteilung eines Dispenses (Rdnr. 1727 ff.) die Abweichung von den Planfestsetzungen städtebaulich vertretbar ist. Die städtebauliche Vertretbarkeit ist gegeben, wenn die bauliche Nutzung, für die eine Befreiung erteilt werden soll, auch im Rahmen der Aufstellung oder Änderung eines Bebauungsplans **abwägungsfehlerfrei planbar** wäre. Wenn insbesondere unter Berücksichtigung des Abwägungsgebotes (§ 1 Abs. 7 BauGB, Rdnr. 546 ff.) anstelle der vorhandenen Planfestsetzung in der konkreten örtlichen Gegebenheit auch eine solche erfolgen könnte, nach der das geplante Vorhaben allgemein zulässig wäre, ist die städtebauliche Vertretbarkeit zu bejahen[2].

1742 Dieser gegenüber § 31 Abs. 2 Nr. 1 BauGB noch größeren tatbestandlichen Weite (zur abwägungsrechtlichen Vertretbarkeit von Planungsentscheidungen Rdnr. 610 ff.) steht ebenfalls das Erfordernis der Atypik als unverzicht-

---

1 BVerwG v. 9.6.1978 – 4 C 54.75, BVerwGE 56, 71, BauR 1978, 387 = BRS 33 Nr. 150 = DÖV 1979, 921 = NJW 1979, 939; OVG Münster v. 8.10.2003 – 7 A 1397/02, BauR 2004, 649 = NVwZ 2004, 404.
2 BVerwG v. 17.12.1998 – 4 C 16.97, BVerwGE 108, 190 = BRS 60 Nr. 71 = DVBl. 1999, 782; BVerwG v. 20.11.1989 – 4 B 163.89, BRS 49 Nr. 175 = DVBl. 1990, 383 = DÖV 1990, 746 = NVwZ 1990, 556 = UPR 1990, 152 = ZfBR 1990, 148.

bares Korrektiv gegenüber. Denn auch § 31 Abs. 2 Nr. 2 BauGB erlaubt nur Randkorrekturen der Planung, nicht hingegen eine umfassende Planänderung in Richtung auf einen zwar rechtlich möglichen, gleichwohl jedoch von der Gemeinde (bisher) nicht gewollten und so auch nicht erlassenen Bebauungsplan[1].

Beispiel: 1743

Ein älterer Bebauungsplan weist für ein Baugebiet eine zweigeschossige Bebauung aus. Einige Grundstücke sind jedoch bereits dreigeschossig bebaut. Die Gemeinde ist der Auffassung, daß es ohnehin besser wäre, den gesamten Bereich dreigeschossig zu bebauen. Sie scheut allerdings ein Planänderungsverfahren, weil sie dann zahlreiche Änderungswünsche an anderen Stellen des Plangebiets erwartet und sich damit kommunalpolitisch nicht auseinandersetzen möchte. Sie gewährt als Baugenehmigungsbehörde nunmehr allen Bauinteressenten in diesem Bereich eine Befreiung gemäß § 31 Abs. 2 Nr. 2 BauGB zur Bauausführung mit drei Geschossen.

Eine solche Vorgehensweise ist allerdings rechtswidrig, da sie zu einer Umgehung der in einem solchen Fall erforderlichen Planänderung führt. Die Gründe für die Befreiung treffen in dieser Situation auf nahezu jedes Grundstück im Planbereich gleichermaßen zu[2]. 1744

e) Offenbar nicht beabsichtigte Härte

Eine Befreiung nach § 31 Abs. 2 Nr. 3 BauGB setzt voraus, daß die Durchführung des Bebauungsplans zu einer offenbar nicht beabsichtigten Härte führen würde. 1745

Eine nicht beabsichtigte Härte im Sinne dieser Bestimmung liegt vor, wenn die Durchführung des Bebauungsplans, also das Bauen gemäß den Festsetzungen des Bebauungsplans, zu einem (nicht sinnvollen) Ergebnis führen würde, das bei der Aufstellung des Plans offenbar nicht beabsichtigt worden ist[3]. Allein wirtschaftliche Nachteile des Grundstückseigentümers reichen zur Rechtfertigung einer Befreiung nach § 31 Abs. 2 Nr. 3 BauGB nicht aus: 1746

„Eine Härte ist nicht gleichbedeutend mit einer unbilligen Benachteiligung oder einer sozialen Härte. Letztlich bedeutet es für den Bauherrn immer eine Härte, wenn er durch baurechtliche Vorschriften gehindert wird, ein seinen Wünschen entsprechendes Bauvorhaben auf seinem Grundstück auszuführen oder das Grundstück zu einem ihm den größten wirtschaftlichen Vorteil gewährleistenden Zweck zu nutzen. Eine solche Härte ist jedoch nicht unbeabsichtigt, sie liegt vielmehr in den zwingenden, aus der Sozialbindung des Eigentums sich ergebenden Vorschriften des Baurechts begründet."[4] 1747

---

1 Gaentzsch in Berliner Kommentar zum Baugesetzbuch, § 31 Rdnr. 8.
2 Vgl. BVerwG v. 20.11.1989 – 4 B 163.89, BRS 49 Nr. 175 = DVBl. 1990, 383 = DÖV 1990, 746 = NVwZ 1990, 556 = UPR 1990, 152 = ZfBR 1990, 148.
3 BVerwG v. 20.6.1975 – IV C 5.74, BauR 1975, 313 = BRS 29 Nr. 126 = DVBl. 1975, 895; BVerwG v. 14.7.1972 – IV C 69.70, BVerwGE 40, 268 = BauR 1972, 358 = BRS 25 Nr. 163 = DVBl. 1973, 321 = DÖV 1972, 824.
4 OVG Saarlouis v. 6.11.1970 – II R 30/70, BauR 1971, 111 = BRS 23 Nr. 161.

1748 Hinzu kommen muß, daß das für den Bauherrn nachteilige Ergebnis bei Aufstellung des Bebauungsplans **offensichtlich nicht berücksichtigt** worden ist oder nicht berücksichtigt werden konnte. In diesen Fällen soll die Befreiungsmöglichkeit nach § 31 Abs. 2 Nr. 3 BauNVO auch dort eine sinnvolle Bebauung ermöglichen, wo sie ansonsten nach den Planfestsetzungen nicht zulässig wäre. Es handelt sich also um eine Möglichkeit zur planerischen **Nachsteuerung im Baugenehmigungsverfahren** (Rdnr. 734), die es – jedenfalls im Hinblick auf Randkorrekturen der Planung – auf der Ebene der Bauleitplanung ermöglicht, eine nur generelle Betrachtung vorzunehmen, um nicht die Konsequenzen von Planfestsetzungen bis in jedes kleine Detail für alle im Plangebiet gelegenen Grundstücke überlegen und abwägen zu müssen. Diese Zulässigkeit der nachträglichen Plankorrektur im Einzelfall trägt also dazu bei, einen zur (Teil-)Nichtigkeit führenden Abwägungsmangel des Plans zu vermeiden[1].

1749 Die offenbar nicht beabsichtigte Härte muß sich auf atypische Einzelfälle beziehen. Liegt eine nicht beabsichtigte Härte vor, die das gesamte Plangebiet trifft, geht es nicht um eine Befreiungssituation. Es handelt sich dann vielmehr um einen abwägungsfehlerhaften Bebauungsplan, weil in diesem Fall planerischer Wille und Planfestsetzungen nicht nur in einem durch die Erteilung einer Befreiung heilbaren Ausnahmefall sondern generell für den Bebauungsplan auseinanderklaffen (vgl. Rdnr. 612 ff.).

1750 In Betracht kommen Befreiungen nach § 31 Abs. 2 Nr. 3 BauGB in der Regel nur hinsichtlich der Festsetzungen zum **Maß der baulichen Nutzung** und zu den überbaubaren Grundstücksflächen. In Bezug auf die Art der baulichen Nutzung scheidet eine Befreiung hingegen zumeist aus.

1751 **Beispiele, in denen eine nicht beabsichtigte Härte in Betracht kommt:**

(a) Ein Eckgrundstück wird infolge einer Verbreiterung der Straße so stark angeschnitten, daß es bei Einhaltung der festgesetzten Grundflächenzahl nicht mehr sinnvoll und rentabel zu bebauen ist. Man kann hier von einer praktischen Unbebaubarkeit sprechen, die von der planaufstellenden Gemeinde nicht beabsichtigt war, weil das Eckgrundstück ebenfalls bebaut werden sollte. Eine etwas größere Grundflächenzahl kann ggf. im Wege der Befreiung gestattet werden.

1752 (b) Ein Grundstück erhält durch die Übertragung eines Grünstreifens an die Gemeinde zum Zwecke des Straßenbaus eine so schmale Straßenfront, daß eine Bebauung bei Einhaltung der bauordnungsrechtlichen Abstandsflächen und der zulässigen Bebauungstiefe zwar möglich, jedoch wirtschaftlich unsinnig wäre. In Betracht kommt hier die bauordnungsrechtliche Zulassung einer Abweichung von den Vorschriften über die einzuhaltende Abstandsfläche oder die bauplanungsrechtliche Befreiung von der vorgeschriebenen Bebauungstiefe oder sogar eine Befreiung von beiden Bestimmungen.

---

1 Vgl. Jäde in Jäde/Dirnberger/Weiß, § 31 Rdnr. 25.

Beispiele, in denen eine nicht beabsichtigte Härte in der Regel nicht vorliegt: 1753

(c) Ein Grundstückseigentümer betreibt seit langem auf seinem Grundstück einen Gewerbebetrieb. Im Laufe der Jahre hat sich die Kapazität des Betriebes derart erweitert, daß der Eigentümer zusätzliche Bauten auf dem Grundstück als unbedingt notwendig ansieht, um die weitere Existenz des Unternehmens sicherzustellen. Wenn allerdings Festsetzungen über die Art oder das Maß der baulichen Nutzung entgegenstehen, liegt in der Regel keine unbeabsichtigte Härte vor. Vielmehr soll bewußt eine bestimmte Ordnung in der Bebauung gewahrt bleiben oder wird jedenfalls angestrebt.

(d) In einem Wohngebiet stehen – entsprechend den Bebauungsplanfestsetzungen – eingeschossige Wohnhäuser mit Flachdächern. Einige Eigentümer begehren die Aufstockung ihrer Häuser mit einem Satteldach, weil Flachdächer reparaturanfälliger und die zur Verfügung stehenden Wohnflächen in den eingeschossigen Flachdachbungalows zu knapp seien. Eine Befreiung kommt in einem solchen Fall, der das gesamte Baugebiet betrifft, in der Regel nicht in Betracht. Sollte allgemein das Bedürfnis zur Änderung der Häuser anerkannt werden, ist vielmehr eine Planänderung geboten[1]. 1754

(e) Ein Grundstück im Mischgebiet darf nach dem Bebauungsplan nur zweigeschossig und mit einer Grundflächenzahl von maximal 0,4 bebaut werden. Der Grundstückseigentümer möchte ein Gebäude für seinen Geschäftsbetrieb errichten. Das festgesetzte Maß der baulichen Nutzung reicht ihm jedoch nicht aus. Dies mag zwar eine persönliche und wirtschaftliche Härte für den Grundstückseigentümer sein. Sie ist jedoch dadurch, daß in dem Baugebiet grundsätzlich ein bestimmtes Maß der baulichen Nutzung eingehalten werden soll, bei der Planfestsetzung bewußt in Kauf genommen worden und deshalb nicht unbeabsichtigt. 1755

(f) Einem Grundstückseigentümer ist es nicht möglich, sein Grundstück im Gewerbegebiet der Ausweisung entsprechend zu bebauen, weil er keine Nutzer findet. Er begehrt deshalb eine Befreiung von § 8 BauNVO, um ein Wohngebäude errichten zu können. Dies ist jedoch kein Befreiungsgrund, da die Festsetzung der Art der baulichen Nutzung durch die plangebende Gemeinde unzweifelhaft beabsichtigt war. 1756

(g) Ein Grundstückeigentümer hat sein Bauvorhaben unter wesentlicher Abweichung von dem erteilten Bauschein ausgeführt. Eine nachträgliche Baugenehmigung würde den Festsetzungen des Bebauungsplans widersprechen. Gleichwohl kommt trotz der erheblichen wirtschaftlichen Folgen eines etwaigen Abrisses keine Befreiung wegen einer nicht beabsichtigten Härte in Betracht. Ein eigenes rechtswidriges Verhalten kann die Erteilung einer Befreiung nicht erzwingen[2]. 1757

3. Das Einvernehmen der Gemeinde (§ 36 Abs. 1 BauGB) als formelles Erfordernis der Befreiung

Da die Erteilung einer Befreiung in die von der Gemeinde beschlossene Planung eingreift und daher ihre **Planungshoheit** berührt, bedarf es ebenso wie in den Fällen, in denen die Gemeinde (noch) nicht bzw. noch nicht abschließend geplant hat (§§ 33 bis 35 BauGB), des gemeindlichen Einvernehmens nach § 36 Abs. 1 BauGB. 1758

---

1 Vgl. OVG Lüneburg v. 10.3.1986 – 6 A 133/84, BauR 1987, 74 = BRS 46 Nr. 153.
2 BVerwG v. 27.11.1978 – 4 B 120.78, BRS 33 Nr. 151 = ZfBR 1979, 37.

a) Begriff des Einvernehmens

1759 Der Begriff des Einvernehmens ist zu unterscheiden von dem des Benehmens, der in verschiedenen Gesetzen verwendet wird[1]. Letzterer bedeutet lediglich, daß eine Beteiligung in Form einer Anhörung erfolgen muß. Demgegenüber bedeutet Einvernehmen uneingeschränkte **Zustimmung**. Ohne diese Zustimmung darf die Baugenehmigung nicht erteilt werden. Erfolgt dies gleichwohl, kann sich die Gemeinde gegen die erteilte Baugenehmigung mit Rechtsmitteln (Widerspruch, Anfechtungsklage) zur Wehr setzen, da sie dadurch in ihrer Planungshoheit verletzt wird[2]. Dies gilt selbst dann, wenn die Gemeinde zuvor ihr Einvernehmen zu einem Bauvorbescheid erteilt hat, da der Sinn und Zweck des Einvernehmenserfordernisses gerade darin liegt, der Gemeinde eine eigene Prüfungsmöglichkeit einzuräumen[3]. Ebenso wie Widerspruch und Klage eines Nachbarn hat allerdings ein solches Rechtsmittel gemäß § 212a Abs. 1 BauGB keine aufschiebende Wirkung (§ 80 Abs. 2 Satz 1 Nr. 3 VwGO), d.h. die Gemeinde muß zusätzlich die Möglichkeiten des vorläufigen Rechtsschutzes ausnutzen, wenn sie die Schaffung von Fakten durch eine Realisierung des Bauvorhabens vermeiden will[4].

1760 Wird das gemeindliche Einvernehmen versagt, kann der Bauherr dessen Erteilung nicht gegenüber der Gemeinde einklagen, um auf diese Weise die Genehmigung eines einvernehmensbedürftigen Bauvorhabens zu erreichen. Denn es handelt sich dabei um eine rein **verwaltungsinterne Entscheidung** (Verwaltungsinternum) und nicht um einen Verwaltungsakt, gegen den sich der Bauantragsteller wehren oder auf dessen Erteilung er die Gemeinde im Klagewege verpflichten könnte[5].

1761 Die **Baugenehmigungsbehörde** ist grundsätzlich an die Erteilung oder Versagung des gemeindlichen Einvernehmens **gebunden**. Sie kann sich darüber selbst dann nicht hinwegsetzen, wenn die Versagung aus ihrer Sicht zu Unrecht erfolgt ist. Nichts anderes gilt für das Widerspruchsverfahren, wenn der Bauantragsteller gegen die Versagung der einvernehmensbedürftigen Baugenehmigung Widerspruch einlegt. Erst das Verwaltungsgericht

---

1 Z.B. § 21 Abs. 3 Satz 1 BNatSchG.
2 BVerwG v. 14.4.2000 – 4 C 5.99, BauR 2000, 1312 = UPR 2001, 27 = ZfBR 2000, 486; BVerwG v. 7.2.1986 – 4 C 43.83, BauR 1986, 425 = BRS 46 Nr. 142 = DÖV 1986, 802 = NVwZ 1986, 556 = ZfBR 1986, 189; VGH Mannheim v. 11.5.1998 – 5 S 465/98, NVwZ 1999, 442.
3 VGH Mannheim v. 11.5.1998 – 5 S 465/98, NVwZ 1999, 442.
4 OVG Lüneburg v. 9.3.1999 – 1 M 405/99, BauR 1999, 884 = NVwZ 1999, 1005 = UPR 1999, 231.
5 BVerwG v. 15.11.1991 – 4 B 191.91, NVwZ-RR 1992, 529; BVerwG v. 7.2.1986, 4 C 43.83, BauR 1986, 425 = BRS 46 Nr. 142 = DÖV 1986, 802 = NVwZ 1986, 556 = ZfBR 1986, 189; kritisch dazu etwa Dippel in Gronemeyer, § 36 Rdnr. 15.

kann sich über die Versagung des gemeindlichen Einvernehmens hinwegsetzen, wenn diese nach Auffassung des Gerichts zu Unrecht erfolgt ist[1].

b) Ersetzung des gemeindlichen Einvernehmens

Wird das gemeindliche Einvernehmen (offensichtlich) zu Unrecht versagt, kann es nach § 36 Abs. 2 Satz 3 BauGB durch die nach Landesrecht zuständige Behörde **ersetzt** werden. Die Länder können also, in der Regel in ihren Landesbauordnungen, Bestimmungen treffen, die die Behördenzuständigkeit festlegen. Soweit dies (noch) nicht erfolgt ist, liegt die Zuständigkeit bei der für die Gemeinde zuständigen Rechtsaufsichtsbehörde[2]. Hingegen können die Länder keine weitergehenden oder die Ersetzung des gemeindlichen Einvernehmens inhaltlich einschränkenden Regelungen treffen. In Betracht kommen lediglich spezielle landesrechtliche Regelungen, die – vergleichbar zu § 28 VwVfG – eine vorhergehende Anhörung der Gemeinde regeln. Anderen landesrechtlichen Bestimmungen verfahrens- oder materiellrechtlicher Art steht höherrangiges Bundesrecht entgegen[3].

1762

Ob die Ersetzung des gemeindlichen Einvernehmens im **Ermessen der Aufsichtsbehörde** steht[4] oder ob es sich bei § 36 Abs. 2 Satz 3 BauGB um eine **reine Befugnisnorm** handelt, die sie grundsätzlich verpflichtet, bei Vorliegen der Tatbestandsvoraussetzungen das gemeindliche Einvernehmen zu ersetzen[5], ist umstritten. Die praktische Bedeutung der Frage ist allerdings letztlich gering. Ist die Verweigung des gemeindlichen Einvernehmens eindeutig rechtswidrig, ist das Ermessen der nach Landesrecht zuständigen Behörde in der Regel auf Null reduziert.

1763

Unabhängig davon handelt es sich bei der Ersetzung des gemeindlichen Einvernehmens um ein **Verwaltungsinternum**. Selbst wenn daher die Erset-

1764

---

1 BVerwG v. 17.6.2003 – 4 B 14.03, BauR 2003, 1704 = NVwZ-RR 2003, 719; BVerwG v. 7.2.1986 – 4 C 43.83, BauR 1986, 425 = BRS 46 Nr. 142 = DÖV 1986, 802 = NVwZ 1986, 556 = ZfBR 1986, 189.
2 Horn, Das gemeindliche Einvernehmen unter städtebaulicher Aufsicht, NVwZ 2002, 406 (410 f.); Krautzberger in Battis/Krautzberger/Löhr, § 36 Rdnr. 9; Jäde in Jäde/Dirnberger/Weiß, § 36 Rdnr. 104; a.A. Söfker in Ernst/Zinkahn/Bielenberg/Krautzberger, § 36 Rdnr. 40; Dürr in Brügelmann, § 36 Rdnr. 27a, die eine besondere landesrechtliche Zuständigkeitsvorschrift zur Vollziehbarkeit der Regelung für notwendig halten.
3 S. im einzelnen Horn, Das gemeindliche Einvernehmen unter städtebaulicher Aufsicht, NVwZ 2002, 406 (411 ff.); Jäde in Jäde/Dirnberger/Weiß, § 36 Rdnr. 105.
4 So etwa Jäde in Jäde/Dirnberger/Weiß, § 36 Rdnr. 106; Söfker in Ernst/Zinkahn/Bielenberg/Krautzberger, § 36 Rdnr. 41; s. auch OVG Lüneburg v. 12.9.2003 – 1 ME 212/03, NVwZ-RR 2004, 91.
5 So etwa OVG Koblenz v. 23.9.1998 – 1 B 11493/98, NVwZ-RR 2000, 85, allerdings mit der Einschränkung, daß von der Befugnis kein Gebrauch gemacht werden muß, wenn die Ersetzung aufgrund landesrechtlicher Bestimmungen im Wege der Rechtsaufsicht erfolgt; Horn, Das gemeindliche Einvernehmen unter städtebaulicher Aufsicht, NVwZ 2002, 406 (414).

zung möglicherweise zu Unrecht nicht erfolgt, kann sie durch den Bauantragsteller nicht gesondert eingeklagt werden (Rdnr. 1760)[1].

1765 Wird das gemeindliche Einvernehmen ersetzt, kann sich die Gemeinde dagegen mit Rechtsmitteln zur Wehr setzen. In diesem Fall haben Widerspruch und Klage aufschiebende Wirkung, da kein Fall des § 212a Abs. 1 BauGB vorliegt[2] (Rdnr. 1760).

c) Versagungsgründe

1766 Versagt werden darf das gemeindliche Einvernehmen gemäß § 36 Abs. 2 Satz 1 BauGB nur aus den Gründen des § 31 Abs. 2 BauGB bzw. in anderen einvernehmensbedürftigen Fällen aufgrund der **jeweils maßgeblichen planungsrechtlichen Vorschriften** (§§ 31 Abs. 1, 33, 34 und 35 BauGB)[3]. Das Prüfungsprogramm der Gemeinde deckt sich also mit dem bauplanungsrechtlichen Prüfungsprogramm der Baugenehmigungsbehörde (zur Identität von Gemeinde und Baugenehmigungsbehörde Rdnr. 1776). Dies sind in den Fällen der §§ 33, 34 und 35 BauGB die vollständigen planungsrechtlichen Zulässigkeitstatbestände, bei § 31 BauGB hingegen nur die Bestimmungen, von denen eine Ausnahme nach § 31 Abs. 1 BauGB oder eine Befreiung nach § 31 Abs. 2 BauGB erteilt werden soll. Das Bundesverwaltungsgericht hat für den Fall, daß die Gemeinde selbst für die Genehmigungserteilung zuständig ist, entschieden, daß eine Befreiung auch dann versagt werden könne, wenn die Gemeinde die Absicht hat, einen bestehenden **Bebauungsplan zu ändern** und die Befreiung mit der vorgesehenen Planänderung nicht vereinbar ist. Als Ermessenserwägung beachtlich seien Planungsabsichten der Gemeinde allerdings nur, wenn sie ernsthaft und hinreichend konkret sind. Allein der Wunsch der Gemeinde, ein bestimmtes Vorhaben zu verhindern, reiche also für die Versagung einer Befreiung ebensowenig aus, wie er den Erlaß einer Veränderungssperre rechtfertigen könnte (vgl. Rdnr. 2291 ff.)[4]. Wegen der Übereinstimmung des bauplanungsrechtlichen Prüfprogramms der Baugenehmigungsbehörde und der Gemeinde wird man diese Ausführungen ohne weiteres auf den Fall einvernehmenspflichtiger Vorhaben übertragen können, d.h. eine Gemeinde ist auch dann berechtigt, ihr Einvernehmen zur Erteilung einer Befreiung zu verweigern, wenn ein Vorhaben nicht mit ihren ernsthaften und hinreichend konkreten Absichten zur Änderung des geltenden Bebauungsplans übereinstimmt.

---

1 Söfker in Ernst/Zinkahn/Bielenberg/Krautzberger, § 36 Rdnr. 41; Jäde in Jäde/Dirnberger/Weiß, § 36 Rdnr. 107; a.A. Dippel in Gronemeyer, § 36 Rdnr. 17; Dürr in Brügelmann, § 36 Rdnr. 27b.
2 OVG Lüneburg v. 9.3.1999 – 1 M 405/99, BauR 1999, 884 = NVwZ 1999, 1005 = UPR 1999, 231.
3 S. etwa OVG Lüneburg v. 12.9.2003 – 1 ME 212/03, NVwZ-RR 2004, 91.
4 BVerwG v. 19.9.2002 – 4 C 13.01, NVwZ 2003, 478 = ZfBR 2003, 260; ebenso VGH Mannheim v. 16.6.2003 – 3 S 2324/02, BauR 2003, 1527 = UPR 2004, 190 = ZfBR 2004, 71

Nicht übertragbar sind diese Grundsätze allerdings auf die Fälle, in denen es anders als bei § 31 BauGB nicht um eine Ermessensentscheidung geht, sondern ein **gebundener Anspruch** auf Genehmigungserteilung besteht, wenn die planungsrechtlichen Voraussetzungen erfüllt sind. Dies ist insbesondere bei den Vorhaben der Fall, die den Anforderungen des § 34 BauGB oder des § 35 BauGB uneingeschränkt entsprechen[1]. Zwar gewährt auch § 33 BauGB einen Rechtsanspruch auf Erteilung einer Baugenehmigung ohne behördlichen Ermessensspielraum (Rdnr. 1932), jedoch hat es hier die Gemeinde jederzeit selbst in der Hand, ihre Planungskonzeption noch zu ändern. Dann allerdings muß sie auch die Möglichkeit haben, ihr Einvernehmen zu verweigern, wenn davon auszugehen ist, daß die Planung nicht in der vorliegenden Form zu Ende geführt wird und auch das noch geltende Planungsrecht eine Zulassung des Vorhabens ausschließt (vgl. auch Rdnr. 1931). 1767

Sowohl aus dem eindeutigen Gesetzeswortlaut des § 36 Abs. 1 BauGB als auch aus der Zielsetzung der Vorschrift, die **Planungs**hoheit der Gemeinde zu sichern, ergibt sich, daß eine Verweigerung des gemeindlichen Einvernehmens **nicht aus bauordnungsrechtlichen Gründen** erfolgen darf, die im Rahmen von § 36 BauGB keine Rolle spielen[2]. 1768

Wird das Einvernehmen durch die Gemeinde rechtswidrig versagt und die Baugenehmigung aus diesem Grunde nicht erteilt, liegt eine Amtspflichtverletzung vor, die gemäß § 839 BGB i.V.m. Art. 34 GG zu einem **Amtshaftungsanspruch** des Bauherrn gegen die Gemeinde führen kann[3]. Ebenfalls kann ein Anspruch aufgrund eines enteignungsgleichen Eingriffs bestehen[4]. 1769

Wenn die Zulässigkeitsvoraussetzungen für das Vorhaben nicht erfüllt sind, kann die Erteilung des gemeindlichen Einvernehmens unter bestimmten **Maßgaben zur Veränderung** des Bauvorhabens erteilt werden. Übernimmt die Baugenehmigungsbehörde diese Maßgaben als Nebenbestimmungen in die Baugenehmigung oder ändert der Bauherr seinen Bauantrag entsprechend, ist dem Einvernehmenserfordernis Rechnung getragen. 1770

Anstelle einer im konkreten Fall gemäß § 36 Abs. 2 Satz 1 BauGB berechtigten Versagung des gemeindlichen Einvernehmens kann die Gemeinde auch fordern, daß bestimmte Vorkehrungen getroffen werden, um die Gesichtspunkte auszuräumen, die sie an der Erteilung ihres Einvernehmens (zulässigerweise) hindern, wie etwa Maßnahmen des Immissionsschutzes 1771

---

1 OVG Lüneburg v. 12.9.2003 – 1 ME 212/03, NVwZ-RR 2004, 91.
2 S. etwa BVerwG v. 15.11.1991 – 4 B 191.91, NVwZ-RR 1992, 529 = UPR 1992, 234; BVerwG v. 7.2.1986, 4 C 43.83, BauR 1986, 425 = BRS 46 NR. 142 = DÖV 1986, 802 = NVwZ 1986, 556 = ZfBR 1986, 189.
3 S. nur BGH v. 21.11.2002 – III ZR 278/01, BauR 2003, 364 = NVwZ-RR 2003, 403 = UPR 2003, 109; Roeser in Berliner Kommentar zum Baugesetzbuch, § 36 Rdnr. 13.
4 BGH v. 21.5.1992 – III ZR 158/90, BGHZ 118, 253 = UPR 1993, 376.

bei gewerblichen Vorhaben¹. Die Baugenehmigungsbehörde kann in einem solchen Fall nur dann von der Erteilung des gemeindlichen Einvernehmens ausgehen und die Baugenehmigung erteilen, wenn diese Voraussetzungen erfüllt sind oder diese als verbindliche Nebenbestimmungen der Baugenehmigung beigefügt werden, um so die Anspruchsvoraussetzungen für die Genehmigungserteilung zu schaffen. Handelt es sich um unzulässige Forderungen der Gemeinde und will die Genehmigungsbehörde daher die entsprechenden Forderungen nicht als Nebenbestimmungen in die Baugenehmigung aufnehmen, gilt nichts anderes als bei der (rechtmäßigen oder auch rechtswidrigen) Versagung des gemeindlichen Einvernehmens, d.h. die Genehmigungsbehörde ist daran gebunden und kann sich nicht ohne vorhergehende Ersetzung (Rdnr. 1762 ff.) über das Einvernehmenserfordernis hinwegsetzen (Rdnr. 1759).

d) Frist, Fiktion des gemeindlichen Einvernehmens

1772 § 36 Abs. 2 Satz 2 BauGB sieht zur Beschleunigung des Baugenehmigungsverfahrens vor, daß das Einvernehmen der Gemeinde als erteilt gilt, wenn es nicht **binnen zwei Monaten** nach Eingang des Ersuchens der Genehmigungsbehörde verweigert wurde. Sofern nach dem jeweiligen Landesrecht der Bauantrag nicht bei der Bauaufsichtsbehörde sondern bei der Gemeinde eingereicht werden muß, steht diese Einreichung durch den Bauherrn dem Ersuchen der Genehmigungsbehörde gleich². Für die Berechnung der Frist gelten die §§ 187 Abs. 1, 188 Abs. 2 BGB (Ereignisfrist, d.h. der Tag, an dem das Ersuchen bei der Gemeinde eingeht, wird nicht mitgerechnet; zur Fristberechnung s. auch Rdnr. 434).

1773 Eine **verzögerte Zuleitung** des Antrags durch die Baugenehmigungsbehörde an die Gemeinde ist letzterer nicht zuzurechnen und ändert daher nichts an der 2-Monatsfrist. Eine solche Verzögerung kann allerdings eine Amtspflichtverletzung der Baugenehmigungsbehörde darstellen. Andererseits ist es für den Lauf der Frist unerheblich, ob die zusammen mit dem Ersuchen der Baugenehmigungsbehörde zur Verfügung gestellten Unterlagen nach Auffassung der Gemeinde so **vollständig** sind, daß ihr die erforderliche planungsrechtliche Prüfung möglich ist. Solange die Unvollständigkeiten nur bauordnungsrechtliche Fragen betreffen, sind sie ohnehin für das Prüfungsprogramm des § 36 BauGB bedeutungslos (Rdnr. 1766). Ist die Gemeinde der Auffassung, daß die Unterlagen für ihre bauplanungsrechtliche Prüfung nicht ausreichend sind, muß sie das Einvernehmen fristgerecht versagen. Sie kann sich hingegen nach Fristablauf nicht darauf berufen, daß aus ihrer Sicht die Unterlagen nicht vollständig seien³.

---

1 Roeser in Berliner Kommentar zum Baugesetzbuch, § 36 Rdnr. 19.
2 VGH München v. 27.10.2000 – 1 ZS/CS 00.2727, BauR 2001, 926 = NVwZ-RR 2001, 364 = DÖV 2001, 257 = UPR 2001, 38.
3 A.A. VGH Mannheim v. 7.2.2003 – 8 S 2563/02, BauR 2003, 1534 = ZfBR 2003, 586; Jäde in Jäde/Dirnberger/Weiß, § 36 Rdnr. 31.

Andererseits sind landesrechtliche Vorschriften, nach denen ein Bauvorhaben kraft Genehmigungsfiktion als zugelassen gilt[1], im Hinblick auf die bundesrechtlichen Anforderungen des § 36 BauGB zu Gunsten der Gemeinde in der Regel so auszulegen, daß die Genehmigungsfiktion nur dann in Betracht kommt, wenn die Gemeinde ihr Einvernehmen erteilt hat, die Frist des § 36 Abs. 2 Satz 3 BauGB abgelaufen ist oder aber das rechtswidrig versagte Einvernehmen der Gemeinde gemäß § 36 Abs. 2 Satz 3 BauGB ersetzt wurde (Rdnr. 1762 ff.). Eine Genehmigungsfiktion, ohne daß die Gemeinde die Möglichkeit hatte, sich mit dem Vorhaben zu befassen und sich dazu im Rahmen des § 36 BauGB zu äußern, kommt also grundsätzlich nicht in Betracht[2]. 1774

Die 2-Monatsfrist ist **nicht verlängerbar**. Mit ihrem Ablauf tritt also unweigerlich die Einvernehmensfiktion ein, wenn nicht die Verweigerung des gemeindlichen Einvernehmens, die eine empfangsbedürftige Willenserklärung darstellt, der Baugenehmigungsbehörde innerhalb der Frist zugegangen ist. Eine Wiedereinsetzung in den vorigen Stand scheidet im verwaltungsinternen Verkehr (Rdnr. 1760) ebenfalls aus[3]. Die Erteilung des gemeindlichen Einvernehmens und auch die Fiktion der Erteilung können von der Gemeinde **nicht widerrufen oder zurückgenommen** werden[4]. Ebenfalls kann eine Gemeinde, die ihr Einvernehmen – tatsächlich oder fingiert – erteilt hat, mangels Rechtsschutzinteresse nicht gegen die Baugenehmigung für das entsprechende Vorhaben klagen[5]. 1775

§ 36 Abs. 1 BauGB ist auf den Fall zugeschnitten, daß die Gemeinde nicht zugleich Baugenehmigungsbehörde ist, in der Regel also auf **kreisangehörige Gemeinden**. Ist die Gemeinde hingegen selbst für die Erteilung der Baugenehmigung zuständig, bedarf es – selbstverständlich – nicht des Einvernehmens mit ihr selbst[6]. Daran ändert auch eine gemeindeinterne Zuständigkeitsverteilung zwischen Gemeindevertretung und Verwaltung nichts. Die Gemeinde als Baugenehmigungsbehörde kann daher nicht die Erteilung einer Baugenehmigung mit der Begründung ablehnen, das gemeindliche Einvernehmen nach § 36 Abs. 1 BauGB sei verweigert worden. Vielmehr ist die entsprechende bauplanungsrechtliche Prüfung in ihre Entscheidung über die 1776

---

1 S. etwa § 66 Abs. 4 RhPfBauO.
2 So zur Rechtslage in Rheinland Pfalz OVG Koblenz v. 12.12.2001 – 8 A 11161/01, NVwZ-RR 2002, 264.
3 VGH München v. 27.10.2000 – 1 ZS/CS 00.2727, BauR 2001, 936 = NVwZ-RR 2001, 364 = DÖV 2001, 257 = UPR 2001, 38.
4 BVerwG v. 12.12.1996 – 4 C 24.95, BauR 1997, 444 = BRS 58 Nr. 142 = DVBl. 1997, 827 = DÖV 1997, 550 = NVwZ 1997, 900 = UPR 1997, 252.
5 OVG Lüneburg v. 18.3.1999 – 1 L 6696/96, BauR 1999, 1150 = NVwZ 1999, 1003.
6 BVerwG v. 21.6.1974 – IV C 17.72, BVerwGE 45, 207 = BRS 28 Nr. 110; BVerwG v. 6.12.1967 – IV C 94.66, BVerwGE 28, 268 = BRS 18 Nr. 57 = DVBl. 1968, 651 = DÖV 1968, 322.

Erteilung der Baugenehmigung unmittelbar eingebunden (zur Identität des Prüfungsprogramms Rdnr. 1766).

4. Die abschließende Ermessensentscheidung der Baugenehmigungsbehörde über die Erteilung einer Befreiung

1777 Die Erteilung einer Befreiung muß **nicht ausdrücklich und gesondert beantragt** werden[1]. Damit korrespondiert, daß auch über die Erteilung der Befreiung nicht gesondert entschieden werden muß. Dies erfolgt vielmehr regelmäßig im Rahmen der Entscheidung über den Bauantrag durch die Genehmigungsbehörde, im Falle eines Widerspruchs des Antragstellers oder eines Nachbarn eventuell auch erst durch die zuständige Widerspruchsbehörde[2]. Die Frage, ob es sich dabei um einen einheitlichen Verwaltungsakt oder aber um zwei Verwaltungsakte in einem Bescheid handelt, hat praktisch keine Relevanz.

1778 Wird über die Befreiung bewußt oder unbewußt nicht entschieden, das Vorhaben jedoch gleichwohl genehmigt (sog. versteckter oder **heimlicher Dispens**), ändert dies an dem Genehmigungsumfang nichts. Auch in diesem Fall ist das Vorhaben also vollumfänglich genehmigt, wenn der Bauantrag positiv beschieden wird. Allerdings ist die Baugenehmigung rechtswidrig, was im Einzelfall eine Rücknahme nach § 48 VwVfG rechtfertigen kann. In Betracht kommt dies jedoch allenfalls dann, wenn nicht noch nachträglich eine Befreiung, dann durch gesonderten Bescheid, erfolgt (zu Fragen des Nachbarschutzes Rdnr. 1874 ff.).

1779 Ist die Befreiung rechtmäßig erfolgt, ändern sich danach jedoch die städtebaulichen Zielvorstellungen der Gemeinde, stellt der Beschluß zur Aufstellung eines Bebauungsplans keinen zulässigen Widerrufsgrund im Sinne des § 49 Abs. 2 Satz 1 Nr. 3 VwVfG dar, d.h. in diesem Fall muß die Gemeinde das unter Erteilung einer Befreiung genehmigte Vorhaben in der Regel akzeptieren und bei ihrer Neuplanung entsprechend berücksichtigen[3].

1780 Die Baugenehmigungsbehörde ist zwar dahingehend gebunden, daß sie ohne Erteilung des gemeindlichen Einvernehmens in den Fällen des § 36 Abs. 1 BauGB eine Baugenehmigung nicht erteilen darf. Dies bedeutet allerdings nicht umgekehrt, daß sie bei Vorliegen des Einvernehmens die Genehmigung auch tatsächlich erteilen muß. Sie hat vielmehr auch selbständig zu prüfen, ob die Genehmigungsvoraussetzungen erfüllt sind. Ist dies nicht der Fall, ist der Bauantrag negativ zu bescheiden („Zwei-Schlüssel-Prinzip")[4].

---

1 BVerwG v. 3.12.1992 – 4 C 27.91, BVerwGE 91, 234 = BauR 1993, 315 = BRS 54 Nr. 126 = DVBl. 1993 = DÖV 1993, 620, 439 = NVwZ 1993, 983 = UPR 1993, 216 = ZfBR 1993, 142.
2 VGH München v. 9.10.2003 – 25 CS 03.897, ZfBR 2004, 77.
3 Vgl. OVG Berlin v. 22.5.2003 – 6 B 17/03, LKV 2004, 33.
4 Dazu ausführlich Jäde in Jäde/Dirnberger/Weiß, § 36 Rdnr. 46 ff.

Die Entscheidung über die Erteilung einer Befreiung steht im **Ermessen der** 1781
Baugenehmigungsbehörde. Allerdings ist der Ermessensspielraum der Baugenehmigungsbehörde sehr eng. Denn wenn auf der Rechtsfolgenseite die Ermessensentscheidung ansteht, ist über die wesentlichen Befreiungsgesichtspunkte – als unbestimmte Rechtsbegriffe auf der Tatbestandsseite – bereits zugunsten des Antragstellers befunden. Auch hat die Gemeinde bereits das ihr im Rahmen des § 36 Abs. 1 BauGB zustehende Ermessen (Rdnr. 1766) zugunsten des Vorhabens ausgeübt. Vielfach kann sich daher das Ermessen der Baugenehmigungsbehörde auf Null reduzieren, so daß sie zur Erteilung der Befreiung verpflichtet ist[1]. Allerdings können **hinreichend konkrete Planungsabsichten**, denen das zur Befreiung anstehende Vorhaben möglicherweise widerspricht, auf der Ermessensebene die Versagung einer Befreiung rechtfertigen (Rdnr. 1766 im Zusammenhang mit der Versagung des gemeindlichen Einvernehmens gemäß § 36 BauGB)[2].

Aufgrund des Ermessenscharakters der Befreiung kann sie gemäß § 36 1782
Abs. 2 VwVfG mit **Nebenbestimmungen** verbunden werden, die mit dem Sinn und Zweck der Befreiung im Einklang stehen. Ebenso kommt es in Betracht, daß eine Baugenehmigung unter Befreiung von Planfestsetzungen nur dann erteilt wird, wenn zuvor eine vertragliche Vereinbarung über bestimmte Verpflichtungen des Bauherrn abgeschlossen wird, die in sachlichem Zusammenhang mit der Befreiung stehen (sog. Baudispensvertrag, Rdnr. 1771, z.B. über Folgelasten, Schallschutzmaßnahmen, Anpflanzungen als Sichtschutz u.ä.). Möglich ist dabei auch für **zeitlich begrenzte Vorhaben**, die den Festsetzungen eines Bebauungsplans widersprechen, eine Befristung der Genehmigung („Baurecht auf Zeit")[3].

XI. Die Genehmigung baulicher Anlagen auf künftigen Gemeinbedarfs-, Verkehrs-, Versorgungs- und Grünflächen (§ 32 BauGB)

§ 32 BauGB enthält eine – in der Praxis allerdings wenig bedeutsame – 1783
Sonderregelung für die Änderung vorhandener baulicher Anlagen auf Flächen, die im Bebauungsplan als Baugrundstücke für den Gemeinbedarf oder als Verkehrs-, Versorgungs- oder Grünflächen (§ 9 Abs. 1 Nr. 5, Nr. 11, Nr. 12 und Nr. 15 BauGB) festgesetzt sind. Es handelt sich dabei einerseits um eine **Bestandsschutzregelung**, die die Zulassung baulicher Änderungen in den geregelten Fällen erleichtert. Andererseits ist jedoch auch zu berücksichtigen, daß § 32 BauGB **zusätzliche Anforderungen** stellt, die zu den sonstigen planungsrechtlichen Genehmigungsvoraussetzungen hinzutreten.

---

1 In diesem Sinne auch Söfker in Ernst/Zinkahn/Bielenberg/Krautzberger, § 31 Rdnr. 61; Jäde in Jäde/Dirnberger/Weiß, § 31 Rdnr. 29.
2 BVerwG v. 19.9.2002 – 4 C 13.01, NVwZ 2003, 478 = ZfBR 2003, 260.
3 S. dazu im einzelnen Pietzcker, Baurecht auf Zeit, NVwZ 2001, 968 ff.

In der Regel bedeutet dies, daß die Anforderungen des § 32 BauGB neben den Voraussetzungen für die Erteilung einer Befreiung nach § 31 Abs. 2 BauGB (Rdnr. 1717 ff.) erfüllt sein müssen. Ganz überwiegend wird vertreten, daß die Vorschrift neben der ausdrücklich genannten Befreiung auch für die in § 31 Abs. 1 BauGB geregelte Ausnahme (Rdnr. 1698 ff.) entsprechend heranzuziehen sei[1]. Ein solcher Fall dürfte praktisch allerdings kaum anzutreffen sein.

1784 In Betracht kommen bauliche Änderungsvorhaben in den unter § 32 BauGB geregelten Fällen dann, wenn die Durchführung der im Bebauungsplan festgesetzten Maßnahmen kurzfristig noch nicht beabsichtigt ist (zu Baurechten auf Zeit s. Rdnr. 359 ff. sowie Rdnr. 1782). In diesen Fällen sollen – letztlich auch zur Vermeidung (vorzeitiger) Entschädigungszahlungen an die Grundstückseigentümer (Rdnr. 1792) – Änderungsmaßnahmen zwar möglich sein, jedoch die betroffenen Bedarfs- oder Erschließungsträger nicht mit zusätzlichen Kosten für die Entschädigung von wertsteigernden baulichen Änderungen belasten.

1785 § 32 BauGB bezieht sich nur auf die **Änderung baulicher Anlagen**, nicht hingegen auch auf die anderen Vorhaben im Sinne von § 29 Abs. 1 BauGB, also auf Neubauvorhaben oder bloße Nutzungsänderungen. Dem liegt offenbar die Überlegung zu Grunde, daß Neubaumaßnahmen auf den von § 32 BauGB erfaßten Flächen ohnehin schon an den Befreiungsanforderungen nach § 31 Abs. 2 BauGB (Rdnr. 1717 ff.) scheitern. In Sonderfällen wird man allerdings auch in Betracht ziehen könen, § 32 BauGB auf Neubauvorhaben entsprechend anzuwenden. Dies gilt etwa für kleinere Vorhaben, die zwar eigenständig sind, jedoch mit einem bereits vorhandenen baulichen Bestand in einen unmittelbaren Zusammenhang stehen (z.B. ein zusätzliches kleines Betriebsgebäude bei einem bereits existierenden Betrieb) oder bei baulichen Nutzungen, die ohnehin nur auf Zeit angelegt sind (z.B. befristete Nutzung zu Ausstellungszwecken, z.B. bei einer Gartenbauausstellung, die nur einige Monate andauert). Bei bloßen **Nutzungsänderungen** liegt jedenfalls in Bezug auf die Bausubstanz (Sachwert) keine Wertsteigerung vor, was auf den ersten Blick gegen die Erforderlichkeit spricht, neben § 31 Abs. 2 BauGB die zusätzlichen Anforderungen des § 32 BauGB heranzuziehen. Allerdings kann bei der späteren Übernahme der Fläche durch den Bedarfs- oder Erschließungsträger auch der durch die Nutzungsänderung möglicherweise erhöhte **Ertragswert** (§§ 15 ff. der Wertermittlungsverordnung, WertV) von Bedeutung sein, was eine entsprechende Anwendung der Vorschrift auch in diesen Fällen rechtfertigt[2]. Dadurch können Hindernisse ausgeräumt werden, die ansonsten der Erteilung einer Befreiung nach § 31 Abs. 2 BauGB entgegenstehen (vgl. Rdnr. 1733). Anderenfalls muß im Rahmen der

---
1 So etwa Krautzberger in Battis/Krautzberger/Löhr, § 32 Rdnr. 5; Jäde in Jäde/Dirnberger/Weiß, § 32 Rdnr. 9.
2 Tendenziell wohl auch Krautzberger in Battis/Krautzberger/Löhr, § 32 Rdnr. 6.

Befreiung nach § 31 Abs. 2 BauGB auf die Möglichkeit einer vertraglichen Regelung zurückgegriffen werden, was gegenüber der einseitigen Erklärung nach § 32 BauGB (Rdnr. 1788) am praktischen Ergebnis wenig ändert.

§ 32 Satz 1 BauGB kommt nur dann zur Anwendung, wenn es sich um **wertsteigernde** Maßnahmen handelt, also um Maßnahmen, die bei einem späteren Erwerb durch den Erschließungs- oder Bedarfsträger zu berücksichtigen wären. Dazu zählen alle Erhöhungen des Grundstückswertes, unabhängig davon, ob sich lediglich der Substanzwert erhöht oder aber der sich in der wirtschaftlichen Bewertung des Grundstücks niederschlagende erhöhte Nutzungs- oder Ertragswert. Teilweise wird darauf hingewiesen, daß für die Frage, ob eine Wertsteigerung vorliegt, auch berücksichtigt werden müsse, wann die durch den Bebauungsplan festgesetzten Maßnahmen durchgeführt werden, da bis dahin der Wertzuwachs der wertsteigernden baulichen Änderung wieder aufgezehrt sein könne[1]. Dies ist zwar prinzipiell zutreffend. Allerdings ist zu beachten, daß in der Regel letztlich nicht ganz genau feststeht, wann die geplanten Maßnahmen durchgeführt werden und wie sich die Wertentwicklung des nach § 32 BauGB zu beurteilenden Änderungsvorhabens genau darstellt. Auf die allgemeinen (steuerlichen) Abschreibungsgrundsätze kann in diesem Zusammenhang nicht abgehoben werden, da sie für die entschädigungsrechtliche Betrachtung bei der Übernahme der Flächen durch den Bedarfs- oder Erschließungsträger unbeachtlich sind[2]. 1786

Ergänzt wird die Regelung in § 32 Satz 1 BauGB in Satz 2 der Vorschrift um den Fall, daß eine bauliche Anlage zwar auf einer der in Satz 1 genannten Flächen steht, die vorgesehene Änderung jedoch in einem Bereich durchgeführt werden soll, in dem der Bebauungsplan dies zuläßt. Wenn in diesem Fall die geänderten Teile der baulichen Anlage für sich alleine nicht wirtschaftlich verwertbar sind oder wenn bei der Enteignung die Übernahme der restlichen überbauten Fläche verlangt werden kann, gelten dieselben Voraussetzungen wie bei baulichen Änderungsmaßnahmen unmittelbar im Bereich der entgegenstehenden Planfestsetzungen. Diese zusätzliche Regelung hat schon deshalb kaum praktische Relevanz, weil durch derartige Änderungsmaßnahmen in aller Regel das gesamte Bauvorhaben zur Disposition gestellt wird, also damit zugleich auch im Rechtssinne eine Änderung des bebauungsplanwidrigen Gebäudeteils verbunden ist (s. insofern zu Änderungsvorhaben gemäß § 29 Abs. 1 BauGB Rdnr. 1111 ff.). 1787

In den Fällen des § 32 BauGB darf von den Planfestsetzungen nur befreit und eine Genehmigung erteilt werden, wenn der Bedarfs- oder Erschließungsträger zustimmt oder der Eigentümer auf den durch das Änderungsvorhaben begründeten Mehrwert verzichtet. **Erschließungsträger** ist in der 1788

---
1 Jäde in Jäde/Dirnberger/Weiß, § 32 Rdnr. 6.
2 So aber Jäde in Jäde/Dirnberger/Weiß, § 32 Rdnr. 6.

Regel die Gemeinde selbst (s. § 123 Abs. 1 BauGB). **Bedarfsträger** können neben der Gemeinde auch andere öffentlichrechtliche Körperschaften sein (z.B. Straßenbaulastträger, Träger einer überörtlichen Ver- oder Entsorgungsleitung). In Betracht kommen ebenfalls Private, sofern vorgesehen ist, daß sie auf den festgesetzten Flächen die entsprechenden Maßnahmen durchführen sollen (z.B. private Ver- oder Entsorgungsträger).

1789 Die **Zustimmung** ist ein interner Vorgang zwischen Bedarfs- oder Erschließungsträger und Baugenehmigungsbehörde. Sie ist insofern dem gemeindlichen Einvernehmen nach § 36 Abs. 1 BauGB vergleichbar (dazu Rdnr. 1758 ff.). Ihre Erteilung kann durch den Bauherrn nicht eigenständig erzwungen werden. Für die Baugenehmigungsbehörde ist die Verweigerung der Zustimmung bindend.

1790 Wird die Zustimmung nicht erteilt, verbleibt die Möglichkeit, daß der – mit dem Bauherrn nicht unbedingt identische – Grundstückseigentümer für sich und seine Rechtsnachfolger auf **Ersatz der Werterhöhung** für den Fall schriftlich verzichtet, daß der Bebauungsplan durchgeführt wird. Es handelt sich dabei um eine einseitige empfangsbedürftige öffentlichrechtliche **Willenserklärung**, die wegen der Einbeziehung der Rechtsnachfolger **dingliche Wirkung** entfaltet (vgl. auch Rdnr. 1921). Sie ist durch den Eigentümer gegenüber der Baugenehmigungsbehörde abzugeben.

1791 Sind die Anforderungen des § 32 BauGB erfüllt, ändert dies nichts daran, daß auch die sonstigen Voraussetzungen für die Genehmigungs- und Befreiungserteilung gewahrt sein müssen. Insbesondere die Befreiungsvoraussetzungen werden durch die zusätzlichen Anforderungen des § 32 BauGB nicht verändert. Allerdings kann die Erfüllung der Anforderungen des § 32 BauGB dazu führen, daß Gesichtspunkte, die ansonsten gegen die Erteilung einer Befreiung auf Tatbestands- oder Rechtsfolgenseite (Ermessen) sprechen, ausgeräumt sind. Dies gilt insbesondere für fiskalische öffentliche Belange, die bei der Befreiungserteilung zu berücksichtigen sind (Rdnr. 1733). Angesichts der in § 32 BauGB getroffenen Regelung kann eine abschlägige Befreiungsentscheidung nicht allein damit begründet werden, daß die Ermittlung des Mehrwertes, auf den verzichtet worden ist, möglicherweise schwierig ist und bei einer Übernahme der Fläche **Berechnungsprobleme** bereiten könnte. Gleichwohl kann es empfehlenswert sein, etwa im Rahmen eins Baudispensvertrages (Rdnr. 1733) die Einzelheiten der Berechnung schon im vorhinein weitestmöglich festzuschreiben.

1792 Fällt die abschließende Entscheidung für ein Änderungsvorhaben im Sinne von § 32 BauGB zuungunsten des Antragstellers aus und wird dadurch die bisherige Nutzung der vorhandenen baulichen Anlage aufgehoben oder wesentlich erschwert, ergibt sich aus § 40 Abs. 3 BauGB ein Anspruch auf **angemessene Entschädigung** in Geld (§ 40 Abs. 3 BauGB) oder auf (vorzeitige) **Übernahme der Fläche** (§ 40 Abs. 2 Satz 1 Nr. 2 BauGB). Der Grundstückseigentümer muß also in einem solchen Fall, in dem seine Nutzungsmöglichkeiten reduziert sind, nicht untätig abwarten, bis der Bedarfs- oder Erschließungsträger seine Flächen benötigt und dann bereit ist, sie zu übernehmen.

XII. Die Nachbarklage gegen Baugenehmigungen im Planbereich

1. Die Nachbarklage allgemein

Die Erteilung einer Baugenehmigung ist häufig Anlaß für Nachbarn, dagegen Rechtsmittel einzulegen. Die Literatur und Rechtsprechung zum Baunachbarrecht ist kaum noch überschaubar[1]. Wegen der vielzähligen Auswirkungen, die Baumaßnahmen für die Nachbarschaft haben können, ist dies leicht nachvollziehbar.

1793

Beispiel:

1794

Das Nachbargrundstück zu einem Wohnhaus war bisher unbebaut. Dies führte dazu, daß von diesem Haus ein schöner Ausblick in ein Waldgebiet bestand. Nunmehr wird dieses Nachbargrundstück bebaut. Selbst wenn dabei alle bauplanungs- und bauordnungsrechtlichen Anforderungen eingehalten werden, ändert dies nichts daran, daß ein Haus mit einem Ausblick auf den rückwärtigen Bereich der Nachbarbebauung wirtschaftlich sehr viel weniger wert ist als bei einem ungehinderten Ausblick in die freie Landschaft. Gleichwohl sind Abwehransprüche in aller Regel ausgeschlossen (s. noch Rdnr. 1796 f.)[2].

Aufgabe des Bauplanungsrechts ist es, die unterschiedlichen Belange, die von der Planung angesprochen sind, zu ordnen und in eine Beziehung zueinander zu setzen (allgemein zur planerischen Abwägung Rdnr. 546 ff.). Dabei geht es zwar auch (unmittelbar) um das baunachbarliche Beziehungsgeflecht, allerdings darüber hinausgehend ebenfalls um weitere Belange verschiedenster Art, die, wie das Beispiel unter Rdnr. 1794 zeigt, häufig nur faktische (mittelbare) Auswirkungen auf das baunachbarliche Verhältnis haben[3]. Es entspricht dabei dem deutschen Rechtsschutzsystem, daß **nicht gegen jede rein faktische Auswirkung** einer Baugenehmigung und des auf dieser Grundlage realisierten Vorhabens vorgegangen werden kann. Es ist nicht einmal ausreichend, wenn eine Baugenehmigung erteilt wird, die zwar rechtswidrig ist, jedoch keine bestimmte Person in ihren eigenen

1795

---

[1] S. nur die umfassenden Werke von Mampel, Nachbarschutz im öffentlichen Baurecht, 1994; Seidel, Öffentlich-rechtlicher und privatrechtlicher Nachbarschutz, 2000; Kluge, Der Schutz des Nachbarn im öffentlichen Baurecht, 2001.
[2] Vgl. etwa BVerwG v. 28.10.1993 – 4 C 5.93, BauR 1994, 354 = BRS 55 Nr. 168 = DVBl. 1994, 697 = NVwZ 1994, 686 = UPR 1994, 148 = ZfBR 1994, 142; BVerwG v. 3.1.1983 – 4 B 224.82, BRS 40 Nr. 192; OVG Koblenz v. 20.11.2000 – 8 A 11739/00, NVwZ 2001, 933.
[3] Grundlegend Sendler, Der Nachbarschutz im Städtebaurecht, BauR 1970, 4 ff.

Rechten verletzt. Es besteht also kein allgemeiner Anspruch auf Planbefolgung. Der einzelne Bürger hat daher auch **keine durch ein Klagerecht abgesicherte allgemeine Kontrollfunktion** gegenüber der Bauverwaltung. Dies leuchtet unmittelbar ein, wenn es um ein Bauvorhaben geht, von dem ein Bürger schon wegen der räumlichen Distanz gar nicht betroffen sein kann (z.B. ein Bauvorhaben in einem anderen Ortsteil; zum Begriff der Nachbarschaft im einzelnen Rdnr. 1805 ff.). Jedoch gelten diese Anforderungen in gleicher Weise bei unmittelbar benachbarten Grundstücken. Auch hier vermag allein die objektive Feststellung, daß baurechtliche Vorschriften (möglicherweise) verletzt sind, der Klage eines Nachbarn nicht zum Erfolg zu verhelfen. Erforderlich ist vielmehr, daß die Baugenehmigung **rechtswidrig** ist und der Nachbar dadurch zugleich **in eigenen Rechten** verletzt ist. Aus § 113 Abs. 1 Satz 1 VwGO ergibt sich, daß der Nachbar ansonsten nicht erfolgreich gegen eine Baugenehmigung vorgehen kann[1].

1796 Es ist daher zu unterscheiden zwischen baurechtlichen Vorschriften, die rein **objektivrechtlichen** Charakter haben und solchen Vorschriften, die **subjektive öffentliche Rechte** vermitteln (Nachbarrechte). Welche Vorschriften dies sind, ist nicht ausdrücklich gesetzlich geregelt. Maßgeblich ist dafür die **Schutznormlehre** (Schutznormtheorie). Danach begründet eine Vorschrift des öffentlichen Baurechts dann ein subjektives Nachbarrecht, wenn sie nicht ausschließlich im öffentlichen Interesse einer städtebaulichen Ordnung, sondern – zumindest auch – dem Schutz des Nachbarn dienen soll[2]. Ob dies der Fall ist, ist im Wege der **Auslegung** der einzelnen Vorschriften oder Planfestsetzungen zu ermitteln (s. noch Rdnr. 1815 ff.).

1797 Nur dann, wenn eine Vorschrift zum Schutz von Individualinteressen ein subjektiv-öffentliches Abwehrrecht gewährt und dadurch den Kreis der geschützten Nachbarn von der Allgemeinheit unterscheidbar macht, kann Nachbarschutz erfolgreich geltend gemacht werden. Auf eine (zusätzliche) tatsächliche Betroffenheit kommt es dann nicht an, sofern diese nicht von der nachbarschützenden Vorschrift selbst verlangt wird[3]. Man kann insofern unterscheiden zwischen **unmittelbar nachbarschützenden Vorschriften**, die ohne weiteres ein subjektiv-öffentliches Abwehrrecht vermitteln und nur **mittelbar nachbarschützenden Vorschriften**, bei denen noch besondere, in der Regelung ausdrücklich oder jedenfalls stillschweigend geregelte Umstände (Zumutbarkeit bzw. Unzumutbarkeit, Nachteil, Belästigung u.s.w.,

---

1 S. etwa BVerwG v. 2.7.1994 – 4 B 94.94, BRS 56 Nr. 163; OVG Münster v. 10.7.2003 – 10 B 629/03, BauR 2004, 646.
2 S. etwa BVerwG v. 19.9.1986 – 4 C 8.84, BauR 1987, 70 = BRS 46 Nr. 173 = DVBl. 1987, 476 = DÖV 1987, 296 = NVwZ 1987, 409 = UPR 1987, 185 = ZfBR 1987, 47; BVerwG v. 16.8.1983 – 4 B 94.83, BauR 1983, 560 = BRS 40 Nr. 190 = DVBl. 1984, 145 = NVwZ 1984, 38 = UPR 1984, 26 = ZfBR 1983, 290.
3 S. etwa OVG Münster v. 1.7.2002 – 10 B 788/02, BauR 2002, 1669; VGH Mannheim v. 23.10.1997 – 5 S 1596/97, BauR 1998, 521 = BRS 59 Nr. 126.

s. insbesondere Rdnr. 1848 zu § 15 Abs. 1 BauNVO), hinzutreten müssen[1]. In jedem Fall allerdings muß es sich um baurechtliche Vorschriften und um städtebaulich relevante Umstände handeln.

Beispiel: 1798

In einer kleinen Gemeinde wehren Teile der Wohnnachbarschaft sich gegen die geplante Errichtung eines Minaretts. Sie sind der Auffassung, daß die „Provinz" noch nicht reif für ein derartiges religiöses Bauwerk sei und dessen Errichtung daher gegen das Gebot der nachbarlichen Rücksichtnahme verstoße. Dabei handelt es sich allerdings um einen städtebaulich irrelevanten Aspekt. Insbesondere gewährt das Bauplanungsrecht weder einen „Milleuschutz" noch einen Schutz der vorhandenen Wohnbevölkerung vor abweichenden Lebensgewohnheiten anderer Bevölkerungsteile[2].

Keinen öffentlich-rechtlichen Nachbarschutz gewähren rein privatrechtliche nachbarschaftliche Beziehungen, da auch diese keinen städtebaurechtlichen Bezug haben[3]. 1799

Ebenfalls vermittelt im Bereich des öffentlichen Baurechts in der Regel das **Verfahrensrecht**, insbesondere also die Wahl des richtigen Genehmigungsverfahrens und die Durchführung der notwendigen Verfahrensschritte keinen Drittschutz. Ein Nachbar, der gegen ein Bauvorhaben Rechtsmittel einlegen will, muß vielmehr in materiellen Rechtspositionen verletzt sein. 1800

Beispiele: 1801

(a) Ein Nachbar wehrt sich gegen die geplante Errichtung eines Putenmastbetriebes mit der Begründung, daß es im Rahmen des Genehmigungsverfahrens der Durchführung einer Umweltverträglichkeitsprüfung bedurft hätte, die zu Unrecht unterblieben sei. Allein damit wird der Nachbar allerdings nicht gehört, da die Vorschriften über die Umweltverträglichkeitsprüfung dem Nachbarn keinen Anspruch auf Durchführung der entsprechenden Verfahrensschritte verleihen[4].

(b) Ein Nachbar macht gegen die geplante Errichtung einer aus mehreren Windenergieanlagen bestehenden Windfarm geltend, daß diese statt im Baugenehmigungsverfahren im vereinfachten Verfahren nach § 19 BImSchG hätte genehmigt werden müssen. Dies ist allerdings baunachbarrechtlich irrelevant, weil die verfahrensrechtlichen Bestimmungen nach § 19 BImSchG einschließlich ihrer Abgrenzung zum Baugenehmigungsrecht nach Maßgabe der einschlägigen Landesbauordnung keinen Drittschutz vermitteln[5]. 1802

---

1 BVerwG v. 25.2.1977 – IV C 22.75, BVerwGE 52, 122 = BauR 1977, 244 = BRS 32 Nr. 155 = DVBl. 1977, 722 = NJW 1978, 62; s. auch Kuschnerus, Das zulässige Bauvorhaben, 2001, Rdnr. 121 ff.; Jäde in Jäde/Dirnberger/Weiß, § 29 Rdnr. 42; Mampel, Nachbarschutz im öffentlichen Baurecht, 1994, Rdnr. 36, der insofern zwischen abstrakt/generell und konkret/partiell nachbarschützenden Vorschriften unterscheidet.
2 Vgl. OVG Koblenz v. 20.11.2000 – 8 A 11739/00, NVwZ 2001, 933.
3 BVerwG v. 10.11.1998 – 4 B 107.98, NVwZ 1999, 413.
4 OVG Münster v. 7.1.2004 – 22 B 1288/03, BauR 2004, 804 = NVwZ-RR 2004, 408; OVG Lüneburg v. 11.2.2004 – 8 LA 206/03, NVwZ-RR 2004, 407.
5 OVG Münster v. 1.7.2002 – 10 B 788/02, BauR 2002, 1669.

1803 (c) Ein Nachbar wendet gegen ein Bauvorhaben ein, daß für dessen Durchführung ein Bauanzeigeverfahren nicht ausreichend sei. Es bedürfe vielmehr der Durchführung eines Baugenehmigungsverfahrens. Auch dies reicht nicht aus, um die Durchführung des Vorhabens zu verhindern, wenn der Nachbar nicht gleichzeitig geltend machen kann, daß zu seinen Lasten nachbarschützende materiellrechtliche Vorschriften verletzt sind[1].

1804 Anders als die Normenkontrolle (Rdnr. 1011 ff.) richtet sich die Baunachbarklage unmittelbar gegen die im Einzelfall erteilte Baugenehmigung oder den Bauvorbescheid. Diese Genehmigung ist bei der baunachbarrechtlichen Auseinandersetzung dahingehend zu prüfen, ob **zu Lasten des klagenden Nachbarn** nachbarschützende Vorschriften verletzt sind oder nicht. Dabei muß zwingend die **richtige planungsrechtliche Grundlage** zum Bezugspunkt der Prüfung gemacht werden. Ebenso wie ein Bauherr sich für die klageweise Durchsetzung eines Bauanspruchs nicht auf einen nichtigen Bebauungsplan berufen kann, vermag sich auch ein Nachbar nicht auf drittschützende Vorschriften eines nichtigen Bebauungsplans zu berufen. Das Verwaltungsgericht hat – ohne Beschränkung auf nachbarschützende Planfestsetzungen – zumindest bei entsprechenden Anhaltspunkten zu prüfen, ob der maßgebliche Bebauungsplan möglicherweise nichtig ist (**Inzidentkontrolle**). Ist dies der Fall, dann hat es die rechtliche Situation zu Grunde zu legen, die ohne den nichtigen Plan existiert, also § 34 oder § 35 BauGB oder bei einem früheren Bebauungsplan, der nicht aufgehoben wurde, dessen Festsetzungen. Auf dieser Grundlage ist dann festzustellen, ob nachbarschützende Bestimmungen verletzt sind (zum Nachbarschutz im unbeplanten Innen- und Außenbereich Rdnr. 2084 ff. sowie Rdnr. 2283 f.).

2. Der Begriff des Nachbarn

a) Personelle Eingrenzung

1805 Für die Reichweite des baurechtlichen Nachbarschutzes ist von entscheidender Bedeutung, wie der Kreis der von einem Bauvorhaben potentiell betroffenen Nachbarn personenbezogen einzugrenzen ist, wer also Nachbar im bauplanungsrechtlichen Sinne sein kann. Dafür ist maßgeblich, daß das Baugesetzbuch als Regelung des Bodenrechts im Sinne von Art. 74 Nr. 18 GG (Rdnr. 6 ff.) Vorschriften zum Inhalt hat, die den Grund und Boden rechtlich ordnen. Die Nachbarrechte sind daher an das **Grundstückseigentum** und an **dingliche Rechte** an Grundstücken gebunden. Nur obligatorisch zur Nutzung eines Grundstücks Berechtigte (insbes. Mieter und Pächter) können daher grundsätzlich keinen Nachbarschutz aus den Vorschriften des Bauplanungsrechts geltend machen[2]. Da es nicht um die Ausgestaltung

---

1 S. auch zum fehlenden Nachbarschutz bei formellen Mängeln der genehmigten Bauvorlagen OVG Berlin v. 17.10.2003 – 2 B 8.01, BauR 2004, 987.
2 BVerwG v. 20.4.1998 – 4 B 22.98, BauR 1998, 994 = BRS 60 Nr. 174 = DVBl. 1998, 899 = NVwZ 1998, 956 = UPR 1998, 355.

ihres Grundeigentums durch bauplanungsrechtliche Vorschriften geht, sind sie auf ihre schuldrechtlichen Ansprüche gegenüber dem Eigentümer, also dem Vermieter oder Verpächter, beschränkt. Die Rechtsprechung des Bundesverfassungsgerichts[1] und des Bundesverwaltungsgerichts[2] zum Fachplanungsrecht, in der das Besitzrecht des Mieters und des Pächters als Eigentum im Sinne von Art. 14 Abs. 1 Satz 1 GG anerkannt wird, ändert daran nichts. Das Bundesverwaltungsgericht hat dies in seinem Beschluß vom 20. April 1998[3] ausdrücklich klargestellt. Das Bauplanungsrecht gestaltet lediglich das verfassungsrechtlich geschützte Grundstückseigentum aus, hat jedoch keine unmittelbaren Auswirkungen auf obligatorische Nutzungsrechte, wie dies bei der enteignungsrechtlichen Vorwirkung von Planfeststellungsbeschlüssen im Fachplanungsrecht der Fall ist (zum Nachbarschutz unmittelbar durch Art. 14 GG Rdnr. 1862 f.).

Danach zählen zum **Personenkreis** der Nachbarn im bauplanungsrechtlichen Sinne neben den Grundstückseigentümern als weitere dinglich Berechtigte insbesondere Miteigentümer (selbst wenn andere Miteigentümer der Geltendmachung von Nachbarrechten widersprechen)[4], die einzelnen Inhaber von Sonder- oder Wohnungseigentum nach dem Wohnungseigentumsgesetz sowie die Eigentümergemeinschaft insgesamt in Bezug auf das gemeinschaftliche Eigentum[5], Erbbauberechtigte und Nießbraucher[6], nach der Rechtsprechung jedoch nicht Inhaber eines Wohnrechts, selbst wenn dieses mittels einer beschränkt persönlichen Dienstbarkeit gesichert ist[7]. Ebenfalls fallen unter die Berechtigten auch **Käufer eines Grundstücks**, wenn auf sie bereits Besitz, Nutzen und Lasten übergegangen sind und sie durch Eintragung einer Auflassungsvormerkung eine dingliche Sicherung erlangt haben[8]. Ist allerdings eine Baugenehmigung für die Nachbarbebauung bereits dem Rechtsvorgänger gegenüber bestandskräftig oder unanfechtbar geworden, weil keine Rechtsmittel eingelegt oder diese endgültig abgewiesen worden sind oder aber weil von vornherein auf Rechtsmittel ver-

1806

---

1 1 BvR 208/93, NJW 1993, 2035 = UPR 1993, 339.
2 BVerwG v. 1.9.1997 – 4 A 36.96, BVerwGE 105, 178 = BauR 1998, 99 = BRS 59 Nr. 238 = DVBl. 1998, 44 = DÖV 1998, 157 = NVwZ 1998, 504 = UPR 1998, 70 = ZfBR 1998, 46.
3 BVerwG v. 20.4.1998 – 4 B 22.98, BauR 1998, 994 = BRS 60 Nr. 174 = DVBl. 1998, 899 = NVwZ 1998, 956 = UPR 1998, 355.
4 OVG Saarlouis v. 6.11.1970 – II R 30/70, BauR 1971, 111 = BRS 23 Nr. 161.
5 VGH München v. 2.10.2003 – 1 CS 03.1785, NVwZ-RR 2004, 248.
6 BVerwG v. 16.9.1993 – 4 C 9.90, BRS 55 Nr. 163 = DVBl. 1994, 338 = NVwZ 1994, 682 = UPR 1994, 69; BVerwG v. 11.7.1989 – 4 B 33.89, BRS 49 Nr. 185 = NJW 1989, 2766 = UPR 1989, 389.
7 OVG Saarlouis v. 18.3.2003 – 1 W 7/03, BauR 2004, 821; OVG Lüneburg v. 20.4.1999 – 1 L 1347/99, BRS 62 Nr. 179; ebenfalls BVerwG v. 16.9.1993 – 4 C 9.90, BRS 55 Nr. 163 (zum Fachplanungsrecht).
8 BVerwG v. 11.7.1989 – 4 B 33.89, BRS 49 Nr. 185 = NJW 1989, 2766 = UPR 1989, 389; VGH Mannheim v. 12.8.1994 – 8 S 1198/94, BRS 56 Nr. 154 = NJW 1995, 1308.

zichtet wurde oder diese verwirkt wurden, muß der Erwerber oder auch ein sonstiger Rechtsnachfolger dies wegen der Grundstücksbezogenheit von Baunachbarrechten gegen sich gelten lassen. Nachbarrechte leben also nach einer Grundstücksveräußerung oder einer sonstigen Art der Rechtsnachfolge nicht neu auf[1]. Zweifelhaft und im Ergebnis wohl zu verneinen ist, ob **Hypotheken- oder Grundschuldgläubiger** als Nachbarn im bauplanungsrechtlichen Sinne einzustufen sind. Sie haben zwar ein dingliches Verwertungsrecht, nicht hingegen ein Nutzungsrecht an dem betroffenen Grundstück. Die bloße **Wertminderung**, die für die Verwertungsmöglichkeit Bedeutung hat, ist als solche bauplanungsrechtlich unbeachtlich (vgl. Rdnr. 1794)[2]. Die fehlende Nachbareigenschaft von bloß obligatorisch Berechtigten schließt auch **familienrechtliche Bindungen** zum Grundstückseigentümer ein, da auch diese keine dingliche Rechtsposition vermitteln[3].

1807 Nicht von vornherein ausgeschlossen ist es, den Nachbarschutz auf obligatorisch Berechtigte, insbesondere also auf Mieter und Pächter, zu erweitern, wenn es um die Abwehr von Gesundheitsgefahren geht. Dabei ist allerdings schon deshalb Zurückhaltung geboten, weil auch in diesen Fällen schuldrechtliche Ansprüche der Mieter und Pächter gegenüber dem Grundstückseigentümer bestehen, gegen derartige Beeinträchtigungen vorzugehen. Das spricht dagegen, von der allgemeinen Systematik abzuweichen. Dies dürfte vielmehr nur dann gerechtfertigt sein, wenn es um die **Abwehr von akuten Gesundheitsgefahren** geht, die keinen Aufschub und daher auch keine vorhergehende Auseinandersetzung zwischen Mieter und Vermieter hinsichtlich der Geltendmachung von Abwehransprüchen duldet[4].

1808 Ob eine Gemeinde durch die **Festsetzungen eines Bebauungsplans** den Kreis der Nachbarn auf obligatorisch Berechtigte erweitern kann[5], ist fraglich (zur „Aufladung" von Bebauungsplanfestsetzungen durch eine nachbarrechtliche Komponente im Sinne eines Abwehrrechts Rdnr. 1831, 1839). Insofern ist zu bedenken, daß durch das Bauplanungsrecht und damit insbesondere auch durch die kommunale Bebauungsplanung die bodenrechtlichen und damit

---

1 S. nur OVG Greifswald v. 5.11.2001 – 3 M 93/01, NVwZ-RR 2003, 13; VGH München v. 24.2.1978 – 302 II 75, BRS 33 Nr. 161; VGH Mannheim v. 30.11.1978 – III 571/78, BRS 33 Nr. 162.
2 BVerwG v. 13.11.1997 – 4 B 195.97, BRS 59 Nr. 177 = NVwZ-RR 1998, 540; tendenziell auch Löhr in Battis/Krautzberger/Löhr, § 31 Rdnr. 94.
3 BVerwG v. 26.7.1990 – 4 B 235.90, BRS 50 Nr. 179 = DÖV 1990, 1061 = NVwZ 1991, 566 = UPR 1991, 67.
4 In diesem Sinne wohl auch Mampel, Nachbarschutz im öffentlichen Baurecht, Rdnr. 270; weitergehend OVG Hamburg, Beschl. v. 13.10.1989 – Bs II 44/89, NVwZ 1990, 379; Seidel, Öffentlich-rechtlicher und privatrechtlicher Nachbarschutz, 2000, Rdnr. 334.
5 BVerwG v. 14.6.1968 – IV C 44.66, BRS 20 Nr. 174 = NJW 1968, 2393; in diesem Sinne auch Sendler, Der Nachbarschutz im Städtebaurecht, BauR 1970, 4 (14); Schlichter, Baurechtlicher Nachbarschutz, NVwZ 1983, 641 (646); Löhr in Battis/ Krautzberger/Löhr, § 31 Rdnr. 95.

die an das Grundstückseigentum gebundenen nachbarlichen Beziehungen geordnet werden, die sich auf rein schuldrechtliche Nutzungsverhältnisse immer nur mittelbar auswirken.

Kein Nachbarrechtsverhältnis im bauplanungsrechtlichen Sinne liegt vor, wenn es um Streitigkeiten im **Innenverhältnis** geht, etwa um Streitigkeiten zwischen Miteigentümern oder innerhalb einer Wohnungseigentümergemeinschaft. Dies gilt auch für Fälle, bei denen ein nicht zur Eigentümergemeinschaft gehörender Dritter (z.B. der Mieter eines Wohnungseigentümers oder auch ein Erbbauberechtigter) bei der baulichen Nutzung des gemeinschaftlichen Grundstücks abwehrbedürftige Störungen verursacht[1]. 1809

Schon begrifflich keine Nachbarn im Sinne des Städtebaurechts sind **(anerkannte) Naturschutzverbände** oder sonstige Organisationen, die bestimmte Belange oder Interessen vertreten. Ihnen kommt eine Klagebefugnis daher immer nur dann und insoweit zu, wie dies bundes- oder landesrechtlich ausdrücklich geregelt ist[2]. 1810

Beispiel: 1811

Nach dem einschlägigen Landesnaturschutzgesetz haben anerkannte Naturschutzverbände unter bestimmten Voraussetzungen ein Klagerecht gegen Bauvorhaben im Außenbereich. In einem Klageverfahren gegen eine Baugenehmigung zur Errichtung mehrerer Windenergieanlagen im Geltungsbereich eines vorhabenbezogenen Bebauungsplans macht ein anerkannter Naturschutzverband geltend, daß das Vorhaben tatsächlich im Außenbereich realisiert werde, da der Bebauungsplan unwirksam sei. Daraus leitet der Verband zugleich seine Klagebefugnis ab. Die Zuerkennung einer Befugnis zur inzidenten Überprüfung von Bebauungsplänen ist allerdings mit der Entscheidung des Landesgesetzgebers für ein Klagerecht von Naturschutzverbänden gegen Außenbereichsvorhaben nicht verbunden, sofern sich nicht aus dem einschlägigen Landesgesetz selbst oder zumindest aus den Gesetzesmaterialien und der Entstehungsgeschichte ein anderes Auslegungsergebnis herleiten läßt[3].

b) Räumliche Eingrenzung

Neben der personalen Eingrenzung des Nachbarbegriffs kommt es auch auf die **räumliche Ausdehnung der Nachbarschaft** im bauplanungsrechtlichen Sinne an. Der Begriff des Nachbarn ist dabei nicht gleichzusetzen mit dem des Angrenzers. Es geht also nicht nur um die Grundstücke, die sich unmittelbar an das streitige Baugrundstück anschließen. Der Umstand, daß einige Landesbauordnungen vorsehen, daß – zumindest in bestimmten Fällen – vor der Erteilung einer Baugenehmigung die unmittelbar angrenzen- 1812

---

1 BVerwG v. 12.3.1998 – 4 C 3.97, BauR 1998, 997 = BRS 60 Nr. 173 = DVBl. 1998, 893 = NVwZ 1998, 954 = UPR 1998, 349.
2 S. insbesondere § 61 BNatSchG sowie z.B. § 60c Nds. NaturschutzG, § 1b LG NW, § 65 Bbg NatSchG; dazu etwa BVerwG v. 22.1.2004 – 4 A 4.03, PVBl. 2004, 655; VGH München v. 13.11.2003 – 8 CS 03.2170, NVwZ-RR 2004, 342.
3 OVG Lüneburg v. 17.10.2002 – 1 LB 3422/01, NVwZ 2003, 358.

den Nachbarn angehört werden sollen[1], ändert daran nichts. Maßgeblich ist vielmehr der Umkreis, auf den sich das beanstandete Vorhaben auswirken kann. Desweiteren ist entscheidend, ob diese Auswirkungen zum Schutz der Nachbarschaft verhindert werden sollen. Dies wiederum hängt vom Schutzbereich der betreffenden Bebauungsplanfestsetzung oder der allgemein geltenden bauplanungsrechtlichen Vorschrift ab und ist daher durch Auslegung zu ermitteln. Eine generelle Aussage ist insoweit nicht möglich. Es richtet sich daher in der Regel nach dem konkreten Fall, ob Nachbarschutz nur innerhalb des Baugebiets oder gar nur für einen Teil davon besteht oder ob Abwehransprüche auch von Nachbarn außerhalb des Baugebiets geltend gemacht werden können.

1813 **Beispiele:**

(a) Ein Bebauungsplan weist neben einem bereits vorhandenen allgemeinen Wohngebiet ein Gewerbegebiet aus. Um die Wohnnachbarschaft zu schützen, enthält er für den Grenzbereich einschränkende Festsetzungen, die nur bestimmte gewerbliche Nutzungen zulassen, um auf diese Weise dem Schutzanspruch der Wohnbebauung Rechnung zu tragen (zu den Gliederungsmöglichkeiten für ein Baugebiet Rdnr. 1648 ff.). Wird in diesem Bereich ein Gewerbebetrieb genehmigt, der eine solche einschränkende Festsetzung nicht einhält, können sich Eigentümer von Grundstücken aus dem angrenzenden Wohngebiet dagegen zur Wehr setzen[2].

1814 (b) In einem Wohngebiet in Hanglage ist eine Bebauung mit maximal zwei Vollgeschossen festgesetzt, um den Bewohnern eine gleichmäßige Besonnung und Aussicht zu gewährleisten. Wird mitten in diesem Gebiet ein dreigeschossiges Wohngebäude zugelassen, werden die oberhalb dieses Grundstücks Wohnenden in ihrer Aussicht und im Sonneneinfall beschränkt. Die daneben und die unterhalb des Grundstücks Wohnenden sind hingegen in der Regel nicht betroffen, selbst wenn ihre Grundstücke unmittelbar angrenzen. Ihnen stehen daher selbst bei objektiv eindeutiger Rechtswidrigkeit des streitigen Bauvorhabens in der Regel keine Abwehransprüche zu.

3. Nachbarschützende Festsetzungen und Vorschriften im beplanten Bereich

1815 Der Erfolg des Rechtsmittels eines Nachbarn (Widerspruch, Klage) hängt davon ab, ob die streitige Baugenehmigung nachbarschützende Festsetzungen des Bebauungsplans oder sonstige auch im Planbereich zu beachtende Vorschriften mit nachbarschützendem Charakter zu seinen Lasten mißachtet. Es ist also jeweils zu klären, ob eine nachbarschützende Vorschrift vorliegt und ob der Nachbar, der sich gegen die Baugenehmigung wendet, in den Schutzbereich dieser Vorschrift fällt.

1816 **Beispiele:**

(a) In einer geschlossen bebauten Häuserzeile mit schmalen Grundstücken ist eine Bebauungstiefe von maximal 12 m festgesetzt, um eine hinreichende Belichtung und

---
1 S. etwa § 55 BauO BW, § 64 BbgBO, § 74 BauO NW.
2 Vgl. OVG Koblenz v. 14.1.2000 – 1 A 11751/99, BauR 2000, 527.

Besonnung der jeweiligen rückwärtigen Grundstücksbereiche zu gewährleisten. Einem Eigentümer wird unter Erteilung einer Befreiung von dieser Planfestsetzung zugestanden, einen hinteren Anbau anzufügen und dabei die Bebauungstiefe um 4 m zu überschreiten. Der Nachbar, der zum rückwärtigen Teil seines Grundstücks sein Wohnzimmer und davor eine Terrasse hat, erfährt durch das genehmigte Bauwerk eine starke Beeinträchtigung der Belichtung und verliert für mehrere Stunden am Tag den Sonneneinfall. Wenn keine besonderen und ganz gewichtigen Umstände im Sinne von § 31 Abs. 2 BauGB vorliegen, wird sich (nur) der betroffene Nachbar daher erfolgreich gegen die Baugenehmigung zur Wehr setzen können.

(b) In einem offen bebauten Gebiet mit großzügig geschnittenen Baugrundstücken ist eine Bebauungstiefe von 16 m festgesetzt, um aus ökologischen Gründen eine möglichst großräumige Durchgrünung des Gebiets sicherzustellen. Einem Bauherrn wird unter Befreiung von dieser Festsetzung zugestanden, sein Wohngebäude mit einer Bebauungstiefe von 20 m zu errichten. Die Festsetzung hat in diesem Fall erkennbar keine nachbarschützende Funktion. Da das Wohnhaus auf dem gegenüberliegenden Nachbargrundstück wegen der auch dort geltenden Bebauungstiefe weit von der Grenze zu dem Baugrundstück entfernt liegt, ist die Überschreitung der Bebauungstiefe auch im übrigen für ihn nicht unzumutbar, so daß unabhängig von der Frage, ob die Befreiungsvoraussetzungen des § 31 Abs. 2 BauGB erfüllt sind, eine Nachbarklage erfolglos ist. 1817

Bei den innerhalb oder außerhalb eines Bebauungsplangebiets anzuwendenden **gesetzlichen Vorschriften** ist weitgehend geklärt, ob und inwieweit sie Nachbarschutz vermitteln. Es kommt dort im wesentlichen auf die – gleichwohl schwierige – Frage an, ob die Voraussetzungen der teilweise unbestimmten Rechtsbegriffe erfüllt sind oder nicht (s. zu § 15 BauNVO Rdnr. 1848). Bei **Bebauungsplanfestsetzungen** ist in der Regel im Einzelfall festzustellen, ob und in welchem Umfang sie über ihre rein städtebauliche Funktion hinaus darauf ausgerichtet sind, einen nachbarlichen Interessenausgleich zu gewährleisten und daher Nachbarschutz im Sinne einklagbarer Abwehrrechte vermitteln (s. allerdings zum Gebietserhaltungsanspruch bei festgesetzten Baugebieten Rdnr. 1821 ff.). Dies kann sich eindeutig aus den Bebauungsplanfestsetzungen selbst ergeben oder aber erst durch eine Auslegung der betreffenden Festsetzung anhand der Planbegründung und der weiteren Planaufstellungsvorgänge[1]. 1818

Bebauungsplanfestsetzungen können auch **Nachbarn außerhalb des Plangebiets** Abwehransprüche einräumen (s. bereits Rdnr. 1812). Demgegenüber ist es nicht möglich, daß Bebauungsplanfestsetzungen den Eigentümern von Grundstücken innerhalb des Plangebiets unmittelbar Abwehransprüche gegen bauliche Nutzungen außerhalb des Plangebiets gewähren. 1819

Nachbarschützende Festsetzungen können auch in Plänen enthalten sein, die gemäß § 173 Abs. 3 Satz 1 BBauG 1960 als Bebauungspläne **übergeleitet** 1820

---

[1] S. etwa BVerwG v. 19.10.1995 – 4 B 215.95, BauR 1996, 82 = BRS 57 Nr. 219 = NVwZ 1996, 888 = UPR 1996, 73 = ZfBR 1996, 104; VGH Mannheim v. 11.1.1995 – 3 S 3096/94, BauR 1995, 512 = BRS 57 Nr. 210.

worden sind (Rdnr. 1157 ff.). Dies gilt selbst dann, wenn ihnen oder der jeweiligen Rechtsgrundlage seinerzeit ein nachbarschützender Gehalt nicht zuerkannt wurde[1]. Entscheidend ist also die heutige Sichtweise.

a) Art der baulichen Nutzung

1821 Die **Festsetzung von Baugebieten** nach den §§ 2 bis 11 BauNVO (Rdnr. 1311 ff.) in einem Bebauungsplan hat **kraft Bundesrecht grundsätzlich nachbarschützende Wirkung** für die Eigentümer von Grundstücken innerhalb des Baugebiets, nicht hingegen für Eigentümer von Grundstücken, die außerhalb des betreffenden Baugebiets liegen[2]. Eines besonderen darauf gerichteten Willens des Ortsgesetzgebers bedarf es daher nicht. Die Gebietsfestsetzung verbindet die Betroffenen zu einer Gemeinschaft, in der die Beschränkung der eigenen Nutzungsmöglichkeiten dadurch ausgeglichen wird, daß auch die anderen Eigentümer denselben Beschränkungen unterworfen sind, also eine bau- und bodenrechtliche Schicksalsgemeinschaft besteht. Der damit einhergehende **Anspruch auf Wahrung des Gebietscharakters** gewährleistet, daß Nachbarn sich gegen Nutzungen, die nicht allgemein oder ausnahmsweise **in dem betreffenden Baugebiet** zulässig sind, zur Wehr setzen können (zum Nachbarschutz bei ausnahmsweise zulässigen Nutzungen Rdnr. 1866 ff.; zum Nachbarschutz bei Erteilung von Befreiungen gemäß § 31 Abs. 2 BauGB Rdnr. 1874 ff.). Es können dabei sämtliche **gebietsfremden Nutzungen** abgewehrt werden, unabhängig davon, ob es sich um störende oder störungsempfindliche gebietsfremde Vorhaben handelt und auch unabhängig davon, ob eine tatsächliche Beeinträchtigung des rechtsmittelführenden Nachbarn durch das streitige Vorhaben zu erwarten ist[3]. Grund dafür ist, daß durch den Anspruch auf Wahrung des Gebietscharakters eine ggf. auch nur **schleichende Umwandlung** des Baugebiets verhinderbar sein soll.

1822 **Beispiele:**

(a) In einem allgemeinen Wohngebiet soll ein störender Gewerbebetrieb errichtet werden. Dagegen können sich die Nachbarn zur Wehr setzen, da ein solches Vorhaben in einem allgemeinen Wohngebiet weder allgemein noch ausnahmsweise zulässig ist.

---

1 BVerwG v. 23.8.1996 – 4 C 13.94, BVerwG 101, 361 = BauR 1997, 72 = BRS 58 Nr. 159 = DVBl. 1997, 61 = DÖV 1997, 33 = NVwZ 1997, 384 = UPR 1997, 39 = ZfBR 1996, 328.
2 BVerwG v. 16.9.1993 – 4 C 28.91, BVerwGE 94, 151 = BauR 1994, 223 = BRS 55 Nr. 110 = DVBl. 1994, 284 = DÖV 1994, 263 = NJW 1994, 1546 = UPR 1994, 69 = ZfBR 1994, 97; OVG Berlin v. 5.12.2003 – 2 S 30/03, BauR 2004, 801 = UPR 2004, 236; s. im einzelnen dazu Mampel, Der Gebietserhaltungsanspruch im Streit der Meinungen, BauR 2003, 1824 ff.
3 BVerwG v. 13.5.2002 – 4 B 86.01, BauR 2002, 1499 = UPR 2002, 448; BVerwG v. 24.2.2000 – 4 C 23.98, DÖV 2000, 1057 = ZfBR 2000, 423.

(b) In einem Gewerbegebiet ist die Errichtung eines Wohngebäudes beabsichtigt, das 1823
jedoch nicht betrieblichen Zwecken (Betriebswohnung) dienen soll. Der Abwehranspruch der Gewerbetreibenden ist berechtigt, da ansonsten eine Konfliktlage entsteht, bei der für die betriebliche Nutzung jedenfalls langfristig Nutzungsbeschränkungen nicht auszuschließen sind[1].

Der auf Wahrung des Gebietscharakters abzielende Nachbarschutz gilt 1824
nicht zwingend für das gesamte Baugebiet. Er reicht vielmehr nur so weit, wie die wechselseitige Prägung der benachbarten Grundstücke geht (vgl. dazu Rdnr. 2003 ff.).

Beispiel: 1825

Ein Bebauungsplan weist ein reines Wohngebiet aus, daß in zwei Teile gliedert, die durch einen Steilhang mit einem Höhenunterschied von etwa 10 bis 15 m sowie durch dichten Bewuchs voneinander abgegrenzt sind. In einem solchen Fall besteht selbst bei unmittelbarer Grundstücksnachbarschaft gegen eine bebauungsplanwidrige Nutzung kein Anspruch auf Wahrung des Gebietscharakters jenseits dieser räumlichen Zäsur[2].

Die Festsetzung von Baugebieten und der damit einhergehende Nachbar- 1826
schutz schließt die Regelungen der Baunutzungsverordnung ein, die aufgrund der Gebietsfestsetzung kraft Gesetzes unmittelbar gelten. Dies sind die **§§ 12 bis 14 BauNVO** (Rdnr. 1239 ff.; zu § 15 BauNVO s. noch Rdnr. 1848). Auch Verstöße gegen diese Bestimmungen widersprechen daher dem Nachbaranspruch auf Wahrung der Gebietsart. Auf die Frage, ob mit einer derartigen Nebennutzung unzumutbare Beeinträchtigungen für die Nachbarschaft verbunden sind, kommt es daher bei diesen Vorhaben ebenfalls nicht an (Rdnr. 1821).

Beispiele: 1827

(a) In einem allgemeinen Wohngebiet sollen Pkw-Stellplätze genehmigt werden, die eindeutig über dem durch die zugelassene Nutzung verursachten Bedarf liegen. Die Eigentümer der benachbarten Grundstücke können sich dagegen zur Wehr setzen[3].

(b) In einem allgemeinen Wohngebiet wird ein Ärztehaus genehmigt, in dem sich nur 1828
Arztpraxen befinden sollen. Die Nachbarn können gegen die Baugenehmigung erfolgreich vorgehen[4].

---

1 S. auch zur Zulassung eines erheblich belästigenden Gewerbebetriebs in einem Gewerbegebiet BVerwG v. 2.2.2000 – 4 B 87.99, BauR 2000, 1019 = BRS 69 Nr. 190 = NVwZ 2000, 679 = UPR 2000, 234 = ZfBR 2000, 421.
2 BVerwG v. 20.8.1998 – 4 B 79.88, BauR 1999, 32 = BRS 60 Nr. 176 = NVwZ-RR 1999, 45 = UPR 1999, 26.
3 BVerwG v. 16.9.1993 – 4 C 28.91, BVerwGE 94, 151 = BauR 1994, 223 = BRS 55 Nr. 110 = DVBl. 1994, 284 = DÖV 1994, 263 = NJW 1994, 1546 = UPR 1994, 69 = ZfBR 1994, 97; OVG Lüneburg v. 2.2.2001 – 1 MA 1381/01, BauR 2002, 275.
4 Vgl. BVerwG v. 13.12.1995 – 4 B 245.95, BauR 1996, 219 = BRS 57 Nr. 79 = DVBl. 1996, 270 = DÖV 1996, 293 = NVwZ 1996, 787 = UPR 1996, 113 = ZfBR 1996, 123.

1829 Nur wenn der Ausschluß bestimmter baulicher Nutzungen in einzelnen Baugebieten ausschließlich städtebauliche Funktion hat und seine Nichtberücksichtigung keine das nachbarliche Gemeinschaftsverhältnis (Rdnr. 1821) beeinträchtigende schleichende Umwandlung des Baugebiets provoziert, kann er für den Nachbarschutz unerheblich sein, so daß kein Abwehranspruch besteht.

1830 **Beispiel:**
In einem Gewerbegebiet wehrt sich ein Nachbar gegen eine Baugenehmigung für einen großflächigen Einzelhandelsbetrieb. Dieser ist zwar gemäß § 11 Abs. 3 BauNVO unter den dort genannten Voraussetzungen nur in Kern- und Sondergebieten zulässig (Rdnr. 1614 ff.), jedoch erfolgte diese Beschränkung in der Baunutzungsverordnung allein aus städtebaulichen Gründen. Da durch die Zulassung eines derartigen (gewerblichen) Vorhabens die gewerbliche Nutzbarkeit der benachbarten Grundstücke im Plangebiet nicht eingeschränkt wird, besteht dagegen auch kein Abwehranspruch[1].

1831 **Sonstige Festsetzungen zur Art der baulichen Nutzung**, die nicht unmittelbar den Charakter des Baugebiets betreffen, sind nicht bereits kraft Bundesrecht nachbarschützend. Dies ist vielmehr nur dann der Fall, wenn mit der betreffenden Festsetzung durch die plangebende Gemeinde Nachbarschutz gewährleistet werden soll[2].

1832 **Beispiele:**
(a) Ein Bebauungsplan sieht gemäß § 9 Abs. 1 Nr. 6 BauGB in einem allgemeinen Wohngebiet vor, daß maximal zwei Wohnungen je Gebäude zulässig sind. Diese Festsetzung kann allgemeine städtebauliche Bedeutung haben, oder aber zur Vermeidung von erheblichem Verkehrsaufkommen und zur Wahrung der Wohnruhe durch den Plangeber nachbarschützend aufgeladen sein. Es kommt hier also auf den Einzelfall an[3].

1833 (b) Ein Bebauungsplan setzt gemäß § 9 Abs. 1 Nr. 10 BauGB eine von Bebauung freizuhaltende Fläche fest. Diese Festsetzung zur Art der Nutzung kann städtebauliche Funktion haben, aber auch gezielt dazu dienen, die Belichtung und Besonnung der angrenzenden Wohnbebauung zu sichern. Von der entsprechenden Zielsetzung hängt es ab, ob die Vorschrift nachbarschützenden Charakter hat oder nicht.

1834 Problematisch sind die Fälle, in denen die Gemeinde ein Baugebiet gemäß der Möglichkeiten **nach § 1 Abs. 4 bis 10 BauNVO gegliedert** hat (zu den Möglichkeiten einer den Baugebietstyp modifizierenden Festsetzung Rdnr. 1648 ff.). Es stellt sich dann die Frage, ob die Festsetzung eines derartig modifizierten Baugebiets noch kraft Bundesrecht nachbarschützende Wirkung hat (s. Rdnr.

---

1 OVG Lüneburg v. 29.3.1996 – 1 M 6354/95, BRS 58 Nr. 163 = DÖV 1996, 749 = NVwZ 1997, 1012 = UPR 1996, 451 = ZfBR 1997, 166; zweifelnd Jäde in Jäde/Dirnberger/Weiß, § 29 Rdnr. 45.
2 OVG Lüneburg v. 11.12.2003 – 1 ME 302/03, BauR 2004, 798; OVG Lüneburg v. 3.9.2003 – 1 ME 193/03, BauR 2004, 464.
3 BVerwG v. 9.3.1993 – 4 B 38.93, BauR 1993, 581 = BRS 55 Nr. 170 = NVwZ 1993, 1100 = UPR 1993, 226 = ZfBR 1993, 201; OVG Weimar v. 26.7.1996 – 1 EO 662/95, BRS 58 Nr. 162 = DÖV 1997, 41 = NVwZ-RR 1997, 596 = UPR 1997, 80.

1821) oder ob der auf Bundesrecht beruhende Gebietserhaltungsanspruch auf unveränderte Baugebiete nach den §§ 2 bis 9 BauNVO beschränkt ist. Ähnliche Fragen können sich stellen, wenn es um die Festsetzung verschiedener Baugebiete innerhalb des Geltungsbereichs eines Bebauungsplans geht, mit der vielfach eine ähnliche städtebauliche Wirkung angestrebt wird, wie mit den Gliederungsmöglichkeiten innerhalb eines Baugebiets.

Teilweise wird die Auffassung vertreten, daß die Festsetzung eines modifizierten Baugebiets nicht bereits kraft Bundesrecht einen Anspruch auf Wahrung der Gebietsart auslöse. Dies sei bei einem modifizierten Baugebiet vielmehr nur dann und nur insoweit der Fall, wie die satzunggebende Gemeinde den Festsetzungen zur Art der baulichen Nutzung Nachbarschutz beimessen will[1]. 1835

Man wird hier allerdings differenzieren müssen. Soweit es um den Nachbarschutz für Grundstücke **außerhalb des Baugebiets** geht, liegt es in der Tat bei der Gemeinde selbst, ob sie den Planfestsetzungen zur Art der baulichen Nutzung nachbarschützenden Charakter beimessen will oder nicht. Dabei ist es unerheblich, ob es um die Nachbarschaft außerhalb des modifizierten Baugebiets, jedoch noch innerhalb des Geltungsbereichs des Bebauungsplans geht oder aber um die Nachbarschaft, die vollständig außerhalb des Bebauungsplangebiets liegt. Insofern gilt daher letztlich nichts anders als bei einem ungegliederten Baugebiet. Denn es geht gerade nicht um die Situation, daß die einzelnen Grundstückseigentümer jeweils denselben Beschränkungen unterworfen sind, und sie daher deren Einhaltung wechselseitig einfordern können[2]. 1836

Innerhalb des gegliederten Gebiets hingegen besteht grundsätzlich ein Anspruch auf Wahrung des Gebietscharakters ebenso wie in einem ungegliederten Gebiet[3]. Anderes gilt lediglich dann, wenn einzelne Nutzungsausschlüsse ausschließlich und gewollt nur städtebaulich begründet sind (vgl. Rdnr. 1829 f.) oder wenn eine Gliederung durch die Gemeinde gezielt nur deshalb erfolgte, um bestimmte Nachbarn vor den Gesamtimmissionen eines Baugebiets zu schützen, der einwendende Nachbar jedoch nicht unter diese Schutzgruppe fällt (z.B. bei einer Gliederung nach § 1 Abs. 4 Satz 2 Nr. 2 BauNVO durch immissionswirksame flächenbezogene Schalleistungs- 1837

---

1 VGH München v. 17.10.2002 – 15 CS 02.2068, BauR 2003, 1143; OVG Koblenz v. 14.1.2000 – 1 A 11751/99, BauR 2000, 527; VGH Mannheim v. 19.3.1998 – 10 S 1765/97, UPR 1998, 358; VGH Mannheim v. 11.3.1997 – 10 S 2815/96, BRS 59 Nr. 26 = NVwZ 1999, 439.
2 Mampel, Der Gebietserhaltungsanspruch im Streit der Meinungen, BauR 2003, 1824 (1833); Jäde in Jäde/Dirnberger/Weiß, § 29 Rdnr. 45; weitergehend allerdings OVG Münster v. 25.2.2003 – 7 B 2374/02, BauR 2003, 1006 = DVBl. 2003, 810 = NVwZ-RR 2003, 818, das zumindest in begrenztem Umfang auch baugebietsübergreifend einen Gebietsgewährleistungsanspruch bejaht.
3 Mampel, Der Gebietserhaltungsanspruch im Streit der Meinungen, BauR 2003, 1824 (1832); Jäde in Jäde/Dirnberger/Weiß, § 29 Rdnr. 45.

pegel, Rdnr. 1663 ff.)¹. Ansonsten allerdings bedarf es eines erkennbar auf Nachbarschutz ausgerichteten Planungswillens der Gemeinde nicht, um den in dem Baugebiet angesiedelten Nachbarn einen Anspruch auf Wahrung der Gebietsart zu vermitteln. Dieser ist vielmehr **in der Regel gegeben** und scheidet lediglich dann aus, wenn eine Festsetzung ersichtlich nur eine anderweitige Funktion erfüllt².

b) Maß der baulichen Nutzung

1838 Festsetzungen zum Maß der baulichen Nutzung (§ 16 BauNVO, Rdnr. 1263 ff.) in einem Bebauungsplan haben anders als die Festsetzung von Baugebieten (Rdnr. 1821 ff.) kraft Bundesrecht grundsätzlich keine nachbarschützende Funktion. Ob und in welchem Umfang dies der Fall ist, hängt vielmehr vom Willen der planenden Gemeinde ab³. Dies leuchtet auch ein, wenn man sich vor Augen hält, daß Maßfestsetzungen anders als die Festsetzung von Baugebieten nicht immer und ohne weiteres das Austauschverhältnis der Grundstücksnutzungen beeinflussen.

1839 Ob Festsetzungen zum Maß der baulichen Nutzung nur eine städtebauliche oder – jedenfalls auch – eine nachbarschützende Funktion haben, ist durch **Auslegung des Bebauungsplans** zu ermitteln. Anders als bei der Baugebietsart (Rdnr. 1821 ff.) besteht kein Anspruch auf Wahrung des Maßes der baulichen Nutzung innerhalb eines Baugebiets⁴. Es müssen sich aus dem Plan selbst, aus der Planbegründung oder jedenfalls aus den Aufstellungsvorgängen hinreichend sichere Anhaltspunkte dafür ergeben, daß eine bestimmte Maßfestsetzung Nachbarschutz entfalten soll (zur Auslegung von Bebauungsplanfestsetzungen Rdnr. 225 ff.). Findet sich dafür keine hinreichend eindeutige Stütze, ist davon auszugehen, daß die betreffende Festsetzung nicht nachbarschützend ist.

1840 Wohl am häufigsten mit nachbarschützender Wirkung ausgestattet sind die Festsetzungen zur Zahl der Vollgeschosse (§ 20 Abs. 1 BauNVO, Rdnr. 1293) und zur Höhe baulicher Anlagen (§ 18 BauNVO, Rdnr. 1305)⁵.

---

1 OVG Lüneburg v. 11.12.2003 – 1 ME 302/03, BauR 2004, 798; im Ergebnis auch VGH München v. 17.10.2002 – 15 CS 02.2068, BauR 2003, 1341.
2 In diesem Sinne wohl auch Jäde in Jäde/Dirnberger/Weiß, § 29 Rdnr. 45.
3 BVerwG v. 23.6.1995 – 4 B 52.95, BauR 1995, 823 = BRS 57 Nr. 209 = NVwZ 1996, 170 = UPR 1995, 396; BVerwG v. 19.10.1995 – 4 B 215.95, BauR 1996, 82 = BRS 57 Nr. 219 = NVwZ 1996, 888 = UPR 1996, 73 = ZfBR 1996, 104; OVG Lüneburg v. 13.3.2002 – 1 KN 1310/01, ZfBR 2003, 54.
4 BVerwG v. 23.6.1995 – 4 B 52.95, BauR 1995, 823 = BRS 57 Nr. 209 = NVwZ 1996, 170 = UPR 1995, 396.
5 Seidel, Öffentlich-rechtlicher und privatrechtlicher Nachbarschutz, 2000, Rdnr. 401 mit Nachweisen der Literatur und Rechtsprechung.

Beispiele: 1841

(a) In einem Bebauungsplan ist die Zahl der Vollgeschosse begrenzt. Aus der Planbegründung ist zu entnehmen, daß diese Festsetzung erfolgt ist, um trotz der Dichte der Bebauung in dem gesamten Häuserblock die Schaffung von hellen und sonnigen Terrassen und Gärten zu ermöglichen.

(b) In einem hängigen Gelände ist die jeweils maximal zulässige Gebäudehöhe festgesetzt worden. In den Planaufstellungsvorgängen findet sich eine umfängliche Untersuchung dazu, wie hoch die einzelnen Gebäude sein dürfen, damit aus dem jeweils höherliegenden Gebäude noch eine freie Aussicht ins Tal gewährleistet ist. Aus der Planbegründung ist desweiteren zu entnehmen, daß dieser Umstand von besonderer Bedeutung ist, da durch die Planung ein sehr hochwertiges und anspruchsvolles Baugebiet geschaffen werden soll[1]. 1842

c) Überbaubare Grundstücksflächen

Festsetzungen zu den überbaubaren Grundstücksflächen (§ 23 BauNVO, Rdnr. 245 ff.) haben ebenso wie die Festsetzungen zum Maß der baulichen Nutzung grundsätzlich keine nachbarschützende Funktion[2]. Die Festsetzung überbaubarer Grundstücksflächen ist allerdings gleichwohl häufig dazu geeignet, Nachbarschutz zu vermitteln, da die Stellung der Baukörper und ihre jeweilige Nähe zur Grundstücksgrenze das nachbarschaftliche Verhältnis stark beeinflussen kann. Dies gilt insbesondere für seitliche und auch für hintere Baulinien und Baugrenzen, wenn sich an den rückwärtigen Grundstücksbereich eine Bebauung anschließt. Demgegenüber haben vordere straßenseitige Baulinien und Baugrenzen eher selten Bedeutung für das nachbarschaftliche Verhältnis[3]. 1843

Für die Auslegung, ob Festsetzungen zu den überbaubaren Grundstücksflächen im Einzelfall nachbarschützende Wirkung haben sollen oder nicht, kann das **Abstandsflächenrecht** der jeweiligen Landesbauordnung[4] Bedeutung haben. Die Abstandsflächenregelungen bestimmen den Mindestabstand von Baukörpern zur Grundstücksgrenze und haben insofern nachbarschützende Funktion[5]. Bei Planfestsetzungen, die diesen Mindestabstand aufgreifen oder gar unterschreiten, was prinzipiell möglich ist[6], liegt eine 1844

---

1 OVG Lüneburg v. 13.3.2002 – 1 KN 1310/01, ZfBR 2003, 54; s. auch VGH Mannheim v. 11.1.1995 – 3 S 3096/94, BRS 57 Nr. 210.
2 BVerwG v. 19.10.1995 – 4 B 215.95, BauR 1996, 82 = BRS 57 Nr. 219 = NVwZ 1996, 888 = UPR 1996, 73 = ZfBR 1996, 104.
3 Vgl. etwa OVG Münster v. 24.5.1996 – 11 B 970/96, BauR 1997, 82 = BRS 58 Nr. 171; OVG Münster v. 21.7.1994 – 10 B 10/94, BauR 1995, 211 = BRS 56 Nr. 44; VGH Mannheim v. 1.10.1999 – 5 S 2014/99, NVwZ-RR 2000, 348; VGH Mannheim v. 23.10.1998 – 5 S 1596/97, BauR 1998, 521 = BRS 59 Nr. 126; OVG Hamburg v. 3.5.1994 – Bs II 18/94, BauR 1995, 213 = BRS 56 Nr. 155 = DVBl. 1994, 1155.
4 Z.B. § 6 BauO NW; § 6 BbgBO.
5 S. etwa OVG Koblenz v. 14.1.2000 – 1 A 11751/99, BauR 2000, 527; Finkelnburg/Ortloff, Öffentliches Baurecht, Band II, 238 f.
6 Z.B. § 6 Abs. 1 Satz 2 BauO NW; § 6 Abs. 1 Satz 2 BbgBO.

nachbarschützende Bedeutung der Festsetzung nahe. Aber auch der Festsetzung von Baulinien oder Baugrenzen, die großzügiger sind als die bauordnungsrechtlichen Mindestabstände, kann eine nachbarschützende Wirkung nicht ohne weiteres abgesprochen werden. Die mit nachbarschützender Wirkung aufgeladene Bedeutung derartiger Festsetzungen kann nach dem Willen des Plangebers durchaus darin liegen, ein über das Mindestmaß hinausgehend störungsfreies, qualifiziertes Wohnen zu ermöglichen[1].

1845 In aller Regel beschränkt sich die nachbarschützende Wirkung festgesetzter Baulinien oder Baugrenzen auf diejenigen Nachbarn, zu deren Grundstücken hin die betreffende Festsetzung erfolgt ist. Andere Nachbarn können sich hingegen auf die Einhaltung der Festsetzung selbst dann nicht berufen, wenn sie nach dem Willen des Plangebers nachbarschützende Wirkung hat.

1846 **Beispiel:**

Auf der westlichen Seite eines Grundstücks ist eine Baugrenze festgesetzt, durch die eine hinreichende Belichtung und Besonnung des dort angrenzenden tieferliegenden Nachbargrundstücks gesichert werden soll. Der Eigentümer des sich auf der östlichen Seite anschließenden Grundstücks wird sich auf eine Überschreitung nicht berufen können, da die Festsetzung nicht zu seinem Schutz bestimmt ist.

d) Bauweise

1847 Festsetzungen zur offenen, geschlossenen und einer davon abweichenden Bauweise (§ 22 BauNVO, Rdnr. 239 ff.) vermitteln ebenfalls nur dann Nachbarschutz, wenn sich dies dem Bebauungsplan zumindest im Wege der Auslegung entnehmen läßt[2]. Teilweise wird allerdings vertreten, daß den Vorschriften über die offene Bauweise immer nachbarschützende Wirkung und Festsetzungen über die geschlossene Bauweise regelmäßig keine nachbarschützende Wirkung zukomme[3]. Freilich liegt bei der Festsetzung einer offenen Bauweise eine nachbarschützende Intention des Plangebers oftmals nahe, weil sie das nachbarschaftliche Austauschverhältnis durch die Schaffung einer räumlichen Distanz ergänzend zum bauordnungsrechtlichen Abstandsflächenrecht (s. Rdnr. 1844 hinsichtlich der überbaubaren Grundstücksflächen) in erheblichem Maße berührt. Dies ist bei der Auslegung der betreffenden Planfestsetzungen entsprechend zu berücksichtigen. Insbesondere die Festsetzung von Doppelhäusern in offener Bauweise (§ 22 Abs. 2 Satz 1 BauNVO) kann im Verhältnis der an der Grenzbebauung beteiligten

---

[1] OVG Lüneburg v. 20.6.2000 – 1 M 2011/00, BauR 2000, 1844; Jäde in Jäde/Dirnberger/Weiß, § 29 Rdnr. 50.
[2] Ebenso Jäde in Jäde/Dirnberger/Weiß, § 29 Rdnr. 53; so auch bereits OVG Berlin v. 21.1.1967 – II B 3/66, BRS 18 Nr. 127 = NJW 1967, 2279; VGH Kassel v. 13.4.1972 – IV TG 25/72, BRS 25 Nr. 188.
[3] S. dazu etwa die Nachweise bei Mampel, Nachbarschutz im öffentlichen Baurecht, Rdnr. 734, 736; Löhr in Battis/Krautzberge/Löhr, § 31 Rdnr. 70.

Grundstückseigentümer zueinander nachbarschützende Wirkung entfalten[1]. Demgegenüber hat die Festsetzung einer geschlossenen Bauweise in aller Regel nur städtebauliche Bedeutung. Das nachbarschaftliche Austauschverhältnis wird bei einer Abweichung von dieser Festsetzung zumeist nicht unmittelbar berührt. Lediglich **mittelbare** Konsequenzen, die sich in einem solchen Fall etwa dadurch ergeben können, daß die Baugenehmigungsbehörde verlangen kann[2], daß auch auf dem Nachbargrundstück ein **bauordnungsrechtlicher** Grenzabstand eingehalten wird[3], haben für die Frage nach der nachbarschützenden Wirkung von Planfestsetzungen keine Bedeutung. Denn dadurch wird die Möglichkeit zur Ausnutzung des Nachbargrundstücks **bauplanungsrechtlich** nicht beschränkt[4]. Es handelt sich vielmehr um einen bloßen Rechtsreflex.

e) Nachbarschutz im beplanten Bereich ohne besondere nachbarschützende Festsetzungen

Über die (unmittelbar wirkenden) nachbarschützenden Festsetzungen eines Bebauungsplans hinausgehend gewährleistet das in **§ 15 Abs. 1 Satz 1 BauNVO** verankerte Gebot der nachbarlichen Rücksichtnahme zusätzlichen **mittelbaren** (Rdnr. 1797) Nachbarschutz. Die Vorschrift ist ohne besondere Festsetzung im Bebauungsplan anzuwenden und kann durch diesen auch nicht ausgeschlossen werden. Sie enthält für den Geltungsbereich eines Bebauungsplans das Gebot der nachbarlichen Rücksichtnahme, das nicht allgemein anwendbar ist, sondern immer nur nach Maßgabe der einfachen Gesetze, die die Geltung des Rücksichtnahmegebotes – ausdrücklich oder zumindest als Ergebnis sachgerechter Auslegung – anordnen (zum Rücksichtnahmegebot s. auch Rdnr. 2089 ff.)[5]. Die Vorschrift gilt für nach der Art der baulichen Nutzung **plankonforme Vorhaben**, nicht hingegen für Vorhaben, die dem Bebauungsplan widersprechen[6]. Dies führt konsequenterweise dazu, daß § 15 Abs. 1 BauNVO auch nicht das Einfalltor für mittelbaren Nachbarschutz bei planwidrigen Vorhaben ist (zu derartigen Fällen, also bei einem offenen oder versteckten Dispens von den Planfestsetzungen Rdnr. 1874 ff.). Bezüglich der Einzelheiten zu § 15 Abs. 1 BauNVO kann auf die Ausführungen unter Rdnr. 1217 ff. verwiesen werden.

1848

---

1 BVerwG v. 24.2.2000 – 4 C 12.98, BauR 2000, 1168 = DVBl. 2000, 1338 = DÖV 2000, 964 = UPR 2000, 453 = ZfBR 2000, 415.
2 Nicht verlangen muß.
3 Z.B. § 6 Abs. 1 Satz 4 BauO NW.
4 Andes wohl Löhr in Battis/Krautzberger/Löhr, § 31 Rdnr. 71.
5 BVerwG v. 6.10.1989 – 4 C 14.87, BVerwGE 82, 343 = BauR 1989, 710 = BRS 49 Nr. 188 = DVBl. 1990, 364 = DÖV 1990, 205 = NJW 1990, 1192 = UPR 1990, 28 = ZfBR 1990, 34; BVerwG v. 20.9.1984 – 4 B 181.84, BRS 42 Nr. 184 = DVBl. 1985, 122 = DÖV 1985, 244 = NVwZ 1985, 37 = ZfBR 1984, 300.
6 S. etwa BVerwG v. 24.2.2000 – 4 C 12.98, BauR 2000, 1168 = DVBl. 2000, 1338 = DÖV 2000, 964 = UPR 2000, 453 = ZfBR 2000, 415.

1849 Hinsichtlich der im Rahmen des § 15 Abs. 1 BauNVO zu klärenden Frage, ob ein Vorhaben gegen diese Vorschrift verstößt und darüber hinaus für den betreffenden Nachbarn rücksichtslos ist, können bei **Immissionen** die Orientierungs-, Richt- und Grenzwerte der verschiedenen immissionsschutzrechtlichen Regelwerke für den Nachbarschutz **innerhalb eines Baugebiets** unmittelbar herangezogen werden, freilich mit der Maßgabe, daß die Richt- und Orientierungswerte keine normative Verbindlichkeit haben (s. im einzelnen Rdnr. 721 ff.). Sofern keine technischen Regelwerke existieren, bedarf es stets einer Bewertung der Umstände des jeweiligen Einzelfalls[1].

1850 Vom Nachbarschutz innerhalb eines Baugebiets zu unterscheiden ist der Fall, daß innerhalb eines Bebauungsplans, jedoch in unterschidlichen Baugebieten, oder auch bebauungsplanüberschreitend **unterschiedlich störungsempfindliche Nutzungen** aufeinandertreffen. Dies können Vorhaben in unterschiedlich schutzbedürftigen und schutzwürdigen Baugebieten aufgrund einer entsprechenden Planausweisung sein oder aber es kann ein durch Bebauungsplan ausgewiesenes Baugebiet auf einen unbeplanten Innenbereich (§ 34 BauGB, Rdnr. 1952 ff.) oder auf den Außenbereich (§ 35 BauGB, Rdnr. 2102 ff.) treffen. In diesen Fällen können sich **Eigentümer von Grundstücken außerhalb des Baugebiets** auf ein Vorhaben betreffende Planfestsetzungen berufen, die ihrem Schutz dienen sollen (s. dazu Rdnr. 1812). Ergänzend dazu kann allerdings auch § 15 Abs. 1 BauNVO und das darin angesiedelte Gebot der Rücksichtnahme verletzt sein. § 15 Abs. 1 Satz 2 BauNVO spricht dementsprechend ausdrücklich davon, daß Vorhaben unzulässig sein können, wenn von ihnen Belästigungen oder Störungen ausgehen können, die nach der Eigenart des Baugebiets im Baugebiet selbst **oder in dessen Umgebung** unzumutbar sind, oder wenn sie solchen Belästigungen oder Störungen ausgesetzt werden.

1851 Die Unzumutbarkeit im Sinne des bauplanungsrechtlichen Rücksichtnahmegebots knüpft an den Begriff der schädlichen Umwelteinwirkungen im Sinne von § 3 Abs. 1 BImSchG an[2]. Die immissionsschutzrechtlichen Regelwerke sind in einem solchen Fall jedoch nur begrenzt aussagekräftig, da sich die jeweiligen Grenz-, Richt- und Orientierungswerte jeweils nur auf das **innerhalb** der einzelnen Baugebiete zu wahrende Schutzniveau beziehen.

1852 **Beispiel:**
Ein durch Bebauungsplan ausgewiesenes allgemeines Wohngebiet grenzt an ein faktisches Gewerbegebiet (§ 34 Abs. 2 i.V.m. § 8 BauNVO). Der Eigentümer eines in dem Wohngebiet belegenen Grundstücks macht gegen die Erteilung einer Baugenehmigung für ein Vorhaben im benachbarten Gewerbegebiet geltend, daß der Immissionsrichtwert für ein allgemeines Wohngebiet (55 dB(A) tags, 40 dB(A) nachts, Ziffer

---
1 Vgl. OVG Greifswald v. 23.9.2002 – 3 M 89/01, UPR 2003, 232.
2 S. etwa OVG Münster v. 26.2.2003 – 7 B 2434/02, BauR 2003, 1361.

6.1, d) TA Lärm) nicht eingehalten werde. Der Bauherr wendet demgegenüber ein, daß der Richtwert für ein Gewerbegebiet (65 dB(A) tags, 50 dB(A) nachts, Ziffer 6.1, b) TA Lärm) gewahrt werde.

In derartigen Fällen entspricht es dem Gebot der nachbarlichen Rücksichtnahme, daß die schutzbedürftigere Nutzung mehr an Immissionen hinnehmen muß als wenn sie nicht durch die Nachbarschaft zu einer störungsintensiveren Nutzung vorbelastet wäre (z.B. Nachbarschaft eines Wohngebiets zu einem Gewerbegebiet oder auch zum Außenbereich, in dem privilegierte und regelmäßig auch immissionsrelevante Vorhaben grundsätzlich zulässig sind, s. Rdnr. 2104 ff.). Andererseits müssen bei der störenden Nutzung ebenfalls Abstriche gemacht werden. Auch diese kann sich also insbesondere hinsichtlich ihrer Geräusch-, Staub- und Geruchsemissionen nicht so entfalten, als wenn die benachbarte schutzbedürftige Bebauung nicht vorhanden wäre. Dieser wechselseitigen Rücksichtnahme entspricht es, daß bei der Anwendung der einzelnen immissionsschutzrechtlichen Regelwerke sog. **Mittelwerte** zu bilden sind. Dies erfolgt allerdings nicht im Sinne eins arithmetischen Mittels sondern in Form einer **wertenden Gesamtbetrachtung**[1]. Neben der Art und Häufigkeit der standardmäßig auftretenden Immissionen, besonderer (seltener) Immissionsereignisse[2] sowie (nach Maßgabe des einschlägigen technischen Regelwerks) der Immissionsvorbelastung[3] kommt es ebenso wie in den Fällen, in denen Grenz-, Richt- und Orientierungswerte gänzlich fehlen, insbesondere auf das Allgemeininteresse an der betreffenden Nutzung[4], die soziale Adäquanz[5] und Akzeptanz sowie auf die Tage und Tageszeiten an, an denen die Immissionen auftreten[6]. Es liegt auf

1853

---

1 S. in diesem Zusammenhang etwa BVerwG v. 28.9.1993 – 4 B 151.93, BRS 55 Nr. 165 = NVwZ-RR 1994, 139; BVerwG v. 12.12.1975 – IV C 71.73, BVerwGE 50, 49 = BauR 1976, 100 = BRS 29 Nr. 135 = DVBl. 1976, 214 = DÖV 1976, 387; VGH Mannheim v. 23.4.2002 – 10 S 1502/01, NVwZ 2003, 365; VGH Mannheim v. 23.10.2001 – 10 S 141/01, DVBl. 2002, 709; OVG Berlin v. 18.7.2001 – 2 S 1/01, NVwZ-RR 2001, 722; OVG Lüneburg v. 9.11.2000 – 1 K 3742/99, BauR 2001, 363; VGH München v. 25.11.2002 – 1 B 97.1352, NVwZ-RR 2004, 20.
2 Dazu etwa BGH v. 26.9.2003 – V ZR 41/03, BauR 2004, 300 = UPR 2004, 31; BVerwG v. 16.5.2001 – 7 C 16.00, UPR 2001, 352; OVG Koblenz v. 16.4.2003 – 8 A 11903/02, BauR 2003, 1187.
3 BVerwG v. 16.5.2001 – 7 C 16.00, UPR 2001, 352; OVG Münster v. 26.2.2003 – 7 B 2534/02, BauR 2003, 1362; OVG Berlin v. 18.7.2001 – 2 S 1/01, NVwZ-RR 2001, 722.
4 Z.B. Lichtimmissionen eines Blinklichts zur Gefahrenabwehr, OVG Greifswald v. 23.9.2002 – 3 M 89/01, UPR 2003, 232.
5 Zur sozialen Adäquanz von Lärmbelästigungen BVerwG v. 3.5.1996 – 4 B 50.96, BauR 1996, 678 = BRS 58 Nr. 58 = NVwZ 1996, 1001 = UPR 1996, 309 = ZfBR 1996, 342.
6 S. etwa VGH Mannheim v. 23.10.2001 – 10 S 141/01, DVBl. 2002, 709 zur Zumutbarkeit von Immissionen aus dem Betrieb eines Backhauses, das nur an ganz bestimmten Tagen genutzt werden darf; zu Geräuschimmissionen s. insbesondere auch Ziffer 3.2.2 TA Lärm; Hansmann in Landmann/Rohmer, Umweltrecht, Stand: Oktober 2003, Nr. 3 TA Lärm Rdnr. 32 ff.

der Hand, daß allgemein akzeptierte oder seltene Immissionen eher hingenommen werden müssen als tagtäglicher Lärm oder Gerüche, die in der Bevölkerung auf Ablehnung stoßen. Insbesondere Immissionen an Sonn- und Feiertagen können problematisch sein, wenn sie mit einer **konventionellen gewerblichen Nutzung** verbunden sind und praktisch an jedem Wochenende stattfinden. Demgegenüber sind Immissionen von **Sportanlagen oder der Freizeitnutzung dienenden Anlagen** an Sonn- und Feiertagen in weitergehendem Umfang zumutbar, da derartige Einrichtungen gerade in der Freizeit, also zumeist an den Wochenenden und an Feiertagen genutzt werden. Diese Tage dienten schon immer auch der Durchführung von Freizeitveranstaltungen wie Volksfesten, Umzügen u.s.w.[1].

1854 Die **Priorität** der einen oder anderen Nutzung spielt bei der wertenden Gesamtbetrachtung ebenfalls eine Rolle. Dabei muß die frühere Nutzung allerdings legal sein, da nur eine zulässige Nutzung rechtlich schutzwürdig und damit rücksichtnahmebegünstigt ist[2]. Ungeachtet der Priorität kann der Eigentümer des früheren Vorhabens eine nachfolgende störende Bebauung grundsätzlich nur dann abwehren, wenn er selbst die unter Beachtung der wechselseitigen Rücksichtnahme gebildeten immissionsschutzrechtlichen Zumutbarkeitsgrenzen (Mittelwerte) einhält (Rdnr. 1238, 1853) und seine Betreiberpflichten (s. insbesondere § 22 BImSchG) wahrnimmt.

1855 **Beispiel:**
Der Inhaber eines bereits seit vielen Jahrzehnten existierenden Schreinereibetriebs in einem uneinheitlichen Bebauungszusammenhang wehrt sich dagegen, daß in einem unmittelbar an sein Grundstück angrenzenden und durch Bebauungsplan festgesetzten Mischgebiet (§ 6 BauNVO) ein Wohnhaus errichtet werden soll. Er wendet ein, daß die für das Wohnhaus zu erwartenden Immissionen zu hoch sein werden und es daher zwangsläufig zu Nutzungskonflikten komme. Der Bauherr hält dem entgegen, daß nach den vorliegenden Immissionsberechnungen ein derartiger Konflikt ausgeschlossen werden könne, wenn die Fenster des Schreinereibetriebs beim Betrieb bestimmter Maschinen geschlossen bleiben. Da es sich dabei um eine für den Schreinereibetrieb unproblematisch mögliche Maßnahme ohne besonderen Aufwand handelt, ist das Wohnbauvorhaben genehmigungsfähig[3].

1856 Andererseits kann der Eigentümer eines später hinzukommenden störungsempfindlichen Vorhabens nicht in einem Umfang Nutzungs- und Betriebseinschränkungen der störenden Nutzung verlangen, wie dies in einem unvorbelasteten Gebiet der Fall wäre, da auch dies dem Gebot der wechselseitigen Rücksichtnahme nicht gerecht würde. Die Zumutbarkeitsschwelle liegt in Fällen, in denen eine störungsempfindliche Nutzung in der Nach-

---

1 BVerwG v. 24.4.1991 – 7 C 12.90, BVerwGE 88, 143 = BauR 1991, 593 = BRS 52 Nr. 191 = DVBl. 1991, 1151 = NVwZ 1991, 884 = UPR 1991, 340 = ZfBR 1991, 219.
2 BGH v. 6.7.2001 – V ZR 246/00, BauR 2001, 1859 = DVBl. 2001, 1837; BVerwG v. 11.7.1994 – 4 B 134.94, BRS 56 Nr. 164; VGH Mannheim v. 23.4.2002 – 10 S 1502/01, NVwZ 2003, 365.
3 Vgl. VGH München v. 3.8.2001 – 1 B 99.2106, BauR 2002, 435.

barschaft einer emittierenden Anlage oder einer sonstigen störenden Nutzung errichtet wird, höher als dies ohne eine derartige Vorbelastung der Fall wäre (zur Notwendigkeit einer architektonischen Selbsthilfe der später hinzukommenden Nutzung Rdnr. 1238).

Beispiel: 1857

Ein Bauherr errichtet sein Wohnhaus „sehenden Auges" direkt neben einem Sportplatz. Er kann in einem solchen Fall zwar beispielsweise verlangen, daß ein Ballfangzaun vorhanden ist, nicht jedoch erwarten, vollständig vor verschossenen Bällen und sportanlagentypischen Geräuschen sowie in den Abendstunden vor Lichtimmissionen geschützt zu werden[1].

Es ist Sache des Bauherrn der später hinzukommenden Nutzung, im Rahmen des Genehmigungsverfahrens den **Nachweis** zu erbringen, daß die maßgeblichen Zumutbarkeitskriterien eingehalten werden. Geht es um eine später hinzukommende störende Nutzung, sind an die im Genehmigungsverfahren vorzunehmende prognostische Einschätzung, ob die Zumutbarkeitskriterien für die störungsempfindliche Nachbarschaft eingehalten werden, tendenziell eher hohe Anforderungen zu stellen, da diese Prognose in jedem Fall „auf der sicheren Seite" liegen muß[2]. In der Regel reicht es daher auch nicht aus, in der Genehmigung für das neu hinzukommende Vorhaben bestimmte Immissionsgrenzwerte festzusetzen, bei deren Einhaltung die maßgebliche Zumutbarkeitsschwelle für die störungsempfindliche Wohnnachbarschaft gewahrt wird. Es bedarf zumeist vielmehr **konkreter betrieblicher Regelungen**, sei es bereits in dem zur Genehmigung gestellten Antrag, sei es in den Nebenbestimmungen des Genehmigungsbescheides. 1858

Beispiele:

(a) Der Eigentümer eines im Außenbereich gelegenen Grundstücks beabsichtigt die Errichtung einer Windenergieanlage. Da das Grundstück an ein durch Bebauungsplan festgesetztes allgemeines Wohngebiet angrenzt, bedarf es im Hinblick auf die Geräuschimmissionen und den die Wohnnutzung beeinträchtigenden Schattenwurf betrieblicher Einschränkungen. Es genügt dabei nicht, die „Zielwerte" in dem Genehmigungsbescheid vorzugeben. Vielmehr wird es regelmäßig erforderlich sein, die Installation einer Abschaltvorrichtung vorzusehen, die den von der Genehmigungsbehörde zur Wahrung der Zumutbarkeit festgelegten Anforderungen Rechnung trägt[3]. 1859

(b) Für ein Kurhaus, das neben einem durch Bebauungsplan festgesetzten Wohngebiet errichtet werden soll, wird im Hinblick auf den damit verbundenen Gastronomiebetrieb festgelegt, daß zum Schutz der Wohnnachbarschaft ein bestimmter Immissionsgrenzwert nicht überschritten werden darf. Dies reicht allerdings nicht aus. Es bedarf vielmehr der Festlegung konkreter betrieblicher Anforderungen (Betriebszeitenbeschränkungen u.ä.), um den baunachbarrechtlichen Anforderungen Rechnung zu tragen[4]. 1860

---

1 OVG Schleswig v. 22.3.2002 – 1 M 5/02, NVwZ-RR 2004, 19.
2 OVG Münster v. 26.2.2003 – 7 B 2434/02, BauR 2003, 1361.
3 Vgl. OVG Lüneburg v. 22.8.2003 – 7 M 105/03, NVwZ-RR 2004, 23.
4 VGH München v. 18.7.2002 – 1 B 98.2945, UPR 2003, 78.

1861 Allerdings bedeutet dies nicht, daß im Rahmen des Baugenehmigungsverfahrens eine **Alternativenprüfung** stattfinden darf. Ist nach der Prüfung der Genehmigungsbehörde ein Vorhaben an einem bestimmten Standort zulässig und damit auch nachbarschaftlich verträglich, darf die Genehmigung keine Nebenbestimmungen enthalten, die es noch nachbarschaftsverträglicher machen (z.B. durch die Forderung einer anderen Lage des Baukörpers auf dem Baugrundstück), oder gar vollständig verweigert werden[1].

f) Grundrechte

1862 **Art. 14 Abs. 1 GG** vermittelt grundsätzlich **keinen über die einfachgesetzlichen Vorschriften hinausgehenden Abwehranspruch**. Das Eigentumsgrundrecht ist insofern durch die einfachgesetzlichen Bestimmungen des öffentlichen Baurechts ausgestaltet. Die direkte Ableitung eines nachbarlichen Abwehranspruchs unmittelbar aus Art. 14 Abs. 1 GG ist daher prinzipiell ausgeschlossen. Dabei führt auch die Überlegung, daß schwere und unerträgliche Eigentumseingriffe abwendbar sein müssen, nicht weiter. Denn alles das, was das einfachgesetzliche Gebot der Rücksichtnahme einhält, ist kein schwerer und unerträglicher Eigentumseingriff, so daß insofern auch **keine Rechtsschutzlücke** besteht[2].

1863 Ein Abwehranspruch unmittelbar aus Art. 14 Abs. 1 GG kommt allerdings in den Fällen in Betracht, in denen nicht nur die baulichen Rahmenbedingungen für die Grundstücksnutzung ausgestaltet werden sondern durch die Erteilung einer Baugenehmigung **unmittelbar in das Eigentumsgrundrecht** eingegriffen wird. Dies hat das Bundesverwaltungsgericht für einen Fall entschieden, in dem der Nachbar aufgrund des Fehlens einer anderweitigen Erschließung des Baugrundstücks mit Bestandskraft der erteilten Baugenehmigung ein Notwegerecht (§ 917 BGB) hätte dulden müssen[3].

1864 Auch das Grundrecht aus **Art. 2 Abs. 2 GG** auf Leben und körperliche Unversehrtheit führt als eigenständiger Abwehranspruch nicht weiter als die einfachgesetzliche Rechtslage bei unzumutbaren und daher rücksichtslosen Beeinträchtigungen.

---

1 BVerwG v. 23.9.1999 – 4 C 6.98, BVerwGE 109, 314 = BauR 2000, 234 = BRS 62 Nr. 86 = DVBl. 2000, 192 = NVwZ 2000, 1050 = UPR 2000, 183 = ZfBR 2000, 128.
2 BVerwG v. 6.12.1996 – 4 B 215.96, BRS 58 Nr. 164 = NVwZ-RR 1997, 516; BVerwG v. 26.9.1991 – 4 C 5.87, BVerwGE 89, 69 = BRS 52 Nr. 5 = DVBl. 1992, 564 = DÖV 1992, 405 = NVwZ 1992, 977 = UPR 1992, 151 = ZfBR 1992, 79; Mampel, Art. 14 GG fordert sein Recht, NJW 1999, 975 ff.
3 BVerwG v. 26.9.1991 – 4 C 5.87, BVerwGE 89, 69 = BRS 52 Nr. 5 = DVBl. 1992, 564 = DÖV 1992, 405 = NVwZ 1992, 977 = UPR 1992, 151 = ZfBR 1992, 79; s. auch VGH München v. 17.11.1999 – 26 B 96.1268, BauR 2000, 855; Mampel, Art. 14 fordert sein Recht, NJW 1999, 975 ff.

Sonstige Grundrechte spielen im Zusammenhang mit dem Bauplanungsrecht zumeist keine praktische Rolle. Die **Berufsfreiheit** und das Recht am eingerichteten und ausgeübten Gewerbebetrieb sind schon wegen der **Wettbewerbsneutralität** des Bauplanungsrechts nicht geeignet, Abwehransprüche zu begründen (s. bereits Rdnr. 40). Die in einem Sonderfall herangezogene **Kunstfreiheit** gemäß Art. 5 Abs. 3 GG dürfte allenfalls bei der Auslegung einfachgesetzlicher Vorschriften von Bedeutung sein. Sie ist jedoch in aller Regel nicht geeignet, unmittelbare Abwehransprüche gegen eine Nachbarbebauung zu begründen[1].

1865

4. Nachbarschutz bei der Erteilung von Ausnahmen und Befreiungen

a) Ausnahmen

Die Ausnahme gemäß § 31 Abs. 1 BauGB ist von vornherein **Bestandteil des Bebauungsplans**. Aus diesem Grunde ist sie auch bereits grundsätzlich Gegenstand des nachbarlichen Interessenausgleichs. Der Nachbar muß daher damit rechnen, daß eine unter den Ausnahmetatbestand fallende Nutzung genehmigt wird.

1866

Bezieht sich die im Bebauungsplan vorgesehene Ausnahme auf ein **nicht dem Nachbarschutz dienende Festsetzung** (s. Rdnr. 1815 ff.), dann greift wie bei jedem allgemein zulässigen Vorhaben lediglich das Gebot der nachbarlichen Rücksichtnahme (zu § 15 Abs. 1 BauNVO Rdnr. 1848 ff.).

1867

Nichts anderes gilt, wenn sich der Ausnahmetatbestand auf eine zwar grundsätzlich **nachbarschützende Festsetzung** bezieht, jedoch die Ausnahmeerteilung selbst an keine zusätzlichen nachbarschützenden Erwägungen gebunden ist.

1868

Beispiel:

1869

Die Ausnahmetatbestände, die jeweils in Abs. 3 zu den Baugebietsvorschriften (§§ 2 bis 9 BauNVO) geregelt sind, enthalten ausnahmsweise zulässige Arten der baulichen Nutzung. Obgleich Baugebietsfestsetzungen kraft Bundesrecht nachbarschützenden Charakter haben (s. Rdnr. 1821), müssen Nachbarn auch ausnahmsweise zulässige Nutzungen hinnehmen, sofern die Zweckbestimmung des Baugebiets gewahrt bleibt und kein Verstoß gegen das in § 15 Abs. 1 BauNVO angesiedelte Gebot der nachbarli-

---

1 So allerdings VG Berlin v. 26.5.1995 – 19 A 831/95, NJW 1995, 2650 zur Verhüllung des Reichstags durch Christo und Jeanne Claude; kritisch dazu Uechtritz, Nachbarschutz durch Kunstfreiheit?, NJW 1995, 2606 ff.; Jäde in Jäde/Dirnberger/Weiß, § 29 Rdnr. 93; s. in diesem Zusammenhang auch BVerwG v. 13.4.1995 – 4 B 70.95, BauR 1995, 665 = BRS 57 Nr. 109 = DVBl. 1995, 1008 = NJW 1995, 2648 = UPR 1995, 309 = ZfBR 1995, 273, das die Kunstfreiheit im Rahmen des § 35 Abs. 3 BauGB berücksichtigt.

chen Rücksichtnahme vorliegt[1]. So ist etwa in einem Gewerbegebiet als ausnahmsweise zulässige Nutzung gemäß § 8 Abs. 3 Nr. 2 BauNVO eine (häufig lärmintensive) Jugendfreizeitstätte denkbar, nicht hingegen ein Seniorenpflegeheim, das auf einen dauerhaften Aufenthalt seiner Bewohner und damit auf eine wohnähnliche Nutzung ausgerichtet ist[2].

1870 Hingegen hat der Nachbar keinen darüber hinausgehenden Anspruch auf eine ermessensfehlerfreie Entscheidung der Baugenehmigungsbehörde.

1871 Ist die Erteilung einer Ausnahme allerdings an bestimmte tatbestandliche Voraussetzungen gebunden, die dazu dienen, die bauliche Situation eines Nachbargrundstücks so wenig wie möglich zu beeinträchtigen, hat der Nachbar einen Anspruch darauf, daß die Ausnahme nur erteilt wird, wenn die betreffenden Voraussetzungen auch tatsächlich erfüllt sind. Ob und inwieweit die **Voraussetzungen für die Erteilung einer Ausnahme Nachbarschutz** vermitteln sollen, ist durch Auslegung des Bebauungsplans zu ermitteln. Insofern gilt also nichts anderes als bei sonstigen nachbarschützenden Festsetzungen.

1872 **Beispiel:**

Ein Bebauungsplan setzt seitliche Baugrenzen fest, um zum Schutz der Nachbarn eine möglichst gute Belichtung und Besonnung zu ermöglichen. Gleichzeitig wird zu den in dem Bebauungsplan festgesetzten Baugrenzen eine Ausnahme aufgenommen, nach der die jeweilige seitliche Baugrenze um drei Meter überschritten werden darf, wenn dies zur Erhaltung von bestimmten schützenswerten Bäumen innerhalb der jeweiligen überbaubaren Grundstücksfläche erforderlich ist.

1873 Der Plan sieht in diesem Fall also vor, daß die eingeräumte nachbarliche Schutzposition gegenüber bestimmten ökologischen Belangen, aber auch nur gegenüber diesen, zurücktreten soll. Liegen die tatbestandlichen Voraussetzungen für eine derartige Ausnahme vor, hat der Nachbar nur im Rahmen der behördlichen Ermessensausübung nach § 31 Abs. 1 BauGB einen Anspruch auf Wahrung des Rücksichtnahmegebots. Liegen die tatbestandlichen Voraussetzungen hingegen nicht vor, kann er sich wegen eines Verstoßes gegen die unmittelbar nachbarschützende Planfestsetzung gegen das Vorhaben zur Wehr setzen.

b) Befreiungen

1874 Bei der Erteilung einer Befreiung nach § 31 Abs. 2 BauGB von einer **nicht nachbarschützenden Festsetzung** eines Bebauungsplans hat der Nachbar über einen Anspruch auf Würdigung seiner nachbarlichen Interessen hinaus kein Recht auf eine ermessensfehlerfreie Entscheidung der Baugenehmi-

---

1 BVerwG v. 5.8.1983 – 4 C 96.79, BVerwGE 67, 334 = BauR 1983, 443 = BRS 40 Nr. 48 = DVBl. 1984, 143 = DÖV 1984, 295 = NJW 1984, 138 = UPR 1984, 24 = ZfBR 1983, 243.
2 BVerwG v. 13.5.2002 – 4 B 86.01, BauR 2002, 1499 = UPR 2002, 448.

gungsbehörde. Die Würdigung nachbarlicher Interessen ist dabei Grundlage für das **Gebot der Rücksichtnahme**, so daß die entsprechenden Anforderungen (vgl. Rdnr. 1848, 2089) auch hier gelten[1].

Wird hingegen von **nachbarschützenden Planfestsetzungen** befreit, müssen neben der erforderlichen Würdigung der nachbarlichen Belange zwingend auch die tatbestandlichen Voraussetzungen des § 31 Abs. 2 BauGB (Rdnr. 1727 ff.) erfüllt sein. Ist dies nicht der Fall, kann sich ein betroffener Nachbar gegen das betreffende Vorhaben zur Wehr setzen. Es macht daher keinen Unterschied, ob ein Bauvorhaben entgegen den nachbarschützenden Planfestsetzungen genehmigt wird (s. noch Rdnr. 1876) oder ob dafür noch eine gleichfalls rechtswidrige Befreiung erteilt wird. In beiden Fällen wird ohne gesetzliche Rechtfertigung von nachbarschützenden Festsetzungen abgewichen[2].

1875

c) Versteckter (heimlicher) Dispens

Die vorstehenden Ausführungen unter Rdnr. 1874 f. gelten in gleicher Weise, wenn die Baugenehmigung von einem Bebauungsplan abweicht, ohne daß die erforderlichen Ausnahme- oder Befreiungsvoraussetzungen erfüllt sind und ohne daß die Erteilung einer Ausnahme oder Befreiung in dem Baugenehmigungsbescheid ausdrücklich erfolgt (heimlicher Dispens). Auch in diesem Fall hat der Nachbar also einen Abwehranspruch gegen Vorhaben, die nachbarschützende Festsetzungen verletzen oder das Gebot der Rücksichtnahme mißachten. Ob die Prüfung des Rücknahmegebotes bei einem versteckten Dispens auf der Grundlage des an sich einschlägigen § 31 Abs. 1 oder Abs. 2 BauGB oder aber in entsprechender Anwendung von § 15 Abs. 1 BauNVO (s. dazu Rdnr. 1848 ff.) erfolgt, ist wegen der Identität des Prüfungsmaßstabs eine für das Ergebnis der gerichtlichen Entscheidung letztlich nicht relevante Frage[3].

1876

---

1 BVerwG v. 8.7.1998 – 4 B 64.98, BauR 1998, 1206 = BRS 60 Nr. 183 = DVBl. 1998, 1301 = NVwZ-RR 1999, 8 = UPR 1998, 455; VGH München v. 17.10.2002 – 15 CS 02.2068, BauR 2003, 1341.
2 BVerwG v. 8.7.1998 – 4 B 64.98, BauR 1998, 1206 = BRS 60 Nr. 183 = DVBl. 1998, 1301 = NVwZ-RR 1999, 8 = UPR 1998, 455; Seidel, Öffentlich-rechtlicher und privatrechtlicher Nachbarschutz, 2000, Rdnr. 430; Mampel, Nachbarschutz im öffentlichen Baurecht, Rdnr. 676.
3 Vgl. BVerwG v. 26.9.1991 – 4 C 5.87, BVerwGE 89, 69 = BRS 52 Nr. 5 = DVBl. 1992, 564 = DÖV 1992, 405 = NVwZ 1992, 977 = UPR 1992, 151 = ZfBR 1992, 79; BVerwG v. 6.10.1989 – 14.87, BVerwGE 82, 243 = BauR 1989, 710 = BRS 49 Nr. 188 = DVBl. 1990, 364 = DÖV 1990, 205 = NJW 1990, 1192 = UPR 1990, 820 = ZfBR 1990, 34; OVG Münster v. 10.7.2003 – 10 B 629/03, BauR 2004, 646.

5. Nachbarschutz während der Planaufstellung

1877 Zum Nachbarschutz bei der Genehmigung von Vorhaben während der Planaufstellung (§ 33 BauGB) kann auf die Ausführungen unter Rdnr. 1948 ff. verwiesen werden.

1878 Die Sicherung der Bauleitplanung durch den Erlaß einer **Veränderungssperre** (§ 14 BauGB, Rdnr. 2291 ff.) dient allein dem öffentlichen Interesse an der Durchführung des Planungsverfahrens. Ein Nachbar kann sich daher nicht darauf berufen, daß eine Baugenehmigung wegen einer Veränderungssperre nicht hätte erteilt werden dürfen, weil in dem in Aufstellung befindlichen Bebauungsplan – aller Voraussicht nach – nachbarschützende Festsetzungen zu seinen Gunsten enthalten sein werden[1]. Entsprechendes gilt, wenn ein Nachbar geltend macht, ein eingereichtes Baugesuch müsse gemäß § 15 Abs. 1 BauGB zurückgestellt werden (Rdnr. 2404 ff.)[2].

6. Der Baunachbarstreit

1879 Den verfahrensrechtlichen und prozessualen Aspekten des öffentlichrechtlichen Nachbarstreits kann hier im einzelnen nicht nachgegangen werden. Die nachfolgenden Ausführungen beschränken sich daher auf einzelne Aspekte[3].

a) Widerspruch und Anfechtungsklage

1880 Baunachbarrechtliche Auseinandersetzungen sind dadurch gekennzeichnet, daß es in der Regel nicht nur um das zweiseitige Verhältnis zwischen dem Nachbarn und der Baugenehmigungsbehörde bzw. zwischen dem Nachbarn und dem Bauherrn geht, sondern um ein **dreiseitiges Rechtsverhältnis**. Die von der Genehmigungsbehörde erteilte Baugenehmigung ist daher ein **Verwaltungsakt mit Doppelwirkung**. Er entfaltet gegenüber dem Bauherrn begünstigende, gegenüber dem Nachbarn hingegen belastende Wirkung (vgl. § 80a VwGO). Gegen einen solchen belastenden Verwaltungsakt kann der Nachbar, wie gegen jeden anderen belastenden Verwaltungsakt auch, Widerspruch einlegen und nach erfolglosem Abschluß des Widerspruchsverfahrens Anfechtungsklage erheben. Die Widerspruchsfrist beträgt gemäß § 70 Abs. 1 Satz 1 VwGO einen Monat, wenn dem Nachbarn die Baugenehmigung mit Rechtsbehelfsbelehrung ordnungsgemäß bekanntgegeben wurde. Bei fehlender oder fehlerhafter Rechtsbehelfsbelehrung gilt die Jahresfrist

---

1 BVerwG v. 5.12.1988 – 4 B 182.88, BauR 1989, 186 = BRS 48 Nr. 83 = NVwZ 1989, 453 = ZfBR 1989, 79.
2 Kluge, Der Schutz des Nachbarn im öffentlichen Baurecht, 2001, Rdnr. 30.
3 Ausführlich etwa Finkelnburg/Ortloff, Öffentliches Baurecht, Band II, 209; Hoppenberg in Hoppenberg/de Witt, Handbuch des öffentlichen Baurechts, Stand: September 2003, Kapitel H sowie Postier in Hoppenberg/de Witt, a.a.O., Kapitel K.

des § 58 VwGO. Allerdings setzt auch dies die ordnungsgemäße Bekanntgabe der Baugenehmigung voraus. Ansonsten läuft auch die Jahresfrist nicht. Abwehransprüche von Nachbarn können also nicht dadurch zunichte gemacht werden, daß der Bauherr eine dem Nachbarn unbekannt gebliebene Baugenehmigung erst mehr als ein Jahr nach der Erteilung ausnutzt. Allerdings können auch bei unterbliebener Bekanntgabe der Baugenehmigung nachbarliche Abwehransprüche verwirken (s. dazu noch Rdnr. 1892 ff.).

Widerspruch und Anfechtungsklage gegen eine erteilte Baugenehmigung entfalten gemäß **§ 212a Abs. 1 BauGB** nicht die in den §§ 80a, 80 Abs. 1 VwGO geregelte aufschiebende Wirkung. Die Baugenehmigung darf also ungeachtet eines angestrengten Rechtsmittelverfahrens vorläufig ausgenutzt werden, wenn auch auf eigenes Risiko des Bauherrn[1]. Wird die Baugenehmigung späterhin aufgehoben, handelt es sich um ein nicht genehmigtes Vorhaben, so daß im ungünstigsten Fall mit einer Beseitigungsanordnung gerechnet werden muß (s. dazu noch Rdnr. 1903 f.). Der Entfall der aufschiebenden Wirkung gemäß § 212a Abs. 1 BauGB bezieht sich nur auf die Baugenehmigung selbst, also auf die **bauaufsichtliche Zulassung eines Vorhabens**, die den Baubeginn ermöglicht. Sie erfaßt hingegen nicht einen Bauvorbescheid, der lediglich Einzelfragen der baurechtlichen Genehmigungsfähigkeit klärt[2].

1881

Zur Vermeidung von – zwar nicht rechtlich, sehr wohl jedoch faktisch bedeutsamen – vollendeten Tatsachen besteht für den Nachbarn die Möglichkeit, bei der Verwaltungsbehörde (§ 80a Abs. 1 Nr. 2 VwGO) oder beim Verwaltungsgericht (§ 80a Abs. 3 i.V.m. § 80 Abs. 5 VwGO) zu beantragen, daß im **vorläufigen Rechtsschutz** die aufschiebende Wirkung des Rechtsmittels (Widerspruch, Klage) angeordnet wird. Geht die geltend gemachte Rechtsverletzung nicht von der Nutzung des Gebäudes sondern von der baulichen Anlage als solcher aus (z.B. bei der Geltendmachung einer Überschreitung von nachbarschützenden Baulinien oder Baugrenzen), kommt eine Aussetzung der Baugenehmigung längstens bis zur Fertigstellung des Baukörpers in Betracht. Grund dafür ist, daß im vorläufigen Rechtsschutz in der Regel nur eine Einstellung der Bauarbeiten erreicht werden kann, nicht hingegen eine Beseitigung bereits fertiggestellter Bauteile. Da aus diesem Grunde eine Eilentscheidung zugunsten des Nachbarn nicht helfen würde, fehlt für eine entsprechende Entscheidung das Rechtsschutzinteresse[3].

1882

---

1 Zu Amtshaftungsansprüchen, wenn die Baugenehmigungsbehörde den Bauherrn nicht unverzüglich von einem Nachbarwiderspruch unterrichtet, BGH v. 9.10.2003 – III ZR 414/02, BauR 2004, 817 = UPR 2004, 68 = ZfBR 2004, 165.
2 VGH München v. 1.4.1999 – 2 Cs 98/2646, NVwZ 1999, 1363; a.A. OVG Lüneburg v. 3.3.1999 – 1 M 897/99, NVwZ-RR 1999, 716.
3 OVG Bautzen v. 9.9.1994 – 1 S 259/94, BRS 56 Nr. 115 = NVwZ-RR 1995, 251; VGH Kassel v. 30.1.1991 – 4 TG 3243/90, BRS 52 Nr. 197 = NVwZ 1991, 592.

1883 Eine Aussetzung der Baugenehmigung im Rahmen eines Eilverfahrens kann der Nachbar dann erreichen, wenn nach vorläufiger Einschätzung des Verwaltungsgerichts ein Obsiegen des Nachbarn wahrscheinlicher ist als sein Unterliegen[1]. Es muß also mehr dafür als dagegen sprechen, daß nachbarschützende Vorschriften zum Nachteil des Nachbarn verletzt sind. Bei – eher seltenen – offenen Erfolgsaussichten findet hingegen eine allgemeine Interessenabwägung statt[2].

1884 Wenn es um ein **baugenehmigungsfreies Vorhaben** geht[3], scheiden mangels eines anfechtbaren Verwaltungsakts Anfechtungswiderspruch und Anfechtungsklage sowie ein Antrag auf Anordnung der aufschiebenden Wirkung des Widerspruchs aus. In diesem Fall ist nach einem **Antrag auf bauaufsichtliches Einschreiten** und Verpflichtungswiderspruch eine **Verpflichtungsklage** beim Verwaltungsgericht zu erheben, die darauf gerichtet ist, dem Bauherrn die Fortsetzung der Bauarbeiten zu untersagen. Der vorläufige Rechtsschutz richtet sich in diesem Fall nach § 123 VwGO[4].

1885 Nichts anderes gilt dann, wenn die Baubehörde das Vorhaben zu Unrecht als von der Genehmigungspflicht befreit behandelt oder wenn der Bauherr ohne die erforderliche Genehmigung bzw. ohne Durchführung eines Bauanzeigeverfahrens mit den Bauarbeiten beginnt („Schwarzbau")[5]. Ob die Behörde in derartigen Fällen bauaufsichtlich gegen stattfindende Bauarbeiten einschreitet, steht grundsätzlich in ihrem Ermessen. Insofern ist die Ausgangssituation des Nachbarn bei genehmigungsfreien (oder auch genehmigungsbedürftigen, jedoch ungenehmigten) Bauvorhaben tendenziell ungünstiger als bei genehmigten Vorhaben. Ob eine Ermessensreduzierung auf Null bei der Verletzung von nachbarschützenden Vorschriften vorliegt, richtet sich nach den bauordnungsrechtlichen Bestimmungen des Landes, die das bauaufsichtliche Einschreiten regeln[6]. Dabei muß allerdings berücksichtigt werden, daß das materielle Bauplanungsrecht in seiner Beachtung und Durchsetzung grundsätzlich nicht zur Disposition des Landesgesetzgebers steht (vgl. Rdnr. 754)[7]. Dies spricht bei der Verletzung von nachbarschüt-

---

1 S. etwa OVG Berlin v. 18.7.2001 – 2 S 1/01, NVwZ-RR 2001, 722; OVG Frankfurt/Oder v. 28.1.2000 – 3 B 67/99, LKV 2001, 466.
2 S. im einzelnen etwa Redeker/von Oertzen, Verwaltungsgerichtsordnung, 13. Auflage 2000, § 80a Rdnr. 9; Finkelnburg/Jank, Vorläufiger Rechtsschutz im Verwaltungsstreitverfahren, 4. Auflage 1998, Rdnr. 850.
3 S. z.B. §§ 65 ff. BauO NW, § 55 BbgBO.
4 OVG Greifswald v. 9.4.2003 – 3 M 1/03, BauR 2003, 1710; OVG Münster v. 2.10.1998 – 11 B 845/98, BauR 1999, 304 = BRS 60 Nr. 207 = DVBl. 1999, 801 = NVwZ 1999, 427.
5 OVG Münster v. 8.12.1998 – 10 B 2255/98, BauR 1999, 628 = BRS 60 Nr. 208.
6 BVerwG v. 10.12.1997 – 4 B 204.97, BauR 1998, 319 = BRS 59 Nr. 188 = NVwZ 1998, 58 = UPR 1998, 117.
7 BVerwG v. 17.4.1998 – 4 B 144.97, BauR 1999, 735 = BRS 60 Nr. 169 = UPR 1998, 355.

zenden Vorschriften grundsätzlich für eine Ermessensreduzierung auf Null[1] (s. auch zur Rechtslage nach erfolgreichem Rechtsmittelverfahren bei genehmigten Vorhaben Rdnr. 1903 f.). Das gilt sowohl für die Entscheidung, gegen ein eindeutig nachbarrechtswidriges Vorhaben einzuschreiten, als auch für die vorgelagerte Entscheidung, überhaupt zu prüfen, ob den betreffenden Nachbarn schützende Vorschriften verletzt sind oder nicht[2].

b) Die Änderung der Sach- und Rechtslage während des Nachbarstreits

Die Rechtslage kann sich während des Baunachbarstreits sowohl zugunsten des Bauherrn und damit zu ungunsten des Nachbarn ändern und umgekehrt. Es stellt sich dann die Frage, wie sich dies auf die Erfolgsaussichten von Nachbarwiderspruch und Nachbarklage auswirkt. 1886

Grundsätzlich gilt, daß für die Frage, ob eine angefochtene Baugenehmigung den Nachbarn in seinen Rechten verletzt, der **Zeitpunkt der Genehmigungserteilung** maßgeblich ist[3]. 1887

Beispiel: 1888

Ein Nachbar wendet sich gegen eine erteilte Baugenehmigung. Während des Baunachbarstreits wird der Bebauungsplan dahingehend geändert, daß er nunmehr eine den Nachbarn schützende Festsetzung enthält. Dies ist allerdings unbeachtlich, da es auf den Zeitpunkt der Genehmigungsentscheidung ankommt.

Im umgekehrten Fall gilt allerdings, daß **nachträgliche Änderungen zugunsten des Bauherrn** berücksichtigt werden müssen[4]. 1889

Beispiel: 1890

Ein Nachbar wendet sich gegen eine nachbarrechtsverletzende Baugenehmigung. Während des laufenden Verwaltungsstreitverfahrens wird der Bebauungsplan dahingehend geändert, daß die ursprüngliche nachbarschützende Festsetzung wegfällt. Diese Änderung zugunsten des Bauherrn ist durch das Verwaltungsgericht zu berücksichtigen.

Der Nachbar hat also in jedem Fall das Nachsehen, wenn das Bauvorhaben einmal legal war. Dies erscheint zwar auf den ersten Blick für den Nachbarn unbefriedigend, ist jedoch folgerichtig. Denn eine bauliche Nutzung, 1891

---

1 Vgl. OVG Münster v. 2.10.1998 – 11 B 845/98, BRS 60 Nr. 207; OVG Bautzen v. 22.8.1996 – 1 S 473/96, NVwZ 1997, 922; VGH München v. 26.7.1996 – 1 CE 96/2081, NVwZ 1997, 923; Degenhardt, Genehmigungsfreies Bauen und Rechtsschutz des Nachbarn, NJW 1996, 1433 (1437); Seidel, Öffentlich-rechtlicher und privatrechtlicher Nachbarschutz, 2000, Rdnr. 311, 704.
2 OVG Greifswald v. 9.4.2003 – 3 M 1/03, BauR 2003, 1710.
3 S. etwa BVerwG v. 14.1.1993 – 4 C 19.90, BauR 1993, 445 = BRS 55 Nr. 175 = DVBl. 1993, 652 = DÖV 1993, 921 = NVwZ 1993, 1184 = UPR 1993, 221 = ZfBR 1993, 243; VGH München v. 25.11.2002 – 1 B 97/1352, NVwZ-RR 2004, 20.
4 BVerwG v. 23.4.1998 – 4 B 40.98, BauR 1998, 995 = BRS 60 Nr. 198 = DÖV 1999, 168 = NVwZ 1998, 1179 = UPR 1999, 117 = ZfBR 1998, 256.

die nachbarrechtskonform genehmigt wurde oder auch ohne Baugenehmigung materiell nachbarrechtskonform war, genießt Bestandsschutz und ist daher durch die Nachbarn zu akzeptieren. Daran ändern spätere Planfestsetzungen zugunsten des Nachbarn nichts. Diesen kommt vielmehr erst dann Bedeutung zu, wenn eine bauplanungsrechtlich relevante Änderung des Vorhabens im Sinne von § 29 Abs. 1 BauGB erfolgt (Rdnr. 1111 ff.). Im umgekehrten Fall, also bei ursprünglicher Nachbarrechtswidrigkeit des Vorhabens, wäre es sinnlos, die erteilte Genehmigung aufzuheben. Denn der Bauherr könnte umgehend einen neuen Bauantrag stellen, der sodann positiv beschieden werden müßte.

c) Der Verlust von nachbarlichen Abwehrrechten

1892 Grundsätzlich ist das Rechtsmittel eines Nachbarn erfolgreich, wenn es fristgerecht eingelegt wird und nachbarschützende Vorschriften zu Lasten des Rechtsmittelführers verletzt sind. Davon kommen allerdings einzelne Ausnahmen in Betracht:

1893 Es ist möglich, daß ein Nachbar auf seinen Rechtsbehelf gegen die Zulassung des Bauvorhabens (Verzicht auf Verfahrensrechte) oder auf seine materiellen Abwehrrechte **verzichtet**[1]. Dies kann – beispielsweise durch Unterschrift des Nachbarn unter die das Vorhaben verdeutlichenden Baupläne – bereits vor Erteilung der Genehmigung erfolgen, jedoch müssen Gegenstand und Reichweite des Verzichts hinreichend deutlich zum Ausdruck kommen. Dies ist zumindest dann der Fall, wenn konkret erkennbar ist, auf welches Bauvorhaben und auf welche Ausgestaltung sich der Verzicht bezieht[2]. Der Verzicht kann zumindest nach dem Gebot von Treu und Glauben (s. noch Rdnr. 1899) auch absehbare Folgewirkungen einbeziehen.

1894 **Beispiel:**

Ein Nachbar „verkauft" sein nachbarliches Abwehrrecht gegen ein 162,50 m hohes Verwaltungsgebäude mit einer gläsernden Fassade. Es kann dann gegen den Grundsatz von Treu und Glauben verstoßen, wenn er sich gegen die von einem Lichtkünstler konzipierte, computergesteuerte Beleuchtungsanlage mit Wechselfarben in dieser Glasfassade zur Wehr setzen möchte[3].

---

1 OVG Münster v. 30.8.2000 – 10 B 1145/00, BauR 2001, 89; Mampel, Nachbarschutz im öffentlichen Baurecht, Rdnr. 421 und Rdnr. 428; Hoppenberg in Hoppenberg de Witt, Handbuch des öffentlichen Baurechts, Stand: April 2003, Kapital H, Rdnr. 576.
2 OVG Saarlouis v. 18.6.2002 – 2 R 2/01, NJW 203, 768; OVG Münster v. 30.8.2000 – 10 B 1145/2000, BauR 2001, 89; OVG Berlin v. 30.12.1993 – 2 S 22/93, BRS 55 Nr. 187 = NJW 1994, 2717; in diesem Zusammenhang etwa auch Schröer/Dziallas, Öffentlichrechtliche Nachbarvereinbarungen in der Praxis, NVwZ 2004, 134 ff.; Schlemminger/Fuder, Der Verzicht auf nachbarliche Abwehransprüche im Industrie- und Chemiepark, NVwZ 2004, 129 ff; Franckenstein, Die richtige Nachbarschaftsvereinbarung, BauR 2002, 1041 ff.
3 OVG Münster v. 12.5.2003 – 10 B 145/03, BauR 2004, 62.

Die Geltendmachung von Nachbarrechten kann nach den Grundsätzen von Treu und Glauben eine **unzulässige Rechtsausübung** darstellen, wenn der Nachbar selbst ebenfalls in vergleichbarer Weise zu Lasten des Bauherrn gegen nachbarschützende Vorschriften verstößt[1]. Dabei kommt es nicht auf einen exakten und „zentimetergenauen" Vergleich der jeweiligen Verstöße an. Entscheidend ist vielmehr eine wertende Gesamtbetrachtung, die auch die Qualität des jeweiligen Verstoßes und die damit einhergehende Intensität der Beeinträchtigung in den Blick nimmt[2]. Unerheblich ist, ob das nach heutiger Rechtslage unzulässige Vorhaben des Nachbarn zum Zeitpunkt seiner Errichtung dem materiellen Recht entsprach oder durch eine Baugenehmigung formell legalisiert ist. Denn für die wechselseitige Zumutbarkeit im nachbarschaftlichen Gemeinschaftsverhältnis kommt es insofern auf die heute maßgeblichen tatsächlichen Umstände an. Was ein Nachbar dem Eigentümer eines bisher unbebauten Grundstücks zumutet, muß er bei einem qualitativ und quantitativ vergleichbaren Verstoß auch selbst hinnehmen[3].

1895

Beispiele:

(a) Ein Nachbar überschreitet zum Nachteil eines Bauherrn eine festgesetzte Baugrenze mit nachbarschützender Wirkung. Dem Bauherrn wird eine Genehmigung für ein Vorhaben erteilt, das ebenfalls die Baugrenze zu seinem Nachbarn überschreitet. Es kommt nicht darauf an, ob diese Überschreitung sich mit derjenigen des Nachbarn völlig deckt. Sofern sie quantitativ und qualitativ vergleichbar ist, kann der Nachbar sich dagegen nicht erfolgreich wehren[4].

1896

(b) Ein Nachbar beruft sich gegen ein Wohnhaus mit drei Wohneinheiten auf eine Bebauungsplanfestsetzung, nach der maximal zwei Wohneinheiten zulässig sind. Unabhängig davon, ob diese Festsetzung im Einzelfall Nachbarschutz vermittelt (Rdnr. 1815 ff.), kann er sich darauf jedenfalls dann nicht berufen, wenn sich in seinem Wohnhaus ebenfalls drei Wohneinheiten befinden[5].

1897

Letztlich können nachbarliche Abwehransprüche auch **verwirkt** werden. Selbst wenn dem Nachbarn eine für ihn rechtsverletzende Baugenehmigung nicht bekanntgegeben wurde und daher auch eine Rechtsmittelfrist nicht zu laufen begonnen hat (Rdnr. 1880), kann die Geltendmachung von Rechtsmitteln ab einem bestimmten Zeitpunkt treuwidrig werden. In entsprechender Anwendung von § 58 Abs. 2 VwGO muß sich ein Nachbar ab dem sichtbaren Beginn der Bauausführung so behandeln lassen, als wenn ihm die Baugenehmigung bekanntgegeben worden wäre. In diesem Fall ist

1898

---

1 S. etwa OVG Lüneburg v. 30.3.1999 – 1 M 897/99, BauR 1999, 1163; OVG Münster v. 8.12.1998 – 10 B 2255/98, BauR 1999, 628 = BRS 60 Nr. 208; Seidel, Öffentlichrechtlicher und privatrechtlicher Nachbarschutz, 2000, Rdnr. 625.
2 OVG Münster v. 24.4.2001 – 10 A 1402/98, BauR 2002, 295.
3 OVG Weimar v. 5.10.1999 – 1 EO 698/99, NVwZ-RR 2000, 350; OVG Lüneburg v. 30.3.1999 – 1 M 897/99, BauR 1999, 1163; OVG Lüneburg v. 12.9.1984 – 6 A 49/83, BRS 42 Nr. 196; a.A. OVG Koblenz v. 29.10.1981 – 1 B 59.81, BRS 39 Nr. 185.
4 Vgl. OVG Lüneburg v. 30.3.1999 – 1 M 897/99, BauR 1999, 1163.
5 OVG Saarlouis v. 22.11.1996 – 2 W 31/96, BRS 58 Nr. 110.

das gebotene Rechtsmittel **binnen eines Jahres** ab der Möglichkeit zur Kenntnisnahme von der tatsächlichen Bauausführung einzulegen. Erfolgt dies nicht, verwirken die entsprechenden **Verfahrensrechte**[1].

1899 Allerdings können auch die **materiellen Abwehransprüche** – unabhängig von der gesonderten Verwirkung der Verfahrensrechte (Rdnr. 1898) – verwirken. Dies richtet sich nicht nach bestimmten Fristen sondern nach den **tatsächlichen Umständen** des Einzelfalls. Einen die Verwirkung der materiellen Abwehrrechte begründenden Verstoß gegen Treu und Glauben stellt es dar, wenn der Bauherr infolge eines bestimmten Verhaltens des Nachbarn darauf vertrauen durfte, daß dieser Abwehransprüche nicht mehr geltend machen wird (Vertrauensgrundlage), er tatsächlich darauf vertraut hat, daß das Recht nicht mehr ausgeübt wird (Vertrauenstatbestand) und er aus diesem Grunde bestimmte Maßnahmen durchgeführt hat, so daß ihm durch die verspätete Durchsetzung des Abwehrrechts ein unzumutbarer Nachteil entstünde (Vertrauensbetätigung, s. auch Rdnr. 1893)[2].

1900 In **zeitlicher Hinsicht** kann die materielle Verwirkung zwar vor Ablauf der Jahresfrist gemäß § 58 Abs. 2 VwGO (Rdnr. 1898), nicht jedoch schneller zum Verlust von Abwehrrechten führen als die Monatsfrist des § 70 Abs. 1 VwGO für die Erhebung des Widerspruchs bei Bekanntgabe der Genehmigung[3]. Hinsichtlich der über die Monatsfrist hinausgehenden Zeitdauer sind die Umstände des Einzelfalls entscheidend.

Für den Beginn der maßgeblichen Zeitspanne ist auf die Erkennbarkeit der tatsächlichen Umstände abzustellen, die das nachbarliche Abwehrrecht begründen. Dies ist bei Auswirkungen des eigentlichen Bauvorhabens der **Baubeginn**. Geht es hingegen lediglich um Immissionen aufgrund der tatsächlichen Nutzung, die während der Bauarbeiten noch nicht absehbar waren, beginnt die für die materielle Verwirkung maßgebliche Frist erst mit **Aufnahme der Nutzung**. Hat sich der Bauherr mit dem Nachbarn zwar zunächst über die Art und Weise des Bauvorhabens verständigt, weicht der Bauherr dann allerdings in der Bauausführung davon ab, kann er nicht darauf vertrauen, daß der Nachbar sich dagegen nicht zur Wehr setzt.

---

1 BVerwG v. 10.8.2000 – 4 A 11.99, NVwZ 2001, 206 = UPR 2001, 69 (zum Fachplanungsrecht); BVerwG v. 18.1.1988 – 4 B 257.87, BRS 48 Nr. 180 = NVwZ 1988, 532; OVG Weimar v. 26.2.2002 – 1 KO 305/99, LKV 2003, 35; zu Unrecht enger für die Einlegung von Rechtsmitteln durch eine Nachbargemeinde OVG Frankfurt/Oder v. 28.1.2000 – 3 B 67/99, LKV 2001, 466.
2 S. etwa BVerwG v. 12.1.2004 – 3 B 101/03, NVwZ-RR 2004, 314; BVerwG v. 16.5.1991 – 4 C 4.89, BauR 1991, 597 = BRS 52 Nr. 218 = NVwZ 1991, 1182 = UPR 1991, 345; OVG Weimar v. 26.2.2002 – 1 KO 305/99, LKV 2003, 35; OVG Münster v. 24.4.2001 – 10 A 1402/98, BauR 2002, 295; im einzelnen Mampel, Nachbarschutz im öffentlichen Baurecht, Rdnr. 439.
3 BVerwG v. 16.5.1991 – 4 C 4.89, BauR 1991, 597 = BRS 52 Nr. 218 = NVwZ 1991, 1182 = UPR 1991, 345.

Da es bei der Verwirkung materieller Abwehrrechte um das nachbarschaftliche Verhältnis zwischen dem Bauherrn und dem Nachbarn geht sowie um die Frage, ob der Bauherr darauf vertrauen durfte, daß der Nachbar das Vorhaben akzeptiert, kommt es nicht darauf an, ob dafür eine Baugenehmigung erteilt wurde oder nicht. Die Verwirkung des materiellen Abwehrrechts kann daher **auch bei ungenehmigten Bauvorhaben** eintreten[1]. Dies ändert dann allerdings nichts daran, daß die Bauaufsichtsbehörde gegen ungenehmigte Bauvorhaben gleichwohl einschreiten bzw. für ein objektiv rechtswidriges Vorhaben die Erteilung einer beantragten Genehmigung versagen darf[2].

1901

Um die Vertrauensgrundlage des Bauherrn zu zerstören und damit einer Verwirkung materieller Abwehrrechte entgegenzutreten, bedarf es nicht der Einlegung von Rechtsmitteln gegenüber der Baugenehmigungsbehörde. Es genügt vielmehr, wenn der Nachbar den Bauherrn über seine Einwendungen gegen das Vorhaben in Kenntnis setzt, was formlos möglich ist. Wenn dies erfolgt ist, besteht auf Seiten des Bauherrn keine Vertrauensgrundlage mehr, die eine spätere Einlegung von Rechtsmitteln als treuwidrig erscheinen läßt.

1902

7. Die Rechtslage nach einem erfolgreichen Rechtsmittelverfahren

Ist das durch den Nachbarn eingelegte Rechtsmittel erfolgreich (Aufhebung der Baugenehmigung, Einstellung der Bauarbeiten bei genehmigungsfreien Vorhaben), jedoch das streitige Bauvorhaben zu diesem Zeitpunkt bereits ganz oder teilweise realisiert (zur sofortigen Vollziehbarkeit der Baugenehmigung Rdnr. 1881), stellt sich die Frage nach **Beseitigungsmaßnahmen**. Die Baubehörde hat in diesem Fall ein Ermessen, ob und welche Maßnahmen sie zur Beseitigung der nachbarrechtswidrigen Beeinträchtigung anordnet. Das materielle Bauplanungsrecht muß dabei Beachtung finden, da es grundsätzlich nicht zur Disposition des Landesgesetzgebers steht (vgl. Rdnr. 754). Regelmäßig ist daher das Ermessen zugunsten des Nachbarn reduziert, zumal der Bauherr die Bauarbeiten auf eigenes Risiko betrieben hat. Die Behörde muß also dem Beseitigungsverlangen des Nachbarn hinsichtlich des rechtswidrigen Teils des Bauvorhabens Rechnung tragen[3]. Ansonsten wäre die baurechtliche Nachbarklage praktisch wirkungslos und ein effektiver Rechtsschutz gegen nachbarrechtsverletzende Vorhaben nicht gewährleistet. Allenfalls in Ausnahmefällen bei einer nur sehr geringfügigen Beeinträchtigung des Nachbarn und der gleichzeitigen Notwendigkeit umfangreicher Abriß- oder Umbaumaßnahmen kann der **Verhältnismäßigkeitsgrund-**

1903

---

1 BVerwG v. 18.3.1988 – 4 B 50.88, BauR 1988, 332 = BRS 48 Nr. 179 = NVwZ 1988, 730.
2 S. etwa OVG Saarlouis v. 18.6.2002 – 2 R 2/01, NJW 2003, 768; VGH Mannheim v. 25.7.1995 – 3 S 2123/93, NVwZ-RR 1996, 310.
3 BVerwG v. 9.2.2000 – 4 B 11.00, BauR 2000, 1318.

satz daher der Folgenbeseitigung in Bezug auf die Nachbarrechtsverletzung ganz oder jedenfalls teilweise entgegenstehen[1].

1904 Ist das Nachbarrechtsmittel hingegen nicht erfolgreich, bestehen grundsätzlich **keine Schadensersatzansprüche des Bauherrn** gegenüber dem Nachbarn. Der Umstand, daß der Bauherr möglicherweise aufgrund des Rechtsmittelrisikos sein Vorhaben erheblich zeitlich verzögert hat, ändert daran nichts. Dies gilt sowohl für den Rechtsschutz im Hauptsacheverfahren als auch im vorläufigen Rechtsschutz, bei letzterem auch dann, wenn es sich um ein genehmigungsfreies Vorhaben (Rdnr. 1884) handelt, so daß sich der vorläufige Rechtsschutz nicht nach § 80 Abs. 5 VwGO sondern nach § 123 VwGO richtet[2].

XIII. Die vorzeitige Baugenehmigung während der Planaufstellung (§ 33 BauGB)

1. Zweck und Anwendungsbereich des § 33 BauGB

1905 Nach **§ 33 Abs. 1 BauGB** ist ein Vorhaben in Gebieten, für die die Gemeinde beschlossen hat, einen Bebauungsplan aufzustellen, zulässig, wenn

1. die Öffentlichkeits- und Behördenbeteiligung nach § 3 Abs. 2, § 4 Abs. 2 und § 4a Abs. 2 bis 5 durchgeführt worden ist,

2. anzunehmen ist, daß das Vorhaben den künftigen Festsetzungen des Bebauungsplans nicht entgegensteht,

3. der Antragsteller diese Festsetzungen für sich und seine Rechtsnachfolger schriftlich anerkennt und

4. die Erschließung gesichert ist (zu **§ 33 Abs. 2 und Abs. 3 BauGB** s. noch Rdnr. 1935 ff. sowie Rdnr. 1939 ff.).

1906 Die Vorschrift regelt neben den §§ 30, 34 und 35 BauGB **keinen zusätzlichen bauplanungsrechtlichen Bereich**. Es handelt sich vielmehr um einen **ergänzenden Zulassungstatbestand**, bei dem die Anwendung eines zukünftigen Bebauungsplans für den Fall vorweggenommen wird, daß ein Vorhaben nicht bereits nach geltendem Bauplanungsrecht zulässig ist. Demgemäß hat § 33 BauGB nur subsidiäre Bedeutung als Auffangtatbestand. Die Vorschrift

---

1 Vgl. OVG Lüneburg v. 16.5.1988 – 1 A 23/87, BauR 1989, 188 = BRS 48 Nr. 191; OVG Münster v. 17.5.1983 – 7 A 330/81, BauR 1984, 160 = BRS 40 Nr. 191 = NJW 1984, 883; s. auch Mampel, Nachbarschutz im öffentlichen Baurecht, 305; Finkelnburg/Ortloff, Öffentliches Baurecht, Band II, 255 mit Nachweisen zum unterschiedlichen Meinungsstand.
2 Uechtritz, Vorläufiger Rechtsschutz eines Nachbarn bei genehmigungsfreigestellten Bauvorhaben, BauR 1998, 719 (730 f.); Löhr in Battis/Krautzberger/Löhr, § 31 Rdnr. 102.

kann **nur zugunsten** eines ansonsten nicht genehmigungsfähigen Bauvorhabens herangezogen werden. Hingegen bietet § 33 BauGB keine Rechtsgrundlage dafür, Bauanträge abzulehnen[1]. Zur Verhinderung von Vorhaben, die dem geltenden Planungsrecht zwar entsprechen, deren Errichtung jedoch aufgrund eines laufenden Bebauungsplanverfahrens unterbunden werden soll, dienen allein die Veränderungssperre und die Zurückstellung von Baugesuchen (dazu Rdnr. 2287 ff.).

Beispiel:

1907

In einem bereits weitgehend bebauten Bereich befindet sich eine gemischte Bebauung. Ein Grundstückseigentümer möchte dort einen nicht störenden Gewerbebetrieb errichten. Die Baugenehmigungsbehörde lehnt den dafür gestellten Bauantrag unter Hinweis auf § 33 BauGB mit der Begründung ab, daß derzeit ein Bebauungsplanverfahren zur Ausweisung eines allgemeinen Wohngebiets stattfinde, in dem das Vorhaben unzulässig sein wird. Die so begründete Ablehnung des Antrags ist rechtswidrig, da § 33 BauGB nur zugunsten des Bauherrn wirkt.

§ 33 BauGB findet als ergänzender Zulässigkeitstatbestand während der Planaufstellung Anwendung, wenn das Vorhaben ansonsten nach §§ 34, 35 BauGB oder auch nach einem existierenden Bebauungsplan nicht genehmigungsfähig wäre. Er gilt nicht nur bei der Aufstellung eines Bebauungsplans sondern auch bei dessen **Änderung oder Ergänzung** (§ 1 Abs. 8 BauGB)[2].

1908

Grundsätzlich ist § 33 BauGB auf den Planungsfall eines qualifizierten Bebauungsplans (§ 30 Abs. 1 BauGB) zugeschnitten. Die Vorschrift gilt allerdings in gleicher Weise auch beim vorhabenbezogenen Bebauungsplan (Rdnr. 871 ff.) und beim einfachen Bebauungsplan (Rdnr. 1140 ff.). In letzterem Fall ist ein Vorhaben allerdings über den Wortlaut des § 33 Abs. 1 BauGB hinausgehend nicht bereits dann zulässig, wenn es den Festsetzungen des zukünftigen einfachen Bebauungsplans entspricht und die weiteren Voraussetzungen des § 33 Abs. 1 BauGB erfüllt sind. Notwendig ist vielmehr, daß auch die Anforderungen des § 30 Abs. 3 BauGB vollständig erfüllt sind. Die Vereinbarkeit des Vorhabens mit § 34 oder § 35 BauGB hinsichtlich der Voraussetzungen, die der einfache Bebauungsplan nicht regelt, muß also gewährleistet sein.

1909

§ 33 BauGB ist durch das EAG Bau (Rdnr. 1) im Hinblick auf das veränderte Regelverfahren der Bauleitplanung und die damit einhergehende grundsätzliche Pflicht zur Durchführung einer Umweltprüfung sowie die entsprechend angepaßten Regelungen zur Öffentlichkeits- und Behördenbeteiligung umgestaltet worden. Anders als nach der früheren Rechtslage ist mit Ausnahme der Bebauungsplanung im vereinfachten Verfahren gemäß § 13

1910

---
1 BVerwG v. 17.12.1964 – I C 36.64, BVerwGE 20, 127 = BRS 15 Nr. 14 = DVBl. 1965, 284 = DÖV 1965, 457 = NJW 1965, 549.
2 BVerwG v. 17.12.1964 – I C 36.64, BVerwGE 20, 127 = BRS 15 Nr. 14 = DVBl. 1965, 284 = DÖV 1965, 457 = NJW 1965, 549.

BauGB zwingend **vor Genehmigungserteilung die zweistufige Öffentlichkeits- und Behördenbeteiligung** durchzuführen. Dieser Grundfall ist in § 33 Abs. 1 BauGB geregelt (Rdnr. 1911 ff.). Eine Abweichung davon enthält § 33 Abs. 2 BauGB für den Fall der erneuten Öffentlichkeits- und Behördenbeteiligung gemäß § 4a Abs. 3 Satz 1 BauGB (Rdnr. 1935 ff.). § 33 Abs. 3 BauGB bezieht sich auf die Durchführung des vereinfachten Bebauungsplanverfahrens nach § 13 BauGB und erleichtert in dessen Rahmen auch die Erteilung einer vorzeitigen Baugenehmigung (Rdnr. 1939 ff.).

2. Die Voraussetzungen für eine vorzeitige Baugenehmigung nach § 33 Abs. 1 BauGB

a) Planaufstellungsbeschluß

1911 Erforderlich für die Genehmigungsfähigkeit nach § 33 Abs. 1 BauGB ist – anders als für die Genehmigungsfähigkeit nach Inkrafttreten des Bebauungsplans (Rdnr. 402 ff.) –, daß die Gemeinde einen Planaufstellungsbeschluß gefaßt hat. Dieser Beschluß muß den Anforderungen des § 2 Abs. 1 Satz 2 BauGB entsprechen, also ortsüblich bekanntgemacht sein (Rdnr. 409). Dies gilt auch beim **vorhabenbezogenen Bebauungsplan**. Auch dort ist daher der Beschluß, das Planverfahren einzuleiten (§ 12 Abs. 2 BauGB), ortsüblich bekannt zu machen, wenn eine vorzeitige Baugenehmigung in Betracht gezogen wird, was gerade bei der vorhabenbezogenen Bebauungsplanung sehr häufig der Fall ist.

b) Durchführung der Öffentlichkeits- und Behördenbeteiligung (formelle Planreife)

1912 Selbst in den Fällen, in denen dem Planaufstellungsbeschluß bereits sehr konkrete Planungsvorstellungen der Gemeinde zu Grunde liegen (zu den diesbezüglichen Anforderungen Rdnr. 403 f.), reicht ein solcher Beschluß nicht aus, um einen Bebauungsplan bereits vor Abschluß des Aufstellungsverfahrens anzuwenden. Erforderlich ist gemäß § 33 Abs. 1 Nr. 1 BauGB vielmehr, daß die Öffentlichkeits- und Behördenbeteiligung nach § 3 Abs. 2, § 4 Abs. 2 und § 4a Abs. 2 bis 5 BauGB zuvor durchgeführt worden sind. Dies impliziert zwangsläufig, daß auch die ihnen vorgelagerten Verfahrensschritte gemäß § 3 Abs. 1 BauGB und § 4 Abs. 1 BauGB durchgeführt wurden (zu den Verfahrensschritten im einzelnen Rdnr. 412 ff.; zum Sonderfall des vereinfachten Verfahrens nach § 13 BauGB s. noch Rdnr. 1939 ff.). Die Gemeinde muß hinreichend sicher übersehen können, ob sich aus den Beteiligungsverfahren ein etwaiger Änderungs- oder Ergänzungsbedarf für den Planentwurf ergibt, der das beantragte Vorhaben möglicherweise in Frage stellt (Rdnr. 1914). Ist dies der Fall und beabsichtigt die Gemeinde daher, den Planentwurf zu ändern, müssen für eine Genehmigungsfähigkeit gemäß

§ 33 Abs. 1 BauGB auch die erneute Öffentlichkeits- und Behördenbeteiligung gemäß § 4a Abs. 3 Satz 1 BauGB durchgeführt worden sein.

c) Übereinstimmung mit den künftigen Festsetzungen des Bebauungsplans (materielle Planreife)

Gemäß § 33 Abs. 1 Nr. 2 BauGB muß anzunehmen sein, daß das Vorhaben den künftigen Festsetzungen des Bebauungsplans nicht entgegensteht. Dies bedeutet zum einen, daß das Vorhaben, wenn es realisiert wird, den Vollzug des zukünftigen Bebauungsplans nicht erschweren oder gar verhindern darf. Zum anderen reicht die Genehmigungsfähigkeit nach § 33 Abs. 1 BauGB bei der vorgezogenen Anwendung des Bebauungsplans selbstverständlich nicht weiter als die Genehmigungsfähigkeit gemäß § 30 BauGB nach Inkrafttreten des Plans. Dies bedeutet allerdings zugleich, daß die vorgezogene Anwendung eines Bebauungsplans auch die **Ausnahme- und Befreiungsmöglichkeiten** gemäß § 31 Abs. 1 und Abs. 2 BauGB (Rdnr. 1698 ff. sowie Rdnr. 1717 ff.) einschließt. Liegen die Voraussetzungen für die vorgezogene Geltung des Bebauungsplans vor, dann ist diese also umfassend zu verstehen[1].

1913

An das Vorliegen der materiellen Planreife im Sinne von § 33 Abs. 1 Nr. 2 BauGB sind **strenge Anforderungen** zu stellen. Sie liegt nur vor, wenn die **sichere Prognose** gerechtfertigt ist, daß der vorliegende Planentwurf mit seinem konkret vorgesehenen Inhalt als wirksamer Bebauungsplan in Kraft treten wird[2]. Dies ist nicht der Fall, wenn das Planaufstellungsverfahren an erheblichen Mängel leidet und daher davon ausgegangen werden muß, daß der Planentwurf durch die Weiterführung und den Abschluß des Aufstellungsverfahrens nicht zu einem rechtswirksamen Bebauungsplan erstarken kann. In Betracht kommen insofern sowohl **Verfahrensmängel** als auch im Planentwurf bereits angelegte **Abwägungsmängel** oder auch Festsetzungen, für die eine wirksame Ermächtigungsgrundlage nicht existiert[3].

1914

Beispiele:

(a) Eine Gemeinde stellt einen Bebauungsplan für ein allgemeines Wohngebiet auf. Der Planentwurf sieht vor, daß sämtliche allgemein oder ausnahmsweise nach § 4

1915

---
1 So etwa auch Bielenberg/Stock in Ernst/Zinkahn/Bielenberg/Krautzberger, § 33 Rdnr. 15a; Jäde in Jäde/Dirnberger/Weiß, § 31 Rdnr. 6; Krautzberger in Battis/Krautzberger/Löhr, § 33 Rdnr. 9; Jäde in Jäde/Dirnberger/Weiß, § 31 Rdnr. 7; a.A. OVG Berlin v. 20.12.1991 – 2 S 21/91, BauR 1992, 166 = DVBl. 1992, 578 = LKV 1992, 201; Gaentzsch, in Berliner Kommentar zum Baugesetzbuch, § 33 Rdnr. 9.
2 BVerwG v. 1.8.2002 – 4 C 5.01, BVerwGE 117, 25 = BauR 2003, 55 = DVBl. 2003, 62 = ZfBR 2003, 38; OVG Münster v. 14.3.2001 – 7 B 355/01, BauR 2001, 1394 = NVwZ-RR 2001, 568.
3 Vgl. etwa VGH München v. 26.6.1978 – Nr. 47 XIV 75, BRS 33 Nr. 35; VGH Kassel v. 8.11.1983 – 3 TG 58/83, BRS 40 Nr. 53; VGH Mannheim v. 6.2.1973 – III 510/72, BRS 27 Nr. 39.

BauNVO zulässigen Nutzungen mit Ausnahme von Wohngebäuden ausgeschlossen werden. Da ein solcher Ausschluß unzulässig ist (Rdnr. 1675), kann der Planentwurf nicht zu einem rechtswirksamen Bebauungsplan führen. Er kann daher weder nach der öffentlichen Bekanntmachung des Satzungsbeschlusses (§ 10 Abs. 3 Satz 1 BauGB) noch vorher eine hinreichende Rechtsgrundlage für die Bebauung sein.

1916 (b) Ein Bebauungsplanentwurf enthält zum Maß der baulichen Nutzung eine Festsetzung zur Geschoßfläche (GFZ) und zu den überbaubaren Grundstücksflächen (§ 23 BauNVO), nicht hingegen zur zulässigen Grundfläche oder Grundflächenzahl (§ 19 BauNVO). Dies ist wegen § 16 Abs. 3 BauNVO sowohl für den endgültigen Bebauungsplan als auch für dessen vorgezogene Anwendung unzureichend (Rdnr. 1266).

1917 Unerheblich können allerdings **kleinere Mängel** des Planentwurfs sein, die im Zuge des weiteren Verfahrens ohne erneute Öffentlichkeits- und Behördenbeteiligung (s. noch zu § 33 Abs. 2 BauGB Rdnr. 1935 f.) heilbar sind.

1918 Letztlich reicht es allerdings nicht aus, daß die erforderlichen Schritte der Öffentlichkeits- und Behördenbeteiligung durchgeführt worden sind (§ 33 Abs. 1 Nr. 1 BauGB, Rdnr. 1912), der Bebauungsplanentwurf zu einer rechtswirksamen Satzung weiterentwickelt werden kann und das geplante Vorhaben den Festsetzungen – ggf. unter Einbeziehung von Ausnahme- und Befreiungsmöglichkeiten (Rdnr. 1913) – entspricht. Entscheidend ist vielmehr auch, ob der Planentwurf nach dem Willen der Gemeinde weiterverfolgt und bis zum Erlaß eines rechtsverbindlichen Bebauungsplans gebracht werden soll. Dies ist nicht immer der Fall. Insbesondere bei einzelfallbezogenen Bebauungsplänen, vor allem bei Bebauungsplänen nach § 12 BauGB (Rdnr. 871 ff.), ist häufig festzustellen, daß von vornherein gar nicht die ernsthafte Absicht besteht, nach weitestgehend vollständiger Ausschöpfung des Planungsrechts durch Erteilung einer vorzeitigen Baugenehmigung das Planungsverfahren weiter zu betreiben und den Bebauungsplan dem Risiko einer etwaigen Normenkontrolle (Rdnr. 1011 ff.) auszusetzen[1]. Ein Bebauungsplan erfüllt seinen planerischen Gestaltungsauftrag allerdings grundsätzlich erst mit seinem Inkrafttreten. Eine Planung, die zum Zeitpunkt einer Genehmigungsentscheidung nach § 33 BauGB nicht mehr ernsthaft zum Abschluß gebracht werden soll, erfüllt hingegen nicht die Anforderungen an die notwendige **Prognose eines positiven Abschlusses** des Bebauungsplanverfahrens[2]. Sie kann daher auch nicht Grundlage für eine vorgezogene Genehmigung nach den künftigen Festsetzungen des Bebauungsplans sein. In diesem Zusammenhang ist auch die **Funktionalität des § 33 BauGB** zu beachten, die dem Planaufstellungsverfahren als notwendiger Durchgangsstation zu einem wirksamen Bebauungsplan Rechnung tragen soll und zwangsläufig mit einer gewissen Zeitdauer verbunden ist. Diese Zeitdauer ändert allerdings nichts daran, daß die Gemeinde **alle Vorausset-**

---

[1] Uechtritz/Buchner, Einschränkung des Anwendungsbereichs des § 33 BauGB durch das BVerwG, BauR 2003, 813 (814).
[2] BVerwG v. 6.12.1963 – I B 171.63, BRS 15 Nr. 13; OVG Berlin v. 25.7.1980 – 2 B 36/77, BRS 36 Nr. 52.

zungen für das unverzügliche Inkrafttreten eines Bebauungsplans schaffen muß, wenn der Anwendungsbereich des § 33 BauGB eröffnet sein soll. Läßt sie das Verfahren unmittelbar vor dessen Abschluß schlicht ruhen, d.h. führt sie das Verfahren nicht mit der gebotenen Unverzüglichkeit weiter, ist kein Raum für eine vorzeitige Baugenehmigung[1]. Erst recht gilt dies bei einer längeren Unterbrechung des Planverfahrens, die einem faktischen Abbruch der Planung gleichkommt[2]. Wird die Genehmigung dennoch erteilt, ist sie objektiv rechtswidrig (zu Fragen des Nachbarschutzes bei der Erteilung von Baugenehmigungen nach § 33 BauGB Rdnr. 1948 ff.).

Für die notwendige Prognose eines positiven Abschlusses des Planverfahrens ist neben der rechtlichen Zulässigkeit der Planung immer zu beachten, daß sich der **Planungswille** der Gemeinde bis zum Inkrafttreten des Bebauungsplans durch die öffentliche Bekanntmachung gemäß § 10 Abs. 3 BauGB (Rdnr. 806 ff.) jederzeit ändern oder sogar vollständig aufgegeben werden kann (s. dazu Rdnr. 57). Insbesondere aus der Öffentlichkeits- und Behördenbeteiligung, also den Voraussetzungen der formellen Planreife (Rdnr. 1912), können sich für die Gemeinde Erkenntnisse ergeben, die eine Überarbeitung der Planung gebieten. Hinreichend sicher ist die Prognose, daß auch in Bezug auf den gemeindlichen Planungswillen die notwendige (materielle) Planreife gegeben ist, in aller Regel dann, wenn die Gemeindevertretung bereits den **Satzungsbeschluß** gemäß § 10 Abs. 1 BauGB gefaßt hat. Es bedarf dann – abgesehen von etwaigen Mängeln der Planung oder der Absicht, den Plan aus taktischen Gründen nicht in Kraft setzen zu wollen (Rdnr. 1918) – schon besonderer Anhaltspunkte für die Annahme, daß die Planung nicht (mehr) dem Willen der Gemeinde entspricht und daher nicht sachlich abgeschlossen ist.

1919

Allerdings ist der Satzungsbeschluß **keine zwingende Voraussetzung** für die materielle Planreife. Dies ergibt sich bereits aus dem Wortlaut des § 33 Abs. 1 BauGB, der den Anwendungsbereich der Vorschrift nicht auf den Zeitraum zwischen Satzungsbeschluß und förmlichem Inkrafttreten des Bebauungsplans beschränkt. Vielmehr ist grundsätzlich davon auszugehen, daß ein Planentwurf, zu dem die Gemeinde die Öffentlichkeits- und Behördenbeteiligung gemäß den §§ 3 und 4 BauGB beschlossen hat, auch dem gemeindlichen Planungswillen entspricht (zu § 33 Abs. 3 BauGB s. noch Rdnr. 1939 ff.). Anders kann dies allerdings etwa dann sein, wenn für die Entscheidungen im Vorfeld des Satzungsbeschlusses nicht die Gemeindevertretung sondern ein gemeindlicher Ausschuß (z.B. Bau- und Planungsausschuß) zuständig ist und aus diesem Grunde nicht hinreichend sicher prognostiziert werden kann, ob der Planentwurf dem mehrheitlichen Willen der Gemeindevertretung entspricht. Auch können Zweifel an dem unverän-

1920

---
1 BVerwG v. 1.8.2002 – 4 C 5.01, BVerwGE 117, 25 = BauR 2003, 55 = DVBl. 2003, 62 = ZfBR 2003, 38.
2 OVG Münster v. 14.3.2001 – 7 B 355/01, BauR 2001, 1394 = NVwZ-RR 2001, 568.

derten Fortbestand der kommunalen Planungsabsicht und damit an der materiellen Planreife dann bestehen, wenn kritische Stellungnahmen zu dem Planentwurf aus der Öffentlichkeit oder von den beteiligten Behörden und sonstigen Trägern öffentlicher Belange vorliegen. Dabei reicht es allerdings nicht, wenn überhaupt kritische Stellungnahmen bei der Gemeinde eingegangen sind[1]. Dies gilt insbesondere dann, wenn sie unsubstantiiert sind und ohne weitere Begründung lediglich pauschal die Planung ablehnen. Es muß sich vielmehr um Äußerungen handeln, die bei objektiver Betrachtung ernsthaft dazu geeignet sind, die Gemeindevertretung zu einem Überdenken der Planung zu veranlassen und daher die Annahme rechtfertigen, daß die Planung noch nicht sachlich abgeschlossen ist (zum gemeindlichen Einvernehmen und zur abschließenden Entscheidung im Baugenehmigungsverfahren Rdnr. 1932 ff.). Dabei spielt neben dem Inhalt und der Konkretheit der Äußerungen auch deren Quantität eine Rolle[2].

d) Anerkennung der künftigen Festsetzungen

1921 Für die Erteilung einer vorzeitigen Baugenehmigung ist es nach § 33 Abs. 1 Nr. 3 BauGB desweiteren erforderlich, daß der Antragsteller die künftigen Planfestsetzungen für sich und seine Rechtsnachfolger schriftlich anerkennt. Die Anerkenntniserklärung ist **gegenüber der Baugenehmigungsbehörde** abzugeben. Sie hat ebenso wie die Mehrwertverzichtserklärung nach § 32 BauGB (Rdnr. 1790) eine auf dem Grundstück liegende dingliche Wirkung, die den planungsrechtlichen Status des Grundstücks festlegt[3]. Dies macht es erforderlich, daß der **Grundstückseigentümer** dem Anerkenntnis schriftlich zustimmt, sofern er nicht selbst Bauantragsteller ist[4]. Das Anerkenntnis kann sich auch auf Bebauungsplanfestsetzungen beziehen, die auf landesrechtlichen Bestimmungen beruhen (§ 9 Abs. 4 BauGB, Rdnr. 367 ff.)[5].

1922 Weithin unklar ist, welche **Bedeutung** dem Anerkenntnis zukommt, da Rechtsprechung zu dieser Frage kaum existiert. Dies zeigt allerdings zugleich auch, daß die praktische Bedeutung des Anerkenntnisses nicht besonders groß ist.

---

1 Bartholomäi, Die vorzeitige Zulässigkeit nach § 33 BauGB, BauR 2001, 725 (727).
2 Tendenziell wohl strenger OVG Berlin v. 25.7.1980 – 2 B 36/77, BRS 36 Nr. 52; vgl. auch Bielenberg/Stock in Ernst/Zinkahn/Bielenberg/Krautzberger, § 33 Rdnr. 14.
3 BVerwG v. 18.4.1996 – 4 C 22.94, BVerwGE 101, 58 = BauR 1996, 671 = BRS 58 Nr. 44 = DVBl. 1996, 920 = DÖV 1997, 28 = NVwZ 1996, 892 = UPR 1996, 308 = ZfBR 1996, 337.
4 Bielenberg/Stock in Ernst/Zinkahn/Bielenberg/Krautzberger, § 33 Rdnr. 16; Krautzberger in Battis/Krautzberger/Löhr, § 33 Rdnr. 11.
5 BVerwG v. 18.4.1996 – 4 C 22.94, BVerwGE 101, 58 = BauR 1996, 671 = BRS 58 Nr. 44 = DVBl. 1996, 920 = DÖV 1997, 28 = NVwZ 1996, 892 = UPR 1996, 308 = ZfBR 1996, 337.

Nicht herleiten kann man aus § 33 Abs. 1 Nr. 3 BauGB, daß der Bauherr aufgrund seines Anerkenntnisses verpflichtet ist, ein Bauvorhaben abweichend von der erteilten Baugenehmigung auszuführen oder gar Anpassungen an dem bereits errichteten Vorhaben vorzunehmen, Nutzungsänderungen durchzuführen o.ä., wenn die Planfestsetzungen sich gegenüber dem Entwurf, der Grundlage für die erteilte Genehmigung war, ändern. Es handelt sich auch bei einer Genehmigung nach § 33 BauGB um eine **formelle und materielle Legalisierung** des beantragten Vorhabens, das dementsprechend auch **Bestandsschutz** genießt. Der Bauherr trägt also nicht das Risiko etwaiger Veränderungen gegenüber dem Planentwurf. Dieses liegt vielmehr bei der Baugenehmigungsbehörde und der Gemeinde.

1923

Beispiel:
Ein faktisches allgemeines Wohngebiet soll durch die Ausweisung eines Mischgebiets überplant werden. Kurz vor Abschluß des Bebauungsplanverfahrens erhält ein Antragsteller eine vorzeitige Baugenehmigung für einen nicht wesentlich störenden Gewerbebetrieb und beginnt mit den Bauarbeiten. Die Gemeinde ändert sodann ihre Planungsabsicht und weist ein allgemeines Wohngebiet aus. Allein mit der Begründung, der Bauherr habe die Festsetzungen des künftigen Bebauungsplans anerkannt, kann die zuständige Baubehörde keine baulichen oder betrieblichen Maßnahmen verlangen, damit das Gebäude und seine Nutzung mit der Festsetzung als WA-Gebiet in Einklang gebracht werden. Allerdings richten sich alle zukünftigen (wesentlichen) Änderungen oder Ergänzungen des Vorhabens nach den neuen Planfestsetzungen, d.h. diese sind nur eingeschränkt möglich. Dafür bedarf es allerdings keines Rückgriffs auf das Anerkenntnis nach § 33 Abs. 1 Nr. 3 BauGB. Vielmehr ergibt sich dies bereits allgemein aus den bauplanungsrechtlichen Anforderungen (vgl. Rdnr. 1111 ff.).

1924

Das Anerkenntnis führt allerdings dazu, daß nicht nur die Rechte aus dem Planentwurf sondern auch die **Planbindungen** für den Bauherrn vorzeitig verbindlich werden. Wird ein Bauvorhaben nach § 33 BauGB genehmigt, weil es nach den vorrangigen planungsrechtlichen Bestimmungen (§§ 30, 34, 35 BauGB, Rdnr. 1906) nicht genehmigungsfähig wäre, muß sich der Bauherr **umfassend** auf den Planentwurf bereits vor Abschluß des Planverfahrens einlassen. Er kann sich in diesem Fall nicht für ein weiteres Bauvorhaben auf seinem Grundstück auf das noch maßgebliche alte Planungsrecht berufen, wenn das Vorhaben nach den Festsetzungen des künftigen Bebauungsplans nicht genehmigungsfähig wäre[1].

1925

Beispiel:
In einem ausgewiesenen Mischgebiet beantragt ein Bauherr die Erteilung einer Baugenehmigung für einen nicht erheblich belästigenden Gewerbebetrieb. Dieser ist gemäß § 6 BauNVO nach Auffassung der Baubehörde nicht genehmigungsfähig. Da die Gemeinde das Gebiet allerdings überplant, um dort ein Gewerbegebiet auszuweisen, erteilt sie auf der Grundlage von § 33 BauGB eine Baugenehmigung, nachdem der Bauherr zuvor die Planfestsetzungen gemäß § 33 Abs. 1 Nr. 3 BauGB anerkannt hat. Auf dem verbleibenden Teil seines Grundstücks möchte der Bauherr nur kurze Zeit später ein Wohnhaus genehmigt bekommen. Da das Bebauungsplanverfahren zur

1926

---
1 Jäde in Jäde/Dirnberger/Weiß, § 33 Rdnr. 16.

Ausweisung des Gewerbegebiets noch nicht abgeschlossen ist, beruft er sich auf die Festsetzungen des noch geltenden Bebauungsplans (Mischgebiet). Unabhängig von den Möglichkeiten einer – ggf. allerdings entschädigungspflichtigen – Veränderungssperre oder Zurückstellung (Rdnr. 2287 ff.) scheidet dies bereits deshalb aus, weil für den Bauherrn die zukünftigen Planfestsetzungen aufgrund seines Anerkenntnisses vorzeitig verbindlich geworden sind. Für ihn gilt also der alte Bebauungsplan in Bezug auf seine im Plangebiet gelegenen Grundstücksflächen nicht mehr.

1927 Das Anerkenntnis des Bauherrn und die daraus resultierende Bindung beziehen sich nach dem Gesetzeswortlaut auf jegliche zukünftige Planfestsetzungen unabhängig davon, ob und in welcher Weise sie gegenüber dem anerkannten Planentwurf noch geändert werden. Dies ist allerdings einschränkend dahingehend auszulegen, daß sich das Anerkenntnis immer nur auf die zum Zeitpunkt der entsprechenden Erklärung vorgesehenen Festsetzungen einschließlich etwaiger geringfügiger Änderungen aufgrund des weiteren Planungsverfahrens erstreckt. Nicht eingeschlossen sind wesentliche Änderungen des Planentwurfs, die nicht „**Geschäftsgrundlage**" der Anerkenntniserklärung des Bauherrn waren[1].

1928 Desweiteren bezieht sich das Anerkenntnis nur auf eine **rechtmäßige Planung** und entsprechende Planfestsetzungen. Nicht hingegen kann der Bauherr verpflichtet sein, einen künftigen Bebauungsplan als verbindlich anzuerkennen, der mit geltendem Recht nicht in Einklang steht. Dies führt gleichzeitig zu der Konsequenz, daß es dem Bauherrn nicht verwehrt ist, gegen den in Kraft getretenen Bebauungsplan ein Normenkontrollverfahren einzuleiten, das der Klärung dient, ob der Plan rechtmäßig ist oder nicht[2]. Ebenfalls bedeutet das Anerkenntnis nach § 33 Abs. 1 Nr. 3 BauGB nicht, daß der Bauherr auf **Entschädigungsansprüche** nach den §§ 39 bis 44 BauGB verzichtet, die sich möglicherweise aus der Überplanung seines Grundstücks ergeben.

e) Gesicherte Erschließung

1929 Schließlich ist Voraussetzung der Genehmigung wie bei jedem Bauvorhaben (Rdnr. 1196 ff.), daß die Erschließung gesichert ist (§ 33 Abs. 1 Nr. 4 BauGB). Die Besonderheit der Vorschrift liegt allerdings darin, daß eine **plangemäße**, d.h. den künftigen Planfestsetzungen entsprechende, Erschließung gesichert sein muß.

1930 **Beispiel:**
Ein Baugrundstück grenzt an eine Straße, die zur wegemäßigen Erschließung geeignet ist. Nach den Festsetzungen des künftigen Bebauungsplans soll diese Straße allerdings wegfallen und durch ein öffentliches Vorhaben kurzfristig überbaut werden.

---

1 Krautzberger in Battis/Krautzberger/Löhr, § 33 Rdnr. 11.
2 Krautzberger in Battis/Krautzberger/Löhr, § 33 Rdnr. 11; zur Beachtlichkeit der privaten Belange des Bauherrn in einem solchen Fall VGH Mannheim v. 19.6.1974 – II 229/74, BRS 28 Nr. 17.

Wann die auf der anderen Seite des privaten Baugrundstücks vorgesehene Erschließungsstraße von der Gemeinde realisiert werden soll, steht noch nicht fest. In diesem Fall ist eine (plangemäße) Erschließung nicht gesichert, sofern dazu nicht noch ein Erschließungsvertrag (Rdnr. 1007 ff.) abgeschlossen wird.

3. Erfordernis des gemeindlichen Einvernehmens (§ 36 Abs. 1 BauGB)

Durch die Genehmigungserteilung während der Planaufstellung wird die kommunale Planungshoheit unmittelbar berührt. Aus diesem Grund bedarf es gemäß § 36 Abs. 1 BauGB des gemeindlichen Einvernehmens (s. dazu im einzelnen Rdnr. 1758 ff.). Da die Baugenehmigungsbehörde an die Versagung des gemeindlichen Einvernehmens gebunden ist und sich darüber nicht hinwegsetzen kann, hat die Frage, wie bei unterschiedlichen Auffassungen zwischen Baugenehmigungsbehörde und Gemeinde über den Stand der Planungsarbeiten zu verfahren ist, in der Regel keine besondere praktische Bedeutung. Vor dem Hintergrund, daß die Gemeinde das Planungsverfahren selbst in der Hand hat, kommt eine Ersetzung des gemeindlichen Einvernehmens (Rdnr. 1762 ff.) in aller Regel nicht in Betracht.

1931

4. Die abschließende Entscheidung über die Erteilung einer vorzeitigen Baugenehmigung

Ein Antragsteller hat, wenn die Voraussetzungen des § 33 Abs. 1 BauGB erfüllt sind, einen **Rechtsanspruch auf Erteilung** der vorzeitigen Baugenehmigung. Dies ergibt sich aus dem eindeutigen Wortlaut der Vorschrift, nach dem ein Vorhaben zulässig ist, wenn die unter § 33 Abs. 1 Nr. 1 bis 4 BauGB genannten Voraussetzungen erfüllt sind[1]. Es handelt sich also aus Sicht der Genehmigungsbehörde bei der Prüfung der Planreife ebenso wie bei der Prüfung der weiteren tatbestandlichen Voraussetzungen der Vorschrift um eine **reine Rechtsprüfung** anhand unbestimmter Rechtsbegriffe, die verwaltungsgerichtlich uneingeschränkt kontrollierbar ist.

1932

Da die Gemeinde für das Planungsverfahren zuständig ist, wird die (nicht bei der Gemeinde angesiedelte) Baugenehmigungsbehörde sich nach Erteilung des gemeindlichen Einvernehmens zu dem Vorhaben (Rdnr. 1758 ff.) zumeist nicht auf den Standpunkt stellen können, daß es an der notwendigen materiellen Planreife fehle, weil sich die Planungsabsichten der Gemeinde noch ändern können und daher eine hinreichend sichere Prognose, daß das Vorhaben den künftigen Planfestsetzungen entspreche, noch nicht möglich sei. Für diese Prognose ist in erster Linie die Gemeinde selbst verantwortlich. Anders ist dies allerdings dann, wenn die formelle Planreife

1933

---
1 BVerwG v. 17.12.1964 – I C 36.64, BVerwGE 20, 127 = BRS 15 Nr. 14 = DVBl. 1965, 284 = DÖV 1965, 457 = NJW 1965, 549.

fehlt, der Planentwurf an Fehlern leidet, die bei Fortsetzung des Planungsverfahrens zu einem rechtswidrigen Bebauungsplan führen würden oder wenn die Gemeinde das Planverfahren nicht mit der gebotenen Unverzüglichkeit betreibt und aus diesem Grunde die Anwendungsvoraussetzungen des § 33 Abs. 1 BauGB nicht erfüllt sind (Rdnr. 1918).

1934 Hat die Gemeinde eine **Veränderungssperre** erlassen (§ 14 BauGB, Rdnr. 2291 ff.), steht diese einem Vorhaben selbst dann entgegen, wenn die Voraussetzungen des § 33 Abs. 1 BauGB erfüllt sind. Allerdings ist der Ermessensspielraum für die Erteilung einer Ausnahme gemäß § 14 Abs. 2 BauGB eingeschränkt, in der Regel wohl sogar auf Null reduziert (Rdnr. 2337 ff.)[1].

5. Die Voraussetzungen für eine vorzeitige Baugenehmigung nach § 33 Abs. 2 BauGB

1935 § 33 Abs. 2 BauGB regelt den Fall, daß für einen Bebauungsplan die Öffentlichkeits- und Behördenbeteiligung gemäß § 3 Abs. 2 und § 4 Abs. 2 BauGB durchgeführt worden sind, dann jedoch der Planentwurf aufgrund von Änderungen oder Ergänzungen gemäß § 4a Abs. 3 BauGB einer erneuten, wenn auch ggf. eingeschränkten Öffentlichkeits- und Behördenbeteiligung unterzogen werden muß. Aufgrund dieser Notwendigkeit liegen die Voraussetzungen des § 33 Abs. 1 BauGB nicht vor. Gleichwohl kommt eine Genehmigungserteilung in Betracht, wenn sich die beabsichtigte Änderung oder Ergänzung des Planentwurfs, die die erneute Öffentlichkeits- und Behördenbeteiligung erforderlich macht, nicht auf das Vorhaben auswirkt und die in § 33 Abs. 1 Nr. 2 bis 4 BauGB bezeichneten Voraussetzungen (Rdnr. 1913 ff.) erfüllt sind. Änderungen oder Ergänzungen des Bebauungsplanentwurfs nach Abschluß der Öffentlichkeits- und Behördenbeteiligung wirken sich dann nicht auf das Vorhaben aus, wenn sie lediglich einen anderen räumlichen Bereich des Plangebiets betreffen. In diesem Fall liegt für den Teil des Plangebiets, in dem das Vorhaben durchgeführt werden soll, **räumliche Teilplanreife** vor. Voraussetzung ist dabei freilich, daß der Teilbereich, in dem das Vorhaben durchgeführt werden soll, einer eigenständigen Planung zugänglich ist, also nicht in einem so engen planerischen Zusammenhang mit dem restlichen Plangebiet steht, daß auch dort noch mit Folgeänderungen oder -ergänzungen gerechnet werden muß.

1936 Wenn Änderungen oder Ergänzungen sich (auch) auf den räumlichen Bereich beziehen, in dem das Vorhaben realisiert werden soll, kommt eine Genehmigungserteilung gemäß § 33 Abs. 2 BauGB nur in Betracht, wenn in Bezug auf das beantragte Vorhaben **sachliche Planreife** vorliegt, also in Bezug auf die Festsetzungen, die das geplante Vorhaben betreffen, davon

---
1 Vgl. VGH Mannheim v. 30.4.1984 – 5 S 2079/83, DÖV 1985, 208 = NJW 1986, 149 = ZfBR 1984, 303; Schmaltz in Schrödter, § 14 Rdnr. 20.

ausgegangen werden kann, daß die Planung seitens der Gemeinde abgeschlossen ist.

Beispiel: 1937

Eine Gemeinde beabsichtigt, für eine Außenbereichsfläche einen Bebauungsplan aufzustellen und dort ein Gewerbegebiet festzusetzen. Der Grundstückseigentümer einer innerhalb des Plangebiets gelegenen Fläche beantragt die Erteilung einer Baugenehmigung für einen Schlossereibetrieb. Das Vorhaben entspricht sämtlichen Festsetzungen des Planentwurfs. Aufgrund von Stellungnahmen aus der Öffentlichkeits- und Behördenbeteiligung beabsichtigt die Gemeinde, in dem Plangebiet Einzelhandelsbetriebe auszuschließen (§ 1 Abs. 9 BauNVO, Rdnr. 1679 ff.). Es bedarf dafür zwar gemäß § 4a Abs. 3 Satz 1 BauGB einer erneuten Öffentlichkeits- und Behördenbeteiligung, jedoch hat dies für die Genehmigungsfähigkeit des beantragten Vorhabens keine Bedeutung.

Während § 33 Abs. 1 BauGB regelt, daß ein Vorhaben bei Vorliegen der 1938 entsprechenden Voraussetzungen zulässig ist, regelt Abs. 2 der Vorschrift, daß ein Vorhaben nach Maßgabe der dort genannten Anforderungen genehmigt werden kann. Dabei ist allerdings zu berücksichtigen, daß für das konkrete Vorhaben die Anforderungen an die materielle Planreife in § 33 Abs. 1 und Abs. 2 BauGB identisch sind. Es ist also nicht so, daß § 33 Abs. 2 BauGB geringere Anforderungen hinsichtlich der materiellen Erfordernisse stellt, die für die Erteilung einer vorzeitigen Baugenehmigung einzuhalten sind. Obgleich der Gesetzeswortlaut dies nahe legt, steht daher die Erteilung einer vorzeitigen Baugenehmigung nach § 33 Abs. 2 BauGB ebensowenig im behördlichen Ermessen wie dies in den Fällen des § 33 Abs. 1 BauGB der Fall ist. Ermessen im Sinne von planerischer Gestaltungsfreiheit besteht für die Gemeinde lediglich dahingehend, ob sie die für das Vorhaben maßgebliche Planung noch inhaltlich verändern will oder ob sie die Planung für sachlich abgeschlossen hält. Ist letzteres der Fall, handelt es sich ebenso wie in den Fällen des § 33 Abs. 1 BauGB um eine **reine Rechtsanwendung** hinsichtlich der unbestimmten Rechtsbegriffe auf der Tatbestandsseite des § 33 Abs. 2 BauGB, ohne daß auf der Rechtsfolgenseite noch ein Ermessensspielraum besteht, ob die Genehmigung erteilt werden soll oder nicht[1].

6. Die Voraussetzungen für eine vorzeitige Baugenehmigung nach § 33 Abs. 3 BauGB

§ 33 Abs. 3 BauGB läßt, ähnlich wie § 33 Abs. 2 BauGB a.F., die vorzeitige 1939 Genehmigung eines Bauvorhabens auch in den Fällen zu, in denen nur die

---

1 Ebenso zu § 33 Abs. 2 BauGB a.F. Bielenberg/Stock in Ernst/Zinkahn/Bielenberg/Krautzberger, § 33 Rdnr. 21; Jäde in Jäde/Dirnberger/Weiß, § 33 Rdnr. 26; a.A. Krautzberger in Battis/Krautzberger/Löhr, § 33 Rdnr. 13; Gaentzsch in Berliner Kommentar zum Baugesetzbuch, § 33 Rdnr. 13; Uechtritz/Buchner, Einschränkungen des Anwendungsbereichs des § 33 BauGB durch das BVerwG, BauR 2003, 813 (815).

Voraussetzungen des § 33 Abs. 1 Nr. 2 bis 4 BauGB (Rdnr. 1913 ff.) erfüllt sind. Er beschränkt dies allerdings auf die Fälle, in denen ein **vereinfachtes Bebauungsplanverfahren** gemäß § 13 BauGB durchgeführt wird. Dies setzt zugleich voraus, daß auch die sachlichen Voraussetzungen des § 13 BauGB für die Änderung oder Ergänzung eines Bebauungsplans oder die Aufstellung eines Bebauungsplans in einem Gebiet nach § 34 BauGB erfüllt sind (dazu im einzelnen Rdnr. 841 ff.). Ist dies nicht der Fall, leidet das Planverfahren an einem formellen Mangel und kann nicht rechtmäßig zu einem erfolgreichen Abschluß gebracht werden (Rdnr. 1914), so daß auch eine vorgezogene Anwendung des Planentwurfs ausscheidet.

1940 Für eine Genehmigungserteilung nach § 33 Abs. 3 BauGB muß neben den anderen Voraussetzungen des § 33 Abs. 1 BauGB zwar die **materielle Planreife** (Rdnr. 1913 ff.), **nicht jedoch die formelle Planreife** im Sinne von § 33 Abs. 1 Nr. 1 BauGB vorliegen. Anders als im Fall des § 33 Abs. 2 BauGB ist eine Genehmigungserteilung nicht erst vor einer erneuten Öffentlichkeits- und Behördenbeteiligung gemäß § 4a Abs. 3 Satz 1 BauGB möglich sondern bereits vor der erstmaligen Beteiligung.

1941 Diese erweiterte Genehmigungsmöglichkeit ist in einfachen und insbesondere hinsichtlich ihrer Umweltrelevanz unproblematischen Planungskonstellationen, wie sie § 13 BauGB zu Grunde liegen, sachgerecht. Insbesondere bei Planungen in bereits vorhandenen Bebauungszusammenhängen ist die materielle Planreife vielfach nicht in einer dem Regelverfahren der Bauleitplanung vergleichbaren Weise von der Durchführung der formalen Verfahrensschritte abhängig, auf die sich § 33 Abs. 1 Nr. 1 BauGB bezieht. Ebenso wie es Fälle gibt, in denen trotz der formellen Planreife die materielle Planreife nicht gegeben ist (vgl. Rdnr. 1918), kommen gerade hier Planungssituationen in Betracht, in denen bereits bei oder jedenfalls kurz nach dem Aufstellungsbeschluß die Planung sehr weit verfestigt ist.

1942 **Beispiele:**

(a) Eine Gemeinde beabsichtigt, ein im Mischgebiet gelegenes Krankenhaus aufzustocken und auf einem erworbenen Nachbargrundstück zu erweitern. Vor dem Ankauf hatte die Gemeinde bereits vorsorglich mit den maßgeblichen Behörden und sonstigen Trägern öffentlicher Belange Kontakt aufgenommen, um abzuklären, ob etwaige planungsrechtliche Bedenken bestehen. Da auch von der Nachbarschaft, insbesondere von dem Nachbarn, von dem das Erweiterungsgrundstück erworben wurde, keine Bedenken angemeldet wurden, ließ sich bereits beim Aufstellungsbeschluß absehen, daß die vorgesehene Planung keiner besonderen Überarbeitung bedarf und die vorgesehene Krankenhauserweiterung den zukünftigen Planfestsetzungen entsprechen wird. Dementsprechend kommt in einem solchen Fall bereits in einem sehr früheren Stadium der Planung die Erteilung einer Baugenehmigung nach § 33 Abs. 3 BauGB in Betracht.

1943 (b) Eine Gemeinde möchte in der Nachbarschaft eines Gewerbegebiets ein bereits faktisch vorhandenes Wohngebiet gemäß § 13 BauGB auch planerisch festsetzen und dabei zugleich für die noch vorhandenen Baulücken städtebauliche Festlegungen treffen. Im Rahmen der Öffentlichkeits- und Behördenbeteiligung wurden jedoch von den gewerbetreibenden Nachbarn und von den für den Immissionsschutz zuständigen Fachbehörden Bedenken angemeldet und vorgeschlagen, zur Vermeidung zusätzlicher Konflikte für die noch vorhandenen Baulücken eine Wohnbebauung besser auszuschließen. In einem solchen Fall liegt zwar die formelle Planreife vor. Die Genehmigungsfähigkeit eines Wohnbauvorhabens im Bereich des Planentwurfs dürfte allerdings in einem solchen Fall an dem Erfordernis der materiellen Planreife scheitern.

Kompensiert wird die fehlende formelle Planreife in den für § 33 Abs. 3 BauGB in Betracht kommenden Fällen durch Satz 2 der Vorschrift. Danach ist der betroffenen Öffentlichkeit und den berührten Behörden und sonstigen Trägern öffentlicher Belange vor Erteilung der Genehmigung **Gelegenheit zur Stellungnahme** innerhalb angemessener Frist zu geben, soweit sie dazu nicht bereits zuvor Gelegenheit hatten. Die Beteiligung entspricht dem vereinfachten Verfahren gemäß § 13 Abs. 2 Nr. 2 und Nr. 3 BauGB, so daß auf auf die Ausführungen unter Rdnr. 857 ff. verwiesen werden kann. 1944

Da die einzuholenden Stellungnahmen sich auf die gemeindliche Planung beziehen und daher auch von der Gemeinde hinsichtlich ihrer Bedeutung für das weitere Verfahren bewertet und gewichtet werden müssen, ist die Beteiligung nach § 33 Abs. 3 Satz 2 BauGB nicht von der Genehmigungsbehörde sondern **von der Gemeinde** durchzuführen[1]. Ob sie dies tut oder nicht, liegt als Ausdruck der kommunalen Planungshoheit im Bereich der planerischen Gestaltungsfreiheit und kann wegen § 1 Abs. 3 Satz 2 BauGB durch einen Bauherrn oder die Genehmigungsbehörde nicht erzwungen werden[2]. 1945

Von dem vorhabenbezogenen Beteiligungsverfahren nach § 33 Abs. 3 Satz 2 BauGB kann **abgesehen** werden, wenn die betroffene Öffentlichkeit sowie die berührten Behörden und sonstigen Träger öffentlicher Belange zuvor bereits Gelegenheit zur Stellungnahme hatten. Eine solche Gelegenheit kann etwa die frühzeitige Öffentlichkeits- oder Behördenbeteiligung (§ 3 Abs. 1 und § 4 Abs. 1 BauGB, Rdnr. 412 ff. sowie Rdnr. 501 ff.), die Durchführung einer Rahmenplanung im Sinne von § 1 Abs. 6 Nr. 11 BauGB u.ä. sein. Notwendig ist es allerdings, daß in diesen Fällen die Planung in Bezug auf die das beantragte Vorhaben tragenden Festsetzungen bereits so konkret war, daß eine Äußerung dazu überhaupt in Betracht kam. Liegen die Voraussetzungen vor, unter denen von der Einräumung einer (erneuten) Äußerungsmöglichkeit für die betroffene Öffentlichkeit sowie die berührten Behörden und sonstigen Träger öffentlicher Belange abgesehen werden kann, entscheidet die Gemeinde darüber, ob von dieser Möglichkeit Gebrauch gemacht werden oder ob nicht auf der Grundlage des zwischenzeitlich vorliegenden Planentwurfs gleichwohl eine (erneute) Beteiligung nach § 33 Abs. 3 Satz 2 BauGB durchgeführt werden soll. Die Baugenehmigungsbehör- 1946

---

1 Vgl. Bielenberg/Stock in Ernst/Zinkahn/Bielenberg/Krautzberger, § 33 Rdnr. 20a.
2 Vgl. Jäde in Jäde/Dirnberger/Weiß, § 33 Rdnr. 24.

de kann dies nicht verhindern, zumal in einem solchen Fall die Genehmigungserteilung ohnehin an dem fehlenden gemeindlichen Einvernehmen (Rdnr. 1931) scheitern würde. Allerdings kann die Baugenehmigungsbehörde im umgekehrten Fall die Erteilung der Baugenehmigung aus Rechtsgründen verweigern, wenn die Gemeinde von einer vorhabenbezogenen Öffentlichkeits- und Behördenbeteiligung nach § 33 Abs. 3 Satz 2 BauGB absieht und ihr Einvernehmen erteilt, obgleich die dafür notwendigen Voraussetzungen nicht erfüllt sind.

1947 Die Möglichkeit, gemäß § 33 Abs. 3 BauGB eine Baugenehmigung bereits vor der Öffentlichkeits- und Behördenbeteiligung zu erteilen, ändert nichts daran, daß die materiellrechtlichen Erfordernisse gemäß § 33 Abs. 1 Nr. 2 bis 4 BauGB uneingeschränkt einzuhalten sind. Insbesondere sind die Anforderungen an die materielle Planreife in § 33 Abs. 1 und Abs. 3 BauGB identisch. Obgleich der Gesetzeswortlaut dies ebenso wie bei § 33 Abs. 2 BauGB nahelegt, steht daher die Erteilung einer vorzeitigen Baugenehmigung nach § 33 Abs. 3 BauGB ebensowenig im behördlichen **Ermessen** wir dies in den Fällen des § 33 Abs. 1 oder Abs. 2 BauGB (Rdnr. 1932 sowie Rdnr. 1938) der Fall ist. Es geht also auch hier lediglich um eine reine Rechtsanwendung hinsichtlich der unbestimmten Rechtsbegriffe auf der Tatbestandsseite. Sind die Tatbestandsvoraussetzungen erfüllt, kann die Erteilung der Genehmigung nicht mehr aufgrund gesonderter Ermessenserwägungen verweigert werden.

7. Die Nachbarklage gegen eine vorzeitige Baugenehmigung

1948 Die vorweggenommene Anwendung zukünftiger Bebauungsplanfestsetzungen wirft in Bezug auf den Nachbarschutz zusätzliche Fragen auf. Dabei ist allerdings auch aus diesem Blickwinkel zunächst von Bedeutung, daß § 33 BauGB einen subsidiären Genehmigungstatbestand darstellt, der lediglich dann Bedeutung erlangt, wenn ein Bauvorhaben nicht bereits nach dem vorhandenen Planungsrecht (§§ 30, 34, 35 BauGB, Rdnr. 1906) genehmigungsfähig ist. Hierfür ist auf die objektive Rechtslage abzustellen, nicht hingegen darauf, ob die Genehmigungsbehörde möglicherweise fehlerhaft ein Bauvorhaben unter Anwendung von § 33 BauGB genehmigt hat, obwohl es bereits nach dem geltenden Planungsrecht genehmigungsfähig war. In diesen Fällen richtet sich der Schutzanspruch nach dem bisherigen Planungsrecht. Er ist im Vergleich dazu weder verkürzt noch erweitert (s. zum beplanten Bereich Rdnr. 1793 ff., zum Innenbereich Rdnr. 2084 ff., zum Außenbereich Rdnr. 2283 f.).

1949 Scheidet eine Genehmigungsfähigkeit nach dem noch maßgeblichen Planungsrecht aus, deckt sich der Nachbarschutz bei der vorgezogenen Anwendung des Bebauungsplans mit den Schutzansprüchen nach Inkrafttreten des Plans. Ein Nachbar kann sich dann also auf die zu seinen Gunsten wirkenden Vorschriften so berufen, wie dies auch nach Rechtsverbindlichkeit des Plans möglich wäre.

Stellt sich bei nach § 33 BauGB genehmigten – und nach dem alten Planungsrecht nicht genehmigungsfähigen (Rdnr. 1948) – Vorhaben anläßlich der **Inzidentkontrolle** des Planentwurfs (zur fehlenden Normenkontrollfähigkeit von Planentwürfen Rdnr. 1012) heraus, daß die notwendige Planreife noch nicht gegeben ist, weil etwa die Planung noch nicht hinreichend konkret ist oder an inhaltlichen Fehlern leidet (z.B. unzulässige Festsetzungen in dem Planentwurf; zu in Betracht kommenden Fällen, in denen es an der materiellen Planreife fehlt s. Rdnr. 1914 ff.), gilt nichts anderes als bei einem bereits in Kraft getretenen Bebauungsplan, der sich anläßlich einer baunachbarrechtlichen Auseinandersetzung als unwirksam erweist. Die baunachbarrechtliche Situation richtet sich dann nach den planungsrechtlichen Gegebenheiten ohne den unwirksamen Bebauungsplan bzw. den unzureichenden Planentwurf. Es ist also zu fragen, ob das in diesem Fall zum Zeitpunkt der (behördlichen oder gerichtlichen) Entscheidung[1] objektivrechtlich unzulässige Vorhaben auf der Grundlage der tatsächlich vorhandenen planungsrechtlichen Situation (§ 30 BauGB bei einem vorhandenen alten Bebauungsplan, der lediglich überplant werden soll, § 34 oder § 35 BauGB) auch **subjektive Nachbarrechte** verletzt. Nur wenn dies der Fall ist, kann eine Nachbarklage erfolgreich sein (s. dazu Rdnr. 1795 ff.). Allein das Fehlen der Planreife nach § 33 BauGB reicht dafür hingegen nicht aus[2].

1950

Letztlich ist noch der Fall denkbar, daß ein Vorhaben nach § 33 BauGB zu beurteilen ist und danach auch rechtmäßig genehmigt wurde, die Gemeinde jedoch **nach Erteilung der Baugenehmigung** ihre Planungsabsichten geändert oder sogar aufgegeben hat. In diesem Fall sind die gleichen Grundsätze anzuwenden, die auch ansonsten bei der Änderung der Rechtslage während eines Baunachbarstreits maßgeblich sind. Danach sind Änderungen der Rechtslage zum Nachteil des Bauherrn nicht zu berücksichtigen. Es genügt also, wenn das Vorhaben auf der Grundlage eines im Sinne von § 33 Abs. 1, 2 oder 3 BauGB planreifen Bebauungsplanentwurfs nach § 33 BauGB unter Beachtung der darin enthaltenen nachbarschützenden Vorschriften genehmigt wurde (zu dem Fall, daß von vornherein nicht beabsichtigt war, das Bebauungsplanverfahren über den Planungsstand nach § 33 BauGB hinaus fortzuführen, Rdnr. 1918)[3].

1951

---

1 Uechtritz/Buchner, Einschränkung des Anwendungsbereichs des § 33 BauGB durch das BVerwG, BauR 2003, 813 (819).
2 Vgl. BVerwG v. 28.7.1994 – 4 B 94.94, BRS 56 Nr. 163 = DÖV 1995, 741 = NVwZ 1995, 598 = UPR 1995, 107 = ZfBR 1999, 53; OVG Münster v. 15.2.1991 – 11 B 2659/90, BauR 1991, 442 = BRS 52 Nr. 196 = DÖV 1991, 747 = NVwZ 1992, 278 = ZfBR 1991, 281.
3 Uechtritz/Buchner, Einschränkung des Anwendungsbereichs des § 33 BauGB durch das BVerwG, BauR 2003, 813 (819).

C. Die zulässigen Vorhaben im unbeplanten Innenbereich

I. Die räumliche Abgrenzung des unbeplanten Innenbereichs

1952 Gemäß § 34 Abs. 1 BauGB sind Vorhaben „innerhalb der im Zusammenhang bebauten Ortsteile" zulässig, wenn sie sich unter bestimmten Gesichtspunkten in die Eigenart der näheren Umgebung einfügen, die Erschließung gesichert ist, die Anforderungen an gesunde Wohn- und Arbeitsverhältnisse gewahrt bleiben und das Ortsbild nicht beeinträchtigt wird. Die Beurteilung der Frage, ob ein – außerhalb des Geltungsbereichs eines qualifizierten Bebauungsplans (§ 30 Abs. 1 BauGB) oder eines vorhabenbezogenen Bebauungsplans (§ 30 Abs. 2 BauGB) gelegenes – Grundstück innerhalb eines im Zusammenhang bebauten Ortsteils liegt, hat für die bauliche Nutzbarkeit entscheidende Bedeutung. Ist dies nicht der Fall, so sind Bauvorhaben nur unter den in § 33 BauGB oder § 35 BauGB genannten engen Voraussetzungen zulässig. Die Beurteilung richtet sich gemäß § 34 Abs. 1 BauGB grundsätzlich nach den tatsächlichen Verhältnissen (dazu Rdnr. 1953 ff.). Die Gemeinde kann aber auch gemäß § 34 Abs. 4 BauGB auch durch Satzung die im Zusammenhang bebauten Ortsteile festlegen (dazu Rdnr. 1973 ff.).

1. Die Abgrenzung des Innenbereichs nach den tatsächlichen Verhältnissen

a) Die zusammenhängende Bebauung

1953 Seine Rechtsprechung zum Bebauungszusammenhang hat das Bundesverwaltungsgericht im Beschluß vom 18.6.1997[1] zusammengefaßt:

„Nach der ständigen Rechtsprechung des Senats ist ausschlaggebend für das Bestehen eines Bebauungszusammenhangs i.S. des § 34 BauGB, inwieweit die aufeinanderfolgende Bebauung trotz etwa vorhandener Baulücken nach der Verkehrsauffassung den Eindruck der Geschlossenheit und Zusammengehörigkeit vermittelt und die zur Bebauung vorgesehene Fläche (noch) diesem Zusammenhang angehört[2]. Hierüber ist nicht nach geographisch-mathematischen Maßstäben, sondern aufgrund einer umfassenden Bewertung des im Einzelfall vorliegenden konkreten Sachverhalts zu entscheiden[3]. Grundlage und Ausgangspunkt dieser bewertenden Beurteilung sind die tatsächlichen örtlichen Gegebenheiten, also insbesondere die vorhandenen baulichen Anla-

---

[1] 4 B 238.96, Buchholz 406.11 § 34 Nr. 186 = BRS 59 Nr. 78 = BauR 1997, 807 = NVwZ-RR 1998, 157 = ZfBR 1997, 324.

[2] BVerwG v. 6.11.1968 – IV C 2.66, BVerwGE 31, 20 = Buchholz 406.11 § 34 Nr. 14 = BRS 20 Nr. 35 = DVBl. 1969, 262 = DÖV 1969, 645, vom 1.12.1972 – IV C 6.71, BVerwGE 41, 227 = Buchholz 406.11 § 34 Nr. 33 = BRS 25 Nr. 36 und vom 19.9.1986 – 4 C 15.86, BVerwGE 75, 34 = Buchholz 406.11 § 34 Nr. 116 = BRS 46 Nr. 62.

[3] BVerwG v. 6.12.1967 – IV C 94.66, BVerwGE 28, 268 = Buchholz 406.11 § 35 Nr. 60 = BRS 18 Nr. 57 = DVBl. 1968, 651 = DÖV 1968, 322.

gen, sowie darüber hinaus auch andere topographische Verhältnisse wie z.B. Geländehindernisse, Erhebungen oder Einschnitte (Dämme, Böschungen, Gräben, Flüsse und dergleichen) und Straßen. Zu berücksichtigen sind nur äußerlich erkennbare Umstände, d.h. mit dem Auge wahrnehmbare Gegebenheiten der vorhandenen Bebauung und der übrigen Geländeverhältnisse[1]. Bei der Grenzziehung zwischen Innen- und Außenbereich geht es darum, inwieweit ein Grundstück zur Bebauung ansteht und sich aus dem tatsächlich vorhandenen ein hinreichend verläßlicher Maßstab für die Zulassung weiterer Bebauung nach Art und Maß der baulichen Nutzung, der Bauweise und der überbaubaren Grundstücksfläche gewinnen läßt."

Wie die Orientierung an der „Verkehrsauffassung" und die Hervorhebung einer „bewertenden Beurteilung" unter Einbeziehung einer Vielzahl von Gesichtspunkten zeigt, kann die Entscheidung über die Zuordnung eines Grundstücks zum Innenbereich im Einzelfall erhebliche Schwierigkeiten bereiten. Sie ist letztlich nicht frei von subjektiven Elementen, und es kommt deshalb auch in verwaltungsgerichtlichen Verfahren nicht selten zu unterschiedlichen Beurteilungen in den Instanzen. Ein Beurteilungsspielraum der Bauaufsichtsbehörden besteht nicht; die mit der Bewertung verbundenen Unsicherheiten kann nur die Gemeinde durch eine Satzung nach § 34 Abs. 4 BauGB ausräumen. Bei der Bewertung sind im Einzelfall die folgenden Gesichtspunkte besonders zu beachten: 1954

(1) Bebauung

Der Wortlaut von § 34 Abs. 1 BauGB legt die Berücksichtigung aller baulichen Anlagen nahe. Das Bundesverwaltungsgericht schränkt den Begriff der Bebauung aber ein und differenziert dabei danach, welche Bedeutung der Bebauung im Rahmen der Anwendung von § 34 Abs. 1 BauGB zukommen soll. Das Bundesverwaltungsgericht stellt unterschiedliche Anforderungen an die Bebauung, je nach dem ob es darum geht, daß sie 1955

– den Eindruck der Zusammengehörigkeit vermitteln oder

– an einem Bebauungszusammenhang teilnehmen, diesen also nicht unterbrechen soll[2].

Den Eindruck der Zusammengehörigkeit vermitteln können nach dieser Rechtsprechung nur bauliche Anlagen, die nicht nur optisch wahrnehmbar sind, sondern auch „ein **gewisses Gewicht** haben, so daß sie geeignet sind, ein Gebiet als Ortsteil mit einem bestimmten Charakter zu **prägen**"; denn § 34 BauGB habe den Zweck, „die nach der Siedlungsstruktur angemessene Fortentwicklung der Bebauung eines Bereichs" zuzulassen. Ein mit Schotter befestigter Stellplatz vermittle in diesem Sinne den Bebauungszusammen- 1956

---
1 BVerwG v. 12.12.1990 – 4 C 40.87, Buchholz 406.11 § 34 Nr. 138 = BRS 50 Nr. 72 = BauR 1991, 308 = DVBl. 1991, 810 = NVwZ 1991, 879.
2 Vgl. BVerwG v. 14.9.1992 – 4 C 15.90, Buchholz 406.11 § 34 Nr. 152 = BRS 54 Nr. 65 = BauR 1993, 300 = NVwZ 1993, 985.

hang nicht. Ihm fehle „die **maßstabsbildende Kraft**, weil er sich dem Beobachter bei einer optischen Bewertung eher als unbebaut" darstelle. Er könne aber gleichwohl einem Bebauungszusammenhang zuzurechnen sein, wenn er „den optischen Eindruck der Geschlossenheit nicht unterbreche"[1]. Das Bundesverwaltungsgericht fordert darüber hinaus, daß die den Eindruck der Zusammengehörigkeit vermittelnden baulichen Anlagen grundsätzlich dem **ständigen Aufenthalt von Menschen** dienen. Deshalb bleiben z.B. Scheunen, Ställe, kleingärtnerisch genutzte Lauben oder das Kassenhäuschen eines Sportplatzes unberücksichtigt[2]. Im Einzelfall sollen allerdings auch Bauten, die nur vorübergehend dem Aufenthalt von Menschen dienen, „ein für die Siedlungsstruktur prägendes Element" darstellen können, z.B. wenn sie zu bestimmten Jahreszeiten dem ständigen Aufenthalt von Menschen dienen[3]. Diese Rechtsprechung überzeugt nicht[4]. Die Eignung von Gebäuden zum ständigen Aufenthalt von Menschen ist nicht Voraussetzung für eine städtebaulich prägende Wirkung. Auch von Wirtschaftsgebäuden wie Scheunen und Ställen oder Wochenendhäusern kann eine solche Wirkung ausgehen; für Wochenendhäuser wird dies durch § 10 Abs. 1 und Abs. 3 sowie § 22 Abs. 1 Satz 4 BauNVO bestätigt[5].

1957 Zu berücksichtigen ist grundsätzlich die gesamte tatsächlich vorhandene Bebauung und Nutzung der baulichen Anlagen. Auf die formelle oder materielle **Legalität** kommt es grundsätzlich nicht an. Das gilt auch dann, wenn die Bebauung legal, die Nutzung aber illegal ist (z.B. Wohnnutzung im Wochenendhaus)[6]. Eine formell- und materiell illegale Bebauung ist allerdings dann nicht zu berücksichtigen, „wenn – wie namentlich durch den Erlaß von Beseitigungsverfügungen – das Verhalten der zuständigen Behörden hinreichend klar ergibt, daß ihre Beseitigung absehbar ist[7]." Eine tatsächlich nicht vorhandene Bebauung bleibt unberücksichtigt, mag sie auch

---

1 BVerwG v. 14.9.1992 ebenda; vgl. auch zu Stellplätzen und Tennisplätzen BVerwG v. 8.11.1999 – 4 B 85.99, BRS 62 Nr. 100 = BauR 2000, 1171 = ZfBR 2000, 426 und zu Sportplätzen BVerwG v. 10.7.2000 – 4 B 39.00, BauR 2000, 1859 = NVwZ 2001, 70 = ZfBR 2000, 59.
2 BVerwG v. 17.2.1984 – 4 C 55.81, Buchholz 406.11 § 34 Nr. 97 = BRS 42 Nr. 94 = DÖV 1984, 855 = NJW 1984, 1776; BVerwG v. 6.3.1992 – 4 B 35.92, Buchholz 406.11 § 34 Nr. 149 = BRS 54 Nr. 64 = BauR 1993, 303; BVerwG v. 2.3.2000 – 4 B 15.00, BauR 2000, 1310; BVerwG v. 10.7.2000 – 4 B 39.00, BauR 2000, 1851 = NVwZ 2001, 70 = ZfBR 2000, 59; BVerwG v. 2.8.2001 – 4 B 26.01, BRS 64 Nr. 86 = BauR 2002, 277 = ZfBR 2002, 69.
3 BVerwG v. 11.7.2002 – 4 B 30.02, BRS 65 Nr. 80 = BauR 2002, 1827 = ZfBR 2002, 808.
4 Ähnlich Schmaltz in Schrödter, § 34 Rdnr. 6.
5 Vgl. auch zum faktischen Wochenendhausgebiet OVG Weimar v. 28.5.2003 – 1 KO 42/01, DÖV 2004, 301 = ZfBR 2004, 182.
6 A.A. OVG Schleswig v. 17.5.2001 – 1 K 21.98, NVwZ-RR 2002, 485.
7 BVerwG v. 6.11.1968 – IV C 31.66, BVerwGE 31, 22 = BRS 20 Nr. 36 = DVBl. 1970, 72; vgl. auch BVerwG v. 23.11.1998 – 4 B 29.98, BRS 60 Nr. 82 = NVwZ-RR 1999, 364.

in einem Bebauungsplan vorgesehen¹ oder genehmigt² sein. Ausnahmsweise kann eine nicht mehr vorhandene Bebauung (oder eine aufgegebene Nutzung) für eine gewisse Zeit nachwirken, wenn sich nach der Verkehrsauffassung die Wiederbebauung oder die Wiederaufnahme der Nutzung aufdrängt; dann ist sie weiter zu berücksichtigen³.

Da § 34 Abs. 1 BauGB einen Bebauungsplan ersetzt, wird die zu berücksichtigende Bebauung durch das **Gemeindegebiet** begrenzt. Denn der Gemeinde ist im Rahmen der „Ersatzplanung", die sich aus § 34 Abs. 1 und Abs. 2 BauGB i.V.m. den tatsächlichen Verhältnissen ergibt, nur die Bebauung zuzurechnen, die sie durch eigene Planung auch abwenden könnte⁴. 1958

(2) Zusammenhang der Bebauung

Der Bebauungszusammenhang endet regelmäßig mit der letzten an eine größere Freifläche angrenzenden Bebauung. Ist ein Grundstück nur an einer Seite mit einem bebauten Grundstück des Ortsteils verbunden und weisen die drei anderen Seiten zum Außenbereich hin, liegt es regelmäßig insgesamt im Außenbereich; diese „Regelvermutung" bedarf jedoch im Einzelfall der Überprüfung⁵. Regelmäßig kann sich eine einseitige, bandartige Bebauung an einer Straße nicht fortbilden, und eine Bebauung in zweiter Reihe kann nicht begonnen werden⁶. Ausnahmsweise kann sich eine abweichende Beurteilung aus **topographischen Verhältnissen**⁷ oder auch aus dem Vorhandensein von **Straßen oder Wegen** ergeben. So können z.B. Flüsse, Böschungen, Straßen oder Wege nach der Verkehrsanschauung die Grenze zum Außenbereich bilden und dazu führen, daß ein nur einseitig bebautes Grundstück noch dem Bebauungszusammenhang zuzurechnen ist. Das wird allerdings in der Regel nicht der Fall sein, wenn die Entfernung zwischen der 1959

---

1 Dazu BVerwG v. 31.10.1975 – IV C 16.73, Buchholz 406.11 § 34 Nr. 50 = DÖV 1976, 381.
2 Dazu BVerwG v. 26.11.1976 – IV C 69.74, Buchholz 406.11 § 34 Nr. 58 = BauR 1977, 104 = DÖV 1977, 335 = NJW 1977, 1978.
3 Vgl. dazu BVerwG v. 19.9.1986 – 4 C 15.84, BVerwGE 75, 34 = Buchholz 406.11 § 34 Nr. 116 = BRS 46 Nr. 62 = BauR 1987, 52 = DVBl. 1987, 478 = DÖV 1987, 296 = NJW 1987, 1344; BVerwG v. 3.2.1984 – 4 C 25.82, BVerwGE 68, 360 = BRS 42 Nr. 52 = BauR 1984, 373 = NVwZ 1984, 582 = DVBl. 1984, 634; BVerwG v. 27.8.1998 – 4 C 5.98, Buchholz 406.11 § 34 Nr. 190 = BRS 60 Nr. 83 = BauR 1999, 152; BVerwG v. 17.5.2002 – 4 C 6.01, Buchholz 406.11 § 154 Nr. 4 = BRS 65 Nr. 233 = BauR 2002, 1811 = DVBl. 2002, 1479 = NVwZ 2003, 211.
4 BVerwG v. 3.12.1998 – 4 C 7.98, Buchholz 406.11 § 34 Nr. 193 = BRS 60 Nr. 81 = BauR 1999, 232 = DVBl. 1999, 249; BVerwG v. 19.9.2000 – 4 B 49.00, ZfBR 2001, 64; a.A. Schmaltz in Schrödter, § 34 Rdnr. 14.
5 Vgl. BVerwG v. 16.2.1988 – 4 B 19.88, BRS 48 Nr. 44 = BauR 1988, 315 = NVwZ-RR 1989, 6; vgl. auch OVG Saarlouis v. 27.5.1988 – 2 R 513/85, BRS 48 Nr. 51 = BauR 1989, 56.
6 Vgl. BVerwG v. 6.12.1967 – IV C 94.66, BVerwGE 28, 268 = BRS 18 Nr. 57 = DVBl. 1968, 651 = DÖV 1968, 322.
7 Vgl. dazu bereits oben Rdnr. 1953.

Bebauung und der Straße oder der topographischen Zäsur so groß ist, daß mehrere Baugrundstücke gebildet werden können¹.

1960 Da es für die Abgrenzung allein auf optisch wahrnehmbare Verhältnisse ankommt, haben **Grundstücksgrenzen** für die Abgrenzung des Bebauungszusammenhangs keine Bedeutung; dies ist maßgeblich für die oft umstrittene Frage der Zulässigkeit einer Hinterlandbebauung².

1961 **Beispiele:**

(a) Am Rande eines Ortsteils liegen entlang einer Straße mehrere Grundstücke, die zur Straße hin bebaut sind und im rückwärtigen Teil gärtnerisch genutzt werden. Ob die rückwärtigen Gartenflächen noch am Bebauungszusammenhang teilnehmen, kann von ihrer Größe sowie davon abhängen, ob sie mit kleineren baulichen Anlagen (z.B. Schuppen) bebaut oder mit einer Mauer eingefriedet sind.

1962 (b) Am Rande eines Ortsteils liegt zwischen den Wohngebäuden einer überwiegend bebauten Straße ein noch unbebautes 10 000 m² großes Grundstück, das zur Straße hin sehr schmal geschnitten ist und tief in das Hintergelände hineinreicht. Auch wenn der weit überwiegende Teil des Grundstücks dem Außenbereich zuzurechnen ist, gehört eine Teilfläche an der Straße zum Innenbereich³.

1963 (c) Der Eigentümer eines Verbrauchermarkts beabsichtigt eine Erweiterung der Betriebsgebäude auf einer Fläche, die bisher ein befestigter Parkplatz ist und auf einer Seite an das Betriebsgebäude, im übrigen an unbebaute Außenbereichsflächen angrenzt. Obwohl ein Parkplatz grundsätzlich den Eindruck der Geschlossenheit nicht vermitteln kann⁴, kann er Teil des Innenbereichs sein, weil zum Erscheinungsbild eines Verbrauchermarktes regelmäßig größere Stellplatzflächen gehören⁵. Die Grundstücksgrenzen spielen dabei keine Rolle.

1964 Ebensowenig wie Grundstücksgrenzen sind die Festsetzungen eines **Bebauungsplans**⁶ oder die Darstellungen eines **Flächennutzungsplans**⁷ von Bedeu-

---

1 Vgl. BVerwG v. 1.8.1994 – 4 B 203.93, vgl. auch BVerwG v. 18.6.1997 – 4 B 238.96, Buchholz 406.11 § 34 Nr. 186 = BRS 59 Nr. 78 = BauR 1997, 807 = NVwZ-RR 1998, 157 (Waldrand); VGH Mannheim v. 18.5.1990 – 5 S 2400/89, BRS 50 Nr. 71 (Böschung).
2 Vgl. dazu BVerwG v. 6.11.1968 – IV C 47.68, BRS 20 Nr. 38; BVerwG v. 3.3.1972 – IV C 4.69, BRS 25 Nr. 39 = BauR 1972, 225 = DVBl. 1972, 684 = DÖV 1972, 825; BVerwG v. 13.2.1976 – IV C 72.74, BRS 30 Nr. 39 = BauR 1976, 188 = DÖV 1976, 562 = NJW 1976, 1855; BVerwG v. 28.11.1989 – 4 B 43.u.44.89, BRS 49 Nr. 83; OVG Saarlouis v. 2.10.1981 – 2 Z 2/80, BRS 38 Nr. 73; OVG Lüneburg v. 16.6.1982 – 1 A 143/80, BRS 39 Nr. 59.
3 Fall des BVerwG v. 12.6.1970 – IV C 77.68, BVerwGE 35, 256 = BRS 23 Nr. 44 = BauR 1970, 151 = DVBl. 1970, 827 = DÖV 1970, 748 = NJW 1970, 1939.
4 Vgl. dazu bereits oben Rdnr. 1956.
5 Fall des BVerwG v. 17.6.1993 – 4 C 17.91, Buchholz 406.11 § 34 Nr. 158 = BRS 55 Nr. 72 = BauR 1994, 81 = NVwZ 1994, 294 = ZfBR 1994, 37.
6 BVerwG v. 28.10.1993 – 4 C 5.93, Buchholz 406.19 Nr. 120 = BRS 55 Nr. 168 = BauR 1994, 354 = DVBl. 1994, 697 = NVwZ 1994, 686.
7 BVerwG v. 15.7.1994 – 4 B 109.94, Buchholz 406.11 § 34 Nr. 170 = BRS 56 Nr. 59 = NVwZ-RR 1995, 66 = ZfBR 1994, 294.

tung. Ein an einen im Zusammenhang bebauten Ortsteil angrenzendes unbebautes Grundstück gehört nicht schon deshalb zum Bebauungszusammenhang, weil es mit einer anderen Seite an eine Gemeindegrenze reicht[1]; die Gemeindegrenze steht einer topographischen Zäsur nicht gleich. Ohne Bedeutung ist auch, ob das Grundstück innerhalb eines **Landschaftsschutzgebiets** liegt oder ob es unter Berücksichtigung landesrechtlicher Vorschriften, die die Bebauung am Waldrand betreffen, bebaubar ist[2].

Größere Freiflächen können den Bebauungszusammenhang unterbrechen. Die Frage, welche Entfernungen unschädlich sind, läßt sich nicht allgemein beantworten. Sie hängt zunächst von dem Charakter des Ortsteils ab[3]. Auch eine größere unbebaute Fläche kann als Baulücke zu bewerten sein, die den Bebauungszusammenhang nicht unterbricht, wenn sie zwischen großzügig geschnittenen, mit Einfamilienhäusern bebauten Grundstücken liegt[4]. Demgegenüber kann bei einer engen, aneinandergereihten Bebauung schon eine wesentlich kleinere Lücke den Zusammenhang entscheidend unterbrechen[5]. Liegen zwischen bebauten Grundstücken größere freie, noch landwirtschaftlich genutzte Flächen, so spricht viel dafür, daß der Zusammenhang unterbrochen ist[6]. Gleiches gilt, wenn eine Freifläche so groß ist, daß sie von der vorhandenen, sie umgebenden Bebauung nicht mehr geprägt wird; eine solche „Prägung" ist allerdings auch dann anzuerkennen, wenn die umgebende Bebauung „in diffuser Weise nahezu jede Art von Bebauung ermöglicht"[7]. Wird der Bebauungszusammenhang durch eine größere Freifläche unterbrochen, so kann dies bewirken, daß eine auf einer Seite dieser Freifläche sich anschließende Bebauung dem Außenbereich zuzurechnen ist, weil sie keinen selbständigen Ortsteil bildet. Es kann aber ein Bebauungszusammenhang auch um die Freifläche herum bestehen mit der Folge, daß nur diese selbst als **„Außenbereich im Innenbereich"** nicht nach § 34 BauGB bebaubar ist[8].

1965

---

1 BVerwG v. 15.5.1997 – 4 B 74.97, Buchholz 406.11 § 34 Nr. 184 = BRS 59 Nr. 76 = BauR 1997, 805.
2 Vgl. dazu BVerwG v. 18.6.1997 – 4 B 238.96, Buchholz 406.11 § 34 Nr. 186 = BRS 59 Nr. 78 = BauR 1997, 807 = NVwZ-RR 1998, 157.
3 Vgl. zum Begriff des Ortsteils unten Rdnr. 1967 ff.
4 Vgl. BVerwG v. 28.6.1968 – IV C 67.66, BRS 20 Nr. 34.
5 BVerwG v. 8.11.1967 – IV C 19.66, BRS 20 Nr. 67.
6 Vgl. OVG Lüneburg v. 13.12.1963 – 1 A 150/62, OVGE 19, 475 = BRS 15 Nr. 22 = DÖV 1964, 392.
7 So BVerwG v. 1.12.1972 – IV C 6.71, BVerwGE 41, 227 = BRS 25 Nr. 36 = BauR 1973, 99 = DÖV 1973, 347; BVerwG v. 14.12.1973 – IV C 48.72, BVerwGE 44, 250 = BRS 27 Nr. 82 = BauR 1974, 104; vgl. dazu auch Hoppe, Funktion und Bedeutung des prägenden und lenkenden Einflusses der „vorhandenen Bebauung" in § 34 BBauG, BauR 1973, 79 ff.
8 Vgl. dazu BVerwG v. 1.12.1972 – IV C 6.71, BVerwGE 41, 227 = BRS 25 Nr. 36 = BauR 1973, 99 = DÖV 1973, 347; BVerwG v. 19.9.1986 – 4 C 15.84, BVerwGE 75, 34 = Buchholz 406.11 § 34 Nr. 116 = BRS 46 Nr. 62 = BauR 1987, 52 = DVBl. 1987, 478 = DÖV 1987, 296 = NJW 1987, 1344.

1966 Durch Sportplätze, Schwimmbäder, Erholungsflächen, Friedhöfe oder Stadtparks wird der Bebauungszusammenhang in der Regel nicht unterbrochen[1]. Wegen topographischer Verhältnisse unbebaubare Flächen, die eine Zäsur bilden und dadurch zur Einbeziehung unbebauter Flächen in den Bebauungszusammenhang führen können, wie z.B. ein Bachlauf, ein Graben oder eine Böschung[2], können auch einen Bebauungszusammenhang unterbrechen; auch dies ist jedoch nicht zwingend[3]. Da es auf optisch wahrnehmbare Umstände ankommt, unterbricht der von einer Straße ausgehende Verkehrslärm den Bebauungszusammenhang nicht[4]. Einseitig bebaute Straßen haben in der Regel trennende Wirkung[5]. Auch insoweit kann aber eine Beurteilung des Einzelfalls zu einem abweichenden Ergebnis führen[6], so kann z.B. die Bedeutung der Straße im Verhältnis zu einer sich in einem gewissen Abstand anschließenden topographischen Zäsur zurücktreten.

b) Der Ortsteil

1967 Die Anwendung von § 34 Abs. 1 BauGB setzt voraus, daß der Bebauungszusammenhang einen Ortsteil bildet oder Teil eines Ortsteils ist. Der Begriff des Ortsteils ist abzugrenzen vom Begriff der **Splittersiedlung**, deren Entstehung, Erweiterung oder Verfestigung gemäß § 35 Abs. 3 Satz 1 Nr. 3 BauGB regelmäßig öffentliche Belange beeinträchtigt.

1968 Zum Begriff des Ortsteils führt das Bundesverwaltungsgericht aus[7]:

„Ortsteil ... ist jeder Bebauungskomplex im Gebiet einer Gemeinde, der nach der Zahl der vorhandenen Bauten ein gewisses Gewicht besitzt und Ausdruck einer organischen Siedlungsstruktur ist ... Die organische Siedlungsstruktur erfordert nicht, daß es sich um eine nach Art und Zweckbestimmung einheitliche Bebauung handeln

---

1 Vgl. BVerwG v. 14.4.1967 – IV C 134.65, BRS 18 Nr. 23 (Schwimmbad); BVerwG v. 6.11.1968 – 4 C 2.66, BVerwGE 31, 20 = BRS 20 Nr. 35 = DVBl. 1969, 262 = DÖV 1969, 645 (Sportplatz); BVerwG v. 19.9.1986 – 4 C 15.84, BVerwGE 75, 34 = Buchholz 406.11 § 34 Nr. 116 = BRS 46 Nr. 62 = BauR 1987, 52 = DVBl. 1987, 478 = NJW 1987, 1344 (parkartiges Grundstück).
2 Vgl. dazu bereits oben Rdnr. 1959.
3 Vgl. dazu BVerwG v. 8.11.1967 – IV C 19.66, BRS 20 Nr. 67; BVerwG v. 27.5.1988 – 4 B 71.88, BRS 48 Nr. 45 = BauR 1988, 444 = DÖV 1988, 840 = NVwZ-RR 1989, 4 (Felsen); BVerwG v. 20.8.1998 – 4 B 79.98, Buchholz 406.11 § 34 Nr. 191 = BRS 60 Nr. 176 = BauR 1999, 32 (trennende Wirkung eines Steilhangs zwischen zwei bebauten Grundstücken).
4 BVerwG v. 12.12.1990 – 4 C 40.87, Buchholz 406.11 § 34 Nr. 138 = BRS 50 Nr. 72 = BauR 1991, 308 = DVBl. 1991, 810 = NVwZ 1991, 879.
5 BVerwG v. 16.2.1988 – 4 B 19.88, Buchholz 406.11 § 34 Nr. 123 = BRS 48 Nr. 44 = NVwZ 1989, 6, VGH Mannheim v. 23.11.1989 – 8 S 3050/88, BRS 50 Nr. 74; OVG Saarlouis v. 27.5.1988 – 2 R 513/85, BRS 48 Nr. 51 = BauR 1989, 56.
6 Vgl. BVerwG v. 10.3.1994 – 4 B 50.94, Buchholz 406.11 § 34 Nr. 165; BVerwG v. 1.4.1997 – 4 B 11.97, Buchholz 406.11 § 35 Nr. 328 = BRS 59 Nr. 75 = BauR 1997, 616.
7 BVerwG v. 6.11.1968 – IV C 31.66, BVerwGE 31, 22 = BRS 20 Nr. 36 = DVBl. 1970, 72.

müßte. Auch eine unterschiedliche, ja u.a. sogar eine in ihrer Art und Zweckbestimmung gegensätzliche Bebauung kann einen Ortsteil bilden. Ebensowenig kommt es auf die Entstehungsweise der vorhandenen Bebauung an. Erforderlich ist auch nicht, daß die Bebauung einem bestimmten städtebaulichen Ordnungsbild entspricht, eine bestimmte städtebauliche Ordnung verkörpert oder als eine städtebauliche Einheit in Erscheinung tritt . . . Der Ortsteil . . . braucht sich ferner nicht als ein Schwerpunkt der baulichen Entwicklung des Gemeinwesens darzustellen . . . Das ist für das Vorliegen eines Ortsteils lediglich ausreichend, nicht dagegen notwendig. Entsprechendes gilt für die vom Beklagten in den Vordergrund gestellte Zuordnung zu einem Schwerpunkt sowie dafür, daß die vorhandene Bebauung ein gewisses eigenständiges Leben gestatten muß . . . Auch wenn es an alledem fehlt, kann ein – nach der Zahl seiner Bauten nicht ungewichtiger – Bebauungszusammenhang Ausdruck einer organischen Siedlungsstruktur sein."

Die grundsätzlich unerwünschten **Splittersiedlungen** unterscheiden sich insbesondere dadurch von den Ortsteilen, daß sie entweder nicht die erforderliche Gewichtigkeit oder keine organische Siedlungsstruktur erkennen lassen.

1969

Die **Zahl der vorhandenen Gebäude** ist von Bedeutung für die Bestimmung des Gewichts des Bebauungszusammenhangs, zur Beurteilung allein allerdings regelmäßig nicht ausreichend. Wann ein Bebauungszusammenhang unter Berücksichtigung der Zahl der vorhandenen Gebäude nicht mehr eine unerwünschte Splittersiedlung bildet, kann nicht für alle Gemeinden einheitlich beurteilt werden; die siedlungsstrukturellen Gegebenheiten sind speziell für das Gebiet der jeweiligen Gemeinde zu bestimmen[1]. Auch wenige Gebäude können einen Ortsteil bilden[2]. Eine Ansammlung von vier Wohngebäuden genügt regelmäßig allerdings nicht[3]. Eine Ansiedlung mit 25 Wohngebäuden, einem Lebensmittelgeschäft und einer Gaststätte ist in der Regel ein im Zusammenhang bebauter Ortsteil[4]. Neben dem Vergleich der in Frage stehenden Ansiedlung mit den Siedlungsschwerpunkten ist auch ein Gegenvergleich mit den vorhandenen unerwünschten Splittersiedlungen erforderlich; dabei kann auch die Entfernung in die Betrachtung einbezogen und z.B. berücksichtigt werden, ob in näherer Umgebung deutliche Siedlungsschwerpunkte vorhanden sind[5].

1970

---

1 BVerwG v. 17.2.1984 – 4 C 56.79, BRS 42 Nr. 80 = BauR 1984, 493 = NVwZ 1984, 434.
2 So BVerwG v. 30.4.1969 – IV C 38.67, BRS 22 Nr. 76 (6 Gebäude); VGH Mannheim v. 26.2.1984 – 8 S 1895/83, BRS 42 Nr. 63 = BauR 1984, 496 (5 Wohnhäuser und 5 landwirtschaftliche Nebengebäude); VGH Mannheim v. 8.7.1986 – 8 S 2815/85, BRS 46 Nr. 81 = BauR 1987, 59 (12 Wohngebäude).
3 BVerwG v. 19.4.1994 – 4 B 77.94, Buchholz 406.11 § 34 Nr. 169 = BRS 56 Nr. 60.
4 OVG Münster v. 18.10.1968 – VII A 1030/67, BRS 20 Nr. 37.
5 Vgl. mit unterschiedlichen Akzenten BVerwG v. 17.11.1972 – IV C 13.71, BRS 25 Nr. 41 = BauR 1973, 33; BVerwG v. 28.8.1980 – 4 B 82.80, BRS 36 Nr. 53; BVerwG v. 19.4.1994 – 4 B 77.94, Buchholz 406.11 § 34 Nr. 189 = BRS 56 Nr. 60.

1971 An einer **organischen Siedlungsstruktur** fehlt es bei einer Anhäufung von behelfsmäßigen Bauten oder einer völlig regellosen Bebauung; auch eine bandartige, einzeilige Bebauung kann eine organische Siedlungsstruktur ausschließen[1]. An einer organischen Siedlungsstruktur kann es fehlen, wenn nur ein lückenhafter Zusammenhang weniger Gebäude besteht[2]. Eine unorganische Siedlungsstruktur entsteht aber nicht bereits durch große Entfernungen zwischen den Gebäuden[3]. Auch kann eine optisch als regellos in Erscheinung tretende Bebauung dennoch organisch sein, wenn z.B. die Tragfähigkeit des Bodens oder die Funktion der baulichen Anlagen die scheinbare Regellosigkeit erfordern[4].

1972 Ein Ortsteil kann nur durch **bauliche Anlagen** gebildet werden, die auch in einem Bebauungsplan als Teil eines Baugebiets festgesetzt werden könnten[5]. Entgegen der Auffassung des Bundesverwaltungsgerichts kommt es allerdings nicht darauf an, ob die baulichen Anlagen dem ständigen Aufenthalt von Menschen dienen sollen[6]. Ein Ortsteil kann daher auch ein durchgehend mit Lauben bebautes Kleingartengebiet sein[7]. Denn ein Kleingartengebiet kann gemäß § 11 Abs. 1 BauNVO als Sondergebiet festgesetzt werden[8]. Allerdings wird es bei einer derartigen Bebauung vielfach an einem hinreichenden Gewicht im Verhältnis zu der sonstigen Bebauung der Gemeinde fehlen[9]. Einen Ortsteil kann auch der Bebauungskomplex eines Internats[10] oder eines Kasernengeländes mit einigen angrenzenden zivilen Gebäuden[11] bilden.

2. Die Bestimmung der Grenzen des Ortsteils durch Satzung

1973 Zur Abgrenzung des Innenbereichs vom Außenbereich sind der Gemeinde in § 34 Abs. 4 BauGB beschränkte Möglichkeiten gegeben, Einfluß zu nehmen. Sie kann hierzu drei Arten von Satzungen beschließen,

---

1 Vgl. zu diesen Fällen BVerwG v. 6.11.1968 – VI C 31.66, BVerwGE 31, 22 = BRS 20 Nr. 36 = DVBl. 1970, 72.
2 BVerwG v. 30.4.1969 – IV C 38.67, BRS 22 Nr. 76.
3 Vgl. OVG Münster v. 15.6.1998 – 10 A 5845/95, (Villen auf Grundstücken von 5000 m² bis 21 000 m² Größe).
4 BVerwG v. 13.2.1976 – IV C 53.76, BRS 30 Nr. 40 = BauR 1976, 185 = DÖV 1976, 561 = NJW 1976, 1855; VGH Kassel v. 13.7.1977 – IV OE 51/76, BRS 32 Nr. 35.
5 Insoweit zutreffend BVerwG v. 17.2.1984 – 4 C 55.81, Buchholz 406.11 § 34 Nr. 97 = BRS 42 Nr. 94 = DÖV 1984, 855 = NJW 1984, 1576.
6 Vgl. dazu bereits oben Rdnr. 1956.
7 A.A. BVerwG v. 17.2.1984 – 4 C 55.81, Buchholz 406.11 § 34 Nr. 97 = BRS 42 Nr. 61 = DÖV 1984, 855 = NJW 1984, 1576.
8 Vgl. dazu BVerwG v. 18.8.1989 – 4 C 12.86, BRS 49 Nr. 65 = NVwZ 1990, 362.
9 Unter diesem Gesichtspunkt verneint OVG Bremen v. 5.6.1984 – 1 BA 114/93, BRS 42 Nr. 62 = BauR 1984, 495 einen Ortsteil bei einer Ansammlung von 50 Wochenendhäusern.
10 So OVG Münster v. 26.9.1972 – VII A 53/72, BRS 25 Nr. 42.
11 Vgl. VGH Kassel v. 19.3.1971 – IV OE 58/70, BRS 24 Nr. 28.

- die Klarstellungssatzung (Abgrenzungssatzung),
- die Entwicklungssatzung oder
- die Ergänzungssatzung (Abrundungssatzung).

Während die rechtlichen Anforderungen an die Klarstellungssatzung (§ 34 Abs. 4 Satz 1 Nr. 1 BauGB) durch das EAG Bau (Rdnr. 1) nicht geändert wurden, sind die materiellrechtlichen und verfahrensrechtlichen Anforderungen für die Entwicklungs- und Ergänzungssatzung (§ 34 Abs. 4 Satz 1 Nr. 2 und 3 BauGB) erheblich modifiziert worden. Gegenüber dem Regierungsentwurf zum EAG Bau[1] wurde das Satzungsverfahren allerdings nicht weitgehend den Anforderungen unterstellt, die für das Verfahren zur Aufstellung, Änderung oder Ergänzung von Bebauungsplänen gelten. Stattdessen wurde ebenso wie beim vereinfachten Verfahren gemäß § 13 BauGB (Rdnr. 841 ff.) das Ziel verfolgt, die Satzungen von der Pflicht zur Durchführung einer Umweltprüfung auszunehmen. Dies hat allerdings die gleichzeitige Folge, daß ebenso wie bei Bebauungsplänen, die im vereinbarten Verfahren aufgestellt, geändert oder ergänzt werden, die innerhalb des Satzungsgebiets zulässigen Vorhaben beschränkt sind. Insbesondere darf durch Entwicklungs- oder Ergänzungssatzungen nicht die Zulässigkeit von UVP-pflichtigen Vorhaben begründet werden (§ 34 Abs. 5 Satz 1 Nr. 2 BauGB, dazu noch Rdnr. 1984)[2].

1974

a) Klarstellungssatzung (§ 34 Abs. 4 Satz 1 Nr. 1 BauGB)

Mit der Klarstellungssatzung oder auch Abgrenzungssatzung gemäß § 34 Abs. 4 Satz 1 Nr. 1 BauGB kann die Gemeinde die Grenzen für im Zusammenhang bebaute Ortsteile festlegen. Diese Festlegung hat jedoch nur **deklaratorische Wirkung**[3]. Sie gibt lediglich wieder, ob tatsächlich und gemessen an den Maßstäben des § 34 Abs. 1 BauGB eine Innenbereichslage vorliegt oder nicht. Die Einbeziehung von Außenbereichsflächen ist bei einer Klarstellungssatzung nicht möglich. Ebensowenig hat die Gemeinde bei Erlaß der Satzung einen Beurteilungsspielraum dahingehend, ob einen Innenbereichslage gegeben ist oder nicht. Dies unterfällt vielmehr auch bei Vorliegen einer Klarstellungssatzung uneingeschränkt der gerichtlichen Kontrollbefugnis. In diesem Sinne sind auch die Äußerungen zu verstehen, in denen davon die Rede ist, daß durch die Klarstellungssatzung in Zweifelsfällen vorab die Frage der Zugehörigkeit eines Grundstücks zum Innenbereich geklärt werden soll. Es geht dabei allein um die Behandlung von Zweifelsfällen auf **Verwaltungsebene**, die durch die Satzung grundsätzlich gebun-

1975

---
1 BT-Drucksache 15/2250, Begründung zu Nr. 24 (§ 34); Bericht der Unabhängigen Expertenkommission, Rdnr. 60 ff.
2 BT-Drucksache 15/2996, Begründung zu Art. 1 (§ 34 BauGB).
3 Zur gleichwohl notwendigen Bestimmtheit OVG Bautzen v. 4.10.2000 – 1 D 683/99, NVwZ 2001, 1070.

den ist (vgl. zur Normverwerfungskompetenz bei Bebauungsplänen Rdnr. 1038 ff.)[1], ohne daß hingegen der **gerichtliche Prüfungsmaßstab** verändert würde. Bestehen derartige Zweifelsfälle nicht, ist für den Erlaß einer Klarstellungssatzung von vornherein kein Bedarf[2]. Ebensowenig wie die Klarstellungssatzung Außenbereichsflächen dem Innenbereich zuschlagen kann, ist es allerdings möglich, daß durch eine Satzung nach § 34 Abs. 4 Satz 1 Nr. 1 BauGB Innenbereichsflächen diese Qualität genommen wird.

1976 Der lediglich deklaratorischen Abgrenzungsfunktion der Klarstellungssatzung entspricht es, daß sie keine weitergehenden zeichnerischen oder textlichen Festsetzungen zur Zulässigkeit von Vorhaben enthalten darf. Die Zulässigkeit richtet sich vielmehr nach wie vor uneingeschränkt danach, ob sich ein Vorhaben in die Eigenart der näheren Umgebung einfügt (s. Rdnr. 2013 ff.). Die **materiellrechtlichen Anforderungen** für Bebauungspläne sind bei der Klarstellungssatzung daher nicht einschlägig. Sie muß also insbesondere nicht aus dem Flächennutzungsplan entwickelt werden (Rdnr. 181 ff.) oder die Ziele der Raumordnung (§ 1 Abs. 4 BauGB, Rdnr. 60 ff.) und das Abwägungsgebot (§ 1 Abs. 7 BauGB, Rdnr. 546 ff.) beachten.

1977 In **verfahrensrechtlicher Hinsicht** bedarf es lediglich eines Satzungsbeschlusses nach den Bestimmungen der jeweiligen Gemeindeordnung. Die Vorschriften zur Öffentlichkeits- und Behördenbeteiligung (§§ 3 bis 4a BauGB, Rdnr. 410 ff.) sind ebensowenig anzuwenden wie § 10 Abs. 1 BauGB für den Satzungsbeschluß. Gemäß § 34 Abs. 6 Satz 2 BauGB ist lediglich **§ 10 Abs. 3 BauGB** entsprechend anzuwenden, d.h. der Satzungsbeschluß ist ortsüblich bekanntzumachen (vgl. Rdnr. 806 ff.) und die Satzung selbst ist – mangels Erforderlichkeit ohne Begründung – auszufertigen (Rdnr. 801 ff.) und zu jedermanns Einsicht bereitzuhalten. Sofern dies landesrechtlich gemäß § 246 Abs. 1a BauGB geregelt ist, muß die Satzung allerdings vor ihrem Inkrafttreten der höheren Verwaltungsbehörde angezeigt werden (vgl. Rdnr. 795 ff.).

b) Entwicklungssatzung (§ 34 Abs. 4 Satz 1 Nr. 2 BauGB)

1978 Mit der Entwicklungssatzung oder auch Festlegungssatzung nach § 34 Abs. 4 Satz 1 Nr. 2 BauGB kann die Gemeinde bebaute Bereiche im Außenbereich als im Zusammenhang bebaute Ortsteile festlegen, wenn die Flä-

---

1 OVG Bautzen v. 23.10.2000 – 1 D 33/00, NVwZ-RR 2001, 426.
2 Vgl. BVerwG v. 18.5.1990 – 4 C 37.87, BauR 1990, 451 = BRS 50 Nr. 81 = DVBl. 1990, 1112 = DÖV 1990, 933 = NVwZ 1991, 61 = UPR 1990, 388 = ZfBR 1990, 248; VGH Mannheim v. 7.5.1993 – 8 S 2096/92, BRS 55 Nr. 75 = NVwZ-RR 1994, 432 = UPR 1994, 159 = ZfBR 1994, 152; Schink, Möglichkeiten und Grenzen der Schaffung von Bauland durch Innen- und Außenbereichssatzungen nach § 34 Abs. 4, 5, § 35 Abs. 6 BauGB, DVBl. 1999, 367 (369); weitergehend demgegenüber zur Rechtslage vor dem EAG Bau VGH München v. 28.5.1993 – 1 N 92/537, BauR 1993, 573 = BRS 55 Nr. 76 = NVwZ-RR 1994, 431 = ZfBR 1994, 49.

chen im Flächennutzungsplan als Baufläche dargestellt sind. Anders als bei der Klarstellungssatzung liegt (noch) kein im Zusammenhang bebauter Ortsteil vor. Es handelt sich vielmehr um einen bebauten Bereich, also um eine aufeinanderfolgende, zusammengehörige und geschlossen erscheinende Bebauung, die jedoch von ihrem städtebaulichen Gewicht her **noch keine Innenbereichsqualität** hat[1]. Das zusätzliche Erfordernis, nach dem die betreffende Fläche im Flächennutzungsplan als Baufläche dargestellt sein muß, führt konsequenterweise dazu, daß in Gemeinden, die keinen Flächennutzungsplan haben, eine Satzung nach § 34 Abs. 4 Satz 1 Nr. 2 BauGB nicht aufgestellt werden kann. Das Erfordernis der Darstellung einer Baufläche schließt die Möglichkeit des § 1 Abs. 2 BauNVO ein, anstelle von Bauflächen bereits Baugebiete im Flächennutzungsplan darzustellen.

Gemäß § 34 Abs. 5 Satz 1 Nr. 1 BauGB muß die Entwicklungssatzung mit einer geordneten städtebaulichen Entwicklung vereinbar sein. Dafür muß die vorhandene Bebauung einen solchen Umfang und eine solche Qualität haben, daß sie – ggf. ergänzt durch einzelne Festsetzungen nach § 9 BauGB (Rdnr. 1985) – das bauliche Geschehen im Sinne einer **geordneten städtebaulichen Entwicklung** steuern kann. Dies können in der Regel nur Bebauungszusammenhänge kurz unterhalb der Schwelle zum unbeplanten Innenbereich gemäß § 34 BauGB sein, nicht hingegen untergeordnete Siedlungssplitter oder gar Einzelbebauungen. Die vorhandene Bebauung muß gemeinsam mit der als Satzung zugelassenen Neubebauung geeignet sein, einen **im Zusammenhang bebauten Ortsteil zu bilden**. Es darf also nicht bei einem Siedlungssplitter verbleiben. Denn Sinn und Zweck des § 34 Abs. 4 Satz 1 Nr. 2 BauGB ist es gerade, größere Bebauungszusammenhänge im Außenbereich an die Innenbereichsqualität des § 34 BauGB heranzuführen[2]. Das Erfordernis der geordneten städtebaulichen Entwicklung (§ 34 Abs. 5 Satz 1 Nr. 1 BauGB) verlangt eine bereits vorhandene Bebauung, die so homogen ist, daß sie die Entwicklung der weiteren baulichen Nutzung dahingehend beeinflussen kann, daß **keine städtebaulichen Konfliktlagen** aufgrund einander wechselseitig störender Nutzungen entstehen. Dies bedeutet indes nicht, daß nur im Sinne von § 34 Abs. 2 BauGB (Rdnr. 2020 ff.) vorgeprägte Bebauungszusammenhänge für den Erlaß einer Entwicklungssatzung geeignet sind. In Betracht kommen durchaus auch Bereiche, bei denen sich (noch) keine Entwicklung in Richtung auf ein bestimmtes Baugebiet im Sinne der Baunutzungsverordnung abzeichnet.

1979

---

1 VGH München v. 12.8.2003 – 1 BV 02.1727, BauR 2004, 51 = NVwZ-RR 2004, 13 = UPR 2004, 75 = ZfBR 2004, 67.
2 So auch Schink, Möglichkeiten und Grenzen der Schaffung von Bauland durch Innen- und Außenbereichssatzungen nach § 34 Abs. 4, 5 und § 35 Abs. 6 BauGB, DVBl. 1999, 367 (370); a.A. Jäde in Jäde/Dirnberger/Weiß, § 34 Rdnr. 42.

1980 Die geordnete städtebauliche Entwicklung erfordert allerdings, daß eine Entwicklung des Bebauungszusammenhangs in Richtung auf die vorhandene Darstellung im **Flächennutzungsplan** zu erwarten ist.

1981 **Beispiel:**
Im Flächennutzungsplan ist eine gewerbliche Baufläche dargestellt. Der vorhandene Siedlungsansatz, der durch eine Satzung gemäß § 34 Abs. 4 Satz 1 Nr. 2 BauGB zu einem Bebauungszusammenhang entwickelt werden soll, besteht ausschließlich aus Wohngebäuden. In diesem Fall widerspricht eine Entwicklungssatzung dem Gebot der geordneten städtebaulichen Entwicklung, weil ansonsten die Steuerungsfunktion des Flächennutzungsplans (vgl. § 8 Abs. 2 BauGB, Rdnr. 181 ff.) unterlaufen wird.

1982 Über das Gebot der geordneten städtebaulichen Entwicklung finden neben dem **Abwägungsgebot** (Rdnr. 546 ff.) auch die Ziele der Raumordnung gemäß § 1 Abs. 4 BauGB (Rdnr. 60 ff.) Eingang in die Entwicklungssatzung. Bei einem an die Ziele der Raumordnung angepaßten Flächennutzungsplan bestehen insofern in der Regel keine besonderen Probleme. Demgegenüber ist die geordnete städtebauliche Entwicklung dann nicht gewahrt, wenn die Satzung nach § 34 Abs. 4 BauGB zwar der im Flächennutzungsplan dargestellten Baufläche entspricht und damit sinngemäß dem Entwicklungsgebot des § 8 Abs. 2 Satz 1 BauGB genügt, jedoch der Flächennutzungsplan seinerseits nicht mit den Zielen der Raumordnung im Einklang steht.

1983 Ebenfalls mit einer geordneten städtebaulichen Entwicklung unvereinbar ist eine Entwicklungssatzung, wenn der **Vorbehalt der Bauleitplanung** (§ 1 Abs. 3 Satz 1 BauGB, Rdnr. 29 ff.) eingreift. Dies ist insbesondere dann der Fall, wenn es für eine ordnungsgemäße Entwicklung des Gebiets einer umfassenden Planung bedarf, die allein durch einzelne Festsetzungen nach § 9 BauGB (Rdnr. 1985) nicht gewährleistet ist. Davon ist etwa bei der Notwendigkeit eines umfassenden Erschließungskonzeptes oder der Notwendigkeit besonderer Infrastruktureinrichtungen (z.B. Schulen, Kindergärten u.s.w.) in der Regel auszugehen. Der Vorbehalt der Bauleitplanung greift auch dann, wenn es aufgrund der planerischen Abwägung der Gemeinde der Festsetzung **naturschutzrechtlicher Ausgleichsmaßnahmen** (§§ 1 Abs. 7, 1a Abs. 3 BauGB, Rdnr. 681 ff.) bedarf, da die dafür notwendigen Festsetzungsmöglichkeiten bei der Entwicklungssatzung im Unterschied zur Ergänzungssatzung gemäß § 34 Abs. 4 Satz 1 Nr. 3 BauGB (Rdnr. 1990 ff.) nicht anwendbar sind. Auch dies zeigt, daß die Entwicklungssatzung immer nur in einfach gelagerten Fällen für kleine Flächen in Betracht kommt, jedoch nicht dazu geeignet ist, die Aufstellung von Bebauungsplänen zu ersetzen.

1984 Gemäß § 34 Abs. 5 Satz 1 Nr. 2 BauGB darf durch die Satzung die Zulässigkeit von Vorhaben, die einer Pflicht zur Durchführung einer Umweltverträglichkeitsprüfung nach Anlage 1 zum UVP-Gesetz oder nach Landesrecht unterliegen, nicht begründet werden. Gemäß § 34 Abs. 5 Satz 1 Nr. 3 BauGB dürfen keine Anhaltspunkte für eine Beeinträchtigung der in § 1 Abs. 6 Nr. 7 Buchstabe b BauGB genannten Schutzgüter bestehen. Diese

Anforderungen decken sich mit denen für das vereinfachte Verfahren der Bauleitplanung gemäß § 13 Abs. 1 Nr. 1 und Nr. 2 BauGB. Daher kann auf die Ausführungen unter Rdnr. 857 ff. verwiesen werden.

Gemäß § 34 Abs. 5 Satz 2 BauGB können in der Entwicklungssatzung **einzelne Festsetzungen** nach § 9 Abs. 1 und Abs. 3 Satz 1 sowie Abs. 4 BauGB getroffen werden. Da auch in einem Bebauungsplan, der durch Satzungen nach § 34 Abs. 4 BauGB nicht ersetzt werden kann, der Festsetzungskatalog des § 9 BauGB in aller Regel nicht ausgeschöpft wird, also auch dort nur einzelne Festsetzungen getroffen werden, ist die gesetzliche Formulierung hier in erster Linie vor dem Hintergrund der begrenzten Funktion der Satzung zu sehen. Die Festsetzungen dürfen nicht dem Zweck dienen, im Sinne planerischer Gestaltung eine bestimmte bauliche Entwicklung erst auf den Weg zu bringen. Sie dürfen sich daher nicht von der vorhandenen Siedlungsstruktur lösen sondern nur die bereits in dem vorhandenen Bebauungszusammenhang angelegte Entwicklung unterstützen und etwaigen in dem Siedlungsansatz erkennbaren Konflikten vorbeugen. In Betracht kommen dafür vor allem Festsetzungen zum Maß der baulichen Nutzung, zu Grün- oder Verkehrsflächen und ausnahmsweise zur Art der baulichen Nutzung, wenn eine sehr homogene Bebauungsstruktur vorhanden ist und gewahrt werden soll[1]. In keinem Fall allerdings darf der Festsetzungsumfang eines qualifizierten Bebauungsplans erreicht werden, selbst wenn auch dafür nur einzelne Festsetzungen aus dem Katalog des § 9 BauGB notwendig sind[2]. Demgegenüber liegt die Abgrenzung zum einfachen Bebauungsplan (Rdnr. 1140 ff.) weniger in der Quantität der Festsetzungen als vielmehr in der Qualität des städtebaulichen Gestaltungsauftrags. Zusätzlich möglich sind ebenso wie bei einem Bebauungsplan auf Landesrecht beruhende Festsetzungen (§ 9 Abs. 4 BauGB, Rdnr. 367 ff.). 1985

Für das Aufstellungsverfahren von Entwicklungssatzungen verweist § 34 Abs. 6 Satz 1 BauGB auf die Vorschriften über die Öffentlichkeits- und Behördenbeteiligung nach § 13 Abs. 2 Nr. 2 und 3 BauGB (dazu im einzelnen Rdnr. 857 ff.). Sonstige Vorschriften für Bebauungspläne, auf die in § 34 Abs. 5 und Abs. 6 BauGB nicht verwiesen wird, sind demgegenüber für die Entwicklungssatzung nicht beachtlich. Dementsprechend bedarf es insbesondere keiner Begründung der Satzung. Ein Monitoring gemäß § 4c BauGB (Rdnr. 46 ff.) ist nicht notwendig. 1986

Unverzichtbar ist allerdings aufgrund der aus dem Rechtsstaatsprinzip ableitbaren Anforderungen die Ausfertigung der Satzung (Rdnr. 801 ff.). Für die sich anschließende Bekanntmachung gilt § 10 Abs. 3 BauGB (Rdnr. 806 ff.) entsprechend (§ 34 Abs. 6 Satz 2 BauGB). Der Satzungsbeschluß ist 1987

---
1 Schink, Möglichkeiten und Grenzen der Schaffung von Bauland durch Innen- und Außenbereichssatzungen nach § 34 Abs. 4, 5 und § 35 Abs. 6 BauGB, DVBl. 1999, 367 (373); Krautzberger, in: Battis/Krautzberger/Löhr, § 34 Rdnr. 73.
2 OVG Bautzen v. 4.10.2000 – 1 D 683/99, NVwZ 2001, 1070.

daher durch die Gemeinde ortsüblich bekannt zu machen. Die Satzung ist zu jedermanns Einsicht bereitzuhalten. Über ihren Inhalt ist auf Verlangen Auskunft zu geben (s. im einzelnen Rdnr. 829 ff.).

1988 Gemäß § 246 Abs. 1a BauGB können die Länder bestimmen, daß die Entwicklungssatzung vor ihrem Inkrafttreten der höheren Verwaltungsbehörde anzuzeigen ist (Rdnr. 795 ff.).

1989 Das Inkrafttreten der Entwicklungssatzung führt dazu, daß die betreffenden Flächen **konstitutiv** dem Innenbereich zugeschlagen werden. Bauvorhaben sind daher im Geltungsbereich der Satzung wie jedes andere Innenbereichsvorhaben zu behandeln. Ergänzt wird die entsprechende bauaufsichtliche Prüfung allerdings dahingehend, daß auch die einzelnen Festsetzungen nach § 34 Abs. 5 Satz 2 i.V.m. § 9 BauGB eingehalten sein müssen, sofern nicht über § 34 Abs. 2 BauGB die Erteilung einer Ausnahme und im übrigen analog zu § 31 Abs. 2 BauGB die Erteilung einer Befreiung von den betreffenden Festsetzungen in Betracht kommt.

c) Ergänzungssatzung (§ 34 Abs. 4 Satz 1 Nr. 3 BauGB)

1990 Die Ergänzungssatzung gemäß § 34 Abs. 4 Satz 1 Nr. 3 BauGB – auch Einbeziehungssatzung[1] oder Abrundungssatzung[2] genannt – ermöglicht es, einzelne Außenbereichsflächen in die im Zusammenhang bebauten Ortsteile einzubeziehen, wenn die einbezogenen Flächen durch die bauliche Nutzung des angrenzenden Bereichs entsprechend geprägt sind. Satzungsziel ist dabei im wesentlichen die **Abrundung vorhandener Innenbereichslagen** im Sinne einer Begradigung des tatsächlichen Grenzverlaufs. Allerdings soll auch die Möglichkeit geschaffen werden, einzelne Flächen über diese Begradigung hinausgehend zusätzlich in den Innenbereich einzubeziehen.

1991 Voraussetzung für den Erlaß einer Satzung nach § 34 Abs. 4 Satz 1 Nr. 3 BauGB ist es, daß ein im Zusammenhang bebauter Ortsteil vorliegt. Da § 34 BauGB bei einem einfachen Bebauungsplan ergänzend heranzuziehen ist (§ 30 Abs. 3 BauGB, Rdnr. 1144), wird man auch durch einen einfachen Bebauungsplan überplante Gebiete unter § 34 Abs. 4 Satz 1 Nr. 3 BauGB fassen können, nicht jedoch Bereiche, für die ein qualifizierter oder vorhabenbezogener Bebauungsplan existiert[3].

---

1 Jäde in Jäde/Dirnberger/Weiß, § 34 Rdnr. 44.
2 Schink, Möglichkeiten und Grenzen der Schaffung von Bauland durch Innen- und Außenbereichssatzungen nach § 34 Abs. 4, 5 und § 35 Abs. 6 BauGB, DVBl. 1999, 367 (371).
3 VGH München v. 7.3.2002 – 1 N 01.2851, BauR 2002, 1526 = UPR 2002, 318; Jäde in Jäde/Dirnberger/Weiß, § 34 Rdnr. 45; Schink, Möglichkeiten und Grenzen der Schaffung von Bauland durch Innen- und Außenbereichssatzungen nach § 34 Abs. 4, 5 und § 35 Abs. 6 BauGB, DVBl. 1999, 367 (371).

Die einzubeziehenden einzelnen Außenbereichsflächen müssen durch die bauliche Nutzung des **angrenzenden** Bereichs **geprägt** sein. Diese Anforderungen überlagern sich weitgehend, da die Prägung durch den vorhandenen Innenbereich ohnehin nur einzelne – in der Regel unmittelbar angrenzende – Außenbereichsflächen erfassen kann, ohne daß es dabei auf formelle Grundstücksgrenzen ankommt. Insbesondere müssen vorhandene Buchgrundstücke nicht vollständig durch den vorhandenen Innenbereich geprägt sein. Dies kann sich vielmehr auch auf Teilflächen beschränken. 1992

Ebenso wie bei der Entwicklungssatzung muß auch die Ergänzungssatzung gemäß § 34 Abs. 5 Satz 1 Nr. 1 BauGB mit einer **geordneten städtebaulichen Entwicklung** vereinbar sein. Die Prägung durch den angrenzenden Innenbereich und das Gebot des Einfügens (Rdnr. 2013 ff.) müssen daher einen hinreichenden Maßstab für eine konfliktfreie bauliche Entwicklung bieten. Sofern ein **Flächennutzungsplan** vorhanden ist, muß die aufgrund der Satzung ermöglichte bauliche Nutzung mit dessen Darstellungen im Einklang stehen. Das Entwicklungsgebot des § 8 Abs. 2 Satz 1 BauGB (Rdnr. 181 ff.) gilt insofern also ebenso wie bei der Entwicklungssatzung sinngemäß. 1993

Gemäß § 34 Abs. 5 Satz 1 Nr. 2 und Nr. 3 BauGB darf ebenso wie bei der Entwicklungssatzung nicht die Zulässigkeit von UVP-pflichtigen Vorhaben begründet werden. Es dürfen keine Anhaltspunkte für eine Beeinträchtigung der in § 1 Abs. 6 Nr. 7 Buchstabe b BauGB genannten Schutzgüter bestehen (s. Rdnr. 853). Ist dies der Fall, darf die Satzung nicht erlassen werden. Es bedarf dann der Durchführung eines Bebauungsplanverfahrens. 1994

Die **Festsetzungsmöglichkeiten** in einer Ergänzungssatzung sind gemäß § 34 Abs. 5 Satz 2 BauGB auf einzelne Festsetzungen beschränkt. Sie dürfen lediglich die in der Prägung durch den angrenzenden Innenbereich angelegte städtebauliche Entwicklung unterstützen (vgl. Rdnr. 1985). Im Unterschied zur Entwicklungssatzung sind gemäß § 34 Abs. 5 Satz 4 BauGB ergänzend auch § 1a Abs. 2 und 3 und § 9 Abs. 1a BauGB entsprechend anzuwenden. Die **naturschutzrechtliche Eingriffsregelung** ist also einschlägig, was gleichzeitig bedeutet, daß eine Ergänzungssatzung anders als eine Entwicklungssatzung auch Planinhalte zum Gegenstand haben darf, die nach der planerischen Abwägung der Gemeinde einen Kompensationsbedarf auslösen. 1995

Für das **Satzungsverfahren** gelten die Ausführungen zur Entwicklungssatzung (Rdnr. 1986 ff.) entsprechend. Anders als die Entwicklungssatzung ist der Ergänzungssatzung noch eine **Begründung** mit den Angaben entsprechend § 2a Satz 2 Nr. 1 BauGB (Rdnr. 384 ff.) beizufügen. Diese ist daher gemäß § 34 Abs. 6 Satz 2 i.V.m. § 10 Abs. 3 BauGB gemeinsam mit der Satzung zu jedermanns Einsicht bereitzuhalten. Allerdings bedarf es im Unterschied zu einem Bebauungsplan keiner zusammenfassenden Erklärung gemäß § 10 Abs. 4 BauGB (Rdnr. 397 f.). 1996

1997 Für die Genehmigungsfähigkeit von Vorhaben im Geltungsbereich einer Ergänzungssatzung gelten die Ausführungen zur Entwicklungssatzung unter Rdnr. 1989 sinngemäß.

d) Verbindung der Satzungstypen (§ 34 Abs. 4 Satz 2 BauGB)

1998 Die drei unterschiedlichen Satzungstypen nach § 34 Abs. 4 BauGB können **miteinander verbunden** werden (§ 34 Abs. 4 Satz 2 BauGB). Diese Zusammenfassung in einer einheitlichen Satzung ändert allerdings nichts daran, daß die jeweiligen verfahrensrechtlichen und materiellrechtlichen Anforderungen eingehalten werden müssen. Andernfalls führt dies zur Gesamtunwirksamkeit der Satzung[1], zumindest aber zur Teilunwirksamkeit des Satzungsteils, für den die maßgeblichen Anforderungen nicht gewahrt sind (zur vergleichbaren Situation bei Bebauungsplänen Rdnr. 1042 ff.).

II. Die Zulässigkeit von Vorhaben im Innenbereich

1. Die Berücksichtigung der Festsetzungen eines einfachen Bebauungsplans oder einer Satzung nach § 34 Abs. 4 BauGB

1999 Gemäß § 30 Abs. 3 BauGB richtet sich im Geltungsbereich eines einfachen Bebauungsplans[2] die zulässige Bebauung eines Innenbereichsgrundstücks nach § 34 BauGB. Der aus der Umgebungsbebauung sich ergebende Maßstab wird aber – je nach Inhalt des einfachen Bebauungsplans – durch dessen Festsetzungen modifiziert oder ergänzt.

2000 **Beispiele:**

(a) Ein einfacher Bebauungsplan enthält für ein 2-geschossig bebautes Gebiet die Festsetzung, daß drei Vollgeschosse zulässig seien. Die Grundstücke können auf der Grundlage dieser Festsetzung 3-geschossig bebaut werden, obwohl sie sich hinsichtlich des Maßes der baulichen Nutzung in die Eigenart der näheren Umgebung nicht einfügen.

2001 (b) Ein einfacher Bebauungsplan enthält gemäß § 9 Abs. 4 BauGB i.V.m. landesrechtlichen Vorschriften Festsetzungen über die Dachneigung. Diese sind zu beachten, obwohl bei einer Beurteilung nach § 34 Abs. 1 BauGB die Dachneigung für die Beurteilung der Zulässigkeit von Wohngebäuden ohne Bedeutung ist, insbesondere nicht das Maß der baulichen Nutzung betrifft[3].

2002 Gemäß § 34 Abs. 4 Satz 2, 2. Halbsatz BauGB können in **Satzungen** nach § 34 Abs. 4 Satz 1 Nr. 2 und Nr. 3 BauGB einzelne Festsetzungen nach § 9 Abs. 1, 2 und 4 BauGB getroffen werden. Diese Festsetzungen sind in derselben Weise wie die Festsetzungen eines einfachen Bebauungsplans geeig-

---

1 OVG Bautzen v. 4.10.2000 – 1 D 683/99, NVwZ 2001, 1070.
2 Dazu näher oben Rdnr. 1143 ff.
3 Vgl. dazu unten Rdnr. 2036 ff.

net, den aus der Umgebungsbebauung sich ergebenden Maßstab für die Zulässigkeit eines Vorhabens zu modifizieren oder zu ergänzen.

2. Die nähere Umgebung

Gemäß § 34 Abs. 1 Satz 1 BauGB setzt die Zulassung eines Vorhabens u.a. voraus, daß es sich nach Art und Maß der baulichen Nutzung, der Bauweise und der Grundstücksfläche, die überbaut werden soll, in die Eigenart der näheren Umgebung einfügt. Entspricht die Eigenart der näheren Umgebung einem der Baugebiete der BauNVO, so beurteilt sich gemäß § 34 Abs. 2 BauGB die Zulässigkeit des Vorhabens danach, ob es in diesem Baugebiet auf der Grundlage der BauNVO allgemein zulässig wäre. Zentrale Bedeutung für die Beurteilung der Zulässigkeit eines Vorhabens im unbeplanten Innenbereich hat nach diesen Regelungen die Abgrenzung der näheren Umgebung. Für die Abgrenzung der näheren Umgebung sind nach der Rechtsprechung des Bundesverwaltungsgerichts zwei Gesichtspunkte von Bedeutung, die sich gegenseitig ergänzen:

2003

– Welche in der Umgebung vorhandene Bebauung prägt das Baugrundstück?
– Wie weit reichen die Auswirkung des Bauvorhabens auf die nähere Umgebung?

Das Bundesverwaltungsgericht führt dazu zusammenfassend aus:

2004

„Berücksichtigt werden muß ... die Umgebung einmal insoweit, als sich die Ausführung des Vorhabens auf sie auswirken kann, und zweitens insoweit, als die Umgebung ihrerseits den bodenrechtlichen Charakter des Baugrundstücks prägt oder doch beeinflußt. Dabei muß zwar die Betrachtung auf das Wesentliche zurückgeführt werden, und es muß alles außer Acht gelassen werden, was die ‚vorhandene Bebauung' (jetzt: Umgebung) nicht prägt oder in ihr gar als Fremdkörper erscheint; aber es darf doch nicht nur diejenige Bebauung als erheblich angesehen werden, die gerade in der unmittelbaren Nachbarschaft des Baugrundstücks überwiegt, sondern es muß auch die Bebauung der weiteren Umgebung des Grundstückes insoweit berücksichtigt werden, als auch sie noch ‚prägend' auf dasselbe einwirkt"[1].

Da die „nähere Umgebung" im Vergleich zu dem „Ortsteil" den engeren Bereich bezeichnet, reicht die prägende Wirkung nie über den Ortsteil hinaus[2]. Deshalb gehören auch **Außenbereichsgrundstücke** nicht zur näheren Umgebung[3].

2005

---

1 BVerwG v. 26.5.1978 – 4 C 9.77, BVerwGE 55, 369, 380 = Buchholz 406.11 § 10 Nr. 17 = BRS 33 Nr. 36 = BauR 1978, 276 = DVBl. 1978, 815 = NJW 1978, 2564 unter Bezugnahme auf ältere Rechtsprechung.
2 BVerwG v. 11.2.1993 – 4 C 15.92, Buchholz 406.11 § 34 Nr. 156 = BRS 55 Nr. 69 = DVBl. 1993, 658 = DÖV 1993, 916 = NVwZ 1994, 258.
3 Vgl. BVerwG v. 10.12.1982 – 4 C 28.81, BRS 39 Nr. 57 = BauR 1983, 140.

2006 Die wechselseitige Prägung kann durch **topographische Zäsuren oder Straßen** ausgeschlossen sein. Das ist regelmäßig dann anzunehmen, wenn zugleich der Bebauungszusammenhang unterbrochen wird[1]. Auch soweit der Bebauungszusammenhang nicht unterbrochen ist, kann die einheitliche Struktur eines Bereichs die Prägung durch eine nahe Bebauung ausschließen.

2007 **Beispiele:**

(a) Auf einer Straßenseite befinden sich ausschließlich Wohnungen für Betriebsinhaber und Betriebsleiter, die den auf den rückwärtigen Grundstücksflächen befindlichen Gewerbebetrieben zugeordnet sind, auf der anderen Straßenseite Wohnhäuser ohne Zuordnung zu gewerblichen Betrieben. Die prägende Wirkung der Bebauung endet hinsichtlich der Art der baulichen Nutzung jeweils an der Straße[2].

2008 (b) Im Anschluß an ein deutlich erkennbares Mischgebiet mit mehreren nicht wesentlich störenden Gewerbebetrieben beginnt eine reine Wohnbebauung. Hier sind nicht alle Baugrundstücke, die noch von Geräuschen eines Gewerbebetriebs betroffen sein könnten, als zu dem Mischgebiet gehörig anzusehen. Das Mischgebiet endet vielmehr vor Beginn der reinen Wohnbebauung.

2009 Die wechselseitige Prägung ist nicht „anhand beliebiger städtebaulicher Belange zu ermitteln, sondern beurteilt sich nach den in § 34 Abs. 1 BauGB genannten Kriterien der Art und des Maßes der baulichen Nutzung, der Bauweise sowie der überbaubaren Grundstücksfläche"[3]. Daraus ergibt sich, daß z.B. **städtebauliche Fernwirkungen** eines beabsichtigten großflächigen Einzelhandelsbetriebs, wie sie in § 11 Abs. 3 BauNVO beschrieben sind, für die Abgrenzung der näheren Umgebung außer Betracht zu bleiben haben[4]. Dasselbe gilt für weiträumig auftretende Immissionen; allerdings kann ein mehr als 200 m entfernter gewerblicher Betrieb gerade auch unter Berücksichtigung seiner störenden Auswirkungen die nähere Umgebung noch prägen[5].

2010 Die nähere Umgebung ist für die in § 34 Abs. 1 Satz 1 BauGB bezeichneten Kriterien **jeweils gesondert** abzugrenzen. Denn die wechselseitige Prägung der Grundstücke hat nicht dieselbe Reichweite hinsichtlich der Art der baulichen Nutzung, des Maßes der baulichen Nutzung, der Bauweise und

---

1 Vgl. dazu BVerwG v. 20.8.1998 – 4 B 79.98, Buchholz 406.11 § 34 Nr. 191 = BRS 60 Nr. 176 = BauR 1999, 32 (Steilhang); zur Unterbrechung des Bebauungszusammenhangs oben Rdnr. 1959 ff.
2 Fall des BVerwG v. 6.7.1984 – 4 C 28.83, Buchholz 406.11 § 12 Nr. 11 = BauR 1984, 606 = DVBl. 1985, 112 = NJW 1985, 1569; vgl. auch BVerwG v. 10.6.1991 – 4 B 88.91, Buchholz 406.11 § 34 Nr. 143.
3 BVerwG v. 11.2.1993 – 4 C 15.92, Buchholz 406.11 § 34 Nr. 156 = BRS 55 Nr. 69 = DVBl. 93, 658 = DÖV 1993, 916 = NVwZ 1994, 258.
4 BVerwG v. 11.2.1993 ebenda; BVerwG v. 20.4.2000 – 4 B 25/00, BauR 2001, 212.
5 Vgl. dazu BVerwG v. 18.10.1974 – IV C 77.73, Buchholz 406.11 § 34 Nr. 45 = BRS 28 Nr. 27 = BauR 1975, 29 = DÖV 1975, 103 = NJW 1975, 460.

der überbaubaren Grundstücksfläche. Tendenziell reicht sie bei der Art der baulichen Nutzung am weitesten[1].

Beispiel: 2011
Ein innerstädtischer Bereich ist gekennzeichnet von einer Wohn-, Geschäfts- und Gewerbebebauung, zumeist 2- bis 3-geschossig bei geschlossener Bauweise. In der Nähe beginnt im Osten eine Bebauung mit höheren Gebäuden und Hochhäusern, in gleicher Entfernung nach Westen besteht seit langem ein lärmemittierender Industriebetrieb. Hinsichtlich der Art der baulichen Nutzung ist der Industriebetrieb wegen der das Baugrundstück beeinträchtigenden Immissionen der „näheren Umgebung" zuzurechnen; hinsichtlich des Maßes der baulichen Nutzung können sich die gleich weit liegenden höheren Gebäude nicht maßgeblich auf die zulässige Geschoßzahl des Vorhabens auswirken.

Bei der Abgrenzung der baulichen Anlagen, die auf das zu beurteilende 2012 Grundstück prägend einwirken, sind die vorhandenen baulichen Anlagen nach denselben Grundsätzen zu berücksichtigen wie bei der Ermittlung des Bebauungszusammenhangs; zu berücksichtigen sind deshalb auch formell und materiell illegale bauliche Anlagen und beseitigte Anlagen, mit deren baldiger Wiedererrichtung zu rechnen ist[2]. Außer Betracht bleiben aber **„Fremdkörper"**, die als singuläre Anlagen in einem auffälligen Kontrast zur übrigen Bebauung stehen und wegen ihrer Einzigartigkeit den Charakter der Umgebung nicht prägen. Dabei sind vor allem die Größe des Baukörpers, die von ihm ausgehenden Störungen und die Homogenität der übrigen Bebauung zu berücksichtigen[3]. Störende Einwirkungen auf die Umgebungsbebauung schließen die Annahme eines Fremdkörpers nicht aus, wenn sie nicht „der Umgebung ein bestimmtes Gepräge" aufdrücken; je weniger homogen die Bebauung ist, desto weniger wird eine aus dem Rahmen fallende Anlage bei der notwendigen wertenden Betrachtung als Fremdkörper qualifiziert werden können.

3. Allgemeine Grundsätze zur Beurteilung des „Einfügens"

Gemäß § 34 Abs. 1 BauGB setzt die Zulässigkeit eines Vorhabens u.a. voraus, daß es sich nach Art und Maß der baulichen Nutzung, Bauweise und überbaubarer Grundstücksfläche in die Eigenart der näheren Umgebung einfügt, soweit nicht die Prüfung des Einfügens nach der Art der baulichen Nutzung durch die Prüfung nach § 34 Abs. 2 BauGB ersetzt wird. 2013

Das „Einfügen" ist nach der Rechtsprechung des Bundesverwaltungsgerichts **zweistufig** zu prüfen. Die – bis heute ohne Modifikation gültigen – Maßstäbe hat das Bundesverwaltungsgericht in seiner Grundsatzentschei- 2014

---
1 Vgl. auch VGH Mannheim v. 23.9.1993 – 8 S 1281/93, UPR 1994, 271.
2 Vgl. dazu oben Rdnr. 1957.
3 Zusammenfassend BVerwG v. 15.2.1990 – 4 C 23.86, Buchholz 406.11 § 34 Nr. 134 = BRS 50 Nr. 75 = BauR 1990, 328 = DVBl. 1990, 572 = NVwZ 1990, 755.

dung vom 26.5.1978 entwickelt[1]. Dabei ist für die einzelnen Merkmale, nach denen sich ein Vorhaben im Sinne von § 34 Abs. 1 BauGB in die Eigenart der Umgebung einfügen muß – jeweils unabhängig voneinander[2] – ein aus der näheren Umgebung sich ergebender **„Rahmen"** zu ermitteln. Es sind (für die Art der baulichen Nutzung) die Nutzungen der Grundstücke festzustellen, das Maß der baulichen Nutzung ist unter Berücksichtigung der in § 16 Abs. 2 BauNVO genannten Kriterien zu bestimmen, bei der Bestimmung der Bauweise ist auf § 22 BauNVO zurückzugreifen, bei der Ermittlung der bebauten Grundstücksfläche ist z.B. die Bebauungstiefe der maßgeblichen Häuser von Bedeutung. Es ist allerdings zu berücksichtigen, daß der aus der vorhandenen Bebauung zu gewinnende Maßstab „notwendig grob und ungenau" ist, so daß es z.B. bei der Ermittlung des Maßes der baulichen Nutzung nicht „auf die Feinheiten der Berechnungsregeln der Baunutzungsverordnung für die Geschoßfläche" ankommt[3]. Das Vorhaben fügt sich regelmäßig ein, wenn es den so gefundenen Rahmen beachtet, also z.B. hinsichtlich der baulichen Nutzung, der Geschoßzahl, der Bauweise und der Bebauungstiefe der Nachbarbebauung entspricht. Das Bundesverwaltungsgericht formuliert zusammenfassend: **„Ein Vorhaben, das sich – in jeder Hinsicht – innerhalb des aus seiner Umgebung hervorgehenden Rahmens hält, fügt sich in der Regel seiner Umgebung ein."**[4]

2015 Bauvorhaben können sich darüber hinaus auch dann im Sinne des § 34 Abs. 1 BauGB „einfügen", wenn sie den aus der Umgebung ableitbaren Rahmen überschreiten. Nicht die „Einheitlichkeit", sondern die „Harmonie" soll gewahrt bleiben. Dazu führt das Bundesverwaltungsgericht im Urteil vom 26.5.1978 aus:

„Das Gebot des ‚Einfügens' soll nicht als starre Festlegung auf den gegebenen Rahmen allen individuellen Ideenreichtum blockieren, es zwingt nicht zur Uniformität. Das Erfordernis des ‚Einfügens' hindert nicht schlechthin daran, den vorgegebenen ‚Rahmen' zu überschreiten. Aber es hindert daran, dies in einer Weise zu tun, die geeignet ist, Spannungen zu begründen oder die vorhandenen Spannungen zu erhöhen. Ein Vorhaben, das im Verhältnis zu seiner Umgebung bewältigungsbedürftige Spannungen begründet oder erhöht, das – in diesem Sinne – ‚verschlechtert', ‚stört', ‚belastet', bringt die ihm vorgegebene Situation gleichsam in Bewegung. Es stiftet eine ‚Unruhe', die potentiell ein Planungsbedürfnis nach sich zieht. Soll es zugelassen werden, kann dies nur unter Einsatz der – jene Unruhe gewissermaßen wiederauffangenden – Mittel der Bauleitplanung geschehen. Ein Vorhaben, das um seiner Wir-

---

1 BVerwG v. 26.5.1978 – 4 C 9.77, BVerwGE 55, 369 = BRS 33 Nr. 36 = BauR 1978, 276 = DVBl. 1978, 815 = NJW 1978, 2564.
2 Vgl. dazu auch BVerwG v. 6.11.1997 – 4 B 172.97, Buchholz 406.11 § 34 Nr. 188 = BRS 59 Nr. 79.
3 Vgl. dazu BVerwG v. 23.3.1994 – 4 C 18.92, Buchholz 406.11 § 34 Nr. 168 = BRS 56 Nr. 63 = BauR 1994, 481 = DVBl. 1994, 702 = NVwZ 1994, 1006; BVerwG v. 21.6.1996 – 4 B 84.96, Buchholz 406.11 § 34 Nr. 180 = BRS 58 Nr. 83 = BauR 1996, 823 = NVwZ-RR 1997, 520.
4 BVerwGE 55, 369, 385 = BRS 33 Nr. 36 = BauR 1978, 276 = DVBl. 1978, 815 = NJW 1978, 2564.

kung willen selbst schon planungsbedürftig ist oder doch das Bedürfnis einer Bauleitplanung nach sich zieht, fügt sich seiner Umgebung nicht ein."

Daraus ergibt sich der folgende Leitsatz: 2016

„Auch ein Vorhaben, das sich nicht in jeder Hinsicht innerhalb des aus seiner Umgebung hervorgehenden Rahmens hält, kann sich der Umgebung einfügen. Das ist der Fall, wenn es weder selbst noch infolge einer nicht auszuschließenden Vorbildwirkung geeignet ist, bodenrechtlich beachtliche Spannungen zu begründen oder vorhandene Spannungen zu erhöhen".

Die Frage, wann ein Vorhaben bodenrechtlich beachtliche Spannungen auslöst und deshalb ein Planungsbedürfnis nach sich zieht, erfordert eine wertende Betrachtung, für die sich nur wenige allgemeine Grundsätze entwickeln lassen. Darauf wird im Folgenden näher einzugehen sein. 2017

Ein Vorhaben, das sich in jeder Hinsicht innerhalb des aus seiner Umgebung hervorgehenden Rahmens hält, fügt sich ausnahmsweise „gleichwohl seiner Umgebung dann nicht ein, wenn das Vorhaben es an ‚der gebotenen **Rücksichtnahme** auf die sonstige', d.h. vor allem: auf die in seiner unmittelbaren Nähe vorhandene ‚Bebauung' fehlen läßt"[1]. Das ist vor allem dann der Fall, wenn das Vorhaben Spannungen und Konflikte zu der unmittelbar benachbarten Bebauung auslöst[2]. Dieses aus dem „Einfügen" entwickelte Gebot der Rücksichtnahme hat praktische Bedeutung vor allem für die Rechtsposition des Nachbarn und wird deshalb unten (Rdnr. 2089 ff.) näher behandelt. 2018

Das „Einfügen" ist ausschließlich in Bezug auf die in § 34 Abs. 1 Satz 1 BauGB genannten Kriterien zu prüfen. Nicht zu berücksichtigen sind deshalb z.B. infrastrukturelle Auswirkungen, soweit diese nicht durch § 34 Abs. 3 BauGB erfaßt werden, oder die Anzahl der Wohnungen in einem Gebäude oder Fragen der Einsicht in andere Grundstücke[3]. 2019

4. Art der baulichen Nutzung

a) Die Prüfung der Zulässigkeit bei einer einem Baugebiet entsprechenden vorhandenen Bebauung

Gemäß **§ 34 Abs. 2 BauGB** beurteilt sich die Zulässigkeit des Vorhabens in einem Gebiet, das einem der Baugebiete der BauNVO entspricht, nach der Art der baulichen Nutzung allein danach, ob es in dem Baugebiet allgemein 2020

---

1 So wörtlich BVerwG v. 26.5.1978 – 4 C 9.77, BVerwGE 55, 369 = BRS 33 Nr. 36 = BauR 1978, 276 = DVBl. 1978, 815 = NJW 1978, 2564.
2 Vgl. dazu etwa BVerwG v. 29.10.1997 – 4 B 8.97, Buchholz 406.11 § 34 Nr. 187 = BRS 59 Nr. 62.
3 Vgl. BVerwG v. 24.4.1989 – 4 C 72.89, BRS 49 Nr. 85 = DÖV 1989, 860 = NVwZ 1989, 1060.

zulässig wäre. Für eine Prüfung des Einfügens nach der Art der baulichen Nutzung im Sinne von § 34 Abs. 1 Satz 1 BauGB ist dann kein Raum.

2021 **Beispiel:**
In einem Altstadtgebiet, das den Charakter eines Mischgebiets hat, besteht ab dem 2. Obergeschoß durchgängig Wohnnutzung. Ein Grundstückseigentümer beabsichtigt eine gewerbliche Nutzung auch der oberen Stockwerke seines Hauses. Der Antrag kann nicht mit der Begründung abgelehnt werden, daß sich das Vorhaben hinsichtlich der Art der baulichen Nutzung wegen der vorhandenen vertikalen Gliederung von Nutzungsarten in die Eigenart der näheren Umgebung nicht einfüge. Denn eine solche vertikale Gliederung setzt einen Bebauungsplan gemäß § 9 Abs. 3 BauGB, § 1 Abs. 7 BauNVO voraus. Das Vorhaben ist gemäß § 34 Abs. 2 BauGB zulässig[1].

2022 § 34 Abs. 2 BauGB setzt voraus, daß das Gebiet „einem" der in der BauNVO vorgesehenen Baugebiete entspricht. Befinden sich in der näheren Umgebung Elemente mehrerer Baugebiete, so ist die Zulässigkeit des Vorhabens auch nach der Art der baulichen Nutzung allein nach § 34 Abs. 1 BauGB zu bestimmen[2]. Anzuwenden ist die BauNVO in der im Zeitpunkt der Entscheidung gültigen Fassung; § 34 Abs. 2 BauGB enthält eine dynamische Verweisung[3].

2023 Der Anwendungsbereich von § 34 Abs. 2 BauGB ist dahin einzuschränken, daß nur solche Baugebiete als Maßstab der zulässigen Bebauung in Betracht kommen, deren Existenz einer Wahrnehmung durch Erfassung der vorhandenen baulichen Anlagen zugänglich ist. Deshalb kann § 4a BauNVO nicht über § 34 Abs. 2 BauGB angewandt werden; denn Wesensmerkmal des **besonderen Wohngebiets** sind bestimmte planerische Absichten der Gemeinde, die sich nicht in der Bebauung dokumentieren[4]. **Sondergebiete** nach § 10 BauNVO und nach § 11 Abs. 2 Satz 2 BauNVO lassen sich demgegenüber nach den dort vorhandenen baulichen Anlagen bestimmen; auf sie ist deshalb § 34 Abs. 2 BauGB anzuwenden[5]. Dagegen kann § 34 Abs. 2 BauGB

---

1 Fall des BVerwG v. 12.2.1990 – 4 B 240.89, Buchholz 406.11 § 34 Nr. 133 = BRS 50 Nr. 79 = BauR 1990, 326 = NVwZ 1990, 557 (ob die vertikale Gliederung im Anwendungsbereich von § 34 Abs. 1 BauGB beachtlich wäre, bleibt offen; dagegen Söfker in Ernst/Zinkahn/Bielenberg/Krautzberger, § 34 Rdnr. 39).
2 BVerwG v. 2.7.1991 – 4 B 1.91, Buchholz 406.12 § 4 Nr. 6 = BRS 52 Nr. 48 = BauR 1991, 569 = DVBl. 1991, 1160 = NVwZ 1991, 982.
3 BVerwG v. 20.8.1992 – 4 C 57.89, BRS 54 Nr. 50 = DVBl. 1993, 109; BVerwG v. 23.9.1999 – 4 C 6.98, BVerwGE 109, 314 = BRS 62 Nr. 86 = BauR 2000, 234 = DVBl. 2000, 192 = ZfBR 2000, 128.
4 BVerwG v. 11.12.1992 – 4 B 209.92, Buchholz 406.11 § 34 Nr. 154 = DÖV 1993, 621 = NVwZ 1993, 1100 = ZfBR 1993, 144.
5 So auch für ein Sondergebiet für großflächige Einzelhandelsbetriebe BVerwG v. 2.7.1991 – 4 B 1.91, Buchholz 406.12 § 4 Nr. 6 = BauR 1991, 569 = NVwZ 1991, 982; OVG Weimar v. 19.3.2003 – 1 KO 853/01, NVwZ 2004, 249; kritisch Jäde in Jäde/Dirnberger/Weiß, § 34 Rdnr. 108; auf derartige Sondergebiete ist auch § 246 Abs. 7 BauGB nicht anwendbar, vgl. Hoppe/Schlarmann, Ausschluß großflächiger Einzelhandelsbetriebe (§ 11 Abs. 3 BauNVO) im unbeplanten Innenbereich (§ 34 BauGB) nach § 246 Abs. 7 BauGB, DVBl. 1999, 1078 f.

nicht mit der Begründung zur Anwendung gebracht werden, die Bebauung entspreche einem sonstigen Sondergebiet, das in § 11 Abs. 2 Satz 2 BauNVO nicht beispielhaft bezeichnet ist[1]. Denn die Gemeinde kann ein solches Sondergebiet zwar erfinden[2]; es ist aber nicht im Sinne von § 34 Abs. 2 Satz 1 BauGB in der BauNVO „bezeichnet".

Ist § 34 Abs. 2 BauGB anzuwenden, so ist eine Nutzung, die in dem Baugebiet allgemein zulässig wäre, hinsichtlich ihrer Art ohne weiteres zulässig, sofern nicht ausnahmsweise **§ 15 BauNVO** entgegensteht[3]. Es kommt nicht darauf an, ob die konkrete Nutzung in dem Gebiet bereits ein Vorbild hat. Soweit die Nutzung bei Anwendung der BauNVO **ausnahmsweise zulässig** wäre, hat die Baugenehmigungsbehörde, wie sich aus § 34 Abs. 2, 2. Halbsatz BauGB ergibt, in entsprechender Anwendung von § 31 Abs. 1 BauGB über die Erteilung einer Ausnahme zu entscheiden; über **Befreiungen** ist in entsprechender Anwendung von § 31 Abs. 2 BauGB zu entscheiden.

Beispiele:

(a) Der Antragsteller beabsichtigt in einem überwiegend durch gewerbliche Nutzungen geprägten Teil eines Mischgebiets die Errichtung einer kleineren Spielhalle. Diese Nutzung ist gemäß § 6 Abs. 2 Nr. 8 BauNVO i.V.m. § 34 Abs. 2 BauGB zulässig. Etwas anderes kann z.B. dann gelten, wenn die beabsichtigte Nutzung an die Stelle einer Wohnnutzung tritt und die gebotene „Durchmischung" des Mischgebiets in Frage stellt[4].

(b) Der Antragsteller beabsichtigt die Errichtung einer Spielhalle mit einer Nutzfläche von 790 m2 im faktischen Kerngebiet einer mittelgroßen Stadt. Eine solche Nutzung ist grundsätzlich gemäß § 7 Abs. 2 Nr. 2 BauNVO i.V.m. § 34 Abs. 2 BauGB zulässig. Etwas anderes kann sich ausnahmsweise aus § 15 Abs. 1 Satz 1 BauNVO ergeben, weil z.B. eine Spielhalle dieser Größenordnung der Eigenart des konkreten Kerngebiets widerspricht oder ihre Einrichtung dazu führen würde, daß die Spielhallen in dem Gebiet nach ihrer Anzahl überhand nehmen[5].

(c) Der Antragsteller beabsichtigt in einem Gebiet, in dem bisher ausschließlich Wohnnutzung besteht, die Einrichtung einer Arztpraxis in seinem Wohnhaus. Das Vorhaben ist nach der Art der baulichen Nutzung gemäß §§ 3, 13 BauNVO i.V.m. § 34 Abs. 2 BauGB zulässig.

b) Das „Einfügen" nach der Art der baulichen Nutzung

Ist § 34 Abs. 2 BauGB nicht anwendbar, weil die nähere Umgebung durch uneinheitliche Nutzungen geprägt ist, die sich nicht einem einzigen Bauge-

---

1 A.A. Söfker in Ernst/Zinkahn/Bielenberg/Krautzberger, § 34 Rdnr. 79.
2 Vgl. dazu BVerwG v. 8.5.1989 – 4 B 79.89, Buchholz 406.11 § 31 Nr. 27 = BRS 49 Nr. 66 = BauR 1989, 440 = NVwZ 1989, 1060.
3 Zur Anwendung von § 15 BauNVO vgl. etwa BVerwG v. 14.1.1993 – 4 C 19.90, Buchholz 406.11 § 34 Nr. 155 = BRS 55 Nr. 175 = DVBl. 1993, 652.
4 Vgl. zu dieser Problematik BVerwG v. 11.4.1996 – 4 B 51.96, Buchholz 406.11 § 34 Nr. 179 = BRS 58 Nr. 82.
5 Fall des BVerwG v. 29.7.1991 – 4 B 40.91, BRS 52 Nr. 56 = DÖV 1992, 77.

bietstyp zuordnen lassen, so ist zu prüfen, ob das Vorhaben sich hinsichtlich der Art der Nutzung in die Eigenart der näheren Umgebung einfügt. Bei dieser Prüfung sind zunächst die für die Beurteilung des „Einfügens" oben (Rdnr. 2013 ff.) dargestellten allgemeinen Grundsätze zu berücksichtigen. Ergänzend ist hervorzuheben:

2029 Bei der Beurteilung der Frage, ob sich ein Vorhaben nach der Art der baulichen Nutzung im **Rahmen** der Umgebungsbebauung hält, ist grundsätzlich an die in der BauNVO **typisierten Nutzungsarten** anzuknüpfen. Weist die nähere Umgebung Merkmale verschiedener Baugebietstypen auf, sind nicht alle Arten von baulichen Nutzungen zulässig, die in diesen Gebieten nach der BauNVO zulässig wären. Der für die Beurteilung maßgebende Rahmen wird vielmehr durch die in der näheren Umgebung tatsächlich vorhandenen Nutzungen begrenzt.

2030 **Beispiele:**
(a) Der Antragsteller beabsichtigt in einem Gebiet, das Elemente des Dorfgebiets und eines allgemeinen Wohngebiets verbindet, die Erweiterung seines Schweinemastbetriebs um 80 Sauenplätze. Da in der näheren Umgebung auch andere geruchsemittierende Betriebe der Tierhaltung vorhanden sind, überschreitet das Vorhaben den durch die nähere Umgebung vorgegebenen Rahmen nicht[1].

2031 (b) Der Antragsteller begehrt in einem Gebiet, das durch Wohnnutzung und störende gewerbliche Nutzung geprägt ist, die Genehmigung einer Spielhalle mit 100 m^2 Fläche. In der näheren Umgebung ist eine Vergnügungsstätte bisher nicht vorhanden. Das Vorhaben überschreitet den Rahmen, weil Vergnügungsstätten zu den typisierten Nutzungsarten gehören und es an einem Vorbild fehlt[2].

2032 (c) In einem Gebiet, das durch Gewerbe- und Industriebetriebe (ohne Einzelhandelsbetriebe) geprägt ist, beabsichtigt der Antragsteller die Errichtung eines großflächigen Lebensmitteleinzelhandelsbetriebs. Das Vorhaben überschreitet den Rahmen; denn der großflächige Einzelhandelsbetrieb ist, wie sich aus § 11 Abs. 3 BauNVO ergibt, eine typisierte Nutzungsart[3].

Dagegen wird der Rahmen bei einer Erweiterung eines bereits vorhandenen großflächigen Einzelhandelsbetriebs – ohne Rücksicht auf die infrastrukturellen Auswirkungen – regelmäßig nicht überschritten[4].

---

1 Fall des BVerwG v. 3.4.1987 – 4 C 41.84, Buchholz 406.11 § 34 Nr. 117 = BauR 1987, 538 = DVBl. 1987, 903 = NVwZ 1987, 884.
2 Fall des BVerwG v. 15.12.1994 – 4 C 13.93, Buchholz 406.11 § 34 Nr. 172 = BauR 1995, 506 = DVBl. 1995, 749 = DÖV 1995, 832 = NVwZ 1995, 897; vgl. auch zum Bordellbetrieb als „atypischer" Vergnügungsstätte BVerwG v. 29.10.1997 – 4 B 8.97, Buchholz 406.11 § 34 Nr. 187 = BRS 59 Nr. 62.
3 Fall des BVerwG v. 22.5.1987 – 4 C 6. und 7.85, Buchholz 406.11 § 34 Nr. 120 = BRS 47 Nr. 67 = BauR 1987, 531 = NVwZ 1987, 257.
4 Vgl. dazu BVerwG v. 17.6.1993 – 4 C 17.91, Buchholz 406.11 § 34 Nr. 158 = BauR 1994, 81 = NVwZ 1994, 294.

Bei der Beurteilung der Frage, ob das Vorhaben **Spannungen** begründet, kommt es zum einen auf die von ihm unmittelbar ausgehenden Wirkungen – einschließlich des Zu- und Abgangsverkehrs[1] – an, zum anderen auf Folgewirkungen durch eine von dem Vorhaben ausgehende Vorbildwirkung[2]. Die von einer – den Rahmen überschreitenden – Anlage ausgehenden Störungen können Spannungen bereits dann begründen, wenn sie den nach dem Charakter des Gebiets zumutbaren äquivalenten Dauerschallpegel nicht überschreiten[3]. Allerdings wird sich ein Wohnbauvorhaben regelmäßig einfügen, wenn es nicht stärkeren Belästigungen ausgesetzt sein wird als die bereits vorhandene Wohnbebauung[4]. Die Vorbildwirkung kann Spannungen, die dem „Einfügen" entgegenstehen, auch dann begründen, wenn das Vorhaben selbst nicht zu einer Verschlechterung der gegenwärtigen Situation führt, eine solche Verschlechterung vielmehr nur als Folge hinzutretender baulicher Anlagen zu befürchten ist[5]. Bei der Beurteilung der Frage, ob Spannungen entstehen, sind die gesamten mit der beabsichtigten Nutzung typischerweise verbundenen Auswirkungen zu beachten, auch psychische Belastungen durch die Gefährlichkeit einer beabsichtigten Nutzung[6] oder typischerweise auftretende Belästigungen durch Benutzer[7]. 2033

Bei der Beurteilung der Zulässigkeit großflächiger Einzelhandelsbetriebe nach § 34 Abs. 1 BauGB ist die Sonderregelung in **§ 246 Abs. 7 BauGB** zu beachten. 2034

5. Maß der baulichen Nutzung

Bei Anwendung der oben (Rdnr. 2013 ff.) dargestellten allgemeinen Grundsätze für die Prüfung des „Einfügens" ist besonders zu beachten: 2035

Die Beurteilung eines Vorhabens nach dem Maß der baulichen Nutzung ist auf die in **§ 16 Abs. 2 BauNVO** bezeichneten Bestimmungsfaktoren beschränkt. „Maßbegriffe, die die BauNVO nicht kennt, können grundsätzlich 2036

---

[1] Vgl. dazu zusammenfassend BVerwG v. 27.8.1998 – 4 C 5.98, Buchholz 406.11 § 34 Nr. 190 = BRS 60 Nr. 83 = BauR 1999, 152.
[2] Vgl. dazu etwa BVerwG v. 15.12.1994 – 4 C 13.93, Buchholz 406.11 § 34 Nr. 172 = BauR 1995, 506 = DVBl. 1995, 749 = DÖV 1995, 842 = NVwZ 1995, 897 (Spielhalle als Vorbild für weitere Vergnügungsbetriebe).
[3] Vgl. BVerwG v. 30.8.1985 – 4 C 50.82, Buchholz 406.11 § 34 Nr. 106 = BRS 44 Nr. 185 = BauR 1985, 652 = DÖV 1986, 77.
[4] BVerwG v. 5.3.1984 – 4 B 171.83, Buchholz 406.11 § 34 Nr. 98 = BRS 42 Nr. 75 = BauR 1985, 172 = NVwZ 1984, 646.
[5] BVerwG v. 4.6.1985 – 4 B 102.85, Buchholz 406.11 § 34 Nr. 105 = BRS 44 Nr. 65.
[6] Vgl. BVerwG v. 5.3.1984 – 4 B 20.84, Buchholz 406.11 § 34 Nr. 99 = BauR 1985, 172 = NVwZ 1984, 674 (Pumazwinger).
[7] BVerwG v. 29.10.1997 – 4 B 8.97, Buchholz 406.11 § 34 Nr. 187 = BRS 59 Nr. 62 (Bordell).

auch im unbeplanten Innenbereich keine Rolle spielen"[1]. Die in § 16 Abs. 2 BauNVO genannten Festsetzungsmittel zur Bestimmung des Maßes der baulichen Nutzung sind aber nicht bei Anwendung von § 34 Abs. 1 BauGB unterschiedslos anzuwenden. Es kommt vielmehr darauf an, ob sich aus einer Betrachtung der in der näheren Umgebung vorhandenen baulichen Anlagen ergibt, daß einzelne dieser „Maßfaktoren" eine „prägende Wirkung auf das Baugrundstück haben[2]". Da der aus der vorhandenen Bebauung zu gewinnende Maßstab „notwendig grob und ungenau" ist, kommt es primär auf diejenigen das Maß der baulichen Nutzung bestimmenden Elemente an, „die nach außen wahrnehmbar in Erscheinung treten und anhand derer sich die vorhandenen Gebäude in der näheren Umgebung leicht in Beziehung zueinander setzen lassen". Da sie die nähere Umgebung optisch in weit stärkerem Maße prägen, sind **vorrangig die absoluten Maßstäbe** Grundfläche, Geschoßzahl und Höhe baulicher Anlagen heranzuziehen. Die relativen Maßstäbe (Grundflächenzahl und Geschoßflächenzahl) werden demgegenüber nur selten eine „prägende Wirkung auf das Baugrundstück haben", etwa wenn das Gebiet durch eine Vielzahl gleich geschnittener Grundstücke geprägt ist[3].

2037 **Beispiele:**

(a) Der Antragsteller beabsichtigt den Ausbau seines Dachgeschosses zur Einrichtung von zwei Wohnungen ohne wesentliche äußere Veränderungen des Gebäudes. Dem Vorhaben kann nicht entgegengehalten werden, daß es wegen einer wesentlichen Erhöhung der Geschoßflächenzahl den aus der näheren Umgebung sich ergebenden Rahmen überschreite[4].

2038 (b) Der Antragsteller beabsichtigt den Ausbau eines Dachgeschosses zur Einrichtung von zwei Wohnungen durch Vergrößerung der Dachneigung und Erhöhung des Gebäudes. Für die Beurteilung, ob sich das Vorhaben in die Eigenart der näheren Umgebung einfügt, ist ohne Bedeutung, ob die Geschossigkeit (unter Berücksichtigung des landesrechtlichen Begriffs des Vollgeschosses) verändert wird. Entscheidend ist, ob es sich optisch (auch hinsichtlich seiner Höhe) in die Umgebungsbebauung einfügt[5].

2039 (c) Der Antragsteller beabsichtigt in einem Bereich, der durch Straßenrandbebauung geprägt ist, die Bebauung eines Grundstücks, das eine weitaus größere Tiefe hat als die Nachbargrundstücke; das Bauvorhaben soll auch eine weitaus größere Grundfläche in Anspruch nehmen. Bei der Beurteilung des Bauvorhabens ist die Grundstücksfläche nur insoweit zu berücksichtigen, als sie im Innenbereich liegt (vgl. § 19 Abs. 3

---

1 So wörtlich BVerwG v. 15.12.1994 – 4 C 19.93, Buchholz 406.11 § 34 Nr. 173 = BRS 56 Nr. 130 = BauR 1995, 506 = NVwZ 1995, 897.
2 So BVerwG 23.3.1994 – 4 C 18.92, BVerwGE 95, 277 = Buchholz 406.11 § 34 Nr. 168 = BRS 56 Nr. 63 = BauR 1994, 481 = DVBl. 1994, 702 = NVwZ 1994, 1006.
3 Vgl. zum gesamten Vorstehenden BVerwG v. 23.3.1994 ebenda.
4 Fall des BVerwG v. 23.3.1994 ebenda.
5 Fall des BVerwG v. 21.6.1996 – 4 B 84.96, Buchholz 406.11 § 34 Nr. 180 = BRS 58 Nr. 83 = BauR 1996, 823 = NVwZ-RR 1997, 520; vgl. auch zur Problematik des Dachgeschoßausbaus durch Einbau von Gaupen VGH Mannheim v. 14.7.2000 – 5 S 418/00, BauR 2001, 750.

BauNVO); für diese Beurteilung sind die Grundstücksgrenzen ohne Bedeutung[1]. Die überdurchschnittliche Tiefe des Grundstücks hat unabhängig davon für die erforderliche optische Beurteilung keine entscheidende Bedeutung; das Vorhaben hält sich deshalb nicht innerhalb des durch die Umgebungsbebauung vorgegebenen Rahmens. Anders kann die Beurteilung ausfallen, wenn das Baugrundstück eine größere Breite als die Nachbargrundstücke hat[2].

Der aus der Umgebungsbebauung sich ergebende Rahmen des Maßes der baulichen Nutzung ist **ohne Rücksicht auf die Art** der Anlagen zu ermitteln. Fügt sich ein Vorhaben „seiner Art nach ein, so kommt es im Rahmen der Prüfung, ob es sich auch seinem Maße nach einfügt, nicht mehr erneut auf seine Art an, nämlich darauf, welches Maß von anderen baulichen Anlagen gleicher Art in der näheren Umgebung bereits verwirklicht ist"[3]. 2040

Beispiel: 2041
Der Antragsteller beabsichtigt, auf einer Gebäudewand eine deren Maße nicht überschreitende Werbetafel im Format 3,80 m x 2,70 m anzubringen. Die Werbetafel fügt sich ihrer Art nach als gewerbliche Nutzung in die Umgebungsbebauung ein. Für die Beurteilung ihrer Zulässigkeit ist dann ohne Bedeutung, ob es für eine derartige großflächige Werbetafel in der Umgebungsbebauung ein prägendes Vorbild gibt[4].

Bei einer Überschreitung des durch die Umgebungsbebauung vorgegebenen Rahmens hinsichtlich des Maßes der baulichen Nutzung wird es im Grundsatz seltener zu städtebaulichen Spannungen kommen als bei einer Überschreitung des Rahmens hinsichtlich der Art der baulichen Nutzung. Umgekehrt kann es bei Einhaltung des Rahmens leichter zu städtebaulichen Konflikten mit der unmittelbar benachbarten Bebauung kommen. 2042

Beispiele: 2043
(a) Der Antragsteller beabsichtigt die Erweiterung eines Verbrauchermarkts mit 2920 m² Geschoßfläche auf 3680 m². Die Erweiterung überschreitet hinsichtlich der Gebäudegröße den Rahmen, der bisher nach oben durch den auf dem Baugrundstück vorhandenen Verbrauchermarkt begrenzt wird. Gleichwohl ist es denkbar, daß die Erweiterung „vom optischen Eindruck her noch hingenommen werden kann" und deshalb keine Spannungen begründet[5].

(b) Der Antragsteller ist Eigentümer eines Reihenhauses in einer 1-geschossigen Reihenhauszeile. Die nähere Umgebung wird durch 1- und 2-geschossige Gebäude geprägt. Er beabsichtigt die Aufstockung seines Hauses um ein weiteres Geschoß. Das Vorhaben überschreitet zwar nicht den aus der Umgebungsbebauung sich ergebenden 2044

---

1 Vgl. dazu bereits oben Rdnr. 1960 ff.
2 Vgl. zu diesen beiden Fällen auch BVerwG v. 21.11.1980 – 4 B 142.80, Buchholz 406.11 § 34 Nr. 78 = (gekürzt) BRS 36 Nr. 65.
3 So wörtlich BVerwG v. 15.12.1994 – 4 C 19.93, Buchholz 406.11 § 34 Nr. 173 = BRS 56 Nr. 130 = BauR 1995, 506 = DVBl. 1995, 749 = NVwZ 1995, 897.
4 Fall des BVerwG v. 15.12.1994 ebenda.
5 Fall des BVerwG v. 17.6.1993 – 4 C 17.91, Buchholz 406.11 § 34 Nr. 158 = BRS 55 Nr. 72 = BauR 1994, 81 = NVwZ 1994, 294.

Rahmen, führt aber dennoch zu städtebaulichen Spannungen innerhalb der Reihenhauszeile und fügt sich daher nicht ein[1].

2045 (c) An der Einmündung einer geschlossen bebauten Wohnstraße auf einem verkehrsreichen Platz soll im Gegensatz zur vorhandenen 4-geschossigen Bebauung eine „Dominante" mit 8 Geschossen errichtet werden. Sofern ähnlich hohe Gebäude bereits an anderer Stelle des Platzes stehen, sind sie in die Bewertung mit einzubeziehen mit der Folge, daß auch das neue Hochhaus den aus der Umgebungsbebauung sich ergebenden Rahmen nicht überschreitet. Soll demgegenüber das geplante Gebäude als erstes den Rahmen der Wohnstraße und des Platzes wesentlich überschreiten, ist zu bewerten, ob dadurch Spannungen begründet werden, indem die städtebauliche Situation „verschlechtert" oder „Unruhe gestiftet" wird. Entscheidend dürfte die Wirkung des hohen Bauwerks auf die benachbarten Wohngebäude sein, ob von dem Haus eine „erdrückende Wirkung" ausgeht oder die Besonnung, Belichtung oder Belüftung erheblich beeinträchtigt wird.

2046 (d) In dem für die Beurteilung maßgeblichen Bereich mit Grundstücken etwa gleicher Größe befinden sich ältere kleinere Siedlungshäuser, deren Eigentümer früher die Gärten überwiegend zur Erzeugung von Lebensmitteln für den eigenen Bedarf nutzten; die Grundstücke sind deshalb mit einer GRZ von etwa 0,1 bebaut. Der Antragsteller beabsichtigt auf seinem Grundstück (ohne Eröffnung einer zweiten Baureihe) die Errichtung eines weiteren Hauses, durch die er eine GRZ von 0,2 erreicht. Angesichts der Gleichförmigkeit der Bebauung und der Grundstücke kann der GRZ in diesem Gebiet prägende Wirkung zukommen. Dennoch führt die Überschreitung des Rahmens angesichts der aufgelockerten Bebauung nicht zu städtebaulichen Spannungen.

6. Bauweise

2047 Bei der Prüfung, ob sich das Vorhaben nach der Bauweise in die Eigenart der näheren Umgebung einfügt, ist über die allgemeinen Grundsätze (oben Rdnr. 2013 ff.) hinaus zu beachten:

2048 Aus der näheren Umgebung kann sich als „Rahmen" **nur die offene oder die geschlossene Bauweise** (§ 22 Abs. 2 bzw. Abs. 3 BauNVO) ergeben. In einem Gebiet mit teils offener, teils geschlossener Bebauung sind regelmäßig beide Bauweisen planungsrechtlich zulässig[2]. Eine abweichende Bauweise im Sinne von § 22 Abs. 4 BauNVO kann sich nicht aus der näheren Umgebung ergeben.

2049 Bildet die **offene Bauweise** den Rahmen, so fügt sich ein Vorhaben, das an die Grenze gebaut werden soll, in der Regel nicht ein[3]. Es ist im Einzelfall aber denkbar, daß auch ein solches Vorhaben Spannungen nicht begründet,

---

1 Fall des BVerwG v. 10.1.1994 – 4 B 158.93, Buchholz 406.11 § 34 Nr. 163 = BRS 56 Nr. 66.
2 Vgl. BVerwG v. 11.3.1994 – 4 B 53.94, Buchholz 406.11 § 34 Nr. 166 = BRS 56 Nr. 65 = BauR 1994, 494 = ZfBR 1994, 192.
3 Etwas anderes gilt, wenn es als Doppelhaus errichtet wird, vgl. OVG Berlin v. 8.4.1998 – 2 S 3.98, BRS 60 Nr. 87.

wenn unter dem Gesichtspunkt der Rücksichtnahme das Nachbargrundstück nicht beeinträchtigt wird und die städtebauliche Situation nicht in Unruhe gebracht wird. Es ist dann regelmäßig zusätzlich eine Befreiung von den bauordnungsrechtlichen Vorschriften über den Grenzabstand erforderlich.

Wird der Rahmen durch **geschlossene Bauweise** gebildet, so ist regelmäßig ein Bauvorhaben, das zur Grundstücksgrenze eine Abstandsfläche einhält, nicht genehmigungsfähig. Auch das Bauordnungsrecht darf dann die Einhaltung von seitlichen Abstandsflächen nicht verlangen[1]. Etwas anderes gilt ausnahmsweise dann, wenn die Grenzbebauung mit dem Gebot der Rücksichtnahme unvereinbar ist. Es haben dann auch die landesrechtlichen Vorschriften, die die Einhaltung eines Grenzabstands verlangen, zurückzutreten.

Beispiel:
Der Antragsteller beabsichtigt in einem Gebiet, das durch geschlossene Bauweise geprägt ist, die Errichtung eines Wohnhauses auf der Grundstücksgrenze. Auf dem Nachbargrundstück befindet sich ein altes Wohnhaus, das zur gemeinsamen Grenze einen Abstand von 2 m einhält und an dieser Seite des Hauses notwendige Fenster hat. Die beabsichtigte Grenzbebauung ist mit dem Gebot der Rücksichtnahme unvereinbar und würde sich deshalb nicht einfügen[2].

7. Grundstücksfläche, die überbaut werden soll

Bei der Beurteilung der Frage, ob sich das Vorhaben nach der „Grundstücksfläche, die überbaut werden soll" in die Eigenart der näheren Umgebung einfügt, kommt es auf die **räumliche Lage** des Vorhabens **innerhalb der vorhandenen Bebauung** an; es ist deshalb auf die Kriterien des § 23 BauNVO zurückzugreifen[3]. Soweit das Bundesverwaltungsgericht zusätzlich die „relative Grundflächenzahl für die überbaubare Grundstücksfläche" und die „konkrete Größe der Grundfläche der baulichen Anlage (i.S. einer absoluten Zahl)"[4] als Kriterien zur Bestimmung der Grundstücksfläche, die überbaut werden soll, bezeichnet, bezieht es das Maß der baulichen Nutzung in die Beurteilung ein (vgl. § 16 Abs. 2 Nr. 1 BauNVO); dazu besteht kein Anlaß.

---

1 BVerwG v. 11.3.1994 – 4 B 53.94, Buchholz 406.11 § 34 Nr. 166 = BRS 56 Nr. 65 = BauR 1994, 494 = ZfBR 1994, 192.
2 Abgewandelter Fall des BVerwG v. 12.1.1995 – 4 B 197.94, Buchholz 406.12 § 22 Nr. 4 = BRS 57 Nr. 131 = ZfBR 1995, 158; unzutreffend begründet VGH Kassel v. 23.12.1980 – IV TG 99/80, BRS 36 Nr. 126 die Notwendigkeit der Einhaltung einer Abstandsfläche in einem vergleichbaren Fall mit dem angeblichen Vorrang landesrechtlicher Vorschriften.
3 Vgl. BVerwG v. 6.11.1997 – 4 B 172.97, Buchholz 406.11 § 34 Nr. 188 = BRS 59 Nr. 79.
4 So BVerwG v. 17.9.1985 – 4 B 167.85, Buchholz 406.11 § 34 Nr. 107 und BVerwG v. 15.4.1987 – 4 B 60.87, Buchholz 406.11 § 34 Nr. 119 = BauR 1987, 533 = DVBl. 1987, 905 = NVwZ 1987, 1080 (obiter dicta).

Es ist zu ermitteln, ob die nähere Umgebung durch faktische Baugrenzen, Baulinien oder Bebauungstiefen geprägt wird[1]. Praktische Bedeutung hat das Kriterium der überbaubaren Grundstücksfläche vor allem bei der Beurteilung der Zulässigkeit einer „**Hinterlandbebauung**". Hat das Vorhaben in dem Grundstücksbereich, in dem es verwirklicht werden soll, bisher kein Vorbild, so kann es gleichwohl ausnahmsweise zulässig sein, wenn es in eine harmonische Beziehung zu seiner Umgebung tritt[2].

2053 **Beispiele:**

(a) Zwei parallel laufende Straßen sind in der Weise bebaut, daß im Hinterland zwischen den Gebäudereihen ein etwa 80 m breiter, gärtnerisch genutzter Geländestreifen liegt. In diesem Hinterland befinden sich an vielen Stellen Hinter- und Nebengebäude; eine auch nur annähernd einheitliche Bebauungstiefe ist nicht erkennbar. Der Inhaber eines an der Straße gelegenen Tiefbauunternehmens möchte im Hintergelände eine Lagerhalle aufstellen, mit der die Verbindungslinie der am weitesten zurückliegenden Bauwerke um etwa 10 m bis 12 m überschritten würde. „Mit der Halle auf dem Grundstück ist eine durchaus nicht unwesentliche Verschlechterung der von der sonst vorhandenen Bebauung geprägten Verhältnisse verbunden. Die Errichtung der Halle enthält nicht nur einen Eingriff in das unbebaute Hinterland. Gewichtiger ist vielmehr, daß, wenn dieser Eingriff in die Grünfläche zugelassen würde, eine ähnliche – und dann sogar auch eine noch weiter eingreifende – Bebauung auf den Grundstücken dieses Bereichs künftig nicht mehr verhindert werden könnte. Dem Charakter des Hinterlandes würde sich das Vorhaben nicht einfügen."[3]

2054 (b) Der Antragsteller beabsichtigt im rückwärtigen Teil seines 2700 m² großen Grundstücks die Errichtung eines weiteren Wohnhauses. Eine derartige Bebauung in zweiter Baureihe ist in der näheren Umgebung ohne Vorbild. Das Vorhaben überschreitet deshalb hinsichtlich der Grundstücksfläche, die überbaut werden soll, den aus der näheren Umgebung sich ergebenden Rahmen. Dennoch kann es angesichts der erheblichen Grundstücksgröße zulässig sein, wenn es nicht durch eine weitreichende Vorbildwirkung Unruhe stiftet[4].

2055 (c) Zwei sich kreuzende Straßen sind in der Weise bebaut, daß die Gebäude im wesentlichen in gleichen Abständen zur Straße hin errichtet worden sind. Der Antragsteller beabsichtigt, sein Eckgrundstück unter Einhaltung eines größeren Abstands von der Straße zu bebauen. Da das Vorhaben die vorhandene faktische Baulinie nicht beachtet, überschreitet es den aus der Umgebungsbebauung sich ergebenden Rahmen hinsichtlich der überbaubaren Grundstücksfläche. Es fügt sich in die Eigenart der näheren Umgebung nicht ein, sofern es nicht trotz dieser Abweichung ausnahmsweise keine städtebaulichen Spannungen begründet[5].

---

1 Dabei bleiben hier wie auch sonst Fremdkörper unberücksichtigt, vgl. OVG Münster v. 22.5.1992 – 11 A 1709/89, BRS 54 Nr. 83.
2 Vgl. Rdnr. 2015 f.; BVerwG v. 4.2.1986 – 4 B 7/86, BRS 46 Nr. 64 = NVwZ 1986, 740 (Bebauung im Blockinnenbereich); ausführlich Hoppe, Blockinnenbebauung im nicht-beplanten Innenbereich, BauR 2004, 607 ff.
3 Fall des BVerwG v. 23.4.1969 – IV C 96.67, BRS 22 Nr. 46.
4 Fall des BVerwG v. 21.11.1980 – 4 C 30.78, Buchholz 406.11 § 34 Nr. 79 = BRS 36 Nr. 56 = BauR 1981, 170 = DVBl. 1981, 100; vgl. auch BVerwG v. 25.3.1999 – 4 B 15.99, BRS 62 Nr. 101.
5 Fall des BVerwG v. 23.11.1998 – 4 B 29.98, Buchholz 406.11 § 34 Nr. 192 = BRS 60 Nr. 82 = BauR 1999, 233 = ZfBR 1999, 229.

(d) Der Antragsteller beabsichtigt in einem Gebiet, das durch Gebäude in West-Ost-Richtung geprägt ist, die Errichtung eines langgestreckten Gebäudes in Nord-Süd-Richtung. Das Vorhaben überschreitet hinsichtlich der überbaubaren Grundstücksfläche den aus der näheren Umgebung sich ergebenden Rahmen. Bei der Prüfung der Frage, ob das Vorhaben sich dennoch einfügt, weil es keine Spannungen begründet, kann dem Umstand Bedeutung zukommen, daß mit ihm die gewerbliche Nutzung in einen Bereich vordringen würde, der bislang von einer solchen Nutzung abgeschirmt ist[1].

2056

(e) Der Antragsteller beabsichtigt in einem Bereich, in dem auf den rückwärtigen Grundstücksflächen vielfach Nebengebäude im Sinne von § 14 BauNVO vorhanden sind, die Errichtung eines Anbaus an das vorhandene Wohngebäude. Obwohl grundsätzlich bei der Bestimmung des aus der Umgebungsbebauung sich ergebenden Rahmens die Art der baulichen Nutzung außer Betracht zu bleiben hat, überschreitet das Vorhaben den Rahmen, weil die (nach § 23 Abs. 5 BauNVO privilegierten) Nebenanlagen kein geeignetes Vorbild für den Standort von Hauptgebäuden auf dem Grundstück sind[2].

2057

8. Sicherung der Erschließung

Hinsichtlich der Sicherung der Erschließung gelten im unbeplanten Innenbereich dieselben Maßstäbe wie im Geltungsbereich eines qualifizierten Bebauungsplans (§ 30 Abs. 1 BauGB)[3]. Es ist zu beachten, daß sich das Vorhaben mit der vorhandenen Erschließung abfinden muß, die Erschließung also nicht gesichert ist, wenn das Vorhaben durch den von ihm ausgelösten Verkehr zu einer solchen Belastung der das Grundstück erschließenden Straßen führen würde, daß die Sicherheit und Leichtigkeit des Verkehrs nicht nur in Spitzenzeiten ohne zusätzliche bauliche Maßnahmen nicht mehr gewährleistet wäre[4]. Allerdings genügt es, daß die erforderlichen Erschließungsanlagen bei Aufnahme der Nutzung (ggf. nach Durchsetzung von Erschließungsansprüchen) vorhanden sein werden[5]. Es kommt auch nicht darauf an, ob die vorhandenen Erschließungsanlagen ausreichen, um zusätzliche weitere Grundstücke zu erschließen, für deren Bebauung das zu beurteilende Vorhaben Vorbildwirkung entfalten könnte[6]. Das Gesetz verlangt die Sicherung der Erschließung nur für das zu beurteilende Vorhaben; auf seine Vorbildwirkung kommt es nur bei der Prüfung des Einfügens an.

2058

---

1 Fall des BVerwG v. 15.4.1987 – 4 B 60.87, Buchholz 406.11 § 34 Nr. 119 = BauR 1987, 533 = DVBl. 1987, 905 = NVwZ 1987, 1080.
2 Fall des BVerwG v. 6.11.1997 – 4 B 172.97, Buchholz 406.11 § 34 Nr. 188 = BRS 59 Nr. 79.
3 Vgl. zu diesen Maßstäben oben Rdnr. 1196 ff.
4 Vgl. BVerwG v. 19.9.1986 – 4 C 15.84, BVerwGE 75, 34 = Buchholz 406.11 § 34 Nr. 116 = BRS 46 Nr. 62 = BauR 1987, 44 = DVBl. 1987, 478; BVerwG v. 3.4.1996 – 4 B 253.95, Buchholz 310 § 108 Nr. 269 = NVwZ 1997, 389 = UPR 1996, 316.
5 Dazu näher BayVGH v. 18.12.2001 – 15 N 97.2906, BayVBl. 2002, 761.
6 Abweichend wohl BVerwG v. 2.9.1999 – 4 B 47.99, Buchholz 406.11 § 34 Nr. 195 = BRS 62 Nr. 103.

9. Wahrung der Anforderungen an gesunde Wohn- und Arbeitsverhältnisse

2059 Gemäß § 34 Abs. 1 Satz 2, 1. Halbsatz BauGB müssen die Anforderungen an gesunde Wohn- und Arbeitsverhältnisse gewahrt bleiben. Dieser Zulässigkeitsvoraussetzung kommt neben den aus § 34 Abs. 1 Satz 1 BauGB sich ergebenden Anforderungen nur geringe praktische Bedeutung zu. In der Regel wird ein Vorhaben, das gesunde Wohn- und Arbeitsverhältnisse nicht wahrt, sich auch unter den in § 34 Abs. 1 Satz 1 BauGB genannten Gesichtspunkten nicht einfügen[1]. Bedeutung gewinnt die Zulassungsvoraussetzung dann, wenn „ein unter gesundheitlichen Aspekten zu mißbilligendes Vorhaben auf eine ebenso geschaffene Umgebung trifft mit der Folge, daß es sich zwar in sie einfügt, aber damit zugleich den Mißstand perpetuieren würde"[2]. Dabei ist freilich nicht der Maßstab einer planerisch in jeder Hinsicht wünschenswerten Gestaltung der Wohn- und Arbeitsverhältnisse anzulegen. Vielmehr bezeichnet das Merkmal eine „äußerste Grenze" und ist deshalb auf die Abwehr städtebaulicher Mißstände im Sinne von § 136 Abs. 3 Nr. 1 BauGB beschränkt[3].

2060 **Beispiele:**

(a) Der Antragsteller beabsichtigt die Errichtung eines Wohnhauses auf einem Grundstück, das Lärmeinwirkungen ausgesetzt ist, die die in §§ 41 Abs. 1, 43 Abs. 1 Nr. 1 BImSchG und den Vorschriften der Verkehrslärmschutzverordnung bestimmte Zumutbarkeitsschwelle überschreiten. Diese Überschreitung läßt nicht bereits die Annahme zu, daß die Anforderungen an gesunde Wohnverhältnisse nicht gewahrt seien[4].

2061 (b) Der Antragsteller beabsichtigt die Errichtung eines Wohnhauses in unmittelbarer Nachbarschaft einer chemischen Anlage. Andere Wohnhäuser stehen noch dichter an der Anlage. Das Vorhaben fügt sich zwar in die Eigenart der näheren Umgebung ein; es ist insbesondere auch nicht rücksichtslos, weil es angesichts der schon vorhandenen Wohnbebauung nicht zu zusätzlichen Einschränkungen des Industriebetriebes führen kann. Gleichwohl werden die Anforderungen an gesunde Wohnverhältnisse nicht gewahrt, wenn von der Anlage gesundheitsschädliche Wirkungen ausgehen[5].

2062 (c) Der Antragsteller beabsichtigt die Errichtung eines Wohnhauses am Waldrand. Eine bloß abstrakte Baumwurfgefahr begründet nicht die Annahme, daß die Anforde-

---

1 Dazu näher Weyreuther, „... und wenn sonstige öffentliche Belange nicht entgegenstehen" (§ 34 Abs. 1 BBauG), BauR 1981, 1 ff.
2 So zutreffend OVG Münster v. 29.6.1989 – 7 A 2087/87, BRS 49 Nr. 119 = NVwZ 1990, 578.
3 BVerwG v. 12.12.1990 – 4 C 40.87, Buchholz 406.11 § 34 Nr. 138 = BRS 50 Nr. 72 = BauR 1991, 308 = DVBl. 1991, 810 = NVwZ 1991, 879; BVerwG v. 23.3.1994 – 4 C 18.92, BVerwGE 95, 277 = Buchholz 406.11 § 34 Nr. 168 = BRS 56 Nr. 63 = BauR 1994, 481 = DVBl. 1994, 702 = NVwZ 1994, 1006.
4 Fall des BVerwG v. 12.12.1990 ebenda.
5 Fall nach OVG Münster v. 27.6.1989 – 7 A 2087/87, BRS 49 Nr. 119 = NVwZ 1990, 578.

rungen an gesunde Wohnverhältnisse nicht gewahrt seien[1]. Anders wird man die Situation zu beurteilen haben, wenn eine konkrete Baumwurfgefahr besteht[2].

10. Beeinträchtigung des Ortsbildes

Durch das Vorhaben darf gemäß § 34 Abs. 1 Satz 2, 2. Halbsatz BauGB das Ortsbild nicht beeinträchtigt werden. Maßstab für die Beurteilung ist in **räumlicher Hinsicht** ein Bereich, der über die nähere Umgebung hinausgeht. Es kommt auf negative Auswirkungen auf das Erscheinungsbild mindestens eines größeren Bereichs der Gemeinde („Ort") an[3]. Solche Auswirkungen sollen auch dann unterbunden werden, „wenn die Umgebung schon in vergleichbarer Weise in Widerspruch zu den Planungsgrundsätzen des § 1 Abs. 5 BauGB geprägt ist"[4]. Andererseits bewirkt eine Störung des Erscheinungsbildes allein der näheren Umgebung nicht zugleich eine Beeinträchtigung des Ortsbildes. Das Ortsbild wird geprägt nicht nur durch den Gesamteindruck eines Ensembles baulicher Anlagen, sondern auch durch deren Einfügung in die sie umgebende Landschaft[5].

2063

Qualitativ setzt die Beeinträchtigung des Ortsbildes dessen Schutzwürdigkeit voraus. Daran soll es nach Auffassung des Bundesverwaltungsgerichts bei einem Ortsbild fehlen, „wie es überall anzutreffen sein könnte"; es müsse „einen besonderen Charakter, eine besondere Eigenart haben, die dem Ort oder dem Ortsteil eine aus dem Üblichen herausragende Prägung verleiht"[6]. Damit werden indes die Anforderungen an die Schutzwürdigkeit des Ortsbildes überspannt; schutzwürdig ist auch ein durchschnittliches Ortsbild gegen negative Einwirkungen, die dazu führen würden, daß das Ortsbild als besonders unschön empfunden wird. Beeinträchtigt wird das Ortsbild, wenn seine historisch bedingte oder charakteristische äußere Ansicht durch ein unpassendes Bauwerk wesentlich verschlechtert wird. § 34 Abs. 1 Satz 2, 2. Halbsatz BauGB ermöglicht es daher nicht, städtebauliche Verbesserungen durchzusetzen[7]. Eine neuartige Anlage beeinträchtigt das

2064

---

1 Fall des BVerwG v. 18.6.1997 – 4 B 238.96, Buchholz 406.11 § 34 Nr. 186 = BRS 59 Nr. 78 = BauR 1997, 807 = NVwZ-RR 1998, 157.
2 Vgl. auch BGH v. 5.12.1991 – III ZR 167/90, BRS 53 Nr. 25 = BauR 1992, 201 = DVBl. 1992, 558 = NJW 1992, 431.
3 BVerwG v. 11.5.2000 – 4 C 14.98, BauR 2000, 1848 = DVBl. 2000, 1851 = NVwZ 2000, 1169 = ZfBR 2001, 58.
4 So BVerwG v. 16.7.1990 – 4 B 106.90, Buchholz 406.11 § 34 Nr. 137 = BRS 50 Nr. 76 = BauR 1990, 688 = NVwZ-RR 1991, 59.
5 Vgl. OVG Münster v. 25.4.1977 – X A 2093/73, BRS 52 Nr. 51; OVG Lüneburg v. 25.1.1978 – I A 103/76, BRS 33 Nr. 53 = BauR 1978, 460; OVG Münster v. 6.11.1990 – 11 A 190/87, BRS 52 Nr. 66.
6 BVerwG v. 11.5.2000 – 4 C 14.98, BauR 2000, 1848 = DVBl. 2000, 1851 = NVwZ 2000, 1169 = ZfBR 2001, 58.
7 So auch BVerwG v. 16.7.1990 – 4 B 106.90, Buchholz 406.11 § 34 Nr. 137 = BRS 50 Nr. 76 = BauR 1990, 688 = NVwZ-RR 1991, 59; Söfker in Ernst/Zinkahn/Bielen-

Ortsbild nicht bereits deshalb, weil sie einen Gewöhnungsbedarf an ihren optischen Eindruck auslöst; es kommt vielmehr darauf an, ob sie (unter Berücksichtigung der Schutzwürdigkeit des vorhandenen Ortsbilds) „das ästhetische Empfinden eines für Fragen des Ortsbildgestaltung aufgeschlossenen Betrachters verletzt"[1]. Eine Anlage, die ästhetisch nicht in ihre Umgebung paßt, beeinträchtigt das Ortsbild gleichwohl nicht, sofern sie keine weitergehenden negativen Auswirkungen auf die Umgebung hat. Zur Abwehr einer Beeinträchtigung des Ortsbilds kann es im übrigen bei verfassungskonformer Interpretation von § 34 Abs. 1 Satz 2, 2. Halbsatz BauGB nicht geboten sein, ein Innenbereichsgrundstück von Bebauung vollständig frei zu halten[2].

2065 Das Ortsbild ist außerdem geschützt nur in dem Umfang, in dem es im Geltungsbereich eines Bebauungsplans durch städtebauliche Festsetzungen geschützt werden könnte[3]. Dies folgt aus der Funktion von § 34 BauGB als Planersatznorm. Deshalb haben bei der Beurteilung auch Gesichtspunkte außer Betracht zu bleiben, die allein die **Baugestaltung** betreffen (z.B. Dachformen, Form der Fenster, Farbe der Dachziegel) und allenfalls auf der Grundlage von § 9 Abs. 4 BauGB in einen Bebauungsplan aufgenommen werden könnten[4].

11. Auswirkungen auf zentrale Versorgungsbereiche in der Gemeinde oder in anderen Gemeinden

2066 Gem. **§ 34 Abs. 3 BauGB** dürfen von Vorhaben nach § 34 Abs. 1 oder Abs. 2 keine schädlichen Auswirkungen auf zentrale Versorgungsbereiche in der Gemeinde oder in anderen Gemeinden zu erwarten sein. Diese durch das EAGBau eingefügte Vorschrift hat Bedeutung vor allem für die Beurteilung der Zulässigkeit von Einzelhandelsbetrieben, insbesondere von Einkaufszentren und großflächigen Einzelhandelsbetrieben[5].

2067 Den Begriff der **zentralen Versorgungsbereiche** hat der Gesetzgeber offenbar aus § 11 Abs. 3 Satz 2 BauNVO übernommen. Mit der Anknüpfung an

---

berg/Krautzberger, § 34 Rdnr. 68; a.A. VGH Mannheim v. 20.9.1989 – 8 S 2738/88, BRS 49 Nr. 87.
1 So BVerwG v. 18.2.1983 – 4 C 18.81, BVerwGE 67, 23, 33 = DVBl. 1983, 886 = NJW 1983, 2713 = ZfBR 1983, 193 (Windenergieanlage).
2 Vgl. dazu BVerwG v. 23.5.1980 – 4 C 79.77, BRS 36 Nr. 64 = BauR 1980, 449 = DVBl. 1981, 97 = DÖV 1980, 690 = NJW 1981, 474.
3 BVerwG v. 11.5.2000 – 4 C 14.98, BauR 2000, 1848 = DVBl. 2000, 1851 = NVwZ 2000, 1169 = ZfBR 2001, 58.
4 BVerwG v. 11.5.2000 ebenda; vgl. auch OVG Berlin v. 3.7.1981 – 2 B 56.80, BRS 38 Nr. 71 = BauR 1981, 550; Boeddinghaus, Probleme mit der Gestaltung des Ortsbilds nach den bundesrechtlichen und landesrechtlichen Vorschriften, BauR 2001, 1675, 16080 ff.
5 Zu diesen oben Rdnr. 1619, 1627 ff.

Auswirkungen auf zentrale Versorgungsbereiche bezweckt § 11 Abs. 3 Satz 2 BauNVO die Sicherung des Einzelhandels an denjenigen Standorten, „die in das städtebauliche Ordnungssystem funktionsgerecht eingebunden sind"; es „soll sichergestellt werden, daß durch die Ansiedlung von Einzelhandelsbetrieben an peripheren Standorten nicht die wirtschaftliche Existenz derjenigen Betriebe bedroht oder gar vernichtet wird, die eine verbrauchernahe Versorgung gewährleisten"[1]. In Anlehnung daran ist der Begriff der zentralen Versorgungsbereiche auch in § 34 Abs. 3 BauGB zu bestimmen. Da § 34 Abs. 3 BauGB sich nicht allein auf Einzelhandelsbetriebe bezieht, sind allerdings neben dem Einzelhandel andere Versorgungsfunktionen zu berücksichtigen. Denkbar ist es z.B. auch, daß ein zentraler Versorgungsbereich nur in geringem Umfang durch Einzelhandelsbetriebe, überwiegend dagegen durch Dienstleistungsbetriebe, Freizeitanlagen, Vergnügungsstätten und öffentliche Einrichtungen gekennzeichnet ist. Eine Gemeinde kann mehrere zentrale Versorgungsbereiche haben. Die Zentralität des Versorgungsbereichs setzt allerdings voraus, daß dieser durch eine Verbindung unterschiedlicher Funktionen gekennzeichnet ist, die unmittelbar auf den Bürger bezogen sind; ein Sondergebiet für großflächigen Einzelhandel oder für bestimmte Freizeitanlagen ist deshalb kein zentraler Versorgungsbereich.

Bei der Anwendung von § 34 Abs. 3 BauGB sind **nur tatsächlich vorhandene** zentrale Versorgungsbereiche zu berücksichtigen. Städtebauliche Planungen, die bisher nicht verwirklicht sind, sind ohne Relevanz. Das ergibt sich klar aus dem Wortlaut der Vorschrift, die anders als § 11 Abs. 3 Satz 2 BauNVO nicht auf Auswirkungen auf die Entwicklung zentraler Versorgungsbereiche, sondern auf Auswirkungen auf zentrale Versorgungsbereiche abhebt. Darstellungen eines Flächennutzungsplans und Festlegungen eines Raumordnungsplans können einem Innenbereichsvorhaben grundsätzlich nicht entgegengehalten werden[2]. Dasselbe gilt für Festsetzungen eines Bebauungsplanes, die sich nicht auf die Fläche beziehen, auf der das Bauvorhaben verwirklicht werden soll. Durch § 34 Abs. 3 BauGB werden derartige planerische Aussagen nicht zu öffentlichen Belangen, die eigenständig berücksichtigt werden können[3]. Bedeutung können sie, soweit sie sich auf zentrale Versorgungsbereiche beziehen, bei der Beurteilung der Schädlichkeit der Auswirkungen des Bauvorhabens gewinnen.

2068

---

1 BVerwG v. 1.8.2002 – 4 C 5.01, BVerwGE 117, 25 = BRS 65 Nr. 10 = BauR 2003, 55 = DVBl. 2003, 62 = NVwZ 2003, 86.
2 Vgl. zum Flächennutzungsplan BVerwG v. 3.4.1981 – 4 C 61.78, BVerwGE 82, 151 = BRS 38 Nr. 69 = BauR 1981, 351 = DVBl. 1982, 44 = NJW 1981, 2720 und zu den Zielen der Raumordnung BVerwG v. 11.2.1993 – 4 C 15.92, Buchholz 406.11 § 34 Nr. 156 = DVBl. 1993, 658 = DÖV 1993, 914 = NVwZ 1994, 285 = ZfBR 1993, 191.
3 Die Begründung des Gesetzentwurfs zum EAGBau, BT-Drucksache 15/2250 S. 54, ist insoweit mindestens mißverständlich.

2069 **Schädlich** sind Auswirkungen, die die Erhaltung der spezifischen Funktion des zentralen Versorgungsbereichs kurz- oder langfristig beeinträchtigen. Die spezifische Funktion der zentralen Versorgungsbereiche ist unter Berücksichtigung der dort vorhandenen Anlagen und Einrichtungen zu ermitteln. Bei dieser bewertenden Zuordnung der Anlagen sind planerische Aussagen in Bebauungsplänen, Flächennutzungsplänen, Raumordnungsplänen zu berücksichtigen, darüber hinaus aber auch planungsrechtlich nicht verbindliche raumordnerische und städtebauliche Konzeptionen, insbesondere Planungen i.S. von § 1 Abs. 6 Nr. 11 BauGB[1]. Eigene planerische Vorstellungen darf die Bauaufsichtsbehörde nicht in die Beurteilung einbeziehen.

2070 Die **Erwartung** schädlicher Auswirkungen muß auf einer nachvollziehbaren **Prognose** beruhen. Zu einer solchen Prognose wird die Bauaufsichtsbehörde häufig nicht ohne sachverständige Beratung in der Lage sein. Eine Vermutung für schädliche Auswirkungen bestimmter Anlagen enthält das Gesetz nicht[2].

12. Sonstige öffentliche Belange

2071 **Landschafts- oder naturschutzrechtliche Regelungen** können die zulässige Bebauung eines Innenbereichsgrundstücks beschränken. Bei dem Erlaß solcher Regelungen ist zu beachten, daß der Bundesgesetzgeber mit dem BauGB die ihm zustehende bodenrechtliche Gesetzgebungskompetenz aus Art. 74 Abs. 1 Nr. 18 GG erschöpfend in Anspruch genommen hat, soweit sie sich auf städtebauliche Belange bezieht[3]. Die Vorschriften der naturschutzrechtlichen Eingriffsregelung sind gemäß § 21 Abs. 2 Satz 1 BNatSchG auf Vorhaben im unbeplanten Innenbereich grundsätzlich nicht anzuwenden.Unter Berücksichtigung des Zwecks von § 21 Abs. 2 BNatSchG kann eine Bebauung, die die Voraussetzungen des § 34 BauGB erfüllt, grundsätzlich nicht durch Regelungen des Natur- oder Landschaftsschutzes ausgeschlossen werden[4]. Daher kann auch ein landesrechtlich angeordneter Biotopschutz nach § 30 BNatSchG, der durch § 21 Abs. 2 Satz 1 BNatSchG nicht verdrängt wird[5], sondern gemäß § 29 Abs. 2 BauGB eigen-

---

1 Vgl. auch die – allerdings weitergehenden – Hinweise in BT-Drucksache 15/2250 S. 54.
2 Anders insoweit § 11 Abs. 3 Satz 3 BauNVO, allerdings ohne Bezug auf die Schädlichkeit der Auswirkungen.
3 BVerwG v. 24.2.1978 – 4 C 12.76, BVerwGE 55, 272 = BRS 33 Nr. 36 = BauR 1978, 372 = NJW 1979, 327 sowie BVerwG v. 3.4.1981 – 4 C 61.78, BVerwGE 62, 151 = BRS 38 Nr. 69 = BauR 1981, 351 = DVBl. 1982, 44 = NJW 1981, 2720 gehen noch von einer umfassenden Inanspruchnahme aus; kritisch dazu zutreffend Halama, Buchbesprechung, DÖV 2000, 1061, 1063.
4 BVerwG v. 11.1.2001 – 4 C 6.00, BVerwGE 112, 321 = BRS 64 Nr. 85 = BauR 2001, 918 = DVBl. 2001, 646 = NVwZ 2001, 1040.
5 BVerwG v. 21.12.1994 – 4 B 266/94, Buchholz 406.401 § 8a Nr. 2 = BRS 56 Nr. 230 = BauR 1995, 229 = NVwZ 1995, 601 = ZfBR 1995, 102.

ständige Wirkung entfaltet, eine nach § 34 BauGB zulässige Bebauung eines Grundstücks nicht generell ausschließen[1]. Allerdings können sich aus natur- und landschaftsschutzrechtlichen Vorschriften Einschränkungen hinsichtlich des Maßes der baulichen Nutzung und der überbaubaren Grundstücksfläche sowie besondere Anforderungen an die Ausführung des Vorhabens ergeben[2]. Überdies kann § 34 BNatSchG der Verwirklichung bestimmter Projekte wegen ihrer nachteiligen Auswirkungen auf FFH-Gebiete oder Vogelschutzgebiete entgegenstehen.

III. Ausnahmen und Befreiungen

1. Übersicht

Bei der Entscheidung über die Zulassung von Vorhaben nach § 34 BauGB kommen Ausnahmen oder Befreiungen nach den folgenden Regelungen in Betracht:

2072

– Im Geltungsbereich eines einfachen Bebauungsplans im Sinne von § 30 Abs. 3 BauGB können Ausnahmen und Befreiungen auf der Grundlage von § 31 BauGB erteilt werden.
– Im Geltungsbereich einer Satzung nach § 34 Abs. 4 BauGB können auf der Grundlage von § 31 BauGB Ausnahmen und Befreiungen von den Festsetzungen nach § 34 Abs. 5 Satz 2 BauGB erteilt werden.
– Gem. § 34 Abs. 3a BauGB kann vom Erfordernis des Einfügens in die Eigenart der näheren Umgebung nach § 34 Abs. 1 Satz 1 BauGB unter bestimmten Voraussetzungen im Einzelfall abgewichen werden.

Außerhalb dieser Fallgruppen können Ausnahmen oder Befreiungen nicht erteilt werden. Insbesondere kann nicht von dem Gebot des Einfügens nach § 34 Abs. 1 Satz 1 BauGB befreit werden, soweit nicht § 34 Abs. 3a BauGB eingreift[3].

2. Zulassung von Abweichungen nach § 34 Abs. 3a BauGB

§ 34 Abs. 3a BauGB ermöglicht Abweichungen von dem **Erfordernis des Einfügens** in die Eigenart der näheren Umgebung nach § 34 Abs. 1 Satz 1 BauGB. Die Abweichung darf sich daher nur auf die Art oder das Maß der baulichen Nutzung, die Bauweise oder die überbaubare Grundstücksfläche beziehen, nicht auf die sonstigen für die Beurteilung eines Vorhabens im

2073

---
1 A.A. wohl Bönker in Hoppe/Bönker/Grotefels, § 8 Rdnr. 271.
2 BVerwG v. 11.1.2001 – 4 C 6.00, BVerwGE 112, 321 = BRS 64 Nr. 85 = BauR 2001, 918 = DVBl. 2001, 646 = NVwZ 2001, 1040.
3 Vgl. BVerwG v. 4.5.1979 – 4 C 23.76, Buchholz 406.11 § 34 Nr. 67 = BRS 35 Nr. 40 = BauR 1979, 401 = DÖV 1979, 675, NJW 1980, 605.

unbeplanten Innenbereich maßgebenden Kriterien (z.B. die Erschließung). Da § 34 Abs. 3a BauGB auf § 34 Abs. 2 BauGB nicht Bezug nimmt, ermöglicht die Vorschrift auch nicht die Zulassung eines Vorhabens, das in einem Gebiet, das einem der in der BauNVO bezeichneten Baugebiete entspricht, nach den einschlägigen Vorschriften der BauNVO hinsichtlich der Art der Nutzung nicht zulässig wäre; in einem solchen Fall ist allein § 34 Abs. 2, 2. Halbsatz BauGB anzuwenden[1]. Fügt sich ein Vorhaben, das hinsichtlich der Art der Nutzung nach § 34 Abs. 2 BauGB zu beurteilen ist, hinsichtlich des Maßes der baulichen Nutzung, der Bauweise oder der überbauen Grundstücksfläche nicht in die Eigenart der näheren Umgebung ein, so ist selbstverständlich § 34 Abs. 3a BauGB anzuwenden.

Die Zulassung nach § 34 Abs. 3a BauGB ist an die folgenden **Voraussetzungen** geknüpft:

a) Erweiterung, Änderung, Nutzungsänderung oder Erneuerung eines zulässigerweise errichteten Gewerbe- oder Handwerksbetriebs

2074 Das Vorhaben muß gemäß § 34 Abs. 3a Satz 1 Nr. 1 BauGB der Erweiterung, Änderung, Nutzungsänderung oder Erneuerung eines zulässigerweise errichteten Gewerbe- oder Handwerksbetriebs dienen. Die Begriffe Erweiterung, Änderung und Nutzungsänderung haben in § 34 Abs. 3a Satz 1 Nr. 1 BauGB keinen anderen Inhalt als in § 29 Abs. 1 BauGB, so daß auf die Darlegungen in Rdnr. 1111 ff. Bezug genommen werden kann. Die **Erneuerung** geht über bauliche Änderungen im Sinne von § 29 Abs. 1 BauGB hinaus. Sie schließt die Neuerrichtung des Betriebes ein. Da die gesetzliche Regelung einen zulässigerweise errichteten Betrieb voraussetzt, muß allerdings eine bauliche Kontinuität zwischen der alten und der neuen baulichen Anlage gefordert werden. Erneuerung ist daher – in Anlehnung an § 35 Abs. 4 Satz 1 Nr. 2 und Nr. 3 BauGB – nur die Errichtung einer gleichartigen Anlage an gleicher Stelle[2].

2075 Der Begriff des **Gewerbebetriebs** hat denselben Inhalt wie in § 1 GewO. Der Begriff des Handwerksbetriebs hat daneben nur Bedeutung, soweit das Handwerk ausnahmsweise nicht als stehendes Gewerbe (§ 1 Abs. 1 Satz 1 HandwO), sondern (z.B. wegen eines künstlerischen Schwerpunkts) freiberuflich ausgeübt wird. Der Betrieb muß zulässigerweise errichtet sein; insoweit gelten dieselben Anforderungen wie bei Anwendung von § 35 Abs. 4 Satz 1 Nr. 1 bis 6 BauGB (vgl. dazu Rdnr. 2229, 2257).

2076 Die Erweiterung, Änderung, Nutzungsänderung oder Erneuerung muß dem zulässigerweise errichteten Betrieb **dienen**. Damit wird ein funktioneller

---
1 Vgl. auch BT-Drucksache 15/2250 S. 93 und BT-Drucksache 15/2996 S. 97.
2 Vgl. auch zu der entsprechenden Regelung in § 34 Abs. 3 BBauG 1987, BT-Drucksache 10/4630 S. 87 und Schlichter in Berliner Kommentar zum Baugesetzbuch, 1. Auflage 1988, § 34 Rdnr. 50.

Zusammenhang zu dem vorhandenen Betrieb gefordert[1]. Der Charakter des Betriebs darf durch das Vorhaben hinsichtlich seiner städtebaulichen Auswirkungen nicht grundlegend verändert werden, etwa indem eine ganz neue Produktion aufgenommen wird, die nicht im Zusammenhang mit der bisher zulässigen betrieblichen Betätigung steht. Da Nutzungsänderungen und Erweiterungen durch § 34 Abs. 3a BauGB erfaßt werden, ist der Anwendungsbereich andererseits aber auch nicht auf die bisher ausgeübten Nutzungen beschränkt. Über den funktionalen Zusammenhang zu dem bisherigen Betrieb hinaus muß ein funktionaler Zusammenhang zwischen den beabsichtigten baulichen Maßnahmen und der (ggfs. veränderten) betrieblichen Konzeption bestehen; für die Beurteilung dieses Zusammenhangs gelten dieselben Grundsätze wie bei der Anwendung von § 35 Abs. 1 Nr. 1 und Nr. 6 BauGB (vgl. dazu Rdnr. 2230, 2258).

b) Städtebauliche Vertretbarkeit

Gemäß § 34 Abs. 3a Satz 1 Nr. 2 BauGB muß das Vorhaben städtebaulich vertretbar sein. Diese Voraussetzung hat denselben Inhalt wie in § 31 Abs. 2 Nr. 2 BauGB (vgl. dazu Rdnr. 1741 ff.). 2077

c) Vereinbarkeit mit öffentlichen Belangen unter Würdigung nachbarlicher Interessen

Das Vorhaben muß gemäß § 34 Abs. 3a Satz 1 Nr. 3 BauGB auch unter Würdigung nachbarlicher Interessen mit den öffentlichen Belangen vereinbar sein. Auch diese Voraussetzung in aus § 31 Abs. 2 BauGB übernommen, vgl. die Darlegungen in Rdnr. 1732 ff. 2078

d) Ausschluß bestimmter Einzelhandelsbetriebe

Gem. **§ 34 Abs. 3a Satz 2 BauGB** findet Satz 1 keine Anwendung auf Einzelhandelsbetriebe, die die verbrauchernahe Versorgung der Bevölkerung beeinträchtigen oder schädliche Auswirkungen auf zentrale Versorgungsbereiche in der Gemeinde oder in anderen Gemeinden haben können. Mit diesen Regelungen knüpft § 34 Abs. 3a Satz 2 BauGB an andere Bestimmungen des Gesetzes an. Der Gesichtspunkt der verbrauchernahen Versorgung der Bevölkerung ist gemäß § 1 Abs. 6 Nr. 8a) BauGB auch bei der Aufstellung der Bebauungspläne zu beachten, schädliche Auswirkungen auf zentrale Versorgungsbereiche in der Gemeinde oder in anderen Gemeinden stehen nach § 34 Abs. 3 BauGB der Zulassung von Vorhaben entgegen (dazu Rdnr. 2066 ff.). Mit den Worten „haben können" läßt § 34 Abs. 3a Satz 2 BauGB die **Möglichkeit** einer Beeinträchtigung der verbrauchernahen Versorgung 2079

---

[1] Vgl. auch zu der entsprechenden Regelung in § 34 Abs. 3 BBauG 1987 Lenz, Zulässigkeit unzulässiger baulicher Vorhaben, ZfBR 1987, 132, 133.

der Bevölkerung oder schädlicher Auswirkungen auf zentrale Versorgungsbereiche in der Gemeinde oder in anderen Gemeinden genügen. Hinsichtlich der schädlichen Auswirkungen ist - anders als bei Anwendung von § 34 Abs. 3 BauGB - nicht die Prognose erforderlich, daß es voraussichtlich zu solchen Auswirkungen kommen wird. Allerdings genügen bloß abstrakte Möglichkeiten nicht. Es müssen konkrete Anhaltspunkte dafür bestehen, daß es zu den negativen Auswirkungen kommen kann. Die Ermittlungspflichten der Bauaufsichtsbehörde sind dadurch gegenüber einer Entscheidung nach § 34 Abs. 3 BauGB reduziert.

e) Ermessensspielraum

2080   Der Wortlaut von § 34 Abs. 3a BauGB gibt keinen zuverlässigen Aufschluß darüber, ob der Bauaufsichtsbehörde Ermessensspielraum zustehen soll. Diese Frage ist allerdings unter Berücksichtigung der Entstehungsgeschichte der Regelung zu bejahen. Die Regelung geht auf einen Vorschlag des Bundesrates zurück, der – unter Übernahme der 1987 in § 34 BBauG eingefügten Regelung, die durch das BauROG 1998 wieder aufgehoben worden war – u.a. vorsah, daß § 34 Abs. 3a BauGB sich auch auf Vorhaben nach § 34 Abs. 2 BauGB beziehen und daß der Baugenehmigungsbehörde ein Ermessensspielraum zustehen sollte. Diesen Vorschlag griff die Bundesregierung im Grundsatz auf. Ihren abweichenden Formulierungsvorschlag, auf dem die gesetzliche Regelung beruht, begründete sie u.a. mit der Erwägung, es bedürfe nicht der Einbeziehung der Fälle des § 34 Abs. 2 BauGB in den Anwendungsbereich von Abs. 3a BauGB, weil in den Fällen des § 34 Abs. 2 BauGB bereits die Möglichkeit der Erteilung von Befreiungen bestehe[1]. Da der Baugenehmigungsbehörde bei der Entscheidung über Befreiungen nach § 35 Abs. 2, 2. Halbsatz BauGB Ermessensspielraum zusteht, war offensichtlich nicht beabsichtigt, die Entscheidung nach § 35 Abs. 3a BauGB als gebundene Entscheidung auszugestalten; wäre die Entscheidung nach § 35 Abs. 3a BauGB eine gebundene Entscheidung, so wäre die Erwägung der Bundesregierung nicht tragfähig.

IV. Bauaufsichtliches Verfahren

2081   Das Bauordnungsrecht der Länder bestimmt, unter welchen Voraussetzungen Vorhaben im unbeplanten Innenbereich einer Genehmigung bedürfen oder anzuzeigen sind. Nach den einschlägigen Vorschriften in den Bauordnungen der Länder sind derartige Vorhaben in geringerem Maße von der Genehmigung freigestellt als Vorhaben im Geltungsbereich eines Bebauungsplans. Unabhängig von bauordnungsrechtlichen Vorschriften kann eine Genehmigungspflicht sich aus Spezialgesetzen ergeben, die an besondere Umweltauswirkungen anknüpfen (vgl. z.B. §§ 4, 13 BImSchG).

---

1 BT-Drucksache 15/2250 S. 92 f.; vgl. auch BT-Drucksache 2996 S. 97.

Bei der Entscheidung über die Zulassung von Vorhaben nach § 34 BauGB steht den Baugenehmigungsbehörden grundsätzlich **kein Ermessen** zu. Raum für eine Ermessensentscheidung ist nur bei der Zulassung von Ausnahmen oder Befreiungen (§ 31 BauGB) von den Festsetzungen eines einfachen Bebauungsplans im Sinne von § 30 Abs. 3 BauGB, einer Satzung nach § 34 Abs. 5 Satz 2 BauGB und bei Anwendung von § 34 Abs. 2, 2. Halbsatz sowie Abs. 3a BauGB.

2082

Die Entscheidung über die Genehmigung von Vorhaben nach § 34 BauGB ergeht gemäß § 36 Abs. 1 Satz 1 BauGB im **Einvernehmen mit der Gemeinde**. Für die Entscheidung über die Erteilung des Einvernehmens und seine Ersetzung gelten dieselben Regeln wie bei der Entscheidung über eine Befreiung im Geltungsbereich eines Bebauungsplans[1]. Eine Beteiligung der höheren Verwaltungsbehörde ist nicht vorgesehen. Gemäß § 21 Abs. 3 BNatSchG ist allerdings das **Benehmen** mit der (nach Landesrecht) für **Naturschutz und Landschaftspflege** zuständigen Behörde herzustellen, wenn das Vorhaben die Errichtung einer baulichen Anlage betrifft und nicht im Geltungsbereich einer Satzung nach § 34 Abs. 4 Satz 1 Nr. 3 BauGB verwirklicht werden soll. Soll ein Vorhaben zugelassen werden, das zu erheblichen Beeinträchtigungen eines nach § 34 Abs. 1 BNatSchG geschützten Gebietes führen kann, so sind überdies die Verfahrensregelungen in § 34 Abs. 4 Satz 2 und Abs. 5 Satz 2 BNatSchG zu beachten. Gemäß §§ 2, 3 UVPG kann im übrigen die Durchführung einer UVP erforderlich sein. Fehlender Ermessensspielraum im Genehmigungsverfahren schließt die Durchführung der UVP nicht aus[2]. Das UVPG schreibt nicht vor, welche Folgerungen die Behörde aus der gebotenen Berücksichtigung der Ergebnisse der UVP zu ziehen hat[3].

2083

V. Nachbarschutz

1. Verletzung von Festsetzungen eines einfachen Bebauungsplans

Soweit im unbeplanten Innenbereich Festsetzungen eines einfachen Bebauungsplans zu berücksichtigen sind[4], steht Betroffenen ein nachbarlicher Abwehranspruch nach denselben Grundsätzen wie bei einer fehlerhaften Anwendung von Festsetzungen eines qualifizierten Bebauungsplans zu[5].

2084

---

1 Vgl. dazu oben Rdnr. 1759 ff.
2 A.A. Schmidt-Eichstaedt, Die Umweltverträglichkeitsprüfung vor der Reform: die Folgen für das Bau- und Planungsrecht, UPR 2000, 401, 405 f.
3 BVerwG v. 16.11.1998 – 6 B 110/98, NVwZ-RR 1999, 429.
4 Vgl. dazu oben Rdnr. 1999 ff.
5 Vgl. BVerwG v. 9.6.1978 – 4 C 54.75, Buchholz 406.11 § 31 Nr. 16 = BauR 1978, 387 = DÖV 1978, 921 = NJW 1979, 939; BVerwG v. 23.8.1996 – 4 C 13.94, BVerwGE 101, 364 = Buchholz 406.19 Nr. 136 = BRS 58 Nr. 159 = BauR 1997, 72 = DVBl. 1997, 61 = NVwZ 1997, 384; zum Nachbarschutz im Geltungsbereich eines qualifizierten Bebauungsplans vgl. im einzelnen oben Rdnr. 1793 ff.

2085 **Beispiel:**
Die Baugenehmigungsbehörde hat in einem Gebiet, das durch einen Bebauungsplan, der nur Festsetzungen über die Art der baulichen Nutzung und über die zulässige Zahl der Vollgeschosse enthält, als Mischgebiet ausgewiesen ist, die Errichtung eines störenden Gewerbebetriebs genehmigt. In der näheren Umgebung finden sich weitere störende Gewerbebetriebe. Ein Nachbar hat Anspruch auf Aufhebung der Baugenehmigung, selbst wenn diese im Einzelfall nicht zu einer spürbaren Beeinträchtigung der Nutzung seines Grundstücks, etwa der Wohnruhe, führt, sofern nicht ausnahmsweise eine Befreiung nach § 31 Abs. 2 BauGB erteilt werden kann; bei der Prüfung der Befreiungsvoraussetzungen ist das Gebot der Rücksichtnahme zu beachten[1].

2. Verstoß gegen § 34 Abs. 2 BauGB

2086 Entspricht die nähere Umgebung des Baugrundstücks einem der in der BauNVO bezeichneten Baugebiete und ist deshalb über die Zulässigkeit des Vorhabens in Anwendung von § 34 Abs. 2 BauGB zu entscheiden, so steht den Nachbarn ein Abwehranspruch nach denselben Grundsätzen wie im Geltungsbereich eines Bebauungsplans zu[2]. Ein Abwehranspruch gegen Anlagen, die nach der Art der baulichen Nutzung nicht genehmigungsfähig sind, besteht deshalb grundsätzlich ohne Rücksicht auf konkrete Beeinträchtigungen[3]. Diese können allerdings Bedeutung gewinnen, soweit nach § 31 Abs. 2, 2. Halbsatz BauGB über Ausnahmen oder Befreiungen zu entscheiden ist; dann ist das Gebot der Rücksichtnahme in derselben Weise wie im Planbereich anzuwenden[4]. Die Gleichstellung der Gebiete nach § 34 Abs. 2 BauGB mit den beplanten Gebieten rechtfertigt sich aus der Erwägung, daß § 34 Abs. 2 BauGB das „fiktive Baugebiet" hinsichtlich der Art der baulichen Nutzung einem durch Bebauungsplan ausgewiesenen Baugebiet für die Beurteilung der Zulässigkeit von Bauvorhaben ohne Einschränkung gleichstellt; es wäre sachwidrig, gleichwohl den Nachbarschutz anderen Grundsätzen folgen zu lassen, zumal auch die Grundstückseigentümer in einem solchen „fiktiven Baugebiet" ebenso wie im Plangebiet auf die Erhaltung der Gebietsqualität vertrauen.

2087 Begrenzt wird der Anspruch auf Erhaltung der Gebietsart durch die jeweilige nähere Umgebung des Baugrundstücks und damit durch die wechselseitige Prägung der benachbarten Grundstücke; der Anspruch auf Erhaltung der Gebietsart umfaßt deshalb nicht notwendig alle Grundstücke in der Umgebung, die zu derselben „Baugebietskategorie" gehören[5].

---

1 Vgl. dazu oben Rdnr. 1874 f.
2 BVerwG v. 16.9.1993 – 4 C 28.91, BVerwGE 94, 151 = Buchholz 406.19 Nr. 118 = BauR 1994, 223 = DVBl. 1994, 284 = NJW 1994, 1546.
3 Vgl. dazu ausführlich Mampel, Der Gebietserhaltungsanspruch im Streit der Meinungen, BauR 2003, 1824, 1825 ff.
4 Ebenso OVG Berlin v. 5.12.2003 – 2 S 30.03, BauR 2004, 801; vgl. zur Wirkungsweise im Planbereich Rdnr. 1874 f.
5 Vgl. BVerwG v. 20.8.1998 – 4 B 79.98, Buchholz 406.11 § 34 Nr. 191 = BRS 60 Nr. 176 = BauR 1999, 32.

Beispiel:

Der Kläger wendet sich gegen eine Baugenehmigung für 5 Garagen auf dem Nachbargrundstück in einem faktischen reinen Wohngebiet. Wenn die Garagen nicht dem durch das Gebiet ausgelösten Bedarf dienen, hat die Klage Erfolg, weil im reinen Wohngebiet Garagen nur für den Bedarf dieses Gebiets zulässig sind[1].

Überdies wird der Anspruch begrenzt durch die Grenzen des Gebiets, das durch dieselbe Art der baulichen Nutzung i.S. von § 34 Abs. 2 BauGB gekennzeichnet ist. Auch wenn man annimmt, daß in Plangebieten der Gebietserhaltungsanspruch über das Baugebiet hinausgehen könne[2], setzt dies jedenfalls eine entsprechende nachbarschützende Funktion der Baugebietsfestsetzung voraus[3]. Diese fehlt bei einem benachbarten faktischen Baugebiet.

2088

3. Verstoß gegen § 34 Abs. 1 und Abs. 3a BauGB

Nach der Rechtsprechung des Bundesverwaltungsgerichts hat **§ 34 Abs. 1 BauGB** nicht grundsätzlich drittschützende Wirkung. Drittschützende Wirkung kommt vielmehr allein dem in § 34 Abs. 1 Satz 1 BauGB enthaltenen **Gebot der Rücksichtnahme** zu. Danach fügt sich ein Vorhaben, „das sich – in jeder Hinsicht – innerhalb des aus seiner Umgebung hervorgehenden Rahmens hält, ... gleichwohl seiner Umgebung dann nicht ein, wenn das Vorhaben es an ‚der gebotenen Rücksichtnahme auf die sonstige', d.h. vor allem: auf die in seiner unmittelbaren Nähe vorhandene, ‚Bebauung' fehlen läßt"[4]. Zum Inhalt des Gebots der Rücksichtnahme führt das Bundesverwaltungsgericht aus[5]:

2089

„Je empfindlicher und schutzwürdiger die Stellung derer ist, denen die Rücksichtnahme im gegebenen Zusammenhang zu Gute kommt, um so mehr kann an Rücksichtnahme verlangt werden. Je verständlicher und unabweisbarer die mit dem Vorhaben verfolgten Interessen sind, um so weniger braucht derjenige, der das Vorhaben verwirklichen will, Rücksicht zu nehmen. Bei diesem Ansatz kommt es für die sachgerechte Beurteilung des Einzelfalles wesentlich auf eine Abwägung zwischen dem an, was einerseits dem Rücksichtnahmebegünstigten und andererseits dem Rücksichtnahmepflichtigen nach Lage der Dinge zuzumuten ist."

Nach der Systematik der Prüfung des „Einfügens", die das Bundesverwaltungsgericht in der zitierten Grundsatzentscheidung vom 26.5.1978 entwik-

2090

---

1 Fall des BVerwG v. 16.9.1993 – 4 C 28.91, BVerwGE 94, 151 = Buchholz 406.19 Nr. 118 = BauR 1994, 223 = DVBl. 1994, 284 = NJW 1994, 1546.
2 Dagegen Mampel, Der Gebietserhaltungsanspruch im Streit der Meinungen, BauR 2003, 1824, 1833 f.
3 Vgl. oben Rdnr. 1836; a.A. OVG Münster v. 25.2.2003 – 7 B 2374/02, BauR 2003, 1006 = DVBl. 2003, 810.
4 BVerwG v. 23.5.1978 – 4 C 9.77, BVerwGE 55, 369 = BRS 33 Nr. 36 = BauR 1978, 276 = DVBl. 1978, 815 = NJW 1978, 2564.
5 BVerwG v. 25.2.1977 – IV C 22.75, BVerwGE 52, 122 = BRS 32 Nr. 155 = BauR 1977, 244 = DVBl. 1977, 722 = DÖV 1977, 752 = NJW 1978, 62.

kelt hat, kommt dem Gebot der Rücksichtnahme der Charakter eines Korrekturinstruments zu, das der „Feinabstimmung" bei der Beurteilung des „Einfügens" dient[1]. Im Nachbarstreit gewinnt das Rücksichtnahmegebot aber Bedeutung über die Fälle hinaus, in denen ein Vorhaben, das den aus der Umgebungsbebauung sich ergebenden Rahmen nicht überschreitet, sich gleichwohl als rücksichtslos erweist. Vielmehr ist das Gebot der Rücksichtnahme auch dann verletzt, wenn das Vorhaben den Rahmen überschreitet und sich deshalb (zugleich) als rücksichtslos erweist.

2091 **Beispiel:**

Der Kläger wendet sich gegen eine Baugenehmigung, durch die auf dem Nachbargrundstück die Errichtung von 3 Silos zugelassen wurde, die „wie eine riesenhafte metallische Mauer" wirken, das Grundstück optisch „gleichsam erdrücken und eine unzumutbare Verschlechterung der Besonnung und Belichtung" herbeiführen. Die Klage hat wegen der darin liegenden Verletzung des Gebots der Rücksichtnahme unabhängig davon Erfolg, ob es in der näheren Umgebung Vorbilder für derartige bauliche Anlagen gibt[2].

2092 Das Gebot der Rücksichtnahme bezieht sich ausschließlich auf die in § 34 Abs. 1 Satz 1 BauGB genannten Kriterien, unter denen das „Einfügen" zu prüfen ist (Art und Maß der baulichen Nutzung, Bauweise, überbaubare Grundstücksfläche)[3]. Damit werden allerdings die nach § 15 Abs. 1 BauNVO zu berücksichtigenden Belange mit erfaßt; deshalb kann z.B. ein Vorhaben, das den durch ihn ausgelösten Stellplatzbedarf nicht befriedigt, in Ausnahmefällen das Gebot der Rücksichtnahme verletzen[4].

2093 Abwehransprüche unmittelbar aus **Art. 14 GG**, wie sie vom Bundesverwaltungsgericht bei einem „schweren und unerträglichen Eingriff" früher angenommen wurden[5], kommen nach der neueren Rechtsprechung des Bundesverwaltungsgerichts grundsätzlich nicht mehr in Betracht; das Gebot der Rücksichtnahme enthält danach eine abschließende Regelung der Frage, welche Beeinträchtigungen des Grundeigentums der Nachbar durch eine auf Bauplanungsrecht gestützte Entscheidung hinnehmen muß[6]. Gleichwohl

---

1 In diesem Sinne auch Mampel, Modell eines neuen Drittschutzes im unbeplanten Innenbereich, BauR 1999, 854 ff.; Söfker in Ernst/Zinkahn/Bielenberg, § 34 Rdnr. 48.
2 Fall des OVG Münster v. 9.5.1985 – 7 A 1395/84, BRS 44 Nr. 167 und des BVerwG v. 23.5.1986 – 4 C 34.85, Buchholz 406.11 § 34 Nr. 114 = BRS 46 Nr. 176 = BauR 1996, 542 = DVBl. 1986, 1271 = NVwZ 1987, 128.
3 Vgl. BVerwG v. 23.5.1986 ebenda; BVerwG v. 11.1.1999 – 4 B 128.98, Buchholz 406.19 Nr. 159 = BRS 62 Nr. 102 = BauR 1999, 615 = DVBl. 1999, 786 = ZfBR 1999, 169.
4 Vgl. dazu OVG Münster v. 10.7.1998 – 11 A 7238/95, BRS 60 Nr. 123 = BauR 1999, 237.
5 Vgl. dazu insbesondere BVerwG v. 13.6.1969 – IV C 234.65, BVerwGE 32, 173 = BRS 22 Nr. 181 = DVBl. 1970, 57 = DÖV 1969, 753 = NJW 1969, 1787.
6 BVerwG v. 26.9.1991 – 4 C 5.87, BVerwGE 89, 69 = Buchholz 406.19 Nr. 103 = DVBl. 1992, 564 = NVwZ 1992, 997; BVerwG v. 19.10.1995 – 4 B 215.95, Buchholz

nimmt das Bundesverwaltungsgericht einen Abwehranspruch aus Art. 14 Abs. 1 GG an, wenn die Nachbarbebauung „infolge Fehlens der Erschließung in Richtung auf die Duldung eines Notwegerechts nach § 917 Abs. 1 BGB eine unmittelbare Rechtsverschlechterung bewirkt"[1]. Art. 14 Abs. 1 GG kann überdies Bedeutung gewinnen bei der Begründung eines Anspruchs auf bauaufsichtliches Einschreiten gegen eine bauliche Nutzung, die das Gebot der Rücksichtnahme verletzt[2].

Die geringe Präzision des Gebots der Rücksichtnahme, insbesondere die danach erforderliche Abwägung hat dazu geführt, daß sich eine umfangreiche Rechtsprechung der Verwaltungsgerichte und der Oberverwaltungsgerichte entwickelt hat, aus der sich allerdings kaum verallgemeinerungsfähige Grundsätze darstellen lassen. Durch das Bundesverwaltungsgericht ist geklärt, daß **Wertminderungen** eines Nachbargrundstücks für sich genommen keinen Maßstab für eine Verletzung des Rücksichtnahmegebots bilden; entscheidend ist allein, ob es zu einer dem Betroffenen unzumutbaren Beeinträchtigung der Nutzungsmöglichkeiten seines Grundstücks kommt (die dann auch eine Wertminderung zur Folge haben mag)[3]. Bedeutung hat die Beurteilung der Zumutbarkeit von Beeinträchtigungen in der Abwägung mit den Belangen des Bauherrn in der Praxis vor allem in zwei typischen Fallkonstellationen, der Abwehr von Beeinträchtigungen durch eine störende Nutzung (vor allem gewerbliche Anlagen, Sportanlagen) und durch einen Baukörper, der die Belichtung oder Belüftung des Nachbargrundstücks vermindert, Einsichtsmöglichkeiten eröffnet oder die Aussicht beeinträchtigt. **Immissionen**, die im Sinne des § 5 Abs. 1 Nr. 1 BImSchG für den Nachbarn zumutbar sind, begründen grundsätzlich keine Verletzung des Rücksichtnahmegebots[4]; allerdings ist die Zumutbarkeit nicht allein durch technische Regelwerke zu erfassen, diese können nur einen Anhaltspunkt für die Beurteilung bieten[5]. Eine Vorbelastung vermindert die Schutzwürdigkeit. Sie kann

2094

406.19 Nr. 131 = BRS 57 Nr. 219 = BauR 1996, 82 = NVwZ 1996, 888; kritisch dazu Hufen, Verwaltungsprozeßrecht besteht, Verfassungsrecht vergeht?, Die Verwaltung 1999, 519, 539 f.; vgl. auch Dreier, Grundrechtsdurchgriff contra Gesetzesbindung? Die Verwaltung 2003, 105, 118 ff.

1 BVerwG v. 11.5.1998 – 4 B 45.98, Buchholz 406.19 Nr. 152 = BRS 60 Nr. 182.
2 Vgl. BVerwG v. 9.2.2000 – 4 B 11.00, BauR 2000, 1318.
3 BVerwG v. 24.4.1992 – 4 B 60.92, Buchholz 406.19 Nr. 109; BVerwG v. 13.11.1997 – 4 B 195.97, Buchholz 406.11 § 34 Nr. 189 = BRS 59 Nr. 177 = NVwZ-RR 1998, 540; BayVGH v. 17.10.2002 – 15 CS 02.2068, BRS 65 Nr. 179 = BauR 2003, 1341 = BayVBl. 2003, 307.
4 Vgl. BVerwG v. 30.9.1983 – 4 C 74.78, BVerwGE 68, 58 = DÖV 1984, 254 = NVwZ 1984, 509; OVG Münster v. 26.2.2003 – 7 B 2434/03, BauR 2003, 1361 = NWVBl. 2003, 343 (auch zum akzeptorbezogenen Ansatz in der TA Lärm).
5 Vgl. BVerwG v. 20.1.1989 – 4 B 116.88, BauR 1989, 320 = DVBl. 1989, 371 = NVwZ 1989, 666 (Getränkemarkt); BVerwG v. 14.1.1993 – 4 C 19.90, Buchholz 406.11 § 34 Nr. 155 = BRS 55 Nr. 175 (Schweinemäster) BVerwG v. 8.7.1998 – 4 B 38.98, BRS 60 Nr. 179 (Schweinemäster); BGH v. 21.6.2001 – III ZR 313/99, BRS 64 Nr. 171 = BauR 2001, 1566 = DVBl. 2001, 1435 = NJW 2001, 3054 (Rindermäster); BVerwG v.

sich aus einer Ansiedlung im Einwirkungsbereich störender Betriebe[1] ebenso wie daraus ergeben, daß Anwohner sich gegen die Ansiedlung eines störenden Betriebs nicht gewehrt haben[2]. Teilweise nimmt die Rechtsprechung bei der Bewertung der Störungen eine typisierende Betrachtungsweise vor, indem sie unabhängig von den (aufgrund einer „maßgeschneiderten" Baugenehmigung tatsächlich zu erwartenden) Beeinträchtigungen darauf abhebt, daß die zugelassene Anlage unter Berücksichtigung der Wertungen der BauNVO in ihre Umgebung nicht passe[3]. Eine Verletzung des Rücksichtnahmegebots kann sich grundsätzlich auch aus Verkehrsimmissionen ergeben, die Folge des Fehlens notwendiger Stellplätze sind[4]. Berücksichtigt wird auch die Vorbildwirkung, die von einem nicht unmittelbar störenden Vorhaben für andere mögliche Veränderungen der Umgebungsbebauung ausgehen kann[5]. Das Bundesverwaltungsgericht hat verschiedentlich ausgesprochen, daß die bauordnungsrechtlichen Vorschriften über den einzuhaltenden **Grenzabstand** das Gebot der Rücksichtnahme konkretisieren, soweit bei der Entscheidung nach § 34 Abs. 1 BauGB Belange der Belichtung oder der Einsichtnahme auf das Nachbargrundstück eine Rolle spielen können (unter den Gesichtspunkten des Maßes der baulichen Nutzung, der Bauweise und der überbaubaren Grundstücksfläche)[6]. In seinem Beschluß vom 11.1.1999 hat es klargestellt, daß es sich dabei nur um

---

22.9.1998 – 4 B 88.98, BRS 60 Nr. 85 = BauR 1999, 732 (Lärm durch Regen auf Gewächshaus); OVG Münster v. 9.7.1992 – 7 A 158/91, BRS 54 Nr. 190 (Betrieb zur Natursteinverarbeitung); OVG Münster v. 29.11.1993 – 11 A 773/90, BRS 56 Nr. 195 (Sportplatz); BVerwG v. 11.2.2003 – 7 B 88.02, Buchholz 406.25 § 22 Nr. 17 = DVBl. 2003, 808 = NVwZ 2003, 751 = ZfBR 2003, 572 (Bolzplatz/Skateanlage); OVG Lüneburg v. 25.3.1996 – 6 L 5539/94, BRS 58 Nr. 165 (Bolzplatz); OVG Münster v. 28.8.1998 – 10 B 1353/98, BRS 60 Nr. 202 (Großkino); VGH Mannheim v. 14.10.1999 – 8 S 2396/99, BRS 62 Nr. 183 (Mehrzweckhalle mit Beschränkung größerer Veranstaltungen auf 18 Tage jährlich); OVG Münster v. 18.11.2002 – 7 A 2127/00, BRS 65 Nr. 182 = BauR 2003, 517 = NVwZ 2003, 756 = ZfBR 2003, 275 (Windenergieanlage); vgl. auch die umfassende Darstellung bei Seidel, Rdnr. 368 ff.
1 Vgl. BVerwG v. 12.12.1975 – IV C 71.73, BVerwGE 50, 49 = BRS 29 Nr. 135 = BauR 1976, 100 = DVBl. 1976, 214; BVerwG v. 23.9.1999 – 4 C 6.98, BVerwGE 109, 314 = BRS 62 Nr. 86 = BauR 2000, 234 = DVBl. 2000, 192 = NVwZ 2000, 1050 = ZfBR 2000, 128 (zur Anwendung von § 15 Abs. 1 Satz 2 BauNVO in einem Gebiet nach § 34 Abs. 2 BauGB).
2 Vgl. dazu BVerwG v. 22.6.1990 – 4 C 6.87, Buchholz 406.11 § 35 Nr. 261 = BRS 50 Nr. 84 = BauR 1990, 689 = NVwZ 1991, 64.
3 Vgl. insbesondere OVG Münster v. 21.3.1995 – 11 A 1089/91, BRS 57 Nr. 68 (Lagerplatz für Baustoffe); OVG Münster v. 25.9.1995 – 11 A 2195/95, BRS 57 Nr. 94 = NVwZ-RR 1996, 495 (Wohnhaus neben Schrottumladestation).
4 Vgl. OVG Münster v. 10.7.1988 – 11 A 7238/95, BRS 60 Nr. 123 = BauR 1999, 237 = NVwZ-RR 1999, 365; OVG Bremen v. 18.10.2002 – 1 B 315/02, BRS 65 Nr. 144 = BauR 2003, 509 = NVwZ-RR 2003, 549.
5 OVG Hamburg v. 29.5.2001 – 2 Bs 98/01, BRS 64 Nr. 184 = NVwZ 2002, 494 = ZfBR 2001, 568 (Aufstockung eines Reihenhauses).
6 Vgl. insbesondere BVerwG v. 6.12.1996 – 4 B 215.96, Buchholz 406.19 Nr. 140 = BRS 58 Nr. 164 = NVwZ-RR 1997, 516.

eine Regel „aus tatsächlichen Gründen" handeln könne[1]. Auch Baukörper können eine Vorbelastung bewirken, die die Schutzwürdigkeit mindern[2].

Bei der **Bewertung der Interessen** des Nachbarn sind nur solche Belange zu berücksichtigen, die nicht allein im öffentlichen Interesse, sondern auch in seinem Interesse rechtlich geschützt werden. Dazu kann in Ausnahmefällen auch das Interesse an der Erhaltung der Aussicht gehören, etwa bei einer hinsichtlich der überbauten Grundstücksfläche und des Maßes der baulichen Nutzung aufeinander abgestimmten Hangbebauung, nicht dagegen bei einer heranrückenden Außenbereichsbebauung. 2095

Beispiel: 2096

Der Eigentümer eines Wohngrundstücks im Innenbereich wendet sich gegen eine seine Aussicht beeinträchtigende Bebauung auf einem angrenzenden Außenbereichsgrundstück. Für die Interessenbewertung ist ohne Belang, daß diese Bebauung die Entstehung einer Splittersiedlung befürchten läßt und daher rechtswidrig ist, weil § 35 Abs. 3 Satz 1 Nr. 7 BauGB allein öffentlichen Interessen dient. Das Interesse an der Erhaltung der Aussicht ist wegen der dem Außenbereich eigenen Entwicklungsmöglichkeiten nicht schutzwürdig[3].

Bei der Bewertung der Interessen des Bauherrn sind neben den durch das Eigentum geschützten Nutzungsinteressen auch andere rechtlich geschützte Interessen zu berücksichtigen[4]. Persönliche Empfindlichkeiten oder gesundheitliche Umstände bleiben allerdings unberücksichtigt[5]. 2097

Durch § 34 Abs. 3a BauGB wird der Schutz des Nachbarn nicht über den aus § 34 Abs. 1 BauGB sich ergebenden Schutz hinaus verstärkt. Die Abweichungsvoraussetzungen nach § 34 Abs. 3a Satz 1 Nr. 1 und Nr. 2 BauGB haben keinen Bezug zu nachbarlichen Belangen. Die Verpflichtung zur Würdigung nachbarlicher Belange gemäß § 34 Abs. 3a Satz 1 Nr. 3 BauGB enthält eine zusätzliche Verankerung des Gebots der Rücksichtnahme[6], be- 2098

---

1 BVerwG v. 11.1.1999 – 4 B 128.98, Buchholz 406.19 Nr. 159 = BRS 62 Nr. 102 = BauR 1999, 615 = DVBl. 1999, 786 = NVwZ 1999, 879 = ZfBR 1999, 169; vgl. auch zur Verletzung des Rücksichtnahmegebots trotz Einhaltung von Abstandsflächenvorschriften VGH Mannheim v. 14.8.1997 – 5 S 1252/96, BRS 59 Nr. 189; kritisch Jäde, Föderalismusprobleme des bau(planungs)rechtlichen Rücksichtnahmegebots, UPR 2001, 401 ff.
2 Vgl. VGH Mannheim v. 13.2.1998 – 5 S 3202/96, BRS 60 Nr. 86.
3 Fall des BVerwG v. 28.10.1993 – 4 C 5.93, Buchholz 406.19 Nr. 120 = BRS 55 Nr. 163 = BauR 1994, 354 = DVBl. 1994, 697 = NVwZ 1994, 686, die Entscheidung betrifft zwar das Gebot der Rücksichtnahme aus § 35 Abs. 3 BauGB, die darin erörterten Grundsätze gelten aber ebenso für das Rücksichtnahmegebot aus § 34 Abs. 1 BauGB.
4 BVerwG v. 27.2.1992 – 4 C 50.89, Buchholz 406.19 Nr. 107 = BauR 1992, 491 = DVBl. 1992, 1101 = DÖV 1992, 708 = NJW 1992, 2170 (Berücksichtigung der Religionsfreiheit bei der Genehmigung eines islamischen Gebetssaals).
5 BVerwG v. 14.2.1994 – 4 B 152.93, Buchholz 406.19 Nr. 121 = BRS 56 Nr. 165.
6 So auch zu § 34 Abs. 3 BBauG 1987 Schlichter in Berliner Kommentar zum Baugesetzbuch, 1. Auflage 1988, § 34 Rdnr. 57.

gründet aber keine Anforderungen, die inhaltlich über das allgemeine Gebot der Rücksichtnahme hinausgehen[1]. die Ausschlußtatbestände in § 34 Abs. 3a Satz 2 BauGB dienen allein öffentlichen Interessen. Die Vermeidung einer Beeinträchtigung der verbrauchernahen Versorgung hat nicht den Zweck, die wirtschaftlichen Interessen der Inhaber vorhandener Einzelhandelsbetriebe zu schützen. § 35 Abs. 3a Satz 2 BauGB dient allerdings u.a. dem Schutz von Nachbargemeinden. Die daraus sich ergebenden Abwehrrechte gehen freilich nicht über die Abwehrrechte nach § 35 Abs. 3 BauGB hinaus (vgl. dazu Rdnr. 2100).

2099 In der Literatur ist darauf hingewiesen worden, daß die Beschränkung des Nachbarschutzes im unbeplanten Innenbereich auf das Gebot der Rücksichtnahme einer überzeugenden Begründung entbehrt[2]. Diese **Kritik** ist nicht unberechtigt. Es ist zwar richtig, daß § 34 Abs. 1 BauGB einen „eigenständigen Zulässigkeitsmaßstab" enthält, der „weniger scharf" ist als der Zulässigkeitsmaßstab für die Beurteilung von Vorhaben im Geltungsbereich eines qualifizierten Bebauungsplans[3]. Ebenso ist richtig, daß § 34 Abs. 1 BauGB als Folge dieses weniger scharfen Maßstabes „keine Garantie dafür" bietet, „daß die Eigenart eines Gebiets auf Dauer unangetastet bleibt"[4]. Daraus folgt aber nur, daß sich aus einer drittschützenden Wirkung von § 34 Abs. 1 Satz 1 BauGB für die Rechtsposition des Nachbarn nicht dieselben Konsequenzen ergeben können wie im Geltungsbereich eines Bebauungsplans, daß also auch der nachbarliche Abwehranspruch im unbeplanten Innenbereich notwendigerweise „weniger scharf" ist als im Geltungsbereich eines qualifizierten Bebauungsplans. Die oben[5] erwähnte Rechtsprechung, die bei der Anwendung des Gebots der Rücksichtnahme eine typisierende Betrachtungsweise in Anlehnung an die Regelungen der BauNVO einführt, läßt erkennen, daß das Bedürfnis empfunden wird, in die Entscheidung über nachbarliche Abwehrrechte Gesichtspunkte einzubeziehen, die über den Einzelfall hinausgehen und das Baugebiet insgesamt betreffen[6]. Auch der Rechtsprechung zum Gebietserhaltungsanspruch im Anwendungsbereich von § 34 Abs. 2 BauGB dürfte dieser Gesichtspunkt zugrunde liegen. Einen tragfähigen Grund, dem Gebot des „Einfügens" hinsichtlich der Art der Nutzung drittschützende Wirkung abzusprechen, gibt es letztlich nicht.

---

1 Vgl. auch zu der entsprechenden Regelung in § 31 Abs. 2 BauGB Rdnr. 1734.
2 Vgl. etwa Dürr, Die Entwicklung des öffentlichen Baunachbarrechts, DÖV 2001, 625, 633; Mampel, Modell eines neuen Drittschutzes im unbeplanten Innenbereich, BauR 1999, 854 ff.
3 Dies hebt BVerwG v. 19.10.1995 – 4 B 215.95, Buchholz 406.19 Nr. 131 = BRS 57 Nr. 219 = BauR 1996, 82 = NVwZ 1996, 888 hervor.
4 So BVerwG v. 13.11.1997 – 4 B 195.97, Buchholz 406.11 § 34 Nr. 189 = BRS 59 Nr. 177 = NVwZ-RR 1998, 540.
5 Rdnr. 2094.
6 Ob der dabei gewählte Weg richtig ist, erscheint allerdings angesichts der allgemeinen Problematik der Typisierung zweifelhaft, vgl. dazu etwa Fickert/Fieseler, Vorbem. zu §§ 2 bis 9 Rdnr. 10 ff.

Dagegen wird man hinsichtlich der anderen nach § 34 Abs. 1 Satz 1 BauGB zu beachtenden Kriterien die drittschützende Wirkung allenfalls begründen können, wenn man annimmt, daß auch im Planbereich den entsprechenden Festsetzungen (entgegen der Rechtsprechung des Bundesverwaltungsgerichts[1]) drittschützende Wirkung zukomme.

4. Verstoß gegen § 34 Abs. 3 BauGB

Der Schutz zentraler Versorgungsbereiche in der Gemeinde oder in anderen Gemeinden dient allein öffentlichen Interessen. § 34 Abs. 3 BauGB begründet daher ebenso wie § 34 Abs. 3a Satz 2 BauGB keine Abwehrrechte von Gewerbetreibenden. Ein Verstoß kann aber von **anderen Gemeinden** geltend gemacht werden, auf deren zentrale Versorgungsbereiche schädliche Auswirkungen des Vorhabens zu erwarten sind. Indem § 34 Abs. 3 BauGB auf Auswirkungen in anderen Gemeinden abhebt, dient die Vorschrift gerade auch dem Schutz der Planungshoheit anderer Gemeinden. Die Vorschrift hat u.a. den Zweck, Nachbargemeinden Rechtsschutzmöglichkeiten zu eröffnen[2]

2100

5. Verfahren

Hinsichtlich des Verfahrens gelten dieselben Grundsätze wie im Geltungsbereich eines qualifizierten Bebauungsplans[3]. Die aufschiebende Wirkung des Widerspruchs und der Anfechtungsklage ist auch im unbeplanten Innenbereich durch § 212a BauGB ausgeschlossen.

2101

D. Die zulässigen Vorhaben im Außenbereich

I. Die räumliche Bestimmung des Außenbereichs

Zum Außenbereich gehören die Flächen, die sich außerhalb des räumlichen Geltungsbereichs eines qualifizierten Bebauungsplans im Sinne von § 30 Abs. 1 BauGB, eines vorhabenbezogenen Bebauungsplans im Sinne von § 30 Abs. 2 BauGB oder eines im Zusammenhang bebauten Ortsteils im Sinne von § 34 Abs. 1 Satz 1 BauGB[4] befinden. Es kommt nicht darauf an, ob die Fläche zu dem Gebiet einer Gemeinde gehört, so daß auch das gemeindefreie Küstenmeer Außenbereich ist[5]. Die Lage einer Fläche im Geltungsbe-

2102

---

1 Vgl. dazu oben Rdnr. 1838 ff.
2 Vgl. BT-Drucksache 15/2250 S. 54 i.V.m. Rdnr. 215, 216 des dort zitierten Berichts der unabhängigen Expertenkommission zur Novellierung des Baugesetzbuchs.
3 Vgl. dazu Rdnr. 1879 ff.
4 Vgl. dazu näher oben Rdnr. 1952 ff.
5 Zutreffend Zimmermann, Rechtliche Probleme bei der Errichtung seegestützter Windenergieanlagen, DÖV 2003, 133, 136 f.

reich eines einfachen Bebauungsplans im Sinne von § 30 Abs. 3 BauGB schließt die Zuordnung zum Außenbereich nicht aus; das zeigt deutlich die Verweisung auf § 35 BauGB in § 30 Abs. 3 BauGB.

2103 Mit § 35 BauGB will das Gesetz den Außenbereich in seiner besonderen Bedeutung für die naturgegebene Bodennutzung und als Erholungslandschaft für die Allgemeinheit erhalten und vor dem Eindringen wesensfremder Benutzungen, insbesondere vor der Benutzung zum Wohnen schützen[1]. Gleichwohl ist der Außenbereich nicht gleichzusetzen mit „freier Natur". Zum Außenbereich gehören z.B. auch ortsnahe Grünflächen, die von ihrer Umgebung noch nicht als Bauflächen geprägt sind, auch von Bebauung umgebene Flächen („Außenbereich im Innenbereich")[2]. In solchen Fällen kann nicht mehr von einer natürlichen Eigenart der Landschaft im Sinne von § 35 Abs. 3 Satz 1 Nr. 5 BauGB gesprochen werden; das kann für die Beurteilung der Frage, ob durch die Bebauung öffentliche Belange beeinträchtigt werden, von Bedeutung sein.

II. Die privilegierten Vorhaben im Außenbereich

2104 Die Regelung der Zulässigkeit von Vorhaben im Außenbereich unterscheidet zwischen den in § 35 Abs. 1 BauGB bezeichneten privilegierten Vorhaben und den übrigen „sonstigen" Vorhaben (§ 35 Abs. 2 BauGB). Die privilegierten Vorhaben sind, wenn die Erschließung gesichert ist, bereits dann zulässig, wenn öffentliche Belange nicht entgegenstehen. Die sonstigen Vorhaben unterliegen schärferen Beschränkungen. Sie dürfen öffentliche Belange nicht beeinträchtigen. Diese Differenzierung hat größere praktische Bedeutung, als die Terminologie auf den ersten Blick nahe legt[3]. Bestimmte sonstige Vorhaben werden durch § 35 Abs. 4 BauGB begünstigt[4]; die Gemeinde kann überdies durch Satzung gemäß § 35 Abs. 6 BauGB den Kreis der begünstigten Wohnbauvorhaben ausweiten[5].

1. Die Vorhaben für einen land- oder forstwirtschaftlichen Betrieb

2105 Privilegiert ist ein Vorhaben, wenn es einem landwirtschaftlichen oder forstwirtschaftlichen Betrieb dient und nur einen untergeordneten Teil der Betriebsfläche einnimmt (§ 35 Abs. 1 Nr. 1 BauGB). Das Vorhaben muß somit drei Voraussetzungen erfüllen:

---

1 Vgl. BVerwG v. 27.10.1964 – I B 35.63, BRS 15 Nr. 31; BVerwG v. 8.9.1977 – IV B 41.77, BRS 32 Nr. 55 = BauR 1977, 403.
2 Vgl. dazu oben Rdnr. 1965.
3 Vgl. dazu unten Rdnr. 2148 ff.
4 Dazu näher unten Rdnr. 2220 ff.
5 Dazu unten Rdnr. 2260 ff.

1. für einen land- oder forstwirtschaftlichen Betrieb bestimmt sein,

2. diesem Betrieb dienen und

3. nur einen untergeordneten Teil der Betriebsfläche einnehmen.

a) Land- und forstwirtschaftliche Betriebe

Das BauGB definiert den Begriff der **Landwirtschaft** in § 201 durch eine Reihe von Beispielen. Das Bundesverwaltungsgericht leitet daraus ab, daß der Begriff der Landwirtschaft „durch das Merkmal der unmittelbaren Bodenertragsnutzung geprägt" werde. Das „Wesen eines landwirtschaftlichen Betriebes" bestehe „darin, die drei Produktionsfaktoren Boden, Betriebsmittel und menschliche Arbeit zu einer ‚Produktionseinheit' zusammenzufassen und diese plangemäß unter sachkundiger Leitung zum Zwecke der Gewinnerzielung einzusetzen"[1]. Diese Voraussetzungen sind zwar bei der in § 201 BauGB genannten berufsmäßigen Imkerei und der berufsmäßigen Binnenfischerei nicht erfüllt, möglicherweise auch nicht bei der Pensionstierhaltung; darin liegt aber nur eine Erweiterung des Begriffs der Landwirtschaft um diese besonderen Betätigungen[2].

2106

Unter Berücksichtigung dieser Grundsätze ist **Tierhaltung und Tierzucht** Landwirtschaft, soweit das Futter überwiegend auf zum Betrieb gehörenden landwirtschaftlich genutzten Flächen erzeugt werden kann. Eine industrielle Intensivhaltung scheidet daher aus[3]. Das Futter, das die Tiere erhalten, braucht seit der Neufassung von § 201 BauGB durch das EAG Bau nicht mehr überwiegend aus eigener Produktion zu stammen. Es genügt die Möglichkeit der Erzeugung des überwiegenden Teils des Futters auf eigenen Flächen, die landwirtschaftlich genutzt werden; die landwirtschaftliche Nutzung kann sich auf die Erzeugung von Vorprodukten des Tierfutters oder auch auf ganz andere Produkte (z.B. Gemüse) beziehen. Der Zweck der Tierhaltung kann über die Produktion tierischer Erzeugnisse hinaus auch in einer Ausbildung der Tiere bestehen („Veredelung" des landwirtschaftlich erzeugten Produkts); deshalb kann z.B. die Errichtung einer Reit- und Bewegungshalle zur Ausbildung von Pferden privilegiert sein[4].

2107

---

1 So die bisherige Rechtsprechung zusammenfassend BVerwG v. 25.10.1996 – 4 B 191.96, Buchholz 406.11 § 35 Nr. 325; vgl. auch zu der früheren Regelung in § 146 BBauG die Grundsatzentscheidungen v. 14.5.1969 – IV C 19.68, BVerwGE 34, 1 = BRS 22 Nr. 68, v. 13.12.1974 – 4 C 22.73, BRS 28 Nr. 47 = BauR 1975, 104 = DVBl. 1975, 504 = DÖV 1975, 679 und v. 19.4.1985 – 4 C 13.82, BRS 44 Nr. 79 = BauR 1985, 541 = NVwZ 1986, 201 = DÖV 1985, 1015.

2 BVerwG v. 4.7.1980 – 4 C 101.77, Buchholz 406.11 § 29 Nr. 27 = BRS 36 Nr. 59 = BauR 1980, 446 = DÖV 1980, 919 = NJW 1981, 139.

3 Vgl. BVerwG v. 4.7.1980 ebenda (Schweinehaltung); BVerwG v. 27.6.1983 – 4 B 206.82, BRS 40 Nr. 74 = DÖV 1984, 294 = NVwZ 1984, 169 = ZfBR 1983, 284 (Hühnerhaltung).

4 Vgl. BVerwG v. 19.4.1985 – 4 C 13.82, BRS 44 Nr. 79 = BauR 1985, 541 = DÖV 1985, 1015 = NVwZ 1986, 201; OVG Lüneburg v. 16.5.1986 – 6 A 8/83, BRS 46

2108 Die **gartenbauliche Erzeugung** gehört zwar gemäß § 201 BauGB zur Landwirtschaft, wird aber angesichts der Sonderregelung in § 35 Abs. 1 Nr. 2 BauGB durch § 35 Abs. 1 Nr. 1 BauGB nicht erfaßt[1].

2109 **Forstwirtschaft** ist eine Form der Bodenbewirtschaftung, die planmäßig Anbau, Pflege und Abschlag von Hoch-, Mittel- oder Niederwald zum Zwecke der Holzgewinnung zum Gegenstand hat[2].

2110 Zu den einzelnen privilegierten Betätigungen wird auf die **alphabetische Aufzählung** bei Rdnr. 2147 Bezug genommen.

2111 Unter Berücksichtigung des Zwecks von § 35 Abs. 1 Nr. 1 BauGB kann nicht jede kurzfristige land- oder forstwirtschaftliche Betätigung die Zulassung von Bauten im Außenbereich rechtfertigen. Ein landwirtschaftlicher Betrieb muß deshalb auf Dauer angelegt und lebensfähig sein. Die Forderung, daß der Betrieb „für Generationen" konzipiert sein müsse[3], wird allerdings in neueren Entscheidungen des Bundesverwaltungsgerichts nicht mehr ausdrücklich erhoben. Zur Beurteilung der „**Nachhaltigkeit**", die unter Berücksichtigung des Zwecks der gesetzlichen Regelung dem Begriff des landwirtschaftlichen Betriebes immanent ist, kommt es vor allem „auf den Umfang der landwirtschaftlichen Betätigung, auf die Verkehrsüblichkeit der Betriebsform, auf die Ernsthaftigkeit des Vorhabens und die Sicherung seiner Beständigkeit im Hinblick auf die persönliche Eignung des Betriebsführers und seine wirtschaftlichen Verhältnisse an'"[4].

2112 Die Gewährleistung der Lebensfähigkeit setzt in der Regel voraus, daß die für die landwirtschaftliche Betätigung erforderlichen Flächen im **Eigentum** des Landwirts stehen und nicht nur gepachtet sind[5]. Der „erforderliche Schutz des Außenbereichs" verbietet es, Gebäude, die landwirtschaftlich genutzt werden sollen, auf die Gefahr hin privilegiert zuzulassen, daß schon nach einigen Jahren die Grundlagen für einen lebensfähigen landwirtschaftlichen Betrieb wegfallen können[6]. Allerdings ist fehlendes oder flächenmä-

---

Nr. 84 = BauR 1987, 289; OVG Lüneburg v. 18.7.1986 – 1 A 82/85, BRS 46 Nr. 85; einschränkend BVerwG v. 18.12.1995 – 4 B 286.95, Buchholz 406.11 § 35 Nr. 318 = BRS 57 Nr. 99 (keine Privilegierung für Trainingsstall für Rennpferde).
1 Zutreffend OVG Hamburg v. 25.11.1999 – 2 Bf 7/97, BauR 2000, 1853.
2 So BVerwG v. 4.3.1983 – 4 C 69.79, Buchholz 406.11 § 35 Nr. 198 = BRS 40 Nr. 71 = BauR 1983, 343.
3 So BVerwG v. 3.11.1972 – IV C 9.70, BVerwGE 41, 138 = Buchholz 406.11 § 35 Nr. 101 = BRS 25 Nr. 60 = BauR 1973, 101 = DVBl. 1973, 643.
4 So Leitsatz des Urteils des BVerwG v. 27.1.1967 – IV C 41.65, BVerwGE 26, 121 = BRS 18 Nr. 27.
5 Vgl. auch die Erörterung dieser Frage im Gesetzgebungsverfahren zum EAG Bau BT-Drucksache 15/2250 S. 62 (Stellungnahme des Bundesrats) und S. 95 (Gegenäußerung der Bundesregierung).
6 So BVerwG v. 19.7.1994 – 4 B 140.94, Buchholz 406.11 § 35 Nr. 301 unter Zusammenfassung der älteren Rechtsprechung.

ßig unzureichendes Eigentum nur ein Indiz für die fehlende Nachhaltigkeit[1]. So kann „die der Pacht aus Rechtsgründen eigene Schwäche durch die besonderen tatsächlichen Umstände verläßlich ausgeräumt" werden[2]; dies wird man etwa annehmen können, wenn die Flächen im Eigentum eines Familienmitglieds stehen[3]. Bei bestehenden Betrieben kann auch die sonstige Ausstattung (z.B. mit Maschinen) und der erwirtschaftete Gewinn die Zweifel, die sich aus einem geringen Bestand an Eigentumsflächen ergeben, relativieren[4]. Es ist schließlich zu berücksichtigen, daß Eigentumsflächen nach dem spezifischen Betriebskonzept unterschiedliche Bedeutung haben können; deshalb kann z.B. die Wanderschäferei jedenfalls zum überwiegenden Teil auf gepachteten Flächen ausgeübt werden[5]. Daß Pachtverträge nur dann berücksichtigt werden könnten, wenn sie einen Zeitraum von 18 Jahren umfassen[6], ist dem Gesetz nicht zu entnehmen[7].

Zu einem „Betrieb" gehört grundsätzlich die **Absicht der Gewinnerzielung**. Landwirtschaftliche Betätigung, die als Hobby betrieben wird, genießt nicht die Privilegierung nach § 35 Abs. 1 Nr. 1 BauGB. Die Absicht der Gewinnerzielung hat Bedeutung vor allem für die Beurteilung der Zulässigkeit von **Nebenerwerbsbetrieben**. Der Arbeits- und Kapitaleinsatz muß in einem vernünftigen Verhältnis zu einem Gewinn stehen, der bei realistischer Betrachtung erwirtschaftet werden kann[8]. Der Betrieb muß darauf gerichtet sein, die wirtschaftliche Existenz des Inhabers mindestens „zusätzlich abzusichern"[9]. Ein bestimmter Mindestertrag läßt sich nicht allgemein festlegen; bei der erforderlichen Gesamtbeurteilung sind auch die wirtschaftlichen Verhältnisse des Betriebsinhabers zu berücksichtigen. Der Umstand, daß die Gewinnerzielung eine längere Anlaufphase, in der nur Verluste erwirtschaf-   2113

---

1 Vgl. BVerwG v. 19.5.1995 – 4 B 107.95, Buchholz 406.11 § 35 Nr. 310 sowie BVerwG v. 1.12.1995 – 4 B 271.95, Buchholz 406.11 § 35 Nr. 316 = BRS 57 Nr. 100; stärker einschränkend noch BVerwG v. 13.5.1991 – 4 B 66.91, Buchholz 406.11 § 35 Nr. 271: Pachtland könne nicht alleinige Grundlage einer Privilegierung sein.
2 So bereits BVerwG v. 3.11.1972 – IV C 9.70, BVerwGE 41, 138 = BRS 25 Nr. 6 = BauR 1973, 101 = DVBl. 1973, 643.
3 Vgl. VGH Mannheim v. 21.6.1993 – 8 S 2970/92, BRS 55 Nr. 80.
4 Vgl. dazu BVerwG v. 19.5.1995 – 4 B 107.95, Buchholz 406.11 § 35 Nr. 310.
5 BVerwG v. 13.4.1983 – 4 C 62.78, Buchholz 406.11 § 35 Nr. 200 = BRS 40 Nr. 76 = DÖV 1983, 816.
6 So OVG Lüneburg v. 30.8.1988 – 1 A 164/86, BRS 48 Nr. 59 = BauR 1989, 180, bestätigt durch BVerwG v. 3.2.1989 – 4 B 14.89, BRS 49 Nr. 92 = BauR 1989, 182.
7 Vgl. dazu auch BVerwG v. 19.5.1995 – 4 B 107.95, Buchholz 406.11 § 35 Nr. 310 (10-jährige Laufzeit).
8 Vgl. BVerwG v. 27.9.1973 – IV B 90.73, BRS 27 Nr. 63; VGH Kassel v. 12.12.1975 – IV OE 93/74, BRS 30 Nr. 52; VGH Mannheim v. 2.10.1979 – V 3930/78, BRS 36 Nr. 79; OVG Saarlouis v. 13.9.1984 – 2 R 393/83, BRS 42 Nr. 82.
9 Vgl. BVerwG v. 10.1.1995 – 4 B 2.92, Buchholz 406.11 § 35 Nr. 306 = BRS 57 Nr. 98 (verneint für Halten von zwei Pferden zum Verbrauch anfallenden Heus und regelmäßigem Verkauf der Fohlen).

tet werden, voraussetzt, schließt die Privilegierung nicht aus[1]. Ebensowenig ist erforderlich, daß auf das eingesetzte Kapital ein Zinsgewinn erzielt wird[2]. Es muß allerdings durch die Bewirtschaftung mindestens das für eine dauerhafte Bestandssicherung notwendige Eigenkapital gebildet werden können[3]. Werden Gewinne bisher nicht erwirtschaftet und ist auch nicht in nächster Zeit damit zu rechnen, so gewinnen andere Indizien für die Nachhaltigkeit der landwirtschaftlichen Betätigung größeres Gewicht.

2114 Das Bundesverwaltungsgericht formuliert die folgende Faustregel:

„Je kleiner die landwirtschaftliche Nutzfläche ist, je geringer der Kapitaleinsatz und – damit zusammenhängend – je geringer die Zahl der Tiere und Maschinen ist, um so stärkere Bedeutung kommt dem Indiz der Gewinnerzielung zu. Umgekehrt hat das Indiz der Gewinnerzielung um so geringere Bedeutung, je größer die landwirtschaftliche Nutzfläche, je höher der Kapitaleinsatz und damit die Anzahl der Tiere und landwirtschaftlichen Maschinen ist."[4]

2115 Werden Gewinne nicht erwirtschaftet und besteht nach dem gewählten Betriebskonzept auch auf Dauer nicht die Absicht, Gewinne zu erwirtschaften, so fehlt es allerdings an einem Betrieb[5].

2116 **Beispiel:**

Ein hauptberuflich als Rechtsanwalt tätiger Betriebsinhaber züchtet auf 17 ha Fläche Pferde. Er hält 48 Tiere. Der Betrieb ist für eine dauerhafte Pferdezucht eingerichtet; Gewinne sind aber auf Dauer nicht zu erwirtschaften. Nach Auffassung des OVG Lüneburg ist das auf dem Betriebsgelände errichtete Wohnhaus gemäß § 35 Abs. 1 Nr. 1 BauGB privilegiert[6]. Dieser Auffassung ist nicht zu folgen, weil die Pferdezucht als Hobby betrieben wird.

2117 Einem Betriebskonzept, das ausschließlich auf die **individuellen Verhältnisse** des derzeitigen Inhabers zugeschnitten ist, fehlt die erforderliche Nachhaltigkeit[7].

b) Der Begriff „dienen"

2118 Eine neu zu errichtende bauliche Anlage ist nur nach § 35 Abs. 1 Nr. 1 BauGB privilegiert, wenn sie dem land- oder forstwirtschaftlichen Betrieb

---

1 Insoweit zutreffend BVerwG v. 11.4.1986 – 4 C 67.82, Buchholz 406.11 § 35 Nr. 234 = BRS 46 Nr. 75 = BauR 1986, 419 = NVwZ 1986, 916.
2 OVG Münster v. 21.7.1999 – 7 A 10/98, BRS 62 Nr. 104 = BauR 2000, 245 = NVwZ-RR 2000, 347.
3 BayVGH v. 20.3.2001 – 20 B 00.2501, BRS 64 Nr. 91 = BauR 2002, 440 = ZfBR 2001, 426.
4 BVerwG v. 11.4.1986 ebenda.
5 Mißverständlich insoweit BVerwG v. 11.4.1986 ebenda; deutlich allerdings wieder BVerwG v. 21.7.1986 – 4 B 138.86, Buchholz 406.11 § 35 Nr. 236 = BRS 46 Nr. 76.
6 OVG Lüneburg v. 16.5.1986 – 6 A 8/83, BRS 46 Nr. 84.
7 Vgl. BVerwG v. 9.12.1993 – 4 B 196.93, Buchholz 406.11 § 35 Nr. 289 = BRS 55 Nr. 79 (Obstanbau für die Konditorei des Antragstellers).

dient. An dieser Voraussetzung scheitern viele Vorhaben. Es werden vielfach Bauanträge eingereicht, in denen die Antragsteller eine land- oder forstwirtschaftliche Zweckbestimmung angeben, obgleich in Wirklichkeit das Vorhaben überwiegend oder sogar allein dem allgemeinen Wohnen dienen soll.

Ein Vorhaben dient einem landwirtschaftlichen Betrieb, wenn a) ein vernünftiger Landwirt – auch und gerade unter Berücksichtigung des Gebots größtmöglicher Schonung des Außenbereichs – dieses Vorhaben mit etwa gleichem Verwendungszweck und mit einer etwa gleichen Gestaltung und Ausstattung für einen entsprechenden Betrieb errichten würde und b) das Vorhaben durch diese Zuordnung zu dem konkreten Betrieb auch äußerlich erkennbar geprägt wird[1]. 2119

Mit diesem Inhalt soll das Tatbestandsmerkmal des „Dienens" vor allem **Mißbräuchen** begegnen; es soll „nicht der nur behauptete Zweck des Vorhabens, sondern seine wirkliche Funktion ... entscheidend sein"[2]. Die Orientierung an dem **„vernünftigen Landwirt"** erfordert daher die Prüfung, ob das Vorhaben sachgerecht, nicht aber ob es notwendig ist. Ist ein Vorhaben nach seiner konkreten Wirtschaftsweise dem Betrieb funktional zugeordnet und nach seiner Gestaltung und Ausstattung durch den betrieblichen Verwendungszweck geprägt, so kann die Privilegierung nicht mit der Begründung verneint werden, der Betrieb könne ohne nennenswerte Nachteile auch von einem im Innenbereich gelegenen Gebäude aus bewirtschaftet werden[3]. Wünscht ein Landwirt die Erweiterung seines Stalls für noch anzuschaffendes Vieh, so ist nicht zu prüfen, ob für den Betrieb eine Vergrößerung des Viehbestands erforderlich ist. Auch der Gesichtspunkt der **Rentabilität** kann einem Vorhaben nur entgegengehalten werden, wenn ein deutliches Mißverhältnis zwischen den aufzuwendenden Kosten und dem möglichen Ertrag besteht[4]. 2120

Solange die Zuordnung der baulichen Anlage zu dem landwirtschaftlichen Betrieb äußerlich erkennbar bleibt, ist ihr **Standort** ohne Bedeutung für die Beurteilung der Frage, ob sie dem Betrieb dient. Auch Betriebe mit verstreuten Flächen sind deshalb nicht darauf angewiesen, die Hofstelle im Innenbereich zu errichten[5]. Die Standortwahl berührt die Privilegierung selbst dann nicht, wenn das Anliegen einer größtmöglichen Schonung des Außen- 2121

---

1 Leitsatz des Urteils des BVerwG v. 3.11.1972 – IV C 9.70, BVerwGE 41, 138 = BRS 25 Nr. 60 = BauR 1973, 101 = DVBl. 1973, 643.
2 So BVerwG v. 10.3.1993 – 4 B 254.92, Buchholz 406.11 § 35 Nr. 284.
3 Vgl. BVerwG v. 16.5.1991 – 4 C 2.89, Buchholz 406.11 § 35 Nr. 272 = BauR 1991, 576 = DVBl. 1991, 1160 = DÖV 1992, 73 = NVwZ-RR 1992, 400; OVG Schleswig v. 25.5.2000 – 1 L 135/98, BauR 2001, 374; zu eng deshalb wohl BayVGH v. 25.9.1995 – 14 B 94.3676, BRS 57 Nr. 101, der bei einer täglich 5-stündigen Anwesenheit im Betrieb das „Dienen" für eine Wohnung verneint.
4 Vgl. dazu BVerwG v. 10.3.1993 – 4 B 254.92, Buchholz 406.11 § 35 Nr. 284.
5 Vgl. BVerwG v. 22.11.1985 – 4 C 71.82, Buchholz 406.11 § 35 Nr. 222 = BRS 44 Nr. 76 = BauR 1986, 188 = DVBl. 1986, 413 = NVwZ 1986, 644.

bereichs einen anderen Standort nahe legt; allerdings können öffentliche Belange der Ausführung des Vorhabens an einem bestimmten Standort entgegenstehen[1]. Ein Wohngebäude dient einem landwirtschaftlichen Betrieb allerdings nur, wenn es in unmittelbarer Nähe der Hofgebäude errichtet wird[2], weil die Führung eines landwirtschaftlichen Betriebes mit der Präsenzpflicht des Hofeigentümers und der mithelfenden Personen verbunden ist; ebenso kann umgekehrt die Errichtung eines Betriebsgebäudes (Stall) in größerer Entfernung des Wohngebäudes ausgeschlossen sein[3].

2122 Dem landwirtschaftlichen Betrieb dienen in der Regel Wohngebäude und Wohnungen für Eigentümer und die mithelfenden Familienangehörigen sowie für Arbeitskräfte, Altenteilerhäuser, Wirtschaftsgebäude wie z.B. Unterkunftshütten beim Obstanbau[4], Scheunen, Schuppen[5] und Ställe sowie die technischen Einrichtungen wie z.B. Siloanlage[6].

2123 Bei **Altenteilerhäusern** ergibt sich das „Dienen" aus der Erwartung, daß die Bewohner des Altenteilerhauses sich weiter im Betrieb helfend und beaufsichtigend betätigen. Dies setzt voraus, daß das Altenteilerhaus in der Nähe der Hofstelle errichtet wird[7]. Das Haus muß der Unterbringung der Altenteiler im ständigen Generationswechsel dienen[8]. Es ist deshalb nicht privilegiert, wenn erkennbar ist, daß ein Betrieb (etwa weil er nur eine dürftige Existenzgrundlage bietet) nur noch auf kurze Dauer und nicht mehr von einem Nachfolger weitergeführt werden wird[9]. Das Altenteilerhaus kann auch für andere Familienangehörige als die Eltern des Betriebsinhabers errichtet werden, sofern die langfristige Nutzung im Generationswechsel vorgesehen ist[10]. Einem landwirtschaftlichen Nebenerwerbsbetrieb können Al-

---

1 Vgl. BVerwG v. 19.6.1991 – 4 C 11.89, Buchholz 406.11 § 35 Nr. 273 = BRS 52 Nr. 78 = BauR 1991, 579 = NVwZ-RR 1992, 401 sowie unten Rdnr. 2153.
2 Vgl. OVG Lüneburg v. 18.9.1972 – VI A 112/71, BRS 25 Nr. 61.
3 Vgl. dazu OVG Lüneburg v. 24.2.1989 – 1 A 246/88, BRS 49 Nr. 99 (Stall in 500 m Entfernung von der Hofstelle).
4 Vgl. BVerwG v. 12.11.1976 – IV C 34.75, BRS 30 Nr. 123 = BauR 1977, 121; BayVGH v. 10.7.1970 – Nr. 281 II 67, BRS 23 Nr. 135.
5 Vgl. VGH Mannheim v. 10.3.1969 – II 372/67, BRS 22 Nr. 133; VGH Mannheim v. 16.4.1969 – III 877/67, BRS 22 Nr. 134.
6 Vgl. BVerwG v. 14.4.1978 – 4 C 85.75, BauR 1978, 383 = DÖV 1978, 920; näher zu den in Betracht kommenden baulichen Anlagen unten Rdnr. 2147.
7 Vgl. OVG Münster v. 12.7.1977 – VII A 1728/76, BRS 22 Nr. 66 = BauR 1977, 404 (50 m Entfernung von der Hofstelle nicht zu weit); OVG Lüneburg v. 19.7.1987 – 1 A 230/85, BRS 47 Nr. 71 (200 m von der Hofstelle zu weit).
8 Vgl. BVerwG v. 5.2.1971 – IV C 96.69, BRS 24 Nr. 58 = BauR 1972, 91 = DÖV 1972, 167.
9 Vgl. BayVGH v. 11.5.1971 – Nr. 96 II 69, BRS 24 Nr. 54; OVG Münster v. 18.2.1971 – X A 223/69, BRS 24 Nr. 59.
10 Vgl. BVerwG v. 5.2.1971 – IV C 96.69, BRS 24 Nr. 58 = BauR 1972, 91 = DÖV 1972, 167 (verheiratete Tochter des Landwirts); OVG Lüneburg v. 7.2.1986 – 6 A 149/84, BRS 46 Nr. 79 (verheiratete Schwägerin des Landwirts).

tenteilerhäuser in der Regel nicht dienen, weil sie im Verhältnis zum Ertrag wirtschaftlich nicht sinnvoll sind[1].

Für bauliche Anlagen eines **forstwirtschaftlichen Betriebes** gelten grundsätzlich keine Besonderheiten. Die Anwesenheit des Betriebsinhabers auf dem Betriebsgelände ist hier zwar typischerweise in weitaus geringerem Maße erforderlich als in einem landwirtschaftlichen Betrieb. Dennoch ist die Lage auch des Wohnhauses auf der eigenen Betriebsfläche in der Regel nützlich. Ein „vernünftiger Forstwirt" wird deshalb diesen Standort wählen und braucht sich nicht darauf verweisen zu lassen, daß er den Betrieb auch von einem Wohnhaus im Innenbereich aus bewirtschaften könnte[2].

2124

Die Landwirtschaft wird heute zunehmend mit Betätigungen verbunden, die – bei isolierter Betrachtung – landwirtschaftsfremd sind. Solche Betätigungen betreffen vor allem die Vermarktung und Weiterverarbeitung landwirtschaftlicher Produkte und die Vermietung von Räumen. Vorhaben, die ganz oder teilweise solchen landwirtschaftsfremden Betätigungen dienen, können „durch ihre betriebliche Zuordnung zu der landwirtschaftlichen Tätigkeit gleichsam **mitgezogen** werden und damit... an der Privilegierung teilnehmen"[3]. Dies setzt voraus, daß die bei isolierter Betrachtung nicht privilegierte Betätigung in einem engen Zusammenhang mit der landwirtschaftlichen Betätigung steht und nach dem Betriebskonzept **untergeordnete Bedeutung** hat. Auf das bisherige typische Erscheinungsbild eines Betriebes der entsprechenden Art kommt es allerdings nicht an[4].

2125

Nach diesen Grundsätzen dienen unproblematisch alle Anlagen dem landwirtschaftlichen Betrieb, die der **Vermarktung** selbsterzeugter Produkte (auch an Endverbraucher) dienen[5]. Soweit neben eigenen auch fremde Produkte ver-

2126

---

1 Vgl. BVerwG v. 24.10.1980 – 4 C 35.78, BRS 36 Nr. 80 = BauR 1981, 57 = DÖV 1981, 184; für eine größere Nebenerwerbsstelle kann allerdings ein Altenteilerhaus in Betracht kommen, vgl. OVG Münster v. 6.10.1966 – VII A 1202/65, BRS 17 Nr. 37; zu großzügig demgegenüber OVG Lüneburg v. 30.3.1990 – 1 A 114/87, BRS 50 Nr. 89.
2 Vgl. BVerwG v. 16.5.1991 – 4 C 2.89, Buchholz 406.11 § 35 Nr. 272 = BauR 1991, 576 = DVBl. 1991, 1160 = DÖV 1992, 73 = NVwZ-RR 1992, 400; vgl. auch zum forstwirtschaftlichen Nebenerwerbsbetrieb BVerwG v. 4.3.1983 – 4 C 69.79, Buchholz 406.11 § 35 Nr. 198 = BRS 40 Nr. 71 = BauR 1983, 343, wo das BVerwG allerdings noch mißverständlich auf die „Erforderlichkeit" der Ausführung des Vorhabens im Außenbereich abhebt.
3 So BVerwG v. 30.11.1984 – 4 C 27.81, Buchholz 406.11 § 35 Nr. 220 = BRS 42 Nr. 81 = DVBl. 1985, 395 = DÖV 1985, 830 = NVwZ 1986, 203.
4 Vgl. zu diesen Grundsätzen BVerwG v. 30.11.1984 ebenda; BVerwG v. 19.4.1985 – 4 C 54.82, Buchholz 406.11 § 35 Nr. 226 = BRS 44 Nr. 82 = BauR 1985, 545 = NVwZ 1986, 200; BVerwG v. 28.8.1998 – 4 B 66.98, Buchholz 406.11 § 35 Nr. 336 = BRS 60 Nr. 89 = BauR 1999, 33 = NVwZ-RR 1999, 106.
5 Vgl. z.B. OVG Münster v. 21.7.1999 – 7 A 10/98, BRS 62 Nr. 104 = BauR 2000, 245 = NVwZ-RR 2000, 347 (Obstverkauf); VGH Mannheim v. 15.2.1996 – 3 S 233/95, BRS 59 Nr. 86 rechnet die Selbstvermarktung zur „Urproduktion".

marktet werden, kann es auf das Verhältnis ankommen¹. Eine Gaststätte bildet regelmäßig (unabhängig von dem Umfang, in dem dort eigenerzeugte Produkte angeboten werden) keinen untergeordneten Betriebsteil, so daß sie nicht „mitgezogen" werden kann². Bei Anlagen, die der **Verarbeitung** landwirtschaftlicher Erzeugnisse dienen, wird man gleichfalls vorrangig darauf abzuheben haben, ob die Verarbeitung eigener Produkte im Vordergrund steht; so dürften gegen die Privilegierung eines Schlacht- und Kühlraums für die eigene Produktion keine Bedenken bestehen³. Aber auch bei einer Beschränkung auf die eigene Produktion kann der für die Verarbeitung vorgesehene Betriebsteil unter Berücksichtigung des äußeren Erscheinungsbildes und des Arbeitseinsatzes in den Vordergrund treten und damit den Charakter einer untergeordneten „bodenrechtlichen Nebensache" verlieren⁴. **Ferienwohnungen** können ausnahmsweise als mitgezogene Betätigungen privilegiert sein⁵.

c) Untergeordneter Teil der Betriebsfläche

2127 Das Vorhaben darf nur einen untergeordneten Teil der Betriebsfläche einnehmen. Wann die Flächeninanspruchnahme durch das Vorhaben nicht mehr „untergeordnet" ist, läßt sich nicht für alle Betriebsformen unterschiedslos festlegen. Die baulichen Anlagen müssen unter Berücksichtigung der Größe, der Art und der Intensität des Betriebs im Verhältnis zu den unbebauten Betriebsflächen deutlich zurücktreten. Bei Betrieben mit einem verhältnismäßig geringen Flächenanspruch (insbesondere berufsmäßiger Imkerei oder berufsmäßiger Binnenfischerei) wird man eine Unterordnung auch dann noch annehmen können, wenn das Vorhaben einen weitaus größeren Teil der Betriebsfläche in Anspruch nimmt, als dies bei einem Betrieb mit Acker- oder Weidewirtschaft in Betracht käme. Allerdings kann das Tatbestandsmerkmal gerade bei Betrieben mit geringem Flächenanspruch und bei Nebenerwerbsbetrieben Bedeutung gewinnen⁶.

---

1 Vgl. dazu BVerwG v. 30.11.1984 – 4 C 27.81, Buchholz 406.11 § 35 Nr. 220 = BRS 42 Nr. 81 = DVBl. 1985, 395 = DÖV 1985, 830 = NVwZ 1986, 203.
2 Vgl. BVerwG v. 23.6.1995 – 4 B 22.95, Buchholz 406.11 § 35 Nr. 312 = BRS 57 Nr. 102.
3 Vgl. BVerwG v. 23.1.1981 – 4 C 88.77, Buchholz 406.11 § 35 Nr. 179.
4 Vgl. zum Sägewerk mit Tischlerei als Teil eines forstwirtschaftlichen Betriebs BVerwG v. 28.8.1998 – 4 B 66.98, Buchholz 406.11 § 35 Nr. 336 = BRS 60 Nr. 89 = BauR 1999, 33 = NVwZ-RR 1999, 106.
5 Vgl. BayVGH v. 15.5.1984 – Nr. 1 B 84 A 248, BayVBl. 1984, 567.
6 Das BVerwG bezweifelt im Urt. v. 13.4.1984 – 4 C 69.80, Buchholz 406.11 § 35 Nr. 213 = BRS 42 Nr. 87 = BauR 1984, 614 = NVwZ 1985, 340, daß § 35 Abs. 1 Nr. 1 BauGB die Herstellung eines Fischteichs privilegiert, der den überwiegenden Teil der Betriebsfläche einnimmt.

2. Betriebe der gartenbaulichen Erzeugung

Die gartenbauliche Erzeugung gehört gemäß § 201 BauGB zur Landwirtschaft. Seit dem 1.1.1998 sind Vorhaben, die Betrieben der gartenbaulichen Erzeugung dienen, durch **§ 35 Abs. 1 Nr. 2 BauGB** selbständig privilegiert. Diese Privilegierung ist – anders als bei den Vorhaben, die landwirtschaftlichen Betrieben dienen – nicht an die Voraussetzung geknüpft, daß das Vorhaben nur einen untergeordneten Teil der Betriebsfläche einnimmt. Damit ermöglicht die Regelung, die Betriebsfläche überwiegend (z.B. mit Gewächshäusern) zu bebauen.

2128

Für die Beurteilung der Betriebseigenschaft und der Frage, wann ein Vorhaben dem Betrieb dient, gelten dieselben Grundsätze wie bei Anwendung von § 35 Abs. 1 Nr. 1 BauGB. Einem Gartenbaubetrieb gewährt das Bundesverwaltungsgericht in der Regel kein Altenteilerhaus[1]. Soweit mit einem Gartenbaubetrieb ein Landschaftsbaubetrieb (als Dienstleistungsunternehmen) verbunden ist, kann ein solcher Betriebsteil nach der zu den „mitgezogenen" Betätigungen entwickelten Rechtsprechung an der Privilegierung teilhaben[2].

2129

3. Die Vorhaben für Ver- und Entsorgungsanlagen sowie ortsgebundene gewerbliche Betriebe

§ 35 Abs. 1 Nr. 3 BauGB privilegiert die der öffentlichen Versorgung mit Elektrizität, Gas, Telekommunikationsdienstleistungen, Wärme und Wasser dienenden Vorhaben. Der öffentlichen Versorgung dienen diese Vorhaben (unabhängig von der Rechtsform des Vorhabenträgers) wenn die Leistungen der Allgemeinheit und nicht nur einem einzelnen zugute kommen[3]. § 35 Abs. 1 Nr. 3 BauGB erfaßt außerdem Anlagen der Abwasserwirtschaft. Dabei kann es sich z.B. um Kläranlagen handeln. Angesichts des Regelungszusammenhangs mit den Versorgungsanlagen ist auch hier eine

2130

---

1 Vgl. BVerwG v. 20.1.1984 – 4 C 72.80, Buchholz 406.11 § 35 Nr. 209 = BRS 42 Nr. 83 = BauR 1984, 386 = NVwZ 1985, 183 für einen Betrieb mit 6200 m2 Betriebsfläche; kritisch dazu Gelzer, Die „gartenbauliche Erzeugung", eine neue Formulierung zur Zuordnung des Gartenbaus zum bauplanungsrechtlichen Begriff der Landwirtschaft, BauR 1987, 485 ff.; Hasse, Altenteilerhäuser für Gartenbaubetriebe im Außenbereich, BauR 1986, 168 ff.; Herder, Altenteilerhäuser für Gartenbaubetriebe, AgrarR 1985, 102 f.
2 Dazu BVerwG v. 30.11.1984 – 4 C 27.81, Buchholz 406.11 § 35 Nr. 220 = BRS 42 Nr. 81 = DVBl. 1985, 395 = DÖV 1985, 830 und oben Rdnr. 2125 f.
3 So unter Rückgriff auf den Begriff der öffentlichen Versorgung im EnWG für Windenergieanlagen BVerwG v. 18.2.1983 – 4 C 19.81, BVerwGE 67, 33 = Buchholz 406.11 § 35 Nr. 197 = BRS 40 Nr. 84 = DVBl. 1983, 890 = NJW 1983, 2716; BVerwG v. 16.6.1994 – 4 C 20.93, BVerwGE 96, 95 = Buchholz 406.11 § 35 Nr. 297 = BRS 56 Nr. 72 = BauR 1994, 730 = NVwZ 1995, 64.

Zweckbestimmung für die Allgemeinheit zu fordern. Darüber hinaus erfaßt die Vorschrift alle gewerblichen Betriebe.

2131 Entscheidende Voraussetzung für die Privilegierung nach § 35 Abs. 1 Nr. 3 BauGB ist die **Ortsgebundenheit**. Ortsgebunden ist ein Betrieb, wenn er „nach seinem Gegenstand und seinem Wesen ausschließlich an der fraglichen Stelle betrieben werden kann". Dafür „genügt nicht, daß sich der Standort aus Gründen der Rentabilität anbietet oder gar aufdrängt. Erforderlich ist vielmehr, daß der Betrieb auf die geographische oder die geologische Eigenart der Stelle angewiesen ist, weil er an einem anderen Ort seinen Zweck verfehlen würde"[1]. Die Forderung nach der Ortsgebundenheit des Betriebes gilt nach der Rechtsprechung des Bundesverwaltungsgerichts nicht nur, wie dies der Wortlaut nahe legt, für gewerbliche Betriebe, sondern auch für Anlagen der Versorgungsbetriebe, für letztere „allenfalls graduell abgeschwächt"[2]. Der Gesetzgeber hat daraus die Konsequenz gezogen, daß er Anlagen zur Nutzung der Kernenergie und der Wind- und Wasserenergie in § 35 Abs. 1 Nr. 5 und Nr. 6 BauGB eigenständig (und ohne Bezug zur Ortsgebundenheit) privilegiert hat; jedenfalls angesichts dieser differenzierenden Regelungen kann die in der Literatur geübte Kritik an der Rechtsprechung des Bundesverwaltungsgerichts heute nicht mehr aufrechterhalten werden. Die Rechtsprechung bewirkt freilich, daß der Aufzählung der Versorgungs- und Entsorgungsanlagen in § 35 Abs. 1 Nr. 3 BauGB kaum praktische Bedeutung zukommt[3].

2132 Typische ortsgebundene Betriebe sind Betriebe zur Gewinnung von **Bodenschätzen** (Steinbruch, Sandgrube, Ziegelei, Torfgewinnungsanlage, Bergwerk)[4]. Nicht ortsgebunden sind Konservenfabriken, Zuckerfabriken oder Sägewerke, also Betriebe, die lediglich land- oder forstwirtschaftliche Erzeugnisse verarbeiten[5]. Dasselbe gilt für Gewerbebetriebe, die Landwirte beliefern, ihnen Dienstleistungen anbieten oder ihre Produkte abnehmen. Sie sind auch nicht nach § 35 Abs. 1 Nr. 1 BauGB privilegiert[6].

---

1 So unter Zusammenfassung der früheren Rechtsprechung BVerwG v. 16.6.1994 ebenda.
2 BVerwG v. 16.6.1994 ebenda unter Auseinandersetzung mit der Kritik in der Literatur.
3 Vgl. etwa zu einer Gruppenkläranlage OVG Koblenz v. 23.9.1998 – 1 B 11493/98, BRS 60 Nr. 91 = NVwZ-RR 2000, 85.
4 Vgl. etwa BVerwG v. 18.3.1983 – 4 C 17.81, Buchholz 406.11 § 35 Nr. 199 = BRS 40 Nr. 92 = DVBl. 1983, 893 = NVwZ 1984, 303; BVerwG v. 13.4.1983 – 4 C 21.79, BRS 40 Nr. 242 = BauR 1984, 54 = DVBl. 1983, 895; OVG Münster v. 28.10.1997 – 10 A 4574/94, BRS 59 Nr. 246.
5 Vgl. BVerwG v. 28.8.1998 – 4 B 66.98, Buchholz 406.11 § 35 Nr. 336 = BRS 60 Nr. 89 = BauR 1999, 33 (Sägewerk, Tischlerei).
6 Vgl. BVerwG v. 16.3.1993 – 4 B 15.93, Buchholz 406.11 § 35 Nr. 285 = BRS 55 Nr. 94 = BauR 1993, 438 = NVwZ-RR 1993, 396 (Landwirtschaftliche Genossenschaft); BVerwG v. 19.2.1996 – 4 B 20.96, Buchholz 406.11 § 35 Nr. 320 = BRS 56 Nr. 89 = BauR 1996, 521 = DÖV 1996, 608 (forstwirtschaftliches Dienstleistungsunternehmen).

Wenn Bodenschätze vor ihrem Transport aufbereitet[1] (z.B. Zerkleinerungsanlage im Steinbruch) oder sofort an Ort und Stelle **verarbeitet** werden müssen (z.B. Tongewinnung – Ziegelei) gehören die entsprechenden Betriebsanlagen zu dem ortsgebundenen Betrieb. Es genügt dagegen nicht, daß die Errichtung entsprechender Anlagen im Außenbereich (als Nebenanlagen zu ortsgebundenen Anlagen) betriebswirtschaftlich zweckmäßig ist. Die im Außenbereich gelegenen Anlagen müssen insgesamt einen ortsgebundenen Betrieb bilden; es reicht nicht aus, daß einzelne Nebenanlagen einer ortsgebundenen Betätigung dienen[2]. „Ein Unternehmen mit einem im engsten Sinne des Wortes ortsgebundenen Betriebszweig ist dann insgesamt ein (ortsgebundener) Betrieb, wenn und soweit er als Folge nicht nur wirtschaftlicher Zweckmäßigkeit, sondern technischer Erfordernisse dem typischen Erscheinungsbild eines Betriebes dieser Art entspricht und wenn zweitens der im engsten Sinne des Wortes ortsgebundene Betriebszweig den gesamten Betrieb prägt"[3]. Deshalb ist ein Lagerplatz, der (auch) einem öffentlichen Versorgungsunternehmen dient, keine privilegierte Betriebsanlage, wenn sein Standort keine ausreichende Beziehung zum ortsgebundenen Versorgungsunternehmen hat[4]. Für die Beurteilung einer Transportbetonanlage neben einer Kiesausbeute hebt das Bundesverwaltungsgericht darauf ab (und läßt letztlich offen), „ob die Erstreckung eines Unternehmens vom Kiesabbau über die Kiesaufbereitung bishin zur Herstellung von Transportbeton entweder schon herkömmlich oder doch durch eine mittlerweile gefestigte Übung" dem (auch aus technischen Gründen) typischen Erscheinungsbild einer „Kiesgrube" entspricht[5]. Die Zulässigkeit von **Wohngebäuden** als Nebenanlagen hängt davon ab, ob Inhaber oder Aufsichtspersonen auf dem Betriebsgelände wohnen müssen; nur dann dienen auch solche Nebengebäude dem privilegierten Betrieb[6].

2133

---

1 Vgl. VGH Mannheim v. 15.12.1970 – III 390/65, BRS 24 Nr. 62 zu einer Anlage zur Zerkleinerung von Kies und dessen Mischung mit Sand; VGH Mannheim v. 20.6.1980 – X 635/78, BRS 36 Nr. 92 zu einem Schotterwerk.
2 Vgl. dazu BVerwG v. 7.5.1976 – IV C 43.74, BVerwGE 50, 346 = BRS 30 Nr. 56 = BauR 1976, 257 = DÖV 1976, 565 = NJW 1977, 119.
3 So BVerwG v. 7.5.1976 ebenda.
4 BVerwG v. 21.1.1977 – IV C 28.75, Buchholz 406.11 § 19 Nr. 38 = BRS 32 Nr. 92 = DVBl. 1977, 526 = DÖV 1977, 328; vgl. auch zu einem Holzlagerplatz eines Sägewerks BVerwG v. 18.12.1995 – 4 B 260.95, Buchholz 406.11 § 35 Nr. 317 = BRS 59 Nr. 107.
5 BVerwG v. 7.5.1976 – IV C 43.74, BVerwGE 50, 346 = BRS 30 Nr. 56 = BauR 1976, 257 = DÖV 1976, 565 = NJW 1977, 119.
6 Betriebsgebäude für einen Abbau im Nebenerwerb hält der VGH Mannheim für privilegiert, vgl. 26.2.1971 – III 472/69, BRS 24 Nr. 63; das OVG Münster verneint im Urt. v. 7.1.1970 – VII A 675/67, OVGE 25, 203 = BRS 23 Nr. 71 = BauR 1970, 37 die Privilegierung eines Wohnhauses in einer Sandgrube.

4. Die nur im Außenbereich auszuführenden Vorhaben

2134 § 35 Abs. 1 Nr. 4 BauGB privilegiert Vorhaben, die wegen ihrer besonderen Anforderungen an die Umgebung, ihrer nachteiligen Wirkung auf die Umgebung oder wegen ihrer besonderen Zweckbestimmung nur im Außenbereich ausgeführt werden sollen. Gemeinsam ist diesen Vorhaben, daß sie auf einen **Standort im Außenbereich angewiesen**, dieser also unter den angesprochenen Gesichtspunkten erforderlich ist. Es gilt damit ein strengerer Maßstab als für die Vorhaben nach Nr. 1 und 2. Allerdings sind öffentliche Interessen nicht erforderlich; es genügen private, auch wirtschaftliche Interessen[1]. Die Anlagen dürfen andererseits **nicht** vornehmlich dazu dienen, **individuelle Erholungs- oder Freizeitbedürfnisse** zu befriedigen, mögen sie auch jedermann offenstehen[2]. Maßstab für die Beurteilung der Erforderlichkeit ist nicht die grundsätzliche Möglichkeit, ein entsprechendes Vorhaben auch im Innenbereich auszuführen. Vielmehr kommt es darauf an, ob **in der jeweiligen Gemeinde** das Vorhaben gemäß § 30, § 33 oder § 34 BauGB zugelassen werden könnte[3].

2135 Über den Maßstab der Erforderlichkeit hinaus wird die Anwendung von § 35 Abs. 1 Nr. 5 BauGB beschränkt durch die Erwägung, daß die Vorschrift nicht Privilegierungstatbestand für Vorhaben sein kann, für die üblicherweise bei einer die „voraussehbaren Bedürfnisse" (§ 5 Abs. 1 Satz 1 BauGB) berücksichtigenden Bauleitplanung in einem Bauleitplan Standorte ausgewiesen zu werden pflegen. Denn auch solche Vorhaben „sollen" nicht im Außenbereich ausgeführt werden. Die Anwendung der Vorschrift wird damit beschränkt auf Anlagen, die „**singulären Charakter**" haben, jedenfalls nicht in einer größeren Zahl zu erwarten sind, und für die deshalb nicht planerisch vorausschauend geeignete Standorte ausgewählt werden müssen, sondern eine Beurteilung des Einzelfalls am Maßstab öffentlicher Belange den Erfordernissen einer geordneten städtebaulichen Entwicklung genügt"[4].

2136 Vorhaben mit besonderen Anforderungen an die Umgebung sind z.B. Wetterstationen, Rettungsstationen, Schwimmbäder an Flüssen und Seen. Zu den Vorhaben mit nachteiligen Wirkungen auf die Umgebung gehören vor allem stark emittierende gewerbliche Betriebe einschließlich Pelztierfarmen, Intensivhühnerhaltungen, Schweinemästereien, soweit sie keine landwirtschaftlichen Betriebe sind, insbesondere auch nach § 4 BImSchG genehmigungspflichtige Gewerbebetriebe. Es können auch Entsorgungsanlagen

---

1 Vgl. BVerwG v. 27.6.1983 – 4 B 206.82, DÖV 1984, 294.
2 Vgl. zusammenfassend BVerwG v. 9.10.1991 – 4 B 176.91, Buchholz 406.11 § 35 Nr. 276 = BRS 52 Nr. 76 = BauR 1992, 52 (Golfübungsplatz); BVerwG v. 4.12.1992 – 4 B 229.92, Buchholz 406.16 Nr. 60 (Bootshaus).
3 BVerwG v. 27.6.1983 – 4 B 206.82, DÖV 1984, 294.
4 So BVerwG v. 16.6.1994 – 4 C 20.93, BVerwGE 96, 95 = Buchholz 406.11 § 35 Nr. 297 = BauR 1994, 739 = DVBl. 1994, 1141 = NVwZ 1995, 64; BVerwG v. 23.6.1995 – 4 B 22.95, BRS 57 Nr. 102 (Gaststätte).

erfaßt werden, soweit sie nicht i.S. von Abs. 1 Nr. 3 ortsgebunden sind[1]. Zu den Vorhaben, die wegen ihrer besonderen Zweckbestimmung nur im Außenbereich ausgeführt werden sollen, gehören Jagdhütten, Fischerhütten, Bienenhäuser. Wegen der Einzelheiten wird auf die Zusammenstellung bei Rdnr. 2147 Bezug genommen.

Bei den Vorhaben mit **nachteiliger Wirkung** auf die Umgebung kommt es darauf an, ob das Vorhaben auch bei Einhaltung der nach dem Stand der Technik möglichen Begrenzung seiner nachteiligen Wirkungen im Einklang mit städtebaulichen Grundsätzen im Innenbereich der Gemeinde unterzubringen ist[2]. Auch soweit unter Berücksichtigung des singulären Charakters einer solchen Anlage und der damit verbundenen fehlenden Vorbildwirkung die Aufstellung eines qualifizierten Bebauungsplans nicht erforderlich ist, kann insbesondere für solche Vorhaben die Aufstellung eines einfachen Bebauungsplans sachgerecht sein. 2137

Durch den Maßstab der **Erforderlichkeit** wird das Vorhaben nicht nur hinsichtlich der Wahl des Standorts im Außenbereich, sondern auch hinsichtlich seiner **konkreten Ausgestaltung** beschränkt. Dadurch begrenzt sich z.B. die Ausgestaltung einer Jagdhütte auf eine einfache Unterkunftsmöglichkeit und die einer Fischerhütte auf einen Raum, der zur Unterbringung von Futter und Geräten erforderlich ist. Bei gewerblichen Anlagen hängt die Zulässigkeit eines Wohngebäudes (als Nebenanlage) davon ab, ob Inhaber oder Aufsichtspersonen auf dem Betriebsgelände wohnen müssen. 2138

5. Anlagen der Wind- und Wasserenergie

§ 35 Abs. 1 Nr. 5 BauGB privilegiert Vorhaben, die der Erforschung, Entwicklung oder Nutzung der Wind- oder Wasserenergie dienen. Die Regelung ermöglicht die Errichtung solcher Anlagen[3], auch soweit sie nicht im Sinne der Rechtsprechung des Bundesverwaltungsgerichts zu § 35 Abs. 1 Nr. 3 BauGB ortsgebunden sind[4]. Häufig steht allerdings eine Standortplanung durch Darstellungen im Flächennutzungsplan oder in einem Raumordnungsplan gemäß § 35 Abs. 3 Satz 3 BauGB entgegen[5]. Für die Privilegie- 2139

---

1 Vgl. OVG Koblenz v. 23.9.1998 – 1 B 11493/98, BRS 60 Nr. 91 = NVwZ-RR 2000, 85.
2 Vgl. BVerwG v. 27.6.1983 – 4 B 206.82, DÖV 1984, 294.
3 Auch in einer Häufung als Windpark, vgl. BVerwG v. 13.12.2001 – 4 C 3.01, Buchholz 406.11 § 35 Nr. 350 = BRS 64 Nr. 98 = BauR 2002, 751 = DVBl. 2002, 706 = NVwZ 2002, 1112; OVG Greifswald v. 8.3.1999 – 3 M 85/98, BRS 62 Nr. 109 = NVwZ 1999, 1238.
4 Die Regelung ist eine Reaktion auf das Urteil des BVerwG v. 16.6.1994 – 4 C 20.93, BVerwGE 96, 95 = Buchholz 406.11 § 35 Nr. 297 = BauR 1994, 739 = DVBl. 1994, 1141 = NVwZ 1995, 64, das die Privilegierung von Windkraftanlagen nach § 35 Abs. 1 Nr. 3 BauGB verneinte; vgl. auch Rdnr. 2131.
5 Vgl. dazu Rdnr. 2163 f., 2208 ff.

rung von Nebenanlagen, z.B. Wohnungen für Aufsichtspersonal, gelten dieselben Grundsätze wie bei den Anlagen nach Nr. 1 und 2.

6. Anlagen zur energetischen Nutzung von Biomasse

2140 § 35 Abs. 1 Nr. 6 BauGB privilegiert Anlagen der energetischen Nutzung von Biomasse unter näher bestimmten Voraussetzungen. Zur Abgrenzung von **Biomasse** ist auf die Regelungen in §§ 2 und 3 BiomasseV zurückzugreifen[1]. **Energetische Nutzung** von Biomasse ist die Nutzung der Biomasse zur Energieerzeugung. Die energetische Nutzung von Biomasse umfaßt darüber hinaus auch die Verwendung der erzeugten Energie. Neben der Erzeugung und Verwendung privilegiert § 35 Abs. 1 Nr. 6 BauGB auch Anlagen, die dem Anschluß von Anlagen der Energieerzeugung aus Biomasse an das öffentliche Versorgungsnetz dienen.

Eingegrenzt wird die Privilegierung durch die folgenden Regelungen:

2141 – Die energetische Nutzung muß „**im Rahmen**" eines Land- oder forstwirtschaftlichen Betriebes im Sinne von § 35 Abs. 1 Nr. 1 BauGB oder eines Betriebes der gartenbaulichen Erzeugung im Sinne von § 35 Abs. 1 Nr. 2 BauGB oder eines gemäß § 35 Abs. 1 Nr. 4 BauGB privilegierten Betriebes, der Tierhaltung betreibt, erfolgen. Nicht privilegiert sind daher durch § 35 Abs. 1 Nr. 6 BauGB Anlagen, die der Verwendung der erzeugten Energie in anderen als den genannten Betrieben dienen.

2142 – Das Vorhaben muß in einem **räumlich-funktionalen Zusammenhang** mit dem Betrieb stehen, in dessen „Rahmen" die energetische Nutzung von Biomasse erfolgt. Dieser Anforderung, die offenbar § 35 Abs. 4 Satz 1 Nr. 1 Buchstabe e) BauGB nachgebildet ist, bezieht sich auf den Standort der Anlagen zur Erzeugung der Energie und ihrer Verwendung. Dieser Standort muß der Zuordnung der energetischen Nutzung zu dem Betrieb Rechnung tragen, in dessen „Rahmen" diese Nutzung erfolgt. Selbst wenn überwiegend Biomasse aus anderen Betrieben verarbeitet wird, schließt deshalb die Wahl eines Standortes, der weit von den vorhandenen Betriebsanlagen entfernt ist, die Privilegierung aus.

2143 – Die Biomasse muß **überwiegend** entweder aus dem Betrieb, in dessen „Rahmen" sie energetisch genutzt wird, oder aus diesem und aus nahegelegenen land- oder forstwirtschaftlichen Betrieben, Betrieben der gartenbaulichen Erzeugung oder Betrieben nach § 35 Abs. 1 Nr. 4 BauGB, die Tierhaltung betreiben, **stammen**. Die Privilegierung greift nicht ein, wenn der Betrieb, in dessen „Rahmen" die Anlage betrieben werden soll, selbst keine eigene Biomasse einbringt. Der Kreis der „nahegelegenen" Betriebe

---

1 Verordnung über die Erzeugung von Strom aus Biomasse vom 21.6.2001, BGBl. I, 1234.

im Sinne von § 35 Abs. 1 Nr. 6 Buchstabe b) BauGB muß unter Berücksichtigung der Struktur der Betriebe und der Eigenart der weiteren Umgebung des Betriebes, in dem das Vorhaben verwirklicht werden soll, abgegrenzt werden. Ein nach § 35 Abs. 1 Nr. 4 BauGB privilegierter Betrieb, der Intensivtierhaltung betreibt, liegt sicher nicht nahe an einem 10 km entfernten Betrieb der gartenbaulichen Erzeugung. Andererseits können 10 km voneinander entfernte forstwirtschaftliche Betriebe oder auch landwirtschaftliche Betriebe in einer extensiv genutzten Region durchaus im Verhältnis zueinander nahe gelegen sein. Für die Beurteilung ist primär auf die Entfernung zwischen den Betriebsgebäuden der Betriebe abzuheben. Angesichts des Umstands, daß viele Betriebe weit verstreute Flächen bewirtschaften, kann nicht generell angenommen werden, daß Betriebe, die mit irgendwelchen von ihnen bewirtschafteten Flächen aneinander grenzen, nahe gelegen sind. Andererseits darf dieser Umstand aber auch nicht generell unberücksichtigt bleiben, weil gerade eine Zersplitterung der bewirtschafteten Flächen für eine gemeinsame Nutzung einer Anlage zur Energieerzeugung sprechen kann; bei der Bewertung ist in einer solchen Situation zu berücksichtigen, ob die Biomasse auf den Flächen oder (wie dies für die Tierhaltung typisch ist) in den Betriebsgebäuden anfällt. Bei der Beurteilung der Frage, ob der aus dem Betrieb und nahegelegenen Betrieben stammende Teil der Biomasse der überwiegende Teil ist, ist nicht auf das Volumen der einzubringenden Biomasse, sondern auf den Energieertrag abzuheben.

– Gem. § 35 Abs. 1 Nr. 6 Buchstabe c) BauGB darf je Hofstelle oder Betriebsstandort nur eine Biomasseanlage betrieben werden. 2144

– Gem. § 35 Abs. 1 Nr. 6 Buchstabe d) BauGB darf die installierte elektrische Leistung der Anlage nicht 0,5 MW überschreiten. 2145

7. Die kerntechnischen Anlagen

§ 35 Abs. 1 Nr. 7 BauGB privilegiert Vorhaben, die der Erforschung, Entwicklung oder Nutzung der Kernenergie zu friedlichen Zwecken oder der Entsorgung radioaktiver Abfälle dienen. Dazu gehören Kernkraftwerke, Forschungsreaktoren, Prototypanlagen, Wiederaufbereitungsanlagen, Sammelstellen für radioaktive Abfälle, Zwischen[1]- und Endlager. Ebenso wie bei Anlagen nach Nr. 1 und 2 werden auch Nebenanlagen erfaßt, etwa notwendige Wohnungen für Aufsichtspersonen. 2146

---

1 Dazu VGH Mannheim 22.10.2002 – 3 S 1689/01, BRS 65 Nr. 94 = BauR 2003, 492 = NuR 2003, 420 = UPR 2003, 115.

8. Alphabetische Zusammenstellung der Beurteilung einzelner Vorhaben

2147 **Abgrabungen** sind nach Abs. 1 Nr. 3 privilegiert, s. Rdnr. 2132 f.

Altenheime sind nicht privilegiert[1].

Altenteilerhäuser gehören zu den privilegierten Vorhaben nach Abs. 1 Nr. 1, s. Rdnr. 2123, 2129.

Angelfischereien s. Fischerei.

Arbeiterwohnungen z.B. für Baumschulen sind privilegierte Vorhaben nach Abs. 1 Nr. 1 oder Nr. 2, wenn die Annahme gerechtfertigt ist, daß sie auf Dauer diesen Betrieben dienen[2]. Zur Beurteilung ihrer angemessenen Größe kann auf § 10 WoFG und die dazu erlassenen Bestimmungen der Länder zurückgegriffen werden[3]. Sollen sie nicht auf dem Betriebsgrundstück, sondern in dessen Nähe errichtet werden, sind sie nach Abs. 2 zu behandeln.

Atomkraftwerke sind nach Abs. 1 Nr. 7 privilegiert.

Ausflugsgaststätten s. Gaststätten.

Auskiesung s. Kiesgruben.

Aussichtstürme können als Vorhaben, die besondere Anforderungen an die Umgebung stellen, nach Abs. 1 Nr. 4 privilegiert sein. Dies setzt allerdings die Beurteilung voraus, daß sie nicht nur individuellen Freizeitbedürfnissen entsprechen[4] und wird daher nur sehr selten in Betracht kommen. Es bedarf sorgfältiger Prüfung, ob öffentliche Belange entgegenstehen.

Autokinos können nach einer Entscheidung des Bundesverwaltungsgerichts vom 10.4.1968[5] privilegiert sein. Diese Auffassung verdient keine Zustimmung. Denn Autokinos dienen individuellen Freizeitbedürfnissen. Das Bundesverwaltungsgericht hat in seiner neueren Rechtsprechung zutreffend die Anwendung von § 35 Abs. 1 Nr. 4 BauGB für derartige Anlagen ausge-

---

1 Vgl. BVerwG v. 25.3.1988 – 4 C 21.85, Buchholz 406.16 Nr. 47 = BRS 48 Nr. 138 = BauR 1988, 569 = DVBl. 1988, 855 = NVwZ 1989, 667.
2 Vgl. dazu OVG Lüneburg v. 6.12.1982 – 1 A 179/81, BRS 40 Nr. 73 = BauR 1983, 345.
3 Vgl. zur Rechtslage vor Ersetzung des II. WoBauG durch das WoFG BVerwG v. 19.7.1994 – 4 B 147.94, Buchholz 406.11 § 35 Nr. 303 sowie zu der vergleichbaren Fragestellung bei § 35 Abs. 4 Satz 1 Nr. 5 Buchstabe b) BauGB Rdnr. 2638.
4 Vgl. BVerwG v. 9.10.1991 – 4 B 176.91, Buchholz 406.11 § 35 Nr. 276 = BRS 52 Nr. 76 = BauR 1992, 52.
5 IV C 3.67, BVerwGE 29, 286 = BRS 20 Nr. 54 = DVBl. 1969, 267 in Bestätigung von OVG Münster v. 19.10.1966 – X A 353/66, BRS 17 Nr. 45; ebenso Krautzberger in Battis/Krautzberger/Löhr, § 35 Rdnr. 44; Roeser in Berliner Kommentar zum Baugesetzbuch, § 35 Rdnr. 53.

schlossen, mögen sie auch der Allgemeinheit offenstehen. Es gibt keinen Grund, ein Autokino im Außenbereich gegenüber einem Golfplatz[1] oder einem Bootshaus[2] zu bevorzugen.

Badehäuser zum Umkleiden an einer privaten Badestelle sind im Gegensatz zu öffentlichen Schwimmbädern nicht privilegiert, weil sie nur individuellen Bedürfnissen dienen[3].

Bahnhöfe und Bahnwärterhäuser unterliegen der Planfeststellung oder Plangenehmigung gemäß § 18 AEG. Eine Nutzungsänderung ist regelmäßig nicht durch § 35 Abs. 4 BauGB begünstigt[4].

Baumschulbetriebe. Unterkünfte für einen Baumschulbetrieb können nach Abs. 1 Nr. 1 oder Nr. 2 privilegiert sein, wenn der ständige Aufenthalt des Personals auf der Betriebsfläche dem Betrieb „dient"[5].

Berghütten und Skihütten sind grundsätzlich nicht privilegiert[6]. Denn diese Anlagen dienen der individuellen Freizeitgestaltung und „sollen" im Sinne von Abs. 1 Nr. 4 deshalb auch dann nicht im Außenbereich ausgeführt werden, wenn sie der Allgemeinheit offenstehen[7]. Soweit sie Unterkünfte und Restauration anbieten, sind sie grundsätzlich nicht anders als Gaststätten (s. dort) zu behandeln. Das gilt auch, wenn im Vordergrund ihre Funktion als „Versorgungsstützpunkt" steht; von einer „objektiv notwendigen Versorgung" von Skifahrern, Wanderern oder Bergsteigern durch derartige Einrichtungen[8] kann grundsätzlich nicht gesprochen werden, zumal bei diesen Freizeitbetätigungen auch die Selbstversorgung möglich ist. Allerdings kann ausnahmsweise eine abweichende Beurteilung geboten sein in Gebie-

---

1 Vgl. Stichwort Golfplätze.
2 Vgl. Stichwort Bootshäuser.
3 Ebenso OVG Lüneburg v. 23.4.1970 – I A 79/69, BRS 23 Nr. 80; unzutreffend hält VGH Kassel v. 26.4.1965 – OS IV 61/64, BRS 16 Nr. 27 einen Umkleideraum für zulässig.
4 Vgl. zu dieser Problematik BVerwG v. 17.1.1991 – 4 B 186.90, Buchholz 406.11 § 35 Nr. 268 = BRS 52 Nr. 83 = BauR 1991, 181 = DÖV 1991, 556; VGH Kassel v. 8.2.1990 – 3 UE 1698/89, BRS 50 Nr. 223 = BauR 1991, 200.
5 Vgl. dazu auch Rdnr. 2129 sowie Stichwort Arbeiterwohnungen; zum Entgegenstehen öffentlicher Belange vgl. OVG Münster v. 28.1.1965 – VII A 4/64, OVGE 21, 97 = BRS 16 Nr. 28 = DVBl. 1965, 820 m. Anm. Meyer.
6 So auch für die „Wärmestube" eines Skilifts OVG Münster v. 4.11.1976 – X A 1386/75, BRS 30 Nr. 62; a.A. Krautzberger in Battis/Krautzberger/Löhr, § 35 Rdnr. 44; Söfker in Ernst/Zinkahn/Bielenberg/Krautzberger, § 35 Rdnr. 57; Roeser in Berliner Kommentar zum Baugesetzbuch, § 35 Rdnr. 53; wohl auch BVerwG v. 27.10.1964 – 1 B 35.63, BRS 15 Nr. 31; vgl. auch VGH Mannheim v. 28.5.1985 – 1 S 292/84, NVwZ 1986, 62.
7 Vgl. dazu Rdnr. 2134 sowie Stichworte Bootshäuser, Freikörperkulturanlagen, Golfplätze, Hundesportplätze.
8 So BVerwG v. 6.9.1999 – 4 B 74.99, Buchholz 406.11 § 29 Nr. 63 = BauR 2001, 220 = NVwZ 2000, 678 = ZfBR 2000, 133.

ten, die im Sinne von § 2 Abs. 1 Nr. 13 Satz 4–6 BNatSchG der Erholung oder sportlichen Betätigung dienen[1].

Betriebserholungsheime s. Erholungsheime.

Bewegungshallen für die Ausbildung von Reitpferden s. Pferdezuchtbetriebe und Rdnr. 2125 f.

Bienenhäuser sind privilegierte Vorhaben nach Abs. 1 Nr. 4, weil die Bienenhaltung nur im Außenbereich die notwendige Futtergrundlage findet und von ihr Gefahren für die Umgebung ausgehen können[2]. Die Ausgestaltung eines nach Abs. 1 Nr. 4 privilegierten Hauses ist auf den erforderlichen Raumbedarf beschränkt; unzulässig sind insbesondere Räume, die zum Wohnen bestimmt sind[3]. Die berufsmäßige Imkerei – auch die nebenberuflich betriebene[4] – ist gemäß § 201 BauGB Landwirtschaft und daher durch § 35 Abs. 1 Nr. 1 BauGB privilegiert. Da für landwirtschaftliche Betriebe nicht der Maßstab der Erforderlichkeit, sondern der großzügigere Maßstab des „Dienens" gilt, kann sich die Privilegierung auch auf Wohnräume und Anlagen zur Veredelung erstrecken[5]. Die Wirtschaftsräume (auch eines Berufsimkers) müssen dem Verwendungszweck hinsichtlich ihrer Dimensionierung angemessen sein[6].

Bildungszentren (auch Jugendbildungszentren, Schullandheime) sind im Außenbereich nicht privilegiert[7].

Binnenfischerei s. Fischzucht.

---

1 Tendenziell in diesem Sinne auch BVerwG v. 6.9.1999 ebenda, das auf die Lage „in einem stark angenommenen Erholungsgebiet" oder in einem „größeren Naturpark" abhebt.
2 BVerwG v. 13.12.1974 – IV C 22.73, BRS 28 Nr. 45 = BauR 1975, 104 = DVBl. 1975, 504 = DÖV 1975, 679.
3 Vgl. VGH Mannheim v. 24.5.1968 – II 369/67, BRS 20 Nr. 49; VGH Mannheim v. 11.3.1971 – III 454/68, BRS 24 Nr. 67; VGH Kassel v. 28.7.1967 – OS IV 68/66, BRS 18 Nr. 39; VGH Kassel v. 28.11.1975 – IV OE 98/74, BRS 29 Nr. 59; OVG Lüneburg v. 3.11.1982 – 6 A 40/81, BRS 40 Nr. 79 = BauR 1983, 559; OVG Saarlouis v. 10.12.1971 – II R 78/71, BRS 24 Nr. 68.
4 Vgl. dazu BVerwG v. 23.12.1983 – 4 B 175.83, Buchholz 406.11 § 35 Nr. 208 = BRS 40 Nr. 81; BVerwG v. 19.6.1991 – 4 C 11.89, Buchholz 406.11 § 35 Nr. 273 = BRS 52 Nr. 78 = BauR 1991, 579 = NVwZ-RR 1992, 401; BayVGH v. 4.1.2000 – 1 B 97.2298, NVwZ-RR 2000, 571; a.A. OVG Münster v. 5.7.1983 – 7 A 572/82, BRS 40 Nr. 80; vgl. zu der Problematik auch Rabe, Umfaßt das Wort „berufsmäßig" in § 146 BBauG auch einen bloßen Nebenberuf?, BauR 1983, 201.
5 BayVGH v. 4.1.2000 – 1 B 97.2298, NVwZ-RR 2000, 571.
6 Vgl. dazu VGH Kassel v. 13.9.1990 – 3 UE 126/86, BRS 50 Nr. 92.
7 Vgl. OVG Münster v. 26.11.1970 – X A 653/69, BRS 23 Nr. 72 = BauR 1971, 32, bestätigt durch BVerwG v. 3.5.1974 – IV C 10.71, BRS 28 Nr. 42 = BauR 1974, 328 = DÖV 1974, 566, jedoch wegen fehlender Beiladung der höheren Verwaltungsbehörde zurückverwiesen; OVG Lüneburg v. 13.9.1990 – 1 L 204/89, BRS 50 Nr. 90.

Biomasseanlagen können gemäß § 35 Abs. 1 Nr. 6 privilegiert sein (dazu Rdnr. 2140 ff.).

Bootshäuser für Rudervereine, Segelclubs etc. sind nicht privilegiert[1]. Das gilt auch dann, wenn sie der Öffentlichkeit zugänglich sind. Die abweichende Auffassung, der Allgemeinheit zugängliche Bootshäuser seien gemäß Abs. 1 Nr. 4 privilegiert[2], verdient keine Zustimmung. Denn es handelt sich um Anlagen, die der individuellen Freizeitgestaltung dienen, und solche Anlagen sind im Außenbereich auch dann nicht privilegiert, wenn sie der Allgemeinheit – gegen entsprechende Bezahlung – zur Verfügung stehen[3].

Café s. Gaststätten.

Campingplätze sind nicht nach Abs. 1 Nr. 4 privilegiert, weil sie individuelle Erholungswünsche bevorzugen[4]. Das schließt nicht aus, daß eine kleinere Stellfläche für Campingwagen durch die Privilegierung eines landwirtschaftlichen Betriebs „mitgezogen" wird[5].

Champignonzucht ist gartenbauliche Erzeugung im Sinne von § 35 Abs. 1 Nr. 2 BauGB[6]. Erfüllt die Betätigung die Merkmale eines Betriebes, so sind Vorhaben, die diesem Betrieb dienen, deshalb auch dann privilegiert, wenn sie nicht nur einen untergeordneten Teil der Betriebsfläche einnehmen[7].

Damtierzucht kann gemäß § 35 Abs. 1 Nr. 1 BauGB privilegiert sein. Eine ständige Beaufsichtigung der Tiere ist allerdings regelmäßig nicht erforderlich. Eine nebenberuflich betriebene Damtierhaltung rechtfertigt deshalb regelmäßig keine Wohnung auf dem Betriebsgelände[8]. Maßgebend sind die Umstände des Einzelfalls[9]. Zu weit dürfte die Auffassung des BayVGH ge-

---

1 Vgl. BVerwG v. 4.12.1992 – 4 B 229.92, Buchholz 406.16 Nr. 60; BVerwG v. 14.4.2000 – 4 C 5.99, BauR 2000, 1312 = NVwZ 2000, 1048 = ZfBR 2000, 486.
2 OVG Lüneburg v. 8.7.1968 – I A 118/67, BRS 20 Nr. 46; OVG Münster v. 30.9.1965 – VII A 310/64, OVGE 21, 346 = BRS 16 Nr. 29; Krautzberger in Battis/Krautzberger/Löhr, § 35 Rdnr. 44; Söfker in Ernst/Zinkahn/Bielenberg, § 35 Rdnr. 57.
3 BVerwG v. 9.10.1991 – 4 B 176.91, Buchholz 406.11 § 35 Nr. 276 = BRS 52 Nr. 76 = BauR 1992, 52.
4 Vgl. BVerwG v. 14.3.1975 – IV C 41.73, BVerwGE 48, 109 = BRS 29 Nr. 53 = BauR 1975, 261 = DVBl. 1975, 506 = DÖV 1975, 680 = NJW 1975, 2114; VGH Kassel v. 4.7.1991 – 4 UE 3721.87, NuR 1993, 88; OVG Berlin v. 4.2.1994 – 2 B 2.91, BRS 56 Nr. 80; kritisch Dürr in Brügelmann, § 35 Rdnr. 56.
5 Vgl. dazu auch Gelzer, Die baurechtlichen Probleme bei der Strukturveränderung des Außenbereiches und bei der Aufgabe von Betrieben der Landwirtschaft, BauR 1970, 207, 215.
6 Vgl. auch OVG Lüneburg v. 12.11.1992 – 1 L 248/89, BRS 54 Nr. 68; ebenso Roeser in Berliner Kommentar zum Baugesetzbuch, § 35 Rdnr. 53.
7 Unzutreffend insoweit unter Bezugnahme auf ältere Rechtsprechung, die durch § 35 Abs. 1 Nr. 2 BauGB überholt ist, Krautzberger in Battis/Krautzberger/Löhr, § 35 Rdnr. 44.
8 OVG Koblenz v. 11.6.1986 – 1 A 125/83, BRS 46 Nr. 86 = BauR 1986, 667.
9 So auch BVerwG v. 21.6.1996 – 4 B 89.96, Buchholz 406.11 § 35 Nr. 322.

hen, eine Wohnung diene selbst dann nicht dem Betrieb, wenn eine täglich 5-stündige Anwesenheit erforderlich sei[1]. Auch bei einem Nebenerwerbsbetrieb können Zerlegeraum, Kühlraum und Verkaufsraum privilegiert sein[2]. Der VGH Kassel hält den Standort eines Geheges am Waldrand wegen der Windwurfgefahr und der damit verbundenen Gefahr des Entweichens der Tiere für unzulässig[3].

Dienstleistungsbetriebe für die Land- und Forstwirtschaft wie Landmaschinenwerkstätten sind weder nach Abs. 1 Nr. 1 noch nach Abs. 1 Nr. 3 privilegiert[4]. Allerdings ist es denkbar, daß ein von einem Landwirt nebenberuflich betriebenes Dienstleistungsunternehmen durch die Privilegierung des landwirtschaftlichen Betriebs „mitgezogen" wird[5].

Einfriedigungen sind planungsrechtlich ebenso zu beurteilen wie das Vorhaben, dem sie dienen. Auch soweit sie einem privilegierten Vorhaben dienen, sind sie im Interesse der Schonung des Außenbereichs auf das ihrem Zweck entsprechende Maß zu beschränken. Fehlt es an einem landwirtschaftlichen Betrieb, so ist die Einfriedigung auch nicht gemäß § 35 Abs. 1 Nr. 4 BauGB privilegiert[6]. Die Einfriedigung wird häufig, muß aber nicht notwendig öffentliche Belange beeinträchtigen[7]. Auch ein privilegiertes Vorhaben kann im übrigen daran scheitern, daß gerade der Einfriedigung öffentliche Belange entgegenstehen; das kommt z.B. bei Damtiergehegen in Betracht. Unter welchen Voraussetzungen Einfriedigungen genehmigungspflichtig sind, richtet sich nach Landesrecht[8].

Erholungsanlagen, z.B. als Freizeit- und Erholungsstätten, ggf. auch als Bildungszentren[9], sind nur in Ausnahmefällen nach Abs. 1 Nr. 4 privilegiert. In Betracht kommt die Privilegierung insbesondere bei Schwimmbädern[10]. Problematisch ist sie, wenn massive Gebäude, z.B. als Schulungsräume oder

---

1 So BayVGH v. 25.9.1995 – 14 B 94.3676, BRS 57 Nr. 101.
2 BayVGH ebenda.
3 VGH Kassel v. 19.2.1990 – 3 UE 3601/88, BRS 50 Nr. 224.
4 Vgl. BVerwG v. 19.2.1996 – 4 B 20.96, Buchholz 406.11 § 35 Nr. 320 = BRS 56 Nr. 89 = BauR 1996, 521 = DÖV 1996, 608 (forstwirtschaftliches Dienstleistungsunternehmen); OVG Lüneburg v. 18.5.1971 – VI A 101/70, BRS 24 Nr. 56 (landwirtschaftliches Lohnfuhrunternehmen); OVG Münster v. 17.4.1970 – X A 1168/69, BRS 23 Nr. 64 und 16.12.1970 – VII A 777/65, BRS 23 Nr. 65 (Landmaschinenwerkstätten).
5 Vgl. dazu Rdnr. 2125 f.
6 Vgl. dazu OVG Münster v. 28.4.1978 – XI A 927/76, BRS 33 Nr. 67; abweichend im Ansatz wohl, wenn auch die Notwendigkeit der konkret beabsichtigten Einfriedigung verneinend VGH Kassel v. 24.9.1980 – 4 OE 60/78, BRS 36 Nr. 81.
7 Vgl. dazu etwa BayVGH v. 10.9.1965 – Nr. 27 I 64, BRS 16 Nr. 82; VGH Kassel v. 26.9.1990 – 4 UE 3721/87, BRS 52 Nr. 82; OVG Saarlouis v. 8.6.1993 – 2 R 16/92, BRS 55 Nr. 88.
8 Vgl. dazu etwa BayVGH v. 1.7.1971 – Nr. 75 II 67, BRS 24 Nr. 134; OVG Saarlouis v. 8.6.1993 – 2 R 16/92, BRS 55 Nr. 88.
9 S. auch Stichwort Bildungszentrum.
10 S. Stichwort Schwimmbäder.

Übernachtungsmöglichkeiten vorgesehen sind. Nur selten wird die Voraussetzung erfüllt sein, daß die Anlage ihre Funktion nur im Außenbereich erfüllen kann[1]. Regelmäßig können auch Erholungsheime und Sanatorien ihren Zweck am Rande bebauter Ortsteile ebensogut, wenn nicht wegen der Erschließung sogar besser erfüllen als im Außenbereich[2]. Freizeitparks mit Hotel, Restaurants, Sportanlagen können nur aufgrund eines Bebauungsplans errichtet werden[3].

Erwerbsgartenbau ist gemäß Abs. 1 Nr. 2 privilegiert, s. dazu Rdnr. 2128 f.

Erwerbsobstbaubetriebe sind nach Abs. 1 Nr. 1 privilegiert. Die Privilegierung wird nicht dadurch in Frage gestellt, daß das erzeugte Obst zur Verarbeitung, z.B. zum Brennen verwandt wird[4]. Etwas anderes gilt aber dann, wenn der Betrieb auf die individuellen Verhältnisse des Inhabers so zugeschnitten ist, daß eine Weiterführung durch einen Nachfolger nicht erwartet werden kann[5]. Dem Betrieb können auch Wohnungen für den Inhaber und Arbeiter dienen; dies bedarf allerdings insbesondere bei kleineren Betrieben sorgfältiger Prüfung[6].

Fasanenzucht kann nach Abs. 1 Nr. 4 privilegiert sein[7].

Ferienhäuser, Ferienwohnungen und Wochenendhäuser sind nicht privilegiert[8]. Jedoch kann eine entsprechende Nutzung von der Privilegierung des landwirtschaftlichen Betriebes „gleichsam mitgezogen" werden[9].

Fischerei gehört gemäß § 201 BauGB zur privilegierten Landwirtschaft, wenn sie berufsmäßig[10] betrieben wird. Sie kann an natürlichen Gewässern ebenso wie an Fischteichen betrieben werden[11]. Zur Binnenfischerei gehört

---

1 Vgl. dazu die denselben Fall betreffenden Entscheidungen BVerwG v. 7.5.1976 – 4 C 62.74, BRS 30 Nr. 58 = BauR 1976, 347 = DVBl. 1977, 196 = NJW 1976, 2226 und BVerwG v. 24.8.1979 – 4 C 8.78, BRS 35 Nr. 69 = BauR 1980, 49.
2 Vgl. auch OVG Münster v. 26.11.1970 – X A 653/69, BRS 23 Nr. 72 = BauR 1971, 32, aus prozessualen Gründen aufgehoben durch BVerwG v. 3.5.1974 – IV C 10.71, BRS 28 Nr. 42 = BauR 1974, 328 = DÖV 1974, 566.
3 Vgl. zu einem derartigen Bebauungsplan OVG Lüneburg v. 28.12.1988 – 1 D 9/88, BRS 48 Nr. 24.
4 Vgl. VGH Mannheim v. 21.4.1982 – 3 S 2066/81, BRS 39 Nr. 79.
5 Vgl. BVerwG v. 9.12.1993 – 4 B 196.93, Buchholz 406.11 § 35 Nr. 289 = BRS 55 Nr. 79 (Obstanbau für die Konditorei des Antragstellers).
6 Vgl. dazu BVerwG v. 12.11.1976 – IV C 34.75, BRS 30 Nr. 123 = BauR 1977, 121; OVG Lüneburg v. 10.2.1967 – I A 6/65, BRS 18 Nr. 28; OVG Lüneburg v. 8.5.1967 – VI A 192/66, BRS 18 Nr. 30.
7 Vgl. dazu näher OVG Lüneburg v. 14.3.1967 – I A 286/65, BRS 18 Nr. 35; OVG Lüneburg v. 28.11.1968 – I A 44/68, BRS 20 Nr. 42.
8 Vgl. auch BVerwG v. 12.3.1982 – 4 C 59.78, Buchholz 406.11 § 35 Nr. 186 = BRS 39 Nr. 89 = BauR 1982, 359 = DÖV 1982, 1031.
9 Vgl. dazu Rdnr. 2125 f.
10 Vgl. dazu Rdnr. 2113 ff.
11 Vgl. BVerwG v. 13.4.1984 – 4 C 69.80, Buchholz 406.11 § 35 Nr. 213 = BRS 42 Nr. 87 = BauR 1984, 614 = NVwZ 1985, 340.

auch die Fischzucht[1]. Voraussetzung ist allerdings, daß die Fischerei überhaupt in einem Gewässer ausgeübt wird; dazu gehören nicht Mastbehälter zur Forellenproduktion[2]. Der berufsmäßigen Fischerei kann neben der Anlage von Teichen und Hütten[3] auch die Errichtung eines Wohnhauses „dienen"[4]. Eine Einfriedigung von Fischteichen dient dem Betrieb in der Regel nicht[5]. Soweit die Anlagen nicht einem landwirtschaftlichen Betrieb dienen, können sie allenfalls nach Abs. 1 Nr. 4 privilegiert sein[6]. Abs. 1 Nr. 4 ermöglicht aber nicht die Anlage von Fischteichen; denn sie würde nur individuellen Freizeitbedürfnissen entsprechen[7]. Die Hobbyfischerei rechtfertigt auch keine Hütten[8]. Es sind daher kaum Anlagen denkbar, auf die sich die Privilegierung nach Abs. 1 Nr. 4 auswirken könnte.

Flugzeugunterstellhallen für Verkehrslandeplätze sind nicht privilegiert, sofern sie, wie dies häufig der Fall sein wird, nur individuellen Bedürfnissen dienen[9].

Forsthütten zur Unterbringung von Bearbeitungsgeräten und als Witterungsschutz können gemäß Abs. 1 Nr. 1 einem forstwirtschaftlichen Betrieb dienen; Räume für einen längeren Aufenthalt sind in der Regel nicht privilegiert[10]. Je nach den Verhältnissen des Betriebs kann aber auch ein Wohngebäude auf den Betriebsflächen dem Betrieb dienen[11].

---

1 Vgl. BayVGH v. 11.3.1997 – 14 B 93.2561, BRS 59 Nr. 87; OVG Münster v. 28.4.1978 – XI A 927/76, BRS 33 Nr. 67; Kalb in Ernst/Zinkahn/Bielenberg, § 201 Rdnr. 42; Schrödter in Schrödter, § 201 Rdnr. 16; offengelassen bei BayVGH v. 3.2.1982 – Nr. 15 B 871/79, BRS 39 Nr. 77.
2 Vgl. OVG Lüneburg v. 27.2.1984 – 1 A 103/82, BRS 42 Nr. 88.
3 Vgl. BVerwG v. 12.7.1972 – IV B 188.72, BRS 25 Nr. 64 = BauR 1973, 36; BVerwG v. 13.4.1984 – 4 C 69.80, Buchholz 406.11 § 35 Nr. 213 = BRS 42 Nr. 87 = BauR 1984, 614 = NVwZ 1985, 340; BayVGH v. 3.2.1982 – Nr. 15 B 871/79, BRS 39 Nr. 77; BayVGH v. 11.3.1997 – 14 B 93.2561, BRS 59 Nr. 87; OVG Lüneburg v. 26.1.1987 – 6 A 230/85, BRS 47 Nr. 73; OVG Lüneburg v. 12.5.1989 – 6 A 212/86, BRS 49 Nr. 100; OVG Münster v. 28.4.1978 – XI A 927/76, BRS 33 Nr. 67.
4 Vgl. OVG Lüneburg v. 23.3.1973 – I A 130/72, BRS 27 Nr. 69.
5 Vgl. BayVGH v. 9.2.1972 – Nr. 35 II 70, BRS 25 Nr. 65; BayVGH v. 13.12.1972 – Nr. 49 II 72, BRS 25 Nr. 66; OVG Münster v. 28.4.1978 – XI A 927/76, BRS 33 Nr. 67.
6 Vgl. BVerwG v. 7.12.1972 – IV B 188.72, BRS 25 Nr. 64 = BauR 1973, 36; BVerwG v. 29.4.1975 – IV CB 94.74, BRS 29 Nr. 47 = BauR 1975, 397.
7 Vgl. BVerwG v. 19.9.1995 – 4 B 208.95, Buchholz 406.11 § 35 Nr. 313 = BRS 57 Nr. 108; OVG Lüneburg v. 12.5.1989 – 6 A 212/86, BRS 49 Nr. 100.
8 Vgl. BVerwG v. 14.5.1969 – IV C 19.68, BVerwGE 34, 1; BayVGH v. 11.3.1997 – 14 B 93.2561, BRS 59 Nr. 87; OVG Münster v. 28.4.1978 – XI A 927/76, BRS 33 Nr. 67.
9 BVerwG v. 11.1.1994 – 4 B 122.93, Buchholz 406.11 § 35 Nr. 292 = BRS 56 Nr. 78.
10 Vgl. dazu OVG Münster v. 28.1.1965 – VII A 4/64, OVGE 21, 97 = BRS 16 Nr. 2 = DVBl. 1965, 820; OVG Münster v. 7.1.1966 – VII A 664/63, BRS 17 Nr. 44; OVG Münster v. 27.11.1967 – X A 1554/65, BRS 18 Nr. 38; VGH Kassel v. 26.2.1971 – IV OE 75/70, BRS 24 Nr. 61 = BauR 1972, 40.
11 Vgl. dazu BVerwG v. 16.5.1991 – 4 C 2.89, Buchholz 406.11 § 35 Nr. 272 = BauR 1991, 576 = DÖV 1992, 73 = NVwZ-RR 1992, 400.

Freibäder s. Schwimmbäder.

Freikörperkulturanlagen sind nicht privilegiert, auch nicht nach Abs. 1 Nr. 4; denn sie dienen individuellen Erholungs- und Freizeitwünschen[1].

Freizeitgebäude für Landwirte dienen grundsätzlich nicht einem landwirtschaftlichen Betrieb[2]. Das schließt nicht aus, daß ein landwirtschaftlicher Betrieb im Außenbereich auch Räume zur Freizeitgestaltung umfaßt; abseits von der Hofstelle sind sie aber nach Abs. 2 zu beurteilen.

Gartenlauben sind nicht privilegiert[3].

Gärtnereibetriebe s. Erwerbsgartenbaubetriebe.

Gaststätten sind nicht gemäß Abs. 1 Nr. 4 privilegiert. Das gilt auch für Ausflugsgaststätten an attraktiven Standorten[4]. Sie werden regelmäßig auch von einem landwirtschaftlichen Betrieb nicht als Nebenbetrieb „mitgezogen"[5].

Geflügelzucht und -mast kann als landwirtschaftlicher Betrieb (auch als Nebenerwerbsbetrieb[6]) privilegiert sein. Werden die Tiere ohne Auslauf in geschlossenen Räumen gehalten, so kommt es darauf an, ob das Futter überwiegend im Betrieb produziert wird[7]. Fehlt die überwiegend eigene Futtergrundlage, so kann der Betrieb wegen der von ihm ausgehenden Geruchsbelästigungen[8] oder schädlichen Amoniak-Emissionen[9] gemäß Abs. 1 Nr. 4 privilegiert sein[10]. Frei gewordene landwirtschaftliche Betriebe eignen sich

---

1 BVerwG v. 10.11.1978 – 4 C 80.76, BRS 33 Nr. 65 = BauR 1979, 123 = DÖV 1979, 213; BVerwG v. 2.2.1995 – 4 B 257.94, Buchholz 406.11 § 35 Nr. 9 = BRS 57 Nr. 110.
2 OVG Lüneburg v. 21.3.1988 – 6 A 8/86, BRS 48 Nr. 62 = BauR 1988, 316; a.A. OVG Münster v. 3.9.1969 – VII A 749/68, OVGE 25, 108 = BRS 22 Nr. 61 = BauR 1970, 36.
3 Vgl. BVerwG v. 17.2.1984 – 4 C 55.81, Buchholz 406.11 § 34 Nr. 97 = BRS 42 Nr. 94 = DÖV 1984, 855 = NJW 1984, 1776.
4 Vgl. BVerwG v. 23.6.1995 – 4 B 22.95, Buchholz 406.11 § 35 Nr. 312 = BRS 57 Nr. 102; BVerwG v. 6.9.1999 – 4 B 74.99, Buchholz 406.11 § 29 Nr. 63 = BauR 2001, 220 = NVwZ 2000, 678 = ZfBR 2000, 133; a.A. Krautzberger in Battis/Krautzberger/Löhr, § 35 Rdnr. 44; vgl. auch Stichwort Berghütten.
5 Vgl. auch dazu BVerwG v. 23.6.1995 ebenda.
6 Vgl. dazu VGH Mannheim v. 17.11.1966 – IV 429/64, ESVGH 17, 220 = BRS 17 Nr. 41.
7 Vgl. VGH Kassel v. 28.6.1989 – 3 TG 1866/89, BRS 49 Nr. 209; BayVGH v. 17.12.1992 – 20 B 90.1374, BRS 54 Nr. 67.
8 Vgl. dazu auch OVG Lüneburg v. 14.7.1989 – 6 A 152/87, BRS 49 Nr. 210; Gelzer, Die baurechtlichen Probleme bei der Strukturveränderung des Außenbereiches und der Aufgabe von Betrieben der Landwirtschaft, BauR 1970, 207 (215 f.).
9 Dazu OVG Lüneburg v. 27.7.2001 – 1 MB 2587/01, BRS 64 Nr. 186 = NVwZ-RR 2002, 19 = NuR 2002, 106.
10 BVerwG v. 27.6.1983 – 4 B 201.82, BRS 40 Nr. 74 = NVwZ 1984, 149 (180 000 Hühnermastplätze); offengelassen bei BayVGH v. 17.12.1992 – 20 B 90.1374, BRS 54 Nr. 67 für 6000 Putenmastplätze.

wegen ihrer isolierten Lage besonders zur Aufnahme von Geflügelzucht- und mastbetrieben; die Erschließung kann aber Schwierigkeiten bereiten.

Gerätehütten, Geräteräume, Gerätewagen und Schuppen können land- oder forstwirtschaftlichen Betrieben dienen und daher nach Abs. 1 Nr. 1 privilegiert sein, s. auch Forsthütten, Weideschuppen.

Gewächshäuser können als Vorhaben landwirtschaftlicher Betriebe nach Abs. 1 Nr. 1, als Teile von Gartenbaubetrieben nach Abs. 1 Nr. 2 privilegiert sein. Dienen sie einem Gartenbaubetrieb, so brauchen sie sich auch nicht auf einen untergeordneten Teil der Betriebsfläche zu beschränken. Allerdings können großen Gewächshausanlagen öffentliche Belange (insbesondere des Landschaftsschutzes) entgegenstehen.

Gipsabbaubetriebe sind gemäß Abs. 1 Nr. 3 privilegiert[1].

Golfplätze sind nicht privilegiert, auch nicht nach Abs. 1 Nr. 4, weil sie der individuellen Erholungs- und Freizeitgestaltung dienen[2]. Wegen ihres erheblichen Flächenanspruchs werden sie auch regelmäßig im Sinne von § 35 Abs. 2 BauGB öffentliche Belange beeinträchtigen, so daß die Aufstellung eines Bebauungsplans erforderlich ist.

Grillplätze sind nach Auffassung des VGH Mannheim gemäß Abs. 1 Nr. 4 privilegiert[3]. Diese Auffassung ist nicht unbedenklich, weil es sich um Anlagen der individuellen Freizeitgestaltung handelt. Allerdings sind sie in einem Gebiet, das im Sinne von § 2 Abs. 1 Nr. 11 BNatSchG der Naherholung, Ferienerholung oder sonstigen Freizeitgestaltung dient, regelmäßig gemäß Abs. 2 zulässig (vgl. auch Berghütten).

Hartsteinwerke s. Steinwerke

Hausboote und Wohnflöße sind bauliche Anlagen im Sinne von § 29 Abs. 1 BauGB, wenn sie fest mit dem Ufer verbunden sind[4]. Ebenso wie andere Wohngebäude können sie privilegiert sein, wenn sie einem privilegierten Betrieb dienen; sonst sind sie nicht privilegiert[5].

Heuerlingswohnungen s. Arbeiterwohnungen.

Hobbyvorhaben s. Liebhabervorhaben.

---

1 BVerwG v. 6.10.1989 – 4 C 28.86, Buchholz 406.11 § 35 Nr. 258 = BRS 50 Nr. 98 = NVwZ 1991, 161 = ZfBR 1990, 41; vgl. auch Rdnr. 2132 f.
2 Vgl. BVerwG v. 9.10.1991 – 4 B 176.91, Buchholz 406.11 § 35 Nr. 276 = BRS 52 Nr. 76 = BauR 1992, 52; BVerwG v. 29.11.1991 – 4 B 209.91, Buchholz 406.11 § 35 Nr. 278 = BRS 52 Nr. 77 = NVwZ 1992, 476.
3 VGH Mannheim v. 28.5.1985 – 1 S 292/84, NVwZ 1986, 62.
4 Vgl. BVerwG v. 22.7.1970 – IV B 209.69, BRS 23 Nr. 134; BVerwG v. 31.8.1973 – IV C 33.71, BVerwGE 44, 59 = BRS 27 Nr. 122 = BauR 1973, 366 = DVBl. 1974, 236 = DÖV 1974, 200.
5 Vgl. OVG Lüneburg v. 22.10.1969 – I A 22/68, BRS 22 Nr. 132.

Holzlagerplätze können einem forstwirtschaftlichen Betrieb dienen und dann nach Abs. 1 Nr. 1 privilegiert sein. Aus Vorteilen, die sich aus einem Standort an einem Gewässer ergeben, folgt keine Privilegierung nach Abs. 1 Nr. 4[1].

Hotels s. Gaststätten, Erholungsanlagen.

Hundepensionen sind nicht nach Abs. 1 Nr. 4 privilegiert[2].

Hundesportplätze sind, weil sie individuelle Erholungs- und Freizeitwünsche befriedigen, gleichfalls nicht nach Abs. 1 Nr. 4 privilegiert[3].

Hundezuchtbetriebe können demgegenüber nach Abs. 1 Nr. 4 unter Berücksichtigung der von ihnen ausgehenden störenden Wirkungen privilegiert sein[4]. Nach Abs. 1 Nr. 1 sind sie nicht privilegiert[5].

Hütten s. Berghütten, Forsthütten, Gerätehütten, Jagdhütten.

Imkerei s. Bienenhäuser.

Industriebetriebe können nach Abs. 1 Nr. 3 oder Nr. 4 privilegiert sein, s. Rdnr. 2133, 2136 f.

Intensivtierhaltung s. Geflügelzuchtbetriebe und Rdnr. 2136.

Jagdhütten können gemäß Abs. 1 Nr. 4 privilegiert sein. Denn ohne sie ist regelmäßig die auch den Interessen der Allgemeinheit dienende und durch § 1 BJagdG angeordnete Jagdausübung nicht möglich. Die Privilegierung setzt voraus, daß sowohl ihre Errichtung als auch die Bauausführung erforderlich ist. Erforderlich für die Jagdausübung ist bei einem Revier üblicher Größe, auch wenn es von mehreren Jagdberechtigten angepachtet ist, nur eine Hütte[6]. Jagdgäste und Jagdausübungsberechtigte sind bei der Beurteilung der erforderlichen Größe der Hütte nicht zu berücksichtigen[7]. Die Hütte ist nicht erforderlich, wenn der Pächter reviernah wohnt[8]. Die Möglichkeit, sich in einem in der Nähe gelegenen Gasthof eine Unterkunft zu beschaffen oder eine Ferienwohnung anzumieten, schließt die Erforderlich-

---

1 BVerwG v. 18.12.1995 – 4 B 260.95, Buchholz 406.11 § 35 Nr. 317 = BRS 57 Nr. 107.
2 OVG Münster v. 16.9.1986 – 11 A 2717/84, BRS 46 Nr. 87.
3 BVerwG v. 4.7.1991 – 4 B 109.91, Buchholz 406.11 § 35 Nr. 274 = BRS 52 Nr. 79 = BauR 1991, 717.
4 Vgl. dazu BVerwG v. 10.9.1976 – IV C 89.75, Buchholz 406.11 § 35 Nr. 130 = BRS 30 Nr. 63; BVerwG v. 25.10.1996 – 4 B 191.96, Buchholz 406.11 § 35 Nr. 325.
5 BVerwG v. 25.10.1996 ebenda.
6 Vgl. dazu OVG Münster v. 10.6.1977 – XI A 2024/75, BRS 32 Nr. 70.
7 Vgl. OVG Lüneburg v. 20.6.1974 – I A 198/72, BRS 28 Nr. 40; VGH Mannheim v. 24.2.1972 – III 245/71, BRS 25 Nr. 68.
8 Vgl. BVerwG v. 18.10.1985 – 4 C 56.82, BRS 44 Nr. 83 = BayVBl. 1986, 251; BVerwG v. 23.11.1995 – 4 B 209.95, Buchholz 406.11 § 35 Nr. 315 = BRS 57 Nr. 189.

keit aber nicht aus¹. Eine Schlafgelegenheit ist regelmäßig erforderlich, weil die Jagd überwiegend in den frühen Morgenstunden und in den Abendstunden ausgeübt wird. Daneben ist Platz zur Aufbewahrung des Winterfutters erforderlich². Das Bauwerk muß nach Lage, Größe, Einteilung und Ausstattung diesen Zwecken entsprechen³. Die Hütte muß nach ihrem gesamten Erscheinungsbild ausschließlich nach Gesichtspunkten ausgerichtet sein, die sich aus den (auf das Revier bezogenen) Erfordernissen einer ordnungsgemäßen Jagdausübung ergeben⁴. Die Privilegierung endet mit dem Ablauf des Pachtvertrages. Es ist deshalb sachgerecht, die Genehmigung entsprechend zu befristen oder mit einem Widerrufsvorbehalt zu verbinden⁵. Die Jagdhütte kann nach Ablauf der Pacht dem Ersteller auch dann nicht belassen werden, wenn die Baugenehmigung befristet erteilt worden ist und der bisherige Pächter einen anderen, nahe gelegenen Jagdbezirk übernommen hat; denn die Privilegierung setzt in der Regel voraus, daß die Hütte in dem zu bejagenden Bezirk liegt⁶.

Jugendherbergen mit Jugendfreizeitanlagen können nach der im Urteil des Bundesverwaltungsgerichts vom 9.6.1976 vertretenen Auffassung im Außenbereich nach Abs. 1 Nr. 4 privilegiert sein⁷. Die dort erörterten Voraussetzungen dürften allerdings – insbesondere hinsichtlich der Erforderlichkeit – kaum jemals vorliegen.

Kiesgruben können nach Abs. 1 Nr. 3 privilegiert sein⁸.

---

1 OVG Münster v. 10.7.1980 – 10 A 2238/79, BRS 36 Nr. 90 = BauR 1981, 359; OVG Münster v. 12.2.1981 – 10 A 618/80, BRS 38 Nr. 91; OVG Greifswald v. 17.8.2000 – 3 L 298/99, NVwZ-RR 2001, 370.
2 Vgl. VGH Mannheim v. 4.3.1970 – II 792/67, BRS 23 Nr. 74.
3 Vgl. dazu auch BVerwG v. 1.2.1971 – IV B 73.70, BRS 24 Nr. 64; BVerwG v. 22.1.1972 – IV B 27.71, BRS 25 Nr. 67; BVerwG v. 30.8.1996 – 4 B 117.96, Buchholz 406.11 § 35 Nr. 324 = BRS 58 Nr. 90; VGH Kassel v. 21.6.1974 – IV OE 78/72, BRS 28 Nr. 41; VGH Kassel v. 20.12.1994 – 3 TH 2631/94, BRS 56 Nr. 77; OVG Münster v. 4.11.1976 – X A 2023/75, BRS 30 Nr. 64; OVG Münster v. 10.6.1977 – XI A 2024/75, BRS 32 Nr. 70.
4 BVerwG v. 10.12.1982 – 4 C 52.78, Buchholz 406.11 § 35 Nr. 193 = BauR 1983, 137; BVerwG v. 30.8.1996 – 4 B 117.96, Buchholz 406.11 § 35 Nr. 324 = BRS 58 Nr. 90.
5 Vgl. BVerwG v. 24.2.1969 – IV B 49.68, BRS 23 Nr. 73; BVerwG v. 1.2.1971 – IV B 73.70, BRS 24 Nr. 64; BVerwG v. 10.12.1982 – 4 C 52.78, Buchholz 406.11 § 35 Nr. 193 = BRS 39 Nr. 80 = BauR 1983, 137; BVerwG v. 23.11.1995 – 4 B 209.95, Buchholz 406.11 § 35 Nr. 315 = BRS 57 Nr. 189; BayVGH v. 11.2.1981 – Nr. 81 XV 77, BRS 38 Nr. 163 = BayVBl. 1982, 215; VGH Kassel v. 20.12.1994 – 3 TH 2631/94, BRS 56 Nr. 77; OVG Lüneburg v. 19.1.1977 – I A 78/75, BRS 32 Nr. 85 = BauR 1977, 114 = DÖV 1978, 217.
6 BVerwG v. 10.12.1982 – 4 C 52.78, Buchholz 406.11 § 35 Nr. 193 = BRS 39 Nr. 80 = BauR 1983, 137.
7 BVerwG v. 9.6.1976 – IV C 42.74, Buchholz 406.11 § 35 Nr. 128 = BauR 1976, 344 = DVBl. 1977, 198.
8 Vgl. dazu Rdnr. 2132 und BVerwG v. 7.5.1976 – IV C 43.74, BVerwGE 50, 346 = BRS 30 Nr. 56 = BauR 1976, 257 = DÖV 1976, 565 = NJW 1977, 119; OVG Koblenz v. 29.7.1999 – 1 A 11871/98, NuR 2000, 519.

Kiesschüttung zur Befestigung eines Platzes kann im Außenbereich die Belange des Natur- und Landschaftsschutzes beeinträchtigen[1].

Kindergärten sind im Außenbereich nicht privilegiert[2].

Kinderheime können in den Ortsteilen eingerichtet werden und sind daher nicht privilegiert.

Kirchliche Einrichtungen sind als solche im Außenbereich nicht privilegiert[3].

Kläranlagen können nach Abs. 1 Nr. 3 oder Nr. 4 privilegiert sein, s. Rdnr. 2130 f., 2136 f.

Kleintierhaltung kann Landwirtschaft und daher nach Abs. 1 Nr. 1 privilegiert sein[4].

Kraftwerke können nach Abs. 1 Nr. 3–6 privilegiert sein, s. Rdnr. 2131, 2136 f., 2139 ff.

Kunstwerke (z.B. zur Aufstellung auf Freiflächen vorgesehene Monumentalfiguren) sind keine privilegierten Vorhaben. Die Kunstfreiheit gemäß Art. 5 Abs. 3 Satz 1 GG schließt es nicht aus, solchen Vorhaben die Beeinträchtigung öffentlicher Belange, insbesondere den Widerspruch zu Darstellungen des Flächennutzungsplans, die Verunstaltung des Landschaftsbildes oder die Beeinträchtigung der natürlichen Eigenschaft der Landschaft entgegenzuhalten[5].

Kurheime für Schlafgestörte sind nicht privilegiert[6].

Lagerhallen der Speditionsbetriebe sind im Außenbereich grundsätzlich nicht privilegiert[7]. Eine abweichende Beurteilung kann ausnahmsweise dann geboten sein, wenn ein solcher Betrieb unter Berücksichtigung der konkreten Situation in der Gemeinde wegen der mit ihm verbundenen Störungen im Innenbereich nicht untergebracht werden kann und eine Vorbildwirkung ausscheidet; dann kann die Zulassung nach Abs. 1 Nr. 4 in Betracht kommen.

Landarbeiterstellen waren bis zum 31.12.1997 gemäß Abs. 1 Nr. 3 privilegiert; zu Landarbeiterwohnungen s. Arbeiterwohnungen.

---

1 VGH Mannheim v. 19.12.1984 – 8 S 2036/84, BRS 44 Nr. 226.
2 OVG Münster v. 26.11.1976 – VII A 283/75, BRS 30 Nr. 59.
3 Vgl. BVerwG v. 3.5.1974 – IV C 10.71, Buchholz 406.11 § 35 Nr. 109 = BauR 1974, 328 = DÖV 1974, 566; vgl. auch Stichwort Bildungszentren.
4 Vgl. BayVGH v. 27.5.1970 – Nr. 10 II 70, BRS 23 Nr. 60 (Hasen, Tauben); OVG Münster v. 27.2.1970 – X A 103/69, BRS 23 Nr. 61 (Hühner, Enten, Kaninchen).
5 BVerwG v. 13.4.1995 – 4 B 70.95, Buchholz 406.11 § 35 Nr. 309 = BRS 57 Nr. 109 = BauR 1995, 665 = DVBl. 1995, 1008 = NJW 1995, 2648.
6 BayVGH v. 15.11.1972 – Nr. 106 II 65, BRS 25 Nr. 70.
7 BVerwG v. 13.6.1974 – IV B 7.74, BRS 28 Nr. 43.

Landhäuser sind sonstige Vorhaben und beeinträchtigen zumeist öffentliche Belange.

Landhandel eines gewerblichen Unternehmens oder einer landwirtschaftlichen Genossenschaft ist weder nach Abs. 1 Nr. 1 noch nach Abs. 1 Nr. 4 privilegiert, so daß die dazu benötigten Anlagen (Lager, Verkaufsstellen insbesondere für Düngemittel und Pflanzenschutzmittel) nach Abs. 2 zu beurteilen sind[1]. Handelsaktivitäten eines Landwirts können als „bodenrechtliche Nebensache" an der Privilegierung des landwirtschaftlichen Betriebs teilnehmen, wenn sie nur untergeordnete Bedeutung haben[2].

Landmaschinenwerkstätten s. Dienstleistungsbetriebe.

Landschaftsbaubetrieb ist ein Dienstleistungsbetrieb (s. dort) und daher nicht privilegiert[3].

Landwirtschaftliches Lohnunternehmen ist ein Dienstleistungsunternehmen und daher nicht privilegiert[4].

Landwirtschaftliche Nebenerwerbsstellen s. Rdnr. 2113 ff.

Liebhabervorhaben widersprechen dem Zweck des Außenbereichs als Erholungslandschaft für die Allgemeinheit. Die aus Liebhaberei betriebene Landwirtschaft dient keinem Betrieb[5]. Bauvorhaben, die einem individuellen Hobby dienen, sind auch nicht nach Abs. 1 Nr. 4 privilegiert[6].

Minigolfplätze sind nicht privilegiert[7].

Mobilfunkanlagen s. Telekommunikationsanlagen.

Modellfluganlagen dienen individuellen Freizeitwünschen und sind deshalb nicht privilegiert[8].

Mostereien sind nicht privilegiert. Sie können aber durch die Zuordnung zu einem landwirtschaftlichen Betrieb an der Privilegierung teilhaben[9].

---

1 Vgl. BVerwG v. 14.4.1978 – 4 C 85.75, BRS 33 Nr. 59 = BauR 1978, 383; BVerwG v. 16.3.1993 – 4 B 15.93, Buchholz 406.11 § 35 Nr. 285 = BRS 55 Nr. 94 = BauR 1993, 438 = NVwZ-RR 1993, 396.
2 Vgl. dazu Rdnr. 2125 f. und Stichwort Viehhandel.
3 Vgl. BVerwG v. 30.11.1984 – 4 C 27.81, Buchholz 406.11 § 35 Nr. 220 = BRS 42 Nr. 81 = DVBl. 1985, 395 = DÖV 1985, 830; VGH Mannheim v. 13.11.1989 – 8 S 1087/89, BRS 50 Nr. 87.
4 BVerwG v. 11.8.1989 – 4 B 151.89, Buchholz 406.11 § 201 Nr. 1 = BRS 49 Nr. 93 = NVwZ-RR 1990, 64.
5 Vgl. dazu oben Rdnr. 2113 ff.
6 Vgl. Rdnr. 2134.
7 BVerwG v. 3.3.1972 – IV C 4.69, BRS 25 Nr. 39 = BauR 1972, 225 = DVBl. 1972, 684 = DÖV 1972, 825.
8 BayVGH v. 22.10.1979 – Nr. 132 XIV 77, BRS 35 Nr. 66.
9 Vgl. dazu VGH Mannheim v. 1.9.1994 – 8 S 86/94, BRS 56 Nr. 73, Stichwort Erwerbsobstbaubetriebe und Rdnr. 2125 f.

Motels gehören (ebenso wie Gaststätten) nicht zu den privilegierten Vorhaben[1].

Mühlen sind, wenn sie durch Wind- oder Wasserkraft betrieben werden, nach Abs. 1 Nr. 5 privilegiert.

Mülldeponien bedürfen der Planfeststellung nach § 31 Abs. 2 KrW-/AbfG. Die Anwendung von § 35 BauGB ist deshalb durch § 38 BauGB ausgeschlossen.

Nerzfarmen s. Pelztierfarmen.

Obdachlosenunterkünfte sind nicht privilegiert[2].

Obstanbaubetriebe s. Erwerbsobstbaubetriebe.

Pelztierfarmen sind, weil die Zucht den Aufenthalt der Tiere im Freien erfordert und Anwohner durch Gerüche beeinträchtigt werden können, nach Abs. 1 Nr. 4 privilegiert. Eine Unterkunft, ggf. ein Wohnhaus für den Züchter oder eine Aufsichtsperson dient dem Betrieb, weil die Tiere der ständigen Aufsicht bedürfen[3].

Pensionsbetriebe für die „Ferien auf dem Lande" können als untergeordnete Betriebsteile an der Privilegierung eines landwirtschaftlichen Betriebes teilhaben[4]. Die Umgestaltung eines landwirtschaftlichen Betriebs zu einem reinen Pensionsbetrieb unter Aufgabe der landwirtschaftlichen Nutzung ist eine Entprivilegierung und eine nach § 29 Abs. 1 BauGB genehmigungspflichtige Nutzungsänderung. Sie kann durch § 35 Abs. 4 Satz 1 Nr. 1 BauGB begünstigt sein. Pensionsbetriebe, die von Nichtlandwirten neu errichtet werden, sind wie Gaststätten (s. dort) zu behandeln.

Pensionstierhaltung, meist von Pferden und Kühen fremder Eigentümer, gehört gemäß § 201 BauGB zur Landwirtschaft, wenn eine überwiegend eigene Futtergrundlage vorhanden ist, das Futter also überwiegend auf den zum Betrieb gehörenden landwirtschaftlich genutzten Flächen erzeugt werden kann (s. Rdnr. 2107, 2112). Tragen Pachtflächen wesentlich zur Futtergrundlage bei, so bedarf bei dieser Form der landwirtschaftlichen Betätigung, die mit verhältnismäßig geringem Aufwand verbunden ist, die Nachhaltigkeit und Dauerhaftigkeit des Betriebs besonders sorgfältiger Prüfung; in der Regel ergibt eine Pensionspferdehaltung auf überwiegend gepachteten Flächen keinen landwirtschaftlichen Betrieb[5]. Einer privilegierten Pensionspferdehaltung dienen regelmäßig auch Reithalle und Reit-

---

1 S. Stichwort Gaststätten und OVG Lüneburg v. 12.6.1967 – VI A 202/66, BRS 18 Nr. 41.
2 OVG Münster v. 27.10.1982 – 11 A 1198/82, BRS 39 Nr. 201 = BauR 1983, 151.
3 Vgl. OVG Münster v. 9.1.1977 – XI A 1005/73, BRS 29 Nr. 60.
4 S. dazu Rdnr. 2125 f.
5 Vgl. BVerwG v. 19.7.1994 – 4 B 140/94, Buchholz 406.11 § 35 Nr. 301.

platz, damit die Pferde während des gesamten Jahres bewegt werden können[1].

Pferdezucht gehört zur Landwirtschaft nach Abs. 1 Nr. 1. Einem Pferdezuchtbetrieb können auch Anlagen zur reiterlichen Ausbildung der Pferde dienen, s. dazu Rdnr. 2107, 2125 f.

Ponyhöfe können als Nebenbetriebe durch die Privilegierung eines landwirtschaftlichen Betriebes „mitgezogen" werden[2]. Als Einzelunternehmen sind sie im Außenbereich nicht privilegiert. Bei Aufgabe des landwirtschaftlichen Betriebes kann eine Nutzungsänderung durch § 35 Abs. 4 Satz 1 Nr. 1 BauGB begünstigt sein.

Putenmastställe s. Geflügelzucht und -mast.

Reithallen und Reitplätze können als Teil eines landwirtschaftlichen Betriebs, der Pferdezucht oder Pensionstierhaltung betreibt, privilegiert sein, s. Rdnr. 2107, 2125 f. und Stichwort Pensionstierhaltung.

Religionsgesellschaften s. Kirchliche Anlagen, Bildungszentren, Erholungsanlagen.

Reparaturbetriebe s. Dienstleistungsunternehmen.

Rettungsstationen der Deutschen Lebensrettungsgesellschaft und anderer Rettungsorganisationen sind nach Abs. 1 Nr. 4 privilegiert.

Ruderhäuser s. Bootshäuser.

Sägewerke gehören nicht zu den forstwirtschaftlichen Betrieben. Sie können aber, wenn sie bei einer Gesamtbetrachtung nur untergeordnete Bedeutung haben, als Teil eines solchen Betriebs an der Privilegierung teilhaben[3]. Wenn sie mit Wasserkraft betrieben werden, können Sägewerke in Ausnahmefällen nach Abs. 1 Nr. 3 privilegiert sein.

Sanatorien s. Erholungsheime.

Sandgrubenbetriebe sind ebenso wie Kiesgruben (s. dort) nach Abs. 1 Nr. 3 privilegiert[4].

Saunabetriebe sind nicht privilegiert[5].

Schafzucht kann nach Abs. 1 Nr. 1 privilegiert sein. Problematisch ist häufig, ob eine überwiegend eigene Futtergrundlage zur Verfügung steht. Diese

---

1 OVG Lüneburg v. 20.5.1992 – 1 L 111/91, BRS 54 Nr. 66; VGH Mannheim v. 25.6.1991 – 8 S 2110/90, BRS 52 Nr. 74.
2 Zu den maßgeblichen Grundsätzen vgl. Rdnr. 2125 f.
3 Vgl. dazu BVerwG v. 28.8.1998 – 4 B 66.98, Buchholz 406.11 § 35 Nr. 336 = BRS 60 Nr. 89 = BauR 1999, 33 und oben Rdnr. 2125 f.
4 Vgl. auch zu den Anlagen, die dem Vorhaben dienen, Rdnr. 2133.
5 VGH Mannheim v. 18.12.1969 – II 810/66, BRS 23 Nr. 79.

ist bei der Koppelschafhaltung erforderlich[1]. Problematisch ist häufig auch, ob die Anzahl der Schafe ausreicht, um die Nachhaltigkeit eines Nebenerwerbsbetriebs annehmen zu können[2]. Ein Wohnhaus wird angesichts des geringen Gewinns, der mit der Schafzucht zu erwirtschaften ist, kaum an der Privilegierung teilnehmen[3]. Die Wanderschäferei kann wegen der betrieblichen Besonderheiten überwiegend auf gepachteten Flächen ausgeübt werden[4]. Fehlt einer planmäßig und nicht nur aus Liebhaberei betriebenen Schafzucht die Betriebseigenschaft, etwa weil die erforderliche Nachhaltigkeit nicht gewährleistet erscheint, so kann dennoch ein Stall wegen der nachteiligen Auswirkungen auf die Umgebung nach Abs. 1 Nr. 4 privilegiert sein[5]; ob die Schafhaltung aus Gründen der Landschaftspflege notwendig ist, ist bei der Beurteilung dieser Frage ohne Bedeutung[6].

Schießplätze und Schießstände können nach Abs. 1 Nr. 4 privilegiert sein, wenn sie unter Berücksichtigung der Verhältnisse der Gemeinde mit Rücksicht auf ihren Flächenbedarf und ihre Lärmauswirkungen nur im Außenbereich untergebracht werden können[7]. Dies gilt allerdings nicht für private Schießanlagen, die vornehmlich dem Schießsport dienen sollen. Die Erwägung des Bundesverwaltungsgerichts, der Schießsport sei „als Sport grundsätzlich förderungswürdig", rechtfertigt die Privilegierung nach Abs. 1 Nr. 4 nicht, weil es sich um eine individuelle Form der Freizeitgestaltung handelt; für eine Privilegierung von Schießplätzen etwa gegenüber Bootshäusern oder Golfplätzen[8] kann kein Anlaß bestehen. Die Privilegierung setzt deshalb voraus, daß die Anlage erforderlich ist, um solchen Personen die Möglichkeit zu Schießübungen zu geben, die als Jäger oder aus anderen Gründen Schußwaffen tragen müssen.

Schiffe s. Hausboote.

---

1 Vgl. BVerwG v. 1.12.1995 – 4 B 271.95, Buchholz 406.11 § 35 Nr. 316 = BRS 57 Nr. 100.
2 Vgl. zu diesen Fragen auch BayVGH v. 1.3.1971 – Nr. 12 II 69, BRS 24 Nr. 133; BayVGH v. 9.5.1978 – Nr. 17 XV 75, BRS 33 Nr. 62; VGH Kassel v. 9.2.1973 – IV OE 52/72, BRS 27 Nr. 62 (Privilegierung verneint für 61 Schafe auf 30 Morgen Weideland), bestätigt durch BVerwG v. 27.3.1973 – IV B 90.73, BRS 27 Nr. 63; OVG Lüneburg v. 16.12.1982 – 1 A 179/81, BRS 40 Nr. 73 = BauR 1983, 345; VGH Mannheim v. 9.7.1971 – VIII 1015/68, BRS 24 Nr. 65.
3 Vgl. BVerwG v. 1.12.1995 – 4 B 271.95, Buchholz 406.11 § 35 Nr. 316 = BRS 57 Nr. 100; OVG Münster v. 19.6.1976 – XI A 1196/74, BRS 30 Nr. 53 mit genauer Gewinn- und Verlustrechnung.
4 BayVGH v. 9.5.1978 – Nr. 17 XV 75, BRS 33 Nr. 62, bestätigt durch BVerwG v. 13.4.1983 – 4 C 62.78, Buchholz 406.11 § 35 Nr. 200 = BRS 40 Nr. 76 = DÖV 1983, 816.
5 Vgl. auch VGH Mannheim v. 11.8.1997 – 5 S 3509/95, BRS 59 Nr. 89 sowie Stichwort Weideschuppen.
6 Abweichend insoweit VGH Mannheim v. 10.9.1979 – III 1159/79, BRS 35 Nr. 64.
7 BVerwG v. 28.4.1978 – 4 C 53.76, BRS 33 Nr. 66 = BauR 1978, 385 = DÖV 1978, 774.
8 Vgl. die entsprechenden Stichworte.

Schneckenzucht ist kein landwirtschaftlicher Betrieb. Sie kann angesichts des geringen Flächenbedarfs auch in Baugebieten betrieben werden, so daß sie auch nicht nach Abs. 1 Nr. 4 privilegiert ist[1].

Schotterwerke können als Nebenanlagen eines Abgrabungsbetriebs nach Abs. 1 Nr. 3 privilegiert sein, s. dazu Rdnr. 2133.

Schrottplätze können gemäß § 31 Abs. 1 KrW-/AbfG nach dem BImSchG genehmigungspflichtig sein mit der Folge, daß gemäß § 38 BauGB die Anwendung von § 35 BauGB ausgeschlossen ist. Im Anwendungsbereich von § 35 BauGB sind die Anlagen nicht privilegiert[2].

Schullandheime s. Bildungszentren.

Schuppen s. Gerätehütten, Weideschuppen.

Schweinezucht und Schweinemast kann im Rahmen eines landwirtschaftlichen Betriebs nach Abs. 1 Nr. 1 oder in Form einer Intensivtierhaltung nach Abs. 1 Nr. 4 privilegiert sein[3]. Es gelten dieselben Grundsätze wie bei Anlagen zur Geflügelzucht und -mast (s. dort).

Schwimmbäder als öffentliche Freibäder an See- und Flußufern oder am Meeresstrand können gemäß Abs. 1 Nr. 4 privilegiert sein. Der Außenbereich wird damit zwar für Erholungsbedürfnisse in Anspruch genommen. Diese sind aber nicht (wie z.B. bei Bootshäusern, Golfplätzen, Freikörperkulturanlagen, Hundesportanlagen, Schießplätzen oder Tennisplätzen, s. dort) als individuell zu qualifizieren. An der Privilegierung nehmen auch notwendige Nebeneinrichtungen für das Bad (sanitäre Anlagen, Umkleideeinrichtungen) teil. Hallenbäder gehören nicht in den Außenbereich. Ebensowenig sind Schwimmbäder privilegiert, die nicht der Öffentlichkeit zugänglich sind[4].

Segelflughallen s. Flugzeughallen.

Seilbahnen und Skilifte sind weder nach Abs. 1 Nr. 3 noch nach Abs. 1 Nr. 4 privilegiert[5]. Denn sie dienen individuellen Erholungs- und Freizeitbedürfnissen[6].

---

1 OVG Münster v. 28.5.1965 – VII A 703/63, BRS 16 Nr. 32.
2 Vorausgesetzt bei BVerwG v. 23.1.1981 – 4 C 83.77, BRS 38 Nr. 89 = ZfBR 1981, 95.
3 Mit der Zulässigkeit eines Stalls mit 230 Ferkelplätzen und 80 Zuchtsauen im unbeplanten Innenbereich befaßt sich BVerwG v. 3.4.1987 – 4 C 41.84, BRS 47 Nr. 63 = BauR 1987, 538 = DVBl. 1987, 903 = DÖV 1988, 353 = NVwZ 1987, 884, siehe dazu auch Mülbert, Bau- und immissionsschutzrechtliche Probleme bei Schweinehaltungsbetrieben, BauR 1984, 442 ff. Zur Genehmigungspflicht nach § 4 BImSchG vgl. Abschnitt 7 des Anhangs zur 4. BImSchV.
4 Vgl. OVG Münster v. 12.9.1974 – VII A 926/73, BauR 1975, 113.
5 So auch für die Talstation einer Seilbahn OVG Koblenz v. 5.5.1971 – 2 A 82/70, VerwRspr. 24 Nr. 99.
6 S. Rdnr. 2134 sowie Stichworte Bootshäuser, Freikörperkulturanlagen, Golfplätze, Hundesportplätze.

Selbstvermarktung der im eigenen landwirtschaftlichen Betrieb erzeugten Produkte nimmt als „mitgezogener" Betriebsteil regelmäßig an der Privilegierung teil, s. dazu Rdnr. 2125 f. Dies gilt auch für die Selbstvermarktung an Selbstpflücker[1].

Skihütten s. Berghütten.

Speditionsbetriebe s. Lagerhallen.

Sportanlagen gehören grundsätzlich in die Baugebiete. Denn in der Regel dienen sie individuellen Erholungs- und Freizeitbedürfnissen, s. Bootshäuser, Golfplätze, Hundesportplätze, Schießplätze, Schwimmbäder, Seilbahnen und Skilifte.

Stallgebäude s. Geflügelzucht, Pferdezucht, Schafzucht, Schweinezucht.

Steinwerke (Hartsteinwerke, Sandsteinwerke u.a.) können nach Abs. 1 Nr. 3 privilegiert sein[2].

Tankstellen sind regelmäßig nicht privilegiert. Daß sie außerhalb von Ortsteilen erforderlich und deshalb nach Abs. 1 Nr. 4 privilegiert sind, ist allenfalls an Bundesfernstraßen denkbar[3].

Taubenzucht ist nicht privilegiert, weil sie auch im Innenbereich ausgeübt werden kann[4]. Die Taubenzucht kann aber als „bodenrechtliche Nebensache" an der Privilegierung eines landwirtschaftlichen Betriebes teilhaben[5].

Tennisplätze sind trotz der mit ihnen verbundenen Lärmeinwirkungen auf die Umgebung regelmäßig schon deshalb nicht privilegiert, weil sie auch im Innenbereich errichtet werden können[6]. Unabhängig davon dienen sie nur individuellen Erholungs- und Freizeitbedürfnissen[7]. Bei der Entscheidung

---

1 Vgl. dazu VGH Mannheim v. 15.2.1996 – 3 S 233/95, BRS 59 Nr. 86, der die Selbstvermarktung sogar zur Urproduktion rechnet.
2 Vgl. Rdnr. 2132 f. sowie OVG Lüneburg v. 14.11.1968 – VI A 128/67, BRS 22 Nr. 66; VGH Mannheim v. 15.12.1970 – III 390/65, BRS 24 Nr. 62; VGH Mannheim v. 26.2.1971 – III 472/69, BRS 24 Nr. 63.
3 Vgl. dazu VGH Kassel v. 27.11.1970 – IV OE 55/69, ESVGH 21, 116 = BRS 23 Nr. 81; OVG Lüneburg v. 24.3.1988 – 1 A 111/87, BRS 48 Nr. 67 (keine Privilegierung an einer Kreisstraße in der Nähe eines Grenzübergangs); VGH Mannheim v. 7.12.2000 – 4 UZ 3402/99, NVwZ-RR 2001, 428 = UPR 2001, 355 (keine Privilegierung an einer Kreisstraße, wenn der Standort von einer Bundesfernstraße nur über ein oder zwei Kreuzungen erreichbar ist); zu weitgehend OVG Lüneburg v. 6.2.1969 – VI A 100/67, OVGE 25, 411 = BRS 22 Nr. 199 (Privilegierung angenommen bei der Lage an einer ortsfernen größeren Erholungsstätte).
4 VGH Mannheim v. 24.5.1974 – VIII 43/72, BRS 28 Nr. 44.
5 Vgl. zu den dabei zu beachtenden Grundsätzen Rdnr. 2125; vgl. auch Stichwort Kleintierhaltung.
6 BVerwG v. 3.12.1990 – 4 B 144.90, Buchholz 406.11 § 35 Nr. 266 = BRS 50 Nr. 94 = BauR 1991, 178 = DÖV 1991, 335.
7 Vgl. zu diesem Gesichtspunkt Rdnr. 2134.

über eine Zulassung nach § 35 Abs. 2 BauGB sind auch mögliche beeinträchtigende Außenbereichsnutzungen zu berücksichtigen[1].

Telekommunikationsanlagen können nach Abs. 1 Nr. 3 privilegiert sein. Schwierigkeiten kann die Darlegung bereiten, daß die Anlage auf den konkret vorgesehenen Standort angewiesen ist[2]. Im übrigen kann eine Beeinträchtigung von Funkstellen oder Radaranlagen gemäß § 35 Abs. 3 Satz 1 Nr. 8 BauGB zur Unzulässigkeit anderer Anlagen führen.

Tierkliniken und veterinärmedizinische Nachsorgestationen können nach Abs. 1 Nr. 4 privilegiert sein, wenn sie (etwa zur Behandlung von Großvieh) auf einen Standort im Außenbereich angewiesen sind[3].

Tierheime können regelmäßig am Rande des Innenbereichs errichtet werden. Nur in Ausnahmefällen wird die Errichtung im Außenbereich erforderlich und daher nach Abs. 1 Nr. 4 privilegiert sein[4].

Tierkörpersammelstellen und Tierkörperbeseitigungsanlagen können wegen ihrer nachteiligen Auswirkungen auf die Umgebung nach Abs. 1 Nr. 4 privilegiert sein[5].

Tierparks (Tiergehege) werden als (nach Abs. 1 Nr. 4) privilegiert angesehen, wenn sie der Allgemeinheit zugänglich sind[6]. Diese Beurteilung ist nicht unproblematisch, weil die Gehege trotz der öffentlichen Zugänglichkeit letztlich doch individuellen Erholungswünschen Rechnung tragen[7]. Wildgehege, die der Allgemeinheit nicht zugänglich sind, sind jedenfalls nicht nach Abs. 1 Nr. 4 privilegiert[8], sofern sie nicht einem landwirtschaftlichen Betrieb dienen; vgl. auch Damtierzucht.

Trainingsställe für Rennpferde sind nicht privilegiert[9], s. auch Pferdezucht.

Transportbetonanlagen können als Nebenanlagen von Sandgruben nach Abs. 1 Nr. 3 privilegiert sein, s. dazu Rdnr. 2132 f.

---

1 Vgl. dazu BayVGH v. 6.12.1985 – Nr. 2 CS 85 A.2837, BRS 44 Nr. 163; OVG Lüneburg v. 4.6.1987 – 1 A 20/83, BRS 47 Nr. 75.
2 Vgl. zu diesem Kriterium Rdnr. 2131 und zur Anwendung dieser Grundsätze auf einen Sendemast für den Mobilfunk VGH Mannheim v. 25.8.1997 – 8 S 1831/97, BRS 59 Nr. 88.
3 Vgl. dazu im einzelnen OVG Münster v. 22.5.1991 – 4 A 822/89, BRS 52 Nr. 75.
4 Vgl. auch Stichwort Hundepensionen sowie OVG Münster v. 22.5.1991 – 4 A 822/89, BRS 52 Nr. 75.
5 Zu einer Tierkörpersammelstelle vgl. im einzelnen VGH Mannheim v. 5.4.1989 – 1 S 2540/87, AgrarR 1990, 60 = NuR 1990, 122.
6 VGH Mannheim v. 6.5.1971 – III 716/68, BRS 24 Nr. 70; Krautzberger in Battis/Krautzberger/Löhr, § 35 Rdnr. 44; Söfker in Ernst/Zinkahn/Bielenberg, § 35 Rdnr. 57; Roeser in Berliner Kommentar zum Baugesetzbuch, § 35 Rdnr. 531.
7 Vgl. zu diesem Gesichtspunkt Rdnr. 2134 und Stichwort Golfplätze.
8 BVerwG v. 10.4.1987 – 4 B 58 und 63.87, BRS 47 Nr. 74 = NuR 1987, 320.
9 BVerwG v. 18.12.1995 – 4 B 285.95, Buchholz 406.11 § 35 Nr. 318 = BRS 57 Nr. 99.

Viehhandel kann als „bodenrechtliche Nebensache" eines landwirtschaftlichen Betriebs „mitgezogen" werden und dadurch an der Privilegierung nach Abs. 1 Nr. 1 teilhaben[1].

Wagenhallen für Speditionsbetriebe s. Lagerhallen.

Waldhütten s. Forsthütten.

Wanderschäferei s. Schafzucht.

Weideunterstände für Pferde, Rinder oder Schafe sind nach Abs. 1 Nr. 1 privilegiert, soweit sie einem landwirtschaftlichen Betrieb dienen. Fehlt einer planmäßig ausgeübten Weidewirtschaft die Betriebseigenschaft, etwa weil die Nachhaltigkeit nicht gewährleistet erscheint, so kann eine Privilegierung offener Unterstände nach Abs. 1 Nr. 4 in Betracht kommen, sofern der Betrieb über die bloße Liebhaberei hinausgeht und die Weidewirtschaft ohne solche Unterstände nicht möglich ist[2]. Ein offener Schuppen für zwei oder drei Reitpferde, die zur privaten Nutzung gehalten werden, ist nicht privilegiert[3].

Werkstätten s. Dienstleistungsunternehmen.

Wildgehege s. Tierpark, Damtierzucht.

Windenergieanlagen sind seit dem 1.1.1998 durch Abs. 1 Nr. 5 privilegiert[4]. Sie können auch als Nebenanlagen eines landwirtschaftlichen Betriebs privilegiert sein[5]. Darstellungen eines Flächennutzungsplans können der Errichtung solcher Anlagen an einem bestimmten Standort auch dann entgegenstehen, wenn der Flächennutzungsplan nicht nach Abs. 3 Satz 3 Standorte für Windenergieanlagen darstellt[6]. Der Anschluß der Anlage an ein Verbundnetz zum Zweck der Stromeinspeisung gehört nicht zur Erschließung im bauplanungsrechtlichen Sinne[7].

Wochenendhäuser sind nicht privilegiert. Sie gehören in Wochenendhausgebiete nach § 10 BauNVO oder andere Baugebiete[8]. Als sonstige Vorhaben nach Abs. 2 haben Wochenendhäuser schon wegen der mit ihnen verbunde-

---

1 Vgl. Rdnr. 2125 f. sowie VGH Mannheim v. 21.6.1993 – 8 S 2970/92, BRS 55 Nr. 80.
2 Vgl. BVerwG v. 29.8.1989 – 4 B 61.89, Buchholz 406.11 § 35 Nr. 246 (die Frage wird dort offen gelassen); OVG Koblenz v. 11.1.1979 – 1 A 149/77, BauR 1979, 407.
3 BVerwG v. 29.8.1989 ebenda; OVG Lüneburg v. 28.2.1994 – 6 L 3215/91, BRS 56 Nr. 75.
4 S. Rdnr. 2139.
5 BVerwG v. 18.2.1983 – 4 C 10.82, BVerwGE 67, 41 = BRS 40 Nr. 85 = NJW 1983, 2718.
6 BVerwG v. 3.6.1998 – 4 B 6.98, Buchholz 406.11 § 35 Nr. 335 = BRS 60 Nr. 90.
7 BVerwG v. 5.1.1996 – 4 B 306.95, Buchholz 406.11 § 35 Nr. 319 = BRS 58 Nr. 91.
8 BVerwG v. 29.4.1964 – I C 30.62, BVerwGE 18, 247 = BRS 15 Nr. 49 = DVBl. 1964, 527 = NJW 1964, 1973; BVerwG v. 6.6.1975 – IV C 15.73, BVerwGE 48, 271 = BRS 29 Nr. 168 = BauR 1975, 410 = DÖV 1976, 58.

nen Vorbildwirkung kaum Aussicht auf Genehmigung; sie lassen in der Regel mindestens die Entstehung, Verfestigung oder Erweiterung einer Splittersiedlung befürchten[1].

Wohnhäuser sind im Außenbereich privilegiert, soweit sie den in Abs. 1 Nr. 1 bis Nr. 3 oder Nr. 5 bis Nr. 7 bezeichneten Vorhaben dienen bzw. im Zusammenhang mit einem Vorhaben nach Abs. 1 Nr. 4 erforderlich sind. Sie können im übrigen nach Abs. 4 oder durch eine Satzung nach Abs. 6 begünstigt sein. Sonst sind sie nach Abs. 2 zu beurteilen und dann in der Regel unzulässig, weil sie öffentliche Belange beeinträchtigen[2].

Wohnschiffe s. Hausboote.

Wohnungen s. Arbeiterwohnungen, Wohnhäuser.

Wohnwagen s. Campingplätze. Wohnwagen können, wenn sie die Funktion eines üblicherweise mit dem Boden ortsfest verbundenen Wochenendhauses haben, eigenständige bauliche Anlagen im Sinne von § 29 Abs. 1 BauGB sein[3]. Dann sind sie wie die Wochenendhäuser nicht privilegiert.

Wohnzelte sind keine baulichen Anlagen und werden daher durch §§ 29 ff. BauGB nicht erfaßt[4]. Die Aufstellung kann gleichwohl nach naturschutzrechtlichen Vorschriften unzulässig sein. Zeltpodestplatten zur Aufstellung von Zelten sind bauliche Anlagen und nicht privilegiert[5].

Zäune s. Einfriedigungen.

Zeburinderhaltung kann als landwirtschaftlicher Betrieb privilegiert sein[6].

Zeltplätze s. Campingplätze.

Zementfabriken können wegen ihrer nachteiligen Wirkungen auf die Umgebung nach Abs. 1 Nr. 4 privilegiert sein.

Ziegeleien sind ortsgebundene Betriebe nach Abs. 1 Nr. 3, weil in der Regel der gewonnene Ton sofort an Ort und Stelle verarbeitet werden muß.

Zwischen- und Endlager für radioaktive Abfälle sind gemäß § 35 Abs. 1 Nr. 7 privilegiert, vgl. Rdnr. 2146.

---

1 In einem Ausnahmefall wird dies vom OVG Münster v. 22.12.1966 – VII A 1144/65, BRS 17 Nr. 46 verneint; die Entscheidung wurde allerdings durch BVerwG v. 15.1.1969 – IV C 23.67, BRS 22 Nr. 77 mit einer Begründung aufgehoben, die andere Fragen betrifft.
2 S. dazu näher Rdnr. 2150 ff.
3 BVerwG v. 26.6.1970 – IV C 116.68, BRS 23 Nr. 129 = DÖV 1971, 338.
4 BVerwG v. 28.10.1969 – IV B 119.69, BRS 22 Nr. 92.
5 OVG Lüneburg v. 26.10.1972 – I A 106/72, BRS 25 Nr. 80.
6 VGH Mannheim v. 25.3.1988 – 5 S 2611/87, BRS 48 Nr. 60 = BauR 1988, 566.

III. Beeinträchtigung und Entgegenstehen öffentlicher Belange

1. Allgemeine Grundsätze

Gemäß § 35 Abs. 1 BauGB setzt die Zulässigkeit der dort bezeichneten Vorhaben voraus, daß öffentliche Belange nicht entgegenstehen. Diese Regelung wird ergänzt durch Bestimmungen über die Bedeutung von Darstellungen in Raumordnungsplänen und Flächennutzungsplänen für die Beurteilung des Entgegenstehens öffentlicher Belange in § 35 Abs. 3 Satz 2 und Satz 3 BauGB. Sonstige Vorhaben sind demgegenüber gemäß Abs. 2 nur zulässig, wenn sie öffentliche Belange nicht beeinträchtigen; hinsichtlich einzelner öffentlicher Belange ergeben sich Ausnahmen aus Abs. 4 und Abs. 6.

2148

Festsetzungen eines **einfachen Bebauungsplans** haben gemäß § 30 Abs. 3 BauGB **Vorrang** vor der Beurteilung der Beeinträchtigung bzw. des Entgegenstehens öffentlicher Belange nach § 35 Abs. 3 BauGB. Dies hat vor allem Bedeutung für den Ausschluß bestimmter Nutzungen. Wird z.B. eine Splittersiedlung im Außenbereich als Allgemeines Wohngebiet ausgewiesen, so kann ein störender Gewerbebetrieb unabhängig von einer etwaigen Privilegierung dort nicht zugelassen werden. Ob ein derartiger Plan es umgekehrt ausschließt, einem Wohnbauvorhaben noch den öffentlichen Belang der Entstehung, Verfestigung oder Erweiterung der Splittersiedlung entgegenzuhalten (§ 35 Abs. 3 Satz 1 Nr. 7 BauGB), ist durch Auslegung des Plans zu ermitteln.

2149

Ob öffentliche Belange einem Vorhaben entgegenstehen oder ein Vorhaben beeinträchtigen, ist auf der Grundlage einer **Abwägung** zwischen dem beabsichtigten Vorhaben und den von ihm berührten öffentlichen Belangen zu beurteilen. Diese Abwägung ist jedoch bei den Vorhaben nach Abs. 1 einerseits und den Vorhaben nach Abs. 2 andererseits nicht in derselben Weise vorzunehmen. Bei der Entscheidung über die Zulässigkeit eines Vorhabens nach Abs. 1 ist vielmehr zu berücksichtigen, daß „der Gesetzgeber in einer der Rechtslage im beplanten (§ 30 BBauG) und unbeplanten (§ 34 BBauG) Innenbereich vergleichbaren Weise entschieden" hat, „daß im Außenbereich bestimmte, nämlich die in § 35 Abs. 1 BBauG genannten Vorhaben allgemein zulässig sind"[1]. Aus dieser **Grundentscheidung für die Zulässigkeit der privilegierten Vorhaben** ergibt sich für die Abwägung:

2150

„Die den Vorhaben nach § 35 Abs. 1 BBauG zustehende Bevorzugung wirkt sich in ihrem stärkeren Durchsetzungsvermögen gegenüber den von ihnen berührten öffentlichen Belangen aus. Ob daraus ihre Zulässigkeit folgt, hängt von den Umständen des Falles ab. Erstens ist das Ausmaß, in dem durch die Privilegierung das Durchsetzungsvermögen gegenüber (bestimmten) öffentlichen Belangen anwächst, häufig von der Art des Vorhabens und der darauf anwendbaren Privilegierungsvorschrift abhängig. Es ist denkbar, daß sich im Einzelfall ein ortsgebundener Betrieb mit einem Vor-

---

[1] Vgl. BVerwG v. 20.1.1984 – 4 C 43.81, BVerwGE 68, 311 = Buchholz 406.11 § 35 Nr. 210 = BRS 42 Nr. 91 = DVBl. 1984, 627.

haben an einem Ort durchzusetzen vermag, an dem sich eine Landarbeiterstelle nicht durchsetzen könnte. Zum anderen ist für die jeweilige Beurteilung wesentlich, welche öffentlichen Belange berührt werden und welches Gewicht ihnen jeweils zukommt. Der Schutz der Eigenart der Landschaft beispielsweise kann an der einen Stelle von einem Rang sein, daß deswegen selbst privilegierte Vorhaben nicht ausgeführt werden dürfen, während an einer anderen Stelle sein Gewicht so unbedeutend ist, daß daran selbst (gewisse) sonstige Vorhaben nicht scheitern".[1]

2151   Die Abwägung unterscheidet sich freilich nicht nur, wie diese Formulierungen des Bundesverwaltungsgerichts nahe legen könnten, dadurch, daß den privilegierten Vorhaben ein größeres Gewicht zukäme[2]. Der Kreis der in die Abwägung einzubeziehenden Gesichtspunkte ist vielmehr bei der **Beurteilung der Beeinträchtigung** enger als bei der Beurteilung des Entgegenstehens öffentlicher Belange. Bei der Beurteilung der Beeinträchtigung beschränkt sich die „Abwägung" auf die Ermittlung des Gewichts der öffentlichen Belange, die von dem konkreten Vorhaben berührt werden; der öffentliche Belang kann „unterschiedlich zu bewerten sein, je nachdem, was für ein Vorhaben ihm gegenübersteht; es ist aber **nicht das Gewicht öffentlicher Belange in Beziehung zu setzen zu dem Gewicht privater Interessen** an der Durchführung des Vorhabens"[3]. Soweit das Bundesverwaltungsgericht im Urteil vom 24.8.1979[4] formuliert, es bedürfe auch bei Anwendung von § 35 Abs. 2 BBauG jeweils „eines Vergleichs der Gewichtigkeit der sich im Einzelfall gegenüberstehenden Positionen", distanziert es sich damit nicht von seiner früheren Rechtsprechung[5]; es ist dementsprechend auch bisher keine Entscheidung bekannt geworden, in der wegen des Gewichts eines privaten Belangs die Beeinträchtigung öffentlicher Belange im Sinne von § 35 Abs. 2 BauGB verneint worden wäre[6]. Überdies ist bei Anwendung von § 35 Abs. 2 BauGB eine **Kompensation** beeinträchtigter Belange mit öffentlichen Interessen, denen das Vorhaben dient, ausgeschlossen[7]. Bei den nach § 35 Abs. 1 BauGB privilegierten Vorhaben kann man eine solche saldierende Betrach-

---

1 So BVerwG v. 24.8.1979 – 4 C 3.77, Buchholz 406.11 § 35 Nr. 159 = BRS 35 Nr. 60 = BauR 1979, 481 = DÖV 1979, 905.
2 Das „gesteigerte Durchsetzungsvermögen" des privilegierten Vorhabens gegenüber gegenläufigen öffentlichen Belangen betont das BVerwG z.B. auch im Urt. v. 20.1.1984 – 4 C 43.81, BVerwGE 68, 311 = Buchholz 406.11 § 35 Nr. 210 = BRS 42 Nr. 91 = DVBl. 1984, 627 sowie im Urt. v. 16.6.1994 – 4 C 20.93, BVerwGE 96, 95 = Buchholz 406.11 § 35 Nr. 297 = BRS 56 Nr. 72 = BauR 1994, 730 = DÖV 1995, 68 = NVwZ 1995, 64.
3 So BVerwG v. 3.5.1974 – IV C 10.71, Buchholz 406.11 § 35 Nr. 109 = BauR 1974, 328 = DÖV 1974, 566.
4 4 C 3.77, Buchholz 406.11 § 35 Nr. 158 = BRS 35 Nr. 60 = BauR 1979, 481 = DÖV 1979, 905.
5 A.A. offenbar Jäde in Jäde/Dirnberger/Weiß, § 35 Rdnr. 231 ff.
6 Erwägungen in dieser Richtung hätten sich z.B. in dem Beschluß des BVerwG v. 13.4.1995 – 4 B 70.95, Buchholz 406.11 § 35 Nr. 309 = BRS 57 Nr. 109 = BauR 1995, 665 = DVBl. 1995, 1008 = NJW 1995, 2648 angeboten.
7 BVerwG v. 16.2.1973 – IV C 61.70, BVerwGE 42, 8 = BRS 27 Nr. 57 = BauR 1973, 170 = DÖV 1973, 715.

tung im Rahmen der Abwägung demgegenüber nicht ausschließen, weil die Privilegierung zum Teil gerade auch im öffentlichen Interesse erfolgt.

Beispiel zur unterschiedlichen Wirkungsweise der Abwägung nach Abs. 1 und Abs. 2: 2152

Der Antragsteller beabsichtigt auf einer Fläche von 25 ha in einem Zeitraum von 30 Jahren Gips abzubauen und dabei zwei Kuppen eines Berges abzutragen. Das Vorhaben bewirkt eine vorübergehende Verunstaltung des Landschaftsbildes. Diese ist infolge der Privilegierung des Vorhabens durch § 35 Abs. 1 Nr. 3 BauGB hinzunehmen. Das Landschaftsbild kann „im Rahmen der gebotenen Abwägung nicht ein solches Gewicht haben, daß selbst eine nur vorübergehende Verunstaltung des Landschaftsbildes der Abgrabung entgegenstünde"[1]. Wäre der Gipsabbau kein privilegiertes Vorhaben, so könnte er unabhängig von dem Gewicht der privaten Interessen des Eigentümers oder der öffentlichen Interessen an der Gewinnung des Materials wegen der Verunstaltung des Landschaftsbildes nicht zugelassen werden.

Bei der Beurteilung der Beeinträchtigung bzw. des Entgegenstehens öffentlicher Belange ist das **Gebot größtmöglicher Schonung des Außenbereichs** zu beachten. Gemäß § 35 Abs. 5 Satz 1 BauGB sind die nach den Absätzen 1 bis 4 zulässigen Vorhaben in einer flächensparenden, die Bodenversiegelung auf das notwendige Maß begrenzenden und den Außenbereich schonenden Weise auszuführen. Diese Vorgabe hat Bedeutung bereits bei der Prüfung der Privilegierung eines Vorhabens, etwa im Zusammenhang mit der Frage, ob es einem Betrieb „dient" (s. dazu Rdnr. 2118 ff.). Wirksamkeit entfaltet sie aber hauptsächlich bei der Beurteilung des Vorhabens am Maßstab der berührten öffentlichen Belange. Dabei wirkt sie allerdings (ebenso wie bei Anwendung von Abs. 1) nicht als eigenständiges Tatbestandsmerkmal, sondern ist bei der Prüfung der einzelnen öffentlichen Belange zu berücksichtigen[2]. 2153

Bei der Beurteilung der Frage, ob einem privilegierten Vorhaben öffentliche Belange entgegenstehen, hat besondere Bedeutung der Umstand, daß der Gesetzgeber mit § 35 Abs. 1 BauGB „keine Entscheidung über den konkreten **Standort** der von ihm im Außenbereich grundsätzlich für zulässig erklärten Vorhaben getroffen, sondern diese Vorhaben einschließlich ihres Standortes der Prüfung im konkreten bauaufsichtlichen Verfahren" überlassen hat[3]. Deshalb können z.B. standortbezogene Aussagen eines Flächennutzungsplans trotz der allgemeinen Zulässigkeit privilegierter Vorhaben im Außenbereich dem Vorhaben an einem bestimmten Standort entgegenstehen[4]. Öffentliche Belange können einem privilegierten Vorhaben auch dann 2154

---

1 BVerwG v. 18.3.1983 – 4 C 17.81, Buchholz 406.11 § 35 Nr. 199 = BRS 40 Nr. 92 = DVBl. 1983, 893.
2 So auch BVerwG v. 19.6.1991 – 4 C 11.89, Buchholz 406.11 § 35 Nr. 273 = BRS 52 Nr. 78 = BauR 1991, 579 = NVwZ-RR 1991, 401.
3 So unter Modifikation der früheren Rechtsprechung BVerwG v. 20.1.1984 – 4 C 43.81, BVerwGE 68, 311 = Buchholz 406.11 § 35 Nr. 210 = BRS 42 Nr. 91 = DVBl. 1984, 327.
4 Dazu näher unten Rdnr. 2163.

entgegenstehen, wenn die privaten Interessen an der Ausführung eines privilegierten Vorhabens in Konkurrenz zu einem bestehenden, gleichfalls privilegierten Vorhaben stehen.

2155 **Beispiel:**
Der Eigentümer eines landwirtschaftlichen Betriebes möchte von der Ortsmitte auf ein zum Betrieb gehörendes Flurstück aussiedeln. Dieses liegt jedoch in der Nähe eines vor Jahren eingerichteten militärischen Schießplatzes. Der Schießplatz prägt seine Umgebung. Die zu erwartenden Nutzungskonflikte stehen der angestrebten anderweitigen privilegierten Nutzung als öffentlicher Belang entgegen[1].

2156 Die bei der Prüfung der Beeinträchtigung oder des Entgegenstehens öffentlicher Belange vorzunehmende Abwägung ist **keine gestaltende Abwägung,** wie sie für Planungsentscheidungen charakteristisch ist. Bei der Entscheidung über die Beeinträchtigung oder das Entgegenstehen öffentlicher Belange steht den Behörden **weder Beurteilungsspielraum noch Ermessen** zu[2]. Das Wort „können" in § 35 Abs. 2 BauGB deutet zwar auf einen Ermessensspielraum hin. Art. 14 GG steht aber einer solchen Auslegung entgegen. Beeinträchtigt ein Bauvorhaben öffentliche Belange nicht, so wäre eine auf Ermessenserwägungen gestützte Unterbindung des Vorhabens ein unverhältnismäßiger Eingriff in das Eigentum[3]. Für eine Ermessensentscheidung ist auch dann kein Raum, wenn das Vorhaben öffentliche Belange beeinträchtigt[4]. Denn das Gesetz sieht eine Befreiung von den Regelungen des § 35 BauGB nicht vor.

2157 § 35 Abs. 3 BauGB benennt die zu berücksichtigenden öffentlichen Belange **beispielhaft**. Nicht benannte weitere öffentliche Belange können nur berücksichtigt werden, soweit sie mindestens ein ähnliches Gewicht besitzen wie die benannten Belange[5]. Praktische Bedeutung haben hauptsächlich die gesetzlich benannten öffentlichen Belange. Sie werden im Folgenden (eben-

---

1 Fall des BVerwG v. 1.7.1968 – IV C 86.66, BVerwGE 28, 148 = BRS 18 Nr. 50 = DVBl. 1968, 385 = DÖV 1968, 579 = NJW 1968, 1105; vgl. auch BVerwG v. 28.4.1978 – 4 C 53.76, BRS 33 Nr. 66 = BauR 1978, 385 sowie BVerwG v. 22.5.1987 – 4 C 57.84, BVerwGE 77, 300 = Buchholz 406.11 § 5 Nr. 5 = BRS 47 Nr. 5 = BauR 1987, 651 = DVBl. 1987, 1008 = NVwZ 1988, 54; OVG Lüneburg v. 15.6.1995 – 1 L 2458/93, BRS 57 Nr. 226 (Vorhaben zur Errichtung einer Gülleanlage in der Nähe eines Geflügelzuchtbetriebs).
2 BVerwG v. 29.4.1964 – 1 C 30.62, BVerwGE 18, 247 = BRS 15 Nr. 49 = DVBl. 1964, 527 = DÖV 1964, 383 = NJW 1964, 1973; BVerwG v. 13.12.2001 – 4 C 3.01, Buchholz 406.11 § 35 Nr. 350 = BRS 64 Nr. 98 = BauR 2002, 751 = DVBl. 2002, 706 = NVwZ 2002, 1112 = ZfBR 2002, 360;BGH v. 5.2.1981 – III ZR 119/79, BRS 38 Nr. 104 = BauR 1981, 357 = NJW 1981, 982.
3 Zutreffend Papier in Maunz/Dürig, Grundgesetz, Art. 14 Rdnr. 91; a.A. Ortloff, Ermessen in § 35 II BauGB – Hat das Gesetz doch recht?, NVwZ 1988, 320 ff.
4 Ebenso BVerwG v. 12.11.1964 – I C 111.61, BRS 15 Nr. 54.
5 BVerwG v. 19.10.1966, IV C 16.66, BVerwGE 25, 161 = Buchholz 406.11 § 35 Nr. 31; BVerwG v. 15.5.1997 – 4 C 23.95, Buchholz 406.11 § 35 Nr. 329 = BauR 1997, 988 = DÖV 1998, 74 = NVwZ 1998, 58.

so wie die sonstigen öffentlichen Belange) unter Berücksichtigung ihrer unterschiedlichen Bedeutung bei der Entscheidung über die Zulässigkeit privilegierter Vorhaben einerseits und sonstiger Vorhaben andererseits behandelt.

2. Widerspruch zu den Darstellungen eines Flächennutzungsplans

Gemäß § 35 Abs. 3 Satz 1 Nr. 1 BauGB liegt eine Beeinträchtigung öffentlicher Belange vor, wenn das Vorhaben den Darstellungen des Flächennutzungsplans widerspricht. Ein solcher Widerspruch setzt zunächst (selbstverständlich) einen rechtswirksamen Flächennutzungsplan voraus[1]. Der Widerspruch muß sich auf Darstellungen des Flächennutzungsplans beziehen; Kennzeichnungen, Planungen und sonstige Nutzungsregelungen nach § 5 Abs. 3 und Abs. 4 BauGB werden nicht erfaßt[2]. 2158

Stimmt das Vorhaben mit den Darstellungen des Flächennutzungsplans nicht überein, so ergibt sich daraus nicht schematisch ein Widerspruch im Sinne von § 35 Abs. 3 Satz 1 Nr. 1 BauGB. Es bedarf vielmehr einer ergänzenden Prüfung in zweierlei Hinsicht: 2159

– Fehlt den Darstellungen des Flächennutzungsplans die ihnen durch das Gesetz zugewiesene Bedeutung als Konkretisierung öffentlicher Belange und einer geordneten städtebaulichen Entwicklung deshalb, weil sie den örtlichen Verhältnissen nicht mehr gerecht werden, durch die zwischenzeitliche Entwicklung also überholt sind?

– Haben die Darstellungen, mit denen das Vorhaben nicht übereinstimmt, wirklich den Zweck, ein solches Vorhaben zu unterbinden?

Die Darstellungen von Flächennutzungsplänen können durch eine **tatsächliche Entwicklung überholt** werden, die die „Planungsabsichten in gewichtigem Umfange stört oder gar zunichte macht"; ist dies der Fall, so verlieren die entsprechenden Darstellungen ihre Bedeutung für die Beurteilung sowohl eines privilegierten als auch eines sonstigen Vorhabens[3]. Das Bundesverwaltungsgericht formuliert in diesem Zusammenhang, Flächennutzungspläne dienten insoweit nur zur „Unterstützung und einleuchtenden Fortschreibung bestimmter tatsächlicher Gegebenheiten"[4]. Daraus ergibt sich 2160

---

1 Vgl. z.B. BVerwG v. 3.6.1998 – 4 B 6.98, Buchholz 406.11 § 35 Nr. 335 = BRS 60 Nr. 90.
2 Vgl. etwa BVerwG v. 20.1.1984 – 4 C 43.81, BVerwGE 68, 311 = BRS 42 Nr. 91 = BauR 1984, 269 = DVBl. 1984, 627 = NVwZ 1984, 367 (Vermerk Flughafenerweiterung); OVG Münster v. 14.9.1989 – 7 A 81/84, NWVBl. 1990, 196 („Fläche für Bahnanlagen").
3 BVerwG v. 15.3.1967 – IV C 205.65, BVerwGE 26, 287 = Buchholz 406.11 § 35 Nr. 37 = DVBl. 1968, 41 = NJW 1967, 1385; BVerwG v. 20.7.1990 – 4 N 3.88, BRS 50 Nr. 36 = BauR 1990, 885 = DVBl. 1990, 1353 = NVwZ 1991, 262.
4 BVerwG v. 15.3.1967 und 20.7.1990 ebenda.

allerdings nicht, daß der Flächennutzungsplan „grundsätzlich nur dann ein beachtlicher öffentlicher Belang" wäre, „wenn seine Darstellungen mit der tatsächlichen Situation übereinstimmen"[1]. Solange seine Darstellungen nicht durch eine neuere Entwicklung überholt sind, bleiben sie beachtlich.

2161 Die Darstellungen des Flächennutzungsplans sind unabhängig davon **nicht wie Rechtssätze anwendbar**[2]. Das Bundesverwaltungsgericht formuliert zusammenfassend:

„Anders als die Festsetzungen eines Bebauungsplans sind die Darstellungen eines Flächennutzungsplans nicht ohne weiteres wie Rechtssätze anwendbar. Sie geben die künftige Bodennutzung nur in den Grundzügen wieder. Da sie noch keine endgültigen Aussagen treffen, sind sie für die abschließende Beurteilung eines Einzelbauvorhabens von vornherein nur beschränkt geeignet. Bedeutung kommt ihnen in erster Linie als Unterstützung und einleuchtende Fortschreibung bestimmter tatsächlicher Gegebenheiten zu. Ob eine Abweichung den in § 35 Abs. 3 BauGB vorausgesetzten Grad des Widerspruchs erreicht, kann stets nur das Ergebnis einer Wertung sein, bei der in weitem Umfang auf die Verhältnisse des Einzelfalls abzustellen ist . . ."[3].

2162 Bei dieser Einzelfallbeurteilung ist insbesondere zu berücksichtigen, in welchem Maße den Darstellungen des Flächennutzungsplans eine Planungskonzeption zu entnehmen ist, die dem konkret beabsichtigten Bauvorhaben entgegensteht.

Beispiel:

Der Antragsteller beabsichtigt, eine Baulücke in einer Splittersiedlung mit einem Wohnhaus zu bebauen. Die Splittersiedlung ist (ähnlich wie andere Splittersiedlungen der Gemeinde) zusammen mit den sie umgebenden Flächen als Fläche für die Landwirtschaft dargestellt. Die Auslegung des Flächennutzungsplans kann ergeben, daß die Gemeinde mit dieser Darstellung nicht „die Schließung eindeutig baulich vorgeprägter Lücken verhindern" und damit die Splittersiedlung „austrocknen oder wegplanen" wollte. Dann steht das Bauvorhaben nicht in Widerspruch zu diesen Darstellungen[4].

2163 Der Widerspruch zu den Darstellungen des Flächennutzungsplans führt zur Unzulässigkeit sonstiger Vorhaben im Sinne von § 35 Abs. 2 BauGB. Demgegenüber bedarf es bei den **privilegierten Vorhaben** einer ergänzenden Prüfung der Frage, ob das Vorhaben in Widerspruch zu konkret standortbezogenen Darstellungen des Flächennutzungsplans tritt. Da die in § 35 Abs. 1

---

1 Dies stellt BVerwG v. 1.7.1997 – 4 B 11.97, Buchholz 406.11 § 35 Nr. 328 = BRS 59 Nr. 75 klar.
2 BVerwG v. 28.2.1975 – IV C 30.73, Buchholz 406.11 § 19 Nr. 33 = BRS 29 Nr. 70 = BauR 1975, 404 = DVBl. 1975, 516.
3 BVerwG v. 13.4.1995 – 4 B 70.95, Buchholz 406.11 § 35 Nr. 309.
4 Fall des BVerwG v. 28.10.1982, ZfBR 1983, 31 = BRS 39 Nr. 82 (stark gekürzt); einen ähnlichen Fall behandelt OVG Münster v. 27.2.1996 – 11 A 1897/94, BRS 58 Nr. 92; vgl. auch zur Berücksichtigung des Zwecks der Darstellungen des Flächennutzungsplans bei der Beurteilung sonstiger Vorhaben im Sinne von § 35 Abs. 2 BauGB BVerwG v. 8.2.1991 – 10 B 4.91, BRS 52 Nr. 81 = BauR 1991, 179.

BauGB benannten Vorhaben im Außenbereich grundsätzlich zulässig sind, § 35 BauGB allerdings keine standortbezogenen Aussagen zu entnehmen sind, kann die Gemeinde solche Vorhaben an einzelnen Standorten unterbinden, indem sie diese Standorte „anderweitig verplant"[1]. Eine standortbezogene Aussage in diesem Sinne enthält regelmäßig nicht die Darstellung von Flächen für die Landwirtschaft, weil sie dem Außenbereich nur die ihm ohnehin nach dem Willen des Gesetzes in erster Linie zukommende Funktion zuweist; deshalb können derartige Darstellungen z.B. einer nach § 35 Abs. 1 Nr. 3 BauGB privilegierten Abgrabung regelmäßig nicht entgegengehalten werden[2]. Eine hinreichende standortbezogene Aussage ist der Darstellung von Flächen für die Landwirtschaft regelmäßig auch dann nicht zu entnehmen, wenn sie als **Negativplanung** nicht von dem Ziel getragen ist, diese Flächen für die Landwirtschaft bereitzustellen, sondern bestimmte andere privilegierte Nutzungen zu unterbinden und die Flächen damit freizuhalten[3]. Die Gemeinde kann auch nicht durch Darstellungen im Flächennutzungsplan bestimmte privilegierte Nutzungen generell ausschließen[4]. Denn der Flächennutzungsplan läßt nur positive oder negative standortbezogene Darstellungen zu.

Zusätzlich kann sich die Unzulässigkeit eines nach § 35 Abs. 1 Nr. 2 bis Nr. 6 BauGB privilegierten Vorhabens aus **§ 35 Abs. 3 Satz 3 BauGB** ergeben. Danach stehen öffentliche Belange einem Vorhaben nach Abs. 1 Nr. 2 bis 6 in der Regel auch dann entgegen, soweit hierfür durch Darstellungen im Flächennutzungsplan eine Ausweisung an anderer Stelle erfolgt ist. Die Vorschrift bewirkt eine planerische Kontingentierung einzelner Nutzungen[5]. Ausweisung an anderer Stelle ist nur eine Ausweisung, die ein Vorhaben, wie das von dem Antragsteller geplante Vorhaben, nach der Art der Nutzung zuläßt. Eine Bestimmung, durch die die geplante Nutzung ihrer Art nach im gesamten Geltungsbereich des Flächennutzungsplans ausgeschlossen wird, weil dafür keine geeigneten Standorte vorhanden seien, kann dem privilegierten Vorhaben nach § 35 Abs. 3 Satz 3 BauGB nicht

2164

---

1 So grundlegend unter Modifikation der früheren Rechtsprechung BVerwG v. 20.1.1984 – 4 C 43.81, BVerwGE 68, 311 = BRS 42 Nr. 91 = BauR 1984, 269 = DVBl. 1984, 627 = NVwZ 1984, 367.
2 Vgl. BVerwG v. 22.5.1987 – 4 C 57.84, BVerwGE 77, 300 = BRS 47 Nr. 5 = BauR 1987, 651 = DVBl. 1987, 1008 = DÖV 1987, 1015 = NVwZ 1988, 54; BVerwG v. 4.5.1988 – 4 C 22.87, BVerwGE 79, 318 = BRS 48 Nr. 1 = DVBl. 1988, 960 = DÖV 1988, 835 = NJW 1989, 242.
3 So auch Hoppe, Die Rechtswirkungen eines Flächennutzungsplans gegenüber nach § 35 Abs. 1 BauGB privilegierten Außenbereichsvorhaben in der Rechtsprechung des Bundesverwaltungsgerichts, DVBl. 1991, 1277 (1284 ff.); das BVerwG hat die Frage im Urt. v. 6.10.1989 – 4 C 28.86, Buchholz 406.11 § 35 Nr. 258 = BRS 50 Nr. 98 = NVwZ 1991, 161 = ZfBR 1990, 41 offen gelassen.
4 A.A. Jeromin, Praxisprobleme bei der Zulassung von Windenergieanlagen, BauR 2003, 820, 825.
5 BVerwG v. 17.12.2002 – 4 C 15.01, BVerwGE 117, 287 = BRS 65 Nr. 95 = BauR 2003, 828 = DVBl. 2003, 797 = NVwZ 2003, 733.

entgegengehalten werden[1]. Ein auf das gesamte Gebiet einer Gemeinde bezogener Ausschluß kann allerdings durch einen gemeinsamen Flächennutzungsplan benachbarter Gemeinden auf der Grundlage von § 204 Abs. 1 BauGB oder durch einen Raumordnungsplan (dazu Rdnr. 2208 ff., 2213) herbeigeführt werden. Im übrigen müssen die Ausweisungen an anderer Stelle sich (selbstverständlich) auf geeignete Flächen beziehen; die planerische Konzeption der Gemeinde muß von dem städtebaulichen Ziel der Konzentration der Nutzungen geprägt sein; die Planung ist abwägungsfehlerhaft und kann daher keine dem Vorhaben entgegenstehenden öffentlichen Belange begründen, wenn sie von dem Ziel getragen ist, die beabsichtigte Nutzung im Gemeindegebiet möglichst weitgehend zu unterbinden. Die gesetzgeberische Wertung, daß die privilegierten Vorhaben im Außenbereich grundsätzlich zulässig sein sollen, muß bei der planerischen Entscheidung über die Flächenkonzentration berücksichtigt werden; daraus folgt allerdings nicht, daß die Gemeinde verpflichtet wäre, die privilegierten Nutzungen in der Konkurrenz mit gegenläufigen Belangen vorrangig zu fördern[2]. Die Ausschlußwirkung nach § 35 Abs. 3 Satz 3 BauGB tritt nicht ein, wenn die Gemeinde diese bei ihrer standortbezogenen positiven Planung nicht bedacht hat[3].

Greift § 35 Abs. 3 Satz 3 BauGB ein, weil für das Vorhaben seiner Art nach eine Ausweisung an anderer Stelle im Flächennutzungsplan getroffen wurde, so folgt daraus noch nicht zwingend die Unzulässigkeit des Vorhabens. Vielmehr bedarf es einer ergänzenden Prüfung, ob unter Berücksichtigung der Darstellungen des Flächennutzungsplans öffentliche Belange dem konkreten Vorhaben entgegenstehen. Insoweit ist eine **nachvollziehende Abwägung** geboten. Da sich aus der Ausweisung an anderer Stelle in der Regel das Entgegenstehen öffentlicher Belange ergibt, führt die Abwägung allerdings nur in Ausnahmefällen, die durch atypische Besonderheiten gekennzeichnet sind, zur Zulässigkeit des Vorhabens. Solche Besonderheiten können sich z.B. aus der konkreten Konzeption der Anlage, aus der in der in der näheren Umgebung vorhandenen Bebauung oder aus topographischen Besonderheiten ergeben[4].

2165 **Entwürfe** von Flächennutzungsplänen werden von § 35 Abs. 3 Satz 1 Nr. 1 und Satz 3 BauGB nicht erfaßt[5]. Sie können allenfalls als sonstige öffentliche Belange einem Vorhaben entgegenstehen (s. dazu Rdnr. 2216).

---

1 Zutreffend BVerwG v. 17.12.2002 ebenda.
2 Vgl. zu diesen Gesichtspunkten BVerwG v. 17.12.2002 ebenda.
3 OVG Lüneburg v. 21.7.1999 – 1 L 5203/96, BRS 62 Nr. 110 = NVwZ 1999, 1358 = ZfBR 2000, 61.
4 Vgl. auch dazu BVerwG v. 17.12.2002 – 4 C 15.01, BVerwGE 117, 287 = BRS 65 Nr. 95 = BauR 2003, 828 = DVBl. 2003, 797 = NVwZ 2003, 733.
5 BVerwG v. 13.3.2003 – 4 C 3.02, Buchholz 406.11 § 35 Nr. 356 = BauR 2003, 1172 = NVwZ 2003, 1261 = ZfBR 2003, 469.

Stimmt das Vorhaben mit den Darstellungen des Flächennutzungsplans überein, so ergeben sich daraus keine Konsequenzen für die Beurteilung der Vereinbarkeit mit sonstigen öffentlichen Belangen; der Flächennutzungsplan ist (anders als ein Raumordnungsplan, s. dazu Rdnr. 2208, 2214) nicht geeignet, entgegenstehende öffentliche Belange auszuräumen[1]. 2166

3. Widerspruch zu sonstigen Plänen

Gemäß § 35 Abs. 3 Satz 1 Nr. 2 BauGB liegt eine Beeinträchtigung öffentlicher Belange vor, wenn das Vorhaben den Darstellungen eines Landschaftsplans oder eines sonstigen Plans, insbesondere des Wasser-, Abfall- oder Immissionsschutzrechts widerspricht. Die Aufzählung deckt sich mit der Aufzählung in § 1 Abs. 6 Nr. 7 Buchstabe g) BauGB. Sie ist nicht abschließend (vgl. auch Rdnr. 678). Zu den Plänen im Sinne von § 35 Abs. 3 Satz 1 Nr. 2 BauGB gehören nicht Planfeststellungsbeschlüsse oder Plangenehmigungen, die gemäß § 29 Abs. 2 BauGB Sperrwirkung entfalten, ebensowenig Wasserschutzgebietsverordnungen[2] oder Raumordnungspläne (zu diesen unten Rdnr. 2208 ff.). 2167

Bei der Anwendung der durch das BauROG zum 1.1.1998 eingeführten Vorschrift wird man zwischen Plänen, die als Rechtsnormen ergehen, und anderen Plänen zu differenzieren haben. Soweit die Pläne nicht als Rechtsnormen ergehen, kann ein Widerspruch zu den Darstellungen dieser Pläne – ebenso wie bei Flächennutzungsplänen – nicht durch rechtssatzmäßige Anwendung festgestellt werden; es bedarf vielmehr einer Prüfung im Einzelfall unter Berücksichtigung der Regelungsintensität des Plans, ob er gerade auch ein Vorhaben wie das konkret beabsichtigte Vorhaben unterbinden will. Bei der Beurteilung der Frage, ob die Darstellungen des Plans einem privilegierten Vorhaben entgegenstehen, ist – gleichfalls wie bei Flächennutzungsplänen – die Frage zu prüfen, ob dem Plan eine standortbezogene Aussage in Bezug auf das beabsichtigte Vorhaben entnommen werden kann. Dies wird bei den von der Regelung erfaßten Fachplänen weitaus häufiger der Fall sein als bei Flächennutzungsplänen. Ergibt sich eine standortbezogene Aussage, so bleibt die Abwägung zwischen den beeinträchtigten Belangen und dem privilegierten Vorhaben vorzunehmen. 2168

---

[1] Vgl. BVerwG v. 10.5.1968 – 4 C 18.66 – DVBl. 1968, 806 = DÖV 1968, 880 = NJW 1969, 68; BVerwG v. 17.3.1992 – 4 B 56.92 – Buchholz 406.11 § 35 Nr. 279.
[2] Dazu BVerwG v. 12.4.2001 – 4 C 5.00, Buchholz 406.11 § 35 Nr. 346 = BRS 64 Nr. 94 = BauR 2001, 1701 = DVBl. 2001, 1446 = NVwZ 2001, 1048.

4. Schädliche Umwelteinwirkungen, Gebot der Rücksichtnahme

2169 Gemäß § 35 Abs. 3 Satz 1 Nr. 3 BauGB beeinträchtigt das Vorhaben öffentliche Belange, wenn es schädliche Umwelteinwirkungen hervorrufen kann oder ihnen ausgesetzt wird.

2170 Schädliche Umwelteinwirkungen im Sinne dieser Regelung sind nur **Immissionen**[1]. Zur Bestimmung des Begriffs der schädlichen Umwelteinwirkungen kann auf **§ 3 BImSchG** zurückgegriffen werden[2]. Danach sind schädliche Umwelteinwirkungen Immissionen, die nach Art, Ausmaß oder Dauer geeignet sind, Gefahren, erhebliche Nachteile oder erhebliche Belästigungen für die Allgemeinheit oder die Nachbarschaft herbeizuführen. Bei der Beurteilung des Gefahrenpotentials kommt es (selbstverständlich) nicht auf die abstrakte Gefährlichkeit, sondern auf die konkrete räumliche Situation an. Stimmt der von schädlichen Umwelteinwirkungen betroffene Grundstücksnachbar dem Vorhaben zu, so wird dadurch die Beeinträchtigung öffentlicher Belange nur ausgeräumt, wenn sichergestellt ist, daß die Zustimmung alle künftigen Konflikte (bis hin zu einem ordnungsrechtlichen Einschreiten) entbehrlich macht[3]. Das wird praktisch kaum sicherzustellen sein.

2171 Das Gebot der Vermeidung schädlicher Umwelteinwirkungen ist eine Ausprägung des allgemeinen **Gebots der Rücksichtnahme**, dessen Anwendungsbereich sich über die Immissionen hinaus erstreckt[4] und das auch für Vorhaben im Außenbereich gilt. Da das Gebot der Rücksichtnahme weiter greift als das öffentliche Interesse an der Vermeidung schädlicher Umwelteinwirkungen, kommt ihm weitaus größere praktische Bedeutung zu. Ebenso wie im Anwendungsbereich von § 34 BauGB verlangt das Gebot der Rücksichtnahme eine **Abwägung** unter Bewertung der Schutzwürdigkeit des Interesses an der beabsichtigten Grundstücksnutzung und des Interesses an ihrer Unterlassung[5]. Im Rahmen einer solchen Abwägung verdient eine rechtmäßig ausgeübte Grundstücksnutzung regelmäßig besonderen Schutz[6]. Immissionen, die im Sinne von § 5 Abs. 1 Nr. 1 BImSchG für den Nachbarn zumutbar sind, begründen auch im Anwendungsbereich von § 35 BauGB grundsätzlich keine Verletzung des Rücksichtnahmegebots; es gilt aller-

---

1 Vgl. insbesondere BVerwG v. 21.1.1983 – 4 C 59.79, Buchholz 406.11 § 35 Nr. 196 = BRS 40 Nr. 199 = NVwZ 1983, 609 = ZfBR 1983, 139; BVerwG v. 28.10.1993 – 4 C 5.93, Buchholz 406.19 Nr. 120 = BRS 55 Nr. 163 = BauR 1994, 354 = DVBl. 1994, 697 = NVwZ 1994, 686.
2 So auch bereits BVerwG v. 25.2.1977 – IV C 22.75, BVerwGE 52, 122 = BRS 32 Nr. 155 = BauR 1977, 244 = DVBl. 1977, 722 = DÖV 1977, 752 = NJW 1978, 62.
3 Vgl. BVerwG v. 28.4.1978 – 4 C 53.76, Buchholz 406.11 § 35 Nr. 150 = BRS 33 Nr. 66 = BauR 1978, 385 = DÖV 1978, 774.
4 BVerwG v. 21.1.1983 – 4 C 59.79, Buchholz 406.11 § 35 Nr. 196 = BRS 40 Nr. 199 = NVwZ 1983, 609 = ZfBR 1983, 139.
5 Näher zu den Grundsätzen dieser Abwägung oben Rdnr. 2089 ff.
6 Vgl. BVerwG v. 25.11.1985 – 4 B 202.85, Buchholz 406.19 Nr. 67.

dings auch hier, daß die Zumutbarkeit nicht allein durch technische Regelwerke zu erfassen ist[1]. Bei der Beurteilung der Zumutbarkeit von Immissionen und sonstigen Beeinträchtigungen ist im übrigen zu berücksichtigen, daß im Außenbereich Wohnende „bis zu einem gewissen Grad mit den für die Landwirtschaft typischen Immissionen rechnen müssen"[2] und daß der Außenbereich für neue städtebauliche Entwicklungen offen ist[3]. Häufig wird die Schutzwürdigkeit der von Störungen betroffenen Grundstücksnutzung durch eine Vorbelastung gemindert sein[4]. Regelmäßig muß daher der Eigentümer eines mit einem Wohnhaus bebauten Grundstücks im Außenbereich mehr an Störungen hinnehmen als in einem Wohngebiet[5]. Das Gebot der Rücksichtnahme gilt sowohl für die privilegierten als auch für die sonstigen Vorhaben und auch zugunsten von Grundstückseigentümern mit privilegierten und sonstigen baulichen Anlagen, auch von Eigentümern im Innenbereich; allerdings kann bei der Abwägung der Privilegierung eines Außenbereichsvorhabens Bedeutung zukommen[6], ebenso der (damit häufig zusammenhängenden) besonderen Empfindlichkeit einer privilegierten Nutzung[7]. Auf Erweiterungsmöglichkeiten eines vorhandenen privilegierten Betriebs ist Rücksicht zu nehmen, wenn sie nach der bisherigen Betriebsstruktur naheliegend und realistisch sind[8]. Neben der Wertigkeit ist auch die Wahrscheinlichkeit der Beeinträchtigung schutzwürdiger Interessen bei der Abwägung zu berücksichtigen[9]. Über das bei Rdnr. 2096 dargestellte Beispiel hinaus wird die Wirkungsweise des Gebots der Rücksichtnahme im Außenbereich veranschaulicht durch die folgenden

---

1 Vgl. auch BVerwG v. 28.7.1999 4 B 38.99, Buchholz 406.19 Nr. 160 = BRS 62 Nr. 189 = BauR 1999, 1439 = NVwZ 2000, 552 = ZfBR 1999, 351.
2 So BVerwG v. 25.2.1977 – IV C 22.75, BVerwGE 52, 122 = BRS 32 Nr. 155 = BauR 1977, 244 = DVBl. 1977, 722 = DÖV 1977, 752 = NJW 1978, 62.
3 Darauf weist das BVerwG im Urt. v. 28.10.1993, das bei Rdnr. 2096 als Beispiel dargestellt wurde, besonders hin.
4 Vgl. dazu etwa BVerwG v. 21.1.1983 – 4 C 59.79, Buchholz 406.11 § 35 Nr. 196 = BRS 40 Nr. 199 = NVwZ 1983, 609 = ZfBR 1983, 139 (Erweiterung eines Stahlbaubetriebs um 2 Lagerhäuser); BVerwG v. 22.6.1990 – 4 C 6.87, Buchholz 406.11 § 35 Nr. 261 = BRS 50 Nr. 84 = BauR 1990, 689 = NVwZ 1991, 64 (Erweiterung einer Zimmerei); OVG Lüneburg v. 30.7.1999 – 1 M 2870/99, BRS 62 Nr. 187 = BauR 2000, 362 (Neubau eines Schweinestalls bewirkt Verbesserung der Immissionslage).
5 OVG Lüneburg v. 8.7.1999 – 1 K 4250/99, ZfBR 2000, 140.
6 Vgl. BVerwG v. 10.12.1982 – 4 C 28.81, BRS 39 Nr. 57 = BauR 1983, 140 = DVBl. 1983, 349 = NJW 1983, 2460 (an landwirtschaftlichen Betrieb heranrückende Wohnbebauung); OVG Münster v. 18.11.2002 – 7 A 2127/00, BRS 65 Nr. 182 = BauR 2003, 517 = NVwZ 2003, 756 = ZfBR 2003, 275 (Windenergieanlage in der Nähe einer Wohnbebauung); abweichend OVG Lüneburg v. 4.8.1999 – 1 M 2974/99, BRS 62 Nr. 105 = BauR 2000, 364.
7 Vgl. dazu etwa OVG Lüneburg v. 15.6.1995 – 1 L 2458/93, BRS 57 Nr. 226.
8 Vgl. zu dieser Problematik BVerwG v. 5.9.2000 – 4 B 56.00, BauR 2001, 83 = NVwZ-RR 2001, 82 = ZfBR 2001, 68.
9 Vgl. BayVGH v. 31.3.2001 – 15 B 96.1537, BayVBl. 2002, 698 = NuR 2003, 173 = ZfBR 2002, 701; BVerwG v. 14.12.2002 – 4 B 80.01, BRS 64 Nr. 104 = BauR 2002, 1359.

2172 **Beispiele:**

(a) An einem Weg im Außenbereich liegen sich vier Wohnhäuser und ein landwirtschaftlicher Betrieb gegenüber. Dem Landwirt wurde die Errichtung eines Stalls für die Mast von 300 bis 350 Schweinen in einer Entfernung von 25 m von dem ersten der Wohngebäude genehmigt. Sein Bauvorhaben verletzt das Gebot der Rücksichtnahme, wenn ihm zugemutet werden konnte, den Stall an einem anderen weniger störenden Standort zu errichten oder wenn die durch die Schweinehaltung entstehenden Immissionen den Rahmen überschreiten, mit dem die Anwohner wegen der Lage ihrer Häuser in der Nähe des landwirtschaftlichen Betriebs und im Außenbereich rechnen müssen[1].

(b) Der Inhaber eines Industriebetriebs im unbeplanten Innenbereich wendet sich gegen die Erteilung von Baugenehmigungen für eine heranrückende Wohnbebauung im angrenzenden Außenbereich. Die Verwirklichung dieser Bebauung kann dazu führen, daß der Betrieb mit zusätzlichen immissionsschutzrechtlichen Auflagen belastet wird; der Betriebsstandort als solcher wird nicht in Frage gestellt. Diese Belastung kann dazu führen, daß die heranrückende Wohnbebauung als Ergebnis der Abwägung als rücksichtslos zu qualifizieren ist[2].

2173 (c) Der Eigentümer eines Wohnhauses im Dorfgebiet wendet sich gegen die Errichtung eines störenden gewerblichen Betriebs im angrenzenden Außenbereich, der im Dorfgebiet unzulässig wäre. Der Gebietserhaltungsanspruch (dazu oben Rdnr. 1821 ff., 2086 ff.) kann dem Vorhaben nicht entgegengehalten werden, weil § 35 Abs. 3 Satz 1 Nr. 3 BauGB einen solchen Anspruch nicht vermitteln kann[3]. Die Verletzung des Gebots der Rücksichtnahme hängt von den auf das Wohngrundstück einwirkenden Beeinträchtigungen ab.

(d) Ein Landwirt, der in seinem im Außenbereich gelegenen Betrieb Rinderhaltung betreibt, wendet sich gegen die Genehmigung eines gemäß § 35 Abs. 1 Nr. 4 BauGB privilegierten Geflügelmastbetriebs auf einem benachbarten Grundstück. Da die Geruchsemissionen des Geflügelmastbetriebs typische Begleiterscheinungen der im Außenbereich zulässigen Grundstücksnutzung sind, ist dem Landwirt eine Geruchswahrnehmungshäufigkeit von mehr als 50% der Jahresstunden zuzumuten[4].

5. Unwirtschaftliche Aufwendungen

2174 Gemäß **§ 35 Abs. 3 Satz 1 Nr. 4 BauGB** werden öffentliche Belange beeinträchtigt, wenn das Vorhaben unwirtschaftliche Aufwendungen für Straßen oder andere Verkehrseinrichtungen, für Anlagen der Versorgung oder Entsorgung, für die Sicherheit oder Gesundheit oder für sonstige Aufgaben erfordert. Die praktische Bedeutung dieser Regelung ist gering. Sie erfaßt hauptsächlich Erschließungsaufwendungen. Sind zusätzliche Erschließungsanlagen (insbesondere Straßen, Abwasserversorgungs- oder -beseitigungsan-

---

1 Fall des BVerwG v. 25.2.1977 – IV C 22.75, BVerwGE 52, 122 = BRS 32 Nr. 155 = BauR 1977, 244 = DVBl. 1977, 722 = DÖV 1977, 752 = NJW 1978, 62.
2 Fall des BVerwG v. 25.11.1985, 4 B 202.85, Buchholz 406.19 Nr. 67 = BRS 44 Nr. 176 = DÖV 1986, 574 = NVwZ 1986, 469.
3 Unrichtig daher BayVGH v. 4.12.2002 – 1 CS 02.1673, BRS 65 Nr. 180 = BauR 2003, 1022.
4 Fall des OVG Münster v. 19.12.2002 – 10 B 435/02, BauR 2004, 292.

lagen) erforderlich, so scheitert das Vorhaben bereits daran, daß die Erschließung nicht gesichert ist, wenn die Gemeinde nicht zur Herstellung der Anlagen bereit ist oder der Bauherr sich nicht durch Vertrag mit der Gemeinde zur Herstellung der Erschließungsanlagen oder zur Übernahme der Erschließungskosten verpflichtet hat[1]. § 35 Abs. 3 Satz 1 Nr. 4 BauGB hindert die Gemeinde, unwirtschaftliche Erschließungsaufwendungen aufzubringen; dazu dürfte aber ohnehin kaum eine Gemeinde bereit sein.

Unwirtschaftlich sind Aufwendungen, die im Verhältnis zu dem erstrebten Zweck unangemessen hoch sind[2]. Die Regelung schützt nur öffentliche Belange[3]. Übernimmt der Bauherr die Aufwendungen, auch soweit sie sich auf die Unterhaltung beziehen, und ist die Ausführung einer entsprechenden Vereinbarung mit der Gemeinde hinreichend verläßlich gesichert, so besteht deshalb kein Anlaß zur Prüfung ihrer Wirtschaftlichkeit. 2175

6. Belange der Natur, der Landschaft und des Denkmalschutzes

Eine Beeinträchtigung öffentlicher Belange liegt gemäß **§ 35 Abs. 3 Satz 1 Nr. 5 BauGB** vor, wenn das Vorhaben Belange des Naturschutzes und der Landschaftspflege, des Bodenschutzes, des Denkmalschutzes oder die natürliche Eigenart der Landschaft und ihren Erholungswert beeinträchtigt oder das Orts- und Landschaftsbild verunstaltet. Mit dieser Regelung sind Gesichtspunkte angesprochen, die sich thematisch berühren, die aber gleichwohl der Unterscheidung bedürfen. 2176

a) Belange des Naturschutzes und der Landschaftspflege

Belange des Naturschutzes und der Landschaftspflege können sich aus einem Landschaftsplan ergeben. Ist dies der Fall, so greift § 35 Abs. 3 Satz 1 Nr. 2 BauGB als Spezialregelung ein. In den Anwendungsbereich der Nr. 5 fallen zusätzlich vor allem förmliche Unterschutzstellungen durch **Natur- oder Landschaftsschutzverordnungen**[4]. Der durch eine förmliche Unterschutzstellung begründete Schutz steht auch einem privilegierten Vorhaben entgegen, wenn das Vorhaben gegen Verbote der Verordnung verstößt und eine Ausnahme nicht erteilt werden kann[5]. In einem solchen Fall scheitert 2177

---

1 Vgl. dazu auch Rdnr. 2274.
2 So BVerwG v. 22.3.1972 – IV C 121.68, BRS 25 Nr. 38 = BauR 1972, 222 = DVBl. 1973, 321 = DÖV 1972, 827.
3 Vgl. auch BVerwG v. 5.1.1996 – 4 B 306.95, Buchholz 406.11 § 35 Nr. 319 = BRS 58 Nr. 91.
4 Vgl. insbesondere BVerwG v. 15.5.1997 – 4 C 23.95, Buchholz 406.11 § 35 Nr. 329 = BRS 59 Nr. 90 = BauR 1997, 988.
5 BVerwG v. 20.10.1978 – 4 C 75.76, BRS 33 Nr. 63 = BauR 1979, 122 = DVBl. 1979, 622 = DÖV 1979, 212; vgl. auch BVerwG v. 13.4.1983 – 4 C 21.79, BVerwGE 67, 84 = Buchholz 406.11 § 35 Nr. 201 = BRS 40 Nr. 52 = BauR 1984, 54 = DVBl. 1983, 895.

die Bebauung freilich unabhängig von der bauplanungsrechtlichen Beurteilung auch unmittelbar an dem Widerspruch zur Verordnung[1].

2178 In ähnlicher Weise kann ausnahmsweise auch der **Schutz bestimmter Biotope** auf der Grundlage von § 30c BNatSchG[2] oder § 34 Abs. 2 BNatSchG i.V.m. § 37 Abs. 1 Satz 2 BNatSchG dem Vorhaben entgegenstehen.

2179 Daneben greift § 35 Abs. 3 Satz 1 Nr. 5 BauGB auch dann ein, wenn es an einer förmlichen Unterschutzstellung fehlt, die Ziele und Grundsätze des Naturschutzes und der Landschaftspflege im Sinne der **§§ 1 und 2 BNatSchG** aber gleichwohl negativ betroffen werden[3]. Dies wird freilich nur selten feststellbar sein.

2180 Schließlich kann der Vorschrift auch im Zusammenhang mit der **naturschutzrechtlichen Eingriffsregelung** (§ 18 ff. BNatSchG) Bedeutung zukommen. Bei der Entscheidung über Vorhaben nach § 35 BauGB sind die Vorschriften über die Eingriffsregelung in § 18 ff. BNatSchG zu beachten. Das wird durch § 21 Abs. 2 Satz 2 BNatSchG klargestellt. Bauvorhaben im Außenbereich sind in der Regel zugleich Eingriffe in Natur und Landschaft im Sinne von § 18 Abs. 1 BNatSchG. Ist der Eingriff als Ergebnis der gemäß § 19 Abs. 3 BNatSchG vorzunehmenden Abwägung zu untersagen, so folgt daraus zwar noch nicht unmittelbar, daß ein privilegiertes Vorhaben auch bauplanungsrechtlich unzulässig wäre; vielmehr ist eine gegenüber der naturschutzrechtlichen Abwägung eigenständige Abwägung geboten[4]. Das Ergebnis der naturschutzrechtlichen Abwägung ist jedoch keineswegs belanglos[5]. Einer Berücksichtigung der naturschutzrechtlichen Abwägung steht insbesondere nicht die landesrechtliche Regelungskompetenz nach § 18 Abs. 4 BNatSchG entgegen[6]; denn es steht dem Bundesgesetzgeber zu, durch die Bezugnahme auf (landesrechtlich bestimmte) Belange des Naturschutzes und der Landespflege diesen Beachtung bei der Anwendung des Bundesrechts zu verschaffen[7]. Bei Vorhaben, die durch § 35 Abs. 1 Nr. 1 BauGB privilegiert sind, ist außerdem die Sonderregelung in § 18 Abs. 2 BNatSchG zu beachten.

---

1 BVerwG v. 2.2.2000 – 4 B 104.99, BRS 63 Nr. 111 = BauR 2000, 1311 = ZfBR 2000, 428; a.A. Weyreuther, Bauen im Außenbereich, 1979, S. 77.
2 Vgl. dazu BVerwG v. 21.12.1994 – 4 B 266.94, ZfBR 1995, 102.
3 BVerwG v. 13.4.1984 – 4 C 69.80, Buchholz 406.11 § 35 Nr. 213 = BRS 42 Nr. 87 = BauR 1984, 614 = NVwZ 1985, 340.
4 BVerwG v. 13.12.2001 – 4 C 3.01, Buchholz 406.11 § 35 Nr. 350 = BRS 64 Nr. 98 = BauR 2002, 751 = DVBl. 2002, 706 = NVwZ 2002, 1112 = ZfBR 2002, 360.
5 Insoweit mißverständlich Roeser in Berliner Kommentar zum Baugesetzbuch, § 35 Rdnr. 73.
6 Auf diese weist BVerwG v. 13.12.2001 – 4 C 3.01, Buchholz 406.11 § 35 Nr. 350 = BRS 64 Nr. 98 = BauR 2002, 751 = DVBl. 2002, 706 = NVwZ 2002, 1112 = ZfBR 2002, 360 besonders hin.
7 Zutreffend Weyreuther, Bauen im Außenbereich, 1979, S. 76 f.

Gemäß § 19 Abs. 1 BNatSchG ist der Verursacher eines Eingriffs zu verpflichten, vermeidbare Beeinträchtigungen von Natur und Landschaft zu unterlassen. Diese Vorschrift eröffnet keine eigenständige Prüfung der Zulässigkeit eines Bauvorhabens im Außenbereich. Vielmehr ist ein nach § 35 BauGB zulässiges Vorhaben unvermeidbar. Das Vermeidungsgebot begründet nur die Verpflichtung, „aus dem Kreis der mit dem Eingriff definitionsgemäß verbundenen erheblichen oder nachhaltigen Beeinträchtigungen von Natur und Landschaft diejenigen zu unterlassen, die vermeidbar sind"[1]. Es bezieht sich damit auf eine Inanspruchnahme von Natur und Landschaft über den Ort des Eingriffs hinaus[2]. Praktische Bedeutung hat deshalb für die Vorhaben im Außenbereich vor allem die aus § 19 Abs. 2 Satz 1 BNatSchG sich ergebende Verpflichtung zum **Ausgleich von Eingriffen**. Bauanträge, die den danach erforderlichen Ausgleich nicht vorsehen, sind nicht genehmigungsfähig; ggf. kann dieser Mangel allerdings durch Nebenbestimmungen zur Baugenehmigung ausgeräumt werden.

2181

Zu den Belangen des Naturschutzes und der Landschaftspflege gehören nicht ästhetische Belange, die das Landschaftsbild betreffen. Diese werden vielmehr nur durch das Verunstaltungsverbot (dazu unten Rdnr. 2189 ff.) geschützt[3].

2182

b) Belange des Bodenschutzes

Die Regelung bezieht sich auf die in § 2 Abs. 2 Bundes-Bodenschutzgesetz bezeichneten Funktionen des Bodens. Von einer Beeinträchtigung dieser Funktionen wird man sprechen können, wenn schädliche Bodenveränderungen im Sinne von § 2 Abs. 3 Bundes-Bodenschutzgesetz mit dem Vorhaben verbunden sind; denn diese sind gemäß § 4 Abs. 1 Bundes-Bodenschutzgesetz zu vermeiden.

2183

c) Belange des Denkmalschutzes

Die Regelung knüpft an den aus Landesrecht sich ergebenden Denkmalschutz an. Sie schützt (ebenso wie die Regelung über Belange des Natur- und Landschaftsschutzes) nicht nur förmlich unter Schutz gestellte Baudenkmäler[4]. Sie begründet aber keinen eigenständigen bundesrechtlichen Denkmalschutz[5]; dafür würde dem Bund die Gesetzgebungskompetenz feh-

2184

---

1 So BVerwG v. 7.3.1997 – 4 C 10.96, Buchholz 406.401 § 8 Nr. 21 = BRS 59 Nr. 235 = BauR 1997, 631 = DVBl. 1997, 838 = NVwZ 1997, 914.
2 So auch Halama, Fachrechtliche Zulässigkeitsprüfung und naturschutzrechtliche Eingriffsregelung, NuR 1998, 633, 635.
3 BVerwG v. 15.5.1997 – 4 C 23.95, Buchholz 406.11 § 35 Nr. 329 = BRS 59 Nr. 90 = BauR 1997, 988.
4 Ebenso Jäde in Jäde/Dirnberger/Weiß, § 35 Rdnr. 178.
5 A.A. Schmaltz in Schrödter, § 35 Rdnr. 85.

len. Die praktische Bedeutung ist angesichts der eigenständigen Schutzvorschriften in den Denkmalgesetzen der Bundesländer gering.

d) Beeinträchtigung der natürlichen Eigenart der Landschaft und ihres Erholungswerts

2185 Schutzgut dieser Regelung ist nach der Rechtsprechung des Bundesverwaltungsgerichts „die funktionelle Bestimmung des Außenbereichs, also die **Erhaltung der naturgegebenen Bodennutzung**"[1]. „Naturgegeben" ist die land- und forstwirtschaftliche Bodennutzung[2], darüber hinaus auch eine Brachlandschaft[3]. Das Landschaftsbild wird nur durch das Verunstaltungsverbot geschützt[4].

2186 Eine in ihrer natürlichen Eigenart (d.h. mit land- oder forstwirtschaftlicher Nutzung oder als Brachfläche) erhaltene Landschaft hat regelmäßig zugleich Erholungswert im Sinne des Gesetzes. Ist die natürliche Eigenart durch bauliche Eingriffe bereits verändert, so bedarf die Frage der Prüfung, ob sie dadurch ihre **Schutzwürdigkeit nicht bereits eingebüßt** hat[5]. Dies ist häufig der Fall, insbesondere bei Bauvorhaben, die in einer Baulücke in einer Splittersiedlung im Außenbereich errichtet werden sollen[6]. Eine Berücksichtigung ist auch dann ausgeschlossen, wenn die Landschaft (etwa infolge der Realisierung anderer Planungen) ihre natürliche Eigenart demnächst ohnehin einbüßen wird[7]. Die Schutzwürdigkeit der zur Bebauung vorgesehenen Fläche wird aber nicht bereits dadurch ausgeschlossen, daß sie an bebaute Flächen angrenzt. Deshalb beeinträchtigt in der Regel ein Wohnhaus in der landwirtschaftlich genutzten Dorfrandlage eines Außenbereichs die natürliche Eigenart der Landschaft[8].

---

1 Deutlich vor allem BVerwG v. 15.5.1997 – 4 C 23.95, Buchholz 406.11 § 35 Nr. 329 = BRS 59 Nr. 90 = BauR 1997, 988.
2 Vgl. BVerwG v. 25.1.1985 – 4 C 29.81, Buchholz 406.11 § 35 Nr. 223 = BRS 44 Nr. 87 = BauR 1985, 427 = DÖV 1985, 832 = NVwZ 1985, 747 zur landwirtschaftlichen Bodennutzung.
3 Vgl. BVerwG v. 29.8.1989 – 4 B 61.89, Buchholz 406.11 § 35 Nr. 256 = BRS 49 Nr. 97 = DÖV 1989, 1095 (in anderem Zusammenhang).
4 BVerwG v. 15.5.1997 – 4 C 23.95, Buchholz 406.11 § 35 Nr. 329 = BRS 59 Nr. 90 = BauR 1997, 988.
5 Vgl. zusammenfassend BVerwG v. 16.6.1994 – 4 C 20.93, BVerwGE 96, 95 = Buchholz 406.11 § 35 Nr. 297 = BauR 1994, 739 = DVBl. 1994, 1141 = NVwZ 1995, 64.
6 In gerichtlichen Entscheidungen, die derartige Bauvorhaben betreffen, wird die Beeinträchtigung der natürlichen Eigenart der Landschaft daher regelmäßig überhaupt nicht erörtert, vgl. etwa OVG Münster v. 27.2.1996 – 11 A 1897/94, BRS 58 Nr. 92.
7 Vgl. BVerwG v. 11.4.2002 – 4 C 4.01, BVerwGE 116, 169 = BRS 65 Nr. 207 = BauR 2002, 1520 = DVBl. 2002, 1423 = NVwZ 2002, 1250 = ZfBR 2002, 693.
8 BVerwG v. 25.1.1985 – 4 C 29.81, Buchholz 406.11 § 35 Nr. 323 = BRS 44 Nr. 87 = BauR 1985, 427 = DÖV 1985, 832 = NVwZ 1985, 747.

Beeinträchtigt wird die natürliche Eigenart einer (in dem dargestellten Sinne schutzwürdigen) Landschaft regelmäßig durch alle Bauvorhaben, die nicht der „naturgegebenen Bodennutzung" entsprechen, neben Wohnhäusern also auch durch Wochenendhäuser[1], private Berg- oder Skihütten[2], Lagerplätze[3] oder Werbeanlagen[4]; dasselbe kann für untergeordnete Anlagen wie Einfriedigungen[5], Schallschutzwände[6] oder Zeltpodestplatten[7] zutreffen. Auf die Anpassung an die Umgebung kommt es nicht an[8]. An einer Beeinträchtigung der natürlichen Eigenart der Landschaft wird es allerdings regelmäßig bei solchen Vorhaben fehlen, die (wie z.B. ein Schafstall oder ein Weideschuppen) für eine landwirtschaftliche Bodennutzung typisch sind, mögen sie auch im Einzelfall nicht einem landwirtschaftlichen Betrieb dienen; eine Beeinträchtigung kann sich auch bei solchen Vorhaben z.B. aus dem konkret gewählten Standort ergeben. Eine Beeinträchtigung ergibt sich im übrigen auch nicht daraus, daß mit dem Vorhaben ein neuartiges Element in die Landschaft eingeführt werden soll[9]. Eine Beeinträchtigung der natürlichen Eigenart der Landschaft bezieht sich in der Regel zugleich auf den Erholungswert; das Merkmal hat deshalb keine wesentliche eigenständige Bedeutung.

2187

Einem **privilegierten Vorhaben** kann die Beeinträchtigung der natürlichen Eigenart der Landschaft und ihres Erholungswerts in der Regel nicht entgegengehalten werden. Da solche Vorhaben dem Außenbereich zugewiesen sind, setzen sie sich regelmäßig durch. Zu einem anderen Ergebnis kann die erforderliche Abwägung insbesondere dann führen, wenn der konkret gewählte Standort mit vermeidbaren Störungen der natürlichen Eigenart der Landschaft oder ihres Erholungswerts verbunden ist[10].

2188

---

1 Z.B. BVerwG v. 6.6.1975 – IV C 15.73, BVerwGE 48, 271 = BRS 29 Nr. 168 = BauR 1975, 410 = DÖV 1976, 58 = NJW 1976, 340.
2 BVerwG v. 27.10.1964 – I B 35.63, BRS 15 Nr. 31.
3 Z.B. BVerwG v. 14.1.1993 – 4 C 33.90, Buchholz 406.11 § 35 Nr. 282 = BRS 55 Nr. 81 = BauR 1993, 435 = DVBl. 1993, 653 = NVwZ 1994, 293.
4 Z.B. VGH Kassel v. 7.7.1972 – IV OE 59/71, BRS 25 Nr. 135; VGH Mannheim v. 10.3.1976 – III 86/75, BRS 30 Nr. 193.
5 Z.B. OVG Berlin v. 5.3.1976 – II B 85/75, BRS 30 Nr. 113 = BauR 1976, 553; VGH Mannheim v. 24.7.1973 – III 1020/69, BRS 27 Nr. 114 = BauR 1974, 120; VGH Mannheim v. 10.6.1977 – III 990/76, BRS 32 Nr. 72; VGH Mannheim v. 9.6.1988 – 8 S 51/88, BRS 48 Nr. 108; OVG Münster v. 20.4.1972 – VII A 250/70, OVGE 27, 300 = BRS 25 Nr. 125.
6 OVG Münster v. 12.6.1970 – X A 102/69, BRS 23 Nr. 86.
7 OVG Lüneburg v. 26.10.1972 – I A 106/72, BRS 25 Nr. 80.
8 Vgl. BVerwG v. 15.10.1964 – I B 174.64, BRS 15 Nr. 44; BVerwG v. 30.4.1969 – IV C 63.68, BRS 22 Nr. 86 = BauR 1970, 93 = NJW 1970, 346.
9 Vgl. BVerwG v. 16.6.1994 – 4 C 20.93, BVerwGE 96, 95 = Buchholz 406.11 § 35 Nr. 297 = BauR 1994, 739 = DVBl. 1994, 1141 = NVwZ 1995, 64 (Windenergieanlagen); BVerwG v. 13.4.1995 – 4 B 70.95, Buchholz 406.11 § 35 Nr. 309 = BRS 57 Nr. 109 = BauR 1995, 665 = DVBl. 1995, 1008 = NJW 1995, 2648 (Großplastiken).
10 Vgl. BVerwG v. 19.4.1985 – 4 C 13.82, BRS 44 Nr. 79 = BauR 1985, 541 = DÖV 1985, 1015 = NVwZ 1986, 201 (Reit- und Bewegungshalle eines Pferdezuchtbe-

e) Verunstaltung des Orts- und Landschaftsbildes

2189 Das Orts- oder Landschaftsbild wird verunstaltet durch ein Bauvorhaben, das „dem Orts- oder Landschaftsbild in ästhetischer Hinsicht grob unangemessen ist und auch von einem für ästhetische Eindrücke offenen Betrachter als belastend empfunden wird"[1]. Dazu reicht es nicht aus, daß das Vorhaben unharmonisch in Widerspruch zu einer kleinmaßstäblichen Nachbarbebauung tritt[2] oder einen ästhetisch unharmonischen Übergang der Bebauung des Ortsteils in die freie Landschaft bewirkt[3]. Die Verunstaltung setzt eine besondere Schutzwürdigkeit der Landschaft nicht voraus; gleichwohl kann einem exponierten Standort bei der erforderlichen Gesamtbeurteilung Bedeutung zukommen[4].

2190 **Beispiele:**

(a) Der Antragsteller begehrt die Genehmigung für eine Hütte an einem Hang unterhalb eines auf einer Bergkuppe gelegenen Ortsteils. Die topographische Gestaltung läßt bei einem Betrachter den Eindruck einer „Stadt auf dem Berge" aufkommen, den die Hütte im abfallenden Hang etwa 50 m unterhalb der Bebauung erheblich stören würde[5].

2191 (b) Der Antragsteller begehrt die Genehmigung für ein Bienenhaus, das nicht wie üblich in Holzbauweise, sondern als massiver, wuchtiger und weithin sichtbarer Baukörper ausgeführt ist. In dieser Form kann es ästhetisch grob unangemessen wirken[6].

2192 Wie sich aus dem Beispiel b) ergibt, kann die Verunstaltung des Landschaftsbildes auch einem privilegierten Vorhaben entgegenstehen[7]. Bei der vorzunehmenden Abwägung wird sich das Anliegen, eine Verunstaltung des Orts- oder Landschaftsbildes zu vermeiden, vor allem auf die Standortwahl auswirken. Bei einem standortgebundenen Vorhaben kann auch die Verunstaltung durch Abwägung überwunden werden[8].

---

triebs); BVerwG v. 22.11.1985 – 4 C 71.82, Buchholz 406.11 § 35 Nr. 229 = BRS 44 Nr. 76 = BauR 1986, 188 = DVBl. 1986, 413 = NVwZ 1986, 644 (Wohnhaus eines Winzerbetriebs mit verstreut liegenden Flächen); BVerwG v. 19.6.1991 – 4 C 11.89, Buchholz 406.11 § 35 Nr. 273 = BRS 52 Nr. 78 = BauR 1991, 579 = NVwZ-RR 1992, 401 (Wirtschaftsgebäude für die Bienenzucht).

1 So zusammenfassend BVerwG v. 15.5.1997 – 4 C 23.95, Buchholz 406.11 § 35 Nr. 329 = BRS 59 Nr. 90 = BauR 1997, 988.
2 BVerwG v. 22.6.1990 – 4 C 6.87, Buchholz 406.11 § 35 Nr. 261 = BRS 50 Nr. 84 = BauR 1990, 689 = NVwZ 1991, 64.
3 BVerwG v. 15.5.1997 – 4 C 23.95, Buchholz 406.11 § 35 Nr. 329 = BRS 59 Nr. 90 = BauR 1997, 988.
4 Vgl. BVerwG v. 15.5.1997 ebenda.
5 Fall des OVG Münster v. 16.3.1976 – VII A 556/75, BRS 30 Nr. 70.
6 Fall des BVerwG v. 29.4.1968 – IV B 77.67, BRS 20 Nr. 59 = DVBl. 1969, 261; vgl. zur krassen Abweichung vom herkömmlichen Baustil auch BVerwG v. 19.1.1978 – 4 B 90.77, BRS 33 Nr. 71.
7 So auch BVerwG v. 13.11.1996 – 4 B 210.96, BRS 58 Nr. 86; OVG Münster v. 4.7.2000 – 10 A 3377, BauR 2001, 222.
8 Vgl. dazu das Beispiel bei Rdnr. 2152.

7. Agrarstruktur, Wasserwirtschaft

Gemäß § 35 Abs. 3 Satz 1 Nr. 6 BauGB beeinträchtigt das Vorhaben öffentliche Belange, wenn es Maßnahmen zur Verbesserung der Agrarstruktur beeinträchtigt oder die Wasserwirtschaft gefährdet. 2193

Zu den Maßnahmen zur **Verbesserung der Agrarstruktur** (vgl. auch § 187 BauGB) gehört vor allem die Flurbereinigung. Eine Beeinträchtigung solcher Maßnahmen kommt in Betracht, wenn zu erwarten ist, daß die Ausführung des Vorhabens die beabsichtigte Neuordnung der Flächen erschwert. Dies kann gerade auch bei privilegierten Vorhaben der Fall sein; die Bedenken werden sich freilich regelmäßig auf die Standortwahl beziehen. 2194

Der öffentliche Belang, die **Gefährdung der Wasserwirtschaft** zu vermeiden, ist eine eigenständige planungsrechtliche Regelung des Bundesrechts; sie findet neben den Vorschriften der Wassergesetze der Länder Anwendung und geht diesen vor[1]. Zu einer Gefährdung der Wasserwirtschaft kann es vor allem durch Verunreinigung des Grundwassers oder eines Wasserlaufs kommen, z.B. durch das Überlaufen oder durch die Undichtigkeit einer Abwassersammelgrube, bei Ungeeignetheit des Bodens zur Aufnahme von (weiteren) Abwassern im Wege der Verrieselung oder bei ungenügender Vorklärung gewerblicher Abwasser. In diesen Fällen ist zugleich in der Regel auch die ausreichende Erschließung nicht gesichert. Ein „grober Verstoß" ist nicht Voraussetzung für eine Gefährdung i.S. von § 35 Abs. 3 Satz 1 Nr. 6 BauGB[2]; vielmehr ist (wie auch sonst, vgl. Rdnr. 2150 ff.) eine Abwägung geboten. Indiz für die Gefährdung der Wasserwirtschaft kann z.B. der Entwurf einer Wasserschutzgebietsverordnung sein[3]. Eine rechtswirksame Wasserschutzgebietsverordnung kann gemäß § 29 Abs. 2 BauGB dem Vorhaben eigenständig entgegenstehen, so daß es eines Rückgriffs auf § 35 Abs. 3 Satz 1 Nr. 6 BauGB nicht bedarf[4]. 2195

8. Splittersiedlung

Gemäß § 35 Abs. 3 Satz 1 Nr. 7 BauGB werden öffentliche Belange durch ein Vorhaben beeinträchtigt, das die Entstehung, Verfestigung oder Erweiterung einer Splittersiedlung befürchten läßt. 2196

Splittersiedlung ist eine Ansammlung von Gebäuden, die dem Aufenthalt von Menschen dienen[5] und keinen Ortsteil im Sinne von § 34 Abs. 1 Satz 1 2197

---

1 BVerwG v. 20.10.1972 – IV C 1.70, BRS 25 Nr. 84 = BauR 1973, 35 = DÖV 1973, 203.
2 A.A. BayVGH v. 31.3.2001 – 15 B 96.1537, BayVBl. 2002, 698 = ZfBR 2002, 701.
3 BVerwG v. 12.4.2001 – 4 C 5.00, Buchholz 406.11 § 35 Nr. 346 = BRS 64 Nr. 94 = BauR 2001, 1701 = DVBl. 2001, 1446 = NVwZ 2001, 1048.
4 BVerwG v. 12.4.2001 ebenda.
5 Vgl. BVerwG v. 9.6.1976 – 4 C 42.74, BauR 1976, 344 = DVBl. 1977, 198; BVerwG v. 18.2.1983 – 4 C 19.81, Buchholz 406.11 § 35 Nr. 197 = BRS 40 Nr. 84 = DVBl.

BauGB bilden¹. Das Gesetz bewertet eine **Zersiedlung** des Außenbereichs als städtebauliche Fehlentwicklung². Eine solche unerwünschte Zersiedlung bildet auch eine „Streubebauung", so daß es im Einzelfall nicht auf eine Unterscheidung dieser Siedlungsformen ankommt³.

2198 Der Vorgang der **Entstehung** einer Splittersiedlung erfaßt die erstmalige Errichtung eines Gebäudes im Außenbereich, sei es im Anschluß an einen Ortsteil, sei es in isolierter Lage. Sie vermag die Zersiedlung einzuleiten, weil sie eine Vorbildwirkung für eine weitere Ausuferung der Bebauung schaffen kann⁴. Die **Verfestigung** ist die Auffüllung eines bisher schon durch Bebauung in Anspruch genommenen Bereichs, die **Erweiterung** seine räumliche Ausdehnung⁵.

2199 Die Entstehung, Verfestigung oder Erweiterung einer Splittersiedlung beeinträchtigt öffentliche Belange nur, wenn sie **zu befürchten** ist. Dies ist dann nicht der Fall, wenn der Vorgang ausnahmsweise städtebaulich nicht zu mißbilligen ist. Daran fehlt es, wenn entweder „sich die Streubebauung im Außenbereich als die herkömmliche Siedlungsform darstellt"⁶ oder das Bauvorhaben sich bei einer Verfestigung der Splittersiedlung einer vorhandenen Bebauung deutlich unterordnet.

2200 **Herkömmliche Siedlungsstruktur** ist die Streubebauung nur dann, wenn sie mit behördlicher Billigung so lange besteht, daß sie nach der Verkehrsauffassung als typische Siedlungsstruktur der Region zu beurteilen ist⁷. Ist die

---

1983, 890 = ZfBR 1983, 196 (Windenergieanlagen können keine Splittersiedlung bilden); BVerwG v. 17.2.1984 – 4 C 55.81, Buchholz 406.11 § 34 Nr. 97 = BRS 42 Nr. 94 (Kleingartenlauben können zur Entstehung einer Splittersiedlung beitragen); BVerwG v. 12.3.1998 – 4 C 10.97, Buchholz 406.11 § 35 Nr. 334 = BRS 60 Nr. 98 = BauR 1998, 760 (Garagen können eine Splittersiedlung erweitern).

1 Zum Begriff des Ortsteils vgl. Rdnr. 1967 ff.
2 Vgl. BVerwG v. 28.4.1964 – I C 64.62, BVerwGE 18, 242 = BRS 15 Nr. 53 = DVBl. 1964, 530 = DÖV 1964, 740; BVerwG v. 3.6.1977 – IV C 37.75, BVerwGE 54, 73 = BRS 32 Nr. 75 = BauR 1977, 398.
3 Vgl. BVerwG v. 26.5.1967 – IV C 25.66, BVerwGE 27, 137 = BRS 18 Nr. 45 = DVBl. 1968, 43 = DÖV 1968, 56; BVerwG v. 9.6.1976 – IV C 42.74, BRS 30 Nr. 57 = BauR 1976, 344 = DVBl. 1977, 198; zum Begriff der Streubebauung auch VGH Mannheim v. 28.1.1971 – III 324/69, BRS 24 Nr. 72.
4 Vgl. BVerwG v. 8.11.1967 – IV C 19.66, BRS 20 Nr. 67; BVerwG v. 28.4.1972 – IV C 42.69, BVerwGE 40, 101 = BRS 25 Nr. 205 = BauR 1972, 298 = DÖV 1972, 829; BVerwG v. 29.10.1982 – 4 C 31.78, BRS 39 Nr. 82; OVG Münster v. 7.1.1982 – 7 A 1087/80, BRS 39 Nr. 83.
5 Vgl. BVerwG v. 3.6.1977 – 4 C 29.75, Buchholz 406.11 § 35 Nr. 137 = BauR 1977, 399 = DÖV 1977, 830.
6 BVerwG v. 26.5.1967 – IV C 25.66, BVerwGE 27, 137 = BRS 18 Nr. 45 = DVBl. 1968, 43 = DÖV 1968, 56; BVerwG v. 9.6.1976 – IV C 42.74, BRS 30 Nr. 57 = BauR 1976, 344 = DVBl. 1977, 198.
7 VGH Mannheim v. 29.7.1999 – 5 S 1916/97, NVwZ-RR 2000, 481 verlangt, daß sie in die Zeit vor dem 1. Weltkrieg zurückreicht; diese Forderung geht allerdings zu weit.

Streubebauung die herkömmliche **Siedlungsstruktur**, so ist eine Ausweitung oder Verfestigung nur dann nicht zu mißbilligen, wenn das Vorhaben auch seiner Art nach mit dem vorhandenen Bestand übereinstimmt. Verstreute Gebäude landwirtschaftlicher Prägung rechtfertigen es nicht, einzelne Wohnhäuser in die herkömmliche Siedlungsstruktur einzubeziehen; ebenso nehmen neuere Wohnhäuser an der Beurteilung der Herkömmlichkeit einer überwiegend ländlichen Struktur nicht teil und können nicht die Errichtung weiterer Wohngebäude rechtfertigen.

Größere praktische Bedeutung hat der Gesichtspunkt der **Unterordnung** unter die vorhandene Bebauung. 2201

Beispiele: 2202

(a) Der Antragsteller beabsichtigt die Errichtung eines Wochenendhauses in einer Baulücke in einer Splittersiedlung, die aus zwei Wochenendhäusern besteht. Hier verneint das Bundesverwaltungsgericht die deutliche Unterordnung, weist aber darauf hin, daß eine solche bei der Errichtung eines vierten Wochenendhauses in einer aus drei Wochenendhäusern bestehenden Splittersiedlung bestehen dürfte[1]. In einer späteren Entscheidung verallgemeinert das Bundesverwaltungsgericht, daß regelmäßig eine Erweiterung um die Hälfte des Bestandes sich nicht deutlich unterordne[2].

(b) Der Antragsteller beabsichtigt die Schaffung einer dritten Wohneinheit durch Ausbau des Dachgeschosses ohne äußerliche Veränderung des Wohnhauses. Die Splittersiedlung besteht zusätzlich aus einem Haus mit einer 3-Zimmerwohnung und 7 Fremdenzimmern und einem Einfamilienhaus. Der beabsichtigte Dachgeschoßausbau würde sich deutlich unterordnen[3]. 2203

(c) Der Antragsteller beabsichtigt die Errichtung mehrerer Gebäude zur Auffüllung von Lücken zwischen verschiedenen Splittersiedlungen. Dadurch würde ein Ortsteil entstehen. Dieser Vorgang ist auch dann „zu befürchten", wenn sich die beabsichtigte Bebauung der vorhandenen Bebauung deutlich unterordnet. Denn er ist als Erweiterung der Splittersiedlung zu qualifizieren[4]. 2204

Auch in den Fällen einer deutlichen Unterordnung ist das Vorhaben aber zu mißbilligen, wenn es eine weitreichende oder nicht genau übersehbare **Vorbildwirkung** entfaltet, also insbesondere ähnliche Bauvorhaben innerhalb der Splittersiedlung auslösen könnte[5] oder städtebauliche Spannungen begründet oder verstärkt, indem es z.B. Emissionen verursacht oder sich sol- 2205

---

1 BVerwG v. 3.6.1977 – IV C 37.75, BVerwGE 54, 73 = BRS 32 Nr. 75 = BauR 1977, 398.
2 BVerwG v. 18.5.2001 – 4 C 13.00, Buchholz 406.11 § 35 Nr. 347 = BRS 64 Nr. 103 = BauR 2001, 1560 = NVwZ 2001, 1282 = ZfBR 2001, 564.
3 Fall des BVerwG v. 27.8.1998 – 4 C 13.97, Buchholz 406.11 § 35 Nr. 338 = BRS 60 Nr. 92.
4 Fall des BVerwG v. 11.10.1999 – 4 B 77.99, BRS 62 Nr. 118 = BauR 2000, 1175 = ZfBR 2000, 425.
5 Daran scheiterte letztlich das Bauvorhaben des Beispiels (b).

chen Emissionen aussetzt[1]. Einer abschließenden Beurteilung denkbarer Folgevorhaben bedarf es dabei nicht[2].

2206 Darstellungen eines **Flächennutzungsplans** oder Festsetzungen eines **unwirksamen Bebauungsplans** sind nicht geeignet, eine organische Siedlungsstruktur zu gewährleisten, und haben deshalb für die Beurteilung der Frage, ob die Zersiedlung zu mißbilligen ist, keine Bedeutung[3].

2207 Gegenüber einem **privilegierten Vorhaben** setzt sich das Interesse, die Entstehung, Erweiterung oder Verfestigung einer Splittersiedlung zu vermeiden, in der Regel nicht durch. Es ist – ebenso wie bei der Beurteilung der Beeinträchtigung des Landschaftsbilds – eine Abwägung erforderlich, die vor allem den konkret vorgesehenen Standort in die Betrachtung einbezieht[4].

9. Ziele der Raumordnung

2208 Die Ziele der Raumordnung können sich gemäß **§ 35 Abs. 3 Satz 2 und Satz 3 BauGB** in mehrfacher Hinsicht auswirken:

– Raumbedeutsame Vorhaben dürfen den Zielen der Raumordnung nicht widersprechen (Satz 2, 1. Halbsatz);

– öffentliche Belange stehen einem Vorhaben nach Abs. 1 Nr. 2 bis Nr. 6 in der Regel entgegen, soweit dafür als Ziele der Raumordnung eine Ausweisung an anderer Stelle erfolgt ist (Satz 3);

– öffentliche Belange stehen raumbedeutsamen Vorhaben nach Abs. 1 nicht entgegen, soweit die Belange bei der Darstellung dieser Vorhaben als Ziele der Raumordnung abgewogen worden sind (Satz 2, 2. Halbsatz).

2209 **Ziele der Raumordnung** sind gemäß § 3 Nr. 2 Raumordnungsgesetz die in den Raumordnungsplänen enthaltenen verbindlichen Festlegungen[5]. Die **raumbedeutsamen Vorhaben** sind unter Rückgriff auf § 3 Nr. 6 Raumordnungsgesetz abzugrenzen[6]. Unter Berücksichtigung des Regelungszusam-

---

1 Vgl. BVerwG v. 3.6.1977 – IV C 37.75, BVerwGE 54, 73 = BRS 32 Nr. 75 = BauR 1977, 398.
2 Vgl. BVerwG v. 2.9.1999 – 4 B 27.99, Buchholz 406.11 § 35 Nr. 340 = BRS 62 Nr. 117 = BauR 2000, 1173 = ZfBR 2000, 278.
3 Vgl. auch BVerwG v. 4.7.1990 – 4 B 103.90, BRS 50 Nr. 83 = NVwZ 1990, 962; BVerwG v. 25.8.1997 – 4 B 139.97, Buchholz 406.11 § 35 Nr. 332; OVG Münster v. 7.1.1982 – 7 A 1087/80, BRS 39 Nr. 83.
4 Vgl. BVerwG v. 22.11.1985 – 4 C 71.82, BRS 44 Nr. 76 = BauR 1986, 188 = DVBl. 1986, 413 = DÖV 1986, 573 = NVwZ 1986, 643 (Wohnhaus für Winzer mit verstreuten Flächen); BVerwG v. 19.6.1991 – 4 C 11.89, Buchholz 406.11 § 35 Nr. 273 = BRS 52 Nr. 78 = BauR 1991, 579 = NVwZ-RR 1992, 401 (Wirtschaftsgebäude für Imker).
5 Vgl. näher Rdnr. 63 ff.
6 BVerwG v. 13.3.2003 – 4 C 4.02, BVerwGE 118, 33 = BauR 2003, 1165 = DVBl. 2003, 1064 = NVwZ 2003, 738.

menhangs der Sätze 2 und 3 des § 35 Abs. 3 BauGB können als raumbedeutsam nur Vorhaben qualifiziert werden, für die (wegen ihrer Raumbedeutsamkeit) verbindliche Festlegungen in einem Raumordnungsplan getroffen werden könnten.

Der Ausschluß nach § 35 Abs. 3 Satz 2, 1. Halbsatz BauGB gilt auch für die begünstigten Vorhaben nach § 35 Abs. 4 BauGB[1]. Denn diese Vorhaben gehören, wie sich schon aus den einleitenden Worten von Abs. 4 ergibt, zu den sonstigen Vorhaben nach Abs. 2; eine Bevorzugung gegenüber den Vorhaben nach Abs. 1 wäre auch sachwidrig. 2210

Ein **Widerspruch** zu Zielen der Raumordnung i.S. von § 35 Abs. 3 Satz 2, 1. Halbsatz BauGB kann als Folge des Ausschlusses bestimmter Nutzungen auf der Grundlage von § 7 Abs. 4 Satz 1 Nr. 1 ROG entstehen. Ein Vorhaben, das in einem Gebiet verwirklicht werden soll, das gemäß § 7 Abs. 4 Satz 1 Nr. 1 ROG als Vorranggebiet für eine andere Nutzung unter Ausschluß der mit dem Vorhaben beabsichtigten Nutzung festgelegt ist, widerspricht den Zielen der Raumordnung. Dieser Widerspruch führt zur Unzulässigkeit auch eines nach § 35 Abs. 1 BauGB privilegierten Vorhabens. Für eine Abwägung unter Berücksichtigung etwaiger Besonderheiten des Vorhabens, wie sie bei der Anwendung von § 35 Abs. 3 Satz 3 BauGB vorzunehmen ist, ist kein Raum[2]. Denn negative Festlegungen durch Ausschluß bestimmter Nutzungen können nicht einmal durch Abwägung im Verfahren der Aufstellung eines Bebauungsplans überwunden werden[3]. Verfassungsrechtliche Gesichtspunkte stehen der durch § 35 Abs. 3 Satz 2, 1. Halbsatz BauGB bewirkten strikten Bindung an die raumordnerischen Zielfestlegungen nicht entgegen, weil gemäß § 7 Abs. 7 Satz 2 ROG private Belange bei der Aufstellung der Raumordnungspläne zu berücksichtigen sind und die Öffentlichkeit gemäß § 7 Abs. 6 Satz 1 ROG zu beteiligen ist[4]. Ein Widerspruch i.S. von § 35 Abs. 3 Satz 2, 1. Halbsatz BauGB besteht dagegen nicht, wenn die Nutzung, die durch das Vorhaben verwirklicht werden soll, lediglich durch ein an anderer Stelle ausgewiesenes Vorrang- oder Eignungsgebiet ausgeschlossen ist. Die Verbindung des Ausschlusses 2211

---

1 Ebenso Bönker in Hoppe/Bönker/Grotefels, § 8 Rdnr. 319; a.A. Schmaltz in Schrödter, § 35 Rdnr. 99.
2 Ebenso Hoppe, Zur planakzessorischen Zulassung von Außenbereichsvorhaben durch Raumordnungs- und durch Flächennutzungspläne, DVBl. 2003, 1345, 1351 f.; Kment, Die strikte Rechtsbindung Privater an die Ziele der Raumordnung im Rahmen des § 35 Abs. 3 Sätze 2 und 3 BauGB, UPR 2002, 428 ff.; abweichend für § 35 Abs. 3 Satz 3, 1. Halbsatz BauGB 1987 BVerwG 19.7.2001 – 4 C 4.00, BVerwGE 115, 17 = BRS 64 Nr. 96 = BauR 2002, 41 = DVBl. 2001, 1855 = NVwZ 2002, 476.
3 Vgl. dazu BVerwG v. 20.8.1992 – 4 NB 20.91, BRS 54 Nr. 12 = DVBl. 1992, 1438 = NVwZ 1993, 167 = ZfBR 1992, 280.
4 Bei Aufstellung des Raumordnungsplans, der Gegenstand des Urteils des Bundesverwaltungsgerichts v. 19.7.2001 – 4 C 4.00, BVerwGE 115, 17 = BRS 64 Nr. 96 = BauR 2002, 41 = DVBl. 2001, 1855 = NVwZ 2002, 476 war, bestanden derartige Pflichten nicht.

bestimmter Nutzungen mit der Auweisung von Standorten für diese Nutzungen an anderer Stelle ist in § 7 Abs. 4 Satz 1 Nr. 3 ROG bei der Festlegung von Eignungsgebieten vorgesehen und kann gemäß § 7 Abs. 4 Satz 2 ROG auch bei der Festlegung von Vorranggebieten erfolgen; so kann z.B. die Festlegung einer Vorrangfläche für die Errichtung von Windenergieanlagen mit der Zielaussage verbunden werden, daß außerhalb dieses Gebiets derartige Anlagen (regelmäßig) unzulässig seien. Aus der Systematik von § 35 Abs. 3 Sätze 2 und 3 BauGB ergibt sich, daß solche Fälle allein von der Sonderregelung des § 35 Abs. 3 Satz 3 BauGB erfaßt werden[1]. Dies hat zur Folge, daß bei der Prüfung der Zulässigkeit des Vorhabens eine nachvollziehende Abwägung geboten ist (dazu Rdnr. 2212).

2212 Die Wirkung einer für einen anderen Standort getroffenen Ausweisung als Ziel der Raumordnung nach **§ 35 Abs. 3 Satz 3 BauGB** entspricht der Darstellung eines Flächennutzungsplans für einen anderen Standort (vgl. dazu Rdnr. 2164). Die Ausschlußwirkung tritt nur ein, wenn ein abschließendes gesamträumliches Planungskonzept vorliegt; daran fehlt es, wenn für einzelne Flächen noch keine abschließende raumordnerische Entscheidung getroffen worden ist[2]. Die Festlegung von Vorbehaltsgebieten nach § 7 Abs. 4 Satz 1 Nr. 2 ROG ist keine Ausweisung für eine Nutzung an anderer Stelle i.S. von § 35 Abs. 3 Satz 3 BauGB; da sich aus einer solchen Festlegung lediglich Vorgaben für eine nachfolgende planerische Abwägung ergeben, gehört sie nicht zu den Zielen, sondern zu den Grundsätzen der Raumordnung i.S. von § 3 Nr. 3 ROG[3].

2213 Da Raumordnungspläne sich regelmäßig auf das Gebiet mehrerer Gemeinden beziehen, können durch Raumordnungsplan einzelne (auch privilegierte) Nutzungen im Außenbereich im Gebiet einzelner Gemeinden generell (mit dem gesetzlichen Ausnahmevorbehalt) ausgeschlossen werden[4]. Bei der **Aufstellung der Raumordnungspläne** sind – ebenso wie bei der Aufstellung der Flächennutzungspläne mit Ausschlußwirkungen nach § 35 Abs. 3 Satz 3 BauGB – die weitreichenden Wirkungen ebenso wie die gesetzgeberische Grundsatzentscheidung, daß die privilegierten Vorhaben im Außenbereich zulässig sein sollen, in der Abwägung zu berücksichtigen. Der Planungsträger muß der privilegierten Nutzung in substanzieller Weise Raum schaffen[5]. Ob es genügt, wie das Bundesverwaltungsgericht meint, unter Berücksichtigung der „Aufgaben der Raumordnung als einer zusammenfassenden, übergeordneten Planung mit ‚Rahmencharakter' das private Inter-

---

1 So offenbar auch, ohne dies allerdings auszusprechen, BVerwG v. 13.3.2003, ebenda.
2 BVerwG v. 13.3.2003 – 4 C 3.02, Buchholz 406.11 § 35 Nr. 356 = BauR 2003, 1172 = NVwZ 2003, 1261 = ZfBR 2003, 469.
3 BVerwG v. 13.3.2003 – 4 C 4.02, BVerwGE 118, 33 = BauR 2003, 1165 = DVBl. 2003, 1064 = NVwZ 2003, 738.
4 BVerwG v. 13.3.2003 ebenda.
5 BVerwG v. 13.3.2003 ebenda.

esse an einer bestimmten Nutzung verallgemeinernd zu unterstellen und als typisierte Größe in die Abwägung einzustellen"[1], ist allerdings zweifelhaft. Als Grundlage für Festlegungen, die die strikte Ausschlußwirkung nach § 35 Abs. 3 Satz 2 BauGB bewirken (dazu oben Rdnr. 2211), kann eine solche Abwägung jedenfalls nicht genügen. Als Grundlage für Festlegungen, die lediglich zur Anwendung von § 35 Abs. 3 Satz 3 BauGB führen, mag sie demgegenüber angesichts der auf den Regelfall beschränkten Wirkung dieser Festlegungen eher vertretbar sein. Es ist allerdings zu bedenken, daß die nachvollziehende Abwägung bei Anwendung des Ausnahmevorbehalts nach § 35 Abs. 3 Satz 3 BauGB (dazu Rdnr. 2164) die planerische Abwägung nicht ersetzen kann.

Eine Besonderheit der Ausweisung von Zielen der Raumordnung ist die **privilegierende Wirkung** nach § 35 Abs. 3 Satz 2, 2. Halbsatz BauGB. Sie schließt aus, daß einem nach Abs. 1 privilegierten Vorhaben solche öffentlichen Belange entgegengehalten werden können, die bei der Darstellung dieses Vorhabens in Raumordnungsplänen in die Abwägung einbezogen worden sind[2]. Bei Anwendung dieser Regelung ist allerdings zu beachten, daß Ausweisungen in Raumordnungsplänen nur selten parzellenscharf sind[3] und deshalb Raum für eine Prüfung öffentlicher Belange bleiben kann, die den Standort der baulichen Anlage innerhalb des ausgewiesenen Bereichs betreffen.

2214

10. Funktionsfähigkeit von Funkstellen und Radaranlagen

Gemäß **§ 35 Abs. 3 Satz 1 Nr. 8 BauGB** liegt eine Beeinträchtigung öffentlicher Belange insbesondere vor, wenn das Vorhaben die Funktionsfähigkeit von Funkstellen und Radaranlagen stört. In dieser durch das EAGBau eingeführten Regelung wurde im Gesetzgebungsverfahren der Begriff der „Telekommunikationsanlagen" durch den Begriff der Funkstellen ersetzt[4]. Zur Bestimmung des Begriffs der Funkstellen kann auf die Definition der Funkanlagen in § 3 Nr. 4 TKG a.F.[5] zurückgegriffen werden. Funkanlagen waren danach elektrische Sende- oder Empfangseinrichtungen, zwischen denen die

2215

---

1 So BVerwG v. 13.3.2003 ebenda; kritisch dazu Hoppe, Zur planakzessorischen Zulassung von Außenbereichsvorhaben durch Raumordnungs- und durch Flächennutzungspläne, DVBl. 2003, 1345, 1353 ff.; vgl. auch zu den bei der Abwägung zu berücksichtigenden Gesichtspunkten Dolde, Steuerung der Zulässigkeit von Windenergieanlagen im Außenbereich durch Ziele der Raumordnung, Festschrift für Kutscheidt, 2003, 345, 350 ff.; Spannowsky/Gouverneur, Raumordnerische Steuerung der Windenergienutzung im Lichte aktueller Rechtsprechung, UPR 2004, 161 ff.
2 Vgl. dazu näher OVG Koblenz v. 29.7.1999 – 1 A 11871/98, NuR 2000, 519.
3 BVerwG v. 20.8.1992 ebenda.
4 Vgl. BT-Drucksache 15/2250 S. 81 f. und BT-Drucksache 15/2996 S. 41, 98 f.
5 BGBl. I, 1996, S. 1120.

Informationsübertragung ohne Verbindungsleitungen stattfinden kann. Dazu gehören z.B. Funkgeräte für die öffentlichen Mobilfunknetze, und zwar sowohl die festen Funkstellen (Basisstationen) als auch die mobilen Funkstellen (Autotelefone, Mobiltelefone), schnurlose Telefone als Endgeräte in öffentlichen Festnetzen, Satelitenfunkanlagen, Amateurfunkanlagen, außerdem Geräte auf der Grundlage von Lichttechnik (Laser-, Infrarottechnik)[1]. Daß gerade auch mobile Funkanlagen erfaßt werden sollen, wird aus dem Hinweis auf Belange der Flugsicherheit im Gesetzgebungsverfahren deutlich[2]. Zu einer Beeinträchtigung von Funkstellen oder Radaranlagen kann es insbesondere durch Windenergieanlagen kommen. Entgegen dem Eindruck, den die Begründung des Gesetzentwurfs vermitteln könnte[3], führt die Beeinträchtigung aber keineswegs unmittelbar zur Unzulässigkeit des Vorhabens; es ist vielmehr eine Abwägung nach den allgemeinen Grundsätzen geboten (vgl. Rdnr. 2150 ff.).

11. Sonstige öffentliche Belange

2216 **Laufende Planungen** können öffentliche Belange i.S. von § 35 Abs. 3 Satz 1 BauGB begründen. Voraussetzung ist, daß die Planung ein Stadium erreicht hat, das hinreichend verläßliche Schlüsse auf ihre Verwirklichung gestattet[4]. Dies wird man bei Verfahren zur Aufstellung von Bebauungsplänen dann annehmen können, wenn die Planreife nach § 33 Abs. 2 BauGB erreicht ist, bei Verkehrswegeplanungen, wenn sich diese auf bestimmte Flächen konkretisiert haben[5]. Dieselben Grundsätze gelten für Verfahren zur Aufstellung oder Änderung eines Flächennutzungsplans[6] oder von Zielen der Raumordnung sowie für Fachplanungen im Sinne von § 35 Abs. 3 Satz 1 Nr. 2 BauGB[7]. Planungsabsichten der Gemeinde sind ohne entsprechende

---

1 Vgl. Lünenbürger in Scheurle/Mayen, Telekommunikationsgesetz, 2002, § 3 Rdnr. 17.
2 BT-Drucksache 15/2250 S. 82.
3 BT-Drucksache 15/2250 S. 55.
4 So zusammenfassend BVerwG v. 8.2.1974 – IV C 77.71, BRS 28 Nr. 48 = BauR 1974, 257 = DVBl. 1974, 781 = DÖV 1974, 565 betreffend ein Verfahren zur Aufstellung eines Bebauungsplans.
5 Vgl. dazu BVerwG v. 29.10.1969 – IV C 44.68, BVerwGE 34, 146 = BRS 22 Nr. 82 = DVBl. 1970, 831; BGH v. 7.3.1985 – III ZR 126/83, BRS 44 Nr. 85 = DÖV 1986, 299 = NJW 1985, 3071.
6 Ebenso Roeser in Berliner Kommentar zum Baugesetzbuch, § 35 Rdnr. 64; Söfker in Ernst/Zinkahn/Bielenberg, § 35 Rdnr. 80; offen gelassen bei BVerwG v. 13.3.2003 – 4 C 3.02, Buchholz 406.11 § 35 Nr. 356 = BauR 2003, 1172 = NVwZ 2003, 1261 = ZfBR 2003, 469.
7 Vgl. zur Aufstellung einer Wasserschutzgebietsverordnung BayVGH v. 20.5.1994 – 1 B 92.2574, BRS 56 Nr. 74 = NuR 1995, 198; OVG Münster v. 3.8.2000 – 7 A 3871/99, BauR 2001, 223, das allerdings zusätzlich die unzutreffende Auffassung vertritt, der Entwurf einer Wasserschutzgebietsverordnung könne jedenfalls einem privilegierten Vorhaben überhaupt nie entgegenstehen.

Konkretisierung unbeachtlich, ebenso das Interesse der Gemeinde, sich Planungsmöglichkeiten offen zu halten[1].

Ein **sonstiges Vorhaben** im Sinne von § 35 Abs. 2 BauGB kann öffentliche Belange beeinträchtigen, wenn es so umfangreich ist, daß es einer Koordination der Interessen nach innen oder nach außen bedarf und deshalb ein **Planungserfordernis** auslöst. Eine Koordination nach innen wurde z.B. für erforderlich erachtet bei einem Bauvorhaben zur Errichtung von 24 Reihenhäusern auf 6670 m^2 Fläche[2], bei einem Vorhaben zur Errichtung von 10 Wohnhochhäusern[3] oder bei einem Vorhaben zur Errichtung von 25 Freizeitgebäuden[4]. Daß auch die Notwendigkeit einer „Koordination nach außen" einen selbständigen öffentlichen Belang begründen könne, hat das Bundesverwaltungsgericht unter Aufgabe seiner früheren abweichenden Rechtsprechung erstmals im Urteil vom 1.8.2002 angenommen[5]. Das Planungsbedürfnis wurde in dieser Entscheidung, die die Errichtung eines großflächigen Einzelhandelsbetriebs betraf, unter Rückgriff auf die in § 11 Abs. 3 BauNVO enthaltene Wertung mit der Notwendigkeit einer qualifizierten interkommunalen Abstimmung (§ 2 Abs. 2 BauGB) begründet, die wegen des Gewichts der betroffenen Belange über die bloße Einbeziehung dieser Belange in die Abwägung nach § 1 Abs. 6 BauGB hinausgehe. Die Entscheidung enthält die allgemeine Aussage, es sei „ein hinreichendes Anzeichen für bodenrechtlich relevante Auswirkungen, die geeignet sind, ein Planungsbedürfnis auszulösen", wenn sich die Koordination der Belange, die in § 35 Abs. 3 Satz 1 und Satz 2 BauGB genannt sind, „letztlich nur im Wege einer Abwägung sicherstellen" lasse. Das bedeutet aber nicht, daß die bei Prüfung der Beeinträchtigung öffentlicher Belange gebotene Abwägung (oben Rdnr. 2150 ff.) stets zusätzlich ein Planungsbedürfnis begründe. Erforderlich ist vielmehr die Feststellung, daß ein Bedarf gestalterischer Abwägung besteht; das kann z.B. auch bei einer besonders komplexen Interessenlage[6] der Fall sein.

2217

---

1 BVerwG v. 26.10.1979 – 4 C 22.77, BRS 35 Nr. 85 = BauR 1980, 51 = DVBl. 1980, 494 = DÖV 1980, 176 = NJW 1980, 1537; BVerwG v. 15.5.1997 – 4 C 23.95, Buchholz 406.11 § 35 Nr. 329 = BRS 59 Nr. 90 = BauR 1997, 988.
2 BVerwG v. 26.11.1976 – IV C 69.74, BRS 30 Nr. 34 = BauR 1977, 104 = NJW 1977, 1978.
3 BVerwG v. 1.12.1972 – IV C 6.71, BVerwGE 41, 227 = BRS 25 Nr. 36 = BauR 1973, 99 = DÖV 1973, 347.
4 VGH Kassel v. 11.11.1977 – IV OE 46/76, BRS 32 Nr. 76.
5 BVerwG v. 1.8.2002 – 4 C 5.01, BVerwGE 117, 25 = BRS 65 Nr. 10 = BauR 2003, 55 = DVBl. 2003, 62 = NVwZ 2003, 86 = ZfBR 2003, 38; kritisch zu Teilen dieser Entscheidung Jochum, Die Genehmigung von Großvorhaben im Außenbereich: Von der Planungshoheit zur Planungsobliegenheit der Gemeinden, BauR 2003, 31 ff.; Nickel, Planungsbedürfnis bei Außenbereichsvorhaben als entgegenstehender öffentlicher Belang, UPR 2003, 22 ff.; Wurzel/Probst, Entscheidungsanmerkung, DVBl. 2003, 197 ff.
6 Zu diesem Gesichtspunkt Halama, Die Metamorphose der „Krabbenkamp"-Formel in der Rechtsprechung des Bundesverwaltungsgerichts, DVBl. 2004, 79 ff., 82.

2218 Einem **privilegierten Vorhaben** kann ein Planungserfordernis allenfalls in Ausnahmefällen als eigenständiger öffentlicher Belang entgegengehalten werden. Die planartige Zuweisung der privilegierten Vorhaben zum Außenbereich schließt ein Planungsbedürfnis im Grundsatz aus[1]. Die grundsätzliche Zulässigkeit der privilegierten Vorhaben im Außenbereich, die sich aus § 35 Abs. 1 BauGB ergibt[2], wäre aufgehoben, wenn ein Planungsbedürfnis z.b. mit den weitreichenden (ggf. auch komplexen) Umweltauswirkungen eines solchen Vorhabens begründet werden könnte; das ist z.B. bei den Vorhaben nach § 35 Abs. 1 Nr. 4 BauGB evident. Ein Planungsbedürfnis kann daher einem privilegierten Vorhaben allenfalls entgegenstehen, wenn durch das Vorhaben solche Belange schwerwiegend betroffen werden, die nach Vorschriften des BauGB, die die Planaufstellung betreffen, einen spezifischen Abwägungsbedarf begründen, welcher in die Abwägung nach § 35 Abs. 3 BauGB anderenfalls überhaupt nicht einbezogen werden könnte. Das ist aber angesichts der Offenheit von § 35 Abs. 3 Satz 1 BauGB für die Berücksichtigung aller städtebaulichen Belange paktisch kaum denkbar; auch das **objektive Gebot interkommunaler Abstimmung** kann, ohne daß daraus ein Planungsbedürfnis abgeleitet wird, bei der nach vollziehenden Abwägung gemäß § 35 Abs. 1 BauGB berücksichtigt werden.

2219 Der Kreis der öffentlichen Belange, die durch das Vorhaben beeinträchtigt sein können oder die ihm entgegenstehen, erfaßt alle bodenrechtlich relevanten Gesichtspunkte, so z.B. auch Belange des Denkmalschutzes[3].

IV. Die begünstigten Vorhaben

2220 Gemäß § 35 Abs. 4 BauGB werden aus dem Kreis der nicht privilegierten sonstigen Vorhaben im Sinne von Abs. 2 die folgenden Vorhaben begünstigt:

1. Die Nutzungsänderung von Gebäuden, die einem land- oder forstwirtschaftlichen Betrieb dienen,

2. der Ersatzbau für mangelhafte Wohngebäude,

3. der Ersatzbau für zerstörte Gebäude,

---

[1] Einen generellen Ausschluß des Planungsbedürfnisses als Maßstab für die Beurteilung privilegierter Vorhaben vertritt noch BVerwG v. 27.6.1983 – 4 B 201.82, BRS 40 Nr. 74 = NVwZ 1984, 169; kritisch dazu Bönker in Hoppe/Bönker/Grotefels, § 8 Rdnr. 355. Das Urteil des BVerwG v. 1.8.2002 – 4 C 5.01, BVerwGE 117, 25 = BRS 65 Nr. 10 = BauR 2003, 55 = DVBl. 2003, 62 = NVwZ 2003, 86 = ZfBR 2003, 38 enthält zu dieser Problematik keine Stellungnahme.

[2] BVerwG v. 20.1.1984 – 4 C 43.81, BVerwGE 68, 311 = Buchholz 406.11 § 35 Nr. 210 = BRS 42 Nr. 91 = DVBl. 1984, 627.

[3] Vgl. dazu BayVGH v. 11.7.1978 – Nr. 39 XV 77, BRS 33 Nr. 72.

4. die Änderung oder Nutzungsänderung von erhaltenswerten Gebäuden,

5. die Erweiterung von Wohngebäuden und

6. die Erweiterung von gewerblichen Betrieben.

Diesen Vorhaben können bestimmte öffentliche Belange nicht entgegengehalten werden, und zwar

– Widersprüche gegen Darstellungen des Flächennutzungsplans oder eines Landschaftsplans,

– die Beeinträchtigung der natürlichen Eigenart der Landschaft und

– die Befürchtung der Entstehung, Verfestigung oder Erweiterung einer Splittersiedlung.

Damit werden diejenigen öffentlichen Belange als Hindernisse ausgeräumt, die bei der Entscheidung über die Zulässigkeit sonstiger Vorhaben in der Praxis die größte Bedeutung haben. Für die in Abs. 4 bezeichneten Vorhaben wird dadurch Abs. 2 wesentlich entschärft. Es handelt sich systematisch allerdings nicht um eine andere Art der Privilegierung. Deshalb sind die in § 35 Abs. 4 Satz 1 nicht erwähnten sonstigen öffentlichen Belange in derselben Weise zu prüfen wie bei den anderen nicht privilegierten Vorhaben[1]. Das Gesetz stellt dies klar durch die Formulierung, daß die Vorhaben „im übrigen außenbereichsverträglich im Sinne des Absatzes 3" sein müssen.

2221

Auch unter dem Gesichtspunkt eines **„überwirkenden Bestandsschutzes"** oder einer **„eigentumskräftig verfestigten Anspruchsposition"** sind die in Abs. 4 bezeichneten Vorhaben hinsichtlich der dort nicht genannten öffentlichen Belange nicht gegenüber anderen sonstigen Vorhaben begünstigt. § 35 Abs. 4 BauGB stellt unter dem Gesichtspunkt des Bestandsschutzes eine abschließende Inhaltsbestimmung des Eigentums dar, die weitergehende unmittelbar auf Art. 14 GG gestützte Ansprüche ausschließt[2]. Der Gesichtspunkt des überwirkenden Bestandsschutzes ermöglicht dementsprechend auch nicht die Zulassung anderer als der in § 35 Abs. 4 BauGB bezeichneten Vorhaben[3]. Der Bestandsschutz erlaubt außerhalb des Anwendungsbereichs von § 35 Abs. 4 BauGB nur Arbeiten, die nicht zu den Vorhaben im Sinne von § 29 Abs. 1 BauGB gehören, insbesondere Repara-

2222

---

[1] Vgl. z.B. BVerwG v. 21.2.1994 – 4 B 33.94, Buchholz 406.11 § 35 Nr. 293 = NVwZ-RR 1994, 372.

[2] BVerwG v. 10.8.1990 – 4 C 3.90, BVerwGE 85, 289 = BRS 50 Nr. 2 = BauR 1991, 51; BVerwG v. 21.2.1994 – 4 B 33.94, Buchholz 406.11 § 35 Nr. 293 = NVwZ-RR 1994, 372; eingehend auch noch einmal BVerwG v. 12.3.1998 – 4 C 10.97, BVerwGE 106, 228 = Buchholz 406.11 § 35 Nr. 334 = BRS 60 Nr. 98 = BauR 1998, 760 = NVwZ 1998, 842.

[3] Vgl. BVerwG v. 14.1.1993 – 4 C 33.90, Buchholz 406.11 § 35 Nr. 282 = BRS 55 Nr. 81 = BauR 1993, 435 = DVBl. 1993, 653 = NVwZ 1994, 293.

turarbeiten, auch Modernisierungsarbeiten[1], die aber keinesfalls so umfangreich sein dürfen, daß sie eine statische Neuberechnung erfordern[2].

2223 Obgleich § 35 Abs. 4 BauGB sich unmittelbar nur auf die sonstigen Vorhaben i.S. von Abs. 2 bezieht, kann der Vorschrift Bedeutung auch für **privilegierte Vorhaben** zukommen. So kann z.B. die Erweiterung eines nach Abs. 1 Nr. 3 oder Nr. 4 privilegierten gewerblichen Betriebs die natürliche Eigenart der Landschaft beeinträchtigen. Ist die Erweiterung angemessen, so kann der öffentliche Belang der Erhaltung der natürlichen Eigenart oder Landschaft der beabsichtigten Erweiterung in entsprechender Anwendung von Abs. 4 Nr. 6 (a maiore ad minus) nicht entgegengehalten werden.

1. Die erleichterte Nutzungsänderung eines landwirtschaftlichen Gebäudes

2224 **§ 35 Abs. 4 Satz 1 Nr. 1 BauGB** erleichtert die Nutzungsänderung[3] von Gebäuden „im Sinne des Abs. 1 Nr. 1" unter näher bezeichneten Voraussetzungen. Die Regelung soll den Strukturwandel der Landwirtschaft erleichtern, indem sie die Aufgabe der privilegierten Nutzung (**Entprivilegierung**) von Gebäuden ermöglicht, die einem landwirtschaftlichen Betrieb dienen. Sie setzt daher, ohne daß dies ausdrücklich bestimmt wäre, voraus, daß der landwirtschaftliche Betrieb ganz oder teilweise aufgegeben wird oder die Bausubstanz, deren Nutzung geändert werden soll, durch eine nachhaltige Betriebsumstellung frei wird[4].

2225 Die Bezugnahme auf Abs. 1 Nr. 1 schließt die Anwendung der Regelung auf die Anlagen nach Abs. 1 Nr. 2 bis Nr. 6 aus. In der bis zum 31.12.1997 geltenden Fassung bezog die Regelung sich zusätzlich auf die damals nach Abs. 1 Nr. 2 und Nr. 3 privilegierten Wohnhäuser für ehemalige Landwirte und Landarbeiterstellen. Soweit solche Gebäude nicht zugleich im Sinne von Abs. 1 Nr. 1 einem landwirtschaftlichen Betrieb gedient haben, ist die Nutzungsänderung heute nicht mehr begünstigt; ebenso ist (durch die Verselbständigung in Abs. 1 Nr. 2) die Begünstigung für die Betriebe der gartenbaulichen Erzeugung entfallen[5].

---

[1] Vgl. BVerwG v. 20.3.1981 – 4 B 195.80, Buchholz 406.11 § 35 Nr. 181 = BRS 38 Nr. 102.

[2] Vgl. (noch auf der Grundlage der alten Rspr. zur „eigentumskräftig verfestigten Anspruchsposition") BVerwG v. 18.10.1974 – IV C 75.71, BVerwGE 47, 126 = BRS 28 Nr. 114 = BauR 1975, 114 = DVBl. 1975, 501.

[3] Zum Begriff vgl. Rdnr. 1120 ff.

[4] BayVGH v. 28.9.2001 – 1 B 00.2504, BRS 64 Nr. 105 = BauR 2002, 48 = BayVBl. 2002, 701 = NVwZ-RR 2002, 713.

[5] Ebenso OVG Hamburg v. 25.11.1999 – 2 Bf 7/97, BauR 2000, 1853 = NVwZ-RR 2001, 86; OVG Koblenz v. 28.10.2002 – 8 A 11501/02, BRS 65 Nr. 104 = BauR 2003, 222 = NVwZ-RR 2003, 263; Krautzberger in Battis/Krautzberger/Löhr, § 35 Rdnr. 82; a.A. wohl Jäde in Jäde/Dirnberger/Weiß, § 35 Rdnr. 86; Schmaltz in Schrödter, § 35 Rdnr. 119.

Die Begünstigung setzt gemäß Abs. 4 Satz 1 Nr. 1 Buchstabe a) voraus, daß 2226
das Vorhaben einer **zweckmäßigen Verwendung erhaltenswerter Bausubstanz** dient. Damit wird die Begünstigung ausgeschlossen, sofern das Gebäude bereits weitgehend verfallen ist oder aus anderen Gründen die mit der Nutzungsänderung verbundene Investition in einen Umbau des Gebäudes unter Berücksichtigung auch des Gebots der größtmöglichen Schonung des Außenbereichs unvernünftig erscheint. Die Begünstigung kann andererseits aber auch dann eingreifen, wenn der Gebäudeteil, der umgenutzt werden soll, nicht erhaltenswert ist; es genügt, daß das Gesamtgebäude erhaltenswert ist[1].

Gemäß Abs. 1 Satz 1 Nr. 1 Buchstabe b) muß die **äußere Gestalt des Gebäudes** im wesentlichen gewahrt bleiben. Diese Regelung läßt den Gegenschluß zu, daß mit der Nutzungsänderung auch gewisse Änderungen des Gebäudes im Sinne von § 29 Abs. 1 BauGB verknüpft werden können. Diese dürfen nur die äußere Gestalt nicht wesentlich verändern. Die Begünstigung entfällt deshalb z.B. nicht, wenn eine Entkernung oder der Einbau zusätzlicher Fenster beabsichtigt sind, wohl aber wenn durch die Umgestaltung die Kubatur (auch durch Erweiterungen) verändert werden soll oder wenn die Änderungen insgesamt so umfangreich sind, daß der frühere Verwendungszweck (z.B. beim Umbau einer Scheune zu einem Wohnhaus) äußerlich nicht mehr erkennbar ist. 2227

Die Aufgabe der bisherigen Nutzung darf gemäß Abs. 4 Satz 1 Nr. 1 Buchstabe c) **nicht länger als 7 Jahre** zurückliegen. Da der Antragsteller keinen Einfluß auf die Dauer des Genehmigungsverfahrens hat, genügt ein genehmigungsfähiger Bauantrag zur Wahrung der Frist; eine Bauvoranfrage ist allenfalls ausreichend, wenn sämtliche öffentlich-rechtliche Fragen des Bauvorhabens zur Prüfung gestellt werden[2]. Bei der bisherigen Nutzung muß es sich um die nach Abs. 1 Nr. 1 privilegierte landwirtschaftliche Nutzung handeln. Das ergibt sich aus dem Zweck der Regelung, die Entprivilegierung landwirtschaftlicher Gebäude zu ermöglichen[3]. Ob der landwirtschaftliche Betrieb des Grundstückseigentümers (oder seines Rechtsvorgängers) vor mehr als 7 Jahren aufgegeben worden ist, ist ohne Relevanz, wenn anschließend das Gebäude von einem anderen Landwirt im Rahmen seines Betriebs weiter genutzt worden ist[4]. Wird der Betrieb allmählich aufgegeben, so kann es auf die Aufgabe der Nutzung einzelner Gebäude, nicht aber von 2228

---

1 BayVGH v. 28.9.2001 – 1 B 00.2504, BRS 64 Nr. 105 = BauR 2002, 48 = BayVBl. 2002, 701 = NVwZ-RR 2002, 713.
2 BVerwG v. 8.10.2002 – 4 BN 54.02, Buchholz 406.11 § 35 Nr. 354 = BRS 65 Nr. 105 = BauR 2003, 221 = NVwZ-RR 2003, 1773.
3 So auch schon zum früheren Recht BVerwG v. 10.1.1994 – 4 B 192.93, Buchholz 406.11 § 35 Nr. 291 = BRS 56 Nr. 83 = BauR 1994, 343 = NVwZ-RR 1994, 308.
4 A.A. OVG Münster v. 12.10.1999 – 11 A 567/97, BRS 62 Nr. 113; offen gelassen bei BVerwG v. 18.5.2001 – 4 C 13.00, Buchholz 406.11 § 35 Nr. 347 = BRS 64 Nr. 103 = BauR 2001, 1560 = NVwZ 2001, 1282 = ZfBR 2001, 564.

selbständig verwendbaren Gebäudeteilen ankommen, weil sonst der Landwirt zu wirtschaftlich unsinnigen Teilumbauten gezwungen sein könnte[1]. Erleichtert wird nur die erstmalige Nutzungsänderung des privilegierten Gebäudes; jede weitere ist nach Abs. 2 zu beurteilen[2].

2229 Das Gebäude muß gemäß Abs. 4 Satz 1 Nr. 1 Buchstabe d) vor **mehr als sieben Jahren zulässigerweise errichtet** worden sein. „Zulässigerweise errichtet" ist ein Gebäude, wenn es entweder in Übereinstimmung mit dem materiellen Bebauungsrecht oder – trotz materieller Illegalität – auf der Grundlage einer Baugenehmigung errichtet worden ist[3]. Eine bestimmungsgemäße Nutzung muß vor mehr als sieben Jahren möglich gewesen sein[4]. Nicht zulässigerweise errichtet ist z.B. ein von einem Landwirt errichtetes Gebäude, das seinem Betrieb nicht im Sinne von Abs. 1 Nr. 1 gedient hat und für das auch eine Baugenehmigung nie erteilt worden ist, ebensowenig ein Gebäude, das überhaupt nicht auf der Grundlage des Bauplanungsrechts zu beurteilen war[5]. Die Mitteilung der Baugenehmigungsbehörde, eine Baugenehmigung sei nicht erforderlich, rechtfertigt nicht die Annahme, das Gebäude sei zulässigerweise errichtet[6]. Ist ein ursprünglich rechtmäßig errichtetes Gebäude baulich so sehr verändert worden, daß der Bestandsschutz des Altbestandes erloschen ist, so ist das veränderte Gebäude nicht mehr zulässigerweise errichtet[7].

2230 Gemäß Abs. 4 Satz 1 Nr. 1 Buchstabe e) muß das Gebäude im **räumlich-funktionalen Zusammenhang** mit der Hofstelle des land- oder forstwirtschaftlichen Betriebes stehen. Damit ist die Begünstigung ausgeschlossen für isoliert errichtete Gebäude wie Feldscheunen, Forsthütten, Bienenhäuser. Der räumlich-funktionale Zusammenhang muß zur Hofstelle desjenigen Betriebes bestehen, dem das Vorhaben innerhalb der 7-Jahres-Frist gedient hat[8].

---

1 So wohl auch OVG Münster v. 30.7.2003 – 22 A 1004/01, BauR 2004, 47.
2 Vgl. BVerwG v. 11.11.1988 – 4 C 50.87, Buchholz 406.11 § 35 Nr. 252 = BRS 48 Nr. 58 = NVwZ-RR 1989, 340; BVerwG v. 12.3.1998 – 4 C 10.97, Buchholz 406.11 § 35 Nr. 334 = BRS 60 Nr. 98 = BauR 1998, 760; OVG Münster v. 30.7.2003 – 22 A 1004/01, BauR 2004, 47.
3 So zusammenfassend BVerwG v. 8.10.1998 – 4 C 6.97, BVerwGE 107, 264 = Buchholz 406.11 § 35 Nr. 337 = BRS 60 Nr. 95 = BauR 1999, 159 = DVBl. 1999, 241.
4 Vgl. zu der früheren Regelung, die auf die Errichtung vor dem 27.8.1996 abhob, BVerwG v. 15.6.2000 – 4 B 30.00, Buchholz 406.11 § 35 Nr. 343 = BRS 63 Nr. 116 = BauR 2000, 1852 = NVwZ-RR 2000, 758 = ZfBR 2001, 60.
5 BVerwG v. 8.10.1998 ebenda; kritisch dazu Jäde, „Whyl", die Begünstigung von Bauvorhaben im Außenbereich und das Bundesverwaltungsgericht, UPR 1999, 298 ff.
6 BVerwG v. 8.10.1998 – 4 C 6.97, BVerwGE 107, 264 = Buchholz 406.11 § 35 Nr. 337 = BRS 60 Nr. 95 = BauR 1999, 159 = DVBl. 1999, 241.
7 Vgl. BVerwG v. 27.7.1994 – 4 B 48.94, Buchholz 406.11 § 35 Nr. 302 = BRS 56 Nr. 85 = BauR 1994, 738 = NVwZ-RR 1995, 68.
8 BVerwG v. 18.5.2001 – 4 C 13.00, Buchholz 406.11 § 35 Nr. 347 = BRS 64 Nr. 103 = BauR 2001, 1560 = NVwZ 2001, 1282 = ZfBR 2001, 564.

Erfolgt die Nutzungsänderung zu Wohnzwecken, so dürfen gemäß Abs. 4 Satz 1 Nr. 1 Buchstabe f) neben den bisher nach Abs. 1 Nr. 1 zulässigen Wohnungen **höchstens drei Wohnungen je Hofstelle** entstehen. Die Regelung begrenzt nicht die Entprivilegierung der bisher dem landwirtschaftlichen Betrieb dienenden Wohnungen, sondern beschränkt die Nutzungsänderung in solchen Fällen, in denen Wirtschaftsgebäude zu Wohnungen umgestaltet oder neue, nicht mehr landwirtschaftlichen Zwecken dienende Wohneinheiten durch Aufteilung der vorhandenen Wohnflächen geschaffen werden sollen: In diesen Fällen dürfen nicht mehr als drei zusätzliche Wohnungen entstehen. 2231

Schließlich setzt die Begünstigung gemäß Abs. 4 Satz 1 Nr. 1 Buchstabe g) voraus, daß die Verpflichtung übernommen wird, **keine Neubauten als Ersatz für die aufgegebene Nutzung** vorzunehmen, es sei denn, die Neubebauung wird im Interesse der Entwicklung des landwirtschaftlichen Betriebes erforderlich. Gemäß § 35 Abs. 5 Satz 2 BauGB soll die Baugenehmigungsbehörde durch nach Landesrecht vorgesehene Baulast oder in anderer Weise die Einhaltung dieser Verpflichtung sicherstellen. Diese Regelungen sollen bei Fortbestand des land- oder forstwirtschaftlichen Betriebs einen Mißbrauch der Begünstigung erschweren. Die Bestimmung, daß eine Neubebauung als Ersatz für die aufgegebene Nutzung „erforderlich" sein muß, verschärft den Maßstab für die Zulässigkeit von Ersatzbauten gegenüber § 35 Abs. 1 Nr. 1 BauGB. Es genügt nicht mehr, daß das Vorhaben dem Betrieb dient; vielmehr ist der sonst nur für die Vorhaben nach Abs. 1 Nr. 4 geltende strengere Maßstab heranzuziehen[1]. Die Erforderlichkeit des Ersatzbaus darf überdies erst nach der Entprivilegierung entstehen. In Ländern, die eine Baulast nicht kennen, kommt zur Sicherung der Verpflichtung eine beschränkte persönliche Dienstbarkeit gemäß § 1090 BGB in Betracht[2]. 2232

2. Ersatzbauten für mangelhafte Wohngebäude

§ 35 Abs. 4 Satz 1 Nr. 2 BauGB begünstigt unter bestimmten Voraussetzungen den Ersatzbau für ein im Außenbereich errichtetes Wohngebäude. Wohngebäude im Sinne dieser Regelung sind nicht Ferien- oder Wochenendhäuser[3]. 2233

Voraussetzung ist gemäß Abs. 4 Satz 1 Nr. 2 Buchstabe a) zunächst, daß das vorhandene Gebäude **zulässigerweise errichtet** worden ist. Für die Beurtei- 2234

---

[1] A.A. Jäde in Jäde/Dirnberger/Weiß, § 35 Rdnr. 108.
[2] So auch Schmaltz in Schrödter, § 35 Rdnr. 126; zu Unrecht meint Jäde in Jäde/Dirnberger/Weiß, § 35 Rdnr. 109, die Verpflichtung habe nur deklaratorische Bedeutung.
[3] BVerwG v. 12.3.1982 – 4 C 59.78, BRS 39 Nr. 89 = BauR 1982, 359 = DVBl. 1982, 1151 = NJW 1982, 2512.

lung gelten dieselben Grundsätze wie bei Anwendung von Abs. 4 Satz 1 Nr. 1, allerdings ohne zeitliche Begrenzung (vgl. dazu Rdnr. 2229).

2235 Das vorhandene Gebäude muß gemäß Abs. 4 Satz 1 Nr. 2 Buchstabe b) **Mißstände oder Mängel** aufweisen. Zur Bestimmung des Begriffs des Mißstands kann auf § 177 Abs. 2 BauGB zurückgegriffen werden. Danach liegen Mißstände vor, wenn die bauliche Anlage nicht den allgemeinen Anforderungen an gesunde Wohnverhältnisse entspricht. Das kann z.B. bei unzureichender sanitärer Ausstattung, Unmöglichkeit einer ausreichenden Beheizung, zu niedrigen Geschoßdecken, mangelnden Möglichkeiten der Entlüftung der Fall sein; da der Ersatzbau an der gleichen Stelle errichtet werden soll, kommt es auf Umwelteinwirkungen nicht an[1]. Zur Bestimmung des Begriffs der Mängel kann auf § 177 Abs. 3 Satz 1 Nr. 1 und Nr. 2 BauGB zurückgegriffen werden. Danach liegen Mängel insbesondere vor, wenn durch Abnutzung, Alterung, Witterungseinflüsse oder Einwirkungen Dritter die bestimmungsgemäße Nutzung der baulichen Anlage nicht nur unerheblich beeinträchtigt wird oder die bauliche Anlage nach ihrer äußeren Beschaffenheit das Straßen- oder Ortsbild nicht nur unerheblich beeinträchtigt. Es kommt nicht darauf an, ob die Mißstände oder Mängel mit wirtschaftlich vertretbaren Maßnahmen nicht behoben werden können. Allerdings genügen nach dem Zweck der Regelung Mängel nicht, die sich durch übliche Reparaturarbeiten beheben lassen (z.B. zur Verbesserung des äußeren Erscheinungsbilds neuer Außenputz oder neuer Anstrich des Gebäudes).

2236 Das vorhandene Gebäude muß gemäß Abs. 4 Satz 1 Nr. 2 Buchstabe c) seit längerer Zeit **vom Eigentümer selbst genutzt worden** sein. Erforderlich ist unter Berücksichtigung des Zwecks der Regelung eine Nutzung als Wohnhaus; die Nutzung als Ferien- oder Wochenendhaus genügt nicht[2]. Welcher Zeitraum als „längere Zeit" anzusehen ist, ist zweifelhaft. Nicht ausreichend ist jedenfalls ein Zeitraum von weniger als 2 Jahren[3]. Angemessen erscheint ein Zeitraum von 4 Jahren[4]. Die Nutzung muß grundsätzlich durch den Eigentümer erfolgt sein. Es ist allerdings nicht erforderlich, daß dieser das Haus als Eigentümer genutzt hat; ausreichend ist deshalb z.B. auch die Nutzung als Mieter vor dem Eigentumsübergang[5]. Die Nutzung durch den Eigentümer ist gemäß Abs. 4 Satz 1 Nr. 2 Buchstabe d), 2. Halbsatz BauGB ausnahmsweise dann entbehrlich, wenn der Eigentümer das

---

1 Vgl. zu diesen Fragen OVG Lüneburg v. 23.11.1979 – I A 143/78, BRS 35 Nr. 84 = BauR 1980, 151.
2 BVerwG v. 25.6.2001 – 4 B 42.01, Buchholz 406.11 § 35 Nr. 348 = BRS 64 Nr. 106 = BauR 2002, 1059.
3 BVerwG v. 12.3.1982 – 4 C 59.78, BRS 39 Nr. 89 = BauR 1982, 359 = DVBl. 1982, 1151 = NJW 1982, 2512.
4 Auch das OVG Lüneburg läßt einen Zeitraum von knapp 3 Jahren nicht ausreichen, vgl. OVG Lüneburg v. 7.12.1977 – I A 198/75, BRS 33 Nr. 77.
5 Vgl. auch BVerwG v. 10.3.1988 – 4 B 41.88, BRS 48 Nr. 71 = BauR 1988, 324 = DÖV 1988, 685 = NVwZ 1989, 355.

Gebäude im Wege der Erbfolge von einem Eigentümer erworben hat, der es seit längerer Zeit selbst genutzt hat. Die Nutzung durch sonstige Verwandte des Eigentümers (ohne den Eigentümer) genügt nicht. Da das Gebäude „seit" längerer Zeit vom Eigentümer genutzt sein muß, muß die Nutzung bis zu dem beabsichtigten Ersatzbau andauern; sie wird durch eine längere Periode der Vermietung unterbrochen[1]. Hat der Eigentümer das Gebäude nicht längere Zeit selbst genutzt, so kommt es nicht auf die Gründe an, aus denen eine solche Nutzung unterblieben ist[2].

Es müssen schließlich gemäß Abs. 4 Satz 1 Nr. 2 Buchstabe d) Tatsachen die Annahme rechtfertigen, daß das neu errichtete Gebäude für den **Eigenbedarf des bisherigen Eigentümers oder seiner Familie** genutzt wird. Zur Familie hat das BVerwG die in § 8 Abs. 2 des II. WoBauG bezeichneten Personen gerechnet[3]. Nach Ersetzung des II. WoBauG durch das Wohnraumförderungsgesetz vom 13.9.2001 (WoFG) fehlt eine gesetzliche Definition der Familie, auf die unmittelbar zurückgegriffen werden könnte. An die Stelle der Familie sind in der Gesetzessystematik des Wohnraumförderungsrechts die Haushaltsangehörigen getreten. Der Kreis der Haushaltsangehörigen wird allerdings in § 18 Abs. 2 WoFG ebenfalls unter Berücksichtigung der Verwandtschaft und Verschwägerung abgegrenzt. Deshalb ist es sachgerecht, zur Abgrenzung der Familie i.S. von § 35 Abs. 4 Satz 1 Nr. 2 Buchstabe d) BauGB nunmehr auf § 18 Abs. 2 WoFG zurückzugreifen[4]. Schwierig ist häufig die Prüfung, ob Tatsachen die Annahme rechtfertigen, daß das Ersatzgebäude für den Eigenbedarf des bisherigen Eigentümers oder seiner Familie genutzt wird. Wenn der Eigentümer das abzubrechende Wohnhaus genutzt hat, wird in der Regel damit zu rechnen sein, daß er auch in das neue Haus einziehen wird; die bisherige Nutzung dürfte dann als „Tatsache" genügen. Wenn der Eigentümer das Gebäude geerbt und es bisher nur von dem Voreigentümer genutzt worden ist (Fall Nr. 2 Buchstabe d), 2. Halbsatz), so wird man allerdings zusätzliche Indizien für die beabsichtigte Eigennutzung durch den Eigentümer oder seine Familie verlangen müssen, etwa eine plausible Darstellung der Gründe für die beabsichtigte Nutzung.

2237

Der Ersatzbau muß nach den Einleitungsworten in Abs. 4 Satz 1 Nr. 2 **gleichartig** und an **gleicher Stelle** errichtet werden. Die Gleichartigkeit bezieht sich auf die Funktion als Wohnhaus und auf die Größe des Gebäudes[5].

2238

---

1 BVerwG v. 10.3.1988 ebenda.
2 Vgl. BVerwG v. 22.2.1996 – 4 B 25.96, Buchholz 406.11 § 35 Nr. 321 (Kündigung des Mieters war aus zivilrechtlichen Gründen nicht möglich).
3 BVerwG v. 23.1.1981 – 4 C 82.77, BVerwGE 61, 285 = BRS 38 Nr. 101 = BauR 1981, 245 = DÖV 1981, 456 = NJW 1981, 1225; BVerwG v. 31.5.1988 – 4 B 88.88, Buchholz 406.11 § 35 Nr. 249 = BRS 48 Nr. 77 = BauR 1988, 698 = NVwZ 1989, 355.
4 So auch Roeser in Berliner Kommentar zum Baugesetzbuch, § 35 Rdnr. 112.
5 Vgl. BVerwG v. 8.6.1979 – 4 C 23.77, BRS 35 Nr. 82 = BauR 1979, 304 = DÖV 1979, 675 = NJW 1980, 1010 (keine Gleichartigkeit von Jagdhaus und Wochenendhaus);

Abs. 4 Satz 2 stellt klar, daß **geringfügige Erweiterungen** des neuen Gebäudes gegenüber dem beseitigten Gebäude und **geringfügige Abweichungen vom bisherigen Standort** zulässig sind. Für die Beurteilung der Geringfügigkeit kommt es nicht allein auf das quantitative Verhältnis an; entscheidend ist vielmehr, wie sich die Erweiterung oder die Abweichung vom bisherigen Standort auf die von dem Ersatzbau betroffenen öffentlichen Belange auswirkt, ob diese also zusätzlich negativ betroffen werden. Dafür ist eine Vergrößerung der Wohnfläche regelmäßig ohne Bedeutung[1]. Eine negative Betroffenheit kann sich aber z.B. aus einer erheblichen Vergrößerung der Grundfläche und des Rauminhalts ergeben. Regelmäßig schließt die Schaffung einer zusätzlichen Wohneinheit die Gleichartigkeit aus; sie kann nur auf der Grundlage von § 35 Abs. 4 Satz 1 Nr. 5 BauGB begünstigt sein[2].

2239 Gemäß § 35 Abs. 5 Satz 3 BauGB soll die Behörde **sicherstellen**, daß das Gebäude nach Durchführung des Ersatzbaus nur in der vorgesehenen Art genutzt wird. Diese Regelung kann sich nur auf die Nutzung durch den Eigentümer oder seine Familie beziehen. Die Sicherung dieser Nutzung kann vor allem durch eine Nebenbestimmung zur Baugenehmigung, nach Maßgabe des Landesrechts auch durch Baulast erfolgen[3]. Zu einer zeitlichen Begrenzung der Beschränkung der Nutzung auf den Eigentümer und seine Familie besteht kein Anlaß, und zwar unabhängig davon, ob man die Aufgabe dieser Nutzung als Nutzungsänderung im Sinne von § 29 Abs. 1 BauGB qualifiziert[4].

3. Ersatzbauten für zerstörte Gebäude

2240 Wird ein Gebäude zerstört, so entfällt der Bestandsschutz[5]. Der Gesetzgeber hat dies als eine unangemessene Härte angesehen und deshalb unter den in **§ 35 Abs. 4 Satz 1 Nr. 3 BauGB** geregelten Voraussetzungen den Wiederaufbau erleichtert.

2241 Die Vorschrift setzt zunächst voraus, daß das zerstörte Gebäude **zulässigerweise errichtet** worden ist. Dies ist nach denselben Grundsätzen zu beurteilen wie bei Anwendung von § 35 Abs. 4 Satz 1 Nr. 1d) (vgl. dazu Rdnr. 2229).

BVerwG v. 13.6.1980 – 4 C 63.77, BRS 36 Nr. 101 = BauR 1980, 553 = DÖV 1980, 765; BVerwG v. 23.1.1981 – 4 C 85.77, BRS 38 Nr. 97 = BauR 1981, 249 = DÖV 1981, 459 = NJW 1981, 2828; BVerwG v. 12.3.1998 – 4 C 10.97, Buchholz 406.11 § 35 Nr. 334 (keine Gleichartigkeit von Scheune und Garage).
1 BVerwG v. 19.2.2004 – 4 C 4.03.
2 BVerwG v. 19.2.2004 – 4 C 4.03.
3 Vgl. dazu näher Schmaltz in Schrödter, § 35 Rdnr. 154.
4 Eine solche Qualifikation wird von Jäde in Jäde/Dirnberger/Weiß, § 35 Rdnr. 122 vertreten.
5 Vgl. dazu BVerwG v. 8.6.1979 – 4 C 23.77, BRS 35 Nr. 82 = BauR 1979, 304 = DÖV 1979, 675 = NJW 1980, 1010.

Das Gebäude muß durch **Brand, Naturereignisse oder andere außergewöhnliche Ereignisse** zerstört worden sein. Naturereignisse sind z.B. Erdbeben, Bergrutsch, Überschwemmung, Sturm. Schwierigkeiten bereitet die Abgrenzung der anderen außergewöhnlichen Ereignisse. Dazu gehört sicherlich nicht der allmähliche Verfall eines alten Hauses[1]. Außergewöhnliches Ereignis ist auch nicht die Zerstörung durch Umbauarbeiten, die vom Eigentümer veranlaßt worden sind, und zwar unabhängig davon, ob den Architekten oder einen Dritten daran alleiniges Verschulden trifft[2]. Als Beispiele für andere außergewöhnliche Ereignisse hat das Bundesverwaltungsgericht Gasexplosionen, Einwirkungen aus Anlaß eines militärischen Manövers, Flugzeugabstürze benannt[3]. Für ein außergewöhnliches Ereignis hält es auch die Zerstörung eines durch Sturm beschädigten und leerstehenden Gebäudes durch Dritte ohne billigende Duldung des Eigentümers; es komme nicht darauf an, ob er nach der Lebenserfahrung damit habe rechnen müssen, wenn er besondere Sicherungsmaßnahmen unterließ[4]. Diese Auffassung begegnet Bedenken. Richtig erscheint es, als außergewöhnlich nur solche Ereignisse zu qualifizieren, gegen die Vorsorgemaßnahmen nicht getroffen werden können oder die so selten sind, daß Vorsorgemaßnahmen fernliegen.

2242

Die Zerstörung durch Brand ermöglicht unter Berücksichtigung des Zwecks der gesetzlichen Regelung keinen Ersatzbau, wenn der Eigentümer den Brand vorsätzlich herbeigeführt hat. Ist der Brand dagegen durch fahrlässiges Verhalten des Eigentümers entstanden, so hängt es von den Umständen des Einzelfalls ab, ob er als außergewöhnliches Ereignis qualifiziert werden kann.

2243

Das Gesetz begünstigt nur die „alsbaldige" Neuerrichtung des zerstörten Gebäudes. Für die nach dieser Regelung erforderliche Berechnung der Frist für die Neuerrichtung kommt es darauf an, wann sich die Verkehrsauffassung auf einen Wandel in der Grundstückssituation eingestellt hat, mit einem Wiederaufbau also nicht mehr rechnet. Das Bundesverwaltungsgericht hat (zur früheren Fassung des Gesetzes, die auf die Wiederaufbauabsicht abhob) dargelegt, daß die Bekundung dieser Absicht innerhalb eines Jahres nach der Zerstörung stets ausreiche und daß die Verkehrsauffassung den Wiederaufbau auch innerhalb eines weiteren Jahres in der Regel noch erwarte; nach Ablauf von zwei Jahren habe sich die Verkehrsauffassung auf einen Wandel in der Grundstückssituation eingestellt, ein Antragsteller müsse schon besondere Gründe darlegen, die den langen Zeitablauf recht-

2244

---
1 BVerwG v. 13.3.1981 – 4 C 2.78, BVerwGE 62, 32 = BRS 38 Nr. 98 = BauR 1981, 360 = DVBl. 1981, 675 = NJW 1981, 2143.
2 Vgl. BVerwG v. 18.8.1982 – 4 C 45.79, BRS 39 Nr. 90 = BauR 1983, 50; BVerwG v. 7.5.1986 – 4 B 95.86, Buchholz 406.11 § 35 Nr. 235; BVerwG v. 18.2.1997 – 4 B 207.96, BRS 59 Nr. 94.
3 BVerwG v. 7.5.1986 ebenda.
4 BVerwG v. 18.8.1982 – 4 C 45.79, BRS 39 Nr. 90 = BauR 1983, 50.

fertigen¹. Auf diese Grundsätze ist bei Anwendung der heute geltenden Fassung des Gesetzes zurückzugreifen mit der Modifikation, daß es auf die Errichtung selbst ankommt. Verzögert sich diese durch Umstände, die außerhalb des Verantwortungsbereichs des Bauherrn liegen, insbesondere also durch rechtswidrige Ablehnung einer Bauvoranfrage oder eines Bauantrags, so kann dies freilich dem Vorhaben später nicht entgegengehalten werden; es kann insoweit nichts anderes gelten als bei der Beurteilung der Nachwirkung einer beseitigten Bebauung im Zusammenhang mit der Abgrenzung des Innenbereichs, die insbesondere den Zeitraum umfaßt, in dem durch behördliche Einwendungen das Vorhaben unterbunden wird².

2245 Begünstigt wird nur die Errichtung eines **gleichartigen** Gebäudes. Diese Beschränkung hat denselben Inhalt wie in Abs. 4 Satz 1 Nr. 2 (s. dazu Rdnr. 2238). Bedeutung kommt ihr bei Anwendung von Nr. 3 in stärkerem Maße als bei Anwendung von Nr. 2 hinsichtlich der Funktion des Gebäudes zu. Danach kann z.B. ein Jagdhaus nicht durch ein Wochenendhaus ersetzt werden³. Das Gebäude muß – ebenso wie bei Nr. 2 – **an gleicher Stelle** errichtet werden. Abs. 4 Satz 2 läßt **geringfügige Erweiterungen und geringfügige Abweichungen** vom bisherigen Standort des Gebäudes zu. Auch für die Beurteilung der Geringfügigkeit gelten dieselben Grundsätze wie bei Anwendung von Nr. 2 (s. Rdnr. 2238). Geringfügig wäre die Erweiterung z.B. nicht mehr bei Ersetzung eines Kleinsiedlungshauses durch ein villenähnliches Einfamilienhaus oder bei Ersetzung des Einfamilienhauses durch ein Zweifamilienhaus⁴.

4. Änderung und Nutzungsänderung von erhaltenswerten Gebäuden

2246 § 35 Abs. 4 Satz 1 Nr. 4 BauGB begünstigt die Änderung oder Nutzungsänderung von erhaltenswerten, das Bild der Kulturlandschaft prägenden Gebäuden, auch wenn sie aufgegeben sind, sofern das Vorhaben einer zweckmäßigen Verwendung der Gebäude und der Erhaltung des Gestaltwerts dient. Die Regelung soll – auch im öffentlichen Interesse – die Erhaltung

---

1 BVerwG v. 21.8.1981 – 4 C 65.80, BRS 38 Nr. 99 = BauR 1981, 552 = DÖV 1982, 503 = NJW 1982, 400.
2 Vgl. BVerwG v. 19.9.1986 – 4 C 15.84, BVerwGE 75, 34 = BRS 46 Nr. 62 = BauR 1987, 52 = DVBl. 1987, 478 = NVwZ 1987, 406; zu einer dem Bauherrn zuzurechnenden Verzögerung vgl. VGH Mannheim v. 10.9.1990 – 8 S 3077/89, BRS 50 Nr. 93.
3 So BVerwG v. 8.6.1979 – 4 C 23.77, BRS 35 Nr. 82 = BauR 1979, 304 = DÖV 1979, 675 = NJW 1980, 1010.
4 Beispiele des BVerwG v. 23.1.1981 – 4 C 82.77, BVerwGE 61, 285 = BRS 38 Nr. 101 = BauR 1981, 245 = DÖV 1981, 456 = NJW 1981, 1225 zur Auslegung der Regelung über die Angemessenheit der Erweiterung im Sinne von § 35 Abs. 4 Satz 1 Nr. 4a BBauG 1979; die vom BVerwG als nicht mehr angemessen bezeichneten Veränderungen sind jedenfalls nicht geringfügig.

von Gebäuden erleichtern, die das Bild der Kulturlandschaft prägen. Die Anwendung setzt voraus, daß die Zugehörigkeit des Gebäudes zu einem kulturhistorisch bedeutsamen Zusammenhang im Gebäude selbst erkennbar ist. Daran fehlt es z.B. bei einem ehemaligen Bahnhof, der sich äußerlich wie ein gewöhnliches Wohnhaus oder Wirtschaftsgebäude darstellt[1]. Die prägende Wirkung für die Kulturlandschaft fehlt auch, wenn das Gebäude nur an eine frühere Nutzung erinnert[2] und ein erkennbarer Wechselbezug zwischen Gebäude und Landschaft fehlt, wie er typischerweise bei einer Almhütte auf einer Almfläche bestehen kann[3].

Das Gebäude darf aufgegeben, nicht aber zur Ruine verfallen sein[4]. Denn ein verfallenes Gebäude ist allenfalls als Ruine, nicht zu seiner zweckmäßigen Verwendung nach einer Änderung oder Nutzungsänderung erhaltenswert.

Anders als Abs. 4 Satz 1 Nr. 2 und Nr. 3 BauGB erleichtert Nr. 4 auch wesentliche Änderungen. Der mit der Umgestaltung verbundene Eingriff darf aber nicht so intensiv sein, daß der frühere Baubestand im Gesamtgefüge der veränderten Anlage nicht mehr als Hauptsache in Erscheinung tritt[5]. Denn eine solche Umgestaltung dient nicht der Erhaltung der Bausubstanz und des Gestaltwerts des Gebäudes. 2247

5. Erweiterung von Wohngebäuden

§ 35 Abs. 1 Satz 1 Nr. 5 BauGB begünstigt die Erweiterung eines Wohngebäudes auf bis zu zwei Wohnungen. Diese Regelung hat den Zweck, „Härten und Schwierigkeiten" zu beseitigen, „um dem Eigentümer eine angemessene Wohnraumversorgung zu gewährleisten"[6]. Sie ermöglicht deshalb weder die Errichtung einer Ferienwohnung[7] noch einer unterirdischen Schwimmhalle[8] oder von Garagen, mit deren Herstellung nicht im Wohngebäude Raum für Wohnzwecke frei würde[9]. Erweiterung eines Gebäudes ist 2248

---

1 BVerwG v. 17.1.1991 – 4 B 186.90, Buchholz 406.11 § 35 Nr. 268 = BRS 52 Nr. 83 = BauR 1991, 181 = DÖV 1991, 556.
2 BayVGH v. 4.10.1979 – 4 CB 303.79, BRS 35 Nr. 81 = BauR 1980, 149.
3 BayVGH v. 25.1.1995 – 2 B 92.2869, BRS 57 Nr. 113; vgl. auch OVG Münster v. 13.11.1998 – 11 A 2641/94, BRS 60 Nr. 97.
4 Vgl. BVerwG v. 18.9.1984 – 4 B 203.84, BRS 42 Nr. 96 = NVwZ 1985, 184; BVerwG v. 18.10.1993 – 4 B 160.93, Buchholz 406.11 § 35 Nr. 287 = BRS 55 Nr. 77 = BauR 1994, 83 = DVBl. 1994, 292.
5 BVerwG v. 18.10.1993 ebenda.
6 So BVerwG v. 12.3.1998 – 4 C 10.97, Buchholz 406.11 § 35 Nr. 334 = BRS 60 Nr. 98 = BauR 1998, 760.
7 BVerwG v. 6.10.1994 – 4 B 178.94, Buchholz 406.11 § 35 Nr. 304 = BRS 56 Nr. 86.
8 OVG Münster v. 2.8.1993 – 11 A 1347/91, BRS 55 Nr. 87 = NVwZ 1994, 61.
9 BVerwG v. 12.3.1998 – 4 C 10.97, Buchholz 406.11 § 35 Nr. 334 = BRS 60 Nr. 98 = BauR 1998, 760.

nicht die Errichtung eines räumlich abgesetzten weiteren Gebäudes (z.B. einer räumlich abgesetzten Garage)[1].

2249 Bei dem Gebäude muß es sich bereits um ein **Wohngebäude** handeln. Die Regelung erleichtert nicht die Umgestaltung eines Wochenend- oder Ferienhauses zu einem Wohnhaus[2]. Das Gebäude muß gemäß Abs. 4 Satz 1 Nr. 5 Buchstabe a) **zulässigerweise errichtet** worden sein. Für die Beurteilung dieser Frage gelten dieselben Grundsätze wie bei Anwendung von Nr. 1 (s. dazu Rdnr. 2229).

2250 Die Erweiterung muß gemäß § 35 Abs. 4 Satz 1 Nr. 5 Buchstabe b) **im Verhältnis zum vorhandenen Gebäude angemessen** sein. Die Erweiterung wird damit – anders als bei Abs. 4 Satz 1 Nr. 2 und Nr. 3 – nicht auf ein geringfügiges Maß beschränkt. Sie kann durchaus auch dazu führen, daß die Wohnfläche des Hauses mehr als verdoppelt wird[3]. Ausgeschlossen ist aber eine qualitative Veränderung etwa durch Umgestaltung eines Kleinsiedlungshauses in ein komfortables Einfamilienhaus oder die Errichtung eines zweiten selbständigen, wenn auch durch einen Zwischentrakt mit dem Altgebäude verbundenen neuen Gebäudes[4].

2251 Die Erweiterung muß außerdem gemäß Abs. 4 Satz 1 Nr. 5 Buchstabe b) **unter Berücksichtigung der Wohnbedürfnisse angemessen** sein. Dabei kann es, wie sich aus Abs. 4 Satz 1 Nr. 5 Buchstabe c) ergibt, nur auf die Wohnbedürfnisse des Eigentümers oder seiner Familie ankommen. Zur Familie gehören die in § 18 Abs. 2 WoFG bezeichneten Personen[5]. Die Angemessenheit bestimmt sich nicht nach den Vorstellungen des Eigentümers und seiner Familie. Es sind vielmehr objektive Maßstäbe anzulegen, die sich an § 10 WoFG und den dazu erlassenen Bestimmungen der Länder orientieren sollten[6]. Diese Orientierung schließt bei besonders großen Familien eine Überschreitung der festgelegten Wohnflächengrenzen nicht aus; so hat das OVG Lüneburg z.B. eine Wohnfläche von 245 m² für den Eigentümer und

---

1 BVerwG v. 12.3.1998 ebenda.
2 BVerwG v. 13.9.1988 – 4 B 155.88, Buchholz 406.11 § 35 Nr. 251 = BRS 48 Nr. 78 = BauR 1988, 699.
3 Vgl. bereits BVerwG v. 23.1.1981 – 4 C 82.77, BVerwGE 61, 285 = BRS 38 Nr. 101 = BauR 1981, 245 = DÖV 1981, 456 = NJW 1981, 1225.
4 Vgl. BVerwG v. 23.1.1981 ebenda; BVerwG v. 19.2.2004 – 4 C 4.03; OVG Lüneburg v. 17.12.1998 – 1 L 7125/96, BRS 60 Nr. 94 = NVwZ 1999, 1362 (Erweiterung von 90 auf 280 m² Wohnfläche).
5 Vgl. dazu Rdnr. 2237.
6 Ebenso Roeser in Berliner Kommentar zum Baugesetzbuch, § 35 Rdnr. 121; vgl. auch zur Rechtslage vor der Ersetzung des II. WoBauG durch das WoFG BVerwG v. 23.1.1981 – 4 C 82.77, BVerwGE 61, 285 = BRS 38 Nr. 101 = BauR 1981, 245 = DÖV 1981, 456 = NJW 1981, 1225; BVerwG v. 31.5.1988 – 4 B 88.88, Buchholz 406.11 § 35 Nr. 249 = BRS 48 Nr. 77 = BauR 1988, 698 = NVwZ 1989, 355; OVG Münster v. 3.2.1988 – 11 A 1911/87, BRS 48 Nr. 76 = BauR 1988, 445.

die Familien seiner beiden Kinder – insgesamt 8 Personen – noch für angemessen erachtet[1].

Es müssen gemäß Abs. 4 Satz 1 Nr. 5 Buchstabe c) bei der Errichtung einer weiteren Wohnung Tatsachen die Annahme rechtfertigen, daß das Gebäude **vom bisherigen Eigentümer oder seiner Familie selbst genutzt** wird. Hinsichtlich dieser Prognose bestehen dieselben Schwierigkeiten wie bei Anwendung von Abs. 4 Satz 1 Nr. 2 Buchstabe d) (s. dazu Rdnr. 2237). Es kommt auch in diesem Zusammenhang der Regelung in Abs. 5 Satz 3 Bedeutung zu, daß die Baugenehmigungsbehörde sicherstellen soll, daß die bauliche Anlage nach Durchführung des Vorhabens nur in der vorgesehenen Art genutzt wird. Es stehen dafür dieselben Möglichkeiten zur Verfügung wie bei einer Genehmigung nach Nr. 2. 2252

Die Erweiterung darf schließlich **nicht** dazu führen, daß in dem Wohngebäude **mehr als zwei Wohnungen** entstehen. Dabei sind zur Vermeidung von Umgehungen frühere Erweiterungen auf der Grundlage von Abs. 4 Satz 1 Nr. 5 BauGB oder einer Vorgängerregelung mit zu berücksichtigen. 2253

Beispiel: 2254
Der Antragsteller hat im Jahre 1984 die Genehmigung zur Errichtung eines Anbaus an sein im Außenbereich gelegenes Wohnhaus erhalten. Diesen Anbau hat er später durch genehmigungsfreie Maßnahmen (Einbau einer Trennwand) in der Weise verselbständigt, daß ein eigenständiges Gebäude im Sinne des Bauordnungsrechts und der Baunutzungsverordnung entstanden ist; den Altbau hat er seinem Sohn übertragen. Er beabsichtigt nunmehr den Ausbau des Dachgeschosses in dem früheren Anbau. Dieses Vorhaben ist nicht nach § 35 Abs. 4 Satz 1 Nr. 5 BauGB begünstigt, weil bei Anwendung dieser Vorschrift Altbau und Neubau weiterhin als ein Gebäude gelten[2].

6. Erweiterung von gewerblichen Betrieben

§ 35 Abs. 4 Satz 1 Nr. 6 BauGB erleichtert die bauliche Erweiterung eines zulässigerweise errichteten gewerblichen Betriebs, wenn die Erweiterung im Verhältnis zum vorhandenen Gebäude und Betrieb angemessen ist. 2255

Voraussetzung ist zunächst, daß der Betrieb sich **im Außenbereich** befindet. Die Regelung erleichtert nicht die Erweiterung eines im Innenbereich gelegenen Gewerbebetriebs in den Außenbereich hinein[3]. 2256

Der Betrieb muß **zulässigerweise errichtet** worden sein. Dazu genügt (wie bei Abs. 4 Nr. 1 bis Nr. 5) formelle oder materielle Legalität (s. Rdnr. 2229). 2257

---

1 Urt. v. 28.4.1989 – 6 A 228/86, BRS 49 Nr. 105.
2 Fall des BVerwG v. 27.8.1998 – 4 C 13.97, Buchholz 406.11 § 35 Nr. 338 = BRS 60 Nr. 92.
3 Dazu BVerwG v. 14.1.1993 – 4 C 33.90, Buchholz 406.11 § 35 Nr. 282 = BRS 55 Nr. 81 = BauR 1993, 435 = DVBl. 1993, 653 = NVwZ 1994, 293.

Schwierigkeiten können sich daraus ergeben, daß bei größeren gewerblichen Betrieben häufig nicht alle vorhandenen baulichen Anlagen bauaufsichtlich genehmigt oder genehmigungsfähig sind. Dann wird man darauf abzuheben haben, ob diese Voraussetzung für die wesentlichen Teile des Betriebes erfüllt ist[1].

2258 Die Regelung erleichtert nur **Erweiterungen** des Betriebes. Dazu gehören Nutzungsänderungen nicht[2]. Die betriebliche Erweiterung setzt einen funktionalen und räumlichen Zusammenhang zwischen den bestehenden baulichen Anlagen und dem Bauvorhaben voraus; daran fehlt es z.B. bei einem Bauvorhaben zur Errichtung eines Einfamilienhauses in einer Entfernung von 100 m bis 200 m von den Betriebsgebäuden[3].

2259 Die geforderte **Angemessenheit** der Erweiterung „im Verhältnis zum vorhandenen Gebäude und Betrieb" knüpft an die baulichen Anlagen an, die an dem Betriebsstandort vorhanden sind, auf den sich das Bauvorhaben bezieht. Es kann nicht auf bauliche Anlagen eines größeren Unternehmens an anderen Standorten ankommen. Betrieb ist die „organisatorische Zusammenfassung von Betriebsflächen und Betriebsmitteln auf einer bestimmten Betriebsfläche"[4]. Ein auf dem Betriebsgelände vorhandenes Wohngebäude hat bei der Beurteilung der Angemessenheit unter Berücksichtigung des Zwecks der gesetzlichen Regelung unberücksichtigt zu bleiben[5]. Die Beurteilung der Angemessenheit der Erweiterung bereitet größere Schwierigkeiten als bei Anwendung von Abs. 4 Satz 1 Nr. 5, weil allgemeine Maßstäbe für den Flächenbedarf von gewerblichen Betrieben fehlen. Auszuschließen ist die Angemessenheit der Erweiterung, wenn sie mit einer qualitativen Änderung des Betriebs einhergeht, etwa ein Handwerksbetrieb zu einem industriellen Betrieb wird[6]. Die Beurteilung muß außerdem die Veränderung der Bausubstanz einbeziehen. Nach diesem Maßstab hat das Bundesverwaltungsgericht eine Erweiterung der gewerblich genutzten Fläche von 100 m^2 auf 360 m^2 als unangemessen qualifiziert[7]. Unter Berücksichtigung der Rechtsprechung zur Erweiterung von Wohngebäuden (s. Rdnr. 2250) wird man die Erweiterung allerdings nicht schon dann immer als unangemessen zu qualifizieren haben, wenn die Nutzfläche mehr als verdoppelt wird[8]. In

---

1 Vgl. dazu auch BVerwG v. 27.6.1980 – 4 B 102.80, BRS 36 Nr. 105; BayVGH v. 16.2.1994 – 1 B 93.1651, BRS 56 Nr. 87.
2 BVerwG v. 3.12.1990 – 4 B 145.90, Buchholz 406.11 § 35 Nr. 267 = BRS 50 Nr. 88.
3 BVerwG v. 17.9.1991 – 4 B 161.91, Buchholz 406.11 § 35 Nr. 275 = BRS 52 Nr. 84 = BauR 1991, 725.
4 So BVerwG v. 18.3.1983 – 4 C 17.81, Buchholz 406.11 § 35 Nr. 199 = BRS 40 Nr. 92 = DVBl. 1983, 893; BVerwG v. 16.12.1993 – 4 C 19.92, Buchholz 406.11 § 35 Nr. 290 = BRS 55 Nr. 78 = BauR 1994, 337 = NVwZ-RR 1994, 371.
5 BVerwG v. 16.12.1993 ebenda.
6 So auch BVerwG v. 16.12.1993 ebenda.
7 BVerwG v. 16.12.1993 ebenda.
8 A.A. OVG Schleswig v. 10.12.1998 – 1 L 136/97, BRS 62 Nr. 115 = NordÖR 1999, 367 (Erweiterung um 42% unangemessen); Schmaltz in Schrödter, § 35 Rdnr. 149.

die Beurteilung können auch andere städtebaulich relevante Gesichtspunkte einbezogen werden, etwa der Gesichtspunkt ob zusätzliche Grundstücksflächen in Anspruch genommen werden sollen[1]. Ebenso wie bei der Beurteilung der Angemessenheit der Erweiterung von Wohngebäuden erscheint es überdies richtig, den individuellen Bedarf in die Betrachtung einzubeziehen. Dies kann – in Anlehnung an den Maßstab des Dienens bei Anwendung von § 35 Abs. 1 Nr. 1 BauGB – nach dem Maßstab geschehen, ob ein „vernünftiger Betriebsinhaber" das Vorhaben verwirklichen würde; auf die Unentbehrlichkeit der Erweiterung kann es, nachdem der Gesetzgeber mit dem BauGB diese Voraussetzung hat entfallen lassen, nicht mehr ankommen[2]. Bei der Beurteilung der Angemessenheit sind im übrigen mehrfache Erweiterungen einheitlich zu betrachten[3].

V. Die Ausräumung beeinträchtigter öffentlicher Belange durch Satzung (§ 35 Abs. 6 BauGB)

Entgegen dem Regierungsentwurf (BT-Drucksache 15/2250) und der vorausgegangenen Empfehlung in dem Bericht der Unabhängigen Expertenkommission[4] wurde § 35 Abs. 6 BauGB nicht im Rahmen des EAG Bau (Rdnr. 1) gestrichen. Stattdessen wurde der Anwendungsbereich noch weiter eingeschränkt, um die Pflicht zur Durchführung einer Umweltprüfung gemäß § 2a Abs. 4 BauGB zu vermeiden[5]. Die verfahrensrechtlichen Anforderungen wurden demgegenüber im wesentlichen beibehalten. Im Hinblick auf die schon bisher geringe Steuerungswirkung der Satzung gemäß § 35 Abs. 6 BauGB ist deren Erlaß in den meisten Fällen für die Gemeinden wenig hilfreich und zielführend.

2260

§ 35 Abs. 6 Satz 1 BauGB ermöglicht es der Gemeinde, für bebaute Bereiche im Außenbereich, die nicht überwiegend landwirtschaftlich geprägt sind

2261

---

1 BVerwG v. 16.12.1993 – 4 C 19.92, Buchholz 406.11 § 35 Nr. 290 = BRS 55 Nr. 78 = BauR 1994, 337 = NVwZ-RR 1994, 371.
2 In diesem Sinne auch BVerwG v. 17.9.1991 – 4 B 161.91, Buchholz 406.11 § 35 Nr. 275 = BRS 52 Nr. 84 (allerdings im Zusammenhang mit der Prüfung des funktionellen Zusammenhangs); OVG Schleswig v. 10.12.1998 – 1 L 136/97, BRS 62 Nr. 115 = NordÖR 1999, 367; Jäde in Jäde/Dirnberger/Weiß, § 35 Rdnr. 152; noch weitergehend Hoppe, Die angemessene Erweiterung eines gewerblichen Betriebs im Außenbereich als Privilegierungstatbestand (§ 35 Abs. 4 Satz 1 Nr. 6 BauGB), DVBl. 1990, 1009 (1013); enger demgegenüber Krautzberger in Battis/Krautzberger/Löhr, § 35 Rdnr. 115, der sich zwar an dem Begriff des „Dienens" im Sinne von Abs. 1 Nr. 1 orientieren will, gleichzeitig aber die Unentbehrlichkeit der Betriebserweiterung verlangt.
3 BVerwG v. 28.9.1992 – 4 B 175.92, Buchholz 406.11 § 35 Nr. 280 = BRS 54 Nr. 71 = BauR 1993, 200; BVerwG v. 16.12.1993 – 4 C 19.92, Buchholz 406.11 § 35 Nr. 219 = BRS 55 Nr. 78 = BauR 1994, 337 = NVwZ-RR 1994, 371.
4 Rdnr. 67.
5 BT-Drucksache 15/2996, Begründung zu Art. 1 (§ 35 BauGB).

und in denen eine Wohnbebauung von einigem Gewicht vorhanden ist, durch Satzung zu bestimmen, das Wohnzwecken dienenden Vorhaben im Sinne von § 35 Abs. 2 BauGB nicht entgegengehalten werden kann, daß sie einer Darstellung im Flächennutzungsplan über Flächen für die Landwirtschaft oder Wald widersprechen oder die Entstehung oder Verfestigung einer Splittersiedlung befürchten lassen. Die Satzung kann dabei gemäß § 35 Abs. 6 Satz 2 BauGB auch auf Vorhaben erstreckt werden, die kleineren Handwerks- und Gewerbebetrieben dienen.

2262 **Satzungszweck** ist anders als bei Bebauungsplänen oder auch bei Satzungen nach § 34 Abs. 4 Satz 1 Nr. 2 und 3 BauGB (Rdnr. 1973 ff.) nicht die konstitutive Schaffung von Baurecht. Vielmehr sollen mit der Außenbereichssatzung lediglich die genannten öffentlichen Belange aus dem Prüfungskatalog des § 35 Abs. 3 BauGB **ausgeblendet** werden[1]. Andere öffentliche Belange können den unter die Satzung fallenden Wohnungsbauvorhaben nach wie vor entgegengehalten werden. Entsprechendes gilt für kleinere Handwerks- und Gewerbebetriebe, sofern diese in die Satzung einbezogen sind. Gemeint sind damit solche Betriebe, die mit einer Wohnnutzung vereinbar sind, also auch in Baugebieten zulässig wären, die Wohnzwecken dienen (insbesondere allgemeine Wohngebiete, Misch- und Dorfgebiete).

2263 Voraussetzung für den Erlaß der Satzung ist, daß ein **bebauter Bereich im Außenbereich** vorliegt, also eine Wohnbebauung unterhalb der Schwelle zum unbeplanten Innenbereich gemäß § 34 BauGB. Andererseits reichen jedoch Einzelbebauungen nicht aus, da zumindest eine Wohnbebauung von einigem Gewicht, also ein Siedungssplitter[2], vorhanden sein muß (§ 35 Abs. 6 Satz 1 BauGB; zum Begriff des bebauten Bereichs im Außenbereich s. auch Rdnr. 1978 zu § 34 Abs. 4 Satz 1 Nr. 2 BauGB).

2264 Der bebaute Bereich darf **nicht überwiegend landwirtschaftlich geprägt** sein. Dies ist nicht rein quantitativ, etwa anhand der Zahl landwirtschaftlicher Hofstellen oder der landwirtschaftlich genutzten Flächen, festzustellen sondern durch eine wertende Gesamtbetrachtung.

2265 Für den Geltungsbereich der Satzung ist zu beachten, daß lediglich die **Entstehung oder Verfestigung** einer Splittersiedlung als öffentlicher Belang ausgeblendet wird, nicht hingegen die in § 35 Abs. 3 Satz 1 Nr. 7 BauGB ebenfalls genannte Erweiterung einer Splittersiedlung. Daraus folgt für den Geltungsbereich der Satzung, daß diese grundsätzlich nur dazu dient, einen bebauten Bereich zu **verdichten** (Innenverdichtung, Lückenschließung), nicht hingegen die Funktion haben kann, die vorhandene Bebauung in den

---

[1] VGH München v. 28.10.2003 – 1 N 01.3178, UPR 2004, 233 = ZfBR 2004, 181.
[2] VGH München v. 12.8.2003 – 1 BV 02.1727, BauR 2004, 51 = NVwZ-RR 2004, 13 = UPR 2004, 75 = ZfBR 2004, 67; OVG Lüneburg v. 27.7.2000 – 1 L 4472/99, NVwZ-RR 2001, 368.

bisher unbebauten Außenbereich zu erweitern[1]. Man kann die Satzung nach § 35 Abs. 6 BauGB daher auch als **Lückenfüllungssatzung** bezeichnen[2].

Gemäß § 35 Abs. 6 Satz 4 Nr. 1 BauGB muß die Satzung mit einer **geordneten städtebaulichen Entwicklung** vereinbar sein (vgl. insofern zu den Satzungen nach § 34 Abs. 4 Satz 1 Nr. 2 und Nr. 3 Rdnr. 1979 ff. sowie Rdnr. 1993). Die diesbezügliche Prüfung im Rahmen der planerischen Abwägung muß sich allerdings nur auf die durch die Satzung ausgeblendeten Belange beziehen. Die Belange, deren Beeinträchtigung nach wie vor der Genehmigung eines Vorhabens entgegenstehen kann, sind nicht zu berücksichtigen. Dies bleibt vielmehr dem Satzungsvollzug vorbehalten. Allerdings bedarf es auch für die Außenbereichssatzung einer städtebaulichen Erforderlichkeit und Vollzugsfähigkeit. Ist von vornherein absehbar, daß die von der Satzung umfaßten Vorhaben aus anderen Rechtsgründen nicht verwirklicht werden können, scheidet der Erlaß einer derartigen Satzung aus[3]. 2266

Gemäß § 35 Abs. 6 Satz 4 Nr. 2 und 3 BauGB darf durch die Satzung nicht die Zulässigkeit von UVP-pflichtigen Vorhaben begründet werden und es dürfen keine Anhaltspunkte für eine Beeinträchtigung der in § 1 Abs. 6 Nr. 7 Buchstabe b BauGB genannten Schutzgüter bestehen. Diese Anforderungen entsprechen denen bei der Aufstellung von Satzungen gemäß § 34 Abs. 4 Satz 1 Nr. 2 und 3 BauGB (Rdnr. 1994) sowie denen des vereinfachten Verfahrens der Bauleitplanung gemäß § 13 Abs. 1 Nr. 1 und Nr. 2 BauGB (Rdnr. 853). 2267

Die näheren Bestimmungen über die Zulässigkeit von Vorhaben, die nach § 35 Abs. 6 Satz 3 BauGB getroffen werden dürfen, sind nicht an den Festsetzungskatalog des § 9 BauGB gebunden. Gleichwohl kann auf diese Möglichkeiten zurückgegriffen werden, jedoch nur insofern, wie es um Bestimmungen über die Zulässigkeit der durch die Satzung privilegierten Vorhaben geht. Dies können insbesondere Beschränkungen hinsichtlich Art und Umfang der durch die Satzung privilegierten baulichen Maßnahmen sein, nicht hingegen weitergehende Bestimmungen einschließlich etwaiger Festsetzungen, die sich nicht unmittelbar auf die Zulässigkeit von Vorhaben beziehen (z.B. Festsetzung von Erschließungsflächen oder Grundflächen)[4]. Im wesentlichen können die Bestimmungen nach § 35 Abs. 6 Satz 3 BauGB dabei dazu dienen, ein konfliktfreies Nebeneinander von Wohnen, Handwerks- und Gewerbebetrieben im Sinne von § 35 Abs. 6 Satz 2 BauGB und privilegierten Außenbereichsnutzungen zu gewährleisten. 2268

---

1 OVG Münster v. 8.6.2001 – 7 a D 52/99, NVwZ 2001, 1071 = UPR 2002, 146; VGH München v. 19.4.1999 – 14 B 98/1902, BauR 2000, 711 = NVwZ-RR 2000, 482; OVG Lüneburg v. 27.7.2000 – 1 L 4472/99, NVwZ-RR 2001, 368.
2 So Jäde in Jäde/Dirnberger/Weiß, § 35 Rdnr. 254 f.
3 VGH München v. 12.8.2003 – 1 Bv 02.1727, BauR 2004, 51 = NVwZ-RR 2004, 13 = UPR 2004, 75.
4 VGH München v. 16.10.2003 – 1 N 01.3178, UPR 2004, 233 = ZfBR 2004, 181; OVG Münster v. 8.6.2001 – 7a D 52/99, NVwZ 2001, 1071 = UPR 2002, 146.

2269 Für das **Satzungsverfahren** sind die Vorschriften über die Öffentlichkeits- und Behördenbeteiligung nach § 13 Abs. 2 Nr. 2 und 3 BauGB (Rdnr. 857 ff.) entsprechend anzuwenden. Gemäß § 35 Abs. 6 Satz 6 BauGB ist ebenfalls § 10 Abs. 3 BauGB entsprechend anzuwenden. Insofern gelten also die gleichen Anforderungen wie bei der Entwicklungssatzung gemäß § 34 Abs. 4 Satz 1 Nr. 2 BauGB (Rdnr. 1986 f.). Gemäß § 246 Abs. 1a BauGB können die Länder bestimmen, daß Satzungen gemäß § 35 Abs. 6 BauGB vor ihrem Inkrafttreten der höheren Verwaltungsbehörde anzuzeigen sind (s. dazu im einzelnen Rdnr. 795 ff.).

2270 Die **Genehmigungsfähigkeit von Vorhaben** im Geltungsbereich der Satzung unterscheidet sich von sonstigen Außenbereichsvorhaben allein dadurch, daß den privilegierten Wohnungsbauvorhaben und – sofern in die Satzung einbezogen – kleineren Handwerks- und Gewerbebetrieben die in § 35 Abs. 6 Satz 1 BauGB genannten öffentlichen Belange nicht entgegengehalten werden können. Ergänzend gelten die in der Satzung enthaltenen näheren Bestimmungen über die Zulässigkeit der privilegierten Vorhaben. Demgegenüber ist die Satzung für Vorhaben, die nicht durch die Ausblendung der genannten Belange begünstigt werden, insgesamt unbeachtlich. Die Zulässigkeit derartiger Außenbereichsvorhaben richtet sich also nach wie vor allein nach den sonstigen Bestimmungen des § 35 BauGB.

VI. Sicherung der Erschließung

2271 Für die privilegierten Vorhaben verlangt § 35 Abs. 1 BauGB, daß „die ausreichende Erschließung gesichert ist", während für sonstige Vorhaben in § 35 Abs. 2 BauGB gefordert wird, daß „die Erschließung gesichert ist". Damit werden an die Sicherung der Erschließung für die privilegierten Vorhaben tendenziell geringere Anforderungen gestellt als für die sonstigen Vorhaben. Das Gesetz trägt damit vor allem dem Umstand Rechnung, daß herkömmlich land- und forstwirtschaftliche Betriebe vielfach nur über landwirtschaftliche Wirtschaftswege oder Waldwege erschlossen wurden; diese Erschließung ist grundsätzlich weiterhin „ausreichend"[1]. Für die sonstigen Vorhaben im Sinne von Abs. 2 sollen demgegenüber grundsätzlich dieselben Anforderungen gelten wie im Geltungsbereich eines Bebauungsplans und im unbeplanten Innenbereich[2].

---

1 Vgl. insbesondere BVerwG v. 30.8.1985 – 4 C 48.81, BRS 44 Nr. 75 = BauR 1985, 661 = DVBl. 1986, 186 = NJW 1986, 394.
2 So auch schon vor der Aufnahme der Worte „und die Erschließung gesichert ist" in § 35 Abs. 2 BauGB durch das BauROG 1998 BVerwG v. 2.2.1986 – 4 C 30.84, BVerwGE 74, 19 = BRS 46 Nr. 145 = BauR 1986, 421 = DVBl. 1986, 682 = NJW 1986, 2775; BVerwG v. 31.10.1990 – 4 C 45.88, BRS 50 Nr. 86 = BauR 1991, 55 = DVBl. 1991, 217 = NVwZ 1991, 1076.

Die Anforderungen an die **ausreichende Erschließung** eines privilegierten 2272
Vorhabens werden nicht durch landesrechtliche Vorschriften konkretisiert[1]
(ebensowenig wie die Anforderungen an die Erschließung eines sonstigen
Vorhabens). Maßgebend sind die aus dem konkreten Vorhaben sich ergebenden Anforderungen[2]. Während zur Erschließung eines kleineren landwirtschaftlichen Betriebs ein geschotterter Weg oder ein Feldweg ausreichend
sein kann[3], kann ein 3 m breiter befestigter Weg für einen größeren landwirtschaftlichen Betrieb zu schmal sein[4]. Zur Erschließung gehören neben
der Zuwegung alle Anlagen, die zum Anschluß des Grundstücks an die
Infrastruktur erforderlich sind[5], also insbesondere auch Anlagen zur Wasserversorgung und zur Abwasserbeseitigung. Bei abgelegenen landwirtschaftlichen Betrieben kann eine Eigenversorgung durch Brunnen ausreichend
sein[6]; Abwasser können verrieselt werden, wenn die wasserrechtlichen Voraussetzungen erfüllt werden.

Zur ausreichenden Erschließung gehört auch ihre **rechtliche Sicherung**. Dazu ist eine Baulast oder Grunddienstbarkeit erforderlich, wenn das Baugrundstück nicht unmittelbar an eine öffentliche Straße grenzt[7]. 2273

Da die privilegierten Vorhaben dem Außenbereich zugewiesen sind, darf die 2274
Gemeinde ein **zumutbares Angebot** des Bauherrn zur Herstellung der ausreichenden Erschließung für ein privilegiertes Vorhaben nicht ablehnen[8].
Für die sonstigen Vorhaben gilt dies nicht[9], selbst wenn sie gemäß § 35
Abs. 4 BauGB begünstigt sind[10].

---

1 BVerwG v. 3.5.1988 – 4 C 54.85, BRS 48 Nr. 92 = BauR 1988, 576 = NVwZ 1989, 353.
2 BVerwG v. 30.8.1985 – 4 C 48.81, BRS 44 Nr. 75 = BauR 1985, 661 = DVBl. 1986, 186 = NJW 1986, 394.
3 BVerwG v. 30.8.1985 ebenda; vgl. auch zur Erschließung eines Bienenhauses VGH Mannheim v. 3.2.1989 – 8 S 3035/88, BRS 49 Nr. 128.
4 OVG Lüneburg v. 29.8.1988 – 1 A 5/87, BRS 48 Nr. 79.
5 Vgl. BVerwG v. 5.1.1996 – 4 B 306.95, Buchholz 406.11 § 35 Nr. 319 = BRS 58 Nr. 91: Nicht der Anschluß einer Windenergieanlage an das Verbundnetz.
6 Vgl. BGH v. 20.12.1973 – III ZR 85/70, BRS 27 Nr. 141 = BauR 1974, 11 = NJW 1974, 638.
7 Vgl. BVerwG v. 11.4.1990 – 4 B 62.90, Buchholz 406.11 § 35 Nr. 260 = BRS 50 Nr. 108 = BauR 1990, 337; BVerwG v. 27.9.1990 – 4 B 34 und 35.90, Buchholz 406.17 Nr. 32 = BRS 50 Nr. 109 = NJW 1991, 713; BVerwG v. 22.11.1995 – 4 B 224.95, Buchholz 406.11 § 35 Nr. 314 = BRS 57 Nr. 104.
8 Vgl. BVerwG v. 30.8.1985 – 4 C 48.81, BRS 44 Nr. 75 = BauR 1985, 661 = DVBl. 1986, 186, NJW 1986, 394.
9 BVerwG v. 7.2.1986 – 4 C 30.84, BVerwGE 74, 19 = BRS 46 Nr. 145 = BauR 1986, 421 = DVBl. 1986, 682 = NJW 1986, 2775.
10 BVerwG v. 31.10.1990 – 4 C 45.88, BRS 50 Nr. 86 = BauR 1991, 55 = DVBl. 1991, 217 = NVwZ 1991, 1076.

VII. Rückbauverpflichtung für privilegierte Vorhaben

2275 Gemäß **§ 35 Abs. 5 Satz 2, 1. Halbsatz BauGB** ist für Vorhaben nach § 35 Abs. 1 Nr. 2 bis 6 BauGB als Zulässigkeitsvoraussetzung eine Verpflichtungserklärung abzugeben, das Vorhaben nach dauerhafter Aufgabe der zulässigen Nutzung zurückzubauen und Bodenversiegelungen zu beseitigen. Die Verpflichtungserklärung ist grundsätzlich Voraussetzung für die Zulässigkeit der Errichtung, Änderung oder Nutzungsänderung im Sinne von § 29 Abs. 1 BauGB. Bei einer Nutzungsänderung kann sie allerdings gemäß § 244 Abs. 7 BauGB nicht verlangt werden, wenn die bisherige Nutzung der baulichen Anlage vor dem 20.7.2004, dem Tag des Inkrafttretens des EAG Bau, zulässigerweise aufgenommen worden ist. Die Ausnahmeregelung des § 244 Abs. 7 BauGB ist – über ihren Wortlaut hinaus – auch auf die zweite und weitere Nutzungsänderungen nach Inkrafttreten des EAG Bau anzuwenden. Denn sie soll sicherstellen, daß bauliche Anlagen, die bereits vor dem Inkrafttreten des EAG Bau zugelassen worden sind, auch bei einer Nutzungsänderung nicht nach § 35 Abs. 5 Satz 2 BauGB zurückgebaut werden müssen[1]; es gibt zudem keinen sachlichen Grund, die erste Nutzungsänderung nach Inkrafttreten des EAG Bau gegenüber späteren Nutzungsänderungen zu privilegieren.

2276 Die Erfüllung der Verpflichtung soll gemäß **§ 35 Abs. 5 Satz 3 BauGB** von der Baugenehmigungsbehörde durch eine nach Landesrecht vorgesehene Baulast oder in anderer Weise sichergestellt werden. Die Sicherstellung ist nur auf landesrechtlicher Grundlage möglich; das Bauplanungsrecht eröffnet dafür kein Instrument.

2277 Die Verpflichtungserklärung muß sich auf die **dauerhafte Aufgabe** der zulässigen Nutzung beziehen. Die Feststellung, daß die zulässige Nutzung dauerhaft aufgegeben wurde, kann im Einzelfall allerdings erhebliche Schwierigkeiten bereiten. Es erscheint sachgerecht, auf die Grundsätze zurückzugreifen, die das Bundesverwaltungsgericht zum Fortfall des Bestandsschutzes durch Nutzungsaufgabe entwickelt hat und die wesentlich auf die Verkehrsauffassung abheben (dazu Rdnr. 1116). Unter Berücksichtigung von **§ 35 Abs. 5 Satz 2, 2. Halbsatz BauGB** sind diese Grundsätze allerdings zu modifizieren. Denn gemäß § 35 Abs. 5 Satz 2, 2. Halbsatz BauGB löst eine Nutzungsänderung die Rückbauverpflichtung regelmäßig nicht aus. Vielmehr ist die Rückbauverpflichtung für die neue Nutzung zu übernehmen, wenn diese nach § 35 Abs. 1 Nr. 2 bis 6 BauGB privilegiert ist; ist die neue Nutzung nach § 35 Abs. 1 Nr. 1 BauGB privilegiert oder nach § 35 Abs. 2 BauGB zulässig, so entfällt durch die Nutzungsänderung die Rückbauverpflichtung. Nach § 35 Abs. 2 BauGB zulässig sind auch die nach § 35 Abs. 4 BauGB begünstigten Vorhaben, wie sich aus den einleitenden Worten dieser

---
1 BT-Drucksache 15/2996 S. 99.

Vorschrift ergibt. Im Ergebnis löst deshalb die Aufgabe der zulässigen Nutzung nur in den folgenden Fällen die Rückbauverpflichtung aus:

- Die bisherige Nutzung wird durch eine neue Nutzung ersetzt, die auf der Grundlage von § 35 Abs. 1 Nr. 7 BauGB zugelassen wird.
- Die bisherige Nutzung wird durch eine neue Nutzung ersetzt, die weder nach § 35 Abs. 1 noch nach § 35 Abs. 2 (ggf. i.V.m. Abs. 4) zulässig und daher materiell illegal ist.
- Die bisherige Nutzung wird ersatzlos aufgegeben; in diesem Fall bedarf der näheren Prüfung, ob die Verkehrsauffassung mit einer Wiederaufnahme der Nutzung rechnet (dazu Rdnr. 1116).

Die Verpflichtung, das Vorhaben zurückzubauen und Bodenversiegelungen zu beseitigen, wird durch **ersatzlose Entfernung** aller baulichen Anlagen erfüllt. Eine weitergehende Rekultivierung kann auf der Grundlage von § 35 Abs. 5 Satz 2 BauGB nicht verlangt werden. 2278

VIII. Verwaltungsverfahren

Die Genehmigungspflicht von Vorhaben im Außenbereich richtet sich wie im Innenbereich[1] grundsätzlich nach Landesrecht. Bei der Entscheidung über Vorhaben nach § 35 BauGB steht den Baugenehmigungsbehörden **kein Ermessen** zu. Es können auch keine Befreiungen erteilt werden (s. dazu Rdnr. 2156). 2279

Die Baugenehmigungsbehörde entscheidet gemäß § 36 Abs. 1 Satz 1 BauGB über Vorhaben nach § 35 BauGB im **Einvernehmen mit der Gemeinde**. Für die Entscheidung über die Erteilung des Einvernehmens und die Rechtsfolgen der Versagung gelten dieselben Grundsätze wie bei der Entscheidung über eine Ausnahme oder Befreiung im Geltungsbereich eines Bebauungsplans. Es wird deshalb auf die Ausführungen bei Rdnr. 1758 ff. Bezug genommen. 2280

Gemäß § 36 Abs. 1 Satz 4 BauGB kann die Landesregierung in den Fällen des § 35 Abs. 2 und Abs. 4 BauGB durch Rechtsverordnung allgemein oder für bestimmte Fälle festlegen, daß die **Zustimmung der höheren Verwaltungsbehörde** erforderlich ist. Diese Zustimmung gilt (ebenso wie das Einvernehmen der Gemeinde) gemäß § 36 Abs. 2 Satz 2 BauGB als erteilt, wenn sie nicht innerhalb von 2 Monaten nach Eingang des Ersuchens verweigert worden ist. Die Verweigerung der Zustimmung kann (anders als ein rechtswidrig versagtes Einvernehmen der Gemeinde) nicht ersetzt werden; allenfalls kann die der höheren Bauaufsichtsbehörde vorgesetzte Behörde 2281

---

[1] Dazu Rdnr. 2081.

2282 Entscheidungen nach § 35 Abs. 1 und Abs. 4 BauGB, die die Errichtung einer baulichen Anlage betreffen, ergehen gemäß § 21 Abs. 3 Satz 1 BNatSchG im **Benehmen mit der für Naturschutz und Landschaftspflege zuständigen Behörde**. Soll ein Vorhaben zugelassen werden, das zu erheblichen Beeinträchtigungen eines nach § 34 Abs. 1 Satz 1 BNatSchG geschützten Gebiets führen kann, so sind überdies die Verfahrensregelungen in § 34 Abs. 4 Satz 2 und Abs. 5 Satz 2 BNatSchG zu berücksichtigen. Es ist im übrigen zu beachten, daß im Einzelfall gemäß §§ 2, 3 UVPG die Durchführung einer UVP geboten sein kann[1].

IX. Nachbarschutz

2283 Nachbarschutz entfaltet gegenüber Vorhaben im Außenbereich das Gebot der Rücksichtnahme (vgl. zu diesem Rdnr. 2171 ff.). Die Verletzung des Gebots der Rücksichtnahme können diejenigen Grundstückseigentümer geltend machen, denen gegenüber es Wirkung entfaltet, auf die also objektivrechtlich Rücksicht zu nehmen ist[2]. Aus § 35 Abs. 3 Satz 1 Nr. 8 BauGB kann überdies den Eigentümern von Funkstellen oder Radaranlagen ein Abwehrrecht zustehen. Da die Beeinträchtigung der Funktionsfähigkeit von öffentlichen und privaten Funkstellen oder Radaranlagen zur Unzulässigkeit des Vorhabens führen kann, dient § 35 Abs. 3 Satz 1 Nr. 8 BauGB nicht allein dem Schutz öffentlicher Interessen. Die Funkstelle oder Radaranlage muß allerdings mit der Nutzung eines eigenen Grundstücks im Zusammenhang stehen; Personen, die sich lediglich als Nutzer einer mobilen Funkanlage (z.B. eines Mobiltelefons) in den Einwirkungsbereich der Anlage begeben, werden durch § 35 Abs. 3 Satz 1 Nr. 8 BauGB lediglich als Teil der Öffentlichkeit geschützt; ihnen steht daher ebensowenig wie Bürgern, die sich in den Einwirkungsbereich einer Anlage mit schädlichen Umwelteinwirkungen begeben ein Abwehrrecht zu. Schließlich kann sich aus § 2 Abs. 2 BauGB ein Abwehrrecht einer Nachbargemeinde ergeben, sofern das Bauvorhaben einen qualifizierten Abstimmungsbedarf mit der Nachbargemeinde begründet, weil es unmittelbare gewichtige Auswirkungen auf die städtebauliche Entwicklung in der Nachbargemeinde hat[3]. Die anderen bei Anwendung von § 35 BauGB zu beachtenden Regelungen haben keine dritt-

---

1 Vgl. dazu auch Rdnr. 2083.
2 BVerwG v. 25.2.1977 – IV C 22.75, BVerwGE 52, 122 = BRS 32 Nr. 155 = BauR 1977, 244 = DVBl. 1977, 722 = DÖV 1977, 752 = NJW 1978, 62; vgl. auch BVerwG v. 3.6.1977 – IV C 37.75, BVerwGE 54, 73 = BRS 32 Nr. 75 = BauR 1977, 398; BVerwG v. 31.5.1983 – 4 C 16.79, BRS 40 Nr. 94 = BauR 1983, 448.
3 BVerwG v. 1.8.2002 – 4 C 5.01, BVerwGE 117, 25 = BRS 65 Nr. 10 = BauR 2003, 55 = DVBl. 2003, 62 = NVwZ 2003, 86 = ZfBR 2003, 38; vgl. zu dieser Entscheidung auch Rdnr. 2217 f.

schützende Wirkung, so z.B. nicht das öffentliche Interesse an der Unterbindung der Entstehung einer Splittersiedlung[1] oder der Gesichtspunkt, daß ein sonstiges Vorhaben die Aufstellung eines Bebauungsplans erfordere[2]. Es gibt im Außenbereich auch keinen Anspruch auf Erhaltung der Gebietsart[3]. Für einen Abwehranspruch unmittelbar aus Art. 14 GG wegen eines schweren und unerträglichen Eingriffs, wie er in der früheren Rechtsprechung des Bundesverwaltungsgerichts anerkannt war, ist auf der Grundlage der Rechtsprechung zum Gebot der Rücksichtnahme kein Raum (und auch kein Bedarf) mehr[4]. Im Geltungsbereich eines einfachen Bebauungsplans können dessen Festsetzungen (ebenso wie im unbeplanten Innenbereich, vgl. dazu Rdnr. 2084 f.) Abwehransprüche begründen, soweit ihnen nach den für Bebauungspläne geltenden Grundsätzen drittschützende Wirkung zukommt.

Hinsichtlich des **Verfahrens** gelten dieselben Grundsätze wie im Geltungsbereich eines qualifizierten Bebauungsplans[5]. Die aufschiebende Wirkung des Widerspruchs und der Anfechtungsklage ist auch im Außenbereich durch § 212a BauGB ausgeschlossen. 2284

---

1 Vgl. dazu das Beispiel bei Rdnr. 2096.
2 Dazu BVerwG v. 3.8.1982 – 4 B 145.82, BRS 39 Nr. 193 = DVBl. 1982, 1096.
3 BVerwG v. 28.7.1999 – 4 B 38.99, Buchholz 406.19 Nr. 160 = BRS 62 Nr. 189 = BauR 1999, 1439 = NVwZ 2000, 552 = ZfBR 1999, 351.
4 Vgl. BVerwG v. 26.9.1991 – 4 C 5.87, BVerwGE 89, 69 = Buchholz 406.19 Nr. 103 = DVBl. 1992, 564 = NVwZ 1992, 997.
5 Vgl. dazu Rdnr. 1879 ff.

Dritter Teil
Die Sicherung der Bauleitplanung

Unter der Überschrift „Sicherung der Bauleitplanung" enthält das Baugesetzbuch Regelungen, denen die Aufgabe zukommt, die sachgerechte Durchführung planerischer Maßnahmen zu gewährleisten. Bereits unmittelbar nach dem Beschluß der Gemeinde, einen Bebauungsplan aufzustellen, kann mit der **Veränderungssperre** oder der **Zurückstellung von Baugesuchen** (§§ 14 bis 18 BauGB, Rdnr. 2291 ff.) bewirkt werden, daß Baumaßnahmen oder sonstige wertsteigernde Maßnahmen unterbleiben, die der beabsichtigten Planung (möglicherweise) widersprechen. Das **gemeindliche Vorkaufsrecht** (§§ 24 bis 28 BauGB, Rdnr. 2479 ff.) bietet der Gemeinde die Möglichkeit, Grundstücke, die für eine bestimmte Nutzung vorgesehen sind, bevorzugt zu erwerben. § 22 BauGB ermöglicht es den Gemeinden, die oder deren Teile überwiegend durch den Fremdenverkehr geprägt sind, in einem Bebauungsplan oder durch eine sonstige Satzung zu bestimmen, daß zur Sicherung der Zweckbestimmung von Gebieten mit Fremdenverkehrsfunktionen die Begründung oder Teilung von Wohn- oder Teileigentum im Sinne von § 1 WEG der Genehmigung bedarf (Rdnr. 2448 ff.).

2285

In förmlich festgesetzten **Sanierungsgebieten** und städtebaulichen **Entwicklungsbereichen** gelten für die Sicherung der Bauleitplanung gemäß § 14 Abs. 4 BauGB spezielle Vorschriften (s. insbesondere § 144 BauGB bzw. § 169 Abs. 1 Nr. 3 i.V.m. § 144 BauGB). Diese werden hier nicht gesondert behandelt. Hingewiesen sei dafür auf die spezielle Literatur zum besonderen Städtebaurecht (Städtebauförderungsrecht)[1].

2286

A. Die Veränderungssperre und die Zurückstellung von Baugesuchen

Für die Zeit, während der ein Bebauungsplan aufgestellt oder geändert wird, bedarf es bestimmter Instrumentarien, mit denen Veränderungen auf den betroffenen Grundstücken unterbunden werden können. Die **tatsächlichen Gegebenheiten** müssen also weitestmöglich „eingefroren" werden, um eine sinnvolle Planung zu ermöglichen. Ansonsten besteht die Gefahr, daß die Planung der tatsächlichen Entwicklung ständig hinterherläuft, was eine sachgerechte Abwägung oftmals unmöglich machen würde. Überdies würde

2287

---

1 S. insbesondere Bielenberg/Koopmann/Krautzberger, Städtebauförderungsrecht, Stand: Juni 2003, § 144; Fieseler, Städtebauliche Sanierungsmaßnahmen, 2000, § 12.

die Umsetzung der Planung erheblich erschwert und verteuert, wenn die zwischenzeitliche tatsächliche Entwicklung den Planungszielen und den zukünftigen Planinhalten zuwiderlaufen würde. Für diese Situation bietet die Veränderungssperre eine generelle Regelung für den gesamten Planbereich oder einen Teil davon. Die Zurückstellung von Baugesuchen ermöglicht es, die Entscheidung über Baugesuche im Einzelfall für einen bestimmten Zeitraum auszusetzen.

2288 Beide Rechtsinstitute finden bei der Aufstellung oder Änderung von **Bebauungsplänen** Anwendung, und zwar unabhängig davon, ob es sich um einen einfachen oder qualifizierten Bebauungsplan handelt (zur Unterscheidung Rdnr. 1140 ff.). Sie greifen allerdings nicht im Bereich eines **Vorhaben- und Erschließungsplans** (§ 12 Abs. 3 Satz 2, 2. Halbsatz BauGB, Rdnr. 871 ff.), d.h. bei einem vorhabenbezogenen Bebauungsplan kommen Veränderungssperre und Zurückstellung nur hinsichtlich der in den vorhabenbezogenen Bebauungsplan einbezogenen Flächen außerhalb des Vorhaben- und Erschließungsplans in Betracht (§ 12 Abs. 4 BauGB, Rdnr. 905 ff.). Auch für sonstige städtebauliche Satzungen, insbesondere für die Satzungen nach § 34 Abs. 4 BauGB (Rdnr. 1973 ff.), sind die Plansicherungsinstrumente der §§ 14 ff. BauGB nicht anwendbar. Für die Aufstellung eines Flächennutzungsplans kommt der Erlaß einer Veränderungssperre zu § 14 BauGB nicht in Betracht. Für die **Flächennutzungsplanung** wurde allerdings durch das EAG Bau (Rdnr. 1) die Möglichkeit einer Zurückstellung gemäß § 15 Abs. 3 BauGB bei Vorhaben nach § 35 Abs. 1 Nr. 2 bis 6 BauGB neu eingeführt, wenn die Gemeinde für derartige Vorhaben Darstellungen im Sinne des § 35 Abs. 3 Satz 3 BauGB plant (Rdnr. 160 ff.).

2289 Auf die Veränderungssperre oder die Zurückstellung von Baugesuchen kann nicht in der Annahme verzichtet werden, über § 33 BauGB bestehe bereits die Möglichkeit, unerwünschte Bauvorhaben während der Planaufstellung zu unterbinden. **§ 33 BauGB** ist keine Bestimmung zur Sicherung der Bauleitplanung. Die Vorschrift begründet vielmehr nur einen ergänzenden positiven Zulassungsbestand, rechtfertigt jedoch nicht die Ablehnung eines Bauantrags (s. im einzelnen Rdnr. 1906). Allerdings können Planungsabsichten der Gemeinde die Versagung einer Befreiung gemäß § 31 Abs. 2 BauGB rechtfertigen und damit der Planungssicherung dienen (Rdnr. 1766).

2290 Da für beplante Bereiche die Bauordnungen der Länder immer häufiger vorsehen, daß es nicht der Durchführung eines Baugenehmigungsverfahrens bedarf, andererseits in derartigen Fällen in aller Regel auch nicht die Erteilung des gemeindlichen Einvernehmens nach § 36 BauGB erforderlich ist (Rdnr. 1758 ff.), sieht **§ 36 Abs. 1 Satz 3 BauGB** eine **Informationspflicht** zu Gunsten der Gemeinden vor. Danach müssen die Länder für Vorhaben nach § 30 BauGB sicherstellen, daß die Gemeinde rechtzeitig vor Ausführung des jeweiligen Vorhabens über Maßnahmen zur Sicherung der Bauleitplanung nach den §§ 14 und 15 BauGB entscheiden kann. Die Regelung zeigt, daß gerade auch Baugesuche zulässigerweise den Anlaß dafür bieten können, daß die Gemeinde planerische Schritte einleitet.

I. Die Veränderungssperre

1. Die Voraussetzungen der Veränderungssperre

Voraussetzung für eine als **Satzung** zu erlassende Veränderungssperre ist der Beschluß der Gemeinde, einen Bebauungsplan aufzustellen, zu ändern, zu ergänzen oder aufzuheben (§ 14 Abs. 1 i.V.m. § 2 Abs. 1 und § 1 Abs. 8 BauGB, Rdnr. 402 ff.). Dabei sind die Aufstellung von Bebauungsplänen im (noch) unbeplanten Innenbereich (§ 34 BauGB, Rdnr. 1952 ff.) und die Änderung von bestehenden Bebauungsplänen von besonderer Bedeutung, da dort stärker als im Außenbereich die Gefahr besteht, daß sich die Bebauung abweichend von den aktuellen Planungsvorstellungen der Gemeinde entwickelt. 2291

Beispiel: 2292
Eine Stadt will verhindern, daß in ihrem Stadtzentrum Spielhallen angesiedelt werden, um so die Qualität und Quantität der Einkaufsmöglichkeiten zu stärken. Da ohne eine entgegenstehende Planfestsetzung in einem Kerngebiet Spielhallen zulässig sind, bedarf es zum Ausschluß dieser Nutzungen bei entsprechender Nachfrage bis zum Abschluß des Bebauungsplanverfahrens einer Inanspruchnahme der Planungssicherungsinstrumente. Ansonsten kommt der Spielhallenausschluß durch Bebauungsplan möglicherweise zu spät.

Selbst bei Aufhebung eines Bebauungsplans kann Anlaß bestehen, eine Veränderungssperre zu beschließen, um Bauvorhaben, die den Festsetzungen des aufzuhebenden Plans entsprechen, ablehnen zu können. 2293

Beispiel: 2294
Eine kleine Gemeinde hat eine am Ortsrand gelegene Fläche als reines Wohngebiet ausgewiesen. Durch die Gebietsneuordnung wurde die Gemeinde Teil der Nachbarstadt, die nicht beabsichtigt, in diesem Bereich eine Ausdehnung der Wohnbebauung zu fördern. Beabsichtigt ist vielmehr eine Freihaltung dieser Fläche von Bebauung. Die Stadt beschließt deshalb, den Bebauungsplan der früheren Gemeinde aufzuheben und erläßt eine Veränderungssperre, um bis zum Abschluß des Planverfahrens Bauanträge in diesem Bereich ablehnen zu können.

Der Beschluß der Gemeinde, einen Bebauungsplan aufzustellen, zu ändern oder zu ergänzen, muß das **Plangebiet hinreichend bestimmt** festlegen. Unschädlich ist es, wenn die Gemeinde dann späterhin auf der Grundlage dieses Aufstellungsbeschlusses entgegen ihrer ursprünglichen Absicht nicht einen sondern mehrere Bebauungspläne aufstellt, solange sich diese Plangebiete insgesamt in dem durch den Aufstellungsbeschluß festgelegten Planumgriff halten (s. auch Rdnr. 2309). 2295

2296 **Beispiel:**
Eine Gemeinde faßt einen Planaufstellungsbeschluß und macht diesen öffentlich bekannt. Da der Gesamtbereich sehr groß ist, beschließt sie im Laufe des Verfahrens, innerhalb des durch den Aufstellungsbeschluß umfaßten Gebiets zwei Bebauungsplanverfahren durchzuführen. Für einen dieser Teilbereiche führt sie die Bürgerbeteiligung sowie die Beteiligung der Behörden und sonstigen Träger öffentlicher Belange durch. Aufgrund anstehender Bauwünsche erläßt sie zur Planungssicherung für diesen Bereich eine Veränderungssperre. Dies ist zulässig, insbesondere liegt ein ausreichender Planaufstellungsbeschluß vor.

2297 Der Beschluß über die Aufstellung eines Bebauungsplans muß – für sich genommen – nicht bereits die Grundzüge der zukünftigen Planung erkennen lassen (s. im einzelnen Rdnr. 402 ff.), um eine Veränderungssperre zu ermöglichen. Unabhängig von der rein formellen Notwendigkeit des Aufstellungsbeschlusses sind die materiellen Anforderungen für den Erlaß einer Veränderungssperre allerdings strenger. Der künftige Planinhalt muß für den Erlaß einer Veränderungssperre bereits **in einem Mindestmaß konkretisierbar**, also bestimmt und absehbar sein. Die konkretisierten Planungsabsichten müssen sich nicht zwingend aus der Veränderungssperre selbst ergeben. Für die Ermittlung der Planungsabsichten können vielmehr auch sonstige Unterlagen der Gemeinde herangezogen werden, die in einem sachlichen Zusammenhang mit dem Planverfahren stehen[1]. Diese Anforderungen müssen allerdings nicht bereits zum Zeitpunkt des Aufstellungsbeschlusses sondern erst bei Erlaß der Veränderungssperre erfüllt sein. Spätestens zu diesem Zeitpunkt muß die Planung das notwendige Mindestmaß an Konkretisierung erkennen lassen. Es muß prüfbar sein, ob ein beantragtes Bauvorhaben zu bestimmten planerischen Zielvorstellungen der Gemeinde im Widerspruch stehen kann oder nicht[2]. Dafür reicht die schlichte Verneinung der bisher zulässigen Nutzung nicht aus. Der Stand des Bebauungsplanverfahrens muß vielmehr eine darüber hinausgehende städtebauliche Konzeption erkennen lassen. Nicht hingegen darf die Planung allein dazu dienen, einen Bauwunsch zu durchkreuzen[3]. Eine Gemeinde kann zwar ein bestimmtes Vorhaben zum Anlaß nehmen, ein Bebauungsplanverfahren einzuleiten. Sie darf sich jedoch dann nicht auf die Aussage beschränken: „Wir wollen diese Nutzung nicht. Was wir statt dessen wollen, wissen wir allerdings noch nicht". Eine solche unzulässige **Verhinderungsplanung** ist zu unterscheiden von dem mißverständlichen Begriff der **Nega-**

---
1 VGH Kassel v. 20.2.2003 – 3 N 1557/02, ZfBR 2003, 482; OVG Koblenz v. 2.8.2001 – 1 C 10184/01, NVwZ-RR 2002, 419.
2 BVerwG v. 10.9.1976 – IV C 39.74, BVerwGE 51, 121 = BauR 1977, 31 = BRS 30 Nr. 76 = DVBl. 1977, 36 = DÖV 1977, 290 = NJW 1977, 400; OVG Lüneburg v. 19.12.2002 – 1 MN 297/02, NVwZ-RR 2003, 547 = ZfBR 2003, 274; OVG Koblenz v. 18.5.2000 – 1 C 10758/99, BauR 2000, 1308.
3 BVerwG v. 5.2.1990 – 4 B 191.89, BauR 1990, 335 = BRS 50 Nr. 103 = DÖV 1990, 476 = NVwZ 1990, 558 = UPR 1990, 335 = ZfBR 1990, 206; VGH München v. 3.3.2003 – 15 N 02.593, BauR 2003, 1691; OVG Lüneburg v. 21.1.2004 – 1 MN 295/03, NVwZ-RR 2004, 332.

tivplanung, also von negativen Planungszielen, die ebenso wie positive Planungsziele städtebaulich durchaus gerechtfertigt sein können (Rdnr. 44).

Beispiel:
Ausschluß an sich zulässiger Vergnügungsstätten oder Einzelhandelsbetriebe.

Der über den bloßen (formellen) Aufstellungsbeschluß hinausgehende Konkretisierungsgrad der Planung, der für den Erlaß einer Veränderungssperre notwendig ist, hängt vom Stand des Planverfahrens ab. Mit Blick auf die Offenheit der Planung für Änderungen insbesondere aufgrund der Öffentlichkeitsbeteiligung und der Beteiligung der Behörden und sonstigen Träger öffentlicher Belange (Rdnr. 410 ff.) ist ein eher großzügiger Maßstab geboten[1]. Insbesondere muß die Planung nicht einen Konkretisierungsgrad haben, der eine gewissermaßen vorbeugende Normenkontrolle oder Inzidentprüfung des Planentwurfs ermöglicht. Notwendig ist es allerdings in der Regel, daß die Gemeinde bereits einen bestimmten **Baugebietstyp** ins Auge gefaßt hat. Fehlen Vorstellungen über die angestrebte Art der baulichen Nutzung der betroffenen Grundflächen, ist der Inhalt des zu erwartenden Bebauungsplans offen. Das Mindestmaß der Konkretisierung eines Plans ist dann noch nicht erreicht[2]. Dabei ist es allerdings unschädlich, wenn sich aufgrund des weiteren Verfahrens der ursprünglich ins Auge gefaßte Baugebietstyp ändert, weil sich die Gemeinde etwa im Laufe des Verfahrens dazu entschließt, anstelle eines reinen Wohngebiets ein allgemeines Wohngebiet auszuweisen.

2298

Erforderlich ist im weiteren, daß eine – wenn auch zunächst nur grobe – Planungskonzeption vorliegt, die **Aussicht auf Verwirklichung** hat, also mit dem Instrumentarium der Bebauungsplanung rechtmäßigerweise erreicht werden kann[3].

2299

Beispiel:
Eine Gemeinde möchte im Außenbereich einen Bebauungsplan für die Errichtung eines neuen Wohngebiets aufstellen. Der Regionalplan sieht in diesem Bereich als Ziel der Raumordnung eine Grünzäsur vor, in der eine bauliche Nutzung ausgeschlossen sein soll. Aufgrund des Anpassungsgebotes gemäß § 1 Abs. 4 BauGB kann ein solches nicht erreichbares Planungsziel auch nicht durch eine Veränderungssperre gesichert werden. Anders sieht dies allerdings dann aus, wenn der Regionalplan unwirksam ist oder wegen fehlender Aussageschärfe kein Zielbindung im Rahmen des § 1 Abs. 4 BauGB entfaltet[4].

2300

---

1 OVG Münster v. 4.6.2003 – 7a D 131/02, BauR 2003, 1696.
2 BVerwG v. 5.2.1990 – 4 B 191.89, BauR 1990, 335 = BRS 50 Nr. 103 = DÖV 1990, 476 = NVwZ 1990, 558 = UPR 1990, 335 = ZfBR 1990, 206; OVG Lüneburg v. 21.1.2004 – 1 MN 295/03, NVwZ-RR 2004, 332.
3 BVerwG v. 21.12.1993 – 4 NB 40.93, BRS 55 Nr. 95 = DÖV 1994, 385 = NVwZ 1994, 685 = UPR 1994, 152 = ZfBR 1994, 145.
4 VGH Kassel v. 20.2.2003 – 3 N 1557/02, ZfBR 2003, 482.

2301 Für die Sicherung der Bebauungsplan ist es grundsätzlich unschädlich, wenn ein Flächennutzungsplan noch fehlt oder aber der Flächennutzungsplan möglicherweise noch geändert werden muß, damit der Bebauungsplan dem Entwicklungsgebot des § 8 Abs. 2 BauGB (Rdnr. 181 ff.; zur Möglichkeit eines Parallelverfahrens Rdnr. 208 ff.) genügt[1]. Auch dies setzt freilich voraus, daß die notwendige Änderung des Flächennutzungsplans, die sodann eine Entwicklung im Sinne von § 8 Abs. 2 BauGB zuläßt, überhaupt von den inhaltlichen Darstellungen her möglich ist[2].

2302 Keine für eine Veränderungssperre hinreichend konkrete Planungskonzeption liegt im weiteren dann vor, wenn die Gemeinde Planfestsetzungen anstrebt, die rechtlich eindeutig unzulässig sind oder wenn sonstige rechtliche Mängel absehbar sind, die schlechterdings nicht behoben werden können. Dazu gehören auch ein fehlendes Planungserfordernis[3], absehbare Mängel in der planerischen Abwägung, etwa also das Nebeneinander von wechselseitig unverträglichen Nutzungen, ohne daß sich dafür im konkreten Fall eine hinreichende städtebauliche Rechtfertigung finden läßt[4]. Dabei ist jedoch wegen des weiten planerischen Gestaltungsspielraums Zurückhaltung geboten. Im Stadium der Planaufstellung geht es noch nicht darum, ob die Planungskonzeption als solche rechtmäßig ist und vorgesehene Festsetzungen hinreichend bestimmt wären, sondern nur darum, ob daraus ein rechtmäßiger Bebauungsplan entwickelt werden kann. In aller Regel genügt es daher, wenn das angestrebte Planungsziel voraussichtlich **städtebaulich vertretbar** sein wird[5].

2303 Eine hinreichend konkrete und Aussicht auf Verwirklichung bietende Planungskonzeption muß bei Erlaß der Veränderungssperre – nicht bereits beim Aufstellungsbeschluß – vorhanden sein (Rdnr. 2297). Ansonsten ist die Veränderungssperre unwirksam. Ein derartiger Fehler kann nicht durch eine **nachträgliche Änderung oder Konkretisierung des Planungsziels** oder durch die Ersetzung eines unzulässigen Planungsziels durch eine neue zulässige Planungskonzeption „geheilt" werden[6]. Davon zu unterscheiden ist der Fall, daß bei Erlaß der Veränderungssperre eine ausreichende Planungskonzeption vorlag, sich die Planungsabsicht jedoch späterhin in Richtung

---

1 OVG Münster v. 4.6.2003 – 7a D 131/02, BauR 2003, 1696.
2 OVG Lüneburg v. 15.10.1999 – 1 M 3614/99, BauR 2000, 73 = DVBl. 2000, 212.
3 VGH München v. 3.3.2003 – 15 N 02.593, BauR 2003, 1691 zu einem Zeithorizont für die Umsetzung der Planung erst 20 Jahre nach ihrer Einleitung.
4 BVerwG v. 21.12.1993 – 4 NB 40.93, BRS 55 Nr. 95 = DÖV 1994, 385 = NVwZ 1994, 685 = UPR 1994, 152 = ZfBR 1994, 145; OVG Lüneburg v. 15.10.1999 – 1 M 3614/99, BauR 2000, 73 = DVBl. 2000, 212.
5 Vgl. BVerwG v. 18.12.1989 – 4 NB 26.89, BauR 1990, 185 = BRS 49 Nr. 75 = DÖV 1990, 477 = NVwZ-RR 1990, 229 = UPR 1990, 220 = ZfBR 1990, 90.
6 OVG Lüneburg v. 19.12.2002 – 1 MN 297/02, NVwZ-RR 2003, 547 = ZfBR 2003, 274; OVG Berlin v. 2.12.1988 – 2 A 3/87, BRS 49 Nr. 111 = DÖV 1989, 1047 = NVwZ-RR 1990, 124 = UPR 1989, 313 = ZfBR 1989, 173.

auf ein anderes, gleichfalls zulässiges, Planungsziel verändert hat. Dies läßt die Rechtmäßigkeit der Veränderungssperre unberührt[1]. Anderes gilt hingegen dann, wenn die Planung gänzlich fallengelassen wird. Es handelt sich dann um einen Fall des § 17 Abs. 4 BauGB (Rdnr. 2388).

Die Veränderungssperre dient allein der Sicherung und Aufstellung eines Bebauungsplans. Eine Sicherungsfunktion für die **Flächennutzungsplanung** kommt ihr nicht zu (s. allerdings zur Zurückstellung gemäß § 15 Abs. 3 BauGB Rdnr. 2429 ff.)[2]. Sollen in einen vorhandenen Bebauungsplan lediglich neue oder geänderte **auf Landesrecht beruhende Gestaltungsfestsetzungen** (§ 9 Abs. 4 BauGB, Rdnr. 367 ff.) aufgenommen werden, kommt es für die Möglichkeit zum Erlaß einer Veränderungssperre auf die landesrechtliche Ausgestaltung an. Verweist das Landesrecht auf die Verfahrensvorschriften des Baugesetzbuchs unter Einschluß der Vorschriften über die Veränderungssperre, kann sie in einem solchen Fall erlassen werden. Regeln die landesrechtlichen Vorschriften hingegen nicht, daß die Vorschriften über die Veränderungssperre Anwendung finden, kommt eine solche zur Aufnahme ausschließlich landesrechtlicher Festsetzungen nicht in Betracht (s. Rdnr. 371)[3]. In Fällen, in denen die **Sperrwirkung des § 38 BauGB** der kommunalen Bauleitplanung entgegensteht, ist über die Einleitung eines Bebauungsplanverfahrens hinausgehend auch der Erlaß einer Veränderungssperre zulässig, wenn die Entwidmung und die damit einhergehende Entlassung aus dem Regime des Fachplanungsrechts hinreichend sicher absehbar sind (vgl. Rdnr. 100).

2304

Wenn die tatbestandlichen Voraussetzungen für den Erlaß einer Veränderungssperre vorliegen, kann die Gemeinde sie erlassen. Dieses Ermessen ist nicht im Sinne einer planerischen Abwägung zu verstehen. Vielmehr geht es allein um eine **Ermessensentscheidung**, die sich danach zu richten hat, ob der Erlaß einer Veränderungssperre zur Erreichung des verfolgten Sicherungszwecks erforderlich ist. Dies ist in Bereichen, in denen Bebauungswünsche bestehen, in aller Regel der Fall. Etwaigen privaten Belangen kann im Rahmen der Ausnahmemöglichkeiten des § 14 Abs. 2 BauGB hinreichend Rechnung getragen werden[4]. Wenn (noch) keine Bauwünsche der Grundstückseigentümer bestehen, ist die Gemeinde aufgrund der beschränkten Geltungsdauer ohnehin gut beraten, eine (zunächst entschädigungslose) Veränderungssperre (Rdnr. 2389) noch nicht „auf Vorrat" zu er-

2305

---

1 OVG Berlin v. 31.1.1997 – 2 A 5/96, BRS 59 Nr. 98 = UPR 1997, 380; mißverständlich insofern der Leitsatz des OVG Lüneburg v. 15.10.1999 – 1 M 3614.99, BauR 2000, 73 = DVBl. 2000, 212.
2 OVG Lüneburg v. 21.1.2004 – 1 MN 295/03, NVwZ-RR 2004, 332 (zur Veränderungssperre für ein bewußt zu groß bemessenes Plangebiet, um zunächst die notwendige Flächennutzungsplanung zu betreiben).
3 OVG Koblenz vom 2.8.2001 – 1 C 10184/01, NVwZ-RR 2002, 419.
4 BVerwG v. 30.9.1992 – 4 NB 35.92, BauR 1993, 62 = BRS 54 Nr. 72 = DÖV 1993, 250 = NVwZ 1993, 473 = UPR 1993, 29 = ZfBR 1993, 33.

lassen und statt dessen damit zu warten, bis Bauwünsche an sie herangetragen werden. Zweckmäßig ist es jedoch, bereits die Voraussetzungen für den Erlaß der Veränderungssperre zu schaffen.

2306 Im Einzelfall kann der Erlaß einer Veränderungssperre **unverhältnismäßig** sein, wenn eine bloße Zurückstellung nach § 15 BauGB genügt. Dies gilt ungeachtet des Umstandes, daß die tatbestandlichen Voraussetzungen identisch sind[1].

2307 **Beispiel:**

Ein Bebauungsplanverfahren ist bereits sehr weit fortgeschritten und steht kurz vor dem Abschluß. Offen sind aus Sicht der Gemeinde lediglich noch einzelne Details zum Maß der baulichen Nutzung. Die Inanspruchnahme von Plansicherungsinstrumenten war bisher nicht erforderlich. Nunmehr wird ein Bauantrag für ein Bauvorhaben gestellt, das den Festsetzungen des Planentwurfs entspricht. Da allerdings die Möglichkeit besteht, daß noch (geringe) Änderungen zum Nutzungsmaß vorgenommen werden, möchte die Gemeinde vor einer Genehmigungserteilung noch die abschließenden Planungsüberlegungen abwarten. In diesem Fall wäre es unverhältnismäßig, eine Veränderungssperre zu erlassen und den Bauantrag vollständig abzulehnen. Es genügt eine Zurückstellung des Baugesuchs bis zum Abschluß des Bebauungsplanverfahrens, damit der Antrag dann abschließend bearbeitet werden kann.

2308 Abgesehen von derartigen evidenten Fällen liegt es allerdings bei der Gemeinde selbst, ob sie zur Sicherung der Bauleitplanung von der Möglichkeit einer Veränderungssperre Gebrauch macht oder aber – jedenfalls zunächst – auf die Zurückstellung nach § 15 BauGB zurückgreift.

2. Der Inhalt der Veränderungssperre

2309 Die Veränderungssperre muß genau das von ihr betroffene Gebiet bezeichnen[2]. Es kann sich mit dem Planbereich des Bebauungsplanentwurfs gemäß dem Aufstellungsbeschluß (zur ebenfalls für eine rechtmäßige Veränderungssperre notwendigen Bestimmtheit des Plangebiets im Aufstellungsbeschluß Rdnr. 2297 f., 402 ff.) decken oder sich auf Teilbereiche beschränken. Selbst für ein einzelnes Grundstück ist der Erlaß einer Veränderungssperre möglich, wenn dafür Veranlassung besteht. In keinem Fall darf sie allerdings über das Gebiet des Planaufstellungsbeschlusses hinausgehen[3].

---

1 Vgl. OVG Lüneburg v. 16.6.1982 – 1 A 194/80, BauR 1982, 557 = BRS 39 Nr. 58 = NJW 1984, 1776 = UPR 1982, 132 = ZfBR 1983, 41; Schmaltz in Schrödter, § 14 Rdnr. 10; a.A. Jäde in Jäde/Dirnberger/Weiß, § 14 Rdnr. 29.

2 VGH München v. 11.7.2000 – 26 N 99/3185, BauR 2000, 1716 = NVwZ-RR 2001, 288.

3 BVerwG v. 10.9.1976 – IV C 39.74, BVerwGE 51, 121 = BauR 1977, 31 = BRS 30 Nr. 76 = DVBl. 1977, 36 = DÖV 1977, 290 = NJW 1977, 400; VGH Mannheim v. 25.9.2002 – 8 S 1833/02, BauR 2003, 1537 = NVwZ-RR 2003, 546; OVG Weimar v. 16.5.2001 – 1 N 932/00, NVwZ-RR 2002, 415 = ZfBR 2002, 272.

Die Maßnahmen, die durch die Veränderungssperre verboten sind, ergeben sich nicht unmittelbar aus dem Baugesetzbuch. Sie müssen **ausdrücklich** in der Satzung aufgeführt werden. Es können dabei alle Verbote oder auch nur einzelne Verbotstatbestände des § 14 Abs. 1 Nr. 1 und Nr. 2 BauGB festgesetzt werden. Ersteres ist der Regelfall und zur umfassenden Sicherung der gemeindlichen Planung auch zu empfehlen[1]. Eine Veränderungssperre, die die von ihr geregelten Verbotstatbestände nicht benennt, ist hinsichtlich ihrer inhaltlichen Reichweite nicht hinreichend bestimmt oder bestimmbar. Eine Schlußfolgerung dahingehend, daß im Zweifelsfall sämtliche nach § 14 Abs. 1 BauGB in Betracht kommenden Verbotstatbestände gemeint sind, ist unzulässig. Die Veränderungssperre ist daher in einem solchen Fall unwirksam. Demgegenüber kommen andere als die in § 14 Abs. 1 Nr. 1 und Nr. 2 BauGB genannten Verbotstatbestände nicht in Betracht (zu den Einzelheiten der geregelten Verbote Rdnr. 2319 ff.).

2310

3. Das Verfahren zum Erlaß einer Veränderungssperre

a) Der Beschluß der Gemeinde, Bekanntmachung

Der Beschluß, eine Veränderungssperre zu erlassen, muß als **Satzung** gefaßt werden (§ 16 Abs. 1 BauGB). Die diesbezüglichen Einzelheiten ergeben sich aus den Gemeindeordnungen und Kommunalverfassungen der Länder (s. zu den entsprechenden Voraussetzungen bei einem Bebauungsplan Rdnr. 745 ff.). Ebenso wie bei einem Bebauungsplan ist es selbstverständlich, daß sich der Satzungsbeschluß neben den inhaltlichen Regelungen auch auf den räumlichen Geltungsbereich beziehen muß. Dieser kann sich nicht auf einen noch festzulegenden und der zu veröffentlichenden Satzung erst noch beizufügenden Gebietsumgriff beziehen[2]. Dem Umstand, daß eine Veränderungssperre auch gezielt dazu dienen darf, einen gestellten Bauantrag nicht genehmigen zu müssen[3], entspricht es, daß sie nach Maßgabe des jeweiligen Kommunalrechts auch als **Dringlichkeitsbeschluß** oder Eilentscheidung erlassen werden kann[4]. Nicht zulässig ist demgegenüber die Ablehnung eines an sich genehmigungsfähigen Bauantrags lediglich mit der Begründung, daß der Erlaß einer Veränderungssperre beabsichtigt sei (s. allerdings für den Fall, daß die Erteilung eine Befreiung erforderlich ist, Rdnr. 1781).

2311

Da es für den Erlaß der Veränderungssperre eines Planaufstellungsbeschlusses und dessen ortsüblicher Bekanntmachung (§ 2 Abs. 1 Satz 2 BauGB) be-

2312

---

[1] VGH Mannheim v. 30.4.1984 – 5 S 2079/83, DÖV 1985, 208 = NJW 1986, 149 = ZfBR 1984, 303; Jäde in Jäde/Dirnberger/Weiss, § 14 Rdnr. 34; Lemmel in Berliner Kommentar zum Baugesetzbuch, § 14 Rdnr. 13.
[2] VGH München v. 11.7.2000 – 26 N 99/3185, BauR 2000, 1716 = NVwZ-RR 2001, 288.
[3] VGH Mannheim v. 4.2.1999 – 8 S 39/99, BauR 2000, 1159.
[4] OVG Lüneburg v. 17.12.1998 – 1 K 1103/98, BRS 60 Nr. 59 = NVwZ 1999, 1001; OVG Münster v. 23.4.1996 – 10 A 620/91, NVwZ 1997, 598.

darf, kann eine Veränderungssperre vorher nicht wirksam erlassen werden. Zulässig ist es allerdings, daß die Veränderungssperre und die Planaufstellung **in derselben Gemeinderatssitzung** beschlossen werden. Notwendig ist es allein, daß der Satzungsbeschluß über die Veränderungssperre dem Planaufstellungsbeschluß zeitlich nachfolgt[1]. Andererseits kann die Veränderungssperre jedoch ohne weiteres auch deutlich später als die Aufstellung des Bebauungsplans beschlossen werden. Weder die maximale Dauer der Veränderungssperre einschließlich der zulässigen Verlängerungen (vier Jahre, § 17 Abs. 1 Satz 2 und Abs. 2 BauGB, Rdnr. 2346 ff.) und erst recht nicht die Frist für die Erteilung des gemeindlichen Einvernehmens nach § 36 Abs. 2 Satz 2 BauGB (zwei Monate, Rdnr. 1772) stellen dafür eine zeitliche Obergrenze dar[2]. Allerdings kann ein mehrjähriger Zeitraum zwischen dem Aufstellungsbeschluß einerseits und dem Beschluß über die Veränderungssperre andererseits ein Indiz dafür sein, daß die gemeindliche Planungsabsicht, die Anlaß für den Aufstellungsbeschluß war, bereits aufgegeben wurde und die Inanspruchnahme des Planungssicherungsinstruments nur eine (unzulässige) Verhinderungsfunktion haben soll.

2313 Die Veränderungssperre ist als Satzung auszufertigen (vgl. Rdnr. 801 ff.) und **ortsüblich bekannt zu machen**. Da der Aufstellungsbeschluß und der Beschluß über die Veränderungssperre in einer Sitzung gefaßt werden dürfen (Rdnr. 2312), ist es auch zulässig, daß die Bekanntmachungen **gleichzeitig** stattfinden[3]. Erfolgt die Bekanntmachung der Veränderungssperre jedoch ohne zumindest gleichzeitige Bekanntmachung des Aufstellungsbeschlusses nach § 2 Abs. 1 Satz 2 BauGB, ist sie unwirksam. Zur Heilung dieses Mangels muß die erstmalige Bekanntmachung des Aufstellungsbeschlusses und die erneute Bekanntmachung der Satzung über die Veränderungssperre erfolgen. Die Neubekanntmachung gilt dabei nur für die Zukunft und bewirkt die volle Geltungsdauer der Veränderungssperre. Es besteht die Möglichkeit, nicht jedoch die Verpflichtung gemäß § 214 Abs. 4 BauGB zur rückwirkenden Inkraftsetzung bezogen auf den ersten Bekanntmachungszeitpunkt, zu dem die Veränderungssperre nicht wirksam in Kraft gesetzt wurde[4].

2314 Für die Form der ortsüblichen Bekanntmachung sieht § 16 Abs. 2 BauGB zwei Möglichkeiten vor. Die Gemeinde kann entweder den **vollständigen Wortlaut** der Veränderungssperre bekanntmachen (§ 16 Abs. 2 Satz 1 BauGB) oder aber im Wege der **Ersatzverkündung** lediglich bekanntmachen,

---

1 BVerwG v. 9.2.1989 – 4 B 236.88, BauR 1989, 432 = BRS 49 Nr. 21 = DVBl. 1989, 683 = DÖV 1990, 37 = NVwZ 1989, 661 = UPR 1989, 193 = ZfBR 1989, 171; OVG Weimar vom 17.5.2001 – 1 N 932/00, NVwZ-RR 2002, 415 = ZfBR 2002, 272.
2 BVerwG v. 26.6.1992 – 4 NB 19.92, BRS 54 Nr. 73 = NVwZ 1993, 475; OVG Lüneburg v. 17.12.1998 – 1 K 1103/98, BRS 60 Nr. 59 = NVwZ 1999, 1001.
3 VGH Mannheim v. 11.2.1998 – 8 S 2770/97, NVwZ-RR 1998, 717 = UPR 1999, 118; OVG Münster v. 24.8.1989 – 7a 2495/87, NVwZ 1990, 581 = ZfBR 1990, 211.
4 BVerwG v. 6.8.1992 – 4 N 1.92, BauR 1993, 59 = BRS 54 Nr. 77 = DVBl. 1992, 1448 = NVwZ 1993, 471 = UPR 1991, 21 = ZfBR 1992, 292.

daß eine Veränderungssperre beschlossen worden ist (§ 16 Abs. 2 Satz 2 BauGB). Die konkreten Anforderungen an die Bekanntmachung ergeben sich aus den Gemeindeordnungen und Kommunalverfassungen der Länder sowie den ergänzenden landesgesetzlichen Bekanntmachungsbestimmungen und den Haupt- und Bekanntmachungssatzungen der Gemeinden.

Für den Fall der Ersatzverkündung gelten gemäß § 16 Abs. 2 Satz 2, 2. Halbsatz BauGB die Regelungen in § 10 Abs. 3 Satz 2 bis 5 BauGB entsprechend (insbes. Bereithalten zur Einsicht, Hinweis auf den Ort der Einsichtnahmemöglichkeit, Inkrafttreten). Wegen der Einzelheiten kann auf die Ausführungen zur Bekanntmachung von Bebauungsplänen (Rdnr. 806 ff.) Bezug genommen werden. 2315

Die bundesrechtlichen Vorschriften über die **Planerhaltung** (oder hier genauer: über die Erhaltung von Satzungen nach dem Baugesetzbuch) gemäß den §§ 214 f. BauGB sowie die ergänzenden **Heilungsregelungen nach Landesrecht** gelten bei der Veränderungssperre genauso wie bei anderen Satzungen nach dem Baugesetzbuch. Auf die diesbezüglichen Ausführungen zu Bebauungsplänen kann daher verwiesen werden (Rdnr. 1048 ff.). 2316

Die Veränderungssperre ist im Wege der **Normenkontrolle** nach § 47 Abs. 1 Nr. 1 VwGO überprüfbar (Rdnr. 1011 ff.). Dabei findet jedoch keine umfassende Kontrolle der Rechtmäßigkeit von Festsetzungen des zukünftigen Bebauungsplans statt. Die Veränderungssperre ist vielmehr in der Regel nur dann unwirksam, wenn der Bebauungsplanentwurf auf einer unzureichenden Planungskonzeption beruht oder an einem Fehler leidet, der im weiteren Verfahren nicht heilbar ist[1]. Tritt die Veränderungssperre während des Normenkontrollverfahrens außer Kraft, kann der Antragsteller die Feststellung begehren, daß die Veränderungssperre unwirksam war[2]. 2317

Die Prüfung der Rechtmäßigkeit einer Veränderungssperre kann auch im Rahmen eines konkreten Verwaltungsrechtsstreits mittelbar durchgeführt werden, wenn zum Beispiel geltend gemacht wird, die Ablehnung eines Bauantrags beruhe auf einer unwirksamen Veränderungssperre (im einzelnen zur sog. Inzidentkontrolle von städtebaulichen Satzungen Rdnr. 1034 ff.). 2318

---

1 BVerwG v. 21.12.1993 – 4 NB 40.93, BRS 55 Nr. 95 = DÖV 1994, 385 = NVwZ 1994, 685 = UPR 1994, 152 = ZfBR 1994, 145; Lemmel in Berliner Kommentar zum Baugesetzbuch, § 14 Rdnr. 10; ausführlich auch Kuhla, Die Veränderungssperre in der Normenkontrolle, NVwZ 1988, 1084 ff.
2 BVerwG v. 2.9.1983 – 4 N 1.83, BVerwGE 68, 12 = BauR 1984, 156 = BRS 40 Nr. 99 = DVBl. 1984, 145 = DÖV 1984, 297; OVG Lüneburg v. 5.12.2001 – 1 K 2682/98, BauR 2002, 594.

4. Die Verbote der Veränderungssperre

2319 Mit der öffentlichen Bekanntmachung einer Veränderungssperre treten die in der Satzung enthaltenen Verbote in Kraft. Die in Betracht kommenden Verbote einer Veränderungssperre, die zumeist ohne Einschränkung in die Satzung aufgenommen werden, regelt § 14 Abs. 1 BauGB (Rdnr. 2310). Ein Verstoß gegen die Verbote der Veränderungssperre führt zur **materiellen Unzulässigkeit** des geplanten Vorhabens. Dies gilt selbstverständlich nicht für bauaufsichtlich angeordnete Maßnahmen, insbesondere also für Beseitigungsanordnungen oder für Anordnungen zur Durchführung bestimmter Sicherungsmaßnahmen, etwa bei Gefahren, die von einer baulichen Anlage ausgehen (z.B. Einsturzgefahr)[1].

2320 Nach **§ 14 Abs. 1 Nr. 1 BauGB** dürfen Vorhaben im Sinne von § 29 BauGB nicht durchgeführt und bauliche Anlagen nicht beseitigt werden. Zum Begriff des Vorhabens kann auf die Ausführungen unter Rdnr. 1103 ff. verwiesen werden. Die Beseitigung ist gesetzlich erwähnt, weil sie nicht unter den Begriff des Vorhabens im bauplanungsrechtlichen Sinne fällt. Ist die Beseitigung von baulichen Anlagen von der Veränderungssperre erfaßt, kommt dafür häufig die Erteilung einer Ausnahme gemäß § 14 Abs. 2 BauGB (Rdnr. 2337 ff.) in Betracht. Unabhängig von der Ausnahmemöglichkeit in § 14 Abs. 2 BauGB ist allerdings zu beachten, daß § 14 Abs. 1 Nr. 1 BauGB ansonsten keine besonderen Einschränkungen enthält. Handelt es sich um ein Vorhaben im Sinne von § 29 BauGB, ist es unerheblich, ob es um ein Vorhaben besonderer Größe geht oder ob mit der geplanten Errichtung, Änderung oder Nutzungsänderung eine erhebliche Wertsteigerung verbunden ist. Ebenfalls ist es unerheblich, ob es sich um ein nach Maßgabe der einschlägigen Landesbauordnung genehmigungsbedürftiges oder genehmigungsfreies Vorhaben handelt (zu den von den Verboten der Veränderungssperre nicht berührten Maßnahmen s. Rdnr. 2325 ff.).

2321 **§ 14 Abs. 1 Nr. 2 BauGB** enthält als Ergänzung zu Nr. 1 der Vorschrift eine Auffangregelung. Danach dürfen erhebliche oder wesentlich wertsteigernde Veränderungen von Grundstücken und baulichen Anlagen, deren Veränderungen nicht genehmigungs-, zustimmungs- oder anzeigepflichtig sind, nicht vorgenommen werden. Damit verbleiben außerhalb des Verbots lediglich die unerheblichen und zugleich nicht wesentlich wertsteigernden Veränderungen.

2322 Das Verbot greift bei der Veränderung von Grundstücken und baulichen Anlagen.

Beispiele:

(a) Ein Grundstückseigentümer beabsichtigt, sein von einer Veränderungssperre erfaßtes Waldgrundstück, das in dem Bebauungsplanentwurf als Bauland vorgesehen

---

1 BVerwG v. 11.8.1992 – 4 B 161.92, NVwZ 1993, 476.

ist, abzuholzen. Es handelt sich dabei zwar nicht um eine wertsteigernde, jedoch um eine erhebliche Veränderung des Grundstücks, die daher dem Verbot des § 14 Abs. 1 Nr. 2 BauGB unterfällt. Da jedoch das Abholzen auch bei Durchführung des Bebauungsplans erforderlich wird, kommt die Erteilung einer Ausnahme gemäß § 14 Abs. 2 BauGB in Betracht.

(b) Ein nasses Wiesengrundstück soll durch eine Drainage trockengelegt werden. Dabei handelt es sich zumindest um eine wesentlich wertsteigernde Veränderung des Grundstücks, die gemäß § 14 Abs. 1 Nr. 2 BauGB im Bereich einer Veränderungssperre grundsätzlich nicht zulässig ist. Ob dafür die Erteilung einer Ausnahme in Betracht kommt, hängt von den beabsichtigten Bebauungsplanfestsetzungen ab. Zu berücksichtigen ist aus Sicht der Gemeinde dabei immer, daß wertsteigernde Maßnahmen vor Inkrafttreten des Bebauungsplans Bedeutung im Zusammenhang mit den entschädigungsrechtlichen Vorschriften der §§ 39 ff. BauGB haben können (s. insbesondere § 42 Abs. 1 BauGB).

Weitere Beispiele für wesentlich wertsteigernde Änderungen von Grundstücken sind etwa die Aufforstung, das Aufbringen von Mutterboden zur ertragreicheren Nutzung des Bodens oder die Umwandlung einer Wiese in eine Obstkultur. Demgegenüber stellen Belastungen eines Grundstücks mit **dinglichen Rechten** keine Veränderung des Grundstücks selbst dar. 2323

Im Zusammenhang mit baulichen Anlagen gelten die vorstehenden Ausführungen zu Grundstücken entsprechend. Es fällt auf, daß lediglich die Veränderung baulicher Anlagen in § 14 Abs. 1 Nr. 2 BauGB genannt ist, nicht hingegen deren Errichtung. Allerdings stellt diese bereits eine erhebliche oder wesentlich wertsteigernde Veränderung des zu bebauenden Grundstücks selbst dar, sofern nicht ohnehin ein Vorhaben im Sinne von § 29 BauGB vorliegt und daher das Verbot gemäß § 14 Abs. 1 Nr. 1 BauGB eingreift. 2324

5. Die von den Verboten nicht berührten Maßnahmen

Aus § 14 Abs. 1 BauGB ergibt sich, daß nur die Maßnahmen, die Grundstücke und bauliche Anlagen nicht erheblich oder wesentlich wertsteigernd verändern und die keine Vorhaben im Sinne des § 29 BauGB sind, generell nicht unter eine Veränderungssperre fallen. Dazu zählen nur ganz kleine bauliche Maßnahmen oder Unterhaltungsarbeiten, die allerdings in § 14 Abs. 3 BauGB noch einmal ausdrücklich genannt sind. 2325

Von den Verboten einer Veränderungssperre nicht betroffen sind darüber hinaus Vorhaben, die vor dem Inkrafttreten der Veränderungssperre **baurechtlich genehmigt** wurden (§ 14 Abs. 3 BauGB). Diese Bestandsschutzregelung gilt unabhängig davon, ob das Vorhaben bereits fertiggestellt wurde oder auch nur mit ihm begonnen wurde. Entscheidend ist allein, daß die Genehmigung erteilt wurde. Auf ihre Unanfechtbarkeit kommt es nicht an[1]. 2326

---

1 VGH München v. 27.10.2000 – 1 ZS/CS 00.2727, BauR 2001, 140 = NVwZ-RR 2001, 364; Lemmel in Berliner Kommentar zum Baugesetzbuch, § 14 Rdnr. 20; a.A. Krautzberger in Battis/Krautzberger/Löhr, § 14 Rdnr. 21.

Der durch § 14 Abs. 3 BauGB aufgrund einer erteilten Baugenehmigung gewährte Bestandsschutz besteht jedoch nur für die **Zeitdauer ihrer Gültigkeit**, nach den Landesbauordnungen in der Regel also für drei Jahre[1], sofern bis dahin mit dem Vorhaben noch nicht begonnen wurde. Für eine Verlängerung der Baugenehmigung ist die zum Zeitpunkt dieser Entscheidung maßgebliche Sach- und Rechtslage zu Grunde zu legen, so daß eine zwischenzeitlich erlassene Veränderungssperre einer positiven Entscheidung über den Verlängerungsantrag entgegensteht, wenn nicht die Erteilung einer Ausnahme gemäß § 14 Abs. 2 BauGB in Betracht kommt (Rdnr. 2337 ff.).

2327 **§ 14 Abs. 3 BauGB** regelt im weiteren, daß nicht nur genehmigte, sondern auch solche Vorhaben von der Veränderungssperre ausgenommen sind, von denen die Gemeinde **nach Maßgabe des Bauordnungsrechts Kenntnis erlangt** hat und mit deren Ausführung vor dem Inkrafttreten der Veränderungssperre hätte begonnen werden dürfen. Unter diese Regelung, die durch das EAG Bau (Rdnr. 1) neu gefasst wurde, fallen Vorhaben, für die die Genehmigungsfreistellung, das Kenntnisgabeverfahren und vergleichbare Institute des bauordnungsrechtlichen Verfahrensrechts nach dem einschlägigen Landesrecht nicht in eine behördliche Entscheidung münden. Die Regelung knüpft damit an die Formulierung in § 62 der Musterbauordnung 2002 (Rdnr. 10) an[2]. Ebenso wie bei den genehmigungsbedürftigen Vorhaben kommt es nicht darauf an, ob mit den Bauarbeiten vor Inkrafttreten der Veränderungssperre bereits begonnen wurde (Rdnr. 2326). Es genügt, wenn mit den Bauarbeiten hätte begonnen werden dürfen. Voraussetzung ist allerdings zum einen die **materielle Rechtmäßigkeit** des Vorhabens, d.h. es darf dem bei Inkrafttreten der Veränderungssperre geltenden materiellen Recht nicht widersprechen. Gemeint ist damit nicht nur das materielle Bauplanungsrecht sondern der gesamte Bestand materiellrechtlicher Vorschriften, die das Vorhaben einhalten muß. Denn wenn dies nicht der Fall ist, hätte mit dem Vorhaben vor Inkrafttreten der Veränderungssperre nicht begonnen werden dürfen, so daß auch keine Rechtfertigung dafür besteht, dem Bauherrn über § 14 Abs. 3 BauGB besonderen Vertrauensschutz zu gewähren. Zum anderen ist es erforderlich, daß die Gemeinde nach Maßgabe der Landesbauordnung **ordnungsgemäß beteiligt** worden ist und – je nach landesrechtlicher Ausgestaltung – dem Vorhaben ausdrücklich zugestimmt hat oder aber in einer die ausdrückliche Zustimmung ersetzenden Weise gar keine Stellungnahme zu dem Vorhaben abgegeben hat. Wenn das Verfahren zur Beteiligung der Gemeinde nicht ordnungsgemäß durchgeführt wurde, fehlt es in der Regel ebenso wie bei der materiellen Rechtswidrigkeit des Vorhabens an einem Vertrauenstatbestand zugunsten des Bauherrn, der es rechtfertigt, sein Vorhaben von den Verboten der Veränderungssperre auszunehmen.

---

1 S. etwa § 77 Abs. 1 BauO NW.
2 Vgl. Regierungsentwurf zum EAG Bau, BT-Drucksache 15/2250, Begründung zu Nr. 15 (§ 14).

Aus dem Wortlaut des § 14 Abs. 3 BauGB ergibt sich im weiteren, daß er nicht die Vorhaben erfaßt, die gänzlich verfahrensfrei sind (vgl. § 61 der Musterbauordnung 2002, Rdnr. 10)[1]. Dies gilt unabhängig davon, ob sie nach der bis zum Erlaß der Veränderungssperre maßgeblichen Rechtslage materiell zulässig waren und auch unabhängig davon, ob die Gemeinde von ihnen tatsächlich Kenntnis erlangt hat. Entscheidend ist, ob die Gemeinde **nach Maßgabe des Bauordnungsrechts** Kenntnis erlangt hat. Dies ist nur dann der Fall, wenn die Beteiligung der Gemeinde in formalisierter Weise geregelt ist. Eine lediglich informelle Kenntnisnahme reicht demgegenüber nicht aus.

2328

Grundsätzlich unerheblich für die rechtliche Beurteilung ist es, wenn ein Bauantrag – bewußt oder unbewußt – zu Unrecht abgelehnt wurde und erst nach dieser Ablehnung eine Veränderungssperre in Kraft getreten ist. Auch in diesem Fall ist im Rahmen des weiteren Verfahrens (Verpflichtungswiderspruch, Verpflichtungsklage) die durch die erlassene Veränderungssperre geänderte Rechtslage („**nachgeschobene Veränderungssperre**") zu berücksichtigen. Entscheidend ist also die tatsächliche formelle Legalisierung eines Vorhabens vor Inkrafttreten der Veränderungssperre[2]. Entsprechendes gilt für die Vorhaben, für die nach Maßgabe der einschlägigen Landesbauordnung eine Genehmigungsfreistellung, ein Kenntnisgabeverfahren oder ein vergleichbares Institut eingreift (Rdnr. 2327). Auch ein solches Verfahren muß mit einem für den Bauherrn positiven Ergebnis durchgeführt worden sein. Allein die materielle Legalität genügt also nicht. Allerdings kann das Ermessen bei der Erteilung einer Ausnahme von der Veränderungssperre gemäß § 14 Abs. 2 BauGB zugunsten des Bauherrn reduziert sein, wenn zuvor ein Bauantrag rechtswidrig abgelehnt wurde. Desweiteren kommen in einer solchen Situation **Amtshaftungsansprüche** und Entschädigungsansprüche aus enteignungsgleichem Eingriff gegen die Baugenehmigungsbehörde oder auch gegen die Gemeinde in Betracht, wenn diese ihr erforderliches Einvernehmen nach § 36 BauGB (Rdnr. 1758 ff.) zu Unrecht verweigert oder in sonstiger Weise rechtswidrig verhindert hat, daß das betreffende Vorhaben formell legalisiert und dem Bauherrn damit die Möglichkeit gegeben wird, sein Vorhaben durchzuführen. Entsprechendes gilt in den Fällen, in denen der Bauantrag zwar nicht rechtswidrig abgelehnt wurde, die Baugenehmigungsbehörde jedoch die an sich notwendige positive Bescheidung des Bauantrags so lange verzögert hat, bis die Veränderungssperre in Kraft getreten ist (zur Bedeutung einer solchen faktischen Zurückstellung für die subjektive Dauer einer Veränderungssperre Rdnr. 2354).

2329

Unter den Begriff der baurechtlichen Genehmigung im Sinne von § 14 Abs. 3 BauGB fallen auch **Teilbaugenehmigungen**, mit denen dem Bauherrn

2330

---
1 Vgl. Regierungsentwurf zum EAG Bau, BT-Drucksache 15/2250, Begründung zu Nr. 15 (§ 14).
2 VGH Mannheim v. 4.2.1999 – 8 S 39/99, BauR 2000, 1159.

gestattet wird, bereits mit bestimmten Bauarbeiten zu beginnen[1]. Denn für die von der Teilbaugenehmigung umfaßten Teile des Vorhabens handelt es sich um eine abschließende Zulassung. Wegen der einem Bauvorbescheid (Rdnr. 2331) vergleichbaren Bindungswirkung der Teilbaugenehmigung für die weiteren Bauabschnitte[2] fallen auch weitere Teilbaugenehmigungen sowie die endgültige Baugenehmigung für das betreffende Vorhaben bereits unter die Bestandsschutzregelung des § 14 Abs. 3 BauGB. Es bedarf dafür also nicht der Erteilung einer Ausnahme nach Abs. 2 der Vorschrift.

2331 Ebenfalls von einer Veränderungssperre unberührt bleiben **Bauvorbescheide** (Bebauungsgenehmigungen), sofern sie nach Landesrecht nicht nur den Charakter einer Zusicherung haben (§ 38 VwVfG) sondern einen vorweggenommenen Teil der Baugenehmigung darstellen, der im späteren Baugenehmigungsverfahren nicht mehr in Frage gestellt werden kann[3]. Zu beachten ist allerdings, daß ein Bauvorbescheid in Abhängigkeit von der gestellten Bauvoranfrage unterschiedlich umfangreich sein kann und daher auch nicht alle genehmigungsrelevanten Aspekte des Bauplanungsrechts behandeln muß.

2332 **Beispiel:**

Ein Bauherr fragt im Rahmen einer Bauvoranfrage an, ob ein bestimmtes Vorhaben nach der Art der baulichen Nutzung zulässig ist. Er erhält dazu einen positiven Bauvorbescheid. Dieser Bauvorbescheid entfaltet zwar in Bezug auf die Art der baulichen Nutzung für das zukünftige Bauvorhaben Bindungswirkung. Da die weitere planungsrechtlichen Anforderungen (z.B. Maß der baulichen Nutzung) nicht geprüft werden konnten, sind sie weder Gegenstand des Bauvorbescheids, noch ist die Baugenehmigungsbehörde insofern gebunden.

2333 Für die nicht von dem Bauvorbescheid behandelten bauplanungsrechtlichen (und bauordnungsrechtlichen) Aspekte gilt die Sach- und Rechtslage zum Zeitpunkt der Entscheidung über den Bauantrag. Dafür ist dann also auch eine zwischenzeitlich erlassene Veränderungssperre maßgeblich[4]. Allerdings hat die Bindungswirkung in Bezug auf die bereits im Rahmen des Bauvorbescheids behandelten Fragen Bedeutung für den Ermessensspielraum der Behörde, wenn es um die Frage geht, ob die Erteilung einer Ausnahme von der Veränderungssperre gemäß § 14 Abs. 2 BauGB in Betracht kommt.

---

1 Z.B. § 76 BauO NW.
2 Finkelnburg/Ortloff, Öffentliches Baurecht, Band II, 142 m.w.N. der Rechtsprechung und Literatur.
3 BVerwG v. 3.2.1984 – 4 C 39.82, BVerwGE 69, 1 = BauR 1984, 384 = BRS 42 Nr. 170 = DÖV 1984, 852 = NJW 1984, 1473 = UPR 1984, 237 = ZfBR 1984, 144; OVG Lüneburg v. 31.3.1989 – 1 A 5/88, BauR 1990, 72, BRS 49 Nr. 108 = NVwZ 1990, 685; dies ist durchgängig in allen Landesbauordnungen der Fall, s. etwa § 71 BauO NW; dazu Finkelnburg/Ortloff, Öffentliches Baurecht, Band II, 138.
4 VGH München vom 29.11.1999 – 1 B 97.3762, BayVBl. 2000, 314; Lemmel in Berliner Kommentar zum Baugesetzbuch, § 14 Rdnr. 24.

Gänzlich ohne Bedeutung ist die Veränderungssperre dann, wenn im Rahmen des Vorbescheidsverfahrens sämtliche bauplanungsrechtlichen Fragen bereits endgültig geklärt sind, es im Rahmen des Baugenehmigungsverfahrens also nur noch um bauordnungsrechtliche Aspekte oder um sonstige im Genehmigungsverfahren zu prüfende Rechtsvorschriften außerhalb des Bauplanungsrechts geht.

Von der Veränderungssperre gemäß § 14 Abs. 3 BauGB ausgenommen sind desweiteren **Unterhaltungsarbeiten**. Dabei ist es unerheblich, ob es sich um genehmigungspflichtige oder genehmigungsfreie Maßnahmen handelt. Ebenfalls spielt es keine Rolle, ob diese Maßnahmen zu einer erheblichen Wertsteigerung führen[1]. Allerdings sind lediglich Unterhaltungs- und Erhaltungsmaßnahmen abgedeckt, bei denen die **Identität der baulichen Anlage** gewahrt bleibt. Die Grenze zur Änderung oder Nutzungsänderung im Sinne von § 29 Abs. 1 BauGB (Rdnr. 1111 ff.) darf nicht überschritten sein. Aus diesem Grunde scheiden Maßnahmen aus, die über die reine Unterhaltung hinausgehend eine Anpassung des Bauwerks an zeitgemäße Wohn- oder sonstige Nutzungsbedürfnisse bezwecken[2]. 2334

Beispiele:
Vergrößerung eines Wohnhauses in der Grundfläche, Aufstockung, Anbau einer Garage u.ä.

Die Fortführung der bisher legal ausgeübten Nutzung wird gleichfalls – selbstverständlich – von der Veränderungssperre nicht berührt (§ 14 Abs. 3 BauGB). Diese Nutzung darf in der ihr eigenen Bandbreite variieren, jedoch nicht die Grenze zu einer bauplanungsrechtlich relevanten Nutzungsänderung im Sinne von § 29 Abs. 1 BauGB überschreiten (Rdnr. 1120 ff.)[3]. Die Regelung hat allerdings auch Bedeutung für Grundstücksnutzungen, die nicht im Zusammenhang mit einer (in der Regel baurechtlich genehmigten) vorhandenen baulichen Anlage stehen, dennoch aber unter § 14 Abs. 1 Nr. 2 BauGB fallen. 2335

Beispiel:
Land- oder fortwirtschaftliche Nutzung.

Auch derartige Nutzungen dürfen gemäß § 14 Abs. 3 BauGB fortgeführt werden. Die Grenze der Nutzungsänderung bei baulichen Anlagen gilt dabei sinngemäß. 2336

---

1 OVG Greifswald v. 12.7.1995 – 3 N 33/95, BRS 57 Nr. 118 = LKV 1996, 213 = NVwZ 1996, 813 = UPR 1996, 116.
2 Krautzberger in Battis/Krautzberger/Löhr, § 14 Rdnr. 22; Bielenberg/Stock in Ernst/Zinkahn/Bielenberg/Krautzberger, § 14 Rdnr. 68.
3 BVerwG v. 1.3.1989 – 4 B 24.89, BauR 1989, 308 = BRS 49 Nr. 171 = DÖV 1989, 725 = NVwZ 1989, 666 = UPR 1989, 426 = ZfBR 1989, 228.

Beispiele:

Fortsetzung einer landwirtschaftlichen Nutzung durch Aussaat; Durchforstung und notwendige Neuanpflanzungen auf einem forstwirtschaftlich genutzten Grundstück; nicht aber etwa die Aufstockung einer bisher nicht forstwirtschaftlich genutzten Fläche oder die vollständige Abholzung eines bisher forstwirtschaftlich genutzten Grundstücks.

6. Die Ausnahme von der Veränderungssperre (§ 14 Abs. 2 BauGB)

a) Die Rechtswirkung der Ausnahme

2337 In den Bereichen, in denen eine Veränderungssperre besteht, sind Bauanträge grundsätzlich abzulehnen, weil ein materielles Genehmigungshindernis besteht. Erst über eine Ausnahme von der Veränderungssperre kann der Weg zu einer positiven Bescheidung des Bauantrags eröffnet werden.

2338 Aufgrund der Systematik des § 14 Abs. 2 BauGB hat die Gewährung der Ausnahme nicht unmittelbar die Zulassung des Vorhabens zur Folge. Sie hebt vielmehr nur die mit der Veränderungssperre verbundene Schranke auf. Über die Genehmigung des Vorhabens ist sodann nach den noch geltenden bauplanungsrechtlichen Bestimmungen, also nach § 34 oder § 35 BauGB bzw. bei Überplanung eines vorhandenen Bebauungsplans nach § 30 BauGB, zu entscheiden. Von ganz wesentlicher Bedeutung ist darüber hinausgehend § 33 BauGB, also die vorweggenommene Anwendung des zukünftigen Bebauungsplans, wenn die dafür notwendige Planreife erreicht ist (Rdnr. 1905 ff.; zur Bedeutung für die Ermessensausübung Rdnr. 2344).

b) Die Voraussetzungen für die Gewährung der Ausnahme

2339 Die Erteilung einer Ausnahme von der Veränderungssperre bedarf in **formeller Hinsicht** nicht der Stellung eines besonderen Antrags (vgl. zur Ausnahmeerteilung gemäß § 31 Abs. 1 BauGB Rdnr. 1708).

2340 In **materieller Hinsicht** ist es erforderlich, daß keine überwiegenden öffentlichen Belange entgegenstehen (§ 14 Abs. 2 Satz 1 BauGB). Ist dies der Fall, scheidet die Erteilung einer Ausnahme bereits tatbestandlich aus, ohne daß es auf zusätzliche Ermessenserwägungen ankommt.

2341 Ob überwiegende öffentliche Belange der Erteilung einer Ausnahme entgegenstehen, ist durch eine Abwägung der öffentlichen Belange einer- und des privaten Bebauungswunsches andererseits zu ermitteln. Maßgeblich ist der mit der Veränderungssperre verbundene Sicherungszweck[1]. Überwiegende öffentliche Belange stehen daher der Erteilung einer Ausnahme entgegen, wenn zu befürchten ist, daß durch das geplante Bauvorhaben oder durch

---

1 VGH Mannheim v. 25.9.2002 – 8 S 1833/02, BauR 2003, 1537 = NVwZ-RR 2003, 546.

eine Veränderung des Grundstücks die Durchführung der Planung unmöglich gemacht oder wesentlich erschwert werden würde. Dieser **Prüfungsmaßstab** ergibt sich aus § 15 Abs. 1 BauGB für die Zurückstellung von Baugesuchen (Rdnr. 2404). Er kann für die Erteilung einer Befreiung ohne weiteres übernommen werden[1]. Diese Voraussetzungen liegen in der Regel jedenfalls dann vor, wenn ein Bauvorhaben zur Genehmigung beantragt wird, das nach dem zukünftigen Bebauungsplan nicht (mehr) genehmigungsfähig sein soll. Da der Veränderungssperre allerdings noch keine endgültige Planung zu Grunde liegen muß, also im zukünftigen Bebauungsplan noch erhebliche Variationsmöglichkeiten bestehen können, genügt es, wenn ein Widerspruch zu den Planfestsetzungen und eine damit verbundene **Erschwerung der Planung** nicht ausgeschlossen werden kann. Dabei hat die für die Planaufstellung zuständige Gemeinde, die gemäß § 14 Abs. 2 Satz 2 BauGB ihr Einvernehmen erteilen muß (§ 36 BauGB, Rdnr. 1758 ff.), einen weiten Prognosespielraum. Ist die Gemeinde allerdings der Auffassung, daß durch das geplante Vorhaben oder durch die Veränderung des Grundstücks ihre Planung nicht unmöglich gemacht oder wesentlich erschwert wird, ist dies auch von der Baugenehmigungsbehörde zu respektieren, wenn diese Einschätzung nicht offensichtlich fehlerhaft ist[2].

Beispiel: 2342
Eine Gemeinde will in einem durch Bebauungsplan festgesetzten Mischgebiet (§ 6 BauNVO) Vergnügungsstätten gänzlich ausschließen. Weitere Änderungen des Bebauungsplans sind nicht beabsichtigt. In diesem Fall spricht nichts gegen die Erteilung einer Ausnahme gemäß § 14 Abs. 2 BauGB für die Errichtung eines Wohnhauses im Planbereich.

Sofern lediglich **Wertsteigerungen** des Grundstücks oder eines bereits vorhandenen Gebäudes vermieden werden sollen, können entgegenstehende öffentliche Belange im Einzelfall dadurch ausgeräumt werden, daß der Grundstückseigentümer bzw. Bauherr freiwillig eine Mehrwertverzichtserklärung abgibt, wie sie in § 32 BauGB ausdrücklich geregelt ist (Rdnr. 1790). Zumindest bei kleineren Vorhaben kommen auch Verpflichtungen des Grundstückseigentümers zur Beseitigung oder zum Umbau für den Fall in Betracht, daß der in Aufstellung befindliche Bebauungsplan für das betreffende Grundstück zukünftig Festsetzungen trifft, mit denen das beantragte Bauvorhaben nicht im Einklang steht. Allerdings muß sich die Gemeinde auf derartige Angebote nur einlassen, wenn ihr dies zumutbar ist. Dies hängt insbesondere von der Verbindlichkeit der entsprechenden Erklärung des Grundstückseigentümers, den Durchsetzungsmöglichkeiten und den finanziellen Absicherungen ab (vgl. Rdnr. 1210 ff. im Zusammenhang mit der Pflicht der Gemeinde, zumutbare Erschließungsangebote Bauwilliger anzunehmen). 2343

---
1 S. etwa BVerwG v. 17.5.1989 – 4 CB 6.89, BRS 49 Nr. 115 = DÖV 1989, 906 = NVwZ 1990, 58.
2 In diesem Sinne auch Jäde in Jäde/Dirnberger/Weiß, § 14 Rdnr. 43.

2344 Liegen die (engen) tatbestandlichen Voraussetzungen für die Erteilung einer Ausnahme von der Veränderungssperre vor, besteht auf der Rechtsfolgenseite noch ein **Ermessensspielraum** sowohl für die Gemeinde bei der Erteilung ihres Einvernehmens gemäß § 36 BauGB (Rdnr. 1758 ff.) als auch für die Baugenehmigungsbehörde, die die abschließende Entscheidung zu treffen hat. Allerdings sind die Gründe, die in einer solchen Situation eine Ermessensentscheidung zu Lasten des Bauherrn rechtfertigen, begrenzt. Es sind kaum Fälle vorstellbar, in denen zwar die tatbestandlichen Voraussetzungen für die Erteilung einer Ausnahme erfüllt sind, gleichwohl jedoch hinreichende Ermessenserwägungen dagegen sprechen. In der Regel gänzlich auf Null reduziert ist der Ermessensspielraum der Genehmigungsbehörde und der einvernehmenspflichtigen Gemeinde dann, wenn ein genehmigungsfähiger Bauantrag vor Inkrafttreten der Veränderungssperre rechtswidrig abgelehnt wurde. Liegen in einem solchen Fall die tatbestandlichen Voraussetzungen für die Erteilung einer Ausnahme gemäß § 14 Abs. 2 BauGB vor, muß sie auch erteilt werden[1].

2345 Auch in den Fällen, in denen **Planreife** im Sinne von § 33 BauGB gegeben ist (Rdnr. 1912 ff.), ist das Ermessen für die Erteilung einer Ausnahme von der Veränderungssperre in aller Regel auf Null reduziert[2]. Dennoch wird mit Erreichen der Planreife nach § 33 BauGB die Erteilung einer Ausnahme von der Veränderungssperre nicht bereits dem Grunde nach entbehrlich. Dies ergibt sich schon daraus, daß die Veränderungssperre auch in diesem Stadium noch rechtsverbindlich ist und ohne besonderen Aufhebungsakt der Gemeinde erst mit Fristablauf oder mit dem rechtsverbindlichen Abschluß des Bebauungsplanverfahrens (§ 10 Abs. 3 BauGB) außer Kraft tritt (§ 17 BauGB, s. noch Rdnr. 2386 ff.).

7. Die Geltungsdauer der Veränderungssperre

a) Grundsätzliches zur Geltungsdauer

2346 Das Baugesetzbuch schreibt nicht vor, daß in der Satzung die Geltungsdauer der Veränderungssperre angegeben werden muß. Dies ist gleichwohl zulässig, führt jedoch eher zu Mißverständnissen als zu größerer Rechtsklarheit. Gemäß § 17 Abs. 1 Satz 1 BauGB tritt die Veränderungssperre zwar kraft Gesetzes nach Ablauf von zwei Jahren außer Kraft. Jedoch ist gemäß Satz 2 der Vorschrift auf diese Frist auch eine Zurückstellung nach § 15 BauGB anzurechnen (hinsichtlich der Einzelheiten Rdnr. 2348 ff.). Daraus ergibt sich eine **subjektiv unterschiedliche Geltungsdauer** der Veränderungssperre

---

1 BVerwG v. 20.8.1992 – 4 C 54.89, BauR 1993, 51 = BRS 54 Nr. 137 = DÖV 1993, 875 = NVwZ-RR 1993, 65 = UPR 1993, 24 = ZfBR 1993, 33; BVerwG v. 17.5.1989 – 4 CB 6.89, BRS 49 Nr. 115 = DÖV 1989, 906 = NVwZ 1990, 58.
2 VGH Mannheim v. 30.4.1984 – 5 S 2079/83, DÖV 1985, 208 = NJW 1986, 149 = ZfBR 1984, 303.

für die einzelnen Betroffenen. Dies gilt selbst dann, wenn in der Satzung eine bestimmte Zeitdauer angegeben wurde.

Wird die Dauer der Veränderungssperre fehlerhaft berechnet und in der Satzung angegeben, führt dies in der Regel nicht zu deren Unwirksamkeit. Ist die Dauer länger als zulässig angegeben, kann sich der Antragsteller auf den bereits erfolgten Fristablauf berufen[1]. Ist die Dauer kürzer bemessen als gesetzlich vorgesehen, bleibt der Text der Satzung maßgebend. Sie kann jedoch noch geändert und auf die gesetzlich zulässige Geltungsdauer verlängert werden, ohne daß darin bereits eine Verlängerung im Sinne von § 17 Abs. 1 Satz 3 oder Abs. 2 BauGB liegt (Rdnr. 2366 ff.). 2347

b) Die Geltungsdauer im Regelfall

Nach § 17 Abs. 1 Satz 1 BauGB tritt eine Veränderungssperre nach Ablauf von zwei Jahren außer Kraft. Die 2-Jahres-Frist beginnt mit dem Tag der Bekanntmachung der Veränderungssperre (§ 16 Abs. 2 BauGB, Rdnr. 2313 ff.). Für die Berechnung der Frist gelten die §§ 187 Abs. 1, 188 Abs. 2 BGB. 2348

Beispiel: 2349

Die Veränderungssperre wurde am 17.12.2003 bekannt gemacht. Sie endet daher mit Ablauf des 16. Dezember 2005, sofern in der Satzung selbst keine kürzere Frist bestimmt ist (Rdnr. 2347).

Auf die 2-Jahres-Frist ist der Zeitraum anzurechnen, der seit der ersten förmlichen Zurückstellung eines Baugesuchs nach § 15 Abs. 1 BauGB abgelaufen ist (§ 17 Abs. 1 Satz 2 BauGB). Aus dem Begriff der **Anrechnung** folgt, daß nicht die objektive Geltungsdauer der Veränderungssperre für jedermann verkürzt wird. Vielmehr ist eine vorangegangene Zurückstellung nur demjenigen gutzubringen, dem sie auferlegt wurde. Für alle sonstigen Betroffenen bleibt die gesetzliche oder in der Satzung angegebene Geltungsdauer maßgeblich. Es ist also zwischen der **objektiven Geltungsdauer** einer Veränderungssperre und ihrer **subjektiven Geltung** im Einzelfall zu unterscheiden[2]. 2350

Fortsetzung des Beispiels unter Rdnr. 2349: 2351

Vor Inkrafttreten der Veränderungssperre am 17.12.2003 wurde gegenüber dem Bauherrn bereits am 17.7.2003 eine Zurückstellung ausgesprochen. In seinem konkreten Fall endet daher die Wirkung der Veränderungssperre unabhängig von ihrer objektiven Geltungsdauer am 6.7.2005.

---

1 BVerwG v. 11.11.1970 – IV C 79.68, BauR 1971, 34 = BRS 23 Nr. 88 = DVBl. 1971, 468 = DÖV 1971, 245.
2 BVerwG v. 27.4.1992 – 4 NB 11.92, BauR 1992, 746 = BRS 54 Nr. 76 = DVBl. 1992, 1448 = NVwZ 1992, 1090 = UPR 1992, 344 = ZfBR 1992, 185; BVerwG v. 10.9.1976 – IV C 39.74, BVerwGE 51, 121 = BauR 1977, 31 = BRS 30 Nr. 76 = DVBl. 1977, 36 = DÖV 1977, 290 = NJW 1977, 400.

2352 Die Veränderungssperre ist grundstücks- und nicht personen- oder vorhabenbezogen. Sie unterscheidet sich insofern von der im Einzelfall möglichen Erteilung einer vorhabenbezogenen Ausnahme gemäß § 14 Abs. 2 BauGB (Rdnr. 2337 ff.). Dieser **Grundstücksbezug** der Veränderungssperre gilt auch für darauf anrechenbare Zeiträume, zumal § 17 Abs. 1 Satz 2 BauGB nicht von einem bestimmten Antragsteller oder einem bestimmten Vorhaben spricht. Anrechenbar ist daher auf die Veränderungssperre jede für ein Grundstück erfolgte Zurückstellung unabhängig von der Person des Bauantragstellers und dem konkret beantragten Vorhaben[1].

2353 Anzurechnen ist nicht nur die Zurückstellung eines unmittelbar auf die (vollständige) Errichtung eines Bauvorhabens gerichteten Baugesuchs, also in der Regel eines Bauantrags, sondern auch die Zurückstellung eines **Antrags auf Teilbaugenehmigung** oder einer auf bauplanungsrechtliche Fragen bezogenen **Bauvoranfrage** (vgl. Rdnr. 2330 ff.)[2].

2354 Außer der förmlichen Zurückstellung nach § 15 Abs. 1 BauGB ist auf die individuelle Geltungsdauer der Veränderungssperre ebenfalls der Zeitraum anzurechnen, in dem das Baugesuch unbehandelt „herumliegt", also die normale Bearbeitungszeit überschritten wird, ohne daß eine förmliche Zurückstellung erfolgt ist (sog. **faktische Zurückstellung**)[3]. Als „normal" gilt in Anlehnung an § 75 Abs. 1 VwGO (Möglichkeit zur Erhebung einer Untätigkeitsklage) in der Regel eine Bearbeitungsfrist von drei Monaten nach Antragstellung, sofern die einschlägige Landesbauordnung für die Antragsbearbeitung keine ausdrückliche Frist vorsieht.

2355 Gleichzustellen ist der – unzulässigen – Nichtbearbeitung eines Baugesuchs dessen rechtswidrige Ablehnung[4]. Auch in diesem Fall ist daher für die Berechnung der individuellen Geltungsdauer der Veränderungssperre davon auszugehen, daß in der Regel spätestens nach drei Monaten eine (positive) Entscheidung erfolgt wäre.

---

1 Gronemeyer in Gronemeyer, § 17 Rdnr. 5; Jäde in Jäde/Dirnberger/Weiß, § 17 Rdnr. 7a; a.A. Krautzberger in Battis/Krautzberger/Löhr, § 17 Rdnr. 2; offengelassen VGH Mannheim v. 19.8.1992 – 5 S 1078/92, BRS 54 Nr. 75 = DVBl. 1992, 449 = NVwZ-RR 1993, 402 = UPR 1993, 113 = ZfBR 1993, 91.
2 BVerwG v. 11.11.1970 – IV C 79.68, BauR 1971, 34 = BRS 23 Nr. 88 = DVBl. 1971, 468 = DÖV 1971, 245.
3 BVerwG v. 10.9.1976 – IV C.39.74, BVerwGE 51 Nr. 121 = BauR 1977, 31 = BRS 30 Nr. 76 = NJW 1977, 400 = DVBl. 1977, 36; BVerwG v. 11.11.1970 – IV C 79.68, BauR 1971, 34 = BRS 23 Nr. 88 = DVBl. 1971, 468 = DÖV 1971, 245; VGH Mannheim v. 11.2.1993 – 5 S 2471/92, NVwZ-RR 1994, 74 = UPR 1993, 347 = ZfBR 1993, 253.
4 BVerwG v. 27.7.1990 – 4 B 156.89, BauR 1990, 694 = BRS 50 Nr. 101 = DVBl. 1990, 1122 = DÖV 1991, 123 = NVwZ 1991, 62 = UPR 1991, 29 = ZfBR 1990, 302; BVerwG v. 11.11.1970 – IV C 79.68, BauR 1971, 34 = BRS 23 Nr. 88 = DVBl. 1971, 468 = DÖV 1971, 245.

Die individuelle Berechnung der Geltungsdauer einer Veränderungssperre 2356
hat Konsequenzen für die erste (§ 17 Abs. 1 Satz 3 BauGB, Rdnr. 2366 ff.)
und die zweite Verlängerung (§ 17 Abs. 2 BauGB, Rdnr. 2373 ff.). Denn die
Verlängerung muß jeweils vor Ablauf der individuellen Geltungsdauer in
Kraft getreten sein, da sie ansonsten unwirksam ist. Die Verlängerung muß
sich aus diesem Grunde an der individuellen und nicht an der objektiven
Geltungsdauer der Veränderungssperre ausrichten. Dabei kann es wegen
(förmlicher und faktischer) Zurückstellungen durchaus sein, daß bei Inkrafttreten der Veränderungssperre deren Geltungsdauer von zwei Jahren
bereits durch vorhergehende Anrechnungszeiträume verbraucht ist.

Beispiel: 2357
Eine Veränderungssperre tritt zum 16.11.2003 in Kraft. Ein Baugesuch wurde bereits
am 10.5.2001 eingereicht und durch Nichtbearbeitung oder durch rechtswidrige Ablehnung faktisch zurückgestellt (vgl. Rdnr. 2354). In diesem Fall entfaltet aufgrund
der Anrechnungsregelung des § 17 Abs. 1 Satz 2 BauGB im konkreten Fall die Veränderungssperre keine Wirkung.

Nach der Rechtsprechung ist bei einem derartigen Verbrauch der Verände- 2358
rungssperre allerdings die Verlängerungsmöglichkeit des § 17 Abs. 1 Satz 3
BauGB zugunsten der Gemeinde einzubeziehen. Es ist daher in einem solchen Fall die ohne besondere Zustimmung (§ 17 Abs. 2 BauGB) maximal
mögliche Geltungsdauer der Veränderungssperre von drei Jahren zu Grunde
zu legen[1]. Der Grundsatz, daß ansonsten bei einer Veränderungssperre nicht
bereits die Verlängerung nach § 17 Abs. 1 Satz 3 BauGB mitbeschlossen
werden darf (Rdnr. 2369), gilt hier also nicht.

Richtet sich die Verlängerung der Veränderungssperre nach der (kürzesten) 2359
individuellen Geltung, wird die zulässige Gesamtdauer im übrigen zwangsläufig nicht vollständig ausgeschöpft.

Beispiel:
– Eingang des Bauantrags 4.5.2001
– Frist zur Entscheidung über das Baugesuch (3 Monate, vgl. Rdnr. 2354) bis zum 3.8.2001
– Zurückstellung nach § 15 BauGB 10.8.2001 bis zum 3.8.2002
– Inkrafttreten der Veränderungssperre 1.8.2002
– allgemeine Geltungsdauer der Veränderungssperre (2 Jahre) bis zum 31.7.2004
– individuelle Geltungsdauer der Veränderungssperre (rechnerische Zurückstellung + 2 Jahre) bis zum 2.8.2003
– Verlängerung der Veränderungssperre am 31.7.2003 bis zum 2.8.2004.

---
1 BVerwG v. 27.7.1990 – 4 B 156.89, BauR 1990, 694 = BRS 50 Nr. 101 = DVBl. 1990, 1122 = DÖV 1991, 123 = NVwZ 1991, 62 = UPR 1991, 29 = ZfBR 1990, 302; VGH Mannheim v. 4.2.1999 – 8 S 39/99, BauR 2000, 1159.

2360 Wenn das Bebauungsplanverfahren innerhalb dieses Zeitrahmens noch nicht abgeschlossen ist, bestehen unterschiedliche Möglichkeiten:

2361 Die Gemeinde kann den Geltungsbereich der Veränderungssperre verkleinern, also um das konkrete Grundstück reduzieren, wenn es dort des Einsatzes von Plansicherungsinstrumenten nicht mehr bedarf. Für den verbleibenden Geltungsbereich der Veränderungssperre kann diese erneut gemäß § 17 Abs. 1 Satz 3 BauGB verlängert werden, um dort die volle zulässige Geltungsdauer der ersten Verlängerung auszunutzen.

2362 Es kommt jedoch auch eine Veränderungssperre für den gesamten bisherigen Geltungsbereich in Betracht. Ein solcher Satzungsbeschluß gemäß § 16 Abs. 1 BauGB hat dann allerdings unterschiedliche Inhalte. Er verlängert die allgemein geltende Veränderungssperre gemäß § 17 Abs. 1 Satz 3 BauGB (1. Verlängerung) auf die insgesamt zulässige Dauer von drei Jahren. Gleichzeitig verlängert er die individuelle Geltungsdauer für den Bereich, in dem zuvor bereits eine Zurückstellung erfolgte in das vierte Jahre (2. Verlängerung). Dafür müssen dann allerdings auch die besonderen Anforderungen erfüllt werden, die § 17 Abs. 2 BauGB an die zweite Verlängerung einer Veränderungssperre stellt (dazu Rdnr. 2373 ff.).

2363 Ungeachtet dieser systematisch allein folgerichtigen Betrachtung verwehrt die Rechtsprechung es dem von der vorhergehenden Zurückstellung Betroffenen allerdings, sich auf eine ausgelaufene Veränderungssperre zu berufen, wenn die Gemeinde bei der Verlängerung der Veränderungssperre die individuelle Anrechnungsfrist übersehen und erst vor Ablauf der objektiven Geltungsdauer der Veränderungssperre die Verlängerung nach § 17 Abs. 3 Satz 1 oder Abs. 2 BauGB vorgenommen hat:

2364 „Ergibt sich bei einer für zwei Jahre verhängten Veränderungssperre (§ 17 Abs. 1 Satz 1 BBauG)[1], daß bei einem bestimmten Betroffenen die Sperre infolge Anrechnung (§ 17 Abs. 1 Satz 2 BBauG)[2] nicht wirksam ist, so kann sich dieser Betroffene darauf dennoch berufen, wenn im Hinblick auf sein Grundstück doch immerhin die Voraussetzungen vorliegen, unter denen die Sperre nach § 17 Abs. 1 Satz 3 BBauG[3] verlängert werden dürfte. Entsprechendes gilt für die Heranziehung des § 17 Abs. 2 BBauG[4] und für das dortige Tatbestandsmerkmal der ‚besonderen Umstände'. Eine Einschränkung ist lediglich für die Fälle zu machen, in denen die Gemeinde eine nach ihrer Ansicht nicht mit Entschädigungspflichten verbundene Veränderungssperre erlassen hat und sich über § 17 Abs. 1 Satz 2 BBauG[5] später ergibt, daß die Sperre in einem Einzelfall (zwar wegen der vorliegenden besonderen Umstände gehalten werden könnte, dies aber, weil bereits vier Jahre überschritten sind) zu einer Entschädigungspflicht führt. In Fällen dieser Art hängt die Beantwortung der Frage, mit welcher Auswirkung die Anrechnung zu erfolgen hat, von den Gegebenheiten des

---

1 Jetzt § 17 Abs. 1 Satz 1 BauGB.
2 Jetzt § 17 Abs. 1 Satz 2 BauGB.
3 Jetzt § 17 Abs. 1 Satz 3 BauGB.
4 Jetzt § 17 Abs. 2 BauGB.
5 Jetzt § 17 Abs. 1 Satz 2 BauGB.

Einzelfalles ab. Jedenfalls darf es nicht dahin kommen, daß einer Gemeinde, die in der Alternative zwischen der Freigabe eines Vorhabens und seiner entschädigungspflichtigen Verhinderung der Freigabe den Vorzug gegeben würde, über § 17 Abs. 1 Satz 2 BBauG[1] eine Entschädigungspflicht aufgezwungen wird[2]."

Diese Überlegungen überzeugen allerdings nicht. Denn die Planungssicherungsinstrumente des Baugesetzbuchs greifen immer nur dann, wenn sie tatsächlich in Anspruch genommen werden. Es genügt nicht, wenn dies – theoretisch – möglich wäre. Ist die Veränderungssperre daher – individuell berechnet – für ein bestimmtes Grundstück außer Kraft getreten, kann sie weder verlängert (Rdnr. 2371), noch einem Baugesuch weiterhin entgegengehalten werden. 2365

c) Die erste Verlängerung (§ 17 Abs. 1 Satz 3 BauGB)

Die Gemeinde kann die Geltungsdauer einer Veränderungssperre (zwei Jahre, § 17 Abs. 1 Satz 1 BauGB) um ein Jahr verlängern (§ 17 Abs. 1 Satz 3 BauGB). Diese Verlängerung ist an keine besonderen Voraussetzungen geknüpft. Es gelten also für die Verlängerung dieselben Anforderungen wie für den erstmaligen Erlaß der Veränderungssperre (Rdnr. 2291 ff.)[3]. 2366

Die erste Verlängerung kann „gestückelt" werden. Die Gemeinde darf also zuerst nach § 17 Abs. 1 Satz 3 BauGB eine Verlängerung beispielsweise um acht Monate und danach eine Verlängerung um weitere vier Monate beschließen. Beide Verlängerungen sind von § 17 Abs. 1 Satz 3 BauGB gedeckt und stellen gemeinsam die erste Verlängerung im Rechtssinne dar. 2367

Verlängert werden kann nur eine **rechtmäßige** Veränderungssperre. Ist die ursprüngliche Veränderungssperre unwirksam, kann die Verlängerung nicht in eine erneute Veränderungssperre (§ 17 Abs. 3 BauGB, Rdnr. 2380 ff.) umgedeutet werden[4]. 2368

Ungeachtet der identischen Voraussetzungen ist es nicht zulässig, bereits bei Erlaß der (ersten) Veränderungssperre eine Geltungsdauer von drei Jahren zu beschließen. Dies ergibt sich schon aus dem Wortlaut der Vorschrift, da es sich dann nicht mehr um eine Verlängerung handeln würde. Auch würde der Sinn und Zweck, der Gemeindevertretung den zwischenzeitlichen Zeitablauf vor Augen zu führen und die Frage der Notwendigkeit von Planungssicherungsinstrumenten erneut aufzuwerfen, nicht erreicht. Dies gilt auch dann, wenn die Verlängerung zwar nicht bereits mit der Verände- 2369

---

1 Jetzt § 17 Abs. 1 Satz 2 BauGB.
2 BVerwG v. 10.9.1976 – IV C 39.74, BVerwGE 51, 121 = BauR 1977, 31 = BRS 30 Nr. 76 = DVBl. 1977, 36 = DÖV 1977, 290 = NJW 1977, 400.
3 BVerwG v. 8.1.1993 – 4 B 258.92, BRS 55 Nr. 96.
4 OVG Lüneburg v. 15.10.1999 – 1 M 3614/99, BauR 2000, 73 = DVBl. 2000, 212; OVG Berlin v. 2.12.1988 – 2 A 3/87, BRS 49 Nr. 111 = DÖV 1989, 1047 = NVwZ-RR 1990, 124 = UPR 1989, 313 = ZfBR 1989, 173.

rungssperre selbst beschlossen wurde, dies allerdings gleichwohl bereits „unzeitig" früh erfolgt, d.h. zu einem Zeitpunkt, zu dem die Gemeinde noch nicht sicher absehen kann, ob die Voraussetzungen für die Verlängerungssatzung, namentlich das notwendige Sicherungsbedürfnis, fortbestehen.

2370 **Beispiel:**
Eine Gemeinde beschließt eine Veränderungssperre, die am 28.4.2003 in Kraft tritt. Bereits am 3.5.2004, also nach etwa der Hälfte der gesetzlichen Regelzeit, beschließt sie die erste Verlängerung. Zu diesem Zeitpunkt ist in der Regel nicht mit der gebotenen Eindeutigkeit absehbar, ob das Sicherungsbedürfnis der auslaufenden Veränderungssperre überhaupt noch fortbesteht[1].

2371 Die Verlängerung muß – wie die Veränderungssperre selbst – als **Satzung** beschlossen und bekanntgemacht werden. Dies muß vor Ablauf der Veränderungssperre erfolgen. Ansonsten ist die Verlängerung unwirksam (s. allerdings Rdnr. 2358)[2]. Inhaltlich kann die erste Verlängerung allerdings an das Ende der ursprünglichen Veränderungssperre anknüpfen, um so den Gesamtzeitraum von drei Jahren vollständig auszuschöpfen.

2372 **Beispiel:**
Eine Veränderungssperre läuft am 15.12.2003 aus. Am 4.12. beschließt die Gemeindevertretung die Verlängerung um ein weiteres Jahr, die am 8.12. öffentlich bekanntgemacht wird. Ungeachtet der Bekanntmachung am 8.12.2003 kann in der Satzung selbst geregelt sein, daß die Verlängerung am 16.12.2003 beginnt.

d) Die zweite Verlängerung (§ 17 Abs. 2 BauGB)

2373 Wenn besondere Umstände es erfordern, kann die Gemeinde die Frist nochmals bis zu einem weiteren Jahr verlängern (§ 17 Abs. 2 BauGB). Auch hierfür ist – wie bei der ersten Verlängerung nach § 17 Abs. 1 Satz 3 BauGB – ein gesonderter Satzungsbeschluß notwendig (vgl. Rdnr. 2371).

2374 Die besonderen Umstände, die die nochmalige Verlängerung der Veränderungssperre rechtfertigen, sind als unbestimmter Rechtsbegriff gerichtlich nachprüfbar. Die Gemeinde hat insofern also weder Ermessen noch planerische Gestaltungsfreiheit[3]. Liegen die besonderen Umstände nicht vor, führt dies zur Ungültigkeit der Verlängerung, nicht hingegen zu einem Entschädigungsanspruch nach § 18 BauGB (Rdnr. 2389 ff.).

2375 Die zweite Verlängerung umfaßt nicht regelmäßig ein volles Jahr. Anders als in § 17 Abs. 1 Satz 1 und Satz 3 BauGB ist ausdrücklich davon die Rede, daß die Frist nur „bis zu einem weiteren Jahr" verlängert werden darf. Dies

---

1 OVG Lüneburg v. 15.3.2001 – 1 K 2440/00, NVwZ-RR 2002, 417.
2 OVG Lüneburg v. 12.6.1967 – IV A 41/66, DÖV 1968, 328.
3 BVerwG v. 10.9.1976 – IV C 39.74, BVerwGE 51, 121 = BauR 1977, 31 = BRS 30 Nr. 76 = DVBl. 1977, 36 = DÖV 1977, 290 = NJW 1977, 400.

bedeutet, daß anders als bei der ursprünglichen Veränderungssperre und der ersten Verlängerung in der Satzung zur zweiten Verlängerung die **konkret beschlossene Frist** ausdrücklich angegeben oder durch Auslegung eindeutig ermittelbar sein muß. Ansonsten ist die Verlängerungssatzung unwirksam (vgl. zur Angabe der Frist bei der Zurückstellung nach § 15 Abs. 1 BauGB Rdnr. 2415).

Besondere Umstände, die eine zweite Verlängerung der Veränderungssperre rechtfertigen, setzen voraus, daß das Planverfahren hinsichtlich des Umfangs, des Schwierigkeitsgrades oder des Verfahrensverlaufs von einer Ungewöhnlichkeit gekennzeichnet ist, die sich von dem allgemeinen Rahmen der üblichen städtebaulichen Planungstätigkeit **wesentlich** abhebt. Diese „Ungewöhnlichkeit des Falls" muß für die Verzögerung bei der Aufstellung des Bebauungsplans ursächlich sein. Die Gemeinde darf die verzögerungsverursachende Ungewöhnlichkeit nicht zu vertreten haben[1]. 2376

Die Anforderungen sind also tendenziell eher streng. Als besondere Umstände kommen insbesondere folgende Gründe in Betracht: 2377

- Aufstellung mehrerer Bebauungspläne zur Umsetzung einer Gesamtplanung, ggf. verbunden mit der Notwendigkeit einer Flächennutzungsplanänderung[2];
- Eingang unerwartet vieler Stellungnahmen aus der Öffentlichkeit sowie von Behörden und sonstigen Trägern öffentlicher Belange und die daraus resultierende Notwendigkeit einer wiederholten Öffentlichkeits- und Behördenbeteiligung;
- umfangreiche und kostenintensive Untersuchungen z.B. im Hinblick auf Altlasten oder zentren- sowie gemeindenachbarliche Auswirkungen eines geplanten Einzelhandelsvorhabens;
- unvorhergesehener Personalwechsel bei der Gemeinde.

Nicht ausreichend ist hingegen 2378

- ein Fehlverhalten der Gemeinde durch Überforderung der – nicht hinreichend qualifizierten – Dienstkräfte der Verwaltung oder die schlichte Verschleppung des Verfahrens aufgrund mangelnder Entscheidungskraft der Gemeindevertretung[3];

---

1 BVerwG v. 10.9.1976 – IV C 39.74, BVerwGE 51, 121 = BauR 1977, 31 = BRS 30 Nr. 76 = DVBl. 1977, 36 = DÖV 1977, 290 = NJW 1977, 400; OVG Münster v. 2.3.2001 – 7a 2983/98, BauR 2001, 1388; OVG Bremen v. 14.3.1989 – 1 BA 39/88, BRS 49 Nr. 112.
2 Vgl. OVG Berlin v. 13.7.1984 – 2 A 4/81, BRS 42 Nr. 101 = DÖV 1985, 249 = ZfBR 1984, 303.
3 OVG Lüneburg v. 5.12.2001 – 1 K 2682/98, BauR 2002, 594.

- ein zu umfangreicher Zuschnitt des Plangebiets, obgleich eine abschnittsweise Planung möglich gewesen wäre;
- zögerliche oder verspätete Stellungnahmen von Behörden und sonstigen Trägern öffentlicher Belange, da § 4 Abs. 2 i.V.m. § 4a Abs. 6 BauGB dafür hinreichende Reaktionsmöglichkeiten der Gemeinde vorsieht (Rdnr. 508 ff.).

2379 Die Notwendigkeit, daß besondere Umstände für die zweite Verlängerung einer Veränderungssperre vorliegen müssen, hat viel stärker noch als bei der ersten Verlängerung gemäß § 17 Abs. 1 Satz 3 BauGB (Rdnr. 2369) zur Folge, daß der Satzungsbeschluß nicht „unzeitig" früh, also zu einem Zeitpunkt, zu dem die Prüfung der besonderen Umstände und des fortbestehenden Sicherungsbedürfnisses noch gar nicht möglich ist, erfolgen darf[1].

e) Die erneute Veränderungssperre

2380 Die Gemeinde kann gemäß § 17 Abs. 3 BauGB eine außer Kraft getretene Veränderungssperre ganz oder teilweise erneut beschließen, wenn die Voraussetzungen für ihren Erlaß fortbestehen. Diese Regelung trägt dem Umstand Rechnung, daß eine weitere (dritte Verlängerung) der Veränderungssperre nicht möglich ist. Eine Veränderungssperre ist also unter Einbeziehung der zulässigen ersten und zweiten Verlängerung auf **maximal vier Jahre** beschränkt.

2381 Möglich ist der Erlaß einer erneuten Veränderungssperre bereits vor Ausschöpfung der Verlängerungsmöglichkeiten nach § 17 Abs. 1 Satz 3 und Abs. 2 BauGB (Rdnr. 2366 ff.), d.h. die gesetzlichen Verlängerungsmöglichkeiten sind nicht gegenüber dem Erlaß einer erneuten Veränderungssperre vorrangig[2].

2382 Nach dem Wortlaut des § 17 Abs. 3 BauGB müssen für die erneute Veränderungssperre die gleichen Voraussetzungen vorliegen, die bei Erlaß der erstmaligen Veränderungssperre nach § 17 Abs. 1 Satz 1 BauGB einzuhalten sind. Es wäre allerdings nicht verständlich, wenn die erneute Veränderungssperre mit den geringen (vgl. Rdnr. 2291 ff.) Anforderungen des § 17 Abs. 1 Satz 1 BauGB beschlossen werden dürfte, während die Verlängerungsmöglichkeit nach § 17 Abs. 2 BauGB an deutlich höhere Anforderungen geknüpft ist. Aus diesem Grunde ist § 17 Abs. 3 BauGB im Lichte der Anforderungen auszulegen, die an eine Verlängerung der Veränderungssperre gestellt werden. Dies bedeutet, daß bei einer erneuten Veränderungssperre nach Ausnutzung der Verlängerungsmöglichkeiten nochmals **gesteigerte Gründe im Sinne von § 17 Abs. 2 BauGB** vorliegen müssen (vgl. Rdnr.

---

1 OVG Lüneburg v. 15.3.2001 – 1 K 2440/00, NVwZ-RR 2002, 417.
2 BVerwG v. 10.9.1976 – IV C 39.74, BVerwGE 51 Nr. 121 = BauR 1977, 31 = BRS 30 Nr. 76 = DVBl. 1977, 36 = DÖV 1977, 290 = NJW 1977, 400.

2376)[1]. Tritt hingegen die erneute Veränderungssperre nach § 17 Abs. 3 BauGB an die Stelle der ersten Verlängerung (§ 17 Abs. 1 Satz 3 BauGB), müssen – allerdings beschränkt auf den zulässigen Verlängerungszeitraum von einem Jahr – keine besonderen Anforderungen erfüllt sein (vgl. Rdnr. 2366). Ersetzt die erneute Veränderungssperre die zweite Verlängerung, müssen die dafür maßgeblichen besonderen Gründe nach § 17 Abs. 2 BauGB vorliegen[2].

Für die **zulässige Dauer** der erneuten Veränderungssperre ist mangels anderweitiger Regelung auf § 17 Abs. 1 BauGB zurückzugreifen. Sie gilt also für zwei Jahre, wenn in der Satzung nichts anderes geregelt ist. Für eine besondere Regelung in zeitlicher Hinsicht wird jedoch zumindest dann, wenn sich die erneute Veränderungssperre an die vorhergehenden Verlängerungen nach § 17 Abs. 1 Satz 3 und Abs. 2 BauGB anschließt, zumeist Veranlassung bestehen. Es ist also ohne ganz besondere Gründe nicht gerechtfertigt, an zwei Verlängerungen von jeweils einem Jahr eine erneute Veränderungssperre mit der vollen Geltungsdauer von zwei Jahren anzuhängen. 2383

Nicht anzurechnen ist auf die objektive Geltungsdauer einer erneuten Veränderungssperre eine faktische Zurückstellung, die zwischen dem Ablauf der ursprünglichen und dem Erlaß der erneuten Veränderungssperre entstehen kann. Dies ist wie bei der ursprünglichen Veränderungssperre vielmehr eine Frage der subjektiven Berechnung nach § 17 Abs. 1 Satz 2 BauGB (s. Rdnr. 2350 ff.)[3]. 2384

f) Die neue Veränderungssperre

Von der erneuten Veränderungssperre gemäß § 17 Abs. 3 BauGB zu unterscheiden ist eine neue Veränderungssperre, die auf der Grundlage einer vollständig neuen Planungskonzeption und eines neuen Aufstellungsbeschlusses ohne sachlichen Zusammenhang mit der früheren Planung erlassen werden kann. In diesem Fall handelt es sich um eine andere, also weder um eine verlängerte (§ 17 Abs. 1 Satz 3 und Abs. 2 BauGB), noch um eine erneute Veränderungssperre (§ 17 Abs. 3 BauGB). Sie ist auch für denselben räumlichen Bereich – ohne Anrechnung des früheren Zeitraums – zulässig. In diesem Fall gelten daher die Regelungen der erstmaligen Veränderungssperre[4]. 2385

---

1 BVerwG v. 10.9.1976 – IV C 39.74, BVerwGE 51 Nr. 121 = BauR 1977, 31 = BRS 30 Nr. 76 = DVBl. 1977, 36 = DÖV 1977, 290 = NJW 1977, 400.
2 OVG Lüneburg v. 5.12.2001 – 1 K 2682/98, BauR 2002, 594; VGH Mannheim v. 17.1.1994 – 8 S 1853/93, BauR 1994, 344 = BRS 56 Nr. 89 = NVwZ-RR 1995, 135 = UPR 1994, 320.
3 BVerwG v. 30.10.1992 – 4 NB 44.92, DVBl. 1993, 115 = DÖV 1993, 260 = NVwZ 1993, 474 = UPR 1993, 79 = ZfBR 1993, 93.
4 OVG Saarlouis v. 11.1.1980 – II N 2/79, BauR 1981, 251 = BRS 36 Nr. 109.

g) Das Außerkrafttreten und die Aufhebung der Veränderungssperre

2386 Nach Ablauf von zwei Jahren tritt die Veränderungssperre gemäß § 17 Abs. 1 Satz 1 BauGB **ohne besonderen Rechtsakt** außer Kraft, sofern nicht eine Verlängerung erfolgt ist. In diesem Fall tritt die Veränderungssperre mit Ablauf der (ersten oder zweiten) Verlängerung ohne besondere Maßnahmen oder Entscheidungen der Gemeinde außer Kraft.

2387 Ebenfalls ohne besondere Entscheidung der Gemeinde tritt eine Veränderungssperre außer Kraft, sobald und soweit die **Bauleitplanung rechtsverbindlich abgeschlossen** ist (§ 17 Abs. 5 BauGB). Beschränkt sich der Abschluß des Bebauungsplanverfahrens nur auf einen Teil des Geltungsbereichs der Veränderungssperre, tritt sie auch nur insoweit außer Kraft. Im übrigen bleibt die Veränderungssperre dann verbindlich. Gemeint ist mit dem rechtsverbindlichen Abschluß der Bauleitplanung die Beendigung des formellen Satzungsverfahrens durch die erforderliche öffentliche Bekanntmachung des Plans (§ 10 Abs. 3 BauGB). Unerheblich ist es für das Außerkrafttreten der Veränderungssperre nach § 17 Abs. 5 BauGB, ob der Bebauungsplan materiell wirksam ist oder nicht. Denn die Planungssicherungsinstrumente sollen lediglich das Satzungsverfahren der Gemeinde so lange sichern, wie die Gemeinde tatsächlich plant. Nicht hingegen soll das Risiko der materiellen Rechtmäßigkeit nach Abschluß der Planung beseitigt werden[1].

2388 Wenn die Voraussetzungen der (erstmaligen, verlängerten oder erneuten) Veränderungssperre weggefallen sind, muß die Gemeinde sie gemäß § 17 Abs. 4 BauGB aufheben. Dies kommt vor allem dann in Betracht, wenn die Gemeinde ihre Planungsabsichten ganz oder jedenfalls für Teilbereiche des ursprünglichen Planungsgebiets aufgibt. Der Gesetzeswortlaut macht dabei deutlich, daß anders als in den zuvor behandelten Fällen (Rdnr. 2386 f.) die Veränderungssperre nicht „automatisch" außer Kraft tritt[2]. Es bedarf vielmehr einer **Aufhebungssatzung** und deren ortsüblicher Bekanntmachung (§ 16 BauGB, Rdnr. 2311 ff.). Erfolgen die dafür notwendigen Schritte nicht, wird man einem Bauvorhaben oder einer Veränderung des Grundstücks gleichwohl die Veränderungssperre nicht entgegenhalten können, da in diesem Fall regelmäßig keine überwiegenden öffentlichen Belange im Sinne von § 14 Abs. 2 BauGB entgegenstehen und das Ermessen zugunsten des Antragstellers auf Null reduziert ist. Es muß daher eine Ausnahme gemäß § 14 Abs. 2 BauGB erteilt werden. Demgegenüber führt die Möglichkeit eines Normenkontrollverfahrens nach § 47 Abs. 1 Nr. 1 VwGO (Rdnr. 2317) in diesem Fall nicht weiter, da dort lediglich die Wirksamkeit der Satzung geklärt werden kann, nicht hingegen die davon zu unterscheidende

---

1 BVerwG v. 28.2.1990 – 4 B 174.89, BauR 1990, 334 = BRS 50 Nr. 99 = DÖV 1991, 122 = NVwZ 1990, 656 = UPR 1990, 336 = ZfBR 1990, 158.
2 Anders allerdings VGH München v. 24.7.1990 – 1 N 89/2827, BauR 1991, 60 = BRS 50 Nr. 100.

Frage, ob die Gemeinde aufgrund bestimmter gesetzlicher Vorschriften verpflichtet ist, die Satzung aufzuheben[1]. Allenfalls kommt die Geltendmachung eines Anspruchs auf Erlaß einer Aufhebungssatzung (Normerlaßklage bzw. Normaufhebungsklage) in Form einer allgemeinen Leistungsklage in Betracht. Jedoch dürfte dafür regelmäßig das Sachbescheidungsinteresse fehlen, da der Anspruch auf Genehmigung der konkreten Maßnahme unter Erteilung einer Ausnahme nach § 14 Abs. 2 BauGB insofern vorrangig ist.

8. Die Entschädigung bei Veränderungssperren

Eine Entschädigung ist den Betroffenen für die durch die Veränderungssperre entstandenen Vermögensnachteile zu gewähren, wenn die Veränderungssperre **länger als vier Jahre** über den Zeitpunkt ihres Beginns oder der ersten Zurückstellung eines Baugesuchs nach § 15 Abs. 1 BauGB hinaus andauert (§ 18 Abs. 1 Satz 1 BauGB). Die Entschädigungspflicht besteht für die durch den Eigentümer zu duldenden Verbote im Sinne von § 14 Abs. 1 BauGB (Rdnr. 2319 ff.) nach Ablauf dieser vier Jahre bis zum Außerkrafttreten der Veränderungssperre. Eine Entschädigung für die vorangegangenen ersten vier Jahre wird hingegen nicht gewährt[2]. Voraussetzung für die entschädigungslose Hinnahme der Verbote gemäß § 14 Abs. 1 BauGB in den ersten vier Jahren ist allerdings stets, daß die Veränderungssperre oder die Zurückstellung während der gesamten Zeit rechtmäßig waren. Ist dies nicht der Fall oder liegt eine (unzulässige) faktische Bausperre vor, kann bereits für diesen Zeitraum ein Entschädigungsanspruch aus enteignungsgleichen Eingriffen bestehen[3].

2389

Beispiel:
Die von der Gemeinde beschlossene zweijährige Veränderungssperre dauerte bis zum 4.1.2002. Der ersten Verlängerung (§ 17 Abs. 1 Satz 3 BauGB) bis zum 4.1.2003 folgte eine zweite Verlängerung (§ 17 Abs. 2 BauGB) bis zum 4.1.2004. Mit Wirkung vom 5.1.2004 trat eine erneute zweijährige Veränderungssperre (§ 17 Abs. 3 BauGB) in Kraft. Mit diesem Tag beginnt auch für die Gemeinde die Verpflichtung, den von der Veränderungssperre Betroffenen eine Entschädigung zu gewähren.

2390

Die erste Veränderungssperre, ihre Verlängerungen und auch eine erneute Veränderungssperre bilden für die Fristberechnung nach § 18 Abs. 1 BauGB selbst dann eine Einheit, wenn ein **verbotsfreier Zeitraum** dazwischen liegen sollte.

2391

---

1 So zu Recht Jäde in Jäde/Dirnberger/Weiß, § 17 Rdnr. 3 f.; a.A. etwa Krautzberger in Battis/Krautzberger/Löhr, § 17 Rdnr. 9; Bielenberg/Stock in Ernst/Zinkhahn/Bielenberg/Krautzberger, § 17 Rdnr. 17.
2 BGH v. 14.12.1978 – III ZR 77/76, BGHZ 73, 161 = BauR 1979, 127 = BRS 34 Nr. 105 = DVBl. 1980, 164 = NJW 1979, 653.
3 Zu den Einzelheiten Hager/Kirchberg, Haftungsfragen bei Veränderungssperre, Zurückstellung und faktischer Bausperre, NVwZ 2002, 538(540 ff.).

2392 **Beispiel:**
Die von der Gemeinde beschlossene zweijährige Veränderungssperre dauerte bis zum 4.1.2002. Der ersten Verlängerung bis zum 4.1.2003 folgte eine zweite Verlängerung bis zum 4.1.2004. Eine erneute Veränderungssperre nach § 17 Abs. 3 BauGB trat erst zum 10.5.2005 in Kraft. Die Entschädigungspflicht richtet sich gleichwohl nach der ersten Sicherungsmaßnahme und beginnt daher mit dem 5.1.2005.

2393 Demgegenüber beginnt die Jahresfrist von neuem, wenn nach Außerkrafttreten der Veränderungssperre später wegen anderer Planungsabsichten – möglicherweise auch mit verändertem Planbereich – nochmals eine Sicherungsmaßnahme beschlossen wird (vgl. Rdnr. 2385).

2394 **Beispiel:**
Die von der Gemeinde beschlossene zweijährige Veränderungssperre vom 4.1.1997 wird gemäß § 17 Abs. 4 BauGB bereits nach 18 Monaten wieder außer Kraft gesetzt, weil aufgrund der Erkenntnisse aus dem Bebauungsplanverfahren absehbar war, daß die geringe Bautätigkeit die Ausweisung des Baugebiets nicht rechtfertigt. Im Jahr 2000 gelang es der Gemeinde, einen größeren Industriebetrieb zur Ansiedlung zu bewegen. Sie beschloß daraufhin, in dem Bereich, in dem sie das Bebauungsplanverfahren zuvor einstellte, ein für die Ansiedlung des Betriebs geeignetes Baugebiet auszuweisen und erließ am 15.6.2000 eine neue Veränderungssperre, die inhaltlich mit der früheren Satzung übereinstimmt. Hier beginnt gleichwohl die Entschädigungspflicht nach § 18 Abs. 1 BauGB erst nach dem 15.6.2004.

2395 Wenn einer Veränderungssperre die Zurückstellung eines Baugesuchs nach § 15 Abs. 1 BauGB vorangegangen ist, errechnen sich die vier Jahre bis zum Beginn der Entschädigungspflicht vom Tag der Zustellung des Zurückstellungsbescheides an (§ 18 Abs. 1 i.V.m. § 17 Abs. 1 Satz 2 BauGB).

2396 **Beispiel:**
Ein Grundstückseigentümer stellte am 15.4.2001 den Antrag auf Genehmigung eines Wohnhauses. Die Gemeinde, die zu dem Antrag gehört wurde, beantragte daraufhin, die Entscheidung über das Baugesuch für die Dauer eines Jahres auszusetzen, weil in dem betreffenden Bereich derzeit ein Bebauungsplanverfahren durchgeführt werde. Die Baugenehmigungsbehörde stellte daraufhin am 30.4.2001 den Bauantrag mittels eines entsprechenden Bescheides an den Grundstückseigentümer zurück. Am 31.7.2001 erließ die Gemeinde eine zweijährige Veränderungssperre. Diese endet für den Eigentümer wegen der anrechenbaren vorhergehenden Zurückstellung (vgl. Rdnr. 2350) bereits am 30.4.2003. Bei zwei nachfolgenden Verlängerungen und einer erneuten Veränderungssperre würde sich daher ab dem 1.5.2005 eine Entschädigungspflicht ergeben.

2397 Ebenso wie die (zulässige) Zurückstellung von Baugesuchen oder die Verhinderung einer Bebauung durch eine rechtmäßige Veränderungssperre ist auch das (unzulässige) **Verzögern in der Bearbeitung** eines Bauantrags sowie eine rechtswidrige Ablehnung des Antrags auf die 4-Jahres-Frist grundsätzlich anzurechnen (Rdnr. 2354 ff.). Erforderlich ist es dabei allerdings immer, daß sich an die Verzögerung in der Bearbeitung, die rechtswidrige Ablehnung des Bauantrags oder auch einen verbotsfreien Zwischenzeitraum (Rdnr. 2391) eine rechtmäßige Veränderungssperre anschließt. Ohne eine solche ist der Entschädigungstatbestand des § 18 Abs. 1 BauGB nicht eröffnet. In einem dortigen Fall kommen allerdings Entschädigungsansprüche wegen enteignungsgleichen Eingriffs oder auch Amtshaftungsansprüche gemäß § 839 BGB i.V.m. Art. 34 GG in Betracht[1].

§ 18 BauGB markiert lediglich die **äußerste Grenze**, bis zu der Verbote im Sinne von § 14 Abs. 1 BauGB bei einer rechtmäßigen Veränderungssperre entschädigungslos hingenommen werden müssen. Die Regelung schließt daher nicht aus, daß eine Nutzungssperre schon vorher zu einem Entschädigungsanspruch führt, sofern diese rechtswidrig ist und daher nicht den Charakter eines entschädigungslos zu duldenden rechtmäßigen Eingriffs in das Grundeigentum hat[2]. 2398

Beispiel: 2399
Ein Grundstückseigentümer stellte am 5.7.2002 einen Antrag auf Genehmigung eines Wohnhauses, das nach § 30 Abs. 1 BauGB zulässig ist. Die Gemeinde möchte dieses Vorhaben verhindern, weil sie den Bebauungsplan ändern und in dem maßgeblichen Bereich eine Grünfläche anlegen will. Ein Aufstellungsbeschluß ist jedoch noch nicht gefaßt. Um Zeit zu gewinnen, wird der Antrag von der Gemeinde, die gleichzeitig Baugenehmigungsbehörde ist, zunächst nicht weiter bearbeitet und schließlich am 5.10.2003 trotz Kenntnis der Rechtswidrigkeit dieser Entscheidung abgelehnt. Erst durch den Widerspruchsbescheid vom 5.1.2004 wird die Gemeinde verpflichtet den Bauschein zu erteilen und kommt dem am 20.1.2004 nach. Die Entschädigungspflicht aus enteignungsgleichem Eingriff und die Schadensberechnung für den Amtshaftungsanspruch beginnen hier, weil (regelmäßig) von einer Genehmigungsfähigkeit binnen drei Monaten ausgegangen werden kann (vgl. Rdnr. 2354), nach Ablauf dieser Zeitspanne, also am 6.10.2002.

Allerdings muß bei rechtswidrigen Beschränkungen der Grundstücksnutzung der Betroffene die ihm zumutbaren Rechtsschutzmöglichkeiten ausnutzen, um Schäden auszuschließen oder jedenfalls zu mindern. Ansonsten besteht wegen des Rechtsgedankens des § 254 BGB (mitwirkendes Verschulden) kein Entschädigungsanspruch. 2400

Fortsetzung des Beispiels unter Rdnr. 2399: 2401
Der Bauherr legt keinen Widerspruch gegen die rechtswidrige Versagung der Baugenehmigung ein und macht statt dessen nur einen Entschädigungsanspruch geltend. Der Anspruch greift allerdings nicht durch, wenn der Betroffene nicht versucht hat, durch die ihm zumutbare Inanspruchnahme des Verwaltungsrechtsschutzes die ein-

---

1 Hager/Kirchberg, Haftungsfragen bei Veränderungssperre, Zurückstellung und faktischer Bausperre, NVwZ 2002, 538 (539).
2 S. dazu etwa BGH v. 3.7.1997 – III ZR 205/96, NJW 1997, 3432; BGH v. 23.1.1997 – III ZR 234/95, BRS 59 Nr. 103 = NJW 1997, 1229; BGH v. 11.6.1992 – III ZR 210/90, NVwZ 1992, 1119; Hager/Kirchberg, Haftungsfragenn bei Veränderungssperre, Zurückstellung und faktischer Bausperre, NVwZ 2002, 538/540 ff.; Battis in Battis/Krautzberger/Löhr, § 18 Rdnr. 3 mit ausführlichen Nachweisen zum Stand des rechtswissenschaftlichen Schrifttums.

2402 Die dem Betroffenen bei einer mehr als vier Jahre andauernden Veränderungssperre zu gewährende Entschädigung für entstandene Vermögensnachteile ist **in Geld** zu leisten und muß angemessen sein (§ 18 Abs. 1 Satz 1 BauGB). Maßgeblich ist der Unterschied zwischen dem Wert, den das Grundstück hätte, wenn es sofort bebaubar gewesen wäre, und dem Wert, den es hat, weil es durch die Sperre vorübergehend nicht bebaut werden kann. Aufgrund des Charakters als Enteignungsentschädigung (§ 18 Abs. 1 Satz 2 BauGB) wird lediglich ein **Ausgleich für den Substanzverlust** gewährt, nicht hingegen Schadensersatz, der insbesondere auch den entgangenen Gewinn einschließen würde. Die Entschädigung wird regelmäßig durch eine angemessene Verzinsung des bei endgültiger Teilenteignung für die entzogene Substanz geschuldeten Kapitals berechnet ("Bodenrente"), bei aufgrund der Veränderungssperre gänzlich nicht nutzbaren Grundstücken in der Regel also durch Verzinsung des gesamten Bodenwertes für die über vier Jahre hinausgehende Verhinderung der Bebaubarkeit[1].

2403 Die Pflicht, die Entschädigung zu leisten, obliegt der Gemeinde (§ 18 Abs. 2 Satz 1 BauGB). Kommt eine Einigung über deren Höhe nicht zustande, entscheidet die höhere Verwaltungsbehörde (§ 18 Abs. 2 Satz 4 BauGB). Deren Entscheidung ist nach § 217 Abs. 1 BauGB durch **Antrag auf gerichtliche Entscheidung** bei den Baulandgerichten anfechtbar.

II. Die Zurückstellung von Baugesuchen, vorläufige Untersagung (§ 15 Abs. 1 BauGB)

1. Zurückstellung

2404 Die Baugenehmigungsbehörde hat im Einzelfall auf Antrag der Gemeinde die Entscheidung über die Zulässigkeit von Vorhaben für einen Zeitraum von bis zu 12 Monaten auszusetzen, wenn zu befürchten ist, daß die Durchführung der Planung durch das Vorhaben unmöglich gemacht oder wesentlich erschwert werden würde. Desweiteren ist es erforderlich, daß eine Veränderungssperre nach § 14 BauGB (noch) nicht beschlossen wurde und in Kraft getreten ist, obwohl die Voraussetzungen dafür gegeben sind (§ 15 Abs. 1 Satz 1 BauGB).

---

1 Zu den Einzelheiten s. etwa BGH v. 15.12.1988 – III ZR 110/87, BauR 1989, 458 = BRS 49 Nr. 116 = DVBl. 1989, 113 = NJW 1989, 2117; Hager/Kirchberg, Haftungsfragen bei Veränderungssperre, Zurückstellung und faktischer Bausperre, NVwZ 2002, 538/539 f.; Aust/Jacobs/Pasternak, Die Enteignungsentschädigung, 5. Auflage 2002, Rdnr. 359; Gelzer/Busse, Der Umfang des Entschädigungsanspruchs aus Enteignung und enteignungsgleichen Eingriffen, 2. Auflage 1980, Rdnr. 568; Battis in Battis/Krautzberger/Löhr, § 18 Rdnr. 9.

Möglich ist die Zurückstellung von Vorhaben im Sinne von § 29 BauGB (Rdnr. 1103 ff.)[1]. Für die Zurückstellung kommen neben **Bauanträgen** auch Anträge auf **Teilbaugenehmigungen** sowie Anträge auf den Erlaß eines **Bauvorbescheides** (Bauvoranfrage) in Betracht (vgl. in diesem Zusammenhang zur Veränderungssperre Rdnr. 2330 f.)[2]. 2405

Im Unterschied zu einer Veränderungssperre führt die Zurückstellung nicht dazu, daß ein Vorhaben unzulässig ist und daher ein gestellter Bauantrag abschlägig beschieden werden muß. Vielmehr wird das Verfahren lediglich für die Dauer der Zurückstellung, die damit für die planende Gemeinde begünstigend und für den Antragsteller belastend wirkt, (Rdnr. 2415) **ausgesetzt**. Dies erfolgt durch den Erlaß eines entsprechenden Verwaltungsaktes der Baugenehmigungsbehörde an den Antragsteller. Gegen die Zurückstellung sind Widerspruch und **Anfechtungsklage** zulässig, die aufschiebende Wirkung entfalten (§ 80 Abs. 1 VwGO). Gegen die Anordnung der sofortigen Vollziehung ist ein **Eilantrag nach § 80 Abs. 5 VwGO** möglich[3]. Wenn die Zurückstellung gegenüber dem Antragsteller nicht sofort vollziehbar ist, ist die Genehmigungsbehörde schon zur Vermeidung von Amtshaftungsansprüchen gehalten, die Bearbeitung des Bauantrags fortzusetzen[4]. Nach anderer Auffassung fehlt es dem Bauherrn bei einem genehmigungsbedürftigen Vorhaben regelmäßig an dem erforderlichen Rechtsschutzinteresse für eine isolierte Anfechtungsklage gegen die Zurückstellung, da er damit sein eigentliches Ziel, die Genehmigung des Vorhabens zu erhalten, nicht erreichen könne[5]. Nach dieser Auffassung ist es neben der Anfechtung des Zurückstellungsbescheides erforderlich, Verpflichtungsklage auf Erteilung der Baugenehmigung zu erheben. 2406

Sinn und Zweck der Zurückstellung liegen insbesondere darin, die Zeit **bis zum Erlaß einer Veränderungssperre** zu überbrücken. Bestehen nur sehr wenige Bauwünsche innerhalb eines Plangebiets, kann die Zurückstellung den Erlaß einer Veränderungssperre auch vollständig entbehrlich machen. Insbesondere gilt dies dann, wenn das Bebauungsplanverfahren bereits kurz vor dem Abschluß steht, ohne daß es bis dahin des Einsatzes von Planungssicherungsinstrumenten bedurfte. Möglich ist es auch, die Entscheidung über die 2407

---

1 VGH Mannheim v. 24.6.1985 – 3 S 937/85, BRS 44 Nr. 95.
2 BVerwG v. 11.11.1970 – IV C 79.68, BauR 1971, 34 = BRS 23 Nr. 88 = DVBl. 1971, 468 = DÖV 1971, 245; VGH Mannheim v. 11.2.1993 – 5 S 2471/92, NVwZ-RR 1994, 74 = UPR 1993, 347 = ZfBR 1993, 253.
3 OVG Koblenz v. 23.5.2002 – 8 B 10633/02, BauR 2002, 1376 = NVwZ-RR 2002, 708; OVG Münster v. 26.1.2000 – 7 B 2023/99, BauR 2000, 1021 = NVwZ-RR 2001, 17; OVG Berlin v. 21.11.1994 – S 28/94, BRS 56 Nr. 90 = DÖV 1995, 292 = NVwZ 1995, 399 = UPR 1995, 459; Rieger, Rechtsschutz gegen die Zurückstellung von Baugesuchen, BauR 2003, 1512 ff.
4 BGH v. 26.7.2001 – III ZR 206/00, BauR 2001, 1887 = NVwZ 2002, 123 = ZfBR 2001, 557.
5 So etwa VGH Mannheim v. 9.8.2002 – 3 S 1517/02, NVwZ-RR 2003, 333 m.w.N. zum Meinungsstand.

Zulässigkeit von Vorhaben in der Zeit auszusetzen, die zwischen dem Außerkrafttreten einer Veränderungssperre und dem Inkrafttreten einer erneuten (Rdnr. 2380 ff.) oder einer neuen Veränderungssperre (Rdnr. 2385) liegt[1].

2408 Eine Aussetzung der Entscheidung über die Zulässigkeit von Vorhaben kommt schon vom Gesetzeswortlaut her nur so lange in Betracht, wie die Sachentscheidung der Bauaufsichtsbehörde noch nicht getroffen ist. Danach scheidet eine Zurückstellung aus, und zwar unabhängig davon, ob dem Bauantrag stattgegeben wurde oder nicht. Eine Zurückstellung ist dann erst wieder nach Rücknahme oder Widerruf des Genehmigungsbescheides (§§ 48, 49 VwVfG) möglich, was selbstverständlich voraussetzt, daß die betreffenden tatbestandlichen Voraussetzungen erfüllt sind und das Ermessen ordnungsgemäß ausgeübt wurde[2].

2409 In formeller Hinsicht setzt § 15 Abs. 1 Satz 1 BauGB einen **Antrag der Gemeinde** voraus. Die interne Zuständigkeit für die Antragstellung richtet sich nach dem Kommunalrecht des jeweiligen Landes. Eine besondere Form ist nicht vorgeschrieben, wenngleich sich in der Regel schon zu Beweiszwecken die Schriftform empfiehlt. Auch besondere **zeitliche Vorgaben** bestehen nicht. Allerdings ist zu beachten, daß die Zurückstellung und damit auch ein entsprechender Antrag nur vor Erlaß der Sachentscheidung der Bauaufsichtsbehörde in Betracht kommt (s. bereits Rdnr. 2408). Keine Schlußfolgerungen hinsichtlich der zeitlichen Vorgaben können dabei aus § 36 Abs. 2 Satz 2 BauGB (Rdnr. 1772) gezogen werden, da das gemeindliche Einvernehmen und die Zurückstellung gänzlich unterschiedliche Funktionen haben. Während sich das gemeindliche Einvernehmen auf die Frage bezieht, ob das Vorhaben dem geltenden Planungsrecht entspricht, soll die Zurückstellung die erst noch in Aufstellung befindliche zukünftige Planung sichern[3]. **Inhaltlich** muß sich aus dem Antrag der Gemeinde ergeben, daß eine Zurückstellung des Baugesuchs gewünscht wird und für welchem Zeitraum die Zurückstellung erfolgen soll. Die materiellen Voraussetzungen für die Zurückstellung müssen dargelegt werden.

2410 Das Antragserfordernis ist – insofern ähnlich dem gemeindlichen Einvernehmen nach § 36 BauGB – auf den Fall zugeschnitten, daß Gemeinde und Baugenehmigungsbehörde nicht identisch sind. Ist dies der Fall, bedarf es eines Antrags nicht (vgl. Rdnr. 1776). Die Genehmigungsbehörde entscheidet in diesem Fall selbst über die Zurückstellung. Sie ist auch in diesem Fall uneingeschränkt an die materiellrechtlichen Maßstäbe des § 15 Abs. 1 Satz 1 BauGB gebunden.

---

1 VGH Mannheim v. 18.5.1990 – 8 S 909/89, BRS 50 Nr. 102 = UPR 1991, 160; OVG Bremen v. 4.3.1971 – I BA 2/71, BauR 1971, 92 = BRS 24 Nr. 82.
2 OVG Lüneburg v. 30.9.1992 – 6 L 3200/91, BauR 1993, 63 = BRS 54 Nr. 78 = DVBl. 1993, 674 = UPR 1993, 114 = ZfBR 1993, 44.
3 So zutreffend Jäde in Jäde/Dirnberger/Weiß, § 15 Rdnr. 5; a.A. offensichtlich Gronemeyer in Gronemeyer, § 15 Rdnr. 5.

Die **materiellen Anforderungen** an eine Zurückstellung decken sich mit denjenigen einer Veränderungssperre. Die Voraussetzungen für deren Erlaß müssen vorliegen (s. dazu Rdnr. 2291 ff.). Dabei ist es nach dem Gesetzeswortlaut unerheblich, ob die Veränderungssperre (noch) gar nicht beschlossen oder lediglich noch nicht durch ortsübliche Bekanntmachung in Kraft getreten ist. Zusätzlich ist die Befürchtung erforderlich, daß ohne die Zurückstellung die Durchführung der Planung unmöglich gemacht oder wesentlich erschwert werden würde. Ob und wann dies der Fall ist, hängt in erster Linie von der gemeindlichen Planungskonzeption, deren bereits vorliegendem Detaillierungsgrad und der eigenen Einschätzung der Gemeinde ab (s. im einzelnen bereits im Zusammenhang mit § 14 BauGB Rdnr. 2297 ff.). 2411

Die Baugenehmigungsbehörde hat auf Antrag der Gemeinde die Entscheidung über die Zulässigkeit eines Vorhabens auszusetzen. Sie ist also – ohne eigenen Ermessensspielraum – grundsätzlich verpflichtet, diesem Begehren nachzukommen. Eine Ausnahme davon kommt in Betracht, wenn ohne weiteres auch eine Ablehnung des Bauantrags durch die Genehmigungsbehörde möglich ist, weil das Vorhaben nach geltendem Planungsrecht offensichtlich nicht genehmigungsfähig ist. § 15 Abs. 1 BauGB dient insofern also in erster Linie dazu, an sich genehmigungsfähige Vorhaben zurückzustellen, um die Durchführung des Bebauungsplanverfahrens abzusichern. Bei ausräumbaren Versagungsgründen kann die Baugenehmigungsbehörde allerdings in einem solchen Fall gleichwohl von einer Ablehnung des Bauantrags absehen und statt dessen eine Zurückstellung vornehmen, wenn sie von der Gemeinde beantragt wurde[1]. 2412

Desweiteren hat die Baugenehmigungsbehörde eine Prüfungskompetenz dahingehend, ob die rechtlichen Voraussetzungen für die Zurückstellung vorliegen. Wenn dies nicht der Fall ist, darf sie von einer Zurückstellung absehen. 2413

Beispiel:

Fehlen des notwendigen Planaufstellungsbeschlusses oder seiner ordnungsgemäßen Bekanntmachung.

Bei korrigierbaren Fehlern sollte jedoch vorrangig eine Abstimmung mit der Gemeinde erfolgen, um den Fehler auszuräumen. 2414

Beispiel:

Antrag der Gemeinde auf eine zu lange und daher nicht von § 15 Abs. 1 Satz 1 BauGB gedeckte Zurückstellung.

---

1 BVerwG v. 18.10.1985 – 4 C 21.80, BVerwGE 72, 172 = BauR 1986, 64 = BRS 44 Nr. 96 = DVBl. 1986, 411 = DÖV 1986, 696 = NJW 1986, 1826 = UPR 1986, 137 = ZfBR 1986, 41.

2415 Die Zurückstellung durch die Baugenehmigungsbehörde erfolgt gegenüber dem Bauantragsteller durch Zustellung eines entsprechenden Bescheides (§ 17 Abs. 1 Satz 1 BauGB). Die maximal zulässige Dauer beträgt zwölf Monate, gerechnet ab dem Tag der Zustellung des Bescheides (Ablauffrist, § 31 Abs. 1 VwVfG i.V.m. § 187 Abs. 2, § 188 Abs. 2 BGB). Da es sich um eine **Maximalfrist** handelt, muß in dem Bescheid selbst ausdrücklich angegeben werden, für welchen Zeitraum die Aussetzung des Genehmigungsverfahrens erfolgt. Dies kann entweder durch die **Angabe des Endtermins** oder durch die Angabe des exakten Zurückstellungszeitraums erfolgen. Ohne eine hinreichend bestimmte Regelung zu diesem Punkt ist die Zurückstellung in der Regel rechtswidrig, da im Rahmen der Auslegung des Bescheides nicht ohne weiteres darauf geschlossen werden kann, daß in einem solchen Fall die maximal zulässige Zurückstellungsfrist gelten soll[1].

2416 Wird dem Antragsteller eine Zurückstellung seines Baugesuchs zugestellt, kann er diese entweder isoliert **anfechten** oder unmittelbar auf **Erteilung der begehrten Genehmigung** unter gleichzeitiger Aufhebung des Zurückstellungsbescheides klagen (s. bereits Rdnr. 2406). Hingegen kommen Rechtsmittel gegen den Antrag der Gemeinde auf Zurückstellung nicht in Betracht, da es sich dabei um ein bloßes Verwaltungsinternum handelt (vgl. insofern zu § 36 BauGB Rdnr. 1760). Im umgekehrten Fall, also bei Ablehnung der Zurückstellung durch die Bauaufsichtsbehörde, kann die Gemeinde ihr Begehren mit einem Verpflichtungswiderspruch oder einer Verpflichtungsklage weiterverfolgen. Eine zwischenzeitlich erteilte Baugenehmigung kann die Gemeinde wegen einer Verletzung ihrer Planungshoheit anfechten[2].

2417 Wird die Zurückstellung für einen kürzeren Zeitraum als ein Jahr verfügt, ist auch eine **weitere Zurückstellung** nach § 15 Abs. 1 Satz 1 BauGB möglich, wenn die materiellrechtlichen Voraussetzungen dafür noch immer vorliegen und insgesamt die Jahresfrist gewahrt bleibt, die als Höchstfrist auch durch eine derartige „Stückelung" nicht verlängert werden kann. Allerdings kann ebenso wie eine Verlängerung der Veränderungssperre oder eine erneute Veränderungssperre nach § 17 Abs. 3 BauGB auch eine **erneute Zurückstellung** erfolgen. Dafür müssen die tatbestandlichen Voraussetzungen erfüllt sein, die für eine Verlängerung der Veränderungssperre oder eine erneute Veränderungssperre bestehen[3].

2418 Auf den maximal zulässigen Zurückstellungszeitraum von zwölf Monaten sind vorhergehende **faktische Zurückstellungen** oder **Bausperren** ebenso anzurechnen wie bei der individuellen Berechnung der Geltungsdauer einer

---

1 OVG Münster v. 1.10.1981 – 7 A 2283/79, BauR 1982, 50 = BRS 38 Nr. 110 = DÖV 1982, 984.
2 VGH Mannheim v. 24.6.1985 – 3 S 937/85, BRS 44 Nr. 95.
3 Lemmel in Berliner Kommentar zum Baugesetzbuch, § 15 Rdnr. 13; Jäde in Jäde/Dirnberger/Weiß, § 15 Rdnr. 2; Gronemeyer in Gronemeyer, § 15 Rdnr. 11.

Veränderungssperre gemäß § 17 Abs. 1 Satz 2 BauGB (Rdnr. 2350 ff.)[1]. Die notwendige Angabe zum Zurückstellungszeitraum (Rdnr. 2415) muß dies berücksichtigen, da ansonsten die betreffende Regelung in dem Zurückstellungsbescheid falsch ist und zu dessen Rechtswidrigkeit führt.

Nach **Ablauf der Zurückstellung** ist das Zulassungsverfahren durch die Genehmigungsbehörde weiterzuführen, da das zwischenzeitliche formelle Genehmigungshindernis entfallen ist. Die weitere Bearbeitung richtet sich nach der dann maßgeblichen Sach- und Rechtslage. 2419

Sofern bereits vorher eine **Veränderung der rechtlichen Situation** eingetreten ist, muß differenziert werden: 2420

Tritt während der Dauer der Zurückstellung eine **Veränderungssperre** in Kraft, wird die Zurückstellung nicht automatisch hinfällig. Sie behält vielmehr als Verwaltungsakt ihre Wirksamkeit für die festgesetzte Zurückstellungsdauer[2]. Die Baugenehmigungsbehörde ist jedoch befugt, unter Widerruf des Zurückstellungsbescheides eine auf die Veränderungssperre gestützte Ablehnung des Bauantrags zu erlassen. Ebenso kommt im Einvernehmen mit der Gemeinde unter Widerruf des Zurückstellungsbescheides auch die Erteilung einer Ausnahme von der Veränderungssperre gemäß § 17 Abs. 2 BauGB (Rdnr. 2337 ff.) in Betracht. 2421

Entfallen die Voraussetzungen für eine Zurückstellung, weil zwischenzeitlich der in der Aufstellung befindliche **Bebauungsplan in Kraft getreten** ist, muß gleichfalls das Genehmigungsverfahren unter Widerruf des Zurückstellungsbescheides gemäß § 49 VwVfG fortgesetzt werden. Dies kann von Amts wegen erfolgen, aber auch durch den Bauantragsteller oder die Gemeinde als Anspruch geltend gemacht werden. 2422

Entsprechendes gilt in den Fällen, in denen das **Bebauungsplanverfahren nicht fortgesetzt** wird oder aus sonstigen Gründen kein Sicherungsbedürfnis mehr für die Gemeinde besteht (vgl. zu § 17 Abs. 4 BauGB, Rdnr. 2388). Insbesondere in diesem Fall trifft die Gemeinde als „Herrin des Verfahrens" eine besondere Verantwortung. Sie muß darauf hinwirken, daß die Zurückstellung von Baugesuchen nicht länger als nötig die Durchführung von Genehmigungsverfahren behindert. 2423

---

1 OVG Lüneburg v. 30.9.1992 – 6 L 3200/91, BauR 1993, 63 = BRS 54 Nr. 78 = DVBl. 1993, 674 = UPR 1993, 114 = ZfBR 1993, 44; VGH Mannheim v. 11.2.1993 – 5 S 2471/92, NVwZ-RR 1994, 74 = UPR 1993, 347 = ZfBR 1993, 253.
2 Vgl. BVerwG v. 10.12.1971 – IV C 32.69, BauR 1972, 97 = BRS 24 Nr. 148 = DVBl. 1972, 224 = DÖV 1972, 497; a.A. Gronemeyer in Gronemeyer, § 15 Rdnr. 11.

2. Vorläufige Untersagung (§ 15 Abs. 1 Satz 2 und 3 BauGB)

2424 Die Zurückstellung eines Baugesuchs ist nur möglich und zur Sicherung der gemeindlichen Planungshoheit ausreichend, wenn ein Baugenehmigungsverfahren durchgeführt wird, das ausgesetzt werden kann. Wenn dies nicht der Fall ist, läuft das Instrument der Zurückstellung naturgemäß ins Leere. Auf diesen Fall bezieht sich § 15 Abs. 1 Satz 2 BauGB. Danach wird in Fällen, in denen nach der maßgeblichen Landesbauordnung kein Baugenehmigungsverfahren durchgeführt wird, auf Antrag der Gemeinde anstelle der Aussetzung der Entscheidung über die Zulässigkeit eine vorläufige Untersagung innerhalb einer durch Landesrecht festgesetzten Frist ausgesprochen. Die Regelung gilt dabei unabhängig davon, ob anstelle eines Baugenehmigungsverfahrens ein Anzeige- oder Kenntnisgabeverfahren nach Maßgabe der einschlägigen Landesbauordnung durchgeführt wird oder ob das Vorhaben gänzlich verfahrensfrei ist. Entscheidend ist allein, daß es um ein Vorhaben geht, das unter § 29 Abs. 1 BauGB (Rdnr. 1103 ff.) fällt[1].

2425 Gemäß § 15 Abs. 1 Satz 3 BauGB steht die vorläufige Untersagung der Zurückstellung gleich. Inhaltlich entspricht damit die vorläufige Untersagung der Zurückstellung nach § 15 Abs. 1 Satz 1 BauGB. Dies gilt insbesondere für die maximal zulässige Untersagungsfrist von zwölf Monaten und die Notwendigkeit, in dem Untersagungsbescheid das Fristende anzugeben[2] (vgl. Rdnr. 2415).

2426 Die eigentlich entscheidende Frage ist, bis wann die Gemeinde eine vorläufige Untersagung beantragen und diese sodann durch die Bauaufsichtsbehörde gegenüber dem Bauherrn angeordnet werden darf. § 15 Abs. 1 Satz 2 BauGB spricht insofern von einer **durch Landesrecht festgesetzten Frist**, die jedoch bisher in den meisten Landesbauordnungen ausdrücklich noch nicht enthalten ist[3]. Die Regelung ist ohne eine derartige landesgesetzliche Fristbestimmung nicht ohne weiteres vollziehbar. Notwendig ist es, daß für die Gemeinde in derartigen Fällen eine **Antragsfrist** besteht und während dieser Zeit der Bauherr mit dem Vorhaben noch nicht beginnen darf oder ihm zumindest bewußt sein muß, daß noch eine vorläufige Untersagung seiner Bautätigkeit in Betracht kommt. Soweit die Landesbauordnungen die Notwendigkeit regeln, Bauvorlagen auch bei genehmigungsfreien Vorhaben (zumeist bei der Gemeinde[4]) einzureichen und ein Baubeginn erst nach Ablauf einer bestimmten Frist zulässig ist, wird man diese Zeitdauer als landesge-

---

1 Lemmel in Berliner Kommentar zum Baugesetzbuch, § 15 Rdnr. 3; a.A. Uechtritz/Schladebach, Die vorläufige Untersagung nach § 15 Abs. 1 Satz 2 BauGB: Probleme bei der Harmonisierung von Planungsrecht und „deregulierten" Verfahren, BauR 2001, 37 (38).
2 VGH Mannheim v. 4.12.2000 – 8 S 2633/00, BauR 2001, 607 = NVwZ-RR 2001, 574 = ZfBR 2001, 282.
3 S. allerdings § 62 Abs. 2 Nr. 4 Musterbauordnung 2002, Rdnr. 10.
4 Z.B. § 59 BauO BW.

setzliche Frist für die Beantragung und den Erlaß einer vorläufigen Untersagung zu Grunde legen können, solange keine anderweitige Frist in der einschlägigen Landesbauordnung geregelt ist[1].

Beispiel:

Nach den Regelungen der einschlägigen Landesbauordnung müssen auch bei genehmigungsfreien Wohngebäuden Bauvorlagen im Rahmen einer Bauanzeige eingereicht werden. Mit der Bauausführung darf erst einen Monat nach Eingang der Bauanzeige bei der Bauaufsichtsbehörde begonnen werden. Während dieser Zeit muß der Bauherr also damit rechnen, daß für sein Vorhaben noch Hindernisse bestehen oder eintreten können.

2427

In allen anderen Fällen, in denen es keiner Bauanzeige und keiner durch den Bauherrn zu wahrenden Frist bedarf, wird man eine vorläufige Untersagung ohne besondere landesrechtliche Fristenregelung allenfalls bis zum Beginn der Bauarbeiten als zulässig ansehen können[2].

2428

3. Zurückstellung von Vorhaben nach § 35 Abs. 1 Nr. 2 bis 6 BauGB bei der Flächennutzungsplanung (§ 15 Abs. 3 BauGB)

Durch das EAG Bau (Rdnr. 1) neu in das Baugesetzbuch eingefügt wurde § 15 Abs. 3 BauGB. Danach hat die Baugenehmigungsbehörde auf Antrag der Gemeinde die Entscheidung über die Zulässigkeit von Vorhaben nach **§ 35 Abs. 1 Nr. 2 bis 6 BauGB** für einen Zeitraum bis zu längstens einem Jahr nach Zustellung der Zurückstellung des Baugesuchs auszusetzen, wenn die Gemeinde beschlossen hat, einen Flächennutzungsplan aufzustellen, zu ändern oder zu ergänzen, mit dem die Rechswirkungen des § 35 Abs. 3 Satz 3 BauGB erreicht werden sollen, und zu befürchten ist, daß die Durchführung der Planung durch das Vorhaben unmöglich gemacht oder wesentlich erschwert werden würde (§ 15 Abs. 3 Satz 1 BauGB).

2429

§ 15 Abs. 3 BauGB ist inhaltlich der Zurückstellung gemäß § 15 Abs. 1 Satz 1 BauGB nachgebildet. Sie findet auf genehmigungsfreie Vorhaben keine Anwendung. Eine Parallelregelung zur vorläufigen Untersagung gemäß § 15 Abs. 1 Satz 2 BauGB existiert nicht. Grund dafür ist, daß die von § 15 Abs. 3 BauGB umfaßten Vorhaben in aller Regel nach den Landesbauordnungen nicht genehmigungsfrei sind. Ergänzend zu der Aussetzung gemäß § 15 Abs. 3 BauGB ist der Erlaß einer Veränderungssperre gemäß § 14 BauGB als Planungssicherung für die Flächennutzungsplanung nicht möglich. Dementsprechend wird in der Regelung auch nicht wie in § 15 Abs. 1 Satz 1 BauGB auf die Voraussetzungen zum Erlaß einer Veränderungssperre abgestellt. Die Anforderungen an die Zurückstellung gemäß § 15 Abs. 3

2430

---

1 VGH Mannheim v. 4.12.2000 – 8 S 2633/00, BauR 2001, 607 = NVwZ-RR 2001, 574 = ZfBR 2001, 282.
2 Vgl. in diesem Zusammenhang auch Jäde in Jäde/Dirnberger/Weiß, § 15 Rdnr. 27 ff.

BauGB sind vielmehr ohne entsprechende Verweisung in der Vorschrift selbst abschließend geregelt. Unabhängig davon können die rechtlichen Anforderungen an die Zurückstellung gemäß § 15 Abs. 1 Satz 1 BauGB und damit letztlich auch an die Veränderungssperre gemäß § 14 BauGB weitgehend auch auf § 15 Abs. 3 BauGB übertragen werden.

2431 Die Zurückstellung während der Flächennutzungsplanung kommt nur für Vorhaben gemäß § 35 Abs. 1 Nr. 2 bis 6 BauGB in Betracht. Ausgeschlossen sind also sowohl die land- und forstwirtschaftliche Nutzung (§ 35 Abs. 1 Nr. 1 BauGB) als auch die Vorhaben zur Erforschung, Entwicklung oder Nutzung der Kernenergie (§ 35 Abs. 1 Nr. 7 BauGB; zu den privilegierten Außenbereichsvorhaben im einzelnen Rdnr. 2104 ff.). Diese Vorhaben können also auch bei einer laufenden Flächennutzungsplanung nicht gemäß § 15 Abs. 3 BauGB zurückgestellt werden. Bei ihnen kommt ungeachtet der Außenbereichsprivilegierung nur die Ablehnung eines Genehmigungsantrags in Betracht, wenn der Entwurf des Flächennutzungsplans „planreif" ist und daher dem Vorhaben als sonstiger öffentlicher Belang entgegengehalten werden kann (Rdnr. 2165).

2432 Voraussetzung für die Aussetzung des Baugenehmigungsverfahrens ist ein Beschluß der Gemeinde zur Aufstellung, Änderung oder Ergänzung des Flächennutzungsplans. Für den Aufstellungsbeschluß gelten die Anforderungen des § 2 Abs. 1 BauGB. Insbesondere muß also der **Aufstellungsbeschluß** ortsüblich bekanntgemacht sein. Andernfalls scheidet eine Zurückstellung zwingend aus. Zum Zeitpunkt des Aufstellungsbeschlusses müssen die Planungsziele im einzelnen noch nicht festliegen. Es genügt vielmehr, wenn sie bei Beantragung der Zurückstellung durch die Gemeinde bei der Baugenehmigungsbehörde bzw. bei Identität von Gemeinde und Baugenehmigungsbehörde zum Zeitpunkt der Entscheidung über die Zurückstellung vorliegen (vgl. Rdnr. 2297 zur Veränderungssperre)[1]. Für eine rechtmäßige Zurückstellung gemäß § 15 Abs. 3 BauGB bestehen dabei dieselben Grenzen wie für eine wirksame Veränderungssperre oder Zurückstellung gemäß § 15 Abs. 1 Satz 1 BauGB. Insbesondere muß es sich um eine Planung handeln, die zum Zeitpunkt der Zurückstellung ein **Mindestmaß an Konkretisierung** erkennen läßt, keine reine Verhinderungsplanung darstellt und auch hinreichende Aussicht auf Verwirklichung bietet (s. im einzelnen zur Veränderungssperre Rdnr. 2297 ff.).

2433 Nicht jede Flächennutzungsplanung rechtfertigt die Zurückstellung von Vorhaben gemäß § 35 Abs. 1 Nr. 2 bis 6 BauGB. Dies ist vielmehr nur dann der Fall, wenn das angestrebte Planungsziel sich auf **Darstellungen im Sinne von § 35 Abs. 3 Satz 3 BauGB** bezieht. Es geht also insbesondere um die Fälle, in denen die Gemeinde im Flächennutzungsplan Vorrang- oder Eignungsflächen (Rdnr. 160 ff.) darstellen oder in sonstiger Weise die Nutzungen gemäß § 35

---
1 Jäde in Jäde/Dirnberger/Weiß, § 245b Rdnr. 2 f.

Abs. 1 Nr. 2 bis 6 BauGB an bestimmten Stellen innerhalb des Gemeindegebiets konzentrieren möchte. Es muß zu befürchten sein, daß die Durchführung der Planung, also etwa die Darstellung von Vorrang- oder Eignungsflächen, durch das Vorhaben unmöglich gemacht oder wesentlich erschwert werden würde (vgl. insofern zur Veränderungssperre gemäß § 14 BauGB Rdnr. 2341 sowie zur Zurückstellung gemäß § 15 Abs. 1 BauGB Rdnr. 2404). Dies ist vor allem dann anzunehmen, wenn ein Vorhaben gemäß § 35 Abs. 1 Nr. 2 bis 6 BauGB auf einer Fläche realisiert werden soll, die von der betreffenden Nutzung gerade freigehalten werden soll.

Ebenso wie bei § 15 Abs. 1 Satz 1 BauGB hat die Baugenehmigungsbehörde bei einem entsprechenden **Antrag** der Gemeinde (vgl. Rdnr. 2409 f.) keinen eigenen Ermessens- oder Beurteilungsspielraum. Sie muß vielmehr grundsätzlich dem Antrag auf Aussetzung des Genehmigungsverfahrens nachkommen (vgl. Rdnr. 2412 ff.). Etwas anderes gilt ebenso wie bei § 15 Abs. 1 Satz 1 BauGB dann, wenn die tatbestandlichen Voraussetzungen für eine Zurückstellung nicht vorliegen oder aber der Entwurf des Flächennutzungsplans bereits „planreif" ist und der Bauantrag deshalb wegen eines entgegenstehenden sonstigen öffentlichen Belangs endgültig abgelehnt werden kann (s. bereits Rdnr. 2431 zu den Vorhaben gemäß § 35 Abs. 1 Nr. 1 und Nr. 7 BauGB). Allerdings kann der Antrag der Gemeinde auf Zurückstellung nur innerhalb von sechs Monaten gestellt werden, nachdem die Gemeinde in einem Verwaltungsverfahren von dem Bauvorhaben förmlich Kenntnis erhalten hat (§ 15 Abs. 3 Satz 3 BauGB). Es reicht also nicht aus, wenn die Gemeinde nur zufällig erfahren hat, daß die Realisierung eines bestimmten Vorhabens im Sinne von § 35 Abs. 1 Nr. 2 bis 6 BauGB im gemeindlichen Außenbereich vorgesehen ist. Eine **förmliche Kenntnisnahme** in einem Verwaltungsverfahren, also regelmäßig im Baugenehmigungsverfahren, ist erst dann gegeben, wenn der Antrag nach Maßgabe der einschlägigen Landesbauordnung entweder unmittelbar bei der Gemeinde gestellt wurde oder aber wenn die Baugenehmigungsbehörde ihn der Gemeinde im Rahmen des Genehmigungsverfahrens förmlich zu Kenntnis gegeben hat, was im Hinblick auf die Notwendigkeit des gemeindlichen Einvernehmens gemäß § 36 Abs. 1 BauGB ohnehin notwendig ist. § 15 Abs. 3 BauGB macht es also insofern nicht erforderlich, bauordnungsrechtlich einen zusätzlichen Verfahrensschritt vorzusehen. 2434

Die Frist von sechs Monaten ist länger als die in § 36 Abs. 2 Satz 2 BauGB geregelte Frist für die Einvernehmenserteilung (s. Rdnr. 1772). Selbst wenn also die Gemeinde ihr Einvernehmen erteilt hat oder das Einvernehmen nach Ablauf von zwei Monaten gemäß § 36 Abs. 2 Satz 2 BauGB als erteilt gilt, hat sie die Möglichkeit, ein Aufstellungsverfahren für einen Flächennutzungsplan einzuleiten und eine Zurückstellung gemäß § 15 Abs. 3 BauGB bei der Baugenehmigungsbehörde zu beantragen. Die Unterschiedlichkeit der Fristen ist unbedenklich, da die Zielrichtung von § 36 Abs. 1 BauGB und § 15 Abs. 3 BauGB unterschiedlich ist. Während § 36 Abs. 1 2435

BauGB neben seiner Unterrichtungsfunktion der Gemeinde in erster Linie Gelegenheit geben soll, selbst zu prüfen, ob ein Vorhaben den aktuell bestehenden planungsrechtlichen Anforderungen entspricht (Rdnr. 1766), soll die Frist des § 15 Abs. 3 Satz 3 BauGB der Gemeinde darüber hinausgehend die Möglichkeit zur Überlegung geben, ob sie ein Vorhaben, das baurechtlich (möglicherweise) zulässig ist, mit den ihr zur Verfügung stehenden Möglichkeiten der Bauleitplanung und Planungssicherung verhindern will[1]. Allerdings ändert die Möglichkeit der Gemeinde, den Antrag auf Zurückstellung binnen sechs Monaten nach förmlicher Kenntnisnahme von dem Baugesuch zu stellen, nichts daran, daß die Baugenehmigungsbehörde ihrerseits verpflichtet ist, den gestellten Antrag zügig zu bearbeiten (s. insbesondere § 10 Satz 2 VwVfG). Sie darf also einen gestellten Bauantrag nicht so lange unbearbeitet lassen, bis die Frist gemäß § 15 Abs. 3 Satz 3 BauGB abgelaufen ist. Wurde allerdings die Baugenehmigung bereits erteilt, geht ein erst danach gestellter Antrag der Gemeinde auf Zurückstellung ins Leere (vgl. Rdnr. 2408). Hat die Genehmigungsbehörde, etwa im Hinblick auf einen lediglich angekündigten Zurückstellungsantrag, das Genehmigungsverfahren verzögert, kann daraus ein Amtshaftungsanspruch resultieren (vgl. Rdnr. 2329).

2436 § 15 Abs. 3 BauGB ist ebenso wie die Zurückstellung gemäß § 15 Abs. 1 BauGB auf den Fall zugeschnitten, daß die Gemeinde selbst nicht für die Erteilung der Baugenehmigung zuständig ist (vgl. Rdnr. 2410). Ist dies doch der Fall, entscheidet die Gemeinde selbst über die Zurückstellung gemäß § 15 Abs. 3 Satz 1 BauGB. Die materiellrechtlichen Anforderungen sind dabei identisch. Allerdings kann sich die Frage stellen, innerhalb welcher Frist eine Zurückstellung in Betracht kommt. Für diesen Fall wird man § 15 Abs. 3 Satz 3 BauGB entnehmen müssen, daß dies allenfalls innerhalb von sechs Monaten ab Antragseingang in Betracht kommt. Vielfach wird diese Frage allerdings eher theoretischer Natur sein, da zumindest bei einem vollständigen Bauantrag bzw. einer entsprechenden Bauvoranfrage über den Antrag schon vor Ablauf von sechs Monaten zu entscheiden ist, wenn sich die Gemeinde nicht der Gefahr eines Amtshaftungsanspruchs gemäß § 839 BGB i.V.m. Art. 34 GG wegen einer unzulässig verzögerten Bearbeitung des Antrags aussetzen will (vgl. Rdnr. 2329).

2437 Ebenso wie die Zurückstellung gemäß § 15 Abs. 1 BauGB ist auch die Zurückstellung nach Abs. 3 der Vorschrift für **längstens ein Jahr** möglich. Anders als in § 15 Abs. 1 BauGB ist allerdings in § 15 Abs. 3 Satz 2 BauGB ausdrücklich geregelt, daß die Zeit einer sogenannten faktischen Zurückstellung auf die maximal zulässige Dauer der Zurückstellung anzurechnen ist (vgl. Rdnr. 2354). Die in § 15 Abs. 3 Satz 1 BauGB geregelte Maximalfrist von einem Jahr kann in mehrere Zurückstellungen „gestückelt" werden, sofern die Gesamtdauer ein Jahr nicht überschreitet. In dem (jeweiligen)

---

1 BT-Drucksache 15/2996, Begründung zu Art. 1 (§ 15 BauGB).

Zurückstellungsbescheid ist der Endtermin oder der exakte Zurückstellungszeitraum anzugeben (s. im einzelnen Rdnr. 2415). Ist die Flächennutzungsplanung nicht bis zum Ablauf der Jahresfrist abgeschlossen, kommt eine erneute Zurückstellung nicht in Betracht. Die diesbezüglichen Grundsätze zu § 15 Abs. 1 Satz 1 BauGB (Rdnr. 2417) sind nicht übertragbar, da die Zurückstellung gemäß § 15 Abs. 3 BauGB anders als die Aussetzung nach Abs. 1 Satz 1 der Vorschrift nicht durch eine über ein Jahr hinaus andauernde Veränderungssperre ersetzt werden kann. Möglich ist daher allenfalls eine neue Zurückstellung aufgrund einer vollständig geänderten Planungskonzeption und eines neuen Aufstellungsbeschlusses (vgl. zur Veränderungssperre Rdnr. 2385).

Aufgrund der zeitlichen Befristung auf maximal ein Jahr scheiden **Entschädigungsansprüche** bei einer Zurückstellung gemäß § 15 Abs. 3 BauGB von vornherein aus (zu § 18 BauGB Rdnr. 2389 ff.). 2438

B. Die Teilung von Grundstücken

I. Tatbestand der Grundstücksteilung

§ 19 Abs. 1 BauGB definiert die Teilung von Grundstücken als die dem 2439 Grundbuchamt gegenüber abgegebene oder sonstwie erkennbar gemachte Erklärung des Eigentümers, daß ein Grundstücksteil grundbuchmäßig abgeschrieben und als selbständiges Grundstück oder als ein Grundstück zusammen mit anderen Grundstücken oder mit Teilen anderer Grundstücke eingetragen werden soll. Maßgebend ist nach dieser Regelung der **grundbuchmäßige Grundstücksbegriff**. Ein Grundstück wird daher auch dann geteilt, wenn grundbuchmäßig solche Flächen getrennt werden sollen, die tatsächlich getrennt liegen, nach ihrer Eintragung im Grundbuch aber Teile desselben Buchgrundstücks sind[1]. Die Eintragung einer Vereinigungsbaulast auf landesrechtlicher Grundlage berührt die Selbständigkeit der Grundstücke nicht[2]. Eintragungen im Liegenschaftskataster sind ohne Relevanz; genehmigungspflichtig ist deshalb auch nicht die Parzellierung von Flächen im Liegenschaftskataster.

Die Teilung erfolgt gemäß § 19 Abs. 1 BauGB nicht durch den grundbuch- 2440 mäßigen Vorgang der Bildung von Teilgrundstücken durch Eintragung neu gebildeter Grundstücke unter selbständigen Nummern im Bestandsverzeichnis des Grundbuchs. Als Teilung definiert das Gesetz vielmehr die der grundbuchmäßigen Teilung vorangehende **Erklärung des Eigentümers**.

---
1 BVerwG v. 14.12.1973 – IV C 48.72, BVerwGE 44, 250 = BRS 27 Nr. 82 = BauR 1974, 104.
2 BVerwG v. 14.2.1991 – IV C 51. 87, Buchholz 406.11 § 19 Nr. 52 = BauR 1991, 582 = DVBl. 1991, 812 = NJW 1991, 2783.

Diese muß auf die Grundstücksteilung gerichtet sein. Erfaßt werden deshalb nicht die schuldrechtliche Verpflichtung zur Teilung des Grundstücks[1] oder Erklärungen, die auf die Begründung von Wohnungseigentum, Grundpfandrechten oder Erbbaurechten gerichtet sind, wohl aber eine auf die Umwandlung von Gesamtheitseigentum in Einzeleigentum gerichtete Erklärung, wenn dieser Vorgang mit einer Grundstücksteilung verbunden werden soll[2]. Die auf die Teilung gerichtete Erklärung muß dem Grundbuchamt gegenüber abgegeben werden. Sofern das Grundstück im Eigentum mehrerer Personen steht, muß die Teilungserklärung von allen Miteigentümern abgegeben werden[3].

II. Voraussetzungen, Verfahren und Rechtsfolgen der Grundstücksteilung im Geltungsbereich von Bebauungsplänen

1. Materielle Voraussetzungen der Grundstücksteilung

2441 Gemäß § 19 Abs. 2 BauGB dürfen durch die Teilung eines Grundstücks im Geltungsbereich eines Bebauungsplans keine Verhältnisse entstehen, die den Festsetzungen des Bebauungsplans widersprechen. Bebauungsplan i.S. dieser Vorschrift ist sowohl der qualifizierte Bebauungsplan (§ 30 Abs. 1 BauGB) als auch der vorhabenbezogene Bebauungsplan (§ 30 Abs. 2 BauGB)[4] und der einfache Bebauungsplan (§ 30 Abs. 3 BauGB).

2442 Zu Verhältnissen, die den Festsetzungen eines Bebauungsplans widersprechen, kann es vor allem bei der Teilung **bebauter Grundstücke** kommen.

Beispiel:

Der Bebauungsplan setzt offene Bauweise, eine GRZ von 0,2 und eine GFZ von 0,3 sowie eine Mindestgröße der Baugrundstücke von 600 m^2 fest. Auf seinem 1657 m^2 großen Grundstück hat der Antragsteller zwei Gebäude errichtet, die äußerlich als eine Reihenhauszeile mit 3 Wohneinheiten und ein Doppelhaus erscheinen. Eine Teilung des Grundstücks in 5 Parzellen (jeweils mit einer Wohneinheit) führt zu einem Widerspruch zu den Festsetzungen des Bebauungsplans, weil dadurch die festgesetzte Mindestgröße der Baugrundstücke unterschritten würde und geschlossene Bauweise entstünde; außerdem könnten unter Berücksichtigung des konkreten Grundstückszuschnitts auf einzelnen Teilflächen GRZ und GFZ überschritten werden[5].

---

1 BGH v. 29.3.1974 – V ZR 42.72, BRS 28 Nr. 59 = NJW 1974, 1654.
2 Söfker in Ernst/Zinkahn/Bielenberg/Krautzberger, § 19 Rdnr. 36 unter Hinweis auf eine unveröffentlichte Entscheidung des BVerwG v. 20.9.1966.
3 Vgl. auch zum früheren Recht BVerwG v. 19.11.1987 – 4 C 42.85, Buchholz 406.11 § 20 Nr. 19 = DVBl. 1988, 490 = NJW 1988, 1226; BayVGH v. 17.3.1992 – 2 B 90.2434, BRS 54 Nr. 79.
4 Vgl. zu dieser Frage auch BT-Drucksache 15/2996 S. 97.
5 Fall des BVerwG v. 14.2.1991 – 4 C 51.87, Buchholz 406.11 § 19 Nr. 52 = BauR 1991, 582 = DVBl. 1991, 812 = NJW 1991, 2783.

Bei **unbebauten Grundstücken** kann allein durch die Teilung (ohne Berücksichtigung des Nutzungszwecks) kaum ein Widerspruch zu Festsetzungen des Bebauungsplans auftreten. Die Teilung ist als solche nicht bereits dann mit den Festsetzungen des Bebauungsplans unvereinbar, wenn sie unzweckmäßig ist und dadurch die Verwirklichung des Bebauungsplans erschwert; das gilt auch dann, wenn sie die Ergebnisse eines Umlegungsverfahrens verändert[1]. Ein Widerspruch entsteht aber auch bei unbebauten Grundstücken dann, wenn durch die Teilung ein Grundstück entsteht, das überhaupt nicht entsprechend den Festsetzungen des Bebauungsplans genutzt werden kann, etwa weil es die im Bebauungsplan festgesetzte Mindestgröße unterschreitet oder die im Bebauungsplan als Mindestmaß festgesetzte Geschoßzahl wegen der geringen Grundstücksgröße bei Einhaltung der Grundflächenzahl nicht mehr erreichbar wäre[2].

2443

2. Verfahren

Das BauGB enthält seit Inkrafttreten des EAG Bau keine Regelung mehr, die die Gemeinde generell ermächtigt, zur Sicherung der Bauleitplanung Grundstücksteilungen einer Genehmigungspflicht zu unterwerfen. Eine **Genehmigungspflicht** besteht auf der Grundlage des BauGB nur noch in den folgenden Fällen:

2444

– auf der Grundlage einer Satzung zur Sicherung von Gebieten mit Fremdenverkehrsfunktion (§ 22 BauGB),

– in Umlegungsgebieten (§ 51 Abs. 1 Nr. 1 BauGB),

– in förmlich festgelegten Sanierungsgebieten (§ 144 Abs. 1 Nr. 5 BauGB),

– in städtebaulichen Entwicklungsbereichen (§ 144 Abs.1 Nr. 5 i.V.m. § 169 Abs. 1 Nr. 2 BauGB),

– nach Einleitung eines Enteignungsverfahrens (§ 51 Abs. 1 Nr. 1 i.V.m. § 109 BauGB).

Außerhalb des Anwendungsbereichs dieser Vorschriften beurteilt sich allein nach **Landesrecht**, ob die Teilung von Grundstücken genehmigungs- oder anzeigepflichtig ist und welche Instrumente den Bauaufsichtsbehörden zur Verfügung stehen, um rechtswidrig durchgeführte Grundstücksteilungen rückgängig zu machen. Der Landesgesetzgeber ist durch den Verzicht des Bundesgesetzgebers auf Regelungen, die die Einhaltung von § 19 Abs. 2 BauGB sichern, nicht gehindert, selbst solche Regelungen zu treffen und ggf. Genehmigungspflichten zu begründen. Die Begründung des Gesetzentwurfs der Bundesregierung zum EAGBau enthielt zwar den Satz, die „Streichung der Genehmigungspflicht von Grundstücksteilungen" bedeute „eine

2445

---
1 A.A. Söfker in Ernst/Zinkahn/Bielenberg/Krautzberger, § 20 Rdnr. 6.
2 So auch Schmaltz in Schrödter, § 20 Rdnr. 3.

abschließende Entscheidung des Bundesgesetzgebers"[1]. Dem Gesetz ist aber keine Regelung zu entnehmen, die die Länder hindern könnte, durch Begründung einer Genehmigungspflicht die Einhaltung der bauplanungsrechtlichen Voraussetzungen einer Grundstücksteilung zu überwachen; eine solche Regelung wäre auch kaum von der Gesetzgebungskompetenz des Bundes für das Bauplanungsrecht (dazu Rdnr. 1 ff.) gedeckt. Von der fortbestehenden Regelungskompetenz der Länder ist im übrigen auch die unabhängige Expertenkommission zur Novellierung des Baugesetzbuchs ausgegangen, auf deren Vorschlag die Neufassung von § 19 BBauG durch das EAG Bau beruht[2], ebenso der Bundesrat in seiner Stellungnahme zu dem Gesetzentwurf der Bundesregierung[3]. Soweit durch landesrechtliche Vorschriften eine Genehmigungs- oder Anzeigepflicht begründet ist, die der Sicherung der materiellen bauplanungsrechtlichen Voraussetzungen der Grundstücksteilung dient, richtet sich das gesamte Verfahren nach Landesrecht.

3. Rechtsfolgen einer rechtswidrigen Grundstücksteilung

2446 Verstößt die Grundstücksteilung gegen § 19 Abs. 2 BauGB, so berührt dies die **zivilrechtliche Wirksamkeit** der Grundstücksteilung nicht. § 19 Abs. 2 BauGB ist keine Verbotsvorschrift i.S. von § 134 BGB[4].

2447 Sind durch die Grundstücksteilung Verhältnisse entstanden, die den Festsetzungen eines Bebauungsplans widersprechen, so richten sich die möglichen bauaufsichtlichen Maßnahmen nach dem **Bauordnungsrecht** der Länder. Aus der Rechtswidrigkeit der Grundstücksteilung ergibt sich nicht, daß **neue Vorhaben** auf den durch die Teilung entstandenen Grundstücken bauplanungsrechtlich nach den Grundstücksverhältnissen vor der Grundstücksteilung beurteilt werden könnten. Der Gesetzentwurf der Bundesregierung zum EAG Bau enthielt einen entsprechenden Regelungsvorschlag[5], dieser ist jedoch wegen der damit verbundenen Schwierigkeiten des Verwaltungsvollzugs in das Gesetz nicht übernommen worden[6].

---

1 BT-Drucksache 15/2250 S. 52.
2 Rdnr. 174 des Berichts.
3 BT-Drucksache 15/2250 S. 92.
4 Vgl. dazu auch BT-Drucksache 15/2250 S. 80 und S. 92.
5 BT-Drucksache 15/2250 S. 15.
6 Vgl. den Bericht des Ausschusses für Verkehr, Bau- und Wohnungswesen BT-Drucksache 15/2996 S. 97.

III. Die Sicherung von Gebieten mit Fremdenverkehrsfunktion

1. Begründung der Genehmigungspflicht durch Satzung oder Bebauungsplan

Gemäß **§ 22 Abs. 1 Satz 1 BauGB** können die Gemeinden, die oder deren überwiegende Teile durch den Fremdenverkehr geprägt sind, in einem Bebauungsplan oder durch eine sonstige Satzung bestimmen, daß zur Sicherung der Zweckbestimmung von Gebieten mit Fremdenverkehrsfunktion die Begründung oder Teilung von Wohnungseigentum oder Teileigentum der Genehmigung unterliegt. Gemäß § 22 Abs. 1 Satz 2 BauGB gilt dies entsprechend für die Begründung und Teilung von Wohnungs- und Teilerbbaurechten (§ 30 WEG) sowie für die Begründung und Teilung von Dauerwohn- und Dauernutzungsrechten (§ 31 WEG). Zusätzliche Voraussetzung für die Begründung einer solchen Genehmigungspflicht ist gemäß § 22 Abs. 1 Satz 3 BauGB, daß durch die Begründung oder Teilung der Rechte die vorhandene oder vorgesehene Zweckbestimmung des Gebiets für den Fremdenverkehr und dadurch die geordnete städtebauliche Entwicklung beeinträchtigt werden kann. Aus diesen Regelungen ergibt sich, daß die Begründung der Genehmigungspflicht an drei Voraussetzungen geknüpft ist, die gleichzeitig bestehen müssen: 2448

– Überwiegende Prägung der Gemeinde oder eines Gemeindeteils durch den Fremdenverkehr,

– Gefahr der Beeinträchtigung der Zweckbestimmung des Gebiets für den Fremdenverkehr durch die genehmigungspflichtigen Vorgänge,

– Gefahr der Beeinträchtigung der städtebaulichen Entwicklung.

Der Genehmigungsvorbehalt soll ein Instrument zur Unterbindung einer städtebaulich unerwünschten **Anhäufung von Zweitwohnungen** schaffen; diese kann die Fremdenverkehrsfunktion schwächen, eine Zersiedlung der Landschaft fördern und die Vorhaltung einer nicht hinreichend ausgenutzten Infrastruktur begünstigen[1]. Der Genehmigungsvorbehalt verschafft der Gemeinde in dieser Hinsicht freilich keine Sicherheit. Regelmäßig ist es sachgerecht, ihn durch planungsrechtliche Festsetzungen (z.B. Gliederung von Sondergebieten[2], Festsetzungen nach § 9 Abs. 1 Nr. 6 BauGB, ggf. i.V.m. § 22 Abs. 9 BauGB[3]) zu ergänzen. 2449

---

1 Vgl. BVerwG v. 21.4.1994 – 4 B 193.93, Buchholz 406.11 § 22 Nr. 1 = BRS 56 Nr. 60 = BauR 1994, 494 = NVwZ-RR 1994, 555; BVerwG v. 7.7.1994 – 4 C 21.93, BVerwGE 96, 217 = Buchholz 406.11 § 22 Nr. 2 = BRS 56 Nr. 93 = DVBl. 1994, 1149 = ZfBR 1994, 284.
2 Vgl. dazu BVerwG v. 8.5.1989 – 4 B 78.89, BRS 49 Nr. 66 = BauR 1989, 440 = NVwZ 1989, 1066; BVerwG v. 27.4.1990 – 4 C 36.87, BRS 50 Nr. 68 = BauR 1990, 569 = DVBl. 1990, 1108 = NVwZ 1990, 1071.
3 Vgl. dazu unten Rdnr. 2456.

2450 Die **überwiegende Prägung** der Gemeinde oder eines Gemeindeteils durch den Fremdenverkehr setzt voraus, daß „die öffentliche und private Infrastruktur der Gemeinde (oder des Gemeindeteils) auf die Fremdenverkehrsbedürfnisse ausgerichtet ist", daß also „das Beherbergungsgewerbe eine dominierende Rolle spielt und anderen Wirtschaftszweigen den Rang abläuft"[1].

2451 Die Gefahr einer **Beeinträchtigung der Zweckbestimmung** des Gebiets für den Fremdenverkehr setzt zunächst voraus, daß sich entweder aus der vorhandenen Bebauung oder aus einer städtebaulichen Planung eine solche Zweckbestimmung ergibt. Bei der Beurteilung dieser Frage sind die in § 22 Abs. 1 Satz 4 BauGB aufgeführten Regelbeispiele heranzuziehen. Das Gebiet muß durch Fremdenverkehrsfunktionen, wie sie dort beispielhaft genannt sind, geprägt sein, es ist aber nicht erforderlich, daß jedes einzelne Grundstück im Geltungsbereich der Satzung Fremdenverkehrszwecken dient[2].

2452 Die Gefahr einer Beeinträchtigung der Zweckbestimmung des Gebiets ist als Voraussetzung für die Begründung des Genehmigungsvorbehalts **abstrakt** zu prüfen. Dabei ist zu berücksichtigen, daß der gesetzlichen Regelung die **tatsächliche Vermutung** zugrunde liegt, „daß die Begründung von Wohnungseigentum in Fremdenverkehrsgebieten regelmäßig zu einer Zweitwohnungsnutzung führt und allein dadurch die Fremdenverkehrsfunktion der Gemeinde beeinträchtigt werden kann"[3]. Dies ergibt sich zum einen daraus, daß Zweitwohnungen „der wechselnden Benutzung durch Fremde entzogen werden", zum anderen aus „der Tendenz zur Bildung von sog. ‚Rolladensiedlungen' oder ‚Geisterstädten' mit den damit verbundenen finanziellen und städtebaulich nicht vertretbaren Belastungen einer nicht ausgenutzten, gleichwohl aber vorzuhaltenden Infrastruktur"[4]. Es muß allerdings unter Berücksichtigung der örtlichen Gegebenheiten und Entwicklungstendenzen eine Verschlechterung der Situation tatsächlich möglich sein; das ist insbesondere dann anzunehmen, wenn in der Gemeinde bereits eine Tendenz zur Schaffung von Zweitwohnungen feststellbar ist[5].

2453 Die **Beeinträchtigung der städtebaulichen Entwicklung** wird durch die Beeinträchtigung der Zweckbestimmung des Gebiets für den Fremdenverkehr

---

1 So BVerwG v. 21.4.1994 – 4 B 193.93, Buchholz 406.11 § 22 Nr. 1 = BRS 56 Nr. 92 = BauR 1994, 601 = ZfBR 1994, 246.
2 Vgl. BVerwG v. 27.9.1995 – 4 C 28.94, BVerwGE 99, 242 = Buchholz 406.11 § 22 Nr. 4 = BRS 57 Nr. 122 = BauR 1996, 68 = DVBl. 1996, 52 = NVwZ 1996, 999; BVerwG v. 15.5.1997 – 4 C 9.96, Buchholz 406.11 § 22 Nr. 5 = BRS 59 Nr. 104 = BauR 1997, 815 = DVBl. 1997, 1126.
3 BVerwG v. 27.9.1995 – 4 C 28.94 ebenda.
4 So BVerwG v. 27.9.1995 – 4 C 12.94, BVerwGE 99, 237 = Buchholz 406.11 § 22 Nr. 3 = BRS 57 Nr. 123 = BauR 1996, 72 = DVBl. 1996, 55 = NVwZ-RR 1996, 373.
5 BVerwG v. 27.9.1995 – 4 C 12.94 und 4 C 28.94 ebenda (der Anteil der Zweitwohnungen betrug in beiden Fällen bereits ca. 20%); das BVerwG berücksichtigt hier die örtlichen Verhältnisse allerdings erst bei der Prüfung der Versagungsgründe.

indiziert. An ihr fehlt es, wenn die Gemeinde keine städtebauliche Konzeption für die Sicherung und Entwicklung von Fremdenverkehrsgebieten hat.

Auch wenn man berücksichtigt, daß nicht jedes Grundstück im Geltungsbereich der Satzung für den Fremdenverkehr bestimmt sein muß, wird sich der Geltungsbereich der Satzung nur ausnahmsweise **auf das gesamte bebaute Gebiet einer Gemeinde** erstrecken können[1]. 2454

Wird die Genehmigungspflicht durch Bebauungsplan begründet, so gelten für das **Verfahren** die Regelungen über die Aufstellung des Bebauungsplans. Wird die Genehmigungspflicht durch selbständige Satzung begründet, so ist dieses Verfahren nicht einzuhalten. Die Satzung bedarf gemäß § 22 Abs. 10 BauGB der Begründung. Sie bedarf keiner Anzeige oder Genehmigung. Sie ist gemäß § 22 Abs. 2 BauGB entweder ortsüblich (d.h. nach den kommunalrechtlich geltenden Regelungen) oder in entsprechender Anwendung von § 10 Abs. 3 Satz 2 bis 5 BauGB bekanntzumachen. 2455

Die Satzung kann gemäß § 22 Abs. 9 Satz 1 BauGB zusätzlich zur Begründung des Genehmigungsvorbehalts die Festsetzung der **höchstzulässigen Zahl der Wohnungen** in Wohngebäuden enthalten. Vor Erlaß einer solchen Satzung muß gemäß § 22 Abs. 9 Satz 2 BauGB den betroffenen Bürgern und den berührten Trägern öffentlicher Belange Gelegenheit zur Stellungnahme innerhalb angemessener Frist gegeben werden. Die Vorschrift ist § 13 BauGB nachgebildet[2]. 2456

Gemäß § 22 Abs. 8 BauGB hat die Gemeinde den Genehmigungsvorbehalt **aufzuheben**, wenn die Voraussetzungen entfallen sind. Daraus folgt eine Verpflichtung zur regelmäßigen Überprüfung der Erforderlichkeit des Genehmigungsvorbehalts. Die Satzung wird (ebenso wie der durch Bebauungsplan begründete Genehmigungsvorbehalt) rechtswidrig und damit nichtig, wenn die Gründe für ihren Erlaß entfallen sind. Das kann im Normenkontrollverfahren geltend gemacht werden. Unabhängig davon ergibt sich unter dieser Voraussetzung aus § 22 Abs. 8 BauGB ein **individueller Freistellungsanspruch**. 2457

2. Genehmigungsverfahren

Zuständig für die Entscheidung über die Genehmigung für die Begründung oder Teilung von Wohnungseigentum oder Teileigentum bzw. die Begründung oder Teilung von Wohnungs- oder Teilerbbaurechten oder Dauerwohn- oder Dauernutzungsrechten ist gemäß § 22 Abs. 5 Satz 1 BauGB die Baugenehmigungsbehörde. Sie entscheidet im Einvernehmen mit der Gemeinde. 2458

---

[1] Vgl. dazu BVerwG v. 7.7.1994 – 4 C 21.93, BVerwGE 96, 217 = Buchholz 406.11 § 22 Nr. 2 = BRS 56 Nr. 93 = DVBl. 1994, 1149 = ZfBR 1994, 284; BVerwG v. 27.9.1995 – 4 C 28.94, BVerwGE 99, 242 = Buchholz 406.11 § 22 Nr. 4 = BRS 57 Nr. 122 = BauR 1996, 68 = DVBl. 1996, 52 = NVwZ 1996, 999.
[2] Vgl. dazu Rdnr. 835 ff.

2459 Die Baugenehmigungsbehörde hat gemäß § 22 Abs. 5 Satz 2 BauGB über den Genehmigungsantrag grundsätzlich **innerhalb eines Monats** nach Eingang des Antrags bei ihr zu entscheiden. Das Genehmigungsverfahren wird regelmäßig durch den Antrag des Eigentümers eingeleitet. Soll die Teilung mit dem Ziel der Übertragung eines Teils des Eigentums bzw. der Erbbau- oder Wohnrechte erfolgen, so kann auch der Käufer den Genehmigungsantrag stellen[1]. Der Beginn dieser Frist setzt voraus, daß der Antrag inhaltlich hinreichend bestimmt und bescheidungsfähig ist[2]; der Genehmigungsbehörde ist nicht zuzumuten, innerhalb der kurzen Bearbeitungsfrist zunächst eine inhaltliche Präzisierung des Antrags herbeizuführen. Die Frist wird nicht in Lauf gesetzt, wenn der Antragsteller in Verkennung der Rechtslage anstelle der Genehmigung eine Freistellungserklärung nach § 22 Abs. 8 Satz 1 BauGB beantragt. Auf die materielle Genehmigungsfähigkeit des Antrags kommt es nicht an. Der Antragsteller kann auf die Einhaltung der Frist nicht wirksam verzichten; würde man eine solche Verzichtsmöglichkeit eröffnen, so würde man den Antragsteller einer schwierigen Konfliktsituation aussetzen, weil er ein entsprechendes Ansinnen nur schlecht ablehnen könnte[3]. Läßt sich der Antragsteller durch einen Bevollmächtigten vertreten, so setzt der Beginn der Frist die Vorlage der Vollmacht nicht voraus[4].

2460 Die Baugenehmigungsbehörde kann gemäß § 22 Abs. 5 Satz 3 BauGB die Entscheidungsfrist vor ihrem Ablauf durch einen „**Zwischenbescheid**" um den Zeitraum **verlängern**, der notwendig ist, um die Prüfung abzuschließen; die Verlängerung darf höchstens 3 Monate betragen. Der „Zwischenbescheid" muß den Verlängerungszeitraum angeben, weil das Gesetz nur eine Höchstgrenze vorsieht[5]. Er ist ein Verwaltungsakt[6], der dem Antragsteller

---

1 Vgl. dazu BVerwG v. 9.6.1976 – IV C 75.74, BVerwGE 50, 311 = BRS 30 Nr. 82 = BauR 1976, 259 = DVBl. 1977, 365 = NJW 1977, 210; BVerwG v. 7.10.1977 – IV C 69.75, BRS 32 Nr. 93 = BauR 1978, 37 = NJW 1978, 1339.
2 BVerwG v. 6.5.1970 – IV C 28.68, BVerwGE 35, 187 = BRS 23 Nr. 90 = BauR 1970, 153 = DÖV 1970, 752.
3 Ebenso zu der vergleichbaren Fristregelung in § 36 Abs. 2 Satz 2 BauGB BVerwG v. 12.12.1996 – 4 C 24.95, Buchholz 406.11 § 36 Nr. 51 = BRS 58 Nr. 59 = BauR 1997, 440 = DVBl. 1997, 568 = NVwZ 1997, 902 sowie im Anschluß an diese Entscheidung Schmaltz in Schrödter, § 19 Rdnr. 28; a.A. VGH Mannheim v. 17.9.1986 – 3 S 2287/85, BRS 46 Nr. 94 = BauR 1986, 678; Krautzberger in Battis/Krautzberger/Löhr, § 19 Rdnr. 21.
4 BVerwG v. 9.5.1979 – 4 B 93.79, BRS 35 Nr. 89 = DVBl. 1979, 625 = NJW 1980, 1120; BVerwG v. 19.11.1987 – 4 C 42.85, Buchholz 406.11 § 20 Nr. 19 = DVBl. 1988, 490 = NJW 1988, 1226.
5 Ebenso Schmaltz in Schrödter, § 19 Rdnr. 28; a.A. Söfker in Ernst/Zinkahn/Bielenberg/Krautzberger, § 19 Rdnr. 53.
6 Ebenso Dürr in Brügelmann, § 19 Rdnr. 42; Söfker in Ernst/Zinkahn/Bielenberg/Krautzberger, § 19 Rdnr. 53; a.A. Gaentzsch in Berliner Kommentar zum Baugesetzbuch, § 19 Rdnr. 21.

bekanntzugeben[1] und durch diesen selbständig anfechtbar[2] ist. Allerdings kann die Anfechtung des Zwischenbescheids die Genehmigungsfiktion nach § 22 Abs. 5 Satz 4 BauGB nur dann herbeiführen, wenn der Zwischenbescheid noch vor Erlaß eines Versagungsbescheids aufgehoben wird; kommt es zur Aufhebung vor Erlaß des Versagungsbescheids nicht, so berührt die Rechtswidrigkeit des Zwischenbescheids über die Fristverlängerung die Wirksamkeit der Fristverlängerung nicht[3].

Gemäß § 22 Abs. 5 Satz 4 BauGB gilt die Genehmigung als erteilt, wenn sie nicht innerhalb der – ggf. verlängerten – Genehmigungsfrist versagt wurde. Maßgebend für den Eintritt der **Genehmigungsfiktion** ist der Zeitpunkt des Zugangs des Versagungsbescheids bei dem Antragsteller; der Bescheid muß jedem Antragsteller innerhalb der Frist zugehen. Die durch § 22 Abs. 5 Satz 4 BauGB fingierte Genehmigung ist ein Verwaltungsakt und kann daher ebenso wie eine ausdrücklich erteilte Genehmigung gemäß § 48 VwVfG zurückgenommen werden, wenn sie rechtswidrig ist[4]. 2461

Häufig wird bei Teilungskäufen der Vertrag **vom Notar** bei der Baugenehmigungsbehörde **eingereicht**. In solchen Fällen ist Vorsicht geboten sowohl hinsichtlich der Zustellung des Zwischenbescheids nach § 22 Abs. 5 Satz 3 BauGB als auch hinsichtlich der Zustellung eines Versagungsbescheids nach § 22 Abs. 5 Satz 4 BauGB. In der Regel wird der Notar im Vertrag zur Entgegennahme der Entscheidungen bevollmächtigt, damit er möglichst schnell in den Besitz der Genehmigungen gelangt und die erforderlichen weiteren Maßnahmen beim Grundbuchamt einleiten kann. Fehlt es an einer solchen Bevollmächtigung, so läßt die Zustellung eines Zwischenbescheids oder eines Versagungsbescheids an den Notar die Genehmigungsfiktion nicht entfallen. 2462

Über den Eintritt der **Genehmigungsfiktion** gemäß § 22 Abs. 5 Satz 4 BauGB hat die Gemeinde gemäß § 22 Abs. 5 Satz 5 BauGB auf Antrag ein **Zeugnis** auszustellen. Dieses Zeugnis ist ein feststellender Verwaltungsakt[5]. 2463

Die **Entscheidung** über den Genehmigungsantrag bedarf der Schriftform[6]. Die Genehmigung darf gemäß § 36 Abs. 1 VwVfG unter Auflagen erteilt 2464

---

1 BVerwG v. 24.10.1991 – 4 B 181.91, Buchholz 406.11 § 19 Nr. 53.
2 A.A. OVG Lüneburg v. 25.1.1993 – 1 L 85/90, NVwZ 1994, 81 sowie Schmaltz in Schrödter, § 19 Rdnr. 28 (die Anfechtung sei durch § 44a VwGO ausgeschlossen); Söfker in Ernst/Zinkahn/Bielenberg/Krautzberger, § 19 Rdnr. 53 (für die Anfechtung fehle das Rechtsschutzbedürfnis).
3 Insoweit zutreffend OVG Lüneburg v. 25.1.1993 – 1 L 85/90, NVwZ 1994, 81.
4 BVerwG v. 28.2.1975 – 4 C 77.74, BVerwGE 48, 87 = BRS 29 Nr. 71 = BauR 1975, 399 = DVBl. 1975, 512 = NJW 1975, 1240.
5 Vgl. BVerwG v. 20.11.1973 – IV B 156.73, Buchholz 406.11 § 23 Nr. 5 = BauR 1974, 43; BVerwG v. 21.11.1986 – IV C 37.84, BauR 1987, 282 = NJW 1987, 1348.
6 Vgl. BVerwG v. 16.4.1971 – IV C 2.69, BRS 24 Nr. 168 = BauR 1971, 246 = DVBl. 1971, 756.

werden, wenn dadurch Versagungsgründe ausgeräumt werden; das wird allerdings praktisch kaum in Betracht kommen. Bedingungen, Befristungen oder Widerrufsvorbehalte wären wegen der zivilrechtlichen Wirkungen der Genehmigung nicht sachgerecht[1].

3. Gründe für die Versagung der Genehmigung

2465 Gemäß § 22 Abs. 4 Satz 1 BauGB darf die Genehmigung nur versagt werden, wenn durch die Begründung oder Teilung der Rechte die Zweckbestimmung des Gebiets für den Fremdenverkehr und dadurch die städtebauliche Entwicklung und Ordnung beeinträchtigt wird. Während § 22 Abs. 1 Satz 3 BauGB eine abstrakte Beurteilung der Möglichkeit der Beeinträchtigung verlangt, ist nach § 22 Abs. 4 Satz 1 BauGB im Genehmigungsverfahren eine **konkrete Betrachtung** erforderlich. Eine Beeinträchtigung i.S. von § 22 Abs. 4 Satz 1 BauGB liegt „jedenfalls dann vor, wenn aufgrund der konkreten örtlichen Gegebenheiten und feststellbaren Entwicklungstendenzen durch die beantragte Teilung eine (weitere) Verschlechterung der Situation eintritt"[2]. Dabei darf die beantragte Teilung nicht isoliert beurteilt werden; es ist vielmehr auch die von ihr ausgehende Vorbildwirkung zu berücksichtigen[3]. Bei der Beurteilung ist – ebenso wie bei Anwendung von § 22 Abs. 1 Satz 3 BauGB – vor allem von Bedeutung, ob eine Entwicklung zur Einrichtung von Zweitwohnungen bereits eingesetzt hat[4]. Die Gefahr einer Beeinträchtigung der Fremdenverkehrsfunktion kann auch durch die Entstehung verhältnismäßig großer Wohnungen begründet werden[5]. Nach Auffassung des Bundesverwaltungsgerichts wird die konkrete Gefahr der Beeinträchtigung der Fremdenverkehrsfunktion auch nicht durch eine „Fremdenverkehrsdienstbarkeit" ausgeräumt, nach deren Inhalt die Wohnungen nicht als Zweitwohnungen genutzt werden können, weil die Einhaltung einer solchen Verpflichtung schwer zu überwachen sei[6].

2466 Gemäß § 22 Abs. 4 Satz 2 BauGB ist die Genehmigung zu erteilen, wenn sie erforderlich ist, damit **Ansprüche Dritter** erfüllt werden können, zu deren Sicherung vor dem Zeitpunkt des Wirksamwerdens des Genehmigungsvorbehalts eine Vormerkung im Grundbuch eingetragen oder ein Antrag auf Eintragung einer Vormerkung beim Grundbuchamt eingegangen ist.

---

1 Ebenso Dürr in Brügelmann, § 20 Rdnr. 49; Söfker in Ernst/Zinkahn/Bielenberg/Krautzberger, § 19 Rdnr. 42.
2 So BVerwG v. 27.9.1995 – 4 C 12.94, BVerwGE 99, 237 = Buchholz 406.11 § 22 Nr. 3 = BRS 57 Nr. 123 = BauR 1996, 72 = DVBl. 1996, 55 = NVwZ-RR 1996, 373.
3 BVerwG v. 27.9.1995 – 4 C 12.94 ebenda.
4 Dazu oben Rdnr. 2452.
5 BVerwG v. 27.9.1995 – 4 C 28.94, BVerwGE 99, 242 = Buchholz 406.11 § 22 Nr. 4 = BRS 57 Nr. 122 = BauR 1996, 68 = DVBl. 1996, 52 = NVwZ 1996, 999.
6 BVerwG v. 27.9.1995 – 4 C 12.94, BVerwGE 99, 237 = Buchholz 406.11 § 22 Nr. 3 = BRS 57 Nr. 123 = BauR 1996, 72 = DVBl. 1996, 55 = NVwZ-RR 1996, 373.

In einem solchen Fall greifen die Versagungsgründe des § 22 Abs. 4 Satz 1 BauGB nicht durch. Unabhängig davon kann die Genehmigungsbehörde gemäß § 22 Abs. 4 Satz 3 BauGB die Genehmigung erteilen, wenn die Versagung der Genehmigung wegen der mit ihr verbundenen wirtschaftlichen Nachteile für den Eigentümer eine **besondere Härte** bedeuten würde. Dies setzt „ungewollte und unverhältnismäßige Belastungen des Eigentümers" voraus; eine Fehlkalkulation genügt nicht[1].

Die Ausnahmeregelung in § 22 Abs. 4 Satz 3 BauGB zeigt, daß der Baugenehmigungsbehörde im übrigen **kein Ermessen** zusteht, sofern Versagungsgründe nach § 22 Abs. 4 Satz 1 BauGB vorliegen und Satz 2 nicht eingreift[2]. 2467

Wird die Genehmigung versagt, so kann dem Eigentümer gemäß § 22 Abs. 7 BauGB ein **Übernahmeanspruch** zustehen. 2468

4. Rechtswirkungen der Genehmigung und des Zeugnisses nach § 22 Abs. 5 Satz 5 BauGB

Besteht ein Genehmigungsvorbehalt durch Bebauungsplan oder Satzung, so darf das **Grundbuchamt** gemäß § 22 Abs. 6 Satz 1 BauGB die von § 22 Abs. 1 Satz 1 und Satz 2 BauGB erfaßten Eintragungen in das Grundbuch nur vornehmen, wenn der Genehmigungsbescheid oder ein Zeugnis vorliegt, nach dessen Inhalt die Genehmigung nicht erforderlich ist oder als erteilt gilt. Das Grundbuchamt muß selbständig prüfen, ob das Grundstück im Geltungsbereich eines Bebauungsplans oder einer sonstigen Satzung nach Abs. 1 liegt; es nimmt diese Prüfung auf der Grundlage der Mitteilungen über den Erlaß und die Aufhebung von Satzungen sowie über Freistellungserklärungen vor, zu denen die Gemeinde gemäß § 22 Abs. 2 Sätze 3 und 4 sowie Abs. 8 Sätze 2 und 3 BauGB verpflichtet ist. Das Grundbuchamt prüft nicht die materiellen Voraussetzungen der Genehmigung oder des Zeugnisses. 2469

Hat das Grundbuchamt eine Eintragung ohne die erforderliche Genehmigung oder ohne Zeugnis nach § 22 Abs. 5 Satz 5 BauGB vorgenommen, so ist das Grundbuch unrichtig. Die Gemeinde kann daher gemäß § 22 Abs. 6 Satz 2 BauGB einen **Widerspruch** in das Grundbuch eintragen lassen. 2470

---

1 BVerwG v. 27.9.1995 – 4 C 28.94, BVerwGE 99, 242 = Buchholz 406.11 § 22 Nr. 4 = BRS 57 Nr. 122 = BauR 1996, 68 = DVBl. 1996, 52 = NVwZ 1996, 999.
2 I.E. ebenso Krautzberger in Battis/Krautzberger/Löhr, § 22 Rdnr. 14; Söfker in Ernst/Zinkahn/Bielenberg/Krautzberger, § 22 Rdnr. 45; a.A. Brohm, Ermessen und Beurteilungsspielraum im Grundrechtsbereich, JZ 1995, 369, 374; Schmaltz in Schrödter, § 22 Rdnr. 17 unter Hinweis auf BVerwG v. 18.6.1997 – 4 C 2.97, BVerwGE 105, 67 = BRS 59 Nr. 254 = BauR 1997, 992 = DVBl. 1998, 40 zu § 172 Abs. 4 Satz 1 BauGB – dieser Hinweis überzeugt jedoch nicht, weil § 172 BauGB keine Regelung enthält, die § 22 Abs. 4 Satz 3 BauGB entspricht.

IV. Der Bodenverkehr in den Sanierungsgebieten und Entwicklungsbereichen

2471 In den durch eine Sanierungssatzung förmlich festgelegten Sanierungsgebieten (§ 142 Abs. 1 Satz 1 BauGB) ist die Grundstücksteilung gemäß **§ 144 Abs. 2 Nr. 5 BauGB** genehmigungspflichtig. Diese Genehmigungspflicht kann gemäß § 142 Abs. 4 BauGB in der Sanierungssatzung ausgeschlossen werden.

2472 Die Genehmigungspflicht nach § 144 Abs. 1 und Abs. 2 BauGB erstreckt sich über Grundstücksteilungen hinaus auf Bauvorhaben i.S. von § 29 BauGB und sonstige wertsteigernde Maßnahmen (§ 144 Abs. 1 Nr. 1 i.V.m. § 14 Abs. 1 BauGB), Veräußerungsgeschäfte einschließlich der zugrundeliegenden schuldrechtlichen Vereinbarungen (§ 144 Abs. 2 Nr. 1 und Nr. 3 BauGB), Grundstücksbelastungen einschließlich der zugrundeliegenden schuldrechtlichen Vereinbarungen (§ 144 Abs. 2 Nr. 2 bis 4 BauGB) und Gebrauchsüberlassungsverträge (§ 144 Abs. 1 Nr. 2 BauGB). Auf die Lage der Flächen im Geltungsbereich eines Bebauungsplans kommt es nicht an; dieser wird regelmäßig erst nach der förmlichen Festlegung des Sanierungsgebiets aufgestellt.

2473 **Ausgenommen** von der Genehmigungspflicht sind die in § 144 Abs. 4 BauGB bezeichneten Vorgänge. Die Gemeinde kann die Genehmigung für bestimmte Fälle auch gemäß § 144 Abs. 3 BauGB allgemein erteilen.

2474 Für das **Genehmigungsverfahren** gelten dieselben Grundsätze wie im Geltungsbereich einer Satzung nach § 22 Abs. 1 BauGB. Zuständig für die Genehmigung ist allerdings gemäß § 144 Abs. 1 bzw. Abs. 2 BauGB die Gemeinde. Diese hat gemäß § 145 Abs. 1 Satz 1 BauGB innerhalb eines Monats nach Eingang des Antrags zu entscheiden. Die Regelungen in § 22 Abs. 5 Sätze 3 bis 5 BauGB über die Verlängerung der Bearbeitungsfrist durch Zwischenbescheid und die fingierte Genehmigung bei Fristüberschreitung gelten gemäß § 145 Abs. 1 Satz 2 BauGB entsprechend.

2475 Der Gemeinde steht bei der Entscheidung über die Genehmigung **kein Ermessen** zu. Sie darf die Genehmigung gemäß § 145 Abs. 2 BauGB nur versagen, wenn Grund zu der Annahme besteht, daß das Vorhaben, der Rechtsvorgang einschließlich der Teilung des Grundstücks oder die damit erkennbar bezweckte Nutzung die Durchführung der Sanierung unmöglich machen oder wesentlich erschweren oder den Zielen und Zwecken der Sanierung zuwiderlaufen würde. Die für die Anwendung dieser Regelung maßgebenden Sanierungsziele sind häufig zu Beginn der Sanierung noch wenig präzise. Sie müssen aber im Verlauf des Sanierungsverfahrens zunehmend konkretisiert werden; geschieht dies nicht, so kann sich aus diesem Versäumnis ein Genehmigungsanspruch ergeben[1]. Eine wesentliche Er-

---
1 Vgl. BVerwG v. 6.7.1984 – 4 C 14.81, BRS 42 Nr. 234 = BauR 1985, 186 = DVBl. 1985, 114 = NVwZ 1985, 184; BVerwG v. 7.9.1984 – 4 C 20.81, BVerwGE 70, 83 =

schwerung der Sanierung kann sich daraus ergeben, daß bei dem Rechtsgeschäft der vereinbarte Gegenwert über den nach den Vorschriften des BauGB zu leistenden Ausgleichs- und Entschädigungsleistungen liegt; einer Versagung der Genehmigung unter diesem Gesichtspunkt können die Beteiligten aber durch einen Entschädigungsverzicht nach § 145 Abs. 3 BauGB entgegenwirken.

Bei Versagung der Genehmigung kann ein **Übernahmeanspruch** aus § 145 Abs. 5 BauGB bestehen. 2476

Die **zivilrechtliche Wirksamkeit** der genehmigungsbedürftigen Vorgänge nach § 144 Abs. 2 BauGB ist von der Genehmigung bzw. dem Negativattest abhängig. Für die Eintragungen im Grundbuch gelten dieselben Grundsätze wie im Geltungsbereich einer Satzung nach § 22 Abs. 1 BauGB. Das ergibt sich aus der Verweisung auf § 22 Abs. 6 BauGB in § 145 Abs. 6 BauGB. 2477

Im **Entwicklungsbereich** sind gemäß § 169 Abs. 1 Nr. 3 BauGB die §§ 144, 145 BauGB entsprechend anzuwenden. Die Genehmigungspflicht kann für die Grundstücksteilung nicht durch die Entwicklungssatzung ausgeschlossen werden, weil § 142 Abs. 4 BauGB nicht anwendbar ist. 2478

C. Die gesetzlichen Vorkaufsrechte der Gemeinde

I. Die Vorkaufsrechtsgebiete

Das BauGB bezeichnet in § 24 Abs. 1 Flächen, die kraft Gesetzes mit einem allgemeinen Vorkaufsrecht der Gemeinde belastet sind (dazu unten 1.). Die Gemeinde kann dieses Vorkaufsrecht ergänzen, indem sie gemäß § 25 BauGB ein besonderes Vorkaufsrecht durch Satzung begründet (dazu unten 2.). 2479

1. Das Allgemeine Vorkaufsrecht

a) Vorkaufsrecht an Bebauungsplanflächen und im Bebauungsplan-Aufstellungsgebiet für öffentliche Zwecke oder Ausgleichsmaßnahmen

Gemäß **§ 24 Abs. 1 Satz 1 Nr. 1 BauGB** steht der Gemeinde ein Vorkaufsrecht zu im Geltungsbereich eines Bebauungsplans, soweit es sich um Flächen handelt, für die nach dem Bebauungsplan eine Nutzung für öffentliche Zwecke oder für Flächen oder Maßnahmen zum Ausgleich nach § 1a Abs. 3 BauGB festgesetzt ist. Dieses Vorkaufsrecht kann gemäß § 24 Abs. 1 Satz 2 BauGB bereits nach Beginn der öffentlichen Auslegung ausgeübt werden, 2480

BRS 42 Nr. 233 = BauR 1985, 189 = DVBl. 1985, 116 = NJW 1985, 278; BVerwG v. 27.5.1997 – 4 B 98.96, Buchholz 406.11 § 145 Nr. 5.

wenn die Gemeinde einen Beschluß zur Aufstellung, Änderung oder Ergänzung eines Bebauungsplans gefaßt hat.

2481 **Bebauungsplan** im Sinne dieser Regelungen ist der qualifizierte Bebauungsplan i.S. von § 30 Abs. 1 BauGB und der einfache Bebauungsplan i.S. von § 30 Abs. 3 BauGB. Das Vorkaufsrecht besteht auch für die übergeleiteten Bebauungspläne[1]. Das Vorkaufsrecht besteht dagegen nicht im Geltungsbereich eines vorhabenbezogenen Bebauungsplans; denn gemäß § 12 Abs. 3 Satz 2 BauGB sind die §§ 24 bis 28 BauGB im Geltungsbereich eines solchen Bebauungsplans nicht anzuwenden. Der Bebauungsplan muß wirksam sein. Durch ein anhängiges Normenkontrollverfahren wird die Gemeinde an der Ausübung des Vorkaufsrechts allerdings nicht gehindert, weil der Normenkontrollantrag keine aufschiebende Wirkung entfaltet; die von der Ausübung des Vorkaufsrechts betroffenen Beteiligten können ggf. eine Inzidentkontrolle des Bebauungsplans im Klageverfahren gegen den Bescheid über die Ausübung des Vorkaufsrechts herbeiführen.

2482 § 24 Abs. 1 Satz 2 BauGB erweitert das Vorkaufsrecht auf **Bebauungsplan-Aufstellungsgebiete**. Der Beschluß über die Aufstellung des Bebauungsplans muß über den Wortlaut der gesetzlichen Regelung hinaus nicht nur gefaßt, sondern auch gemäß § 2 Abs. 1 Satz 2 BauGB bekanntgemacht sein; sonst ist er ein bloßes Verwaltungsinternum ohne Außenwirkung[2]. Es genügt, daß die öffentliche Auslegung nach § 3 Abs. 2 BauGB begonnen hat; materielle Planreife nach § 33 Abs. 1 BauGB ist nicht erforderlich[3]. Da das Vorkaufsrecht „beim Kauf" entsteht, müssen die Bekanntmachung des Aufstellungsbeschlusses und der Beginn der Auslegung des Planentwurfs vor dem Abschluß des Kaufvertrages liegen; die Gemeinde kann nicht nachträglich innerhalb der Ausübungsfrist des § 28 Abs. 2 Satz 1 BauGB das Vorkaufsrecht schaffen[4]. Aus der Bezugnahme auf § 24 Abs. 1 Satz 1 Nr. 1 BauGB ergibt sich, daß das Vorkaufsrecht nur für Flächen ausgeübt werden darf, für die nach dem ausgelegten Planentwurf eine Nutzung für öffentliche Zwecke oder für Ausgleichsflächen oder -maßnahmen vorgesehen ist.

2483 Die Festsetzung (bzw. der Entwurf der Festsetzung) bezieht sich auf **öffentliche Zwecke** nur dann, wenn diese im Bebauungsplan (bzw. im Entwurf) ausdrücklich vorgesehen sind. Es genügt nicht, daß auf der Grundlage von Festsetzungen des Bebauungsplans, die eine öffentliche Nutzung lediglich ermöglichen, eine öffentliche Nutzung beabsichtigt ist.

---

[1] BVerwG v. 10.2.1983 – 4 B 15.83, BRS 40 Nr. 3 = BayVBl. 1983, 644.
[2] Ebenso Stock in Ernst/Zinkahn/Bielenberg/Krautzberger, § 24 Rdnr. 18; a.A. Jäde in Jäde/Dirnberger/Weiß, § 24 Rdnr. 8.
[3] A.A. Roos in Brügelmann, § 24 Rdnr. 24b.
[4] Vgl. auch zum Vorkaufsrecht nach § 25 Abs. 1 Satz 1 Nr. 2 BauGB BVerwG v. 14.4.1994 – 4 B 70.94, Buchholz 406.11 § 25 Nr. 2 = BRS 56 Nr. 94 = BauR 1994, 495 = ZfBR 1994, 248.

Beispiel: 2484

Weist ein Bebauungsplan ein allgemeines Wohngebiet aus, so sind dort gemäß § 4 Abs. 2 Nr. 3 BauNVO Anlagen für soziale Zwecke zulässig. Beabsichtigt die Gemeinde dort die Einrichtung einer kommunalen Behindertenbegegnungsstätte, so ist dies rechtlich eine Nutzung zu einem öffentlichen Zweck. Das Grundstück kann aber nicht mit dem Vorkaufsrecht nach § 24 Abs. 1 Satz 1 Nr. 1 BauGB erworben werden, weil die beabsichtigte Nutzung, mag sie auch im allgemeinen Wohngebiet zulässig sein, nicht im Bebauungsplan festgesetzt ist.

Festgesetzte Nutzungen für öffentliche Zwecke können insbesondere sein: 2485
Straßen oder Wege, Flächen für den Gemeinbedarf, öffentliche Sportanlagen, öffentliche (nicht private) Grünflächen, öffentliche Friedhöfe, Versorgungsflächen (z.B. Wasserwerk, Kläranlage etc.) (vgl. insbesondere § 9 Abs. 1 Nrn. 5, 11, 12, 14, 15, 16 BauGB). Zur Abgrenzung kann auf § 40 Abs. 1 BauGB zurückgegriffen werden; soweit ein Übernahmeanspruch nach § 40 Abs. 2 BauGB bestehen kann, ist die Festsetzung zugleich auf öffentliche Zwecke i.S. von § 24 Abs. 1 Satz 1 Nr. 1 BauGB bezogen.

Es muß sich grundsätzlich um öffentliche Zwecke der **Gemeinde** handeln[1]. 2486
Die Gemeinde kann das Vorkaufsrecht nach § 24 Abs. 1 Nr. 1 BauGB grundsätzlich nur für eigene, in ihrer Planungs- und Aufgabenhoheit stehende öffentliche Zwecke ausüben. Das verdeutlicht auch § 26 Nr. 3 BauGB, wonach das Vorkaufsrecht für Flächen ausgeschlossen ist, die gemäß § 38 BauGB der kommunalen Planungshoheit entzogen sind. Ausnahmsweise kann die Gemeinde aber gemäß § 27a Abs. 1 Satz 1 Nr. 2 BauGB das Vorkaufsrecht zu Gunsten eines **öffentlichen Bedarfs- oder Erschließungsträgers** mit dessen Zustimmung ausüben.

Festsetzungen für **Flächen oder Maßnahmen zum Ausgleich** i.S. von § 1a 2487
Abs. 3 BauGB können Festsetzungen nach § 9 Abs. 1 Nrn. 15, 16, 18, 20 oder 25 BauGB sein. Solche Festsetzungen müssen nicht notwendig in der Planzeichnung oder im Textteil des Bebauungsplans als Ausgleichsflächen oder -maßnahmen bezeichnet sein. Es genügt, daß ein entsprechender Bezug der Festsetzungen sich aus der Planbegründung ergibt. Für diese Flächen braucht der Bebauungsplan (bzw. der Planentwurf) eine öffentliche Nutzung nicht vorzusehen (sonst greift ohnehin die 1. Alternative ein). Praktische Bedeutung entfaltet das Vorkaufsrecht daher vor allem dann, wenn die Gemeinde gemäß § 135a Abs. 2 BauGB zur Durchführung von Ausgleichsmaßnahmen verpflichtet ist, ohne daß der Bebauungsplan (oder der Planentwurf) eine öffentliche Nutzung der Ausgleichsflächen vorsieht[2]. Soweit die Vorhabenträger gemäß § 135a Abs. 1 BauGB die Maßnahmen durchzuführen haben, wird regelmäßig das Wohl der Allgemeinheit die Ausübung des Vorkaufsrechts nicht i.S. von § 24 Abs. 3 Satz 1 BauGB rechtfertigen[3].

---
1 Auf die Rechtsform der Betreibung kommt es allerdings nicht an.
2 Zu eng insoweit Stock in Ernst/Zinkahn/Bielenberg/Krautzberger, § 24 Rdnr. 22.
3 Ebenso Roos in Brügelmann, § 24 Rdnr. 48a; Schrödter in Schrödter, § 24 Rdnr. 7b; Stock in Ernst/Zinkahn/Bielenberg/Krautzberger, § 24 Rdnr. 22.

b) Vorkaufsrecht in Umlegungsgebieten

2488 Gemäß **§ 24 Abs. 1 Satz 1 Nr. 2 BauGB** steht den Gemeinden das Vorkaufsrecht an Grundstücken in einem Umlegungsgebiet zu. Das Umlegungsgebiet (§ 52 BauGB) wird gemäß § 47 Abs. 1 Satz 2 BauGB im Umlegungsbeschluß bezeichnet. Es entsteht mit der Bekanntmachung des Umlegungsbeschlusses gemäß § 50 Abs. 1 Satz 1 BauGB[1]. Ähnlich wie bei Anwendung von § 24 Abs. 1 Satz 2 BauGB[2] muß das Grundstück vor Abschluß des Kaufvertrages wirksam in ein Umlegungsgebiet einbezogen sein. Ein Bebauungsplan ist, wie sich aus § 45 Satz 1 Nr. 2 BauGB ergibt, nicht erforderlich.

2489 Der **Widerspruch gegen den Umlegungsbeschluß** hat gemäß § 212a BauGB keine aufschiebende Wirkung. Wird die aufschiebende Wirkung gemäß § 80 Abs. 5 VwGO angeordnet, so stellt sich die Frage, ob die Ausübung des Vorkaufsrechts wirksam ist, wenn der Rechtsbehelf ohne Erfolg bleibt. Die Beurteilung dieser Frage hängt davon ab, ob der Widerspruch eine Hemmung der Wirksamkeit oder nur der Vollziehbarkeit bewirkt[3].

2490 Die Gemeinde kann die Befugnis zur Ausübung des Vorkaufsrechts gemäß § 46 Abs. 5 BauGB dem Umlegungsausschuß übertragen.

c) Vorkaufsrecht in Sanierungsgebieten und Entwicklungsbereichen

2491 Gemäß **§ 24 Abs. 1 Satz 1 Nr. 3 BauGB** steht der Gemeinde ein Vorkaufsrecht in einem förmlich festgelegten Sanierungsgebiet und in einem städtebaulichen Entwicklungsbereich zu. Das Sanierungsgebiet wird durch die Entwicklungssatzung förmlich festgelegt (§ 142 Abs. 3 BauGB), der städtebauliche Entwicklungsbereich durch die Entwicklungssatzung (§ 165 Abs. 6 BauGB). Das Vorkaufsrecht entsteht in beiden Gebieten durch die öffentliche Bekanntmachung der Satzung (§ 143 Abs. 1 bzw. § 165 Abs. 8 BauGB). Die Ausübung des Vorkaufsrechts setzt in diesen Gebieten voraus, daß zunächst der Kaufvertrag gemäß § 144 Abs. 2 Nr. 1 BauGB (im Entwicklungsbereich i.V.m. § 169 Abs. 1 Nr. 3 BauGB) genehmigt wird, sofern nicht (nur im Sanierungsgebiet) die Genehmigungspflicht gemäß § 142 Abs. 4 BauGB ausgeschlossen ist. Die Sanierungs- bzw. Entwicklungssatzung muß im Zeitpunkt des Abschlusses des Kaufvertrags bereits in Kraft sein[4]. Ebensowenig wie im Geltungsbereich eines Bebauungsplans wird die Ausübung des Vorkaufsrechts durch ein anhängiges Normenkontrollverfahren berührt;

---

1 Vgl. BGH v. 10.7.1975 – 3 ZR 75/73, NJW 1975, 2195 = MDR 1975, 1006.
2 Vgl. dazu Rdnr. 2482.
3 Vgl. zu dieser allgemeinen Problematik zusammenfassend Schoch in Schoch/Schmidt-Aßmann/Pietzner, Verwaltungsgerichtsordnung, § 80 Rdnr. 73 ff.
4 Vgl. dazu in Bezug auf die Satzung nach § 25 Abs. 1 Satz 1 Nr. 2 BauGB BVerwG v. 14.4.1994 – 4 B 70.94, Buchholz 406.11 § 25 Nr. 2 = BRS 56 Nr. 94 = BauR 1994, 495 = ZfBR 1994, 248.

im Rechtsbehelfsverfahren gegen den Ausübungsbescheid kann eine Inzidentkontrolle der Sanierungs- bzw. Entwicklungssatzung herbeigeführt werden. Wird im Sanierungsverfahren die notwendige Konkretisierung der Sanierungsziele nicht herbeigeführt, so kann dies der Ausübung des Vorkaufsrechts entgegenstehen[1].

d) Vorkaufsrecht im Geltungsbereich einer Erhaltungssatzung

§ 24 Abs. 1 Satz 1 Nr. 4 BauGB gibt der Gemeinde die Möglichkeit, das Vorkaufsrecht im Gebiet von Satzungen zur Sicherung von Durchführungsmaßnahmen des Stadtumbaus und Erhaltungssatzungen an bebauten oder unbebauten Grundstücken auszuüben. Es gelten dieselben Grundsätze wie für das Vorkaufsrecht nach § 24 Abs. 1 Satz 1 Nr. 3 BauGB. Die Satzung muß im Zeitpunkt des Abschlusses des Kaufvertrags gemäß § 171d Abs. 2 bzw. § 172 Abs. 2 BauGB bekanntgemacht sein.

2492

e) Vorkaufsrecht im Außenbereich für Wohnzwecke auf der Grundlage eines Flächennutzungsplans oder Flächennutzungsplanentwurfs

Gemäß **§ 24 Abs. 1 Satz 1 Nr. 5 BauGB** steht der Gemeinde ein Vorkaufsrecht für unbebaute Flächen im Außenbereich zu, für die nach dem Flächennutzungsplan eine Nutzung als Wohnbaufläche oder Wohngebiet dargestellt ist. Dieses Vorkaufsrecht wird durch § 24 Abs. 1 Satz 3 BauGB erweitert auf Flächen im Außenbereich, die im Entwurf eines Flächennutzungsplans als Wohnbaufläche oder Wohngebiet dargestellt sind, sofern die Gemeinde einen Beschluß über die Aufstellung, Änderung oder Ergänzung des Flächennutzungsplans gefaßt und ortsüblich bekanntgemacht (§ 2 Abs. 1 Satz 2 BauGB) hat und nach dem Stand der Planungsarbeiten anzunehmen ist, daß der künftige Flächennutzungsplan eine solche Nutzung darstellen wird. Eine solche Annahme wird regelmäßig erst nach Durchführung des Beteiligungsverfahrens gemäß § 3 Abs. 2 BauGB möglich sein[2]. Wie auch bei Anwendung von § 24 Abs. 1 Satz 2 BauGB ist der Zeitpunkt des Abschlusses des Kaufvertrages maßgebend[3].

2493

Mit der Beschränkung auf den **Außenbereich** knüpft § 24 Abs. 1 Satz 1 Nr. 5 BauGB an die Abgrenzung des Innenbereichs vom Außenbereich durch § 34 Abs. 1 Satz 1 BauGB an. Zum Außenbereich gehören alle Flä-

2494

---
1 Offen gelassen bei BVerwG v. 15.3.1995 – 4 B 33.95, Buchholz 406.11 § 24 Nr. 6 = BRS 57 Nr. 125 = BauR 1995, 663.
2 Ebenso Roos in Brügelmann, § 24 Rdnr. 113i; Stock in Ernst/Zinkahn/Bielenberg/ Krautzberger, § 24 Rdnr. 35.
3 Ebenso Paetow in Berliner Kommentar zum Baugesetzbuch, § 24 Rdnr. 16; Roos in Brügelmann, § 24 Rdnr. 35n; Stock in Ernst/Zinkahn/Bielenberg/Krautzberger, § 24 Rdnr. 35; mißverständlich insoweit BVerwG v. 24.10.1996 – 4 C 1.96, Buchholz 406.111 § 3 Nr. 1 = BRS 58 Nr. 95 = BauR 1997, 276 = DVBl. 1997, 432 = NVwZ-RR 1997, 462.

chen, die nicht im Geltungsbereich eines Bebauungsplans i.S. von § 30 BauGB und innerhalb der im Zusammenhang bebauten Ortsteile i.S. von § 34 BauGB liegen[1]. Flächen, für die eine Genehmigung nach § 33 BauGB erteilt werden kann, können zugleich im Außenbereich gelegen sein; insoweit überschneidet sich der Anwendungsbereich von § 24 Abs. 1 Satz 1 Nr. 5 und Nr. 6 BauGB (vgl. aber Rdnr. 2495).

2495 **Wohnbauflächen und Wohngebiete** sind die Flächen, die im Flächennutzungsplan nach § 1 Abs. 1 Nr. 1 bzw. § 1 Abs. 2 Nr. 1 bis 3 BauNVO dargestellt sind. Dorfgebiete, Mischgebiete oder Ferienhausgebiete sind keine Wohngebiete. Die besonderen Wohngebiete gemäß § 1 Abs. 2 Nr. 4 BauGB werden in aller Regel nicht erfaßt, weil diese Gebiete gemäß § 4a Abs. 1 BauGB überwiegend bebaut sind und daher nicht im Außenbereich liegen können. Die Darstellung im Flächennutzungsplan oder im Entwurf des Flächennutzungsplans rechtfertigt die Ausübung des Vorkaufsrechts ausnahmsweise nicht, wenn in einem Bebauungsplan oder einem Bebauungsplanentwurf eine andere Nutzung vorgesehen ist[2].

2496 **Unbebaut** ist ein Grundstück, wenn sich auf ihm keine bauliche Anlage i.S. von § 29 Abs. 1 BauGB befindet. Auch eine nur geringfügige Bebauung schließt das Vorkaufsrecht aus[3]. Nicht zu berücksichtigen ist allerdings eine formell und materiell baurechtswidrige Bebauung, die bauaufsichtlich nicht geduldet wird[4]. Dasselbe gilt für eine bauliche Anlage, die für jeden Eigentümer wirtschaftlich und unter Berücksichtigung etwaiger Hobbies ohne Wert ist.

f) Vorkaufsrecht für Wohnzwecke in Gebieten nach §§ 30, 33, 34 Abs. 2 BauGB

2497 Gemäß § 24 Abs. 1 Satz 1 Nr. 6 BauGB steht der Gemeinde ein Vorkaufsrecht zu in Gebieten, die nach §§ 30, 33 oder 34 Abs. 2 BauGB vorwiegend mit Wohngebäuden bebaut werden können, soweit die Grundstücke unbebaut sind.

---

1 Vgl. zur Abgrenzung im einzelnen Rdnr. 1953 ff.
2 Ebenso Paetow in Berliner Kommentar zum Baugesetzbuch, § 24 Rdnr. 18; Stock in Ernst/Zinkahn/Bielenberg/Krautzberger, § 24 Rdnr. 42 f.
3 BVerwG v. 24.10.1996 – 4 C 1.96, Buchholz 406.111 § 3 Nr. 1 = BRS 58 Nr. 95 = BauR 1997, 276 = DVBl. 1997, 432 = NVwZ-RR 1997, 462 (Gleisanlagen als Bebauung); kritisch dazu Roos in Brügelmann, § 24 Rdnr. 35e sowie Stock in Ernst/Zinkahn/Bielenberg/Krautzberger, § 24 Rdnr. 37, die darauf abheben, ob die bauliche Anlage für sich allein wirtschaftlich sinnvoll genutzt werden kann.
4 Ebenso Jäde in Jäde/Dirnberger/Weiß, § 24 Rdnr. 15; Krautzberger in Battis/Krautzberger/Löhr, § 24 Rdnr. 13; Stock in Ernst/Zinkahn/Bielenberg/Krautzberger, § 24 Rdnr. 36; tendenziell auch BVerwG v. 24.10.1996 – 4 C 1.96, Buchholz 406.111 § 3 Nr. 1 = BRS 58 Nr. 95 = BauR 1997, 276 = DVBl. 1997, 432 = NVwZ-RR 1997, 462.

Gebiete, die vorwiegend mit Wohngebäuden bebaut werden können, sind die Gebiete, in denen das **Wohnen vorrangige Funktion** hat. Erfaßt werden deshalb die in § 1 Abs. 2 Nr. 1 bis 4 BauGB genannten Wohngebiete, nicht dagegen Dorfgebiete, Mischgebiete oder Ferienhausgebiete[1]. Soweit das Vorkaufsrecht im Gebiet eines Planentwurfs ausgeübt werden soll, muß eine derartige Wohngebietsfestsetzung nach dem Planentwurf für das Gebiet, in dem das verkaufte Grundstück liegt, vorgesehen sein, im unbeplanten Innenbereich muß die nähere Umgebung einem derartigen Wohngebiet i.S. von § 34 Abs. 2 BauGB entsprechen. Es ist nicht erforderlich, daß das verkaufte Grundstück selbst als bebaubare Fläche ausgewiesen bzw. nach dem Planentwurf für eine solche Ausweisung vorgesehen ist[2]; in der Regel wird allerdings das Wohl der Allgemeinheit die Ausübung des Vorkaufsrechts nur unter dieser Voraussetzung i.S. von § 24 Abs. 3 Satz 1 BauGB rechtfertigen.

2498

Für die Beurteilung der Frage, unter welchen Voraussetzungen ein Grundstück unbebaut ist, gelten dieselben Grundsätze wie bei Anwendung von § 24 Abs. 1 Satz 1 Nr. 5 BauGB. Obwohl § 24 Abs. 1 Satz 1 Nr. 6 BauGB auf §§ 30, 33 BauGB insgesamt verweist, greift das Vorkaufsrecht im Geltungsbereich eines vorhabenbezogenen Bebauungsplans und eines entsprechenden Entwurfs nicht ein, weil die Anwendung der §§ 24 ff. BauGB hier gemäß § 12 Abs. 3 Satz 2, 2. Halbsatz BauGB ausgeschlossen ist.

2499

2. Das besondere Vorkaufsrecht

a) Vorkaufsrechtssatzung in Bebauungsplangebieten

Die Gemeinde kann gemäß **§ 25 Abs. 1 Satz 1 Nr. 1 BauGB** im Geltungsbereich eines Bebauungsplans durch Satzung ihr Vorkaufsrecht an unbebauten Grundstücken begründen.

2500

Voraussetzung für die Satzung ist ein einfacher oder qualifizierter **Bebauungsplan** i.S. von § 30 Abs. 1 bzw. Abs. 3 BauGB, der mindestens gleichzeitig mit der Vorkaufsrechtssatzung in Kraft treten muß. Für den Geltungsbereich eines vorhabenbezogenen Bebauungsplans kann die Satzung nicht erlassen werden, weil § 25 BauGB gemäß § 12 Abs. 3 Satz 2 BauGB im Geltungsbereich eines solchen Bebauungsplans nicht anzuwenden ist. Die Satzung kann nicht über den Geltungsbereich eines Bebauungsplans hinausgehen, sie kann aber den Geltungsbereich mehrerer Pläne erfassen. Ist der Bebauungsplan nichtig, so führt dies zur Nichtigkeit auch der Satzung.

2501

Die Satzung kann das Vorkaufsrecht nur an **unbebauten Grundstücken** begründen. Für die Beurteilung der Frage, wann ein Grundstück unbebaut ist,

2502

---
1 Ebenso Jäde in Jäde/Dirnberger/Weiß, § 24 Rdnr. 17; Krautzberger in Battis/Krautzberger/Löhr, § 24 Rdnr. 15; Stock in Ernst/Zinkahn/Bielenberg/Krautzberger, § 24 Rdnr. 41; Schrödter in Schrödter, § 24 Rdnr. 18e.
2 Ebenso Stock in Ernst/Zinkahn/Bielenberg/Krautzberger, § 24 Rdnr. 43.

gelten dieselben Grundsätze wie bei Anwendung von § 24 Abs. 1 Satz 1 Nr. 5 BauGB[1]. Die Satzung braucht ihren Geltungsbereich nicht auf die unbebauten Grundstücke zu beschränken, sie begründet aber das Vorkaufsrecht nur für solche Grundstücke, die im Zeitpunkt des Abschlusses des Kaufvertrages unbebaut sind. Da die Satzung die Vorbereitung und Durchführung städtebaulicher Maßnahmen durch eine gezielte, ausschließlich an städtebaulichen Interessen orientierte Bodenvorratspolitik sichern soll[2], wäre allerdings der Erlaß einer Satzung für ein weitgehend bebautes Gebiet mit nur wenigen kleinen Baulücken verfehlt[3]. Die Gemeinde ist nicht gehalten, Flächen, für die bereits ein Vorkaufsrecht nach anderen Vorschriften (insbesondere § 24 Abs. 1 Satz 1 Nr. 1 BauGB) besteht, von dem Geltungsbereich der Satzung auszunehmen.

b) Vorkaufsrechtssatzung in städtebaulichen Maßnahmegebieten

2503 Die Gemeinde kann in Gebieten, in denen sie städtebauliche Maßnahmen in Betracht zieht, gemäß **§ 25 Abs. 1 Satz 1 Nr. 2 BauGB** zur Sicherung einer geordneten städtebaulichen Entwicklung ein Vorkaufsrecht durch Satzung begründen.

2504 **Städtebauliche Maßnahmen** im Sinne dieser Regelung sind die rechtlichen Instrumente, die das Städtebaurecht den Gemeinden zur Erfüllung städtebaulicher Entwicklungs- und Ordnungsaufgaben zur Verfügung stellt. Die Gemeinde muß deshalb den Erlaß von Bauleitplänen, einer Satzung zur Sicherung von Durchführungsmaßnahmen des Stadtumbaus oder einer Erhaltungssatzung oder die Durchführung von Sanierungs- oder Entwicklungsmaßnahmen oder eines Umlegungsverfahrens in Betracht ziehen. Ein Aktionsprogramm zur Schließung von Baulücken ist als solches keine städtebauliche Maßnahme[4].

2505 Die Gemeinde braucht die städtebauliche Maßnahme nur **in Betracht zu ziehen**. Dazu sind konkretisierte Planungsabsichten nicht erforderlich[5]. Eine kommunale Rahmenplanung kann ebenso wie andere informelle Ent-

---

1 Vgl. Rdnr. 2496.
2 Vgl. BT-Drucksache 7/4793 S. 15; VGH Mannheim v. 8.8.1990 – 3 S 132/90, NVwZ 1991, 284.
3 Ebenso Stock in Ernst/Zinkahn/Bielenberg/Krautzberger, § 25 Rdnr. 10.
4 Zutreffend Stock in Ernst/Zinkahn/Bielenberg/Krautzberger, § 25 Rdnr. 15; a.A. Bönker, Die Vorkaufssatzung gemäß § 25 Abs. 1 BauGB, BauR 1996, 313, 318; die unscharfe Formulierung des BVerwG, § 25 Abs. 1 Satz 1 Nr. 2 BauGB erfasse „alle Maßnahmen, die der Gemeinde dazu dienen, ihre Planungsvorstellungen zu verwirklichen, vorausgesetzt, sie weisen einen städtebaulichen Bezug auf" (Beschl. v. 14.4.1994 – 4 B 70.94, Buchholz 406.11 § 25 Nr. 2 = BRS 56 Nr. 94 = BauR 1994, 495 = ZfBR 1994, 248) stützt die Auffassung Bönkers nicht; zum erforderlichen städtebaulichen Bezug vgl. auch OVG Münster v. 28.7.1997 – 10a D 31/97.NE, BRS 59 Nr. 106 = BauR 1998, 303 = NVwZ 1999, 432.
5 BVerwG v. 14.4.1994 – 4 B 70.94, Buchholz 406.11 § 25 Nr. 2 = BRS 56 Nr. 94 = BauR 1994, 495 = ZfBR 1994, 248.

wicklungsplanungen belegen, daß die Gemeinde städtebauliche Maßnahmen in Betracht zieht[1]. Wie § 25 Abs. 2 Satz 2 BauGB zeigt, brauchen bei Erlaß der Satzung noch keine konkreten Vorstellungen über den Verwendungszweck der einzelnen Flächen im Satzungsgebiet zu bestehen. Gleichwohl genügt es nicht, daß die städtebaulichen Vorstellungen über die weitere Entwicklung des Gebiets noch völlig offen sind. Die Gemeinde kann nicht die Vorkaufsrechtssatzung gewissermaßen ins Blaue hinein erlassen, um die weiteren Planungen dann später davon abhängig zu machen, welche Flächen im Satzungsgebiet durch das Vorkaufsrecht erworben werden konnten. Es genügt auch nicht, daß die städtebauliche Maßnahme dem Grunde nach nur konzeptionell möglich ist; vielmehr muß sie ernsthaft in Erwägung gezogen werden[2]. Stehen die städtebaulichen Vorstellungen der Gemeinde in Widerspruch zu höherrangigen Planungen, so ist die Satzung zur Sicherung einer geordneten städtebaulichen Entwicklung nicht erforderlich.

Da die Satzung den **späteren Flächenerwerb durch die Gemeinde** ermöglichen soll, ist sie auch dann nicht erforderlich, wenn die Gemeinde einen solchen Erwerb nicht beabsichtigt, sondern mit der Satzung (rechtsmißbräuchlich) das Ziel verfolgt, Grundstückseigentümer von der Veräußerung ihrer Flächen an einen Dritten abzuhalten, dessen Bauabsichten die Gemeinde mißbilligt[3]. 2506

c) Verfahren

Zuständig für den Erlaß der Satzung ist das nach Landesrecht zuständige Organ der Gemeinde. Die Satzung muß ihren Geltungsbereich (ebenso wie ein Bebauungsplan) eindeutig festlegen. Sie bedarf keiner Begründung. Eine solche kann jedoch, insbesondere bei den Satzungen nach § 25 Abs. 1 Satz 1 Nr. 2 BauGB, zweckmäßig sein, um die planungsrechtlichen Vorstellungen der Gemeinde zu dokumentieren und um beurteilen zu können, ob das Grundstück i.S. von § 26 Nr. 4 BauGB entsprechend den Zielen und Zwecken der städtebaulichen Maßnahme bebaut ist und genutzt wird. Die Satzung unterliegt nicht den Anforderungen des Abwägungsgebots gemäß § 1 Abs. 6 BauGB[4]. § 1 Abs. 6 BauGB gilt nur für Bauleitpläne, nicht für sonstige Satzungen nach dem BauGB[5]. 2507

---

1 Vgl. VGH Mannheim v. 8.8.1990 – 3 S 132/90, NVwZ 1991, 284.
2 So auch OVG Münster v. 28.7.1997 – 10a D 31/97.NE, BRS 59 Nr. 106 = BauR 1998, 303 = NVwZ 1999, 432; Stock in Ernst/Zinkahn/Bielenberg/Krautzberger, § 25 Rdnr. 18; enger Schrödter in Schrödter, § 25 Rdnr. 6 ff.; weiter demgegenüber Jäde in Jäde/Dirnberger/Weiß, § 25 Rdnr. 7.
3 Vgl. dazu VGH Mannheim v. 27.10.1999 – 8 S 1281/99, BRS 62 Nr. 128 = NVwZ-RR 2000, 761.
4 Ebenso Roos in Brügelmann, § 25 Rdnr. 34; Stock in Ernst/Zinkahn/Bielenberg/Krautzberger, § 25 Rdnr. 22; a.A. VGH Mannheim v. 8.8.1990 – 3 S 132/90, NVwZ 1991, 284; Schrödter in Schrödter, § 25 Rdnr. 14.
5 Vgl. BVerwG v. 30.9.1992 – 4 B 35.92, Buchholz 406.11 § 14 Nr. 20 = BRS 54 Nr. 72 = BauR 1993, 62 = DÖV 1993, 250 = NVwZ 1993, 473 zur Veränderungssperre.

2508 Die Satzung bedarf keiner Anzeige oder Genehmigung. Sie ist gemäß § 25 Abs. 1 Satz 2 BauGB i.V.m. § 16 Abs. 2 BauGB bekannt zu machen und zur Einsicht bereit zu halten.

3. Zusammentreffen mehrerer Vorkaufsrechte

2509 Häufig liegen die Voraussetzungen mehrerer Vorkaufsrechte gleichzeitig vor. Das gilt sowohl im Verhältnis der Tatbestände des § 24 Abs. 1 BauGB untereinander als auch im Verhältnis dieser Tatbestände zu § 25 BauGB. So können z.B. die Vorkaufsrechte aus § 24 Abs. 1 Satz 1 Nr. 1 und Nr. 2 BauGB nebeneinander bestehen, ebenso das Vorkaufsrecht aus § 24 Abs. 1 Satz 1 Nr. 5 und Nr. 6 BauGB, wenn für ein im Flächennutzungsplan als Wohnbaufläche dargestelltes Gebiet zugleich die Planreife nach § 33 BauGB erreicht ist. Die Satzung nach § 25 Abs. 1 Satz 1 Nr. 1 BauGB wird regelmäßig zugleich Flächen umfassen, für die das Vorkaufsrecht nach § 24 Abs. 1 Satz 1 Nr. 1 BauGB besteht. In solchen Fällen kann die Frage auftreten, welchem Vorkaufsrecht der Vorrang zukommt, weil das Gesetz an die einzelnen Tatbestände des Vorkaufsrechts teilweise unterschiedliche Rechtsfolgen knüpft (vgl. § 25 Abs. 2 Satz 2, § 27 Abs. 2, § 27a Abs. 1 Satz 1 Nr. 2, § 28 Abs. 4 BauGB).

2510 In der Literatur wird versucht, allgemeine Grundsätze für die Konkurrenz mehrerer Vorkaufsrechte zu entwickeln. Dabei wird vor allem darauf abgehoben, aus welchem Grund die Gemeinde von dem Vorkaufsrecht Gebrauch gemacht hat; es werden auch Erwägungen zur Verdrängung allgemeiner Vorkaufsrechte durch speziellere Vorkaufsrechte angestellt[1]. Derartige allgemeine Erwägungen erscheinen nicht sachgerecht. Soweit sich die Abgrenzung nicht unmittelbar aus den Vorkaufsrechtstatbeständen ergibt[2], ist vielmehr auf den Regelungsgehalt derjenigen Vorschriften abzuheben, die Sonderbestimmungen für einzelne Vorkaufsrechtstatbestände enthalten[3].

II. Gegenstand und Ausschluß des Vorkaufsrechts

1. Kauf von Grundstücken

2511 Das Vorkaufsrecht steht der Gemeinde gemäß § 24 Abs. 1 BauGB beim Kauf von Grundstücken zu. Erfaßt werden daher alle Verträge, die eine

---

1 Vgl. dazu mit unterschiedlichen Akzenten Krautzberger in Battis/Krautzberger/Löhr, § 24 Rdnr. 26 f.; Roos in Brügelmann, § 24 Rdnr. 75; Schrödter in Schrödter, § 24 Rdnr. 40 f., § 25 Rdnr. 2; Stock in Ernst/Zinkahn/Bielenberg/Krautzberger, § 24 Rdnr. 45 f., § 25 Rdnr. 37 ff.
2 Vgl. Rdnr. 2499.
3 Vgl. dazu Rdnr. 2532, 2552, 2562, 2565.

Vereinbarung über die Übertragung des Grundstücks gegen Geld enthalten, nicht dagegen sonstige Gebrauchsüberlassungsverträge, Schenkungen, Tauschverträge oder Verträge, die persönliche Leistungen als Gegenleistung für die Übertragung des Grundstücks vorsehen. Unschädlich ist es allerdings, wenn neben der Geldleistung Nebenleistungen vereinbart sind, sofern diese Vereinbarung nicht gemäß § 466 Satz 2 BGB i.V.m. § 28 Abs. 2 Satz 2 BauGB zum Ausschluß des Vorkaufsrechts führt[1]. In Einzelfällen können auch Tauschverträge oder andere besondere Vertragsgestaltungen als Umgehungsgeschäfte erfaßt werden[2].

Der Kaufvertrag muß gemäß § 463 BGB i.V.m. § 28 Abs. 2 Satz 2 BauGB **mit einem Dritten** abgeschlossen worden sein. Deshalb löst der Verkauf von Bruchteilseigentum unter Miteigentümern ein Vorkaufsrecht nicht aus[3], ebensowenig die Veräußerung von einer Personengesellschaft an eine andere Personengesellschaft bei identischen Gesellschaftern. 2512

Der Kaufvertrag muß **wirksam** sein. Daran fehlt es, solange er (etwa gemäß § 144 Abs. 2 Nr. 1 BauGB) noch der behördlichen Genehmigung bedarf. Die Vertragsbeteiligten haben es in der Hand, nach Abschluß des Kaufvertrages von dem Genehmigungsantrag abzusehen und dadurch zu verhindern, daß das Vorkaufsrecht ausgeübt werden kann. Das schließt allerdings nicht aus, daß die Gemeinde das Vorkaufsrecht schon vor Erteilung der Genehmigung mit Wirkung auf den Genehmigungszeitpunkt ausüben kann[4]. 2513

Der Kaufvertrag muß sich auf **Grundstücke** beziehen. § 24 Abs. 2 BauGB stellt (für das Besondere Vorkaufsrecht i.V.m. § 25 Abs. 2 Satz 1 BauGB) klar, daß der Kauf von Rechten nach dem Wohnungseigentumsgesetz und von Erbbaurechten nicht erfaßt wird. Diese Regelung ist auf den Kauf von Gebäudeeigentum in den neuen Bundesländern entsprechend anzuwenden[5]. Erfaßt wird demgegenüber der Verkauf von Bruchteilseigentum (an einen Dritten)[6]. 2514

Häufig besteht das Vorkaufsrecht nur für einen **Teil des verkauften Grundstücks**. Das gilt besonders für das Vorkaufsrecht nach § 24 Abs. 1 Satz 1 Nr. 1 BauGB; ist z.B. nur ein Teil des verkauften Grundstücks als öffentliche Verkehrsfläche im Bebauungsplan festgesetzt, so beschränkt sich das 2515

---

1 Vgl. dazu Rdnr. 2522.
2 Vgl. BGH v. 11.10.1991 – V ZR 127/90, BGHZ 115, 335 = NJW 1992, 236; OLG Frankfurt v. 19.10.1995 – 1 U (Baul) 1/95, BRS 57 Nr. 126 = NJW 1996, 935 („Tausch" des Grundstücks gegen Daimler-Benz-Aktien); zu den in Betracht kommenden Fällen näher Roos in Brügelmann, § 24 Rdnr. 11.
3 BGH v. 23.4.1954 – V ZR 145/52, BGHZ 13, 133 = NJW 1954, 1035; BGH v. 28.4.1967 – V ZR 163/65, BGHZ 48, 1 = NJW 1967, 1607.
4 Vgl. BGH v. 15.5.1998 – V ZR 89/97, BGHZ 139, 29 = NJW 1998, 2352; OVG Magdeburg v. 23.7.2001 – A 2 S 671/99, LKV 2002, 187.
5 Vgl. dazu näher Stock in Ernst/Zinkahn/Bielenberg/Krautzberger, § 24 Rdnr. 89.
6 OLG Frankfurt v. 18.5.1995 – 20 W 134/95, DNotZ 1996, 41.

Vorkaufsrecht auf diese Teilfläche[1]. In diesen Fällen muß die Gemeinde vor Ausübung des Vorkaufsrechts den Kaufpreis für den Grundstücksteil feststellen, für den das Vorkaufsrecht ausgeübt werden soll. Dieser ist gemäß § 467 Satz 1 BGB i.V.m. 28 Abs. 2 Satz 2 BauGB zu ermitteln, sofern nicht das Vorkaufsrecht gemäß § 28 Abs. 3 oder Abs. 4 BauGB nach dem Verkehrswert ausgeübt wird. Maßgebend ist das Wertverhältnis, nicht das Größenverhältnis der Teilflächen[2]. Der Preis für die zu erwerbende Teilfläche ist im Ausübungsbescheid festzusetzen[3]. Dem Verkäufer, nicht aber dem Käufer, kann gemäß § 467 Satz 2 BGB i.V.m. § 28 Abs. 2 Satz 2 BauGB ein Übernahmeanspruch zustehen[4]; diese Regelung verdrängt den allgemeinen Übernahmeanspruch aus § 40 Abs. 2 BauGB, so daß für die Restfläche nicht Entschädigung nach dem Verkehrswert, sondern der vereinbarte Restkaufpreis zu zahlen ist[5].

2. Gesetzliche Ausschlüsse des Vorkaufsrechts

2516 Die Ausübung des Vorkaufsrechts ist gemäß **§ 26 Nr. 1 BauGB** bei einem Verkauf an bestimmte **Verwandte** des Eigentümers ausgeschlossen. Erfaßt werden Verträge mit Ehegatten, mit Personen die in gerader Linie verwandt oder verschwägert oder in der Seitenlinie bis zum 3. Grad verwandt sind (vgl. zu diesen Begriffen §§ 1589, 1590 BGB). Die Verwandtschaft muß nach dem Wortlaut der Vorschrift im Zeitpunkt des Abschlusses des Kaufvertrages bestehen[6]. Nicht ausgeschlossen ist das Vorkaufsrecht bei einem sonstigen Verkauf an einen gesetzlichen Erben mit Rücksicht auf ein künftiges Erbrecht; denn § 470 BGB ist gemäß § 28 Abs. 2 Satz 2 BauGB nicht anzuwenden.

2517 **§ 26 Nr. 2 BauGB** schließt die Ausübung des Vorkaufsrechts aus, wenn das Grundstück von einem **öffentlichen Bedarfsträger** für Zwecke der Landesverteidigung, des Bundesgrenzschutzes, der Zollverwaltung, der Polizei oder des Zivilschutzes oder von **Kirchen und Religionsgesellschaften des öffentlichen Rechts** für Zwecke des Gottesdienstes oder der Seelsorge gekauft

---

1 BGH v. 5.7.1990 – III ZR 229/89, BRS 50 Nr. 106 = BauR 1990, 697 = DVBl. 1990, 1104 = NJW 1991, 293.
2 BGH v. 5.7.1990 ebenda.
3 A.A. BayVGH v. 22.1.1999 – 9 ZB 98.3475, NJW 2000, 531.
4 Vgl. BGH v. 5.7.1990 – II ZR 229/89, BRS 50 Nr. 106 = BauR 1990, 637 = DVBl. 1990, 1104 = NJW 1991, 293; BVerwG v. 17.10.2001 – 4 B 68.01, BRS 64 Nr. 114 = BauR 2002, 1216; OVG Koblenz v. 4.12.1987 – 8 A 43/87, NJW 1988, 1342.
5 Zu den zivilrechtlichen Konsequenzen der auf eine Teilfläche beschränkten Ausübung des Vorkaufsrechts vgl. Hellmann-Sieg/Smeddinck, Das gemeindliche Vorkaufsrecht und seine Wirkung auf den bereits bestehenden notariellen Kaufvertrag über ein Grundstück, BauR 1999, 122, 124 ff.
6 Ebenso Stock in Ernst/Zinkahn/Bielenberg/Krautzberger, § 26 Rdnr. 2; a.A. Jäde in Jäde/Dirnberger/Weiß, § 26 Rdnr. 2 (im Zeitpunkt der Ausübung des Vorkaufsrechts).

wird. Öffentliche Bedarfsträger i.S. dieser Regelung sind nicht nur juristische Personen des öffentlichen Rechts, sondern auch staatliche Unternehmen in privater Rechtsform, die zur Erfüllung der genannten Aufgaben errichtet sind[1]. Zum Nachweis des öffentlichen Verwendungszwecks genügt regelmäßig eine nachvollziehbare Darstellung durch den öffentlichen Bedarfsträger, die auch im Kaufvertrag erfolgen kann. Die seelsorgerischen Zwecke einer Religionsgesellschaft umfassen auch die religiös motivierte Jugendarbeit und Sozialarbeit[2]. Das von dem öffentlichen Bedarfsträger bzw. der Religionsgesellschaft erworbene Grundstück muß unmittelbar dem privilegierten Zweck dienen; eine Bodenvorratspolitik wird nicht begünstigt. Besitzt eine Religionsgesellschaft nicht den Status einer Körperschaft des öffentlichen Rechts, so können dennoch die religiösen Zwecke des Grundstückserwerbs für die Beurteilung der Frage, ob die Ausübung des Vorkaufsrechts i.S. von § 24 Abs. 3 Satz 1 BauGB durch das Wohl der Allgemeinheit gerechtfertigt ist, und für die Ermessensausübung von Bedeutung sein[3].

Gemäß **§ 26 Nr. 3 BauGB** ist das Vorkaufsrecht ausgeschlossen, wenn auf dem Grundstück Anlagen errichtet werden sollen, für die ein **nach § 38 BauGB privilegiertes Verfahren der Fachplanung** eingeleitet oder durchgeführt worden ist. Der maßgebende Zeitpunkt der Einleitung des Verfahrens bestimmt sich nach den jeweils einschlägigen Regelungen des Fachplanungsrechts (ggf. i.V.m. dem anzuwendenden Verwaltungsverfahrensgesetz). Ist die aufgrund der Fachplanung zugelassene Nutzung dauerhaft aufgegeben[4], so greift der Ausschlußtatbestand nicht ein.

2518

Gemäß **§ 26 Nr. 4 BauGB** ist das Vorkaufsrecht ausgeschlossen, wenn das Grundstück entsprechend den Festsetzungen des Bebauungsplans oder den Zielen und Zwecken der städtebaulichen Maßnahme bebaut ist und genutzt wird und eine auf ihm errichtete bauliche Anlage keine Mißstände oder Mängel i.S. von § 177 Abs. 2 und Abs. 3 Satz 1 BauGB aufweist. Die Regelung ist nach ihrem klaren Wortlaut auf unbebaute Grundstücke[5] nicht anzuwenden[6]. Werden diese plankonform genutzt, so wird allerdings

2519

---

[1] Ebenso Paetow in Berliner Kommentar zum Baugesetzbuch, § 26 Rdnr. 4; Stock in Ernst/Zinkahn/Bielenberg/Krautzberger, § 26 Rdnr. 5; a.A. Jäde in Jäde/Dirnberger/Weiß, § 26 Rdnr. 3.

[2] Ebenso Jäde in Jäde/Dirnberger/Weiß, § 26 Rdnr. 5; Schrödter in Schrödter, § 26 Rdnr. 5; Stock in Ernst/Zinkahn/Bielenberg/Krautzberger, § 26 Rdnr. 9; wohl auch BVerwG v. 26.4.1993 – 4 B 31.93, Buchholz 310 § 113 Nr. 255 = BRS 55 Nr. 101 = DÖV 1993, 917 = NVwZ 1994, 282 = ZfBR 1994, 48.

[3] Vgl. BVerwG v. 26.4.1993 ebenda.

[4] Vgl. etwa zur Entwidmung von Bahnanlagen BVerwG v. 16.12.1988 – 4 C 48.86, BVerwGE 81, 111 = BRS 49 Nr. 3 = NVwZ 1989, 655 = DVBl. 1989, 458; BVerwG v. 27.11.1996 – 11 A 2.96, BVerwGE 102, 269 = NVwZ 1997, 920.

[5] Vgl. dazu Rdnr. 2496.

[6] Ebenso Paetow in Berliner Kommentar zum Baugesetzbuch, § 26 Rdnr. 12; Roos in Brügelmann, § 26 Rdnr. 15a; a.A. Stock in Ernst/Zinkahn/Bielenberg/Krautzberger, § 26 Rdnr. 14, 18.

regelmäßig die Ausübung des Vorkaufsrechts nicht i.S. von § 24 Abs. 3 Satz 1 BauGB durch das Allgemeinwohl gerechtfertigt sein[1]. Soweit im Bebauungsplan eine öffentliche Nutzung (z.B. als öffentliche Grünfläche oder Verkehrsfläche) festgesetzt ist, greift der Ausschlußtatbestand nicht ein, weil zu der dem Bebauungsplan entsprechenden Nutzung dann auch das Eigentum der Gemeinde bzw. des sonstigen Bedarfsträgers gehört[2]. Der Ausschlußtatbestand erfaßt nach seinem Wortlaut auch das Vorkaufsrecht nach § 24 Abs. 1 Satz 1 Nr. 2 BauGB in Umlegungsgebieten[3].

2520 Die Gemeinde kann gemäß **§ 28 Abs. 5 BauGB** auf die Ausübung des Vorkaufsrechts für das Gemeindegebiet oder für sämtliche Grundstücke einer Gemarkung **verzichten**. Der Verzicht ist eine Allgemeinverfügung i.S. von § 35 Satz 2 VwVfG, die gemäß § 28 Abs. 5 Satz 3 BauGB der ortsüblichen Bekanntmachung bedarf.

2521 Gemäß § 471 BGB i.V.m. § 28 Abs. 2 Satz 2 BauGB ist das Vorkaufsrecht ausgeschlossen, wenn der Verkauf im Wege der **Zwangsvollstreckung** oder **aus der Insolvenzmasse** erfolgt.

2522 Aus § 466 Satz 2 BGB i.V.m. § 28 Abs. 2 Satz 2 BauGB ergibt sich der Ausschluß des Vorkaufsrechts, wenn sich der Käufer zu einer **wesentlichen Nebenleistung** verpflichtet hat, die sich nicht in Geld schätzen läßt.

2523 **§ 6 Abs. 2 Investitionsvorranggesetz** schließt das Vorkaufsrecht bei der Veräußerung eines Grundstücks nach den Vorschriften des Investitionsvorranggesetzes aus.

III. Rechtfertigung der Ausübung des Vorkaufsrechts durch das Wohl der Allgemeinheit

2524 Gemäß **§ 24 Abs. 3 Satz 1 BauGB** (beim Besonderen Vorkaufsrecht i.V.m. § 25 Abs. 2 Satz 1 BauGB) darf das Vorkaufsrecht nur ausgeübt werden, wenn das Wohl der Allgemeinheit dies rechtfertigt. Die Anforderungen an die Rechtfertigung durch das Wohl der Allgemeinheit sind geringer als die Anforderungen an das Erfordern durch das Wohl der Allgemeinheit, wie es in § 31 Abs. 2 Nr. 1 BauGB und in § 87 Abs. 1 BauGB vorausgesetzt wird[4]. Die im Vergleich zur Enteignung geringeren Anforderungen an die Ausübung des

---

1 BVerwG v. 29.6.1993 – 4 B 100.93, Buchholz 406.11 § 25 Nr. 1 = BRS 55 Nr. 100 = DVBl. 1993, 1100 = NVwZ 1994, 284.
2 Ebenso Paetow in Berliner Kommentar zum Baugesetzbuch, § 26 Rdnr. 9; Roos in Brügelmann, § 26 Rdnr. 17; Stock in Ernst/Zinkahn/Bielenberg/Krautzberger, § 26 Rdnr. 20.
3 Ebenso Paetow in Berliner Kommentar zum Baugesetzbuch, § 26 Rdnr. 10; a.A. Roos in Brügelmann, § 26 Rdnr. 29.
4 Vgl. auch BVerwG v. 15.2.1990 – 4 B 245.89, BRS 50 Nr. 107 = BauR 1991, 191 = NJW 1990, 2703.

Vorkaufsrechts sind sachgerecht, weil beim Verkauf der Eigentümer sein Eigentum durch eigene Entscheidung abgibt und ihm deshalb mit der Ausübung des Vorkaufsrechts nichts genommen wird, vielmehr nur ein anderer Käufer (die Gemeinde) in den Vertrag eintritt und der im Vertrag vorgesehene Käufer am Erwerb gehindert wird. Gerechtfertigt ist die Ausübung des Vorkaufsrechts durch das Wohl der Allgemeinheit, wenn im Hinblick auf eine bestimmte, in der Erfüllungshoheit (auch) der Gemeinde stehende Aufgabe überwiegende Vorteile für die Allgemeinheit angestrebt werden[1]. Diese Vorteile müssen einen städtebaulichen Bezug haben. Die Abgrenzung hat sich an der exemplarischen Aufzählung der bei der Aufstellung der Bauleitpläne zu berücksichtigenden Gesichtspunkte in § 1 Abs. 5 Satz 2 BauGB zu orientieren. Bei der Beurteilung der Rechtfertigung durch das Wohl der Allgemeinheit steht der Gemeinde ein Beurteilungsspielraum nicht zu; sie unterliegt in vollem Umfang der gerichtlichen Überprüfung[2].

Im Anwendungsbereich von **§ 24 Abs. 1 Nr. 1 BauGB** ist die Ausübung des Vorkaufsrechts für öffentliche Zwecke in der Regel gerechtfertigt, weil bereits der Bebauungsplan das öffentliche Interesse an dem Erwerb der Fläche begründet. Die kurzfristige Verwendung der Fläche ist nicht erforderlich[3]. Die Ausübung ist aber ausgeschlossen, wenn die Gemeinde die öffentliche Nutzung in absehbarer Zeit nicht realisieren will oder kann (z.B. weil keine hinreichenden Haushaltsmittel zur Verfügung stehen). Dasselbe gilt für Flächen, die zur Durchführung von Ausgleichsmaßnahmen benötigt werden, die die Gemeinde selbst durchzuführen hat[4]. 2525

Im **Umlegungsgebiet** ist die Ausübung des Vorkaufsrechts gerechtfertigt, wenn damit die Umlegung gefördert wird. Das ist der Fall, wenn die Gemeinde durch die Ausübung des Vorkaufsrechts sonst auftretende Mehr- oder Minderzuteilungen, die in Geld ausgeglichen werden müßten, vermeiden kann. Hat die Gemeinde im Umlegungsgebiet bereits genügend Flächen, so bedarf es der Ausübung des Vorkaufsrechts dagegen nicht; ebensowenig ist die Ausübung gerechtfertigt, wenn die Gemeinde aus privatwirtschaftlichen Gründen ihre Zuteilungsmasse vergrößern will. Die Ausübung des Vorkaufsrechts ist auch nicht durch das Wohl der Allgemeinheit gerechtfertigt, um Ersatzland zur Förderung eines Umlegungsverfahrens in einem anderen Umlegungsgebiet zu beschaffen, und zwar unabhängig davon, ob die Umlegungsverfahren in einem räumlichen und sachlichen Zusammenhang stehen[5]. Denn § 24 Abs. 1 Satz 1 Nr. 2 BauGB hat nicht den 2526

---

1 BVerwG ebenda.
2 BVerwG v. 26.4.1993 – 4 B 31.93, Buchholz 310 § 113 Nr. 255 = BRS 55 Nr. 101 = NVwZ 1994, 282 = ZfBR 1994, 48.
3 Stock in Ernst/Zinkahn/Bielenberg/Krautzberger, § 24 Rdnr. 64.
4 Vgl. dazu oben Rdnr. 2487.
5 Abweichend Krautzberger in Battis/Krautzberger/Löhr, § 24 Rdnr. 23; Roos in Brügelmann, § 24 Rdnr. 49; Stock in Ernst/Zinkahn/Bielenberg/Krautzberger, § 24 Rdnr. 66.

Zweck, die Förderung der Umlegung in einem anderen Umlegungsgebiet zu ermöglichen; räumlichen Beziehungen ist durch zweckmäßige Abgrenzung des Umlegungsgebiets gemäß § 52 Abs. 1 Satz 1 BauGB Rechnung zu tragen.

2527 Im **Sanierungsgebiet** ist die Ausübung des Vorkaufsrechts gerechtfertigt, wenn damit die Maßnahmen unterstützt werden können, die der Beseitigung der städtebaulichen Mißstände dienen. Soweit ein Bebauungsplan in Kraft ist, sind dessen Festsetzungen zu berücksichtigen. Das Vorkaufsrecht kann auch ausgeübt werden, um Land für Tauschzwecke innerhalb des Sanierungsgebiets zu erhalten, wenn dadurch die Beseitigung der städtebaulichen Mißstände gefördert werden kann[1]. Der Ablauf eines langen Zeitraums seit Inkrafttreten der Sanierungssatzung steht allein der Ausübung des Vorkaufsrechts nicht entgegen[2]. Etwas anderes kann allerdings dann gelten, wenn innerhalb dieses Zeitraums die notwendige Konkretisierung der Sanierungsziele versäumt wurde[3]. In städtebaulichen **Entwicklungsbereichen** ist die Ausübung des Vorkaufsrechts regelmäßig schon deshalb gerechtfertigt, weil die Gemeinde gemäß § 166 Abs. 3 Satz 1 BauGB die Grundstücke erwerben soll.

2528 Im Geltungsbereich einer Satzung zur Sicherung von **Durchführungsmaßnahmen des Stadtumbaus** oder einer **Erhaltungssatzung** sind die Nutzungsabsichten des Erwerbers in die Betrachtung einzubeziehen. Es müssen Tatsachen die Annahme rechtfertigen, daß die in § 171d Abs. 1 bzw. § 172 Abs. 1 Satz 1 BauGB genannten Belange durch die Veräußerung beeinträchtigt werden können[4]. Die Ausübung des Vorkaufsrechts kommt insbesondere auch dann in Betracht, wenn die Gemeinde die Genehmigung für den Rückbau, die Änderung oder die Nutzungsänderung baulicher Anlagen erteilen muß, weil die Erhaltung der baulichen Anlage i.S. von § 171d Abs. 3 Satz 2 bzw. § 172 Abs. 4 Satz 2 BauGB wirtschaftlich nicht mehr zumutbar ist.

2529 In den Fällen des § 24 Abs. 1 Satz 1 Nr. 5 und Nr. 6 BauGB kommt es darauf an, ob durch die Ausübung des Vorkaufsrechts die **Verwendung** der veräußerten Flächen zu **Wohnzwecken** innerhalb absehbarer Zeit gefördert werden kann. Im Anwendungsbereich von § 24 Abs. 1 Satz 1 Nr. 5 (ggf.

---
1 Vgl. BGH v. 7.3.1975 – V ZR 92/73, BRS 29 Nr. 76 = DVBl. 1975, 487.
2 Vgl. BVerwG v. 15.3.1995 – 4 B 33.95, Buchholz 406.11 § 24 Nr. 6 = BRS 57 Nr. 125 = BauR 1995, 663 = NVwZ 1995, 897.
3 Vgl. dazu auch Rdnr. 2491.
4 Ebenso Krautzberger in Battis/Krautzberger/Löhr, § 24 Rdnr. 25; Paetow in Berliner Kommentar zum Baugesetzbuch, § 24 Rdnr. 26; Stock in Ernst/Zinkahn/Bielenberg/Krautzberger, § 24 Rdnr. 73 f.; die Bemerkung des BVerwG v. 29.6.1993 – 4 B 100.93, Buchholz 406.11 § 25 Nr. 1 = BRS 55 Nr. 100 = NVwZ 1994, 284, das Baugesetzbuch sehe „von einer tatbestandlichen Anknüpfung an künftige Nutzungsabsichten gänzlich" ab, trägt dem Zweck des Vorkaufsrechts aus § 24 Abs. 1 Satz 1 Nr. 4 BauGB nicht hinreichend Rechnung.

i.V.m. Abs. 1 Satz 3) BauGB wird diese Voraussetzung nur erfüllt sein, wenn die Absicht besteht, alsbald einen Bebauungsplan aufzustellen, der die Wohnnutzung ermöglicht. Die bloße Absicht, die Fläche als Tauschland zu erwerben, um die Wohnbebauung in anderen Gebieten zu fördern, genügt nicht[1]. In den Gebieten nach §§ 30, 33 und 34 Abs. 2 BauGB wird häufig der Erwerber selbst die Absicht haben, das Grundstück mit einem Wohngebäude zu bebauen. Wie § 27 Abs. 1 Satz 1 BauGB zeigt, steht eine solche Absicht allein der Ausübung des Vorkaufsrechts nicht entgegen.

Die Ausübung des Vorkaufsrechts auf der Grundlage einer **Satzung nach § 25 Abs. 1 BauGB** ist gerechtfertigt, wenn der Grundstückserwerb durch die Gemeinde die Realisierung des Bebauungsplans oder der städtebaulichen Maßnahmen fördern kann[2]. Dabei genügt auch die Absicht, das Grundstück als Tauschfläche zum Erwerb anderer Flächen im Satzungsgebiet zu verwenden. Wie § 25 Abs. 2 Satz 2 BauGB (im Vergleich zu § 24 Abs. 3 Satz 2 BauGB) verdeutlicht, braucht der Verwendungszweck in den Fällen des § 25 Abs. 1 Satz 1 Nr. 2 BauGB noch nicht festzustehen; es müssen aber gleichwohl vorläufige Vorstellungen über die Verwendung bestehen. Die Ausübung des Vorkaufsrechts ist durch das Wohl der Allgemeinheit nicht gerechtfertigt, wenn das Grundstück in Übereinstimmung mit den Festsetzungen des Bebauungsplans oder den nach § 25 Abs. 1 Satz 1 Nr. 2 BauGB maßgeblichen städtebaulichen Vorstellungen genutzt wird, mag auch der Grundstückserwerber Nutzungsänderungsabsichten haben[3]. 2530

IV. Abwendung der Ausübung des Vorkaufsrechts

§ 27 BauGB räumt – ausschließlich – dem Käufer die Möglichkeit ein, unter bestimmten Voraussetzungen die Ausübung des Vorkaufsrechts abzuwenden. 2531

Ein Abwendungsrecht **besteht gemäß § 27 Abs. 2 BauGB nicht** in den Fällen des § 24 Abs. 1 Satz 1 BauGB und in einem Umlegungsgebiet, wenn das Grundstück für Zwecke der Umlegung benötigt wird. Es kommt nicht darauf an, ob die Gemeinde das Vorkaufsrecht auf § 24 Abs. 1 Satz 1 Nr. 1 oder Nr. 2 BauGB stützen möchte; entscheidend ist allein, daß die tatbestandlichen Voraussetzungen für die Ausübung des Vorkaufsrechts nach diesen 2532

---

1 So wohl auch Schrödter in Schrödter, § 24 Rdnr. 31, abweichend wohl Roos in Brügelmann, § 24 Rdnr. 71e; Stock in Ernst/Zinkahn/Bielenberg/Krautzberger, § 24 Rdnr. 77; Paetow in Berliner Kommentar zum Baugesetzbuch, § 24 Rdnr. 27 läßt die Absicht der Verwendung des Grundstücks als Tauschland genügen, wenn ein räumlicher und planerischer Zusammenhang mit dem Tauschgrundstück besteht.
2 Vgl. BVerwG v. 15.2.2000 – 4 B 10.00, BauR 2000, 1027 = NVwZ 2000, 1044 = ZfBR 2000, 347.
3 BVerwG v. 29.6.1993 – 4 B 100.93, Buchholz 406.11 § 25 Nr. 1 = BRS 55 Nr. 100 = NVwZ 1994, 284.

Vorschriften vorliegen, im Umlegungsgebiet zusätzlich daß das Grundstück für Zwecke der Umlegung benötigt wird. „Benötigt" wird das Grundstück für Zwecke der Umlegung nicht bereits dann, wenn das Wohl der Allgemeinheit die Ausübung des Vorkaufsrechts im Umlegungsgebiet gemäß § 24 Abs. 3 Satz 1 BauGB rechtfertigt. Das Grundstück muß vielmehr für Zwecke der Umlegung erforderlich sein. Das ist z.B. dann der Fall, wenn der Erwerb des Grundstücks der Gemeinde die Möglichkeit gibt, Alteigentümern ein Grundstück zuzuteilen, die wegen eines zu kleinen Einwurfsgrundstücks sonst keine Zuteilung erhalten könnten[1].

2533 Ein **Abwendungsrecht besteht**, wenn die folgenden Voraussetzungen erfüllt sind:

2534 **(1)** Die **Verwendung** des Grundstücks muß nach den baurechtlichen Vorschriften oder den Zielen und Zwecken der städtebaulichen Maßnahme **bestimmt oder mit ausreichender Sicherheit bestimmbar** sein (§ 27 Abs. 1 Satz 1 BauGB). Diese Voraussetzung ist bei dem Vorkaufsrecht nach § 25 Abs. 1 Satz 1 Nr. 1 BauGB immer, bei den Vorkaufsrechten nach § 24 Abs. 1 Satz 1 Nr. 4 und Nr. 6 BauGB in der Regel erfüllt. Soweit ein Bebauungsplan nicht besteht, kommt es auf das Maß der Konkretisierung der städtebaulichen Vorstellungen der Gemeinde an. In den Fällen der §§ 24 Abs. 1 Satz 1 Nr. 5 und § 25 Abs. 1 Satz 1 Nr. 2 BauGB wird es an der Bestimmbarkeit häufig fehlen. Ein Abwendungsrecht besteht dann nicht.

2535 **(2)** Der Käufer muß **in der Lage** sein, das Grundstück binnen angemessener Frist nach den baurechtlichen Vorschriften oder den Zielen und Zwecken der städtebaulichen Maßnahme zu nutzen (§ 27 Abs. 1 Satz 1 BauGB). Das setzt voraus, daß keine zivilrechtlichen oder öffentlich-rechtlichen Hinderungsgründe bestehen, der Käufer also z.B. nicht zur Sicherung der Erschließung ein weiteres Grundstück hinzuerwerben muß. Erfordert die Verwendung eine Investition, so muß der Käufer dazu auch unter Berücksichtigung seiner finanziellen Verhältnisse in der Lage sein. Es genügt, daß er dies glaubhaft macht[2].

2536 **(3)** Der Käufer muß sich **verpflichten**, das Grundstück nach den baurechtlichen Vorschriften oder den Zielen und Zwecken der städtebaulichen Maßnahme binnen angemessener Frist zu nutzen (§ 27 Abs. 1 Satz 1 BauGB). Es genügt eine einseitige Verpflichtungserklärung des Käufers, die keiner Mitwirkung der Gemeinde bedarf[3]. Die Verpflichtungserklärung kann zur Ab-

---

1 Ebenso im Anschluß an die Äußerung der Bundesregierung in BT-Drucksache 10/5111 S. 5; Krautzberger in Battis/Krautzberger/Löhr, § 27 Rdnr. 8; Paetow in Berliner Kommentar zum BauGB, § 27 Rdnr. 9; Schrödter in Schrödter, § 27 Rdnr. 15; Stock in Ernst/Zinkahn/Bielenberg/Krautzberger, § 27 Rdnr. 6.
2 Ebenso Stock in Ernst/Zinkahn/Bielenberg/Krautzberger, § 27 Rdnr. 11a.
3 Ebenso Stock in Ernst/Zinkahn/Bielenberg/Krautzberger, § 27 Rdnr. 14; a.A. Krautzberger in Battis/Krautzberger/Löhr, § 27 Rdnr. 3, der einen öffentlich-rechtlichen Vertrag fordert.

wendung des Vorkaufsrechts daher auch dann führen, wenn die Gemeinde zu Unrecht der Auffassung ist, die Voraussetzungen der Abwendung seien nicht erfüllt. Die Gemeinde hat deshalb auch nicht die Möglichkeit, gegen den Willen des Käufers eine grundbuchliche Sicherung der Verpflichtung herbeizuführen[1]. Die Verpflichtungserklärung begründet ein öffentlich-rechtliches Schuldverhältnis eigener Art, auf das allerdings die Vorschriften über den öffentlich-rechtlichen Vertrag (§§ 54 ff. VwVfG) entsprechend anzuwenden sind, soweit danach nicht die Entstehung der Verpflichtung von der Annahme eines Angebots abhängig ist. Die Verpflichtungserklärung bedarf deshalb der Schriftform (§ 57 VwVfG analog)[2]. Erfüllt der Käufer die übernommene Verpflichtung nicht, so sind die §§ 325, 326 BGB i.V.m. § 62 Satz 2 VwVfG entsprechend anzuwenden; der Ausübung des Rücktrittsrechts durch den Gläubiger entspricht das Recht der Gemeinde, das Vorkaufsrecht nach Ablauf der Ausübungsfrist doch noch auszuüben.

Die Verpflichtungserklärung muß die zweckentsprechende Nutzung des Grundstücks innerhalb einer **angemessenen Frist** vorsehen. Bei der Bestimmung der Angemessenheit des Zeitraums sind vor allem der Stand der Planungen der Gemeinde und der bei Ausübung des Vorkaufsrechts zu erwartende Zeithorizont für die zweckentsprechende Nutzung zu berücksichtigen; dieser sollte nicht deutlich unterschritten werden. Geht es (insbesondere im Geltungsbereich einer Erhaltungssatzung) nur um die Aufrechterhaltung der bisherigen Nutzung, so erübrigt sich eine Fristbestimmung. 2537

Soweit die Ausübung des Vorkaufsrechts zur Beseitigung von **Mißständen oder Mängeln einer baulichen Anlage** i.S. von § 177 Abs. 2 und 3 Satz 1 BauGB in Betracht kommt, genügt es gemäß § 27 Abs. 1 Satz 2 BauGB, daß der Käufer in der Lage ist und sich verpflichtet, diese Mißstände oder Mängel innerhalb angemessener Frist zu beseitigen. Dies kommt vor allem in Sanierungsgebieten und im Geltungsbereich einer Erhaltungssatzung in Betracht (§ 24 Abs. 1 Satz 1 Nr. 3 und Nr. 4 BauGB). 2538

(4) Der Käufer muß die Verpflichtungserklärung **innerhalb von zwei Monaten** nach Mitteilung des Kaufvertrags gegenüber der Gemeinde abgeben (§ 28 Abs. 2 Satz 1 i.V.m. § 27 Abs. 1 Satz 1, Satz 2 BauGB). Die Einhaltung dieser Frist kann vor allem dann Schwierigkeiten bereiten, wenn noch kein Bebauungsplan in Kraft ist und deshalb zunächst die städtebaulichen Ziele ermittelt werden müssen. Der Käufer ist dann häufig abhängig von Informationen der Gemeinde. Diese ist zur Auskunft verpflichtet[3]. 2539

---

1 A.A. Krautzberger in Battis/Krautzberger/Löhr, § 27 Rdnr. 3; Paetow in Berliner Kommentar zum Baugesetzbuch, § 27 Rdnr. 3.
2 Zutreffend Roos in Brügelmann, § 27 Rdnr. 13; a.A. Stock in Ernst/Zinkahn/Bielenberg/Krautzberger, § 27 Rdnr. 15.
3 So auch Stock in Ernst/Zinkahn/Bielenberg/Krautzberger, § 27 Rdnr. 2.

2540 Die Gemeinde hat die **Frist** gemäß § 27 Abs. 1 Satz 3 BauGB um zwei Monate zu **verlängern**, wenn der Käufer vor Ablauf der ursprünglichen Frist glaubhaft macht, daß er in der Lage ist, die Voraussetzungen für die Abwendung des Vorkaufsrechts zu erfüllen. Diese Verlängerungsmöglichkeit hilft in der Regel deshalb wenig, weil die Glaubhaftmachung voraussetzt, daß die Ziele und Zwecke der städtebaulichen Maßnahme dem Käufer bekannt sind. Es wird dem Käufer lediglich ermöglicht, die Verpflichtungserklärung zurückzustellen, wenn er statt dessen innerhalb der ursprünglichen 2-Monats-Frist glaubhaft macht, daß er in der Lage ist, das Grundstück entsprechend dem Bebauungsplan oder den Zielen und Zwecken der städtebaulichen Maßnahme zu nutzen bzw. die Mißstände oder Mängel der baulichen Anlage zu beseitigen. Wenn die Fähigkeit zur zweckentsprechenden Grundstücksnutzung nicht problematisch ist, gewinnt er auf diese Weise mehr Zeit für die Investitionsentscheidung.

2541 Ist der Käufer gehindert, die Frist für die Verpflichtungserklärung oder den Verlängerungsantrag mit den notwendigen Angaben zu wahren, weil er nicht rechtzeitig die erforderlichen Informationen über die städtebaulichen Ziele und Zwecke der Maßnahme i.S. von § 27 Abs. 1 Satz 1 BauGB erhält, obwohl er sich darum rechtzeitig bemüht hat, so kann ihm **Wiedereinsetzung in den vorigen Stand** gewährt werden. Die Wiedereinsetzung ist nicht i.S. von § 32 Abs. 5 VwVfG durch Rechtsvorschrift ausgeschlossen[1].

2542 Die Verpflichtungserklärung setzt nicht voraus, daß **zuvor** die Gemeinde das **Vorkaufsrecht ausgeübt** hat[2]. Übt die Gemeinde das Vorkaufsrecht alsbald nach Mitteilung des Kaufvertrages aus und wird der Bescheid über die Ausübung des Vorkaufsrechts schon vor Ablauf der Frist des § 28 Abs. 2 Satz 1 BauGB bestandskräftig, weil ein Widerspruch nicht eingelegt wird, so steht dem Käufer gleichwohl die Abwendungsbefugnis bis zum Ende dieser Frist zu; die Abwendung durchbricht die Bestandskraft des Bescheids über die Ausübung des Vorkaufsrechts und bewirkt die Auflösung des dadurch zustande gekommenen Kaufvertrags zwischen dem Verkäufer und der Gemeinde[3]. Die Anfechtung des Bescheids über die Ausübung des Vorkaufsrechts mit Widerspruch und Klage bewirkt andererseits keine Verlängerung der Frist für die Ausübung des Vorkaufsrechts; denn das Abwendungsrecht

---

1 A.A. möglicherweise Stock in Ernst/Zinkahn/Bielenberg/Krautzberger, § 27 Rdnr. 16, der die Frist als „Ausschlußfrist" bezeichnet.
2 Ebenso Roos in Brügelmann, § 27 Rdnr. 14; Stock in Ernst/Zinkahn/Bielenberg/ Krautzberger, § 27 Rdnr. 17; a.A. Krautzberger in Battis/Krautzberger/Löhr, § 27 Rdnr. 4.
3 Ebenso Paetow in Berliner Kommentar zum Baugesetzbuch, § 27 Rdnr. 5; Roos in Brügelmann, § 27 Rdnr. 16; Stock in Ernst/Zinkahn/Bielenberg/Krautzberger, § 27 Rdnrn. 16, 30; a.A. Krautzberger in Battis/Krautzberger/Löhr, § 27 Rdnr. 4; Schrödter in Schrödter, § 27 Rdnr. 11.

des Käufers ist an die der Gemeinde für die Ausübung des Vorkaufsrechts eingeräumte gesetzliche Frist gebunden[1].

Auch **nach Ablauf der Erklärungsfrist** hat der Käufer Anspruch auf Berücksichtigung seiner Vorstellungen über eine zweckentsprechende Nutzung des Grundstücks bei der **Ermessensentscheidung** über die Ausübung des Vorkaufsrechts[2]. Die Gemeinde hat bei dieser Ermessensentscheidung auch die Veräußerungspflicht gemäß § 89 Abs. 3 Satz 2 BauGB zu berücksichtigen. Es wird deshalb häufig auch nach Ablauf der Erklärungsfrist angemessen sein, in einem öffentlich-rechtlichen Vertrag die Abwendung des Vorkaufsrechts zu vereinbaren. 2543

V. Verfahren, Entscheidung der Gemeinde

1. Mitteilung des Kaufvertrags

Gemäß § 28 Abs. 1 Satz 1 BauGB hat der Verkäufer der Gemeinde den Inhalt des Kaufvertrages unverzüglich mitzuteilen. Die Mitteilung des Verkäufers wird durch die Mitteilung des Käufers ersetzt. Wie sich aus § 28 Abs. 1 Satz 2 BauGB ergibt, erstreckt sich die Mitteilungspflicht auf alle Kaufverträge ohne Rücksicht darauf, ob ein gesetzliches Vorkaufsrecht besteht. Wenn allerdings ein Vorkaufsrecht nicht besteht, kann sich der Verkäufer darauf beschränken, das verkaufte Grundstück zu bezeichnen, ohne den weiteren Inhalt des Kaufvertrages (insbesondere den Kaufpreis) mitzuteilen; denn mehr Informationen benötigt die Gemeinde für ihre Prüfung in einem solchen Fall nicht[3]. Erfährt die Gemeinde ohne Mitteilung des Verkäufers oder des Käufers von dem Kaufvertrag, so wird zwar die Frist für die Ausübung des Vorkaufsrechts (§ 28 Abs. 2 Satz 1 BauGB) nicht in Lauf gesetzt, die Gemeinde kann aber gleichwohl das Vorkaufsrecht ausüben. 2544

2. Vormerkung der Gemeinde

Gemäß § 28 Abs. 2 Satz 1 BauGB kann die Gemeinde nach Mitteilung des Kaufvertrags eine Vormerkung zur Sicherung ihres Anspruchs auf Übereignung des Grundstücks in das Grundbuch eintragen lassen. Sie trägt die Kosten der Eintragung und der Löschung. Die Vormerkung löst die in § 883 BGB bestimmten Rechtsfolgen aus. Das Grundbuchamt hat dem Eintragungsersuchen der Gemeinde zu entsprechen, ohne eigenständig die Frage 2545

---

1 Ebenso Paetow in Berliner Kommentar zum Baugesetzbuch, § 27 Rdnr. 5; Roos in Brügelmann, § 27 Rdnr. 18 f.; Schrödter in Schrödter, § 27 Rdnr. 12; Stock in Ernst/Zinkahn/Bielenberg/Krautzberger, § 27 Rdnr. 16; unklar Krautzberger in Battis/Krautzberger/Löhr, § 27 Rdnr. 4.
2 Vgl. dazu unten Rdnr. 2551 ff.
3 Ebenso Stock in Ernst/Zinkahn/Bielenberg/Krautzberger, § 28 Rdnr. 16 m.w. Nachw.

zu prüfen, ob der Gemeinde ein Vorkaufsrecht zusteht. Deshalb ist auch ein Amtswiderspruch gemäß § 53 GBO nicht möglich.

3. Entscheidungsfrist für die Gemeinde

2546 Gemäß **§ 28 Abs. 2 Satz 1 BauGB** kann das Vorkaufsrecht nur binnen zwei Monaten nach Mitteilung des Kaufvertrags durch Verwaltungsakt gegenüber dem Verkäufer ausgeübt werden. Diese Frist beginnt erst zu laufen, wenn der Gemeinde die Mitteilung über den Vertrag so vorgelegt wird, daß sie ihre Entscheidung treffen kann[1]. Es muß für die Gemeinde erkennbar sein, daß die Mitteilung zur Entscheidung über das Bestehen oder die Ausübung des Vorkaufsrechts erfolgt[2]. Der Fristbeginn setzt weiterhin voraus, daß der Vertrag wirksam ist, also insbesondere auch alle zu seiner Wirksamkeit erforderlichen Genehmigungen vorliegen[3]. An der erforderlichen Wirksamkeit fehlt es z.B., solange noch eine Teilungsgenehmigung nach § 22 BauGB oder eine Genehmigung nach § 144 Abs. 2 Nr. 1 BauGB notwendig ist[4].

2547 Die Frist des § 28 Abs. 2 Satz 1 BauGB wird **verlängert**, wenn der Käufer einen Verlängerungsantrag nach § 27 Abs. 1 Satz 3 BauGB gestellt hat und die Gemeinde diesem Antrag entspricht[5].

2548 Die Gemeinde **wahrt die Frist** des § 28 Abs. 1 Satz 2 BauGB durch Zustellung des Verwaltungsakts über die Ausübung des Vorkaufsrechts an den Verkäufer. Ist der Bescheid (etwa wegen Ermessensfehlern) rechtswidrig und wird er deshalb nachträglich aufgehoben, so kann er nicht nach Ablauf der Frist durch einen neuen rechtmäßigen Bescheid ersetzt werden. Die nachträgliche Heilung von Mängeln des Bescheids gemäß § 45 VwVfG ist demgegenüber nicht durch die Fristbestimmung ausgeschlossen.

4. Anhörung

2549 Über die Ausübung des Vorkaufsrechts hat die Gemeinde gemäß § 28 VwVfG nach Anhörung der Verfahrensbeteiligten zu entscheiden. Am Verfahren beteiligt sind der Verkäufer und der Käufer. Wegen der Kürze der zur Verfügung stehenden Entscheidungsfrist sollte die Anhörung alsbald nach Mitteilung des Kaufvertrages erfolgen, wenn eine erste Prüfung ergeben hat,

---

1 OVG Lüneburg v. 28.2.1983 – 6 A 45/81, BWGZ 1985, 287.
2 Vgl. Stock in Ernst/Zinkahn/Bielenberg/Krautzberger, § 28 Rdnr. 11; zu § 469 Abs. 1 BGB auch OVG Lüneburg v. 31.10.2002 – 8 LA 136/02, NuR 2003, 182 = NVwZ-RR 2003, 193.
3 Vgl. VGH Mannheim v. 12.7.1984 – 5 S 1917/83, BRS 42 Nr. 110.
4 Vgl. dazu bereits Rdnr. 2513.
5 Ebenso Paetow in Berliner Kommentar zum Baugesetzbuch, § 28 Rdnr. 11; Schrödter in Schrödter, § 27 Rdnr. 10; Stock in Ernst/Zinkahn/Bielenberg/Krautzberger, § 27 Rdnr. 27; zur Fristverlängerung nach § 27 Abs. 1 Satz 3 BauGB vgl. oben Rdnr. 2540 f.

daß ein Vorkaufsrecht bestehen dürfte. Wird das Verfahren in dieser Weise gestaltet, so ist die Anhörung innerhalb der Entscheidungsfrist regelmäßig möglich; § 28 Abs. 2 Nr. 2 VwVfG rechtfertigt das Absehen von einer Anhörung nicht, wenn die Behörde den Zeitdruck durch eigenes Verschulden herbeigeführt hat[1].

5. Interne Entscheidungsabläufe innerhalb der Gemeinde

Über die Ausübung des Vorkaufsrechts hat das nach Landesrecht zuständige Organ der Gemeinde zu entscheiden. Ob die Entscheidung über die Ausübung des Vorkaufsrechts ein Geschäft der laufenden Verwaltung ist mit der Folge, daß der Gemeinderat nicht mit der Entscheidung befaßt zu werden braucht, hängt von der wirtschaftlichen Bedeutung im Einzelfall und von der Größe der Gemeinde ab[2]. Ob dieser in öffentlicher oder nichtöffentlicher Sitzung zu entscheiden hat, richtet sich ebenfalls nach den kommunalrechtlichen Vorschriften[3]. 2550

6. Ermessensentscheidung der Gemeinde

Die Entscheidung über die Ausübung des Vorkaufsrechts steht im Ermessen der Gemeinde[4]. 2551

Die Gemeinde übt das Vorkaufsrecht gemäß § 28 Abs. 2 Satz 1 BauGB durch Verwaltungsakt gegenüber dem Verkäufer aus. Der Verwaltungsakt ist gemäß §§ 39 Abs. 1, 40 VwVfG zu begründen. In der Begründung ist gemäß § 24 Abs. 3 Satz 2 bzw. § 25 Abs. 2 Satz 2 BauGB der **Verwendungszweck anzugeben**, soweit die Gemeinde das Vorkaufsrecht nach § 24 Abs. 1 oder § 25 Abs. 1 Satz 1 Nr. 1 BauGB ausübt. Bei Ausübung des Vorkaufsrechts aus § 25 Abs. 1 Satz 1 Nr. 2 BauGB ist der Verwendungszweck gemäß § 25 Abs. 2 Satz 2 BauGB nicht zwingend, sondern nur dann anzugeben, wenn dies bereits zum Zeitpunkt der Ausübung des Vorkaufsrechts möglich ist[5]; dies gilt auch dann, wenn das Vorkaufsrecht zugleich nach einer anderen Vorschrift besteht. 2552

---

1 Vgl. zu dieser Problematik Bonk/Kallerhoff in Stelkens/Bonk/Sachs, Verwaltungsverfahrensgesetz, 6. Aufl. 2001, § 28 Rdnr. 54.
2 Vgl. dazu näher Roos in Brügelmann, § 28 Rdnr. 17; Stock in Ernst/Zinkahn/Bielenberg/Krautzberger, § 28 Rdnr. 28.
3 Vgl. dazu mit weiteren Nachweisen BVerwG v. 15.3.1995 – 4 B 33.95, Buchholz 406.11 § 24 Nr. 6 = BRS 57 Nr. 125 = BauR 1995, 663 = NVwZ 1995, 897.
4 BVerwG v. 26.4.1993 – 4 B 31.93, Buchholz 310 § 113 Nr. 255 = BRS 55 Nr. 101 = NVwZ 1994, 282 = ZfBR 1994, 48.
5 Bei Ausübung des Vorkaufsrechts aus § 25 Abs. 1 Satz 1 Nr. 1 BauGB ist die Angabe des Verwendungszwecks immer möglich; insoweit bedarf § 25 Abs. 2 Satz 2 BauGB der einschränkenden Interpretation, ebenso Stock in Ernst/Zinkahn/Bielenberg/Krautzberger, § 25 Rdnr. 34.

2553 Im Beschluß vom 15.2.1990[1] hat das Bundesverwaltungsgericht ausgeführt, die Ausübung des Vorkaufsrechts sei „nur dann vom Wohl der Allgemeinheit gerechtfertigt . . ., wenn damit im Einzelfall dem jeweils angegebenen, sich im gesetzlichen Zulässigkeitsrahmen bewegenden Verwendungszweck entsprochen" werde; dies unterliege „in vollem Umfang der gerichtlichen Nachprüfung". Gleichzeitig hat das Bundesverwaltungsgericht offen gelassen, ob die Angabe des Verwendungszwecks „generell nur die Bedeutung einer Ordnungsvorschrift hat und die unvollständige oder gar völlig fehlende Angabe des Verwendungszwecks die Ausübung des Vorkaufsrechts für sich genommen nicht rechtsfehlerhaft machen" könne. Die damit vertretene Beschränkung der Prüfung, ob das Wohl der Allgemeinheit gerechtfertigt ist, auf den angegebenen Verwendungszweck ist dem Gesetz nicht zu entnehmen. Der Bestimmung des Verwendungszwecks kommt allerdings häufig Bedeutung für die Ermessensentscheidung der Gemeinde zu. Ist dies der Fall und fehlt die Angabe, so ist die Begründung der Ermessensentscheidung unvollständig und der Bescheid über die Ausübung des Vorkaufsrechts deshalb rechtswidrig; zur Rechtswidrigkeit des Bescheids führt auch die unrichtige Angabe des Verwendungszwecks[2]. Ein solcher Ermessensfehler ist allerdings nach Maßgabe des Verwaltungsverfahrensrechts heilbar, und zwar auch nach Ablauf der Frist des § 28 Abs. 2 Satz 1 BauGB. Die Verpflichtung zur Angabe des Verwendungszwecks „bei der Ausübung des Vorkaufsrechts" schließt spätere Korrekturen insbesondere im Widerspruchsverfahren, soweit das Verwaltungsverfahrensrecht dies zuläßt aber auch im Klageverfahren, nicht aus[3].

VI. Rechtsfolgen der Ausübung/Nichtausübung des Vorkaufsrechts

2554 Durch die Ausübung des Vorkaufsrechts kommt der **Kaufvertrag zwischen der Gemeinde und dem verpflichteten Verkäufer** unter denjenigen Bestimmungen zustande, die der Verkäufer mit dem Käufer vereinbart hatte (§ 464 Abs. 2 BGB i.V.m. 28 Abs. 2 Satz 2 BauGB; zu den Besonderheiten bei der Ausübung des Vorkaufsrechts zu Gunsten Dritter und zum Verkehrswert vgl. unten Rdnr. 2560 ff.).

---

1 – 4 B 245.89, Buchholz 406.11 § 24 Nr. 3 = BRS 50 Nr. 107 = BauR 1991, 191 = NJW 1990, 2703.
2 Ebenso OVG Koblenz v. 4.12.1987 – 8 A 43/87, NJW 1988, 1342; Roos in Brügelmann, § 24 Rdnr. 72; a.A. Krautzberger in Battis/Krautzberger/Löhr, § 24 Rdnr. 21; Paetow in Berliner Kommentar zum Baugesetzbuch, § 24 Rdnr. 22.
3 Abweichend OVG Koblenz v. 4.12.1987 – 8 A 43/87, NJW 1988, 1342; Stock in Ernst/Zinkahn/Bielenberg/Krautzberger, § 24 Rdnr. 66; mißverständlich ist die Formulierung des BVerwG v. 26.4.1993 – 4 B 31.93, Buchholz 310 § 113 Nr. 255 = BRS 55 Nr. 101 = NVwZ 1994, 282, es komme „nur auf die konkreten Erwägungen an, welche . . . im Zeitpunkt der Ausübung des Vorkaufsrechts, tatsächlich zugrunde gelegt wurden".

Besteht kein Vorkaufsrecht oder wird es nicht ausgeübt, so hat die Gemeinde gemäß § 28 Abs. 1 Satz 3 BauGB auf Antrag eines Beteiligten unverzüglich ein entsprechendes Zeugnis auszustellen. Dieses **„Negativattest"** ist (ebenso wie das Zeugnis nach § 22 Abs. 5 Satz 5 BauGB[1]) ein Verwaltungsakt. Es gilt gemäß § 28 Abs. 1 Satz 4 BauGB als Verzicht auf die Ausübung des Vorkaufsrechts. Dies schließt den Widerruf, nicht aber die Rücknahme aus.   2555

Das **Grundbuchamt** hat eine Überprüfung der Rechtmäßigkeit der Ausübung des Vorkaufsrechts ebensowenig vorzunehmen wie eine Überprüfung der Rechtmäßigkeit des Negativattests. Solange ihm die Nichtausübung oder das Nichtbestehen des Vorkaufsrechts nicht (durch Negativattest oder in anderer Weise) nachgewiesen ist, darf es gemäß § 28 Abs. 1 Satz 2 BauGB bei Kaufverträgen den Käufer als Eigentümer nicht in das Grundbuch eintragen. Ob Grundlage des Eintragungsantrags ein Kaufvertrag (oder etwa eine Schenkung oder ein Tauschvertrag) ist, hat das Grundbuchamt selbständig zu prüfen[2].   2556

Widerspruch und Klage des Verkäufers und des Käufers[3] gegen die Ausübung des Vorkaufsrechts haben **aufschiebende Wirkung**, sofern nicht die sofortige Vollziehung angeordnet ist. Solange die aufschiebende Wirkung besteht, kann die Ausübung des Vorkaufsrechts nicht vollzogen werden, indem die Gemeinde als Eigentümerin in das Grundbuch eingetragen wird. Will die Gemeinde eine zur Sicherung des Übereignungsanspruchs des Käufers im Grundbuch eingetragene Vormerkung löschen lassen, so setzt dies gemäß § 28 Abs. 2 Satz 6 BauGB zusätzlich voraus, daß die Ausübung des Vorkaufsrechts für den Käufer unanfechtbar ist. Um diese Unanfechtbarkeit herbeizuführen, muß die Gemeinde den Bescheid über die Ausübung des Vorkaufsrechts (über § 28 Abs. 2 Satz 1 BauGB hinaus) auch dem Käufer zur Kenntnis geben.   2557

Entstehen einem Dritten durch die Ausübung des Vorkaufsrechts Vermögensnachteile, so kann diesem gemäß § 28 Abs. 6 BauGB ein **Entschädigungsanspruch** zustehen. § 28 Abs. 6 BauGB erfaßt ältere Erwerbsrechte (z.B. Vorkaufsrechte) Dritter, die infolge der Ausübung des Vorkaufsrechts der Gemeinde erlöschen (z.B. § 28 Abs. 2 Satz 5 BauGB) oder nicht zur Geltung kommen. Dem Käufer steht ein Entschädigungsanspruch nicht zu[4]. Ebensowenig steht dem Verkäufer ein Anspruch aus enteignungsgleichem   2558

---

1 Vgl. dazu Rdnr. 2463.
2 Vgl. BGH v. 24.11.1978, BGHZ 73, 12 = NJW 1979, 875; OLG Frankfurt v. 6.10.1987 – 20 W 346/87, NJW 1988, 271.
3 Zur Klagebefugnis des Käufers vgl. BVerwG v. 25.5.1982 – 4 B 98.82, BRS 39 Nr. 96; VGH Mannheim v. 27.10.1999 – 8 S 1281/99, BRS 62 Nr. 128 = NVwZ-RR 2000, 761 (auch Träger öffentlicher Verwaltung).
4 BVerwG v. 17.10.2001 – 4 B 68.01, BRS 64 Nr. 114 = BauR 2002, 1216.

Eingriff zu, wenn die rechtmäßige Ausübung des Vorkaufsrechts vom Käufer angefochten wird und der Verkäufer deshalb den Kaufpreis später erhält[1].

2559 Die Gemeinde ist nach Maßgabe von **§ 89 BauGB** verpflichtet, die Grundstücke, die sie durch Ausübung des Vorkaufsrechts erlangt hat, wieder **zu veräußern**. Von der Veräußerungspflicht ausgenommen sind Grundstücke, die als Austauschland für beabsichtigte städtebauliche Maßnahmen, zur Entschädigung in Land oder für sonstige öffentliche Zwecke benötigt werden (§ 29 Abs. 1 Satz 2 BauGB). Die Veräußerung soll erfolgen, sobald der mit dem Erwerb verfolgte Zweck verwirklicht werden kann oder entfallen ist. Vorrangig sind gemäß § 89 Abs. 3 Satz 2 BauGB die früheren Käufer zu berücksichtigen. Der Anspruch auf Übertragung des Eigentums kann mit einer Verpflichtungsklage geltend gemacht werden[2].

VII. Besonderheiten der Ausübung des Vorkaufsrechts zugunsten Dritter

2560 Gemäß § 28 Abs. 2 Satz 4 BauGB ist das Vorkaufsrecht nicht übertragbar. Die Gemeinde kann das Vorkaufsrecht aber unter den in **§ 27a Abs. 1 Satz 1 BauGB** bestimmten Voraussetzungen zu Gunsten Dritter ausüben.

2561 § 27a Abs. 1 Satz 1 BauGB erfaßt unter Nr. 1 die Ausübung des Vorkaufsrechts für den **sozialen Wohnungsbau** oder die **Wohnbebauung für Personengruppen mit besonderem Wohnbedarf**. In diesem Fall muß der Dritte in der Lage sein, das Grundstück binnen angemessener Frist entsprechend diesen Zwecken zu bebauen, und er muß sich dazu verpflichten. Die Gemeinde hat bei der Ausübung des Vorkaufsrechts eine Verwendungsfrist zu bestimmen (§ 27a Abs. 1 Satz 2 BauGB). Erfüllt der Dritte die Verpflichtung nicht, so soll die Gemeinde gemäß § 27a Abs. 3 Satz 2 BauGB die Übertragung des Grundstücks an sich oder an einen anderen Bauwilligen verlangen, der dieselbe Verpflichtung übernehmen muß.

2562 § 27a Abs. 1 Satz 1 Nr. 2 BauGB ermöglicht der Gemeinde die Ausübung des Vorkaufsrechts aus § 24 Abs. 1 Satz 1 Nr. 1 BauGB zu Gunsten eines **öffentlichen Bedarfs- oder Erschließungsträgers** sowie des Vorkaufsrechts aus § 24 Abs. 1 Satz 1 Nr. 3 BauGB zu Gunsten eines **Sanierungs- oder Entwicklungsträgers**. In diesen Fällen genügt das Einverständnis des begünstigten Dritten mit der Ausübung des Vorkaufsrechts zu seinen Gunsten. Die Regelung greift unter Berücksichtigung ihres Zwecks auch dann ein, wenn das Vorkaufsrecht zugleich nach anderen Vorschriften als § 24 Abs. 1 Satz 1 Nr. 1 oder Nr. 3 BauGB besteht.

---

1 BGH v. 5.5.1988 – III ZR 105/87, BRS 48 Nr. 85 = BauR 1988, 580 = NJW 1989, 187.
2 Vgl. VGH Mannheim v. 19.9.1988 – 5 S 2408/88.

In allen Fällen der Ausübung des Vorkaufsrechts zu Gunsten Dritter 2563
kommt der Kaufvertrag gemäß § 27a Abs. 2 BauGB zwischen dem Begünstigten und dem Verkäufer zustande. Die Gemeinde haftet jedoch neben dem begünstigten Dritten dem Verkäufer gegenüber als Gesamtschuldnerin.

VIII. Ausübung des Vorkaufsrechts zum Verkehrswert

1. Ausübung des Vorkaufsrechts nach § 24 Abs. 1 Satz 1 Nr. 1 BauGB

Übt die Gemeinde das Vorkaufsrecht aus § 24 Abs. 1 Satz 1 Nr. 1 BauGB 2564
aus, so bemißt sich gemäß **§ 28 Abs. 4 Satz 1 BauGB** der von der Gemeinde zu zahlende Betrag nach den für die Enteignungsentschädigung geltenden Vorschriften (§§ 93 ff. BauGB), sofern zum einen der Erwerb des Grundstücks für die Durchführung des Bebauungsplans erforderlich ist und es zum anderen nach dem festgesetzten Verwendungszweck enteignet werden könnte. Die zweite Voraussetzung ist nicht bereits dann erfüllt, wenn grundsätzlich die Festsetzungen des Bebauungsplans Grundlage einer Enteignung sein können, das Wohl der Allgemeinheit sie aber – jedenfalls gegenwärtig – nicht i.S. von § 87 Abs. 1 BauGB erfordert, etwa weil eine alsbaldige Realisierung des Bebauungsplans nicht beabsichtigt ist; es genügt daher nicht, daß die öffentliche Zweckbestimmung „abstrakt" die Möglichkeit einer Enteignung begründet[1], mag dies auch für die Ausübung des Vorkaufsrechts in der Regel genügen (vgl. dazu Rdnr. 2524 f.).

Liegen die Voraussetzungen der Ausübung des Vorkaufsrechts nach § 24 2565
Abs. 1 Satz 1 Nr. 1 BauGB und die weiteren in § 28 Abs. 4 Satz 1 BauGB bestimmten Voraussetzungen vor und entschließt sich die Gemeinde, das Vorkaufsrecht auszuüben, so richtet sich der von der Gemeinde zu zahlende Betrag **zwingend** nach den für die **Enteignungsentschädigung** geltenden Grundsätzen. Es steht der Gemeinde nicht zu, die Ausübung des Vorkaufsrechts auf einen anderen Tatbestand zu stützen, der im Einzelfall gleichfalls vorliegen mag (z.B. auf § 24 Abs. 1 Satz 1 Nr. 6 BauGB), und anstelle des aus den Vorschriften über die Enteignungsentschädigung sich ergebenden Betrages den vereinbarten Kaufpreis zu zahlen. § 28 Abs. 4 BauGB verdrängt hinsichtlich des Kaufpreises in seinem Anwendungsbereich § 464 Abs. 2 BGB i.V.m. § 28 Abs. 2 Satz 2 BauGB.

Nach den für die Enteignungsentschädigung geltenden Vorschriften bemißt 2566
sich der zu zahlende Betrag nach dem **Verkehrswert** des Grundstücks (§ 95 Abs. 1 BauGB i.V.m. § 194 BauGB). Dabei ist zu berücksichtigen, daß in der

---

[1] Ebenso Jäde in Jäde/Dirnberger/Weiß, § 28 Rdnr. 26; a.A. Paetow in Berliner Kommentar zum Baugesetzbuch, § 28 Rdnr. 39; Roos in Brügelmann, § 28 Rdnr. 77; Schrödter in Schrödter, § 28 Rdnr. 37a; Stock in Ernst/Zinkahn/Bielenberg/Krautzberger, § 28 Rdnr. 81.

Regel durch eine Festsetzung, die das Vorkaufsrecht nach § 24 Abs. 1 Satz 1 Nr. 1 BauGB auslöst, das Grundstück von der konjunkturellen Weiterentwicklung ausgeschlossen wird, so daß die Grundstücksqualität vor Inkrafttreten des Bebauungsplans maßgebend ist[1]. Der Entschädigungswert ist nach § 99 Abs. 3 BauGB zu verzinsen[2].

2567 Gemäß § 28 Abs. 4 Satz 2 BauGB erlischt mit Unanfechtbarkeit des Bescheids über die Ausübung des Vorkaufsrechts zum Entschädigungswert die Pflicht des Verkäufers aus dem Kaufvertrag, der Gemeinde das Eigentum an dem Grundstück zu übertragen. Die **Gemeinde erwirbt** vielmehr das **Eigentum** gemäß § 28 Abs. 4 Satz 3 BauGB **kraft Gesetzes**, wenn sie auf ihr entsprechendes Ersuchen als Eigentümerin im Grundbuch eingetragen wird; das Grundbuchamt hat diese Eintragung vorzunehmen, ohne daß die sonst notwendige Bewilligung des Verkäufers vorliegen müßte.

2568 Für die Durchführung des Verwaltungsverfahrens und den Inhalt des Ausübungsbescheids gelten im übrigen die allgemeinen Grundsätze. Das Vorkaufsrecht kann, wie sich aus § 27a Abs. 3 Satz 1 BauGB ergibt, auch zu Gunsten eines öffentlichen Bedarfs- oder Erschließungsträgers ausgeübt werden. Dann geht mit Bestandskraft des Bescheids über die Ausübung des Vorkaufsrechts das Eigentum auf den Bedarfs- oder Erschließungsträger über.

2569 Der Bescheid über die Ausübung des Vorkaufsrechts zum Entschädigungswert ist nicht wie der Bescheid über die Ausübung des Vorkaufsrechts zum vereinbarten Kaufpreis mit Widerspruch und verwaltungsgerichtlicher Anfechtungsklage, sondern gemäß § 217 Abs. 1 Satz 1 BauGB mit dem **Antrag auf gerichtliche Entscheidung** anzufechten, über den die Kammer für Baulandsachen zu entscheiden hat.

2. Ausübung des Vorkaufsrechts zum Verkehrswert in anderen Fällen

2570 Gemäß **§ 28 Abs. 3 Satz 1 BauGB** kann die Gemeinde den zu zahlenden Betrag nach dem Verkehrswert des Grundstücks im Zeitpunkt des Kaufes bestimmen, wenn der vereinbarte Kaufpreis den Verkehrswert in einer dem Rechtsverkehr erkennbaren Weise deutlich überschreitet.

2571 Maßgeblich ist der nach § 194 BauGB zu bestimmende **Verkehrswert im Zeitpunkt des Kaufes**. Dies kann dazu führen, daß die Gemeinde das Vorkaufsrecht nach § 24 Abs. 1 Satz 1 Nr. 3 BauGB dann nicht ausüben kann, wenn der Verkehrswert des Grundstücks durch die Aussicht auf die Sanierung oder die Entwicklungsmaßnahme deutlich gestiegen ist. Denn § 28

---
1 Vgl. BGH v. 25.11.1991 – III ZR 65/91, NVwZ 1992, 603.
2 Vgl. dazu BGH v. 10.7.1986 – III ZR 44/85, BGHZ 98, 188 = BRS 46 Nr. 96 = BauR 1986, 674 = DVBl. 1986, 1268 = NJW 1987, 494.

Abs. 3 Satz 1 BauGB schließt es aus, solche Werterhöhungen unberücksichtigt zu lassen. Andererseits darf die Gemeinde das Grundstück gemäß §§ 153 Abs. 2, 169 Abs. 1 Nr. 7 BauGB nicht zu einem Preis erwerben, der die Werterhöhung einschließt. Die Gemeinde bleibt dann nur die Möglichkeit, die Genehmigung des Vertrages gemäß §§ 144 Abs. 2 Nr. 1, 169 Abs. 1 Nr. 3 BauGB zu versagen, sofern ihr nicht zugleich das Vorkaufsrecht nach § 24 Abs. 1 Satz 1 Nr. 1 BauGB zusteht.

Angesichts der mit der Bestimmung des Verkehrswerts verbundenen Unsicherheiten ist eine Überschreitung um 10% sicherlich keine **deutliche Überschreitung** i.S. dieser Regelung[1]. Bei der Beurteilung der Erkennbarkeit der Überschreitung kann es darauf ankommen, ob es Vergleichspreise aus der unmittelbaren Umgebung für Grundstücke mit ähnlichem Zuschnitt und ähnlicher Lage gibt oder ob zur Bestimmung des Verkehrswerts komplizierte Überlegungen angestellt werden müssen, die die Vergleichbarkeit von Grundstücken in anderer Lage und mit anderem Zuschnitt betreffen und die sich möglicherweise auch auf Abschläge oder Zuschläge wegen bestimmter Vorteile oder Nachteile beziehen müssen, die sich nicht ohne weiteres aufdrängen. Je schwieriger es ist, den Verkehrswert zutreffend zu ermitteln, desto größer wird die Abweichung von dem ermittelten Verkehrswert sein müssen, um eine deutlich erkennbare Überschreitung feststellen zu können.

2572

Ergibt sich eine deutliche Überschreitung des Verkehrswerts, so steht die Ausübung des Vorkaufsrechts zum Verkehrswert im **Ermessen** der Gemeinde. Bei ihrer Ermessensentscheidung hat die Gemeinde den allgemeinen Gleichheitssatz zu beachten. Auch wenn sie regelmäßig oder in einem bestimmten Bebauungsplangebiet regelmäßig von der Möglichkeit der Ausübung des Vorkaufsrechts zum Verkehrswert Gebrauch macht, kann im Einzelfall eine Abweichung von einer solchen Verwaltungspraxis ermessensgerecht sein, wenn etwa ein besonders großes städtebauliches Interesse an dem Erwerb eines bestimmten Grundstücks besteht und die Gemeinde die Möglichkeit ausschließen möchte, daß der Verkäufer von seinem Rücktrittsrecht nach § 28 Abs. 3 Satz 2 BauGB Gebrauch macht[2]. Der Entschädigungsbetrag ist im Bescheid über die Ausübung des Vorkaufsrechts anzugeben.

2573

Der Verkäufer ist gemäß § 28 Abs. 3 Satz 2 BauGB (anders als bei dem Vorkaufsrecht zum Verkehrswert nach § 28 Abs. 4 BauGB) berechtigt, bis zum Ablauf eines Monats nach Unanfechtbarkeit des Verwaltungsakts über die Ausübung des Vorkaufsrechts **vom Vertrag zurückzutreten**. Da nicht nur der Verkäufer, sondern auch der Käufer den Bescheid über die Ausübung des Vorkaufsrechts anfechten kann, muß die Gemeinde (über § 28 Abs. 2 Satz 1

2574

---
1 Ebenso Schrödter in Schrödter, § 28 Rdnr. 29.
2 Ebenso Krautzberger in Battis/Krautzberger/Löhr, § 28 Rdnr. 11.

BauGB hinaus) auch diesem den Bescheid zur Kenntnis geben, um die Unanfechtbarkeit herbeizuführen und die Frist des § 28 Abs. 3 Satz 2 BauGB in Lauf zu setzen.

2575 Übt der Verkäufer sein Rücktrittsrecht nicht aus, so erlischt gemäß § 28 Abs. 3 Satz 5 BauGB seine Verpflichtung aus dem Kaufvertrag, der Gemeinde das Eigentum an dem Grundstück zu übertragen. Das **Eigentum** geht gemäß § 28 Abs. 3 Satz 6 BauGB **kraft Gesetzes auf die Gemeinde** über, wenn sie auf ihr entsprechendes Ersuchen hin als Eigentümerin in das Grundbuch eingetragen wird. Das Grundbuchamt hat diesem Ersuchen zu entsprechen, ohne daß eine Eintragungsbewilligung des Verkäufers vorliegen müßte. Soweit das Vorkaufsrecht zu Gunsten Dritter ausgeübt wird, geht das Eigentum gemäß § 27a Abs. 3 Satz 1 BauGB auf den Dritten über[1].

2576 Anders als bei der Ausübung des Vorkaufsrechts nach den für die Enteignungsentschädigung geltenden Grundsätzen gemäß § 28 Abs. 4 BauGB verbleibt es bei Ausübung des Vorkaufsrechts nach § 28 Abs. 3 Satz 1 BauGB bei den im Kaufvertrag für die Zahlungen vereinbarten Modalitäten. Es wird lediglich der vereinbarte Kaufpreis durch den Verkehrswert ersetzt.

2577 Die Gemeinde hat gemäß § 28 Abs. 3 Satz 7 BauGB das Grundstück innerhalb einer angemessenen Frist dem mit der Ausübung des Vorkaufsrechts verbundenen **Zweck zuzuführen**. Geschieht dies nicht, so steht dem Verkäufer eine Entschädigung in Höhe des Unterschieds zwischen dem vereinbarten Kaufpreis und dem Verkehrswert zu.

2578 Ebenso wie der Bescheid über die Ausübung des Vorkaufsrechts nach § 28 Abs. 4 BauGB ist auch der Bescheid nach § 28 Abs. 3 BauGB nicht mit Widerspruch und verwaltungsgerichtlicher Anfechtungsklage, sondern gemäß § 217 Abs. 1 Satz 1 BauGB mit einem **Antrag auf gerichtliche Entscheidung** bei der Kammer für Baulandsachen (vom Verkäufer oder vom Käufer) anzufechten.

---

1 Ebenso wie bei Ausübung des Vorkaufsrechts nach § 28 Abs. 4 BauGB, vgl. dazu Rdnr. 2567.

D. Städtebauliche Gebote zur Verwirklichung der Bauleitplanung

I. Baugebot

1. Voraussetzungen

a) Im Geltungsbereich eines Bebauungsplans

Die Gemeinde kann gemäß **§ 176 Abs. 1 BauGB** den Eigentümer im Geltungsbereich eines qualifizierten Bebauungsplans verpflichten, innerhalb einer von ihr zu bestimmenden Frist sein Grundstück entsprechend den Festsetzungen des Bebauungsplans zu **bebauen** oder ein vorhandenes Gebäude oder sonstige bauliche Anlagen den Festsetzungen des Bebauungsplans **anzupassen**. Bebauungsplan im Sinne dieser Regelung ist nicht nur der qualifizierte Bebauungsplan (§ 30 Abs. 1 BauGB), sondern auch der **vorhabenbezogene Bebauungsplan** (§ 30 Abs. 2 BauGB) und der **einfache Bebauungsplan** (§ 30 Abs. 3 BauGB)[1]. Die Verpflichtung setzt voraus, daß das Grundstück bisher entweder nicht entsprechend den Festsetzungen des Bebauungsplans bebaut ist oder eine vorhandene bauliche Anlage den Festsetzungen des Bebauungsplans widerspricht und durch Baumaßnahmen diesen Festsetzungen angepaßt werden kann. Nutzungsänderungen sind keine Anpassungen baulicher Anlagen i.S. von § 176 Abs. 1 Nr. 2 BauGB[2] und dürfen deshalb für bauliche Nutzungen nicht angeordnet werden. § 175 Abs. 4 Satz 1 BauGB schließt das Baugebot für bestimmte Grundstücke öffentlicher Bedarfsträger aus; an die Stelle tritt die in § 175 Abs. 4 Satz 2 BauGB geregelte Verpflichtung.

2579

Weitere Voraussetzung des Baugebots ist gemäß **§ 175 Abs. 2 BauGB**, daß die **alsbaldige Durchführung der Maßnahme aus städtebaulichen Gründen erforderlich** ist. Die Festsetzungen des Bebauungsplans allein begründen diese Erforderlichkeit nicht. Denn der Bebauungsplan ist eine Angebotsplanung und überläßt grundsätzlich seine Umsetzung der Entscheidung der Grundstückseigentümer. Die Regelung erfordert eine **Abwägung**. Als städtebauliche Rechtfertigung für das Baugebot hat das Bundesverwaltungsgericht im Urteil vom 15.2.1990 eine tatsächliche Situation im Plangebiet gefordert, „die keinen längeren Aufschub der Verwirklichung der bauplanerischen Festsetzungen duldet und deshalb die Statuierung einer Baupflicht für den Eigentümer unter Überwindung seiner gegen eine sofortige Planverwirklichung sprechenden Be-

2580

---

1 Allgemeine Auffassung, vgl. etwa Köhler in Schrödter, § 176 Rdnr. 5; Krautzberger in Battis/Krautzberger/Löhr, § 176 Rdnr. 1; Neuhausen in Brügelmann, § 176 Rdnr. 2, 14; Stock in Ernst/Zinkahn/Bielenberg/Krautzberger, § 176 Rdnr. 20; unklar Lemmel in Berliner Kommentar zum Baugesetzbuch, § 176 Rdnr. 5.
2 Ebenso Stock in Ernst/Zinkahn/Bielenberg/Krautzberger, § 176 Rdnr. 28.

lange rechtfertigt"[1]. Aus § 175 Abs. 2, 2. Halbsatz BauGB wird allerdings deutlich, daß die städtebaulichen Gründe für das Baugebot sich auch aus Umständen außerhalb des Plangebiets ergeben können; denn der dort genannte dringende Wohnbedarf läßt sich regelmäßig nicht in Bezug auf ein einzelnes Plangebiet feststellen[2]. Neben den Belangen des Eigentümers sind auch die Belange von Nutzungsberechtigten, die gemäß § 175 Abs. 3 BauGB die Durchführung der Maßnahmen zu dulden haben, in die Abwägung einzubeziehen, zumal auch diese Belange durch Art. 14 GG geschützt sind[3]. Außer der Schaffung zusätzlichen Wohnraums bei einem dringenden Wohnbedarf kommen zur Rechtfertigung des Baugebots z.B. städtebauliche Spannungen (z.B. Störungen des Ortsbilds) durch einzelne Baulücken[4], das öffentliche Interesse an der verbesserten Ausnutzung vorhandener Infrastruktureinrichtungen[5] oder die Schaffung von privaten Infrastruktureinrichtungen, die im Bebauungsplan vorgesehen sind, in Betracht[6]. Selbstverständlich fehlt die erforderliche städtebauliche Rechtfertigung für das Baugebot, solange die Bebauung (z.B. wegen fehlender Erschließung) noch nicht möglich ist.

2581 Die städtebauliche Erforderlichkeit der alsbaldigen Durchführung der Baumaßnahme darf nicht nur in Bezug auf einzelne nach den Festsetzungen des Bebauungsplans zulässige bauliche Anlagen bestehen. Denn durch das Baugebot dürfen nicht die nach dem Bebauungsplan zulässigen Grundstücksnutzungen eingeschränkt werden[7].

---

1 BVerwG v. 15.2.1990 – 4 C 41.87, BVerwGE 84, 335 = BRS 50 Nr. 204 = Buchholz 406.11 § 39b BBauG Nr. 1 = DVBl. 1990, 576 = NVwZ 1990, 658.
2 Das BVerwG (ebenda) rechnet den Wohnbedarf innerhalb der Gemeinde zur tatsächlichen Situation im Plangebiet.
3 Vgl. BVerfG v. 26.5.1993 – 1 BvR 208/93, BVerfGE 89, 1 = NJW 1993, 2035; BVerwG v. 1.9.1997 – 4 A 36.96, BVerwGE 105, 178 = NVwZ 1998, 504.
4 Vgl. BVerwG v. 3.8.1989 – 4 B 70.89, BRS 49 Nr. 219 = Buchholz 406.11 § 175 Nr. 1 = NVwZ 1990, 60.
5 BVerwG v. 15.2.1990 – 4 C 41.87, BVerwGE 84, 335 = BRS 50 Nr. 204 = Buchholz 406.11 § 39b Nr. 1 = DVBl. 1990, 576 = NVwZ 1990, 658.
6 Als Beispiel wird von Köhler in Schrödter, § 176 Rdnr. 6 und Lemmel in Berliner Kommentar zum Baugesetzbuch, § 175 Rdnr. 6 ein Ladenzentrum einer weitgehend vollendeten neuen Wohnsiedlung genannt; ob ein solches Vorhaben in Abwägung mit den Belangen des Grundstückseigentümers tatsächlich städtebaulich erforderlich ist, ist allerdings zweifelhaft; eher ist an zentralörtliche Einrichtungen, wie z.B. ein auf der Grundlage von § 9 Abs. 1 Nr. 9 BauGB festgesetztes privates Parkhaus, zu denken.
7 Ebenso i.E. BVerwG v. 15.2.1990 – 4 C 45.87, BVerwGE 84, 354 = BRS 50 Nr. 205 = Buchholz 406.11 § 39b Nr. 2 = DVBl. 1990, 583 = NVwZ 1990, 663 im Zusammenhang mit der Erörterung der Verwaltungsvollstreckung; Krautzberger in Battis/Krautzberger/Löhr, § 176 Rdnr. 3; Stock in Ernst/Zinkahn/Bielenberg/Krautzberger, § 176 Rdnr. 22; a.A. Gaentzsch, § 175 Rdnr. 5 f. sowie (nur im Anwendungsbereich von § 175 Abs. 2, 2. Halbsatz BauGB) Schlichter, Überlegungen zum Baugebot, Festschrift Weyreuther, 1993, S. 361 f.

b) Im unbeplanten Innenbereich

2582 Gemäß **§ 176 Abs. 2 BauGB** kann außerhalb der in § 176 Abs. 1 BauGB bezeichneten Gebiete innerhalb im Zusammenhang bebauter Ortsteile ein Baugebot angeordnet werden, um unbebaute oder geringfügig bebaute Grundstücke entsprechend den baurechtlichen Vorschriften zu nutzen oder einer baulichen Nutzung zuzuführen, insbesondere zur Schließung von Baulücken. Der Wortlaut von § 176 Abs. 2 BauGB schließt die Anwendung dieser Vorschrift im Anwendungsbereich eines einfachen Bebauungsplans (§ 30 Abs. 3 BauGB) aus[1]. Nach verbreiteter Auffassung soll ein Anpassungsgebot in entsprechender Anwendung von § 176 Abs. 1 Nr. 2 BauGB im unbeplanten Innenbereich nicht möglich sein. Auch diese Auffassung steht in Widerspruch zum Wortlaut von § 176 Abs. 2 BauGB[2].

2583 Nutzung entsprechend den baurechtlichen Vorschriften im Sinne von § 176 Abs. 2 BauGB ist **jede nach § 34 BauGB zulässige Nutzung**. Ebensowenig wie im Geltungsbereich eines Bebauungsplans dürfen im unbeplanten Innenbereich die zulässigen Nutzungen durch das Baugebot eingeschränkt werden. Deshalb darf sich auch hier das Erfordernis der alsbaldigen Durchführung aus städtebaulichen Gründen (§ 175 Abs. 2 BauGB) nicht nur auf einzelne zulässige Nutzungen beziehen. Da § 34 BauGB in der Regel eine größere Vielfalt möglicher Nutzungen eröffnet als ein Bebauungsplan, hat das Baugebot im unbeplanten Innenbereich eine geringere praktische Bedeutung als im Geltungsbereich eines Bebauungsplans. Neben dem Anliegen der Befriedigung eines dringenden Wohnbedarfs (§ 175 Abs. 2, 2. Halbsatz BauGB) kommt als städtebauliche Rechtfertigung vor allem die Lückenschließung zur Nutzung vorhandener Infrastruktureinrichtungen und zur Beseitigung von Störungen des Ortsbilds in Betracht[3]. Da das Baugebot nach § 176 Abs. 2 BauGB auf die Ausnutzung des Grundstücks in dem durch § 34 BauGB eröffneten Rahmen gerichtet ist, ist **geringfügig bebaut** im Sinne dieser Vorschrift ein Grundstück, dessen Bebauung nach dem Maß der baulichen Nutzung und der überbaubaren Grundstücksfläche erheblich hinter der zulässigen Bebauung zurückbleibt[4].

---

1 Ebenso Köhler in Schrödter, § 176 Rdnr. 7; Krautzberger in Battis/Krautzberger/Löhr, § 176 Rdnr. 6; a.A. Gaentzsch, § 176 Rdnr. 2; Stock in Ernst/Zinkahn/Bielenberg/Krautzberger, § 176 Rdnr. 20.
2 Ebenso Dirnberger in Jäde/Dirnberger/Weiss, § 176 Rdnr. 6; Stock in Ernst/Zinkahn/Bielenberg/Krautzberger, § 176 Rdnr. 30; a.A. Köhler in Schrödter, § 176 Rdnr. 7; Lemmel in Berliner Kommentar zum Baugesetzbuch, § 176 Rdnr. 6; Neuhausen in Brügelmann, § 176 Rdnr. 19.
3 Vgl. auch BVerwG v. 15.2.1990 – 4 C 41.87, BVerwGE 84, 335 = BRS 50 Nr. 204 = Buchholz 406.11 § 39b Nr. 1 = DVBl. 1990, 576 = NVwZ 1990, 658; Krautzberger in Battis/Krautzberger/Löhr, § 176 Rdnr. 6; Schlichter, Überlegungen zum Baugebot, Festschrift Weyreuther, 1993, S. 352 f.
4 Dazu näher Stock in Ernst/Zinkahn/Bielenberg/Krautzberger, § 176 Rdnr. 33.

c) Wirtschaftliche Zumutbarkeit

2584 Gemäß § 176 Abs. 3 BauGB hat die Gemeinde von einem Baugebot (innerhalb wie außerhalb des Geltungsbereichs eines Bebauungsplans) abzusehen, wenn die Durchführung des Vorhabens einem Eigentümer aus wirtschaftlichen Gründen nicht zuzumuten ist. Die Beurteilung hat, wie die Formulierung „einem" Eigentümer deutlich macht, nach einem **objektiven Maßstab** zu erfolgen. Die persönlichen wirtschaftlichen Verhältnisse des Eigentümers sind lediglich bei der Prüfung eines Übernahmeanspruchs nach § 176 Abs. 4 BauGB zu berücksichtigen und stehen einem Baugebot nicht entgegen[1].

2585 § 176 Abs. 3 und Abs. 4 BauGB gewährleisten die Privatnützigkeit des Eigentums, die durch eine Inhalts- und Schrankenbestimmung nicht beseitigt werden darf[2]. Wirtschaftlich objektiv unzumutbar ist deshalb ein Baugebot jedenfalls dann, wenn sich der Eigentümer (unabhängig von seinen persönlichen wirtschaftlichen Verhältnissen) durch die Ausführung des Baugebots die Möglichkeit nehmen würde, das Grundstück zu seinem wirtschaftlichen Vorteil zu nutzen. Da § 176 Abs. 3 BauGB allein auf die **Zumutbarkeit des Vorhabens** abhebt, wird man eine wirtschaftliche Unzumutbarkeit im Sinne dieser Vorschrift (insoweit wohl über die verfassungsrechtlichen Mindestanforderungen hinaus) auch dann anzunehmen haben, wenn die konkrete Baumaßnahme, die Gegenstand des Baugebots ist, für jeden Eigentümer bei längerfristiger Betrachtung wirtschaftlich nachteilig ist; wirtschaftliche Nachteile können daher nicht durch andere wirtschaftlich vorteilhafte Nutzungen auf demselben Grundstück kompensiert werden. Diese Beurteilung dürfte auch der Formulierung des Bundesverwaltungsgerichts zu Grunde liegen, eine Bebauung müsse „entsprechend den bestehenden planungsrechtlichen Vorgaben bei Berücksichtigung bestehender und zumutbarer Möglichkeiten der Finanzierung – auch mit öffentlichen Mitteln – voraussichtlich rentabel sein"[3].

2586 **Beispiel:**
Die Gemeinde wünscht die Aufstockung eines ein- oder zweigeschossigen Gebäudes. In die Beurteilung der Frage, ob diese Maßnahme zumutbar ist, sind nicht die Einnahmen aus dem bereits vorhandenen Gebäude einzubeziehen[4]. Allerdings ist eine

---

1 So auch BVerwG v. 15.2.1990 – 4 C 41.87, BVerwGE 84, 335 = BRS 50 Nr. 204 = Buchholz 406.11 § 39b Nr. 1 = DVBl. 1990, 576 = NVwZ 1990, 658; a.A. Stock in Ernst/Zinkahn/Bielenberg/Krautzberger, § 176 Rdnr. 53: Das Baugebot könne bei subjektiver Unzumutbarkeit ermessensfehlerhaft sein.
2 Vgl. BVerfG v. 2.3.1999 – 1 BvL 7/91, BVerfGE 100, 226 = BRS 62 Nr. 214 = BauR 1999, 1158 = DVBl. 1999, 1498 = NJW 1999, 2877.
3 BVerwG v. 15.2.1990 – 4 C 41.87, BVerwGE 84, 335 = BRS 50 Nr. 204 = Buchholz 406.11 § 39b Nr. 1 = DVBl. 1990, 576 = NVwZ 1990, 658.
4 Ebenso Loddenkemper, Zur wirtschaftlichen Zumutbarkeit beim Baugebot, BauR 1985, 491 f.; Stock in Ernst/Zinkahn/Bielenberg/Krautzberger, § 176 Rdnr. 45.

etwaige Erhöhung der Rendite der bereits vorhandenen Etagen als Folge der Aufstockung des Gebäudes zu berücksichtigen[1].

Da es auf die persönlichen wirtschaftlichen Verhältnisse des Eigentümers nicht ankommt, ist bei der Wirtschaftlichkeitsberechnung nicht davon auszugehen, daß **Fremdkapital** aufgenommen werden muß[2]. Allerdings muß eine Rendite mindestens in Höhe der **marktüblichen Zinsen des eingesetzten Eigenkapitals** erwirtschaftet werden können[3]; denn anderenfalls entstehen dem Eigentümer durch das Grundeigentum im Ergebnis wirtschaftliche Nachteile, weil er zu einer besonders unrentablen Nutzung seines Kapitals verpflichtet wird. 2587

Die **Wirtschaftlichkeitsberechnung** kann im übrigen in Anlehnung an die II. Berechnungsverordnung vorgenommen werden. Die Kosten der Beseitigung vorhandener Bausubstanz haben außer Betracht zu bleiben, weil dafür gemäß § 176 Abs. 5 BauGB eine besondere Entschädigung gezahlt wird. Angesichts der Unsicherheit von prognostischen Berechnungen darf die Rentabilität nicht nur knapp bestehen; es muß ein **Sicherheitsspielraum** eingeräumt werden[4]. In die Betrachtung sind alle nach dem Bebauungsplan bzw. nach der Eigenart der näheren Umgebung zulässigen Nutzungen einzubeziehen; sind einzelne dieser Nutzungen wirtschaftlich zumutbar, so genügt dies. Häufig wird die wirtschaftliche Unzumutbarkeit unter Berücksichtigung der Marktverhältnisse nur vorübergehend bestehen. Sie kann aber auch auf Dauer bestehen. Die dauerhafte Unrentabilität der in einem Bebauungsplan festgesetzten Nutzungen führt nicht notwendig zur Nichtigkeit des Bebauungsplans[5]. Denn der Bebauungsplan kann im Einvernehmen mit dem Grundstückseigentümer auch unrentable Nutzungen (z.B. Wohnbebauung auf großen parkartigen Grundstücken) festsetzen; die Verwirklichung einer solchen Festsetzung kann durch Baugebot nicht durchgesetzt werden. 2588

---

1 Tendenziell ebenso Stock in Ernst/Zinkahn/Bielenberg/Krautzberger, § 176 Rdnr. 45.
2 A.A. Krautzberger in Battis/Krautzberger/Löhr, § 176 Rdnr. 8; Loddenkemper, Zur wirtschaftlichen Zumutbarkeit beim Baugebot, BauR 1985, 491; Stock in Ernst/Zinkahn/Bielenberg/Krautzberger, § 176 Rdnr. 47.
3 So auch Köhler in Schrödter, § 176 Rdnr. 13; Lemmel in Berliner Kommentar zum Baugesetzbuch, § 176 Rdnr. 8.
4 BVerwG v. 15.2.1990 – 4 C 41.87, BVerwGE 84, 335 = BRS 50 Nr. 204 = Buchholz 406.11 § 39b Nr. 1 = DVBl. 1990, 576 = NVwZ 1990, 658.
5 A.A. unter Berufung auf BVerwG v. 29.9.1978 – 4 C 30.76, BVerwGE 56, 283 = BauR 1978, 449 = BRS 33 Nr. 11 = Buchholz 406.11 § 1 Nr. 16 = NJW 1979, 1516 Köhler in Schrödter, § 176 Rdnr. 16; Krautzberger in Battis/Krautzberger/Löhr, § 176 Rdnr. 8; Lemmel in Berliner Kommentar zum Baugesetzbuch, § 176 Rdnr. 8; Neuhausen in Brügelmann, § 176 Rdnr. 21; Stock in Ernst/Zinkahn/Bielenberg/Krautzberger, § 176 Rdnr. 50.

2. Verfahren, Enteignung, Übernahmeverlangen

2589 Vor Erlaß des Baugebots soll die Gemeinde die beabsichtigten Maßnahmen gemäß § 175 Abs. 1 BauGB mit den Betroffenen **erörtern**; sie soll die Eigentümer, Mieter, Pächter und sonstigen Nutzungsberechtigten im Rahmen ihrer Möglichkeiten **beraten**, wie die Maßnahme durchgeführt werden kann und welche Finanzierungsmöglichkeiten aus öffentlichen Kassen bestehen. Die Gemeinde ist zu dieser Erörterung und Beratung regelmäßig verpflichtet; Ausnahmen sind kaum denkbar. Auch die Information, daß die Betroffenen die Maßnahme auf jeden Fall ablehnen, rechtfertigt den Verzicht auf die Erörterung und Beratung nicht[1]. Selbstverständlich genügt es, wenn die Gemeinde die Erörterung und Beratung anbietet. Inhaltlich geht die Erörterung und Beratung über die Anhörung nach § 28 VwVfG hinaus. Sie hat nicht nur den Zweck, der Gemeinde durch Mitwirkung der Betroffenen die Kenntnis der Gesichtspunkte zu verschaffen, die für ihre Entscheidung von Bedeutung sind; vielmehr dient sie auch der Abwendung des Erlasses eines Baugebots durch freiwillige Maßnahmen des Eigentümers oder Abschluß eines städtebaulichen Vertrages[2]. Deshalb bestehen Bedenken gegen die Auffassung, die Erörterung und Beratung könne gemäß § 45 Abs. 1 Nr. 3 VwVfG nachgeholt werden[3]. Die Verletzung der Erörterungs- und Beratungspflicht ist wegen des Ermessensspielraums, der der Gemeinde zusteht, in der Regel nicht gemäß § 46 VwVfG unbeachtlich[4].

2590 Das Baugebot wird durch schriftlichen **Verwaltungsakt** gegenüber dem Eigentümer erlassen. Wenn zur Durchführung des Baugebots die **Beseitigung baulicher Anlagen** erforderlich ist, ist diese Beseitigung dem Eigentümer auf der Grundlage von **§ 176 Abs. 5 BauGB** zusätzlich aufzugeben[5]; denn der Verwaltungsakt hat die von dem Eigentümer geforderten Maßnahmen gemäß § 37 Abs. 1 VwVfG so konkret zu bezeichnen, wie dies unter Berücksichtigung des Spielraums, der dem Eigentümer nach den maßgebenden bauplanungs- und bauordnungsrechtlichen Regelungen zu verbleiben hat, möglich ist[6]. Sind andere Nutzungsberechtigte vorhanden, so muß diesen gegenüber zusätzlich entweder ein **Duldungsverwaltungsakt** auf der Grundlage von **§ 175 Abs. 3 BauGB** erlassen werden, oder es muß die **Aufhebung von Miet-, Pacht- oder anderen Vertragsverhältnissen**, die die Nut-

---

1 Abweichend Köhler in Schrödter, § 175 Rdnr. 15.
2 Vgl. auch BVerwG v. 11.4.1991 – 4 C 7.90, BVerwGE 88, 97 = BRS 52 Nr. 236 = Buchholz 406.11 § 39b Nr. 3 = DVBl. 1991, 817 = NVwZ 1992, 162.
3 So aber Köhler in Schrödter, § 175 Rdnr. 15.
4 Ebenso Lemmel in Berliner Kommentar zum Baugesetzbuch, § 175 Rdnr. 4; Schlichter, Überlegungen zum Baugebot, Festschrift Weyreuther, 1993, S. 356.
5 So auch Lemmel in Berliner Kommentar zum Baugesetzbuch, § 176 Rdnr. 15; a.A. Köhler in Schrödter, § 176 Rdnr. 20; Stock in Ernst/Zinkahn/Bielenberg/Krautzberger, § 176 Rdnr. 60.
6 Vgl. zur Bestimmtheit des Baugebots auch Lemmel in Berliner Kommentar zum Baugesetzbuch, § 176 Rdnr. 12.

zung des Grundstücks betreffen, auf der Grundlage von **§§ 182 bis 184 BauGB** angeordnet werden. Das Baugebot ist sonst nicht vollziehbar. Dem Umstand, daß das Baugebot die zulässigen Nutzungen des Grundstücks nicht einschränken darf, dem Eigentümer daher auch nach Erlaß des Baugebots noch eine Vielzahl unterschiedlicher Bebauungsmöglichkeiten verbleiben müssen[1], kann die Gemeinde dadurch Rechnung tragen, daß sie gemäß **§ 176 Abs. 7 BauGB** dem Eigentümer aufgibt, innerhalb einer zu bestimmenden angemessenen Frist den erforderlichen **Bauantrag** zu stellen. Eine solche Anordnung ist Voraussetzung der **Vollstreckung** des Baugebots, wenn die in Betracht kommenden Baumaßnahmen genehmigungspflichtig sind. Die Vollstreckung richtet sich nach Landesrecht (vgl. auch § 176 Abs. 8 BauGB). Regelmäßig kommt wegen der Variationsbreite möglicher baulicher Nutzungen als Zwangsmittel nur das Zwangsgeld, nicht die Ersatzvornahme in Betracht[2]. Die abweichende Auffassung, infolge der rechtswidrigen Nichtbefolgung des Baugebots verliere der Eigentümer jeden Einfluß auf die Aus- und Durchführung der Baumaßnahme, so daß auch eine Ersatzvornahme zulässig sei[3], entbehrt der rechtlichen Grundlage; die Verwaltungsvollstreckung ist auf den Inhalt des vollziehbaren Verwaltungsakts beschränkt.

Bleiben Vollstreckungsmaßnahmen ohne Erfolg, so kann die Gemeinde gemäß § 176 Abs. 8 BauGB das **Enteignungsverfahren** einleiten. In dem Enteignungsverfahren hat gemäß § 176 Abs. 9 Satz 1, 1. Halbsatz BauGB das Baugebot Tatbestandswirkung. § 176 Abs. 9 Satz 2 BauGB schließt aus, daß Werterhöhungen des Grundstücks nach Unanfechtbarkeit des Baugebots dem Eigentümer bei der Bemessung der Enteignungsentschädigung zu Gute kommen. 2591

Die Vollstreckung des Baugebots kann der Eigentümer abwenden, indem er gemäß **§ 176 Abs. 4 BauGB** von der Gemeinde die **Übernahme des Grundstücks** verlangt. Dazu muß er glaubhaft machen, daß ihm die Durchführung des Vorhabens aus wirtschaftlichen Gründen nicht zuzumuten ist. Da das Vorhaben gemäß § 176 Abs. 3 BauGB objektiv wirtschaftlich zumutbar sein muß[4], kann sich die wirtschaftliche Unzumutbarkeit im Sinne von § 176 Abs. 4 BauGB vor allem aus fehlendem Eigenkapital und der fehlenden Möglichkeit ergeben, Kreditmittel zu Konditionen zu beschaffen, die bei langfristiger Betrachtung eine wirtschaftlich rentable Nutzung ermöglichen. Da es nach dem Wortlaut des Gesetzes allein auf die wirtschaftliche Zumutbarkeit ankommt, sind sonstige persönliche Verhältnisse wie Beruf, Alter, fehlende 2592

---

1 Dazu oben Rdnr. 2581, 2583.
2 So auch BVerwG v. 15.2.1990 – 4 C 41.87, BVerwGE 84, 335 = BRS 50 Nr. 204 = Buchholz 406.11 § 39b Nr. 1 = DVBl. 1990, 576 = NVwZ 1990, 658; Stock in Ernst/Zinkahn/Bielenberg/Krautzberger, § 176 Rdnr. 95, 97.
3 So Köhler in Schrödter, § 176 Rdnr. 31; kritisch dazu auch Schlichter, Überlegungen zum Baugebot, Festschrift Weyreuther, 1993, S. 360.
4 Vgl. dazu oben Rdnr. 2584 ff.

individuelle Kenntnisse und Erfahrungen oder Lebensdispositionen ohne Relevanz[1]. Hinsichtlich der Entschädigung und des Verfahrens verweist § 176 Abs. 2 BauGB auf § 43 Abs. 1, 4 und 5 sowie § 44 Abs. 3 und 4 BauGB.

II. Herrichtungs- und Nutzungsgebot

2593 Gemäß **§ 176 Abs. 6 BauGB** sind § 176 Abs. 1 und Abs. 3 bis 5 BauGB entsprechend anzuwenden, wenn für das Grundstück eine andere als bauliche Nutzung festgesetzt ist. Die **praktische Bedeutung** dieser Regelung ist gering angesichts des Umstands, daß das Pflanzgebot in § 178 BauGB eine Sonderregelung erfahren hat[2]. In Betracht kommt § 176 Abs. 6 BauGB als Grundlage für Anordnungen, die auf die Herstellung von Aufschüttungen oder Abgrabungen gerichtet sind; diese sind gemäß § 29 Abs. 1 BauGB keine baulichen Anlagen. Sie können z.B. gemäß § 9 Abs. 1 Nr. 17 oder Nr. 24 oder Nr. 26 im Bebauungsplan festgesetzt sein. Außerdem können auf der Grundlage von § 176 Abs. 6 BauGB z.B. Nutzungen angeordnet werden, die nach § 9 Abs. 1 Nr. 10 oder Nr. 24 BauGB festgesetzt sind[3]. Außerdem kann die Durchführung von Maßnahmen angeordnet werden, die auf der Grundlage von § 9 Abs. 1 Nr. 20 BauGB festgesetzt sind. In der Literatur werden als weitere Anwendungsfälle von § 176 Abs. 6 BauGB Anordnungen zur Herstellung von Sport- und Spielplätzen oder unbefestigten Stellplätzen und Lagerplätzen genannt, die auf der Grundlage von § 9 Abs. 1 Nr. 4, 9, 15 oder 22 BauGB festgesetzt sind und keine baulichen Anlagen sein sollen[4]; regelmäßig werden die Festsetzungen im Bebauungsplan, die die Herstellung solcher Anlagen zum Gegenstand haben, aber auf die Errichtung baulicher Anlagen im Sinne von § 29 Abs. 1 BauGB bezogen sein, so daß § 176 Abs. 1 BauGB eingreift.

2594 Außerhalb des Geltungsbereichs eines (mindestens einfachen) Bebauungsplans ist § 176 Abs. 6 BauGB nicht anwendbar. Für die Beurteilung der städtebaulichen Erforderlichkeit (§ 175 Abs. 2 BauGB) und der wirtschaftlichen Zumutbarkeit (§ 176 Abs. 3 BauGB) gelten dieselben Grundsätze wie beim Baugebot nach § 176 Abs. 1 BauGB. Das Verwaltungsverfahren ist in derselben Weise durchzuführen. Dem Eigentümer kann ebenso wie beim Baugebot nach § 176 Abs. 1 BauGB die Beseitigung baulicher Anlagen als

---

1 A.A. Köhler in Schrödter, § 176 Rdnr. 18; Stock in Ernst/Zinkahn/Bielenberg/Krautzberger, § 176 Rdnr. 56.
2 Dazu unten Rdnr. 2595 f.
3 A.A. offenbar Stock in Ernst/Zinkahn/Bielenberg/Krautzberger, § 176 Rdnr. 39: § 176 BauGB lasse nur die Anordnung der Herrichtung, nicht der Nutzung einer Fläche zu.
4 Köhler in Schrödter, § 176 Rdnr. 22; Krautzberger in Battis/Krautzberger/Löhr, § 176 Rdnr. 11; Lemmel in Berliner Kommentar zum Baugesetzbuch, § 176 Rdnr. 22; Neuhausen in Brügelmann, § 176 Rdnr. 30; Stock in Ernst/Zinkahn/Bielenberg/Krautzberger, § 176 Rdnr. 38.

Voraussetzung für die im Bebauungsplan festgesetzte Herrichtung oder Nutzung aufgegeben werden (§ 176 Abs. 5 BauGB). Allerdings kann der Eigentümer nicht verpflichtet werden, einen Bauantrag einzureichen, weil § 176 Abs. 7 BauGB nicht anwendbar ist; das kann die Durchsetzung der Anordnung erschweren, weil die angestrebte Veränderung des Grundstücks nach Landesrecht genehmigungspflichtig sein kann. Ebenso ist ein Enteignungsverfahren nicht möglich. Der Eigentümer kann allerdings bei persönlicher wirtschaftlicher Unzumutbarkeit gemäß § 176 Abs. 4 BauGB die Übernahme des Grundstücks verlangen.

III. Pflanzgebot

Gemäß **§ 178 BauGB** kann die Gemeinde den Eigentümer durch Bescheid verpflichten, sein Grundstück innerhalb einer zu bestimmenden angemessenen Frist entsprechend den Festsetzungen des Bebauungsplans nach § 9 Abs. 1 Nr. 25 BauGB zu bepflanzen. Die Bepflanzung muß gemäß § 175 Abs. 2 BauGB **alsbald aus städtebaulichen Gründen erforderlich** sein. Ist die Bepflanzung im Bebauungsplan als Ausgleich für bauliche Eingriffe vorgesehen[1], so ist die städtebauliche Erforderlichkeit in Bezug auf diese Bebauung zu bewerten. Da die Bepflanzung nach § 9 Abs. 1 Nr. 25 BauGB nicht als bloßes Angebot an den Grundstückseigentümer konzipiert ist, ergibt sich die städtebauliche Erforderlichkeit der alsbaldigen Durchführung einer Bepflanzung, die als Ausgleich für einen Eingriff konzipiert ist, regelmäßig bereits aus dem Eingriff; anders als beim Baugebot bedarf es keiner zusätzlichen Rechtfertigung[2]. In der Literatur wird die Auffassung vertreten, regelmäßig sei ein Pflanzgebot zulässig, wenn die festgesetzte Bepflanzung innerhalb eines Jahres nach Abschluß der Bebauung noch nicht erfolgt sei[3]. Dient die nach § 9 Abs. 1 Nr. 25 BauGB festgesetzte Bepflanzung dem Ausgleich von Eingriffen, so ist es in der Regel zweckmäßig, diese Bepflanzung durch eine selbständig vollziehbare Auflage zur Baugenehmigung anzuordnen und dadurch eine spätere Anordnung nach § 178 BauGB entbehrlich zu machen.

2595

Vor Anordnung der Pflanzgebots ist die Erörterung und Beratung nach § 175 Abs. 1 BauGB geboten[4]. Ebenso wie das Baugebot darf auch das Pflanzgebot den **Rahmen der zulässigen Nutzungen nicht verengen**[5]. Deshalb ist auch hier eine Ersatzvornahme regelmäßig nicht möglich[6]. Eine Ersatzvornahme

2596

---

1 Vgl. Rdnr. 348.
2 So i.E. auch Krautzberger in Battis/Krautzberger/Löhr, § 179 Rdnr. 1.
3 Lemmel in Berliner Kommentar zum Baugesetzbuch, § 178 Rdnr. 1; Neuhausen in Brügelmann, § 178 Rdnr. 5; Stock in Ernst/Zinkahn/Bielenberg/Krautzberger, § 178 Rdnr. 4.
4 Dazu oben Rdnr. 2589.
5 Ebenso Stock in Ernst/Zinkahn/Bielenberg/Krautzberger, § 178 Rdnr. 5.
6 Abweichend OVG Berlin v. 31.5.1991 – 2 B 11.89, BRS 52 Nr. 24 = LKV 1991, 411; Krautzberger in Battis/Krautzberger/Löhr, § 178 Rdnr. 2; Lemmel in Berliner Kom-

ist nur zulässig, soweit nach den Festsetzungen des Bebauungsplans dem Eigentümer kein Entscheidungsspielraum hinsichtlich der Pflanzenart, des Standorts und des Alters der Pflanzen verbleibt, was kaum denkbar ist. Müssen als Voraussetzung der Bepflanzung zunächst bauliche Anlagen beseitigt werden, so kann die Beseitigung dem Eigentümer nicht in entsprechender Anwendung von § 176 Abs. 5 BauGB aufgegeben werden; vielmehr muß zusätzlich ein **Rückbau- und Entsiegelungsgebot** nach § 179 BauGB erlassen werden. Ebenso wie beim Baugebot können Maßnahmen gegenüber Dritten auf der Grundlage von § 175 Abs. 3 oder §§ 182 bis 184 BauGB geboten sein[1]. Von der wirtschaftlichen Zumutbarkeit ist das Pflanzgebot (anders als das Baugebot) nicht abhängig; der Eigentümer kann auch nicht die Übernahme des Grundstücks verlangen. Allerdings kann ihm ein **Entschädigungsanspruch** gemäß § 41 Abs. 2 BauGB zustehen. Eine Enteignung ist zur Durchsetzung des Pflanzgebots nicht zulässig[2].

IV. Rückbau- und Entsiegelungsgebot

1. Regelungsgegenstand und Voraussetzungen

2597 Gemäß § 179 Abs. 1 Satz 1 BauGB kann der Eigentümer unter den dort bestimmten Voraussetzungen verpflichtet werden, die (vollständige oder teilweise) **Beseitigung baulicher Anlagen zu dulden**. § 179 Abs. 1 Satz 2 BauGB ergänzt diese Ermächtigungsgrundlage um die Regelung, daß der Eigentümer verpflichtet werden kann, die sonstige **Wiedernutzbarmachung** von dauerhaft nicht mehr genutzten **Flächen zu dulden**. Die durch das BauROG 1998 eingefügte Regelung des § 179 Abs. 1 Satz 2 BauGB bezieht sich, wie die Überschrift der Vorschrift zeigt, allein auf die Entsiegelung; dementsprechend wurde in der Begründung des Gesetzentwurfs ausgeführt, sie erfasse nur Maßnahmen, „die der Entsiegelung bebauter oder sonstwie versiegelter Flächen dienen"[3]. Da § 179 BauGB allein die Auferlegung von Duldungspflichten ermöglicht, ist allerdings die Überschrift der Vorschrift mißverständlich, soweit sie von Geboten spricht.

2598 Voraussetzung einer Anordnung nach § 179 Abs. 1 Satz 1 oder Satz 2 BauGB ist die Lage des Grundstücks im Geltungsbereich eines Bebauungsplans. Ebenso wie bei § 176 BauGB genügt ein einfacher Bebauungsplan oder ein vorhabenbezogener Bebauungsplan. Hinzukommen muß, daß die bauliche Anlage oder die Versiegelung des Grundstücks entweder in **Widerspruch zu den Festsetzungen des Bebauungsplans** steht und diesen Festsetzungen nicht angepaßt werden kann oder daß eine vorhandene bauliche

---

mentar zum Baugesetzbuch, § 178 Rdnr. 3; Neuhausen in Brügelmann, § 178 Rdnr. 11; Stock in Ernst/Zinkahn/Bielenberg/Krautzberger, § 178 Rdnr. 9.
1 Vgl. Rdnr. 2590.
2 So auch Lemmel in Berliner Kommentar zum Baugesetzbuch, § 178 Rdnr. 2.
3 BT-Drucksache 13/6392 S. 72.

Anlage **Mißstände oder Mängel** i.S. von § 177 Abs. 2 und Abs. 3 Satz 1 aufweist, die auch durch eine Modernisierung oder Instandsetzung nicht behoben werden können. Ein Widerspruch zu den Festsetzungen des Bebauungsplans kann z.B. dadurch entstehen, daß der Bebauungsplan die Fläche, auf der sich die bauliche Anlage befindet, nicht als überbaubare Grundstücksfläche festsetzt[1]. Der Bebauungsplan kann allerdings nicht die Festsetzung treffen, daß bestimmte bauliche Anlagen zu beseitigen sind; soweit sich in Bebauungsplänen eine derartige Darstellung findet, hat sie keine Rechtswirkungen[2]. Ein Widerspruch zwischen der ausgeübten und der zulässigen Nutzung genügt nicht.

Beispiel: 2599

Ein störender Gewerbebetrieb, der innerhalb der durch Wohnbebauung geprägten Umgebung bisher einen Fremdkörper bildet, wird durch Einbeziehung in ein Allgemeines Wohngebiet überplant. § 179 BauGB ermöglicht nicht die Anordnung der Aufgabe der gewerblichen Nutzung. Allerdings kann die Duldung der Beseitigung der dem Betrieb dienenden baulichen Anlagen angeordnet werden, soweit diese – ohne Rücksicht auf ihre Nutzung – nach den Festsetzungen des Bebauungsplans unzulässig sind. Auch die bauliche „Umwandlung" gewerblicher Bauten in Wohngebäude kann nur auf der Grundlage von § 176 Abs. 1 Nr. 2 BauGB angeordnet werden[3].

Bei dem Entsiegelungsgebot nach § 179 Abs. 1 Satz 2 BauGB muß zum Widerspruch gegen die Festsetzungen des Bebauungsplans hinzukommen, daß die Anordnung der Wiedernutzbarmachung von dauerhaft nicht mehr genutzten Flächen dient, bei denen der durch Bebauung oder Versiegelung beeinträchtigte Boden in seiner Leistungsfähigkeit erhalten oder wiederhergestellt werden soll. Dieses Ziel kann insbesondere zur Verwirklichung von Festsetzungen nach § 9 Abs. 1 Nr. 10, 15, 16, 18 b, 20, 25 BauGB in Betracht kommen[4]. Von einer dauerhaften Nichtnutzung wird man sprechen können, wenn infolge der Aufgabe der Nutzung der Bestandsschutz erloschen ist[5]. 2600

Gemäß **§ 175 Abs. 2 BauGB** setzt die Anordnung der Duldung des Rückbaus bzw. der Entsiegelung voraus, daß die alsbaldige Durchführung der Maßnahme aus städtebaulichen Gründen erforderlich ist. Die Beurteilung dieser Frage hat nach denselben Grundsätzen zu erfolgen wie beim Baugebot[6]. Bei der nach § 175 Abs. 2 BauGB gebotenen Abwägung ist zu berücksichtigen, welche Bedeutung der Rückbau bzw. die Entsiegelung für die Verwirklichung des Bebauungsplans und die mit diesem Plan angestrebten 2601

---

1 Vgl. OVG Berlin v. 20.2.1987 – 2 A 4.83, BauR 1987, 419 = ZfBR 1987, 163.
2 Vgl. BVerwG v. 22.6.1988 – 4 NB 13.88, Buchholz 406.11 § 39d BBauG Nr. 1.
3 A.A. offenbar Neuhausen in Brügelmann, § 179 Rdnr. 10 f.
4 BT-Drucksache 13/6392 S. 72, vgl. auch oben Rdnr. 2596.
5 Ebenso Bielenberg/Stock in Ernst/Zinkahn/Bielenberg/Krautzberger, § 179 Rdnr. 36; zur Beendigung des Bestandsschutzes bei Aufgabe der Nutzung vgl. oben Rdnr. 1116.
6 Vgl. dazu oben Rdnr. 2580 f.

städtebaulichen Ziele hat; darüber hinaus ist die Dringlichkeit der Verwirklichung dieser Ziele zu bewerten. Die entgegenstehenden privaten Belange haben bei dauerhaft nicht genutzten Flächen i.S. von § 179 Abs. 1 Satz 2 BauGB regelmäßig nur geringes Gewicht.

2602 Die **wirtschaftliche Zumutbarkeit** ist (anders als beim Baugebot) nicht Voraussetzung des Erlasses einer Verfügung nach § 179 Abs. 1 BauGB. Statt dessen sind Fragen der Zumutbarkeit gemäß § 179 Abs. 2 BauGB bei der Vollziehung der Verfügung zu berücksichtigen[1]; außerdem steht dem Eigentümer ein Entschädigungsanspruch zu[2].

2. Verfahren, Entschädigung

2603 Vor Erlaß eines Bescheids ist regelmäßig die **Erörterung und Beratung** gemäß § 175 Abs. 1 BauGB geboten[3]. Sie kann dem Eigentümer Anlaß geben, die von der Gemeinde gewünschte Beseitigung gemäß § 179 Abs. 1 Satz 4 BauGB selbst vorzunehmen. Dieses Recht der **Selbstvornahme** besteht auch nach Bestandskraft der Duldungsanordnung bis zu ihrem Vollzug durch die Gemeinde[4]. Bei der Entscheidung, eine Duldungsanordnung durch Selbstvornahme abzuwenden, muß berücksichtigt werden, daß dadurch möglicherweise Entschädigungsansprüche verlorengehen könnten[5]; kommen Entschädigungsansprüche in Betracht, so ist deshalb die Selbstvornahme auf der Grundlage eines öffentlich-rechtlichen Vertrages zweckmäßig, der Regelungen über die Entschädigung enthält[6]. Werden **Nutzungsrechte Dritter** durch den Rückbau bzw. die Entsiegelung beeinträchtigt, so kann die Maßnahme von der Gemeinde nur durchgeführt werden, wenn entweder diese Rechte auf der Grundlage der §§ 182 bis 184 BauGB aufgehoben werden oder ein Duldungsverwaltungsakt gegenüber den Nutzungsberechtigten auf der Grundlage von § 175 Abs. 3 BauGB erlassen wird. **Inhaber dinglicher Rechte**, die kein Nutzungsrecht begründen, sind gemäß § 179 Abs. 1 Satz 3 BauGB von der Anordnung gegenüber dem Eigentümer zu benachrichtigen. Diese Benachrichtigung ist kein Verwaltungsakt, sondern hat den Zweck, die Inhaber der Rechte in die Lage zu versetzen, Entschädigungsansprüche

---

1 Dazu unten Rdnr. 2606.
2 Dazu unten Rdnr. 2607 f.
3 Vgl. dazu oben Rdnr. 2589.
4 Ebenso OVG Bremen v. 25.2.1986 – 1 BA 83/85, BRS 46 Nr. 197 = BauR 1986, 327 = NVwZ 1986, 764; Köhler in Schrödter, § 179 Rdnr. 11; Neuhausen in Brügelmann, § 179 Rdnr. 45; Bielenberg/Stock in Ernst/Zinkahn/Bielenberg/Krautzberger, § 179 Rdnr. 17.
5 Vgl. dazu unten Rdnr. 2607.
6 Erfüllt der Eigentümer die in dem öffentlich-rechtlichen Vertrag übernommene Beseitigungsverpflichtung nicht, so ist ein Rückbaugebot nicht mehr möglich, die Gemeinde muß vielmehr auf Erfüllung des Vertrages klagen, vgl. Lemmel in Berliner Kommentar zum Baugesetzbuch, § 179 Rdnr. 15.

geltend zu machen; ihre Rechte werden durch die Duldungsanordnung nicht berührt[1].

Nachbarliche Belange hat die Gemeinde bei ihrer Ermessensentscheidung grundsätzlich nicht zu berücksichtigen[2]. Sie sind allerdings ausnahmsweise dann zu berücksichtigen, wenn eine bauliche Anlage in Widerspruch zu nachbarschützenden Festsetzungen eines Bebauungsplans steht[3]. Denn die nachbarschützenden Festsetzungen des Bebauungsplans sind auf ihre Verwirklichung angelegt. § 87 Abs. 3 BauGB steht nicht entgegen, weil die auf der Grundlage von § 179 BauGB ergehenden Entscheidungen keine Enteignung bewirken. 2604

Beispiel: 2605
Im rückwärtigen Bereich eines gewerblich genutzten Grundstücks befinden sich bauliche Anlagen, von denen Störungen auf die mit Wohnhäusern bebauten angrenzenden Grundstücke ausgehen, die zu einer anderen Straße erschlossen sind. Der Bebauungsplan setzt diese rückwärtige Grundstücksfläche im Interesse des Schutzes der Wohnruhe auf den Nachbargrundstücken nicht als überbaubare Grundstücksfläche fest. Die Gemeinde hat zu erwägen, ob es zur Verwirklichung der nachbarschützenden Festsetzungen des Bebauungsplans sachgerecht ist, dem Eigentümer die Beseitigung der baulichen Anlagen auf den nicht überbaubaren Grundstücksflächen aufzugeben. Den Nachbarn steht ein Anspruch auf fehlerfreie Ermessensausübung zu.

Die Vollziehung des Rückbau- und Entsiegelungsgebots ist gemäß § 179 Abs. 2 Satz 1 BauGB bei Wohnraum davon abhängig, daß im Zeitpunkt der Beseitigung angemessener **Ersatzwohnraum** für die Bewohner unter zumutbaren Bedingungen zur Verfügung steht. Bei gewerblich oder beruflich genutzten Räumen „soll" der Bescheid gemäß § 179 Abs. 2 Satz 2 BauGB nur vollzogen werden, wenn **anderer geeigneter Geschäftsraum** unter zumutbaren Bedingungen zur Verfügung steht, sofern der Nutzer eine anderweitige Unterbringung anstrebt; stehen für den Nutzer Ersatz-Geschäftsräume nicht unter zumutbaren Bedingungen zur Verfügung, so wird die Gemeinde die Beseitigung nur ausnahmsweise vornehmen können, etwa wenn außergewöhnlich dringende öffentliche Interessen die Beseitigung verlangen. Weder bei Wohnraum noch bei Geschäftsraum ist die Gemeinde verpflichtet, dem Nutzer konkrete Angebote für Ersatzobjekte vorzulegen; ihre Beratungspflicht gemäß § 175 Abs. 1 Satz 2 BauGB erstreckt sich aber auch auf die Beschaffung von Ersatzobjekten[4]. 2606

---

1 Vgl. dazu ausführlich Bielenberg/Stock in Ernst/Zinkahn/Bielenberg/Krautzberger, § 179 Rdnr. 49; ebenso Köhler in Schrödter, § 179 Rdnr. 10; Krautzberger in Battis/Krautzberger/Löhr, § 179 Rdnr. 8; Neuhausen in Brügelmann, § 179 Rdnr. 47.
2 Ebenso BVerwG v. 10.11.1992 – 4 B 216.92, Buchholz 406.11 § 179 Nr. 1 = BRS 54 Nr. 212 = NVwZ-RR 1994, 9 = ZfBR 1993, 92.
3 Ebenso Lemmel in Berliner Kommentar zum Baugesetzbuch, § 179 Rdnr. 14; offen gelassen bei BVerwG v. 10.11.1992 – 4 B 216.92, Buchholz 406.11 § 179 Nr. 1 = BRS 54 Nr. 212 = NVwZ-RR 1994, 9 = ZfBR 1993, 92.
4 Ebenso Köhler in Schrödter, § 179 Rdnr. 16.

2607 Dem Eigentümer, Mieter, Pächter oder sonstigen Nutzungsberechtigten steht gemäß § 179 Abs. 3 Satz 1 BauGB ein **Entschädigungsanspruch** zu, wenn ihm durch die Beseitigung Vermögensnachteile entstehen. Darüber hinaus kann auch den Inhabern dinglicher Rechte ein Entschädigungsanspruch gemäß Art. 52, 53 EGBGB zustehen[1]. § 179 Abs. 3 Satz 1 BauGB erfaßt nur die Beseitigung durch die Gemeinde oder den Eigentümer auf der Grundlage eines vollziehbaren Verwaltungsakts nach § 179 Abs. 1 Satz 1 oder Satz 2 BauGB. Kommt der Eigentümer einer Anordnung der Gemeinde zuvor, indem er eine bauliche Anlage freiwillig beseitigt, ohne auch nur eine Vereinbarung über die Entschädigung getroffen zu haben, so besteht ein Entschädigungsanspruch grundsätzlich nicht. Denkbar ist allenfalls ein Anspruch auf Aufwendungsersatz gemäß § 683 BGB.

2608 Anstelle der Entschädigung gegen Geld kann der Eigentümer gemäß § 179 Abs. 3 Satz 2 BauGB die **Übernahme des Grundstücks** verlangen, wenn es ihm wirtschaftlich nicht mehr zumutbar ist, das Grundstück zu behalten. Da dem Eigentümer das Wahlrecht zwischen der Entschädigung in Geld und dem Übernahmeverlangen zusteht, ist bei der Beurteilung der wirtschaftlichen Zumutbarkeit der Entschädigungsanspruch nach § 179 Abs. 3 Satz 1 BauGB nicht zu berücksichtigen. Die wirtschaftliche Unzumutbarkeit kann sich sowohl aus objektiven Umständen ergeben (z.B. die Privatnützigkeit des Grundstücks wird praktisch aufgehoben), als auch aus der persönlichen wirtschaftlichen Situation des Eigentümers; die Regelung erfaßt die Tatbestände des § 176 Abs. 3 und Abs. 4 BauGB. Neben dem Übernahmeanspruch nach § 179 Abs. 3 Satz 2 BauGB kann dem Eigentümer der Übernahmeanspruch nach § 42 Abs. 9 BauGB zustehen, der allein an die Festsetzungen des Bebauungsplans anknüpft; die Frist für die Geltendmachung dieses Anspruchs (§ 44 Abs. 4 BauGB) wird allerdings bei Erlaß des Rückbau- oder Entsiegelungsgebots häufig bereits abgelaufen sein.

2609 Für das Verfahren der Geltendmachung des Entschädigungs- und Übernahmeanspruchs aus § 179 Abs. 3 Satz 1 und Satz 2 BauGB verweist § 179 Abs. 1 Satz 3 BauGB auf § 43 Abs. 1, 2, 4 und 5 sowie auf § 44 Abs. 3 und 4 BauGB.

V. Modernisierungs- und Instandsetzungsgebot

2610 **§ 177 Abs. 1 BauGB** ermächtigt die Gemeinde zur Anordnung der Modernisierung oder Instandsetzung baulicher Anlagen, die Mißstände oder Mängel aufweisen. Die Vorschrift hat keinen spezifischen Bezug zur Verwirkli-

---

[1] Ebenso Lemmel in Berliner Kommentar zum Baugesetzbuch, § 179 Rdnr. 12; Neuhausen in Brügelmann, § 179 Rdnr. 47; a.A. Bielenberg/Stock in Ernst/Zinkahn/Bielenberg/Krautzberger, § 179 Rdnr. 51, die § 97 Abs. 4 BauGB anwenden, obwohl die Anordnungen nach § 179 Abs. 1, § 175 Abs. 3 BauGB keine Enteignung bewirken.

chung der Festsetzungen eines Bebauungsplans und soll deshalb an dieser Stelle nicht eingehend erörtert werden.

Mißstände und Mängel, die Anlaß zu der Anordnung geben können, sind beispielhaft in § 177 Abs. 2 und Abs. 3 BauGB genannt. Voraussetzung der Anordnung ist gemäß § 175 Abs. 2 BauGB zusätzlich, daß die alsbaldige Durchführung der Maßnahmen aus städtebaulichen Gründen erforderlich ist. Bei der Durchführung des Verfahrens sind § 175 Abs. 1, § 177 Abs. 1 Satz 3, Abs. 3 Satz 2 und Satz 3 zu beachten. Maßnahmen gegenüber Nutzungsberechtigten auf der Grundlage von § 175 Abs. 3 oder §§ 182 bis 184 BauGB können als Voraussetzung für eine Vollziehung der Anordnung erforderlich sein. Die **Kosten** hat gemäß § 177 Abs. 4 Satz 1 BauGB grundsätzlich der Eigentümer zu tragen. Allerdings wird er nur mit denjenigen Kosten belastet, die er (unter Einbeziehung der Kapitalkosten für eine Fremdfinanzierung und der entstehenden Bewirtschaftungskosten) aus Erträgen der baulichen Anlage aufbringen kann. Im Ergebnis wird der Eigentümer daher nur mit den rentierlichen Kosten belastet, während die unrentierlichen Kosten, auf die sich ein wirtschaftlich denkender Eigentümer nicht einlassen würde, von der Gemeinde getragen werden müssen. Die persönlichen wirtschaftlichen Verhältnisse des Eigentümers sind unerheblich[1]. Soweit dem Eigentümer Kosten entstanden sind, die er nicht zu tragen hat, steht ihm gemäß § 177 Abs. 4 Satz 2 BauGB ein Kostenerstattungsanspruch zu. Dieser Anspruch ist allerdings gemäß § 177 Abs. 4 Satz 3 BauGB ausgeschlossen, wenn der Eigentümer aufgrund anderer Rechtsvorschriften (z.B. Vorschriften des Denkmalrechts[2]) zur Kostentragung verpflichtet ist oder wirtschaftlich zumutbare Instandsetzungen unterlassen hat. Der vom Eigentümer zu tragende Kostenanteil wird gemäß § 177 Abs. 5 BauGB erst nach Durchführung der Modernisierungs- oder Instandsetzungsmaßnahmen unter Berücksichtigung der für die modernisierte bzw. instandgesetzte bauliche Anlage zu erwirtschaftenden Erträge ermittelt, sofern nicht zuvor auf der Grundlage von § 177 Abs. 4 Satz 4 BauGB ein Kostenerstattungsbetrag als Pauschale vereinbart worden ist.

2611

---

1 Dazu näher BVerwG v. 9.7.1991 – 4 B 100.91, Buchholz 406.11 § 177 Nr. 1 = BRS 52 Nr. 237 = BauR 1991, 737 = NVwZ 1992, 164; Lemmel in Berliner Kommentar zum Baugesetzbuch, § 177 Rdnr. 24; Stock in Ernst/Zinkahn/Bielenberg/Krautzberger, § 177 Rdnr. 77.
2 Lemmel in Berliner Kommentar zum Baugesetzbuch, § 177 Rdnr. 26.

Anhang

Baugesetzbuch (BauGB)

– Auszug –

in der Fassung der Bekanntmachung vom 27. August 1997 (BGBl. I S. 2141, ber. 1998 I S. 137), geändert durch Gesetze vom 15. Dezember 1997 (BGBl. I S. 2902), vom 17. Dezember 1997 (BGBl. I S. 3108), vom 19. Juni 2001 (BGBl. I S. 1149), vom 27. Juli 2001 (BGBl. I S. 1950), vom 13. September 2001 (BGBl. I S. 2376), durch Verordnung vom 29. Oktober 2001 (BGBl. I S. 2785), durch Gesetze vom 26. November 2001 (BGBl. I S. 3138), vom 15. Dezember 2001 (BGBl. I S. 3762), durch Verordnung vom 5. April 2002 (BGBl. I S. 1250), durch Gesetze vom 23. Juli 2002 (BGBl. I S. 2850), vom 5. Mai 2004 (BGBl. I S. 718) Kostenrechtsmodernisierungsgesetz [*Art. 4 Abs. 10*], vom 24. Juni 2004 (BGBl. I S. 1359) Europarechtsanpassungsgesetz Bau [*Art. 1*]

Inhaltsübersicht

Erstes Kapitel:
Allgemeines Städtebaurecht
Erster Teil:
Bauleitplanung
Erster Abschnitt:
Allgemeine Vorschriften
§ 1   Aufgabe, Begriff und Grundsätze der Bauleitplanung
§ 1a   Ergänzende Vorschriften zum Umweltschutz
§ 2   Aufstellung der Bauleitpläne
§ 2a   Begründung zum Bauleitplanentwurf, Umweltbericht
§ 3   Beteiligung der Öffentlichkeit
§ 4   Beteiligung der Behörden
§ 4a   Gemeinsame Vorschriften zur Beteiligung
§ 4b   Einschaltung eines Dritten
§ 4c   Überwachung
Zweiter Abschnitt:
Vorbereitender Bauleitplan (Flächennutzungsplan)
§ 5   Inhalt des Flächennutzungsplans
§ 6   Genehmigung des Flächennutzungsplans
§ 7   Anpassung an den Flächennutzungsplan

Dritter Abschnitt:
Verbindlicher Bauleitplan (Bebauungsplan)
§ 8   Zweck des Bebauungsplans
§ 9   Inhalt des Bebauungsplans
§ 9a   Verordnungsermächtigung
§ 10   Beschluss, Genehmigung und In-Kraft-Treten des Bebauungsplans
Vierter Abschnitt:
Zusammenarbeit mit Privaten; vereinfachtes Verfahren
§ 11   Städtebaulicher Vertrag
§ 12   Vorhaben und Erschließungsplan
§ 13   Vereinfachtes Verfahren
Zweiter Teil:
Sicherung der Bauleitplanung
Erster Abschnitt:
Veränderungssperre und Zurückstellung von Baugesuchen
§ 14   Veränderungssperre
§ 15   Zurückstellung von Baugesuchen
§ 16   Beschluss über die Veränderungssperre
§ 17   Geltungsdauer der Veränderungssperre

§ 18 Entschädigung bei Veränderungssperre

Zweiter Abschnitt:
Teilung von Grundstücken; Gebiete mit Fremdenverkehrsfunktionen
§ 19 Teilung von Grundstücken
§ 20 *(weggefallen)*
§ 21 *(weggefallen)*
§ 22 Sicherung von Gebieten mit Fremdenverkehrsfunktionen
§ 23 *(weggefallen)*

Dritter Abschnitt:
Gesetzliche Vorkaufsrechte der Gemeinde
§ 24 Allgemeines Vorkaufsrecht
§ 25 Besonderes Vorkaufsrecht
§ 26 Ausschluss des Vorkaufsrechts
§ 27 Abwendung des Vorkaufsrechts
§ 27a Ausübung des Vorkaufsrechts zugunsten Dritter
§ 28 Verfahren und Entschädigung

Dritter Teil:
Regelung der baulichen und sonstigen Nutzung; Entschädigung
Erster Abschnitt:
Zulässigkeit von Vorhaben
§ 29 Begriff des Vorhabens; Geltung von Rechtsvorschriften
§ 30 Zulässigkeit von Vorhaben im Geltungsbereich eines Bebauungsplans
§ 31 Ausnahmen und Befreiungen
§ 32 Nutzungsbeschränkungen auf künftigen Gemeinbedarfs-, Verkehrs-, Versorgungs- und Grünflächen
§ 33 Zulässigkeit von Vorhaben während der Planaufstellung
§ 34 Zulässigkeit von Vorhaben innerhalb der im Zusammenhang bebauten Ortsteile
§ 35 Bauen im Außenbereich
§ 36 Beteiligung der Gemeinde und der höheren Verwaltungsbehörde
§ 37 Bauliche Maßnahmen des Bundes und der Länder
§ 38 Bauliche Maßnahmen von überörtlicher Bedeutung auf Grund von Planfeststellungsverfahren; öffentlich zugängliche Abfallbeseitigungsanlagen

Zweiter Abschnitt:
Entschädigung
§ 39 Vertrauensschaden
§ 40 Entschädigung in Geld oder durch Übernahme
§ 41 Entschädigung bei Begründung von Geh-, Fahr- und Leitungsrechten und bei Bindungen für Bepflanzungen
§ 42 Entschädigung bei Änderung oder Aufhebung einer zulässigen Nutzung
§ 43 Entschädigung und Verfahren
§ 44 Entschädigungspflichtige, Fälligkeit und Erlöschen der Entschädigungsansprüche

Vierter Teil:
Bodenordnung
Erster Abschnitt:
Umlegung
§§ 45–79 *(vom Abdruck wurde abgesehen)*
Zweiter Abschnitt:
Vereinfachte Umlegung
§§ 80–84 *(vom Abdruck wurde abgesehen)*

Fünfter Teil:
Enteignung
Erster Abschnitt:
Zulässigkeit der Enteignung
§§ 85–92 *(vom Abdruck wurde abgesehen)*
Zweiter Abschnitt:
Entschädigung
§§ 93–103 *(vom Abdruck wurde abgesehen)*
Dritter Abschnitt:
Enteignungsverfahren
§§ 104–122 *(vom Abdruck wurde abgesehen)*

Sechster Teil:
Erschließung
Erster Abschnitt:
Allgemeine Vorschriften
§ 123   Erschließungslast
§ 124   Erschließungsvertrag
§ 125   Bindung an den Bebauungsplan
§ 126   Pflichten des Eigentümers
Zweiter Abschnitt:
Erschließungsbeitrag
§ 127   Erhebung des Erschließungsbeitrags
§ 128   Umfang des Erschließungsaufwands
§ 129   Beitragsfähiger Erschließungsaufwand
§ 130   Art der Ermittlung des beitragsfähigen Erschließungsaufwands
§ 131   Maßstäbe für die Verteilung des Erschließungsaufwands
§ 132   Regelung durch Satzung
§ 133   Gegenstand und Entstehung der Beitragpflicht
§ 134   Beitragspflichtiger
§ 135   Fälligkeit und Zahlung des Beitrags
Siebter Teil:
Maßnahmen für den Naturschutz
§ 135a Pflichten des Vorhabenträgers; Durchführung durch die Gemeinde; Kostenerstattung
§ 135b Verteilungsmaßstäbe für die Abrechnung
§ 135c Satzungsrecht

Zweites Kapitel:
Besonderes Städtebaurecht
§§ 152–156a *(vom Abdruck wurde abgesehen)*
Vierter Abschnitt:
Sanierungsträger und andere Beauftragte
§§ 157–161 *(vom Abdruck wurde abgesehen)*

Fünfter Abschnitt:
Abschluss der Sanierung
§§ 162–164 *(vom Abdruck wurde abgesehen)*
Sechster Abschnitt:
Städtebauförderung
§§ 164a–164b *(vom Abdruck wurde abgesehen)*
Zweiter Teil:
Städtebauliche Entwicklungsmaßnahmen
§§ 165–171 *(vom Abdruck wurde abgesehen)*
Dritter Teil:
Stadtumbau
§§ 171a–171d *(vom Abdruck wurde abgesehen)*
Vierter Teil:
Soziale Stadt
§ 171e *(vom Abdruck wurde abgesehen)*
Fünfter Teil:
Erhaltungssatzung und städtebauliche Gebote
Erster Abschnitt:
Erhaltungssatzung
§ 172   Erhaltung baulicher Anlagen und der Eigenart von Gebieten (Erhaltungssatzung)
§ 173   Genehmigung, Übernahmeanspruch
§ 174   Ausnahmen
Zweiter Abschnitt:
Städtebauliche Gebote
§ 175   Allgemeines
§ 176   Baugebot
§ 177   Modernisierungs- und Instandsetzungsgebot
§ 178   Pflanzgebot
§ 179   Rückbau- und Entsiegelungsgebot
Sechster Teil:
Sozialplan und Härteausgleich
§§ 180–181 *(vom Abdruck wurde abgesehen)*

Siebter Teil:
Miet- und Pachtverhältnisse
§§ 182–186 *(vom Abdruck wurde abgesehen)*

Achter Teil:
Städtebauliche Maßnahmen im Zusammenhang mit Maßnahmen zur Verbesserung der Agrarstruktur
§§ 187–191 *(vom Abdruck wurde abgesehen)*

Drittes Kapitel:
Sonstige Vorschriften

Erster Teil:
Wertermittlung
§§ 192–199 *(vom Abdruck wurde abgesehen)*

Zweiter Teil:
Allgemeine Vorschriften; Zuständigkeiten; Verwaltungsverfahren; Planerhaltung

Erster Abschnitt:
Allgemeine Vorschriften
- § 200 Grundstücke; Rechte an Grundstücken; Baulandkataster
- § 200a Ersatzmaßnahmen
- § 201 Begriff der Landwirtschaft
- § 202 Schutz des Mutterbodens

Zweiter Abschnitt:
Zuständigkeiten
- § 203 Abweichende Zuständigkeitsregelung
- § 204 Gemeinsamer Flächennutzungsplan, Bauleitplanung bei Bildung von Planungsverbänden und bei Gebiets- oder Bestandsänderung
- § 205 Planungsverbände
- § 206 Örtliche und sachliche Zuständigkeit

Dritter Abschnitt:
Verwaltungsverfahren
§§ 207–213 *(vom Abdruck wurde abgesehen)*
- § 212a Entfall der aufschiebenden Wirkung

Vierter Abschnitt:
Planerhaltung
- § 214 Beachtlichkeit der Verletzung von Vorschriften über die Aufstellung des Flächennutzungsplans und der Satzungen; ergänzendes Verfahren
- § 215 Frist für die Geltendmachung der Verletzung von Vorschriften
- § 215a *(weggefallen)*
- § 216 Aufgaben im Genehmigungsverfahren

Dritter Teil:
Verfahren vor den Kammern (Senaten) für Baulandsachen
- § 217 *(vom Abdruck wurde abgesehen)*

Viertes Kapitel:
Überleitungs- und Schlussvorschriften

Erster Teil:
Überleitungsvorschriften
- § 233 Allgemeine Überleitungsvorschriften
- § 234 Überleitungsvorschriften für das Vorkaufsrecht
- § 235 Überleitungsvorschriften für städtebauliche Sanierungs- und Entwicklungsmaßnahmen
- § 236 Überleitungsvorschriften für das Baugebot und die Erhaltung baulicher Anlagen
- § 237 *(weggefallen)*
- § 238 Überleitungsvorschrift für Entschädigungen
- § 239 Überleitungsvorschrift für die Grenzregelung
- § 240 *(weggefallen)*
- § 241 *(weggefallen)*
- § 242 Überleitungsvorschriften für die Erschließung
- § 243 Überleitungsvorschriften für das Maßnahmengesetz zum Baugesetzbuch und das Bundesnaturschutzgesetz
- § 244 Überleitungsvorschriften für das Europarechtsanpassungsgesetz Bau

§ 245 Überleitungsvorschriften für den Stadtumbau und die Soziale Stadt
§ 245a *(weggefallen)*
§ 245b Überleitungsvorschriften für Vorhaben im Außenbereich
§ 245c *(weggefallen)*

Zweiter Teil: Schlussvorschriften
§ 246 Sonderregelungen für einzelne Länder
§ 246a *(weggefallen)*
§ 247 Sonderregelungen für Berlin als Hauptstadt der Bundesrepublik Deutschland

Anlage (zu § 2 Abs. 4 und § 2a)

Erstes Kapitel: Allgemeines Städtebaurecht

Erster Teil: Bauleitplanung

Erster Abschnitt: Allgemeine Vorschriften

§ 1 Aufgabe, Begriff und Grundsätze der Bauleitplanung

(1) Aufgabe der Bauleitplanung ist es, die bauliche und sonstige Nutzung der Grundstücke in der Gemeinde nach Maßgabe dieses Gesetzbuchs vorzubereiten und zu leiten.

(2) Bauleitpläne sind der Flächennutzungsplan (vorbereitender Bauleitplan) und der Bebauungsplan (verbindlicher Bauleitplan).

(3) ¹Die Gemeinden haben die Bauleitpläne aufzustellen, sobald und soweit es für die städtebauliche Entwicklung und Ordnung erforderlich ist. ²Auf die Aufstellung von Bauleitplänen und städtebaulichen Satzungen besteht kein Anspruch; ein Anspruch kann auch nicht durch Vertrag begründet werden.

(4) Die Bauleitpläne sind den Zielen der Raumordnung anzupassen.

(5) ¹Die Bauleitpläne sollen eine nachhaltige städtebauliche Entwicklung, die die sozialen, wirtschaftlichen und umweltschützenden Anforderungen auch in Verantwortung gegenüber künftigen Generationen miteinander in Einklang bringt, und eine dem Wohl der Allgemeinheit dienende sozialgerechte Bodennutzung Gewähr leisten. ²Sie sollen dazu beitragen, eine menschenwürdige Umwelt zu sichern und die natürlichen Lebensgrundlagen zu schützen und zu entwickeln, auch in Verantwortung für den allgemeinen Klimaschutz, sowie die städtebauliche Gestalt und das Orts- und Landschaftsbild baukulturell zu erhalten und zu entwickeln.

(6) Bei der Aufstellung der Bauleitpläne sind insbesondere zu berücksichtigen:

1. die allgemeinen Anforderungen an gesunde Wohn- und Arbeitsverhältnisse und die Sicherheit der Wohn- und Arbeitsbevölkerung,

2. die Wohnbedürfnisse der Bevölkerung, die Schaffung und Erhaltung sozial stabiler Bewohnerstrukturen, die Eigentumsbildung weiter Kreise der Bevölkerung und die Anforderungen Kosten sparenden Bauens sowie die Bevölkerungsentwicklung,

3. die sozialen und kulturellen Bedürfnisse der Bevölkerung, insbesondere die Bedürfnisse der Familien, der jungen, alten und behinderten Menschen, un-

terschiedliche Auswirkungen auf Frauen und Männer sowie die Belange des Bildungswesens und von Sport, Freizeit und Erholung,

4. die Erhaltung, Erneuerung, Fortentwicklung, Anpassung und der Umbau vorhandener Ortsteile,

5. die Belange der Baukultur, des Denkmalschutzes und der Denkmalpflege, die erhaltenswerten Ortsteile, Straßen und Plätze von geschichtlicher, künstlerischer oder städtebaulicher Bedeutung und die Gestaltung des Orts- und Landschaftsbildes,

6. die von den Kirchen und Religionsgesellschaften des öffentlichen Rechts festgestellten Erfordernisse für Gottesdienst und Seelsorge,

7. die Belange des Umweltschutzes, einschließlich des Naturschutzes und der Landschaftspflege, insbesondere

   a) die Auswirkungen auf Tiere, Pflanzen, Boden, Wasser, Luft, Klima und das Wirkungsgefüge zwischen ihnen sowie die Landschaft und die biologische Vielfalt,

   b) die Erhaltungsziele und der Schutzzweck der Gebiete von gemeinschaftlicher Bedeutung und der Europäischen Vogelschutzgebiete im Sinne des Bundesnaturschutzgesetzes,

   c) umweltbezogene Auswirkungen auf den Menschen und seine Gesundheit sowie die Bevölkerung insgesamt,

   d) umweltbezogene Auswirkungen auf Kulturgüter und sonstige Sachgüter,

   e) die Vermeidung von Emissionen sowie der sachgerechte Umgang mit Abfällen und Abwässern,

   f) die Nutzung erneuerbarer Energien sowie die sparsame und effiziente Nutzung von Energie,

   g) die Darstellungen von Landschaftsplänen sowie von sonstigen Plänen, insbesondere des Wasser-, Abfall- und Immissionsschutzrechts,

   h) die Erhaltung der bestmöglichen Luftqualität in Gebieten, in denen die durch Rechtsverordnung zur Erfüllung von bindenden Beschlüssen der Europäischen Gemeinschaften festgelegten Immissionsgrenzwerte nicht überschritten werden,

   i) die Wechselwirkungen zwischen den einzelnen Belangen des Umweltschutzes nach den Buchstaben a, c und d,

8. die Belange

   a) der Wirtschaft, auch ihrer mittelständischen Struktur im Interesse einer verbrauchernahen Versorgung der Bevölkerung,

   b) der Land- und Forstwirtschaft,

   c) der Erhaltung, Sicherung und Schaffung von Arbeitsplätzen,

   d) des Post- und Telekommunikationswesens,

   e) der Versorgung, insbesondere mit Energie und Wasser,

   f) der Sicherung von Rohstoffvorkommen,

9. die Belange des Personen- und Güterverkehrs und der Mobilität der Bevölkerung, einschließlich des öffentlichen Personennahverkehrs und des nicht motorisierten Verkehrs, unter besonderer Berücksichtigung einer auf Vermeidung und Verringerung von Verkehr ausgerichteten städtebaulichen Entwicklung,

10. die Belange der Verteidigung und des Zivilschutzes sowie der zivilen Anschlussnutzung von Militärliegenschaften,

11. die Ergebnisse eines von der Gemeinde beschlossenen städtebaulichen Entwicklungskonzepts oder einer von ihr beschlossenen sonstigen städtebaulichen Planung.

(7) Bei der Aufstellung der Bauleitpläne sind die öffentlichen und privaten Belange gegeneinander und untereinander gerecht abzuwägen.

(8) Die Vorschriften dieses Gesetzbuchs über die Aufstellung von Bauleitplänen gelten auch für ihre Änderung, Ergänzung und Aufhebung.

§ 1a Ergänzende Vorschriften zum Umweltschutz

(1) Bei der Aufstellung der Bauleitpläne sind die nachfolgenden Vorschriften zum Umweltschutz anzuwenden.

(2) ¹Mit Grund und Boden soll sparsam und schonend umgegangen werden; dabei sind zur Verringerung der zusätzlichen Inanspruchnahme von Flächen für bauliche Nutzungen die Möglichkeiten der Entwicklung der Gemeinde insbesondere durch Wiedernutzbarmachung von Flächen, Nachverdichtung und andere Maßnahmen zur Innenentwicklung zu nutzen sowie Bodenversiegelungen auf das notwendige Maß zu begrenzen. ²Landwirtschaftlich, als Wald oder für Wohnzwecke genutzte Flächen sollen nur im notwendigen Umfang umgenutzt werden. ³Die Grundsätze nach den Sätzen 1 und 2 sind nach § 1 Abs. 7 in der Abwägung zu berücksichtigen.

(3) ¹Die Vermeidung und der Ausgleich voraussichtlich erheblicher Beeinträchtigungen des Landschaftsbildes sowie der Leistungs- und Funktionsfähigkeit des Naturhaushalts in seinen in § 1 Abs. 6 Nr. 7 Buchstabe a bezeichneten Bestandteilen (Eingriffsregelung nach dem Bundesnaturschutzgesetz) sind in der Abwägung nach § 1 Abs. 7 zu berücksichtigen. ²Der Ausgleich erfolgt durch geeignete Darstellungen und Festsetzungen nach den §§ 5 und 9 als Flächen oder Maßnahmen zum Ausgleich. ³Soweit dies mit einer nachhaltigen städtebaulichen Entwicklung und den Zielen der Raumordnung sowie des Naturschutzes und der Landschaftspflege vereinbar ist, können die Darstellungen und Festsetzungen auch an anderer Stelle als am Ort des Eingriffs erfolgen. ⁴An Stelle von Darstellungen und Festsetzungen können auch vertragliche Vereinbarungen nach § 11 oder sonstige geeignete Maßnahmen zum Ausgleich auf von der Gemeinde bereitgestellten Flächen getroffen werden. ⁵Ein Ausgleich ist nicht erforderlich, soweit die Eingriffe bereits vor der planerischen Entscheidung erfolgt sind oder zulässig waren.

(4) Soweit ein Gebiet im Sinne des § 1 Abs. 6 Nr. 7 Buchstabe b in seinen für die Erhaltungsziele oder den Schutzzweck maßgeblichen Bestandteilen erheblich beeinträchtigt werden kann, sind die Vorschriften des Bundesnaturschutzgesetzes über die Zulässigkeit und Durchführung von derartigen Eingriffen einschließlich der Einholung der Stellungnahme der Kommission anzuwenden.

§ 2 Aufstellung der Bauleitpläne

(1) ¹Die Bauleitpläne sind von der Gemeinde in eigener Verantwortung aufzustellen. ²Der Beschluss, einen Bauleitplan aufzustellen, ist ortsüblich bekanntzumachen.

(2) ¹Die Bauleitpläne benachbarter Gemeinden sind aufeinander abzustimmen. ²Dabei können sich Gemeinden auch auf die ihnen durch Ziele der Raumordnung zugewiesenen Funktionen sowie auf Auswirkungen auf ihre zentralen Versorgungsbereiche berufen.

(3) Bei der Aufstellung der Bauleitpläne sind die Belange, die für die Abwägung von Bedeutung sind (Abwägungsmaterial), zu ermitteln und zu bewerten.

(4) ¹Für die Belange des Umweltschutzes nach § 1 Abs. 6 Nr. 7 und § 1a wird eine Umweltprüfung durchgeführt, in der die voraussichtlichen erheblichen Umweltauswirkungen ermittelt werden und in einem Umweltbericht beschrieben und bewertet werden; die Anlage zu diesem Gesetzbuch ist anzuwenden. ²Die Gemeinde legt dazu für jeden Bauleitplan fest, in welchem Umfang und Detaillierungsgrad die Ermittlung der Belange für die Abwägung erforderlich ist. ³Die Umweltprüfung bezieht sich auf das, was nach gegenwärtigem Wissensstand und allgemein anerkannten Prüfmethoden sowie nach Inhalt und Detaillierungsgrad des Bauleitplans angemessenerweise verlangt werden kann. ⁴Das Ergebnis der Umweltprüfung ist in der Abwägung zu berücksichtigen. ⁵Wird eine Umweltprüfung für das Plangebiet oder für Teile davon in einem Raumordnungs-, Flächennutzungs- oder Bebauungsplanverfahren durchgeführt, soll die Umweltprüfung in einem zeitlich nachfolgend oder gleichzeitig durchgeführten Bauleitplanverfahren auf zusätzliche oder andere erhebliche Umweltauswirkungen beschränkt werden. ⁶Liegen Landschaftspläne oder sonstige Pläne nach § 1 Abs. 6 Nr. 7 Buchstabe g vor, sind deren Bestandsaufnahmen und Bewertungen in der Umweltprüfung heranzuziehen.

(5) *weggefallen*

§ 2a Begründung zum Bauleitplanentwurf, Umweltbericht

¹Die Gemeinde hat im Aufstellungsverfahren dem Entwurf des Bauleitplans eine Begründung beizufügen. ²In ihr sind entsprechend dem Stand des Verfahrens

1. die Ziele, Zwecke und wesentlichen Auswirkungen des Bauleitplans und
2. in dem Umweltbericht nach der Anlage zu diesem Gesetzbuch die auf Grund der Umweltprüfung nach § 2 Abs. 4 ermittelten und bewerteten Belange des Umweltschutzesdarzulegen. ³Der Umweltbericht bildet einen gesonderten Teil der Begründung.

§ 3 Beteiligung der Öffentlichkeit

(1) ¹ Die Öffentlichkeit ist möglichst frühzeitig über die allgemeinen Ziele und Zwecke der Planung, sich wesentlich unterscheidende Lösungen, die für die Neugestaltung oder Entwicklung eines Gebiets in Betracht kommen, und die voraussichtlichen Auswirkungen der Planung öffentlich zu unterrichten; ihr ist Gelegenheit zur Äußerung und Erörterung zu geben. ²Von der Unterrichtung und Erörterung kann abgesehen werden, wenn

1. ein Bebauungsplan aufgestellt oder aufgehoben wird und sich dies auf das Plangebiet und die Nachbargebiete nicht oder nur unwesentlich auswirkt oder

2. die Unterrichtung und Erörterung bereits zuvor auf anderer Grundlage erfolgt sind.

³An die Unterrichtung und Erörterung schließt sich das Verfahren nach Absatz 2 auch an, wenn die Erörterung zu einer Änderung der Planung führt.

(2) ¹Die Entwürfe der Bauleitpläne sind mit der Begründung und den nach Einschätzung der Gemeinde wesentlichen, bereits vorliegenden umweltbezogenen Stellungnahmen für die Dauer eines Monats öffentlich auszulegen. ²Ort und Dauer der Auslegung sowie Angaben dazu, welche Arten umweltbezogener Informationen verfügbar sind, sind mindestens eine Woche vorher ortsüblich bekannt zu machen; dabei ist darauf hinzuweisen, dass Stellungnahmen während der Auslegungsfrist abgegeben werden können und dass nicht fristgerecht abgegebene Stellungnahmen bei der Beschlussfassung über den Bauleitplan unberücksichtigt bleiben können. ³Die nach § 4 Abs. 2 Beteiligten sollen von der Auslegung benachrichtigt werden. ⁴Die fristgemäß abgegebenen Stellungnahmen sind zu prüfen; das Ergebnis ist mitzuteilen. ⁵Haben mehr als fünfzig Personen Stellungnahmen mit im Wesentlichen gleichem Inhalt abgegeben, kann die Mitteilung dadurch ersetzt werden, dass diesen Personen die Einsicht in das Ergebnis ermöglicht wird; die Stelle, bei der das Ergebnis der Prüfung während der Dienststunden eingesehen werden kann, ist ortsüblich bekannt zu machen. ⁶Bei der Vorlage der Bauleitpläne nach § 6 oder § 10 Abs. 2 sind die nicht berücksichtigten Stellungnahmen mit einer Stellungnahme der Gemeinde beizufügen.

§ 4 Beteiligung der Behörden

(1) ¹Die Behörden und sonstigen Träger öffentlicher Belange, deren Aufgabenbereich durch die Planung berührt werden kann, sind entsprechend § 3 Abs. 1 Satz 1 Halbsatz 1 zu unterrichten und zur Äußerung auch im Hinblick auf den erforderlichen Umfang und Detaillierungsgrad der Umweltprüfung nach § 2 Abs. 4 aufzufordern. ²Hieran schließt sich das Verfahren nach Absatz 2 auch an, wenn die Äußerung zu einer Änderung der Planung führt.

(2) ¹Die Gemeinde holt die Stellungnahmen der Behörden und sonstigen Träger öffentlicher Belange, deren Aufgabenbereich durch die Planung berührt werden kann, zum Planentwurf und der Begründung ein. ²Sie haben ihre Stellungnahmen innerhalb eines Monats abzugeben; die Gemeinde soll diese Frist bei Vorliegen eines wichtigen Grundes angemessen verlängern. ³In den Stellungnahmen sollen sich die Behörden und sonstigen Träger öffentlicher Belange auf ihren Aufgabenbereich beschränken; sie haben auch Aufschluss über von ihnen beabsichtigte oder bereits eingeleitete Planungen und sonstige Maßnahmen sowie deren zeitliche Abwicklung zu geben, die für die städtebauliche Entwicklung und Ordnung des Gebietes bedeutsam sein können. ⁴Verfügen sie über Informationen, die für die Ermittlung und Bewertung des Abwägungsmaterials zweckdienlich sind, haben sie diese Informationen der Gemeinde zur Verfügung zu stellen.

(3) Nach Abschluss des Verfahrens zur Aufstellung des Bauleitplans unterrichten die Behörden die Gemeinde, sofern nach den ihnen vorliegenden Erkenntnissen die Durchführung des Bauleitplans erhebliche, insbesondere unvorhergesehene nachteilige Auswirkungen auf die Umwelt hat.

§ 4a Gemeinsame Vorschriften zur Beteiligung

(1) Die Vorschriften über die Öffentlichkeits- und Behördenbeteiligung dienen insbesondere der vollständigen Ermittlung und zutreffenden Bewertung der von der Planung berührten Belange.

(2) Die Unterrichtung nach § 3 Abs. 1 kann gleichzeitig mit der Unterrichtung nach § 4 Abs. 1, die Auslegung nach § 3 Abs. 2 kann gleichzeitig mit der Einholung der Stellungnahmen nach § 4 Abs. 2 durchgeführt werden.

(3) [1]Wird der Entwurf des Bauleitplans nach dem Verfahren nach § 3 Abs. 2 oder § 4 Abs. 2 geändert oder ergänzt, ist er erneut auszulegen und sind die Stellungnahmen erneut einzuholen. [2]Dabei kann bestimmt werden, dass Stellungnahmen nur zu den geänderten oder ergänzten Teilen abgegeben werden können; hierauf ist in der erneuten Bekanntmachung nach § 3 Abs. 2 Satz 2 hinzuweisen. [3]Die Dauer der Auslegung und die Frist zur Stellungnahme kann angemessen verkürzt werden. [4]Werden durch die Änderung oder Ergänzung des Entwurfs des Bauleitplans die Grundzüge der Planung nicht berührt, kann die Einholung der Stellungnahmen auf die von der Änderung oder Ergänzung betroffene Öffentlichkeit sowie die berührten Behörden und sonstigen Träger öffentlicher Belange beschränkt werden.

(4) [1]Bei der Öffentlichkeits- und Behördenbeteiligung können ergänzend elektronische Informationstechnologien genutzt werden. [2]Soweit die Gemeinde den Entwurf des Bauleitplans und die Begründung in das Internet einstellt, können die Stellungnahmen der Behörden und sonstigen Träger öffentlicher Belange durch Mitteilung von Ort und Dauer der öffentlichen Auslegung nach § 3 Abs. 2 und der Internetadresse eingeholt werden; die Mitteilung kann im Wege der elektronischen Kommunikation erfolgen, soweit der Empfänger hierfür einen Zugang eröffnet hat. [3]Die Gemeinde hat bei Anwendung von Satz 2 Halbsatz 1 der Behörde oder dem sonstigen Träger öffentlicher Belange auf dessen Verlangen einen Entwurf des Bauleitplans und der Begründung zu übermitteln; § 4 Abs. 2 Satz 2 bleibt unberührt.

(5) [1]Bei Bauleitplänen, die erhebliche Auswirkungen auf Nachbarstaaten haben können, sind die Gemeinden und Behörden des Nachbarstaates nach den Grundsätzen der Gegenseitigkeit und Gleichwertigkeit zu unterrichten. [2]Abweichend von Satz 1 ist bei Bauleitplänen, die erhebliche Umweltauswirkungen auf einen anderen Staat haben können, dieser nach den Vorschriften des Gesetzes über die Umweltverträglichkeitsprüfung zu beteiligen; für die Stellungnahmen der Öffentlichkeit und Behörden des anderen Staates, einschließlich der Rechtsfolgen nicht rechtzeitig abgegebener Stellungnahmen, sind abweichend von den Vorschriften des Gesetzes über die Umweltverträglichkeitsprüfung die Vorschriften dieses Gesetzbuchs entsprechend anzuwenden.

(6) [1]Stellungnahmen, die im Verfahren der Öffentlichkeits- und Behördenbeteiligung nicht rechtzeitig abgegeben worden sind, können bei der Beschlussfassung über den Bauleitplan unberücksichtigt bleiben, sofern die Gemeinde deren Inhalt nicht kannte oder nicht hätte kennen müssen und deren Inhalt für die Rechtmäßigkeit des Bauleitplans nicht von Bedeutung ist. [2]Satz 1 gilt für in der Öffentlichkeitsbeteiligung abgegebene Stellungnahmen nur, wenn darauf in der Bekanntmachung nach § 3 Abs. 2 Satz 2 zur Öffentlichkeitsbeteiligung hingewiesen worden ist.

§ 4b Einschaltung eines Dritten

Die Gemeinde kann insbesondere zur Beschleunigung des Bauleitplanverfahrens die Vorbereitung und Durchführung von Verfahrensschritten nach den §§ 2a bis 4a einem Dritten übertragen.

§ 4c Überwachung

¹Die Gemeinden überwachen die erheblichen Umweltauswirkungen, die auf Grund der Durchführung der Bauleitpläne eintreten, um insbesondere unvorhergesehene nachteilige Auswirkungen frühzeitig zu ermitteln und in der Lage zu sein, geeignete Maßnahmen zur Abhilfe zu ergreifen. ²Sie nutzen dabei die im Umweltbericht nach Nummer 3 Buchstabe b der Anlage zu diesem Gesetzbuch angegebenen Überwachungsmaßnahmen und die Informationen der Behörden nach § 4 Abs. 3.

Zweiter Abschnitt: Vorbereitender Bauleitplan (Flächennutzungsplan)

§ 5 Inhalt des Flächennutzungsplans

(1) ¹Im Flächennutzungsplan ist für das ganze Gemeindegebiet die sich aus der beabsichtigten städtebaulichen Entwicklung ergebende Art der Bodennutzung nach den voraussehbaren Bedürfnissen der Gemeinde in den Grundzügen darzustellen. ²Aus dem Flächennutzungsplan können Flächen und sonstige Darstellungen ausgenommen werden, wenn dadurch die nach Satz 1 darzustellenden Grundzüge nicht berührt werden und die Gemeinde beabsichtigt, die Darstellung zu einem späteren Zeitpunkt vorzunehmen; in der Begründung sind die Gründe hierfür darzulegen. ³Der Flächennutzungsplan soll spätestens 15 Jahre nach seiner erstmaligen oder erneuten Aufstellung überprüft und, soweit nach § 1 Abs. 3 Satz 1 erforderlich, geändert, ergänzt oder neu aufgestellt werden.

(2) Im Flächennutzungsplan können insbesondere dargestellt werden:

1. die für die Bebauung vorgesehenen Flächen nach der allgemeinen Art ihrer baulichen Nutzung (Bauflächen), nach der besonderen Art ihrer baulichen Nutzung (Baugebiete) sowie nach dem allgemeinen Maß der baulichen Nutzung; Bauflächen, für die eine zentrale Abwasserbeseitigung nicht vorgesehen ist, sind zu kennzeichnen;

2. die Ausstattung des Gemeindegebiets mit Einrichtungen und Anlagen zur Versorgung mit Gütern und Dienstleistungen des öffentlichen und privaten Bereichs, insbesondere mit den der Allgemeinheit dienenden baulichen Anlagen und Einrichtungen des Gemeindebedarfs, wie mit Schulen und Kirchen sowie mit sonstigen kirchlichen und mit sozialen, gesundheitlichen und kulturellen Zwecken dienenden Gebäuden und Einrichtungen, sowie die Flächen für Sport und Spielanlagen;

3. die Flächen für den überörtlichen Verkehr und für die örtlichen Hauptverkehrszüge;

4. die Flächen für Versorgungsanlagen, für die Abfallentsorgung und Abwasserbeseitigung, für Ablagerungen sowie für Hauptversorgungs- und Hauptabwasserleitungen;

5. die Grünflächen, wie Parkanlagen, Dauerkleingärten, Sport-, Spiel-, Zelt- und Badeplätze, Friedhöfe;

6. die Flächen für Nutzungsbeschränkungen oder für Vorkehrungen zum Schutz gegen schädliche Umwelteinwirkungen im Sinne des Bundes-Immissionsschutzgesetzes;

7. die Wasserflächen, Häfen und die für die Wasserwirtschaft vorgesehenen Flächen sowie die Flächen, die im Interesse des Hochwasserschutzes und der Regelung des Wasserabflusses freizuhalten sind;

8. die Flächen für Aufschüttungen, Abgrabungen oder für die Gewinnung von Steinen, Erden und anderen Bodenschätzen;

9. a) die Flächen für die Landwirtschaft und

   b) Wald;

10. die Flächen für Maßnahmen zum Schutz, zur Pflege und zur Entwicklung von Boden, Natur und Landschaft.

(2a) Flächen zum Ausgleich im Sinne des § 1a Abs. 3 im Geltungsbereich des Flächennutzungsplans können den Flächen, auf denen Eingriffe in Natur und Landschaft zu erwarten sind, ganz oder teilweise zugeordnet werden.

(2b) Für Darstellungen des Flächennutzungsplans mit den Rechtswirkungen des § 35 Abs. 3 Satz 3 können sachliche Teilflächennutzungspläne aufgestellt werden.

(3) Im Flächennutzungsplan sollen gekennzeichnet werden:

1. Flächen, bei deren Bebauung besondere bauliche Vorkehrungen gegen äußere Einwirkungen oder bei denen besondere bauliche Sicherungsmaßnahmen gegen Naturgewalten erforderlich sind;

2. Flächen, unter denen der Bergbau umgeht oder die für den Abbau von Mineralien bestimmt sind;

3. für bauliche Nutzungen vorgesehene Flächen, deren Böden erheblich mit umweltgefährdenden Stoffen belastet sind.

(4) ¹Planungen und sonstige Nutzungsregelungen, die nach anderen gesetzlichen Vorschriften festgesetzt sind, sowie nach Landesrecht denkmalgeschützte Mehrheiten von baulichen Anlagen sollen nachrichtlich übernommen werden. ²Sind derartige Festsetzungen in Aussicht genommen, sollen sie im Flächennutzungsplan vermerkt werden.

(5) Dem Flächennutzungsplan ist eine Begründung mit den Angaben nach § 2a beizufügen.

§ 6 Genehmigung des Flächennutzungsplans

(1) Der Flächennutzungsplan bedarf der Genehmigung der höheren Verwaltungsbehörde.

(2) Die Genehmigung darf nur versagt werden, wenn der Flächennutzungsplan nicht ordnungsgemäß zu Stande gekommen ist oder diesem Gesetzbuch, den auf

Grund dieses Gesetzbuchs erlassenen oder sonstigen Rechtsvorschriften widerspricht.

(3) Können Versagungsgründe nicht ausgeräumt werden, kann die höhere Verwaltungsbehörde räumliche oder sachliche Teile des Flächennutzungsplans von der Genehmigung ausnehmen.

(4) ¹Über die Genehmigung ist binnen drei Monaten zu entscheiden; die höhere Verwaltungsbehörde kann räumliche und sachliche Teile des Flächennutzungsplans vorweg genehmigen. ²Aus wichtigen Gründen kann die Frist auf Antrag der Genehmigungsbehörde von der zuständigen übergeordneten Behörde verlängert werden, in der Regel jedoch nur bis zu drei Monaten. ³Die Gemeinde ist von der Fristverlängerung in Kenntnis zu setzen. ⁴Die Genehmigung gilt als erteilt, wenn sie nicht innerhalb der Frist unter Angabe von Gründen abgelehnt wird.

(5) ¹Die Erteilung der Genehmigung ist ortsüblich bekanntzumachen. ²Mit der Bekanntmachung wird der Flächennutzungsplan wirksam. ³Ihm ist eine zusammenfassende Erklärung beizufügen über die Art und Weise, wie die Umweltbelange und die Ergebnisse der Öffentlichkeits- und Behördenbeteiligung in dem Flächennutzungsplan berücksichtigt wurden, und aus welchen Gründen der Plan nach Abwägung mit den geprüften, in Betracht kommenden anderweitigen Planungsmöglichkeiten gewählt wurde. ⁴Jedermann kann den Flächennutzungsplan, die Begründung und die zusammenfassende Erklärung einsehen und über deren Inhalt Auskunft verlangen.

(6) Mit dem Beschluss über eine Änderung oder Ergänzung des Flächennutzungsplans kann die Gemeinde auch bestimmen, dass der Flächennutzungsplan in der Fassung, die er durch die Änderung oder Ergänzung erfahren hat, neu bekanntzumachen ist.

§ 7 Anpassung an den Flächennutzungsplan

¹Öffentliche Planungsträger, die nach § 4 oder § 13 beteiligt worden sind, haben ihre Planungen dem Flächennutzungsplan insoweit anzupassen, als sie diesem Plan nicht widersprochen haben. ²Der Widerspruch ist bis zum Beschluss der Gemeinde einzulegen. ³Macht eine Veränderung der Sachlage eine abweichende Planung erforderlich, haben sie sich unverzüglich mit der Gemeinde ins Benehmen zu setzen. ⁴Kann ein Einvernehmen zwischen der Gemeinde und dem öffentlichen Planungsträger nicht erreicht werden, kann der öffentliche Planungsträger nachträglich widersprechen. ⁵Der Widerspruch ist nur zulässig, wenn die für die abweichende Planung geltend gemachten Belange die sich aus dem Flächennutzungsplan ergebenden städtebaulichen Belange nicht nur unwesentlich überwiegen. ⁶Im Fall einer abweichenden Planung ist § 37 Abs. 3 auf die durch die Änderung oder Ergänzung des Flächennutzungsplans oder eines Bebauungsplans, der aus dem Flächennutzungsplan entwickelt worden ist und geändert, ergänzt oder aufgehoben werden musste, entstehenden Aufwendungen und Kosten entsprechend anzuwenden; § 38 Satz 3 bleibt unberührt.

Dritter Abschnitt: Verbindlicher Bauleitplan (Bebauungsplan)

§ 8 Zweck des Bebauungsplans

(1) ¹Der Bebauungsplan enthält die rechtsverbindlichen Festsetzungen für die städtebauliche Ordnung. ²Er bildet die Grundlage für weitere, zum Vollzug dieses Gesetzbuchs erforderliche Maßnahmen.

(2) ¹Bebauungspläne sind aus dem Flächennutzungsplan zu entwickeln. ²Ein Flächennutzungsplan ist nicht erforderlich, wenn der Bebauungsplan ausreicht, um die städtebauliche Entwicklung zu ordnen.

(3) ¹Mit der Aufstellung, Änderung, Ergänzung oder Aufhebung eines Bebauungsplans kann gleichzeitig auch der Flächennutzungsplan aufgestellt, geändert oder ergänzt werden (Parallelverfahren). ²Der Bebauungsplan kann vor dem Flächennutzungsplan bekanntgemacht werden, wenn nach dem Stand der Planungsarbeiten anzunehmen ist, dass der Bebauungsplan aus den künftigen Darstellungen des Flächennutzungsplans entwickelt sein wird.

(4) ¹Ein Bebauungsplan kann aufgestellt, geändert, ergänzt oder aufgehoben werden, bevor der Flächennutzungsplan aufgestellt ist, wenn dringende Gründe es erfordern und wenn der Bebauungsplan der beabsichtigten städtebaulichen Entwicklung des Gemeindegebiets nicht entgegenstehen wird (vorzeitiger Bebauungsplan). ²Gilt bei Gebiets- oder Bestandsänderungen von Gemeinden oder anderen Veränderungen der Zuständigkeit für die Aufstellung von Flächennutzungsplänen ein Flächennutzungsplan fort, kann ein vorzeitiger Bebauungsplan auch aufgestellt werden, bevor der Flächennutzungsplan ergänzt oder geändert ist.

§ 9 Inhalt des Bebauungsplans

(1) Im Bebauungsplan können aus städtebaulichen Gründen festgesetzt werden:

1. die Art und das Maß der baulichen Nutzung;
2. die Bauweise, die überbaubaren und die nicht überbaubaren Grundstücksflächen sowie die Stellung der baulichen Anlagen;
3. für die Größe, Breite und Tiefe der Baugrundstücke Mindestmaße und aus Gründen des sparsamen und schonenden Umgangs mit Grund und Boden für Wohnbaugrundstücke auch Höchstmaße;
4. die Flächen für Nebenanlagen, die auf Grund anderer Vorschriften für die Nutzung von Grundstücken erforderlich sind, wie Spiel-, Freizeit- und Erholungsflächen sowie die Flächen für Stellplätze und Garagen mit ihren Einfahrten;
5. die Flächen für den Gemeinbedarf sowie für Sport- und Spielanlagen;
6. die höchstzulässige Zahl der Wohnungen in Wohngebäuden;
7. die Flächen, auf denen ganz oder teilweise nur Wohngebäude, die mit Mitteln der sozialen Wohnraumförderung gefördert werden könnten, errichtet werden dürfen;
8. einzelne Flächen, auf denen ganz oder teilweise nur Wohngebäude errichtet werden dürfen, die für Personengruppen mit besonderem Wohnbedarf bestimmt sind;

9. der besondere Nutzungszweck von Flächen;
10. die Flächen, die von der Bebauung freizuhalten sind, und ihre Nutzung;
11. die Verkehrsflächen sowie Verkehrsflächen besonderer Zweckbestimmung, wie Fußgängerbereiche, Flächen für das Parken von Fahrzeugen, Flächen für das Abstellen von Fahrrädern sowie den Anschluss anderer Flächen an die Verkehrsflächen; die Flächen können auch als öffentliche oder private Flächen festgesetzt werden;
12. die Versorgungsflächen;
13. die Führung von oberirdischen oder unterirdischen Versorgungsanlagen und -leitungen;
14. die Flächen für die Abfall- und Abwasserbeseitigung, einschließlich der Rückhaltung und Versickerung von Niederschlagswasser, sowie für Ablagerungen;
15. die öffentlichen und privaten Grünflächen, wie Parkanlagen, Dauerkleingärten, Sport-, Spiel-, Zelt- und Badeplätze, Friedhöfe;
16. die Wasserflächen sowie die Flächen für die Wasserwirtschaft, für Hochwasserschutzanlagen und für die Regelung des Wasserabflusses;
17. die Flächen für Aufschüttungen, Abgrabungen oder für die Gewinnung von Steinen, Erden und anderen Bodenschätzen;
18. a) die Flächen für die Landwirtschaft und

    b) Wald;
19. die Flächen für die Errichtung von Anlagen für die Kleintierhaltung wie Ausstellungsund Zuchtanlagen, Zwinger, Koppeln und dergleichen;
20. die Flächen oder Maßnahmen zum Schutz, zur Pflege und zur Entwicklung von Boden, Natur und Landschaft;
21. die mit Geh-, Fahr- und Leitungsrechten zu Gunsten der Allgemeinheit, eines Erschließungsträgers oder eines beschränkten Personenkreises zu belastenden Flächen;
22. die Flächen für Gemeinschaftsanlagen für bestimmte räumliche Bereiche wie Kinderspielplätze, Freizeiteinrichtungen, Stellplätze und Garagen;
23. Gebiete, in denen

    a) zum Schutz vor schädlichen Umwelteinwirkungen im Sinne des Bundes-Immissionsschutzgesetzes bestimmte Luft verunreinigende Stoffe nicht oder nur beschränkt verwendet werden dürfen,

    b) bei der Errichtung von Gebäuden bestimmte bauliche Maßnahmen für den Einsatz erneuerbarer Energien wie insbesondere Solarenergie getroffen werden müssen;
24. die von der Bebauung freizuhaltenden Schutzflächen und ihre Nutzung, die Flächen für besondere Anlagen und Vorkehrungen zum Schutz vor schädlichen Umwelteinwirkungen und sonstigen Gefahren im Sinne des Bundes-Immissionsschutzgesetzes sowie die zum Schutz vor solchen Einwirkungen

oder zur Vermeidung oder Minderung solcher Einwirkungen zu treffenden baulichen und sonstigen technischen Vorkehrungen;

25. für einzelne Flächen oder für ein Bebauungsplangebiet oder Teile davon sowie für Teile baulicher Anlagen mit Ausnahme der für landwirtschaftliche Nutzungen oder Wald festgesetzten Flächen

   a) das Anpflanzen von Bäumen, Sträuchern und sonstigen Bepflanzungen,

   b) Bindungen für Bepflanzungen und für die Erhaltung von Bäumen, Sträuchern und sonstigen Bepflanzungen sowie von Gewässern;

26. die Flächen für Aufschüttungen, Abgrabungen und Stützmauern, soweit sie zur Herstellung des Straßenkörpers erforderlich sind.

(1a) ¹Flächen oder Maßnahmen zum Ausgleich im Sinne des § 1a Abs. 3 können auf den Grundstücken, auf denen Eingriffe in Natur und Landschaft zu erwarten sind, oder an anderer Stelle sowohl im sonstigen Geltungsbereich des Bebauungsplans als auch in einem anderen Bebauungsplan festgesetzt werden. ²Die Flächen oder Maßnahmen zum Ausgleich an anderer Stelle können den Grundstücken, auf denen Eingriffe zu erwarten sind, ganz oder teilweise zugeordnet werden; dies gilt auch für Maßnahmen auf von der Gemeinde bereitgestellten Flächen.

(2) ¹Im Bebauungsplan kann in besonderen Fällen festgesetzt werden, dass bestimmte der in ihm festgesetzten baulichen und sonstigen Nutzungen und Anlagen nur

1. für einen bestimmten Zeitraum zulässig oder

2. bis zum Eintritt bestimmter Umstände zulässig oder unzulässig sind. ²Die Folgenutzung soll festgesetzt werden.

(3) ¹Bei Festsetzungen nach Absatz 1 kann auch die Höhenlage festgesetzt werden. ²Festsetzungen nach Absatz 1 für übereinander liegende Geschosse und Ebenen und sonstige Teile baulicher Anlagen können gesondert getroffen werden; dies gilt auch, soweit Geschosse, Ebenen und sonstige Teile baulicher Anlagen unterhalb der Geländeoberfläche vorgesehen sind.

(4) Die Länder können durch Rechtsvorschriften bestimmen, dass auf Landesrecht beruhende Regelungen in den Bebauungsplan als Festsetzungen aufgenommen werden können und inwieweit auf diese Festsetzungen die Vorschriften dieses Gesetzbuchs Anwendung finden.

(5) Im Bebauungsplan sollen gekennzeichnet werden:

1. Flächen, bei deren Bebauung besondere bauliche Vorkehrungen gegen äußere Einwirkungen oder bei denen besondere bauliche Sicherungsmaßnahmen gegen Naturgewalten erforderlich sind;

2. Flächen, unter denen der Bergbau umgeht oder die für den Abbau von Mineralien bestimmt sind;

3. Flächen, deren Böden erheblich mit umweltgefährdenden Stoffen belastet sind.

(6) Nach anderen gesetzlichen Vorschriften getroffene Festsetzungen sowie Denkmäler nach Landesrecht sollen in den Bebauungsplan nachrichtlich über-

nommen werden, soweit sie zu seinem Verständnis oder für die städtebauliche Beurteilung von Baugesuchen notwendig oder zweckmäßig sind.

(7) Der Bebauungsplan setzt die Grenzen seines räumlichen Geltungsbereichs fest.

(8) Dem Bebauungsplan ist eine Begründung mit den Angaben nach § 2a beizufügen.

§ 9a Verordnungsermächtigung

Das Bundesministerium für Verkehr, Bau- und Wohnungswesen wird ermächtigt, mit Zustimmung des Bundesrates durch Rechtsverordnung Vorschriften zu erlassen über

1. Darstellungen und Festsetzungen in den Bauleitplänen über

   a) die Art der baulichen Nutzung,

   b) das Maß der baulichen Nutzung und seine Berechnung,

   c) die Bauweise sowie die überbaubaren und die nicht überbaubaren Grundstücksflächen;

2. die in den Baugebieten zulässigen baulichen und sonstigen Anlagen;

3. die Zulässigkeit der Festsetzung nach Maßgabe des § 9 Abs. 3 über verschiedenartige Baugebiete oder verschiedenartige in den Baugebieten zulässige bauliche und sonstige Anlagen;

4. die Ausarbeitung der Bauleitpläne einschließlich der dazugehörigen Unterlagen sowie über die Darstellung des Planinhalts, insbesondere über die dabei zu verwendenden Planzeichen und ihre Bedeutung.

§ 10 Beschluss, Genehmigung und In-Kraft-Treten des Bebauungsplans

(1) Die Gemeinde beschließt den Bebauungsplan als Satzung.

(2) ¹Bebauungspläne nach § 8 Abs. 2 Satz 2, Abs. 3 Satz 2 und Abs. 4 bedürfen der Genehmigung der höheren Verwaltungsbehörde. ²§ 6 Abs. 2 und 4 ist entsprechend anzuwenden.

(3) ¹Die Erteilung der Genehmigung oder, soweit eine Genehmigung nicht erforderlich ist, der Beschluss des Bebauungsplans durch die Gemeinde ist ortsüblich bekanntzumachen. ²Der Bebauungsplan ist mit der Begründung und der zusammenfassenden Erklärung nach Absatz 4 zu jedermanns Einsicht bereitzuhalten; über den Inhalt ist auf Verlangen Auskunft zu geben. ³In der Bekanntmachung ist darauf hinzuweisen, wo der Bebauungsplan eingesehen werden kann. ⁴Mit der Bekanntmachung tritt der Bebauungsplan in Kraft. ⁵Die Bekanntmachung tritt an die Stelle der sonst für Satzungen vorgeschriebenen Veröffentlichung.

(4) Dem Bebauungsplan ist eine zusammenfassende Erklärung beizufügen über die Art und Weise, wie die Umweltbelange und die Ergebnisse der Öffentlichkeits- und Behördenbeteiligung in dem Bebauungsplan berücksichtigt wurden, und aus welchen Gründen der Plan nach Abwägung mit den geprüften, in Betracht kommenden anderweitigen Planungsmöglichkeiten gewählt wurde.

Vierter Abschnitt: Zusammenarbeit mit Privaten; vereinfachtes Verfahren

§ 11 Städtebaulicher Vertrag

(1) ¹Die Gemeinde kann städtebauliche Verträge schließen. ²Gegenstände eines städtebaulichen Vertrages können insbesondere sein:

1. die Vorbereitung oder Durchführung städtebaulicher Maßnahmen durch den Vertragspartner auf eigene Kosten; dazu gehören auch die Neuordnung der Grundstücksverhältnisse, die Bodensanierung und sonstige vorbereitende Maßnahmen, die Ausarbeitung der städtebaulichen Planungen sowie erforderlichenfalls des Umweltberichts; die Verantwortung der Gemeinde für das gesetzlich vorgesehene Planaufstellungsverfahren bleibt unberührt;

2. die Förderung und Sicherung der mit der Bauleitplanung verfolgten Ziele, insbesondere die Grundstücksnutzung, auch hinsichtlich einer Befristung oder einer Bedingung, die Durchführung des Ausgleichs im Sinne des § 1a Abs. 3, die Deckung des Wohnbedarfs von Bevölkerungsgruppen mit besonderen Wohnraumversorgungsproblemen sowie des Wohnbedarfs der ortsansässigen Bevölkerung;

3. die Übernahme von Kosten oder sonstigen Aufwendungen, die der Gemeinde für städtebauliche Maßnahmen entstehen oder entstanden sind und die Voraussetzung oder Folge des geplanten Vorhabens sind; dazu gehört auch die Bereitstellung von Grundstücken;

4. entsprechend den mit den städtebaulichen Planungen und Maßnahmen verfolgten Zielen und Zwecken die Nutzung von Netzen und Anlagen der Kraft-Wärme-Kopplung sowie von Solaranlagen für die Wärme-, Kälte- und Elektrizitätsversorgung.

(2) ¹Die vereinbarten Leistungen müssen den gesamten Umständen nach angemessen sein. ²Die Vereinbarung einer vom Vertragspartner zu erbringenden Leistung ist unzulässig, wenn er auch ohne sie einen Anspruch auf die Gegenleistung hätte.

(3) Ein städtebaulicher Vertrag bedarf der Schriftform, soweit nicht durch Rechtsvorschriften eine andere Form vorgeschrieben ist.

(4) Die Zulässigkeit anderer städtebaulicher Verträge bleibt unberührt.

§ 12 Vorhaben- und Erschließungsplan

(1) ¹Die Gemeinde kann durch einen vorhabenbezogenen Bebauungsplan die Zulässigkeit von Vorhaben bestimmen, wenn der Vorhabenträger auf der Grundlage eines mit der Gemeinde abgestimmten Plans zur Durchführung der Vorhaben und der Erschließungsmaßnahmen (Vorhaben- und Erschließungsplan) bereit und in der Lage ist und sich zur Durchführung innerhalb einer bestimmten Frist und zur Tragung der Planungs- und Erschließungskosten ganz oder teilweise vor dem Beschluss nach § 10 Abs. 1 verpflichtet (Durchführungsvertrag). ²Die Begründung des Planentwurfs hat die nach § 2a erforderlichen Angaben zu enthalten. ³Für die grenzüberschreitende Beteiligung ist eine Übersetzung der Angaben vorzulegen, soweit dies nach den Vorschriften des Gesetzes über die Umweltverträglichkeitsprüfung notwendig ist. ⁴Für den vorhabenbezogenen Bebauungsplan nach Satz 1 gelten ergänzend die Absätze 2 bis 6.

(2) ¹Die Gemeinde hat auf Antrag des Vorhabenträgers über die Einleitung des Bebauungsplanverfahrens nach pflichtgemäßem Ermessen zu entscheiden. ²Auf Antrag des Vorhabenträgers oder sofern die Gemeinde es nach Einleitung des Bebauungsplanverfahrens für erforderlich hält, informiert die Gemeinde diesen über den voraussichtlich erforderlichen Untersuchungsrahmen der Umweltprüfung nach § 2 Abs. 4 unter Beteiligung der Behörden nach § 4 Abs. 1.

(3) ¹Der Vorhaben- und Erschließungsplan wird Bestandteil des vorhabenbezogenen Bebauungsplans. ²Im Bereich des Vorhaben- und Erschließungsplans ist die Gemeinde bei der Bestimmung der Zulässigkeit der Vorhaben nicht an die Festsetzungen nach § 9 und nach der auf Grund von § 9a erlassenen Verordnung gebunden; die §§ 14 bis 18, 22 bis 28, 39 bis 79, 127 bis 135c sind nicht anzuwenden. ³Soweit der vorhabenbezogene Bebauungsplan auch im Bereich des Vorhaben- und Erschließungsplans Festsetzungen nach § 9 für öffentliche Zwecke trifft, kann gemäß § 85 Abs. 1 Nr. 1 enteignet werden.

(4) Einzelne Flächen außerhalb des Bereichs des Vorhaben- und Erschließungsplans können in den vorhabenbezogenen Bebauungsplan einbezogen werden.

(5) ¹Ein Wechsel des Vorhabenträgers bedarf der Zustimmung der Gemeinde. ²Die Zustimmung darf nur dann verweigert werden, wenn Tatsachen die Annahme rechtfertigen, dass die Durchführung des Vorhaben- und Erschließungsplans innerhalb der Frist nach Absatz 1 gefährdet ist.

(6) ¹Wird der Vorhaben- und Erschließungsplan nicht innerhalb der Frist nach Absatz 1 durchgeführt, soll die Gemeinde den Bebauungsplan aufheben. ²Aus der Aufhebung können Ansprüche des Vorhabenträgers gegen die Gemeinde nicht geltend gemacht werden. ³Bei der Aufhebung kann das vereinfachte Verfahren nach § 13 angewendet werden.

§ 13 Vereinfachtes Verfahren

(1) Werden durch die Änderung oder Ergänzung eines Bauleitplans die Grundzüge der Planung nicht berührt oder wird durch die Aufstellung eines Bebauungsplans in einem Gebiet nach § 34 der sich aus der vorhandenen Eigenart der näheren Umgebung ergebende Zulässigkeitsmaßstab nicht wesentlich verändert, kann die Gemeinde das vereinfachte Verfahren anwenden, wenn

1. die Zulässigkeit von Vorhaben, die einer Pflicht zur Durchführung einer Umweltverträglichkeitsprüfung nach Anlage 1 zum Gesetz über die Umweltverträglichkeitsprüfung oder nach Landesrecht unterliegen, nicht vorbereitet oder begründet wird und

2. keine Anhaltspunkte für eine Beeinträchtigung der in § 1 Abs. 6 Nr. 7 Buchstabe b genannten Schutzgüter bestehen.

(2) Im vereinfachten Verfahren kann

1. von der frühzeitigen Unterrichtung und Erörterung nach § 3 Abs. 1 und § 4 Abs. 1 abgesehen werden,

2. der betroffenen Öffentlichkeit Gelegenheit zur Stellungnahme innerhalb angemessener Frist gegeben oder wahlweise die Auslegung nach § 3 Abs. 2 durchgeführt werden,

3. den berührten Behörden und sonstigen Trägern öffentlicher Belange Gelegenheit zur Stellungnahme innerhalb angemessener Frist gegeben oder wahlweise die Beteiligung nach § 4 Abs. 2 durchgeführt werden.

(3) ¹Im vereinfachten Verfahren wird von der Umweltprüfung nach § 2 Abs. 4, von dem Umweltbericht nach § 2a und von der Angabe nach § 3 Abs. 2 Satz 2, welche Arten umweltbezogener Informationen verfügbar sind, abgesehen; § 4c ist nicht anzuwenden. ²Bei der Beteiligung nach Absatz 2 Nr. 2 ist darauf hinzuweisen, dass von einer Umweltprüfung abgesehen wird.

Zweiter Teil: Sicherung der Bauleitplanung

Erster Abschnitt: Veränderungssperre und Zurückstellung von Baugesuchen

§ 14 Veränderungssperre

(1) Ist ein Beschluss über die Aufstellung eines Bebauungsplans gefasst, kann die Gemeinde zur Sicherung der Planung für den künftigen Planbereich eine Veränderungssperre mit dem Inhalt beschließen, dass

1. Vorhaben im Sinne des § 29 nicht durchgeführt oder bauliche Anlagen nicht beseitigt werden dürfen;

2. erhebliche oder wesentlich wertsteigernde Veränderungen von Grundstücken und baulichen Anlagen, deren Veränderungen nicht genehmigungs-, zustimmungs- oder anzeigepflichtig sind, nicht vorgenommen werden dürfen.

(2) ¹Wenn überwiegende öffentliche Belange nicht entgegenstehen, kann von der Veränderungssperre eine Ausnahme zugelassen werden. ²Die Entscheidung über Ausnahmen trifft die Baugenehmigungsbehörde im Einvernehmen mit der Gemeinde.

(3) Vorhaben, die vor dem In-Kraft-Treten der Veränderungssperre baurechtlich genehmigt worden sind, Vorhaben, von denen die Gemeinde nach Maßgabe des Bauordnungsrechts Kenntnis erlangt hat und mit deren Ausführung vor dem In-Kraft-Treten der Veränderungssperre hätte begonnen werden dürfen, sowie Unterhaltungsarbeiten und die Fortführung einer bisher ausgeübten Nutzung werden von der Veränderungssperre nicht berührt.

(4) Soweit für Vorhaben im förmlich festgelegten Sanierungsgebiet oder im städtebaulichen Entwicklungsbereich eine Genehmigungspflicht nach § 144 Abs. 1 besteht, sind die Vorschriften über die Veränderungssperre nicht anzuwenden.

§ 15 Zurückstellung von Baugesuchen

(1) ¹Wird eine Veränderungssperre nach § 14 nicht beschlossen, obwohl die Voraussetzungen gegeben sind, oder ist eine beschlossene Veränderungssperre noch nicht in Kraft getreten, hat die Baugenehmigungsbehörde auf Antrag der Gemeinde die Entscheidung über die Zulässigkeit von Vorhaben im Einzelfall für einen Zeitraum bis zu zwölf Monaten auszusetzen, wenn zu befürchten ist, dass die Durchführung der Planung durch das Vorhaben unmöglich gemacht oder wesentlich erschwert werden würde. ²Wird kein Baugenehmigungsverfahren durchgeführt, wird auf Antrag der Gemeinde an Stelle der Aussetzung der Entscheidung über die Zulässigkeit eine vorläufige Untersagung innerhalb einer

durch Landesrecht festgesetzten Frist ausgesprochen. ³Die vorläufige Untersagung steht der Zurückstellung nach Satz 1 gleich.

(2) Soweit für Vorhaben im förmlich festgelegten Sanierungsgebiet oder im städtebaulichen Entwicklungsbereich eine Genehmigungspflicht nach § 144 Abs. 1 besteht, sind die Vorschriften über die Zurückstellung von Baugesuchen nicht anzuwenden; mit der förmlichen Festlegung des Sanierungsgebiets oder des städtebaulichen Entwicklungsbereichs wird ein Bescheid über die Zurückstellung des Baugesuchs nach Absatz 1 unwirksam.

(3) ¹Auf Antrag der Gemeinde hat die Baugenehmigungsbehörde die Entscheidung über die Zulässigkeit von Vorhaben nach § 35 Abs. 1 Nr. 2 bis 6 für einen Zeitraum bis zu längstens einem Jahr nach Zustellung der Zurückstellung des Baugesuchs auszusetzen, wenn die Gemeinde beschlossen hat, einen Flächennutzungsplan aufzustellen, zu ändern oder zu ergänzen, mit dem die Rechtswirkungen des § 35 Abs. 3 Satz 3 erreicht werden sollen, und zu befürchten ist, dass die Durchführung der Planung durch das Vorhaben unmöglich gemacht oder wesentlich erschwert werden würde. ²Auf diesen Zeitraum ist die Zeit zwischen dem Eingang des Baugesuchs bei der zuständigen Behörde bis zur Zustellung der Zurückstellung des Baugesuchs nicht anzurechnen, soweit der Zeitraum für die Bearbeitung des Baugesuchs erforderlich ist. ³Der Antrag der Gemeinde nach Satz 1 ist nur innerhalb von sechs Monaten, nachdem die Gemeinde in einem Verwaltungsverfahren von dem Bauvorhaben förmlich Kenntnis erhalten hat, zulässig.

§ 16 Beschluss über die Veränderungssperre

(1) Die Veränderungssperre wird von der Gemeinde als Satzung beschlossen.

(2) ¹Die Gemeinde hat die Veränderungssperre ortsüblich bekanntzumachen. ²Sie kann auch ortsüblich bekannt machen, dass eine Veränderungssperre beschlossen worden ist; § 10 Abs. 3 Satz 2 bis 5 ist entsprechend anzuwenden.

§ 17 Geltungsdauer der Veränderungssperre

(1) ¹Die Veränderungssperre tritt nach Ablauf von zwei Jahren außer Kraft. ²Auf die Zweijahresfrist ist der seit der Zustellung der ersten Zurückstellung eines Baugesuchs nach § 15 Abs. 1 abgelaufene Zeitraum anzurechnen. ³Die Gemeinde kann die Frist um ein Jahr verlängern.

(2) Wenn besondere Umstände es erfordern, kann die Gemeinde die Frist bis zu einem weiteren Jahr nochmals verlängern.

(3) Die Gemeinde kann eine außer Kraft getretene Veränderungssperre ganz oder teilweise erneut beschließen, wenn die Voraussetzungen für ihren Erlass fortbestehen.

(4) Die Veränderungssperre ist vor Fristablauf ganz oder teilweise außer Kraft zu setzen, sobald die Voraussetzungen für ihren Erlass weggefallen sind.

(5) Die Veränderungssperre tritt in jedem Fall außer Kraft, sobald und soweit die Bauleitplanung rechtsverbindlich abgeschlossen ist.

(6) ¹Mit der förmlichen Festlegung des Sanierungsgebiets oder des städtebaulichen Entwicklungsbereichs tritt eine bestehende Veränderungssperre nach § 14

außer Kraft. ²Dies gilt nicht, wenn in der Sanierungssatzung die Genehmigungspflicht nach § 144 Abs. 1 ausgeschlossen ist.

§ 18 Entschädigung bei Veränderungssperre

(1) ¹Dauert die Veränderungssperre länger als Vierjahre über den Zeitpunkt ihres Beginns oder der ersten Zurückstellung eines Baugesuchs nach § 15 Abs. 1 hinaus, ist den Betroffenen für dadurch entstandene Vermögensnachteile eine angemessene Entschädigung in Geld zu leisten. ²Die Vorschriften über die Entschädigung im Zweiten Abschnitt des Fünften Teils sowie § 121 gelten entsprechend; dabei ist der Grundstückswert zu Grunde zu legen, der nach den Vorschriften des Zweiten Abschnitts des Dritten Teils zu entschädigen wäre.

(2) ¹Zur Entschädigung ist die Gemeinde verpflichtet. ²Der Entschädigungsberechtigte kann Entschädigung verlangen, wenn die in Absatz 1 Satz 1 bezeichneten Vermögensnachteile eingetreten sind. ³Er kann die Fälligkeit des Anspruchs dadurch herbeiführen, dass er die Leistung der Entschädigung schriftlich bei dem Entschädigungspflichtigen beantragt. ⁴Kommt eine Einigung über die Entschädigung nicht zu Stande, entscheidet die höhere Verwaltungsbehörde. ⁵Für den Bescheid über die Festsetzung der Entschädigung gilt § 122 entsprechend.

(3) ¹Auf das Erlöschen des Entschädigungsanspruchs findet § 44 Abs. 4 mit der Maßgabe Anwendung, dass bei einer Veränderungssperre, die die Sicherung einer Festsetzung nach § 40 Abs. 1 oder § 41 Abs. 1 zum Gegenstand hat, die Erlöschensfrist frühestens ab Rechtsverbindlichkeit des Bebauungsplans beginnt. ²In der Bekanntmachung nach § 16 Abs. 2 ist auf die Vorschriften des Absatzes 2 Satz 2 und 3 hinzuweisen.

Zweiter Abschnitt: Teilung von Grundstücken; Gebiete mit Fremdenverkehrsfunktionen

§ 19 Teilung von Grundstücken

(1) Die Teilung eines Grundstücks ist die dem Grundbuchamt gegenüber abgegebene oder sonst wie erkennbar gemachte Erklärung des Eigentümers, dass ein Grundstücksteil grundbuchmäßig abgeschrieben und als selbstständiges Grundstück oder als ein Grundstück zusammen mit anderen Grundstücken oder mit Teilen anderer Grundstücke eingetragen werden soll.

(2) Durch die Teilung eines Grundstücks im Geltungsbereich eines Bebauungsplans dürfen keine Verhältnisse entstehen, die den Festsetzungen des Bebauungsplans widersprechen.

§ 20 (weggefallen)

§ 21 (weggefallen)

§ 22 Sicherung von Gebieten mit Fremdenverkehrsfunktionen

(1) ¹Die Gemeinden, die oder deren Teile überwiegend durch den Fremdenverkehr geprägt sind, können in einem Bebauungsplan oder durch eine sonstige Satzung bestimmen, dass zur Sicherung der Zweckbestimmung von Gebieten

mit Fremdenverkehrsfunktionen die Begründung oder Teilung von Wohnungseigentum oder Teileigentum (§ 1 des Wohnungseigentumsgesetzes) der Genehmigung unterliegt. ²Dies gilt entsprechend für die in den §§ 30 und 31 des Wohnungseigentumsgesetzes bezeichneten Rechte. ³Voraussetzung für die Bestimmung ist, dass durch die Begründung oder Teilung der Rechte die vorhandene oder vorgesehene Zweckbestimmung des Gebiets für den Fremdenverkehr und dadurch die geordnete städtebauliche Entwicklung beeinträchtigt werden kann. ⁴Die Zweckbestimmung eines Gebiets für den Fremdenverkehr ist insbesondere anzunehmen bei Kurgebieten, Gebieten für die Fremdenbeherbergung, Wochenend- und Ferienhausgebieten, die im Bebauungsplan festgesetzt sind, und bei im Zusammenhang bebauten Ortsteilen, deren Eigenart solchen Gebieten entspricht, sowie bei sonstigen Gebieten mit Fremdenverkehrsfunktionen, die durch Beherbergungsbetriebe und Wohngebäude mit Fremdenbeherbergung geprägt sind.

(2) ¹Die Gemeinde hat die Satzung ortsüblich bekanntzumachen. ²Sie kann die Bekanntmachung auch in entsprechender Anwendung des § 10 Abs. 3 Satz 2 bis 5 vornehmen. ³Die Gemeinde teilt dem Grundbuchamt den Beschluss über die Satzung, das Datum ihres Inkrafttretens sowie die genaue Bezeichnung der betroffenen Grundstücke vor ihrer Bekanntmachung rechtzeitig mit. ⁴Von der genauen Bezeichnung der betroffenen Grundstücke kann abgesehen werden, wenn die gesamte Gemarkung betroffen ist und die Gemeinde dies dem Grundbuchamt mitteilt.

(3) *weggefallen*

(4) ¹Die Genehmigung darf nur versagt werden, wenn durch die Begründung oder Teilung der Rechte die Zweckbestimmung des Gebiets für den Fremdenverkehr und dadurch die städtebauliche Entwicklung und Ordnung beeinträchtigt wird. ²Die Genehmigung ist zu erteilen, wenn sie erforderlich ist, damit Ansprüche Dritter erfüllt werden können, zu deren Sicherung vor dem Wirksamwerden des Genehmigungsvorbehalts eine Vormerkung im Grundbuch eingetragen oder der Antrag auf Eintragung einer Vormerkung beim Grundbuchamt eingegangen ist; die Genehmigung kann auch von dem Dritten beantragt werden. ³Die Genehmigung kann erteilt werden, um wirtschaftliche Nachteile zu vermeiden, die für den Eigentümer eine besondere Härte bedeuten.

(5) ¹Über die Genehmigung entscheidet die Baugenehmigungsbehörde im Einvernehmen mit der Gemeinde. ²Über die Genehmigung ist innerhalb eines Monats nach Eingang des Antrags bei der Baugenehmigungsbehörde zu entscheiden. ³Kann die Prüfung des Antrags in dieser Zeit nicht abgeschlossen werden, ist die Frist vor ihrem Ablauf in einem dem Antragsteller mitzuteilenden Zwischenbescheid um den Zeitraum zu verlängern, der notwendig ist, um die Prüfung abschließen zu können; höchstens jedoch um drei Monate. ⁴Die Genehmigung gilt als erteilt, wenn sie nicht innerhalb der Frist versagt wird. ⁵Darüber hat die Baugenehmigungsbehörde auf Antrag eines Beteiligten ein Zeugnis auszustellen. ⁶Das Einvernehmen gilt als erteilt, wenn es nicht binnen zwei Monaten nach Eingang des Ersuchens der Genehmigungsbehörde verweigert wird; dem Ersuchen gegenüber der Gemeinde steht die Einreichung des Antrags bei der Gemeinde gleich, wenn sie nach Landesrecht vorgeschrieben ist.

(6) ¹Bei einem Grundstück, das im Geltungsbereich einer Satzung nach Absatz 1 liegt, darf das Grundbuchamt die von Absatz 1 erfassten Eintragungen in das

Grundbuch nur vornehmen, wenn der Genehmigungsbescheid oder ein Zeugnis gemäß Absatz 5 Satz 5 vorgelegt wird oder wenn die Freistellungserklärung der Gemeinde gemäß Absatz 8 beim Grundbuchamt eingegangen ist. ²Ist dennoch eine Eintragung in das Grundbuch vorgenommen worden, kann die Baugenehmigungsbehörde, falls die Genehmigung erforderlich war, das Grundbuchamt um die Eintragung eines Widerspruchs ersuchen; § 53 Abs. 1 der Grundbuchordnung bleibt unberührt. ³Der Widerspruch ist zu löschen, wenn die Baugenehmigungsbehörde darum ersucht oder die Genehmigung erteilt ist.

(7) ¹Wird die Genehmigung versagt, kann der Eigentümer von der Gemeinde unter den Voraussetzungen des § 40 Abs. 2 die Übernahme des Grundstücks verlangen. ²§ 43 Abs. 1, 4 und 5 sowie § 44 Abs. 3 und 4 sind entsprechend anzuwenden.

(8) ¹Die Gemeinde hat den Genehmigungsvorbehalt aufzuheben oder im Einzelfall einzelne Grundstücke durch Erklärung gegenüber dem Eigentümer vom Genehmigungsvorbehalt freizustellen, wenn die Voraussetzungen für den Genehmigungsvorbehalt entfallen sind. ²Die Gemeinde teilt dem Grundbuchamt die Aufhebung des Genehmigungsvorbehalts sowie die genaue Bezeichnung der hiervon betroffenen Grundstücke unverzüglich mit. ³Von der genauen Bezeichnung kann abgesehen werden, wenn die gesamte Gemarkung betroffen ist und die Gemeinde dies dem Grundbuchamt mitteilt. ⁴Der Genehmigungsvorbehalt erlischt, wenn die Mitteilung über seine Aufhebung beim Grundbuchamt eingegangen ist.

(9) ¹In der sonstigen Satzung nach Absatz 1 kann neben der Bestimmung des Genehmigungsvorbehalts die höchstzulässige Zahl der Wohnungen in Wohngebäuden nach Maßgabe des § 9 Abs. 1 Nr. 6 festgesetzt werden. ²Vor der Festsetzung nach Satz 1 ist der betroffenen Öffentlichkeit und den berührten Behörden und sonstigen Trägern öffentlicher Belange Gelegenheit zur Stellungnahme innerhalb angemessener Frist zu geben.

(10) ¹Der sonstigen Satzung nach Absatz 1 ist eine Begründung beizufügen. ²In der Begründung zum Bebauungsplan (§ 9 Abs. 8) oder zur sonstigen Satzung ist darzulegen, dass die in Absatz 1 Satz 3 bezeichneten Voraussetzungen für die Festlegung des Gebiets vorliegen.

§ 23 (weggefallen)

Dritter Abschnitt: Gesetzliche Vorkaufsrechte der Gemeinde
§ 24 Allgemeines Vorkaufsrecht

(1) ¹Der Gemeinde steht ein Vorkaufsrecht zu beim Kauf von Grundstücken

1. im Geltungsbereich eines Bebauungsplans, soweit es sich um Flächen handelt, für die nach dem Bebauungsplan eine Nutzung für öffentliche Zwecke oder für Flächen oder Maßnahmen zum Ausgleich im Sinne des § 1a Abs. 3 festgesetzt ist,

2. in einem Umlegungsgebiet,

3. in einem förmlich festgelegten Sanierungsgebiet und städtebaulichen Entwicklungsbereich,

4. im Geltungsbereich einer Satzung zur Sicherung von Durchführungsmaßnahmen des Stadtumbaus und einer Erhaltungssatzung,

5. im Geltungsbereich eines Flächennutzungsplans, soweit es sich um unbebaute Flächen im Außenbereich handelt, für die nach dem Flächennutzungsplan eine Nutzung als Wohnbaufläche oder Wohngebiet dargestellt ist, sowie

6. in Gebieten, die nach § 30, 33 oder 34 Abs. 2 vorwiegend mit Wohngebäuden bebaut werden können, soweit die Grundstücke unbebaut sind.

²Im Falle der Nummer 1 kann das Vorkaufsrecht bereits nach Beginn der öffentlichen Auslegung ausgeübt werden, wenn die Gemeinde einen Beschluss gefasst hat, einen Bebauungsplan aufzustellen, zu ändern oder zu ergänzen. ³Im Falle der Nummer 5 kann das Vorkaufsrecht bereits ausgeübt werden, wenn die Gemeinde einen Beschluss gefasst und ortsüblich bekannt gemacht hat, einen Flächennutzungsplan aufzustellen, zu ändern oder zu ergänzen und wenn nach dem Stand der Planungsarbeiten anzunehmen ist, dass der künftige Flächennutzungsplan eine solche Nutzung darstellen wird.

(2) Das Vorkaufsrecht steht der Gemeinde nicht zu beim Kauf von Rechten nach dem Wohnungseigentumsgesetz und von Erbbaurechten.

(3) ¹Das Vorkaufsrecht darf nur ausgeübt werden, wenn das Wohl der Allgemeinheit dies rechtfertigt. ²Bei der Ausübung des Vorkaufsrechts hat die Gemeinde den Verwendungszweck des Grundstücks anzugeben.

§ 25 Besonderes Vorkaufsrecht

(1) ¹Die Gemeinde kann

1. im Geltungsbereich eines Bebauungsplans durch Satzung ihr Vorkaufsrecht an unbebauten Grundstücken begründen;

2. in Gebieten, in denen sie städtebauliche Maßnahmen in Betracht zieht, zur Sicherung einer geordneten städtebaulichen Entwicklung durch Satzung Flächen bezeichnen, an denen ihr ein Vorkaufsrecht an den Grundstücken zusteht.

²Auf die Satzung ist § 16 Abs. 2 entsprechend anzuwenden.

(2) ¹§ 24 Abs. 2 und 3 Satz 1 ist anzuwenden. ²Der Verwendungszweck des Grundstücks ist anzugeben, soweit das bereits zum Zeitpunkt der Ausübung des Vorkaufsrechts möglich ist.

§ 26 Ausschluss des Vorkaufsrechts

Die Ausübung des Vorkaufsrechts ist ausgeschlossen, wenn

1. der Eigentümer das Grundstück an seinen Ehegatten oder an eine Person verkauft, die mit ihm in gerader Linie verwandt oder verschwägert oder in der Seitenlinie bis zum dritten Grad verwandt ist,

2. das Grundstück

   a) von einem öffentlichen Bedarfsträger für Zwecke der Landesverteidigung, des Bundesgrenzschutzes, der Zollverwaltung, der Polizei oder des Zivilschutzes oder

b) von Kirchen und Religionsgesellschaften des öffentlichen Rechts für Zwecke des Gottesdienstes oder der Seelsorge

gekauft wird,

3. auf dem Grundstück Vorhaben errichtet werden sollen, für die ein in § 38 genanntes Verfahren eingeleitet oder durchgeführt worden ist, oder

4. das Grundstück entsprechend den Festsetzungen des Bebauungsplans oder den Zielen und Zwecken der städtebaulichen Maßnahme bebaut ist und genutzt wird und eine auf ihm errichtete bauliche Anlage keine Missstände oder Mängel im Sinne des § 177 Abs. 2 und 3 Satz 1 aufweist.

§ 27 Abwendung des Vorkaufsrechts

(1) ¹Der Käufer kann die Ausübung des Vorkaufsrechts abwenden, wenn die Verwendung des Grundstücks nach den baurechtlichen Vorschriften oder den Zielen und Zwecken der städtebaulichen Maßnahme bestimmt oder mit ausreichender Sicherheit bestimmbar ist, der Käufer in der Lage ist, das Grundstück binnen angemessener Frist dementsprechend zu nutzen, und er sich vor Ablauf der Frist nach § 28 Abs. 2 Satz 1 hierzu verpflichtet. ²Weist eine auf dem Grundstück befindliche bauliche Anlage Missstände oder Mängel im Sinne des § 177 Abs. 2 und 3 Satz 1 auf, kann der Käufer die Ausübung des Vorkaufsrechts abwenden, wenn er diese Missstände oder Mängel binnen angemessener Frist beseitigen kann und er sich vor Ablauf der Frist nach § 28 Abs. 2 Satz 1 zur Beseitigung verpflichtet. ³Die Gemeinde hat die Frist nach § 28 Abs. 2 Satz 1 auf Antrag des Käufers um zwei Monate zu verlängern, wenn der Käufer vor Ablauf dieser Frist glaubhaft macht, dass er in der Lage ist, die in Satz 1 oder 2 genannten Voraussetzungen zu erfüllen.

(2) Ein Abwendungsrecht besteht nicht

1. in den Fällen des § 24 Abs. 1 Satz 1 Nr. 1 und

2. in einem Umlegungsgebiet, wenn das Grundstück für Zwecke der Umlegung (§ 45) benötigt wird.

§ 27a Ausübung des Vorkaufrechts zugunsten Dritter

(1) ¹Die Gemeinde kann

1. das ihr zustehende Vorkaufsrecht zu Gunsten eines Dritten ausüben, wenn das im Wege der Ausübung des Vorkaufsrechts zu erwerbende Grundstück für Zwecke der sozialen Wohnraumförderung oder die Wohnbebauung für Personengruppen mit besonderem Wohnbedarf genutzt werden soll und der Dritte in der Lage ist, das Grundstück binnen angemessener Frist dementsprechend zu bebauen, und sich hierzu verpflichtet, oder

2. das ihr nach § 24 Abs. 1 Satz 1 Nr. 1 zustehende Vorkaufsrecht zu Gunsten eines öffentlichen Bedarfs- oder Erschließungsträgers sowie das ihr nach § 24 Abs. 1 Satz 1 Nr. 3 zustehende Vorkaufsrecht zu Gunsten eines Sanierungs- oder Entwicklungsträgers ausüben, wenn der Träger einverstanden ist.

²In den Fällen der Nummer 1 hat die Gemeinde bei der Ausübung des Vorkaufsrechts zugunsten eines Dritten die Frist, in der das Grundstück für den vorgesehenen Zweck zu verwenden ist, zu bezeichnen.

(2) ¹Mit der Ausübung des Vorkaufsrechts kommt der Kaufvertrag zwischen dem Begünstigten und dem Verkäufer zu Stande. ²Die Gemeinde haftet für die Verpflichtung aus dem Kaufvertrag neben dem Begünstigten als Gesamtschuldnerin.

(3) ¹Für den von dem Begünstigten zu zahlenden Betrag und das Verfahren gilt § 28 Abs. 2 bis 4 entsprechend. ²Kommt der Begünstigte seiner Verpflichtung nach Absatz 1 Satz 1 Nr. 1 und Satz 2 nicht nach, soll die Gemeinde in entsprechender Anwendung des § 102 die Übertragung des Grundstücks zu ihren Gunsten oder zu Gunsten eines Bauwilligen verlangen, der dazu in der Lage ist und sich verpflichtet, die Baumaßnahmen innerhalb angemessener Frist durchzuführen. ³Für die Entschädigung und das Verfahren gelten die Vorschriften des Fünften Teils über die Rückenteignung entsprechend. ⁴Die Haftung der Gemeinde nach § 28 Abs. 3 Satz 7 bleibt unberührt.

§ 28 Verfahren und Entschädigung

(1) ¹Der Verkäufer hat der Gemeinde den Inhalt des Kaufvertrags unverzüglich mitzuteilen; die Mitteilung des Verkäufers wird durch die Mitteilung des Käufers ersetzt. ²Das Grundbuchamt darf bei Kaufverträgen den Käufer als Eigentümer in das Grundbuch nur eintragen, wenn ihm die Nichtausübung oder das Nichtbestehen des Vorkaufsrechts nachgewiesen ist. ³Besteht ein Vorkaufsrecht nicht oder wird es nicht ausgeübt, hat die Gemeinde auf Antrag eines Beteiligten darüber unverzüglich ein Zeugnis auszustellen. ⁴Das Zeugnis gilt als Verzicht auf die Ausübung des Vorkaufsrechts.

(2) ¹Das Vorkaufsrecht kann nur binnen zwei Monaten nach Mitteilung des Kaufvertrags durch Verwaltungsakt gegenüber dem Verkäufer ausgeübt werden. ²Die §§ 463, 464 Abs. 2, §§ 465 bis 468 und 471 des Bürgerlichen Gesetzbuchs sind anzuwenden. ³Nach Mitteilung des Kaufvertrags ist auf Ersuchen der Gemeinde zur Sicherung ihres Anspruchs auf Übereignung des Grundstücks eine Vormerkung in das Grundbuch einzutragen; die Gemeinde trägt die Kosten der Eintragung der Vormerkung und ihrer Löschung. ⁴Das Vorkaufsrecht ist nicht übertragbar. ⁵Bei einem Eigentumserwerb auf Grund der Ausübung des Vorkaufsrechts erlöschen rechtsgeschäftliche Vorkaufsrechte. ⁶Wird die Gemeinde nach Ausübung des Vorkaufsrechts im Grundbuch als Eigentümerin eingetragen, kann sie das Grundbuchamt ersuchen, eine zur Sicherung des Übereignungsanspruchs des Käufers im Grundbuch eingetragene Vormerkung zu löschen; sie darf das Ersuchen nur stellen, wenn die Ausübung des Vorkaufsrechts für den Käufer unanfechtbar ist.

(3) ¹Abweichend von Absatz 2 Satz 2 kann die Gemeinde den zu zahlenden Betrag nach dem Verkehrswert des Grundstücks (§ 194) im Zeitpunkt des Kaufes bestimmen, wenn der vereinbarte Kaufpreis den Verkehrswert in einer dem Rechtsverkehr erkennbaren Weise deutlich überschreitet. ²In diesem Falle ist der Verkäufer berechtigt, bis zum Ablauf eines Monats nach Unanfechtbarkeit des Verwaltungsaktes über die Ausübung des Vorkaufsrechts vom Vertrag zurückzutreten. ³Auf das Rücktrittsrecht sind die §§ 346 bis 349 und 351 des Bürgerlichen Gesetzbuchs entsprechend anzuwenden. ⁴Tritt der Verkäufer vom Vertrag zurück, trägt die Gemeinde die Kosten des Vertrages auf der Grundlage des Verkehrswertes. ⁵Tritt der Verkäufer vom Vertrag nicht zurück, erlischt nach Ablauf der Rücktrittsfrist nach Satz 2 die Pflicht des Verkäufers aus dem

Kaufvertrag, der Gemeinde das Eigentum an dem Grundstück zu übertragen. ⁶In diesem Falle geht das Eigentum an dem Grundstück auf die Gemeinde über, wenn auf Ersuchen der Gemeinde der Übergang des Eigentums in das Grundbuch eingetragen ist. ⁷Führt die Gemeinde das Grundstück nicht innerhalb einer angemessenen Frist dem mit der Ausübung des Vorkaufsrechts verfolgten Zweck zu, hat sie dem Verkäufer einen Betrag in Höhe des Unterschieds zwischen dem vereinbarten Kaufpreis und dem Verkehrswert zu zahlen. ⁸§ 44 Abs. 3 Satz 2 und 3, § 43 Abs. 2 Satz 1 sowie die §§ 121 und 122 sind entsprechend anzuwenden.

(4) ¹In den Fällen des § 24 Abs. 1 Satz 1 Nr. 1 bestimmt die Gemeinde den zu zahlenden Betrag nach den Vorschriften des Zweiten Abschnitts des Fünften Teils, wenn der Erwerbdes Grundstücks für die Durchführung des Bebauungsplans erforderlich ist und es nach dem festgesetzten Verwendungszweck enteignet werden könnte. ²Mit der Unanfechtbarkeit des Bescheids über die Ausübung des Vorkaufsrechts erlischt die Pflicht des Verkäufers aus dem Kaufvertrag, der Gemeinde das Eigentum an dem Grundstück zu übertragen. ³In diesem Falle geht das Eigentum an dem Grundstück auf die Gemeinde über, wenn auf Ersuchen der Gemeinde der Übergang des Eigentums in das Grundbuch eingetragen ist.

(5) ¹Die Gemeinde kann für das Gemeindegebiet oder für sämtliche Grundstücke einer Gemarkung auf die Ausübung der ihr nach diesem Abschnitt zustehenden Rechte verzichten. ²Sie kann den Verzicht jederzeit für zukünftig abzuschließende Kaufverträge widerrufen. ³Der Verzicht und sein Widerruf sind ortsüblich bekanntzumachen. ⁴Die Gemeinde teilt dem Grundbuchamt den Wortlaut ihrer Erklärung mit. ⁵Hat die Gemeinde auf die Ausübung ihrer Rechte verzichtet, bedarf es eines Zeugnisses nach Absatz 1 Satz 3 nicht, soweit nicht ein Widerruf erklärt ist.

(6) ¹Hat die Gemeinde das Vorkaufsrecht ausgeübt und sind einem Dritten dadurch Vermögensnachteile entstanden, hat sie dafür Entschädigung zu leisten, soweit dem Dritten ein vertragliches Recht zum Erwerb des Grundstücks zustand, bevor ein gesetzliches Vorkaufsrecht der Gemeinde auf Grund dieses Gesetzbuchs oder solcher landesrechtlicher Vorschriften, die durch § 186 des Bundesbaugesetzes aufgehoben worden sind, begründet worden ist. ²Die Vorschriften über die Entschädigung im Zweiten Abschnitt des Fünften Teils sind entsprechend anzuwenden. ³Kommt eine Einigung über die Entschädigung nicht zustande, entscheidet die höhere Verwaltungsbehörde.

Dritter Teil: Regelung der baulichen und sonstigen Nutzung; Entschädigung

Erster Abschnitt: Zulässigkeit von Vorhaben

§ 29 Begriff des Vorhabens; Geltung von Rechtsvorschriften

(1) Für Vorhaben, die die Errichtung, Änderung oder Nutzungsänderung von baulichen Anlagen zum Inhalt haben, und für Aufschüttungen und Abgrabungen größeren Umfangs sowie für Ausschachtungen, Ablagerungen einschließlich Lagerstätten gelten die §§ 30 bis 37.

(2) Die Vorschriften des Bauordnungsrechts und andere öffentlich-rechtliche Vorschriften bleiben unberührt.

(3) *weggefallen*

§ 30 Zulässigkeit von Vorhaben im Geltungsbereich eines Bebauungsplans

(1) Im Geltungsbereich eines Bebauungsplans, der allein oder gemeinsam mit sonstigen baurechtlichen Vorschriften mindestens Festsetzungen über die Art und das Maß der baulichen Nutzung, die überbaubaren Grundstücksflächen und die örtlichen Verkehrsflächen enthält, ist ein Vorhaben zulässig, wenn es diesen Festsetzungen nicht widerspricht und die Erschließung gesichert ist.

(2) Im Geltungsbereich eines vorhabenbezogenen Bebauungsplans nach § 12 ist ein Vorhaben zulässig, wenn es dem Bebauungsplan nicht widerspricht und die Erschließung gesichert ist.

(3) Im Geltungsbereich eines Bebauungsplans, der die Voraussetzungen des Absatzes 1 nicht erfüllt (einfacher Bebauungsplan), richtet sich die Zulässigkeit von Vorhaben im übrigen nach § 34 oder § 35.

§ 31 Ausnahmen und Befreiungen

(1) Von den Festsetzungen des Bebauungsplans können solche Ausnahmen zugelassen werden, die in dem Bebauungsplan nach Art und Umfang ausdrücklich vorgesehen sind.

(2) Von den Festsetzungen des Bebauungsplans kann befreit werden, wenn die Grundzüge der Planung nicht berührt werden und

1. Gründe des Wohls der Allgemeinheit die Befreiung erfordern oder
2. die Abweichung städtebaulich vertretbar ist oder
3. die Durchführung des Bebauungsplans zu einer offenbar nicht beabsichtigten Härte führen würde

und wenn die Abweichung auch unter Würdigung nachbarlicher Interessen mit den öffentlichen Belangen vereinbar ist.

§ 32 Nutzungsbeschränkungen auf künftigen Gemeinbedarfs-, Verkehrs-, Versorgungs- und Grünflächen

¹Sind überbaute Flächen in dem Bebauungsplan als Baugrundstücke für den Gemeinbedarf oder als Verkehrs-, Versorgungs- oder Grünflächen festgesetzt, dürfen auf ihnen Vorhaben, die eine wertsteigernde Änderung baulicher Anlagen zur Folge haben, nur zugelassen und für sie Befreiungen von den Festsetzungen des Bebauungsplans nur erteilt werden, wenn der Bedarfs- oder Erschließungsträger zustimmt oder der Eigentümer für sich und seine Rechtsnachfolger auf Ersatz der Werterhöhung für den Fall schriftlich verzichtet, dass der Bebauungsplan durchgeführt wird. ²Dies gilt auch für die dem Bebauungsplan nicht widersprechenden Teile einer baulichen Anlage, wenn sie für sich allein nicht wirtschaftlich verwertbar sind oder wenn bei der Enteignung die Übernahme der restlichen überbauten Flächen verlangt werden kann.

§ 33 Zulässigkeit von Vorhaben während der Planaufstellung

(1) In Gebieten, für die ein Beschluss über die Aufstellung eines Bebauungsplans gefasst ist, ist ein Vorhaben zulässig, wenn

1. die Öffentlichkeits- und Behördenbeteiligung nach § 3 Abs. 2, § 4 Abs. 2 und § 4a Abs. 2 bis 5 durchgeführt worden ist,

2. anzunehmen ist, dass das Vorhaben den künftigen Festsetzungen des Bebauungsplans nicht entgegensteht,

3. der Antragsteller diese Festsetzungen für sich und seine Rechtsnachfolger schriftlich anerkennt und

4. die Erschließung gesichert ist.

(2) In Fällen des § 4a Abs. 3 Satz 1 kann vor der erneuten Öffentlichkeits- und Behördenbeteiligung ein Vorhaben zugelassen werden, wenn sich die vorgenommene Änderung oder Ergänzung des Bebauungsplanentwurfs nicht auf das Vorhaben auswirkt und die in

(3) ¹Wird ein Verfahren nach § 13 durchgeführt, kann ein Vorhaben vor Durchführung der Öffentlichkeits- und Behördenbeteiligung zugelassen werden, wenn die in Absatz 1 Nr. 2 bis 4 bezeichneten Voraussetzungen erfüllt sind. ²Der betroffen Öffentlichkeit und den berührten Behörden und sonstigen Trägern öffentlicher Belange ist vor Erteilung der Genehmigung Gelegenheit zur Stellungnahme innerhalb angemessener Frist zu geben, soweit sie nicht bereits zuvor Gelegenheit hatten.

§ 34 Zulässigkeit von Vorhaben innerhalb der im Zusammenhang bebauten Ortsteile

(1) ¹Innerhalb der im Zusammenhang bebauten Ortsteile ist ein Vorhaben zulässig, wenn es sich nach Art und Maß der baulichen Nutzung, der Bauweise und der Grundstücksfläche, die überbaut werden soll, in die Eigenart der näheren Umgebung einfügt und die Erschließung gesichert ist. ²Die Anforderungen an gesunde Wohn- und Arbeitsverhältnisse müssen gewahrt bleiben; das Ortsbild darf nicht beeinträchtigt werden.

(2) Entspricht die Eigenart der näheren Umgebung einem der Baugebiete, die in der auf Grund des § 9a erlassenen Verordnung bezeichnet sind, beurteilt sich die Zulässigkeit des Vorhabens nach seiner Art allein danach, ob es nach der Verordnung in dem Baugebiet allgemein zulässig wäre; auf die nach der Verordnung ausnahmsweise zulässigen Vorhaben ist § 31 Abs. 1, im übrigen ist § 31 Abs. 2 entsprechend anzuwenden.

(3) Von Vorhaben nach Absatz 1 oder 2 dürfen keine schädlichen Auswirkungen auf zentrale Versorgungsbereiche in der Gemeinde oder in anderen Gemeinden zu erwarten sein.

(3a) ¹Vom Erfordernis des Einfügens in die Eigenart der näheren Umgebung nach Absatz 1 Satz 1 kann im Einzelfall abgewichen werden, wenn die Abweichung

1. der Erweiterung, Änderung, Nutzungsänderung oder Erneuerung eines zulässigerweise errichteten Gewerbe- oder Handwerksbetriebs dient,

2. städtebaulich vertretbar ist und

3. auch unter Würdigung nachbarlicher Interessen mit den öffentlichen Belangen vereinbar ist.

²Satz 1 findet keine Anwendung auf Einzelhandelsbetriebe, die die verbrauchernahe Versorgung der Bevölkerung beeinträchtigen oder schädliche Auswirkungen auf zentrale Versorgungsbereiche in der Gemeinde oder in anderen Gemeinden haben können.

(4) ¹Die Gemeinde kann durch Satzung

1. die Grenzen für im Zusammenhang bebaute Ortsteile festlegen,

2. bebaute Bereiche im Außenbereich als im Zusammenhang bebaute Ortsteile festlegen, wenn die Flächen im Flächennutzungsplan als Baufläche dargestellt sind,

3. einzelne Außenbereichsflächen in die im Zusammenhang bebauten Ortsteile einbeziehen, wenn die einbezogenen Flächen durch die bauliche Nutzung des angrenzenden Bereichs entsprechend geprägt sind.

²Die Satzungen können miteinander verbunden werden.

(5) ¹Voraussetzung für die Aufstellung von Satzungen nach Absatz 4 Satz 1 Nr. 2 und 3 ist, dass

1. sie mit einer geordneten städtebaulichen Entwicklung vereinbar sind,

2. die Zulässigkeit von Vorhaben, die einer Pflicht zur Durchführung einer Umweltverträglichkeitsprüfung nach Anlage 1 zum Gesetz über die Umweltverträglichkeitsprüfung oder nach Landesrecht unterliegen, nicht begründet wird und

3. keine Anhaltspunkte für eine Beeinträchtigung der in § 1 Abs. 6 Nr. 7 Buchstabe b genannten Schutzgüter bestehen.

²In den Satzungen nach Absatz 4 Satz 1 Nr. 2 und 3 können einzelne Festsetzungen nach § 9 Abs. 1 und 3 Satz 1 sowie Abs. 4 getroffen werden. ³§ 9 Abs. 6 ist entsprechend anzuwenden. ⁴Auf die Satzung nach Absatz 4 Satz 1 Nr. 3 sind ergänzend § 1a Abs. 2 und 3 und § 9 Abs. 1a entsprechend anzuwenden; ihr ist eine Begründung mit den Angaben entsprechend § 2a Satz 2 Nr. 1 beizufügen.

(6) ¹Bei der Aufstellung der Satzungen nach Absatz 4 Satz 1 Nr. 2 und 3 sind die Vorschriften über die Öffentlichkeits- und Behördenbeteiligung nach § 13 Abs. 2 Nr. 2 und 3 entsprechend anzuwenden. ²Auf die Satzungen nach Absatz 4 Satz 1 Nr. 1 bis 3 ist § 10 Abs. 3 entsprechend anzuwenden.

§ 35 Bauen im Außenbereich

(1) Im Außenbereich ist ein Vorhaben nur zulässig, wenn öffentliche Belange nicht entgegenstehen, die ausreichende Erschließung gesichert ist und wenn es

1. einem land- oder forstwirtschaftlichen Betrieb dient und nur einen untergeordneten Teil der Betriebsfläche einnimmt,

2. einem Betrieb der gartenbaulichen Erzeugung dient,

3. der öffentlichen Versorgung mit Elektrizität, Gas, Telekommunikationsdienstleistungen, Wärme und Wasser, der Abwasserwirtschaft oder einem ortsgebundenen gewerblichen Betrieb dient,

4. wegen seiner besonderen Anforderungen an die Umgebung, wegen seiner nachteiligen Wirkung auf die Umgebung oder wegen seiner besonderen Zweckbestimmung nur im Außenbereich ausgeführt werden soll,

5. der Erforschung, Entwicklung oder Nutzung der Wind- oder Wasserenergie dient,

6. der energetischen Nutzung von Biomasse im Rahmen eines Betriebes nach Nummer 1 oder 2 oder eines Betriebes nach Nummer 4, der Tierhaltung betreibt, sowie dem Anschluss solcher Anlagen an das öffentliche Versorgungsnetz dient, unter folgenden Voraussetzungen:

   a) das Vorhaben steht in einem räumlich-funktionalen Zusammenhang mit dem Betrieb,

   b) die Biomasse stammt überwiegend aus dem Betrieb oder überwiegend aus diesem und aus nahe gelegenen Betrieben nach den Nummern 1, 2 oder 4, soweit letzterer Tierhaltung betreibt,

   c) es wird je Hofstelle oder Betriebsstandort nur eine Anlage betrieben und

   d) die installierte elektrische Leistung der Anlage überschreitet nicht 0,5 MW oder

7. der Erforschung, Entwicklung oder Nutzung der Kernenergie zu friedlichen Zwecken oder der Entsorgung radioaktiver Abfälle dient.

(2) Sonstige Vorhaben können im Einzelfall zugelassen werden, wenn ihre Ausführung oder Benutzung öffentliche Belange nicht beeinträchtigt und die Erschließung gesichert ist.

(3) ¹Eine Beeinträchtigung öffentlicher Belange liegt insbesondere vor, wenn das Vorhaben

1. den Darstellungen des Flächennutzungsplans widerspricht,

2. den Darstellungen eines Landschaftsplans oder sonstigen Plans, insbesondere des Wasser-, Abfall- oder Immissionsschutzrechts, widerspricht,

3. schädliche Umwelteinwirkungen hervorrufen kann oder ihnen ausgesetzt wird,

4. unwirtschaftliche Aufwendungen für Straßen oder andere Verkehrseinrichtungen, für Anlagen der Versorgung oder Entsorgung, für die Sicherheit oder Gesundheit oder für sonstige Aufgaben erfordert,

5. Belange des Naturschutzes und der Landschaftspflege, des Bodenschutzes, des Denkmalschutzes oder die natürliche Eigenart der Landschaft und ihren Erholungswert beeinträchtigt oder das Orts- und Landschaftsbild verunstaltet,

6. Maßnahmen zur Verbesserung der Agrarstruktur beeinträchtigt oder die Wasserwirtschaft gefährdet,

7. die Entstehung, Verfestigung oder Erweiterung einer Splittersiedlung befürchten lässt oder

8. die Funktionsfähigkeit von Funkstellen und Radaranlagen stört.

²Raumbedeutsame Vorhaben dürfen den Zielen der Raumordnung nicht widersprechen; öffentliche Belange stehen raumbedeutsamen Vorhaben nach Absatz 1 nicht entgegen, soweit die Belange bei der Darstellung dieser Vorhaben als Ziele der Raumordnung abgewogen worden sind. ³Öffentliche Belange stehen einem Vorhaben nach Absatz 1 Nr. 2 bis 6 in der Regel auch dann entgegen, soweit hierfür durch Darstellungen im Flächennutzungsplan oder als Ziele der Raumordnung eine Ausweisung an anderer Stelle erfolgt ist.

(4) ¹Den nachfolgend bezeichneten sonstigen Vorhaben im Sinne des Absatzes 2 kann nicht entgegengehalten werden, dass sie Darstellungen des Flächennutzungsplans oder eines Landschaftsplans widersprechen, die natürliche Eigenart der Landschaft beeinträchtigen oder die Entstehung, Verfestigung oder Erweiterung einer Splittersiedlung befürchten lassen, soweit sie im übrigen außenbereichsverträglich im Sinne des Absatzes 3 sind:

1. die Änderung der bisherigen Nutzung eines Gebäudes im Sinne des Absatzes 1 Nr. 1 unter folgenden Voraussetzungen:

   a) das Vorhaben dient einer zweckmäßigen Verwendung erhaltenswerter Bausubstanz,

   b) die äußere Gestalt des Gebäudes bleibt im wesentlichen gewahrt,

   c) die Aufgabe der bisherigen Nutzung liegt nicht länger als sieben Jahre zurück,

   d) das Gebäude ist vor mehr als sieben Jahren zulässigerweise errichtet worden,

   e) das Gebäude steht im räumlich-funktionalen Zusammenhang mit der Hofstelle des land- oder forstwirtschaftlichen Betriebes,

   f) im Falle der Änderung zu Wohnzwecken entstehen neben den bisher nach Absatz 1 Nr. 1 zulässigen Wohnungen höchstens drei Wohnungen je Hofstelle und

   g) es wird eine Verpflichtung übernommen, keine Neubebauung als Ersatz für die aufgegebene Nutzung vorzunehmen, es sei denn, die Neubebauung wird im Interesse der Entwicklung des Betriebes im Sinne des Absatzes 1 Nr. 1 erforderlich,

2. die Neuerrichtung eines gleichartigen Wohngebäudes an gleicher Stelle unter folgenden Voraussetzungen:

   a) das vorhandene Gebäude ist zulässigerweise errichtet worden,

   b) das vorhandene Gebäude weist Missstände oder Mängel auf,

   c) das vorhandene Gebäude wird seit längerer Zeit vom Eigentümer selbst genutzt und

   d) Tatsachen rechtfertigen die Annahme, dass das neu errichtete Gebäude für den Eigenbedarf des bisherigen Eigentümers oder seiner Familie genutzt wird; hat der Eigentümer das vorhandene Gebäude im Wege der Erbfolge von einem Voreigentümer erworben, der es seit längerer Zeit selbst genutzt hat, reicht es aus, wenn Tatsachen die Annahme rechtfertigen, dass das neu errichtete Gebäude für den Eigenbedarf des Eigentümers oder seiner Familie genutzt wird,

3. die alsbaldige Neuerrichtung eines zulässigerweise errichteten, durch Brand, Naturereignisse oder andere außergewöhnliche Ereignisse zerstörten, gleichartigen Gebäudes an gleicher Stelle,

4. die Änderung oder Nutzungsänderung von erhaltenswerten, das Bild der Kulturlandschaft prägenden Gebäuden, auch wenn sie aufgegeben sind, wenn das Vorhaben einer zweckmäßigen Verwendung der Gebäude und der Erhaltung des Gestaltwerts dient,

5. die Erweiterung eines Wohngebäudes auf bis zu höchstens zwei Wohnungen unter folgenden Voraussetzungen:

   a) das Gebäude ist zulässigerweise errichtet worden,

   b) die Erweiterung ist im Verhältnis zum vorhandenen Gebäude und unter Berücksichtigung der Wohnbedürfnisse angemessen und

   c) bei der Errichtung einer weiteren Wohnung rechtfertigen Tatsachen die Annahme, dass das Gebäude vom bisherigen Eigentümer oder seiner Familie selbst genutzt wird,

6. die bauliche Erweiterung eines zulässigerweise errichteten gewerblichen Betriebes, wenn die Erweiterung im Verhältnis zum vorhandenen Gebäude und Betriebes angemessen ist.

²In den Fällen des Satzes 1 Nr. 2 und 3 sind geringfügige Erweiterungen des neuen Gebäudes gegenüber dem beseitigten oder zerstörten Gebäude sowie geringfügige Abweichungen vom bisherigen Standort des Gebäudes zulässig.

(5) ¹Die nach den Absätzen 1 bis 4 zulässigen Vorhaben sind in einer flächensparenden, die Bodenversiegelung auf das notwendige Maß begrenzenden und den Außenbereich schonenden Weise auszuführen. ²Für Vorhaben nach Absatz 1 Nr. 2 bis 6 ist als weitere Zulässigkeitsvoraussetzung eine Verpflichtungserklärung abzugeben, das Vorhaben nach dauerhafter Aufgabe der zulässigen Nutzung zurückzubauen und Bodenversiegelungen zu beseitigen; bei einer nach Absatz 1 Nr. 2 bis 6 zulässigen Nutzungsänderung ist die Rückbauverpflichtung zu übernehmen, bei einer nach Absatz 1 Nr. 1 oder Absatz 2 zulässigen Nutzungsänderung entfällt sie. ³Die Baugenehmigungsbehörde soll durch nach Landesrecht vorgesehene Baulast oder in anderer Weise die Einhaltung der Verpflichtung nach Satz 2 sowie nach Absatz 4 Satz 1 Nr. 1 Buchstabe g sicherstellen. ⁴Im übrigen soll sie in den Fällen des Absatzes 4 Satz 1 sicherstellen, dass die bauliche oder sonstige Anlage nach Durchführung des Vorhabens nur in der vorgesehenen Art genutzt wird.

(6) ¹Die Gemeinde kann für bebaute Bereiche im Außenbereich, die nicht überwiegend landwirtschaftlich geprägt sind und in denen eine Wohnbebauung von einigem Gewicht vorhanden ist, durch Satzung bestimmen, dass Wohnzwecken dienenden Vorhaben im Sinne des Absatzes 2 nicht entgegengehalten werden kann, dass sie einer Darstellung im Flächennutzungsplan über Flächen für die Landwirtschaft oder Wald widersprechen oder die Entstehung oder Verfestigung einer Splittersiedlung befürchten lassen. ²Die Satzung kann auch auf Vorhaben erstreckt werden, die kleineren Handwerks- und Gewerbebetrieben dienen. ³In der Satzung können nähere Bestimmungen über die Zulässigkeit getroffen werden. ⁴Voraussetzung für die Aufstellung der Satzung ist, dass

1. sie mit einer geordneten städtebaulichen Entwicklung vereinbar ist,

2. die Zulässigkeit von Vorhaben, die einer Pflicht zur Durchführung einer Umweltverträglichkeitsprüfung nach Anlage 1 zum Gesetz über die Umweltverträglichkeitsprüfung oder nach Landesrecht unterliegen, nicht begründet wird und

3. keine Anhaltspunkte für eine Beeinträchtigung der in § 1 Abs. 6 Nr. 7 Buchstabe b genannten Schutzgüter bestehen.

[5]Bei Aufstellung der Satzung sind die Vorschriften über die Öffentlichkeits- und Behördenbeteiligung nach § 13 Abs. 2 Nr. 2 und 3 entsprechend anzuwenden. 6 § 10 Abs. 3 ist entsprechend anzuwenden. 7 Von der Satzung bleibt die Anwendung des Absatzes 4 unberührt.

§ 36 Beteiligung der Gemeinde und der höheren Verwaltungsbehörde

(1) [1]Über die Zulässigkeit von Vorhaben nach den §§ 31, 33 bis 35 wird im bauaufsichtlichen Verfahren von der Baugenehmigungsbehörde im Einvernehmen mit der Gemeinde entschieden. [2]Das Einvernehmen der Gemeinde ist auch erforderlich, wenn in einem anderen Verfahren über die Zulässigkeit nach den in Satz 1 bezeichneten Vorschriften entschieden wird; dies gilt nicht für Vorhaben der in § 29 Abs. 1 bezeichneten Art, die der Bergaufsicht unterliegen. [3]Richtet sich die Zulässigkeit von Vorhaben nach § 30 Abs. 1, stellen die Länder sicher, dass die Gemeinde rechtzeitig vor Ausführung des Vorhabens über Maßnahmen zur Sicherung der Bauleitplanung nach den §§ 14 und 15 entscheiden kann. [4]In den Fällen des § 35 Abs. 2 und 4 kann die Landesregierung durch Rechtsverordnung allgemein oder für bestimmte Fälle festlegen, dass die Zustimmung der höheren Verwaltungsbehörde erforderlich ist.

(2) [1]Das Einvernehmen der Gemeinde und die Zustimmung der höheren Verwaltungsbehörde dürfen nur aus den sich aus den §§ 31, 33, 34 und 35 ergebenden Gründen versagt werden. [2]Das Einvernehmen der Gemeinde und die Zustimmung der höheren Verwaltungsbehörde gelten als erteilt, wenn sie nicht binnen zwei Monaten nach Eingang des Ersuchens der Genehmigungsbehörde verweigert werden; dem Ersuchen gegenüber der Gemeinde steht die Einreichung des Antrags bei der Gemeinde gleich, wenn sie nach Landesrecht vorgeschrieben ist. [3]Die nach Landesrecht zuständige Behörde kann ein rechtswidrig versagtes Einvernehmen der Gemeinde ersetzen.

§ 37 Bauliche Maßnahmen des Bundes und der Länder

(1) Macht die besondere öffentliche Zweckbestimmung für bauliche Anlagen des Bundes oder eines Landes erforderlich, von den Vorschriften dieses Gesetzbuchs oder den auf Grund dieses Gesetzbuchs erlassenen Vorschriften abzuweichen oder ist das Einvernehmen mit der Gemeinde nach § 14 oder § 36 nicht erreicht worden, entscheidet die höhere Verwaltungsbehörde.

(2) [1]Handelt es sich dabei um Vorhaben, die der Landesverteidigung, dienstlichen Zwecken des Bundesgrenzschutzes oder dem zivilen Bevölkerungsschutz dienen, ist nur die Zustimmung der höheren Verwaltungsbehörde erforderlich. [2]Vor Erteilung der Zustimmung hat diese die Gemeinde zu hören. [3]Versagt die höhere Verwaltungsbehörde ihre Zustimmung oder widerspricht die Gemeinde

dem beabsichtigten Bauvorhaben, entscheidet das zuständige Bundesministerium im Einvernehmen mit den beteiligten Bundesministerien und im Benehmen mit der zuständigen Obersten Landesbehörde.

(3) ¹Entstehen der Gemeinde infolge der Durchführung von Maßnahmen nach den Absätzen 1 und 2 Aufwendungen für Entschädigungen nach diesem Gesetzbuch, sind sie ihr vom Träger der Maßnahmen zu ersetzen. ²Muss infolge dieser Maßnahmen ein Bebauungsplan aufgestellt, geändert, ergänzt oder aufgehoben werden, sind ihr auch die dadurch entstandenen Kosten zu ersetzen.

(4) ¹Sollen bauliche Anlagen auf Grundstücken errichtet werden, die nach dem Landbeschaffungsgesetz beschafft werden, sind in dem Verfahren nach § 1 Abs. 2 des Landbeschaffungsgesetzes alle von der Gemeinde oder der höheren Verwaltungsbehörde nach den Absätzen 1 und 2 zulässigen Einwendungen abschließend zu erörtern. ²Eines Verfahrens nach Absatz 2 bedarf es in diesem Fall nicht.

§ 38 Bauliche Maßnahmen von überörtlicher Bedeutung auf Grund von Planfeststellungsverfahren; öffentlich zugängliche Abfallbeseitigungsanlagen

¹Auf Planfeststellungsverfahren und sonstige Verfahren mit den Rechtswirkungen der Planfeststellung für Vorhaben von überörtlicher Bedeutung sowie auf die auf Grund des Bundes-Immissionsschutzgesetzes für die Errichtung und den Betrieb öffentlich zugänglicher Abfallbeseitigungsanlagen geltenden Verfahren sind die §§ 29 bis 37 nicht anzuwenden, wenn die Gemeinde beteiligt wird; städtebauliche Belange sind zu berücksichtigen. ²Eine Bindung nach § 7 bleibt unberührt. ³§ 37 Abs. 3 ist anzuwenden.

Zweiter Abschnitt: Entschädigung

§ 39 Vertrauensschaden

¹Haben Eigentümer oder in Ausübung ihrer Nutzungsrechte sonstige Nutzungsberechtigte im berechtigten Vertrauen auf den Bestand eines rechtsverbindlichen Bebauungsplans Vorbereitungen für die Verwirklichung von Nutzungsmöglichkeiten getroffen, die sich aus dem Bebauungsplan ergeben, können sie angemessene Entschädigung in Geld verlangen, soweit die Aufwendungen durch die Änderung, Ergänzung oder Aufhebung des Bebauungsplans an Wert verlieren. ²Dies gilt auch für Abgaben nach bundes- oder landesrechtlichen Vorschriften, die für die Erschließung des Grundstücks erhoben wurden.

§ 40 Entschädigung in Geld oder durch Übernahme

(1) ¹Sind im Bebauungsplan

1. Flächen für den Gemeinbedarf sowie für Sport- und Spielanlagen,

2. Flächen für Personengruppen mit besonderem Wohnbedarf,

3. Flächen mit besonderem Nutzungszweck,

4. von der Bebauung freizuhaltende Schutzflächen und Flächen für besondere Anlagen und Vorkehrungen zum Schutz vor Einwirkungen,

5. Verkehrsflächen,

6. Versorgungsflächen,

7. Flächen für die Abfall- und Abwasserbeseitigung, einschließlich der Rückhaltung und Versickerung von Niederschlagswasser, sowie für Ablagerungen,

8. Grünflächen,

9. Flächen für Aufschüttungen, Abgrabungen oder für die Gewinnung von Steinen, Erden und anderen Bodenschätzen,

10. Flächen für Gemeinschaftsstellplätze und Gemeinschaftsgaragen,

11. Flächen für Gemeinschaftsanlagen,

12. von der Bebauung freizuhaltende Flächen,

13. Wasserflächen, Flächen für die Wasserwirtschaft, Flächen für Hochwasserschutzanlagen und Flächen für die Regelung des Wasserabflusses,

14. Flächen zum Schutz, zur Pflege und zur Entwicklung von Boden, Natur und Landschaft

festgesetzt, ist der Eigentümer nach Maßgabe der folgenden Absätze zu entschädigen, soweit ihm Vermögensnachteile entstehen. ²Dies gilt in den Fällen des Satzes 1 Nr. 1 in Bezug auf Flächen für Sport- und Spielanlagen sowie des Satzes 1 Nr. 4 und 10 bis 14 nicht, soweit die Festsetzungen oder ihre Durchführung den Interessen des Eigentümers oder der Erfüllung einer ihm obliegenden Rechtspflicht dienen.

(2) ¹Der Eigentümer kann die Übernahme der Flächen verlangen,

1. wenn und soweit es ihm mit Rücksicht auf die Festsetzung oder Durchführung des Bebauungsplans wirtschaftlich nicht mehr zuzumuten ist, das Grundstück zu behalten oder es in der bisherigen oder einer anderen zulässigen Art zu nutzen, oder

2. wenn Vorhaben nach § 32 nicht ausgeführt werden dürfen und dadurch die bisherige Nutzung einer baulichen Anlage aufgehoben oder wesentlich herabgesetzt wird.

²Der Eigentümer kann an Stelle der Übernahme die Begründung von Miteigentum oder eines geeigneten Rechts verlangen, wenn die Verwirklichung des Bebauungsplans nicht die Entziehung des Eigentums erfordert.

(3) ¹Dem Eigentümer ist eine angemessene Entschädigung in Geld zu leisten, wenn und soweit Vorhaben nach § 32 nicht ausgeführt werden dürfen und dadurch die bisherige Nutzung seines Grundstücks wirtschaftlich erschwert wird. ²Sind die Voraussetzungen des Übernahmeanspruchs nach Absatz 2 gegeben, kann nur dieser Anspruch geltend gemacht werden. ³Der zur Entschädigung Verpflichtete kann den Entschädigungsberechtigten auf den Übernahmeanspruch verweisen, wenn das Grundstück für den im Bebauungsplan festgesetzten Zweck alsbald benötigt wird.

§ 41 Entschädigung bei Begründung von Geh-, Fahr- und Leitungsrechten und bei Bindungen für Bepflanzungen

(1) ¹Sind im Bebauungsplan Flächen festgesetzt, die mit Geh-, Fahr- und Leitungsrechten zu belasten sind, kann der Eigentümer unter den Voraussetzungen des § 40 Abs. 2 verlangen, dass an diesen Flächen einschließlich der für die Leitungsführungen erforderlichen Schutzstreifen das Recht zu Gunsten des in § 44 Abs. 1 und 2 Bezeichneten begründet wird. ²Dies gilt nicht für die Verpflichtung zur Duldung solcher örtlichen Leitungen, die der Erschließung und Versorgung des Grundstücks dienen. ³Weitergehende Rechtsvorschriften, nach denen der Eigentümer zur Duldung von Versorgungsleitungen verpflichtet ist, bleiben unberührt.

(2) Sind im Bebauungsplan Bindungen für Bepflanzungen und für die Erhaltung von Bäumen, Sträuchern, sonstigen Bepflanzungen und Gewässern sowie das Anpflanzen von Bäumen, Sträuchern und sonstigen Bepflanzungen festgesetzt, ist dem Eigentümer eine angemessene Entschädigung in Geld zu leisten, wenn und soweit infolge dieser Festsetzungen

1. besondere Aufwendungen notwendig sind, die über das bei ordnungsgemäßer Bewirtschaftung erforderliche Maß hinausgehen, oder

2. eine wesentliche Wertminderung des Grundstücks eintritt.

§ 42 Entschädigung bei Änderung oder Aufhebung einer zulässigen Nutzung

(1) Wird die zulässige Nutzung eines Grundstücks aufgehoben oder geändert und tritt dadurch eine nicht nur unwesentliche Wertminderung des Grundstücks ein, kann der Eigentümer nach Maßgabe der folgenden Absätze eine angemessene Entschädigung in Geld verlangen.

(2) Wird die zulässige Nutzung eines Grundstücks innerhalb einer Frist von sieben Jahren ab Zulässigkeit aufgehoben oder geändert, bemisst sich die Entschädigung nach dem Unterschied zwischen dem Wert des Grundstücks auf Grund der zulässigen Nutzung und seinem Wert, der sich infolge der Aufhebung oder Änderung ergibt.

(3) ¹Wird die zulässige Nutzung eines Grundstücks nach Ablauf der in Absatz 2 bezeichneten Frist aufgehoben oder geändert, kann der Eigentümer nur eine Entschädigung für Eingriffe in die ausgeübte Nutzung verlangen, insbesondere wenn infolge der Aufhebung oder Änderung der zulässigen Nutzung die Ausübung der verwirklichten Nutzung oder die sonstigen Möglichkeiten der wirtschaftlichen Verwertung des Grundstücks, die sich aus der verwirklichten Nutzung ergeben, unmöglich gemacht oder wesentlich erschwert werden. ²Die Höhe der Entschädigung hinsichtlich der Beeinträchtigung des Grundstückswerts bemisst sich nach dem Unterschied zwischen dem Wert des Grundstücks auf Grund der ausgeübten Nutzung und seinem Wert, der sich infolge der in Satz 1 bezeichneten Beschränkungen ergibt.

(4) Entschädigungen für Eingriffe in ausgeübte Nutzungen bleiben unberührt.

(5) Abweichend von Absatz 3 bemisst sich die Entschädigung nach Absatz 2, wenn der Eigentümer an der Verwirklichung eines der zulässigen Nutzung entsprechenden Vorhabens vor Ablauf der in Absatz 2 bezeichneten Frist durch eine Veränderungssperre oder eine befristete Zurückstellung seines Vorhabens gehin-

dert worden ist und er das Vorhaben infolge der Aufhebung oder Änderung der zulässigen Nutzung des Grundstücks nicht mehr verwirklichen kann.

(6) Ist vor Ablauf der in Absatz 2 bezeichneten Frist eine Baugenehmigung oder über die bodenrechtliche Zulässigkeit eines Vorhabens ein Vorbescheid nach Bauaufsichtsrecht erteilt worden und kann der Eigentümer das Vorhaben infolge der Aufhebung oder Änderung der zulässigen Nutzung des Grundstücks nach Ablauf der Frist nicht mehr verwirklichen oder ist die Verwirklichung dadurch für ihn wirtschaftlich unzumutbar geworden, kann der Eigentümer in Höhe des Unterschieds zwischen dem Wert des Grundstücks unter Zugrundelegung der nach der Genehmigung vorgesehenen Nutzung und dem Wert des Grundstücks, der sich infolge der Aufhebung oder Änderung der zulässigen Nutzung ergibt, Entschädigung verlangen.

(7) [1]Ist vor Ablauf der in Absatz 2 bezeichneten Frist ein Antrag auf Erteilung einer Baugenehmigung oder eines Vorbescheids nach Bauaufsichtsrecht, der die bodenrechtliche Zulässigkeit eines Vorhabens zum Gegenstand hat, rechtswidrig abgelehnt worden und kann nach dem Ergebnis eines Rechtsmittelverfahrens die Genehmigung oder der Vorbescheid mit dem beantragten Inhalt nicht erteilt werden, weil die im Zeitpunkt der Antragstellung zulässige Nutzung aufgehoben oder geändert worden ist, bemisst sich die Entschädigung nach Absatz 6. [2]Entsprechend findet Absatz 6 auch Anwendung, wenn über einen den gesetzlichen Vorschriften entsprechenden und zu genehmigenden Bauantrag oder einen Vorbescheid nach Bauaufsichtsrecht, der die bodenrechtliche Zulässigkeit eines Vorhabens zum Gegenstand hat, innerhalb der in Absatz 2 bezeichneten Frist nicht entschieden wurde, obwohl der Antrag so rechtzeitig gestellt wurde, dass eine Genehmigung innerhalb der Frist hätte erteilt werden können.

(8) [1]In den Fällen der Absätze 5 bis 7 besteht der Anspruch auf Entschädigung nicht, wenn der Eigentümer nicht bereit oder nicht in der Lage war, das beabsichtigte Vorhaben zu verwirklichen. [2]Der Eigentümer hat die Tatsachen darzulegen, die seine Bereitschaft und Möglichkeiten, das Vorhaben zu verwirklichen, aufzeigen.

(9) Wird die zulässige Nutzung eines Grundstücks aufgehoben, besteht auch der Übernahmeanspruch nach § 40 Abs. 2 Satz 1 Nr. 1.

(10) Die Gemeinde hat dem Eigentümer auf Verlangen Auskunft zu erteilen, ob ein sich aus Absatz 2 ergebender vermögensrechtlicher Schutz der zulässigen Nutzung für sein Grundstück besteht und wann dieser durch Ablauf der in Absatz 2 bezeichneten Frist endet.

§ 43 Entschädigung und Verfahren

(1) [1]Ist die Entschädigung durch Übernahme des Grundstücks oder durch Begründung eines Rechts zu leisten und kommt eine Einigung nicht zu Stande, kann der Eigentümer die Entziehung des Eigentums oder die Begründung des Rechts verlangen. [2]Der Eigentümer kann den Antrag auf Entziehung des Eigentums oder auf Begründung des Rechts bei der Enteignungsbehörde stellen. [3]Auf die Entziehung des Eigentums oder die Begründung des Rechts finden die Vorschriften des Fünften Teils entsprechend Anwendung.

(2) [1]Ist die Entschädigung in Geld zu leisten und kommt eine Einigung über die Geldentschädigung nicht zu Stande, entscheidet die höhere Verwaltungsbehör-

de. ²Die Vorschriften über die Entschädigung im Zweiten Abschnitt des Fünften Teils sowie § 121 gelten entsprechend. ³Für Bescheide über die Festsetzung der zu zahlenden Geldentschädigung gilt § 122 entsprechend.

(3) ¹Liegen die Voraussetzungen der §§ 40 und 41 Abs. 1 vor, ist eine Entschädigung nur nach diesen Vorschriften zu gewähren. ²In den Fällen der §§ 40 und 41 sind solche Wertminderungen nicht zu berücksichtigen, die bei Anwendung des § 42 nicht zu entschädigen wären.

(4) Bodenwerte sind nicht zu entschädigen, soweit sie darauf beruhen, dass

1. die zulässige Nutzung auf dem Grundstück den allgemeinen Anforderungen an gesunde Wohn- und Arbeitsverhältnisse oder an die Sicherheit der auf dem Grundstück oder im umliegenden Gebiet wohnenden oder arbeitenden Menschen nicht entspricht oder

2. in einem Gebiet städtebauliche Missstände im Sinne des § 136 Abs. 2 und 3 bestehen und die Nutzung des Grundstücks zu diesen Missständen wesentlich beiträgt.

(5) ¹Nach Vorliegen der Entschädigungsvoraussetzungen bleiben Werterhöhungen unberücksichtigt, die eingetreten sind, nachdem der Entschädigungsberechtigte in der Lage war, den Antrag auf Festsetzung der Entschädigung in Geld zu stellen, oder ein Angebot des Entschädigungspflichtigen, die Entschädigung in Geld in angemessener Höhe zu leisten, abgelehnt hat. ²Hat der Entschädigungsberechtigte den Antrag auf Übernahme des Grundstücks oder Begründung eines geeigneten Rechts gestellt und hat der Entschädigungspflichtige daraufhin ein Angebot auf Übernahme des Grundstücks oder Begründung des Rechts zu angemessenen Bedingungen gemacht, gilt § 95 Abs. 2 Nr. 3 entsprechend.

§ 44 Entschädigungspflichtige, Fälligkeit und Erlöschen der Entschädigungsansprüche

(1) ¹Zur Entschädigung ist der Begünstigte verpflichtet, wenn er mit der Festsetzung zu seinen Gunsten einverstanden ist. ²Ist ein Begünstigter nicht bestimmt oder liegt sein Einverständnis nicht vor, ist die Gemeinde zur Entschädigung verpflichtet. ³Erfüllt der Begünstigte seine Verpflichtung nicht, ist dem Eigentümer gegenüber auch die Gemeinde verpflichtet; der Begünstigte hat der Gemeinde Ersatz zu leisten.

(2) ¹Dient die Festsetzung der Beseitigung oder Minderung von Auswirkungen, die von der Nutzung eines Grundstücks ausgehen, ist der Eigentümer zur Entschädigung verpflichtet, wenn er mit der Festsetzung einverstanden war. ²Ist der Eigentümer auf Grund anderer gesetzlicher Vorschriften verpflichtet, Auswirkungen, die von der Nutzung seines Grundstücks ausgehen, zu beseitigen oder zu mindern, ist er auch ohne Einverständnis zur Entschädigung verpflichtet, soweit er durch die Festsetzung Aufwendungen erspart. ³Erfüllt der Eigentümer seine Verpflichtungen nicht, gilt Absatz 1 Satz 3 entsprechend. ⁴Die Gemeinde soll den Eigentümer anhören, bevor sie Festsetzungen trifft, die zu einer Entschädigung nach Satz 1 oder 2 führen können.

(3) ¹Der Entschädigungsberechtigte kann Entschädigung verlangen, wenn die in den §§ 39 bis 42 bezeichneten Vermögensnachteile eingetreten sind. ²Er kann die Fälligkeit des Anspruchs dadurch herbeiführen, dass er die Leistung der

Entschädigung schriftlich bei dem Entschädigungspflichtigen beantragt. ³Entschädigungsleistungen in Geld sind ab Fälligkeit mit 2 vom Hundert über dem Basiszinssatz nach § 247 des Bürgerlichen Gesetzbuchs jährlich zu verzinsen. ⁴Ist Entschädigung durch Übernahme des Grundstücks zu leisten, findet auf die Verzinsung § 99 Abs. 3 Anwendung.

(4) Ein Entschädigungsanspruch erlischt, wenn nicht innerhalb von drei Jahren nach Ablauf des Kalenderjahrs, in dem die in Absatz 3 Satz 1 bezeichneten Vermögensnachteile eingetreten sind, die Fälligkeit des Anspruchs herbeigeführt wird.

(5) In der Bekanntmachung nach § 10 Abs. 3 ist auf die Vorschriften des Absatzes 3 Satz 1 und 2 sowie des Absatzes 4 hinzuweisen.

Sechster Teil: Erschließung

Erster Abschnitt: Allgemeine Vorschriften

§ 123 Erschließungslast

(1) Die Erschließung ist Aufgabe der Gemeinde, soweit sie nicht nach anderen gesetzlichen Vorschriften oder öffentlich-rechtlichen Verpflichtungen einem anderen obliegt.

(2) Die Erschließungsanlagen sollen entsprechend den Erfordernissen der Bebauung und des Verkehrs kostengünstig hergestellt werden und spätestens bis zur Fertigstellung der anzuschließenden baulichen Anlagen benutzbar sein.

(3) Ein Rechtsanspruch auf Erschließung besteht nicht.

(4) Die Unterhaltung der Erschließungsanlagen richtet sich nach landesrechtlichen Vorschriften.

§ 124 Erschließungsvertrag

(1) Die Gemeinde kann die Erschließung durch Vertrag auf einen Dritten übertragen.

(2) ¹Gegenstand des Erschließungsvertrages können nach Bundes- oder nach Landesrecht beitragsfähige sowie nicht beitragsfähige Erschließungsanlagen in einem bestimmten Erschließungsgebiet in der Gemeinde sein. ²Der Dritte kann sich gegenüber der Gemeinde verpflichten, die Erschließungskosten ganz oder teilweise zu tragen; dies gilt unabhängig davon, ob die Erschließungsanlagen nach Bundes- oder Landesrecht beitragsfähig sind. ³§ 129 Abs. 1 Satz 3 ist nicht anzuwenden.

(3) ¹Die vertraglich vereinbarten Leistungen müssen den gesamten Umständen nach angemessen sein und in sachlichem Zusammenhang mit der Erschließung stehen. ²Hat die Gemeinde einen Bebauungsplan im Sinne des § 30 Abs. 1 erlassen und lehnt sie das zumutbare Angebot eines Dritten ab, die im Bebauungsplan vorgesehene Erschließung vorzunehmen, ist sie verpflichtet, die Erschließung selbst durchzuführen.

(4) Der Erschließungsvertrag bedarf der Schriftform, soweit nicht durch Rechtsvorschriften eine andere Form vorgeschrieben ist.

§ 125 Bindung an den Bebauungsplan

(1) Die Herstellung der Erschließungsanlagen im Sinne des § 127 Abs. 2 setzt einen Bebauungsplan voraus.

(2) Liegt ein Bebauungsplan nicht vor, so dürfen diese Anlagen nur hergestellt werden, wenn sie den in § 1 Abs. 4 bis 7 bezeichneten Anforderungen entsprechen.

(3) Die Rechtmäßigkeit der Herstellung von Erschließungsanlagen wird durch Abweichungen von den Festsetzungen des Bebauungsplans nicht berührt, wenn die Abweichungen mit den Grundzügen der Planung vereinbar sind und

1. die Erschließungsanlagen hinter den Festsetzungen zurückbleiben oder
2. die Erschließungsbeitragspflichtigen nicht mehr als bei einer plangemäßen Herstellung belastet werden und die Abweichungen die Nutzung der betroffenen Grundstücke nicht wesentlich beeinträchtigen.

§ 126 Pflichten des Eigentümers

(1) ¹Der Eigentümer hat das Anbringen von

1. Haltevorrichtungen und Leitungen für Beleuchtungskörper der Straßenbeleuchtung einschließlich der Beleuchtungskörper und des Zubehörs sowie
2. Kennzeichen und Hinweisschildern für Erschließungsanlagen auf seinem Grundstück zu dulden. ²Er ist vorher zu benachrichtigen.

(2) ¹Der Erschließungsträger hat Schäden, die dem Eigentümer durch das Anbringen oder das Entfernen der in Absatz 1 bezeichneten Gegenstände entstehen, zu beseitigen; er kann stattdessen eine angemessene Entschädigung in Geld leisten. ²Kommt eine Einigung über die Entschädigung nicht zu Stande, so entscheidet die höhere Verwaltungsbehörde; vor der Entscheidung sind die Beteiligten zu hören.

(3) ¹Der Eigentümer hat sein Grundstück mit der von der Gemeinde festgesetzten Nummer zu versehen. ²Im übrigen gelten die landesrechtlichen Vorschriften.

Zweiter Abschnitt: Erschließungsbeitrag

§ 127 Erhebung des Erschließungsbeitrags

(1) Die Gemeinden erheben zur Deckung ihres anderweitig nicht gedeckten Aufwands für Erschließungsanlagen einen Erschließungsbeitrag nach Maßgabe der folgenden Vorschriften.

(2) Erschließungsanlagen im Sinne dieses Abschnitts sind

1. die öffentlichen zum Anbau bestimmten Straßen, Wege und Plätze;
2. die öffentlichen aus rechtlichen oder tatsächlichen Gründen mit Kraftfahrzeugen nichtbefahrbaren Verkehrsanlagen innerhalb der Baugebiete (z. B. Fußwege, Wohnwege);

3. Sammelstraßen innerhalb der Baugebiete; Sammelstraßen sind öffentliche Straßen, Wege und Plätze, die selbst nicht zum Anbau bestimmt, aber zur Erschließung der Baugebiete notwendig sind;

4. Parkflächen und Grünanlagen mit Ausnahme von Kinderspielplätzen, soweit sie Bestandteil der in den Nummern 1 bis 3 genannten Verkehrsanlagen oder nach städtebaulichen Grundsätzen innerhalb der Baugebiete zu deren Erschließung notwendig sind;

5. Anlagen zum Schutz von Baugebieten gegen schädliche Umwelteinwirkungen im Sinne des Bundes-Immissionsschutzgesetzes, auch wenn sie nicht Bestandteil der Erschließungsanlagen sind.

(3) Der Erschließungsbeitrag kann für den Grunderwerb, die Freilegung und für Teile der Erschließungsanlagen selbstständig erhoben werden (Kostenspaltung).

(4) ¹Das Recht, Abgaben für Anlagen zu erheben, die nicht Erschließungsanlagen im Sinne dieses Abschnitts sind, bleibt unberührt. ²Dies gilt insbesondere für Anlagen zur Ableitung von Abwasser sowie zur Versorgung mit Elektrizität, Gas, Wärme und Wasser.

§ 128 Umfang des Erschließungsaufwands

(1) ¹Der Erschließungsaufwand nach § 127 umfasst die Kosten für

1. den Erwerb und die Freilegung der Flächen für die Erschließungsanlagen;

2. ihre erstmalige Herstellung einschließlich der Einrichtungen für ihre Entwässerung und ihre Beleuchtung;

3. die Übernahme von Anlagen als gemeindliche Erschließungsanlagen.

²Der Erschließungsaufwand umfasst auch den Wert der von der Gemeinde aus ihrem Vermögen bereitgestellten Flächen im Zeitpunkt der Bereitstellung. ³Zu den Kosten für den Erwerb der Flächen für Erschließungsanlagen gehört im Falle einer erschließungsbeitragspflichtigen Zuteilung im Sinne des § 57 Satz 4 und des § 58 Abs. 1 Satz 1 auch der Wert nach § 68 Abs. 1 Nr. 4.

(2) ¹Soweit die Gemeinden nach Landesrecht berechtigt sind, Beiträge zu den Kosten für Erweiterungen oder Verbesserungen von Erschließungsanlagen zu erheben, bleibt dieses Recht unberührt. ²Die Länder können bestimmen, dass die Kosten für die Beleuchtung der Erschließungsanlagen in den Erschließungsaufwand nicht einzubeziehen sind.

(3) Der Erschließungsaufwand umfasst nicht die Kosten für

1. Brücken, Tunnels und Unterführungen mit den dazugehörigen Rampen;

2. die Fahrbahnen der Ortsdurchfahrten von Bundesstraßen sowie von Landstraßen I. und II. Ordnung, soweit die Fahrbahnen dieser Straßen keine größere Breite als ihre anschließenden freien Strecken erfordern.

§ 129 Beitragsfähiger Erschließungsaufwand

(1) ¹Zur Deckung des anderweitig nicht gedeckten Erschließungsaufwands können Beiträge nur insoweit erhoben werden, als die Erschließungsanlagen erforderlich sind, um die Bauflächen und die gewerblich zu nutzenden Flächen ent-

sprechend den baurechtlichen Vorschriften zu nutzen (beitragsfähiger Erschließungsaufwand). ²Soweit Anlagen nach § 127 Abs. 2 von dem Eigentümer hergestellt sind oder von ihm auf Grund baurechtlicher Vorschriften verlangt werden, dürfen Beiträge nicht erhoben werden. ³Die Gemeinden tragen mindestens 10 vom Hundert des beitragsfähigen Erschließungsaufwands.

(2) Kosten, die ein Eigentümer oder sein Rechtsvorgänger bereits für Erschließungsmaßnahmen aufgewandt hat, dürfen bei der Übernahme als gemeindliche Erschließungsanlagen nicht erneut erhoben werden.

§ 130 Art der Ermittlung des beitragsfähigen Erschließungsaufwands

(1) ¹Der beitragsfähige Erschließungsaufwand kann nach den tatsächlich entstandenen Kosten oder nach Einheitssätzen ermittelt werden. ²Die Einheitssätze sind nach den in der Gemeinde üblicherweise durchschnittlich aufzuwendenden Kosten vergleichbarer Erschließungsanlagen festzusetzen.

(2) ¹Der beitragsfähige Erschließungsaufwand kann für die einzelne Erschließungsanlage oder für bestimmte Abschnitte einer Erschließungsanlage ermittelt werden. ²Abschnitte einer Erschließungsanlage können nach örtlich erkennbaren Merkmalen oder nach rechtlichen Gesichtspunkten (z. B. Grenzen von Bebauungsplangebieten, Umlegungsgebieten, förmlich festgelegten Sanierungsgebieten) gebildet werden. ³Für mehrere Anlagen, die für die Erschließung der Grundstücke eine Einheit bilden, kann der Erschließungsaufwand insgesamt ermittelt werden.

§ 131 Maßstäbe für die Verteilung des Erschließungsaufwands

(1) ¹Der ermittelte beitragsfähige Erschließungsaufwand für eine Erschließungsanlage ist auf die durch die Anlage erschlossenen Grundstücke zu verteilen. ²Mehrfach erschlossene Grundstücke sind bei gemeinsamer Aufwandsermittlung in einer Erschließungseinheit (§ 130 Abs. 2 Satz 3) bei der Verteilung des Erschließungsaufwands nur einmal zu berücksichtigen.

(2) ¹Verteilungsmaßstäbe sind

1. die Art und das Maß der baulichen oder sonstigen Nutzung;
2. die Grundstücksflächen;
3. die Grundstücksbreite an der Erschließungsanlage.

²Die Verteilungsmaßstäbe können miteinander verbunden werden.

(3) In Gebieten, die nach dem In-Kraft-Treten des Bundesbaugesetzes erschlossen werden, sind, wenn eine unterschiedliche bauliche oder sonstige Nutzung zulässig ist, die Maßstäbe nach Absatz 2 in der Weise anzuwenden, dass der Verschiedenheit dieser Nutzung nach Art und Maß entsprochen wird.

§ 132 Regelung durch Satzung

Die Gemeinden regeln durch Satzung

1. die Art und den Umfang der Erschließungsanlagen im Sinne des § 129,
2. die Art der Ermittlung und der Verteilung des Aufwands sowie die Höhe des Einheitssatzes,

3. die Kostenspaltung (§ 127 Abs. 3) und

4. die Merkmale der endgültigen Herstellung einer Erschließungsanlage.

§ 133 Gegenstand und Entstehung der Beitragspflicht

(1) ¹Der Beitragspflicht unterliegen Grundstücke, für die eine bauliche oder gewerbliche Nutzung festgesetzt ist, sobald sie bebaut oder gewerblich genutzt werden dürfen. ²Erschlossene Grundstücke, für die eine bauliche oder gewerbliche Nutzung nicht festgesetzt ist, unterliegen der Beitragspflicht, wenn sie nach der Verkehrsauffassung Bauland sind und nach der geordneten baulichen Entwicklung der Gemeinde zur Bebauung anstehen. ³Die Gemeinde gibt bekannt, welche Grundstücke nach Satz 2 der Beitragspflicht unterliegen; die Bekanntmachung hat keine rechtsbegründende Wirkung.

(2) ¹Die Beitragspflicht entsteht mit der endgültigen Herstellung der Erschließungsanlagen, für Teilbeträge, sobald die Maßnahmen, deren Aufwand durch die Teilbeträge gedeckt werden soll, abgeschlossen sind. ²Im Falle des § 128 Abs. 1 Satz 1 Nr. 3 entsteht die Beitragspflicht mit der Übernahme durch die Gemeinde.

(3) ¹Für ein Grundstück, für das eine Beitragspflicht noch nicht oder nicht in vollem Umfang entstanden ist, können Vorausleistungen auf den Erschließungsbeitrag bis zur Höhe des voraussichtlichen endgültigen Erschließungsbeitrags verlangt werden, wenn ein Bauvorhaben auf dem Grundstück genehmigt wird oder wenn mit der Herstellung der Erschließungsanlagen begonnen worden ist und die endgültige Herstellung der Erschließungsanlagen innerhalb von Vierjahren zu erwarten ist. ²Die Vorausleistung ist mit der endgültigen Beitragsschuld zu verrechnen, auch wenn der Vorausleistende nicht beitragspflichtig ist. ³Ist die Beitragspflicht sechs Jahre nach Erlass des Vorausleistungsbescheids noch nicht entstanden, kann die Vorausleistung zurückverlangt werden, wenn die Erschließungsanlage bis zu diesem Zeitpunkt noch nicht benutzbar ist. ⁴Der Rückzahlungsanspruch ist ab Erhebung der Vorausleistung mit 2 vom Hundert über dem Diskontsatz der Deutschen Bundesbank jährlich zu verzinsen. ⁵Die Gemeinde kann Bestimmungen über die Ablösung des Erschließungsbeitrags im ganzen vor Entstehung der Beitragspflicht treffen.

§ 134 Beitragspflichtiger

(1) ¹Beitragspflichtig ist derjenige, der im Zeitpunkt der Bekanntgabe des Beitragsbescheids Eigentümer des Grundstücks ist. ²Ist das Grundstück mit einem Erbbaurecht belastet, so ist der Erbbauberechtigte an Stelle des Eigentümers beitragspflichtig. ³Ist das Grundstück mit einem dinglichen Nutzungsrecht nach Artikel 233 § 4 des Einführungsgesetzes zum Bürgerlichen Gesetzbuche belastet, so ist der Inhaber dieses Rechts an Stelle des Eigentümers beitragspflichtig. ⁴Mehrere Beitragspflichtige haften als Gesamtschuldner; bei Wohnungs- und Teileigentum sind die einzelnen Wohnungs- und Teileigentümer nur entsprechend ihrem Miteigentumsanteil beitragspflichtig.

(2) Der Beitrag ruht als öffentliche Last auf dem Grundstück, im Falle des Absatzes 1 Satz 2 auf dem Erbbaurecht, im Falle des Absatzes 1 Satz 3 auf dem dinglichen Nutzungsrecht, im Falle des Absatzes 1 Satz 4 auf dem Wohnungs- oder dem Teileigentum.

§ 135 Fälligkeit und Zahlung des Beitrags

(1) Der Beitrag wird einen Monat nach der Bekanntgabe des Beitragsbescheids fällig.

(2) ¹Die Gemeinde kann zur Vermeidung unbilliger Härten im Einzelfall, insbesondere soweit dies zur Durchführung eines genehmigten Bauvorhabens erforderlich ist, zulassen, dass der Erschließungsbeitrag in Raten oder in Form einer Rente gezahlt wird. ²Ist die Finanzierung eines Bauvorhabens gesichert, so soll die Zahlungsweise der Auszahlung der Finanzierungsmittel angepasst, jedoch nicht über zwei Jahre hinaus erstreckt werden.

(3) ¹Lässt die Gemeinde nach Absatz 2 eine Verrentung zu, so ist der Erschließungsbeitrag durch Bescheid in eine Schuld umzuwandeln, die in höchstens zehn Jahresleistungen zu entrichten ist. ²In dem Bescheid sind Höhe und Zeitpunkt der Fälligkeit der Jahresleistungen zu bestimmen. ³Der jeweilige Restbetrag ist mit höchstens 2 vom Hundert über dem Diskontsatz der Deutschen Bundesbank jährlich zu verzinsen. ⁴Die Jahresleistungen stehen wiederkehrenden Leistungen im Sinne des § 10 Abs. 1 Nr. 3 des Zwangsversteigerungsgesetzes gleich.

(4) ¹Werden Grundstücke landwirtschaftlich oder als Wald genutzt, ist der Beitrag so lange zinslos zu stunden, wie das Grundstück zur Erhaltung der Wirtschaftlichkeit des landwirtschaftlichen Betriebs genutzt werden muss. ²Satz 1 gilt auch für die Fälle der Nutzungsüberlassung und Betriebsübergabe an Familienangehörige im Sinne des § 15 der Abgabenordnung. ³Der Beitrag ist auch zinslos zu stunden, solange Grundstücke als Kleingärten im Sinne des Bundeskleingartengesetzes genutzt werden.

(5) ¹Im Einzelfall kann die Gemeinde auch von der Erhebung des Erschließungsbeitrags ganz oder teilweise absehen, wenn dies im öffentlichen Interesse oder zur Vermeidung unbilliger Härten geboten ist. ²Die Freistellung kann auch für den Fall vorgesehen werden, dass die Beitragspflicht noch nicht entstanden ist.

(6) Weitergehende landesrechtliche Billigkeitsregelungen bleiben unberührt.

Siebter Teil: Maßnahmen für den Naturschutz

§ 135a Pflichten des Vorhabenträgers; Durchführung durch die Gemeinde; Kostenerstattung

(1) Festgesetzte Maßnahmen zum Ausgleich im Sinne des § 1a Abs. 3 sind vom Vorhabenträger durchzuführen.

(2) ¹Soweit Maßnahmen zum Ausgleich an anderer Stelle den Grundstücken nach § 9 Abs. 1a zugeordnet sind, soll die Gemeinde diese an Stelle und auf Kosten der Vorhabenträger oder der Eigentümer der Grundstücke durchführen und auch die hierfür erforderlichen Flächen bereitstellen, sofern dies nicht auf andere Weise gesichert ist. ²Die Maßnahmen zum Ausgleich können bereits vor den Baumaßnahmen und der Zuordnung durchgeführt werden.

(3) ¹Die Kosten können geltend gemacht werden, sobald die Grundstücke, auf denen Eingriffe zu erwarten sind, baulich oder gewerblich genutzt werden dürfen. ²Die Gemeinde erhebt zur Deckung ihres Aufwands für Maßnahmen zum

Ausgleich einschließlich der Bereitstellung hierfür erforderlicher Flächen einen Kostenerstattungsbetrag. ³Die Erstattungspflicht entsteht mit der Herstellung der Maßnahmen zum Ausgleich durch die Gemeinde. ⁴Der Betrag ruht als öffentliche Last auf dem Grundstück.

(4) Die landesrechtlichen Vorschriften über kommunale Beiträge einschließlich der Billigkeitsregelungen sind entsprechend anzuwenden.

§ 135b Verteilungsmaßstäbe für die Abrechnung

¹Soweit die Gemeinde Maßnahmen zum Ausgleich nach § 135a Abs. 2 durchführt, sind die Kosten auf die zugeordneten Grundstücke zu verteilen. ²Verteilungsmaßstäbe sind

1. die überbaubare Grundstücksfläche,

2. die zulässige Grundfläche,

3. die zu erwartende Versiegelung oder

4. die Schwere der zu erwartenden Eingriffe.

³Die Verteilungsmaßstäbe können miteinander verbunden werden.

§ 135c Satzungsrecht

Die Gemeinde kann durch Satzung regeln

1. Grundsätze für die Ausgestaltung von Maßnahmen zum Ausgleich entsprechend den Festsetzungen eines Bebauungsplans,

2. den Umfang der Kostenerstattung nach § 135a; dabei ist § 128 Abs. 1 Satz 1 Nr. 1 und 2 und Satz 2 entsprechend anzuwenden,

3. die Art der Kostenermittlung und die Höhe des Einheitssatzes entsprechend § 130,

4. die Verteilung der Kosten nach § 135b einschließlich einer Pauschalierung der Schwere der zu erwartenden Eingriffe nach Biotop- und Nutzungstypen,

5. die Voraussetzungen für die Anforderung von Vorauszahlungen,

6. die Fälligkeit des Kostenerstattungsbetrags.

Zweites Kapitel

Fünfter Teil: Erhaltungssatzung und städtebauliche Gebote

Erster Abschnitt: Erhaltungssatzung

§ 172 Erhaltung baulicher Anlagen und der Eigenart von Gebieten (Erhaltungssatzung)

(1) ¹Die Gemeinde kann in einem Bebauungsplan oder durch eine sonstige Satzung Gebiete bezeichnen, in denen

1. zur Erhaltung der städtebaulichen Eigenart des Gebiets auf Grund seiner städtebaulichen Gestalt (Absatz 3),

2. zur Erhaltung der Zusammensetzung der Wohnbevölkerung (Absatz 4) oder

3. bei städtebaulichen Umstrukturierungen (Absatz 5)

der Rückbau, die Änderung oder die Nutzungsänderung baulicher Anlagen der Genehmigung bedürfen. ²In den Fällen des Satzes 1 Nr. 1 bedarf auch die Errichtung baulicher Anlagen der Genehmigung. ³Auf die Satzung ist § 16 Abs. 2 entsprechend anzuwenden. ⁴Die Landesregierungen werden ermächtigt, für die Grundstücke in Gebieten einer Satzung nach Satz 1 Nr. 2 durch Rechtsverordnung mit einer Geltungsdauer von höchstens fünf Jahren zu bestimmen, dass die Begründung von Wohnungseigentum oder Teileigentum (§ 1 des Wohnungseigentumsgesetzes) an Gebäuden, die ganz oder teilweise Wohnzwecken zu dienen bestimmt sind, nicht ohne Genehmigung erfolgen darf. ⁵Ein solches Verbot gilt als Verbot im Sinne des § 135 des Bürgerlichen Gesetzbuchs. ⁶In den Fällen des Satzes 4 ist § 22 Abs. 2 Satz 3 und 4, Abs. 6 und 8 entsprechend anzuwenden.

(2) Ist der Beschluss über die Aufstellung einer Erhaltungssatzung gefasst und ortsüblich bekannt gemacht, ist § 15 Abs. 1 auf die Durchführung eines Vorhabens im Sinne des Absatzes 1 entsprechend anzuwenden.

(3) ¹In den Fällen des Absatzes 1 Satz 1 Nr. 1 darf die Genehmigung nur versagt werden, wenn die bauliche Anlage allein oder im Zusammenhang mit anderen baulichen Anlagen das Ortsbild, die Stadtgestalt oder das Landschaftsbild prägt oder sonst von städtebaulicher, insbesondere geschichtlicher oder künstlerischer Bedeutung ist. ²Die Genehmigung zur Errichtung der baulichen Anlage darf nur versagt werden, wenn die städtebauliche Gestalt des Gebiets durch die beabsichtigte bauliche Anlage beeinträchtigt wird.

(4) ¹In den Fällen des Absatzes 1 Satz 1 Nr. 2 und Satz 4 darf die Genehmigung nur versagt werden, wenn die Zusammensetzung der Wohnbevölkerung aus besonderen städtebaulichen Gründen erhalten werden soll. ²Sie ist zu erteilen, wenn auch unter Berücksichtigung des Allgemeinwohls die Erhaltung der baulichen Anlage oder ein Absehen von der Begründung von Wohnungseigentum oder Teileigentum wirtschaftlich nicht mehr zumutbar ist. ³Die Genehmigung ist ferner zu erteilen, wenn

1. die Änderung einer baulichen Anlage der Herstellung des zeitgemäßen Ausstattungszustands einer durchschnittlichen Wohnung unter Berücksichtigung der bauordnungsrechtlichen Mindestanforderungen dient,

2. das Grundstück zu einem Nachlass gehört und Wohnungseigentum oder Teileigentum zu Gunsten von Miterben oder Vermächtnisnehmern begründet werden soll,

3. das Wohnungseigentum oder Teileigentum zur eigenen Nutzung an Familienangehörige des Eigentümers veräußert werden soll,

4. ohne die Genehmigung Ansprüche Dritter auf Übertragung von Wohnungseigentum oder Teileigentum nicht erfüllt werden können, zu deren Sicherung vor dem Wirksamwerden des Genehmigungsvorbehalts eine Vormerkung im Grundbuch eingetragen ist,

5. das Gebäude im Zeitpunkt der Antragstellung zur Begründung von Wohnungseigentum oder Teileigentum nicht zu Wohnzwecken genutzt wird oder

6. sich der Eigentümer verpflichtet, innerhalb von sieben Jahren ab der Begründung von Wohnungseigentum Wohnungen nur an die Mieter zu veräußern; eine Frist nach § 577a Abs. 2 Satz 1 des Bürgerlichen Gesetzbuchs verkürzt sich um sieben Jahre. Die Frist nach § 577a Abs. 1 des Bürgerlichen Gesetzbuchs entfällt.

⁴In den Fällen des Satzes 3 Nr. 6 kann in der Genehmigung bestimmt werden, dass auch die Veräußerung von Wohnungseigentum an dem Gebäude während der Dauer der Verpflichtung der Genehmigung der Gemeinde bedarf. ⁵Diese Genehmigungspflicht kann auf Ersuchen der Gemeinde in das Wohnungsgrundbuch eingetragen werden; sie erlischt nach Ablauf der Verpflichtung.

(5) ¹In den Fällen des Absatzes 1 Satz 1 Nr. 3 darf die Genehmigung nur versagt werden, um einen den sozialen Belangen Rechnung tragenden Ablauf auf der Grundlage eines Sozialplans (§ 180) zu sichern. ²Ist ein Sozialplan nicht aufgestellt worden, hat ihn die Gemeinde in entsprechender Anwendung des § 180 aufzustellen. ³Absatz 4 Satz 2 ist entsprechend anzuwenden.

§ 173 Genehmigung, Übernahmeanspruch

(1) ¹Die Genehmigung wird durch die Gemeinde erteilt. ²Ist eine baurechtliche Genehmigung oder an ihrer Stelle eine baurechtliche Zustimmung erforderlich, wird die Genehmigung durch die Baugenehmigungsbehörde im Einvernehmen mit der Gemeinde erteilt; im Baugenehmigungs- oder Zustimmungsverfahren wird über die in § 172 Abs. 3 bis 5 bezeichneten Belange entschieden.

(2) ¹Wird in den Fällen des § 172 Abs. 3 die Genehmigung versagt, kann der Eigentümer von der Gemeinde unter den Voraussetzungen des § 40 Abs. 2 die Übernahme des Grundstücks verlangen. ²§ 43 Abs. 1, 4 und 5 sowie § 44 Abs. 3 und 4 sind entsprechend anzuwenden.

(3) ¹Vor der Entscheidung über den Genehmigungsantrag hat die Gemeinde mit dem Eigentümer oder sonstigen zur Unterhaltung Verpflichteten die für die Entscheidung erheblichen Tatsachen zu erörtern. ²In den Fällen des § 172 Abs. 4 und 5 hat sie auch Mieter, Pächter und sonstige Nutzungsberechtigte zu hören.

(4) Die landesrechtlichen Vorschriften, insbesondere über den Schutz und die Erhaltung von Denkmälern, bleiben unberührt.

§ 174 Ausnahmen

(1) § 172 ist nicht auf Grundstücke anzuwenden, die den in § 26 Nr. 2 bezeichneten Zwecken dienen, und auf die in § 26 Nr. 3 bezeichneten Grundstücke.

(2) ¹Befindet sich ein Grundstück der in Absatz 1 bezeichneten Art im Geltungsbereich einer Erhaltungssatzung, hat die Gemeinde den Bedarfsträger hiervon zu unterrichten. ²Beabsichtigt der Bedarfsträger ein Vorhaben im Sinne des § 172 Abs. 1, hat er dies der Gemeinde anzuzeigen. ³Der Bedarfsträger soll auf Verlangen der Gemeinde von dem Vorhaben absehen, wenn die Voraussetzungen vorliegen, die die Gemeinde berechtigen würden, die Genehmigung nach § 172 zu versagen, und wenn die Erhaltung oder das Absehen von der Errichtung der

baulichen Anlage dem Bedarfsträger auch unter Berücksichtigung seiner Aufgaben zuzumuten ist.

Zweiter Abschnitt: Städtebauliche Gebote

§ 175 Allgemeines

(1) ¹Beabsichtigt die Gemeinde, ein Baugebot (§ 176), ein Modernisierungs- oder In Standsetzungsgebot (§ 177), ein Pflanzgebot (§ 178) oder ein Rückbau- oder Entsiegelungsgebot (§ 179) zu erlassen, soll sie die Maßnahme vorher mit den Betroffenen erörtern. ²Die Gemeinde soll die Eigentümer, Mieter, Pächter und sonstigen Nutzungsberechtigten im Rahmen ihrer Möglichkeiten beraten, wie die Maßnahme durchgeführt werden kann und welche Finanzierungsmöglichkeiten aus öffentlichen Kassen bestehen.

(2) Die Anordnung von Maßnahmen nach den §§ 176 bis 179 setzt voraus, dass die alsbaldige Durchführung der Maßnahmen aus städtebaulichen Gründen erforderlich ist; bei Anordnung eines Baugebots nach § 176 kann dabei auch ein dringender Wohnbedarf der Bevölkerung berücksichtigt werden.

(3) Mieter, Pächter und sonstige Nutzungsberechtigte haben die Durchführung der Maßnahmen nach den §§ 176 bis 179 zu dulden.

(4) ¹Die §§ 176 bis 179 sind nicht auf Grundstücke anzuwenden, die den in § 26 Nr. 2 bezeichneten Zwecken dienen, und auf die in § 26 Nr. 3 bezeichneten Grundstücke. ²Liegen für diese Grundstücke die Voraussetzungen für die Anordnung eines Gebots nach den §§ 176 bis 179 vor, soll auf Verlangen der Gemeinde der Bedarfsträger die entsprechenden Maßnahmen durchführen oder ihre Durchführung dulden, soweit dadurch nicht die Erfüllung seiner Aufgaben beeinträchtigt wird.

(5) Die landesrechtlichen Vorschriften, insbesondere über den Schutz und die Erhaltung von Denkmälern, bleiben unberührt.

§ 176 Baugebot

(1) Im Geltungsbereich eines Bebauungsplans kann die Gemeinde den Eigentümer durch Bescheid verpflichten, innerhalb einer zu bestimmenden angemessenen Frist

1. sein Grundstück entsprechend den Festsetzungen des Bebauungsplans zu bebauen oder

2. ein vorhandenes Gebäude oder eine vorhandene sonstige bauliche Anlage den Festsetzungen des Bebauungsplans anzupassen.

(2) Das Baugebot kann außerhalb der in Absatz 1 bezeichneten Gebiete, aber innerhalb im Zusammenhang bebauter Ortsteile angeordnet werden, um unbebaute oder geringfügig bebaute Grundstücke entsprechend den baurechtlichen Vorschriften zu nutzen oder einer baulichen Nutzung zuzuführen, insbesondere zur Schließung von Baulücken.

(3) Ist die Durchführung des Vorhabens aus wirtschaftlichen Gründen einem Eigentümer nicht zuzumuten, hat die Gemeinde von dem Baugebot abzusehen.

(4) ¹Der Eigentümer kann von der Gemeinde die Übernahme des Grundstücks verlangen, wenn er glaubhaft macht, dass ihm die Durchführung des Vorhabens aus wirtschaftlichen Gründen nicht zuzumuten ist. ²§ 43 Abs. 1, 4 und 5 sowie § 44 Abs. 3 und 4 sind entsprechend anzuwenden.

(5) ¹Ist die Durchführung eines Baugebots nur möglich, wenn zuvor eine bauliche Anlage oder Teile davon beseitigt werden, ist der Eigentümer mit dem Baugebot auch zur Beseitigung verpflichtet. ²§ 179 Abs. 2 und 3 Satz 1, § 43 Abs. 2 und 5 sowie § 44 Abs. 3 und 4 sind entsprechend anzuwenden.

(6) Ist für ein Grundstück eine andere als bauliche Nutzung festgesetzt, sind die Absätze 1 und 3 bis 5 entsprechend anzuwenden.

(7) Mit dem Baugebot kann die Verpflichtung verbunden werden, innerhalb einer zu bestimmenden angemessenen Frist den für eine bauliche Nutzung des Grundstücks erforderlichen Antrag auf Erteilung einer bauaufsichtlichen Genehmigung zu stellen.

(8) Kommt der Eigentümer der Verpflichtung nach Absatz 7 auch nach Vollstreckungsmaßnahmen auf Grund landesrechtlicher Vorschriften nicht nach, kann das Enteignungsverfahren nach § 85 Abs. 1 Nr. 5 auch vor Ablauf der Frist nach Absatz 1 eingeleitet werden.

(9) ¹In dem Enteignungsverfahren ist davon auszugehen, dass die Voraussetzungen des Baugebots vorliegen; die Vorschriften über die Zulässigkeit der Enteignung bleiben unberührt. ²Bei der Bemessung der Entschädigung bleiben Werterhöhungen unberücksichtigt, die nach Unanfechtbarkeit des Baugebots eingetreten sind, es sei denn, dass der Eigentümer die Werterhöhungen durch eigene Aufwendungen zulässigerweise bewirkt hat.

§ 177 Modernisierungs- und Instandsetzungsgebot

(1) ¹Weist eine bauliche Anlage nach ihrer inneren oder äußeren Beschaffenheit Missstände oder Mängel auf, deren Beseitigung oder Behebung durch Modernisierung oder Instandsetzung möglich ist, kann die Gemeinde die Beseitigung der Missstände durch ein Modernisierungsgebot und die Behebung der Mängel durch ein Instandsetzungsgebot anordnen. ²Zur Beseitigung der Missstände und zur Behebung der Mängel ist der Eigentümer der baulichen Anlage verpflichtet. ³In dem Bescheid, durch den die Modernisierung oder Instandsetzung angeordnet wird, sind die zu beseitigenden Missstände oder zu behebenden Mängel zu bezeichnen und eine angemessene Frist für die Durchführung der erforderlichen Maßnahmen zu bestimmen.

(2) Missstände liegen insbesondere vor, wenn die bauliche Anlage nicht den allgemeinen Anforderungen an gesunde Wohn- und Arbeitsverhältnisse entspricht.

(3) ¹Mängel liegen insbesondere vor, wenn durch Abnutzung, Alterung, Witterungseinflüsse oder Einwirkungen Dritter

1. die bestimmungsgemäße Nutzung der baulichen Anlage nicht nur unerheblich beeinträchtigt wird,

2. die bauliche Anlage nach ihrer äußeren Beschaffenheit das Straßen- oder Ortsbild nicht nur unerheblich beeinträchtigt oder

3. die bauliche Anlage erneuerungsbedürftig ist und wegen ihrer städtebaulichen, insbesondere geschichtlichen oder künstlerischen Bedeutung erhalten bleiben soll.

²Kann die Behebung der Mängel einer baulichen Anlage nach landesrechtlichen Vorschriften auch aus Gründen des Schutzes und der Erhaltung von Baudenkmälern verlangt werden, darf das Instandsetzungsgebot nur mit Zustimmung der zuständigen Landesbehörde erlassen werden. ³In dem Bescheid über den Erlass des Instandsetzungsgebots sind die auch aus Gründen des Denkmalschutzes gebotenen Instandsetzungsmaßnahmen besonders zu bezeichnen.

(4) ¹Der Eigentümer hat die Kosten der von der Gemeinde angeordneten Maßnahmen insoweit zu tragen, als er sie durch eigene oder fremde Mittel decken und die sich daraus ergebenden Kapitalkosten sowie die zusätzlich entstehenden Bewirtschaftungskosten aus Erträgen der baulichen Anlage aufbringen kann. ²Sind dem Eigentümer Kosten entstanden, die er nicht zu tragen hat, hat die Gemeinde sie ihm zu erstatten, soweit nicht eine andere Stelle einen Zuschuss zu ihrer Deckung gewährt. ³Dies gilt nicht, wenn der Eigentümer auf Grund anderer Rechtsvorschriften verpflichtet ist, die Kosten selbst zu tragen, oder wenn er Instandsetzungen unterlassen hat und nicht nachweisen kann, dass ihre Vornahme wirtschaftlich unvertretbar oder ihm nicht zuzumuten war. ⁴Die Gemeinde kann mit dem Eigentümer den Kostenerstattungsbetrag unter Verzicht auf eine Berechnung im Einzelfall als Pauschale in Höhe eines bestimmten Vomhundertsatzes der Modernisierungs oder Instandsetzungskosten vereinbaren.

(5) Der vom Eigentümer zu tragende Kostenanteil wird nach der Durchführung der Modernisierungs- oder Instandsetzungsmaßnahmen unter Berücksichtigung der Erträge ermittelt, die für die modernisierte oder instandgesetzte bauliche Anlage bei ordentlicher Bewirtschaftung nachhaltig erzielt werden können; dabei sind die mit einem Bebauungsplan, einem Sozialplan, einer städtebaulichen Sanierungsmaßnahme oder einer sonstigen städtebaulichen Maßnahme verfolgten Ziele und Zwecke zu berücksichtigen.

§ 178 Pflanzgebot

Die Gemeinde kann den Eigentümer durch Bescheid verpflichten, sein Grundstück innerhalb einer zu bestimmenden angemessenen Frist entsprechend den nach § 9 Abs. 1 Nr. 25 getroffenen Festsetzungen des Bebauungsplans zu bepflanzen.

§ 179 Rückbau- und Entsiegelungsgebot

(1) ¹Die Gemeinde kann den Eigentümer verpflichten zu dulden, dass eine bauliche Anlage im Geltungsbereich eines Bebauungsplans ganz oder teilweise beseitigt wird, wenn sie

1. den Festsetzungen des Bebauungsplans nicht entspricht und ihnen nicht angepasst werden kann oder

2. Missstände oder Mängel im Sinne des § 177 Abs. 2 und 3 Satz 1 aufweist, die auch durch eine Modernisierung oder Instandsetzung nicht behoben werden können.

²Satz 1 Nr. 1 gilt entsprechend für die sonstige Wiedernutzbarmachung von dauerhaft nicht mehr genutzten Flächen, bei denen der durch Bebauung oder Versiegelung beeinträchtigte Boden in seiner Leistungsfähigkeit erhalten oder wiederhergestellt werden soll; die sonstige Wiedernutzbarmachung steht der Beseitigung nach Satz 1 gleich. ³Diejenigen, für die ein Recht an dem Grundstück oder an einem das Grundstück belastenden Recht im Grundbuch eingetragen oder durch Eintragung gesichert ist, das nicht zur Nutzung berechtigt, sollen von dem Bescheid benachrichtigt werden, wenn sie von der Beseitigung betroffen werden. ⁴Unberührt bleibt das Recht des Eigentümers, die Beseitigung selbst vorzunehmen.

(2) ¹Der Bescheid darf bei Wohnraum nur vollzogen werden, wenn im Zeitpunkt der Beseitigung angemessener Ersatzwohnraum für die Bewohner unter zumutbaren Bedingungen zur Verfügung steht. ²Strebt der Inhaber von Raum, der überwiegend gewerblichen oder beruflichen Zwecken dient (Geschäftsraum), eine anderweitige Unterbringung an, soll der Bescheid nur vollzogen werden, wenn im Zeitpunkt der Beseitigung anderer geeigneter Geschäftsraum unter zumutbaren Bedingungen zur Verfügung steht.

(3) ¹Entstehen dem Eigentümer, Mieter, Pächter oder sonstigen Nutzungsberechtigten durch die Beseitigung Vermögensnachteile, hat die Gemeinde angemessene Entschädigung in Geld zu leisten. ²Der Eigentümer kann an Stelle der Entschädigung nach Satz 1 von der Gemeinde die Übernahme des Grundstücks verlangen, wenn es ihm mit Rücksicht auf das Rückbau- oder Entsiegelungsgebot wirtschaftlich nicht mehr zuzumuten ist, das Grundstück zu behalten. ³§ 43 Abs. 1, 2, 4 und 5 sowie § 44 Abs. 3 und 4 sind entsprechend anzuwenden.

Drittes Kapitel: Sonstige Vorschriften

Zweiter Teil: Allgemeine Vorschriften; Zuständigkeiten; Verwaltungsverfahren; Planerhaltung

Erster Abschnitt: Allgemeine Vorschriften

§ 200 Grundstücke; Rechte an Grundstücken; Baulandkataster

(1) Die für Grundstücke geltenden Vorschriften dieses Gesetzbuchs sind entsprechend auch auf Grundstücksteile anzuwenden.

(2) Die für das Eigentum an Grundstücken bestehenden Vorschriften sind, soweit dieses Gesetzbuch nichts anderes vorschreibt, entsprechend auch auf grundstücksgleiche Rechte anzuwenden.

(3) ¹Die Gemeinde kann sofort oder in absehbarer Zeit bebaubare Flächen in Karten oder Listen auf der Grundlage eines Lageplans erfassen, der Flur- und Flurstücksnummern, Straßennamen und Angaben zur Grundstücksgröße enthält (Baulandkataster). ²Sie kann die Flächen in Karten oder Listen veröffentlichen, soweit der Grundstückseigentümer nicht widersprochen hat. ³Die Gemeinde hat ihre Absicht zur Veröffentlichung einen Monat vorher öffentlich bekannt zu geben und dabei auf das Widerspruchsrecht der Grundstückseigentümer hinzuweisen.

§ 200a Ersatzmaßnahmen

¹Darstellungen für Flächen zum Ausgleich und Festsetzungen für Flächen oder Maßnahmen zum Ausgleich im Sinne des § 1a Abs. 3 umfassen auch Ersatzmaßnahmen. ²Ein unmittelbarer räumlicher Zusammenhang zwischen Eingriff und Ausgleich ist nicht erforderlich, soweit dies mit einer geordneten städtebaulichen Entwicklung und den Zielen der Raumordnung sowie des Naturschutzes und der Landschaftspflege vereinbar ist.

§ 201 Begriff der Landwirtschaft

Landwirtschaft im Sinne dieses Gesetzbuchs ist insbesondere der Ackerbau, die Wiesenund Weidewirtschaft einschließlich Tierhaltung, soweit das Futter überwiegend auf den zum landwirtschaftlichen Betrieb gehörenden, landwirtschaftlich genutzten Flächen erzeugt werden kann, die gartenbauliche Erzeugung, der Erwerbsobstbau, der Weinbau, die berufsmäßige Imkerei und die berufsmäßige Binnenfischerei.

§ 202 Schutz des Mutterbodens

Mutterboden, der bei der Errichtung und Änderung baulicher Anlagen sowie bei wesentlichen anderen Veränderungen der Erdoberfläche ausgehoben wird, ist in nutzbarem Zustand zu erhalten und vor Vernichtung oder Vergeudung zu schützen.

Zweiter Abschnitt: Zuständigkeiten

§ 203 Abweichende Zuständigkeitsregelung

(1) Die Landesregierung oder die von ihr bestimmte Behörde kann im Einvernehmen mit der Gemeinde durch Rechtsverordnung bestimmen, dass die nach diesem Gesetzbuch der Gemeinde obliegenden Aufgaben auf eine andere Gebietskörperschaft übertragen werden oder auf einen Verband, an dessen Willensbildung die Gemeinde mitwirkt.

(2) ¹Durch Landesgesetz können Aufgaben der Gemeinden nach diesem Gesetzbuch auf Verbandsgemeinden, Verwaltungsgemeinschaften oder vergleichbare gesetzliche Zusammenschlüsse von Gemeinden, denen nach Landesrecht örtliche Selbstverwaltungsaufgaben der Gemeinde obliegen, übertragen werden. ²In dem Landesgesetz ist zu regeln, wie die Gemeinden an der Aufgabenerfüllung mitwirken.

(3) Die Landesregierung kann durch Rechtsverordnung die nach diesem Gesetzbuch der höheren Verwaltungsbehörde zugewiesenen Aufgaben auf andere staatliche Behörden, Landkreise oder kreisfreie Gemeinden übertragen.

(4) ¹Unterliegen die Planungsbereiche gemeinsamer Flächennutzungspläne (§ 204) oder von Flächennutzungsplänen und Satzungen eines Planungsverbands (§ 205) der Zuständigkeit verschiedener höherer Verwaltungsbehörden, ist die Oberste Landesbehörde für die Entscheidung im Genehmigungs- und Zustimmungsverfahren zuständig. ²Liegen die Geltungsbereiche in verschiedenen Ländern, entscheiden die Obersten Landesbehörden im gegenseitigen Einvernehmen.

§ 204 Gemeinsamer Flächennutzungsplan, Bauleitplanung bei Bildung von Planungsverbänden und bei Gebiets- oder Bestandsänderung

(1) ¹Benachbarte Gemeinden sollen einen gemeinsamen Flächennutzungsplan aufstellen, wenn ihre städtebauliche Entwicklung wesentlich durch gemeinsame Voraussetzungen und Bedürfnisse bestimmt wird oder ein gemeinsamer Flächennutzungsplan einen gerechten Ausgleich der verschiedenen Belange ermöglicht. ²Ein gemeinsamer Flächennutzungsplan soll insbesondere aufgestellt werden, wenn die Ziele der Raumordnung oder wenn Einrichtungen und Anlagen des öffentlichen Verkehrs, sonstige Erschließungsanlagen sowie Gemeinbedarfs- oder sonstige Folgeeinrichtungen eine gemeinsame Planung erfordern. ³Der gemeinsame Flächennutzungsplan kann von den beteiligten Gemeinden nur gemeinsam aufgehoben, geändert oder ergänzt werden; die Gemeinden können vereinbaren, dass sich die Bindung nur auf bestimmte räumliche oder sachliche Teilbereiche erstreckt. ⁴Ist eine gemeinsame Planung nur für räumliche oder sachliche Teilbereiche erforderlich, genügt anstelle eines gemeinsamen Flächennutzungsplans eine Vereinbarung der beteiligten Gemeinden über bestimmte Darstellungen in ihren Flächennutzungsplänen. ⁵Sind die Voraussetzungen für eine gemeinsame Planung nach Satz 1 und 4 entfallen oder ist ihr Zweck erreicht, können die beteiligten Gemeinden den Flächennutzungsplan für ihr Gemeindegebiet ändern oder ergänzen; vor Einleitung des Bauleitplanverfahrens ist die Zustimmung der höheren Verwaltungsbehörde erforderlich.

(2) ¹Werden Gemeinden in ihrem Gebiet oder Bestand geändert oder geht die Zuständigkeit zur Aufstellung von Flächennutzungsplänen auf Verbände oder sonstige kommunale Körperschaften über, gelten unbeschadet abweichender landesrechtlicher Regelungen bestehende Flächennutzungspläne fort. ²Dies gilt auch für räumliche und sachliche Teile der Flächennutzungspläne. ³Die Befugnis und die Pflicht der Gemeinde, eines Verbands oder einer sonstigen Körperschaft, fortgeltende Flächennutzungspläne aufzuheben oder für das neue Gemeindegebiet zu ergänzen oder durch einen neuen Flächennutzungsplan zu ersetzen, bleiben unberührt.

(3) ¹Verfahren zur Aufstellung, Änderung, Ergänzung oder Aufhebung von Bebauungsplänen können nach einer Gebiets- oder Bestandsänderung in ihrem jeweiligen Stand fortgeführt werden. ²Satz 1 gilt entsprechend bei Bildung von Planungsverbänden und für Zusammenschlüsse nach § 205 Abs. 6. ³Die höhere Verwaltungsbehörde kann verlangen, dass bestimmte Verfahrensabschnitte wiederholt werden.

§ 205 Planungsverbände

(1) ¹Gemeinden und sonstige öffentliche Planungsträger können sich zu einem Planungsverband zusammenschließen, um durch gemeinsame zusammengefasste Bauleitplanung den Ausgleich der verschiedenen Belange zu erreichen. ²Der Planungsverband tritt nach Maßgabe seiner Satzung für die Bauleitplanung und ihre Durchführung an die Stelle der Gemeinden.

(2) ¹Kommt ein Zusammenschluss nach Absatz 1 nicht zu Stande, können die Beteiligten auf Antrag eines Planungsträgers zu einem Planungsverband zusammengeschlossen werden, wenn dies zum Wohl der Allgemeinheit dringend geboten ist. ²Ist der Zusammenschluss aus Gründen der Raumordnung geboten, kann den Antrag auch die für die Landesplanung nach Landesrecht zuständige

Stelle stellen. ³Über den Antrag entscheidet die Landesregierung. ⁴Sind Planungsträger verschiedener Länder beteiligt, erfolgt der Zusammenschluss nach Vereinbarung zwischen den beteiligten Landesregierungen. ⁵Sollen der Bund oder eine bundesunmittelbare Körperschaft oder Anstalt an dem Planungsverband beteiligt werden, erfolgt der Zusammenschluss nach Vereinbarung zwischen der Bundesregierung und der Landesregierung, sofern die beteiligte Behörde des Bundes oder der bundesunmittelbaren Körperschaft oder Anstalt dem Zusammenschluss durch die Landesregierung widerspricht.

(3) ¹Kommt eine Einigung über die Satzung oder über den Plan unter den Mitgliedern nicht zu Stande, stellt die zuständige Landesbehörde eine Satzung oder einen Plan auf und legt sie dem Planungsverband zur Beschlussfassung vor. ²Einigen sich die Mitglieder über diese Satzung oder diesen Plan nicht, setzt die Landesregierung die Satzung oder den Plan fest. ³Absatz 2 Satz 4 ist entsprechend anzuwenden. ⁴Ist der Bund oder eine bundesunmittelbare Körperschaft oder Anstalt an dem Planungsverband beteiligt, wird die Satzung oder der Plan nach Vereinbarung zwischen der Bundesregierung und der Landesregierung festgesetzt, sofern die beteiligte Behörde des Bundes oder der bundesunmittelbaren Körperschaft oder Anstalt der Festsetzung durch die Landesregierung widerspricht.

(4) Dem Planungsverband können nach Maßgabe der Satzung die Aufgaben der Gemeinde, die ihr nach diesem Gesetzbuch obliegen, übertragen werden.

(5) ¹Der Planungsverband ist aufzulösen, wenn die Voraussetzungen für den Zusammenschluss entfallen sind oder der Zweck der gemeinsamen Planung erreicht ist. ²Kommt ein übereinstimmender Beschluss über die Auflösung nicht zu Stande, ist unter den in Satz 1 bezeichneten Voraussetzungen die Auflösung auf Antrag eines Mitglieds anzuordnen; im übrigen ist Absatz 2 entsprechend anzuwenden. ³Nach Auflösung des Planungsverbands gelten die von ihm aufgestellten Pläne als Bauleitpläne der einzelnen Gemeinden.

(6) Ein Zusammenschluss nach dem Zweckverbandsrecht oder durch besondere Landesgesetze wird durch diese Vorschriften nicht ausgeschlossen.

(7) ¹Wird die Befugnis zur Aufstellung von Bauleitplänen nach den Absätzen 1 bis 3 oder 6 übertragen, sind die Entwürfe der Bauleitpläne mit Begründung vor der Beschlussfassung hierüber oder der Festsetzung nach Absatz 3 Satz 2 oder 4 den Gemeinden, für deren Gebiet der Bauleitplan aufgestellt werden soll, zur Stellungnahme innerhalb angemessener Frist zuzuleiten. ²Auf die Behandlung der von den Gemeinden fristgemäß vorgebrachten Anregungen ist § 3 Abs. 2 Satz 4 und 6 entsprechend anzuwenden.

§ 206 Örtliche und sachliche Zuständigkeit

(1) ¹Örtlich zuständig ist die Behörde, in deren Bereich das betroffene Grundstück liegt. ²Werden Grundstücke betroffen, die örtlich oder wirtschaftlich zusammenhängen und demselben Eigentümer gehören, und liegen diese Grundstücke im Bereich mehrerer nach diesem Gesetzbuch sachlich zuständiger Behörden, so wird die örtlich zuständige Behörde durch die nächsthöhere gemeinsame Behörde bestimmt.

(2) Ist eine höhere Verwaltungsbehörde nicht vorhanden, so ist die Oberste Landesbehörde zugleich höhere Verwaltungsbehörde.

Dritter Abschnitt: Verwaltungsverfahren

§ 212a Entfall der aufschiebenden Wirkung

(1) Widerspruch und Anfechtungsklage eines Dritten gegen die bauaufsichtliche Zulassung eines Vorhabens haben keine aufschiebende Wirkung.

(2) Widerspruch und Anfechtungsklage gegen die Geltendmachung des Kostenerstattungsbetrags nach § 135a Abs. 3 sowie des Ausgleichsbetrags nach § 154 Abs. 1 durch die Gemeinde haben keine aufschiebende Wirkung.

Vierter Abschnitt: Planerhaltung

§ 214 Beachtlichkeit der Verletzung von Vorschriften über die Aufstellung des Flächennutzungsplans und der Satzungen; ergänzendes Verfahren

(1) ¹Eine Verletzung von Verfahrens- und Formvorschriften dieses Gesetzbuchs ist für die Rechtswirksamkeit des Flächennutzungsplans und der Satzungen nach diesem Gesetzbuch nur beachtlich, wenn

1. entgegen § 2 Abs. 3 die von der Planung berührten Belange, die der Gemeinde bekannt waren oder hätten bekannt sein müssen, in wesentlichen Punkten nicht zutreffend ermittelt oder bewertet worden sind und wenn der Mangel offensichtlich und auf das Ergebnis des Verfahrens von Einfluss gewesen ist;

2. die Vorschriften über die Öffentlichkeits- und Behördenbeteiligung nach § 3 Abs. 2, § 4 Abs. 2, §§ 4a und 13 Abs. 2 Nr. 2 und 3, § 22 Abs. 9 Satz 2, § 34 Abs. 6 Satz 1 sowie § 35 Abs. 6 Satz 5 verletzt worden sind; dabei ist unbeachtlich, wenn bei Anwendung der Vorschriften einzelne Personen, Behörden oder sonstige Träger öffentlicher Belange nicht beteiligt worden sind, die entsprechenden Belange jedoch unerheblich waren oder in der Entscheidung berücksichtigt worden sind, oder einzelne Angaben dazu, welche Arten umweltbezogener Informationen verfügbar sind, gefehlt haben, oder bei Anwendung des § 13 Abs. 3 Satz 2 die Angabe darüber, dass von einer Umweltprüfung abgesehen wird, unterlassen wurde, oder bei Anwendung des § 4a Abs. 3 Satz 4 oder des § 13 die Voraussetzungen für die Durchführung der Beteiligung nach diesen Vorschriften verkannt worden sind;

3. die Vorschriften über die Begründung des Flächennutzungsplans und der Satzungen sowie ihrer Entwürfe nach §§ 2a, 3 Abs. 2, § 5 Abs. 1 Satz 2 Halbsatz 2 und Abs. 5, § 9 Abs. 8 und § 22 Abs. 10 verletzt worden sind; dabei ist unbeachtlich, wenn die Begründung des Flächennutzungsplans oder der Satzung oder ihr Entwurf unvollständig ist; abweichend von Halbsatz 2 ist eine Verletzung von Vorschriften in Bezug auf den Umweltbericht unbeachtlich, wenn die Begründung hierzu nur in unwesentlichen Punkten unvollständig ist;

4. ein Beschluss der Gemeinde über den Flächennutzungsplan oder die Satzung nicht gefasst, eine Genehmigung nicht erteilt oder der mit der Bekanntmachung des Flächennutzungsplans oder der Satzung verfolgte Hinweiszweck nicht erreicht worden ist.

²Soweit in den Fällen des Satzes 1 Nr. 3 die Begründung in wesentlichen Punkten unvollständig ist, hat die Gemeinde auf Verlangen Auskunft zu erteilen, wenn ein berechtigtes Interesse dargelegt wird.

(2) Für die Rechtswirksamkeit der Bauleitpläne ist auch unbeachtlich, wenn

1. die Anforderungen an die Aufstellung eines selbstständigen Bebauungsplans (§ 8 Abs. 2 Satz 2) oder an die in § 8 Abs. 4 bezeichneten dringenden Gründe für die Aufstellung eines vorzeitigen Bebauungsplans nicht richtig beurteilt worden sind;

2. § 8 Abs. 2 Satz 1 hinsichtlich des Entwickelns des Bebauungsplans aus dem Flächennutzungsplan verletzt worden ist, ohne dass hierbei die sich aus dem Flächennutzungsplan ergebende geordnete städtebauliche Entwicklung beeinträchtigt worden ist;

3. der Bebauungsplan aus einem Flächennutzungsplan entwickelt worden ist, dessen Unwirksamkeit sich wegen Verletzung von Verfahrens- oder Formvorschriften einschließlich des § 6 nach Bekanntmachung des Bebauungsplans herausstellt;

4. im Parallelverfahren gegen § 8 Abs. 3 verstoßen worden ist, ohne dass die geordnete städtebauliche Entwicklung beeinträchtigt worden ist.

(3) ¹Für die Abwägung ist die Sach- und Rechtslage im Zeitpunkt der Beschlussfassung über den Flächennutzungsplan oder die Satzung maßgebend. ²Mängel, die Gegenstand der Regelung in Absatz 1 Satz 1 Nr. 1 sind, können nicht als Mängel der Abwägung geltend gemacht werden; im Übrigen sind Mängel im Abwägungsvorgang nur erheblich, wenn sie offensichtlich und auf das Abwägungsergebnis von Einfluss gewesen sind.

(4) Der Flächennutzungsplan oder die Satzung können durch ein ergänzendes Verfahren zur Behebung von Fehlern auch rückwirkend in Kraft gesetzt werden.

§ 215 Frist für die Geltendmachung der Verletzung von Vorschriften

(1) Unbeachtlich werden

1. eine nach § 214 Abs. 1 Satz 1 Nr. 1 bis 3 beachtliche Verletzung der dort bezeichneten Verfahrens- und Formvorschriften,

2. eine unter Berücksichtigung des § 214 Abs. 2 beachtliche Verletzung der Vorschriften über das Verhältnis des Bebauungsplans und des Flächennutzungsplans und

3. nach § 214 Abs. 3 Satz 2 beachtliche Mängel des Abwägungsvorgangs,

wenn sie nicht innerhalb von zwei Jahren seit Bekanntmachung des Flächennutzungsplans oder der Satzung schriftlich gegenüber der Gemeinde unter Darlegung des die Verletzung begründenden Sachverhalts geltend gemacht worden sind.

(2) Bei Inkraftsetzung des Flächennutzungsplans oder der Satzung ist auf die Voraussetzungen für die Geltendmachung der Verletzung von Vorschriften sowie auf die Rechtsfolgen hinzuweisen.

§ 215a *(weggefallen)*

§ 216 Aufgaben im Genehmigungsverfahren

Die Verpflichtung der für das Genehmigungsverfahren zuständigen Behörde, die Einhaltung der Vorschriften zu prüfen, deren Verletzung sich nach den §§ 214 und 215 auf die Rechtswirksamkeit eines Flächennutzungsplans oder einer Satzung nicht auswirkt, bleibt unberührt.

Viertes Kapitel: Überleitungs- und Schlussvorschriften

Erster Teil: Überleitungsvorschriften

§ 233 Allgemeine Überleitungsvorschriften

(1) ¹Verfahren nach diesem Gesetz, die vor dem In-Kraft-Treten einer Gesetzesänderung förmlich eingeleitet worden sind, werden nach den bisher geltenden Rechtsvorschriften abgeschlossen, soweit nachfolgend nichts anderes bestimmt ist. ²Ist mit gesetzlich vorgeschriebenen einzelnen Schritten des Verfahrens noch nicht begonnen worden, können diese auch nach den Vorschriften dieses Gesetzes durchgeführt werden.

(2) ¹Die Vorschriften des Dritten Kapitels Zweiter Teil Vierter Abschnitt zur Planerhaltung sind auch auf Flächennutzungspläne und Satzungen entsprechend anzuwenden, die auf der Grundlage bisheriger Fassungen dieses Gesetzes in Kraft getreten sind. ²Unbeschadet des Satzes 1 sind auf der Grundlage bisheriger Fassungen dieses Gesetzes unbeachtliche oder durch Fristablauf unbeachtliche Fehler bei der Aufstellung von Flächennutzungsplänen und Satzungen auch weiterhin für die Rechtswirksamkeit dieser Flächennutzungspläne und Satzungen unbeachtlich. ³Abweichend von Satz 1 sind für vor dem In-Kraft-Treten einer Gesetzesänderung in Kraft getretene Flächennutzungspläne und Satzungen die vor dem In-Kraft-Treten der Gesetzesänderung geltenden Vorschriften über die Geltendmachung der Verletzung von Verfahrens- und Formvorschriften, von Mängeln der Abwägung und von sonstigen Vorschriften einschließlich ihrer Fristen weiterhin anzuwenden.

(3) Auf der Grundlage bisheriger Fassungen dieses Gesetzes wirksame oder übergeleitete Pläne, Satzungen und Entscheidungen gelten fort.

§ 234 Überleitungsvorschriften für das Vorkaufsrecht

(1) Für das Vorkaufsrecht sind die jeweils zur Zeit des Verkaufsfalls geltenden städtebaurechtlichen Vorschriften anzuwenden.

(2) Satzungen, die auf Grund von § 25 des Bundesbaugesetzes erlassen worden sind, gelten als Satzungen nach § 25 Abs. 1 Satz 1 Nr. 2 weiter.

§ 235 Überleitungsvorschriften für städtebauliche Sanierungs- und Entwicklungsmaßnahmen

(1) ¹Auf städtebauliche Sanierungs- und Entwicklungsmaßnahmen, für die vor dem Inkrafttreten einer Gesetzesänderung nach den bisher geltenden Rechtsvorschriften der Beginn der vorbereitenden Untersuchungen oder der Voruntersuchungen beschlossen worden ist, sind abweichend von § 233 Abs. 1 die Vorschriften dieses Gesetzes anzuwenden; abgeschlossene Verfahrensschritte blei-

ben unberührt. ²Ist eine städtebauliche Entwicklungsmaßnahme jedoch vor dem 1. Juli 1987 förmlich festgelegt worden, sind die §§ 165 bis 171 in der bis zum 30. April 1993 geltenden Fassung weiter anzuwenden; wird zur zweckmäßigen Durchführung entsprechend den Zielen und Zwecken einer solchen Entwicklungsmaßnahme eine Änderung des Geltungsbereichs der Entwicklungsmaßnahmeverordnung erforderlich, ist § 53 in Verbindung mit § 1 des Städtebauförderungsgesetzes weiter anzuwenden.

(2) ¹Ist eine städtebauliche Sanierungsmaßnahme vor dem 1. Januar 1998 förmlich festgelegt worden und ist nach der Sanierungssatzung nur die Genehmigungspflicht nach § 144 Abs. 2 in der bis zum 31. Dezember 1997 geltenden Fassung ausgeschlossen, bedarf eine Teilung auch weiterhin der schriftlichen Genehmigung der Gemeinde. ²Die Gemeinde hat dem Grundbuchamt Sanierungssatzungen im Sinne des Satzes 1 in entsprechender Anwendung des ab dem 1. Januar 1998 geltenden § 143 Abs. 2 Satz 1 bis 3 unverzüglich nachträglich mitzuteilen.

(3) In dem Gebiet, in dem das Grundgesetz schon vor dem 3. Oktober 1990 galt, ist § 141 Abs. 4 auf Beschlüsse über den Beginn der vorbereitenden Untersuchungen, die vor dem 1. Mai 1993 bekannt gemacht worden sind, nicht anzuwenden.

§ 236 Überleitungsvorschriften für das Baugebot und die Erhaltung baulicher Anlagen

(1) § 176 Abs. 9 ist auf Enteignungsverfahren nach § 85 Abs. 1 Nr. 5 anzuwenden, wenn der Eigentümer die Verpflichtung aus einem Baugebot nicht erfüllt, das nach dem 31. Mai 1990 angeordnet worden ist.

(2) ¹§ 172 Abs. 1 Satz 4 bis 6 gilt nicht für die Bildung von Teil- und Wohnungseigentum, dessen Eintragung vor dem 26. Juni 1997 beantragt worden ist. ²Dies gilt auch, wenn ein Anspruch auf Bildung oder Übertragung von Teil- und Wohnungseigentum vor dem 26. Juni 1997 durch eine Vormerkung gesichert wurde. ³§ 172 in der ab dem 1. Januar 1998 geltenden Fassung ist auch auf Satzungen, die vor dem 1. Januar 1998 ortsüblich bekanntgemacht worden sind, anzuwenden.

§ 237 (weggefallen)

§ 238 Überleitungsvorschrift für Entschädigungen

¹Wurde durch die Änderung des § 34 des Bundesbaugesetzes durch das Gesetz zur Änderung des Bundesbaugesetzes vom 18. August 1976 die bis dahin zulässige Nutzung eines Grundstücks aufgehoben oder wesentlich geändert, ist eine Entschädigung in entsprechender Anwendung der §§ 42, 43 Abs. 1, 2, 4 und 5 und des § 44 Abs. 1 Satz 2, Abs. 3 und 4 zu gewähren; dies gilt nicht, soweit in dem Zeitpunkt, in dem nach § 44 Abs. 3 bis 5 Entschädigung verlangt werden kann, eine entsprechende Aufhebung oder Änderung der zulässigen Nutzung auch nach § 34 des Bundesbaugesetzes in der bis zum 31. Dezember 1976 geltenden Fassung hätte eintreten können, ohne dass die Aufhebung oder Änderung nach § 44 des Bundesbaugesetzes in der bis zum 31. Dezember 1976 geltenden Fassung zu entschädigen gewesen wäre. ²Wird durch die Änderung des § 34 durch das Europarechtsanpassungsgesetz Bau vom 24. Juni 2004 die bis dahin

zulässige Nutzung eines Grundstücks aufgehoben oder wesentlich geändert, ist Satz 1 entsprechend anzuwenden.

§ 239 Überleitungsvorschrift für die Grenzregelung

[1]Hat die Gemeinde den Beschluss über die Grenzregelung (§ 82 in der vor dem 20. Juli 2004 geltenden Fassung) vor dem 20. Juli 2004 gefasst, sind die Vorschriften des Zweiten Abschnitts des Vierten Teils des Ersten Kapitels in der vor dem 20. Juli 2004 geltenden Fassung weiterhin anzuwenden.

§§ 240 und 241 (weggefallen)

§ 242 Überleitungsvorschriften für die Erschließung

(1) Für vorhandene Erschließungsanlagen, für die eine Beitragspflicht auf Grund der bis zum 29. Juni 1961 geltenden Vorschriften nicht entstehen konnte, kann auch nach diesem Gesetzbuch kein Beitrag erhoben werden.

(2) Soweit am 29. Juni 1961 zur Erfüllung von Anliegerbeitragspflichten langfristige Verträge oder sonstige Vereinbarungen, insbesondere über das Ansammeln von Mitteln für den Straßenbau in Straßenbaukassen oder auf Sonderkonten bestanden, können die Länder ihre Abwicklung durch Gesetz regeln.

(3) § 125 Abs. 3 ist auch auf Bebauungspläne anzuwenden, die vor dem 1. Juli 1987 in Kraft getreten sind.

(4) [1]§ 127 Abs. 2 Nr. 2 ist auch auf Verkehrsanlagen anzuwenden, die vor dem 1. Juli 1987 endgültig hergestellt worden sind. [2]Ist vor dem 1. Juli 1987 eine Beitragspflicht nach Landesrecht entstanden, so verbleibt es dabei.

(5) [1]Ist für einen Kinderspielplatz eine Beitragspflicht bereits auf Grund der vor dem 1. Juli 1987 geltenden Vorschriften (§ 127 Abs. 2 Nr. 3 und 4 des Bundesbaugesetzes) entstanden, so verbleibt es dabei. [2]Die Gemeinde soll von der Erhebung des Erschließungsbeitrags ganz oder teilweise absehen, wenn dies auf Grund der örtlichen Verhältnisse, insbesondere unter Berücksichtigung des Nutzens des Kinderspielplatzes für die Allgemeinheit, geboten ist. [3]Satz 2 ist auch auf vor dem 1. Juli 1987 entstandene Beiträge anzuwenden, wenn

1. der Beitrag noch nicht entrichtet ist oder

2. er entrichtet worden, aber der Beitragsbescheid noch nicht unanfechtbar geworden ist.

(6) § 128 Abs. 1 ist auch anzuwenden, wenn der Umlegungsplan (§ 66 des Bundesbaugesetzes) oder die Vorwegregelung (§ 76 des Bundesbaugesetzes) vor dem 1. Juli 1987 ortsüblich bekannt gemacht worden ist (§ 71 des Bundesbaugesetzes).

(7) Ist vor dem 1. Juli 1987 über die Stundung des Beitrags für landwirtschaftlich genutzte Grundstücke (§ 135 Abs. 4 des Bundesbaugesetzes) entschieden und ist die Entscheidung noch nicht unanfechtbar geworden, ist § 135 Abs. 4 dieses Gesetzbuchs anzuwenden.

(8) [1]§ 124 Abs. 2 Satz 2 ist auch auf Kostenvereinbarungen in Erschließungsverträgen anzuwenden, die vor dem 1. Mai 1993 geschlossen worden sind. [2]Auf diese Verträge ist § 129 Abs. 1 Satz 3 weiterhin anzuwenden.

(9) ¹Für Erschließungsanlagen oder Teile von Erschließungsanlagen in dem in Artikel 3 des Einigungsvertrages genannten Gebiet, die vor dem Wirksamwerden des Beitritts bereits hergestellt worden sind, kann nach diesem Gesetz ein Erschließungsbeitrag nicht erhoben werden. ²Bereits hergestellte Erschließungsanlagen oder Teile von Erschließungsanlagen sind die einem technischen Ausbauprogramm oder den örtlichen Ausbaugepflogenheiten entsprechend fertig gestellten Erschließungsanlagen oder Teile von Erschließungsanlagen. ³Leistungen, die Beitragspflichtige für die Herstellung von Erschließungsanlagen oder Teilen von Erschließungsanlagen erbracht haben, sind auf den Erschließungsbeitrag anzurechnen. ⁴Die Landesregierungen werden ermächtigt, bei Bedarf Überleitungsregelungen durch Rechtsverordnung zu treffen.

§ 243 Überleitungsvorschriften für das Maßnahmengesetz zum Baugesetzbuch und dasBundesnaturschutzgesetz

(1) § 233 ist auf Verfahren, Pläne, Satzungen und Entscheidungen, die auf der Grundlage des Maßnahmengesetzes zum Baugesetzbuch eingeleitet, in Kraft getreten oder wirksam geworden sind, entsprechend anzuwenden.

(2) Bei Bauleitplanverfahren, die vor dem 1. Januar 1998 förmlich eingeleitet worden sind, kann die Eingriffsregelung nach dem Bundesnaturschutzgesetz in der bis zum 31. Dezember 1997 geltenden Fassung weiter angewendet werden.

§ 244 Überleitungsvorschriften für das Europarechtsanpassungsgesetz Bau

(1) Abweichend von § 233 Abs. 1 werden Verfahren für Bauleitpläne und Satzungen nach § 34 Abs. 4 Satz 1 und § 35 Abs. 6, die nach dem 20. Juli 2004 förmlich eingeleitet worden sind oder die nach dem 20. Juli 2006 abgeschlossen werden, nach den Vorschriften dieses Gesetzes zu Ende geführt.

(2) ¹Abweichend von Absatz 1 finden auf Bebauungsplanverfahren, die in der Zeit vom 14. März 1999 bis zum 20. Juli 2004 förmlich eingeleitet worden sind und die vor dem 20. Juli 2006 abgeschlossen werden, die Vorschriften des Baugesetzbuchs in der vor dem 20. Juli 2004 geltenden Fassung weiterhin Anwendung. ²Ist mit gesetzlich vorgeschriebenen einzelnen Verfahrensschritten noch nicht begonnen worden, können diese auch nach den Vorschriften dieses Gesetzes durchgeführt werden.

(3) § 4 Abs. 3 und § 4c gelten nur für Bauleitpläne, die nach Absatz 1 oder 2 nach den Vorschriften dieses Gesetzes zu Ende geführt werden.

(4) § 5 Abs. 1 Satz 3 ist auf Flächennutzungspläne, die vor dem 20. Juli 2004 aufgestellt worden sind, erstmals ab 1. Januar 2010 anzuwenden.

(5) ¹Die Gemeinden können Satzungen, die auf der Grundlage des § 19 in der vor dem 20. Juli 2004 geltenden Fassung erlassen worden sind, durch Satzung aufheben. ²Die Gemeinde hat diese Satzung ortsüblich bekannt zu machen; sie kann die Bekanntmachung auch in entsprechender Anwendung des § 10 Abs. 3 Satz 2 bis 5 vornehmen. ³Unbeschadet der Sätze 1 und 2 sind Satzungen auf der Grundlage des § 19 in der vor dem 20. Juli 2004 geltenden Fassung nicht mehr anzuwenden. ⁴Die Gemeinde hat auf die Nichtanwendbarkeit dieser Satzungen bis zum 31. Dezember 2004 durch ortsübliche Bekanntmachung hinzuweisen. ⁵Die Gemeinde hat das Grundbuchamt um Löschung eines von ihr nach § 20

Abs. 3 in der vor dem 20. Juli 2004 geltenden Fassung veranlassten Widerspruchs zu ersuchen.

(6) ¹Für eine auf der Grundlage des § 22 in der vor dem 20. Juli 2004 geltenden Fassung wirksam erlassene Satzung bleibt § 22 in der vor dem 20. Juli 2004 geltenden Fassung bis zum 30. Juni 2005 weiterhin anwendbar. ²Auf die Satzung ist § 22 in der geltenden Fassung anzuwenden, wenn beim Grundbuchamt vor Ablauf des 30. Juni 2005 eine den Anforderungen des § 22 Abs. 2 Satz 3 und 4 entsprechende Mitteilung der Gemeinde eingegangen ist. ³Ist die Mitteilung hinsichtlich der Satzung nicht fristgerecht erfolgt, ist die Satzung auf die von ihr erfassten Vorgänge nicht mehr anzuwenden. ⁴Eine Aussetzung der Zeugniserteilung nach § 22 Abs. 6 Satz 3 in der vor dem 20. Juli 2004 geltenden Fassung ist längstens bis zum 30. Juni 2005 wirksam. ⁵Die Baugenehmigungsbehörde hat das Grundbuchamt um Löschung eines von ihr nach § 20 Abs. 3 in der vor dem 20. Juli 2004 geltenden Fassung oder auf Grundlage von Satz 1 oder 4 in Verbindung mit § 20 Abs. 3 in der vor dem 20. Juli 2004 geltenden Fassung veranlassten Widerspruchs im Grundbuch zu ersuchen, wenn die Satzung nicht mehr anwendbar ist oder die Aussetzung der Zeugniserteilung unwirksam wird.

(7) § 35 Abs. 5 Satz 2 gilt nicht für die Zulässigkeit eines Vorhabens, das die Nutzungsänderung einer baulichen Anlage zum Inhalt hat, deren bisherige Nutzung vor dem 20. Juli 2004 zulässigerweise aufgenommen worden ist.

§ 245 Überleitungsvorschriften für den Stadtumbau und die Soziale Stadt

(1) Ein von einer Gemeinde bis zum 20. Juli 2004 im Hinblick auf die Verwaltungsvereinbarungen über die Gewährung von Finanzhilfen des Bundes an die Länder nach Artikel 104a Abs. 4 des Grundgesetzes zur Förderung städtebaulicher Maßnahmen beschlossenes Gebiet für Stadtumbaumaßnahmen sowie ein hierfür aufgestelltes städtebauliches Entwicklungskonzept der Gemeinde gilt als Stadtumbaugebiet und städtebauliches Entwicklungskonzept im Sinne des § 171b.

(2) Ein von der Gemeinde bis zum 20. Juli 2004 im Hinblick auf die Verwaltungsvereinbarungen über die Gewährung von Finanzhilfen des Bundes an die Länder nach Artikel 104a Abs. 4 des Grundgesetzes zur Förderung städtebaulicher Maßnahmen beschlossenes Gebiet für Maßnahmen der Sozialen Stadt sowie ein hierfür aufgestelltes Konzept der Gemeinde gilt als Gebiet und Entwicklungskonzept im Sinne des § 171e.

§ 245a (weggefallen)

§ 245b Überleitungsvorschriften für Vorhaben im Außenbereich

(1) *weggefallen*

(2) Die Länder können bestimmen, dass die Frist nach § 35 Abs. 4 Satz 1 Nr. 1 Buchstabe c bis zum 31. Dezember 2008 nicht anzuwenden ist.

§ 245c (weggefallen)

Zweiter Teil: Schlussvorschriften

§ 246 Sonderregelungen für einzelne Länder

(1) In den Ländern Berlin und Hamburg entfallen die in § 6 Abs. 1, § 10 Abs. 2 und § 190 Abs. 1 vorgesehenen Genehmigungen oder Zustimmungen; das Land Bremen kann bestimmen, dass diese Genehmigungen oder Zustimmungen entfallen.

(1a) ¹Die Länder können bestimmen, dass Bebauungspläne, die nicht der Genehmigung bedürfen, und Satzungen nach § 34 Abs. 4 Satz 1, § 35 Abs. 6 und § 165 Abs. 6 vor ihrem In-Kraft-Treten der höheren Verwaltungsbehörde anzuzeigen sind; dies gilt nicht für Bebauungspläne nach § 13. ²Die höhere Verwaltungsbehörde hat die Verletzung von Rechtsvorschriften, die eine Versagung der Genehmigung nach § 6 Abs. 2 rechtfertigen würde, innerhalb eines Monats nach Eingang der Anzeige geltend zu machen. ³Der Bebauungsplan und die Satzungen dürfen nur in Kraft gesetzt werden, wenn die höhere Verwaltungsbehörde die Verletzung von Rechtsvorschriften nicht innerhalb der in Satz 2 bezeichneten Frist geltend gemacht hat.

(2) ¹Die Länder Berlin und Hamburg bestimmen, welche Form der Rechtsetzung an die Stelle der in diesem Gesetzbuch vorgesehenen Satzungen tritt. ²Das Land Bremen kann eine solche Bestimmung treffen. ³Die Länder Berlin, Bremen und Hamburg können eine von § 10 Abs. 3, § 16 Abs. 2, § 22 Abs. 2, § 143 Abs. 1, § 162 Abs. 2 Satz 2 bis 4 und § 165 Abs. 8 abweichende Regelung treffen.

(3) *weggefallen*

(4) Die Senate der Länder Berlin, Bremen und Hamburg werden ermächtigt, die Vorschriften dieses Gesetzbuchs über die Zuständigkeit von Behörden dem besonderen Verwaltungsaufbau ihrer Länder anzupassen.

(5) Das Land Hamburg gilt für die Anwendung dieses Gesetzbuchs auch als Gemeinde.

(6) *weggefallen*

(7) ¹Die Länder können bestimmen, dass § 34 Abs. 1 Satz 1 bis zum 31. Dezember 2004 nicht für Einkaufszentren, großflächige Einzelhandelsbetriebe und sonstige großflächige Handelsbetriebe im Sinne des § 11 Abs. 3 der Baunutzungsverordnung anzuwenden ist. ²Wird durch eine Regelung nach Satz 1 die bis dahin zulässige Nutzung eines Grundstücks aufgehoben oder wesentlich geändert, ist § 238 entsprechend anzuwenden.

§ 246a (weggefallen)

§ 247 Sonderregelungen für Berlin als Hauptstadt der Bundesrepublik Deutschland

(1) Bei der Aufstellung von Bauleitplänen und sonstigen Satzungen nach diesem Gesetzbuch soll in der Abwägung den Belangen, die sich aus der Entwicklung Berlins als Hauptstadt Deutschlands ergeben, und den Erfordernissen der Verfassungsorgane des Bundes für die Wahrnehmung ihrer Aufgabe besonders Rechnung getragen werden.

(2) Die Belange und Erfordernisse nach Absatz 1 werden zwischen Bund und Berlin in einem Gemeinsamen Ausschuss erörtert.

(3) ¹Kommt es in dem Ausschuss zu keiner Übereinstimmung, können die Verfassungsorgane des Bundes ihre Erfordernisse eigenständig feststellen; sie haben dabei eine geordnete städtebauliche Entwicklung Berlins zu berücksichtigen. ²Die Bauleitpläne und sonstigen Satzungen nach diesem Gesetzbuch sind so anzupassen, dass den festgestellten Erfordernissen in geeigneter Weise Rechnung getragen wird.

(4) Haben die Verfassungsorgane des Bundes Erfordernisse nach Absatz 3 Satz 1 festgestellt und ist zu deren Verwirklichung die Aufstellung eines Bauleitplans oder einer sonstigen Satzung nach diesem Gesetzbuch geboten, soll der Bauleitplan oder die Satzung aufgestellt werden.

(5) *weggefallen*

(6) *weggefallen*

(7) Die Entwicklung der Parlaments- und Regierungsbereiche in Berlin entspricht den Zielen und Zwecken einer städtebaulichen Entwicklungsmaßnahme nach § 165 Abs. 2.

(8) ¹Ist im Rahmen von Genehmigungs-, Zustimmungs- oder sonstigen Verfahren für Vorhaben der Verfassungsorgane des Bundes Ermessen auszuüben oder sind Abwägungen oder Beurteilungen vorzunehmen, sind die von den Verfassungsorganen des Bundes entsprechend Absatz 3 festgelegten Erfordernisse mit dem ihnen nach dem Grundgesetz zukommenden Gewicht zu berücksichtigen. ²Absatz 2 ist entsprechend anzuwenden.

Anlage (zu § 2 Abs. 4 und § 2a)

Der Umweltbericht nach § 2 Abs. 4 und § 2a Satz 2 Nr. 2 besteht aus

1. einer Einleitung mit folgenden Angaben:

   a) Kurzdarstellung des Inhalts und der wichtigsten Ziele des Bauleitplans, einschließlich der Beschreibung der Festsetzungen des Plans mit Angaben über Standorte, Art und Umfang sowie Bedarf an Grund und Boden der geplanten Vorhaben und

   b) Darstellung der in einschlägigen Fachgesetzen und Fachplänen festgelegten Ziele des Umweltschutzes, die für den Bauleitplan von Bedeutung sind, und der Art, wie diese Ziele und die Umweltbelange bei der Aufstellung berücksichtigt wurden,

2. einer Beschreibung und Bewertung der Umweltauswirkungen, die in der Umweltprüfung nach § 2 Abs. 4 Satz 1 ermittelt wurden, mit Angaben der:

   a) Bestandsaufnahme der einschlägigen Aspekte des derzeitigen Umweltzustands, einschließlich der Umweltmerkmale der Gebiete, die voraussichtlich erheblich beeinflusst werden,

   b) Prognose über die Entwicklung des Umweltzustands bei Durchführung der Planung und bei Nichtdurchführung der Planung,

c) geplanten Maßnahmen zur Vermeidung, Verringerung und zum Ausgleich der nachteiligen Auswirkungen und

d) in Betracht kommenden anderweitigen Planungsmöglichkeiten, wobei die Ziele und der räumliche Geltungsbereich des Bauleitplans zu berücksichtigen sind,

3. folgenden zusätzlichen Angaben:

a) Beschreibung der wichtigsten Merkmale der verwendeten technischen Verfahren bei der Umweltprüfung sowie Hinweise auf Schwierigkeiten, die bei der Zusammenstellung der Angaben aufgetreten sind, zum Beispiel technische Lücken oder fehlende Kenntnisse,

b) Beschreibung der geplanten Maßnahmen zur Überwachung der erheblichen Auswirkungen der Durchführung des Bauleitplans auf die Umwelt und

c) allgemein verständliche Zusammenfassung der erforderlichen Angaben nach dieser Anlage.

Verordnung über die bauliche Nutzung der Grundstücke
(Baunutzungsverordnung – BauNVO)

in der Fassung der Bekanntmachung vom 23. Januar 1990 (BGBl. I S. 132), geändert durch Einigungsvertrag vom 31. August 1990 i. V. mit Gesetz vom 23. September 1990 (BGBl. II S. 885, 1124), durch Gesetz vom 22. April 1993 (BGBl. I S. 466) sowie die Texte der Baunutzungsverordnungen vom 26. Juni 1962 (BGBl. I S. 429), vom 26. November 1968 (BGBl. I S. 1237) und in der Fassung der Bekanntmachung vom 15. September 1977 (BGBl. I S. 1763) unter Berücksichtigung der dritten Verordnung zur Änderung der Baunutzungsverordnung vom 19. Dezember 1986 (BGBl. I S. 2665)

Die **BauNVO 1962** findet bei Bauleitplänen Anwendung, die ab dem 1. August 1962 ausgelegt oder rechtswirksam geworden sind;

Die **BauNVO 1968** findet bei Bauleitplänen Anwendung, die ab dem 1. Januar 1969 ausgelegt oder rechtswirksam geworden sind;

Die **BauNVO 1977** findet bei Bauleitplänen Anwendung, die ab dem 1. Oktober 1977 ausgelegt oder rechtswirksam geworden sind;

Die **BauNVO 1990** ist am 27. Januar 1990 in Kraft getreten und gilt für Bauleitpläne, die ab diesem Zeitpunkt ausgelegt und in Kraft getreten sind.

Inhaltsübersicht

Erster Abschnitt:
Art der baulichen Nutzung
- § 1 Allgemeine Vorschriften für Bauflächen und Baugebiete
- § 2 Kleinsiedlungsgebiete
- § 3 Reine Wohngebiete
- § 4 Allgemeine Wohngebiete
- § 4a Gebiete zur Erhaltung und Entwicklung der Wohnnutzung (besondere Wohngebiete)
- § 5 Dorfgebiete
- § 6 Mischgebiete
- § 7 Kerngebiete
- § 8 Gewerbegebiete
- § 9 Industriegebiete
- § 10 Sondergebiete, die der Erholung dienen
- § 11 Sonstige Sondergebiete
- § 12 Stellplätze und Garagen
- § 13 Gebäude und Räume für freie Berufe
- § 14 Nebenanlagen
- § 15 Allgemeine Voraussetzungen für die Zulässigkeit baulicher und sonstiger Anlagen

Zweiter Abschnitt:
Maß der baulichen Nutzung
- § 16 Bestimmung des Maßes der baulichen Nutzung
- § 17 Obergrenzen für die Bestimmung des Maßes der baulichen Nutzung
- § 18 Höhe baulicher Anlagen
- § 19 Grundflächenzahl, zulässige Grundfläche
- § 20 Vollgeschosse, Geschoßflächenzahl, Geschoßfläche
- § 21 Baumassenzahl, Baumasse
- § 21a Stellplätze, Garagen und Gemeinschaftsanlagen

Dritter Abschnitt:
Bauweise, überbaubare Grundstücksfläche
§ 22 Bauweise
§ 23 Überbaubare Grundstücksfläche
Vierter Abschnitt
§ 24 *(weggefallen)*
Fünfter Abschnitt:
Überleitungs- und Schlußvorschriften
§ 25 Fortführung eingeleiteter Verfahren
§ 25a Überleitungsvorschriften aus Anlaß der zweiten Änderungsverordnung
§ 25b Überleitungsvorschrift aus Anlaß der dritten Änderungsverordnung
§ 25c Überleitungsvorschrift aus Anlaß der vierten Änderungsverordnung
§ 26 Berlin-Klausel
§ 26a Überleitungsregelungen aus Anlaß der Herstellung der Einheit Deutschlands
§ 27 Inkrafttreten

Auf Grund des § 2 Abs. 5 Nr. 1 bis 3 des Baugesetzbuchs in der Fassung der Bekanntmachung vom 8. Dezember 1986 (BGBl.I S. 2253) wird verordnet:

Erster Abschnitt: Art der baulichen Nutzung

§ 1 Allgemeine Vorschriften für Bauflächen und Baugebiete

(1) Im Flächennutzungsplan können die für die Bebauung vorgesehenen Flächen nach der allgemeinen Art ihrer baulichen Nutzung (Bauflächen) dargestellt werden als

1. Wohnbauflächen   (W)
2. gemischte Bauflächen   (M)
3. gewerbliche Bauflächen   (G)
4. Sonderbauflächen   (S).

(2) Die für die Bebauung vorgesehenen Flächen können nach der besonderen Art ihrer baulichen Nutzung (Baugebiete) dargestellt werden als

1. Kleinsiedlungsgebiete   (WS)
2. reine Wohngebiete   (WR)
3. allgemeine Wohngebiete   (WA)
4. besondere Wohngebiete   (WE)
5. Dorfgebiete   (MD)
6. Mischgebiete   (MI)
7. Kerngebiete   (MK)
8. Gewerbegebiete   (GE)
9. Industriegebiete   (GI)
10. Sondergebiete   (SO)

(3) ¹Im Bebauungsplan können die in Absatz 2 bezeichneten Baugebiete festgesetzt werden. ²Durch die Festsetzung werden die Vorschriften der §§ 2 bis 14 Bestandteil des Bebauungsplans, soweit nicht auf Grund der Absätze 4 bis 10 etwas anderes bestimmt wird. ³Bei Festsetzung von Sondergebieten finden die Vorschriften über besondere Festsetzungen nach den Absätzen 4 bis 10 keine Anwendung; besondere Festsetzungen über die Art der Nutzung können nach den §§ 10 und 11 getroffen werden.

(4) ¹Für die in den §§ 4 bis 9 bezeichneten Baugebiete können im Bebauungsplan für das jeweilige Baugebiet Festsetzungen getroffen werden, die das Baugebiet

1. nach der Art der zulässigen Nutzung,

2. nach der Art der Betriebe und Anlagen und deren besonderen Bedürfnissen und Eigenschaften

gliedern. ²Die Festsetzungen nach Satz 1 können auch für mehrere Gewerbegebiete einer Gemeinde im Verhältnis zueinander getroffen werden; dies gilt auch für Industriegebiete. ³Absatz 5 bleibt unberührt.

(5) Im Bebauungsplan kann festgesetzt werden, dass bestimmte Arten von Nutzungen, die nach den §§ 2, 4 bis 9 und 13 allgemein zulässig sind, nicht zulässig sind oder nur ausnahmsweise zugelassen werden können, sofern die allgemeine Zweckbestimmung des Baugebiets gewahrt bleibt.

(6) Im Bebauungsplan kann festgesetzt werden, dass alle oder einzelne Ausnahmen, die in den Baugebieten nach den §§ 2 bis 9 vorgesehen sind,

1. nicht Bestandteil des Bebauungsplans werden oder

2. in dem Baugebiet allgemein zulässig sind, sofern die allgemeine Zweckbestimmung des Baugebiets gewahrt bleibt.

(7) In Bebauungsplänen für Baugebiete nach den §§ 4 bis 9 kann, wenn besondere städtebauliche Gründe dies rechtfertigen (§ 9 Abs. 3 des Baugesetzbuchs), festgesetzt werden, dass in bestimmten Geschossen, Ebenen oder sonstigen Teilen baulicher Anlagen

1. nur einzelne oder mehrere der in dem Baugebiet allgemein zulässigen Nutzungen zulässig sind,

2. einzelne oder mehrere der in dem Baugebiet allgemein zulässigen Nutzungen unzulässig sind oder als Ausnahme zugelassen werden können oder

3. alle oder einzelne Ausnahmen, die in den Baugebieten nach den §§ 4 bis 9 vorgesehen sind, nicht zulässig oder, sofern die allgemeine Zweckbestimmung des Baugebiets gewahrt bleibt, allgemein zulässig sind.

(8) Die Festsetzungen nach den Absätzen 4 bis 7 können sich auch auf Teile des Baugebiets beschränken.

(9) Wenn besondere städtebauliche Gründe dies rechtfertigen, kann im Bebauungsplan bei Anwendung der Absätze 5 bis 8 festgesetzt werden, dass nur bestimmte Arten der in den Baugebieten allgemein oder ausnahmsweise zulässigen baulichen oder sonstigen Anlagen zulässig oder nicht zulässig sind oder nur ausnahmsweise zugelassen werden können.

(10) ¹Wären bei Festsetzung eines Baugebiets nach den §§ 2 bis 9 in überwiegend bebauten Gebieten bestimmte vorhandene bauliche und sonstige Anlagen unzulässig, kann im Bebauungsplan festgesetzt werden, dass Erweiterungen, Änderungen, Nutzungsänderungen und Erneuerungen dieser Anlagen allgemein zulässig sind oder ausnahmsweise zugelassen werden können. ²Im Bebauungsplan können nähere Bestimmungen über die Zulässigkeit getroffen werden. ³Die allgemeine Zweckbestimmung des Baugebiets muss in seinen übrigen Teilen gewahrt bleiben. ⁴Die Sätze 1 bis 3 gelten auch für die Änderung und Ergänzung von Bebauungsplänen.

BauNVO 1977:

(1) Im Flächennutzungsplan sind, soweit es erforderlich ist, die für die Bebauung vorgesehenen Flächen (§ 5 Abs. 2 Nr. 1 des Bundesbaugesetzes) nach der allgemeinen Art ihrer baulichen Nutzung (Bauflächen) darzustellen als

1. *Wohnbauflächen*   *(W)*
2. *gemischte Bauflächen*   *(M)*
3. *gewerbliche Bauflächen*   *(G)*
4. *Sonderbauflächen*   *(S).*

(2) Soweit es erforderlich ist, sind die für die Bebauung vorgesehenen Flächen nach der besonderen Art ihrer baulichen Nutzung (Baugebiete) darzustellen als

1. *Kleinsiedlungsgebiete*   *(WS)*
2. *reine Wohngebiete*   *(WR)*
3. *allgemeine Wohngebiete*   *(WA)*
4. *besondere Wohngebiete*   *(WB)*
5. *Dorfgebiete*   *(MD)*
6. *Mischgebiete*   *(MI)*
7. *Kerngebiete*   *(MK)*
8. *Gewerbegebiete*   *(GE)*
9. *Industriegebiete*   *(GI)*
10. *Sondergebiete*   *(SO).*

(3) Im Bebauungsplan sind, soweit es erforderlich ist, die in Absatz 2 bezeichneten Baugebiete festzusetzen. Durch die Festsetzung werden die Vorschriften der §§ 2 bis 14 Bestandteil des Bebauungsplans, soweit nicht aufgrund der Absätze 4 bis 9 etwas anderes bestimmt wird.

(4) Für die in den §§ 4 bis 9 und 11 bezeichneten Baugebiete können im Bebauungsplan für das jeweilige Baugebiet Festsetzungen getroffen werden, die das Baugebiet

1. nach der Art der zulässigen Nutzung,

2. nach der Art der Betriebe und Anlagen und deren besonderen Bedürfnissen und Eigenschaften gliedern. Die Festsetzungen nach Satz 1 können auch für mehrere Gewerbegebiete einer Gemeinde im Verhältnis zueinander getroffen werden; dies gilt auch für Industriegebiete. Absatz 5 bleibt unberührt.

(5) Wie BauNVO 1990.

(6) Wie BauNVO 1990.

(7) Wie BauNVO 1990 (außer der Erwähnung von § 11 neben den §§ 4 bis 9).

(8) und (9) Wie BauNVO 1990.

(10) fehlt.

BauNVO 1968:

(2) Soweit es erforderlich ist, sind die für die Bebauung vorgesehenen Flächen nach der besonderen Art ihrer baulichen Nutzung (Baugebiete) darzustellen als

1. Kleinsiedlungsgebiete	(WS)
2. reine Wohngebiete	(WR)
3. allgemeine Wohngebiete	(WA)
4. Dorfgebiete	(MD)
5. Mischgebiete	(MI)
6. Kerngebiete	(MK)
7. Gewerbegebiete	(GE)
8. Industriegebiete	(GI)
9. Wochenendhausgebiete	(SW)
10. Sondergebiete	(SO).

(3) Im Bebauungsplan sind, soweit es erforderlich ist, die in Absatz 2 bezeichneten Baugebiete festzusetzen. Durch die Festsetzung werden die Vorschriften der §§ 2 bis 10 und 12 bis 14 Bestandteil des Bebauungsplanes, soweit nicht auf Grund der Absätze 4 und 5 etwas anderes bestimmt wird.

(4) Im Bebauungsplan kann festgesetzt werden, daß Ausnahmen, die in den einzelnen Baugebieten nach den §§ 2 bis 9 vorgesehen sind, ganz oder teilweise nicht Bestandteil des Bebauungsplanes werden.

(5) Im Bebauungsplan kann festgesetzt werden, daß Anlagen, die in den einzelnen Baugebieten nach den §§ 2 bis 9 ausnahmsweise zugelassen werden können, in dem jeweiligen Baugebiet ganz oder teilweise allgemein zulässig sind, sofern die Eigenart des Baugebietes im allgemeinen gewahrt bleibt.

BauNVO 1962:

(2) Soweit es erforderlich ist, sind die Bauflächen nach der besonderen Art ihrer baulichen Nutzung in Baugebiete (§ 5 Abs. 2 Nr. 1 Bundesbaugesetz) zu gliedern, und zwar:

1. die Wohnbauflächen in

a) Kleinsiedlungsgebiete   *(WS)*

b) reine Wohngebiete   *(WR)*

c) allgemeine Wohngebiete   *(WA)*

2. die gemischten Bauflächen in

a) Dorfgebiete   *(MD)*

b) Mischgebiete   *(MI)*

c) Kerngebiete   *(MK)*

3. die gewerblichen Bauflächen in

a) Gewerbegebiete   *(GE)*

b) Industriegebiete   *(GI)*

4. die Sonderbauflächen in

a) Wochenendhausgebiete   *(SW)*

b) Sondergebiete   *(SO).*

(3) bis (5) Wie BauNVO 1968.

§ 2 Kleinsiedlungsgebiete

(1) Kleinsiedlungsgebiete dienen vorwiegend der Unterbringung von Kleinsiedlungen einschließlich Wohngebäuden mit entsprechenden Nutzgärten und landwirtschaftlichen Nebenerwerbsstellen.

(2) Zulässig sind

1. Kleinsiedlungen einschließlich Wohngebäude mit entsprechenden Nutzgärten, landwirtschaftliche Nebenerwerbsstellen und Gartenbaubetriebe,

2. die der Versorgung des Gebiets dienenden Läden, Schank- und Speisewirtschaften sowie nicht störenden Handwerksbetriebe.

(3) Ausnahmsweise können zugelassen werden

1. sonstige Wohngebäude mit nicht mehr als zwei Wohnungen,

2. Anlagen für kirchliche, kulturelle, soziale, gesundheitliche und sportliche Zwecke,

3. Tankstellen,

4. nicht störende Gewerbebetriebe.

BauNVO 1977:

(1) Kleinsiedlungsgebiete dienen vorwiegend der Unterbringung von Kleinsiedlungen und landwirtschaftlichen Nebenerwerbsstellen.

(2) Zulässig sind

1. Kleinsiedlungen, landwirtschaftliche Nebenerwerbsstellen und Gartenbaubetriebe,

2. die der Versorgung des Gebiets dienenden Läden, Schank- und Speisewirtschaften sowie nicht störende Handwerksbetriebe.

(3) Wie BauNVO 1990.

BauNVO 1988:

Wie BauNVO 1977.

BauNVO 1962:

Wie BauNVO 1977.

§ 3 Reine Wohngebiete

(1) Reine Wohngebiete dienen dem Wohnen.

(2) Zulässig sind Wohngebäude.

(3) Ausnahmsweise können zugelassen werden

1. Läden und nicht störende Handwerksbetriebe, die zur Deckung des täglichen Bedarfs für die Bewohner des Gebiets dienen, sowie kleine Betriebe des Beherbergungsgewerbes,

2. Anlagen für soziale Zwecke sowie den Bedürfnissen der Bewohner des Gebiets dienende Anlagen für kirchliche, kulturelle, gesundheitliche und sportliche Zwecke.

(4) Zu den nach Absatz 2 sowie den §§ 2, 4 bis 7 zulässigen Wohngebäuden gehören auch solche, die ganz oder teilweise der Betreuung und Pflege ihrer Bewohner dienen.

BauNVO 1977:

(1) Reine Wohngebiete dienen ausschließlich dem Wohnen.

(2) Wie BauNVO 1990.

(3) Ausnahmsweise können Läden und nicht störende Handwerksbetriebe, die zur Deckung des täglichen Bedarfs für die Bewohner des Gebiets dienen, sowie kleine Betriebe des Beherbergungsgewerbes zugelassen werden.

(4) Im Bebauungsplan kann festgesetzt werden, daß in dem Gebiet oder in bestimmten Teilen des Gebiets Wohngebäude nicht mehr als zwei Wohnungen haben dürfen.

BauNVO 1968:

(4) Im Bebauungsplan kann festgesetzt werden, daß in dem Gebiet oder in bestimmten Teilen des Gebietes nur Wohngebäude mit nicht mehr als zwei Wohnungen zulässig sind.

BauNVO 1962:

(4) Wie BauNVO 1968.

§ 4 Allgemeine Wohngebiete

(1) Allgemeine Wohngebiete dienen vorwiegend dem Wohnen.

(2) Zulässig sind

1. Wohngebäude,

2. die der Versorgung des Gebiets dienenden Läden, Schank- und Speisewirtschaften sowie nicht störenden Handwerksbetriebe,

3. Anlagen für kirchliche, kulturelle, soziale, gesundheitliche und sportliche Zwecke.

(3) Ausnahmsweise können zugelassen werden

1. Betriebe des Beherbergungsgewerbes,

2. sonstige nicht störende Gewerbebetriebe,

3. Anlagen für Verwaltungen,

4. Gartenbaubetriebe,

5. Tankstellen.

BauNVO 1977:

(1) Allgemeine Wohngebiete dienen vorwiegend dem Wohnen.

(2) Zulässig sind

1. Wohngebäude,

2. die der Versorgung des Gebiets dienenden Läden, Schank- und Speisewirtschaften sowie nicht störende Handwerksbetriebe,

3. Anlagen für kirchliche, kulturelle, soziale und gesundheitliche Zwecke

(3) Ausnahmsweise können zugelassen werden

1. Betriebe des Beherbergungsgewerbes,

2. sonstige nicht störende Gewerbebetriebe,

3. Anlagen für Verwaltungen und sportliche Zwecke,

4. Gartenbaubetriebe,

5. Tankstellen,

6. Ställe für Kleintierhaltung als Zubehör zu Kleinsiedlungen und landwirtschaftlichen Nebenerwerbsstellen; die Zulässigkeit von untergeordneten Nebenanlagen und Einrichtungen für die Kleintierhaltung nach § 14 bleibt unberührt.

(4) Im Bebauungsplan kann festgesetzt werden, daß in bestimmten Teilen des Gebiets Wohngebäude nicht mehr als zwei Wohnungen haben dürfen.

BauNVO 1968:

(3) Ausnahmsweise können zugelassen werden

1. Betriebe des Beherbergungsgewerbes,

2. sonstige nicht störende Gewerbebetriebe,

3. Anlagen für Verwaltungen sowie für sportliche Zwecke,

4. Gartenbaubetriebe,

5. Tankstellen,

6. Ställe für Kleintierhaltung als Zubehör zu Kleinsiedlungen und landwirtschaftlichen Nebenerwerbsstellen.

(4) Im Bebauungsplan kann festgesetzt werden, daß in bestimmten Teilen des Gebietes nur Wohngebäude mit nicht mehr als zwei Wohnungen zulässig sind.

(5) Im Bebauungsplan kann festgesetzt werden, daß in dem Gebiet oder in bestimmten Teilen des Gebietes im Erdgeschoß nur die in Absatz 2 Nr. 2 genannten Nutzungsarten zulässig sind.

BauNVO 1962:

(4) Im Bebauungsplan kann festgesetzt werden, daß in bestimmten Teilen des Gebietes nur Wohngebäude mit nicht mehr als zwei Wohnungen zulässig sind. Abs. 5 fehlt.

§ 4a Gebiete zur Erhaltung und Entwicklung der Wohnnutzung (besondere Wohngebiete)

(1) ¹Besondere Wohngebiete sind überwiegend bebaute Gebiete, die auf Grund ausgeübter Wohnnutzung und vorhandener sonstiger in Absatz 2 genannter Anlagen eine besondere Eigenart aufweisen und in denen unter Berücksichtigung dieser Eigenart die Wohnnutzung erhalten und fortentwickelt werden soll. ²Besondere Wohngebiete dienen vorwiegend dem Wohnen; sie dienen auch der Unterbringung von Gewerbebetrieben und sonstigen Anlagen im Sinne der Absätze 2 und 3, soweit diese Betriebe und Anlagen nach der besonderen Eigenart des Gebiets mit der Wohnnutzung vereinbar sind.

(2) Zulässig sind

1. Wohngebäude,

2. Läden, Betriebe des Beherbergungsgewerbes, Schank- und Speisewirtschaften,

3. sonstige Gewerbebetriebe,

4. Geschäfts- und Bürogebäude,

5. Anlagen für kirchliche, kulturelle, soziale, gesundheitliche und sportliche Zwecke.

(3) Ausnahmsweise können zugelassen werden

1. Anlagen für zentrale Einrichtungen der Verwaltung,

2. Vergnügungsstätten, soweit sie nicht wegen ihrer Zweckbestimmung oder ihres Umfangs nur in Kerngebieten allgemein zulässig sind,

3. Tankstellen.

(4) Für besondere Wohngebiete oder Teile solcher Gebiete kann, wenn besondere städtebauliche Gründe dies rechtfertigen (§ 9 Abs. 3 des Baugesetzbuchs), festgesetzt werden, dass

1. oberhalb eines im Bebauungsplan bestimmten Geschosses nur Wohnungen zulässig sind oder

2. in Gebäuden ein im Bebauungsplan bestimmter Anteil der zulässigen Geschossfläche oder eine bestimmte Größe der Geschossfläche für Wohnungen zu verwenden ist.

BauNVO 1977:

(1) Wie BauNVO 1990.

(2) Zulässig sind

1. bis 4. wie BauNVO 1990

5. Anlagen für kirchliche, kulturelle, soziale, sportliche und gesundheitliche Zwecke.

(3) Ausnahmsweise können zugelassen werden

1. Anlagen für zentrale Einrichtungen der Verwaltung,

2. Vergnügungsstätten,

3. Tankstellen,

(4) Wie BauNVO 1990.

BauNVO 1968:

Keine Regelung.

BauNVO 1962:

Keine Regelung.

§ 5 Dorfgebiete

(1) ¹Dorfgebiete dienen der Unterbringung der Wirtschaftsstellen land- und forstwirtschaftlicher Betriebe, dem Wohnen und der Unterbringung von nicht wesentlich störenden Gewerbebetrieben sowie der Versorgung der Bewohner des Gebiets dienenden Handwerksbetrieben. ²Auf die Belange der land- und forstwirtschaftlichen Betriebe einschließlich ihrer Entwicklungsmöglichkeiten ist vorrangig Rücksicht zu nehmen.

(2) Zulässig sind

1. Wirtschaftsstellen land- und forstwirtschaftlicher Betriebe und die dazugehörigen Wohnungen und Wohngebäude,

2. Kleinsiedlungen einschließlich Wohngebäude mit entsprechenden Nutzgärten und landwirtschaftliche Nebenerwerbsstellen,

3. sonstige Wohngebäude,

4. Betriebe zur Be- und Verarbeitung und Sammlung land- und forstwirtschaftlicher Erzeugnisse,

5. Einzelhandelsbetriebe, Schank- und Speisewirtschaften sowie Betriebe des Beherbergungsgewerbes,

6. sonstige Gewerbebetriebe,

7. Anlagen für örtliche Verwaltungen sowie für kirchliche, kulturelle, soziale, gesundheitliche und sportliche Zwecke,

8. Gartenbaubetriebe, 9. Tankstellen.

(3) Ausnahmsweise können Vergnügungsstätten im Sinne des § 4a Abs. 3 Nr. 2 zugelassen werden.

BauNVO 1977:

(1) Dorfgebiete dienen vorwiegend der Unterbringung der Wirtschaftsstellen land- und forstwirtschaftlicher Betriebe und dem dazugehörigen Wohnen; sie dienen auch dem sonstigen Wohnen.

(2) Zulässig sind

1. wie BauNVO 1990.

2. Kleinsiedlungen und landwirtschaftliche Nebenerwerbsstellen,

3. bis 5. wie BauNVO 1990.

6. Handwerksbetriebe, die der Versorgung der Bewohner des Gebiets dienen,

7. sonstige nicht störende Gewerbebetriebe,

8. bis 10. wie 7. bis 9. BauNVO 1990.

BauNVO 1968:

(1) Dorfgebiete dienen vorwiegend der Unterbringung der Wirtschaftsstellen land- und forstwirtschaftlicher Betriebe und dem Wohnen.

(2) Zulässig sind

1. Wirtschaftsstellen land- und forstwirtschaftlicher Betriebe,

2. Kleinsiedlungen und landwirtschaftliche Nebenerwerbsstellen,

3. Wohngebäude,

4. u. 5. wie BauNVO 1990.

6. u. 7. wie BauNVO 1977.

8. bis 10. wie 7. bis 9. BauNVO 1990.

(3) Die Dorfgebiete einer Gemeinde oder Teile eines Dorfgebietes können im Bebauungsplan nach der Art der zulässigen Nutzung gegliedert werden.

BauNVO 1962:

Wie BauNVO 1968, (3) fehlt.

§ 6 Mischgebiete

(1) Mischgebiete dienen dem Wohnen und der Unterbringung von Gewerbebetrieben, diedas Wohnen nicht wesentlich stören.

(2) Zulässig sind

1. Wohngebäude,

2. Geschäfts- und Bürogebäude,

3. Einzelhandelsbetriebe, Schank- und Speisewirtschaften sowie Betriebe des Beherbergungsgewerbes,

4. sonstige Gewerbebetriebe,

5. Anlagen für Verwaltungen sowie für kirchliche, kulturelle, soziale, gesundheitliche und sportliche Zwecke,

6. Gartenbaubetriebe,

7. Tankstellen,

8. Vergnügungsstätten im Sinne des § 4a Abs. 3 Nr. 2 in den Teilen des Gebiets, die überwiegend durch gewerbliche Nutzungen geprägt sind.

(3) Ausnahmsweise können Vergnügungsstätten im Sinne des § 4a Abs. 3 Nr. 2 außerhalb der in Absatz 2 Nr. 8 bezeichneten Teile des Gebiets zugelassen werden.

BauNVO 1977:

(1) und (2) bis Nr. 7 wie BauNVO 1990

(3) Ausnahmsweise können Ställe für Kleintierhaltung als Zubehör zu Kleinsiedlungen und landwirtschaftlichen Nebenerwerbsstellen zugelassen werden; die Zulässigkeit von untergeordneten Nebenanlagen und Einrichtungen für die Kleintierhaltung nach § 14 bleibt unberührt.

BauNVO 1968:

(2) 4. Sonstige nicht wesentlich störende Gewerbebetriebe.

(4) Im Bebauungsplan kann festgesetzt werden, daß in dem Gebiet oder in bestimmten Teilen des Gebietes im Erdgeschoß nur die in Abs. 2 Nr. 3 genannten Nutzungsarten sowie sonstige Läden zulässig sind.

BauNVO 1962:

Wie BauNVO 1968, (4) fehlt.

§ 7 Kerngebiete

(1) Kerngebiete dienen vorwiegend der Unterbringung von Handelsbetrieben sowie der zentralen Einrichtungen der Wirtschaft, der Verwaltung und der Kultur.

(2) Zulässig sind

1. Geschäfts-, Büro- und Verwaltungsgebäude,

2. Einzelhandelsbetriebe, Schank- und Speisewirtschaften, Betriebe des Beherbergungsgewerbes und Vergnügungsstätten,

3. sonstige nicht wesentlich störende Gewerbebetriebe,

4. Anlagen für kirchliche, kulturelle, soziale, gesundheitliche und sportliche Zwecke,

5. Tankstellen im Zusammenhang mit Parkhäusern und Großgaragen,

6. Wohnungen für Aufsichts- und Bereitschaftspersonen sowie für Betriebsinhaber und Betriebsleiter,

7. sonstige Wohnungen nach Maßgabe von Festsetzungen des Bebauungsplans.

(3) Ausnahmsweise können zugelassen werden

1. Tankstellen, die nicht unter Absatz 2 Nr. 5 fallen,

2. Wohnungen, die nicht unter Absatz 2 Nr. 6 und 7 fallen.

(4) ¹Für Teile eines Kerngebiets kann, wenn besondere städtebauliche Gründe dies rechtfertigen (§ 9 Abs. 3 des Baugesetzbuchs), festgesetzt werden, dass

1. oberhalb eines im Bebauungsplan bestimmten Geschosses nur Wohnungen zulässig sind oder

2. in Gebäuden ein im Bebauungsplan bestimmter Anteil der zulässigen Geschossfläche oder eine bestimmte Größe der Geschossfläche für Wohnungen zu verwenden ist.

²Dies gilt auch, wenn durch solche Festsetzungen dieser Teil des Kerngebiets nicht vorwiegend der Unterbringung von Handelsbetrieben sowie der zentralen Einrichtungen der Wirtschaft, der Verwaltung und der Kultur dient.

BauNVO 1977:

(1) Kerngebiete dienen vorwiegend der Unterbringung von Handelsbetrieben sowie der zentralen Einrichtungen der Wirtschaft und der Verwaltung.

(2) Zulässig sind

1. und 2. wie BauNVO 1990.

3. sonstige nicht störende Gewerbebetriebe,

4. Anlagen für kirchliche, kulturelle, soziale und gesundheitliche Zwecke,

5. und 6. wie BauNVO 1990.

7. sonstige Wohnungen oberhalb eines im Bebauungsplan bestimmten Geschosses.

(3) Wie BauNVO 1990.

(4) Wie BauNVO 1990, nur der Schlußsatz ist geändert:

Dies gilt auch, wenn durch solche Festsetzungen dieser Teil des Kerngebiets nicht vorwiegend der Unterbringung von Handelsbetrieben sowie der zentralen Einrichtungen der Wirtschaft und Verwaltung dient.

BauNVO 1968:

(4) Im Bebauungsplan kann festgesetzt werden, daß in dem Gebiet oder in bestimmten Teilen des Gebietes in Geschossen, die an begehbaren Verkehrsflächen liegen, nur die in Absatz 2 Nr. 5 genannten Nutzungsarten sowie sonstige Läden zulässig sind.

(5) Die Kerngebiete einer Gemeinde oder Teile eines Kerngebietes können im Bebauungsplan nach der Art der zulässigen Nutzung gegliedert werden. Absatz 4 bleibt unberührt.

BauNVO 1962:

(2) Zulässig sind

1. Geschäfts-, Büro- und Verwaltungsgebäude,

2. Einzelhandelsbetriebe, Schank- und Speisewirtschaften, Betriebe des Beherbergungsgewerbes und Vergnügungsstätten,

3. sonstige nicht störende Gewerbebetriebe,

4. Anlagen für kirchliche, kulturelle, soziale und gesundheitliche Zwecke,

5. Tankstellen,

6. Wohnungen für Aufsichts- und Bereitschaftspersonen sowie für Betriebsinhaber und Betriebsleiter.

(3) Ausnahmsweise können Wohnungen, die nicht unter Absatz 2 Nr. 6 fallen, zugelassen werden.

(4) und (5) fehlen.

§ 8 Gewerbegebiete

(1) Gewerbegebiete dienen vorwiegend der Unterbringung von nicht erheblich belästigenden Gewerbebetrieben.

(2) Zulässig sind

1. Gewerbebetriebe aller Art, Lagerhäuser, Lagerplätze und öffentliche Betriebe,

2. Geschäfts-, Büro- und Verwaltungsgebäude,

3. Tankstellen,

4. Anlagen für sportliche Zwecke.

(3) Ausnahmsweise können zugelassen werden

1. Wohnungen für Aufsichts- und Bereitschaftspersonen sowie für Betriebsinhaber und Betriebsleiter, die dem Gewerbebetrieb zugeordnet und ihm gegenüber in Grundfläche und Baumasse untergeordnet sind,

2. Anlagen für kirchliche, kulturelle, soziale und gesundheitliche Zwecke,

3. Vergnügungsstätten.

BauNVO 1977:

(1) Wie BauNVO 1990.

(2) Zulässig sind

1. *Gewerbebetriebe aller Art, Lagerhäuser, Lagerplätze und öffentliche Betriebe, soweit diese Anlagen für die Umgebung keine erheblichen Nachteile oder Belästigungen zur Folge haben können,*
2. *Geschäfts-, Büro- und Verwaltungsgebäude,*
3. *Tankstellen.*

(3) Ausnahmsweise können zugelassen werden

1. *Wohnungen für Aufsichts- und Bereitschaftspersonen sowie für Betriebsinhaber und Betriebsleiter,*
2. *Anlagen für kirchliche, kulturelle, soziale, gesundheitliche und sportliche Zwecke.*

BauNVO 1968:

(2) 1. Gewerbebetriebe aller Art mit Ausnahme von Einkaufszentren und Verbrauchermärkten im Sinne des § 11 Abs. 3, Lagerhäuser, Lagerplätze und öffentliche Betriebe, soweit diese Anlagen für die Umgebung keine erheblichen Nachteile oder Belästigungen zur Folge haben können.

(4) Die Gewerbegebiete einer Gemeinde oder Teile eines Gewerbegebietes können im Bebauungsplan nach der Art der Betriebe und Anlagen und deren besonderen Bedürfnissen und Eigenschaften gegliedert werden.

BauNVO 1962:

(2) 1. Gewerbebetriebe aller Art, Lagerhäuser, Lagerplätze und öffentliche Betriebe, soweit diese Anlagen für die Umgebung keine erheblichen Nachteile oder Belästigungen zur Folge haben können.

(4) Die Gewerbegebiete einer Gemeinde oder Teile eines Gewerbegebietes können im Bebauungsplan nach der Art der Betriebe und Anlagen gegliedert werden.

§ 9 Industriegebiete

(1) Industriegebiete dienen ausschließlich der Unterbringung von Gewerbebetrieben, und zwar vorwiegend solcher Betriebe, die in anderen Baugebieten unzulässig sind.

(2) Zulässig sind

1. Gewerbebetriebe aller Art, Lagerhäuser, Lagerplätze und öffentliche Betriebe,
2. Tankstellen.

(3) Ausnahmsweise können zugelassen werden

1. Wohnungen für Aufsichts- und Bereitschaftspersonen sowie für Betriebsinhaber und Betriebsleiter, die dem Gewerbebetrieb zugeordnet und ihm gegenüber in Grundfläche und Baumasse untergeordnet sind,

2. Anlagen für kirchliche, kulturelle, soziale, gesundheitliche und sportliche Zwecke.

BauNVO 1977:

(1) Wie BauNVO 1990.

(2) Wie BauNVO 1990.

(3) Ausnahmsweise können zugelassen werden

1. Wohnungen für Aufsichts- und Bereitschaftspersonen sowie für Betriebsinhaber und Betriebsleiter,

2. Anlagen für kirchliche, kulturelle, soziale, gesundheitliche und sportliche Zwecke.

BauNVO 1968:

(2) 1. Gewerbebetriebe aller Art, mit Ausnahme von Einkaufszentren und Verbrauchermärkten im Sinne des § 11 Abs. 3, Lagerhäuser, Lagerplätze und öffentliche Betriebe.

(4) Die Industriegebieter einer Gemeinde oder Teile eines Industriegebietes können im Bebauungsplan nach der Art der Betriebe und Anlagen und deren besonderen Bedürfnissen und Eigenschaften gegliedert werden.

BauNVO 1962:

(2) 1. Gewerbebetriebe aller Art, Lagerhäuser, Lagerplätze und öffentliche Betriebe.

(4) Die Industriegebiete einer Gemeinde oder Teile eines Industriegebietes können im Bebauungsplan nach der Art der Betriebe und Anlagen gegliedert werden.

§ 10 Sondergebiete, die der Erholung dienen

(1) Als Sondergebiete, die der Erholung dienen, kommen insbesondere in Betracht

Wochenendhausgebiete,

Ferienhausgebiete

Campingplatzgebiete

(2) ¹Für Sondergebiete, die der Erholung dienen, sind die Zweckbestimmung und die Art der Nutzung darzustellen und festzusetzen. ²Im Bebauungsplan kann festgesetzt werden, dass bestimmte, der Eigenart des Gebiets entsprechende Anlagen und Einrichtungen zur Versorgung des Gebiets und für sportliche Zwecke allgemein zulässig sind oder ausnahmsweise zugelassen werden können.

(3) ¹In Wochenendhausgebieten sind Wochenendhäuser als Einzelhäuser zulässig. ²Im Bebauungsplan kann festgesetzt werden, dass Wochenendhäuser nur als Hausgruppen zulässig sind oder ausnahmsweise als Hausgruppen zugelassen werden können. ³Die zulässige Grundfläche der Wochenendhäuser ist im Bebauungsplan, begrenzt nach der besonderen Eigenart des Gebiets, unter Berücksichtigung der landschaftlichen Gegebenheiten festzusetzen.

(4) ¹In Ferienhausgebieten sind Ferienhäuser zulässig, die auf Grund ihrer Lage, Größe, Ausstattung, Erschließung und Versorgung für den Erholungsaufenthalt geeignet und dazu bestimmt sind, überwiegend und auf Dauer einem wechselnden Personenkreis zur Erholung zu dienen. ²Im Bebauungsplan kann die Grundfläche der Ferienhäuser, begrenzt nach der besonderen Eigenart des Gebiets, unter Berücksichtigung der landschaftlichen Gegebenheiten festgesetzt werden.

(5) In Campingplatzgebieten sind Campingplätze und Zeltplätze zulässig.

BauNVO 1977:

Wie BauNVO 1990.

BauNVO 1968:

Wochenendhausgebiete

In Wochenendhausgebieten sind ausschließlich Wochenendhäuser als Einzelhäuser zulässig. Ihre Grundfläche ist im Bebauungsplan, begrenzt nach der besonderen Eigenart des Gebietes unter Berücksichtigung der landschaftlichen Gegebenheiten, festzusetzen.

BauNVO 1962:

Wie BauNVO 1968.

§ 11 Sonstige Sondergebiete

(1) Als sonstige Sondergebiete sind solche Gebiete darzustellen und festzusetzen, die sich von den Baugebieten nach den §§ 2 bis 10 wesentlich unterscheiden.

(2) ¹Für sonstige Sondergebiete sind die Zweckbestimmung und die Art der Nutzung darzustellen und festzusetzen. ²Als sonstige Sondergebiete kommen insbesondere in Betracht

Gebiete für den Fremdenverkehr, wie Kurgebiete und Gebiete für die Fremdenbeherbergung,

Ladengebiete,

Gebiete für Einkaufszentren und großflächige Handelsbetriebe, Gebiete für Messen, Ausstellungen und Kongresse,

Hochschulgebiete,

Klinikgebiete,

Hafengebiete,

Gebiete für Anlagen, die der Erforschung, Entwicklung oder Nutzung erneuerbarer Energien, wie Wind- und Sonnenenergie, dienen.

(3)¹

1. Einkaufszentren,
2. großflächige Einzelhandelsbetriebe, die sich nach Art, Lage oder Umfang auf die Verwirklichung der Ziele der Raumordnung und Landesplanung oder auf die städtebauliche Entwicklung und Ordnung nicht nur unwesentlich auswirken können,

3. sonstige großflächige Handelsbetriebe, die im Hinblick auf den Verkauf an letzte Verbraucher und auf die Auswirkungen den in Nummer 2 bezeichneten Einzelhandelsbetrieben vergleichbar sind,

sind außer in Kerngebieten nur in für sie festgesetzten Sondergebieten zulässig. ²Auswirkungen im Sinne des Satzes 1 Nr. 2 und 3 sind insbesondere schädliche Umwelteinwirkungen im Sinne des § 3 des Bundes-Immissionsschutzgesetzes sowie Auswirkungen auf die infrastrukturelle Ausstattung, auf den Verkehr, auf die Versorgung der Bevölkerung im Einzugsbereich der in Satz 1 bezeichneten Betriebe, auf die Entwicklung zentraler Versorgungsbereiche in der Gemeinde oder in anderen Gemeinden, auf das Orts- und Landschaftsbild und auf den Naturhaushalt. ³Auswirkungen im Sinne des Satzes 2 sind bei Betrieben nach Satz 1 Nr. 2 und 3 in der Regel anzunehmen, wenn die Geschossfläche 1200 m² überschreitet. ⁴Die Regel des Satzes 3 gilt nicht, wenn Anhaltspunkte dafür bestehen, dass Auswirkungen bereits bei weniger als 1200 m² Geschossfläche vorliegen oder bei mehr als 1200 m² Geschossfläche nicht vorliegen; dabei sind in Bezug auf die in Satz 2 bezeichneten Auswirkungen insbesondere die Gliederung und Größe der Gemeinde und ihrer Ortsteile, die Sicherung der verbrauchernahen Versorgung der Bevölkerung und das Warenangebot des Betriebs zu berücksichtigen.

Dritte ÄnderungsVO der BauNVO v. 19. 12. 1986, BGBl. I S. 2665:

Die Regelvermutung der Auswirkungen i. S. des Absatzes 3 Satz 2, die bisher bei 1500 m² begann, wird auf 1200 m² reduziert. Die Verordnung ist am 1. Januar 1987 in Kraft getreten.

BauNVO 1977:

(1) Wie BauNVO 1990.

(2) Für sonstige Sondergebiete sind die Zweckbestimmung und die Art der Nutzung darzustellen und festzusetzen. Als sonstige Sondergebiete kommen insbesondere in Betracht

Kurgebiete,

Ladengebiete,

Gebiete für Einkaufszentren und großflächige Handelsbetriebe,

Gebiete für Messen, Ausstellungen und Kongresse,

Hochschulgebiete,

Klinikgebiete,

Hafengebiete.

(3) Wie BauNVO 1990.

BauNVO 1968:

Sondergebiete

(1) Als Sondergebiete sind solche Gebiete darzustellen und festzusetzen, die sich von den Baugebieten nach den §§ 2 bis 10 wesentlich unterscheiden.

(2) Für Sondergebiete ist die Art der Nutzung entsprechend ihrer Zweckbestimmung darzustellen und festzusetzen.

(3) Einkaufszentren und Verbrauchermärkte, die außerhalb von Kerngebieten errichtet werden sollen und die nach Lage, Umfang und Zweckbestimmung vorwiegend der übergemeindlichen Versorgung dienen sollen, sind als Sondergebiete darzustellen und festzusetzen.

BauNVO 1962:

Sondergebiete

(1) Als Sondergebiete dürfen nur solche Gebiete dargestellt und festgesetzt werden, die sich nach ihrer besonderen Zweckbestimmung wesentlich von den Baugebieten nach §§ 2 bis 10 unterscheiden, wie Hochschul-, Klinik-, Kur-, Hafen- oder Ladengebiete.

(2) Wie BauNVO 1968.

(3) fehlt.

§ 12 Stellplätze und Garagen

(1) Stellplätze und Garagen sind in allen Baugebieten zulässig, soweit sich aus den Absätzen 2 bis 6 nichts anderes ergibt.

(2) In Kleinsiedlungsgebieten, reinen Wohngebieten und allgemeinen Wohngebieten sowie Sondergebieten, die der Erholung dienen, sind Stellplätze und Garagen nur für den durch die zugelassene Nutzung verursachten Bedarf zulässig.

(3) Unzulässig sind

1. Stellplätze und Garagen für Lastkraftwagen und Kraftomnibusse sowie für Anhänger dieser Kraftfahrzeuge in reinen Wohngebieten,

2. Stellplätze und Garagen für Kraftfahrzeuge mit einem Eigengewicht über 3,5 Tonnen sowie für Anhänger dieser Kraftfahrzeuge in Kleinsiedlungsgebieten und allgemeinen Wohngebieten.

(4) [1]Im Bebauungsplan kann, wenn besondere städtebauliche Gründe dies rechtfertigen (§ 9 Abs. 3 des Baugesetzbuchs), festgesetzt werden, dass in bestimmten Geschossen nur Stellplätze oder Garagen und zugehörige Nebeneinrichtungen (Garagengeschosse) zulässig sind. [2]Eine Festsetzung nach Satz 1 kann auch für Geschosse unterhalb der Geländeoberfläche getroffen werden. [3]Bei Festsetzungen nach den Sätzen 1 und 2 sind Stellplätze und Garagen auf dem Grundstück nur in den festgesetzten Geschossen zulässig, soweit der Bebauungsplan nichts anderes bestimmt.

(5) [1]Im Bebauungsplan kann, wenn besondere städtebauliche Gründe dies rechtfertigen (§ 9 Abs. 3 des Baugesetzbuchs), festgesetzt werden, dass in Teilen von Geschossen nur Stellplätze und Garagen zulässig sind. [2]Absatz 4 Satz 2 und 3 gilt entsprechend.

(6) Im Bebauungsplan kann festgesetzt werden, dass in Baugebieten oder bestimmten Teilen von Baugebieten Stellplätze und Garagen unzulässig oder nur in beschränktem Umfang zulässig sind, soweit landesrechtliche Vorschriften nicht entgegenstehen.

(7) Die landesrechtlichen Vorschriften über die Ablösung der Verpflichtung zur Herstellung von Stellplätzen und Garagen sowie die Verpflichtung zur Herstellung von Stellplätzen und Garagen außerhalb der im Bebauungsplan festgesetzten Bereiche bleiben bei Festsetzungen nach den Absätzen 4 bis 6 unberührt.

BauNVO 1977:

Wie BauNVO 1990, nur im Abs. 5 Hinweis auf § 9 Abs. 3 des Bundesbaugesetzes.

BauNVO 1968:

(1) Stellplätze und Garagen sind in allen Baugebieten zulässig, soweit sich aus den Absätzen 2 und 3 nichts anderes ergibt.

(2) In Kleinsiedlungsgebieten, reinen Wohngebieten, allgemeinen Wohngebieten und Wochenendhausgebieten sind Stellplätze und Garagen nur für den durch die zugelassene Nutzung verursachten Bedarf zulässig.

(3) Unzulässig sind

1. Stellplätze und Garagen für Lastkraftwagen und Kraftomnibusse in reinen Wohngebieten und Wochenendhausgebieten,

2. Stellplätze und Garagen für Kraftfahrzeuge mit einem Eigengewicht über 3,5 Tonnen in Kleinsiedlungsgebieten und allgemeinen Wohngebieten.

(4) Im Bebauungsplan kann festgesetzt werden, daß in bestimmten Geschossen nur Stellplätze oder Garagen und zugehörige Nebeneinrichtungen (Garagengeschosse) zulässig sind.

BauNVO 1962:

Wie BauNVO 1968, Abs. 4 fehlt.

§ 13 Gebäude und Räume für freie Berufe

Für die Berufsausübung freiberuflich Tätiger und solcher Gewerbetreibender, die ihren Beruf in ähnlicher Art ausüben, sind in den Baugebieten nach den §§ 2 bis 4 Räume, in den Baugebieten nach den §§ 4a bis 9 auch Gebäude zulässig.

BauNVO 1977:

Wie BauNVO 1990.

BauNVO 1968:

Räume für freie Berufe.

Räume für die Berufsausübung freiberuflich Tätiger und solcher Gewerbetreibender, die ihren Beruf in ähnlicher Art ausüben, sind in den Baugebieten nach §§ 2 bis 9 zulässig.

BauNVO 1962:

Wie BauNVO 1968.

§ 14 Nebenanlagen

(1) ¹Außer den in den §§ 2 bis 13 genannten Anlagen sind auch untergeordnete Nebenanlagen und Einrichtungen zulässig, die dem Nutzungszweck der in dem Baugebiet gelegenen Grundstücke oder des Baugebiets selbst dienen und die seiner Eigenart nicht widersprechen. ²Soweit nicht bereits in den Baugebieten nach dieser Verordnung Einrichtungen und Anlagen für die Tierhaltung zulässig sind, gehören zu den untergeordneten Nebenanlagen und Einrichtungen im Sinne des Satzes 1 auch solche für die Kleintierhaltung. ³Im Bebauungsplan kann die Zulässigkeit der Nebenanlagen und Einrichtungen eingeschränkt oder ausgeschlossen werden.

(2) ¹Die der Versorgung der Baugebiete mit Elektrizität, Gas, Wärme und Wasser sowie zur Ableitung von Abwasser dienenden Nebenanlagen können in den Baugebieten als Ausnahme zugelassen werden, auch soweit für sie im Bebauungsplan keine besonderen Flächen festgesetzt sind. ²Dies gilt auch für fernmeldetechnische Nebenanlagen sowie für Anlagen für erneuerbare Energien, soweit nicht Absatz 1 Satz 1 Anwendung findet.

BauNVO 1977:

(1) Wie BauNVO 1990.

(2) Die der Versorgung der Baugebiete mit Elektrizität, Gas, Wärme und Wasser sowie zur Ableitung von Abwasser dienenden Nebenanlagen können in den Baugebieten als Ausnahme zugelassen werden, auch soweit für sie im Bebauungsplan keine besonderen Flächen festgesetzt sind.

BauNVO 1968:

(1) Außer den in den §§ 2 bis 13 genannten Anlagen sind auch untergeordnete Nebenanlagen und Einrichtungen zulässig, die dem Nutzungszweck der in dem Baugebiet gelegenen Grundstücke oder des Baugebietes selbst dienen und die seiner Eigenart nicht widersprechen. Im Bebauungsplan kann die Zulässigkeit solcher Nebenanlagen und Einrichtungen eingeschränkt oder ausgeschlossen werden.

BauNVO 1962:

Wie BauNVO 1968.

§ 15 Allgemeine Voraussetzungen für die Zulässigkeit baulicher und sonstiger Anlagen

(1) ¹Die in den §§ 2 bis 14 aufgeführten baulichen und sonstigen Anlagen sind im Einzelfall unzulässig, wenn sie nach Anzahl, Lage, Umfang oder Zweckbestimmung der Eigenart des Baugebiets widersprechen. ²Sie sind auch unzulässig, wenn von ihnen Belästigungen oder Störungen ausgehen können, die nach der Eigenart des Baugebiets im Baugebiet selbst oder in dessen Umgebung unzumutbar sind, oder wenn sie solchen Belästigungen oder Störungen ausgesetzt werden.

(2) Die Anwendung des Absatzes 1 hat nach den städtebaulichen Zielen und Grundsätzen des § 1 Abs. 5 des Baugesetzbuchs zu erfolgen.

(3) Die Zulässigkeit der Anlagen in den Baugebieten ist nicht allein nach den verfahrensrechtlichen Einordnungen des Bundes-Immissionsschutzgesetzes und der auf seiner Grundlage erlassenen Verordnungen zu beurteilen.

BauNVO 1977:

(1) Die in den §§ 2 bis 14 aufgeführten baulichen oder sonstigen Anlagen sind im Einzelfall unzulässig, wenn sie nach Anzahl, Lage, Umfang oder Zweckbestimmung der Eigenart des Baugebiets widersprechen. Sie sind auch unzulässig, wenn von ihnen Belästigungen oder Störungen ausgehen können, die nach der Eigenart des Baugebiets im Baugebiet selbst oder in dessen Umgebung unzumutbar sind.

(2) Absatz 1 gilt auch für die Änderung, Nutzungsänderung und Erweiterung baulicher und sonstiger Anlagen innerhalb der festgesetzten Baugebiete.

(3) Bei der Anwendung der Absätze 1 und 2 dürfen nur städtebauliche Gesichtspunkte berücksichtigt werden.

BauNVO 1968:

(1) Die in den §§ 2 bis 14 aufgeführten baulichen und sonstigen Anlagen sind im Einzelfall unzulässig, wenn sie nach Anzahl, Lage, Umfang oder Zweckbestimmung der Eigenart des Baugebietes widersprechen. Sie sind insbesondere unzulässig, wenn von ihnen Belästigungen oder Störungen ausgehen können, die für die Umgebung nach der Eigenart des Gebietes unzumutbar sind.

BauNVO 1962:
Wie BauNVO 1968.

Zweiter Abschnitt: Maß der baulichen Nutzung

§ 16 Bestimmung des Maßes der baulichen Nutzung

(1) Wird im Flächennutzungsplan das allgemeine Maß der baulichen Nutzung dargestellt, genügt die Angabe der Geschossflächenzahl, der Baumassenzahl oder der Höhe baulicher Anlagen.

(2) Im Bebauungsplan kann das Maß der baulichen Nutzung bestimmt werden durch Festsetzung

1. der Grundflächenzahl oder der Größe der Grundflächen der baulichen Anlagen,
2. der Geschossflächenzahl oder der Größe der Geschossfläche, der Baumassenzahl oder der Baumasse,
3. der Zahl der Vollgeschosse,
4. der Höhe baulicher Anlagen.

(3) Bei Festsetzung des Maßes der baulichen Nutzung im Bebauungsplan ist festzusetzen

1. stets die Grundflächenzahl oder die Größe der Grundflächen der baulichen Anlagen,
2. die Zahl der Vollgeschosse oder die Höhe baulicher Anlagen, wenn ohne ihre Festsetzung öffentliche Belange, insbesondere das Orts- und Landschaftsbild, beeinträchtigt werden können.

(4) ¹Bei Festsetzung des Höchstmaßes für die Geschossflächenzahl oder die Größe der Geschossfläche, für die Zahl der Vollgeschosse und die Höhe baulicher Anlagen im Bebauungsplan kann zugleich ein Mindestmaß festgesetzt werden. ²Die Zahl der Vollgeschosse und die Höhe baulicher Anlagen können auch als zwingend festgesetzt werden.

(5) Im Bebauungsplan kann das Maß der baulichen Nutzung für Teile des Baugebiets, für einzelne Grundstücke oder Grundstücksteile und für Teile baulicher Anlagen unterschiedlich festgesetzt werden; die Festsetzungen können oberhalb und unterhalb der Geländeoberfläche getroffen werden.

(6) Im Bebauungsplan können nach Art und Umfang bestimmte Ausnahmen von dem festgesetzten Maß der baulichen Nutzung vorgesehen werden.

BauNVO 1977:

§ 16 Allgemeine Vorschriften

(1) Soweit es erforderlich ist, im Flächennutzungsplan das allgemeine Maß der baulichen Nutzung darzustellen, genügt die Angabe der Geschoßflächenzahl oder der Baumassenzahl nach Maßgabe des § 17. Im Flächennutzungsplan kann die Begrenzung der Höhe baulicher Anlagen dargelegt werden.

(2) Bei der Festsetzung des Maßes der baulichen Nutzung im Bebauungsplan sind die Vorschriften des § 17 einzuhalten. Das Maß der baulichen Nutzung wird bestimmt durch Festsetzung

1. der Geschoßflächenzahl oder der Größe der Geschoßfläche, der Baumassenzahl oder der Baumasse,

2. der Grundflächenzahl oder der Größe der Grundflächen der baulichen Anlagen und

3. der Zahl der Vollgeschosse.

Die Geschoßfläche kann für jedes Vollgeschoß gesondert festgesetzt werden. Wird nach Nummer 1 die Geschoßfläche oder die Baumasse festgesetzt, so sind auch die Grundflächen der baulichen Anlagen festzusetzen.

(3) Im Bebauungsplan kann die Höhe baulicher Anlagen zwingend, als Höchstgrenze oder als Mindestgrenze festgesetzt werden. Wird eine Höchstgrenze festgesetzt, so kann zugleich eine Mindestgrenze festgesetzt werden.

(4) Von einzelnen der in Absatz 2 Satz 2 genannten Festsetzungen kann abgesehen werden, wenn die getroffenen Festsetzungen zur Bestimmung des Maßes der baulichen Nutzung im Rahmen des § 17 ausreichen. Von der Festsetzung der Zahl der Vollgeschosse oder der Höhe baulicher Anlagen darf nicht abgesehen werden, wenn sonst öffentliche Belange, insbesondere die Gestaltung des Orts- und Landschaftsbildes, beeinträchtigt werden können.

(5) Im Bebauungsplan kann das Maß der baulichen Nutzung für Teile des Baugebietes oder für einzene Grundstücke unterschiedlich festgesetzt werden.

BauNVO 1968:

(1) Soweit es erforderlich ist, im Flächennutzungsplan das allgemeine Maß der baulichen Nutzung darzustellen, genügt die Angabe der Geschoßflächenzahl oder der Baumassenzahl nach Maßgabe des § 17.

(2) Hier ist als letzter Satz angeführt:

In Industriegebieten und in Sondergebieten kann die Höhe der Gebäude als Höchstgrenze festgesetzt werden.

(3) Von einzelnen der in Absatz 2 Satz 2 genannten Festsetzungen kann abgesehen werden, wenn die getroffenen Festsetzungen zur Bestimmung des Maßes der baulichen Nutzung im Rahmen des § 17 ausreichen. Auf die Festsetzung der Zahl der Vollgeschosse darf jedoch nicht verzichtet werden, wenn dadurch die Gestaltung des Orts- und Landschaftsbildes beeinträchtigt werden kann.

(4) Wie Abs. 5 BauNVO 1977.

BauNVO 1962:

Abs. 1 wie BauNVO 1968.

(2) Bei der Festsetzung des Maßes der baulichen Nutzung im Bebauungsplan sind die Vorschriften des § 17 einzuhalten. Das Maß der baulichen Nutzung wird bestimmt durch Festsetzung

1. der Geschoßflächenzahl oder der Baumassenzahl,

2. der Grundflächenzahl oder der Grundflächen der baulichen Anlagen und

3. der Zahl der Vollgeschosse.

Abs. 3 und 4 wie BauNVO 1968.

§ 17 Obergrenzen für die Bestimmung des Maßes der baulichen Nutzung

(1) Bei der Bestimmung des Maßes der baulichen Nutzung nach § 16 dürfen, auch wenn eine Geschossflächenzahl oder eine Baumassenzahl nicht dargestellt oder festgesetzt wird, folgende Obergrenzen nicht überschritten werden:

1	2	3	4
Baugebiet	Grundflächenzahl (GRZ)	Geschossflächenzahl (GFZ)	Baumassenzahl (BMZ)
in Kleinsiedlungsgebieten (WS)	0,2	0,4	–
in reinen Wohngebieten (WR) allgemeinen Wohngebieten (WA) Ferienhausgebieten	0,4	1,2	–
in besonderen Wohngebieten (WB)	0,6	1,6	–
in Dorfgebieten (MD) Mischgebieten (MI)	0,6	1,2	–
in Kerngebieten (MK)	1,0	3,0	–
in Gewerbegebieten (GE) Industriegebieten (GI) sonstigen Sondergebieten	0,8	2,4	10,0
in Wochenendhausgebieten	0,2	0,2	–

(2) ¹Die Obergrenzen des Absatzes 1 können überschritten werden, wenn
1. besondere städtebauliche Gründe dies erfordern,
2. die Überschreitungen durch Umstände ausgeglichen sind oder durch Maßnahmen ausgeglichen werden, durch die sichergestellt ist, dass die allgemeinen Anforderungen an gesunde Wohn- und Arbeitsverhältnisse nicht beeinträchtigt, nachteilige Auswirkungen auf die Umwelt vermieden und die Bedürfnisse des Verkehrs befriedigt werden, und
3. sonstige öffentliche Belange nicht entgegenstehen.

²Dies gilt nicht für Wochenendhausgebiete und Ferienhausgebiete.

(3) ¹In Gebieten, die am 1. August 1962 überwiegend bebaut waren, können die Obergrenzen des Absatzes 1 überschritten werden, wenn städtebauliche Gründe dies erfordern und sonstige öffentliche Belange nicht entgegenstehen. ²Absatz 2 Satz 1 Nr. 2 ist entsprechend anzuwenden.

BauNVO 1977:

§ 17 Zulässiges Maß der baulichen Nutzung

(1) Das Maß der baulichen Nutzung darf höchstens betragen

1	2	3	4	5
Baugebiet	Zahl der Vollgeschosse (Z)	Grundflächenzahl (GRZ)	Geschoßflächenzahl (GFZ)	Baumassenzahl (BMZ)
in Kleinsiedlungsgebieten (WS)	bei: 1 2	0,2 0,2	0,3 0,4	– –
in reinen Wohngebieten (WR) allgem. Wohngebieten (WA) Mischgebieten (MI) Ferienhausgebieten	bei: 1 2 3 4 und 5 6 und mehr	0,4 0,4 0,4 0,4 0,4	0,5 0,8 1,0 1,1 1,2	– – – – –
in Dorfgebieten (MD)	bei: 1 2 und mehr	0,4 0,4	0,5 0,8	– –
in Kerngebieten (MK)	bei: 1 2 3 4 und 5 6 und mehr	1,0 1,0 1,0 1,0 1,0	1,0 1,6 2,0 2,2 2,4	– – – – –
in Gewerbegebieten (GE)	bei: 1 2 3 4 und 5 6 und mehr	0,8 0,8 0,8 0,8 0,8	1,0 1,6 2,0 2,2 2,4	– – – – –
in Industriegebieten (GI)	–	0,8	–	9,0
in Wochenendhausgebieten	bei: 1 und 2	0,2	0,2	–

(2) In Gebieten, die für eine Bebauung mit eingeschossigen Wohngebäuden mit einem fremder Sicht entzogenen Gartenhof, wie Gartenhof- oder Atriumhäuser, vorgesehen sind, können im Bebauungsplan eine Grundflächenzahl und eine Geschoßflächenzahl bis 0,6 festgesetzt werden.

(3) In Gebieten, für die keine Baumassenzahl angegeben ist, darf bei Gebäuden, die Geschosse von mehr als 3,50 m Höhe haben, eine Baumassenzahl, die das Dreieinhalbfache der zulässigen Geschoßflächenzahl beträgt, nicht überschritten werden. Im Bebauungsplan kann festgesetzt werden, daß eine größere Geschoßhöhe als 3,50 m außer Betracht bleibt, soweit diese ausschließlich durch die Unterbringung technischer Anlagen des Gebäudes wie Heizungs-, Lüftungs- und Reinigungsanlagen bedingt ist.

(4) Wird im Bebauungsplan die Zahl der Vollgeschosse festgesetzt, so ist sie entweder als zwingend oder als Höchstgrenze festzusetzen. Wird eine Höchstgrenze festgesetzt, so kann zugleich eine Mindestgrenze festgesetzt werden.

(5) Im Bebauungsplan kann vorgesehen werden, daß im Einzelfall von der Zahl der Vollgeschosse, der Grundflächenzahl oder der Grundfläche Ausnahmen zugelassen werden können, wenn die Geschoßflächenzahl oder die Geschoßfläche, die Baumassenzahl oder die Baumasse nicht überschritten wird.

(6) Auf Grundstücke, die im Bebauungsplan ausschließlich für Stellplätze, Garagen oder Schutzraumbauten festgesetzt sind, sind die Vorschriften über die Grundflächenzahl nicht anzuwenden. Als Ausnahme kann zugelassen werden, daß die nach Absatz 1 zulässige Geschoßfläche oder Baumassenzahl überschritten wird.

(7) Für besondere Wohngebiete ist das Maß der baulichen Nutzung entsprechend der besonderen Eigenart und Zweckbestimmung der Gebiete darzustellen und festzusetzen; dabei dürfen jedoch eine Grundflächenzahl von 0,6 und eine Geschoßflächenzahl von 1,6 nur überschritten werden, wenn städtebauliche Gründe dies rechtfertigen und sonstige öffentliche Belange nicht entgegenstehen.

(8) Für Sondergebiete mit Ausnahme der Wochenendhausgebiete und der Ferienhausgebiete ist das Maß der baulichen Nutzung entsprechend ihrer Zweckbestimmung darzustellen und festzusetzen. Dabei darf eine Geschoßflächenzahl von 2,4 und eine Baumassenzahl von 9,0 nicht überschritten werden. Die Höchstwerte gelten nicht für Hafengebiete.

(9) In Gebieten, die bei Inkrafttreten der Baunutzungsverordnung überwiegend bebaut waren, können in den Bauleitplänen die Höchstwerte des Absatzes 1 Spalte 3 bis 5 und des Absatzes 8 überschritten werden, wenn städtebauliche Gründe dies rechtfertigen und sonstige öffentliche Belange nicht entgegenstehen.

(10) Im Bebauungsplan können höhere Werte, als sie nach Absatz 1 Spalte 3 bis 5 sowie den Absätzen 2 und 8 zulässig sind, festgesetzt oder als Ausnahme vorgesehen werden, wenn

1. besondere städtebauliche Gründe dies rechtfertigen,

2. die Überschreitungen durch Umstände ausgeglichen sind oder durch Maßnahmen ausgeglichen werden, durch die sichergestellt ist, daß die allgemei-

nen Anforderungen an gesunde Wohn- und Arbeitsverhältnisse nicht beeinträchtigt und die Bedürfnisse des Verkehrs befriedigt werden, und

3. sonstige öffentliche Belange nicht entgegenstehen.

Dies gilt nicht für Kleinsiedlungsgebiete, Dorfgebiete, Wochenendhausgebiete und Ferienhausgebiete.

BauNVO 1968:

(1) Das Maß der baulichen Nutzung darf höchstens betragen

1	2	3	4	5
Baugebiet	Zahl der Vollgeschosse (Z)	Grundflächenzahl (GRZ)	Geschoßflächenzahl (GFZ)	Baumassenzahl (BMZ)
in Kleinsiedlungsgebieten (WS)	bei: 1 2	0,2 0,2	0,3 0,4	– –
in reinen Wohngebieten (WR) allgem. Wohngebieten (WA) Mischgebieten (MI)	bei: 1 2 3 4 und 5 6 und mehr	0,4 0,4 0,4 0,4 0,4	0,5 0,8 1,0 1,1 1,2	– – – – –
in Dorfgebieten (MD)	bei: 1 2 und mehr	0,4 0,4	0,5 0,8	– –
in Kerngebieten (MK)	bei: 1 2 3 4 und 5 6 und mehr	1,0 1,0 1,0 1,0 1,0	1,0 1,6 2,0 2,2 2,4	– – – – –
in Gewerbegebieten (GE)	bei: 1 2 3 4 und 5 6 und mehr	0,8 0,8 0,8 0,8 0,8	1,0 1,6 2,0 2,2 2,4	– – – – –
in Industriegebieten (GI)	–	0,8	–	9,0
in Wochenendhausgebieten (SW)	1	0,2	0,2	–

(2) In Gebieten, die für eine Bebauung mit eingeschossigen Wohngebäuden mit einem fremder Sicht entzogenen Gartenhof, wie Gartenhof- und Atriumhäuser, vorgesehen sind, können im Bebauungsplan eine Grundflächenzahl und eine Geschoßflächenzahl bis 0,6 festgesetzt werden.

(3) In Gebieten, für die keine Baumassenzahl angegeben ist, darf bei Gebäuden, die Geschosse von mehr als 3,50 m Höhe haben, eine Baumassenzahl, die das Dreieinhalbfache der zulässigen Geschoßflächenzahl beträgt, nicht überschritten werden.

(4) Wie BauNVO 1977.

(5) Im Bebauungsplan kann vorgesehen werden, daß im Einzelfall von der Zahl der Vollgeschosse, der Grundflächenzahl oder der Grundfläche Ausnahmen zugelassen werden können, wenn die Geschoßflächenzahl oder die Geschoßfläche nicht überschritten wird.

(6) Wie BauNVO 1977.

(7) Für Sondergebiete ist das Maß der baulichen Nutzung entsprechend ihrer Zweckbestimmung darzustellen und festzusetzen. Dabei darf eine Geschoßflächenzahl von 2,4 und eine Baumassenzahl von 9,0 nicht überschritten werden. Die Höchstwerte gelten nicht für Hafengebiete.

(8) und (9) wie BauNVO 1977 (9) und (10).

BauNVO 1962:

(1) Das Maß der baulichen Nutzung darf höchstens betragen

1	2	3	4	5
Baugebiet	Zahl der Vollgeschosse (Z)	Grundflächenzahl (GRZ)	Geschoßflächenzahl (GFZ)	Baumassenzahl (BMZ)
in Kleinsiedlungsgebieten (WS)	bei: 1 2	0,2 0,2	0,2 0,3	– –
in reinen Wohngebieten (WR) allgem. Wohngebieten (WA) Mischgebieten (MI)	bei: 1 2 3 4 und mehr	0,4 0,4 0,3 0,3	0,4 0,7 0,9 1,0	– – – –
in Dorfgebieten (MD)	bei: 1 2 und mehr	0,4 0,4	0,4 0,6	– –
in Kerngebieten (MK Gewerbegebieten (GE)	bei: 1 2 3 4 und mehr	0,8 0,8 0,6 0,6	0,8 1,2 1,6 2,0	– – – –
in Industriegebieten (GI) bei Stufe I bei Stufe II bei Stufe III	– – –	0,7 0,7 0,7	– – –	3,0 6,0 9,0
in Wochenendhausgebieten	1	0,1	0,1	–

(2) und (3) wie BauNVO 1968.

(4) Wird im Bebauungsplan die Zahl der Vollgeschosse festgesetzt, so ist sie entweder als zwingend oder als Höchstgrenze festzusetzen.

(5) Im Bebauungsplan kann vorgesehen werden, daß im Einzelfall von der Zahl der Vollgeschosse eine Ausnahme zugelassen werden kann, wenn die Grundflächenzahl und die Geschoßflächenzahl nicht überschritten werden.

(6) Wie BauNVO 1968.

(7) Für Sondergebiete ist das Maß der baulichen Nutzung entsprechend ihrer besonderen Zweckbestimmung darzustellen und festzusetzen. Dabei dürfen als Höchstwerte eine Grundflächenzahl von 0,8, eine Geschoßflächenzahl von 2,0 und eine Baumassenzahl von 9,0 nicht überschritten werden. Die Höchstwerte gelten nicht für geschlossene Hafengebiete.

(8) In überwiegend bebauten Gebieten können im Bebauungsplan die Höchstwerte der Spalten 3 bis 5 des Absatzes 1 und des Absatzes 7 überschritten werden, wenn städtebauliche Gründe dies rechtfertigen und sonstige öffentliche Belange nicht entgegenstehen.

(9) Das Maß der baulichen Nutzung kann in Industriegebieten unterschiedlich entsprechend den Werten der Tabelle nach Absatz 1 festgesetzt werden.

§ 18 Höhe baulicher Anlagen

(1) Bei Festsetzung der Höhe baulicher Anlagen sind die erforderlichen Bezugspunkte zu bestimmen.

(2) Ist die Höhe baulicher Anlagen als zwingend festgesetzt (§ 16 Abs. 4 Satz 2), können geringfügige Abweichungen zugelassen werden.

§ 19 Grundflächenzahl, zulässige Grundfläche

(1) Die Grundflächenzahl gibt an, wie viel Quadratmeter Grundfläche je Quadratmeter Grundstücksfläche im Sinne des Absatzes 3 zulässig sind.

(2) Zulässige Grundfläche ist der nach Absatz 1 errechnete Anteil des Baugrundstücks, der von baulichen Anlagen überdeckt werden darf.

(3) ¹Für die Ermittlung der zulässigen Grundfläche ist die Fläche des Baugrundstücks maßgebend, die im Bauland und hinter der im Bebauungsplan festgesetzten Straßenbegrenzungslinie liegt. ²Ist eine Straßenbegrenzungslinie nicht festgesetzt, so ist die Fläche des Baugrundstücks maßgebend, die hinter der tatsächlichen Straßengrenze liegt oder die im Bebauungsplan als maßgebend für die Ermittlung der zulässigen Grundfläche festgesetzt ist.

(4) ¹Bei der Ermittlung der Grundfläche sind die Grundflächen von

1. Garagen und Stellplätzen mit ihren Zufahrten,

2. Nebenanlagen im Sinne des § 14,

3. baulichen Anlagen unterhalb der Geländeoberfläche, durch die das Baugrundstück lediglich unterbaut wird,

mitzurechnen. ²Die zulässige Grundfläche darf durch die Grundflächen der in Satz 1 bezeichneten Anlagen bis zu 50 vom Hundert überschritten werden, höchstens jedoch bis zu einer Grundflächenzahl von 0,8; weitere Überschreitungen in geringfügigem Ausmaß können zugelassen werden. ³Im Bebauungsplan können von Satz 2 abweichende Bestimmungen getroffen werden. ⁴Soweit der Bebauungsplan nichts anderes festsetzt, kann im Einzelfall von der Einhaltung der sich aus Satz 2 ergebenden Grenzen abgesehen werden

1. bei Überschreitungen mit geringfügigen Auswirkungen auf die natürlichen Funktionen des Bodens oder

2. wenn die Einhaltung der Grenzen zu einer wesentlichen Erschwerung der zweckentsprechenden Grundstücksnutzung führen würde.

BauNVO 1977:

(1) bis (3) Wie BauNVO 1990.

(4) Auf die zulässige Grundfläche werden die Grundflächen von Nebenanlagen im Sinne des § 14 nicht angerechnet. Das gleiche gilt für Balkone, Loggien, Terrassen sowie für bauliche Anlagen, soweit sie nach Landesrecht im Bauwich oder in den Abstandsflächen zulässig sind oder zugelassen werden können.

BauNVO 1968:

Wie BauNVO 1977.

BauNVO 1962:

Abs. 1 bis 3 wie BauNVO 1977.

(4) Auf die zulässige Grundfläche werden die Grundflächen von Nebenanlagen im Sinne des § 14 nicht angerechnet. Das gleiche gilt für bauliche Anlagen, soweit sie nach Landesrecht im Bauwich oder in den Abstandsflächen zulässig sind oder zugelassen werden können.

(5) In Kerngebieten, Gewerbegebieten und Industriegebieten können eingeschossige Garagen und überdachte Stellplätze ohne Anrechnung ihrer Grundflächen auf die zulässige Grundfläche zugelassen werden. In den übrigen Baugebieten werden solche Anlagen auf die zulässige Grundfläche nicht angerechnet, soweit sie 0,1 der Fläche des Baugrundstücks nicht überschreiten. Absatz 4 findet keine Anwendung.

§ 20 Vollgeschosse, Geschossflächenzahl, Geschossfläche

(1) Als Vollgeschosse gelten Geschosse, die nach landesrechtlichen Vorschriften Vollgeschosse sind oder auf ihre Zahl angerechnet werden.

(2) Die Geschossflächenzahl gibt an, wie viel Quadratmeter Geschossfläche je Quadratmeter Grundstücksfläche im Sinne des § 19 Abs. 3 zulässig sind.

(3) ¹Die Geschossfläche ist nach den Außenmaßen der Gebäude in allen Vollgeschossen zu ermitteln. ²Im Bebauungsplan kann festgesetzt werden, dass die Flächen von Aufenthaltsräumen in anderen Geschossen einschließlich der zu ihnen gehörenden Treppenräume und einschließlich ihrer Umfassungswände ganz oder teilweise mitzurechnen oder ausnahmsweise nicht mitzurechnen sind.

(4) Bei der Ermittlung der Geschossfläche bleiben Nebenanlagen im Sinne des § 14, Balkone, Loggien, Terrassen sowie bauliche Anlagen, soweit sie nach Landesrecht in den Abstandsflächen (seitlicher Grenzabstand und sonstige Abstandsflächen) zulässig sind oder zugelassen werden können, unberücksichtigt.

BauNVO 1977:

§ 20 Geschoßflächenzahl, Geschoßfläche

(1) Die Geschoßflächenzahl gibt an, wieviel Quadratmeter Geschoßfläche je Quadratmeter Grundstücksfläche im Sinne des § 19 Abs. 3 zulässig sind.

(2) Die Geschoßfläche ist nach den Außenmaßen der Gebäude in allen Vollgeschossen zu ermitteln. Die Flächen von Aufenthaltsräumen in anderen Geschossen einschließlich der zu ihnen gehörenden Treppenräume und einschließlich ihrer Umfassungswände sind mitzurechnen.

(3) Bauliche Anlagen und Gebäudeteile im Sinne des § 19 Abs. 4 bleiben bei der Ermittlung der Geschoßfläche unberücksichtigt.

BauNVO 1968:

Wie BauNVO 1977.

BauNVO 1962:

(1) Wie BauNVO 1977.

(2) Die Geschoßfläche ist nach den Außenmaßen der Gebäude in allen Vollgeschossen zu ermitteln. Werden im Dachraum oder in Kellergeschossen Aufenthaltsräume zugelassen, so sind deren Flächen einschließlich der zu ihnen führenden Treppenräume und einschließlich ihrer Umfassungswände mitzurechnen.

(3) Balkone sowie bauliche Anlagen und Gebäudeteile, deren Grundflächen nach § 19 Abs. 4 und 5 nicht angerechnet werden, bleiben bei der Ermittlung der Geschoßfläche unberücksichtigt.

§ 21 Baumassenzahl, Baumasse

(1) Die Baumassenzahl gibt an, wie viel Kubikmeter Baumasse je Quadratmeter Grundstücksfläche im Sinne des § 19 Abs. 3 zulässig sind.

(2) ¹Die Baumasse ist nach den Außenmaßen der Gebäude vom Fußboden des untersten Vollgeschosses bis zur Decke des obersten Vollgeschosses zu ermitteln. ²Die Baumassen von Aufenthaltsräumen in anderen Geschossen einschließlich der zu ihnen gehörenden Treppenräume und einschließlich ihrer Umfassungswände und Decken sind mitzurechnen. ³Bei baulichen Anlagen, bei denen eine Berechnung der Baumasse nach Satz 1 nicht möglich ist, ist die tatsächliche Baumasse zu ermitteln.

(3) Bauliche Anlagen und Gebäudeteile im Sinne des § 20 Abs. 4 bleiben bei der Ermittlung der Baumasse unberücksichtigt.

(4) Ist im Bebauungsplan die Höhe baulicher Anlagen oder die Baumassenzahl nicht festgesetzt, darf bei Gebäuden, die Geschosse von mehr als 3,50 m Höhe haben, eine Baumassenzahl, die das Dreieinhalbfache der zulässigen Geschossflächenzahl beträgt, nicht überschritten werden.

BauNVO 1977:

(1) und (2) Wie BauNVO 1990.

(3) Bauliche Anlagen und Gebäudeteile im Sinne des § 19 Abs. 4 bleiben bei der Ermittlung der Baumasse unberücksichtigt.

BauNVO 1968:

Wie BauNVO 1977.

BauNVO 1962:

(1) Wie BauNVO 1977.

(2) Die Baumasse ist nach den Außenmaßen der Gebäude vom Fußboden des untersten Vollgeschosses zu ermitteln. Aufenthaltsräume, die im Dachraum oder in Kellergeschossen zugelassen werden, sind einschließlich der zu ihnen führenden Treppenräume und einschließlich ihrer Umfassungswände und Dekken der Baumasse hinzuzurechnen. Bei baulichen Anlagen, bei denen eine Berechnung der Baumasse nach Satz 1 nicht möglich ist, ist die tatsächliche Baumasse zu ermitteln.

(3) Baumassen über Flächen, die nach § 19 Abs. 4 und 5 auf die zulässige Grundfläche nicht angerechnet werden, bleiben unberücksichtigt.

§ 21a Stellplätze, Garagen und Gemeinschaftsanlagen

(1) Garagengeschosse oder ihre Baumasse sind in sonst anders genutzten Gebäuden auf die Zahl der zulässigen Vollgeschosse oder auf die zulässige Baumasse nicht anzurechnen, wenn der Bebauungsplan dies festsetzt oder als Ausnahme vorsieht.

(2) Der Grundstücksfläche im Sinne des § 19 Abs. 3 sind Flächenanteile an außerhalb des Baugrundstücks festgesetzten Gemeinschaftsanlagen im Sinne des § 9 Abs. 1 Nr. 22 des Baugesetzbuchs hinzuzurechnen, wenn der Bebauungsplan dies festsetzt oder als Ausnahme vorsieht.

(3) Soweit § 19 Abs. 4 nicht entgegensteht, ist eine Überschreitung der zulässigen Grundfläche durch überdachte Stellplätze und Garagen bis zu 0,1 der Fläche des Baugrundstücks zulässig; eine weitergehende Überschreitung kann ausnahmsweise zugelassen werden

1. in Kerngebieten, Gewerbegebieten und Industriegebieten,

2. in anderen Baugebieten, soweit solche Anlagen nach § 9 Abs. 1 Nr. 4 des Baugesetzbuchs im Bebauungsplan festgesetzt sind.

(4) Bei der Ermittlung der Geschossfläche oder der Baumasse bleiben unberücksichtigt die Flächen oder Baumassen von

1. Garagengeschossen, die nach Absatz 1 nicht angerechnet werden,

2. Stellplätzen und Garagen, deren Grundflächen die zulässige Grundfläche unter den Voraussetzungen des Absatzes 3 überschreiten,

3. Stellplätzen und Garagen in Vollgeschossen, wenn der Bebauungsplan dies festsetzt oder als Ausnahme vorsieht.

(5) Die zulässige Geschossfläche oder die zulässige Baumasse ist um die Flächen oder Baumassen notwendiger Garagen, die unter der Geländeoberfläche hergestellt werden, insoweit zu erhöhen, als der Bebauungsplan dies festsetzt oder als Ausnahme vorsieht.

BauNVO 1977:

(1) und (2) wie BauNVO 1990. Der Hinweis in Abs. 2 auf § 9 Abs. 1 Nr. 22 bezieht sich auf das Bundesbaugesetz.

(3) Auf die zulässige Grundfläche (§ 19 Abs. 2) sind überdachte Stellplätze und Garagen nicht anzurechnen, soweit sie 0,1 der Fläche des Baugrundstücks nicht überschreiten. Darüber hinaus können sie ohne Anrechnung ihrer Grundfläche auf die zulässige Grundfläche zugelassen werden.

1. in Kerngebieten, Gewerbegebieten und Industriegebieten,

2. in anderen Baugebieten, soweit solche Anlagen nach § 9 Abs. 1 Nr. 4 des Bundesbaugesetzes im Bebauungsplan festgesetzt sind.

§ 19 Abs. 4 findet keine Anwendung.

(4) Bei der Ermittlung der Geschoßfläche (§ 20) oder der Baumasse (§ 21) bleiben unberücksichtigt die Flächen oder Baumassen von

1. Garagengeschossen, die nach Absatz 1 nicht angerechnet werden,

2. Stellplätzen und Garagen, deren Grundflächen nach Absatz 3 nicht angerechnet werden,

3. Stellplätzen und Garagen in Vollgeschossen, wenn der Bebauungsplan dies festsetzt oder als Ausnahme vorsieht.

(5) Wie BauNVO 1990.

BauNVO 1968:

(2) Der Grundstücksfläche im Sinne des § 19 Abs. 3 sind Flächenanteile an außerhalb des Baugrundstücks festgesetzten Gemeinschaftsanlagen im Sinne des § 9 Abs. 1 Nr. 12 und 13 Bundesbaugesetz hinzuzurechnen, wenn der Bebauungsplan dies festsetzt oder als Ausnahme vorsieht.

(3) Auf die zulässige Grundfläche (§ 19 Abs. 2) sind überdachte Stellplätze und Garagen nicht anzurechnen, soweit sie 0,1 der Fläche des Baugrundstücks nicht überschreiten. Darüber hinaus können sie ohne Anrechnung ihrer Grundfläche auf die zulässige Grundfläche zugelassen werden

1. in Kerngebieten, Gewerbegebieten und Industriegebieten,

2. in anderen Baugebieten, soweit solche Anlagen nach § 9 Abs. 1 Buchstabe e des Bundesbaugesetzes im Bebauungsplan festgesetzt sind. § 19 Abs. 4 findet keine Anwendung.

(4) Bei der Ermittlung der Geschoßfläche (§ 20) oder der Baumasse (§ 21) bleiben unberücksichtigt die Flächen oder Baumassen von

1. Garagengeschossen, die nach Absatz 1 nicht angerechnet werden,

2. Stellplätzen und Garagen, deren Grundflächen nach Absatz 3 nicht angerechnet werden,

3. *Stellplätzen und Garagen in Vollgeschossen oberhalb der Geländeoberfläche, wenn der Bebauungsplan dies festsetzt oder als Ausnahme vorsieht.*

BauNVO 1962:

Keine Regelung.

Dritter Abschnitt: Bauweise, überbaubare Grundstücksfläche
§ 22 Bauweise

(1) Im Bebauungsplan kann die Bauweise als offene oder geschlossene Bauweise festgesetzt werden.

(2) ¹In der offenen Bauweise werden die Gebäude mit seitlichem Grenzabstand als Einzelhäuser, Doppelhäuser oder Hausgruppen errichtet. ²Die Länge der in Satz 1 bezeichneten Hausformen darf höchstens 50 m betragen. ³Im Bebauungsplan können Flächen festgesetzt werden, auf denen nur Einzelhäuser, nur Doppelhäuser, nur Hausgruppen oder nur zwei dieser Hausformen zulässig sind.

(3) In der geschlossenen Bauweise werden die Gebäude ohne seitlichen Grenzabstand errichtet, es sei denn, dass die vorhandene Bebauung eine Abweichung erfordert.

(4) ¹Im Bebauungsplan kann eine von Absatz 1 abweichende Bauweise festgesetzt werden. ²Dabei kann auch festgesetzt werden, inwieweit an die vorderen, rückwärtigen und seitlichen Grundstücksgrenzen herangebaut werden darf oder muss.

BauNVO 1977:

(1) Im Bebauungsplan ist, soweit es erforderlich ist, die Bauweise als offene oder geschlossene Bauweise festzusetzen.

(2) In der offenen Bauweise werden die Gebäude mit seitlichem Grenzabstand (Bauwich) als Einzelhäuser, Doppelhäuser oder als Hausgruppen mit einer Länge von höchstens 50 m errichtet. Im Bebauungsplan können Flächen festgesetzt werden, auf denen nur Einzelhäuser, nur Doppelhäuser, nur Hausgruppen oder nur zwei dieser Hausformen zulässig sind.

(3) Wie BauNVO 1990.

(4) Im Bebauungsplan kann eine von Absatz 1 abweichende Bauweise festgesetzt werden.

BauNVO 1968:

Wie BauNVO 1977.

BauNVO 1962:

(1) Im Bebauungsplan ist, soweit es erforderlich ist, die Bauweise als offene oder geschlossene Bauweise festzusetzen. Ist die Bauweise nicht festgesetzt, so sind die Vorschriften über die offene Bauweise anzuwenden.

(2) In der offenen Bauweise werden die Gebäude mit seitlichem Grenzabstand (Bauwich) als Einzelhäuser, Doppelhäuser oder als Hausgruppen mit einer Län-

ge von höchstens 50 m errichtet. Im Bebauungsplan können Flächen festgesetzt werden, auf denen nur Einzelhäuser oder Doppelhäuser oder nur Hausgruppen zulässig sind.

Abs. 3 und 4 wie BauNVO 1977.

§ 23 Überbaubare Grundstücksfläche

(1) ¹Die überbaubaren Grundstücksflächen können durch die Festsetzung von Baulinien, Baugrenzen oder Bebauungstiefen bestimmt werden. ²§ 16 Abs. 5 ist entsprechend anzuwenden.

(2) ¹Ist eine Baulinie festgesetzt, so muss auf dieser Linie gebaut werden. ²Ein Vor- oder Zurücktreten von Gebäudeteilen in geringfügigem Ausmaß kann zugelassen werden. ³Im Bebauungsplan können weitere nach Art und Umfang bestimmte Ausnahmen vorgesehen werden.

(3) ¹Ist eine Baugrenze festgesetzt, so dürfen Gebäude und Gebäudeteile diese nicht überschreiten. ²Ein Vortreten von Gebäudeteilen in geringfügigem Ausmaß kann zugelassen werden. ³Absatz 2 Satz 3 gilt entsprechend.

(4) ¹Ist eine Bebauungstiefe festgesetzt, so gilt Absatz 3 entsprechend. ²Die Bebauungstiefe ist von der tatsächlichen Straßengrenze ab zu ermitteln, sofern im Bebauungsplan nichts anderes festgesetzt ist.

(5) ¹Wenn im Bebauungsplan nichts anderes festgesetzt ist, können auf den nicht überbaubaren Grundstücksflächen Nebenanlagen im Sinne des § 14 zugelassen werden. ²Das gleiche gilt für bauliche Anlagen, soweit sie nach Landesrecht in den Abstandsflächen zulässig sind oder zugelassen werden können.

BauNVO 1977:

(1) Die überbaubaren Grundstücksflächen können durch die Festsetzung von Baulinien, Baugrenzen oder Bebauungstiefen bestimmt werden. Die Festsetzungen können geschoßweise unterschiedlich getroffen werden.

(2) bis (5) wie BauNVO 1990.

BauNVO 1968:

Wie BauNVO 1977.

BauNVO 1962:

(1) Die überbaubaren Grundstücksflächen können durch die Festsetzung von Baulinien, Baugrenzen oder Bebauungstiefen bestimmt werden.

(2) Ist eine Baulinie festgesetzt, so muß auf dieser Linie gebaut werden. Ein Vor- oder Zurücktreten von Gebäudeteilen in geringfügigem Ausmaß kann zugelassen werden.

(3) Ist eine Baugrenze festgesetzt, so dürfen Gebäude und Gebäudeteile diese nicht überschreiten. Ein Vortreten von Gebäudeteilen in geringfügigem Ausmaß kann zugelassen werden.

(4) und (5) wie BauNVO 1977.

Vierter Abschnitt

§ 24 (weggefallen)

BauNVO 1977:

Anwendung der Verordnung im Falle des § 33 des Bundesbaugesetzes

In den Fällen des § 33 des Bundesbaugesetzes sind die Vorschriften dieser Verordnung entsprechend dem Stand der Planungsarbeiten anzuwenden.

BauNVO 1968:

Anwendung der Verordnung in den Fällen der §§ 33, 34 Bundesbaugesetz

(1) In den Fällen des § 33 Bundesbaugesetz sind die Vorschriften dieser Verordnung entsprechend dem Stand der Planungsarbeiten anzuwenden.

(2) In den Fällen des § 34 Bundesbaugesetz sind, soweit Festsetzungen, die Gegenstand dieser Verordnung sind, nicht bestehen, die Vorschriften dieser Verordnung entsprechend der vorhandenen Bebauung sinngemäß anzuwenden.

BauNVO 1962:

(1) Wie BauNVO 1968.

(2) In den Fällen des § 34 Bundesbaugesetz sind, soweit Festsetzungen, die Gegenstand dieser Verordnung sind, nicht bestehen, die Vorschriften dieser Verordnung entsprechend der vorhandenen Bebauung sinngemäß anzuwenden. Dabei ist das Baugebiet nach der tatsächlichen Eigenart der näheren Umgebung zu bestimmen. Die in § 17 Abs. 1 genannten Höchstwerte für die Grundflächenzahl und die Geschoßflächenzahl dürfen, bezogen auf die in der Umgebung überwiegend vorhandene tatsächliche Geschoßzahl, nicht überschritten werden.

(3) In den Fällen des Absatzes 2 kann von den Vorschriften dieser Verordnung mit Zustimmung der höheren Verwaltungsbehörde oder der von der Landesregierung bestimmten Behörde (§ 147 Abs. 2 Bundesbaugesetz) abgewichen werden, wenn die sinngemäße Anwendung zu einer offenbar nicht beabsichtigten Härte führen würde und die Abweichung auch unter Würdigung nachbarlicher Interessen mit den öffentlichen Belangen vereinbar ist, oder wenn Gründe des Wohls der Allgemeinheit die Abweichung erfordern. Die nach Satz 1 zuständige Behörde kann für genau begrenzte Fälle allgemein festlegen, daß ihre Zustimmung nicht erforderlich ist.

Fünfter Abschnitt: Überleitungs- und Schlussvorschriften

§ 25 Fortführung eingeleiteter Verfahren

Für Bauleitpläne, deren Aufstellung oder Änderung bereits eingeleitet ist, sind die dieser Verordnung entsprechenden bisherigen Vorschriften weiterhin anzuwenden, wenn die Pläne bei dem In-Kraft-Treten dieser Verordnung bereits ausgelegt sind.

BauNVO 1977, 1968 und 1962 wie BauNVO 1990.

§ 25a Überleitungsvorschriften aus Anlass der zweiten Änderungsverordnung

(1) Für Bauleitpläne, deren Aufstellung oder Änderung bereits eingeleitet ist, gilt diese Verordnung in ihrer bis zum In-Kraft-Treten der Zweiten Verordnung zur Änderung dieser Verordnung vom 15. September 1977 (BGBl. I S. 1757) gültigen Fassung, wenn die Pläne bei In-Kraft-Treten der zweiten Änderungsverordnung nach § 2a Abs. 6 des Bundesbaugesetzes oder § 2 Abs. 6 des Bundesbaugesetzes in der bis zum 1. Januar 1977 geltenden Fassung ausgelegt sind.

(2) ¹Von der Geltung der Vorschriften der zweiten Änderungsverordnung über gesonderte Festsetzungen für übereinander liegende Geschosse und Ebenen sowie sonstige Teile baulicher Anlagen sind solche Bebauungspläne ausgenommen, auf die § 9 Abs. 3 des Bundesbaugesetzes in der ab 1. Januar 1977 geltenden Fassung nach Maßgabe des Artikels 3 § 1 Abs. 3 des Gesetzes zur Änderung des Bundesbaugesetzes vom 18. August 1976 (BGBl. I S. 2221) keine Anwendung findet. ²Auf diese Bebauungspläne finden die Vorschriften dieser Verordnung über gesonderte Festsetzungen für übereinander liegende Geschosse und Ebenen und sonstige Teile baulicher Anlagen in der bis zum In-Kraft-Treten der zweiten Änderungsverordnung gültigen Fassung weiterhin Anwendung.

BauNVO 1977:

Wie BauNVO 1990.

§ 25b Überleitungsvorschrift aus Anlass der dritten Änderungsverordnung

(1) ¹Ist der Entwurf eines Bebauungsplans vor dem In-Kraft-Treten der dritten Änderungsverordnung nach § 2a Abs. 6 des Bundesbaugesetzes öffentlich ausgelegt worden, ist auf ihn § 11 Abs. 3 Satz 3 in der bis zum In-Kraft-Treten der dritten Änderungsverordnung geltenden Fassung anzuwenden. ²Das Recht der Gemeinde, das Verfahren zur Aufstellung des Bebauungsplans erneut einzuleiten, bleibt unberührt.

(2) Auf Bebauungspläne, auf die § 11 Abs. 3 in der Fassung der Bekanntmachung vom 15. September 1977 Anwendung findet, ist § 11 Abs. 3 Satz 4 entsprechend anzuwenden.

BauNVO 1977 ab 1. 1. 1987:

Wie BauNVO 1990.

§ 25c Überleitungsvorschrift aus Anlass der vierten Änderungsverordnung

¹Ist der Entwurf eines Bauleitplans vor dem 27. Januar 1990 nach § 3 Abs. 2 des Baugesetzbuchs öffentlich ausgelegt worden, ist auf ihn diese Verordnung in der bis zum 26. Januar 1990 geltenden Fassung anzuwenden. ²Das Recht der Gemeinde, das Verfahren zur Aufstellung des Bauleitplans erneut einzuleiten, bleibt unberührt.

§ 26 Berlin-Klausel *(gegenstandslos)*

§ 26a Überleitungsregelungen aus Anlass der Herstellung der Einheit Deutschlands

(1) In dem in Artikel 3 des Einigungsvertrages genannten Gebiet ist § 17 Abs. 3 auf Gebiete anzuwenden, die am 1. Juli 1990 überwiegend bebaut waren.

(2) ¹Soweit in dieser Verordnung auf Vorschriften verwiesen wird, die in dem in Artikel 3 des Einigungsvertrages genannten Gebiet keine Anwendung finden, sind die entsprechenden Vorschriften der Deutschen Demokratischen Republik anzuwenden. ²Bestehen solche Vorschriften nicht oder würde ihre Anwendung dem Sinn der Verweisung widersprechen, gelten die Vorschriften, auf die verwiesen wird, entsprechend.

Vierte Verordnung zur Änderung der Baunutzungsverordnung vom 23. Januar 1990, BGBl. I S. 127

Artikel 2

Der Bundesminister für Raumordnung, Bauwesen und Städtebau kann den Wortlaut der Baunutzungsverordnung in der vom 27. Januar 1990 an geltenden Fassung im Bundesgesetzblatt bekanntmachen.

Artikel 3

Diese Verordnung gilt nach § 14 des Dritten Überleitungsgesetzes in Verbindung mit § 247 des Baugesetzbuches auch im Land Berlin.

Artikel 4

Diese Verordnung tritt am Tage nach ihrer Verkündung in Kraft.

BauNVO 1977, 1968 und 1962 wie BauNVO 1990
unter Bezugnahme auf § 187 des Bundesbaugesetzes.

§ 27 (In-Kraft-Treten)

Stichwortverzeichnis

Die Zahlen verweisen auf die Randnummern.

Abenteuerspielplätze im reinen Wohngebiet 1335
Abfallbeseitigungsanlagen 1129
– und Bebauungsplan 288
– in der Fachplanung 89
Abfalldeponien und Bebauungsplan 288
Abfallentsorgung im Flächennutzungsplan 146
Abfallwirtschaftspläne 678
Abgrabungen 1126
– im Außenbereich 2147
– Flächen für – im Außenbereich 306
– – Darstellung von Flächen für – im Flächennutzungsplan 153
– – Festsetzung von Flächen für – im Bebauungsplan 305
Abgrenzung des Bauordnungsrechts zum Bauplanungsrecht 1
Abgrenzungssatzung 1975
Abhandenkommen der Planurkunde 833
Ablagerungen 1129
– Festsetzung von Flächen für – 290
– Genehmigungspflicht von – 1129
Ablösevereinbarungen 1007
Abrundungssatzung 1990
Abschichtung
– Regelung bei der Umweltprüfung 668
– zu Gunsten des nachfolgenden Zulassungsverfahrens 1178, 1180
Abstandserlaß 601
– als Hilfsmittel der Abwägung 724
Abstandsflächen 363
– und Nachbarschutz 1844
Abstimmung, interkommunale 631 ff.
– Abwägung, sachgerechte 632
– Auswirkungen auf zentrale Versorgungsbereiche 636
– Kaufkraftabzug 647
– „Krabbenkamp"-Formel 633
– Planungshoheit, kommunale 635
– Rechtfertigungszwang, erhöhter 635
– und Ziele der Raumordnung 636
Abstimmungsgebot, interkommunales
– als einzelfallbezogenes Abwehrrecht 652
– und Funktionszuweisungen durch Ziele der Raumordnung 646
– Schutzziel 632
Abstrakte Normenkontrolle: siehe Normenkontrolle
Abwägung, nachvollziehende 2164
Abwägung, planerische 546 ff.
– Anspruch auf gerechte – 551
– in der Fachplanung 86
– Größe eines Bebauungsplanes 214
– Grundsätze zur – 548
– und Grundsätze der Raumordnung 75
– im engeren Sinne 553
– als Kernstück der Bauleitplanung 547
– multipolarer Belange 611
– subjektives Recht auf – 1013
– Vertretbarkeit des Ergebnisses der – 551
– vorweggenommene – in der BauNVO 1650
– und Ziele der Raumordnung 63
Abwägungsausfall 562, 612
Abwägungsbeschluß 472
Abwägungsdefizit 562, 612
Abwägungsdisproportionalität 562
Abwägungsdivergenz 569
Abwägungsergebnis 552 f.
– Fehler im – 1082
Abwägungserheblichkeit von Belangen 584
– nur bei Erkennbarkeit 598
– fehlende – 587
– – bei baurechtswidrigen Interessen 591
– – geringwertiger und nicht schutzwürdiger Belange 591
– – bei unwahrscheinlicher Betroffenheit 589

– öffentlicher Belange 593
Abwägungsfehleinschätzung 562
– und Begründung des Bebauungsplans 390
– und Öffentlichkeitsbeteiligung 470
– zweistufige Prüfung 1042
Abwägungsfehler: siehe Abwägungsmängel
Abwägungsgebot
– und Antragsbefugnis 1013
– als Ausformung des Verhältnismäßigkeitsgrundsatzes 551
– drittschützender Charakter 551
– und Festsetzungen nach Landesrecht 720
Abwägungsinkongruenz 569, 612
Abwägungsmängel 1082 ff.
– im Abwägungsergebnis und ergänzendes Verfahren 1098 f., 1100
– und Begründung des Bebauungsplans 390
– Behebung durch ergänzendes Verfahren 1100
– Fristen zur Geltendmachung von – 1092
– Heilung von – 1098
– und Öffentlichkeitsbeteiligung 470
– Offensichtlichkeit der – 1085
– Planerhaltung bei – 1082
– zweistufige Prüfung von – 1042
Abwägungsmaterial
– Ermittlung und Bewertung des – 1055
– Zusammenstellung des – und Öffentlichkeitsbeteiligung 470
Abwägungsprodukt 552
Abwägungssperre, subjektive 569, 619
Abwägungsvorgang 552 f.
– Fehler im – 1082, 1084
Abwasserbeseitigung im Bebauungsplan 289
– im Flächennutzungsplan 146
– als Genehmigungsvoraussetzung 1199
– Nebenanlagen für – 1260
Abwehransprüche des Eigentümers: siehe Baunachbarstreit, Nachbarklage, Nachbarschutz, Gebot der Rücksichtnahme

Abwehrrecht, subjektiv-öffentliches 1797
Abwendung des Vorkaufsrechts: siehe Vorkaufsrecht
Agglomeration 1622
Allgemeine Geschäftsbedingungen
  bei städtebaulichen Verträgen 950 ff.
– Begriff 950
– Gemeinde, Tätigkeit im gewerblichen Bereich 954
– Prüfungsgegenstand 955
– Rechtsfolgen 955
– Vertragspartner der Gemeinde 953
Allgemeines Wohngebiet 1353 ff.
– Abgrenzung zu anderen Baugebieten 1354
– Altenbegegnungsstätten 1371
– Altenpflegeheime 1371
– Anlagen für den Gemeinbedarf 262
– Anlagen
– – für gesundheitliche Zwecke 1374
– – für kirchliche Zwecke 1372
– – für kulturelle Zwecke 1373
– – für soziale Zwecke 1371
– – für sportliche Zwecke 1375
– – für Verwaltungen 1390
– Asylbewerberheime 1371
– ausnahmsweise zulässige Vorhaben 1377
– Aussiedlerheime 1371
– Autowaschanlage 1385, 1393
– Bars 1363
– Beherbergungsbetriebe 1377
– Behindertenheime 1371
– Bestattungsinstitute 1386
– betriebsbedingte Immissionen 1367
– Bibliotheken 1373
– Biergarten 1364
– Billardcafé 1363
– Bolzplätze 1376
– Bordelle 1385
– Bowlingcenter 1363
– Dienstleistungen 1386
– Diskotheken 1363
– Drive In 1364
– Feuerwachen 1391
– Fitness-Center 1374
– im Flächennutzungsplan 137
– Räume für freie Berufe 1376

- Fußballplätze 1375
- Garagen 1376
- Gartenbaubetriebe 1392
- Gemeinbedarfsanlagen 262
- Gemeinbedarfseinrichtungen 1369
- Gemeindeämter 1391
- Gemeinschaftsunterkünfte 1371
- Gewächshäuser 1392
- Gewerbebetriebe 1378, 1380
- Glockenläuten 1372
- Handwerksbetriebe 1368
- Imbisse 1364
- Jugendklub 1371
- Jugendheime 1371
- Kegelbahn 1363
- Kindergärten 1371
- Kinderspielplätze 1376
- Kindertagesstätte 1371
- Kinos 1373
- Konzertsäle 1373
- Kraftfahrzeugwerkstätten 1385
- Krankenhäuser 1374
- Läden zur Gebietsversorgung 1358
- Lagerplätze 1385
- Nebenanlagen 1376
- Pizza-Service 1364
- Polizeidienststellen 1391
- Räume für freie Berufe 1376
- Sanatorien 1374
- Schank- und Speisewirtschaften 1362
- Schlossereien 1385
- Schreinereien 1385
- Schwimmbäder 1375, 1376
- Speditionen 1385
- Spielhallen 1363
- Sportanlagen 1369, 1375
- Stellplätze 1376
- Tankstellen 1393
- Tanzgaststätten 1363
- Tennisplätze 1375
- Theater- und Opernhäuser 1373
- Tierhaltung 1376
- Tierheim 1371
- Tierzuchtbetriebe 1385
- Tischlereien 1385
- Vergnügungsstätten 1363
- Wohnheime 1371
- Zulässige Vorhaben 1357 ff.

Altanlagenbonus 728

Altenbegegnungsstätten im allgemeinen Wohngebiet 1371
Altenheim 261
- im Außenbereich 2147
- im reinen Wohngebiet 1325

Altenpflegeheim
- im allgemeinen Wohngebiet 1371
- im reinen Wohngebiet 1325

Altenteilerhaus im Außenbereich 2123, 2129, 2147
Alternativenprüfung, keine – im Baugenehmigungsrecht 1235
Altglascontainer 1253
Altlastenverordnung 733
Amtshaftung bei Anwendung eines nichtigen Bebauungsplans 1040
- bei fehlender Kennzeichnung belasteter Flächen 379
- bei Veränderungssperre 2329
- Verschulden bei nichtigem Bebauungsplan 1040

Änderung, Begriff der – 1111 ff., 1117
- einer Anlage und Befreiung 1725
- eines Gewerbe- oder Handwerksbetriebes im Innenbereich 2074
- rechtmäßige bauliche Anlage als Voraussetzung 1115
- von erhaltenswerten Gebäuden im Außenbereich 2246

Änderung von Bauleitplänen 835 ff.
- Begriff der – 837
- maßgebliche Fassung der BauNVO bei – 1192 ff.
- eines übergeleiteten Bebauungsplans 1167
- im ergänzenden Verfahren 1100
- im vereinfachten Verfahren 841 ff.

Änderungsbebauungsplan 840
- Fehlerfolgen bei – 1045

Anerkennung künftiger Festsetzungen: siehe Baugenehmigung, vorzeitige

Anfechtungsklage gegen die Erteilung einer Baugenehmigung 1880
- siehe auch Nachbarklage

Angebotsplanung 36, 183
Angelfischereien im Außenbereich 2147
Angrenzer und Nachbar 1812

1015

Anlage, bauliche, Begriff der – 1106
– Gesamtanlage bei Änderung der – 1118
– Rechtswidrigkeit 1116
– Verbindung mit dem Erdboden 1108 f.
Anlagen der Eigenwerbung im reinen Wohngebiet 1341
Anlagen für kirchliche, kulturelle, soziale, gesundheitliche und sportliche Zwecke
– im allgemeinen Wohngebiet 1369 ff.
– im besonderen Wohngebiet 1427
– im Dorfgebiet 1465
– im Ferienhausgebiet 1590
– im Gewerbegebiet 1542, 1549
– im Industriegebiet 1563
– im Kerngebiet 1513
– im Kleinsiedlungsgebiet 1409
– im Mischgebiet 1494
– im reinen Wohngebiet 1349
Anlagen und Einrichtungen zur Versorgung und für sportliche Zwecke
im Campingplatzgebiet 1598
– im Ferienhausgebiet 1589
Anlagen für Verwaltungen: siehe Verwaltungen, Anlagen für –
Anlagen zur energetischen Nutzung von Biomasse im Außenbereich 2140
Anpassungsgebot bei Flächennutzungsplan 118
– an die Raumordnungsziele 60
Anpflanzungen, Festsetzung über – im Bebauungsplan 346
Anspruch, kein – auf Bauleitplanung 57
– siehe auch Rechtsanspruch
Anstoßfunktion 919
– der Bekanntmachung der Auslegung 440
– und Hinweisfunktion 822
– der Öffentlichkeitsbeteiligung 419
Antennenanlagen im reinen Wohngebiet 1335
Antragsbefugnis: siehe Normenkontrolle
Anzeigeverfahren 795, 1068
– Abgrenzung zum Genehmigungsverfahren 798

– erneute Anzeige 796
– und Plangenehmigung 1051
– und Rechtsschutz 1884
Arbeiterwohnungen im Außenbereich 2147
Architekt als freier Beruf 1243
Art der baulichen Nutzung
– keine Änderung der – im vereinfachten Verfahren 846
– Einfügen nach der – 2028
– Festsetzungen über die – 237 ff., 1169
– Nachbarschutz durch Festsetzung der – 1821
– in Sondergebieten 1607
Artenschutz 83
Ärztehaus 142, 271, 1247
– Nachbarklage gegen – 1828
Ärztliche Versorgung, Räume für – im Ferienhausgebiet 1589
Arztpraxen im reinen Wohngebiet 1334
Asylbewerberunterkünfte im allgemeinen Wohngebiet 1371
– im Gewerbegebiet 1549
– im reinen Wohngebiet 1327, 1349
Atomkraftwerke im Außenbereich 2147
Aufenthaltsräume 315, 1303
Aufgabe der rechtmäßigen Nutzung einer baulichen Anlage 1116
Aufgabenübertragung 23
– gegen den Willen der Gemeinde 23
– Mitwirkungsbefugnis bei – 23
– nach § 203 Abs. 1 BauGB 22
Aufhebung eines Bauleitplans, Begriff der – 838
– eines übergeleiteten Bebauungsplans 1167
Aufhebungsbeschluß 810
– und Inzidentkontrolle 1038
Aufhebungssatzung 2388
Aufschiebende Wirkung 1137
– von Widerspruch und Anfechtungsklage 1881
Aufschließer 887
Aufschüttungen 351, 1126
– Darstellungen von Flächen für – im Flächennutzungsplan 153
– Festsetzung von Flächen für – im Bebauungsplan 305

Aufsichtsbehörde, Zuständigkeit für die Ersetzung des Einvernehmens 1762
Aufsichtspersonal, Wohnungen für –: siehe Betriebswohnung
Aufstellungsbeschluß: siehe Planaufstellungsbeschluß
Aufstellungsverfahren: siehe Bauleitplanverfahren
– und Auslegung des Bebauungsplans 225
Aufteilung der Planurkunde 583
Außenbereich, planungsrechtliche Kontingentierung 162
Ausfertigung von Bauleitplänen 801 ff.
– Behebung von Mängeln der – 1100
– erneute 805
Ausflugsgaststätten 271,
– im Außenbereich 2147
Ausgleich abwägungserheblicher Belange 610
– Kontrolle nur auf Vertretbarkeit 610
Ausgleich von Eingriffen in Natur und Landschaft 319
– Ausgleichs- und Ersatzmaßnahmen in der Abwägung 681
– Bepflanzungen als Ausgleichsmaßnahme 348
– Heilung fehlerhafter Ausgleichsmaßnahmen 1099
– durch vertragliche Vereinbarungen 699
Ausgleichsflächen 319, 703
– Darstellung von – im Flächennutzungsplan 131, 171
– Festsetzung von – im Bebauungsplan 319 f.
– Verfügungsbefugnis über – 703
– vertikale Differenzierung 365
– Zuordnung von – 353
Ausgleichskonzeption 173, 703
Ausgleichsmaßnahmen 691
– Abkopplung
– – räumliche 691
– – zeitliche 695
– bei Abgrabungen und Gewinnung von Bodenschätzen 306
– bei europäischen Schutzgebieten 719

– Festsetzung von – an anderer Stelle 354
– Kosten für – 355
– bei naturschutzrechtlichen Eingriffen 684
– Sammelausgleichsmaßnahmen 707
– Sammelzuordnung und Einzelzuordnung 356
– Sicherstellung von – 700
– Sicherung von – durch städtebaulichen Vertrag 354
– und städtebauliche Verträge 991
– tatsächliche Durchführung 705
– keine Überkompensation 687
– durch vertragliche Vereinbarung 699
– und Vorhaben- und Erschließungsplan 908
– Zugriff auf privates Grundeigentum 693
Auskiesung im Außenbereich 2147
Auslegung der BauNVO 1194
Auslegung von Bebauungsplänen 225
– anhand von Einzelhandelserlassen 228
– berichtigende – 229
– Fehler bei der – 1069
– und Materialien des Planungsverfahrens 393
– und Nachbarschutz 1796 f.
– nochmalige – 480
– Probleme der – bei Planänderungen 839
Auslegungsorte, mehrere 448
Ausnahme 1698 ff., 2072
– Auslegung von Ausnahmefestsetzungen 1705
– bei der Entscheidung über die Zulassung von Vorhaben nach § 34 BauGB 2072
– von Festsetzungen und vorzeitige Baugenehmigung 1913
– Nachbarklage gegen die Erteilung einer – 1716
– Nachbarschutz gegen – im Bebauungsplan 1866
– Nebenbestimmungen zur – 1712
– Rechtsbehelfe gegen die Versagung einer – 1713
Ausnahmetatbestände 1703

Ausnahmevorbehalt, kein nachbarschützender Charakter eines – 1716
Ausräumung beeinträchtigter öffentlicher Belange durch Satzung im Außenbereich 2260 f.
Ausschachtungen 1128
Ausschluß, außergebietlicher 161
Ausschlußregelungen zur Steuerung des Handels BauNVO 40
Außenbereich 2102 ff.
– Abgrabung und Gewinnung von Bodenschätzen 306
– Änderung und Nutzungsänderung von erhaltenswerten Gebäuden 2246
– Ausgleich von Eingriffen 2181
– Auslösung eines Planerfordernisses durch Vorhaben im – als öffentlicher Belang 2217
– Ausräumung öffentlicher Belange durch Außenbereichssatzung 2260 f.
– Bedeutung des – 2103
– Beeinträchtigung
– – der Belange des Bodenschutzes 2183
– – der Belange des Denkmalschutzes 2184
– – der Belange des Naturschutzes und der Landschaftspflege 2177
– – von Biotopen 2178
– – des Erholungswerts 2185
– – der Flurbereinigung 2194
– – von Maßnahmen zur Verbesserung der Agrarstruktur 2194
– – der natürlichen Eigenart der Landschaft 2186
– – sonstiger öffentlicher Belange 2216
– – der Wasserwirtschaft 2193, 2195
– Befreiung 1721, 2279
– keine Befreiung im unbeplanten – 2156
– Beispiele für Gebot der Rücksichtnahme im – 2172
– Beschränkung der Inanspruchnahme des – 2181
– Bestandsschutz im – : siehe Bestandsschutz

– Betrieb, ortsgebundener im – 2131
– weder Beurteilungsspielraum noch Ermessen bei der Ermittlung der Beeinträchtigung 2156
– Bodenversiegelung im – 2153
– Denkmalschutz als öffentlicher Belang 2184
– Eigenart der Landschaft: siehe Eigenart der Landschaft
– eigentumskräftig verfestigte Anspruchsposition: siehe Bestandsschutz
– Eingriffe in Natur und Landschaft 2180
– Einvernehmen bei Vorhaben im – 2280
– Entgegenstehen eines Flächennutzungsplanentwurfs 2165
– Ermittlung der Beeinträchtigung nicht durch gestaltende Abwägung 2156
– Ersatzbauten für Wohngebäude 2233
– Ersatzbauten für zerstörte Gebäude als begünstigte Vorhaben im – 2240
– Erschließung von Vorhaben im – 1212, 2271
– Erweiterung eines Gewerbebetriebes im – 2255
– Erweiterung eines Wohngebäudes im – 2248
– Freihalteinteresse 157
– Garagen im – 2248
– Gebot der Rücksichtnahme bei Vorhaben im – 2171
– Gebot größtmöglicher Schonung des – 2153
– Geltungsbereich von Satzungen im – 2265
– heranrückende Wohnbebauung 2172 f.
– Immissionen als öffentlicher Belang 2170
– im Innenbereich 2103
– Festsetzung von Flächen für Kleintieranlagen 318
– laufende Planungen als öffentliche Belange 2216

- Nachbarklage im – : siehe Baunachbarstreit, Nachbarklage, Nachbarschutz
- Nachbarschutz bei Vorhaben im – 2283
- Naturschutzrechtliche Eingriffsregelung 2180
- Nebenanlagen im – 2133, 2139
- Negativplanung im – durch Flächennutzungsplan 2163
- öffentliche Belange 2157
- Ortsbild, Vermeidung einer Beeinträchtigung: siehe Ortsbild
- ortsgebundener Betrieb im – 2131
- Planungsabsichten der Gemeinde im – 2216
- privilegierte und begünstigte Vorhaben 2220
- privilegierte Vorhaben im – 2104 ff., alphabetische Zusammenstellung 2147
- räumliche Bestimmung des – 2102
- Raumordnungsziele im – 2208
- Rechtsanspruch auf eine Genehmigung im – 2156
- schädliche Umwelteinwirkungen als öffentlicher Belang 2169
- Schweinehaltung 2172
- Splittersiedlung: siehe Splittersiedlung
- Sportanlage im – 2147
- Standort des Vorhabens 2154
- Standort im – 2134
- Streubebauung, Vermeidung als öffentlicher Belang: siehe Splittersiedlung, Streubebauung
- und übergeleitete Bebauungspläne 1164
- unwirtschaftliche Aufwendungen als öffentlicher Belang 2174
- Vermeidungsgebot 2181
- und Vorkaufsrecht 2493 f.
- Verunstaltung des Orts- und Landschaftsbilds als öffentlicher Belang 2189
- Vorhaben mit besonderen Anforderungen an die Umgebung im – 2134
- Vorhaben für einen land- oder forstwirtschaftlichen Betrieb 2105
- Vorhaben mit nachteiligen Wirkungen auf die Umgebung im – 2134
- Vorrang des einfachen Bebauungsplans 2149
- Wasserwirtschaft, Gefährdung der – als öffentlicher Belang 2193, 2195
- Widerspruch zu den Darstellungen des Flächennutzungsplans als öffentlicher Belang 2158
- Widerspruch zu sonstigen Plänen als öffentlicher Belang 2167
- Wohnbebauung, heranrückende 2172 f.
- Wohngebäude im – 2233
- Wohngebäude als Nebenanlage im – 2133
- Zersiedelung der Landschaft als öffentlicher Belang 2197
- Zulässigkeit eines Vorhabens im – 1139, 2102 ff., 2147
- Zustimmung der höheren Verwaltungsbehörde bei Vorhaben im – 2281

Außerkrafttreten von Bauleitplänen 865
- siehe auch Aufhebung
- bei Funktionslosigkeit 865 f.
- einer Veränderungssperre 2346, 2386

Ausschreibungspflicht bei städtebaulichen Verträgen 934 ff.

Aussicht, Nachbarklage bei Beeinträchtigung der – 1794, 1842
- und Antragsbefugnis im Normenkontrollverfahren 1013
- Verschlechterung der – 588

Aussichtsturm 271
- im Außenbereich 2147

Aussiedlerheime im allgemeinen Wohngebiet 1371

Ausweitung der Nutzung, rechtswidrige 1116

Auswirkungen für Nachbarstaaten 524

Autokino im Außenbereich 2147

Autowaschanlage im allgemeinen Wohngebiet 1385
- im Mischgebiet 1490

Badehäuser 2147
Badeplätze, Festsetzung von – im Bebauungsplan 292
Bahnbetriebsbezogene Nutzung 96
Bahnhöfe im Außenbereich 2147
Bars im allgemeinen Wohngebiet 1363
Basketballplätze im reinen Wohngebiet 1352
Bauantrag, Bindung an den Bauwunsch 1235
Bauaufsichtliches Verfahren im Innenbereich 2081 ff.
Baudenkmal 274
Baudispensvertrag 1733
Bauen, Begriff des – 1108
Baufreiheit 15, siehe auch Eigentumsgrundrecht
BauGB, Gliederung des – 8
Baugebiet, Eigenart des – und Nebenanlagen 1256
– Eigenart des – und Unzulässigkeit von Vorhaben 1229
– Erhaltungsgebiet 376
– Kippen des Gebietscharakters 1230
Baugebot 2579
– Enteignungsverfahren 2591
– Erforderlichkeit 2580
– im Geltungsbereich eines Bebauungsplans 2579
– im unbeplanten Innenbereich 2582
– Übernahme des Grundstücks durch die Gemeinde 2592
– Verfahren 2589
– Voraussetzungen 2579
– Zumutbarkeit 2584
– – Sicherheitsspielraum 2588
– – Wirtschaftlichkeitsberechnung 2588
Baugenehmigung
– Anspruch auf eine – im Außenbereich 2156
– Bekanntgabe der – 1880
– und einstweilige Anordnung in der Normenkontrolle 1030 f.
– Genehmigungsvoraussetzungen 1175 ff.
– Nachtrags- 1119
– bei übergeleiteten Bebauungsplänen 1186

– als Verwaltungsakt mit Doppelwirkung 1880
Baugenehmigung, maßgeschneiderte 1387, 1487
Baugenehmigung, vorzeitige 1905 ff.
– Anerkennung der künftigen Festsetzungen 1921
– bei Änderung oder Ergänzung des Bebauungsplans 1908
– und Ausnahmen und Befreiungen 1913
– bei fehlender formeller Planreife 1935
– „Geschäftsgrundlage" der Anerkenntniserklärung 1927
– Einvernehmen als Voraussetzung der – 1931
– formelle Planreife als Voraussetzung der – 1912
– gesicherte Erschließung als Voraussetzung der – 1929
– materielle Planreife als Voraussetzung der – 1913
– Nachbarklage gegen eine – 1948
– Planaufstellungsbeschluß als Voraussetzung der – 1911
– Rechtsanspruch auf Erteilung der – 1932
– Satzungsbeschluß und – 1919
– Veränderungssperre und – 1934
– vereinfachtes Bebauungsplanverfahren 1939
– Verfolgung des Planungsverfahrens als Voraussetzung der – 1918
– und bewusste Verzögerung der Planung 815
– Voraussetzungen der – 1911 ff.
– bei vorhabenbezogenem Bebauungsplan 1911
Baugenehmigungsrecht 11
Baugrenzen 1172, 1279, 1843
– Nachbarschutz durch – 1872
Baugrundstück, Begriff des – 1280
– Festsetzung der Mindestgröße eines – 252
Bauhöfe 1539
Bauland und zulässige Grundfläche 1282
Baulandqualität und Flächennutzungsplan 112

Baulast, bauordnungsrechtliche 1281
- Sicherung der Erschließung durch – 2273
- Sicherung einer Nutzung im Außenbereich durch – 2239

Bauleitplanung, als Angelegenheit der örtlichen Gemeinschaft 13
- Aufgaben und Ziele der 13 ff.
- Erforderlichkeit 29 ff.
- Genehmigung, Vorlage der nicht berücksichtigten Stellungnahmen 478
- und Gewohnheitsrecht 809
- Konkretisierung der – 18, 408
- als politischer Planungsakt 31
- und Raumordnungsrecht 59
- Schranken der – 59
- als Selbstverwaltungsaufgabe 13
- Verwirklichung der – durch städtebauliche Gebote 2579
- Zuständigkeit für die – 13 ff.

Bauleitplanverfahren, Abschluß des – 810
- Funktionen des – 400
- bei vorhabenbezogenem Bebauungsplan 917 f.

Bauliche Anlage: siehe Anlage, bauliche

Baulinien 246, 1172, 1279, 1843

Baulinienpläne 1143, 1158

Baulücke im Außenbereich 1415, 2186
- im Innenbereich 1953

Baumasse, absolute 1268

Baumassenzahl 1268, 1304
- im Flächennutzungsplan 1265

Baumschulbetriebe im Außenbereich 2147

Baumschutzsatzungen 349

Baunachbarstreit 1879 ff.
- siehe auch Nachbarklage, Nachbarschutz

Baunutzungsverordnung, alte Fassungen und Anwendung der jeweils gültigen – 1192 ff.

Bauordnungsrecht 5
- Abgrenzung des – zum Bauplanungsrecht 1
- formelles – 11
- materielles – 12

- als objektbezogenes Landesrecht 10

Bauplanungsrecht als flächenbezogenes Bundesrecht 7
- Abgrenzung des – zum Bauordnungsrecht 1

Baupolizeirecht 5

Baurecht, Begriff des – 1

Baurechtsgutachten des BVerfG 1

BauROG 1998 1

Bausperre, faktische, bei Veränderungssperre 2389

Baustufenplan 1162

Bauträgerbebauungsplan 871

Bauverpflichtung 992

Bauvoranfrage 1133, 2332

Bauvorbescheid 1133
- und aufschiebende Wirkung 1881
- und einstweilige Anordnung in der Normenkontrolle 1031
- Einvernehmen bei Erteilung des – 1759
- bei Veränderungssperre 2331

Bauvorschriften, örtliche 234, 251, 369, 899, 1141
- für Vorgärten 349

Bauweise 239, 1171, 1310
- Einfügen nach der – 2047
- Festsetzung der – und Nachbarschutz 1847

Bauzulassungsverordnung 1166

BBauG 1, 6

Bebauung, Begriff der – im Innenbereich 1955

Bebauungsgenehmigung: siehe auch Bauvorbescheid
- bei Veränderungssperre 1133, 2331

Bebauungsplan
- Abfallbeseitigungsanlagen und – 288
- Abfalldeponien und – 288
- Abwägungsfehler und Begründung des – 390
- Abwasserbeseitigung und – 289
- Amtshaftung bei nichtigem – 1040
- Anforderungen an den – bei Vorkaufsrecht 2481
- Anforderungen an den – bei Vorkaufsrechtssatzung 2501
- Aufstellungsvorgänge und Auslegung des – 225

1021

- Auslegung eines – und Planungsverfahren 393
- Außervollzugsetzung des – in der Normenkontrolle 1031
- Baugebot im Geltungsbereich eines – 2579
- Bauleitplanverfahren bei vorhabenbezogenem – 917 f.
- Begründung: siehe auch Begründung des Bebauungsplans
- Begründung des –
- – Abwägungsfehler 390
- – Grundsätze 384
- – Nachbarschutz 387
- Beteiligung Dritter und vorhabenbezogener – 544
- Briefmarkenbebauungsplan 213
- Erforderlichkeit 35
- Ersetzung der Planfeststellung durch – 88, 280
- Fehlerfolgen: siehe Mängel der Bauleitpläne, Gesamtnichtigkeit, Planerhaltung, Teilnichtigkeit
- Festsetzungen
- – über Anpflanzungen im – 346
- – über Befristung, Bedingung und zeitliche Staffelung der Nutzungen – 359
- – über den Einsatz erneuerbarer Energien – 332
- – von Ausgleichsflächen im – 319
- – von Badeplätzen im – 292
- – von Bootsanlegeplätzen im – 301
- – von Dauerkleingärten im – 292, 297
- – von Flächen für Abgrabungen im – 305
- – von Flächen für Aufschüttungen im – 305
- – von Flächen für Geh-, Fahr- und Leitungsrechte im – 324
- – von Flächen für Gemeinschaftsanlagen im – 329
- – von Flächen für Kleintierhaltung im – 315
- – von Flächen für Landwirtschaft im – 308
- – von Flächen für Wald 308, 310
- – von Flächen für Wasserwirtschaft 302
- – von Friedhöfen im – 292
- – von Grünflächen im – 292
- – von Luftreinhaltegebieten im – 332
- – von Parkanlagen im – 292
- – von Schutzflächen im – 339
- – von Sport- und Spielanlagen im – 292, 296
- – von Versorgungsanlagen und -leitungen 286
- – im Vorhaben- und Erschließungsplan und vorhabenbezogenem – 894
- – von Vorkehrungen für Lärmschutz im – 343
- – von Wasserflächen 299
- – von Zeltplätzen 292
- räumlicher Geltungsbereich 212 ff.
- Gesamtunwirksamkeit 1042, 1045
- Größe eines Bebauungsplanes 213 f.
- Grundsätze zum vorzeitigen – 196
- Inzidentkontrolle des – bei Nachbarklage 1804
- Kennzeichnung belasteter Flächen im – 378 ff.
- Landesrechtliche Regelungen im – 367
- Mängel eines –, zweistufige Prüfung 1042
- Nachbarklage bei unwirksamem – 1804
- Nachbarschutz
- – bei Ausnahmen im – 1866
- – durch Aufladung von Festsetzungen 1808
- – bei einfachem – 2084
- – durch Festsetzungen 1818
- – und Planbegründung – 387
- nachbarschützende Festsetzungen des – 1815
- Planbegründung 384 ff.
- Planbegründung und Auslegung des – 225
- Planerhaltung bei fehlerhafter Entwicklung des – aus dem Flächennutzungsplan 1072
- Planerhaltung bei unwirksamem Flächennutzungsplan 1077
- Planerhaltung bei der Verletzung von Vorschriften über das Verhält-

nis zwischen – und Flächennutzungsplan 1070
- Planfeststellungsbeschluß, Änderung durch – 280
- Planungserfordernis bei vorhabenbezogenem – 875
- Planungserfordernis bei vorzeitigem – 201
- räumlicher Geltungsbereich 212
- Rechtsnormqualität 745
- Teilbarkeit des – 1046
- Teilunwirksamkeit 1027, 1042, 1046
- Unwirksamkeit des – bei Verstoß gegen das Entwicklungsgebot 190
- Veränderungssperre bei Aufhebung eines – 2293
- Veränderungssperre bei vorhabenbezogenem – 2288
- im Vorfeld eines Planungsverfahrens 407
- Verhältnis zum Vorhaben- und Erschließungsplan 873
- Vorkaufsrecht 2480
- Vorkaufsrecht in Bebauungsplan – Aufstellungsgebieten 2482
- Vorkaufsrecht und qualifizierter – 2481
- Vorkaufsrechtssatzung in Bebauungsplangebieten 2500
- Vorrang des einfachen – im Außenbereich 2149
- vorzeitige Baugenehmigung bei Änderung oder Ergänzung des – 1908
- vorzeitige Baugenehmigung bei vorhabenbezogenem – 1911
- vorzeitiger – 201, 1071
- zusammenfassende Erklärung – 397
- Zuständigkeit der Länder für Regelungen im – 370

Bebauungsplan, einfacher 1143 ff.
- Abgrenzung zu qualifiziertem Bebauungsplan 1140 ff.
- Vorbereitungs- und Koordinierungsfunktion 1148
- Vorrang im Außenbereich 2149
- Zulässigkeit eines Vorhabens im Bereich eines – 1139

Bebauungsplan, qualifizierter 1140 ff., 1168
- Abgrenzung zu einfachem Bebauungsplan 1140 ff.
- notwendige Regelungsinhalte – 1141, 1168
- Zulässigkeit eines Vorhabens im Bereich eines – 1139, 1175 ff.

Bebauungsplan, übergeleiteter 1143, 1157
- Aufhebung, Änderung, Ergänzung 1167
- Auslegung eines – 1161
- und Außenbereich 1164
- Nachbarschutz durch – 1820
- in den neuen Ländern 1166

Bebauungsplan, vorhabenbezogener 871
- Änderung, Ergänzung, Aufhebung des – 923
- Bauleitplanverfahren 917 f.
- planerische Zurückhaltung bei – 232
- als qualifizierter Bebauungsplan 1155
- Schadensersatzansprüche des Vorhabenträgers 925
- zulässige Festsetzungen im – 894
- Zulässigkeit eines Vorhabens im Bereich eines – 1139

Bebauungsplan, vorzeitiger 196 ff.
- Planerhaltung bei – 1071
- Voraussetzungen des – 201

Bebauungsplanverfahren: siehe Bauleitplanverfahren

Bebauungstiefen 247, 1172, 1279

Bedürfnisprüfung 1228, 1230, 1339

Beeinträchtigung öffentlicher Belange im Außenbereich 2148 ff.
- Abwägung der betroffenen Belange 2150
- Beurteilung der Beeinträchtigung 2151
- keine Kompensation der – 2151

Beeinträchtigung des Ortsbildes: siehe Ortsbild

Befangenheit 752 ff., 1045, 1078
- bei Aufstellung eines Flächennutzungsplans 756
- infolge Grundstückseigentums 757

- Planerhaltung bei – 1078
- von Ratsmitgliedern 752
- Sitzungsteilnahme bei – 769

Befreiung von den Festsetzungen eines Bebauungsplans 1717 ff., 2072
- Änderung einer Anlage 1725
- Änderungsverfahren 1724, 1728
- Antrag auf Erteilung einer – 1777
- im Außenbereich 1721, 2156, 2279
- Baudispensvertrag 1782
- Entscheidung über die Erteilung als Ermessensentscheidung 1781
- bei der Entscheidung über die Zulassung von Vorhaben nach § 34 BauGB 2072
- Einvernehmen der Gemeinde bei – 1759
- – Anspruch, begründeter 1767
- – Begriff 1759
- – Bindung der Baugenehmigungsbehörde 1761
- – Versagungsgründe 1766
- – als Verwaltungsinternum 1754
- Erteilung einer – für Sportanlagen 1736
- von der festgesetzten Bebauungstiefe 1816
- von Festsetzungen der Art der baulichen Nutzung 1750
- von Festsetzungen nach Landesrecht 1720
- von Festsetzungen des Maßes der baulichen Nutzung 1750
- von Festsetzungen und vorzeitige Baugenehmigung 1913
- Gebot der Erforderlichkeit als tatbestandliches Korrektiv 1739
- Gebot der Rücksichtnahme 1723, 1734
- offenbar nicht beabsichtigte Härte als Voraussetzung einer – 1745
- heimlicher Dispens 1778
- heimlicher Dispens, Nachbarschutz gegen – 1876
- im Innenbereich 1721
- im unbeplanten Innenbereich 2024
- keine – im unbeplanten Außenbereich 2156
- Nachbarschutz bei Erteilung einer – 1872
- als Möglichkeit der Nachsteuerung 1748
- Verbindung mit Nebenbestimmungen 1782
- Öffentliches Interesse an – 1736
- als planexternes Institut 1718
- bei Planreife nach § 33 BauGB 1722
- Erteilung einer – für Sportanlagen 1736
- städtebauliche Vertretbarkeit als Voraussetzung der – 1741
- städtebaulicher Vertrag 1733
- Tatbestandsvoraussetzungen 1727
- bei übergroßem Grundstück 255
- bei Vorhaben im Außenbereich 1721, 2279
- wirtschaftliche Erwägungen 1737, 1746
- Wohl der Allgemeinheit als Voraussetzung einer – 1736
- Würdigung nachbarlicher Interessen 1732
- Zustimmung des Bedarfsträgers 1788
- Zustimmung des Erschließungsträgers 1788
- Zwei-Schlüssel-Prinzip 1780

Befristung
- baurechtlicher Vorschriften 1165

Begründung des Bebauungsplans 384 ff.
- Abwägungsfehler 390
- Änderung, keine nach der Beschlußfassung 396
- im Aufstellungsverfahren 385
- und Auslegung des Bebauungsplans 225
- Darlegung der Ziele, Zwecke und wesentlichen Auswirkungen 386
- Floskeln in der – 1066
- Nachbarschutz und – 387
- Planerhaltung bei Mängeln der – 1065
- Heranziehen der – zur Feststellung der Teilunwirksamkeit 1047
- Umweltbericht als Bestandteil der – 388, 675

Begründung des Flächennutzungsplans 178 f.
- Mängel der – 1065

Begünstigte Vorhaben im Außenbereich 2220 ff.
Behelfsunterkünfte 361, 1317
Beherbergungsbetrieb und Wohnen 1317
– im allgemeinen Wohngebiet 1377
– im besonderen Wohngebiet 1423
– im Dorfgebiet 1460
– im Gewerbegebiet 1532
– im Kerngebiet 1510
– im Mischgebiet 1483
– im reinen Wohngebiet 1346
Behinderte, Heime für – 1350, 1371
Behördenbeteiligung siehe: Beteiligung der Behörden
Beiladung im Normenkontrollverfahren: siehe Normenkontrolle
Beitrittsbeschluß 787
– Mängel des – 1067
Bekanntmachung
– allgemeine Anforderungen 806 ff.
– Ersatzverkündung 808
– Fehler in der – 1069
– des Flächennutzungsplans 807
– nach der Hauptsatzung 432
– Hinweisfunktion 822
– Inhalt der – 821
– einer Normenkontrollentscheidung 1029
– des Planaufstellungsbeschlusses 409
– der Planauslegung 430, 440
– – Angaben über verfügbare umweltbezogene Informationen 446
– der Plangenehmigung 808
– Schlußbekanntmachung 805, 820
– unzulässige Inhalte 452
– der Veränderungssperre 2314
– verzögerte – 816
– Zuständigkeit für die Anordnung der – 817
– zwingende Inhalte 441
Bekanntmachungsfrist 434
– siehe auch Fristberechnung
Bekanntmachungsverordnung 432
Belange in der Abwägung: siehe Abwägungserheblichkeit
– des Naturschutzes 78
Belange, öffentliche, Abwägungserheblichkeit von – 593

Belastungsflächen, Darstellung im Flächennutzungsplan 168
Belastungsverdacht und Kennzeichnungspflicht – 378
Beleihung 22
– durch Beteiligung im Planungsverfahren 543
Benachrichtigung der Träger öffentlicher Belange 459
Benehmen 1759, 2083
– bei Vorhaben im Außenbereich 2282
Benutzungsrecht bei Gemeinschaftsanlagen 329
Bepflanzungen als Ausgleichsmaßnahme 348, 703
– siehe auch Anpflanzungen
Bereithaltungspflicht 829
Bereitschaftspersonal, Wohnung für – : siehe Betriebswohnung
Berg- und Skihütten im Außenbereich 2147, 2187
Bergrechtliche Planfeststellung 155
Bergwerk 305
– als ortsgebundener Betrieb 2132
Berufsfreiheit 1865
Berührung der Grundzüge der Planung
– und ergänzendes Verfahren 1098
– und vereinfachtes Verfahren 845
Beschleunigung der Bauleitplanung durch Vorhaben- und Erschließungsplan 871
– des Bauleitplanverfahrens 541
Beseitigungsmaßnahmen nach erfolgreicher Nachbarklage 1903
Besondere Wohngebiete 1412 ff.
– im Flächennutzungsplan 137
Besonderer Nutzungszweck, Flächen für – 271
Besonderer Wohnbedarf, Flächen für Personengruppen mit – 268
Besonderes Wohngebiet 1412 ff.
– Anlagen für kirchliche, kulturelle, soziale, sportliche und gesundheitliche Zwecke 1427
– Anlagen für Verwaltungen 1426, 1430
– als atypisches Wohngebiet 1414
– Beherbergungsbetriebe 1423

- Bordelle 1435
- Bowling-Center 1435
- Bürogebäude 1425 f.
- Diskotheken 1434, 1440
- Einzelhandel 1425
- Fitness-Center 1435
- Garagen 1428
- Gebäude für freie Berufe 1429
- Gemeinbedarfsanlagen 262
- Geschäftsgebäude 1425
- Gewerbebetriebe 1424
- Immissionen 1421
- Kegelbahnen 1435
- Kinos 1434
- Läden 1423
- Lärm 1421
- Multiplexkinos 1434
- Nebenanlagen 1428
- Peepshows 1434
- Schank- und Speisewirtschaften 1423
- Sexkinos 1434
- Sex-Shops 1435
- Spielhallen 1434, 1438
- Spielkasinos 1439
- Sportanlagen 1427
- Stellplätze 1428
- Störungsempfindlichkeit 1421
- Stripteaselokale 1434
- Tankstellen 1442
- Theater 1435
- Umwidmungssperre 1444
- Vergnügungsstätten 1431
- Wohngebäude 1422
- Wohnungen 1443
- Zulässige Vorhaben 1422

Bestandsdarstellungen 223

Bestandsschutz
- abschließende Regelungen 2222
- bei Änderung der Sach- und Rechtslage während des Baunachbarstreits 1881
- Beseitigung des – 1116
- durch Baugenehmigung 1697, siehe auch Legalisierung
- eigentumskräftig verfestigte Anspruchsposition 2222
- und Entwidmung 97
- erweiterter – 1690
- und Fachplanungsrecht 94
- bei Gemeinbedarfsflächen 1783
- und Nutzung 1121
- und Nutzungsänderung 1120, 1696
- und Reparaturmaßnahmen 1117
- Überplanung und – 1690
- überwirkender – 2222
- gegenüber Veränderungssperre 2326
- durch vorzeitige Baugenehmigung 1923
- Zeitmodell des BVerwG 2244
- und Zerstörung eines Gebäudes 2240

Bestattungsinstitute im allgemeinen Wohngebiet 1386

Bestimmtheitsgebot 216 ff.
- und Erforderlichkeit von Festsetzungen 231

Beteiligung der Behörden an der Bauleitplanung 492 ff.
siehe auch: Beteiligung der Träger öffentlicher Belange
- Abwägungsrelevanz 499
- Aufforderung zur – 501
- Aufgabenbereich, Berührung durch die Planung 499
- ergänzende Nutzung elektronischer Informationstechnologien 507
- Erörterungstermin 506
- frühzeitige – 501
- keine Berücksichtigung verspäteter Stellungnahmen 510
- Unterrichtung, nachträgliche über Auswirkungen des Bauleitplans 519
- Wiederholung der – 514
- zu beteiligende Behörden 496
- Zweistufigkeit 494

Beteiligung der Bürger an der Bauleitplanung: siehe Öffentlichkeitsbeteiligung

Beteiligung der höheren Verwaltungsbehörde 771 ff.
- Genehmigung des Flächennutzungsplans 771
- Genehmigung des Bebauungsplans 794

Beteiligung der Träger öffentlicher Belange: siehe Träger öffentlicher Belange

Betrieb, ortsgebundener im Außenbereich: siehe Außenbereich

Betriebsbezogenheit von Anlagen und Anlagenteilen 94
Betriebserholungsheim im Außenbereich 2147
Betriebswohnung
– im Gewerbegebiet 1545
– im Industriegebiet 1562
– im Kerngebiet 1516
– Nachbarschutz gegen eine – 1823
Bevölkerungsschutz 1138
Beweislastumkehr bei Planverlust 216
Bibliotheken im allgemeinen Wohngebiet 1373
Bienenhäuser im Außenbereich 2136, 2147
– siehe auch Imkerei
Biergarten im allgemeinen Wohngebiet 1364
Bildungszentren im Außenbereich 2147
Billardcafé im allgemeinen Wohngebiet 1363
Bindung, unzulässige – der Planung 618
Binnenfischerei im Außenbereich 2127, 2147
– als landwirtschaftlicher Betrieb 2106
Biomasse 2140
– energetische Nutzung von 2140
Biotope, Beeinträchtigung von – im Außenbereich 2178
Biotopschutz 83
Boarding-Häuser im Gewerbegebiet 1532
Bodenrecht, Begriff des – 3
Bodenrechtliche Relevanz baulicher Anlagen 1110
– der Errichtung, Änderung, Nutzungsänderung 1111
Bodenschätze, Anlagen für die Verarbeitung von – im Außenbereich 2133
– Betriebe zur Gewinnung von – im Außenbereich 2132
– Flächen für die Gewinnung von – im Außenbereich 306
– Gewinnung von – 305

Bodenschutz und Abstandserlaß 724
– in der Abwägung 733
– im Außenbereich 2153
– im Flächennutzungsplan 158
– und Negativplanung 44
Bodenschutz- und Altlastenverordnung 733
Bodenversiegelung
– siehe auch Außenbereich, Grundstücksversiegelung
Bodenwertabschöpfung 947 f.
– versteckte – 980
Bodenwertsteigerungen 947 f.
Bolzplätze 293
– im allgemeinen Wohngebiet 1375
– als Nebenanlage 1258
– im reinen Wohngebiet 1335, 1352
Bootsanlegeplatz, Festsetzung von – im Bebauungsplan 301
Bootshaus im Außenbereich 2147
Bordelle im allgemeinen Wohngebiet 1385
– im besonderen Wohngebiet 1435
– im Gewerbegebiet 1532
Bowling-Center im allgemeinen Wohngebiet 1363
– im besonderen Wohngebiet 1435
– im Gewerbegebiet 1542
Brandbekämpfung 1201
Briefmarkenbebauungsplan 213
Brunnen 1201
Buchgrundstück 1280
Bund, Genehmigung von Bauvorhaben des – 1138
Bundesbodenschutzgesetz 733
Bundesgrenzschutz 1138
Bürgerbeteiligung siehe Öffentlichkeitsbeteiligung
Bürgerversammlung 421
Bürogebäude im besonderen Wohngebiet 1426
– im Gewerbegebiet 1540
– im Kerngebiet 1509
– im Mischgebiet 1481

Café im Außenbereich 2147
Campingplätze 1592
– im Außenbereich 2147

1027

Campingplatzgebiet 1591 ff.
- Anlagen und Einrichtungen zur Versorgung des Gebietes und für sportliche Zwecke 1598
- Garagen 1596
- Kioske 1598
- Nebenanlagen 1597
- Schank- und Speisewirtschaften 1598
- Sportanlagen 1598
- Stellplätze 1596
- zulässige Vorhaben im – 1591

Champignonzucht im Außenbereich 2147

Clubanlage 1583

Container als bauliche Anlage 1114

Dachgaube 1112

Dachgeschoß 1294
- Einfügen des Umbaus eines – im Innenbereich 2037
- Nutzungsänderung 1119

Dachnutzungen 1687

Damtierzucht im Außenbereich 2147

Darstellungen im Flächennutzungsplan 103, 136 ff.

Darstellungen und Festsetzungen 124

Dauerkleingärten, Festsetzung von – im Bebauungsplan 292, 297

Dauerwohn- und Dauernutzungsrechte 2448

Denkmalschutz im Außenbereich 2184
- Nachrichtliche Übernahme von Denkmälern in Bebauungsplänen 382

Deponie, Abgrenzung zu Lagern 1535
- Zulässigkeit im Außenbereich 2147

Dienstleistungen im allgemeinen Wohngebiet 1386
- im Außenbereich 2147

Dienststunden, Auslegung während der – 449, 476

Differenzierung, vertikale 365
- verschiedene Baugebiete durch – 366

Diskothek im allgemeinen Wohngebiet 1363

- im besonderen Wohngebiet 1434, 1440

Dispens: siehe Befreiung

Dispensvertrag 1737

Dispositionsfreiheit bei städtebaulichem Vertrag 929

Dorfgebiet 1445 ff.
- Anlagen für kirchliche, kulturelle, soziale, gesundheitliche und sportliche Zwecke im – 1465
- Anlagen für Verwaltungen 1465
- ausnahmsweise zulässige Vorhaben 1472
- Beherbergungsbetriebe 1460
- Einzelhandelsbetriebe 1460
- im Flächennutzungsplan 137
- Gebäude für freie Berufe 1470
- Gemeinbedarfsanlage 262
- Garagen 1469
- Gartenbaubetriebe 1467
- Gewerbebetriebe 1463
- Handwerksbetriebe 1464
- Immissionen 1453
- Kleinsiedlungen 1456
- Nebenanlagen 1469 ff.
- Schank- und Speisewirtschaften 1460
- Sportanlage 1465
- Stellplätze 1469
- Tankstellen 1468
- Verarbeitungsbetriebe 1458
- Vergnügungsstätten 1472
- Vorrangstellung der Land– und Forstwirtschaft im – 1448
- Wirtschaftsstellen im Dorfgebiet 1454
- Wohngebäude 1454, 1457
- zulässige Vorhaben im – 1454

Dorfgemeinschaftshaus 1169

Dorfplatz 261

Drittschutz 1796
- siehe auch Nachbarschutz, Gebot der Rücksichtnahme

Drittwiderspruch 1137
- siehe auch Baunachbarstreit, Baunachbarklage

Drive In im allgemeinen Wohngebiet 1364

Durchführungspflicht bei Vorhaben- und Erschließungsplan 909

Durchführungspläne 1158, 1174
Durchführungsvertrag 874, 908, 919, 929, 992

E-Commerce: siehe Versandhandel
EG-Richtlinien 338, 708
Eigenart der näheren Umgebung, Einfügen in die – 2003
Eigentumsgrundrecht 15
– siehe auch Baufreiheit, Bestandsschutz, Inhalts- und Schrankenbestimmungen
– Abwehranspruch unmittelbar aus dem – 1862, 2093
– Ausgestaltung des – durch das Bauplanungsrecht 1805
– und Nachbarschutz 1862
Eignungsflächen, Darstellung von – 108, 156, 161
– Größe 165
– Kombination mit Vorrangflächen 164
– Unterschied zu Vorrangflächen 161
Eignungsgebiete 69
Einbeziehungssatzung 1990
Einfacher Bebauungsplan: siehe Bebauungsplan, einfacher
Einfriedigungen im Außenbereich 2147
Einfügen 2013 ff.
– Abweichungen vom Erfordernis des – 2074
– Begründung von Spannungen 2033
– besonderes Wohngebiet 2023
– Erhöhen von Spannungen 2015
– Ermittlung des „Rahmens" 2014
– und Gebot der Rücksichtnahme 2033, 2089
– in den Rahmen 2029
– nach Art der baulichen Nutzung 2028
– nach Bauweise 2047
– nach faktischen Baugrenzen, Baulinien oder Bebauungstiefen 2052
– nach Grundstücksfläche 2052
– nach Maß der baulichen Nutzung 2035
– Planungsbedürfnis und – 2015
– und Sondergebiet 2023
– Vorbildwirkung 2033

– einer Werbetafel 2041
– zweistufige Prüfung des – 2014
Eingriffe in Natur und Landschaft 348, 682
– Ausgleichsflächen für – 319
– durch Bauvorhaben im Außenbereich 2180
– Ermittlung von – 683
– Zuordnung von Ausgleichsflächen 353
Eingriffsregelung, naturschutzrechtliche 83, 681
Einheimischenmodelle 928, 994
Einkaufszentrum 141, 1531, 1615
– Begriff des – 1620
– im Industriegebiet 1557
– in Kerngebieten und Sondergebieten 1619
– Zentrenfunktion 1620
Einmündung 1207
Einrichtungen: siehe Nebenanlagen, untergeordnete
Einschaltung Dritter in das Bauleitplanverfahren 541 ff.
– und unternehmensbezogene Planung 544
– und vorhabenbezogener Bebauungsplan 544
– und Vorhaben- und Erschließungsplan 871
Einsichtnahme, Möglichkeit der – 461, 829 ff.
– siehe auch Öffentlichkeitsbeteiligung, förmliche
Einstufige Bauleitplanung 192
Einstweilige Anordnung: siehe Normenkontrolle, Verpflichtungsklage
Einvernehmen 1135
– bei Befreiung 1759
– Begriff des – 1759
– Bindung der Baugenehmigungsbehörde an das – 1761
– Ersetzung des – bei unrechtmäßiger Versagung 1762
– Fiktion der Erteilung des – 1775
– und freigestellte Vorhaben 2290
– Frist zur Erteilung des – 1772
– bei Gemeinde als Baugenehmigungsbehörde 1776

1029

– der Gemeinde bei Aufgabenübertragung nach § 203 Abs. 1 BauGB 22
– als verwaltungsinterne Entscheidung 1760
– Rechtsschutz des Bauherrn bei Versagung des – 1762
– bei Vorhaben im Außenbereich 2280
– bei Vorhaben des Bundes oder eines Landes 1138
– bei Vorhaben im Innenbereich 2083
– bei vorzeitiger Baugenehmigung 1931
– Versagungsgründe 1766
– Zuständigkeit zur Ersetzung des – 1762

Einzelfallbebauungsplan 42, 214
Einzelhandel 1531, 1635, 1644
– als bahnbetriebsbezogene Nutzung 96
– im besonderen Wohngebiet 1425
– im Dorfgebiet 1460
– Fernwirkungen 2009
– im Industriegebiet 1557
– Innenstadtrelevanz 1684
– im Kerngebiet 1510
– im Mischgebiet 1231, 1482

Einzelhandel, großflächiger 647
– Festsetzungsmöglichkeiten im Bebauungsplan 1618
– Raumordnungsziele 1627
– in sonstigen Sondergebieten 1614 ff.

Einzelhandelserlasse 76, 1617, 1642
Einzelhandelskonzept, Abwägungserheblichkeit des – 598
Einzelhandelsverbände 496
Eisenbahnbetriebsbezogenheit 95
Eissporthallen im Gewerbegebiet 1542
Elektrizitätserzeugung 302
Elektrizitätsunternehmen 496
Elektrizitätsversorgung
– Anlagen zur – als privilegierte Vorhaben im Außenbereich 2130
– als Genehmigungsvoraussetzung 1199
– Nebenanlagen für – 1260

Elektrizitätswerke 283
Emissionsgrenzwerte, Festsetzung von – 1667
Enteignung und Vorkaufsrecht 2564

Enteignungsgleicher Eingriff 2558
– bei Anwendung eines nichtigen Bebauungsplans 1040
– bei Veränderungssperre 2329, 2398 f.

Enteignungsverfahren
– beim Baugebot 2591
– bei Geh- und Fahrrechten 328

Entprivilegierung 2224
Entschädigungsansprüche bei Festsetzungen über Anpflanzungen 350
– für passive Schallschutzmaßnahmen 727
– bei Vorhaben auf künftigen Gemeinbedarfs-, Verkehrs-, Versorgungs- und Grünflächen 1792
– bei vorzeitiger Baugenehmigung 1928

Entschädigungs- und Übernahmeansprüche
– siehe auch Übernahmeansprüche
– bei Festsetzung
– – von Flächen für Abfallbeseitigung, Abwasserbeseitigung, Ablagerungen 291
– – von Grünflächen 294
– – von Spiel- und Sportanlagen 264
– – von Verkehrsflächen 282
– – von Versorgungsflächen 285
– bei Schallschutzmaßnahmen 345
– bei städtebaulichen Geboten zur Verwirklichung der Bauleitplanung 2607

Entschädigungsregelungen im Planfeststellungsverfahren 88
Entwicklung des Bebauungsplans aus dem Flächennutzungsplan: siehe auch Entwicklungsgebot
– Planerhaltung bei fehlerhafter – 1072
– Planerhaltung bei unwirksamem Flächennutzungsplan 1077

Entwicklungen, zukünftige 33
Entwicklungsbereich, Teilungsgenehmigung im – 2478
– Vorkaufsrecht im – 2491

Entwicklungsgebot 181 ff., 1982
– Ausnahmen vom – 191
– und einstufige Bauleitplanung 192
– und Parallelverfahren 210

1030

- Verstoß gegen das – 190
- und vorzeitiger Bebauungsplan 196
- Zielkonflikt 201

Entwicklungssatzung 1978
- konstitutive Wirkung 1989

Entwidmung 97

Erbbauberechtigter: siehe Normenkontrolle

Erdgas 334

Erdoberfläche, Inanspruchnahme von 155

Erforderlichkeit der Ausführung eines Vorhabens im Außenbereich 2138

Erforderlichkeit von Bauleitplänen 29 ff., 33 f.

Erforderlichkeit von Festsetzungen 230 ff.

Erfordernisse der Raumordnung 63

Ergänzendes Verfahren 1098 ff.
- Behebung von Mängeln durch – 1100

Ergänzung von Bauleitplänen 837
- Ergänzung eines übergeleiteten Bebauungsplans 1167
- im vereinfachten Verfahren 841

Ergänzungssatzung 1990
- Festsetzungsmöglichkeiten in der – 1995
- Planbegründung zu – 1996
- Satzungsverfahren 1996

Erhaltung der Gebietsqualität im unbeplanten Innenbereich 2086

Erholungsanlagen im Außenbereich 2147

Erholungsgebiet, Gliederung des – 1572
- siehe auch Sondergebiete, die der Erholung dienen
- Sportanlage 1567

Erholungsheime 271

Erklärung, zusammenfassende
- dem Bebauungsplan beizufügen 397

Ermessen bei Gewährung einer Ausnahme 1708, 2080
- Einschränkung des Planungsermessens der Gemeinde 55

Ermessen, intendiertes 1711

Ermessensausübung, Gleichbehandlungsgrundsatz bei der – 1709

Ermittlungsausfall 555

Ermittlungsdefizit 555

Ermittlungslast 599

Ermittlungspflichten 599

Erneuerbare Energien, Anlagen für – 1260
- Festsetzungen im Bebauungsplan über den Einsatz von – 332
- Gebiete für – 1600

Erneuerung 2074
- eines Gewerbe- oder Handwerksbetriebes im Innenbereich 2074

Erneute Auslegung: siehe Auslegung, erneute

Erörterungstermin 506
- in der Normenkontrolle 1032

Errichtung, Begriff der – 1111 ff., 1114
- zulässige – im Außenbereich 2229

Ersatzbauten als begünstigte Vorhaben im Außenbereich 2233, 2240

Ersatzplanung 1958

Ersatzverkündung 808, 833, 2315

Erschließung 1198
- Anspruch auf – 1209
- Aufrechterhaltung und Instandsetzung von Erschließungsanlagen 1213
- bauordnungsrechtlicher Begriff der – 1197
- bauplanungsrechtlicher Begriff der – 1197
- Begriff der – 1198
- gesicherte – als Voraussetzung der Genehmigung 1196
- und Infrastruktur- und Folgemaßnahmen 1204
- nachträgliche – 1213
- durch private Verkehrsflächen 278
- Sicherung der – 1208
- Trittbrettfahrer 1009
- und Vorhaben- und Erschließungsplan 879, 900
- von Vorhaben im Außenbereich 2271

Erschließungsaufwendungen, unwirtschaftliche – als Beeinträchtigung öffentlicher Belange im Außenbereich 2174

Erschließungsbeiträge und Erschließungspflicht 1214

Erschließungskonzept 1150

1031

Erschließungskosten 41
Erschließungslast 1210
Erschließungsmaßnahmen, Durchführungspflicht bei Vorhaben- und Erschließungsplan 910
– und Vorhaben- und Erschließungsplan 882
Erschließungspflicht 1210
Erschließungsvertrag 928, 1007, 1209, 1211
– in der Abwägung 624
Ersetzung des Einvernehmens: siehe Einvernehmen
Erstplanungspflicht 62, 77
Erweiterung eines Gewerbebetriebes
– im Außenbereich 2255
– im Innenbereich 2074
Erweiterung eines Wohngebäudes im Außenbereich 2248
Erweiterungen und Nutzungsänderungen 2074, 2258
Erwerbsgartenbau im Außenbereich 2147
Erwerbsobstbaubetriebe im Außenbereich 2147
Etikettenschwindel bei Festsetzungen 616

Fachpläne, umweltbezogene – in der Abwägung 678
Fachplanerische Abwägung 86
Fachplanung 69
– Nachrichtliche Übernahme privilegierter – in Bebauungsplänen 381
– Vorrang der – 84
Fachplanungsprivileg 84 ff., 97, 122, 156
– Beginn der Sperrwirkung 92
– und Entwidmung 97
Factory-Outlet-Center 228, 1621
Fahrrechte 324
Faktische Bausperre: siehe Bausperre, faktische, Veränderungssperre, Zurückstellung von Baugesuchen
Fasanenzucht im Außenbereich 2147
Fauna-Flora-Habitat-Richtlinie: siehe FFH-Richtlinie
Fehleranfälligkeit von Bauleitplänen 17

Fehlerfolgen: siehe Planerhaltung, Mängel eines Bebauungsplans, Gesamtnichtigkeit, Teilnichtigkeit
„Feigenblatt"-Planung 162
Feinsteuerung 1222, 1685
– der Abwägung und planerische Konfliktbewältigung und Zurückhaltung 232
– durch Ausschluß von Nutzungen 1679
– planerische 1650
– bei Sportanlagen 263
Ferien- und Freizeitheime im reinen Wohngebiet 1324
Feriendörfer 1583
Ferienhäuser im Außenbereich 2147
– Tendenz zur Dauernutzung 1586
– Eigennutzung des Eigentümers 1585
– im Ferienhausgebiet 1583
Ferienhausgebiet 1583 ff.
– Anlagen und Einrichtungen zur Versorgung des Gebiets und für sportliche Zwecke 1589
– Anlagen für kirchliche, kulturelle und soziale Zwecke 1589
– Clubanlage 1583
– Feriendörfer 1583
– Ferienhäuser 1583
– Garagen 1587
– Golfplätze 1590
– Läden 1589
– Nebenanlagen 1588
– Räume für ärztliche Versorgung 1589
– Schank- und Speisewirtschaften 1589
– Schullandheime 1583
– Schwimmbäder 1590
– Sportanlage 1590
– Stellplätze 1587
– Tennisanlagen 1590
Ferienwohnung im Außenbereich 2248
– als privilegiertes Vorhaben 2126
– im reinen Wohngebiet 1347
Fernmeldetechnik, Nebenanlagen für – 1260
Fernwärme 336
Festlegungssatzung 1978

Festschreibung eines Zustands durch Bebauungsplan 43
Festsetzung von Flächen für den Wasserabfluß 302
Festsetzungen 216, 225
– Auslegung von – 225
– und Bestandsdarstellungen 223
– bestandserhaltende – 1690
– Bestimmtheit 216 f., 1684
– Bezugspunkt 224
– und Darstellungen des Flächennutzungsplans 124
– divergierende – 216
– als Inhalts- und Schrankenbestimmungen des Eigentums 216
– Erforderlichkeit von – 230
– nach Landesrecht 720
– nachbarschützende – des Bebauungsplans 1815
– textliche – 225
– im Vorhaben- und Erschließungsplan 899
– widersprüchliche – 221
– zulässige, im einzelnen 237
Festsetzungen, gestalterische 899
– bei Vorhaben- und Erschließungsplan 235
Festsetzungen im Vorhaben- und Erschließungsplan 894
Festsetzungen im vorhabenbezogenem Bebauungsplan 894
Festsetzungserfindungsrecht 234, 894
Festsetzungskatalog 234 ff., 1042, 1985
– Heilung von Verstößen gegen den – 1099
Feuerwachen im allgemeinen Wohngebiet 1391
FFH-Gebiete, faktische (potenzielle) 712
FFH-Richtlinie 708
– Sinn und Zweck der – 709
– unmittelbare Anwendung 711 f.
Fiktives Baugebiet 2086
– siehe auch Innenbereich
Finalprogramm 551, 611
Firsthöhe 362, 1266, 1306, 1309
Firstrichtung 251
Fischerei im Außenbereich 2147
– siehe auch Binnenfischerei

Fischerhütten als Vorhaben im Außenbereich 2136
Fitness-Center im allgemeinen Wohngebiet 1374
– im besonderen Wohngebiet 1435
Flächen für Nutzungsbeschränkungen 149
Flächenbilanz 131
Flächennutzungsplan 101 ff.
– Abgrabungsflächen, Darstellung im – 153
– Aufschüttungsflächen, Darstellung im – 153
– Anpassungspflicht der Träger öffentlicher Belange 512
– Anpassungspflicht öffentlicher Planungsträger 118
– Begründung des – 178, 1065
– Beschluss über den – 747
– Bindung öffentlicher Planungsträger 116
– Bindungswirkung 114
– Darstellungen 124
– Bestimmtheit der Darstellungen 134
– Darstellungen des – nicht wie Rechtssätze anwendbar 2161
– Darstellung von Bauflächen und -gebieten 136
– Darstellung von Belastungsflächen 168
– Darstellung von Flächen für die Gewinnung von Steinen, Erden und anderen Bodenschätzen 155
– Entwicklung des Bebauungsplans aus dem –: siehe Entwicklungsgebot
– Erforderlichkeit 34
– und Ergänzungssatzung 1993
– „Fehlen" eines – bei seiner Unwirksamkeit 200
– Flächen für Maßnahmen zum Schutz, zur Pflege und zur Entwicklung von Natur und Landschaft im – 158
– bei Gebiets- und Bestandsänderungen 198
– Gemeinbedarfsflächen, Darstellung im 260
– gemeinsamer – 24

1033

Stichwortverzeichnis

– Genehmigungsbedürftigkeit des – 771
– Grundkonzeption des – 183
– Grünflächen, Darstellung im – 147
– Grundsätze 101
– Inhalt des – 124
– Inkrafttreten des – 807
– Kennzeichnungen im – 174
– Koordinierung mit dem Bebauungsplan 1148
– landwirtschaftliche Flächen, Darstellung im – 157
– Lenk- und Steuerungsfunktion des – 33
– Maß der baulichen Nutzung im – 1265
– Maß der baulichen Nutzung, Darstellung im – 136
– materielle Planreife 210
– nachträglicher Widerspruch 120
– Nutzungsbeschränkungen, Darstellung von Flächen im – 149
– planerische Grundkonzeption 187
– prognostischer Charakter des – 183
– Rechtsnatur 112, 745
– regionaler – 24, 109
– Rumpf- 103
– Schnittstellenfunktion 115
– Spielflächen, Darstellung im – 260, 263
– Sportflächen, Darstellung im – 260, 263
– Steuerungs- und Koordinierungsfunktion 103
– Teilflächennutzungsplan 104, 108, 166
– – sachlicher 108, 166
– Teilplanreife 210
– Überholung der Darstellungen des – 2160
– Umwelteinwirkungen, schädliche, Darstellung von Schutzflächen im – 149
– als vorbereitender Bauleitplan 101, 124
– und Vorhaben im Außenbereich 123
– Waldflächen, Darstellung im – 157
– Wasserflächen, Darstellung im – 152

– Widerspruch des Vorhabens gegen die Darstellungen des – im Außenbereich 2158
– zeitliche Regelungen 127
– und zukünftige Entwicklungen 33
Flachglas-Entscheidung 622
Floskeln in der Planbegründung 1066
Fluchtlinienpläne 1143, 1158, 1174
Fluglärm, Schutzflächen gegen – 339
Flugzeugunterstellhallen im Außenbereich 2147
Flurbereinigung 2194
Flurstücke, Grundstück über mehrere – 1280
Folgelastenverträge 928, 999
– in der Abwägung 624
– Unterhaltung und Pflege von Folgemaßnahmen 1003
– Zeitkomponente 1002
Folgeplanungen, Abwägungsrelevanz von – 588
Formfehler, Behebung durch ergänzendes Verfahren 1100
Forschungsgebiet als Sondergebiet 1600
Forsthäuser und -hütten 310, 2147
Forstwirtschaft, Begriff der – 2109
– siehe auch Waldflächen
Frauenhäuser im reinen Wohngebiet 1329
Freibäder im Außenbereich 2147
Freier Beruf 1243 ff.
– Begriff des – 1243
– Gebäude für – 1243
– – im besonderen Wohngebiet 1429
– – im Dorfgebiet 1470
– – im Gewerbegebiet 1544
– – im Industriegebiet 1561
– – im Kerngebiet 1519
– – im Mischgebiet 1500
– Räume für
– – im allgemeinen Wohngebiet 1376
– Räume für
– – im reinen Wohngebiet 1334
– Unzulässigkeit von Gebäuden für – in Baugebieten 1247
– Wohnartigkeit der Berufsausübung 1244
Freigabeerklärung 97

Freigestellte Vorhaben, Sicherung der Bauleitplanung bei – 2290
– vorläufige Untersagung von – 2424
Freihalteinteresse im Außenbereich 157
Freikörperkultur 292
– Anlagen für – im Außenbereich 2147
Freizeitanlagen, Beispiele 731
Freizeitgebäude im Außenbereich 2147
Freizeitlärmrichtlinie 731
Freizeitparks
– im Außenbereich 2147
Freizuhaltende Flächen 273 f.
Fremdenverkehrsfunktion, Gebiet mit –
– Beeinträchtigung der städtebaulichen Entwicklung 2453
– Begründung von Genehmigungspflichten 2455
– Freistellungsanspruch bei Genehmigungspflicht 2457
– Genehmigungspflicht bei Ansprüchen Dritter 2466
– Genehmigungspflicht bei besonderer Härte 2466
– Genehmigungsverfahren 2458
– Genehmigungsvorbehalte, Aufhebung 2457
– Gründe für die Versagung der Genehmigung 2465
– höchstzulässige Zahl der Wohnungen 2456
– Rechtswirkung von Genehmigungen 2469
– Rechtswirkung von Zeugnissen 2469
– Sicherung von – 2448
– Umfang der Prüfung durch das Grundbuchamt 2469
– Widerspruch gegen die Eintragungen durch das Grundbuchamt 2470
– Rechtswirkung von Zeugnissen 2469
Fremdenverkehrsgebiet 1568, 1600
Friedhöfe 147
– Festsetzung von – im Bebauungsplan 292

Frisör im reinen Wohngebiet 1344
Fristberechnung bei der Auslegung 434, 451
– bei Inkrafttreten von Bebauungsplänen 819
Fristen zur Geltendmachung von Mängeln 1091 ff.
Fundorte von Rohstoffen 1130
Funkstellen, Funktionsfähigkeit von – 2215
– Begriff 2215
Funktionsfähigkeit von Funktstellen und Radaranlagen 2215
Funktionslosigkeit von Bauleitplänen 865 ff.
– und Entwidmung 99
– bei ergänzendem Verfahren 1100
– in der Normenkontrolle 1023
Fußballplätze im allgemeinen Wohngebiet 1375
– siehe auch Bolzplätze, Sportplätze, Spielplätze

Garagen 1241 f.
– im allgemeinen Wohngebiet 1241, 1376
– im Außenbereich 2248
– im besonderen Wohngebiet 1428
– im Campingplatzgebiet 1596
– im Dorfgebiet 1469
– im Ferienhausgebiet 1587
– im Gewerbegebiet 1544
– und überbaubare Grundstücksfläche 1286
– im Industriegebiet 1561
– im Kerngebiet 1519
– im Kleinsiedlungsgebiet 1241, 1407
– für Lastkraftwagen und Kraftomnibusse – Unzulässigkeit
– – in allgemeinen Wohngebieten 1241
– – in Kleinsiedlungsgebieten 1241
– – in reinen Wohngebieten 1241
– im Mischgebiet 1500
– im reinen Wohngebiet 1241, 1331
– im Sondergebiet 1241
– im sonstigen Sondergebiet 1612
– im Wochenendhausgebiet 1579
Garagenanlagen 1242

1035

Garagengeschosse 1242, 1294
Gartenbau 1404
Gartenbaubetrieb
– im allgemeinen Wohngebiet 1392
– als privilegiertes Vorhaben im Außenbereich 2128
– im Dorfgebiet 1467
– im Kleinsiedlungsgebiet 1403
– als landwirtschaftlicher Betrieb 2108
– im Mischgebiet 1496
Gartenlauben 1253
– im Außenbereich 2147
Gärtnereibetriebe im Außenbereich 2147
– siehe auch Gartenbaubetrieb
Gastronomie als bahnbetriebsbezogene Nutzung 96
Gaststätten im Außenbereich 2147
– siehe auch Schank- und Speisewirtschaften
Gasversorgung, Nebenanlagen für – 1260
– Anlagen für – als privilegierte Vorhaben im Außenbereich 2130
Gebäude für freie Berufe: siehe Freier Beruf
Gebiete für erneuerbare Energien 1600
Gebiete mit Fremdenverkehrsfunktion: siehe Fremdenverkehrsgebiet
Gebiete für Messen, Ausstellungen und Kongresse 1600
Gebiets- und Bestandsänderungen 198
Gebietscharakter, Nachbarschutz und – 1824
– Verfälschung des – 1674
Gebietskörperschaft als Planungsträger 22
– Zuständigkeit einer – für das Einvernehmen 1135
Gebietsüberschreitender Nachbarschutz: siehe Nachbarschutz
Gebot der Rücksichtnahme 1035
– Bedeutung des – für den Nachbarschutz 1848
– bei Erteilung einer Ausnahme 1716
– bei Vorhaben im Außenbereich 2283

– und Befreiung 1723, 1734, 1874
– als Gegenstück zur Befreiungsmöglichkeit 1217
– und „Einfügen" 2024 ff.
– und Grenzabstand 2094
– und Immissionen 1853
– und Immissionsschutzrechtliches Vermeidungsgebot 2170 f.
– im unbeplanten Innenbereich 2086, 2089
– Kritik an der Beschränkung des Nachbarschutzes auf das – 2099
– keine Optimierung des Vorhabens auf Grund des – 1234
– Verhältnis zum Eigentumsgrundrecht 1862
– Wertminderung 2094
– als zwingendes Recht 1221
– Zu- und Abgangsverkehr 1234 f.
Gefährdung der Wasserwirtschaft als öffentlicher Belang 2195
Geflügelzucht und -mast im Außenbereich 2147
Geh-, Fahr- und Leitungsrechte
– Festsetzung von Flächen für – im Bebauungsplan 324 ff.
– vertikale Differenzierung 365
Geisterstädte 2452
Geländeoberfläche: siehe auch vertikale Differenzierung
– Festsetzungen oberhalb und unterhalb der – 1271
– und Höhe baulicher Anlagen 1308
– unterirdische Anlagen 1286
Geltungsvermittlung, keine – für den Bebauungsplan 1131
Gemeinbedarfsanlagen in verschiedenen Baugebieten 262
– im Flächennutzungsplan 140 ff.
Gemeinbedarfseinrichtungen im allgemeinen Wohngebiet 1369
– im reinen Wohngebiet 1351
Gemeinbedarfsflächen
– und Baugebiete 262
– Darstellung von – im Flächennutzungsplan 260
– Genehmigung baulicher Anlagen auf künftigen – 1783
– vertikale Differenzierung 365

Gemeinde, Einvernehmen der – 1135
– Zuständigkeit für die Bauleitplanung 21 f.
Gemeindeämter im allgemeinen Wohngebiet 1391
Gemeindegebiet und kommunale Planungshoheit 14
Gemeinderat: siehe Befangenheit
Gemeinschaftsanlagen 258
– Festsetzung von Flächen für – im Bebauungsplan 329
– im reinen Wohngebiet 1331
– Unterhaltungsmaßnahmen 330
Gemeinschaftsunterkünfte im allgemeinen Wohngebiet 1371
Gemengelage und Abstandserlass 724
– im Mischgebiet 1475
– Überplanung von – 1690
– und vorzeitiger Bebauungsplan 205
Gemischte Bauflächen im Flächennutzungsplan 137
Genehmigungsfreistellung 11
Genehmigungspflicht bei Grundstücksteilung: siehe Teilung, Teilungsgenehmigung
– zur Erhaltung der städtebaulichen Eigenart 376
Genehmigungsverfahren für Bauvorhaben 1133 ff.
– Bearbeitungsfrist 2354
Genehmigungsvoraussetzungen für Bauvorhaben 1175
– Beachtung alten Rechts 1186, 1192 ff.
Genehmigungsvorbehalte im Fremdenverkehrsgebiet: siehe Fremdenverkehrsgebiet
Gerätehütten im Außenbereich 2147
Geruchsbelästigungen 1453
Gesamtabwägung 553
Gesamtunwirksamkeit eines Bebauungsplans 1042 ff., 1045
– Teilbarkeit des Bebauungsplans 1046
Gesamtverkaufsfläche 1618
Geschäftsgebäude
– im besonderen Wohngebiet 1425
– im Gewerbegebiet 1540
– im Kerngebiet 1509
– im Mischgebiet 1481

Geschoßfläche, absolute 1268
Geschoßflächenzahl 1268, 1299
– im Flächennutzungsplan 1265
Gesetzgebungszuständigkeiten des Bundes und der Länder 1
Gestaltung baulicher Anlagen, landesrechtliche Vorschriften zur – 369
Gestaltungsfreiheit, planerische 31, 66, 551
– und Festsetzungen 232
– und Maßgaben der Plangenehmigungsbehörde 791
– und Planungsalternativen 604
– im Rahmen der Zielfeststellung der Raumordnung 66
Gestaltungsvorschriften 369
Gesundheitliche Zwecke, Anlagen für: siehe Anlagen für –
Gesundheitsgefahren Abwehranspruch gegen – 1864
Gewächshäuser 309, 1392
– im Außenbereich 2128, 2147
Gewässer, Planfeststellung für – 300
– siehe auch Wasserflächen, Wasserstraßen
Gewerbebetrieb, eingerichteter und ausgeübter – und Abwehransprüche 1865
– im allgemeinen Wohngebiet 1378
– störende – im allgemeinen Wohngebiet 1385
– Begriff 1530, 2075
– im besonderen Wohngebiet 1418, 1424
– im Dorfgebiet 1463
– im Gewerbegebiet 1529
– im Industriegebiet 1557
– im Kerngebiet 1512
– im Kleinsiedlungsgebiet 1411
– im Mischgebiet 1484, 1489 f.
– nichtstörende – und Indizwirkung des BImSchR 1380
– typisierende Betrachtung 1387
Gewerbegebiet 1522 ff.
– Abgrenzung zu Kerngebieten 1506
– Anlagen für kirchliche, kulturelle, soziale und gesundheitliche Zwecke 1549

1037

- Anlagen für sportliche Zwecke 1542
- Asylbewerberunterkünfte 1549
- ausnahmsweise zulässige Vorhaben im – 1545
- Bauhöfe 1539
- Beherbergungsbetriebe 1532
- Betriebswohnungen 1545, 1547
- Boarding-Häuser 1532
- Bordelle 1532
- Bowling-Center 1542
- Bürogebäude 1540
- Deponie 1535
- Einkaufszentren 1531
- Einzelhandelsbetriebe 1531
- Eissporthallen 1542
- im Flächennutzungsplan 137
- Gebäude für freie Berufe 1544
- Garagen 1544
- Gemeinbedarfsanlagen im – 262
- Geschäftsgebäude 1540
- Gewerbebetriebe 1529
- sonstiger Gewerbebetrieb im – 1532
- Gliederung 1527
- Immissionsschutz 1526, 1534
- Kühlhäuser 1537
- Läden 1532
- Lagerhäuser und Lagerplätze 1535
- Müllsammelstellen 1539
- Nebenanlagen 1544
- Öffentliche Betriebe 1539
- öffentlicher Personennahverkehr 1539
- Pensionen 1532
- Pufferzone 1528
- Reparaturwerkstätten 1541
- Schank- und Speisewirtschaften 1532
- Schrottplatz 1536
- Sportanlagen 1542
- Squash-Center 1542
- Stellplätze 1544
- Tankstellen 1541
- Tenniscenter 1542
- Umnutzung von Gewerbebauten 1542
- Vergnügungsstätten 1550
- Verwaltungsgebäude 1540
- Wohnungen 1532

- zulässige Vorhaben 1529 ff.
Gewerbliche Bauflächen
- im Flächennutzungsplan 137
Gewichtung des Abwägungsmaterials 553
- von Belangen 606
Gewohnheitsrecht 865
- und Bauleitplanung 809
Gipsabbaubetriebe im Außenbereich 2147
Gleichbehandlungsgrundsatz bei der Ermessensausübung 1709
Gliederung eines Baugebiets 1648 ff.
- von Erholungsgebieten 1572
- eines Gewerbegebiets 1527
- Grundsätze der – von Baugebieten 1648, 1685
- horizontale 1651, 1679
- im Industriegebiet 1556
- im Kerngebiet 1518
- eines Mischgebietes 1498 f.
- in qualifizierten Bebauungsplänen 1142
- schichtweise 1686
- vertikale 1686
Glockenläuten im allgemeinen Wohngebiet 1372
Golfplatz 1590
- im Außenbereich 2147
Grenzabstand und Gebot der Rücksichtnahme 2094
- siehe auch Abstandsflächen, Abstandserlass
Grenzüberschreitende Beteiligung 521 ff.
- Bauleitpläne mit erheblichen Auswirkungen auf Nachbarstaaten 522 ff.
- – Auswirkungen für Nachbarstaaten 524
- Beachtlichkeit von Verstößen 540
- der Behörden 532
- Konsultationen 535
- und UVP-G 531
- Unterrichtung der Gemeinden und Behörden des Nachbarstaates 525
- – Gegenseitigkeit 525
- – Gleichwertigkeit 525
- – Zeitpunkt der – 528
- durch zentrale Anlaufstelle 527

Grenzüberschreitende Konsultationen 535
- siehe auch Nachbarstaaten
- Stellungnahmefristen 535

Grillplätze im Außenbereich 2147

Größe der Grundfläche
- Festsetzung im Bebauungsplan 1266
- im qualifizierten Bebauungsplan 1170

Großbüros 1244

Großflächiger Einzelhandel
- siehe Einzelhandel, großflächiger

Großgaragen im Kerngebiet 1515

Großhandel 1644

Grundbuch, Unrichtigkeit des – 2470

Grunddienstbarkeit, Sicherung der Erschließung durch – 2273

Grundeigentum, Nutzung des – im Rahmen der Gesetze 15
- siehe auch Eigentumsgrundrecht

Grundflächenzahl 1276
- Festsetzung im Bebauungsplan 1266
- – kumulativ mit der Festsetzung der absoluten Grundflächenzahl 1278
- im qualifizierten Bebauungsplan 1170
- und überbaubare Grundstücksfläche 1279

Grundkonzeption, planerische, – und Ausnahme von Festsetzungen 1709

Grundrechte und Nachbarschutz 1862 ff.
- siehe auch Eigentumsgrundrecht, Baufreiheit, Nachbarschutz

Grundsätze der Raumordnung 75
- siehe auch Raumordnung

Grundstücksbegriff 1280
- bauordnungsrechtlicher 1281

Grundstücksfläche, die überbaut werden soll
- Einfügen nach der – 2052

Grundstücksfläche, überbaubare 245, 1172

Grundstücksgrenzen, Unmaßgeblichkeit für die Feststellung des Bebauungszusammenhangs 1960

Grundstücksteilung
- siehe Teilung, Teilungsgenehmigung

Grundstücksversiegelung 1284

Grundstückszufahrten 281

Grundzüge der Planung 103
- bei Befreiung 1728
- Berührung der – 845

Grünfläche 147
- Abwägung bei der Festsetzung öffentlicher – 298
- als Ausgleichsflächen 172
- Festsetzung von – im Bebauungsplan 292
- im Flächennutzungsplan 147
- Genehmigung baulicher Anlagen auf künftigen – 1783
- private – und Negativplanung 298
- im Verkehrsraum 277
- zulässige Festsetzungen als – 293

Gutachten
- bei Altlasten 603
- Einzelhandels- und Standort – 1643
- privates – in der Abwägung 599
- Sachverständigen- in der Abwägung 601
- umweltspezifische 446

Güterbahnhof 95

Hafengebiete 1600

Halbteilungsgrundsatz 948

Halden 305

Handel, Begriff des – 1614
- siehe auch Einzelhandel, Einzelhandel, großflächiger

Handwerksbetriebe im allgemeinen Wohngebiet 1368
- im Dorfgebiet 1464
- im Kleinsiedlungsgebiet 1397, 1406
- im reinen Wohngebiet 1342

Hartsteinwerke im Außenbereich 2147

Hauptsatzung und Bekanntmachung der Planauslegung 432

Hausboot als bauliche Anlage 1108
- im Außenbereich 2147

Heilungsvorschriften: siehe Planerhaltung

Herrichtungs- und Nutzungsgebot 2593

Heizkraftwerke 283
Heizöl 334
Heranrückende Wohnbebauung 2172 f.
Heuerlingswohnungen im Außenbereich 2147
Hilfsmittel der Abwägung 721
Hinterlandbebauung, Einfügen einer 2052
Hinweisfunktion, Planerhaltung bei Verfehlung der – 1069
– siehe auch Auslegung, Begründung von Plänen
Hobbyvorhaben im Außenbereich 2147
Hochschulgebiete 1600
Höchstmaße für Wohnbaugrundstücke 255
Höchstzulässige Zahl von Wohnungen 265
Hochwasserschutzanlagen 299, 302
Höhe baulicher Anlagen 1267, 1305
– Befreiung von der – 1730
– im Flächennutzungsplan 1265
– und Höhenlage 362
Höhenlage, Festsetzung der – 362
Holzlagerplätze 310
– im Außenbereich 2147
Hospiz im reinen Wohngebiet 1326
Hotel im Außenbereich 2147
Hotel- oder Pensionsbetrieb im reinen Wohngebiet 1347
Hühnerhaltung 2136
Hundepensionen im Außenbereich 2147
Hundesportplätze im Außenbereich 2147
Hundezuchtbetrieb im Außenbereich 2147
Hundezwinger im reinen Wohngebiet 1335
Hütten im Außenbereich 2147

IFSP siehe auch immissionswirksame flächenbezogene Schalleistungspegel 1667
Imbisse im allgemeinen Wohngebiet 1364
– im reinen Wohngebiet 1340

Imkerei im Außenbereich 2127, 2147
– als landwirtschaftlicher Betrieb 2106
Immissionen
– siehe auch Lärm
– Berechnung von – durch Bildung von Mittelwerten 1853
– im besonderen Wohngebiet 1421
– betriebsbedingte – im allgemeinen Wohngebiet 1367
– im Dorfgebiet 1452 f.
– Ermittlungspflichten bei voraussichtlichen – 601
– im Flächennutzungsplan 149
– und Gebot der Rücksichtnahme 2094
– und nichtstörende Gewerbebetriebe 1380
– vorhandene – 1238
– und Wahrung der gesunden Wohn- und Arbeitsverhältnisse 2060
– wohntypische – in reinen Wohngebieten 1314
Immissionserhöhungen, Abwägungsrelevanz von – 588
Immissionsminderung 732
Immissionsricht- bzw. Immissionsgrenzwerte
– in der Freizeitlärmrichtlinie 731
– im Industriegebiet 1555
Immissionsschutz 724 ff., 734 f.
– siehe auch Schutzflächen
– durch Gliederung von Baugebieten 1662
– im Gewerbegebiet 1526, 1534
– im Industriegebiet 1555
– und Maß der baulichen Nutzung 1274
– im Mischgebiet 1479
– Summenpegel 1662
Immissionsschutzrecht
– im Außenbereich 2167
– und Gebot der Rücksichtnahme 1236
Immissionswirksame flächenbezogene Schalleistungspegel (IFSP) 1667
Industrie- und Handwerkskammern 496

Industriebetrieb im Außenbereich 2147
Industriegebiet 1551 ff.
– Anlagen für kirchliche, kulturelle, soziale, gesundheitliche und sportliche Zwecke 1563
– Betriebswohnungen 1562
– Einkaufszentren 1557
– Einzelhandel 1557
– im Flächennutzungsplan 137
– Garagen 1561
– Gebäude für freie Berufe 1561
– Gemeinbedarfsanlagen 262
– Gewerbebetriebe 1557
– Gliederung im – 1556
– Immissionen 1555
– Immissionsricht- bzw. Immissionsgrenzwerte 1555
– Immissionsschutz 1555
– Lagerhäuser 1559
– Lagerplätze 1559
– Nebenanlagen 1561
– öffentliche Betriebe 1559
– Sportanlage 1563
– Stellplätze 1561
– TA Lärm 1555
– Tankstellen 1560
– Vergnügungsstätten 1557
– Wertstoffsammelzentrum 1559
Informationen, umweltbezogene 446
Informationsansprüche 466
Informationstechnologien, elektronische
– Verwendung bei der Öffentlichkeitsbeteiligung 458
Informelle Planungen 194, 206
Informelle Rahmenplanungen, Abwägungserheblichkeit von – 598
Inhalts- und Schrankenbestimmungen 15, 216
– siehe auch Eigentumsgrundrecht
– abschließende – 2222
– und freizuhaltende Flächen 274
– und Übernahmeansprüche 1092
Inkrafttreten von Bauleitplänen 806 ff., 819
– rückwirkendes – 816, 1100

Innenbereich 1952 ff.
– siehe auch Einfügen
– Abgrenzung des – zum Außenbereich 1952
– Ausnahmeerteilung für ansonsten unzulässiges Vorhaben im unbeplanten – 1989, 2024
– Außenbereich im – 1965
– Bauaufsichtliches Verfahren im – 2081
– Bebauungszusammenhang 1953, 1959
– – und Splittersiedlung 1967
– – größere Freiflächen 1965
– – Irrelevanz von Bebauungsplan und Flächennutzungsplan 1964
– Befreiung im – 1721
– Einfügen in die Eigenart der näheren Umgebung: siehe Eigenart der näheren Umgebung, Einfügen
– Einvernehmen bei Vorhaben im – 2083
– Entwicklungssatzung im – : siehe Entwicklungssatzung
– Ergänzungssatzung im – : siehe Ergänzungssatzung
– Gebot der Rücksichtnahme im unbeplanten – 2086, siehe auch Gebot der Rücksichtnahme
– Klarstellungssatzung im – : siehe Klarstellungssatzung
– nähere Umgebung, Einfügen in die Eigenart: siehe Eigenart der näheren Umgebung, Einfügen
– Ortsbild, Beeinträchtigung des – : siehe Ortsbild
– Ortsteil: siehe Ortsteil
– räumliche Abgrenzung des – 1952
– räumliche Bestimmung des – 1952 ff.
– Sicherung der Erschließung im – 2058
– Wahrung der gesunden Wohn- und Arbeitsverhältnisse 2059
– Zulässige Vorhaben im unbeplanten – 1952 ff., 1999 ff.
– Zulässige Vorhaben im –, Einfügen in die nähere Umgebung 2003
– Zulässigkeit eines Vorhabens im – 1139

1041

– Zulässigkeit von Vorhaben im – und landschafts- oder naturschutzrechtliche Regelungen 2071
– Zuordnung eines Grundstücks zum – 1954
Innenbereichsvorhaben und Erschließung 1212
Instandsetzungsarbeiten, Genehmigungspflicht von 1117
Integritätsinteresse bei naturschutzrechtlichen Eingriffen 684
Intensivhühnerhaltungen als Vorhaben im Außenbereich 2136
Intensivtierhaltung im Außenbereich 2147
– Darstellung von Belastungsflächen im Zusammenhang mit – 170
Internet, Versandhandel mittels – 1632
Inzidentkontrolle 1017, 1804
– siehe auch Normverwerfungskompetenz
– behördliche 1038
– gerichtliche 1034
– des Planentwurfs 1950
– Umfang der Prüfung durch das Gericht 1035
– Zuständigkeit zur – 1041
Isolierte Straßen- oder Trassenplanung durch Bebauungspläne 214
– isolierte Straßenplanung 280

Jagdhütten im Außenbereich 2147
Jugendclub im allgemeinen Wohngebiet 1371
Jugendheime im allgemeinen Wohngebiet 1371
Jugendherbergen im Außenbereich 2147
– im reinen Wohngebiet 1324

Kappungsgrenze bei der Berechnung der Grundflächenzahl 1287, 1290
Kaufkraftabzug 647, 1643, 1683
Kaufpreis im Vorkaufsrechtsverfahren 2315
Kegelbahn 1123, 1125
– im allgemeinen Wohngebiet 1363
– im besonderen Wohngebiet 1435

Kellergeschoß 1294
Kennzeichnung belasteter Flächen im Bebauungsplan 378 ff.
– als Ziel der Raumordnung 67
– im Flächennutzungsplan 174 ff., 378
Kennzeichnung nutzungsrelevanter Umstände im Flächennutzungsplan 174 ff.
Kennzeichnungspflicht, informatorische, Funktion der – 175
Kernenergieanlagen im Außenbereich 2131, 2146
Kerngebiet 1502 ff.
– Abgrenzung zu anderen Baugebieten 1506
– Anlagen für kirchliche, kulturelle, soziale, gesundheitliche und sportliche Zwecke 1513
– Anlagen für Verwaltungen 1509
– Beherbergungsbetriebe 1510
– Betriebswohnungen 1516
– Bürogebäude 1509
– Einzelhandelsbetriebe 1510
– im Flächennutzungsplan 137
– Garagen 1519
– Gemeinbedarfsanlagen 262
– Gebäude für freie Berufe 1519
– Geschäftsgebäude 1509
– Gewerbebetriebe 1512
– Gliederung 1518
– Großgaragen 1514
– Nebenanlagen im – 1519
– Parkhäuser 1514
– Schank- und Speisewirtschaften 1510
– Schwimmbäder 1513
– Sportanlagen 1513
– Sportstadion 1513
– Stadtzentrum 1504
– Stellplätze 1519
– Tankstellen 1514, 1520
– Vergnügungsstätten 1511
– Verwaltungsgebäude 1509
– Wohnungen 1517, 1521
Kerntechnische Anlage, Begriff der – 2146
– als privilegiertes Vorhaben im Außenbereich 2131, 2146
Kiesgrube im Außenbereich 2147

Kiesschüttung – im Außenbereich 2147
Kindergärten im allgemeinen Wohngebiet 1371
– im Außenbereich 2147
– im reinen Wohngebiet 1350
Kinderheime im Außenbereich 2147
Kinderspielplätze im allgemeinen Wohngebiet 1376
– als Gemeinschaftsanlagen 329
– als Nebenanlagen 1258
– im reinen Wohngebiet 1335
Kindertagesstätten im allgemeinen Wohngebiet 1371
Kinos im allgemeinen Wohngebiet 1373
– im besonderen Wohngebiet 1434
– siehe auch Multiplex-Kino
Kiosk im Campingplatzgebiet 1598
– im reinen Wohngebiet 1340
– im Wochenendhausgebiet 1581
Kirchliche Einrichtungen im Außenbereich 2147
– siehe auch Anlagen für kirchliche u.a. Zwecke
Kläranlagen im Außenbereich 2147
– als privilegierte Vorhaben im Außenbereich 2130
– Kleinkläranlage 1199
Klageart bei der Nachbarklage: siehe Baunachbarstreit, Nachbarklage, Anfechtungsklage, Verpflichtungsklage, Normenkontrolle
Klagebefugnis: siehe Nachbarklage, Normenkontrolle
Klarstellungssatzung 1975
– deklaratorische Wirkung der – 1975
Kleingartengebiet als Ortsteil 1972
– siehe auch Dauerkleingärten
Kleinsiedlung, Begriff der – 1398
– im Dorfgebiet 1456
Kleinsiedlungsgebiet 1394 ff.
– Anlagen für kirchliche, kulturelle, soziale, gesundheitliche und sportliche Zwecke 1409
– ausnahmsweise zulässige Vorhaben im – 1408
– im Flächennutzungsplan 137

– Garagen 1407
– Gartenbau 1404
– Gartenbaubetriebe 1403
– Gemeinbedarfsanlagen 262
– Gewerbebetriebe 1411
– Handwerksbetriebe 1397, 1406
– Läden 1406
– Landwirtschaftliche Nebenerwerbsstellen 1402
– Nebenanlagen 1407
– Nutzgärten 1399
– Schank – und Speisewirtschaften 1397, 1406
– Sportanlage 1409
– Stellplätze 1407
– Tankstellen 1410
– Wohngebäude 1401, 1408
Kleintiere 316
Kleintierhaltung, Anlagen zur – 1254
– im Außenbereich 2147
– Festsetzung von Flächen für – im Bebauungsplan 315
– als Gewerbebetrieb 318
– im reinen Wohngebiet 1335
Klinikgebiete 1600
Kohle 334
Kohlehalde 1559
Kommunalaufsicht 53
– Eingriffsmöglichkeiten der – bei Planungserfordernis 53
– und gemeindliche Planungshoheit 53
Kommunale Planungshoheit und interkommunale Abstimmung 635
– und Befreiung 1750
– und Fachplanung 86
– und Kommunalaufsicht 53
– räumliche Grenzen der – 14
– und Ziele der Raumordnung 71
Kommunalverfassungsrecht 750
Kommunalverfassungsstreitverfahren 768
Kompensationsmaßnahmen in der Abwägung 681
– für naturschutzrechtliche Eingriffe 684
Konditionalprogramm 551
Konfliktbewältigung, planerische 132, 215, 734 ff., 989, 1222
– und Flächennutzungsplan 129

1043

– und städtebauliche Verträge 976, 989
– durch informelle Planung 194
Kongreßgebiet, Festsetzung als Sondergebiet 1600
Konkurrenzschutz 1339
Konservenfabriken 2132
Kontingentierung, planungsrechtliche
– des Außenbereichs 162
Konzeption, planerische 33
– Bindungen der – 40
– fehlende – 40
Konzertsäle im allgemeinen Wohngebiet 1373
Kooperation bei der Planung 622
Koppeln 315
Koppelungsverbot bei städtebaulichen Verträgen 944
„Krabbenkamp"-Formel 633
– beim interkommunalen Abstimmungsgebot
Kraftfahrzeugwerkstätten im allgemeinen Wohngebiet 1385
– siehe auch Reparaturbetriebe
Kraftwerke 283
– im Außenbereich 2147
Krankenhäuser 142, 261
– im allgemeinen Wohngebiet 1374
– im reinen Wohngebiet 1325
Kühlhäuser 1537
Kultur- und Begegnungszentrum 141, 260
Kulturelle Zwecke, Anlagen für: siehe Anlagen für kirchliche u.a. Zwecke
Kunstfreiheit als Abwehranspruch 1865
Kunstwerke im Außenbereich 2147
Kurgebiet 1247
Kurhäuser 271
Kurheime im Außenbereich 2147

Läden
– im allgemeinen Wohngebiet 1358
– im besonderen Wohngebiet 1423
– im Ferienhausgebiet 1589
– im Gewerbegebiet 1532
– im Kleinsiedlungsgebiet 1406
– im reinen Wohngebiet 1338
– im Wochenendhausgebiet 1581

– zur Bedarfsdeckung 1338
Ladengebiete 1600
Lagerhallen im Außenbereich 2147
Lagerhäuser im Industriegebiet 1559
– im Außenbereich 2187
– und Lagerplätze im Gewerbegebiet 1535
Lagerplatz im allgemeinen Wohngebiet 1385
– als bauliche Anlage 1108
– im Industriegebiet 1559
Lagerstätten 1129
Länder, Genehmigung von Bauvorhaben der – 1138
Land- und forstwirtschaftlicher Betrieb
– Begriff des „Dienens" 2076, 2118
– im Dorfgebiet 1449
– „Mitziehen" anderer Nutzungen 2125
Landarbeiterstellen im Außenbereich 2147
Landbeschaffungsgesetz 1138
Landesbauordnungen 1133
Landesplanung, Anpassungsgebot an die Ziele der – 71
Landesrechtliche Regelungen im Bebauungsplan 367
– Zuständigkeit der Länder 370
Landesverteidigung, Sonderregelungen für Vorhaben der – 1138
Landhandel im Außenbereich 2147
Landhäuser im Außenbereich 2147
Landmaschinenwerkstatt im Außenbereich 2147
Landschaft, Beeinträchtigung der natürlichen Eigenart der – als öffentlicher Belang im Außenbereich 2186
– Festsetzungen zum Schutz der – in Bebauungsplänen 319
Landschaftsbaubetrieb im Außenbereich 2147
Landschaftsbild 682
– als ästhetischer Belang 2182, 2189
– Eingriffe in das – 683
– Verunstaltungsverbot 2185
– vorübergehende Verunstaltung des – 2152

Landschaftspläne 78, 2177
- Aufnahme von Darstellungen der – in Bebauungspläne 373
- Integration von – in Bebauungsplänen 321

Landschaftsplanung und Bauleitplanung 159

Landschaftsschutzgebiet, nachrichtliche Übernahme von – in Bebauungsplänen 381

Landschaftsschutzverordnung 78

Landwirtschaft, Begriff der – 2106
- Absicht der Gewinnerzielung 2113
- Festsetzung von Flächen für – im Bebauungsplan 308 f.
- Konkretisierung der Nutzung im Bebauungsplan 309
- und Nachhaltigkeit 2111

Landwirtschaftliche Nebenerwerbsstellen im Außenbereich 2147
- im Dorfgebiet 1450, 1454
- im Kleinsiedlungsgebiet 1402

Landwirtschaftlicher Betrieb im Außenbereich 2106

Landwirtschaftliches Lohnunternehmen im Außenbereich 2147

Landwirtschaftsflächen als Ausgleichsflächen 172
- Darstellung von – im Flächennutzungsplan 157

Lärm
- siehe auch Immissionen
- 16. BImSchV 727
- Abwägungsrelevanz der Erhöhung des Schallpegels 588
- Schalltechnische Orientierungswerte 726
- Schwierigkeiten bei der Bewertung von – 725

Lärmimmissionen bei Verkehrsflächen 282

Lärmminderungspläne in der Abwägung 678

Lärmschutz, Festsetzung von Vorkehrungen für – im Bebauungsplan 343
- Kostenerstattungsanspruch bei Maßnahmen für – 345

Lärmschutzwall 341

Lärmtechnische Regelwerke 725

Lauben 297

Legalisierung 1119
- durch vorzeitige Baugenehmigung 1923

Legehennenbatterien 318

Leistungsstörungen bei städtebaulichen Verträgen 960 ff.

Leitungsrechte 324

Liebhabervorhaben im Außenbereich 2147

Lotterieannahmestellen im reinen Wohngebiet 1341

Lückenfüllungssatzung 2265

Luftreinhaltegebiete
- keine Beschränkung durch EG-Richtlinien 338
- Festsetzung von – im Bebauungsplan 332
- städtebauliche Erforderlichkeit der Festsetzung von – 336

Luftreinhaltepläne in der Abwägung 678
- und Luftreinhaltegebiete 336

Luftreinhaltung 343

Mängel der Abwägung: siehe Abwägungsmängel, Planerhaltung

Mängel der Bauleitpläne: siehe auch Planerhaltung
- Unbeachtlichkeit – 1048
- zweistufige Prüfung bei – 1042

Maß der baulichen Nutzung 1263 ff.
- Änderung des – im vereinfachten Verfahren 846
- Darstellung des – im Flächennutzungsplan 139
- Einfügen nach dem – 2035
- Festsetzungen über das – 237 ff.; 1170
- und Nachbarschutz 1838
- Überschreitung der Obergrenzen 1272
- Überschreitung des – im Wochenendhaus- und Ferienhausgebiet 1273

Maß der baulichen Nutzung, Obergrenzen im
- allgemeinen Wohngebiet 1353
- besonderen Wohngebiet 1413
- Dorfgebiet 1446
- Gewerbegebiet 1523

1045

- Industriegebiet 1552
- Kerngebiet 1503
- Kleinsiedlungsgebiet 1395
- Mischgebiet 1474
- reinen Wohngebiet 1311
- sonstigen Sondergebiet 1599
- Wochenendhausgebiet 1565
- als zentrale Anforderung der Genehmigungsfähigkeit 1263

Massenverfahren 475
Mediation 541
Mehrwertverzicht 2343
Messen, Ausstellungen und Kongresse, Gebiete für – 1600
Milieuschutz 1349
Mindestfestsetzungen 233
Mindestgröße von Baugrundstücken 252
Mineralbrunnenbetrieb 1605
Minigolfplatz im Außenbereich 2147
Mischgebiet 1473 ff.
- Anlagen für kirchliche, kulturelle, soziale, gesundheitliche und sportliche Zwecke im – 1494
- ausnahmsweise zulässige Vorhaben 1501
- Autowaschanlagen 1490
- Beherbergungsbetriebe im Mischgebiet 1483
- Bürogebäude 1481
- Einzelhandelsbetriebe 1231, 1482
- im Flächennutzungsplan 137
- Garagen 1500
- Gartenbaubetriebe 1496
- Gebäude für freie Berufe 1500
- Gemeinbedarfsanlagen 262
- als geplante Gemengelage 1475
- Geschäftsgebäude 1481
- Gewerbebetriebe 1484, 1489 f.
- Gliederung 1499
- Immissionsschutz 1479
- Nebenanlagen 1500
- Schank- und Speisewirtschaften im Mischgebiet 1483
- Stellplätze 1500
- Tankstellen 1497
- Umkippen 1476
- Verwaltungen, Anlagen für Verwaltungen 1494
- Wohngebäude 1480
- zulässige Vorhaben 1480 ff.

Miteigentümer, Befugnis zur Nachbarklage 1806
Mitwirkungsverbot: siehe Befangenheit
Mobilfunkanlagen 1258, 1261
- im Außenbereich 2147

Modellfluganlage im Außenbereich 2147
Modernisierungs- und Instandsetzungsgebot 2610
Modernisierungsmaßnahmen an Gebäuden im Außenbereich 2222
Monitoring 46 ff., 519
- siehe auch Überwachung des Vollzugs von Bauleitplänen

Mosterei im Außenbereich 2147
Motel im Außenbereich 2147
Mühle im Außenbereich 2147
Mülldeponie im Außenbereich 2147
Müllsammelstellen 1539
Multiplex-Kino 645
- im besonderen Wohngebiet 1434

Munitionsfabriken 339

Nachbar 1805 ff.
- und Angrenzer 1812
- Begriff des – und räumliche Ausdehnung der Nachbarschaft 1812
- außerhalb des Baugebiets 1850
- außerhalb des Plangebiets 1819

Nachbargemeinde, Auswirkung der Planung für die – 638
- siehe auch Abstimmung, interkommunale

Nachbargrundstücke und Inhalts- und Schrankenbestimmungen 216
Nachbarklage, 1793 ff.
- siehe auch Baunachbarstreit, Nachbarschutz
- Änderung der Sach- und Rechtslage während des Nachbarstreits 1886
- im Außenbereich 2283 f.
- bei unwirksamem Bebauungsplan 1804
- bei freigestellten Vorhaben 1884
- Inzidentkontrolle von Bebauungsplänen 1034, 1804
- Rechtslage nach erfolgreicher – 1903

- keine Schadensersatzansprüche bei – 1904
- maßgeblicher Zeitpunkt bei Änderung der Rechtslage während der – 1887
- Schutznormlehre 1796
- vorläufiger Rechtsschutz 1882
- gegen eine vorzeitige Baugenehmigung 1948

Nachbarliche Belange beim Rückbau- und Entsiegelungsgebot 2604

Nachbarschutz 1848
- und Abstandsflächenrecht 1844
- durch „Aufladung" von Festsetzungen 1808
- bei Ausnahmen im Bebauungsplan 1866
- und Begründung des Bebauungsplans 387
- und Bindung des – an das Grundstückseigentum 1805
- und dinglich Berechtigte 1805
- und Eigentumsgrundrecht 1836
- bei einfachem Bebauungsplan 2084
- von Erbbauberechtigten 1806
- bei Erteilung einer Befreiung 1732, 1874
- und familienrechtliche Bindungen 1806
- und Gebot der Rücksichtnahme 1226, 1848
- und Grundrechte 1862
- durch/bei Festsetzungen 1818
- – Art der baulichen Nutzung 1821
- – von Baugrenzen 1843
- – von Baulinien 1843
- – der Bauweise 1847
- – der Bebauungstiefe 1816
- – der Höhe 1840
- – des Maßes der baulichen Nutzung 1838
- – über die Stellung baulicher Auflagen 1843
- – der überbaubaren Grundstücksfläche 1843
- – der Zahl der Vollgeschosse 1840
- gegen gebietsfremde Nutzungen 1821
- durch gesetzliche Vorschriften 1818
- bei Gliederung eines Baugebiets 1834
- von Hypotheken- oder Grundschuldgläubigern 1806
- gegen Immissionen 1849
- – – von Sportanlagen 1853
- Käufer eines Grundstücks 1806
- von Mietern 1805
- – – bei Gesundheitsgefahren 1807
- von Miteigentümern 1806
- obligatorisch Berechtigter 1805
- – – bei Gesundheitsgefahren 1807
- von Pächtern 1805
- – – bei Gesundheitsgefahren 1807
- während der Planaufstellung 1877 ff.
- und private Rechte 1797
- regelmäßig kein – bei Erteilung einer Ausnahme 1716
- von Sonder- und Wohnungseigentümern 1806
- in übergeleiteten Bebauungsplänen 1820
- im unbeplanten Innenbereich 2084 ff., 2086
- bei unterschiedlich störungsempfindlichen Nutzungen 1850
- bei Veränderungssperre 1878
- bei Vorhaben im Außenbereich 2283 f.
- bei vorzeitiger Baugenehmigung 815
- und Wahrung des Gebietscharakters 1824

Nachbarstaaten 521
- Auswirkungen für – 524
- siehe auch Grenzüberschreitende Konsultationen
- Öffentlichkeitsbeteiligung in – bei grenzüberschreitenden Planungen 537

Nachfolgenutzung, Festsetzung einer – 307, 360

Nachfolgeunternehmen von Bahn und Post 496

Nachhaltigkeit 2111, 2117

Nachrichtliche Übernahmen – im Bebauungsplan 380 ff.
- im Flächennutzungsplan 174 ff.

Nachsteuerung 1222
- durch Befreiung 1748

1047

Nachtragsbaugenehmigung 1119
Natur- und Landschaftsschutzverordnungen 2177
Natura 2000 709
Naturschutz und Flächennutzungsplan 117
– im Innenbereich 2071, 2083
Naturschutz und Landschaftspflege im Außenbereich, Benehmen der zuständigen Behörde 2282
Naturschutzrecht in der Bauleitplanung 78 ff.
Naturschutzrechtliche Ausgleichsmaßnahmen
– Darstellung von Flächen für – im Flächennutzungsplan 158
Naturschutzrechtliche Eingriffsregelung
– siehe auch Eingriffe in Natur und Landschaft
– im Außenbereich 2180
– und Ergänzungssatzung 1995
– im Innenbereich 2071
Naturschutzverbände 496, 498
Nebenanlagen
– im allgemeinen Wohngebiet 1376
– im Außenbereich 2133, 2146, 2139
– im besonderen Wohngebiet 1428
– im Campingplatzgebiet 1597
– im Dorfgebiet 1469 ff.
– im Ferienhausgebiet 1588
– Flächen für – 257
– im Gewerbegebiet 1544
– im Industriegebiet 1561
– infrastrukturelle 1260
– im Kerngebiet 1519
– im Kleinsiedlungsgebiet 1407
– im Mischgebiet 1500
– im reinen Wohngebiet 1331, 1335
– im sonstigen Sondergebiet 1613
– und überbaubare Grundstücksflächen 248
– und Versorgungsanlagen 284
– im Wochenendhausgebiet 1580
– Wohngebäude als – im Außenbereich 2133
Nebenanlagen, untergeordnete 1248 ff.
– Begriff der – 1249
– Beispiele für – 1253
– und Eigenart des Baugebietes 1256
– Unterordnung 1251
– Zulässigkeit von – 1248
Nebenerwerbsbetriebe im Außenbereich 2127
Negativattest
– beim Verfahren zur Teilungsgenehmigung 2477
– beim Vorkaufsrecht 2555
Negativplanung 44
– Abgrenzung zur Verhinderungsplanung 2297
– im Außenbereich durch Flächennutzungsplan 2163
– und Bodenschutzklausel 44
– und Festsetzung von Flächen für Wald 310 f.
– und private Grünflächen 298
Nerzfarmen im Außenbereich 2147
Nichtigkeitsdogma 17
Nichtvorlagebeschwerde 1033
Niederschlagswasser 289, 300, 320
Normaufhebungsklage 2388
Normenkontrolle 1011 ff.
– Anhörung Drittbetroffener, keine 1021
– Antragsbefugnis 1013
– – und Akteneinsichtsrecht 1096
– – von Behörden 1015
– – von Behörden von Nachbargemeinden 1015
– – von Nachbargemeinden 1014
– – obligatorisch Berechtigter 1013
– Antragsgegner 1019
– Außervollzugsetzung des Bebauungsplans 1031
– durch den Bauherrn bei vorzeitiger Baugenehmigung 1928
– Beiladung in der – 1021
– Bindung an den Antrag 1027
– einstweilige Anordnung bei – 1030, siehe auch vorläufiger Rechtsschutz
– Entscheidung des Oberverwaltungsgerichts 1022
– Entscheidung bei Teilunwirksamkeit 1027
– Entscheidungstenor 1028
– keine – von Flächennutzungsplänen 1011

- Frist 1018
- Gegenstand einer – 1011
- Landesrechtliche Regelungen als Gegenstand der – 1011
- im Planaufstellungsverfahren 469
- Prüfungsmaßstab 1023
- Rechtsmittel bei vorläufigem Rechtsschutz 1033
- Rechtsschutzinteresse 1016
- bei Veränderungssperre 2317
- Zulässigkeit 1011 ff.
- Zuständigkeit der Oberverwaltungsgerichte 1020

Normerlaßklage 2388

Normverwerfungskompetenz 838, 1041
- siehe auch Inzidentkontrolle
- keine – bei Bebauungsplänen 1039

Nutzgärten in Kleinsiedlungsgebieten 1399

Nutzung 1121
- ausnahmsweise zulässige – 1676
- Ausschluß einzelner – 1670
- Ausschluß von Nutzungsunterarten 1680
- Bedingung – 359
- Befristung – 359
- Bestandsschutz für – 1121
- gebietsfremde – 1821
- Nachbarschutz gegen – 1821
- sonstige – 1131
- Variationsbreite der – 1122
- zeitliche Staffelung – 359

Nutzungsänderung 1111 ff.
- und Befreiung 1725
- Begriff der – 1120
- als begünstigtes Vorhaben im Außenbereich 2224
- Beispiele für – 1123
- Bestandsschutz für – 1120, 1696
- eines Gewerbe- oder Handwerksbetriebes im Innenbereich 2074
- keine – bei bloßer Intensivierung der Nutzung 1124
- rechtmäßige bauliche Anlage als Voraussetzung 1115
- von erhaltenswerten Gebäuden im Außenbereich 2246

Nutzungsbeschränkungen im Flächennutzungsplan 149

Obdachlosenunterkünfte im Außenbereich 2147
- im reinen Wohngebiet 1329

Oberkante baulicher Anlagen 1309

Obligatorisch Berechtigte, Befugnis zur Nachbarklage: siehe Nachbarschutz

Obstanbaubetriebe im Außenbereich 2147

Öffentliche Belange im Außenbereich: siehe Außenbereich

Öffentliche Belange im Innenbereich: siehe Innenbereich

Öffentliche Betriebe im Gewerbegebiet 1539
- im Industriegebiet 1559

Öffentliche Planungsträger 116

Öffentlichkeitsbeteiligung 410 ff.
- Anstoßfunktion 419
- Bürgerversammlung 421
- ergänzende Verwendung elektronischer Informationstechnologien 458
- gleichzeitige Durchführung mit der Trägerbeteiligung 495
- Hinweis auf die Behandlung nicht fristgerecht abgegebener Stellungnahmen 456
- Hinweis auf Möglichkeit zur Stellungnahme 452
- Planerhaltung bei fehlerhafter – 1059
- Übergang von der frühzeitigen – zur förmlichen – 430
- im vereinfachten Verfahren 858
- Verhältnis der frühzeitigen – zur förmlichen – 415
- zeitliche Vorgaben 421
- maßgeblicher Zeitpunkt 414
- Zuständigkeit für die Prüfung der Anregungen 472
- Zweistufigkeit 411

Öffentlichkeitsbeteiligung, frühzeitige 412
- Absehen von der – 424
- Auswirkungen von Fehlern bei der – 428
- und Beteiligung Privater 543
- Durchführung 418

Öffentlichkeitsbeteiligung, erneute 480 ff.

1049

Stichwortverzeichnis

Öffentlichkeitsbeteiligung, förmliche 429 ff.
- Bekanntmachung der Auslegung des Planentwurfs 430
- Durchführung der – 461
- Einsichtnahme in die Planunterlagen 461
- Massenverfahren 475
- Mitteilung des Prüfergebnisses 474
- Stellungnahmen 467
- und Umweltinformationsgesetz 466

Öffentlichkeitsbeteiligung, grenzüberschreitende 537 ff.
- Bekanntmachung des Bauleitplanentwurfs 538

Ökokonto 695
Optimierungsgebote 606
Organzuständigkeit der Gemeindevertretung 746
Organische Siedlungsstruktur bei der Feststellung eines Ortsteils 1968, 1971
Originalurkunde des Bauleitplans 802
- Verlust der – 216

Orts- und Landschaftsbild 1267
Ortsbild 1110, 1119
- als ästhetischer Belang 2189
- Beeinträchtigung des – 2063
- Befreiung und Beeinträchtigung des – 1730
- Schutzwürdigkeit des – 2064

Ortsgebundenheit
- Begriff der – 2131

Ortsteil, Begriff des – 1967
- organische Siedlungsstruktur, Begriff bei der Feststellung eines – 1968, 1971
- im Zusammenhang bebauter – 1139, 1952

Parallelverfahren 191, 197, 208 ff.
- Planerhaltung bei fehlerhaftem – 1080
- Planerhaltung und – 211
- und Plangenehmigung 780

Park-and-Ride-Parkplatz 95
Parkanlagen 147
- Festsetzung von – im Bebauungsplan 292

Parkhäuser 271, 1242
- im Kerngebiet 1514

Peepshows, Ausschluss von
- im besonderen Wohngebiet 1434

Pelztierfarmen als Vorhaben im Außenbereich 2136, 2147
Pensionen im Außenbereich 2147
- im Gewerbegebiet 1532

Pensionstierhaltung im Außenbereich 2147
- als landwirtschaftlicher Betrieb 2106

Personengruppen mit besonderem Wohnbedarf, Flächen für – 268
Personennahverkehr, öffentlicher, Betriebe des – im Gewerbegebiet 1539
Pferdehaltung im reinen Wohngebiet 1335
Pferdezucht als Hobby 2116
- im Außenbereich 2147

Pflanzgebot 350, 2595
Pflanzstreifen 226
Pflegestation im reinen Wohngebiet 1325
Pizza-Service im allgemeinen Wohngebiet 1364
Planänderung: siehe Änderung von Bauleitplänen
Planaufstellungsbeschluss 402 ff.
- und frühzeitige Öffentlichkeitsbeteiligung 416
- als Voraussetzung einer Veränderungssperre 2297

Planaufstellungsverfahren 399, 810
- siehe auch Bauleitplanverfahren

Planauslegung: siehe Auslegung von Plänen
Planauslegungs- oder Offenlegungsbeschluß 430
Planbegründung: siehe Begründung des Bebauungsplans
Planbereich, Bestimmung des – bei Prüfung eines Vorhabens 1139
Planerhaltung 17, 1048 ff.
- bei Abwägungsmängeln 1082
- und Auslegung von Bebauungsplänen 229
- Berechtigung zur Geltendmachung von Fehlern 1095

1050

- Bundes- und Landesrecht 1053
- durch ergänzendes Verfahren 1098
- bei erneuter Öffentlichkeitsbeteiligung 491
- bei fehlerhafter Begründung des Flächennutzungsplans bzw. der Satzungen 1065
- bei fehlerhafter Bekanntmachung 827
- bei fehlerhafter Benachrichtigung der Träger öffentlicher Belange 460
- bei fehlerhafter Beteiligung der Träger öffentlicher Belange 1059
- bei fehlerhafter Ermittlung und Bewertung des Abwägungsmaterials 1055
- bei fehlerhafter Öffentlichkeitsbeteiligung 1059
- beim Flächennutzungsplan 112
- bei fehlender Zuständigkeit 1078
- kein „Freibrief" 17
- Fristen zur Geltendmachung von Fehlern 1091
- bei grenzüberschreitender Beteiligung 540
- landesrechtliche Regelungen und – 371
- in der Normenkontrolle 1029
- in der Normenkontrolle und vorläufiger Rechtsschutz 1031
- und Parallelverfahren 211, 1080
- bei fehlendem Planaufstellungsbeschluß 402
- und Plangenehmigung 774
- keine Erteilung der Plangenehmigung bei Mängeln des Plans 1048 ff.
- bei Trägerbeteiligung 513
- bei Verfahrensmängeln 754, 1054
- bei Verletzung von Verfahrens- und Formvorschriften 1078
- bei Verletzung von Vorschriften über das Verhältnis zwischen Bebauungsplan und Flächennutzungsplan 1070
- bei verzögerter Bekanntmachung 816

Planerische Gestaltungsfreiheit: siehe Gestaltungsfreiheit, planerische

Planersatzvorschriften 1146

Planfeststellungsbeschluß
- Änderung durch Bebauungsplan 280
- Ersetzung des – durch Bebauungsplan 88, 280
- und Verkehrsflächen 280

Planfeststellungsverfahren, ergänzendes 88
- Regelungen des – 87

Plangenehmigung 87, 280
- Anzeigeverfahren statt – 795
- Abgrenzung zum Anzeigeverfahren 798
- bei Bebauungsplänen 794
- Fehlen der – 1068
- Frist 778
- Genehmigungsfiktion 778
- Genehmigungsunterlagen 478
- und planerische Gestaltungsfreiheit 791
- mit Maßgaben 784
- keine Erteilung der – bei Mängeln 1048
- und naturschutzrechtliche Ausnahmen oder Befreiungen 775
- und Raumordnungsrecht 59
- Rechtsschutz bei Versagung oder Erteilung der – 792
- Vorweggenehmigung 780

Planrechtfertigung 29

Planreife, Baugenehmigung bei – 815
- Befreiung bei – 1722
- fehlende 1081
- von Plänen im Außenbereich 2216

Planreife, formelle, als Voraussetzung der vorzeitigen Baugenehmigung 1912, 1940
- fehlende – bei vorzeitiger Baugenehmigung 1935

Planreife, materielle, 210, 1940
- als Voraussetzung der vorzeitigen Baugenehmigung 1913

Planreife, sachliche 1936

Plansicherungsinstrumente und Planaufstellungsbeschluß 405
- und Veränderungssperre 2365

Plansprache 222

Planung unter Vorbehalt 81

Planungsalternativen, Pflicht zur Prüfung von – 604

1051

Planungsabsichten der Gemeinde im Außenbereich 2216
Planungsbedürfnis 1110
– siehe auch Planungserfordernis
Planungsbefugnis 29
Planungsbindungsverträge 619
Planungserfordernis 29
– Auslösung des – durch Vorhaben im Außenbereich 2217
– und Gemengelage 205
– und kommunalaufsichtliche Eingriffsmöglichkeiten 53
– bei vorhabenbezogenem Bebauungsplan 875
– bei vorzeitigem Bebauungsplan 201
– Zeitpunkt 58
Planungsgrundsätze 606
Planungshoheit, kommunale: siehe Kommunale Planungshoheit
Planungskonzeption und ergänzendes Verfahren 1098
– und Teilunwirksamkeit 1047
Planungsleitlinien 593, 596, 606
– als unbestimmte Rechtsbegriffe 597
Planungsleitsätze 593
Planungspflicht 29, 51
– Kommunalaufsicht 53
– objektivrechtliche Natur der – 57
Planungsverband 26, 28, 109
– freiwilliger 26
– Zwangsverband 26
Planungsvorstellungen der Gemeinde im Außenbereich 2216
Planungsziele 606
– Abwägungserheblichkeit der – 593
Planunterlagen, Auslegung der – 93
– als Verfestigung der Fachplanung 93
Plan-UP-Richtlinie 550
Planzeichenverordnung 222
Planzeichnung 219
Politik und Bauleitplanung 31
Polizeidienststellen im allgemeinen Wohngebiet 1391
Ponyhöfe im Außenbereich 2147
Ponys als Kleintiere 316
Postamt 142
Privateigentum als abwägungserheblicher Belang 609
– siehe auch Eigentumsgrundrecht

Privatsphäre 1318
Prognosen bei der Bauleitplanung 33
Projektentwicklungsgesellschaften als Vorhabenträger 887
Projekt-UVP-Richtlinie 550
Pufferzone 715, 1528
Pumpanlagen 1260
Putenmastställe im Außenbereich 2147

Qualifizierter Bebauungsplan: siehe Bebauungsplan, qualifizierter

Radaranlagen, Funktionsfähigkeit von - 2215
Rahmenplan und Rahmenkonzept 194
Rasenfläche 273
Rasengittersteine 1288
Raststätten 271
Raubtiere 316
Räume für freie Berufe: siehe Freier Beruf
Raumfunktionsbestimmungen durch Ziele der Raumordnung 63
Raumordnung
– Anpassungsgebot an die Ziele der – 59, 77
– – keine Anpassungspflicht bei Vorliegen eines Ausnahmetatbestandes 66
– Auswirkung von Zielen der – im Außenbereich 2208
– Eignungs-, Vorrangs-, Vorbehaltsgebiete 69
– Erfordernisse der 63
– Gestaltungsspielräume, planerische 66
– Grundsätze 63
– Kennzeichnungspflicht 67
– – kein Zielcharakter trotz Kennzeichnung 70
– Raumfunktionsbestimmungen 63
– Regel-Ausnahme-Tatbestand 64
– Zentrenbildung 68
– Ziele der – 63
– Zielabweichungsverfahren 66
– Ziele der – und Entwicklungssatzung 1982
Raumordnungspläne 68

1052

Raumordnungsverfahren 76
Raumordnungsziele: siehe Raumordnung, Ziele der Raumordnung
Raumstruktur 68
Rechtsanspruch
– auf die Baugenehmigung im Außenbereich 2156
– auf gerechte Abwägung 551
– kein – auf Bauleitplanung 57
– kein – auf Erschließung 1209
– auf die vorzeitige Baugenehmigung 1932
Rechtsbegriffe, unbestimmte 1160
Rechtsbehelfe des Nachbarn
– siehe Baunachbarstreit, Nachbarklage, Nachbarschutz
Rechtsbehelfe gegen beabsichtigte Planung 469
Rechtsbehelfsbelehrung 1137
Rechtslage, Änderung der – während eines Baunachbarstreits: siehe Baunachbarklage
Rechtsmittel: siehe Baunachbarstreit, Nachbarklage, Nachbarschutz, Rechtsschutz
Rechtsnatur des Flächennutzungsplans 112, 745
– von städtebaulichen Verträgen 927
Rechtsschein eines unwirksamen Bauleitplans 838
Rechtsschutz 1011 ff.
– siehe auch Baunachbarstreit, Nachbarklage, Nachbarschutz
– im Anzeigeverfahren 796
– bei Vorhaben im Außenbereich 2284
– des Bauherrn gegen Versagung des Einvernehmens 1762
– der Gemeinde 1759
– Inzidentkontrolle von Bebauungsplänen 1034
– bei Plangenehmigung 792
Rechtsschutz des Nachbarn
– siehe Baunachbarstreit, Nachbarklage, Nachbarschutz
Rechtsschutz, vorbeugender, gegen Planung 469
– bei Verletzung des interkommunalen Abstimmungsgebots 651

Rechtsschutz, vorläufiger
– siehe auch aufschiebende Wirkung, Verpflichtungsklage
– Einstweilige Anordnung bei Normenkontrolle 1030
– bei freigestellten Vorhaben 1884
– der Gemeinde gegen die Realisierung eines Vorhabens 1759
– Nachbarklage und – 1882
– Verhältnis der verschiedenen Rechtsbehelfe zueinander 1030
Rechtsschutzbedürfnis
– bei einstweiliger Anordnung in der Normenkontrolle 1031
Rechtsstaatsprinzip 216
– und Ausfertigungsgebot 801
Regionalplan 109, 115
– und Ziele der Raumordnung 71
Reines Wohngebiet 1311 ff.
– Abenteuerspielplätze 1335
– Altenheime 1325
– Altenpflegeheime 1325
– Anlagen der Eigenwerbung 1341
– Anlagen für kirchliche, kulturelle, gesundheitliche und sportliche Zwecke 1349
– Antennenanlagen 1335
– Arztpraxen 1334
– Asylbewerberunterkünfte 1327, 1349
– ausnahmsweise zulässige Vorhaben 1337
– Basketballplätze 1352
– Beherbergungsbetriebe 1346
– Bolzplätze 1335
– Ferien- und Freizeitheime 1324
– Ferienwohnungen 1347
– im Flächennutzungsplan 137
– Frauenhäuser 1329
– Räume für freie Berufe 1334
– Frisör 1344
– Garagen 1331
– Gemeinbedarfsanlagen 262
– Gemeinbedarfseinrichtungen 1351
– Gemeinschaftsanlagen 1331
– Handwerksbetriebe 1342
– Hospiz 1326
– Hotel- oder Pensionsbetrieb 1347
– Hundezwinger 1335
– Imbißstände 1340

1053

- Jugendherbergen 1324
- Kindergärten 1350
- Kinderspielplätze 1335
- Kioske 1340
- Kleintierhaltung 1335
- Krankenhäuser 1325
- Läden zur Bedarfsdeckung 1338
- Lotterieannahmestellen 1341
- Nebenanlagen 1331, 1335
- Nebenanlagen für sportliche Zwecke 1336
- Obdachlosenunterkünfte 1329
- Pflegestation 1325
- Räume für freie Berufe 1334
- Reinigungsannahmestellen 1341
- Schank- und Speisewirtschaften 1341
- Schwimmhalle 1336
- Spielhallen 1341
- Sportanlage 1336, 1352
- Sporthallen 1352
- Stellplätze 1331
- Tagesstätten 1325
- Taubenhaltung 1335
- Tennisplatz 1336
- Verkaufsstände 1340
- Warenautomaten 1340
- Werbeanlagen 1335
- Windenergieanlagen 1335
- Wohngemeinschaften 1322
- Wohnheime 1322
- Zigarettenautomaten 1340
- zulässige Vorhaben 1312 ff.

Reinigungsannahmestellen im reinen Wohngebiet 1341
Reithalle im Außenbereich 2147
- als privilegiertes Vorhaben 2107

Religionsgesellschaften, Anlagen für – im Außenbereich 2147
Reparaturarbeiten und Bestandsschutz 1117
Reparaturbetriebe im Außenbereich 2147
- im Gewerbegebiet 1541

Restaurants: siehe Gaststätten, Schank- und Speisewirtschaften
Retentionsflächen 302
Rettungsstationen im Außenbereich 2136, 2147
Rohstoffe, Fundorte 1130

Rolladensiedlungen 2452
Rückbau 376
Rückbau- und Entsiegelungsgebot 2597
Rückbauverpflichtung für privilegierte Vorhaben 2275
- Auslösung der – 2277
- dauerhafte Aufgabe der Nutzung 2277
- ersatzlose Entfernung der baulichen Anlagen 2278
- Verpflichtungserklärung 2275

Rücknahme einer Genehmigung und Inzidentkontrolle 1039
Rücksichtnahmegebot: siehe Gebot der Rücksichtnahme
Rückwirkendes Inkrafttreten: siehe Inkrafttreten von Bauleitplänen
Ruderhäuser im Außenbereich 2147
Rüge von Mängeln des Bauleitplans 1095
- Hinweis auf Rügepflicht 1093
- Wirkung inter omnes 1097

Rundfunk- und Fernsehantennen 250, 1253

Sägewerke 310, 2132
- im Außenbereich 2147

Sammel-Ausgleichsmaßnahmen 707
Sammeleingabe 468
Sanatorien im allgemeinen Wohngebiet 1374
- im Außenbereich 2147

Sandgrube als ortsgebundener Betrieb 2132
- im Außenbereich 2147

Sanierungsgebiet, Grundstücksteilung im – 2471
- Vorkaufsrecht im – 2491

Satzungsbeschluß 745 ff., 747
- Verfahren 750

Saunabetrieb im Außenbereich 2147
SB-Markt 142
- siehe auch Einzelhandel

Schadens- und Aufwendungsersatzansprüche, Vereinbarung von – 620
Schadensersatzansprüche, keine – des Bauherrn bei Nachbarklage 1904

Schädliche Umwelteinwirkungen
2169 ff.
– Gebot der Vermeidung von – 2171
Schafstall 2187
Schafzucht im Außenbereich 2147
Schallausbreitung 1667
Schalleistungspegel 1667
Schallschutz im Städtebau 726
Schallschutzfenster 342
Schallschutzmaßnahmen
– im Außenbereich 2187
– Kostenerstattungsanspruch für –
345
– Kostenübernahme – 989
– private – 727
– vertragliche Vereinbarungen zu –
989
Schallschutzwände 727
Schank- und Speisewirtschaften
– im allgemeinen Wohngebiet 1362
– im besonderen Wohngebiet 1423
– im Campingplatzgebiet 1598
– im Dorfgebiet 1460
– im Ferienhausgebiet 1589
– und Gebot der Rücksichtnahme
1232
– im Gewerbegebiet 1532
– im Kerngebiet 1510
– im Kleinsiedlungsgebiet 1397, 1406
– im Mischgebiet 1483
– im reinen Wohngebiet 1341
– im Wochenendhausgebiet 1581
Scheunen 1956
Schichtbebauungspläne 1194
Schicksalsgemeinschaft 1821
Schießplatz 2155
– im Außenbereich 2147
Schlachthof 1605
Schlichter Bebauungsplan: siehe Bebauungsplan, einfacher
Schlossereien im allgemeinen Wohngebiet 1385
Schneckenzucht im Außenbereich
2147
Schotterwerk im Außenbereich 2147
Schreinerei im allgemeinen Wohngebiet 1375
Schrottplatz 95, 1129
– im Außenbereich 2147
– im Gewerbegebiet 1536

Schulentwicklungskonzept, Abwägungserheblichkeit eines – 598
Schulkomplexe 142
Schullandheim 1583
– im Außenbereich 2147
Schuppen 1253
– im Außenbereich 2147
Schutzflächen, Festsetzung von – im Bebauungsplan 339
Schutzgebiet: siehe auch Naturschutz
– Bauen im – 78
– und bauliche Nutzung 714
Schutzgebietsverordnung 82
– als Schranke der Bauleitplanung 78
Schutzgebot als Planungsziel 593
Schweinemästereien im Außenbereich 2136
Schweinezucht im Außenbereich
2147
Schwimmbäder im allgemeinen
Wohngebiet 1375 f.
– im Außenbereich 2136, 2147
– im Ferienhausgebiet 1590
Schwimmhalle im reinen Wohngebiet 1336
Scoping 422, 502, 660, 902
Segelflughallen im Außenbereich
2147
Segelsport 1569
Seilbahnen im Außenbereich 2147
Selbstständiger Bebauungsplan 192 ff.
Selbsthilfe, architektonische 1238
Selbstkorrektur, nachträgliche
– der Gemeinde 46
Selbstvermarktung im Außenbereich
2147
Sexkinos im besonderen Wohngebiet
1434
Sex-Shops, Ausschluss von
– im besonderen Wohngebiet 1435
Sicherung der Bauleitplanung
2285 ff.
– in Entwicklungsbereichen 2286
– und freigestellte Vorhaben 2290
– und Fremdenverkehr 2285
– durch gemeindliches Vorkaufsrecht
2285
– in Sanierungsgebieten 2286
– im Städtebauförderungsrecht 2286
– durch Veränderungssperre 2287

1055

– bei vorhabenbezogenem Bebauungsplan 2288
Sichtdreiecke 274
Siedlungsstruktur, organische 1968, 1971
Silo 1537
Skihütte im Außenbereich 2147
Skilift im Außenbereich 2147
Solarstrom 283
Sonderbauflächen im Flächennutzungsplan 137
Sondergebiet, Anlagen für den Gemeinbedarf im – 262
– Art der baulichen Nutzung im – 1607
– kein Festsetzungskatalog im – 1610
– im Flächennutzungsplan 137
Sondergebiet, das der Erholung dient 1564 ff.
– siehe auch Campingplatzgebiet, Erholungsgebiet, Wochenendhausgebiet, Ferienhausgebiet, Zeltplätze
Sondergebiet, sonstiges 1599 ff.
– Einzelhandel, großflächiger 1614 ff.
– Garagen 1612
– Nebenanlagen 1613
– Stellplätze 1612
– Zulässige Vorhaben 1611
Sondernutzungserlaubnis 287
Sortimentsbeschränkungen 908
Sozialer Wohnungsbau 266, 992
Speditionen im allgemeinen Wohngebiet 1385
– im Außenbereich 2147
Speisewirtschaften: siehe Schank- und Speisewirtschaften
Spiel- und Sportanlage 258
– siehe auch Bolzplätze, Fußballplätze, Sportanlage
– Darstellung von – im Flächennutzungsplan 140, 143
– Festsetzung von – im Bebauungsplan 258, 263, 296
– als Gemeinbedarfsanlagen 263
Spielhalle 1113, 1123
– im allgemeinen Wohngebiet 1363
– Ausschluß von – 1681
– und bahnbetriebsbezogene Nutzung 96

– im besonderen Wohngebiet 1434, 1438
– Einfügen einer – 2031
– Einfügen einer – im faktischen Kerngebiet 2026
– im reinen Wohngebiet 1341
Spielkasino im besonderen Wohngebiet 1439
Splittersiedlung 313, 1967, 1969, 2149, 2196
– Bebauung einer Baulücke in einer – 2162
– Begriff der – 2197
– Begründung und Verstärkung städtebaulicher Spannungen 2205
– fehlende Schutzwürdigkeit der Eigenart der Landschaft in einer – 2186
– Entstehung, Verfestigung oder Erweiterung 2196, 2198
– Erweiterung 2198
– Irrelevanz bestimmter Pläne für die Missbilligung einer – 2206
– „Legalisierung" der Entstehung oder Verfestigung einer – durch Außenbereichssatzung 2265
– und privilegierte Vorhaben 2207
– Streubebauung als herkömmliche Siedlungsstruktur 2200
– Verfestigung einer – 2198
Sport- und Spielanlagen
– siehe auch Spiel- und Sportanlage
Sport- und Spielplatz
– siehe auch Spiel- und Sportanlage
– Festsetzung von – im Bebauungsplan 292
– Vorbildwirkung eines Vorhabens 2205
Sportanlage
– im allgemeinen Wohngebiet 1369, 1375
– im Außenbereich 2147
– im besonderen Wohngebiet 1427
– im Campingplatzgebiet 1598
– im Dorfgebiet 1465
– im Erholungsgebiet 1567
– im Ferienhausgebiet 1589
– und Gebot der Rücksichtnahme 1232
– im Gewerbegebiet 1542

- Immissionen von – 1853
- Immissionsschutz bei – 728
- im Industriegebiet 1563
- im Kerngebiet 1513
- im Kleinsiedlungsgebiet 1409
- im Mischgebiet 1494
- im reinen Wohngebiet 1336, 1352
- im Wochenendhausgebiet 1581

Sportanlagenlärmschutzverordnung 728

Sporthalle – im reinen Wohngebiet 1352

Sportstadien 143
- im Kerngebiet 1513

Squash-Center im Gewerbegebiet 1542

Staatshaftung bei Veränderungssperre 2329
- siehe auch Amtshaftung

Städtebauliche Eigenart des Gebiets, Erhaltungsgebiet 376
- Widerspruch eines Vorhabens gegen die – 1229

Städtebauliche Gebote zur Verwirklichung der Bauleitplanung 2579
- Baugebot 2579
- Herrichtungs- und Nutzungsgebot 2593
- Modernisierungs- und Instandsetzungsgebot 2610
- Pflanzgebot 2595
- Rückbau- und Entsiegelungsgebot 2597

Städtebauliche Gründe von besonderem Gewicht 54
- bei Erforderlichkeit der Ausweisung zusätzlicher Bauflächen für bestimmte Nutzungen 54
- zur Vermeidung von Fehlentwicklungen 54

Städtebauliche Verträge 927 ff.
- Änderung 972
- allgemeine Anforderungen 927
- Allgemeine Geschäftsbedingungen 950 ff.
- – siehe: Allgemeine Geschäftsbedingungen
- Angemessenheitserfordernis 944
- Aufhebung 972
- Ausschreibungspflicht 934 ff.
- – Art der Vergabe 939
- – Entgeltlichkeit 935
- – bei Vorfinanzierungsverträgen 936
- – Voraussetzungen 934
- – und naturschutzrechtliche Ausgleichsmaßnahmen 991
- einzelne Vertragstypen 980
- Erschließungsbeitragsverträge 1007
- Erschließungsverträge 936
- Folgelastenvereinbarungen 938, 999
- Formvorschriften 940
- – Beurkundung, norarielle 941
- – Schriftform 940
- – Verstoß gegen – 943
- freiwillige Umlegung 980
- Koppelungsverbot 944
- Leistungsstörungen 960
- – Prüfungsreihenfolge 961
- – typische Fälle von – 969
- – Vorschriften des Bürgerlichen Gesetzbuches 968
- Nichtigkeit 956
- Nutzungsbindungen 992
- und planerische Zurückhaltung 232
- und Privatrecht 928
- Übertragung der Ausarbeitung von Planungen 981
- Verwirklichung von Planungszielen durch 232
- Wertzuwachs, planungsbedingter 948

Städtebaupolitik 31

Städtebaurecht, Begriff 4

Stadtstaaten 745

Stadtzentrum als Kerngebiet 1504
- und Einzelhandel in Sondergebieten 1615

Staffelgeschoß 1294

Ställe 315, 1254, 2147

Standort eines Vorhabens im Außenbereich 2154

Steinbruch 305
- als ortsgebundener Betrieb 2132

Steinwerk im Außenbereich 2147

Stellplätze 259, 1218, 1241 ff.
- im allgemeinen Wohngebiet 1241, 1376
- als bauliche Anlage 1108
- im besonderen Wohngebiet 1428
- im Campingplatzgebiet 1596

1057

– im Dorfgebiet 1469
– im Ferienhausgebiet 1587
– im Gewerbegebiet 1544
– und überbaubare Grundstücksfläche 1286
– im Industriegebiet 1561
– im Kerngebiet 1519
– im Kleinsiedlungsgebiet 1407
– im Mischgebiet 1500
– im reinen Wohngebiet 1241, 1331
– im Sondergebiet 1241, 1579
– im Wochenendhausgebiet 1579
– in sonstigen Sondergebieten 1612
– und Teilunwirksamkeit 1047
– Unzulässigkeit von – für Lastkraftwagen und Kraftomnibusse
– – in allgemeinen Wohngebieten 1241
– – in Kleinsiedlungsgebieten 1241
– – in reinen Wohngebieten 1241
Stellung der baulichen Anlagen 249
Stellungnahmen
– bei erneuter Auslegung 483
– Beurteilungsspielraum der Gemeinde bezüglich der Wesentlichkeit von – 462
– nicht berücksichtigte 478
– – Vorlage bei der Genehmigung des Bauleitplans 478 f.
– nicht fristgerecht abgegebene – 456 f.
– – bei fehlendem Hinweis auf die Folgen der Verfristung 457
– von Nachbargemeinden 639
– zum Planentwurf 467
– umweltbezogene – 446, 462
Straßen und Schienenwege, Lärm bei der Planung von – 727
– Lärmschutz nach § 41 BImSchG 344
Straßenbaulast und Verkehrsflächen 279
Straßenbegrenzungslinie 1282
Sträucher 346
Streubebauung 2197
Stripteaselokale – Ausschluß von – im besonderen Wohngebiet 1434
Strukturwandel der Landwirtschaft 2224
Stufenfolge der Planung 182
Stützmauern 351, 1253

TA Luft 732, 1380, 1555
Tagesstätten im reinen Wohngebiet 1325
Talsperren 302
Tankstellen 271
– im allgemeinen Wohngebiet 1393
– im Außenbereich 2147
– im besonderen Wohngebiet 1442
– im Dorfgebiet 1468
– im Gewerbegebiet 1541
– im Industriegebiet 1560
– im Kerngebiet 1514, 1520
– im Kleinsiedlungsgebiet 1410
– im Mischgebiet 1497
Tanzgaststätten im allgemeinen Wohngebiet 1363
Taubenhaltung im reinen Wohngebiet 1335
Taubenzucht im Außenbereich 2147
Technologiezentrum 1527, 1675
Teilbarkeit des Bebauungsplans 1046
– des Grundstücks 254
Teilbaugenehmigungen bei Veränderungssperre 2330
Teilflächennutzungsplan 104, 108, 166
– Darstellung von Vorrang- oder Eignungsflächen 108, 161
– sachlicher 108, 166
Teilung des Grundstücks, Begriff der – 2439
– Genehmigungspflicht 2444
– Rechtsfolgen einer rechtswidrigen – 2446
– Satzung über Genehmigungsbedürftigkeit der – 2444, 2448
– Tatbestand der – 2439
– Verfahren 2444 f.
– Voraussetzungen der – 2441 ff.
Teilungsgenehmigung
– im Entwicklungsbereich 2471 ff.
– zur Sicherung von Gebieten mit Fremdenverkehrsfunktion 2448 ff.
– – Begründung der Genehmigungspflicht 2448
– – Bevollmächtigung des Notars 2462
– – Frist zur Entscheidung über die – 2459
– – Genehmigungsfiktion 2461, 2463

– – Rechtswirkungen der – 2469
– – Übernahmeanspruch 2468
– – Verfahren 2458 ff.
– – Versagung der – 2465
– – Zwischenbescheid 2460
– im Sanierungsgebiet 2471 ff.
Teilunwirksamkeit eines Bebauungsplans 1027, 1042 ff.
– bei Teilbarkeit 1046
Telekommunikationsanlagen im Außenbereich 2147
– als privilegierte Vorhaben 2130
Tenniscenter im Gewerbegebiet 1542
Tennishallen 295
Tennisplatz 1253
– im allgemeinen Wohngebiet 1375
– im Außenbereich 2147
– im Ferienhausgebiet 1590
– im reinen Wohngebiet 1336, 1352
Theater im allgemeinen Wohngebiet 1373
– und Opernhäuser im besonderen Wohngebiet 1435
Tiere 318
– siehe auch Kleintiere, Raubtiere
Tierhaltung im allgemeinen Wohngebiet 1376
– als landwirtschaftlicher Betrieb 2107
Tierheim im allgemeinen Wohngebiet 1371
– im Außenbereich 2147
Tierklinik im Außenbereich 2147
Tierkörpersammel- und beseitigungsstellen im Außenbereich 2147
Tierpark im Außenbereich 2147
Tierzucht im allgemeinen Wohngebiet 1385
– als landwirtschaftlicher Betrieb 2107
Tischlerei im allgemeinen Wohngebiet 1385
Torfgewinnungsanlage als ortsgebundener Betrieb 2132
Träger öffentlicher Belange
– Benachrichtigung der – 459
– Berücksichtigung der Stellungnahme 511

– Beteiligung der – 492 ff.
– – Fristen 508
– – im vereinfachten Verfahren 862
– als organisatorische Einheit 500
– erneute Beteiligung 514
– fehlerhafte Benachrichtigung der – 460
– gleichzeitige Durchführung von Träger- und Öffentlichkeitsbeteiligung 495
– natürliche und juristische Personen des Privatrechts als – 496
– Planerhaltung bei fehlerhafter Beteiligung der – 1059
– Zweistufigkeit der Beteiligung 494
Trägerverfahren 658, 1177
Trainingsställe im Außenbereich 2147
Transformatorenhäuschen 1260
Transformatorenstationen 283
Transportbetonanlagen im Außenbereich 2147
Traufhöhe 362, 1309
Trennungsgrundsatz 607, 1475
Trinkwassergewinnung 302
Trittbrettfahrer bei der Erschließung 1009
Trödelmarkt 1622

Überbaubare Grundstücksfläche 1279
– bauliche Anlagen und – 1285
– bauliche Anlagen unterhalb der Geländeoberfläche 1286
– Festsetzung im Bebauungsplan 1266
– Garagen und Stellplätze 1286
– Nachbarschutz durch Festsetzung der – 1843
– Nebenanlagen 1286
– Nichtüberbaubare Grundstücksflächen – 1284
Übergangsregelungen
– bei Änderung der BauGB-Vorschriften vor Verfahrensabschluß 401
Überleitung
– siehe Bebauungsplan, übergeleiteter
Überleitungsbestimmungen
– siehe Bebauungsplan, übergeleiteter

1059

Übernahme
- des Grundstücks durch die Gemeinde
  - beim Baugebot 2592
  - beim Rückbau- und Entsiegelungsgebot 2608
- von Flächen durch den Bedarfs- oder Erschließungsträger 1785
- von Planungskosten bei vorhabenbezogenem Bebauungsplan 871

Übernahmeansprüche siehe auch Entschädigungs- und Übernahmeansprüche
- bei Festsetzung
  - von Aufschüttungs- und Abgrabungsflächen 306
  - von Flächen für Aufschüttungen, Abgrabungen und Stützmauern 352
  - von Flächen für Personengruppen mit besonderem Wohnbedarf 270
  - von Flächen mit besonderem Nutzungszweck 271
  - freizuhaltender Flächen 275
  - von Gemeinschaftsanlagen 331
  - von Schutzflächen 323, 341
  - von Wasserflächen 304
- bei Versagung
  - einer Genehmigung im Gebiet mit Fremdenverkehrsfunktion 2468
  - einer Genehmigung im Sanierungsgebiet 2476
  - einer Genehmigung im Erhaltungsgebiet 376
- bei Vorhaben auf künftigen Gemeindebedarfs-, Verkehrs-, Versorgungs- und Grünflächen 1792

Übernahme, nachrichtliche: siehe nachrichtliche Übernahme

Überplanung 839

Übertragung der Planungshoheit
- siehe Aufgabenübertragung

Überwachung des Vollzugs von Bauleitplänen (Monitoring) 46 ff.
- Entwicklung im Rahmen des Planvollzugs 46
- Ergebnisse des Monitoring, keine Veröffentlichungspflicht 50

- Indikatorsysteme für erhebliche Umweltauswirkungen 49
- Mitteilungen von Fachbehörden 49
- nachträgliche Selbstkorrektur der Gemeinde 46
- Umweltbericht 50
- Umweltinformationssystem 49

UIG in der Öffentlichkeitsbeteiligung 466

Umgebung, nähere 2003 ff.
- siehe auch Einfügen
- Außenbereichsgrundstücke 2005
- Fremdkörper in der – 2012
- Prägung der – 2004, 2009

Umgebungsbebauung 1144, 1656, 2029

Umkippen eines Mischgebiets 1476

Umlegung 1214

Umlegungsausschuß, Ausübung des Vorkaufsrechts 2490

Umlegungsbeschluß, Widerspruch und Vorkaufsrecht 2489

Umlegungsgebiet, Vorkaufsrecht im – 2488

Umnutzung von Gewerbebauten im Gewerbegebiet 1542

Umweltbericht 50, 388, 675 ff.
- Aufbau 676
- Auslegung des – 50
- als Bestandteil der Begründung des Bebauungsplans – 388
- inhaltliche Anforderungen 659
- Mängel des – 1066
- Umfang 677

Umweltprüfung 422, 655 ff.
- Abschichtungsregelung auf Planungsebene 668
- als integraler Bestandteil des Bauleitplanverfahrens 657
- als Trägerverfahren 658
- Bedeutung und Funktion 655
- Behördenbeteiligung 660
- keine, bei vereinfachtem Verfahren 841
- Prüfmethoden, allgemein anerkannte 661
- Scoping 660
- Umfang und Detaillierungsgrad

1060

– – Äußerungen zum – im Rahmen der Öffentlichkeitsbeteiligung 422
– und Genehmigung von UVP-pflichtigen Vorhaben 674
– und verbindliche Bauleitplanung 664
– und vorbereitende Bauleitplanung 664
– zusätzliche erhebliche Umweltauswirkungen 671
Umweltverträglichkeitsprüfung 1176
Umwidmungssperre 157, 593
Unbeachtlichkeit von Mängeln 1048 ff.
– siehe auch Planerhaltung
Unbestimmte Rechtsbegriffe 225
Universitätsgebäude 142
Untergeordnete Nebenanlagen
– siehe Nebenanlagen, untergeordnete
Untergeordneter Teil der Betriebsfläche 2127
Unterhaltungsarbeiten bei Veränderungssperre 2325, 2334
Unterhaltungsmaßnahmen, dauerhafte 703
Unterrichtung bei frühzeitiger Öffentlichkeitsbeteiligung 419
– der Gemeinden und Behörden des Nachbarstaates 525
siehe auch: grenzüberschreitende Beteiligung
Untersagung, vorläufige – siehe auch: Zurückstellung
Unwirksamkeit des Bebauungsplans bei Verstoß gegen das Entwicklungsgebot 190
– siehe auch Planerhaltung
– Gesamt- und Teilnichtigkeit 1042 ff.
Unwirksamkeit der Ziele der Raumordnung 71
Unwirtschaftliche Aufwendungen als öffentlicher Belang 2174
Unzumutbarkeit eines Vorhabens: siehe Gebot der Rücksichtnahme
UVP-pflichtige Bebauungspläne und grenzüberschreitende Beteiligung 531

UVP-pflichtige Vorhaben
– Genehmigung bei Umweltprüfung 674
– und vereinfachtes Verfahren 849 ff.

VDI-Richtlinien 730
Veränderungssperre 2287 ff., 2331
– bei Aufhebung eines Bebauungsplans 2293
– Aufhebungssatzung 2388
– Ausnahme von der – 2337
– Voraussetzungen einer Ausnahme von der – 2339
– Ausnahme von der – bei Planreife 2345
– Ausnahmeerteilung und zwischenzeitige – 2333
– Außerkrafttreten der – 2346, 2386
– Begründung der Satzung über die – 2312 f.
– Bekanntmachung der – 2313 f.
– Bestandsschutz gegenüber der – 2326
– enteignungsgleicher Eingriff durch rechtswidrige – 2398
– Entschädigung für Nachteile infolge einer – 2389
– erneute – 2380
– – Dauer der erneuten – 2383
– Ersatzverkündung 2315
– und Fachplanung 93
– faktische Zurückstellung 2354
– formelle und materielle Anforderungen für das Aufstellen einer – 2297
– Fortführung von Nutzungen 2335
– Geltungsdauer 2346
– Inhalt der – 2309
– Inzidentkontrolle 2318
– Kenntnisgabeverfahren 2327
– Mehrwertverzichtserklärung 2343
– Nachbarschutz bei – 1878
– nachgeschobene – 2329
– neue – 2380
– Normenkontrolle einer – 2317
– Planaufstellungsbeschluß als Voraussetzung der – 405
– Planerhaltung 2316
– Konkretisierung des Planungsziels als Voraussetzung der – 2303

1061

- Rechtsbehelfe bei Entschädigung infolge einer – 2403
- Staatshaftung 2329
- Teilbaugenehmigung und – 2330
- Unterhaltungsarbeiten als von der – nicht berührte Maßnahmen 2334
- Unterschied der – zur Zurückstellung 2406
- Verbote der – 2319
- Verfahren zum Erlaß der – 2311
- Verhältnis der – zu Bauvorbescheiden 1133, 2331
- Verhinderungsplanung durch – 2297
- Verlängerung der – 2356, 2366 ff.
- – bei Ungewöhnlichkeit des Falls 2376
- im Vorfeld eines Bebauungsplanverfahrens 407
- bei vorhabenbezogenem Bebauungsplan 2288
- vorzeitige Baugenehmigung 1934
- Wegfall der Voraussetzungen 2388
- Zurückstellung von Baugesuchen als milderes Mittel 2307

Verarbeitungsbetrieb im Dorfgebiet 1458

Veräußerungspflicht bei Vorkaufsrecht 2559

Verbände als Planungsträger 22
- siehe auch Aufgabenübertragung

Verbindung von Satzungstypen 1998

Verbrauchermarkt, Erweiterung 1119, 1615

Vereinfachtes Verfahren 841 ff., 918, 924
- Abweichungen gegenüber dem Regelverfahren 857
- Anwendungsbereich 841 f.
- Anwendungsvoraussetzungen 841
- Berührung von Grundzügen der Planung 845
- Entbehrlichkeit der Angaben zu den verfügbaren umweltbezogenen Informationen im – 447
- Öffentlichkeitsbeteiligung 841, 858
- Planerhaltung bei fehlerhafter Durchführung des – 1063 f.
- Planumgriff 848

- Sach- und Rechtslage im Zeitpunkt der Beschlußfassung 854
- und UVP-pflichtige Vorhaben 849 ff.
- und vorzeitige Baugenehmigung 1939

Vereinigungsbaulast 1281

Vereinshäuser 260

Verfahren: siehe Bauleitplanverfahren

Verfahrens- und Formfehler, Heilung durch ergänzendes Verfahren 1098
- siehe auch Planerhaltung

Verfahrensprivatisierung 541

Verfahrensvorschriften im BauGB 1137

Verfüllung 1126

Vergnügungsstätte im allgemeinen Wohngebiet 1363
- Begriff der – 1432
- im besonderen Wohngebiet 1431
- im Dorfgebiet 1472
- im Gewerbegebiet 1550
- im Industriegebiet 1557
- im Kerngebiet 1511
- im Mischgebiet 1498

Verhältnismäßigkeitsgrundsatz
- bei Beschränkung des gemeindlichen Planungsermessens 55
- bei Beseitigungsmaßnahmen 1903

Verhinderungsplanung 108, 2297
- siehe auch Negativplanung

Verkaufsfläche 224
- Begriff der – 1631

Verkaufsstände im reinen Wohngebiet 1340

Verkehr und Gebot der Rücksichtnahme 1235

Verkehrsbebauungsplan 280

Verkehrsberuhigte Zonen 277

Verkehrsentwicklungsplan, Abwägungserheblichkeit des – 598

Verkehrsflächen
- Befreiung und – 1729
- Darstellung von – im Flächennutzungsplan 144
- und Erschließung 1197
- Festsetzungen von – im Bebauungsplan 1174
- Genehmigung baulicher Anlagen auf künftigen – 1783
- und Geh- und Fahrrechte 327

- Grundsätze 276
- und Planfeststellung 280
- private - 278
- vertikale Differenzierung 365
Verkehrslärm, Erhöhung des - und Antragsbefugnis 1025
Verkehrslenkende Maßnahmen 277
Verkehrspolitik 31
Verkehrswege-Schallschutzmaßnahmenverordnung 727
Verkehrswert in der Abwägung 588
Verkehrszunahme 1206 f.
Verkleinerung einer baulichen Anlage 1117
Verlängerung einer Veränderungssperre 2356, 2366 ff.
Verletzung von Verfahrens- und Formvorschriften 1054, 1078
- siehe auch Planerhaltung
- Fristen zur Geltendmachung von - 1092
Verlust eines Originalbebauungsplans 216
- siehe auch Zerstörung der Planurkunde
Verlust von Rechten durch unzulässige Rechtsausübung 1895
- durch Verwirkung 1898
- durch Verzicht 1893
Vermarktung in landwirtschaftlichen Betrieben 2126
Verödung der Innenstädte 1617
- eines Stadtteils 1518
Verpflichtungsklage
- bei baugenehmigungsfreien Vorhaben 1884
- auf Erteilung einer Genehmigung 792
- Einstweilige Anordnung im Baunachbarstreit 1884
Verrieselung 1200
Versandhandel 1632
Versiegelung 1288
Versorgungsanlagen und -leitungen 283
- Festsetzung über die Führung von - im Bebauungsplan 286
- im Flächennutzungsplan 146
- als Nebenanlagen 284
- als privilegierte Vorhaben im Außenbereich 2130

Versorgungsbereiche, zentrale 2067
Versorgungseinrichtungen 141
Versorgungsflächen 283
- Genehmigung baulicher Anlagen auf - künftigen 1783
- vertikale Differenzierung 365
Verträge: siehe auch städtebauliche Verträge
- Bindung der Abwägung vorab 619
Vertragsstrafen 620
Vertrauen: siehe Verwirkung
Vertrauensschutz bei Planänderung 836
Vertreter, Bestellung eines - 1137
Verwaltungen
- Anlagen für
- - im allgemeinen Wohngebiet 1390
- - im besonderen Wohngebiet 1426, 1430
- - im Dorfgebiet 1465
- - im Gewerbegebiet 1391
- - im Kerngebiet 1391, 1509
- - im Mischgebiet 1391, 1494
- Gebäude für - im Gewerbegebiet 1540
Verwaltungsvorschriften, keine Ziele der Raumordnung 76
Verwerfungskompetenz: siehe Inzidentkontrolle, Normverwerfungskompetenz
Verwirkung 1898
- siehe auch Verlust von Rechten
- bei ungenehmigten Bauvorhaben 1901
- Voraussetzungen der - 1899
Verzicht auf Rechte 1893
Viehhandel im Außenbereich 2147
Vogelschutzgebiete, europäische 710
Vogelschutzrichtlinie 708
- unmittelbare Anwendung 711
Vollgeschoß
- siehe auch Zahl der Vollgeschosse
- Begriff des - 1294
- Nachbarschutz bei Festsetzung der Zahl der - 1814, 1840
Vorbehalt der Bauleitplanung und Entwicklungssatzung 1983
Vorbehaltsgebiete 69
Vorbildwirkung 2198

1063

Vorfinanzierungsvereinbarungen 1007, 1010
Vorgärten, Festsetzung zur Bepflanzung von – 349
Vorhaben
– Begriff des – bei Vorhaben- und Erschließungsplan 895
– des Bundes oder eines Landes 1138
– Einzel- und Gesamtvorhaben 896 f.
– Grundsätze zur baurechtlichen Zulässigkeit von – 1103 ff.
– im Innenbereich
– – Auswirkungen auf zentrale Versorgungsbereiche 2066
– – schädliche Auswirkungen 2069
– – Erwartung schädlicher Auswirkungen 2070
– Widerspruch des – gegen die Eigenart des Baugebiets 1229
Vorhaben im Außenbereich und Flächennutzungsplan 123
Vorhaben- und Erschließungsplan 871, 892 ff.
– Ausgleichsmaßnahmen im – 908
– Begriff des – 892
– Bestandteile 872
– kein Festsetzungskatalog 235
– Planungs- und Erschließungskosten 912
– und Sicherung der Bauleitplanung 2288
– Verhältnis zum vorhabenbezogenen Bebauungsplan 873
– Wechsel des Vorhabenträgers 921
– zulässige Festsetzungen im – 894
Vorhaben, privilegiertes 2104
– Standort eines – 2121
Vorhaben, raumbedeutsames, im Außenbereich 2209
Vorhaben von überörtlicher Bedeutung 90
Vorhabenbezogener Bebauungsplan 871 ff.
– Änderung, Ergänzung, Aufhebung des – 923
– Bauleitplanverfahren 917 f.
– Schadensersatzansprüche des Vorhabenträgers 925
– und planerische Zurückhaltung 232
– zulässige Festsetzungen im – 894

Vorhabenbezogenes Beteiligungsverfahren 1946
Vorhabenträger, Beteiligung des – im Planungsverfahren 544
– und Vorhaben- und Erschließungsplan 887
– Wechsel des – 921
Vorkaufsrecht 2479 ff., 2509, 2516, 2552, 2555
– Abwendung des – 2531 ff.
– – nach Ablauf der Erklärungsfrist 2543
– – bei Mißständen, Mängeln 2538
– – Verpflichtungserklärung 2536
– – Voraussetzungen 2533
– – Wiedereinsetzung in den vorigen Stand 2541
– Anfechtung vor der Kammer für Baulandsachen 2569
– Anforderungen an den Bebauungsplan 2481
– Anforderungen an die Rechtfertigung 2524
– Ausschluß
– – durch Fachplanung 2518
– – durch InvestitionsvorrangG 2523
– – bei wesentl. Nebenleistung 2522
– Ausübung des – 2524 ff.
– – als Ermessensentscheidung 2551
– – zu Gunsten Dritter 2560
– – für öffentliche Zwecke 2525
– – im Sanierungsgebiet 2527
– – durch Umlegungsausschuß 2490
– – im Umlegungsgebiet 2526
– – in städtebaulichen Entwicklungsbereichen 2527
– – zu späteren Wohnzwecken 2529
– – zum Verkehrswert 2564, 2566
– – im Außenbereich 2493
– – in Bebauungsplan – Aufstellungsgebieten 2482
– bei besonderem Wohnbedarf, sozialem Wohnungsbau 2561
– besonderes – 2500 ff.
– Eigentumserwerb kraft Gesetzes 2567, 2575
– und Enteignungsentschädigung 2565
– enteignungsgleicher Eingriff durch Ausübung eines – 2558

- Entschädigung bei Ausübung des – 2515, 2558, 2565
- im Gebiet von Erhaltungssatzungen 2492
- Entschädigungsanspruch 2558
- bei einer Erhaltungssatzung 2528
- Festsetzung öffentlicher Zwecke 2483
- Festsetzung von Ausgleichsflächen 2487
- Frist zur Ausübung 2546
- Gegenstand und Ausschluß 2511
- im Geltungsbereich eines Bebauungsplans 2480
- an unbebauten Grundstücken 2502
- Grundstücksteile 2515
- und Normenkontrolle 2481
- und Planentwurf 2498
- Prüfungsumfang durch das Grundbuchamt 2556
- und qualifizierter Bebauungsplan 2481
- Recht zum Rücktritt 2574
- Rechtfertigung der Ausübung zum Allgemeinwohl 2524
- Rechtsbehelfe gegen die Ausübung 2557
- Rechtsfolgen der Ausübung/Nichtausübung 2554
- im Sanierungsgebiet 2491
- zu Gunsten öffentlicher Bedarfs- oder Erschließungsträger 2486, 2562
- zu Gunsten von Sanierungs- oder Entwicklungsträgern 2562
- im städtebaulichen Entwicklungsbereich 2491
- Übernahmeanspruch bei – 2515
- Umgehungsgeschäfte 2511
- im Umlegungsgebiet 2488
- Veräußerungspflicht nach Ausübung 2559
- Verfahren 2544 ff.
- – Anhörung 2549
- – Frist 2546
- – gemeindeinterne Entscheidungsabläufe 2550
- – Mitteilung des Kaufvertrages 2544
- – Vormerkung 2545
- – Verkauf an einen Dritten 2512

- Verkauf an Mit- und Bruchteilseigentümer 2512
- Verkauf an öffentliche Bedarfsträger, Kirchen, Religionsgesellschaften 2517
- Überschreitung des Verkehrswertes 2570
- Verzicht durch die Gemeinde 2520
- Vorkaufsrechtsgebiete 2479 ff.
- Widerspruch gegen den Umlegungsbeschluß 2489
- Widerspruch und Klage 2557
- Wirksamkeit des Vorkaufsrechts 2513
- Wohnbauflächen und Wohngebiete 2495
- für Wohnzwecke 2497
- Zusammentreffen mehrerer 2509
- in Zwangsvollstreckung und Insolvenz 2521
- maßgeblicher Zeitpunkt zur Bestimmung des Verkehrswertes 2571

Vorkaufsrechtssatzung 2503
- Anforderungen an den Bebauungsplan 2501
- Anforderungen an städtebauliche Maßnahmen 2504
- in Bebauungsplangebieten 2500
- „ins Blaue hinein" 2505
- Verfahren und Zuständigkeit 2507

Vorläufige Untersagung 2424 ff.

Vorläufiger Rechtsschutz: siehe Rechtsschutz, vorläufiger

Vorrang der Fachplanung 84

Vorrangflächen, Darstellung von – 108, 156, 161
- Darstellung mehrerer 164
- Größe 165
- Kombination mit Eignungsflächen 164
- Unterschied zu Eignungsflächen 161

Vorranggebiete 69

Vorratsplanung 36

Vorwirkung
- vorgezogene Verhaltenspflicht bei potentiellen Schutzgebieten 712

Vorzeitiger Bebauungsplan: siehe Bebauungsplan, vorzeitiger

Wagenhallen im Außenbereich 2147
Wahrung der gesunden Wohn- und Arbeitsverhältnisse 2059
Waldflächen
– Darstellung von – im Flächennutzungsplan 157
– Festsetzung von – im Bebauungsplan 308, 310
– Schaffung einer neuen – 322
Waldgaststätten 310
Waldhütten im Außenbereich 2147
Waldumwandlungsgenehmigung 83
Waldwege 310
Wanderschäferei im Außenbereich 2147
Warenautomaten im reinen Wohngebiet 1340
Warenhaus 271
Waren des täglichen Bedarfs, **Frischwaren** 1641
Warensortimente 1618
Wärmeversorgungsanlagen als Nebenanlagen 1260
– als privilegierte Vorhaben im Außenbereich 2130
Wasser, Versorgung mit – als Genehmigungsvoraussetzung 1199
Wasserabfluß 302
Wasserfläche, Anlieger der Ufer 301
– bauliche Anlagen auf der – 301
– Darstellung von – im Flächennutzungsplan 152
– Festsetzung von – im Bebauungsplan 299
– keine Festsetzung von Nutzungsregeln für – 301
Wasserkraftwerke – im Außenbereich 2131
– als privilegierte Vorhaben im Außenbereich 2139
Wasserschutzgebiete, nachrichtliche Übernahme von – im Bebauungsplan 381
Wassersport 1131
Wasserstraßen 300
Wasserverkehrsflächen im Flächennutzungsplan 152
Wasserversorgungsanlagen
– als Nebenanlagen 1260

– als privilegierte Vorhaben im Außenbereich 2130
Wasserwirtschaft
– Beeinträchtigung der – durch Vorhaben im Außenbereich 2195
– Festsetzung von Flächen für die – im Bebauungsplan 302
„**Weichmacher**" 86
Weideunterstände im Außenbereich 2147
Werbeanlage 1253
– im Außenbereich 2187
– als bauliche Anlage 1110
– und landesrechtliche Regelungen 369
– im reinen Wohngebiet 1335
Werbetafel als bauliche Anlage 1108
Werkstätten im Außenbereich 2147
– siehe auch Reparaturbetriebe
Werterhöhung, Ersatz der – bei Befreiung 1790
– siehe auch Bodenwertsteigerung
Wertminderung und Gebot der Rücksichtnahme 2094
Wertsteigerung 1785
Wertstoffcontainer 1253
– als Nebenanlagen 1258
Wertstoffsammelzentrum 1559
Wertzuwachs 947 f.
– siehe auch Bodenwertsteigerung
Wettbewerbs- und Konkurrenzschutz 40, 591
Wettbewerbsneutralität 40, 1228, 1865
Widerspruch
– siehe auch Baunachbarstreit, Nachbarklage, Nachbarschutz
– gegen die Erteilung einer Baugenehmigung 1880
– des Vorhabens zu den Planfestsetzungen 1181, 1184
– Widerspruchsfrist 1880
– zu Zielen der Raumordnung 2211
Widersprüchliche Festsetzungen 221
Wiederaufbau zerstörter Gebäude im Außenbereich 2240
Wiedereinsetzung in den vorigen Stand nach BauGB 1137
Wiederherstellung und Errichtung 1114
Wiederholte Veränderungssperre 2380

Wiedernutzbarmachung von Flächen
 – Duldungsverpflichtung 2597
Wildgehege im Außenbereich 2147
Willensbildung bei Übertragung der Planungshoheit 22
Windenergieanlagen 283, 271
 – im Außenbereich 161, 2131, 2147
 – als Nebenanlagen 1258
 – als untergeordnete Nebenanlagen 1253
 – als privilegierte Vorhaben im Außenbereich 2139
 – im reinen Wohngebiet 1335
Windhundprinzip, kein – bei Vorhaben 224
Wirtschaftsförderung und Naturschutz 684
Wirtschaftsstellen im Dorfgebiet 1454
Wochenendhäuser
 – im Außenbereich 2147, 2187
 – Tendenz zur Dauernutzung 1577
 – und Ferienhäuser 1583
 – Grundfläche 1578
 – im Wochenendhausgebiet 1574
Wochenendhausgebiet 1574 ff.
 – Anlagen und Einrichtungen zur Versorgung des Gebiets und für sportliche Zwecke 1581
 – Garagen 1579
 – Kiosk und Läden 1581
 – Nebenanlagen 1580
 – Schank- und Speisewirtschaft 1581
 – Sportanlage 1581
 – Stellplätze 1579
 – Wochenendhäuser 1574
 – Zulässige Vorhaben im – 1574
Wohn- oder Campingwagen als bauliche Anlage 1109
Wohnbauflächen im Flächennutzungsplan 137
Wohnbebauung, heranrückende 2172 f.
Wohnbedarf, besonderer
 – Flächen für Personengruppen 268
 – Vorkaufsrecht bei – 2561
Wohnboot als bauliche Anlage 1108
Wohnen, Begriff des – 1316
 – kein Wohnen in Beherbergungsbetrieben 1317
 – im besonderen Wohngebiet 1418

 – Dauerwohnen 1567
 – Freizeitwohnen 1575
Wohngebäude, Begriff 1315
 – im besonderen Wohngebiet 1422
 – im Dorfgebiet 1454, 1457
 – im Kleinsiedlungsgebiet 1401, 1408
 – im Mischgebiet 1480
 – als Nebenanlagen im Außenbereich 2133
 – als privilegierte Vorhaben im Außenbereich 2121
Wohngemeinschaften, Begriff 1322
 – im reinen Wohngebiet 1322
Wohnhäuser im Außenbereich 2147
Wohnheime 1322
 – im allgemeinen Wohngebiet 1371
 – im reinen Wohngebiet 1322
Wohnruhe, Schutz der – im reinen Wohngebiet 1312
Wohnschiffe im Außenbereich 2147
Wohnung, betriebsbezogene: siehe Betriebswohnung
Wohnungen 1315
 – im Außenbereich 2147
 – im besonderen Wohngebiet 1443
 – im Gewerbegebiet 1532
 – im Kerngebiet 1517, 1521
Wohnungen für Aufsichts- und Bereitschaftspersonal: siehe Betriebswohnung
Wohnungs- und Teilerbbaurechte 2448
Wohnungsbau, sozialer 266, 992
Wohnungseigentümergemeinschaft – keine Nachbarklage im Innenverhältnis einer – 1809
Wohnwagen im Außenbereich 2147
Wohnzelte im Außenbereich 2147

Zahl der Vollgeschosse 1267, 1293
Zäune 1253
 – im Außenbereich 2147
Zeburinderhaltung im Außenbereich 2147
Zeitliche Geltung baurechtlicher Regelungen 1185 ff.
Zeitpunkt, maßgeblicher – bei Nachbarklage 1887
Zelt- oder Campingplätze als bauliche Anlage 1108

1067

Zeltplätze 1591, 1595
– im Außenbereich 2147
– Festsetzung von – im Bebauungsplan 292
Zementfabriken im Außenbereich 2147
Zentralörtliche Gliederung 649
Zentrenbildung im Raumordnungsrecht 68
Zersiedelung 2197
– und Fremdenverkehr 2449
Zerstörung – der Planurkunde 833
– siehe auch Verlust eines Originalbebauungsplans
Ziegelei im Außenbereich 2147
– als ortsgebundener Betrieb 2132
Zielabweichungsverfahren 66
Ziele der Raumordnung: siehe auch Raumordnung
– Ausnahmen von der Verbindlichkeit 64
– bei der Änderung von Bebauungsplänen 77
– Bindungswirkung 71, 74, 2209
– Rechtsform 73
– und interkommunale Abstimmungspflicht 636
– Unwirksamkeit 71
– Widerspruch zu – 2211
Zielvorstellung, planerische
– Verfehlung der – 612
Zigarettenautomaten im reinen Wohngebiet 1340
Zuchtanlagen 315
Zuckerfabriken 2132
Zulässigkeit von Rechtsbehelfen: siehe Baunachbarklage, Baunachbarstreit, Normenkontrolle, vorläufiger Rechtsschutz
Zulässigkeit von Vorhaben 1103 ff.
– und UVP 1176
Zumutbarkeit im Gewerbegebiet 1534
Zumutbarkeitsschwelle 1856
Zurückhaltung, planerische 734 ff., 1222
Zurückstellung von Baugesuchen 2404 ff.
– Ausschluß der 2431

– Beschluß der Gemeinde 2432 siehe auch: Aufstellungsbeschluß
– Dauer der – 2415, 2437
– faktische Bausperre 2418
– formelle Voraussetzungen 2409, 2434
– Frist 2435
– materielle Voraussetzungen 2411, 2433
– Nachbarschutz 1878
– und Planaufstellungsbeschluß 405
– Rechtsbehelfe gegen die – 2416
– einer Teilbaugenehmigung 2405
– Unterschied zur Veränderungssperre 2406
– Veränderung der rechtlichen Situation 2420
– bei vorhabenbezogenem Bebauungsplan 2288
– weitere und erneute – 2417
– Zurückstellung einer Bauvoranfrage 2405
Zurückstellung, faktische 2354
Zusammenhängende Bebauung bei der Bestimmung des Innenbereichs 1959
Zusammenstellung des Abwägungsmaterials 553
– und Öffentlichkeitsbeteiligung 470, 573
– gerichtliche Nachprüfbarkeit 562
– Ziel der – 570
Zuständigkeit für die Bauleitplanung 21
– siehe auch Aufgabenübertragung
– Gebietskörperschaften 22
– fehlende – und Planerhaltung 1078
– Übertragung der – für die Bauleitplanung 22
Zustimmung der höheren Verwaltungsbehörde für Vorhaben 1136
– im Außenbereich 2281
Zustimmungsverfahren bei Vorhaben des Bundes oder eines Landes 1138
Zweckverbände als Planungsträger 28
Zweistufige Planung 101
Zweitwohnungen 2449
Zwinger 315

Gelzer/Bracher/Reidt, Bauplanungsrecht, 7. Aufl.

- Hinweise und Anregungen: _____
  _____
  _____
  _____
  _____

- In Teil _____ Rdnr. _____ Zeile _____ von oben/unten
  muß es statt _____
  _____
  _____

  richtig heißen: _____
  _____
  _____

Gelzer/Bracher/Reidt, Bauplanungsrecht, 7. Aufl.

- Hinweise und Anregungen: _____
  _____
  _____
  _____
  _____

- In Teil _____ Rdnr. _____ Zeile _____ von oben/unten
  muß es statt _____
  _____
  _____

  richtig heißen: _____
  _____
  _____

Absender:

_____

_____

_____

_____

So können Sie uns auch erreichen:
lektorat@otto-schmidt.de

<u>Wichtig:</u> Bitte immer den Titel
des Werks angeben!

Antwortkarte

Verlag Dr. Otto Schmidt KG
– Lektorat –
Unter den Ulmen 96-98

50968 Köln

Absender:

_____

_____

_____

_____

So können Sie uns auch erreichen:
lektorat@otto-schmidt.de

<u>Wichtig:</u> Bitte immer den Titel
des Werks angeben!

Antwortkarte

Verlag Dr. Otto Schmidt KG
– Lektorat –
Unter den Ulmen 96-98

50968 Köln